# 栢山商事法論集 II

鄭 燦 亨 著

博 英 社

# Selected Writings of Emeritus Professor Chan-Hyung Chung on Commercial Law and Financial Law, 1980-2018 in Commemoration of His Seventieth Birthday

By

**Dr. Chan-Hyung Chung**
Professor Emeritus of School of Law,
Korea University

Seoul

Parkyoung Publishing & Company

# 序 文

　　2018년 8월 3일이 저의 만 70세 생일(古稀)이 되어, 이를 기념하기 위하여 제가 그동안 학교(大學)에 재직하면서 또한 정년퇴임(2013. 8. 31) 후에 특히 힘들여 썼고 또한 후학들이 많이 읽었으면 하는 논문들을 모아 이번에 「栢山商事法論集Ⅱ」로 발간하게 되었습니다. 저는 2008년 8월 3일 만 60세 생일(回甲)에 1980년부터 2007년까지 제가 쓴 중요논문을 발췌하여 저의 화갑기념으로 이미 「栢山商事法論集」을 발간한 바 있습니다. 이번에는 동 기간의 논문으로 「栢山商事法論集」에 수록되지 않은 중요한 논문과 그 후(2008년부터 2017년까지)에 집필한 논문으로 「栢山商事法論集Ⅱ」를 발간하였습니다.

　　이 논문집에서는 저의 주저서인 상법강의(상)(하)의 편제에 따라 상법일반(3편), 회사법(26편), 어음·수표법(9편), 보험법(4편)에 관한 논문을 수록하였고, 마지막으로 금융법에 관한 논문(8편)을 수록하였습니다(총 50편).

　　위의 각 논문에 대해서는 독자들의 참고용으로 각 논문 제목의 註에서 그 글이 있는 논문집 등과 그 글을 쓰게 된 동기 또는 그 글의 요지 등에 대하여 간단히 언급하였고, 또한 그 글과 관련하여 참고할 수 있는 필자의 다른 글을 소개하였습니다.

　　그동안의 필자의 많은 논문이 다양한 다수의 논문집 등에 산재·수록되어 독자들이 이를 참고하거나 인용하는 데 여러 가지로 불편하였으나, 기존의 「栢山商事法論集」과 이번에 출간된 「栢山商事法論集Ⅱ」에 의하여 필자의 중요한 논문들을 모음으로써 독자들에게 상사법연구에 조금이나마 편의를 제공하고 또한 우리 상사법의 발전에 조금이나마 도움을 줄 수 있게 된다면 저는 큰 보람으로 생각하겠습니다.

　　이 논문집(栢山商事法論集Ⅱ)은 원래 제가 자비로 출간하고자 하였는데, 제가 2018년 8월 27일 대한변호사협회로부터 '제49회 한국법률문화상'을 수상하게 되어 그 상금으로 출간비용을 충당하게 되었습니다. 이에 대한변호사협회(협회장: 김현)에 깊은 감사를 드립니다.

　　어려운 중에도 이 논문집의 출판을 맡아 주신 박영사 안종만 회장님, 이 논문집의 출간기획에 협조하여 주신 조성호 이사, 편집을 위하여 애써주신 이승현 대리에게 깊은 감사를 드립니다.

　　그동안 제가 힘들고 어려울 때 진심으로 저를 위로하고 도와주신 아내 및 선학·동료·후학 여러분들에게 진심으로 감사드립니다.

2018년 8월 3일

鄭 燦 亨

(高麗大 法學專門大學院 名譽敎授)

# 目 次

## Ⅲ. 어음·수표법

## Ⅳ. 보 험 법

## Ⅴ. 금 융 법

# Table of Contents

## Ⅲ. Law of Bills of Exchange, Promissory Notes and Checks

## Ⅳ. Insurance Law

# V. Financial Law

# I. 상법일반

# 상법학설의 생성과 개화*

## Ⅰ. 머리말

### 1. 광복 후 상법학의 문헌

1945년 이후 초창기 한국에서 발간된 상법에 관한 문헌을 조사하여 보니 주유순(朱愈淳) 선생님이 1950년 3월 15일에 일한도서출판사(서울)에서 출간한 「상법총칙강의」와 「회사법강의」가 최초인 것으로 보인다(상법총칙은 같은 출판사에서 1955년 4월 15일 4판이 발행됨). 주선생님은 상법에 관하여 총칙·회사·상행위 및 어음·수표(手形·小切手)의 4개 부문으로 책을 완성할 예정이었는데, 상행위와 어음·수표에 관한 책은 출간되었는지 여부를 알 수는 없으나 찾지를 못하였다. 주선생님은 위 상법총칙강의의 머리말에서, 이 책은 대학(서울대·고려대·단국대·건국대·국민대·중앙대 등)에서 저자의 강의를 듣는 학생들의 편의를 위하여 저술한 것이고, 저자가 서슴지 않고 학생들에게 추천할 수 있는 교재는 가장 존경하는 西

---

* 이 글은 정찬형, "상법학설의 생성과 개화,"「한국의 학술연구(법학Ⅱ)」(대한민국 학술원), 인문·사회과학편 제11집(2010. 12), 397~445면의 내용임(이 글은 학술원의 요청으로 작성한 것인데, 우리 상법 각 분야의 쟁점에 대한 학설의 연혁을 소개하고 있음).

原선생의 「日本商法論」과 田中耕太郎박사의 「改正商法總則槪論」이고 특히 西原
선생의 「日本商法論」은 일본의 상법학을 세계적 수준으로 끌어올린 명저인데 주
선생님은 西原선생의 고견에 대하여 이론(異論)을 말하기 위하여 감히 이 저서를
출간하게 되었음을 밝히고 있다. 또한 「회사법강의」는 그 머리말에서 日本商法典
「제2편 회사」를 중심으로 하고 외국의 입법례와 개정의 방향에 유의하여 집필하
였음을 밝히고 있다.

　다음으로 서돈각 선생님이 1953년 5월 20일에 세문사(서울)에서 출간한(1954
년 8월 15일에 4판 발행한) 「상법(총론·회사법)」과 1954년 7월 20일에 일한도서출판
사(서울)에서 출간한 「상행위법」이 있다. 서선생님은 1957년 5월 30일 위성문화사
에서 「신고상법(상권)」을 출간하였고 1957년 7월 20일 같은 출판사에서 「신고상
법(하권)」을 출간하였다. 서선생님은 1962년 우리 상법 제정 후 1963년 3월 20일
에 법문사(서울)에서(1967년 3월 5일 7판 발행함) 「상법강의(상권)」과 1963년 4월 30
일에 같은 출판사에서(1966년 12월 25일 6판 발행함) 「상법강의(하권)」을 출간하였는
데, 그 후 「상법강의(상권)」은 1969년 3월 8일에 전정초판이 발행된 이래 1999년
3월 20일에 제4전정판이 발행되었고, 「상법강의(하권)」은 1970년 3월 10일에 전
정초판이 발행된 이래 1996년 3월 20일에 제4전정판이 발행되었다.

　그 다음으로 차낙훈 선생님이 1955년 10월 25일에 일조각(서울)에서 출간한
「상법개론(상)(총칙·상행위법·회사법)」과 1957년 9월 10일에 같은 출판사에서 출간
한 「상법개론(하)(手形法·小切手法·해상법·보험법)」가 있다. 차선생님은 1962년 우
리 상법 제정 후 이를 기초로 1966년 4월 25일에 고려대출판부(서울)에서(1971년
9월 10일에 4판 발행함) 「상법(상)」을 출간하였다.

　그 다음으로 서정갑 선생님이 1958년 11월 30일에 일신사(서울)에서 출간한
「상법(총칙)」이 있다.

　그 다음으로 박원선 선생님이 1962년 4월 30일에 수학사(서울)에서 출간한
「새상법(상)(총칙·상행위법·회사법)」이 있고, 1962년 12월 15일에 같은 출판사에서
출간한 「새상법(하)(보험법·해상법·어음법·수표법)」이 있다. 또한 박선생님은 1969
년 5월 5일에 같은 출판사에서 「상법총칙·상행위법」을 출간하였다.

　그 다음으로 손주찬 선생님이 1962년 4월 1일에 보문각(서울)에서 출간한
(1962년 8월 5일에 재판 발행함) 「신상법(상)(총칙·상행위법)」이 있고, 1962년 10월
25일에 같은 출판사에서 출간한 「신상법(하)(해상법·어음법·수표법)」가 있다. 손선
생님은 그 후 「신상법(상)」에서는 회사법을 추가하여 1963년 4월 20일에 같은 출

판사에서(1967년 3월 15일에 5판 발행함) 「신상법(상)(총칙·상행위법·회사법)」이 출간되었고, 「신상법(하)」에서는 보험법을 추가하여 1965년 1월 25일에 재판으로 「신상법(하)(해상법·어음법·수표법·보험법)」가 출간되었다.

또한 정희철 선생님이 1962년 10월 25일에 박영사(서울)에서 출간한 「신상법요론(상)」과, 1963년 3월 15일에 같은 출판사에서 출간한(1964년 4월 2일에 재판 발행함) 「신상법요론(하)」가 있다.

## 2. 상법학설의 형성과 발전

이하에서는 위의 책을 중심으로 하여 상법총칙·상행위법·회사법·보험법·해상법 및 어음·수표법으로 나누어 1945년 해방 이후 1962년 우리 상법 제정시까지 논의된 학설을 살펴보고, 1962년 우리 상법 제정 후 논의된 학설을 소개한 후, 근래에 논의되고 있는 학설을 소개하겠다. 우리 상법 제정 전의 학설은 일본 상법에 따른 학설이고, 우리 상법 제정 후의 학설도 일본 상법과 동일 또는 유사한 내용에서는 일본 학설의 영향을 많이 받았다. 그러나 우리 상법이 일본 상법과 다른 점에 있어서는 우리 상법에 따른 독자적인 학설이라고 볼 수 있다. 그런데 상법 제정 후 오늘날까지 약 반세기가 지나서 그동안 상법의 내용도 많이 추가·변경되었으며 또한 그동안 많은 판례와 학술서를 통한 다양하고 풍부한 의견이 제시되어, 우리 상법 제정 직후와 비교하면 오늘날 상법학도 우리의 경제 발전에 못지 않게 발전하였음을 알 수 있다. 따라서 이 글이 우리 상법학의 연혁을 이해하고 상법학의 발전에 기여할 수 있기를 바란다.

## II. 상법총칙

### 1. 쟁 점

**가.** 상법의 대상과 관련하여, 실질적 의의의 상법이란 무엇인가에 대하여 크게 기업법설과 상인법설이 있다.

**나.** 당연상인의 개념의 기초가 되는 상행위의 하나인 상법 제46조 제1호의 「매매행위」가 무엇인지에 대하여 견해가 나뉘어 있다.

**다.** 공동지배인의 능동대리에서 지배권의 개별적 위임이 인정되느냐에 대하여 견해가 나뉘어 있다.

라. 상호전용권이 등기에 의하여 발생하는 것인지에 대하여 견해가 나뉘어 있다.

마. 영업양도가 무엇을 의미하느냐에 대하여는 영업양도의 대상을 파악함에 있어서 무엇에 중점을 두느냐에 따라 견해가 나뉘어 있다(양도처분설·지위교체설· 절충설).

바. 그밖에 지배권의 남용의 효력, 창설적 등기사항의 범위, 부실등기의 범위 등에 관하여도 논의가 있다.

## 2. 학설의 발전

### 가. 실질적 의의의 상법과 그 대상

(1) 우리 상법 제정 전, 주유순 선생님은 상법의 기초인 경제적 구조를 상적 영역이라고 부르고, 상적 영역을 주관적으로 고찰하면 화폐가치의 획득을 목적으로 하는 집단적 동형행위(同型行爲)가 일정한 기본조직 위에서 기획적으로 행하여지는 경제적 영역이고, 객관적으로 고찰하면 사회의 경제구조 중 사회자본의 유통과정인 부분이라고 하였다.1) 주유순 선생님은 법률상의 상(商)에 공통된 요소는 기업인데, 이때의 기업이라 함은 "화폐가치의 획득을 목적으로(즉, 영리의 목적으로) 일정한 자본조직 위에 서서 동형행위를 계속적(반복적)·집단적으로 행하는 행위"라고 하여, 동태적으로만 파악하였다.2) 또한 상법상의 상(商)에 공통적인 특징은 집단적 기업행위라는 점이고, 나아가서 상법이 상(商)으로 규정하는 대상은 상(商)을 중심으로 하는 영리조직인 「기업」(상적 기업)이고, 이 상적 기업조직의 영역이 상적 영역이라고 하였다.3)

서돈각 선생님은 실질적 의의의 상법을 "기업적 생활관계에 특유한 법규의 전체"라고 정의하였고, 기업은 "일정한 계획에 따라 계속적 의도로써 영리활동을 실현하는 경제적 조직체"라고 하였다.4)

(2) 상법 제정 후에는 다음과 같이 설명되었다. 정희철 선생님은 실질적 의의의 상법을 "상기업에 관한 특별사법"으로 보고, 상기업은 "상인적 설비와 방법

---

1) 주유순, 상법총칙강의(1950), 74면.
2) 주유순, 상법총칙강의(1950), 77면.
3) 주유순, 상법총칙강의(1950), 81면.
4) 서돈각, 제4판 상법(총칙·회사법)(1954), 2면; 동, 제7판 상법강의(상)(1967), 31~32면. 동지: 차낙훈, 상법개론(상)(1955), 26~28면; 서정갑, 상법(총칙)(1958), 8~14면(기업에 특유한 생활관계를 그 규율의 대상으로 하는 특별사법이라고 하였다).

에 의하여 영리의 목적으로 계속적으로 경영활동을 하는 경제적 단위이며, 구체적으로는 기업일반 중에서 상법 또는 상사특별법령이 규율의 대상으로 삼고 있는 기업을 말한다"고 하였다.[5]

박원선 선생님은 "근대적 의미로서의 상법은 기업법"이라고 할 수 있는데, 기업이란 "자기책임 밑에서 계속적·기획적으로 자본과 노력을 걸고서 영리목적으로 하는 통일된 경제적 생활체이다"고 하였다.[6]

손주찬 선생님은 "실질적 의의의 상법은 기업관계에 특유한 법규의 전체(사법 및 공법)이다"고 하였다.[7]

(3) 그 후에도 법률상의 상(商)의 중심개념을 생활관계의 실질에서 파악하여 「기업적 생활관계」로 보는 기업법설이 통설이다.[8] 그러나 이러한 기업법설에 대하여, 기업은 법적 주체가 될 수 없고 그 범위와 한계가 모호하다는 점 등에서 이를 비판하고, 상법은 「상인」에 관한 특별사법이라고 주장하는 상인법설도 있다.[9]

(4) 우리나라에서 종래에는 기업법설로 일관하였는데, 그 후에는 독일법학의 영향하에 상인법설도 있음을 알 수 있다.

## 나. 매매행위의 의의

(1) 우리 상법 제정 전에는 상법 제46조 제1호의 「매매행위」가 무엇인지에 관하여 논의할 여지가 없다.

(2) 우리 상법 제정 후 상법 제46조 제1호의 「매매행위」가 무엇인지에 대하여, 서돈각 선생님은 "매수와 매도"로 해석하였다.[10] 그러나 정희철 선생님은 "매각행위나 취득행위가 모두 상행위가 된다"고 하였다.[11] 그러나 박원선 선생님은 "이 때에 매매란 유상취득을 요하지 않으므로 원시취득 기타 무상으로 취득한 물건의 매매도 상행위가 된다"고 하였다.[12]

(3) 그 후에는 상법 제46조 제1호의 「매매」의 의미에 대하여, 「매수(유상승계취득)와 매도」로 보는 견해와,[13] 「매수(유상승계취득) 또는 매도」로 보는 견해[14]로

---

5) 정희철, 신상법요론(상)(1962), 22면.
6) 박원선, 새상법(상)(1962), 35~36면.
7) 손주찬, 제5판 신상법(상)(1967), 28~30면.
8) 정찬형, 제13판 상법강의(상)(2010), 6~11면; 정동윤, 개정판 상법총칙·상행위법(1996), 10면 외.
9) 최기원, 제15판 상법학신론(상)(2004), 6면; 이기수 외, 상법총칙·상행위법(2003), 14~15면.
10) 서돈각, 제7판 상법강의(상)(1967), 81면. 동지: 손주찬, 제5판 신상법(상)(1967), 92~93면.
11) 정희철, 신상법요론(상)(1962), 128면.
12) 박원선, 새상법(상)(1962), 132면.

나뉘어 있다.

(4) 이에 관하여 근래에도 종래의 학설이 이어지고 있음을 알 수 있다.

## 다. 지배권의 개별적 위임

(1) 우리 상법 제정 전 주유순 선생님은 공동지배인이 특정한 구체적인 행위를 그 중의 1인에게 위임하여 대리시킬 수 있는가에 대하여, 이것을 긍정한다면 지배인이 지배인을 선임한 것과 동일한 결과가 생기며 쌍방대리금지의 법의 및 지배권의 행사를 공동지배로 제한한 영업주의 의사에도 반한다는 점에서 소극설을 취하였다.[15]

(2) 우리 상법 제정 후 이에 대하여 정희철 선생님은 "공동지배인이 특정한 구체적 행위를 그 중 1인에게 위임하여 단독으로 이를 시킬 수는 없다"고 하여, 소극설을 취하였다.[16]

(3) 그 후에는 지배권의 포괄적 위임은 명백히 공동지배인제도의 입법취지에 반하므로 인정될 수 없다는 점에서 이견이 없으나, 지배권의 개별적 위임에 대하여는 이를 긍정하는 견해(소수설)[17]와 부정하는 견해(다수설)[18]로 나뉘어 있다.

---

13) 정동윤, 상법(상)(제5판, 2010), 141면; 서돈각·정완용, 제4전정 상법강의(상)(1999), 63면; 이범찬·최준선, 상법개론(제3판)(1996), 63면; 정무동, 전정판 상법강의(상)(1984), 63면; 최준선, "상법 제46조 제1호의 매매의 의미(원시취득한 물건을 매도하는 자의 당연상인성 여부와 관련하여)," 「기업법연구」(한국기업법학회), 제8집(2001), 339~372면(상법 제46조 제1호의 매매에 관한 학설의 소개가 상세하고, 이 때의 매매란 '유상의 승계취득과 매도'를 의미하는데 '매수와 매도 사이에는 내적 관련성이 있어야 한다'고 한다); 최기원, 제15판 상법학신론(상)(2004), 57~58면; 김영호, 상법총론(1990), 101면.
14) 정찬형, 제13판 상법강의(상)(2010), 56면; 정희철, 상법학(상)(1989), 63면 및 주 3; 손주찬, 제15보정판 상법(상)(2004), 69면; 채이식, 개정판 상법강의(상)(1996), 146면; 서정갑, 상법(상)(1984), 75면; 이병태, 전정 상법(상)(1988), 82면.
15) 주유순, 상법총칙강의(1950), 158면. 동지: 차낙훈, 상법개론(상)(1955), 91면; 서정갑, 상법(총칙)(1958), 121면.
16) 정희철, 신상법요론(상)(1962), 81면.
17) 정찬형, 제13판 상법강의(상)(2010), 87면; 정동윤, 개정판 상법총칙·상행위(1996), 118면; 최기원, 제15판 상법학신론(상)(2004), 88면; 이철송, 제4전정판 상법총칙·상행위(2003), 95면(다만 공동지배인간의 위임관계를 행위시 현명하는 경우에 개별위임이 가능하다고 한다); 임홍근, 상법총칙(1986), 227면(대리권의 남용 또는 오용의 위험이 없고, 또한 기업거래의 탄력성의 부여를 그 이유로 든다); 이기수 외, 상법총칙·상행위법(2003), 122면; 이범찬·최준선, 상법개론(제3판)(1996), 82면. 독일상법 제125조 제2항(합명회사의 경우 공동업무집행사원) 및 독일주식법 제78조 제4항(주식회사의 경우 공동대표이사)은 「일정한 거래 또는 일정한 종류의 거래」에서는 이를 명문으로 인정하고 있다.
18) 정희철, 상법학(상)(1989), 84면; 서돈각·정완용, 제4전정 상법강의(상)(1999), 82~83면; 손주찬, 제15보정판 상법(상)(2004), 102면; 정무동, 전정판 상법강의(상)(1984), 86면; 손주찬 외, 주석상법(Ⅰ)(1992), 188면; 김영호, 상법총론(1990), 137면 외.

(4) 이에 관하여 종래에는 부정하는 견해로 일관하였으나, 근래에는 긍정하는 견해도 있음을 알 수 있다.

### 라. 상호전용권과 등기

(1) 우리 상법 제정 전 서돈각 선생님은 "상호전용권은 상호의 등기로 인하여 발생하고, 타인의 동일 또는 유사상호의 등기와 사용을 배척하는 권리이다"고 하였다.[19] 그러나 서정갑 선생님은 "상호등기는 상호전용권 자체와 무관하다"고 하였다.[20]

(2) 우리 상법 제정 후에도 서돈각 선생님은 상호전용권에 대하여 위와 동일하게 설명하였다.[21] 이에 반하여 정희철 선생님은 "기업이 특정한 상호를 선정·사용하면 상호전용권이 생겨 등기 전후를 불문하고 법의 보호를 받게 되는데, 이를 등기하면 다시 전용적 효력이 일층 강화된다"고 설명하였다.[22]

(3) 그 후에는 상호전용권이 등기에 의하여 발생한다는 견해(소수설)[23]와, 등기의 유무와는 상관없이 상호의 선정·사용만으로 생기는 권리이고 상호의 등기는 다만 상호전용권을 강화할 뿐이라는 견해(다수설)[24]로 나뉘어 있다.

(4) 상호전용권의 의미에 대하여 근래에도 종래와 같이 학설이 나뉘어 있으나, 다수설은 등기의 유무와는 무관한 것으로 보고 있다.

### 마. 영업양도의 의의

(1) 우리 상법 제정 전 주유순 선생님은 영업양도에 대하여, "영업활동의 주체의 교체와 영업재산의 이전이다"고 하여, 절충설의 입장에서 설명하였다.[25] 서돈각 선생님도 영업양도를 "양도인이 양수인에게 자기 대신으로 영업의 경영자의 지위에 있게 하기 위하여 영업재산을 일괄하여 양수인에게 양도하는 계약이

---

19) 서돈각, 제4판 상법(총칙·회사법)(1954), 104면.
20) 서정갑, 상법(총칙)(1958), 160~161면.
21) 서돈각, 제7판 상법강의(상)(1967), 109면. 동지: 박원선, 새상법(상)(1962), 108면; 손주찬, 제5판 신상법(상)(1967), 129~130면.
22) 정희철, 신상법요론(상)(1962), 88~90면.
23) 서돈각·정완용, 제4전정 상법강의(상)(1999), 97면; 채이식, 개정판 상법강의(상)(1996), 73면.
24) 정찬형, 제13판 상법강의(상)(2010), 109면; 정희철, 상법학(상)(1989), 98면; 손주찬, 제15보정판 상법(상)(2004), 137면; 정동윤, 개정판 상법총칙·상행위법(1996), 149면; 최기원, 제15판 상법학신론(상)(2004), 116면; 이철송, 제4전정판 상법총칙·상행위(2003), 137면; 임홍근, 상법총칙(1986), 286면; 정무동, 전정판 상법강의(상)(1984), 105면; 이기수 외, 상법총칙·상행위법(2003), 163면; 손주찬 외, 주석상법(Ⅰ)(1992), 256면 외.
25) 주유순, 상법총칙강의(1950), 221~223면.

다"고 설명하여, 절충설의 입장에서 설명하였다.26)

    (2) 우리 상법 제정 후 정희철 선생님은 이에 대하여, "기업의 동일성을 유지하면서 기업 자체(기업 소유의 법적 관계)를 이전하는 계약이다"고 하였는데,27) 전체적으로 볼 때 절충설을 취한 것으로 생각된다. 또한 박원선 선생님도 "영업양도라 함은 영업자의 지위를 인계하는 동시에 영업재산을 일괄하여 양도하는 특수한 채권계약이다"고 하여, 절충설을 취하였다.28) 이에 반하여 손주찬 선생님은 "영업양도란 객관적 의의의 영업을 이전하는 것을 말하는데, 객관적 의의의 영업이란 「일정한 영업의 목적에 의하여 조직화된 유기적 일체로서의 기능적인 재산」을 말한다"고 하여, 양도처분설(영업재산양도설)을 취하였다.29)

    (3) 그 후 우리나라에서는 영업양도의 법적 성질에 관하여 크게 영업양도의 대상을 물적 요소에 중점을 두는 영업재산양도설(다수설)30)과, 영업양도의 대상을 물적 요소와 인적 요소의 양자에 중점을 두는 절충설(소수설)31)로 나뉘어 있다.

    (4) 종래에는 절충설이 많았는데, 그 후에는 양도처분설(영업재산양도설)이 점차 많아져 가고 있음을 알 수 있다.


## Ⅲ. 상행위법

### 1. 쟁 점

    가. 상인의 사실행위(예컨대, 상품의 생산·가공·인도·수령 등)·불법행위 등도 보조적 상행위(상인이 '영업을 위하여 하는 행위')가 될 수 있는지 여부에 대하여 견해

---

26) 서돈각, 제4판 상법(총칙·회사법)(1954), 93면. 동지: 서정갑, 상법(총칙)(1958), 216~217면.
27) 정희철, 신상법요론(상)(1962), 116면.
28) 박원선, 새상법(상)(1962), 123면.
29) 손주찬, 제5판 신상법(상)(1967), 167~169면.
30) 정찬형, 제13판 상법강의(상)(2010), 163~164면; 손주찬, 제15보정판 상법(상)(2004), 193면; 정동윤, 개정판 상법총칙·상행위법(1996), 231면; 최기원, 제15판 상법학신론(상)(2004), 186면; 임홍근, 상법총칙(1986), 457~458면; 이철송, 제4전정판 상법총칙·상행위(2003), 215면; 강위두, 상법강의(1985), 74면; 이범찬, 예해상법(상)(1988), 139면; 이기수 외, 상법총칙·상행위법(2003), 212면 외.
31) 서돈각·정완용, 제4전정 상법강의(상)(1999), 128~129면(따라서 영업양도는 경영자인 지위의 인계와 영업재산의 이전을 내용으로 하는 채권계약이라고 한다); 양승규·박길준, 제3판 상법요론(1993), 94~95면; 김용태, 전정 상법(상)(1984), 99면; 서정갑, 상법(상)(1984), 113면; 정희철, 상법학(상)(1989), 130~131면.

가 나뉘어 있다.

　나. 상호계산불가분의 원칙이 제3자에게도 미치는가(즉, 제3자는 상호계산에 계입된 채권·채무를 개별적으로 양수·입질·압류할 수 있는가)에 대하여 견해가 나뉘어 있다(절대적 효력설·상대적 효력설·절충설).

　다. 운송주선인의 손해배상책임에 관한 상법 제115조와 민법상 불법행위로 인한 손해배상책임에 관한 제750조와의 관계에 대하여 청구권경합설과 법조경합설로 나뉘어 있다.

　라. 운송인의 손해배상책임에 관한 일반원칙의 예외로서 고가물에 대한 특칙(상법 제136조)과 관련하여, 종류와 가액을 명시하지 않은 고가물에 대하여 운송인은 보통물로서의 주의의무를 부담하고 이를 다하지 못하면 보통물로서의 손해배상책임을 부담해야 하는가에 대하여, 견해가 나뉘어 있다.

　마. 운송인이 운송물을 수령하지 않고 화물상환증을 발행한 경우(즉, 空券의 경우) 운송인은 선의의 증권소지인에 대하여 상법 제135조에 의한 책임을 지는지 여부에 대하여 견해가 나뉘어 있다.

　바. 공중접객업자의 임치받은 물건에 대한 주의의무(불가항력)에 관하여 견해가 나뉘어 있다.

　사. 그밖에 개업준비행위의 결정기준, 보증도의 효력, 화물상환증의 물권적 효력 등에 관하여도 논란이 있다.

## 2. 학설의 발전

### 가. 사실행위 등의 보조적 상행위성

　(1) 우리 상법 제정 전 보조적 상행위의 범위에 대하여, 서돈각 선생님은 "이는 한정적이 아니고 그 영업에 관련있는 재산법상의 행위라면 모두 포함하므로 불법행위 등도 포함된다"고 한다.[32] 또한 차낙훈 선생님은 "복권에 의한 경품증여·여관의 자동차에 의한 투숙객 운송 등도 보조적 상행위(부속적 상행위)가 된다"고 하여, 보조적 상행위에 사실행위도 포함시켰다.[33]

　(2) 우리 상법 제정 후 정희철 선생님은 "영업소의 설정, 상호의 선정, 상품의 생산·가공, 현물의 인도·수령과 같은 사실행위도 보조적 상행위에 포함된다"

---

32) 서돈각, 상행위법(1954), 17면.
33) 차낙훈, 상법개론(상)(1955), 144면.

고 하였다.34) 박원선 선생님은 "영업자금의 차입 등은 물론, 단골손님에 대한 선사·영업을 준비하는 행위 등도 부속적 상행위이다"고 하였고,35) 손주찬 선생님은 "고객을 위하여 금전을 체당하든가 또는 거래처에 증여하는 것과 같이 영업을 유리하게 이끌기 위한 행위도 부속적 상행위이다"고 하였다.36)

(3) 그 후에는 상인의 사실행위·불법행위 등도 보조적 상행위가 될 수 있다는 견해37)와, 보조적 상행위가 될 수 없다는 견해38)로 나뉘어 있다.

(4) 근래에는 사실행위 또는 불법행위가 보조적 상행위가 될 수 없다는 견해도 있으나, 이를 보조적 상행위에 포함시켜 보조적 상행위의 개념을 넓게 보는 것이 종래부터의 다수의 견해로 생각된다.

## 나. 상호계산불가분의 원칙의 제3자에 대한 효력

(1) 우리 상법 제정 전 상호계산불가분의 원칙이 제3자에게도 미치는가에 대하여, 서돈각 선생님은 "상호계산불가분의 원칙의 효력은 당사자 이외에는 미치지 아니하므로 당사자의 일방이 이 원칙에 반하여 채권을 양도하였을 때 선의의 제3자에 대하여는 대항할 수 없다"고 하여, 상대적 효력설을 취하였다.39)

(2) 우리 상법 제정 후 이에 대하여, 정희철 선생님은 "이것은 각 개의 채권의 양도를 제한하는 특약으로 볼 것이 아니라 강행성을 가진 것으로 보아야 할 것이므로, 제3자의 선의·악의를 불문하고 계입채권의 양도·압류는 모두 무효가 된다"고 하여, 절대적 효력설을 취하였다.40)

---

34) 정희철, 신상법요론(상)(1962), 127면.
35) 박원선, 새상법(상)(1962), 142면.
36) 손주찬, 제5판 신상법(상)(1967), 185~186면.
37) 정찬형, 제13판 상법강의(상)(2010), 196면. 동지: 정희철, 상법학(상)(1989), 146~147면; 채이식, 개정판 상법강의(상)(1996), 151면; 임홍근, 상행위법(1989), 194면; 손주찬, 제15보정판 상법(상)(2004), 218면; 정동윤, 개정판 상법총칙·상행위법(1996), 275면; 최기원, 제15판 상법학신론(상)(2004), 215면; 정무동, 전정판 상법강의(상)(1984), 157면.
38) 사실행위는 보조적 상행위가 될 수 없다는 견해로는 이철송, 제4전정판 상법총칙·상행위(2003), 257~258면. 불법행위는 보조적 상행위가 될 수 없다는 견해로는 이철송, 제4전정판 상법총칙·상행위(2003), 258면(보조적 상행위의 개념을 인정하는 실익은 그에 해당하는 행위에 대해 상법을 적용하기 위함인데, 불법행위에 대해서는 어느 상법규정을 적용할 수 있는지 알 수 없다고 한다); 임홍근, 상행위법(1989), 194면; 대판 1985. 5. 28. 84 다카 966(상인의 불법행위로 인한 손해배상채무에는 상법 제54조의 상사법정이율이 적용되지 않는다).
39) 서돈각, 상행위법(1954), 50면; 동, 제7판 상법강의(상)(1967), 179면. 동지: 차낙훈, 상법개론(상)(1955), 169면.
40) 정희철, 신상법요론(상)(1962), 150~151면. 동지: 손주찬, 제5판 신상법(상)(1967), 210면.

(3) 그 후에는, 상법상 상호계산에 관한 규정은 개별적인 채권양도 등을 제한하는 특약을 정한 임의규정이 아니라 강행규정으로서 이에 위반하면 제3자의 선의·악의를 불문하고 모두 무효가 된다는 절대적 효력설,[41] 상호계산불가분의 원칙은 당사자 이외에는 미치지 아니하므로 당사자의 한 쪽이 이 원칙에 위반하여 채권양도 등을 하였을 때에는 선의의 제3자에게는 그 제한을 대항할 수 없고 (민법 제449조 제2항) 상대방에 대하여 손해배상책임만을 발생시킬 뿐이라는 상대적 효력설[42] 및 채권의 양도와 입질의 경우에는 양도인 등이 채무자에게 대항요건을 갖추고(민법 제450조, 제451조, 제349조) 이 때 채무자가 이의 없이 채권의 양도 등을 승낙하면 당사자간에는 이를 상호계산에서 제거하기로 하는 묵시적인 합의가 있다고 볼 수 있다는 점에서 상대적 효력설이 타당하나(즉, 양도·입질의 효력이 있으나) 압류의 경우에는 제3채권자에게 압류권을 허용할 이유가 없으므로 상호계산에 계입된 개별채권은 압류의 대상이 되지 않는다(즉, 압류의 효력이 없다)는 절충설[43]이 있다.

(4) 이에 관하여는 종래부터 상대적 효력설과 절대적 효력설이 대립하고 있어, 입법적으로 해결하는 것이 타당하다고 본다.

## 다. 상법 제115조와 민법 제750조와의 관계

(1) 우리 상법 제정 전 운송주선인의 상법상 손해배상책임과 민법상 불법행위책임과의 관계에 대하여, 서돈각 선생님은 "하나의 사실에서 두 개의 법률관계

---

41) 손주찬, 제15보정판 상법(상)(2004), 275면; 정희철, 상법학(상)(1989), 168면(상호계산에 관한 상법의 규정은 강행규정이므로 제3자의 선의·악의를 불문하고 상호계산에 계입된 채권의 양도·입질 및 압류는 모두 무효가 된다); 최기원, 제15판 상법학신론(상)(2004), 269~270면; 이범찬, 예해상법(상)(1988), 185면; 채이식, 개정판 상법강의(상)(1996), 204면(상호계산계약에서 양도금지의 특약을 하는 것은 변제방법에 관한 항변으로서 양수인에게 대항할 수 있다고 보는 것이 이론적으로 옳고, 이로 인하여 선의의 양수인이 피해를 보는 것은 채권양도의 본질상 감수해야 할 위험이고 또 상호계산계약에 편입시킴으로 인하여 압류금지재산이 창설되는 것이라고 한다).
42) 정찬형, 제13판 상법강의(상)(2010), 248면; 서돈각·정완용, 제4전정 상법강의(상)(1999), 172면; 정무동, 전정판 상법강의(상)(1984), 185면; 양승규·박길준, 제3판 상법요론(1993), 123면; 정동윤, 개정판 상법총칙·상행위(1996), 366~367면(양도·입질의 경우는 상호계산계약인 당사자간의 의사표시에 의한 양도금지는 선의의 제3자에게 대항할 수 없다는 것이 민법의 대원칙〈민법 제449조 제2항 단서〉이므로 선의의 제3자에 대하여는 유효하고, 압류의 경우는 상호계산계약인 당사자간의 의사표시에 의한 양도금지가 국가의 강제집행권을 배척할 수 없으므로 제3자에 의한 압류는 그의 선의·악의를 불문하고 유효하다고 한다); 손주찬 외, 학설판례 주석상법(상)(1977), 333면; 손주찬 외, 주석상법(Ⅰ)(1992), 522면.
43) 이철송, 제4전정판 상법총칙·상행위(2003), 331~332면.

가 발생한 것인데, 양자는 전연 그 성질을 달리한다는 점에서 위탁자는 두 가지 청구권을 갖는다"고 하여, 청구권경합설을 취하였다.44)

(2) 우리 상법 제정 후 이에 대하여, 정희철 선생님은 "운송주선계약이 존재하면 행위의 위법성을 조각하는 것이 보통일 것이므로 운송물의 멸실·훼손이 있는 경우에도 불법행위상의 청구권은 발생할 수 없고 채무불이행에 의한 손해배상청구권만을 행사할 수 있지 않은가 생각한다"고 하여, 법조경합설을 취하였다.45) 그러나 손주찬 선생님은 "위탁자는 두 가지 청구권 가운데 그 어느 것이든지 선택적으로 행사할 수 있다"고 하여, 청구권경합설을 취하였다.46)

(3) 그 후에는, 운송주선인의 채무불이행책임(상법 제115조)과 불법행위책임(민법 제750조)은 그 요건과 효과를 달리하므로 두 개의 청구권은 별개의 청구권이므로 위탁자는 이를 선택하여 행사할 수 있는데 이는 피해자인 위탁자를 보호하는 것이 된다는 청구권경합설47)이 통설이다. 그러나 하나의 행위가 두 개의 법규에 저촉되는 외관을 나타내지만, 불법행위책임은 일반적인 손해배상책임으로서 계약관계가 있는 경우에는 불법행위로서의 위법성이 조각될 뿐만 아니라 계약법은 특별법으로서 일반법인 불법행위의 규정의 적용을 배제하므로 채무불이행으로 인한 손해배상책임만이 발생한다는 법조경합설(소수설)48)도 있다.

(4) 이에 관하여는 종래부터 청구권경합설과 법조경합설이 대립하고 있는데, 해상운송인의 경우에는 법조경합설에 따라 입법되었다(상법 제798조 제1항).

---

44) 서돈각, 상행위법(1954), 95면; 동, 제7판 상법강의(상)(1967), 216면.
45) 정희철, 신상법요론(상)(1962), 185면.
46) 손주찬, 제5판 신상법(상)(1967), 241면.
47) 정찬형, 제13판 상법강의(상)(2010), 302면; 서돈각·정완용, 제4전정 상법강의(상)(1999), 209면; 손주찬, 제15보정판 상법(상)(2004), 325면; 정동윤, 개정판 상법총칙·상행위법(1996), 598면; 임홍근, 상법총칙(1986), 769면; 이철송, 제4전정판 상법총칙·상행위법(2003), 450면; 채이식, 개정판 상법강의(상)(1996), 278면; 김용태, 전정 상법(상)(1984), 170면; 이병태, 전정 상법(상)(1988), 289면; 정무동, 전정판 상법강의(상)(1984), 227면; 최기원, 제15판 상법학신론(상)(2004), 383면; 이기수 외, 상법총칙·상행위법(2003), 417면; 대판 1962. 6. 21, 62 다 102; 동 1977. 12. 13, 75 다 107. 청구권경합설 중에는 채무불이행으로 인한 책임의 한도에서만 불법행위책임을 인정하자는 견해(절충설)도 있다[양승규·박길준, 제3판 상법요론(1993), 149면].
48) 정희철, 상법학(상)(1989), 207면(불법행위책임이 채무불이행책임보다 더 무겁다고 할 수도 없고 또 청구권의 시효도 짧으므로, 불법행위책임을 인정한다고 하여 피해자가 더 두텁게 보호된다고 할 수 없는 점 등을 고려한다면 법조경합설이 옳지 않은가 한다); 이원석, 신상법(상)(1985), 204면. 법조경합설 중에서도 고의의 경우는 청구권경합을 인정하는 견해(절충설)도 있다[서정갑, 상법(상)(1984), 156~157면].

### 라. 고가물에 대한 특칙

(1) 우리 상법 제정 전 운송인의 고가물에 대한 책임에서 송하인이 고가물임을 명시하지 않은 경우, 서돈각 선생님은 "운송인은 고가물로서는 물론이고 보통물로서도 손해배상책임을 부담하지 않는다. 또한 이 경우 송하인은 불법행위를 원인으로 운송인에게 손해배상책임을 물을 수는 있으나, 이 경우 운송인 또는 이행보조자에게 악의가 있는 때에만 운송인에게 불법행위책임을 물을 수 있다"고 하였다.[49]

(2) 우리 상법 제정 후 이에 대하여, 정희철 선생님도 "종류와 가액을 명시하지 않은 고가물에 대하여 운송인은 보통물로서의 손해를 배상할 책임도 지지 않는다. 또한 이 때 송하인은 불법행위를 이유로 손해배상의 청구를 할 수는 있지만, 과실에 의한 손해는 그것이 중대한 과실에 의한 것이라도 손해배상책임을 지울 수 없다"고 하였다.[50] 손주찬 선생님도 "이 경우 운송인은 보통물로서의 책임도 지지 않는다"고 하였다.[51]

(3) 그 후에는, 이 경우 운송인은 보통물로서의 주의의무를 부담한다고 보고 운송인이 보통물로서의 주의를 다하지 못한 경우에는 운송인은 보통물로서의 손해배상책임을 부담해야 한다고 보는 견해[52]도 있으나, 고가물을 보통물로서 그 가액을 환산한다는 것도 사실상 어려운 일이고 또한 송하인이 고가물을 명시한 경우에 한하여 운송인에게 그 책임을 부담시켜 송하인에게 고가물의 명시를 촉구하고자 하는 것이 상법 제136조의 입법취지인 점에서 볼 때 종류와 가액을 명시하여 신고하지 않은 고가물에 대하여는 운송인은 보통물로서의 주의의무도 없다는 견해[53]가 다수라고 볼 수 있다.

(4) 이에 관하여 운송인은 보통물로서의 주의의무도 없다고 보는 견해가 종

---

49) 서돈각, 상행위법(1954), 121~122면; 동, 제7판 상법강의(상)(1967), 232~233면. 동지: 차낙훈, 상법개론(상)(1955), 199~200면(그러나 불법행위로 인한 손해배상청구권을 상실하는 것은 아니라고 한다).

50) 정희철, 신상법요론(상)(1962), 208~209면.

51) 손주찬, 제5판 신상법(상)(1967), 252~253면.

52) 이철송, 제4전정판 상법총칙·상행위(2003), 412면.

53) 정찬형, 제13판 상법강의(상)(2010), 326면. 동지: 정희철, 상법학(상)(1989), 226면; 정동윤, 개정판 상법총칙·상행위(1996), 525면; 임홍근, 상법총칙(1986), 824면; 채이식, 개정판 상법강의(상)(1996), 298면; 이기수 외, 상법총칙·상행위법(2003), 450면; 손주찬 외, 주석상법(Ⅰ)(1992), 681면.

래부터 다수의 견해라고 본다.

## 마. 화물상환증의 문언증권성

(1) 우리 상법 제정 전 운송인이 공권(空券)을 발행한 경우, 서돈각 선생님은 "운송인은 송하인 자신에 대하여는 운송계약에 기한 모든 항변으로써 대항할 수 있으나, 기타 선의의 증권소지인에 대하여는 증권 기재의 문언에 따라서 책임을 진다"고 하여, 문언성을 중시하는 설을 따랐다.[54]

(2) 우리 상법 제정 후 정희철 선생님도 "화물상환증은 실질적으로 요인증 권인데 그의 유통 때문에 이 요인성이 문언성에 의하여 수정을 받게 되어, 공권 의 경우 증권작성자는 선의의 증권소지인에 대하여 채무불이행에 의한 책임을 져야 한다"고 하였다.[55] 이에 대하여 손주찬 선생님은 "유통거래의 안전이라는 본래적인 취지에서 문언성을 중시하는 설이 타당하다"고 하였다.[56]

(3) 그 후에도 운송인이 운송물을 수령하지 않고 화물상환증을 발행한 경우 (즉, 空券의 경우) 운송인은 선의의 증권소지인에 대하여 상법 제135조에 의한 책 임을 지는지 여부에 대하여, 요인성을 중요시하는 설에서는 채무불이행책임을 부 인하고 불법행위책임만을 인정하고,[57] 문언성을 중요시하는 설에서는 채무불이 행책임을 인정하였다.[58]

(4) 2010년 개정상법(2010. 5. 14, 법 10281호) 제131조 제2항은 문언성을 중요 시하는 설에 따라 개정하였으므로, 이러한 상법개정 후에는 요인성을 중요시하는

---

54) 서돈각, 상행위법(1954), 133면; 동, 제7판 상법강의(상)(1967), 243~244면.
55) 정희철, 신상법요론(상)(1962), 200~201면.
56) 손주찬, 제5판 신상법(상)(1967), 266면.
57) 대판 1982. 9. 14, 80 다 1325(선하증권은 운송물의 인도청구권을 표창하는 유가증권으로서 운송계약에 기하여 운송물을 수령 또는 선적한 후에 교부되는 요인증권이므로, 운송물을 수령 또는 선적하지 아니하였음에도 불구하고 발행된 선하증권은 그 원인과 요건을 구비하지 못하 여 그 목적물에 흠결이 있는 것으로서 누구에 대하여도 무효라고 봄이 상당하다)[이 판결에 대 한 평석으로는 정희철, "선하증권의 요인성과 문언성," 「법률신문」, 제1475호(1983. 1. 3), 10 면]; 동 2005. 3. 24, 2003 다 5535(선하증권은 운송물의 인도청구권을 표창하는 유가증권인바 이는 운송계약에 기하여 작성되는 유인증권으로 상법은 운송인이 송하인으로부터 실제로 운송 물을 수령 또는 선적하지 아니하였는데도 발행된 선하증권은 원인과 요건을 구비하지 못하여 목적물의 흠결이 있는 것으로서 무효라고 봄이 상당하고, 이러한 경우 선하증권의 소지인은 운송물을 수령하지 않고 선하증권을 발행한 운송인에 대하여 불법행위로 인한 손해배상을 청 구할 수 있다 할 것이다); 동 2008. 2. 14, 2006 다 47585.
58) 정찬형, 제13판 상법강의(상)(2010), 343면; 서돈각·정완용, 제4전정 상법강의(상)(1999), 235 면; 최기원, 제15판 상법학신론(상)(2004), 402면; 이철송, 제4전정판 상법총칙·상행위(2003), 429면; 이기수 외, 상법총칙·상행위법(2003), 469면; 손주찬 외, 주석상법(Ⅰ)(1992), 659면 외.

설은 의미가 없게 되었다.

## 바. 공중접객업자의 임치물에 대한 책임

(1) 우리 상법 제정 전 공중접객업자의 임치받은 물건에 대한 주의의무(불가항력)에 관하여, 차낙훈 선생님은 객관설에서 해석하였고, 이 설이 가장 유력한 학설이라고 하였다.[59]

(2) 우리 상법 제정 후 불가항력의 의의에 관하여, 서돈각 선생님은 절충설(통설)을 취하였다.[60] 그러나 정희철 선생님은 "운송주선인·운송인·창고업자의 책임과 같이 「책임이 없는 사유」(상법 제134조)의 뜻으로 보는 것이 옳다고 생각한다"고 하였다.[61]

(3) 그 후 우리나라에서는 상법 제152조 제1항의 불가항력(不可抗力)의 개념에 관하여, 「그 사업의 외부에서 발생한 사건으로서 공중접객업자가 보통 필요하다고 인정되는 주의를 다하더라도 이것을 방지할 수 없는 위해」를 의미한다고 보는 절충설이 통설이었다.[62] 이러한 통설에 대하여, 법문상으로 보면 이 불가항력의 의미를 레셉툼책임 내지 무과실책임으로 이해하는 것이 타당한 듯 보이지만, 오늘날과 같이 경찰기관이 정비되고 상인의 신용을 존중하는 사상이 발달된 사회에 있어서는 공중접객업자의 책임과 운송주선인·운송인·창고업자의 책임 사이에 너무 심한 차이를 인정하는 것은 공평하지 않으므로 여기에서의 불가항력이라는 것을 상법 제134조의 경우와 같이 「책임이 없는 사유」의 뜻으로 보는 것이 옳다는 과실책임설[63]도 있었다.

(4) 2010년 개정상법 제152조 제1항은 공중접객업자의 임치책임에 대하여 과실책임으로 변경하였으므로, 위의 통설은 의미가 없게 되었다.

---

59) 차낙훈, 상법개론(상)(1955), 227면.
60) 서돈각, 제7판 상법강의(상)(1967), 251면. 동지: 손주찬, 제5판 신상법(상)(1967), 273면; 박원선, 새상법(상)(1962), 199면.
61) 정희철, 신상법요론(상)(1962), 220~221면.
62) 정찬형, 제13판 상법강의(상)(2010), 363면; 서돈각·정완용, 제4전정 상법강의(상)(1999), 243면; 박원선, 새상법(상)(1962), 199면; 손주찬, 제15보정판 상법(상)(2004), 385면; 정동윤, 개정판 상법총칙·상행위법(1996), 645면; 김용태, 전정 상법(상)(1984), 202면; 최기원, 제15판 상법학신론(상)(2004), 422면; 채이식, 개정판 상법강의(상)(1996), 359면; 이원석, 신상법(상)(1985), 237면; 이기수 외, 상법총칙·상행위법(2003), 531면; 손주찬 외, 주석상법(Ⅰ)(1992), 748면; 이범찬·최준선, 상법개론(제3판)(1996), 207면 외.
63) 정희철, 상법학(상)(1989), 248면.

## IV. 회사편

### 1. 쟁 점

**가.** 회사는 정관의 목적에 의하여 그 권리능력이 제한되는지 여부에 대하여 견해가 나뉘어 있다.

**나.** 우리 현행 상법상 주식회사에서 자본에 관한 원칙이 그대로 유지될 수 있을 것인지에 대하여 견해가 나뉘어 있다.

**다.** 발기인의 권한범위 외의 행위(또는 정관에 기재하지 않고 한 재산인수)를 성립 후의 회사가 추인할 수 있는지 여부에 대하여 견해가 나뉘어 있다.

**라.** 타인의 승낙을 얻어 타인명의로 주식을 청약하고 그 후 그 타인에게 주식이 배정된 경우 누가 주식인수인이 되는가에 대하여 견해가 나뉘어 있다.

**마.** 자기주식취득금지에 위반한 취득행위의 사법상 효력에 대하여 견해가 나뉘어 있다.

**바.** 회사가 예외적으로 취득한 자기주식에 대하여 어떠한 권리를 행사할 수 있는가에 대하여 견해가 나뉘어 있다(전면적 휴지설·부분적 휴지설).

**사.** 회사가 명의개서를 하지 않은 주식양수인(명의개서미필주주)를 주주로 인정하여 그 자에게 권리행사를 허용할 수 있는가에 대하여 견해가 나뉘어 있다.

**아.** 주주총회나 이사회의 결의를 얻어야 하는 경우에 이를 얻지 않고 한 대표행위의 효력(그 행위가 대외적인 행위인 경우)에 대하여 견해가 나뉘어 있다.

**자.** 대표소송의 대상이 되는 이사의 책임범위에 대하여 견해가 나뉘어 있다.

**차.** 신주발행 무효의 소의 원인에 대하여 견해가 나뉘어 있다.

**카.** 그밖에 주식회사의 사단성의 개념과 법인성의 한계, 설립중의 회사의 창립시기·능력, 성립된 회사에로의 권리의무의 귀속, 주권의 효력발생시기, 주권발행 전의 주식양도의 효력, 주주총회의 특별결의사항의 범위, 주주총회결의부존재확인의 소의 범위, 대표이사의 대표권 남용행위의 효력, 이사의 충실의무의 내용, 개입권 행사의 효력, 이사의 제3자에 대한 책임의 성질, 특수사채 발행무효의 소의 인정 여부 등에 관하여도 논란이 있다.

## 2. 학설의 발전

### 가. 정관의 목적에 의한 회사의 권리능력의 제한

(1) 우리 상법 제정 전 회사는 정관의 목적에 의하여 그 권리능력이 제한되는지 여부에 대하여, 주유순 선생님은 "민법은 공익법인에 관한 것이므로 민법의 목적에 의한 제한의 규정을 근거로 하여 회사의 권리능력을 정관에 의하여 제한하는 것은 타당하지 않고, 또한 회사의 사회적 작용으로 보더라도 동적 안전을 보호하기 위하여, 회사는 정관의 목적에 의하여 그 권리능력이 제한되지 않는다"고 하여 무제한설을 취하였다.[64] 이에 반하여 서돈각 선생님은 "회사는 목적을 중심으로 하는 인격자이므로 그 권리능력은 당연히 목적에 의하여 제한을 받고, 민법의 이에 관한 규정이 회사에도 유추적용된다"고 하여, 제한설을 취하였다.[65] 차낙훈 선생님도 "회사는 목적을 중심으로 하는 인격자(법인)이므로 그 목적 범위내에서만 권리의무를 향유할 수 있다"고 하였다.[66]

(2) 우리 상법 제정 후 이에 대하여, 정희철 선생님은 "사회적·경제적 생활체로서 활동을 하고 있는 회사가 그 기능을 발휘하자면 회사의 권리능력에 관한 제한을 철폐하여 목적 범위를 둘러싸고 일어나는 불필요한 분쟁을 없애는 것이 좋을 것이다"고 하여, 무제한설을 취하였다.[67] 그러나 박원선 선생님은 "회사는 그 정관에서 작성된 목적의 범위 안에서 권리능력을 가짐은 물론이다"고 하여, 제한설을 취하였다.[68]

(3) 그 후에는, 민법 제34조는 회사를 포함한 법인 일반에 공통되는 기본원칙이므로 상법에 이를 배제하는 규정이 없는 한 회사에도 동 규정이 적용 또는 유추적용된다(상법 제1조 참조)는 제한설[69]과, 민법상의 법인에 관한 규정은 공익법인에 관한 규정으로서 사법인 일반에 관한 통칙은 아니고 민법 제34조의 규정은 공익법인에 대하여 정책적으로 인정한 특칙으로 활동의 범위가 넓은 영리법인에 유추

64) 주유순, 회사법강의(1950), 27~28면.
65) 서돈각, 제4판 상법(총칙·회사법)(1954), 144면; 동, 제7판 상법강의(1967), 285~287면.
66) 차낙훈, 상법개론(상)(1955), 255면.
67) 정희철, 신상법요론(상)(1962), 251면. 동지: 손주찬, 제5판 신상법(상)(1967), 314~315면.
68) 박원선, 새상법(상)(1962), 224면.
69) 정희철, 상법학(상)(1989), 293면; 박원선, "회사의 권리능력," 「연세행정논집」(연세대행정대학원편), 제5집(1987), 148~149면; 박원선·이정한, 전정회사법(1979), 69~70면; 김용태, 전정상법(상)(1984), 277면; 차낙훈, 상법(상)(1966), 259면; 이병태, 전정 상법(상)(1988), 407면; 강위두, 상법강의(1985), 179면.

적용할 것이 아니며 상법에 민법 제34조를 준용한다는 명문의 규정이 없는 이상 회사의 목적에 의하여 권리능력이 제한되지 않는다고 해석하는 무제한설[70]이 있다.

(4) 이에 관하여 오늘날에도 종래와 같이 제한설과 무제한설로 나뉘어 있으나, 무제한설이 많아지고 있다.

### 나. 주식회사의 자본에 관한 원칙

(1) 우리 상법 제정 전에는 주식회사에서 자본에 관한 원칙이 그대로 유지될 수 있을 것인지에 대하여 위에서 본 문헌에는 나타나 있지 않았다.

(2) 우리 상법 제정 후 주식회사에서 자본에 관한 원칙이 그대로 유지될 수 있을 것인지에 대하여, 정희철 선생님은 자본에 관한 3원칙(자본확정의 원칙, 자본유지의 원칙, 자본감소제한의 원칙)이 그대로 유지되는 것으로 설명하였다.[71] 또한 서돈각 선생님도 자본에 관한 3원칙이 유지되는 것으로 설명하였다.[72]

(3) 그 후에는, 우리 상법이 주식회사의 자본에 관하여 기본적으로는 수권자본제도를 채택하고 있지만 순수한 수권자본제도를 채택한 것은 아니고 확정자본제도를 가미하고 있으므로 이 점에서 자본의 3원칙은 유지되고 있다는 다수설[73]과, 자본에 관한 원칙에는 자본유지의 원칙만이 있다는 소수설[74] 및 자본에 관한 원칙을 형식적 원칙(자본유지의 원칙과 자본감소제한의 원칙)과 실질적 원칙(회사는 그가 영위하려는 사업의 규모와 성질에 비추어 충분하다고 인정되는 자본을 갖지 않으면 안 된다고 하는 원칙)으로 분류하는 소수설[75]이 있다.

---

70) 정찬형, 제13판 상법강의(상)(2010), 438면; 서돈각·정완용, 제4전정 상법강의(상)(1999), 291~292면; 이철송, 제12판 회사법강의(2005), 71면; 손주찬, 제15보정판 상법(상)(2004), 449면; 정동윤, 제7판 회사법(2001), 51면; 최기원, 제15판 상법학신론(상)(2004), 507면; 동, "회사의 권리능력에 관한 소고(ultra vires이론을 중심으로)," 「논문집」(서울대 경영대학원 창립 5주년기념), 1971, 288~289면; 채이식, 개정판 상법강의(상)(1996), 389~390면; 이기수 외, 상법총칙·상행위법(2003), 104~105면; 손주찬 외, 주석상법(II-상)(1991), 98면; 김영호, 회사법총론(1990), 73면 등.
71) 정희철, 신상법요론(상)(1962), 305~306면.
72) 서돈각, 제7판 상법강의(상)(1967), 289~291면. 동지: 박원선, 새상법(상)(1962), 251~252면; 손주찬, 제5판 신상법(상)(1967), 334~335면.
73) 정찬형, 제13판 상법강의(상)(2010), 577면; 서돈각·정완용, 제4전정 상법강의(상)(1999), 296~298면; 손주찬, 제15보정판 상법(상)(2004), 536면; 양승규·박길준, 제3판 상법요론(1993), 275면; 채이식, 개정판 상법강의(상)(1996), 396~398면; 이철송, 제12판 회사법강의(2005), 170~171면 외.
74) 정희철, 상법학(상)(1989), 357~358면.
75) 정동윤, 제7판 회사법(2001), 76~82면.

(4) 종래에는 자본에 관한 3원칙이 그대로 유지되는 것으로 설명되었으나, 그 후에는 이에 의문을 제기하고 자본에 관한 3원칙이 그대로 유지될 수 없다고 보는 소수설이 발생하게 되었다.

### 다. 정관에 기재하지 아니한 재산인수의 효력과 추인

(1) 우리 상법 제정 전에는 정관에 기재하지 않고 한 재산인수(개업준비행위)의 효력에 대하여 위에서 본 문헌에는 나타나 있지 않았다.

(2) 우리 상법 제정 후 정관에 기재하지 않고 한 재산인수(개업준비행위)의 효력에 대하여, 정희철 선생님은 "회사에 대하여 그 효력이 생기지 않는 것이 원칙이지만, 성립후의 회사가 이를 추인함으로써 그 효과를 회사에 귀속시킬 수 있다고 본다"고 하여, 추인긍정설을 취하였다.[76]

(3) 그 후에는, 발기인의 권한범위 외의 행위(또는 정관에 기재하지 않고 한 재산인수)는 무효로서 성립 후의 회사가 이를 추인하지 못하고 이 무효는 회사뿐만 아니라 양도인도 주장할 수 있다는 부정설(다수설)[77]과, 발기인의 권한범위 외의 행위(또는 정관에 기재하지 않고 한 재산인수)는 발기인이 설립중의 회사의 명의로 성립 후의 회사의 계산으로 한 것은 비록 그것이 발기인의 권한범위 외의 행위라 할지라도 무권대리행위로서 민법 제130조 이하의 규정에 의하여 추인할 수 있다고 보며 이렇게 성립 후의 회사가 추인하는 경우에는 상대방이 추인 전에 무효를 주장하지 않는 이상 그 효과가 회사에 귀속된다는 긍정설(소수설)[78]로 나뉘어 있다.

(4) 이에 관하여 추인긍정설과 추인부정설로 나뉘어 있는데, 회사의 이익과 거래의 안전 등을 고려하여 입법적으로 해결하여야 할 것으로 본다.

### 라. 타인 명의에 의한 주식인수의 효력

(1) 우리 상법 제정 전, 타인의 승낙을 얻어 타인명의로 주식을 청약하고 그 후 그 타인에게 주식이 배정된 경우 누가 주식인수인이 되는가에 대하여, 서돈각 선생님은 "명의차용자가 주식인수인인데, 명의차용자는 자기가 진실의 인수인이

---

76) 정희철, 신상법요론(상)(1962), 313면.
77) 서돈각·정완용, 제4전정 상법강의(상)(1999), 316면; 손주찬, 제15보정판 상법(상)(2004), 559면; 정동윤, 제7판 회사법(2001), 114면; 이철송, 제12판 회사법강의(2005), 194면; 이기수 외, 회사법(2002), 162면; 손주찬 외, 주석상법(Ⅱ-상)(1991), 378면.
78) 정찬형, 제13판 상법강의(상)(2010), 592면, 599면; 정희철, 상법학(상)(1989), 371면; 채이식, 개정판 상법강의(상)(1996), 409면; 대판 1992. 9. 14, 91 다 33087.

라는 것을 증명하여 회사에 대하여 명의개서를 청구하여야 한다"고 하여, 실질설을 취하였다.[79]

(2) 우리 상법 제정 후 이에 대하여, 손주찬 선생님은 "명의차용자는 책임을 질 뿐, 주식인수인인 권리를 취득하는 것은 아니다"고 하여, 명의대여자가 주식인수인이라고 하는 형식설을 취하였다.[80]

(3) 그 후에는, 명의대여자가 주식인수인이라고 보는 형식설(소수설)[81]도 있으나, 명의차용자가 주식인수인이라고 보는 실질설이 통설[82]이다.

(4) 종래의 판례는 통설과 같이 실질설이었으나(대판 2004. 3. 26, 2002 다 29138 외) 대법원 2017. 3. 23. 선고 2015 다 248342 전원합의체판결은 종래의 판례를 변경하여 형식설의 입장에서 판시하였다[이 판결에 대한 평석으로는 정찬형, "주주명부의 기재(명의개서)의 효력," 「서강법률논총」(서강대 법학연구소), 제6권 제2호(2017. 8), 145~215면 참조].

## 마. 자기주식 취득금지 위반의 사법상 효력

(1) 우리 상법 제정 전 자기주식 취득금지에 위반한 취득행위의 사법상 효력에 대하여, 주유순 선생님은 "자기주식 취득금지에 관한 규정은 명령규정이므로 이에 위반한 자기주식 취득의 사법상 효력은 유효하다"고 하여, 유효설을 취하였다.[83] 이에 대하여 차낙훈 선생님은 "회사가 자기명의로써 자기주식을 취득하였을 때는 그 사법적 효력은 무효이고, 타인명의로써 취득하였을 경우에는 거래안전을 고려하여 양도인의 악의가 없는 한 유효하다"고 하여, 상대적 무효설(부분적 무효설)을 취하였다.[84]

(2) 우리 상법 제정 후 이에 대하여, 정희철 선생님은 무효라고 보았다.[85]

(3) 그 후에는, 자기주식취득금지에 위반하여 자기주식을 취득하는 것은 출자금을 환급하는 것과 같은 결과를 가져오는데 이것은 주식회사의 본질적인 요

---

79) 서돈각, 제4판 상법(총칙·회사법)(1954), 201면.
80) 손주찬, 제5판 신상법(상)(1967), 358면
81) 손주찬, 제15보정판 상법(상)(2004), 574면; 채이식, 개정판 상법강의(상)(1996), 593면.
82) 정찬형, 제13판 상법강의(상)(2010), 604~605면; 정희철, 상법학(상)(1989), 377면; 서돈각·정완용, 제4전정 상법강의(상)(1999), 325면 주 1; 이철송, 제12판 회사법강의(2005), 205면; 정동윤, 제7판 회사법(2001), 125면; 이기수 외, 회사법(2002), 175면 외.
83) 주유순, 회사법강의(1950), 130면.
84) 차낙훈, 상법개론(상)(1955), 332면.
85) 정희철, 신상법요론(상)(1962), 345면.

청인 자본충실의 원칙을 침해하는 결과가 되며 또 이를 규정한 상법 제341조 (2011년 개정상법으로는 제341조의 2)는 강행규정이기 때문에 이에 위반한 취득행위는 무효가 된다는 (절대적) 무효설[86]과, 자기주식취득금지에 위반한 취득행위는 원칙적으로 무효이나 다만 선의의 제3자에게 대항하지 못한다는 상대적 무효설 (부분적 무효설)[87] 및 상법 제341조의 규정을 단속규정으로 보고 이에 위반한 자기주식의 취득행위의 사법상 효력은 유효하다고 하는 유효설[88]로 나뉘어 있다.

(4) 이에 관하여 종래부터 학설은 나뉘어 있는데, 우리 대법원판례는 무효설을 따르고 있다(대판 2003. 5. 16, 2001 다44109 외).

## 바. 회사가 취득한 자기주식의 지위

(1) 우리 상법 제정 전, 회사가 예외적으로 취득한 자기주식에는 어떠한 권리가 있는가에 대하여, 주유순 선생님은 "소수주주권·열람권 등 공익권을 행사할 수 없고 또한 이익배당청구권·신주인수권 등 자익권도 부정하여야 한다"고 하여, 전면적 휴지설을 취하였다.[89]

(2) 우리 상법 제정 후 이에 대하여, 정희철 선생님도 "공익권은 물론이고, 자익권도 휴지상태에 들어간다"고 하여 전면적 휴지설을 취하였다.[90] 그러나 손주찬 선생님은 "회사가 취득한 자기주식에 대하여 이익배당청구권 같은 재산권은 인정할 수 있으나, 의결권 같은 공익권은 행사하지 못한다"고 하여, 부분적 휴지설을 취하였다.[91]

(3) 그 후에는, 자익권 중 이익배당청구권 및 잔여재산분배청구권이 인정된다고 하거나,[92] 또는 이익배당이나 주식배당이 인정된다고 하거나,[93] 또는 신주

---

86) 정찬형, 제13판 상법강의(상)(2010), 685면; 서돈각·정완용, 제4전정 상법강의(상)(1999), 373면; 정동윤, 제7판 회사법(2001), 248~249면; 최기원, 제15판 상법학신론(상)(2004), 669면; 이범찬, 개정 상법강의(1985), 145면; 이기수 외, 회사법(2002), 264면. 동지: 대판 1955. 4. 7, 4287 민상 229; 대결 1964. 11. 12, 64 마 719; 동 2003. 5. 16, 2001 다 44109.

87) 정희철, 상법학(상)(1989), 426면; 손주찬, 제15보정판 상법(상)(2004), 659면; 이철송, 제12판 회사법강의(2005), 321면.

88) 박원선·이정한, 전정회사법(1979), 206면; 강위두, 전정판 회사법(2000), 289면; 채이식, 개정판 상법강의(상)(1996), 648면.

89) 주유순, 회사법강의(1950), 129~130면.

90) 정희철, 신상법요론(상)(1962), 345면. 동지: 박원선, 새상법(상)(1962), 286면.

91) 손주찬, 제5판 신상법(상)(1967), 389~390면.

92) 배철세·강위두, 상법강의(II), 294면.

93) 서정갑, 상법(상)(1984), 224면, 267면, 447면.

발행이나 준비금의 자본전입시에 신주인수권이 인정된다고 하는 것94) 등과 같이 자익권의 일부를 인정하고 나머지를 인정하지 않는 부분적 휴지설(소수설)도 있으나, 일체의 자익권을 인정하지 않는 전면적 휴지설이 통설95)이다.

(4) 이에 관하여는 종래부터 전면적 휴지설이 지배적인 견해가 되고 있다.

## 사. 명의개서를 마치지 아니한 주식양수인의 지위

(1) 우리 상법 제정 전에는 회사가 명의개서를 하지 않은 주식양수인을 주주로 인정할 수 있는가에 관하여 위에서 본 문헌상 나타나 있지 않았다.

(2) 우리 상법 제정 후 회사가 명의개서를 하지 않은 주식양수인을 주주로 인정할 수 있는가에 대하여, 손주찬 선생님은 "주주명부의 기재는 실질상의 권리를 부여하는 것은 아니므로, 형식적 자격은 없어도 실질상의 권리자인 경우에는 그것을 증명한 이상 역시 권리를 행사하게 하여야 한다"고 하여, 긍정설을 취하였다.96)

(3) 그 후에는, 다수인의 이해관계가 교차하는 회사의 법률관계를 획일적으로 처리하기 위한 것이 명의개서의 취지이며 회사가 주주인정의 문제에 관하여 선택권을 갖는 것은 거래의 안전을 해하고 주주평등의 원칙에도 반한다고 하여 이를 부정하는 견해(쌍면적 구속설)(소수설)97)도 있으나, 상법이 명의개서를 하지 않으면 「회사에 대항하지 못한다」고 규정하고 있는 것은 단순한 대항요건에 불과하므로 회사가 그 이전이 있음을 인정하여 주주양수인을 주주로 취급하는 것은 그 법의에 어긋나는 것이 아니므로 이를 긍정하는 것이(편면적 구속설) 통설98)이다.

94) 서정갑, 상법(상)(1984), 447면; 최기원, 제15판 상법학신론(상)(2004), 675~676면.
95) 정찬형, 제13판 상법강의(상)(2010), 688면; 정희철, 상법학(상)(1989), 427면; 서돈각·정완용, 제4전정 상법강의(상)(1999), 375면; 손주찬, 제15보정판 상법(상)(2004), 663면; 이범찬, 개정 상법강의(1985), 146면; 정동윤, 제7판 회사법(2001), 249~250면; 이철송, 제12판 회사법강의(2005), 323~324면; 이기수 외, 회사법(2002), 266면; 손주찬 외, 주석상법(II-상)(1991), 595면; 강위두, 전정판 회사법(2000), 385~386면.
96) 손주찬, 제5판 신상법(상)(1967), 393면.
97) 이철송, 제12판 회사법강의(2005), 285면; 최기원, 제15판 상법학신론(상)(2004), 705~706면; 동, 제11대정판 신회사법론(2001), 283~285면.
98) 정찬형, 제3판 회사법강의(2003), 706면; 정희철, 상법학(상)(1989), 438면, 439면; 손주찬, 제15보정판 상법(상)(2004), 673면; 정동윤, 제7판 회사법(2001), 276면; 채이식, 개정판 상법강의(상)(1996), 659면; 이기수 외, 회사법(2002), 284~285면; 손주찬 외, 주석상법(II-상)(1991), 579~580면; 이범찬·최준선, 상법개론(제3판)(1996), 291면.

(4) 명의개서를 하지 않은 주주를 회사가 주주로 인정할 수 있음은(즉, 주주명부의 명의개서에 창설적 효력이 없음은) 종래부터 통설이 인정하고 또한 종래의 판례이었으나(대판 1989. 10. 24, 89 다카 14714 외), 그 후 대법원 2017. 3. 23. 선고 2015 다 248342 전원합의체판결은 종래의 판결(편면적 구속설)을 변경하여 소수설(쌍면적 구속설)과 같이 판시하였다.

## 아. 대표이사의 전단적 행위의 효력

(1) 우리 상법 제정 전에는, 주주총회나 이사회의 결의를 얻어야 하는 경우에 이를 얻지 않고 한 대표행위의 효력(그 행위가 대외적 행위인 경우)에 관하여 위에서 본 문헌상 나타나 있지 않았다.

(2) 우리 상법 제정 후, 주주총회나 이사회의 결의를 얻어야 하는 경우에 이를 얻지 않고 한 대표행위의 효력(그 행위가 대외적 행위인 경우)에 대하여, 정희철 선생님은 "그 행위 자체는 위법이라고 하지 않을 수 없으나, 외관주의와 거래안전의 필요상 이것을 유효라고 보아야 할 경우가 많을 것이다"고 하였다.[99] 이에 대하여 서돈각 선생님은 "무효인 이사회의 결의에 기한 행위의 효력에 관하여는, 그 사항에 이사회의 결의를 요구하는 취지와 제3자의 거래안전을 보호할 필요 등을 고려하여 결정하여야 문제이므로 구체적인 각 경우에 따라서 해결하여야 한다"고 하였다.[100] 또한 박원선 선생님은 "하자 있는 이사회 결의에 의하여 집행된 행위의 효력에 대하여, 제3자의 거래안전을 고려할 필요가 있는 경우에는 이를 유효로 보고, 거래 안전을 고려할 필요가 없는 경우에는 이를 무효로 함이 가할 것이다"고 하였다.[101]

(3) 그 후에는, 주주총회 또는 이사회의 결의를 얻어야 하는 경우에 이것을 얻지 않고 한 대표이사의 대외적 행위의 효력은 외관주의와 거래안전의 필요상 이것을 유효로 보아야 한다고 하여 이를 일률적으로 유효로 보는 견해가 많은데,[102] 주주총회 또는 이사회의 결의를 요하는 경우에 대표이사가 이러한 결의 없이 한 대외적 행위를 일률적으로 유효라고 볼 수는 없고 그러한 결의가 없는 것이 법률에 위반한 것이냐 또는 정관 등 단순한 회사의 내부규칙에 위반한 것

---

99) 정희철, 신상법요론(상)(1962), 368면.
100) 서돈각, 제7판 상법강의(상)(1967), 375면.
101) 박원선, 새상법(상)(1962), 320면. 동지: 손주찬, 제5판 신상법(상)(1967), 415면.
102) 정희철, 상법학(상)(1989), 482면 외.

이냐 또한 주주총회결의사항이냐 또는 이사회결의사항이냐에 따라 그 효력을 달리 보아야 한다는 견해도 있다.[103]

(4) 이에 관하여 종래에는 추상적으로 판단하여 일률적으로 무효 등으로 보았으나, 그 후에는 매우 구체적으로 분석하는 견해도 있다.

## 자. 대표소송의 대상이 되는 이사의 책임 범위

(1) 우리 상법 제정 전에는, 대표소송의 대상이 되는 이사의 책임범위에 관하여 위에서 본 문헌상 나타나 있지 않았다.

(2) 우리 상법 제정 후, 대표소송의 대상이 되는 이사의 책임범위에 대하여, 정희철 선생님은 "상법 제399조의 손해배상책임과 상법 제428의 자본충실의 책임을 추궁한다는 뜻이다"고 하였다.[104] 그러나 서돈각 선생님은 "상법 제399조 및 동 제428조의 책임뿐만 아니라, 이사가 회사에 대하여 부담하는 모든 채무를 포함한다"고 하였다.[105]

(3) 그 후에는 대표소송의 대상이 되는 이사의 책임범위에 대하여, 이사가 상법 제399조 및 제428조에 의하여 회사에 대하여 부담하는 채무만을 의미한다고 보는 소수설[106]도 있으나, 이러한 채무 이외에 이사가 회사에 대하여 부담하는 모든 채무(예컨대, 이사와 회사간의 거래에서 이사가 회사에 대하여 부담하는 모든 거래상의 채무 및 손해배상책임, 이사로 취임하기 전에 회사에 대하여 부담한 채무, 상속 또는 채무인수에 의하여 승계취득한 채무 등)도 포함한다고 보는 것이 다수설[107]이다.

(4) 대표소송의 대상이 되는 이사의 책임범위를 넓게 보느냐 좁게 보느냐에 대하여 종래부터 견해가 나뉘어 있으나, 지배적인 견해는 넓게 보고 있다.

---

103) 정동윤, 상법(상)(제5판, 2010), 600~601면; 정찬형, 제13판 상법강의(상)(2010), 865~867면.
104) 정희철, 신상법요론(상)(1962), 375면.
105) 서돈각, 제7판 상법강의(상)(1967), 385면. 동지: 손주찬, 제5판 신상법(상)(1967), 426면.
106) 정희철, 상법학(상)(1989), 398~399면; 강위두, 전정판 회사법(2000), 582면; 박원선·이정한, 전정회사법(1979), 317면.
107) 정찬형, 제13판 상법강의(상)(2010), 922면; 서돈각·정완용, 제4전정 상법강의(상)(1999), 472면; 손주찬, 제15보정판 상법(상)(2004), 821면; 정동윤, 제7판 회사법(2001), 467면; 이병태, 전정 상법(상)(1988), 701면; 양승규·박길준, 제3판 상법요론(1993), 402면; 이철송, 제12판 회사법강의(2005), 639면; 서돈각·김태주, 주석 개정회사법(상)(1984), 725면; 손주찬 외, 주석상법(Ⅱ-하)(1991), 269면; 채이식, 개정판 상법강의(상)(1996), 575면; 이기수 외, 회사법(2002), 354면; 이범찬·최준선, 제3판 상법개론(1996), 334면.

## 차. 이사회 결의 없는 신주발행의 효력

(1) 우리 상법 제정 전에는 신주발행무효의 소의 원인에 관하여 위에서 본 문헌상 나타나 있지 않았다.

(2) 우리 상법 제정 후 신주발행무효의 소의 원인에 대하여, 정희철 선생님은 "비교적 가벼운 위법행위는 이를 모두 무효로 할 필요가 없고, 주식회사의 본질에 반하는 중대한 위법행위를 무효원인으로 본다(이사회 결의 없는 신주발행도 이에 포함된다)"고 하였다.108) 서돈각 선생님도 "거래의 안전을 위하여 신주발행의 무효원인을 될 수 있는 대로 좁게 해석하는 것이 적당하다(그러나 이사회의 결의 없이 대표이사가 신주를 발행한 경우 등은 무효이다)"고 하였다.109) 그러나 박원선 선생님은 "신주발행무효의 원인은 거래의 안전을 위하여 되도록 이를 제한할 필요가 있으므로 주식회사의 본질에 반하는 중대한 위법발행에 한한다고 할 것이다. 따라서 이사회 결의 없이 대표이사가 한 신주발행·불공정한 가액에 의한 신주발행 등은 무효원인이 아니다"고 하였다.110)

(3) 그 후에는, 주식회사의 본질에 반하는 중대한 위법행위만을 신주발행의 무효원인으로 보아야 하므로 이사회 결의 없이 대표이사가 한 신주발행은 거래의 안전을 중시하여 유효로 보는 견해111)와, 이사회의 결의가 없거나 또는 이사회의 결의에 하자가 있음에도 대표이사가 신주를 발행한 것은 수권자본제의 한계를 넘는 것이라고 하여 무효로 보는 견해로 나뉘어 있다.112)

(4) 이사회 결의 없이 대표이사가 발행한 신주에 대하여 종래부터 학설은 무효설과 유효설로 나뉘어 있으나, 우리 대법원판례는 유효설을 따르고 있다(대판 2009. 1. 30, 2008 다 50776).

---

108) 정희철, 신상법요론(상)(1962), 393~394면.
109) 서돈각, 제7판 상법강의(상)(1967), 406면.
110) 박원선, 새상법(상)(1962), 346면. 동지: 손주찬, 제5판 신상법(상)(1967), 447~448면.
111) 정동윤, 상법(상)(제5판, 2010), 690면; 정찬형, 제13판 상법강의(상)(2010), 982면; 정희철, 상법학(상)(1989), 531면; 이철송, 제12판 회사법강의(2005), 710~714면(특히 수권자본제·자본 충실 및 주주의 신주인수권에 관한 사항이 주식회사의 본질에 속하는 사항으로 이에 위반한 신주발행이 무효원인이 된다고 한다); 채이식, 개정판 상법강의(상)(1996), 713면.
112) 서돈각·정완용, 제4전정 상법강의(상)(1999), 500면; 이철송, 제12판 회사법강의(2005), 712면; 최기원, 제11대정판 신회사법론(2001), 754~755면; 채이식, 개정판 상법강의(상)(1996), 714면; 이범찬·최준선, 제3판 상법개론(1996), 360면.

## Ⅴ. 보험편

### 1. 쟁 점

**가.** 보통보험약관의 법적 성질에 대하여 견해가 나뉘어 있다.

**나.** 고지의무위반과 보험사고발생이 인과관계가 없는 경우 보험계약을 해지할 수 있는지 여부에 대하여 견해가 나뉘어 있다.

**다.** 고지의무위반의 사실이 동시에 민법상 보험자의 착오(민법 제109조)나 보험계약자의 사기(민법 제110조)에 해당하는 경우 보험자는 보험계약을 취소할 수 있는지 여부에 대하여 견해가 나뉘어 있다.

**라.** 책임보험에서 언제 보험사고가 발생하였다고 볼 것인가에 대하여 견해가 나뉘어 있다(손해사고설·배상청구설·책임부담설·채무확정설·배상의무이행설).

**마.** 그밖에 인보험의 피보험이익, 보험자의 고지의무, 타인을 위한 보험에서의 청구권대위 등에 관하여도 논란이 있다.

### 2. 학설의 발전

### 가. 보험약관의 법적 성질

(1) 우리 상법 제정 전에 보통보험약관이 당사자를 구속하는 근거에 대하여, 서돈각 선생님은 "부합계약에서는 특별한 사정이 없는 한 '거래는 약관에 따른다'는 일종의 관습법이 존재하는 결과이다"고 하였다.[113]

(2) 우리 상법 제정 후 이에 대하여, 정희철 선생님은 "보통보험약관의 내용은 형식상은 법규가 아니지만 그것이 거래사회에서 합리성을 인정받음으로써 일종의 자치법규로서 법규범성을 갖게 되어 당사자를 구속한다"고 하였다.[114] 그러나 박원선 선생님은 "보험과 같은 집단거래에 있어서는 당사자는 보험업자가 작성한 약관을 계약의 내용으로 하여 계약을 체결한다는 관습법이 성립되어 있다고 봄이 마땅하다"고 하여, (상)관습법설에 따라 설명하였다.[115] 이에 대하여 손주찬 선생님은 "의사설에 따르면 부합계약으로서의 보험계약의 현실에 부합하지 않

---

113) 서돈각, 신고상법(하)(1957), 185면; 동, 신고상법(상)(1957), 55~56면; 동, 제6판 상법강의 (하)(1966), 217면.
114) 정희철, 재판 신상법요론(하)(1964), 26면.
115) 박원선, 새상법(하)(1962), 45면.

으므로, 오늘날의 일반적인 견해는 보통보험약관의 규범성을 인정하여 그 구속력을 긍정하고 있다"고 하여, 규범설에 찬성하는 취지인 것 같다.[116]

(3) 그 후에는, 보통보험약관은 법사회학적으로 볼 때 그 거래권에 있어서의 (법)규범이 되므로 보통보험약관은 법원성(法源性)을 갖는다는 규범설[117]과, 보통보험약관은 그 자체로서 결코 법규범(법원)이 될 수 없고 그 약관이 개별계약의 내용을 이루기 때문에 전통적인 법률행위이론에 의하여 당사자를 구속한다고 하는 의사설(또는 계약설)[118]로 나뉘어 있다.

(4) 보통보험약관이 당사자를 구속하는 근거에 대하여 종래의 학설은 규범설이 많았으나, 우리 대법원판례는 일관하여 의사설에 따르고 있다(대판 1990. 4. 27, 89 다카 24070).

## 나. 고지의무위반과 무관한 보험사고 발생시 보험계약의 해지 여부

(1) 우리 상법 제정 전에 고지의무위반과 보험사고 발생이 인과관계가 없는 경우 보험계약을 해지할 수 있는지 여부에 대하여, 서돈각 선생님은 보험계약을 해제(해지)하지 못한다고 하였다.[119]

(2) 우리 상법 제정 후 이에 대하여, 정희철 선생님도 (상법 제655조 단서를 근거로) 해지하지 못한다고 하였다.[120]

(3) 그 후에는, 보험계약을 해지할 수 없는 것으로 해석하는 보험계약해지 부정설(다수설)[121]과, 보험자는 보험계약을 해지할 수는 있되 다만 발생한 보험사고에 대한 보험금 지급책임만을 부담한다고 하는 보험계약해지 긍정설(소수설)[122]로 나뉘어 있다.

---

116) 손주찬, 재판 신상법(하)(1965), 370면.
117) 양승규·박길준, 제3판 상법요론(1993), 41면; 정희철, 상법학(하)(1990), 357면; 양승규, 제5판 보험법(2005), 70~71면. 상관습법설이라는 점에서 같은 결과인 견해로는 서돈각·정완용, 제4전정 상법강의(상)(1999), 366면(보험계약은 '보통보험약관에 의하여 체결되는 것'이 하나의 관습법으로 형성되었기 때문에 구속력을 갖는다고 함).
118) 정동윤, 상법(하)(제3판, 2008), 467~469면; 정찬형, 제12판 상법강의(하)(2010), 502~503면; 이기수 외, 보험·해상법(2003), 22면; 채이식, 개정판 상법강의(하)(2003), 466면; 최기원, 보험법(1993), 56~57면.
119) 서돈각, 신고상법(하)(1957), 191면; 동, 제6판 상법강의(하)(1966), 224면.
120) 정희철, 재판 신상법요론(하)(1964), 51~52면. 동지: 박원선, 새상법(하)(1962), 88~89면.
121) 정희철, 상법학(하)(1990), 388면; 손주찬, 제10정증보판 상법(하)(2002), 532면; 양승규, 제5판 보험법(2005), 126면.
122) 정동윤, 상법(하)(제3판, 2008), 520~521면; 정찬형, 제12판 상법강의(하)(2010), 553~554면; 최병규, "고지의무에 관한 종합적 검토," 「경영법률」, 제9집(1999), 314면, 316면; 김재걸, "고지의무위반에 의한 계약해지의 효력에 대한 일고찰," 「21세기 상사법의 전개」(하촌 정동윤선생 화갑기념)

(4) 보험계약해지부정설이 종래부터의 다수설이었으나, 2010년 이후의 대법원판례는 보험계약해지긍정설에 따라 판시하였다(대판 2010. 7. 22, 2010 다 25353). 그런데 2014년 3월 개정상법은 제655조 단서를 「…그러하지 아니하다」에서 「…보험금을 지급할 책임이 있다」고 명백히 규정함으로써 (보험계약해지 긍정설에 따라) 입법적으로 해결하였다.

## 다. 고지의무 위반과 사기·착오와의 관계

(1) 우리 상법 제정 전에, 고지의무위반의 사실이 민법상 착오나 보험계약자의 사기에 해당하는 경우 보험자가 보험계약을 취소할 수 있는지 여부에 대하여, 서돈각 선생님은 "사기의 경우는 민법의 적용이 배제되고(상법은 소급효가 없는 해지의 특칙을 둠) 착오의 경우는 민법이 적용된다(이에 대하여는 고지의무에 관한 규정이 적용되지 않음)"고 하였다.[123)]

(2) 상법 제정 후 이에 대하여, 서돈각 선생님은 "착오 또는 사기로 인한 보험계약의 경우에는 (원칙적으로) 상법의 규정에 따라 해결하는 것이 타당하다. 즉 고지의무 위반이 착오로 인한 경우에는 이의약관의 정함에 따라 이의를 제기할 수 있고(상법 제641조 참조), 사기로 인한 경우에는 보험계약의 선의성으로 인하여 그 보험계약을 무효로 하여야 할 것이다(상법 제669조 제4항 참조). 다만 보험의 목적에 관한 착오의 경우와 같이 고지의무에 관한 규정의 적용이 없는 경우에는 물론 민법의 규정이 적용된다"고 하여, 상법적용설에 따라 설명하였다.[124)] 그러나 박원선 선생님은 "착오인 경우에는 상법만이 적용되고, 사기의 경우에는 민법도 적용된다"고 하여, 착오·사기구별설(착오배제사기적용설)을 취하였다.[125)]

(3) 그 후에는, 고지의무위반의 효력에 관한 상법의 규정은 보험계약의 단체성·기술성의 특성에 기인하여 소급효를 제한하고자 해지에 관하여 규정한 것으로서 이는 민법에 대한 특칙이므로 이러한 상법이 적용되는 한 민법의 착오 또는 사기에 관한 규정은 적용될 여지가 없다는 상법(단독)적용설(민법적용배제설)[126)]과, 고지의무위반에 관한 상법의 규정은 착오·사기 등의 의사의 흠결 또는 의사표시의 하자에 관한 민법의 규정과는 그 근거·요건·효과 등에서 완전히 다르므

---

(법문사, 1999), 569면; 심상무, "고지의무 위반의 효과," 「법률신문」, 제2141호(1992. 7. 23), 10면.
123) 서돈각, 신고상법(하)(1957), 192면.
124) 서돈각, 제6판 상법강의(하)(1966), 224~225면.
125) 박원선, 새상법(하)(1962), 90~91면.
126) 서돈각·정완용, 제4진정 상법강의(하)(1996), 379면.

로 양자는 다 같이 적용된다는 민·상법적용설(중복적용설 또는 동시적용설)[127]도 있으나, 보험자의 착오의 경우에는 민법의 적용을 배제하나 보험계약자의 사기의 경우에는 상법 외에 민법의 사기에 의한 의사표시에 관한 규정(민법 제110조)도 적용된다는 절충설(착오·사기구별설 또는 착오배제사기적용설)이 통설[128]이다.

　　(4) 이에 관하여 종래에는 학설이 정립되지 않았으나 그 후에는 절충설로 정립되어 가고 있으며, 우리 대법원판례도 사기의 경우에는 민법을 적용하고 있다(대판 1991. 12. 27, 91 다 1165).

### 라. 책임보험에서의 보험사고 발생시기

　　(1) 우리 상법 제정 전에, 책임보험에서 언제 보험사고가 발생하였다고 볼 것인가에 대하여, 서돈각 선생님은 "약정한 보험사고의 발생을 이유로 피보험자가 현실로 청구를 받은 때"라고 하여, 배상청구설을 취하였다.[129] 또한 차낙훈 선생님도 "피보험자가 법률상 책임을 부담하여야 된다고 재판상 또는 재판외의 청구를 받게 되는 그 자체가 보험사고라고 해석하는 것이 타당하다"고 하여, 배상청구설을 취하였다.[130]

　　(2) 우리 상법 제정 후 이에 대하여, 서돈각 선생님은 "책임보험에서의 보험사고는 계약 소정의 사실로 인하여 피보험자가 제3자에 대하여 재산적 급여를 하는 책임을 부담한 때이다"고 하여, 책임부담설을 취하였다.[131] 그러나 손주찬 선생님은 "피보험자가 제3자로부터 청구를 받은 것을 보험사고로 보는 취지로 생각된다"고 하여, 배상청구설을 취하였다.[132]

　　(3) 그 후에는, 피보험자가 제3자에 대하여 책임을 질 사고의 발생 자체를 보험사고라고 보는 「사고발생설(손해사고설)」,[133] 피보험자가 제3자로부터 그 책

---

127) 채이식, 개정판 상법강의(하)(2003), 462면.
128) 정찬형, 제12판 상법강의(하)(2010), 555~556면; 정동윤, 상법(하)(제3판, 2008), 523면; 정희철, 상법학(하)(1990), 388~389면; 손주찬, 제10정증보판 상법(하)(2002), 534면; 양승규, 제5판 보험법(2005), 127~128면; 이범찬, 개정 상법강의(1985), 466~467면; 최기원, 제13판 상법학신론(하)(2004), 634면; 이기수 외, 보험·해상법(2003), 86면 외.
129) 서돈각, 신고상법(하)(1957), 224면.
130) 차낙훈, 상법개론(하)(1957), 522면.
131) 서돈각, 제6판 상법강의(하)(1966), 272면.
132) 손주찬, 재판 신상법(하)(1965), 444면.
133) 정동윤, 상법(하)(제3판, 2008), 649~650면; 정찬형, 제12판 상법강의(하)(2010), 677~678면; 정희철, 상법학(하)(1990), 455면; 서돈각·정완용, 제4전정 상법강의(하)(1996), 462~463면; 양승규, 제5판 보험법(2005), 358면; 이기수 외, 보험·해상법(2003), 222면.

임에 관하여 손해배상청구를 받은 것을 보험사고라고 보는 「배상청구설」134)(상법 제722조 참조), 피보험자가 법률상의 배상책임을 지게 된 것을 보험사고라고 보는 「책임부담설」135)(상법 제719조 참조) 등으로 나뉘어 있다.

(4) 이에 관하여 종래에는 배상청구설이 많았으나, 그 후에는 다양하게 나뉘어 있다.


## Ⅵ. 해상법

### 1. 쟁 점

**가.** 정기용선계약의 법적 성질에 대하여 견해가 나뉘어 있다.

**나.** 선장의 선적항 외에서의 대리권에는 운송계약에 관한 권한이 포함되느냐에 대하여 견해가 나뉘어 있다.

**다.** 예선과 피예선과의 충돌도 선박충돌인지 여부에 대하여 견해가 나뉘어 있다.

**라.** 그밖에 「손해발생의 염려가 있음을 알고 무모하게」의 개념, 보증도의 효력에 관하여도 논란이 있다.

### 2. 학설의 발전

### 가. 정기용선계약의 법적 성질

(1) 우리 상법 제정 전에 정기용선계약의 법적 성질에 대하여, 서돈각 선생님은 "정기용선계약은 임대차에 유사한 계약과 노무공급계약과의 혼합계약이고, 임대차의 규정을 준용할 계약이다"고 하여, 혼합계약설을 취하였다.136) 이에 대하여 차낙훈 선생님은 "정기용선계약은 선박임대차에 유사한 일종의 특수한 계약이라고 해석하는 것이 타당할 것이다"고 하여, 특수계약설을 취하였다.137)

(2) 우리 상법 제정 후 이에 대하여, 정희철 선생님은 "정기용선은 (용선계약

---

134) 최기원, 제13판 상법학신론(하)(2004), 733면.
135) 손주찬, 제10정증보판 상법(하)(2002), 641면(다만 손 선생님은 책임부담설과 책임확정설을 동일하게 보고 이를 '법률상 책임발생설'로 부른다); 채이식, 개정판 상법강의(하)(2003), 584면; 이범찬, 개정상법강의(1985), 507면.
136) 서돈각, 신고상법(하)(1957), 64~65면; 동, 제6판 상법강의(하)(1966), 85면.
137) 차낙훈, 상법개론(하)(1957), 428면.

과) 선박임대차와의 중간형태이지만, 선박임대차에 가까운 점이 많다"고 하여, 선
박임대차유사계약설을 취하였다.138) 손주찬 선생님은 "정기용선계약은 선박임대
차에 유사한 계약이다"고 하여, 선박임대차유사계약설을 취하였다.139)

(3) 그 후에는, 선박소유자 등이 운송물을 인수받아 자기의 관리·점유하에 운
송을 실행하는 것이므로 운송계약의 일종이라고 보는 「운송계약설」,140) 선박임대차
계약(선체용선계약)과 노무공급계약과의 혼합으로 보는 「혼합계약설」,141) 통상의 용선
계약(운송계약)과는 달리 선박임대차계약(선체용선계약)에 근접하면서 근로공급계약을
수반하는 특수계약이라고 보는 「특수계약설」,142) 선박임대차계약(선체용선계약)과 유
사한 계약으로 보는 「선박임대차(선체용선)유사계약설」143) 등으로 나뉘어 있다.

(4) 종래의 학설에 없는 운송계약설이 그 후에 발생하였다.

## 나. 선적항 외에서 선장이 운송계약에 관한 대리권을 갖는지 여부

(1) 우리 상법 제정 전에, 선장의 선적항 외에서의 대리권에는 운송계약에
관한 권한이 포함되느냐에 대하여, 서돈각 선생님은 "독일과 프랑스는 이를 일반
적으로 인정하고 있으나, 항해에 필요한 경우(예컨대, 선박의 안전유지를 위하여 필요
한 경우) 이외에는 할 수 없다"고 하여, 부정설을 취하였다.144)

(2) 우리 상법 제정 후 이에 대하여, 서돈각 선생님은 "운송계약의 체결은
경제적 의미에서 항해를 위하여 필요한 행위이고 선장의 기업보조자로서의 지위
에 비추어, 선장의 권한내에 들어간다고 보는 것이 타당하다"고 하여, 긍정설을
취하였다.145) 손주찬 선생님도 "선장의 권한에는 운송계약상의 의무이행 등을 포
함한다"고 하였다.146) 박원선 선생님도 "운송계약의 체결은 선적항 외에서 선장

138) 정희철, 재판 신상법요론(하)(1964), 129면.
139) 손주찬, 재판 신상법(하)(1965), 59면.
140) 정찬형, 제12판 상법강의(하)(2010), 791면; 정희철, 상법학(하)(1990), 513~514면; 이기수
외, 보험·해상법(2003), 355면; 채이식, 개정판 상법강의(하)(2003), 643면; 동, 상법(IV)(보험
법·해상법)(2001), 246~247면.
141) 서돈각·정완용, 제4전정 상법강의(하)(1996), 563면; 손주찬, 제10정증보판 상법(하)(2002),
777면; 최기원, 제13판 상법학신론(하)(2004), 812면; 정무동, 전정판 상법강의(하)(1985), 157
면; 김용태, 상법(하)(1969), 152면.
142) 정동윤, 상법(하)(제3판, 2008), 825면; 양승규·박길준, 제3판 상법요론(1993), 587면.
143) 김인현, 해상법연구(2002), 34~36면.
144) 서돈각, 신고상법(하)(1957), 72면.
145) 서돈각, 제6판 상법강의(하)(1966), 92면.
146) 손주찬, 재판 신상법(하)(1965), 66면.

의 권한에 포함된다"고 하여, 긍정설을 취하였다.[147]

(3) 그 후에는, 운송계약에 관한 권한은 항해를 위하여 필요한 경우가 아니면 체결할 수 없다는 견해[148]도 있으나, 선장의 해상기업의 보조자적 지위에서 보아 그 권한을 인정하는 견해[149]가 다수의 견해이다.

(4) 선장의 권한에 운송계약에 관한 권한을 포함시키는 것이 종래부터의 다수설이고, 우리 대법원도 이러한 다수설에 따라 판시하고 있다(대판 1975. 12. 23, 75 다 83).

## 다. 예선과 피예선간의 충돌이 선박충돌인지 여부

(1) 우리 상법 제정 전에, 예선과 피예선과의 충돌이 선박충돌인지 여부에 대하여, 서돈각 선생님은 "선박충돌에서 두 척 이상의 충돌선박은 독립하여야 하므로, 예선계약하의 예선과 피예선간의 충돌은 예선계약상의 채무불이행의 문제를 발생하여도 상법상의 선박충돌의 책임은 없다"고 하여, 부정설을 취하였다.[150]

(2) 우리 상법 제정 후 이에 대하여, 정희철 선생님은 "예선과 피예선과의 충돌도 피예선이 예선의 보관하에 있지 않은 경우(운송계약의 이행이 아닌 경우)에는 선박충돌로 보아야 할 것이다"고 하여, 긍정설을 취하였다.[151] 그러나 손주찬 선생님은 "예선과 피예선간의 충돌은 서로 독립적인 관계가 없으므로 선박충돌이 아니다"고 하여, 부정설을 취하였다.[152]

(3) 그 후에는, 예선과 피예선과의 충돌도 피예선이 예선의 보관하에 있지 않으면(운송계약의 이행이 아닌 경우) 선박충돌이라고 보는 견해[153]와, 선박충돌이 아니라고 보는 견해[154]로 나뉘어 있다.

(4) 이에 관하여는 종래부터 학설이 나뉘어 있다.

---

147) 박원선, 새상법(하)(1962), 288면.
148) 손주찬, 제10정증보판 상법(하)(2002), 789면.
149) 정동윤, 상법(하)(제3판, 2008), 773면; 정찬형, 제12판 상법강의(하)(2010), 801면; 정희철, 상법학(하)(1990), 537면; 서돈각·정완용, 제4전정 상법강의(하)(1996), 570~571면; 채이식, 개정판 상법강의(하)(2003), 658면.
150) 서돈각, 신고상법(하)(1957), 137면; 동, 제6판 상법강의(하)(1966), 167면.
151) 정희철, 재판 신상법요론(하)(1964), 194면.
152) 손주찬, 재판 신상법(하)(1965), 131면.
153) 정동윤, 상법(하)(제3판, 2008), 945면; 정찬형, 제12판 상법강의(하)(2010), 937면; 정희철, 상법학(하)(1990), 616면.
154) 서돈각·정완용, 제4전정 상법강의(하)(1996), 659면; 이기수 외, 보험·해상법(2003), 523면; 채이식, 개정판 상법강의(하)(2003), 756면.

# VII. 어음·수표법

## 1. 쟁 점

**가.** 미성년자가 법정대리인의 동의 없이 어음행위를 한 경우(또는 사기·강박에 의하여 어음행위를 한 경우) 그 취소의 상대방은 직접의 상대방에 한하느냐 또는 현재의 어음소지인을 포함하느냐에 대하여 견해가 나뉘어 있다.

**나.** 민법 제124조 또는 상법 제398조 등이 어음행위에도 적용되는지 여부에 대하여 견해가 나뉘어 있다.

**다.** 표현대리가 성립하기 위한 상대방의 선의·무중과실은 표현대리인의 직접의 상대방이냐 또는 그 후의 어음취득자도 포함하느냐에 대하여 견해가 나뉘고 있다.

**라.** 어음의 위조에서 피위조자의 추인을 인정할 것인가, 위조자의 어음상의 책임을 인정할 것인가에 대하여 견해가 나뉘어 있다.

**마.** 백지어음에서 어음취득자가 부당보충을 한 경우에도 어음법 제10조가 적용(유추적용)되는지 여부에 대하여 견해가 나뉘어 있다.

**바.** 만기가 백지인 어음(발행일자가 백지인 수표)에서 보충권의 행시기간에 대하여 견해가 나뉘어 있다.

**사.** 환어음(수표)에서 지급인의 복수적 기재가 가능한지 여부, 지급인이 중첩적으로 기재된 경우 인수거절로 인한 만기 전의 상환청구요건 및 지급거절로 인한 만기 후의 상환청구요건이 무엇인지에 대하여 견해가 나뉘어 있다.

**아.** 배서 또는 교부에 의하여 양도할 수 있는 어음을 지명채권양도방법에 의하여 양도할 수 있는지 여부에 대하여 견해가 나뉘어 있다.

**자.** 배서금지배서에서 피배서인이 배서한 경우 그 후의 피배서인은 직접의 피배서인이 배서인에 대하여 갖는 권리(상환청구권)를 갖는지 여부에 대하여 견해가 나뉘어 있다.

**차.** (공연한) 입질배서에 담보적 효력이 있는지 여부에 대하여 견해가 나뉘어 있다.

**카.** 양도행위의 하자가 있는 경우에도 어음의 선의취득이 인정되는지 여부에 대하여 견해가 나뉘어 있다.

**타.** 이득상환청구권의 발생요건에서 어음소지인이 다른 구제수단을 갖지 아니할 것의 의미에 대하여 견해가 나뉘어 있다.

**파.** 그밖에 교부유인설, 월권대리인의 책임, 신어음항변의 인정 여부, 제3자의 항변의 인정 여부, 국내어음에서의 발행지의 어음요건성, 조건부어음보증의 효력 등에 관하여도 논란이 있다.

## 2. 학설의 발전

### 가. 어음행위 취소(추인)의 상대방

(1) 우리 어음·수표법 제정 전에 사기·강박에 의한 어음행위의 취소의 상대방에 대하여, 서돈각 선생님은 "직접의 상대방뿐만 아니라 현재의 어음소지인에 대하여도 할 수 있다"고 하였다.155) 차낙훈 선생님도 "무능력자 등의 어음행위의 취소 또는 추인의 상대방은 단순히 어음행위의 직접적인 상대방에 국한되는 것이 아니고, 현재의 어음소지인에게도 할 수 있다"고 하였다.156)

(2) 우리 어음·수표법 제정 후 이에 대하여, 정희철 선생님은 "어음행위에서 취소 또는 추인의 상대방은 현재의 어음소지인을 포함한다"고 하였다.157)

(3) 그 후에는, 어음행위의 취소의 상대방도 민법의 경우와 같이 직접의 상대방에 한한다고 보는 견해도 있으나,158) 어음행위의 취소에 의하여 가장 직접적인 불이익을 받는 자는 현재의 어음소지인이고 또 어음행위는 행위자의 직접 상대방뿐만 아니라 그 후에 어음을 취득한 사람과의 관계를 예견하는 것이므로(복수계약설) 취소의 상대방은 직접 상대방뿐만 아니라 현재의 어음소지인(중간 당사자를 포함)을 포함한다고 보는 견해159)가 통설이다.

(4) 이에 관하여 종래부터의 통설은 일관하여 현재의 어음소지인을 포함한다고 보고 있다.

---

155) 서돈각, 상법(II)(1956), 189면.
156) 차낙훈, 상법개론(하)(1957), 116면.
157) 정희철, 재판 신상법요론(하)(1964), 254~255면.
   동지: 손주찬, 재판 신상법(하)(1965), 180면.
158) 강위두, 상법강의(1985), 526면; 동, 어음·수표법(1996), 58~59면.
159) 정찬형, 제7판 어음·수표법강의(2009), 108면; 동, 제12판 상법강의(하)(2010), 66~67면; 정희철, 상법학(하)(1990), 66~67면; 서돈각·정완용, 제4전정 상법강의(하)(1996), 70면; 정동윤, 제5판 어음·수표법(2004), 94면; 손주찬, 제11정증보판 상법(하)(2005), 49면; 양승규, 어음법·수표법(1994), 98면; 최기원, 제4증보판 어음·수표법(2001), 127면.

## 나. 대리권의 제한에 관한 규정이 어음행위에 적용되는지 여부

(1) 우리 어음·수표법 제정 전에, 민법 제124조·상법 제398조 등이 어음행위에도 적용되는지 여부에 대하여, 서돈각 선생님은 "이익의 충돌을 일으킬 염려가 없는 무색의 어음행위에는 동조를 적용 또는 준용하는 문제가 일어나지 아니한다(그러나 일본의 통설과 판례는 본조의 적용을 인정하고 있다). 또한 이사회 승인 없는 이사의 어음행위인 자기거래도 상법 제398조의 적용 외에 있고, 이는 원인관계에서 인적 항변사유가 될 뿐이다"라고 하여, 부정설을 취하였다.160) 또한 차낙훈 선생님도 "어음행위와 같이 금전의 지급이라는 일정한 경제적 목적의 달성을 위한 수단적·중성적 성질을 가지는 행위에 있어서는 이익의 충돌을 발생시킬 염려가 없기 때문에, 어음행위의 대리에는 이러한 규정이 적용되지 않는다고 해석한다"고 하여, 부정설을 취하였다.161)

(2) 우리 어음·수표법 제정후에도 이에 대하여, 서돈각 선생님은 위와 동일하게 "어음행위에는 민법 제124조·상법 제389조 등이 적용되지 않는다"고 설명하였다.162)

(3) 그 후에는, "어음행위와 같이 수단성을 가지는 무색의 행위 자체는 이익의 충돌을 일으킬 염려가 없으므로 어음행위는 민법 제124조 단서에 해당하거나 또는 상법 제398조의 적용 외에 있다"는 부정설163)도 있으나, "어음행위자는 어음행위에 의하여 원인채무와는 별도로 어음채무를 부담하게 되고 또 어음수수의 직접 당사자간에는 원인관계와 어음관계가 상호 영향을 미치고 있으므로 어음행위는 순수하게 수단적 성질만을 갖는다고 볼 수 없는 점 등에서 당연히 본인과 이익충돌이 생기게 되고 이 때에는 본인의 이익을 보호할 필요가 있으므로 어음행위에도 민법 제124조 또는 상법 제398조가 적용된다"고 보는 긍정설164)이 통설이다.

(4) 이에 관하여 종래에는 부정설이 많았으나, 그 후에는 긍정설이 통설이다.

---

160) 서돈각, 상법(Ⅱ)(1956), 192~193면.
161) 차낙훈, 상법개론(하)(1957), 124~125면.
162) 서돈각, 제6판 상법강의(하)(1966), 338면.
163) 서돈각·정완용, 제4전정 상법강의(하)(1996), 79~80면; 동, 제4전정 상법강의(상)(1999), 446면.
164) 정찬형, 제12판 상법강의(하)(2010), 91면; 동, 제7판 어음·수표법강의(2009), 143면; 정희철, 상법학(하)(1990), 73면, 80면; 손주찬, 제11정증보판 상법(하)(2005), 92~95면; 손주찬, 제15보정판 상법(상)(2004), 799면; 이범찬, 개정 상법강의(1985), 276면; 최기원, 제4증보판 어음·수표법(2001), 149~151면; 정동윤, 제5판 어음·수표법(2004), 121면; 이철송, 제12판 회사법강의(2005), 626면; 양승규·박길준, 제3판 상법요론(1993), 382면; 양승규, 어음법·수표법(1994), 121~122면; 김용태, 상법(하)(1969), 388면; 서정갑, 신어음·수표법(1965), 109면; 채이식, 개정판 상법강의(하)(2003), 47면; 이기수, 제4판 어음법·수표법학(1998), 168면 외.

## 다. 어음행위의 표현대리에 있어서 제3자의 범위

(1) 우리 어음·수표법 제정 전에, 표현대리가 성립하기 위한 상대방의 선의·무중과실은 표현대리인의 직접의 상대방을 기준으로 하느냐 또는 그 후의 어음취득자도 포함하느냐에 대하여, 차낙훈 선생님은 "그 후의 어음소지인에게 그러한 이유가 있으면 그것으로서 충분하다"고 하여, 그 후의 어음취득자를 포함한다고 하였다.[165]

(2) 우리 어음·수표법 제정 후 이에 대하여, 정희철 선생님은 "민법 제125조·제126조·제129조를 어음행위에 적용하기 위하여는, 「제3자」를 직접상대방뿐만 아니라 그 후에 어음관계에 참가하게 될 모든 사람을 포함한다고 보아야 한다. 이는 어음거래의 안전보호상 이것에 상응하는 변경을 받아야 하는 것이다"고 하였다.[166]

(3) 그 후에는, (민법의 경우와 같이) 표현대리인의 직접상대방을 기준으로 표현대리 유무를 결정하여야 한다는 견해도 있으나,[167] 어음은 유통증권이기 때문에 민법과는 달리 표현대리인의 직접상대방뿐만 아니라 그 후의 어음취득자를 포함하여 상대방의 선의·무중과실을 판단하여야 한다는 견해가 통설이다.[168]

(4) 이에 관하여 종래부터의 통설은 현재의 어음소지인을 포함한다고 보고 있다. 우리 대법원판례는 어음행위에 민법 제126조 등을 (유추)적용하는 경우에는 직접 상대방만을 기준으로 한다고 하고(대판 2002. 12. 10, 2001 다 58443 외), 어음행위에 상법 제395조를 (유추)적용하는 경우에는 그 후의 어음취득자도 포함한다고 한다(대판 2003. 9. 26, 2002 다 65073 외).

## 라. 어음의 위조에서 피위조자의 추인과 위조자의 책임

(1) 우리 어음·수표법 제정 전에, 피위조자의 추인을 인정할 것인가에 대하여, 차낙훈 선생님은 "피위조자에게 추인 및 표현대리를 인정하여야 한다"고 하여 추인긍정설을 취하였고, "위조자는 자기명의로써 어음행위를 한 것이 아니기

---

165) 차낙훈, 상법개론(하)(1957), 124면.
166) 정희철, 재판 신상법요론(하)(1964), 268면.
167) 강위두, 어음·수표법(1996), 102면.
168) 정찬형, 제7판 어음·수표법강의(2009), 149면; 동, 제12판 상법강의(하)(2010), 94면; 정희철, 상법학(하)(1990), 85면; 서돈각·정완용, 제4전정 상법강의(하)(1996), 76~77면; 손주찬, 제11정증보판 상법(하)(2005), 85면; 정동윤, 제5판 어음·수표법(2004), 131면; 양승규, 어음법·수표법(1994), 127면; 채이식, 개정판 상법강의(하)(2003), 53면 외.
      반대: 강위두, 어음·수표법(1996), 102면.

때문에 민법 또는 형법상의 책임은 별문제로 하더라도 어음상의 책임은 부담하지 않는다"고 하여 위조자의 어음상 책임을 부정하였다.169)

　(2) 우리 어음·수표법 제정 후 이에 대하여, 정희철 선생님은 "추인을 한 피위조자로 하여금 어음상의 책임을 면하게 하는 것은 본인의 의사에 반할 뿐 아니라 본인에게 타인을 기망하는 수단을 주는 결과가 되어 불합리하므로, 본인의 추인을 인정하는 것이 타당하다"고 하여, 추인긍정설을 취하였다.170) 그러나 손주찬 선생님은 "위조된 기명날인은 절대적 무효이므로, 민법 제130조에서와 같은 추인에 의하여 본인에 대하여 효력을 생기게 할 수 없다"고 하여, 추인부정설을 취하였다.171) 또한 박원선 선생님은 "우리 어음법의 해석상으로는 위조의 추인을 인정할 근거가 없다"고 하여, 위조의 추인부정설을 취하였다.172)

　(3) 그 후에 피위조자는 어음위조의 추인을 인정할 수 있는가에 대하여, 위조의 경우 타인을 위한 의사가 없고 또한 어음법상 근거규정이 없으며 또한 위조는 절대적 무효라는 이유 등으로 위조의 추인을 부정하는 견해(소수설)173)도 있으나, 위조의 경우에는 타인을 위한 의사가 오히려 형식상 직접적으로 있고 또한 추인을 한 피위조자로 하여금 어음상의 책임을 면하게 하는 것은 본인의 의사에 반하며 또한 무권대리나 무권대행(위조)은 그 형식(방식)에서만 구별되지 실질적인 면에서는 차이가 없으므로 민법상 무권대리의 추인의 규정(민법 제130조, 제133조)을 위조에도 유추적용하여 어음위조의 추인을 인정하는 견해(다수설)174)가 지배적이다.

　그리고 위조자에 대하여 어음상의 책임을 인정할 수 있을 것인가에 대하여는, 위조자는 타인의 성명을 모용하고 있고 어음상에 자기의 성명을 표시하여 어음행위를 한 것이 아니므로 어음의 문언증권성에 비추어 어음채무를 부담시킬 기초가 없고 또 실제에 있어서도 위조자는 어음상에 표시되어 있지 않으므로 제3자가 그것을 신뢰하는 일도 없다고 하여 위조자의 어음상의 책임을 부정하는 견

---

169) 차낙훈, 상법개론(하)(1957), 127면.

170) 정희철, 재판 신상법요론(하)(1964), 278면.

171) 손주찬, 재판 신상법(하)(1965), 192면.

172) 박원선, 새상법(하)(1962), 500면.

173) 서돈각·정완용, 제4전정 상법강의(하)(1996), 88~89면; 손주찬, 제11정증보판 상법(하)(2005), 102면; 서정갑 외, 학설판례 주석 어음·수표법(1973), 179면; 정무동, 전정판 상법강의(하)(1985), 322면; 박원선, 새상법(하)(1962), 500면.

174) 정찬형, 제12판 상법강의(하)(2010), 112~113면; 정희철, 상법학(하)(1990), 99면; 정동윤, 제5판 어음·수표법(2004), 138면; 양승규·박길준, 제3판 상법요론(1993), 693면; 양승규, 어음법·수표법(1994), 147면; 이범찬, 개정 상법강의(1985), 282면; 김용태, 상법(하)(1969), 261면; 서정갑, 신어음·수표법(1965), 178면; 최기원, 제4증보판 어음·수표법(2001), 193면.

해[175]와, 위조자의 책임을 인정한다고 하여 어음거래의 안전을 해하거나 또는 누구의 이익을 해하는 것도 아니고 오히려 선의자 보호에 충실한 것이 되므로 어음법 제8조를 유추적용하여 위조자의 어음상의 책임을 인정하는 견해[176]로 나뉘어 있다.

(4) 종래에는 위조의 추인을 인정할 것인가에 대하여 견해가 나뉘었으나, 그 후에는 추인긍정설이 많아지고 있다. 우리 대법원판례도 피위조자의 어음위조의 추인을 인정하고 있다(대판 1998. 2. 10, 97 다 31113). 위조자에 대하여 어음상 책임을 인정할 것인가에 대하여는 종래에는 거의 부정설이었으나, 그 후에는 긍정설이 많아지고 있다.

### 마. 백지어음 취득자에 의한 백지의 부당보충과 백지어음행위자의 책임

(1) 우리 어음·수표법 제정 전에는, 백지어음에서 어음취득자가 부당보충을 한 경우에도 어음법 제10조가 적용(유추적용)되는지 여부에 관한 사항이 위에서 본 문헌상에 나타나 있지 않았다.

(2) 우리 어음·수표법 제정 후 백지어음에서 어음취득자가 부당보충을 한 경우에도 어음법 제10조가 적용(유추적용)되는지 여부에 대하여, 정희철 선생님은 "백지어음을 취득함에 있어 중대한 과실 없이 일정범위의 보충권이 있는 줄 알고 이를 취득하여 스스로 보충을 한 소지인에 대하여도 역시 부당보충의 항변을 제출할 수 없다"고 하여, 적용설을 취하였다.[177]

(3) 그 후에는 보충 전의 백지어음을 본래의 보충권의 범위보다 넓은 보충권이 있는 줄로 믿고 취득한 자가 스스로 보충하여 어음상의 권리를 행사한 경우에도 어음법 제10조(어음법 제77조 제2항, 수표법 제13조)가 적용(엄격히는 유추적용)된다는 적용설[178]이 다수의 견해이나, 이의 적용을 부정하는 부정

---

175) 서돈각·정완용, 제4전정 상법강의(하)(1996), 88면; 박원선, 새상법(하)(1962), 499면; 서정갑, 신어음·수표법(1965), 117면; 김용태, 상법(하)(1969), 260면; 이범찬, 개정 상법강의(1985), 282면; 정무동, 전정판 상법강의(하)(1985), 322면; 강위두, 어음·수표법(1996), 125면.

176) 정찬형, 제7판 어음·수표법강의(2009), 183면; 동 제12판 상법강의(하)(2010), 118면; 정희철, 상법학(하)(1990), 103면; 정동윤, 제5판 어음·수표법(2004), 141~142면; 손주찬, 제11정증보판 상법(하)(2005), 105면; 양승규·박길준, 제3판 상법요론(1993), 697면; 양승규, 어음법·수표법(1994), 148면; 서정갑 외, 학설판례 주석 어음·수표법(1973), 182면; 최기원, 제4증보판 어음·수표법(2001), 199면.

177) 정희철, 재판 신상법요론(하)(1964), 310면. 동지: 박원선, 새상법(하)(1962), 496면.

178) 정희철, 상법학(하)(1990), 160면; 서정갑 외, 학설판례 주석 어음·수표법(1973), 241~242면; 서정갑, 신어음·수표법(1965), 150~151면; 이범찬, 개정 상법강의(1985), 322면; 박원선, 새상법(하)(1962), 496면; 이기수, 제4판 어음법·수표법학(1998), 127면; 채이식, 개정판 상법강의(하)(2003), 109면; 정동윤, 제5판 어음·수표법(2004), 320~321면.

설179)도 있다.

(4) 이에 관하여 종래부터의 학설은 적용설이 주류를 이루었으나, 그 후에는 부정설도 있는 점에 유의할 필요가 있다고 본다. 우리 대법원판례는 기본적으로 적용설의 입장이나, 결과에서는 부정설과 동일하다(대판 1995. 8. 22, 95 다 10945 외).

## 바. 만기가 백지인 어음의 보충권 행사시기

(1) 우리 어음·수표법 제정 전에 만기가 백지인 어음의 보충권의 행사기간(시효기간)에 대하여, 서돈각 선생님은 "보충권은 형성권이므로 보충권 자체의 시효기간인 20년이다"고 하여, 20년설을 취하였다.180)

(2) 우리 어음·수표법 제정 후 이에 대하여, 정희철 선생님도 "백지어음 교부시부터 20년내에 보충하면 된다"고 하였다.181)

(3) 그 후에는 만기가 백지인 어음의 보충권 행사기간(시효기간)에 대하여, 보충권은 형성권으로서 소유권도 채권도 아닌 재산권이므로 이의 시효기간과 동일하게 20년(민법 제162조 제2항)이라는 견해,182) 보충권은 형성권이기는 하나 특정인에 대한 권리로서 채권과 동일시할 수 있으므로 민사채권의 시효기간과 동일하게 10년(민법 제162조 제1항)이라는 견해,183) 보충권수여계약의 기초가 되는 원인관계상의 채권이 민사채권인가 상사채권인가에 따라 그 시효기간이 10년(민법 제162조 제1항) 또는 5년(상법 제64조)이라는 견해,184) 보충권의 행사에 의하여 발생하는 어음상의 권리와 같이 시효기간도 3년(어음법 제70조 제1항, 제77조 제1항 제8호)이라는 견해,185) 일람출급어음의 제시기간에 준하여 보충권의 소멸시효가

---

179) 정찬형, 제7판 어음·수표법강의(2009), 216~217면; 정찬형, 제12판 상법강의(하)(2010), 139면.
180) 서돈각, 상법(Ⅱ)(1956), 227면. 동지: 차낙훈, 상법개론(하)(1957), 203면.
181) 정희철, 재판 신상법요론(하)(1964), 309면. 동지: 서돈각, 제6판 상법강의(하)(1966), 426~427면; 손주찬, 재판 신상법(하)(1965), 246면.
182) 서돈각·정완용, 제4전정 상법강의(하)(1996), 175면; 박원선, 새상법(하)(1962), 495면; 이범찬, 개정 상법강의(1985), 321면; 채이식, 개정판 상법강의(하)(2003), 104면; 정무동, 전정판 상법강의(하)(1985), 405면; 서돈각·김태주, 주석 어음·수표법(1981), 205면.
183) 서정갑, 신어음·수표법(1965), 154면.
184) 정희철, 상법학(하)(1990), 159면.
185) 정찬형, 제12판 상법강의(하)(2010), 142면(다만 기산점은 '발행일로부터 1년이 되는 시점'이라고 함); 손주찬, 제11정증보판 상법(하)(2005), 235면; 양승규·박길준, 제3판 상법요론(1993), 728면; 양승규, 어음법·수표법(1994), 280면; 정동윤, 제5판 어음·수표법(2004), 317면; 강위두, 상법강의(1985), 596면; 강위두, 어음·수표법(1996), 344면; 서정갑 외, 학설판례 주석 어음·수표법(1973), 244~245면; 최기원, 제4증보판 어음·수표법(2001), 343면; 이철송, 제7판 어음·수표법(2005), 261면.

1년(어음법 제34조 제1항, 제77조 제1항 제2호)이라는 견해186) 등이 있다.

(4) 이에 관하여 종래에는 20년설이 주류를 이루었으나, 그 후에는 3년설이 지배적이다. 우리 대법원판례도 3년설이다(대판 2003. 5. 30, 2003 다 16214)(대법원 판례에서는 기산점이 '백지보충권을 행사할 수 있는 때'라고 한다).

### 사. 환어음(수표)에서 지급인의 복수기재

(1) 우리 어음·수표법 제정 전에, 환어음(수표)에서 지급인의 복수적 기재가 가능한지 여부에 대하여, 서돈각 선생님은 "수 인의 지급인의 중첩적 기재는 선택 전에 지급인이 확정되지 않아 어음관계의 단순성을 해하므로 이것은 허용되지 아니한다"고 하였다.187) 그러나 차낙훈 선생님은 "지급인의 선택적 기재는 어음관계의 단순성을 해치게 되어 그 결과 어음 자체를 무효로 하나, 지급인의 중첩적 기재(공동지급인) 및 순차적 기재(제1지급인만이 지급인이고 제2지급인은 예비지급임)는 유효하다. 지급인의 중첩적 기재가 있는 경우 어음소지인은 지급인 전원의 인수거절 또는 지급거절이 있어야 소구할 수 있다"고 하였다.188)

(2) 우리 어음·수표법 제정 후 이에 대하여, 정희철 선생님은 "지급인의 복수적 기재는 중첩적으로만 할 수 있으며, 이 경우 지급인의 전부가 지급을 거절하지 않는 한 지급거절에 의한 소구를 할 수 없지만, 인수거절에 의한 만기전 소구는 지급인 중 1인이 인수를 거절하여도 할 수 있다"고 하였다.189) 박원선 선생님은 "지급인의 중첩적 기재는 유효하나, 선택적 기재 및 순차적 기재는 허용되지 않는다"고 하였다.190)

(3) 그 후의 지배적인 견해는, 지급인의 선택적 기재는 선택 전에 지급인이 확정되지 아니하여 어음관계의 단순성을 해하므로 인정되지 아니한다고 보고(통설),191) 지급인의 순차적 기재는 제1지급인만을 지급인으로 하고 제2지급인은 예

---

186) 최준선, "백지어음 보충권의 제척기간과 그 기산점," 「현대 상사법논집」(우계 강희갑박사 화갑기념논문집), 2001, 322~324면.
187) 서돈각, 상법(Ⅱ)(1956), 222면.
188) 차낙훈, 상법개론(하)(1957), 185면.
189) 정희철, 재판 신상법요론(하)(1964), 290면. 동지: 손주찬, 재판 신상법(하)(1965), 225~226면.
190) 박원선, 새상법(하)(1962), 527~528면.
191) 정찬형, 제7판 어음·수표법강의(2009), 385면; 동, 제12판 상법강의(하)(2010), 202면; 정희철, 상법학(하)(1990), 133면; 서돈각·정완용, 제4전정 상법강의(하)(1996), 153면; 손주찬, 제11정증보판 상법(하)(2005), 198면; 정동윤, 제5판 어음·수표법(2004), 274면; 최기원, 제4증보판 어음·수표법(2001), 290면; 이기수, 제4판 어음법·수표법학(1998), 100면.

비지급인으로 하는 취지라고 해석할 수 있으므로 인정된다고 보며(통설),[192] 지급인의 중첩적 기재는 발행인이 모든 지급인에게 합동하여 지급할 권한을 부여한 것이라고 볼 수 있으므로 인정된다고 본다(통설).[193] 이 때에는 지급인 전원이 지급을 거절하여야 지급거절로 인한 소구를 할 수 있으나, 인수거절로 인한 만기 전의 소구는 지급인 중의 1인만이 인수를 거절하여도 가능하다고 해석하는 것이 다수의 견해이다.[194]

(4) 이에 관하여는 종래부터 학설이 나뉘어 있는데, 지급인의 중첩적 기재는 유효로 보는 것이 지배적인 견해이다.

## 아. 지명채권양도방법에 의한 어음의 양도

(1) 우리 어음·수표법 제정 전에는, 배서 또는 교부에 의하여 양도할 수 있는 어음(지시식 어음 또는 무기명식 어음)을 지명채권양도방법에 의하여 양도할 수 있는지 여부에 관하여 위의 문헌상 나타나지 않았다.

(2) 우리 어음·수표법 제정 후 배서 또는 교부에 의하여 양도할 수 있는 어음(지시식 어음 또는 무기명식 어음)을 지명채권양도방법에 의하여 양도할 수 있는지 여부에 대하여, 정희철 선생님은 "지명채권양도에 관한 민법의 규정(민법 제450조, 제451조)은 강행법규로 이해하여야 할 것이므로, 지시채권을 양도함에 있어서 지명채권양도의 대항요건을 갖추었다 하더라도 지시채권의 양도로서의 효력은 발생하지 않으며, 반드시 배서에 의하여 양도하여야 한다"고 하였다.[195] 그러나 서돈각 선생님은 "어음상의 권리는 배서뿐만 아니라, 채권양도방법에 의하여

---

192) 정찬형, 제12판 상법강의(하)(2010), 202면; 서돈각·정완용, 제4전정 상법강의(하)(1996), 153면; 손주찬, 제11정증보판 상법(하)(2005), 197면; 정동윤, 제5판 어음·수표법(2004), 274면; 최기원, 제4증보판 어음·수표법(2001), 293면.
    반대: 서정갑 외, 학설판례 주석 어음·수표법(1973), 136면; 정무동, 전정판 상법강의(하)(1985), 382~383면.

193) 정찬형, 제7판 어음·수표법강의(2009), 385면; 동, 제12판 상법강의(하)(2010), 202면; 정희철, 상법학(하)(1990), 133면; 서돈각·정완용, 제4전정 상법강의(하)(1996), 153면; 정동윤, 제5판 어음·수표법(2004), 360면; 최기원, 제4증보판 어음·수표법(2001), 290면; 채이식, 개정판 상법강의(하)(2003), 237면; 서정갑 외, 학설판례 주석 어음·수표법(1973), 136~137면.

194) 정찬형, 제7판 어음·수표법강의(2009), 385면; 동, 제12판 상법강의(하)(2010), 202면; 정희철, 상법학(하)(1990), 133면; 손주찬, 제11정증보판 상법(하)(2005), 197면; 정동윤, 제5판 어음·수표법(2004), 274면; 최기원, 제4증보판 어음·수표법(2001), 290면; 채이식, 개정판 상법강의(하)(2003), 237면; 서정갑 외, 학설판례 주석 어음·수표법(1973), 136면.
    반대: 서돈각·정완용, 제4전정 상법강의(하)(1996), 211면.

195) 정희철, 재판 신상법요론(하)(1964), 311~312면.

도 이전할 수 있다"고 하였다.196)

(3) 그 후에는, 지명채권양도방법에 의하여도 어음을 양도할 수 있다고 보는 긍정설197)이 다수의 견해이나, 각각 성질이 다른 증권의 고유한 양도방법에 관한 규정은 강행규정이므로 지시식 또는 무기명식의 어음을 지명채권양도방법에 의해서는 양도할 수 없다고 보는 부정설(소수설)198)도 있다.

(4) 이에 관하여는 종래부터 학설이 나뉘어 있는데, 그 후의 지배적인 학설은 긍정설이다.

### 자. 배서금지배서의 피배서인으로부터 어음을 양수한 자의 지위

(1) 우리 어음·수표법 제정 전에, 배서금지배서에서 피배서인이 배서한 경우 그 후의 피배서인은 직접의 피배서인이 배서인에 대하여 갖는 권리(상환청구권)를 갖는지 여부에 대하여, 차낙훈 선생님은 갖지 않는다고 하였다.199)

(2) 우리 어음·수표법 제정 후 이에 대하여, 정희철 선생님은 "직접의 피배서인이 그 배서인에 대하여 가지는 소구권(상환청구권)은 어음에 화체되어 있으므로 배서양도에 의하여 그 소구권(상환청구권)도 그 후의 피배서인에게 이전하는데, 다만 금전배서인(禁轉背書人)에 대한 소구권(상환청구권)에 항변이 부착된 채로 이전된다"고 하였다.200) 그러나 서돈각 선생님은 "배서금지배서인은 자기의 피배서인에 대하여 담보책임을 부담할 뿐이고, 그 후의 피배서인에 대하여는 담보책임을 부담하지 아니한다"고 하였다.201)

(3) 그 후에는, 조문의 표현에서 보아 배서인은 그 후의 피배서인에 대하여 일체의 소구(상환)의무를 부담하지 않는다는 견해202)와, 배서금지배서인의 직접의

---

196) 서돈각, 제6판 상법강의(하)(1966), 435면. 동지: 손주찬, 재판 신상법(하)(1965), 248면.
197) 서돈각·정완용, 제4전정 상법강의(하)(1996), 184면; 손주찬, 제11정증보판 상법(하)(2005), 239~240면; 정동윤, 제5판 어음·수표법(2004), 357~359면; 강위두, 상법강의(1985), 606면; 강위두, 어음·수표법(1996), 348면; 양승규·박길준, 제3판 상법요론(1993), 734면; 양승규, 어음법·수표법(1994), 285면; 이범찬, 개정 상법강의(1985), 323면; 정무동, 전정판 상법강의(하)(1985), 411면; 채이식, 개정판 상법강의(하)(2003), 196면.
198) 정찬형, 제7판 어음·수표법강의(2009), 449~450면; 동, 제12판 상법강의(하)(2010), 253~254면; 정희철, 상법학(하)(1990), 177~178면; 김용태, 상법(하)(1969), 312면.
199) 차낙훈, 상법개론(하)(1957), 223면.
200) 정희철, 재판 신상법요론(하)(1964), 321면.
201) 서돈각, 제6판 상법강의(하)(1966), 446면. 동지: 박원선, 새상법(하)(1962), 546면.
202) 정찬형, 제7판 어음·수표법강의(2009), 488면; 동, 제12판 상법강의(하)(2010), 279면; 손주찬, 제11정증보판 상법(하)(2005), 257면; 최기원, 제4증보판 어음·수표법(2001), 422면; 이기수, 제4판 어음법·수표법학(1998), 226면; 채이식, 개정판 상법강의(하)(2003), 192면; 이철송,

피배서인이 배서인에 대하여 갖는 소구권(상환청구권)은 어음에 화체되어 있으므로 배서양도에 의하여 그 소구권(상환청구권)도 그 후의 피배서인에게 이전하므로 그 후의 피배서인은 금전배서인(禁轉背書人)에 대하여 소구권(상환청구권)을 행사할 수 있고, 다만 이 때에는 인적 항변이 절단되지 않아 그 후의 피배서인은 금전피배서인(禁轉被背書人)이 금전배서인(禁轉背書人)에게 갖고 있는 소구권(상환청구권) 이상의 권리를 행사하지 못한다고 해석하는 견해203)로 나뉘어 있다.

(4) 그 후의 피배서인이 금전배서인에 대하여 상환청구권을 갖는다고 보는 견해는 우리 어음·수표법 제정 후 새롭게 주장된 학설인데, 이에 찬성하는 견해와 이를 부정하는 견해가 나뉘어 있다.

## 차. 입질배서의 담보적 효력

(1) 우리 어음·수표법 제정 전에 (공연한) 입질배서에 담보적 효력이 있는지 여부에 대하여, 서돈각 선생님은 "양도배서에 있어서와 같이 입질배서에도 담보적 효력이 있다고 본다. 그러나 피배서인은 어음상의 권리 위에 질권을 취득함에 불과하므로 어음채무자로부터 질권의 성립을 부정하는 항변으로써 대항을 받는다"고 하여, 담보적 효력을 인정하였다.204)

(2) 우리 어음·수표법 제정 후 이에 대하여, 정희철 선생님은 입질배서에 담보적 효력을 부정하였다205) 그러나 서돈각 선생님은 (위에서 본 바와 같이) 입질배서가 어음법 제15조 제1항의 "반대의 문언"에 해당될 수 없다고 하여 입질배서에 담보적 효력을 긍정하였다.206)

(3) 그 후에는, 배서인의 입질배서에 의하여 피배서인(질권자)에게 지급책임을 부담하는 자는 배서인(질권설정자)이 아니라 배서인에 대하여 어음채무를 부담하고 있는 자(주채무자·그 전자인 상환의무자)인데 피배서인이 배서인의 어음채무자로부터 어음금을 추심하지 못한 경우에는 배서인에 대하여 어음채권을 갖고 있다고 보아야 하는데 이것은 입질배서에 담보적 효력이 있기 때문이라고 보는 견

---

제7판 어음·수표법(2005), 341면 외.
203) 정희철, 상법학(하)(1990), 194면; 강위두, 상법강의(1985), 355면; 동, 어음·수표법(1996), 383~384면; 양승규, 어음법·수표법(1994), 304~305면; 정동윤, 제5판 어음·수표법(2004), 389~390면.
204) 서돈각, 상법(Ⅱ)(1956), 238면.
205) 정희철, 재판 신상법요론(하)(1964), 326면.
206) 서돈각, 제6판 상법강의(하)(1966), 457면. 동지: 손주찬, 재판 신상법(하)(1965), 261~262면; 박원선, 새상법(하)(1962), 548면.

해[207]가 통설인데, 이에 반하여 입질배서에는 권리이전적 효력이 없기 때문에 배서에 권리이전적 효력이 있음을 전제로 하여 인정되는 어음법 제15조 제1항의 배서인의 담보책임은 입질배서에는 적용되지 않는다는 견해(소수설)[208]도 있다.

(4) 이에 관하여는 종래부터 담보적 효력을 긍정하는 견해가 지배적이다.

## 카. 양도행위의 하자와 어음의 선의취득

(1) 우리 어음·수표법 제정 전 양도행위에 하자가 있는 경우(양도인이 무능력자·무권대리인·하자있는 의사표시를 한 자 등인 경우)에도 어음의 선의취득이 인정되는가에 대하여, 서돈각 선생님은 "어음이 선의취득되기 위하여는 무권리자로부터 취득하여야 한다"고 하여, 부정설을 취하였다.[209]

(2) 우리 어음·수표법 제정 후 이에 대하여, 정희철 선생님도 "양도행위의 하자(무능력·대리권의 흠결·의사표시의 하자 등)는 어음의 선의취득에 의하여 보호받지 못한다"고 하였다.[210]

(3) 그 후에는, 양도인이 무권리자이어야 한다는 견해 즉 양도인의 무권리만이 선의에 의하여 치유된다는 견해[211]와, 양도인이 권리자라도 양도행위의 하자(대리권·처분권의 흠결, 무능력, 의사의 흠결 또는 의사표시의 하자, 동일성의 흠결 등)가 있어도 선의취득이 될 수 있다는 견해 즉 선의에 의하여 무권리뿐만 아니라 양도행위의 하자도 치유된다는 견해[212]로 나뉘어 있다.

---

207) 정찬형, 제7판 어음·수표법강의(2009), 515면; 동, 제12판 상법강의(하)(2010), 299면; 서돈각·정완용, 제4전정 상법강의(하)(1996), 208면; 손주찬, 제11정증보판 상법(하)(2005), 275면; 박원선, 새상법(하)(1962), 548면; 정동윤, 제5판 어음·수표법(2004), 407면; 김용태, 상법(하)(1969), 330면; 양승규·박길준, 제3판 상법요론(1993), 749면; 양승규, 어음법·수표법(1994), 312면; 이범찬, 개정 상법강의(1985), 331면; 정무동, 전정판 상법강의(하)(1985), 434면; 이기수, 제4판 어음법·수표법학(1998), 246면; 채이식, 개정판 상법강의(하)(2003), 184면; 서정갑 외, 학설판례 주석 어음·수표법(1973), 331면 외.

208) 정희철, 상법학(하)(1990), 201~202면; 최기원, 제4증보판 어음·수표법(2001), 453면.

209) 서돈각, 상법(Ⅱ)(1956), 202면. 동지: 차낙훈, 상법개론(하)(1957), 140면.

210) 정희철, 재판 신상법요론(하)(1964), 215면. 동지: 손주찬, 재판 신상법(하)(1965), 201면; 박원선, 새상법(하)(1962), 505~506면.

211) 서돈각·정완용, 제4전정 상법강의(하)(1996), 104면; 손주찬, 제11정증보판 상법(하)(2005), 117면; 박원선, 새상법(하)(1962), 506면; 정무동, 전정판 상법강의(하)(1985), 346면; 채이식, 개정판 상법강의(하)(2003), 158면; 강위두, 어음·수표법(1996), 151면; 이철송, 제7판 어음·수표법(2005), 330면.

212) 정찬형, 제7판 어음·수표법강의(2009), 528면; 동, 제12판 상법강의(하)(2010), 309면; 정희철, 상법학(하)(1990), 213~214면(다만 무능력은 제외함); 정동윤, 제5판 어음·수표법(2004), 156면(양도행위의 하자 중 무권대리와 무처분권만 치유된다고 함); 서정갑, 신어음·수표법(1965), 182~184면; 이범찬, 개정 상법강의(1985), 291면; 김용태, 상법(하)(1969), 266면; 최

(4) 이에 관하여 종래에는 양도행위의 하자는 치유되지 않는다고 보는 견해가 지배적이었으나, 양도행위의 하자도 치유된다는 견해가 점차 많아져 가고 있다. 우리 대법원판례도 양도행위의 하자도 치유된다는 견해에 따라 판시하고 있다(대판 1995. 2. 10, 94 다 55217).

## 타. 이득상환청구권의 발생요건

(1) 우리 어음·수표법 제정 전에, 이득상환청구권의 발생요건에서 어음소지인이 다른 구제수단을 갖지 아니할 것의 의미에 대하여, 차낙훈 선생님은 "어음소지인은 이득상환의무자에 대하여 어음상의 권리가 소멸한 것으로 충분하고, 모든 어음상의 권리가 소멸하였을 경우에 한해서만 상환청구가 가능하다고 해석할 필요는 없다(그러나 어음소지인이 원인관계에 의하여 상환의무자에 대하여 민법상의 청구권을 가지고 있을 때는 이득상환청구권을 주장할 수 없다고 함)"고 하였다.213)

(2) 우리 어음·수표법 제정 후 이에 대하여, 정희철 선생님은 "이득상환청구권은 어음상의 권리가 변형한 것이므로 원인상의 구제방법이 있고 없고를 묻지 않고, 모든 어음채무자에 대한 어음상의 권리가 소멸하고 채무자에게 이득이 있으면 발생한다"고 하였다.214) 그러나 손주찬 선생님은 "이득상환의 청구를 하려는 상대방에 대한 어음상의 권리가 소멸하면 발생한다"고 하였다.215) 그러나 박원선 선생님은 "어음상의 구제수단도 없고 또한 민법상의 구제수단도 없는 경우에 이득상환청구권이 발생한다"고 하였다.216)

(3) 그 후에는, 어음소지인이 모든 어음채무자에 대한 관계에서 어음상의 권리가 소멸되었음은 물론 타에 민법상의 구제수단까지 갖지 아니하는 경우에 한하여 이득상환청구권이 발생한다는 견해217)와, 어음소지인이 이득상환청구를 하는 상대방에 대한 관계에서 어음상의 권리가 소멸하기만 하면 타에 민법상의 구제수단을 갖고 있음은 물론 다른 어음채무자에 대한 관계에서 어음상의 권리가 존재하는 경우에도 이득상환청구권이 발생한다는 견해218)도 있으나, 어음소지인이 모

---

기원, 제4증보판 어음·수표법(2001), 461면; 양승규·박길준, 제3판 상법요론(1993), 658면; 양승규, 어음법·수표법(1994), 165면; 이기수, 제4판 어음법·수표법학(1998), 256면.
213) 차낙훈, 상법개론(하)(1957), 162면.
214) 정희철, 재판 신상법요론(하)(1964), 382면.
215) 손주찬, 재판 신상법(하)(1965), 210면.
216) 박원선, 새상법(하)(1962), 515~516면.
217) 박원선, 새상법(하)(1962), 515~516면; 이철송, 제7판 어음·수표법(2005), 193면.
218) 서돈각·정완용, 제4전정 상법강의(하)(1996), 127~128면; 손주찬, 제11정증보판 상법

든 어음채무자에 대한 관계에서 어음상의 권리가 소멸되면 타에 민법상의 구제수
단을 갖고 있더라도 이득상환청구권이 발생한다는 견해[219]가 다수의 견해이다.

(4) 이에 관하여 종래에는 학설이 다양하게 나뉘어 있었으나, 그 후에는 어
음소지인이 모든 어음채무자에 대한 관계에서만 어음상의 권리가 소멸되면 이득
상환청구권이 발생한다는 견해가 많아지고 있다. 그러나 우리 대법원판례는 일관
하여 어음소지인이 이득상환청구권을 행사하기 위하여는 모든 어음채무자의 관
계에서 어음상의 권리가 소멸되었음은 물론 타에 민법상의 구제수단까지 갖지
않아야 한다는 견해에 따라 판시하고 있다(대판 1970. 3. 10, 69 다 1370 외).

## VIII. 맺음말 — 상법학 연구의 과제와 전망

상법은 경제계와 기업의 변화에 따라 가장 신속하고 빈번하게 진화하는 법
영역의 하나이다. 특히 회사법은 모든 나라에서 매우 빈번하게 개정되고 있고,
최근에 이르러 선진국에서는 방대한 내용을 담은 회사법을 제정하는 예가 늘어
나고 있다. 예컨대, 일본은 2005년에 약 1,000조에 이르는 회사법을 단행법의 형
태로 제정하였고, 영국은 2006년에 약 1,300조에 달하는 회사법을 새로 제정하
였다. 또한 미국은 증권거래법 등 특별법의 제·개정을 통하여 회사의 지배구조
를 개선하고 회계의 투명성을 제고하기 위한 노력을 지속적으로 추진하고 있다.
내부통제기준의 제정과 준법감시인의 도입 등은 그러한 노력의 하나이다.

우리 경제는 대외무역에 크게 의존하고 있으므로 이러한 세계적 추세를 외
면할 수 없다. 그러므로 기업이 영업활동을 원활하게 수행할 수 있도록 상법을 지
속적으로 개선하는 노력을 게을리하여서는 아니 될 것이다. 우선 회사법의 내용
을 새롭고 풍부하게 할 필요성이 있고, 국회에 제출되어 있는 상법(회사편) 개정안
은 조속히 처리되어야 한다. 상법개정안이 수년간 국회에서 잠을 자고 있는 현실
이 매우 안타깝다. 장기적으로는 우리도 상법 회사편을 단행법으로 독립시키면서

---

(하)(2005), 154~155면; 양승규·박길준, 제3판 상법요론(1993), 708면; 양승규, 어음법·수표법
(1994), 205면; 이범찬, 개정 상법강의(1985), 302면.

219) 정찬형, 제7판 어음·수표법강의(2009), 667~668면; 동, 제12판 상법강의(하)(2010), 401면;
정희철, 상법학(하)(1990), 289면; 정동윤, 제5판 어음·수표법(2004), 193면; 최기원, 제4증보판
어음·수표법(2001), 638~639면; 김용태, 상법(하)(1969), 278면; 서정갑, 신어음·수표법(1965),
247면; 이기수, 제4판 어음법·수표법학(1998), 401면; 채이식, 개정판 상법강의(하)(2003), 350면;
강위두, 어음·수표법(1996), 220면.

상세한 규정을 두어야 할 것이다. 다음으로 현재 매매에 관한 규정이 민법, 상법, 할부거래에 관한 법률, 방문판매 등에 관한 법률 등 특별법, 국제조약 등 여러 곳에 분산되어 있는데, 이를 하나의 매매법으로 통일시키는 것이 바람직하며, 그와 관련하여 신용장에 관한 규정을 포함시키는 것도 검토하여야 할 것이다.[220] 또한 현재 운송에 관한 규정이 상행위편, 해상편, 항공운송편 등에 산재하여 있고, 그 내용이 통일되어 있지 아니하며, 복합운송에 관한 규정이 미비한데, 이를 운송법이라는 하나의 단행법으로 통합하는 노력이 요구된다.[221]

---

220) 미국 통일 상법전은 신용장에 관하여 규정하고 있다(U.C.C. Article 5).
221) 손주찬, 「2003년 한국 상법학의 과제」, 상사법연구 제22권 제1호(2003), 33면 이하; 정동윤, "건국후 한국법학의 회고와 전망," 고려법학, 제43호(2004), 1, 32면 이하 참조.

# 상법학의 회고와 전망*

## Ⅰ. 서 언

　가. 우리나라에서 상법을 포함한 근대적 법학의 교육과 연구는 1894년 갑오 경장 이후에 설립된 법관양성소(1895년 설립)와 보성전문학교(1905년 설립)에서부터 비롯되었다.[1] 당시 우리나라에는 외국법을 참고하여 제정된 법령이 있었던 것으 로 추측되는데,[2] 이들 법령은 당시 서양문물을 제일 먼저 받아들인 일본의 법령 을 모방하여 제정된 것으로 추측된다. 따라서 이때의 법률에서는 일본의 법률서 적을 참고하여 이를 요약·번역한 수준의 것이었다.[3]

---

* 이 글은 필자가 고려대학교 법학연구원 주최, "고려법학 106년의 회고와 전망"(CJ법학관 개 관 기념 학술대회)(2012. 12. 10, CJ법학관 지하 1층 베리타스홀)에서 발표한 내용(상법학)을 수정·보완한 것으로, "상법학의 회고와 전망," 「고려법학」(고려대 법학연구원), 제68호(2013. 3), 1~54면의 내용임.
1) 정동윤, "상사법학," 「한국의 학술연구(법학Ⅱ)」(인문·사회과학편 제11집)(대한민국학술원), 2010. 12, 376면.
2) 1906년(광무 10년)에 제정된 어음(手形)조례가 있었고, 1908년에 제정된 민·형사소송규칙이 있었다.
3) 정동윤, 전게 한국의 학술연구(법학Ⅱ), 376~377면.

**나.** 1910년 일본의 식민통치 이후에는 1911년(일본 明治 44년) 일본법률 제30호 「조선에 시행할 법령에 관한 법률」에 의하여 우리나라에 시행할 법령은 조선총독의 명령으로 규정하게 되었는데, 이를 제령(制令)이라 불렀다. 제령 제7호인 조선민사령(朝鮮民事令) 제1조에 의하여 일본의 상법 등이 우리나라에 시행(依用)되었는데, 이것이 의용상법(依用商法) 등이다. 일본의 식민통치시절에는 이와 같이 일본의 상법 등이 원칙적으로 그대로 우리나라에 적용되었기 때문에 그 당시 우리나라의 상법학은 보성전문학교 법학과·경성법학전문학교 및 경성제국대학 법문학부의 교수 등에 의하여 일본의 상법학을 그대로 옮기는 식으로 가르치고 연구되었는데, 당시 보성전문학교에는 일본 대학에서 법학을 공부하고 귀국한 청년 교수들이 법률교육을 담당하였고, 경성제국대학에는 독일 등 서구 선진국에 유학한 일본의 신진 학자가 초임으로 부임하는 일이 많았다.[4)]

**다.** 1945년 광복 후 1948년 대한민국이 수립되기까지에는 미군정법령 제21호(1945년 11월 2일)에 의하여 일본의 법령이 그대로 효력을 지속하였고, 1948년 7월 17일 대한민국헌법이 제정·공포된 후에는 동 헌법 제100조에 의하여 일본의 법령이 1963년 1월 1일 우리 상법이 시행될 때까지 그 효력을 지속하였다.[5)]

**라.** 우리 상법은 1962년 1월 20일 법률 제1000호로 제정되어 1963년 1월 1일부터 시행되고 있고, 어음법은 1962년 1월 20일 법률 제1001호로 제정되어 1963년 1월 1일부터 시행되고 있으며, 수표법은 1962년 1월 20일 법률 제1002호로 제정되어 1963년 1월 1일부터 시행되고 있다.[6)] 우리 상법은 그 후 2017년까지 다수의 개정이 있었다.

**마.** 이하에서는 상법(어음·수표법을 포함)을 각 분야별로 나누어 「고려법학」에 게재된 주요 논문에서의 논점을 간단히 살펴보고[7)] 이를 현재(2013. 1. 1)의 시점에서 평가하여 본 후, 상법학의 전망에 관한 의견을 간단히 제시하고자 한다.[8)]

---

4) 정동윤, 전게 한국의 학술연구(법학Ⅱ), 377면.
5) 정동윤, 상게서, 379면.
6) 상법·어음법·수표법의 제정과정에 관한 상세는 최종고, "한국상법전의 제정과정," 「상사법 연구」(한국상사법학회), 제9집(1991), 209~234면 참조.
7) 해방(1945년) 이후 상법(어음·어음수표법 포함) 각 분야별 주요쟁점에 대한 학설의 발전과정에 관하여는 정찬형, "상법학설의 생성과 개화," 「한국의 학술연구(법학Ⅱ)」(인문·사회과학편 제11집)(대한민국학술원), 2010. 12, 397~444면 참조.
8) 한국 상법이 걸어온 길과 앞으로 나아갈 방향에 관하여 학설·판례 및 입법의 상호작용의 면에서 서술한 글로는 정동윤, "건국후 한국법학의 회고와 전망(학설, 판례 및 입법의 상호작용의 관점에서)," 「고려법학(하촌 정동윤 교수 정년기념)」(고려대 법학연구원), 제43호(2004. 11), 1~35면 참조.

## II. 상법총칙·상행위법

### 1. 상법총칙

### 가. 한국 재래의 상사제도

(1) 한국 재래의 상사제도에 관하여, 고려시대 이전의 상사제도·고려시대의 상사제도(시장·영업형태)·조선시대의 상사제도(시장·상인단체·상업사용인·상업장부·어음·환간〈換簡〉)를 소개한 후, 이러한 재래의 상사제도는 외국법의 계수에 의하여 소멸되었으나 국가법체계는 국가민족의 법의식이나 사회사정과 무관할 수 없으므로 한국 재래의 상사제도는 상법학의 분야에서 소외될 수 없고 더욱 연구할 필요가 있다는 견해가 있다.9)

(2) 한국 재래의 상사제도에 관하여 연구한 글은 매우 드문 편인데, 위 글은 우리나라에서 고려시대 이전의 상사제도부터 조선시대의 상사제도를 연구한 글로 매우 귀중한 연구라고 본다. 앞으로 우리 재래의 상사제도를 많이 연구하여 그것이 현재에도 존속한다면 이를 입법 및 해석에 반영할 필요가 있다고 본다.

### 나. 실질적 의의의 상법

(1) 실질적 의의의 상법에 관하여, 기업은 권리의무의 귀속의 주체가 아니며 기업담당자만이 권리의무의 귀속의 주체이므로 기업의 개념은 상법의 중심개념이 아니고, 기업을 상법의 중심개념으로 판단하고자 하는 이론은 "법정책적인 희망과 자유법적인 성취감"을 곧 실정법으로 보고자 하는 오류에서 나온 것이고 이는 곧 현행법의 해석과 입법론을 구별하지 않는데서 도출되는 결론이라고 하여 기업법설을 비판하는 견해가 있다.10)

(2) 위의 견해는 우리나라의 통설인 기업법설에 대하여 기업은 법적 주체가 될 수 없고 그 범위와 한계가 모호하다는 점 등에서 이를 비판하고 상법은 상인에 관한 특별사법이라고 주장하는 상인법설인데, 상인을 상법이 정한 상인으로 한정하는 경우에는 입법자의 자의에 의해서 결정된 상인의 활동으로부터 통일적

---

9) 김용태, "한국 재래의 상사제도," 「법률행정논집」(고려대 법률행정연구소), 제10집(1972. 6), 5~36면.

10) 이기수, "상법에서의 영업, 기업과 기업담당자," 「법학논집」(고려대 법학연구소), 제23집(1985. 12), 165~190면.

인 법률상의 상의 중심개념이 도출될 수 없는 문제점이 있다. 이는 결국 상법의 이론적 자주성을 부정하는 결과가 되어 타당하지 않다고 본다.[11]

### 다. 상관습

(1) 상관습과 상거래약관에 관하여, Capelle / Canaris, Handelsrecht, 21. Aufl. 1989, § 22에 의거하여 독일에서 상관습은 그 자체로서 해석의 요소인데(독일 상법 제346조) 이러한 상관습은 상거래의 정형화와 표준화라는 요구에 강하게 부응하여 특히 대량거래에서는 이러한 상관습을 보통거래약관속에 규정하고 있다고 하고, 따라서 보통거래약관의 해석에서 특약이나 특별사정이 없는 한 동일하게 해석해야 한다는 견해가 있다.[12]

(2) 우리 상법 제1조에서는 「상관습법」을 상사에 관하여 적용될 법규로 규정하고 있으므로, 상관습법은 상법의 법원(法源)이다. 그런데 상관습법이 무엇이냐에 대하여는 사실인 상관습과 구별하는 견해와 구별하지 않는 견해로 나뉘어 있다. 생각건대, 양자를 구별하게 되면 법규범성이 강한 상관습법은 상법의 임의법규에 반하여 성립할 수 없는데(상법 제1조) 법규범성이 약한 사실인 관습은 상법의 임의법규에 반하여도 성립할 수 있는(민법 제106조) 모순이 발생하는 등의 문제가 있으므로 양자를 구별하지 않는 견해가 타당하다고 본다.[13]

우리나라에서 보통거래약관의 법원성에 대하여 긍정하는 견해도 있으나, 약관은 그 자체가 법규범이 될 수 없고 당사자간의 개별계약의 내용을 이루는 것으로 보는 것(법률행위설, 의사설 또는 계약설)이 타당하다고 본다.[14] 이와 같이 보면 우리나라에서는 상법의 법원인 상관습을 상법의 법원이 아닌 보통거래약관에 규정하는 것은 맞지 않다고 본다.

### 라. 상인에 관한 입법주의

(1) 상인에 관한 입법주의에 관하여, 실질주의(실질적으로 특정한 행위를 상행위로 정하고 이러한 상행위를 하는 자를 상인으로 하는 입법주의)를 객관주의로 설명하고

---

11) 정찬형, 「상법강의(상)(제16판)」(서울: 박영사, 2013), 6~7면.
　　동지: 송옥렬, 「상법강의(제3판)」(서울: 홍문사, 2013), 4~5면.
12) 이기수, "상관습과 상거래약관," 「법학논집」(고려대 법학연구소), 제26집(1991. 9), 175~195면.
13) 정찬형, 전게서[상법강의(상)(제16판)], 40~41면.
14) 정찬형, 상게서, 43~44면.
　　동지: 대판 1985. 11. 26, 84 다카 2543.

형식주의(행위의 종류와 내용에는 관계 없이 형식적으로 상인적 방법에 의하여 영업을 하는 자를 상인으로 하는 입법주의)를 주관주의로 설명하는 것은, 객관주의·주관주의라는 용어의 어의(語義)(이는 원래 상법의 적용기준에 관한 입법주의임)에 전혀 관계가 없는 자의적인 제한을 첨가하는 것으로 매우 부당하고(만일 이와 같이 해석하면 독일 상법은 형식주의〈주관주의〉에 의한 입법인데 행위의 실질에 의하여 당연상인을 인정한다는 점에서 객관주의에 의한 입법이라고 하여야 하는 기이한 결론에 도달함), 우리 상법의 입법주의는 절대적 상행위를 인정하고 있지 않으므로 주관주의 입법인데 상법 제46조는 특정한 성질을 가진 영업행위인 점에서 객관주의의 요소가 많이 침투되어 있다고 보는 견해가 있다.[15]

(2) 위 글은 상인에 관한 입법주의에서 실질주의를 객관주의와 동일하게 설명하고 형식주의를 주관주의와 동일하게 설명하는 것은 원래 상법의 적용기준에 관한 어의(語義)인 객관주의·주관주의에 맞지 않는 점을 지적하고 있다.

상인의 입법에 관한 상법 제4조와 제5조의 입법태도에서 볼 때 우리 상법이 어느 입법주의에 속하는지에 관하여 절충주의의 입법이라는 견해도 있고 형식주의의 입법이라는 견해도 있으나, 전체적으로 볼 때 형식주의에 가까운 절충주의라고 볼 수 있다. 왜냐하면 상법 제5조가 형식주의의 입법이라는 점에는 의문이 없고 상법 제4조는 상행위(절대적 상행위는 아니고 영업을 전제로 하는 상행위일지라도)를 전제로 하여 상인개념을 정하고 있기 때문이다.[16]

그런데 (VI. 상법학의 전망에서) 후술하는 바와 같이 이와 같이 상인에 관한 입법주의가 어느 입법주의에 속하느냐 하는 논의는 아무런 실익이 없고, (특히 개인상인의 경우) 언제 상인자격을 취득하느냐 하는 것을 명확히 하는 것이 매우 중요하다고 본다. 왜냐하면 이는 상법의 적용여부(또는 적용범위)와 직접 관련되기 때문이다(상법 제1조).

## 마. 영업양도

(1) 영업양도에 관하여, 그의 법적 성질을 영업재산의 양도라고 보고 영업양도인의 경업금지의무(상법 제41조 제1항)는 당사자간에 특별한 약정이 없는 경우에

---

15) 정동윤, "상법에 있어서의 주관주의와 객관주의," 「법학논집」(고려대 법학연구소), 제28집 (1992.12), 23~41면; 동, 전게논문(고려법학 제43호), 5~7면.
16) 정찬형, 전게서[상법강의(상)(제16판)], 54~55면.
　동지: 송옥렬, 전게서[상법강의(제3판)], 17면.

영업양도의 본질로부터 법이 당사자의 의사의 보충·해석규정을 둔 것으로 보며, 상법 제42조는 외관주의의 규정이고 상법 제43조는 비채변제가 선의·무중과실인 경우에 채무자 보호를 위하여 상법이 유효로 한 규정이라고 보는 견해가 있다.[17]

　(2) 영업양도의 효과에서 상법 제41조 제1항의 규정은 "영업양도의 본질로부터 법이 당사자의 의사의 보충·해석규정을 둔 것"이라기 보다는, 「법률에 의하여 정책적으로 인정된 의무」라고 볼 수 있다.[18] 그런데 이는 (Ⅵ. 상법학의 전망에서) 후술하는 바와 같이 양도인의 경업피지의무를 기간적으로 「10년간」, 지역적으로 「동일한 특별시·광역시·시·군」과 「인접한 특별시·광역시·시·군」으로 한 것은 오늘날 경제사정에서 볼 때 너무 장기이고 또한 지역적으로 너무 넓은 면이 있어 개정을 요한다고 본다.

## 2. 상행위법

### 가. 운송업

　(1) 운송인의 손해배상책임에 관하여, 육상운송인의 손해배상책임·해상운송인의 손해배상책임 및 항공운송인의 손해배상책임을 설명하고, 국내운송에 대하여는 육상·해상 및 항공운송에 관하여 통일적인 규정을 하는 것이(그 성질상 부득이 분리하여 규정하여야 한다면 적어도 같은 장소에서 규정하는 것이) 운송인의 권리·의무를 통일적으로 이해하는데 있어서나 법적용의 정확을 기하기 위해서나 크게 도움이 될 것으로 보고, 육상운송에 대하여는 새로운 운송수단의 발달에 부응하는 법개정이 필요하다는 견해가 있다.[19]

　또한 독일의 신운송법이 우리 상법에 미칠 수 있는 영향에 관하여, 우리의 육상운송의 규정을 국제차량운송조약(CMR)을 모델로 하여 재정비할 필요가 있고, 경제현실에 맞게 운송주선업에 관한 규정을 재정비하며, 육상운송에서도 보험제도를 정비할 필요가 있다는 견해가 있다.[20]

　(2) 우리 상법은 육상운송업에 관하여 제125조~제150조에서 규정하고 있

---

17) 이기수, "영업양도," 「법학논집」(고려대 법학연구소), 제27집(1992. 4), 113~131면.
18) 정찬형, 전게서[상법강의(상)(제16판)], 178면.
19) 정찬형, "운송인의 손해배상책임," 「법학논집」(고려대 법학연구소), 제26집(1991. 9), 273~329면.
20) 김정호, "독일의 신운송법이 우리 상법에 미칠 수 있는 영향," 「고려법학」(고려대 법학연구원), 제37호(2001. 10), 37~58면.

고, 해상운송업에 관하여는 제791조~제864조에서 규정하고 있으며, 2011년 4월 개정상법에서는 항공운송업에 관하여 제896조~제935조를 신설하고 있다. 그런데 이들 규정이 유사한 점도 있어 준용규정을 두고 있는 것도 있고(상법 제861조) 유사하게 규정하고 있는 것도 있다. 따라서 이들 규정을 통일적으로 규정하든가 또는 한 곳에서 규정하는 것도 고려하여 볼 수 있다고 본다. 육상운송의 경우 우리가 통일이 된 후를 가정하면 국내운송의 경우에도 (해상운송 및 항공운송의 경우와 같이) 국제운송조약을 고려하여 입법할 필요가 있다고 본다.

이와 함께 운송주선업에 관한 규정도 현실에 맞게 개정할 필요가 있다고 본다.

## 나. 금융리스업·가맹업

(1) 리스물(物)의 하자와 리스이용자의 보호에 관하여, 대법원 1986. 8. 19. 선고 84 다카 503·504 판결의 평석과 관련하여 비기업형 개인이용자에 대한 리스거래 발생시 소비자보호의 측면에서 법률적 보호가 긴요하고, 산업형 리스거래와 소비자적 리스거래간에는 탄력성 있는 차이를 두어야 한다는 견해가 있다.21)

또한 프랜차이즈에서 가맹금의 개념과 정의조항에 관하여, 우리나라의 가맹사업법은 그 규제목적과 적용범위를 명확히 하기 위하여 가맹금에 관한 정의조항을 별도로 규정하고 있는데 이 가맹금 정의조항은 체계적으로나 논리적으로 적지 않은 문제점을 내포하고 있어 이에 관한 외국의 입법례를 검토하고 입법적 대안을 제시한 의견이 있다.22)

(2) 상법에서는 금융리스업·가맹업(프랜차이즈) 및 채권매입업(팩토링)에 관하여 기본적 상행위로 규정하면서(상법 제46조 제19호~제21호), 각각에 대하여 2010년 개정상법 상행위편에서 당사자의 권리·의무에 관한 사법상(私法上) 규정을 두고 있다(상법 제168조의 2~제168조의 12).

한편 금융리스를 규율하는 특별법으로는 여신전문금융업법(1997. 8. 28, 법 5374호)이 있고, 가맹업을 규율하는 특별법으로는 가맹사업거래의 공정화에 관한 법률(2002. 5. 13, 법 6704호)이 있다. 이들 특별법이 먼저 제정되어 금융리스 등의

---

21) 김정호, "리스물의 하자와 리스이용자의 보호(대판 1986. 8. 19, 84 다카 503·504의 평석을 겸하여)," 「법학논집」(고려대 법학연구소), 제29집(1993. 12), 359~427면.
22) 최영홍, "가맹금의 개념과 정의조항," 「고려법학」(고려대 법학연구원), 제56호(2010. 3), 577~609면.

개념이 상법과 불일치하는 점 등이 있는데, 이들 특별법상의 규정을 상법과 조화
되도록 다시 재정비할 필요가 있다고 본다.

## Ⅲ. 회사법

### 1. 회사법 일반

#### 가. 회사법의 개정동향·외국의 회사법

(1) 회사법의 개정동향과 관련하여, 개정내용을 소개하고 이의 타당 여부에
대하여 견해를 밝힌 글이 있다.[23]

또한 외국의 회사법을 소개함으로써 우리 회사법의 입법과 해석에 참고를
준 글이 있다.[24]

(2) 회사법의 개정안에 관한 학술발표회·학술논집 등에서의 좋은 발표와 평
가는 개정안을 더욱 충실히 만드는데 많은 도움을 주고 있다. 그러나 균형있고
합리적인 의견제시가 아닌 어느 특정의 이익집단의 이익을 대표하기 위한 집요
하고 반복적인 의견제시는 국가 전체의 이익을 위한 상법개정안의 마련에 많은
부담과 지연을 초래하고 있다.

최근 미국·영국 등의 회사법의 소개는 우리 회사법의 개정에 많은 영향을
주고 있다. 과거에 우리 회사법에 절대적인 영향을 주었던 독일·일본 등의 회사
법은 그 영향력이 점차 감소되고 있다.

---

23) 정찬형, "한국에서의 최근 회사법의 개정동향(회사지배구조를 중심으로)," 「고려법학」(고려
대 법학연구원), 제45호 (2005. 11), 317~350면; 동, "2006년 회사법개정에 관한 상법개정시
안의 주요내용," 「고려법학」(고려대 법학연구원), 제47호(2006. 10), 33~82면; 동, "2007년 제
출한 정부의 상법(회사법) 개정안에 대한 의견," 「고려법학」(고려대 법학연구원), 제50호(2008.
4), 363~396면; 王保樹, "중국에서의 최근 회사법의 개정동향," 「고려법학」(고려대 법학연구
원), 제45호(2005. 11), 217~256면; 永井和之, "일본에서의 최근 회사법의 개정동향," 「고려법
학」(고려대 법학연구원), 제45호 (2005. 11), 257~315면; Ki-Su Lee, "Neue Rechtslage nach
der Wirtschaftskrise in Korea(Gesetzesänderungen des Handels-und Wirtschaftsrechts)," 「법
학논집」(고려대 법학연구소), 제35집(1999. 12), 105~122면.
24) 이윤영, "1980년 영국회사법," 「법학논집」(고려대 법학연구소), 제21집(1983. 12), 173~189
면; 정찬형, "EC회사법," 「법학논집」(고려대 법학연구소), 제27집(1992. 4), 137~185면; 송석
언, "영국 회사법상 회계감사(조사)제도에 관한 고찰," 「고려법학」(고려대 법학연구원), 제49호
(2007. 10), 881~906면.

## 나. 법인격부인론

(1) 법인격부인론에 관하여, 대법원 2001. 1. 19. 선고 97 다 21604 판결에 대한 평석에서, 이 판결은 법인격부인론을 채택하는 점을 명백히 하고 이와 함께 그 적용요건에 대하여 지배요건 및 자본불충분요건을 명백히 설시함으로써 앞으로 법원이 법인격부인을 하기 위한 실질적인 명백한 기준을 제시한 점에서 찬성하는 취지의 평석이 있다.[25]

이에 반하여 법인격부인론의 적용범위에 관하여, 객관적으로 법인격이 형해화한 모든 경우(예컨대, 일인회사나 사실상의 일인회사 등)에 일단 법인격부인론을 적용하여야 한다고 보고, 이러한 점에서 채권자 사해행위 내지 불공정행위 자체는 법인격부인의 전제가 되지 못하며, 이 이론의 적용범위를 놓고 진행되었던 기존의 논의들은 특별한 의미가 없다고 보는 견해도 있다.[26]

(2) 선박의 편의치적을 위하여 형식상 설립된 외국회사(A회사)가 동 선박의 실제상의 소유회사(외국회사)(B회사)의 선박수리대금을 면탈하기 위하여, "A회사가 B회사와는 별개의 법인격을 가지는 회사라고 주장하는 것은 신의성실의 원칙에 위반하거나 법인격을 남용하는 것으로 허용될 수 없다"는 대법원 1988. 11. 22. 선고 87 다카 1671 판결[27]을 우리나라의 대부분의 학설은 "우리 대법원이 법인격부인론을 최초로 명백하게 채택한 판결이다"고 보고 있다.[28] 그러나 이 판결은 대상이 되는 회사가 모두 외국회사인 점, 또한 A회사의 설립은 편의치적을 위하여 해상기업에 있어서 상관습으로 인정되고 있는 점, 판결문에서 법인격부인론에 관한 요건이나 채택근거 등에 관한 설시가 전혀 없는 점 등에서 볼 때, 위의 1988년 대법원판결을 우리 대법원이 법인격부인론을 최초로 채택한 판결로 보기에는 미흡하고, 법인격부인론의 요건 등을 상세히 설시한 위의 2001년 대법원판결을 우리 대법원이 법인격부인론을 채택한 최초의 판례로 본 것이다.

1인회사나 사실상 1인회사인 경우에도 회사의 자본금이 충분하여 회사의 자

---

25) 정찬형, "법인격부인론(대판 2001. 1. 19, 97 다 21604)," 「고려법학」(고려대 법학연구원), 제37호(2001. 10), 293~311면.

26) 김정호, "법인격부인론의 적용범위," 「고려법학」(고려대 법학연구원), 제41호(2003. 10), 95~118면; 동, 「회사법(제2판)」(서울: 법문사, 2012), 44~45면.

27) 동지: 대판 1989. 9. 12, 89 다카 678.

28) 정동윤, "법인격부인이론의 적용요건과 근거(판례평석)," 법률신문, 제1845호(1989. 5. 22), 11면; 동, 「회사법(제7판)」(서울: 법문사, 2001), 27면 외.

본금으로써 회사의 채무를 충분히 변제할 수 있으면 법인격을 부인할 이유가 없다고 본다.29) 그러나 계약의 경우 채권자측에 귀책사유가 있으면서 채권자가 법인격의 부인을 주장하는 것은 법인격을 부인할 정당성이 없다고 본다.30)

### 다. 회사의 분할

(1) 회사의 분할에 관하여, 프랑스 상사회사법상 이에 관한 내용과 관련하여 이의 법적 지위·의의·경제적 기능·법적 성질·유형과 방법·대상·요건과 절차·효과를 설명하고, 회사분할법제의 채택을 주장하면서 이에 따른 문제점을 지적한 글이 있다.31)

(2) 우리 상법(회사편)은 1998년 개정상법에서 주식회사의 회사분할제도를 도입하여 입법하였다(상법 제530조의 2~제530조의 12).

## 2. 주식회사

### 가. 설 립

#### (1) 주식회사 설립의 하자

(가) 주식회사의 설립의 하자에 관하여, 발기인 중의 어떤 자가 정관작성의 의사표시를 취소하여도 나머지 발기인이 7인 이상인 동안은 회사설립은 전체로서 무효가 되지 않는다고 해석하고, 정관작성은 합동행위이므로 발기인의 1인에 대하여 의사표시의 무효·취소사유가 있어도 다른 발기인의 의사표시의 효력에는 영향을 미치지 아니한다고 해석하는 견해가 있다.32)

(나) 오늘날 주식회사의 1인설립이 인정되는데(상법 제288조), 이러한 1인 설립에서는 위와 같은 주장이 맞지 않는다고 본다.

#### (2) 주식회사의 설립과 자본충실

(가) 주식회사의 설립과 자본충실에 관하여, 발기인은 자본흠결의 정도에 상관없이 그 책임을 부담하는데 설립무효와의 관계에서 이를 분명하게 하기 위하여 입법적인 검토가 필요하고, 발기인의 인수·납입책임이 되는 주식에 관하여는

---

29) 동지: 대판 2001. 1. 19, 97 다 21604.
30) 정찬형, 전게서[상법강의(상)(제16판)], 446~447면.
31) 이윤영, "회사의 분할," 「법학논집」(고려대 법학연구소), 제20집(1982. 12), 269~297면.
32) 박원선, "주식회사 설립의 하자," 「법률행정논집」(고려대 법률행정연구소), 제10집(1972. 6), 55~78면.

그 인증을 받게 하든지 또는 즉시 강제집행을 할 수 있는 방법도 입법상 고려하여야 하며, 현물출자에 관한 발기인의 자본충실의 책임도 입법상 보완되어야 한다는 견해가 있다.33)

(나) 상법상 발기인의 자본금 충실의 책임(상법 제321조 제1항·제2항)에 관하여 제한(한도)은 없으나, 회사설립무효의 소(상법 제328조)와의 관계에서 발기인의 자본금 충실의 책임은 인수나 납입이 없는 주식의 수가 근소한 경우까지 설립무효의 원인으로 한다면 이는 국민경제상의 손실이 크다고 하는 점에서 회사의 존속을 유지하면서 인정되는 보충적이고 부수적인 책임이라고 해석하여야 할 것으로 본다.34) 입법론상 가능하다면 이 양자의 관계에 대하여 명백하게 규정하면 좋을 것으로 본다. 이와 함께 발기인의 자본금 충실의 책임을 담보할 수 있는 방안이 입법론상 규정되어야 할 것으로 본다.

현물출자에 관하여 발기인이 자본금 충실의 책임을 지는가에 관하여, 대체가능한 현물출자 또는 회사의 사업수행에 불가결한 것이 아닌 현물출자의 경우에는 (금전으로 환산하여) 발기인에게 자본금 충실의 책임을 인정하는 견해도 있으나,35) 상법은 금전출자에 대하여만 발기인의 자본금 충실의 책임을 규정하고 있으므로 (상법 제321조 제2항) 현행 상법상 현물출자의 불이행에 대하여 발기인의 자본금 충실의 책임을 인정하는 것은 무리라고 본다.36) 그러나 입법론상 발기인에 대하여 "이행되지 않은 현물의 가액"을 지급하도록 하여 현물출자에 대하여도 발기인의 자본금 충실의 책임을 규정할 수는 있다고 본다(상법 제551조 제1항 참조).

### (3) 설립중의 회사

(가) 설립중의 회사에 관하여, 대법원 1970. 8. 31. 선고 70 다 1357 판결은 설립중의 회사에 대한 우리나라 최초의 판례로서 그 의의가 크다고 하고, 이는 설립중의 회사와 성립 후의 회사의 동일성을 인정하고 그 전제 위에서 판시한 것으로 보는 견해가 있다.37)

---

33) 손주찬, "주식회사의 설립과 자본충실(발기인의 자본충실과 책임의 한계)," 「법률행정논집」 (고려대 법률행정연구소), 제10집(1972. 6), 107~131면.
34) 정찬형, 전게서[상법강의(상)(제16판)], 663면.
　동지: 김정호, 전게서[회사법(제2판)], 134면(이를 '설립무효구제설'이라고 한다); 이철송, 「회사법강의(제21판)」(서울: 박영사, 2013), 259면.
35) 정동윤, 전게서[회사법(제7판)], 162면 외.
36) 정찬형, 전게서[상법강의(상)(제16판)], 664면.
37) 정희철, "설립중의 회사," 「법률행정논집」(고려대 법률행정연구소), 제10집(1972. 6), 227~238면.

또한 설립중의 회사에 관하여, 발기인이 성립 후의 회사를 위하여 부담한 채무에 대하여 누가 책임을 지느냐 하는 것이 가장 중심적인 문제인데, 이 문제를 해결하기 위하여는 성립 후의 회사가 설립등기 당시에 설립등기에 의하여 공시된 자본액(즉, 회사 설립시에 발행하는 주식총수의 주금액에 해당하는 재산)을 실제로 가지고 있도록 하여야 하고 만일 실제의 재산이 이에 부족할 때에는 이를 메우도록 하여야 하는데(자본불가침의 원칙) 이에 대하여는 독일의 판례·학설에 의하여 발전된 새로운 동일성설과 차액책임의 이론이 가장 우수한 해결방법이라고 주장하는 견해가 있다.[38]

또한 설립중의 회사의 성립시기와 불법행위책임에 관하여, 대법원 2000. 1. 28. 선고 99 다 35737 판결에 대한 평석에서, 이 판결의 내용 중 설립중의 회사의 성립시기에 관한 판시내용에는 찬성하나, 설립중의 회사의 설립 전에 발기인 개인 명의로 한 행위와 관련하여 성립 후의 회사가 한 불법행위로서 그 직무관련성을 인정하여 성립 후의 회사가 불법행위책임을 진다고 한 판시내용에는 의문을 제기하는 견해가 있다.[39]

(나) 주식회사에서 설립중의 회사는 설립과정에서 생긴 설립중의 회사의 기관이 취득한 권리의무가 성립후의 회사에 이전되는 관계를 설명하기 위하여 강학상 인정된 개념이라는 점을 우리 대법원판례는 명백히 밝히고 있다(대법원 1970. 8. 31. 선고 70 다 1357 판결 이후). 따라서 설립중의 회사와 성립후의 회사는 동일하다는 전제 하에(동일성설) 설립중의 회사의 기관인 발기인이 그 권한범위 내에서 설립중의 회사의 명의로 한 행위의 효과는 설립중의 회사에 총유(또는 준총유)의 형식으로 귀속하였다가(민법 제275조, 제278조) 성립후의 회사에 별도의 이전행위 없이 귀속하게 되는 것이다(통설).[40]

이 때 성립후의 회사의 성립시(설립등기시)에 회사의 자본금과 실제의 재산보다 회사의 채무가 큰 경우에 회사의 채권자를 보호하기 위하여, 위에서 본 바와 같이 독일의 연방대법원이 독일의 유한회사에 대하여 적용한 차액책임이론이 우리나라의 주식회사에 대하여도 적용될 수 있다는 주장이 있으나, 이 이론을 우리나라의 주식회사에 적용하는 것은 실정법상 명문규정이 없는 점에서 보나 또 주

---

38) 정동윤, "설립중의 회사(그 수수께끼의 해결을 위하여)," 「법학논집」(고려대 법학연구소), 제22집(1984. 12), 31~61면.
39) 정찬형, "설립중의 회사의 성립시기와 불법행위책임," 「고려법학」(고려대 법학연구원), 제36호(2001. 4), 295~332면.
40) 정찬형, 전게서[상법강의(상)(제16판)], 631면 외.

식회사의 본질면(주주의 유한책임)에서 보아 무리라고 생각한다.[41]

동일성설에 의하여 설립중의 회사와 성립후의 회사를 동일하게 본다고 하더라도 이는 적법행위에 관한 것이고, 설립중의 회사의 불법행위로 인한 책임까지 성립후의 회사가 그대로 부담한다고 할 수는 없다고 본다. 즉, 성립후의 회사의 자본금 충실을 위해서나 또한 성립후의 회사의 계약상 채권자를 보호하기 위해서 설립중의 회사의 불법행위로 인한 책임은 원칙적으로 성립후의 회사로 이전하지 않는 것으로 보아야 할 것이다.

### 나. 주식과 주주

#### (1) 소수주주의 보호

(개) 회사내의 소수파주주에 관하여, 주식매수청구권을 (상장회사뿐만 아니라) 모든 회사의 주주에게 확대하여야 하고, 강제배당제도에 관하여 명문의 규정을 두어야 하며, 다수파 주주와 이들의 조종을 받는 이사의 소수파 주주에 대한 충실의무를 긍정하는데 인색하여서는 아니되고, 다수파 주주의 부정한 결의의 효력을 배제하는 제도(그 의결에 의한 행위의 유지청구, 손해배상 및 결의의 효력 소멸과 원상회복 등)를 두어야 한다는 견해가 있다.[42]

또한 주주보호의 문제와 관련하여, 경제적 측면에서 연도결산서의 확정과 재산평가를 전적으로 이사나 감사에게 일임하는 것은 주주의 이익배당청구권을 실질적으로 침해하는 것이 되므로 주주의 이익을 위하여 이러한 것이 공정히 이루어질 수 있는 방안이 필요하고, 회사지배적 측면에서 주주총회에 있어서 주주에게 설명청구권을 상법상 명문으로 규정할 필요가 있으며, 감사의 선임에서 주주가 진심으로 주주의 이익을 도모하는 감사를 선임할 수 있는 제도의 확립이 필요하고, 소수주주의 보호를 위하여 일정한 권면액에 달하는 주식의 소유자에 대하여도 소수주주권의 행사를 인정하는 것이 필요하다는 견해가 있다.[43]

(내) 일정한 주주총회의 특별결의사항에 대하여 반대하는 소수주주에게 부여하는 주식매수청구권 제도를 1995년 개정상법에서 규정함으로써 이를 모든 주식회사로 확대하였고(상법 제374조의 2 외), 이사의 충실의무에 대하여는 1998년 개

---

41) 정찬형, 상게서, 633면.
42) 정동윤, "회사내의 소수파주주의 보호(freeze out을 중심으로 하여)," 「법학논집」(고려대 법학연구소), 제26집(1991. 9), 83~115면.
43) 차낙훈, "미국주식회사법의 발전경향과 주주보호문제," 「법률행정논집」(고려대 법률행정연구소), 제11집(1973. 6), 41~60면.

정상법이 신설하였다(상법 제382조의 3).

우리 상법은 감사(감사위원회 위원)의 선임에서 의결권이 없는 주식을 제외한 발행주식총수의 100분의 3을 초과하는 수의 주식을 가진 주주는 그 초과하는 주식에 관하여 의결권을 행사하지 못하는 것으로 하였고(상법 제409조 제2항·제3항, 제542조의 12 제3항·제4항), 또한 소수주주의 이익을 보호하기 위하여 소수주주권을 인정하였는데 1998년 개정상법은 이의 행사를 쉽게 하기 위하여 소수주주권을 행사할 수 있는 주식보유비율을 다시 낮추었다(상법 제402조, 제403조, 제542조의 6 외).

### (2) 이중대표소송

(가) 콘체른에서 모회사 주주의 보호에 관하여, 모회사 소수주주를 보호하고 나아가 주주의 단독소송권한을 인정한 독일의 Holzmüller 판결을 소개하고 이는 올바른 법형성의 판단으로서 우리나라에서 이 판결이 시사하는 바는 독일에서보다 더 크다고 한 견해가 있다.[44]

(나) 이중대표소송을 우리 대법원판례는 인정하지 않고,[45] 2011년 개정상법을 준비하는 중에도 입법론상 논의가 있었으나 모회사와 자회사는 독립된 법인격을 갖는데 모회사의 주주가 다른 회사(자회사)의 문제에 관하여 대표소송을 제기할 수 있도록 하는 것은 문제가 많다는 점에서 입법을 하지 않기로 하였다.

### (3) 주식의 포괄적 교환 및 이전제도

(가) 주식의 포괄적 교환 및 이전제도에 관하여, 당사회사의 순자산에 대한 평가 및 주식교환(배정)비율 등의 공정성의 확보가 반드시 선결되므로 이를 위한 입법적 보완이 필요하고, 다른 법률과의 관계에서 악용되지 않도록 규제하며(공정거래법), 이의 긍정적인 활성화를 위해서는 지원이 필요하다는(세법) 견해가 있다.[46]

(나) 주식의 포괄적 교환 및 이전제도에서 기존 주주의 보호와 관련하여 가장 중요한 것은 당사회사의 순자산에 대한 공정한 평가와 이에 따른 공정한 주식교환(배정)비율인데, 이에 관하여는 상법상 규정이 전혀 없으므로 이에 관한 입법의 보완이 필요하다고 본다.

### (4) 무의결권주식

(가) 무의결권주식에 관하여, 상법은 한 개의 조문만을 두어 매우 미흡한 면

---

44) 유진희, "콘체른에서 모회사 주주의 보호(독일연방대법원의 'Holzmüller' 판결〈BGHZ 83, 122〉을 중심으로)," 「판례연구」(고려대 법학연구소), 제5집(1991. 12), 229~258면.
45) 대판 2004. 9. 23, 2003 다 49221.
46) 정찬형, "주식의 포괄적 교환 및 이전제도에 관한 연구," 「고려법학」(고려대 법학연구원), 제39호(2002. 11), 1~59면.

이 있고 실무상 많은 문제가 발생하고 있으므로 상법이 이러한 문제에 관한 상
세한 규정을 두든가(프랑스 상사회사법의 경우는 이에 해당함) 또는 상법에 이러한
점에 관하여 상세한 규정을 둘 수 없으면 상법에서 정관으로 이러한 점에 관하
여 상세한 규정을 둘 수 있도록 수권규정을 두어야 한다는 견해가 있다.[47]

(나) 2011년 4월 개정상법은 개정 전 상법 제370조의 무의결권주식의 규정을
상법 제344조의 3에서 규정하면서 의결권 제한주식을 신설하여 함께 규정하고
있으며, 무의결권주식으로 할 수 있는 주식을 이익배당우선주로 제한하지 않았
다. 상법에서 규정하지 않는 사항에 대하여 정관에서 규정할 수 있는 것으로 볼
수도 있으나, 역시 한 개의 규정만으로 미흡한 점이 많다.

## 다. 주주총회

### (1) 특별이해관계인의 의결권 배제

(가) 특별이해관계인의 의결권 배제에 관하여, 주주의 의결권은 재산소유에 대한
관리지배를 반영한 것인데 결의의 결과 특정 구성원의 이익이 구체적으로 침해된
경우에는 권리남용의 단체적 형태인 다수결 남용의 법리에 의하여 시정을 한다 하더
라도 일반적·추상적으로 최초부터 표결의 권리를 부정하는 것은 권리 본위의 근대법
의 취지와 모순된다고 하여 우리 상법 제368조 제4항(2014년 개정상법에 의하면 제368
조 제3항)에 대한 비판적 견해가 있다.[48]

(나) 상법 제368조 제4항(2014년 개정상법에 의하면 제368조 제3항)의 「특별한 이
해관계」를 어떻게 해석하느냐가 중요한 문제인데, 이를 "특정한 주주가 주주의
입장을 떠나서 개인적으로 가지는 이해관계"라고 좁게 해석하면(개인법설)(통설),[49]
그 자체로 다수결의 원리(또는 지배주주의 이익)에 반하는 것이 아니라고 본다. 따
라서 주주가 회사의 영업의 중요한 일부를 양수하거나(상법 제374조 제1항 제1호),
이사 등의 보수결정에 있어서 해당 이사 등인 주주(상법 제388조, 제415조)가 그에
관한 주주총회에서 의결권을 행사할 수 없도록 하는 것은 부득이하다고 본다.

상법 제368조 제4항(2014년 개정상법에 의하면 제368조 제3항)은 이사회에 준용되는
점에서(상법 제391조 제3항), 이사의 경업거래(상법 제397조)·회사기회유용(상법 제397조의 2)·

---

47) 정찬형, "의결권 없는 주식(무의결권주식)에 관한 연구," 「법학논집」(고려대 법학연구소), 제
    28집(1992. 12), 137~166면.
48) 이윤영, "특별이해관계인의 의결권 배제," 「법률행정논집」(고려대 법률행정연구소), 제14집
    (1976. 5), 273~304면.
49) 정찬형, 전게서[상법강의(상)(제16판)], 845면; 정동윤, 전게서[회사법(제7판)], 329면 외.

자기거래(상법 제398조)에 대한 이사회의 승인시 특히 중요한 의미를 갖는다고 본다.

### (2) 종류주주총회

(가) 종류주주총회의 결의가 없는 주주총회결의의 효력에 관하여, 대법원 2006. 1. 27. 선고 2004 다 44575·44582 판결에 대한 평석에서 부동적 무효설에 따른 대법원판결의 결론에는 찬성하나, 대법원판결이 '불발효 상태'에 있다는 것의 확인을 구할 필요가 없고 일반주주총회결의 내용이 무효(본 사건에서 정관변경이 무효)라는 확인을 구하면 족하다고 하는 판지에 대하여는 반대하는 견해가 있다.50)

(나) 종류주주총회는 회사의 기관도 아니고 또 독립한 주주총회도 아니며 단지 주주총회(또는 이사회)의 결의의 효력을 발생시키기 위한 추가적인 요건에 불과한데, 종류주주총회의 결의가 없다고 하여 판례와 같이 정관변경에 관한 주주총회가 없는 것으로(또는 무효·취소된 것으로) 보아 정관변경 무효확인의 소의 제기가 가능한지 의문이다. 특히 주식의 종류에 따라 신주의 인수, 주식의 병합·분할·소각 또는 회사의 합병·분할로 인한 주식의 배정에 관하여 특수한 정함을 하는 경우에 어느 종류주식을 가진 주주에게 손해를 미치게 될 때에도 종류주주총회의 결의를 요하는데(상법 제436조), 이 때 종류주주총회의 결의가 없는 경우에 대법원판례에 따르면 신주의 인수 또는 주식의 배정에 대하여도 무효확인의 소를 제기할 수 있다는 의미인지 의문이다. 따라서 종류주주총회의 결의가 없으면 (그 이전에 있는 주주총회결의나 이사회결의에는 하자가 없으므로) 민사소송법의 규정에 따라 주주총회결의(또는 이사회결의) 불발효확인의 소를 제기할 수 있도록 하는 것이 타당하다고 본다.51)

### (3) 주주총회결의 부존재확인의 소

(가) 주주총회결의 부존재확인소송의 법적 지위에 관하여, 대법원 전원합의부 1982. 9. 14. 선고 80 나 2425 판결에 대한 평석에서, 부존재의 사유가 반사회적인 고의성이 농후한 경우에는 판결의 불소급효를 인정할 법리적 여지가 없으므로 대법원판결에서도 이 불소급의 문제에 대하여 구체적인 언급이 있어야 했고, 입법론으로서 이에는 상법 제190조 본문만이 준용된다고 명확히 하여야 한다는 견해가 있다.52)

50) 정찬형, "종류주주총회의 결의가 없는 주주총회결의의 효력," 「고려법학」(고려대 법학연구원), 제46호(2006. 4), 141~167면.
51) 정찬형, 전게서[상법강의(상)(제16판)], 874~875면.
　　반대: 이철송, 전게서[회사법강의(제21판)], 625면(종류주주총회의 결의가 없으면 상법 제376조의 주주총회결의의 취소사유가 된다고 한다).
52) 이윤영, "주주총회결의 부존재확인소송의 법적 지위(대법원 전원합의부 1982. 9. 14. 판결

(나) 주주총회결의 취소의 소·무효확인의 소·부존재확인의 소 및 부당결의 취소변경의 소에 대한 판결의 효력에 대하여는 1995년 개정상법에서 일률적으로 소급효를 인정하였다(상법 제376조 제2항, 제380조, 제381조 제2항).

## 라. 업무집행기관·감사(감독)기관

### (1) 사외이사제도

(가) 주식회사의 업무집행기관에 대한 감독(감사)기관에 관하여, 우리나라에서 성급하게 사외이사제도를 도입하고 그것도 상장회사 등에게는 이 제도를 의무적으로 도입하도록 한 것은 입법에 있어서 근본적인 문제가 있고, 업무집행기관에 대한 감사(감독)의 실효를 거두기 위하여는 현행 이사회의 감독권과 감사의 감사권을 합하여 독립한 제3의 기관(독일의 중층제도인 감사회제도)를 도입하는 것이 우리의 실정 및 그 실효성에서 더 효과적이라는 견해가 있다.[53]

또한 사외이사제도의 개선방안에 관하여, 업무집행기관과 업무감독기관을 반드시 분리하고 업무감독기관에 대하여는 최소한 업무집행자에 대한 임면권·보수결정권 및 회계감사권을 부여하고 업무감독기능을 부여하는 이사회에는 원칙적으로 전 이사를 업무를 집행하지 않고 또한 업무집행기관과 이해관계가 없는 사외이사로 구성하여야 하며 업무집행기관(집행임원)은 이사회에 의하여 별도로 구성되어야 한다는 견해가 있다.[54]

(나) 사외이사제도가 활성화되기 위하여는 (Ⅵ. 상법학의 전망에서) 후술하는 바와 같이, 집행임원 설치회사에서만 감독기관인 이사회에 사외이사를 두어 업무집행기관(집행임원)에 대한 감독업무(집행임원의 임면·보수결정 등을 포함하여)에만 전념하도록 하면서, 이사회의 하부기관이며 이사회내 위원회의 하나인 감사위원회 위원으로서만 활동하도록 하고 업무집행에 관한 의사결정에는 참여시키지 않도록 하여야 한다고 본다.

### (2) 집행임원제도

(가) 주식회사에서의 집행임원에 관하여, IMF 경제체제 이후 (증권거래법 등에서) 사외이사를 의무적으로 두도록 함에 따라 사외이사를 최소화할 목적으로 회

---

80 나 2425 사건),"「판례연구」(고려대 법학연구소), 제2집(1983. 2), 175~208면.

53) 정찬형, "주식회사의 업무집행기관에 대한 감독(감사)기관,"「고려법학」(고려대 법학연구원), 제38호(2002. 4), 35~59면.

54) 정찬형, "사외이사제도의 개선방안,"「고려법학」(고려대 법학연구원), 제40호(2003. 6), 39~66면.

사의 정관 등 내규에 의하여 사실상 집행임원(비등기이사)을 많이 두고 있는데(특히 대규모 주식회사에서 그러함) 이러한 집행임원에 대한 법률상 규정이 없어 많은 문제가 발생하여 입법론상 집행임원에 관하여 그의 지위·권한·의무·책임 등에 관하여 법률에서 규정하여야 한다는 견해가 있다.[55]

(ㄴ) 대기업에서는 2011년 4월 개정상법에서 도입된 집행임원제도가 활성화되어야 사외이사제도가 활성화되면서 경영의 효율성과 투명성을 기할 수 있으므로, 대기업에서 현재 이용되고 있는 사실상 집행임원이 상법상 집행임원으로 전환될 수 있도록 하여야 할 것이다. 회사가 이를 위하여는 필요한 경우 정관을 변경하고, (사실상) 집행임원을 이사회에서 선임하며, (사실상) 집행임원을 등기하면 된다. 이와 같이 함으로써 집행임원의 지위가 보장되어 안정된 경영활동을 할 수 있고, 회사와 거래하는 제3자를 보호할 수 있다.

## 마. 이사의 의무와 책임

### (1) 이사와 회사간의 자기거래금지

(ㄱ) 이사와 회사간의 자기거래금지에 관하여, 미국 회사법상 자기거래의 규제를 소개하고 대법원 2007. 5. 10. 선고 2005 다 4284 판결에 대한 평석에서 미국법에서처럼 자기거래에 대한 유효요건은 "공정성"을 중심으로 논의되어야 한다는 견해가 있다.[56]

(ㄴ) 2011년 4월 개정상법은 상법 제398조에 "그 거래의 내용과 절차는 공정하여야 한다"는 규정을 추가하였다.

### (2) 경영판단의 원칙

(ㄱ) 경영판단의 원칙에 관하여, 대법원 2005. 10. 28. 선고 2003 다 69638 판결에 대한 평석에서 입법론으로서 이사의 회사에 대한 경과실로 인한 주의의무 위반에 따른 손해배상책임을 회사의 실손해액의 20%~50% 사이의 일정 비율로 정관으로 정할 수 있도록 규정하면서, 그 경우에도 대표이사의 경우에는 연봉의 10배·평이사의 경우에는 연봉의 8배·사외이사의 경우에는 연봉의 4배를 이사의 책임의 상한으로 규정하는 것이 바람직하다는 견해가 있다.[57]

55) 정찬형, "한국 주식회사에서의 집행임원에 대한 연구," 「고려법학」(고려대 법학연구원), 제43호(2004. 11), 37~62면.
56) 김정호, "미국 회사법상 이사와 회사간 자기거래금지의 법리(대판 2007. 5. 10, 2005 다 4284의 평석을 겸하여)," 「고려법학」(고려대 법학연구원), 제49호(2007. 10), 119~151면.
57) 전우정, "삼성전자 판례에 나타난 법원의 경영판단의 원칙에 대한 태도와 이사의 책임 제한

(나) 2011년 4월 개정상법은 제400조 제2항을 신설하여 이사의 회사에 대한 책임에서 경과실이 있는 경우 사내이사는 1년간의 보수액의 6배, 사외이사는 3배를 초과하는 금액에 대하여 정관으로 정하는 바에 따라 감경할 수 있도록 하였다(그러나 이사가 상법 제397조·제397조의 2 및 제398조에 위반하는 경우에는 감경할 수 없다).

### (3) 이사의 제3자에 대한 책임

(가) 이사의 제3자에 대한 책임에 관하여, 그 책임의 법적 성질을 법정책임으로 보고 불법행위책임과의 경합을 긍정한 견해가 있다.[58]

또한 중국 회사법상 이사의 제3자에 대한 책임에 관하여, 중국 회사법은 이에 관하여 규정하지 않고 있어 회사의 채권자 및 제3자를 보호하기 위하여 중국 회사법에 이사의 제3자에 대한 책임을 규정하여야 한다는 견해가 있다.[59]

(나) 이사의 제3자에 대한 책임은 상법이 인정한 특수한 책임(법정책임)이라고 보는 것이 통설[60]·판례[61]이다. 따라서 이 책임의 소멸시효기간도 일반채권과 같이 10년으로 보고, 불법행위책임과의 경합을 인정한다.

이사의 제3자에 대한 책임에 관한 규정 및 이에 관한 풍부한 학설·판례는 이러한 규정이 없는 중국법 등에 많은 영향을 줄 것으로 본다.

### 바. 회계(주식회사의 회계규정 개정)

(1) 우리 제정상법상 주식회사의 회계에 관하여, 제정상법상 상업장부는 일기장·재산목록·대차대조표로 되어 있는데(동법 제29조·제30조) 이를 회계장부·대차대조표·손익계산서로 하고, 재산목록을 존치시킨다고 하더라도 개업시와 회사 성립시에 한하고 결산기에는 결산대차대조표와 손익계산서를 작성하도록 하며, 손익계산서는 제정상법이 포괄주의의 입장을 취하고 있으나 당기실적주의를 취하고 대차대조표와 함께 공고를 강제하며, 주식회사의 결산계산서류의 승인과 확정권을 주주총회에서 이사회(감사의 이의가 없는 한)로 옮기도록 하자는(그러나 이익

---

(대법원 2005. 10. 28. 선고 2003 다 69638 판결 판례평석)," 「고려법학」(고려대 법학연구원), 제57호(2010. 6), 315~340면.

58) 이병태, "이사의 제3자에 대한 책임," 「법률행정논집」(고려대 법률행정연구소), 제10집(1972. 6), 163~198면.

59) Liu Ding Xiang(劉定湘), "중국 회사법상 이사의 제3자에 대한 책임에 관한 연구," 「고려법학」(고려대 법학연구원), 제52호(2009. 4), 301~333면.

60) 정찬형, 전게서[상법강의(상)(제16판)], 1009~1010면 외.

61) 대판 2008. 2. 14, 2006 다 82601 외.

처분안은 제외함) 견해가 있다.[62]

(2) 1984년 개정상법은 상업장부를 회계장부 및 대차대조표로 하고(동법 제29조), 회사는 성립한 때와 매 결산기에(상인은 영업을 개시한 때와 매년 1회 이상 일정시기에) 회계장부에 의하여 대차대조표를 작성하도록 하고 있다(동법 제30조 제2항). 2011년 4월 개정상법에서 주식회사의 재무제표는 외부감사인의 적정의견이 있고 감사 전원의 동의가 있으면 정관의 규정으로 주주총회에 갈음하여 이사회가 승인할 수 있도록 하고(동법 제449조의 2) 또한 이 경우 이사회의 결의로 이익배당을 할 수 있도록 하였다(동법 제462조 제2항 단서).

### 사. 사채(전환사채의 문제점)

(1) 전환사채에 관하여, 기존주주에게 전환사채의 우선적 인수권을 인정하지 않고, 주주 외의 자에 대하여 전환사채를 발행하는 모든 경우에 주주총회의 특별결의를 받도록 하는 것은 회사의 자금조달의 편의의 면에서 문제점이 있으며, 전환사채의 전환가액이 그 발행시점의 주가 등에 비추어 낮은 가격이라는 사유만으로 이사에 임무해태가 있다거나 회사에 손해가 있다고 볼 수 없고, 전환사채 발행무효에 대하여 신주발행무효의 소에 관한 상법 제429조를 유추적용하는 것은 문제가 있다는 견해가 있다.[63]

(2) 우리 상법상 「주주 외의 자에 대하여 전환사채를 발행하는 경우」에는 일정한 사항에 대하여 정관에 규정이 없으면 주주총회의 특별결의에 의하고 또한 이 경우에는 신기술의 도입·재무구조의 개선 등 회사의 경영상 목적을 달성하기 위하여 필요한 경우에 한하는 것으로 규정하고 있다(상법 제513조 제3항). 「주주 외의 자에 대하여 전환사채를 발행하는 경우」에는 제3자배정 및 모집을 포함하는데, 이러한 규정이 모집의 경우에도 해당한다면 회사의 자금조달과 관련하여 문제가 있다고 본다.[64]

---

62) 김표진, "주식회사의 계산서류," 「법률행정논집」(고려대 법률행정연구소), 제10집(1972. 6), 39~54면.
63) 정찬형, "전환사채의 발행과 관련한 몇 가지 문제점," 「고려법학」(고려대 법학연구원), 제43호(2004. 11), 251~270면.
　　반대: 이철송, 전게서[회사법강의(제21판)], 1019면(전환사채발행 무효의 소를 상법 제429조의 신주발행 무효의 소와 같이 형성의 소로 다루는 것이 옳다고 한다).
64) 이에 관하여는 정찬형, 전게서[상법강의(상)(제16판)], 1189면 주 2 참조.

## IV. 보험법·해상법·항공운송법

### 1. 보험법

#### 가. 보험계약의 성립

(1) 보험금의 지급을 인정한 서울민사지방법원(제14부) 87 가합 5132 판결에 대한 평석에서, 보험계약에서는 당사자의 의사가 최우선적으로 고찰되어야 하므로 '보험회사의 담당직원으로부터 전 소유자를 피보험자로 표시하여도 매수인은 이 건 차량을 운행하는 중에 생긴 사고에 대하여 보험금을 받을 수 있다'고 하였으므로 보험계약의 성립과 보험금의 지급을 인정한 본건 판결은 타당하다는 견해가 있다.[65]

(2) 위의 경우 보험회사에 책임을 인정하기 위하여는 「보험회사의 담당직원」에게 보험계약의 체결 또는 승낙에 관한 대리권이 있음을 전제로 한다.

#### 나. 타인을 위한 (손해)보험계약·보험자 대위

(1) 타인을 위한 손해보험계약에 관하여, 보험계약자와 피보험자의 내부관계를 일반민법의 원칙에 맡기는 것보다는 보험계약자의 피보험자에 대한 청구권의 보장을 위한 조치는 물론 보험계약자의 고의 또는 중대한 과실로 말미암은 피보험자의 불이익을 막을 수 있는 길이 마련되어야 한다는 견해가 있다.[66]

또한 타인을 위한 보험에서 보험자의 보험계약자에 대한 청구권대위의 가부에 관하여, 타인을 위한 보험계약에서 그 보험계약을 체결한 취지가 보험계약자의 행위로 인하여 피보험자에게 손해가 생긴 경우에 보험계약자의 책임을 면하려는데 있어서 책임보험적인 성격이 있는 때에는 보험약관에 보험자는 보험계약자에 대한 대위권을 포기한다는 조항을 두는 것이 요망되고, 그러한 조항이 없더라도 보험자는 그러한 사정을 알거나 알 수 있으므로 보험계약자에 대하여 대위권(상법 제682조 본문)을 행사할 수 없다고 보아야 한다는 견해가 있다. 이 견해에서는 상법 제639조 제2항 단서는 피보험자가 보험자에 대한 보험금청구권을 보

---

65) 이기수, "보험금(서울민사지방법원 제14부 87 가합 5132 판결에 대한 평석)," 「판례연구」(고려대 법학연구소), 제5집(1991. 12), 77~95면.

66) 양승규, "타인을 위한 손해보험계약," 「법률행정논집」(고려대 법률행정연구소), 제10집(1972. 6), 135~158면.

험계약자에게 양도한 것으로 해석하고, 보험계약자가 경과실로 손해를 가한 때 및 과실 없이도 손해배상책임을 지는 때에 한하여 보험자의 보험계약자에 대한 대위권이 상실된다고 보고 있다.[67]

(2) 타인을 위한 손해보험계약은 상법에서는 제639조에서 규정하고, 보험업법에서는 제2조 제3호(보증보험계약)에서 규정하고 있다. 이는 손해보험계약에서 보험계약자와 (보험금을 지급받는) 피보험자가 다른 경우인데, 보험자가 피보험자에게 보험금을 지급한 경우 보험계약자에게 행사하는 보험자대위권(상법 제382조)과도 관련된다. 보험계약자가 제3자의 피해보상을 위하여 자기를 피보험자로 한 책임보험에 가입하고 피해자인 제3자에게 직접청구권을 인정하면(상법 제724조 제2항) 이것도 타인을 위한 손해보험계약과 유사한 기능을 한다. 따라서 이와 같이 유사한 기능을 하는 보험에 대하여는 통일적이고 합리적인 규정과 해석이 필요하고, 또한 보험법리에 의하여 민법상의 일반법리를 수정하여야 할 것으로 본다.

타인의 위임에 의한 타인을 위한 보험계약·보증보험계약 등에서는 보험계약자의 고의·중과실로 인한 보험사고에 대하여 보험자를 면책할 수 없고, 피보험자의 고의·중과실로 인한 보험사고만이 보험자의 면책사유로 하여야 할 것이다.[68]

또한 보험자의 제3자에 대한 보험자대위(상법 제382조)에서도 제3자는 "보험계약자 또는 피보험자 이외의 제3자"로 해석하여 제3자에 보험계약자를 배제하여야 할 것이다.[69] 이와 같이 해석하면 보험약관에 보험자는 보험계약자에 대한 대위권을 포기한다는 조항을 둘 필요가 없게 된다.

## 다. 무면허운전 면책약관

(1) 무면허운전 면책조항의 적용범위에 관하여, 대법원 1991. 12. 24. 선고 90 다카 23899 판결에 대한 평석에서, 대법원의 입장은 무면허운전이라 해도 그것이 무단운전이나 절취운전의 경우에는 보험자의 책임을 인정하는 독일 자동차보험 보통약관 제2조 제3항 c호와 같고, 우리 자동차종합보험 보통약관(1993. 1. 1.현재) 제10조 제1항 6호에 부가된 표현은 "보험계약자나 피보험자의 지배 또는 관리가 가능하지 않은 무면허운전의 경우는 제외합니다"라는 문언으로 대체시킴

---

67) 정동윤, "타인을 위한 보험에서 보험자의 보험계약자에 대한 청구권대위의 가부(可否)," 「고려법학」(고려대 법학연구원), 제41호(2003. 10), 1~14면.
68) 정찬형, 전게서[상법강의(하)(제15판)], 613면, 755면.
69) 정찬형, 상게서, 641~645면.

이 더욱 타당하다는 견해가 있다.[70]

　　(2) 개인용 자동차보험 표준약관(2011. 5. 8. 현재)은 임의책임보험의 경우(대
인배상Ⅱ 및 대물배상) 보험자의 면책사유에 관하여 "피보험자 본인이 무면허운전
을 하였거나 기명피보험자의 명시적·묵시적 승인하에서 피보험자동차의 운전자
가 무면허운전을 하였을 때에 생긴 사고로 인한 손해"를 규정하고 있다[동 약관
제14조 1. (2) ⑦ 및 (3) ⑦]. 그러나 이 때 자기신체사고의 경우에는 무면허운전 면
책약관을 삭제하고, 무보험자동차에 의한 상해의 경우에는 피보험자 본인이 무면
허운전중 생긴 사고로 인한 경우에만 보험자를 면책하고 있다[동 약관 제14조 (5)
⑩]. 이러한 무면허운전에 의한 보험자의 면책약관에 관하여 우리 대법원판례는
종래에는 이를 담보위험제외사유(exclusion)로서 무면허운전과 보험사고 사이에
인과관계의 존재를 요하지 않고 유효하다고 하였으나,[71] 그 후 전원합의체판결
로써 이를 변경하여 "보험계약자나 피보험자의 지배 또는 관리가능성이(이는 보험
계약자나 기명피보험자의 명시적 또는 묵시적 승인이) 없는 무면허운전의 경우에까지
적용된다고 보는 경우에는 그 조항은 신의성실의 원칙에 반하여 공정을 잃은 조
항으로서 약관규제법의 규정에 비추어 무효라고 볼 수밖에 없다"고 판시하였
다.[72] 위의 무면허운전 면책약관의 규정내용은 위의 변경된 대법원판례를 반영
한 것으로 볼 수 있다.

### 라. 음주운전 면책약관

　　(1) 음주운전 면책약관에 관하여, 서울지법 1996. 6. 12. 선고 96 가합 10893
판결에 대한 평석에서 음주운전 면책조항은 사고발생시에 음주운전이었다는 법규
위반사항을 중시하여 이를 보험자의 보상대상에서 제외하는 사유로 정한 것이라
는 점에 대하여 판단함이 없이 결과를 도출하고 있는 오류가 있다고 하고, 음주
운전 면책약관이 현재의 법 상황하에서 무효라고 할 수는 없다는 견해가 있다.[73]

　　(2) 과거에 음주운전 면책약관(개인용 자동차종합보험에서 자기신체사고에 관한 음
주운전 면책약관)에 관하여, "이는 손해발생시의 상황에 의한 면책사유로서(즉, 담

---

70) 김정호, "무면허운전 면책조항의 적용범위(대법원 1991. 12. 24. 선고 90 다카 23899 판결에
　　대한 평석)," 「판례연구」(고려대 법학연구소), 제6집(1994. 6), 173~189면.
71) 대판 1990. 6. 22, 89 다카 32965 외.
72) 대판 1991. 12. 24, 90 다카 23899 외.
73) 이기수, "음주운전 면책약관(서울지방법원 1996. 6. 12. 선고 96 가합 10893 판결에 대한 평
　　석)," 「판례연구」(고려대 법학연구소), 제8집(1996. 9), 283~311면.

보위험제외사유로서) 손해발생의 원인에 의한 면책사유에는 해당하지 않는다고 보
아 상법 제732조의 2 및 동 제663조에 저촉되지 않으므로 이러한 음주운전 면책
약관은 유효하다"고 판시한 판례도 있었으나,[74] 상해보험에 관한 음주운전 면책
약관에 대하여는 "그 사고가 피보험자의 고의로 인하여 야기된 것과 같은 정도
로 평가할 수 있을 때에만 (상법 제732조의 2 및 동 재663조와의 관계에서) 보험자는
면책된다고 봄이 상당하다"고 판시하였다.[75]

　　최근 개인용 자동차보험 표준약관(2011. 5. 8. 현재)에서는 음주운전의 경우 자
기차량손해에서는 면책약관을 그대로 유지하고 있으나[동 약관 제14조 1. (6) ⑯], 자
기신체사고와 무보험자동차에 의한 상해의 경우에는 (마약 또는 약물 등의 영향에
의한 운전이 아닌 한) 음주운전은 면책약관에서 배제하였고[동 약관 제14조 1. (4) ④,
(5) ⑦], 책임보험 대인배상 Ⅰ·Ⅱ 및 대물배상에서는 (보험계약자 등에 귀책사유가 있
는 경우에 한하여) 음주운전 사고부담금(1사고당 대인배상 Ⅰ·Ⅱ: 200만원, 대물배상:
50만원)에 대하여만 보험자가 면책되는 것으로 하고 있다(동 약관 제14조 2.).

　　자기차량손해에서의 음주운전 면책약관이, 음주운전으로 인한 손해가 아니라,
「음주운전을 하였을 때 생긴 손해」로 규정하고 있으므로(또한 인보험이 아니어서 상
법 제732조의 2 및 동 제663조가 적용될 여지가 없으므로), 이는 책임면제사유
(exception)가 아니라 담보위험제외사유(exclusion)로 보아 음주운전과 보험사고와의
인과관계를 요하지 않고 법규위반으로서 면책을 인정하여야 할 것으로 본다.[76]

## 2. 해상법

### 가. 선박소유자 등의 책임제한

　　(1) 우리 해상법상 선박소유자 등의 책임제한과 해상물건운송인의 책임제한
과의 비교에 관하여, 해상물건운송인 겸 선박소유자 등(책임제한주체)의 경우 운송
인으로서 책임제한(개별적 책임제한)을 받으면 되었지 다시 선박소유자 등의 책임
제한(총체적 책임제한)까지 이중으로 받도록 하는 점에 대하여 의문을 제기하고,
해상물건운송인의 손해배상액에서 개별책임한도액을 신설하면서 다시 육상물건
운송인의 정액배상주의를 준용하는 점에 대하여 의문을 제기하며, 해상물건운송

---

74) 서울민사지판 1990. 8. 30, 90 가합 33955·90 가합 45880.
75) 서울민사지판 1989. 4. 6, 88 가합 56122.
76) 동지: 대판 1998. 12. 22, 98 다 35730; 동 2000. 10. 6, 2000 다 32130.

인의 책임한도에서 송하인이 그 운송물의 종류와 가액을 고지한 경우와 부실고
지한 경우의 효과에 대하여 규정하고 있는데 다시 육상물건운송인의 고가물에
관한 특칙규정을 준용하는 점에 대하여 의문을 제기하는 견해가 있다.77)

(2) 육상운송인·해상운송인 및 항공운송인의 책임과 제한(면책사유)에 관한
규정을 통일적으로 정비할 필요가 있다고 본다. 이와 함께 육상운송인의 책임도
국제조약에 따라 정비할 필요가 있다고 본다.

## 나. 선하증권

(1) 선하증권 발행인의 책임에 관하여, 서울고등법원 1986. 1. 31. 선고 85
나 3556 판결에 대한 평석에서 원고에게 손해가 발생하였다고 볼 수 없다(네고계
약 자체를 취소할 수 있는 점에서)고 하여 선하증권 발행인(피고)의 책임을 부정하는
견해가 있다.78)

또한 선하증권과 상환하지 않고 운송물을 인도한 해상물건운송인의 손해배
상책임에 관하여, 대법원 1999. 4. 23. 선고 98 다 13211 판결에 대한 평석에서
이러한 운송인에게 불법행위책임을 인정한 대법원판결은 타당하다고 하고 이러
한 해상물건운송인은 이 외에도 운송계약상 채무불이행으로 인한 손해배상책임
도 부담한다는 견해가 있다.79)

(2) 육상물건운송인의 송하인(수하인)에 대한 책임에서는 채무불이행책임과 불
법행위책임과의 관계에 대하여 법조경합설(소수설)도 있으나 청구권경합설이 통
설80)·판례81)인데, 해상물건운송인의 책임에 대하여는 상법 제798조 제1항이 「이
절의 운송인의 책임에 관한 규정은 운송인의 불법행위로 인한 손해배상의 책임
에도 적용한다」고 규정하고 있어 결과적으로 법조경합설에 따른 입법을 하고 있
다고 볼 수 있다.82) 그런데 이 때 '운송인의 책임'에 관한 규정에는 증명책임의

77) 정찬형, "우리 해상법상 선박소유자 등의 책임제한과 해상물건운송인의 책임제한과의 비
    교," 「법학논집」(고려대 법학연구소), 제30집(1994. 12), 193~231면.
78) 채이식, "선(先)선하증권 발행인의 책임(서울고등법원 1986. 1. 31. 선고 85 나 3556 판결에
    대한 평석)," 「판례연구」(고려대 법학연구소), 제4집(1986. 12), 211~232면.
79) 정찬형, "선하증권과 상환하지 않고 운송물을 인도한 해상물건운송인의 손해배상책임(대법
    원 1999. 4. 23. 선고 98 다 13211 판결에 대한 평석)," 「법학논집」(고려대 법학연구소), 제35
    집(1999. 12), 123~143면.
80) 정찬형, 전게서[상법강의(상)(제16판)], 319면, 346~347면 외.
81) 대판 1962. 6. 21, 62 다 102.
82) 정찬형, 「상법강의(하)(제15판)」(서울: 박영사, 2013), 899면.

분배에 관한 상법 제795조 제1항은 포함되지 아니하므로 원고가 해상물건운송인 등에게 불법행위책임을 묻는 경우에는 원고가 운송인의 귀책사유를 증명하여야 하는 불이익이 있다.[83]

### 3. 항공운송법

가. 항공운송계약의 법률관계에 관하여, 항공사법(航空私法) 특히 국제·국내 항공운송에 관한 사법적 규제(입법)가 절실히 요구된다는 견해가 있다.[84]

나. 2011년 5월 개정상법은 상법 제6편을 신설하여 항공운송에 관한 사법적 법률관계를 규정하고 있다(상법 제896조~935조).

## V. 어음법·수표법

### 1. 어음행위

#### 가. 발행의 어음행위에 선행하는 어음행위의 효력

(1) 발행의 어음행위에 선행하는 어음행위(배서·보증·참가인수 등)의 효력에 대하여, 무효라고 보는 견해(무효설)가 있다. 이 견해에서는 발행은 기본적 어음행위로서 발행이 무효이면 어음이 무효이므로 무효인 어음에 한 다른 어음행위는 형식을 중시하는 어음에서 무효라는 것이다. 즉, 어음요건인 형식을 흠결한 어음인 발행이 없는 어음에 배서한 경우에는 배서할 권리가 없어서 배서가 무효이고, (어음)보증의 경우는 주채무가 없으므로 그러한 보증은 무효라는 것이다. 이 때 보증에 관하여는 예외를 인정하여 유효로 보아야 한다는 견해도 있으나, 그에 상당한 이유를 발견하기 어렵고 어음행위에서 보증채무의 독립성과 관련하여 볼 때 이는 보증이라는 어음행위가 유효하게 성립한 결과에 불과하므로 이와는 무관하다는 것이다.[85]

(2) 그러나 오늘날 어음의 발행 전에 한 배서·보증 등은 백지배서·백지보증 등으로 유효로 보고 있다.[86] 다만 발행을 정지조건으로 하여 그러한 어음행위를

---

83) 동지: 대판 2001. 7. 10, 99 다 58327.

84) 손주찬, "항공운송계약의 법률관계,"「법률행정논집」(고려대 법률행정연구소), 제8집(1965. 12), 57~97면.

85) 변영만, "어험행위(魚驗行爲)의 효력을 논함,"「법정학계((法政學界)」(보성전문학교 발행 교우회 편집), 제17호(융희 2년〈1908년〉 10월 5일), 9~10면(이는 졸업시험답안으로 설명되고 있음).

86) 정찬형, 전게서[상법강의(하)(제15판)], 132면 외.

한 자는 어음채무를 부담한다. 이를 유효로 보는 것이 그러한 어음행위를 한 자의 의사에 합치하는 해석이라고 보며, 또한 실무에서 발행 전에 배서·보증 등 부속적 어음행위를 할 필요성도 많이 있을 것으로 본다.

## 나. 어음이론

### (1) 어음이론에 관한 학설

(가) 어음행위는 여하(如何)한 행위인가에 대하여, 단독행위(一便行爲)를 주장하는 견해가 있다. 이 견해에서는 불확정한 장래의 어음소지인은 계약의 상대방도 되지 못할 뿐만 아니라 채권의 당사자로 부르기도 어렵고 또한 배서인이 전자의 수임인이 될 수 없는 점에서 어음행위를 계약으로 볼 수는 없고 단독행위로 보아야 한다는 것이다. 이러한 단독행위설에서는 어음상의 채권·채무의 발생은 계약에 의한 것이 아니고 어음채무자의 단독행위에서 발생하므로, 예컨대 발행인이 어음상 채무를 부담하는 것은 그 어음에 서명함으로 인한 것이지 발행인이 수취인 또는 그 밖의 어음소지인과 계약을 체결함으로 인한 것이 아니라고 한다. 이러한 단독행위설에서는 어음취득자가 어음채권을 취득하는 문제는 별개의 문제라고 보며, 어음의 성질과 효력을 실제로 관찰하여도 어음행위는 계약이 아니라 단독행위임이 명백하고 또한 이와 같이 해석하는 것이 다수설이라고 한다.[87]

(나) 그런데 오늘날 우리나라에서 단독행위설을 취하는 견해는 없고, 학설 중에는 발행설 또는 권리외관설도 있으나, 대부분의 견해는 교부계약설 또는 발행설에 권리외관설을 보충하여 설명하고 있다.[88] 생각건대 어음행위는 계약설 또는 단독행위설만으로는 설명할 수 없고, 어음채무는 원칙적으로 어음행위자가 어음을 작성하여(기명날인 또는 서명하여) 이를 상대방에게 교부하기만 하면 상대방의 수령능력이나 수령의 의사표시를 불문하고 발생한다는 발행설(또는 교부시설)이 가장 타당한데, 다만 교부흠결이 있는 경우에 선의의 제3자를 보호하기 위하여 예외적으로 권리외관설에 의하여 보충되어야 한다고 본다.[89] 우리 대법원판

---

87) 남형우, "魚驗(手形)行爲는 여하한 행위인가," 「법정학계」(보성전문학교 발행 교우회 편집), 제19호(융희 2년⟨1908년⟩ 12월 5일), 5∼11면.
   동 교수는 어음행위가 단독행위라는 전제 하에 민사채권과 어음채권의 차이에 관한 글을 게재하였는데, 이에 관하여는 남형우, "보통채권과 手形(魚音)채권의 차이," 「법정학계」(보성전문학교 발행 교우회 편집), 제21호(융희 3년⟨1909년⟩ 2월 5일), 13∼17면.
88) 정동윤, 「어음·수표법(제5판)」(서울: 법문사, 2004), 79면; 손주찬, 「제11정증보판 상법(하)」(서울: 박영사, 2005), 67면 외.
89) 정찬형, 전게서[상법강의(하)(제15판)], 71∼72면.

례도 이와 같은 취지로 판시하고 있다.[90]

## (2) 어음교부의 흠결

(가) 어음 교부계약의 흠결에 대하여, 어음채무자는 어음의 외관에 따른 책임을 져야 마땅하지만 한편 어음취득자가 악의 또는 중대한 과실로 어음을 취득한 경우에는 이를 보호할 가치가 없으므로, 어음이론으로서는 교부계약설과 결합한 권리외관설이 타당하고, 어음항변의 분류로서는 교부계약 흠결의 항변을 종래의 인적 항변과는 다른 것으로 보아 어음소지인에게 악의 또는 중대한 과실이 있으면 이를 대항할 수 있다고 풀이하여야 한다는 견해가 있다.[91]

(나) 위 견해가 어음이론으로서 원칙적으로 교부계약설에 따른 것은 위에서 본 바와 같이 발행설(또는 교부시설)에 따른 우리 대법원판례[92]와 다르며, 교부흠결이 있는 경우 권리외관설에 따른 것은 우리 대법원판례[93]와 같다. 사견으로 교부흠결의 항변을 위 견해와 같은 취지에서 어음법 제17조에 해당하지 않는 인적 항변으로 분류하고 있다.[94]

## 다. 어음행위의 특성(무인성)

(1) 어음행위의 무인성과 권리남용의 항변에 관하여, 대법원 1984. 1. 24. 선고 82 다카 1405 판결을 평석하면서 원고가 아무 원인관계 없이 이 사건 약속어음을 소지하여 법에 의하여 보호할 가치가 없는 어음의 취득자라면 피고는 권리남용이론이나 이중무권의 이론에 의하여 어음행위의 무인성에서 나오는 부당한 결과를 시정할 수 있다는 주장이 있다[95](그런데 이 판결에서 피고는 악의의 항변으로 주장하여 증거불충분으로 받아들여지지 못한 채 원고의 승소로 끝났다).

(2) 어음행위의 무인성과 이를 남용하는 경우 주장할 수 있는 항변사유는 서로 상충하면서 조화를 이루어야 하는 과제인데, 위의 판례평석은 이 점에 관한 기준을 제공하고 있다고 볼 수 있다.

---

90) 대판 1989. 10. 24, 88 다카 24776; 동, 1999. 11. 26, 99 다 34307.
91) 정동윤, "어음교부계약의 흠결," 「법학논집」(고려대 법학연구소), 제21집(1983. 12), 191∼217면.
92) 대판 1989. 10. 24, 88 다카 24776.
93) 대판 1999. 11. 26, 99 다 34307.
94) 정찬형, 전게서[상법강의(하)(제15판)], 380면.
95) 정동윤, "어음행위의 무인성과 권리남용의 항변," 「판례연구」(고려대 법학연구소), 제3집 (1984. 12), 21∼41면.

## 2. 어음상 권리의 이전

### 가. 배서의 법적 성질

(1) 배서의 권리이전적 효력에 관하여, 증권에 관한 권리(Recht am Papier)와 증권상의 권리(Recht aus dem Papier)를 구별하고 증권에 관한 권리는 단순히 배서만으로는 피배서인에 이전하지 아니하고 현재의 소지인과 취득자간의 소유권 이전에 관한 합의와 배서를 기재한 증권을 교부하여야 하므로 배서 자체로서는 권리이전적 효력이 생기지 않고 당사자간의 합의와 배서 있는 증권의 교부가 있어야 (배서의) 권리이전적 효력이 생긴다고 하는 견해가 있다. 즉, 배서의 존재는 물권면에서 의의를 가지며 증권상의 권리에 대하여 중요한 의의를 가진다는 것으로서, 피배서인은 증권에 관한 권리를 취득하여야 증권상의 모든 권리·이득상환청구권(어음법상의 권리) 및 부수적 권리(질권·저당권·보증계약상의 권리 등)도 취득한다고 한다.96)

또한 어음상의 권리이전과 교부계약의 의미에 관하여, 권리이전의 현상은 채권양도를 기도하는 배서인과 피배서인간의 의사표시적 요소로 설명되는 것이 아니라 어음증서의 동산소유권 이전에 관한 물적 합의와 어음증서의 소유권 이전을 위한 사실행위로서의 어음증서의 인도의 결합으로 나타난다는 견해가 있다. 이 견해에서는 배서인의 담보책임을 어음법이 인정하는 특수한 법정책임이 아니라 의사표시적 계약적 요소로 파악해야 한다고 하고, 어음의 선의취득은 물권법의 영역에서 파악될 일이지 어음법에 특수한 어음채권의 선의취득은 아니라고 한다.97)

(2) 위의 설명은 우리 통설과는 다른 소수설(소유권이론)로 볼 수 있는데, 배서의 개념에 증권의 교부를 포함하는 것으로 보고 이를 어음이론에서 통일적으로 보면 굳이 계약이나 소유권이론으로 설명할 필요가 없다고 본다.

우리나라의 통설은 배서의 법적 성질을 어음상의 권리의 양도를 목적으로 하는 어음행위라고 보는 채권양도설이고,98) 배서인의 담보책임은 법이 어음의 유통을 보호하기 위하여 정책적으로 인정한 법적 효력이라고 보고 있으며,99) 어

---

96) 서정갑, "배서의 권리이전적 효력," 「법률행정논집」(고려대 법률행정연구소), 제10집(1972. 6), 79~103면.
97) 김정호, "어음상의 권리이전과 교부계약의 의미," 「법학논집」(고려대 법학연구소), 제28집 (1992. 12), 227~262면.
98) 정찬형, 전게서[상법강의(하)(제15판)], 263면 외.
99) 정찬형, 상게서, 272면 외.

음의 선의취득의 효과는 어음취득자가 어음상의 권리를 원시취득한다고 본다(따라서 어음상의 권리와 증권의 소유권과의 관계에서 보면 어음상의 권리의 취득에는 증권의 소지만을 요할 뿐 증권의 소유권 취득을 요하지 않는다고 본다).[100] 그러나 위의 견해는 증권이 증권상의 권리를 화체하고 있는 점을 강조하는 면에서는 의미가 있다고 본다.

## 나. 담보목적으로 어음상에 배서한 자의 민법상 보증책임

(1) 담보목적으로 어음상에 배서한 자의 민법상 보증책임에 관하여, 대법원 1993. 11. 23. 선고 93 다 23459 판결에 대한 평석에서 Y(피고)가 담보의 목적으로 약속어음에 배서하고 A가 이 어음을 X에게 배서양도하고 어음할인을 받았다면 Y는 X에 대하여 어음채무만을 부담한다는 판결취지에 찬성한다는 평석이 있다. 이 평석에서는 이에 관한 대법원판결이 동일 또는 유사한 사안에서 담보목적으로 배서한 Y에게 어떤 경우에는 민사상 보증책임을 인정하기도 하고 다른 경우에는 민법상 보증책임을 부인하여 도대체 어느 입장인지 매우 불분명한 점을 비판하고, 민법상 보증책임을 인정하기 위하여는 보증계약의 성립요건으로서 청약과 승낙이 명백히 나타난 경우에만 보증책임을 인정하여야 한다는 점을 강조하고 있다.[101]

(2) 이는 어음관계에 의하여 원인관계의 채무를 인정할 수 있는지 여부에 관한 것인데, 융통어음의 발행인 또는 융통목적의 배서인 등에게 (그러한 자의 의사표시에 명백한 보증의 의사가 없고 또한 어음채권자가 누구인지도 정하여지지 않은 상태에서) 어음채무 외에 민법상 보증채무를 지우는 것은 그러한 어음채무자에게 너무 가혹하고 또한 이는 민법상 보증계약(청약·승낙)의 원리에도 맞지 않는다고 본다.

## 3. 어음의 위조와 변조

### 가. 배서위조와 어음의 선의취득

(1) 배서위조와 어음의 선의취득에 관하여, 대법원 1995. 2. 10. 선고 94 다 55217 판결에 대한 평석에서 어음의 선의취득에서 선의에 의하여 치유되는 하자

---

100) 정찬형, 상게서, 316~317면 외.
101) 정찬형, "담보목적으로 어음상에 배서한 자의 민법상 보증책임,"「판례연구」(고려대 법학연구소), 제6집(1994. 6), 151~171면.

는 양도인의 무권리뿐만 아니라 대리권(대행권)의 흠결 등과 같은 양도행위의 하자도 포함된다고 보는 점은(즉, 제2설의 입장에서 판시한 점은) 매우 타당하다고 평석하고 있다.102)

(2) 어음상의 권리를 선의취득하기 위한 요건에 대하여 학설은 크게 양도인은 무권리자이어야 한다는 견해(즉, 양도인의 무권리만이 선의에 의하여 치유된다는 견해)(제1설)와 양도인이 권리자라도 양도행위의 하자(대리권·처분권의 흠결, 무능력, 의사의 흠결 또는 의사표시의 하자, 동일성의 흠결 등)가 있어도 선의취득이 될 수 있다는 견해(즉, 선의에 의하여 무권리뿐만 아니라 양도행위의 하자도 치유된다는 견해)(제2설)로 나뉘어 있는데,103) 위의 대법원판결은 제2설에 따른 판결로 제2설을 취하는 입장에서는 이를 매우 타당하다고 본 것이다.

## 나. 어음행위의 위조와 피위조자의 책임

(1) 어음행위의 위조와 피위조자의 책임에 관하여, 사용자책임의 외형이론은 그 적용범위를 점차 축소시키면서 그 대신 거래안전주의 의무위반을 이유로 한 사용자 자신의 불법행위책임을 판례법으로 발전시켜야 하고, 피위조자의 표현책임은 유통증권의 본질을 고려하여 민법 제126조를 준용하는 경우에도 '제3취득자포함설'에 따라 파악하는 것이 바람직하다는 견해가 있다. 이 견해에서는 외관법리가 성문법적 근거 규정이 흠결된 경우에도 폭 넓게 적용되어야 하는 점을 강조하고 있다.104)

(2) 어음행위의 위조의 경우 피위조자에 대한 책임에서 민법 제126조 등 표현대리에 관한 규정을 유추적용하는 경우에도, 선의의 제3자(어음소지인)를 보호하기 위하여 선의 유무의 판단기준은 직접의 상대방뿐만 아니라 그 후의 어음취득자(제3자)도 포함한다고 보는 것이 통설이며, 타당하다고 본다.105)

---

102) 정찬형, "배서위조와 어음의 선의취득,"「판례연구」(고려대 법학연구소), 제7집(1995. 9), 241~267면.
103) 이에 관하여는 정찬형, 전게서[상법강의(하)(제15판)], 313~314면 참조.
104) 김정호, "어음행위의 위조와 피위조자의 책임,"「고려법학」(고려대 법학연구원), 제43호 (2004. 11), 63~82면.
    동지: 김정호, "어음행위의 표현대리에 있어서 제3자의 범위,"「판례연구」(고려대 법학연구소), 제7집(1995. 9), 269~287면.
105) 정찬형, 전게서[상법강의(하)(제15판)], 94면.

## 다. 표현대표이사의 어음행위에 대한 회사의 책임

(1) 표현대표이사의 어음행위에 대한 회사의 책임에 관하여, 대법원 2003. 9. 26. 선고 2002 다 65073 판결에 대한 평석에서 Y회사의 표현대표이사 B가 대표이사 A를 대행하여 약속어음을 발행(무권대행)한 경우 이에 대법원이 상법 제395조를 유추적용하고 있는데 이에는 민법 제126조를 유추적용하여야 할 것이고(이 점에서는 대법원판결의 판지에 반대함) Y가 어음상 책임을 지기 위한 제3자의 범위는 B의 직접의 상대방뿐만 아니라 그 후의 어음취득자(현재의 어음소지인)를 포함해야 한다고(이 점에서는 대법원판결의 판지에 찬성함) 주장한 견해가 있다. 이 견해에서는 이 경우 민법 제126조를 유추적용하는 경우나 상법 제395조를 유추적용하는 경우 모두 표현책임의 법리에 의하여 Y(본인)의 책임을 인정하는 점은 동일한데, Y의 책임을 인정하기 위한 선의의 판단 기준이 되는 상대방에 대하여 우리 대법원판결이 민법 제126조를 유추적용하는 경우에는 「직접의 상대방」에 한한다고 보고 상법 제395조를 유추적용하는 경우에는 「현재의 어음소지인」을 포함한다고 보고 있는 점에 대하여 비판하고 있다.[106]

(2) 상법 제395조에서의 상대방의 신뢰의 대상은 「대표권 유무」이고, 표현대표이사가 대표이사 명의로 한 경우의 신뢰의 대상은 「대행권 유무」인데, 위의 대법원판결이 상법 제395조를 유추적용하면서 상대방의 신뢰의 대상은 「대행권 유무」로 보는 것도 모순이라고 본다.[107]

## 라. 어음변조의 증명책임

(1) 어음변조의 증명책임에 관하여, 대법원 1987. 3. 24. 선고 86 다카 37 판결에 대한 평석에서 변조사실이 어음면상 명백한 경우에 「어음소지인」이 증명책임을 부담한다고 한 점에 찬성하는 평석이 있다. 이 평석에서는 약 1년여 전에 대법원은 이와 똑같은 사안에서 이와 정반대로 「어음채무자」에게 변조에 관한 증명책임이 있다고 판시한 일이 있는데,[108] 이와 같이 판례를 변경하려면 전원합의체를 통하여 정식으로 절차를 밟아야 하는데 이와 같이 잘못된 판례를 정

---

106) 정찬형, "표현대표이사의 어음행위에 대한 회사의 책임," 「고려법학」(고려대 법학연구원), 제42호(2004. 4), 167~185면.
107) 정찬형, 전게서[상법강의(상)(제16판)], 953~954면.
108) 대판 1985. 11. 12, 85 다카 131.

식절차를 밟지 않고 슬쩍 뒤집는 악습은 고쳐 나아가야 한다고 지적하고 있다(이 사건에서 하급심판결은 종전의 대법원판결에 따라서 판결하였는데, 이 번 판결로 파기환송 되었다).109)

(2) 어음변조의 증명책임에 대하여 통설은 변조의 사실이 어음면상 명백한 경우에는 「어음소지인」이 부담하고, 변조의 사실이 어음면상 명백하지 않은 경우 에는 「변조의 사실을 주장하는 자(어음채무자)」가 부담한다고 보는데,110) 위의 판 결은 이러한 통설과 합치하여 통설로부터 환영을 받고 있다.

## 4. 백지어음

**가.** 만기 백지어음의 보충권의 행사기간에 관하여, 당사자간에 이에 관한 별 도의 시기(始期)와 조건(條件)을 정하지 않으면 일람출급어음에 준하여 보충권의 행사기간은 「발행일로부터 1년」으로 하고 실제 보충한 일자를 기준으로 어음채 무는 3년의 시효가 진행한다는 견해가 있다. 이 견해에서는 보충권을 행사할 수 있는 시기(始期)만을 제한한 경우에는 그 도래한 일자로부터 1년 내에 보충권을 행사하여야 한다고 한다.111)

**나.** 위의 견해는 보충권의 시효기간(행사기간)에 관한 여러 학설 중 1년설에 따른 것이라고 볼 수 있는데, 다만 기산일을 발행일로 명백히 하고 있는 점이 다르다. 만기백지 약속어음의 보충권의 소멸시효기간에 관하여 우리 대법원판례 는 「백지보충권을 행사할 수 있는 때로부터 3년」이라고 보고,112) 사견으로는 「발 행일로부터 1년이 되는 시점부터 3년」으로 보고 있다.113)

## 5. 제권판결

### 가. 백지어음에 대한 제권판결을 취득한 자의 지위

(1) 증권의 제권판결과 관련하여, 백지어음에 대한 제권판결을 받은 자에게 백지어음상의 권리를 행사할 수 있는 길을 열어주는 것은 당연하고 그 방법으로

---

109) 정동윤, "어음변조의 입증책임," 「판례연구」(고려대 법학연구소), 제5집(1991. 12), 59~75면.
110) 이에 관하여는 정찬형, 전게서[상법강의(하)(제15판)], 130면 참조.
111) 도제문, "만기백지어음의 보충권에 관한 연구," 「고려법학」(고려대 법학연구원), 제46호 (2006. 4), 209~237면.
112) 대판 2003. 5. 30, 2003 다 16214.
113) 정찬형, 전게서[상법강의(하)(제15판)], 142면.

보통의 어음과 마찬가지로 어음재발행청구권을 인정하는 것이 타당하다는 견해
가 있다. 이 견해에서는 제권판결의 효력은 제권판결시부터 장래에 향하여 그 효
력을 발생하는 것이고, 제권판결은 선고에 의하여 즉시 확정되며 상소(上訴)도 재
심(再審)도 하지 못하고 이의 효력을 배제하는 유일한 방법은 불복(不服)의 소를
제기하는 방법밖에 없는데 이 소는 형성(形成)의 소라고 한다.[114]

　　(2) 사견으로 백지어음에 대하여 제권판결을 받은 자는 제권판결문에 원고
의 보충의 의사를 명기한 서면을 첨부받아 어음금의 지급을 청구할 수 있게 하
거나 또는 상법 제360조의 경우와 같이 백지어음을 재발행받아 이에 보충하여
어음상의 권리를 행사할 수 있도록 하여야 한다고 보는데,[115] 위의 견해는 부분
적으로 이와 같은 취지이다.

　　우리 대법원판례는 「제권판결을 취득한 자는 백지부분에 대하여 어음 외의
의사표시에 의하여 보충권을 행사하고 그 어음금의 지급을 구할 수 있다」고 판
시하고 있다.[116] 이러한 판결은 일본에서 이와 같이 주장하는 학설에 의하여 영
향을 받은 것으로 추측된다.[117]

## 나. 제권판결을 받은 어음의 선의취득자의 지위

　　(1) 어음의 제권판결에 의하여 무효로 된 어음을 소지한 자의 지위에 관하
여, 실질적 권리자(선의취득자)는 제권판결 취득자가 아직 어음금을 지급받지 아
니하고 제권판결을 소지하고 있는 경우에는 그에 대하여 제권판결 정본의 인도
를 구하고 이를 어음채무자에게 제시하고 실질적 권리를 행사할 수 있고, 실질적
권리자가 그의 권리를 행사하는 상대방이 제권판결 취득자인 어음채무자뿐인 경
우에는 절차의 간소화를 꾀하기 위하여 실질적 권리자는 제권판결의 인도를 받
지 아니하고도 자기의 실질적 권리를 증명하여 권리를 행사할 수 있으며, 제권판
결 취득자가 이미 어음채무자로부터 제권판결과 상환하여 어음금을 지급받은 경

---

[114] 정동윤, "증권의 제권판결," 「법학논집」(고려대 법학연구소), 제20집(1982. 12), 301~327면.
[115] 정찬형, 전게서[상법강의(하)(제15판)], 145~146면, 423면.
[116] 대판 1998. 9. 4, 97 다 57573.
　　이 판결에 대한 평석으로는 정동윤, "제권판결이 선고된 백지어음의 보충권의 행사방법(대판
　　1998. 9. 4, 97 다 57573에 대한 평석)," 「고려법학」(고려대 법학연구원), 제36호(2001. 4), 283~
　　294면(제권판결을 얻은 자의 권리행사를 쉽게 하는데 치우친 나머지 어음 외의 의사표시에 의
　　한 백지보충을 허용함으로써 이론적으로 무리한 결론을 내리지 않았는가 하는 느낌이 있다고
　　한다).
[117] 정동윤, 전게논문(법학논집 제20집), 326면 및 같은 면 주 56 참조.

우에는 실질적 권리자는 제권판결 취득자에 대하여 제권판결에 의하여 취득한 권리의 양도를 구할 수 있다고 해석하는 견해가 있다.118)

(2) 위의 견해는 선의취득자와 제권판결취득자와의 권리우선관계에서 선의취득자 우선설에 따른 견해로서 선의취득자의 제권판결취득자에 대한 권리행사방법을 제시하고 있는데, 우리 대법원판례에 의하면 선의취득자는 제권판결 불복의 소를 제기하여 제권판결을 취소시키지 않는 한 선의취득자가 권리행사하는 방법은 없다.119) 이러한 대법원판례에 대하여, 위 견해는 "이론적으로나 실제적으로 부당하므로, 이 문제에 관하여 재고가 있어야 할 것이다"라고 한다.120)

이에 관하여 사견으로는 선의취득자가 공시최고의 사실을 알면서 권리의 신고를 하지 않은 경우에는 선의취득자에게 실질적 권리를 인정할 필요가 없다고 본다.121)


## VI. 상법학의 전망

향후 우리 상법학의 발전을 위하여 상법 각 분야별로 아래의 사항이 개정되거나 보완되기를 제안한다.

### 1. 총칙편

가. 우리 상법은 상법의 적용범위에 대하여 "당사자 중 1인의 행위가 상행위인 때에는 전원에 대하여 상법을 적용한다"고 규정하여(상법 제3조) 일방적 상행위에 대하여도 상법이 적용되므로 상법의 적용범위가 매우 넓다. 우리 상법은 상행위에 관하여 절대적 상행위를 인정하지 않고 상행위(기본적 상행위)는 당연상인을 정하는 기초개념(기본전제)로서만 사용하고 있으므로 상법의 적용범위에서는 상인개념이 매우 중요하다. 따라서 위의 내용은 당사자 중 1인이 상인이면 전원에 대하여 상법을 적용한다는 의미와 거의 동일하다고 볼 수 있다. 이러한 점에서 볼 때 상법의 적용범위나 상행위 또는 상인을 규정함에 있어서의 입법주의인 주관주의·객관주의에 관한 논의는 전혀 의미가 없다고 본다. 상법의 적용범위를

---

118) 정동윤, "제권판결에 의하여 무효로 된 어음을 소지한 자의 지위," 「법학논집」(고려대 법학연구소), 제27집(1992. 4), 47~65면.
119) 대판 1994. 10. 11, 94 다 18614 외.
120) 정동윤, 전게논문(법학논집 제27집), 65면.
121) 정찬형, 전게서[상법강의(하)(제15판)], 422면.

정함에 있어 필수불가결한 상인의 개념을 어떻게 명확히 또한 시대발전에 맞게 정할 것인가는 매우 중요한데, 이에 관하여 다음과 같은 입법의 보완이 필요하다고 본다.

(1) (특히 개인 상인의 경우) 상인자격의 성립시기에 대하여, 예컨대 등기시 또는 (행정기관에 대한) 신고시 등으로 명확히 규정할 필요가 있다고 본다(상법 제4조, 제5조).

(2) 의제상인 중 설비상인의 요건에 대하여 「점포 기타 유사한 설비」라는 장소적 설비를 요건으로 하는 것은(상법 제5조 제1항) 현재와 같이 전자상거래 또는 온라인쇼핑 등이 이용되는 시대에는 맞지 않는다고 본다. 따라서 의제상인에 관한 규정을 오늘날 시대에 맞게 개정하여야 할 것으로 본다.

나. 상법의 영업양도에 관한 규정에서는 다음과 같은 내용이 개정되거나 보완되어야 할 것으로 본다.

(1) 영업양도시 양도인의 경업피지의무에 관하여 당사자간에 약정이 없는 경우 「10년간」으로 한 것은 오늘날 빠르게 변하는 경제사정에서 볼 때 너무 장기이고, 또한 지역적으로도 「동일한 특별시·광역시·시·군」과 「인접한 특별시·광역시·시·군」으로 한 것은 너무 넓고 또한 불균형한 점이 있어 이를 조정할 필요가 있다고 본다.[122]

(2) 영업의 임대차·영업의 경영위임 및 영업의 담보에 대하여도 규정을 둘 필요가 있다고 본다.

## 2. 상행위편

가. 익명조합과 합자조합에 관한 규정은 기업조직에 관한 규정이므로 상행위편에서 분리하여 상법총칙편 등에 규정하여야 할 것으로 본다. 이와 함께 합자조합과 합자회사간의 조정에 관한 입법이 필요하다고 본다. 즉, 양자는 법인성 유무를 제외하면 너무 유사한 점이 많아 차이점을 부각시켜 존치하든가 또는 차이점이 없다면 통합하면서 사적 자치의 폭을 확대하여야 할 것이다.

나. 상사매매에 따른 규정(특히, 일방적 상행위에 의한 매매에 관한 규정)을 현실에 맞게 대폭 확대하여 규정하여야 할 것이다. 일방적 상행위에 의한 매매에는 상인이 작성한 약관이 적용되거나 또는 민법이 적용되는데, 이는 비상인간의 민

---

122) 정찬형, 전게서[상법강의(상)(제16판)], 179면 참조.

사매매와 다르므로 적합하지 않거나 또는 소비자의 보호에 문제가 있다고 본다.

상사매매에서는 이 외에도 전자상거래·온라인쇼핑 등 전자매매에 따른 사법상 법률관계에 관한 사항도 규정하여야 할 것으로 본다.

**다.** 비상인이 일상생활에서 제일 많이 거래하는 상대방이 은행인데, 상행위편에서는 은행과의 거래에 대하여는 전혀 규정하지 않고 이는 전적으로 은행약관에 맡겨져 있고 은행약관은 행정적 규제도 받지 않는다. 그런데 보험계약에 대하여는 상법에 규정이 있고 또한 보험약관은 행정적 규제를 받는다. 이는 매우 불균형한 것으로, 상행위편에서 은행거래에 따른 사법상 법률관계를 규정하여야 할 것으로 보는데 특히 민법에 없거나 또는 민법의 적용이 맞지 않는 것을 중심으로 규정하여야 할 것이다.

## 3. 회사편

**가.** 유한책임회사와 유한회사간의 조정에 관한 입법이 필요하다고 본다. 즉, 양 회사는 유사한 점이 많은데, 유한회사를 계속 존치시킬 것인지 여부가 검토되어야 할 것으로 본다.

**나.** 대규모 주식회사(상장회사)는 회사경영의 투명성과 효율성을 담보하기 위하여 반드시 업무집행기관(집행임원)과 감독기관(이사회)을 분리하도록 하고(따라서 집행임원과 이사는 원칙적으로 겸직을 금하고 대표집행임원과 이사회 의장도 겸직을 금함) 감독기관은 사외이사 중심으로 구성하여야 할 것이다. 또한 이 경우 업무집행기관(집행임원)에 대한 감사는 이사회내 위원회의 하나인 감사위원회가 맡도록 하여 감사(監事)를 다시 두는 비용을 절약하고 감사위원회는 감독기관(이사회)의 통제를 받도록 하여 효율적인 감독과 감사가 될 수 있도록 하여야 할 것이다. 이러한 점에서 이 경우 감사위원회 위원은 이사회에 의하여 선임·해임되어야 할 것이고, 감사위원회 위원은 자기감사의 모순을 피하기 위하여 전원 사외이사로 구성하여야 할 것이다.[123]

---

123) 이에 관한 상세는 정찬형, 전게서[상법강의(상)(제16판)], 824~825면; 동, 전게논문[고려법학 제43호(한국 주식회사에서의 집행임원에 관한 연구)], 37~62면; 동, "주식회사의 지배구조와 권한분배," 「상사판례연구」(한국상사판례학회), 제16집(2004), 32~35면; 동, 전게논문(고려법학 제50호), 384면; 동, "주식회사의 지배구조," 「상사법연구」(한국상사법학회), 제28권 제3호(2009. 11), 39~48면, 54면; 동, 「사외이사제도 개선방안에 관한연구」(한국상장회사협의회)(상장협연구보고서 2010-2), 2010. 10, 98~103면 참조.
　　동지: 정쾌영, "집행임원제도에 관한 상법개정안의 문제점 검토," 「기업법연구」(한국기업법학회), 제21권 제4호(2007. 12), 110~111면, 116면; 전우현, "주식회사 감사위원회제도의 개선에

집행임원을 두지 않고 이사회만을 두고 있는 주식회사에 대하여는 이사회가 업무집행 위주로 운영되므로 이에 사외이사를 두도록 강요하지 말고, 그 대신 감사의 실효를 위하여 반드시 (상근)감사(監事)를 두도록 하여야 할 것이다.

우리 회사법상 주식회사의 지배구조에 관한 규정은 위와 같은 지배구조의 틀 안에서 합리적으로 규정된 것이 아니고, IMF 경제체제 이후 집행임원제도를 채택하지 않은 상태에서(즉, 이사회가 업무집행을 하는 참여형 이사회제도에서) 상장회사는 사외이사를 의무적으로 두도록 하고 감사(監事)에 갈음하여 감사위원회를 두도록 하거나 둘 수 있도록 하면서 (일정 규모 이상의 상장회사에서는) 감사위원회 위원을 주주총회에서 선임하도록 하여, 우리나라 주식회사의 지배구조는 세계에서 유례가 없는 독특한(이상한) 지배구조가 되어 경영의 효율성과 투명성에 전혀 기여하지 못하고 있다. 따라서 위에서 본 바와 같이 합리적이고 국제기준에 맞는 지배구조의 틀로 입법하기 위하여는 지금까지 개별적이고 산만하게 도입된 제도를 재정비하는 입법이 필요하다고 본다.

## 4. 보험편

### 가. 통  칙

우리나라는 특히 보험사기가 많아 보험의 진정한 목적이 왜곡되고 선량한 보험계약자 등이 피해를 보며 이에 따른 사회적 비용이 큰 점 등에서 볼 때, 보험사기를 방지할 수 있는 획기적 상법개정이 마련되어야 할 것이다.

### 나. 손해보험

운송보험에 관한 규정을 개정하여 일상생활에서 발생하는 다양한 형태의 손해(예컨대, 이삿짐 등의 파손 등)에 대하여도 보상할 수 있도록 하여야 하고, 현재 자동차보험에 관한 규정은 거의 의미가 없는데 이를 대폭 확충하여야 할 것이며, 새로운 형태의 보험에 대하여도 규정하여야 할 것이다.

---

관한 일고찰─집행임원제 필요성에 관한 검토의 부가," 「상사법연구」(한국상사법학회), 제23권 제3호(2004. 11), 284면; 원동욱, "주식회사 이사회의 기능변화에 따른 집행임원제도의 도입에 관한 연구," 법학박사학위논문(고려대, 2006. 2), 86~87면, 167~169면, 181면; 서규영, "주식회사의 집행임원제도에 관한 연구," 법학박사학위논문(고려대, 2009. 8), 101~102면, 182면 외.

## 다. 인보험

순수한 인보험이라고 할 수 없는 연금보험·상해보험 등을 분리하여 규정하고, 이에 관한 내용을 확충하여 실효를 거둘 수 있도록 하여야 할 것이다. 또한 보험의 분류를 보험업법의 내용과 일치시켜 보험계약자 등에게 혼란을 주지 않도록 하여야 할 것으로 본다.

이와 함께 일상생활에서 많이 이용하고 있는 새로운 형태의 보험에 대하여도 규정하여야 할 것이다.

## 5. 해상편·항공운송편

이는 주로 국제조약에 따른 입법으로 국제조약의 변경시 필요한 경우 즉시 반영하도록 하여 국제기준에 낙후되지 않도록 하여야 할 것이다.

# VII. 결  어

우리 상법은 1962년 제정 이후 사회와 경제사정의 발전과 더불어 많이 개정되어 왔고, 이러한 개정을 위하여 고려법학 등 중요한 학술지에 게재된 논문은 상법에서 새로운 규정의 제정 및 개정에 큰 역할을 하였다. 또한 우리 상법의 개정에 과거에는 일본법의 영향이 컸으나 오늘날에는 영미법의 영향이 점차 커져가고 있음을 알 수 있다.

상법(회사편)의 내용에 있어서도 종래에 증권거래법에 있던 상장회사에 관한 규정을 상법에 가져오고 또한 항공운송편에 관한 규정도 상법에 포함시켰으며 경제 및 기업에서 발생하는 많은 새로운 제도에 관하여 상법에서 대폭 도입하여 규정함으로써, 현재의 상법은 제정상법에 비하여는 비교할 수 없을 정도로 그 내용이 확대되고 충실하여졌다. 이는 우리 경제의 발전과 비례하여 상법의 내용도 증대하고 발전하고 있음을 보여주고 있다고 말할 수 있다.

위와 같은 상법의 발전에는 많은 학자들이 고려법학 등 학술지에 발표한 훌륭한 논문들이 큰 역할을 하여 왔는데, 앞으로도 이러한 학술지에 게재되는 훌륭한 논문들이 우리 상법 및 상법학의 발전에 크게 기여할 것으로 본다.

# 나의 상법학 이해 30년*
## ―입법 및 판례와 관련한 연구를 중심으로―

## Ⅰ. 서 언

저는 1980년 3월 1일부터 대학에서 상법담당 전임교수를 시작한 이후 2013 년 8월 31일 정년퇴임까지 만 33년 6개월 대학의 전임교수로 있었고, 고려대학 교 법과대학에는 1990년 9월 1일에 부임하여 정년퇴임시까지 만 23년간 근무하 였습니다. 저는 대학에 근무하는 동안 저서 32편과 학술논문 315편을 발표하였 는데, 학술논문 중 제가 특히 힘들여 썼고 또한 동료·후학들이 많이 읽었으면 하는 주요논문 44편을 모아 저의 회갑시(2008. 8. 3)에 「栢山商事法論集」으로 발 간한 바 있습니다.

제가 그동안 33년 6개월 대학에서 교육과 연구활동을 하면서 가장 보람된

---

* 이 글은 필자의 정년퇴임(2013. 8. 31) 기념강연문으로서(강연일시: 2013. 8. 27. 17:00, 강연 장소: 고려대 해송법학도서관 B101호), 「고려법학」(고려대 법학연구원), 제70호(2013. 9), 1~52면에 수록된 내용임.

이와 관련하여 참고할 수 있는 필자의 글로는 정찬형, "상법상 회사의 사단성에 관한 연구," 「논문집」(경찰대), 제6집(1987. 1), 407~433면; 동, "상법의 문제점과 개정방향," 「현대법의 이 론과 실제」(김철수 교수 화갑기념), 박영사 1993. 10, 875~899면; 동, "상사분야 중 상법총칙 과 상행위편에 관하여(판례월보 300호 특집 최근 판례의 동향과 전망)," 「판례월보」(판례월보 사), 제300호(1995. 9), 75~81면; 동, "2000년대 한국 상법(총칙·상행위·회사)의 입법론적 발 전방향," 「법조」(법조협회), 통권 제520호(2000. 1), 141~161면; 동, "2000년 정부의 상법개정 안에 대한 검토의견," 「상사법연구」(한국상사법학회), 제20권 제1호(2001. 5), 109~136면; 동, "주식회사 지배구조관련 개정의견," 「상법개정연구보고서」(한국상사법학회 상법개정연구위원 회), 2005. 8, 49~85면; 동, "상법개정에 관한 의견," 「상법개정연구보고서」(한국상사법학회 상 사법개정연구위원회), 2005. 8, 263~283면 등이 있음.

일의 하나로 생각한 것은, 저의 저서 및 학술논문 등을 통하여 주장하였던 내용이 우리 입법(상법) 및 판례에 반영되어 법의 이념을 실현하는데 조금이라도 기여한 점입니다. 따라서 이하에서는 상법 각 분야별로 제가 그동안 저서 및 학술논문 등을 통하여 주장하였던 내용이 우리 입법(상법) 및 판례에 어떻게 반영되었는가를 살펴보고, 또한 이와 관련하여 우리 상법 및 판례가 앞으로 개정되어야 할 방향을 중요한 점에 대해서만 몇 가지 제시하여 보고자 합니다.

## II. 우리 입법 및 판례에 반영된 연구내용

### 1. 상법총칙

### 가. 당연상인 개념의 기초가 되는 기본적 상행위

우리 상법상 상인에는 당연상인(상법 제4조)과 의제상인(상법 제5조)이 있는데, 당연상인 개념의 기초가 되는 (기본적) 상행위(상법 제46조)는 상법에 한정적으로 규정되어 있어 시대발전에 부응하지 못하는 점이 있다. 이에 대하여 필자는 "상법 제46조는 기본적 상행위로 18가지를 규정하고 있는데, 상법이 제정된 후 약 30년이라는 세월이 흐른 오늘날에 있어서는 그 동안 새로운 형태의 상행위가 많이 발생하였으므로 이를 상행위에 추가하여야 할 것으로 본다. 이러한 새로운 형태의 상행위는 「리스」, 「팩토링」, 「프랜차이즈」 등이 좋은 예라고 볼 수 있다"고 주장한 바 있고,[1] 이와 함께 "상법 제46조 제16호는 기본적 상행위의 하나로 「무진(無盡)에 대하여 규정하고 있는데, 이러한 無盡이라는 표현은 원래 朝鮮無盡令(1931. 6. 9, 制令 7호)에 의하여 일본용어로 사용되었고 현재 우리나라에서는 이러한 용어가 사용되지 않기 때문에, 이러한 용어는 조속히 상호신용계(相互信用楔) 등과 같은 다른 용어로 변경되어야 할 것이다"고 주장한 바 있다.[2]

1995년 개정상법에서는 상법 제46조(기본적 상행위)에 "19. 기계·시설 기타 재산의 물융에 관한 행위, 20. 상호·상표 등의 사용허락에 의한 영업에 관한 행위, 21. 영업상 채권의 매입·회수 등에 관한 행위"를 추가하여 「리스」·「프랜차

---

1) 정찬형, "상법의 문제점과 개정방향," 「현대법의 이론과 실제」(금랑 김철수 교수 화갑기념) (서울: 박영사, 1993), 883면; 동, "상법상 각 법률조문 상호간의 상충에 관한 문제점," 「고시계」, 1992. 6, 58면; 동, "새로운 형태의 상행위," 「고시연구」, 1993. 2, 70면, 90면.
2) 정찬형, 전게논문(현대법의 이론과 실제)(주 1), 882면; 동, 전게논문(고시계 1992. 6)(주 1), 57~58면.

이즈」및 「팩토링」을 기본적 상행위에 포함시켰다.3) 또한 1995년 개정상법은 상법 제46조 제16호를 "無盡"에서 "상호부금 기타 이와 유사한 행위"로 변경하였고, 이와 함께 동조 제8호도 "貸金, 換金 기타의 金融去來"에서 "수신·여신·환 기타의 금융거래"로 표현을 변경하였다.

## 나. 등기상호의 사전배척권

1994년 개정상법 이전에는 상법 제22조가 「타인이 등기한 상호는 동일한 서울특별시·직할시·시·읍·면에서 동종 영업의 상호로 등기하지 못한다」고 규정하여, 등기상호에 대하여 사전등기배척권을 인정하고 있었다. 그런데 등기할 수 있는 상호에 관한 비송사건절차법 제164조는 「상호의 등기는 동일한 서울특별시·직할시·시 또는 군 내에서는 동일한 영업을 위하여 타인이 등기한 것과 확연히 구별할 수 있는 것이 아니면 이를 할 수 없다」고 규정하였다. 이와 같이 상법과 비송사건절차법이 타인이 등기한 상호를 등기할 수 없는 지역 및 내용에 관하여 달리 규정한 점에 대하여,4) 필자는 이를 지적하고 입법적으로 조속히 해결할 것을 촉구하였다.5)

1994년 개정상법에서는 (비송사건절차법과 같이) 「읍·면」 대신에 「군」으로 규정하였고, 이러한 비송사건절차법의 규정을 이어받은 상업등기법 제30조는 2009년 개정에서 「…… 동일한 영업을 위하여 다른 사람이 등기한 것과 동일한 상호는 등기할 수 없다」로 그 내용이 개정되었다. 따라서 현재는 양자에 규정상 불일치는 없다고 볼 수 있다.

## 다. 상업등기의 공고

1995년 개정상법 이전에 상법 제36조 제1항은 「등기한 사항은 법원이 지체없이 공고하여야 한다」고 규정하고, 동조 제2항은 「공고가 등기와 상위한 때에

---

3) 이러한 입법에 대하여, 실질주의에 연연하여 끊임없이 상행위를 열거하는 것은 바람직스럽지 않다고 하여 부정하는 견해와, 매우 진보적인 입법으로 평가받을 수 있다고 하여 긍정하는 견해로 나뉘어 있다[손주찬 외, 「상법개정안 해설」, 1995, 18면 참조].
4) 비송사건절차법은 상법의 「읍·면」 대신에 「군」으로 규정하고, 상법은 「타인이 등기한 상호는 …… 동종 영업의 상호로 등기하지 못한다」고 규정하였는데 비송사건절차법은 「… 타인이 등기한 것과 확연히 구별할 수 있는 것이 아니면 이를 동일한 영업을 위하여 등기할 수 없다」고 규정하여, 양자에 차이가 있었다.
5) 정찬형, 전게논문(현대법의 이론과 실제)(주 1), 879~880면; 동, 전게논문(고시계 1992. 6)(주 1), 55~56면.

는 공고 없는 것으로 본다」고 규정하였다. 또한 이때 상업등기사항은 등기뿐만
아니라 이러한 공고까지 있어야 일반적 효력이 발생하는 것으로 규정하였다(상법
제37조). 이와 같은 상업등기의 공고제도는 상업등기에만 있는 독특한 제도로서,
이로 인하여 상업등기의 이해관계인은 공고된 사항에 대하여 개별적으로 등기부
를 열람할 필요가 없게 되는 편의를 가질 수 있었다. 그런데 상법부칙 제3조 제
1항은 「상업등기의 공고에 관한 규정은 대법원규칙(상업등기처리규칙)으로 정하는
상당한 기간 이를 적용하지 아니한다」고 규정하고, 동조 제2항은 「이 경우에 그
기간중에는 등기한 때에 공고한 것으로 본다」고 규정하고 있었다. 이에 따라 상
업등기처리규칙은 이 「상당한 기간」을 처음에는 5년으로 규정하였다가, 5년 경
과 후에는 동 규칙을 매 번 개정하여 5년 단위로 기간을 연장하였다. 이로 인하
여 상법상 상업등기의 공고에 관한 규정은 사실상 사문화(死文化)되었다. 이에 대
하여 필자는 "상업등기의 공고제도를 규정한 상법의 입법취지에서 보거나, 상법
제정 후 1993년까지의 기간(약 30년)이 상법부칙 제3조의 공고유예기간인 「상당
한 기간」으로 볼 수 없는 점에서 보거나, 또한 오늘날 우리 경제사정도 상법 제
정 당시보다는 훨씬 향상되어 국가가 성의만 있으면 상업등기를 공고할 수 있는
재정이 있으므로 더 이상 이를 유예할 이유와 명분이 없다는 점 등에서 볼 때,
이제는 상업등기처리규칙의 개정에 의하여 더 이상 상업등기의 공고를 유예하지
않아야 한다고 본다. 만일 앞으로도 계속 상업등기의 공고를 유예할 의도라면 차
라리 상법상 상업등기의 공고에 관한 규정을 삭제하는 것도 상법의 규정이 현실
을 반영하도록 하는 하나의 방법이 될 것으로 본다"고 주장한 바 있다.6)

　　1995년 개정상법은 상업등기의 공고에 관한 상법 제36조를 삭제하였고, 상
업등기의 일반적 효력에 관한 상법 제37조에서도 공고를 삭제하여 등기만으로
일반적 효력이 발생하는 것으로 개정하였다.

### 라. 영업양도인의 경업금지의무

　　1994년 개정상법 이전에 상법 제41조 제1항은 「영업을 양도한 경우에 다른
약정이 없으면 양도인은 10년간 동일한 서울특별시·직할시·시·읍·면과 인접 서
울특별시·직할시·시·읍·면에서 동종영업을 하지 못한다」고 규정하였고, 동조
제2항은 「양도인이 동종영업을 하지 아니할 것을 약정한 때에는 20년을 초과하

---

6) 정찬형, 전게논문(현대법의 이론과 실제)(주 1), 880~881면; 동, 전게논문(고시계 1992. 6)
　(주 1), 56~57면.

지 아니한 범위 내에서 동일한 서울특별시·직할시·시·군과 인접 서울특별시·직
할시·시·군에서 동종영업을 하지 못한다」고 규정하여, 동조 제1항의 경업금지의
지역적 범위는 「… 시·읍·면」인데 동조 제2항의 경업금지의 지역적 범위는 「…
시·군」으로 양자에 차이가 있었다. 이에 대하여 필자는 "위의 차이가 입법상 과
오인지 또는 차이를 두어야 하는 특별한 이유가 있는지는 알 수 없으나, 앞으로
입법론상 동일하게 규정하는 것이 타당하지 않을까 생각한다. 또한 아울러 지역
적 범위에서 「서울특별시」와 「읍·면」은 그 범위에서 너무나 불균형을 이루므로
입법론상 이러한 점도 다시 조정되어야 할 것으로 본다"고 지적한 바 있다.[7]

　1994년 개정상법은 상법 제41조 제1항의 「… 시·읍·면」을 「… 시·군」으로
개정하였다.

## 2. 상행위법

### 가. 격지자간의 계약의 성립시기

　2010년 개정상법 이전에 상법 제52조는 「격지자간의 계약의 청약은 승낙기
간이 없으면 상대방이 상당한 기간 내에 승낙의 통지를 발송하지 아니한 때에는
그 효력을 잃는다」고 규정하고, 동조 제2항은 「연착된 승낙은 청약자가 이를 새
청약으로 볼 수 있다」는 민법 제530조를 준용하였다. 이 경우 민법에 의하면 상
당기간 내의 부도달(不到達)을 해제조건으로 하여(민법 제529조) 승낙통지를 발송
한 때에 계약이 성립하고 또 그 효력이 발생하나(민법 제531조), 상법 제52조 제1
항에 의하면 승낙통지를 발송한 때에 확정적으로 그 계약이 성립하고 또 효력이
발생한다는 점에서 양법에 차이가 있었다. 또한 민법에 의하면 상당기간 내에 발
송하였으나 상당기간 경과 후에 도달한 승낙은 연착된 승낙이나, 이 경우 상법
제52조 제2항에 의하면 연착된 승낙이 아니라는 점도, 양법에 차이가 있었다.[8]
그런데 상법은 격지자간의 계약의 성립시기에 관하여 「승낙기간을 정하지 않은
경우」에만 특칙을 두고 있어, 「승낙기간을 정한 경우」에는 민법과 동일하게 해
석되었다. 따라서 상법상 격지자간의 계약의 성립시기에 대하여 「승낙기간을 정
한 경우」와 「승낙기간을 정하지 않은 경우」가 달리 해석되고 있는데, 이에 대하

---

7) 정찬형, 전게논문(현대법의 이론과 실제)(주 1), 881면; 동, 전게논문(고시계 1992. 6)(주 1),
　57면.
8) 정찬형,「상법강의(상)」(서울: 박영사, 1998), 214~215면.

여 필자는 불합리하다고 지적하고 상법 제52조 제1항에 「승낙기간을 정한 경우」
도 포함시켜야 한다고 주장하였다. 즉, "입법론으로는 상법 제52조 제1항을 「격
지자간의 계약의 청약은 승낙기간을 정하지 않은 경우에는 상당한 기간 내에, 승
낙기간을 정한 경우에는 그 기간 내에 승낙의 통지를 발송하지 아니한 때에는
그 효력을 잃는다」고 규정하여, 격지자간의 상사계약의 성립시기를 통일하여 규
정하여야 할 것으로 본다. 이렇게 되면 두 경우 모두 상대방(승낙자)이 「승낙통지
를 발송한 때」에 계약이 확정적으로 성립하여, 격지자간의 계약의 성립시기가 통
일된다"고 주장한 바 있다.9)

　　2010년 개정상법에서는 상법 제52조를 삭제하였다. 따라서 격지자간의 상사
계약의 성립시기에 대하여 「승낙기간을 정한 경우」와 「승낙기간을 정하지 않은 경
우」 모두 민법과 동일하게 하는 방향으로 통일은 되었으나, 상사계약의 성립시기
를 민법과 달리 조속히 확정하는 방향으로 통일되지 못한 점은 아쉽게 생각한다.

## 나. 육상운송인의 운송물의 공탁·경매권

　　1995년 개정상법 이전에는 상법 제142조 제2항 및 제3항에 「또는 알고 있
는 화물상환증 소지인」에 대하여 규정하고 있었는데, 필자는 "화물상환증은 유가
증권으로서 배서 또는 교부에 의하여 전전유통됨으로서(즉, 지명채권양도의 대항요
건을 갖추지 아니함으로서) 운송인이 현재 화물상환증 소지인을 파악할 수 없음에
도 불구하고 이를 알고 있는 것을 전제로 하여 규정한 것은 문제가 있으므로,
상법 제142조 제2항 및 제3항에서 「또는 알고 있는 화물상환증 소지인」은 삭제
되어야 한다"고 지적한 바 있다.10)

　　1995년 개정상법에서는 상법 제142조 제2항 및 제3항에서 「또는 알고 있는
화물상환증 소지인」을 삭제하였고, 또한 제143조 제2항에서도 「또는 화물상환증
소지인」을 삭제하였다. (정당한) 화물상환증 소지인은 수하인에 포함되는 것으로
해석하면 아무런 문제가 없으므로, 이를 폐지함으로써 법문의 내용이 간명하게
되었다고 볼 수 있다.

---

9) 정찬형, 전게논문(현대법의 이론과 실제)(주 1), 884~885면; 동, 전게서[상법강의(상)(1998)]
　 (주 8), 215면; 동, 전게논문(고시계 1992. 6)(주 1), 59~60면.
10) 정찬형, 전게논문(현대법의 이론과 실제)(주 1), 889면.

## 다. 공중접객업자의 임치물에 대한 책임

2010년 개정상법 이전에 상법 제152조 제1항은 공중접객업자의 임치물에 대한 책임에 대하여, 운송주선인(상법 제115조) · 물건운송인(상법 제135조) · 여객운송인(상법 제148조 제1항) 및 창고업자(상법 제160조)의 책임과는 달리, 「불가항력으로 인함을 증명하지 아니하면」 책임을 지는 것으로 하여 무과실책임(결과책임)으로 규정하였다. 이에 대하여 필자는 "오늘날과 같이 (과거보다는) 치안이 잘 정비되어 있고 또 공중접객업자의 신용이 존중되는 사회에서 유독 공중접객업자의 책임만을 운송주선인 등과 달리 무겁게 규정하는 것은 균형을 잃은 입법이라고 본다. 따라서 입법론으로는 공중접객업자의 책임도 운송주선인 등의 그것과 같이 과실책임으로 개정되어야 할 것으로 본다. 이렇게 개정되는 경우에는 상법 제152조 제1항의 「불가항력으로 인함을 증명하지 아니하면」이 「자기 또는 사용인이 주의를 해태하지 아니하였음을 증명하지 아니하면」으로 대체되어야 할 것으로 본다"고 주장한 바 있다.[11]

2010년 개정상법은 상법 제152조 제1항을 「공중접객업자는 자기 또는 그 사용인이 고객으로부터 임치받은 물건의 보관에 관하여 주의를 게을리하지 아니하였음을 증명하지 아니하면 그 물건의 멸실 또는 훼손으로 인한 손해를 배상할 책임이 있다」고 개정함으로써, 과실책임으로 하였다.

## 라. 새로운 형태의 상행위

「리스」, 「팩토링」 및 「프랜차이즈」 등과 같은 새로운 형태의 상행위는 경제생활의 발전에 따라 발생한 제도이므로, 필자는 앞에서 본 바와 같이 이를 기본적 상행위에서 규정함과 함께, 상행위편 각칙에서 당사자간의 권리 · 의무에 관하여 규정하여야 함을 주장하였다.[12] 이의 내용이 기본적 상행위에 규정되지 않아도 위와 같은 새로운 형태의 상행위를 영위하는 자는 의제상인(상법 제5조)이 되어 상법의 적용을 받는 데에는 문제가 없으나, 기본적 상행위로 규정하여 그러한 자가 당연상인(상법 제4조)으로 취급되어야 할 것이다. 또한 이러한 새로운 형태

---

11) 정찬형, 전게논문(현대법의 이론과 실제)(주 1), 889~890면; 동, 전게서[상법강의(상)(1998)] (주 8), 356면.
12) 정찬형, "2000년대 한국상법(총칙 · 상행위 · 회사)의 입법론적 발전방향," 「법조」, 제520권 (2000. 1), 152면; 동, 전게서[상법강의(상)(1998)](주 8), 373~391면; 동, 전게논문(고시연구 1993. 2)(주 1), 70~90면 외.

의 상행위를 영위함에 따른 당사자간의 권리·의무는 상법 상행위편에 규정이 없
는 경우에 주로 특별법·정부의 업무운용지침 및 상행위를 영위하는 자가 일방적
으로 제정한 약관에 의하여 규율되었으나, 이에 관한 기본적 내용이 기본법인 상
행위법에서 규정되어야 할 것으로 본다.

　　2010년 개정상법은 「리스」에 관하여는 금융리스업의 의의(상법 제168조의 2)·
금융리스업자와 금융리스이용자의 의무(상법 제168조의 3)·공급자의 의무(상법 제
168조의 4) 및 금융리스계약의 해지(상법 제168조의 5)에 대하여 규정하였고, 「프랜
차이즈」에 관하여는 가맹업의 의의(상법 제168조의 6)·가맹업자의 의무(상법 제168
조의 7)·가맹상의 의무(상법 제168조의 8)·가맹상의 영업양도(상법 제168조의 9) 및
가맹계약의 해지(상법 제168조의 10)에 대하여 규정하였으며, 「팩토링」에 관하여는
채권매입업의 의의(상법 제168조의 11)와 채권매입업자의 상환청구(상법 제168조의
12)에 대하여 규정하였다.

## 3. 회사법

### 가. 회사의 사단성

　　2011년 개정상법 이전에는 회사의 의의에 관한 상법 제169조에서 「본법에
서 회사라 함은 상행위 기타 영리를 목적으로 하여 설립한 사단을 이른다」고 규
정하여, 사단성(社團性)을 회사의 필수불가결한 요소로 하였다. 그런데 인적회사
는 실질적으로 조합인데(상법 제195조, 제269조 참조) 이를 어떻게 사단으로 설명할
것인가가 문제되었고,[13] 물적회사인 경우 1인 회사의 설립 및 존속이 인정되는
데(주식회사의 경우는 상법 제288조·제517조 제1호, 유한회사의 경우는 상법 제543조·제
609조 제1항 제1호) 이를 어떻게 사단으로 설명할 것인가가 문제되었다.[14] 이에
대하여 필자는 "모든 회사를 사단으로 규정하는 것이 반드시 필요하며 그 실익
이 있을까? 이에 대하여 모든 회사를 사단으로 규정한 것 등은 회사의 법률관계

---

13) 이에 대하여 학설은 인적결합설·형식적 사단설·실질적 사단설로 나뉘어 인적회사의 사단
　　성을 설명하였으나[이에 관한 상세는 정찬형, 전게서(상법강의〈상〉〈1998〉)(주 8), 410~411
　　면], 어느 것도 인적회사의 사단성을 명확하게 설명하지 못하였다.
14) 이에 대하여 주식회사를 사단이 아니라 재단(財團)으로 설명하는 견해도 있고(八木 弘,「株
　　式會社財團論」, 1963, 1면 이하), 주식회사는 사람의 결합이 아니라 자본의 결합이고 사원의
　　지위의 이전이 증권화된 주권의 이전에 의하여 유통된다는 점 등의 특징에서 사단성을 설명하
　　였으나[정찬형, 전게서(상법강의〈상〉〈1998〉)(주 8), 411~412면], 어느 것도 무리가 있는 논리
　　이거나 사단성을 명확하게 설명하지 못하였다.

를 획일·명확하게 처리하고자 하는 법률기술적 내지 입법정책적인 고려에서 그렇게 입법한 것이라고 설명하는 견해가 있으나,[15] 단체의 대외적인 법률관계를 간단히 처리하기 위한 입법기술은 사단성이 아니라 법인성이라고 본다. 특히 사단성과 법인성은 아무런 논리필연적인 관계도 없다. 이렇게 보면 그 실체가 각각 상이한 회사를 (더욱이 그 어느 것도 그 실체가 사단과 일치하지 않음에도 불구하고) 일률적으로 사단으로 규정하는 것은 그 자체가 모순이며 또 그렇게 사단으로 규정하는 실익도 없다고 생각한다. 따라서 입법론으로는 모든 회사를 사단으로 규정하고 있는 상법 제169조에서 「사단」의 문언을 삭제하는 것이 타당하다고 본다. 즉, 회사의 정의에서 「사단성」을 폐지하는 것이 옳다고 본다. 이 점에 대하여는 우리나라 및 일본의 입법을 제외하고는 다른 외국의 입법이 회사를 사단으로 규정하고 있지 않은 점도 고려되어야 한다고 본다"고 하여, 회사의 의의에서 「사단」을 폐지할 것을 강력히 주장하였다.[16]

　2011년 개정상법에서는 상법 제169조의 회사의 의의에서 「사단」이 삭제되었다.

## 나. 회사의 법인격부인론

　법인격부인론이 우리나라에서 소개된 것은 1960년 이후의 일인데, 그동안 이에 관한 논문도 다수 발표되었다.[17] 이에 대하여 우리나라의 학설은 법인격부인론의 도입을 반대하는 견해도 있었으나,[18] 다수의 견해는 이의 도입에 찬성하였다. 우리나라의 판례는 1974년 서울고등법원에서 법인격부인론을 처음으로 채택하여 판시하였는데,[19] 이의 상고심인 대법원에서 서울고등법원의 판결(원심)을 파기환송하였다.[20] 필자는 1983년 미국(시애틀) 워싱턴대학교 Law School에 객원

---

15) 서돈각·이범찬, 「개정 상법예해(상)」(서울: 국민서관, 1985), 163면.

16) 정찬형, "상법상 회사의 사단성에 관한 연구," 「논문집」(경찰대), 제6집(1987. 1), 407~433면(특히 427면); 동, 전게논문(현대법의 이론과 실제)(주 1), 890~891면; 동, 전게논문(법조 제520조)(주 12), 152~153면; 동, 전게논문(고시계 1992. 6)(주 1), 60~61면; 동, 전게서[상법강의(상)(1998)](주 8), 410~412면.

17) 이러한 논문에 관하여는 정찬형,「상법강의(상)(제16판)」(서울: 박영사, 2013), 445면 주 2 참조.

18) 정기남, "회사법인격무시의 법리," 「현대법학의 제문제」(무애 서돈각 박사 화갑기념)(서울: 법문사, 1981), 321~337면; 고평석, "법인격부인론의 부인," 「상사법의 현대적 과제」(춘강 손주찬 박사 화갑기념)(서울: 박영사, 1984), 73~99면.

19) 서울고판 1974. 5. 8, 72 나 2582.

20) 대판 1977. 9. 13, 74 다 954.

교수(visiting scholar)로 있는 동안 이에 관한 미국의 자료를 모아 1984년에 국내
에서 법인격부인론에 관한 논문을 발표하면서 이의 도입의 필요성을 강력히 주
장하였다. 즉, "법인격부인론은 학문적 입장에서만 다루어진다면 아무런 의미가
없는 것이므로, 대법원이 과감히 이 이론을 채택하여 구체적·실질적 정의에 타
당하고 형평에 맞는 판결을 하여 '기업은 망해도 기업가는 살찐다'는 불건전한
기업풍토를 쇄신하는 데 앞장설 것을 요망한다. 특히 법인격부인론은 우리나라의
현재의 상황에서 대법원이 반드시 채택하여야 할 이론으로 생각한다"고 하여, 대
법원이 반드시 법인격부인론을 채택하여 (지배)주주가 회사의 법인격을 남용하는
것을 방지하여 줄 것을 강력히 촉구하였다.21)

    우리 대법원은 1988년 판결에서는 선박의 편의치적을 위하여 설립된 외국회
사(A)가 동 선박의 실제상의 소유회사(외국회사)(B)의 선박수리대금을 면탈하기 위
하여 A회사가 B회사와는 별개의 법인격을 가지는 회사라고 주장하는 것은 「신의
성실의 원칙에 위반하거나 법인격을 남용하는 것으로 허용될 수 없다」고만 판시
하고 법인격부인론의 요건 등에 대하여는 전혀 언급하고 있지 않아, 이 판결이
법인격부인론을 최초로 채택한 것인지에 대하여는 논란이 있었다.22) 그런데 그
후 대법원은 2001년 판결에서, 법인격부인의 요건 등에 대하여 상세히 설시하면
서 법인격부인론의 이론을 명백히 채택하였다.23) 우리 대법원판결이 늦게나마
법인격부인론을 채택하여 지배주주(또는 사실상 1인 주주)의 법인격남용을 방지한
점은 다행으로 생각하나, 1977년에 명백히 법인격부인론을 채택하지 않은 판결
과 관련하여 볼 때 종래의 판결을 변경하고자 한 것이면 대법원전원합의체판결
에 의하여 명백히 판례를 변경한다는 취지를 밝혔어야 했는데, 그렇지 못하고 애
매하게 판시하였다가 그 후 채택한 점은 절차적인 면에서 아쉽게 생각한다.

---

21) 정찬형, "법인격부인론," 「현대민상법의 연구」 (위정 이재철 박사 화갑기념)(서울: 법문사,
    1984), 367~414면(특히 409~410면).
22) 법인격부인론을 채택한 것으로 보는 견해: 정동윤, "법인격부인론의 적용요건과 근거(판례
    평석)," 법률신문, 제1845호(1989. 5. 22), 11면 외.
      법인격부인론을 채택한 것으로 볼 수 없다는 견해: 정찬형, "법인격부인론," 「판례월보」, 제
    226호(1989. 7), 29~37면; 송호영, "법인격부인의 요건과 효과(대판 2001. 1. 19, 97 다
    21604)," 「저스티스」, 통권 제66호(2002. 4), 258~259면.
23) 대판 2001. 1. 19, 97 다 21604. 이 판결에 대한 평석으로는 정찬형, "법인격부인론," 「고려
    법학」, 제37호(2001), 293~311면.

## 다. 전자증권(주식의 전자등록 등)

오늘날 컴퓨터는 사회 각 분야의 기존제도를 혁명적으로 크게 변화시키고 있는데, 이는 유가증권분야에서도 예외가 아니다. 이러한 유가증권 중에서도 자본증권인 주권(株券)·채권(債券) 등의 경우에도 이의 발행·관리 등의 비용을 절약하기 위해서나, 이의 이용자의 편의를 위해서나, 앞으로 우리의 증권시장의 개방화에 대한 경쟁력을 강화하기 위해서나, 업무의 합리화와 효율성을 극대화하기 위해서 무권화(전자화)는 반드시 필요하다.24) 종래에도 주권 등은 예탁결제제도·주권불소지제도 등에 의하여 많이 무권화되었는데, 이는 실물증권의 발행을 전제로 한 것이었다. 전자증권은 이러한 실물증권의 발행을 전제로 하지 않은 유가증권의 완전한 무권화를 의미한다. 이에 필자는 일찍부터 유가증권의 무권화제도에 관한 논문을 발표하였고,25) 또한 "전자증권제도가 세계의 많은 국가에서 도입·운영되고 있는 점에서, 우리나라의 경우에도 실물증권의 발행과 관리의 비용을 제거하고 실물증권의 발행에서 파생된 비효율적인 증권제도를 개선하여 증권산업의 경쟁력을 강화하기 위하여는 전자증권제도의 도입이 필요하다"고 하여, 전자증권제도의 도입을 주장하였다.26)

2011년 개정상법은 주식의 전자등록에 관한 규정(상법 제356조의 2)을 신설하였다. 이와 함께 신주발행에서 신주인수권의 전자등록(상법 제420조의 4), 채권의 전자등록(상법 제478조 제3항) 및 신주인수권부사채에서 신주인수권의 전자등록(상법 제516조의 7)에 관한 규정도 신설하였다. 또한 상업증권도 전자등록기관의 전자등록부에 등록하여 발행할 수 있다는 규정도 신설하였다(상법 제65조 제2항). 이러한 규정은 유가증권의 전자화에 따른 시대에 부응하는 입법이라고 본다. 그 후 주권·채권(債券) 등을 포함한 「자본시장과 금융투자업에 관한 법률」상 (유가)증권의 전자등록에 대하여는 2016년 3월 22일 「주식·사채 등의 전자등록에 관한 법률」(법률 제14096호)이 제정되었다[이 법률의 내용 및 문제점에 관하여는 정찬형, "전자증권제도 도입에 따른 관련 제도의 정비·개선," 「예탁결제」(한국예탁결제원), 제100호(2017. 3), 7~80면 참조].

---

24) 정찬형, "유가증권의 무권화제도," 「비교사법」, 제3권 제2호(1996. 12), 199면.

25) 정찬형, 상게논문, 179~216면.

26) 정찬형, "전자증권제도 도입에 따른 법적 과제," 「상사법연구」, 제22권 제3호(2003. 10), 11~72면(특히 66면); 동, "전자증권제도 도입에 따른 법적 문제 및 해결방안," 「증권예탁」(증권예탁원), 제40호(2001. 10), 39~87면.

## 라. 전자투표

정보통신기술의 발달에 따라 주식회사가 전자투표제도를 이용하면 주주는 장소적·시간적으로 제약을 받지 않고 의결권의 행사가 용이하여 회사의 경영에 관심을 나타내지 않았던 개인주주나 소수주주가 적극적으로 회사의 의사결정에 참여하게 되어 주주총회의 활성화에 크게 기여하게 된다. 이러한 점에서 필자는 "인터넷상의 투표용지를 상법 제368조의 3(서면에 의한 의결권의 행사)에서 말하는 '의결권을 행사하는데 필요한 서면'으로 보는 것은 무리가 있는 점, 전자투표를 이용하기 위하여는 이에 따른 많은 법률문제가 수반되므로 이에 관한 명확한 법규정이 존재하여야 한다는 점 등에서, 현행 상법 제368조의 3에만 근거하여 전자투표를 이용할 수 있다고 보는 것은 무리이므로, 전자투표제도를 이용·하기 위하여는 새로운 입법이 필요하다고 본다"고 하여, 전자투표에 관한 입법을 주장한 바 있다.[27]

2009년 개정상법에서는 전자적 방법에 의한 의결권의 행사(상법 제368조의 4)에 관한 규정을 신설하였다.

## 마. 집행임원

(1) 주식회사의 업무집행에 관하여 1962년 제정상법은 「회사의 업무집행, 지배인의 선임이나 해임은 이사회의 결의로 한다」고 규정하여(상법 제393조), 업무집행(기관)에 대하여만 규정하고 업무집행(기관)에 대한 감독에 관하여는 전혀 규정을 두지 않았다. 1984년 개정상법은 이사회의 업무집행에 관하여 「회사의 업무집행, 지배인의 선임 또는 해임과 지점의 설치·이전 또는 폐지는 이사회의 결의로 한다」로 변경하면서(상법 제393조 제1항), 이사회의 감독권에 관한 규정을 신설하여 「이사회는 이사의 직무의 집행을 감독한다」고 규정하였다(상법 제393조 제2항). 또한 1984년 개정상법 이전에는 감사(監事)에게 회계감사권만 부여하였는데, 1984년 개정상법에서 감사에게 회계감사권뿐만 아니라 업무감사권도 부여하였다(상법 제412조). 1995년 개정상법에서는 감사(監事)에 의한 감사의 실효성을 위하여 「감사는 주주총회에서 감사의 해임에 관하여 의견을 진술할 수 있다」는

---

27) 정찬형, "주주총회 활성화를 위한 제도개선 방안," 「상사법연구」, 제23권 제3호(2004. 11), 43~87면(특히 78면); 동, "전자주주총회," 「코스닥저널」(코스닥협회), 제23권(2004. 12), 65~71면.

규정을 신설하였고(상법 제409조의 2), 감사의 임기를 (개정전 2년에서) 3년으로 연
장하였으며(상법 제410조), 감사의 겸직금지의무를 「자회사의 이사 또는 지배인
기타의 사용인」으로 확대하였고(상법 제411조), 이사의 감사에 대한 보고의무(상법
제412조의 2)·감사의 주주총회 소집청구권(상법 제412조의 3) 및 감사의 자회사에
대한 조사권(상법 제412조의 4)을 신설하였다.

    위에서 본 바와 같이 우리 상법상 업무집행(기관)에 대한 감독기관은 제정상
법에는 규정하지도 않았고 1984년 개정상법에서는 규정하였지만 업무집행기관과
동일하게 되어 업무집행(기관)에 대한 감독은 사실상 없거나 유명무실하게 되었
다. 또한 대표이사의 권한이 워낙 막강하여 대표이사에 의하여 주주총회에 추천
되는 감사가 (대표)이사 및 이사회의 업무집행을 실효성 있게 감사하는 것은 사
실상 불가능하였다. 지배주주가 대표이사를 맡는 경우 주주총회에 의한 업무집행
기관(이사회 및 대표이사)에 대한 감독도 사실상 불가능하였다. 따라서 (대)회사의
지배주주(대표이사)는 어떠한 제재나 감독을 받음이 없이 경영권을 전횡하였고,
(대)회사의 경영은 제도가 아니라 특정인에 의하여 독단되었다. 이러한 지배주주
(대표이사)가 항상 올바른 판단만을 할 수는 없는 것이고, 때로는 과감하고 신속
한 판단으로 효율성을 거두는 경우도 있겠으나 때로는 독선적이고 무리한 판단
으로 회사를 파탄시키는 경우도 있다. 이때 회사의 지배주주 외의 주주 등 회사
의 많은 이해관계인은 그대로 많은 손실을 입게 되고 국가적으로도 큰 사회적 문
제를 야기시키는 것이다. 이러한 점으로 인하여 1997년 말 우리나라는 IMF 경제
체제를 맞게 되었고, 이로 인하여 많은 국민은 실업 등 뼈아픈 고통을 경험하게
된 것이다.

    (2) IMF 경제체제시 IMF 등은 한국 회사(특히 대규모 주식회사)는 업무집행
기관에 대한 감독(감사)기관이 사실상 없거나 또는 제기능을 발휘하지 못한다는
(즉, 기업경영이 투명하지 못하다는) 제도상 문제점을 제기하면서, 회사지배구조에
관한 법률의 개정을 강력히 요구하였다. 이에 따라 우리 상법(회사편)은 1998년·
1999년 및 2001년에 IMF 경제체제에 대응하고 (기업의 구조조정 및 자금조달의 편
의와) 기업경영의 투명성 제고를 위하여 자의반·타의반 개정이 있었다. 1999년
개정상법에서 거의 타의에 의하여 도입된 제도가 감사위원회제도이다(상법 제415
조의 2). 또한 그 당시 증권거래법 제191조의 16 제1항(현재는 상법 제542조의 8 제
1항)에 의하여 업무집행기관에 대한 이사회의 감독의 효율성을 높이기 위하여 상
장회사는 의무적으로 사외이사를 이사총수의 4분의 1 이상(자산총액 2조원 이상인

상장회사는 사외이사를 처음에는 '3인 이상 및 이사총수의 2분의 1 이상'으로 하였으나, 그 후 '3인 이상 및 이사총수의 과반수'로 변경함) 두도록 하였다. 이것은 모두 업무집행 기관에 대한 감독과 감사의 효율성을 높여 기업경영의 투명성을 기하고자 한 것 이었다. 그런데 이것은 이사회와는 별도의 업무집행기관(집행임원)이 있는 것을 전제로 할 때, 이러한 이사회(감독형 이사회)가 실효성 있는 감독기능을 수행할 수 있고, 또한 이러한 감독형 이사회를 전제로 할 때 이사회내 위원회의 하나인 감 사위원회가 실효성 있는 감사업무를 수행할 수 있는 것이다. 따라서 이러한 감독 형 이사회의 구성원인 「사외이사」 및 감독형 이사회내 위원회의 하나인 「감사위 원회」를 입법할 때, 감독형 이사회와는 별도의 업무집행기관인 집행임원에 대하 여 상법 등에 규정을 하였어야 하였다. 그런데 사외이사와 감사위원회에 관한 입 법을 하면서 집행임원에 대하여는 상법이나 증권거래법의 어디에도 전혀 규정을 하지 아니하였다. 이는 몰라서 입법을 하지 않은 것인지, 경제계 등의 반대가 있 어 입법을 하지 않은 것인지 알 수가 없다. 이와 같이 감독기관(이사회)과 분리된 업무집행기관(집행임원)에 대하여 그 동안 입법이 되지 않아서, 이사회는 스스로 업무집행에 관한 의사결정을 하면서 이사의 업무집행을 감독하는 기관(참여형 이 사회)이 되어 자기감독의 모순이 발생하고 업무집행기관에 대한 감독의 실효성이 없게 된 점은 개정전과 동일하게 되었다. 또한 이사회의 업무집행에 관한 의사결 정(업무집행기능)에 사외이사를 참여시켜 회사는 정보노출의 우려와 효율성이 떨 어진다고 불만하고, 사외이사는 업무도 제대로 파악하지 못한 상태에서 의사결정 에 참여하여 이에 따른 책임부담을 우려하게 되었다. 또한 이러한 참여형 이사회 내의 위원회의 하나인 감사위원회는 자기감사의 모순이 있게 되어 감사의 실효 성이 종래의 감사(監事)보다 더 떨어질 뿐만 아니라, 그 독립성에서도 종래의 감 사(監事)보다 더 떨어지게 되었다. 업무집행기관에 대한 감독 및 감사의 실효성이 없는 점에 대하여 회사의 지배주주(회장)는 걱정할 이유가 없고(오히려 만족할 수 있고), 업무집행에 대한 효율성에서는 사외이사가 참여한 이사회에 맡길 수 없어 회사(특히 대규모 주식회사)는 사외이사를 최소화하기 위하여 이사회를 최소의 이 사로 구성하고 또한 사외이사가 참여하는 이사회를 사실상 유명무실화시키면서 (우리나라에만 있는 특유한 현상인) 지배주주(회장)가 임면하는 사실상 집행임원(비등 기임원)[28]을 중심으로 경영을 하고 있는 것이 현실이다. 종래에는 이러한 사실상

---

28) 이러한 사실상 집행임원에 관한 상세는 정찬형,「상법강의(상)(제13판)」(서울: 박영사, 2010), 831~832면 참조.

집행임원에 대하여 상법 등에 근거규정이 전혀 없어, 등기(공시)할 필요도 없을 뿐만 아니라 임기도 제한이 없고 또한 지배주주(회장)가 일방적으로 임면하므로, 지배주주(회장)는 IMF 경제체제 이전에 이사와 함께 일하는 것보다 더 편리하고 비용도 절약할 수 있으며 본인에 대한 충성도도 높게 되었다(이의 결과 제도에 의한 경영보다 사람에 의한 경영으로 더 고착되게 되었다). 또한 IMF 경제체제 이전에 (대표)이사가 담당하였던 업무를 사실상 집행임원이 담당한 경우, 그러한 사실상 집행임원이 근로기준법상 근로자라고 주장하면서 퇴직금청구소송을 제기한 경우 우리 대법원판례는 이러한 사실상 집행임원은 주주총회에서 선임되지 않았고 또한 등기되지도 않았다는 이유를 들어 이사가 아니고 회사와의 관계는 (고용관계를 전제로 하는) 근로자로서 근로기준법이 적용된다고 판시하였다.29) 이러한 판결은 회사에게 많은 불만을 야기하여, 회사측에서 집행임원에 관한 입법을 요구한 적도 있다. 그런데 이러한 사실상 집행임원은 회사 및 제3자에 대하여 이사와 동일한 책임을 부담할 수 있는데(상법 제401조의 2 제1항 제3호 참조), 이러한 대법원판례에 의하면 사실상 집행임원은 근로자로서의 지위를 갖게 되어, 모순이 발생한다. 또한 회사에서 지배인도 등기되어 공시되는데(상법 제13조), 지배인보다 훨씬 권한이 큰 사실상 집행임원은 등기(공시)되지 않아 그와 거래하는 제3자가 등기부에 의하여 그 지위를 알 수 없도록 하는 것도 균형을 잃은 것이고 제3자의 보호(거래의 안전)에 큰 문제가 아닐 수 없다. 따라서 필자는 이러한 사실상 집행임원에 대하여 "이는 사외이사의 설치 강요에 따라 발생한 새로운 기업현상으로 법률이 미처 이를 규정하지 못한 점에서 발생한 특수한 현상(법률상 미아현상)이라고 볼 수 있다. 따라서 해석론상으로는 이러한 집행임원에 대하여 그 성질이 허용하는 한 이사에 관한 규정을 유추적용하여 그의 의무·책임 등을 인정하여야 하고, 입법론상으로는 집행임원에 관하여 그의 지위·권한·의무·책임 등에 대하여 법률에서 규정하여야 한다"고 (계속하여 강력하게) 주장하였다.30)

　　IMF 경제체제시 IMF 등의 강요로 회사의 투명경영을 위하여 업무집행(기관)에 대한 감독(감사)의 실효를 위한 지배구조 개선에 관한 상법·증권거래법 등의 개정이, 업무집행기관과 업무감독기관을 분리하지 않고 종전과 같이 참여형 이사회를 전제로 하여 이루어짐으로써, 결과적으로 업무집행(기관)에 대한 감독

---

29) 대판 2003. 9. 26, 2002 다 64681 외.
30) 정찬형, 전게서[상법강의(상)(제13판)](주 28), 832면; 동, "한국 주식회사에서의 집행임원에 대한 연구," 「고려법학」, 제43호(2004), 37～62면.

(감사)의 실효를 거두지도 못하면서(오히려 종래보다 그 실효를 더 떨어뜨리면서) 새로운 문제만을 야기시키게 되었다. 즉, 참여형 이사회에 사외이사만을 추가하였다고 하여도 업무집행(기관)에 대한 감독은 여전히 종래와 같은 자기감독이 되므로 감독의 실효를 거둘 수가 없게 되었고, 오히려 이사회의 업무집행(의사결정)기능만 그 효율성을 감소시키게 되었다. 또한 이로 인하여 법상 근거도 없는 사실상 집행임원(비등기임원)을 새로이 발생시키고 이러한 사실상 집행임원(비등기임원)과 관련한 많은 법률문제만 야기하게 되었다. 또한 참여형 이사회에서 감사(監事)에 갈음한 감사위원회는 종래의 감사(監事)보다 그 독립성이 더 떨어지고 또한 기능면에서도 자기감사가 되어 감사의 실효성이 더 떨어지게 되었다. 또한 참여형 이사회에서의 사외이사는 감독기능과 감사기능의 실효성을 높이지 못할 뿐만 아니라 업무집행기능의 효율성만 떨어뜨리는 「문제아」가 되었고, 지배주주가 없는 금융기관 등에서는 사외이사가 회장 등의 추천위원 등에 참여하여 (감독·감사업무에 참여하여 감독·감사의 실효성을 높이도록 한 취지에 반하여) 그 권한을 남용하는 폐단까지 발생하게 되었다. 이와 같은 문제점이 많은 이상한 지배구조는 우리나라에만 있는 독특한 현상이다. 따라서 필자는 투명경영을 위하여 실효성 있는 감독(감사)을 할 수 있도록 하고, 사외이사 및 사실상 집행임원으로부터 발생하는 제반 문제점을 해결하며, 현재 회사가 임의로 시행하고 있는 사실상 집행임원에 대한 법적 근거를 마련하기 위하여, 업무집행기관(집행임원)과 업무감독기관(감독이사회)를 분리하고[31] 집행임원에 관한 규정은 기업에 관한 기본법인 상법에 반드시 규정하여야 한다고 강력히 주장하였다.[32] 이와 함께 감사의 실효성을 위하여 집행임원을 설치하여 감독형 이사회를 가진 회사만 감사위원회를 둘 수 있도록 하여야 한다고 주장하였다.[33] 주식회사의 지배구조에서 업무집행(기관)에 대한 감독의 실효성을 위하여는 우리 상법이 먼저 집행임원제도를 도입하고 그 다음으로 이사회의 업무집행(기관)에 대한 감독기능을 강화하기 위하여 사외이사제도 및 감사위원회제도를 도입하여야 하였는데, 앞에서 본 바와 같이 IMF 경제체제

---

31) 정찬형, "주식회사의 지배구조와 권한의 분배," 「상사판례연구」(한국상사판례학회), 제16집 (2004), 3~51면(특히 32~35면).
32) 정찬형, "주식회사 지배구조관련 개정의견," 상법개정연구보고서(한국상사법학회 상사법개정연구위원회), 2005. 8, 49~85면(특히 74면).
33) 정찬형, 상게논문, 77면; 동, "주식회사의 지배구조," 「상사법연구」, 제28권 제3호(2009. 11), 34~36면, 49면, 51~53면, 55면, 59~64면; 동, 전게서[상법강의(상)(제16판)](주 17), 825면.

시에 이와 반대로 (상법상) 집행임원이 없는 상태에서 의무적으로 사외이사제도와 감사위원회제도를 도입하였기 때문에 현재 집행임원에 관하여 입법을 하는 것은 입법의 순서에서 어긋난 면은 있으나, 지배구조체제에서의 모순을 해결하고 업무집행(기관)에 대한 실효성 있는 감독을 위하여는 반드시 필요하다고 본다. 특히 자산총액 2조원 이상인 상장주식회사는 이사회에 사외이사를 3인 이상 및 이사총수의 과반수가 되도록 하여(상법 제542조의 8 제1항 단서) 감독형 이사회로 규정하고 또한 이러한 회사는 감사위원회를 의무적으로 설치하도록 하였다면, 이와 균형을 맞추어 집행임원제도도 의무적으로 두도록 하여야 한다고 주장하였다.[34]

　　비교법적으로 볼 때도 독일에서는 업무집행기관(이사회, 집행이사회)과 업무감독기관(감사회, 감독이사회)이 처음부터 분리되었고(중층제도), 미국에서는 초기에 참여형 이사회제도이었으나(단층제도) 근래에는 감독형 이사회제도를 많이 채택하여 독일의 중층제도와 유사하게 되었다. 따라서 오늘날은 업무집행기관과 업무감독기관을 분리하는 입법추세가 국제적인 기준이 되고 있다고 볼 수 있다. 미국에서 집행임원을 의무적으로 두도록 한 주법(州法)으로는 캘리포니아주(Cal. Corp. Code 제312조)·델라웨어주(Del. Gen. Corp. Law 제142조) 등이 있고, 일본의 2005년 신회사법에서는 사외이사를 과반수로 한 위원회를 설치하는 위원회설치회사에서는 집행임원(執行役)을 의무적으로 두도록 하고 있고(일본 회사법 제402조 제1항), 2005년 개정된 중국 회사법도 주식회사에서는 집행임원(經理)을 의무적으로 두도록 하고 있다(중국 회사법 제114조 제1문).[35]

　　(3) 2005년 8월 24일 법무부 회사법개정위원회 전체회의에, 동 위원회의 위원이며 지배구조 소위원회 위원장이었던 필자가, 집행임원에 관하여 발제한 상법개정시안(제408조의 2~제408조의 12)의 주요내용은 다음과 같은 것이었다. 즉, 이사회에 사외이사 3인 및 이사총수의 과반수(감독이사회)를 둔 주식회사는 이사회의 결의에 의하여 집행임원을 선임하여야 하고, 이러한 이사회에는 상법 제393조가 적용되지 않는다. 집행임원은 이사회의장의 직무를 겸할 수 없고, 이사는 부득이한 경우에 또한 최소한으로 집행임원을 겸할 수 있다. 집행임원의 임기는 정관이 달리 정한 바가 없으면 3년을 초과하지 못하는 것으로 하였다. 이러한 발제안은 상법개정위원회의 논의과정에서 경제계의 요구 및 실무계의 현실 등을 반영하여,

---

34) 정찬형, 상게논문(상사법연구 제28권 제3호), 9~67면(특히 59면).
35) 이에 관하여는 정찬형, 전게서[상법강의(상)(제16판)](주 17), 894면; 동, "집행임원,"「주식회사법대계」(파주: 법문사, 2013), 1043~1044면 참조.

집행임원을 설치할 수 있는 주식회사에 대하여 제한을 두지 않으면서 이의 선택
은 회사가 임의로 하고, 집행임원 설치회사에 상법 제393조(참여형 이사회의 권한)
를 배제하는 규정을 삭제하였으며, 집행임원이 이사회의장을 겸직할 수 없도록
한 규정 및 집행임원이 원칙적으로 이사를 겸직할 수 없도록 한 규정을 삭제하
였다. 또한 집행임원의 임기를 원칙적으로 2년으로 단축하였다.

　　2011년 개정상법은 위와 같은 내용으로 집행임원에 관한 규정을 신설하였다
(상법 제408조의 2～제408조의 9). 우리 상법이 (경제계 등 많은 반대가 있었음에도 불구
하고) 주식회사의 지배구조를 개선하고 또한 국제기준에 맞는 지배구조로 나아가
기 위하여 집행임원에 관하여 최초로 규정한 것은 큰 발전이라고 본다. 그러나
사외이사가 3인 이상이고 이사총수의 과반수인 이사회를 가진 대규모 주식회사
가 집행임원 설치회사를 선택하지 않으면서(즉, 업무집행기관과 업무감독기관을 분리
하지 않으면서) 여전히 종래와 같은 많은 문제가 발생하게 되었다. 또한 회사규모
에 관계없이 모든 주식회사가 집행임원 설치회사를 선택할 수 있도록 하고 집행
임원이 이사회 의장 및 이사를 겸하는 것에 대하여 아무런 제한을 두지 않음으
로써, 대규모 주식회사에 업무집행기관과 업무감독기관을 분리시켜 업무감독 및
업무감사의 실효를 거두고자 하는 원래의 취지는 퇴색하게 되었다.

　　이러한 집행임원에 관하여 상법에서 규정하고 그 효력이 발생한 지 수년이
경과하였으나 자산총액 2조원 이상인 상장회사 또는 금융기관이 상법상 집행임
원 설치회사를 채택한 회사는 한 곳도 없다. 또한 이러한 대규모 상장회사나 금
융기관은 사실상 집행임원을 두고 있으면서 상법상 집행임원제도를 채택하지 않
고, 이러한 사실상 집행임원은 상법상 집행임원과 다르다고 억지 주장을 한다.
이는 사실상 탈법행위라고 볼 수 있다. 이러한 대규모 상장회사 등이 상법상 집
행임원제도를 채택하는 것을 꺼리는 것은 지배주주(회장)가 사실상 집행임원을
독단적으로 선임하고 언제든지 해임할 수 있으며 등기(공시)도 하지 않았는데, 이
를 (사외이사가 과반수 있는) 이사회에 임면권을 이양하고 또한 등기(공시)하는 것
을 싫어하기 때문이다. 현재와 같이 업무집행기관에 대한 감독기능의 효율성을
위하여 (상장회사의 경우) 의무적으로 도입한 사외이사제도가 그 본래의 기능을 다
하지 못하면서 많은 문제점을 야기하고 있음에도 불구하고, 국가는 이를 그대로
방치하고 기업의 자율에만 맡기는 것이 타당한가는 의문이다. 오늘날 우리 기업
도 많이 성장하여 세계적인 기업이 되었으니, 이제는 회사의 지배구조도 사람(지
배주주) 중심의 경영에서 제도 중심의 경영으로 가고 또한 주식회사의 지배구조

에 관하여 국제기준에 맞고 국제적 신뢰를 받을 수 있는 제도로 가는 것이 국가
와 기업 자체를 위하여도 절대 필요하다고 본다.36) 이러한 점에서 법무부가 2013
년 7월 16일 입법예고한 상법개정안에서는 합리적이고 국제기준에 맞으며 감독
과 감사의 실효를 거둘 수 있는 기업의 지배구조의 틀을 전제로 하여, 업무집행
기관(집행임원)과 업무감독기관(이사회)을 분리하고 이러한 경우에만 감사위원회가
그 본래의 감사기능을 수행할 수 있다는 점에서, 감사위원회를 둔 주식회사는 이
사회와 분리된 집행임원을 의무적으로 두도록 하였다(동안 제415조의 2 제1항 제2
문 후단).

　　필자는 1987년에 독일 뮌스터대학교 법과대학에 객원교수(Gastprofessor)로 있
으면서 독일 물적회사의 기관과 근로자의 공동결정제도를 연구하여, 이를 1988년
에 국내에서 발표한 바 있다.37) 이 연구를 통하여 독일의 물적회사에서는 업무
집행기관(주식회사의 경우는 이사회)과 업무감독기관(감사회)이 처음부터 철저하게
분리되어 있고(중층제도) 또한 업무감독기관(감사회)은 가장 중요한 권한인 이사의
임면권 및 업무집행기관에 대한 계속적인 감독권을 행사하면서 때로는 주주총회
의 권한(재무제표의 확정권, 정관에 규정이 있는 경우 이사회의 업무집행에 대한 동의권
등)의 일부도 행사하여38) 대단히 실효적인 감독권을 수행함으로써 회사경영의 투
명성을 기하고 있다는 점, 물적회사의 감사회에 근로자대표를 참여시키는 공동
결정제도에 의하여 노사문제를 (투쟁에 의해서가 아니라) 사전에 제도적으로 해결
함으로써 회사의 생산성을 크게 향상시키고 있는 점에서 깊은 인상을 받았다. 우
리나라의 경우 독일의 공동결정제도는 독일과는 다른 역사적·정치적·종교적 배
경 등으로 인하여 (당분간 또는 영원히) 도입되기 어렵다고 본다.39) 그런데 업무집
행기관과 업무감독기관을 분리하는 문제는 원래 미국제도(감독형 이사회제도)보다
는 독일제도(중층제도)가 보다 더 우리의 실정에 맞을 것으로 생각되었다.40) 그러
나 IMF 경제체제 이후 우리 상법(회사법)이 미국법에 더 가깝게 입법되었고 또
한 이는 국제기준에 근접한 입법이기 때문에, 현재로서 우리 상법상 주식회사의

36) 정찬형, 전게논문(법조 제520권)(주 12), 156면.
37) 정찬형, "서독 물적회사의 기관과 근로자의 공동결정제도,"「현대상사법의 제문제」(설성 이
　　윤영 선생 정년기념)(서울: 법지사, 1988), 170~223면.
38) 이에 관하여는 정찬형, 전게서[상법강의(상)(제16판)](주 17), 819면 참조.
39) 정찬형, 전게논문(현대상사법의 제문제)(주 37), 222~223면.
40) 정찬형, 전게서[상법강의(상)(제16판)](주 17), 824~825면; 동, 전게논문(상사판례연구 제16
　　집)(주 31), 31~32면; 동, 전게논문(법조 제520권)(주 12), 159면.

지배구조를 독일의 중층제도로 변경한다는 것은 사실상 거의 불가능하다고 본다. 따라서 현행 제도에서 업무집행기관에 대한 감독 및 감사기능이 그 실효성을 발휘할 수 있도록 하기 위하여는, 앞에서 본 바와 같이 특히 대규모 상장회사 또는 금융기관 등에서 업무집행기관(집행임원)과 업무감독기관(감독형 이사회)을 분리하도록 하고(즉, 집행임원 설치회사를 채택하도록 하고), 이러한 집행임원 설치회사에서만 감사위원회를 두도록(또는 둘 수 있도록) 하여야 할 것이다.[41]

### 바. 감사(監事)

(1) 주식회사(2009년 개정상법 이후는 자본금 총액이 10억원 이상인 주식회사 - 상법 제409조 제4항)는 감사(監事)가 필요기관인데 (특히 중소규모 주식회사에서는) 감사를 등기만 하고 감사로서 전혀 활동하지 않은 감사(비상근감사)를 두는 경우가 많다. 따라서 필자는 "주식회사는 1인 이상의 상근감사를 두어야 하는데, 우리나라의 실정에서 모든 주식회사가 1인 이상의 상근감사를 두도록 하는 것이 무리라면, 적어도 상장회사만이라도 1인 이상의 상근감사를 두도록 강제하여야 한다"고 주장한 바 있다.[42]

1997년 개정증권거래법 제191조의 12 제1항은 「주권상장법인으로서 대통령령이 정하는 법인(최근 사업연도 말 자산총액이 1,000억원 이상인 법인 - 동법 시행령 제84조의 19)은 1인 이상의 상근감사를 두어야 한다」고 규정하였고, 동 규정을 이어받은 2009년 개정상법 제542조의 10 제1항 본문은 「대통령령으로 정하는 상장회사(최근 사업연도 말 현재의 자산총액이 1,000억원 이상인 상장회사 - 상법 시행령 제36조 제1항)는 주주총회결의에 의하여 회사에 상근하면서 감사업무를 수행하는 감사(상근감사)를 1명 이상 두어야 한다」로 규정하고 있다.

(2) 감사선임의 경우 대주주가 갖는 주식에 대하여 의결권의 행사가 제한되는 효력(상법 제409조 제2항·제3항)은 주주총회의 결의에 관하여 특별이해관계인이 소유하는 주식에 대하여 의결권의 행사가 제한되는 효력(상법 제368조 제3항)과 같다. 그럼에도 불구하고 2011년 개정상법 이전에는 상법 제371조 제2항(출석한 주주의 의결권의 수에 산입하지 아니하는 주식)에 상법 제368조 제3항에 대해서만 규정

---

41) 정찬형, 전게논문(상사판례연구 제16집)(주 31), 32~35면; 동, 전게서[상법강의(상)(제16판)](주 17), 825면.
42) 정찬형 외, "주식회사 감사(監事)제도의 개선방안에 관한 연구," 상장협연구보고서 95-4(한국상장회사협의회), 1995. 12, 239~240면, 243면.

하였다. 따라서 필자는 "상법 제371조 제2항은 제409조 제2항을 규정하고 있지 않으나, 이는 입법상 당연히 규정되어야 할 것으로 본다"고 지적하였다.[43]

2011년 개정상법 제371조 제2항은 상법 제409조 제2항 및 제3항을 추가하여 규정함은 물론, 상장회사에 대한 특례규정에서 감사 또는 감사위원회 위원의 선임·해임시 최대주주 등의 의결권 제한에 관한 규정인 상법 제542조의 12 제3항 및 제4항도 추가하여 규정하였다.

### 사. 사채(社債)

2011년 개정상법 이전에는 상법상 사채총액을 제한하여 「사채의 총액은 최종의 대차대조표에 의하여 회사에 현존하는 순자산액의 4배를 초과하지 못한다」고 규정하였다(2011년 개정전 상법 제470조 제1항). 이에 대하여 필자는 "이것은 사채권자의 이익을 보호하기 위하여 사채권자의 담보가 되는 회사의 순자산액의 4배 이상으로 사채를 발행하지 못하게 한 것인데, 이는 사채발행시의 제한에 불과하므로 회사가 그 후에 자본 등을 감소하는 경우에 이러한 제한이 유지될 수 없으며 또한 회사가 그 후에 개별적으로 차입하여 많은 채무를 부담하면 이러한 제한이 사채권자의 보호에 의미가 없으므로 이 규정의 실효는 거의 없다"고 지적한 바 있다.[44]

2011년 개정상법에서는 사채총액의 제한에 관한 상법 제470조 제1항을 삭제하였는데, 이와 함께 구(舊)사채를 상환하기 위하여 신(新)사채를 발행하는 경우의 사채총액에 관한 규정(2011년 개정전 상법 제470조 제3항), 재모집의 제한에 관한 규정(2011년 개정전 상법 제471조), 사채금액의 제한에 관한 규정(2011년 개정전 상법 제472조) 및 할증상환의 제한에 관한 규정(2011년 개정전 상법 제473조)도 삭제하였다.

### 4. 보험법(보험사고와 인과관계 없는 고지의무 위반과 보험계약의 해지)

상법 제655조는 「보험사고가 발생한 후에도 보험자가 고지의무 위반으로 인하여 보험계약을 해지한 때에는 보험금액을 지급할 책임이 없고 이미 지급한 보험금액의 반환을 청구할 수 있다. 그러나 고지의무에 위반한 사실이 보험사고의 발생에 영향을 미치지 아니하였음이 증명된 때에는 그러하지 아니하다」고 규정하

---

43) 정찬형, 전게서[상법강의(상)(1998)](주 8), 707면.
44) 정찬형, 전게서[상법강의(상)(1998)](주 8), 939면.

고 있다. 이때 「그러하지 아니하다」의 의미가 (인과관계가 없는 경우) 보험계약을 해지할 수 없다는 의미이냐(보험계약해지 부정설),45) 또는 보험계약은 해지할 수 있는데 다만 그 경우 보험금을 지급하여야 한다는 의미이냐(보험계약해지 긍정설)46)에 대하여 견해가 나뉘어 있다. 이에 대하여 필자는 "( i ) 보험계약자의 고지의무 위반으로 인하여 보험자가 보험계약을 해지할 수 있는 권리가 발생하는 것은 상법 제651조인데, 이에 의하면 고지의무 위반사실과 보험사고 발생 사이에 인과관계가 있을 것을 요하지 않는 점, (ii) 상법 제655조는 보험계약의 해지 여부와는 무관하고 보험계약 해지의 효력인 보험금의 지급에 관한 것으로만 해석해야 하는 점, (iii) 보험계약해지 부정설에 의하면 보험금을 지급하더라도 계약의 효력에는 아무런 영향을 미치지 않는 자동복원 보험계약(예컨대, 자동차보험 등)에서 고지의무를 위반한 불량보험계약자측에게 (인과관계가 없는 한) 계속적으로 보험금을 지급해야 하는 불합리가 발생하고, 또한 인과관계의 존부는 보험사고가 발생한 후에야 비로소 알 수 있게 되므로 고지의무 위반이 있어도 보험사고 발생 전에는 보험계약을 해지할 수 없는 불합리한 점이 발생하는 점 및 (iv) 보험계약의 선의성 및 단체성에서 볼 때 고지의무를 위반한 불량보험계약자는 당연히 보험단체에서 배제되어야 하는 점 등에서 볼 때, 보험계약해지 긍정설이 타당하다"고 주장하여 왔다.47)

  이에 관하여 우리나라의 종래의 판례는 일관되게 보험계약해지 부정설에 따라 판시하였다.48) 그런데 그 후의 대법원판례는 "상법 제651조는 고지의무 위반

---

45) 손주찬, 「제11정증보판 상법(하)」(서울: 박영사, 2005), 532면; 양승규, 「보험법(제5판)」(서울: 삼지원, 2005), 126면 외.

46) 최병규, "고지의무에 관한 종합적 검토," 「경영법률」, 제9집(1999), 314면, 316면; 김재걸, "고지의무 위반에 의한 계약해지의 효력에 대한 일고찰," 「21세기 상사법의 전개」(하촌 정동윤 선생 화갑기념)(서울: 법문사, 1999), 569면; 심상무, "고지의무 위반의 효과," 법률신문, 제2141호(1992. 7. 23), 10면.

47) 정찬형, "상법 제651조와 동 제655조 단서와의 관계," 「고시연구」, 2000. 4, 73~81면; 동, 「상법강의(하)(제3판)」(서울: 박영사, 2001), 518면; 동, "암보험에 있어서 보험자의 보험계약의 해지여부 및 보험금지급채무의 범위(보험사고와 인과관계가 없는 사항에 관한 고지의무위반이 있는 경우)," 「법학논집」(목포대 법학연구소), 창간호(2001), 97~117면.
    동지: 보험감독원 분쟁조정위원회의 "사건 93 조정-31, 21세기 장수연금보험분쟁" 및 "사건 93 조정-2 건강생활보험(2종) 분쟁(1993. 1. 26)"에서의 판단; 영국 해상보험법 제18조(대판 2001. 5. 15, 99 다 26221 참조).

48) 대판 1969. 2. 18, 68 다 2082(보험계약자는 고지의무에 위반한 사실이 있다 하더라도 그 사실이 보험사고의 발생에 영향을 끼치지 아니하였음을 입증함으로써 보험자의 계약해지를 방지할 수 있다); 동 1992. 10. 23, 92 다 28259(고지의무 위반으로 사고발생의 위험이 현저하게 변경 또는 증가하지 않았다는 이유로 계약해지를 할 수 없다는 점은 보험계약자가 주장·입증

으로 인한 계약해지에 관한 일반적 규정으로 이에 의하면 고지의무에 위반한 사실과 보험사고 발생 사이에 인과관계를 요하지 않은 점, 상법 제655조는 고지의무 위반 등으로 계약을 해지한 때에 보험금액청구에 관한 규정이므로 그 본문뿐만 아니라 단서도 보험금액청구권의 존부에 관한 규정으로 해석함이 상당한 점, 보험계약자 또는 피보험자가 보험계약 당시에 고의 또는 중대한 과실로 중요한 사항을 불고지·부실고지하면 이로써 고지의무 위반의 요건은 충족되는 반면, 고지의무에 위반한 사실과 보험사고 발생 사이의 인과관계는 '보험사고 발생 시'에 비로소 결정되는 것이므로, 보험자는 고지의무에 위반한 사실과 보험사고 발생 사이의 인과관계가 인정되지 않아 상법 제655조 단서에 의하여 보험금액 지급책임을 지게 되더라도 그것과 별개로 상법 제651조에 의하여 고지의무 위반을 이유로 계약을 해지할 수 있다고 해석함이 상당한 점, 고지의무에 위반한 사실과 보험사고 발생 사이의 인과관계가 인정되지 않는다고 하여 상법 제651조에 의한 계약해지를 허용하지 않는다면, 보험사고가 발생하기 전에는 상법 제651조에 따라 고지의무 위반을 이유로 계약을 해지할 수 있는 반면, 보험사고가 발생한 후에는 사후적으로 인과관계가 없음을 이유로 보험금액을 지급한 후에도 보험계약을 해지할 수 없고 인과관계가 인정되지 않는 한 계속하여 보험금액을 지급하여야 하는 불합리한 결과가 발생하는 점, 고지의무에 위반한 보험계약은 고지의무에 위반한 사실과 보험사고 발생 사이의 인과관계를 불문하고 보험자가 해지할 수 있다고 해석하는 것이 보험계약의 선의성 및 단체성에서 부합하는 점 등을 종합하여 보면, 보험자는 고지의무를 위반한 사실과 보험사고의 발생 사이의 인과관계를 불문하고 상법 제651조에 의하여 고지의무 위반을 이유로 계약을 해지할 수 있다. 그러나 보험금액청구권에 관해서는 보험사고 발생 후에 고지의무위반을 이유로 보험계약을 해지한 때에는 고지의무에 위반한 사실과 보험사고 발생 사이의 인과관계에 따라 보험금액 지급책임이 달라지고, 그 범위 내에서 계약

---

하여야 한다); 동 1994. 2. 25, 93 다 52082(보험사고의 발생이 보험계약자가 불고지하였거나 부실고지한 사실에 의한 것이 아니라는 것이 증명된 때에는 상법 제655조 단서의 규정에 의하여 보험자는 위 부실고지를 이유로 보험계약을 해지할 수 없는 것이지만, 위와 같은 고지의무 위반사실과 보험사고 발생과의 인과관계의 부존재의 점에 관한 입증책임은 보험계약자에게 있다); 동 1997. 10. 28, 97 다 33089(운전자가 한쪽 눈이 실명된 사실을 보험자에게 고지하지 않은 채 그의 일방과실에 의한 추돌사고가 발생한 경우에는 고지의무 위반과 사고발생 사이에 인과관계가 있어 해지권이 인정된다); 동 2001. 1. 5, 2000 다 40353(보험사고의 발생이 보험계약자가 불고지하였거나 불실고지한 사실에 의한 것이 아니라는 것이 증명된 때에는 그 불고지나 불실고지를 이유로 보험계약을 해지할 수 없다).

해지의 효력이 제한될 수 있다. 따라서 고혈압 진단 및 투약 사실에 관한 피보험자의 고지의무 위반과 백혈병 발병이라는 보험사고 사이에 인과관계가 인정되지 않지만, 보험자가 고지의무 위반을 이유로 보험계약을 해지할 수 있다"고 판시함으로써, 필자의 견해와 동일 또는 유사한 이유를 제시하면서 보험계약해지 긍정설에 따라 판시하였다.49) 대법원이 이와 같이 늦게나마 보험계약해지 긍정설에 따라 판시한 것은 다행스럽게 생각하는데, 다만 종래의 판례를 이와 같이 변경하려면 대법원 전원합의체판결에 의하였어야 하는데(법원조직법 제7조 제1항 제3호) 그렇지 않은 점에 대하여 아쉽게 생각한다.

2014년 3월 개정상법은, 상법 제655조 단서 후단의 「… 그러하지 아니하다」를 「…보험금을 지급할 책임이 있다」고 규정함으로써, 고지의무 위반과 보험사고와 인과관계가 없는 경우에는 보험금을 지급할 책임은 있지만 보험계약을 해지할 수 있음을(즉, 보험계약해지 긍정설에 따른 입법을) 명백히 하고 있다.

## 5. 항공운송법

2011년 개정상법 이전에 우리나라에는 항공운송에 관한 특별법으로 항공법(1991. 12. 14, 법률 제4435호) 등이 있었으나, 이는 당사자간의 사법상의 법률관계를 규정한 것이 아니라 행정법규이다. 따라서 필자는 "항공운송계약에 관하여는 바르샤바조약·몬트리올조약 등 국제적 조약이 활발히 성립되고 있으므로, 급속히 이를 국내법화할 필요가 있다"고 주장한 바 있다.50)

2011년 개정상법은 제6편에 항공운송을 신설하여, 제1장 통칙·제2장 운송·제3장 지상 제3자의 손해에 대한 책임에 관하여 규정하고 있다.

## 6. 어음·수표법

### 가. 위조의 증명책임

종래의 대법원 판례는 배서가 위조된 약속어음에 대하여 "약속어음의 배서가 형식적으로 연속되어 있으면 그 소지인은 정당한 권리자로 추정되므로(어음법 제16조 제1항, 제77조 제1항 제1호) 배서가 위조된 경우에는 이를 주장하는 사람(피위조자 – 필자 주)이 그 위조사실 및 소지인이 선의취득을 하지 아니한 사실을 입

---

49) 대판 2010. 7. 22, 2010 다 25353.
50) 정찬형, 전게서[상법강의(상)(1998)](주 8), 307면.

증하여야 한다"고 하여, 피위조자(피고)에게 증명책임이 있는 것으로 판시하였
다.51) 이러한 대법원판례에 대하여 필자는 "피위조자가 어음소지인에 대하여 자
기의 기명날인 또는 서명이 위조되었다고 주장하는 것은 어음소지인의 주장에
대한 부인(否認)일 뿐 항변이 아닌 점(민사소송법상 항변은 이를 주장하는 자가 증명책
임을 부담하나, 일정한 청구원인에 대한 부인은 어음소지인이 증명책임을 부담함), 어음법
제16조 제1항은 어음채무의 존재(범위)에 관한 추정규정이 아니라 어음상의 권리
의 귀속에 관한 추정규정이므로 어음소지인의 어음상의 권리의 승계취득 및 원
시취득의 부존재를 항변으로 주장할 수 있는 자는 어음채무를 정당하게 부담하
는 자(발행인 등)이지 어음채무를 부담하지 않는 자(배서의 피위조자)가 아닌 점, 아
무런 귀책사유가 없는 피위조자를 보호할 필요가 있는 점 등에서, 피위조자가 증
명책임을 부담한다고 보는 대법원판례는 타당하지 않고 어음위조의 경우 위조의
증명책임은 언제나 어음소지인이 부담한다"고 주장하였다.52)

우리 대법원판례는 그 후 전원합의체판결로써 위의 종래의 판례를 변경하
여, "어음에 어음채무자로 기재되어 있는 사람이 자신의 기명날인 또는 서명이
위조된 것이라고 주장하는 경우에는 그 사람에 대해 어음채무의 이행을 청구하
는 어음소지인이 그 기명날인 또는 서명이 진정한 것임을 증명하지 않으면 안
된다"고 판시하였다.53) 이러한 대법원판결은 그 결론에서도 타당함은 물론, 절
차에서도 전원합의체판결에 의한 종래의 판결에 대한 변경으로서 타당하다고
본다.

## 나. 어음배서인 등의 민법상 보증책임

어음의 실질관계에서 어음관계와 원인관계는 한편으로 분리되는데, 다른 한
편 양자는 견련관계를 갖고 있다. 이 견련관계에서 어음관계가 원인관계에 미치
는 영향으로 어음관계에 의하여 원인관계의 채무 등이 인정되는 경우가 있다. 예
를 들면, 소비대차상의 채무를 담보하기 위하여 차용증서에 갈음하여 발행된 약

51) 대판 1987. 7. 7, 86 다카 2154.
52) 정찬형, "어음위조의 입증책임," 법률신문, 제1956호(1990. 8. 6), 15면; 동, 「상법강의(하)」
(서울: 박영사, 1998), 123~124면; 동, "어음(수표)의 위조·변조에 대한 입증책임,"「고시계」,
통권 제438호(1993. 8), 17~21면.
동지: 정동윤, "어음위조의 입증책임," 법률신문, 제1883호, 11면.
53) 대판 1993. 8. 24, 93 다 4151[이 판결에 대하여 찬성하는 취지의 평석으로는 정찬형, "어음
위조의 입증책임,"「판례월보」, 제285호(1994. 6), 16~24면(특히 21~24면)]; 동 1998 2. 10,
97 다 31113.

속어음에 배서한 자에게 원인채무에 대하여 민법상 보증책임을 부담시킬 수 있는가의 문제가 있다. 이에 대하여 우리 대법원판례는 동일 또는 유사한 사안에서, 민법상 보증책임을 긍정하는 것으로 판시하기도 하고,54) 민법상 보증책임을 부정하는 것으로 판시하기도 하였다.55) 이에 대하여 필자는 "차용증서 대신에 발행된 약속어음에 담보의 의미로 배서한 자에 대하여 민법상 보증책임을 인정할 것인지 여부에 관하여 동일한 사안에서도, 우리 대법원은 1957년·1972년의 판례(앞의 인용판례 참조)에서는 이를 긍정하였는데, 1964년·1984년의 판례(앞의 인용판례 참조)에서는 이를 부정하였다. 또한 1984년의 판례에서는 이를 부정하였다가 1986년의 판례에서는 이를 다시 긍정하였다. 원심과 관계에서 보아도 1957년의 대법원판례에 따라 피고에게 민법상 보증책임을 인정한 원심을 1964년의 대법원판결에서는 파기환송하여 피고에게 민법상 보증책임을 부정하였고, 1984년의 대법원판례에 따라 피고에게 민법상 보증책임을 부정한 원심을 1986년의 대법원판결에서는 다시 파기환송하고 피고에게 민법상 보증책임을 인정하였다. 이렇게 판례가 상이하면서도 대법원전원합의체의 변경된 판례도 아니고(법원조직법 제7조 제1항 제3호), 변경에 관하여 납득할 만한 이유의 설시도 없다. 따라서 동일 또는 유사한 사안에서만이라도 먼저 대법원의 일관된 판례의 확립이 절실히 요망된다"고 지적하면서, 또한 필자는 "민법상 보증채무는 채권자와 보증인 사이에서 맺어지는 보증계약에 의하여 성립하고(불요식 낙성계약) 이러한 계약은 청약과 승낙에 의하여 성립하므로, 당사자의 이러한 의사가 명확하지 않음에도 불구하고 쉽게 당사자의 의사를 이러한 의사로 의제하여 어음상 배서인 등에게 민법상 보증책임을 인정하는 것은 타당하지 않다"고 꾸준히 지적하여 왔다.56)

　　그 후의 우리 대법원판례는 필자의 위와 같은 견해를 반영하여 "(… 어음배서인 등에게 민법상 보증책임을 인정하려면 민법상 보증계약이 성립하여야 하는데) 이러한 보증계약의 성립을 인정하려면 당연히 그 전제로서 보증인의 보증의사가 있어야 하고, 이러한 보증의사의 존재나 보증범위는 이를 엄격하게 제한하여 인정하여야

---

54) 대판 1957. 11. 4, 4290 민상 516; 동 1965. 9. 28, 65 다 1268; 동 1972. 3. 28, 71 다 2452; 동 1986. 7. 22, 86 다카 783 외.
55) 대판 1964. 10. 20, 64 다 865; 동 1967. 9. 5, 67 다 1381; 동 1984. 2. 14, 81 다카 979 외.
56) 정찬형, "어음의 실질관계(대판 1986. 7. 22, 86 다카 783에 대한 판례평석)," 법률신문, 제1661호(1986. 11. 24), 15면; 동, "숨은 어음보증인의 원인채무에 대한 보증책임(대판 1987. 12. 8, 87 다카 1105에 대한 판례평석)," 법률신문, 제1741호(1988. 4. 11), 11면; 동, 전게서 [상법강의(하)(1998)](주 52), 154~156면.

할 것이다"고 판시하고 있다.[57] 우리 대법원이 늦게나마 이러한 원칙을 설시한
점은 다행스럽게 생각하면서, 절차상 대법원전원합의체판결로써 이와 반대되는
판례를 명백히 변경한다는 절차를 밟지 않은 점은 아쉽게 생각한다.

### 다. 「발행지」의 기재가 없는 어음·수표의 효력

어음·수표에서의 「발행지」는 필요적 기재사항이고(어음법 제1조 제7호, 제75조
제6호, 수표법 제1조 제5호), 이의 기재가 없으면 「발행인의 명칭에 부기한 지」가 발
행지를 보충한다(어음법 제2조 제3호, 제76조 제3호, 수표법 제2조 제3호). 그런데 「발
행지」 및 「발행인의 명칭에 부기한 지」의 기재가 없는 어음·수표(이하 '발행지의
기재가 없는 어음·수표'라 약칭함)를, 발행지가 어음법·수표법에서 갖는 의의와 관
련하여 볼 때 반드시 무효로 보아야 하는지에 대하여, 필자는 적극적으로 문제를
제기하였다. 이를 어음법·수표법의 형식적인 법리로만 보면 당연히 무효로 보아
야 할 것이다(어음법 제2조 본문, 제76조 본문, 수표법 제2조 본문). 그러나 발행지가
어음법에서 갖는 의의는 발행지와 지급지의 세력(歲曆)이 다른 경우에 만기 및
지급제시기간은 이에 관한 다른 의사표시가 없으면 지급지의 세력에 의한다는
점(어음법 제37조) 및 발행국과 지급국에서 동명이가(同名異價)를 가진 통화에 의하
여 어음금액을 정한 경우 지급지의 통화에 의한 것으로 추정한다는 점(어음법 제
41조 제4항) 등에서만 의미가 있다. 또한 발행지는 국제사법에 의하여 어음행위의
방식을 정하는 법의 기준이 되는 등의 의미가 있으나(국제사법 제53조 제1항 본문,
제54조 제2항·제3항, 제55조), 이러한 점도 어음상에 기재된 발행지는 단지 추정의
효력만이 있을 뿐이다.[58] 또한 발행지의 표시방법은 준거법의 단일·확정의 추정
을 해하지 않는 한 어떠한 기재를 하여도 무방하므로, 넓게는 「한국」이라는 기
재도 무방하다고 한다.[59] 이러한 점에서 볼 때, 객관적으로 국내에서 발행한 어
음(수표)이 명백한데 「한국」이라는 기재를 어음(수표)에 하지 않았다고 하여, 동
어음(수표)을 무효의 어음(수표)으로 보아 어음(수표)상의 권리를 행사할 수 없는
것으로 보거나 또는 동 어음(수표)에 의한 지급제시를 지급제시의 효력이 없는
것으로 보아 상환청구권(소구권)을 행사할 수 없도록 함으로써 (많은 선량한) 어음
(수표)소지인을 희생시키는 것에 대하여, 필자는 항상 의문을 가지면서 이와 같이

---

57) 대판 1998. 12. 8, 98 다 39923.
58) 정찬형, 전게서[상법강의(하)(1998)](주 52), 219면.
59) 정찬형, 상게서(주 52), 205면.

해석하는 것은 너무나 형식논리적인 법해석으로 형평에 반하는 해석이라고 보았다. 따라서 필자는 입법론으로서는 발행지를 어음(수표)요건에서 삭제하고, 해석론으로서는 발행지의 기재 없는 어음(수표)라도 발행지가 어음(수표)행위의 준거법을 정하는 표준으로서(즉, 국내어음·수표임이) 명백한 경우에는 유효한 어음(수표)으로 해석하여야 한다고 계속하여 강력하게 주장하였다.60)

우리나라의 종래의 대법원판례는 발행지의 기재가 없는 어음(수표)의 지급제시에 대하여 일관하여 어음의 요식증권성에서 유효한 어음이 아니거나 (백지어음으로 추정한다고 하여도) 적법한 지급제시가 없다고 판시하였다.61) 그런데 1998년 4월 23일의 대법원전원합의체판결은 위와 같은 종래의 판결을 변경하고 필자의 주장을 채택하여, 국내어음인 경우 발행지의 기재 없는 어음도 유효라고 다음과 같이 판시하였다62)(이 판결의 보충의견에서는 많은 부분에서 필자의 의견과 동일 또는 유사하게 그 이유를 설명하고 있다).

"일반의 어음거래에 있어서 발행지가 기재되지 아니한 국내어음도 어음요건을 갖춘 완전한 어음과 마찬가지로 당사자간에 발행·양도 등의 유통이 널리 이루어지고 있으며, 어음교환소와 은행 등을 통한 결제과정에서도 발행지의 기재가 없다는 이유로 지급거절됨이 없이 발행지가 기재된 어음과 마찬가지로 취급되고 있음은 관행에 이른 정도이고, 나아가 이러한 점에 비추어 보아 발행지의 기재가 없는 어음의 유통에 관여한 당사자들은 완전한 어음에 의한 것과 같은 유효한 어음행위를 하려고 하였던 것으로 봄이 상당하다 할 것이다. 그렇다면 어음면의 기재 자체로 보아 국내어음으로 인정되는 경우에 있어서는 발행지의 기재는 별다른 의미가 없는 것이고, 발행지의 기재가 없는 어음도 완전한 어음과 마찬가지로 유통·결제되고 있는 거래의 실정 등에 비추어, 그 어음면상 발행지의 기재가 없는 경우라고 할지라도 이를 무효의 어음으로 볼 수는 없다고 할 것이다. 따라서

---

60) 정찬형, 전게서[상법강의(하)(1998)](주 52), 204~205면; 동, 「사례연구 어음·수표법」(서울: 법문사, 1987), 217~220면; 동, "어음·수표요건으로서의 「발행지」의 재검토," 「민사판례연구(Ⅶ)」(서울: 경문사, 1985), 118~148면(특히 143~148면에서 그 이유에 관하여 상세히 설명함); 동, "발행지의 기재가 흠결된 어음," 법률신문, 제2070호(1991. 10. 21), 15면 외.

61) 대판 1967. 9. 5, 67 다 1471; 동 1968 9. 24, 68 다 1516; 동 1976. 11. 23, 76 다 214; 동 1985. 8. 13, 85 다카 123; 동 1988. 8. 9, 86 다카 1858; 동 1991. 4. 23, 90 다카 7958; 동 1992. 10. 27, 91 다 24724; 동 1995. 9. 15, 95 다 23071.

62) 대판 1998. 4. 23, 95 다 36466[이 판결에 찬성하는 취지의 평석으로는 정찬형, "발행지의 기재 없는 어음(수표)의 효력," 「기업구조의 재편과 상사법(Ⅱ)」(회명 박길준 교수 화갑기념 논문집), 1998, 711~733면].

이와 일부 다른 견해를 취한 대법원 1967. 9. 5. 선고 1967 다 1471 판결, 1976. 11. 23. 선고 76 다 214 판결, 1979. 8. 14. 선고 79 다 1189 판결, 1985. 8. 13. 선고 85 다카 123 판결, 1988. 8. 9. 선고 86 다카 1858 판결, 1991. 4. 23. 선고 90 다카 7958 판결, 1992. 10. 27. 선고 91 다 24724 판결, 1995. 9. 15. 선고 95 다 23071 판결 및 이와 같은 취지의 판결들은 이를 변경하기로 한다.”

또한 우리 대법원전원합의체판결에서는 수표에 관하여도 위의 어음의 경우와 동일하게 판시하여, 종래의 판결을 변경하였다.[63]

이와 같은 판례의 변경으로 인하여 (선량한 다수의) 국내어음(수표)의 소지인이 한층 더 보호될 수 있어 다행스럽고 기쁘게 생각한다.

## 라. 약속어음 폐지법률안에 대한 반대

1997년 말 IMF경제체제 이후, 정일영·김범명·임채정·김민석·하경근·이용삼 의원 외 41인의 명의로 1998년 5월 8일 약속어음을 2001년 8월 1일부터 폐지하는 것 등을 내용으로 하는(어음법 제75조~제78조 삭제 등) 어음법중개정법률안이 국회 법제사법위원회에 제출되어, 동 위원회에서는 1998년 5월 11일 법무부 등에 1998년 5월 20일까지 이 법률안에 대한 의견을 제출하도록 요구하는 공문을 발송하였다. 필자는 법무부로부터 이에 관한 의견을 요청받고, (ⅰ) 약속어음제도를 폐지하면 중소기업이 채권확보나 자금융통면에서 더 어려움을 겪게 되는 점, (ⅱ) 약속어음제도를 폐지하면 사회적·경제적 혼란을 야기시키는 점, (ⅲ) 약속어음제도를 폐지하더라도 이의 남용을 방지하는 실효를 전혀 거둘 수 없는 점, (ⅳ) 약속어음제도를 폐지하면 국제화에 역행함은 물론 매우 불균형하고 이상한 어음법이 된다는 점 등의 이유를 들어, 이의 폐지를 절대 반대하였다. 또한 필자는 1998년 5월 26일 국회홍보출판위원장으로부터 “우리나라 어음제도의 개선방안”에 관하여 국회보 1998년 7월호에 게재할 원고집필을 의뢰받고, “어음부도에 따른 문제점을 대금지급의 수단에 불과한 약속어음에 있다고 보아 약속어음제도 자체를 폐지하는 것은 현금의 오용 등에 따른 문제점이 있다고 하여 화폐제도 자체를 폐지하는 것과 같이, 이는 문제의 본말을 전도한 것으로 오히려 더 큰 사회적·경제적 혼란을 야기하게 된다”는 취지의 글을 1998년 7월 국회보(國會報)에 게재한 바 있다.[64]

---

63) 대판 1999. 8. 19, 99 다 23383.
64) 정찬형, “우리나라의 어음제도의 개선방안,” 「국회보」(국회), 통권 제381호(1998. 7), 67~71면.

위와 같은 필자의 주장이 영향이 있었는지 여부는 정확히 알 수 없으나, 그 후 이 법률안은 폐기되었고, 약속어음에 관한 어음법의 규정은 (다행히) 유지되고 있다.

## 마. 전자자금이체에 관한 법률제정의 촉구

필자는 1983년 미국(시애틀) 워싱턴대학교 Law School에 객원교수(visiting scholar)로 있으면서 미국의 전자자금이체에 관한 법률을 조사한 후, 1986년에 국내에서 미국의 전자자금이체법 등을 번역하여 소개하면서, 국내에서도 기술혁신에 따른 새로운 현실과 기존의 법이론간에 발생하는 차이점을 극복하기 위하여 전자자금이체제도의 이용에 따른 당사자간의 권리·의무에 대하여 규정하여야 하는데 그 방법으로 (기존의 어음·수표법을 개정하던가) 새로운 특별법의 제정을 촉구한 바 있다.[65] 또한 그 후 2002년에 한국법제연구원의 "전자자금이체의 법적 문제 및 입법론적 검토"에 관한 용역사업을 수행하면서 전자자금이체법(안)도 작성하였고,[66] 어음·수표법 교과서에서 "전자자금이체의 법률구조"에 관하여 다루었다.[67]

2006년 4월 28일 법률 제7929호로 「전자금융거래법」이 제정되어, 동법 제2장에서 전자금융거래 당사자의 권리와 의무(제1절 통칙, 제2절 전자지급거래 등)가 규정되었다. 그런데 이 법은 전자금융업의 허가 등과 같은 공법적 규정이 주가되고 사법적 규정은 매우 제한적으로 규정하고 있어 전자자금이체에 관한 법률로 보기는 어렵다. 앞으로 전자자금이체에 따른 당사자간의 권리·의무를 상세히 규정하는 통합적인 사법규정으로서 전자자금이체법이 조속히 제정되기를 바란다.

# Ⅲ. 상법 및 판례의 개정방향

## 1. 상법의 개정방향

### 가. 상법총칙

(1) 상인자격의 취득시기에 대하여, 판례는 자연인인 상인은 「개업준비행위

---

65) 정찬형, "미국의 Electronic Fund Transfer Act," 「상법학의 현대적 과제」(단야 서정갑 박사 고희기념 논문집)(서울: 삼영사, 1986. 2), 75~106면.
66) 정찬형, 「전자자금이체의 법적 문제 및 입법론적 검토」(현안분석, 2002-6 디지털경제법4) (서울: 한국법제연구원, 2002. 10), 1~92면.
67) 정찬형, 「어음·수표법강의」(서울: 홍문사, 1994), 755~772면.

(보조적 상행위)에 착수하였을 때」에 상인자격을 취득한다고 본다.68) 그런데 이는 법인인 상인이 「설립등기시」(상법 제172조)에 상인자격을 취득하는 점과 불균형한 점 또한 상인자격의 취득시기가 애매한 점 등에서, 입법론으로는 등기시 또는 (행정기관에 대한) 신고시 등으로 명확히 규정할 필요가 있다.69)

(2) 의제상인 중 설비상인의 요건에 대하여 「점포 기타 유사한 설비」라는 장소적 설비를 요건으로 하는 것은(상법 제5조 제1항), 현재와 같이 전자상거래 또는 온라인쇼핑 등이 이용되는 시대에는 맞지 않으므로, 오늘날 시대에 맞게 개정되어야 할 것이다.70)

(3) 영업양도시 양도인의 경업피지의무에 관하여 당사자간에 약정이 없는 경우 「10년간」으로 한 것은 오늘날 빠르게 변하는 경제사정에서 볼 때 너무 장기이고, 또한 지역적으로도 「동일한 특별시·광역시·시·군」과 「인접한 특별시·광역시·시·군」으로 한 것은 너무 넓고 또한 불균형한 점이 있어 이를 오늘날의 실정에 맞게 조정할 필요가 있다.71)

(4) 영업의 임대차·영업의 경영위임 및 영업의 담보에 대하여도 규정하여야 할 것이다.72)

## 나. 상행위법

(1) 익명조합과 합자조합에 관한 규정은 기업조직에 관한 규정이므로 상법 총칙에서 규정하여야 할 것이고, 합자조합과 합자회사간에는 법인성 유무를 제외하면 너무 유사점이 많으므로 차이점만을 부각시켜 존치하든가 또는 양자를 통합하여 규정하여야 할 것이다.73)

(2) 상사매매에 관한 규정(상법 제67조~제71조)을 현실에 맞게 대폭 확대하여 규정하여야 할 것이다. 즉, 일방적 상행위에 대하여도 소비자 보호와 관련하여 규정하고, 전자상거래·온라인쇼핑 등 전자매매에 따른 상법상 법률관계에 관한 사항도 규정하여야 할 것이다.74)

---

68) 대판 1999. 1. 29, 98 다 1584; 동 2012. 4. 13, 2011 다 104246.
69) 정찬형, "상법학의 회고와 전망," 「고려법학」, 제68호(2013), 41면.
　　동지: 서돈각·정완용,「제4전정 상법강의(상)」(서울: 법문사, 1999), 73면(입법론으로는 자연인인 상인도 반드시 등기에 의하여 상인자격을 취득하도록 하여야 한다).
70) 정찬형, 전게논문(고려법학 제68호)(주 69), 42면.
71) 정찬형, 전게서[상법강의(상)(제16판)](주 17), 179면; 동, 상게논문(주 69), 42면.
72) 정찬형, 상게논문(주 69), 42면.
73) 정찬형, 상게논문(주 69), 42면.

(3) 비상인이 일상생활에서 제일 많이 거래하는 상대방은 은행이므로, 상행위편에서는 「수신·여신·환 기타의 금융거래」(상법 제46조 제8호)에 따른 당사자간의 사법상 법률관계에 대하여 규정하고,[75] 이와 함께 「신용카드·전자화폐 등을 이용한 지급결제업무」(상법 제46조 제22호)에 대하여도 당사자간의 사법상 권리·의무에 관하여 규정을 하여야 할 것으로 본다.

## 다. 회사법

(1) 유한책임회사와 유한회사간의 조정에 관한 입법이 필요하다고 본다.[76]

(2) 종류주식(상법 제344조 이하)에서 「보통주」가 종류주식인지 여부에 관하여 논의가 많은데,[77] 입법론상 이를 명확히 규정하여야 할 것으로 본다.

(3) 회사가 자본금 감소 등의 방법으로 자기주식을 취득하는(및 소각하는) 경우에는 상법 제341조에 의한 자기주식의 취득에 해당하지 않으므로, 상법 제341조의 2(특정목적에 의한 자기주식의 취득)에서 (2011년 4월 개정전 상법 제341조 제1호와 같이) 「주식을 소각하기 위한 경우」를 반드시 추가하여야 할 것으로 본다.[78]

(4) 회사가 보유하는 자기주식(특히 배당가능이익으로써 취득한 자기주식)을 처분하는 것과 신주를 발행하여 배정하는 것은 결과적으로 동일 또는 유사하게 볼 수 있으므로, 입법론상 상법 제342조(자기주식의 처분)에서는 기존주주의 이익을 보호하기 위하여 상법 제418조를 준용하는 규정을 두어야 할 것이다.[79]

(5) 특정목적에 의하여 취득한 자기주식(즉, 자본금으로 취득한 자기주식)은 이사회의 결의만으로 소각할 수 없으므로, 상법 제343조(주식의 소각) 제1항 단서는 「회사가 보유하는 자기주식」 대신에 「상법 제341조에 의하여 취득한 자기주식」으로 개정되어야 하고, 특정목적에 의하여 취득한 자기주식(상법 제341조의 2)에 대하여는 2011년 4월 개정상법 이전과 같이 그 처분방법을 별도로 규정하여야 한다고 본다.[80]

(6) 주식회사의 주주총회의 결의요건에서 현행 상법(회사편)은 보통결의요

---

74) 정찬형, 상게논문(주 69), 42~43면.
75) 정찬형, 상게논문(주 69), 43면.
76) 정찬형, 상게논문(주 69), 43면.
77) 이에 관한 상세는 정찬형, 전게서[상법강의(상)(제16판)](주 17), 682면 주 1 참조.
78) 정찬형, 상게서(주 17), 737면.
79) 정찬형, 상게서(주 17), 743면.
80) 정찬형, 상게서(주 17), 744면.

건(상법 제368조 제1항) 및 특별결의요건(상법 제434조, 제435조 제2항)에서 각각 출석정족수를 배제하고 있는데, 1995년 이전과 같이 출석정족수를 부활하여야 한다.[81]

(7) 감독형 이사회를 의무적으로 두도록 하고(상법 제542조의 8 제1항 단서) 또한 감사위원회를 의무적으로 두도록 한(상법 제542조의 11 제1항) 자산총액 2조원 이상인 상장주식회사는 이와 균형을 맞추어 의무적으로 집행임원을 두도록 하고, 또한 자기감사를 피하기 위하여 집행임원을 둔 주식회사에서만 감사위원회를 둘 수 있도록 하여야 할 것이다.[82]

(8) 상법 제398조(이사 등과 회사간의 거래)와 상법 제542조의 9(주요주주 등 이해관계자와 회사간의 거래)는 이사 등과 회사와의 거래를 규정하면서 그 내용이 다르므로, 통합하여 상법 제398조에서만 규정하던가 또는 상법 제542조의 9에서는 상법 제398조에 없는 내용만 특칙으로 규정하여야 할 것으로 본다.[83]

## 라. 보험법

(1) 우리나라에서는 특히 보험사기가 많아 보험의 진정한 목적이 왜곡되고 선량한 보험계약자 등이 피해를 보는 점 등에서 볼 때, 보험사기를 방지할 수 있는 획기적인 상법개정이 있어야 할 것이다.[84]

이에 대하여 2007년 정부의 상법(보험편)개정안에서는 보험계약의 선의계약성 원칙을 명문화하였고(동안 제638조 제2항), 보험사기를 방지하기 위한 규정을 신설하였다(동안 제655조의 2, 제657조의 2).

(2) 일상생활에서 많이 이용하고 있는 자동차보험에 관한 규정(상법 제726조의 2~제726조의 4)을 대폭 확대하여 규정하여야 한다.[85]

(3) 보험계약법(상법 제4편)과 보험업법에서 최소한 용어·보험의 분류라도 통일하여 이러한 법들을 적용받는 보험계약자 등에게 혼란을 주지 않도록 하여야 할 것이다.[86]

---

81) 정찬형, 상게서(주 17), 858~859면.
82) 정찬형, 상게서(주 17), 825면.
83) 정찬형, 상게서(주 17), 987면.
84) 정찬형, 전게논문(고려법학 제68호)(주 69), 44~45면.
85) 정찬형, 상게논문(주 69), 45면.
86) 정찬형, 상게논문(주 69), 45면.

## 마. 해상법·항공운송법

이는 주로 국제조약에 따른 입법으로 국제조약의 변경시 필요한 경우 즉시 반영하도록 하여 국제기준에 낙후되지 않도록 하여야 할 것이다.

## 2. 판례의 개정방향

### 가. 사실상 집행임원(비등기임원)

IMF 경제체제 이전에 (등기)이사가 수행하던 업무를 IMF 경제체제 이후 사외이사를 (이사총수의 과반수 등 일정 비율을) 의무적으로 두도록 함으로써 사외이사를 최소화하기 위하여 발생한 사실상 집행임원(비등기임원)이 수행하는 경우, 종래의 대법원 판례는 주주총회에서 선임되지 않았고 또한 등기가 되지 않았다는 이유로 이사가 아니라 근로기준법상 근로자로 판시하였으나,[87] 2011년 개정상법에 의하여 (선택적이지만) 집행임원에 관하여 입법이 되어 있고(상법 제408조의 2 이하) 또한 그러한 집행임원에 대한 업무집행지시자 등의 책임에 대하여도 규정하고 있으므로(상법 제408조의 9, 제401조의 2) 그러한 집행임원에 대하여 앞으로는 고용계약을 전제로 한 근로자로 보아서는 아니되고 위임계약을 전제로 한 상법상 집행임원으로 보든가 또는 집행임원에 준하는 자로 보아야 할 것이다. 이러한 점에서 종래의 대법원판례는 변경되어야 할 것으로 본다.[88]

### 나. 대표권에 대한 무권대행의 경우 적용법규

주식회사에서 대표권에 대한 무권대행의 경우, 상법 제395조를 적용(또는 유추적용)할 것인가 또는 민법 제126조를 적용(또는 유추적용)할 것인가가 문제된다. 이에 대하여 우리 대법원은, 과거에는 민법 제126조(또는 제125조)에 의하여 회사는 책임을 진다고 판시하였으나,[89] 그 후에는 대법원전원합의체에 의한 이러한 판례의 변경도 없이 상법 제395조의 적용(또는 유추적용)에 의하여 회사는 책임을 진다고 판시하면서 이때의 선의는 대표권이 아니라 대리권(대행권)이라고 한다.[90] 그런데 상법 제395조

---

87) 대판 2003. 9. 26, 2002 다 64681 외.

88) 정찬형, 전게서[상법강의(상)(제16판)](주 17), 960면.

89) 대판 1968. 7. 16, 68 다 334; 동 1968. 7. 30, 68 다 127; 동 1969. 9. 30, 69 다 964.

90) 대판 1979. 2. 13, 77 다 2436; 동 1988. 10. 11, 86 다카 2936; 동 1988. 10. 25, 86 다카 1228; 동 1998. 3. 27, 97 다 34709; 동 2003. 7. 22, 2002 다 40432; 동 2003. 9. 26, 2002 다

의 상대방의 신뢰의 대상은 「행위자」가 누구이며 그가 「대표권이 있다고 믿을만할 명칭」을 사용하였는지 여부에 관한 것인데, 행위자가 누구인지를 전혀 불문하고 그의 「대행권 유무」만이 신뢰의 대상인 경우에(즉, 경리직원이 대표이사 명의를 대행한 경우에) 상법 제395조를 적용(또는 유추적용)하는 것은 무리라고 본다.[91] 따라서 이 경우에는 민법상 표현대리에 관한 규정을 유추적용하여 회사의 책임을 인정하는 것이 더 적절하다고 본다. 그렇다면 위에서 본 바와 같이 민법 제126조를 적용한 과거의 대법원판례를 대법원전원합의체판결로써 적법하게 변경하지도 않고 무리하게 상법 제395조를 적용(유추적용)한 그 후의 대법원판례는 변경되어야 할 것으로 본다.

## 다. 어음행위의 표현대리(표현대표)가 성립하기 위한 선의의 제3자의 범위

어음행위의 표현대리가 성립하기 위한 선의의 제3자의 범위에 대하여 우리 대법원판례는, 민법 제125조·제126조 및 제129조를 적용하는 경우의 제3자는 「직접 상대방」만을 의미한다고 판시하면서,[92] 상법 제395조를 적용하는 경우의 제3자는 직접의 상대방뿐만 아니라 그로부터 어음을 다시 배서양도받은 「제3취득자」를 포함한다고 판시하였다.[93]

어음은 유통증권이기 때문에 민법상 직접 당사자간의 표현대리와 구별되고, 표현대리가 성립하기 위한 요건은 민법 제125조·제126조 및 제129조가 적용되는 경우나 상법 제14조(표현지배인)·제395조(표현대표이사)가 적용되는 경우에 모두 외관법리가 적용되는 점에서 공통적이다. 따라서 어음행위의 표현대리(표현대표)가 성립하기 위한 제3자의 범위에는 표현대리인의 직접의 상대방뿐만 아니라 그 후의 어음취득자를 포함시켜야 할 것이다.[94] 이러한 점은 제한능력자(무능력자)의 어음행위의 취소 또는 추인의 상대방도 동일하다고 본다.[95] 따라서 어음행위의 표현대리에 민법 제125조·제126조 및 제129조를 적용하는 경우의 제3자는 「직접의 상대방」만을 의미한다는 우리 대법원판례는 (상법 제395조를 적용하는 경우

---

65073; 동 2011. 3. 10, 2010 다 100339.
91) 정찬형, 전게서[상법강의(상)(제16판)](주 17), 953~954면.
92) 대판 1986. 9. 9, 84 다카 2310; 동 1991. 6. 11, 91 다 3994; 동 1994. 5. 27, 93 다 21521; 동 1997. 11. 28, 96 다 21751; 동 1999. 1. 29, 98 다 27470; 동 2002. 12. 10, 2001 다 58443.
93) 대판 2003. 9. 26, 2002 다 65073.
94) 정찬형, 「상법강의(하)(제15판)」(서울: 박영사, 2013), 94면; 동, "어음위조에 표현대리에 관한 규정의 적용에 있어서 제3자의 범위," 「판례월보」, 제290호(1994. 11), 18~23면(특히 23면).
95) 정찬형, 전게서[상법강의(하)(제15판)](주 97), 66~67면, 68면, 94면; 동, 전게논문(판례월보 제290호)(주 97), 23면.

와 같이) 그 후의 「제3취득자」를 포함하는 것으로 변경되어야 하고 또한 민법과 상법의 적용에 있어서 통일되어야 한다고 본다.

## Ⅳ. 결 어

1. 위에서 본 바와 같이 필자의 연구가 입법(상법) 및 판례에 영향을 미친 경우와 상법 및 판례의 개정방향에 대하여 살펴보았다. 필자의 연구가 입법(상법)에 영향을 미친 것 중에서 가장 중요한 것은 상법(회사편)에 최초로 집행임원에 관하여 규정한 점이고, 판례에 영향을 미친 것 중에서 가장 중요한 것은 대법원 전원합의체판결로써 종래의 판례를 명백히 변경하여 국내어음(수표)의 경우 발행지가 기재되지 않은 어음(수표)도 유효어음(수표)으로 본 점이다.

전자에 관한 입법은 우리나라 주식회사의 지배구조에 관한 근본적인 변경으로서 업무집행기관에 대한 실효적인 감독과 감사를 할 수 있도록 하여 기업경영의 투명성을 기하고 국제기준에 맞는 주식회사의 지배구조의 체제를 갖추자는 것이다. 아무쪼록 이를 계기로 우리나라 주식회사의 지배구조가 일본의 영역에서 벗어나 국제적으로 신뢰받은 모범적인 지배구조가 되기를 진심으로 바란다.

후자에 관한 대법원판례의 변경은 성문법에 반하는 것이라는 반대의견(소수의견)도 있으나, 이는 선량한 많은 어음(수표)소지인의 권리보호에 크게 기여할 것으로 본다. 즉, 이러한 어음(수표)의 소지인은 적법한 지급제시기간 내에 지급제시한 것으로 인정받아 상환의무자(소구의무자)에게 상환청구권(소구권)을 행사할 수 있도록 한 점에서, 다수의 선량한 어음(수표)소지인을 실질적으로 보호할 수 있게 되는 것이다. 이는 또한 어음(수표)의 엄격한 요식증권성을 남용하여 어음(수표)채무를 면하고자 하는 자를 배제시키는 점에서도 큰 의미가 있다.

아무쪼록 필자의 상법(어음·수표법 포함)에 대한 지금까지의 연구가 우리 상법의 개정 및 판례변경에 미력하나마 기여하여 우리 상법 및 판례의 발전에 조금이라도 기여하였다면, 필자는 이에 대하여 큰 보람과 긍지를 갖는다.

2. 상법 및 판례의 개정방향에 대하여는, 그 동안 강의와 연구를 통하여 평소에 생각하여 왔던 점을 중심으로, 불명확한 점, 오늘날 변화된 시대에 맞지 아니한 점, 모순되는 점 등에 관한 사항 중 중요한 사항만을 발췌하여 간단히 제시하여 보았는데, 아무쪼록 이러한 사항이 앞으로 개정되어 우리 상법과 판례의 발전에 기여할 수 있기를 바란다.

# Ⅱ. 회 사 법

# 주주명부의 기재(명의개서)의 효력*
## ─대법원 2017. 3. 23. 선고 2015 다 248342
## 전원합의체판결에 대한 평석 ─

## Ⅰ. 사실관계

### 1. 사실관계의 개요

이 사건의 사실관계는 다음과 같다.

**가.** Y(회사)는 전자·전기기구 및 관련 기구 등의 제작 판매, 서비스업 등을 주요 사업으로 하는 회사로서 한국거래소 유가증권시장 상장법인이다. X는 이 사건 소 제기 당시 Y의 총 발행주식(보통주식) 50,929,817주 중 2,604,300주의 명의인이다. 한편, X 명의로 금융위원회 등에 보고된 보고서 작성기준일 2014. 6. 24.자 주식 등의 대량보유상황보고서에는 X가 Y의 총 발행주식 중 4,834,397주

---

* 이 글은 정찬형, "주주명부의 기재(명의개서)의 효력 ─대법원 2017. 3. 23. 선고 2015 다 248342 전원합의체판결에 대한 평석─," 「서강법률논총」(서강대 법학연구소), 제6권 제2호 (2017. 8), 145~215면의 내용임(이 글에서 필자는 우리 대법원판결이 주주명부의 기재에 독일 주식법 제67조 제2항과 같이 권리창설적 효력을 인정하는 것은 현행 우리 상법의 규정에 너무 나 벗어난 해석으로 새로운 입법의 형성이라고 함).
　이와 관련하여 참고할 수 있는 필자의 글로는 정찬형, "명의개서 미필주주(광의의 실기주주) 의 지위," 「고시계」, 통권 제477호(1996. 11), 196~204면 등이 있음.

를 소유하는 것으로 되어 있다. 제1심(수원지방법원) 판결 이유에 나타난 X의 Y의 주식 취득경위는 다음과 같다.

(1) X는 2013. 10. 7. 하나은행에 예금계좌를 신규로 개설하였는데, K가 2013. 10. 15.경부터 2014. 5. 13.경까지 사이에 수십 회에 걸쳐서 위 계좌로 K 및 K의 처, K가 대표이사로 있는 주식회사 M 등(이하 'K 등'이라 한다)의 명의로 합계 75억 5,000만 원을 송금하였고, 위와 같이 송금된 돈은 그 즉시 출금되어 Y 발행의 주식을 X 명의로 취득하는데 사용되었다.

(2) X의 위 계좌는 개설된 이후 2014. 6.경까지 K 등으로부터 송금된 돈이 X 명의로 Y 발행 주식을 취득하는데 이용된 X의 U증권 계좌로 송금되는 데에만 이용되었다.

(3) 특히 위 75억 5,000만 원 중 K가 2013. 10. 15.부터 2013. 10. 30.경까지 X의 위 계좌로 송금한 합계 31억 5,000만 원은 그 각 송금 즉시 X의 U증권 계좌로 이체되어 Y의 발행주식 2,468,200주를 X 명의로 취득하는데 사용되었다. 그런데 K는 2014. 1. 4.경 H를 내세워 회계사 J를 통하여 Y의 대표이사인 S와 대주주인 W에게 접근하여 주식매수제안서를 교부하는 등의 방법으로 Y의 경영권을 자신에게 넘겨줄 것을 요구하였고, K가 실제 주식보유자라고 한 위 주식매수제안서 상의 주식의 명의인 중 1명의 주식 수가 그 당시 X 명의의 주식수 2,468,200주와 일치하는 점에 비추어, 위 주식의 명의자는 X를 가리키는 것이었다.

(4) X는 위와 같은 주식취득자금의 출처에 대하여 애초에는 자신의 사업 소득이라거나 K가 대표이사로 있는 주식회사 T의 경영 및 노무에 관한 자문을 하여 준 대가로 받기로 한 지분을 현금화한 돈이라고 주장하다가, 이 법원의 하나은행에 대한 금융자료제출명령에 의하여 제출된 금융자료에 의하여 K 등 명의로 X의 위 하나은행 계좌로 위와 같이 돈이 송금되어 그 돈으로 X 명의의 주식취득이 이루어졌음이 밝혀지자 비로소 위와 같이 K로부터 송금된 돈이 차용금이라고 주장한 사정 등에 비추어, X 명의의 위 주식취득자금 출처에 대한 X 주장이 일관성이 없었다.

(5) X는 K로부터 위와 같이 송금된 돈이 차용금이라는 주장을 뒷받침하는 증거로 X와 K 사이에 작성된 각 금전소비대차계약서를 제출하였으나, 위 각 금전소비대차계약서는 그 제출시기, X 명의로 취득된 Y 발행 주식을 둘러싼 X와 Y 사이의 여러 소송 내용 및 그 진행경과 등에 비추어 보면, X와 K가 사실과 다르게 작성하였을 가능성을 배제할 수 없을 뿐만 아니라, K가 X에게 75억

5,000만 원에 이르는 거액을 위 각 금전소비대차계약서만을 작성한 채 별다른 담보 없이 대여하였다고 선뜻 믿기 어렵고, 앞서 본 X 명의의 주식 취득자금의 이동경로 및 시기 등에 비추어, 위 각 금전소비대차계약서가 X와 K 사이의 실제 금전거래에 기하여 작성되었다고 보기 어렵다.

나. Y는 2014. 3. 28. 개최한 정기주주총회에서 L을 Y의 사외이사로 선임하는 내용의 결의(이하 '이 사건 결의'라 한다) 등을 하였다. 이에 대하여 X는, 이 사건 결의는 Y의 최대주주 및 현 경영진이 주주총회 의사진행의 권한을 남용하여 관련 법령 등을 무시한 채 파행적으로 진행한 것이어서 그 결의방법 등에 중대한 하자가 있다고 주장하며, 주위적으로 이 사건 결의의 부존재 내지 무효의 확인을, 예비적으로 이 사건 결의 취소를 구하였다. 이에 대하여, Y는, X(명의주주)가 K(실질주주)에게 단순히 명의를 대여한 형식상 주주에 불과하여 이 사건 소를 제기할 당사자적격이 없으므로, 이 사건 소는 부적법하다고 본안 전 항변을 하였다.

## 2. 제1심 판결 및 제2심(원심) 판결의 내용

이 사건에서 핵심 쟁점은 Y회사의 명의주주인 X와 실질주주인 K 중 누가 Y회사의 주주인가의 문제인데, 이에 대하여 제1심 판결과 제2심 판결은 모두 종래의 대법원판례인 실질설에 따라 실질주주인 K가 Y회사의 주주라고 판시하였다.

### 가. 제1심 판결의 내용[1]

(1) 상법 제376조 제1항에 의하면 주주총회결의 취소의 소를 제기할 수 있는 자는 당해 회사의 주주·이사 또는 감사에 한한다. 상법 제380조는 주주총회 결의의 부존재 또는 무효 확인의 소의 제소권자에 관하여 아무런 제한을 두고 있지 않으므로 확인의 이익이 있는 자는 누구라도 원고적격이 있다고 할 것이나, 실질상의 주주에게 단순히 명의만을 대여한 자는 회사의 주주로 볼 수 없으므로 특별한 사정이 없는 한 그들은 회사 주주총회 무효 내지 부존재확인을 구할 정당한 지위에 있지 않거나(대판 1980. 12. 9, 79 다 1989, 대판 1985. 12. 10, 84 다카 319 등 참조) 그 확인의 이익이 있다고 할 수 없다 할 것이다.

한편, 주주명부에 기재된 명의상 주주는 회사에 대한 관계에서 자신의 실질적 권리를 증명하지 않아도 주주 권리를 행사할 수 있는 자격수여적 효력을 인

1) 수원지판(제9민사합의부) 2014. 12. 5, 2014가합 62782.

정받을 뿐이지 주주명부 기재에 의하여 창설적 효력을 인정받는 것은 아니므로, 주식을 인수하면서 타인의 승낙을 얻어 그 명의로 출자하여 주식대금을 납입한 경우에는 실제로 주식을 인수하여 대금을 납입한 명의차용인만이 실질상 주식인수인으로서 주주가 되고 단순한 명의대여인은 주주가 될 수 없다 할 것이다(대판 2011. 5. 26, 2010 다 22552 등 참조).

(2) 이 사건에 있어서 X를 Y의 주주로 볼 수 있는지에 관하여 보건대, 각 증거 및 변론 전체의 취지 등을 종합적으로 고려하면, X가 제출한 모든 증거에 의하더라도 X를 X 명의로 취득된 주식의 실질적 주주로 보기 어렵고, 오히려 X는 X 명의로 취득된 주식의 취득자금을 실제로 부담하였다고 할 수 있는 K에게 그 명의만을 대여한 형식상 주주에 불과하다고 봄이 타당하다.

(3) X는, K가 X 명의의 주식인수대금을 실제로 납입하였다고 하더라도 그와 같은 사정만으로 Y의 주주명부상 주주인 X가 형식상 주주에 불과하다고 할 수 없고, X는 Y에 대한 관계에서 주주로서 의결권 등 주주로서의 권리를 행사할 권한이 있으며, 실제로 Y측을 상대로 신주발행금지가처분, 임시주주총회소집허가신청 등 주주로서의 권리를 행사하였으므로, X를 단순한 명의주주라 할 수는 없다는 취지로 주장한다. 그러나 명의대여관계의 속성상 주주로서의 권리행사가 X의 명의로 이루어졌다고 하여 그와 같은 사정만으로 그러한 권리행사의 여부 및 내용이 K의 의사와 무관하게 X의 독자적인 의사결정에 의해 이루어졌다거나 X가 이를 결정할 수 있는 지위에 있다고 보기 어렵다. 오히려 앞서 본 바와 같이 K가 X 계좌로 송금한 돈을 차용금이라고 할 수 없는 점 등 위에서 본 여러 사정에 비추어 보면 실제로는 K가 X 명의의 주식과 관련한 주주권을 단지 X 명의로 행사하는 것이라고 보는 것이 타당하므로, X의 위 주장을 그대로 믿기 어렵다.

(4) 따라서 Y의 주주라 할 수 없는 X가 제기한 이 사건 소는 원고 적격이 없거나 확인의 이익이 없는 자에 의하여 제기된 것이어서 부적법하다 할 것이므로, Y의 본안 전 항변은 이유 있다.

(5) 그렇다면, 이 사건 소는 부적법하므로 이를 각하하기로 하여 주문과 같이 판결한다.

## 나. 제2심 판결의 내용2)

(1) X는, 상장법인인 회사가 주주명부에 기재된 주주가 실질주주인지 여부를 파악하는 것은 사실상 불가능할 뿐만 아니라, 상장법인인 회사의 인식 여부에 따라 주주마다의 차별적인 취급을 허용하면 회사로 하여금 주주총회결의 결과에 대한 자의적인 선택권을 부여하는 셈이 되어 주주총회 운영에 대한 법적 안정성을 훼손하는 결과를 초래하여 불합리한 점, 자본시장과 금융투자업에 관한 법률 제133조 제3항, 같은 법 시행령 제142조가 주식의 '소유'와 '소유에 준하는 보유'를 모두 같은 조항 적용 대상으로 포섭하고 있는 점, 같은 법 제311조가 투자자계좌부에 기재된 자를 증권점유자로 간주하는 점 등에 비추어 볼 때, '상장법인인 회사'에는 형식주주와 실질주주에 관한 위 대법원 판결 등의 법리가 그대로 적용될 수 없다고 주장한다. 그러나 실질주주 해당 여부에 대한 회사 나름의 판단과 인식을 무조건 자의적이라고 볼 수 없는 점, 주주 등은 사후적으로 소로써 그 회사의 판단과 인식에 대하여 다툴 수 있는 점, 주식의 상장 여부에 따라 법리의 적용을 달리 할 합리적인 근거가 없고, 오히려 단순히 형식주주에 불과한 자에게는 주주총회결의 효력을 다툴 지위를 부여하지 않음으로써 결의 내용을 신뢰한 제3자의 이익을 보호하고 법적 안정성을 도모할 필요가 있음은 상장법인이라고 하여 달리 볼 수 없는 점, X가 들고 있는 자본시장과 금융투자업에 관한 법률 및 같은 법 시행령의 규정은 공개매수 등에 관한 것으로, 형식주주와 실질주주에 관한 법리와는 그 입법취지와 적용을 달리하는 점 등에 비추어 볼 때, X의 이 부분 주장은 받아들일 수 없다.

(2) X는 위와 같은 주식취득자금 75억 5,000만 원의 출처에 관하여, K 등으로부터 2013. 10. 15.부터 같은 달 30.까지 송금받은 31억 5,000만 원은 K가 대표이사로 있던 주식회사 T의 경영 및 노무에 관한 자문을 하여 준 대가로 받은 것이고, 2014. 4. 11. 송금받은 25억 원 및 2014. 5. 13. 송금받은 19억 원 합계 44억 원은 K로부터 차용한 것이라고 주장한다. 그러나 X는 제1심에서 위 주식취득자금 중 2013. 10. 15.부터 같은 달 30.까지 송금받은 31억 5,000만원 및 2014. 4. 11. 송금 받은 25억 원은 주식회사 T에 대한 자문의 대가이고, 2014. 5. 13. 송금받은 19억 원은 K로부터 차용한 것이라고 주장하다가, 제1심 법원의

---

2) 서울고판 2015. 11. 13, 2014 나 2051549.

하나은행에 대한 금융자료제출명령에 의하여 제출된 금융자료에 의하여 K 등 명의로 X의 위 하나은행 계좌로 위와 같은 돈이 송금되어 그 돈으로 X 명의의 주식취득이 이루어졌음이 밝혀지자, K 등으로부터 송금 받은 위 75억 5,000만 원이 모두 차용금이라고 주장을 변경하였으며, 제1심 법원이 이러한 X의 주장을 받아들이지 않자 당심에 이르러 다시금 위와 같이 주장을 변경하였는바, X의 주장은 일관성이 없어 이를 그대로 믿기 어렵다.

  (3) X는 위 주식취득자금 중 44억 원이 K로부터 차용한 돈이라는 주장을 뒷받침하는 증거로 X와 K 사이에 작성된 각 금전소비대차계약서와 X 명의의 KB국민은행 및 하나은행 각 거래내역을 제출하였다. 그러나 위 각 금전소비대차계약서는 그 제출시기, X 명의로 취득된 Y 발행 주식을 둘러싼 X와 Y 사이의 여러 소송 내용 및 그 진행경과 등에 비추어 X와 K가 사실과 다르게 작성하였을 가능성을 배제할 수 없을 뿐만 아니라, K가 X에게 44억 원에 이르는 거액을 위 각 금전소비대차계약서만을 작성한 채 별다른 담보 없이 대여하였다고 선뜻 믿기 어렵다. 또한 위 각 거래내역을 보더라도 X가 K에게 위 각 금전소비대차계약서에서 정한 이자를 지급한 것으로 보이지 않는다.

  (4) 중부지방국세청은 이 사건 소 제기 당시 X가 보유하고 있던 Y 발행 주식 중 X가 K 등으로부터 받은 31억 5,000만원으로 취득한 주식 2,468,200주는 K가 X에게 명의신탁한 것임을 전제로, 2015. 5. 7.경 X에 대하여 이에 상응하는 증여세를 부과할 예정임을 통보하였다.

  (5) 한편 X는, 앞서 본 주식취득자금 75억 5,000만 원으로 취득한 Y 발행 주식과는 별개로, 2014. 2. 13.경 Y 발행 주식 136,100주(이하 'N 관련 주식'이라 한다)를 취득하였는데, 이는 X가 K 등과는 상관없이 주식회사 N종합식품(이하 'N종합'이라 한다)으로부터 차용한 2억 원으로 매수한 X 소유의 주식이라고 주장한다. 그러나 아래와 같은 사정에 비추어 볼 때, X를 N 관련 주식의 실질적 주주로 보기는 어렵고, 오히려 X는 N 관련 주식에 관해서도 K에게 그 명의만을 대여한 형식상 주주에 불과하다고 봄이 상당하다.

  ① 우선 X는 관련 가처분 사건은 물론 이 사건 제1심에서도 위와 같은 주장을 전혀 하지 않았다가, 제1심이 X를 실질주주로 볼 수 없다고 판단하자, 당심에 이르러서야 비로소 위와 같은 주장을 내세우고 있다.

  ② X 주장의 차용사실을 뒷받침할 만한 차용증서 등이 작성된 바 없고, X가 위 차용금에 대한 이자를 지급했다고 볼 증거도 없다.

③ N종합은 2014. 2. 13. X의 H대투증권계좌로 2억 원을 송금하였고, X는 그 무렵 N 관련 주식 136,100주를 취득하였다. 그런데 N종합은 2014. 2. 13. 당시 주식회사 M에 3억 원의 차용금 채무를 부담하고 있었고, N종합의 2014년도 감사보고서 상 2014. 1. 1.부터 2014. 12. 31. 사이에 그 채무가 변제 처리되었다. 이는 N종합으로부터 X에게 유입된 2억 원이 K 등과 관련성이 있음을 시사하는 것이라 할 것이다.

X는, 위 감사보고서의 기재는 사실과 다르며, N종합은 2014년이 아닌 2015. 4. 13. 주식회사 M에 3억 원의 차용금 채무를 변제하였는바, N종합의 X에 대한 2억 원의 대여금 채권과 주식회사 M에 대한 3억 원의 차용금 채무는 아무런 관련이 없다는 취지로 주장하나, X의 주장에 부합하는 각 증거의 기재는 이 사건 소송의 진행경과, 변제 시점 등에 비추어 이를 그대로 믿기 어렵고, 달리 이를 인정할 만한 증거가 없다.

④ N종합은 2014. 2. 13. 당시 영업 손실이 20억 원을 초과하고 당기순손실이 32억 원을 초과하는 상태로, 처분문서도 작성하지 아니한 채 아무런 관계도 없는 X에게 2억 원을 대여했다는 것은 극히 이례적이다. 뿐만 아니라 X에 대한 2억 원의 대여금 채권은 N종합의 2014년도 감사보고서에 반영되어 있지도 않다.

⑤ 중부지방국세청이 X에 대하여 증여세를 부과할 예정임을 통보함에 있어 N 관련 주식은 일단 부과 대상에서 제외했던 사실은 앞서 본 바와 같으나, 중부지방국세청은 그 세무조사 결과 통지서에서 '2014년 취득 R산업 주식에 대하여도 동일 규정 적용 자료통보 예정임'을 밝히고 있는바, 위와 같이 N 관련 주식이 증여세 부과 대상에서 제외되었다고 하여 이를 X가 N 관련 주식의 실질주주라는 점을 뒷받침하는 사정으로 볼 수는 없다.

(6) X는, K가 X 명의의 주식인수대금을 실제로 납입하였다고 하더라도 그와 같은 사정만으로 Y의 주주명부상 주주인 X가 형식상 주주에 불과하다고 할 수 없고, X는 Y의 경영권 분쟁과정에서 주도적인 역할을 수행하였으며, Y 측을 상대로 신주발행금지가처분, 임시주주총회소집허가신청을 제기하는 등 주주로서의 권리를 행사하였으므로, X를 단순한 명의주주라 할 수는 없다는 취지로 주장한다. 그러나 명의대여관계의 속성상 주주로서의 권리 행사가 X의 명의로 이루어졌다고 하여 그와 같은 사정 및 각 증거의 기재만으로 그러한 권리행사의 여부 및 내용이 K의 의사와 무관하게 X의 독자적인 의사결정에 의해 이루어졌다거나 X가 이를 결정할 수 있는 지위에 있다고 보기 어렵다. 오히려 앞서 본 바

와 같이 K 등과 N종합이 X 계좌로 송금한 돈이 K 등과는 전혀 무관한 차용금 성격의 것이라 볼 수는 없는 점 등 위에서 본 여러 사정에 비추어 보면, 실제로는 K가 X 명의의 주식과 관련한 주주권을 단지 X 명의로 행사한 것이라고 보는 것이 타당하므로, X의 위 주장은 받아들일 수 없다.

(7) 그렇다면 제1심 판결은 정당하므로, X의 항소는 이유 없어 이를 기각하기로 하여 주문과 같이 판결한다.

## II. 대법원(전원합의체) 판결의 내용[3]

### 1. 다수의견

**가.** (1) 상법에 따르면, ① 발기설립의 방법으로 회사를 설립하는 경우, 발기인의 성명·주민등록번호 및 주소를 정관에 적고 각 발기인이 기명날인 또는 서명하며, 발기인은 서면에 의하여 주식을 인수하되, 지체 없이 인수가액의 전액을 납입하여야 하고(제289조 제1항 제8호, 제293조, 제295조 제1항), ② 모집설립의 방법으로 회사를 설립하는 경우, 주식인수의 청약을 하고자 하는 자는 주식청약서에 인수할 주식의 종류 및 수와 주소를 기재하고 기명날인 또는 서명하며, 발기인이 배정한 주식의 수에 따라서 인수가액을 납입할 의무를 부담하고(제302조 제1항, 제303조), ③ 신주발행 시 주식인수의 경우 모집설립 시 주식인수에 관한 규정을 준용한다(제425조 제1항). 주식을 발행한 때에는 주주명부에 주주의 성명과 주소, 각 주주가 가진 주식의 종류와 수 등을 기재하여야 한다(제352조 제1항).

한편 주식의 양도는 주권이 발행된 경우에는 주권을 교부하여야 하고(제336조 제1항), 주권이 발행되지 않은 경우에는 지명채권 양도에 관한 일반원칙에 따라 당사자의 의사표시만으로 주식양도의 효력이 발생하나(대판 1995. 5. 23, 94 다 36421), 주식의 이전은 취득자의 성명과 주소를 주주명부에 기재하지 아니하면 회사에 대항하지 못한다(제337조 제1항).

또, ① 주주에 대한 회사의 통지 또는 최고는 주주명부에 기재한 주소 또는 그 자로부터 회사에 통지한 주소로 하면 되고(제353조 제1항), ② 회사는 의결권을 행사하거나 배당을 받을 자 기타 주주로서 권리를 행사할 자를 정하기 위하

---

3) 대판(전) 2017. 3. 23, 2015 다 248342.

여 일정한 기간을 정하여 주주명부의 기재변경을 정지하거나 일정한 날에 주주명부에 기재된 주주를 그 권리를 행사할 주주로 볼 수 있으며(제354조 제1항), ③ 신주인수권이나 준비금의 자본전입에 따른 무상신주의 배정, 중간배당을 함에 있어서도 회사는 일정한 날을 정하여 그 날에 주주명부에 기재된 주주에게 권리를 귀속시킬 수 있다(제418조 제3항, 제461조 제3항, 제462조의 3 제1항).

(2) 상법이 주주명부제도를 둔 이유는, 주식의 발행 및 양도에 따라 주주의 구성이 계속 변화하는 단체법적 법률관계의 특성상 회사가 다수의 주주와 관련된 법률관계를 외부적으로 용이하게 식별할 수 있는 형식적이고도 획일적인 기준에 의하여 처리할 수 있도록 하여 이와 관련된 사무처리의 효율성과 법적 안정성을 도모하기 위함이다. 이는 회사가 주주에 대한 실질적인 권리관계를 따로 조사하지 않고 주주명부의 기재에 따라 주주권을 행사할 수 있는 자를 획일적으로 확정하려는 것으로서, 주주권의 행사가 회사와 주주를 둘러싼 다수의 이해관계인 사이의 법률관계에 중대한 영향을 줄 수 있음을 고려한 것이며, 단지 해당 주주의 회사에 대한 권리행사 사무의 처리에 관한 회사의 편의만을 위한 것이라고 볼 수 없다.

상법은 주권이 발행된 주식의 양도는 주권의 교부에 의하여야 하고, 주권의 점유자는 이를 적법한 소지인으로 추정하며(제336조), 주권에 관하여 수표법상의 선의취득 규정을 준용하고 있다(제359조). 그럼에도 불구하고 앞서 본 바와 같이 주주명부에 명의개서를 한 경우에 회사와의 관계에서 대항력을 인정하고, 주주명부상 주주의 주소로 통지를 허용하며, 회사가 정한 일정한 날에 주주명부에 기재된 주주에게 신주인수권 등의 권리를 귀속시킬 수 있도록 하고 있다. 이는 주식의 소유권 귀속에 관한 회사 이외의 주체들 사이의 권리관계와 주주의 회사에 대한 주주권 행사국면을 구분하여, 후자에 대하여는 주주명부상 기재 또는 명의개서에 특별한 효력을 인정하는 태도라고 할 것이다.

상장주식 등의 경우 그 주식은 대량적·반복적 거래를 통해 지속적으로 양도되는 특성이 있으므로, 「자본시장과 금융투자업에 관한 법률」(이하 '자본시장법'이라고 한다)이 실질주주명부를 두어 이를 주주명부로 보고 그에 기재된 자로 하여금 주주권을 행사하도록 한 것도 같은 취지이다.

(3) 회사에 대하여 주주권을 행사할 자가 주주명부의 기재에 의하여 확정되어야 한다는 법리는 주식양도의 경우뿐만 아니라 주식발행의 경우에도 마찬가지로 적용된다.

주식양도의 경우와 달리 주식발행의 경우에는 주식발행 회사가 관여하게 되므로 주주명부에의 기재를 주주권 행사의 대항요건으로 규정하고 있지는 않으나, 그럼에도 상법은 주식을 발행한 때에는 주주명부에 주주의 성명과 주소 등을 기재하여 본점에 비치하도록 하고(제352조 제1항, 제396조 제1항), 주주에 대한 회사의 통지 또는 최고는 주주명부에 기재한 주소 또는 그 자로부터 회사에 통지한 주소로 하면 되도록(제353조 제1항) 규정하고 있다. 이와 같은 상법 규정의 취지는, 주식을 발행하는 단계에서나 주식이 양도되는 단계에서나 회사에 대한 관계에서 주주권을 행사할 자를 주주명부의 기재에 따라 획일적으로 확정하기 위한 것이라고 보아야 한다. 다수의 주주와 관련된 단체법적 법률관계를 형식적이고도 획일적인 기준에 의하여 처리해야 할 필요는 주식을 발행하는 경우라고 하여 다르지 않고, 주주명부상의 기재를 주식의 발행 단계에서 이루어진 것인지 아니면 주식의 양도 단계에서 이루어진 것인지를 구별하여 그에 따라 달리 취급하는 것은 다수의 주주와 관련된 단체법적 법률관계를 혼란에 빠뜨릴 우려가 있다. 회사가 주주명부상 주주를 주식인수인과 주식양수인으로 구별하여, 주식인수인의 경우에는 그 배후의 실질적인 권리관계를 조사하여 실제 주식의 소유자를 주주권의 행사자로 인정하는 것이 가능하고, 주식양수인의 경우에는 그렇지 않다고 하면, 회사와 주주 간의 관계뿐만 아니라 이를 둘러싼 법률관계 전체가 매우 불안정해지기 때문이다. 상법은 회사에 대한 관계에서 주주권을 행사할 자를 일률적으로 정하기 위해 주주명부를 폐쇄하는 경우나 기준일을 설정하는 경우, 회사가 정한 일정한 날에 주주명부에 기재된 주주에게 신주인수권, 무상신주, 중간배당 등의 권리를 일률적으로 귀속시키는 경우에도, 주주명부상의 기재가 주식의 발행 단계에서 이루어진 것인지 주식의 양도단계에서 이루어진 것인지를 전혀 구별하지 않고 있다(제354조 제1항, 제418조 제3항, 제461조 제3항, 제462조의 3 제1항).

결국, 주식발행의 경우에도 주주명부에 주주로 기재가 마쳐진 이상 회사에 대한 관계에서는 주주명부상 주주만이 주주권을 행사할 수 있다고 보아야 한다.

(4) 주식을 양수하였으나 아직 주주명부에 명의개서를 하지 아니하여 주주명부에는 양도인이 주주로 기재되어 있는 경우뿐만 아니라, 주식을 인수하거나 양수하려는 자가 타인의 명의를 빌려 회사의 주식을 인수하거나 양수하고 그 타인의 명의로 주주명부에의 기재까지 마치는 경우에도, 회사에 대한 관계에서는 주주명부상 주주만이 주주로서 의결권 등 주주권을 적법하게 행사할 수 있다.

이는 주주명부에 주주로 기재되어 있는 자는 특별한 사정이 없는 한 회사에 대한 관계에서 그 주식에 관한 의결권 등 주주권을 적법하게 행사할 수 있고(대판 1985. 3. 26, 84 다카 2082, 대판 2010. 3. 11, 2007 다 51505 참조), 회사의 주식을 양수하였더라도 주주명부에 기재를 마치지 아니하면 그 주식의 양수를 회사에 대항할 수 없다(대판 1991. 5. 28, 90 다 6774 참조)는 법리에 비추어 볼 때 자연스러운 결과이다.

또한 언제든 주주명부에 주주로 기재해 줄 것을 청구하여 주주권을 행사할 수 있는 자가 자기의 명의가 아닌 타인의 명의로 주주명부에 기재를 마치는 것은 적어도 주주명부상 주주가 회사에 대한 관계에서 주주권을 행사하더라도 이를 허용하거나 받아들이려는 의사였다고 봄이 합리적이다.

그렇기 때문에 주주명부상 주주가 그 주식을 인수하거나 양수한 사람의 의사에 반하여 주주권을 행사한다 하더라도, 이는 주주명부상 주주에게 주주권을 행사하는 것을 허용함에 따른 결과이므로 그 주주권의 행사가 신의칙에 반한다고 볼 수 없다.

(5) 주주명부상의 주주만이 회사에 대한 관계에서 주주권을 행사할 수 있다는 법리는 주주에 대하여만 아니라 회사에 대하여도 마찬가지로 적용되므로, 회사는 특별한 사정이 없는 한 주주명부에 기재된 자의 주주권 행사를 부인하거나 주주명부에 기재되지 아니한 자의 주주권 행사를 인정할 수 없다.

상법은 주식발행의 경우 주식인수인이 성명과 주소를 기재하고 기명날인 또는 서명한 서면에 의하여 주식을 인수한 후 그 인수가액을 납입하도록 하면서, 회사로 하여금 주주명부에 주주의 성명과 주소, 각 주주가 가진 주식의 수와 종류 등을 기재하고 이를 회사의 본점에 비치하여 주주와 회사채권자가 열람할 수 있도록 하고 있다(제352조 제1항, 제396조). 이는 회사가 발행한 주식에 관하여 주주권을 행사할 자를 확정하여 주주명부에 주주로 기재하여 비치·열람하도록 함으로써 해당 주주는 물론이고 회사 스스로도 이에 구속을 받도록 하기 위한 것이다. 회사가 상법의 규정에 따라 스스로 작성하여 비치한 주주명부의 기재에 구속됨은 당연한 논리적 귀결이며, 주주명부에 기재되지 않은 타인의 주주권 행사를 인정하는 것이야말로 회사 스스로의 행위를 부정하는 모순을 초래하게 되어 부당하다. 주식양도의 경우에는 주식발행의 경우와는 달리 회사 스스로가 아니라 취득자의 청구에 따라 주주명부의 기재를 변경하는 것이기는 하나, 회사가 주식발행 시 작성하여 비치한 주주명부에의 기재가 회사에 대한 구속력이 있음을 전제로 하여 주주명부에의 명의개서에 대항력을 인정함으로써 주식양도에 있어서도 일관되게 회사에 대한 구속력을 인정하려는 것이므로, 상법 제337조 제1항에서 말하는 대항력은 그 문언에 불구하고 회사도 주주명부에의 기재에 구속되어, 주주명부에 기재된 자의 주주권 행사를 부인하거나 주주명부에 기재되지 아니한 자의 주주권 행사를 인정할 수 없다는 의미를 포함하는 것으로 해석함이 타당하다.

주주권에 터 잡아 회사에 대하여 의결권 등의 권리를 행사하는 것은 단체법적 규율에 따른 것이므로, 동일한 주식에 기초하여 경합하는 주체들 중 누군가가 권리를 행사하면 다른 사람은 권리를 행사할 수 없는 관계에 있다. 그럼에도 만일 회사가 이러한 속성이 있는 주주권을 행사할 주체를 정함에 있어 주식의 소유권 귀속에 관한 법률관계를 내세워 임의로 선택할 수 있다고 한다면, 주주권을 행사할 자를 획일적으로 확정하고자 하는 상법상 주주명부제도의 존재이유 자체를 부정하는 것이고, 주주 사이에 주주권의 행사요건을 달리 해석함으로써 주주평등의 원칙에도 어긋난다. 또 회사가 주주명부상 주주와 주주명부에 기재를 마치지 아니한 주식인수인이나 양수인 중 누구에게 권리행사를 인정할 것인가에 대하여 선택권을 가지게 되는 불합리한 점이 있을 뿐만 아니라, 주주명부상 주주에게는 실질적인 권리가 없다는 이유로, 주주명부에 기재를 마치지 아니한 주식인수인이나 양수인에게는 주주명부에 기재를 마치지 않았다는 이유로, 양자의 권리행사를 모두 거절할 수도 있게 되어 권리행사의 공백이 생길 수 있다. 그리고 회사의 잘못된 판단으로 정당한 권리자가 아닌 자에게 권리행사를 인정하면 주주총회결의 취소사유가 발생하는 등 다수의 주주와 회사를 둘러싼 법률관계 전체를 불안정하게 하여, 여러 이해관계인 및 그 주주총회결의에 의하여 거래를 한 상대방에게 예측하지 못한 불이익을 발생시킬 위험이 있다. 무엇보다 다수의 주주를 상대로 사무를 처리하여야 하는 회사가 일일이 주주명부상 주주의 배후에서 주식을 인수하거나 양수하고자 하였던 자를 조사하여 주주명부상 주주의 주주권 행사를 배제하고 주식인수인 또는 양수인의 주주권 행사를 인정하는 것은 사실상 불가능하고 바람직하지도 않다.

(6) 따라서 특별한 사정이 없는 한, 주주명부에 적법하게 주주로 기재되어 있는 자는 회사에 대한 관계에서 그 주식에 관한 의결권 등 주주권을 행사할 수 있고, 회사 역시 주주명부상 주주 외에 실제 주식을 인수하거나 양수하고자 하였던 자가 따로 존재한다는 사실을 알았든 몰랐든 간에 주주명부상 주주의 주주권 행사를 부인할 수 없으며, 주주명부에 기재를 마치지 아니한 자의 주주권 행사를 인정할 수도 없다.

　　주주명부에 기재를 마치지 않고도 회사에 대한 관계에서 주주권을 행사할 수 있는 경우는 주주명부에의 기재 또는 명의개서청구가 부당하게 지연되거나 거절되었다는 등의 극히 예외적인 사정이 인정되는 경우에 한한다.

　　자본시장법에 따라 예탁결제원에 예탁된 상장주식 등에 관하여 작성된 실질주주명부에의 기재는 주주명부에의 기재와 같은 효력을 가지므로(자본시장법 제316조 제2항), 이 경우 실질주주명부상 주주는 주주명부상 주주와 동일하게 주주권을 행사할 수 있다.

　　(7) 이와 달리 ① 타인의 명의를 빌려 회사의 주식을 인수하고 그 대금을 납입한 경우에 그 타인의 명의로 주주명부에 기재까지 마쳐도 실질상의 주주인 명의차용인만이 회사에 대한 관계에서 주주권을 행사할 수 있는 주주에 해당한다는 취지로 본 대판 1975. 9. 23, 74 다 804, 대판 1977. 10. 11, 76 다 1448, 대결 1980. 9. 19, 80 마 396, 대판 1980. 12. 9, 79 다 1989, 대판 1985. 12. 10, 84 다카 319, 대판 1998. 4. 10, 97 다 50619, 대판 2011. 5. 26, 2010 다 22552, 대판 2011. 5. 26, 2010 다 27519 등, ② 회사는 주식인수 및 양수계약에 따라 주식의 인수대금 또는 양수대금을 모두 납입하였으나 주식의 인수 및 양수에 관하여 상법상의 형식적 절차를 이행하지 아니한 자의 주주로서의 지위를 부인할 수 없다고 한 대판 1980. 4. 22, 79 다 2087 등, ③ 회사가 명의개서를 하지 아니한 실질상의 주주를 주주로 인정하는 것은 무방하다고 한 대판 1989. 10. 24, 89 다카 14714, 대판 2001. 5. 15, 2001 다 12973, 대판 2005. 2. 17, 2004 다 61198, 대판 2006. 7. 13, 2004 다 70307 등, ④ 회사가 주주명부상 주주가 형식주주에 불과하다는 것을 알았거나 중대한 과실로 알지 못하였고 또한 이를 용이하게 증명하여 의결권 행사를 거절할 수 있었음에도 의결권 행사를 용인하거나 의결권을 행사하게 한 경우에 그 의결권 행사가 위법하게 된다는 취지로 판시한 대판 1998. 9. 8, 96 다 45818, 대판 1998. 9. 8, 96 다 48671 등을 비롯하여 이와 같은 취지의 판결들은 이 판결의 견해에 배치되는 범위 내에서 모두 변경하기로 한다.

　　나. (1) 주주는 회사를 상대로 주주총회결의 취소와 무효확인 및 부존재확인의 소를 제기할 수 있다(상법 제376조, 제380조). 이는 회사의 경영감독을 위해 주주에게 인정된 권리로서 주주권의 일부를 이루는 것이다.

　　(2) 원심판결의 이유 및 적법하게 채택된 증거들에 의하면, X(원고)는 U증권 주식회사에 개설된 X 명의의 증권계좌 등을 이용하여 Y(피고)가 발행한 주식을

장내매수한 후 실질주주명부에의 기재까지 마친 사실을 알 수 있다.

앞에서 본 법리에 의하면, 주식을 인수하거나 양수하려는 자가 타인의 명의를 빌려 회사의 주식을 인수하거나 양수하면서 그 타인의 명의로 주주명부에 기재까지 마치는 경우, 주주명부상 주주 외에 실제 주식을 인수하거나 양수하고자 하였던 자가 따로 존재한다는 사실이 증명되었다고 하더라도 회사에 대한 관계에서는 주주명부상 주주만이 주주권을 행사할 수 있으므로, 주주명부상 주주는 회사를 상대로 주주총회결의 취소와 무효확인 및 부존재확인의 소를 제기할 수 있고, 회사 역시 특별한 사정이 없는 한 주주명부상 주주의 이러한 주주권 행사를 부인하지 못한다.

위와 같은 사실관계를 이러한 법리에 따라 살펴보면, 설령 K가 X의 승낙을 얻어 X 명의로 Y 발행의 주식을 매수하고 실제로 그 주식대금을 모두 부담한 것이라고 하더라도, 실질주주명부상 주주인 X는 Y에 대한 관계에서 주주권을 행사할 권한을 가지므로 Y를 상대로 이 사건 주주총회결의의 무효확인 및 부존재확인 또는 취소의 소를 구할 자격이나 이익이 있다.

(3) 그럼에도 원심은 X 명의 주식의 취득자금을 실제로 부담한 자는 K이고, X가 제출한 증거만으로는 X에게 독자적으로 Y에 대한 주주권을 행사할 권한이 있다고 보기 어렵다고 판단하였다. 이러한 원심의 판단에는 주식의 취득자금을 제공받아 주식을 매수한 후 실질주주명부에의 기재까지 마친 실질주주명부상 주주의 회사에 대한 주주권 행사에 관한 법리를 오해하여 판결에 영향을 미친 잘못이 있다.

다. 그러므로 나머지 상고이유에 대한 판단을 생략한 채 원심판결을 파기하고, 사건을 다시 심리·판단하도록 원심법원에 환송하기로 하여 주문과 같이 판결한다. 이 판결에 대하여는 대법관 박병대, 대법관 김소영, 대법관 권순일, 대법관 김재형의 별개의견이 있는 외에는 관여 법관의 의견이 일치되었고, 별개의견에 대한 대법관 박병대, 대법관 김소영의 보충의견이 있다.

## 2. 별개의견(대법관 박병대, 대법관 김소영, 대법관 권순일, 대법관 김재형)

가. (1) 회사는 상행위 기타 영리를 목적으로 하여 설립된 법인이다(상법 제169조). 회사의 종류 중에서도 주식회사는 사원인 주주가 출자한 자본금을 기초로 성립하는 물적 회사로서 주식은 자본금의 구성단위이면서 동시에 주주가 출자자로서 회사에 대하여 가지는 지분을 의미한다. 주주는 회사설립 시 또는 신주

발행 시 주식을 인수함으로써 이를 원시적으로 취득하거나, 합병·상속에 의한 포괄승계나 주식의 양수에 의한 개별적 승계에 의하여 주식을 취득함으로써 그 지위를 가지게 된다.

　(2) 회사의 설립 시 각 발기인은 서면에 의하여 주식을 인수하여야 하고(상법 제293조), 발기인이 회사의 설립 시에 발행하는 주식의 총수를 인수한 때에는 인수가액의 전액을 납입하여야 한다(상법 제295조 제1항). 모집설립을 하는 때에는 주식인수의 청약을 하고자 하는 자가 주식청약서에 의하여 주식인수의 청약을 하고 인수가액을 납입하여야 한다(상법 제302조 제1항, 제305조 제1항). 따라서 회사의 설립 시에는 다른 특별한 사정이 없는 한 주식인수계약서에 발기인 또는 주식청약인으로 서명 날인한 명의인이 회사의 성립과 더불어 주주의 지위를 취득하는 것이고, 그 배후에 자금을 제공한 자가 따로 있다고 하더라도 그것은 원칙적으로 명의인과 자금을 제공한 자 사이의 내부관계에 불과할 뿐 회사에 대하여 주주로서의 지위를 주장할 수는 없다.

　(3) 가설인의 명의로 주식을 인수하거나 타인의 승낙 없이 그 명의로 주식을 인수한 자는 주식인수인으로서의 책임이 있고(상법 제332조 제1항), 타인의 승낙을 얻어 그 명의로 주식을 인수한 자는 그 타인과 연대하여 납입할 책임이 있다(상법 제332조 제2항).

　상법은 가설인이나 타인의 명의로 주식을 인수한 경우에 이처럼 납입책임을 부과하고 있지만, 누가 주주인지에 관해서는 명확한 규정을 두고 있지 않다. 이 문제는 주식인수를 한 당사자가 누구인지를 확정하는 문제이다. 먼저 가설인의 명의로 주식을 인수하거나 타인의 승낙 없이 그 명의로 주식을 인수한 경우에는 그 명의의 사용자가 형사책임을 질 수 있음은 별론으로 하더라도(상법 제634조) 주식인수계약의 당사자로서 그에 따른 출자를 이행하였다면 주주의 지위를 취득한다고 보아야 한다. 가설인이나 주식인수계약의 명의자가 되는 것에 승낙조차 하지 않은 사람이 주식인수계약의 당사자가 될 수는 없기 때문이다. 이것이 당사자들의 의사에 합치할 뿐만 아니라 상법 제332조 제1항의 문언과 입법 취지에도 부합한다. 다음으로 타인의 승낙을 얻어 그 명의로 주식을 인수한 경우에는 주식인수계약의 당사자가 누구인지에 따라 결정하면 된다. 이에 관해서는 원칙적으로 계약당사자를 확정하는 문제에 관한 법리를 적용하되, 주식인수계약의 특성을 반영하여야 할 것이다. 통상은 명의자가 주식인수계약의 당사자가 되는 경우가 많지만, 무조건 명의자가 누구인지만으로 주주를 결정할 것도 아니다.

(4) 주주의 지위는 인적회사의 사원의 지위와는 달리 주식의 양도에 의하여 자유로이 이전할 수 있다. 주식의 양도는 주권이 발행된 경우에는 주권을 교부하여야 하고(상법 제336조 제1항), 주권이 발행되기 전이라도 당사자 간에는 의사표시만으로 유효하게 주식을 양도할 수 있다. 다만 주식을 회사성립 후 또는 신주의 납입기일 후 6월이 경과하기 전에 회사가 주권을 발행하지 않아서 주권 없이 양도를 한 때에는 회사에 대하여 그 효력을 주장할 수 없을 뿐이다(상법 제335조 제2항). 회사성립 후 또는 신주의 납입기일 후 6월이 경과하여도 주권을 발행하지 않아서 주권 없이 주식을 양도한 때에는 당사자 사이의 의사표시만으로 양도의 효력이 발생한다(대판 1995. 5. 23, 94 다 36421 등 참조).

주식 양도의 효력 내지 주주권의 귀속 문제와는 별도로 상법은 주식의 유통성으로 인해 주주가 계속 변동되는 단체적 법률관계의 특성을 고려하여 주주들과 회사 간의 권리관계를 획일적이고 안정적으로 처리할 수 있도록 명의개서제도를 마련하여 두고 있다. 즉 주식의 양수에 의하여 기명주식을 취득한 자가 회사에 대하여 주주의 권리를 행사하려면 자기의 성명과 주소를 주주명부에 기재하지 않으면 안 된다(상법 제337조 제1항). 명의개서에 의하여 주식양수인은 회사에 대하여 적법하게 주주의 지위를 취득한 것으로 추정되므로 회사에 대하여 자신이 권리자라는 사실을 따로 증명하지 않고도 의결권 등 주주로서의 권리를 적법하게 행사할 수 있다(대판 1985. 3. 26, 84 다카 2082, 대판 2010. 3. 11, 2007 다 51505 등 참조). 회사로서도 주주명부에 주주로 기재된 자를 주주로 보고 배당금청구권, 의결권, 신주인수권 등 주주로서의 권리를 인정하면 설사 주주명부상의 주주가 진정한 주주가 아니더라도 그 책임을 지지 아니한다(대판 1996. 12. 23, 96 다 32768, 32775, 32782 등 참조). 그러나 상법은 주주명부의 기재를 회사에 대한 대항요건으로 규정하고 있을 뿐 주식 인수의 효력발생요건으로 정하고 있지 아니하므로 명의개서가 이루어졌다고 하여 무권리자가 주주로 되는 설권적 효력이 생기는 것은 아니다.

(5) 증권시장에 상장된 주식의 유통은 자본시장법에 의하여 설치된 한국예탁결제원이 운영하는 주권대체결제제도에 따라 이루어진다. 즉 증권시장에서의 매매거래에 따른 증권인도 및 대금지급 업무는 결제기관으로서 예탁결제원이 수행하며, 예탁결제원이 아닌 자는 증권 등을 예탁받아 그 증권 등의 수수를 갈음하여 계좌 간의 대체로 결제하는 업무를 영위하여서는 아니 된다(자본시장법 제297조, 제298조).

먼저 상장회사의 발행 주식을 취득하려는 자는 증권회사에 자신의 명의로 매매거래계좌를 설정하고 증권 매매거래를 위탁하게 된다. 매매거래계좌의 개설은 금융거래를 위한 것이어서 「금융실명거래 및 비밀보장에 관한 법률」(이하 '금융실명법'이라고 한다)이 적용되므로 실명확인 절차를 거쳐야 하고, 매매거래의 위탁은 실명으로 하여야 한다. 증권회사가 증권시장에서 한국거래소를 통하여 매수한 주식은 계좌명의인의 매매거래계좌에 입고되는데, 위와 같이 입고된 주식은 위탁자인 고객에게 귀속되므로(상법 제103조), 그 주식에 대해서는 계좌명의인이 주주가 된다(대판(전) 2009. 3. 19, 2008 다 45828 등 참조). 계좌명의인에게 자금을 제공한 자가 따로 있다고 하더라도 그것은 원칙적으로 명의인과 자금을 제공한 자 사이의 약정에 관한 문제에 불과할 따름이다.

다음으로 상장회사의 발행 주식을 취득한 투자자는 증권회사에 주식을 예탁하고, 증권회사는 예탁받은 주식을 다시 예탁결제원에 예탁하게 되는데, 투자자와 예탁자는 각각 투자자계좌부와 예탁자계좌부에 기재된 증권 등의 종류·종목 및 수량에 따라 예탁증권 등에 대한 공유지분을 가지는 것으로 추정되고(자본시장법 제312조 제1항), 예탁증권 등 중 주식의 공유자(이하 '실질주주'라고 한다)는 주주로서의 권리 행사에 있어서는 그 공유지분에 상당하는 주식을 가지는 것으로 본다(자본시장법 제315조 제1항). 그리고 예탁결제원은 주주명부폐쇄기준일의 실질주주에 관하여 주주의 성명 및 주소 등을 주권의 발행인 등에게 통지하고, 그 통지를 받은 발행회사 등은 통지받은 사항에 관하여 실질주주명부를 작성·비치하여야 하는데(자본시장법 제315조 제5항, 제316조 제1항), 실질주주명부의 기재는 주주명부의 기재와 같은 효력을 가진다(자본시장법 제316조 제2항).

나. 원심판결의 이유 및 적법하게 채택된 증거들에 의하면 다음과 같은 사실을 알 수 있다.

(1) X(원고)는 증권회사에 자신의 명의로 매매거래계좌를 설정하고 증권 매매거래를 위탁하여 유가증권시장에서 증권상장법인인 Y(피고) 회사의 주식을 장내매수하여 X 명의의 계좌에 입고하도록 하였다. X는 위 주식의 매수대금을 결제하기 위하여 자신의 명의로 은행에 개설되어 있는 예금계좌의 돈을 위 매매거래계좌로 이체하였는데, 위 은행 예금계좌에 들어 있던 돈은 주로 K 등이 X에게 송금한 것이었다.

(2) X가 Y 회사의 주주로서 이 사건 주주총회결의 취소의 소를 제기한 데 대하여, 원심은 Y 회사의 주주명부상 주주가 X로 기재되어 있다 하더라도 X는

형식상 주주에 불과할 뿐 실제로 위 주식 매수대금을 제공한 위 K 등이 실질적
인 주주라는 이유를 들어 이 사건 소를 각하하였다.

다. 원심의 판단을 앞에서 본 법리에 비추어 살펴본다.

(1) 유가증권시장에서 위탁매매 및 장내매수 등의 거래를 통하여 Y 회사의
주식을 매수한 사람은 X이다. X는 금융실명법에 따라 실명확인 절차를 거쳐 증
권회사에 매매거래계좌를 개설하고 증권회사로 하여금 유가증권시장에서 상장증
권인 Y 회사의 주식을 장내매수하도록 위탁하였으며 이에 따라 증권회사가 매수
한 주식은 X 명의의 매매거래계좌에 입고되었다. 위와 같이 입고된 주식은 매매
를 위탁한 X에게 귀속되므로, 그 주식에 대해서는 X가 주주가 된다.

(2) X가 위 주식 매수대금으로 사용한 돈은 X 명의의 매매거래계좌에 들어
있는 돈이었고, 그 돈은 X 명의의 은행 예금계좌에서 이체된 것이므로, 결국 그
돈은 X의 것이었다. 즉 금융실명법에 따라 금융기관이 실명확인 절차를 거쳐 예
금명의자를 예금주로 하여 예금계약을 체결한 이상 예금반환청구권은 명의자인
예금주에게 있는 것이다. 만약 예금명의자가 아닌 출연자 등을 예금계약의 당사
자라고 볼 수 있으려면, 금융기관과 출연자 등과 사이에서 실명확인 절차를 거쳐
서면으로 이루어진 예금명의자와의 예금계약을 부정하여 예금명의자의 예금반환
청구권을 배제하고, 출연자 등과 예금계약을 체결하여 출연자 등에게 예금반환청
구권을 귀속시키겠다는 명확한 의사의 합치가 있는 극히 예외적인 경우에 해당
하여야 한다(위 대법원 2008 다 45828 전원합의체 판결 등 참조). 따라서 이 사건에서
위 K 등이 X 명의의 예금계좌에 송금한 것이 그들 사이에 소비대차 계약에 따
른 것인지, 투자계약에 따른 것인지 아니면 예금주 명의를 차용하기로 하는 약정
에 의한 것인지 등에 관계 없이 X 명의의 예금계좌에 들어 있는 돈은 예금주인
X의 것이라고 보아야 한다.

(3) Y 회사의 주주명부에도 X가 주주로 기재되어 있다. 따라서 X는 주주명
부의 자격수여적 효력에 의하여 주주로 추정되므로 특별한 사정이 없는 한 주주
총회에서의 의결권 등 주주로서의 권리를 행사할 수 있음은 물론이다.

(4) 결국 이 사건에서 X는 Y를 상대로 주주로서 이 사건 주주총회결의의
무효확인 및 부존재확인 또는 취소의 소를 구할 자격이나 이익이 있다. 그럼에도
원심은 X가 주식의 취득자금을 실제로 부담하였다고 할 수 있는 K에게 그 명의
만을 대여한 형식상 주주에 불과하다고 판단하였는데, 이러한 원심의 판단에는
주식의 귀속에 관한 법리를 오해하여 판결에 영향을 미친 잘못이 있다.

**라.** 이상과 같이 이 사건에 관한 다수의견의 결론에는 찬성하지만 그 이유는 다르므로, 별개의견으로 이를 밝혀 둔다.

## 3. 별개의견에 대한 보충의견(대법관 박병대, 대법관 김소영)

**가.** 다수의견에 의하면, 실제 주식을 인수하거나 양수한 자라고 하더라도 주주명부에 기재되지 않은 이상 회사에 대하여 주주권을 행사할 수 없을 뿐 아니라, 회사도 주주명부에 등재된 명의자가 아닌 실질적 주식 소유자가 따로 존재한다는 사실을 알고 있어도 명부상 주주만을 주주로 인정하여야 한다. 결국 회사와 주주 사이의 권리행사 주체와 권리행사의 효력에 관한 문제는 주주명부의 등재만을 기준으로 판단하면 되고, 실질관계상의 주주와 명부상 기재된 자 사이의 법률관계는 회사와 상관없이 양자 사이에서 별도로 해결하면 된다는 취지로 이해된다.

**나.** 그러나 권리자가 누구인지에 관한 권리귀속의 문제를 제쳐두고 권리행사의 효력을 논할 수는 없다. 또한 회사법상의 법률관계가 단체법적 성격을 가진다고 하더라도 권리행사를 위한 형식적 자격만 있으면 언제나 그 권리행사가 유효하다고 하는 것도 납득할 수 없다. 우리 상법은 주주명부 기재를 주주권의 실체적 귀속 요건으로 정하고 있지 않다. 주주의 지위는 회사로부터 주식을 인수하거나 기존 주주로부터 주식을 양수하였을 때 취득된다. 주주명부의 기재는 부동산 물권변동에서의 등기처럼 주주권 변동의 성립요건도 아니고, 부동산등기와 같은 권리귀속의 추정력이 인정되는 것도 아니다. 주주의 지위와 주주권의 존부는 신주인수나 주식양수 등 주식 취득의 요건을 갖춘 권리주체를 확인하는 실체적 권리귀속의 문제이고, 주주명부는 회사의 주식·주권 및 주주에 관한 사항을 나타내기 위하여 회사가 작성하여 비치하는 장부로서, 주주와 회사채권자의 열람 등에 제공하여야 하지만(상법 제396조), 부동산등기부와 같은 권리공시의 기능은 없다.

상법 제337조 제1항은 주식의 이전은 주주명부에 기재하지 아니하면 회사에 대항하지 못한다고 규정하고 있지만, 이는 회사에 대한 관계에서 주주권의 행사에 필요한 형식요건을 정한 것이다. 주주의 지위를 유효하게 취득하지 못하였다면 주주명부에 주주로 기재되어 있더라도 주주권자가 아닌 것이고, 주주권이 없다면 주주명부 기재는 권리자의 실질이 없는 외형에 불과하다. 그러므로 주주명부에 주주로 기재되어 있기만 하면 설령 실체적 권리 보유가 인정되지 않더라도 유효하게 주주권을 행사할 수 있다고 하는 것은 선후가 뒤바뀐 것이다. 무릇 권리 없는 자의 권리행사가 유효할 수는 없다.

주식을 인수하거나 양수하여 실체법적으로 주주권을 취득한 주주와 주주명부에 기재된 명의자는 일치하는 경우가 많을 것이다. 그러나 주식 인수인이나 양수인이 주주명부상 주주 명의를 제3자로 기재해 두었다고 하여 주주로서의 지위나 권리의 취득이 부정되거나 명의자인 제3자가 주주가 되는 것은 아니다. 예금 등에 대한 금융실명법이나 부동산에 대한 「부동산 실권리자명의 등기에 관한 법률」 (이하 '부동산실명법'으로 약칭함)과 같은 법률상의 제한이 회사의 주식에 관하여는 존재하지 않는다. 주식의 소유명의를 실질과 일치시킬지 제3자의 명의를 빌려서 등재할지는 적어도 현행법상으로는 금지의 영역이 아니라 자유선택의 영역이다.

주주명부의 기재는 그 명의자가 실제로도 주주일 것으로 일응 추정할 수 있는 근거가 되기는 하지만, 다른 사실관계에 의하여 실제 권리자가 명의자와 다른 제3자라는 것이 증명되면, 그 권리자와 명의자 사이뿐 아니라 회사에 대한 관계에서도 원칙적으로 그 권리자가 주주로서의 지위를 가진다고 보아야 한다(대판 1985. 3. 26, 84 다카 2082 참조). 명의개서 없이는 회사에 대항하지 못한다고 하더라도 이는 실제 주주가 명의개서 없이 주주권을 행사하려고 할 때 회사가 그 권리행사를 거부할 수 있고, 나아가 회사가 주주명부상 주주를 진정한 주주로 믿고 권리행사를 수용한 경우에는 실제 주주라고 해도 회사에 대하여 대항하지 못한다는 의미를 가지는 데 그친다. 주식을 인수하거나 양수한 실질상의 주주가 따로 존재하고 주주명부상으로만 제3자 명의로 기재되어 있다는 것을 회사가 분명하게 알고 있는데도 그 제3자를 주주총회에 참석시켜 결의에 참여하도록 하거나 그 제3자에게 배당을 하고 신주인수권을 부여하면 이는 원칙적으로 효력이 없다고 보아야 한다. 실체적 권리자가 아니라면 설령 명부 기재 등 외형을 갖추었다고 하더라도 비권리자라는 본질은 달라지지 않기 때문이다.

**다.** 회사설립이나 자본의 증가를 위해 신주를 발행할 때에는 발기인 사이 또는 주식인수의 청약자와 회사 사이에 계약관계가 성립하고, 이 경우 누가 실질적인 주식인수인이고 주주인가는 신주인수계약의 당사자 확정 문제이다.

그런데 현실적으로는 주식인수계약을 한 당사자와 그 명의자가 일치하지 않는 경우가 매우 광범위하게 존재한다. 1인 회사나 가족회사 또는 소수 동업자가 설립한 폐쇄회사에서 자녀나 지인 등 명의로 신주를 인수하는 경우처럼 실질적인 주식 소유자가 따로 존재하고 주주명부에 기재된 주주는 그 명의만을 빌려준 경우는 소규모 주식회사에서 매우 많다. 또한 중소기업은 물론 상당히 규모가 큰 회사에서도 주식공개를 하지 않은 채 비공개회사로 유지하는 경우는 흔하게 있다. 그런 회사에서 증자를 할 때는 기존의 대주주가 신주를 인수하면서 명의만 제3자 앞으로 해 두는 경우도 많고, 신규 투자자와 사이에 신주인수 규모와 인수자 등에 관한 사전협의를 거쳐 신주를 발행하되 주주명부상 주주명의는 그 투자자가 제시하는 데 따라 제3자에게 분산해 두는 경우도 얼마든지 볼 수 있다. 그와 같은 경우 주주는 실제 주금을 납입하고 주식인수계약을 체결한 사람이지 명의자가 아니다. 권리의 귀속은 실질에 따라야 하기 때문이다.

이미 발행된 주식을 양수한 경우에도 주식인수의 경우와 다르지 않다. 회사는 주권발행 전 주식양도의 통지 또는 주권의 점유자를 기준으로 적법한 주식양수인을 인식하는 것이 보통이겠지만(상법 제335조 제3항, 제336조 참조), 경영진의 관여 아래 주식양도가 이루어지는 등으로 주주명부상 주주가 실질적인 주식양수인이 아니라는 것을 회사도 명확하게 알고 있는 경우가 비상장회사에서는 비일비재하다.

그런 모든 경우에 명의자만 주주권을 행사할 수 있고 실질적인 주식인수인이나 양수인은 주주권을 행사할 수 없을 뿐 아니라, 회사도 그러한 주식인수인 등에게 주주권을 행사하도록 하면 오히려 무효라고 하기에는 우리 사회의 현실이 너무 동떨어져 있다. 또한 그것이 상법 규정의 문언이나 상법이 예정한 규범질서에 부합한다고 말할 수도 없다.

다수의견은 주주명부상 주주가 그 주식을 인수하거나 양수한 사람의 의사에 반하여 주주권을 행사한다는 사실을 회사가 알면서 주주명부상의 명의자로 하여금 주주권을 행사하게 하였다고 하더라도 유효하고 신의칙에 반하는 것도 아니라고 한다. 그러나 이는 주주명부에 주주로 기재되어 있을 뿐 실체적으로 무권리자임을 알면서 권리행사를 인정해도 되고 그러한 권리행사가 유효하다고 하는 셈인데, 권리가 없는데 권리행사만 어떻게 유효할 수 있는지 의문이다. 상법이 제336조 제2항에서 주권의 점유자는 적법한 소지인으로 '추정한다'고 규정한 것도 주권의 점유자라도 실질관계에서는 주주가 아니라는 반증이 가능함을 전제하고 있는 것이고, 명의개서를 하지 아니하면 회사에 대항하지 못한다고 한 것 역시 같은 맥락에서 이해될 수 있다. 그러므로 실질관계에서 주식을 취득한 자가 명의개서 없이 권리행사를 하고자 할 때, 회사가 권리행사의 자격을 갖추지 못하였다는 이유로 그 권리행사를 거부할 수는 있지만, 이와 달리 회사 스스로 실체관계에 따른 주주권의 귀속을 인정하고 그 실질 권리자로 하여금 권리행사를 하도록 하는 것은 당연히 적법하다고 보아야 한다(대판 1989. 10. 24, 89 다카 14714, 대판 2001. 5. 15, 2001 다 12973 등 참조). 권리자로 하여금 권리를 행사하게 하는 것, 그 이상도 이하도 아니기 때문이다.

　　회사가 주주명부에 주주로 기재된 명의자와 실질상의 주식소유자가 다르다는 것을 몰랐던 경우가 문제 될 수 있다. 그러나 그 경우에는 회사가 주주명부에 기재된 자에게 통지·최고 등을 하고 의결권, 신주인수권, 배당금청구권 등 주주로서의 권리를 부여하더라도 진정한 주주가 따로 있다는 것 때문에 법적 책임을 지게 되지는 않는다(대판 1996. 12. 23, 96 다 32768, 32775, 32782, 대판 1998. 9. 8, 96 다 45818 등 참조). 그것이 주주명부의 기재를 대항요건으로 규정한 진정한 의미이고, 그로써 회사의 선의는 보호받을 수 있다. 또한 그렇게 규율한다고 하여 실제 법적 혼란이 발생하거나 회사의 단체적 법률관계가 불안정하게 될 염려는 거의 없다. 다수의견이 우려하는 것처럼 회사가 주주명부상 주주 외에 다른 실질 권리자가 존재하는지를 일일이 조사하여야 하는 것은 결코 아니다. 그동안의 판례도 위와 같은 구도 위에서 실질권리자의 보호와 법적 안정성, 그리고 회사의 단체법적 법률관계 사이의 조화와 균형을 도모해왔다.

　　**라.** 이상이 상법이 상정하고 있는 규율 구도이다. 따라서 우리나라 회사의 대부분을 차지하고 있는 일반적인 비상장회사에 대해서는 위와 같은 법리의 원칙이 그대로 유지·적용되는 것이 타당하다. 이와 달리 주주명부 기재가 절대적인 증명력을 가지도록 하거나 권리귀속의 성립요건 또는 권리행사의 절대적 전제요건이라고 하려면 입법이 선행되어야 한다. 주식 보유에 관해서도 실명제를 도입하는 등의 제도변경이 있었던 것도 아닌데, 갑자기 주주명부상 명의자에게 권리행사 적격자의 절대적 지위를 부여하는 것은 법률 해석의 한계를 넘는 것이다. 장차 단체법적 관계에서 그와 같은 방향으로 나아가는 것이 바람직할 수 있다는 것과 해석론은 다르다. 그러한 변화에는 필시 완충장치가 필요하고 과도기의 적응을 위한 조정이 있어야 한다. 주주가 누구이냐의 문제는 비단 회사법 영역에 그치지 않고 조세법이나 행정규제, 나아가 형사법의 적용에까지 파급효과가 미치는 근간을 건드리는 것이라는 점을 환기시키지 않을 수 없다.

　　다만, 현행법 아래에서도 자본시장법의 적용 대상이 되는 상장회사의 경우 또는 비상장회사의 장외거래 주식과 같은 경우는 달리 보아야 한다. 일반적인 비상장회사의 경우에는 주주명부의 기재는 권리귀속에 관한 사실상의 추정력 정도가 인정될 수 있을 뿐이지만 증권시장을 통하여 이루어지는 주식거래에는 금융실명법이라는 법적 규제가 적용되므로 주식보유 명의자가 곧 주주라고 보아야 한다. 증권시장을 통한 주식거래의 주식양수대금은 양수인 명의의 매매거래계좌에서 이체되어 지급되는 것이므로 그 계좌에 입금된 자금은 금융실명법상 양수인의 소유이고 따라서 그 자금으로 양수한 주식에 관한 권리도 당연히 양수인에게 귀속되기 때문이다. 상장회사가 발행하는 신주를 인수하는 경우도 물론 같다.

요컨대, 상장회사 등 자본시장법이 적용되는 회사의 경우에는 금융실명법 등과의 관계상 원칙적으로 주주명부상 명의자만이 주주라고 보아야 하지만, 오로지 상법이 적용되는 일반회사의 경우에는 권리귀속의 실질 주체만이 적법하게 권리행사를 할 수 있는 것이 원칙이고, 주주명부 기재는 상법이 규정한 대로 단지 권리행사를 위한 대항요건일 뿐이라고 보는 것이 옳다.

이상으로 별개의견에 대한 보충의견을 밝혀 둔다.


# Ⅲ. 평　석

## 1. 쟁점사항

가. 이 사건에서 X는 한국거래소 유가증권 상장회사인 Y회사의 주식을 취득하여 Y회사의 주주명부에 X가 주주로 되어 있었다. 그런데 X는 K 등이 X의 하나은행 계좌에 송금한 자금으로써 X의 U증권계좌로 송금하여 Y의 주식을 취득하였다. X가 주주로서 Y의 정기주주총회에서 L을 Y의 사외이사로 선임한 결의는 그 결의방법 등에 중대한 하자가 있어, 주위적으로 이 사건 결의의 부존재 내지 무효의 확인을, 예비적으로 이 사건 결의의 취소를 구하였다.

그런데 Y는 X는 K에게 단순히 명의를 대여한 형식상 주주에 불과하여 이 사건 소를 제기할 당사자적격이 없으므로, 이 사건 소는 부적법하다고 하여 본안전 항변을 하였다.

이에 대하여 제1심 판결은 종래의 대법원판례를 인용하여 실질주주에게 단순히 명의만을 대여한 명의주주는 회사의 주주로 볼 수 없으므로 특별한 사정이 없는 한 그들은 회사의 주주총회 무효 내지 부존재확인을 구할 정당한 지위에 있지 않거나 그 확인의 이익이 없으므로 X가 제기한 이 사건의 소는 원고 적격이 없거나 확인의 이익이 없는 자에 의하여 제기된 것으로서 부적법하다고 하여,

본안 전 항변을 인용함으로써 X의 이 사건 소를 각하하였다.

　　이에 대하여 제2심 판결도, 제1심 판결 이유와 같이 형식주주는 주주가 아니라고 하고 또한 이는 상장회사의 경우에도 동일하다고 하여, 제1심 판결은 정당하므로 X의 항소를 기각하였다.

　　위의 제2심 판결(원심)에 대하여 대법원(전원합의체) 판결은, 주식발행의 경우나 주식양도의 경우 모두 주주명부상 주주만이 회사에 대한 관계에서 주주권을 행사할 수 있고 회사도 특별한 사정이 없는 한 주주명부에 기재된 자의 주주권 행사를 부인하거나 주주명부에 기재되지 아니한 자의 주주권 행사를 인정할 수 없다고 하여, 종래의 대법원판례를 변경하고 원심판결을 파기·환송하였다.

　　**나.** 이러한 대법원(전원합의체) 판결(다수의견)은 명의주주 또는 실질주주 중 누가 주주이냐에 대하여 종래의 실질설에서 형식설로 변경하고, "특별한 사정(주주명부에의 기재 또는 명의개서청구가 부당하게 지연되거나 거절된 경우 등)이 없는 한, 주주명부에 적법하게 주주로 기재되어 있는 자는 회사에 대한 관계에서 그 주식에 관한 의결권 등 주주권을 행사할 수 있고, 회사 역시 주주명부상 주주 외에 실제 주식을 인수하거나 양수하고자 하였던 자가 따로 존재한다는 사실을 알았든 몰랐든 간에 주주명부상 주주의 주주권 행사를 부인할 수 없으며, 주주명부에 기재를 마치지 아니한 자의 주주권 행사를 인정할 수도 없다"고 하면서, 상법 제337조 제1항(주식의 이전은 취득자의 성명과 주소를 주주명부에 기재하지 아니하면 회사에 대항하지 못한다)에 대하여 "그 문언에 불구하고 회사도 주주명부에의 기재에 구속되어, 주주명부에 기재된 자의 주주권 행사를 부인하거나 주주명부에 기재되지 아니한 자의 주주권 행사를 인정할 수 없다는 의미를 포함하는 것으로 해석함이 타당하다"고 보고 있다.

　　이러한 다수의견에 대하여 별개의견은, 이 사건에서 X는 금융실명법에 따라 실명확인절차를 거쳐 U증권회사에 매매거래계좌를 개설하고 U증권회사로 하여금 유가증권시장에서 상장증권인 Y회사의 주식을 장내 매수하도록 위탁하여 U증권회사가 매수한 주식을 X명의의 매매거래계좌에 입고한 것이므로 그 주식에 대하여는 X가 주주가 되고(상법 제103조), 또한 X가 위 주식 매수대금으로 사용한 돈은 금융실명법에 따라 금융기관이 실명확인절차를 거쳐 예금명의자를 X로 한 계좌의 돈이므로 이 돈을 K가 X명의의 계좌에 송금한 돈이라 하더라도 예금주인 X의 돈이다. 따라서 X는 자기의 자금으로써 자기명의의 증권매매계좌를 통하여 Y회사의 주식을 매수한 것이므로 그 주식에 대하여 명의주주일 뿐만 아니라 실질주주라는 것이다. 따라서 별개의견은 X가 주주라는 이유가 주주명부상 명의주주가 주주라는 다수의견과는 그 이유가 다르므로 별개의견을 낸 것이다.

위의 별개의견에 대한 보충의견은, 다수의견이 형식주주를 주주로 보는 점에 대하여 우리 상법상 주주명부의 기재는 주주권의 실체적 귀속 요건으로 정하고 있지 않다는 등의 이유로 다수의견에 따른 많은 문제점을 상세하게 제시하고 있다.

**다.** 위의 대법원판결의 다수의견은 주식의 발행(회사의 설립과 신주발행에서) 및 양도에 따른 주주명부의 기재를 동일하게 보고 회사에 대한 관계에서 주주권을 행사할 자는 특별한 사정이 없는 한 주주명부에 기재된 주주로 확일적으로 보고 있는데, 우리 상법상 주주명부의 기재의 효력(상법 제352조 제1항, 제337조 제1항)을 이와 같이 해석할 수 있을지는 매우 의문이다. 특히 주식의 발행 후에 하는 주주명부의 기재는 주식의 양도에서의 주주명부의 기재와는 구별된다고 본다. 따라서 이하에서는 우선 주식의 발행시 주주명부의 기재의 효력과 주식의 양도시 주주명부의 기재의 효력을 나누어 살펴본 후, 상장주식의 경우에 대하여 살펴보겠다.

## 2. 주식의 발행시 주주명부의 기재의 효력

**가.** 주식회사에서 주식을 발행하는 경우는 회사의 설립시와 신주발행(자본증가)시이다. 이 경우에는 주식인수계약에 따라 주식을 인수한 자가 납입을 하면 회사설립의 경우에는 「회사 성립시」(설립등기시)부터 주주가 되고4)(상법 제172조), 신주발행의 경우에는 「납입기일의 다음 날」부터 주주가 된다(상법 제423조 제1항 제1문). 주식인수계약은 주식을 인수하고자 하는 자5)의 청약과 발기인(회사 설립의 경우) 또는 회사(신주발행의 경우)의 배정에 의하여 성립하는데, 신주인수의 청약은 주식청약서에 인수할 주식의 종류·수 및 주소를 기재하고 기명날인 또는 서명을 하여야 한다(요식행위)(상법 제302조 제1항, 제425조). 이때 주식청약서에 기명날인 또는 서명한 자와 주식인수가액을 납입한 자가 다른 경우에 누가 주주인가에 대하여 문제가 발생한다. 이에 대하여 상법은 다음과 같이 규정하고 있다.

---

4) 정찬형, 「상법강의(상)(제20판)」, 박영사, 2017, 690면.
5) '주식을 인수하고자 하는 자'는 회사설립의 경우는 발기인(상법 제293조) 또는 일반인(상법 제302조 제1항)이고, 신주발행의 경우는 신주인수권자(주주 또는 제3자) 또는 일반인이다(상법 제425조, 제302조 제1항).

(1) 가설인의 명의로 주식을 인수하거나 타인의 승낙 없이 그 명의로 주식을 인수한 자는 주식인수인으로서의 책임이 있다(상법 제332조 제1항). 이 경우는 가설인이나 그 타인(명의인)이 주식인수인이 될 수 없고 명의의 사용자가 주식인수인이며 주주가 됨을 명백히 규정하고 있다. 이 경우 그 명의의 사용자가 형사책임을 질 수 있음은 별론으로 하고(상법 제634조), 그가 주식인수계약의 당사자로서 그에 따른 주식인수가액을 납입하였다면 주주의 지위를 취득한다고 보아야 한다. 왜냐하면 이 경우 가설인이나 주식인수계약의 명의자가 되는 것에 승낙조차 하지 않은 명의인이 주식인수계약의 당사자가 될 수 없음은 물론, 그 명의의 사용자가 주식인수계약의 당사자로 보는 것은 당사자들의 의사에 합치할 뿐만 아니라 상법 제332조 제1항의 문언과 입법취지에도 부합하기 때문이다.6)

(2) 타인의 승낙을 얻어 그 명의로 주식을 인수한 자는 그 타인과 연대하여 납입할 책임이 있다(상법 제332조 제2항). 이 경우 상법은 명의차용자와 명의대여자(타인)는 주식의 인수가액을 '연대하여 납입할 책임이 있다'고만 규정하고 있지, 누가 주식인수인인지에 대하여는 규정하고 있지 않다. 따라서 학설은 명의차용자가 주식인수인이라고 보는 실질설(다수설)7)과 명의대여자가 주식인수인이라고 보는 형식설(소수설)8)로 나뉘어 있다.9)

(개) **실질설**: 실질설은 다음과 같은 주요 근거를 들고 있다.

( i ) 법률행위의 일반이론에 비추어 실제로 법률행위를 하고 주금을 납입한 명의차용자가 주주가 된다.

( ii ) 상법 제332조 제1항은 실질적인 주식인수인을 주주로 보는데, 이와 균형상 명의차용자를 주주로 보아야 한다10)(상법 제332조 제2항은 자본충실을 위하여

---

6) 동지: 본 판결의 별개의견[Ⅱ.2.가.(3)].
7) 정동윤, 「회사법(제7판)」, 법문사, 2001, 125면; 동, "가설인 또는 타인의 명의로 주식을 인수한 자의 지위," 「사법행정」(한국사법행정학회), 1975. 2, 46면; 서돈각·정완용, 「제4전정 상법강의(상)」, 법문사, 1999, 325면 주 1; 최준선, 「회사법(제12판)」, 삼영사, 2017, 189면; 최기원, 「신회사법론(제14대정판)」, 박영사, 2012, 186면; 권기범, 「현대회사법론(제4판)」, 삼영사, 2012, 397면; 김건식·노혁준·천경훈, 「회사법(제2판)」, 박영사, 2016, 241~242면; 송옥렬, 「상법강의(제4판)」, 홍문사, 2014, 794면; 임재연, 「회사법 I (개정2판)」, 박영사, 2014, 271면; 정경영, 「상법학강의」, 박영사, 2007, 353면 외.
8) 이철송, 「회사법강의(제22판)」, 박영사, 2014, 317면; 손주찬, 「제15보정판 상법(상)」, 박영사, 2004, 574면; 양승규, "명의차용에 의한 주식인수와 주주자격," 「법학」(서울대 법학연구소), 제23권 제3호(1982. 10), 72~73면 외.
9) 이에 관한 상세는 정찬형, 「상법사례연습(제4판)」, 박영사, 2006, 332~340면(사례56) 참조.
10) 정동윤, 전게서(회사법 제7판), 125면.

명의대여자에게 연대납입책임을 인정한 것일 뿐 그에게 주주권이 귀속됨을 규정한 것이 아니다).

(나) **형식설**: 형식설은 다음과 같은 근거를 들고 있다.

( i ) 회사법상의 행위는 집단적으로 행해지므로 법적 안정성이 강하게 요청되고, 따라서 그 처리는 객관적·획일적으로 이루어져야 한다.

( ii ) 회사측으로서는 실질적인 주주의 조사가 불가능하다. 만일 실질설에 의하면 회사가 명의주주와 실질주주를 구별하여야 하는데, 이는 다수의 주주를 상대로 획일적으로 사무를 처리해야 할 회사로서는 큰 부담일 뿐만 아니라, 주주의 자의(恣意)로 창출된 외관에 의해 회사의 법률관계가 주주명부제도와 상치되는 혼란이 생겨 부당하다. 설혹 어느 시점에서 실질주주와 명의주주를 구별하여 인식하였다 하더라도 시일이 경과하여 이사가 교체되면 이러한 인식이 계속 승계된다고 가정할 수 없으므로 역시 그러하다.[11]

(iii) 실질설에 의하면 실질주주는 이제까지 명의주주의 이름으로 이루어진 모든 법률관계의 효력을 부정할 수 있게 되어(더욱이 명의주주와 통모하여 이와 같이 할 수도 있다) 회사 법률관계의 불안정은 더욱 심각해진다(예컨대, 명의주주가 의결권을 행사한 기왕의 모든 주주총회의 결의에 대해 실질주주가 결의의 부존재를 주장하는 경우를 생각하라).[12]

(iv) 명의주주로부터 주식을 양수한 자, 질권을 취득한 자, 명의주주 압류채권자 등 제3자의 이해가 얽히는 것을 생각하면, 형식설을 취할 때에 이들의 보호가 원만해지며 주식의 유통성이 저해받지 않는다.[13]

( v ) 더욱이 명의대차(名義貸借)의 경우에는 판례가 유효성을 인정하는 이른바 명의신탁과 유사한 목적과 외관을 갖게 되는데, 이와 균형을 이루기 위해서도 명의주주를 주주로 보아야 한다.[14]

(vi) 연혁적으로 상법 제332조는 가설인 혹은 타인의 명의로 인수된 주식의 주금납입을 확보하기 위해 둔 규정으로서, 누구를 주주로 볼 것이냐는 문제와는 무관하고, 따라서 실질설의 근거로 원용하기에 적합하지 않은 규정이다.[15]

---

11) 이철송, 전게서(회사법강의 제22판), 317면.
12) 이철송, 상게서, 317면.
13) 이철송, 상게서, 317면.
14) 이철송, 상게서, 317면.
15) 이철송, 상게서, 317면.

(대) **사　견**: 실질설이 타당하다고 본다.16)

（ⅰ）주주가 되고자 하는 의사가 처음부터 전혀 없는 명의대여자를 상법상 명문규정이 없음에도 불구하고(때로는 그의 의사에 반하면서까지) 주주로 인정하는 형식설은 의사주의를 기본으로 하는 법률행위의 일반이론에 비추어 무리라고 본다.

（ⅱ）회사가 주식의 발행시에는 주식의 청약자와 주식인수계약을 체결하는 점에서 누가 주식인수인(주주)인가는 회사와 주식인수계약을 실제로 체결하는 자(명의차용자)가 되는 것이고, 주식인수의 청약이 무효(의사무능력 또는 통정한 허위표시) 또는 취소(민법 제406조 등)의 사유가 있는지 여부도 이러한 명의차용자를 기준으로 판단하는 것이지 명의대여자를 기준으로 판단할 수 없다. 따라서 회사가 주식을 발행하는 경우에는 (회사가 관여하지 않는 주식양도의 경우와는 달리) 회사와 실제로 주식인수계약을 체결한 상대방을 주식인수인으로 보는 것이 타당하다고 본다.17)

（ⅲ）회사가 주식을 발행하는 것은 자금을 조달하기 위한 것이므로 이러한 자금을 제공한 실질적 투자자를 보호하기 위하여 명의차용자를 주식인수인(주주)으로 보는 것이 타당하다고 본다.

（ⅳ）상법 제332조 제1항은 "회사가 가설인의 명의로 주식을 인수하거나 타인의 승낙 없이 그 명의로 주식을 인수한 자는 '주식인수인'으로서의 책임이 있다"고 규정하여, 법문에는 '주식인수인'의 책임만을 규정하고 있으나, '주식인수인(주주)'의 책임과 권리를 모두 갖는 것으로 해석하여야 할 것이다. 이러한 점에서 "상법 제332조는 가설인 혹은 타인의 명의로 인수된 주식의 주금납입을 확보하기 위해 둔 규정으로서, 이는 누구를 주주로 볼 것이냐의 문제와는 무관하여, 이를 실질설의 근거로 원용하기에는 적합하지 않은 규정이다"고 보는 견해18)는 타당하지 않다고 본다. 상법 제332조 제2항은 "타인의 승낙을 얻어 그 명의로 주식을 인수한 자는 그 타인과 연대하여 납입할 책임이 있다"고 규정하고 있는데, 이는 타인(명의대여자)의 승낙에 따른 귀책사유로서 규정한 것이고, 주식인수인(주주)이 누구냐는 상법 제332조 제1항과 같이 명의차용자를 주식인수인(주주)로 볼

---

16) 정찬형, 전게서[상법강의(상)(제20판)], 676~677면; 동, 전게서[상법사례연습(제4판)], 334면; 동, 「회사법강의(제3판)」, 박영사, 2003, 261~262면.

17) 동지: 이 판결의 별개의견에 대한 보충의견[Ⅱ.3.다.](회사설립이나 자본의 증가를 위해 신주를 발행할 때에는 발기인 사이 또는 주식인수의 청약자와 회사 사이에 계약관계가 성립하고, 이 경우 누가 실질적인 주식인수인이고 주주인가는 신주인수계약의 당사자 확정 문제이다).

18) 이철송, 전게서[회사법강의(제22판)], 317면.

수 있다. 이는 상법 제24조가 명의대여자의 책임(타인에게 자기의 성명 또는 상호를 사용하여 영업할 것을 허락한 자는 자기를 영업주로 오인하여 거래한 제3자에 대하여 그 타인과 연대하여 변제할 책임)을 인정한 것과 같은 취지라고 본다. 즉, 이 경우 상인은 명의차용자이고,[19] 명의대여자는 그를 영업주로 오인하여 거래한 제3자에 대하여 (명의차용자와 연대하여) 변제할 책임만을 지는 것 뿐이다.

  (ⅴ) 회사는 주식을 발행한 때에는 주주명부에 주주의 성명과 주소·각 주주가 가진 주식의 종류 및 그 수·각 주주가 가진 주식의 주권을 발행한 때에는 그 주권의 번호·각 주식의 취득년월일 등을 기재하여야 하고(상법 제352조), 이사는 이러한 주주명부를 회사의 본점에 비치하여야 하며(명의개서대리인을 둔 때에는 명의개서대리인의 영업소에 비치할 수 있음)(상법 제396조 제1항), 주주와 회사채권자는 영업시간 내에 언제든지 주주명부를 열람 또는 등사를 청구할 수 있다(상법 제396조 제2항). 또한 주주에 대한 회사의 통지 또는 최고는 주주명부에 기재한 주소 또는 주주로부터 회사에 통지한 주소로 하면 된다(상법 제353조 제1항). 이와 같이 회사가 주식을 발행한 경우에는 주주명부에 주주 등을 기재하여 공시하도록 하고,[20] 그러한 주주의 주소에 회사가 통지 등을 하면 면책을 인정하는 효력만을 인정하고 있다. 즉, 우리 상법은 주주명부의 기재에 대하여 권리창설적 효력(주주권의 실체적 귀속 효력)을 인정하지도 않고, 또한 상법 및 다른 특별법에서 주주명부에 주주를 타인명의로 기재하는 것을 금하고 있지도 않다.[21] 이에 반하여 독일 주식법 제67조 제2항 제1문은 "회사에 대한 관계에서는 주주명부에 주주로서 기재(등록)된 자만을 주주로 본다"고 규정하여,[22] 주주명부의 기재에 권리창설적 효력을 인정하고 있다. 또한 부동산의 경우에 우리 부동산실명법 제3조 제1항은 "누구든지 부동산에 관한 물권을 명의신탁약정에 따라 명의수탁자의 명

---

19) 정찬형, 전게서[상법강의(상)(제20판), 132면.
20) 이러한 주주명부의 기재는 부동산 물권변동에서의 등기처럼 주주권 변동의 성립요건도 아니고 부동산등기와 같은 권리귀속의 추정력이 인정되는 것도 아니며, 부동산등기부와 같은 권리공시의 기능도 없다. 따라서 주주의 지위와 주주권의 존부는 주식의 인수나 양수 등 주식취득의 요건을 갖춘 권리주체를 확인하는 실체적 권리귀속의 문제이다[이 판결의 별개의견에 대한 보충의견:Ⅱ.3.나.].
21) 동지: 본 판결의 별개의견에 대한 보충의견[Ⅱ.3.나.](예금 등에 대한 금융실명법이나 부동산에 대한 부동산실명법과 같은 법률상의 제한이 회사의 주식에 관하여는 존재하지 않는다. 주식의 소유 명의를 실질과 일치시킬지 제3자의 명의를 빌려서 등재할지는 적어도 현행법상으로는 금지의 영역이 아니라 자유선택의 영역이다).
22) 독일 주식법 제67조 제2항 제1문: Im Verhältnis zur Gesellschaft gilt als Aktionär nur, wer als solcher im Aktienregister eingetragen ist.

의로 등기하여서는 아니 된다"고 규정하고, 동법 제4조 제1항은 "명의신탁약정은 무효로 한다"고 규정하며, 동법 제4조 제2항 제1문은 "명의신탁약정에 따른 등기로 이루어진 부동산에 관한 물권변동은 무효로 한다"고 규정하여, 명의신탁약정 및 이에 따른 등기로 이루어진 물권변동을 무효로 하고 있다.

　　우리 상법상 회사가 주식을 발행한 후 주주명부에 주주 등을 기재하여 공시하도록 하고 있는데, 이의 효력에 대하여는 주식양도의 경우 명의개서와 같이 (회사에 대한 관계에서) 권리추정력(자격수여적 효력)이 있는 것으로 보고 있다.[23] 즉, 주주명부상의 명의주주는 회사 등의 반증이 없는 한 회사에 대하여 주권을 제시하지 않고도 그의 권리를 행사할 수 있다고 본다.[24] 종래의 우리 대법원판례도 이와 같은 취지로 "주주명부에 기재된 명의상의 주주는 실질적 권리를 증명하지 않아도 주주의 권리를 행사할 수 있게 한 자격수여적 효력만을 인정하는 것뿐이지, 주주명부의 기재에 창설적 효력을 인정하는 것은 아니다"라고 판시하였다.[25] 따라서 회사가 명의차용자와 주식인수계약을 체결하고 명의차용자가 주금액을 납입하였다면[26] 명의차용자가 주식인수인(주주)이고, 명의차용자의 요청에 의하여 주주명부에 명의대여자를 주주로 기재하였다고 하여 명의대여자가 주주가 될 수는 없는 것이다. 우리 상법이 주주명부에의 기재를 주식인수의 효력발생요건으로 규정하고 있지도 않고 또한 주주명부의 기재에 대하여 권리창설적 효력을 인정하고 있지 않음에도 불구하고, 주식발행 후 실질적인 주식인수인(주주)의 요청에 의하여 주주명부상 제3자를 주주로 기재하였다고 하여 그 주주명부상의 제3자(명의주주, 명의대여자)를 주주라고 볼 수는 없다.[27] 즉, 주주명부상 명의대여자를 주주로 기재하였다고 하여 실질주주인 명의차용자는 주식인수권(주주권)

---

23) 정찬형, 전게서[상법강의(상)(제20판), 752~753면 외.

24) 주권의 점유에 의해서도 적법한 소지인으로 추정되는데(상법 제336조 제2항), 이것은 주식의 양도와 관련하여 주권의 소지에 대하여 (소유자로서) 적법추정을 하는 것이다. 따라서 이러한 주권의 소지인은 주권의 선의취득(상법 제359조)과 관련된다[정찬형, 전게서(상법강의〈상〉〈제20판〉), 753면 및 같은 면 주 1].

25) 대판 1989. 7. 11, 89 다카 5345 외.

26) 명의차용자(실질주주)를 주주로 보기 위하여는 그가 주식인수대금을 납입하였다는 사정만으로는 부족하고, 그 명의차용자와 주주명부상의 주주인 명의대여자 사이의 내부관계·주식인수와 주주명부 기재에 관한 경위 및 목적·주주명부 기재 후 주주로서의 권리행사 내용 등에 비추어, 주주명부상의 주주는 순전히 당해 주식의 인수과정에서 명의만을 대여해준 것일 뿐 회사에 대한 관계에서 형식상의 주주에 지나지 않는다는 점이 증명되어야 한다(동지: 대판 2010. 3. 11, 2007 다 51505).

27) 동지: 본 판결에 대한 별개의견[Ⅱ.2.가.(4)].

의 지위를 잃지 않는다.[28] 현실적으로 주식인수계약을 한 당사자와 그 명의자가 일치하지 않는 경우는 매우 광범위하게 존재한다. 이러한 현상은 1인 회사나 가족회사 또는 소수 동업자가 설립한 폐쇄회사나 중소기업은 물론, 상당히 규모가 큰 회사에서도 증자를 할 때 기존의 대주주가 신주를 인수하면서 명의만 제3자 앞으로 해 두는 경우가 많다. 또한 신규 투자자와 회사와 사이에 신주인수 규모와 인수자 등에 관한 사전 협의를 거쳐 신주를 발행하되 주주명부상 주주명의는 그 투자자가 제시하는 데 따라 제3자에게 분산해 두는 경우도 많다. 이와 같은 경우 주주는 실제 주금을 납입하고 주식인수계약을 체결한 사람이지 명의자가 아니다. 권리의 귀속은 실질에 따라야 하기 때문이다.[29]

　(ⅵ) 위에서 본 바와 같이 주식발행의 경우 회사와 실제로 주식인수계약을 체결한 명의차용자가 있고 그에게 주식인수인(주주)으로서 실체적 권리가 귀속함에도 불구하고, 그 후에 (명의차용자의 요청에 의하여) 주주명부에 명의대여자가 주주로 기재되었다고 하여, 실체적 권리관계에서 주주가 아닌(주주권이 없는) 명의대여자가 회사에 대한 관계에서 권리를 행사할 수 있다고 보는 것은 권리 없는 자의 권리행사를 유효로 보는 것으로서 법리상 있을 수 없고, 또한 권리자가 누구인지에 관한 권리귀속의 문제를 제쳐두고 권리행사의 효력을 논할 수도 없는 것이다.[30]

　(ⅶ) 형식설에서는 회사법상의 행위는 집단적으로 행해지므로 객관적·획일적으로 이루어져야 한다고 하는데, 권리자가 누구인지에 관한 권리귀속의 문제를 제쳐두고 권리행사의 효력을 논할 수도 없고, 또한 우리 상법은 주주명부상 주주 등의 기재에 대하여 주주권의 실체적 귀속 요건(권리창설적 효력)을 규정하고 있지 않음에도 불구하고 주주명부상의 기재만으로 (주주권이 없음에도) 회사에 대한 권리행사가 유효하다고 볼 수는 없다[31](회사에 대한 권리행사를 주주권이 없는 명의주주에게 귀속시킬 수도 없고 또한 주주권의 귀속과 분리하여 볼 수도 없다).

　(ⅷ) 형식설에서는 회사측에서는 실질적인 주주의 조사가 불가능하고 주주의 자의(恣意)로 창출된 외관에 의해 회사의 법률관계가 주주명부제도와 상치되는 혼란이 생겨 부당하다고 한다. 이는 주식의 소유명의를 실질과 일치시킬지 제

---

28) 동지: 본 판결의 별개의견에 대한 보충의견[Ⅱ.3.나.].
29) 본 판결의 별개의견에 대한 보충의견[Ⅱ.3.다.].
30) 동지: 본 판결의 별개의견에 대한 보충의견[Ⅱ.3.나.].
31) 동지: 본 판결의 별개의견에 대한 보충의견[Ⅱ.3.나.].

3자 명의를 빌려서 등재할지는 (적어도 현행법상 금융실명법이나 부동산실명법 등과
같은) 법률상의 제한이 회사의 주식에 대하여는 존재하지 않으므로 금지의 영역
이 아니라 자유선택의 영역이다.32) 이와 같이 법이 주식의 소유명의를 제3자의
명의를 빌려서 주주명부에 기재할 수 있도록 허용한 이상(상법 제332조 참조), 회
사측에서 실질적인 주주에게 회사에 대한 주주권을 행사하도록 하는 것은 당연
하다. 주식의 발행시에 회사가 주식인수계약의 상대방인 명의차용자를 주식인수
인(주주)으로 인정하여 그에게 회사에 대한 주주권을 행사하도록 하는 것은(따라
서 주주명부에 기재된 명의대여자에게 주주권을 인정하지 않는 것은) 당연하다고 본다.
만일 주식의 발행 후 세월이 많이 경과하고 그동안 이사 등의 교체가 있어 그
후의 이사들이 실질주주(명의차용자)를 알지 못하게 되었다면 회사는 주주명부의
권리추정력(자격수여적 효력)에 의하여 주주명부상 명의주주(명의대여자)에 주주권
을 행사하도록 하면 면책되는 것이다. 즉, 회사는 실질주주(명의차용자)를 알고 있
으면(또는 명의차용자가 실질주주임을 회사에 대하여 증명하면) 그 실질주주를 주주로
인정하여 그에게 회사에 대한 권리를 행사하도록 하고, 회사가 실질주주(명의차용
자)를 알지 못하고 있으면(또는 명의차용자가 실질주주임을 회사에 대하여 증명하지 못
하면) 주주명부상의 명의주주(명의대여자)를 주주로 인정하여 그에게 회사에 대한
권리를 행사하도록 하면 면책되는 것이다. 다시 말하면 회사측에서 주주권의 행
사시마다 매번 실질주주가 누구인지를 조사하여야 하는 것은 아니다. 또한 이는
우리 상법이 주주명부의 기재에 독일 주식법에서와 같은 권리창설적 효력을 인
정하지 않은 이상 부득이하다. 회사가 실질주주를 알고 있음에도 불구하고 주주
명부에 기재된 형식주주에 대하여 주주권을 행사하도록 하는 것은 우리 상법의
규정의 내용에 너무 벗어난 해석이다.

　　형식설에서도 가설인 명의로 주식을 인수하거나 타인의 승낙 없이 그 명의
로 주식을 인수한 자(이 경우 가설인 또는 승낙 없는 타인은 전혀 주식인수인 또는 주주
의 의사가 없기 때문에 그가 주주명부에 주주로 기재되어 있다고 하더라도 주주가 될 수
없다)(명의차용자)(상법 제332조 제1항)에 대하여 그를 주식인수인으로 보면서, 타인
의 승낙을 얻어 그 명의로 주식을 인수한 자(명의차용자)(상법 제332조 제2항)에 대
하여는 그를 주식인수인으로 보지 않는다면, 회사는 타인(명의대여자)의 승낙 여
부를 확인하여야 하는 번거로움과 부담을 갖게 될 것이다.

---

32) 동지: 본 판결의 별개의견에 대한 보충의견[II.3.나.].

(ix) 형식설에서는 실질설에 의하면 실질주주는 이제까지 명의주주의 이름으로 이루어진 모든 법률관계의 효력을 부정할 수 있게 된다고 하는데, 회사측에서 실질주주(명의차용자)를 알고 있다면 명의주주에게 회사에 대한 주주권의 행사를 인정하지 않을 것이고 또한 회사측에서 실질주주(명의차용자)를 알지 못하여 명의주주(명의대여자)에게 회사에 대한 주주권의 행사를 인정하였다면 그러한 주주권의 행사는 적법하므로(주주명부의 권리추정력) 나중에 실질주주가 그러한 명의주주의 주주권 행사를 부정할 수 없게 되므로 법률관계가 불안정하게 되지 않는다고 본다.

(x) 형식설에서는 명의주주로부터 주식을 양수한 자, 질권을 취득한 자, 명의주주의 압류채권자 등 제3자의 이해가 얽히는 것을 생각하면, 형식설을 취할 때에 이들의 보호가 원만해지며 주식의 유통성이 저해받지 않는다고 한다. 그런데 주주명부의 기재는 회사에 대한 관계에서 대항력(상법 제337조 제1항)·추정력(자격수여적 효력)[33]·면책력(상법 제353조 제1항) 등이 발생하는 효력이지, 주주권의 취득과는 직접 관련이 없다. 주주권의 취득은 (원칙적으로) 주권의 교부에 의하여 그 효력이 발생한다(상법 제336조 제1항). 또한 우리 상법은 주주명부의 기재를 주주권의 실체적 귀속 요건(권리창설적 효력)으로 정하고 있지도 않고, 주주명부의 기재는 부동산 물권변동에서의 등기처럼 주주권 변동의 성립요건도 아니며, 부동산등기와 같은 권리귀속의 추정력이 인정되는 것도 아니다.[34] 주주권의 취득에서는 주권의 점유가 적법한 소지인으로 추정되고(상법 제336조 제2항), 이로 인하여 상실된 주권은 제3자에 의하여 선의취득될 수가 있다(상법 제359조). 따라서 형식설이 우리 상법상 주주명부의 효력을 주주권의 귀속 등과 관련하여 설명하는 것은 타당하지 않다고 본다.

(xi) 형식설에서는 명의대차(名義貸借)의 경우에는 판례가 유효성을 인정하는 이른바 명의신탁과 유사한 목적과 외관을 갖게 되는데, 이와 균형을 이루기 위해서도 명의주주를 주주로 보아야 한다고 한다. 신탁법상 「신탁」이란 "위탁자와 수탁자간의 신임관계에 기하여 위탁자가 수탁자에게 특정의 재산(영업이나 저작재산권의 일부를 포함함)을 이전하거나 담보권의 설정 또는 그 밖의 처분을 하고 수탁자로 하여금 수익자의 이익 또는 특정의 목적을 위하여 그 재산의 관리·처분·운용·개발 그 밖에 신탁 목적의 달성을 위하여 필요한 행위를 하게 하는 법률관

---

33) 대판 1989. 7. 11, 89 다카 5345; 동 2010. 3. 11, 2007 다 51505 외.
34) 동지: 본 판결의 별개의견에 대한 보충의견[Ⅱ.3.나.].

계를 말한다"(신탁법 제2조). 형식설에서 말하는 명의신탁이 신탁법상 위의 의미의
신탁의 일종이라고 하면 이는 상법 제332조의 명의대차와는 전혀 다르므로, 상
법 제332조의 명의대차를 명의신탁과 유사하게 보아 명의주주를 주주라고 볼 수
는 없는 것이다.

　　나. 위에서 설명한 바에 의하여 본 판결의 다수의견을 검토하여 보면 다음
과 같은 문제점이 있다.

　　(1) 본 판결의 다수의견은 주주명부의 기재의 효력에 대하여 주식을 발행한 경
우나 주식을 양도한 경우를 동일하게 취급하고, 주주명부상 기재는 회사가 주주
에 대한 실질적인 권리관계를 따로 조사하지 않고 주주명부의 기재에 따라 주주
권을 행사할 자를 획일적으로 확정하려는 것이라고 한다(즉, 주식의 발행이나 양도
에서 주주명부상 주주만이 회사에 대한 관계에서 주주권을 행사할 수 있다)[Ⅱ.1.가.(2)(3)].

　　그런데 주식의 발행의 경우와 주식의 양도의 경우의 주주명부의 기재는 구
별하여 보아야 할 것이다. 주식의 발행의 경우는 회사가 주식인수계약의 일방의
당사자로서 주주명부의 기재는 타방의 당사자를 기재하는 것이나, 주식의 양도의
경우에는 회사는 (자기주식의 취득 등 극히 예외적인 경우를 제외하면) 일반적으로 주
식양도계약의 당사자로 관여하지 않고 다만 양수인의 명의개서 청구에 의하여
주주명부에 양수인을 주주로 기재하는 것이다. 따라서 상법도 주식의 발행의 경
우에는 주주명부에 주주를 기재하여 공시하도록만 하고 이러한 주주명부의 기재
에 대하여 특별한 효력을 규정하고 있지 않으나, 주식양도의 경우에는 주주명부
의 명의개서에 대하여 주식양수인의 회사에 대한 대항력을 특별히 규정하고 있
다(상법 제337조 제1항). 주식의 발행의 경우 회사가 명의차용자와 주식인수계약을
체결하고 명의차용자의 요청에 의하여 명의대여자 명의로 주주명부에 기재하였
다고 하여 회사에 대한 관계에서 주주가 명의대여자로 변경될 수는 없다. 이러한
점은 회사가 제3자의 입장과 수동적 자세에서 주식양수인의 청구에 의하여 주식
양수인을 주주명부에 기재하는 것과 구별된다.

　　이와 같이 주식의 발행의 경우와 주식의 양도의 경우 주주명부에의 기재는
그 성질이 다름에도 불구하고 주주명부의 기재의 효력을 일률적으로 보는 것도
이해할 수 없을 뿐만 아니라, 또 주주명부의 기재의 효력에 대하여도 실질적인
권리를 고려함이 없이 주주권을 행사할 수 있는 자를 획일적으로 확정하려는 것
이라고 보는 것도 현행 상법의 규정을 너무 벗어난 해석이라고 본다.

　　(2) 본 판결의 다수의견은 "주식의 소유권 귀속에 관한 회사 이외의 주체들

사이의 권리관계와 주주의 회사에 대한 주주권 행사국면을 구분하여, 후자에 대하여는 주주명부상 기재 또는 명의개서에 특별한 효력을 인정하는 태도라고 할 것이다”고 한다[Ⅱ.1.가.(2)].

　　우리 상법은 독일의 주식법과는 달리 주주명부의 기재 또는 명의개서에 권리창설적 효력(주주권의 실체적 귀속)을 규정하고 있지 않은데, 주주명부상 기재 또는 명의개서에 특별한 효력을 인정하는 태도라고 하여 마치 권리창설적 효력이 있는 것과 같이 해석하는 것은 해석의 한계를 벗어난 새로운 입법이라고 볼 수 있다.[35]

　　또한 주식의 경우에도 권리자가 누구인지에 관한 권리귀속의 문제를 제쳐두고 권리행사의 효력을 논할 수는 없다. 즉, 주식에 있어서 권리자가 아닌 자가 주주권을 행사할 수는 없는 것이다. 주주명부의 기재는 그 명의자가 실제로도 주주일 것으로 일응 추정할 수 있는 근거가 되기는 하지만, 다른 사실관계에 의하여 실제 권리자가 명의자와 다른 제3자라는 것이 증명되면, 그 제3자는 권리자와 명의자 사이뿐만 아니라 회사에 대한 관계에서도 원칙적으로 주주로서의 지위를 갖게 되어 회사에 대하여 주주권을 행사할 수 있는 것이다.[36] 따라서 본 판결의 다수의견이 주식의 소유권 귀속에 관한 회사 이외의 주체들 사이의 권리관계와 주주의 회사에 대한 주주권 행사국면을 구분하여 후자에 대하여는 주주명부상 기재 또는 명의개서에 특별한 효력을 인정하는 태도라고 보는 것은, 주주로서 실체적 권리가 없는 주주명부상의 명의주주가 회사에 대한 관계에서는 주주권을 행사할 수 있다고 보는 것으로서(또는 주주권이 있는 자를 회사 이외의 주체들 사이와 회사에 대한 관계에서 달리 보는 것으로서) 실체적 권리를 전제로 하지 않은 주주권의 행사를 인정하는 주객(主客)이 전도되는 해석으로서 모순이 있거나 그렇지 않으면 주주권을 회사 이외의 자와 회사에 대하여 이원적으로 보는 결과가 되어 참으로 납득하기 어려운 논리이고 또한 우리 상법의 규정내용을 너무나 벗어난 해석이라고 본다.[37]

---

35) 우리나라에서도 입법론상 상법 제337조 제1항을 독일 주식법 제67조 제2항과 같이 개정하여 주주명부의 기재에 권리창설적 효력을 인정하여야 한다는 견해는 있다[최한준, “실질주주의 법리에 관한 연구 — 실질주주의 유형과 그 보호를 중심으로 —,” 법학박사학위논문(고려대, 1995. 8), 49~50면; 노일석, “기명주식의 명의개서,” 「사회과학논총」(성신여대 사회과학연구소), 제7집(1995), 95면].

36) 동지: 본 판결의 별개의견에 대한 보충의견[Ⅱ.3.나.]; 대판 1985. 3. 26, 84 다카 2082.

37) 동지: 본 판결의 별개의견에 대한 보충의견[Ⅱ.3.나.라.].

　　(3) 본 판결의 다수의견은 "주주가 자기의 명의가 아닌 타인의 명의로 주주
명부에 기재를 마치는 것은 적어도 주주명부상 주주가 회사에 대한 관계에서 주
주권을 행사하더라도 이를 허용하거나 받아들이려는 의사였다고 봄이 합리적이
다. 따라서 주주명부상 주주가 실질주주의 의사에 반하여 주주권을 행사한다 하
더라도, 이는 주주명부상 주주에게 주주권을 행사하는 것을 허용함에 따른 결과
이므로 그 주주권의 행사가 신의칙에 반한다고 볼 수 없다"고 한다[II.1.가.(4)].

　　그런데 주식의 발행에서 가설인의 명의로 주식을 인수하거나 타인의 승낙
없이 그 명의로 주식을 인수한 자는(상법 제332조 제1항), 주식인수계약의 당사자
로서 그가 주식인수에 따른 출자를 이행하였다면 주주의 지위를 갖는 것이지, 주
식인수계약의 당사자가 될 수 없는 주주명부상 기재된 가설인이나 그 타인이 주
주가 될 수는 없는 것이다.[38] 그런데 타인의 승락을 얻어 그 명의로 주식을 인
수한 경우에는(상법 제332조 제2항) 주식인수계약의 당사자가 누구인지에 따라 주
주가 결정되는데, 보통은 위에서 본 바와 같이 실제로 회사와 주식인수계약을 체
결하고 주금액을 납입한 명의차용자가 주주가 될 것이다.[39] 그런데 이 경우 명
의차용자가 명의대여자의 승낙을 얻어 주주명부상 주주를 명의대여자 명의로 기
재하도록 하였다고 하여, 이는 언제나 명의차용자가 명의대여자에 대하여 주주권
을 행사하는 것을 허용하는 것이라고 볼 수 있을까? 현실적으로 폐쇄회사의 경
우에는 자녀나 지인 등 명의로 신주를 인수하는 실질적인 주식 소유가 많고, 증
자를 할 때 기존의 대주주가 신주를 인수하면서 명의만 제3자 앞으로 해 두는
경우 등이 많은데,[40] 이러한 경우 실질적인 주식인수인이 자녀나 지인 또는 제3
자의 승낙을 받았다고 하여 그들에게 주주권의 행사를 허용하는 것으로 볼 수
있을까? 특별한 사정이 없는 한 일반적으로는 반대의 경우일 것이다. 즉, 일반적
으로 명의대여자는 자기가 주주임을 인식하지 못하고 명의차용자를 주주로 알고
있을 것이고, 명의차용자는 자기가 주주라고 당연히 인식하면서 명의대여자가 주
주라고 주장하면서 주주권을 행사할 것은 거의 예상하지 못할 것이다. 그렇다면
본 판결의 다수의견은 극히 예외적으로 있을 수 있는 사정을 일반화한 것으로

---

38) 동지: 본 판결에 대한 별개의견[II.2.가.(3)].
39) 이에 대하여 본 판결에 대한 별개의견은[II.2.가.(3)], "이에 관해서는 원칙적으로 계약당사
　　자를 확정하는 문제에 관한 법리를 적용하되, 주식인수계약의 특성을 반영하여야 할 것이다.
　　통상은 명의자가 주식인수계약의 당사자가 되는 경우가 많지만, 무조건 명의자가 누구인지만
　　으로 주주를 결정할 것도 아니다"고 한다.
40) 본 판결의 별개의견에 대한 보충의견[II.3.다.].

타당하다고 볼 수 없다.

(4) 본 판결의 다수의견은 "주주명부상의 주주만이 회사에 대한 관계에서 주주권을 행사할 수 있다는 법리는 주주에 대하여만 아니라 회사에 대하여도 마찬가지로 적용되므로, 회사는 특별한 사정이 없는 한 주주명부에 기재된 자의 주주권 행사를 부인하거나 주주명부에 기재되지 아니한 자의 주주권 행사를 인정할 수 없다"고 한다[Ⅱ.1.가.(5)].

본 판결의 다수의견은 주주명부의 기재에 대하여 이는 주주는 물론 회사도 구속하므로(쌍면적〈쌍방적〉 구속설) 회사는 특별한 사정이 없는 한 주주명부에 기재된 자의 주주권 행사를 부인하거나 주주명부에 기재되지 아니한 자의 주주권 행사를 인정하여서는 안된다는 것이다. 이 점은 주식의 발행과 양도에서 모두 적용된다고 하면서 그 이유를 상세히 설명하고 있다.

우리 상법 제337조 제1항(주식의 이전은 취득자의 성명과 주소를 주주명부에 기재하지 아니하면 회사에 대항하지 못한다)의 해석에 관하여, 우리나라의 학설은 회사가 명의개서를 하지 않은 주식양수인(명의개서미필주주, 광의의 실기주주)을 주주로 인정하여 그 자에게 권리행사를 허용할 것인지 여부에 대하여 나뉘어 있다. 즉, 상법 제337조 제1항의 명의개서의 대항력은 주주를 구속하나 회사를 구속하는 것은 아니므로 회사는 이를 스스로 포기하고 자기의 위험부담 하에 실질주주(주식 양수인, 명의개서 미필주주)를 주주로 인정할 수 있다는 편면적 구속설(다수설)[41]과, 명의개서의 대항력은 주주 및 회사를 모두 구속하므로 회사는 실질주주를 주주로 인정할 수 없다는 쌍면적(쌍방적) 구속설(소수설)[42]로 나뉘어 있다. 우리나라의 종래의 판례는 "기명주식의 취득자가 명의개서를 하지 않으면 스스로 회사에 대하여 주주권을 주장할 수 없을 뿐이고, 회사측에서 명의개서를 하지 아니한 실질상의 주주를 주주로 인정하는 것은 무방하다"고 하여, 편면적 구속설의 입장이었다.[43]

위의 대법원 전원합의체 판결의 다수의견은 상법 제337조 제1항에 관하여 편면적 구속설(학설에서는 다수설)에 따른 종래의 판례를 폐기하고 쌍면적(쌍방적)

---

41) 정찬형, 전게서[상법강의(상)(제20판)], 800면; 정동윤, 전게서[회사법(제7판)], 276면; 정경영, 전게서[상법학 강의], 414~415면; 김건식 · 노혁준 · 천경훈, 전게서[회사법(제2판)], 197면; 홍복기, 「회사법강의(제3판)」, 법문사, 2015, 275면; 김홍기, 「상법강의」, 박영사, 2015, 462면; 송옥렬, 전게서[상법강의(제4판)], 813면; 장덕조, 「회사법(제2판)」, 법문사, 2015, 164~165면 외.
42) 이철송, 전게서[회사법강의(제22판)], 351~352면; 김정호, 「회사법(제4판)」, 법문사, 2015, 256면 외.
43) 대판 1989. 10. 24, 89 다카 14714; 동 2001. 5. 15, 2001 다 12973 외.

구속설(학설에서는 소수설)로 변경하였다. 본 판결의 다수의견은 주식의 양도(상법 제337조 제1항)에서 뿐만 아니라 주식의 발행에서도 주주명부의 기재에 대하여 쌍면적(쌍방적) 구속설을 취함을 분명히 밝히고 있다. 그리고 그 근거에 대하여, 주식의 발행의 경우에는 상법 제352조·제396조에서 구하고, 주식의 양도의 경우에는 상법 제337조 제1항에서 구하고 있다. 즉, "주식의 발행에서 회사가 발행한 주식에 관하여 주주권을 행사할 자를 확정하여 주주명부에 주주로 기재하여 비치·열람하도록 함으로써(상법 제352조, 제396조) 해당 주주는 물론이고 회사 스스로도 이에 구속을 받도록 하기 위한 것이다. 회사가 상법의 규정에 따라 스스로 작성하여 비치한 주주명부의 기재에 구속됨은 당연한 논리적 귀결이며, 주주명부에 기재되지 않은 타인의 주주권 행사를 인정하는 것이야말로 회사 스스로의 행위를 부정하는 모순을 초래하게 되어 부당하다. 주식양도의 경우에는 주식발행의 경우와는 달리 회사 스스로가 취득자의 청구에 따라 주주명부의 기재를 변경하는 것이기는 하나, 회사가 주식발행시 작성하여 비치한 주주명부에의 기재가 회사에 대한 구속력이 있음을 전제로 하여 주주명부에의 명의개서에 대항력을 인정함으로써 주식양도에 있어서도 일관되게 회사에 대한 구속력을 인정하려는 것이므로, 상법 제337조 제1항에서 말하는 대항력은 그 문언에 불구하고 회사도 주주명부에의 기재에 구속되어, 주주명부에 기재된 자의 주주권 행사를 부인하거나 주주명부에 기재되지 아니한 자의 주주권 행사를 인정할 수 없다는 의미를 포함하는 것으로 해석함이 타당하다"고 설명한다[Ⅱ.1.가.(5)].

　　그런데 우리 상법은 어디에도(상법 제352조 제1항, 제337조 제1항) 주주명부상 주주의 기재에 대하여 권리창설적 효력(주주권의 실체적 귀속 요건)을 인정하고 있지 않다.44) 이 점은 앞에서 본 형식설 및 쌍면적(쌍방적) 구속설을 취하고 있는 학설에서도 인정하고 있다.45) 따라서 우리나라의 거의 모든 학설에서는 주주명부에의 주주의 기재(명의개서)에 대하여 회사에 대한 주주권의 행사와 관련하여 권리추정력(자격수여적 효력)이 있다고 보고 있다.46) 이는 주식의 양도와 관련하여 주권의 점유에 대하여 적법한 소지인으로 추정하는 효력(상법 제336조 제2항)과 같

---

44) 동지: 본 판결의 별개의견에 대한 보충의견[Ⅱ.3.나.].
45) 이철송, 전게서[회사법강의(제22판)], 334면.
46) 정찬형, 전게서[상법강의(상)(제20판)], 752~753면; 이철송, 전게서[회사법강의(제22판)], 334면[주주명부에 기재된 자에 대해 자격수여적 효력을 인정한다는 명문의 규정은 없지만, 주권점유의 권리추정력(상법 제336조 제2항)과 명의개서의 대항력(상법 제337조 제1항)을 근거로 하여 주주명부의 자격수여적 효력이 인정된다].

은 이치로 보고 있다. 그러나 독일 주식법 제67조 제2항 제1문은 "회사에 대한 관계에서는 주주명부에 주주로서 기재되어 있는 자만을 주주로 본다"고 규정하고 있어, 이를 근거로 주주명부의 기재에 대하여 권리창설적 효력을 인정하고 있다고 보고 있다.[47] 따라서 우리 상법상 주주명부에의 기재는 회사에 대한 관계에서 주주권의 행사에 필요한 형식요건만을 정한 것이므로, 주주의 지위를 유효하게 취득하지 못하였다면(즉, 실체법상 주식을 취득하지 못하였다면) 주주명부에 주주로 기재되어 있더라도 주주권자가 아닌 것이고, 주주명부에의 기재는 권리자의 실질이 없는 외형에 불과하다.[48]

그런데 위 다수의견은 주주명부의 기재에 대하여 독일 주식법 제67조 제2항 제1문과 같이 권리창설적 효력이 있는 것과 같이 해석하는데, 이는 우리 상법의 규정(제352조 제1항, 제337조 제1항)과 너무나 다른 해석으로 새로운 입법의 형성이라고 본다.[49] 따라서 이러한 해석은 사법부의 해석의 한계를 벗어난 것으로, 입법부가 입법론상 정책적으로 고려할 사항이라고 본다.

우리 상법의 규정(제352조 제1항, 제337조 제1항)을 충실하게 해석하여 주주명부의 기재에 대하여 회사에 대한 주주권의 행사와 관련하여 권리추정력(자격수여적 효력)이 있다고 보면, 회사에 대한 주주권의 행사는 주주로서의 실질적 권리를 전제로 하는 것인데, 다수의견에 따르면 주주명부에 주주로 기재된 자만이 회사에 대하여 주주권을 행사할 수 있으므로 그가 주주로서의 실질적 권리가 없음에도 불구하고 회사에 대하여 주주권을 행사할 수 있고 또 회사도 이를 인정하여야 한다는 것은 일반적인 권리행사의 요건과 관련하여 볼 때 납득할 수 없다. 이는 주주명부에 주주로 기재되어 있기만 하면 설령 실체적 권리 보유가 인정되지 않더라도 유효하게 주주권을 행사할 수 있다는 것으로서, 권리 없는 자의 권리행사가 유효할 수 없다는 법의 일반원칙에 반하고 또한 그와 같이 인정할 수 있는 근거가 우리 법상 없다고 본다.[50]

(5) 본 판결의 다수의견은 "특별한 사정이 없는 한, 주주명부에 적법하게 주주로 기재되어 있는 자는 회사에 대한 관계에서 그 주식에 관한 의결권 등 주주권을 행사할 수 있고, 회사 역시 주주명부상 주주 외에 실제 주식을 인수하거나

---

47) 동지: 최한준, 전게 박사학위논문, 49면.
48) 동지: 본 판결의 별개의견에 대한 보충의견[II.3.나.]; 이철송, 전게서[회사법강의(제22판)], 334면 외.
49) 동지: 본 판결의 별개의견에 대한 보충의견[II.3.라.].
50) 동지: 본 판결의 별개의견에 대한 보충의견[II.3.나.].

양수하고자 하였던 자가 따로 존재한다는 사실을 알았든 몰랐든 간에 주주명부
상 주주의 주주권 행사를 부인할 수 없으며, 주주명부에 기재를 마치지 아니한
자의 주주권 행사를 인정할 수도 없다. 주주명부에 기재를 마치지 않고도 회사에
대한 관계에서 주주권을 행사할 수 있는 경우는 주주명부에의 기재 또는 명의개
서청구가 부당하게 지연되거나 거절되었다는 등의 극히 예외적인 사정이 인정되
는 경우에 한한다”고 한다[Ⅱ.1.가.(6)].

　　위의 다수의견은 “회사는 주주명부상 주주 외에 실제 주식을 인수하였거나
양수하였던 자가 따로 존재한다는 사실을 ‘알았든 몰랐든 간에’ 주주명부상 주주
의 주주권 행사를 부인할 수 없다”고 하는데, 주식의 발행에서 회사가 명의차용
자와 주식인수계약을 체결하고 명의차용자로부터 주금액을 납입받고 주주명부에
(명의차용자의 요청에 의하여) 명의대여자를 주주로 기재하였다고 하여 주주명부에
기재되기 전에는 명의차용자를 주식인수인 및 주주로 인정하다가 주주명부의 기
재 후에는 명의대여자를 주주로 인정하여야 하는 것은 주식인수계약의 당사자들
의 의사에 너무나 반할 뿐만 아니라 그와 같이 하여야 할 법적 근거도 없다. 또
한 주식양도에서도 (회사성립 후 또는 신주의 납입기일 후 6월이 경과한 때) 주식을 지
명채권 양도방법에 따라 양도하는 경우 (주식양도인의 요청에 따라) 회사가 주식양
도를 승인하였지만 아직 주주명부에 명의개서를 하지 않은 경우, 회사는 다수의
견에 따르면 주식양도인을 주주로 인정하여 그의 회사에 대한 주주권의 행사를
인정하여야 하는데, 이는 주식양도를 승인한 회사 및 주식양도 당사자의 의사에
너무나 반할 뿐만 아니라 이와 같이 하여야 할 법적 근거도 없다. 결국 이러한
것은 주식의 실체적 권리자를 무시하고 주주명부상 명의인에 대하여 주주권의
행사를 인정하여야 한다는 것인데, 이는 법상 근거도 없이 권리 없는 자에 대하
여 권리를 행사하도록 하는 것으로 앞에서 본 바와 같이 법의 일반원리에 반한
다. 즉, 다수의견에 의하면 회사가 알고 있는 실체적 권리가 있는 실질주주에게
주주권을 행사하지 못하도록 하는 것인데, 이는 실정법적 근거도 없을 뿐만 아니
라 법의 일반원리에 너무나 반한다. 또한 이와 같이 해석하면 실질주주와 명의주
주간의 불필요한 분쟁을 발생시키고 공연히 법률관계를 복잡하게 한다.

　　다수의견에 의하면 “주주명부에 기재를 마치지 않고도 회사에 대한 관계에
서 주주권을 행사할 수 있는 경우는 ‘주주명부에의 기재 또는 명의개서청구가 부
당하게 지연되거나 거절되었다’는 등의 극히 예외적인 사정이 인정되는 경우에
한한다”고 하여, 주주명부의 기재가 없이 주주권을 행사할 수 있는 예외적인 경

우를 들고 있다.

다수의견에 의하면 주식의 발행의 경우 회사가 부당하게 주주명부에의 기재를 지연시키거나 또는 거절한 경우에는 (실질)주주는 회사에 대하여 주주권을 행사할 수 있다. 앞에서 본 바와 같이 타인명의로 주식을 인수한 경우 회사가 실질주주인 명의차용자에 대하여 주주권을 행사시키기 위하여는 회사가 (명의대여자 명의로) 주주명부에의 기재를 지연시키거나 거절하는 수밖에 없는데, 이는 주식을 발행한 때에 주주명부에 주주 등을 기재하여 공시하고 이를 주주와 회사채권자에게 열람시키고자 하는 법의 취지(상법 제352조 제1항, 제396조)에 반한다고 본다. 즉, 실체적 권리를 전제로 하지 않고 주주명부상 기재된 형식주주에게 법에 근거도 없이 무리하게 주주권을 행사시키는 것이 오히려 다른 법규정의 취지를 상실시킬 우려를 초래하는 것이다.

다수의견에 의하면 주식의 양도의 경우 양수인의 '명의개서청구가 부당하게 지연되면' 양수인은 명의개서 없이 회사에 대하여 주주권을 행사할 수 있는 것으로 이해되는데, 이는 명의개서청구를 지연시킨 귀책사유가 있는 양수인에 대하여 회사에 대한 주주권을 행사하도록 하는 것도 의문이려니와, 또한 이는 주식의 양수인은 주주명부에 명의개서를 하여야 회사에 (주주임을) 대항할 수 있다는 상법 제337조 제1항(주식의 이전의 대항요건)에 정면으로 반하게 된다. 따라서 '명의개서청구가 부당하게 지연된 경우'는 예외적인 사정에서 제외되어야 할 것이고, 오히려 '회사가 부당하게 명의개서를 지연한 경우'를 예외적인 사정에 포함시켜야 할 것이다. 주식 양도에서 회사가 부당하게 명의개서를 거절하거나 지체하였을 때에는 학설에서도 주식양수인은 명의개서를 하지 않고도 회사에 대하여 주주권을 행사할 수 있다고 보았는데,[51] 다수의견은 이에 따른 것으로 볼 수 있고 이는 타당하다고 본다. 종래의 판례에서도 이와 같이 판시하였다.[52] 명의개서대리인을 둔 경우에는 명의개서가 부당하게 지체되거나 거절되는 경우가 거의 발생하지 않을 것으로 본다.[53]

## 3. 주식의 양도시 주주명부의 기재의 효력

가. 주식의 양도에는 주권발행 전과 주권발행 후가 있다. 회사의 성립 후 또

---

51) 정찬형, 전게서[상법강의(상)(제20판)], 799면; 정동윤, 전게서[회사법(제7판)], 276면; 이철송, 전게서[회사법강의(제22판)], 353면(신의칙상 긍정해야 한다고 한다) 외.
52) 대판 1993. 7. 13, 92 다 40952.
53) 정찬형, 전게서[상법강의(상)(제20판)], 799~800면.

는 신주의 납입기일 후 6월이 경과하면 주주는 주권 없이도 유효하게 주식을 양
도할 수 있는데(상법 제335조 제3항 단서), 상법은 이와 같은 주권발행 전의 주식의
양도방법에 대하여는 특별히 규정하고 있지 않으므로, 주권발행 전의 주식의 양
도방법은 민법의 일반원칙(지명채권 양도의 일반원칙)에 의하여 당사자 사이의 의사
표시의 합치만으로 그 양도의 효력이 발생하나,[54] 이를 회사에 대항하기 위하여
는 양도인이 회사에 통지하거나 회사의 승낙을 받아야 한다(민법 제450조 제1항).[55]
그런데 이러한 주식양수인이 회사에 대하여 주주임을 증명하지 않고 앞으로 계
속적으로 주주권을 행사하기 위한 대항요건은 주주명부에의 명의개서이다(상법
제337조 제1항). 따라서 주권발행 전의 주식양수인이 민법 제450조 제1항의 대항
요건(주식의 소유관계에서 대항요건)을 갖추었다고 하더라도, 앞으로 회사에 대하여
계속적으로 주주권을 행사하기 위한 대항요건을 갖추기 위하여는 주주명부에의
명의개서(상법 제337조 제1항)를 다시 하여야 한다. 참고로 이 경우 주식양수인의
(주식소유관계에서) 제3자에 대한 배타적인 대항요건은 확정일자 있는 증서에 의한
양도통지 또는 회사의 승낙이다(민법 제450조 제2항).[56]

    주권발행 후의 주식의 양도는 (주식양도의 합의와)[57] 주권의 교부에 의하는데
(상법 제336조 제1항), 이러한 주식의 양도를 회사에 대항하기 위하여는 주주명부
에의 명의개서를 하여야 한다(상법 제337조 제1항).

    주식의 양도가 아닌 상속이나 합병 등과 같이 포괄승계에 의하여 주식이 이
전되거나 유증 등과 같이 단독행위에 의하여 주식이 이전된 경우에도, 주주명부
에 명의개서(상법 제337조 제1항)를 하지 않으면 회사에 대하여 주주로서 권리를
행사하지 못한다.[58]

    **나.** 위에서 본 바와 같이 주식의 양도 등에 의하여 주주권을 취득한 자는
주주명부에의 명의개서(상법 제337조 제1항)를 하여야 회사에 대하여 주주임을 주
장하여(대항력) 주주권을 행사할 수 있는데, 이러한 명의개서에는 (앞에서 본 바와

---

54) 대판 1988. 10. 11, 87 누 481; 동 1991. 8. 13, 91 다 14093; 동 1993. 12. 28, 93 다 8719 외.
55) 주권발행 전의 주식양도를 회사(및 제3자)에 대항하기 위한 양도인의 회사에 대한 통지나
    회사의 승낙(민법 제450조 제1항)은 주식의 소유관계에서 적법한 주주임을 주장하기 위한 대
    항요건으로(동지: 대판 1995. 5. 23, 94 다 36421), (기명주식의 경우) 회사에 대하여 주주권을
    행사하기 위한 대항요건(상법 제337조 제1항)과 구별된다[정찬형, 전게서(상법강의〈상〉〈제20
    판〉), 794면].
56) 동지: 대판 2006. 9. 14, 2005 다 45537.
57) 동지: 대판 1994. 6. 28, 93 다 44906.
58) 정찬형, 전게서[상법강의(상)(제20판)], 797면.

같이) 권리창설적 효력은 없으나 적법한 주주로 추정되며(권리추정력 또는 자격수여
적 효력),59) 또한 회사가 주주명부에 기재된 주주를 적법한 주주로 인정하여 그에
게 통지·최고 등을 하면 면책된다(면책력)(상법 제353조 제1항).

　주식양수인은 명의개서청구권을 단독으로 행사할 수 있고, 등록주주인 양도
인의 협력을 요하지 않는다.60) 주권이 발행된 경우 주식을 양수한 자는 주권의
교부를 받고(상법 제336조 제1항) 또 주권의 점유자는 적법한 소지인으로 추정되므
로(상법 제336조 제2항), 이러한 주권소지인이 주권을 제시하고 명의개서를 청구하
면 회사는 그가 무권리자임을 증명하지 못하는 한 명의개서를 하여야 한다.61)
명의개서청구에 주권의 제시는 절대적인 것은 아니고, 주식양수인이 상속·합병
등과 같이 포괄승계에 의하여 주식을 양수하거나 또는 주권발행 전에 주식을 양
수한 경우(상법 제335조 제3항 단서) 등에는 양수인이 이러한 사실을 증명하면 회
사는 명의개서를 하여야 한다.62) 주식양수인의 회사에 대한 명의개서청구에 대
하여 회사는 명의개서를 청구한 자의 형식적 자격만을 심사할 의무가 있고, 그가
진정한 주주인가에 대한 실질적 자격을 심사할 의무는 없다고 본다. 따라서 회사
는 명의개서를 청구한 자의 형식적 자격(주권 소지 등)을 심사한 경우라면, 설사
그가 실질적 자격이 없는 경우에도 회사는 이에 관한 악의 또는 중과실이 없는
한 면책된다고 본다.63)

　주식의 양수인이 적법하게 명의개서를 청구하였음에도 불구하고 회사가 정
당한 이유 없이 명의개서를 지체한 경우에는, 주식양수인은 명의개서를 하지 않
고도 회사에 대하여 주주권을 행사할 수 있다고 본다.64)

　회사가 명의개서를 하지 않은 주식양수인(명의개서미필주주, 광의의 실기주주)을
주주로 인정하여 그에게 권리행사를 허용할 수 있는가의 문제가 있다. 이는 상법
제337조 제1항(주식의 이전의 대항요건)의 해석의 문제이기도 하다. 이에 대하여 학
설은 앞에서 살펴 본 바와 같이 상법 제337조 제1항은 주주와 회사를 모두 구속
한다는 쌍면적(쌍방적) 구속설과 주주만을 구속한다는 편면적 구속설로 나뉘어
있다. 즉, ( i ) 쌍면적(쌍방적) 구속설은 상법 제337조 제1항에서 명의개서를 하

---

59) 동지: 대판 2006. 9. 14, 2005 다 45537 외.
60) 동지: 대판 2010. 10. 14, 2009 다 89665.
61) 동지: 정찬형, 전게서[상법강의(상)(제20판)], 798면.
62) 동지: 정찬형, 상게서, 798면; 이철송, 전게서[회사법강의(제22판)], 349면 외.
63) 동지: 정찬형, 상게서, 798면; 이철송, 상게서, 349면; 정동윤, 전게서[회사법(제7판)], 286면 외.
64) 동지: 정찬형, 상게서, 799면; 이철송, 상게서, 353면; 정동윤, 상게서, 276면 외.

지 않으면 회사에 대항하지 못하게 한 것은 반드시 회사의 주식사무의 편익을 고려한 것만은 아니고 다수인의 이해관계가 교차하는 회사 법률관계의 획일적 처리라는 뜻이 강하여 회사는 명의개서를 하지 않은 주식양수인(실질주주)을 주주로 인정할 수 없다는 것이다. 또한 만일 회사가 명의개서를 하지 않은 주식양수인(실질주주)을 주주로 인정할 수 있도록 하면 회사가 주주명부상의 주주와 실질적인 주주 중 누구를 주주로 인정하더라도 무방하다는 선택의 자유를 갖게 되어 부당할 뿐만 아니라(회사가 주주 인정 문제에 선택권을 갖는 것은 단체법상의 법률관계의 획일성을 저해하고 불안정을 초래하므로 부당할 뿐만 아니라), 주주명부상의 주주에게는 실질주주인 주주가 아니라고 권리를 부인하고 실질적인 주주에게는 명의개서를 하지 아니하였다고 권리를 부인할 수도 있게 되어 부당하다는 것이다.65) (ⅱ) 그러나 편면적 구속설은 상법 제337조 제1항에서의 명의개서는 단순한 대항요건에 불과하고, 또 회사쪽에서 주주명부의 면책력을 향유하지 않고 실질적 권리관계를 인정하여 자기의 위험부담으로 주주명부에 기재되지 아니한 주식양수인을 주주로 취급하는 것을 굳이 막을 필요도 없다는 것이다. 따라서 회사가 명의개서를 마치지 아니한 양수인을 주주로 인정하는 것은 아무 상관이 없다고 한다.66)

    생각건대, 상법 제337조 제1항에서 '회사에 대항하지 못한다'는 의미는 주식양수인의 회사에 대한 대항요건에 불과한 것이지, 이를 회사까지 구속하는 규정으로 볼 수 없다.67) 우리 상법 제337조 제1항이 독일 주식법 제67조 제2항과는 달리 주주명부의 명의개서에 창설적 효력을 인정하고 있지 않음에도 불구하고 독일 주식법과 같이 해석하는 것은 법의에 벗어난 해석이라고 본다. 또한 회사가 직접적·간접적으로 주식양도에 관여되어 주식양수인이 실질주주이고 주식양도인은 주주명부상 명의주주에 불과한 사실을 알고 있는 경우에 실질주주를 주주로 인정하여 그의 주주권을 행사하도록 하는 것이(즉, 실체적 권리관계에 따라 권리를 행사하도록 하는 것이) 무슨 문제가 될 수 있는지 알 수 없다고 본다. 상법 제337조 제1항은 회사가 주식양도를 모르고 있어 실질주주가 따로 있더라도 회사가 주주명부상 명의주주에게 주주권을 행사시켜도 회사가 면책된다는 의미이지, 명의주주에게 주주권을 창설하는 효력을 부여한 것으로는 도저히 볼 수 없다. 쌍면

---

65) 이철송, 상게서, 351~352면; 최기원, 전게서[신회사법론(제14대정판)], 398면.
66) 정동윤, 전게서[회사법(제7판)], 276면; 최한준, 전게 박사학위논문, 71면 외.
67) 정찬형, 전게서[상법강의(상)(제20판)], 800면; 동, "명의개서미필주주(광의의 실기주주)의 지위," 「고시계」, 고시계사, 1996. 11, 198면.

적(쌍방적) 효력설에서는, 편면적 효력설에 의하면 회사는 명의주주를 주주로 인정할 것인가 또는 실질주주를 주주로 인정할 것인가에 대하여 회사가 선택권을 갖게 되어 부당하다거나 또는 명의주주 및 실질주주 양쪽에 주주권을 부인할 수 있게 되어 부당하다고 하는데, 이는 타당하지 않고 또한 회사가 명의주주 및 실질주주 양쪽에 주주권을 부인하는 일은 현실적으로 있을 수 없다고 본다. 즉, 주식양수인이 주식을 양수하고도 명의개서청구를 하지 않은 경우 회사는 (주식양도에 관여한 사실도 없어) 주식양도 사실을 모른 경우에는 당연히 주식양도인(명의주주)을 주주로 인정하여 주주권을 행사하도록 할 것이고(이 경우 회사는 상법 제337조 제1항에 의하여 면책됨), 만일 회사가 주식양도에 직접적·간접적으로 관여하여 주식양도 사실을 알았다면 명의개서를 하지 않은 주식양수인(실질주주)에 대하여만 주주권을 행사하도록 할 것이기 때문이다(이는 또한 실질관계에 부합한 권리행사로서 너무나 당연한 것이다). 상법 제337조 제1항의 명의개서가 회사의 법률관계를 획일적으로 처리하기 위한 취지인지도 의문이려니와(상법 제337조 제1항의 취지는 주식양수인의 회사에 대한 대항력의 취득임), 설사 이러한 명의개서가 회사의 법률관계를 획일적으로 처리하도록 한다는 취지라고 하더라도 법상 근거도 없이 실질주주를 회사가 알고 있음에도 불구하고 그에게 주주권을 행사하지 못하도록 하는 것은 법리적으로 보나 법의 해석으로 보나 타당하지 않다고 본다.

　　다. 위 대법원의 다수의견은 "주식을 양수하였으나 아직 주주명부에 명의개서를 하지 아니하여 주주명부에는 양도인이 주주로 기재되어 있는 경우 뿐만 아니라, 주식을 인수하거나 양수하려는 자가 타인의 명의를 빌려 회사의 주식을 인수하거나 양수하고 그 타인의 명의로 주주명부에의 기재까지 마치는 경우에도, 회사에 대한 관계에서는 주주명부상 주주만이 주주로서 의결권 등 주주권을 적법하게 행사할 수 있다. …… 주주명부상의 주주만이 회사에 대한 관계에서 주주권을 행사할 수 있다는 법리는 주주에 대하여만 아니라 회사에 대하여도 마찬가지로 적용되므로, 회사는 특별한 사정이 없는 한 주주명부에 기재된 자의 주주권 행사를 부인하거나 주주명부에 기재되지 아니한 자의 주주권 행사를 인정할 수 없다. …… 상법 제337조 제1항에서 말하는 대항력은 그 문언에 불구하고 회사도 주주명부에의 기재에 구속되어, 주주명부에 기재된 자의 주주권 행사를 부인하거나 주주명부에 기재되지 아니한 자의 주주권 행사를 인정할 수 없다는 의미를 포함하는 것으로 해석함이 타당하다. …… 따라서 특별한 사정이 없는 한, 주주명부에 적법하게 주주로 기재되어 있는 자는 회사에 대한 관계에서 그 주식에 관한 의결권 등 주주권을 행사할 수 있고, 회사 역시 주주명부상 주주 외에 실제 주식을 인수하거나 양수하고자 하였던 자가 따로 존재한다는 사실을 알았든 몰랐든 간에 주주명부상 주주의 주주권 행사를 부인할 수 없으며, 주주명부에 기재를 마치지 아니한 자의 주주권 행사를 인정할 수도 없다"고 한다[Ⅱ.1.가.(4)~(6)].

주식의 양도에서 실질주주와 명의주주가 달라 문제가 되는 경우는 (대법원의 다수의견에서도 언급되고 있는 바와 같이) 주식을 양수하였으나 아직 주주명부에 명의개서를 하지 않은 경우와 주식을 양수한 자가 타인명의로 명의개서를 한 경우인데, 후자에 대하여는 앞에서 본 주식의 발행에서 살펴본 바와 같으므로 이곳에서 다시 언급할 필요가 없고, 이곳에서는 전자에 관하여 문제가 있는 사항을 살펴보기로 한다. 회사는 주식의 양도에 관하여 (자기주식 취득 등 특별한 경우를 제외하고는) 원칙적으로 당사자로서 관여하지 않는 점에서 주식의 발행의 경우 회사가 주식인수계약의 당사자로서 관여하고 있는 점과 구별된다. 그런데 주식의 양도에서도 회사가 주식양도에 승인 또는 통지 등을 받는 등으로 관여하여 (주식양도계약의 대상자는 아니나) 주식양도사실을 알고 명의개서를 하지 않은 주식양수인이 실질주주라는 사실을 알고 있는 경우가 있다. 즉, 회사성립 후 또는 신주의 납입기일 후 6월이 경과한 경우에도 회사가 주권을 발행하지 않은 경우에는(상법 제335조 제3항 단서) 주주는 지명채권 양도방법에 의하여 주식을 양도할 수 있는데, 이때 주식의 소유관계에서 주식양수인이 회사 및 제3자에 대한 대항요건을 구비하기 위하여는 주식양도인에 의한 주식양도 사실의 회사에 대한 통지 또는 회사의 승낙을 받아야 하므로(민법 제450조 제1항), 이로 인하여 회사는 주주명부에의 명의개서가 없는 경우에도 주식양수인이 실질주주임을 알게 된다. 또한 회사가 정관으로 정하는 바에 따라 주식양도에 관하여 이사회의 승인을 받도록 한 경우(상법 제335조 제1항 단서), 회사 이사회의 승낙에 의하여 주식이 양도되었으나 아직 주주명부에 명의개서를 하기 전에도 회사는 주식양수인이 실질주주임을 알게 된다. 또한 회사가 자기주식을 취득하였으나(이는 회사가 예외적으로 주식양도계약의 당사자로서 나타나는 경우임)(상법 제341조, 제341조의2) 아직 주주명부에 명의개서를 하지 않은 경우(이는 현실적으로 예상하기 어려우나 이러한 경우를 가정하면), 회사는 자기가 실질주주이고 주식양도인인 명의주주는 주주가 아닌 점을 명백히 알고 있다. 이러한 경우에 대법원의 다수의견과 같이 회사가 실질주주를 알고 있는 경우에도 명의주주인 주식양도인을 주주로 인정하여 그에게 주주권을 행사하도록 하면 다음과 같은 문제점이 있다.

(1) 우리 상법 제337조 제1항은 앞에서 본 바와 같이 주식양수인의 회사에 대한 대항요건에 불과한 것이지, 주주명부의 명의개서에 창설적 효력을 인정한 것도 아니고 또한 회사까지 구속하는(쌍면적 구속설) 규정이라고 볼 수도 없다. 따라서 대법원의 다수의견은 독일 주식법 제67조 제2항과 같이 해석하는 것으로 우리 상법상 규정의 해석의 한계를 벗어난 새로운 입법의 창설이라고 본다.

(2) 위에서 본 바와 같이 회사가 주식양도를 승인하거나 또는 주식양도의 통지를 받는 등(심지어 자기주식의 취득의 경우와 같이 주식양도계약의 당사자로서) 주식양도에 관하여 주식양도인이 주주명부상 주주로 기재되어 있지만(명의주주) 주주가 아니고 주식양수인이 실질주주임을 명백히 알고 있음에도 불구하고, 대법원의 다수의견은 주식양도인(명의주주)에게 주주권을 행사하도록 하여야 한다는 것은 무권리자에게 권리를 행사하도록 강요하는 것으로 권리자가 권리를 행사하도록 하는 법의 일반법리에 비추어 도저히 납득할 수 없다. 대법원의 다수의견과 같이 해석하면, 당사자의 의사에 반하는 것은 물론, 금반언의 원칙에도 반하고, 이에 관한 법규정(민법 제450조 제1항, 상법 제335조 제1항 단서 등)의 취지에도 정면으로 반한다고 본다. 무엇 때문에 대법원의 다수의견과 같이 해석해야 하는지도 극히 의문이다. 상법이 주주명부에 주주 등을 공시하도록 하고 주식양수인은 명의개서를 하여야 회사에 대항할 수 있도록 규정한 것은(상법 제352조 제1항, 제337조 제1항 등) 회사가 알고 있는 무권리자(명의주주)에게 주주권을 행사하도록 강요하는 것도 아니고, 또한 주주명부에 창설적 효력을 인정하지 않은 이상 주주명부상 명의주주를 획일적으로 주주로 인정하도록 한 것도 아니라고 본다.

(3) 우리 상법은 회사에게 누가 실질주주임을 조사하도록 강요하는 것도 아니다. 회사가 주식양도 등에 관여하여 실질주주를 알고 있으면 그러한 실질주주로 하여금 주주권을 행사하도록 하고, 알고 있지 않으면 실질주주를 조사할 의무도 없고[68] 또 스스로 조사할 필요도 없이 주주명부상 명의주주에게 주주권을 행사하도록 하면 면책되는 것이다(상법 제337조 제1항). 따라서 현행법에 충실하게 해석하고 또한 종래의 판례 및 다수설에 따라 이와 같이 해석하는 것이, 회사에게 실질주주를 조사하도록 부담을 주는 것도 아니고, 또한 회사에게 누가 주주인지를 선택하도록 하는 것도 아니며, 실질주주 및 명의주주 모두에게 주주권의 행사를 거부하도록 구실을 주는 것도 아니다. 따라서 대법원의 다수의견과 같이 해

---

68) 정찬형, 전게서[상법강의(상)(제20판)], 798면.

석하여 회사가 주주명부상 명의주주(주식양도인)가 무권리자임을 알고 있는 경우에도 무권리자에게 주주권을 행사하도록 하면 실질주주(주식양수인)는 다시 명의주주(주식양도인)에게 이의 반환청구 또는 손해배상청구 등을 하게 되어 주식양도 당사자간의 불필요한 분쟁을 야기시키는 결과를 초래하게 된다.

## 4. 상장주식의 경우

### 가. 주식발행의 경우

(1) 회사설립시 주식발행의 경우에는 상장회사·비상장회사의 구별이 없으므로 이에 따른 차이점이 있을 수 없다.

(2) 그런데 상장회사가 신주를 발행하는 경우는 비상장회사의 경우와 차이가 있다. 즉, 상장회사가 신주를 발행하는 경우에는 자본시장법의 적용을 받고, 또한 모집방법에서 금융투자업자에게 위탁하여 모집절차를 취하는 간접모집의 경우에는 금융실명법이 적용되므로(동법 제2조 제3호, 제3조 제1항), 가설인의 명의로 주식인수의 청약을 하는 것은 불가능할 것이고 타인명의로 주식인수의 청약을 하는 것은 가능하지만 후술하는 바와 같이 타인이 실질주주로 인정되는 경우가 많을 것이다.

### 나. 주식양도의 경우

(1) 금융투자업자(투자매매업자·투자중개업자·집합투자업자·신탁업자 등)를 통하여 상장주식을 매도 또는 매수하는 자에 대하여는 금융실명법이 적용되어(동법 제2조 참조) 거래자의 실지명의(실명)로 주식거래를 하여야 한다(동법 제3조 제1항). 이때 거래자의 '실지명의(실명)'란 개인의 경우 주민등록표에 기재된 성명 및 주민등록번호·법인의 경우 사업자등록증에 기재된 법인명 및 등록번호·법인이 아닌 단체의 경우 당해 단체를 대표하는 자의 실지명의·외국인의 경우 등록외국인기록표에 기재된 성명 및 등록번호 등을 말하는데(금융실명법 제2조 제4호, 동법 시행령 제3조), 이와 같이 실명이 확인된 계좌에 보유하고 있는 금융자산(주식 등)은 명의자의 소유로 추정한다(금융실명법 제3조 제5항). 따라서 금융투자업자에 계좌를 개설하고 상장회사의 주식을 매매하는 자는 가설인의 명의로 할 수는 없고 자기의 명의나 타인의 승낙을 얻어 타인의 명의로 할 수 있다. 따라서 상장회사의 주식을 금융투자업자를 통하여 매매하는 경우에도 타인의 명의차용은 인정된다

고 볼 수 있다.[69] 다만 이 경우 그 주식은 명의대여자인 타인의 소유로 추정되
므로(금융실명법 제3조 제5항), 명의차용자가 주주임을 주장하기 위하여는 그가 제
반사정에 의하여 실질적인 주주임을 증명하여야 한다. 이때 명의차용자가 주주임
을 주장할 수 있는 제반사정 중 가장 중요한 것은 주식의 매수자금일 것이다.
그런데 주식의 매수자금이 명의차용자 등으로부터 명의대여자 명의의 은행계좌
에 이체 또는 입금된 경우에 그 자금이 명의차용자의 자금이냐 또는 명의대여자
의 자금이냐의 문제가 있다. 이 경우 금융실명법은 위에서 본 바와 같이 명의대
여자의 자금으로 추정하고 있다(동법 제3조 제5항). 그런데 이에 관한 대법원 전원
합의체판결은 "금융실명법에 따라 실명확인 절차를 거쳐 예금계약을 체결하고
그 실명확인 사실이 예금계약서 등에 명확히 기재되어 있는 경우에는, 일반적으
로 그 예금계약서에 예금주로 기재된 예금명의자나 그를 대리한 행위자 및 금융
기관의 의사는 예금명의자를 예금계약의 당사자로 보려는 것이라고 해석하는 것
이 경험법칙에 합당하고, 예금계약의 당사자에 관한 법률관계를 명확히 할 수 있
어 합리적이다. 그리고 이와 같은 예금계약 당사자의 해석에 관한 법리는, 예금
명의자 본인이 금융기관에 출석하여 예금계약을 체결한 경우나 예금명의자의 위
임에 의하여 자금 출연자 등의 제3자(이하 '출연자 등'이라 한다)가 대리인으로서 예
금계약을 체결한 경우 모두 마찬가지로 적용된다고 보아야 한다. 따라서 본인인
예금명의자의 의사에 따라 예금명의자의 실명확인 절차가 이루어지고 예금명의
자를 예금주로 하여 예금계약서를 작성하였음에도 불구하고, 예금명의자가 아닌
출연자 등을 예금계약의 당사자라고 볼 수 있으려면, 금융기관과 출연자 등과 사
이에서 실명확인 절차를 거쳐 서면으로 이루어진 예금명의자와의 예금계약을 부
정하여 예금명의자의 예금반환청구권을 배제하고 출연자 등과 예금계약을 체결
하여 출연자 등에게 예금반환청구권을 귀속시키겠다는 명확한 의사의 합치가 있
는 극히 예외적인 경우로 제한되어야 한다. 그리고 이러한 의사의 합치는 금융실
명거래 및 비밀보장에 관한 법률에 따라 실명확인 절차를 거쳐 작성된 예금계약
서 등의 증명력을 번복하기에 충분할 정도의 명확한 증명력을 가진 구체적이고
객관적인 증거에 의하여 매우 엄격하게 인정하여야 한다"고 판시하고 있다.[70]

  따라서 명의대여자 명의의 예금은 (특별한 사정이 없는 한) 명의대여자 소유의

---

69) 동지: 이철송, "회사분쟁의 단체법적 해결원칙의 제시," 「선진상사법률」(법무부), 제78호
   (2017. 4), 245∼246면.
70) 대판(전) 2009. 3. 19, 2008 다45828.

예금이 되고 이러한 자금으로 명의대여자가 주식을 취득한 경우에는 명의대여자
가 자기 자금으로써 주식을 취득한 것이 되므로 명의대여자가 실질주주 겸 명의
주주가 된다고 볼 수 있다. 따라서 이러한 점에서 금융실명법이 적용되는 상장주
식과 동법이 적용되지 않고 상법만이 적용되는 비상장주식의 주주명부의 기재에
는 결과적으로 차이가 있다고 본다.[71]

    또한 금융투자업자에 개설된 명의대여자 명의의 매매거래계좌에 입고된 주
식은 (금융실명법에서는 위탁자이며 명의자인 명의대여자의 소유로 추정하나-동법 제3조
제5항) 명의대여자(위탁자)와 금융투자업자 또는 금융투자업자의 채권자간의 관계
에서는 이를 명의대여자(위탁자)의 소유로 보고(민법 제103조) 또한 대법원 전원합
의체 판결에서도 그러한 주식에 대해서는 계좌명의인(명의대여자)을 주주로 보고
있다.[72] 따라서 계좌명의인(명의대여자)에게 자금을 제공한 자(명의차용자)가 따로
있다고 하더라도 명의차용자가 주주가 될 수는 없고 이는 원칙적으로 명의대여
자와 명의차용자 사이의 약정에 관한 문제에 불과하다.[73] 또한 이러한 상장주권
은 예탁결제원에 예탁되므로 주주명부에는 예탁결제원이 주주가 되고(자본시장법
제314조 제2항), 예탁자(명의대여자)는 실질주주명부상 주주가 되며(자본시장법 제316
조 제1항), 실질주주명부에의 기재는 주주명부에의 기재와 같은 효력이 있다(자본
시장법 제316조 제2항). 따라서 실질주주명부상 기재된 주주(명의대여자)는 (주주명부
상 주주와의 관계에서는 후술하는 바와 같은 문제가 있지만) 주식매수자금을 제공한자
(명의차용자)와의 관계에서는 주주라고 볼 수 있다.

    (2) 위와 같이 보면 본건에서 X는 금융투자업자(증권회사)에 자기의 명의로
매매거래계좌를 개설하고 증권 매매거래를 위탁하여 금융투자업자는 유가증권시
장에서 상장회사인 Y회사의 주식을 장내매수하여 X명의의 계좌에 입고하였다.
따라서 실질주주명부상 X명의의 주식은 X소유의 주식이라고 볼 수 있다. 한편
X는 위 주식의 매수자금을 결제하기 위하여 자신의 명의로 은행에 개설되어 있
는 예금계좌의 돈을 위 매매거래계좌로 이체하였는데, 위 은행 예금계좌에 들어
있던 돈은 주로 K 등이 X에게 송금한 것이었다. 그런데 X명의로 은행에 개설되
어 있는 예금계좌의 돈은 금융실명법이 적용되어 특별한 사정이 없는 한 X의 돈

---

71) 반대: 이철송, 전게논문(선진상사법률 제78호), 246면(상장주식과 비상장주식의 주주명부를
    차별화할 근거는 없다).
72) 대판(전) 2009. 3. 19, 2008 다 45828.
73) 동지: 본 판결에 대한 별개의견[II.2.가.(5)].

으로 볼 수 있다.[74] 따라서 X는 자기의 돈으로써 위 주식의 매수자금을 결제하였으므로 금융실명법이 적용되는 경우 X는 실질주주 겸 명의주주라고 볼 수 있다. 따라서 X는 Y를 상대로 주주로서 주주총회결의의 무효확인 및 부존재확인 또는 취소의 소를 구할 자격이나 이익이 있다. 따라서 원심(및 제1심)의 판결이 K가 이 주식의 매수자금을 송금하였다고 하여 K를 실질주주로 보고 X는 주주명부상 기재된 형식주주라고 하여 X의 주주권 행사를 부인한 것은 타당하지 않다고 본다.[75] 즉, X는 (이 판결에 대한 별개의견의 이유와 같이) 주식의 취득자금을 제공한 K에게 단순히 그 명의만을 빌려준 형식주주가 아니라 금융실명법상 실질주주이므로 주주권을 행사할 수 있다고 보아야 할 것이다.

　(3) 증권시장에 상장된 주식의 유통은 자본시장법에 의하여 설치된 예탁결제원이 운영하는 주권대체결제제도에 의하여 이루어진다. 즉, 상장주식의 증권시장에서의 매매에 따른 증권인도 및 대금지급 업무는 결제기관으로서 예탁결제원이 수행한다.[76] 상장주권(유가증권)을 가진 자(투자자)는 (향후 매매 등의 편의를 위하여) 금융투자업자(예탁자)에 그 주권을 예탁하는데(입고), 이때 금융투자업자는 일정한 사항을 기재한 「투자자 계좌부」를 작성·비치하여야 한다(자본시장법 제310조 제1항). 금융투자업자는 위의 주권이 투자자 예탁분이라는 것을 밝혀 지체 없이 예탁결제원에 예탁하여야 하는데(자본시장법 제310조 제2항), 이때 예탁결제원은 일정한 사항을 기재한 「예탁자 계좌부」를 작성·비치하되, 예탁자의 자기소유분과 투자자의 예탁분이 구분될 수 있도록 하여야 한다(자본시장법 제309조 제3항). 예탁결제원은 이러한 예탁증권 등을 종류·종목별로 혼합하여 보관할 수 있다(자본시장법 제309조 제4항).

　투자자 계좌부와 예탁자 계좌부에 기재된 자는 각각 그 증권 등을 점유하는 것으로 보고(자본시장법 제311조 제1항), 이러한 계좌부에의 대체의 기재는 그 주권의 양도 또는 질권설정을 목적으로 하는 경우에 주권의 교부가 있었던 것으로 본다(자본시장법 제311조 제2항). 투자자와 예탁자는 각각 투자자 계좌부와 예탁자 계좌부에 기재된 주권의 종류·종목 및 수량에 따라 예탁증권 등에 대한 공유지분을 가지는 것으로 추정하고(자본시장법 제312조 제1항), 투자자는 예탁자에게 예

---

74) 동지: 본 판결에 대한 별개의견[Ⅱ.2.다.(2)].
75) 동지: 본 판결에 대한 별개의견[Ⅱ.2.다.(4)](원심이 X를 K에게 그 명의만을 대여한 형식상 주주라고 판단한 것은, 주식의 귀속에 관한 법리를 오해하여 판결에 영향을 미친 잘못이 있다).
76) 동지: 본 판결에 대한 별개의견[Ⅱ.2.가.(5)].

탁자는 예탁결제원에 언제든지 그 공유지분에 해당하는 주권의 반환(출고)을 청구할 수 있다(자본시장법 제312조 제2항).

　주권의 발행인은 주주명부의 폐쇄기간 또는 기준일을 정한 경우에는 예탁결제원에 이를 지체 없이 통지하여야 하고, 예탁결제원은 주주명부의 폐쇄기간의 첫날 또는 기준일의 실질주주에 관하여 (ⅰ) 성명 및 주소, (ⅱ) 공유지분에 따른 주식의 종목 및 수를 지체 없이 그 주권의 발행인 또는 그의 명의개서대리인에게 통지하여야 하는데(자본시장법 제315조 제3항), 이에 따라 주권의 발행인 또는 그의 명의개서대리인이 작성·비치하는 장부가 실질주주명부이다(자본시장법 제316조 제1항). 실질주주명부에의 기재는 주주명부에의 기재와 같은 효력을 갖고(자본시장법 제316조 제2항), 주주명부에 주주로 기재된 자와 실질주주명부에 실질주주로 기재된 자가 동일인이라고 인정되는 경우에는 주주로서의 권리행사에 있어서 주주명부의 주식수와 실질주주명부의 주식수를 합산하여야 한다(자본시장법 제316조 제3항). 그런데 (실질주주명부가 작성되는 경우에는) 예탁된 주권에 대하여 (예탁결제원의 신청에 의하여) 주주명부상에는 예탁결제원이 (명의)주주가 된다(자본시장법 제314조 제2항). 예탁결제원은 예탁된 주권에 대하여 (명의주주이든 아니든) 원칙적으로 실질주주의 신청에 의하여 주주권을 행사할 수 있는데(자본시장법 제314조 제1항), 명의주주인 예탁결제원은 예탁자의 신청이 없는 경우에도 회사에 대하여 주권불소지 신고·주주명부에의 기재 및 주권에 관하여 주주로서의 권리를 행사할 수 있다(자본시장법 제314조 제3항). 예탁결제원은 예탁결제원의 명의로 명의개서된 주권을 소유하고 있는 주주(실질주주)가 주주총회일 5일 전까지 예탁결제원에 그 의결권의 직접행사·대리행사 또는 불행사의 뜻을 표시하지 아니하는 경우에는 일정한 경우를 제외하고는 그 의결권을 행사할 수 있다(자본시장법 제314조 제5항).

　이와 같이 자본시장법은 예탁결제원에 예탁된 주권에 대하여 예탁결제원은 주주명부상 명의주주로서 회사에 대하여 일정한 주주권을 행사할 수 있는 경우를 규정하면서, 실질주주도 주주명부상 명의주주인 예탁결제원에 그 의결권의 직접행사 등의 의사표시를 하면 회사에 대하여 주주권을 행사할 수 있는 것으로 규정하고 있다. 이 경우 대법원의 다수의견에 의하면 회사가 주주권을 행사하도록 하여야 하는 주주가 주주명부상 주주인지, 또는 실질주주명부상(이는 주권발행회사가 예탁결제원에 주주명부의 폐쇄기간 또는 기준일을 통지한 경우에만 작성됨) 실질주주인지가 문제된다. 이 경우 주주명부와 실질주주명부는 무엇이 우선하는지가 문제된다. 만일 주주명부가 필요에 의하여 작성되는 실질주주명부보다 우선하면, 대법원의 다수의견에 의하면 회사는 주주명부상의 명의주주인 예탁결제원이 회사에 대하여 모든 주주권을 행사하도록 하여야 할 것이다. 그러나 실질주주명부가 작성되는 경우에 실질주주명부가 주주명부에 우선하면 회사는 실질주주명부상의 주주에게 회사에 대한 모든 주주권을 행사하도록 하여야 할 것이다. 그런데 주주명부와 실질주주명부를 동일하게 보고 자본시장법의 규정과 같이 주주명부상 명의주주(한국예탁결제원)와 실질주주명부상 주주가 회사에 대하여 행사할 수 있는 권리를 (분리하여) 이원화시키면 주주명부상 주주에게 회사에 대한 주주권의 행사를 획일적으로 처리하고자 하는 다수의견의 취지에 반하는 결과가 발생하게 된다.

## 5. 결 어

**가.** 대법원 전원합의체 판결의 다수의견의 핵심내용은 다음과 같다.

(1) 주식의 소유권 귀속에 관한 회사 이외의 주체들 사이의 권리관계와 주주의 회사에 대한 주주권 행사국면을 구분하여, 후자에 대하여는 주주명부상 기재 또는 명의개서에 특별한 효력을 인정하는 태도라고 할 것이다.

(2) 이와 같이 회사에 대하여 주주권을 행사할 자가 주주명부의 기재에 의하여 확정되어야 한다는 법리는 주식양도의 경우뿐만 아니라 주식발행의 경우에도 마찬가지로 적용된다. 따라서 주식발행의 경우 주주명부에 주주로 기재가 마쳐진 이상 회사에 대한 관계에서는 주주명부상 주주만이 주주권을 행사할 수 있고, 주식의 양도에서도 회사에 대한 관계에서는 주주명부상 주주만이 주주로서 의결권 등 주주권을 적법하게 행사할 수 있다.

(3) 주주명부상 주주만이 회사에 대한 관계에서 주주권을 행사할 수 있다는 법리는 주주에 대하여만 아니라 회사에 대하여도 마찬가지로 적용되므로(쌍면적 구속설), 회사는 특별한 사정이 없는 한 주주명부에 기재된 자의 주주권 행사를 부인하거나 주주명부에 기재되지 아니한 자의 주주권 행사를 인정할 수 없다. 이의 상법상 근거에 대하여는 주식의 발행의 경우는 주주명부에의 기재(상법 제352조 제1항) 및 이의 열람에 관한 규정(상법 제396조)에서 구하고, 주식의 양도의 경우는 주식이전의 대항력에 관한 규정(상법 제337조 제1항)에서 구하고 있다.

(4) 회사는 주주명부상 주주 외에 실제 주식을 인수하거나 양수하고자 하였

던 자가 따로 존재한다는 사실을 알았든 몰랐든 간에 주주명부상 주주의 주주권 행사를 부인할 수 없으며, 주주명부에 기재를 마치지 아니한 자의 주주권 행사를 인정할 수도 없다. 이에 대한 예외로 주주명부에 기재를 마치지 않고도 회사에 대한 관계에서 주주권을 행사할 수 있는 경우는 주주명부에의 기재 또는 명의개서청구가 부당하게 지연되거나 거절되었다는 등의 극히 예외적인 사정이 인정되는 경우에 한한다.

　　나. 그런데 위 대법원 전원합의체 판결의 다수의견에는 다음과 같은 문제가 있다고 본다. 따라서 대법원 다수의견에 대하여는 공감할 수 없고, 이에 관한 대법원 별개의견에 대한 보충의견에 공감한다.

　　(1) 위 다수의견 (1)은 주주로서 실체적 권리가 없는 주주명부상의 명의주주도 회사에 대하여 주주권을 행사할 수 있다는 것인데, 이는 우리 상법상 주주명부의 기재에 창설적 효력을 인정하고 있지 않은 것에 너무나 반하는 해석이고, 또한 주주로서 실체적 권리를 전제로 하지 않는 주주권의 행사를 인정하는 것으로서 주객(主客)이 전도되는 모순이 있거나 그렇지 않으면 주주권을 회사 이외의 자와 회사에 대하여 이원적으로 보는 결과가 되어 타당하지 않다고 본다.

　　(2) 위 다수의견 (2)는 주주명부 기재의 효력은 주식의 발행의 경우와 주식의 양도의 경우를 동일하게 보아야 한다는 것인데, 주식발행의 경우는 회사가 주식인수계약의 일방의 당사자이나 주식양도의 경우는 회사는 일반적으로 주식양도계약의 당사자로서 관여하지 않고 다만 양수인의 명의개서청구에 의하여 주주명부에 양수인을 주주로 기재하는 것이다. 따라서 주식발행의 경우는 주식인수인(명의차용자)의 요청으로 타인(명의대여자)명의로 주주명부에 주주로 기재된 경우(상법 제332조) 회사는 실질적인 주식인수인(실질주주)을 주주로 인정하여야 할 것이나, 주식양도의 경우 명의개서가 없으면 일반적으로 양수인은 회사에 대하여 주주임을 대항하지 못하는 효력이 발생한다(상법 제337조 제1항).

　　(3) 위 다수의견 (3)은 주식의 발행 및 양도에서 쌍면적 구속설에 의하여(종래의 판례를 변경함) 회사는 주주명부상 주주에 대하여만 회사에 대한 관계에서 주주권을 인정하도록 하여야 한다는 것인데, 우리 상법 제352조 제1항 및 제337조 제1항 등 어디에도 주주명부의 기재에 대하여 권리창설적 효력을 인정하고 있지 않다. 그럼에도 불구하고 독일 주식법 제67조 제2항과 같이 주주명부의 기재에 권리창설적 효력이 있는 것과 같이 해석하고 또한 이러한 해석이 회사도 구속한다고 보는 것은 우리 상법의 규정에 너무나 벗어난 해석으로서 새로운 입법의

형성으로 이는 법해석의 한계를 벗어난 것으로 본다. 상법 제337조 제1항의 해석에도 편면적 구속설이 다수의 학설이다.

(4) 위 다수의견 (4)는 회사가 실질주주를 알고 있는 경우에도 회사는 주주명부상 명의주주에게 주주권을 행사하도록 할 의무가 있다는 것인데, 회사가 알고 있는 실질주주에게 권리를 행사하지 못하도록 하고 실질적인 권리가 없는 명의주주에게 주주권을 행사하도록 하는 것은 법의 일반원리에 반하고 또한 그렇게 해석할 수 있는 법상 근거도 없다. 또한 회사가 알고 있는 실질주주에게 주주권을 행사하지 못하도록 하고 실질적인 권리가 없는 명의주주에게 의무적으로 주주권을 행사하도록 하는 것은 불필요하게 실질주주와 명의주주간의 분쟁을 야기시키며 법률관계를 복잡하게 만든다. 또한 다수의견의 예외에 해당하는 "명의개서청구가 부당하게 지연되는 경우"는 "회사가 부당하게 명의개서를 지연한 경우"로 보아야 할 것이다.

다. 상장주식에 대하여는 금융실명법이 적용되고 또한 이와 관련한 대법원판례에 의하면 금융투자업자에 개설된 명의대여자 명의의 매매거래계좌에 입고된 주식은 명의대여자의 소유로 볼 수 있고, 또한 이러한 주식의 매수자금이 명의차용자 등으로부터 명의대여자 명의의 은행계좌에 이체 또는 입금된 경우에 그 명의대여자 명의의 예금은 명의대여자의 자금으로 볼 수 있으므로, 명의대여자는 자기자금으로써 주식을 매수한 자로서 그러한 주식의 실질주주라고 볼 수 있다. 따라서 상장주식을 금융투자업자를 통하여 매수하고 이 매수자금을 자기명의의 예금계좌에서 이체한 경우에는 (그 매수자금을 타인이 이체 또는 입금한 경우에도) 그러한 매수인(실질주주명부상의 주주)은 실질주주 겸 명의주주로서 주주권을 적법하게 행사할 수 있다고 본다. 이러한 점에서 본 대법원판결의 별개의견에 공감한다.

라. 따라서 본건에서 X를 주주로 인정하여 주주권을 행사하도록 하는 결론에 대하여는 찬성한다. 다만 그 이유의 설시에서 본 대법원판결의 다수의견과 같이 (실질주주가 아니어도) 주주명부(실질주주명부)의 기재 또는 명의개서의 효력에서 권리창설적 효력이 있는 것과 같이 해석하는 것은 우리 현행 상법의 해석에서는 무리이므로(또는 우리 현행 상법의 규정과는 너무나 벗어난 해석이므로), 본 대법원판결의 별개의견과 같이 X는 단순한 명의대여자가 아니라 금융실명법 및 이에 관한 대법원판례와 관련하여 볼 때 자기자금으로써 주식을 매수한 실질주주이기 때문에 주주권을 행사할 수 있는 것으로 그 이유를 설시하는 것이 타당하다고 본다.

이러한 점에서 볼 때 상장주식의 경우에 이에 적용되는 금융실명법 및 이에 관한 대법원판례를 고려하지 않고 X의 은행계좌에 주식매수자금을 이체 또는 입금한 K를 실질주주로 보고 자기명의의 은행계좌의 돈으로 주식매수자금을 결제한 X를 (주주권이 없는) 단순한 명의주주로 본 제1심 판결 및 원심판결은 상장주식의 매매에 따른 특성을 금융실명법 및 이에 관한 대법원판례와 관련하여 꼼꼼하게 살펴보지 못한 아쉬움이 있다고 본다.

**마.** 앞으로 본건 대법원 전원합의체 판결의 다수의견과 같이 우리 상법상 주주명부의 기재 또는 명의개서의 효력을 인정하고자 하면, 조속히 이러한 상법상의 규정을 독일 주식법 제67조 제2항과 같이 개정하여 법규정과 해석을 일치시켜야 할 것으로 본다.

# 2011년 개정상법상 자기주식의 취득·처분 및 소각과 관련한 법적 문제점*

## Ⅰ. 서 언

2011년 4월 개정상법(2011. 4. 14, 법 10600호, 시행일자: 2012. 4. 15)은 자기주식의 취득에 관하여 개정전 상법이 원칙적으로 금지하였던 것을(개정전 상법 제341조) 원칙적으로 허용하였고(상법 제341조), 자기주식의 처분에 관하여 개정전 상법은 (예외적으로 취득한 자기주식을) 상당한 시기에 처분하도록 하였던 것을(개정전 상법 제342조) 처분시기에 관하여 아무런 제한 없이 이사회가 자유롭게 처분하도록 하였으며(상법 제342조), 자기주식의 소각에 관하여 개정전 상법은 정관에 규정이 있는 경우의 이익소각(강제소각)과(개정전 상법 제343조 제1항 단서 및 제2항) 주주총회의 특별결의에 의한 주식의 소각(매입소각)(개정전 상법 제343조의 2)에 대하여 규정하였는데 이를 이사회결의에 의한 소각(매입소각)(상법 제343조 제1항 단서)으로 통일하여 규정하였다.

---

* 이 글은 정찬형, "2011년 개정상법상 자기주식의 취득·처분 및 소각과 관련한 법적 문제점," 「법과 기업연구」(서강대 법학연구소), 제5권 제2호(2015. 8), 3~34면의 내용임(이 글에서 필자는 특히 2011년 4월 개정상법이 입법한 자기주식의 처분 및 소각에 관한 규정의 문제점을 제시하고 이의 해결방안을 제시함).

　　그런데 개정전 상법에서는 회사의 배당가능이익 범위 내에서 취득하는 자기
주식도 주식매수선택권 부여목적 등과 소각하기 위한 경우에만 허용하였는데,
2011년 4월 개정상법은 회사가 자기주식을 소각과 무관하게 보유할 목적으로 배
당가능이익으로써 아무런 제한 없이(주주총회의 보통결의로 취득할 수 있는 주식의 종
류·수 및 취득가액의 총액의 한도는 정하여지나) 취득하도록 하는 것이 회사·모든 주
주 및 회사의 이해관계자를 위하여 바람직하다고 볼 수는 없다. 회사가 자기주식
을 배당가능이익으로써 매수하여 바로 소각하면 이는 경제적으로 주주에 대한
이익배당과 동일한 결과가 되어 모든 주주의 이익을 해하지 않으나,[1] 회사가 이
와 같이 취득한 자기주식을 보유하고 있는 중에 주가가 하락하면 회사가 손해를
보게 되고 또한 회사가 이와 같이 취득한 자기주식을 지배주주의 경영권을 보호
하기 위하여 지배주주 또는 그와 우호적인 제3자에게 매도(처분)하면 다른 주주
의 이익을 해하게 된다. 회사가 이와 같이 배당가능이익으로써 아무런 제한 없이
자기주식을 취득하여 보유하고 있다가 이를 지배주주의 경영권 방어를 위하여
사용하는 것은 투자와 고용의 증대에도 역행하는 것으로서 회사뿐만 아니라 국
가경제에도 큰 해를 초래하는 것으로 볼 수 있다. 그런데 2011년 4월 개정상법
은 이러한 회사 및 기존주주의 이익보호를 위한 아무런 견제장치 없이 회사가
배당가능이익으로써 자기주식을 원칙적으로 자유롭게 취득하여 보유하고 있다가
자유롭게 처분하거나 소각할 수 있도록 규정하고 있는 점에는 회사 및 기존주주
등의 이익보호와 관련하여 많은 문제가 있다고 본다.

　　따라서 이하에서는 2011년 4월 개정상법상 회사의 자기주식의 취득·처분
및 소각에 관한 규정의 문제점을 지적하고 그 개선방안을 제시하여 보고자 한다.
이에 관하여는 자기주식의 취득·처분 및 소각의 각각에 대하여 2011년 개정상법
이전의 상법 및 자본시장과 금융투자업에 관한 법률(이하 '자본시장법'으로 약칭함)
상의 규정을 먼저 살펴본 후, 2011년 개정상법 및 동법 시행 후의 자본시장법의
규정을 소개한 후, 이에 관한 문제점과 개선방안을 제시하여 보고자 한다.

---

1) 동지: 법무부, 「상법 회사편 해설」(안양: 도서출판 동강, 2012), 117면.

## Ⅱ. 회사의 자기주식의 취득

### 1. 2011년 4월 개정상법 이전의 규정

#### 가. 상법의 규정

2011년 4월 개정상법 이전에는 상법상 회사의 자기주식 취득은 원칙적으로 금지되었다. 즉, 회사는 ( i ) 주식을 소각하기 위한 때, (ii) 회사의 합병 또는 다른 회사의 영업전부의 양수로 인한 때, (iii) 회사의 권리를 실행함에 있어 그 목적을 달성하기 위하여 필요한 때, (iv) 단주를 처리하기 위하여 필요한 때 또는 ( v ) 주주가 주식매수청구권을 행사한 때 외에는 자기의 계산으로 자기의 주식을 취득하지 못한다고 규정하였다(개정전 상법 제341조). 또한 회사는 주식매수선택권의 행사로 자기주식을 양도할 목적으로 또는 퇴직하는 이사·감사 또는 피용자의 주식을 양수함으로써 자기주식을 취득할 수 있는데, 이 경우 그 취득금액은 배당가능이익의 한도 이내이어야 하고 발행주식총수의 100분의 10을 초과하지 못한다(개정전 상법 제341조의 2 제1항). 이는 예외적으로 취득할 수 있는 경우의 하나라고 볼 수 있다. 또한 회사는 이익소각을 위하여 (배당가능이익으로써) 자기주식을 취득할 수 있고(강제소각)(개정전 상법 제343조 제1항 단서), 주주총회의 특별결의에 의하여 배당가능이익으로써 자기주식을 소각하기 위하여 매입할 수 있는데(매입소각)(개정전 상법 제342조의 2), 이는 모두 '주식을 소각하기 위하여' 예외적으로 자기주식을 취득하는 경우에 해당하는 것이라고 볼 수 있다.

이와 같이 2011년 4월 개정상법 이전의 상법이 회사의 자기주식 취득을 원칙적으로 금지한 입법목적은, 회사의 자기주식 취득은 실질적으로 출자를 환급하는 결과가 되어 자본금충실(유지)의 원칙에 반하고, 또 회사는 기업위험을 부담하는 외에 주가변동에 따른 위험을 이중으로 부담하게 되며, 또 회사의 내부자(임원 등)에 의한 투기거래로 악용될 우려가 있는 등 여러 가지의 폐해가 있기 때문이다.[2]

이와 같은 이유로 회사의 자기주식 취득을 원칙적으로 금지한 입법례로는 독일 주식법(2013년) 제71조, 프랑스 상법(2001년) 제225-206조, 영국 회사법(2006년) 제658조 제1항, 미국 뉴욕주 회사법(2006년) 제513조 제(a)항 등이 있다.

---

2) 정찬형, 「상법강의(상)(제13판)」(서울: 박영사, 2010), 682면.

## 나. 자본시장법의 규정

자본시장법에서는 적대적 M&A에 대한 방어수단이나 주가관리수단 등의 기능을 중시하여 주권상장법인에 대하여 자기주식의 취득을 원칙적으로 인정하고, 다만 자기주식의 취득에 따른 폐해를 방지하기 위하여 취득재원 및 취득방법 등에 대하여 규정하였다.[3] 즉, 주권상장법인은 원칙적으로 해당 법인의 명의와 계산으로 자기주식을 취득할 수 있는데(자본시장법 제165조의 2 제1항), 이 경우 취득재원은 배당가능이익의 한도 이내이어야 하고(자본시장법 제165조의 2 제2항 제2문), 취득방법은 증권시장에서 취득하거나 공개매수의 방법에 의하여 취득하거나 신탁계약에 따라 자기주식을 취득한 신탁업자로부터 신탁계약이 해지되거나 종료될 때 반환받는 방법에 한한다(자본시장법 제165조의 2 제2항 제1문). 주권상장법인이 자기주식을 취득 또는 처분하려는 경우 이사회는 취득 또는 처분의 목적·금액 및 방법, 주식의 종류 및 수, 그 밖에 금융위원회가 정하여 고시하는 사항을 결의하여야 한다(자본시장법 제165조의 2 제4항, 동법 시행령 제176조의 2 제1항). 주권상장법인이 자기주식을 취득하려는 경우에는 이사회결의 사실이 공시된 날의 다음 날부터 3개월 이내에 금융위원회가 정하여 고시하는 방법에 따라 증권시장에서 자기주식을 취득하여야 한다(자본시장법 제165조의 2 제4항, 동법 시행령 제176조의 2 제3항). 그런데 주권상장법인은 다른 법인과의 합병에 관한 이사회 결의일로부터 과거 1개월간, 유상증자의 신주배정에 관한 기준일(일반공모증자의 경우에는 청약일) 1개월 전부터 청약일까지의 기간, 처분 후 3개월간 또는 취득 후 6개월간 등 일정한 기간 동안에는 자기주식의 취득 또는 처분 및 신탁계약의 체결 또는 해지를 할 수 없다(자본시장법 제165조의 2 제4항, 동법 시행령 제176조의 2 제2항). 주권상장법인이 이익배당을 할 수 있는 한도 등의 감소로 배당가능이익의 범위를 초과하여 자기주식을 취득하게 된 경우에는 그날부터 3년 이내에 그 초과분을 처분하여야 한다(자본시장법 제165조의 2 제5항, 동법 시행령 제176조의 3).

## 2. 2011년 4월 개정상법 이후의 규정

### 가. 상법의 규정

(1) 2011년 4월 개정상법은 자본시장법의 입법태도와 같이 회사가 배당가능

---

3) 정찬형, 「상법강의(상)(제18판)」(서울: 박영사, 2015), 739면.

이익으로써 자기주식을 취득하는 것을 원칙적으로 허용하고, 다만 주주평등의 원칙과 공정성을 도모하기 위하여 취득방법을 제한하였다. 즉, 회사는 직전 결산기의 배당가능이익의 범위 내에서 자기의 명의와 자기의 계산으로 자기주식을 취득할 수 있는데(재원규제), 취득방법은 거래소에서 취득하거나 회사가 모든 주주에게 자기주식 취득의 통지 또는 공고를 하여 취득하거나 공개매수로 취득하는 등 각 주주가 가진 주식수에 따라 균등한 조건으로 취득하여야 한다(상법 제341조 제1항, 동법 시행령 제9조, 제10조). 회사가 배당가능이익으로써 자기주식을 취득하려고 하면 (ⅰ) 취득할 수 있는 주식의 종류 및 수, (ⅱ) 취득가액의 총액의 한도 및 (ⅲ) 1년을 초과하지 아니하는 범위에서 자기주식을 취득할 수 있는 기간에 관하여 미리 주주총회의 결의(보통결의)를 받아야 하는데, 다만 이사회의 결의로 이익배당을 할 수 있다고 정관으로 정하고 있는 경우에는 이사회의 결의로써 주주총회의 결의를 갈음할 수 있다(상법 제341조 제2항).

　2011년 4월 개정상법이 이와 같이 회사가 배당가능이익으로써 원칙적으로 자유롭게 자기주식을 취득할 수 있도록 한 이유는, 회사의 자기주식의 취득은 회사의 재산을 주주에게 환급한다는 점에서 본질적으로 주주에 대한 이익배당과 유사하게 볼 수 있는 점(손익거래라는 점), 자기주식을 모든 주주로부터 지분비율에 따라 취득하면 주주평등의 원칙에 위반하는 문제가 발생하지 않을 수 있는 점, 비상장회사에 대하여도 배당가능이익으로 재원을 한정하여 자기주식을 취득하도록 하면 회사채권자의 이익을 해하지 않는다는 점 등을 들고 있다.[4] 또한 회사가 이와 같이 배당가능이익으로써 자기주식을 취득할 수 있도록 함으로써, 주식수를 감소시켜 주당 순이익을 증가시켜 주주의 이익제고에 기여하는 효과가 있고, 합병·분할·주식교환 등을 통한 기업구조조정에 있어서 신주발행에 갈음하여 자기보유주식을 배정함으로써 기동적인 구조조정이 가능하고, 의결권을 행사하거나 지배권 취득을 위한 지분을 감소시켜 적대적 M&A에 대한 경영권 방어 수단으로 활용할 수 있는 효과가 있으며, 회사가 보유하고 있는 자기주식을 처분함으로써 신주발행보다 편리하게 자금을 조달할 수 있는 효과가 있다고 한다.[5]

　이와 같은 이유로 회사의 자기주식 취득을 원칙적으로 허용하는 입법례는 일본 회사법(2005년) 제155조, 미국 델라웨어주 회사법(2008년) 제160조 등이다.

　(2) 2011년 4월 개정상법 이전에 회사가 예외적으로 자기주식을 취득할 수

---

4) 법무부, 상법개정특별분과위원회 회의록(회사편), 2006. 12, 335면 참조.
5) 법무부, 전게 상법 회사편 해설, 106~107면.

있는 경우를 2011년 4월 개정상법에서는 '특정목적에 의한 자기주식의 취득'으로
별도로 규정하고 있다(상법 제341조의 2). 이러한 자기주식은 배당가능이익이 아닌
자금으로써(자본거래로써) 취득할 수 있고(즉, 재원상 제한이 없고) 또한 취득방법에
도 제한이 없다. 그런데 회사가 자기주식을 취득할 수 있는 사유에 2011년 4월
개정상법 이전에 있는 「주식을 소각하기 위한 때」(개정전 상법 제341조 제1호)를
2011년 4월 개정상법에서는 규정하지 않았다.

## 나. 자본시장법의 규정

  2011년 4월 개정상법이 종래의 자본시장법의 규정과 같이 회사는 원칙적으
로 배당가능이익의 범위 내에서 자기주식 취득을 자유화함으로서, 자본시장법은
종래의 규정을 삭제하고 주권상장법인은 상법 제341조 제1항에 따른 방법으로
자기주식을 취득할 수 있고 자기주식의 취득가액의 총액은 배당가능이익의 한도
이내이어야 한다고 규정하고 있는데(자본시장법 제165조의 3 제1항 제1호, 제2항), 이
는 상법 제341조 제1항과 중복되는 규정으로 특칙으로서의 의미는 없다. 자본시
장법상 이에 관한 규정이 특칙으로서의 의미를 갖는 것은, 주권상장법인은 신탁
계약에 따라 자기주식을 취득한 신탁업자로부터 신탁계약이 해지되거나 종료된
때 반환받는 방법에 의하여도 자기주식을 취득할 수 있는 것으로 규정한 점(자본
시장법 제165조의 3 제1항 제2호)과, 주권상장법인이 자기주식을 취득하는 경우에는
상법 제341조 제2항에도 불구하고 (언제나) 이사회의 결의로써 할 수 있도록 규
정한 점(자본시장법 제165조의 3 제3항)이다. 또한 자본시장법은 종래(2011년 4월 개
정상법 이전)와 같이 자기주식의 취득과 처분에 대하여 동일한 요건·방법을 규정
하고 있는데(이에 반하여 2011년 4월 개정상법은 자기주식의 취득과 처분에 관하여 다른
요건·방법을 규정하고 있음-상법 제341조, 제342조), 이는 대통령령(자본시장법 시행령)
에 위임하고 있다(자본시장법 제165조의 3 제4항). 이에 따라 자본시장법 시행령이
규정하고 있는 사항은, 이사회 결의사항(동법 시행령 제176조의 2 제1항), 자기주식
취득 또는 처분을 할 수 없는 경우와 그 기간(다른 법인과의 합병에 관한 이사회 결
의일로부터 과거 1개월간, 유상증자의 신주배정에 관한 기준일〈일반공모증자의 경우에는
청약일〉 1개월 전부터 청약일까지의 기간, 처분 후 3개월간 또는 취득 후 6개월간 등)(동
시행령 제176조의 2 제2항), 자기주식의 취득기간 및 취득방법(이에 관한 이사회 결의
사실이 공시된 날의 다음 날부터 3개월 이내에 금융위원회가 정하여 고시하는 방법에 따라
증권시장에서 취득하여야 함)(동 시행령 제176조의 2 제3항) 등이다.

## 3. 문제점과 개선방안

**가.** 회사의 자기주식 취득은 한편으로는 회사의 자본금충실의 원칙에 반하고[6] 또한 주주평등의 원칙에 반할 수 있으며 이로 인하여 다른 주주 및 회사의 채권자 등 이해관계자를 희생시킬 수 있는 문제점이 있고, 다른 한편으로는 회사의 재무관리를 유연하게 할 수 있고 또한 회사의 구조조정을 쉽게 할 수 있도록 하면서 적대적 M&A에 대한 경영권 방어에도 활용할 수 있게 되어 회사의 대외 경쟁력을 강화시킬 수 있는 장점도 있다. 따라서 외국의 입법례도 앞에서 본 바와 같이 회사의 자기주식 취득을 원칙적으로 금지하는 입법례도 있고, 원칙적으로 허용하는 입법례도 있다. 회사의 자기주식 취득을 원칙적으로 금지하는 입법례에서도, (특별한 목적이 없는 경우에도) 주주총회의 일정한 사항에 대한 사전 승인이 있으면 취득할 수 있도록 하거나(독일 주식법 제71조 제1항 제8호), 주주총회의 수권을 받아 발행주식총수의 10% 범위에서 자기주식을 취득할 수 있도록 하거나(프랑스 상법 제225-209조), 또는 정관에 규정이 있는 경우 자기주식을 취득할 수 있도록 한다(영국 회사법 제690조). 또한 회사의 자기주식 취득을 원칙적으로 허용하는 미국의 회사법에서도 회사채권자와 주주의 이익보호를 위하여 이익배당과 유사한 규제를 하고(재원규제), 또한 회사채권자와 주주에게 피해를 입히는 자기주식 취득을 금지하기도 한다.[7]

우리나라의 경우 2011년 4월 개정상법 이전에는 회사의 자기주식 취득을 엄격히 제한하였는데, 이로 인하여 발생하는 문제점을 해결하기 위하여(또는 그 후에 발생한 새로운 제도에 부응하기 위하여) 배당가능이익으로써 자기주식을 취득할 수 있는 경우를 신설하였다. 즉, 주식매수선택권 부여목적 등의 자기주식 취득(개정전 상법 제341조의 2) 및 주주총회 특별결의에 의한 주식소각을 위한 자기주식 취득(매수)(개정전 상법 제343조의 2)을 규정한 것이 이에 해당한다. 그런데 2011년 4월 개정상법 제341조는 이를 모두 통합하여 원칙적으로 배당가능이익으로써 자기주식을 취득할 수 있음을 규정하고, 이 경우 아무런 목적규제·수량규제 또는 (및) 보유규제 등을 일체 규정하지 않은 것은 의문이다. 따라서 상법 제341조에 의하면 극단적으로 회사(상장회사이든 비상장회사이든)가 아무런 목적도 없이 배당가능이익으로써 자기주식 전부를 취득하여 영구적으로 보유하는 것이 가능한데,

---

6) 이에 관한 상세는 이철송, 「회사법강의(제22판)」(서울: 박영사, 2014), 378면 참조.
7) 임재연, 「회사법 I (개정2판)」(서울: 박영사, 2014), 452면.

과연 이러한 경우까지 가능하도록 한 것인지는 극히 의문이다.[8] 이러한 경우는 사실상 자본금이 없고 주식 및 주주도 없으므로 회사채권자를 해함은 물론 주식회사의 본질에도 반한다고 본다. 회사가 자기주식을 취득하여 보유하는 것은 그러한 필요가 있는 부득이한 경우에 일시적으로 보유할 수 있도록 한 경우로 보아야 할 것이므로, 상법 제341조에서는 재원규제(배당가능이익)와 함께 목적규제·수량규제 또는(및) 보유규제를 함께 규정하여야 할 것으로 본다. 배당가능이익으로써 회사가 자기주식을 취득하는 것과 또한 회사가 이러한 자기주식을 처분하는 것에 대하여 아무런 목적규제·수량규제 또는(및) 보유규제가 없으므로, 회사가 배당가능이익이 있으면 이를 주주에게 배당하지 않고 자기주식을 다량 취득하여 매도함으로써 자기주식에 대한 주가관리를 하거나 지배주주를 위한 경영권방어에 이용하는 것은 회사와 주주의 이익을 해하는 것으로서 타당하지 않다고 본다.[9] 또한 이는 기업의 투자를 활성화하여 국가경제의 발전과 고용증대를 하고자 하는 국가정책에도 역행한다고 본다. 회사가 이와 같이 배당가능이익으로써 자기주식을 취득하고 처분하는데 아무런 목적규제·수량규제 또는(및) 보유규제가 없으면, 회사의 자기주식 취득에 따른 전형적인 문제점인 회사는 기업위험을 부담하는 외에 주가변동에 따른 위험을 이중으로 부담하게 되고 또한 회사의 내부자(임원 등)에 의한 투기거래로 악용될 우려가 있는데, 이를 최소화하기 위하여도 목적규제·수량규제 또는(및) 보유규제는 필요하다고 본다. 이에 관하여는 자본시장법에도 내부자거래규제 등에 관한 규정이 있지만, 자본시장법에만 맡길 것이 아니라 상법에서의 규제도 필요하고, 특히 비상장회사를 위하여는 더욱 필요하다고 본다.

　　2011년 4월 개정상법 이전에도 배당가능이익으로써 자기주식을 취득하는 경우에는 목적규제(주식매수선택권부여 목적, 소각 목적) 및 수량규제(주식매수선택권 부여 목적의 경우는 발행주식총수의 10% 이내)를 하였다(개정전 상법 제341조의 2, 343조의

---

8) 회사가 배당가능이익으로써 발행주식 전부를 취득하는 점에 대하여, 이에 관한 입법적 보완이 필요하다는 견해도 있고[최준선, 「회사법(제7판)」(서울: 삼영사, 2012), 238면 주 1], 주식은 자본금·주주유한책임과 더불어 주식회사의 본질적 요소이므로 이론상으로도 발행주식 전부를 취득할 수는 없고 1주를 제외한 자기주식 취득만 유효한 것으로 보아야 한다는 견해가 있다[임재연, 전게서, 468면 및 같은 면 주 312].
9) 삼성전자는 2004년부터 거의 매년 배당가능이익 중 약 2조원을 자기주식 취득에 사용하고 있으며, 제일모직은 주가 방어를 위하여 2015년 7월 23일에 10월 23일까지 자사주 250만주(전체 유통가능 주식수 1260만주 중 19.8%에 해당)를 사들인다고 공시하였다(매일경제, 2015. 7. 29.자 A 20면).

2). 비상장회사에도 적용되는 상법에서는 배당가능이익으로써 자기주식을 취득하는 경우 목적규제·수량규제 또는(및) 보유규제를 하는 상법의 입법태도가 원칙적으로 자기주식 취득을 금지한 것을 완만하게 완화하는 입법기술이라고 볼 수 있고, 상장회사의 경우 상법상의 목적규제·수량규제 또는(및) 보유규제가 적절하지 않는 특별한 사정이 있으면 자본시장법에서 이에 관한 특칙을 규정하면 된다고 본다.

현행 상법 제341조는 배당가능이익으로써의 자기주식 취득에 아무런 목적규제를 하지 않음으로써 회사가 배당가능이익이 있으면서 자기주식을 취득하지 않거나 또는 취득한 자기주식을 경영권 방어 등을 위하여 전부 매도한 경우에는 회사는 자기주식을 매수할 수 있는 권리가 있는 주식매수선택권자에게 자기주식을 매도할 수 없게 되어 주식매수선택권자의 이익을 해하게 된다(2011년 4월 개정전 상법 제341조의 2 제1항은 이 점을 명백하게 규정함). 이 경우 주식매수선택권 행사시에 배당가능이익이 없으면 회사는 채무불이행으로 인한 손해배상책임을 부담하지 않는다는 견해가 있으나,[10] 이에 대비하여 회사는 배당가능이익이 있는 때에 자기주식을 취득하여 주식매수선택권 행사기간에는 의무적으로 보유하도록 하여야 할 것이다.

나. 회사가 배당가능이익으로써 자기주식을 취득하여 바로 소각하면 (1주당 회사자산에 대한 지분율이 늘어나므로) 사실상 이익배당과 유사하다고 볼 수 있으나, 회사가 자기주식을 취득하여 보유하고 있는 경우에는 회사의 자본충실을 해하게 되고 특히 지배주주가 이를 악용하게 되면 지배주주는 다른 주주 및 채권자의 희생 아래 자기의 출자를 우선적으로 회수하는 결과가 되어 심히 불공정하게 된다.[11] 따라서 회사가 배당가능이익으로써 자기주식을 취득하여 보유할 수 있도록 한 점에 대하여, 이는 자본충실의 원칙을 해하지 않는다고 하거나 배당과 특별히 다르지 않다고 설명하는 것은,[12] 타당하지 않다고 본다. 미국 캘리포오니아주 회사법 및 모범사업회사법은 회사의 자기주식에 해당하는 금고주(treasury shares)의 개념을 폐지하였는데,[13] 이는 회사가 취득한 자기주식은 자동적으로 소각되는 것을 의미하므로 회사는 이러한 주식을 보유할 수 없음을(또한 향후 이를

---

10) 임재연, 전게서, 469면.
11) 동지: 이철송, 전게서, 378면.
12) 법무부, 전게 상법 회사편 해설, 104~105면; 송옥렬, 「상법강의(제4판)」(서울: 홍문사, 2014), 837면(자기주식 취득과 이익배당을 서로 달리 규제하는 것은 타당하지 않다고 한다).
13) 임재연, 전게서, 453면.

처분할 수 없음을) 의미한다. 이러한 입법례는 회사가 배당가능이익으로써 자기주식을 취득하여 보유하도록 하는 것이 회사에게 장점만이 있는 것은 아니라는 점을 나타내는 것으로서, 우리도 미국법에도 이러한 면이 있음을 고려하여야 할 것이다.

또한 2011년 4월 개정상법 제341조의 효과에 대하여, 자기주식의 취득을 통하여 주식의 수급관계를 안정시키고 주가를 향상시킬 수 있으며 시중의 주식수를 감소시켜 주당 순이익을 증가시킬 수 있다고 하는데, 이는 상장회사에 해당하고 비상장회사에는 해당하지 않는다. 따라서 이는 자본시장법상 자기주식 취득의 효과에는 해당하나, 비상장회사를 포함한 상법 제341조의 효과에 관한 설명에는 적절하지 않다고 본다. 또한 상장회사의 경우에도 이러한 목적의 자기주식 취득도 인정할 수 있는지는 의문이다.

다. 2011년 4월 개정상법은 재원(배당가능이익)규제 없이 취득할 수 있는 특정 목적에 의한 자기주식 취득을 별도로 규정하면서 개정전과는 달리 「주식을 소각하기 위한 경우」(개정전 상법 제341조 제1호)를 규정하고 있지 않다(상법 제341조의 2). 이에 대하여 "개정전에 「주식을 소각하기 위한 때」란 이익소각을 하는 경우, 자본감소를 위하여 주식을 소각하는 경우, 그리고 상환주식을 상환하는 경우를 지칭하는 것으로 해석하였는데, 개정법에서는 이익소각을 폐지하였고, 자본감소와 상환주식의 상환은 각각의 근거에 의해 행하여지므로 굳이 자기주식 취득의 예외로서 열거할 필요가 없다고 본 것이다. 앞의 세 가지 소각의 경우에는 법률상 회사가 주식을 「취득」한다는 현상이 생기지 않고 주주가 소유하는 단계에서 각각의 원인과 절차에 의하여 바로 소멸한다"고 설명하는 견해가 있다.[14] 그런데 회사가 자본금 감소 등의 방법으로 자기주식을 취득하여 소각하는 경우에는 상법 제341조에 의한 자기주식의 취득에 해당하지 않으므로 상법 제341조의 2에서 (2011년 4월 개정전 상법 제341조 제1호와 같이) 「주식을 소각하기 위한 경우」를 반드시 추가하여야 한다고 보고, 이를 규정하지 않은 것은 입법상 미비라고 본다.[15] 2011년 4월 개정상법이 (자본금이 감소하지 않는) 이익소각에 관하여는 자기주식의 취득(상법 제341조)과 소각(상법 제343조 제1항 단서)에 관한 규정을 두고 있으면서, 자본금의 감소에 관하여는 자기주식의 취득에 대하여는 규정하고 있지 않으면서 주식소각에 대하여만 규정하고 있는 점(상법 제343조 제1항 본문)도

---

14) 이철송, 전게서, 389면 및 같은 면 주 1.
15) 정찬형, 전게 상법강의(상)(제18판), 744면.

균형을 잃은 입법이라고 본다.16)

　　라. 상법 제341조에 의하여 회사가 배당가능이익으로써 자기주식을 취득하는 경우에는 이익배당의 경우와 같이(상법 제462조 제2항) 원칙적으로 주주총회의 결의에 의하도록 하고 있다(상법 제341조 제2항). 그러나 자본시장법상 주권상장법인은 이에 불구하고 「이사회의 결의」로써 자기주식을 취득할 수 있는 것으로 특칙을 두고 있다(자본시장법 제165조의 3 제3항). 그런데 자본시장법에서는 이익배당의 특례에서 분기배당에 대하여만 규정하고 있지(자본시장법 제165조의 12) 주권상장법인의 이익배당을 상법의 규정에 불구하고 이사회결의만으로 한다는 특칙이 없다. 그렇다면 자본시장법상 이러한 특칙의 규정은 배당가능이익으로써 하는 자기주식 취득에 대하여는 이익배당에 준하여 규정한다는 논리17)에도 맞지 않는다. 더욱이 앞에서 본 바와 같이 회사가 자기주식을 취득하여 바로 소각하지 않고 보유하는 것은 주주의 이익을 해한다는 점에서 보면 자본시장법이 주주의 이익을 해하는 사항에 대하여 주주총회의 결의 없이 이사회 결의만으로 할 수 있도록 한 것이 되어 이는 주식회사의 본질에 반하는 규정이 될 수도 있다. 자본시장법이 상법(회사편)의 특칙을 규정하고자 하면 이러한 상법(회사편)상의 기본원리를 해하지 않고 상법(회사편)과 조화할 수 있도록 규정하여야지 일방적으로 회사(지배주주)의 편의만을 고려하여 규정하여서는 아니될 것이다.

## Ⅲ. 회사의 자기주식의 처분

### 1. 2011년 4월 개정상법 이전의 규정

### 가. 상법의 규정

　　2011년 4월 개정상법 이전에는 회사가 예외적으로 취득한 자기주식의 처분에 대한 규정을 두었다. 즉, 회사가 소각하기 위하여 취득한 자기주식은 지체 없이 주식 실효(失效)의 절차를 밟도록 하고, 회사의 합병 또는 다른 회사의 영업전부의 양수로 인하여 자기주식을 취득한 경우 등에는 '상당한 시기'에 주식을 처분하여야 하는 것으로 규정하였다(처분의무에 관하여 규정함)(개정전 상법 제342조).

---

16) 정찬형, 상게서, 744면 주 2.
17) 송옥렬, 전게서, 837면.

### 나. 자본시장법의 규정

2011년 4월 개정상법 이전의 자본시장법은 주권상장법인이 취득한 자기주식을 처분(신탁계약의 해지를 포함함)하는 경우에는 취득의 경우와 동일하게 대통령령으로 정하는 요건·방법 등의 기준에 따르도록 하였다(자본시장법 제165조의 2 제4항). 즉, 주권상장법인이 자기주식을 처분하는 경우에는 자기주식 취득의 경우와 같이 이사회가 처분의 목적·금액 및 방법, 주식의 종류 및 수, 그 밖에 금융위원회가 정하여 고시하는 사항을 결의하여야 한다(그러나 주식매수선택권의 행사에 따라 자기주식을 교부하는 경우와 신탁계약의 계약기간이 종료한 경우에는 그러하지 아니하다)(자본시장법 시행령 제176조의 2 제1항 제1호). 또한 주권상장법인은 (자기주식 취득의 경우와 같이) 다른 법인과의 합병에 관한 이사회 결의일부터 과거 1개월간 등에는 자기주식을 처분할 수 없다(자본시장법 시행령 제176조의 2 제2항). 주권상장법인이 자기주식을 교환대상으로 하는 교환사채권을 발행한 경우에는 그 사채권을 발행하는 때에 자기주식을 처분한 것으로 본다(자본시장법 시행령 제176조의 2 제4항).

## 2. 2011년 4월 개정상법 이후의 규정

### 가. 상법의 규정

2011년 4월 개정상법은 회사가 배당가능이익으로써 취득한 자기주식이든(상법 제341조) 이러한 재원규제 없이 특정목적에 의하여 취득한 자기주식이든(상법 제341조의2) 모두 정관에 규정이 없으면 이사회가 (ⅰ) 처분할 주식의 종류와 수, (ⅱ) 처분할 주식의 처분가액과 납입기일 및 (ⅲ) 주식을 처분할 상대방 및 처분방법을 결정하여 처분할 수 있도록 하였다(상법 제342조).

이 규정의 입법과정은 다음과 같다. 2006년 10월 4일에 법무부가 입법예고한 회사법개정안(법무부 공고 제2006-106호) 제342조 제2항에서는 자기주식의 처분에 관하여 신주발행에 적용되는 규정(상법 제417조 내지 제419조, 제421조 내지 제422조, 제423조 제2항 및 제3항, 제424조, 제424조의 2, 제427조 내지 제432조)을 준용하도록 규정하고 있었다. 그런데 2007년 8월 27일에 법무부가 입법예고한 회사법개정안(법무부 공고 제2007-97호) 제342조 제2항에서는 자기주식 처분을 통한 효율적인 재무관리에 장애가 된다는 이유 등 재계의 반발로 인하여 제418조 및 제419조를 준용규정에서 삭제하였으며, 그 후 법무부가 2008년 5월 7일에 입법예고하여

2008년 10월 21일 국회에 제출한 회사법개정안(법무부 공고 제2008-47호)에서는 신주발행에 관한 일부 규정만을 준용하는 것은 적절하지 않다는 이유로 제342조 제2항 전체를 삭제하였다.

자기주식의 처분에 관한 상법 제342조의 개정의 필요성에 관하여는 "자기주식의 취득에 관한 사항을 주주총회의 결의로 결정하므로(상법 제341조), 취득한 자기주식의 처분에 관한 사항은 이사회가 결정하도록 한다"고 너무나 간단히 설명하고 있다.[18] 그런데 상법 제342조는 자기주식의 처분에서 가장 중요하고 예민한 처분가액의 결정권과 처분할 상대방의 선택권을 (이를 미리 정관에 규정할 수는 없으므로) 이사회에 부여하고 있는데, 이와 같이 이사회에 폭넓게 인정된 이러한 재량권은 그의 남용여지가 있고 공정성 여부의 문제가 있으며 또한 자기주식의 취득의 경우와 불균형한 점 등에서 입법론상 및 해석론상 많은 문제가 있다.[19]

외국의 입법례를 볼 때, 영국의 회사법(2006년)은 자기주식의 처분도 신주발행의 경우와 같이 주주의 신주인수권의 대상이 된다고 명문으로 규정하고 있고 (동법 제560조 제2항 제b호), 독일의 주식법(2013년)은 자기주식의 취득과 처분은 주주평등의 원칙에 따르도록 명문으로 규정하고 있으며(동법 제71조 제1항 제8호), 일본의 회사법(2005년)은 신주인수권을 원칙적으로 인정하지 않으면서 자기주식의 처분은 신주발행과 동일한 절차에 의하도록 명문의 규정을 두고(동법 제199조) 위법·불공정한 자기주식 처분은 무효의 소의 원인임을 규정하고 있다(동법 제828조 제1항 제3호).

## 나. 자본시장법의 규정

2011년 4월 개정상법 이후의 자본시장법은 자기주식의 처분에도 자기주식의 취득의 경우와 같이 대통령령으로 정하는 요건·방법 등의 기준에 따르도록 하였다(자본시장법 제165조의3 제4항). 이에 따라 자본시장법 시행령은 주권상장법인이 자기주식을 처분하는 경우 이사회는 처분의 목적·금액 및 방법, 주식의 종류 및 수, 그 밖에 금융위원회가 정하여 고시하는 사항을 결의하여야 한다(그러나 주식매수선택권의 행사에 따라 자기주식을 교부하는 경우와 신탁계약의 계약기간이 종료한 경

---

18) 법무부, 전게 상법 회사편 해설, 115면.
19) 정찬형, 전게 상법강의(상)(제18판), 749~750면.
　　동지: 이철송, 전게서, 397면(이는 법의 흠결로서 입법적인 시정을 요한다고 한다); 송옥렬, 전게서, 844~845면; 안성포, "자기주식취득의 허용에 따른 법적 쟁점," 「상사법연구」(한국상사법학회), 제30권 제2호(2011. 8), 94~95면 외.

우에는 그러하지 아니하다)(자본시장법 시행령 제176조의 2 제1항 제1호). 또한 주권상장
법인은 (자기주식 취득의 경우와 같이) 다른 법인과의 합병에 관한 이사회의 결의일
부터 과거 1개월간 등에는 자기주식을 처분할 수 없다(자본시장법 시행령 제176조
의 2 제2항). 또한 주권상장법인이 자기주식을 교환대상으로 하는 교환사채권을
발행한 경우에는 그 사채권을 발행하는 때에 자기주식을 처분한 것으로 볼 수
있다(자본시장법 시행령 제176조의 2 제4항).

　　이러한 자본시장법의 입법태도는 자기주식의 취득과 처분에 대하여 동일하
게 규제하는 점에서 상법의 경우와 다르다고 볼 수 있다.

## 3. 문제점과 개선방안

　　가. 2011년 4월 개정상법이 자기주식의 취득에 대하여는 이원적으로 규정하
면서(상법 제341조, 제342조의 2) 자기주식의 처분에 대하여는 일원적으로 규정하고
있는데(상법 제342조), 이는 불균형한 입법이라고 본다. 그런데 앞에서 본 바와 같
이 자본시장법은 배당가능이익으로써(재원규제) 자기주식을 취득하는 경우와 이러
한 자기주식을 처분하는 경우를 동시에 규정하고 있다. 따라서 2011년 4월 개정
상법이 이러한 자본시장법의 규정형식을 따라 배당가능이익으로써 자기주식을
취득하는 것을 원칙적으로 자유화한 것이라면, 상법 제342조에서 「회사가 보유
하는 자기주식」은 배당가능이익으로써 취득한 자기주식만을 의미한다고 볼 수도
있다. 이와 같이 해석하면 특정목적에 의하여 취득한 자기주식(상법 제341조의 2)
의 처분에 대하여는 규정이 없게 된다. 따라서 해석론상으로는 상법 제342조의
「회사가 보유하는 자기주식」에 회사가 특정목적에 의하여 취득한 자기주식(상법
제341조의 2)을 포함시켜 해석할 수밖에 없다. 이와 같이 해석하면 특정목적에 의
하여 취득한 자기주식은 2011년 4월 개정상법 이전에는 상당한 시기에 처분할
의무가 있었으나(개정전 상법 제342조), 2011년 4월 개정상법에 의하면 회사는 이
러한 처분의무가 없고 계속 보유할 수 있게 되는데, 이는 문제가 있다고 본다.[20]
따라서 입법론으로는 회사의 자기주식의 취득에 관하여 이원화하여 규정한 것과
같이, 자기주식의 처분에 대하여도 이원화하여 규정하는 것이 타당하다고 본
다.[21] 따라서 특정목적에 의하여 취득한 자기주식에 대하여는 (2011년 4월 개정전

---

　20) 동지: 송옥렬, 전게서, 844면.
　21) 정찬형, 전게 상법강의(상)(제18판), 749면.
　　　동지: 송옥렬, 전게서, 838면, 844면.

상법과 같이) 그 처분의무를 별도로 규정하여야 할 것으로 본다.[22]

나. 2011년 4월 개정상법이 회사가 배당가능이익으로써 자기주식을 취득하는 점에 대하여는 모든 주주의 이익을 보호하기 위하여 원칙적으로 주주총회의 결의(보통결의)를 받도록 하고 또한 모든 주주에게 매도의 기회를 균등하게 부여하면서(상법 제341조, 동법 시행령 제9조·제10조), 자기주식의 처분에 관하여는 이사회가 처분할 상대방 및 처분방법을 결정하고 또한 처분가액도 결정하도록 하여 모든 주주에게 매수할 기회를 부여하지 않은(또는 않을 수 있도록 한) 것은(상법 제342조), 취득과 처분에 관한 규정이 불균형함은 물론 처분에 관한 이러한 규정은 주주평등의 원칙에 반하거나 주주의 이익을 해하는 규정으로 중대한 문제가 있다고 본다. 자기주식의 처분에 있어서도 그의 취득과 같이 최소한 모든 주주에게 매수할 수 있는 기회를 주고 또한 일정시기의 매수가액도 주주에 따라 다르지 않아야 주주평등의 원칙에 부합하고 주주의 이익을 해하지 않는 자기주식의 처분이 될 것이다. 앞에서 본 바와 같이 자본시장법은 이러한 자기주식의 취득과 처분을 동일하게 규정하고 있고, 독일의 주식법은 자기주식의 취득과 처분은 모두 주주평등의 원칙에 따를 것을 명문으로 규정하고 있는데(동법 제71조 제1항 제8호), 우리 상법이 어떠한 이유로 이와 같이 규정하게 되었는지에 대하여는 납득할 만한 이유도 설명도 전혀 없다.[23] 결국 이러한 규정은 주주의 이익을 희생하더라도 회사 또는 지배주주만의 이익을 위한 형평에 반하는 것으로서 반드시 개정되어야 할 것으로 본다.

다. 회사가 보유하고 있는 자기주식을 처분하는 것과 신주발행하는 것을 비교하면, 회사의 총자산이나 주주의 의결권에 미치는 영향이 같고, 자기주식의 처분을 그 자기주식을 소각하고 신주를 발행하는 거래로 대체하여 보면 자본금에 미치는 영향도 같으며, 특히 경영권분쟁이 있는 경우에는 신주를 발행하는 것과 자기주식을 처분하는 것은 이해관계자에게 미치는 영향이 같다.[24] 이러한 점에

---

22) 정찬형, 전게 상법강의(상)(제18판), 749면.
　　동지: 송옥렬, 전게서, 844면; 동, "2011년 개정회사법의 주요쟁점(기업재무 분야를 중심으로)," 「저스티스」(한국법학원), 통권 제127호(2011. 12), 65면.
23) 자기주식의 처분에 관한 규정의 개정의 필요성에 관하여, "자기주식의 취득에 관한 사항을 주주총회의 결의로 결정하므로(상법 제341조) 취득한 자기주식의 처분에 관한 사항은 이사회가 결정하도록 한다"라고 설명하고 있는데(법무부, 전게 상법 회사편 해설, 115면), 이것이 무슨 뜻인지도 알 수 없고 주주의 보호 및 주주평등의 원칙과 관련하여 어떻게 설명될 수 있을 것인지에 대한 언급이 전혀 없으며 이에 관한 외국의 입법례에 관한 소개도 전혀 없다.
24) 동지: 송옥렬, 전게서, 844~845면.

서 보면 자기주식의 처분에도 주주의 신주인수권을 인정하여야 할 것이다.25) 앞
에서 본 바와 같이 외국의 입법례를 보더라도 영국 회사법(2006년)은 자기주식의
처분에도 주주의 신주인수권이 인정된다고 명문의 규정을 두고(동법 제560조 제2
항), 일본의 회사법(2005년)은 주주의 신주인수권을 원칙적으로 인정하지 않지만
자기주식의 처분에는 신주발행과 동일한 절차를 밟도록 명문으로 규정하고 있다
(동법 제199조). 이와 같이 회사의 자기주식 처분을 신주발행과 동일 또는 유사하
게 보고 이의 경우에도 주주의 신주인수권을 인정한다면, 자기주식의 처분에는
당연히 신주발행에 관한 규정이 준용되어야 할 것이다. 따라서 입법론상 2006년
10월 4일에 법무부가 입법예고한 회사법개정안과 같이 상법 제342조에 제2항을
신설하여 신주발행에 적용되는 (모든) 규정을 준용하도록 하여야 할 것으로 본
다.26) 그런데 자기주식의 처분과 신주발행을 동일시하는 견해에서도, 자기주식을
수시로 처분하는 경우 매번 주주배정의 절차를 거치는 것은 너무 번거롭기 때문
에 적은 수량의 처분은 시장에서 매각하거나 또는 제3자에게 처분하는 것도 바
람직하다는 견해도 있고,27) 자기주식 처분에 신주발행절차에 관한 모든 규정을
준용하면 회사의 비효율적인 재무관리와 절차의 반복과 시간소모 등으로 인한
추가적인 비용 발생의 역효과 등을 감안하여 신주발행절차 전부가 아닌 주식평
등을 고려한 일반원칙으로서 상법 제418조의 신주인수권만을 상법 제342조 제2
항에 신설하여야 한다는 견해도 있는데,28) 이는 모두 논리적인 면에서나 상법
제418조는 다른 신주발행절차에 관한 규정과 밀접하게 관련되어 있다는 점에서
문제가 있다고 본다.

　　자기주식의 취득(및 처분)의 효과에서 신주발행에 갈음하여 보유한 자기주식
을 배정함으로써 기동성 있는 구조조정을 할 수 있으며 또한 자기주식을 취득하
여 보유하고 있다가 적정시기에 처분함으로써 편리하게 자금조달의 효과를 얻을
수 있는데 이는 신주발행과 비교하여 유리하다고 하는데,29) 이는 사실상 자기주
식의 처분과 신주발행을 동일시하면서 자기주식 처분을 통하여 신주발행절차에

---

　25) 동지: 송옥렬, 상게서, 845면.
　　　반대: 이철송, "불공정한 자기주식거래의 효력 ― 주식평등의 원칙과 관련하여,"「증권법연
　　　구」(한국증권법학회), 제7권 제2호(2006), 22면; 송종준, "자기주식의 처분절차규제에 관한 소
　　　고," 법률신문, 제3504호(2006. 11. 9).
　26) 정찬형, 전게 상법강의(상)(제18판), 750면.
　27) 송옥렬, 전게서, 845면.
　28) 안성포, 전게논문, 97~98면.
　29) 법무부, 전게 상법 회사편 해설, 106~107면.

규정된 주주보호에 관한 규정을 탈법하는 것을 자기주식의 취득(및 처분)의 효과로서 설명하는 것으로 매우 부적절하다고 본다. 만일 자기주식의 처분에 신주발행절차에 관한 규정을 준용한다면 이를 자기주식 취득 및 처분의 효과로 설명할 수 없을 것이다. 또한 회사의 효율적인 재무관리를 위하여 또는 적대적 M&A에 대한 경영권 방어수단으로 사용하기 위하여 주주(특히 소수주주)의 희생하에 자기주식의 취득 및 처분을 허용하여야 하는 것은 아니라고 본다. 회사의 자기주식 취득을 이익배당으로 보면 자기주식의 처분은 배당된 이익의 환수로 볼 수 있는가? 앞에서 본 바와 같이 자기주식을 취득하여 소각하면 이익배당과 같은 효과가 있고(이의 경우 자기주식 보유를 인정하지 않는 것과 동일함-미국 캘리포오니아주 회사법·모범사업회사법), 자기주식을 처분하는 것은 신주발행과 동일하게 보아야 할 것이다. 이와 같이 자기주식 처분을 신주발행과 동일하게 보면 자기주식 처분을 신주발행과는 달리 주주의 이익을 희생시키면서 편리하게 자금조달의 수단으로 이용하거나 경영권 방어수단으로 이용할 수는 없다고 본다.

　**라.** 상법 제342조의 해석에서 주주의 신주인수권에 관한 규정(상법 제418조)을 유추적용하기는 어렵겠으나,[30] 주주평등의 원칙에 반하거나 기존주주의 이익을 해하는 자기주식의 처분은 무효의 원인이 된다고 보아야 할 것이다(일본 회사법 제828조 제1항 제3호 참조). 이에 대하여 자기주식의 처분은 개인법적 거래(손익거래)이므로 자본거래와 단체법적 거래인 신주발행에 적용되는 주주평등의 원칙이 적용되지 않는다고 해석하는 견해가 있는데,[31] 주주평등의 원칙은 (이에 대한 예외가 법률에 규정되지 않는 한) 정관의 규정·주주총회의 결의·이사회의 결의 및 회사의 모든 업무집행에 적용되는 원칙이고,[32] 또한 자기주식의 처분에서 모든 주주에게 동일한 기회를 부여하지 않고 특정주주 또는 제3자에게 처분하는 것은 기존주주의 의결권에서 지분율을 희석시키므로 주주평등의 원칙에 반한다는 점에서 볼 때, 타당하지 않다고 본다. 또한 자본거래와 손익거래의 구분은 회계상의 구분인데, 우리나라 현행 회계기준에 의하면 자기주식 취득가액은 자본에서 차감하거나(K-IFRS 제1032호 문단 33) 자본에서 차감하여 자본조정으로 회계처리하고(일반기업회계기준 제15장 문단 15.8) 자기주식 이익은 자본잉여금으로 처리하도록 하여(일반기업회계기준 제15장 문단 15.9) 자기주식의 취득과 처분에 대한 회계처

---

30) 동지: 송옥렬, 전게서, 845면.
31) 이철송, 전게서, 396~397면; 송종준, 전게 법률신문(2006. 11. 9).
32) 정찬형, 전게 상법강의(상)(제18판), 685면.

리를 신주발행과 동일하게 자본거래로 보고 있다.[33] 또한 자본거래란 순자산을 변동시키는 거래의 상대방이 회사의 기존 주주 또는 잠재적 주주인 경우를 말하고, 손익거래란 순자산을 변동시키는 거래의 상대방이 주주 이외의 자인 경우를 말하는데, 회사의 자기주식 처분의 상대방은 주주 이외의 자에 한정되지 않으므로 이 점에서 볼 때도 자기주식의 처분을 손익거래라고 단정할 수 없다.[34] 따라서 이러한 점에서도 위의 견해는 타당하지 않다고 본다.

　　**마.** 상법 제342조 및 자본시장법 제165조의 3에 의하여 회사는 그가 취득한 자기주식을 (경영권 방어 등의 목적으로) 지배주주 또는 그와 우호적인 제3자에게 처분할 수 있는가? 이 경우 회사가 다른(또는 모든) 주주에 대하여 매수의 기회를 부여하지 않고 (특정의) 지배주주 또는 그와 우호적인 제3자에게 매도하면 기존 주주는 회사에 대한 의결권 및 지분율이 달라지게 되어 주주평등의 원칙에 반하는 점, 회사가 이를 (특정의) 지배주주에게 매도하는 것은 손익거래라 볼 수 없고 자본거래라 볼 수 있으므로 이에는 반드시 주주평등의 원칙이 적용되는 점, 회사가 이를 (이사회결의만으로) 제3자에게 매도하면 이는 기존주주의 신주인수권 등 이익을 침해하는 점 등에서 무효의 원인이 된다고 본다.[35] 앞에서 본 바와 같이 독일의 주식법은 자기주식의 취득과 처분에 대하여 주주평등의 원칙에 따를 것을 명문으로 규정하고 있다(동법 제71조 제1항 제8호). 2011년 4월 개정전 상법에서 회사가 예외적으로 불가피하게 취득한 자기주식에 대하여 상당한 시기에 처분하여야 한다고 하여 처분의무에 대하여만 규정하고 처분방법에 대하여는 규정하지 않았는데(개정전 상법 제342조), 이는 특정목적에 의한 불가피한 취득으로 보통 소량이고 또한 보유를 허용하지 않고 처분의무를 규정하였으므로 이사회나 대표이사의 업무집행의 방법으로 이를 처분할 수 있는 것으로 해석될 수 있었으나(그러나 이 경우에도 주주평등의 원칙에 따라 처분을 하도록 규정하였어야 하는 문제점은 있었음),[36] 2011년 4월 개정상법에서는 배당가능이익으로써 (아무런 목적규제 없이 대량으로) 자유롭게 자기주식을 취득할 수 있도록 하고 있으므로(상법 제341조) 개정전과는 자기주식 처분의 의미가 전혀 다르다.[37] 따라서 현재 자기주식의 처분에 관한 상법 제342조 및 자본시장법 제165조의 3의 해석에서는 주주평등의

---

33) 동지: 안성포, 전게논문, 96면.
34) 동지: 안성포, 상게논문, 96면.
35) 정찬형, 전게 상법강의(상)(제18판), 749~750면.
36) 동지: 이철송, 전게서, 394면, 397면.
37) 동지: 이철송, 상게서, 394면.

원칙 및 기존주주의 이익보호를 반드시 고려하여야 한다고 본다.

이에 관하여, 우리나라의 일부 하급심 판례는 "자기주식 처분의 경우에 다른 주주에게는 자기주식을 매수할 기회를 주지 않은 채 특정주주에게의 일방적인 매도가 기존주주들의 이익과 회사의 경영권 내지 지배권에 중대한 영향을 미치는 경우로서 주식처분과 관련된 거래의 안전, 주주 기타 이해관계인의 이익을 고려하더라도 도저히 묵과할 수 없는 정도라고 평가되는 경우에는 이러한 자기주식의 처분행위는 무효가 된다. 그런데 본건의 경우 주식회사가 발행주식총수의 15%에 해당하는 자기주식을 다른 주주들에게는 매수의 기회조차 주지 않은 채, 오직 최대주주와 그의 특수관계인들에게만 장외거래를 통하여 일방적으로 매도한 것이므로, 이러한 매도행위가 기존주주들의 이익과 회사의 경영권 내지 지배권에 중대한 영향을 미치고 그로 인한 거래의 안전, 다른 주주 기타 이해관계인의 이익 등을 고려하더라도 도저히 묵과할 수 없어 무효이다"고 하여, 이를 무효라고 판시하고 있다.[38]

이에 반하여 다른 하급심결정은 "자기주식의 (취득 및) 처분에 있어 정당한 목적이 있을 것을 요구하거나 정당한 목적이 없는 경우 무효가 될 수 있다는 점에 관하여는 규정하고 있지 않은 점, 신주발행무효의 소는 그 요건·절차 및 효과에서 특수성을 가지므로 명문의 규정이 없이 이를 유추적용하는 것은 신중하게 판단하여야 하는 점, 자기주식을 제3자에게 처분하는 경우 의결권이 생겨 제 3자가 우호세력인 경우 우호지분을 증가시켜 신주발행과 일부 유사한 효과를 가질 수 있으나 그렇더라도 자기주식 처분은 이미 발행되어 있는 주식을 처분하는 것으로서 회사의 총자산에는 아무런 변동이 없고 기존주주의 지분비율도 변동되지 않는다는 점에서 신주발행과 구별되는 점 등을 고려하면, 경영권방어 목적으로 자기주식을 처분하는 경우 신주발행의 소와 유사한 자기주식처분 무효의 소를 인정하기는 어렵다"고 하여, 이를 유효라고 보고 있다.[39] 우리나라의 다수의

---

38) 서울서부지방법원 2006. 6. 29. 선고 2005 가합 8262 판결.
　　동지: 서울서부지방법원 2006. 3. 24, 2006 카합 393 결정(다른 주주에게는 자기주식을 매수할 기회를 전혀 주지 않은 채 특정주주에게의 일방적인 매도는 주주평등의 원칙에 반하고, 주주의 회사지배에 대한 비례적 이익과 주식의 경제적 가치를 현저히 해할 수 있는 경우라면, 이러한 자기주식의 처분행위는 무효이다).

39) 수원지방법원 성남지원 2007. 1. 30, 2007 카합 30 결정.
　　동지: 서울서부지방법원 2003. 12. 23, 2003 카합 4154 결정; 서울북부지방법원 2007. 10. 25, 2007 카합 1082 결정; 서울중앙지방법원 2007. 6. 20, 2007 카합 1721 결정; 동 2008. 2. 29, 2008 카합 462 결정; 동 2012. 1. 17, 2012 카합 23 결정 등.

하급심결정은 이러한 자기주식 처분을 이사의 경영판단에 속하는 행위라고 하여 회사가 처분한 자기주식의 의결권행사금지 가처분 신청에서 피보전권리가 인정되기 어렵다고 결정하는데, 주주평등의 원칙에 반하고 기존주주의 이익에 반하여 자기주식을 처분하는 것이 이사의 경영판단에 속하는 행위라고 볼 수는 없다. 또한 자기주식의 처분에 명문의 목적규제가 없다고 하여 이사(회)가 주주평등의 원칙에 반하거나 기존주주의 이익을 해하면서 자기주식을 처분할 수 있도록 재량권을 부여받은 것은 아니다. 이 경우에는 이사(회)의 재량권 남용으로 인한 불공정한 처분이 되어, 그 효력이 문제가 되지 않을 수 없다.

## Ⅳ. 회사의 자기주식의 소각

### 1. 2011년 4월 개정상법 이전의 규정

#### 가. 상법의 규정

2011년 4월 개정상법 이전에는 자기주식의 소각에 대하여 자본감소의 방법으로 소각하는 경우(개정전 상법 제343조 제1항 본문, 제2항) 외에, 배당가능이익으로써 소각하는 경우에는 상환주식의 소각(개정전 상법 제345조)·강제소각에 해당하는 정관에 규정이 있는 경우의 이익소각(개정전 상법 제343조 제1항 단서, 제2항) 및 주주총회의 특별결의에 의한 매입소각(개정전 상법 제343조의 2)에 대하여 규정하였다. 이익소각(강제소각)을 하기 위하여는 정관에 규정이 있어야 하고(개정전 상법 제343조 제1항 단서), 회사는 1월 이상의 일정한 기간을 정하여 주식을 소각한다는 뜻과 그 기간 내에 주권을 회사에 제출할 것을 공고하고, 주주명부에 기재된 주주와 질권자에 대하여는 각별로 통지를 하여야 하는데(개정전 상법 제343조 제2항, 제440조), 주식소각의 효력은 이 기간이 만료한 때에 생긴다(개정전 상법 제343조 제2항, 제441조).

#### 나. 자본시장법의 규정

2011년 4월 개정상법 이전의 자본시장법에서는 이익소각의 특례에 대하여 다음과 같이 규정하였다. 즉, 주권상장법인은 주주에게 배당할 이익으로 주식을 소각할 수 있다는 뜻을 주주총회의 특별결의로써 정관에 정하는 경우에는 이사회의 결의로 주식을 소각할 수 있다(이익소각)(자본시장법 제165조의 3 제1항). 2011

년 4월 개정전 상법에 의하면 「정관의 정한 바에 의하여」 이익소각을 할 수 있었고(개정전 상법 제343조 제1항 단서), 이의 정관은 원시정관뿐만 아니라 변경정관을 의미하는데 이때의 변경정관은 주주에게 예측하지 못한 불이익을 주지 않기 위하여 총주주의 동의에 의한 변경정관을 의미한다고 해석하였다(통설).[40] 따라서 자본시장법은 이에 대한 특칙으로 주주총회의 특별결의에 의한 변경정관에 의하여도 이익소각을 할 수 있음을 규정한 것이다. 자본시장법상 이익소각의 경우 소각할 주식은 이익소각에 관한 이사회 결의 후 취득한 주식만 해당하는데, 이 경우 이사회는 (ⅰ) 소각할 주식의 종류와 총수·(ⅱ) 소각하기 위하여 취득할 주식의 가액의 총액 및 (ⅲ) 주식을 취득하려는 기간(이 경우 그 기간은 이사회 결의 후 최초의 정기주주총회일 이전이어야 함)을 결의하여야 한다(자본시장법 제165조의 3 제2항). 주권상장법인이 주식을 소각할 목적으로 자기주식을 취득하는 경우에는 증권시장에서 취득하거나(주식의 취득기간은 이에 관한 이사회 결의 사실이 공시된 날의 다음 날부터 3개월 이내로 하되, 자기주식의 처분 후 3개월 등 일정한 기간과 중첩되지 아니하여야 함) 또는 공개매수의 방법으로 취득하여야 하고, 또한 소각을 위하여 취득할 자기주식의 금액이 해당 사업연도 말 배당가능이익에서 재평가적립금 등을 공제한 금액 이하이어야 한다(자본시장법 제165조의 3 제3항, 동법 시행령 제176조의 4 제1항·제2항). 주권상장법인이 이와 같이 자기주식을 소각한 경우에는 그 소각 결의 후 최초의 정기주주총회에 소각한 주식의 종류와 총수·소각하기 위하여 취득한 주식의 가액의 총액 및 주식취득기간과 주식을 소각한 사실을 보고하여야 한다(자본시장법 제165조의 3 제4항).

## 2. 2011년 개정상법 이후의 규정

### 가. 상법의 규정

2011년 4월 개정전 상법에서 회사가 배당가능이익으로써 주식을 소각할 수 있는 경우에 대하여는, 앞에서 본 바와 같이 상환주식의 소각(개정전 상법 제345조)[41]·정관에 규정이 있는 경우의 이익소각(강제소각)(개정전 상법 제343조 제1항 단

---

40) 정찬형, 전게 상법강의(상)(제13판), 728~729면 외.
41) 이는 특정주식을 배당가능이익으로써 소각하는 것으로 주식 일반이 소각대상인 다른 경우와 구별되고, 또한 이에 관하여는 2011년 4월 개정상법도 그대로 이어받고 있으므로(상법 제345조), 이에 관한 설명은 하지 않겠다.

서, 제2항) 및 주주총회의 특별결의에 의한 매입소각(임의소각)(개정전 상법 제343조
의 2)이 있었다.

　　2011년 4월 개정상법은 앞에서 본 바와 같이 회사가 배당가능이익으로써 자
기주식을 취득하는 것을 자유롭게 허용하였으므로, 특별히 주식의 소각을 위한
자기주식의 취득에 대하여 규정할 필요가 없었다. 또한 2011년 4월 개정전 상법
이 자기주식의 취득과 소각의 동시성을 규정하면서 소각의 요건을 정관에 규정
이 있던가 또는 주주총회의 특별결의가 있어야 한다고 엄격히 규정하였으나,
2011년 4월 개정상법에서는 자기주식의 취득과 소각에 대한 동시성을 배제하면
서 소각의 요건을 이사회의 결의로 통일하였다(상법 제343조 제1항 단서). 따라서
2011년 4월 개정상법은 개정전 상법에 있던 이익소각제도(강제소각제도)를 폐지하
고 매입소각제도만으로 일원화하여 규정하였다고 볼 수 있다.[42] 이러한 점으로
인하여 이 조항도 많은 문제점을 제기하고 있다.

## 나. 자본시장법의 규정

　　2011년 4월 개정상법 이후에는 자본시장법에서 이익소각의 특례에 대하여
규정하지 않았다. 2011년 4월 개정상법 제343조 제1항 단서의 입법이유에 대하
여, 개정전에는 이익소각을 하고자 하는 당해 주식회사가 상장회사인가 또는 비
상장회사인가에 따라 이를 결정하는 주체가 달라지게 됨이 문제점으로 제기되어
개정법에서는 자기주식 소각의 결정주체를 상장회사와 동일하게 이사회로 통일
하여 규정하였다고 설명한다.[43]

## 3. 문제점과 개선방안

　　가. 2011년 4월 개정상법이 회사가 배당가능이익으로써 주주평등의 원칙에
따라 이미 취득한 자기주식을 이사회의 결의만으로 소각할 수 있도록 한 점은,
이는 자기주식의 처분과는 달리 회사가 이를 남용할 염려가 없고 또한 기존주주
의 이익을 해할 우려가 없으며 자본금의 감소를 가져오는 것이 아니므로 타당하
다고 본다. 2011년 4월 개정전 상법이 자기주식의 취득과 소각의 동시성을 전제
로 하여 「정관의 정하는 바에 의하여」(개정전 상법 제343조 제1항 단서) 또는 「주주
총회의 특별결의에 의하여」(개정전 상법 제343조의 2 제1항)라는 엄격한 요건을 규

---

42) 정찬형, 전게 상법강의(상)(제18판), 751면; 법무부, 전게 상법 회사편 해설, 118~119면.
43) 법무부, 상게 상법 회사편 해설, 117면, 119면.

정한 것은 자기주식의 취득에 더 중점을 둔 규정이 아닌가 생각된다. 회사가 배당가능이익으로써 취득한 자기주식을 소각하는 것은 자기주식의 보유를 인정하지 않는 것으로서, 미국의 캘리포오니아주 회사법 및 모범사업회사법에서 금고주를 인정하지 않는 것과 같다고 볼 수 있다.

　　나. 2011년 4월 개정상법 제343조 제1항 단서에서「회사가 보유하는 자기주식」에는 배당가능이익으로써 취득한 자기주식(상법 제341조)만을 의미하느냐 또는 특정목적에 의하여 취득한 자기주식(상법 제341조의 2)을 포함하느냐의 문제가 있다. 만일 상법 제343조 제1항 단서의「회사가 보유하는 자기주식」에 특정목적에 의하여 취득한 자기주식(상법 제341조의 2)을 포함시키면, 회사가 자본금으로 취득한 자기주식을 이사회의 결의만으로 소각하게 되어(즉, 실질적으로 자본금의 감소의 결과를 가져오는 주식의 소각을 이사회의 결의만으로 하는 것이 되어) 자본금감소절차를 결과적으로 탈법하는 것이 된다. 따라서 해석론상 상법 제343조 제1항 단서의「회사가 보유하는 자기주식」에는 상법 제341조에 의하여 취득한 자기주식만을 의미하는 것으로 보아야 하고,44) 상법 제341조의 2의 특정목적에 의하여 취득한 자기주식은 상법 제342조에 의하여 처분하든가 또는 상법 제343조 제1항 본문에 의하여 자본금 감소에 관한 규정에 따라서만 소각할 수 있다고 본다.45) 입법론으로는 특정목적에 의하여 취득한 자기주식(상법 제341조의 2)에 대하여는 2011년 4월 개정상법 이전과 같이 그 처분의무를 별도로 규정할 필요가 있고(상당한 시기에 자기주식을 처분하여야 한다-개정전 상법 제342조), 상법 제343조 제1항 단서는「회사가 보유하는 주식」대신에「상법 제341조에 의하여 취득한 자기주식」으로 개정되어야 할 것으로 본다.46)

　　상법 제343조 제1항 단서의「회사가 보유하는 자기주식」은 (자본금 감소와 무관한) 무액면주식을 의미하고, 이러한 무액면주식은 상법 제341조에 의하여 취득

---

44) 정찬형, 전게 상법강의(상)(제18판), 750~751면.
　　동지: 송옥렬, 전게서, 874면; 동, 전게논문(저스티스 통권 제127호), 67~68면(이는 자기주식 취득이 이원화되어 있다는 점을 인식하지 못한 것으로 보이는데, 이는 자기주식의 처분과 함께 입법과정에서 실수가 있었던 것으로 생각한다고 한다); 안성포, 전게논문(상사법연구 제30권 제2호), 99면(회사가 자본거래로 취득하여 보유하고 있는 주식의 소각은 자본금 감소에 관한 규정에 준하여 소각하여야 할 것이라고 한다); 법무부, 전게 상법 회사편 해설, 120면.
45) 정찬형, 전게 상법강의(상)(제18판), 751면.
46) 정찬형, 전게 상법강의(상)(제18판), 750~751면.
　　동지: 임재연, 전게서, 551면(상법 제343조 제1항 단서는 입법의 불비이므로 보완이 필요하다고 한다).

한 경우이든 상법 제341조의 2에 의하여 취득한 경우이든 불문한다고 보는 견해
가 있다.[47] 이 견해는 (모든) 액면주식의 소각은 자본금 감소의 효과를 가져오고
(모든) 무액면주식의 소각은 자본금 감소의 효과를 가져오지 않음을 전제로 하고
있는데,[48] 액면주식의 소각의 경우에도 배당가능이익으로써 취득한 자기주식(상
법 제341조)의 소각은 자본금 감소를 수반하지 않으므로(다만, 이 경우에는 발행주식
총수와 자본금간에는 괴리가 발생하여 상법 제451조 제1항의 자본금이 발행주식의 액면총
액이라는 등식이 성립하지 않음) 이 경우는 당연히 상법 제343조 제1항 단서의 「회
사가 보유하는 자기주식」에 해당한다.[49] 또한 무액면주식의 소각이 언제나 자본
금 감소와 무관한지도 의문이다. 무액면주식의 경우에도 자본금 감소와 동시에
주식을 소각하는 경우도 있을 수 있다고 본다. 이러한 점에서 볼 때 상법 제343
조 제1항 단서에서 「회사가 보유하는 자기주식」에는 배당가능이익으로써 취득한
액면주식과 무액면주식이라고 보는 견해[50]도 문제가 있다고 본다.

　　다. 2011년 4월 개정상법이 이익소각제도(강제소각제도)를 폐지하고 자기주식
의 취득과 소각에 대한 동시성을 배제함으로 인하여, 회사가 자기주식을 취득할
때에는 그 취득가액의 총액이 배당가능이익의 범위 내이었으나 회사가 보유하고
있는 자기주식을 소각할 때에는 그 소각되는 자기주식의 시가총액이 배당가능이
익을 초과하고 있는 경우에도 이사회의 결의만으로 이러한 자기주식을 소각할
수 있는가의 문제가 있다. 이에 대하여, 일단 배당가능이익이 있어서 자기주식을
취득한 이상 주식소각의 시점에서는 배당가능이익이 있는지 여부를 따지지 않는
데, 이는 기업회계상으로 일단 자기주식을 자본조정 항목으로 하여 현금의 지출
과 대응하여 두고 나중에 자기주식을 소각하는 시점에서 자본조정 항목의 자기
주식이 없어지면서 이익잉여금이 감소하는 방식으로 처리되기 때문이다(즉, 배당
가능이익의 감소는 자기주식 취득 시점에서 이미 이루어지고, 회계상 이익잉여금 계정의 감
소는 주식소각 시점에 이루어진다)고 하여 주식소각 시점에 배당가능이익이 없어도
무방하다는 견해가 있다.[51] 그런데 이 경우 2011년 4월 개정상법 이전의 상법상

47) 이철송, 전게서, 427면(이 견해에서는 상법 제343조 제1항 단서는 일본 회사법 제178조를
　　옮겨 오며 생긴 입법의 착오라고 하고, 일본 회사법에서는 무액면주식만 발행할 수 있으므로
　　동법 제178조가 자기주식을 이사회의 결의로 소각할 수 있다고 함은 무액면주식인 자기주식을
　　이사회 결의로 소각할 수 있다고 하는 뜻임을 간과한데서 비롯된 실수라고 한다).
48) 이철송, 상게서, 427면.
49) 동지: 임재연, 전게서, 551면.
50) 임재연, 전게서, 551면 주 468; 최준선, 전게서, 296면.
51) 송옥렬, 전게서, 875면; 임재연, 전게서, 552면; 법무부, 전게 상법 회사편 해설, 121면(자기

이익소각과 관련하여 볼 때 자기주식의 (취득 및) 소각 시점에 배당가능이익이 있을 것을 요한다는 점, 2011년 4월 개정상법은 자기주식의 취득과 소각을 별개로 보아 배당가능이익으로써 취득한 자기주식은 처분할 수도 있고 소각할 수도 있도록 규정한 점, 배당가능이익이 없이 자기주식을 소각하면 자본금으로써 자기주식을 소각한 것과 같게 되어 회사의 자본금 충실에 반하는 점 등에서 볼 때, 주식소각 시점에 배당가능이익이 없으면 주식소각을 인정할 수 없다고 본다.[52] 자기주식을 취득한 다음 결산기에 자기주식을 소각할 당시 배당가능이익이 없으면 자기주식을 소각시킬 대응계정이 없다는 문제점도 있다고 한다.[53] 이와 같이 보면 자기주식의 소각시점에서 소각되는 주식의 시가총액이 배당가능이익을 초과하지 않는 범위 내에서만 회사가 보유하고 있는 자기주식의 소각이 가능하다고 본다.[54]

## V. 결 어

회사의 자기주식의 취득·처분 및 소각에 관한 규정은 회사의 지배구조와 관련하여 매우 중요한 규정인데, 2011년 4월 개정상법은 이를 회사의 손익거래 또는 개인법적 거래로 너무 쉽게 보고 회사 또는 지배주주의 편의만을 고려하여 개정한 것으로 생각된다. 또한 외국의 입법례도 주요 선진국의 이에 관한 입법례를 종합적으로 면밀하게 검토하지 않고 일부 국가(특히 일본)의 입법례에만 의존하여 개정한 것이 아닌가도 생각된다. 또한 자본시장법상의 이에 관한 규정이 전체적인 이해관계자의 이익을 종합적으로 고려하지 못한 문제점이 있음에도 불구하고 이를 깊이 평가하지 않고 비상장회사에도 적용되는 상법에서 그것에 따른 개정을 성급히 함으로써 많은 문제점을 제기하게 되었다.

상법 및 자본시장법상 회사의 자기주식의 취득·처분 및 소각에 관한 규정은 주주평등의 원칙, 기존주주의 이익보호, 회사의 자본금 충실의 원칙 등 주식회사의 기본원리에 맞고 또한 모든 이해관계자의 이익을 균형있게 조화할 수 있도록

---

주식 취득 당시 배당가능이익의 한도 내에서 이를 재원으로 하여 자기주식을 취득하였을 것이므로 소각 당시 시점에 배당가능이익의 존재 여부와 관계 없이 자기주식 소각이 가능하다고 한다).
52) 정찬형, 전게 상법강의(상)(제18판), 751~752면.
53) 임재연, 전게서, 552면 주 474.
54) 정찬형, 전게 상법강의(상)(제18판), 752면.

하여야 한다. 따라서 상법상(및 자본시장법상) 자기주식의 취득·처분 및 소각에 관한 규정은 이러한 취지에 맞게 본문에서 문제점을 지적하고 그 개선방안을 제시한 바와 같이 조속히 재검토되어 개정되어야 할 것으로 본다. 즉, 상법 제341조의 자기주식의 취득에서는 재원규제(배당가능이익)와 함께 목적규제·수량규제 또는 (및) 보유규제를 함께 규정하여야 할 것이고, 상법 제341조의 2에서는 개정 전과 같이 '주식을 소각하기 위한 경우'를 추가하여야 할 것이다. 자기주식의 처분에서는 자기주식의 취득에 관하여 이원화하여 규정한 것과 같이 자기주식의 처분에 대하여도 이원화하여 규정하고, 상법 제341조에 의하여 취득한 자기주식을 처분함에는 기존주주의 보호 및 주주평등의 원칙상 신주발행에 관한 규정을 준용하여야 할 것이다. 자기주식의 소각에 관한 상법 제343조 제1항 단서는 '상법 제341조에 의하여 취득한 자기주식'에 대하여만 적용되는 것으로 명확히 규정하고 상법 제341조의 2에 의하여 취득한 자기주식에 대하여는 개정 전과 같이 그 처분의무를 별도로 규정하여야 하며, 이러한 자기주식을 소각할 때에도 배당가능이익이 있어야 함을 규정하여야 할 것으로 본다.

# 주주총회*
## —한국법과 독일법의 비교를 중심으로—

# I. 서 언

## 1. 본고의 목적

주식회사의 경영을 담당하는 기관을 어떻게 구성하며 또 기관 상호간의 권한을 어떻게 분배할 것인가는 참으로 중요한 문제로서 회사법의 개정시마다 등장하는 문제이다. 우리나라의 실정법의 구조가 독일법의 영향을 많이 받았으면서도 주식회사의 기관에 관한 입법에서는 기본적으로 독일법보다는 영미법에 유사하다.[1] 따라서 우리나라의 주식회사의 기관의 구성 및 기관 상호간의 권한은 독

---

\* 이 글은 정찬형, "주주총회—한국법과 독일법의 비교를 중심으로—," 「논문집」(경찰대), 제7집(1988. 1), 345~377면의 내용임(필자가 독일 뮌스터대학교 법과대학에서 1986. 12.~1987. 11. Gastprofessor로서 연구를 마치고 한국의 주주총회에 관한 규정을 독일법과 비교하여 입법론상 참고가 될 수 있도록 한 것임).

  이와 관련하여 참고할 수 있는 필자의 글로는 정찬형, "독일 주식법상 주식회사의 기관(우리 상법과 비교를 중심으로," 「율동 조용각박사 고희기념논문집」, 교연회, 1992. 6, 175~193면; 동, "주주총회결의의 하자," 「고시계」, 통권 제377호(1988. 7), 84~99면; 동, "주주총회의 결의요건," 「고시계」, 통권 제451호(1994. 9), 77~88면; 동, "전자주주총회," 「코스닥저널」(코스닥등록법인협의회), 제23호(2004. 12), 65~71면 등이 있음.

[1] 정동윤, 「회사법」(서울: 법문사, 1986), 296면.

일법의 그것과 기본적으로 상이한 점이 많이 있다. 본고에서는 우리나라의 주식 회사의 기관 중에서 주주총회에 관하여 이러한 상이한 점을 비교하여 분명히 밝 혀둠으로써 앞으로 우리나라의 주식회사법의 입법(개정) 및 해석에 도움을 주고 자 함을 목적으로 한다.

## 2. 본고의 논술방법

본고에서는 이해의 편의상 먼저 주식회사의 기관의 전반적인 면에 대하여 그 변천과정을 우리의 상법과 독일의 주식법을 대비하여 간단히 설명하겠다. 그 후에 주주총회의 권한, 주주총회의 소집, 주식회사의 의결, 주주총회결의의 하자 의 순으로 설명하되, 이해의 편의를 위하여 우리나라의 제도를 먼저 설명한 후에 독일의 제도를 설명하겠다.


# Ⅱ. 주식회사의 기관의 변천과정

## 1. 한국법

가. 우리나라에서 주식회사를 규율하는 법은 시간순으로 크게 세 단계로 나 뉘어질 수 있겠다. 즉, 1962년 1월 20일 제정되고 1963년 1월 1일부터 시행되는 신상법을 기준으로, 1962년까지는 의용상법이 적용되었고 1963년부터는 신상법 이 적용되었다. 한편 1984년 4월 10일에는 다시 신상법이 많이 개정되어 1984년 9월 1일부터(일부의 규정은 1987년 9월 1일부터)는 개정상법이 적용되고 있다. 따라 서 의용상법, 신상법, 개정상법에 있어서의 주식회사의 기관의 특징을 살펴볼 수 있겠다.

① 의용상법에 있어서의 주식회사의 기관은, 의사기관으로 주주총회, 업무집 행기관으로 이사(취체역), 및 감사기관으로 감사(감사역)가 있어, 3기관이 분화되어 있었다. 이때의 주주총회는 최고·만능의 기관이었으며, 감사는 업무이사 및 회계 감사의 권한을 갖고 있었다.

② 신상법에서도 의용상법에서와 같이 3기관의 분화를 유지하였으나, 기관 상호간의 권한을 재조정하였다. 즉, 업무집행기관을 이사회와 대표이사로 분화하 고 종래의 주주총회의 권한을 이사회에 많이 부여하였으며 또 종래의 감사의 권 한 중 업무감사의 권한을 이사회에 부여하여 회사의 중심이 주주총회에서 이사

회로 옮겨졌고, 감사에게는 회계감사의 권한만을 부여하였다.

　③ 개정상법에서도 삼기관의 분화를 유지하였으나, 기관 상호간의 권한분배를 다시 조정하였다. 즉, 주주총회의 권한을 더욱 축소하고 이사회의 권한을 더욱 확대하였으며, 감사의 권한을 확대하여 업무감사권을 다시 부활시켰다.

　나. 우리나라의 주식회사의 기관이 영미법상의 그것과 유사하다고 하나, 영미법상의 그것과 가장 뚜렷이 구별되는 점이 두 가지가 있다. 첫째는 영미법에서는 주식회사의 내부기관으로(더욱이 업무감사의 권한까지 있는) 감사가 없는 점이다. 둘째는 영미법에서는 이사회와는 별도로 이사회에서 선임되는 임원(officers)이 있는 점이다.[2] 영미법상의 임원의 기능은 이사회의 결정을 집행하고 일상의 업무를 수행하는 점에서 우리나라의 상법상 대표이사의 기능과 유사하나 그 구성에 있어서 상이하고, 또 우리나라의 이사는 거의 전부 업무집행의 기능을 겸하고 있는 점에서 사내이사(inside directors)이나 영미에서는 이사와 임원의 직을 겸한다 하더라도 평균 40%가 사내이사이고 60%가 사외이사(outside directors)라는 점에서 구별되고 있다.[3]

## 2. 독일법

　가. 독일의 주식법에서 오늘날과 같이 이사회, 감사회 및 주주총회의 세 기관이 최초로 규정된 것은 1870년의 주식법 개정법률이었다.[4] 위의 세 기관 중에서 맨 나중에 주식법에 규정된 것은 감사회인데, 동 감사회는 1870년의 주식법 개정법률에서 주식회사의 의무기관으로 최초로 규정되었다.[5][6] 그 이유는 1870년의 독일의 주식회사에 관한 입법정책에서 종래의 면허주의를 폐지하고 준칙주의로 변경하였는데, 이에 따라 주식회사에 대한 감독을 국가의 감독 대신에 회사내부의 감독에 강제로 맡기고자 하였기 때문이다.[7]

---

2) 정동윤, 상게서, 296~297면 참조.

3) Bernhard Grossfeld, "Management and Control of Marketable Share Companies," *Int. Enc. Comp. L.* XIII ch.4(1973), p.7.

4) Klaus J. Hopt, "Zur Funktion des Aufsichtsrats im Verhältnis von Industrie und Bankensystem," *Recht und Entwicklung der Grossunternehmen im 19. und frühen 20 Jahrhundert*(Göttingen: Vandenhoeck & Ruprecht, 1979), S.232.

5) § 209 Nr.6 ADHGB i. d. F. des Gesetzes vom 11. Juni 1870.

6) 주식합자회사에서는 1861년부터 감사회가 의무기관이었으며(ADHGB §§ 175 Nr. 6, 191 ff.), 주식회사에서는 1870년까지는 감사회가 임의기관이었다(ADHGB § 225).

7) Hopt, *a.a.O.*, S. 232.

    그 후 1884년의 주식법 개정법률에서도 이러한 세 기관의 지위는 원칙적으로 변경되지 않았으나, 동 법률에서는 감사회의 권한을 실질적으로 강화하였다. 즉, 감사회의 권한을 감독기능에 강제적으로 제한하지 않고, 실무의 관행에 따라 어떤 경우에는 효율적인 조언으로 경영에 참가하게 하여 이로 인하여 효과적인 감독업무를 수행하게 하였다.[8]

    그 후 1897년의 독일상법, 1937년의 주식법 및 1965년의 주식법에서도 위의 세 기관의 형태는 그대로 유지되었다. 그런데 각각의 법률에서 세 기관의 권한에는 차이가 있었다. 즉, 1897년의 상법에서는 주주총회를 주식회사의 최상위기관으로 규정하고 주주총회에 가장 강력한 권한을 부여하였으나, 1937년의 주식법에서는 이사회의 권한을 현저히 강화하였고, 1965년의 주식법에서는 본질적인 변경은 없었으나 주주총회 및 감사회의 권한을 개별적인 점에서 다시 약간 확대하였다.[9]

    나. 독일의 주식회사의 경영기구(주주총회를 제외하고)는 이사회(Vorstand, executive board)와 감사회(Aufsichtsrat, supervisory council)로 나누어져 있음에 반하여, 영미법에서는 이 두 기관의 업무를 이사회(board of directors)가 담당하고 있다. 따라서 기능면에서 볼 때 회사의 기관(corporate management)을 영미에서는 하나의 기관이 담당하고, 독일에서는 두 기관이 담당한다.[10] 이러한 독일의 제도는 영미법과 대비되어 보통 「이중이사회제도」(dual-board or two-tier system)라고 명명되고 있다.[11]


## Ⅲ. 주주총회의 권한

### 1. 한국법

    우리 상법상 주주총회는 상법 또는 정관에 정하는 사항에 한하여 결의할 수

---

8) Hopt, *a.a.O.*, S. 232~233.

9) Götz Hueck, *Gesellschaftsrecht*(München: C.H. Beck'sche Verlag, 1983), S.189.

10) Grossfeld, *supra* at 6.

11) Bernhard Grossfeld/Werner Ebke, "Controlling the Modern Corporation: A Comparative View of Corporate Power in the United States and Europe," 26 *The American Journal of Comparative Law* 399(1978); Alfred F. Conrad, "The Supervision of Corporate Management: A Comparison of Development in European Community and United States Law," 82 *Mich. L. R.* 1461~1462(1984).

있다(상 361). 따라서 주주총회의 권한을 상법에 의한 권한과 정관에 의한 권한으로 나누어서 살펴보면 다음과 같다.

## 가. 상법에 의한 권한

① 이사·감사·청산인의 임면(상 382, 385, 409, 415, 531, 539), 검사인의 선임(상 366③, 367)

② 재무제표의 승인 및 이익의 배당과 배당금지급시기의 결정(상 449①, 464의 2), 주식배당의 결정(상 462의 2), 청산의 승인(상 540)

③ 이사·감사·청산인의 보수결정(상 388, 415, 542②), 이사·감사·청산인의 책임해제의 유보(상 450, 542②), 이사·감사·청산인 또는 발기인의 책임면제(상 400, 415, 542, 324)

④ 주주 이외의 자에 대한 전환사채 또는 신주인수권부사채의 발행(상 513③, 516의 2④)

⑤ 사후설립(상 375)

⑥ 정관의 변경(상 433, 434)

⑦ 회사의 해산(상 517 2호), 합병(상 522), 계속(상 519), 조직변경(상 604①)

⑧ 자본의 감소(상 438)

⑨ 회사의 영업의 전부 또는 중요한 일부의 양도, 영업 전부의 임대 또는 경영위임, 타인과 영업의 손익 전부를 같이 하는 계약, 그 밖에 이에 준하는 계약의 체결·변경 또는 해약, 회사의 영업에 중대한 영향을 미치는 다른 회사의 영업 전부 또는 일부의 양수(상 374) 등.

## 나. 정관에 의한 권한

① 상법에 의하여 정관의 규정사항으로 유보되어 있는 것으로는, 대표이사의 선임(상 389① 단서), 신주의 발행(상 416), 준비금의 자본전입(상 461①), 전환사채의 발행(상 513②), 신주인수권부사채의 발행(상 516의 2②) 등이다.

② 이사회의 결의사항으로 되어 있는 것을 정관의 규정에 의하여 주주총회의 권한으로 할 수 있는가? 이에 대하여 다수설은 이를 긍정하고,[12] 소수설은

---

12) 정희철·양승규, 「보정판 상법학원론(상)」(서울: 박영사, 1986), 416면; 서돈각, 「제3전정 상법강의(상)」(서울: 법문사, 1985), 317면; 손주찬, 「전정증보판 상법(상)」(서울: 박영사, 1984), 491면; 정동윤, 전게서, 315면.

이를 부정한다.13) 생각건대 상법상 각 업무분담에 관한 사항은 정관에 의하여 변경될 수 없으므로 소수설이 타당하다고 생각한다.14)

## 2. 독일법

독일의 주식법에서도 주주총회는 주식법 및 정관에 명시적으로 규정된 사항에 대하여만 결의할 수 있다(AktG § 119①). 독일의 주식회사의 주주총회의 권한도 주식법상의 권한과 정관상의 권한으로 나누어 살펴보고, 우리 상법과의 차이점을 함께 설명하기로 한다.

### 가. 주식법에 의한 권한

① 파견감사 및 근로자대표의 감사를 제외한 주주대표의 감사의 임면(AktG §§ 119① Nr.1, 101①, 103①), 이사에 대한 신용박탈(AktG § 84③), 청산인의 임면(AktG § 265②⑤), 검사인의 선임(AktG §§ 119① Nr. 7, 142). 여기에서 우리 상법과의 뚜렷한 차이는 주주총회에 이사의 임면권이 없으며(그러나 제한적으로나마 이사에 대한 신용박탈권은 있음), 감사 중에서도 파견감사 및 근로자대표의 감사에 대해서는 주주총회에 임면권이 없는 점이다.

② 이사회 및 감사회가 이를 결의하지 않거나, 감사회가 년도결산서를 승인하지 않거나, 년도결산서에 단순한 자본감소가 소급적으로 나타나는 경우에 있어서 년도결산서의 확정(AktG §§ 173, 234②), 결산이익의 사용에 관한 결의(AktG §§ 119① Nr. 2, 174), 특별검사에 의하여 과대평가가 나타난 경우 이에 의하여 나타난 수익의 사용에 관한 결의(AktG § 261③ S.2), 청산시에 청산개시대차대조표 및 년도결산서의 확정(AktG § 270②). 이에 대하여 우리 상법과 구별되는 점은, 독일에서는 년도결산서의 확정권이 원칙적으로 감사회에 있고(AktG § 172) 예외적으로 위에서 본 바와 같이 주주총회에 있음에 반하여, 우리나라에서는 이러한 권한이 원칙적으로 주주총회에 있는 점이다(상 449).

③ 감사의 보수의 결정(AktG § 113① S.2), 발기인·이사 및 감사의 임무해태에 대한 회사의 배상청구의 포기 및 조정(AktG §§ 50, 93③, 116), 이사 및 감사의

---

13) 이태로·이철송, 「회사법강의」(서울: 박영사, 1984), 332면.

14) Eckardt, Ulrich in: Ernst Gessler/Wolfgang Hefermehl/Ulrich Eckardt/Bruno Kropff u.a., *Kommentar zum Aktiengesetz*, Bd. Ⅱ(München: Verlag Franz Vahlen, 1984), § 119 Rn. 10.

영업에 관한 책임해제(AktG §§ 119① Nr.3, 120), 청산시의 청산인 및 감사의 책임
해제(AktG § 270②). 이에 대하여 우리 상법과 구별되는 점은, 독일에서는 이사의
보수의 결정권이 감사회에 있음에 반하여(AktG § 87) 우리나라에서는 주주총회에
있는 점이다(상 388).

④ 이사의 경업거래에 대한 승인권 및 개입권의 행사의 권한이 우리 상법에
서는 이사회의 권한임에 반하여(상 397), 독일에서는 감사회의 권한이다(AktG §§ 88
①②, 112).

⑤ 전환사채 및 이익배당부사채의 발행(AktG § 221). 이에 대하여는 우리 상
법과 유사하다.

⑥ 사후설립계약의 동의(AktG § 52). 이에 대하여도 우리 상법과 유사하다.

⑦ 정관변경(AktG §§ 119① Nr.5, 179). 이는 우리 상법과 동일하다.

⑧ 회사의 해산(AktG §§ 119① Nr.8, 262① Nr.2), 합병(AktG § 340), 조직변경
(AktG § 362). 이것도 우리 상법과 유사하다.

⑨ 회사자산에 의한 자본증가를 포함한 자본조달 및 자본감소의 조치(AktG
§§ 119① Nr.6, 182~240, 207). 우리 상법은 수권자본제도를 취하여 수권자본의 범
위 내에서는 자본조달에 원칙적으로 주주총회의 결의가 필요하지 않은 점이(상
416), 독일법과 구별되는 점이다.

⑩ 회사의 영업양도(AktG §§ 359, 361). 그러나 독일의 주식법에서는 우리 상
법과는 달리 회사의 영업의 임대차 또는 이익공통계약 등에 대해서는 규정하고
있지 않다.

⑪ 우리나라의 외부감사인에 해당되는 독일의 결산검사인(Abschlussprüfer)은
주주총회의 결의에 의하여 임면된다(단, 법원이 선임하지 않는 경우)(AktG §§ 119① Nr.4,
163). 이에 대하여 우리나라의 외부감사인의 선임권자는 상법에는 물론 규정이 없
고, 「주식회사 등의 외부감사에 관한 법률」(제정: 1980. 12. 31, 법률 제3297호, 전부개
정: 2017. 10. 31, 법률 제15022호, 시행: 2018. 11. 1.)에서는 「회사」라고만 규정하여(동법
제4조) 이사회의 결의에 의하여 대표이사가 선임한다고 해석할 수 있다.[15]

⑫ 그밖에 우리 상법에는 규정이 없는 사항에 대하여 독일의 주식법에서 주
주총회의 권한사항으로 규정하고 있는 것으로는, 주주총회결의의 준비를 위하여
이사회에 요구할 권한(AktG § 83①), 감사회의 동의를 얻어야 할 법률행위에 대

---

15) 이태로·이철송, 전게서, 491면.

하여 감사회가 동의를 거절한 경우에 이사회의 요구에 의하여 이에 대신하여 결
의할 권한(AktG § 111④ S.3), 발기인·이사·감사 등에 대한 회사의 보상청구권의
행사에 관한 의결권(AktG § 147) 등이 있다.

## 나. 정관에 의한 권한

① 독일의 주식법에서도 주식법이 규정한 사항 이외의 업무에 대하여 정관
으로 주주총회의 권한사항으로 규정할 수 있는데(AktG § 119 ①), 이는 실제에
있어서 거의 의미가 없다.16) 왜냐하면 정관은 주식법 제23조 5항에 의하여 동법
이 명시적으로 위임한 경우에 한하여 예외적인 사항을 규정할 수 있는데, 주식법
에서 주주총회의 권한에 관하여 정관에 위임한 사항은 아무 것도 없기 때문이
다.17) 이 점이 우리 상법에서는 주주총회의 권한에 관하여 일부 정관에 위임하
고 있는 것과 구별되고 있다.

② 이사회의 권한을 정관에 의하여 주주총회의 권한으로 할 수 있는가? 이
에 대하여 독일에서는 부정하고 있다. 즉, 정관은 주주총회에게 이사회 또는 감사
회의 권한을 부여할 수도 없으며, 또한 주식법상 규정된 각 기관의 권한에 관한
사항은 강행규정이므로 이와 달리 규정한 정관의 규정은 무효라고 한다.18) 결국
정관은 세 기관의 권한의 기본적인 한계에 대해서는 아무 것도 변경할 수 없고,
또 의문이 있는 사항에 대하여 법률이 다른 기관의 처리사항으로 규정한 경우에
는 이를 주주총회의 권한으로 규정할 수도 없으며, 겨우 업무집행에 있어서 의문
사항 및 년도결산서의 확정 등에 대해서만 규정할 수 있다고 한다.19) 또한 정관
은 주식법상 규정된 주주총회의 권한을 당연히 제한할 수도 없다고 한다.20)

③ 독일의 주식법은 "업무집행상의 문제에 관하여는 주주총회는 이사회가
청구한 때에 한하여 결정할 수 있다"고 명문으로 규정하고 있다(AktG § 119②).
이 점은 이러한 규정이 없는 우리 상법과 구별되는 점이나, 우리 상법의 해석에
서도 많은 참고가 되리라고 본다.

---

16) Hueck, *a.a.O.*, S.225.
17) Eckardt, *a.a.O.*(Kommentar Bd. II), § 119 Rn.10.
18) Eckardt, *a.a.O.*(Kommentar Bd. II), § 119 Rn.10.
19) Hueck, *a.a.O.*, S.225.
20) Hueck, *a.a.O.*, S.225.

## IV. 주주총회의 소집

### 1. 한국법

#### 가. 소집절차

우리 상법상 주주총회는 원칙적으로 이사회의 결정에 의하여 소집되고(상 362), 예외적으로 소수주주가 법원의 허가를 얻어 소집할 수 있거나(상 366) 법원이 대표이사에게 명하여 소집할 수 있다(상 467③).

#### 나. 소집시기

① 매년 1회 일정한 시기(매결산기)에 소집되는 정기총회와(상 365①②),
② 필요한 경우에 수시로 소집되는 임시총회가 있다[21](상 365③).

#### 다. 소집절차

① 회일의 2주간 전에 서면 또는 전자문서로 통지하여야 하는데(상 363①), 이러한 통지에는 회의의 목적사항이 포함되어야 한다(상 363②③). 소집지는 정관에 다른 정함이 없으면 본점소재지 또는 이에 인접한 지이어야 한다(상 364).

② 소집절차를 결여한 주주총회의 결의는 유효한가? 즉, 주주 전원이 총회의 개최에 동의하고 출석하여 이루어진 전원출석총회 또는 1인회사의 경우에 문제가 된다.

(ⅰ) 우리나라의 판례는 1인회사에 대하여는 일찍부터 그 유효성을 인정하여 왔으며,[22] 1인회사 이외의 전원출석총회에 대하여는 처음에는 "주주의 단순한 회합에 불과한 것이고 법률상 주주총회라 할 수 없다"고 하여 이를 부정하였으나,[23] 그 후에는 "주주명부상의 주주 7인 전원이 출석하여 만장일치로 결의한 경우라면 위 주주총회는 이른바 전원출석총회로서 그 결의는 주주총회의 결의로서 유효하다"고 하여 이를 긍정하였다.[24]

---

21) 임시총회도 소집이 강제되는 경우가 있는데, 이는 법원의 명령에 의한 때(상 467), 흡수합병의 보고총회(상 526), 청산개시시 또는 청산종결시 청산인이 재산관계서류의 승인을 요구한 때(상 533①, 540①) 등이다.
22) 대판 1966. 9. 20, 66다1187, 1188; 동 1977. 2. 8, 74다1754 외.
23) 대판 1960. 9. 8, 4292 민상 776.
24) 대판 1979. 6. 26, 78다1794.

　(ⅱ) 이에 대하여 우리나라의 다수설은 이를 긍정하고 있다.[25] 그러나 소수설은 전원출석총회에 의하여 모든 소집절차, 특히 이사회의 소집결정의 결여까지 치유될 수는 없다고 하여 이를 부정하고 있다.[26] 소수설은 그 이유를 주주의 이해의 일치가 이사회 및 이사회가 대신하는 회사 자체의 이해와 일치한다고 볼 수 없으므로 이사회의 권한을 보장해 주어야 한다는 점과, 회사운영의 공정을 기하기 위하여 절차상의 요건을 엄격히 유지해야 한다는 점을 들고 있다.[27] 생각건대 소수설에도 일리는 있으나 소집절차상의 하자는 주주 전원의 출석에 의하여 치유될 수 있다고 보는 점에서 다수설이 타당하다고 생각한다. 그러나 학설 중에는 주주총회의 경우에도 유한회사에서와 같이 사전에 총주주의 동의에 의하여 소집절차 없이 주주총회를 열 수 있다고 하는 견해가 있으나[28](상 573 참조), 주식회사는 유한회사와는 구별되므로 유한회사에 관한 규정을 유추적용할 수도 없을 뿐만 아니라 또 주주총회의 소집절차에 관한 규정은 강행규정이므로 이를 총주주의 동의에 의하여 배제할 수 없는 점에서 그러한 사전의 동의로써 한 소집절차의 생략은 유효하다고 볼 수 없다.[29]

## 2. 독일법

### 가. 소집권자

　독일 주식법상 주주총회는 일반적으로 이사회의 결의에 의하여 소집되고, 이때의 이사회의 결의는 언제나 단순다수결로써 충분하다(AktG § 121②). 또한 감사회도 주주총회를 소집할 권한이 있으며, 회사의 이익을 위하여 필요한 경우에는 주주총회를 소집할 의무가 있다[30](AktG § 111③). 이때의 감사회의 결의도 단순다수결로써 충분하다.[31] 예외적으로 소수주주가 법원의 허가를 얻어 주주총회를 소집할 수도 있다(AktG § 122).

---

25) 정희철·양승규, 전게서, 419면; 서돈각, 전게서, 361면; 손주찬, 전게서, 505면; 정동윤, 전게서, 322면.
26) 이태로·이철송, 전게서, 340면; 양승규, "대법원 1976. 4. 13, 74 다 1755의 판례평석," 법률신문, 1976. 6. 7.
27) 이태로·이철송, 전게서, 340~341면.
28) 정희철·양승규, 전게서, 420면; 정동윤, 전게서, 323면.
29) 동지: 이태로·이철송, 전게서, 341면.
30) Hueck, *a.a.O.*, S.225.
31) Hueck, *a.a.O.*, S.225.

우리 상법과 구별되는 점은, 독일 주식법상은 감사회에 주주총회의 소집권을 부여하고 있는 점이다(우리 1995년 12월 개정상법 제412조의 3은 감사에게 주주총회 소집청구권을 인정함).

## 나. 소집시기

독일에서도 주주총회는 정기총회(ordentliche Hauptversammlung)와 임시총회(ausserordentliche Hauptversammlung)로 나뉘어진다.

① 정기총회는 매년 정기적으로 개최되며, 최소한 대차대조표상의 이익금의 처분 및 이사·감사의 책임해제에 대하여 결의한다. 또한 동 정기총회가 년도결산서에 관해서 결의해야 하는 경우에는 동 결산서의 확정에 대하여도 결의한다. 한편 이러한 세 가지 사항은 상호연결되어 처리된다[32](AktG §§ 120③, 175③). 정기총회는 영업년도의 처음 8월 이내에 소집되어야 한다(AktG §§ 120①, 175① S.2).

우리 상법과 구별되는 점은, 정기총회에서 의결할 최소한의 사항이 법정되어 있고 소집시기가 법정되어 있는 점이다.

② 임시총회는 필요에 의하여 수시로 소집되는데, 회사의 이익을 위하여 필요한 경우(AktG § 121①, 111③) 또는 일정한 소수주주가 요구하는 경우(AktG § 122①) 등에 소집된다.[33] 이는 우리 상법과 비슷하다.

## 다. 소집절차

① 회일의 1월 전에 회사공고지(Gesellschaftsblatt)에 공고되어야 한다(AktG §§ 121③, 123①). 이러한 공고 대신에 또는 공고와 함께 하는 주주에 대한 개별적인 초청(통지)(persönliche Einladung)은 법률에 규정이 없으므로 인정되지 않으며, 동 회사에 1인 또는 수인의 주주가 있거나 또는 전 주주가 기명주주인 경우에도 역시 동일하게 인정되지 않는다.[34] 이러한 공고에는 주주총회의 의사일정(Tagesordnung)이 공고되어야 하는데, 이에 관하여는 상세한 규정을 두고 있다(AktG § 124). 또한 이사회는 연방관보에 주주총회의 소집공고를 한 후 12일 이내에 최후의 주주총회에서 주주를 위하여 의결권을 행사하였거나 통지를 청구한 금융기관 및 주주협회에게 주주총회의 소집, 의사일정의 공고 등에 대하여 통지

32) Hueck, *a.a.O.*, S.226.
33) Hueck, *a.a.O.*, S.226.
34) Eckardt, *a.a.O.*(Kommentar Bd. II), § 121 Rn.29.

하여야 한다(AktG § 125①). 이 밖에도 이사회는 회사에 주권을 공탁한 주주, 통지를 청구한 주주, 회사의 주주명부에 기재된 주주 등에게도 앞의 경우와 같이 공고 후에 통지를 별도로 하여야 한다(AktG § 125②).

주주총회의 소집지는 정관에 달리 정함이 없으면 회사의 주소지이며, 회사의 주식이 증권거래소에 상장된 경우에 정관에 달리 정함이 없으면 증권거래소의 주소지도 가능하다(AktG § 121④).

이러한 독일의 주식법상의 소집절차에 관한 규정은, 일률적으로 회일의 1월 전에 회사의 공고지에 공고하도록 한 점, 공고 외에도 일정한 자에게는 추가로 통지를 하도록 한 점, 일정한 경우에는 증권거래소에서도 주주총회를 개최할 수 있게 한 점 등이, 우리 상법의 규정과 구별되는 점이라고 보겠다.

② 소집절차를 결여한 전원출석총회에 대하여 독일의 주식법에서는 무효가 아니라고 명문으로 규정하여 해결하고 있고(AktG §§ 241 Nr.1, 250①, 253① S.1, 256③ Nr.1), 판례[35] 및 학설[36]도 동지이다.


# V. 주주총회의 의결

## 1. 한국법

### 가. 의결권의 수

각 주주는 1주에 대하여 1개의 결의권을 갖는 것이 원칙이나(1주 1의결권의 원칙)(상 369①), 이에 대한 예외가 상법에 규정되어 있는데 이는 다음과 같다. 즉, 의결권이 없거나 제한되는 주식(상 344조의 3), 회사의 자기주식(상 369②), 상호보유되는 주식(상 369③), 특별이해관계인의 소유주식(상 368③), 감사의 선임결의에 있어서 발행주식총수의 100분의 3을 초과하는 수의 주식(상 409②) 등이 그것이다.

### 나. 의결권의 행사

의결권의 대리행사(상 368②) 및 결의권의 불통일행사(상 368의 2)는 상법상 명문규정으로 허용되고 있다. 종래에 서면결의에 대하여는 상법상 규정이 없었는데,[37]

---

35) BGHZ 36, 207/211.
36) Eckardt, *a.a.O.*(Kommentar Bd. Ⅱ), § 121 Rn.38; Hueck, *a.a.O.*, S.235.
37) 그러나 유한회사의 경우에는 명문으로 이를 인정하고 있었다(상 577).

이를 해석론상 인정하여도 무방하다는 견해[38] 또는 입법론상 고려하여야 할 과제라고 하는 견해[39]가 있었다(그 후 1999년 12월 개정상법 제368조의 3은 서면투표를 규정하였고, 2009년 5월 개정상법 제368조의 4는 전자투표를 규정하였으며, 2014년 5월 개정상법 제363조 제4항~제7항은 자본금 총액이 10억원 미만인 소규모 주식회사에 대하여 전원출석총회 및 주주총회의 결의에 갈음하는 서면에 의한 결의를 규정함).

## 다. 의사(議事)

① 주주총회에 이사는 출석하여 의사록에 기명날인 또는 서명을 할 의무가 있으며(상 373 ②), 감사도 주주총회에 출석하여 이사가 주주총회에 제출할 의안 및 서류가 법령 또는 정관에 위반하거나 현저하게 부당한 사항이 있는지의 여부에 관하여 주주총회에 그 견해를 진술하여야 한다(상 413).

② 주주총회의 의장은 보통 정관에서 정하고 있으나, 정관의 규정이 없으면 총회에서 주주들이 의장을 선임한다.[40]

③ 주주총회의 의사에는 의사록을 작성하여야 하는데, 이에는 의장과 출석한 이사가 기명날인 또는 서명하여야 한다(상 373).

④ 주주총회에서는 연기 또는 속행의 결의를 할 수 있다(상 372).

## 라. 결의방법

(1) **보통결의**: 발행주식총수의 과반수에 해당하는 주식을 가진 주주가 출석하여(정족수), 그 출석한 주주의 의결권의 과반수로써(표결수) 하는 결의이다(1995년 12월 개정상법 이전에는 이와 같이 규정하였는데, 1995년 12월 개정상법 제368조 제1항은 정족수를 없애고 표결수를 '출석한 주주의 의결권의 과반수와 발행주식총수의 4분의 1 이상의 수'로 규정함). 보통결의의 정족수는 정관의 규정에 의하여 완화하거나 가중할 수 있고, 표결권은 정관에 의하여 가중할 수 있다(단, 이사의 선임결의에서는 해당되지 않음)[41](상 368①). 가부동수인 경우에는 부결된 것으로 해석된다.[42]

상법에 규정된 보통결의사항으로는 이사·감사의 선임(상 382, 409), 이사·감사의 보수의 결정(상 388, 415), 검사인의 선임(상 366③, 367), 재무제표의 승인(상

38) 정희철·양승규, 전게서, 427면.
39) 정동윤, 전게서, 343면.
40) 정동윤, 전게서, 346면.
41) 정동윤, 전게서, 351면.
42) 정희철·양승규, 전게서, 425면; 정동윤, 전게서, 351면.

449), 주식배당의 결의(상 462의 2①), 청산인의 선임·해임(상 531①, 539) 및 보수의 결정(상 542②, 388), 청산의 승인(상 540①) 등이다.

(2) **특별결의**: 발행주식총수의 과반수에 해당하는 주식을 가진 주주가 출석하여(정족수), 그 출석주주의 결의권의 3분의 2 이상의 다수로써(표결권) 하는 결의이다(1995년 12월 개정상법 이전에는 이와 같이 규정하였는데, 1995년 12월 개정상법 제434조는 정족수를 없애고 표결수를 '출석한 주주의 의결권의 3분의 2 이상과 발행주식총수의 3분의 1 이상의 수'로 규정함). 특별결의의 정족수는 정관에 의하여 완화할 수는 없으나 가중할 수는 있다.[43] 특별결의의 표결수는 정관에 의하여 완화할 수는 없으나,[44] 가중할 수는 있다고 본다.[45]

상법에 규정된 특별결의사항으로는 정관의 변경(상 434), 자본금의 감소(상 438①), 해산(상 518), 회사의 합병(상 522), 회사의 계속(상 519), 영업의 전부 또는 중요한 일부의 양도 등(상 374), 사후설립(상 375), 이사와 감사의 해임(상 385①, 415), 주주 이외의 자에 대한 전환사채·신주인수권부사채의 발행(상 513③, 516의 2④), 주식의 할인발행(상 417①) 등이다.

(3) **특수결의**: 총주주의 동의를 요하는 것으로는 이사·감사·발기인의 회사에 대한 책임을 면제하는 경우(상 400, 415, 324)와 주식회사를 유한회사로 조직변경하는 경우(상 604①)이다.

또한 주식회사의 모집설립(상 309) 또는 신설합병의 경우(상 527③)의 창립총회의 결의방법(출석한 주식인수인의 의결권의 3분의 2 이상이며 인수된 주식총수의 과반수)도 이에 해당한다고 볼 수 있다.

### 마. 종류주주총회

① 회사가 종류주식을 발행한 경우에 정관을 변경함으로써 어느 종류주식의 주주에게 손해를 미치게 되거나(상 435①), 주식의 종류에 따라 특수하게 정함에 따라 어느 종류의 주주에게 손해를 미치게 될 때(상 436, 344③), 또는 회사의 분할 또는 분할합병·주식교환·주식이전 및 합병으로 인하여 어느 종류의 주주에게 손해를 미치게 될 때(상 436)에 종류주주총회의 결의를 요한다.

---

43) 정동윤, 전게서, 352면.
44) 정희철·양승규, 전게서, 425면; 정동윤, 전게서, 352면.
45) 동지: 정희철·양승규, 전게서, 425~426면; 정동윤, 전게서, 352면.
     반대: 이태로·이철송, 전게서, 362면(그 이유는 주식회사 경영의 폐쇄화를 초래할 것이기 때문이라고 한다).

② 종류주주총회의 결의는 그 종류의 발행주식총수의 과반수에 해당하는 주식을 가진 주주의 출석과 그 결의권의 3분의 2 이상의 다수로써 한다(1995년 12월 개정상법 이전에는 이와 같이 규정하였는데, 1995년 12월 개정상법 제435조 제2항은 정족수를 없애고 표결수를 '출석한 주주의 의결권의 3분의 2 이상과 그 종류의 발행주식총수의 3분의 1 이상의 수'로 규정함). 종류주주총회에서는 의결권이 없거나 제한되는 주식(상 344조의 3)도 의결권을 가지며(상 435③), 이 결의요건은 가중 또는 감경할 수 없다고 해석되고 있다.[46]

③ 종류주주총회의 결의를 추가로 요하는 주주총회의 결의에서는, 종류주주총회의 결의가 주주총회의 결의의 효력발생요건이다. 따라서 종류주주총회의 결의를 얻지 못하면 주주총회의 결의는 그 효력이 발생하지 않게 된다.[47]

## 2. 독일법

### 가. 결의권의 수

독일의 주식법에서도 결의권의 수는 사람의 수가 아니라 주식의 액면에 따라 정하여진다(AktG § 134① S.1). 또한 의결권은 출자의 완전한 이행에 의하여 비로소 발생하며, 출자가 완전히 이행되지 않은 주식에 대하여는 일반적으로 의결권이 없다(AktG § 134②). 한 사람의 주주가 다수의 주식을 소유하는 경우에 정관에 의하여 결의권의 최고한도(Höchststimmrecht)를 정하거나 대주주에 대하여 등급을 정하여 의결권을 제한할 수 있다(AktG § 134① S.2). 복수의결권주(Mehrstimmrechtsaktien)는 과거에 폐단이 컸기 때문에, 1937년 주식법에서는 장관의 승인이 있는 경우에만 인정하였다.[48] 현재의 주식법에서도 복수의결권주는 원칙적으로 인정되지 않으며, 다만 예외적으로 회사의 주소가 존재하는 주의 경제를 관할하는 최상급관청의 승인이 있고 또 그것이 전체경제의 이익을 위하여 필요한 경우에 한하여 인정된다(AktG § 12②). 유럽공동체주식회사법(EGAktG) 제5조는 이러한 과거의 복수의결권주의 제도를 유지하고 있으나, 주주총회의 결의에 의하여 동 제도를 폐지하거나 제한할 수 있도록 하여 완화하고 있다.[49] 복수

46) 정동윤, 전게서, 359면; 손주찬, 전게서, 507면; 이태로·이철송, 전게서, 404면.
47) 정동윤, 전게서, 360면, 372~373면(이는 주주총회결의의 불완전 또 불발효사유이다).
48) Hueck, *a.a.O.*, S.231.
49) Hueck, *a.a.O.*, S.231.

의결권주의 제도는 오늘날 거의 그 기능이 없다. 왜냐하면 과거의 복수의결권의
제도는 폐지되었고 관청의 승인을 받는 새로운 제도는 거의 이용되지 않기 때문
이다.50) 주주총회에서의 의결권은 원칙적으로 모든 주식에게 인정되는데(AktG
§ 12① S.1), 예외적으로 우선주에 대하여는 의결권이 없는 주식(Vorzugsaktien
ohne Stimmrecht)으로 발행할 수 있다(AktG §§ 12① S.2, 139①). 이러한 주식의 소
유자는 의결권 이외의 모든 권리를 갖는다51)(AktG § 140①). 회사의 자기주식
(eigene Aktien der Gesellschaft) 및 회사 또는 동 회사의 종속기업의 계산으로 종
속기업 또는 제3자가 소유하는 주식(Vorratsaktien)의 경우에는 의결권이 휴지(休
止)된다52)(AktG §§ 71 ff., 특히 71b). 또한 주주와 회사 간의 중대한 이해충돌이
있는 경우에도 주주의 의결권이 정지된다. 그런데 이에 대하여 독일의 주식법은
제한하여 규정하고 있다. 즉, 주주총회의 결의가 당해 주주의 책임을 해제하거나
의무를 면제하는 경우 또는 당해 주주에 대하여 회사가 청구권을 행사하는 경우
에 한한다(AktG § 136④ S.1). 이러한 경우에는 타인을 통하여도 의결권을 행사할
수 없다(AktG § 136① S.2).

    이러한 독일 주식법상의 규정은 대체로 우리 상법과 유사하나, 특별이해관
계인의 주주권의 행사의 제한에서 특별이해관계인의 범위가 법률에 의하여 제한
되고 있는 점, 복수의결권이 극히 제한적으로나마 인정될 수 있는 점, 의결권의
최고한도가 정관에 의하여 일반적으로 인정될 수 있는 점 등은 우리 상법상의
그것과 구별되는 점이라고 보겠다.

## 나. 의결권의 행사

    독일의 주식법에서도 의결권의 대리행사(Stimmrechtsvollmacht)는 명문으로
규정되어 있다(AktG § 134③ S.1). 이때에는 서면에 의한 형식이 필요하며(AktG
§ 134③ S.2), 위임장(Vollmachtsurkunde)을 회사에 제출하여 행사한다(AktG § 134
③ S.3). 그런데 실제에 있어서는 이러한 방법 대신에 주주가 자신의 주식을 신용
있는 제3자에게 위임하여 그의 이름으로 의결권을 행사하게 하는 자격양도
(Legitimationsübertragung)의 방법이 많이 이용된다53)(AktG § 129③). 이와 관련하

---

50) Hueck, *a.a.O.*, S.231.
51) Hueck, *a.a.O.*, S.230.
52) Hueck, *a.a.O.*, S.230.
53) Hueck, *a.a.O.*, S.231.

여 독일에서는 주식을 맡고 있는 은행을 통한 의결권의 행사가 많이 이용되고
있으며 또 이에 관하여 주식법은 상세한 규정을 두고 있다(AktG § 135). 이러한
은행을 통한 의결권의 행사는 과거에는 특히 1920년대에는 너무 많이 남용되어,
자격양도의 과다 이용으로 인한 부정적인 기능으로 작용하였다.[54] 따라서 이를
방지하는 조치가 1937년 주식법에 규정되었으나 충분하지 못하였고, 1965년의
주식법에서는 이를 대폭 강화하여 이에 관한 규정을 변경하였다. 그러나 소수주
주의 요구와 필요에 의하여 은행을 통한 의결권의 행사를 폐지시킬 수는 없고
그대로 존치시키고 있다.[55]

이로 인하여 은행은 일반적으로 자기의 이름으로 고객(주주)의 의결권을 행
사하지 못하고 대리인으로서 고객(주주)의 이름으로만 의결권을 행사할 수 있게
되어, 자격양도는 금융기관에 대하여 배제되고 있다[56](AktG § 135①). 그리고 은
행에 대한 이러한 대리권은 하나의 특정은행에만 부여할 수 있으며, 최장 15개
월만 부여할 수 있다(AktG § 135②).

독일 주식법에서는 의결권의 불통일행사에 대하여는 규정하고 있지 않고,
주주총회 없는 주주의 서면결의는 인정되지 않는 것으로 해석되고 있다.[57]

우리 상법에 규정이 없는 사항으로 의결권의 행사에 관한 독일 주식법상의
규정이 있다. 즉, 주주에게 회사·회사의 이사회나 감사회의 지시 또는 종속기업
의 지시에 따라 의결권을 행사할 의무를 지우는 계약은 무효이며, 또한 주주에게
회사의 이사회나 감사회의 어떠한 제안에도 동의할 의무를 지우는 계약도 무효
이다(AktG § 136②). 이는 회사의 자기주식의 경우와 같이 주주총회의 의사형성
에 집행기관의 영향을 배제하기 위한 것으로,[58] 우리 상법의 해석에도 참고가
되리라고 본다. 그러나 주주 상호간에 결의에 의무를 지우는 계약은, 그것이 일
반적이고 또 개별적인 사항에 관한 경우에는, 원칙적으로 유효한 것으로 해석하
고 있다.[59]

---

54) Hueck, *a.a.O.*, S.232.
55) Hueck, *a.a.O.*, S.232.
56) Hueck, *a.a.O.*, S.232.
57) Hueck, *a.a.O.*, S.225.
58) Hueck, *a.a.O.*, S.230.
59) Hueck, *a.a.O.*, S.233; BGHZ 48, 163.

### 다. 의사(議事)

① 독일의 주식법에서도 이사와 감사는 주주총회에 출석하는 것으로(sollen) 규정하고 있다(AktG § 118②). 우리 상법의 경우와 비슷하다.

② 독일의 주식법에서도 주주총회의 의장에 대해서는 규정을 두고 있지 않다. 그러나 주주총회에는 반드시 의장이 있어야 하는데, 이러한 의장은 정관에 의하여 규정되고 정관의 규정이 없으면 주주총회에서 선임된다.[60] 이는 우리 상법의 해석과 같다. 그런데 독일에서는 감사회의 의장이 보통 주주총회의 의장이 된다고 한다.[61] 의장은 일반적인 권한 이외에 필요한 경우 발언시간을 제한할 수도 있으며 발언을 하도록 지적할 수도 있다고 해석한다.[62] 그러나 의장은 모든 출석주주에게 자기의 견해를 표명할 충분한 기회를 주어야 하며, 이를 흠결한 주주총회의 결의는 취소사유가 될 수 있다.[63]

③ 주주총회의 모든 의사록은 공증되어야 하며, 의사록에 있는 모든 결의는 서증(beurkunden)되어야 한다. 회사를 구속하는 소수주주의 모든 청구에 대하여도 공증되어야 한다(AktG § 130). 독일주식법상 이러한 사항은 우리 상법과 구별되는 점이다.

④ 독일 주식법상 주주총회의 연기 및 속행에 관한 규정은 없으나, 정관 또는 주주총회에서 정한 업무규칙에 규정할 수 있다고 본다.

⑤ 종래의 우리 상법에 없는 사항으로(1998년 12월 우리 개정상법 제363조의 2는 주주제안권을 규정함) 독일의 주식법은 주주에 대하여 제안권(Antragsrecht)과 (AktG §§ 126, 127) 설명청구권(Auskunftsrecht)을 인정하고 있다(AktG §§ 131, 132). 특히 설명청구권은 매우 중요한 주주의 권리로서 의사일정과 관계되는 한 회사의 모든 업무에 관하여 설명을 청구할 수 있는 것으로, 이는 좁게 해석되어서는 안 된다.[64] 이러한 사항은 우리 상법에도 입법론적으로 많은 참고가 되리라고 본다.[65]

---

60) Hueck, *a.a.O.*, S.227.
61) Hueck, *a.a.O.*, S.227.
62) Hueck, *a.a.O.*, S.227.
63) BGHZ 44, 245.
64) Hueck, *a.a.O.*, S.227~228.
65) 정동윤, 진게서, 347~348면 참조.

## 라. 결의방법

① 독일의 주식법에서는 (출석)정족수의 요건은 규정하고 있지 않다. 그러나 정관에 의하여 이의 요건을 규정할 수는 있다.[66] 이는 우리 상법(1995년 12월 개정상법 이전)이 (출석)정족수를 「발행주식총수의 과반수」라고 규정하고 있는 것과 구별되는 점이다. 따라서 보통결의는 투표수의 과반수로써 하며, 이러한 결의방법은 법률 또는 정관에 달리 규정이 없는 경우에 일반적으로 이용된다(einfache Mehrheit)(AktG § 133①). 그러나 선거에 관하여는 정관으로 단순다수결과 달리 정할 수 있다(예, 상대다수결 등)(AktG § 133②). 한편 가부동수인 경우에 부결로 해석하고 있는 점은,[67] 우리의 경우와 같다.

② 정관은 특별다수결(qualifizierteMehrheit) 또는 소수주주의 동의를 요하는 것 등의 조건을 규정할 수 있다.[68] 주식법이 규정하는 특별다수결을 요하는 사항으로는 정관변경(AktG § 179②), 출자에 의한 자본증가(AktG § 182①), 인허자본(genehmigtes Kapital)의 결의(AktG § 202②), 자본감소(AktG § 222①) 등인데, 이때에는 대표된 자본의 4분의 3 이상의 다수결을 요한다. 이러한 요건은 우리 상법상 특별결의의 요건과 구별된다.

③ 독일 주식법상 이사·감사·발기인의 임무해태로 인한 회사에 대한 책임면제(회사의 배상청구권의 포기)에 대하여는 특별한 정족수 및 표결수를 규정하고 있지 않으므로(AktG §§ 50, 93④, 116), 정관에 달리 규정하고 있지 않는 한 단순다수결을 요한다고 본다(AktG § 133). 이 점은 우리 상법이 「총주주의 동의」가 있는 경우에만 이사 및 감사의 책임을 면제할 수 있는 것으로 규정하고 있는 점과 구별된다. 그러나 주식회사의 유한회사로의 조직변경에는 독일의 주식법에서도 총주주의 동의를 요하도록 되어 있어(AktG § 369②), 이 점은 우리 상법과 동일하다. 또한 독일의 주식법에서는 모집설립을 인정하지 않기 때문에(AktG § 29 참조), 모집설립 또는 신설합병의 경우(AktG §§ 353④, 29)의 창립총회에 관한 규정이 없다.

---

66) Hueck, *a.a.O.*, S.227.
67) Hueck, *a.a.O.*, S.229.
68) Hueck, *a.a.O.*, S.229.

### 마. 종류주주총회

① 독일의 주식법에서도, 종류주식이 발행된 경우에 종류주식의 종전의 관계를 어떤 종류의 주식에 불리하게 변경하여야 할 때에는 주주총회의 결의 외에 손해를 받는 종류주주총회의 결의가 필요하다고 규정하고 있다(AktG § 179③ S.1). 이것은 우리 상법의 그것과 대체로 유사하다.

② 독일의 주식법상 종류주주총회의 결의에는 그 종류의 대표되는 자본의 4분의 3의 다수결을 요한다(AktG § 179③ S.2~3). 이는 우리 상법의 그것과는 구별되나, 독일의 주식법상 특별결의를 요하는 다른 사항과 일치한다.

③ 독일의 주식법상으로도 종류주주총회를 요하는 경우에는, 종류주주총회의 결의가 주주총회결의의 효력발생요건이다[69](AktG § 179③ S.1). 이 점은 우리 상법의 해석과 유사하다.

## VI. 주주총회결의의 하자

### 1. 한국법

우리 상법은 주주총회의 결의의 하자를 다툴 수 있는 소의 방법으로 결의취소의 소(상 376), 결의무효확인의 소(상 380), 결의부존재확인의 소(상 380) 및 부당결의취소·변경의 소(상 381)의 네 가지를 규정하고 있다. 각각에 대하여 간단히 살펴본다.

### 가. 결의취소의 소

(1) 원 인: 결의에 형식적 하자가 있는 경우인데, 상법은 이에 대하여 "총회의 소집절차 또는 결의방법이 법령 또는 정관에 위반하거나 현저하게 불공정한 때"라고 규정하고 있다(이는 1995년 12월 개정상법 이전의 내용으로, 1995년 12월 개정상법 제376조 제1항은 이에 '또는 그 결의의 내용이 정관에 위반한 때'를 추가함).

---

69) Hueck, *a.a.O.*, S.229, 238, 267. 이를 주주총회결의의 부동적(浮動的) 불발효(schwebende Unwirksamkeit)라고 하며(BGHZ 15, 181; 48, 143), 이는 특정주주의 동의를 요하거나 종류주주총회의 결의를 추가적으로 요하는 주주총회의 결의에 해당하는 것이며, 주주총회결의 자체의 취소사유나 무효사유와는 무관하다(Hueck, *a.a.O.*, S.238).

(2) **당사자**: 제소권자(원고)는 주주·이사 또는 감사에 한한다(상 376①). 피고에 대하여는 법에 명문의 규정은 없으나 회사만이 될 수 있다고 해석한다.[70]

(3) **제소기간**: 결의의 날로부터 2월내에만 제기할 수 있다(상 376①).

(4) **판결의 효력**: 당사자 이외의 제3자에게도 미친다(대세적 효력)(상 376②, 190 본).

## 나. 결의무효확인의 소

(1) **원  인**: 결의에 내용적 하자가 있는 경우인데, 상법은 "결의의 내용이 법령 또는 정관에 위반하는 것"으로 규정하고 있다(이는 1995년 12월 개정상법 이전의 내용으로, 1995년 12월 개정상법 제380조는 이에서 '또는 정관'을 삭제함).

(2) **당사자**: 제소권자에 대하여 제한이 없으므로, 누구든지 소의 이익이 있는한 소를 제기할 수 있다(상 380). 이 소의 피고는 회사이다.[71]

(3) **제소기간**: 제소기간에 관하여도 아무런 제한이 없으므로, 언제든지 소를 제기할 수 있다(상 380).

(4) **결의의 효력**: 결의취소의 소의 판결의 효력과 같이 대세적 효력이 있다(상 380, 190 본).

(5) **소의 성질**: 우리나라에서는 이 소의 성질에 대하여 확인소송설[72]과 형성소송설[73]로 나뉘어 있다. 이 양설의 차이(및 실익)는 소만으로 주장할 수 있는지 여부 및 판결시까지의 주주총회결의의 효력이 유효인지 여부에 달려있는데,[74] 무효사유에 해당하는 경우에는 소 이외의 방법에 의하여도 이를 주장할 수 있도록 하여야 하며 또 무효의 일반이론에서 볼 때(상법이 규정하고 있는 무효확인의 소의 효력에서 볼 때 문제점은 있으나), 확인소송설이 타당하다고 생각한다.

## 다. 결의부존재확인의 소

결의부존재확인의소의 소는 결의의 형식적 하자가 중대한 경우, 즉 "총회의 소집절차 또는 결의방법에 총회결의가 존재한다고 볼 수 없을 정도의 중대한 하

---

70) 정동윤, 전게서, 364면(통설); 대판(전) 1983. 3. 22, 82 다카 1810.
71) 정동윤, 전게서, 371면.
72) 서돈각, 전게서, 374면; 손주찬, 전게서, 514면; 대판 1963. 5. 17, 4294 민상 1114.
73) 정희철·양승규, 전게서, 434면; 이태로·이철송, 전게서, 393면, 397면; 정동윤, 전게서, 371면; 이시윤, 「전정판 민사소송법」, 1984, 278면.
74) 정희철·양승규, 전게서, 433면.

자가 있는 경우"이다(상 380). 결의부존재확인의 소는 종래 판례가 인정하고 있던 것을 1984년 상법개정시에 명문화한 것이다.[75] 결의부존재확인의 소의 기타의 사항은 결의무효확인의 소와 같다.

### 라. 부당결의취소·변경의 소

(1) **원  인**: 주주가 총회의 결의에 관하여 특별한 이익관계를 가짐으로 의결권을 행사할 수 없었던 경우(상 368③)에, 동 결의가 현저하게 부당하고 그 주주가 의결권을 행사하였더라면 이를 저지할 수 있었을 경우이다(상 381①).

(2) **당사자**: 제소권자는 특별한 이해관계가 있어서 의결권을 행사할 수 없었던 자이고(상 381 ①), 피고는 회사이다.[76]

(3) **제소기간**: 결의의 날로부터 2월내이다(상 381①).

(4) **판결의 효력**: 결의취소의 소의 판결의 효력과 같이 대세적 효력이 있다(상 381②, 190 본).

## 2. 독일법

독일의 주식법에서는 주주총회결의의 하자에 대하여 취소(AktG §§ 243~248)와 무효(AktG §§ 241~242, 249)에 대하여 상세하게 규정하고 있다. 특히 취소사유와 무효사유의 한계에 관하여 과거에는 법에 명문의 규정이 없었기 때문에 논쟁이 많았으나, 1937년의 주식법에서는 이 한계를 규정하였고 1965년의 주식법에서는 더욱 상세하게 이 한계를 규정하였다.[77] 이 이외에 독일의 주식법에서는 감사선임 및 대차대조표상의 이익금의 처분에 관한 주주총회결의의 취소 및 무효, 출자에 의한 자본증가에 관한 주주총회결의의 취소, 년도결산서의 확정에 관한 주주총회결의의 취소 및 무효 등에 관해서는 별도의 규정을 두고 있다(AktG §§ 250~261). 이하에서는 일반적인 주주총회결의의 취소 및 무효에 대해서만 간단히 살펴본다.

### 가. 주주총회결의의 취소

(1) **원  인**: 주주총회의 결의가 법률 또는 정관에 위반한 경우이다(AktG §§ 243 ①). 1995년 12월 개정상법 이전의 우리 상법상 결의무효확인의 소의 원인에 해

---

75) 정동윤, 전게서, 367면.
76) 정동윤, 전게서, 372면.
77) Hueck, *a.a.O.*, S.234.

당하는 내용적 하자(상 380) 및 결의취소의 소의 원인에 해당하는 형식적 하자(상 376①)가 모두 독일에서는 취소원인이 되는 것[78](단, 독일 주식법상 열거된 무효원인에 해당되지 않는 경우에 한함)이 우리 상법과 구별되는 점이다.

(2) **당사자**: 독일의 주식법상으로도 결의취소는 소만으로 주장할 수 있는데(AktG § 243①), 이때의 제소권자(원고) 및 피고는 다음과 같다. 제소권자는 ( i ) 주주총회에 출석한 각 주주로서 그가 의사록에 그 결의에 반대의 의사를 표시한 것으로 나타난 경우, (ii) 주주총회에 출석하지 아니한 각 주주로서 그의 주주총회의 출석이 위법하게 거절되었거나 주주총회가 부당하게 소집되었거나 결의의 목적사항이 부당하게 공고되지 아니한 경우, (iii) 특별이해관계 있는 주주가 참여한 주주총회결의의 경우의 각 주주, (iv) 이사회, ( v ) 각 이사 및 감사로서 주주총회결의의 실행으로 동 이사 및 감사가 형벌에 처할 행위를 하게 되거나 질서위반의 행위를 하게 되거나 또는 배상의무를 부담하게 되는 경우이다(AktG § 245).

피고는 회사이며, 회사는 이사회 및 감사회에 의하여 대표된다(AktG § 246②).

우리 상법과 비교하여 볼 때, 피고에 대하여 명문으로 규정하고 있고, 원고에 대하여도 상세하게 규정하고 있는 점이 다르나, 근본적으로 큰 차이는 없다.

(3) **제소기간**: 결의의 날로부터 1월내에 제기하여야 한다. 우리 상법의 경우보다 단축되어 있는 점이 다르다.

(4) **판결의 효력**: 결의취소의 소는 형성의 소로서 그 판결의 효력은 소급효가 있다.[79] 이 점은 1995년 12월 개정상법 이전의 우리 상법이 소급효를 부인하고 있는 것과 구별되는 점인데, 1995년 12월 개정상법과는 같다. 그러나 동 판결의 효력에는 대세적효력이 있는데(AktG § 248), 이는 우리 상법의 규정과 유사하다. 한편 독일의 주식법에서는 주주총회의 결의가 상업등기부에 등기되어 있는 때에는 판결도 등기하도록 명문규정을 두고 있는데(AktG § 248), 이는 우리 상법과 구별되고 있다.

## 나. 주주총회결의의 무효

(1) **원    인**: 주주총회결의의 일반적인 무효원인은 다음과 같다. ( i ) 주주전원이 출석(대리출석 포함)하지 않는 한, 소집권자에 의하여 소집되지 않고 또 적법한 공고절차(소집절차)를 결여한 경우, (ii) 의사록이 공증되지 않은 경우, (iii)

---

78) Hueck, *a.a.O.*, S.236.
79) Hueck, *a.a.O.*, S.238.

주식회사의 본질에 위배되거나 결의의 내용이 오로지 또는 주로 회사채권자의
보호 또는 기타 공공의 이익을 위한 규정에 위배되는 경우, (ⅳ) 결의의 내용이
선량한 풍속에 위배되는 경우, (ⅴ) 취소의 소에 대한 판결에 의하여 확정적으로
무효선언된 경우(기판력), (ⅵ) 비송사건절차법 제144조 2항에 따라 기판력이 있
는 결정에 근거하여 무효로서 말소된 경우이다. 1995년 12월 개정상법 이전의
우리 상법은 무효원인을 단지 「결의의 내용이 법령 또는 정관에 위반하는 경우」
라고만 규정하고 있음에 반하여(상 380), 독일의 주식법은 우리 상법상의 무효원
인의 일부를 명백하게 구체적으로 규정하고 있음이 우리 상법과 구별되는 점이
다. 독일의 주식법은 이외에도 개별적인 규정에서 주주총회결의의 무효를 규정하
고 있다. 즉, 조건부자본증가에 관한 결의에 반하는 주주총회의 결의(AktG § 192④),
증자시 종전의 자본에 대한 주주의 지분에 비례하지 않는 주주에 대한 신주배당
의 결의(AktG § 212), 자본변경에 관한 주주총회의 결의 후 일정기간내에 상업등
기부에 등기하지 아니한 경우(AktG §§ 217②, 228②, 234③, 235②) 등이다. 우리 상
법은 이러한 사항에 관하여 개별적으로 주주총회결의의 무효에 대하여 명문규정
을 두고 있지 않다.

(2) 당사자: 독일의 주식법은 결의무효의 주장은 소 또는 소 이외의 방법에
의하여도 주장이 가능한 것으로 명문으로 규정하고 있다(AktG § 249①). 따라서
결의무효의 주장은 어떤 사람에 의하여 어떤 방법으로도 주장이 가능하다.[80] 그
러나 독일 민사소송법(ZPO) 제256조의 의미의 결의무효확인의 소도 인정되는데,
이때에는 결의취소에 관한 일부의 규정이 준용된다.[81] 따라서 주주·이사회 또는
이사나 감사가 회사를 상대로 주주총회결의의 무효확인의 소를 제기하는 경우에,
피고는 회사가 되고, 회사의 주소지를 관할하는 지방법원에 제소하며, 판결의 효
력에 대세적효력이 있게 된다(AktG §§ 249, 246②, 246③ S.1, 246④, 247, 248).

우리 상법과 비교하여 볼 때, 결의무효를 소 이외의 방법으로도 주장할 수
있도록 명문으로 규정하고 있는 점에 차이가 있다.

(3) 주장기간: 결의무효의 주장기간에 대하여는 규정이 없으므로 원칙적으
로 언제든지 주장할 수 있다. 그러나 주주총회의 결의가 소집절차에 하자가 있는
경우(AktG § 241 Nr.1), 주식회사의 본질에 위배되거나 채권자보호 또는 기타 공
익에 관한 규정에 위배되거나(AktG § 241 Nr.3), 또는 선량한 풍속에 위배되어 무

---

80) Hueck, *a.a.O.*, S.235.
81) Hueck, *a.a.O.*, S.235.

효인 경우에(AktG § 241 Nr.4), 그 결의가 상업등기부에 등기되어 있고 등기시로부터 3년을 경과한 때에는 그 무효를 주장할 수 없다(AktG § 242②). 이것은 우리 상법과 구별되는 점이다.

**(4) 판결의 효력**: 결의무효를 소로써 주장한 경우에 그 판결의 효력은 결의취소의 판결의 효력과 같으나(AktG §§ 249, 248), 앞에서 본 바와 같이 소 이외의 방법으로도 주장할 수 있는 점 등에서 민사소송법상의 무효확인의 소에 해당하는 것으로 보고 있다.[82] 따라서 독일의 주식법상 인정되어 있는 결의무효확인의 소는 그 무효의 원인, 소 이외의 방법으로도 주장이 가능한 점, 불소급효에 대하여 규정이 없는 점(비록 대세적효력은 인정할지라도) 등에서 형성의 소로 주장될 근거가 거의 없다고 본다. 이 점이 우리 상법상의 무효확인의 소의 규정(상 380)과 구별되는 점이다.

### 다. 주주총회결의의 부존재

우리 상법상 규정되어 있는 결의부존재확인의 소에 대해서는, 독일 주식법은 규정하고 있지 않다.

### 라. 부당결의취소·변경의 소

우리 상법상 별도로 규정하고 있는 부당결의취소·변경의 소에 대하여, 독일 주식법은 별도로 규정하고 있지 않다. 이에 대하여 우리나라에서도, 이러한 소는 본질적으로 결의취소의 소의 일종이기 때문에 이러한 소를 따로 규정하고 있는 점에 대하여 입법론상 의문을 제기하는 견해가 있다.[83]

## VII. 결 어

1. 위에서 본 바와 같이 우리 상법상 주주총회에 관한 규정과 독일의 주식법상 그것을 비교하여 볼 때, 다른 점이 많이 있다. 그 이유는 여러 가지가 있겠는데, 다음과 같은 근본적인 이유에 기한 것이 있으며, 이러한 이유에 기한 차이는 입법론상 참고는 될는지 몰라도 해석론상 우리에게 참고가 될 여지는 없다고 본다.

---

82) Hueck, *a.a.O.*, S.235.
83) 정동윤, 전게서, 372면.

**가.** 첫째는 주식회사의 기관의 조직 및 그 권한분배에 관한 근본적인 입법 정책의 차이에서 오는 것이 있다. 즉, 독일에서는 우리나라에는 없는 감사회제도 를 인정하고 있어, 우리의 주주총회의 권한의 일부를 감사회에 부여하고 있는 것 이 있다. 예컨대, 이사임면권, 이사의 보수결정권, 이사의 영업거래승인권 및 연 도결산서의 확정권 등이다.

**나.** 둘째는 자본조달방법에 관한 근본적인 입법정책의 차이에서 오는 것이 있다. 즉, 독일에서는 수권자본제도를 채택하고 있지 않기 때문에 자본증가에 관 한 사항이 주주총회의 권한이나, 우리나라에서는 이에 관한 사항이 수권자본의 범위 내에서는 원칙적으로 이사회의 권한이다.

**다.** 셋째는 제도이용의 상이에서 오는 것이 있다. 즉, 독일에서는 은행이 고 객의 주식을 맡고 있어서 이러한 은행이 자격양도를 남용하여 주주권을 대리행 사하는 폐해가 크기 때문에 이를 방지하기 위하여 주식법에 상세한 규정을 두고 있음에 반하여, 우리는 은행의 그러한 제도가 없으므로 독일과 같은 그러한 규정 이 없다.

**2.** 다음으로 독일의 제도가 우리의 제도와 비슷하면서 독일의 주식법이 우 리의 상법과는 달리 규정하고 있거나 또는 상세하게 규정하고 있는 것이 있는데, 이러한 사항은 우리 상법의 해석론과 입법론에서 많은 참고가 되리라고 본다. 이 러한 사항 중 특히 중요한 것으로 생각되는 것을 발췌하여 보면 다음과 같다.

### 가. 주주총회의 권한에 대하여

(1) 회사의 업무집행에 관한 권한 중 이사회의 권한에 관한 사항을 주주총 회가 함부로 침해하지 못하게 하기 위하여(3기관의 업무분담의 균형상), "업무집행 상의 문제에 관하여는 주주총회는 이사회가 청구한 때에 한하여 결정할 수 있 다"고 규정한 독일 주식법 제119조 2항은 우리에게 많은 참고가 되리라고 본다.

(2) 우리나라에서 외부감사인의 임면권자에 대하여 상법 및 이에 관한 특별 법에서 규정하고 있지 않은데(따라서 해석상 이사회에서 임면가능), 이는 주주에게 이해가 많은 사항이므로 독일의 결산검사인의 임면권을 주주총회의 권한으로 하 고 있는 점(AktG §§ 119① Nr. 4, 163)이 우리에게도 많은 참고가 되리라고 본다.

### 나. 주주총회의 소집에 대하여

(1) 독일 주식법에서 소집절차를 결여한 전원출석총회를 유효라고 명문으로 인정하고 있는 점(AktG §§ 241 Nr.1, 250①, 253① S.1, 256③ Nr.1)은 우리에게 많은 참고가 되리라고 본다.

(2) 독일 주식법상 (기명주주에게도) 원칙적으로 회사공고지에 공고하도록 하여 소집절차를 간이화하고 있는 점(AktG §§ 121③, 123①)도 우리에게 많은 참고가 되리라고 본다.

(3) 독일 주식법상 정기주주총회에서 결의할 최소한의 사항을 규정하고 있는 점(AktG §§ 120③, 175③)도 우리에게 참고가 되리라고 본다.

### 다. 주주총회의 결의에 대하여

(1) 독일 주식법상 주주에게 인정하고 있는 설명청구권(AktG § 131, 132)은 앞으로 우리의 입법론상 크게 참고할 만한 사항이라고 생각한다.

(2) 독일의 주식법에서는 주주와 회사간의 이해충돌시 주주의 의결권행사를 제한하는 경우를 제한적으로 규정하고 있는데(AktG § 136① S.1), 이것도 우리의 경우에 많은 참고가 되리라고 본다.

### 라. 주주총회결의의 하자에 대하여

(1) 독일의 주식법에서는 주주총회결의의 무효사유를 아주 제한적으로 명백하게 규정하고 있으며(AktG § 241) 또 무효사유에 해당하는 경우에는 소 이외의 방법으로도 주장할 수 있도록 명문으로 규정하고 있는데(AktG § 249① S.2), 이는 우리에게도 많은 참고가 되리라고 본다.

(2) 독일의 주식법은 주주총회결의의 취소권자에 대하여 상세한 규정을 두고 있는데(AktG § 245), 이것도 우리에게 참고가 되리라고 본다.

# 주식회사의 경영기관*

## —비교법을 중심으로—

# Ⅰ. 서 언

## 1. 본고의 목적

주식회사의 기관은 의사결정기관(주주총회), 업무집행기관 및 감독(사)기관으로 일반적으로 분류할 수 있겠다. 그런데 이 중에서 주주총회에 관해서는 각국의

---

\* 이 글은 정찬형, "주식회사의 경영기관—비교법을 중심으로—," 「법률학의 제문제」(유기천 박사 고희기념), 박영사, 1988. 6, 474~530면의 내용임(이 글은 필자를 1986. 12~1987. 11. 독일 뮌스터 대학교 법과대학의 Gastprofessor로 초청하여 준 동 대학의 Bernhard Grossfeld 교수가 International Encyclopedia of Comparative Law, XIII Ch. 4에 "Management and Control of Marketable Share Companies"의 제목으로 쓴 글을 기초로 작성한 것임).

이와 관련하여 참고할 수 있는 필자의 글로는 정찬형, "EC회사법(독일·영국·네덜란드·덴마아크·그리이스 및 아일랜드)," 「법학논집」(고려대학교 법학연구소), 제27집(1992. 4), 137~189 등이 있음.

입법에 있어서 큰 차이가 없는데, 업무집행기관 및 감독(사)기관(즉, 경영기관)에 대하여는 어떻게 기관을 구성하며, 또 각 기관간의 권한을 어떻게 분배하고 있는 지에 대하여 각국의 입법에 있어서 큰 차이를 보여 주고 있다. 주식회사의 경우 에는 기업의 소유자인 주주가 직접 경영을 맡지 않고 제3자기관인 독립한 기관 에 경영권한을 맡기고 있기 때문에, 특히 경영기관을 어떻게 구성하며 또 이에 대하여 어느 범위의 권한을 인정할 것인가는 국가와 시대에 따라서 많은 차이를 보여 주고 있다. 본고에서는 이러한 각국마다 상이한 주식회사의 경영기관의 입 법례를 우리의 그것과 비교하여 봄으로써 우리나라 주식회사의 경영기관에 관한 규정의 해석 및 입법(개정)에 참고가 되게 함은 물론 나아가서 우리 주식회사법 의 발전에 기여함을 목적으로 한다.

## 2. 본고의 논술방법

본고에서는 먼저 주식회사의 기관 중에서 주주총회를 제외한 경영기관 즉, 업무집행기관 및 감독(사)기관에 대하여 어떻게 기관구성하고 있는가를 개괄적으 로 한국, 서독, 프랑스, 유럽공동체, 영국 및 미국을 중심으로 살펴본 후에, 경영 기관의 개별적인 사항에 대하여 위의 각국별로 비교하여 보고자 한다. 이해의 편 의를 위하여 먼저 우리나라의 제도를 설명한 후에 대륙법(서독, 프랑스, 유럽공동 체)과 영미법(영국, 미국)의 순서로 비교하여 보겠다.


# II. 개 관

## 1. 한 국

1962년까지 시행되었던 의용상법에서는 각 이사가 단독으로 주식회사의 업 무집행과 대표를 담당하였었다. 그러나 이 때에는 주주총회가 최고·만능의 기관 이었으므로 업무집행기관인 이사는 큰 권한이 없었다. 이 당시의 감독(사)기관으 로는 감사가 있어 업무감사 및 회계감사를 담당하였으며, 때로는 스스로 업무집 행권(주주총회 소집권, 이사의 자기거래승인권, 각종의 소 제기권)도 가지고 있었다.[1]

1963년부터 시행되고 있는 신상법에서는 주식회사의 경영기관의 합리화를

---

1) 정동윤, 「회사법」(서울: 법문사, 1986), 295~296, 378, 462면.

위하여 주주총회의 권한을 축소함과 동시에 영미법에 따라 이사 전원으로 구성
되는 합의체인 「이사회」의 제도를 신설하고 여기에 강대한 권한을 부여하였으며
(업무집행에 관한 의사결정), 구체적인 업무집행 및 대표행위는 이사회에서 선임된
「대표이사」가 맡도록 하였다(상법 제393조, 제389조).2) 신상법에서는 종래의 형식화
한 감사의 업무감사의 권한을 이사회에 이양하고 「감사」는 오로지 회계감사의
권한만을 가지도록 하였다.3)

    그 후 1984년의 개정상법에서도 업무집행기관으로서 이사회와 대표이사의
지위는 그대로 유지되고 있다. 그런데 동개정상법에서는 감사에게 다시 업무감사
권을 부활하고(상법 제412조), 이러한 감사의 업무감사권을 충분히 행사할 수 있
도록 하기 위하여 감사에게 많은 직무권한을 인정하였다(상법 제447조의 4, 제391조
의 2, 제391조의 3 제2항, 제402조, 제394조, 제328조, 제376조, 제429조, 제445조, 제529조).

## 2. 서 독

    서독의 주식회사의 경영기관(management organ)은 두 기관으로 구성되는데,
하나는 「이사회」(Vorstand, executive board)이고 다른 하나는 「감사회」(Aufsichtsrat,
supervisory council)이다.4) 이사회는 가장 중요한 업무집행기관으로 회사의 기본
정책을 결정하고 회사를 운영한다(AktG § 76①).5) 감사회의 주요업무는 이사회를
감독하고 회사의 업무에 관하여 계속적인 감사를 하는 일이다(AktG § 111①). 감
사회의 업무 중 가장 중요한 것은 이사를 임면하는 일이며(AktG § 84①,③), 이러
한 두 기관을 엄격히 분리하기 위하여 동일인이 동시에 두 기관에 소속되는 것
은 일반적으로 금지된다(AktG § 105).

    이사회는 감사회에 대하여 회사의 업무에 관한 완전하고 정확한 자료를 제
출하여야 하며(AktG § 90), 이에 더 나아가 감사회는 언제든지 이사회에 대하여
추가자료를 요구할 수 있다(AktG § 90). 감사회(개별 감사가 아님)는 모든 회사의
서류와 자산에 대하여 감사할 수 있고, 이러한 권리를 각 감사 또는 독립된 전
문가에게 위임할 수도 있다(AktG § 111②). 연도결산서 및 영업보고서는 결산검사

---

2) 정동윤, 전게서, 378~379면.
3) 정동윤, 전게서, 462면.
4) Bernhard Grossfeld, "Management and Control of Marketable Share Companies,"
   *International Encyclopedia of Comparative Law*, XIII Ch.4(Tübingen, Mouton, The Hague,
   Paris: J.C.B. Mohr〈Paul Siebeck〉, 1971)(이하 'Grossfeld'로 약칭함), p.6.
5) Aktiengesetz vom 6. September 1965, BGBl. I S.1089.

인이 검사한 후 이사회가 감사회에 제출하며(AktG § 170), 감사회는 이를 감사한
후 주주총회에 서면으로 보고하여야 한다(AktG § 171). 연도결산서는 원칙적으로
감사회가 확정하는데(AktG § 172), 이사회 및 감사회가 연도결산서의 확정을 주
주총회에 위임하거나 또는 감사회가 이를 승인하지 않는 때에는 주주총회가 연
도결산서를 확정한다(AktG § 173①).

감사회는 일반적으로 회사의 업무집행에 적극적으로 관여할 수 없기 때문
에, 이사회에게 구속적인 지시를 할 수 없다.6) 그러나 정관 또는 감사회에서 일
정한 종류의 업무는 감사회의 동의가 있는 경우에만 처리할 수 있는 것으로 정
할 수 있다(예: 부동산의 매매, 보증 등)(AktG § 111④ S. 1). 이러한 업무에 대하여
감사회가 동의를 거절하면 이사회는 주주총회의 결의(투표한 의결권의 4분의 3)를
받아 처리할 수 있다(AktG § 111④ S.2~3). 한편 감사회가 예외적으로 적극적으
로 회사를 대표하는 경우가 있는데, 이 경우는 회사와 이사간에 거래를 하거나
소송이 있는 경우이다(AktG § 112).

독일의 입법에서 이사회와는 별도로 감사회를 최초로 규정한 것은 1861년의
독일 구상법인 보통독일상법(Allgemeines Deutsches Handelsgesetzbuch, ADHGB)7)이
었는데, 이 때에는 주식합자회사에서는 감사회를 의무기관으로 규정하였고(ADHGB
§§ 175 Nr.6, 191 ff) 주식회사에서는 임의기관으로 규정하였다(ADHGB § 225). 그
러다가 1870년의 주식법개정법률에서 주식회사에 대하여도 감사회를 의무기관으
로 규정하였다.8) 그 이유는 1870년의 독일의 주식회사에 관한 입법정책이 종래의
면허주의를 폐지하고 준칙주의로 변경되었는데, 이에 따라 주식회사에 대한 감독
을 국가의 감독 대신에 회사내부의 감독에 강제로 맡기고자 하였기 때문이다.9) 이
러한 서독의 주식법상 감사회의 기능은 영미법에서는 사외이사(outside directors)
가 담당한다고 볼 수 있다. 그러나 영미법상의 사외이사는 임원의 업무를 언제나
승인함으로써 회사의 업무를 집행하고 있는 점이 다르다.10) 그러나 서독의 감사
회도 일반적으로는 업무집행의 권한이 배제되어 있으나, 사실상은 종종 업무집행

---

6) Grossfeld, p. 6; Vagts, "Review of Grasmann, System des internationalen Gesellschaftsrechts,"
   18 *Am J. Comp L.* 863~864(1970).
7) Text in Anlage C zum Gesetz vom 5. 6. 1869, BGBl des Norddt Bundes S.379.
8) § 209 Nr.6 ADHGB i. d. F. des Gesetzes zum 11. Juni 1870.
9) Klaus J.Hopt, "Zur Funktion des Aufsichtsrats im Verhältnis von Industrie und
   Bankensystem," *Recht und Entwicklung des Grossunternehmen im 19. und frühen 20
   Jahrhundert*(Göttingen: Vandenhoeck & Ruprecht, S.1979), S.232; Grossfeld, pp.6~7.
10) Grossfeld, p. 9.

의 기능을 수행하고 있는 것이다. 감사회의 회의는 일반적인 회사정책을 결정함
으로써 사실상 회사에 있어서 중심적인 역할을 수행하고 있는 것이다.11) 따라서
이사도 투표권은 없으나 감사회에 출석할 수 있다(AktG § 109①). 감사의 전원 또
는 대부분이 대주주의 대표인 경우에는 감사회가 적극적으로 회사의 업무집행에
참여하는 현상은 더욱 두드러지게 나타난다.12)

## 3. 프랑스

　프랑스에서의 전통적인 주식회사의 경영구조는 영국에서 온 것인데, 이에
의하면 주식회사는 「이사회」(conseil d'administration, board of directors)에 의하여
운영되고, 「대표이사」(président, chairman of the board of directors)는 대표업무집
행자이다.13) 대표이사는 회사의 일반적인 방침을 정하고 일상업무집행에 대하여
책임을 진다(LSC § 113①). 또한 대표이사는 제3자에 대하여 회사를 대표한다
(LSC § 113①). 대표이사 외에 전무(deputy executive general manager) 1명(큰 회사인
경우에는 2명)이 임명될 수 있는데 이러한 전무는 이사일 필요가 없다(LSC §§ 115~
117). 이사회와 대표이사간의 권한에 대하여 정확하게 한계를 정하는 것은 매우
어려운 일이다. 즉, 한편으로는 대표이사에게 최소한의 고유한 권한이 있는데 이
최소한의 권한이 무엇인가는 아주 불분명하고, 다른 한편으로는 회사의 어떤 행
위는 이사회의 권한에만 속하는 것이 있다. 따라서 이러한 광범위한 한계내에서
실제로 대표이사의 권한을 확정하는 것은 이사회인데, 이사회는 대표이사의 능력
과 인격에 따라서 이를 정한다. 일반이사들은 강력한 대표이사에게는 종종 많은
권한을 맡겨 버린다. 또한 이사회의 회의는 비교적 아주 드물게 열리므로, 일반
이사들은 회사의 장기적인 정책에만 주로 관여하게 되고 대표이사에게 종속되어
대표이사에 대한 감독업무를 거의 수행하지 못하며 대표이사는 그의 권한을 남
용하게 된다.14)
　이러한 이사회와 대표이사간의 불분명한 권한분배는 자주 비판이 되어, 1966
년에는 서독의 제도인 「이사회」와 「감사회」의 중층제도(two-body system)를 선택

---

11) Grossfeld, p. 9.
12) Werth, *Vorstand und Aufsichtsrat in der Aktiengesellschaft*(Düsseldorf, 1960), S.39~104.
13) Loi no. 66-537 sur les Sociétes Commerciales(Act on Business Associations) of 24
　July 1966(JO 26 July p. 1640) as amended-LSC-art. 89 par. 1, art. 98 par. 1.
14) Will, "Recent Modification in the French Law of Commercial Companies," 18 *I.C.L.Q.*
　980~997, 989(1969).

적으로 도입하게 되었다.[15] 따라서 이 제도에 의하면 이사회가 법률이 명시적으로 다른 기관의 업무로 유보한 업무를 제외한 회사의 모든 업무를 집행하게 되었다(LSC § 119). 한편 이러한 이사회의 업무는 감사회에 의하여 계속적으로 감사와 감독을 받는다(LSC § 128). 감사회는 이사를 임명하며 또 이사 중에서 1명을 대표이사에 임명한다(LSC § 120). 이러한 두 기관의 업무는 엄격히 구별되므로 동일인이 동시에 두 기관에 소속될 수 없다(LSC § 133). 감사회는 이사회의 업무를 감독하는 외에 정관의 규정에 의하여 일정한 업무에 대하여 사전승인하는데, 회사가 담보제공하거나 보증하는 행위에 대하여는 언제나 감사회의 사전승인을 받아야 한다(LSC § 128②). 또한 이사 또는 감사의 이익과 관련되어 있는 거래에 대하여도 감사회의 사전승인을 받아야 한다(LSC §§ 143~147). 만일 감사회가 이사회의 일정한 안에 대하여 이러한 승인을 거절하면, 이사회는 동 안을 주주총회에 회부할 수 있다.[16] 이렇게 프랑스가 서독의 중층제도를 (선택적으로) 도입하였으나 서독과는 다른 점이 있다. 즉, 프랑스에서의 이사회는 대내적으로만 결정하는 기관에 불과하고 대외적으로 (서독에서와 같이) 회사를 대표할 권한이 없다. 대외적으로 회사를 대표하는 기관은 대표이사 또는 특별히 임명된 전무이다.[17] 또한 프랑스에서의 감사회는 서독의 그것에 비하여 권한이 약하다. 프랑스에서의 감사회는 이사의 해임권이 없고(그러나 선임권은 있음) 단순히 주주총회에 이사의 해임을 권고할 수 있을 뿐이다(LSC § 121①). 또한 프랑스의 감사회에게는 서독에서와 같이 연도결산서의 확정권이 없고 이 권한은 주주총회에 있다.[18]

## 4. 유럽주식회사법(안)

유럽주식회사법(안)[19]은 독일법의 영향을 많이 받고 있다.[20] 따라서 동 법(안)

---

15) Grossfeld p.8.
16) Décret no. 67-236 sur les societés commerciales (Decree on commercial business associations) of 23 March 1967(J.O. 24 March p. 2843) as amended-Decrét no. 67-236, art. 100.
17) Will, p.990.
18) Grossfeld, p.8.
19) Proposal of the Commission of the European Communities to the Council of Ministers of the European Communities(S. Eur. Prop. St.)(Verordnungsvorschlag über das Statut für europäische Aktiengesellschaften) of 24 June 1970, JO no. C 124. 동 법(안)은 1975년 4월 30일에 개정되었는데 이 개정안에 대한 독문법(안)은 Marcus Lutter, *Europäisches Gesellschaftsrecht*, ZGR(Sonderheft 1), 2.Aufl., S.363~442에 수록되어 있다.
20) Grossfeld, p.8.

은 독일의 경우와 같이 「이사회」와 「감사회」의 중층구조를 의무적으로 규정하고 있다(동 안 § 62). 또한 회사의 기본구조에 관한 이사회의 어떤 결정사항은 감사회의 승인을 받도록 하고 있다(동 안 § 66).

## 5. 영 국

영국에서의 주식회사의 경영기구는 「이사회」만의 단일의 기관으로 구성되어 있다(Companies Act 1948, CA § 176). 그런데 이러한 이사회는 일반이사(ordinary directors)와 상근이사(service or working directors)로 구성되어 있어, 일반이사는 단순히 이사회의 회의에만 참석하고 회사의 회계에 관하여 검사할 권한이 있으며(CA § 147③), 상근이사는 고용계약에 의하여 회사에서 매일 근무할 의무를 부담한다.21) 일상의 회사의 업무는 상근이사에 의하여 처리되는데, 이 위에 이사회는 보통 1인 또는 수인의 상근의 관리이사(managing directors)를 임명하여 광범위한 권한을 부여하고 있다. 따라서 이러한 관리이사가 회사의 최고기관 중의 하나가 된다.22) 오늘날 실제로 회사를 경영하는 자는 이사회가 아니라 관리이사이다.23) 또한 오늘날 이사회는 직접 업무집행을 하지 않고 이사가 아닌 임원(officers)에게 업무집행을 위임하고 이사회는 이를 감독하고 일반정책만을 결정하여 업무집행과 감독이 명백히 분리되는 경향이 있다.24)

## 6. 미 국

미국에서도 영국에서와 같이 주식회사는 「이사회」만에 의하여 운영된다25)(단층제도, one body system). 이사회는 원래 그 자체가 집행기관이 아니다. 따라서 이사회는 회사의 주요업무와 일반정책만을 결정하고, 이의 집행 및 일상업무의 집행은 임원이 한다.26) 이론적으로 보면 이사와 임원은 명백히 구별되고, 임원은 보통 대표집행임원으로서 사장(president)이 있고 그 밑에 부사장(vice president), 총무(secretary) 및 재무(cashier or treasurer)가 있다.27) 한편 이사는 회사의 장부

21) Grossfeld, p.7.
22) Laurence C.B. Gower, *The Principles of Modern Company Law*, 4th ed.(1979), p.142.
23) *Id.*, p.139.
24) *Id.*, p.510.
25) 미국 대부분의 주의 회사법이 이사회를 규정하고 있다. Kessler, "The Statutory Requirement of a Board of Directors. A Corporate Anachronism," 27 *U. Chi. L. Rev.* 696~736, 712 n. 76(1960); Revised Model Business Corporation Act(R.M.B.C.A.)(1984) § 8. 01.
26) R.M.B.C.A. § 8.41.

및 서류를 검사할 무한의 권리를 갖는다. 그러나 이사는 자기 개인의 목적으로 이러한 권리를 행사할 수는 없다.[28]

미국에서의 이러한 회사의 운영기구는 실제에 있어서는 많이 변화되고 있다. 소위 내부이사회(inside boards)가 점점 많이 발생하는데, 이 경우에는 이사의 전부 또는 대부분이 회사 또는 종속회사의 임원을 겸하게 되고, 대표이사는 사장을 겸하게 된다. 이 경우에는 명백하게 임원이 결정권을 독점하게 되고, 회사의 경영권은 임원에게 집중된다. 따라서 원래의 경영구조는 실제로 외부이사에 대해서만 존재하게 된다. 큰 회사의 경우에는 경영구조가 임원을 겸하는 내부이사회로만 되어 있는 회사도 일부 있으나, 배부분의 회사의 이사회는 내부이사(상근이사)와 외부이사(비상근이사)로 혼합되어 구성되어 있다. 실제로 평균 이사의 40%는 내부이사이고 60%는 외부이사라고 한다.[29]

## III. 경영기관의 구성

### 1. 이사·감사의 선임

#### 가. 원수(員數)

#### (1) 한 국

우리나라 주식회사에서의 이사는 원칙적으로 「3인 이상」이어야 하고(상법 제383조 ①항 본문), 감사의 원수에 대하여는 상법상 제한이 없으므로 원칙적으로 「1인 이상」이면 된다(상법 제409조 ①항).[30] 감사가 수인이 있는 경우에도 개개의 감사가 독립하여 그 권한을 행사하는 것이지 회의체를 구성하여 합의하여 그 권한을 행사하는 것이 아니므로 독일 주식법상의 감사회(Aufsichtsrat)와는 근본적으로 다르다.[31]

---

27) Henn & Alexander, *Laws of Corporation and other Business Enterprises*(3rd ed., 1983), p.586 ff.

28) Lattin, Jennings and Buxbaum, *Corporations, Cases and Meterials*(ed. 4 Mundelein, ILL., 1968), p.442; Ballantine, *On Corporations*(rev. ed. Chicago, ILL., 1946), pp.383~384.

29) Stevens & Henn, Statutes, *Cases and Materials on the Law of Corporations and Other Business Enterprises*(St. Paul, Minn., 1965), p.612 n.1.

30) 정동윤, 전게서, 464면; 정희철·양승규, 「보정판 상법학원론(상)」(서울: 박영사, 1986), 467면 외.

31) 정희철·양승규, 전게서, 467면; 정동윤, 전게서, 404면 외.

### (2) 서 독

서독에서의 이사회는 정관의 규정에 의하여 구성되는데(AktG § 23 ③ Nr.6), 「1인 또는 수인」으로 구성된다(AktG § 76 ② S.1). 다만 회사의 자본금이 300만 마르크를 초과하고 정관에 다른 규정이 없거나(AktG § 76 ② S.2), 노무이사[32] (Arbeitsdirektor)를 두어야 하는 경우에는 2인 이상의 이사로 구성된다(AktG § 76 ② S.3). 감사회의 경우에는 이사회와는 달리 「3인 이상」의 감사로 구성되며, 정관의 규정에 의하여 이보다 많은 수의 감사를 둘 수 있는데 이는 자본의 규모에 따라 최고한도가 정하여져 있으며 그 수는 3의 배수이어야 한다(AktG § 95). 그러나 어떤 경우에도 감사는 21인을 초과할 수 없다(AktG § 95). 서독에서의 감사회의 구성은 「몬탄」공동결정법,[33] 공동결정보충법,[34] 공동결정법[35] 및 종업원조직법[36]에 의하여 근로자대표의 감사와 주주대표의 감사로 공동구성되는 점에 큰 특색이 있다. 이러한 특별법이 적용되는 주식회사의 경우에는 각각의 특별법에 의하여 감사의 수[37] 및 근로자대표의 감사와 주주대표의 감사의 비율이 정하여진다.

### (3) 프랑스

프랑스에서의 이사회는 「3인에서 12인까지」로 구성되며, 합병 등의 경우에는 이보다 많은 수로 증원할 수 있는데 어떤 경우에도 24인을 초과할 수 없다(LSC § 89).

정관의 규정에 의하여 감사회가 존재하는 경우에는 이사회는 「5인 이하」로 구성되는데, 자본이 60만 프랑 미만인 경우에는 1인의 이사만이 이사회의 업무

---

32) 서독에서는 특별법에 의하여 광업 및 철강산업을 영위하는 기업이나 일정한 규모 이상의 기업에서는 「노무이사」를 두도록 되어 있다(Montan-MitbestG § 13; MitbestErgG § 13; MitbestG § 33).

33) Gesetz über die Mitbestimmung der Arbeitnehmer in den Aufsichtsräten und Vorständen der Unternehmen des Bergbaus und der Eisen und Stahl erzeugenden Industrie (Montan-MitbestG) vom 21. Mai 1951(BGBl. I S.347).

34) Gesetz zur Ergänzung des Gesetzes über die Mitbestimmung der Arbeitnehmer in den Aufsichtsräten und Vorständen der Unternehmen des Bergbaus und der Eisen und Stahl erzeugenden Industrie(MitbestErgG) vom 7, August 1956(BGBl. I S.707).

35) Gesetz über die Mitbestimmung der Arbeitnehmer(MitbestG) vom 4. Mai 1976(BGBl. I S. 1153).

36) Betriebsverfassungsgesetz(BetrVG) vom 11. Okt. 1952(BGBl. I S.681) und Betriebs-verfassungsgesetz vom 15. Jan. 1972(BGBl. I S.13).

37) 종업원조직법의 경우에는 감사의 수에 대하여는 규정이 없고, 감사의 비율에 대해서만 규정하고 있다.

를 수행할 수 있다(LSC § 119). 감사회는 「3인에서 12인」으로 구성될 수 있는데, 이사회의 경우와 같이 합병의 경우에는 잠정적으로 이보다 다수가 인정된다(LSC § 129).

### (4) 유럽주식회사법(안)

유럽주식회사법(안)에서는 이사와 감사의 수에 대하여 정관에 아주 재량권을 많이 주고 있다. 즉, 감사회의 최소수에 대해서만 규정하고 있고, 감사회 및 이사회의 최고수에 대해서는 정관에 위임하고 있다(동 안 §§ 63⑤, 74③). 이사는 「1인」으로도 가능하다(동 안 § 63③). 감사의 최소수는 「3인」이고, 감사의 수는 3의 배수이어야 한다(동 안 § 74③).

유럽주식회사법(안)에서도 감사회는 근로자대표의 감사와 주주대표의 감사로 공동구성되는데, 그 비율은 근로자대표의 감사가 3분의 1, 주주대표의 감사가 3분의 1, 나머지 3분의 1은 두 그룹의 대표가 선출하는 자이다(동 안 § 74a①).

### (5) 영 국

영국에서는 1929년 11월 1일 이후에 등록된 모든 공회사(우리 상법상 상장된 주식회사에 해당)(public company)는 「2인」 이상의 이사를 두어야 한다(CA § 176). 이 외에 모든 회사는 1인의 총무(secretary)를 두어야 한다(CA § 177①). 영국에서는 이 이외에 이사의 최고수에 대하여는 규정하고 있지 않기 때문에, 이에 관해서는 보통 내부규칙에 의한다.[38]

### (6) 미 국

미국에서의 이사의 수에는 매우 융통성이 있다. 많은 주에서는 3인 이상의 이사를 요구하고 있으나, 주주가 1인 또는 2인에 불과한 회사의 경우에는 이보다 적은 수의 이사도 인정된다.[39] 그러나 미국의 개정모범사업회사법에서는, 이사회는 「1인 이상」의 이사로 구성되며 그 수는 정관에 의하여 정하여지는 것으로 규정하고 있다(R.M.B.C.A. § 8.03ⓐ). 미국에서 이사의 최고수에 대하여 제한을 두고 있는 주는 불과 몇몇 주에 불과하므로, 이사의 규모는 매우 광범위하게 차이가 있다. 따라서 큰 회사의 경우에는 이사가 30인까지 있다.[40]

---

38) Grossfeld, p.11.
39) Grossfeld, p.11.
40) Grossfeld, p.11.

## 나. 자 격

### (1) 한 국

㈎ 우리 상법에서는 이사 또는 감사의 자격에 대하여 원칙적으로 「특별히
제한을 두고 있지 않다」.[41] 그러나 사외이사의 자격에 대하여는 상법에서 소극
적 요건을 규정하고 있고(상법 제382조 제3항, 제542조의 8 제3항), 정관으로 이사
또는 감사의 자격을 제한하는 것은 그 내용이 사회질서에 반하지 않는 한 유효
하다는 견해가 있다.[42] 법인이 이사가 될수 있는냐에 대하여는, 크게 세 가지의
견해로 나뉘어 있다. 즉, 이를 긍정하는 견해,[43] 이를 부정하는 견해,[44] 업무를 담
당하는 이사의 경우에는 이를 부정하고 업무를 담당하지 않는 경우에는 이를 긍정
하는 견해가 있다.[45] 생각건대 이사는 구체적·실질적으로 업무를 수행할 수 있
는 자연인에 한하고, 법인은 이사가 될 수 없다고 본다.[46] 등기실무상으로도 법
인을 이사로 하면 접수되지 않는다고 한다.[47]

㈏ 우리 상법상 이사 또는 감사가 되는데 국적에 대한 제한도 없다.

㈐ 우리 상법상 이사 또는 감사가 되는데 연령에 대한 제한도 없다. 따라서
제한능력자가 이사가 될 수 있느냐에 대하여, 다수설[48]은 이를 긍정하고, 소수
설[49]은 이를 부정한다. 상장회사의 사외이사는 제한능력자가 아니어야 함을 명
문으로 규정하고 있다(상법 제542조의 8 제2항 제1호). 생각건대 구체적인 이사 또
는 감사의 활동에서 볼 때 제한능력자는 이사 또는 감사가 될 수 없다고 본다.

㈑ 이사 또는 감사는 주주이어야 하는가? 이에 대하여 우리 상법은 이사는
원칙적으로 주주가 아니라도 상관 없으나, 정관으로 이사의 자격을 주주로 제한
하는 것은 상관이 없다고 한다[50](상법 제387조). 이렇게 정관에 의하여 이사가 가
질 주식의 수를 정한 경우에 이러한 주식을 자격주라고 하며, 정관에 다른 규정

41) 이태로·이철송, 「전정판 회사법강의」(서울: 박영사, 1987), 441면, 531면 외.
42) 이태로·이철송, 상게서, 441면.
43) 서돈각, 「제3전정 상법강의(상)」(서울: 법문사, 1985), 381면; 정동윤, 전게서, 383면.
44) 이태로·이철송, 전게서, 441면.
45) 정희철·양승규, 전게서, 437면; 손주찬, 「전정증보판 상법(상)」(서울: 박영사, 1984), 518면.
46) 정찬형, "회사의 권리능력(Ⅰ)," 「논문집」(충북대), 제20집(1980), 84면.
47) 정희철·양승규, 전게서, 437면.
48) 정희철·양승규, 전게서, 437면; 서돈각, 전게서, 381면; 손주찬, 전게서, 518면 외.
49) 이태로·이철송, 전게서, 441면.
50) 일본 상법은 정관의 규정에 의하여도 이사의 자격을 주주로 한정할 수 없도록 규정하고 있
다(일본 상법 제254조 2항).

이 없으면 이사는 이를 감사에게 공탁하여야 한다(상법 제387조). 감사에 대하여
는 이사의 경우와 같은 규정이 없으나 이사의 경우와 동일하게 해석할 수 있다
고 본다.[51]

　(마) 그 밖에 학설로서 법법자·피성년후견인(금치산자)·파산자 등이 이사·감
사가 될 수 없도록 하여야 한다는 견해가 있다.[52] 상장회사의 사외이사에 대하
여는 이를 소극적 요건으로 규정하고 있다(상법 제542조의 8 제2항).

　(바) 지배인 기타의 상업사용인은 영업주의 허락이 있으면 이사를 겸할 수 있
으나(상법 제17조 1항), 감사는 이사 또는 지배인 기타의 사용인의 직무를 겸하지
못한다(상법 제411조). 또한 대리상 또는 무한책임사원은 본인 또는 다른 사원의
허락이 있어야 동종영업을 목적으로 하는 회사의 이사가 될 수 있으나(상법 제89
조, 제198조 1항, 제269조), 감사의 경우에는 이러한 제한이 없다.

## (2) 서 독

　(가) 서독에서는 이사 또는 감사는 「자연인」만이 될 수 있는 것으로 규정하고
있어(AktG §§ 76③, 100①), 법인은 이사 또는 감사가 될 수 없다.

　(나) 서독에서는 이사 또는 감사의 국적에 대한 자격에 관하여, 법률에는 규
정이 없으나 정관에는 이에 관하여 규정할 수 있다. 그러나 실무상 이에 관하여
문제가 발생하는 경우는 거의 드물다.[53]

　(다) 서독에서는 이사 또는 감사는 완전한 능력자이어야 한다고 명문으로 규
정하고 있기 때문에(AktG §§ 76③, 100①), 미성년자 등 제한능력자는 이사 또는
감사가 될 수 없다.

　(라) 서독에서도 이사 또는 감사는 주주일 필요가 없다.[54]

　(마) 그 밖에 서독에서는 공무원이 이사 또는 감사가 되기 위하여는 특별승인
을 받아야 한다.[55] 변호사는 상황에 따라서 이사가 되는 것이 금지될 수 있다.[56]

---

51) 동지: 정동윤, 전게서, 464면.

52) 정동윤, 전게서, 383면; 이태로·이철송, 전게서, 441면(파산자에 대하여); 정희철·양승규,
　　전게서, 437면(파산자에 대하여). 일본상법은 이에 대하여 명문규정을 두고 있다(일상법 제254
　　조의 2).

53) Grossfeld, p.12.

54) Grossfeld, p.13.

55) Bundesbeamtengesetz vom 22. Okt. 1965(BGBl. I. S.1776) § 65① S.3; Rahmengesetz
　　zur Vereinheitlichung des Beamtenrechts(Beamtenrechtsrahmengesetz) vom 22. Okt. 1965
　　(BGBl. I S.1754) § 42①.

56) Bundesrechtsanwaltsordnung vom 1. Aug. 1959(BGBl. I S.565) § 7 Nr.8, § 15 Nr.2.

㈐ 서독에서도 감사는 원칙적으로 동시에 당해 회사의 이사, 이사의 계속적인 대리인, 지배인 또는 회사의 전 영업에 관하여 수권받은 상사대리인(Handlungsbevollmächtigter, general agent)이 될 수 없다(AktG § 105①). 다만 감사회는 감사를 1년 이내의 특정한 기간 동안만 결원되거나 업무를 수행할 수 없는 이사를 대리하도록 임명할 수 있다(AktG § 105② S.1). 이렇게 이사로 임명된 감사는 이사의 업무를 수행하는 동안 감사로서 활동할 수 없다(AktG § 105② S.3). 이사는 감사회의 동의가 있는 경우에 한하여 상업을 경영하거나, 자기 또는 제3자의 계산으로 회사의 영업부류에 속하는 거래를 할 수 있고, 또 다른 회사의 이사·업무집행사원 또는 무한책임사원이 될 수 있다(AktG § 88①). 또한 감사의 자격에는 주식법상 일정한 제한이 있어, 이미 10개의 법률상 감사회를 두어야 할 상사회사 또는 광업회사의 감사인 자, 당해 회사에 종속된 기업의 법정대리인인 자, 당해 회사의 이사가 감사회에 소속되어 있는 물적회사 또는 광업회사의 법정대리인인 자는 감사가 될 수 없다(AktG § 100②).

독일에서의 이사는 비록 노동법상의 근로자는 아니지만 고용계약에 의하여 거의 언제나 회사에서 근무한다. 근로자(employee)는 감사가 될 수 있는데, 특별법의 적용을 받는 회사의 경우에는 동법에 의하여 일정수 또는 일정비율의 감사는 근로자이어야 한다.[57]

### (3) 프랑스

㈎ 프랑스에서는, 대표이사 및 전무는 「자연인」이어야 하지만(LSC §§ 110, 115, 120③), 그밖의 이사는 「법인」이어도 상관 없다. 다만 법인이 이사인 경우에는 그의 선임시에 계속적인 대표자를 동시에 선임해야 하며, 그에게 이사에 관한 모든 규정이 적용된다. 따라서 그는 민사상 및 형사상 책임을 부담하며, 법인은 그와 연대책임을 부담한다.[58] 법인이 동 대표자를 해임하는 경우에는 동시에 다른 자로 대체해야 한다(LSC § 91; Déret no. 67-236 §§ 78, 79). 감사회가 있는 경우에는 감사에 대하여도 위와 같은데, 다만 감사회의장과 부의장은 자연인이어야 한다(LSC §§ 135, 138②). 또한 감사회가 있는 경우의 이사도 자연인이어야 한다(LSC § 120③ S.1).

㈏ 이사 또는 감사의 국적에 대한 제한은 법률상 없다.[59]

---

57) Grossfeld, p.15.
58) Grossfeld, p.12.
59) Grossfeld, p.12.

(다) 프랑스법에서 이사 또는 감사의 최소연령의 제한에 대하여는 특별히 규정하고 있지 않으나, 다수의 학설 및 판례는 이사가 되기 위하여는 대리인(agent)으로서의 능력을 갖추어야 한다고 한다.[60] 한편 이사 또는 감사의 최고연령의 제한은 1972년부터 도입되었는데,[61] 이에 의하면 정관에 모든 이사 또는 감사에 대하여 또는 그들 중 일정비율에 대하여 최고연령을 규정하여야 하는데(LSC, as amended, §§ 90-1①, 129-1①), 정관에 이러한 규정이 없으면 이사 및 감사 중에서 3분의 1만이 70세를 넘을 수 있다(LSC, as amended, §§ 90-1②, 129-1②). 대표이사, 전무 및 기타 이사는 정관에 달리 규정하고 있지 않으면 65세에 퇴직하여야 한다(LSC, as amended, §§ 110-1①, 115-1①, 120-1①). 그들은 규정된 최고연령에 이르면 자동적으로 퇴직된다(LSC, as amended, §§ 110-1③, 115-1③, 120-1③).

(라) 프랑스에서는 각 이사는 정관이 규정한 일정한 수의 주식을 소유하여야 한다고 규정하고 있다(LSC § 95①). 그 수는 정관이 정기주주총회에 출석할 권한으로 요구하는 수의 이상이어야 한다(LSC § 165). 이러한 주식은 경영의 모든 활동에 대한 담보로서 소유되는 것이므로 양도할 수 없고 기명식으로 등록되어야 하거나 또는 은행에 예치되어야 한다(LSC § 95②). 법인이 이사인 경우에는 그의 계속적인 대표자가 아니라 법인에게 이러한 주식소유가 요구된다.[62] 이사가 그의 선임시에 이러한 주식을 소유하지 않거나 또는 그의 임기중 이러한 주식을 소유하지 못하게 되면, 그는 이사의 직을 사임한 것으로 간주된다. 그러나 여기에는 3월 이내에 시정할 수 있는 구제규정이 있다(LSC § 95③). 감사회의 제도를 선택한 회사의 경우에는, 이러한 주주의 요건은 감사에게만 존재한다(LSC § 130). 이때의 이사는 법률에서 명백히 비주주 중에서 선임될 수 있다고 규정하고 있다(LSC § 120③ S.2).

(마) 프랑스에서는 변호사(avocats, barristers), 공증인, 군인 및 공무원(국가가 주주인 회사에서 국가를 대표하는 경우는 제외)은 이사가 될 수 없다. 또한 국회의원도 국가로부터 일정한 이익을 받는 회사 및 공공금융기관의 이사가 될 수 없다. 이러한 제한은 감사에게도 적용된다.[63] 또한 복권되지 않은 파산자 및 회사관계의 일정한 범죄자는 이사 또는 감사가 될 수 없다.[64]

---

60) Church, *Business Associations under French Law*(London, 1960), p.366.
61) Loi no. 70-1284 of 31 Dec. 1970(JO 31 Dec., p.12281) § 8①.
62) Grossfeld, p.14.
63) Church, p.367; Grossfeld, p.14.
64) Vuillermet, *Droit des sociétés commerciales*(Paris, 1969), p.352.

(바) 프랑스에서도 감사는 이사의 직을 겸할 수 없다. 만일 감사가 이사로 임명되면 동 감사의 직은 이사의 취임과 동시에 종임된다(Décret no. 67-236 § 98). 또한 자연인은 동시에 프랑스에 본점을 두고 있는 8개를 초과하는 주식회사의 이사회에 소속될 수 없다(LSC § 92①). 그러나 자회사가 5개 이하인 경우에는 위의 규정은 자회사에 대하여는 적용되지 않는다.65) 이사에 관한 이러한 제한은 감사에게도 적용된다(LSC § 136①). 또한 아무도 동시에 프랑스에 본점을 두고 있는 두 개를 초과하는 주식회사의 대표이사가 될 수 없다(LSC § 111①). 이러한 규정은 감사회가 있는 경우의 이사에게도 준용된다(LSC § 127①). 감사회가 있는 회사의 경우 다른 회사의 이사를 자기 회사의 이사로 임명하기 위하여는 감사회의 사전승인을 받아야 한다(LSC § 127②). 이러한 제한에 위반하여 이사 또는 감사가 임명된 경우에는, 동 이사 또는 감사는 3월 이내에 자기의 직 중의 하나를 포기해야 하며, 그가 스스로 이를 하지 않으면 그는 나중에 취득한 직을 사임한 것으로 간주되며 그가 받은 급료를 반환해야 한다(LSC § 92②, 136②).

또한 프랑스에서는 회사의 급료를 받는 근로자는 원칙적으로 이사가 될 수 없다. 다만 근로자로서의 고용계약이 이사의 임명 2년 전에 체결되었고 또 사실상의 고용에 종사하고 있는 경우에는 예외이다. 그러나 어떤 경우에도 3분의 1을 초과하는 이사를 근로자(사용자—필자 주) 중에서 임명할 수 없다(LSC § 93). 그러나 감사회가 있는 경우의 이사에게는 이러한 제한이 없다(LSC § 121②). 이러한 제한이 감사에게도 적용되는지 여부에 대해서는 법문상 명백하지 않고, 학설은 이를 긍정하는 견해66)와 부정하는 견해67)로 나뉘어 있다.

## (4) 유럽주식회사법(안)

(가) 유럽주식회사법(안)에서는 이사 및 감사는 「자연인」만이 될 수 있다고 명백하게 규정하고 있으므로, 법인은 이사 또는 감사가 될 수 없다(동 안 §§ 63③, 74①).

(나) 개정전의 유럽주식회사법(안)(1970)에서는, 이사가 1인 또는 2인인 경우에는 1인의 이사는 유럽공동체에 속하는 국적을 가져야 하고, 그 이외의 경우에는 과반수의 이사는 유럽공동체에 속하는 국적을 가져야 한다는 규정이 있었으나(동 안 § 63③), 개정후(1975)에는 이것이 폐지되었다.

---

65) Hémard, Terré, and Mabilat, "La dixiéme réforme de la réforme du droit des sociétés commerciales," *D.S.* 1969 Chr., pp.41～56, 43.

66) Houin & Goré, "La réforme des sociétés commerciales," *D.S.* 1967. Chr., pp.121～176, 140.

67) Vuillermet, p.417.

㈐ 유럽주식회사법(안)에 의하면, 이사 또는 감사에게 적용되는 법에 의하여 또는 법원의 판결의 결과 소속국가의 법에 의하여 이사 또는 감사로서 활동할 수 없는 자는 이사 또는 감사가 될 수 없다고 규정하고 있다(동 안 §§ 63④, 74②). 따라서 동 안은 이사 또는 감사가 되기 위한 연령 등의 제한에 대하여 그 이사 또는 감사가 적용받은 각각의 국내법 등에 위임하고 있다. 그러나 정관에 의하여 주주대표의 감사의 최고연령을 제한할 수 있다(동 안 § 75④).

㈑ 이사 또는 감사가 주주이어야 하는지에 대하여 유럽주식회사법(안)에는 전혀 규정이 없다. 따라서 주주가 아닌 자도 이사 또는 감사에 선임될 수 있는 것으로 해석된다.

㈒ 공무원 등 일정한 직업에 종사하고 있는 자가 이사 또는 감사가 될 수 있는지 여부에 대하여도, 유럽주식회사법(안)에 의하면 각 회원국의 국내법에 위임하고 있다[68](동 안 §§ 63④, 74②).

㈓ 유럽주식회사법(안)에 의하면, 이사는 감사회의 명시적인 승인이 없으면 다른 직업에 종사할 수도 없고 또 다른 회사의 감사도 될 수 없다(동 안 § 69②). 또한 이사는 감사의 직을 겸할 수 없고(동 안 § 69①), 이사와 회사간의 거래에는 감사회의 승인을 요한다(동 안 § 69④).

## (5) 영 국

㈎ 법인이 회사의 이사가 될 수 있는지 여부에 대하여, 영국법에서는 이를 명백히 규정하고 있지는 않으나, 회사법의 몇몇 규정에서는 「법인」이 이사가 될 수 있는 것을 당연한 전제로 하고 있다[69](CA §§ 178, 200②b). 법인이 이사가 될 수 있게 하면 지주회사가 자회사를 지배하는 효과적인 수단으로 이용된다.[70] 따라서 젠킨스보고서(Jenkins Report)는 다른 회사(법인)가 이사로 임명되는 것을 금하는 권고안을 냈는데,[71] 이는 법으로 채택되지는 못하였다.[72]

㈏ 영국에서도 이사의 국적에 대하여는 법에서는 규정이 없고, 다만 정관에 의하여 규정할 수는 있다.[73]

㈐ 영국에서 이사가 되기 위한 최소연령에 대하여는 규정이 없으나, 최고연

---

68) Grossfeld, p.15.
69) Grossfeld, p.12.
70) Gower, p.129.
71) Report of the Company Law Committee(Jenkins Report)(London, 1962), par.82.
72) Grossfeld, p.12.
73) Grossfeld, p.12.

령에 대하여는 규정이 있다.[74] 즉, 누구도 이사의 임명시에 70세에 달한 자는 동
회사의 이사가 될 수 없다(CA § 185①). 그러나 이에 대해서는 예외가 있는데, 이
러한 나이를 주지시켜 주주총회에 의하여 이사로 선임되거나 또는 나이에 대하
여 주주총회의 승인을 받은 경우이다. 따라서 선임된 이사 또는 후보이사는 이러
한 연령초과 여부에 대하여 신고하여야 한다(CA § 186). 이사가 재직중 70세에
달하면 다음 정기총회에서 사임하여야 한다(CA § 185②). 그러나 회사는 회사의
내부규칙에 의하여 이와 달리 정할 수 있다.[75] 따라서 법률상의 연령제한은 많은
예외규정에 의하여 수정되고 있으므로 실제상 큰 의미는 없다.[76]

(라) 이사가 주주이어야 하느냐에 대하여 영국법에서 이를 의무로서 규정한
것은 없다. 다만 회사의 내부규칙으로 이사가 소유해야 할 최소한의 주식에 대하
여 규정할 수 있는데, 이 때에는 이사는 임명 후 2월 내 또는 내부규정에서 정
하는 기간 내에 그러한 주식을 취득해야 한다(CA § 182).

(마) 영국에서는 파산자로서 복권되지 않은 자가 회사의 이사 또는 지배인으
로서 활동하면 형사적으로도 처벌받는다(CA § 187). 또한 법원은 회사의 설립 또
는 경영과 관련하여 범죄를 범한 자에 대하여는 이사 또는 지배인의 자격을 박
탈할 수 있다. 또한 법원은 회사의 임원으로서 사기 또는 의무위반을 한 자에
대하여도 청산과정에서 그 자격을 박탈할 수 있다(CA § 188).

(바) 영국에서는 이사가 회사의 어떠한 직도 겸할 수 있다. 오히려 이사가 사
용인의 직을 겸하는 것이 관행이다.[77] 이사가 동시에 사용인의 직을 겸하는 것은
이사가 자기 자신을 위하여 과다급료를 의결하고자 하는 경우에 남용될 수 있
다.[78] 따라서 이를 방지하기 위하여 영국에서는 1967년의 법에서 이사와 사용인
의 근무계약은 검사를 받도록 되어 있고(CA, 1967 § 26), 이사의 급료는 공개되어
야 한다고 규정하고 있다(CA §§ 196, CA, 1967 § 6). 또한 영국에서는 원칙적으로
이사는 동시에 수개의 회사의 이사로 활동할 수 있다. 만일 동 이사가 경쟁회사
의 이사를 겸하는 경우에는, 그는 모두에게 공정하게 활동해야 한다.[79]

---

74) Grossfeld, p.13.
75) Pennington, *Company Law*(ed. 2 London, 1967), p.459; Report of the Committee on
    Company Law Amendment(Cohen Report)(London, 1964), par.131.
76) Palmer(Schmitthoff and Thompson), *Company Law*(ed., 21 London, 1968), pp.534~535.
77) Gower, p.139; CA Sched. I. Table A § 84③.
78) Grossfeld, p.15.
79) Gower, pp.547~549.

## (6) 미 국

(가) 법인(회사)이 다른 회사의 이사가 될 수 없다는 제한은 미국에도 있다.[80]

(나) 미국에서, 회사의 이사의 전부 또는 일부는 미국의 시민 또는 거주자이어야 한다는 규정이 한때 존재하였으나, 점차 폐지되고 있다.[81] 예컨대, 뉴욕주식회사법에서는 이사 중 최소한 1인이 미국시민이고 뉴욕주의 거주자임을 요한다. 그러나 1961년 뉴욕사업회사법에서는 이러한 규정이 없다.[82] 또한 개정 모범사업회사법에서는 정관에 다른 규정이 없으면 이사는 미국(주)의 거주자임을 요하지 않는다고 명문으로 규정하고 있다(R.M.B.C.A. § 8.02). 그러나 금융기관, 항공·선박·전기통신 등의 특수 업종의 회사에 종사하는 이사는 특별법에 의하여 미국시민임을 요하고, 이는 동시에 주주임을 요하고 있다.[83]

(다) 미국법에서 몇몇 주는 이사는 성년(full age)이어야 한다고 명시적으로 규정하고 있다.[84]

(라) 이사는 주주이어야 하는가에 대하여, 미국법에서는 이러한 제한이 점차 사라져 가고 있다.[85] 즉, 개정모범사업회사법에서는 이사는 정관에 규정이 없는 한 주주임을 요하지 않는다고 명시적으로 규정하고 있다(R.M.B.C.A. § 8.02).

(마) 미국에서는 많은 변호사가 자기의 고객회사의 이사 및 임원을 겸하는 것이 오랜 실무상의 관행이었으며, 심지어는 판사도 이사로서 활동하였다. 그러나 이러한 관행은 연방법원의 판결에 의하여 현재는 금지되고 있다.[86]

(바) 이사가 동 회사의 사용인을 겸하는 경우에 급료에 관한 문제점을 방지하기 위하여 미국에서도 영국과 비슷한 규정을 두고 있다.[87] 그러나 영국에서와 같이 이사가 사용인을 겸하는 것에 대해서는 제한이 없다.[88] 미국에서는 이사의 전부 또는 일부가 동시에 동 회사의 임원을 겸하고 있는 것이 일반적인 관행이다.[89]

---

80) Henn, *Handbook on the Law of Corporations*(ed. 2 St.Paul, Minn, 1970), p.408 n.8.

81) Grossfeld, p.12.

82) Grossfeld, p.12.

83) Vagts, "The Corporate Alien. Definitional Questions in Federal Restraints on Foreign Enterprise," 74 *Harv. L. Rev.* 1489~1551, 1497~1523; *id.*, "United States of America's Treatment of Foreign Investment," 17 *Rutgers L. Rev.* 374~404(1963).

84) Henn, pp.407~408.

85) Henn, pp.408.

86) Stevens & Henn, p.612 n.1; Henn, p.409.

87) Cary, *Cases and Materials on Corporations*(ed. 4 Mineola, 1969), p.637.

88) Grossfeld, p.15.

89) Grossfeld, p.15.

## 다. 임 기

### (1) 한 국

이사의 임기는 「3년」을 초과하지 못하고(상법 제383조 2항), 이러한 임기는 정관에 의하여 그 임기중의 최종의 결산기에 관한 정기주주총회의 종결시까지 연장될 수 있다(상법 제383조 3항). 임기만료 후의 재선은 얼마든지 가능하다.[90] 감사의 임기는 「취임 후 3년 내의 최종의 결산기에 관한 정기총회의 종결시」까지이다(상법 제410조). 감사도 이사와 같이 임기만료 후의 재선은 얼마든지 가능하다.[91]

### (2) 서 독

서독에서의 이사의 임기는 「최장 5년」이며(AktG § 84① S.1), 최장 5년의 임기로 재선되거나 연장될 수 있다(AktG § 84① S.2). 감사는 「취임 후 제4영업년도의 책임해제를 결의하는 주주총회의 종결시」보다 장기로 선임될 수 없으며, 이때 취임시의 영업연도는 산입되지 않는다(AktG § 102①). 따라서 감사의 임기는 거의 5년이 되며,[92] 최장 5년을 초과하지 않는다.[93] 감사의 재선도 인정된다.[94]

### (3) 프랑스

프랑스에서의 이사의 임기는 「6년」을 초과할 수 없으며, 정관에 다른 규정이 없으면 재선될 수 있다(LSC § 90). 대표이사의 임기는 이사의 임기보다 장기가 될 수 없으나, 재선될 수 있다(LSC § 110②).

감사회가 있는 경우에는, 이사의 임기는 「4년」이고 재선될 수 있으며(LSC § 122). 감사의 임기는 「6년」이고 재선될 수 있다(LSC § 134).

### (4) 유럽주식회사법(안)

유럽주식회사법(안)에서의 이사의 임기는 「6년」이고 재선될 수 있으며(동 안 § 63②), 감사의 임기는 「4년」이고 재선될 수 있다(동 안 § 74C①).

### (5) 영 국

영국법에서는 이사의 임기에 융통성이 있어, 보통 「내부규칙」에 의하여 정하여진다.[95] 이러한 내부규칙에 의하여 이사는 종신으로도 선임될 수 있다.[96] 그

---

90) 정희철·양승규, 전게서, 437면; 정동윤, 전게서, 384면 외.
91) 정희철·양승규, 전게서, 467면 외.
92) Götz Hueck, *Gesellschaftsrecht*(München: C.H. Beck Verlag, 1983), S.207.
93) Grossfeld, p.24.
94) Grossfeld, p.24.
95) Grossfeld, p.24.

러나 내부규칙은 일반적으로 매년 이사의 일부를 교체할 것을 규정한다.[97] 영국
회사법 표 A는 매년 이사의 3분의 1을 교체하도록 규정하고 있어, 이에 의하면
3년마다 전 이사가 교체되는 셈이다(CA Sched I Table A § 89-94).

### (6) 미 국

미국의 개정모범사업회사법의 규정도 영국의 경우와 비슷하다. 즉, 이사가 9
인 이상인 경우에 「정관」의 규정에 의하여 이를 둘 또는 세 그룹으로 나누어 매
정기주주총회에서 2분의 1 또는 3분의 1을 교체할 수 있다(Staggered terms for
directors)(R.M.B.C.A. § 8.06). 정관에 이러한 규정이 없으면 모든 이사의 임기는
선임 후 다음 정기주주총회의 종결시까지이다(R.M.B.C.A. § 8.05ⓑ). 그러나 다른
주법에서는 이보다 연장되어 있으며,[98] 이사의 임기가 만료된 경우에도, 후임의
이사가 선임될 때까지는 그 임기가 연장되는 것이 관행이다.[99]

## 라. 선임기관

### (1) 한 국

(가) 우리 상법상 이사는 「주주총회」에서 선임된다(상법 제382조 1항). 회사의
설립시에는 이와 달리 선임되는데 이는 회사의 설립방법의 차이에 따라 다르다.
즉, 발기설립의 경우에는 발기인의 과반수로써 이사를 선임하고(상법 제296조), 모
집설립의 경우에는 창립총회에서 출석한 주식인수인의 의결권의 3분의 2 이상이
며 인수된 주식의 총수의 과반수로써 이사를 선임한다(상법 제309조). 이사의 선
임방법은 원칙적으로 단순투표제에 의하며(소수주주에게 유리한 집중투표제는 예외적
으로 인정됨— 상법 제382조의 2),[100] 피선임자의 승낙에 의하여 회사와의 사이에 임
용계약이 체결되어 회사와 피선임자 사이에 위임관계가 발생한다[101](상법 제382조
2항). 또한 이사의 성명과 주민등록번호는 등기사항이다(상법 제317조 3항 8호).

(나) 우리 상법상 감사도 「주주총회」에 의하여 선임되는 점은 이사와 같으나
(상법 제409조 1항), 다만 그 선임방법에 있어서 대주주의 횡포를 방지하기 위하여

---

96) Grossfeld, p.24.
97) Grossfeld, p.24.
98) Grossfeld, p.24.
99) Petrogradsky Mejdunarodny Kommerchesky Bank v. National City Bank of New York,
    170 N.E. 479, 484(N.Y. 1930).
100) 정동윤, 전게서, 381~382면 참조.
101) 정동윤, 전게서, 384면 외.

의결권 없는 주식을 제외한 발행주식의 총수의 100분의 3을 초과하는 수의 주식을 가진 주주는 그 초과하는 주식에 관하여는 의결권을 행사하지 못하도록 규정하고 있다(상법 제409조 2항, 제542조의 12 3항·4항). 감사의 선임결의의 정족수에 관하여는 이사의 경우와 동일하게 해석하여야 할 것이다.[102] 감사의 성명과 주민등록번호도 등기사항이다(상법 제317조 2항 8호).

### (2) 서 독

(가) 서독에서의 이사의 선임권한은 「감사회」에 전속하며[103](AktG § 84① S.1), 선임하는 방법에 관하여는 동 감사회가 특별법에 의하여 근로자대표의 감사와 주주대표의 감사로 공동구성되고 동 특별법에 의하여 이에 관한 특별규정이 있는 경우와, 그 이외의 경우로 주식법에 의한 경우가 있다.

공동구성되는 감사회의 경우에 특별법에서 동 감사회의 결의능력(예, MitbestG § 28)과 이사의 선임에 필요한 의결정족수 등(예, MitbestG § 31)에 대하여 규정하고 있는 경우에는 이에 의하여 이사가 선임된다. 또 노무이사가 선임되어야 하는 경우에도 동 특별법에서 규정하고 있다(예, MitbestG § 33). 그 이외의 경우에는 주식법상의 선임방법에 의하여 선임되는데, 이에 의하면 감사회의 결의능력에 대해서만 규정하고 있고(법률 또는 정관에 규정이 없는 한 법정감사의 과반수의 출석과 3인 이상의 감사의 출석(AktG § 108), 의결정족수에 대하여는 규정이 없다. 따라서 의결정족수에 대하여는 해석에 의하는데, 이에 의하면 단순다수결이라고 하고 정관에 의해서도 이를 강화하여 규정할 수 없다고 한다.[104] 이사와 회사와의 임용계약(Anstellungsvertrag)은 감사회가 회사를 대표하여 하며(AktG § 112), 이사의 보수도 감사회가 확정한다(AktG § 87). 감사회가 수인의 이사를 선임하는 경우에는 그 중 1인을 이사회의장에 임명할 수 있다(AktG § 84②). 이사의 성명 및 이사의 대표권은 등기사항이다(AktG § 39①).

(나) 서독에서의 감사의 선임권한은 그 감사회가 어떻게 구성되느냐에 따라 선임권자도 다르다. 감사회가 근로자대표의 감사와 주주대표의 감사로 공동구성되는 경우에는, 근로자대표의 감사는 공동결정법 등의 특별법의 규정에 의하여 「근로자」에 의하여 선임되고(예, MitbestG §§ 9 ff.), 주주대표의 감사는 「주주

---

102) 동지: 정희철·양승규, 전게서, 468면.

103) Hueck, S.194; Hefermehl, *Kommentar zum Aktiengesetz*(München: Verlag Franz Vahlen, 1974), Bd. II, § 84 Rn.7.

104) Hefermehl(*Kommenter zum AktG*), § 84 Rn.12 u.a.

총회」에서 선임된다(AktG § 101①). 감사회가 주주대표만의 감사로 구성되는 경우
에는 모든 감사가 주주총회에서 선임되는 것은 당연하다(AktG § 101①). 그러나
주주대표의 감사라도 정관의 규정에 의하여 일정한 주주 또는 일정한 주식을 소
유하는 자에게 감사의 파견권이 인정된 경우에는 이러한 감사는 주주총회에서
선임되지 않으며 이러한 파견감사는 법정감사의 3분의 1까지 허용될 수 있다
(AktG § 101②). 주주총회에서 감사를 선임하는 경우에는 정관에 달리 정한 바가
없으면 행사한 의결권의 다수로써(단순다수결) 의결한다[105](AktG § 133①). 이 때
누적투표는 인정되지 않으며 정관에 의해서도 인정될 수 없다.[106] 감사에 대한
보수는 정관 또는 주주총회의 결의에 의하여 정하여진다(AktG § 113①). 감사회는
감사 중에서 1인의 의장과 최소한 1인의 부의장을 선출하는데(AktG § 107①), 감
사회의 의장은 주주총회의 의장을 겸하는 것이 보통이다.[107] 감사는 등기사항이
아니라, 그의 성명이 회사공고지에 공고되고 이 공고지가 상업등기소에 제출된
다[108](AktG § 106).

### (3) 프랑스

프랑스에서 이사 및 감사는 원칙적으로 「주주총회」에서 선임된다(LSC §§ 90
①, 134①). 대표이사는 이사 중에서 이사회에 의하여 선임된다(LSC § 110①).

### (4) 유럽주식회사법(안)

(가) 유럽주식회사법(안)에서 이사는 「감사회」에 의하여 선임되고, 감사회는
회사의 이름으로 각 이사와 임용계약을 체결하는데 이 때에 급료는 확정된다(동
안 § 63①). 그러나 최초의 이사는 정관에 의하여 정하여진다(동 안 § 63①).

(나) 유럽주식회사법(안)에서의 감사회는 앞에서 본 바와 같이 근로자대표의
감사, 주주대표의 감사 및 두 그룹의 감사에 의하여 공동으로 선출되는 감사로
구성되는데, 각각에 대하여 선임권자가 다르다. 근로자대표의 감사는 유럽주식회
사 및 동 회사에 종속되어 있는 콘체른기업의 「근로자」에 의하여 선출된다(동 안
§§ 74a③, 137①). 이때의 근로자대표의 감사는 동 회사 또는 동 회사에 종속되어
있는 콘체른기업에 근무하는 자이어야 한다. 그러나 근로자대표의 감사가 3인인

---

105) Geßler(*Kommentar zum AktG*), § 101 Rn.10; Hueck, S.217.
106) Steefel & von Falkenhausen, "The New German Stock Corporation Law," 52 *Cornell
　　L.Q.* 518~550(1967), 534; Baumbach/Hueck, *Aktiengesetz*(ed. 13 München, Berlin, 1968),
　　§ 101 Rn.4.
107) Steefel & von Falkenhausen, p.534, 540.
108) Hueck, S.208.

경우에는 그 중 1인은 동 회사 또는 동 회사에 종속하는 콘체른기업에 근무하는 자가 아니어도 무방하며, 근로자대표의 감사가 3인을 초과하는 경우에는 그러한 감사 중 2인에 대하여도 같다(동 안 § 137②). 주주대표의 감사는 「주주총회」에서 선임되는데, 최초의 감사는 정관에 의하여 정하여진다(동 안 § 75①). 또한 유럽주식회사법(안)상 「두 그룹의 감사」에 의하여 선출되는 감사는, 주주총회·근로자대표(보통 종업원대표회)·이사회가 주주 또는 근로자의 어느 한편의 이익 및 어느 한편의 조직에 직접적으로 종속되어 있지 않고 공동이익을 대표하며 전문적인 지식을 가진 자 중에서 추천하여, 투표자의 3분의 2 이상을 취득한 자가 된다(상세는 동 안 §§ 75a, 75b).

### (5) 영 국

영국에서의 이사의 선임권자는 전적으로 회사의 「내부규칙」에 위임되어 있어, 가장 자유로운 입법태도를 보이고 있다.[109] 실제로 회사의 내부규칙은 이사의 선임권을 주주총회에 인정하고 있는 것이 일반적이나, 다른 이사(들)에게 인정할 수도 있다. 다른 이사(들)에게 인정하는 경우는 그가 퇴임시 그가 원하는 자를 그의 후임으로 지명하는 경우이다. 현행법에서의 그러한 이사의 선임은 주주총회에서의 특별승인을 얻지 않으면 무효이다(CA § 204). 그러나 이러한 규정은 퇴임이사에게 후일 이사의 지명권을 실질적으로 인정함으로써 종종 실현되지 못하고 있다. 이것은 기술적으로 퇴임이사가 후임이사를 지명하는 형식을 취하지 않기 때문에 주주총회의 특별승인은 필요 없는 것이다.[110] 또한 내부규칙에 의하여 이사는 종종 대체이사를 임명할 권한이 있는데, 이는 이사가 스스로 이사회에 출석할 수 없는 경우에 대체이사로 하여금 이사회에서 활동할 수 있게 하는 기능을 한다.[111] 또한 이사의 선임권이 외부인사(예컨대, 채권자)에게 주어질 수도 있다.[112]

### (6) 미 국

미국에서의 이사의 선임권은 원칙적으로 「주주총회」에게 있다[113](R.M.B.C.A. § 8.03ⓓ). 그러나 몇몇 주에서는 「정관」의 규정에 의하여 채권자에 대하여 이사의 선임권을 인정하기도 하고, 아주 드물기는 하지만 근로자에게 일정한 이사의

---

109) Pennington, p.457.
110) Pennington, p.457.
111) Gower, p.129.
112) Pennington, p.458; British Murac Syndicate, Ltd. v. Alperton Rubber Co., Ltd.(1915).
113) Henn & Alexander, pp.490~491.

선임권을 인정하는 경우도 있다.[114] 최초의 이사는 종종 정관에 의하여 정하여지거나(R.M.B.C.A. § 2.03ⓑ①) 또는 발기인에 의하여 선임되는데(Del. Gen. Corp. Law § 107; Mckinney's N.Y. Bus Corp. Law § 404ⓐ), 이러한 최초의 이사는 정식의 이사를 선출하는 최초의 주주총회까지 활동한다(R.M.B.C.A. § 8.05ⓐ).

임원은 대부분의 주에서 이사회에 의하여 선임되는데(R.M.B.C.A. § 8.40ⓐ; Cal. Corp. Code § 312; Del. Gen. Corp. Law § 142), 정관에 의하여 정하여지거나(R.M.B.C.A. § 8.40ⓐ) 또는 정관의 규정에 의하여 주주에 의하여 선임되는 경우도 있다(예, Georgia, Maine, New York주 등).

미국에서 주주총회가 이사를 선출하는 방법 중 가장 큰 특색은 소수주주에게 회사의 경영참여권을 주기 위하여 누적투표제(cumulative voting)를 실시하고 있는 점이다. 누적투표제는 각 주주에게 선임할 이사의 수와 동수의 의결권을 부여하고 소수의 주주는 그가 가진 의결권을 1인의 후보에게 집중적으로 투표함으로써 소수의 주주를 대표하는 이사가 당선될 수 있게 하는 방법이다.[115] 이러한 누적투표제는 코먼로(common law)에서 인정하고 있지 않기 때문에 헌법 및 성문법의 규정에 의해서만 인정될 수 있고, 그 개념은 소수대표를 보호하고자 하는 정치이론에서 도출되었다.[116] 동 제도를 미국에서 최초로 규정한 것은 1870년의 일리노이스주이며, 그 후 급속히 미국의 각주에 전파되어 현재는 아주 광범위하게 인정되고 있다.[117] 또한 이러한 누적투표제는 오늘날 미국의 거의 반수의 주에서 회사법상 강행법규로서 인정하고 있으며, 그 밖의 주는 이의 인정여부를 정관 또는 회사의 내부규칙에 위임하고 있다.[118] 미국의 개정모범사업회사법에서는 이를 정관의 규정에 의하여 인정하고 있다(R.M.B.C.A. § 7.28ⓑⓒ). 이의 제도는 미국의 연방법에서도 선호하고 있어 많은 연방법에서 이에 관한 강행규정을 두고 있다.[119] 그러나 이러한 누적투표제는 그 인정이 정관에만 근거하는 경우에는 다수주주에 의하여 정관을 개정함으로써 쉽게 그 권리가 박탈될 수 있고,[120] 또

---

114) Grossfeld, p.17.
115) Grossfeld, p.18; 정동윤, 전게서, 382면 참조.
116) Campbell, "The Original Growth of Cumulative Voting, for Directors," 10 *Bus Law* 3~16, 3(April 1955).
117) Grossfeld, p.18.
118) Lattin, Jennings & Buxbaum, p.399.
119) National Bank Act, 12 U.S.C. § 61(1970); Public Utility Holding Company Act of 1935 등.
120) Maddock v. Vorclone Corp., 147 A.255(Del. Ch. 1929); Sensabaugh v. Polson Plywood

이사의 수를 감소함으로써 그 효과를 감소시킬 수 있다.[121] 따라서 이사회의 규모를 감축하지 않으면서 동일한 효과를 달성할 수 있는 방법으로 이사를 분류하여 (보통 셋으로) 매년 그 일부를 선출하는 방법(classified board or "staggered" elections)이 있다.[122] 이 방법은 정관 또는 회사의 내부규정에 규정됨으로써 실시된다.[123] 개정모범회사법에서도 이에 대하여 규정하고 있다(R.M.B.C.A. § 8.06). 동 법은 이밖에도, 정관의 규정에 의하여 주식을 수종으로 분류한 경우에 동 정관의 규정에 의하여 이사의 전부 또는 일부는 특정한 수권주식의 소유자만에 의하여 선출될 수 있으며 이러한 이사선출권이 있는 각 종류의 주식은 이사선출의 목적을 위하여 각각의 투표그룹으로 분류된다고 규정하여(R.M.B.C.A. § 8.04), 특정한 종류의 주식을 가진 주주에 의한 이사의 선출권을 인정하고 있다. 누적투표제는 원래부터 미국의 제도로서 미국 외에는 일본,[124] 캐나다의 온타리오주, 인도 및 가나 등이 인정하고 있으나,[125] 영국 및 대륙법에서는 이를 인정하고 있지 않다.[126] 서독에서도 이를 인정하고 있지 않으나 1965년의 주식법 개정시에 주요논점이었으며, 감사의 선출시에 특정주주 또는 특정주식의 소유자에게 파견권을 인정하고 있는 것이 어느 정도 이와 유사한 효과를 가져온다고 한다.[127]

## 2. 이사·감사의 해임

### 가. 한 국

(1) 우리나라에서 주식회사의 이사의 종임사유에는 위임의 종임(민법 제689조, 제690조), 사임(민법 제689조 1항), 임기만료 및 정관소정의 자격상실 등과 같은 일반적 사유와 상법이 규정하고 있는 해임이 있으나, 이 곳에서는 해임에 대해서만 설명한다. 이사의 해임에는 「주주총회」에 의하여 해임되는 경우와 「법원의 판결」에 의하여 해임되는 경우의 두 가지가 있다. 주주총회는 이사의 임기중에

---

      Co., 342 P.2d 1064(Mont. 1959).
  121) Grossfeld, p.19.
  122) McDonough v, Copeland Refrigeration Corp., 277 F. Sup. 6(D.C.E.D. Mich. 1967);
       Adkins, "Corporate Democracy and Classified Directors," 11 *Bus. Law* 31~38(Nov. 1955).
  123) Grossfeld, p.19.
  124) 일본 상법 제256조의 3(정동윤, 전게서, 382면 및 주 6 참조).
  125) Gower, p.128 n.23.
  126) Grossfeld, p.20.
  127) Grossfeld, p.20.

정당사유 유무를 불문하고 언제든지 특별결의에 의하여 이사를 해임할 수 있는데, 다만 정당한 이유없이 그 임기만료 전에 해임한 때에는 그 이사는 회사에 대하여 해임으로 인한 손해배상을 청구할 수 있다(상법 제385조 1항). 법원의 판결에 의하여 이사가 해임되는 경우는, 이사가 그 직무에 관하여 부정행위 또는 법령이나 정관에 위반한 중대한 사실이 있음에도 불구하고 주주총회에서 해임을 부결한 경우에 소수주주가 법원에 제소하고 법원이 판결함으로써 해임되는 경우이다(상법 제385조 2항·3항). 이사의 종임도 등기사항이다(상법 제317조 2항 8호, 제183조).

(2) 감사의 해임도 「이사의 그것과 같으며」(상법 제415조, 제385조), 등기사항이다(상법 제317조 2항 8호, 제183조).

## 나. 서 독

(1) 서독에서의 이사의 해임권은 「감사회」의 전속권한이며[128](AktG § 84③ S.1), 이사에게 중대한 사유(중대한 의무위반, 정상적인 업무집행능력의 결여, 주주총회의 신용상실)가 있는 경우에만 감사회는 이사를 임기중에 해임할 수 있다(AktG § 84③ S.2). 이 때 이러한 사유가 있어 감사회가 해임을 결의한 이사는 즉시로 그 권한을 상실하여 회사를 위하여 활동할 수 없다.[129] 그러나 그의 임용계약은 영향을 받지 않고 그대로 존재할 수 있는데, 이 때에 이러한 임용계약으로부터 발생하는 청구권에 대하여는 일반법의 규정(채권법)이 적용된다(AktG § 84③ S.5). 이사의 해임에 필요한 의결정족수 등에 관하여 공동결정법 등 특별법이 적용되는 회사의 경우에는 이에 의한다(예, MitbestG § 31⑤).

동 특별법이 적용되지 않는 경우에는 주식법에 의하는데, 이에 관한 해석은 선임의 경우와 같다(감사회의 단순다수결).[130] 노무이사에 대하여도 동일하다(AktG § 84④). 이 외에 어떤 이사도 감사회가 사유를 제시하여 이사의 해임을 제소하고 법원의 동 해임판결에 의하여 해임될 수 있다.[131]

(2) 감사의 경우에 근로자대표의 감사는 해당되는 특별법(공동결정법 등)에 의하여 동 이사를 선임한 「근로자」에 의하여 해임되며, 주주대표의 감사는 「주주

128) Hueck, S.194; Hefermehl(*Kommentar zum AktG*), § 84 Rn.7 u.a.
129) Grossfeld, p.26.
130) Grossfeld, p.26.
131) Grossfeld, p.26.

총회」에서 해임된다. 주주대표의 감사는 임기만료 전에 주주총회에서 정당사유의 유무를 불문하고 언제든지 투표한 의결권의 4분의 3 이상의 찬성으로 해임될 수 있다(AktG § 103① S.1~2). 그러나 정관으로 이와 다른 다수결(예, 단순다수결) 및 기타의 요건을 정할 수 있다(AktG § 103① S.3). 그러나 주주대표의 감사라도 정관의 규정에 의한 특정주주(또는 특정주식의 소유자)의 파견감사는 동 파견권자에 의하여 언제든지 해임될 수 있다(AktG § 103②).

### 다. 프랑스

(1) 프랑스에서의 이사는 정당한 이유가 없어도 언제든지 「정기주주총회」에서의 단순다수결에 의하여 해임될 수 있다(LSC § 90② S.2). 이러한 방법에 의한 이사의 해임은 의사일정에 없는 경우에도 가능하다(LSC § 160③). 대표이사의 경우도 이와 동일하게 이사회에 의하여 언제든지 해임될 수 있다(LSC § 110③). 이러한 해임에 관한 원칙은 아주 엄격하여 판결에 의하면 프랑스의 공공질서의 일부로 보고 있다. 따라서 이러한 자유로운 해임을 제한하는 모든 정관 또는 계약은 무효가 되고, 해임에 따른 손해배상이나 퇴직금은 미리 약정될 수 없고 퇴직 후에만 회사에 의하여 임의로 지급될 수 있다.[132] 그러나 이러한 해임이 이사의 지위에서 하는 것과는 다른 실제의 집행자(executives or officers)로서의 고용계약까지 종료시키는 것은 아니며, 1943년 이후 이사는 최고경영의 지위를 갖지 못하고 단순한 집행자에 머물러 있으면서 이러한 집행자로서의 고용계약을 종종 장기 또는 취소불능으로 체결하고 있다.[133] 이러한 점은 현재 "이사로서 활동하는 월급받는 직원에 관한 새로운 법률"(the new statute or salaried employees acting as directors)에 의하여 규율되고 있다.[134]

(2) 감사회가 있는 경우에 감사는 「주주총회」에 의하여 언제든지 해임될 수 있다(LSC §§ 134② S.2, 160③). 또 감사회가 있는 경우에 있어서의 이사는 감사회의 해임권고와 주주총회의 단순다수결에 의하여 해임된다(LSC §§ 121①, 160③). 이 때에 해임되는 자가 회사와의 고용계약이 있으면 이 계약은 당연히 해지되는 것이 아니다(LSC § 121②).

---

132) Grossfeld, p.26.
133) Church, p.371.
134) Grossfeld, p.26.

## 라. 유럽주식회사법(안)

(1) 유럽주식회사법(안)에서의 이사의 해임에 관한 규정은 원칙적으로 독일 법을 따르고 감사의 해임에 관한 규정은 프랑스법을 따르고 있다.[135] 즉, 동 안에 의하면 이사 및 이사회의장은 「감사회」에 의하여 해임되는데, 중대한 사유가 있는 경우에만 해임된다(동 안 § 63⑦ S.1). 그런데 여기에서 독일법과 구별되는 점은, 감사회가 이사의 해임을 결의하면 당해 이사는 즉시로 또 종국적으로 그 권한을 잃게 되고, 이에 관하여 당해 이사가 법원에 제소하여 승소판결을 얻더라도 다시 이사로 복직할 수는 없고 다만 이에 근거하여 고용계약상의 손해배상을 청구할 수 있을 뿐이다[136](동 안 § 63⑦ S.2~3).

(2) 유럽주식회사법(안)상의 감사회는 근로자대표의 감사, 주주대표의 감사 및 기타 중립적인 감사로 공동구성되는데, 주주대표의 감사는 「주주총회」의 단순다수결에 의한 결의에 의하여 언제든지 해임될 수 있다[137](동 안 § 75③). 근로자대표의 감사 및 기타 중립적인 감사의 해임에 관하여는 특별히 규정하고 있지 않으나, 각각의 「선임의 경우와 동일한 방법」으로 해임될 수 있다고 본다(동 안 §§ 74a③④, 75a, 75b, 137, 138).

## 마. 영 국

영국에서 과거에는 이사는 회사의 「내부규칙」에 달리 규정된 바가 없으면 일반적인 임기만료 전에 해임될 수 없는 것이 원칙이었다.[138] 다만 이사의 의무위반이 있는 경우에만 법원이 개입할 수 있었다. 따라서 이것은 많은 이사가 종신인 경우에는 주주의 감독권을 중대하게 제한하는 것이 되었다.[139] 그러나 회사의 내부규칙이 이사의 임기를 규정하고 있지 않으면 동 이사는 언제든지 「주주총회」의 단순과반수에 의하여 해임될 수 있었다.[140] 이러한 법은 1948년에 부분적으로 변경되어, 현재에는 회사의 내부규칙이나 또는 이사와의 임용계약의 내용 여하에 불문하고 모든 회사는 주주총회의 단순과반수의 결의에 의하여 언제든지

---

135) Grossfeld, p.26.
136) Grossfeld, p.26.
137) Grossfeld, p.26.
138) Grossfeld, p.26.
139) Gower, p.133.
140) Pennington, p.465.

이사를 해임할 수 있다. 다만 당해 이사에게는 미리 알려야 하고 당해 이사는
회사에게 변명의 기회를 요청할 수 있다.[141] 특정인(예, 채권자)에 의하여 특별히
임명된 이사라도 이러한 주주총회의 해임대상으로부터 면제될 수 없다.[142] 그러
나 이렇게 해임되는 이사는 부당해임에 대하여 손해배상청구의 소를 법원에 제
기할 수 있으므로 주주총회의 자유로운 해임권인 상당히 제한된다(CA § 184⑥,
Sched. I Table A § 96).

## 바. 미 국

미국에서도 「주주총회」에서 이사를 해임할 수 있는 것이 전통적인 원칙인
데, 다만 상당한 이유가 있는 경우에 한한다. 이렇게 상당한 이유없이 해임된 이
사는 법원에 제소하여 구제받을 수 있다.[143] 몇몇 주에서는 이사에게 해임의 정
당한 사유가 있는 경우에도 대다수의 주주가 해임결의를 하지 않는 경우에는 「법
원」에게 동 이사의 해임권을 부여하고 있으며, 보통은 발행주식(outstanding
shares)의 100분의 5 또는 100분의 10의 주식을 소유한 주주에게 이러한 제소권
을 인정하고 있다.[144] 과거에는 이사는 주주에 의해서 선임되지만 주주의 단순히
수임인이 아니라 이사의 권한은 국가로부터 부여되는 것이라는 이유로,[145] 이사
를 자유로이 주주가 해임하는 것을 반대하는 것이 미국의 회사법상 지배적인 견
해이었다.[146] 그러나 이러한 견해는 오늘날 유지되지 못하고, 이사는 주주의 단
순한 「꼭두각시」(puppets)가 되고 있다.[147] 오늘날 미국의 주법 중에는 과거의 이
론에 따라서 입법되어 있는 것도 있으나,[148] 많은 주에서는 주주의 권한을 강화
하여 주주는 이사에게 정당한 이유가 없는 경우에도 이사를 해임할 수 있는 것
으로 규정하고 있다.[149] 또 다른 주에서는 정관에 규정이 있는 경우에 정당한 이
유가 없는 경우에도 주주가 이사를 해임할 수 있는 것으로 규정하고 있다.[150]

141) Grossfeld, p.27.
142) Pennington, p.466.
143) Grossfeld, p.27.
144) Hornstein, *Corporation Law and Practice*(2. vol.)(St. Paul, Minn., 1959), pp.502~503.
145) (Concession theory) Comstock, J., in Hoyt v. Thompson's Executor, 19 N.Y. 207,
    216(1859); Manson v. Curtis, 223 N.Y. 313, 322, 119 N.E. 559, 562(1918).
146) Ballantine, *On Corporations*(rev. ed. Chicago, Ill., 1946), p.434; Grossfeld, p.27.
147) Lattin, Jennings & Buxbaum, p.244.
148) *E.g.*, Delaware Corporation Law 1967 § 141⑥.
149) *E.g.*, Revised Model Business Corporation Act § 8.08(a)(정관에 달리 규정이 없는 한).
150) *E.g.*, New York Business Corporation Law § 706(b)(Mckinney, 1963).

## Ⅳ. 경영기관의 권한

### 1. 한 국

#### 가. 업무집행기관

(1) 우리 상법(2011년 4월 개정상법 이전의 상법)상 주식회사(자본금 총액이 10억 원 미만인 주식회사를 제외함)의 업무집행기관은 「이사회」와 「대표이사」이다. 이사의 법적 지위에 대하여, 상법상 이사의 권한으로 규정한 규정(상법 제390조 1항, 제328조, 제376조 1항, 제298조, 제373조 2항 등) 등을 근거로 하여 「이사」도 (업무집행)기관이라고 보는 소수설도 있으나,[151] 통설은 이사는 이사회의 구성원이고 대표이사가 될 수 있는 지위에 그치고 그 자체로서는 업무집행기관이 아니라고 한다.[152] 생각건대 통설이 타당하다고 본다. 따라서 개개의 이사는 정관 기타의 내부규칙에 의하여 회사의 내부에서 일정한 업무를 담당할 수 있고(업무담당이사), 이사회를 통하여 회사의 업무집행의 의사결정에 참여할 수 있고 또 이사회를 통하여 이사의 업무집행을 감독할 권한이 있으나,[153] 대표이사가 아닌 이사가 그 자체로서 회사의 기관으로 보기에는 현행법상 무리라고 생각한다. 또한 「대표이사」의 「이사회」에 대한 법적 지위에 대하여는 독립기관설[154](통설)과 파생기관설[155]이 있는데, 독립기관설이 타당하다고 생각한다. 이렇게 보면 주식회사의 업무집행은 이사회가 그 의사결정을 하고 대표이사는 이사회가 결의한 사항(주주총회가 결의한 사항을 포함)을 구체적으로 집행한다. 우리 상법상 이사회의 권한에 대해서는 명문규정이 있는데, 이에 의하면 「회사의 업무집행, 중요한 자산의 처분 및 양도, 대규모 재산의 차입, 지배인의 선임 또는 해임과 지점의 설치·이전 또는 폐지에 관한 사항」이 그것이다(상법 제393조 1항). 이에 반하여 대표이사의 업무집행권 및 범위에 관하여는 일반규정이 없고 상법은 대표이사의 대외적의 대표권(상법 제389조)에 대하여만 규정하고 있다. 그러나 해석상 대표권의 이면인

---

151) 이태로·이철송, 전게서, 440면.
152) 정희철·양승규, 전게서, 436면; 서돈각, 전게서, 362면; 손주찬, 전게서, 517면; 정동윤, 전게서, 380면 외.
153) 정동윤, 전게서, 387면.
154) 이사회는 업무집행의 의사결정기관이고 대표이사는 업무집행 및 대표기관으로 업무집행권은 양자에 분속되어 있다고 한다(정희철·양승규, 전게서, 444면; 정동윤, 전게서, 379~380면 외).
155) 이사회는 원래 업무집행의 의사결정은 물론 그 집행을 할 권한도 있는데 실제의 편의를 위하여 집행권을 대표이사에게 맡긴 것이라고 한다(서돈각, 전게서, 362면).

대내적인 업무집행권이 대표이사에게 있음은 당연하다.156) 이 때 대표이사는「이사회의 결의사항을 단순히 집행만을 하는 것이 아니라, 법률·정관 또는 이사회결의에 의하여 이사회의 권한사항으로 되어 있지 아니한 사항 중 일상업무에 관한 사항에 대하여는 스스로 의사결정을 하여 집행할 수 있다」고 해석한다.157) 그러나 법률·정관 또는 이사회결의에 의하여 이사회의 권한사항으로 되어 있지 아니한 사항이라도 일상업무에 관한 사항이 아닌 것은 이사회의 권한사항으로 이사회의 의결을 거쳐 대표이사가 집행한다고 본다. 그러면「이사회」의 권한과「주주총회」의 권한과의 관계는 어떠한가? 우리 상법상 주주총회는 상법 또는 정관에 정하는 사항에 한하여 결의할 수 있으므로(상법 제361조), 상법 또는 정관에 정하는 사항에 대하여는 이사회에게 권한이 없는 것은 자명하다. 그런데 (상법상) 이사회의 결의사항으로 되어 있는 것을 정관의 규정에 의하여 주주총회의 결의사항으로 할 수 있는가? 이에 대하여 우리나라의 통설은 주식회사의 본질 또는 강행법규에 위반되지 않는 한 이사회의 결의사항을 정관의 규정에 의하여 주주총회의 결의사항으로 할 수 있다고 해석한다.158) 그러나 상법상 각 기관의 업무분담에 관한 규정은 모두 강행법규로 볼 수 있고, 이러한 각 기관의 업무분담에 관한 사항은 각 기관의 권한의 균형에 대한 입법정책에 관한 사항이므로 주주총회가 임의로 정관에 규정하여 자기의 권한으로 할 수 없다고 본다.159)

　　(2) 우리 상법상 대외적으로 회사를 대표하는 기관은「대표이사」이며, 이러한 대표이사는 원칙적으로 이사회의 결의로 선임되는데 정관에 규정이 있는 경우에는 예외적으로 주주총회에서 선임될 수 있다(상법 제389조 1항). 이러한 대표이사의 대표권은「회사의 영업에 관한 재판상·재판외의 모든 행위」에 미친다(상법 제389조 3항, 제209조 1항). 대표이사의 이러한 권한을 제한하여도 선의의 제3자에게 대항하지 못한다(상법 제389조 3항, 제209조 2항). 그런데 이러한 대표권은 법률, 정관 또는 회사의 내부규칙에 의하여 제한되는 경우가 많은데, 이러한 제한에 위반하여 대표이사가 제3자와 한 거래는 유효한가? 법률에 의하여 대표권 자체가 제한되는 경우에(상법 제394조) 이 제한에 위반하여 한 대표이사의 모든 행위는 무효라고 본다. 법률에 의하여 대표행위의 원인행위에 대하여 주주총회의

---

156) 정동윤, 전게서, 406~407면 외.
157) 동지: 정동윤, 전게서, 406면.
158) 정희철·양승규, 전게서, 416면; 서돈각, 전게서, 317면; 손주찬, 전게서, 491면; 정동윤, 전게서, 314~315면 외.
159) 동지: 이태로·이철송, 전게서, 361면.

결의(상법 제374조, 제375조 등) 또는 이사회의 결의(상법 제398조, 제416조, 제469조 등)를 얻어야 하는 경우에 이를 얻지 않거나 또는 이에 위반한 대표행위의 효력은 어떠한가? 이러한 행위는 위법한 행위로서 회사내부의 효력으로서는 무효라고 보는 데 이론이 없다.[160] 그러나 제3자와의 거래행위는 어떠한가? 이에 대하여 이를 전면적으로 유효로 보는 견해와,[161] 이 중에서 주주총회의 결의사항에 관한 것은 무효이나 이사회의 결의사항에 관한 것은 유효라고 보는 견해[162]가 있는데, 후자의 견해가 타당하다고 본다. 법률에 의하여 주주총회의 결의를 요하는 사항은 그러한 법률의 규정은 강행법규라고 보아야 하고 또한 제3자도 이를 미리 예견하고 있다고 볼 수 있으므로 이러한 경우는 제3자가 선의이더라도 제3자와의 거래행위는 무효라고 본다. 그런데 정관 또는 회사의 내부규칙에 의하여 대표이사의 대표권 자체를 제한하거나 또는 원인행위에 대하여 주주총회 또는 이사회의 결의를 얻도록 되어 있는데 이에 위반하여 대표이사가 제3자와 거래한 경우에는, 제3자에게 회사의 정관이나 내부규칙을 숙지하여 거래하도록 기대하는 것은 무리이므로 선의의 제3자와의 관계에서는 동 거래행위는 유효라고 생각한다.[163]

우리 상법은 대표권이 없는 이사의 행위에 대하여도 선의의 제3자를 보호하기 위하여 특별규정을 두어, 표현대표이사의 행위에 대하여는 회사의 책임을 인정하고 있다(상법 제395조). 대표이사가 수인이 있는 경우에도 각자 단독으로 회사를 대표하는 것이 원칙이고,[164] 예외적으로 수인의 대표이사가 공동으로 회사를 대표할 것을 정한 경우에는(상법 제389조 2항) 능동대표의 경우는 반드시 공동으로 하여야 하나 수동대표의 경우는 각자가 단독으로 할 수 있다(상법 제389조 3항, 제208조 2항).

### 나. 감독(사)기관

우리 상법상 이사의 직무집행에 대한 감독기관으로는 「이사회」(상법 제393조 2항)가 있고, 이사의 직무집행에 대한 감사기관으로는 「감사」(상법 제409조, 제412조 1항 또는 「감사위원회」(상법 제415조의 2))가 있다. 감사에게는 이러한 업무감사권(회계감사권 포함)을 충분히 행사할 수 있도록 하기 위하여 이사에 대한 보고요구

---

160) 정희철·양승규, 전게서, 447면 외; 대결 1961. 2. 3, 1961 민재항 500.
161) 정희철·양승규, 전게서, 447면.
162) 정동윤, 전게서, 410~411면; 이태로·이철송, 전게서, 459~460면.
163) 동지: 이태로·이철송, 전게서, 459~460면.
164) 동지: 정동윤, 전게서, 412면.

권 등을 위시한 많은 권한을 부여하고 있다(상법 제412조 2항, 제391조의 2 1항, 제
391조의 3 2항, 제402조, 제328조 등).

## 2. 서 독

### 가. 업무집행기관

(1) 서독에서의 업무집행기관은 「이사회」이고 이러한 이사회가 업무집행에
관한 모든 책임을 진다(AktG § 76①). 이러한 업무집행권은 모든 이사에게 공동
으로(즉, 이사회에) 귀속되므로, 모든 업무는 원래 이사회의 다수결이 아니라 이사
「전원」의 승인을 받아야 한다165)(AktG § 77① S.1). 그러나 정관 또는 이사회규칙
에 의하여 이와 달리 규정할 수는 있다(AktG § 77① S.2). 따라서 대부분의 경우
에는 정관 또는 이사회규칙에 의한 일정한 다수결에 의하여 이사회는 업무에 관
한 의사를 결정한다.166) 또한 동 규정에 의하여 실제로 업무영역에 따라 각 이사
가 업무분담을 하게 되나, 이사회의 결의를 요하고 전 이사의 책임으로 업무집행
되는 사항은 업무분담되지 못한다.167) 그러나 정관 또는 이사회규칙은 한 사람
또는 몇 사람의 이사가 다수의 이사의 의사에 반하여 이사회에서 의사를 결정할
수 있다고 규정할 수는 없다(AktG § 77① S.2). 이것은 1937년의 주식법과는 아주
다른 점인데, 1937년의 주식법에서는 지도자원리(Führerprinzip)를 도입하여 이사
회의장은 정관에 반대의 규정이 없으면 이사회에서 이견이 있는 경우에 이를 결
정할 권한을 갖고 있었다(AktG〈1937〉 § 70② S.2). 따라서 이사회의장이 단독으로
모든 문제를 결정할 수 있었다.168) 현행 주식법에서도 이사회의장은 선임될 수는
있으나(AktG § 84②), 그 권한은 대폭 감소되었다. 즉, 이사회의장은 일반적으로
회의의 의장에게 부여되는 권한, 즉 이사회의 회의를 소집하고, 의사일정을 결정
하며, 동 회의를 주재하고 또 투표의 결과를 확정하는 등의 권한밖에 없다.169)
이사회의 의결시 가부동수인 경우에 정관 또는 이사회규칙에 의하여 이사회의장
에게 결정권을 줄 수 있는지 여부에 대하여는, 이를 긍정하는 견해170)와 이를 부

---

165) Grossfeld, p.28.
166) Grossfeld, p.28.
167) Hueck, S.201.
168) Grossfeld, p.28.
169) Hueck, S.202.
170) Baumbach/Hueck, § 77 Rn.7.

정하는 견해[171])로 나뉘어 있다.

이사회의 권한은 법률이 주주총회의 권한으로 규정한 범위 내에서 제한되고
(AktG § 82②), 이 외에도 정관 또는 감사회의 규정으로 일정한 종류의 업무는
감사회의 동의가 있는 경우에만 집행하도록 할 수 있다(AktG § 111④ S.2). 이러
한 업무에서 감사회가 그 동의를 거절하면 이사회는 주주총회의 동의를 요구할
수 있고(AktG § 111④ S.3), 주주총회가 투표자의 4분의 3 이상의 찬성으로 의결
한 경우에는 감사회의 동의에 갈음된다(AktG § 111④ S.4). 이 때 정관의 규정으
로도 주주총회의 결의요건을 가중하거나 감경할 수 없다(AktG § 111④ S.5). 그러
나 이사회의 업무집행권을 주주총회의 동의에 의존시킬 수는 없다.[172] 업무집행
에 있어서 의문이 있는 경우에 이사회의 요구가 있는 경우에 한하여 주주총회는
이를 의결할 수 있을 뿐이다(AktG § 119②). 이사회는 이에 의하여 회사에 대한
책임이 면제되고(AktG § 93④ S.1), 또 주주총회의 결의를 집행할 의무가 발생한
다(AktG § 83②). 한편 정관의 규정에 의하여 주식법상 규정된 이사회 또는 감사
회의 권한을 주주총회의 권한으로 할 수도 없는데, 회사의 각 기관의 권한에 대
하여 주식법상의 규정과 달리 규정한 정관의 규정은 무효이다.[173] 또한 회사의
업무집행권은 감사회에게도 양도될 수 없으며, 감사회는 이사회에게 구속적인 지
시를 할 수도 없고(AktG § 111④ S.1) 이사회가 감사회의 승인을 받았다고 하여
이사회의 책임이 면제되는 것도 아니다(AktG § 93④ S.2).

(2) 서독에서 주식회사의 대표권(제3자에 대한)은 「이사회」에게 있다(AktG
§ 78①②). 따라서 원칙적으로 「모든」이사가 공동으로 회사를 대표하며(AktG § 78
② S.1), 이사회는 재판상 및 재판외의 회사의 모든 업무에 있어서(일상업무이건 비
일상업무이건 불문하고) 회사를 대표한다(AktG § 78①).

서독에서는 이사회의 업무집행권(회사에 관한 권리의무관계)과 대표권(제3자와의
거래관계)이 엄격히 구별되어 있는데,[174] 이러한 이사회의 대표권은 (업무집행권과
는 달리) 법률 자체에서 제한하고 있지 않는 한 실제로 제한되지도 않고 또 제한
될 수도 없다[175](AktG § 82①). 따라서 이사회가 업무집행권을 초월하여 제3자에

171) Hueck, S.202.
172) Hueck, S.200.
173) Eckardt in: Gessler/Hefermehl/Eckardt/Kropff, *Kommentar zum Aktiengesetz*, Bd.Ⅱ(1974),
§ 119 Rn.10; Grossfeld, p.29.
174) Grossfeld, pp.39~40.
175) Grossfeld, p.40.

대하여 대표한 경우에도 회사는 그 책임이 있고, 다만 이사회는 회사에 대하여 손해배상의 책임이 있으며 또 해임사유가 될 수 있다.176) 이사회의 이러한 대표권에 관한 법률상의 제한은 이사와 회사간에 법률행위를 하거나 소송행위를 하는 경우인데, 이 때에는 이사회에게는 대표권이 없고 감사회가 회사를 대표한다177)(AktG § 112). 또한 회사의 지배권이 전면적으로 다른 기업에 넘어가는 기업계약(AktG § 293①) 및 합병계약(AktG § 340①)의 경우에 법률이 규정하고 있는 주주총회의 의결을 얻지 못하면 동 계약은 제3자와의 관계에서도 무효가 된다(이는 법문에서 명백하게 규정하고 있음). 그 이외의 제한(예, 일정한 거래에 대하여 감사회의 승인을 받지 않고 이사회가 회사를 대표하여 제3자와 거래한 경우 등)은 회사와의 관계에서만 구속력이 있고 제3자와의 관계에서는 영향을 미치지 않는다.178) 서독에서는 이와 같이 대표권의 무제한성이 엄격하여 회사의 희생하에 제3자를 두텁게 보호하고 있는데 이것은 법원에 의해서 완화되고 있다.179) 또한 제3자가 회사의 대표권이 있는 자와 공모한 경우에는 물론 그러한 제3자는 보호되지 못한다. 이때에 회사와 거래한 제3자가 보호되지 못하는 경우는 그가 이사회의 업무집행권의 제한에 대하여 단순히 알고 있는 것만으로는 부족하고, 이사회가 회사의 이익을 희생하고 자기의 대표권을 명백히 남용하고 있음을 알고 있거나 또 알 수 있는 지위에 있어야 한다.180)

또한 이사회가 수인의 이사로 구성되는 경우에는 원칙적으로 「전원」이 공동으로만 대표할 수 있다(AktG § 78②). 그러나 예외적으로 정관 또는 정관으로부터 수권받은 감사회의 규정에 의하여 단독대표 또는 지배인과의 공동대표에 대하여 규정할 수 있다(AktG § 78③). 이에 따라 서독에서는 수인의 이사가 있는 경우에, 2인의 이사(또는 1인의 이사)와 1인(또는 2인)의 지배인이 공동대표하는 것이 일반적이고, 이 외에 이사회의장이 있는 경우에는 그가 단독대표하는 경우도 있다.181) 공동대표의 경우에 능동대표는 원칙적으로 전원이 공동으로만 대표할 수 있으나, 수동대표의 경우에는 각자가 할 수 있다(AktG § 78②).

---

176) Grossfeld, p.40.
177) Grossfeld, p.40.
178) Grossfeld, p.40.
179) Grossfeld, p.40.
180) Baumbach/Hueck, § 82 Rn.13; Grossfeld, p.40; BGHZ 50, 112.
181) Hueck, S.198.

## 나. 감독(사)기관

서독에서 주식회사의 업무집행기관에 대한 감독권은 「감사회」에게 있으며, 감사회는 의무기관이다(AktG §§ 95 ff). 감사회의 이러한 감독기능에서 이사의 임면권(AktG § 84), 이사에 대한 재판상 및 재판외의 회사의 대표권(AktG § 112), 이사회의 업무집행에 대한 감사권(AktG § 111) 등이 발생한다.[182] 감사회의 권한 중 가장 중요한 두 가지는 이사회의 업무집행에 대한 감사권과 이사의 임면권이다. 감사회의 이사회의 업무집행에 대한 감사권은 오류을 밝혀내거나 또 앞으로 이를 범하지 못하게 하는 사후감사만을 의미하는 것이 아니라 업무집행기관과 협의(Beratung)하는 기능을 포함한다.[183] 어떤 경우에는 감사회가 이러한 협의기능을 넘어 순수하게 이사회와 공동으로 결정하는 일도 있다(AktG §§ 58②, 59③, 111④ S.2, 172①, 203②, 204①). 그러나 감사회가 스스로 업무집행하는 것은 인정되지 않으며, 이사회의 업무집행권은 감사회에게 양도될 수도 없다(AktG § 111④ S.1). 또한 앞에서 본바와 같이 감사회는 이사회에 대하여 어떤 특정한 행위를 하도록 법적 구속력이 있는 지시를 할 수도 없다.[184]

감사회의 이러한 제반 권한은 개별 감사에게 부여된 것이 아니라 「모든」 감사에게 공동으로(즉, 감사회에게) 부여되어 있다(AktG § 111 u.a.). 따라서 감사회는 구성원의 결의로써 업무를 결정하며(AktG § 108①), 결의능력은 법률에 규정이 없는 한 정관의 규정에 의한다(AktG § 108② S.1). 다만 감사회는 회사의 장부·서류·재산 등의 감사에 대하여는 각 감사에 대하여 위임할 수 있고, 일정한 전문적인 업무에 대하여는 특별한 전문가에게 위임하여 그 권한을 행사할 수 있다(AktG § 111② S.2). 특히 연도결산서(Jahresabschluß)는 반드시 전문적인 결산검사인(Abschlußprüfer)의 검사를 받아야 한다(HGB § 316①). 이러한 결산검사인은 주주총회에서 선임되는데(AktG § 119① Nr.4, HGB § 318①), 경제검사인(Wirtschaftsprüfer) 및 경제검사회사(Wirtschaftsprüfungsgesellschaft)만이 결산검사인이 될 수 있다(HGB § 319①). 이렇게 결산검사인의 검사를 받은 연도결산서는 동검사인의 검사보고서와 함께 이사회에 의하여 감사회에 제출되고(AktG § 170①), 감사회는 이를

---

182) Karsten Schmidt, *Gesellschaftsrecht*(Köln, Berlin, Bonn, München: Carl Heymanns Verlag KG, 1986), S.624.
183) Marcus Lutter/Gerd Krieger, *Rechte und Pflichten des Aufsichtsrats*(Freiburg: Rudolf Haufe Verlag, 1981), S.19.
184) Lutter/Krieger, S.19.

다시 감사하여야 한다(AktG § 171①). 이 때 결산검사인은 감사회의 요구가 있으면 감사회의 연도결산서의 감사에 출석하여야 한다(AktG § 171① S.2). 감사회가 이와 같이 연도결산서를 감사한 후 이를 승인한 때에는 이사회 및 감사회가 연도결산서의 확정을 주주총회에 위임하지 않는 한 동년도결산서는 확정된다(AktG § 172). 그러나 감사회는 이러한 연도결산서의 감사의 결과를 서면으로 주주총회에 보고할 의무가 있다(AktG § 171②).

### 3. 프랑스

### 가. 업무집행기관

(1) 프랑스에서 주식회사의 업무집행권은 「이사회」에게 있다. 이러한 프랑스의 이사회는 법률에 의하여 주주총회의 권한으로 규정된 몇 가지 사항을 제외하고는 가장 광범위한 경영권한을 갖고 있다[185](LSC § 98①). 이사회의 업무집행권은 법률 이외에도 정관에 의하여 제한될 수 있다. 따라서 정관에 의하여 일정한 거래를 이사회의 권한에서 제외하거나 주주총회의 승인사항으로 규정할 수 있다(LSC §§ 153, 157④, 180, 215, 286). 프랑스에서도 업무집행권은 이사 개인에게는 부여되지 않고 이사회에게만 부여된다.[186] 이사회는 정관에 달리 규정이 없으면 과반수의 출석과 과반수의 찬성으로 의결한다(LSC § 100①②). 또 정관에 다른 규정이 없으면 가부동수인 경우에 대표이사에게 결정권이 있다(LSC § 100③). 앞에서 본 바와 같이 프랑스에서는 대표이사가 광범위한 권한을 갖고 회사를 위하여 활동하며 또 회사의 일반적인 방침을 정한다.[187] 그러나 대표이사의 권한은 법률에 의하여 주주총회 또는 이사회의 권한으로 규정된 사항에 대해서는 그 권한이 제한된다(AktG § 113). 그러나 앞에서 본 바와 같이 이사회의 권한과 대표이사의 권한을 정확히 구별하는 것은 불가능하다. 왜냐하면 일정한 최소한의 권한은 원래부터 대표이사의 지위에서 발생하는데 법률은 이러한 권한이 어느 범위까지 미치는지에 대하여 규정하고 있지 않기 때문이다. 일반적으로 인정되고 있는 것은 이사회는 회사의 장기정책에 관한 사항과 같은 보다 근본적인 업무를 결정하고, 대표이사는 일상경영에 필요한 모든 권한을 갖고 있다는 점이다.[188] 예컨대,

---

185) Vuillermet, pp.375~378.
186) Moreau, *La société anonyme*(ed. 2 Paris, 1956), p.172 no.113.
187) Grossfeld, p.30.

대표이사는 직원을 임면하며, 회사의 모든 업무를 지휘하고, 매도 또는 매입의 업무를 하고, 유가증권에 서명하고, 대금을 지급 또는 영수한다.[189] 대표이사의 권한은 회사의 성질, 규모, 활동 및 이사회의 회의의 빈도수 등에 따라 다르고,[190] 긴급시에는 확대될 수 있다.[191] 많은 정관에서는 대표이사의 권한의 범위를 확정하는 것을 이사회에 위임하고 있는데, 이사회는 대표이사의 능력 및 인격에 따라 광범위한 권한을 대표이사에게 위임한다.[192] 대표이사의 권한은 정관에 의하여 제한될 수 있으나, 일정한 최소의 권한까지 제한할 수는 없다. 정관에 자주 규정되고 있는 것으로는 대표이사가 부동산을 매매하거나, 담보를 제공하거나, 법원에 제소하거나 소송을 종결시키는 경우에는 이사회의 결의를 받도록 되어 있다.[193]

주주총회가 회사의 경영업무에 관여할 수 있는지 또 어느 정도 관여할 수 있는지에 대하여 과거의 법에서는 전혀 명백하지 않았다.[194] 그러나 유명한 프랑스 최고법원의 판결에 따라 회사의 기관은 상호 위계적인 질서를 이루고 있으며, 이는 공공정책의 문제로 인식되고 있다.[195] 이러한 판결의 효력은 오늘날의 법에 있어서도 일반원칙이 되고 있어(특정한 업무에 있어서 예외는 있으나), 주주총회는 회사의 최고기관으로서 개별적인 업무에 있어서도 이를 결정하여 이사회 및 대표이사를 구속할 수 있으며, 이사회와 대표이사간의 관계도 동일하다고 한다.[196] 따라서 이사들은 어떤 행위의 결과 그 불이익이 자기에게 오는 결과(예, 해임)를 피하기 위하여 자주 주주총회의 승인을 받으려고 한다.[197] 그러나 이렇게 주주총회의 승인을 얻더라도 이사의 의무위반의 행위가 구제되는 것은 아니다(LSC § 246②).

감사회가 있는 경우에도 업무집행권한은 위의 경우와 같이 「이사회」에게 있

---

188) Church, p.381~382.

189) Church, p.382.

190) Piédelièvre, *Situation juridique et responsabilité des dirigeants de Sociétés anonymes après la Loi du 24 juillet 1966*(Paris, 1967), pp.19~20.

191) Grossfeld, p.30.

192) Grossfeld, p.30.

193) Grossfeld, p.30.

194) Loeper, *Die Leitungsorgane der Aktiengesellschaft im französischen und deutschen Recht*(Thesis, Göttingen, 1970), S.56~57.

195) Cass. civ. 4 June 1946, Gaz. Pal. 1946. 2. 136.

196) Vuillermet, pp.340~341.

197) Grossfeld, p.30.

다(LSC § 124). 다만 업무집행절차에 관한 상세한 규정은 정관에 규정된다(LSC § 124③).

　　(2) 프랑스에서 주식회사의 제3자에 대한 대표권은 「대표이사」에게 있다 (LSC § 113①). 이사회는 모든 경우에 회사의 명의로 행위할 가장 광범위한 권한을 갖는다는 규정이 있으나(LSC § 98①), 이는 이사회와 대표이사간의 권한분배에 관한 이사회의 지위에 관한 규정으로 해석된다.[198]

　　대표이사의 이러한 대표권은 회사의 목적, 주주총회에게 유보된 권한 및 법률의 규정에 의하여 이사회에게 「특별한 방법」으로 처리하도록 유보된 권한에 의해서만 제한된다(LSC § 113②). 이사회의 권한에 의하여 대표권이 제한되는 경우는, 이사회의 광범위한 일반적인 권한이 아니라 보다 특별한 방법으로 이사회에 유보된 권한에 의해서만 제한된다.[199] 이러한 것으로 특히 중요한 것은 이사회의 권한으로 되어 있는 회사의 담보제공 또는 보증이다(금융기관은 제외)[200](LSC § 98④). 또한 대표이사의 대표행위가 회사의 이익과 상반되는 경우에도 대표권은 제한된다.[201] 그러나 그 이외의 정관의 규정 또는 이사회의 결의에 의하여 대표이사의 권한을 제한하여도 이는 회사의 내부에서는 유효하나 제3자에 대해서는 이를 주장할 수 없다(LSC § 113③). 이 때 제3자가 그러한 제한을 알고 있거나 알았어야 할 경우에 대표이사의 제3자와의 동 행위가 유효한지 여부에 대하여는 의문이나, 다수설은 사기가 없는 한 제3자는 보호된다고 해석한다.[202] 또한 1967년에 제정된 정부령에 의하면 이사회에게 대표이사의 권한을 일정한 거래에 있어서 기간 또는 금액에 의하여 제한할 수 있는 권한을 부여하고 있는데,[203] 대표이사가 이 제한에 위반하여 대표행위를 한 것에 대해서는 동 령에서 명백하게 회사는 제3자에게 대항할 수 없음을 규정하고 있다.[204] 또한 제3자에 대하여 대표이사와 동일한 대표권이 있는 전무가 있는 경우에도 이 원리는 동일하게 적용된다(LSC § 117②). 이 경우에 대표이사 및 전무는 각자 개별적으로 회사를 대표할 수 있는 것이다(LSC § 126). 따라서 정관 또는 이사회의 결의에 의하여 두 사

---

198) Grossfeld, p.40.
199) Grossfeld, p.40.
200) Grossfeld, p.40.
201) Grossfeld, p.41.
202) Grossfeld, p.41.
203) Decrét no.67~236 § 89①.
204) Decrét no.67~236 § 89⑤; LSC § 98④ S.2.

람이 공동으로만 회사를 대표하도록 규정한 경우에도, 위의 대표이사 또는 전무가 각자 제3자와 회사를 대표한 행위에 대하여 회사는 책임이 있고 제3자에 대하여 그러한 제한을 주장하지 못한다.205)

　감사회가 있는 경우에도 위와 동일하다.206) 따라서 이사회가 어떤 경우에도 회사의 명의로 업무를 집행할 광범위한 권한을 갖고 있으나(LSC § 124), 제3자와의 관계에서 회사를 대표하는 자는 「대표이사」이다207)(LSC § 126①). 그러나 정관의 규정에 의하여 감사회는 다른 이사 중의 1인, 수인 또는 모든 이사에게 대표권을 부여할 수 있다. 이 때에는 이들은 각자 회사를 대표할 수 있는 권한을 가진 업무집행이사로서 활동하게 된다(Décret no. 67~236 § 126②). 어떤 경우에도 감사회의 권한인 회사의 보증 및 담보제공에서는 대표권은 제한된다(금융기관은 제외)(LSC § 128②; Décret no. 67~236 § 113). 그러나 정관의 규정에 의한 대표권의 제한은 제3자에게 대항할 수 없다(LSC § 126③). 또한 정부령에 의한 대표권의 제한도 제3자에게 대항할 수 없음은 대표이사의 경우와 같다(LSC § 128②; Décret no. 67~236 § 113⑤).

## 나. 감독(사)기관

　감사회가 없는 경우에는 대표이사의 업무집행의 감독(사)기관은 「이사회」라고 생각되며, 감사회가 있는 경우에는 이사회의 업무집행에 대한 감독(사)기관은 「감사회」이다. 이 때 감사회는 정관에 다른 규정이 없으면 과반수의 출석과 출석감사의 과반수의 찬성으로 의결한다.208) 감사회에서 가부동수인 경우에 정관에 다른 규정이 없으면 감사회의장이 결정한다(LSC § 139③).

## 4. 유럽주식회사법(안)

## 가. 업무집행기관

　(1) 유럽주식회사법(안)에서도 서독의 경우와 같이 회사의 업무집행권은 전체의 「이사회」에게 부여되어 있다(동 안 § 64①②). 즉, 이사회는 동 법안에서 명

---

205) Grossfeld, p.41.
206) Piédelièvre, pp.57~59.
207) Piédelièvre, pp.67~68.
208) Grossfeld, p.30.

백히 다른 회사의 기관에 위임된 업무를 제외하고는 회사의 모든 업무를 집행할 권한을 가지며(동 안 § 64①), 이사회가 수인의 이사로 구성된 경우에 각 이사는 이사회의 업무를 분담할 권한을 가질 수 있는데, 이러한 업무분담은 회사 내에서만 그 효력을 갖는다(동 안 § 64② S.1~2). 이사회는 일정한 업무에서는 감사회의 승인을 받아서 집행해야 하는데(동 안 § 66), 이 때에 감사회의 승인을 받았다고 하여 이사의 책임이 면제되는 것은 아니다(동 안 § 71③). 주주총회는 동 법안에서 제한적으로 규정하고 있는 업무(동 안 § 83) 외에는 이사회의 업무집행에 관하여 관여할 수 없다.[209]

    (2) 유럽주식회사법(안)에서 제3자에 대한 회사의 대표는 원칙적으로 「각 이사」(이사회가 수인의 이사로 구성된 경우)가 하는데(동 안 § 65① S.1 본문), 정관의 규정에 의하여 이와 달리 정할 수 있으나(동 안 § 65① S.1 단서) 그러한 정관의 규정을 가지고 제3자에게 대항할 수는 없다(동 안 § 65① S.2). 이사회는 감사회의 승인을 받아 1인 또는 수인의 이사에게 일반적이고 무제한의 대표권을 부여할 수 있고, 또 이러한 대표권은 이사회에 의하여 언제든지 철회될 수 있다(동 안 § 65②). 이사회가 감사회의 승인을 받아 집행하여야 할 업무에 대하여(동 안 § 66①②③), 이사가 감사회의 승인 없이 또는 위법하게 제3자와 거래를 한 경우에도 회사는 제3자에 대하여 대항할 수 없다(동 안 § 66④). 이사의 대표권은 제3자에 관한 한 법률 자체에 의해서만 제한될 수 있는데, 예컨대 회사와의 이해가 상반되는 경우에 제한된다.[210] 그 밖의 경우에는 회사가 제3자의 악의를 증명한 경우에만 면책될 수 있다(동 안 § 65⑤).

## 나. 감독(사)기관

    유럽주식회사법(안)에서 이사회의 업무집행에 대한 감독(사)기관은 서독의 경우와 같이 「감사회」이다(동 안 § 73). 따라서 감사회는 이사회에 의한 회사의 업무집행에 대하여 계속적으로 감사(überwachung)하고(동 안 § 73①) 이사회의 요구에 의하여 또는 스스로 회사의 중대한 모든 업무에 대하여 이사회에게 조언(Beratung)하며(동 안 § 73②), 회사와 이사간의 계약 또는 소송행위에 대하여 회사를 대표한다(동 안 § 73③ S.2). 그러나 감사회는 직접적으로 이사회의 업무집행에 대하여 관여할 수도 없고 또 제3자에 대하여 회사를 대표할 수도 없다(동 안 § 73③ S.1).

---

209) Grossfeld, p.29.
210) Grossfeld, p.41.

감사회는 재적감사의 과반수의 출석으로 결의능력이 있으며(동 안 § 77②), 정관에 다른 규정이 없으면 출석감사의 과반수로써 결의한다(동 안 § 77④). 출석하지 못하는 감사는 출석하는 다른 감사에게 위임하여 결의에 참여할 수 있으며(동 안 § 77③), 정관에 규정이 있는 경우에는 서면결의 및 전보 또는 전신에 의한 결의도 가능한데 이는 모든 감사가 이에 동의한 경우에 한한다(동 안 § 77⑤).

## 5. 영 국

### 가. 업무집행기관

(1) 영국에서의 주식회사의 업무집행권은 「이사회」에게 있고, 이사는 이사회의 회의를 통해서만 그 권한을 행사할 수 있다.211) 이러한 집단적 업무집행의 원리는 주주를 보호하기 위하여 19세기 상반기에 발전한 것인데, 이사회의 이러한 업무집행권은 출석정족수(quorum)가 있는 경우에는 출석이사의 과반수의 찬성으로 행사된다.212) 보통 출석정족수는 회사의 내부규칙에 의하여 정하여지는데,213) 영국회사법 표 A는 이를 이사회 자체에 위임하고 있고, 이사회 자체에 의해서도 정하여지지 않은 경우에는 출석정족수는 2인으로 규정하고 있다(CA Sched. I Table A § 99). 그러나 출석정족수는 1인으로 정할 수도 있으며,214) 이러한 정함이 명백히 없는 경우에는 보통 이사회에 출석하는 이사의 수가 된다고 한다.215) 이사회의 소집절차는 엄격하지 않아 전원일치의 경우에는 소집절차를 밟지 아니한 경우에도 유효하며,216) 결의방법에 대하여도 융통성이 있어 영국회사법 표 A는 명백히 전 이사가 서명한 서면결의를 인정하고 있다(CA Sched. I Table A § 106).

영국에서는 이사회에 처음부터 존속하는 권한은 없다고 보기 때문에 이사회의 권한은 회사의 내부규칙에 의하여 상당히 제한될 수 있다.217) 그러나 일반적으로 이사회의 권한은 영국회사법 표 A에 의하여 정하여지는데, 이에 의하면 이

---

211) Pennington, p.483.
212) Grossfeld, pp.30∼31.
213) Grossfeld, p.31.
214) Pennington, p.484 n.k.
215) Pennington, p.484.
216) Pennington, p.483.
217) Pennington, p.481.

사회는 법률 또는 내부규칙에 의하여 주주총회의 권한으로 유보된 것 이외의 모든 권한을 갖는다(CA Sched. Ⅰ Table A § 80). 또한 이사회는 일정한 업무에 있어서는 주주총회의 동의를 받아야 하는 경우도 있다.[218] 19세기 말까지는 이사회는 완전히 주주총회의 감독하에 있는 것으로 인식되었으나,[219] 오늘날에는 내부규칙이 일정한 경영권을 이사회에게 위임한 경우에 주주는 이사회의 이러한 권한의 행사에 관여할 수 없다는 점이 확립되었다.[220] 따라서 내부규칙의 변경이 없는 한 주주는 이사회의 일상업무에 관여할 수 없고,[221] 또 회사의 경영에 관하여 구속적인 지시를 할 수도 없으며, 또 이사가 회사의 업무집행에 관하여 결정한 사항을 변경할 수도 없다.[222] 이러한 원칙에 반하는 주주총회의 결의는 무효가 된다.[223] 이러한 이론은 주주가 경영권을 내부규칙에 의하여 이사회에 부여하면 주주는 스스로 이러한 내부규칙을 준수할 의무가 있다는 점에 근거한다.[224] 이러한 엄격한 규칙에 대한 예외는 이사들의 의견불일치(deadlock), 출석정족수의 결여, 투표에 대한 자격 결여 등으로 인하여 이사회가 업무를 수행할 수 없는 경우,[225] 이사회가 일정한 업무에 대하여 스스로 주주총회의 결의를 요구하거나[226] 주주총회의 추인을 얻는 경우[227] 등에 한한다.

    (2) 영국법상 원래 회사를 구속하는 행위는 「형식」(formalism)에 근거하였다. 즉, 회사의 인장(seal)에 의한 모든 행위는 회사를 구속하였다(즉, 회사에게 책임이 있음). 그런데 이 문제는 누가 인장을 날인할 권한이 있으며, 또 정당한 권한 없이 인장이 날인된 경우에는 어떻게 되는가의 문제점이 있어, 단순히 인장의 사용만으로는 회사의 책임 인정에 결정적인 요인이 되지 못하였다.[228]

    오늘날 제3자에 대하여 회사를 대표하는 자는 제1차적으로 「이사회」이

---

218) Grossfeld, p.31.
219) Isle of Wight Ry v. Tahourdin(1883), 25 Ch. D. 320(C.A.).
220) Wedderburn, "The Relationship of Management and Shareholders in the English Company," Verrucoli(ed.), *Evolution et Perspectives du droit des sociétés Ⅱ*(Milano, 1968), pp.161~220, 167.
221) Wedderburn, p.167.
222) Gower, p.132.
223) Scott v. Scott, [1943] Ⅰ All E.R. 582(Ch. D.).
224) Wedderburn, p.168; Quin & Axtens, Ltd. v. Salmon, [1909] Ⅰ Ch. 311(C.A.); [1909] A.C. 442(H.L.); Shaw & Sons(Salford), Ltd. v. Shaw, [1935] 2 K.B. 113, 134, 143(C.A.).
225) Grossfeld, p.31.
226) Gower, pp.136~137.
227) Bamford v. Bamford, [1969] W.L.R. 1107(C.A.).
228) Gower, pp.126~127.

다.229) 이러한 대표권은 「모든」 이사에게 집단적으로(즉, 이사회에게) 부여되는 것이고, 개별적인 이사나 일부의 이사에게 부여되는 것이 아니다.230) 영국법에서도 회사의 기관의 행위는 회사 자체의 행위로 일반적으로 인식되나,231) 이로 인하여 발생하는 결과에 관한 해석에서는 서독의 경우와 같은 단계에는 이르지 못하고 있다.232) 따라서 이사회의 행위에 대한 부정규성(irregularities) 및 회사의 내부규칙과의 불일치는 선의의 제3자에게 대항할 수 있는지 여부가 문제되는데, 이사회의 일정한 행위가 회사의 정관이나 내부규칙에 명백히 위배되는 경우에는 선의의 제3자는 보호되지 않는다. 왜냐하면 이 때의 제3자는 회사의 공공서류(public documents)에 나타난 사항에 대해서는 이미 알고 있는 것으로 의제되기(constructive notice) 때문이다.233) 그러나 (이사회의) 소집통지의 결여, 출석정족수의 결여, 주주총회의 승인 결여 등으로 인한 하자의 경우에는 제3자는 보호된다. 이것이 제3자를 보호하기 위한 내부경영규칙(internal management rule)이다.234)

따라서 일반적으로 회사와 거래하는 제3자는 내부경영행위가 정규적인지(regular) 여부를 문의할 의무가 없다235)(CA § 145③). 이러한 내부경영규칙의 정확한 한계는 불분명하다.236) 그러나 분명한 것은 공공서류에 의하여 이사회에게 회사의 대표권이 있는 경우에는 제3자는 보호되는데, 이 때에는 제3자에게 의심할 만한 사유(grounds for suspicion)가 없는 경우에 한한다.237)

회사의 매일 매일의 업무는 일반적으로 상근이사(working directors), 관리이사(managing directors) 및 임원에 의해서 수행되는데, 그들의 대표권의 범위는 명백하지 않다.238) 개별적인 이사에게는 보통 대표권이 없는데,239) 이것이 이사회의 장에게도 동일하게 해당되는지 여부는 의문이다.240) 그러나 이사회는 내부규칙에

---

229) Gower, pp.144~145.
230) Gower, p.138.
231) Lord Haldane in Lennard's Carrying Co. v. Asiatic Petroleum Co. Ltd., [1915] A.C. 705(H.L.).
232) Grossfeld, p.42.
233) Mahony v. East Holyford Mining Co.(1875), L.R. 7 H.L. 869(Ir.).
234) Royal British Bank v. Turquand, 5 El. & Bl. 248, 119 E.R. 475(1855).
235) Gower, p.154; Pennington, p.106.
236) Gower, p.153.
237) Wedderburn, pp.170~171.
238) Grossfeld, p.42.
239) Rama Corp. v. Proved Tin & General Investments, Ltd., [1952] 2 Q.B. 147.
240) Gower, p.158 with n.90; Pennington, p.118.

의하여 대표권을 개별 이사241)나 임원242)에게 위임할 수 있다(대부분의 경우는 이
렇게 하고 있음). 그런데 이 때에는 이러한 자의 대표권의 구체적인 범위가 무엇
인지에 대한 의문이 발생한다.243) 일반적으로 이사 또는 임원과 거래하는 제3자
는 동 이사 또는 동 임원에게 명시적 또는 묵시적인 대표권이 있거나 회사에게
금반언칙이 적용되는 경우에만 보호된다.244) 또한 이러한 자에게 명시적 또는 묵시적
인 대표권이 없는 경우에도 표현책임의 법리(rules of apparent〈ostensible〉 authority)가
적용되는 경우에는 회사와 거래한 제3자는 보호된다.245) 그런데 표현책임의 법리
가 적용되기 위하여는 일정한 요건이 갖추어져야 하는데, 회사의 공공서류에 이
사의 대표권이 없음이 명시적으로 규정되거나,246) 제3자가 자기와 거래하는 이사
에게 대표권이 제한되어 있음을 알고 있거나 또는 합리적인 사람이라면 의심을
갖게 하는 상황인 경우에는, 그러한 제3자는 보호되지 않는다.247) 표현대표의 경
우에, 일정한 이사나 임원이 일반적으로 어떠한 권한을 갖고 있는가를 아는 것이
아주 중요한데, 이미 앞에서 본 바와 같이 보통의 이사는 그의 지위에서 대표권
이 없다.248) 그러나 보통의 이사라도 회사의 서류, 즉 수표에 서명할 권한은 있
다.249) 그러나 관리이사의 경우에는 이와 달라서, 그는 보통 회사의 업무를 수행
하고 이 목적을 위하여 필요한 모든 행위를 하고 모든 계약을 체결할 권한이 있
다.250) 그런데 이러한 관리이사의 밑에 있는 임원의 표현대표의 한계는 아주 불
분명하다.251) 이러한 임원에게 회사가 대표권을 부여하거나 또는 부여한 것으로
표시하고 제3자가 그렇게 믿은 경우에는 회사에게 금반언칙이 적용된다.252) 그러
나 회사의 정관 또는 내부규칙에 의하여 이사회가 대표권을 위임할 수 없거나
또는 공공서류에 의하여 임원이 그 권한을 초월한 것으로 나타나는 경우에는 회
사에게는 책임이 없다.253) 회사의 내부규칙에 의하여 이사회가 대표권을 위임할

---

241) CA Sched. Ⅰ Table A § 102.
242) CA Sched. Ⅰ Table A § 81.
243) Grossfeld, p.43.
244) Gower, p.158.
245) Pennington, p.119; Hely-Hutchinson v. Brayhead, Ltd., [1968] Q.B. 549, 583(C.A.).
246) Gower, p.156.
247) Pennington, p.120.
248) Pennington, p.120.
249) Gower, p.159.
250) Pennington, p.119.
251) Gower, pp.159~160.
252) Gower, p.160; Pennington, p.121.

수 있었고 또 제3자가 대표권이 있는 것으로 믿었다는 사실만으로는 그 자체로
서 표현대표의 성립에 충분하지 않다.[254] 이 외에 합리적인 사람이라면 대표권이
있다고 믿었어야 할 요건이 추가로 필요하다.[255] 이사회가 대표권이 있는 이사
또는 임원의 외관을 부여한 경우에는 회사의 내부규칙에 의하여 이러한 권한을
부여하지 않은 경우에도 회사에게는 책임이 있다.[256] 이 경우에 이사회가 (대표권
이 없는) 이사 또는 임원의 대표행위를 묵시적으로 승인한 경우에도 같다.[257] 이
사 또는 임원에게 명시 또는 묵시의 대표권이 없고 또 표현대표도 성립하지 않
는 경우에는, 회사는 이사회 또는 주주총회(보통결의사항)의 명시 또는 묵시의 추
인이 있는 경우에만 동 행위에 대하여 책임을 진다.[258]

### 나. 감독(사)기관

관리이사 및 기타 업무를 집행하는 이사 또는 임원의 감독기관은 「이사회」
로 보아야 할 것이다. 그러나 서독 등의 경우와 같은 내부기관으로서 업무집행을
감독 또는 감사하는 별도의 기관은 없다.

## 6. 미 국

### 가. 업무집행기관

(1) 미국에서도 영국에서와 같이 주식회사의 업무집행권은 정관에 의하여
제한되는 경우를 제외하고는 전부 「이사회」에 있다(R.M.B.C.A. § 8.01ⓑ). 또한 이
러한 업무집행권 및 대표권은 개개인의 이사에게 부여되는 것이 아니라 「전체」로
서의 이사(즉, 이사회)에게 부여되고 있다. 따라서 많은 판례에 의하면 각 이사는
이사회에 출석하는 경우를 제외하고는 개별적으로 회사를 위하여 행위할 권한이
없다.[259] 그러나 이에 대하여 몇몇 다른 판례는 이사가 각자 회사를 대표하는 것
을 인정하는데, 그 이유는 일반적인 관행[260] 또는 주주총회의 승인[261]에서 구한

253) Pennington, pp.123.
254) Gower, pp.161~162.
255) Freeman & Lockyer v. Buckhurst Park Properties(Mangal), Ltd., [1964] 2 Q.B. 480.
256) Pennington, p.122.
257) Pennington, p.126.
258) Pennington, p.124.
259) Baldwin v. Canfield, 26 Minn. 43(1873).
260) Forrest City Box Co. v. Barney, 14 F. 2d 590(8 Cir. 1926); Brainard v. De La

다. 그리고 이러한 현상은 특히 폐쇄회사(closely held corporation)에서 중요하다.262) 또한 모든 이사의 서면 동의에 의하여 이사의 이러한 권한을 명문으로 인정하는 주도 있다.263)

회사의 일상업무와 관련하여 주주총회는 이사회에게 구속적인 지시를 할 수 없다.264) 이사회의 결의의 하자로 인하여 또는 이사의 개인적인 이해와 결부된 것을 이유로 취소할 수 있는 이사회의 행위는 주주총회의 결의(단순다수결)로 추인될 수 있는데,265) 이사의 사해행위도 만장일치가 아닌 주주총회의 결의에 의하여 추인될 수 있는지에 대하여는 견해가 나뉘어 있는데,266) 일반적인 경향은 추인을 인정하지 않는다.267)

(2) 미국에서도 일반적으로는 「이사회」가 모든 면에서 회사를 대표한다. 그러나 이사회의 결의 하자에 대한 제3자의 보호는 영국에서와 같이 강력하지 못하다.268) 그러나 이사회의 결의의 하자가 있어도 결의가 있는 외관이 있으면 회사는 선의의 제3자에게 대항하지 못한다.269) 또 주주총회의 승인 없는 회사의 행위에 대해서는 주주만이 이에 대항할 수 있고,270) 그 대표행위에서 주주총회의 승인을 얻은 것으로 나타난 경우에는 회사는 동 행위의 무효를 주장하지 못한다.271)

주식회사의 임원의 권한은 법률, 정관, 회사의 내부규칙 또는 이사회의 결의에 의하여 부여되는데, 그 권한의 범위는 언제나 명백한 것이 아니다.272) 사장은 원래 그의 직에 의해서는 권한이 없으나, 지배인을 겸한 사장은 일정한 고유의

---

Montanya, 116 P. 2d 66(Cal.1941).
261) Merchants' & Farmers' Bank v. Harris Lumber Co., 148 S.W. 508(Ark. 1912).
262) Gerard v. Empire Square Realty Co., 187 N.Y.S. 306(A.D. 1921); Sharon Herald Co. v. Granger, 97 F. Supp. 295, 301(D.C.W.D. Pa. 1951).
263) Cary, *Cases and Materials on Corporations*(ed. 4 Mineola 1969), p.182.
264) Continental Securities Co. v. Belmont, 99 N.E. 138, 141(N.Y. 1912).
265) Continental Securities Co. v. Belmont, 99 N.E. 138, 141(N.Y. 1912).
266) 긍정: Clamann v. Robertson, 128 N.E. 2d 4(Ohio 1956).
      부정: Continental Securities Co. v. Belmont, 99 N.E. 138, 141(N.Y. 1912).
267) Grossfeld, p.32.
268) Grossfeld, p.44.
269) In re Ideal Steel Wheel Co. Inc., 25 F. 2d 651 (2 Cir. 1928); Holcombe v. Trenton White City Co., 82 A.618(N.J. Ch.1912).
270) Cary, p.190.
271) Manhattan Hardware Co. v. Phalen, 18 A. 428(Pa.1889); Manhattan Hardware Co. v. Boland, 18 A.429(Pa.1889).
272) Henn, p.438.

권한이 있다는 견해가 점차 증가하고 있다.273) 따라서 사장은 그의 직과 관련하여 필요한 모든 업무를 수행할 수 있고, 그의 직에 의하여 계약을 체결할 수 있으며, 또 회사의 일상업무로부터 발생하거나 또는 이와 관련되는 업무에 있어서 회사를 대표한다.274) 사장에게 있어서의 그 이상의 권한은 별도로 특별히 부여되어야 한다.275) 부사장에게도 사장에게 적용되는 것과 유사한 규칙이 종종 적용된다.276) 일상업무가 무엇이야 하는 것은 구체적인 사실에 의하여 결정되는데, 회사의 규모 등과 관련한 업무의 성격·양·목적·기타 상황 등을 고려하여야 한다.277) 일부의 판례에서는 사장은 이사회가 부여하는 여하한 권한을 갖는 것으로 판시한다.278)

   이러한 임원이 그의 권한을 남용한 경우에는 묵시적인 권한수여의 법리(implied authority rule) 또는 표현대표의 법리(apparent authority rule)가 적용된다.279) 즉, 회사의 내부규칙에 의하여 사장의 권한을 제한하여도 선의의 제3자에게는 대항할 수 없다280)(묵시적인 권한수여의 법리). 또한 표현대표의 법리의 적용에 의하여 사장의 권한은 실제로 상당히 확장될 수 있는데,281) 사장과 회사의 양측의 행위의 과정에서 사장이 유사한 업무에서 회사를 대표해 왔고, 또 회사가 사장에게 그러한 행위를 하도록 수권한 일이 있거나 이전의 유사한 행위에서 승인 또는 추인한 일이 있으면 표현대표의 법리가 적용된다.282) 사장 이외의 다른 임원에게 묵시적인 권한수여의 법리가 적용되는 경우는 거의 없는데, 이는 특히 재무에게 있어서 아주 중요하다. 재무의 직에서 갖는 권한은 아주 제한되어 있어,283) 보통 금전을 수령하고 예금하는 일만 할 수 있다.284) 임원에게 명시적 또는 묵시적인

---

273) Grossfeld, p.44.

274) Joseph Greenpon's Sons Iron & Steel Co. v. Pecos Valley Gas Co., 156 A. 350, 352(Del. 1931).

275) Grossfeld, p.44.

276) Henn, p.441; Cary, pp.207~209.

277) Joseph Greenspon's Sons Iron & Steel Co. v. Pecos Valley Gas Co., 156 A. 350, 352(Del. 1931); Lee v. Jenkins Brothers, 268 F. 2d 357(2 Cir.1959).

278) Hastings v. Brooklyn Life Ins. Co., 34 N.E. 289(N.Y. 1893); Schwartz v. United Merchants & Manufacturers, Inc., 72 F. 2d 256(2 Cir. 1934).

279) Grossfeld, p.44.

280) Cary, p.191; Pennsylvania Business Corporation Law (1965) § 305.

281) Lee v. Jenkins Brothers, 268 F. 2d 357(2 Cir. 1957).

282) Joseph Greenspon's Sons Iron & Steel Co. v. Pecos Valley Gas Co., 156 A. 350, 352(Del. 1931).

283) Cary, p.207.

권한이 없거나 또는 표현권한이 없는 경우에도, 이사(이사회)가 임원의 무권행위를 승인하거나 또는 승인한 것으로 인정되는 경우에도 회사에게 책임이 있다.285) 더욱이 회사가 임원의 그러한 행위에 의한 계약의 이익을 받은 경우에는 임원의 무권한을 주장할 수 없게 된다286)(금반언칙).

　　이와 관련하여 미국에서는 제3자를 두텁게 보호하기 위한 입법을 하고 있는 주가 있는데, 이에 의하면 다음과 같다.287) 사장 또는 부사장에 의하여 일상업무가 서명되고 (이중으로 서명할 권한이 없는) 총무(secretary)에 의하여 확인되거나 부서된 경우에는 이사회에 의하여 수권된 경우와 같이 회사에게 책임이 있다. 또한 정관이나 내부규칙에 의한 제한은 제3자에게 대항할 수 없다. 그러나 이러한 경우에도 증서의 표면상 충실의무위반이 잠재적으로 나타나거나, 제3자가 무권한을 실제로 알고 있거나 또는 충실의무위반을 실제로 알고 있는 경우에는 그러한 제3자는 보호되지 않는다.

　　미국의 모든 주에서 일반적으로 인정하고 있는 것은, 임원에 대한 수권과 관련하여 제3자가 이사회의 회의록을 신뢰하였거나 총무가 이를 확인한 경우에는 제3자는 보호되고 있는 점이다.288)

### 나. 감독(사)기관

　　미국에서도 영국의 경우와 같이 업무를 집행하는 이사 또는 임원의 감독기관은 「이사회」로 보아야 할 것이다. 따라서 서독 등의 경우와 같은 내부기관으로서 업무집행을 감독 또는 감사하는 감사(회)는 없다.


# V. 경영기관의 의무와 책임

## 1. 한 국

　　가. 우리 상법상 회사와 이사·집행임원 또는 감사와의 관계는 위임관계이므로(상법 제382조 2항, 제408조의 2 제2항, 제415조), 이사·집행임원 또는 감사에는 일

---

284) Lattin, Jennings & Buxbaum, pp.369～370.
285) Hurley v. Ornsteen, 42 N.E. 2d 272(Mass. 1942).
286) Magnavox Co. v. Jones, 286 P. 1084(Cal. Dist. Ct. App. 1930).
287) North Carolina Business Corporation Act § 55-36 (a).
288) Cary, p.207 n.2; Grossfeld, p.45.

반적인 「선관주의의무」가 있다(민법 제687조). 이사·집행임원의 이러한 의무의 구
체적인 규정으로는 「경업금지」(상법 제397조 1항, 제408조의 9), 「회사의 기회 및 자
산의 유용 금지」(상법 제397조의 2, 제408조의 9) 및 「자기거래제한」(상법 제398조, 제
408조의 9)의 규정 등이 있다.[289] 그러나 감사에게는 업무집행권이 없으므로 일반
적인 선관의무 외에 경업금지의무, 회사의 기회 및 자산의 유용금지의무, 자기거
래제한의무 등이 없다(상법 제415조 참조). 그러나 감사에게는 그의 업무와 관련하
여 주주총회제출서류의 조사보고의무(상법 제413조), 이사회에 대한 보고의무(상법
제391조의 2 2항), 감사록의 작성의무(상법 제413조의 2), 감사보고서의 작성제출의
무(상법 제447조의 4) 등이 있다.

　　나. 이사·집행임원과 감사는 그 업무에 관하여 임무를 게을리한 때에는 (이
사·집행임원의 경우는 고의 또는 과실로 법령 또는 정관에 위반한 행위를 한 경우를 포함)
그 이사·집행임원 또는 감사는 회사에 대하여 (연대하여) 피해를 배상할 책임이
있으며(상법 제399조 1항, 제408조의 8 1항, 제414조 1항), 이사·집행임원과 감사가 모
두 책임을 부담하는 경우에는 이사·집행임원 및 감사는 연대하여 배상할 책임이
있다(상법 제408조의 8 3항, 제414조 3항).

　　이사·집행임원 또는 감사가 악의 또는 중대한 과실로 인하여 그 임무를 해
태한 때에는 제3자에 대하여 (연대하여) 피해를 배상할 책임이 있으며(상법 제401
조 1항, 제408조의 8 2항, 제414조 2항), 이사·집행임원 및 감사가 모두 책임을 부담
하는 경우에는 이사·집행임원 및 감사는 연대하여 배상할 책임이 있다(상법 제
408조의 8 3항, 제414조 3항).

　　이사는 회사에 대한 위의 손해배상책임 외에도 무과실책임인 신주발행시의
「자본충실책임」이 있다(상법 제428조). 이사·집행임원 또는 감사의 임무해태로 인
한 회사에 대한 손해배상책임은 총주주의 동의로 면제할 수 있고(상법 제400조, 제
408조의 9, 제415조), 또 소수주주에 의한 대표소송으로 그 책임을 추궁할 수 있다
(상법 제403조~406조, 제408조의 9, 제415조), 또한 이사·집행임원의 위법행위에 대
하여는 감사 또는 소수주주에게 위법행위유지청구권을 인정하고 있다(상법 제402
조, 제408조의 9).

---

289) 동지: 정희철·양승규, 전게서, 450면. 그러나 정동윤, 전게서, 424~425면 등은 이사의 충
　　실의무를 선관의무 외에 인정하여 경업금지 및 자기거래제한 등은 충실의무의 구체적인 규정
　　으로 해석하고 있다(정동윤, 전게서, 427면 이하).

## 2. 서 독

서독에서의 이사 및 감사는 그 업무집행에 있어서 「일반적이고 양심적인 영업책임자의 주의」(die Sorgfalt eines ordentlichen gewissenhaften Geschäftsleiters)를 다하여야 한다(AktG §§ 93① S.1, 116). 따라서 이사 및 감사의 주의의 표준은 일반적인 기업인의 그것이 아니라, 일정한 기업에 있어서 타인의 금전을 관리하는 자와 같이 기업을 운영하고 책임있는 지위에 있는 자의 주의의 정도이다.[290] 따라서 이 때의 이사 및 감사 개개인의 주의능력은 고려되지 않고 그 측정은 객관적으로 한다. 이사 및 감사로서의 부적당 또는 무경험은 면책사유가 될 수 없고 주의의무를 다했다는 증명책임은 이사 및 감사가 부담한다[291](AktG §§ 93②, 116). 서독에서의 이사 및 감사의 주의의무는 아주 엄격하게 해석되고 아무리 사소한 경우라도 이를 위반하면 손해배상책임이 발생한다고 보는 것이 일반적인 견해이다.[292] 이사 및 감사에게 부여된 이러한 엄격한 주의의무는 이사 및 감사의 기업경영의 판단에서 어느 정도 신중을 기하였다는 사실로써 경감되기는 하나, 미국법에서의 경영판단규칙(business judgment rule)보다는 그 범위가 좁다.[293] 이사 및 감사는 「자기자신의 행위에 대해서 책임을 부담하는 것뿐만 아니라, 다른 이사의 의무위반행위를 억제하지 못한 점에 대하여도 책임」을 부담한다[294] (AktG §§ 93② S.1, 116 참조).

이사 및 감사는 위와 같은 주의의무 외에도 「충실의무」를 부담하는데, 이러한 충실의무의 결과로 이사 및 감사는 회사의 업무상의 비밀을 유지하여야 할 의무가 있으며(AktG §§ 93① S.2, 116), 또한 이사는 경업금지의무(AktG §§ 88, 116) 및 감사회에게 회사에 관한 모든 업무의 보고의무가 있다[295](AktG § 90). 또한 이사에게는 회사의 업무수행에서 발생하는 의문사항에 대하여는 전체의 이사회, 감사회 또는 주주총회에서 적당한 방법으로 이에 관한 의사를 표시하여야 할 적극적인 의무가 있다.[296]

---

290) Baumbach/Hueck, § 93 Rn.6.
291) Grossfeld, p.50.
292) Grossfeld, p.50.
293) Grossfeld, p.50.
294) Grossfeld, p.50.
295) BGH 26. März 1956, BGHZ 20, 239, 246; Grossfeld, p.50.
296) BGH 20. Okt. 1954, BGHZ 15, 71, 78.

이사가 주주총회의 적법한 결의에 근거하여 업무를 집행하고 또 이사가 이를 정확하게 주주총회에 보고하였다면, 이사는 회사에 대하여 책임이 없다[297] (AktG § 93④ S.1). 그러나 주주총회의 사후추인에 의해서는 이사의 의무위반이 면책되지 않고(다수설),[298] 감사회의 승인에 의해서도 면책되지 않는다(AktG § 93 ④ S.2).

서독의 주식법상 회사의 손해배상청구권은 성립시로부터 3년 후가 되고, 주주총회의 승인이 있으며 또한 자본의 10분의 1에 해당하는 소수주주의 이의가 없는 경우에 한하여 이를 포기하거나 화해할 수 있다(AktG § 93④ S.4). 주주총회는 매년 영업연도의 최초의 8월 내에 이사 및 감사의 책임해제(Entlastung)에 관하여 결의하고(AktG § 120①), 이러한 책임해제에 의하여 주주총회는 이사 및 감사에 의한 회사의 경영을 승인하는데(AktG § 120②), 이러한 주주총회의 책임해제의 결의는 이사 및 감사의 경영활동에 관한 일반적인 승인이며 이사 및 감사의 의무위반에 대한 손해배상청구권의 포기를 포함하지 않는다(AktG § 120② S.2). 그러나 이에 대한 예외로 총주주가 동의한 경우에는 손해배상청구권의 포기가 포함될 수 있다.[299]

이사 및 감사의 위와 같은 엄격한 주의의무는 정관에 의하여도 감경될 수 없다.[300]

회사의 이사 및 감사에 대한 위의 청구권은 이사 및 감사의 의무위반이 중대하고 이사 및 감사가 채권자보호규정에 위반한 경우에는 회사의 채권자에 의해서도 주장될 수 있는데, 이 때의 채권자는 회사로부터 지급받을 수 없는 경우에만 제소할 수 있다(AktG § 93⑤). 또한 채권자의 이러한 권리는 회사측의 청구권의 포기나 화해 또는 이사 및 감사의 행위가 주주총회의 결의에 근거하였다는 점으로 영향을 받지 아니한다(AktG § 93⑤).

위에서 본 바와 같이 서독의 주식법상 감사에게도 이사와 동일한 주의의무가 규정되고 있으나(AktG § 116), 실제로 감사가 이에 근거하여 책임을 부담하는 경우는 아주 드물다.[301]

---

297) RG 24. Apr.1900, RGZ 46, 60, 63.
298) Baumbach/Hueck, § 93 Rn.12 u.a.
299) BGH 12, März 1959, BGHZ 29, 385.
300) Grossfeld, p.51.
301) Grossfeld, p.51.

## 3. 프랑스

프랑스에서는 이사가 회사에 적용되는 법령 또는 규칙에 위반하거나, 정관에 위반하거나 또는 회사의 경영을 잘못한 경우에는, 회사·주주 또는 제 3 자에 대하여 책임을 부담하는데(LSC § 244), 이 때 이사의 주의의 정도는 그 이사가 보수를 받고 있는지 여부에 따라 다르다.302) 일반적으로 보수를 지급받는 이사는 경미한 주의위반에 대하여도 그 책임을 부담하며, 주의위반 여부는 객관적으로 판단된다. 따라서 이사가 고령이라거나, 귀가 먹었다거나, 병환중이라거나, 능력이 없다는 등으로 면책될 수는 없다.303)

이사는 원칙적으로 개별적인 지위에 따라서(예컨대, 대표이사, 전무 등) 자기가 한 행위에 대해서만 책임을 부담하는데, 이에 대한 예외로 대표이사는 전무의 모든 행위에 대하여 법적으로 책임을 부담한다304)(LSC § 244①). 이러한 이사의 축소된 책임개념은 법원에 의하여 대폭 확장되었는데, 이에 의하면 모든 이사에게 이사회·대표이사 및 전무에 대한 일반적인 규제 및 감독의무를 부과하고 있다. 따라서 이의 결과 실제는 연대책임이 된다(LSC § 244②). 이는 이사회의 결의에서 특히 중요한데, 이 때에 이사가 자기의 책임을 면하기 위하여는 이사를 사직하던가 회의록에 명백한 반대의사가 있어야 한다. 또한 이사는 그가 대표이사 또는 전무의 사기로 인하여 의무위반의 행위임을 전혀 몰랐다는 것을 증명할 수 있는 경우에는 면책된다.305)

프랑스의 상사회사법상 이사의 이러한 책임은 주주총회의 결의로도 면제될 수 없다306)(LSC § 246②).

감사회가 있는 중층제도에서도 이사의 책임은 위의 경우와 동일하다(LSC § 249). 이 때 감사는 그의 의무수행과정에서 발생하는 여하한 자기의 과실에 대하여는 책임이 있으나, 순수한 업무집행행위 및 그의 결과에 대하여는 책임이 없다(LSC § 250①). 그러나 감사는 이사회의 범죄행위에 대하여 이를 알고도 주주총회에 보고하지 않으면 이에 대하여 책임을 부담한다(LSC § 250① S. 2).

---

302) Church, pp.386~388.
303) Bourguet & Wenner, "Die Haftung der Gesellschaftsorgane für die Schulden der Gesellschaft im französischen Recht," *AWD* 1970S., 357~360, 359.
304) Grossfeld, p.51.
305) Grossfeld, p.52.
306) Cass. civ. 8 March 1967, D. 1967, 586.

프랑스의 상사회사법에서는 이사의 권한은 「법적 권한의 남용」(abus de droit)의 규칙에 의하여 제한되는데, 이 규칙에 의하면 이사는 자기의 권한을 회사의 이익을 위하여 행사하여야 하고 개인적인 이익은 회사의 이익에 항상 하위에 위치해야 한다는 것이다.307) 이러한 「법적 권한의 남용」의 규칙에 의하여도 이사는 책임을 부담하기도 한다.308)

프랑스의 상사회사법상 특히 중요한 것은 이사는 「회사의 파산절차 진행중에 회사의 부채에 대하여 책임」을 부담할 수 있는 점이다(LSC § 248, French Bankruptcy Act § 90). 즉, 회사의 부채가 자산에 의하여 전부 면제되지 못하는 경우에, 법원은 수취인(채권자-필자 주)의 신청에 의하여 이사의 전부 또는 개개인이 부채의 전부 또는 일부를 분담하거나 연대하여 지급하도록 명령할 수 있다. 이 때 이사는 자기가 필요한 모든 조치를 취하였고 또 상당한 주의로써 업무를 수행하였다는 점을 증명한 경우에만 면책될 수 있다. 그러나 이러한 사실을 증명한다는 것은 매우 어려운 일로서, 이사가 어떠한 문제에 대하여 의문을 제기했다거나 또는 그러한 문제의 표결시에 부재하였다거나 반대투표를 하였다는 사실만으로는 면책에 충분한 증명이 되지 못하고, 이사의 면책을 위한 확실한 방법은 사직하는 것뿐이다.309) 또한 이사의 회사의 부채에 대한 책임은 파산절차의 개시 당시의 이사뿐만 아니라 상황에 따라서는 전직 이사도 그 책임을 부담할 수 있다.310)

## 4. 유럽주식회사법(안)

유럽주식회사법(안)에서는 이사의 주의의 정도를 아주 높게 규정하고 있는데, 이에 의하면 이사는 그가 「상당한 주의를 다했고 또 의문이 있는 사항에 대하여 자기가 취한 행위를 즉시 서면으로 감사회에 보고하였음을 증명하지 못하면 회사에 대하여 연대하여 책임」을 부담한다(동 안 § 71②). 이러한 이사의 책임은 감사회의 승인에 의하여 면제될 수 없다(동 안 § 71③). 감사의 책임도 이사의 책임과 유사하다(동 안 § 81).

주주총회는 이러한 이사 및 감사의 책임면제를 결의할 수 있다(동 안 § 218① S.1).

---

307) Cass. civ. 5 Jan. 1956, Bull. civ. 1956 Ⅲ 8 no.10.
308) Grossfeld, p.52.
309) Bourguet & Wenner, p.360.
310) Cass. com 19 March 1969 and 12 May 1969, D.1969. Jur.584.

## 5. 영 국

영국의 회사법상 이사는 회사의 업무를 수행하는 경우에 「상당한 주의」
(reasonable care)로써 하여야 할 의무가 있는데, 이사에게 부과된 이러한 주의의
무에는 이사에게 광범위한 재량권을 남기고 있다. 따라서 실제로 법원이 이사에
게 요구하는 주의의 정도는 매우 낮고, 이의 결과 이사는 대부분의 경우에 면책
되고 있다.311) 영국의 법원은 유능한 자가 이사의 취임을 꺼려하는 것을 방지하
기 위하여, 「이사에게 과도한 주의의무를 부과하지 않고 있다」.312) 즉, 영국의 판
례에서도 이사는 보통의 주의력을 가진 사람이 이사 대신에 활동한 경우 이사가
한 것과 같은 그러한 행위를 하지 않았을 것으로 인정되는 경우에만 책임을 부
담한다고 판시하고 있다.313)

영국의 회사법상 이사에게는 자기의 경험과 자기의 지식을 가진 사람에게
기대되는 주의를 다하면 면책될 수 있는데, 이러한 주의의 기준은 주관적이
다.314) 따라서 이러한 기준에서 보면 비상근이사가 오랫동안 이사회에 출석하지
않은 경우 그 자체만으로 그가 상당한 주의를 다하지 못했다고 볼 수 없고,315)
업무집행권한을 회사의 임원에게 위임했다면 이러한 임원에 의심할 만한 사유가
없고 또 명백히 부적임한 자가 아닌 한 이사는 이러한 임원의 정직을 믿어도 좋
은 것으로 그러한 이사에게는 책임이 없다.316) 상근이사의 경우에도 비상근이사
와 같이 주의의 표준은 주관적으로 정하여지나, 주의의 정도는 상근이사의 경우
가 회사에서의 그의 지위로 인하여 명백히 높다고 보아야 할 것이다. 317)

영국법상 이사의 주의의 표준은 아주 낮은 반면에, 각 이사에게 개별적으로
부여된 「충실의무의 표준은 아주 높다」. 즉, 이사는 회사에 대하여 아주 고도의
충실의무를 부담한다.318) 이사는 회사의 내규에 의하여 인정된 권한의 범위 내에
서만 행위를 하여야 하며, 그들의 생각에 회사에게 가장 이익이 큰 방향으로 성
실하게 활동하여야 한다.319) 즉, 이사는 두 가지 목적(회사의 이익과 자신의 이익-필

---

311) Pennington, p.500.
312) Pennington, p.500.
313) Overend & Gurney Co. v. Gibb(1872), L.R. 5 H.L. 480, 487.
314) Wedderburn, pp.174~175.
315) Gower, p.551 with n.43.
316) In re City Equitable Fire Insurance Co. Ltd., [1925] Ch.407, 426 (C.A.).
317) Gower, pp.549~552.
318) Wedderburn, p.175.

자 주)을 위하여 활동해서는 아니 되고, 규정상 자기의 권한에 속하는 사항이라
도 자기 자신의 이익을 위하여 그의 권한을 행사해서는 아니 된다.[320] 그러나 이
사의 이러한 고도의 충실의무는 실제로 중요하지 않다. 왜냐하면 이사의 행위는
주주총회의 단순다수결에 의한 추인에 의하여 여하한 책임도 면제될 수 있기 때
문이다.[321] 그러나 예외로 이러한 주주총회의 추인에 의하여 면제될 수 없는 책
임은 이사의 회사목적범위외의 행위(ultra vires) 및 사기에 의한 회사재산의 취득
행위이다.[322] 이사의 사기에 의한 회사재산의 취득행위에 관한 사례로는, 이사가
회사에 대한 자기의 의무에 위반하여 이익을 취득하고 이를 승인하는 주주총회
의 결의를 받은 사례가 있다.[323]

　　이사(또는 임원)의 과실 또는 의무위반 등으로부터 발생하는 여하한 책임을
면제하는 것을 목적으로 하는 회사의 내부규칙 등은 무효이다(CA § 205). 그러나
법원은 이사가 정직하고 합리적으로 활동하였다고 인정하고 또 이사의 선임을
포함한 모든 상황에서 이사가 면책되는 것이 타당하다고 인정하는 경우에는, 이
사의 면책을 승인할 수 있다(CA § 448).

　　이사 또는 임원(주주는 물론)은「청산절차에서 회사의 부채에 대하여 인적 책
임을 부담」할 수가 있는데, 이 경우는 회사의 업무가 채권자를 사해할 목적으로
운영되거나 또는 여하한 사기목적으로 운영되는 경우이다(CA § 332). 젠킨스위원
회는 이러한 형태의 책임을 단순한 부주의한 행위(reckless acts)에까지 확대하려
고 제안했으나, 동 안은 채택되지 못했다.[324]

## 6. 미 국

　　미국에서 이사에게 요구되는 주의의무는 주법에서 규정하는 경우도 있으나,
전통적으로는 판례법에 의하여 확립되고 있다. 따라서 이러한 판례법에 의하면
이사는 동일한 지위에서「보통의 주의력을 가진 사람이 유사한 환경에서 기울였
을 주의」를 해야 한다.[325] 이사의 회사의 손실에 대한 책임 유무는 모든 상황에

---

319) Re Smith v. Fawcett, [1942] Ch.304, 306(C.A.).
320) Wedderburn, p.179.
321) Gower, p.563; Wedderburn, p.176.
322) Gower, pp.564~570.
323) Cook v. Deeks, [1916] I.A.C. 554(P.C.).
324) Gower, pp.191~193.
325) Grossfeld, p.54.

의하여 결정되는데,326) 사기 또는 중과실이 없으면 보통 이사의 책임이 없다.327) 그러나 몇몇 주에서는 이러한 전통적인 판례법을 따르지 않고 이사의 주의의무를 더욱 엄격히 하여 이사의 단순한 부주의 및 과실 있는 행위에 대하여도 책임을 부담시키고 있다.328) 그러나 이와 같은 고도의 주의의 표준은 외부이사에게는 문제점이 되고 있다. 즉, 대부분의 경우에 외부이사는 엄격한 주의의무에 따른 자기의 책임을 피하기에 필요한 만큼 회사의 업무에 익숙하지 못하다. 따라서 내부이사와 외부이사의 주의의 표준은 별개인데, 판례에서도 상당한 주의의 표준을 결정함에 있어서 이사가 상근이사인지 또는 비상근이사인지, 또는 보수가 지급되는지 여부를 고려하고 있다.329) 특히 다른 이사 또는 임원이 제출한 자료를 신뢰한 경우에는 외부이사는 내부의 상근이사보다 덜 엄격한 주의의무를 부담하여 단순히 임원에게 구두로 질문하는 것만으로 자기의 주의의무를 다 할 수 있다.330)

경영자의 주의의무는 많은 경우에 「경영판단규칙」(business judgment rule)에 의하여 다한 것이 되는데, 이러한 경영판단규칙은 판례에서 다음과 같이 정의된다.331)

「이사의 판단의 오류는 그 자체만으로 충실의무의 결여가 되지 못한다. 비록 그 오류가 아주 중대하여 회사의 업무를 집행하는 이사로서 부적절함이 나타나는 경우에도 동일하다」.

이사는 그가 「상당한 주의를 다하고 그가 한 거래가 충실의무의 위반이 되지 않는 한 책임이 없고, 상당한 주의로써 한 잘못된 판단으로는 인적 책임을 부담하지 않는다」.332) 이러한 경영판단규칙에 의하여 법원은 일반적으로 회사의 내부적인 경영활동에 간섭하지 않으려고 하며, 이사 및 임원의 판단에 대신하여 법원이 판단하지 않으려고 한다.333)

이사의 회사에 대한 「충실의무는 광범위」한데, 이와 관련한 이사의 주요한 의

326) Graham v. Allis-Chalmers Manufacturing Co., 188 A. 2d 125, 130(Del. 1963); Selheimer v. Manganese Corp. of America, 224 A. 2d 634, 644(Pa. 1966).

327) Grossfeld, p.54.

328) Pennsylvania Business Corporation Law of 1933 § 408; Selheimer v. Manganese Corp. of America 224 A. 2d 634, 644(Pa.1966).

329) Henn, p.455.

330) *See* Note, "Escott v. Barchris-'Reasonable Investigation' and Prospectus Liability under Section 11 of the Securities Act of 1933," 82 *Harv. L. Rev.* 916~918.

331) Everett v. Phillips, 43 N.E. 2d 18, 20(N.Y.1942).

332) Grossfeld, p.55.

333) Bowman v. Gum, Inc., 193 A.271, 274(Pa.1937).

무는 자기 자신보다도 회사의 이익을 위하여 이사가 최선을 다하는 일이다. 「회사기회의 원리」(corporate opportunity doctrine)에 의해서도 이사는 회사를 위하여 이용되어야 하는 사업상의 기회를 자기 자신을 위하여 이용해서는 안 된다.[334] 회사기회의 원리가 적용되는 경우는, 이사가 이사의 지위에서 취득한 회사의 자금이나 지식을 자기 자신을 위하여 이용함으로써 회사의 사업상의 기회를 이용하는 경우이다.

미국에서는 주주총회의 추인에 의하여 이사가 면책되는데, 이 때에는 주주에게 이사의 행위가 충분히 공개되어야 한다.[335] 한편 대부분의 주에서는 이사의 사기, 재산낭비, 또는 개인적인 이익은 전 주주가 추인하여야 이사가 면책될 수 있는 것으로 하고 있다.[336]

## VI. 결 어

위에서 본 바와 같이 주식회사의 업무집행기관 및 감독(사)기관(즉, 경영기관)에 대하여, 우리나라의 상법을 기준으로 대륙법으로서 서독의 주식법·프랑스의 상사회사법·유럽주식회사법(안)을, 영미법으로서 영국법과 미국법을 비교하여 고찰하여 보았다.

주식회사의 경영기관의 구성에 관한 입법례는 크게 두 가지의 형태로 대별될 수 있겠는데, 하나는 서독의 경우와 같이 감사회와 이사회로 구성되는 중층제도와 다른 하나는 영미의 경우와 같이 이사회만으로 구성되는 단층제도가 그것이다. 위에서 본 바와 같이 유럽주식회사법(안)은 서독의 입법례를 많이 따르고 있고, 프랑스법은 서독의 입법례와 영미의 입법례를 절충한 것으로 볼 수 있다. 우리 상법상 주식회사의 경영기관의 구성에 관한 입법은 엄격히 말하여 서독식의 중층제도의 입법도 아니요(우리 상법상 감사는 서독의 감사회와는 근본적으로 구별됨), 영미식의 단층제도의 입법도 아니다(내부기관으로서 감사가 있는 점에서). 그러나 우리 상법상의 주식회사의 경영기관의 구성에 관한 입법은 전체적으로 볼때 영미법에 가깝다고 볼 수 있고,[337] 구체적으로 업무집행기관이 이사회와 대표이

334) See Note, "Corporate Opportunity," 74 Harv. L. Rev. 765~778(1961).
335) Heilbrunn v. Sun Chemical Corp., 146 A. 2d 757(Del. Ch. 1958).
336) Smith v. Brown-Borhek Co., 200 A. 2d 398(Pa.1964); Keenan v. Eshleman, 2 A 2d 904, 909(Del 1938).
337) 동지: 정동윤, 전게서, 296면.

사로 분리되어 있는 점(독립기관설)에서는 프랑스의 전통적인 입법례와 유사하고, 내부기관으로 이사회와는 별도로 감사를 두고 있는 점은 서독의 입법례를 약간 가미하고 있다고 볼 수 있다.

　주식회사의 경영기관의 구성에 관한 입법례에서의 양 제도는 본질적으로 크게 구별되는 것은 아니다. 왜냐하면 서독의 감사회의 기능은 영미에서는 사외이사(outside directors)가 담당한다고 볼 수 있는데, 영미의 사외이사는 임원의 행위를 승인하는 형식으로 회사의 업무를 집행하며, 서독에서의 감사회는 실제로 회사의 중요한 업무에 관한 사항을 결정함으로써 업무집행에 참여하기 때문이다.[338]

　서독식의 중층제도에 대한 비판은 회사의 경영은 외부의 간섭없이 단일기관에 의하여 수행되어야 한다는 입장에서 하고 있는데,[339] 일반적으로 이에 대한 근거로 들고 있는 것은 업무집행과 감독을 명확히 구별하기가 어렵다는 점이다.[340] 또한 감사가 실제로 이사회의 업무집행을 효과적으로 감독할 능력이 있는지 여부도 의문이며(대부분의 경우에 업무를 집행하는 이사가 더 많은 지식을 갖고 있음), 또 감사가 사심 없이 또 정열적으로 광범위한 회사의 업무에 대하여 필요한 감독을 할 것인지 여부도 의문이라고 비판한다.[341] 따라서 서독의 학자 중에도 서독의 중층제도를 비판하고 영미의 단층제도를 찬성하는 견해가 있다.[342]

　미국의 단층제도에 대하여는 사내이사로만 구성되는 이사회가 사내이사 및 사외이사로 구성되는 이사회보다 훨씬 효과적이라고 하는 견해도 있고,[343] 사외이사의 중요성을 강조하는 견해도 있다.[344]

　우리 상법상 이사의 직무집행에 대한 「감독권」은 이사회에게 있지만(상법 제393조 2항) 대부분의 경우 (1998년 IMF 외환위기 이전에) 우리나라에는 사외이사가 없고 모든 이사가 업무집행을 담당하고 있었으므로 이사회에게 이사의 업무집행에 대한 철저한 감독기능을 기대하기는 사실상 불가능하다(1998년 IMF 외환위기

---

338) Grossfeld, p.9.

339) Grossfeld, p.9.

340) Vagts, "Reforming the 'Modern' Corporation. Perspectives from the Germans," 80 *Harv. L. Rev.* 52(1966).

341) Vagts(FN 340), pp.52~53.

342) Wiethölter, *Interessen und Organisation der Aktiengesellschaft im amerikanischen und deutschen Recht*(Karlsruhe, 1961), S.295~314.

343) Vagts(FN 340), p.62.

344) Eckert, "Shareholder and Management. A Comparative View on Some Corporate Problems in the United States and Germany," 46 *Iowa L. Rev.* 23 and 56(1960); Towl, "Outside Directors under Attack," 43 *Harv. Bus. Rev.* 136~147, 146(Sept./Oct. 1965).

이후에 상장회사에 대하여 사외이사를 의무적으로 도입하였으나, 이사회와는 별도의 업무집행기관〈집행임원〉을 두도록 하지 않고 이사회에 업무집행기능〈의사결정〉과 업무감독기능을 동시에 부여함으로써 자기감독이 된 점은 변함이 없어 감독기능은 사실상 불가능하고 유명무실한 점은 변동이 없었다). 또한 우리 상법상의 감사는 이사의 직무집행에 대한 「감사권」이 있으나(상법 제412조) 서독의 감사회의 권한에 비하여 현저하게 그 권한이 약화되어 있으므로,345) 이사의 업무집행에 대한 철저한 감사기능을 기대하기 어렵고 감사에 의한 감사는 형식화되고 있다.346) 따라서 우리 상법상 업무집행기관의 직무집행에 대한 실질적인 감독 및 감사의 효과를 거두기 위하여는 영미에서와 같은 사외이사제도 및 집행임원제도를 도입하든가347) 또는 서독에서와 같은 감사회제도를 도입하는 방법을 생각할 수 있겠다. 그런데 사외이사제도 및 집행임원제도에 비하여 감사회제도가 보다 권한의 분리가 명백하고 또 회사의 업무에 있어서 보다 더 관심을 많이 갖고 이사의 권한남용을 억제할 수 있는 장점이 있다고 볼 수 있겠다.348) 또한 기업의 사회적 책임과 관련하여 근로자의 경영참가의 면을 원칙적으로 감사회에 두어야 하는 점에서 볼때도, 앞으로 우리의 주식회사의 경영기관의 구성은 「서독의 중층제도」의 방향으로 가는 것이 보다 더 우리의 실정에 맞고 타당할 것으로 사료된다.

---

345) 대표적인 예로, 서독의 주식법상 감사회는 이사의 임면권을 갖고 있어(AktG § 84) 사실상 이사를 지배하고 있으나, 우리나라의 경우에는 감사에게 이러한 권한이 없는 것은 물론 감사는 회사 내부에서 사실상 대표이사에게 종속되어 있다.
346) 1984년의 상법개정에 의하여 감사의 권한을 대폭 강화하기는 하였으나, 이로써 실질적인 이사의 직무감사의 효과를 거둘 수 있을 것인지는 극히 의문이다.
347) 정동윤, 전게서, 396면.
348) Grossfeld, p.10.

# 표현대표이사*

## I. 서  언

1. 우리나라의 상법상 주식회사에서 회사의 대표권은 대표이사에게 있으므
로(상법 제389조 제3항, 제209조) 이러한 대표이사가 아닌 이사는 회사를 대표할 권
한이 없다. 그러나 회사에서는 대표이사가 아닌 이사에게 사장·부사장·전무이사·
상무이사 등과 같이 대표권이 있다고 믿을 만한 명칭의 사용을 허락하는 경우가
많고, 이와 같은 명칭을 사용한 자와 거래한 제3자는 그가 대표권이 없음에도
불구하고 그 명칭으로 보아서 회사를 대표할 수 있는 권한이 있다고 믿고 거래
한 경우가 많으므로 이와 같은 선의의 제3자를 보호할 필요가 있다. 따라서 상
법 제395조는 「그러한 명칭을 사용한 이사의 행위에 대하여는 그 이사가 회사를

---

* 이 글은 정찬형, "표현대표이사,"「논문집」(경찰대), 제9집(1990. 1), 71~103면의 내용임(이
  글에서 필자는 표현대표이사와 유사한 제도와의 관계를 상세히 다루고 있음).
  이와 관련하여 참고할 수 있는 필자의 글로는 정찬형, "주식회사의 대표이사,"「고시연구」,
  통권 제86호(1981. 7), 153~164면; 동, "표현대표이사의 적용상 문제점,"「고시연구」, 통권 제
  180호(1989. 3), 25~42면 등이 있음.

표현대표이사 297

대표할 권한이 없는 경우에도 회사는 선의의 제3자에 대하여 그 책임을 진다」고 규정하고 있다.

2. 이러한 표현대표이사제도는 기업거래에 있어서 일반적인 통념에 따라 선의의 제3자를 보호하려는 입법정책의 소산이나,[1] 이 제도가 제3자를 지나치게 보호하고 또 상업등기제도(상법 제37조)와도 모순된다는 점 등을 들어 이 제도를 (입법론상) 반대하는 견해도 있다.[2]

3. 표현대표이사제도의 기초가 되는 법리에 대하여는 영미법상의 금반언의 법리(estoppel by representation)에 의하여 설명하는 견해,[3] 독일법상의 외관이론 (Rechtsscheintheorie)에 의하여 설명하는 견해,[4] 또는 위 두 이론을 구별하지 않고 함께 금반언 내지 외관이론에 의하여 설명하는 견해[5]가 있다. 그러나 위의 어느 이론에 의하여 설명한다고 하여 그 결론에 있어서 차이가 있는 것은 아니다.[6]

4. 이하에서는 먼저 표현대표이사에 관한 각국의 입법례를 살펴보고, 그 다음으로 표현대표이사와 (민·상법상의) 타제도와의 관계, 표현대표이사의 적용요건, 표현대표이사의 적용효과, 표현대표이사의 적용범위 및 결어의 순으로 고찰하겠다.

## II. 표현대표이사에 관한 각국의 입법례

### 1. 일 본

일본의 상법도 주식회사에서 대표이사를 규정하여(일본 상법 제261조, 일본 회사법〈2005년 제정, 2014년 개정〉 제349조 1항 단서), 이러한 대표이사가 제3자에 대하여 회사의 영업에 관한 재판상 또는 재판외의 모든 행위에 있어서 회사를 대표하도록 규정하고 있다(일본 상법 제261조, 제78조 1항, 일본 회사법 제349조 4항). 따라서 이의 결과 대표권을 부여하지도 않았으면서 사장·부사장·전무이사·상무이사

---

1) 박길준, "표현대표이사," 「상사법논집」(무애 서돈각 교수 정년기념)(서울: 법문사, 1986), 189면.
2) 정동윤, "표현대표이사," 「상법논집」(정희철 선생 화갑기념)(서울: 경문사, 1979), 105면; 동, 「회사법(개정판)」(서울: 법문사, 1989), 398면.
3) 차낙훈·안병수·서정갑·손주찬(공저), 「학설판례 주석상법(상)」(서울: 한국사법행정학회, 1977), 1017면; 박준용, "표현대표이사," 「사법연구자료」, 제6집, 164~165면.
4) 정동윤, 전게논문, 85면.
5) 서돈각, 「제3전정 상법강의」(서울: 법문사, 1985), 391면.
6) 동지: 이태로·이철송, 「전정판 회사법강의」(서울: 박영사, 1987), 462면; 정동윤, 전게서, 398면.

기타 회사를 대표할 권한이 있는 것으로 인정될 만한 명칭을 부여한 이사의 행
위에 대하여는 회사가 선의의 제3자에 대하여 그가 대표권이 없음을 대항할 수
없도록 하는 표현대표이사에 대하여 규정하고 있다(일본 상법 제262조, 일본 회사법
제354조). 이러한 일본의 표현대표이사제도는 1938년 상법개정시에 처음으로 신
설되었다고 한다.7)

## 2. 서 독

서독의 주식회사에서 제3자에 대한 회사의 대표권은 「이사회」에게 있다
(Aktiengesetz, AktG 제78조 제1항·제2항). 따라서 원칙적으로 모든 이사가 공동으
로 회사를 대표하며(AktG 제78조 제2항 1문), 이사회는 재판상 및 재판외의 회사의
모든 업무에 있어서 (일상업무이건 비일상업무이건 불문하고) 회사를 대표한다(AktG
제78조 제1항). 그러나 예외적으로 정관 또는 정관으로부터 수권받은 감사회의 규
정에 의하여 단독대표 또는 지배인과의 공동대표에 대하여 규정할 수 있다(AktG
제78조 제3항). 이에 따라 서독에서는 수인의 이사가 있는 경우에, 2인의 이사(또
는 1인의 이사)와 1인(또는 2인)의 지배인이 회사를 공동대표하는 것이 일반적이고,
이 이외에 이사회의장이 있는 경우에는 그가 단독대표하는 경우도 있다.8) 그러
나 이사회가 스스로 이사중의 1인에게 대표권을 부여할 수는 없다.9) 이러한 점
은 우리나라의 주식회사의 경우와 근본적으로 다른 점이라고 볼 수 있겠다.

서독의 주식법은 주식회사에서 이사회(즉, 이사 전체)에 대표권을 부여하고
있고 특별히 대표이사제도가 없기 때문인지는 몰라도 표현대표이사에 대하여도
규정하고 있지 않다. 그 대신 이사회의 대표권(제3자와의 거래관계)은 업무집행권
(회사에 대한 권리의무관계)과 엄격히 구별하여 법률 자체에서 제한하고 있지 않는
한 제한될 수 없는 것으로 규정하고 있다(AktG 제82조 제1항). 따라서 이사회가
그의 업무집행권을 초월하여 제3자에 대하여 대표한 경우에도 회사는 그 책임이
있고, 다만 이사회가 회사에 대하여 손해배상의 책임이 있으며 또 해임사유가 될
뿐이다.10) 그러나 이사와 회사간의 법률행위 또는 소송행위에 있어서는 이사회

---

7) 田村諄之輔, "表見代表取締役,"「新商法演習 2 會社(2)」(東京: 有斐閣, 1976), 64면.

8) Götz Hueck, *Gesellschaftsrecht* (München: C.H. Beck'sche Verlagsbuchhandlung, 1983),
   S.198.

9) Hueck, *a.a.O.*, S.198.

10) Bernhard Grossfeld, "Management and Control of Marketable Share Companies,"
    *International Encyclopedia of Comparative Law*, XⅢ Ch.4(Tübingen, Mouton, The Hague,

의 대표권이 제한되고 감사회가 회사를 대표한다(AktG 제112조). 또한 회사의 지배권이 전면적으로 다른 기업에 넘어가는 기업계약(AktG 제293조 제1항)이나 합병계약(AktG 제340조)에 있어서는 법률이 규정하고 있는 주주총회의 의결을 얻지 못하면 동 계약은 제3자와의 관계에서도 무효가 되고, 제3자가 이사회의 대표권의 남용을 명백히 알고 있거나 또는 알 수 있었을 경우에는 이사회의 대표행위는 그러한 제3자에 대한 관계에서 무효가 된다.[11]

## 3. 프랑스

프랑스의 1966년 상사회사법(이 법은 그 후 2001년에 상법전에 흡수됨)상 주식회사의 제3자에 대한 대표권은 「대표이사」에게 있다(Loi n° 66-537 sur les Sociétés Commerciales, LSC 제113조 제1항, 제126조 제1항). 이와 같이 프랑스의 상사회사법은 우리나라 및 일본에서와 같이 대표이사제도를 인정하고는 있으나, 표현대표이사에 대하여는 규정하고 있지 않다. 대표이사의 이러한 대표권은 회사의 목적, 주주총회에 유보된 권한 및 법률의 규정에 의하여 이사회에게 특별한 방법으로 처리하도록 유보된 권한(예컨대, 회사의 담보제공 또는 보증 등)에 의해서만 제한된다(LSC 제113조 제2항). 또한 대표이사의 대표행위가 회사의 이익과 상반되는 경우에도 대표권은 제한된다.[12] 그러나 그 이외의 정관의 규정 또는 이사회의 결의에 의하여 대표이사의 권한을 제한하여도 이는 회사의 내부에서는 유효하나 제3자에 대해서는 이를 대항할 수 없다.(LSC 제113조 제4항, 제126조 제3항). 이때에 제3자에 사기가 없는 한 제3자는 보호된다[13](다수결). 또한 프랑스 상사회사법상 주식회사는 대표이사를 보좌하기 위하여 대표이사와 동일한 대표권이 있는 전무(專務)를 둘 수 있는데(LSC 제115조), 이때 전무의 제3자에 대한 대표권도 대표이사의 경우와 같다(LSC 제117조 제2항). 따라서 이와 같은 경우에 대표이사 및 전무는 각자 개별적으로 회사를 대표할 수 있다. 따라서 정관 또는 이사회결의에 의하여 두 사람이 공동으로만 회사를 대표하도록 규정한 경우에도, 위의 대표이사 또는 전무가 각자 제3자와 회사를 대표한 행위에 대하여 회사는 책임이 있고 제3자에 대하여 그러한 제한을 대항하지 못한다.[14]

Paris: J.C.B.Mohr〈Paul Siebeck〉, 1971), p.40.
11) Baumbach/Hueck, *Aktiengesetz*(ed. 13 München, Berlin, 1968), § 82 Rn. 13; BGHZ 50, 112.
12) Grossfeld, *op. cit.*, p.41.
13) *Id.*

## 4. 영 국

영국의 1985년의 회사법(이 법은 2006년에 많은 개정이 있었음)상 주식회사를 대표하는 자는 제1차적으로 「이사회」에 있다. 이때의 이사회의 대표권은 모든 이사에게 집단적으로 부여되는 것이지, 개별적인 이사나 일부 이사에게 부여되는 것이 아니다.15) 그러나 이사회는 내부규칙에 의하여 개별 이사(Companies Act, CA Sched. Ⅰ Table A, 제102조)나 임원(CA Sched. Ⅰ Table A, 제81조)에게 대표권을 위임할 수 있는데, 대부분의 경우는 이렇게 하고 있다.

그런데 이때에는 이러한 자의 구체적인 대표권의 범위가 문제되는데, 이에 대하여 제3자는 금반언칙(estoppel by representation) 또는 표현책임의 법리(rules of apparent authority)에 의하여 보호되고 표현대표이사에 관한 특별한 규정은 없다. 즉, 이러한 이사 또는 임원과 거래하는 제3자는 동 이사 또는 동 임원에게 명시적 또는 묵시적인 대표권이 있거나 회사에게 금반언칙이 적용되는 경우에는 보호된다.16) 또한 그러한 자에게 명시적 또는 묵시적인 대표권이 없는 경우에도 표현책임의 법리가 적용되는 경우에는 회사와 거래한 제3자는 보호된다.17) 그런데 표현책임의 법리가 적용되기 위하여는 제3자에게 선의·무과실이 있을 것을 요건으로 한다.18) 이 경우 회사의 내부원칙에 의하여 이사회가 대표권을 위임할 수 있었고 또 제3자가 대표권이 있는 것으로 믿었다는 사실만으로는 그 자체로서 표현대표의 성립에 충분하지 않고, 이외에 합리적인 사람이라면 대표권이 있다고 믿었어야 할 요건이 추가로 필요하다.19) 위의 결과로 이사회가 대표권이 있는 이사 또는 임원의 외관을 부여하면서 실제로 대표권을 부여하지 않은 경우,20) 또는 대표권이 없는 이사 또는 임원의 대표행위를 묵시적으로 승인한 경우에는21) 회사는 그와 거래한 제3자에 대하여 책임을 진다. 그러나 이사 또는 임원에게 명시 또는 묵시의 대표권이 없고 또 표현대표도 성립하지 않는 경우에는,

---

14) *Id.*
15) Laurence C.B. Gower, *The Principles of Modern Company Law* (4th ed., 1979), p.138.
16) *Id.*, p.158.
17) Pennington, *Company Law* (ed.2 London, 1967), p.119; Hely-Hutchinson *v.* Brayhead, Ltd., [1968] Q. B. 549, 583(C.A.)
18) Pennington, *op. cit.*, p. 120.
19) Freeman & Lockyer *v.* Buckhurst Park Properties(Mangal), Ltd., [1964] 2 Q.B.480.
20) Pennington, *op. cit.*, p. 122.
21) *Id.*, p.126.

회사는 이사회 또는 주주총회(보통결의사항)의 명시 또는 묵시의 추인이 있는 경우에만 동 행위에 대하여 책임을 진다.[22]

## 5. 미 국

미국에서도 주식회사의 제3자에 대한 대표권은 「이사회」에 있다. 그런데 법률, 정관, 회사의 내부규칙 또는 이사회의 결의에 의하여 이사회는 임원(특히, 사장)에게 이러한 대표권의 전부[23]의 또는 일부[24]를 위임할 수 있다. 이러한 임원이 그의 권한을 남용한 경우에는 묵시적인 권한수여의 법리(implied authority rule) 또는 표현대표의 법리(apparent authority rule)의 적용에 의하여 제3자를 보호하고, 표현대표이사에 대하여는 특별히 규정하고 있지 않다. 따라서 회사의 내부규칙에 의하여 사장의 권한을 제한하여도 선의의 제3자에게는 대항할 수 없으며[25](묵시적인 권한수여의 법리), 사장과 회사의 양측의 행위의 과정에서 사장이 유사한 업무에서 회사를 대표해 왔고 또 회사가 사장에게 그러한 행위를 하도록 수권한 일이 있거나 이전의 유사한 행위에서 승인 또는 추인한 일이 있으면 회사는 책임을 부담해야 한다[26](표현대표의 법리). 또 임원에게 명시적 또는 묵시적인 권한이 없거나 표현권한이 없는 경우에도, 이사회가 임원의 무권행위를 승인하거나 또는 승인한 것으로 인정되는 경우에는 회사에게 책임이 있다[27](금반언칙).

또한 미국에서는 이사의 자격이 결여되었거나, 선임되지 않았거나 또는 해임되었음에도 불구하고 외관상 이사의 직무를 수행하는 자의 행위는 (그의 자격이 적법절차에 의하여 박탈되기까지는) 「사실상 이사의 법리」(de facto directors doctrine)에 의하여 선의의 제3자에 대하여 회사의 행위로 인정된다. 이러한 법리는 금반언칙의 법리가 적용되는 경우에 한하는 것이 아니다.[28] 따라서 대표권이 없는 이

---

22) *Id.*, p.124.

23) Hasting *v.* Brooklyn Life Ins. Co., 34 N.E.289(N.Y. 1893); Schwartz *v.* United Merchants & Manufacturers, Inc., 72 F. 2d 256(2 Cir. 1934).

24) Joseph Greenpon's Sons Iron & Steel Co. *v.* Pecos Valley Gas Co., 156 A.350, 352(Del. 1931).

25) Cary, *Cases and Materials on Corporation* (ed. 4 Mineola, 1969), p.191; Pennsylvania Business Corporation Law(1965) 제305조.

26) Joseph Greenpon's Sons Iron & Steel Co. *v.* Pecos Valley Gas Co., 156 A.350, 352(Del. 1931.)

27) Hurley *v.* Ornsteen., 42 N.E. 2d 272(Mass. 1942)

28) Harry G. Henn and John R. Alexander, *Laws of Corporations*, 3rd ed.(St. Paul, Minn.: West Publishing Co., 1983), p.562.

사 또는 임원의 행위에 대하여도 사실상의 대표의 법리에 의하여 선의의 제3자
에 대하여 회사의 행위로 인정할 수 있을 것이다.

## Ⅲ. 표현대표이사와 타제도와의 관계[29]

### 1. 민법상 표현대리(민법 제125조, 제126조, 제129조)와의 관계

가. 표현대표이사를 규정한 상법 제395조는 대표권수여의 표시에 의한 표현
대리에 관한 민법 제125조의 특칙으로 해석될 수도 있겠으나, 이에 한하지 않고
표현대표이사는 권한유월의 경우나 대표권이 소멸한 후에도 성립할 수 있으므로
민법 제126조(권한을 넘은 표현대리) 및 민법 제129조(대리권소멸후의 표현대리)의 특
칙으로도 해석할 수 있다고 본다.[30]

나. 이와 같이 상법 제395조가 표현대표이사에 관하여 민법의 제 규정(제125
조, 제126조, 제129조)의 특칙을 규정하고 있다고 하여, 표현대표이사에 관한 상법
제395조는 민법상의 표현대리에 관한 제 규정의 적용을 배척한다고 볼 수는 없
다. 따라서 이때에 민법의 표현대리에 관한 제 규정의 적용요건을 충족한 경우에
는, 회사는 그러한 민법의 규정에 의하여도 책임을 부담할 수 있다.[31] 그러나 상
법 제395조는 민법의 표현대리에 관한 제 규정보다 제3자를 더 광범위하게 보호
하고 있으므로,[32] 상법 제395조가 적용되는 경우에는 민법상의 표현대리에 관한
제 규정이 적용될 여지가 거의 없을 것이다. 따라서 민법상의 표현대리에 관한
제 규정은 상법 제395조가 적용되지 않는 경우에 적용되는 경우가 많을 것이다.

다. 이에 관련된 우리나라의 판례로는, 상무이사가 대표이사를 대행하여 법
률행위를 한 경우에 상법 제395조를 적용하지 않고 민법 제126조를 적용하여 회
사의 책임을 인정한 다음과 같은 판례가 있다.

"상무이사 기타 회사를 대표할 권한이 있는 것으로 인정될 만한 명칭을 사

---

29) 이에 관한 상세는 정찬형, "표현대표이사의 적용상 문제점," 「고시연구」, 1989. 3, 25~42면 참조.
30) 동지: 정동윤, 전게서, 398면; 동, 전게논문, 85~86면; 최기원, 「제3전정판 신회사법론」(서
     울; 박영사, 1987), 532면.
31) 동지: 차낙훈 외, 전게 주석상법(상), 128면(표현지배인과 민법의 표현대리와의 관계에 대하여).
32) 예컨대, 상법 제395조에 의하면 과실 있는 제3자도 보호되나(통설·판례), 민법상 표현대리
     에 관한 제 규정에서는 과실 있는 제3자는 보호되지 않는다(곽윤직, 「민법총칙」, 1980, 442면,
     447면, 450면).

용한 이사가 회사를 대표할 권한이 없는 경우에도 상법 제395조에 의하여 회사는 선의의 제3자에게 책임을 지나, <u>상무이사가 대표이사를 대리하여(대행하여—필자 주) 법률행위를 한 경우에는 대리에 관한 규정이 적용되고 그 행위가 민법 제126조의 요건을 구비한 경우에는 그 조문이 적용된다.</u>"33)

## 2. 표현지배인(상법 제14조)과의 관계

**가.** 상법 제395조는 「…… 그 이사가 회사를 대표할 권한이 없는 경우에도 회사는 선의의 제3자에 대하여 그 책임을 진다」고 규정하여 표현대표이사가 되기 위하여는 적어도 이사의 자격이 있을 것을 요건으로 규정하고 있으나, 학설34)과 판례35)는 이사의 자격이 없는 「회사의 사용인」이나 「이사직을 사임한 자」가 회사를 대표할 권한이 있는 것으로 인정될 만한 명칭을 사용한 경우에도 상법 제395조를 유추적용하고 있다. 따라서 이렇게 보면 회사는 회사의 사용인이 사용인이 사용하는 명칭 및 이에 대한 회사의 귀책사유에 의하여 표현지배인(상법 제14조)으로서의 책임을 부담하기도 하고 또는 표현대표이사(상법 제395조)로서의 책임을 부담하기도 한다. 즉, 회사의 사용인이 지배권이 없으면서 「본점 또는 지점의 본부장, 지점장, 그 밖에 지배인으로 인정될 만한 명칭」을 사용하고36) 그러한 명칭사용에 회사에 귀책사유가 있으면 회사는 상법 제14조에 의하여 그 책임을 지고, 회사의 사용인이 대표권이 없으면서 「사장·부사장·전무·상무 기타 회사를 대표할 권한이 있는 것으로 인정될 만한 명칭」을 사용하고 그러한 명칭사용에 회사에 귀책사유가 있으면 회사는 상법 제395조에 의하여 그 책임을 지는 것이다.

**나.** 지배권이 있는 회사의 사용인(지배인)이 자기명의(지배인 명의)로 행위를 하였다면 회사는 상법 제11조 1항에 의하여 당연히 책임을 지나, 그러한 지배인이 회사의 상무라고 칭하면서 대표권에 속하는 행위를 하였다면 회사는 상법 제

---

33) 대판 1968. 7. 16, 68 다 334·335(판례카드 No. 8502). 동지: 대판 1968. 7. 30, 68 다 127 (대법원판례집 제16권 2집 민사편 324면).
34) 정희철, 「상법학(상)」(서울: 박영사, 1989), 485면; 정동윤, 전게서, 399면; 동, 전게논문, 92면 외.
35) 대판 1979. 2. 13, 77 다 2436(大集 27 ① 民 66); 동 1985. 6. 11, 84 다카 963(법원공보 757호 995면); 동 1987. 7. 7, 87 다카 504(공보 807, 1319).
36) 또한 당시 사용인의 근무장소가 상법상의 영업소인 본점 또는 지점의 실체를 가지고 어느 정도 독립적으로 영업활동을 할 수 있는 것임을 요한다(대판 1978. 12. 13, 78 다 1567〈大集 26 ③ 民 295〉).

395조에 의하여 책임을 진다. 이에 대하여는 다음과 같은 판례가 있다.

　　"피고회사 사고처리담당 업무부장의 지위에 있는 자가 그 회사 상무라고 칭하면서 회사소속 차량사고 피해자에 대한 치료비를 부담하겠다고 원고에게 약속하였고 원고도 이를 믿고 치료를 받았다면 위 업무부장이 회사를 대표할 권한이 없었다 하더라도 피고회사는 선의인 원고에게 위 의사표시에 따른 책임을 면할 수 없다(상법 제395조 참조)."37)

## 3. 상업등기의 일반적 효력(상법 제37조)과의 관계

　　**가.** 대표이사의 성명은 등기사항(상법 제317조 제2항 9호)이고 이러한 등기사항을 등기하면 회사는 선의의 제3자에게도—그가 정당한 사유로 인하여 이를 모른 경우를 제외하고—대항할 수 있다(상법 제37조 제1항 반대해석 및 제2항). 그런데 상법 제395조는 제3자에게 정당한 사유가 있건 없건 불문하고 제3자가 현실로 선의이기만 하면 회사에게 그 책임을 인정한 것으로서, 이러한 상법 제395조는 상법 제37조와는 모순된다. 이러한 모순을 해결하기 위하여 우리나라의 학설은 상법 제395조는 상법 제37조와는 차원(법익)을 달리한다고 설명하기도 하고(이차원설),38) 상법 제395조는 상법 제37조의 예외규정이라고 설명하기도 한다(예외규정설).39) 일본의 학설 중에는 이에 대하여 상법 제395조에서 제3자가 대표권이 있는 것으로 신뢰한 것은 언제나 상법 제37조 2항의 「정당한 사유」에 해당되기 때문에 회사는 그러한 제3자에게 대항할 수 없다고 설명하는 견해(정당사유설)가 있으나,40) 우리나라에서는 이와 같은 견해는 없는 것 같다.

　　생각건대 회사의 대표이사(엄격히는 대표권이 있다고 인정되는 이사)와 거래하는 제3자가 거래시마다 일일이 등기부를 열람하여 대표권 유무를 확인한다는 것은 제3자에게 너무 가혹하고41) 또 집단적·계속적·반복적·대량적인 회사기업의 거래실정에도 맞지 않는 점을 고려하면, 상법 제395조는 상법 제37조의 예외규정으로 보는 것이 간명하고 또 타당하다고 본다.42)

---

37) 서울고판 1972. 12. 30, 72 나 2141(商集 1972 民 제2권 527면).
38) 정동윤, 전게서, 402면; 이태로·이철송, 전게서, 463면.
39) 정희철, 전게서, 484면; 최기원, 전게서, 534면.
40) 野津務, 「改訂 新會社法(上)」, 231면.
41) 1995년 개정상법 이전에 상법 제36조에 상업등기의 공고가 규정되었으나 상법부칙 제3조에 의하여 등기사항이 공고되지 않고 등기한 때에 공고가 있는 것으로 간주되었고, 1995년 개정상법에 의하여 상업등기의 공고에 관한 상법 제36조가 삭제된 경우에는 그러하다.
42) 정찬형, "주식회사의 대표이사," 「고시연구」, 1981. 7, 160면.

나. 이에 대하여 우리나라의 대법원은 이차원설에서 다음과 같이 판시하고 있다.

"상법 제395조와 상업등기(상법 제37조—필자 주)와의 관계를 헤아려 보면, 본조는 <u>상업등기와는 다른 차원에서 회사의 표현책임을 인정한 규정</u>이라고 해야 옳으리니 이 책임을 물음에 상업등기가 있는 여부는 고려의 대상에 넣어서는 아니된다고 하겠다. 따라서 원판결이 피고의 상호변경에 대하여 원고의 악의를 간주한 판단은 당원이 인정치 않는 법리 위에 선 것이라 하겠다."[43]

## 4. 상법상 부실등기의 효력(상법 제39조)과의 관계

가. 대표이사를 선임하지 않고도 선임한 것으로 하여 등기하였거나 또는 대표이사가 퇴임하였는데도 퇴임등기를 하지 않은 동안에 그러한 자가 회사를 대표하여 제3자와 거래행위를 한 경우에, 회사는 선의의 제3자에 대하여 상법 제39조에 의하여 책임을 지는가 또는 상법 제395조에 의하여 책임을 지는가?

① 이때 제3자는 그러한 자가 대표이사임을 위의 부실등기에 의하여 신뢰하고 또 그러한 부실등기에 대하여 등기신청권자(적법한 대표이사)에게 고의·과실이 있었다면, 회사는 그러한 선의의 제3자에 대하여 부실등기의 공신력에 관한 상법 제39조에 의하여 책임을 진다.[44]

② 그런데 이 경우에 <u>회사는 그러한 자가 회사의 대표명의를 사용하여 제3자와 거래하는 것을 적극적 또는 묵시적으로 허용하였다고 할 수 있는 사정이 있고 또 이러한 사정을 제3자가 증명할 수 있다면, 회사는 상법 제395조에 의해서도 그 책임을 부담할 수 있다.</u>[45][46] 그러나 이 경우에 제3자가 부실등기에 의하여 대표권이 없는 자를 대표권이 있는 자로 신뢰하였다면 그는 이미 상법 제39조에 의하여 보호받고 있으므로, 다시 「회사의 적극적 또는 묵시적인 명칭사용의 허용사실」을 증명하여 상법 제395조의 적용을 주장할 필요가 없다고 본다.[47]

---

43) 대판 1979. 2. 13, 77 다 2436(大集 27 ① 民 66).

44) 정희철, 전게서, 484면(이 경우 회사가 선의의 제3자에게 책임을 지는 것은 상업등기에 관한 상법 제39조에 의하여 생기는 책임이지, 상법 제395조에 의한 책임이 아니라고 한다).

45) 대판 1977. 5. 10, 76 다 878(大集 25 ② 民 1)(본 판결에서는 회사가 대표명의를 사용하는 것을 허용하였다고 할 수 있는 사정이 없다 하여 상법 제395조의 적용을 배척하였다).

46) 이때에 만일 제3자가 그러한 자가 대표권이 있음을 부실등기에 기하여 신뢰한 것이 아니라 회사의 적극적 또는 묵시적인 허용에 기하여 신뢰하였다면, 그러한 제3자는 상법 제39조가 아니라 상법 제395조에 의해서만 보호될 것이다.

47) 동지: 이태로·이철송, 전게서, 470면.

　나. 위 (1)의 경우에 등기신청권자(적법한 대표이사)에게 고의·과실이 없이 회사의 이사 또는 감사가 주주총회의사록 및 이사회의사록을 위조하여 대표이사를 변경등기하고 그러한 대표이사가 제3자와 거래행위를 한 경우에도 동일한가?

　① 우리나라의 대법원판례는 상법 제39조를 적용하기 위한 전제로서 부실등기에서의 고의·과실의 판단기준을 (합명회사에서)「회사를 대표할 수 있는 업무집행사원」을 표준으로 하고,48) 대표사원의 유고로 회사의 정관에 따라 업무를 집행하는 사원이 있다고 하더라도 그 사원을 표준으로 하여 회사의 고의·과실의 유무를 판단할 수 없다고 판시하고 있다.49) 따라서 위의 경우에 우리 대법원은 등기신청권자에게 부실등기에 대한 고의·과실이 없으므로 상법 제39조를 적용할 수 없다는 취지로 다음과 같이 판시하고 있다.

　"등기신청권자가 아닌 자가 문서위조 등의 방법으로 등기신청권자의 명의를 모용하여 부실등기를 경료한 것과 같은 경우에는 비록 그 자가 그러한 등기를 신청함에 있어 회사에게 과실이 있거나 또는 이미 경료된 부실등기의 존속에 관하여 회사에게 과실이 있다 하더라도 이로써 곧 스스로 등기신청권자의 고의나 과실로 부실등기를 신청한 것과 동일시할 수는 없으므로 이러한 사유만 가지고는 회사에 대한 관계에서 상법 제39조를 적용할 수 없다."50)

　그러나 우리 대법원은 의사록의 위조 등으로 선임된 대표이사의 제3자와의 거래행위에 대하여 상법 제395조를 유추적용하여 회사의 책임을 인정하는 내용으로 다음과 같이 판시하고 있다.

　"주주총회 의사록을 허위로 작성하여 표현이사로 선임하고 또 등기까지 마치고 그러한 대표이사가 피고회사의 (이사 및) 대표이사의 자격이 없으면서도 그 대표이사의 명칭을 사용하여 이 사건 부동산 등을 원고에게 매도한 경우에 …… 상법 제395조는 표현대표이사가 이사의 자격을 갖출 것을 형식상의 요건으로 하고 있으나, 위 규정은 법일반에 공통되는 거래의 안전의 보호와 금반언의 원칙에서 나온 것으로서 이사의 자격이 없는 자에게 회사의 표현대표이사의 명칭을 사용하게 한 경우나 이사 자격 없이 표현대표이사의 명칭을 사용하는 것을 회사가 알고도 그대로 두거나 아무런 조치도 쓰지 않고 용인 상태에 놓아 둔 경우에도 위 규정이 유추적용되는 것으로 해석함이 상당하다 할 것인바, 원심이 확정한 위

---

48) 대판 1971. 2. 23, 70 다 1361(大集 19 ① 民 93).
49) 대판 1981. 1. 27, 79 다 1618 · 1619(大集 29 ① 民 27).
50) 대판 1975. 5. 27, 74 다 1366(大集 23 ② 民 71).

사실관계에 의하면 본건은 이에 해당한다 할 것이므로 피고회사는 상법 제395조에 의하여 원고에게 그 책임을 져야 할 것이다."51)

② 생각건대 상법 제39조를 적용하지 않은 위의 대법원판례는 타당하지 않다고 본다. 즉, 상법 제39조의 고의·과실에 의한 부실등기는 적법한 대표이사(등기신청권자)의 등기신청에 기한 등기가 아니라 하더라도, 이와 비견되는 정도의 회사책임에 기한 신청으로 등기된 경우이거나 또는 이미 이루어진 부실등기의 존속에 관하여 회사에서 이를 알고도 묵인한 것과 같은 경우에는 상법 제39조를 적용하여야 할 것이다.52) 따라서 이때에 대표이사로 등기된 자와 거래하는 제3자가 그가 대표권이 있음을 그러한 부실등기에 기하여 신뢰하였다면 그러한 제3자는 상법 제39조에 의하여 보호되어야 할 것이고,53) 그러한 제3자가 회사의 적극적 또는 묵시적인 명칭사용의 허용에 기하여 그가 대표권이 있음을 신뢰하였다면 상법 제395조에 의하여 보호되어야 할 것이다.54)

다. 위 가.의 경우에 회사의 대표이사가 그 직을 사임하고 그 사임등기 경료 후에 대표이사 명의를 모용하여 제3자와 거래행위를 한 경우에는 어떠한가? 이는 상법 제39조와는 무관하고, 회사는 오히려 상법 제37조에 의하여 (정당한 사유가 없는) 제3자에 대하여 등기의 대항력(적극적 공시의 원칙)을 주장할 수 있게 되므로 책임이 없다. 우리나라의 대법원판례도 위와 같은 사임등기 후의 대표이사가 그 명의를 모용하여 수표를 발행한 사건에서 이와 동지로 다음과 같이 판시하고 있다.

"사임등기가 경료된 이상 제3자(원고)는 위 사임등기가 경료된 사실을 알지 못하였음에 대하여 정당한 사유가 없는 한 회사(피고)는 그 등기로써 제3자에게 대항할 수 있다 할 것이므로 제3자로부터 위의 정당한 사유가 있다는 별다른 주장·입증이 없는 이 사건에 있어서 회사의 책임을 부인한 원심판단은 정당하고 표현대리의 법리를 오해한 위법이 없다."55)

그런데 위와 같은 사안에서 회사에서 그러한 명칭사용을 묵시적으로 승인했다고 볼 수 있는 귀책사유가 있다면, 사임등기를 경료했으므로 상법 제39조에 의한 회사의 책임은 인정될 수 없다고 하더라도 상법 제395조에 의한 회사의 책

51) 대판 1985. 6. 11, 84 다카 963(공보 757, 995; 판례월보 179호, 134면).
52) 동지: 전게 대판 1975. 5. 27, 74 다 1366의 원심인 서울고등법원의 판결이유(72 나 1289 판결); 양승규, 「상법사례연구」(서울: 삼영사, 1983), 53면.
53) 이 점에서 전게 대판 1975. 5. 27, 74 다 1366에 반대함.
54) 이 점에서 전게 대판 1985. 6. 11, 84 다 963에 찬성함.
55) 대판 1972. 9. 26, 71 다 2197(大集 20 ③ 民 12).

임은 인정될 수 있을 것이다.

## 5. 주주총회결의 하자의 소(상법 제376조, 제380조, 제381조)와의 관계

가. 주식회사의 이사는 주주총회에서 선임되고(상법 제382조 제1항), 이렇게 선임된 이사 중에서 대표이사는 이사회(또는 정관의 규정에 의하여 주주총회)의 결의로 선임된다(상법 제389조 제1항). 그런데 이사를 선임한 주주총회의 결의에 하자가 있어 주주총회결의하자의 소(상법 제376조, 제380조, 제381조)가 제기되고 원고가 승소의 확정판결을 받으면(따라서 이사를 선임한 주주총회결의가 취소되거나 무효 또는 부존재가 확정되면), 원고가 그러한 승소의 확정판결을 받기 이전에 위의 대표이사(사실상의 이사 및 사실상의 대표이사)가 제3자와 한 거래행위에 대하여도 상법 제395조가 적용될 수 있는가?

① 이에 대하여 1995년 개정상법 이전에는 이러한 사실상의 (이사 및) 대표이사의 거래행위에도 상법 제395조가 유추적용된다는 견해가 있었는데,[56] 이는 타당하지 않다고 보았다. 왜냐하면 1995년 개정상법 이전에는 주주총회결의 하자의 소의 판결의 효력은 소급하지 않았으므로(1995년 개정상법 이전의 상법 제376조 제2항, 제380조, 제381조 제2항는 모두 상법 제190조를 준용함) 원고가 그러한 소에서 승소의 확정판결을 받더라도 확정판결전에 한 사실상의 대표이사의 거래행위는 당연히 유효하므로 이에 상법 제395조를 유추적용할 필요가 없었기 때문이다.[57] 이때에는 이러한 대표이사와 거래한 제3자는 선의·악의를 불문하고 일률적으로 소급효가 부정되어 보호되었으므로,[58] 이의 결과 제3자는 상법 제395조(또는 상법 제39조)가 적용되는 경우보다 더 넓게 보호되었다. 그런데 1995년 개정상법에서는 주주총회결의 하자의 소의 판결의 효력은 소급하는 것으로 개정되었으므로(상법 제376조 제2항·제380조 및 제381조에서 제190조 단서의 준용배제), 1995년 개정상법의 시행 후에 있어서는 위의 사실상의 (이사 및) 대표이사의 거래행위에는 회사가 이에 대한 귀책사유가 있다면 상법 제395조가 유추적용될 수 있다.

대표이사가 이사회의 결의에 의하여 선임되고(그러한 대표이사가 이사로 선임된 주주총회결의에는 하자가 없음), 그러한 이사회의 결의에 하자가 있는 경우에는 그러한 이사회결의 하자의 소에는 민사소송법상의 일반원칙이 적용되어 원고가 승

---

56) 정희철, 전게서, 485면; 정동윤, 전게논문, 93면; 박길준, 전게논문, 193면.

57) 동지: 정동윤, 전게서, 399면; 이태로·이철송, 전게서, 469~470면.

58) 차낙훈 외, 전게 주석상법(상), 976면.

소판결을 받으면 소급효가 적용되어 사실상의 대표이사가 한 거래행위에 대하여
는 상법 제395조를 유추적용하여 제3자를 보호하여야 할 것이다.59)

②  그런데 주주총회의사록을 허위로 작성하여 이사 등을 선임하고 다시 이
사회의사록을 허위로 작성하여 그를 다시 대표이사로 선임하고 그러한 대표이사
가 제3자와 거래행위를 한 경우에도 위와 동일하게 볼 수 있는가? 이는 주주총
회(및 이사회)가 처음부터 전혀 존재하지 않은 경우이므로 위와 같이 주주총회결
의하자의 소에 대한 판결의 효력에 의하여 제3자를 보호할 것이 아니라, 상법
제395조의 유추적용에 의하여 제3자를 보호해야 할 것이다. 따라서 위와 같은
사정에도 불구하고 회사에게 대표이사의 명칭사용에 대한 명시적 또는 묵시적인
승낙이 있고 이에 근거하여 제3자가 그를 대표이사로 믿고 거래하였다면, 그러
한 제3자는 상법 제395조에 의하여 보호될 수 있을 것이다.60)

③  이는 또한 주권발행 전61) 주식양도인(주주라 할 수 없는 자)으로 구성된 주
주총회에서 선임된 대표이사의 경우와 같이 주주총회결의 하자의 소를 제기할
필요 없이 그러한 대표이사의 선임이 처음부터 무효인 경우에도 동일하다. 즉, 이
때에도 위 ②의 경우와 같이 제3자는 (주주총회결의 하자의 소의 판결의 효력과 관련
하는 것이 아니라) 상법 제395조의 유추적용에 의하여 보호될 수 있는 것이다. 이
에 대하여 우리나라의 대법원도 위와 동지에서 다음과 같이 판시하고 있다.

"피고회사가 원고에게 상법 제395조에 의해서 책임을 지기 위해서는 피고회
사가 그들 대표명의의 사용을 적극적 또는 묵시적으로 허용하였다고 할 수 있는
사정이 있어야 할 것인데, 원심이 상법 제395조를 적용하기 위해서 내세우는 사
정만으로서는 피고회사가 그 대표명의를 사용하는 것을 허용하였다고 할 수 있
는 사정이 없다."62)

---

59) 동지: 정동윤, 전게서, 399~400면.
60) 동지: 전게 대판 1985. 6. 11, 84 다카 963(본 판결에 대하여 이태로·이철송, 전게서, 469면
   은 주주총회결의 하자의 소가 제기되어 그 판결이 확정된 경우의 대표이사의 행위를 설명하는
   부분에서 인용하여 마치 주주총회결의 하자의 소가 제기된 경우에 상법 제395조가 적용되는
   것처럼 오해하고 있으나, 동 판결은 주주총회결의 하자의 소를 제기할 필요 없이 주주총회가
   처음부터 부존재하거나 또는 당연 무효인 경우에 상법 제395조를 유추적용하여 제3자를 보호
   하고자 하는 판결이라고 본다).
61) 이는 1984년 개정상법 이전의 규정에 의한 것이나(상법 제335조 제2항 본문), 1984년 상법
   개정에 의하여(상법 제335조 제2항 단서 신설) 「회사성립 후 또는 신주의 납입기일 후 6월이
   경과한 때에는」 주권발행 전에도 주식의 양도가 가능하므로 개정상법에 의하면 「회사성립 후
   또는 신주의 납입기일 후 6월이 경과하기 전」을 의미한다.
62) 대판 1977. 5. 10, 76 다 878(大集 25 ② 民 1)(본 판결을 박길준, 전게논문, 193면 및 정동

위의 판결에서는 상법 제395조의 적용을 배척하고 있으나, 「회사가 대표명의의 사용을 적극적으로 또는 묵시적으로 허용하였다고 할 수 있는 사정이 있었다면」 상법 제395조의 적용가능성을 간접적으로 암시하고 있는 것이며, 또 이와 같이 선임된 대표이사가 등기되고 또 제3자가 이러한 등기를 믿고 거래하였다면 제3자는 상법 제39조에 의하여도 보호될 수 있을 것이다.

④ 1984년의 개정전 상법에서는 주주총회결의 부존재확인의 소를 상법에서 규정하고 있지 않았기 때문에 이를 「상법상의 소」로 보는 견해[63]와, 「민사소송법상의 소」로 보는 견해로[64] 나뉘어 있었다. 따라서 이를 「상법상의 소」로 보면 1995년 개정상법 이전에는 부존재확인판결은 소급하지 않으므로(1995년 개정상법 이전의 상법 제380조, 제190조) 판결확정 전의 사실상의 대표이사의 행위는 당연히 유효하게 되었다. 그러나 「민사소송법상의 소」로 보면 그 판결은 소급효가 있게 되어 판결확정 전의 사실상의 대표이사와 거래한 제3자의 보호가 문제되었는데, 이에 대하여 우리나라의 대법원은 상법 제39조에 의하여 선의의 제3자를 보호하였다.[65] 그러나 1984년의 상법개정에 의하여 주주총회부존재확인의 소도 「상법상의 소」로서 규정하고 있으므로(상법 제380조), 1995년 개정상법 이전에는 사실상의 (대표)이사를 선임한 주주총회결의가 부존재확인판결을 받더라도 그 판결의 효력은 소급하지 않았으므로(1995년 개정상법 이전의 상법 제380조, 제190조) 판결확정 전에 한 사실상의 대표이사의 효력은 당연히 유효하여 상법 제39조를 거론할 필요가 없게 되었다. 그러나 1995년 개정상법 이후에는 앞에서 본 바와 같이 판결의 효력이 소급하는 것으로 개정되었으므로 결과적으로 「민사소송법상의 소」로 보는 것과 같게 되었다.

나. 주주총회에서 이사를 선임한 결의에는 하자가 없으나 이사회에서 대표

---

윤, 전게논문, 92~93면은 사실상의 대표이사에 상법 제395조가 유추적용되는 판결로 인용하고 있으나, 본 판결은 위에서 본 주주총회의사록을 위조한 경우와 같이 주주총회결의 하자의 소의 확정판결과는 무관하므로 사실상의 대표이사와는 직접적인 관련이 없는 판결이라고 본다).

63) 대판 1960. 9. 8, 4292 민상 766(카드No.6359); 동 1974. 2. 12, 73 다 1070(民判集 195, 112).

64) 대판 1963. 2. 15, 62 마 25(大集 11 ① 民 101); 동 1964. 4. 20, 63 마 33(카드No.8330); 동 1964. 4. 21, 63 마 31(大集 12 ① 民 35); 동 1968. 2. 20, 67 다1979, 1980(카드No.1018); 동 1969. 5. 13, 69 다 279(大集 17 ② 民 91). 그러나 「민사소송법상의 소」를 보는 판례는 대판 1982. 9. 14, 80 다 2425(大集 30 ③ 民 9)의 대법원전원합의체의 판결로 폐기되어 그 후의 대법원은 「상법상의 소」라고 판시하다가(대판 1983. 3. 22, 82 다카 1810〈大集 31 ② 43〉), 1984년에는 입법적으로 해결하였다.

65) 대판 1974. 2. 12, 73 다 1070(大集 22 ① 民 60).

이사를 선임한 결의에 하자가 있는 경우에는, 위에서 본 바와 같이 이사회결의 하자에 대하여는 주주총회결의 하자의 경우와 같이 이를 소추하는 상법상의 규정이 없고 민사소송법상의 일반규정이 적용되어 그 판결의 효과는 소급효가 있게 되므로 사실상의 대표이사가 존재하게 되고 이에는 상법 제395조가 유추적용되어 회사의 책임이 인정되거나, 또는 그 대표이사가 등기되어 있고 제3자가 이러한 등기를 신뢰한 경우에는 상법 제39조에 의하여 회사의 책임이 인정될 수 있는 것이다.

## 6. 공동대표이사(상법 제389조 제2항)와의 관계

이사회(정관의 규정이 있는 경우에는 주주총회)는 수인의 대표이사가 공동으로 회사를 대표할 것을 정할 수 있는데(공동대표)(상법 제389조 제2항), 이때에는 회사가 제3자에 대하여 하는 의사표시(능동대표)는 반드시 공동대표이사가 공동으로 하여야 하나 제3자의 회사에 대한 의사표시(수동대표)는 공동대표이사의 1인에 대하여 할 수 있다(상법 제389조 제3항, 제208조 제2항). 그런데 공동대표이사 중의 1인이 제3자에 대하여 단독대표행위를 하고 제3자가 그러한 공동대표이사에게 단독으로 대표할 수 있는 권한이 있다고 믿은 경우에, 상법 제395조가 적용 또는 유추적용될 수 있는가? 이때에 특히 문제가 되는 경우는 회사가 공동대표이사에게 「사장」 또는 「대표이사사장」등과 같이 단독대표권을 수반하는 것으로 인식되는 명칭사용을 허락한 경우에는 회사에 명백히 귀책사유가 있어 회사는 상법 제395조에 의한 책임을 지나,[66] 회사가 단지 공동대표이사에게 「대표이사」라는 명칭사용을 허락한 경우이다. 즉, 이때에도 회사는 그 명칭사용에 대한 귀책사유가 있어 상법 제395조에 의하여 책임을 부담하는지가 문제된다. 이에 대하여 우리나라에서는 대표이사의 권한남용으로 인한 위험을 예방하려는 공동대표이사제도의 기본취지에서 상법 제395조의 적용을 부정하는 견해[67](소수설)와, 대표이사라는 명칭은 가장 뚜렷하게 대표권이 있는 외관이 있음에도 불구하고 단지 그 행사방법을 제한한 공동대표이사제도에서 그 중 1인이 한 대표행위에 대하여 회사가 책임을 지지 않는다고 하면 대표권이 전혀 없는 표현대표이사의 행위에 대하여도 회사가 책임을 지는 것과 공평에 반하며 또 거래의 안전을 심히 저해하게 된다는 점에서 상법 제395조의 (유추)적용을 긍정하는 견해[68](다수설)로 나뉘어

66) 日最高判 1968. 12. 24(民集 22-13, 3349).
67) 이태로·이철송, 전게서, 469면.

있다.69)

생각건대 회사는 공동대표이사가 제3자와 거래하는 경우는 반드시 「공동대
표이사」라는 명칭을 사용하도록 하여야 하는데 회사가 공동대표이사에게 단순히
「대표이사」라는 명칭사용을 허락하거나 또는 이를 묵인한 경우에는 회사에게 귀
책사유가 있다고 보아야 할 것이며, 이렇게 회사에게 귀책사유가 있음으로 인하
여 회사를 보호하고자 하는 공동대표이사제도의 입법취지가 몰각되는 것은 부득
이한 일이라고 본다. 또 공동대표이사는 등기사항(상법 제317조 제2항 10호)이고 이
를 등기하면 선의의 제3자에게 대항력이 발생하나(상법 제37조) 상법 제395조가
적용될 때는 상법 제37조에 의한 대항력을 주장할 수 없다고 하는 점은 앞에서
본 바와 같다. 또 상법 제395조는 대표권이 없는 자의 표현대표이사에 관한 규
정이므로 대표권이 있는 자의 공동대표에는 적용되지 않는다고 하는 것은 이유
가 되지 않는다고 본다. 왜냐하면 대표권이 있는 자가 「대표이사」라는 명칭을
사용한 경우에는, 대표권이 없는 자가 「상무」등의 명칭을 사용한 경우보다도 오
히려 우선적으로 표현대표이사에 관한 규정을 적용하는 것이 형평에 맞기 때문
이다.70)

## 7. 무권대행과의 관계

**가.** 표현대표이사가 자기명의(상무·전무 등)로 대표권이 없으면서 대표권에
속하는 행위를 제3자와 한 경우에는 상법 제395조가 바로 적용되는 경우이나,
표현대표이사가 대표이사인 타인명의로 대표권이 없으면서 대표권에 속하는 행
위를 제3자와 한 경우에도 상법 제395조가 적용될 수 있는가? 이것은 무권대행
으로서 위조가 되는 데, 이때 피위조자(회사)의 책임을 인정하는 근거를 상법 제
395조에 의할 것인가 또는 민법상 표현대리에 관한 규정에 의할 것인가가 문제
된다. 이에 대하여 우리나라의 학설·판례를 먼저 검토하고 사견을 피력하겠다.71)

**나.** 학설은 이때에 상법 제395조의 적용을 부정하는 견해와 상법 제395조의
적용을 긍정하는 견해로 나뉘어 있다.

68) 차낙훈 외, 전게 주석상법(상), 1019면; 정동윤, 전게서, 404면; 동, 전게논문, 102면; 최기
   원, 전게서, 538면; 日最高判 1967. 4. 28(民集 21-3, 796).
69) 부정설과 긍정설의 상세한 이유에 대하여는 정동윤, 전게논문, 102~103면; 이태로·이철송,
   전게서, 468~469면 참조.
70) 정찬형, 전게고시연구(1981. 7), 164면 참조.
71) 이에 관한 상세는 정찬형, 「사례연구 어음·수표법」(서울; 법문사, 1987), 146~149면 참조.

부정설은 그 이유를 "이때에 상법 제395조를 적용하면 제3자의 2단계의 오인을 보호하게 되는데(첫째 대표권이 있는 것으로 오인하고, 둘째 다시 다른 대표이사의 대표권〈대행권-필자 주〉이 있는 것으로 오인하는 것), 이는 상법 제395조가 의도하는 바가 아니다"고 설명한다.[72]

긍정설은 그 이유를 "행위자 자신이 표현대표이사인 이상 그가 사용한 명칭이 어떠한 것이든지를 막론하고 회사의 책임을 인정하는 것이 거래의 안전상 타당할 것이다"고 하거나[73], "표현대표이사가 표현대표이사의 명칭으로 거래하여야만 상법 제395조가 적용된다고 하면 동일한 행위가 그 명칭 여하에 따라 효과가 달라지게 되어 균형을 잃게 되어 부당하며, 표현대표이사가 가지는 것으로 보이는 대표권에는 대표이사의 기명날인을 대행하는 권한이 포함되어 있다고 볼 수도 있다"고 설명한다.[74]

다. ① 판례는 이 경우에 과거에는 상법 제395조의 적용을 부정하는 것으로 다음과 같이 판시하였다.

"상법 제395조는 상무이사 기타 회사를 대표할 권한이 있는 것으로 인정할 만한 명칭을 사용한 이사의 행위에 대하여는 그 이사가 회사를 대표할 권한이 없는 경우에도 회사는 선의의 제3자에 대하여 책임을 진다는 것이고, <u>대표권이 없는 상무이사가 회사의 대표이사를 대리(대행-필자 주)하여 법률행위를 한 경우에는 상법 제395조를 적용하지 아니하고 대리에 관한 민법 제126조가 적용(유추적용-필자 주)된다 할 것이다.</u>"[75]

② 그런데 그 후에는 (대법관전원합의체의 판례변경 없이-법원조직법 제7조 제1항 제3호) 위와 상반되는 내용으로(즉, 상법 제395조의 적용을 긍정하는 내용으로) 다음과 같이 판시하고 있다.

이사를 사임하고 (퇴임)등기까지 한 자가 그 회사의 전무이사로 행세하면서 대표이사 명의로 원고회사와 생사매매계약을 체결한 사안에서,

"표현대표이사의 명칭을 사용하는 이사가 자기명의로 행위할 때 뿐 아니라, <u>행위자 자신이 표현대표이사인 이상 다른 대표이사의 명칭을 사용하여 행위한 경우에도 상법 제395조가 적용된다고 보아야 할 것이다</u>"고 판시하였다.[76]

---

72) 이태로·이철송, 전게서, 470~471면.
73) 박길준, 전게논문, 194면.
74) 정동윤, 전게논문, 90~91면.
75) 대판 1968. 7. 16, 68 다 334·335(판총 11-2, 274-15). 동지: 대판 1968. 7. 30, 68 다 127 (大集 16 ② 民 32); 동 1969. 9. 30, 69 다 964(판총 11-2, 980-4-2).

그 후 회사의 경리담당 상무이사가 대표이사의 명의로 백지식배서를 한 사안에서,

"상법 제395조가 정한 표현대표이사의 행위에 의한 회사의 책임에 관한 규정은 표현대표이사가 자기의 명칭을 사용하여 법률행위를 한 경우는 물론이고, 자기의 명칭을 사용하지 아니하고 다른 대표이사의 명칭을 사용하여 행위를 한 경우에도 적용된다고 하여야 할 것이다"고 판시하였다.77)

③ 또한 Y 주식회사의 이사인 B가 X와 Y회사 소유의 점포를 분양하면서 「㈜Y 대표 B」 명의로 점포분양계약을 체결한 사안에서,

"상법 제395조의 표현대표이사 책임에 관한 규정은 회사의 대표이사가 아닌 이사가 외관상 회사의 대표권이 있는 것으로 인정될 만한 명칭을 사용하여 거래행위를 하고 이러한 외관상 회사의 대표행위에 대하여 회사에게 귀책사유가 있는 경우에 그 외관을 믿은 선의의 제3자를 보호함으로써 상거래의 신뢰와 안전을 도모하려는 데에 그 취지가 있다. 본건에서 B는 Y회사의 이사로 등기되어 있으나 실질적으로는 사장으로서 Y회사의 대내외적인 모든 업무를 처리하고 평소에도 사장으로 불려져왔던 사실이 인정되므로 위 B의 위와 같은 분양계약체결은 외관상 Y회사의 대표권을 표시한 행위라고 보기에 충분하다"고 판시하였다.78) 본 판결에서는 이사 B가 대표이사명의를 대행하였다고 볼 수 없고 자기명의로 한 것인데, 다만 명칭의 표시를 「이사 B」로 하지 않고 「대표 B」라고 한 것뿐이다. 따라서 이와 같은 경우는 대행과는 무관하다고 본다. 이때 이사 B가 「이사 B」라는 명의로 거래행위를 하였어도 이는 대표권이 있다고 믿을 만한 명칭을 사용한 것이 되어 상법 제395조가 그대로 적용되는데, 「대표 B」라는 명의로 법률행위를 하였다면 이는 더욱 대표권이 있다고 믿을 만한 명칭을 사용한 것이 되어 그러한 대표의 명칭사용에 대하여 Y회사측에 귀책사유가 있다면 Y회사가 상법 제395조에 의하여 책임을 지는 것은 당연하다고 보겠다.

　　**라.** 생각건대 표현대표이사가 「자기명의」로 행위를 한 경우와 「대표이사명의」로 행위를 한 경우는 구별되어야 할 것으로 본다. 왜냐하면 표현대표이사가 자기명의로 행위를 한 경우에 거래의 상대방의 신뢰의 대상은 「대표권(대리권)」

76) 대판 1979. 2. 13, 77 다 2436(大集 27 ① 民 66). 본 판결에 대한 평석으로는 정찬형, "어음행위의 표현책임(판례평석)," 법률신문, 제1642호(1986. 7. 7), 15~16면 참조(판지에 반대함).
77) 대판 1988. 10. 25, 86 다카 1228(공보 837, 1467).
78) 대판 1988. 10. 11, 86 다카 2936(공보 836, 1396). 본 판결에 대한 평석으로는 서정갑, "표현대표이사의 법률행위와 회사책임," 법률신문, 제1805호(1988. 12. 12), 11면(판지에 찬성함).

임에 반하여, 표현대표이사가 대표이사 즉 타인명의로 행위를 한 경우에 거래의 상대방의 신뢰의 대상은 「대행권」이기 때문이다. 따라서 자기명의로 한 경우에는 「행위자」가 누구이며 그 행위가 행위자의 「권한범위내외」인지 여부가 문제되겠지만, 대표이사명의로 행위를 한 경우에는 행위자가 누구인지는 전혀 불문하고 (상무이사이든 경리과장이든 또는 단순한 경리직원이든 불문함) 그의 「대행권한 유무」만이 문제가 된다. 따라서 표현대표이사의 행위에 대하여 회사의 책임을 인정하는 것이 거래의 상대방의 신뢰를 보호하는 것일진대, 이와 같이 상대방의 신뢰의 대상이 다른 경우를 동일하게 취급하여 모두 상법 제395조를 적용하는 것은 타당하지 않다고 본다. 따라서 표현대표이사가 대행권한없이 대표이사명의로 한 행위는 무권대행(위조)이 되고, 이때에 회사에게 무권대행(위조)에 대한 귀책사유가 있다면 민법상 표현대리에 관한 규정을 유추적용하여 회사의 책임을 인정하여야 할 것이다. 이때에 회사의 책임이 인정되는 근거는 무권대행자에게 기본적인 대리권이 있다면(예컨대, 상무이사, 경리과장 등) 민법 제126조가 유추적용될 것이고, 기본적인 대리권이 없다면(예컨대, 단순한 경리직원 등) 민법 제756조가 적용되어 회사의 책임이 인정될 것이다.[79)]

## IV. 표현대표이사의 적용요건

### 1. 외관의 부여

가. 표현대표이사의 행위에 대하여 회사가 책임을 지기 위하여는 회사에 귀책사유가 있어야 하는데, 이러한 회사의 귀책사유에 대하여 원인을 제공하는 것이 회사의 외관부여행위이다.

나. 이때에 「외관」이란 대표권이 있다고 믿을 만한 명칭이다. 상법은 이러한 명칭의 예시로서 「사장·부사장·전무·상무」[80)] 등을 들고 있으나, 이에 한하지 않고 일반관행을 표준으로 하여 대표권이 있다고 믿을 만한 명칭이면 어떠한 명칭도 무방하다(예컨대, 은행장·회장 등).[81)] 구 상법하에서의 이사는 모두 대표권을

---

79) 상세는 정찬형, 전게서(사례연구 어음·수표법), 147~149면; 정찬형, 전게 법률신문(1986. 7. 7), 15~16면 참조.

80) 「전무·상무라는 명칭만으로 대표권이 있다고 하기에는 무리이므로 전무이사·상무이사라고 하는 것이 타당하다」는 견해가 있으나(최기원, 전게서, 534면 주2), 이것은 일반관행을 표준으로 하는 것이기 때문에 이사라는 명칭을 붙이지 않아도 무방하다고 본다.

갖고 있었으므로(구 상법 제212조) 이사가 대표권을 갖지 않는다는 것은 그 자체
가 벌써 일반의 신뢰를 배신하는 것이므로 회사의 표현책임은 제3자의 소극적
신뢰를 보호하는 기능을 가지는 것에 불과하였으나, 현 상법하에서의 이사는 원
칙적으로 대표권이 없고 대표권은 대표이사에게 있으므로 현 상법에서의 회사의
표현책임은 제3자의 적극적 신뢰를 보호하는 기능을 갖게 되어 제3자의 신뢰이
익은 더욱 강화되었다고 볼 수 있다.[82]

　　다. 회사는 이러한 외관을 「부여」해야 하는데, 이는 회사가 표현대표이사의
명칭사용을 허락한다는 것을 의미한다. 이때 회사의 허락은 정관이나 주주총회
또는 이사회의 결의로써 하는 적극적인 허락(명시적인 승인) 뿐만 아니라,[83] 그러
한 명칭사용을 회사가 소극적으로 묵인(묵시적인 승인)한 경우를 포함한다(통설[84]·
판례[85]). 따라서 이에 관하여는 다음의 두 가지 점을 유의할 필요가 있다.

　　① 첫째는 회사가 명칭사용을 명시적 또는 묵시적으로 승인하지 않고 행위
자가 임의로 표현대표이사의 명칭을 잠칭한 경우에는 회사에는 아무런 책임이
없다는 것이다. 이에 관하여는 다음과 같은 대법원판례가 있다.

　　"회사가 상법 제395조에 의하여 표현대표이사의 행위에 대하여 그 책임을
지는 것은 회사가 표현대표자의 명칭사용을 명시적으로나 묵시적으로 승인한 경
우에만 한하는 것이고, <u>회사의 명칭사용 승인없이 임의로 명칭을 잠칭한 자의 행
위에 대하여는 회사가 그러한 사실을 알지 못하고 또 제지하지 못한 점에 과실
이 있다 하더라도 회사가 책임을 지는 것은 아니다.</u>"[86]

---

81) 정희철, 전게서, 484면.
82) 차낙훈 외, 전게 주석상법(상), 1017면.
83) 대판 1955. 11. 24, 4288 민상 340(판총 11-1〈A〉, 897)(회사가 대표권한이 있다고 인정할
　　만한 명칭의 사용을 이사에게 허용한 이상 그 이사가 법률행위를 함에 있어 회사의 대표자격
　　을 표시하지 않은 경우에도 회사는 그 행위에 대하여 선의의 제3자에게 책임을 진다); 동
　　1959. 12. 3, 4292 민상 123(판총 11-1〈A〉, 897)(회사의 이사로서 상무이사라고 하는 회사를
　　대표할 권한이 있는 것으로 인정할 만한 명칭을 붙인 경우에 있어서는 그 이사가 선의의 제3
　　자와 한 행위에 대하여서는 그 자가 대표권을 보유하지 아니하는 경우라 하더라도 회사는 그
　　행위의 형식과 동기 여하를 불문하고 그 책임을 져야 한다).
84) 정동윤, 전게서, 416면; 이태로·이철송, 전게서, 464~465면; 최기원, 전게서, 536면 외.
85) 대판 1985. 6. 11, 84 다카 963(공보 757, 995)(이사자격 없이 표현대표이사의 명칭을 사용
　　하는 것을 회사가 알고도 아무런 조치를 쓰지 않고 그대로 용인한 상태에 둔 경우에 해당하므
　　로 회사는 상법 제395조에 의하여 그 책임을 져야 할 것이다).
86) 대판 1975. 5. 27, 74 다 1366(大集 23 ② 民 71). 본 판결에 대하여 「회사가 명칭의 잠칭을
　　알지 못해서 저지하지 못한 것이 묵인과 비견되는 정도의 과실에 기인한 경우에는 상법 제395
　　조에 의한 책임을 인정하여야 한다」는 견해가 있다(이태로·이철송, 전게서, 465면).

② 둘째는 회사의 명시적 또는 묵시적인 승낙은 누구를 기준으로 할 것인가의 문제가 있다. 이때에 명시적인 승낙의 경우에는 —회사가 정관이나 주주총회 또는 이사회의 결의에 의하여 (또는 이러한 권한이 대표이사에게 위임되어 있는 경우에는 이러한 결의 없이) 대표이사의 명시적인 의사표시가 있으므로— 문제될 것이 거의 없고, 묵시적인 승낙의 경우에 특히 문제가 된다. 이는 대표이사를 기준으로 하여야 할 것으로 본다.[87] 이때에 공동대표이사(또는 수인의 대표이사)의 경우에는 1인의 대표이사가 알고 있는 경우에도 회사의 묵시적인 승인이 있다고 보아 회사의 책임을 인정하여야 할 것이다[88](상법 제389조 제3항, 제208조 제2항의 유추적용). 이사의 과반수[89] 또는 심지어 이사 중에 1인[90]만이 알고 있더라도 회사의 묵시적 승인이 있다고 보아야 한다는 견해가 있으나, 타당하지 않다고 본다.

## 2. 외관의 존재

가. 표현대표이사는 앞에서 본 바와 같이「대표권이 있다고 믿을 만한 명칭」을 사용하여야 한다. 여기에서는 표현적 명칭을 사용하는 자가 이사이어야 하는가와, 표현적 명칭을 사용하는 자는 자신의 명칭을 사용하여야 하는가의 문제가 있다.

나. 상법 제395조는 표현대표이사가 되기 위해서는 적어도 이사임을 요하는 것으로 규정하고 있으므로 표현대표이사가 성립하기 위하여는 먼저 이사의 자격이 있어야 하는가의 문제가 있다.

① 이에 대하여 우리나라의 통설은 이사의 자격을 가지지 않은 자라도 그가 대표권이 있다고 믿을 만한 명칭을 사용한 경우에는 상법 제395조가 (유추)적용된다고 보는데,[91] 그 이유에 대하여는 다음과 같이 설명하고 있다.

"표현대표이사제도는 행위자가 표현적 대표권이 있는 것으로 인정되는 명칭을 사용한 것을 이유로 하여 회사의 책임을 인정하는 제도이므로, 행위자가 이사의 자격을 가지고 있느냐의 여부는 본질적 중요성을 가지지 않기 때문이다"고

---

87) 동지: 이태로·이철송, 전게서 465면; 차낙훈 외, 전게 주석상법(상), 1018면.
88) 동지: 정동윤, 전게서, 416~417면; 동, 전게논문, 95~96면; 최기원, 전게서, 536면.
89) 日東京地判 1956. 9. 10(下裁民集 7-9, 2455).
90) 박길준, 전게논문, 195면.
91) 정희철, 전게서, 485면; 정동윤, 전게서, 415면; 동, 전게논문, 91면; 이태로·이철송, 전게서, 463~464면; 박길준, 전게논문, 192면; 차낙훈 외, 전게 주석상법(상), 1017면; 최기원, 전게서, 535면 외.

설명하거나,92) 또는 "표현대표이사제도가 금반언의 원칙 또는 외관이론의 근거아래서 제3자의 신뢰를 보호함으로써 거래의 안전을 보장하려는 취지를 갖고 있다는 점과 이사자격의 유무가 표현적 지위의 형성에 아무런 현실적 차이를 주지 않는다는 점을 감안하면 표현대표이사는 이사의 자격을 요하지 않는다고 보는 것이 옳다"고 설명한다.93)

② 우리나라의 판례도 통설과 같이 표현대표이사가 성립하기 위하여는 이사의 자격이 있음을 요하지 않는다는 입장에서 다음과 같이 판시하고 있다.

"상법 제395조는 표현대표이사가 이사의 자격을 갖출 것을 법형식상의 요건으로 하고 있지만 <u>실질상으로 이사자격이 없는 자에게 회사가 표현대표이사의 명칭을 사용케 한 경우나, 이사자격 없이 표현대표이사의 명칭을 사용하는 것을 회사가 알고 그대로 두거나 아무런 조치도 쓰지도 않고 용인상태에 놓아둔 경우도 포함한다</u>고 해석해야 옳다. 이런 때에도 회사에 명칭사용에 대하여 귀책사유가 충분히 있다고 아니할 수 없고 동조의 입법취지에도 맞기 때문이다."94)

이와 같이 판례는 이사자격 없는 자의 행위에 대하여도 표현대표이사의 행위로 인정하고 있는데, 구체적으로 어떠한 자의 행위가 표현대표이사로서의 행위로 인정되는지 판례를 통하여 알아보면 다음과 같다. ( i ) Y회사의 주식양도인 B는 주주가 아님에도 주주인 것처럼 하여 주주총회를 개최하여 종전 대표이사 및 이사들을 해임하고 A를 이사로 선임한 양 주주총회의사록을 허위로 작성한 후 그 이사회에서 A를 대표이사로 하는 등의 등기를 마치었으며 한편 A는 Y회사의 이사자격이 없으면서도 그 대표이사의 자격을 사용하여 Y회사의 부동산 등을 X에게 매도한 경우에, <u>A는 이사자격이 없으나 Y회사는 그 표현대표이사(본건에서는 대표이사)의 명칭사용에 묵시적 승인을 한 경우에 해당한다</u>고 하여 상법 제395조의 적용을 인정하고 있다.95) (ii) Y회사의 대표이사인 A의 사위 B는 회사창립(1969. 8. 30. 설립등기) 당시부터 이사직에 올라 전무이사 직함을 띠고 서울사무소장까지를 겸하고 있으면서 회사가 생산한 생사의 판매 등을 서울에서 전담하고 실제 계약단계에서는 자기명의 아닌 대표이사 A명의를 써서 일하여 왔음이 재경 생사업계에 알려져 왔는데, B는 1974. 12. 7. 이사를 사임하고 12. 18.

---

92) 정동윤, 전게서, 415면.
93) 이태로 · 이철송, 전게서, 463~464면.
94) 대판 1979. 2. 13, 77 다 2436(大集 27 ① 民 66). 동지: 대판 1985. 6. 11, 84 다카 963(공보 757, 995) 외.
95) 전게 대판 1985. 6. 11, 84 다카 963.

(퇴임)등기까지 하고는 1975. 2. 6.과 3. 10.에 2차례에 걸쳐 이전과 같이 전무이
사로 행세하여 대표이사 A명의로 X와 생사매매계약을 맺었는데, Y회사는 이를
거의 이행하였고 B는 계속하여 같은 방식으로 Y회사 대표이사 A명의로 전무이
사를 표방하여 X와 사이에 맺은 1975. 8. 13과 8. 19에 2차례에 걸친 생사매매
계약에 대하여, <u>B는 이사자격이 없으나 Y회사는 B의 전무이사(표현대표이사) 행
세를 묵인해온 사실을 인정할 수 있어 상법 제395조에 의한 Y회사의 책임을 인
정하고 있다.</u>[96] (iii) Y회사의 사고처리 업무담당이사인 A와 <u>업무부장인 B는 Y
회사의 상무라고 칭하면서</u> Y회사 소속차량의 교통사고 피해자에 대한 치료비를
연대부담하겠노라고 X에게 약속하였고 X도 이를 믿고 그 치료를 받은 경우에,
상법 제395조에 의한 Y회사의 책임을 인정하고 있다.[97]

③ 생각건대 표현대표이사가 성립하기 위한 요건으로서 이사의 자격이 있음
을 전제로 할 필요는 없겠으나, 그렇다고 하여 이사의 자격이 없는 누구나(회사의
사용인을 포함하여)의 행위에 대하여 그 명칭사용에 대한 회사의 귀책사유를 인정
하여(그것도 묵시적인 승인이 있다고 인정하여) 상법 제395조에 의한 회사의 책임을
인정할 수는 없다고 본다. 따라서 이사자격 없는 자를 「(대표)이사이었던 자[98](적
법한 선임의 경우) 또는 (대표)이사인 자(위법한 선임의 경우)」와 「그 이외의 자(단순
한 회사의 사용인을 포함)」로 나누어 전자에 대하여만 상법 제395조를 적용하는 것
이 타당하다고 본다. 위의 판례도 「(위법하게) 대표이사로 선임된 자」, 「(적법하게)
이사로 선임되었던 자」 또는 「이사와 함께 있었던 업무부장(사용인)」에 대하여
상법 제395조에 의하여 회사의 책임을 인정한 것이지, 순수한 회사의 사용인 등
에 대하여 상법 제395조에 의한 회사의 책임을 인정한 것은 아니다. 순수한 회
사의 사용인(예컨대, 경리부장 또는 경리과장) 또는 그 이외의 자(예컨대, 경리직원 등)
의 행위에 대하여까지 상법 제395조를 적용하기 위하여는 그러한 자가 자신의
명칭을 사용하여 대표권이 있는 외관을 나타낼 수는 없고 (표현)대표이사의 명의
를 대행하는 것을 전제로 하여야 할텐데, 상법 제395조의 입법취지는 이렇게까
지 그 적용범위를 확대하고자 하는 것은 아니라고 본다. 회사의 사용인이나 단순

---

96) 전게 대판 1979. 2. 13, 77 다 2436.
97) 서울고판 1972. 12. 30, 72 나 2141(高集 1972 민사편 제2권 527면).
98) 적법하게 선임된 (대표)이사이었던 자라도 그가 임기만료 또는 사임으로 퇴임한 이사이고
    법률이나 정관으로 정한 이사의 원수(員數)에 부족이 있어 이사의 권리의무를 계속 갖게 되는
    경우에는(상법 제386조 제1항), 이에 속하지 않고 이사자격이 있는 표현대표이사의 문제가 된
    다(동지: 박길준, 전게논문, 194면; 정동윤, 전게논문, 93~94면).

한 직원이 권한 없이 (표현)대표이사의 명의로 행위를 한 경우(무권대행으로서 위조의 경우)에는 민법상 표현대표(민법 제126조) 또는 사용자배상책임(민법 제756조)의 법리에 의하여 회사(피위조자)의 책임을 인정할 수 있는데, 굳이 이때에 무리를 하면서까지 상법 제395조를 유추적용할 필요는 없다고 본다.99) 만일 이때 회사의 사용인이 (지배권이 없으면서) 자기명의(지배권이 있다고 믿을 만한 명칭으로 본점 또는 지점의 본부장, 지점장, 그 밖에 지배인으로 인정될 만한 명칭)로 행위를 하였다면 상법 제14조(표현지배인)가 적용될 수 있을 것이다.

다. 표현대표이사가 성립하기 위하여는 표현적 명칭을 사용하는 자가 자신의 명칭을 사용하여야 하는가 또는 타인(대표이사 또는 표현대표이사)의 명칭을 사용하는 경우를 포함하는가의 문제가 있다. 타인명의를 대행하는 경우에 대하여 우리나라의 학설·판례는 상법 제395조의 적용을 긍정하는 견해와 부정하는 견해로 나뉘어 있음은 앞에서 본 바와 같다. 사견으로는 상법 제395조(상법 제14조로도 동일함)가 적용되기 위하여는 표현대표이사(상법 제14조의 경우에는 표현지배인)가 자기명의로 제3자와 거래행위를 하여야 한다고 본다. 표현대표이사(또는 회사의 사용인 등)가 타인(대표이사 또는 표현대표이사)명의로 제3자와 거래행위를 하는 경우(이때에는 무권대행으로서 위조의 경우)에는 민법상 표현대리에 관한 규정(민법 제126조)에 관한 규정을 유추적용하거나 또는 사용자배상책임에 관한 규정(민법 제756조)에 의하여 회사(피위조자)의 책임을 인정하여야 할 것으로 본다.

## 3. 외관의 신뢰

가. 표현대표이사와 거래한 제3자는 표현대표이사에게 대표권이 없음을 알지 못하여야 한다. 즉, 제3자는 선의이어야 한다.

나. 이때 보호받는 제3자의 범위는 표현대표이사의 직접의 상대방 뿐만 아니라 표현대표이사의 명칭을 신뢰한 모든 제3자를 포함한다고 보는 것이 우리나라의 통설100)·판례인데,101) 타당하다고 본다. 따라서 표현대표이사가 한 어음행

---

99) 동지: 정찬형, 전게 고시연구(1981. 7), 64면; 서울고판 1973. 8. 16, 73 나 560(高集 1973 민사편 제2권 90면)(Y회사의 이사의 직에 있었던 자도 아니고 Y회사와는 아무런 상관도 없으며 당시 Y회사의 대표이사이었던 A의 집에서 기거하던 여자인 B가 문서를 위조하여 B를 대표이사로 변경등기하여 B가 Y회사의 토지를 담보제공한 사안에서, 상법 제395조의 적용을 배척함). 그러나 우리나라의 다수의 견해는「회사의 사용인의 행위에 대하여도 상법 제395조를 유추적용하여야 한다」고 설명하고 있다(정희철, 전게서, 485면; 정동윤, 전게서, 415면; 차낙훈 외, 전게 주석상법〈상〉, 1017면; 최기원, 전게서, 535면; 박길준, 전게논문, 194면).

100) 정동윤, 전게서, 417면; 동, 전게논문, 97면; 박길준, 전게논문, 196면; 이태로·이철송, 전게

위에 대하여 직접의 상대방이 악의라 하더라도 현재의 소지인이 선의인 경우에는 회사는 어음상의 책임을 부담한다.[102]

다. 제3자는 선의에 무과실이어야 하는가?

① 이에 대하여 우리나라의 학설은 무과실(엄격하게 말하면 무경과실)임을 요하지 않는다고 보는 데에서 일치하나,[103] 제3자에게 중대한 과실이 있는 경우에도 제3자는 보호를 받느냐에 대하여는 견해가 나뉘어 있다. 다수설은 제3자에게 중대한 과실이 있는 경우에는 보호할 만한 가치가 없기 때문에(또는 보호할 필요가 없기 때문에) 제3자는 악의의 경우와 같이 보호되지 않는다고 설명하나,[104] 소수설은 상법 제395조는 외관을 신뢰한 선의의 제3자를 보호하려는 제도이며 법문상 중과실 있는 제3자는 제외하는 규정도 없다는 점에서 제3자는 선의로 충분하고 과실의 유무와 정도는 고려할 필요가 없으므로 중대한 과실이 있는 선의의 제3자도 보호된다고 설명한다.[105] 생각건대 제3자가 표현대표이사가 대표권이 없음을 알지 못한 것이 제3자의 중대한 과실에 기인한 경우에는 그러한 제3자는 보호받지 못한다고 보는 다수설이 타당하다고 본다. 또 이렇게 해석하는 것이 상법 전편에 있어서의 「선의의 제3자」의 해석과도 궤를 같이하는 해석이라고 생각한다.

② 우리나라의 판례에서도 제3자는 선의 외에 무과실까지 요하는 것은 아니라고 다음과 같이 판시하고 있다.

"상법 제395조의 규정에는 …무과실까지 필요로 한다는 규정이 없고, 또 위 조건의 입법취지가 대표권이 없는 이사에게 대하여 회사를 대표하는 권한이 있는 것으로 인정될 만한 명칭을 부여하는 것을 가급적이면 금지하고, 그와 같은 명칭을 사용할 것을 허용한 이상 그에 대하여 회사로서는 선의의 제3자에게 대하여 책임을 져야 한다는데 있을 뿐 아니라 거래의 신속과 안전 등을 고려할 때

---

서, 467면; 차낙훈 외, 전게 주석상법(상), 1018면; 최기원, 전게서, 536면 외.

101) 서울민사지판 1986. 2. 12, 85 가합 50(상법 제395조에서 규정하고 있는 제3자를 표현대표이사와 직접 거래를 한 상대방에 한정하는 것은 그 규정취지에 비추어 상당하지 아니하다).

102) 이에 관한 상세는 정찬형, 전게서(사례연구 어음·수표법), 107면 이하 참조.

103) 일본의 학설 중에는 과실있는 제3자를 보호할 필요가 없다는 이유에서 선의에 대하여 무과실(무중과실은 물론 무경과실까지)을 요한다고 보는 견해도 있으나(伊澤, 「注釋新會社法」, 439면 외), 우리나라에서 이를 따르는 견해는 없는 것 같다.

104) 정희철, 전게서, 485면; 정동윤, 전게서, 417면; 동, 전게논문, 100면; 차낙훈 외, 전게 주석상법(상), 1018면; 최기원, 전게서, 537면.

105) 박길준, 전게논문, 196~197면.

위의 법조해석에 있어서 그 <u>제3자는 선의 이외에 무과실까지도 필요로 한다고는
해석할 수 없다.</u>"106)

　　다만 위의 판결에서 말하는 과실이 경과실만을 의미하는 것인지 또는 중과
실까지를 포함하는 것인지는 분명하지 않다.107)

　　라. 제3자의 악의에 대한 증명책임은 회사가 부담한다는 점에 대하여는 이
설이 없다. 판례도 이와 동지인데, 제3자(원고)의 악의를 인정하여 상법 제395조
의 적용을 배척한 판례와 제3자(원고)의 악의를 부정하여 상법 제395조의 적용을
인정한 판례가 있는데 이는 다음과 같다.

[제3자의 악의를 인정한 판례]
　　"원심은 제3자(원고)가 회사(피고)를 상대로 청구하는 돈은 회사에게 대여한
것이 아니라 A(피고회사의 전무) 개인에게 대여한 것이며 이 당시에 회사는 이사
회의 결의에 의하여 <u>회사가 사채를 부담하지 못하도록 결의하고 있었던 사실을
제3자도 알고 있었다는 사실을</u> 인정하고 있다. 따라서 이러한 경우에 표현대표
이사의 법리가 악의인 제3자를 위하여 적용될 여지는 없다."108)

[제3자의 악의를 부정한 판례]
　　"A에게 외관상 회사(피고)의 대표권이 있었다고 보여지는 이 사건에 있어서
<u>제3자(원고)가 악의였다는 입증이 없으니 회사는 상법 제395조의 규정에 의하여
A의 행위에 대하여 책임이 있다.</u>"109)


## V. 표현대표이사의 적용효과

　　1. 표현대표이사의 행위에 대하여 상법 제395조가 적용되면 회사는 적법한
대표이사의 행위와 같이 선의의 제3자에 대하여 그 책임을 진다. 여기에서 「…
책임을 진다」는 뜻은 표현대표이사의 행위는 회사에 대하여 그 효력을 발생하고
회사는 이에 의하여 의무를 부담함과 동시에 권리를 취득한다는 의미이다.110) 따

---

106) 대판 1973. 2. 28, 72 다 1907(大集 21 ① 民 111).
107) 동지: 정동윤, 전게논문, 99면(그러나 위 판결의 구체적인 사안에서 제3자에게는 중대한
　　과실이 없다고 보고 있다).
108) 대판 1971. 12. 28, 71 다 2141(判總 11-1〈A〉, 898-4).
109) 대판 1971. 6. 29, 71 다 946(大集 19 ② 民 168).

라서 이때에는 무권대리에 관한 민법의 규정(민법 제130조 이하)이 (유추)적용될 여지가 없다.[111]

　　2. 표현대표이사 개인의 제3자에 대한 책임은 그가 악의 또는 중대한 과실로 인하여 그 임무를 게을리 한 경우에는 인정될 수 있겠으나(상법 제401조) 그 이외의 경우에는 인정되지 않는다고 본다.[112] 그러나 표현대표이사의 어음·수표행위에 대하여는 회사가 상법 제395조에 의하여 어음(수표)상을 책임을 부담하는 외에 표현대표이사 개인도 어음법 제8조 및 수표법 제11조에 의하여 무권대리인으로서 어음(수표)상의 책임을 부담한다.[113]

　　3. 표현대표이사의 행위에 대하여 회사가 그 책임을 부담하고 이로 인하여 회사가 손해를 입은 경우에는, 회사는 그 표현대표이사에 대하여 손해배상을 청구할 수 있다고 본다[114](상법 제399조).

## VI. 표현대표이사의 적용범위

　　1. 표현대표이사에 관한 상법 제395조는 법률행위에만 적용되고, 불법행위나 소송행위에는 적용되지 않는다(통설).[115] 왜냐하면 상법 제395조는 거래의 안전을 고려하여 선의의 제3자를 보호하기 위한 것인데, 표현대표이사가 불법행위를 하거나 소송행위를 하는 경우에는 위와 같은 선의의 제3자가 존재할 수 없기 때문이다.

　　① 따라서 표현대표이사가 불법행위를 하는 경우에는 민법 제35조나 제756조에 의하여 회사의 책임이 인정될 수 있고, 이에 따라 제3자는 보호받을 수 있을 것이다[116](이때에 표현대표이사 개인의 제3자에 대한 책임은 상법 제401조의 요건을 충족하면 인정될 수 있을 것이다).

---

110) 정동윤, 전게논문, 104면; 차낙훈 외, 전게 주석상법(상), 1018면.
111) 정동윤, 전게논문, 104면; 차낙훈 외, 전게 주석상법(상), 1018면.
112) 곽윤직, 「전정증보판 민법총칙」, 1980, 444면(표현대리가 성립하여 본인이 책임을 지는 경우에는 제3자의 보호는 충분하므로 표현대리인은 다시 민법 제135조에 의하여 책임을 지지 않는 것이 타당하며, 또 통설이라고 한다) 참조.
113) 정동윤, 전게논문, 104~105면; 차낙훈 외, 전게 주석상법(상), 1018~1019면.
114) 정동윤, 전게논문 105면, 차낙훈 외, 전게 주석상법(상), 1019면.
115) 정동윤, 전게서, 418~419면; 동, 전게논문, 104면; 이태로·이철송, 전게서, 466면; 차낙훈 외, 전게 주석상법(상), 1017면; 최기원, 전게서, 534면.
116) 동지: 정동윤, 전게서, 418~419면; 동, 전게논문, 104면; 이태로·이철송, 전게서, 466면.

② 표현대표이사의 소송행위와 관련하여, 우리나라의 대법원은 "주식회사의
전무이사의 자격으로서 한 소송행위(항고심판청구의 취하)는 이사로서 등기되어 있
지 않더라도 유효하다"고 판시하고 있으나,117) 타당하지 않다고 본다. 이는 표현
지배인에 관한 상법 제14조 제1항 단서와 동일하게 소송행위(재판상의 행위)에는
그 적용이 없다고 보는 것이 타당하다고 생각한다.118)

2. 표현대표이사에 관한 상법 제395조는 대표이사의 권한범위 내의 행위를
표현대표이사가 대표권이 없이 한 경우에 한하여 적용된다. 따라서 대표이사가
할 수 없는 행위(이사의 선임·검사인의 선임 등)나 대표이사가 단독으로 할 수 없고
주주총회 또는 이사회의 결의를 거쳐야 하는 등의 경우에는 상법 제395조가 적
용될 수 없다.

우리나라의 대법원도 이와 동지에서 다음과 같이 판시하고 있다.

"상법 제395조는 대내적으로는 회사를 대표할 권한이 없었으나 대외관계에 있어
그 권한을 가진 것으로 인정될 만한 명칭을 붙인 이사가 회사를 대표하여 한 법률
행위의 효력에 관한 규정이므로, 그 법률행위 자체는 대표이사의 권한에 속하는
것이어야 할 것인바 대표이사로서도 상법 제374조에서 정한 주주총회의 특별결
의없이는 할 수 없는 행위에 대하여는 상법 제395조가 적용될 여지가 없다."119)

3. 주식회사에서 인정되고 있는 표현대표이사에 관한 상법 제395조는 유한
회사에서 준용되고 있으며(상법 제567조), 또 보험영업에 의하여 상호회사에도 준
용되고 있어(보험업법 제66조 제2항), 표현대표이사제도는 주식회사에서 뿐만 아니
라 유한회사 및 상호회사 등에서도 인정되고 있다.

# Ⅶ. 결 론

표현대표이사제도는 표현지배인제도와 같이 민법상 표현대리를 특수화한 제
도로서 기업거래에서 선의의 제3자를 보호하여 거래의 안전을 보호하고 있다.

---

117) 대판 1970. 6. 30, 70 후 7(大集 18 ② 行 27).
118) 동지: 이태로·이철송, 전게서, 466면.
119) 대판 1964. 5. 19, 63 다 293(判總 11-1〈A〉, 898). 동지: 대판 1985. 6. 11, 84 다카 963
    (공보 757, 995)(표현대표이사가 원고에게 매도한 피고회사의 부동산은 피고회사의 소유아닌
    매수물에 불과하고 또 피고회사는 사실상 영업을 중단하고 있었고 그의 건물을 다른 사람에게
    임대에만 제공하였다면, 본건 피고회사의 부동산을 표현대표이사가 원고에게 매도한 행위는
    상법 제374조에 해당되는 것이 아니라 하여, 주주총회의 특별결의 없이 표현대표이사가 한 행
    위에 대하여 상법 제395조를 적용하여 피고회사의 책임을 인정함).

앞에서 본 바와 같이 이 제도의 입법론상 타당성에 대하여 의문을 제기하는 견해도 있으나, 이 제도가 기업거래에서 거래의 안전을 위하여 기여하는 면도 크다고 볼 수 있다. 이는 상법 제395조에 관한 다수의 판례가 있는 점에서도 증명된다. 따라서 상법 제395조에 관한 우리나라의 다수의 판례를 통하여 구체적으로 어떠한 경우에 표현대표이사제도가 적용되고 또 이 제도는 민·상법상 다른 유사한 제도와 어떠한 관계를 갖고 있는가를 정확하게 파악하여, 앞으로 표현대표이사제도의 원래의 입법취지에 맞게 구체적인 사안에서 상법 제395조를 정확하여 적용하여 기업거래의 안전에 실질적으로 기여하게 하여야 할 것으로 본다. 이러한 점에서 본 논문이 이에 조금이라도 도움이 된다면 큰 다행으로 생각하고, 앞으로도 계속 나올 표현대표이사에 관한 판례가 이러한 관점에서 심층있게 분석되고 또 이에 관한 훌륭한 논문들이 표현대표이사에 관한 판결에 실질적인 길잡이가 되어 줄 것을 기대하는 마음 간절하다.

# 표현대표이사의 어음행위에 대한 회사의 책임*
## —대법원 2003. 9. 26. 선고 2002 다 65073 판결에 대한 평석—

## Ⅰ. 사실관계**

Y(피고)회사의 전무이사인 B는 1998. 5. 1.부터 1998. 12. 9.까지는 기획조정실장으로, 1998. 12. 10부터 1999. 11. 30.까지는 사업총괄부문장으로, 1999. 12. 1.부터 2000. 1. 30.까지는 인터넷사업부문장으로 각 근무하였다. B는 1998. 11. 경 C와 함께 Y회사의 예금을 담보로 대출을 받아 공사가 중단된 주식회사 영아트개발의 골프장 부지를 낙찰받아 전매하여 이익금을 나누기로 하고, C가 1999. 1.경 S 주식회사를 설립하여 그 명의로 1999. 1. 27. 위 골프장 부지를 198억 원가량에 낙찰받았다. C가 B에게 X(원고) 은행의 영동기업금융지점에 30억 원을

---

* 이 글은 정찬형, "표현대표이사의 어음행위에 대한 회사의 책임(대법원 2003. 9. 26. 선고 2002 다 65073 판결에 대한 평석)," 「고려법학」(고려대 법학연구원), 제42호(2004. 4), 167~185면의 내용임(이 글에서 필자는 표현대표이사가 대표이사의 어음행위를 대행한 경우에 발생하는 제반 문제점을 다루고 있음).
　　이와 관련하여 참고할 수 있는 필자의 글로는 정찬형, "어음위조에 표현대리에 관한 규정의 적용에 있어서 제3자의 범위," 「판례월보」(판례월보사), 통권 제290호(1994. 11), 18~23면 등이 있음.
** 대상판결: 대판 2003. 9. 26, 2002 다 65073(판례공보 2003년, 2080면).
　제2심(원심)판결: 서울고판 2002. 10. 24, 2001 나 73277.

예금할 것을 요청하자, 당시 사업총괄부문장이었던 B는 Y회사의 재경본부장 D에게 부탁하고, D는 자금부장 E에게 예금하도록 하여 1999. 2. 26. Y회사의 자금 30억 원을 위 지점에 정기예금으로 입금하였다. C는 위 은행의 지점장 P에게 위 예금을 담보로 C가 운영하는 T주식회사에 기업운전자금 27억 원을 대출해 줄 것을 요청하였다. 위 지점의 과장 Q가 P의 지시에 따라 C와 함께 1999. 2. 26. Y회사 본사 건물 내 B의 사무실을 방문하자, B는 위 예금에 관하여 T주식회사의 대출금을 피담보채무로 하는 담보한도액 30억 원의 근질권설정계약서에 대표이사 A로 된 법인명판과 법인인감을 날인하고 Y회사의 인감증명서 등 담보제공서류를 교부하였고, 이에 따라 T주식회사에 상환기일을 1999. 5. 27.로 하는 27억 원의 대출이 이루어졌다. 그 후 X 은행과 B·C 등은 위와 같은 방법으로 여러 차례에 걸친 예금·대출·상환 및 변제기의 연장 등의 거래를 통하여 1999. 12. 29. 현재 거래금액이 총 대출액 286억 원, 총 예금액 303억 원에 이르렀다.

한편, B와 C는 Y회사의 연말정산을 앞두고 위 대출금을 상환하지 않으면 불법대출사실이 발각될 위험에 처하자, Y회사 명의의 약속어음을 발행한 후 이를 X은행으로부터 할인받아 위 대출금의 일부 변제에 사용하기로 하여, B가 Y회사의 재경본부장 D에게 연말자금융통에 필요하다고 말하여 Y회사의 어음발행용 명판 및 당좌인감을 교부받은 뒤 B와 C는 1999. 12. 29. T주식회사 사무실에서 주식회사 한국외환은행에 당좌계정이 있던 U주식회사의 어음용지를 사용하여 각 발행인이 Y회사로 된 이 사건 약속어음 3장[액면이 30억원이고 수취인이 주식회사 맥스애드컴(이하 '맥스애드컴'이라 한다)으로 된 제1어음, 액면이 27억 원이고 수취인이 주식회사 한국뉴턴(이하 '한국뉴턴'이라 한다)으로 된 제2어음, 액면이 29억 원이고 수취인이 주식회사 한국씨텍(이하 '한국씨텍'이라 한다)으로 된 제3어음]을 권한 없이 발행하였다.

X은행의 위 지점은, (ⅰ) 1999. 12. 29. 오전 한국뉴턴이 S주식회사의 직원인 F를 통하여 제2어음의 할인을 의뢰하자, X은행 본점 영업 1부에 신고되어 있던 Y회사의 명판 및 당좌인감과 제2어음에 날인된 Y회사의 명판과 당좌인감이 동일함을 확인한 후, 연 6.75%의 비율에 의한 할인이자를 공제한 26억 57,539,727원을 한국뉴턴의 계좌에 입금하였고, (ⅱ) 같은 날 오후 맥스애드컴이 제1어음의 할인을 의뢰하자, 위와 같은 확인절차를 거친 뒤 할인이자를 공제한 29억 47,068,494원을 맥스애드컴의 계좌에 입금하였으며, (ⅲ) 1999. 12. 30. 오전 한국씨텍으로부터 다시 배서양도받은 S주식회사가 제3어음의 할인을 의뢰하자, 위와 같은 확인절차를 거친 후 할인이자를 공제한 28억 50,501,370원을 S주식회사의 계좌에

입금하였다.

X은행은 위 각 약속어음의 지급기일 전인 2002. 2. 11. 지급장소에서 지급
제시하였으나 무거래를 이유로 모두 지급거절되었다. 따라서 X은행이 Y회사에
대하여 어음금청구소송을 제기하게 되었다.


## II. 판결내용

### 1. 원심판결

B는 Y회사를 대표하여 이 사건의 약속어음을 발행할 권한이 있었으므로 Y
회사는 어음발행인으로서의 책임이 있고, 그렇지 않다 하더라도 Y회사는 표현대
표이사 또는 표현대리의 법리에 따른 책임이 있다고 주장하면서 이 사건 약속어
음금의 지급을 구하는 X의 주위적 청구에 대하여 다음과 같이 판시하였다. 이
사건의 약속어음은 Y회사 명의로 어음을 발행할 권한이 없는 B와 C가 위조한
것이어서 Y회사에게 어음발행인으로서의 책임을 물을 수 없고, X은행이 B에게
Y회사를 대표하여 어음을 발행할 권한이 있다고 믿은 데 대하여 중대한 과실이
있어 표현대표이사의 책임도 물을 수 없으며, 권한을 넘은 표현대리에 관한 민법
제126조의 규정에서 제3자라 함은 당해 표현대리행위의 직접 상대방이 된 자만
을 지칭하는 것이고, 이는 위 규정을 어음행위에 적용 또는 유추적용할 경우에
있어서도 마찬가지로 보아야할 것인데, 무권대리인인 B의 어음행위의 직접 거래
상대방은 X은행이 아닌 한국뉴턴·맥스애드컴 및 한국시텍이라 할 것이고, X은
행은 그들로부터 다시 어음을 배서양도받아 취득한 제3취득자에 해당하므로 표
현대리의 책임 역시 물을 수 없다.

### 2. 대법원판결

원심이 이 사건 약속어음 3장은 B가 권한 없이 위조한 것이라고 인정한 것
은 옳고, 거기에 채증법칙을 어겨 사실을 잘못 인정한 위법이 없다. 그러나 표현
대표이사 책임에 관한 원심의 판단은 다음과 같은 이유에서 수긍할 수 없다. 상
법 제395조는 표현대표이사가 자기의 명칭을 사용하여 법률행위를 한 경우는 물
론이고, 자기의 명칭을 사용하지 아니하고 다른 대표이사의 명칭을 사용하여 행
위를 한 경우에도 유추적용되며(대법원 1979. 2. 13. 선고 77 다 2436 판결, 1988. 10.

25. 선고 86 다카 1228 판결, 1998. 3. 27. 선고 97 다 34709 판결, 2003. 7. 22. 선고 2002 다 40432 판결 등 참조), 회사를 대표할 권한이 없는 표현대표이사가 다른 대표이사의 명칭을 사용하여 어음행위를 한 경우, 회사가 책임을 지는 선의의 제3자의 범위에는 표현대표이사로부터 직접 어음을 취득한 상대방뿐만 아니라, 그로부터 어음을 다시 배서양도받은 제3취득자도 포함된다고 봄이 상당하다(대법원 1997. 8. 26. 선고 96 다 36753 판결 참조).

　　그리고 상법 제395조가 규정하는 표현대표이사의 행위로 인한 주식회사의 책임이 성립하기 위하여 제3자의 선의 이외에 무과실까지도 필요로 하는 것은 아니지만, 그 규정의 취지는 회사의 대표이사가 아닌 이사가 외관상 회사의 대표권이 있는 것으로 인정될 만한 명칭을 사용하여 거래행위를 하고, 이러한 외관이 생겨난 데에 관하여 회사에 귀책사유가 있는 경우에 그 외관을 믿은 선의의 제3자를 보호함으로써 상거래의 신뢰와 안전을 도모하려는 데에 있다 할 것인바, 그와 같은 제3자의 신뢰는 보호할 만한 가치가 있는 정당한 것이어야 할 것이므로, 설령 제3자가 회사의 대표이사가 아닌 이사에게 그 거래행위를 함에 있어 회사를 대표할 권한이 있다고 믿었다 할지라도 그와 같이 믿음에 있어서 중대한 과실이 있는 경우에는 회사는 그 제3자에 대하여는 책임을 지지 아니하고(대법원 1999. 11. 12. 선고 99 다 19797 판결 참조), 여기서 제3자의 중대한 과실이라 함은 제3자가 조금만 주의를 기울였더라면 표현대표이사의 행위가 대표권에 기한 것이 아니라는 사정을 알 수 있었음에도 만연히 이를 대표권에 기한 행위라고 믿음으로써 거래통념상 요구되는 주의의무에 현저히 위반하는 것으로서, 공평의 관점에서 제3자를 구태여 보호할 필요가 없다고 봄이 상당하다고 인정되는 상태를 말한다(대법원 2003. 7. 22. 선고 2002 다 40432 판결 참조).

　　원심이 확정한 사실관계에 의하면, Y회사의 전무이사인 B는 Y회사의 대표이사를 대행하여 위 각 근질권설정계약서에 Y회사 대표이사 명의의 법인명판과 법인인감을 날인한 후 Y회사의 인감증명서 등 담보제공서류를 교부하여 근질권설정계약을 체결하는 한편, X은행 본점 영업부에 신고되어 있는 어음발행용 명판과 당좌인감을 사용하여 Y회사의 대표이사를 대행하여 이 사건 약속어음 3장을 발행하였다는 것이고, B가 Y회사의 대표이사가 아니라는 사실은 X은행의 지점장도 이미 알고 있었다고 보아야 할 것이므로, 제3자인 X은행의 선의나 중과실은 B의 대표권 존부에 대한 것이 아니라 대표이사를 대행하여 약속어음을 발행할 권한이 있느냐에 대한 것이라고 보아야 할 것인바, 이 점에서 우선 원심이

B에게 Y회사를 대표하여 이 사건 약속어음을 발행할 권한이 있다고 믿은 데 대하여 중대한 과실이 있다고만 판단한 것은 잘못이라 할 것이고, 나아가 원심이 확정한 사실 및 기록에 나타나는 Y회사의 규모 및 조직체계, Y회사의 제2인자 내지 제3인자로서 Y회사의 법인인감과 명판을 수시로 사용하면서 대표이사의 서명까지 대행하였던 B의 지위, Y회사의 재경본부장과 자금팀 부장 및 대리 등이 함께 참석하여 계약서 작성에 관여하는 등 공개적으로 이루어진 근질권 설정계약 체결의 상황, Y회사가 X은행에 T주식회사를 위하여 담보로 제공한 예금의 총액수 및 담보제공의 횟수, 이 사건 약속어음상의 Y회사의 명판 및 인감에 대한 X은행이 확인한 내용 및 그 결과, 이 사건 약속어음의 할인 당시 할인의뢰인들이 X은행에 제출한 서류의 내용 등을 종합하여 볼 때, 원심이 판시한 사정만으로는 X은행이 B에게 이 사건 약속어음의 발행에 관하여, Y회사 대표이사의 대표권을 대행할 권한이 있다고 믿은 데에 중대한 과실이 있다고 보기는 어렵다.

　　그럼에도 불구하고, 원심이 X은행에 중대한 과실이 있다고 보아 Y회사는 표현대표이사 책임이 없다고 판단하였으니, 원심판결에는 표현대표이사 책임에 있어 제3자의 중대한 과실에 대한 판단 기준 및 그 적용에 관한 법리를 오해한 위법이 있다 할 것이고, 이러한 원심의 위법은 판결에 영향을 미쳤음이 분명하다.

## Ⅲ. 평 석

### 1. 서 언

　　위 사건은 Y회사의 전무이사인 B가 동 회사의 대표이사인 A명의로 권한 없이 약속어음을 발행하여 수취인에게 교부하고 수취인이 X은행으로부터 이 어음을 할인받아 X은행이 Y회사에 대하여 어음금을 청구한 것이다.

　　이에 대하여 원심(서울고등법원)은 이 사건 어음은 B가 Y회사의 어음을 위조한 것이어서 Y회사는 어음상의 책임이 없고, 또한 X은행이 B에게 Y회사를 대표하여 어음을 발행할 권한이 있다고 믿은데 대하여는 중대한 과실이 있으므로 B의 어음위조에 대하여 Y회사에게 표현대표이사의 책임도 물을 수 없으며, 권한을 넘은 표현대리에 관한 민법 제126조에서 제3자라 함은 당해 표현대리행위의 직접 상대방이 된 자만을 지칭하는 것이므로 X은행은 직접 상대방으로부터 다시 어음을 배서양도받은 제3취득자에 해당하므로 Y회사는 이러한 표현책임을 부담하지 않는다고 판시하였다.

그러나 대법원은 (ⅰ) 상법 제395조는 표현대표이사가 자기의 명칭을 사용
하여 법률행위를 한 경우는 물론이고 자기의 명칭을 사용하지 않고 다른 대표이
사의 명칭을 사용하여 행위를 한 경우에도 유추적용되고, (ⅱ) 이러한 표현대표
이사가 어음행위를 한 경우 회사가 책임을 지는 선의의 제3자의 범위에는 표현
대표이사로부터 직접 어음을 취득한 상대방뿐만 아니라 그로부터 어음을 다시
배서양도받은 제3취득자도 포함된다고 봄이 상당하며, (ⅲ) 제3자의 선의는 표현
대표이사가 다른 대표이사의 명칭을 사용하여 행위를 한 경우 표현대표이사의
대표권 존부에 대한 것이 아니라 대표이사를 대행하여 이 사건 약속어음을 발행
할 권한이 있느냐에 대한 것이라고 보아야 할 것인바, 이 점에서 원심이 표현대
표이사인 B에게 Y회사를 대표하여 이 사건 약속어음을 발행할 권한이 있다고
믿은데 대하여 중대한 과실이 있다고 판단한 것은 잘못이고 X은행은 B에게 이
사건 약속어음의 발행에 관하여 Y회사의 대표이사인 A의 대표권을 대행할 권한
이 있다고 믿은데 대하여 중대한 과실이 있다고 보기는 어렵기 때문에 Y회사는
X은행에 대하여 이 사건 어음상의 책임을 진다고 판시하였다.

따라서 이 사건에서 논점으로 나타난 세 가지 점은 (ⅰ) 표현대표이사(B)가
자기의 명칭을 사용하지 않고 다른 대표이사(A)의 명칭을 사용하여 행위를 한
경우에도 상법 제395조를 유추적용할 수 있는지의 여부, (ⅱ) 표현대표이사(B)
가 어음행위를 한 경우 회사(Y)가 책임을 지는 제3자의 범위는 표현대표이사로
부터 직접 어음을 취득한 상대방에 한하는지 또는 그로부터 어음을 다시 배서양
도받은 제3취득자도 포함하는지 여부 및 (ⅲ) 제3자(거래상대방)의 선의의 내용이
무엇인지에 관한 것이다. 따라서 이러한 세 가지 점에 대하여 차례로 고찰하여
보겠다.

## 2. 표현대표이사(B)가 다른 대표이사(A)의 명의를 대행한 경우에도 상법 제395조가 유추적용될 수 있는지 여부

### 가. 학 설

(1) 표현대표이사가 자기명의(이 사건에서 Y주식회사의 전무이사인 B가 'Y주식회
사 전무이사 B'의 형식으로 한 경우)로 대표권이 없으면서 대표권에 속하는 행위를
한 경우에는 상법 제395조가 바로 적용되는 경우인데, 표현대표이사가 대표권이

없으면서 다른 대표이사의 명의(이 사건에서 Y주식회사의 전무이사인 B가 'Y주식회사
대표이사 A'의 형식으로 한 경우)로 대표권에 속하는 행위를 한 경우에도 상법 제
395조가 (유추)적용될 수 있는지 여부가 문제된다. 이 경우에 만일 상법 제395조
가 (유추)적용될 수 없다고 하면 이에 대하여 민법상 표현대리에 관한 규정을 (유
추)적용할 수밖에 없다.

  (2) 이에 대하여 우리나라의 학설은 상법 제395조의 (유추)적용을 긍정하는
견해1)와 부정하는 견해2)로 나뉘어 있다.

  (가) **긍정설**: 이에 대하여 상법 제395조의 (유추)적용을 긍정하는 견해는 그
이유를 「행위자 자신이 표현대표이사인 이상 그가 사용한 명칭이 어떠한 것이든
지를 막론하고 회사의 책임을 인정하는 것이 거래의 안정상 타당할 것이다」고
설명한다.3) 또한 이 견해에서 그 이유를 「상대방이 거래의 교섭단계에서 표시된
표현대표이사의 명칭을 신뢰하고 거래에 임한 것이라면, 계약의 체결단계 또는
어음행위의 기명날인단계에 있어서 표현대표이사가 직접 대표이사의 명의로 행
위한 경우에도 이를 보호할 필요가 있다고 할 것이다. 이 경우에 표현대표이사가
표현대표이사의 명칭으로 거래하여야만 상법 제395조가 적용된다고 하면 동일한
행위가 그 명칭 여하에 따라 효과가 달라지게 되어 균형을 잃게 되어 부당하고,
그리고 표현대표이사가 가지는 것으로 보이는 대표권에는 대표이사의 기명날인
을 대행하는 권한이 포함되어 있다고 볼 수도 있다」고 설명한다.4)

  (나) **부정설**: 그러나 이에 대하여 상법 제395조의 (유추)적용을 부정하는 견해
는 그 이유를 「이에 대하여 상법 제395조가 적용된다고 해석하면 제3자의 2단계
의 오인(誤認)을 보호하게 되는데(첫째 대표권이 있는 것으로 오인하고, 둘째 다시 다른
대표이사의 대리권이 있는 것으로 오인하는 것), 이는 상법 제395조가 의도하는 바가
아니다. 이 경우는 민법상 표현대리(민법 제125조)의 법리로도 충분히 제3자를 구
제할 수 있는 경우이다」고 설명한다.5)

---

1) 박길준, "표현대표이사," 「상사법논집」(무애 서돈각교수 정년기념), 1986, 194면; 정동윤, "표
    현대표이사," 「상법논집」(정희철선생 화갑기념), 1979, 90~91면.
 2) 이철송, 「회사법강의(제10판)」, 2003, 577면.
 3) 박길준, "표현대표이사," 「상사법논집」(무애 서돈각교수 정년기념), 1986, 194면.
 4) 정동윤, "표현대표이사," 「상법논집」(정희철선생 화갑기념), 1979, 90~91면.
 5) 이철송, 「회사법강의(제10판)」, 2003, 577면.

## 나. 판 례

(1) 이에 대한 우리나라의 대법원판례는 초기에는 「상무이사 기타 회사를 대표할 권한이 있는 것으로 인정될 만한 명칭을 사용한 이사가 자기명의로 한 행위에 대하여는 그 이사가 회사를 대표할 권한이 없는 경우에도 상법 제395조에 의하여 회사는 선의의 제3자에게 대하여 책임을 지나, 상무이사가 대표이사를 대리하여 법률행위를 한 경우에는 대리에 관한 규정이 적용되고, 그 행위가 민법 제126조의 요건을 구비한 경우에는 그 조문이 적용될 것이다」고 판시하여,[6] 상법 제395조의 (유추)적용을 부정하였다.

(2) 그러나 우리 대법원은 그 후 견해를 바꾸어 「표현대표이사의 명칭을 사용하는 이사가 자기명의로 행위할 때 뿐만 아니라 행위자 자신이 표현대표이사인 이상 다른 대표이사의 명칭을 사용하여 행위한 경우에도 상법 제395조가 적용된다고 보아야 할 것이다」라고 판시하여,[7] 상법 제395조의 (유추)적용을 긍정하였다. 이 점은 일본 최고재판소판례가 행위자 자신이 표현대표이사인 이상 다른 대표이사의 명칭을 표시하여 거래한 경우에도 상법 제395조의 적용을 인정한 점[8]에 영향을 받은 것이 아닌가 생각된다.

이 후의 대법원판례도 계속 「상법 제395조는 표현대표이사가 자기의 명칭을 사용하여 법률행위를 한 경우는 물론이고, 자기의 명칭을 사용하지 않고 다른 대표이사의 명칭을 사용하여 행위를 한 경우에도 적용된다」고 판시하였고,[9] 이 사건의 경우에도 이와 같은 취지로 판시한 것이다.[10]

## 다. 사 견[11]

생각건대 표현대표이사가 「자기명의」로 행위를 한 경우와 「대표이사명의」로

---

6) 대판 1968. 7. 16, 68 다 334·335(판례카드 No. 8502). 동지: 대판 1968. 7. 30, 68 다 127 (대법원판결집 제16권 2집 민사편 324면)(상무이사 B가 대표이사 A명의로 약속어음을 발행한 사안에서 이와 같이 판시함); 동 1969. 9. 30, 69 다 964(판례총람 11권 2호, 980-4-2면).
7) 대판 1979. 2. 13, 77 다 2436(법률신문 제1290호, 6면).
8) 日最高判 1965. 4. 9(民集 19卷 3號, 632면).
9) 대판 1988. 10. 25, 86 다카 1228(법원공보 837호, 1467면); 동 1988. 10. 11, 86 다카 2936 (법원공보 836호, 1396면); 동 1988. 3. 27, 97 다 34709(판례공보 1998년, 1176면); 동 2003. 7. 22, 2002 다 40432(판례공보 2003년, 1765면).
10) 대판 2003. 9. 26, 2002 다 65073(판례공보 2003년, 2080면).
11) 정찬형, 「회사법강의(제3판)」, 2003, 599~600면; 동, 「상법강의(상)(제7판)」, 2004, 846면; 동, "어음행위의 표현책임," 법률신문, 제1642호(1986. 7. 7), 15면.

행위를 한 경우는 구별되어야 할 것으로 보는데, 그 이유는 다음과 같다.

(1) 표현대표이사가 자기명의로 행위를 한 경우에 거래의 상대방의 신뢰의 대상은 그 명칭(전무이사·상무이사 등)에 의한 대표권임에 반하여, 표현대표이사가 대표이사명의로 행위를 한 경우에 거래의 상대방의 신뢰의 대상은 그 명칭과는 무관한 「대행권(대리권)」이기 때문이다.[12] 따라서 표현대표이사가 자기명의로 행위를 한 경우에는 「행위자」가 누구이며 또 그 행위가 행위자의 「권한범위내외」인지 여부가 문제되겠지만, 대표이사명의로 행위를 한 경우에는 행위자가 누구인지는 전혀 불문하고(전무이사나 상무이사이든, 경리과장이든, 또는 단지 경리직원이든 불문함) 그의 「대행권한 유무」만이 문제된다. 따라서 표현대표이사의 행위에 대하여 거래의 상대방의 신뢰를 보호하기 위하여 회사의 책임을 인정하는 것일진대, 이와 같이 상대방의 신뢰의 대상이 다른 경우를 동일하게 취급하여 모두 상법 제395조를 (유추)적용하는 것은 타당하지 않다고 본다. 따라서 표현대표이사가 대행권한 없이 대표이사명의로 한 행위는 무권대행(위조)이 되고, 이 때문에 회사에게 무권대행(위조)에 대한 귀책사유가 있다면 민법상 표현대리에 관한 규정을 유추적용하여 회사의 책임을 인정하여야 할 것이다. 이 때에 회사의 책임이 인정되는 근거는 무권대행자(표현대표이사)에게 그 행위에 관한 기본적인 대리권이 있다면(상무이사, 경리부장 등) 민법 제126조가 유추적용될 것이고(회사의 표현책임), 이러한 기본적인 대리권이 없다면 민법 제756조가 적용되어 회사의 책임이 인정될 것이다(회사의 불법행위책임). 만일 표현대표이사가 다른 대표이사명의를 대행한 경우까지 상법 제395조를 유추적용할 수 있다고 보면, 이는 전혀 대리권이 없는 경리직원이 대표이사 명의로 한 경우도 「대행권한 유무」에 관한 상대방의 신뢰가 동일하므로 이에 대하여도 상법 제395조가 유추되어야 하는 모순이 발생하거나, 또는 무권대행이라는 점과 상대방의 신뢰는 동일한데 그 행위를 한 자가 우연히 표현대표이사(상무이사, 경리부장 등)인 경우에는 상법 제395조가 유추적용되고 표현대표이사가 될 수 없는 경우에는 민법 제126조 또는 제756조를 (유추)

---

12) 동지: 대판 1998. 3. 27, 97 다 34709(판례공보 1998년, 1176면)(표현대표이사의 행위와 이사회의 결의를 거치지 아니한 대표이사의 행위는 모두 본래는 회사가 책임을 질 수 없는 행위들이지만 거래의 안전과 외관이론의 정신에 입각하여 그 행위를 신뢰한 제3자가 보호된다는 점에 공통점이 있으나, 제3자의 신뢰의 대상이 전자에 있어서는 대표권의 존재인 반면, 후자에 있어서는 대표권의 범위이므로 제3자가 보호받기 위한 구체적인 요건이 반드시 서로 같다고 할 것은 아니고, 따라서 표현대표이사의 행위로 인정이 되는 경우라고 하더라도 만일 그 행위에 이사회의 결의가 필요하고 거래의 상대방이 제3자의 입장에서 이사회의 결의가 없었음을 알았거나 알 수 있었을 경우라면 회사로서는 그 행위에 대한 책임을 면한다).

적용하여야 하는 모순이 발생한다.

표현대표이사의 무권대행의 행위에 대하여 상법 제395조의 (유추)적용을 긍정하는 견해 중에는 그 이유를 「표현대표이사가 가지는 것으로 보이는 대표권에는 대표이사의 기명날인을 대행하는 권한이 포함되어 있다고 볼 수도 있다」고 설명하는 견해도 있으나,[13] 이는 무리라고 본다. 즉, 거래상대방의 신뢰의 대상은 표현대표이사의 명칭에 의하여 대표권이 있다고 믿은 점이지 대행권은 누구나 할 수 있으므로 대표권에 이러한 대행권이 포함된다고 볼 수는 없다고 본다.

(2) 어떤 행위가 주식회사의 대표이사 명의로 행하여졌느냐 또는 이사 명의로 행하여졌느냐에 대하여 우리의 입법·학설·판례는 회사의 책임을 인정하는 법리를 구별하고 있는 점에서도 양자는 구별되어야 할 것이다. 즉, 대표이사 명의인 경우에는 대표(代表)의 법리에 의하여 바로 회사의 행위가 되며 그의 권한범위에 관하여는 상법 제389조 3항(상법 제209조·제210조 준용)에서 법률행위 및 불법행위에 대하여 규정하고 있다. 그러나 이사 명의인 경우에는 대리(代理)의 법리에 의하여 회사의 행위가 되며,[14] 그의 권한범위에 관하여는 상법에 규정된 바 없고 회사의 내규 등에 의하여 정하여질 것이며, 불법행위에 대하여는 민법 제756조에 의하여 회사가 책임을 지는 것이다.

(3) 위의 대판 1979. 2. 13, 77 다 2436에서와 같이 전무이사가 퇴임하여 퇴임등기까지 한 경우로 전무이사에게 기본적인 대리권이 전혀 없는 경우로서 회사에 대하여 책임을 귀속시켜야 하겠는데 다른 법리(민법 제126조, 제756조)에 의하여 이론구성하기가 곤란한 경우에는 할 수 없이 상법 제395조를 확대해석(유추적용)하여 회사의 책임을 인정할 수밖에 없을 것이다. 그러나 이 사건에서와 같이 B는 Y회사의 전무이사로서 기본적인 대리권이 있고 이 권한을 남용하여 권한 없이 대표이사 명의로 약속어음을 발행한 경우에는 민법 제126조를 유추하여 Y회사의 책임을 인정하여야 할 것이다.

(4) 민법 제126조에 의하든 상법 제395조에 의하든 회사의 책임을 인정하는 점은 동일하므로 양자를 구별하여 적용하는 실익이 없지 않느냐는 의문이 있다. 원래 상법 제395조를 적용함에 있어서는 상대방에게 「선의·무중과실」을 요하나,[15] 민법 제126조를 적용함에 있어서는 상대방에게 「권한이 있다고 믿을 만한

---

13) 정동윤, "표현대표이사" 「상법논집」(정희철선생 화갑기념), 1979, 90~91면.
14) 동지: 대판 1974. 9. 24, 74 다 965; 동 1974. 6. 25, 73 다 1412; 동 1973. 12. 26, 73 다 1436.
15) 동지: 대판 1973. 2. 28, 72 다 1907(대법원판결집 21권 1호 민사편 111면).

정당한 사유」가 있어야 하는데 이의 해석에 있어서는 「선의·무과실」을 요한
다.16) 따라서 이 점에서 보면 양자를 구별하여 적용하는 실익이 있다. 그러나 어
음행위에 대하여 민법 제126조를 (유추)적용하는 경우에는 어음이 유통증권이라
는 특성이 있는 점 또한 어음법 제10조 및 제16조 2항 등과의 균형상 「선의·무
중과실」임을 요한다고 보아 민법의 규정을 수정하여 적용하는 것이 타당하다고
본다.17) 따라서 이와 같이 보면 양자를 구별하여 적용하는 실익은 없다고 본다.
그러나 법리구성에 있어서 민법 제126조를 유추적용하는 것이 보다 더 적절하다
고 본다.

## 3. 표현대표이사(B)가 어음행위를 한 경우 회사(Y)가 책임을 지는 제3
    자의 범위

### 가. 표현대표이사(B)의 어음행위의 경우

(1) 표현대표이사의 행위에 대하여 회사가 책임을 지기 위한 요건은 (ⅰ) 회
사가 표현대표이사의 명칭사용을 허락하고(외관의 부여), (ⅱ) 거래의 통념상 회사
대표권의 존재를 표시하는 것으로 인정될 만한 명칭을 사용하며(외관의 존재),
(ⅲ) 제3자는 행위자가 대표권이 없음을 알지 못하여야 한다(외관의 신뢰). 그런데
(ⅲ)의 경우 「제3자」는 어음의 경우 직접의 거래상대방에 한하느냐(직접상대방한
정설) 또는 그 후의 어음취득자를 포함하느냐(제3취득자 포함설)의 문제가 있다.

(2) 어음은 유통증권이기 때문에 다른 법률행위의 경우와는 달리 직접의 상대
방뿐만 아니라 그 후의 어음취득자를 포함한다고 본다(제3취득자 포함설에 찬성).18)
또한 이와 같이 해석하는 것이 우리나라의 통설이다.19)

(3) 우리나라의 판례는 과거에 위의 통설과 같은 취지로 판시한 하급심판례
만이 있었다.20) 그런데 그 후 대법원은 이 사건의 판결에서와 같이 「회사를 대
표할 권한이 없는 표현대표이사가 다른 대표이사의 명칭을 사용하여 어음행위를

---

16) 곽윤직, 「전정증보판 민법총칙」, 1980, 447면.
17) 정찬형, 「상법강의(하)(제6판)」, 2004, 101면 및 같은 면 주 2; 동, 「어음·수표법강의(제5판)」,
    2004, 149면.
18) 정찬형, 「회사법강의(제3판)」, 2003, 604~605면; 동, 「상법강의(상)(제7판)」, 2004, 848면.
19) 정동윤, 「회사법(제7판)」, 2001, 423면; 이철송, 「회사법강의(제10판)」, 2003, 574면; 채이
    식, 「개정판 상법강의(상)」, 1996, 540면 외.
20) 서울민사지판 1986. 2. 12, 85 가합 50.

한 경우, 회사가 책임을 지는 선의의 제3자의 범위에는 표현대표이사로부터 직접 어음을 취득한 상대방뿐만 아니라, 그로부터 어음을 다시 배서양도받은 제3취득자도 포함된다」고 판시하여,[21] 명백히 제3취득자포함설을 취하고 있다.

따라서 이러한 대법원판례는 어음이 유통증권인 특성상 다른 법률행위의 경우와는 다르다는 점을 직시한 것으로 매우 타당하다고 본다.

## 나. 민법상 표현대리인의 어음행위의 경우

(1) 민법상 표현대리가 성립하기 위하여는 제3자가 선의·무과실이어야 하는데, 이러한 선의 유무의 판단기준이 되는 제3자는 항상 직접의 상대방만을 기준으로 한다. 그런데 민법상 표현대리인의 어음행위의 경우에도 이와 동일하게 볼 것인가(직접상대방한정설) 또는 현재의 어음소지인(그 후의 어음취득자)을 포함한다고 볼 것인가(제3취득자포함설)의 문제가 있다. 이 경우도 표현대표이사의 어음행위와 같이 어음은 유통증권이기 때문에 민법과는 달리 표현대리인의 직접의 상대방뿐만 아니라 현재의 어음소지인(그 후의 어음취득자)를 포함한다고 본다(제3취득자포함설에 찬성함).[22] 또한 이와 같이 해석하는 것이 우리나라의 통설이다.[23]

(2) 이에 대하여 우리나라의 대법원판례는 거의 일관하여 직접상대방한정설에 따라 판시하고 있다. 즉, 「권한을 넘은 표현대리에 관한 민법 제126조의 규정에서 제3자라 함은 당해 표현대리행위의 직접 상대방이 된 자만을 지칭하는 것이고, 이는 위 규정을 배서와 같은 어음행위에 적용 또는 유추적용할 경우에 있어서도 마찬가지로 보아야 할 것이다(당원 1986. 9. 9. 선고, 84 다카 2310 판결 참조). 또 약속어음의 배서행위의 직접 상대방은 그 배서에 의하여 어음을 양도받은 피배서인만을 가리키고 그 피배서인으로부터 다시 어음을 취득한 자는 민법 제126조 소정의 제3자에는 해당하지 아니한다고 할 것이다. 다만, 배서행위가 직접 상대방인 피배서인에 대한 관계에서 표현대리의 요건을 충족한 경우에 그 후의 어음취득자가 이를 원용하는 것은 이와는 별개로 허용될 수 있다(당원 1991. 6. 11. 선고, 91 다 3994 판결 참조)」고 판시하여,[24] 직접상대방한정설을 취하고 있

21) 대판 2003. 9. 26, 2002 다 65073(판례공보 2003년, 2080면).
22) 정찬형, 「상법강의(하)(제6판)」, 2004, 101면; 동, 「어음·수표법강의(제5판)」, 2004, 149면.
23) 서돈각·정완용, 「제4정 상법강의(하)」, 1996, 76~77면; 정희철, 「상법학(하)」, 1990, 85면; 손주찬, 「제8정증보판 상법(하)」, 2000, 85면; 정동윤, 「어음·수표법(4정판)」, 1996, 184면; 양승규, 「어음법·수표법」, 1994, 127면; 채이식, 「상법강의(하)(개정판)」, 2003, 53면 외.
반대: 강위두, 「어음·수표법」, 1996, 102면.

다. 일본의 판례도 이 경우 「직접의 상대방에게 표현대리가 성립하면 그 후의 어음소지인은 항상 보호받고, 반대로 직접의 상대방에게 표현대리가 성립하지 않으면 그 후의 어음소지인은 항상 보호받지 못한다」고 판시하여,25) 직접상대방한 정설의 입장에서 판시하고 있는데, 위의 우리 대법원판례도 이러한 일본의 판례에 의하여 영향을 받지 않았는가 생각된다.

　　(3) 그러나 이러한 우리 대법원판례는 타당하지 않다고 본다. 왜냐하면 어음은 유통증권으로서 이로 인한 어음소지인의 보호가 어음법의 기본이념인 점에서 볼 때 거래의 두 당사자간의 법률문제만을 전제로 한 민법의 규정이 어음관계에 그대로 적용될 수는 없고 마땅히 수정적용되어야 할 것으로 보기 때문이다. 이러한 문제는 어음행위 무능력자의 어음행위에 대한 취소 또는 추인의 상대방 및 상법상 각종 표현책임에 관한 규정(표현지배인·표현대표이사 등)의 적용에 있어서 어음행위의 상대방(제3자)의 범위도 동일하다고 본다. 우리 판례의 입장과 같이 직접의 상대방이 악의인 경우에는 그 후의 모든 어음소지인이 보호받지 못한다

24) 대판 1994. 5. 27, 93 다 21521(법원공보 제971호, 1813면)[이 판결에 대하여 반대하는 취지의 평석으로는 정찬형, 「판례월보」, 제290호(1994. 11), 18~23면이 있고, 찬성하는 취지의 평석으로는 강위두, 「법률신문」, 제2375호, 15면이 있다].
　동지: 대판 1986. 9. 9, 84 다카 2310(법원공보 787호, 1369면); 동 1991. 6. 11, 91 다 3994(법원공보 901호, 1906면); 동 1997. 11. 28, 96 다 21751(판례공보 1998년, 34면)(표현대리에 관한 민법 제126조의 규정에서 제3자라 함은 당해 표현대리행위의 상대방이 된 자만을 지칭하고, 이는 위 규정을 표현대리에 의한 어음·수표행위의 효력에 적용 또는 유추적용할 경우에 있어서도 마찬가지로 해석함이 상당하다); 동 1999. 1. 29, 98 다 27470(판례공보 1999년, 366면)(어음행위의 위조에 관하여도 민법상의 표현대리에 관한 규정이 적용 또는 유추적용되고, 다만 이 때 그 규정의 적용을 주장할 수 있는 자는 어음행위의 직접 상대방에 한하므로, 어음의 제3취득자는 어음행위의 직접 상대방에게 표현대리가 인정되는 경우에 이를 원용하여 피위조자에 대하여 자신의 어음상의 권리를 행사할 수가 있다); 동 1999. 12. 24, 99 다 13201(판례공보 2000년, 294면)(어음행위의 위조에 관하여도 민법상의 표현대리에 관한 규정이 적용 또는 유추적용되고, 다만 이 때 그 규정의 적용을 주장할 수 있는 자는 어음행위의 직접 상대방에 한한다고 할 것이며, 약속어음의 배서행위의 직접 상대방은 당해 배서의 피배서인만을 가리키고 그 피배서인으로부터 다시 어음을 취득한 자는 위 배서행위의 직접 상대방이 아니라 제3취득자에 해당하며, 어음의 제3취득자는 어음행위의 직접 상대방에게 표현대리가 인정되는 경우에 이를 원용하여 피위조자에 대하여 자신의 어음상의 권리를 행사할 수가 있을 뿐이다); 동 2002. 12. 10, 2001 다 58443(판례공보 2003년, 331면)(표현대리에 관한 민법 제126조의 규정에서 제3자라 함은 당해 표현대리행위의 직접 상대방이 된 자만을 지칭하는 것이고, 약속어음의 보증은 발행인을 위하여 그 어음금채무를 담보할 목적으로 하는 보증인의 단독행위이므로 그 행위의 구체적·실질적인 상대방은 어음의 제3취득자가 아니라 발행인이라 할 것이어서 약속어음의 보증부분이 위조된 경우, 동 약속어음을 배서·양도받는 제3취득자는 위 보증행위가 민법 제126조 소정의 표현대리행위로서 보증인에게 그 효력이 미친다고 주장할 수 있는 제3자에 해당하지 않는다).
25) 日最高判 1961. 12. 12(民集 15卷 11號, 2756면) 외.

고 하는 것은, 인적항변이 절단되어 유통되는 어음(수표)에는 전혀 맞지 않는 논리로서 민법의 법리를 전혀 성질이 다른 어음(수표)에 억지로 맞춘 이론이라고 본다.[26] 또한 이러한 대법원판례는 이 사건의 판결에서 보는 바와 표현대표이사가 어음행위를 한 경우 회사가 책임을 지는 제3자의 범위에 대하여는 제3취득자포함설을 취하고 있는 대법원 판례와도 명백히 모순된다고 본다. 동일한 어음행위에 따른 표현책임에서 제3자의 범위에 대하여 상법 제395조를 (유추)적용하는 경우에는 제3취득자포함설에 따라 판시하고, 민법 제126조를 (유추)적용하는 경우에는 직접 상대방한정설에 따라 판시하고 있는 대법원판례는 이해할 수 없다. 따라서 유통증권으로서 어음소지인의 보호가 어음법의 이념인 어음행위에 대하여는 두 당사자간의 법률문제만을 전제로 한 민법의 규정이 그대로 적용될 수는 없고 수정적용되어야 하므로(이러한 점은 상법의 적용에 있어서도 동일함) 우리 대법원은 어음행위에 있어서 민법상 표현대리에 관한 규정을 (유추)적용함에 있어서도 제3취득자포함설에 따라서 판시하여야 할 것이다. 따라서 민법 제126조를 (유추)적용함에 있어 제3자의 범위에 대하여 직접상대방한정설을 취한 대법원판례는 변경되어야 할 것으로 본다.

## 4. 제3자(거래상대방)(X)의 선의의 내용

### 가. 선의의 대상

(1) 상법 제395조에 의한 표현대표이사의 어음행위에 대하여 회사가 책임을 지기 위하여는 제3자가 「표현대표이사에게 대표권이 없음」을 알지 못하여야 한다.[27] 우리 대법원판례도 이와 같은 취지에서 「상법 제395조 소정의 '선의'란 표현대표이사가 '대표권이 없음을 알지 못한 것'을 말하는 것이지, 반드시 형식상 대표이사가 아니라는 것을 알지 못한 것에 한정할 필요가 없다. 또한 표현대표이사의 행위와 이사회의 결의를 거치지 아니한 대표이사의 행위는 모두 본래는 회사가 책임을 질 수 없는 행위들이지만 거래의 안전과 외관이론의 정신에 입각하여 그 행위를 신뢰한 제3자가 보호된다는 점에 공통되는 면이 있으나, 제3자의 신뢰의 대상이 전자에 있어서는 '대표권의 존재'인 반면 후자에 있어서는 대표권

---

26) 정찬형, "어음위조에 표현대리에 관한 규정의 적용에 있어서 제3자의 범위," 「판례월보」, 제 290호(1994. 11), 23면.

27) 정찬형, 「회사법강의(제3판)」, 2003, 604면.

의 범위이므로 제3자가 보호받기 위한 구체적인 요건이 반드시 서로 같다고 할 것은 아니다」고 판시하고 있다.28)

(2) 이 사건의 경우 우리 대법원은 선의의 대상에 대하여 「B가 Y회사의 대표이사가 아니라는 사실은 X은행의 지점장도 이미 알고 있었다고 보아야 할 것이므로, 제3자인 X은행의 선의나 중과실은 B의 '대표권 존부'에 대한 것이 아니라 '대표이사를 대행하여 약속어음을 발행할 권한이 있느냐'에 대한 것이라고 보아야 할 것이다」고 판시하고 있는데, 이는 앞에서 본 대법원판례가 선의의 대상을 「대표권의 존재」 또는 「대표권이 없음을 알지 못하는 것」이라고 판시한 점과 모순되고 또한 상법 제395조의 취지에도 반하는 것이라고 본다. 이와 같이 무리하게 선의의 대상을 확대하게 된 것은 상법 제395조를 무리하게 무권대행의 경우에도 확대하여 유추적용한 데에 기인하는 것으로 본다.

### 나. 선의의 내용

(1) 상법 제395조에 의한 표현대표이사의 어음행위에 대하여 회사가 책임을 지기 위하여는 제3자가 선의이어야 하는데, 이 때 제3자의 선의에는 무과실을 요하는가의 문제가 있다. 이에 대하여 무과실을 요한다고 보는 견해도 있으나,29) 무과실을 요하지 않는다고 본다.30) 우리 대법원판례도 이와 같은 취지에서 「상법 제395조에 무과실을 요한다는 규정이 없고 또 거래의 신속과 안전 등을 위하여야 한다는 점에서 제3자에게 무과실까지 요하는 것은 아니다」고 판시하고 있다.31)

다만 제3자에게 (대표권이 없는 점에 대하여) 중대한 과실로 알지 못한 경우에는 악의로 보아야 할 것이다.32) 이와 같이 보는 것이 또한 우리나라의 통설33) · 판례34)이다.

(2) 이 사건의 판결에서도 제3자인 X의 선의의 내용에 대하여 「…설령 제3자가 회사의 대표이사가 아닌 이사에게 그 거래행위를 함에 있어 회사를 대표할 권한이 있다고 믿었다 할지라도 그와 같이 믿음에 있어서 중대한 과실이 있는

---

28) 대판 1998. 3. 27, 97 다 34709(판례공보 1998년, 1176면).
29) 日大阪高判 1963. 12. 24.
30) 정찬형, 「회사법강의(제3판)」, 2003, 605면.
31) 대판 1973. 2. 28, 72 다 1907(대법원판결집 제21권 1호 민사편 111면).
32) 정찬형, 「회사법강의(제3판)」, 2003, 605면.
33) 정희철, 「상법학(상)」, 1989, 485면; 정동윤, 「회사법(제7판)」, 2001, 423면; 이철송, 「회사법(제10판)」, 2003, 575면 외.
34) 대판 1999. 11. 12, 99 다 19797(판례공보 1999년, 2483면).

경우에는 회사는 그 제3자에 대하여는 책임을 지지 아니하는데(대법원 1999. 11. 12. 선고 99 다 19797 판결 참조), 여기서 제3자의 중대한 과실이라 함은 조금만 주의를 기울였더라면 표현대표이사의 행위가 대표권에 기한 것이 아니라는 사정을 알 수 있었음에도 만연히 이를 대표권에 기한 행위라고 믿음으로써 거래통념상 요구되는 주의의무에 현저히 위반하는 것으로서, 공평의 관점에서 제3자를 구태여 보호할 필요가 없다고 봄이 상당하다고 인정되는 상태를 말한다(대법원 2003. 7. 22. 선고 2002 다 40432 판결 참조)」고 판시하여, 종래의 판례와 같이 중과실이 없을 것을 요하고 있다. 그런데 사실판단의 문제에 있어서 원심은 원고인 X에게 중대한 과실이 있다고 판시하였으나, 대법원은 X에게 중대한 과실이 없다고 판시하였다.

생각건대 X에게 중대한 과실이 있는지 여부는 선의의 대상과 관련되는데, 선의의 대상을 B의 「대표권 존부」로 보면 B가 Y회사의 대표이사가 아니라는 사실은 X은행의 지점장도 이미 알고 있었다고 하므로 X는 (중과실이 아니라) 악의가 있었다고 보아야 할 것이다. 그러나 X의 선의의 대상을 「대행권 유무」로 보면 대법원판결과 같이 제반사정에 의하여 볼 때 X은행이 B에게 이 사건 약속어음의 발행에 관하여 Y회사 대표이사의 대표권을 대행할 권한이 있다고 믿은 데에 중대한 과실이 있다고 보기는 어렵다고 본다.

## 5. 결 어

가. 표현대표이사인 B가 Y회사의 대표이사 A를 대행하여 약속어음을 발행한 점(무권대행)에 대하여는 상법 제395조를 유추적용할 것이 아니라 민법 제126조를 유추적용하여 본인인 Y회사의 책임을 인정하여야 할 것으로 본다. 따라서 이 점에서는 이 사건의 대법원판결의 판지에 반대한다.

나. 표현대표이사인 B가 어음행위를 한 경우 그 회사인 Y가 어음상의 책임을 지기 위한 제3자의 범위는 어음은 유통증권이기 때문에 다른 법률행위의 경우와는 달리 B의 직접의 상대방뿐만 아니라 그 후의 어음취득자(현재의 어음소지인)를 포함한다고 본다. 이 점에서는 이 사건 대법원판결의 판지에 찬성한다.

그런데 이러한 점은 무권대행에 대하여 민법 제126조가 유추적용되는 경우에도 완전히 동일한데, 이에 대하여 우리 대법원판례는 직접의 상대방에 한하다고 판시한 점에 대하여는 반대한다.

다. 이 사건에서 대법원은 어음소지인(제3자)의 선의의 대상을 「대표권의 존

재」로 보지 않고 「대행권의 존재」로 보고 있는데, 이 점에 대하여는 판지에 반
대한다. 그러나 대법원의 X의 선의의 내용에 대하여 선의·무중과실로 보고 있는
점에 대하여는 판지에 찬성한다.

**라.** 따라서 이 사건에서 Y회사의 전무이사인 B가 권한 없이 대표이사 A명
의로 약속어음을 발행하여 수취인에게 교부하고 수취인이 이 어음을 X은행에게
배서양도한 경우 민법 제126조를 유추적용하여 Y회사에게 귀책사유가 있고 X은
행은 제반사정에 의하여 「대행권의 존재」에 대하여 선의·무중과실이라고 볼 수
있으므로 Y회사에 대하여 X은행에 대한 어음금의 지급책임을 인정한 대법원판
결의 결론은 타당하다고 본다.

# 한국 주식회사의 감사제도*

# Ⅰ. 서 언

한국의 주식회사에서 업무집행기관에 대한 감사(監査)는 (1996년 현재) 상법 (1962. 1. 20. 법 제1000호로 제정되고, 그 후 1962. 12. 12. 법 제1212호, 1984. 4. 10. 법 제 3724호, 1991. 5. 31. 법 제4372호, 1991. 12. 31. 법 제4470호, 1994. 12. 22. 법 제4796호, 1995. 12. 29. 법 제5053호로 개정됨)상의 감사(監事)에 의한 감사와 주식회사의 외부감 사에 관한 법률(1980. 12. 31. 법 제3297호로 제정되고, 그 후 1983. 12. 31. 법 제3690 호, 1984. 4. 10. 법 제3724호, 1989. 12. 30. 법 제4168호, 1993. 12. 31. 법 제4680호로 개 정됨)상의 외부감사인에 의한 감사가 있다(그 후 상법이 개정되어 감사에 갈음하여 감 사위원회를 둘 수 있거나 두도록 하고, '주식회사의 외부감사에 관한 법률'도 '주식회사 등 의 외부감사에 관한 법률'로 전부 개정되어〈2017. 10. 31, 법 15022호, 시행: 2018. 11. 1.〉 일정규모 이상의 유한회사도 적용대상에 포함시킴). 이와 같은 상법상의 감사에 의한 감사를 내부감사라 하고 주식회사의 외부감사에 관한 법률(이하 '외감법'으로 약칭

---

\* 이 글은 정찬형, "한국 주식회사의 감사제도," 「한일법학연구」(한일법학회), 제15집(1996.
12), 145~172면의 내용임(이 글은 필자가 한일법학회에서 발표한 내용임).
  이와 관련하여 참고할 수 있는 필자의 글로는 정찬형, "주식회사의 감사," 「월간고시」, 통권
제232호(1993. 5), 27~39면 등이 있음.

함) 상의 내부감사인(이하 단순히 '감사인'으로 약칭함)에 의한 감사를 외부감사라 하는데, 한국 주식회사의 감사제도는 이러한 내부감사와 외부감사의 이중적 구조를 취하고 있는 점에 특색이 있다.[1]

한국이 외감법이라는 특별법을 제정하여 일정 규모 이상의 주식회사에 대하여 다시 동법에 의한 감사인으로부터 회계감사를 받도록 하는 점은, 상법상의 감사는 공인회계사 등의 자격을 요하지 않으므로 회계에 관한 전문적 지식이 없는 감사에 의한 내부감사가 그 실효를 거두지 못하였기 때문에, 회계전문가이며 또한 회사로부터 독립적인 지위에 있는 감사인으로부터 회계감사를 받도록 하여 회사의 회계처리의 적정을 기하고 또한 이해관계인을 보호하여 회사의 건전한 발전을 기하고자 하기 위하여서이다(외감법 1조). 그러나 상법상의 감사에 의한 감사는 여전히 실효를 거두지 못하고 있을 뿐만 아니라. 이를 보충하기 위한 외감법상의 감사인에 의한 감사도 크게 실효를 거두지 못하여, 한국 주식회사의 감사제도는 많은 문제점을 내포하고 있다. 따라서 최근 정부에서도 기업의 투명성 제고와 관련하여 현행법상 주식회사의 감사제도가 실효를 거두지 못하고 있는 문제점을 깊이 인식하고 이의 획기적인 개선방안을 검토하고 있는 실정이다.

한국 상법상 주식회사의 감사제도는 독일의 주식법상 감사회제도를 영국의 회사법상 감사제도로 수정한 것이며, 외감법상 감사인제도는 미국의 증권법 및 증권거래법상의 감사제도를 채용한 것이라고 설명되고 있다.[2] 따라서 한국 주식회사의 감사제도는 한편으로 외국의 그것의 장점만을 따온 것으로도 생각될 수 있겠으나, 다른 한편으로는 외국의 어느 제도에도 충실하지 못하여 외국의 그것의 단점만을 반영하고 있으므로 감사의 실효를 거두지 못하는 것으로 볼 수도 있다. 따라서 한국 주식회사의 감사의 실효성을 확보하기 위하여는 외국의 감사제도의 도입에 있어 근본적인 재검토가 있어야 할 것이 아닌가 생각된다.

이하에서는 한국 상법상 감사제도와 외감법상 감사인제도를 각각 먼저 소개한 후, 이의 문제점을 각각 밝힌 다음, 결론으로 해결방안을 간단하게 제시하여 보고자 한다.

---

1) 외감법은 모든 주식회사에 대하여 다 적용되는 것이 아니라 일정 규모 이상의 주식회사에 대하여만 적용되고(동법 2조) 또 외감법에 의한 감사인은 회계감사만을 할 수 있으므로(동법 6조), 이 점에서만 이중적 구조를 취하게 된다.

2) 이범찬, 「주식회사 감사제도론」(서울: 법문사, 1976), 31면. 그런데 정동윤, 「회사법(3정증보판)」 (서울: 법문사, 1992), 454면은 「외감법상 감사인제도는 독일의 결산검사인(Abschlußprüfer) 및 프랑스의 회계감사인(comissaire aux compte)의 제도를 참고한 것이다」라고 한다.

## II. 상법상 감사제도

### 1. 감사의 의의

한국 상법상 주식회사의 감사(監事)는 「이사의 업무집행을 감사하고 또 (업무집행의 계산적 결과인) 회계를 감사할 권한을 가진 주식회사의 내부의 필요상설기관이며(그 후 상법이 개정되어 자본금의 총액이 10억원 미만인 소규모 주식회사에서는 감사를 임의기관으로 함—2009년 5월 개정상법 제409조 제4항) 또한 단독기관」이다. 상법상 이러한 감사는 '내부'기관이며 또한 '업무감사권'도 갖는 점에서 외감법상의 감사인과 구별되고, (소규모 주식회사 이외의 주식회사에서) '필요상설'기관인 점에서 임시기관인 검사인 및 임의기관인 유한회사의 감사와 구별된다. 또한 한국 상법상 감사는 수인이 있는 경우에도 회의체기관이 아니고 각 감사가 단독기관인 점에서 독일 주식법상 회의체기관인 감사회와 구별된다.

한국 상법상 감사제도는 1962년 제정된 제정상법상의 감사제도와, 1984년에 대폭 개정된 상법상의 감사제도와, 1995년에 다시 개정된 상법상의 감사제도로 구분하여 볼 수 있겠다. 따라서 이하에서는 한국 상법상 감사제도의 내용을 연혁적으로 3분하여 살펴보고, 마지막으로 이의 문제점을 지적하겠다.

### 2. 제정 상법상의 감사제도(1963. 1. 1부터 1984. 8. 31까지 시행)

### 가. 감사의 선임·종임

(1) 감사는 주식총회에서 선임되는데(1962년 상법 제409조 제1항), 그 선임방법은 의결권 없는 주식을 제외한 발행주식총수의 100분의 3을 초과하는 수의 주식을 가진 주주는 초과하는 주식에 관하여는 의결권을 행사하지 못하도록 하였다(1962년 상법 제410조 제1항). 회사는 정관으로 위의 비율보다 낮은 비율을 정할 수는 있으나, 높은 비율을 정할 수는 없었다(1962년 상법 제410조 제2항). 이와 같이 감사 선임에 있어서 의결권을 제한한 것은 이사를 선임한 대주주가 또 다시 감사를 선임할 수 있도록 하면 감사의 독립성이 확보되지 못하여 실효성 있는 감사를 할 수 없다는 점과 또한 군소주주에 의하여 감사가 선임될 수 있는 소지를 마련하기 위한 것이었다.[3] 감사의 자격에는 이사의 경우와 같이 원칙적으로 아

---

3) 이범찬, 전게서(감사제도론), 98~99면.

무런 제한이 없으나, 다만 그 직무를 공정하게 수행하도록 하기 위하여 같은 회사의 이사 또는 지배인 기타의 사용인의 직무를 겸하지 못하게 하였다(1962년 상법 제411조). 감사의 원수(員數)에 대하여는 상법상 제한이 없으므로 1인 이상이면 되고, 그 임기는 1년을 초과하지 못하도록 하였다(1962년 상법 제409조 2항). 다만 정관으로 그 임기중의 최종의 결산기에 관한 정기주주총회의 종결에 이르기까지 연장할 수는 있다(1962년 상법 제415조, 제383조 제3항). 감사의 보수는 이사의 경우와 같이 정관에 그 액을 정하지 아니한 때에는 주주총회의 결의로 이를 정하도록 하였으며(1962년 상법 제415조, 제388조), 감사 선임결의에 하자가 있는 경우에는 그 감사에 대하여 직무집행정지와 직무대행자선임의 가처분제도가 있음은 이사의 경우와 같다(1962년 상법 제415조, 제407조).

   (2) 감사의 종임사유도 이사의 경우와 같다. 즉, 감사와 회사간의 관계도 위임관계이므로(1962년 상법 제415조, 제382조 제2항), 위임의 종료사유에 의하여 감사는 종임된다(민법 제689조, 제690조). 다만 회사가 감사를 해임하는 경우에는 상법의 규정이 적용되어 주주총회의 특별결의로 감사를 언제든지 해임할 수 있는데, 감사의 임기만료 전에, 정당한 이유 없이 감사를 해임한 때에는 그 감사는 회사에 대하여 해임으로 인한 손해의 배상을 청구할 수 있다(1962년 상법 제415조, 제385조 제1항). 또한 감사가 그 직무에 관하여 부정행위 또는 법령이나 정관에 위반한 중대한 사실이 있음에도 불구하고 주주총회에서 그 해임을 부결한 때에는 발행주식총수의 100분의 5 이상에 해당하는 주식을 가진 주주는 총회의 결의가 있은 날로부터 1월 내에 그 감사의 해임을 법원에 청구할 수 있다(1962년 상법 제415조, 제385조 2항). 또한 회사의 해산은 업무집행기관을 필요 없게 할 뿐이고 청산회사의 감사는 여전히 필요하므로 감사는 회사의 해산에 의하여 당연히는 종임 되지 않는다4)(이사의 경우와 구별되는 점). 감사의 결원의 경우의 임시조치에 관한 사항도 이사의 경우와 같다. 즉, 법률 또는 정관에 정한 감사의 원수(員數)를 결한 경우에는 임기의 만료 또는 사임으로 인하여 퇴임한 감사는 새로 선임된 감사가 취임할 때까지 감사의 권리의무가 있으며, 이때 필요하다고 인정할 때에는 법원은 이사·감사 기타의 이해관계인의 청구에 의하여 일시감사의 직무를 행할 자를 선임할 수 있다(1962년 상법 제415조, 제386조).

   (3) 감사의 성명과 주소는 등기사항이므로, 감사의 선임·변경시에는 이를

---

4) 정희철·정찬형, 「제1개정판 상법원론(상)」(서울: 박영사, 1996), 759면.

등기하여야 한다(1962년 상법 제317조 2항 제8호).

## 나. 감사의 권한

제정상법상의 감사의 권한은 회계감사에 한정되었다. 즉, 감사는 언제든지 회계의 장부와 서류를 열람 또는 등사할 수 있고 이사에 대하여 회계에 관한 보고를 요구할 수 있다(1962년 상법 제412조 1항). 이때 감사는 그 직무의 수행을 위하여 특히 필요한 때에 한하여 회사의 업무와 재무상태를 조사할 수 있었다(1962년 상법 제412조 2항). 이와 같이 감사에게 회계감사권만을 부여한 것은 근대적 대기업의 경영이 복잡·광범하게 됨에 따라 업무집행으로부터 평상시에 소외된 감사에게는 도저히 업무집행의 합목적성에 대한 판단능력을 기대할 수 없는 점, 감사가 이사에 의하여 사실상 추천되어 그 세력 밑에 서게 되는 한 이사 등을 감독할 수 없고 실제에 있어서는 오히려 업무집행기관에 눌려 감독기능을 발휘하지 못하는 점, 이사회제도 하에서는 이사회에서 대표이사의 업무집행을 감독하는 것이 합리적이라는 점, 이사의 업무집행에 대한 공정성은 주주 또는 소수주주의 권리의 강화(위법행위유지청구권, 대표소송권, 회계장부 및 서류의 열람권 등)에 의하여 보장될 수 있는 점 등을 고려하였기 때문이라고 한다.[5] 따라서 이때의 감사제도는 감사의 자격에 공인회계사 등의 자격을 요하지 않는 점 등을 제외하고는 영국 회사법상 감사제도에 매우 접근하고 있다고 볼 수 있다.

## 다. 감사의 의무

### (1) 선관의무

회사와 감사의 관계는 위임관계이므로(1962년 상법 제415조, 제382조 제2항), 감사는 수임인으로서 회사에 대하여 선량한 관리자의 주의로써 위임사무를 처리할 의무를 부담한다. 그러나 감사는 이사와는 달리 업무집행권을 갖지 못하므로, 이와 관련된 의무인 경업피지의무(1962년 상법 제397조) 및 자기거래금지의무(1962년 상법 제398조)는 없다.

### (2) 주식총회에 대한 의견진술의무

감사는 이사가 주주총회에 제출할 회계에 관한 서류를 조사하여 주주총회에 그 의견을 진술하여야 할 의무를 부담한다(1962년 상법 제413조).

---

5) 이범찬, 전게서(감사제도론), 101면 참조.

### 라. 감사의 책임

회사와 감사의 관계는 위임관계이므로(1962년 상법 제415조, 제382조 제2항), 감사가 수임인으로서 그 임무를 해태한 때에는 그 감사는 연대하여 회사에 대하여 손해를 배상할 책임을 진다(1962년 상법 제414조 제1항). 또 감사가 악의 또는 중대한 과실로 인하여 그 임무를 해태하고 그로 말미암아 제3자에게 손해를 입힌 경우에는, 그 감사는 제3자에 대하여 연대하여 손해를 배상할 책임을 진다(1962년 상법 제414조 제2항). 위와 같이 감사가 회사 또는 제3자에 대하여 손해를 배상할 책임이 있는 경우에 이사도 그 책임이 있는 때에는, 그 감사와 이사는 연대하여 배상할 책임이 있다(1962년 상법 제414조 제3항).

이러한 감사의 회사에 대한 책임은 총주주의 동의로 면제할 수 있다(1962년 상법 제415조, 제400조). 또한 발행주식총수의 100분의 5 이상에 해당하는 주식을 가진 주주는 회사에 대하여 그 이유를 기재한 서면으로 감사의 책임을 추궁할 소의 제기를 청구할 수 있고, 회사가 이러한 청구를 받은 날로부터 30일 내에 소를 제기하지 아니한 때에는 주주는 즉시 회사를 위하여 소를 제기할 수 있다(1962년 상법 제415조, 제403조 제1항~제3항). 그러나 30일의 경과로 인하여 회사에 회복할 수 없는 손해가 생길 염려가 있는 경우에는 위의 소수주주는 즉시 소를 제기할 수 있다(1962년 상법 제415조, 제403조 제4항).

## 3. 1984년 개정상법상의 감사제도(1984. 9. 1부터 1996. 9. 30까지 시행)

이에 대하여는 1962년 제정상법을 기본으로 하여 개정된 부분만을 살펴본다.

### 가. 감사의 선임·종임

감사의 임기를 최장기 1년에서 2년으로 연장하고, 임기중의 최종결산기에 관한 정기총회의 종결시까지 계속되는 것으로 하였다. 즉, 「감사의 임기는 취임 후 2년 내의 최종의 결산기에 관한 정기총회의 종결시까지로 한다」로 개정하였다(1984년 상법 제410조). 감사의 선임기관 및 선임방법은 제정상법과 동일한데, 다만 이에 관한 조문을 상법 제409조에 통합하였고, 상법 제410조는 감사의 임기에 대하여 규정하였다.

감사의 선임과 관련하여 선임된 감사는 언제 감사의 지위를 취득하느냐에 관하여, 최근 한국의 대법원판례가 있어 이를 소개한다. 즉, 「감사는 주주총회에서 선임되는데 주주총회에서 감사선임의 결의가 있었다고 하여 바로 피선임자가 감사의 지위를 취득하게 되는 것은 아니고, 주주총회의 선임결의에 따라 회사의 대표기관이 임용계약의 청약을 하고 피선임자가 승낙을 함으로써 하는 임용계약이 체결되어야 비로소 감사의 지위를 취득한다고 할 수 있다. 따라서 감사로서의 임용계약이 체결되지 않은 자는 감사의 지위를 취득하지 못하므로 감사의 선임등기가 지연됨을 이유로 감사변경의 등기절차의 이행을 구할 수는 없다」고 판시하고 있다.6)

나머지는 1962년 제정상법과 동일하다.

## 나. 감사의 권한

1984년 개정상법은 주식회사의 건전한 운영과 더불어 투자자인 주주 및 회사채권자의 보호를 강화한다는 목적으로 위에서 본 바와 같이 감사의 임기를 2년으로 연장함과 동시에, 그 직무권한도 크게 확대하여 감사의 업무감사권을 인정하고, 이와 관련하여 감사에게 여러 가지 권한을 부여하면서 그 의무도 일층 강화하여 감사의 법적 지위를 안정시켰다.

### (1) 감사의 업무 및 회계감사권

1984년 개정상법 제412조 1항은 「감사는 이사의 직무집행을 감사한다」고 규정하여, 감사의 직무권한은 회계감사권 뿐만 아니라 업무감사에도 미친다는 점을 명백히 하고,7) 이어 동조 제2항에서는 「감사는 언제든지 이사에 대하여 영업에 관한 보고를 요구하거나 회사의 업무와 재산상태를 조사할 수 있다」고 규정하여, '회계'에 관하여만 보고를 요구할 수 있고 '특히 필요한 때'에 한하여 회사의 업무와 재산상태에 관한 조사권을 인정하고 있는 1962년 제정상법에 비하여 감사의 권한을 크게 확대시켰다. 이와 관련하여 1984년 개정상법은 감사의 감사기간을 1962년 제정상법상의 1주간에서 4주간으로 연장하였다(1984년 상법 제447조의 4 제1항).

---

6) 대법원 1995. 2. 28 선고, 94 다 31440 판결(법원공보 989호, 1458면)[이 판례는 대판(전원합의체) 2017. 3. 23, 2016 다 251215에 의하여 변경됨(즉, 주주총회의 선임결의와 피선임자의 승낙만 있으면 감사의 지위를 취득함)].

7) 1984년 개정상법 제412조 1항에서 이사의 「업무집행」을 감사한다는 표현을 피하고 「직무의 집행」을 감사한다고 표현한 것은 감사의 범위가 일상적인 업무집행에 국한하지 않고 이사의 직무에 속하는 일체의 사항에 미친다는 점을 명백히 하기 위함이라고 한다[이태로·이철송, 「제5판 회사법강의」(서울: 박영사, 1996), 714면].

　　감사에게 이사에 관한 업무감사권을 인정하였다고 하여 업무감독권까지 부여하는 것은 아니다. 따라서 1984년 개정상법은 이 점을 명백히 하여 「이사회는 이사의 직무의 집행을 감독한다」고 규정하고 있다(1984년 상법 제393조 제2항). 그러므로 감사의 업무감사권의 범위에 대하여 견해가 나뉘어 있다. 이에 대하여 감사는 이사의 업무집행에 관하여 위법성 감사에 한하지 않고 타당성 감사에도 미친다고 보는 견해8)도 있으나(소수설), 감사는 원칙적으로 위법성 감사에 한하고 상법에 명문의 규정(1984년 상법 제413조, 제447조의 4 제2항 제5호·제8호)이 있는 경우에 한하여 타당성 감사를 할 수 있다고 본다9)(다수설). 따라서 이사의 업무집행에 관한 타당성 감사는 원칙적으로 이사회가 한다(1984년 상법 제393조 제2항).

### (2) 이사회출석·의견진술·기명날인권

　　1984년 개정상법은 감사에게 업무감사권을 인정하고, 이의 실효를 거둘 수 있도록 하기 위하여 다시 감사에게 이사회의 출석 및 의견진술권을 인정하는 규정을 신설하고 있다. 즉, 1984년 개정상법 제391조의 2 제1항은 「감사는 이사회에 출석하여 의견을 진술할 수 있다」고 규정하고 있다. 이와 관련하여 1984년 개정상법은 감사에게 이사회 소집의 통지수령권(1984년 상법 제390조 제2항), 소집절차생략에 대한 동의권(1984년 상법 제390조 제3항), 이사회 의사록에 대한 기명날인권(1984년 상법 제391조의 3 제2항)을 인정하고 있다.

### (3) 이사의 위법행위 유지청구권

　　1962년 제정상법은 이를 소수주주에게만 인정하였는데, 1984년 개정상법은 이를 감사에게도 인정하였다(1984년 상법 제402조).

### (4) 이사와 회사간의 소에 관한 회사대표권

　　1962년 제정상법은 회사와 이사간의 소에 관하여 회사의 이익을 보호하기 위하여 그 소에 관한 회사대표자를 이사회에서 선정하도록 하고(1962년 상법 제394조 제1항), 주주총회는 이와 같은 이사회에 의한 대표자 선정에도 불구하고 그 소에 관한 회사대표자를 선정할 수 있도록 하였다(1962년 상법 제394조 제2항). 그런데 1984년 개정상법은 회사와 이사간의 소에 관하여는 감사가 당연히 그 소에 관하여 회사대표권을 갖는 것으로 하고, 소수주주가 이사의 책임을 추궁하는 소

---

8) 최기원, 「제7전정증보판 상법학신론(상)」(서울: 박영사,1996), 746면(회사에 중대한 영향을 미치는 사항에 대하여는 그 타당성도 감사하여야 한다고 한다).
9) 정희철·정찬형, 전게서, 760면. 동지: 서돈각, 「제3전정 상법강의(상)」(서울: 법문사, 1985), 403면; 정동윤, 전게서, 449면; 이태로·이철송, 전게서, 715면.

를 회사에 청구한 경우에도 역시 감사가 회사를 대표하여 문제된 이사를 상대로 한 소를 제기하도록 하였다(1984년 상법 제394조).

### (5) 각종의 소권

1984년 개정상법은 이사 및 주주(경우에 따라서는 청산인, 파산관재인, 회사채권자 등)에 추가하여, 감사에게도 회사설립무효의 소(1984년 상법 제328조)를 비롯하여 주주총회결의취소의 소(1984년 상법 제376조), 신주발행무효의 소(1984년 상법 제429조), 자본감소무효의 소(1984년 상법 제445조), 합병무효의 소(1984년 상법 제529조) 등과 같은 각종의 소 제기권을 인정하였다. 또한 주주인 감사가 주주총회결의취소의 소를 제기한 경우에는 이사의 경우와 같이 감사의 담보제공의무가 면제되는 것으로 하였다(1984년 상법 제377조 제1항 단서).

## 다. 감사의 의무

1984년 개정상법은 감사의 권한을 확대함과 동시에 감사의 충실화를 도모하기 위하여 다음과 같이 그의 의무도 많이 확대하였다. 또한 1984년 개정상법에서는 감사에게 업무감사권도 부여하였으므로, 이에 따라 감사의 주주총회에 대한 의견진술의무의 내용도 다음과 같이 변경하였다. 그러나 감사의 선관의무는 1962년 제정상법과 동일하다.

### (1) 주주총회에 대한 의견진술의무

감사는 이사가 주주총회에 제출할 의안 및 서류를 조사하여 법령 또는 정관에 위반하거나 현저하게 부당한 사항이 있는지의 여부에 관하여 주주총회에 그 의견을 진술할 의무가 있다(1984년 상법 제413조). 이는 1962년 제정상법 제413조의 내용을 감사에게 업무감사권이 부여된 점과 더불어 변경한 것이다.

### (2) 이사회에 대한 보고의무

감사는 이사가 법령 또는 정관에 위반하거나 또는 위반할 염려가 있다고 인정한 때에는 이사회에 이를 보고할 의무가 있다(1984년 상법 제391조의 2 제2항). 이는 1984년 개정상법이 감사에게 이사회 출석·의견진술권을 인정함과 동시에 신설된 의무이다.

### (3) 감사록의 작성의무

감사는 감사에 관하여 감사록을 작성하고, 감사록에는 감사의 실시요령과 그 결과를 기재하고 감사를 실시한 감사가 기명날인을 할 의무를 진다(1984년 상법 제413조의 2). 이는 성실한 감사의 수행과 강화된 감사기능의 실효를 확보하기 위하여 1984년 개정상법이 신설한 것이다.

### (4) 감사보고서의 작성·제출의무

감사는 매 결산기에 이사로부터 제출받은 재무제표와 영업보고서를 감사한 후 감사보고서를 작성하여, 이를 일정기간 내에 이사에 제출할 의무가 있다(1984년 상법 제447조의 4 제1항). 이러한 감사보고서의 기재사항에 대하여는 상법이 11개 항목에 대하여 상세히 규정하고 있다(1984년 상법 제447조의 4 제2항). 이것도 감사의 형식화를 방지하고 충실한 감사가 될 수 있도록 하기 위하여 1984년 개정상법이 신설한 것이다.

### 라. 감사의 책임

이에 대하여는 1984년 개정상법에서는 변경된 것은 없다. 따라서 이의 내용은 1962년 제정상법의 그것과 같다. 다만 감사의 제3자에 대한 손해배상책임 및 감사의 회사에 대한 불법행위책임은 주주가 면제할 수 없다는 점에 대하여 한국 대법원판례가 있어, 이를 다음과 같이 소개한다. 즉, 「감사가 어음용지의 수량과 발행매수를 조사하거나 은행의 어음결재량을 확인하는 정도의 조사만이라도 하였다면 경리담당자의 부정행위를 쉽게 발견할 수 있었을 것인데도 아무런 조사도 하지 아니하였다면, 이는 감사로서 중대한 과실로 인한 임무해태를 한 것이 되므로 경리업무담당자의 부정행위로 발행된 어음취득자(제3자—필자 주)의 손해를 배상할 책임을 진다」고 판시하고 있다.10) 또한 「상법 제415조, 제400조에 의하여 총주주의 동의로 면제할 수 있는 감사의 회사에 대한 책임은 위임관계로 인한 채무불이행책임이지 불법행위책임이 아니므로, 사실상의 1인주주가 감사에 대하여 책임면제의 의사표시를 하였더라도 감사의 회사에 대한 불법행위책임을 면제할 수 없다」고 판시하고 있다.11)

## 4. 1995년 개정상법상의 감사제도(1996. 10. 1부터 시행)

이에 대하여는 1984년 개정상법을 기본으로 하여 개정된 부분만을 살펴본다.

### 가. 감사의 선임·종임

1995년 개정상법은 감사의 선임에 있어서 겸직금지범위를 확대하고 임기를

---

10) 대법원 1998. 10. 25 선고, 87 다카 1370 판결(법원공보 1988년, 1473면).
11) 대법원 1996. 4. 9 선고, 95 다 56316 판결(법원공보 1996년, 1395면).

연장하였으며, 감사의 해임에 있어서는 감사에게 해임에 관한 의견진술권을 부여하고 있다. 그 밖의 사항은 1984년 개정상법의 내용과 같다.

### (1) 감사의 겸직금지범위의 확대

1995년 개정상법 제411조는 「감사는 회사 및 자회사의 이사 또는 지배인 기타의 사용인의 직무를 겸하지 못한다」고 규정함으로써, 감사는 피감사회사가 지배하는 자회사가 있는 때에는 그 자회사의 이사와 지배인 기타의 사용인도 겸임하지 못하도록 하여 감사의 독립성을 보장하고자 하고 있다.[12)]

### (2) 감사의 임기연장

1995년 개정상법 제410조는 「감사의 임기는 취임 후 3년 내의 최종의 결산기에 관한 정기총회의 종결시까지로 한다」고 규정함으로써, 감사의 임기를 2년에서 3년으로 연장하여 이사의 임기(1995년 상법 제383조 제2항)와 균형을 맞추고 감사의 독립성을 보장하는데 기여하고자 하고 있다.

### (3) 감사의 해임에 관한 의견진술권 부여

1995년 개정상법은 제409조의 2를 신설하여 「감사는 주주총회에서 감사의 해임에 관하여 의견을 진술할 수 있다」고 규정하고 있다. 이는 주주총회가 감사의 해임결의를 함에 있어 적정을 기하고, 아울러 감사의 독립성을 보장하여 감사의 지위를 안정·강화시키고자 하는 것이다.

### (4) 감사의 등기사항의 변경

1995년 개정상법은 감사의 등기사항에서 종래의 「성명과 주소」에서 「성명 및 주민등록번호」로 변경하고 있다(1995년 상법 제317조 제1항 제8호).

## 나. 감사의 권한

1995년 개정상법은 감사의 권한을 더욱 확대하여 이사의 감사에 대한 보고의무를 규정하고, 감사에게 주주총회소집청구권과 자회사에 대한 조사권을 인정하고 있다.

### (1) 이사의 보고의무

1995년 개정상법은 제412조의 2를 신설하여 「이사는 회사에 현저하게 손해를 미칠 염려가 있는 사실을 발견한 때에는 즉시 감사에게 이를 보고하여야 한

---

12) 이는 1995년 개정상법 이전에도 학설에서는 이와 동일하게 해석하는 견해가 있었는데[정희철·정찬형, 전게서, 848면; 정동윤, 전게서, 448면], 1995년 개정상법은 이를 명문으로 규정하게 된 것이다.

다」고 규정하고 있다. 이로 인하여 감사는 자신이 스스로 조사하는 외에, 회사에 현저한 손해를 미칠 염려가 있는 사실이 발생하고 이사가 그것을 발견한 때에는 감사의 요구가 없더라도 자발적으로 감사에게 보고할 적극적인 보고의무를 부과 하고 있다. 이로써 회사의 업무집행에 관여하지 않는 감사의 감사실시를 용이하 게 하고, 회사의 손해를 미연에 방지하도록 하고 있다.

### (2) 주주총회소집청구권

1995년 개정상법은 제412조의 3을 신설하여 「① 감사는 회의의 목적사항과 소집의 이유를 기재한 서면을 이사회에 제출하여 임시총회의 소집을 청구할 수 있다. ② 제366조 제2항(전항의 청구가 있은 후 이사회가 지체 없이 총회소집의 절차를 밟지 아니한 때에는 청구한 주주는 법원의 허가를 얻어 총회를 소집할 수 있다)의 규정은 감사가 총회를 소집하는 경우에 이를 준용한다」고 규정하고 있다. 따라서 감사의 조사나 이사의 보고에 따라 감사가 이사회에 적절한 조치를 촉구하여도 이사회 에서 받아들여지지 않을 경우에는, 감사는 직접 임시주주총회를 소집하여 그 대 책을 강구할 수 있게 하고 있다.

### (3) 자회사의 조사권

1995년 개정상법은 제412조의 4를 신설하여 「① 모회사의 감사는 그 직무 를 수행하기 위하여 필요한 때에는 자회사에 대하여 영업의 보고를 요구할 수 있다. ② 모회사의 감사는 제1항의 경우에 자회사가 지체 없이 보고를 하지 아 니한 때 또는 그 보고의 내용을 확인할 필요가 있는 때에는 자회사의 업무와 재 산상태를 조사할 수 있다. ③ 자회사는 정당한 이유가 없는 한 제1항의 규정에 의한 보고 또는 제2항의 규정에 의한 조사를 거부하지 못한다」고 규정하고 있다. 이는 모회사가 자회사를 이용하여 분식결산 등을 하는 경우가 있으므로 모회사 의 감사의 실효를 거두기 위하여 모회사의 감사가 자회사에 대하여도 조사할 수 있도록 한 것이다.

## 다. 감사의 의무

이에 대하여는 1995년 개정상법에서 특별히 개정된 바가 없으므로, 그 내용 은 1984년 상법과 같다. 다만 조사록의 작성에서 감사를 실시한 감사는 기명날 인 외에도 서명을 할 수 있음을 규정하고 있는데(1995년 상법 제413조의 2 제2항), 이는 상법 전편(全編)에서 기명날인 외에 서명을 인정하고 있는 것과 균형을 맞 추기 위한 것 뿐이다.

## 라. 감사의 책임

이에 대하여는 1995년 개정상법에서도 개정된 바가 없으므로 1984년 상법 (이에 대하여는 1984년 개정상법에서도 개정된 바가 없으므로 엄격히는 1962년 제정상법) 의 경우와 같다.

## 5. 상법상 감사제도의 문제점13)

**가.** 위에서 본 바와 같이 한국 상법상 감사(監事)제도는 상법 제정 당시에는 영국 회사법상 감사에 유사하게 감사의 권한을 회계감사에 국한하고 감사의 임기를 1년으로 하였다. 이와 함께 이사의 업무집행에 대한 감사(감독)는 이사회 및 주주(소수주주)에게 맡겼다. 그런데 감사의 자격에 대하여는 미국 회사법상 감사와는 달리 공인회계사 등의 회계전문가로 제한하지 않았다. 따라서 회계에 관한 전문적인 지식이 없는 자가 감사로 선임되게 되어(때에 따라서는 실질적으로 감사가 없는 경우도 있게 되어) 처음부터 실효성 있는 (회계)감사는 있을 수 없게 되었으므로 상법상 감사는 유명무실하게 될 수밖에 없었다. 이로 인하여 일정규모 이상의 주식회사에 대하여는 회계감사라도 그 실효를 거두기 위하여 이에 옥상옥으로 다시 특별법인 주식회사의 외부감사에 관한 법률을 제정하여 회계법인 등 외부 감사인으로부터 다시 감사를 받도록 하고 있으나, 후술하는 바와 같이 이것도 큰 실효를 거두지 못하면서 내부감사와 이원화되어 있는 문제점이 있다. 또한 이사의 업무집행에 대한 감사(감독)에서도 한국 주식회사의 이사회는 거의 전부 내부 이사(사내이사)로 구성되어 있는 현실에서 이사회가 이사의 업무집행에 대하여 실효성 있는 감사(감독)를 한다는 것이 거의 불가능하게 되었으며, 또한 주주(소수주주)는 전문적인 지식의 결여와 무관심으로 이사의 업무집행에 대하여 직접 감사(감독)권을 거의 행사하지 못하였다. 따라서 한국 주식회사의 업무집행은 거의 감사(감독)를 받지 않고 대주주에 의하여 개인기업처럼 전횡되어 왔다고 하여도 과언이 아니다. 이러한 경영형태로 말미암아 많은 부작용과 비리가 발생하여 최근 정부에서도 이러한 문제점을 뼈저리게 실감하고 주식회사(적어도 상장주식회사)에 대한 실효성 있는 감사를 위한 감사(監事)제도의 획기적인 개선방안을 구상하고 있는 것이다.

---

13) 이에 관하여는 정찬형 외, 「주식회사 감사제도의 개선방안에 관한 연구」(상장협 연구보고서 95-4)(서울: 한국상장회사협의회, 1995. 12), 6~52면, 234~238면 참조.

나. 이와 같이 상법상 감사제도가 유명무실하게 되자 위에서 본 바와 같이
1984년 개정상법은 감사의 독립성 보장을 위한 법 개정과 함께 감사에게 업무감
사권을 위시하여 많은 권한을 주고 이와 동시에 감사에게 많은 의무도 부과하여
감사에 의한 실효성 있는 감사가 될 수 있도록 하기 위하여 노력하였는데, 이것
도 크게 실효를 거두지 못하자 1995년 개정상법은 다시 감사의 독립성 보장과
실효성 있는 감사를 위한 법 개정을 하였다. 그러나 이러한 상법의 개정에도 불
구하고 상법상 감사에 의한 감사는 앞으로도 크게 실효를 거두기가 어려울 것으
로 본다. 이는 우리 상법상 감사제도에 근본적인 문제가 있기 때문이며, 이의 근
본적인 문제의 개선이 없이 부분적으로 감사의 권한과 의무를 확대하는 미봉책
만으로는 해결될 수 없기 때문이다. 우리 상법상 주식회사의 감사제도가 독일의
감사회제도와 영국의 감사제도를 반영하고 있다고 하나, 독일의 감사회제도 및
영국의 감사제도의 어디에도 충실하지 못하여 양 제도의 단점만을 반영하고 있
는 점도 근본적인 문제점이다. 즉, 독일의 감사회는 감사권 이외에 이사회의 업
무집행에 대한 감독권·이사의 임면권·일정한 경우 이사회의 업무집행에 대한
동의권·재무제표의 확정권 등(즉, 주주총회의 권한의 일부)을 갖고 있어 이사회에
대한 계속적이고 실질적인 감독업무를 수행함과 함께 이사회와 더불어 공동경영
기구(two-tire or dual-borad system)를 구성하고 있음에 반하여, 한국의 감사는 이
사회(및 대표이사)와 함께 공동경영기구가 될 수 없음은 물론 이사의 임면권 등을
비롯한 주주총회의 권한의 일부를 갖지 못하여 실질적으로 실효성 있는 업무감
사를 할 수 없도록 되어 있다. 또한 영국의 감사는 감사의 자격에 공인회계사
등의 자격을 요하기 때문에 회계감사에 충실할 수 있으나, 한국의 감사는 이러한
자격을 요하지 않기 때문에 회계에 관한 전문적인 지식이 없는 감사가 실효성
있는 회계감사를 할 수 없는 것은 너무나 자명한 일이다.

다. 한국의 상장주식회사에 대하여 감사제도의 운영실태에 관한 설문조사결
과 이러한 문제점은 실증적으로 나타나고 있다.[14] 즉, 한국 상법상 감사는 (원칙
적으로) 필요기관이며 또 이러한 감사가 그의 직무를 충실히 수행하기 위하여 상
근이 되지 않을 수 없는데, 상장주식회사의 경우에도 사실상 감사를 두고 있는
회사가 약 60%에 불과하고 감사를 두고 있는 상장회사도 상근감사를 두고 있는
회사는 그중에서 약 60%에 불과하다. 또한 상법은 감사의 독립성을 보장하기 위

14) 이에 관한 상세한 것은 정찬형 외, 전게 상장협 연구보고서(95-4), 6~44면 및 부록 참조.

하여 대주주의 경우 발행주식총수의 100분의 3을 초과하는 수의 주식에 대하여
는 의결권을 행사하지 못하도록 규정하고(1995년 상법 제409조 2항) 또 감사는 회
사 및 자회사의 이사 또는 지배인 기타의 사용인의 직무를 겸하지 못하게 규정
하고 있는데(1995년 상법 제411조), 설문조사 결과 대주주의 의결권제한을 고려하
지 않고(응답자 중 약 80%) 감사는 실제로 대주주·대표이사 또는 이사회의 결정에
의하여 선임되고 있으며(응답자 중 약 90%) 감사가 피감사회사의 이사 등의 직을
겸하고 있는 경우도 많았다(응답자 중 약 20%). 또한 실효성 있는 감사를 위하여
한국 상법은 위에서 본 바와 같이 법 개정을 통하여 감사의 직무권한을 확대하
였으나, 감사는 회사의 업무 및 회계감사권만을 행사하고 있을 뿐 이사의 위법행
위에 대한 유지청구권·이사와 회사간 소에 있어서 회사대표권(이는 다시 말하면,
감사가 회사를 대표하여 이사에 대하여 그의 책임을 추궁하는 소의 제기를 의미함) 및 각
종의 소 제기권 등은 거의 행사하지 않고 있다. 또한 결산감사기간도 4주로 연
장하였으나(1995년 상법 제447조의 4 제1항), 실제로는 대부분 1~2주만 감사하였다.
한국 상법은 위에서 본 바와 같이 1984년 법 개정을 통하여 감사에 의한 형식적
감사를 방지하기 위하여 감사에게 많은 의무를 부과하였으나 이를 이행한 경우
는 많지 않았으며, 특히 감사록 및 감사보고서를 상법에 맞게 작성하는 회사는
약 절반에 불과하였다. 감사가 이와 같이 부실한 감사를 하고 있음에도 불구하고
이러한 감사에 대하여 상법의 규정에 따라 그의 임무해태로 인한 손해배상청구
를 한 경우는 한 건도 없었다.


## III. 외감법상 감사인제도

### 1. 감사인의 의의

　　(1996년 현재, 이하 같음) 주식회사의 외부감사에 관한 법률에 의하여 대통령령
으로 정하는 일정규모 이상의 주식회사(직전사업연도 말의 자산총액이 60억 이상인
주식회사 – 외감법 제2조 본문, 동시행령 제2조 1항)(그 후 동법 시행령의 개정으로 '직전사
업연도 말의 자산총액이 100억원 이상인 주식회사'로 되었고, 또한 2017년 10월 31일 동법
의 개정으로 일정규모 이상의 유한회사도 적용대상에 포함시킴)는 상법상 감사에 의한
내부감사 외에 그 주식회사로부터 독립된 회계전문가인 회계법인 등에 의하여
회계감사를 받아야 하는데, 이와 같이 회사의 외부에서 회계감사를 하는 자가

(외부)감사인이다.

이와 같이 일정규모 이상의 주식회사는 주주·채권자·종업원 등 다수의 이해관계인이 존재하고 그 경리내용이 복잡하므로, 독립된 회계전문가인 감사인으로부터 회계감사를 받도록 함으로써 그 회계처리의 적정을 기하여 이해관계인의 보호와 기업의 건전한 발전에 기여하고자 하는 것이다(외감법 제1조). 이러한 감사인에 의한 외부감사는 상법상 감사에 의한 내부감사가 실효를 거두지 못한 것을 보강하기 위한 것이다.

## 2. 감사인의 선임

### 가. 자 격

감사인은 회계법인, 합동회계사무소(이는 그 후 삭제됨) 또는 감사반이어야 한다(외감법 제3조 제1항). 이때 「회계법인」이란 '회계감사 등의 직무를 조직적으로 행하기 위하여 공인회계사 5인 이상으로 조직되는 사단법인'이고(외감법 제3조 제1항 제1호, 공인회계사법 제12조의 2, 제12조의 3), 「합동회계사무소」는 '공인회계사 10인 이상으로 구성된 사단'이고(외감법 제3조 제1항 제2호, 공인회계사법 제12조의 18), 「감사반」은 '공인회계사 3인 이상으로 구성되고 공인회계사회에 등록을 한 사단'을 말한다(외감법 제3조 제1항 제3호).

회계법인 또는 합동회계사무소인 감사인은 (i) 그가 피감사회사의 주식을 소유하고 있는 경우, (ii) 그의 구성원이나 배우자가 피감사회사의 임원이나 이에 준하는 직위 또는 직무에 관한 사무의 책임있는 담당자이거나 과거 1년 이내에 이러한 직위에 있었던 경우, 그의 구성원이 피감사회사의 사용인이거나 과거 1년 이내에 사용인이었던 경우, 이 외에 그가 피감사회사와 현저한 이해관계가 있음으로써 그 직무를 수행함에 지장이 있다고 인정되어 대통령령이 정하는 경우, (iii) 위 (i) 및 (ii)의 경우 이외에 그가 피감사회사와 현저한 이해관계를 가지고 있거나 과거 1년 이내에 그러한 관계를 가지고 있었던 경우 등에는 피감사회사의 감사인이 될 수 없다(외감법 제3조 제3항 전단, 공인회계사법 제12조의 8). 또한 감사반인 감사인은 그의 소속된 구성원의 1인 이상이 (i) 자기 또는 배우자가 피감사회사의 임원이나 이에 준하는 직위 또는 직무에 관한 사무의 책임있는 담당자이거나 과거 1년 이내에 그러한 직위에 있었던 경우, (ii) 그가 피감사회사의 사용인이거나 과거 1년 이내에 사용인이었던 경우, (iii) 위의 (i) 및 (ii) 외에 그가 피감사회사와 현저한 이해관계가 있음으로써 그 직무를 공정히 수행함에 지장이 있다고 인정되어 대통령령이 정한 경우에는 피감사회사의 감사인이 될 수 없다(외감법 제3조 제3항 후단, 공인회계사법 제10조).

## 나. 선임절차

회사(피감사회사)는 매 사업년도 개시일로부터 4월 이내에 감사인을 선임하여야 하는데(외감법 제4조 제1항), 이러한 감사인은 감사의 제청에 의하여 이사회의 결의를 거친 후 정기주주총회의 승인을 거쳐 선임된다(외감법 제4조 제2항 본문). 다만 직전사업년도의 감사인을 다시 감사인으로 선임하고자 할 때에는 감사의 제청 및 정기주주총회의 승인을 필요로 하지 아니한다(외감법 제4조 제2항 단서). 회사가 이와 같이 감사인을 선임하거나 변경 또는 선정한 때에는 증권선물위원회에 보고하여야 한다(외감법 제4조 제5항). 증권선물위원회는 일정한 사유가 있는 때에는 회사에 대하여 감사인을 변경하거나 증권선물위원회가 지명하는 자를 감사인으로 선정할 것을 요구할 수 있는데, 회사는 특별한 사유가 없는 한 이에 응하여야 한다(외감법 제4조 제3항 제1문). 이 경우 당해 회사 또는 감사인으로 지명받은 자는 일정한 사유가 있는 때에는 증권관리위원회에 다시 자명하여 줄 것을 요청할 수 있다(외감법 제4조 제3항 제2문). 위와 같이 증권선물위원회의 요구에 의하여 감사인을 변경하거나 증권선물위원회가 지명하는 자를 감사인으로 선정하는 경우 등에는 회사의 내부절차가 필요없다(외감법 제4조 제4항).

감사인의 임기에 관하여는 외감법상 특별한 규정이 없다. 따라서 회사와 감사인 간의 계약에 의하여 임기가 정하여질 수 있겠는데, 외감법의 취지에서 볼 때 1년으로 하는 것이 무난할 것으로 본다(외감법 제4조 제2항 단서 참조).

## 3. 감사인의 권한

### 가. 회계감사권

감사인은 피감사회사의 재무제표(연결재무제표를 작성하는 회사의 경우에는 이를 포함함)에 대하여 회계감사를 할 권한을 갖는다(외감법 제2조 본문). 이를 위하여 피감사회사는 당해 사업연도의 재무제표 또는 연결재무제표를 작성하여 재무제표는 정기주주총회 6주 전까지, 연결재무제표는 당해 사업연도 종료 후 3월 이내에 감사인에게 제출하여야 한다(외감법 제7조, 동시행령 제6조).

감사인은 일반적으로 공정·타당하다고 인정되는 회계감사기준에 따라 감사를 실시한 후(외감법 제5조), 감사보고서를 작성하여 피감사회사에 대하여는 정기총회 1주일 전에, 증권선물위원회 및 공인회계사회에 대하여는 정기총회 종료 후 2주일 이내에 각각 제출하여야 한다(외감법 제8조 제1항, 동시행령 제7조 제1항 본문). 다만 연결재무제표에 대한 감사보고서는 피감사회사와 증권선물위원회의 및 공인회계사회에 사업연도 종료 후 4월 이내에 각각 제출하여야 한다(외감법 제8조 제1항, 동시행령 제7조 제1항 단서).

### 나. 기타의 권한

감사인은 언제든지 피감사회사 및 동회사와 일정한 관계에 있는 관계회사(외감법시행령 제5조)의 회계에 관한 장부와 서류를 열람 또는 등사할 수 있고(회계장부열람권), 피감사회사 및 관계회사에 대하여 회계에 관한 자료의 제출을 요구할 수 있고(회계자료제출요구권), 그 직무의 수행을 위하여 특히 필요한 때에는 회사의 업무와 재무상태를 조사할 수 있다(업무·재산상태조사권)(외감법 제6조 제1항). 연결재무제표를 감사하는 감사인은 그 직무의 수행을 위하여 필요한 때에는 피감사회사 및 관계회사의 감사인에 대하여 감사관련자료의 제출 등 필요한 협조를 요청할 수 있는데, 이 경우 피감사회사 및 관계회사의 감사인은 지체 없이 이에 응하여야 한다(외감법 제6조 제2항).

### 4. 감사인의 의무

**가.** 감사인은 앞에서 본 바와 같이 소정 기간 내에 감사보고서를 작성하여 피감사회사·증권선물위원회 및 공인회계사회에 제출하여야 한다(외감법 제8조 제1항, 동시행령 제7조 제1항).

**나.** 감사인과 그 소속된 공인회계사 등은 그 직무상 알게 된 비밀을 법률에 특별한 규정이 있는 경우 외에는 누설하여서는 아니된다(외감법 제9조).

### 다. 부정행위보고의무

감사인은 그 직무를 수행함에 있어서 이사의 직무수행에 관하여 부정행위 또는 법령이나 정관에 위반되는 중대한 사실을 발견한 때에는, 이를 주주총회에 보고하여야 한다(외감법 제10조).

### 라. 주주총회출석의무

감사인 또는 그에 소속된 공인회계사는 주주총회의 요구가 있는 때에는 이에 출석하여, 의견을 진술하거나 주주의 질문에 답변하여야 한다(외감법 제11조).

## 5. 감사인의 책임

감사인은 일정한 경우에 엄격한 형사책임(외감법 제19조~제20조)을 부담하는 외에, 다음과 같은 민사책임을 부담한다.

### 가. 피감사회사에 대한 책임

(1) 감사인이 그 임무를 게을리 하여 피감사회사에 대하여 손해를 발생하게 한 때에는, 그 감사인은 동회사에 대하여 손해를 배상할 책임이 있다(위임계약 또는 준위임계약의 위반으로 인한 채무불이행책임)(외감법 제17조 제1항 본문). 이때 감사인이 합동회계사무소 또는 감사반이면 그 감사에 참여한 공인회계사가 연대하여 손해를 배상할 책임을 진다(외감법 제17조 제1항 단서). 그러나 이때 공인회계사가 그 임무를 게을리하지 아니하였음을 증명하는 때에는 손해배상책임을 지지 아니한다(외감법 제17조 제5항).

(2) 감사인이 피감사회사에 대하여 손해배상책임이 있는 경우에 이사 또는 감사도 그 책임이 있는 때에는 감사인과 이사 및 감사는 연대하여 손해배상할 책임을 진다(외감법 제17조 4항).

(3) 감사인은 이러한 손해배상책임을 보장하기 위하여 손해배상 공동기금의 적립 또는 보험에의 가입 등 필요한 조치를 하여야 한다(외감법 제17조 제6항).

(4) 감사인의 이러한 손해배상책임은 피감사회사가 그 사실을 안 날로부터 1년 이내에 또는 감사보고서를 제출한 날로부터 3년 이내에 그 권리를 행사하지 아니하면 소멸한다(외감법 제17조 7항 본문). 다만 감사인의 선임계약으로 그 기간을 연장할 수는 있다(외감법 제17조 제7항 단서).

### 나. 제3자에 대한 책임

감사인이 중요한 사항에 대하여 감사보고서에 기재하지 아니하거나 허위의 기재를 함으로써 이를 믿고 이용한 제3자에게 손해를 발생하게 한 경우에는, 그 감사인은 제3자에 대하여 손해를 배상할 책임을 진다(외감법 제17조 제2항 본문).

다만 연결재무제표에 대한 감사보고서에 중요한 사항을 기재하지 아니하거나 허위의 기재를 한 책임이 종속회사 또는 관계회사의 감사인에게 있는 경우에는 그 감사인은 이를 믿고 이용한 제3자에게 손해를 배상할 책임을 진다(외감법 제17조 제2항 단서).

감사인의 제3자에 대한 책임에서도 그 감사에 참여한 다른 공인회계사와의 연대책임(외감법 제17조 제3항) 및 책임면제(외감법 제17조 제5항), 이사 및 감사와의 연대책임(외감법 제17조 제4항), 감사인의 보험가입(외감법 제17조 제6항) 및 감사인의 책임소멸(외감법 제17조 제7항)은 감사인이 피감사회사에 대하여 책임을 부담한 때의 그것과 같다.

## 6. 외감법상 감사인의 문제점

가. 외감법상 감사인은 상법상 감사에 의한 감사(업무감사 및 회계감사)가 철저하면 필요 없는 제도이다. 또한 외감법상 감사인에 의한 감사와 상법상 감사에 의한 감사는 그 감사의 목적·주체·범위 등이 서로 다르고 또한 양자의 협조의무가 법정되어 있는 것도 아니므로, 양자는 서로 달리 운영되고 있어(즉, 감사인은 한정의견을 내는 반면 감사는 적정의견을 내는 경우가 빈번함) 주주 등 이해관계인의 보호에 많은 문제점을 야기하고 있다. 따라서 양자는 상호 협조하는 연계감사체제가 확립되어야 한다는 의견이 강력히 제기되고 있다.[15]

나. 또한 감사인에 의한 감사도 실질적으로 매우 형식적으로 되고 있다. 즉, 감사인은 앞에서 본 바와 같이 일정한 경우 주주총회에 감사결과를 보고할 의무를 부담하는데(외감법 제10조) 대부분의 경우 이러한 보고를 하지 않고 있으며(설문조사 결과 응답자 중 94%), 또한 감사인의 선임에는 감사가 이러한 제청권을 행사하도록 되어 있는데(외감법 제4조 제2항) 실제로 감사가 이러한 제청권을 행사한 경우는 매우 드물다(설문조사 결과 응답자 중 34%). 따라서 감사인에 의한 감사도 크게 실효를 거두지 못하고 있다고 볼 수 있다.[16]

---

15) 이에 관한 상세는 최병성·정동윤, 「상법감사(監査)와 외부감사의 효율적 연계방안에 관한 연구」(상장협 연구보고 93-4)(서울: 한국상장회사협의회, 1993. 12) 참조.
16) 이에 관한 설문조사에 대하여는 정찬형 외, 전게 상장협 연구보고서(95-4), 31~38면 참조.

# IV. 결   어

위에서 한국 상법상 감사제도와 외감법상 감사인제도를 소개하고 그 문제점을 언급하였는데, 이러한 문제점의 개선방안을 간단히 제시함으로써 이 글의 결론에 갈음하겠다.17) 이러한 문제점의 개선방안으로는, 첫째로 현행 상법상 감사제도 및 외감법상 감사인제도를 전제로 하여 그러한 감사 및 감사인이 실효성 있는 감사를 할 수 있도록 개선하는 방안(실효성 있는 감사를 위한 개선방안)과, 둘째로 현행 상법상 감사제도 및 외감법상 감사인제도를 근본적으로 개선하는 방안(근본적 개선방안)이 있겠다.

## 1. 실효성 있는 감사(監査)를 위한 개선방안

현행 법제도를 전제로 하여 실효성 있는 감사를 위한 개선방안으로는 다음과 같은 점을 들 수 있다.

### 가. 상법상 감사에 1인 이상의 상근감사를 두도록 하는 방안

우리 상법상 감사는 (원칙적으로) 필요기관이고 또 감사의 직무권한과 보수에 관한 상법상의 규정에서 볼 때, 모든 주식회사는 (원칙적으로) 반드시 1인 이상의 상근감사를 두어야 상법의 취지에 맞는다. 그러나 주식회사에 따라서는 앞에서 본 바와 같이 (회사의 비용절감 등을 위하여) 사실상 이러한 감사를 두지 않는 경우가 많고 또 감사를 두는 경우에도 비상근으로 하는 경우가 많다. 이러한 것은 상법상 감사에 의한 감사를 처음부터 유명무실하게 만드는 근본적인 원인이 된다고 본다. 따라서 상법상 감사의 등기에 관한 제317조 제1항 제8호, 비송사건절차법 제203조 제9호 등을 개정하여 모든 주식회사는 상법의 원래의 취지에 맞게 반드시 1인 이상의 상근감사를 두도록 하여야 할 것이다. 만일 한국의 현재의 실정에서 모든 주식회사에 1인 이상의 상근감사를 두도록 하는 것이 무리라면, 적어도 상장회사만이라도 1인 이상의 상근감사를 두도록 하여야 할 것이다. 이를 위하여는 유가증권상장규정 등에서 상장의 요건으로 1인 이상의 상근감사를 두도록 규정하는 방안도 있을 것이다. 또한 상장회사 중에서도 대규모 주식회사의 경우에는 이질적인 다수(3인 이상 등)의 감사에 의한 감사를 받도록 하여 감사

---

17) 이에 관한 상세는 정찬형, 전게 상장협 연구보고서(95-4), 244~262면 참조.

의 실효성을 높여야 할 것이다.

## 나. 상법상의 감사의 독립성 보장을 위한 방안

감사의 독립성보장을 위한 상법상의 제 규정(1995년 상법 제409조 제2항·제3항, 제411조) 등이 철저히 지켜지도록 하기 위하여, 이에 위반한 자에 대한 벌칙규정을 두거나 강화함을 물론 이에 위반한 행위에 대하여 사법상의 효력을 부인하는 조치도 강구되어야 할 것이다.

이와 아울러 상장회사의 경우에는 감사 선임시에 주주제안의 원리를 도입하는 방안(이는 1998년 12월 개정상법에 의하여 도입됨 — 상법 제363조의 2), 감사에 대한 보수를 이사의 그것과 구별하여 별도로 규정하고 그의 직무집행에 관하여 회사에게 비용지급청구권을 인정하는 방안(1995년 상법 제415조, 제388조 참조), 감사를 보조하는 직원을 두고 이에 대한 인사권을 부여하는 방안, 감사 선임에서 소수주주 및 각 투자자단체의 의사가 반드시 반영되도록 하는 방안, 감사의 해임에서도 선임의 경우와 같이 대주주의 의결권을 제한하고 그 해임사유를 제한하는 방안, 감사의 임기를 연장하는 방안 등이 검토되어야 할 것으로 본다.

## 다. 상법상 감사(監事)에 의한 감사(監査)의 실효성 확보를 위한 방안

감사의 실효성을 확보하기 위하여 이를 위한 현행 상법상의 제 규정(1995년 상법 제413조의 2, 제447조의 4, 제412조의 2 등)이 철저히 지켜질 수 있도록 함과 동시에, 감사의 업무를 충분히 수행할 수 있는 전문지식을 갖고 피감사회사와의 관계에서 중립적인 인사가 감사로 선임될 수 있도록 그의 자격요건을 엄격히 제한하는 방안, 감사 및 이의 보조인들에 대한 필수적이고 지속적인 연수교육을 실시하는 방안 등이 검토되어야 할 것이다. 또한 감사에게 이사회소집권을 부여하고(이는 2011년 4월 개정상법에 의하여 도입됨 — 상법 제412조의 4), 이사의 임명동의권 등을 부여하는 등으로 감사의 권한을 더욱 확대하는 방안 등도 고려되어야 할 것으로 본다. 이와 함께 감사의 의무불이행에 따른 책임을 엄격히 묻고, 감사의 책임을 묻는 경우를 쉽게 하면서 많이 확대하여야 할 것으로 본다.

## 라. 외감법상 감사인에 의한 실효성 있는 감사를 위한 방안

현행 상법상 감사와 외감법상 감사인에 의한 이원적인 감사와 또 양자간에 상호 통일과 연계기능이 없는 상황에서는 그 감사의 실효성과 비용 등에서 문제점이 많으므로 어떤 형식으로든 개선되어야 할 것으로 본다.

이를 위하여 우선 외감법상 감사인의 선임·해임을 실질적으로 상법상 감사가 주도적으로도 할 수 있도록 하여 상법상 감사를 중심으로 일원화하고, 외감법상 감사인은 회계감사에 관하여 어디까지나 상법상 감사를 보조하는 자로 정립되어야 할 것이다. 이와 함께 외감법상 감사인에 대하여 상법상 감사가 그의 직무를 감독할 수 있도록 하여 감사인이 그의 의무를 충실히 이행하고 있는지 조사할 수 있도록 하고, 이는 이행하지 못하고 있는 경우에는 상법상 감사가 외감법상 감사인에 대하여 회사를 대표하여 그의 책임을 물을 수 있도록 하여야 할 것이다. 이와 같이 하기 위하여는 현행 외감법을 폐지하고 그의 내용을 상법 또는 자본시장과 금융투자업에 관한 법률(이하 '자본시장법'으로 약칭함)에 흡수하여야 할 것으로 본다. 따라서 모든 주식회사가 이러한 감사인을 두어야 할 필요가 있으면 현행 외감법을 상법에서 흡수하여 규정하여야 할 것이고, 주식회사 중 상장회사(또는 일정 규모 이상의 상장회사)에만 감사인을 두어야 하는 경우에는 자본시장 등에서 현행 외감법을 흡수하여야 할 것이다.

## 2. 근본적인 개선방안[18]

주식회사의 업무집행기관에 대한 종국적인 감사기관(감독기관)은 주주인데, 모든 주주가 이를 효과적으로 수행할 수 없으므로 주주는 그가 선임한 대표기관을 통하여 이의 업무를 수행시킬 수밖에 없다. 이러한 주주의 대표기관이 영미법에서는 이사회로 나타나고, 독일에서는 감사회로 나타나고 있다고 볼 수 있다. 오늘날 주주총회의 기능이 형식화되어 가고 있는 점에서 볼 때, 이러한 주주의 대표기관을 최대한 활용함으로써 주주의 이익은 실질적으로 크게 보장될 수 있는 것이다.

따라서 현재 유명무실하게 되어 있는 한국 주식회사의 감사제도를 실질적으로 실효를 거둘 수 있는 감사제도로 개선할 수 있는 근본적인 개선방안은 제1안으로 영미의 이사회 및 감사제도로 개선하든가 또는 제2안으로 독일의 감사회제도로 개선할 수밖에 없다고 본다. 제1안은 업무감사(감독)권과 회계감사권을 분리

---

18) 이에 관하여는 정찬형 외, 전게 상장협 연구보고서(95-4), 250~257면; 정희철·정찬형, 전게서, 648~649면(정찬형 견해); 정찬형, "주식회사 감사제도의 개선방향," 「상장협」, 제27호 (1993, 춘계호); 동, "주식회사의 경영기관(비교법을 중심으로)," 「법률학의 제문제」(유기천박사고희기념논문집)(서울: 박영사, 1998) 등 참조.

하여 업무감사(감독)권은 이사회에 맡기고 회계감사권은 감사에게 맡기자는 것이
다. 이 경우 이사회의 업무감사(감독)권이 실효를 거두기 위하여는 이사회에 일정
비율(또는 수)의 외부이사(사외이사 또는 비상근이사)가 확보되어 있음을 전제로 한
다. 현재 한국의 세계화추진위원회에서 그 시안을 마련하여 검토하고 있는 사외
이사제도의 도입과 일정수 이상의 사외이사로써 감사위원회를 구성하여 상장회
사의 경영감시체제를 개선하고자 하는 방안은 이러한 영미제도(특히 미국제도)에
보다 더 접근한 감사(監事)제도의 개선방안이라고 생각된다. 제2안은 업무감사(감
독)권과 회계감사권을 합하여 감사(회)에게 맡기고[물론 감사(회)의 회계감사를 보
조하는 자로 회계감사인이 있음] 이러한 감사(회)의 직무권한을 대폭 확대·강화
하는 방안이다. 그동안 한국 상법이 1984년과 1995년에 개정되면서 감사의 직무
권한을 대폭 확대하여 감사가 그 실질적인 감사기능을 다 할 수 있게 하고자 한
것은 제2안에 따른 개선방안의 하나라고 생각된다. 그러나 위와 같은 개정상법
은 주식회사 감사제도에 관한 근본적인 개정이 되지 못하여, 감사제도의 실효성
은 개정 전의 경우와 크게 달라지지 않고 있으며 또 앞으로도 그러할 것으로 본
다. 따라서 주식회사 감사제도가 실질적으로 그 실효를 거둘 수 있는 제도로 개
선되기 위하여는 주식회사의 경영기구의 근본적인 개선과 함께 이루어져야 할
것으로 본다.

　　그러면 한국 주식회사의 감사제도를 경영기구와 함께 개선하기 위하여는 위
의 제1안인 영미식으로 개선할 것인가, 또는 제2안인 독일식으로 개선할 것인가
가 문제된다. 그런데 한국 상법은 주식회사의 경영기구에서 영미의 이사회제도를
도입하여 이사회에 이사의 직무집행에 대한 감독권을 부여하였으나(1995년 상법
제393조 제2항), 이사회의 구성원인 이사의 거의 대부분(또는 전부)이 내부이사(사내
이사)로 구성되어 있어 이사회에 의한 이사(대표이사를 포함함)의 직무집행에 대한
감독은 (자기감독이 되어) 거의 유명무실하고 있는 실정이다. 그렇다고 위의 세계
화추진위원회의 시안처럼 사외이사를 무리하게(때에 따라서는 형식적으로) 확충한다
고 하여 이사회의 이사에 대한 업무감독기능이 실효성 있게 회복된다고도 볼 수
없고, 또한 이는 한국의 지금까지의 회사운영의 관행과 인식에도 맞지 않는다.
또 이는 이사의 임면권이 주주총회에 있는 현실에서 원천적으로 이사의 임면권
이 없는 이사회가 이사의 직무집행을 충실하게 감독할 수도 없다. 그렇다면 영미
의 사외이사 중심의 이사회제도의 대체방안으로 한국 주식회사의 감사제도를 독
일의 감사회제도로 개선하는 방안 밖에 없지 않을까 생각한다.

　이와 같이 주식회사 감사제도를 독일의 감사회제도로 개선하여 감사회에 이사의 임면권·재무제표확정권 등을 부여하면 형식화된 주주총회에 이러한 권한을 부여하는 것보다는 오히려 내실 있는 회사의 운영과 실질적인 이사의 직무집행에 대한 감독기능이 수행될 수 있을 것으로 본다. 또한 회계감사인을 이러한 감사회의 하부기관으로 두면 회계감사의 실효를 거두면서 일원적이고 통일적인 감사(감독)가 될 것이다.

　또한 기업(회사, 특히 주식회사)의 사회적 책임의 실천방안으로 앞으로는 근로자(종업원)를 기업의 경영에 참여시키는 방안(공동결정제도)도 검토될 수 있겠는데, 이때 근로자를 기업의 경영에 참여시킨다면 경영기구 중 감사회에 참여시킬 수밖에 없을 것이다. 그렇다면 공동결정제도를 도입하기 위하여는 주식회사의 경영기구를 먼저 독일의 이사회와 감사회로 개선하는 것이 전제된다고 볼 수 있다.

　따라서 이러한 점을 고려한다면 한국 주식회사의 감사제도를 독일식의 감사회제도로 개선하는 방안이, 업무집행기관에 대한 실효성 있는 감사(감독)를 보장함은 물론 한국의 지금까지의 회사운영의 관행과 인식에도 부응하는 것이라는 점 등에서 볼 때, 가장 무난하지 않을까 생각한다.

# 서독 주식회사의 감사회의 내부조직과 업무처리절차*

## Ⅰ. 서 설

**가.** 서독의 모든 주식회사에서 감사회(Aufsichtsrat)가 의무기관인 점은 우리 상법상 주식회사의 경우와 같으나,1) 서독의 감사회제도는 그 구성에 있어서 언제나 3인 이상의 감사로 구성되는 회의체기관이며(Aktiengesetz, AktG vom 6. Sep.1965〈BGBl. Ⅰ S. 1089〉 § 95), 또 일정한 경우에는 공동결정에 관한 다수의 특별법2)에 의하여 감사회가 주주대표의 감사와 근로자대표의 감사로 공동구성되는 점 등에서 우리 상법상 주식회사의 감사와는 근본적으로 구별되고 있다.3) 우

---

* 이 글은 정찬형, "서독 주식회사의 감사회의 내부조직과 업무처리절차," 「논문집」(경찰대), 제8집(1989. 1), 85~118면의 내용임(필자는 독일의 감사회에 많은 관심을 갖고, 1986. 12.~1987. 11. 독일 뮌스터대학교 법과대학에 Gastprofessor로서 있는 동안 이에 관한 자료를 수집하여 이 글을 작성한 것임).

이와 관련하여 참고할 수 있는 필자의 글로는 정찬형, "서독 물적회사의 기관과 근로자의 공동결정제도," 「백산상사법논집(백산 정찬형 교수 화갑기념)」, 박영사, 2008. 8. 3, 347~411면; 동, "서독 주식회사의 감사회," 「월간고시」 통권 제170호(1988. 3), 127~140면 등이 있음.

1) 서독의 유한회사의 경우에는 원칙적으로 감사회가 임의기관인데(GmbHG § 52), 이점도 우리 상법상 유한회사의 경우에는 감사가 임의기관인 점과 같다(상법 제568조 제1항).
2) 이에 관한 법률로는 현재 서독에 4개가 있다. 이를 제정순서에 따라 보면 「몬탄」공동결정법(Montan-MitbestG vom 21. Mai 1951〈BGBl. Ⅰ S. 347〉), 종업원조직법(Betriebsverfassungsgesetz, BetrVG vom 11. Okt. 1952〈BGBl. Ⅰ S. 681〉 und vom 15. Jan. 1972〈BGBl. Ⅰ S. 13〉), 공동결정보충법(MitbestErgG vom 7. Aug. 1956〈BGBl. Ⅰ S. 707〉) 및 공동결정법(Gesetz über die Mitbestimmung der Arbeitnehmer, MitbestG vom 4. Mai 1976〈BGBl. Ⅰ S. 1153〉)이 있다. 이에 관한 상세는 정찬형, "서독 물적회사의 기관과 근로자의 공동결정제도," 「현대 상사법의 제문제」(설성 이윤영선생 정년기념논문집) (서울: 법지사, 1988), 170~225면 참조.
3) 서독 주식회사의 감사회에 관한 간단한 소개로는 정찬형, "서독 주식회사의 감사회," 「월간

리 상법상 주식회사의 감사의 원수(員數)에 대하여는 제한(규정)이 없으므로 1인이어도 좋고 또 1인 이상이어도 좋으나, 감사가 수인이 있는 경우에도 개개의 감사가 독립하여 개별적으로 그 권한을 행사하는 것이지 서독 주식회사의 감사회와 같이 회의체를 구성하는 것이 아니다.[4]

　나. 위에서 본 바와 같이 서독 주식회사의 감사회는 회의체기관이므로 감사회에 부여된 업무는 전체의 동료기관(Kollegialorgan)으로서의 감사회에 속하는 것이며, 감사회는 전체로서의 감사(監事)의 활동을 통하여 자기의 업무를 수행한다. 따라서 서독 주식회사의 감사회는 이렇게 전체의 감사(감사회)에게 부여된 업무를 처리하기 위하여 내부에 어떠한 조직을 갖고 있으며 또 감사회의 업무는 이러한 내부조직을 통하여 어떻게 처리되고 있는지는 우리에게 큰 관심이 가는 문제가 아닐 수 없다. 이러한 사항은 우리의 주식회사의 감사제도에는 없는 사항이며 또 구별되는 점이나, 앞으로 우리의 감사제도를 개편하는 경우에 입법론상 크게 참고가 될 것으로 본다. 또 이러한 서독 주식회사의 감사의 내부조직과 그 업무처리절차는 현재 우리 상법상 회의체기관인 이사회에 관한 문제에서도 해석론상 크게 참고가 되리라고 본다.

　다. 서독의 주식법은 주식회사의 감사회의 내부조직(AktG § 107 ①,③)과 감사회의 업무처리절차(AktG §§ 107 ②, 108~110)에 대하여 규정하고 있으나, 이는 몇 개의 조문으로써 대강만을 규정하고 있으므로 이에 대하여는 서독의 많은 학설과 판례를 보충하겠다. 또한 주식법에 규정이 있는 사항이라도 공동결정법 등에 이에 관하여 규정하고 있는 사항(MitbestG §§ 27~29, 31~32)은 공동결정법 등이 우선하여 적용되므로 공동결정법 등이 감사회의 내부조직과 업무처리절차에 대하여 규정하고 있는 점도 함께 설명하겠다.

## II. 감사회의 내부조직

### 1. 서 언

　감사회는 법률상 및 정관상의 규정의 범위내에서 자기의 내부조직을 상세히

---

고시」, 통권 제170호(1988. 3), 127~140면 참조.
　4) 정희철 저·양승규 보정, 「전정판 상법학원론(상)」(서울: 박영사, 1986), 467면; 정동윤, 「회사법」(서울: 법문사, 1986), 464면 등.

구성할 권리와 의무가 있다.5) 법률은 감사회의 업무는 모든 감사(監事)에 의하여
공동으로 처리되는 것을 전제로 하나, 한편 감사회의 내부에서 특별한 임무를 담
당하는 자를 정하는 것도 인정한다. 모든 경우에 감사회의 업무는 부분업무의 종
합에서만 달성될 수 있다. 이러한 경우에 각 감사는 자기의 지식과 능력에 따라
전체의 기관으로서의 감사회를 위하여 분담업무를 담당하고 전체의 감사회는 이
것을 기획해야 한다. 어떠한 개별적인 감사도 전체의 감사회의 업무를 수행할 의
무가 없으나, 이러한 전체의 감사회의 업무를 실질적으로 올바르게 처리하기 위
하여 주의를 기울일 의무는 있는 것이다. 따라서 개별적인 감사 및 위원회의 업
무분담이 이에 속하는 것이며, 또한 이러한 업무분담활동의 종합도 이에 속한다.
또한 무엇보다도 분담활동에 대한 감독도 이에 속하며, 전체의 감사회의 내부에
서 또 전체의 감사회와 그 하부조직 사이에서 존재하는 기능별 정보제도 및 통
제제도를 수립하는 것도 이에 속한다.6) 이하에서는 감사회의 내부조직으로 먼저
감사회의 의장과 부의장을 설명하고7) 다음으로 감사회의 위원회에 대하여 설명
하겠다.8)

## 2. 의 장

### 가. 선 임

감사회는 정관의 상세한 규정에 의하여 감사 중에서 1명의 의장(Vorsitzender)
과 1명 이상의 부의장(Stellvertreter)을 선출하여야 한다(AktG § 107 ① S.1). 주식
법은 이에 관해서만 규정하고, 그 밖의 상세한 사항은 정관의 규정에 위임하고
있다.

#### (1) 선임권

주식회사는 반드시 감사회에 「의장 및 부의장」을 두어야 하며, 이를 무시하
거나 금지하는 정관의 규정은 무효이다.9) 또한 감사회의 의장 및 부의장의 선임

---

5) Marcus Lutter/Gerd Krieger, *Rechte und Pflichten des Aufsichtsrats*(Freiburg: Rudolf
   Haufe Verlag, 1981), § 6.1.3.
6) 이에 관한 상세는 Hommelhoff, *ZHR* 143(1979), S. 288, 289 ff 참조.
7) 이에 관한 상세는 Egon A. Peus, *Der Aufsichtsratsvorsitzende*(Köln·Berlin·Bonn·Müchen:
   Carl Heymanns Verlag KG, 1983), S.5~430 참조.
8) 이에 관한 상세는 Klaus Rellermeyer, *Aufsichtsratsausschüsse*(Köln·Berlin·Bonn·Müchen:
   Carl Heymanns Verlag KG, 1986), S.1~275 참조.
9) Ernst Geßler in: Ernst Geßler/Wolfgang Hefermehl/Ulrich Eckardt/Bruno Kropff,

권은 법률상 「감사회」의 전속사항이므로 이 권한은 주주총회 등에 양도될 수 없고, 또 그러한 정관의 규정은 무효이다.[10] 감사가 감사회의 의장 및 부의장을 선출하는 것은 권리이자 의무이므로 감사가 의장 및 부의장을 선출하지 않는 것은 감사의 의무위반이 된다(AktG § 116).[11] 감사회가 의장 및 부의장을 선출하지 않거나 또는 그의 의장 및 부의장이 전부 결원된 경우에는 그의 법률상 권리의무는 선출시까지 전 감사회에 속하며, 주식총회에 속하는 것이 아니다.[12] 또한 감사회의 의장 및 부의장은 법원에 의해서도 선임될 수 없다.[13]

### (2) 피선거권

감사회의 의장 및 부의장은 「감사」 중에서만 선임될 수 있는 것으로 법률(AktG § 107 ①)은 규정하고 있으므로, 감사가 아닌 자는 당연히 감사회의 의장 및 부의장에 선출될 수 없다. 그러나 모든 감사는, 그가 주주대표의 감사이건 근로자대표의 감사이건 불문하고, 또 그가 선출된 감사이건 또는 파견감사이건 불문하고, 동일하게 피선거권이 있다. 또한 의장과 부의장은 상이한 「그룹」(주주대표 또는 근로자대표—필자 주)에 속할 필요도 없다.[14] 따라서 어떤 감사만을 의장에만 선출될 수 있도록 제한하는 정관의 규정은 모두 무효이다.[15]

### (3) 선출방법

(가) 주식법은 의장 및 부의장의 선출방법에 대하여는 법에서 규정하지 않고 정관에 위임하고 있다. 따라서 정관은 이에 관하여 의결정족수 등에 대하여 자유로이 규정 할 수 있는데,[16] 이러한 정관의 규정이 없으면 회의의 일반원칙에 따라 선출된다.[17]

(나) 공동결정법이 적용되는 주식회사의 감사회의 의장 및 부의장의 선출에

---

*Kommentar zum Aktingesetz*, Bd. Ⅱ(München: Verlag Franz Vahlen, 1973, 1974), § 107 Anm. 5.

10) Geßler, *a.a.O.*, § 107 Anm. 6.
11) Geßler, *a.a.O.*, § 107 Anm. 7.
12) Geßler, *a.a.O.*, § 107 Anm. 8.
13) Geßler, *a.a.O.*, § 107 Anm. 8.
14) 이에 관하여 공동결정법이 적용되는 주식회사의 경우, 제2차 투표에서 의장 및 부의장을 선출하는 경우에는 주주대표의 감사는 의장을, 근로자대표의 감사는 부의장을 각각 선임한다(MitbestG § 27 ②).
15) Geßler, *a.a.O.*, § 107 Anm. 11; Lutter/Krieger, a.a.O., § 6.2.1.
16) 이에 대하여 정관에 투표수의 단순과반수를 초과하여 규정할 수 없다는 견해가 있다(Lutter/Krieger, *a.a.O.*, § 6.2.1).
17) Geßler, *a.a.O.*, § 107 Anm. 10. 동지: Adolf Baumbach/Alfred Hueck, *Aktiengesetz*(Beck'sche Kurz-Kommentare)(Bd. 23, 13.Aufl.)(München: C.H. Verlagsbuchhandlung, 1968), Rn. 7.

관하여는 공동결정법상의 특별규정이 있어 동법이 주식법에 우선하여 적용된다. 그러나 공동결정법상의 특별규정이 없는 사항에 대하여는 주식법상의 규정이 적용된다(MitbestG § 25 ① Nr. 1).

(ⅰ) 공동결정법이 적용되는 감사회는 감사 중에서 1명의 의장과 1명의 부의장을 선출하는데, 이 경우에는 (법률상 요구하는─필자 주) 감사회를 구성하는 전원감사(출석감사가 아님)의 3분의 2의 다수로써 선출한다(MitbestG § 27 ①).

(ⅱ) 감사회의 의장 또는 부의장의 선출시에 제1차투표에서 위의 의결정족수에 달하지 못하는 경우에는, 제2차 투표를 한다. 이때 의장 및 부의장 중 한 자리에 대해서만 위의 의결정족수에 달하지 못한 경우에도 전원에 대하여 제2차 투표를 한다.[18] 그런데 제2차 투표에서는 주주대표의 감사는 의장을, 근로자대표의 감사는 부의장을 각각 단순다수결로써 선출한다(MitbestG § 27 ②). 공동결정법상 이렇게 감사회의 의장에 대하여 주주측에 비중을 더 두고 있는 규정은 서독의 연방헌법법원에 의해서도 승인을 얻고 있다.[19]

## 나. 임 기

감사회의 의장 및 부의장의 임기는 법률에는 규정이 없기 때문에, 정관의 규정이 있으면 그에 따른다. 정관에는 이에 대하여 1영업년도로 규정하는 것이 보통이나, 특정기간(예, 감사의 임기와 동일하게)을 규정할 수도 있다.[20] 정관에도 감사회의 의장의 임기가 없으면, 주식법 제107조 제1항에 의하여 감사회의 의장은 감사이어야 하므로 동 의장의 임기는 감사의 임기만료로 종료되는 것으로 볼 수 있다.[21] 감사회의 의장 및 부의장의 결원시에 정관의 규정에 의하여 특정 감사에게 의장의 업무집행권을 맡길 수 있는지 여부는 의문이다.[22] 그러나 이때에는 조속히 새로운 의장을 선출하여야 한다.[23]

---

18) Lutter/Krieger, *a.a.O.*, § 6.2.1.
19) BVerfGE 50, 290, 323 f., 350; NJW 1979, 669, 705.
20) Geßler, *a.a.O.*, § 107 Anm. 15.
21) Geßler, *a.a.O.*, § 107 Anm. 13.
    반대: Meyer-Landrut in: Barz/Klug/Meyer-Landrut/Wiedemann/Brönner/Mellerowicz/Schilling/Würdinger, *Grosskommentar zum Aktiengesetz*, 3. Aufl., § 107 Anm. 2.
22) 긍정: Meyer-Landrut in Großkomm. § 107 Anm. 1.
23) Geßler, *a.a.O.*, § 107 Anm. 14.

## 다. 해 임

감사회는 그의 의장 및 부의장을 언제든지 해임할 수 있다.[24] 해임방법은 정관에 달리 규정이 없으면 선임방법과 같다.[25] 해임을 어렵게 하거나 배제하는 정관의 규정이라도 중대한 이유에 의하여 해임을 가능하게 하는 것이라면 적법한 것으로 인정된다.[26]

## 라. 상업등기소에 대한 신고

감사회는 감사회의 의장 및 부의장으로 선임된 자를 상업등기소에 신고하여야 한다(AktG § 107 ① S. 2). 이러한 신고의 목적은 주로 감사회의 의장 및 부의장과 활동해야 하는 등기법원에게 선임된 의장 및 부의장을 공식적으로 알리는 것 뿐이다.

따라서 감사회의 의장과 부의장은 일반 감사와 같이 상업등기에 등재되지도 않고, 회사의 지점에 알릴 필요도 없으며 또 공고도 필요없다. 왜냐하면 감사회의 의장은 대외적으로 특별한 법적 지위가 없으며, 특히 대표권이 없기 때문이다.[27]

## 마. 임 무

감사회의 의장의 임무 또는 권리에 관해서는 주식법상 일반적인 규정은 없고 개별적인 규정만이 있다.

### (1) 지 위

감사회 및 동 의장은 제3자에 대하여 대표권(Vertretungsmacht)이 없다.[28]

감사회의 결의가 집행을 요하는 경우에도, 감사회의 의장은 감사회를 위해서도 또 회사를 위해서도 법률상 하등의 대표권이 없다.[29]

---

24) Lutter/Krieger, *a.a.O.*, § 6.2.1.
25) Geßler, *a.a.O.*, § 107 Anm. 16.
26) Geßler, *a.a.O.*, § 107 Anm. 17.
　동지: Baumbach/Hueck, § 107 Rn., 7; Meyer-Landrut in Großkomm., § 107 Anm. 7.
　반대: Godin/Wilhelmi, *Gesetz über Aktiengesellschaften und Kommanditgesellschaften auf Aktien(Aktiengesetz)* (Kommentar), 4. Aufl. (Berlin·New York, 1971), § 107 Anm. 3(예외를 인정하지 않음).
27) Geßler, *a.a.O.*, § 107 Anm. 18.
28) BGHZ 41, 282, 285.
29) Geßler, *a.a.O.*, § 107 Anm. 29.

다만 감사회가 이사에 대하여 재판상 또는 재판외에서 회사를 대표하는 경우가 있고(AktG § 112), 이때에 감사회가 감사회의 의장에게 감사회를 위하여 회사의 명의로 행위를 하고 또 회사를 대표하도록 수권할 수가 있는데, 그러한 감사회의 의장도 주식법 제112조에 의한 대표권을 갖는 것이 아니다.30)

그런데 감사회의 의장은 제3자의 감사회에 대한 의사표시(예컨대, 제3자의 동의 또는 이사의 취임승인 등)를 감사회를 위하여 수령할 수 있는데, 이러한 범위에서 감사회의 의장은 감사회를 위한 수동대표권(passive Vertretungsmacht)을 갖는다.31) 따라서 감사회의 의장은 감사회에 대한 이사회의 보고를 수령하는데(AktG § 90), 이러한 범위에서 감사회의 의장은 이사회와 감사회의 사이의 중간에 위치하여 업무를 수행하게 된다.32)

이렇게 보면 감사회의 의장은 회사의 경영기관(Verwaltungsorgan)은 아니고, 회사의 경영기관인 감사회의 구성원에 불과하다.33) 따라서 감사회의 의장의 제3자에 대한 의사표시는, 동 의사표시가 감사회에 의하여 결정된 사항이 아니거나 또는 사후에 감사회에 의하여 승인되지 않는 한, 회사를 위해서나 또는 감사회를 위하여 하등의 법률상 의미가 없다.34)

### (2) 법률상 임무

위에서 본 바와 같이 감사회의 의장의 임무에 대하여는 일반규정이 없고 개별규정만이 있는데, 이를 정리하여 보면 다음과 같다.35)

감사회의 의장은,

( i ) 감사회를 소집할 권리·의무가 있고(AktG § 110 ① S. 1, ③), 또 동 회의를 주재하며,36)

(ii) 감사회의 회의록에 서명해야 하고(AktG § 107 ② S. 1),

(iii) 감사회에 대한 이사회의 보고를 수령하고(AktG § 90 ①),

(iv) 일정한 경우에는 그가 받은 보고를 다른 이사에게 보고해야 하고(AktG § 90 ⑤ S. 3),

---

30) Geßler, *a.a.O.*, § 107 Anm. 29.
31) Geßler, *a.a.O.*, § 107 Anm. 31.
32) Geßler, *a.a.O.*, § 107 Anm. 31.
33) Geßler, *a.a.O.*, § 107 Anm. 32; Lutter/Krieger, *a.a.O.*, § 6.2.1.
34) RGZ 90, 207.
35) 개별규정이 없는 경우에도, 그러한 단체의 의장에게 보통 부여되는 모든 임무는 관습법에 의하여 부여된다(Lutter/Krieger, *a.a.O.*, § 6.2.1).
36) Lutter/Krieger, *a.a.O.*, § 6.2.1.

(ⅴ) 감사회의 어느 위원회의 소속위원이 아닌 감사를 동 위원회에 참가시킬 것인지 여부를 결정하고(AktG § 109 ②),

(ⅵ) 자본증가에 관하여 상업등기소에 신고할 때에 이사회와 협력한다(AktG §§ 184 ①, 188 ①, 195 ①, 223).

### (3) 정관상 임무

감사회의 의장의 임무에 관해서는 법률상 일반규정이 없기 때문에, 정관에 상세한 규정을 둘 수 있다.[37] 그런데 정관상의 보충규정은 법률상 기본(근거)규정(abschileßende Regelung)이 있는 경우에만 인정되므로(AktG § 23 ⑤ S. 2) 감사회의 의장의 지위에 관한 기본(근거)규정이 없는 현행 주식법하에서(AktG § 107 ① S. 1) 감사회의 의장에게 더 많은 임무를 부여하는 정관의 규정은 법률상 거의 인정될 여지가 없다.[38]

따라서 주식법 제107조 4항 2문에 의하여 이미 위원회에 양도될 수 없는 결정권한을 감사회의 의장에게 양도한다는 정관의 규정은 물론, 감사회에 속하는 업무[39]를 감사회의 의장에게 양도한다는 정관의 규정은 모두 인정되지 않는다.[40] 또한 감사회의 의장이 하나 또는 다수의 특정한 감사회의 위원회에 속해야 한다는 정관의 규정도 인정되지 않는다. 왜냐하면 그러한 정관의 규정은 주식법 제107조 3항 1문의 감사회의 자치결정권을 침해하기 때문이다.[41]

그러나 정관 또는 감사회의 업무규칙에 의하여 감사회의 결의시에 투표의 결과가 동일한 경우에 감사회의 의장에게 결정권을 주는 것은 인정되고 있다. 그 이유는 주식법 제108조 1항 및 2항이 일정한 범위에서의 결의능력 및 결의방식(Beschlußfassung)에 대하여 정관의 규정에 위임하고 있는데, 여기에서 투표의 결과가 동일한 경우에 정관이 이에 대하여 규정할 권리가 존재하기 때문이다.[42]

### (4) 공동결정법상의 임무

공동결정법이 적용되는 주식회사의 감사회의 의장은 투표가 가부 동수인 경우 재투표시에 2개의 투표권을 가지며(MitbestG §§ 29 ② S. 1, 31 ④), 또 동법 제

---

37) Geßler, *a.a.O.*, § 107 Anm. 35.
38) Geßler, *a.a.O.*, § 107 Anm. 35. 그러나 이에 반대하는 견해도 있음(Jörg Gessler).
39) 예컨대, 주식법 제87조 1항, 제88조 1항, 제89조 1항, 제204조 1항 2문의 동의.
40) Geßler, *a.a.O.*, § 107 Anm. 37.
41) Geßler, *a.a.O.*, § 107 Anm. 41.
  반대: Meyer-Landrut in Großkomm., § 107 Anm. 5. und 13.
42) Geßler, *a.a.O.*, § 107 Anm. 39.
  동지: Godin/Wilhelmi, § 107 Anm. 3; Meyer-Landrut in Großkomm., § 107 Anm. 5.

27조 3항의 중개위원회(Vermittlungsausschuß)의 구성원이 된다.

## 3. 부의장

감사회의 부의장에 관하여 의장과 중복되는 부분은 이미 의장에 관한 설명에서 하였으므로, 이곳에서는 부의장에 특유한 사항에 대해서만 설명한다.

### 가. 부의장의 수

주식법 제107조 1항 1문은 부의장을 「1인 이상」으로만 규정하고 있다. 따라서 부의장의 수는 정관에 의해서 규정될 수 있고, 그러한 정관상의 규정이 없으면 감사회가 스스로 판단한 다수의 부의장을 선출할 수 있다.[43] 또한 부의장이 다수인 경우에는 정관의 규정으로 의장을 대리하는 순서를 정할 수 있다.[44]

### 나. 부의장의 권한

부의장은 의장이 업무를 수행할 수 없는 경우에만(behindert ist) 의장의 권리와 의무를 가진다(AktG § 107 ① S. 3). 이 경우에 의장이 업무를 수행할 수 없는 경우란, 여하한 이유에서 발생하는 모든 경우를 포함한다. 즉 건강상, 결석, 기타 다른 약속에 의하여 의장이 감사회의 회의에 출석할 수 없는 경우이거나 의장으로서 업무를 수행할 수 없는 경우이다.[45] 주식법 제107조 1항 3문의 규정은 객관적으로 해석되어야 하나, 의장이 어떤 특정한 이유에서 자기의 임무를 부의장에게 맡기고자 하는 경우에도 동 규정상의 업무를 수행할 수 없는 경우에 해당한다고 볼 수 있다.[46]

### 다. 공동결정법이 적용되는 경우

공동결정법이 적용되는 주식회사의 경우에도 다수의 부의장을 둘 수 있다.[47] 또한 부의장은 공동결정법 제27조 3항의 중개위원회의 구성원이 되나, 의장과 같은 가부 동수의 경우의 2개의 투표권은 없다(MitbestG §§ 29 ② S. 3, 31

---

43) Geßler, *a.a.O.*, § 107 Anm. 21.
44) Geßler, *a.a.O.*, § 107 Anm. 21.
45) Geßler, *a.a.O.*, § 107 Anm. 22.
46) Geßler, *a.a.O.*, § 107 Anm. 23. 그러나 이에 반대하는 견해도 있음(Jörg Gessler).
47) Lutter/Krieger, *a.a.O.*, § 6.2.1. 이에 관한 상세는 H. P. Westerman, FS Fischer, 1979, S. 835 및 Wank, AG 80, 148 je m.w.N. zum Meinungsstand 참조.

④ S. 3).

## 4. 위원회

### 가. 서 언

감사회는 소속 감사에 의하여 한 개 또는 수개의 위원회를 구성하여, 감사
회의 의사 및 결의를 준비하게 하거나 감사회의 결의의 집행을 감독하게 할 수
있다(AktG § 107 ③ S. 1). 이렇게 감사회의 특정한 업무를 독립적으로 처리하는
감사회의 위원회의 구성은, 주식법의 규정이 없는 경우에도 상법에 의하여 이미
인정되고 있다.[48] 그러나 공동결정법의 적용을 받는 주식회사의 감사회에서는
일정한 상설 위원회를 반드시 구성하도록 규정하고 있다(MitbestG § 27 ③). 이하
에서는 이에 관하여 개별적으로 살펴보고, 공동결정법의 적용을 받는 주식회사의
감사회의 의무적인 위원회의 구성에 대하여는 맨 뒤에서 별도로 설명한다.

### 나. 구성권한

위원회의 구성권한은 「감사회」에 속한다. 따라서 위원회를 구성할 것인지 여
부[49] 및 몇 개의 위원회를 구성할 것인지 여부는 감사회가 자유롭게 결정할 사항
이며, 그밖에 위원회에게 어떤 임무를 부여할 것인지도 감사회의 소관사항이다.[50]
위원회의 구성에 관하여는 감사회의 단순다수결로써 결정하며, 정관에 의해서도
달리 정할 수 없다.[51] 또한 법률이 감사회에 부여한 임무를 수행하기 위하여 위
원회를 구성한다는 정관의 규정은 무효이다.[52] 왜냐하면 이를 인정하면 법률에
의하여 부여된 감사회의 자치결정권이 정관에 의해서 침해받기 때문이다. 이에
반하여 감사회는 정관에 의하여 부여받은 임무를 위원회에게 그 처리를 위임할
수 있다.[53]

---

48) Geßler, *a.a.O.*, § 107 Anm. 60.
49) 그러나 공동결정법의 적용을 받는 주식회사의 감사회에서 의무적인 위원회의 구성에는 해
　　당되지 않는다(MitbestG § 27 ③). 또한 정관에 의해서도 위원회의 구성을 금할 수 없다
　　(AktG § 23 ⑤). 그러나 정관에 의하여 위원회에 관한 규정을 둘 수 있다(Lutter/Krieger,
　　*a.a.O.*, § 6.2.2).
50) Geßler, *a.a.O.*, § 107 Anm. 61.
51) Geßler, *a.a.O.*, § 107 Anm. 61.
　　반대: Godin/Wilhelmi, § 107 Anm. 8.
52) Geßler, *a.a.O.*, § 107 Anm. 63; Lutter/Krieger, *a.a.O.*, § 6.2.2
53) Geßler, *a.a.O.*, § 107 Anm. 64; Lutter/Krieger, *a.a.O.*, § 6.2.2(정관에 규정된 업무는 정

한편 주주총회도 감사회에게 위원회의 구성여부를 지시할 수 없다. 왜냐하면 이는 주주총회의 권한사항이 아니기 때문이다.[54]

## 다. 위원회의 구성원

위원회의 구성원은 「감사」에 한하며, 그 수는 감사회의 자유로운 결정사항이나 위원회의 본질상 2인 이상을 요한다.[55] 이에 대하여 결정을 하는 위원회는 3인 이상으로 구성되어야 한다는 견해가 있다.[56]

감사회의 위원의 임명에는 전원감사회의 단순다수결의 결정에 의한다.[57] 이는 정관에 의해서도 달리 정할 수 없다.[58] 또한 정관은 어떤 감사는 어떤 위원회의 구성원이 되어야 한다거나 또는 구성원이 되어서는 안 된다는 것을 규정할 수도 없고, 또 어떤 「그룹」(근로자 또는 주주-필자 주)의 감사가 어떤 위원회에 어떤 방식으로 소속되어야 한다고 규정할 수도 없다.[59]

그런데 감사회가 근로자대표의 감사와 주주대표의 감사로 공동구성되는 경우에 동 위원회도 공동구성되어야 하는지 여부에 대하여는 논의가 있다. 즉 이에 대하여, 공동결정법은 이에 관하여 규정하고 있지 않기 때문에 정관에 의하여 자치적으로 규정하거나 감사회의 결정에 의하여 자유롭게 구성할 수 있다는 견해[60]와, 공동결정법의 정신에 근거하여 감사회의 구성과 동일하게 감사회의 위원회도 공동구성되어야 한다는 견해[61]와, 또 감사회의 자유로운 판단에 의하여

---

관에 의하여 위원회에 위임을 금지할 수 있다).

54) Geßler, *a.a.O.*, § 107 Anm. 66.
55) Geßler, *a.a.O.*, § 107 Anm. 67.
    동지: Baumbach/Hueck, § 107 Rn 15; Meyer-Landrut in Großkomm. § 107 Anm. 15 u. a.
56) BGHZ 65, 190; Lutter/Krieger, *a.a.O.*, § 6.2.2; Karl Fitting/Otfried Wlotzke/Hellmut Wißmann, *Kommentar zum Mitbestimmungesetz*, 2. Aufl.(München: Verlag Franz Vahlen, 1978), § 29 Anm. 34; Hans-Joachim Mertens in: Kurt H. Biedenkopf/Carsten P. Claussen/Gerd Geilen/Hans Georg Koppensteiner/Alfons Kraft/Heinrich Kronstein/Marcus Lutter/Hans-Joachim Mertens/Wolfgang Zöllner, *Kölner Kommentar zum Aktiengesetz*(Bd. I ,4.Lieferung) (Köln·Berlin·Bonn·München: Carl Heymanns Verlag KG, 1973), § 107 Anm. 123, je m.w.N; Godin/Wilhelmi, § 107 Anm. 8; Frels, Die AG 1957, 9 und 1958, 232.
57) Geßler, *a.a.O.*, § 107 Anm. 69.
58) Geßler, *a.a.O.*, § 107 Anm. 69.
    반대: Godin/Wilhelmi, § 107 Anm. 8; Meyer-Landrut in Großkomm., § 107 Anm. 13.
59) Lutter/Krieger, *a.a.O.*, § 6.2.2.
60) Schaub, ZGR 1977, 302; Luther, ZGR 1977, 314; Lehmann, AG 1977, 16 ff.; Zöllner, AG 1981, 15; Mertens, AG 1981, 123 ff.

구성될 수 있다는 견해62)가 있다. 그러나 이에 대하여 서독의 판례는, "공동결정법 제25조가 공동결정법에 없는 사항에 대해서는 주식법에 의하도록 규정하고 있는 점에서 볼 때 공동결정법은 감사회의 위원회의 자유로운 구성을 방해하지 않는다. 다만 강행적인 공동결정법을 탈법하거나 우회하는 규칙(동 규칙에 의한 위원회의 자유로운 구성-필자 주)만은 인정되지 않는다"고 판시하여, 양자를 절충하는 입장을 취하고 있다.63) 이 판결의 후단부분은, 예컨대 주주 또는 근로자만으로 위원회를 구성하는 것은 인정되지 않는다는 의미이다.64)

## 라. 임 무

주식법 제107조 3항 1문에 의하면, "즉, 감사회의 의사 및 결의를 준비하게 하는 업무와, 감사회의 결의의 집행을 감독하게 하는 업무"를 감사회가 위원회에 부여할 수 있는 것으로 규정하고 있다.

이에 관하여, "즉"(namentlich)이라는 말에서 보아 위원회는 동 목적을 위해서 뿐만 아니라 다른 목적을 위해서도 구성될 수 있다고 해석하고 있다.65) 또한 주식법 제107조 3항 2문에서 보아 감사회의 결의사항에 관한 업무(예컨대, 종국적인 결정처리사항)는 위원회에 위임될 수 없다.66)

특정한 업무를 위원회에 위임하였다 하여도 전원감사회는 언제든지 이에 관하여 결의할 수 있다. 따라서 위원회에 어떤 업무를 독립적으로 처리하도록 위임하는 것은 감사회의 권한을 동 위원회만이 처리하도록 양도하는 의미가 아니라, 전원감사회가 언제든지 취소할 수 있는 수권에 불과하여 전원감사회는 언제든지 유보된 동 업무를 스스로 처리할 수 있다.67)

---

61) Geitner, AG 1976. 211 f; Reich-Lewerenz, AuR 76, 261, 271; Unterhinninghofen, MitbestG 76, § 25 Anm. 79; LG Bonn v. 19.8.80-3 O 21/80.
62) Luther, ZGR 77, 306, 314; Schaub, ZGR 77, 293, 302.
63) BGHZ 83, 144, 148 f(Dynamit Nobel); Martens, ZGR 1983, 237 ff; Lutter/Krieger, a.a.O., § 6.2.2.
64) Wiedemann, Gesellschaftsrecht, Bd. I (München, 1980), § 11 II 2b; Säcker, ZHR 148(1984); OLG Hamburg, AG 1984, 248, 250.
65) Geßler, a.a.O., § 107 Anm. 73.
66) Geßler, a.a.O., § 107 Anm. 73.
67) Geßler, a.a.O., § 107 Anm. 74; Lutter/Krieger, a.a.O., § 6.2.2; Mertens, Kölner Komm., § 107 Anm 132; BGHZ 64, 325, 328.

## 마. 위임될 수 없는 업무

이에 관하여는 주식법 제107조 3항 2문에서 규정하고 있다. 이를 다시 정리하여 보면 다음과 같다.

(1) 주식법상 감사회의 업무로 규정된 일정한 업무는 감사회가 다시 이를 위원회에 위임할 수 없다. 즉, 감사회의 의장 및 부의장의 선출(AktG § 107 ① S. 1), 결산배당금지급의 동의(AktG § 59 ③), 이사회의 업무규칙제정(AktG § 77 ② S. 1), 이사의 임명·재임명 및 연장(AktG § 84 ① SS. 1, 3), 이사회의장의 임명 (AktG § 84 ②), 이사 및 이사회의장의 임명취소(AktG § 84 ③ S. 1), 회사의 이익을 위한 주주총회의 소집(AktG § 111 ③), 연도결산서·영업보고서·이익처분안의 검사 및 이에 관한 주주총회에 보고와 보고서의 이사회에 제출(AktG § 171), 결합기업과의 관계에 관한 보고서의 검사업무(AktG § 314 ②③)와 감사회의 동의가 있는 때에 한하여 일정한 종류의 업무가 착수될 수 있는 결의가 이에 속한다(AktG § 107 ③ S. 2).

(2) 해석상 감사회의 업무집행에 관한 감독업무(AktG § 111 ①)도 감사회의 고유업무이므로, 주식법 제107조 3항 2문에 속하는 것으로 보아 위원회에 위임될 수 없다.[68]

(3) 해석상 위원회의 구성, 해산 및 감사회의 업무규칙제정과 변경권도 감사회의 고유업무이므로 위원회에게 그 결정사항을 위임할 수 없다.[69]

## 바. 위원회의 업무처리방법

위원회는 감사회로부터의 수임업무에 대해서는 감사회와 전혀 동일한 법적 지위를 갖고 있으므로, 그 범위에서 원칙적으로 감사회에 관한 모든 규정(예컨대, 감사회의 소집에 관한 규정, 회의록에 관한 규정 등)이 위원회에 적용된다.[70] 이밖에 주식법상 위원회의 업무처리절차에 관하여 감사회의 그것과 같이 직접 규정하고 있는 경우도 있다. 예컨대, 서면투표(AktG § 108 ③), 회의 없는 결의(AktG § 108 ④), 제3자의 출석(AktG § 109 ①), 출석할 수 없는 감사를 대신한 출석(AktG § 109 ③) 등이다. 위원회의 결의능력과 관련하여 결의권한을 가진 위원회는 주

---

68) Geßler, *a.a.O.*, § 107 Anm. 78.
69) Geßler, *a.a.O.*, § 107 Anm. 79.
70) Geßler, *a.a.O.*, § 107 Anm. 80; Lutter/Krieger, *a.a.O.*, § 6.4.

식법 제108조 2항 3문에 저촉되지 않기 위해서도 동 위원회는 최소한 3인의 감사로 구성되어야 하고, 따라서 그 결과 최소한 3인의 감사가 출석한 경우에만 동 위원회는 결의능력을 갖는다는 견해가 있다.[71]

　　그러나 이에 대하여 주식법 제108조 2항 3문은 동법 동조 3항 및 4항과 같이 위원회에 대하여 명문으로 규정하고 있지 않으므로 위원회에 대하여는 적용되지 않는다고 반대하고, 이에 대하여는 법률에 규정이 없기 때문에 정관에 의하여 위원회의 결의능력을 규정할 수 있는데 정관에도 규정이 없는 경우에는 2인의 감사만의 출석으로도 동 위원회는 결의능력이 있다고 보는 견해가 있는데,[72] 앞에서와 같이 이 견해에 따른다. 또한 감사회의 의사 및 결의를 준비하고 이를 집행하는 위원회에 대해서도 주식법 제108조 2항 2문 및 3문이 적용되지 않으므로, 동 위원회가 3인으로 구성되었어도 2인만이 출석하면 결의능력이 있게 된다.[73]

　　위원회의 결의에서도 다른 규정이 없으면 투표자의 단순과반수로써 결정하며, 업무규칙 또는 위원들의 결정으로 가부 동수인 경우에 어떤 위원에게 결정권 내지 제2의 투표권을 부여할 수 있다.[74]

　　각 감사는 위원회에 출석할 권리가 있다. 그러나 감사회의 의장은 위원회에 속하지 않는 감사에 대하여 그 위원회의 출석을 금할 수 있다(AktG § 109 ②). 이러한 출석금지는 동 위원회의 회의자료, 보고서 및 회의록을 열람할 권리에도 미친다.[75] 위원회의 결정만이 청구에 의하여 각 감사에게 통지될 수 있다.[76] 또한 출석금지는 개별적인 위원회의 회의에 대해서도 일반적으로 인정될 수 있다.[77] 개별적인 감사에 대하여 또는 감사의 「그룹」(주주대표 또는 근로자대표-필자 주)에 대하여 차별하여 출석을 금지하는 것은 인정되지 않는다.[78] 감사 이외의 자에 대한 위원회의 출석에 대해서는 주식법 제109조 1항(원칙적으로 참가하지 못하나 전문가 및 보고자는 각 사항에 관하여 협의하기 위하여 참가할 수 있다) 및 3항(서면으로 수권받고 또 정관에 규정이 있는 경우에는 참가할 수 있다)이 적용된다.

71) Lutter/Krieger, a.a.O., § 6.4.
72) Geßler, a.a.O., § 107 Anm. 81, 83.
73) Geßler, a.a.O., § 107 Anm. 82.
74) Lutter/Krieger, a.a.O., § 6.4(절대다수설); LG München, DB 80, 678, 679.
75) Lutter/Krieger, a.a.O., § 6.4.
76) Marcus Lutter, Information und Vertraulichkeit in Aufsichtsrat, 2.Aufl. (Köln·Berlin· Bonn·München; Carl Heymanns Verlag KG, 1984), S. 90 m.w.N.
77) Lutter/Krieger, a.a.O., § 6.4; Mertens, Kölner Komm., § 109 Anm. 22.
78) Lutter/Krieger, a.a.O., § 6.4.

## 사. 공동결정법에 의한 위원회

공동결정법이 적용되는 주식회사의 감사회에서는 동 감사회의 의장 및 부의
장의 선출후에는 상설의 위원회를 의무적으로 구성해야 한다. 동 위원회는 감사
회의 의장 및 부의장 외에도 다른 두 사람의 위원으로 구성되는데, 이는 주주대
표의 감사와 근로자대표의 감사 중에서 각각 한 사람씩 투표자의 다수로써 각각
선출된다(MitbestG § 27 ③).

동 위원회는 이사의 선출시에 제1차 투표에서 재적감사의 3분의 2를 얻지
못하는 경우에 동 투표일로부터 1개월 이내에 「감사회에 대하여 이사의 임명을
추천」하는 일을 하게 되는데(MitbestG §§ 27 ③, 31 ③ S. 1), 동 위원회로부터 이
러한 추천이 있게 되면 감사회는 단순다수결로써 이사를 선출한다(MitbestG § 31
③ S. 3). 동 위원회에게는 그밖의 업무가 맡겨질 수는 있으나, 그렇지 않은 경우
에는 그 자체로부터는 그 이상의 업무가 없다.[79]

동 위원회의 결의능력은 동 위원회의 목적상 4인 전원이 출석하여야 결의능
력이 있고, 동 위원회에서의 감사회의 의장은 제2의 투표권이 없고 이는 정관
또는 업무규칙에서도 규정될 수 없다.[80]

## 아. 감사회 의장단(Aufsichtsratspräsidium)

감사회의 위원회와 명백히 구별해야 하는 것이, 많은 회사에 일반적으로 존
재하는 감사회 의장단이다.[81] 동 의장단은 의장, 부의장 및 1인 또는 수인의 감
사로 구성되는데, 동 의장단에게는 무엇보다도 이사회와의 계속적인 집행업무
(Fühlungsnahme)의 임무가 부여된다. 동 의장단에게는 위원회의 법적 성격도 없
고 또 위원회의 구성에 관한 규정도 적용되지 않는다.

위원회는 다음과 같은 점에서 의장단과 구별된다. 위원회의 업무는 원래 감
사회에 속하는 업무가 인적 구성이 축소된 위원회에 이전된 것이나, 의장단의 업
무는 그렇지 않다. 즉, 의장단이 하는 업무인 이사회와의 계속적인 접촉은, 전체

---

79) Lutter/Krieger, *a.a.O.*, § 6.2.2.
   반대: Franz Jürgen Säcker, *Aufsichtsratsausschüsse nach dem Mitbestimmungsgesetz 1976*
   (Düsseldorf·Frankfurt, 1979). S.34(동 중개위원회는 태생적 의장단위원회로서 이사회와의 계
   속적 집행업무의 임무가 부여된다고 한다).
80) Lutter/Krieger, *a.a.O.*, § 6.4; Fitting/Wlotzke/Wißmann, § 27 Anm. 29 m.w.N.
81) Lutter/Krieger, *a.a.O.*, § 6.2.2.

의 감사회의 업무가 아니라 감사회의장의 사전의 업무이다.[82] 따라서 의장단은 의장의 역할을 일부 담당하는 것에 불과하다. 한편, 의장단이 원래 감사회에 속하는 업무를 자기의 고유업무 외에 추가로 담당하는 경우에만, 동 의장단은 위원회의 기능을 갖게 되는 것이다. 또한 의장의 역할을 담당하는 의장단에 속하는 구성원은 전부 위원회의 구성원이 되지 못하는 것은 아니고, 동일인이 의장단의 기능과는 전혀 독립하여 위원회의 구성원이 될 수 있다.[83]

## Ⅲ. 감사회의 업무처리절차

### 1. 감사회의 회의

### 가. 회의소집

(1) **소집시기**: 감사회는 보통 3개월에 1회는 소집되어야 하는데(soll), 6개월에 1회는 반드시 소집되어야 한다(muß)(AktG § 110 ③). 감사회의 회의의 소집권은 원칙적으로 감사회의 의장에게 있으므로, 불소집에 대한 책임도 의장에게 있다. 따라서 감사회의 의장이 최소한 6개월에 1회 감사회를 소집하지 않으면, 그의 주의의무위반이 되어 면책될 수 없다.[84]

(2) **소집권자**: ① 감사회의 회의의 소집권은 원칙적으로 감사회의 의장에게 있는데, 의장은 회의의 일정을 확정하여 각 감사에게 회의시부터 상당기간 전에 통지하여야 한다.[85] 의장은 주식법 제110조 3항에 의한 정기회의 외에 스스로 판단하여 회사의 이익을 위하여 필요하다고 인정하는 때에는 임시회의를 소집할 수 있다.[86] 또한 감사회의 의장은 각 감사 또는 이사회가 회의의 목적과 이유를 제시하여 감사회의 소집을 요구해 오면 이에 따라 지체없이 회의를 소집해야 한다(AktG § 110 ① S. 1). 동 회의는 소집통지 후 2주일 내에 개최되어야 한다(AktG § 110 ① S. 2). 감사회의 의장은 이때에 동 감사회의 소집이 긴급한지 여

82) Lutter/Krieger, a.a.O., § 6.2.2.
　반대: Säsker, a.a.O., S. 34 f(이 업무는 공동결정법이 적용되는 회사에서는 동법 제27조 3항의 중개위원회의 업무인데, 동 위원회에게는 더 많은 업무가 부여될 수 있다고 한다).
83) Lutter/Krieger, a.a.O., § 6.2.2.
84) Geßler, a.a.O., a.a.O., § 110 Anm. 45.
85) Lutter/Krieger, a.a.O., § 6.3.1.
86) Lutter/Krieger, § 6.3.1.

부에 대하여 판단할 권리가 없고, 다만 동 회의소집이 회의소집에 관한 법률위반
의 경우에만 소집을 거절할 수 있다.[87] 감사회의 의장이 위법하게 동 회의의 소
집요구를 거절하면 동 의장은 주식법 제116조에 의하여 회사에게 손해배상의 책
임을 부담한다.[88]

　② 감사회의 의장이 2인 이상의 감사 또는 이사회가 요구한 회의소집을 하
지 않는 경우에는, 이러한 자는 이러한 사정을 통지하고 스스로 회의를 소집할
수 있다(AktG § 110 ②). 정관은 이 권한을 제한할 수는 없으나, 회의소집권을 확
장할 수는 있다.[89]

## 나. 회의출석

　(1) **감사의 출석권**: 모든 감사는 감사회의 회의에 출석할 권리와 의무가 있
다.[90] 감사의 이러한 출석권의 배제는 회사의 이익을 중대하게 침해할 우려가
있는 경우 또는 회의진행을 방해하지 못하도록 하는 최후의 수단인 경우에 예외
적으로만 인정된다.[91] 이밖에 어떤 감사에 대한 청구권을 행사하기 위한 회의인
경우, 어떤 감사와 계약을 체결하기 위한 회의의 경우(AktG § 114), 또 어떤 감
사에게 신용을 부여하는 회의인 경우(AktG § 115)에는, 동 감사는 회의출석이 배
제될 수 있다.[92]

　그런데 감사가 회의에 출석할 수 없는 경우에 그가 서면으로 수권한 때에는
「감사가 아닌 자」를 동 회의에 출석할 수 있도록 정관은 규정할 수 있다(AktG
§ 109 ③). 주식법상 동 규정을 둔 것은 실무상 긴급한 필요에 의한 것인데, 실제
로 감사가 경제계 또는 관계의 중요한 위치에서 일하는 직업을 갖고 있는 경우
에 그는 항상 감사회의 회의에 출석할 수 없기 때문이다.[93] 「감사가 아닌 제3자」
를 감사회의 회의에 출석시키기 위해서는 반드시 출석할 수 없는 감사가 수권
(Vertretung)하여야 하는데, 이는 주식법 제109조 3항 및 동법 제108조 3항 1문에

---

87) Geßler, *a.a.O.*, § 110 Anm. 20~21; Mertens, *Kölner Komm.*, § 110 Anm. 9 f; Meyer-
　　Landrut in Großkomm., § 110 Anm. 6; Lutter/Krieger, *a.a.O.*, § 6.3.1.
88) Geßler, *a.a.O.*, § 110 Anm. 21.
89) Lutter/Krieger, *a.a.O.*, § 6.3.1; Mertens, *Kölner Komm.*, § 110 Anm. 24 f. m.w.N.
90) Geßler, *a.a.O.*, § 109 Anm. 9~10; Lutter/Krieger, *a.a.O.*, § 6.3.1.
91) Lutter/Krieger, *a.a.O.*, § 6.3.1; Mertens, *Kölner Komm.*, § 110 Anm. 8; Säcker, NJW
　　79, 1521, 1522.
92) Geßler, *a.a.O.*, § 109 Anm. 9.
93) Geßler, *a.a.O.*, § 109 Anm. 26.

규정된 형식에 따라야 한다. 즉, 이러한 제3자가 감사회의 회의에 출석하여 동 감사의 권리를 행사하기 위해서는, 정관의 규정이 있어야 하고, 출석할 수 없는 감사로부터 서면의 수권이 있어야 하며(이 수권은 출석할 수 없는 특정회의에 한함), 이 권리의 행사는 서면의 투표에 의하여 한다.[94] 그런데 출석할 수 없는 감사는 이러한 권리를 다른 감사에게도 수권할 수 있는데, 이때에는 서면의 수권이 필요 없다.[95] 출석할 수 없는 사유는 객관적인 이유이어야 한다. 예컨대, 질병, 부재, 기타 업무상의 이유 등이다.[96] 정관의 규정으로 이렇게 대신하여 출석할 수 있는 자를 제한할 수 있으나(예컨대, 주주 등으로), 특정감사를 위해서만 제한할 수는 없다.[97] 출석할 수 없는 감사를 대신하여 회의에 출석하는 자는 법률상 의미에서 동 감사의 대리인(Vertreter)이 아니라 그의 사자(Bote)(제한된 범위에서의 그의 대변인〈Sprachrohr〉)에 불과하다.[98]

(2) **이사의 출석권**: 이사는 원래는 감사회의 회의에 대한 출석권이 없다.[99] 그러나 이사가 감사회의 회의에 출석하는 것이 법률상 금지된 것은 아니다(AktG § 109 ① S. 1). 따라서 이사를 감사회의 회의에 출석하도록 승인하는 권한은 감사회에 있으며, 감사회의 출석요구가 있으면 이사는 출석할 의무를 부담한다.[100] 그런데 보통은 정관이 이사의 감사회의 회의의 출석에 대하여 상세히 규정하고 있다(AktG § 23 ⑤ S. 2). 따라서 일반적으로 정관은 이사의 출석권을 원칙적으로 인정하되, 다만 감사회의 결의 또는 감사회의장의 결정에 의하여 이사의 출석권이 배제될 수 있다고 규정한다.[101] 또한 때때로 정관은 감사회 또는 감사회의장의 요구에 의하여 이사는 감사회의 회의에 출석하여야 한다고만 규정하기도 한다.[102] 이사의 출석에 관하여 정관의 규정이 없으면, 감사회 또는 감사회의장이 자유로이 결정한다.[103]

---

94) Geßler, § 109 Anm. 27.
95) Geßler, § 109 Anm. 28.
96) Geßler, § 109 Anm. 29.
97) Geßler, § 109 Anm. 30.
98) Geßler, § 108 Anm. 51, § 109 Anm. 35; Baumbach/Hueck § 109 Rn. 6; Lutter/Krieger, *a.a.O.*, § 6.3.2[이러한 자(Stimmbote)는 출석할 수 없는 감사의 결정만을 전달할 수 있고 스스로 결정할 권리가 없다고 함].
99) Geßler, *a.a.O.*, § 109 Anm. 6; Lutter/Krieger, *a.a.O.*, § 6.3.1.
100) Lutter/Krieger, *a.a.O.*, § 6.3.1.
101) Geßler, *a.a.O.*, § 109 Anm. 7.
102) Geßler, *a.a.O.*, § 107 Anm. 7.
103) Geßler, *a.a.O.*, § 107 Anm. 7.

(3) 기타의 자의 출석권: ① 전문가(Sachverständige) 또는 보고자(Auskunftspersonen)는 개별사항에 관하여 협의하기 위하여 감사회의 회의의 출석권이 인정된다(AktG § 109 ① S. 2). 이에 관하여 정관은 전문가를 출석시킬 것인지에 대하여 상세하게 규정할 수 없다. 왜냐하면 이를 정관에 상세하게 규정하는 것은 주식법 제23조 5항 2문에도 반하며, 감사회의 권리와 의무에 대한 간섭으로 인정될 수 있기 때문이다.[104] 전문가 및 보고자는 전체의 회의에 출석하지 못하고 개별적인 관련사항에 제한되며 투표권도 없다.[105] 또한 이러한 자의 출석의 결정은 보통 감사회의 의장이 한다.[106] 전문가란 회의의 목적사항에 관하여 전문적인 지식을 갖고 있는 자(예컨대, 변호사, 세무사 등)를 말하며, 보고자란 회의의 목적사항에 관계되는 특정한 사항에 관하여 보고를 할 수 있는 자이다.[107]

② 이와 관련하여 결산검사인은 연도결산서, 영업보고서 및 대차대조표상의 이익금의 사용에 관한 사항을 협의하기 위하여 감사회의 요구에 의하여 감사회의 회의에 출석할 의무가 있다(AktG § 171 ① S. 2).

③ 위의 ① 및 ②에서 말한 자 이외에는 감사회의 회의에 출석하지 못한다(AktG § 109 ① S. 1). 예컨대, 감사회의 명예의장, 명예감사, 이전의 감사 및 주주(특히 대주주) 등은 동 회의에 출석할 수 없다.[108] 또한 동 회의에 감사회의 상임고문(Ständige Berater)을 출석시키는 것도 인정되지 않는다. 그러나 회의의 보조자(예컨대, 회의록 작성자, 여비서 등)의 참석은 인정된다.[109]

## 2. 감사회의 결의방법

### 가. 서 언

감사회는 기관으로서 자기의 의사를 결의(Beschluß)에 의해서만 형성할 수 있다(AktG § 108 ①). 이 방법은 침묵에 의해서는 형성될 수 없고 항상 투표에 의한다.[110]

---

104) Geßler, *a.a.O.*, § 109 Anm. 11.
　　반대: Baumbach/Hueck, § 109 Rn. 3.
105) Geßler, *a.a.O.*, § 109 Anm. 11.
106) Geßler, *a.a.O.*, § 109 Anm. 12.
　　반대: Baumbach/Hueck, § 109 Rn. 3(이에 대한 수권이 있어야 한다고 함).
107) Geßler, *a.a.O.*, § 109 Anm. 13.
108) Geßler, *a.a.O.*, § 109 Anm. 17~18.
109) Lutter/Krieger, *a.a.O.*, § 6.3.1; Lutter, *Information und Vertraulichkeit*, S. 135 m.w.N.
110) Lutter/Krieger, *a.a.O.*, § 6.3.2.

서독의 연방대법원의 판례도, 감사회의 결정에는 "명시적 결의"(ausdrücklicher Beschluß)를 요하고 침묵은 이에 포함되지 않으며, 결의에 투표(Niederschlag)를 하지 않은 모든 것은 감사회의 결정으로 볼 수 없다고 판시하였다.[111]

　　감사회의 결의방법에 관하여 주식법에서는 결의능력에 관한 사항 등 일부를 제외하고는 상세한 종국적인 규정이 없다. 따라서 주식법에 없는 사항에 관하여는 정관의 보충규정(AktG § 23 ⑤ S. 2) 및 감사회의 업무규칙(법률 또는 정관이 규정하지 아니하는 사항에 대하여)이 적용되고, 이에도 규정이 없으면 민법의 사단에 관한 규정(BGB §§ 28, 32, 34)이 보충적으로 적용된다.[112] 그러나 이에 관하여 공동결정법 등의 특별법의 규정이 있으면 동 규정이 주식법 등에 우선하여 최우선적으로 적용된다.

## 나. 결의능력

　　감사회의 결의는 일정수의 감사가 결의에 출석한 경우에만(투표를 하건, 찬성 또는 반대투표를 하건 불문하고) 결의가 가능한데 이것이 결의능력이다.[113] 이에 대하여는 주식법상의 규정과 공동결정법 등 특별법상의 규정이 있는데, 나누어서 살펴본다.

### (1) 주식법상의 규정

　　주식법은 결의능력에 관하여 특별법상의 규정이 없는 한 원칙적으로 「정관」에 위임하고 있다(AktG § 108 ② S. 1). 정관 또는 특별법에 이에 관한 규정이 없으면 주식법에 의하여 결의능력이 정하여지는데, 이때에는 법률 또는 정관에 의하여 정하여지는 총감사의 과반수가 출석하여야 한다(AktG § 108 ② S. 2). 그런데 감사회의 모든 경우에 3인 이상의 감사가 결의에 출석하여야 결의능력을 가지며(AktG § 108 ② S. 3), 이러한 출석감사의 최소한의 숫자에 대하여는 정관에 의해서도 달리 정할 수 없다.[114] 위의 결의능력만 충족되면 충분하고, 그 이외에 감사회가 법률 또는 정관이 정하는 감사의 수에 미달하여 구성되었다거나, 또는 공동결정법 등이 정하는 공동비율(주주대표와 근로자대표 간-필자 주)에 따라 구성되지 않았다는 사실은 위의 결의능력에만 영향을 미치지 않는다(AktG § 108 ②

---

111) BGH WM 1970, 1394; BGHZ 10, 187, 194; BGHZ 41, 282, 286; BGHZ 47, 343 ff.
112) Geßler, *a.a.O.*, § 108 Anm. 7~9; Lutter/Krieger, *a.a.O.*, § 6.3.2.
113) Lutter/Krieger, *a.a.O.*, § 6.3.2.
114) Lutter/Krieger, *a.a.O.*, § 6.3.2; BGHZ 4, 228(따라서 이와 달리 정한 정관의 규정도 무효이고, 그에 따른 결의도 무효이다.)

S. 4). 따라서 법률 또는 정관이 정하는 수의 감사가 선출되지 않고 또 출석하지
않아도 결의능력이 있으며, 다른 감사의 불출석으로 주주대표의 감사 또는 근로
자대표의 감사만의 출석으로도 결의능력이 있게 된다.[115]

### (2) 특별법상의 규정

(개) **「몬탄」공동결정법상의 규정**: 「몬탄」공동결정법이 적용되는 회사의 경우
에는, 동법 또는 정관에 의하여 정하여지는 총감사의 과반수가 출석하여야 결의
능력이 있다(Montan-MitbestG § 10 S. 1). 정관에 의하여 이보다 낮게 규정하는
것은 인정되지 않는다.[116] 이때에 법률 또는 정관이 정하는 감사의 수에 미달하
거나 또는 주주대표의 감사와 근로자대표의 감사의 공동비율이 지켜지지 않았다
고 하여도 이는 결의능력에 영향을 미치지 않는다(Montan-MitbestG § 10 S. 2).

(내) **공동결정보충법상의 규정**: 공동결정보충법이 적용되는 경우에도, 동법
또는 정관에 의하여 정하여지는 총감사의 과반수가 출석하여야 결의능력이 있다
(MitbestErgG § 11 S. 1). 그 이외의 사항에 대하여는 「몬탄」공동결정법이 적용되
는 경우와 같다(MitbestErgG § 11 S. 2).

(대) **공동결정법상의 규정**: 공동결정법이 적용되는 경우에도, 동법에 의하여
정하여지는 총감사의 과반수가 출석하여야 결의능력이 있다(MitbestG § 28 S. 1).
그 이외의 사항에 대하여는 「몬탄」공동결정법이 적용되는 경우와 같다(MitbestG
§ 28 S. 2).

## 다. 결의실시

### (1) 회의소집

감사회는 원칙적으로 감사회의 회의에서 결의하여, 단일의사를 형성한다.[117]
감사회의 회의의 소집권은 감사회의 의장에게 있는데(AktG § 110 ① S. 1), 실제
로는 보통 이사회가 감사회의 의장과 상의한 후에 감사회의 의장의 이름으로 소
집을 통지한다.[118] 소집통지의 형식과 기간은 법률에 규정이 없으면 정관 또는
감사회의 업무규칙에 의한다. 그런데 이에도 그러한 규정이 없으면 통지에는 특
별한 형식이 없으므로 반드시 서면통지를 요하지 않고,[119] 통지기간은 상당한 기

---

115) Geßler, *a.a.O.*, § 108 Anm. 40~41.
116) Lutter/Krieger, *a.a.O.*, § 6.3.2
117) Geßler, *a.a.O.*, § 108 Anm. 11; Lutter/Krieger, *a.a.O.*, § 6.3.2.
118) Geßler, *a.a.O.*, § 108 Anm. 12.
119) Geßler, *a.a.O.*, § 108 Anm. 14(다수설). 이에 대한 반대의 견해도 있음(Möhring-Tank).

간이어야 하는데, 1주일 이내는 상당한 기간이 되지 못하고 2주일은 언제나 상당한 기간이 된다.[120] 소집통지에는 반드시 의사일정(특히 결의사항)이 기재되어야 하는데(BGB § 32 ① S. 2), 이로써 각 감사는 사전에 준비할 수 있다.[121] 사전에 예고되지 않은 사항은 결의되지 못한다.[122]

## (2) 투 표

(가) 모든 감사는 동일한 투표권이 있고, 정관에 의해서도 각 감사에 대하여 상이한 투표권(예, 지주수에 따른 투표권)을 인정할 수 없다.[123] 감사의 투표권의 제한에 대해서는 주주의 투표권의 제한에 관한 서독 주식법 제136조가 적용되지 않고, 또 서독 민법 제34조도 감사에게는 적용되지 않는다. 그러나 일반적인 법원칙에 의하여, 감사회의 결의가 특정 감사와의 법률행위에 관한 것이거나 또는 그와 회사 간의 법률분쟁의 해결에 관한 것일 때에는 그러한 감사는 투표권이 없다.[124]

(나) 의사일정에 없는 사항이라도, 회의에 출석한 누구도 반대하지 않고 또 출석하지 못한 감사도 승인한 경우에는, 결의할 수 있다.[125]

(다) 감사회는 그 결의에 의하여 특정한 안건에 관한 결정을 연기할 수 있는데, 정관상 연기조항이 결의능력에 관한 조항과 비슷하게 규정되는 경우도 있다. 즉, 우연한 다수를 피하기 위하여 감사회의 전 감사에게 또는 각각의 일정수의 감사에게 공동으로 1회의 연기신청권을 부여하기도 하고, 또는 주주대표의 감사와 근로자대표의 감사 간에 일정한 비율이 지켜지지 않은 경우나 또는 감사회의 의장이 결의시에 불참한 경우에 1회의 연기가 규정될 수 있다.[126]

(라) 감사회에 있어서 비밀투표는 서독의 지배적인 견해에 의하면 인정되지 않는다.[127]

---

120) Geßler, a.a.O., § 108 Anm. 15.
121) Geßler, a.a.O., § 108 Anm. 16.
122) KGJ 42 A 165, OLG Schleswig NJW 1960, 1862.
123) Geßler, a.a.O., § 108 Anm. 19(다수설). 반대의 견해도 있음(Ritter).
124) Geßler, a.a.O., § 108 Anm. 29(다수설); BGHZ 36, 296/307.
125) Geßler, a.a.O., § 108 Anm. 17; Lutter/Krieger, a.a.O., § 6.3.2.
  반대: Godin/Wilhelmi, § 108 Anm. 2; OLG Köln LZ 1911, 232; OLG Düsseldorf LZ 1913, 789.
126) Lutter/Krieger, a.a.O., § 6.3.2.; Raiser, NJW 80, 209, 212; Rehbinder, ZGR 79, 471, 489; Säcker, NJW 79, 1521, 1522; LG Hamburg, AG 79, 343(다수설).
  반대 Fitting/Wlotzke/Wißmann, § 28 Anm. 7; Naendrup, GKMitbestG, § 25 Anm. 80.
127) Lutter/Krieger, a.a.O., § 6.3.2.

(ᄜ) 서면투표는 주식법상 명백히 인정되고 있다. 즉, 부재중인 감사는 서면투
표를 제출하게 함으로써 감사회의 결의에 참여할 수 있다(AktG § 108 ③ S. 1).
전신(telegrafische) 또는 텔렉스(fernschriftliche)의 투표는 이때의 서면투표와 동일
시되나,[128] 전화에 의한 투표는 이에 포함되지 않는다.[129] 주식법 제108조 4항은
서면투표를 하는 자에게는 적용되지 않는다.[130]

서면투표는 다른 감사를 통하여 제출할 수도 있고(AktG § 108 ③ S. 2), 또는 감
사 아닌 제3자(AktG § 109 ③)를 통하여 제출할 수도 있다[131] (AktG § 108 ③ S. 3).

### (3) 다수결

(ᄀ) **주식법상의 규정**: 감사회의 결의는 총투표수의 다수(단순다수결)로써 그 효
력이 발생한다[132](AktG § 133 ① 참조). 다수의 선택적 의안에서 최대의 득표를 한
의안을 결정하는 상대다수결(relative Mehrheit)의 인정 여부에 대하여는 견해가 나
뉘어 있다.[133] 단순다수결보다 상향한 다수결(예컨대, 2/3 또는 3/4 등, qualifizierte
Mehrheit)은 법률에 의하여 감사회에 속하지 않는 업무에 대해서만 정관에 규정될
수 있다.[134] 기권은 투표수에는 산입되나 부표(否票)와 같은 작용을 한다.[135] 가부
동수인 경우에 의장에게 결의권을 준다던가 또는 추첨에 의할 것을 정관에 규정할
수 있는데,[136] 정관에 그러한 규정이 없는 경우도 출석감사가 동 방법에 의한 결
정을 동의하면 그러한 방법으로 결정할 수 있다.[137]

그러나 가부동수의 경우에 정관 또는 의무규칙에서도 규정이 없고 또 출석
감사 간에도 그 해결에 의견이 불일치하고 한편 동 의안이 법률에 의하여 감사
회에 부여된 결의사항인 경우에는, 동 의안은 부결된 것으로 처리된다.[138] 위의

---

128) Geßler, *a.a.O.*, § 108 Anm. 43; KG in JW 1938, 1824.
    반대: Meyer-Landrut in Großkomm, § 108 Anm. 14.
129) Geßler, *a.a.O.*, § 108 Anm. 43; Meyer-Landrut in Großkomm, § 108 Anm. 14.
130) Geßler, *a.a.O.*, § 108 Anm. 48.
131) 이에 관한 문제점에 대한 상세는, Lutter, FS Duden, 1977, S. 269 참조.
132) Geßler, *a.a.O.*, § 108 Anm. 20; Lutter/Krieger, *a.a.O.*, § 6.3.2.
133) 찬성: Geßler, *a.a.O.*, § 108 Anm. 25(업무규칙으로 이에 관하여 규정할 수 있다고 함
    -AktG § 133 ② 참조).
    반대: Lutter/Krieger, *a.a.O.*, § 6.3.2.
134) Lutter/Krieger, *a.a.O.*, § 6.3.2; Geßler, *a.a.O.*, § 108 Anm. 23.
135) Lutter/Krieger, *a.a.O.*, § 6.3.2; Mertens, *Kölner Komm.*, § 108 Anm. 36.
136) Geßler, *a.a.O.*, § 108 Anm. 20; Lutter/Krieger, *a.a.O.*, § 6.3.2(정관 또는 업무규정으로
    특정감사에게 결정권을 부여할 수 있다고 함); Godin/Wilhelmi, § 108 Anm. 4(그러나 추첨
    에 관해서는 반대함).
137) Geßler, *a.a.O.*, § 108 Anm. 20; RGZ 73, 236.

가부동수인 경우 이 외에는 모든 감사의 투표권은 동일하기 때문에 어떤 감사에게
더 많은 투표권을 부여하는 것은 인정될 수 없다.[139] 또한 정관의 규정으로 감사
회의 결의를 특정감사의 동의에 종속시키거나 특정감사에게 거부권(Vetorecht)을
부여하는 것도 인정되지 않는다.[140]

(내) **공동결정법상의 규정**: 공동결정법이 적용되는 경우에는 원칙적으로 단순
다수결의 원칙이 적용되며(MitbestG § 29 ①), 이 규정은 강행규정이다.[141] 그러나
동법이 이와 달리 규정하고 있는 경우(MitbestG §§ 29 ②, 27, 31, 32)에는, 물론 단
순다수결의 원칙이 적용되지 않는다(MitbestG § 29 ①). 따라서 감사회의 의장 및
부의장의 선출과 이사의 선출 등에는 총 감사의 3분의 2의 다수결을 요한다
(MitbestG §§ 27, 31). 또한 공동결정법이 적용되는 감사회에 있어서는, 어떤 의안
이 가부동수인 경우에 원칙적으로 그 안이 부결된다는 원칙이 적용되지 않고 감
사회의 의장에게 제2의 투표권을 부여하고 있다. 그런데 이러한 제2의 투표권은
감사회의 의장에게만 인정되고, 또 감사회의 의장은 모든 경우에 제2의 투표권
을 행사할 수 있는 것이 아니라 어떤 의안이 제1차 투표에서 가부동수인 경우에
는 제2차 투표를 실시하고 제2차 투표의 결과가 역시 가부동수인 경우에 한하여
비로소 의장이 제2의 투표권을 행사하여 결정한다(MitbestG § 29 ②). 이러한 감
사회의 의장의 결정권은 본안결정에서는 물론 절차결정에서도 존재한다고 해석
하고 있다.[142] 제1차 투표에서 가부동수가 된 경우에 동 의안에 대하여 제2차
투표를 실시할 것인지 여부의 결정권은 의장에게 있다.

　이때에 의장은 다수의 감사가 제2차 투표의 실시를 요구하면 이를 실시할
의무가 있으나, 그 이외의 경우에는 제1차 투표의 결과에 따라 동 의안이 채택
되지 않은 것으로 처리할 수도 있다.[143] 또한 다수의 감사의 요구가 없는 경우에
는 의장에게 제2차 투표를 실시할 의무도 전혀 없고, 의장이 제2차 투표를 실시

138) Geßler, a.a.O., § 108 Anm. 20 (다수설); Lutter/Krieger, a.a.O., § 6.3.2.
139) Lutter/Krieger, a.a.O., § 6.3.2.
140) Geßler, a.a.O., § 108 Anm. 21.
141) Lutter/Krieger, a.a.O., § 6.3.2.
142) Lutter/Krieger, a.a.O., § 6.3.2(다수설).
143) Lutter/Krieger, a.a.O., § 6.3.2; Dietrich Hoffmann/Jürgen Lehmann/Heinz Weinmann,
　　Kommentar zum Mitbestimmungsgesetz(München: C.H.Beck'sche Verlagsbuchhandlung,
　　1978) § 29 Anm. 33; Fitting/Wlotzke/Wißmann, § 29 Anm. 13,
　　이견(異見): Thomas Raiser, Kommentar zum Mitbestimmungsgesetz, 2.Aufl.(Berlin·New
　　York: Walter de Gruyter, 1984), § 29 Anm. 10(각 감사에게 제2차 투표를 요구할 권리가 있
　　다고 함).

하는 경우에도 제1차 투표와 동일하게 실시할 필요도 없다.144) 정관에서도 제2차 투표는 언제나 차기 회의에서 실시한다든가 또는 반대로 제1차투표 후에 언제나 즉시 실시되어야 한다는 것과 같이 제2차 투표에 관하여 의장을 구속하는 규정을 둘 수 없다.145)

### (4) 회의 없는 결의

서독의 주식법은 회의 없는 감사회의 결의를 명문으로 인정하고 있다. 즉, 서면・전신 또는 전화에 의한 감사회의 결의는 어떠한 감사도 이러한 절차에 반대하지 않는 한 유효하다(AktG § 108 ④). 이때에 서면결의 등에 대한 요구에 대하여 침묵하는 것은 반대로 평가되지 않는다. 따라서 반대는 반드시 명시적으로 해야 한다.146) 서면결의 등의 요구는 투표 그 자체와 똑같이 특정한 통지된 의안과 관련이 있어야 한다.147) 정관의 규정에 의하여 이러한 결의방법을 배제할 수도 있고 또 추가의 요건을 규정할 수도 있다. 즉, 주식법 제23조 5항 2문은 이와 상충하지 않고, 주식법 제108조 4항은 최소한의 요건만 규정한 것이지 종국적인 규정이 아니다.148) 이러한 결의방법에 의할 것인지 여부는 감사회의 의장이 결정한다.149)

### (5) 하자있는 결의

(가) **법률 또는 정관에 위반한 결의의 경우:** 이에 관하여는 주식법상 일반규정이 없어 일반적인 법원칙에 의한다.150) 법률 또는 정관에 위반한 감사회의 결의는 무효(nichtig)인데, 그 예는 다음과 같다.151) 감사회의 권한사항이 아닌 것을 결의한 경우, 감사회가 결의능력이 없는 경우,152) 무권리자가 회의에 출석한 경우, 소집통지의 절차 없이 구두결의를 한 경우, 소집통지에 없는 사항을 결의한 경우,153) 결의방법의 형식에 따르지 않은 경우, 어떤 감사를 위법하게 출석하지

---

144) Lutter/Krieger, *a.a.O.*, § 6.3.2; Fitting/Wlotzke/Wißmann, § 29 Anm. 18 m.w.N; Raiser, § 29 Anm. 12.
　　　반대: Luther, ZGR 77, 306, 310.
145) Lutter/Krieger, *a.a.O.*, § 6.3.2; Fitting/Wlotzke/Wißmann, § 29 Anm. 15 u.22 m.w.N.
146) Geßler, *a.a.O.*, § 108 Anm. 60.
147) Geßler, *a.a.O.*, § 108 Anm. 62; RG HRR 1928, 239.
148) Geßler, *a.a.O.*, § 108 Anm. 64.
149) Geßler, *a.a.O.*, § 108 Anm. 65.
150) Geßler, *a.a.O.*, § 108 Anm. 68.
151) Geßler, *a.a.O.*, § 108 Anm. 70.
152) BGHZ 4, 224/228
153) 반대: Godin/Wilhelmi, § 108 Anm. 2.

못하게 하고 그 감사가 출석하였더라면 다른 결과가 발생하였을 경우, 어떤 감사
가 반대하였음에도 불구하고 주식법 제108조 4항에 따라 결의한 경우, 결의내용
이 법률 또는 정관에 위반한 경우 등이다. 그러나 단순한 질서규정의 위반이나
절차규정의 위반 등은 여기에서의 하자로 볼 수 없고,[154] 또 어떤 하자는 무효가
아니라 취소할 수 있는(anfechtber) 것으로 보는 것이 정당한 경우도 있다.[155] 또
한 회의소집 직전의 통지, 무권리자의 투표 및 무권리자의 출석 등이 있는 경우
에도 이에 대하여 이의를 제기하는 감사가 없는 경우에는 동 감사회의 결의는
유효하다.[156]

　　감사회의 결의가 법률 또는 정관에 위반하여 무효사유가 되는 경우에, 이러
한 무효는 재판상 또는 재판외에서 주장될 수 있고 이에 관한 특별한 절차규정
은 없다.[157]

　　원고는 무효주장에 정당한 이익이 있는 자는 누구나 될 수 있는데, 보통 감
사·이사회 또는 주주가 이러한 이익을 갖는다.[158] 피고는 감사회가 아니라 회사
이고, 판결의 효력은 당사자 뿐만 아니라 누구에게나 미친다.[159] (AktG § 99 ①
참조).

　　(나) 하자있는 투표가 있는 경우: 모든 감사는 자기의 투표가 사기·강박 또는
착오에 의한 경우에는 일반원칙에 의하여 취소할 수 있는데, 이러한 취소는 감사
회의 의장에게 한다.[160] 이러한 취소의 결과 감사회가 결의능력이 없게 되거나
또는 결의의 결과가 변경되는 경우에는 동 감사회의 결의는 무효가 된다.[161]

---

154) Lutter/Krieger, *a.a.O.*, § 6.3.2; Mertens, *Kölner Komm.*, § 108 Anm. 61 ff.
155) Lutter/Krieger, *a.a.O.*, § 6.3.2; Mertens, *Kölner Komm.*, § 108 Anm. 72.
156) Geßler, *a.a.O.*, § 108 Anm. 71; BGHZ 47, 341/346.
　　반대: 종래의 BGHZ 12, 327/331.
157) Geßler, *a.a.O.*, § 108 Anm. 72.
158) Geßler, *a.a.O.*, § 108 Anm. 72.
159) Geßler, *a.a.O.*, § 108 Anm. 72.
　　반대: Meyer-Landrut in Großkomm., § 108 Anm. 8.
160) Geßler, *a.a.O.*, § 108 Anm. 74; Meyer-Landrut in Großkomm., § 108 Anm. 8.
　　반대: Godin/Wilhelmi, § 108 Anm. 6.
161) Geßler, *a.a.O.*, § 108 Anm. 75.

## Ⅳ. 결  어

1. 서독 주식법상 주식회사의 감사회제도를 우리 상법상 주식회사에 도입할
수 있겠는지 여부를 입법론으로 간단히 고찰하여 본다.

주식회사의 경영기관의 구성에 관한 입법례는 크게 두 가지 형태로 대별될
수 있겠는데, 하나는 서독의 경우와 같이 감사회와 이사회로 구성되는 중층제도
와 다른 하나는 영미의 경우와 같이 이사회만으로 구성되는 단층제도가 그것이
다.162) 우리 상법상 주식회사의 경영기관의 구성에 관한 입법은 전체적으로 볼
때 영미법에 가깝다고 볼 수 있다고 하나,163) 엄격히 말하여 서독식의 중층제도
의 입법도 아니요 또 영미식의 단층제도의 입법도 아니라고 볼 수 있다. 왜냐하
면 우리 상법이 주식회사의 필요적 내부기관으로 감사를 규정하고 있는 점은 서
독의 주식회사의 감사회와 유사하게 생각될런지 모르나 서독의 감사회와는 그
구성·권한 등에서 본질적으로 구별되며,164) 또 우리 상법이 주식회사의 감사를
(필요적) 내부기관으로 규정하고 있는 점은 영미법이 감사를 내부기관으로 규정
하고 있지 않은 점과 근본적으로 구별되기 때문이다.165)

따라서 우리 상법상 주식회사의 감사는 이사의 직무집행에 대한 「감독권」이
없고(이는 상법 제393조 2항에 의하여 이사회에게 있음)(서독의 감사회와 구별되는 점),
이사의 직무집행에 대한 「감사권」이 있으나 이것도 감사의 자격(예, 공인회계사)에
제한이 없어 (특히 회계감사에서) 철저한 감사기능을 기대하기 어렵고(영국의 감사와
구별되는 점) 감사(監事)에 의한 감사(監査)는 형식화되어 가고 있다. 그러므로 우
리의 감사에 대해서는 실질적인 감독기능 및 감사기능을 확보시켜 줄 필요가 있
는데, 이를 위해서는 우리의 감사제도를 서독의 감사회제도로 개편하는 것이 바
람직하다고 보겠다. 일정한 규모 이상의 주식회사 등의 경우에는 특별법(주식회사
등의 외부감사에 관한 법률)에 의하여 이미 전문적인 회계지식이 있는 공인회계사
로부터 회계감사를 받고 있으므로 영미법상의 감사의 기능은 어느정도 달성되었
다고 볼 수 있다. 따라서 감사로 하여금 감독기능을 실질적으로 충실히 수행하도

---

162) 각국의 주식회사의 경영기관에 대한 비교로는 정찬형, "주식회사의 경영기관(비교법을 중심
   으로)," 「법률학의 제문제」(유기천박사 고희기념논문집) (서울: 박영사, 1988), 474~530면 참조.
163) 정동윤, 전게서, 296면 등.
164) 서독 주식회사의 감사회에 관해서는 정찬형, 전게 월간고시(1988. 3), 127~140면 참조.
165) 영미법상의 감사에 관한 간단한 소개로는 정찬형, "영미법상의 감사제도," 「월간고시」, 통
   권 제177호(1988. 10), 37~50면 참조.

록 하여야 하겠는데, 이를 위해서는 서독의 감사회제도로 개편하는 것이 보다 더 우리의 실정이 맞고 타당한 것으로 본다.166)

　　2. 기업(특히 주식회사)의 사회적 책임에 관한 문제는 현재 우리나라에서도 상당히 활발하게 논의되고 있고,167) 또 앞으로 우리가 실질적으로 해결해야 할 과제이기도 하다. 이러한 기업의 사회적 책임의 구체적인 실현방안으로 제1차적으로 생각될 수 있는 것은 기업의 근로자를 기업의 의사결정에 참여시키는 공동결정제도가 있다.168) 그런데 우리가 기업의 사회적 책임을 실현시키기 위하여 주식회사에 공동결정제도를 도입한다면 근로자를 주식회사의 기관 중 어디에 참여시킬 것인가가 문제된다. 주주 아닌 근로자를 주주총회에 참여시키는 것은 주식회사의 본질과 관련하여 근본적인 문제가 있고, 이사회에 다수 참여시키는 것은 전문경영 및 소유자경영지배와 관련하여 문제가 있다. 그렇다면 근로자의 경영참여는 제2선에서 회사의 업무집행을 감독하고 또 감사하는 감사회가 가장 적당하다고 볼 수밖에 없다. 이를 위해서는 우리의 감사제도로써는 근로자를 감사(監事)에 참여시키기에 부적당하고, 먼저 우리의 감사제도가 서독의 감사회제도로 개편되어야 하는 것이 전제된다. 따라서 근로자를 경영에 참여시키는 공동결정제도를 통하여 기업의 사회적 책임을 실현시키기 위해서도 그 전제로서 먼저 우리의 감사제도를 서독의 감사회제도로 개편하는 것이 바람직하다고 본다.169)

　　3. 이렇게 볼 때 입법론상 앞으로 우리의 감사제도를 서독의 감사회제도로 개편하게 된다면, 앞에서 본 서독의 감사회의 내부조직과 그 업무처리절차에 관한 내용은 이에 크게 기여하게 될 것으로 본다.

166) 정찬형, 전게 월간고시(1988. 10), 50면.
167) 이에 관하여는 정희철, "이른바 기업의 사회적 책임과 법적 제문제," 「기업법의 전개」, 99면 이하 외 다수의 논문이 있고 또 교과서에서도 많이 소개되고 있다.
168) 동지; 정동윤, 전게서, 12면.
169) 정찬형, 전게 월간고시(1988. 3), 140면; 동, 전게 법률학의 제문제, 530면.

# 독일 주식법상 주식회사의 감사회의 권한과 의무*

## I. 서 언

　독일 주식법(Aktiengesetz vom 6. Sep. 1965, AktG)상 주식회사의 감사회(Aufsichtsrat)가 의무기관인 점은 우리 상법상 주식회사의 감사의 경우와 같으나, 독일의 감사회제도는 우리나라의 감사와 많은 점에서 근본적으로 구별되고 있다. 먼저 독일의 감사회는 그 구성면에서 우리의 감사와는 근본적으로 다르다. 즉, 독일의 감사회는 언제나 3인 이상의 감사로 구성되며(AktG § 95) 또 일정한 경우에는 공동결정에 관한 제 특별법(예, 몬탄공동결정법, 공동결정보충법, 공동결정법 및 종업원조직법)이 적용되어 감사회가 주주대표의 감사와 근로자대표의 감사로 공동 구성되나[1](AktG § 96), 우리의 감사는 1인 이상으로 (비록 감사가 수인인 경우에도) 회의체를 구성하지 않으며[2] 또 독일의 공동결정법 등과 같은 특별법이 없어 근로자대표의 감사는 없고 감사는 언제나 주주대표의 감사만이 있다는 점(상 § 409 ①)에서, 우리의 감사는 독일의 감사회와는 근본적으로 구별된다. 또한 독일의

---

* 이 글은 정찬형, "독일 주식법상 주식회사의 감사회의 권한과 의무," 「현대법학의 이론과 과제(오세탁 박사 화갑기념)」, 법영사, 1990. 11, 421~448면의 내용임(필자는 독일의 감사회에 많은 관심을 갖고, 1986. 12.~1987. 11. 독일 뮌스터대학교 법과대학에 Gastprofessor로서 있는 동안 이에 관한 자료를 수집하여 이 글을 작성한 것임).
　이와 관련하여 참고할 수 있는 필자의 글로는 정찬형, "서독 물적회사의 기관과 근로자의 공동결정제도," 「백산 상사법논집(백산 정찬형 교수 화갑기념)」, 박영사, 2008. 8. 3, 347~411면; 동, "서독 주식회사의 감사회," 「월간고시」, 통권 제170호(1988. 3), 127~140면 등이 있음.
1) 이에 관한 상세는 정찬형, "서독 물적회사의 기관과 근로자의 공동결정제도," 「현대상사법의 제문제」(설성 이윤영선생 정년기념)(서울: 법지사, 1988), 170~225면 참조.
2) 정동윤, 「회사법(개정판)」(서울: 법문사, 1989), 447~448면.

감사회는 그 권한면에서 우리의 감사와도 근본적으로 다르다. 즉, 독일의 감사회는 이사회의 업무집행에 대한 계속적인 감독권(AktG § 111 ①)과 이사의 임면권(AktG § 84)이 있으나, 우리의 감사는 이사의 업무집행에 대한 감독권도 없고(상 § 393 ② 참조)3) 또 이사의 임면권이 없다는 점(상 § 382 ① 참조)에서, 우리의 감사는 독일의 감사회와는 근본적으로 구별된다. 이러한 감사(회)의 권한 차이에서 독일의 감사회는 이사회와 함께 경영기관을 구성하여 독일의 경영기관은 중층제도(dual-board or two-tier system)이나, 우리의 감사는 회사의 경영에 거의 관여하지 못하므로 우리의 경영기관은 기본적으로는 영미 회사법상의 그것과 같이 이사회만으로 구성되는 단층제도(one-tier system)라고 볼 수 있다.4) 또한 위와 같은 감사(회)의 차이로 인하여 감사의 의무와 책임도 독일과 우리나라에는 차이가 있게 된다.

　　이하에서는 우리의 감사와는 근본적으로 구별되는 독일의 감사회의 권한과 의무에 대하여 살펴보겠는데, 권한에 대하여 중점을 두고 고찰하겠으며 권한 중에서는 대표적인 권한으로 볼 수 있는 업무감독권과 이사임면권에 중점을 두겠다.

## II. 감사회의 권한

### 1. 업무감독권

### 가. 서 언

#### (1) 연 혁

　　감사회에게 이사회의 업무집행권에 대한 감독권을 인정한 것은 독일에서는 상당히 오래되어, 독일의 구(舊) 상법(ADHGB)이래 이를 인정하고 있다. 이에 관한 규정에 대하여 그 발전과정을 보면 다음과 같다.

　　㈎ 구 상법상의 규정(AGHGB § 225)

　　"감사회가 구성되면, 동 감사회는 회사의 업무집행을 관리(Verwaltung)의 모든 분야에서 감독한다. 동 감사회는 회사의 업무처리과정에 대한 보고를 받을 수 있다."

---

3) 이사의 업무집행에 대한 감독권은 이사회에 있고(상 § 393 ②), 감사는 이사의 업무집행에 대하여 감사할 수 있을 뿐이다(상 § 412 ①).
4) 정동윤, 전게서, 281~282면.

(나) **상법상의 규정**(HGB § 246)

"감사회는 회사의 업무집행을 관리의 모든 분야에서 감독해야 하고, 이러한 목적을 위하여 회사의 업무처리과정에 대한 보고를 받아야 한다."

(다) **구 주식법상의 규정**(AktG 1937 § 95 ①, ② S. 1)

"① 감사회는 업무집행을 감독해야 한다.

② 감사회는 이사회로부터 언제든지 「콘체른」 기업과의 관계를 포함한 회사의 업무에 관한 보고를 요구할 수 있다."

(라) **주식법상의 규정**(AktG 1965 §§ 111 ①, 90 ③ S. 1)

§ 111 ①: "감사회는 업무집행을 감독하여야 한다."

§ 90 ③ S. 1: "감사회는 이사회에 대하여 수시로 회사의 업무, 결합기업(콘체른)에 대한 회사의 법적·사업적 관계와 회사의 상태에 중대한 영향을 미칠 수 있는 이러한 기업의 영업경과에 관하여 보고하도록 요구할 수 있다."

현행 주식법 제111조 1항의 규정은 구 주식법 제95조 1항과 동일하다. 다만 구 주식법 제95조 2항 1문의 규정은 현행 주식법에서는 이사회의 기타의 보고사항과 함께 제90조 3항 1문에서 규정하고 있다.

### (2) 감독의 개념

(가) **이사회의 업무집행에 대한 감독**

감사회는 주식법 제111조 1항에 의하여 이사회의 업무집행을 감독한다. 청산회사의 경우에는 청산인에 대하여도 같다(AktG § 268 ② S. 2). 감사회는 이사회의 업무집행에 대한 감독 외에 주주총회의 결의에도 영향을 미치고 있다. 즉, 주주총회가 결의하여야 할 목적사항에 대하여 감사회는 제안권이 있고(AktG § 124 ③), 주주총회에 모든 감사는 출석권이 있으며(AktG § 118 ②), 주주총회의 결의의 실행으로 감사가 형벌을 받을 행위(strafbare Handlung)를 하게 되거나 규칙위반(Ordnungswidrigkeit)의 행위를 하게 되거나 또는 배상의무를 부담하게 되는 경우에는 각 감사는 주주총회의 결의를 취소할 수 있다(AktG § 245 Nr. 5). 그러나 감사회의 감독업무의 핵심은 이사회의 업무집행의 감독이다.[5]

(나) **감독의 의의**

감사회가 이사회의 업무집행에 대하여 감독하는 경우에 있어서, 동 「감독」의 개념에는 두 가지의 의미가 있다. ( i ) 하나는 오류를 범하지 못하게 하거나

---

5) Marcus Lutter/Gerd Krieger, *Rechte und Pfichten des Ausfsichtsrats*(Freiburg: Rudolf Haufe Verlag GmbH & Co. KG,1981), S. 19.

또는 이를 밝혀내어 감독하는(Kontrolle) 의미이고, (ii) 다른 하나는 업무집행기
관과 협의하는(Beratung) 의미이다.[6] 어떤 업무에서는 감사회가 이러한 협의를 넘
어 순수하게 이사회와 공동으로 결정하는 일도 있다. 그러나 감사회가 스스로 업
무집행을 하는 것은 인정되지 않는다. 업무집행권은 전적으로 이사회에 있고
(AktG § 76 ①), 또 이러한 업무집행권은 감사회에게 양도될 수도 없고(AktG
§ 111 ④ S. 1) 또 감사회는 이사회에 대하여 어떤 특정한 행위를 하도록 법적 구
속력이 있는 지시를 할 수도 없다. 즉, 감사회의 법적 권한은 어떤 경우에도 특
정한 업무를 하지 못하도록 하는데 한정되는 것이며, 이를 하도록 강요하는데 있
는 것이 아니다.[7]

또한 감사회의 이러한 감독권한은 동시에 감사회의 의무가 된다.[8]

따라서 이하에서도 감사회의 순수한 감독업무와 협의업무를 나누어서 설명
하겠다.

## 나. 감사회의 감독업무

### (1) 감독의 대상 및 범위

(가) 감사회의 감독의 대상은 업무집행이다. 그런데 현행의 주식법은 독일 상
법 제246조와는 달리 회사의 운영의 모든 면에서의 업무집행의 감독에 대해서
규정하지 않고 있다. 따라서 감사회에게는 그러한 포괄적인 업무감독권이 없고
회사에 있어서의 집행업무(Leitungsmaßnahmen), 즉 집행권한이 있는 이사회의 활
동에 그 감독의 대상이 한정되는 것이다.[9](AktG § 76 ①).

(나) 감사회의 포괄적인 감독사항의 중점은 이사회의 감사회에 대한 보고사항
인 주식법 제90조 1항에 구체화되어 있고, 그 외에도 주식법 제171조 1항(연도결
산서, 영업보고서 및 이익처분안에 대한 검사) 및 동법 제314조 1항(결합기업과의 관계
에 관한 보고서의 검사)에 규정되어 있다. 감사회의 보고대상도 동시에 이러한 감
독대상이다.[10] 주식법 제90조 1항을 중심으로 이를 좀 더 구체적으로 살펴보면
다음과 같다.

---

6) Lutter/Krieger, *a.a.O.*, S. 19.
7) Lutter/Krieger, *a.a.O.*, S. 19.
8) Ernst Geßler/Wolfgang Hefermehl/Ulrich Eckardt/Bruno Kropff, *Kommentar zum Aktiengesetz*
   (München: Franz Vahlen, 1973, 1974), § 111 Anm. 12.
9) Lutter/Krieger, *a.a.O.*, S 19; Gessler, *Komm. AktG*, § 111 Anm. 12 f.
10) Lutter/Krieger, *a.a.O.*, S. 20.

(ⅰ) 장래의 기업정책에 관한 계획 및 장래의 업무집행에 관한 본질적인 문제점에 대하여 감독한다(AktG § 90 ① S. 1 Nr. 1). 장래의 기업정책에 관한 계획은 장래의 생산계획·판매계획·투자계획·발전계획·금융계획 및 인사계획 등을 말하며,11) 장래의 업무집행에 관한 본질적인 문제점은 기업의 발전에 따른 중·장기의 세금에 관한 사항과 회사의 재산·이윤·금융상태 또는 종업원의 이익에 중대한 영향을 미치는 업무결정사항 등을 말한다.12)

(ⅱ) 회사의 수익성(Rentabilität), 특히 자기자본의 수익성에 대해서 감독한다(AktG § 90 ① S. 1 Nr. 2). 감사회는 이사회에 의하여 제출된 연도결산서를 승인하는데(AktG § 172), 이때에는 이사회로부터 회사의 수익성에 관하여 보고를 받은 경우에만 그 승인 여부를 결정할 수 있다.13) 이때에 감사회는 특히 자기자본의 수익성에 대하여 알고 있어야 한다.14) 연도결산서와 관련하여 이사회는 수익성보고서를 매년 연도결산서를 다루는 감사회의 회의에 제출하여야 한다(AktG § 90 ② Nr. 2). 따라서 이러한 수익성에 관한 감독은 연도결산서를 다루는 감사회의 회의에서 주로 실시되는 것으로 볼 수 있다.

(ⅲ) 회사의 업무집행 과정, 특히 회사의 총판매(Umsatz) 및 재고(Lage)를 감독한다(AktG § 90 ① S. 1 Nr. 3).

(ⅳ) 회사의 수익성 또는 청산적상(Liquidität)에 중대한 영향을 미치거나 또는 그 밖의 이유에서 중대한 의미를 갖는 경우에는 개별적인 업무(법률행위)나 기타 개별적인 업무집행과정도 감독의 대상이 된다15)(AktG § 90 ① S. 1 Nr. 4).

㈐ 감사회는 이사회의 사소한 업무처리에 대하여는 주의를 기울일 필요가 없으며 또 그렇게 하여야 한다. 감사회는 이사회의 업무에 대하여 그림자처럼 따라 다니면서 모든 업무를 감독해서는 안되고, 이사회의 업무 중에서 중요한 사항의 감독에 그의 감독권을 집중시켜야 한다.16) 특히 이사회의 계속적인 일상업무의 처리는 감사회에 의한 감독의 대상이 아니다.17)

<hr />

11) Lutter, *Information und und Vertraulichkeit*, S. 6; Merteus, AG 80, 67, 68 ff.
12) Lutter/Krieger, *a.a.O.*, S. 20.
13) Geßler, Komm. AktG. § 90 Anm. 10.
14) Geßler, Komm. AktG. § 90 Anm. 10.
15) Lutter/Krieger, *a.a.O.*, S. 20.
16) Lutter/Krieger, *a.a.O.*, S. 20; Lutter, *a.a.O.*, S. 20.
17) Lutter/Krieger, *a.a.O.*, S. 20.

(라) 감사의 대상은 이사회 또는 청산인의 업무집행이고(AktG §§ 111 ①, 268 ② S. 2), 직원(Angestellte)의 활동이 아니다.[18] 그러나 이것은 직원이 독립적인 감독대상이 아니라는 뜻이지, 감사회는 직원의 활동과는 전혀 무관하다는 의미는 아니다. 즉, 직원을 지휘하고 감독하는 것은 이사회의 업무이나, 이사회가 이 업무를 정상적으로 수행하였는지 여부는 역시 감사회의 감독대상이다.[19] 그리고 이러한 문제는 이사회의 지위를 받아 독립적으로 업무집행기능을 수행하는 직원(예, 영업분야책임자〈Geschäftsbereichsleiter〉)에만 해당한다.[20] 따라서 자기 고유의 업무집행권을 갖고 있는 직원은, 감사회가 회사의 업무집행에 대하여 감독해야 하는 점에서 볼 때, 감사회의 감독대상이다.[21]

(마) 감사회는 보통 주식법 제90조에 의하여 이사회가 제출한 보고서에 근거하여 감독활동의 기간과 대상범위를 정할 수 있다. 감사회는 이사회의 보고서를 주의 깊게 검사하고 토론함으로써 일반적으로는 그의 감독업무를 충분히 달성할 수 있다. 그런데 이때 의문이 있는 경우에는 상세한 설명과 더 많은 자료를 요구하거나 또는 직접 회사의 자료를 열람할 수 있으며(AktG § 90 ③ S. 2, 111 ②) 또한 그러한 경우에는 그렇게 하여야 한다.[22] 특별한 경우, 예컨대 회사의 상태가 악화된 경우, 이사회의 업무집행 또는 신규이사의 선임에 관하여 중대한 의문이 있는 경우 등에는 감사회의 감독업무의 정도가 더 높아진다.[23]

### (2) 감독의 정도

(가) 감사회의 감독의 정도는 업무집행의 합법성(Rechtmäßigkeit), 합규칙성

---

18) Lutter/Krieger, *a.a.O.*, S. 20~21; Geßler, *Komm. AktG*, § 111 Anm. 15 f; Meyer-Landrut, Großkomm. § 111 Anm. 11.
　반대: Adolf Baumbach/Alfred Hueck/Götz Hueck, *Aktiengesetz*(Beck'sche kurz-Kommentare) (Bd. 23, 13. Aufl.)(München: C.H.Beck'sche Verlagsbuchhandlung, 1968), § 111 Amn. 5; Hans-Joachim Mertens u.a., *Kölner Kommentar zum Aktiengesetz*(Köln, Berlin, Bonn, München: Carl Heymanns Verlag KG, 1973), § 111 Anm. 32.

19) Lutter/Krieger, *a.a.O.*, S. 21.

20) Lutter/Krieger, *a.a.O.*, S. 21.

21) Lutter/Krieger, *a.a.O.*, S. 21; Fitting/Wlotzke/Wißmann, *Kommentar zum Mitbestimmungesetz*(2. Aufl.)(München: Verlag Franz Vahlen, 1978), § 25 Anm. 53; Geßler, Komm. AktG. § 111 Anm. 15; T. Raiser, *Kommentar zum Mitbestimmungesetz*(2. Aufl)(Berlin, New York: Walter de Gruyter, 1984), § 25 Anm. 48.
　반대: Semler, 1. Tell Ⅵ 2.
　이에 관한 문제점에 대한 상세는 Schwark, *ZHR* 142(1978) S. 203.

22) Lutter/Krieger, *a.a.O.*, S. 21; Geßler, *Komm. AktG*, § 111 Anm. 20 f; Mertens, *Kölner Komm.*, § 111 Anm. 28.

23) Lutter/Krieger, *a.a.O.*, S. 21; Geßler, *Komm. AktG*, § 111 Anm. 23.

(Ordnungsmäßigkeit), 합목적성(Zweckmäßigkeit) 및 합경제성(Wirtschaftlichkeit)에 미친다.[24]

(나) 감사회는 합법성 및 합규칙성 감독에서, 이사회가 주식법(특히 제93조 3항)·경제법(카르텔법, 경쟁제한법 등)·회사의 정관 및 이사회의 업무규칙 등을 잘 지켰는지 여부를 감독한다.[25]

(다) 감사회가 합목적성 및 합경제성의 감독에서 주의할 점은, 감사회는 어디까지나 감독하는 것이지 회사의 업무를 스스로 집행하는 것이 아니라는 점이다. 따라서 감사회의 판단에서 이사회의 조치가 잘못된 것으로 나타나는 경우에도, 감사회는 이를 간섭할 수 없고 또 간섭해서도 안 된다.[26] 그러나 주식법 제111조 4항 2문에 의하여 감사회의 동의를 요하는 업무에서는 감사회는 스스로의 판단에 따라 그에 관한 동의를 거절할 수 있다.[27] 그런데 이렇게 이사회와 감사회의 판단이 다른 경우에는 양자에게 일정한 업무가 발생한다. 즉, 양자는 합의를 해야 하는데, 이러한 합의가 이루어지지 않는 경우 기업정책을 세우는 것은 물론 감사회의 업무가 아니나 감사회는 기업정책을 세움과 관련하여 이사회와 협력할 의무는 있다. 이 경우에 이사회가 감사회의 협력을 거절하면 동 이사회는 해임의 중대한 사유가 될 수 있다.[28]

## 다. 감사회의 협의업무

### (1) 성 격

감사회의 이사회와의 협의업무에 대해서는 법률에는 규정이 없고 학설에서 설명되고 있는데, 이러한 협의업무는 감독업무와 별도로 분리될 만큼 발전한 것이 아니다. 따라서 이러한 협의업무는 본질적으로는 감독업무의 일부이고, 감독업무의 일부로서 감사회의 법률상의 업무이므로 개별감사에 의하여 자유롭게 행사될 수 없는 업무이다.[29]

---

24) Lutter/Krieger, *a.a.O.*, S. 22(일반적인 견해라고 함); Mertens, *Kölner Komm.*, § 111 Anm. 27 m. w. N.
25) Lutter/Krieger, *a.a.O.*, S. 22.
26) Lutter/Krieger, *a.a.O.*, S. 22.
27) Lutter/Krieger, *a.a.O.*, S. 22.
28) Lutter/Krieger, *a.a.O.*, S. 23.
29) Geßler, *Komm. AktG.*, § 111 Anm. 36.

## (2) 내 용

감사회는 이사회의 단순한 감독자(kontrolleur)가 아니라, 그 이상으로 제도적인 조언자(Ratgeber)이고 또 업무집행의 대화상대자(Gesprächspartner)이다.30) 이것은 감사회에게 적절한 공동대화의 기회를 제공하는 주식법 제90조의 이사회의 보고의무를 보아도 명백하다.31) 감사회의 업무는 감독업무에 한정되는 것도 아니고, 그렇다고 이사회와 동일한 업무가 부여된 것도 아니다.32) 그러나 감사회는 자기가 이사회의 안을 찬성하는 경우에는 이사회의 지위에서와 같이 자기의 정보·지지·경험에 의하여 혹시 다른 안이 더 합목적적이 될 수 있는지 여부를 검토하고 신중히 비교해 보아야 한다. 그리하여 이 경우에 감사회가 이사회와는 다른 결론에 도달하면, 종국적인 결정은 이사회가 할지라도 감사회는 이사회에게 자기의 견해를 표시하고 이사회가 재고하도록 토론해야 한다. 따라서 감사회는 이사회의 처리의 합목적성에 관하여 의문이 있는 경우에 이사회와 충분히 토론을 하면 그것으로 감사회의 임무는 달성되는 것이고, 이사회의 견해와 같거나 감사회의 다수가 이사회의 견해에 찬성하면 이사회에게 자기의 의사를 표시할 필요도 없다.33)

## (3) 한 계

감사회의 이러한 협의업무는 이사회의 업무가 감사회의 감독대상 외의 업무이거나 또는 중요하지 않은 업무인 경우에는 해당되지 않는다. 즉, 감사회가 감독할 필요가 없는 업무에 대해서는 또한 협의할 필요도 없는 것이며, 감사회는 그러한 업무와는 전혀 무관하고 또 회사의 모든 업무에 대하여 요청받지도 않은 어떤 조치를 취할 권리도 없다.34)

## 2. 이사의 임면권

## 가. 서 언

감사회가 이사의 임면을 통하여 이사회를 구성하는 권한도 이사회의 업무집

30) Lutter/Krieger, a.a.O., S. 23; Hüffer, ZGR 80, S. 321, S. 324; Mertens, AG 80, S. 67, S. 68.
31) Lutter/Krieger, a.a.O., S. 23.
32) Lutter/Krieger, a.a.O., S. 23.
33) Lutter/Krieger, a.a.O., S. 23; Mertens, Kölner Komm., § 111 Anm. 34 ff., insbes. Anm. 36.
34) Lutter/Krieger, a.a.O., S. 24; Semler, 2. Teil VI A2; Mertens, AG 80, S. 67, S. 68.

행에 대한 감독권만큼 중요하다.[35] 감사회는 이사의 임면을 통하여 회사의 운영에 대하여 스스로 본질적인 영향을 미치고 또 회사의 업무정책과정을 스스로 예견할 수 있게 되어, 예방적이고 지배적인 본질적 감독수단을 갖게 되는 것이다.[36]

이하에는 이사의 선임, 이사의 해임, 노무이사, 이사회의장, 이사회규칙 등에 있어서 감사회의 권한을 설명하겠다.

## 나. 이사의 선임

### (1) 선임권한

(가) 이사의 선임권한은 감사회에 전속한다(AktG § 84 ① S.1). 주식법상의 동규정은 강행규정이며, 정관에 의해서나(AktG § 23 ⑤ 참조) 주주총회의 결의에 의해서도 이와 달리 정할 수 없다. 따라서 감사회의 이러한 권한을 침해하는 정관의 규정은 무효이고, 또한 주주총회 또는 제3자에 의한 이사의 선임도 무효가된다.[37] 또한 감사회의 이사의 선임권은 정관에 의해서도 제3자(예, 대주주)의 동의를 받도록 하거나 또는 협의하도록 할 수 없다.[38]

(나) 감사회의 이사 선임권은 권리일 뿐만 아니라 의무이기도 하다. 이러한 점에서 이사의 선임행위는 대리권의 행사와는 구별되는 것이다.[39]

(다) 감사회는 이사 선임권을 다른 회사의 기관에 양도할 수 없다. 특히 이사회에 수권하여 다른 이사를 스스로 선출하게 하거나, 또는 이사회와 공동으로 선출하게 할 수 없다.[40] 또한 감사회는 이 권한을 자기의 위원회에게 위임할 수도 없다[41](AktG § 107 ③ S. 2). 이와 관련하여 감사회가 이사 선임을 준비하게 하기위하여 인사위원회를 이용하는 것도 문제가 될 수 있다. 일반적인 관례에 의하면이러한 인사위원회가 이사 선임에 관하여 전적으로 준비하고 감사회의 전체회의에서 몇 가지를 조언하고 동 회의에서는 이 중의 하나를 선택하여 결정한다. 따라서 감사회는 실제로 인사위원회가 제시한 몇 가지의 안을 비교하여 투표하거

---

35) Lutter/Krieger, *a.a.O.*, S. 43.
36) Lutter/Krieger, *a.a.O.*, S. 43.
37) Geßler, *Komm AktG*, § 84 Anm. 7; Lutter/Krieger, *a.a.O.*, S. 43; Meyer-Landrut in Großkomm., § 84 Anm. 2.
38) Geßler, *Komm. AktG*, § 84 Anm. 7.
39) Geßler, *Komm. AktG*, § 84 Anm. 5.
40) Geßler, *Komm. AktG*, § 84 Anm. 8.
41) 그러나 1937년 주식법에서는 감사회는 이 권한을 위원회에 위임할 수 있었다(Geßler, *Komm. AktG*, § 84 Anm. 11).

나 거부권을 행사하는 지위로 그 권한이 제한되고 있다. 그러나 이러한 방식은 주식법 제107조 3항 2문의 취지에서 보아 허용되지 않는 것으로 보는 것이 다수의 의견이다.[42] 이사의 선임에 관하여 준비하는 인사위원회의 모든 업무를 허용되지 않는 것으로 볼 수는 없으나, 인사위원회의 업무는 순수한 정보수집에 제한되어야 하고, 필요한 경우에는 그러한 모든 정보를 감사회에 제출함으로서 끝나야 한다.[43]

### (2) 선임방법

㈎ 이사는 감사회의 전체회의에서 자유롭게 선출된다. 따라서 감사는 회사에 대해서나 제3자에 대하여 특정인을 이사로 선출하도록 구속받을 수 없다. 만일 그러한 투표에 관한 구속이 있는 경우에는 그러한 구속은 무효이다.[44] 이렇게 감사가 구속받지 않는 것은 주식법 제101조 2항에 의한 파견감사에게도 동일하게 적용된다.[45] 다른 회사의 기관이나 제3자는 기껏 후보자 추천권(Vorschlagsrecht)이 있을 수 있으나, 감사회는 이에 구속받지 않고 자유롭게 결정할 수 있다.[46] 또한 정관에 의해서도 어떤 주주에게 이사의 선임권을 갖게 할 수 없다. 주주는 자기가 선출하거나(AktG § 101 ①) 파견한 감사(AktG § 101 ②)에 대해서만 이사회의 구성에 있어 자기가 추천한 자가 이사로 선출되도록 영향을 미칠 수 있다. 주주는 그 이외에 이사의 선출에 있어 감사를 구속하는 지시를 할 수 없다. 그러나 주주는 자기들 상호간에 합의하여 감사회에 의하여 특정한 자가 이사로 선출되도록 사실상 영향력을 미치고 있는데, 이것은 법률이 금하지 않고 있다.[47] 그러나 그러한 영향력의 행사가 감사의 자유로운 의사결정을 침해할 목적이라면 독일 민법 제138조 1항의 위반이 되고, 이러한 민법규정에 위반되지 않는 경우에도 독일 민사소송법 제888조에 의한 강제집행의 대상이 되지도 않고 (그러한 감사의 의사는 전혀 주주의 의사에 종속되지 않음), 또 그러한 감사에 대하여 계약벌(Vertragsstrafe) 또는 손해배상청구가 인정되지 않는다.[48]

---

42) Lutter/Krieger, a.a.O., S. 44.
43) Lutter/Krieger, a.a.O., S. 44; Prühs, DB 70, S 1525; Dose, ZGR 73, S. 300, S. 306 ff. m.w.N.
44) Mertens in Kölner Komm, § 84 Anm. 8; Möhring-Tank, Handbuch der AG, Tz 189.
45) BGHZ 36, 296/306.
46) Geßler, Komm. AktG, § 84 Anm. 9 외.
    반대; Mertensin Kölner Komm., § 84 Anm. 6.
47) Geßler, Komm. AktG, § 84 Anm. 10.
48) Geßler, Komm. AktG, § 84 Anm. 10.; Mertens in Kölner Komm., § 84 Anm. 8.

(나) 감사회의 전체회의는 결의(Beschluß)의하여 이사를 선출하는데(AktG § 108)
이 결의는 투표로써 할 수 있다.[49] 그런데 이사를 선출하는 감사회의 결의에 필요
한 의결정족수에 관하여 주식법상의 규정과 공동결정법상의 규정이 달라, 공동결
정법이 적용되는 회사의 경우에는 주식법과는 달리 이사가 선출된다. 이하에서는
주식법만이 적용되는 회사와 공동결정법이 함께 적용되는 회사를 나누어서 살펴보
겠다.

① **주식법만이 적용되는 회사**　　　이때의 감사회의 결의에는 단순다수결을
요한다.[50] 정관의 규정으로 이러한 단순다수결보다 강화하여 규정할 수 있는가?
정관에 이를 강화하여 규정하면 이는 이사의 선출에 관한 감사회의 강행적 전속
권한을 침해하는 것이기 때문에 동 정관의 규정은 무효라고 보고 있다.[51]

② **공동결정법이 적용되는 회사**　　　공동결정법이 적용되는 회사에는 주주
대표의 감사와 근로자대표의 감사의 특별한 협력을 목적으로 하여 동법 제31조
가 단계적 협의절차를 규정하고 있다.[52] 이 절차에 따른 이사의 선출방법은 다음
과 같다.

( i ) 제1차 투표에서 감사회를 구성하는 전 감사의 3분의 2의 다수결을 요
한다(MitbestG 31 ②).

( ii ) 제1차 투표에서 필요로 하는 다수를 얻지 못한 경우에는 제2차 투표를
실시한다.[53] 그런데 이러한 제2차 투표를 실시하기 위하여는 공동결정법 제27조
3항에 따라 4인의 위원회(회장, 부회장 및 주주와 근로자의 대표 각각 1인)에 의한 1
개월 이내의 협의권고안(Kompromißvorschlag)이 제출되어야 한다(MitbestG § 31 ③
S. 1). 동 위원회가 합의하여 하나의 권고안을 제출하면, 감사회는 동안을 제2차
투표에 회부하여 투표자의 다수(절대다수[54])로써 이사를 선출한다(MitbestG § 31
③ S. 2). 이와 동시에 감사회에게는 기타의 결의안이 제출될 수 있는데(MitbestG

손해배상청구에 대한 이견: Maberlandt in Möhring-Schwaltz, *Satzungsgestaltung*, S. 66.
49) 주식법은 이 경우 손해를 금하는 규정을 두고 있지 않다(Mertens in Kölner Komm., § 84
　Anm. 6.).
50) Lutter/Krieger, *a.a.O.*, S. 46; Geßler, *Komm. AktG*, § 84 Anm. 12.
51) Geßler, *Komm. AktG*, § 84 Anm. 12; Baumbach/Hueck, § 108 Rn 4; Mertens in Kölner
　Komm, § 84 Anm. 6.
52) Lutter/Krieger, *a.a.O.*, S. 46.
53) 이러한 제2차 투표의 실시를 위한 요건으로 제1차 투표에서 3분의 1 이상의 다수를 취득했
　을 것을 요한다(Lutter/Krieger, *a.a.O.*, S. 46 Fußnote 69).
54) Lutter/Krieger, *a.a.O.*, S. 46.

§ 31 ③ S. 1), 어느 안이나 똑같이 절대다수로써 채택된다.55)

(iii) 동 위원회가 어떠한 안도 제출하지 않으면 기타의 안에 대해서만 의결할 수 있는데, 이때에도 절대다수로써 채택된다. 그러나 이의 절차는 1개월이 경과한 후에만 실시할 수 있다.56)

(iv) 위의 제2차 투표에서도 결정되지 않으면, 감사회의 의장이 다시 하는 투표(이때에도 다시 새로운 안의 제출이 허용됨)에서 두 개의 투표권을 갖는다(MitbestG § 31 ④ S. 1). 이러한 방법을 인정하는 것은 이미 반수의 감사에 의하여 지지를 얻은 후보자가 선출될 수 있기 위해서이다. 이렇게 하는 경우 다시 하는 투표에서는 동수가 될 수 없다.57) 그런데 이때에 감사회의 의장은 다시 하는 투표를 실시할 의무도 전혀 없고58) 또 자기의 두 개의 투표권을 동시에59) 또는 통일적60)으로 실시할 의무도 없다.61)

### (3) 이사의 자격

#### ㈎ 법률상의 자격

① 이사는 자연인이며 무제한 행위능력자이어야 한다(AktG § 76 ③). 이사의 업무는 사람의 활동을 전제하므로, 법인이나 인적회사62)(합명회사〈OHG〉, 합자회사〈KG〉)는 이사가 될 수 없다.63) 또한 법률상 제한능력자(무능력자)가 이사로 선임되면 동 선임이 무효가 되며(BGB § 134), 이사로 선임된 후에 제한능력자(무능력자)가 되면 동 이사는 업무능력을 상실하게 된다.64)

② 감사는 업무의 성격상 원칙적으로 이사가 될 수 없다(AktG § 105 ①). 그러나 예외적으로 1년 이내에서만 결원이사 또는 출석할 수 없는 이사(verhinderter Vorstandsmitglieder)의 대리인으로 선임될 수 있다(AktG § 105 ②).

---

55) Lutter/Krieger, *a.a.O.*, S. 46.

56) Lutter/Krieger, *a.a.O.*, S. 46.

57) Lutter/Krieger, *a.a.O.*, S. 46; Fitting/Wlotzke/Wißmann, § 31 Anm. 20m. w. N.
　　반대: Hoffmann/Lehmann/Weinmann, *Kommentar zum Mitbestimmungsgesetz*(München:
　　C. H. Beck'sche Verlag, 1978), § 31 Anm. 23; Hoffmann, *Der Aufsichtsrat*, Rn. 210.

58) H. M., Vgl. Fitting/Wlotzke/Wißmann, § 31 Anm. 19; Hoffmann/Lehmann/Weinmann,
　　§ 31 Anm. 21; Raiser, § 29 Anm. 12.
　　반대: Luther, *ZGR* 77, S. 306, S. 310.

59) A. A. Fitting/Wlotzke/Wißmann, § 31 Anm. 19; GK-MitbestG, § 31 Anm. 30.

60) A. A. Luther, *ZGR* 77, S. 306, S. 310.

61) Lutter/Krieger, *a.a.O.*, S. 46~47.

62) 서독에서는 합명회사〈OHG〉 또는 합자회사〈KG〉는 법인이 아니다.

63) Geßler, *Komm. AktG*, § 84 Anm. 16.

64) Geßler, *Komm. AktG*, § 84 Anm. 18; glA Meyer-Landrut in Großkomm., § 76 Anm. 17.

### (내) 정관상의 자격

① 법률상의 자격요건 외에도 정관은 감사회의 전속적인 이사선임권을 침해하지 않는 범위에서 이사의 자격에 대한 추가요건을 규정할 수 있다[65](예컨대, 독일 국적을 가진 자, 국내 거주인, 일정한 주식을 보유하고 있는 자, 일정한 범위에 속하는 자,[66] 해외경험이 있는 자 등).

② 정관상 자격요건이 추가로 규정되어 있는 경우에 동 정관에 위반하여 감사를 선임하더라도 동 선임이 무효가 되는 것은 아니며, 보통 동 이사의 해임의 중대한 사유가 될 뿐이다.[67]

③ 공동결정법이 적용되는 회사에서 정관으로 이사의 자격요건을 추가로 규정하는 것은, 근로자대표의 감사의 공동결정권한이 주주에 의하여 침해받는 것이 되기 때문에 인정될 수 없다는 견해가 있다.[68] 그러나 정관에 이사의 자격요건을 규정하는 것은 일정한 범위의 자에 대한 주주의 일반적인 불신이므로 공동결정법이 적용되는 회사의 감사회에서도 이것이 근거 없이 간과되어서는 안 된다고 한다.[69]

### (대) 기타의 자격

① 독일 연방정부의 대통령 및 내각의 구성원은 영리를 목적으로 하는 회사의 이사나 감사가 될 수 없다(GG §§ 55 ②, 66). 또 주정부의 경우에도 주헌법에 의하여 비슷하게 규정되어 있다(예, § 64 ③ Nordrhein-Westfalen).

② 그밖에 연방정부의 공무원은 특정한 요건하에서 승인을 받은 경우에만 이사가 될 수 있으며(BBG § 65 ① Nr. 3), 주정부의 공무원도 개별적인 주법에 의하여 이사가 되는 것이 제한된다.

③ 그런데 이러한 법규에 위반하여 이사로 선임될 경우에는 선임행위 그 자체는 유효하다고 본다.[70]

---

65) Geßler, *Komm. AktG*, § 84 Anm. 19; Hefermehl, *Komm. AktG*, § 84 Amn. 19; Mertens, *Kölner Komm.*, § 76 Anm. 43 ff. m. w. N.

66) 그러나 이에 대하여는 감사회가 실질적으로 선출할 가능성이 없을 정도로 좁게 규정되어서는 안 된다(Geßler, *Komm. AktG*, § 84 Anm. 19; Meyer-Landrut in Großkomm., § 76 Anm. 16).

67) Geßler, *Komm. AktG*, § 84 Anm. 19; Meyer-Landrut in Großkomm., § 76 Anm. 17; Godin-Wilhelmi, § 76 Anm. 8; Baumbach/Hueck § 76 Rn 9; Hommelhoff, *BB* 77, S. 322.

68) Lutter/Krieger, *a.a.O.*, S. 45; Fitting/Wlotzkel Wißmann, § 31 Anm. 11 ff.

69) Lutter/Krieger, *a.a.O.*, S. 45.

70) Geßler, *Komm. AktG*, § 84 Anm. 20; Meyer-Landrut in Großkomm., § 76 Anm. 15.

#### (4) 이사의 원수(員數)

① 이사는 원칙적으로 1인 이상이면 충분하다(AktG § 76 ② S. 1). 그러나 이사가 2인 이상이어야 하는 경우가 있는데, 이는 (ⅰ) 자본이 300만 「마르크」 이상인 회사로서 정관에 이사의 수를 1인으로 규정하고 있지 않은 경우와(AktG § 76 ② S. 2), (ⅱ) 특별법에 의하여 노무이사(Arbeitsdirektor)가 선임되어야 하는 경우이다(MitbestG § 33, Montan-MitbestG § 13 ①, Mitbest ErgG § 13). 따라서 이사의 정확한 수는 정관에 의하여 규정될 수 있는데, 정관은 이사의 최고수 또는 최저수만을 규정할 수도 있다[71](AktG § 23 ③ Nr. 6). 정관이 이사의 최고수 또는 최저수만을 규정하는 경우에는, 감사회가 그 범위내에서 이사의 수를 정한다.[72]

② 감사회가 정관이 규정한 이사의 최고수를 초과하여 이사를 선임하더라도, 동 선임행위가 무효가 되는 것은 아니고 해임의 중대한 이유가 될 뿐이다.[73]

#### (5) 이사의 임기

① 이사의 임기는 최장 5년이다(AktG § 84 ① S. 1). 이 임기는 임용계약시(Amtszeit)부터 개시되는데, 임용일을 포함하지 않는다.[74] 그러나 선임결의시에 그 후의 임기개시일을 정한 경우에는 그때부터 진행한다.[75] 이사는 임기개시 1년 전에는 선임되어야 하고(AktG § 84 ① S. 3의 유추해석), 임기를 정하여 선임될 수도 있다.[76] 이사의 선임에 있어서 개별적으로 임기를 정하는 것은 전적으로 감사회의 권한이므로, 정관의 규정으로 특정기간(예, 언제나 5년)을 이사의 임기로 정할 수는 없고 또 정관으로 이사의 재선임을 배제할 수도 있다.[77]

② 이사의 임기의 최단기간에 대하여는 법률상 규정이 없다. 따라서 법률상 규정된 최장기간의 범위내에서 각자의 임기를 정할 수 있다.[78] 그러나 이는 남용되어서는 안 된다. 법률상 이사회는 회사의 업무집행에 있어서 감사회와 독립되어 있으므로(AktG §§ 76 ①, 84 ③ S. 1, 111 ④), 감사회가 고의로 이사의 임기를

---

71) Geßler, *Komm. AktG*, § 76 Anm. 28; Lutter/Krieger, *a.a.O.*, S. 44.

72) Geßler, *Komm. AktG*, § 76 Anm. 28.

73) Geßler, *Komm. AktG*, § 84 Anm. 19.

74) Geßler, *Komm. AktG*, § 84 Anm. 21.

75) Geßler, *Komm. AktG*, § 84 Anm. 21.

76) Geßler, *Komm. AktG*, § 84 Anm. 21.

77) Geßler, *Komm. AktG*, § 84 Anm. 24; Mertens in Kölner Komm, § 84 Anm. 16; Godin Wilhelmi, § 84 Anm 5.
　반대: Haberlandt in Möhring-Schwartz, *Satzungsgestaltung*, S. 78.

78) Geßler, *Komm. AktG*, § 84 Anm. 23.

단기로 정하여 이사의 회사에 대한 업무집행을 실질적으로 저해하면 이는 법률 위반이 된다.[79] 또한 감사회가 이사의 임기를 단기로 정하여 반복하여 재선임하는 것은 중대한 사유가 있는 경우에만 인정되는 주식법 제84조 3항 1문의 해임권의 남용이 될 수 있다.[80] 그런데 실제에 있어서 5년 이하의 임기를 정하는 것은 예외적이다.[81]

③ 감사회가 5년을 초과하는 임기로 이사를 선임하면, 5년을 초과하는 기간의 선임은 효력이 없게 된다.[82] 또 감사회가 불특정기간으로 이사의 임기를 정한 경우에는 의문이나, 5년의 임기로 인정되어야 한다.[83]

④ 감사회는 최장 5년의 임기로만 이사를 재선임하거나 임기연장을 할 수 있다(AktG § 84 ① S. 2). 이러한 경우에도 감사회의 새로운 선임행위가 있어야 하며, 이러한 선임행위에는 명시의 결의(ausdrücklicher Beschluß)가 있어야 한다.[84] 다만 이사가 5년 미만의 임기로 선임된 경우에, 전체의 임기가 5년을 초과하지 않는 범위내에서 감사회의 새로운 선임행위 없이 자동연장할 수 있다(AktG § 84 ① S. 4).

### (6) 임용계약

① 감사회가 이사를 선임하는 행위는 사회법상 또는 단체법상의 행위(sozial-oder körperschaftsrechtilche Akt)로서, 이에 의하여 자연인이 이사회의 기관구성원이 되는 것이다.[85] 이러한 선임행위에 의하여 이사는 대외적으로 제3자에 대한 관계에서뿐만 아니라 대내적으로 회사에 대한 관계에서 이사로서의 법적 지위를 취득하게 되는 것이다.[86] 그런데 법률은 이사의 선임행위와 임용계약을 구별하여 이사의 권리의무는 임용계약에 의하여 발생하는 것으로 하고 있다.[87] 그런데 이러

---

79) Geßler, *Komm. AktG*, § 84 Anm. 23; Baumbach/Hueck, § 84 Rn 5; Meyer-Landrut in Groß Komm., § 84 Anm. 9; Godin-Wilhelmi; § 84, Anm. 5; Hefermehl, *Komm. AktG*, § 84 Anm. 23; Mertens, *Kölner Komm.*, § 84 Anm. 12.
80) Geßler, *Komm. AktG*, § 84 Anm. 23.
81) Lutter/Krieger, *a.a.O.*, S. 47.
82) BGHZ 3, 90; 10, 187/195; WM 1957, 846 f.; 1962, 109/112.
83) Geßler, *Komm. AktG*, § 84 Anm. 24; Meyer-Landrut in Groß Komm., § 84 Anm. 9; Mertens in Kölner Komm., § 84 Anm. 11;
    반대: Haberlandt in Möhring Schmartz, *Satzungsgestaltuag*, S. 80(BGB §§ 620, 622가 적용된다고 함).
84) BGHZ 10, 187/194; BGH LM Nr. 14/15 Zu § 75 AktG 1937; BGH WM 1960, 803/805.
85) Geßler, *Komm. AktG*, § 84 Anm. 5.
86) BGHZ 3, 90/92.
87) Geßler, *Komm. AktG*, § 84 Anm. 6.

한 임용계약은 단체법상의 선임행위가 있는 경우에만 체결되는 것이며, 그러한 선임행위가 없으면 계약체결의 대상이 없게 된다.[88]

② 임용계약은 회사와 이사간의 채권관계로서 원칙적으로는 고용계약(Dienstvertrag)이다.[89] 따라서 독일 민법 제611조 이하가 적용된다.[90] 그러나 이사는 회사를 자기책임으로 경영하고(AktG § 76 ①) 감사회나 주주총회의 지시를 받지 않는 독립적인 지위를 갖고 있으므로 원칙적으로 근로자(Arbeitnehmer)가 아니며[91] 또 이사의 임용계약은 독립적인 (특수한) 고용계약이다.[92]

③ 이사의 임용계약에는 선임행위에 관한 규정이 준용되므로(AktG § 84 ① S.5), 임용계약에 관한 결정권은 감사회에 전속한다.[93] 따라서 정관은 임용계약상의 중요한 합의사항에 관하여는 주주총회의 동의를 받도록 규정할 수 없다.[94] 또한 감사회는 회사의 법률상 대표자로서 이사와 임용계약을 체결한다[95](AktG § 112). 감사회는 이사의 선임권을 자기의 위원회에 위임할 수 없으나, 임용계약의 체결에 관한 결정권은 자기의 위원회에 위임할 수 있다[96](AktG § 107 ③). 그러나 임용계약의 체결 및 내용에 관한 결정권을 개별적인 감사에게 위임할 수는 없다.[97] 그러나 감사회는 이러한 권리를 감사회의 의장 또는 동계약서를 이사와 함께 서명하거나 보충사항을 협의할 권한이 있는 감사에게는 위임할 수 있다.[98] 임용계약의 서면형식에 관하여는 법률상 규정이 없다.[99]

④ 임용계약에서는 이사의 활동에 상당하는 보수(Vergütung)가 규정되는데, 이는 보통은 확정월급(fester Gehalt)과 순이익에 대한 참가(Tantieme)(AktG § 86)로

---

88) Geßler, *Komm. AktG*, § 84 Anm. 6.
89) BGHZ 36, 142 ; 10, 187/191 및 다수의견.
  그러나 무보수인 경우에는 위임계약(Auftrag)이라고 한다(Götz Hueck, *Gesellschaftsrecht*, 18. Aufl., 1983, S. 196).
90) Hueck, *a.a.O.*, S. 196(그것이 노무관계만을 규정하지 않는 규정인 경우에); Geßler, *Komm. AktG*, § 84 Anm. 34.
91) BGHZ 12, 1/8; 36, 142; 49, 30(일관된 판례의 입장); Hueck, *a.a.O.*, S. 196.
92) BGHZ 10, 187/191.
93) Geßler, *Komm. AktG*, § 84 Anm. 38.
94) BGHZ 41, 282/285.
95) Geßler, *Komm. AktG*, § 84 Anm. 39; Hueck, *a.a.O.*, 196.
96) BGHZ 20, 239/244 für § 75 AktG 1937.
97) Geßler, *Komm. AktG*, § 84 Anm. 39.
98) BGHZ 47 341/350; 41, 282/285; WM 1960, 544; 1957, 846.
  반대: Mertens in Kölner Komm., § 84 Anm. 30.
99) Geßler, *Komm. AktG*, § 84 Anm. 40.

구성된다.[100] 과거에는 이사에게 과대한 급료(Bezüge)를 지급하여 회사가 손실을 입는 경우가 적지 않았다.[101] 따라서 주식법은 감사회에게 각 이사의 총급료(월급 및 이익참가 외에 비용보상·보험료·수수료·각종의 부수적 급여)의 확정시에 동 총급료가 각 이사의 직무와 회사의 상태에 상응하는가를 검토하도록 하는 의무를 부과하고 있다(AktG § 87 ①). 또한 동 규정은 이사의 퇴직금(Ruhegehalt) 및 배후급료(Hinterbliebenenbezüge)에도 적용된다.[102] 감사회가 이 의무를 이행하지 않으면, 그는 회사에 대하여 손해배상할 의무가 있다.[103] 또한 회사의 상태가 근본적으로 악화되어 다른 방법이 없는 경우에는 감사회는 이사의 보수의 상당액을 감액할 권리가 있고 또 회사에 대하여는 감액할 의무를 부담한다(AktG § 87 ② S. 1). 이 때 이사는 다음 4분의 1역년(歷年)의 종료를 기하여 6주의 기간으로 고지하여 동 임용계약을 해지할 수 있다(AktG § 87 ② S. 2).

⑤ 임용계약에 의하여 이사는 특별한 충실의무(Treuepflicht)를 부담하는데, 이는 근로자가 노무계약에 기하여 발생하는 의무와 비슷하나 그것보다는 범위가 넓다.[104] 이사는 모든 방법으로 회사의 이익을 도모해야 하며, 회사에 손해가 되는 어떠한 행위도 해서는 안된다.[105] 이러한 충실의무의 확장은 회사의 내부에서만 말할 수 있는 사항과 비밀에 대해서는 침묵할 의무(묵비의무)이다(AktG § 93 ① S. 1). 이러한 이사의 충실의무에서 이사는 회사와의 경업도 금지된다[106](AktG 88).

## 다. 이사의 해임

### (1) 해임권한

이사의 해임권한도 선임권한과 같이 감사회에 전속한다[107](AktG § 84 ③ S. 1). 따라서 감사회는 이 권한에 기하여 이사를 임기중에 해임할 수 있다.[108] 감사회의 이 권한은 정관에 의해서도 박탈될 수 없고, 특히 회사의 다른 기관이나

---

100) Hueck, *a.a.O.*, S. 197.
101) Hueck, *a.a.O.*, S. 197.
102) Hueck, *a.a.O.*, S. 197.
103) Hueck, *a.a.O.*, S. 197.
104) Hueck, *a.a.O.*, S. 197.
105) BGHZ 10, 187, 193; 20, 239, 248; 41, 282, 287; 49, 30, 31. 및 다수의견(Hueck, *a.a.O.*, S. 197).
106) Hueck, *a.a.O.*, S. 197.
107) Geßler, *Komm. AktG*, § 84 Anm. 61.
108) Lutter/Krieger, *a.a.O.*, S. 47.

제3자에게 위임될 수도 없다.[109] 또한 이 권한은 위원회에게 위임될 수도 없다 (AktG § 107 ③).

　또한 감사회가 이사를 해임하는 방법도 선임의 경우와 같이 감사회의 전체 회의에서 결의에 의하여 한다(AktG § 108 ①). 결의에 필요한 의결정족수는 주식 법만이 적용되는 회사의 경우에는 감사의 단순과반수로써 하고, 공동결정법이 함 께 적용되는 회사의 경우에는 동법 제31조에 의하여 단계적 협의절차에 따라 해 임한다[110](MitbestG § 31 ⑤).

## (2) 중대한 이유

　감사회가 이사를 임기중에 해임하기 위하여는 동 이사에게 중대한 이유가 있어야 한다. 이에 대하여 주식법은 3가지의 중대한 이유를 예시하고 있는데, 이 는 중대한 의무위반·정상적인 업무집행능력의 결여·주주총회에 의한 신용상실 (Vertrauensentzug)을 들고 있다(AktG § 84 ③ S. 2). 이를 더 구체적으로 학설·판 례에 의하여 살펴보면 다음과 같다.

　(가) 주식법이 예시하고 있는 「중대한 의무위반」이란, 신뢰상실, 부정확한 장 부기록, 회사에게 불리한 거래, 승인받지 않은 신용부여, 보고거절, 이익배당의 허위계산 등이다.[111]

　(나) 주식법이 예시하고 있는 「정상적인 업무집행능력의 결여」란, 명예롭지 못 하거나 위험한 업무의 관여(예, 회사에 직접 손해가 되는 투기업무),[112] 처벌받는 행 위(또한 그러한 혐의가 충분한 행위)에 가담,[113] 고액의 채무부담,[114] 증수뢰,[115] 외 부행위에서 회사의 명예훼손,[116] 사적인 업무에 회사의 지위이용[117](이로 인하여 회사의 이익이 침해되지 않는 경우에도 해당함), 정당한 권한 없이 하는 휴가,[118] 장 기질병,[119] 정관에서 요구하는 인적 자격의 결여,[120] 이사로서의 업무수행에 현

---

109) Geßler, *Komm. AktG*, § 84 Anm. 61.
110) Lutter/Krieger, *a.a.O.*, S. 48.
111) Geßler, *Komm. AktG*, § 84 Anm. 70.
112) RGZ 53, 267; BGH WM 1956, 865.
113) Bay OLG NJW 1955, 1678; BGH WM 1967, 251; LM § 626 BGB Nr. 8.
114) OLG Hamburg BB 1954, 978.
115) BGH WM 1967, 679.
116) BGH WM 1956, 865.
117) BGH WM 1967, 679.
118) RG Warn Rspr. 1906, 237.
119) BAG NJW 1968, 1693.
120) Geßler, *Komm. AktG*, § 84 Anm. 70.

저히 지장을 초래하는 정치활동[121] 등이다. 그러나 종업원이 이사의 해임을 위하
여 위법한 「스트라이크」를 하는 것은 중대한 이유가 될 수 없다.[122] 또한 장기근
무한 이사를 해임하는 경우에는 엄격한 조건하에서만 인정되고,[123] 이사의 해임이
동 이사의 불명예를 수반하는 경우에는 특히 엄격한 요건이 제시되어야 한다.[124]

　　㈐ 주식법이 예시하는 「주주총회에 의한 신용상실」이란, 회사의 내부에서
필요한 협력이 되지 않는 경우이다.[125] 이사의 자기책임의 지위는 그가 주주총회
로부터 신용을 얻은 때에만 그 권한을 갖게 되는 것이므로, 주주총회로부터 신용
을 상실당한 경우에는 일반적으로 정당한 해임사유가 되는 것이다.[126] 이때에는
이사가 주주총회로부터 종국적으로 신용이 상실됨을 필수불가결의 요건으로 하
고, 이사의 개별적인 조치에 대한 주주총회의 불승인은 신용상실이 될 수 없
다.[127] 또한 주주총회 이외에서 다수의 주식을 가진 주주로부터의 신용상실은 주
주총회에 의한 신용상실과 동시할 수 없다.[128]

### 라. 노무이사

#### ㈎ 서 언

「몬탄」 공동결정법, 공동결정보충법 및 공동결정법이 적용되는 주식회사는
반드시 노무이사(Arbeitsdirektor)를 선임해야 하는데(Montan-MitbestG § 13 ① S. 1,
MitbestErgG § 13, MitbestG § 33), 이러한 노무이사는 일반이사와 동일한 권한이
있다. 이렇게 노무이사를 선임해야 하는 주식회사의 경우에는 반드시 이사가 2
명 이상이 되고, 또 이사회는 주주대표의 이사와 근로자대표의 이사로 공동구성
된다. 따라서 노무이사를 두어야 하는 주식회사에서 정관의 규정으로 이사를 한
사람만 두는 것으로 규정할 수는 없다.[129]

---

121) Geßler, *Komm. AktG*, § 84 Anm. 70.
122) BGHZ 15, 71/78.
123) BGHZ 20, 239/249, BGH WM 1962, 811; 1968, 1347.
124) BGH WM 1962, 811.
125) Geßler, *Komm. AktG*, § 84 Anm. 72.
126) BGHZ 13, 188/192; 15, 71; 20, 246(1937년 주식법에 관한 것임).
127) Geßler, *Komm. AktG*, § 84 Anm. 72.
128) BGH WM 1962, 811; Geßler, *Komm. AktG*, § 84, 72; Meyer-Landrut in Großkomm.,
　　§ 84 Anm. 35; Mertens in Kölner Komm. § 84 Anm 63.
　　반대: BGHZ 13, 188 für AktG 1937; Godin-Wilhelmi., § 84 Anm. 12.
129) Wolfgang Hefermehl u. a., *Kommentar zum Aktiengesetz*(Bd. II)(München Verlag Franz
　　Vahlen, 1973, 1974), § 76 Rn. 31.

이하에서는 노무이사를 선임해야 하는 각 공동결정법에 따른 노무이사의 선임·해임과 그 업무에 대하여 간단히 살펴본다.[130]

### (나) 「몬탄」 공동결정법이 적용되는 경우

### ① 노무이사의 선임·해임

「몬탄」 공동결정법이 적용되는 주식회사의 경우에도 노무이사의 선임·해임권은 다른 이사의 그것과 마찬가지로 감사회의 전속권한이다[131](AktG § 84 ① ④). 주식법상 이에 관한 규정은 강행규정이며 또 「몬탄」 공동결정법에서도 선임권자에 대한 특별규정이 없으므로, 정관에 의해서도 이와 달리 정할 수 없다.[132] 다만 감사회의 결의방법에 관하여 「몬탄」 공동결정법은 두 가지의 특별규정을 두고 있는데, 하나는 감사회의 결의능력에 관하여 동법 또는 정관이 규정하는 총 감사의 과반수가 출석해야 하는 점(Montan-MitbestG § 10)이고, 다른 하나는 근로자대표의 감사의 다수의 의사(투표)에 반하여 선임·해임될 수 없다는 점이다 (Montan-MitbestG § 13 ① S. 2, S. 3). 만일 감사회에서 이러한 노무이사를 선임하지 않는 경우에는, 긴급한 경우에 법원이 이해관계인의 신청에 의하여 선임한다[133](AktG § 85). 「몬탄」 공동결정법에서는 한 명의 노무이사로 규정하고 있으나, 감사회에서 다수의 노무이사를 선임하는 것은 인정되고 있다.[134]

### ② 노무이사의 업무

노무이사는 그 선임방법과는 독립하여 어떤 경우에도 다른 이사와 동일하게 그 업무를 수행한다. 특히 중요한 것은 노무이사는 근로자단체의 기관이 아니라 회사의 기관이므로, 동 이사는 회사의 이익만을 대표하여 업무를 수행할 의무가 있고 종업원대표회나 노동조합의 지시를 받아 업무를 수행할 의무는 없다는 점이다.[135] 따라서 노무이사는 사용자에 대하여 종업원대표회나 전체의 종업원대표회에 소속되지 않는다.[136] 노무이사의 업무에 대하여 「몬탄」 공동결정법은 「다른 이사와 같이 이사회와 긴밀하게 협조하여 그의 업무를 수행하여야 한다」고만 규

---

130) 이에 관하여는 정찬형, 전게논문(서독 물적회사의 기관과 근로자의 공공결정제도), 210~ 214면 참조.
131) Raiser, *a.a.O.*, § 33 Rn. 7.
132) Lutter/Krieger, *a.a.O.*, S. 43.
133) Raiser, *a.a.O.*, § 33 Rn. 8.
134) Raiser, *a.a.O.*, § 33 Rn. 11.
135) Hueck, *a.a.O.*, S. 195.
136) Gerhard Müller/Rudolf Lehmann, *Kommentar zum Mitbestimmmungsetz Bergbau und Eisen*(Heidelberg: Verlagsgesellschaft "Recht und Wirtschaft" m. b. H. 1952), § 13 Rn. 7.

정하고 있고(Montan-MitbestG § 13 ② S. 1), 상세한 규정은 업무규칙에 위임하고
있다(Montan-MitbestG § 13 ② S. 2). 따라서 법문상에 노무이사의 특별한 업무가
명시되어 있지 않다. 그런데 「몬탄」 산업의 실무에서는 보통 각 이사의 업무분
담시 노무이사에게 특별한 업무가 부여되는데, 이는 근로자의 인사업무 및 사회
복지업무이다.[137] 구체적으로 이러한 업무의 예로는 취업제도, 해고제도, 휴가제
도, 상여금제도, 근로규칙 제정 및 기타 사회복지정책(취사문제·보험문제·연금문제
등)에 관한 사항이다. 노무이사에게 이러한 업무 외에 다른 업무를 추가할 수 있
는가에 대하여, 이를 긍정하는 견해도 있으나[138] 이를 부정하는 견해가 다수의
견해이다.[139]

### ㈐ 공동결정보충법이 적용되는 경우

공동결정보충법이 적용되는 「콘체른」 지배회사의 경우에도 노무이사가 선임되
어야 하는데, 이에 관해서는 「몬탄」 공동결정법이 적용되는 경우와 같다(MitbestErgG
§ 13). 다만 「몬탄」 공동결정법이 적용되는 경우와 구별되는 점은, 노무이사의 선
출시에 근로자대표의 감사의 다수의사에 종속되어야 하는 요건이 필요 없고
(MitbestErgG § 13에서 Montan-MitbestG § 13 ① S. 2을 준용하지 않음), 이로 인하여
노무이사의 업무도 근로자의 인사 및 사회복지업무 외에 다른 업무가 추가될 수
있다고 보는 것이 지배적인 견해이다.[140]

### ㈑ 공동결정법이 적용되는 경우

### ① 노무이사의 선임·해임

공동결정법이 적용되는 경우에도 노무이사의 선임·해임권이 감사회에게 있
는 점은 「몬탄」 공동결정법이 적용되는 경우와 같으나(MitbestG § 31 ①, AktG
§ 84), 공동결정법에서는 노무이사를 포함한 모든 이사의 선임·해임의 방법에 관
하여 특별규정을 두고 있는 점(MitbestG § 31 ②~⑤)이 「몬탄」 공동결정법의 경우
와 구별되는 점이다. 주식법에 의하면 이사(노무이사를 포함)의 선임에는 단순과반
수에 의한 결의를 요하고, 이는 정관의 규정에 의해서도 강화할 수 없는 것으로
해석한다.[141] 그러나 공동결정법에 의하면 주주대표의 감사와 근로자대표의 감사
의 특별한 협력을 목적으로 하므로, 앞의 이사의 선임방법에서 이미 설명한 바와

---

137) Raiser, *a.a.O.*, § 33 Rn, 15; Hueck, *a.a.O.*, S. 195; Müller/Lehmann, *a.a.O.*, § 13 Rn. 7.
138) Fitting, *Bundesarbeitsblatt*(BABl.) 1951, S. 207.
139) Müller/Lehmann, *a.a.O.*, § 13 Rn. 7; Raiser, *a.a.O.*, § 33 Rn. 19 외.
140) Hueck, *a.a.O.*, S. 195 ; Raiser, *a.a.O.*, § 33 Rn. 19.
141) Geßler, *Komm. AktG*, § 84 Anm. 12.

같이 동법에 의하여 단계적 협의절차를 거쳐야 한다(MitbestG § 31).

② 노무이사의 업무

공동결정법은 노무이사의 업무에 대하여 특별히 규정하고 있지 않으나, 동법의 정부안 제30조에서는 근무이사의 업무를 특별히 규정하여 「노무이사는 주로 인사 및 사회복지업무의 권한을 갖는다」고 규정하고 있다.[142] 이러한 점에서 보아 입법자의 의도는, 노무이사는 근로자의 이해관계에 관한 사항을 특히 관찰하여 이사회의 기획 및 결정시에 제안하여 이사회와 근로자 내지는 종업원 대표회의 중간에서 중개인의 업무를 갖도록 한 것으로 해석된다.[143] 이러한 정부안은 공동결정법상의 노무이사는 그 선임에 있어 근로자대표의 감사의 다수의 의사에 종속되지 않는다는 이유로 입법에서 채택되지 않았다.[144] 따라서 노무이사는 근로자의 인사 및 사회복지업무 이외에 다른 업무도 할 수 있다.[145] 그러나 노무이사의 핵심업무는 정부안과 같이 근로자의 인사 및 사회복지업무라고 한다.[146]

### 마. 이사회의장

독일 주식법상 회사의 업무집행권 및 대표권은 원칙적으로 이사 전원으로 구성되는 「이사회」에 있다(AktG §§ 77 ①, 78 ②). 이사가 수인인 경우에 감사회는 이사 중의 1인을 이사회의장으로 선임할 수 있으나(AktG § 84 ②), 이러한 이사회의장은 우리 상법상 대표이사와는 전혀 달리 일반적으로 회의의 의장에게 부여되는 권한밖에 없다. 즉, 이사회의장은 회의를 소집하고, 의사일정을 결정하며, 동 회의를 주재하고 또 투표의 결과를 확정하는 등의 권한밖에 없다.[147] 이사회의 결의시 가부 동수인 경우에 정관 또는 이사회규칙에 의하여 이사회의장에게 결정권을 줄 수 있는지 여부에 대하여는 이를 긍정하는 견해와[148] 이를 부정하는 견해[149]로 나뉘어 있다.

이사회가 수인의 이사로 구성되는 경우에도 위에서 본 바와 같이 원칙적으로 「전원」이 공동으로만 회사를 대표할 수 있는데(AktG § 78 ②), 예외적으로 정

---

142) Raiser, a.a.O., § 33 Rn, 15.
143) Raiser, a.a.O., § 33 Rn, 15.
144) Raiser, a.a.O., § 33 Rn, 19.
145) Hueck, a.a.O., S. 195; Raiser, a.a.O., § 33 Rn, 19.
146) Raiser, a.a.O., § 33 Rn, 15.
147) Hueck, a.a.O., S. 202.
148) Baumbach/Hueck, *Aktiengesetz*, 13. Aufl., 1968, § 77 Rn. 7.
149) Hueck, a.a.O., S. 202.

관 또는 정관으로부터 수권받은 감사회규정은 단독대표 또는 지배인과의 공동대
표에 대하여 규정할 수 있다(AktG § 78 ③). 이에 따라 독일에서는 수인의 이사가
있는 경우에, 2인의 이사(또는 1인의 이사)와 1인(또는 2인)의 지배인이 공동대표하
는 것이 일반적이고, 그 이외에 이사회의장이 있는 경우에는 그가 단독대표하는
경우도 있다.150)

　　감사회가 이사회의장을 선임하지 않으면 이사회가 스스로 1인 또는 2인을
이사회의장으로 선임하는 것이 일반적이다. 이것은 감사회의 이사회의장의 선임
권한을 침해하는 것이 아니다. 왜냐하면 그 후에 감사회가 이사회의장을 선임하
면 이사회가 선임한 의장은 자동적으로 그 직을 잃게 되기 때문이다.151)

## 바. 이사회규칙

　　이사회는 원칙적으로 모든 업무를 이사의 다수결이 아니라 이사 전원의 승
인을 받아 처리하여야 한다(AktG § 77 ① S. 1). 그러나 정관 또는 이사회규칙에
의하여 이와 달리 규정할 수 있다(AktG § 77 ① S. 2). 따라서 대부분의 경우에는
정관 또는 이사회규칙에 의한 일정한 다수결에 의하여 이사회는 그 업무에 관한
의사를 결정한다. 또한 동 규정에 의하여 실제로 업무영역에 따라 각 이사는 업
무분담을 하게 되나, 이사회의 결의를 요하고 전 이사의 책임으로 업무집행되는
사항은 업무분담되지 못한다.152)

　　위에서 본 바와 같이 이사회의 업무집행은 제1차적으로는 정관에 의하여 수
행되고, 정관에 규정이 없는 사항에 대하여는 제2차적으로 이사회규칙에 의하여
수행되는데, 이러한 이사회규칙은 감사회(소위원회가 아닌 전체회의)에서 제정된다
(AktG § 77 ② S. 1). 감사회가 이사회규칙을 제정하지 않으면 이사회가 스스로
이를 제정할 수 있는데, 이것은 정관이 이 권리를 전적으로 감사회에게 위임하지
않고(AktG § 77 ② S. 1), 또한 정관 내지 감사회가 이사회에 의하여 제정된 업무
규칙은 감사회의 동의를 요한다고 규정한 경우에 한한다153)(AktG § 111 ④ S. 2).
정관은 다른 한편으로 감사회의 이사회규칙 제정권을 이사회에게 위임한다고 규
정할 수 없다.154) 한편 감사회는 이사회규칙을 구체적으로 적법하게 제정할 권리

---

150) Hueck, *a.a.O.*, S. 198.
151) Lutter/Krieger, *a.a.O.*, S. 50.
152) Hueck, *a.a.O.*, S. 201.
153) Lutter/Krieger, *a.a.O.*, S. 58.
154) Lutter/Krieger, *a.a.O.*, S. 58.

와 의무가 있는데, 감사회가 이 권리를 이사회에게 위임하는 경우에는 이사회가 이를 적법하게 수행하고 있는지 여부를 감독해야 하고 또 필요한 경우에는 이에 간섭해야 한다. 이 경우 이사회에 의하여 제정된 업무규칙은 감사회에 의하여 언제나 대체될 수 있다.[155]

## 3. 기타의 권한

감사회는 위에서 본 가장 중요한 두 가지의 권한인 이사회의 업무집행에 대한 계속적인 감독권(AktG § 111 ①)과 이사의 임면권(AktG § 84) 외에 다음과 같은 권한을 갖고 있다.

감사회는 이사에 대한 재판상 및 재판외의 회사의 대표권(AktG § 112), 설립검사권(AktG § 33 ①), 회사의 이익을 위하여 필요한 경우 임시주주총회의 소집권(AktG § 111 ③), 정관의 규정이 있는 경우 이사회의 업무집행에 대한 동의권(AktG § 111 ④ S. 2), 이사·감사 등에 대한 신용부여의 동의권(AktG §§ 89, 115), 주주총회의 의사일정상의 결의안에 대한 제안권(AktG § 124 ③), 재고보고서 및 이익처분안에 대한 검사권(AktG § 171), 연도결산서의 확정권(AktG § 172), 이익준비금의 결정권(AktG § 58 ②) 등이 있다.

또한 감사회의 권한을 수행하기 위하여 감사회는 이사회에 대하여 포괄적인 정보권(Informationsrecht)이 있고,[156] 이사회에게는 감사회에 대한 포괄적인 보고의무가 있다(AktG § 90). 또한 감사회에게는 그의 권한을 행사하기 위하여 회사의 장부·서류 및 재산상태에 관한 자료의 열람권이 있는데(AktG § 111 ② S. 1), 감사회는 이러한 권리를 각 감사 또는 전문가에게 위임하여 행사할 수도 있다 (AktG § 111 ② S. 2).

# III. 감사회의 의무

## 1. 감사회의 의무

위에서 본 감사회의 권한은 한편으로는 감사회가 수행하여야 할 의무이기도 하다. 그 이외에 감사회의 구성원인 감사의 주의의무가 있는데, 이는 이사의 그것

---

155) Lutter/Krieger, *a.a.O.*, S. 58.
156) Hueck, *a.a.O.*, S. 221.

과 같다(AktG §§ 116, 93). 즉, 감사는 그 업무집행에 있어서 「일반적이고 양심적인
영업책임자의 주의」(die Sorgfalt eines ordentlichen gewissenhaften Geschäftsleiters)를
다하여야 한다(AktG §§ 116, 93 ① S. 1). 따라서 감사의 주의의 표준은 일반적인
기업인의 그것이 아니라, 일정한 기업에 있어서 타인의 금전을 관리하는 자와 같
이 기업을 운영하고 책임있는 지위에 있는 자의 주의의 정도이다.[157] 따라서 이
때의 감사 개개인의 주의능력은 고려되지 않고 그 측정은 객관적으로 한다. 감사
로서의 부적당 또는 무경험은 면책사유가 될 수 없고 주의의무를 다했다는 증명
책임은 감사가 부담한다(AktG §§ 93 ②, 116). 독일에서의 감사의 주의의무는 이
사의 그것과 같이 아주 엄격하게 해석되고, 아무리 사소한 경우라도 이를 위반하
면 손해배상책임이 발생한다고 보는 것이 일반적인 견해이다.[158] 감사의 위와 같
은 엄격한 주의의무는 정관에 의해서도 감경될 수 없다.[159] 감사는 위와 같은 주
의의무 이외에도 「충실의무」를 부담하는데, 이러한 충실의무의 결과로 감사는 회
사의 업무상의 비밀을 유지하여야 할 의무가 있다(AktG §§ 93 ① S. 2, 116).

## 2. 감사의 책임

감사가 그의 의무를 위반한 경우에는 회사에 대하여 연대하여 손해배상할
책임을 부담한다(AktG §§ 116, 93 ② S. 1). 회사는 이러한 손해배상청구권을 그
성립시로부터 3년 후에 그리고 주주총회가 동의하고 또한 자본의 10분의 1에 해
당하는 소수주주의 이의가 없는 경우에 한하여 이를 포기하거나 화해할 수 있다
(AktG §§ 116, 93 ④ S. 4). 주주총회는 매 영업년도의 최초의 8월 내에 감사의 책
임해제(Entlastung)에 관하여 결의하고(AktG § 120 ①), 이러한 책임해제에 의하여
주주총회는 감사의 행위를 승인하는데(AktG § 120 ②), 이러한 주주총회의 책임해
제의 결의는 감사의 행위에 대한 일반적인 승인이며 감사의 의무위반에 대한 손
해배상청구권의 포기를 의미하지 않는다(AktG § 120 ② S. 2). 그러나 총주주가 동
의한 경우에는 손해배상청구권을 포기할 수 있다.[160]

회사의 감사에 대한 위의 청구권은 감사의 의무위반이 중대하고 감사가 채
권자보호규정에 위반한 경우에는 회사의 채권자에 의해서도 주장될 수 있는데,

---

157) Baumbach/Hueck, *a.a.O.*, § 93 Rn. 6.
158) Bernhard Großfeld, "Management and Control of Marketable Share Companies,"
      *International Encyclopedia of Comparamtive Law* XIII ch. 4, 1971, S. 50.
159) Großfeld, *a.a.O.*, S. 51.
160) BGH 12 März 1959, BGHZ 29, 385.

이때의 채권자는 회사로부터 지급받을 수 없는 경우에만 제소할 수 있다(AktG §§ 116, 93 ⑤ S. 1~2). 또한 채권자의 이러한 권리는 회사측의 손해배상청구권의 포기나 화해 또는 감사의 행위가 주주총회의 결의에 근거하였다는 점으로 영향을 받지 아니한다(AktG §§ 116, 93 ⑤ S. 4).

위에서 본 바와 같이 감사의 책임은 이사의 그것과 동일하여 매우 엄격한데, 실제로 감사가 이에 근거하여 책임을 부담하는 경우는 아주 드물다고 한다.161)

## IV. 결 어

독일 주식법상 주식회사의 감사회는 우리의 감사와는 전혀 달리, 감사회는 경영기관을 구성하고 있다. 따라서 독일의 감사회는 우리의 주주총회가 갖고 있는 권한을 많이 갖고 있다. 즉, 독일의 감사회는 우리의 주주총회가 갖고 있는 이사의 임면권(AktG §§ 119 ① Nr. 1, 101 ①, 103 ①, 상 §§ 382 ①, 395), 연도결산서의 확정권(AktG § 172; 상 § 449), 이사의 보수의 결정권(AktG § 87; 상 § 388), 이사의 경업거래에 대한 승인권 및 개입권의 행사의 권한(AktG §§ 88 ① ②, 112; 상 § 397) 등의 권한을 갖고 있다. 이러한 점은 근로자를 회사의 경영에 참여시키는 공동결정제도와 관련하여 볼 때 충분히 일리가 있는 제도이다. 즉, 현행 우리 상법상 주식회사의 감사의 경우와 같이 감사가 이사(회)와 함께 회사의 경영기관을 구성하지 못하고 이사의 업무집행에 대한 감사(그것도 실제로는 형식적인 감사) 권한만을 갖게 되면, 감사의 일부를 근로자대표로 구성한다고 하더라도 그것은 실질적인 근로자의 경영참가가 되지 못할 것이다. 그렇다고 (종래에) 우리의 이사회제도가 영미의 이사회제도와 같이 사외이사(outside director)가 있어 사외이사가 이사의 업무집행을 감독하는 것도 아니었다.

따라서 주식회사의 사회적 책임을 실현하는 방안의 하나로 근로자의 경영참가의 면에서나,162) 이사의 업무집행에 대한 효과적인 감독을 위하여 독일의 감사회 제도를 입법론상 고려할 필요가 있다고 본다.163) 이를 위하여는 감사회의 가

---

161) Großfeld, *a.a.O.*, S. 51.
162) 근로자의 경영참가의 면은 주주총회·이사회·감사에 참여시키는 면을 생각할 수 있겠는데, 주주총회에 주주아닌 근로자를 참여시키는 것은 주식회사의 본질과 관련하여 근본적인 문제점이 있겠고, 이사회에 근로자를 다수 참여시키는 것은 전문경영 및 소유권경영지배와 관련하여 문제점이 있으므로, 우선은 감사에 참여시키는 것이 가장 무난하다고 보겠다.
163) 정찬형, 전게논문(서독 물적회사의 기관과 근로자의 공동결정제도), 218~225면; 동, "주식

장 중요한 권한과 의무에 대한 이해가 있어야 하겠는데, 본고가 이에 대한 조그
마한 자료라도 될 수 있다면 큰 다행으로 생각한다.

---

회사의 경영기관," 「법률학의 제문제」(유기천박사 고희기념논문집)(서울: 박영사, 1988), 528~
530면; 동, "서독 주식회사의 감사회," 「월간고시」, 1988. 3, 140면 참조.

# 각국의 공동결정제도*
## — 회사의 경영기관에서의 공동결정제도를 중심으로 —

# I. 서 언

(1) 회사의 경영기관에서의 공동결정제도는 나라마다 매우 상이한데, 독일이 대표적이고 네덜란드·오스트리아 및 스웨덴에도 독일과 유사한 공동결정제도가 있다. 각국의 공동결정법의 내용도 상이하여 근로자대표를 전혀 두지 않는 국가가 있는가 하면(스위스), 근로자대표가 자문기능만을 하는 국가도 있고(프랑스), 독일 및 네덜란드에서와 같이 경영기관이 근로자대표와 사용자대표가 동등하게 공동으로 구성되는 국가도 있다. 스웨덴에서는 근로자대표가 특별한 지위를 갖는다. 즉, 동 국가에서는 경영기관에서의 근로자대표는 비교적 적지만, 자문 및 업

---

\* 이 글은 정찬형, "각국의 공동결정제도 —회사의 경영기관에서의 공동결정제도를 중심으로—," 「고시계」, 통권 제413호(1991. 7), 144~150면의 내용임(이 글에서 필자는 유럽 각국의 공동결정제도에 관하여 간단하게 소개하고 있음).

이와 관련하여 참고할 수 있는 필자의 글로는 정찬형, "서독 근로자의 기업경영참가제도 (상)(하)," 법률신문, 제1702호(1987. 10. 12) 11면 및 제1703호(1987. 10. 19) 14면; 동, "네덜란드 및 덴마아크의 주식회사법(상)(하)," 법률신문, 제2093호(1992. 1. 23) 10면 및 제2094호 (1992. 1. 27) 14면 등이 있음.

무집행상의 의문점에 대한 공동결정권은 노동조합에 집중되어 있고 또한 이 권한은 1976년 6월 3일의 법률에 의하여 특별히 확장되었다.[1]

　　(2) EC도 이에 관하여 하나의 지침을 내어 놓았는데, 이에 의하면 유럽주식회사는 종업원협의회를 두어야 할 뿐만 아니라 감사회의 3분의 1을 근로자대표로 구성하여야 한다. 감사회의 나머지 3분의 1은 주주대표이고, 나머지 3분의 1은 주주대표의 감사와 근로자대표의 감사에 의하여 선출된다.[2]

　　이하에서는 회사의 경영기관에서의 근로자대표에 대해서만 살펴본다.


# Ⅱ. 독 일

## 1. 총 설

　　독일은 회사의 경영기관에 공동결정제도를 두고 있는 대표적인 국가인데, 공동결정에 관한 특별법만도 4개나 있다.[3] 이러한 특별법을 그 제정순서에 따라 보면 「몬탄」공동결정법(Montan-MitbestG vom 21. Mai 1951), 종업원조직법(Betriebs-verfassungsgesetz, BetrVG vom 11. Oktober 1952),[4] 공동결정보충법(Mitbest ErgG vom 7. August 1956) 및 공동결정법(MitbestG. vom 4. Mai 1976)이다. 이러한 특별법을 그 적용순서에 따라 보면 제1차적으로는 「몬탄」공동결정법이 적용되고, 제2차적으로는 「몬탄」공동결정보충법이 적용되며, 제3차적으로는 공동결정법이 적용되고, 제4차적으로 종업원조직법이 적용된다.

　　이하에서는 공동결정에 관한 이러한 각 특별법의 적용범위와 회사의 기관에서 동법이 적용되는 내용을 그 적용순서에 따라 간단히 살펴보겠다.

---

1) Dietrich Hoffmann/jürgen Lehmann/Heinz Weinmann, *Mitbestimmungsgesetz* (Kommentar) (München: C.H. Beck'sche Verlagsbuchhandlung, 1978), Einleitung Rn. 61.

2) Hoffmann u.a., *a.a.O.*, Einl. Rn. 63.

3) 독일의 회사의 기관에서의 공동결정제도에 관한 상세는 정찬형, "서독 물적회사의 기관과 근로자의 공동결정제도," 「현대상사법의 제문제」(설성 이윤영선생 정년기념)(서울: 법지사, 1988), 170~225면 참조.

4) 본법은 1972년에 대폭 개정이 되었으나, 회사의 기관에 관한 공동결정부분은 변동이 없다 (동법 제129조 참조).

## 2. 「몬탄」공동결정법이 적용되는 경우

### 가. 적용범위(Montan-MitbestG §1)

① 기업의 주영업 목적이 광업 또는 철강생산업이어야 한다.

② 동 기업의 법형태는 주식회사, 유한회사 또는 고유한 법인격을 가진 광업법상의 노동조합이어야 한다.

③ 동 기업에 근무하는 근로자의 수가 1,000명을 초과하여야 한다.

### 나. 적용내용

#### (1) 주식회사

① 「몬탄」공동결정법이 적용되는 주식회사의 감사회는 원칙적으로 총 11명의 감사(監事)로 구성되는데, 그 구성원은 (i) 주주대표 4명 및 기타 1명, (ii) 근로자대표 4명 및 기타 1명, (iii) 기타 1명이다(Montan-MitbestG § 4①). 자본금이 2,000만 DM을 초과하고 5,000만 DM 이하인 회사의 경우에는 정관의 규정에 의하여 총 15명의 감사로 감사회를 구성할 수 있으며, 자본금이 5,000만 DM을 초과하는 회사의 경우에는 정관의 규정에 의하여 총 21명의 감사로 감사회를 구성할 수 있는데, 이때에 주주대표의 감사와 근로자대표의 감사는 위와 같다(Montan-MitbestG § 9).

② 이사회에는 반드시 다른 이사와 동일한 권한이 있는 1명의 노무이사를 두어야 한다(Montan-MitbestG § 13①). 노무이사는 다른 이사와 동일한 권한이 있으므로 이사회의 구성원으로서 이사회의 업무인 회사의 업무집행 및 대표의 업무에 참여하게 된다. 이 외에 「몬탄」 산업의 실무에서는 각 이사의 업무분담시 노무이사에게 특별한 업무가 부여되는데, 이는 근로자의 인사업무 및 사회복지업무이다.[5]

#### (2) 유한회사

주식회사의 경우와 대체로 같다. 다만 유한회사의 감사회는 임의기관이나 (GmbHG § 52①), 「몬탄」공동결정법이 적용되는 유한회사의 경우에는 감사회가 필요기관이 되며 이 때에는 주식회사의 경우와 같이 감사회가 사원대표의 감사와 근로자대표의 감사로 공동구성된다.

---

5) Thomas Raiser, *Kommentar zum Mitbestimmungsgesetz* (2. Aufl.)(Berlin, New York: Walter de Gruyter, 1984), § 33 Rn. 15.

### 3. 공동결정보충법이 적용되는 경우

#### 가. 적용범위(MitbestErgG §1)

① 기업이 「몬탄」공동결정법이 적용되는 기업을 지배하는 기업이어야 하며, 동 지배는 기관구성관계에 의하여야 한다.

② 지배기업의 법형태가 주식회사, 유한회사 또는 고유한 법인격을 가진 광업법상의 노동조합이어야 한다.

③ 그러나 지배기업의 영업목적은 「몬탄」공동결정법이 적용되기 위한 영업목적임을 요하지 않는다.

#### 나. 적용내용

##### (1) 주식회사

① 공동결정보충법이 적용되는 「몬탄」 산업의 지배 「콘체른」주식회사의 감사회는 총 15명의 감사로 구성되는데, 그 구성비율은 (i) 주주대표 7명, (ii) 근로자대표 7명, (iii) 기타 1명이다 (MitbestErgG § 5①).

② 공동결정보충법이 적용되는 「콘체른」지배회사의 경우에도 노무이사를 두어야 하는 점은 「몬탄」공동결정법이 적용되는 경우와 같다(MitbesErgG § 13).

##### (2) 유한회사

주식회사의 경우와 같다.

### 4. 공동결정법이 적용되는 경우

#### 가. 적용범위(MitbestG §1①)

① 기업의 법형태가 주식회사, 주식합자회사, 유한회사, 고유한 법인격을 갖고 있는 광업법상의 노동조합 또는 협동조합이어야 한다.

② 동 기업에 근무하는 근로자가 보통 2,000명을 초과하여야 한다.

③ 위의 요건을 갖춘 기업이라 하더라도 「텐덴쯔」기업(Tendenzunternehmen),[6] 종교단체 및 그 자선시설과 교육시설에는 적용되지 않는다(MitbestG § 1④).

---

6) 「텐덴쯔」기업이란, 「직접 또는 주로 정치적·결사적·종교적·자선적·교육적·학문적 또는 예술적 목적에 기여하는 기업」이거나(MitbestG § 1④ Nr. 1), 「독일기본법 제5조 1항 2문에 해당하는 보도 또는 언론의 목적에 기여하는 기업」을 말한다(MitbestG § 1④ Nr.2).

## 나. 적용내용

### (1) 주식회사

① 공동결정법이 적용되는 주식회사의 경우에는 언제나 주주대표의 감사와 근로자대표의 감사가 동수로 감사회가 구성되는데, 이 때 감사의 수는 근로자의 수에 따른 회사의 규모에 따라 상이하다(MitbestG § 7①). 즉, 당해 회사에 근무하는 근로자가 보통 2,000명을 초과하고 10,000명 이하인 경우에는 감사의 총수가 12명이고, 근로자가 보통 10,000명을 초과하고 20,000명 이하인 경우에는 감사의 총수가 16명이며, 근로자가 보통 20,000명을 초과하는 경우에는 감사의 총수가 20명이다.

② 공동결정법이 적용되는 경우에도 노무이사를 두어야 하는 점은 「몬탄」 공동결정법이 적용되는 경우와 같으나(MitbestG § 31①), 공동결정법에서는 노무이사를 포함한 모든 이사의 선임·해임의 방법에 관하여 특별규정을 두고 있는 점(MitbetG § 31②~⑤)은 「몬탄」공동결정법과 구별되는 점이다. 노무이사의 업무에 대하여도 「몬탄」공동결정법의 경우와 같이 「인사 및 사회복지업무」의 권한을 갖는다고 해석한다.[7]

### (2) 유한회사

주식회사의 경우와 같다.

## 5. 종업원조직법(1952)이 적용되는 경우

### 가. 적용범위(BetrVG 1952 §§ 76, 77)

① 모든 주식회사와 주식합자회사에 적용된다. 다만 이러한 회사에는 선거권이 있는 5인 이상의 근로자가 근무하여야 한다. 그러나 이러한 회사라도 모든 주식이 1인의 자연인의 수중에 있거나 또는 근친의 가족관계에 있는 자들이 소유하고 있는 소위 가족회사로서 동 회사의 근로자가 500명 미만인 경우에는 동법이 적용되지 않는다.

② 유한회사는 동 회사에 근무하는 근로자가 500명을 초과하는 경우에 동법이 적용된다.

---

7) Raiser, *a.a.O.*, § 33 Rn.15.

### 나. 적용내용

#### (1) 주식회사

① 종업원조직법이 적용되는 주식회사의 감사회는 그 구성원인 감사의 3분의 2는 주주대표인 감사로, 나머지 3분의 1은 근로자대표인 감사로 구성된다(BetrVG 1952 § 76 ①). 그런데 종업원조직법은 공동결정에 관한 다른 특별법과는 달리 감사의 수에 대하여는 규정하고 있지 않다. 따라서 감사의 수는 주식법에 의하여 정하여진다(AktG § 95).

② 종업원조직법은 어디에도 노무이사에 대하여 규정하고 있지 않기 때문에, 동법이 적용되는 주식회사의 경우에는 노무이사를 둘 필요가 없다. 따라서 동법이 적용되는 주식회사의 이사회에 대하여는 공동결정제도가 직접적으로는 적용되지 않는다.

#### (2) 유한회사

주식회사의 경우와는 달리 모든 유한회사에 종업원조직법이 적용되는 것이 아니라, 근로자가 500명을 초과하는 유한회사에만 동법이 적용된다. 유한회사의 감사회는 임의기관이나 동법이 적용되는 경우에는 감사회가 필요기관이며 사원대표의 감사(3분의 2)와 근로자대표와 감사(3분의 1)로 공동구성된다.

종업원조직법이 적용되는 경우에도 노무이사를 둘 필요가 없는 점은 주식회사의 경우와 같다.

## Ⅲ. 네덜란드

(1) 네덜란드의 민법전은 근로자대표가 주식회사 및 대형 유한회사의 감사회에 참여하는 것을 명문으로 규정하고 있지는 않으나 실무에서 실제로 공동결정제도를 채택하고 있다. 감사는 사원총회에 의하여 선임되지 않는 한 감사회에 의하여 스스로 선임된다. 감사회에 의한 감사의 선임에 대하여 사원 총회는 이의를 제기할 수 있는데, 이 경우에는 사회경제위원회(Sozial Ökonomische Rat)가 (감사회를 통하여 신청한) 이러한 이의를 이유 없는 것으로 선언한 경우에만 감사회에 의한 감사의 선임이 유효하다. 그렇지 않으면 그 선임절차는 중단되어야 하고, 새로이 선임절차를 밟아야 한다. 사회경제위원회는 45인으로 구성되는데, 사용자대표·노동조합 및 정부의 대표가 각각 3분의 1씩으로 구성되고 정부대표가 중요

한 역할을 한다. 지금까지는 사회경제위원회가 감사회를 통하여 이러한 요청을 한번도 받지 않았다. 주식회사나 대형 유한회사에서 동일회사의 근로자 또는 모회사가 직접 또는 간접으로 50% 이상을 출자하고 있는 자회사의 근로자는 그 회사의 감사가 되지 못한다. 이사 및 근로자의 조직에서 활동하는 자도 감사로 선출될 수 없다. 감사의 임기는 4년이다.[8]

(2) 모회사가 지분의 50% 이상을 직접 또는 간접으로 소유하고 있는 콘체른 기업은, 그 모회사가 감사규정을 받는 한, 감사규정이 배제된다. 이러한 감사규정은 또한 지주회사에도 적용되지 않는데, 이는 동 회사의 근로자의 대부분이 외국인인 경우에 그러하다. 이러한 점은 지분의 50% 이상이 1인 또는 수인의 외국 모회사에 속하는 대형 주식회사 및 유한회사의 경우에도 동일하다. 모회사 또는 자회사의 근로자의 다수가 네덜란드 이외에서 활동하는 한, 네덜란드의 자회사는 반드시 감사회를 두어야 한다. 그러나 이러한 감사회는 이사회 내지는 업무집행기관을 선임하지 못하고, 연도결산서도 확정하지 못한다. 이러한 사항은 사원총회의 전속권한에 속한다.[9]

## IV. 오스트리아

1974년의 노동조직법은 회사법 또는 정관에 의하여 감사회를 두도록 되어 있는 모든 기업에서 감사회의 구성원의 3분의 1을 근로자대표로 하도록 규정하고 있다. 다른 감사와 동일한 권한이 있는 근로자대표의 감사는 개별적인 근로자 단체에 비례하여 종업원위원회에 의하여 선임된다.[10]

## V. 스웨덴

스웨덴에서 회사 기관에서의 공동결정제도는 1972년 12월 14일의 법률에서 최초로 규율되었는데, 동 법률은 그때까지의 경험을 집적한 것이다. 이 법률은 모든 주식회사와 근로자가 100인 이상인 협동조합에 적용되는데, 은행 및 보험 회사에는 적용되지 않는다. 스웨덴에는 유한회사는 없다. 또한 농업협동조합도

---

8) Hoffmann ua., *a.a.O.*, Einl. Rn. 104.
9) Hoffmann u.a., *a.a.O.*, Einl. Rn. 105.
10) Hoffmann u.a., *a.a.O.*, Einl. Rn. 108.

이 법률의 적용이 배제된다. 근로자는 운영위원회에 2인의 위원을 파견할 권리를 갖는데, 2인의 위원을 위하여 1인의 대표위원이 선임될 수도 있다. 이러한 위원 및 이들의 대표위원의 선임은 노동조합이 한다. 어떤 기업의 (조직된) 근로자의 5분의 4 이상이 단일의 노동조합에 속하는 경우에는 근로자대표위원은 이러한 노동조합에 의하여 선임되고, 그 이외의 경우에는 그 기업에 있어서의 가장 강력한 두 노동조합에 의하여 선임된다. 운영위원회에서의 근로자대표 중의 1인은 그 기업에 근무하고 있어야 한다. 원칙적으로 근로자대표의 운영위원은 다른 위원과 동일한 권한이 있다. 특별한 업무, 특히 노동쟁의나 임금문제에 대하여 근로자대표는 투표권도 없고 또 공동협의권도 없다. 1976년 6월 30일까지의 한시적인 이 법률은 1976년 7월 1일부터 시행되는 법률에 의하여 폐지되었는데, 신법률도 근본적으로는 동일한 내용이다. 그러나 신법률은 다음과 같은 몇 가지의 변경된 내용을 규정하고 있다. 신법률은 앞으로 25인 이상의 근로자를 가진 기업에 적용되고(은행 및 보험회사는 제외), 운영위원회의 위원이 1인만이 있는 경우에는 근로자의 이러한 위원회에의 참여권은 제한된다. 주주총회는 근로자에게 법이 허용하고 있는 것보다 더 큰 대표의 수를 허용할 권한이 있으며 또한 기업의 근로자가 25인 이하인 경우에도 운영위원회에서의 근로자대표를 허용할 수도 있다. 그 이외에는 기업의 근로자의 50% 이상이 노동조합을 구성한 경우에만, 근로자는 대표권을 갖는다.[11](즉, 근로자대표인 운영위원을 파견할 수 있다).

## Ⅵ. 룩셈브르크

1974년 8월 1일에 시행되고, 동년 5월 6일에 제정된 법률에 의하여 룩셈브르크 주식회사의 운영위원회는 근로자대표와 함께 구성되어야 한다. 그러나 유한회사는 이 법이 적용되지 않는다. 이 법률은 주식회사의 종업원이 최근 3년동안 (평균) 1,000명 이상이거나, 근로자의 수에 관계 없이 국가의 참여가 25% 이상이거나 또는 국가의 허가에 근거하여 그의 주업무를 수행하는 경우에만 적용된다. 이러한 조건이 성취된 경우에는 9명 이상으로 구성되는 운영위원회는 공동구성되는데, 이 중 3분의 1은 근로자대표이어야 한다. 국가의 참여가 25% 이상이거나 또는 국가의 허가를 받은 기업에서는 근로자 100명당 1명의 근로자대표를 두

---

11) Hoffmann u.a., *a.a.O.*, Einl. Rn. 110.

어야 하는데, 근로자대표는 언제나 총 위원 중 3분의 1이 되어야 한다. 운영위원
인 근로자대표는 근로자에 의하여 직접 선출되는 것이 아니라, 근로자대표회의
(délégations ouvrières)에서 선출된다. 직원 및 근로자는 그 수에 비례하여 운영위
원을 선출한다. 「몬탄」산업의 경우에는 특별규정이 적용된다. 노동조합은 종업원
협의회(Betriebsrat) 및 노동조합의 업무집행기관이 협의하여 3명의 조합대표를 임
명할 수 있는데, 이러한 자는 그 기업의 근로자가 아니어야 한다. 근로자대표의
운영위원은 다른 위원과 같은 권리와 의무를 갖는다.[12]

## VII. 프랑스

(1) 세계 제2차대전 이후 근로자는 각 주식회사의 구조에 따라 운영위원회
또는 감사회에 2인의 대표를 파견할 권리를 갖는다. 이러한 대표는 단지 자문에
응하는 기능만을 수행한다. 1972년 이후에는 근로자대표가 2인이 더 추가되었으
나 그 기능에서는 변하지 않았다. 그러나 국가기업에는 특별한 규정이 적용된다.
즉, 세계 제2차대전 후 신디케이트 국가기업에서의 운영위원회 또는 감사회는
국가·소비자 및 근로자의 대표로 구성되는데, 각각 3분의 1씩으로 구성된다. 모
든 운영위원 또는 감사는 동일한 권리·의무를 갖는다. 근로자대표(운영위원 또는
감사)는 때로는 근로자에 의하여 직접 선출되기도 하고 때로는 노동조합 등이 파
견하기도 한다.[13]

(2) 프랑스의 Sudreau위원회는 국가로부터 위임받아 기업 및 공동결정제도
의 개혁을 위하여 60여 개의 개정안을 내놓았는데, 아직 실현되지 않고 있다.[14]

## VIII. 벨기에

「벨기에」에서는 회사의 경영기관에 근로자대표를 두어야 하는 것은 법률상
규정되어 있지 않다. 그러나 몇몇 공기업(예컨대, 국철)에서만 운영위원으로서 근
로자대표가 임의로 선임될 수 있다.[15]

---

12) Hoffmann u.a., *a.a.O.*, Einl. Rn. 100.
13) Hoffmann u.a., *a.a.O.*, Einl., Rn. 80.
14) Hoffmann u.a., *a.a.O.*, Einl., Rn. 81.
15) Hoffmann u.a., *a.a.O.*, Einl. Rn. 67.

## Ⅸ. 덴마아크

1973년의 덴마아크 회사법상 50인 이상의 근로자를 갖고 있는 주식회사와 유한회사의 근로자는 회사의 운영위원회(Verwaltungsrat)에서 2인의 위원을 선임할 권한을 갖는다. 정관은 이 이상의 위원선임권을 부여할 수 있다. 그러나 사원대표와 동수의 선임권은 인정되지 않는다. 따라서 운영위원회에서의 다수는 언제나 사원총회에서 선임되는 사원대표의 위원이다. 근로자대표의 위원은 2년마다 선임되고, 그의 권리·의무에 있어서 다른 위원과 동일하다. 그러나 근로자대표의 위원은 노동쟁의나 사용자단체 또는 노동조합과 관련되는 업무에는 동참하지 못한다.16)

## Ⅹ. 이태리

회사의 경영기관에 근로자대표를 두는 것은 이태리에서는 예외에 속한다. 즉, 몇몇의 공기업을 제외하고는 사기업에서는 회사의 경영기관에 근로자대표가 없다. 근로자대표를 경영기관에 두는 것을 무엇보다도 이태리 노동조합이 반대한다. 왜냐하면 이태리 노동조합의 입장은 근로자대표가 회사의 경영기관에 참여하여 공동책임을 부담하게 되면 이것은 근로자와 사용자 사이의 자연적인 이해상반으로 인하여 근로자의 활동자유가 축소되기 때문이라는 것이다.17)

## Ⅺ. 스위스

몇 개의 예외를 제외하고는 스위스 주식회사의 경영기관에 근로자대표가 참여하는 경우는 없다. 이에 관하여는 무엇보다도 법규정이 없다. 70년대 초 이후 노동조합이 회사의 경영기관에서 근로자의 공동결정제도를 도입하고자 하였다. 1971년에 스위스노총이 헌법제정에 참여하여, 연방정부는 근로자의 공동결정제도에 관한 법률을 제정할 권한이 있는 것으로 헌법에 명시할 것을 건의하였다. 연방상원 및 하원은 본질적으로 소극적인 법안을 마련하여 국민투표에 회부하였는데, 동 법안은 1976년에 부결되었다.18)

---

16) Hoffmann u.a., *a.a.O.*, Einl. Rn. 73.
17) Hoffmann u.a.. *a.a.O.*, Einl. Rn. 96.
18) Hoffmann u.a., *a.a.O.*, Einl. Rn. 115.

## XII. 영 국

(1) 회사의 경영기관에서의 근로자대표의 참여는 원칙적으로 없다. 국가기업에서만 유일하게 근로자대표가 이사로 선임될 수 있다. 따라서 영국의 회사에서는 보통 노동조합의 역할이 아주 중요하다. 그러므로 근로자대표의 이사가 선임된 경우에도 노동조합은 그 이사에게 정규적으로 노동조합의 업무를 부여한다. 근로자대표가 이사로 선임되는 경우에도 그 수는 아주 미미하여, 한번도 전 이사의 수의 3분의 1의 수준까지 도달한 일이 없다.[19]

(2) 영국 정부로부터 위임을 받은 소위 Bullock보고서는 종업원이 2,000명 이상인 기업 및 콘체른에 대하여 이사회의 구성을 사원대표와 근로자대표의 동일수로 할 것을 건의한 적이 있다. Bullock 보고서가 있은 후에 이사회에 공동결정제도를 도입하는 것이 법률상 강제되지는 않으나, 선거권이 있는 근로자의 3분의 1 이상이 사전에 이를 결정한 경우에는 공동결정제도가 도입될 수 있다. 당해 기업 또는 콘체른에서 근로자의 20%가 노동조합에 가입되어 있는 경우에는, 그 노동조합만이 공동결정제도에 관한 투표를 주도할 수 있다. 또한 노동조합에 의하여 추천된 후보만이 이사로 신임될 수 있다. Bullock 위원회의 다수는 이러한 공동결정제도에 관한 권고만을 의결하였다. 그런데 영국의 대산업의 대표는 이를 비판하는 보고서를 내놓았는데, 이에 의하면 이사회에 공동결정제도를 조급하게 도입하는 것은 두려운 일이고, 이사회에 근로자대표를 두는 경우에도 그러한 근로자대표는 노동조합에 의하여 선출될 뿐만 아니라 모든 근로자에 의하여 선출되어야 한다는 것이다. 이러한 Bullock 보고서는 그 후 점차 영국의 공동결정제도에 관한 논의에서 사라졌다.[20]

## XIII. 아일랜드

회사의 경영기관에서의 근로자대표의 참여는 원칙적으로 인정되지 않는다. 그러나 국가기업에서는 과거에 한 때 노동조합원이 이사로 선임된 일이 있다. 또한 몇몇의 공기업에서는 법률상의 근거에 의하여 이사회에 1인의 근로자대표를 두어야 한다. 노동조합 및 근로자연합의 권고안에 의하면 근로자는 이사회의 구

---

19) Hoffmann u.a., *a.a.O.*, Einl. Rn. 86.
20) Hoffmann u.a., *a.a.O.*, Einl. Rn. 87.

성원 중 3분의 1은 근로자 중에서 선임되어야 한다. 이러한 노동조합 및 근로자
연합의 권고안은 현재 아일랜드에서 논의 중에 있다.[21]

# XIV. 미 국

(1) 미국에서는 노동지도자들이 전통적으로 공동결정제도를 반대했는데, 그
이유는 노동지도자들이 경영에 참여하면 경영자에 의하여 매수되거나 또는 매수될
것으로 의심받기 때문이다. 만일 미국에서 누군가가 노동조합을 도외시하고 독일
식의 근로자대표의 경영참가를 계획하면, 그는 아마도 아주 크게 적대시받을 것이
다. 미국에서의 다양한 법률규정은 미국회사가 공동결정제도를 원하는 경우에도
독일식의 공동결정제도를 채택하는 것을 어렵게 만들고 있다. 즉, 회사법은 이사는
주주에 의해서만(드물게는 채권자에 의하여) 선임되도록 규정하고 있다. 이러한 법률
과 궤를 같이하여 드문 일이기는 하지만, 이사회에 있어서의 근로자대표도 근로자
에 의해서가 아니라 주주의 대리인의 투표에 의하여 선출되어야 한다.[22]

미국에서 이사회에 근로자대표를 두지 못하는 다른 장애는 겸임이사제도
(interlocking directorship)를 금하는 「클레이톤」법(Clayton Act)이다. 미국의 어느
회사의 이사회에 근로자대표를 파견하고자 하는 시도도 있었으나, 이는 법무부에
의하여 거절되었다. 법무부의 이러한 거절은 이러한 근로자대표는 노동조합의 대
표가 되는데, 노동조합의 대표는 경쟁회사의 이사가 될 수 있다는 가정에 기인한
다. 이러한 장애는 근로자대표가 노동조합의 간섭 없이 근로자에 의하여 직접 선
출되는 경우에는 명백히 극복될 수 있는데, 그러한 근로자대표의 형태는 논의할
여지 없이 사라졌다.[23]

(2) 미국에서 근로자를 경영기관과 결합시키려는 노력은 보통 근로자 주식
소유를 향상시키는 형태로 나타났다. 미국 세법은 다양한 근로자주식소유계획
(ESOPs)을 향상시키기 위하여 개정되었다. 주식은 보통 신탁되고 있으므로 근로
자는 등록회사에서 수탁자에게 투표방법을 지시할 수 있으나, 근로자는 힘을 결
합하는 방법이 없기 때문에 수탁자가 다른 분단주주들이 하는 것과 같이 이사회

---

21) Hoffmann u.a., *a.a.O.*, Einl. Rn. 92.
22) Afred F. Conard, "The Supervision of Corporate Management: A Comparison of
    Developments In European Community And United States Law," 82 *Michigan Law Review*
    1485(May 1984).
23) Conard, *supra*, at 1485~86.

에게 그들의 대리권을 위임한다. 근로자주식소유계획은 근로자에게 지배권을 주
기보다는 오히려 이익배당에 더 많은 관심을 주기 위하여 계획된 것이다. 근로자
가 회사소유권을 취득하는 다른 방법은 연금이다. 이 연금이 연금수혜자가 근무
하는 회사의 주식에 투자되면 근로자가 회사를 지배할 수도 있을 것이다. 그러나
연금의 대부분은 분산되고 또 금융기관에 의하여 운영되므로 이러한 효과를 거
두지 못하고 있다. 근로자의 회사자본에 대한 금융기여는 근로자의 회사지배에
아무런 효과를 거두지 못하고 있고 또 미국법은 근로자에게 회사의 내부경영에
참여할 수도 없게 하므로, 근로자의 회사경영에 대한 관심은 근로자의 지도자가
어떻게 효과적으로 경영자와 접촉하느냐에 달려 있다. 이러한 구조가 근로자와
사용자의 협동적인 공동결정제도보다는 오히려 양쪽의 지도자에게 더 만족을 주
고 있는 것이다.[24]

---

24) Conard, *supra*, at 1487.

# 기업경영의 투명성 제고를 위한
# 주식회사의 지배구조의 개선*

# Ⅰ. 서 언

　1. 최근 IMF한파와 함께 재벌개혁 또는 기업의 구조조정과 기업경영의 투명성제고가 많이 논의되고 있다. 기업의 구조조정의 문제가 상법과 관련된 것으로는 영업의 전부 또는 일부의 양도(상 41조~45조, 374조)·회사의 합병(상 174조~175조, 230조~240조, 269조, 522조~529조, 598조~603조)·회사의 조직변경(상 242조, 269조, 604조, 607조)·주식회사에서 주식의 상호보유(기업결합)(상 342조의 2, 369조 3항) 등이 있고, 현재(1998. 6) 상법에 규정은 없으나 입법론상 논의되고 있는 문제로 회사의 분할 등이 있다. 또한 기업경영의 투명성제고를 위한 문제는 특히 주식회사(이 중에서도 재벌회사)에서 문제가 되겠는데, 이는 지배구조(경영기관)의 개선(선진화)·경영의 결과인 재무제표 등의 공정작성 및 공시강화·소수주주권의 강화 등을 들 수 있겠다. 이 중 본고는 기업경영의 투명성제고에 관한 문제만을 다루

---

* 이 글은 정찬형, "기업경영의 투명성 제고를 위한 주식회사의 지배구조의 개선,"「상사법연구」(한국상사법학회), 제17권 제1호(1998. 6), 203~230면의 내용임(이 글은 IMF 경제체제 이후 기업경영의 투명성 제고를 위하여 주식회사의 지배구조를 개선해야 한다는 논의가 활발한 중에 작성된 것임).
　이와 관련하여 참고할 수 있는 필자의 글로는 정찬형, "기업경영의 투명성 제고를 위한 주식회사의 지배구조의 개선(상)(하)," 법률신문, 제2690호(1998. 5. 4) 14면 및 제2691호(1998. 5. 7) 14면 등이 있음.

고, 이 중에서도 투명성제고를 위한 지배구조의 개선에 관한 문제만을 다루고
자 한다.

　2. 기업(주식회사)의 지배구조(경영기관)의 개선(선진화)의 문제는 업무집행기
관의 전문화(소유와 경영의 분리)와 민주화(이사회기능의 활성화)의 문제 및 이러한
업무집행기관에 대한 감독 내지 감사기능의 활성화와 실효성제고(현행 상법상 이
사회의 감독기능강화 및 감사의 감사기능강화)의 문제가 있겠다. 이러한 문제는 현행
상법상 주식회사의 지배구조의 범위 내에서 이를 활성화하기 위한 개선방법이
있을 수 있겠고(단·중기 방안), 주식회사의 지배구조를 근본적으로 개선하는 방법
이 있을 수 있겠다.

　이하에서는 먼저 우리 상법상 주식회사의 경영기관의 현황과 문제점을 살펴
보고, 비교법적으로 주요국가의 경영기관을 살펴본 후, 우리 상법상 주식회사의
경영기관의 개선방안을 제시하여 보고자 한다. 주식회사의 경영기관은 크게 업무
집행기관과 감독(감사)기관으로 나뉘어지므로 이를 나누어 살펴보겠다.


# II. 우리 상법상 주식회사의 경영기관의 현황과 문제점

## 1. 업무집행기관의 현황과 문제점

　(IMF 경제체제 이전에) 우리 상법상 주식회사의 업무집행기관은 이사회와 대
표이사로 나뉘며, 이사는 이사회의 구성원과 대표이사가 될 수 있는 전제자격으
로서의 지위만을 갖는다(통설).

### 가. 이사회

　우리 상법상 이사는 3인 이상이어야 하고(상 383조 1항), 회사는 업무집행기
관으로서 이러한 이사들로 구성된 이사회(board of directors)를 두어야 한다. 이러
한 이사회는 상법 또는 정관에 의하여 주주총회의 권한으로 되어 있는 사항(상
361조)을 제외하고 회사의 모든 업무집행에 관하여 의사결정을 할 권한(상 393조
1항)을 갖는다. 이러한 이사회는 의결기관으로 이사들이 직접 회의에 출석하여
토론한 후(따라서 대리출석 및 의결권의 대리행사는 인정되지 않음-통설·판례) 정관에
다른 규정이 없는 한 이사의 과반수의 출석(출석정족수)과 출석이사의 과반수(의결
정족수)의 찬성으로 의결한다(상 391조 1항). 이러한 이사회의 의사에 관하여는 의

사록을 작성하여 의사의 경과요령과 그 결과를 기재하고 의장 및 출석한 이사(및 감사)가 기명날인 또는 서명하여야 하며(상 391조의 3), 이사(대표이사)는 이 이사회의 의사록을 본점에 비치하여(상 396조 1항) 주주와 회사채권자에게 공시하여야 한다(상 396조 2항). 이사회의 의사에 관한 이러한 의사록은 이사의 회사 및 제3자에 대한 책임추궁(상 399조 2항·3항, 401조 2항) 등에 중요한 역할을 한다.

그런데 우리나라의 주식회사에서 이사회는 일반적으로 전문경영인인 이사로 구성되지도 못하고 또한 이사회가 민주화되지도 못하여 영미법의 이사회제도를 도입하였으면서도 이의 장점을 살리지 못하고 있다. 따라서 회사의 업무집행에 관한 중요한 사항을 법적 근거도 없는 그룹회장이나 운영위원회, 비서실 또는 종합조정실(종합기획실) 등과 같은 실세지배기구가 처리하고 이사회는 그룹총수의 결정을 뒷받침해 주는 거수기에 불과한 지위가 된 경우가 많다.[1)]

## 나. 대표이사

주식회사의 대표이사는 대내적으로는 회사의 업무를 집행하고 대외적으로는 회사를 대표하는 회사의 필요상설의 독립기관이다(통설). 우리 상법상 주식회사의 업무집행기관은 이사회와 대표이사로 이원화되어, 이사회는 업무집행에 관한 의사결정을 하고 대표이사는 이의 집행 및 회사를 대표한다. 대표이사는 동시에 이사이므로 이사회의 구성원으로서 의사결정에도 참여하여, 의사결정기능과 집행기능이 연락·통일된다. 대표이사가 아닌 이사는 원칙적으로 이사회의 구성원으로 이사회의 의사결정에 참여할 권한밖에 없으나, 보통 회사는 이러한 이사에 대하여도 내부적으로 일정한 업무를 담당시킨다(업무담당이사, 상근이사 또는 사내이사).

대표이사는 회사의 영업에 관한 재판상·재판외의 모든 행위에 대하여 회사를 대표할 수 있는 권한을 가지며(대표권의 포괄·정형성), 이 권한에 대한 내부적 제한은 선의의 제3자에게 대항하지 못한다(대표권의 획일성 또는 불가제한성)(상 389조 3항, 209조). 대표권이 없는 이사의 대표행위에 대하여는 선의의 제3자를 보호하기 위하여 표현대표이사제도를 두고 있다(상 395조). 대표이사가 그 업무집행으로 인하여 타인에게 손해를 가한 때에는(즉, 불법행위를 한 때에는) 회사와 그 대표이사는 연대하여(부진정연대채무) 그 손해를 배상할 책임이 있고(회사의 불법행위능력)(상 389조 3항, 210조), 주주총회나 이사회의 결의를 얻어야 하는 경우에 이를

---

1) 동지: 조선일보 1998. 1. 5일자 11면(재벌개혁에서 이필상 교수의 의견).

얻지 않고(또는 그 결의가 무효 또는 취소된 경우에) 한 대표이사의 행위(위법한〈전단적〉대표행위)의 효력은 대내적 행위(예컨대, 주주총회의 결의없는 정관변경 등)는 언제나 무효이나(통설) 대외적 행위에 대하여는 주주 등의 이익보호와 거래의 안전이 조화되도록 해석하여야 할 것이다.[2] 그러나 대표이사가 객관적으로는 그 대표권의 범위에 속하는 행위를 하였으나 주관적으로는 자기 또는 제3자의 이익을 위하여 대표행위를 한 경우(대표권의 남용행위의 경우)에는 회사는 선의·무중과실의 제3자에게 대항하지 못한다(통설·판례).

대표이사의 대표권의 행사와 관련하여 거래의 안전을 위하여 상법은 위와 같은 규정을 두고 있으나, 이사와 회사간의 소의 경우에는 대표이사의 대표권은 제한되고 감사가 회사를 대표한다(상 394조). 또한 수인의 대표이사가 있는 경우에도 원칙적으로 각자 독립하여 회사를 대표하나(각자대표), 회사는 대표권의 남용 또는 오용을 방지하기 위하여 이사회(또는 주주총회)의 결의로써 예외적으로 수인의 대표이사가 공동으로 회사를 대표하도록 정할 수 있다(공동대표)(상 389조 2항). 이러한 공동대표이사의 경우에는 상대방에 대한 의사표시(능동대표)는 공동으로 하여야 하나, 공동대표이사 중의 1인이 단독으로 회사를 대표한 경우에도 거래의 안전을 위하여 표현대표이사의 행위로서(상 395조) 회사의 책임을 인정하고 있다(통설·판례).

대표이사를 포함한 모든 이사는 그가 법령 또는 정관에 위반한 행위를 하거나 그 임무를 해태하면 회사에 대하여 연대하여 손해배상할 책임을 부담하고(상 399조 1항), 또 그가 악의 또는 중과실로 그 임무를 해태한 때에는 제3자(주주포함)에 대하여 손해배상할 책임을 부담한다(상 401조). 이러한 이사의 회사에 대한 손해배상책임은 총주주의 동의에 의하여 면제될 수 있고(상 400조), 정기주주총회에서 재무제표 등을 승인한 후 2년 내에 다른 결의가 없으면 이사의 부정행위를 제외하고 해제된 것으로 의제되고 있다(상 450조). 이사는 증자(신주발행)의 경우 회사에 대하여 자본충실의 책임(인수담보책임)을 지는데(상 428조 1항), 이러한 이사의 책임은 무과실책임이며 총주주의 동의에 의하여 면제될 수 없다.

상법상 대표이사는 이와 같이 회사의 업무를 집행하고 회사를 대표하면서 또한 회사 및 제3자에 대하여 엄격한 책임을 지는데, 재벌그룹의 경우 지배주주는 전문경영인을 대표이사로 선임한 후 그는 법적으로 책임질 일에서는 빠져나

---

2) 이에 관하여는 정찬형, 「회사법강의」(서울: 홍문사, 1997), 417~421면 참조.

간다. 따라서 회사가 대출을 받을 때 이와 같이 지배주주에 의하여 선임된 대표
이사는 개인적으로도 보증을 서고 또 상법상 책임도 지므로 회사가 부도가 나면
대표이사의 개인재산은 채권자로부터 강제집행을 당하는데, 정작 책임을 져야 할
지배주주는 이러한 책임을 지지 않는다고 한다.[3]

## 2. 감독(감사)기관의 현황과 문제점

우리 상법상 이사의 업무집행에 대한 감독기관으로는 이사회가 있고, 감사
기관으로는 필요기관인 감사와 임시기관인 검사인이 있다. 또한 주식회사의 외부
감사에 관한 법률(1980. 12. 27, 법 3297호)에 의하여 일정규모 이상의 주식회사에
대한 회계감사기관으로 (외부)감사인이 있다. 이하에서 차례로 간단히 살펴본다.

### 가. 이사회

이사회는 대표이사를 포함한 이사의 직무집행을 감독할 권한을 갖는다(상
393조 2항). 이사회는 (대표)이사의 업무집행에 관한 의사결정기관일 뿐만 아니라,
사후의 업무집행 감독기관도 겸하고 있다. 이와 같이 이사회는 업무집행기관과
감독기관을 겸하게 되어(즉, 자기감독이 되어), 이사회의 업무집행기관에 대한 감독
기능은 사실상 불가능하고 유명무실하다. 이사회는 원칙적으로 대표이사의 선임·
해임권을 갖고 있으므로(상 389조 1항 본문), 이 점에서는 어느 정도 대표이사에
대한 실질적인 감독권을 갖고 있다고 볼 수 있다. 그러나 대표이사가 주주총회에
서 선임되면(상 389조 1항 단서) 이사회의 대표이사에 대한 이러한 감독권도 없게
된다.

이사회의 (대표)이사에 대한 감독권은 상하관계에서 행사되는 것이며 또한
타당성(합목적성) 감사에도 미치는 점에서, 감사의 감사권과 구별된다.

미국 상장회사들은 전체 이사의 70~80%를 비상근 사외이사로 채우고, 이
들은 임원의 경영활동을 사실상 견제하고 있으나, 우리나라의 기업 중 미국과 비
슷하게 사외이사제를 두고 있는 곳은 공기업인 포항제철정도이고 재벌그룹 가운
데 사외이사제를 제대로 시행하는 곳은 없다고 한다. 일부 재벌그룹이 투명한 경
영을 하겠다며 일부 계열사에 사외이사제를 도입하였으나 이러한 소수 사외이사
들의 역할은 사실상 경영자문뿐이었다고 한다. 또한 상근이사(사내이사)도 지배주

---

3) 1998. 1. 8자 조선일보 9면(재벌개혁).

주의 말을 듣지 않으면 비상근이사로 돌려버리고 보수도 주지 않으므로 이사회에서 이사들이 지배주주의 결정을 비판하고 감독한다는 것은 처음부터 불가능한 일이다.4)

## 나. 감 사

감사는 이사의 업무집행 및 회계를 감사할 권한을 갖는 회사의 필요상설기관이다. 상법은 감사의 독립성을 보장하고 또한 감사의 실효성을 확보하기 위하여 많은 규정을 두었다.

상법상 감사의 독립성을 보장하기 위하여 (i) 감사의 선출시에 의결권이 없는 주식을 제외한 발행주식총수의 100분의 3을 초과하는 수의 주식을 가진 주주는 그 초과하는 주식에 관하여 의결권을 행사하지 못하는 것으로 하고(상 409조 2항), (ii) 감사의 해임시에는 주주총회에서 감사에게 의견진술권을 부여하였으며(상 409조의 2), (iii) 감사의 임기를 이사의 그것과 같이 3년으로 하였고(상 410조), (iv) 감사는 그의 회사뿐만 아니라 자회사의 이사 또는 지배인 기타 사용인의 직무도 겸하지 못하게 하였다(상 411조). (종래의) 증권거래법(증권거래법은 2009. 2. 4.에 폐지되고, 2009. 2. 4.부터는 '자본시장과 금융투자업에 관한 법률'〈이하 '자본시장법'으로 약칭함〉이 시행되고 있는데, 종래의 증권거래법상 상장회사의 지배구조에 관한 규정은 2009년 1월 개정상법에 의하여 상법 제3편 제4장 제13절〈상장회사에 대한 특례〉을 신설하여 규정하고 있다〈상 542조의 2~542조의 13〉)은 주권상장법인의 경우 감사의 독립성을 보장하기 위하여 다시 규정하고 있다. 즉, (i) 의결권 있는 발행주식총수의 100분의 3을 초과하는 주식에 대하여 의결권을 행사하지 못하는 경우는 주주 본인이 보유하는 주식뿐만 아니라 그 특수관계인이 소유하거나 또는 그 특수관계인의 계산으로 주식을 보유하거나 또는 그 특수관계인에게 의결권(의결권의 행사를 지시할 수 있는 권한을 포함)을 위임한 경우를 포함하고(증권거래법 191조의 11 1항, 동법 시행령 84조의 18), (ii) 위 (i)의 비율은 감사의 해임에도 적용되며(증권거래법 191조의 11 1항), (iii) 감사의 선임 또는 보수결정을 위한 의안은 이사의 그것과는 별도로 상정하여 의결하여야 하고(증권거래법 191조의 11 2항), (iv) 상근감사의 자격에 대하여 상세하게 규정하고 있으며(증권거래법 191조의 12 2항·3항, 동법 시행령 84조의 19 2항·3항), (v) 상근감사를 선임 또는 해임하거나 상근감사가

---

4) 동지: 1998. 1. 5자 조선일보 11면(재벌개혁).

임기만료 외의 사유로 퇴임한 경우에는 그 내용을 선임·해임 또는 퇴임한 다음 날까지 금융감독위원회에 신고하여야 한다(증권거래법 시행령 84조의 19 4항).

　　상법상 감사의 실효성을 확보하기 위하여 감사의 권한과 의무를 확대하였다. 즉, 감사의 권한으로는 (i) 이사가 회사에 현저하게 손해를 미칠 염려가 있는 사실을 발견한 때에는 이사는 즉시 이를 감사에게 보고하여야 할 의무를 부담하고(상 412조의 2), (ii) 감사는 언제든지 이사에 대하여 영업에 관한 보고를 요구하거나 회사의 업무와 재산상태를 조사할 권한을 가지며(상 412조 2항), (iii) 감사는 주주총회소집청구권을 갖고(상 412조의 3), (iv) 감사는 자회사에 대한 조사권도 가지며(상 412조의 4), (v) 감사는 이사회에 출석하여 의견을 진술하며 이사회의 의사록에 기명날인 또는 서명할 수 있는 권한을 갖고(상 319조의 2 1항, 391조의 3 2항), (vi) 이사의 위법행위에 대하여 유지청구권을 행사할 수 있으며(상 402조), (vii) 이사와 회사간의 소에 관하여 회사를 대표하고(상 394조), (viii) 회사법상 각종의 소를 제기할 수 있는 권한(상 328조, 376조 1항, 429조, 445조, 529조 1항 등)을 갖는다. 감사의 의무로는 회사와의 위임관계에서 오는 (i) 선관의무(상 415조, 382조 2항) 외에도, (ii) 이사회에 대한 보고의무(상 391조의 2 2항), (iii) 주주총회에 대한 의견진술의무(상 413조), (vi) 감사록의 작성의무(상 413조의 2) 및 (v) 감사보고서의 작성·제출의무(상 447조의 4 1항) 등을 부담한다. (종래의) 증권거래법은 이 외에도 감사의 실효성을 확보하기 위하여 최근 사업연도말 자산총액이 1천억원 이상인 주권상장법인의 경우에는 반드시 1인 이상의 상근감사를 두도록 규정하고 있다(증권거래법 191조의 12 1항, 동법 시행령 84조의 19 1항).

　　상법 및 (종래의) 증권거래법이 이와 같이 감사의 독립성을 보장하고 실효성을 확보하기 위하여 많은 규정을 두고 있음에도 불구하고 우리나라의 기업현실에서 상근감사가 선임되지 않은 경우도 많고, 또 선임된다고 하더라도 지배주주와 특수관계가 있는 자가 선임되어 그는 「안으로 굽는 팔」의 역할만을 수행하거나 전문지식이 없어 실효성 있는 감사업무를 수행하지 못하고 있다. 상근감사가 없거나 또는 감사에 의한 감사가 유명무실한 경우에도, 주주총회에서 이를 문제삼거나 또는 주주가 감사의 임무해태를 이유로 손해배상을 청구하는 경우도 없다.5)

---

5) 이에 관한 상세는 정찬형 외,「주식회사 감사제도의 개선방안에 관한 연구」(상장협 연구보고서 95-4)(서울: 한국상장회사협의회, 1995. 12), 6～52면, 236～237면 등 참조.

## 다. 검사인

검사인은 주식회사의 설립절차 또는 회사의 업무나 재산상태를 조사할 임무가 있는 임시적 감사기관인데, 법원에 의하여 선임되는 경우와 주주총회에 의하여 선임되는 경우가 있다. 법원에 의하여 선임되는 경우는 (i) 회사 설립시 변태설립사항을 조사하기 위한 경우(상 298조 4항, 310조 1항), (ii) 주식의 할인발행의 인가 여부를 결정함에 있어서 회사의 재산상태를 조사하기 위한 경우(상 417조 3항), (iii) 신주발행시 현물출자를 조사하기 위한 경우(상 422조 1항), (iv) 회사의 업무집행에 관하여 부정행위 또는 법령이나 정관에 위반한 중대한 사실이 있음을 의심할 사유가 있는 때에 회사의 업무와 재산상태를 조사하기 위한 경우(상 467조) 등이다. 주주총회에 의하여 선임되는 경우는 (i) 소수주주에 의하여 소집된 임시주주총회가 회사의 업무와 재산상태를 조사하기 위한 경우(상 366조 3항), (ii) 이사나 청산인의 제출서류와 감사의 보고서를 조사하기 위한 경우(상 367조, 342조 2항) 등이다.

위의 검사인 중 설립시 변태설립사항을 조사하기 위한 검사인은 악의 또는 중과실로 인한 임무해태의 경우 회사 또는 제3자에 대하여 손해를 배상할 책임을 진다(상 325조).

우리 상법상 임시감사기관인 검사인은 실제로 거의 선임되고 있지 않으므로 이러한 검사인에 의한 감사기능은 거의 실효가 없다고 볼 수 있다. 그 이유는 일정한 검사인은 특수한 사항에 관해서만 감사할 수 있는데 그러한 사항이 발생하지 않으며, 또한 업무집행과 관련된 사항을 감사하는 검사인은 주로 소수주주의 신청에 의하여 선임되는데 이를 위한 소수주주권의 행사가 거의 이루어지지 않기 때문이다.

## 라. (외부)감사인

주식회사의 외부감사에 관한 법률(이하 '외감법'이라 약칭함)(이 법률은 2017. 10. 31, 법률 제15022호로 전부개정되었는데〈시행: 2018. 11. 1.〉, 법률명도 '주식회사 등의 외부감사에 관한 법률'로 변경함)에 의하여 직전사업연도말의 자산총액이 70억원(그 후 100억원으로 인상됨) 이상인 주식회사는 위의 감사에 의한 내부감사 외에 회사로부터 독립된 회계전문가인 회계법인 등에 의하여 회계감사를 받아야 한다(외감법 2조 본문, 동법 시행령 2조 1항).

이러한 (외부)감사인의 독립성을 보장하고 감사의 실효성을 확보하기 위하여 외감법은 감사의 경우와 유사한 규정을 두고 있다. 즉, (외부)감사인의 독립성을 보장하기 위하여 (i) 감사인의 선임에는 감사 또는 대통령령이 정하는 감사인선임위원회의 제청에 의하여 정기주주총회의 승인을 얻어야 하고(다만 상장법인과 직전 사업연도에 증권선물위원회로부터 통보받은 계열회사는 반드시 감사인선임위원회의 제청에 의하여 정기주주총회의 승인을 얻어야 하고, 상장법인이 아닌 회사가 직전사업연도의 감사인을 다시 감사인으로 선임하고자 할 때에는 감사 또는 감사인선임위원회의 제청과 정기주주총회의 승인을 받지 않을 수 있다)(외감법 4조 2항·6항), (ii) (외부)감사인의 선임과 해임을 승인하는 정기주주총회에서는 주권상장법인의 감사의 경우와 같이 의결권 있는 발행주식총수의 100분의 3(정관으로 그 비율을 더 낮게 정한 경우에는 그 비율)을 초과하는 주식에 대하여는 의결권을 행사하지 못하도록 하였으며(외감법 4조 2항, 증권거래법 191조의 11 1항), (iii) 증권선물위원회는 회사의 요청에 의하여 당해 회사의 감사인을 지명하거나 일정한 회사에 대하여 증권선물위원회가 지명하는 자를 감사인으로 변경선임하거나 선정할 것을 요구할 수 있도록 하고(그러나 증권선물위원회는 대통령령이 정하는 바에 따라 감사인선임위원회의 제청을 거쳐 감사인을 선임한 회사에 대하여는 감사인을 변경선임하거나 선정할 것을 요구하지 않을 수 있다)(외감법 4조의 3), (iv) 상장법인은 연속하는 매 3개 사업연도의 감사인을 동일 감사인으로 선임하도록 하였다(외감법 4조의 2 1항).

    감사인에 의한 회계감사의 실효성을 확보하기 위하여 (i) 감사인의 자격은 회계법인 또는 한국공인회계사회에 등록한 감사반이어야 하고(외감법 3조 1항), (ii) 감사인은 증권선물위원회가 재정경제부장관의 승인을 얻어 제정한 감사기준에 따라 감사를 실시하여야 하며(외감법 5조), (iii) 이사의 직무수행에 관하여 부정행위 또는 법령이나 정관에 위반되는 중대한 사실을 발견한 때에는 감사는 감사인에게 이를 통보하여야 할 의무를 부담하고(외감법 10조 3항), 감사인이 이러한 사실을 발견한 때에는 감사인은 이를 감사에게 통보하고 주주총회에 보고할 의무를 부담하며(외감법 10조 1항), (iv) 감사인은 회사가 회계처리 등에 관하여 회계처리기준을 위반한 사실을 발견한 때에는 이를 감사에게 통보하여야 할 의무를 부담하고(외감법 10조 2항), (v) 감사인 또는 그의 소속된 공인회계사는 주주총회의 요구가 있는 때에는 이에 출석하여 의견을 진술하거나 주주의 질문에 답변할 의무를 부담하며(외감법 11조), (vi) 감사인은 감사보고서를 작성하여 일정기간 내에 회사(감사를 포함한다)·증권선물위원회 및 한국공인회계사회에 제출하여야 할 의무를 부담하는 것으로 하였다(외감법 8조, 동법 시행령 7조 1항).

외감법에 의한 (외부)감사인제도는 (내부)감사의 자격에 제한이 없어 회계에 관한 전문지식이 없는 자가 (내부)감사로 선임되어 그러한 자에 의한 회계감사가 유명무실하게 되는 것을 보완하기 위한 것이나, 이는 회사가 두 개의 법률에 의하여 이중으로 감사를 받게 되는 문제점이 있음은 물론, 이러한 두 감사기관 사이에도 서로 협조가 안되어 통일적인 감사가 되지 못하는 문제점이 있다.[6] 또한 이러한 (외부)감사인에 의한 감사도 매우 형식적으로 되어 신뢰성을 결하고 있다.[7]

## Ⅲ. 주요국가의 경영기관의 비교법적 고찰[8]

### 1. 대륙법계

### 가. 독 일

독일의 주식회사의 경영기관은 두 기관으로 구성되는데, 하나는 이사회이고 다른 하나는 감사회이다. 이사회는 가장 중요한 업무집행기관으로 회사의 기본정책을 결정하고 회사를 운영한다. 감사회의 주요업무는 이사회를 감독하고 회사의 업무에 관하여 계속적인 감사를 하는 일이다. 감사회의 업무 중 가장 중요한 것은 이사를 임면하는 일이며, 이러한 두 기관을 엄격히 분리하기 위하여 동일인이 동시에 두 기관에 소속되는 것은 일반적으로 금지된다.

이사회는 감사회에 대하여 회사의 업무에 관한 완전하고 정확한 자료를 제출하여야 하며, 이에 더 나아가 감사회는 언제든지 이사회에 대하여 추가자료를 요구할 수 있다. 감사회(개별감사가 아님)는 회사의 모든 서류와 자료에 대하여 감사할 수 있고, 이러한 권리를 각 감사 또는 독립된 전문가에게 위임할 수도 있다. 재무제표 및 영업보고서는 결산검사인이 검사한 후 이사회가 감사회에 제출하며, 감사회는 이를 감사한 후 주주총회에 서면으로 보고하여야 한다. 재무제표는 원칙적으로 감사회가 확정하는데, 이사회 및 감사회가 재무제표의 확정을 주주총회에 위임하거나 또는 감사회가 이를 승인하지 않는 때에는 주주총회가 재

---

6) 이에 관한 상세는 정찬형 외, 전게 상장협연구보고서(95-4), 31~38면, 51~52면, 236면.

7) 정찬형 외, 상게 상장협연구보고서(95-4), 51~52면, 237면; 조선일보 1998.1.4일자 9면(재벌개혁) 등 참조.

8) 이에 관한 상세는 정찬형, "주식회사의 경영기관(비교법을 중심으로)," 「법률학의 제문제」(유기천박사 고희기념논문집)(서울: 박영사, 1988), 474~530면; 정찬형, 전게서(회사법강의)(1997), 325~337면 등 참조.

무제표를 확정한다.

　감사회는 일반적으로 회사의 업무집행에 적극적으로 관여할 수 없기 때문에 이사회에게 구속적인 지시를 할 수 없다. 그러나 정관 또는 감사회에서 일정한 종류의 업무(예컨대, 부동산매매 등)는 감사회의 동의가 있는 경우에만 처리할 수 있는 것으로 정할 수 있다. 이러한 업무에 대하여 감사회가 동의를 거절하면 이사회는 주주총회의 결의(투표한 의결권의 4분의 3)를 받아 처리할 수 있다. 한편 감사회가 예외적으로 적극적으로 회사를 대표하는 경우가 있는데, 이 경우는 회사와 이사 간에 거래를 하거나 소송이 있는 경우이다.

　독일의 상법에서 이사회와는 별도로 감사회를 최초로 규정한 것은 1861년 독일 구상법인 보통독일상법(ADHGB)이었는데, 이 때에 주식합자회사에서는 감사회를 의무기관으로 규정하였으나 주식회사에서는 임의기관으로 규정하였다. 그러다가 1870년 주식회사에 대하여도 감사회를 의무기관으로 규정하였다. 그 이유는 1870년 독일의 주식회사에 관한 입법정책에서 종래의 면허주의를 폐지하고 준칙주의로 변경하였는데, 이에 따라 주식회사에 대한 감독을 국가의 감독 대신에 회사내부의 감독에 강제로 맡기고자 하였기 때문이다. 이러한 독일의 주식법상 감사회의 기능은 영미법에서는 사외이사가 담당한다고 할 수 있다. 그러나 영미법상의 사외이사는 임원의 업무집행을 언제나 승인함으로써 회사의 업무를 집행하고 있는 점이 다르다. 그런데 독일의 감사회도 일반적으로는 업무집행의 권한이 배제되어 있으나, 사실상은 종종 업무집행의 기능을 수행하고 있는 것이다. 따라서 이사는 의결권이 없으나 감사회에 출석할 수 있다. 감사의 전원 또는 대부분이 대주주의 대표인 경우에는 감사회가 적극적이므로 회사의 업무집행에 참여하는 현상이 더욱 두드러지게 나타난다.

### 나. 프랑스

　프랑스에서의 전통적인 주식회사의 경영구조는 영국에서 온 것인데, 이에 의하면 주식회사는 「이사회」에 의하여 운영되고 「대표이사」는 대표업무집행자이다. 대표이사는 회사의 일반적인 방침을 정하고 일상업무집행을 대하여 책임을 진다. 또한 대표이사는 제3자에 대하여 회사를 대표한다. 대표이사 외에 전무 1명(큰 회사인 경우에는 2명)이 임명될 수 있는데, 이러한 전무는 이사일 필요가 없다. 이사회와 대표이사간의 권한에 대하여 정확하게 한계를 정하는 것은 매우 어려운 일이다. 즉, 한편으로는 대표이사에게 최소한의 고유권한이 있는데 이 최소한의 권한이 무엇인가는 아주 불분명하고, 다른 한편으로는 회사의 어떤 행위는 이사회의 권한에만 속하는 것이 있다. 따라서 이러한 광범위한 한계내에서 실제로 대표이사의 권한을 확정하는 것은 이사회인데, 이사회는 대표이사의 능력과 인격에 따라서 이를 정한다. 일반이사들이 강력한 대표이사에게 종속되어 대표이사에 대한 감독업무를 거의 수행하지 못하면 대표이사는 그의 권한을 남용하게 된다.

이러한 이사회와 대표이사간의 불분명한 권한분배는 자주 비판이 되어 1966년에는 독일의 제도인 「이사회」와 「감사회」의 중층제도를 선택적으로 도입하게 되었다. 따라서 이 제도에 의하면 이사회가 법률이 명시적으로 유보한 업무를 제외하고 회사의 모든 업무를 집행하게 되었다. 한편 이러한 이사회의 업무는 감사회에 의하여 계속적으로 감사와 감독을 받는다. 감사회는 이사를 임명하며 또 이사중에서 1명을 대표이사에 임명한다. 이러한 두 기관의 업무는 엄격히 구별되므로 동일인이 동시에 두 기관에 소속될 수 없다. 감사회는 이사회의 업무를 감독하는 외에 정관의 규정에 의하여 일정한 업무에 대하여 사전승인하는데, 회사가 담보제공 등을 하는 경우에는 언제나 감사회의 사전승인을 받아야 한다. 또한 이사나 감사의 이익과 관련되어 있는 거래에 대하여도 감사회의 사전 승인을 받아야 한다. 만일 감사회가 이사회의 일정한 안에 대하여 이러한 승인을 거절하면 이사회는 동 안을 주주총회에 회부할 수 있다. 이렇게 프랑스가 독일의 중층제도를 선택적으로 도입하였으나 독일과는 다른 점이 있다. 즉, 프랑스에서의 이사회는 대내적으로 결정하는 기관에 불과하고 대외적으로 회사를 대표할 권한이 없다는 점이 독일의 이사회와 다르다. 프랑스에서 대외적으로 회사를 대표하는 기관은 대표이사 또는 특별히 임명된 전무이다. 또한 프랑스에서의 감사회는 독일의 그것에 비하여 권한이 약하다. 즉, 프랑스에서의 감사회는 이사의 해임권이 없고 단순히 주주총회에 이사의 해임을 권고할 수 있을 뿐이다. 또한 프랑스의 감사회에게는 독일의 경우와는 달리 재무제표 등의 확정권이 없고 이 권한은 주주총회에 있다.

## 2. 영미법계

### 가. 영 국

영국에서의 주식회사의 경영기구는 이사회만이 단일의 기관으로 구성되어 있다. 그런데 이러한 이사회는 일반이사(ordinary directors)와 상근이사(service of working directors)로 구성되어 있어, 일반이사는 단순히 이사회의 회의에만 참석하고 회사의 회계에 관하여 검사할 권한이 있으며, 상근이사는 고용계약에 의하여 회사에서 매일 근무할 의무를 부담한다. 일상의 회사의 업무는 상근이사에 의하여 처리되는데, 이 위에 이사회는 보통 1인 또는 수인의 상근의 관리이사(managing directors)를 임명하여 광범위한 권한을 부여하고 있다. 따라서 이러한 관리이사가 회사의 최고기관 중의 하나가 된다. 오늘날 실제로 회사를 경영하는 자는 이사회가 아니라 관리이사이다. 또한 오늘날 이사회는 직접 업무집행을 하지 않고 이사가 아닌 임원(officers)에게 업무집행을 위임하고 이사회는 이를 감독하고 일반정책만을 결정하여 업무집행과 감독이 명백히 분리되는 경향이 있다. 영국 회사법상 이러한 임원은 「이사·지배인 또는 총무」이다. 이러한 임원 중에서 가장 대표적이고 중요한 임원은 총무(secretary)인데, 이러한 총무는 모든 회사에서 반드시 선임되어야 한다. 이러한 총무는 이사회에 의하여 선임되나 임원에게 위임될 수도 있다.

영국에서 관리이사 및 기타 상근이사 또는 임원에 대한 감독(사)기관은 「이사회」이다(단층제도, one-tire or single-board system). 그런데 회계감사를 위하여 공인회계사인 「감사(auditor)」를 반드시 선임하여야 한다. 이러한 감사는 임원의 개념에 포함되지 않으며, 그의 업무에 관련된 감사목적에 있어서는 특별히 회사의 대리인(agent)으로 취급된다.

## 나. 미 국

미국에서도 영국에서와 같이 주식회사는 이사회만에 의하여 운영된다(단층제도, one body system). 이사회는 원래 그 자체가 집행기관이 아니다. 따라서 이사회는 회사의 주요업무와 일반정책만을 결정하고, 이의 집행 및 일상업무의 집행은 임원이 한다. 이론적으로 보면 이사와 임원은 명백히 구별되고, 임원은 보통 대표집행임원으로서 사장(president)이 있고, 그 밑에 부사장(vice-president)·총무(secretary) 및 재무(cashier or treasurer)가 있다. 한편 이사회는 회사의 상무 등을 검사할 무한의 권리를 갖는다. 그러나 이사는 자기 개인의 목적으로 이러한 권리를 행사할 수는 없다.

미국에서의 이러한 회사의 경영기구는 실제에 있어서는 많이 변화되고 있다. 내부이사회가 점점 많이 발생하는데, 이 경우에는 이사의 전부 또는 대부분이 회사 또는 종속회사의 임원을 겸하게 되고 대표이사는 사장을 겸하게 된다. 이 경우에는 임원이 결정권을 독점하게 되고 회사의 경영권은 임원에게 집중된다. 미국의 큰 회사의 경우에 경영구조가 임원을 겸하는 내부이사회로만 되어 있는 회사도 일부 있으나, 대부분의 회사의 이사회는 내부이사(상근이사)와 외부이사(비상근이사)로 혼합되어 구성되어 있다. 실제로 평균 이사의 40%는 내부이사이고 60%는 외부이사라고 한다.

　미국에서는 회사법(주법)상 감사가 회사내부의 필요기관이 아니나, 연방법인 증권법(Securities Act of 1933)과 증권거래법(Securities and Exchange Act of 1934)에 의하여 공인회계사에 의한 외부적 강제감사제도가 확립되었다. 즉, 상장회사가 매결산기 등에 증권거래소 또는 증권관리위원회에 제출하는 재무제표에는 반드시 공인회계사의 감사증명을 첨부하여야 한다.

　이사회는 그의 감독업무를 효율성있게 수행하기 위하여 여러 위원회를 두는데, 이중 대표적인 것이 감사위원회이고 이는 증권관리위원회의 요구사항이기도 하다. 또한 증권관리위원회는 감사위원회가 일반적으로 인정된 회계감사기준(Generally Accepted Auditing Standards: GAAS)에 따라 감사하도록 한다. 이의 결과 미국의 상장회사들은 예외없이 감사위원회를 두고 있으며, 이러한 경향은 비상장회사들에게까지 점차 확산되는 추세에 있다. 감사위원회는 외부감사인을 사실조사의 수단 및 회계와 감사에 관한 전문지식을 요하는 평가를 함에 있어서 대리인으로서 활용할 수 있는데, 이때 감사위원회는 외부감사인과 이사회의 의사전달을 위한 적절한 중개자가 된다. 또한 대부분의 감사위원회는 내부감사의 효율성을 높이기 위한 일환으로 내부감사기능을 정기적으로 검토하는데, 이 경우 내부감사 담당이사(director of internal audit)는 직접 감사위원회 의장에게 보고해야 한다. 이때 내부, 외부감사인이 하나의 팀으로 함께 일하는 경우도 있다.

　미국에서의 감사위원회는 외부감사인의 감사가 공정하게 이루어지도록 하고 그 감사보고서를 검토하는 등 회계감사권만을 갖는 점에서 우리 상법상 감사와 구별되며, 또 이사회와 외부감사인의 중간에서 이를 통합하고 조정하는 점에서 우리의 경우 감사와 외부감사인의 연계가 제도적으로 미흡한 점과 구별되고 있다. 또 미국의 경우 감사위원회의 위원은 임원이나 이사회와 독립성을 확보하기 위하여 그 자격 제한이 매우 엄격하나, 공인회계사의 자격을 요하지는 않는다. 우리 상법상 감사는 주주를 위하여 이사의 직무집행을 감사하는 직무를 가지는 것인데, 미국의 감사위원회는 이사회의 업무집행을 도와주기 위하여 이사회에 의하여 설치되는 것이라는 점에서 그 성격상 차이가 있다.[9]

---

9) 미국의 감사위원회제도에 관하여는 장경환, 전게 상장협연구보고서(95-4), 214~232면 참조.

## Ⅳ. 우리 상법상 주식회사의 경영기관의 개선방안

우리 상법상 주식회사의 경영기관을 개선하여 기업경영의 투명성을 제고하기 위하여는 현행법의 범위내에서 이를 개선하는 방법(단·중기방안)과 현행법을 근본적으로 개정하여 이를 개선하는 방법(장기방안)이 있겠는데, 이하에서 차례로 살펴본다.

### 1. 단·중기방안

현행법의 범위내에서 주식회사의 경영기관을 개선하여 기업경영의 투명성을 제고하기 위하여는 먼저 업무집행기관의 전문화(소유와 경영의 분리)와 민주화(이사회 기능의 활성화)가 이루어져야 하고, 다음으로 이러한 업무집행기관에 대한 철저하고 실효성 있는 감독 내지 감사가 있어야 할 것이다. 이의 각각에 대한 구체적인 방안을 제시하면 다음과 같다.

#### 가. 업무집행기관의 전문화와 민주화를 위한 방안

① 현행(1998. 6) 상법상 주식회사의 업무집행기관은 「이사회」와 「대표이사」인데, 대기업(특히 재벌기업)인 경우 법적 근거도 없는 그룹회장·운영위원회·비서실 또는 종합조정실(종합기획실) 등이 회사의 주요 업무집행에 관한 의사를 결정하고 이사회는 이러한 결정을 뒷받침해주는 거수기에 불과하다고 하는데, 이러한 불법적이고 변태적인 회사의 업무결정 형태는 상법에 맞게 시행될 수 있도록 반드시 시정되어야 할 것이다. 이를 위하여는 상법 위반에 대한 벌칙규정을 강화하거나 또는 각종 형태의 지도를 통하여 시정할 수밖에 없다고 본다. 최근 재벌그룹의 경우 그룹회장 등을 폐지하고 지배주주가 (주력)회사의 대표이사의 직을 갖는 것으로 개선안을 내고 있는 것은 너무나 당연한 것이며, 개선이라기 보다는 비정상적인 운영을 정상적으로 한 것으로 만시지탄의 감이 있다. 또한 우리 상법상 주주 등의 이해관계에 중요한 영향을 미치는 사항(상법 또는 정관에 규정이 있는 사항)은 주주총회의 결의를 받도록 되어 있는데(상 361조), 이러한 주주총회의 결의도 매우 유명무실화되어 통과위원회로 전락된 주주총회의 개선방안도 함께 이루어져야 할 것으로 본다.

② 지배주주인 경우에도 회사경영에 관한 전문지식이 있으면 이사로 선임되어 직접 회사의 업무집행에 참여할 수 있겠으나, 경영에 관한 전문지식이 없거나

또한 경험이 없는 경우에는 직접 회사의 업무집행에 참여하지 말고 업무감독에 참여할 수 있도록 하여야 할 것으로 본다. 우리나라의 재벌그룹인 경우 대부분 족벌경영 또는 가족경영의 형태로 운영되고 있으며, 이에 더 나아가 경영권이 상속되고 있다고 한다. 따라서 우리나라의 경제를 4대 재벌이 지배한다고 할 때, 이는 마치 4대 가문이 지배하는 것과 같다고 한다.[10] 이러한 혈연중심의 경영체제는 상호 지급보증 등으로 연쇄도산의 위험이 있으며, 더욱이 경영능력이 검증되지 않은 2세들이 무작정 경영권을 넘겨받는 바람에 경영실패를 가져오는 경우가 많다.[11] 따라서 기업경영의 투명성과 합리성을 담보하기 위하여는 전문경영인이 회사를 경영할 수 있는 방안이 마련되어야 할 것이고, 이러한 전문경영인은 책임만 많고 권한은 적은 지배주주의 꼭두각시가 아니라 상법상 업무집행기관으로서의 충실한 권한을 갖고 또 책임을 지는 지위가 보장되어야 할 것이다. 이러한 의미의 전문경영인 체제를 확립하도록 하는 것은 독점규제 및 공정거래에 관한 법률이나 세법 등에 의하여 간접적으로 규율하는 방법도 있겠으나, 이는 회사의 지배구조에 관한 문제이므로 상법 등에서 직접 규제하여야 할 것으로 본다.

③ 기업경영의 투명성은 위에서 본 바와 같이 법적 근거도 없고 책임도 지지 않는 장막에 있는 그룹회장 등에 의한 경영을 법적 기구인 이사회 등이 담당하고, 또한 이사회의 구성원인 이사는 기업경영에 관한 전문적인 지식이 있어야 하는 것을 전제하더라도, 이사회가 민주화되지 못하여 대표이사의 결정사항을 추인하거나 일방적으로 통지하는 장소가 되어서는 해결될 수 없는 문제라고 본다. 따라서 이사회에서 그 구성원인 이사가 회사의 업무집행에 관한 합리적인 의사결정을 위하여 충분히 자기의 의사를 개진하면서 대표이사 등 다른 이사들의 의견을 마음껏 비판할 수 있도록 하는 제도적 장치가 마련되어야 할 것이다. 이와 같은 업무집행에 관한 의사결정과정에서의 민주화를 위하여는 이사의 선임 및 해임에서 대표이사 등 다른 이사의 개입이 배제되어야 할 것이고, 사내이사인 경우 업무분담은 있으나 이사 상호간에 상하관계와 같은 서열이나 인사에 영향을 미치는 관계가 없어야 하며, 회사에 고용되어 있지 않으며, 회사내의 경영담당자에게 심리적으로나 경제적으로 의존하지 않으면서 경영에 관한 전문지식과 경험이 풍부한 독립적인 사외이사가 일정 수 이상 존재하여야 할 것으로 본다.

이를 위하여 정부는 1998년 2월 유가증권상장규정을 개정하여 (상장회사는)

---

10) 조선일보 1998. 1. 6일자 9면(재벌개혁에서 이필상 교수의 의견).
11) 조선일보 1998. 1. 6일자 9면.

1998년 정기주주총회 이전(1차년도)까지는 1명 이상의 사외이사를 선임하여야 하고, 1998년 정기주주총회 이후(2차년도)부터는 총 이사수(사외이사수 포함)의 4분의 1 이상의(계산상 소수점 이하는 절상) 사외이사를 선임하여야 하는데, 도입 1차년도(1998년)에 사외이사를 선임하지 않는 상장회사는 1부종목의 경우 2부종목지정 및 상장폐지우려법인으로 지정하고 2부종목은 상장폐지우려종목으로 각각 지정하며, 도입 2차년도(1999년)부터는 사외이사 선임을 상장폐지요건에 포함하였다. 또한 이러한 사외이사는 경영·경제·법률 또는 관련 기술 등에 전문지식이나 경험이 있는 자로 하되, 당해법인 또는 당해법인의 최대주주 등과 이해관계가 있는 자는 제외하는 것으로 하고 있다.

업무집행기관의 민주화(이사회기능의 활성화)를 위하여는 이사회와 독립하여 대표이사를 두는 것이 상호 모순되는 면이 있는데, 이것을 어느 정도 보완하기 위하여는 공동대표이사제도를 원칙으로 규정하는 등의 방법으로 이 제도를 많이 활성화하는 방안도 생각할 수 있다고 본다.

## 나. 업무집행기관에 대한 실효성있는 감독(감사)기능의 활성화방안

앞에서 본 바와 같이 우리 상법상 이사의 직무집행에 대한 감독기관은 이사회이고 감사기관은 감사이며 외감법상 일정규모 이상의 주식회사에 대한 회계감사기관은 (외부)감사인인데, 어느 것도 그 본래의 기능을 제대로 수행하고 있지 못하다. 따라서 현행법의 기본구조의 범위내에서 이의 활성화방안을 살펴보면 다음과 같다.

① 감독기관으로서의 이사회기능의 활성화방안은 앞에서 본 업무집행기관으로서의 이사회기능의 활성화방안과 같은데, 특히 회사에 고용되어 있지 않으며 회사의 경영담당자와 모든 면에서 무관하면서 경영에 관한 전문적인 지식과 경험이 풍부한 독립적인 사외이사에 의한 감독이 전제되어야 할 것이다.

② 감사(監事)에 의한 실효성있는 감사의 활성화방안으로는 상법 및 (종래의) 증권거래법에서도 이를 위하여 상세한 규정을 두고 있지만, 이에 더 나아가 다음과 같은 추가적인 조치를 생각할 수 있다.

i) (종래의) 증권거래법상 최근 사업연도말 자산총액이 1천억원 이상인 주권상장법인의 경우에는 1인 이상의 상근감사를 두도록 규정하고 있으나(증권거래법 191조의 12 1항, 동법 시행령 84조의 19 1항), 비상근 감사의 경우에는 일상감사를 하지 못함은 물론 주식회사에 대한 감사를 원천적으로 유명무실하게 하므로, 모든

주식회사는 원칙적으로 1인 이상의 상근감사를 두도록 강제하는 것이 필요하다고 본다. 이를 위하여는 주식회사의 설립시의 등기사항(상 317조 2항 8호)에 감사에 대하여는 상근 또는 비상근의 유무를 등기하도록 하고 상근감사가 1인도 없는 경우에는 설립등기가 접수되지 않도록 하든가, 또는 비송사건절차법 제203조 9호를 개정하여 설립등기 신청서의 첨부서류의 하나로 상근감사에 관한 서류를 첨부하도록 하는 방법이 있을 수 있다고 본다.[12] 일정규모 이상의 대주식회사의 경우에는 3인 이상의 감사를 두도록 하고 그 중 1인 이상의 감사는 감사에 관한 전문적인 지식이 있으면서 회사에 대하여는 중립적인 외부인사로하여 감사회가 회의체의 기구로서 감사를 하도록 하는 것도 감사의 실효성을 높이기 위한 하나의 방법이 될 것으로 본다.[13]

　　이를 위하여 정부는 1998년 2월 유가증권 상장규정을 개정하여 증권거래소는 모든·주권상장법인에 대하여 사외감사의 선임을 권고할 수 있으며 사외감사를 선임하지 않는 주권상장법인은 이 사실을 정기(월, 분기, 반기)로 발표하도록 하고 증권시장지 종목명 앞에 이 사실을 표시토록 하였으며, 이러한 사외감사는 사외이사와 같이 경영·경제·법률 또는 관련 기술 등에 전문지식이나 경험이 있는 자로 하되 당해법인 또는 당해법인의 최대주주 등과 이해관계가 있는 자는 제외하는 것으로 하고 있다.

　　ii) 감사의 독립성보장을 위한 방안으로 감사의 해임에도 대주주의 의결권이 제한되는 것으로 하고(주권상장법인의 경우는 증권거래법 191조의 11 1항에서 이를 규정함), 감사의 선임에서 소수주주의 의견이 반영되거나 소수주주의 대표가 감사로 선임될 수 있도록 하기 위하여 주주제안권을 인정하여야 하고(주권상장법인의 경우는 증권거래법 191조의 14에서 소수주주권으로 주주제안권을 인정함), 감사의 임기를 이사보다 더 연장하여야 하며, 감사의 보수에 관하여는 별도의 규정을 두고, 감사는 그의 직무집행에 관하여 회사에게 비용의 지급을 청구할 수 있도록 하는 등의 조치를 생각할 수 있다.[14] (日商特 279조, 279조의 2 참조).

　　iii) 감사의 실효성확보를 위한 방안으로 비전문가나 비독립적인 인사가 감사로 선임될 수 없도록 하여야 하고(주권상장법인의 경우는 종래의 증권거래법 191조의 12 및 동법 시행령 84조의 19에서 감사의 자격 및 상근감사가 되지 못하는 사유를 규정

---

12) 정찬형 외, 전게 상장협연구보고서(95-4), 239면.
13) 정찬형 외, 전게 상장협연구보고서(95-4), 243면.
14) 정찬형 외, 전게 상장협연구보고서(95-4), 244~246면.

함), 감사가 상법상 의무를 위반한 경우에 대하여 쉽게 그 책임을 물을 수 있도록 하고 또한 그 처벌을 강화하여야 하며(상 659조 9호 개정), 감사에게 이사회소집권한을 부여하고, 이사의 선임에 추천권이나 임명동의권 등을 부여하는 방안을 생각할 수 있다.15)

③ (외부)감사인에 의한 실효성있는 감사를 위하여 1996. 12. 30, 법 제5196호로 주식회사의 외부감사에 관한 법률을 대폭 개정하여 중요한 사항을 많이 반영하였는데,16) 1998년 2월에 다시 동법을 개정하여 상장법인과 대규모 기업집단 소속의 계열회사는 (외부)감사인에 의한 감사의 공신력을 제고하기 위하여 (외부)감사인은 반드시 외부감사인선임위원회의 제청으로 정기주주총회의 승인을 얻도록 하고(외감법 4조 2항 단서) 또 재무제표의 신뢰성과 기업경영의 투명성을 제고하기 위하여 (외부)감사인 및 회사관계인에 대한 벌칙을 강화하였으나(외감법 20조), 이에 더 나아가 다음과 같은 추가적인 조치를 생각할 수 있다.

i) 현행 외감법은 감사인이 이사의 직무수행에 관하여 부정행위 또는 법령이나 정관에 위반되는 중대한 사실을 발견할 때나(외감법 10조 1항) 회사가 회계처리 등에 관하여 회계처리기준을 위반한 사실을 발견한 때에는(외감법 10조 2항) 감사에게 통보하도록 규정하고 있는데, 이러한 사항은 업무감사와 밀접한 관련이 있는 것이므로 통보만을 할 것이 아니라 상호 협조하여 진실을 정확하게 밝혀 필요한 조치를 강구하도록 하여야 할 것이다. 즉, (외부)감사인과 (내부)감사는 감사의 전과정에서 상호 충분히 협의하여 감사의 실효를 거두도록 하여야 할 것이다.

ii) 외감법은 주주총회의 요구가 있는 때에만 (외부)감사인이 이에 출석하여 의견을 진술하거나 주주의 질문에 답변할 의무를 부담하는 것으로 규정하고 있으나(외감법 11조), (외부)감사인은 주주의 요구가 없는 경우에도 이러한 의무를 부담하는 것으로 개정하여야 할 것이다.

## 2. 장기방안

① 기업경영의 투명성을 제도적으로 담보하기 위하여 주식회사의 경영기관을 어떻게 개편할 것인가는 상법의 앞으로의 큰 과제일 뿐만 아니라, 우리나라의 경제정책의 근본적인 문제이기도 하다. 주식회사의 경영기관을 어떻게 개편할 것

---

15) 정찬형 외, 전게 상장협연구보고서(95-4), 241~242면, 246~248면.
16) 정찬형 외, 전게 상장협연구보고서(95-4), 242~243면 및 249~250면에서 제안한 사항이 거의 반영되었다.

인가의 문제는 업무집행기관과 감독(감사)기관을 어떻게 구성할 것인가의 문제인데, 이러한 두 기관의 권한은 모두 종국적으로는 주식회사의 투자자인 주주로부터 나오는 것이다. 그런데 두 기관의 성격상 동일인이 양자의 지위를 겸할 수는 없다. 이에 대하여 대륙법계의 대표적인 국가인 독일은 주주(공동결정법이 적용되는 경우에는 이에 추가하여 근로자)대표로 구성되는 감사회에게 업무집행기관에 대한 감독기능을 맡기고 이러한 감사회가 업무집행기관(이사회)을 별도로 구성(임면)하도록 한다(중층제도, dual-board system or two-tire system). 이에 반하여 영미법계의 대표적인 국가인 미국은 주주대표로 구성되는 이사회에게 업무집행에 관한 의사결정을 하도록 하면서 이러한 업무집행을 수행하는 경영진(임원)을 구성(임면)할 수 있도록 한다(단층제도, single-board system or one-tire system). 즉, 독일의 경우에는 감사회가 별도로 선임하는 이사(회)가 업무집행기관으로서 업무집행기관을 담당하고 감사회는 이러한 업무집행기관에 대하여 (주주를 대신하여) 계속적인 감독을 하고 필요한 경우에는 이사회의 결정에 대하여 동의 등의 형식으로 사실상 업무집행에 간접적으로 관여하기도 한다. 그런데 미국의 경우에는 (주주의 대표인) 이사회가 임원을 선임하여 업무집행기능을 담당시키고 이사회(특히 독립된 사외이사로 구성된 감사위원회를 통하여)는 이러한 임원의 업무집행을 계속적으로 감독하면서 중요한 사항에 대하여는 직접 업무집행에 관한 의사결정을 한다. 따라서 두 제도 모두 주주와 업무집행기관의 중간단계에 주주의 대표인 감독기관을 두고 있으면서 이러한 감독기관(주주의 대표기관)에게 업무집행기관의 구성권(임면권)을 부여하고 있다. 그런데 우리 상법상 업무집행기관(이사회)은 직접 주주에 의하여 임면되는 이사로 구성되는 것으로 하면서, 사실상 거의 모든 경우에 업무집행을 담당하는 이사로 구성된 이사회에게 (자기의) 업무집행에 대한 감독권을 부여하였으므로, 이러한 이사회에 의한 감독기능은 처음부터 실효를 거두기가 어렵게 되어 있다. 기업경영의 투명성을 제고하기 위하여는 업무집행기관에 대한 실효성있는 감독이 전제되어야 하고, 실효성있는 감독은 감독을 받는 업무집행자(이사 또는 임원)에 대한 인사권(임면권)이 전제되어야 하므로, 주주와 업무집행기관 사이에 독일의 감사회제도나 미국의 이사회제도를 두어야 할 것으로 본다. 이 두 제도 중 어느 것을 채택할 것인가 또는 양자를 절충한 새로운 제도를 창설할 것인가는 입법정책의 문제이겠으나, 미국의 이사회제도를 도입하기 위하여는 업무집행기관에 대한 실효성있는 감독기능을 수행할 수 있도록 하기 위하여 경영진(임원)과 독립되면서 회사의 업무에 대하여 전문적인 지식과 경험이 풍부한 일정수 이상의 독립적인 사외이사가 존재하는 것을 전제로 한다.[17] 그런데 미국의 사외이사제도도 경영진을 얼마나 효과적으로 감독할 수 있는가에 대하여 많은 비판을 받고 있을뿐만 아니라, 특히 우리나라에서는 회사의 주식소유가 분산되어 있는 미국과는 달리 특정 개인 내지 그룹에 소유가 집중되어 있고 기업소유자가 기업경영에 절대적인 영향력을 행사하고 있는 현실에서 사외이사 제도를 도입한다고 하더라도 경영진(임원)에 대한 실효성있는 감독기능을 수행할 수 있을 것인지는 매우 의문이다.[18] 또한 사외이사제도는 우리의 지금까지의 회사운영의 관행이 거의 전부 사내이사제도인 점과도 맞지 않는다. 그렇다면 우리 상법상 업무집행기관에 대한 감독기능을 독일의 감사회제도로 개편하는 것이 가장 타당하다고 본다.[19]

이와 같이 우리 상법상 주식회사의 경영기구를 독일의 경우와 같이 감사회와 이사회로 개편하면, 현행 상법상 이사회의 이사에 대한 직무집행의 감독권은 폐지되어야 하고, 상법상 감사에 관한 규정 및 외감법상의 (외부)감사인에 관한 규정은 전부 감사회에 흡수되어야 할 것이다.[20] 이러한 감사회는 이사에 대한 임면권을 갖고 또한 재무제표의 확정권 등도 갖고 있어 명실공히 주주총회의 권한을 부분적으로 행사하므로 주주를 대신하여 이사(회)에 대한 실효성있는 감독(감사)기능을 수행할 수 있다고 본다.

② 우리 상법상 대표이사제도는 이사회와의 관계에서 그 권한분배가 불분명하고 또 이사회의 민주화(활성화)의 기능을 위축시키는 요인이 되어 문제가 있으나, 이 제도를 존속시키는 경우에는 대표이사를 이사회가 아닌 감사회가 선임하여야 감사회에 의한 대표이사의 감독이 실효를 거둘 수 있을 것으로 본다. 이러한 점은 대표이사제도를 갖고 있는 프랑스에서 1966년에 독일의 제도인 이사회와 감사회의 중층제도를 선택적으로 도입하면서 감사회가 이사를 선임할 때 그

---

17) 미국의 사외이사에 관한 상세는 이대희, "사외이사의 역할에 대한 경험적인 연구의 고찰(미국에서의 논의를 중심으로)," 「상사법연구」(한국상사법학회), 제16권 제2호(1997), 353~404면 참조.

18) 동지: 이대희, 상게논문, 402~404면(우리나라에서 사외이사제도를 도입한다고 하더라도 수동적인 감독에 불과할 가능성을 배제할 수 없다고 한다).

19) 정찬형 외, 전게 상장협연구보고서(95-4), 252~253면.

20) 우리 상법상 감사는 영국의 감사제도와 독일의 감사회제도를 절충하였다고 하나, 영국의 감사제도는 현행 (외부)감사인에 유사하고 독일의 감사회는 위에서 본 바와 같이 영미의 이사회와 유사한 것으로, 이는 어느 제도에도 충실하지 못하여 처음부터 제도적으로 그 실효를 거둘 수 없게 되어 있다.

중 1인을 대표이사로 선임하도록 한 점과 같다.

　③ 기업(회사, 특히 주식회사)의 사회적 책임의 실천방안으로 앞으로는 근로자(종업원)를 기업의 경영에 참여시키는 방안(공동결정제도)도 검토될 수 있겠는데, 이때 근로자를 기업의 경영에 참여시킨다면 경영기관 중 어디에 참여시킬 것인가가 문제된다. 주식의 귀속자를 주주로 하고 주식을 자본의 구성단위로 하고 있는 현행 제도하에서 출자자가 아닌 근로자를 주주총회에 참여시키는 것도 문제가 있고, 유능한 전문경영인을 필요로 하는 기업경영에서 근로자를 무조건 이사회에 참여시키는 것도 문제가 있다. 따라서 근로자를 기업의 경영에 참여시키기 위하여는 우선 감사(회)에 참여시킬 수 밖에 없는데, 이를 위하여는 현행 우리의 감사제도로는 도저히 불가능하므로 우리의 감사제도가 독일의 감사회제도로 확대개편될 것이 전제가 된다고 본다. 그러나 공동결정제도의 도입 여부에 관한 문제는 앞으로 정책적으로 결정될 문제로서, 상법상 감사회제도의 도입과는 직접 관련이 없다. 즉, 독일의 감사회제도를 도입한다고 하여 공동결정제도를 도입하여야 하는 것은 결코 아니다. 공동결정제도의 도입을 위하여는 많은 전제조건이 수반되는 것이므로, 이의 도입 여부는 앞으로 제반사정을 고려하여 신중히 정책적으로 결정되어야 할 별도의 사항이다.[21]

　④ 현재 우리나라에서와 같이 상법에서 내부감사에 관하여 규정하고 다시 특별법에서 외부감사인(회계감사인)에 관하여 규정하는 것은, 효율적인 감사를 위해서나 또 통일적인 감사를 위하여 바람직하지 않다고 본다. 따라서 현행 주식회사의 외부감사에 관한 법률에 의한 (외부)감사인제도(회계감사인제도)는 상법에 흡수되어야 한다고 본다. 이때 모든 주식회사가 의무적으로 회계감사인을 두어야 하느냐 또는 현재와 같이 일정규모 이상의 주식회사만이 의무적으로 회계감사인을 두어야 하느냐는 입법정책의 문제라고 본다. 이러한 회계감사인의 감사의 범위는 감사의 대상 중에서 회계에 관한 사항으로 한정되므로, 이러한 회계감사인은 회사의 내부기관인 감사회와 연결되어 통일적인 감사가 될 수 있게 하여야 한다. 즉, 이러한 회계감사인은 업무적으로는 독립되어 있으나, 이러한 회계감사인의 감사결과는 감사회에 의하여 업무감독의 차원에서 다시 감사되어야 한다고 본다. 이때의 감사회의 감사기능은 전문적인 회계감사인의 감사결과를 비전문가인 감사회가 다시 감사한다는 의미가 아니라, 감사회가 주주의 대표기관으로서

---

21) 정찬형 외, 전게 상장협연구보고서(95-4), 253면.

그 감사결과를 확정한다는 의미이다.22)

　　⑤ 현재 정부 등에서도 기업경영의 투명성을 제고하기 위하여 사외이사 및 사외감사의 도입 문제를 매우 적극적으로 반영하고(또는 주장하고) 있고 또 이러한 사외이사 및 사외감사가 선임되면 금방 기업경영이 투명하여질 것으로 보고 있다. 그런데 사외이사제도는 앞에서 본 바와 같이 미국의 이사회제도에서 경영진(임원)을 감독하기 위하여 발생한 것인데, 앞에서 본 바와 같이 (주식분산이 잘 되어 있는 미국에서도) 그 효과에 대하여는 많은 비판을 받고 있다. 사외감사제도는 일본의 상법특례법이 대회사에서 3인 이상의 감사 중 1인 이상은 그 취임전 5년간 회사 또는 자회사의 이사 또는 지배인 기타 사용인이 아니었던 자(사외감사)이어야 한다고 규정한 점(日商特 18조 1항)에서 온 것이 아닌가 추측된다. 그런데 일본도 우리의 경우과 같이 상법상 감사에 의한 감사가 유명무실하게 되므로 대회사의 경우 감사에 의한 실효성있는 감사를 위하여 특별법을 두어 대회사는 3인 이상의 감사 전원으로 구성되는 감사회를 조직하도록 하고(日商特 18조의 2, 18조의 3), 이러한 감사회의 구성원인 감사 중 1인 이상은 사외감사이어야 한다고 규정한 것이다. 이러한 일본의 감사회제도는 독일의 감사회제도와는 구별되는 것이기는 하나, 독일의 감사회제도가 어느 정도 반영된 것으로 볼 수는 있다. 그렇다면 우리가 사외이사제도와 사외감사제도의 양자를 도입하는 것은 미국의 제도와 독일의 제도를 동시에 받아들이는 것이 되어 어딘가 통일성도 없고 그렇다고 독자적인 새로운 제도의 창조도 아닌 것이 되어 매우 혼란스럽고 또 그 실효성도 극히 의문이다. 따라서 이러한 점에서 볼 때도 각국의 제도를 임시방편으로 땜질하는 식으로 부분적으로 도입하여 혼합하여 놓는 것보다는 우리 실정에 맞는 제도를 신중하게 도입하여 제도적으로 정착시키고 또한 그 실효성을 극대화하여야 할 것이다.

---

22) 정찬형 외, 전게 상장협연구보고서(95-4), 254면.

# 주식회사의 지배구조와 권한의 분배*

## I. 서 언

주식회사의 기관은 크게 주주총회·업무집행기관 및 감독(감사)기관으로 분류될 수 있는데, 이러한 기관 상호간의 권한을 어떻게 분배하여 가장 효과적이고 투명한 회사경영을 할 수 있도록 할 것인지에 관한 문제가 주식회사의 지배구조(Corporate Governance)에 관한 문제라고 볼 수 있다. 이러한 주식회사의 지배구조에 관한 문제는 오늘날 주식회사법이 회사의 소유와 경영의 분리로 인하여 실질적인 회사소유자인 주주는 회사의 경영에 직접 참여하지 않고 주주는 업무집

---

* 이 글은 정찬형, "주식회사의 지배구조와 권한의 분배," 「상사판례연구」(한국상사판례학회), 제16집(2004. 6), 3~51면의 내용임(이 글에서 필자는 업무집행기관과 업무감독기관을 분리하고 대주주는 이 양자의 지위를 겸할 수 없도록 하며, 업무감독기관에 실효성 있는 감독을 할 수 있는 권한을 부여하여야 한다고 주장함).

　이와 관련하여 참고할 수 있는 필자의 글로는 정찬형, "한국 주식회사에서의 집행임원에 관한 연구," 「백산상사법논집(백산 정찬형교수 화갑기념)」, 박영사, 2008. 8. 3, 474~494면; 동, "주식회사의 업무집행기관에 대한 감독(감사)기관," 「고려법학」(고려대 법학연구원), 제38호(2002. 4), 35~59면 외 다수 있음.

행기관에게 회사의 경영을 위임하고 있는 현실에서, 업무집행기관이 경영권을 남용함으로써 회사와 주주의 이익을 해할 염려가 있으므로 업무집행기관과 감독(감사)기관간의 권한 분배를 어떻게 할 것인가에 주로 집중되어 있다. 또한 이러한 주식회사의 지배구조에 관한 문제는 오늘날 세계 각국에서 논의되고 있지만 특히 미국에서 활발히 논의되어 왔으며, 또한 이러한 문제는 대규모 주식회사에서 감독(감사)기능의 강화를 중심으로 논의되어 왔다.[1]

　　우리나라에서도 특히 IMF의 경제체제 이후인 1998년·1999년 및 2001년의 세 차례의 상법개정을 통하여 주식회사의 지배구조를 미국법에 가깝게 변경하였는데, 이를 통하여 회사의 경영이 더 효율적이고 투명하게 되었는지는 의문이다. 따라서 이하에서는 이러한 개정상법상의 문제점을 제기하고, 우리나라에 가장 알맞은 주식회사의 지배구조가 무엇인가를 검토하여 보고자 한다.

## Ⅱ. 주요각국의 주식회사의 업무집행기관과 감독(감사)기관에 관한 비교법적 고찰[2]

### 1. 독 일

#### 가. 업무집행기관

　　(1) 독일의 주식법상 업무집행기관은 「이사회」이고, 이러한 「이사회」는 업무집행에 관한 모든 책임을 진다(Aktiengesetz〈AktG〉§ 76①). 이러한 업무집행권은 모든 이사에게 공동으로(즉, 이사회에) 귀속되므로, 모든 업무는 원래 이사회의 다수결이 아니라 이사 전원의 승인을 받아야 한다(AktG § 77① S.1). 그러나 정관 또는 이사회규칙에 의하여 이와 달리 규정할 수 있다(AktG § 77① S.2). 따라서 대부분의 경우에는 정관 또는 이사회규칙에 의하여 일정한 다수결에 의하여 이사회는 업무에 관한 의사를 결정한다. 또한 그러한 규정에 의하여 실제로 업무영역에 따라 각 이사가 업무분담을 하게 되나, 이사회의 결의를 요하고 전 이사의 책임으로 집행되어야 할 업무는 분담되지 못한다.[3] 독일의 주식법상 이사회의장

---

1) 이에 관하여는 강희갑, 「회사지배구조론」(서울: 명지대학교 출판부, 2004), 7~17면 참조.
2) 이에 관하여는 정찬형, "주식회사의 경영기관(비교법을 중심으로)," 「법률학의 제문제」(유기천박사 고희기념논문집)(서울: 박영사, 1988), 474~530면; 동, 「상법강의(상)(제7판)」(서울: 박영사, 2004), 730~735면 등 참조.
3) G. Hueck, *Gesellschaftsrecht*, 18. Aufl., 1983, S.201.

이 선임될 수는 있으나(AktG § 84②), 그러한 이사회의장에게는 우리 상법상 대
표이사와 같은 고유한 권한이 없고 단지 회의의 의장에게 일반적으로 부여되는
권한만이 있을 뿐이다. 즉, 이사회의장은 이사회의 회의를 소집하고, 의사일정
을 결정하며, 동 회의를 주재하고, 또 투표의 결과를 확정하는 등의 권한밖에
없다.4)

(2) 독일의 주식법상 주식회사의 제3자에 대한 대표권도 「이사회」에게 있다
(AktG § 78①②). 따라서 원칙적으로 모든 이사가 공동으로 회사를 대표하는데
(AktG § 78② S.1), 이러한 이사회는 재판상 및 재판외의 모든 업무에 있어서(일상
업무이건 비일상업무이건 불문하고) 회사를 대표한다(AktG § 78①). 이사회가 수 인
의 이사로 구성되는 경우에는 원칙적으로 전원이 공동으로만 회사를 대표할 수
있는데(AktG § 78②), 예외적으로 정관 또는 정관으로부터 수권받은 감사회의 규
정에 의하여 단독대표 또는 지배인과의 공동대표에 대하여 규정할 수 있다(AktG
§ 78③). 이에 따라 독일에서는 수 인의 이사가 있는 경우에 2인의 이사(또는 1인
의 이사)와 1인(또는 2인)의 지배인이 공동대표하는 것이 일반적이고, 이 외에 이
사회의장이 있는 경우에는 그가 단독대표하는 경우도 있다.5)

## 나. 감독(감사)기관

(1) 독일의 주식회사에서는 이사회의 업무집행에 대한 감독 및 공동경영기
구로서 「감사회」(Aufsichtsrat)가 있다. 이러한 감사회의 가장 중요한 두 가지의
권한은 이사회의 업무집행에 대한 계속적인 감독권(AktG § 111①)과 이사의 임면
권(AktG § 84)이다. 감사회는 이러한 중요한 업무 외에도 이사와의 재판상 및 재
판 외의 회사의 행위에 대한 회사의 대표권(AktG § 112), 설립검사권(AktG § 33
①), 회사의 이익을 위하여 필요한 경우 임시주주총회소집권(AktG § 113③), 정관
에 규정이 있는 경우 이사회의 업무집행에 대한 동의권(AktG § 111④ S.2), 이사·
감사 등에 대한 신용부여의 동의권(AktG §§ 89, 115), 주주총회의 의사일정상의
결의안에 대한 제안권(AktG § 124③), 재고보고서 및 이익처분안에 대한 검사권
(AktG § 171), 재무제표의 확정권(AktG § 172), 이익준비금의 결정권(AktG § 58
②), 이사의 보수의 결정권(AktG § 87), 이사의 경업거래에 대한 승인권 및 개입
권의 행사의 권한(AktG §§ 88①②, 112) 등이 있다.6)

---

4) G. Hueck, *a.a.O.*, S.202.
5) G. Hueck, *a.a.O.*, S.198.

또한 독일 주식회사의 감사회는 반드시 3인 이상의 복수의 감사로 구성되는 회의체기관이며(AktG § 95), 또 일정한 규모 이상의 회사는 특별법(몬탄공동결정법·공동결정보충법·공동결정법 및 종업원조직법)에 의하여 주주대표의 감사와 근로자대표의 감사로 공동구성된다.

(2) 독일 주식회사에서 검사인(Prüfer)에는 설립검사인(AktG § 33)·특별검사인(AktG § 142) 및 결산검사인(Handelsgesetzbuch〈HGB〉§§ 318 ff.) 등이 있다. 독일에서는 모든 주식회사가 재무제표에 대하여 반드시 전문적인 결산검사인의 검사를 받아야 하고(HGB § 316①),이와 같이 결산검사인의 검사를 받은 재무제표는 다시 감사회에 의하여 감사를 받아야 한다(AktG § 171① S.1). 독일의 이러한 결산검사인은 주주총회에서 선임되는데(AktG § 119① Nr.4, HGB § 318①), 경제검사인 및 경제검사회사만이 결산검사인이 될 수 있다(HGB § 319①).

## 2. 프랑스

### 가. 업무집행기관

(1) 프랑스에서의 전통적인 주식회사의 업무집행기관은 영국에서 온 것인데, 이에 의하면 주식회사의 업무집행권은 「이사회」에 있다. 즉, 이사회는 법률(또는 정관)에 명시적으로 규정되어 있는 사항을 제외하고는 회사의 모든 업무를 집행한다[프랑스상사회사법(이하 '불회'로 약칭함)(이러한 1966년 프랑스상사회사법은 2001년 상법전의 대폭 개정으로 상법전에 흡수됨) § 98①]. 그러나 회사의 제3자에 대한 법률관계에 있어서는 「대표이사」가 회사를 대표하고(불회 § 113①), 대표이사를 보좌하기 위하여 전무를 둔 경우에는 이러한 전무도 제3자에 대하여 회사를 대표한다(불회 §§ 115, 117②). 이러한 대표이사는 회사의 업무집행에 관하여는 법률(또는 정관)에 의하여 주주총회와 이사회에 부여된 업무를 제외한 회사의 업무를 집행한다(불회 § 113②). 따라서 이사회와 대표이사간에 업무집행에 관한 권한의 한계를 정하는 것이 종종 문제가 된다. 즉, 이사회는 대표이사의 능력과 인격에 따라 그의 권한을 달리 정하는데, 종종 강력한 대표이사에게는 많은 권한을 부여하므

---

6) 이에 관한 상세는 정찬형, "서독주식회사의 감사회," 「월간고시」, 1988. 3, 127~140면; 권상로, "독일 주식회사 감사회의 영향력 행사방법에 관한 연구," 「비교사법」, 제7권 2호(2000. 12), 707~734면; 동, "감사기관의 영향력 행사방법에 관한 비교법적 고찰(한국 상법과 독일 주식법상의 감사기관을 중심으로)," 「기업법연구」(한국기업법학회), 제7집(2001), 59~82면 등 참조.

로 이에 따라 그의 권한의 남용이 문제된다.[7]

(2) 프랑스에서는 위와 같이 이사회와 대표이사간의 불분명한 권한분배가 자주 비판되어 1966년에는 독일의 제도인 「이사회」와 「감사회」의 중층제도를 선택적으로 도입하게 되었는데, 이러한 이사회를 신형이사회라고 한다. 이러한 신형이사회는 법률(및 정관)에 의하여 주주총회 및 감사회에 명시적으로 유보된 업무를 제외하고는 회사의 모든 업무를 집행할 권한을 갖는다(불회 § 124①). 따라서 이러한 신형이사회는 위에서 본 바와 같이 감사회에 유보된 업무가 제외되는 점, 또 그의 모든 업무집행은 감사회에 의하여 계속적으로 감사와 감독을 받아야 하는 점(불회 §§ 119③, 128①) 등에서 전통적인 이사회의 권한보다 훨씬 축소되었다고 볼 수 있다. 신형이사회제도를 선택한 경우에도 대표이사제도는 존속하는데, 전통적인 이사회제도의 경우보다 훨씬 완화되었다. 즉, 전통적인 이사회제도에서는 주주총회(창립총회 또는 정관)에서 3인 이상 12인 이하의 이사를 선임하고 (불회 §§ 89①, 90①) 이러한 이사들이 이사회를 구성하여 그 구성원 중에서 대표이사를 선임하는데(불회 §§ 110①), 신형이사회제도에서는 감사회가 5인 이내의 이사를 선임하고 이렇게 선임된 이사 중의 1인에게 대표이사의 자격을 준다(불회 §§ 119①, 120①). 이 때에 감사회는 이사를 1인만 선임할 수도 있는데, 이를 단독이사라고 한다(불회 § 120②). 따라서 신형이사회제도에서는 대표이사 또는 단독이사가 제3자의 관계에서 회사를 대표하는데(불회 § 126①), 이에 불구하고 감사회는 정관의 규정에 의하여 이사 중의 1인 또는 수 인에게 대표권을 부여 할 수도 있다(전무제도)(불회 § 126②).

## 나. 감독(감사)기관

(1) 프랑스의 주식회사에서 전통적인 이사회제도를 채택한 경우에는 (대표)이사의 업무집행에 대한 감독(사)기관은 「이사회」이다(불회 § 98 참조). 다만 회계감사를 위하여는 별도의 감사기관인 「회계감사인」이 있다(불회 §§ 218~235). 이러한 회계감사인은 주주총회에 의하여 선임되는데(불회 § 223①), 1인 이상이어야 하고(불회 § 218①), 공인회계사 등 회계전문가인 자연인 또는 전문민사회사의 형태로 설립된 법인이어야 한다(불회 § 218②).

(2) 프랑스의 주식회사에서 신형이사회제도를 채택한 경우에는 독일의 경우

---

7) 정찬형, 전게 법률학의 제문제(유기천박사 고희기념 논문집, 1988), 478면.

와 같이 이사회(및 대표이사)의 업무집행에 대한 감독(사)기관은 「감사회」이다(불회 §§ 119③, 128). 그러나 이 때에도 회계감사기관은 「회계감사인」이다(불회 § 218 이하). 그러나 독일의 경우와는 달리 프랑스에서는 재무제표 및 이익은 주주총회에 의하여 확정되므로(불회 § 347①), 회계감사인의 보고도 감사회에 함으로써 끝나는 것이 아니라 주주총회에까지 하여야 한다(불회 § 233①).

## 3. 일 본

### 가. 업무집행기관

(1) 일본 상법상 주식회사에서의 업무집행권은 개인적 신뢰를 기초로 주주에 의하여 선임된 3인 이상의 이사 전원으로 구성된 「이사회」에 있다(다만 위원회 등 설치회사는 제외함)[일본상법(이하 '일상'으로 약칭함)(일본은 2005년에 회사법을 제정하여 종래의 상법상 회사에 관한 규정·유한회사법 및 특별법상 회사에 관한 규정을 회사법에서 통일하여 규정함. 동 회사법은 2014년 6월 20일에 처음으로 개정됨) 제260조 1항 전단]. 이러한 이사회는 그의 결의에 의하여 업무집행에 관한 의사를 결정하고, 이를 집행하는 자는 대표이사 또는 이사회의 결의에 의하여 회사의 업무를 집행하는 이사로 지명된 이사(업무담당이사)이다(일상 제260조 3항). 이사회는 이러한 대표이사 또는 업무집행이사의 직무를 감독한다(일상 제260조 1항 후단).

(2) 그런데 2002년에 개정된 상법특례법상 대규모 주식회사의 경우에는 미국형의 Corporate Governance제도의 선택을 가능하게 하여, 이 제도를 선택하는 회사(위원회 등 설치회사)는 감사를 두지 않고 구성원의 과반수가 사외이사로 구성되는 지명위원회·감사위원회 및 보수위원회의 3개의 위원회를 두도록 하고, 업무집행은 이사회가 선임·해임하는 집행임원(집행역)에 대폭 위임할 수 있도록 하였다.8) 또한 주식회사의 이사에는 사외이사가 있는데, 이러한 사외이사는 이사의 책임에 비하여 많이 감경되어 있다(일상 제266조 18항~23항). 상법특례법상 대회사가 중요재산위원회를 설치하기 위하여는 반드시 사외이사를 선임하여야 한다(일본상법특례법〈이하 '일상특'으로 약칭함〉 제1조의 3  1항 2호).

---

8) 江頭憲治郞, 「株式會社·有限會社法(第3版)」(東京: 有斐閣, 2004), 301면, 419면.

## 나. 감독(감사)기관

(1) 일본 상법상 주식회사에서 업무집행기관에 대한 감독(감사)기관은 우리 상법의 경우와 유사하다.[9] 즉, 이사(대표이사를 포함)에 대한 감독기관으로는 이사회가 있고(일상 제260조 1항 후단), 감사기관으로는 감사(일상 제274조 1항) 또는 감사회(일상특 제18조의 2, 제18조의 3)가 있다.

(2) 그런데 일본 상법특례법은 소회사(자본액이 1억엔 이하로서 부채총액이 200억엔 미만의 주식회사)의 감사의 권한을 회계감사로 제한하고(일상특 제25조), 대회사(자본액이 5억엔 이상이든가, 부채총액이 200억엔 이상인 주식회사)는 계산서류(재무제표) 및 부속명세서에 관하여 감사의 감사 외에 회계감사인의 감사(외부감사)를 받도록 하였다(일상특 제2조). 1974년의 일본 개정상법에 의하여 일본 상법특례법상의 소회사 이외의 회사는 감사에 의하여 회계감사 외에 업무감사도 받도록 하였다.

또한 1981년의 일본 개정상법은 소회사 이외의 회사의 경우에는 감사의 권한을 일층 확대하여 감사에게 이사회의 소집권을 부여하고(일상 제260조의 3  2항~4항), 회사의 규모를 묻지 않고 감사의 보수는 이사의 보수와 구별하여 정하며(일상 제279조), 감사비용을 회사에 청구할 수 있도록 감사의 지위를 강화하였다(일상 제279조의 2). 또 같은 해의 일본 개정상법특례법은 대회사의 경우에는 감사의 복수제와 상근감사를 강제하여 감사체제를 강화하였다. 1993년의 개정상법특례법은 대회사의 경우 감사의 원수(員數)를 3인 이상으로 하고, 사외감사를 강제하며, 감사회를 법정하였다(일상특 제18조 1항·2항). 또한 2001년 개정상법특례법은 대회사의 경우 감사의 반수 이상을 사외감사로 하도록 하고, 사외감사의 요건을 엄격히 하였다(일상특 제18조 1항, 제30조 1항 16호).

(3) 2002년 개정상법특례법상 대규모 주식회사로서 「위원회 등 설치회사」의 경우에는 이사회가 주로 감독기관의 역할을 담당하므로 이사회에 사외이사의 과반수로써 구성하는 지명위원회·감사위원회 및 보수위원회를 두고 감사를 두지 않는 것으로 하였다(일상특 제21조의 8  4항 단서).

---

9) 일본의 감사제도에 관한 상세는 정찬형 외, 「주식회사 감사제도의 개선방안에 관한 연구(상장협 연구보고서 95-4)」, 1995. 12, 183~194면 참조.

## 4. 영 국

### 가. 업무집행기관

영국에서의 주식회사의 업무집행권은 「이사회」에 있고(Companies Act〈CA〉 1985, § 282), 이사는 이사회의 회의를 통해서만 그 권한을 행사 할 수 있다. 이러한 이사회는 법률 또는 내부규칙에 의하여 주주총회의 권한으로 유보된 것 이외의 모든 권한을 갖는다(CA Sched. I Table A, § 80). 또한 제3자에 대하여 회사를 대표하는 자도 제1차적으로는 「이사회」이다. 따라서 회사의 대표권은 모든 이사에게 집단적으로(즉, 이사회에게) 부여되는 것이고, 개별적인 이사나 일부의 이사에게 부여되는 것이 아니다. 그런데 위의 이사회는 일반이사와 상근이사로 구성되어 있는데, 상근이사가 회사의 일상의 업무를 처리한다. 또한 이러한 상근이사 위에 1인 또는 수 인의 상근의 관리이사가 있는데, 이러한 관리이사는 정관의 규정으로 이사회에 의하여 이사 중에서 임면된다(CA Sched. I Table A, § 84). 따라서 오늘날 영국에서 주식회사를 실제로 경영하는 자는 이사회가 아니라 관리이사이고, 이러한 관리이사는 실제로 회사의 최고기관 중의 하나가 되고 있다.[10]

또한 이사회는 직접 업무집행을 하지 않고 임원(officer)에게 업무집행을 위임하는데, 영국 회사법상 이러한 임원은 「이사·지배인 또는 총무」이다(CA 1985 § 744 Z). 이러한 임원 중에서 가장 대표적이고 중요한 임원은 총무(secretary)인데, 이러한 총무는 영국 회사법상 모든 회사에서 반드시 선임되어야 한다(CA 1985 § 283①). 또한 이러한 총무는 이사회에 의하여 선임되나(CA Sched. I Table A, § 99), 때로는 정관에 의하여 선임될 수도 있다.[11] 회사의 대표권도 예외적으로 정관에 의하여 개별 이사나(CA Sched. I Table A, § 102) 임원에게(CA Sched. I Table A, § 81) 위임될 수 있다.

### 나. 감독(감사)기관

(1) 영국에서 관리이사 및 기타 업무집행이사 또는 임원의 감독(사)기관은 「이사회」이고, 독일에서와 같이 내부의 독립기관으로서 업무집행을 계속적으로 감독(사)하는 감사(회)는 없다.[12]

---

10) L.C.B. Gower, *The Principles of Modern Company Law*, 4th ed., 1979, p.139, p.142.
11) Eley v. Positive Life Assurance Co., Ltd(1876), 1 Ex. D.88(C.A.).
12) 영미의 감사제도에 관하여는 정찬형, "영미법상의 감사제도," 「월간고시」, 1988. 10, 37~50

(2) 영국에서는 회계감사를 위하여 공인회계사인 「감사」(auditor)를 반드시 선임하여야 한다(CA 1985 § 384①). 따라서 이러한 감사는 내부기관은 아니나 필요기관이고, 1인 이상이면 충분하다. 또한 이러한 감사는 임원의 개념에 포함되지 않으며(CA 1985 § 744), 그의 업무에 관련된 감사목적에 있어서는 특별히 회사의 대리인(agent)으로 취급된다(CA 1985 § 434④).

## 5. 미 국

### 가. 업무집행기관

미국에서도 영국에서와 같이 주식회사의 업무집행권은 정관에 의하여 제한되는 경우를 제외하고는 전부 「이사회」[13]에 있다(Revised Model Business Corporation Law Act〈RMBCA〉§ 8.01 ⓑ). 또한 회사의 대표권도 일반적으로는 「이사회」에 있다. 이사회의 이러한 업무집행권 및 대표권은 개개인의 이사에게 부여된 것이 아니라, 전체로서의 이사에게 부여되어 있다. 그런데 미국의 주식회사에서 「이사회」는 회사의 주요업무와 일반정책만을 결정하고, 이의 집행 및 일상업무의 집행은 보통 이사회에 의하여 선임된 「임원」이 한다(RMBCA § 8.41). 임원은 보통 업무집행임원으로서 사장(president)이 있고, 그 밑에 부사장(vice-president)·총무(secretary) 및 재무(cashier or treasurer)가 있다.[14] 이사와 임원은 이론상으로는 구별되는데, 이 양자의 지위를 겸하는 내부이사의 수가 점점 많아지고 있다. 따라서 미국의 대부분의 이사회는 약 3분의 1은 내부이사(사내이사)로, 약 3분의 2는 외부이사(사외이사)[15]로 혼합되어 구성되어 있다. [16] 임원의 업무집행권은 법률·정관·회사의 내부규칙 또는 이사회의 결의에 의하여 부여되는데, 이 권한의 범위는 언제나 명백한 것이 아니다. 사장은 그의 직과 관련하여 필요한 모든 업무를 수행할 수 있고 그의 직에 의하여 계약을 체결할 수 있으며, 또 회사의 일상업무로부터

---

면; 이영철, "영미 보통법상 회계감사인의 제3자에 대한 손해배상책임," 「비교사법」, 제8권 2호(2001. 12), 1069~1097면 등 참조.

13) 미국의 이사회제도와 1999년 이의 개정동향에 관하여는 박세화, "미국의 회사지배구조 개선에 관한 최근 동향(이사회제도에 관한 논의를 중심으로)," 「한림법학 FORUM」(한림대학교 법학연구소), 제10권(2001), 229~250면.

14) Henn & Alexander, *Laws of Corporations and Other Business Enterprises*, 1983, pp. 586 ff.

15) 미국의 사외이사에 대한 심층적 분석으로는 노일석, "주식회사의 사외이사(미국의 사외이사를 중심으로)," 「상사법연구」, 제21권 1호(2002), 249~300면.

16) Henn & Alexander, *op. cit.*, p. 553.

발생하거나 이와 관련되는 업무에 있어서 회사를 대표할 권한을 갖는다.[17] 그러나 사장도 그 이상의 권한은 별도의 특별수권이 있어야 한다.

### 나. 감독(감사)기관

(1) 미국에서도 임원의 업무집행에 대한 감독기관은 「이사회」이고, 독일에서와 같이 내부의 독립기관으로서 업무집행을 계속적으로 감독하는 감사회는 없다. 미국에서는 이사회의 이러한 감독기능을 보조하기 위하여 이사회의 하부기관으로 「감사위원회」(audit committee)를 두어 감사업무를 담당시키고 있다.[18] 이러한 감사위원회는 보통 사외이사로 구성되는데, 이사회와 감사(auditor)를 연결하는 기능을 한다.[19]

(2) 미국에서는 회사법(주법)상 감사(監事)가 회사 내부의 필요기관이 아니나, 연방법인 증권법(Securities Act of 1933)과 증권거래법(Securities and Exchange Act of 1934)에 의해서는 공인회계사에 의한 외부적 강제감사제도가 확립되었다. 즉, 상장회사가 매 결산기 등에 증권거래소 또는 증권거래위원회에 제출하는 재무제표에는 반드시 공인회계사의 감사증명을 첨부할 것을 요구하고 있다.

## III. 미국과 유럽에서의 회사지배구조에 관한 최근논의

회사지배구조(Corporate Governance)의 개선에 관한 논의가 최근 세계 각국에서 매우 활발한데, 이곳에서는 미국 및 유럽에서 논의되고 있는 내용만을 간단히 소개하겠다. 즉, 미국에서는 미국법조협회(American Law Institute, ALI)가 1992년 3월 31일에 최종안으로서 제안한 「회사지배구조의 원칙」(Principles of Corporate Governance: Analysis and Recommendations, 이하 'ALI의 원칙'으로 약칭함)이 있고, 유럽에서는 상급 회사법 전문가(High Level Group of Company Law Experts)가 2002년 11월 4일에 보고한 「유럽에서의 회사법의 최근 규제구조에 관한 보고서」(Report on a Modern Regulatory Framework for Company Law in Europe, 이하 '유럽 보고서'로 약칭함)가 있는데 이하에서는 이의 내용을 간단히 소개하겠다.[20]

---

17) Joseph Greenpon's Sons Iron & Steel Co. v. Pecos Valley Gas Co., 156 A. 350, 352(Del. 1931).
18) 이에 관한 상세는 강희갑, "미국의 주식회사의 감사위원회제도에 관한 최근 동향과 그 시사점," 「상사법연구」, 제20권 4호(2002), 43~82면 참조.
19) W. Robert, *Cases and Materials on Corporation*, 2nd ed., 1981, p. 533.
20) 이에 관하여는 정찬형, "사외이사제도의 개선방안," 「고려법학」(고려대 법학연구원), 제40호

## 1. 미국에서의 ALI의 회사지배구조의 원칙

미국의 일원적 경영기구인 이사회제도는 업무집행에 관한 의사결정기능이나 감독기능에 있어서 법적 및 실무적인 면에서 많은 문제점이 지적되어, 이러한 이사회제도를 개선하여 독립된 사외이사가 주주의 대리인으로서의 경영진을 효과적으로 감독하고 이를 통하여 주주의 이익을 보호하고 또한 (주주의 장기적 이익에 중대한 불이익을 주지 않는 한) 비주주집단(종업원·원자재 공급자·소비자·채권자·지역주민 등)의 이익도 고려하기 위하여 앞에서 본 ALI의 원칙이 나오게 되었다.21)

이러한 ALI의 원칙에 의한 회사의 업무집행권한을 수행하는 자 및 이사회의 구성·기능과 권한은 다음과 같다.

### (1) 업무집행권한을 수행하는 자

공개회사(publicly held corporation)의 업무집행은 이사회에 의하여 선임된 주요 상급임원(principal senior executives)에 의하여 또는 이들의 감독하에 수행되어야 하고, 또한 이사회나 주요 상급임원의 위임을 받은 기타 임원(other officers) 및 피용자에 의하여 수행되어야 한다(ALI의 원칙 제3.01조). 이 때 공개회사란 '최근 정기주주총회의 소집을 위한 기준일 현재 주주 수가 500명 이상이고 총자산이 500만 달러 이상인 회사'를 말하고(ALI의 원칙 제1.31조), 주요 상급임원이란 '사장(chief executive officer)·총무임원(operating officer)·재무임원(financial officer)·법률임원(legal officer) 및 회계임원(accounting officer)'을 말하며(ALI의 원칙 제1.30조, 제1.27조 (a)항), 기타 임원이란 '주요 상급임원이 아닌 자로서 이사 업무 이외의 정책결정 기능을 수행하거나 이사의 보수를 초과하여 상당한 보수를 수령하는 이사회 의장·일정한 단위부서(판매·관리·금융 등)에서 업무를 담당하는 부장(president)·재무(treasurer)·총무(secretary)·부부장(vice-president) 또는 부의장(vice-chairman) 및 기타 회사에 의하여 임원으로 선임된 자'를 말한다(ALI의 원칙 제1.27조 (b)항·(c)항).

---

(2003), 46~54면 참조.
21) 강희갑, 「주식회사의 경영감독·감사 및 감사위원회제도에 관한 연구」(상장협 연구보고서 2002-5), 2002. 8, 30~31면.

## (2) 이사회의 구성·기능 및 권한

㈎ **이사회의 구성**         대규모 공개회사의 이사회는 동 회사의 상급임원과 중대한 이해관계(significant relationship)가 없는 과반수의 이사로 구성되어야 한다. 다만 동 회사의 의결권 있는 주식을 1인, 1가족 또는 하나의 지배그룹이 소유하는 경우에는 그러하지 아니하다(ALI의 원칙 제3A.01조 (a)항). 위의 대규모 공개회사에 해당하지 않는 공개회사의 이사회는 동 회사의 상급임원과 중대한 이해관계가 없는 3인 이상의 이사로 구성되어야 한다(ALI의 원칙 제3A.01조 (b)항). 이 때 대규모의 공개회사란 '최근 정기주주총회의 소집을 위한 기준일 현재 주주 수가 2,000명 이상이고 총 자산이 1억 달러 이상인 회사'를 말한다(ALI의 원칙 제1.24조). 또한 중대한 이해관계란 '동 회사의 최근 사업연도 말 현재 ① 이사가 동 회사의 상근이거나 또는 과거 2년 내에 상근이었던 사실이 있는 경우, ② 이사가 동 회사의 현재 임원의 직계가족이거나 또는 최근 2년 내에 상급임원이었던 자의 직계가족인 경우, ③ 이사가 동 회사와 과거 2년간 20만 달러를 초과하는 상사지급을 수반하는 거래를 한 사실이 있거나 또는 이사가 회사의 조직 내에서 이러한 거래를 승인하는 의결권을 갖는 경우, ④ 이사가 동 회사의 과거 2년 동안 연간 총 수입의 5%를 초과하거나 또는 20만 달러를 초과하는 거래를 하는 기업의 주요 관리자(principal manager)인 경우, 또는 ⑤ 이사가 일반 회사법이나 증권법의 문제에 관한 동 회사의 중요한 법률고문인 법무법인에 전문직업상 관여되어 있거나, 또는 동 회사가 소유하는 투자금융회사에 고문으로 관여하고 있거나 과거 2년 내에 동 회사가 증권을 발행하는 경우 인수인으로서의 업무를 수행한 사실이 있는 경우이다(ALI의 원칙 제1.34조 (a)항).

㈏ **이사회의 기능**         공개회사의 이사회는 다음과 같은 기능을 수행하여야 한다(ALI의 원칙 제3.02조 (a)항).

① 주요한 상급임원의 선임·정기적인 평가·보수의 결정 및 필요한 경우 이의 교체

② 회사의 영업이 정당하게 수행되고 있는지 여부를 평가하기 위한 회사의 영업행위의 감독

③ 회사의 금융지원의 대상 및 주요 회사의 계획 및 실행에 대한 검사와 필요한 경우 동의

④ 회사의 재무제표를 작성하는데 사용되는 해당 감사 및 회계원칙의 주요

변경과 선택 등의 중요한 문제의 결정에 대한 검사 및 필요한 경우의 동의

　　⑤ 법률 또는 정관의 규정 등에 의하여 이사회에 위임된 기타 업무의 수행

　　㈐ **이사회의 권한**　　　이사회는 다음과 같은 권한을 갖는다(ALI의 원칙 제 3.02조 (b)항).

　　① 회사의 계획의 수립과 채택, 이의 위임 및 시행

　　② 회계원칙의 변경의 수립 및 채택

　　③ 주요 상급임원에 대한 조언 및 상의

　　④ 위원회·주요 상급임원 또는 기타 임원에 대한 지시 및 그들의 활동에 대한 감사

　　⑤ 주주총회에 대한 제안

　　⑥ 회사의 영업의 관리

　　⑦ 주주총회의 승인을 요하지 않는 기타 모든 회사의 업무에 관한 행위

## 2. 유럽에서의 회사법의 최근 규제구조에 관한 보고서

　　(1) 유럽보고서는 이사회에서 사외이사(non-executive director) 및 감독이사 (감사회)(supervisory director)의 역할에 관하여 다음과 같이 보고하고 있다.[22)]

　　훌륭한 회사의 지배구조란 회사의 업무집행에 대하여 감독하는 기관으로서 강력하고 균형있는 이사회를 갖는 것이다. 업무집행기관은 궁극적으로 주주를 대리하여 회사의 업무를 집행한다. 주주(소유)가 분산된 회사에서는 일반적으로 주주는 정보와 자료의 부족으로 인하여 회사의 업무집행을 상세하게 감독할 수 없다. 따라서 일원적 경영기구(영미제도)에서는 사외이사가, 이원적 경영기구(독일제도)에서는 감독이사(감사회)가 보다 더 철저하게 업무집행기관을 감독할 수 있도록 하여서 주인으로서 정보를 제공받지 못하고 있는 주주와 대리인으로서 충분히 정보를 제공받고 있는 업무집행기관간의 간격을 보충하여야 할 것이다.

　　이사회의 개편은 유럽연합국가 외에서는 물론이고 유럽연합국가에 있어서도 회사지배구조의 개선이 핵심이 되고 있다. 일원적 경영기구(영미제도)와 이원적 경영기구(독일제도)에 대하여는 찬성하는 견해와 반대하는 견해가 폭 넓게 지속되고 있다. 둘 중의 어느 것이 더 효율적인 감독기구가 된다는 명확한 증거는 없다. 두 제도는 각각 장점과 단점이 있고, 특별한 상황에 맞게 이용될 수 있다.

---

22) The High Level Group of Company Law Experts, *"Report on a Modern Regulatory Framework for Company Law in Europe"*, Brussels, 2002. 11. 4, pp. 59~64.

두 제도는 각각 다른 법적 및 문화적 배경하에서 발전하였다. 훌륭한 회사의 지배구조는 두 제도에서 생성될 수 있다.

제5차 (유럽연합)회사법지침과 유럽회사법에서 보는 바와 같이 유럽에서 두 제도 중 하나를 의무적으로 이용하도록 하는 것은 바람직하지 않다. 유럽연합국가에서 최소한 상장회사는 유럽회사법이 최근에 도입한 바와 같이 두 제도 중 하나를 선택하도록 하여야 한다. 회사에게 두 제도 중 하나를 선택할 수 있는 기회를 줌으로써 회사는 그의 특별한 지배구조의 필요와 환경에 가장 적합한 제도를 선택할 수 있는 것이다.

유럽의 어느 국가에서는 상장회사는 대주주의 하나 또는 소규모의 그룹에 의하여 감독을 받는다. 이러한 대주주는 보통 회사의 업무에 관여하여 정보제공을 충분히 받고 또한 업무집행기관을 철저하게 감독한다. 이것은 (대)주주가 직접 감독하는 장점이 있으나, 널리 분산되어 있고 업무집행기관 및 대주주를 감독하는데 정보와 자료가 부족한 소수주주의 잠재적 이해와 상충한다. 이러한 형태의 회사에서는 소수주주를 대리하는 사외이사 또는 감독이사(감사회)에 의한 감독의 필요성이 있다.

회사의 일상의 업무에 관여하지 않는 사외이사 및 감독이사(감사회)는 보통 회사의 금융업무 및 사업계획에 관한 중요결정에서 업무집행기관을 감독하는 역할을 한다. 이와는 별도로 사외이사 및 감독이사(감사회)에 의하여 감독받을 특별한 필요가 있는 분야는 사내이사(임원)의 선임, 사내이사(임원)의 보수 및 회사의 업무에 관한 회계감사에 관한 사항이다. 이러한 세 분야에서 사내이사는 명백히 이해의 충돌이 있다. 이러한 세 분야에서 독립적이고 이해관계가 없는 사외이사에 의한 감독의 결여는 회사의 많은 비리(scandals)를 야기시킨다. 따라서 미국에서의 회사법 개정에서도 이 분야에서 사외이사에 의한 독립적인 감독을 강화하는데 초점을 맞추고 있다.

유럽보고서는 일원적 경영기구(영미제도) 또는 이원적 경영기구(독일제도)를 어떻게 구성하여야 하고 또한 독립적인 사외이사 또는 감독이사(감사)를 몇 명으로 할 것인가에 대하여는 의견을 표명하지 않으나, 유럽연합국가에서 모든 상장회사에 대하여는 사내이사의 선임과 보수 및 회사의 업무에 관한 회계감사는 전적으로 사외이사 또는 감독이사(감사회)에 의하여 결정되어야 한다는 점을 명백히 하고 있다. 실제로 이러한 업무는 과반수가 독립적인 사외이사 또는 감독이사(감사)로 구성되는 이사회 내의 지명위원회·보수위원회 또는 감사위원회에 의하여 수행될 수 있다. 이 때 '독립적'이라는 의미는 회사의 영업활동(operational business)에서 독립적이고 또한 (이의 업무를 수행하는) 사내이사로서 제1차적으로 책임을 지는 자와 독립적이어서 사외이사 또는 감독이사(감사)로서 완전히 공개된 보수 이외에는 회사로부터 여하한 이익을 받지 않는 것을 의미한다.

유럽보고서는 이와 같은 위원회를 전적으로 독립된 사외이사 또는 감독이사로 구성할 것인지에 대하여 검토하였으나, 이를 채택하지 않았다. 왜냐하면 유럽에서는 감독주주의 존재 및 공동결정제도가 존재하는 특별한 상황을 고려하여야 하는데, 지배주주의 대표자나 공동결정제도에 참여하는 피용자는 보통 독립적이지 못하기 때문이다.

(2) 유럽보고서는 또한 사외이사 또는 감독이사는 회사와의 관계에서 이러한 이사의 직 이외의 관계를 갖지 않는 독립한 직이어야 하는 것이 매우 중요하다는 것을 인식하고, 이러한 이사의 독립성을 위하여 일정한 기준을 제시하고 있다.23) 즉, 다음의 자는 사외이사 또는 감독이사가 되어서는 안 된다.

① 사외이사 또는 감독이사로 선임되기 전 5년간 동 회사의 피용자이거나 피용자이었던 자

② 동 회사 또는 그 회사의 업무집행자로부터 상담·조언 또는 기타의 용역 제공의 대가로 수수료를 지급받고 있는 자

③ 동 회사의 업무수행과 관련하여 동 회사로부터 보수를 지급받는 자(예컨대, 주식매수 선택권 또는 업무수행과 관련된 상여금 등)

④ 甲회사의 사외이사 또는 감독이사가 그들이 사내이사로 있는 乙회사의 사외이사 또는 감독이사가 甲회사의 사내이사로 있어 이들을 감독하게 되는 경우(즉, 사외이사와 사내이사가 두 회사간에 상호 연결되어 있는 경우)

⑤ 동 회사의 주식을 30% 이상 소유하는 지배주주(단독이든 결합이든) 또는 이의 대리인

유럽보고서는 또한 상장회사는 매년 공개하는 그의 회사지배구조에 관한 설명서에서 사외이사 또는 감독이사가 독립성을 갖고 있는 이유를 설명하여야 하고, 그들이 독립성을 갖고 있지 못하면 동 설명서에 독립성이 없는 점을 설명하여야 한다고 한다. 따라서 이 점이 사외이사 및 감독이사의 역할과 지위의 투명성을 사실상 증진시키고, 또한 독립성의 기준을 철저히 준수하도록 한다는 것이

23) *Id.* p.62.

다. 사외이사 등의 선임안이 제출되면 이의 결의에 관한 통지에도 이러한 내용이 공시되어야 하고, 독립성의 설명에 관한 책임은 이사회의 공동책임이나, 개별이사 또는 후보이사도 그의 정확성에 관하여 개인적인 책임을 진다고 한다.[24]

(3) 유럽보고서는 사외이사 또는 감독이사의 능력에 관하여 유럽연합의 각국은 일반규칙을 회사법 내에 규정할 것을 요구하고 있는데, 이에 대한 기본적인 사항은 회계에 관한 기본적인 이해능력과 일정한 분야에서 전문가임을 요한다. 또한 이러한 내용은 위의 독립성과 같이 회사지배구조에 관한 설명서에 기재되어 공시되어야 한다고 한다.[25]

# Ⅳ. 우리 상법상 회사지배구조와 문제점

## 1. 업무집행기관

(1) 우리 상법상 주식회사의 업무집행기관은 원칙적으로 이사회와 대표이사라고 볼 수 있다(통설). 따라서 이사회는 상법 및 정관에 의하여 주주총회의 권한으로 규정되어 있는 사항을 제외하고는 회사의 업무집행에 관한 모든 사항에 대하여 의사결정을 할 권한이 있으며(상법 제393조 1항), 또한 이사의 직무집행을 감독할 권한이 있다(상법 제393조 2항). 대표이사는 대내적으로 주주총회 및 이사회에서 결정한 사항에 관하여 업무를 집행할 권한이 있고(이 때 대표이사에게 구체적으로 위임된 사항과 일상업무에 대하여는 의사를 결정하여 집행할 권한이 있음), 대외적으로는 회사의 영업에 관한 재판상·재판외의 모든 행위에 대하여 회사를 대표할 권한이 있다(상법 제389조 3항, 제209조 1항).

그러나 2009년 개정상법에 의하여 자본금 총액이 10억원 미만인 소규모 주식회사의 경우에는 1인 또는 2인의 이사만을 둘 수 있는데(상법 제383조 1항 단서), 이 경우에는 주식회사의 업무집행기관이 이사회와 대표이사로 이원화되지 않고 예외적으로 이사로 일원화되는데(상법 제383조 4항~6항), 이는 유한회사의 업무집행기관과 아주 유사하게 된다(상법 제561조 참조).

1999년 개정상법에 의하면 이사회 내에 각종 위원회를 설치할 수 있고 이러한 위원회는 이사회로부터 위임받은 권한을 행사할 수 있으므로(상법 제393조의 2)

---

24) *Id.* p.63.
25) *Id.* pp.63~64.

이사회의 업무집행기관이 많이 활성화될 것으로 보인다.

  (2) 주식회사의 업무집행기관이 원칙적으로 이사회와 대표이사로 분화되는 경우에 이사가 주식회사의 기관으로서 지위를 갖느냐에 대하여 우리나라의 학설은 긍정설(소수설)과 부정설(다수설)로 나뉘어 있다. (ⅰ) 긍정설은 이사에게도 상법상 각종의 독립적인 권한을 인정하고 있는 점(상법 제373조 2항, 제390조 1항·2항, 제393조 3항, 제328조, 제376조 1항, 제429조, 제445조, 제529조 등) 및 의용상법에서 이사를 기관으로 규정하고 있었는데 이러한 연혁적인 잔재가 아직도 남아 있다는 점 등을 그 이유로 들고 있다.26) (ⅱ) 이에 반하여 부정설은 주주에게도 상법상 각종의 독립적인 권한을 인정하고 있으면서도 주주를 회사의 기관으로 보지 않는 점 및 현행상법은 의용상법과는 달리 이사를 기관으로 규정하고 있지 않는 점 등을 그 이유로 들고 있다.27)

  생각건대 긍정설은 의용상법의 연혁적 잔재를 유지시키고자 하는 것이나, 우리 상법이 이 점에 관하여 전혀 다른 입법태도를 취하고 있는 점에서 볼 때 무리이며 또 실익도 없다고 본다. 따라서 부정설이 타당하다고 본다.28) 이러한 부정설에 의하면 우리 상법상 주식회사의 이사는 원칙적으로 대내적으로는 이사회의 구성원으로서 이사회를 통하여 회사의 업무집행에 관여할 권한이 있고, 대외적으로는 대표이사가 될 수 있는 자격을 갖는 지위에 있다고 볼 수 있다.

  (3) 주식회사의 업무집행기관이 원칙적으로 이사회와 대표이사로 분화되는 경우에 대표이사와 이사회와의 관계에 대하여 우리나라의 학설은 파생기관설(소수설)과 독립기관설(다수설)로 나뉘어 있다. (ⅰ) 파생기관설에서는 이사회를 유일한 업무집행기관으로 보고, 대표이사는 이사회의 이러한 업무집행의 편의를 위하여 이사회에서 파생된 기관으로 이사회의 수임인이나 대리인의 지위를 갖는다고 한다. 이 설에서는 상법 제389조는 이사회의 권한의 일부를 대표이사에게 위임한 규정이라고 하며, 대표이사는 이렇게 수임받은 업무에 대해서는 당연히 결정권도 갖는다고 한다.29) (ⅱ) 독립기관설은 대표이사는 「이사회의 기관」이 아니라 「회사의 기관」이라고 하며, 조문상으로 보아도 이사회가 「결의한다」로 규정되었

---

26) 이철송, 「회사법강의(제10판)」(서울: 박영사, 2003), 514면(그러나 이사를 기관이라 하든 아니라 하든 실제적인 차이가 있는 것은 아니라고 한다).

27) 정동윤, 「회사법(제7판)」(서울: 법문사, 2001), 382~383면 외.

28) 정찬형, 「회사법강의(제3판)」(서울: 박영사, 2003), 441면, 524면; 동, 전게 상법강의(상)(제7판), 730면; 동, "주식회사의 기관," 「월간고시」, 1990. 4, 146면.

29) 서돈각·정완용, 「제4전정 상법강의」(서울: 법문사, 1999), 426면 및 주 1, 437면 외.

기 때문에(상법 제393조 1항) 업무집행기관을 의사결정기관(이사회)과 집행기관(대표이사)으로 병렬적으로 볼 수 있다는 것이다. 이 설에서는 상법 제389조는 대표이사의 고유의 권한을 규정한 것이며, 대표이사는 수임받은 사항(일상업무에 대하여는 선임에 의하여 수임된 것으로 봄)에 대해서만 의사결정권을 갖는다고 한다.[30]

    생각건대 파생기관설은 영미법(및 독일법)에서 업무집행기관을 이사회만으로 규정하고 있는 점과 그 취지를 같이 하나 우리 상법의 규정과는 너무나 배치되는 해석이라는 점, 파생기관설에서는 대표이사가 주주총회결의에 의하여 선임되는 경우(상법 제389조 1항 단서)에 이사회의 권한이 언제 또 어떻게 대표이사에게 위임된 것인가를 설명할 수 없다는 점 등에서 볼 때 독립기관설이 타당하다고 본다.[31]

    (4) 주식회사의 업무집행기관인 이사회에 있어서 상장회사는 자산 규모 등을 고려하여 대통령령으로 정하는 경우를 제외하고는 사외이사[32]를 이사 총수의 4분의 1 이상이 되도록 하여야 하는데, 자산 규모 등을 고려하여 대통령령이 정하는 상장회사의 사외이사는 3인 이상으로 하되 이사 총수의 과반수가 되도록 하여야 한다(상법 제542조의 8 1항, 상법 시행령 제34조 1항·2항).[33]

    (5) 위와 같이 우리나라의 주식회사의 업무집행기관이 원칙적으로 「이사회」와 「대표이사」로 나뉘어 있는 점은 전통적인 프랑스의 업무집행기관과 유사하나, 독일 및 영미의 업무집행기관과는 다른 점이다(독일 및 영미의 업무집행기관은 「이사회」뿐임).

## 2. 감독(사)기관

    (1) 우리 상법상 모든 주식회사에서 이사(대표이사를 포함)의 직무집행에 대한 감독기관으로는 원칙적으로 「이사회」가 있고(상법 제393조 2항),[34] 이사의 직무집

---

30) 정동윤, 전게 회사법, 382면 외.
31) 정찬형, 전게 회사법, 442면, 567~568면; 동, 전게 상법강의(상)(제7판), 730면; 동, "주식회사의 대표이사,"「고시연구」, 1981. 7, 155면.
32) 사외이사란 '당해 회사의 상무에 종사하지 아니하는 이사로서 상법상 결격사유에 해당하지 아니하는 자'를 말한다(상법 제382조 3항).
    이러한 사외이사의 지위에 관하여는 이균성, "주식회사의 사외이사의 지위,"「상사법연구」, 제20권 1호(2001), 233~262면 참조.
33) 금융회사의 지배구조에 관한 법률(2015. 7. 31, 법 13453호, 시행: 2016. 8. 1.)(이하 '금융회사 지배구조법'으로 약칭함)은 "금융회사는 이사회에 사외이사를 3명 이상 및 이사 총수의 과반수(다만 대통령령으로 정하는 금융회사는 이사 총수의 4분의 1 이상) 두어야 한다"고 규정하고 있다(동법 제12조 1항 · 2항).
34) 그러나 2009년 개정상법에 의하여 이사가 1명 또는 2명인 소규모 주식회사에서는 이사회가

행에 대한 감사기관(업무 및 회계감사)으로는 「감사」(상법 제412조 1항) 또는 「감사위원회」(상법 제415조의 2)가 있다. 또한 일정 규모 이상의 주식회사에서는 「주식회사 등의 외부감사에 관한 법률」에 의하여 인정된 임시의 회계감사기관으로 회계법인 등인 「(외부)감사인」이 있다. 이 외에 주식회사의 설립절차 또는 회사의 업무나 재산상태 등을 조사하기 위하여 상법상 법원 또는 주주총회에 의하여 선임되는 임시의 감사기관인 「검사인」이 있다(상법 제298조, 제310조, 제417조 3항, 제467조 1항).

(2) 이 중 회사내부의 독립된 필요적 상설기관인 「감사」 또는 「감사위원회」가 특히 문제가 되고 있다.

감사는 1인 이상이면 무방하고 수 인인 경우에도 회의체를 구성하지 않는다. 감사의 독립적이고 공정한 업무수행을 위하여, 그 선임에서 대주주의 의결권을 제한하고(상법 제409조 2항) 또 겸직금지를 규정하고 있다(상법 제411조). 특히 1984년 및 1995년의 개정상법에서는 감사에 의한 감사의 실효성을 확보하기 위하여 감사의 직무와 의무를 대폭 확대하는 방향으로 개정한 바 있다.

1999년 개정상법에 의하여 신설된 감사위원회는 감사에 갈음하여 설치할 수 있다(상법 제415조의 2 1항). 이러한 감사위원회는 3인 이상의 이사로 구성되는데, 그의 독립성을 위하여 사외이사가 위원의 3분의 2 이상이어야 한다(상법 제415조의 2 2항), 위원의 해임에 관한 이사회결의는 이사 총수의 3분의 2 이상의 결의에 의하도록 하였다(상법 제415조의 2 3항).

(3) 자산 규모 등을 고려하여 대통령령으로 정하는 상장회사(최근 사업연도 말 현재의 자산총액이 2조원 이상인 상장회사)는 반드시 감사위원회를 설치하여야 한다(상법 제542조의 11 1항, 상법 시행령 제37조 1항).

(4) 우리나라의 주식회사의 상법상 「감사」는 업무집행에 관한 감사권도 가지고 있는 점, 공인회계사 등의 자격을 요하지 않는 점 및 회사의 내부기관인 점 등에서 프랑스의 회계감사인 또는 영미의 감사와 차이가 크다고 볼 수 있다. 그러나 1999년 개정상법이 신설한 감사위원회제도는 미국법을 도입한 것이다. 또한 우리나라의 주식회사의 회계감사기관인 특별법(주식회사 등의 외부감사에 관한 법률)상의 「(외부)감사인」은 프랑스의 전통적인 이사회제도에서의 회계감사인 또는 영미의 감사(auditor)와 아주 유사하다고 볼 수 있다. 우리나라의 주식회사가

---

없으므로, 이사에 대한 감독기관은 이사회가 될 수 없고(상법 제383조 5항) 주주총회라고 볼 수 있다.

회계감사에 관한 한 상법상의 감사 또는 감사위원회와 특별법상의 (외부)감사인에 의하여 중복하여 독립적으로 감사받도록 되어 있는 점도 우리 법의 특색이라고 하겠다.

우리나라의 주식회사가 내부의 필요기관으로 감사(監事)를 두고 있는 점은 독일의 감사회(및 프랑스의 신형이사회제도에서의 감사회를 포함)와 유사하다고 볼 수도 있으나, 우리나라의 감사는 독일의 감사회와는 근본적으로 구별된다. 즉, 독일의 감사회는 감사권 이외에 이사회의 업무집행에 대한 감독권·이사의 임면권·일정한 경우 이사회의 업무집행에 대한 동의권·재무제표의 확정권 등이 있어 이사회에 대한 계속적이고 실질적인 감독업무를 수행함과 함께 이사회와 더불어 공동경영기구(two-tire or dual-board system)를 구성하고 있음에 반하여, 우리나라의 감사는 이사회(및 대표이사)[35]와 함께 공동경영기구가 될 수 없음은 물론이고 이사회(및 대표이사)에 대한 감독기능이 없다는 점에서 근본적으로 구별된다.

따라서 우리나라의 주식회사의 감사제도는 1950년 일본의 개정상법의 입법을 받아들인 것으로서 독일의 감사회제도를 영국의 감사제도로 수정한 것이라고 하나,[36] 위에서 본 바와 같이 독일의 감사회와 같은 실질적인 감독 및 공동의 경영기능도 없고, 영국법상의 감사(auditor)와 같은 전문적인 회계감사기능도 없다. 따라서 우리나라의 감사는 실제로 유명무실할 수밖에 없으며, 이를 극복하기 위하여 1984년 및 1995년 개정상법이 감사의 권한과 의무를 대폭 확대하는 방향으로 상법을 개정하였으나, 근본적인 문제가 해결되지 않고는 유명무실한 감사의 기능은 크게 변경되지 않으리라고 본다.[37]

종래의 감사가 이와 같이 유명무실하다고 하여 1999년 개정상법은 감사에 갈음하여 감사위원회를 설치할 수 있다고 규정하고 있다(상법 제415조의 2). 그러나 이러한 감사위원회제도는 이사로서 업무집행에 관여한 자가 다시 감사업무를 담당하도록 하는데 이는 자기감사가 되어 모순이고 또한 종래의 감사보다도 그 지위의 독립성에 문제가 더 있으며, 또한 동일하게 미국제도를 도입하였다는 감사위원회제도와 (외부)감사인제도가 상법과 특별법에 의하여 별도로 공존하고 있는 점도 문제라고 본다. 또한 같은 상법에 의하여 감사제도와 감사위원회제도를

---

35) 2009년 개정상법에 의하여 이사가 1명 또는 2명인 소규모 주식회사의 경우에는(상법 제383조 1항 단서·6항) 「이사」가 이에 해당한다.
36) 이범찬, 「주식회사감사제도론」(서울: 법문사, 1976), 31면.
37) 정찬형, 전게 월간고시(1988. 10), 50면.

병존시켜 회사가 선택할 수 있도록 하는 점도 회사의 감사기관의 불통일로 인한 혼란이 우려된다.[38]

(5) 또한 이사회에 의한 이사의 직무집행에 대한 감독(상법 제393조 2항)의 실효를 거두기 위하여 위에서 본 바와 같이 IMF 경제체제 이후 (증권거래법 등의 개정을 통하여) 상장회사의 경우에는 이사회에 사외이사를 강제로 두도록 하고, 일정규모 이사의 상장회사 등의 경우에는 이사 총수의 과반수의 사외이사를 두도록 하였다. 그런데 이러한 사외이사의 독립성 및 전문성의 결여와 업무집행 및 업무감독을 동일한 기구에 두고 있는 제도적 모순(자기감독의 모순)으로 인하여 이사회에 의한 이사의 직무집행에 대한 감독기능은 거의 실효를 거두지 못하고 유명무실하고 있다.


# V. 우리 상법상 회사지배구조의 개선방안[39]

## 1. 일원적 경영기구 또는 이원적 경영기구

업무집행기관 및 감독(감사)기관(이 양자를 합하여 경영기구)에 대하여 그 권한 분배를 어떻게 할 것인가에 대하여는 이미 앞에서 본 바와 같이 독일제도인 이원적 경영기구(이사회와 감사회에 의한 중층제도)와 영미제도인 일원적 경영기구(이

---

38) 이에 관하여는 강희갑, 전게 상장협 연구보고서 2000-5(2002. 8); 엄해윤, "블루리본 보고서와 최근의 미국 감사위원회," 「상사법연구」, 제21권 1호(2002), 301~330면(미국 감사위원회제도의 소개와 우리 감사위원회제도에 대하여 비판하고 있다); 임충희, "감사위원회제도의 현상과 과제," 「상사법연구」, 제20권 3호(2001), 299~320면; 권종호, "감사제도의 개선과 감사위원회제도의 과제," 「상사법연구」, 제19권 3호(2001), 99~130면; 최병규, "증권거래법·상법상 감사제도의 문제점과 개선방안," 「21세기 한국상사법의 진로(내동 우홍구박사 정년기념논문집)」, 2002, 279~306면; 최완진, "주식회사의 감사제도의 개선방안에 관한 연구(감사위원회제도를 중심으로)," 「21세기 한국상사법의 진로(내동 우홍구박사 정년기념논문집)」, 2002, 307~331면; 동, "감사제도의 변천과 개정상법상 감사위원회," 「현대상사법논집(우계 강희갑박사 화갑기념논문집)」, 2001, 191~213면; 강대섭, "주식회사의 감사위원회제도에 관한 연구," 「법학논집」(목포대 법학연구소), 창간호(2001), 31~56면; 서완석·하삼주, "현행 감사제도의 개선방안에 관한 연구," 「상사법의 전망」(평성 임홍근교수 정년퇴임기념논문집)(서울: 법문사, 2003), 207~238면; 박은경, "사외이사제도와 감사위원회제도의 운영현황에 기초한 법적 문제점 연구," 「경성법학」(경성대 법학연구소), 11호(2002), 153~183면 등 참조.
39) 이에 관하여는 정찬형, 전게 고려법학(제40호), 56~64면; 동, "주식회사의 업무집행기관에 대한 감독(감사)기관," 「고려법학」(고려대 법학연구원), 제38호(2002), 54~56면; 동, "IMF 경제체제 이후 회사지배구조에 관한 상법개정에 대한 평가," 「현대상사법논집(우계 강희갑박사 화갑기념논문집)」, 2001, 45~47면 등 참조.

사회에 의한 단층제도)가 있는데, 영미제도인 일원적 경영기구인 경우에도 실제로
이사회에 의하여 선임된 (집행)임원이 업무집행을 담당하고 이사회는 경영감독을
담당함으로서 업무집행과 업무감독을 분리하고 있어 실제로는 두 제도가 접근되
어 있다고 볼 수 있다. 40)

    위와 같은 두 제도 중 어느 제도를 선택할 것인가는 그 나라의 법적 및 문
화적 배경을 참작하여 그 나라에 가장 적합한 제도를 선택하여야 할 것이다. 이
에 대하여 필자는 사견으로 독일의 이원적 경영기구가 보다 더 우리 실정에 맞
을 것이라고 주장하여 왔다.41) 그 이유는 우리나라에서는 사내이사가 오랜 관행
으로 형성되었는데 이에 대하여 사외이사를 의무화한다고 하여 그 실효를 거둘
수 있는지 의문인 점, 기업의 사회적 책임과 관련하여 근로자의 경영참가의 면을
고려하면 이는 원칙적으로 감사회에 두어야 하는 점, 감사회제도가 보다 권한의
분배가 명확하고 업무집행기관의 권한남용을 보다 효율적으로 억제할 수 있는
점, 감독(감사)의 실효성에서 회사의 업무에 대하여 풍부한 경험이 있고 업무집행
기관과 독립된 자가 업무감독기관의 구성원이 되어야 하는 점을 전제할 때 업무
집행기관의 영향을 (직접적 또는 간접적으로) 받아 선임될 수 있는 사외이사제도보
다는 일반적으로 업무집행기관을 경험한 자가 업무집행기관의 영향을 크게 받지
않고 선임되는 감사회제도가 보다 더 독립성과 실효성을 거둘 수 있다는 점 등
을 고려하면, 영미의 이사회제도보다는 독일의 감사회제도가 보다 더 우리의 실
정에 맞을 것으로 생각되기 때문이다.

    그러나 IMF 경제체제 이후 상장회사 등에는 사외이사의 선임이 (증권거래법
등에 의하여) 의무적으로 되어 있어 그동안 우리에게 사외이사제도가 독일의 감사
회제도보다는 훨씬 익숙하여진 점, 사외이사제도를 전제로 한 새로운 제도가 상
법 등에 계속하여 도입된 점(예컨대, 이사회내 위원회제도, 감사위원회제도 등), 자본
시장의 국제화와 더불어 해외투자자에게 기업경영의 투명성에 대하여 신뢰를 주
기 위하여는 독일의 감사회제도를 전제로 한 이원적 경영기구보다는 영미의 사
외이사제도를 전제로 한 일원적 경영기구가 보다 더 유리한 점 등을 고려하면,

---

40) 동지: 강희갑, 전게 상장협 연구보고서 2000-5(2002. 8), 208면; 권순희, "미국과 독일의 기
    업지배구조와 최근 동향에 관한 비교 검토," 「상사법연구」, 제21권 4호(2003), 205~207면.
41) 정찬형, 전게 회사법, 452~453면; 정찬형 외, 전게 상장협 연구보고서 95-4(1995. 12), 233~262
    면; 정찬형, 전게 법률학의 제문제(유기천박사 고희기념논문집), 529~530면; 동, "기업경영의
    투명성 제고를 위한 주식회사의 지배구조의 개선," 「상사법연구」, 제17권 1호(1998. 6),
    203~230면 참조. 동지: 권순희, 전게논문(상사법연구 제21권 4호), 209면.

이제는 지금까지 구축된 영미의 사외이사제도를 완전히 폐지하고 독일의 감사회
제도를 도입하는 것은 사실상 매우 어렵게 되었다고 본다. 그렇다면 현재로서는
이러한 (영미의) 사외이사제도를 전제로 하여 어떻게 하면 기업경영의 투명성을
담보하는 가장 효율적인 회사지배구조로 개선하여 그 실효를 거둘 수 있을 것인
가에 초점을 맞추어야 할 것으로 본다. 이에 관한 개선방안에 대하여는 이하에서
살펴보기로 한다.

## 2. 업무집행기관과 업무감독기관의 분리

앞에서 본 바와 같이 우리나라에서 주식회사의 이사회에 대하여는 업무집행
기관의 지위와 업무감독기관의 지위를 동시에 부여하는 제도적 모순(자기감독의
모순)으로 인하여 이사회는 업무감독기관으로서는 거의 기능하지 못하였다. 또한
업무집행기관에 대한 인사권[42]·보수결정권 및 회계감사권이 없는 감독기관은 실
제로 업무집행기관을 감독할 수도 없었다. 따라서 업무집행기관과 감독기관을 분
리하여야 할 것으로 본다. 이를 위하여는 현행 이사회제도를 사외이사를 중심으
로 하여 감독기관으로 개편하고 별도로 업무집행기관(집행임원)을 두도록 하든지
또는 현행 이사회제도를 업무집행기관으로 그대로 두고 별도로 감독기관을 두도
록 하여야 할 것이다. 전자는 영미의 사외이사제도이고 후자는 독일의 감사회제
도인데, 앞에서 본 바와 같이 우리는 영미의 사외이사제도가 어느 정도 정착되었
다고 볼 수 있으므로 전자의 방향으로 개선되어야 할 것으로 본다.

그렇다면 현행 이사회는 적어도 과반수의 이사를 사외이사로 구성하여 업무
집행기관에 대한 실효성 있는 감독기능을 할 수 있도록 개편되어야 하고, 이사회
에 의하여 선임되는 임원에게 업무집행을 하도록 하여야 할 것으로 본다.[43]

이사회가 업무감독기관으로서의 기능을 제대로 발휘할 수 있도록 하기 위하
여는 이사회는 원칙적으로 업무집행기관(집행임원)과 이해관계가 없는 독립된 사
외이사만으로 구성되어야 하는데, 예외적으로 업무집행을 담당하는 임원의 지위
를 겸하는 사내이사가 불가피하다면 이러한 사내이사는 최소한으로 하고 사외이

---

42) 현행 상법상 업무집행을 담당하는 대표이사에 대한 임면권이 이사회에 있어(상법 제389조
  1항 본문) 이 점에서는 이사회(감독기관)가 대표이사(업무집행기관)의 인사권이 있으나, 사실
  상 대표이사가 이사회를 장악하고 있고 또 대표이사의 추천에 의하여 이사가 (주주총회에서)
  선임되고 있는 현실에서 볼 때 이사회(감독기관)가 대표이사(업무집행기관)의 업무집행을 실질
  적으로 감독하고 있다고 보기 어렵다.

43) 동지: 강희갑, 전게 상장협 연구보고서 2000-5(2002. 8), 214면.

사가 적어도 과반수가 되도록 구성하여야 할 것이다. 또한 이러한 이사회가 업무
감독기관으로서의 기능을 발휘할 수 있도록 하기 위하여는 이사회에 최소한 업
무집행기관에 대한 인사권(임면권)·보수결정권 및 그의 업무집행에 따른 회계감
사권을 부여하여야 한다고 본다(이에 관하여는 앞의 유럽보고서 참조). 대규모 상장
회사의 경우 이러한 업무를 이사회 내의 위원회에 위임하는 경우를 예상하고 이
러한 위원회는 2인 이상의 이사로 구성되는 점을 고려하면(상법 제393조의 2 3항),
이러한 회사에는 적어도 사외이사가 6인 이상이어야 할 것으로 본다. 이 경우
그 업무내용 및 정보접근이 제한된 사외이사의 의무와 책임은 집행임원(사내이사
를 포함)의 그것보다 완화하여 별도로 규정하여야 할 것으로 본다.[44]

  현행 상법상으로는 이사회가 원칙적으로 대표이사만을 선임할 수 있도록 하
고 있으나(상법 제389조 1항), 이사회는 대표이사 이외의 업무집행을 담당하는 모
든 집행임원을 선임할 수 있도록 하고(업무집행기관으로서 '대표이사'의 용어는 적절하
지 않으므로 '대표집행임원' 등 다른 용어로 변경되어야 할 것임), 이사회를 주재하는 의
장과 대표이사(대표임원)는 겸직을 허용하지 않아야 한다고 본다.[45] 이러한 집행
임원은 앞에서 본 바와 같이 원칙적으로 이사의 직을 겸직할 수 없는데, 부득이
한 경우에는 최소한으로 그쳐야 할 것이다. 이러한 집행임원의 성명 등은 등기사
항으로 하여야 할 것으로 본다. 또한 이러한 집행임원은 그의 업무의 성격 및
회사의 정보접근의 용이성 등에서 볼 때 현행 상법상 이사와 같은 의무와 회사
및 제3자에 대한 책임을 부담하도록 하여야 할 것으로 본다.

  위와 같은 업무집행기관(집행임원)과 업무감독기관(이사회)이 분리된 제도를
어느 범위의 주식회사에 대하여 적용하도록 할 것인가를 정하는 것은 입법정책
의 문제이겠으나, 주주의 수가 적은 소규모·가족회사에 대하여까지 적용하는 것
은 문제가 있으므로 우선 주주가 많고 또 분산되어 있어 주주의 직접적인 감독
을 기대하기 어려운 (대규모) 상장회사에 대하여 적용하도록 하여야 할 것이다.

---

44) 동지: 한국상장회사협의회, "사외이사제도 및 운영개선에 관한 의견," 「상장」, 제339호(2003.
   3), 40~41면(사외이사에 대하여는 그 책임을 제한 또는 경감할 수 있도록 하거나 또는 주주총
   회의 특별결의로 경감할 수 있도록 하여야 한다고 한다); 권종호, "이사의 배상책임완화(일본
   상법 개정내용을 중심으로)," 「상장」, 제329호(2002. 5), 6~11면.
45) 대규모 기업에서는 이사회의장과 대표이사를 분리하여야 한다고 주장하는 동지의 견해로는
   기업지배구조 모범규준 개정안 참조(조선경제, 2003. 2. 20, B 10면).

## 3. 독립적인 사외이사의 선임

위와 같이 업무집행기관(집행임원)과 분리된 업무감독기관(이사회)이 그의 본래의 취지에 맞게 업무집행기관에 대한 감독업무를 충실히 수행할 수 있도록 하기 위하여는 업무집행기관(집행임원)과 독립되고 업무에 대한 전문성과 경험이 많은 자가 사외이사로 선임되어 이사회를 구성하여야 할 것으로 본다.

(1) 사외이사의 업무집행기관에 대한 독립성은 그의 선임 및 업무수행에서의 독립성을 생각하여 볼 수 있는데, 사외이사의 선임에서의 독립성을 보장하기 위하여는 사외이사가 실제로 대주주나 회사 집행임원의 추천에 의하여 선임될 수 있는 것을 배제하고 중립적인 기관의 추천에 의하여 선임되도록 할 것이다.[46]

사외이사가 실제로 회사의 대주주(경영진)로부터 독립하여 선임될 수 있기 위하여는 먼저 사외이사를 추천하는 기관(추천위원회 등)이 대주주(경영진)로부터 사실상 독립되어야 하고, 다음으로 추천받을 수 있는 후보의 자격이 대주주(경영진)와 실제로 이해관계가 없는 자이어야 한다(이는 사외이사의 업무수행에서의 독립성과도 관련된다). 사외이사를 추천하는 기관이 추천위원회 등 회의체기관이면 그의 구성원이 대주주(경영진)로부터 실제로 독립되어야 한다. 사외이사후보의 추천은 주주총회가 형식화되어 있는 현실에서 볼 때 매우 중요하다고 생각한다. 이사회가 업무집행기관(집행임원)에 대한 감독기관인 점을 고려하면 이사회를 구성하는 사외이사의 후보는 회사의 주주뿐만 아니라 채권자 등 회사의 이해관계인의 대표도 후보로 추천될 수 있어야 한다고 본다. 이렇게 보면 사외이사를 추천하는 자(기관)에는 주주대표뿐만 아니라 채권자 및 종업원 등 회사의 이해관계인의 대표도 (일정비율) 포함시켜야 할 것으로 본다.[47]

사외이사의 후보로 추천받을 수 있기 위하여는 대주주(경영진)와 이해관계가 없어야 하는데, 이에 대하여 우리 상법은 대주주 등과 이해관계가 있는 일정한

---

46) 정찬형, 전게 현대상사법논집(우계 강희갑박사 화갑기념논문집), 38면; 동, "사외이사제도," 「고시계」제538호(2001. 12), 53면.
　　동지: 한국상장회사협의회, "사외이사제도의 문제점 및 개선방안,"「상장」, 제318호(2001. 6), 42면; 동, 전게 상장(2003. 3), 37~38면.
　　이 밖에 사외이사의 선임절차의 개선에 관하여는 김동철, "사외이사제도의 효율적 활용," 법학석사학위논문(고려대, 2000. 2), 112~117면; 남경현, "사외이사의 법적 지위와 책임에 관한 연구," 법학석사학위논문(고려대, 2001. 2), 84~90면 참조.
47) 사외이사의 추천방법에 관하여 동지의 견해로는 이형규·이상복,「사외이사 선임제도 개선방안에 관한 연구」(상장협 연구보고서 2002-3), 2002. 5, 27~32면 참조.

자는 사외이사가 될 수 없음을 규정하고 있다(상법 제382조 3항 2호~3호, 제542조의
8 2항 5호~6호). 이러한 점은 앞에서 본 ALI 원칙 및 유럽보고서도 유사하게 규정
하고 있는데, 다만 우리의 위의 규정은 지나치게 복잡하고 또한 확대하여 규정하
고 있어 정비하여 규정할 필요가 있다고 본다.[48]

　　회사의 대주주(경영진)로부터 독립된 사외이사를 추천하는 기관을 어떻게 정
할 것인가는 매우 어려운 문제인데, 우리 상법은 최근 사업연도 말 현재의 자산
총액이 2조원 이상인 상장회사의 사외이사후보를 추천하기 위하여 이사회 내 위
원회의 하나로 '사외이사후보 추천위원회'를 설치하여(이 위원회는 사외이사가 총 위
원의 과반수이어야 함)(상법 제542조의 8 4항), 이러한 사외이사후보 추천위원회의 추
천을 받은 자(이러한 후보자에는 주주제안권을 행사할 수 있는 요건을 갖춘 주주가 주주
총회일의 6주 전에 추천한 사외이사후보를 포함시켜야 함) 중에서 사외이사를 선임하여
야 한다고 규정하고 있다(상법 제542조의 8 5항). 그러나 상법상 이러한 규정이 있
다고 하더라도 사외이사후보 추천위원회의 위원이 이사회를 장악하고 있는 대주
주(경영진)의 영향하에 선임되는 경우에는 사외이사의 선임이 대주주(경영진)로부
터 사실상 독립성이 보장되고 있지 못하다.[49] 이러한 현실은 상장회사의 사외이
사 추천방법 설문결과에서 거의 대부분은 대주주나 회사임원의 추천에 의하여
사외이사가 선임되는 점에서도 알 수 있다.[50] 따라서 사외이사를 추천하는 기관
을 지배주주(경영진)로부터 독립성이 담보되어 있지도 못하고 또한 사외이사의
과반수로 구성되어 있는 추천위원회가 사외이사를 추천한다는 것도 모순이므로,
이사회 내의 위원회의 하나인 이러한 사외이사후보 추천위원회가 사외이사를 추
천하는 것은 바람직하지 않다고 본다.[51] 그러므로 사외이사가 실제로 회사의 대

---

48) 동지: 이형규·이상복, 전게 상장협 연구보고서 2002-3(2002. 5), 54~55면.
　　이러한 사외이사의 자격요건에 대하여 최대주주 또는 지배주주 및 그 영향력 하에 있는 이
사들의 경영활동을 제2, 제3의 주주지분율을 소유한 여타 주주들이 사외이사로 참여하여 주주
의 이익을 위하여 이들을 견제할 수 있도록 하여야 한다는 견해로는 한국상장회사협의회, 전
게 상장(2003. 3), 41~42면 참조.
49) 동지: 한국상장회사협의회, 전게 상장(2003. 3), 37면; 참여연대, 증권거래법 및 유관법령에
관한 의견청원, 1999. 11. 11(이형규·이상복, 전게 상장협 연구보고서 2002-3, 30면에서 재인용).
50) 이에 대하여는 한국상장회사협의회, 전게 상장(2001. 6), 41면; 동, 전게 상장(2003. 3), 37
면 참조.
51) 이에 반하여 사외이사후보 추천위원회가 사외이사후보 추천자의 인적 사항과 함께 추천이
유와 절차·방법 등을 주주총회에 반드시 보고하도록 하는 등의 운영방법을 개선함으로써 사
외이사후보 추천위원회의 독립성과 중립성을 강화하고, 이러한 추천위원회가 없는 회사는 사
외이사 인력풀을 운영하고 있는 기관에 사외이사후보를 추천하도록 의뢰하여야 한다는 견해로
는 한국상장회사협의회, 전게 상장(2003. 3), 37~39면 참조.

주주(경영진)로부터 독립하여 선임될 수 있는 새로운 추천기관이 모색되어야 할 것으로 본다.

(2) 사외이사의 업무에 있어서의 전문성은 사외이사로서 업무를 수행할 수 있는 능력과 업무의 효율성이 전제되어야 할 것이다. 사외이사로서의 업무능력에는 전문적인 지식과 그 업무에 대한 경험이 있어야 하므로 이러한 자를 사외이사의 자격요건으로 함과 동시에 또한 이러한 자를 다수 발굴하고 배출할 수 있는 제도적 장치가 마련되어야 할 것이다.52) 따라서 전문적인 지식과 그 업무에 관한 경험을 전제로 한 업무능력이 있는 사외이사가 선임될 수 있는 적극적인 자격요건이 규정됨과 동시에 이러한 자가 사외이사로 선임될 수 있는 제도적 장치가 마련되어야 할 것이다.53)

사외이사는 필요한 경우에 전문가의 조력을 구할 수 있다고 하더라도(상법 제415조의 2 5항 참조), 먼저 그에게 업무에 대한 전문적인 지식과 경험이 있어야 한다고 본다.54)

또한 사외이사가 위와 같은 업무능력이 있는 자라고 하더라도 그의 고유의 업무(예컨대, 변호사·공인회계사 등) 등으로 인하여 필요한 경우에 이사회에 참석할 수 없다던가 또는 회사의 업무에 의욕을 갖지 못하게 되면 사외이사로서 업무의 효율성이 없다고 보겠다. 따라서 사외이사로서 업무의 효율성을 높이기 위하여는 사외이사가 그의 회사의 주식을 보유하도록 하거나,55) 사외이사에게 정기적인 보수보다는 주주 및 회사를 위하여 활동함에 따른 인센티브(예컨대, 주식매수선택권 등)를 주어야 할 것으로 본다.56) 이렇게 되면 회사에서는 그러한 사외이사에

---

52) 정찬형, 전게 현대상사법논집(우계 강희갑박사 화갑기념논문집), 39면; 동, 전게 고시계 (2001. 12), 54면.
　　동지: 한국상장회사협의회, 전게 상장(2001. 6), 41~42면(이를 위하여 공공성을 지닌 사외이사 인력풀을 육성하여 체계적·전문적 운영을 도모하고 인터넷을 통해 사외이사 선임예정자의 인적 사항 등을 상시 공개하며, 사외이사로 선임된 자에 대하여는 일정기간 지정교육기관에서 전문성 제고를 위한 직무연수교육을 받도록 하여야 한다고 한다); 동, 전게 상장(2003. 3), 39~40면(사외이사가 기본적으로 이해하고 갖추어야 할 소양교육과정과 전문성 제고를 위한 교육과정을 마련하고 이를 이수하여야 한다고 한다).
53) 정찬형, 전게 현대상사법논집(우계 강희갑박사 화갑기념논문집), 40면; 동, 전게 고시계 (2001. 12), 55면.
54) 정찬형, 전게 현대상사법논집(우계 강희갑박사 화갑기념논문집), 40면; 동, 전게 고시계 (2001. 12), 55면.
55) 동지: 기업지배구조개선위원회, "기업지배구조 모범규준 개정내용," 「조선경제」, 제25556호 (2003. 2. 20), B 10면 참조.
56) 정찬형, 전게 현대상사법논집(우계 강희갑박사 화갑기념논문집), 39면; 동, 전게 고시계

대한 기업정보의 제공 및 기밀누출의 우려를 불식할 수 있고, 그러한 사외이사는 회사가 필요한 경우에는 언제든지 이사회에 출석하여 회사와 주주의 이익을 위하여 지배주주에 종속되지 않고 독립적으로 충분히 자기의 의사를 개진할 수 있을 것이다.[57)]

## 4. 감사위원회제도의 개선방안[58)]

**가.** 위에서 본 바와 같이 우리 주식회사에서 기존의 감사제도가 그 실효를 거두지 못하고 자본시장의 국제화에 따른 회사의 지배구조의 세계적인 추세를 반영한다는 점에서, IMF경제체제 후에 관련 법을 개정하여 미국의 감사위원회제도를 채택하였다. 상법상의 주식회사는 1999년 개정상법에 의하여 감사위원회제도를 종래의 감사에 갈음하여 임의적으로 채택할 수 있도록 하고(상법 제415조의 2), 최근 사업연도말 현재의 자산총액이 2조원 이상인 상장회사는 2009년 개정상법(그 이전에는 증권거래법)에 의하여 감사위원회제도를 의무적으로 채택하도록 하였다(상법 제542조의 11 1항).

그러면 이러한 감사위원회제도는 종래의 감사제도에 비하여 더 효율적인 감사를 수행하여 기업경영의 투명성 제고에 크게 기여할 수 있을까? 감사위원회제도는 다음에서 보는 바와 같이 감사제도보다도 더 많은 문제점이 있어 앞으로 입법론적으로 이를 폐지하던가 또는 대폭 개정하여야 할 것으로 본다. 이 제도를 존치시키는 경우에는 회사의 지배구조의 세계화(엄격히는 미국화)의 추세를 반영한다는 의미밖에 없겠는데, 이러한 의미에서 존치시키는 것이라도 일정규모 이상의 상장회사 등에 대하여(즉, 어떠한 회사에 대하여) 의무적으로 이를 채택하도록 하여서는 안 될 것으로 본다. 즉, 회사가 감사제도를 채택할 것인가 또는 감사위원회제도를 채택할 것인가는 회사가 그의 제반사정에 의하여 임의로 선택하도록 하

---

(2001. 12), 54면.
   동지: 한국상장회사협의회, 전게 상장(2003. 3), 42면.
57) 정찬형, 전게 현대상사법논집(우계 강희갑박사 화갑기념논문집), 40면; 동, 전게 고시계 (2001. 12), 55~56면.
   현행 사외이사제도의 개선방안에 대한 논의에 관하여는 권종호, "한국형 사외이사제도의 문제점과 그 개선방안에 관한 입법론적 모색," 「상장협」, 제44호(2001, 추계호), 108~137면; 임중호, "사외이사제도의 정착을 위한 선결과제," 「상장」, 제310호(2000. 10), 6~10면; 한국상장회사협의회, 전게 상장(2001. 6), 40~44면 등 참조.
58) 이에 관하여는 정찬형, 전게 고려법학(제38호), 54~56면; 동, 전게 현대상사법논집(우계 강희갑박사 화갑기념논문집), 45~47면 참조.

여야지, 법(국가)에서 일률적으로 강제(강요)하는 것은 바람직하지 않다고 본다.

　　나. 감사위원회는 감사와 같이 회계감사를 포함하여 업무집행 전반을 감사할 권한을 갖는데(상법 제415조의 2 7항, 제412조). 업무집행에 관하여 이사회의 구성원인 (사외)이사가 다시 감사위원회 위원으로서 업무집행을 담당한 이사의 직무를 감사한다는 것은 그 자체가 모순이며 또한 이는 감사보다도 그 지위의 독립성과 감사의 실효성에서 많은 문제점을 야기하고 있다.

　　다. 감사위원회제도를 의무적으로 채택하여야 하는 일정규모 이상의 상장회사의 경우에는 앞에서 감사위원회의 대표는 사외이사이어야 함을 강제하고 있는데(상법 제542조의 11 2항 2호), 감사위원회를 대표하고 동 위원회의 업무를 총괄하여야 할 대표를 회사의 상무에 종사하지 않는 사외이사에게 맡기는 것도 제도상 감사의 실효성을 무력화시키고 있다.

　　라. 상법상 이사회는 이사의 직무집행을 감독하므로(상법 제393조 2항) (사외)이사는 이사회의 구성원으로서 이사의 직무집행을 감독하면 충분하지(따라서 이사회의 구성원으로서 이사의 직무집행에 대한 효율적인 감독을 위하여 사외이사를 두는 점에 대하여는 의미가 있음), 다시 독립적 기구로 볼 수도 없는 감사위원회의 구성원으로서 이중으로(집행임원이 별도로 없는 우리나라의 경우) 자기가 관여한 업무에 대하여 다시 감사한다는 것은 무의미하다.

　　마. 감사위원회는 이사의 일부로 구성되는 이사회 내 위원회의 하나로서(즉, 이사회의 하부기구로서) 이러한 위원회의 결의에 대하여는 이사회가 번복할 수 있는데(상법 제393조의 2 4항), 이와 같이 이사회가 감사위원회의 감사결과를 번복하면 감사위원회의 감사결과는 무의미하게 된다. 따라서 이는 이사회가 업무집행에 참여하는 참여형 이사회제도에서는 감사의 실효성에서 근본적인 문제가 있다.

　　바. 미국의 감사위원회제도는 회계감사권한만을 갖고 이러한 회계감사의 실효를 거두기 위하여 감사위원회가 회계전문가인 (외부)감사(auditor)를 선임하여 감사를 하도록 한 것인데, 우리나라에서는 이러한 미국의 (외부)감사제도에 대응할 수 있는 (외부)감사인제도를 이미 1980년 주식회사의 외부감사에 관한 법률에 의하여 채택하고 있다가 1999년 개정상법 등에서 감사위원회제도를 도입하여 (결과적으로) 같은 미국제도를 상법과 특별법에서 이중으로 도입하여 유사한 내용에 관하여 유사한 두 기관으로부터 독립적으로 이중으로 감사를 받도록 한 점도 문제라고 본다. 따라서 감사위원회제도를 존속시키고자 하면 주식회사 등의 외부감사에 관한 법률과 관련하여 일원적으로 규정하여 통일을 기하여야 할 것으로 본다.

**사.** 상법상 감사는 감사의 독립성을 보장하기 위하여 그의 선임에 있어서 의결권이 없는 주식을 제외한 발행주식총수의 100분의 3을 초과하는 수의 주식을 가진 주주는 그 초과하는 주식에 관하여 의결권을 행사하지 못하도록 하였다(상법 제409조 2항). 또한 상장회사의 상근감사위원에 대하여는 그의 선임에서는 물론 해임에 있어서도 더욱 엄격하게 이러한 의결권을 제한하고 있으며(상법 제542조의 12 3항), 최근 사업연도말 자산총액이 1천억원 이상인 상장회사는 반드시 1인 이상의 상근감사를 두도록 하였다(상법 제542조의 10 1항, 상법 시행령 제36조 1항). 이에 비하여 감사위원회를 두어야 하는 대규모 상장회사의 사외이사인 감사위원회 위원을 주주총회에서 선임하는 경우에는 상법상 감사와 같이 의결권이 제한되나(상법 제542조의 12 4항) 해임의 경우에는 적용되지 않으므로(그러나 사외이사가 아닌 감사위원회 위원의 경우에는 선임과 해임의 모두에 이러한 의결권이 제한됨—상법 제542조의 12 3항) 그의 독립성에 문제가 있는 점, 감사위원회를 독립적인 기구로 규정하지 않고 이사회내 위원회의 하나로 규정한 것은(상법 제415조의 2 1항) 감사의 독립성과 실효성을 기존의 감사보다 더욱 취약하게 하는 문제점 등이 있다고 본다. 따라서 감사위원회제도를 존속시키고자 하면 이사회 내의 위원회의 하나로서 규정할 것이 아니라 이사회와는 독립적인 기구로 규정하여야 할 것으로 본다.

# Ⅵ. 결 어

**가.** IMF 경제체제 이후 상법·증권거래법(이 법은 2009. 2. 4.에 폐지됨) 등이 수 차례 개정되어 주식회사의 지배구조가 우리의 현실을 감안한 적절한 제도인가의 고려 없이 미국식으로 일방적으로 개정되었고, 또한 (일정규모 이상의) 상장회사 등은 이러한 새로운 제도를 강제적으로 채택하도록 하였다. 이를 통하여 우리 회사의 지배구조가 종전에 비하여 기업경영의 효율성과 투명성을 담보하고 있는 것이 되었는지 의문이다.

**나.** 먼저 이러한 새로운 제도를 각 회사의 실정을 고려함이 없이 강제적으로 채택하도록 하는 것은 매우 큰 문제이며, 또한 외국의 입법례에도 거의 없는 무리한 것이라고 본다. 또한 기업경영의 투명성을 보장하기 위한 근본적인 회사지배구조의 개선을 하기 위하여는 업무집행기능과 이를 감독하는 업무감독기관을 반드시 분리하고, 업무감독기관에 대하여는 최소한 업무집행자의 임면권·보

수결정권 및 그의 업무수행에 따른 회계감사권을 반드시 부여하여 업무감독기능의 실효성을 기하고 또한 활성화하여야 할 것으로 본다. 이와 같이 보면 업무감독기능을 수행하는 현행 이사회에 대하여는 원칙적으로 전원 업무를 집행하지 않고 또한 업무집행기관과 이해관계가 없는 사외이사로 구성하여야 하고, 업무집행기관(임원)은 이사회에 의하여 별도로 구성되어야 할 것이다. 따라서 대주주는 위와 같이 업무집행기관과 업무감독기관이 분리된 기업지배구조하에서는 원칙적으로 양자의 지위를 겸할 수 없고, 부득이 사내이사로서 양자의 지위를 겸하는 경우에는 이러한 사내이사(집행임원)와 이해관계가 없는 과반수의 사외이사로 구성된 이사회를 통하여 철저한 감독을 받아야 할 것이다. 이와 같이 양자를 분리하는 것은 독일의 이원적 경영기구(중층제도)나 이사회가 집행임원을 별도로 선임하는 영미의 일원적 경영기구의 취지에도 맞고, 또한 미국의 ALI의 원칙 및 유럽보고서에 나타난 회사지배구조의 개선방향에도 맞는 것으로 본다.

　　**다.** 위와 같이 업무집행기관(집행임원)과 업무감독기관을 분리하는 경우에 업무집행을 담당하는 집행임원의 의무와 책임은 업무집행을 담당하지 않는 사외이사의 그것과 구별하여 규정하여야 할 것으로 본다. 왜냐하면 양자는 회사의 업무집행의 유무 외에도 회사의 정보접근 등에서 많은 차이가 있기 때문이다.

　　**라.** 이러한 기업지배구조가 충분히 실효를 거두기 위하여는 업무집행기관(집행임원)으로부터 명실공히 독립되고 또한 전문성과 경험이 풍부한 사외이사를 선임하는 제도를 모색하는 일인데 이 점에 관하여는 회사마다 그 상황이 매우 다를 것이므로 해당 회사에 가장 적합한 기준과 방법이 나올 수 있는 방안을 앞으로 더 연구·검토하여야 할 것으로 본다.[59]

　　**마.** 종래의 감사제도보다 더 많은 문제점이 있는 감사위원회제도는 전면 재검토되어야 할 것으로 본다. 앞으로 주식회사의 지배구조를 전면적으로 재검토하는 경우는 독일의 이원적 경영기구(이사회와 감사회에 의한 중층제도)도 새롭게 검토되어야 할 것으로 본다.

---

59) 정찬형, 전게 고려법학(제40호), 65~66면.

# 주식회사 지배구조관련 개정의견*

## Ⅰ. 서 언

　　주식회사 내지 기업에서 가장 중요한 두 가지의 문제는 투명하고 효율적인 경영을 위하여 지배구조(Corporate Governance)를 어떻게 개선하고 또 계산(회계)의 진실성을 어떻게 확보할 것인가에 있다. 따라서 IMF 경제체제 이후 IMF 등에서 이 두 가지를 위하여 상법 등 경제관련법령의 개정을 강력하게 요구한 적이 있다. 이곳에서는 지배구조의 개선을 위한 상법개정사항에 대해서만 다룬다.

　　주식회사에서 투명하고 효율적인 경영을 담보하기 위하여 지배구조를 어떻게 개선할 것인가는 업무집행기관과 이에 대한 감독(감사)기관을 어떻게 구성할 것인가의 문제이다. 이 때 일반적으로 업무집행기관의 권한이 강력하여 이에 대한 감독(감사)기관이 유명무실하기 쉽다. 따라서 주식회사에서 투명하고 효율적인 경영을 위하여 지배구조를 어떻게 구성할 것인가는 업무집행기관에 대하여 감독(감사)기관을 어떻게 기관구성하고 업무집행기관에 대한 효율적인 감독(감사)을 위하여 어떠한 권한을 부여할 것인가에 초점이 있다고 볼 수 있다.

---

* 이 글은 정찬형, "주식회사 지배구조관련 개정의견," 「상사법연구」(한국상사법학회), 제24권 제2호(2005. 8), 139~176면의 내용임(이 글에서 필자는 감독기관인 이사회와 분리된 업무집행기관으로서 집행임원에 관한 입법을 구체적으로 제시하고 있는데, 이는 그 후 상법상 집행임원을 규정하는데 많은 참고가 되었음).
　　이와 관련하여 참고할 수 있는 필자의 글로는 정찬형, "한국 주식회사에서의 집행임원에 관한 연구," 「백산상사법논집(백산 정찬형 교수 화갑기념)」, 박영사, 2008. 8. 3, 474~494면 외 다수 있음.

업무집행기관과 감독(감사)기관에 대하여 그 권한분배를 어떻게 할 것인가에 대하여는 크게 영미제도인 단층제도(이사회제도)(one-tier or single-board system)와 독일제도인 중층제도(two-tier or dual board system)가 있는데, 어느 제도도 문제가 있어 최근 미국 및 유럽 등에서도 회사지배구조에 관한 개선논의가 매우 활발하게 진행되고 있다.[1] 따라서 우리나라의 경우에도 이에 동참하여 우리에게 가장 알맞은 회사의 지배구조에 관하여 입법할 필요가 있다고 본다.

우리나라에서는 IMF 경제체제 이후 투명하고 효율적인 경영을 위하여 회사지배구조의 개선에 관하여 상법 등 경제관계법령을 여러 차례 개정하여 회사지배구조에 관하여 미국제도를 도입하였다. 이러한 개정으로 지배구조에 크게 변화를 가져온 것으로는 사외이사제도를 강제적으로 도입하여 이사회의 업무집행기관에 대한 감독기능을 강화하고자 하였고, 감사위원회제도를 도입한 점이다. 그런데 이러한 새로운 제도의 도입으로 기업경영이 더 투명하고 효율성을 가져오고 있는가? 어떤 제도(특히, 감사위원회제도)는 기존의 제도보다 더 비효율적이고 또 어떤 제도(특히, 사외이사 중심의 이사회제도)는 기존의 법체계와 조화하지 못하여 많은 법률상의 문제점을 야기하고 있다. 이러한 점은 우리의 기존 법질서와 사회현실을 무시하고 일방적으로 미국의 제도를 도입한 데 그 원인이 있는 것으로 본다. 따라서 IMF 경제체제도 극복한지 몇 년이 지났고 또한 새로운 제도에 대한 시행착오 및 문제점도 경험한 현재 시점에서, 우리에게 가장 적합하고 효율적인 새로운 회사지배구조의 모델을 찾아서 회사법의 기본법인 상법을 개정하여 상법이 우리 경제현실에 부응하면서 우리 경제를 실질적으로 지원하는 법이 되도록 하여야 할 것이다. 이러한 지배구조에 관한 상법의 개정에 있어서는 어느 일방의 국가에 치우친 급격한 개정을 피하고 또한 우리 실무 현실을 무시해서는 않되는데, 이러한 점을 반영하여 우리나라 주식회사의 지배구조에 관한 상법개정안을 제시하여 보고자 한다.

---

1) 이에 관하여는 정찬형, "사외이사제도의 개선방안," 「고려법학」(고려대 법학연구원), 제40호 (2003), 46~54면; 동, "주식회사의 지배구조와 권한의 분배," 「상사판례연구」(한국상사판례학회), 제16집(2004), 15~22면 참조.

## II. 현행제도 및 문제점

### 1. 주식회사의 업무집행기관 및 이에 대한 문제점

#### 가. 주식회사의 업무집행기관

(1) 현행 상법상 주식회사의 업무집행기관은 (원칙적으로) 이사회(상법〈이하 '상'으로 약칭함〉 제393조 1항)와 대표이사(상 제389조 3항, 제209조 1항)이다(통설). 즉 이사회는 상법 및 정관에 의하여 주주총회의 권한으로 규정되어 있는 사항을 제외하고는 회사의 업무집행에 관한 '모든' 사항에 대하여 의사결정을 할 권한이 있으며(상 제393조 1항),2) 대표이사는 대내적으로는 주주총회 및 이사회에서 결정한 사항에 관하여 업무를 집행할 권한이 있고 대외적으로는 회사의 영업에 관한 재판상·재판외의 모든 행위에 대하여 회사를 대표할 권한이 있다(상 제389조 3항, 제209조 1항).

(2) 그러나 1998년 개정상법에 의하여 자본의 총액이 5억원 미만인 회사(2009년 개정상법에 의하면 자본금 총액이 10억원 미만인 회사)는 1인 또는 2인의 이사만을 둘 수 있으므로(상 제383조 1항 단서), 이로 인하여 회사가 1인의 이사만을 둔 경우에는(2009년 개정상법에 의하면 회사가 1명 또는 2명의 이사를 둔 경우에는) 그러한 주식회사의 업무집행기관은 이사회와 대표이사로 이원화되지 않고 이사로 일원화되는데(상 제383조 6항) 이는 유한회사의 업무집행기관과 아주 유사하게 된다(상 제561조 참조).

#### 나. 주식회사의 업무집행기관에 대한 문제점

(1) 위에서 본 바와 같이 우리 상법상 자본금 총액이 10억원 미만인 주식회사는 업무집행기관이 「이사」이고, 자본금총액이 10억원 이상인 주식회사는 업무집행기관이 「이사회」와 「대표이사」이다.3) 이에 대하여는 특별한 문제점이 없다.

---

2) 이러한 이사회의 효율적인 운영과 또한 이사회 의사결정의 객관성과 전문성을 확보하기 위하여 1999년 개정상법은 회사는 정관의 규정에 의하여 이사회 내에 위원회를 설치할 수 있도록 하였다(상 제393조의 2).

3) 주식회사의 업무집행기관이 이사회와 대표이사로 분화되는 경우에 이사의 기관성 여부에 대하여는 긍정설(소수설)과 부정설(다수설)이 있으나, 부정설이 타당하다고 본다[정찬형, 「상법강의(상)(제8판)」(서울: 박영사, 2005), 791면]. 이와 같이 이사의 기관성을 부정하면 이사의 지위는 이사회의 구성원과 대표이사가 될 수 있는 전제자격에 불과하다(정찬형, 상게 상법강의, 792면).

(2) 그런데 상법에 의하여 사외이사를 두는 것을 강제하는 대규모 주식회사(사외이사를 3인 이상으로 하고 또한 이사 총수의 과반수가 되도록 하는 주식회사)(상 제542조의 8 1항 단서, 상시 제34조 2항)는 이러한 사외이사를 두는 것을 최소화할 목적으로[4] 이사의 수를 대폭 축소하고 회사의 정관 또는 내규에 의하여 또는 대표이사에 의하여 선임된 집행임원을 두게 되었다(이러한 집행임원은 등기되지 않으므로 '비등기임원'이라고도 불리운다). 이러한 (사실상) 집행임원은 실제로 종래에 등기이사가 수행하던 직무를 담당하고 이로 인하여 보수 등에서도 등기이사와 거의 동등한 대우를 받고 있으면서도, 상법 등 법률상 근거가 없는 새로운 제도로서 발생하게 되었다. 또한 이러한 (사실상) 집행임원은 회사의 규모가 클수록 그 수가 많은데, (사실상) 집행임원(비등기임원)의 수가 500명을 초과하는 주식회사도 있다.

이러한 (사실상) 집행임원(비등기이사)은 오늘날 실제로 IMF 경제체제 이전의 등기이사의 업무를 수행하면서도 주주총회에서 선임되지 않았고 또한 등기가 되지 않았다는 이유로 우리 대법원판례는 이러한 (사실상) 집행임원은 상법상 이사로서의 직무권한을 행사할 수 없다고 판시하고 있다.[5] 따라서 이러한 (사실상) 집행임원은 실제로 과거에 (등기)이사가 수행하던 업무를 수행하면서도 그의 지위·권한·의무·책임 등에 대하여 상법 등 법률에 규정하지 않음으로 인하여 많은 법률문제가 야기되고 있다.

그러므로 상법에 의하여 사외이사를 이사 총수의 과반수(및 3인 이상) 두도록 한 경우에는 이사의 주기능을 이사회를 통하여 업무집행기관에 대한 업무감독에 두고 있으므로 반드시 업무집행기관으로 집행임원에 관한 규정을 두어야 할 것으로 본다.[6] 그런데 상법 등에서 집행임원에 관한 규정을 두고 있지 않으므로 상법에서 집행임원(및 대표집행임원)에 관한 규정을 두어 집행임원의 지위·권한·의무·책임에 관하여 명확히 하여야 할 것으로 본다(2011년 개정상법 제408조의 2~

---

4) 이와 같이 사외이사를 두는 것을 최소화하는 것은 사외이사에 대한 기업정보의 대외유출을 우려하고, 사외이사로 인한 이사회의 의사결정지연 및 비용부담의 증가를 우려하기 때문이다 [양동석, "임원제도도입에 따른 법적 문제,"「상사법연구」(한국상사법학회), 제20권 2호(2001), 113~114면].

5) 대판 2003. 9. 26, 2002 다 64681.

6) 동지: 정찬형, "한국 주식회사에서의 집행임원에 대한 연구,"「고려법학」(고려대 법학연구원), 제43호(2004), 51면; 동, 전게 상사판례연구(제16집), 32~35면; 강희갑,「회사지배구조론」(서울: 명지대 출판부, 2004), 273면; 양동석, 전게논문(상사법연구, 제20권 2호), 144~145면; 전우현, "주식회사 감사위원회제도의 개선에 관한 일고찰—집행임원제 필요성에 관한 검토의 부가,"「상사법연구」, 제23권 3호(2004), 280~289면; 양만식, "집행임원제도의 도입에 따른 지배구조론의 전개,"「상사법연구」, 제24권 1호(2005), 196면, 222~226면.

제408조의 9는 집행임원에 대하여 규정하고 있으나, 회사는 선택에 의하여 집행임원을 둘 수 있는 것으로 규정함). 또한 이러한 회사의 경우에는 이사회의 회의를 주관할 이사회의장에 관한 규정을 별도로 두어야 할 것이며, 대표집행임원이 이사회의장을 겸할 수 없도록 하여야 할 것으로 본다(2011년 개정상법에서는 이것이 반영되지 못함). 그러나 사외이사가 강요되지 않는 중소규모 주식회사에서는 이사가 (이사회 및 대표이사를 통하여 간접적으로 또는 직접) 업무집행을 할 것이므로 집행임원을 둘 필요가 없을 것이다.

## 2. 주식회사의 감독(감사)기관 및 이에 대한 문제점

### 가. 주식회사의 감독(감사)기관

(1) 현행 상법상 주식회사의 업무집행기관에 대한 「감독기관」은 이사회이다(상 제393조 2항). 또한 주식회사의 업무집행기관에 대한 「감사기관」은 감사(상 제412조 1항) 또는 감사위원회(상 제415조의 2)이다. 1999년 개정상법은 주식회사는 정관이 정하는 바에 따라 이사회내 위원회의 하나로서 감사위원회를 감사에 갈음하여 채택할 수 있음을 규정하고 있는데(상 제415조의 2 1항), 이러한 감사위원회제도는 그간의 기업풍토와 감사현실에서 종래의 감사제도가 그 실효를 거두지 못하였다는 점과 자본시장의 국제화에 따라 회사의 지배구조에 관한 세계적인 추세를 반영한다는 점 등에서 미국의 감사위원회제도를 채택한 것이다.7) 상법상 감사위원회는 3명 이상의 이사로 구성하는데, 사외이사가 위원의 3분의 2 이상이어야 함을 규정하고 있다(상법 제415조의 2 2항).8)

(2) 그런데 일정규모 이상의 대규모 주식회사는 위에서 본 바와 같이 상법에 의하여 사외이사를 3인 이상이고 이사 총수의 과반수가 되도록 강제하고 있는데(상 제542조의 8 1항 단서), 이는 주식회사의 이사회의 주기능을 업무집행보다는 업무감독에 두고자 하는 것이라고 볼 수 있다(따라서 이러한 주식회사의 경우는 앞에서 본 바와 같이 업무집행기관인 집행임원을 별도로 두어야 한다). 따라서 이러한 주식회사가 업무집행기관인 집행임원을 별도로 두면 「감독기관」인 이사회는 감독의 실효를 거둘 수 있다고 본다.

또한 이러한 회사는 주식회사의 업무집행기관에 대한 「감사기관」으로 반드

---

7) 정찬형, 전게 상법강의, 895면.
8) 이에 관하여는 정동윤, "한국형 감사위원회 제도의 허와 실," 「상장」, 2000. 2, 11면 참조.

시 감사위원회를 두도록 하였다9)(상 제542조의 11 1항). 상법상 감사위원회의 설치
가 강제되는 경우에는 동 위원회는 3명 이상의 이사와 총위원의 3분의 2 이상을
사외이사로 구성하여야 하고(상 제542조의 11 2항 전단), 이 경우 위원 중 1명 이상
은 대통령령으로 정하는 회계 또는 재무 전문가이어야 하며 또한 감사위원회의
대표는 사외이사이어야 한다(상 제542조의 11 2항 후단). 이러한 감사위원회의 설치
가 강제되는 회사는 감사위원회 위원인 사외이사의 사임·사망 등의 사유로 인하
여 사외이사의 수가 감사위원회 총위원의 3분의 2 이상의 요건에 미달하게 된
때에는 그 사유가 발생한 후 처음으로 소집되는 주주총회에서 그 요건에 합치되
도록 사외이사를 선임하여야 한다(상 제542조의 11 4항). 또한 이러한 감사위원회
의 설치가 강제되는 주식회사의 경우 감사위원회 위원이 되는 사외이사를 주주
총회에서 선임하는 경우에는 감사의 선임의 경우와 같이 원칙적으로 발행주식총
수의 100분의 3을 초과하는 주식에 관하여는 의결권을 행사하지 못한다(상 제542
조의 12 4항).

## 나. 주식회사 감독(감사)기관에 대한 문제점

(1) 현행 상법상 주식회사의 업무집행기관인 이사회(상 제393조 1항)가 다시
업무집행기관(이사)10)에 대한 감독기관(상 제393조 2항)이라는 점은 처음부터 자기
모순이며 원칙적으로 업무집행기관에 대한 감독의 실효(失效)를 예정하고 있다고
볼 수 있다. 우리 상법이 영미법상의 이사회제도를 도입하여 이사의 수를 3인
이상으로 한 것은 이사회의 업무집행기관에 대한 감독기능을 전제로 한 것이라
고 볼 수 있다. 그런데 실제로 이사회의 주기능이 독일식의 업무집행기능을 수행
함으로써 이사회의 업무집행기관에 대한 감독기능은 법전에만 있는 장식물로 전
환되었다.

위에서 본 바와 같이 상법에 의하여 일정규모 이상의 상장회사에 대하여 사
외이사를 3인 이상 및 이사총수의 과반수 두도록 하는 주식회사의 경우에는 종
전보다 이사회의 감독기능에는 충실하였으나, 업무집행기관인 집행임원제도를 이
사회와 구별하여 규정하지 않음으로써, 이러한 사외이사를 중심으로 한 이사회에

---

9) 상법상 최근 사업연도말 자산총액이 1천억원 이상인 상장회사는 대규모 상장회사에서와 같
   은 감사위원회를 설치하지 않는 경우 1인 이상의 상근감사를 두어야 한다(상 542조의 10 1항).
10) 이는 엄격히 말하면 주식회사에서 상법상 업무집행기관은 대표이사이므로 대표이사를 의미
    한다고 볼 수 있다.

의하여는 업무를 집행할 수 없으므로 회사가 자율적으로 두고 있는 (사실상) 집행임원(비등기임원)에 의하여 업무가 집행되게 된 것이다. 또한 이러한 (사실상) 집행임원은 상법상 (정식의) 업무집행기관이 아니므로 이러한 (사실상) 집행임원의 업무집행에 대하여 이사회가 감독권을 갖는지도 애매하게 되었다(또는 이사회가 감독권을 행사하지 못하고 있다).

(2) 현행 상법상 주식회사의 업무집행기관에 대한 감사기관은 위에서 본 바와 같이 감사 또는 감사위원회이고, 사외이사를 3인 이상 및 이사 총수의 과반수 선임해야 하는 주식회사는 상법에 의하여 업무집행기관에 대한 감사기관은 감사위원회뿐이다. 그런데 이와 같이 주식회사의 업무집행기관에 대한 감사기관에 대하여 일정한 주식회사에 대하여는 반드시 감사위원회를 두도록 하거나, 그 이외의 주식회사에 대하여는 감사위원회를 둘 수 있도록 규정한 것은, 미국의 감사위원회제도를 도입하고 있다는 형식적인 명분밖에 없고 기존 감사제도와의 조화 및 논리성과 감사의 실효성에서 너무나 많은 문제점을 야기하고 있다.

① 상법상 업무집행기관의 하나는 이사로 구성된 이사회인데, 이러한 업무집행기관에 대한 감사권한을 이사회내 위원회의 하나인 감사위원회에 맡기는 것은 그 실효성이 없으며 또한 업무집행을 담당한 자가 다시 업무집행을 감사하는 것이 되어 그 논리성에서도 모순이다. 따라서 이 경우에는 업무집행기관에 대한 감사를 업무집행기관과는 독립기관인 감사(監事)에게 맡기는 것이 훨씬 논리적이며 실효성이 있다고 볼 수 있다.

② 상법에 의하여 감사위원회를 강제로 두도록 한 대규모 주식회사 또는 특수한 주식회사의 경우에는 사외이사를 중심으로 한 이사회의 기능이 업무집행기관에 대한 감독업무에 있으므로 이러한 이사회내의 위원회의 하나인 감사위원회가 이사회와는 별도의 업무집행기관인 집행임원의 업무집행에 대하여 감사를 하도록 하는 것은 의미가 있으나, 현재와 같이 집행임원제도를 두지 않으면서 감사위원회에게 감사업무를 맡기는 것은 ①과 같은 문제점이 있어 감사의 실효성을 반감시키고, 현행 감사(監事)에 의한 감사보다도 못한 결과를 가져오게 된다.

## Ⅲ. 외국입법례

주식회사 업무집행기관 및 감독(감사)기관에 대한 외국의 입법례에 관하여는 미국과 일본의 입법례에 대하여만 소개하겠다. 미국의 입법례에 관하여는 미국법조협회가 1992년 3월 31일에 최종안으로 제안한 회사지배구조의 원칙(American Law Institute, Principle of Corporate Governance: Analysis and Recommendation, 이하 'ALI'로 약칭함)과 미국 변호사회 회사법위원회가 제정한(1946년에 제정되고 그 후 1950년·1969년·1984년·1998년·1999년에    개정됨)    모범사업회사법(Committee    on Corporate Laws of American Bar Association, Model Business Corporation Act, 이하 'MBCA'로 약칭함)상의 규정을 소개하겠으며, 일본의 입법례에 관하여는 일본 주식회사의 감사 등에 관한 상법의 특례에 관한 법(이하 '일상법특'으로 약칭함)(이 법은 그 후 2005년에 제정된 회사법에 흡수됨)상의 규정을 소개하겠다.

## 1. 업무집행기관(집행임원)

## 가. 미 국

### (1) 집행임원(executive officer)의 선임 및 해임

ALI에 의하면 공개회사(publicly held corporation)의 업무집행은 이사회에 의하여 선임된 주요 상급집행임원(principal senior executive)에 의하여 또는 이들의 감독하에 수행되어야 하고, 또한 이사회나 주요 상급집행임원의 위임을 받은 기타 집행임원(other officer) 및 피용자에 의하여 수행되어야 한다[ALI 제3.01조]. 이때 공개회사란 '최근 정기주주총회의 소집을 위한 기준일 현재 주주 수가 500명 이상이고 총자산이 500만 달러 이상인 회사'를 말하고[ALI 제1.31조], 주요 상급집행임원이란 '대표집행임원(chief executive officer)·총무집행임원(operating officer), 재무집행인원(financial executive officer), 법률집행임원(legal executive officer), 회계집행임원(accounting executive officer)'을 말하며[ALI 제1.30조, 제1.27조 (a)항], 기타 집행임원이란 '주요 상급집행임원이 아닌 자로서 이사 업무 이외의 정책결정 기능을 수행하거나 이사의 보수를 초과하여 상당한 보수를 수령하는 이사회 의장, 일정한 단위부서(판매·관리·금융 등)에서 업무를 담당하는 부장(president)·재무(treasurer)·총무(secretary)·부부장(vice-president) 또는 부의장(vice-chairman) 및 기타 회사에 의하여 집행임원으로 선임된 자'를 말한다[ALI 제1.27조 (b)항·(c)항]. 또한 ALI에 의하면 공개회사의 이사회는 주요 상급집행임원을 선임하고, 정기적으로 평가하며, 그 보수를 정하고, 필요한 경우에는 해임할 수 있는 권한을 갖는다[ALI 제3.02조 (a)항 (1)호].

MBCA에 의하면 회사는 부속정관(bylaws)에 의하여 또는 부속정관에 따라

이사회에 의하여 선임된 집행임원을 두는데[MBCA 제8.40조 (a)항], 정당하게 선임
된 집행임원도 부속정관이나 이사회의 수권에 의하여 1인 이상의 다른 집행임원
이나 副집행임원을 선임할 수 있다[MBCA 제8.40조 (b)항]. 동일인이 회사에서 동
시에 2 이상의 집행임원의 직무를 겸임할 수 있다[MBCA 제8.40조 (d)항]. 집행임
원은 언제든지 회사에 통지함으로써 사임할 수 있는데, 이러한 통지서에 후의 특
정일을 지정하지 않는 한 통지서가 도달하였을 때에 사임의 효력이 발생한다
[MBCA 제8.43조 (a)항]. 이사회는 언제든지 이유가 있든 또는 없든 상관없이 어떠
한 집행임원도 해임할 수 있다[MBCA 제8.43조 (b)항].

### (2) 집행임원의 보수

ALI에 의하면 주요 상급집행임원의 보수는 이사회가 정한다[ALI 제3.02조 (a)
항 (1)호].

### (3) 집행임원의 권한

ALI에 의하면 공개회사의 업무집행은 이사회에 의하여 선임된 주요 상급집행
임원에 의하여 또는 이들의 감독하에 수행되며[ALI 제3.01조], 이사회는 법령에 달
리 규정이 없으면 그의 권한을 집행임원에게 위임할 수 있다[ALI 제4.01조 (b)항].

MBCA에 의하면 집행임원은 회사의 업무를 집행할 권한을 갖고 또한 부속
정관에서 규정하고 있는 의무를 이행하여야 한다[MBCA 제8.41조]. 부속정관이나
이사회는 집행임원 중 1인에게 이사회 및 주주총회 의사록의 작성 및 회사기록
의 인증을 위한 권한을 위임할 수 있다[MBCA 제8.40조 (c)항].

### (4) 집행임원의 의무

ALI에 의하면 집행임원은 이사와 같이 회사에 대하여 그의 업무를 선의로,
그가 회사에 대하여 최대의 이익이 된다고 합리적으로 신뢰한 방법으로, 또한 일
반적으로 신중한 자라면 동일한 지위와 유사한 상황에서 합리적으로 그렇게 할
것으로 기대되는 주의로써 수행하여야 할 의무(주의의무)를 부담하는데, 이 의무는
경영판단의 원칙이 적용되는 범위에서 적용된다[ALI 제4.01조 (a)항·(c)항]. 또한 상
급집행임원은 원칙적으로 회사와의 자기거래금지의무(duty of fair dealing)[ALI 제
5.01조, 제5.02조, 제5.07조], 금전상의 이익을 위하여 회사의 자산·회사의 중요한
미공개정보 또는 회사의 지위를 이용할 수 없는 의무[ALI 제5.04조], 회사기회
(corporate opportunity) 이용금지의무[ALI 제5.05조], 회사와의 경업피지의무[ALI 제
5.06조] 등의 의무를 부담한다.

MBCA에 의하면 집행임원의 의무는 부속정관에 규정되거나, 이사회가 규정

하거나 또는 이사회로부터 수권받은 집행임원이 다른 집행임원의 의무를 규정한다[MBCA 제8.41조]. 또한 집행임원은 그의 업무를 집행함에 있어 (ⅰ) 선의로, (ⅱ) 일반적으로 신중한 자라면 동일한 지위와 유사한 상황에서 그렇게 하였을 주의로써, (ⅲ) 그가 회사에 대하여 최대의 이익이 된다고 합리적으로 신뢰한 방법으로 하여야 할 의무(주의의무)를 부담한다[MBCA 제8.42조 (a)항].

### (5) 집행임원의 책임

ALI에 의하면 집행임원이 주의의무(duty of care)에 위반하였다고 주장하여 그에게 손해배상책임을 묻는 경우, 이를 주장하는 자(원고)가 주의의무 위반사실 및 이 위반과 회사가 입은 손해간의 인과관계에 대한 증명책임을 진다[ALI 제4.01조 (d)항].

MBCA에 의하면 집행임원이 본조[MBCA 제8.42조(집행임원의 행위기준)]의 의무를 이행한 경우에는 집행임원은 업무집행에 관한 어떠한 의사결정에 따랐는지 여부에 불문하고 또는 집행임원으로서 어떠한 집행도 하지 않았다는 이유로 책임을 지지 아니한다. 본조를 준수하지 않는 집행임원이 책임을 부담하는지 여부는 본법 제8.31조(이사의 책임기준)를 포함하여 해당 법률의 적용 여부에 달려있다[MBCA 제8.42조 (C)항].

### (6) 대표집행임원

ALI는 대표집행임원을 주요 상급집행임원의 하나로 규정하고 있고[ALI 제1.30조, 제1.27조 (a)항], 동법에서 상급집행임원에 대하여는 이사와 동일한 의무를 부과하고 있다.

## 나. 일 본

### (1) 집행임원의 선임·임기·해임

일본의 상법특례법에 의하면 집행임원은 이사회에서 선임하고, 임기는 1년이며[일상법특 제21조의 13], 이사회의 결의에 의하여 언제든지 해임될 수 있는데[일상법특 제21조의 13], 이에 관한 상세는 아래와 같다.

**[일상법특 제21조의 13(집행임원의 선임 등)]**

① 집행임원은 이사회에서 선임한다. 위원회 등 설치회사를 설립하는 경우에도 같다.

② 전항 후단의 규정에 의하여 집행임원이 선임되었을 경우에도 위원회 등 설치

회사의 성립 전에는 집행임원은 그 권한을 행사할 수 없다. 다만 상법 제188
조에서 정하는 등기에 관한 사무에 대해서는 그러하지 아니하다.

③ 집행임원의 임기는 취임 후 1년 내의 최종의 결산기에 관한 정기총회가 종결
한 후 최초로 개최되는 이사회의 종결시까지로 한다.

④ 위원회 등 설치회사는 정관에서도 집행임원이 주주이어야 한다고 정하지 못
한다.

⑤ 이사는 집행임원의 직무를 겸할 수 있다.

⑥ 집행임원은 언제든지 이사회의 결의에 의하여 해임될 수 있다.

⑦ 전항의 규정에 의하여 해임된 집행임원은 그 해임에 대하여 정당한 사유가
없는 경우에는 위원회 등 설치회사에 대하여 해임으로 인한 손해의 배상을
청구할 수 있다.

### (2) 집행임원의 보수

일본 상법특례법상 집행임원에 대한 보수는 보수위원회가 결정하는데, 보수
위원회는 집행임원이 받는 개인별 보수의 내용결정에 관한 방침을 정한 후 개인
별 보수의 내용을 결정하여야 한다(일상법특 제21조의 8 3항, 제21조의 11).

### (3) 집행임원의 권한

일본 상법특례법상 집행임원의 권한은 이사회의 결의에 의하여 위임받은 사
항을 결정하고 회사의 업무를 집행할 수 있는데[일상법특 제21조의 12], 이에 관한
상세는 다음과 같다.

### [일상법특 제21조의 12(집행임원의 권한)]

집행임원의 권한은 다음의 사항으로 한다.

1. 제21조의 7 제3항의 규정에 의한 이사회의 결의에 근거하여 해당 결의에 의
하여 위임받은 사항의 결정에 관한 사항

2. 위원회 등 설치회사의 업무의 집행에 관한 사항

### (4) 집행임원의 의무

일본 상법특례법상 집행임원은 3월에 1회 이상 업무집행상황을 이사회에 보
고하여야 하고, 이사회의 요구가 있으면 이사회에 출석하여 설명하여야 한다[일
상법특 제21조의 14 1항·2항]. 또한 일본 상법특례법상 회사와 집행임원의 관계는

위임관계로 보므로 집행임원은 회사에 대하여 선관의무를 지고 충실의무도 지는데[일상법특 제21조의 14 7항 4·5호], 이에 관한 상세는 아래와 같다.

**[일상법특 제21조의 14(집행임원의 이사회에 대한 보고의무 등)]**

① 집행임원은 3월에 1회 이상 업무의 집행상황을 이사회에 보고하여야 한다. 이 경우에 집행임원은 대리인(다른 집행임원에 한정한다)에게 해당 보고를 위임할 수 있다.

② 집행임원은 이사회의 요구가 있을 때에는 이사회에 출석하여 이사회가 요구한 사항에 대하여 설명을 하여야 한다.

③ 집행임원은 제21조의 7 제1항 제4호의 이사에 대하여 회의의 목적사항을 기재한 서면을 제출하고 이사회의 소집을 청구할 수 있다.

④ 상법 제259조 제3항의 규정은 집행임원이 전항에 규정하는 청구를 하는 경우에 대해서, 동조 제4항의 규정은 전항에 규정한 청구가 있는 경우에 해당 청구를 한 집행임원에 대하여 준용한다.

⑤ 집행임원은 위원회 등 설치회사에 현저한 손해가 발생할 염려가 있는 사실을 발견한 때에는 즉시 감사위원에게 이를 보고하여야 한다.

⑥ 집행임원은 상법 제247조 제1항 , 제252조, 제280조의 15 제1항, 제363조 제1항, 제372조 제1항, 제374조의 12 제1항, 제374조의 28 제1항, 제380조 제1항, 제415조 제1항 및 제428조 제1항에서 규정하는 소송의 제기에 대해서는 이사로 간주한다.

⑦ 다음의 각 호의 규정은 해당 각 호에서 규정된 사항에 대하여 준용한다.

　1. 상법 제617조의 2: 집행임원의 직무집행정지 또는 직무대행자 선임의 가처분 또는 해당 가처분의 변경 또는 취소하는 것

　2. 상법 제710조의 2: 가처분명령에 의하여 선임된 집행임원의 직무대행자

　3. 상법 제237조의 3: 주주가 요구한 사항에 대하여 집행임원의 주주총회에 있어서의 설명

　4. 상법 제254조 제3항: 위원회 등 설치회사와 집행임원간의 관계

　5. 상법 제254조의 2, 제254조의 3, 제258조, 제264조 및 제265조: 집행임원

## (5) 집행임원의 책임

일본 상법특례법상 집행임원은 그의 임무해태로 인하여 회사에 발생한 손해

를 배상할 책임(연대책임)이 있고[일상법특 제21조의 17], 상법상 해당 규정에 위반
하여 재산상의 이익을 취할 경우 금전지급의무가 있으며[일상법특 제21조의 20],
직무를 수행함에 있어 악의 또는 중과실이 있는 경우 제3자에 대하여 손해배상
책임(연대책임)이 있는데[일상법특 제21조의 22], 이에 관한 상세는 다음과 같다.

## [일상법특 제21조의 17(이사 및 집행임원의 회사에 대한 책임)]

① 이사 또는 집행임원은 그 임무를 해태한 때에는 위원회 등 설치회사에 대하
   여 해당 위원회 등 설치회사에 발생한 손해를 배상할 책임이 있다.
② 전항의 규정에 의한 이사 또는 집행임원의 책임은 총주주의 동의가 없으면
   면제할 수 없다.
③ 상법 제266조 제4항의 규정은 이사 또는 집행임원이 동법 제264조 제1항(제
   21조의 14 제7항 제5호에 준용하는 경우를 포함한다. 이하 이 항에서 같다)의 규정에
   위반하여 동법 제264조 제1항에 규정하는 거래를 한 경우에 있어서의 손해액
   의 추정에 대하여 준용한다.
④ 상법 제266조 제7항 내지 제16항 및 제18항의 규정은 이사가 제1항의 규정에
   의하여 위원회 등 설치회사에 대하여 지는 손해를 배상할 책임의 면제에 대
   하여 준용한다. 다만 해당 이사가 감사위원인 경우에는 동조 제9항 및 제13
   항의 규정은 준용하지 않는다.
⑤ 상법 제266조 제19항 내지 제23항의 규정은 제21조의 8 제4항 단서에 규정
   하는 사외이사가 제1항의 규정에 의하여 위원회 등 설치회사에 대하여 지는
   손해를 배상할 책임의 한도액을 정하는 계약에 대하여 준용한다. 다만 해당
   사외이사가 감사위원인 경우에 대해서는 동법 제266조 제21항의 규정은 준용
   하지 않는다.
⑥ 상법 제266조 제7항 내지 제17항의 규정은 집행임원이 제1항의 규정에 의하
   여 위원회 등 설치회사에 대해서 지는 손해를 배상할 책임의 면제에 대하여
   준용한다. 이 경우에 동조 제17항 중 「대표이사」는 「대표집행임원」으로 본다.
⑦ 전항 후단에서 정하는 것을 제외하고 전 3항의 경우에 대하여 필요한 기술적
   인 조문 변경은 정령으로 정한다.

## [일상법특 제21조의 18]

① 집행임원은 다음 각 호의 행위를 했을 때에는 위원회 등 설치회사에 대하여

해당 각 호에서 정하는 금액을 지급할 의무를 진다. 다만 그 직무의 수행에 관하여 주의를 해태하지 아니하였음을 증명했을 때에는 그러하지 아니하다.

1. 상법 제291조 제1항의 규정에 위반하는 이익의 배당에 대한 의안의 이사회에 제출(이사회에서 해당 의안에 근거하여 동항의 규정에 위반하는 결의가 있는 때에 한한다): 해당 결의에 의한 배당금액

2. 상법 제290조 제1항의 규정에 위반하는 이익의 배당: 해당 배당금액(해당 배당을 한 집행임원이 전 호의 규정에 의하여 해당 배당금액의 전부 또는 일부에 대하여 위원회 등 설치회사에 대하여 지급할 책임을 질 때는 해당금액을 공제한 금액)

3. 상법 제293조의 5 제3항의 규정에 위반하는 금전의 분배에 대한 의안을 이사회에 제출(이사회에서 해당 의안에 근거하여 동항의 규정에 위반한 결의가 있는 때에 한한다): 해당 결의에 의한 금전분배금액

4. 상법 제293조의 5 제1항의 규정에 위반한 금전의 분배: 해당 분배금액(해당 분배를 한 집행임원이 전호의 규정에 의하여 해당 분배금액의 전부 또는 일부에 대하여 위원회 등 설치회사에 대하여 지급할 책임을 질 때에는 해당액을 공제한 금액)

② 전조 제2항의 규정은 전항의 규정에 의하여 집행임원이 부담할 의무의 면제에 대하여 준용한다.

## [일상법특 제21조의 20]

① 이사 또는 집행임원은 상법 제295조 제1항의 규정에 위반하여 재산상의 이익을 공여했을 때는 위원회 등 설치회사에 대하여 해당 재산상의 이익의 가액에 상당하는 금전을 지급할 의무를 진다. 이 경우에 대해서는 동법 제267조 제2항 및 제3항의 규정을 준용한다.

② 제21조의 17 제2항의 규정은 전항의 규정에 의하여 이사 또는 집행임원이 부담할 의무의 면제에 대하여 준용한다.

## [일상법특 제21조의 21]

① 상법 제265조 제1항(제21조의 14 제7항 제5호에 대해 준용하는 경우를 포함한다. 이하 이 항에서 같다)의 승인을 받은 동법 제265조 제1항에 규정하는 거래에 의하여 위원회 등 설치회사에 손해가 발생하였을 때에는 다음에 언급한 이사 또는 집행임원은 해당 위원회 등 설치회사에 대하여 해당 손해를 배상할 책임을 진다. 다만 그 직무를 수행하는 데에 있어서 주의를 해태하지 않았음을

증명하였을 때에는 그러하지 아니하다.

1. 상법 제265조 제1항의 이사 또는 집행임원

2. 제21조의 7 제3항의 규정에 의한 위임에 근거하여 해당 거래를 하기로 결정한 집행임원

3. 상법 제265조 제1항의 승인결의에 찬성한 이사(해당 승인을 받은 거래가 위원회 등 설치회사와 이사와의 사이의 거래 또는 위원회 등 설치회사와 이사의 이익이 상반되는 거래인 경우에 한한다)

② 전항의 규정에 의한 이사 또는 집행임원의 의무는 총주주 의결권의 3분의 2 이상의 다수에 의해 면제할 수 있다. 이 경우에 있어서 해당 이사 또는 해당 집행임원은 주주총회에서 전항의 거래에 대한 중요한 사실을 설명하여야 한다.

**[일상법특 제21조의 22(이사 및 집행임원의 제3자에 대한 책임)]**

① 이사 또는 집행임원이 그 직무를 수행하는 데에 있어서 악의 또는 중대한 과실이 있는 때에는 해당 이사 또는 해당 집행임원은 이에 의하여 제3자에게 발생한 손해를 배상할 책임이 있다.

② 집행임원이 주식청약서의 용지, 신주인수권 증서, 신주예약권 신청서, 사채청약서 또는 신주인수권부 사채청약서의 용지 또는 사업설명서 또는 이러한 서류의 작성을 대신하여 전자적 기록이 되었을 경우에 있어서의 그 전자적 기록 또는 제21조의 26 제1항의 기재 또는 기록을 해야 할 중요한 사항에 대하여 허위의 기재 또는 기록을 하여, 또는 허위의 등기 또는 공고(제21조의 31 제3항에 대해 준용하는 제16조 제5항 전단에 규정하는 조치를 포함한다. 이하 이 항에서 같다)를 하였을 때도 제1항과 같다. 다만 그 기재 또는 기록, 등기 또는 공고를 하는 데에 있어서 주의를 해태하지 않았음을 증명하였을 때에는 그러하지 아니하다.

**[일상법특 제21조의 23(이사 및 집행임원의 연대책임)]**

이사 또는 집행임원이 위원회 등 설치회사 또는 제3자에게 발생한 손해를 배상할 책임이 있는 경우에 다른 이사 또는 다른 집행임원도 해당 손해를 배상할 책임이 있을 때는 서로 연대하여 책임을 부담한다.

### (6) 대표집행임원

일본 상법특례법상 이사회의 결의로 대표집행임원을 선임하고[일상법특 제21 조의 15], 표현대표집행임원의 행위는 이를 선의의 제3자에게 대항하지 못하는데[일상법특 제21조의 16], 이에 관한 상세는 다음과 같다.

**[일상법특 제21조의 15(대표집행임원)]**

① 위원회 등 설치회사는 이사회의 결의로 해당 위원회 등 설치회사를 대표할 집행임원(이하 '대표집행임원'이라고 한다)을 선임하여야 한다. 다만 집행임원이 1인인 경우에는 해당 집행임원이 당연히 대표집행임원이 된다.

② 위원회 등 설치회사는 이사회의 결의로 수 인의 대표집행임원이 공동으로 해당 위원회 등 설치회사를 대표할 것을 정할 수 있다.

③ 상법 제39조 제2항, 제78조 및 제258조의 규정은 대표집행임원에 준용한다.

### (7) 집행임원의 등기

일본 상법특례법상 집행임원의 성명, 대표집행임원의 성명 및 주소, 공동대표집행임원에 관한 사항은 등기사항으로 하고 있는데[일상법특 제21조의 34], 이는 다음과 같다.

**[일상법특 제21조의 34(등기사항)]**

① 위원회 등 설치회사의 등기에 대하여는 상법 제188조 제2항 제7호 (감사에 관한 부분에 한한다) 및 제7호의 2 내지 제9호까지 기재된 사항에 갈음하여 다음에 기재된 사항을 등기하여야 한다.

② 위원회 등 설치회사인 취지

③ 이사가 제21조의 8 제4항 단서에 규정하는 사외이사인 때에는 그 취지

④ 지명위원회, 감사위원회 및 보수위원회를 구성하는 이사의 성명

⑤ 집행임원의 성명

⑥ 대표집행임원의 성명 및 주소

⑦ 수 인의 대표집행임원이 공동으로 위원회 등 설치회사를 대표할 것을 정한 때에는 그 규정

## 2. 감독(감사)기관

## 가. 미 국

### (1) 감독기관(사외이사중심의 이사회)

ALI에 의하면 대규모 공개회사의 이사회는 동 회사의 상급집행임원과 중대한 이해관계(significant relationship)가 없는 과반수의 이사로 구성되어야 한다. 다만 동 회사의 의결권 있는 주식을 1인, 1가족 또는 하나의 지배그룹이 소유하는 경우에는 그러하지 아니하다[ALI 제3A.01조 (a)항]. 위의 대규모 공개회사에 해당하지 않는 공개회사의 이사회는 동 회사의 상급집행임원과 중대한 이해관계가 없는 3인 이상의 이사로 구성되어야 한다[ALI 제3A.01조 (b)항]. 이 때 대규모의 공개회사란 '최근 정기주주총회의 소집을 위한 기준일 현재 주주 수가 2,000명 이상이고 총 자산이 1억 달러 이상인 회사'를 말한다[ALI 제1.24조]. 또한 중대한 이해관계란 '동 회사의 최근 사업년도 말 현재 (ⅰ) 이사가 동 회사의 상근이거나 또는 과거 2년 내에 상근이었던 사실이 있는 경우, (ⅱ) 이사가 동 회사의 현재 임원의 직계가족이거나 또는 최근 2년 내에 상급임원이었던 자의 직계가족인 경우, (ⅲ) 이사가 동 회사와 과거 2년간 20만 달러를 초과하는 상사지급을 수반하는 거래를 한 사실이 있거나 또는 이사가 회사의 조직 내에서 이러한 거래를 승인하는 의결권을 갖는 경우, (ⅳ) 이사가 동 회사의 과거 2년 동안 연간 총 수입의 5%를 초과하거나 또는 20만 달러를 초과하는 거래를 하는 기업의 주요 관리자(principal manager)인 경우, 또는 (ⅴ) 이사가 일반 회사법이나 증권법의 문제에 관한 동 회사의 중요한 법률고문인 법무법인에 전문직업상 관여되어 있거나, 또는 동 회사가 소유하는 투자금융회사에 고문으로 관여하고 있거나 과거 2년 내에 동 회사가 증권을 발행하는 경우 인수인으로서의 업무를 수행한 사실이 있는 경우이다[ALI 제1.34조 (a)항].

공개회사의 이사회는 (ⅰ) 주요 상급집행임원의 선임·정기적인 평가·보수의 결정 및 필요한 경우 이의 교체, (ⅱ) 회사의 영업이 정당하게 수행되고 있는지 여부를 평가하기 위한 회사의 영업행위의 감독, (ⅲ) 회사의 금융지원의 대상 및 주요 회사의 계획 및 실행에 대한 검사와 필요한 경우 동의, (ⅳ) 회사의 재무제표를 작성하는데 사용되는 해당 감사 및 회계원칙의 주요 변경과 선택 등의 중요한 문제의 결정에 대한 검사 및 필요한 경우 동의, (ⅴ) 법률 또는 정관의 규정 등에 의하여 이사회에 위임된 기타 업무를 수행하여야 한다[ALI 제3.02조 (a)항].

이사회는 또한 (ⅰ) 회사의 계획의 수립과 채택·이의 위임 및 시행, (ⅱ) 회계원칙의 변경의 수립 및 채택, (ⅲ) 주요 상급임원에 대한 조언 및 상의, (ⅳ) 위원회·주요 상급임원 또는 기타 집행임원에 대한 지시 및 그들의 활동에 대한 감사, (ⅴ) 주주총회에 대한 제안, (ⅵ) 회사의 영업의 관리, (ⅶ) 주주총회의 승인을 요하지 않는 기타 모든 회사의 업무에 관한 행위를 할 권한을 갖는다[ALI 제3.02조 (b)항].

### (2) 감사기관(감사위원회)

ALI에 의하면 소규모 공개회사에서는 이사회의 감사기능을 시행하고 또 지원하기 위하여 반드시 감사위원회(audit committee)를 두도록 (권고)하고 있는데, 이러한 감사위원회는 재무자료의 작성에 관한 회사절차·내부감독(internal control) 및 회사의 외부감사인(external auditor)의 독립성에 대하여 정기적으로 검사한다. 감사위원회는 회사에서 현재 근무하고 있지 않고 또한 과거 2년 이내에 근무한 사실이 없는 3인 이상의 독립된 이사로 구성되어야 하는데, 그의 과반수는 회사의 상급집행임원과 중대한 이해관계가 없어야 한다[ALI 제3A.02조].

대규모 공개회사 또는 소규모 공개회사에서의 감사위원회는 (ⅰ) 외부감사인의 추천 및 그의 면책에 대한 감사, (ⅱ) 외부감사인의 보수·임기 및 독립성에 대한 감사, (ⅲ) 상급 내부감사집행임원의 임면에 대한 감사, (ⅳ) 외부감사인과 이사회간 또한 외부감사인과 상급내부감사집행임원간의 의사전달연계기능, (ⅴ) 회사의 외부감사결과·감사보고서 및 이와 관련된 경영관련문서 등의 감사, (ⅵ) 회사의 재무제표 등의 감사, (ⅶ) 외부감사인 및 상급내부감사집행임원과 상의하여 필요한 경우 회사내부감독의 적정성에 대한 감사, (ⅷ) 재무제표가 외부감사인 또는 주요 상급집행임원에 의하여 제출된 경우 이에 적용되는 감사 및 회계규칙과 관행을 변경하는 업무를 수행한다[ALI 제3A.03조].

## 나. 일 본

### (1) 감독기관(사외이사중심의 이사회)

일본 상법특례법상 위원회 등 설치회사는 (ⅰ) 지명위원회, (ⅱ) 감사위원회, (ⅲ) 보수위원회 및 (ⅳ) 1인 또는 수 인의 집행임원을 두어야 한다(일상법특 제21조의 5 1항). 위원회 등 설치회사에서의 이사는 동법 및 동법에 근거한 명령에 별도의 정함이 없으면 위원회 등 설치회사의 업무를 집행할 수 없고(일상법특 제21

조의 6 2항), 이사의 임기는 취임 후 1년 이내의 최종결산기에 관한 정기총회의 종결시까지이다(일상법특 제21조의 6 1항). 일본 상법특례법상 위원회 등 설치회사의 이사회에서의 사외이사에 관한 특별한 제한은 없으나, 각 위원회에 관하여는 집행임원이 아닌 사외이사가 그 과반수이어야 함을 규정하고 있다(일상법특 제21조의 8 4항 단서).

위원회 등 설치회사의 이사회는 ( i ) 경영의 기본방침, (ii) 감사위원회의 직무의 수행을 위하여 필요한 것으로서 법무성령으로 정한 사항, (iii) 집행임원이 수 인인 경우 집행임원의 직무분담 및 지휘·명령관계 기타 집행임원의 상호관계에 관한 사항, (iv) 집행임원으로부터 이사회의 소집청구를 받는 이사의 결정 기타 위원회 등 설치회사의 업무를 결정하며, 이사 및 집행임원의 직무집행을 감독한다(일상법특 제21조의 7 1항). 이사회는 위원회 등 설치회사의 업무결정을 이사에 위임할 수 없으나(일상법특 제21조의 7 2항), 일정한 사항을 제외하고는 집행임원에게 위임할 수 있다(일상법특 제21조의 7 3항).

### (2) 감사기관(감사위원회)

일본 상법특례법상 위원회 등 설치회사는 감사를 두지 못하고(일상법특 제21조의 5 2항), 반드시 감사위원회를 두어야 한다(일상법특 제21조의 5 1항 2호). 이러한 감사위원회는 이사가 3인 이상이고 집행임원이 아닌 사외이사가 과반수이어야 한다(일상법특 제21조의 8 4항).

감사위원회는 ( i ) 이사 및 집행임원의 직무집행의 감사, (ii) 주주총회에 제출한 회계감사인의 선임·해임 및 회계감사인을 재선임하지 않는 것에 관한 의안내용의 결정의 업무를 수행한다(일상법특 제21조의 8 2항).

감사위원회의 구성원인 이사(이하 '감사위원'으로 약칭함)는 위원회 등 설치회사 또는 그 자회사의 집행임원 또는 지배인 기타 사용인 또는 해당 자회사의 업무를 집행하는 이사를 겸할 수 없다(일상법특 제21조의 8 7항). 감사위원회가 지명한 감사위원은 언제든지 다른 이사·집행임원 및 지배인 기타 사용인에 대하여 그 직무집행에 관한 사항의 보고를 요구하거나 또는 위원회 등 설치회사의 업무 및 재산상황을 조사할 수 있다(일상법특 제21조의 10 1항). 감사위원회가 지명한 감사위원은 감사위원회의 권한(연결자회사에 관해서는 연결계산서류에 관한 것에 한한다)을 행사하기 위하여 필요한 때에는 자회사 또는 연결자회사의 업무 및 재산상황을 조사할 수 있다(일상법특 제21조의 10 2항). 감사위원은 집행임원이 위원회 등 설치회사의 목적범위 외의 행위 기타 법령 또는 정관에 위반한 행위를 하거나 또는

이러한 행위를 할 우려가 있다고 인정되는 때에는 이사회에 그 취지를 보고하여
야 한다(일상법특 제21조의 10 4항). 감사위원은 집행임원이 제4항에 규정한 행위를
하거나 또는 해당 행위를 할 우려가 있는 경우, 당해 행위에 의하여 당해 위원
회 등 설치회사에 현저한 손해가 생길 우려가 있을 때에는 당해 집행임원에 대
하여 당해 행위를 중지할 것을 청구할 수 있다(일상법특 제21조의 10 5항).


## IV. 개정의견

### 1. 업무집행기관

　　주식회사는 그 규모 및 사업의 성질에 따라 그에 가장 적합한 업무집행기관
을 선택할 수 있도록 하며, 또한 현재 운영되고 있는 주식회사의 업무집행기관을
최대한 반영하여, 다음 세 가지의 주식회사 업무집행기관에 대한 입법을 제시한다.

### 가. 업무집행기관이 「이사」인 경우

　　주식회사 자본금 총액이 10억원(1998년 개정상법에서는 5억원이었으나, 2009년
개정상법에 의하여 10억원으로 함) 미만인 경우에는 현행 상법과 같이 회사의 형편
에 따라 이사를 1인 또는 2인 둘 수 있도록 하는데(상 제383조 1항 단서), 이 경우
이사가 2인인 경우에도 이사회를 구성하는 것이 적절치 않으므로(특히 각자 의견
이 나뉠 때 이를 해결할 수 있는 방안이 없고, 이사회의 기능을 마비시킬 수 있음) 이사가
1인인 경우와 같이 취급하여야 할 것으로 본다. 따라서 이사가 2인인 경우에도
(1인인 경우와 같이) 이사 각자가 대내적으로 업무를 집행하고 대외적으로 회사를
대표한다고 보아야 할 것이다(공동대표와 구별)(이는 2009년 개정상법에서 반영됨—동
법 제383조 4항~6항 참조). 따라서 주식회사 자본금 총액이 10억원 미만인 경우에
는 회사의 업무집행기관은 「이사」가 된다.
　　이와 같이 보는 경우 1998년 개정상법 제383조 제4항 및 제5항에서 "제1항
단서의 규정에 의하여 이사가 1인이 된 경우에는 … "은 "제1항 단서의 경우에
는 … "으로 개정되어야 할 것이다. 또한 1998년 개정상법 제383조 제6항에서
"제1항 단서의 규정에 의하여 이사가 1인이 된 경우에는 그 이사가 … "는 "제1
항 단서의 경우에는 각 이사가 … "로 개정되어야 할 것이다(이는 2009년 개정상법
에서 반영됨).

## 나. 업무집행기관이 「이사회」 및 「대표이사」인 경우

주식회사 자본금 총액이 10억원 이상으로 보통 중소규모 주식회사의 경우에는 현행 상법과 같이 업무집행기관을 「이사회」와 「대표이사」로 둘 수 있다. 이러한 이사회의 주기능은 업무집행에 있으므로 이러한 이사회를 '집행이사회'(가칭)라 부를 수 있다. 이에 대하여는 현행 상법의 규정 및 해석이 그대로 적용된다.

## 다. 업무집행기관이 집행임원인 경우

주식회사 자본금 총액이 10억원 이상으로 보통 대규모 주식회사의 경우에는 사외이사를 3인 이상 및 이사 총수의 과반수를 선임하여 이사회를 사외이사 중심으로 구성함으로써 이사회의 주기능을 업무집행기관에 대한 감독에 두는 경우에는 이러한 이사회가 업무집행기관인 집행임원을 별도로 선임하여야 할 것으로 본다. 따라서 이러한 주식회사의 이사회는 그 주기능이 업무집행기관에 대한 감독에 있으므로 '감독이사회'(가칭)라고 부를 수 있다. 이러한 감독이사회를 종래에 증권거래법과 같은 특별법(현재는 상법 제542조의 8 제1항 단서임)에 의하여 반드시 두도록 한 회사는 물론이고 상법에 의하여 선택한 회사는 업무집행기관으로서 집행임원을 반드시 두어야 하며,11) 이 경우 이사회는 대표이사 대신에 이사회의 장을 두고 집행임원 중에서 대표집행임원(CEO: Chief Executive Officer)을 두도록 하며 양자는 겸직할 수 없도록 하여야 할 것으로 본다.

이와 같이 감독이사회를 둔 회사는 반드시 집행임원을 두어야 하는데, 상법에서는 집행임원의 지위·선임 및 해임·보수·임기·권한·의무·책임 및 대표집행임원 등에 대하여 다음과 같이 규정하여야 할 것이다. 이와 같이 집행임원을 둔 회사는 대표이사를 폐지하고, 이사회의 회의를 주관할 이사회의장을 두어야 한다.12)

### (1) 집행임원의 지위

회사와 집행임원과의 관계는 이사의 경우와 같이 위임에 관한 규정을 준용한다.13)

---

11) 동지: 전우현, 전게논문(상사법연구 제23권 3호), 284면.
12) 동지: 정찬형, 전게논문(고려법학 제43호), 54면.
13) 동지: 정찬형, 전게논문(고려법학 제43호), 53면; 양만식, 전게논문(상사법연구 제24권 1호), 226면; 전우현, 전게논문(상사법연구 제23권 3호), 285면.

### (2) 집행임원의 선임·해임

집행임원의 선임과 해임은 이사회에 의하여 할 수 있도록 하여야 한다.[14] 이 때 이사회는 이사 중에서 집행임원을 선임할 수 있는데(사내이사), 이러한 집행임원은 부득이한 경우에 한하며 또한 최소한으로 하여야 한다.

### (3) 집행임원의 보수

집행임원의 보수는 정관 또는 주주총회가 그 액을 정하지 아니한 때에는 이사회의 결의로 정한다.

### (4) 집행임원의 임기

집행임원의 임기는 이사와 같이 원칙적으로 3년으로 한다.[15]

### (5) 집행임원의 권한

집행임원은 이사회의 결의에 의하여 위임받은 사항의 결정 및 회사의 업무의 집행에 관한 권한을 갖고,[16] 대표집행임원은 대외적으로 회사를 대표한다. 또한 집행임원은 필요시 이사회 소집요구권을 갖는다.

### (6) 집행임원의 의무

집행임원은 이사와 같이 선관의무 및 충실의무, 회사의 영업비밀준수의무, 경업피지의무, 회사와의 자기거래금지의무, 이사회에 대한 보고의무 등을 부담한다.[17]

### (7) 집행임원의 책임

집행임원은 이사와 같이 회사 및 제3자에 대하여 손해배상책임을 진다.[18]

### (8) 대표집행임원

집행임원이 2인 이상인 경우에는 회사는 이사회의 결의로 대표집행임원을 선임하여야 하는데,[19] 이러한 대표집행임원에 대하여는 현행 상법상 대표이사에 관한 규정을 준용한다.

---

14) 동지: 정찬형, 전게논문(고려법학 제43호), 53면; 전우현, 전게논문(상사법연구 제23권 3호), 285~286면.
15) 동지: 전우현, 전게논문(상사법연구 제23권 3호), 285면.
16) 동지: 정찬형, 전게논문(고려법학 제43호), 55면.
17) 동지: 정찬형, 전게논문(고려법학 제43호), 56~59면; 양만식, 전게논문(상사법연구 제24권 1호), 226면; 전우현, 전게논문(상사법연구 제23권 3호), 286면, 288면.
18) 동지: 정찬형, 전게논문(고려법학 제43호), 59~60면; 전우현, 전게논문(상사법연구 제23권 3호), 288면.
19) 동지: 정찬형, 전게논문(고려법학 제43호), 54면; 전우현, 전게논문(상사법연구 제23권 3호), 286면.

### (9) 집행임원의 등기

회사의 집행임원이 누구이냐 하는 것은 거래안전 및 이해관계인의 신뢰를
위하여 매우 중요하므로 현행 상법상 이사와 같이 상법등기부에 등기사항으로
하는 등 공시하여야 한다.[20)]

## 2. 감독(감사)기관

주식회사의 업무집행기관에 대한 감독(감사)기관은 주식회사가 어떠한 형태
의 업무집행기관을 취하고 있느냐에 따라 다른데, 주식회사의 업무집행기관의 형
태에 따른 감독(감사)기관에 대한 입법을 제시하면 다음과 같다.

### 가. 업무집행기관이 「이사」인 경우

(1) 주식회사 자본금 총액이 10억원 미만으로서 업무집행기관인 이사가 1인
또는 2인인 경우에는 이러한 이사의 업무집행에 대한 감독기관은 「주주총회」이
다(상 제383조 4항 참조). 이 경우 상법개정은 앞의 업무집행기관의 경우와 같다.

(2) 주식회사 자본금 총액이 10억원 미만으로서 업무집행기관인 이사가 1인 또
는 2인인 경우에는 이러한 이사의 업무집행에 대한 감사기관은 이사와는 독립된 기
관인 「監事」이어야 한다. 따라서 이러한 회사의 경우에는 監事에 갈음하여 감사위원
회를 둘 수 없도록 하여야 한다. 이 경우 상법 제415조의 2 제1항의 개정을 요한다.

### 나. 업무집행기관이 「이사회」 및 「대표이사」인 경우

(1) 주식회사 자본금 총액이 10억원 이상으로서 업무집행기관이 이사회 및
대표이사인 경우에는 현행 상법과 같이 (대표)이사의 업무집행에 대한 감독기관
은 「이사회」이다(상 제393조 2항). 이 경우 현행 상법과 같다. 이 때에는 원칙적으
로 대표이사만이 업무를 집행하고, 이사는 부득이 한 경우 예외적으로만 업무를
집행하여야 하는데 이 경우 이사는 이사회 구성원으로서의 지위와 업무집행이사
의 지위는 동일인인 경우에도 개념상 구별되어야 할 것이다.

(2) 주식회사 자본금 총액이 10억원 이상으로서 업무집행기관이 이사회 및
대표이사인 경우에는 (대표)이사의 업무집행에 대한 감사기관은 이사와는 독립된
기관인 「監事」이어야 한다. 따라서 이러한 회사의 경우에는 監事에 갈음하여 감

---

20) 동지: 정찬형, 전게논문(고려법학 제43호), 53~54면; 양만식, 전게논문(상사법연구 제
    24권 1호), 226면; 전우현, 전게논문(상사법연구 제23권 3호), 285면.

사위원회를 둘 수 없도록 하여야 한다. 이 경우 상법 제415조의 2 제1항의 개정을 요한다.

### 다. 업무집행기관이 집행임원인 경우

(1) 주식회사 자본금 총액이 10억원 이상으로서 이사회를 사외이사 3인 이상 및 이사총수의 과반수로 구성하여 감독이사회를 두고 이러한 이사회에서 집행임원을 선임하여 집행임원이 회사의 업무를 집행하는 경우에는 이러한 집행임원의 업무집행에 대한 감독기관은 당연히 사외이사 중심의 「이사회」(감독이사회)이다.21) 이 경우 상법상 감독이사회의 권한에 관한 규정의 신설을 요한다.

(2) 주식회사 자본금 총액이 10억원 이상으로서 위의 감독이사회를 두고 이 감독이사회가 집행임원을 선임하여 회사의 업무를 집행하도록 한 경우에는 이러한 집행임원의 업무집행에 대한 감사기관은 감독이사회내의 위원회의 하나인 「감사위원회」이어야 한다. 왜냐하면 이러한 회사의 경우 이사회의 주기능은 업무집행기관(집행임원)에 대한 감독이므로 별도로 監事를 선임할 필요 없이 전문가로 구성된 이사회내 위원회의 하나인 감사위원회가 집행임원의 업무집행을 감사하는 것이 가장 적절하기 때문이다. 이 경우 상법 제415조의 2 제1항의 개정을 요한다.

## V. 신구조문대비표(상법)

### 1. 업무집행기관

### 가. 업무집행기관이 「이사」인 경우

**제383조(員數, 任期)**

| 현 행 | 개 정 (안) |
|---|---|
| ④ 제1항 단서의 <u>규정에 의하여 이사가 1인이 된</u> 경우에는… | ④ 제1항 단서의 경우에는… |
| ⑤ 제1항 단서의 <u>규정에 의하여 이사가 1인이 된</u> 경우에는… | ⑤ 제1항 단서의 경우에는… |
| ⑥ 제1항 단서의 <u>규정에 의하여 이사가 1인이 된</u> 경우에는 <u>그</u> 이사가… | ⑥ 제1항 단서의 경우에는 <u>각</u> 이사가… |

---

21) 동지: 전우현, 전게논문(상사법연구 제23권 3호), 287면.

## 나. 업무집행기관이 「이사회」 및 「대표이사」인 경우

현행과 같다.

## 다. 업무집행기관이 집행임원인 경우

제408조의 3(집행임원의 선임, 회사와의 관계)

| 현 행 | 개 정 (안) |
|---|---|
| ( 신 설 ) | 제3편 회사<br>제4장 주식회사<br>제3절 회사의 기관<br>제2-2관 감독이사회 및 집행임원<br>① 회사가 전조의 규정에 의하여 감독이사회를 둔 경우에는 이사회의 결의에 의하여 집행임원을 선임하여야 한다. 이 경우 회사는 대표이사를 두지 못한다.<br>② 이사는 집행임원의 직무를 겸할 수 있는데, 이는 부득이한 경우에 한하여 또한 최소한으로 하여야 하는데 이사 총수의 2분의 1 미만으로 한다.<br>③ 회사와 집행임원의 관계는 위임에 관한 규정을 준용한다. |

제408조의 4(집행임원의 임기)

| 현 행 | 개 정 (안) |
|---|---|
| ( 신 설 ) | ① 집행임원의 임기는 정관에 달리 정한 바가 없으면 3년을 초과하지 못한다.<br>② 제1항의 임기는 정관으로 그 임기중의 최종의 결산기에 관한 정기주주총회가 종결한 후 최초로 소집하는 이사회의 종결시까지로 할 수 있다. |

## 제408조의 5(집행임원의 해임)

| 현 행 | 개 정 (안) |
|---|---|
| ( 신 설 ) | ① 집행임원은 언제든지 이사회의 결의로 이를 해임할 수 있다.<br>② 제1항의 경우에 제385조 제1항 단서의 규정을 준용한다. |

## 제408조의 6(집행임원의 보수)

| 현 행 | 개 정 (안) |
|---|---|
| ( 신 설 ) | 집행임원의 보수는 정관 또는 주주총회가 그 액을 정하지 아니한 때에는 이사회의 결의로 이를 정한다. |

## 제408조의 7(집행임원의 권한)

| 현 행 | 개 정 (안) |
|---|---|
| ( 신 설 ) | 집행임원의 권한은 다음의 사항으로 한다.<br>1. 이사회의 결의에 의하여 위임받은 사항의 결정에 관한 사항<br>2. 회사의 업무의 집행에 관한 사항<br>3. 회사의 대표에 관한 사항(다만 대표집행임원을 둔 경우에는 대표집행임원만이 이 권한을 갖는다) |

## 제408조의 8(대표집행임원)

| 현 행 | 개 정 (안) |
|---|---|
| ( 신 설 ) | ① 2인 이상의 집행임원이 선임된 경우에는 이사회의 결의로 회사를 대표할 대표집행임원을 선임하여야 한다. 다만 집행임원이 1인인 경우에는 그 집행임원이 대표집행임원이 된다.<br>② 제208조 제2항, 제209조, 제210조, 제386조, 제389조 제2항 및 제395조의 규정은 대표집행임원에 준용한다. |

제408조의 9(집행임원의 이사회에 대한 보고)

| 현 행 | 개 정 (안) |
|---|---|
| ( 신 설 ) | ① 집행임원은 3월에 1회 이상 업무의 집행 상황을 이사회에 보고하여야 한다.<br>② 집행임원은 제1항의 경우 외에도 이사회의 요구가 있는 때에는 언제든지 이사회에 출석하여 요구한 사항을 보고하여야 한다.<br>③ 이사는 대표집행임원으로 하여금 다른 집행임원 또는 피용자의 업무에 관하여 이사회에 보고할 것을 요구할 수 있다. |

제408조의 10(집행임원의 이사회소집청구)

| 현 행 | 개 정 (안) |
|---|---|
| ( 신 설 ) | 집행임원은 필요시 회의의 목적과 소집이유를 기재한 서면을 이사회의장에게 제출하여 이사회의 소집을 청구할 수 있다. |

제408조의 11(집행임원의 책임)

| 현 행 | 개 정 (안) |
|---|---|
| ( 신 설 ) | ① 집행임원이 법령 또는 정관에 위반한 행위를 하거나 그 임무를 해태한 때에는 그 집행임원은 회사에 대하여 손해를 배상할 책임이 있다.<br>② 집행임원이 악의 또는 중대한 과실로 인하여 그 임무를 해태한 때에는 그 집행임원은 제3자에 대하여 손해를 배상할 책임이 있다.<br>③ 집행임원이 회사 또는 제3자에 대하여 손해를 배상할 책임이 있는 경우에 이사 또는 감사도 그 책임이 있는 때에는 이사 또는 감사와 연대하여 배상할 책임이 있다. |

## 제408조의 12(준용규정)

| 현 행 | 개 정 (안) |
|---|---|
| ( 신 설 ) | 제382조의 3, 제382조의 4, 제396조, 제397조, 제398조, 제401조의 2, 제402조, 제403조 내지 제408조, 제412조의 2의 규정은 집행임원에 준용한다. |

## 제317조 제2항(설립의 등기)

| 현 행 | 개 정 (안) |
|---|---|
| ② (생략) | ② (현행과 동일) |
| 1~7 (생략) | 1~7호 현행과 동일 |
| 8. 이사와 감사의 성명 및 주민등록번호 | 8. 이사, 감사 및 집행임원의 성명 및 주민등록번호 |
| 9. 회사를 대표할 이사의 성명·주민등록번호 및 주소 | 9. 회사를 대표할 이사 또는 집행임원의 성명·주민등록번호 및 주소 |
| 10. 수 인의 대표이사가 공동으로 회사를 대표할 것을 정한 때에는 그 규정 | 10. 수 인의 대표이사 또는 대표집행임원이 공동으로 회사를 대표할 것을 정한 때에는 그 규정 |
| 11~12 (생략) | 11~12 (현행과 동일) |

## 2. 감독(감사)기관

### 가. 업무집행기관이 「이사」인 경우

업무집행기관이 이사인 경우 이러한 이사의 업무집행에 대한 감독기관은 「주주총회」이고, 이사의 업무집행에 대한 감사기관은 「감사」라는 점은 현행 상법과 같다. 다만 상법 제415조의 2 제1항에서 이러한 회사가 정관의 규정에 의하여 감사에 갈음하여 감사위원회를 설치할 수 없도록 하면 된다.

### 나. 업무집행기관이 「이사회」 및 「대표이사」인 경우

업무집행기관이 이사회 및 대표이사인 경우 이러한 (대표)이사의 업무집행에 대한 감독기관은 「이사회」이고, (대표)이사의 업무집행에 대한 감사기관은 「감사」라는 점은 현행 상법과 같다. 다만 상법 제415조의 2 제1항에서 이러한 회사가 정관의 규정에 의하여 감사에 갈음하여 감사위원회를 설치할 수 없도록 하면 된다.

## 다. 업무집행기관이 「집행임원」인 경우

업무집행기관이 집행임원인 경우에는 이러한 집행임원의 업무집행에 대한 감독기관은 사외이사가 3명 이상 및 과반수로 구성된 「이사회(감독이사회)」이고, 이러한 집행임원의 업무집행에 대한 감사기관은 감독이사회내의 위원회의 하나인 「감사위원회」이다. 이 경우 「사외이사」, 「감독이사회」 및 「감사위원회」에 대한 상법개정의 내용은 다음과 같다.

[사외이사에 관한 상법개정]
제382조(선임, 회사와의 관계 및 사외이사)

| 현 행 | 개 정 (안) |
|---|---|
| ① 이사는 주주총회에서 선임한다.<br><br>② (생략)<br>③ (신설) | ① 이사(**사외이사포함**)는 주주총회에서 선임한다.<br>② (좌동)<br>③ **사외이사는 회사의 상무에 종사하지 아니하는 이사로서 제415조의 2 제2항 제1호 내지 제7호에 해당하지 아니하는 자를 말한다. 또는 ③ 사외이사는 주주·임원·피용자가 아닌 이사회의 구성원으로서 회사와 중요한 경제적 이해관계를 갖지 않는 자를 말한다(미국의 독립이사에 관한 정의 참조).** |

[감독이사회에 관한 상법개정]
제408조의 2(감독이사회)

| 현 행 | 개 정 (안) |
|---|---|
| ( 신 설 ) | ① **회사는 이사회를 사외이사 3인 이상 및 이사총수의 과반수로 구성할 수 있는데(감독이사회), 이러한 이사회에는 제393조가 적용되지 않는다.**<br>② **전항의 경우 이사회의 회의를 주관하기** |

| | |
|---|---|
| | 위하여 이사회의장을 두어야 하는데, 이사회<br>의장은 정관의 규정이 없으면 이사회결의로<br>선임한다. 다만 집행임원은 이사회의장의 직<br>무를 겸할 수 없다.<br>③ <u>감독이사회는 다음의 권한을 갖는다.</u><br>　1. 집행임원의 선임·해임<br>　2. 집행임원의 업무집행에 대한 감독<br>　3. 집행임원과 회사와의 소에서 회사를 대<br>　　표할 자의 선임<br>　4. 정관에 규정이 있는 경우 집행임원의<br>　　업무집행에 대한 동의<br>　5. 재무제표확정<br>　6. 정관 또는 주주총회의 승인이 없는 경<br>　　우 집행임원의 보수결정<br>④ <u>감독이사회에 대하여는 그 성질이 허용하<br>는 한 이사회에 관한 규정을 적용한다.</u> |

[감사위원회에 관한 상법개정]

제415조의 2(감사위원회)

| 현 행 | 개 정 (안) |
|---|---|
| ① 회사는 정관이 정한 바에 따라 감사에 갈<br>음하여 제393조의 2의 규정에 의한 위원<br>회로서 감사위원회를 설치할 수 있다. 감<br>사위원회를 설치한 경우에는 감사를 둘<br>수 없다. | ① <u>회사가 제408조의 2 제1항에 의하여 감독</u><br><u>이사회를 둔 경우에는 제393조의 2의 규정에</u><br><u>의한 위원회로서 감사위원회를 설치하여야</u><br><u>한다.</u> 감사위원회를 설치한 경우에는 감사를<br>둘 수 없다. |
| ②~⑥ 생략 | ②~⑥ 좌동 |

# VI. 결 어

　우리 상법상 주식회사의 지배구조(업무집행기관 및 감독〈감사〉기관)의 형태는
위에서 본 바와 같이 세 가지가 있다. 즉, (ⅰ) 업무집행기관이 「이사」이면 이에
대한 감독기관은 「주주총회」이고 감사기관은 「감사」인 형태, (ⅱ) 업무집행기관

이 「이사회」(집행이사회) 및 「대표이사」이면 이에 대한 감독기관은 「이사회」이고 감사기관은 「감사」인 형태, (iii) 업무집행기관이 「집행임원」이면 이에 대한 감독기관은 (사외이사를 중심으로 한) 「이사회」(감독이사회)이고 감사기관은 감독이사회 내 위원회의 하나인 「감사위원회」인 형태가 그것이다. 따라서 기업은 그 규모·성질 등에 의하여 위의 어느 하나를 임의로 선택할 수 있다. 이와 같이 하는 것이 기업실무의 현실을 존중하면서 어느 특정국가에 치우친 급격한 개정을 지양하는 방법이 될 것으로 본다. 일본의 경우 (최근 국회에 계류중인) 신회사법(안)에서는 20여 종류의 회사지배구조형태를 제시하면서 기업이 어느 하나를 선택할 수 있도록 하고 있는데, 이는 기업의 자율성을 최대한 보장하는 점에서는 의미가 있으나 너무 복잡한 면이 있다.

　　우리나라에서도 기업의 자율성을 최대한 보장하여 기업이 스스로 가장 효율적인 지배구조를 선택할 수 있도록 주식회사의 지배구조형태에 관한 법규정이 점차 확대되는 방향으로 개정되어야 할 것이다. 따라서 종래의 증권거래법(이 법은 2009. 2. 4. 자본시장법의 시행일자에 폐지됨) 등 특별법에서 사외이사 및 감사위원회 등에 대하여 강제하는 규정은 앞으로 폐지되어야 할 것으로 본다.

　　이와 함께 종래의 증권거래법이 주권상장법인 등에 대하여 사외이사를 이사총수의 4분의 1 이상 두도록 강제하고 있는 규정(종래의 증권거래법 제191조의 16 1항 본문, 현재는 상법 제542조의 8 1항 본문)도 폐지되어야 할 것으로 본다. 왜냐하면 이 경우는 사외이사 중심의 이사회가 되지 못하여 이사회의 감독기능에도 충실하지 못하면서(이사회는 업무집행을 주기능으로 함) 불필요한 사외이사를 두도록 강요하여 회사에게 비용만 가중시키고 또한 이사회의 업무집행기능의 효율성을 떨어뜨리기 때문이다.

　　또한 우리 상법이 미국법상 감사위원회제도를 도입한 이상 주식회사 등의 외부감사에 관한 법률은 폐지되어야 하고 (외부)감사인에 관한 규정은 상법(회사법)에 흡수되어야 할 것으로 본다.

# 주식회사의 지배구조*

# Ⅰ. 서 언

1. 2008년 10월 21일 정부가 국회에 제출한 상법(회사법)개정안(이하 '상법개정안'으로 약칭함)의 주요내용은 새로운 기업형태[합자조합(LP)(상법개정안 제86조의 2~제86조의 9) 및 유한책임회사(LLC)(상법개정안 제287조의 2~제287조의 45)]의 도입, 주식제도의 개선[무액면주식제도의 도입(상법개정안 제291조, 제329조, 제451조), 의결권제한주식(상법개정안 제344조의 3)·양도제한주식(상법개정안 제344조의 4) 등을 신설하고 상환주식(상법개정안 제345조) 및 전환주식(상법개정안 제347조~제351조) 등에 관한 규정의 개정, 소수주식의 강제매수제도(상법개정안 제360조의 24~26) 등], IT화에 관한 규정[전자공고(상법개정안 제289조 제3항~제6항, 주주총회의 전자투표(상법개정안 제368조의 4), 주식 및 사채의 전자등록제(상법개정안 제356조의 2, 제478조 제3항) 등], 집행임원제도의 도입(상법개정안 제408조의 2~9), 이사의 의무와 책임(상법개정안 제398조 제1항·제3항, 제400조 제2항), 회계규정(상법개정안 제446조의 2, 제447조, 제447조의 4, 제449조의 2, 제460조, 제461조의 2, 제462조 제2항, 제462조의 4, 현행 제452조·제453조·제453조의 2·제454조~제457조·제457조의 2 삭제), 사채제도(상법개정안 제469조·제481조~제485조·제480조의 2·제480조의 3, 현행 제470조~제473조 삭제), 소규모 주식회사에 관한 특칙(상법개정안 제292조, 제318조, 제363조, 제409조), 상장회사에 관한 특칙(상법개정안 제542조의 2~12), 유한회사에 관한 규정(상법개정안 제556조, 제571조, 제607조,

---

* 이 글은 정찬형, "주식회사의 지배구조,"「상사법연구」(한국상사법학회), 제28권 제3호(2009. 11), 9~67면의 내용임(이 글에서 필자는 회사를 대회사·중회사·소회사로 나누어 지배구조를 비교법적으로 살펴보고, 바람직한 지배구조의 안을 제시함).

현행 제545조 삭제) 등이다.

2. 위의 개정안 중 상장회사에 대한 특례규정(2009년 개정상법 제542조의 2~12) 은 2009년 1월 8일에 국회에서 통과되었고, 정부에서는 이를 2009년 1월 30일 법률 제9362호로 공포하였다. 이때 설립시 사내이사·사외이사·그 밖에 상무에 종사하지 아니하는 이사 등의 등기사항에 관한 규정(2009년 개정상법 제317조), 주주제안권에 관한 규정(2009년 개정상법 제363조의 2), 사외이사의 정의에 관한 규정 (2009년 개정상법 제382조 제3항), 감사위원회에 관한 규정(2009년 개정상법 제415조의 2)도 함께 개정되었다.

3. 위의 개정안 중 소규모 주식회사에 관한 특칙(2009년 개정상법 제292조, 제 318조, 제363조, 제383조 제1항·제4항~제6항, 제409조 제4항~제6항)은 2009년 4월 29일 국회에서 통과되었고, 정부에서는 이를 2009년 5월 28일 법률 제9746호로 공포 하였다. 이때 전자공고(2009년 개정상법 제289조 제3항~제6항)·전자주주명부(2009년 개정상법 제352조의 2) 및 주주총회에서의 전자투표(2009년 개정상법 제368조의 4) 등 (이 외에 IT화와 관련된 규정의 개정조문으로는 2009년 개정상법 제366조 제1항, 제368조 의 2 제1항 후단, 제382조의 2 제2항) IT화에 관한 규정 중 일부와 최저자본금제도 를 폐지하는 규정(2009년 개정상법 제329조 제1항)도 함께 개정되었다.

4. 2009년 1월 8일에 국회에서 통과된 개정상법은 주로 (자산총액 2조원 이상 인) 대규모 주식회사(이하 '대회사'라 약칭함)의 지배구조에 관한 것이고, 2009년 4월 29일 국회에서 통과된 개정상법은 주로 (자본금 총액이 10억원 미만인) 소규모 주식회사(이하 '소회사'라 약칭함)의 지배구조에 관한 것이다. 따라서 본고에서는 이 와 깊은 관련을 갖고 있는 2008년 상법개정안(현재 국회 법사위에 계류되어 있음)상 의 지배구조에 관한 규정(특히 집행임원제도)을 검토하여 보고자 한다.

우리 상법은 위에서 본 바와 같이 (사실상) 주식회사를 대회사(자산총액 2조원 이상인 주식회사)[1]·중회사(자본금 총액이 10억원 이상이고 자산총액이 2조원 미만인 주식 회사)[2]·소회사(자본금 총액이 10억원 미만인 주식회사)로 구분하여, 그 지배구조를 달리 규정하고 있다. 따라서 이하에서는 주식회사를 대회사·중회사 및 소회사로

---

1) 대회사는 전부 상장회사이므로 대회사에 대하여는 상법상 상장회사에 대한 특례규정(상법 제3편 제4장 제13절: 제542조의 2~13)이 적용되는데, 이러한 특례규정 중 일부(상법 제542조 의 7 제2항, 제542조의 8 제1항 단서, 제542조의 11 제1항, 제542조의 12 제1항·제2항·제4 항)는 대회사에 대하여만 적용된다.

2) 중회사 중 상장회사에 대하여는 상법상 상장회사에 대한 특례규정이 적용되고, 이러한 특례규 정 중 일부(상법 제542조의 10)는 자산총액이 1,000억원 이상인 중회사에 대하여만 적용된다.

나누어 그의 지배구조를 살펴보겠는데, 각 회사의 지배구조에서 주주총회에 대하여는 특별히 문제되지 않으므로 그 설명을 (원칙적으로) 생략하고, 업무집행기관과 이에 대한 감독기관 및 감사기관에 대하여만 살펴보겠다.

## II. 대회사의 지배구조

우리 상법상 대회사의 지배구조에 대하여 설명하기 전에 먼저 외국의 입법례 및 입법논의에서 살펴본 세계적 표준(Global Standard)인 대회사의 모범적(표준형) 지배구조를 소개한 후, 다음으로 우리 현행 상법 및 상법개정안상 대회사의 지배구조에 대하여 소개하겠다.

### 1. 모범적(표준형) 지배구조

### 가. 업무집행기관

대회사의 경우 업무집행기관(집행임원)과 이에 대한 감독기관(이사회)을 분리하여 경영전문가인 업무집행기관(집행임원)을 별도로 두어 경영의 효율성을 극대화하는 것이 모범적(표준형) 지배구조이고, 또한 이는 오늘날 전 세계적인 대회사의 지배구조의 모델이기도 하다. 이에 대한 미국·일본·유럽·중국의 입법례(입법논의를 포함함, 이하 같음)를 살펴보면 다음과 같다.

### A. 미 국

미국의 입법례에 관하여는 미국법조협회(American Law Institute, ALI)가 1992년 3월 31일에 최종안으로 제안한 회사지배구조의 원칙(Principles of Corporate Governance: Analysis and Recommendation, 이하 'ALI의 원칙'으로 약칭함)과 미국 변호사회의 회사법위원회(Committee on Corporate Laws of American Bar Association)가 제정한(1946년에 제정되고, 그 후 1950년·1969년·1984년·1998년·1999년 등에 개정됨) 모범사업회사법(Model Business Corporation Act, 이하 'MBCA'로 약칭함)상의 규정을 소개하겠다.

### (1) 집행임원(executive officer)의 선임 및 해임

(가) ALI의 원칙에 의하면 공개회사(publicly held corporation)의 업무집행은 이사회에 의하여 선임된 주요 상급집행임원(principal senior executive officer)에 의하여 또는 이들의 감독하에 수행되어야 하고, 또한 이사회나 주요 상급집행임

원의 위임을 받은 기타 집행임원(other officer) 및 피용자에 의하여 수행되어야
한다[ALI의 원칙 제3.01조]. 이 때 공개회사란 '최근 정기주주총회의 소집을 위한
기준일 현재 주주의 수가 500명 이상이고 총 자산이 500만 달러 이상인 회사'를
말하고[ALI의 원칙 제1.31조], 주요 상급집행임원이란 '대표집행임원(chief executive
officer)·총무집행임원(operating executive officer), 재무집행임원(financial executive
officer), 법률집행임원(legal executive officer), 회계집행임원(accounting executive
officer)'을 말하며[ALI의 원칙 제1.30조, 제1.27조 (a)항], 기타 집행임원이란 '주요 상
급집행임원이 아닌 자로서 이사 업무 이외의 정책결정 기능을 수행하거나 이사의
보수를 초과하여 상당하는 보수를 수령하는 이사회의장, 일정한 단위부서(판매·관
리·금융 등)에서 업무를 담당하는 부장(president)·재무(treasurer)·총무(secretary)·
부부장(vice-president) 또는 부의장(vice-chairman) 및 기타 회사에 의하여 집행임
원으로 선임된 자'를 말한다[ALI의 원칙 제1.27조 (b)항·(c)항]. 또한 ALI의 원칙에
의하면 공개회사의 이사회는 주요 상급집행임원을 선임하고, 정기적으로 평가하
며, 그 보수를 결정하고, 필요한 경우에는 해임할 수 있는 권한을 갖는다[ALI의
원칙 제3.02조 (a)항 (1)호].

  (내) MBCA에 의하면 회사는 부속정관(bylaws)에 의하여 또는 부속정관에 따
라 이사회에 의하여 선임된 집행임원을 두는데[MBCA 제8.40조 (a)항],[3] 정당하게
선임된 집행임원도 부속정관이나 이사회의 수권에 의하여 1인 이상의 다른 집행
임원이나 副집행임원을 선임할 수 있다[MBCA 제8.40조 (b)항]. 동일인이 회사에서
동시에 2 이상의 집행임원의 직무를 겸임할 수 있다[MBCA 제8.40조 (d)항]. 집행
임원은 언제든지 회사에 통지함으로써 사임할 수 있는데, 이러한 통지서에 후의
특정일을 지정하지 않는 한 통지서가 도달하였을 때에 사임의 효력이 발생한다
[MBCA 제8.43조 (a)항]. 이사회는 언제든지 이유가 있든 또는 없든 상관없이 어떠
한 집행임원도 해임할 수 있다[MBCA 제8.43조 (b)항].

### (2) 집행임원의 보수

  ALI의 원칙에 의하면 주요 상급집행임원의 보수는 이사회가 결정한다[ALI의
원칙 제3.02조 (a)항 (1)호].

---

 3) 미국에서 집행임원을 의무적으로 두도록 한 州法으로는 California Corporations Code 제
  312조, Delaware General Corporation Law 제142조 등이 있다. New York Business
  Corporation Law 제715조는 회사는 정관의 규정에 의하여 집행임원을 둘 수 있는 것으로 규
  정하고 있다.

### (3) 집행임원의 권한

(개) ALI의 원칙에 의하면 공개회사의 업무집행은 이사회에 의하여 선임된 주요 상급집행임원에 의하여 또는 이들의 감독하에 수행되며[ALI의 원칙 제3.01조], 이사회는 법령에 달리 규정이 없으면 그의 권한을 집행임원에게 위임할 수 있다[ALI 제4.01조 (b)항].

(내) MBCA에 의하면 집행임원은 회사의 업무를 집행할 권한을 갖고 또한 부속정관에서 규정하고 있는 의무를 이행하여야 한다[MBCA 제8.41조]. 부속정관이나 이사회는 집행임원 중 1인에게 이사회 및 주주총회 의사록의 작성 및 회사기록의 인증을 위한 권한을 위임할 수 있다[MBCA 제8.40조 (c)항].

### (4) 집행임원의 의무

(개) ALI의 원칙에 의하면 집행임원은 이사와 같이 회사에 대하여 그의 업무를 선의로, 그가 회사에 대하여 최대의 이익이 된다고 합리적으로 신뢰한 방법으로, 또한 일반적으로 신중한 자라면 동일한 지위와 유사한 상황에서 합리적으로 그렇게 할 것으로 기대되는 주의로써 업무를 수행하여야 할 의무(주의의무)를 부담하는데, 이 의무는 경영판단의 원칙과 상충되지 않는 범위에서 적용된다[ALI의 원칙 제4.01조 (a)항·(c)항]. 또한 상급집행임원은 원칙적으로 회사와의 자기거래금지의무(duty of fair dealing)[ALI의 원칙 제5.01조, 제5.02조, 제5.07조], 금전상의 이익을 위하여 회사의 자산·회사의 중요한 미공개정보 또는 회사의 지위를 이용할 수 없는 의무[ALI의 원칙 제5.04조], 회사기회(corporate opportunity) 이용금지의무[ALI의 원칙 제5.05조], 회사와의 경업피지의무[ALI의 원칙 제5.06조] 등의 의무를 부담한다.

(내) MBCA에 의하면 집행임원의 의무는 부속정관에 규정되거나, 이사회가 규정하거나 또는 이사회로부터 수권받은 집행임원이 다른 집행임원의 의무를 규정한다[MBCA 제8.41조]. 또한 집행임원은 그의 업무를 집행함에 있어 ( i ) 선의로, (ii) 일반적으로 신중한 자라면 동일한 지위와 유사한 상황에서 그렇게 하였을 주의로써, (iii) 그가 회사에 대하여 최대의 이익이 된다고 합리적으로 신뢰한 방법으로 하여야 할 의무(주의의무)를 부담한다[MBCA 제8.42조 (a)항].

### (5) 집행임원의 책임

(개) ALI의 원칙에 의하면 집행임원이 주의의무(duty of care)에 위반하였다고 주장하여 그에게 손해배상책임을 묻는 경우, 이를 주장하는 자(원고)가 주의의무 위반사실 및 이 위반과 회사가 입은 손해간의 인과관계에 대한 증명책임을 진다

[ALI의 원칙 제4.01조 (d)항].

(나) MBCA에 의하면 집행임원이 본조[MBCA 제8.42조(집행임원의 행위기준)]의
의무를 이행한 경우에는 집행임원은 업무집행에 관한 어떠한 의사결정에 따랐는
지 여부에 불문하고 또는 집행임원으로서 어떠한 집행도 하지 않았다는 이유로
책임을 지지 아니한다. 본조를 준수하지 않는 집행임원이 책임을 부담하는지 여
부는 본법 제8.31조(이사의 책임기준)를 포함하여 해당 법률의 적용 여부에 달려
있다[MBCA 제8.42조 (c)항].

## (6) 대표집행임원

ALI의 원칙은 대표집행임원을 주요 상급집행임원의 하나로 규정하고 있고
[ALI의 원칙 제1.30조, 제1.27조 (a)항], 동법에서 상급집행임원에 대하여는 이사와
동일한 의무를 부과하고 있다.

## B. 유 럽

유럽에서는 상급 회사법 전문가(High Level Group of Company Law Expert)가
2002년 11월 4일에 보고한 「유럽에서의 회사법의 최근 규제구조에 관한 보고서」
(Report on a Modern Regulatory Framework for Company Law in Europe, 이하 '유럽
보고서'로 약칭함)에 의하면 "…이사회의 개편은 유럽연합국가 외에서는 물론이고
유럽연합국가에 있어서도 회사지배구조의 개선의 핵심이 되고 있다. 일원적 경영
기구(영미제도)와 이원적 경영기구(독일제도) 둘 중의 어느 것이 더 효율적인 감독
기구가 된다는 명확한 증거는 없으므로 각국은 그의 특별한 상황에 맞게 이를
이용할 수 있다. 또한 일원적 경영기구(영미제도) 또는 이원적 경영기구(독일제도)
를 어떻게 구성하여야 하고 또한 독립적인 사외이사 또는 감독이사(감사)를 몇
명으로 할 것인가에 대하여는 의견을 표명할 수 없으나, 유럽연합국가에서 모든
상장회사에 대하여는 사내이사(집행임원)의 선임과 보수 및 회사의 업무에 관한
회계감사는 전적으로 사외이사 또는 감독이사(감사회)에 의하여 결정되어야 한다.
실제로 이러한 업무는 과반수가 독립적인 사외이사 또는 감독이사(감사)로 구성
되는 이사회내의 지명위원회·보수위원회 또는 감사위원회에 의하여 수행될 수
있다"고 하고 있다.4)

따라서 위의 유럽보고서도 회사의 업무를 집행하는 집행임원(사내이사)은 과
반수가 독립적인 사외이사로 구성되는 이사회내의 지명위원회에 의하여 선임되

---

4) High Level Group of Company Law Expert, *Report on a Modern Regulatory Framework
for Company Law in Europe*(이하 '유럽보고서'로 약칭함), 2002. 11. 4, pp.59~61.

고, 그의 보수는 과반수가 독립적인 사외이사로 구성되는 보수위원회에서 결정되며, 그의 업무에 대한 (회계)감사는 과반수가 독립적인 사외이사로 구성되는 감사위원회에 의하여 수행되어야 함을 밝히고 있다. 이는 간접적으로 업무집행기관과 업무감독기관을 분리하여 업무집행기관(집행임원)은 업무감독기관(구체적으로는 사외이사가 과반수인 지명위원회 및 보수위원회에 의하여)으로부터 업무감독을 받고 또한 업무감독기관(구체적으로는 사외이사가 과반수인 감사위원회에 의하여)으로부터 업무에 대한 (회계)감사를 받도록 한 것이라고 볼 수 있다.

## C. 일 본

2005년에 제정된 일본의 신회사법(이하 '일본 신회사법'으로 약칭함)도 위원회설치회사에서 이사회는 경영의 기본방침 등에 관한 업무집행의 결정·집행역(집행임원) 등의 직무집행에 대한 감독업무만을 하고(일본 신회사법 제416조 제1항), 회사의 업무집행은 집행역(집행임원)이 하도록 규정하고 있다(일본 신회사법 제418조 제2호). 또한 위원회설치회사에서 이사회는 (일정한 사항을 제외하고) 그 결의로 회사의 업무집행의 결정을 집행역에게 위임할 수 있는데(일본 신회사법 제416조 제4항), 이 때에는 집행역(집행임원)이 그 위임받은 업무집행에 관한 사항을 결정한다(일본 신회사법 제418조 제1호).

일본 신회사법상 집행임원에 관한 구체적인 내용을 소개하면 다음과 같다.

### (1) 집행임원의 선임·임기·해임

일본의 신회사법에 의하면 집행임원은 이사회에서 선임하고(일본 신회사법 제402조 제2항), 임기는 선임 후 1년 이내에 종료하는 사업연도 중 최종의 것에 관한 정기주주총회의 종료 후 최초로 소집되는 이사회의 종결시까지이며(정관에 의하여 이 임기를 단축할 수 있음)(일본 신회사법 제402조 제7항), 이사회의 결의에 의하여 언제든지 해임될 수 있다(일본 신회사법 제403조 제1항).

### (2) 집행임원의 보수

일본 신회사법상 집행임원에 대한 보수는 보수위원회가 결정하는데, 보수위원회는 집행임원이 받는 개인별 보수의 내용결정에 관한 방침을 정한 후 개인별 보수의 내용을 결정하여야 한다(일본 신회사법 제409조 제1항, 제404조 제3항).

### (3) 집행임원의 권한

일본 신회사법상 집행임원의 권한은 위원회설치회사의 이사회의 결의에 의하여 위임받은 업무집행에 관한 사항을 결정하고, 회사의 업무를 집행한다(일본 신회사법 제418조).

### (4) 집행임원의 의무

일본 신회사법상 집행임원은 3월에 1회 이상 업무집행상황을 이사회에 보고하여야 하고(일본 신회사법 제417조 제4항), 이사회의 요구가 있으면 이사회에 출석하여 이사회가 요구하는 사항에 관하여 설명하여야 한다(일본 신회사법 제417조 제5항). 또한 집행임원은 위원회의 요구가 있는 때에는 위원회에 출석하여 위원회가 요구하는 사항에 관하여 설명하여야 한다(일본 신회사법 제411조 제3항). 그리고 집행임원은 위원회설치회사에 현저한 손해를 미칠 염려가 있는 사실을 발견한 때에는 즉시 당해 사실을 감사위원에게 보고하여야 한다(일본 신회사법 제419조 제1항).

일본 신회사법상 회사와 집행임원의 관계는 위임관계로 보므로(일본 신회사법 제402조 제3항), 집행임원은 회사에 대하여 선관주의의무를 지고 충실의무도 진다(일본 신회사법 제419조 제2항, 제355조).

### (5) 집행임원의 책임

일본 신회사법상 집행임원은 그의 임무해태로 인하여 회사에 발생한 손해를 배상할 책임(연대책임)이 있고(일본 신회사법 제423조, 제430조), 직무를 수행함에 있어 악의 또는 중과실이 있는 때에는 이로 인하여 제3자에게 발생한 손해를 배상할 책임(연대책임)이 있다(일본 신회사법 제429조, 제430조).

### (6) 대표집행임원

일본 신회사법상 대표집행임원은 이사회의 결의로 집행임원 중에서 선임되는데, 집행임원이 1인인 때에는 그가 대표집행임원이 된다(일본 신회사법 제420조 제1항). 대표집행임원은 언제든지 이사회의 결의에 의하여 해임된다(일본 신회사법 제420조 제2항). 또한 위원회설치회사는 표현대표집행임원의 행위에 대하여 선의의 제3자에게 그 책임을 진다(일본 신회사법 제421조).

### (7) 집행임원의 등기

일본의 신회사법은 집행임원의 성명, 대표집행임원의 성명 및 주소 등을 등기사항으로 하고 있다(일본 신회사법 제911조 제3항 제22호).

## D. 중 국

2005년 개정된 중국 회사법(中華人民共和國公司法)(이하 '중국 회사법'으로 약칭함)은 주식회사에서는 집행임원(經理)을 의무적으로 두어야 하는데, 이러한 집행임원의 선임·해임권은 이사회(董事會)에 있다(중국 회사법 제114조 1문). 유한회사는 임의적으로 집행임원을 둘 수 있는데(중국 회사법 제50조), 2005년 개정 이전에는 유한회사도 의무적으로 집행임원을 두도록 하였다.

중국 회사법상 집행임원제도는 회사법의 중요한 특색이라고 할 수 있는데, 이는 회사 경영의 효율성과 투명성을 높이기 위하여 이러한 제도를 취하고 있다. 중국 회사법상 집행임원은 이사회와 함께 회사의 경영기관인데, 법령·정관 및 이사회의 수권에 의하여 회사의 (일상적인) 업무를 집행하는 고급관리자이다. 이러한 집행임원의 권한에 대하여는 회사법에서 상세히 규정하고 있다(중국 회사법 제114조 2문, 제50조 2문).

## 나. 업무감독기관 및 업무감사기관

감독기관과 감사기관은 구별된다. 감독기관은 상하관계에서 감독권을 행사하며(따라서 감독기관은 피감독기관에 대한 선임·해임권 및 보수결정권이 있어야 실효성 있는 감독권을 행사할 수 있음) 또 타당성(합목적성) 감사에도 미치나, 감사기관은 수평적 지위에서 감사권을 행사하며(따라서 감사기관은 피감사기관에 대한 선임·해임권 및 보수결정권의 존재를 요하지 않으며 업무에 대한 전문적 지식과 경험을 요함) 원칙적으로 적법성 감사만을 하는 것이다. 우리 상법에서도 이 양자를 구별하여 규정하고 있는데, (대표)이사의 직무집행에 대한 감독권은 이사회에 있고(상법 제393조 제2항), (대표)이사의 직무집행에 대한 감사권은 감사 또는 감사위원회에 있다(상법 제412조 제1항, 제415조의 2 제7항).

이러한 점에서 볼 때 업무집행기관(집행임원)에 대한 각국의 업무감독기관 및 업무감사기관을 간단히 살펴보면 다음과 같다.

### A. 미 국

#### (1) 업무감독기관

미국의 대회사에서 업무집행기관(집행임원)에 대하여 업무감독권을 갖는 기관은 이사회인데, 이러한 이사회가 실효성 있는 감독기능을 수행할 수 있도록 집행임원과 이해관계를 갖지 않는 독립이사(사외이사)를 일정비율(또는 일정수) 두도록 하고 있다. 이에 대한 ALI의 원칙에 나타난 내용을 소개하면 다음과 같다.

㈎ 이사회의 구성

대규모 공개회사의 이사회는 동 회사의 상급집행임원과 중대한 이해관계(significant relationship)가 없는 과반수의 이사로 구성되어야 한다. 다만 동 회사의 의결권 있는 주식을 1인, 1가족 또는 하나의 지배그룹이 소유하는 경우에는 그러하지 아니하다[ALI의 원칙 제3A.01조 (a)항]. 위의 대규모 공개회사에 해당하지 않는 공개회사의 이사회는 동 회사의 상급집행임원과 중대한 이해관계가 없는 3인 이상의 이사로 구성되어야 한다[ALI의 원칙 제3A.01조 (b)항].

이 때 대규모의 공개회사란 '최근 정기주주총회의 소집을 위한 기준일 현재 주주 수가 2,000명 이상이고 총 자산이 1억 달러 이상인 회사'를 말한다[ALI의 원칙 제1.24조].

또한 중대한 이해관계란 '동 회사의 최근 사업연도 말 현재 이사가 다음의 어느 하나에 해당하는 경우'이다.

① 이사가 동 회사의 상근이거나 또는 과거 2년 내에 상근이었던 사실이 있는 경우,

② 이사가 동 회사의 현재 임원의 직계가족이거나 또는 최근 2년 내에 상급집행임원이었던 자의 직계가족인 경우,

③ 이사가 동 회사와 과거 2년간 20만 달러를 초과하는 상거래의 지급을 수반하는 거래를 한 사실이 있거나 또는 이사가 회사의 조직 내에서 이러한 거래를 승인하는 의결권을 갖는 경우,

④ 이사가 동 회사의 과거 2년 동안 연간 총 수입의 5%를 초과하거나 또는 20만 달러를 초과하는 거래를 하는 기업의 주요 관리자(principal manager)인 경우,

⑤ 이사가 일반 회사법이나 증권법의 문제에 관한 동 회사의 중요한 법률고문인 법무법인에 전문직업상 관여되어 있거나, 또는 동 회사가 소유하는 투자금융회사에 고문으로 관여하고 있거나 과거 2년 내에 동 회사가 증권을 발행하는 경우 인수인으로서의 업무를 수행한 사실이 있는 경우이다[ALI의 원칙 제1.34조 (a)항].

(나) 이사회의 기능

공개회사의 이사회는 다음과 같은 기능을 수행하여야 한다[ALI의 원칙 제3.02조 (a)항].

① 주요한 상급집행임원의 선임·정기적인 평가·보수의 결정 및 필요한 경우 이의 교체

② 회사의 영업이 정당하게 수행되고 있는지 여부를 평가하기 위한 회사의 영업행위의 감독

③ 회사의 금융지원의 대상 및 주요 회사의 계획 및 실행에 대한 검사와 필요한 경우 동의

④ 회사의 재무제표를 작성하는데 사용되는 해당 감사 및 회계원칙의 주요
변경과 선택 등의 중요한 문제의 결정에 대한 검사 및 필요한 경우 동의

⑤ 법률 또는 정관의 규정 등에 의하여 이사회에 위임된 기타 업무의 수행

㈐ 이사회의 권한

이사회는 다음과 같은 권한을 갖는다[ALI의 원칙 제3.02조 (b)항].

① 회사의 계획의 수립과 채택, 이의 위임 및 시행

② 회계원칙의 변경

③ 주요 상급집행임원에 대한 조언 및 상의

④ 위원회·주요 상급집행임원 또는 기타 집행임원에 대한 지시 및 그들의
활동에 대한 감사

⑤ 주주총회에 대한 제안

⑥ 회사의 영업의 관리

⑦ 주주총회의 승인을 요하지 않는 기타 회사의 모든 업무에 관한 행위

## (2) 업무감사기관

㈎ 미국에서는 위와 같은 이사회의 업무집행기관(집행임원)에 대한 감독기능
을 보조하기 위하여 이사회의 하부기관이며 이사회내의 위원회의 하나인 감사위
원회(audit committee)를 두어 감사업무를 담당시키고 있다.[5] 이러한 감사위원회는
보통 사외이사로 구성되는데,[6] 이사회와 감사(auditor)[7]를 연결하는 기능을 한다.[8]

㈏ ALI의 원칙에 의하면 소규모 공개회사에서는 이사회의 감사기능을 시행
하고 또 지원하기 위하여 반드시 감사위원회를 두도록 (권고)하고 있는데, 이러한
감사위원회는 재무자료의 작성에 관한 회사절차·내부감독(internal control) 및 회
사의 외부감사인(external auditor)의 독립성에 대하여 정기적으로 검사한다. 감사
위원회는 회사에서 현재 근무하고 있지 않고 또한 과거 2년 이내에 근무한 사실

---

5) 이에 관한 상세는 강희갑, "미국의 주식회사의 감사위원회제도에 관한 최근 동향과 그 시사
점," 「상사법연구」, 제20권 4호(2002), 43~82면 참조.

6) Sarbanes-Oxley Act of 2002 제2조 제(a)항 제(3)호에 의하면 감사위원회는 이사회내 위원
회의 하나인데, 이러한 위원회가 없으면 이사회가 감사위원회를 의미한다. 동법 제301조 제(1)
호 및 제(3)호에 의하면 상장회사는 독립이사(사외이사)만으로 구성되는 감사위원회를 의무적
으로 두어야 한다.

7) 미국에서는 회사법(州法)상 監事가 회사내부의 필요기관이 아니나, 연방법인 증권법(Securities
Act of 1933)과 증권거래법(Securities Exchange Act of 1934)에 의해서는 공인회계사에 의한
외부의 강제감사제도가 확립되었다. 즉, 상장회사가 매 결산기 등에 증권거래소 또는 증권거래
위원회에 제출하는 재무제표에는 반드시 공인회계사의 감사증명을 첨부할 것을 요구하고 있다.

8) W. Robert, *Cases and Materials on Corporation*, 2nd ed., 1981, p.533.

이 없는 3인 이상의 독립된 이사로 구성되어야 하는데, 그의 과반수는 회사의
상급집행임원과 중대한 이해관계가 없어야 한다[ALI의 원칙 제3A.02조].

　　대규모 공개회사 또는 소규모 공개회사에서의 감사위원회는 (ⅰ) 외부감사
인의 추천 및 그의 면책에 대한 감사, (ⅱ) 외부감사인의 보수·임기 및 독립성에
대한 감사, (ⅲ) 상급(내부감사)집행임원의 임면에 대한 감사, (ⅳ) 외부감사인과
이사회간 또한 외부감사인과 상급(내부감사)집행임원간의 의사전달연계기능, (ⅴ)
회사의 외부감사결과·감사보고서 및 이와 관련된 경영관련문서 등의 감사, (ⅵ)
회사의 재무제표 등의 감사, (ⅶ) 외부감사인 및 상급(내부감사)집행임원과 상의하
여 필요한 경우 회사내부감독의 적정성에 대한 감사, (ⅷ) 재무제표가 외부감사
인 또는 주요 상급집행임원에 의하여 제출된 경우 이에 적용되는 감사 및 회계
규칙과 관행을 변경하는 업무를 수행한다[ALI의 원칙 제3A.03조].

## B. 유 럽

### (1) 업무감독기관

　　㈎ 유럽보고서는 이사회에서 사외이사(non-executive director) 및 감독이사(감
사회의 구성원)(supervisory director)의 역할에 관하여 다음과 같이 보고하고 있다.[9]

　　훌륭한 회사의 지배구조란 회사의 업무집행에 대하여 감독하는 기관으로서
강력하고 균형있는 이사회를 갖는 것이다. 업무집행기관은 궁극적으로 주주를 대
리하여 회사의 업무를 집행한다. 주주(소유)가 분산된 회사에서는 일반적으로 주
주는 정보와 자료의 부족으로 인하여 회사의 업무집행을 상세하게 감독할 수 없
다. 따라서 일원적 경영기구(英美制度)에서는 사외이사가, 이원적 경영기구(獨逸制
度)에서는 감독이사가 보다 더 철저하게 업무집행기관을 감독할 수 있도록 하여
서 주인으로서 정보를 제공받지 못하고 있는 주주와 대리인으로서 충분히 정보
를 제공받고 있는 업무집행기관간의 간격을 보충하여야 할 것이다.

　　유럽의 어느 국가에서는 상장회사는 대주주의 하나 또는 소규모의 그룹에
의하여 감독을 받는다. 이러한 대주주는 보통 회사의 업무에 관여하여 정보제공
을 충분히 받고 또한 업무집행기관을 철저하게 감독한다. 이것은 (대)주주가 직
접 감독하는 장점이 있으나, 주주가 널리 분산되어 정보와 자료가 부족한 소수주
주의 잠재적 이해와 상충한다. 이러한 형태의 회사에서는 소수주주를 대리하는
사외이사 또는 감독이사에 의한 감독의 필요성이 있다.

---

9) 유럽보고서(주 4), 59~64면.

회사의 일상의 업무에 관여하지 않는 사외이사 및 감독이사는 보통 회사의 금융업무 및 사업계획에 관한 중요결정에서 업무집행기관을 감독하는 역할을 한다. 이와는 별도로 사외이사 및 감독이사에 의하여 감독받을 특별한 필요가 있는 분야는 사내이사(집행임원)의 선임, 사내이사의 보수 및 회사의 업무에 관한 회계감사에 관한 사항이다. 이러한 세 분야에서 사내이사는 명백히 이해의 충돌이 있다. 이러한 세 분야에서 독립적이고 이해관계가 없는 사외이사에 의한 감독의 결여는 회사의 많은 비리(scandals)를 야기시킨다. 따라서 미국에서의 회사법개정에서도 이 분야에서 사외이사에 의한 독립적인 감독을 강화하는데 초점을 맞추고 있다.

유럽보고서는 일원적 경영기구(英美制度) 또는 이원적 경영기구(獨逸制度)를 어떻게 구성하여야 하고 또한 독립적인 사외이사 또는 감독이사를 몇 명으로 할 것인가에 대하여는 의견을 표명하지 않으나, 유럽연합국가에서 모든 상장회사에 대하여는 사내이사의 선임과 보수 및 회사의 업무에 관한 회계감사는 전적으로 사외이사 또는 감독이사에 의하여 결정되어야 한다는 점을 명백히 하고 있다. 실제로 이러한 업무는 과반수가 독립적인 사외이사 또는 감독이사로 구성되는 이사회내의 지명위원회·보수위원회 또는 감사위원회에 의하여 수행될 수 있다. 이 때 '독립적'이라는 의미는 회사의 영업활동(operational busness)에서 독립적이고 또한 (이의 업무를 수행하는) 사내이사로서 제1차적으로 책임을 지는 자와 독립적이어서 사외이사 또는 감독이사로서 완전히 공개된 보수 이외에는 회사로부터 여하한 이익을 받지 않는 것을 의미한다.

유럽보고서는 이와 같은 위원회를 전적으로 독립된 사외이사 또는 감독이사로 구성할 것인지에 대하여 검토하였으나, 이를 채택하지 않았다. 왜냐하면 유럽에서는 감독주주의 존재 및 공동결정제도가 존재하는 특별한 상황을 고려하여야 하는데, 지배주주의 대표자나 공동결정제도에 참여하는 피용자는 보통 독립적이지 못하기 때문이다.

(나) 유럽보고서는 또한 사외이사 또는 감독이사는 회사와의 관계에서 이러한 이사의 직 이외의 관계를 갖지 않는 독립한 직이어야 하는 것이 매우 중요하다는 것을 인식하고, 이러한 이사의 독립성을 위하여 일정한 기준을 제시하고 있다.10) 즉, 다음의 자는 사외이사 또는 감독이사가 되어서는 안 된다.

---

10) 유럽보고서(주 4), 62면.

① 사외이사 또는 감독이사로 선임되기 전 5년간 동 회사의 피용자이거나 피용자이었던 자

② 동 회사 또는 그 회사의 업무집행자로부터 상담·조언 또는 기타의 용역 제공의 대가로 수수료를 지급받고 있는 자

③ 동 회사의 업무수행과 관련하여 동 회사로부터 보수를 지급받는 자(예컨대, 주식매수선택권 또는 업무수행과 관련된 상여금 등)

④ 甲회사의 사외이사 또는 감독이사가 乙회사의 사내이사로 있고, 乙회사의 사외이사 또는 감독이사가 甲회사의 사내이사로 있어, 상호 감독하게 되는 경우(즉, 사외이사와 사내이사가 두 회사간에 상호 연결되어 있는 경우)

⑤ 동 회사의 주식을 30% 이상 소유하는 지배주주(단독이든 결합이든) 또는 이의 대리인

유럽보고서는 또한 상장회사는 매년 공개하는 그의 회사지배구조에 관한 설명서에서 사외이사 또는 감독이사가 독립성을 갖고 있는 이유를 설명하여야 하고, 그들이 독립성을 갖고 있지 못하면 동 설명서에 독립성이 없는 점을 설명하여야 한다고 한다. 따라서 이 점이 사외이사 및 감독이사의 역할과 지위의 투명성을 사실상 증진시키고, 또한 독립성의 기준을 철저히 준수하도록 한다는 것이다. 사외이사 등의 선임안이 제출되면 이의 결의에 관한 통지에도 이러한 내용이 공시되어야 하고, 독립성의 설명에 관한 책임은 이사회의 공동책임이나, 개별이사 또는 후보이사도 그의 정확성에 관하여 개인적인 책임을 진다고 한다.11)

(다) 유럽보고서는 사외이사 또는 감독이사의 능력에 관하여 유럽연합의 각국은 일반규칙을 회사법 내에 규정할 것을 요구하고 있는데, 이에 대한 기본적인 사항은 회계에 관한 기본적인 이해능력과 일정한 분야에서 전문가임을 요한다. 또한 이러한 내용은 위의 독립성과 같이 회사지배구조에 관한 설명서에 기재되어 공시되어야 한다고 한다.12)

(라) 위에서 본 바와 같이 유럽보고서는 주주가 많이 분산된 대회사에서는 정보와 자료가 부족한 주주(주주총회)가 업무집행기관을 효율적으로 감독할 수 없으므로 이사회가 강력하게 업무집행기관을 감독할 수 있도록 하는 것이 훌륭한 회사의 지배구조라고 한다.

이러한 이사회에서는 정보와 자료가 부족한 소수주주의 이익을 보호하기 위

---

11) 유럽보고서(주 4), 63면.
12) 유럽보고서(주 4), 63~64면.

하여 소수주주를 대리하는 사외이사 또는 감독이사를 두어 업무집행기관이 이들에 의한 감독을 받을 필요성이 있는데, 이와 같은 감독을 받을 분야는 특히 집행임원의 선임·보수 및 회사의 업무에 관한 회계감사에 관한 사항이다. 따라서 유럽보고서는 사외이사 또는 감독이사의 독립성을 위한 일정한 기준을 제시하고 이를 철저히 준수하도록 하며, 또한 이들은 회계에 관한 기본적인 이해능력과 일정한 분야에서의 전문가임을 요한다.

### (2) 업무감사기관

유럽보고서상 업무집행기관(집행임원)에 대한 업무감사기관은 이사회내 위원회의 하나인 감사위원회이다. 이 감사위원회는 과반수가 독립적인 사외이사 또는 감독이사로 구성될 것을 요하고, 감사대상은 주로 회계에 관한 사항이다.

## C. 일 본

### (1) 업무감독기관

일본 신회사법은 위원회설치회사의 경우 업무집행기관(집행임원)에 대한 업무감독기관은 이사회임을 명문으로 규정하고 있다(일본 신회사법 416조 1항). 일본 신회사법상 업무집행기관(집행임원)에 대한 업무감독기관의 구체적인 업무내용은 다음과 같다.

일본 신회사법상 위원회설치회사는 (ⅰ) 지명위원회, (ⅱ) 감사위원회, (ⅲ) 보수위원회 및 (ⅳ) 1인 또는 2인 이상의 집행임원을 두어야 한다(일본 신회사법 제404조 제1항·제2항·제3항, 제402조 제1항). 위원회설치회사의 이사는 신회사법 또는 동법에 근거한 명령에 별도의 정함이 있는 경우를 제외하고 위원회설치회사의 업무를 집행할 수 없다(일본 신회사법 제415조). 일본 신회사법상 위원회설치회사의 이사회에 대하여는 사외이사에 관한 특별한 규정이 없으나, 각 위원회에 관하여는 집행임원이 아닌 사외이사가 그 과반수이어야 함을 규정하고 있다(감사위원회 위원은 전 위원이 위원회설치회사 또는 그 자회사의 집행임원 또는 업무집행이사 등이 아니어야 함)(일본 신회사법 제400조 제3항·제4항).

위원회설치회사의 이사회는 (ⅰ) 경영의 기본방침에 관한 사항, (ⅱ) 감사위원회의 직무집행을 위하여 필요한 것으로 법무성령으로 정하는 사항, (ⅲ) 집행임원이 2인 이상인 경우 집행임원의 직무분담 및 지휘명령의 관계 그 밖에 집행임원 상호관계에 관한 사항, (ⅳ) 집행임원으로부터 이사회의 소집청구를 받는 이사의 결정, (ⅴ) 집행임원의 직무집행이 법령 및 정관에 적합할 것을 확보하기 위한 체제 그 밖의 주식회사의 업무의 적정성을 확보하기 위하여 필요한 것으로

서 법무성령으로 정하는 체제의 정비에 관한 사항의 결정과, 그 밖에 위원회설치
회사의 업무집행에 관한 사항을 결정하며, 집행임원 등의 직무집행을 감독한다
(일본 신회사법 제416조 제1항·제2항). 이사회는 위원회설치회사의 업무집행에 관한
결정을 이사에게 위임할 수 없으나(일본 신회사법 제416조 제3항), 일정한 사항을
제외하고는 집행임원에게 위임할 수 있다(일본 신회사법 제416조 제4항).

### (2) 업무감사기관

일본 신회사법상 업무집행기관(집행임원)에 대한 업무감사기관은 이사회내 위
원회의 하나인 감사위원회이다(일본 신회사법 제404조 제2항). 일본 신회사법상 업무
집행기관(집행임원)에 대한 업무감사기관의 구체적인 업무내용은 다음과 같다.

일본 신회사법상 위원회설치회사는 감사를 두지 못하고(일본 신회사법 제327조
제4항), 반드시 감사위원회를 두어야 한다. 이러한 감사위원회는 이사 3인 이상이
어야 하는데(일본 신회사법 제400조 제1항), 감사위원회의 위원(이하 '감사위원'이라 한
다)은 위원회설치회사 또는 그 자회사의 집행임원 또는 업무집행이사 등이 아니
어야 한다(일본 신회사법 제400조 제4항).

감사위원회는 (ⅰ) 집행임원 등의 직무집행의 감사 및 감사보고의 작성, (ⅱ)
주주총회에 제출하는 회계감사인의 선임·해임 및 회계감사인을 재선임하지 아니
하는 것에 관한 의안내용의 결정의 직무를 수행한다(일본 신회사법 제404조 제2항).

감사위원회가 선정하는 감사위원은 언제든지 집행임원 등 및 지배인 그 밖
의 사용인에 대하여 그 직무집행에 관한 사항의 보고를 요구하거나 또는 위원회
설치회사의 업무 및 재산상황에 관한 조사를 할 수 있다(일본 신회사법 제405조 제
1항). 감사위원회가 선정하는 감사위원은 감사위원회의 직무를 집행하기 위하여
필요한 때에는 위원회설치회사의 자회사에 대하여 사업보고를 요구하거나 또는
그 자회사의 업무 및 재산상황에 관한 조사를 할 수 있다(일본 신회사법 제405조
제2항). 감사위원은 집행임원 또는 이사가 부정한 행위를 하거나 부정한 행위를
할 염려가 있다고 인정될 때 또는 법령 또는 정관에 위반한 사실 또는 현저하게
부당한 사실이 있다고 인정될 때에는 지체 없이 그 취지를 이사회에 보고하여야
한다(일본 신회사법 제406조). 또한 감사위원은 집행임원 또는 이사가 위원회설치
회사의 목적 범위 외의 행위 그 밖에 법령 또는 정관에 위반하는 행위를 하거나
또는 이러한 행위를 할 염려가 있는 경우에 그 행위에 의하여 위원회설치회사에
현저한 손해가 발생할 염려가 있는 때에는 당해 집행임원 또는 이사에 대하여
그 행위의 유지를 청구할 수 있다(일본 신회사법 제407조 제1항).

## D. 중 국

### (1) 업무감독기관

중국 회사법상 이사회는 회사의 업무집행기관인 집행임원의 선임·해임 및 그 보수에 관한 결정권이 있으므로(중국 회사법 제109조, 제47조 제9호), 업무집행기관에 대한 업무감독기관은 이사회라고 볼 수 있다.

중국 회사법상 주식회사의 이사회는 5명 내지 19명의 이사로 구성되며, 회사의 종업원대표를 이사로 선임할 수 있다(중국 회사법 제109조). 이사회는 이사장(董事長) 1명을 두어야 하는데, 이러한 이사장은 이사회 회의를 소집·주재하고 이사회 결의사항의 시행 여부를 검사한다(중국 회사법 제110조).

중국 회사법상 상장회사는 의무적으로 독립이사(사외이사)를 두어야 하고(중국 회사법 제123조), 상장회사의 이사회는 비서를 두어 주주총회의 준비·서류보관·주주자료의 관리·공시업무 등을 담당하도록 한다(중국 회사법 제124조).

### (2) 업무감사기관

중국 회사법상 주식회사의 업무집행기관에 대한 업무감사기관은 감사회이다. 이러한 감사회는 3인 이상의 감사로 구성되는데, 정관에 정하는 바에 따라 주주대표의 감사와 3분의 1 이상의 종업원대표의 감사로 구성된다(중국 회사법 제118조). 감사회는 전체 감사의 과반수로 감사회대표 및 부대표를 선임하는데, 감사회대표는 감사회 회의를 소집·주재한다(중국 회사법 제118조).

중국 회사법상 감사회는 회사의 회계감사 및 업무집행기관 및 이사에 대한 직무집행을 감사한다(중국 회사법 제119조, 제54조).

## 2. 현행 상법상 지배구조

## 가. 업무집행기관

현행 상법상 최근 사업연도말 현재의 자산총액이 2조원 이상인 대회사의 경우 이사회에 사외이사를 3인 이상으로 하고 또한 이사 총수의 과반수가 되도록 하여(상법 제542조의 8 제1항 단서, 상법시행령 제34조 제2항) 이사회를 사외이사 중심으로 구성하도록 하고 있는데, 이러한 이사회는 업무집행기관(집행임원)을 별도로 두는 것을 전제로 하여 이러한 업무집행기관에 대한 감독기능에 충실하도록 한 것이다. 다시 말하면 이와 같이 대회사에 대하여 과반수의 사외이사를 의무적으로 두도록 하는 입법을 하는 경우에는 당연히 이사회(업무감독기관)와는 별도의

업무집행기관(집행임원)에 관한 입법을 하였어야 한다. 그런데 우리 상법은 사외
이사에 관한 위와 같은 입법을 하면서 이러한 이사회와는 별도의 업무집행기관
(집행임원)에 대한 입법을 하지 않고 그러한 이사회에 업무집행기관에 대한 업무
감독기능(상법 제393조 제2항)과 동시에 업무집행기능(의사결정)(상법 제393조 제1항)
을 부여함으로써 아래와 같은 많은 부작용과 문제점이 발생하고, 위에서 본 바와
같은 국제기준에 맞지 않는 이상한(왜곡된) 대회사의 지배구조가 되었다.

    사외이사 중심의 이사회에게 업무집행권과 업무감독권을 동시에 부여함으로
써, 회사의 업무에 관하여 상근하지 않는 사외이사로 하여금 업무집행(의사결정)
에 관여하도록 하여 (종래보다) 업무집행의 효율성이 떨어지고, 또한 업무집행에
관여한 (사외)이사가 다시 자기가 관여한 업무집행에 대하여 업무감독기능을 하
게 되어(즉, 자기감독을 하게 하여) 업무감독에서도 (종래보다) 더 나은 효율성을 나
타내지도 못하였다. 다시 말하면 사외이사제도(또는 사외이사 중심의 이사회제도)는
종래보다 업무집행에 대한 감독의 효율성을 증대시키지도 못하면서, 종래보다 업
무집행의 효율성을 더 떨어지게 하는 결과를 초래하였다. 따라서 회사는 업무집
행의 효율성을 위하여 이러한 (법정의) 사외이사를 두는 것을 최소화할 목적으로
이사의 수를 대폭 축소하고, 이와 같이 종래의 이사(등기이사)의 수가 대폭 축소
됨으로써 대회사는 이러한 이사만으로는 도저히 회사의 업무를 집행할 수 없으
므로 이러한 종래의 이사(등기이사) 대신 회사의 정관·내규 등에 의하여 또는 대
표이사에 의하여 선임된 (실무상) 집행임원에게 회사의 업무집행을 맡기게 되었
다. 그런데 이러한 집행임원은 실제로 과거에 등기이사가 수행하던 직무를 담당
하고 이로 인하여 보수 등에서도 등기이사와 거의 동등한 대우를 받고 있으면서
도 현재 상법(2011년 개정상법 이전) 등 법률상 근거가 없으므로 그의 지위(위임관
계냐 또는 고용관계냐)·권한·의무·책임 등에서 많은 법률상 문제점을 야기하게 되
었다(2011년 개정상법 제408조의 2~제408조의 9는 집행임원에 관한 규정을 두었으나, 회
사가 선택할 수 있는 임의기관으로 규정하였기 때문에, 회사가 상법상 집행임원제도를 선택
하지 않으면 동일한 문제점을 야기하게 된다). 이러한 대표적인 예로 위와 같은 집행
임원을 실적부진 등의 이유로 회사가 해임한 경우 이러한 집행임원은 고용계약
에 의한 근로자라고 주장하면서 노동법상 부당해고라고 하여 소를 제기한 경우
가 많은데, 이에 대하여 대법원판례는 이러한 집행임원은 주주총회에서 선임되지
도 않았고 또한 등기되지도 않았다는 이유로 이러한 집행임원의 지위는 위임계
약에 의한 임원이 아니라 고용계약에 의한 근로자라고 계속하여 판시함으로

써,13) 회사에서는 납득할 수 없는 너무나 불합리한 판결이라는 문제점을 제기하였고 이에 대하여 입법적으로 해결하여 줄 것을 요청하기도 하였다.14)

## 나. 업무감독기관 및 업무감사기관

### (1) 업무감독기관

현행 상법상 업무집행기관에 대한 감독기관은 이사회인데(상법 제393조 제2항), 앞에서 본 바와 같이 감독기관과 분리된 업무집행기관을 별도로 두지 않음으로써 이사회의 감독기능은 자기감독이 되어 효율성이 종전보다 더 향상되지 못하고 있다.

현행 상법은 앞에서 본 바와 같이 대회사의 경우 이사회를 이사 총수의 과반수에 해당하는 사외이사로 구성하도록 함으로써(상법 제542조의 8 제1항 단서, 상법시행령 제34조 제2항) 이사회가 업무집행기관에 대한 감독기능을 보다 충실하게 수행하도록 하였으나, 감독기관인 이사회와는 분리된 업무집행기관(집행임원)을 두지 않았기 때문에(즉, 감독기관과 업무집행기관이 동일한 이사회이기 때문에) 감독기능이 충실하게 되지 못함은 물론 사외이사제도의 도입으로 종전보다 오히려 감독기능의 효율성이 더 떨어졌다고 볼 수도 있다.

또한 이사회가 그의 감독기능을 보다 더 충실하고 효율적으로 수행하기 위하여는 감독기능을 담당하는 이사회와는 별도의 업무집행기관(집행임원)을 두면서 이사회의장은 (대표)집행임원을 겸임할 수 없도록 하고15) 이사는 집행임원을 겸임하지 못하도록 하며(부득이한 경우 이사와 집행임원을 겸임하는 자를 최소화하며)(일본 신회사법 제402조 제6항은 위원회설치회사에서 집행임원은 이사를 겸임할 수 없도록 명문규정을 두고 있음) 사외이사는 전문성이 있고 (대표)집행임원의 영향력이 없는 자 중에서 선임되도록 하여야 하는데, 현행 상법(2011년 개정상법 이전)은 오히려 이와 반대로 업무감독기관인 이사회에 업무집행기능을 함께 부여함으로써 대표이사는 대표집행임원과 이사회의장을 언제나 겸임하고 있는 형태이고 이사 총수의 절반 가깝게 집행임원과 이사를 겸한 사내이사를 두고 있으며(사외이사도 업무집행에 관한 이사회의 의사결정에 참여하며) 현실적으로 사외이사는 대표이사 또는 대

---

13) 대판 2003. 9. 26, 2002 다 64681; 동 2005. 5. 27, 2005 두 524 등.
14) 동지: 법무부, 「상법(회사법)개정 공청회자료」(이하 '공청회자료'로 약칭함), 2006. 7. 4, 4~6면.
15) 동지: 정쾌영, "집행임원제도에 관한 상법개정안의 문제점 검토," 「기업법연구」(한국기업법학회), 제21권 제4호(2007. 12), 112~131면, 118~119면.

주주의 영향하에 선임되고 있는 점에서 볼 때, 우리 현행 회사법상 이사회의 업무집행기관에 대한 감독기능은 실제적으로 제도상 원천적으로 불가능하게 되어 있다.

### (2) 업무감사기관

현행 상법상 대회사의 경우 업무집행기관에 대한 업무감사기관은 언제나 이사회내의 위원회의 하나인 감사위원회이다(상법 제542조의 11 제1항, 상법시행령 제37조 제1항).

감독기관(이사회)과 분리된 업무집행기관(집행임원)이 별도로 있으면 업무집행기관에 대하여 감독기능을 수행하는 이사회가 그의 하부기관(이사회내 위원회의 하나인 감사위원회)을 별도로 구성하여 이에 업무집행기관에 대한 감사업무를 수행하도록 하여 그 결과를 보고받고 필요한 경우 감사위원회의 결의사항을 변경하는 것은(상법 제393조의 2 제1항·제4항) 자연스러운 일이다. 그런데 우리 상법은 감독기관(이사회)과 분리된 별도의 업무집행기관을 두지 않고 감독기관(이사회)에 다시 업무집행권한을 부여함으로써 근본적으로 지배구조가 왜곡되어 앞에서 본 바와 같이 많은 문제점이 발생하게 되었는데, 이러한 근본적인 문제점(집행임원의 결여)은 해결하지 않고 지엽적인 문제점을 해결하고자 하는 입법(개정)만을 하여 더욱 더 이상한 현상이 발생하고 있다. 다시 말하면 이사회는 그의 하부기관인 감사위원회의 결의를 변경할 수 있는 것이 당연한데(상법 제393조의 2 제4항 2문 후단), 이사회의 하부기관인 감사위원회가 이사회의 업무집행(의사결정)을 감사하도록 함으로써 감사의 독립성뿐만 아니라 감사(監査)의 효율성도 종래의 감사(監事)보다도 현격하게 더 떨어지는 문제점이 발생하여 2009년 개정상법에서는 감사위원회의 결의사항에 대하여는 이사회가 변경할 수 없도록 개정하였다(상법 제415조의 2 제6항). 이는 감사위원회가 이사회내 위원회의 하나로서 이사회의 하부기관이라는 근본취지에 반하는 개정으로, 감독기관(이사회)과는 별도의 업무집행기관을 두게 되면 당연히 원래대로 복귀시켜 삭제되어야 할 규정이다. 또한 감사위원회는 이사회의 하부기관으로 감독기관인 이사회가 설치할 수 있으므로(상법 제393조의 2 제1항) 그 위원의 선임·해임권은 당연히 이사회에게 있는 것인데(상법 제393조의 2 제2항 제3호, 제415조의 2 제3항), 현행 상법은 감독기관(이사회)과 분리되는 업무집행기관(집행임원)을 별도로 두지 않고 감독기관(이사회)에 다시 업무집행권을 부여함으로써 업무감사를 받는 이사회가 업무감사를 하는 감사위원회 위원을 선임·해임한다는 것은 모순이며 문제점이 있다고 하여 감사위원회 위원을 주주총회에서 선임·해임하도록 하고(상법 제542조의 12 제1항·제2항) 이 경우 주주의 의결권까지 제한하고 있다(상법 제542조의 12 제3항·제4항). 이는 앞에서 본 바와 같이 감사위원회가 이사회내 위원회의 하나로서 이사회의 하부기관이라는 근본 취지를 망각하고 또한 감사위원회 위원과 감사(監事)는 구별되는데 이를 동일시 하여 무리하게 정당한 이유도 없이 (일괄선출시는 이사를 선임하는 경우) 주주의 의 결권을 제한한 것으로 매우 부당한 것으로 본다. 이는 위에서 본 바와 같이 근 본적인 문제점(감독기관과 분리된 업무집행기관을 두지 않은 점)을 해결하지는 않고 그러한 근본적인 문제점에서 파생되는 지엽적인 문제점을 해결하기 위하여 상법 을 개정함으로써 세계에 유래가 없는 우리나라에서만 있는 매우 희한한 지배구 조가 되었다. 따라서 국제기준에 맞는 모범적인 지배구조를 갖기 위하여 또한 근 본적인 문제점을 해결하기 위하여 감독기관과 분리된 별도의 업무집행기관(집행 임원)을 두도록 입법함으로써 위와 같은 이상한 입법은 다시 원위치로 복귀시켜 야 할 것으로 본다.

## 3. 상법개정안상 지배구조

### 가. 업무집행기관

(1) 상법개정안은 원래 위와 같은 대회사에 있어서 발생하는 문제점을 해결 하고 또한 우리 기업의 세계화와 더불어 Global Standard에 맞는 입법을 하기 위하여, 대회사에서 업무집행기관과 이에 대한 감독기관을 분리하고자 집행임원 제도를 두는 입법을 하고자 한 것인데, 상법개정에 관한 논의의 과정중에 기업의 자율성을 중시하고 또한 집행임원제도를 실시할 수 있는 회사의 범위를 확대하 기 위하여 회사는 사외이사의 존부 또는 그 수에 무관하게 회사의 선택에 의하 여 집행임원제도를 이용할 수 있게 하였다(상법개정안 제408조의 2 제1항 1문). 다만 회사가 이와 같이 집행임원을 둔 경우에는 대표이사를 두지 못하도록 하였다(상 법개정안 제408조의 2 제1항 2문). 따라서 이러한 상법개정안에 의하면 중회사(자본 금의 총액이 10억원 이상이고 최근 사업연도말 현재의 자산총액이 2조원 미만인 회사로서 은행 등 금융기관이 아닌 회사)도 집행임원제도를 채택할 수 있고, 대회사의 경우에 도 집행임원제도를 채택하지 아니할 수 있다.[16]

---

16) 동지: 법무부, 전게 공청회자료(주 14), 8면.

   (2) 집행임원에 관한 상법개정안의 중요한 내용은 다음과 같다. 회사와 집행임원과의 관계는 회사와 이사와의 관계와 같이 위임관계이다(상법개정안 제408조의 2 제2항). 집행임원설치회사의 이사회는 (대표)집행임원의 선임·해임권 및 보수결정권 등을 가짐으로써 집행임원에 대한 실질적인 감독권을 행사할 수 있도록 하였으며, 집행임원설치회사의 이사회는 이 외에도 집행임원과 회사와의 소에서 회사를 대표할 자를 선임할 수 있고, 집행임원에 대하여 업무집행에 관한 의사결정을 위임할 수 있으며(다만 상법에서 이사회의 권한사항으로 정한 경우는 제외함), 집행임원이 수인인 경우 집행임원의 직무분담 및 지휘·명령관계 그 밖에 집행임원의 상호관계에 관한 사항을 결정할 수 있다(상법개정안 제408조의 2 제3항). 집행임원설치회사는 이사회의 회의를 주관하기 위하여 이사회의장을 두어야 하는데, 이사회의장은 정관의 규정이 없으면 이사회 결의로 선임한다(상법개정안 제408조의 2 제4항). 이사회의 감독기능 충실을 위하여 이사회의장과 (대표)집행임원의 겸직은 바람직하지 않으나,17) 상법개정안은 실무계의 현실을 반영하여 이를 금지하는 규정을 두지 않기로 하여 양자의 겸직이 가능하다.18) 집행임원의 임기는 정관에 달리 정한 바가 없으면 2년을 초과하지 못하는 것으로 하고(상법개정안 제408조의 3 제1항), 집행임원은 현행 상법상 대표이사의 기능을 수행할 수 있는 권한을 가지며(상법개정안 제408조의 4, 제408조의 5), 2인 이상의 집행임원이 선임된 경우에는 이사회의 결의로 대표집행임원을 선임하는데, 이러한 대표집행임원에 대하여는 대표이사에 관한 상법의 규정을 준용하는 것으로 하고 있다(상법개정안 제408조의 5). 집행임원은 필요시 회의의 목적사항과 소집이유를 기재한 서면을 이사(소집권자)에게 제출하여 이사회의 소집을 청구할 수 있는데, 이사(소집권자)가 이러한 소집절차를 밟지 아니한 때에는 그 집행임원은 법원의 허가를 얻어 이사회를 소집할 수 있다(상법개정안 제408조의 7). 이와 함께 집행임원에 대하여는 이사(대표이사)와 유사한 의무를 부과하여, 집행임원은 3개월에 1회 이상 업무의 집행상황을 이사회에 보고하여야 하고, 집행임원은 이 외에도 이사회의 요구가 있는 때에는 언제든지 이사회에 출석하여 요구한 사항을 보고하여야 하며, 이사는 대표집행임원으로 하여금 다른 집행임원 또는 피용자의 업무에 관하여 이사회에 보고할 것을 요구할 수 있도록 하고 있다(상법개정안 제408조의 6). 또한 집행임원

---

17) 동지: 정찬형, "주식회사 지배구조관련 개정의견," 「상사법연구」(한국상사법학회), 제24권 2호(2005. 8), 163~164면.
18) 동지: 법무부, 전게 공청회자료(주 14), 9면.

에 대하여도 이사와 유사하게 회사 및 제3자에 대한 책임을 인정하고 있다(다만 집행임원이 수인인 경우에도 이사회와 같은 회의체를 구성하지 않으므로 회의체의 결의와 관련된 연대책임은 없음)(상법개정안 제408조의 8). 또한 집행임원은 등기사항으로 하여 공시하도록 하고 있다(상법개정안 제317조 제2항).

(3) 현행 상법상 주식회사의 업무집행기관은 원칙적으로 이사회(업무집행에 관한 의사결정)(상법 제393조 제1항) 및 대표이사(대내적으로 회사의 업무를 집행하고 대외적으로 회사를 대표함)(상법 제389조)이다. 우리 상법상 주식회사의 대표이사제도는 프랑스의 전통적인 주식회사의 업무집행기관에서 온 것인데, 프랑스에서는 이사회와 대표이사간에 업무집행에 관한 권한의 한계를 정하는 것이 종종 문제가 되고 양자간의 불분명한 권한분배가 자주 비판되어 1966년에는 이사회와 감사회의 중층제도를 선택적으로 도입하게 되었다.[19] 프랑스는 그 후 2001년에 상법을 개정하여 정관에 의하여 업무집행기관으로 대표이사에 갈음하여 집행임원을 둘 수 있도록 하였다(업무집행기관과 업무감독기관의 분리)(프랑스 상법 제225-51-1조).

상법개정안과 같이 집행임원제도를 도입하면 주식회사의 업무집행기관은 집행임원이 되는데, 이러한 집행임원제도가 현행 상법상 업무집행기관과 다른 점을 간단히 정리하면 다음과 같다.

(가) 현행 상법상 업무집행에 관한 의사결정은 회의체인 이사회에서 하고(상법 제393조 제1항) 이의 집행은 대표이사가 하나(상법 제389조), 집행임원제도에서는 일반적으로 이사회의 위임에 의하여 각 집행임원이 결정하여 집행하므로(이사회와 같은 회의체 기관이 아니고, 이 경우 업무집행에 관한 의사결정기관과 집행기관이 분리되지 않으므로) 업무집행의 효율성을 기할 수 있다(상법개정안 제408조의 2 제3항 제4호, 제408조의 4).

(나) 현행 상법상 대표이사가 정관의 규정에 의하여 주주총회에서 선임되는 경우에는(상법 제389조 제1항 2문) 이사회가 대표이사의 선임·해임권이 없으므로 이사회가 대표이사의 직무집행을 실제로 감독할 수 없다. 대표이사가 이사회에서 선임되는 경우에도(상법 제389조 제1항 1문) (대표)이사의 보수는 정관에 규정이 없으면 주주총회의 결의로 정하여지므로(상법 제388조) 이사회는 대표이사의 직무집행을 실제로 감독할 수 없다. 그러나 집행임원제도에서는 이사회가 집행임원의 선임·해임권 및 보수결정권(정관·주주총회의 승인이 없는 경우)이 있으므로(상법개정

---

19) 정찬형, 「상법강의(상)(제12판)」(서울: 박영사, 2009), 749~750면.

안 제408조의 2 제3항), 이사회는 실제로 집행임원에 대한 감독권을 실효성 있게 행사할 수 있다.

(다) 현행 상법상 (대표)이사는 한편으로 이사회 구성원으로서 업무집행과 업무감독에 관한 의사결정을 하고(상법 제393조 제1항·제2항) 다른 한편 업무집행기능을 수행하나, 집행임원제도에서는 이 양자가 분리되어(상법개정안 제408조의 2 제3항·제4항, 제408조의 4, 제408조의 5) 이사회는 업무집행기관(집행임원)에 대하여 실효성 있는 감독업무를 수행할 수 있다.

(4) 사견으로는 위에서 본 바와 같이 우리 상법이 대회사의 이사회에는 의무적으로 사외이사를 과반수 두도록 하여 이사회가 사외이사 중심으로 되어 업무집행기관에 대한 감독권을 충실히 행사하도록 하는데 그 취지가 있었다면, 이러한 취지에 맞게 업무감독기관과는 별도의 업무집행기관인 집행임원을 의무적으로 두도록 하여야 한다고 본다.[20] 대회사가 이와 같이 사외이사 중심의 이사회를 갖고서 업무집행기관(집행임원)에 대하여 효율적인 감독을 하도록 하고 또한 이사회와 분리된 업무집행기관인 집행임원을 두도록 하는 지배구조를 갖는 것은, 현재 국제적으로 논의되고 있는 Global Standard에 부응하는 지배구조를 갖는 것이 되어, 이러한 회사는 기업경영의 투명성을 담보하는 지배구조를 갖는 회사로서 국제적인 신뢰를 크게 얻게 되어 외국인의 국내기업에 대한 투자를 확대할 수 있는 기반을 조성하게 되고 또한 우리나라의 경제발전에도 크게 기여하게 될 것으로 본다.

중회사의 경우에는 원칙적으로 현재와 같이 이사회와 대표이사가 업무를 집행하면 충분하다고 보고, 다시 비용을 들여 집행임원을 별도로 둘 필요가 없다고 본다. 중회사의 이사회는 사외이사가 이사 총수의 과반수이어야 한다는 의무규정도 없으므로 이사회가 사외이사 중심으로 구성되어 업무집행기관에 대한 감독기능에 중점이 있다고도 볼 수 없다. 따라서 이러한 중회사의 경우는 집행임원을 둘 필요가 없으나, 중회사가 (의무는 없으나) 임의로 사외이사를 이사 총수의 과반

---

20) 정찬형, "2007년 확정한 정부의 상법(회사법) 개정안에 대한 의견,"「고려법학」(고려대 법학연구원), 제50호(2008), 384면.
　동지: 정쾌영, 전게논문(주 13), 110~111면, 116면; 전우현, "주식회사 감사위원회제도의 개선에 관한 일고찰 – 집행임원제 필요성에 관한 검토의 부가,"「상사법연구」(한국상사법학회), 제23권 3호(2004. 11), 284면; 원동욱, "주식회사 이사회의 기능변화에 따른 집행임원제도의 도입에 관한 연구," 법학박사학위논문(고려대, 2006. 2), 86~87면, 167~169면, 181면; 서규영, "주식회사의 집행임원제도에 관한 연구," 법학박사학위논문(고려대, 2009. 8), 101~102면, 182면.

수로 하여 이사회를 구성하면 위의 대회사의 경우와 같은 취지에서 의무적으로 집행임원을 두도록 하여야 할 것으로 본다. 사외이사가 전혀 없는 이사회는 업무집행기능의 수행에 중점이 있으므로 이와 중복되는 집행임원을 다시 두는(또는 둘 수 있는) 것으로 할 필요가 없다고 본다.

현행 상법개정안과 같이 모든 회사(중회사 및 대회사)가 사외이사의 존재 유무에 불구하고 선택적으로 집행임원제도를 채택할 수 있는 것으로 규정하여, 사외이사가 전혀 없는 중회사도 집행임원제도를 채택할 수 있고, 이에 반하여 사외이사가 이사 총수의 과반수인 이사회를 가진 대회사(때로는 중회사)가 집행임원제도를 채택하지 않으면, 감독기능에 중점이 있는 이사회와는 별도로 집행임원을 두도록 하는 집행임원제도의 본래의 취지(감독기관과 집행기관의 분리)에도 반하고 또한 현재 집행임원과 관련하여 발생하는 문제의 해결에도 도움을 주지 못한다고 본다.

비교법적으로 볼 때도 미국의 일부의 州회사법에서는 공개회사가 집행임원제도를 의무적으로 채택하도록 하고(캘리포니아주, 델라웨어주 등),[21] 일본의 2005년 신회사법에서도 사외이사를 과반수로 한 위원회를 설치하는 위원회설치회사에서는 집행임원(執行役)을 의무적으로 두도록 하고 있다(일본 신회사법 제402조 제1항).

이러한 점에서 국회 법사위의 검토보고서에서 "상법개정안은 집행임원설치회사에 대한 제한이 없으나 집행임원제도를 두려면 이사회가 정상적으로 운영되는 회사(이는 이사회가 사외이사 중심으로 구성되어 감독기능을 정상적으로 할 수 있는 회사로 이해됨—필자 註)이어야 하므로 회사규모 등에 관한 최소한의 기준을 설정할 필요가 있다고 본다"는 의견[22]에는 전적으로 찬성한다. 이 때 "회사규모 등에 관한 최소한의 기준"은 위에서 본 바와 같이 "사외이사가 이사 총수의 과반수인 이사회를 둔 회사"(또는 대회사 및 사외이사가 이사 총수의 과반수인 이사회를 둔 중회사)로 규정하면 간명하면서 그 기준이 명확하다고 본다.

국회 법사위 검토보고서는 "(집행임원제도를 채택하여) 이사회가 감독기능만을 담당하면 감사위원회의 지위가 불분명해지는 점이 있다"는 의견을 제시하고 있

---

21) California Corporations Code 제312조; Delaware General Corporation Law 제142조.
Sarbanes-Oxley Act of 2002 제302조 제(a)항은 "증권거래위원회(Securities and Exchange Commission)는 상급집행임원과 상급재무임원이 재무제표에 서명(확인)할 것을 요구해야 한다"고 규정함으로써, 상장회사는 간접적으로 집행임원을 둘 것을 요구하고 있다.
22) 국회 법사위(전문위원 임중호), 상법 일부개정 법률안 검토보고서(이하 '검토보고서'로 약칭함), 2007. 11, 144면.

는데,23) 이 때 이사회는 업무집행기관(집행임원)에 대한 감독(監督)기능을 수행하고 이사회내 위원회의 하나인 감사위원회(3인 이상의 이사로 구성되는데, 사외이사가 위원의 3분의 2 이상이어야 함— 2009년 개정상법 제415조의 2 제2항)는 감사(監査)기능을 수행하므로, 감사위원회의 지위가 이사회와의 관계에서 더욱 명확하여진다고 볼 수 있다. 감독기능과 감사기능은 앞에서 본 바와 같이 구별된다. 즉, 감독기능은 상하관계에서 감독권을 행사하는 것이며(따라서 임면권이 있어야 충실한 감독권을 행사할 수 있음) 또 타당성(합목적성) 감사에도 미치나, 감사기능은 수평적 지위에서 감사권을 행사하며 원칙적으로 적법성 감사만을 하는 것이다. 감사기능을 수행하는 감사위원회는 감독기능을 수행하는 이사회의 하부기관(이사회내 위원회)으로서 이사회의 감독업무를 보조하는 기능을 수행한다고 볼 수 있다. 따라서 이사회가 업무집행기능을 수행하지 않고 감독기능만을 수행하는 경우에는 이사회는 이사회내 위원회의 하나인 감사위원회가 결의한 사항을 다시 결의할 수 있도록 하는 것(상법 제393조의 2 제4항 2문 후단)은 당연하다고 본다. 2009년 개정상법은 제415조의 2에 제6항을 신설하여 감사위원회가 결의한 사항에 대하여는 이사회가 다시 결의할 수 없도록 하고 있는데, 이는 이사회가 업무집행권을 갖고 있는 현실에서 모순을 조금이라도 해결하고자 둔 규정인데, 위에서 본 바와 같이 업무감독기능을 수행하는 이사회와는 별도로 업무집행기능을 담당하는 집행임원을 두면 이러한 규정은 다시 삭제되어야 할 것으로 본다. 또한 감독기능만을 수행하는 이사회를 둔 회사(집행임원제도를 채택한 회사)는 (상법상 감사를 두지 못하도록 하고) 반드시 감사위원회를 두도록 하는 것이 논리에 있어서 뿐만 아니라 경비를 절약하는 면에서도 타당하다고 본다. 이와 관련하여 이사회가 감독기능을 보다 더 충실히 하도록 하려면 앞에서 본 바와 같이 이사회의장이 (대표)집행임원을 겸임하지 못하도록 하고 이사가 집행임원을 겸임하지 못하도록 하여야(부득이한 경우 이사와 집행임원을 겸임하는 자를 최소화하여야) 할 것으로 본다.24) 위에서 본 「유럽에서의 회사법의 최근 규제구조에 관한 보고서」에서 "…유럽연합국가에서 모든 상장회사에 대하여는 사내이사(집행임원)의 선임과 보수 및 회사의 업무에 관한 회계감사는 전적으로 사외이사 또는 감독이사(감사회)에 의하여 결정되어야 하는 점을 명백히 하고 있다"고 설명하고 있는 부분25)은, 이러한 점에 대하

---

23) 국회 법사위, 검토보고서(주 22), 144면.

24) 동지: 정찬형, 전게논문(상사법연구 제24권 2호)(주 17), 163~164면; 국회 법사위, 검토보고서(주 22), 145면; 정쾌영, 전게논문(주 15), 112~113면, 118~119면.

여 많은 참고가 될 수 있을 것으로 본다.

　　국회 법사위의 검토보고서 중 "회사(이사회)가 선임한 임원 중 일부만 집행임원으로 등기할 경우 다시 비등기 집행임원이 발생할 우려가 있으므로 어느 범위까지의 집행임원을 등기해야 하는지 제한을 둘 필요가 있다"는 견해26)에 대하여는, 상법이 회사마다 다양한 형태의 집행임원에 대하여 기준을 정한다는 것은 불가능하고 또 불필요하다고 본다. 회사는 스스로 판단하여 상법상 집행임원에 해당하는(즉, 회사의 업무를 집행하고, 정관 또는 이사회의 결의에 의하여 위임받은 업무집행에 관한 의사를 결정하여 집행하는 - 상법개정안 제408조의 4) 자만을 상법에 맞게 이사회에서 집행임원으로 선임하여(상법개정안 제408조의 2 제3항 제1호) 등기하면 (상법개정안 제317조 제2항 제8호~제10호) 되는 것이다. 따라서 현재 집행임원으로 호칭되는 자를 전부 등기할 필요도 없다. 만일 회사가 상법상 집행임원에 해당하는 자를 등기하지 않으면 회사의 대표자 등은 과태료의 처분을 받음(상법 제635조 제1항 제1호)은 물론, 회사는 상법 제37조 제1항(등기할 사항은 이를 등기하지 아니하면 선의의 제3자에게 대항하지 못한다)에 의한 불이익을 받는다. 또한 등기하지 않은 그러한 사실상의 집행임원에 대하여는 상법개정안상의 집행임원에 관한 규정을 유추적용하여 해당하는 의무를 부담시키고 책임을 물을 수 있을 것으로 본다. 따라서 이러한 점에서도 집행임원에 관한 입법은 반드시 필요하다고 본다.

　　(5) 국회 법사위의 검토보고서는 집행임원에 관한 상법개정안은 효율적인 지배구조로 개선하고자 하는 것으로서 그 입법취지는 타당한데, 재계에서 다음의 문제를 이유로 반대하고 있으므로 이 제도의 도입에는 신중한 검토가 필요하다는 의견을 제시하고 있다.27) 그런데 재계에서 제시하고 있는 다음의 문제는 아래에서 보는 바와 같이 모두 타당하지 않다고 본다.28)

　　(가) 재계에서는 "첫째, 기업들이 등기이사 수를 축소하는 것은 사외이사 수를 줄이고자 하는 목적보다 경영환경의 급변에 대처하기 위한 것으로 이사회를 슬림화하고 신속하고 효율적인 경영을 하고자 하는 것이며 이는 세계적인 추세이다"고 한다. 그런데 회사의 사정을 잘 알지 못하는 사외이사들이 경영에 관한 의사결정에 참여하는 것을 많이 꺼리고, 특히 회사의 기밀이 사외이사를 통하여

25) 유럽보고서(주 4), 60~61면.
26) 국회 법사위, 검토보고서(주 22), 145면.
27) 국회 법사위, 검토보고서(주 22), 142~144면.
28) 정찬형, 전게논문(고려법학 제50호)(주 20), 388~392면.

외부에 유출되지 않을까 하는 우려가 있는 점 등으로 인하여 사외이사의 수를 최소화하고자 등기이사 수를 축소하는 것이 솔직한 현실이고, 기업들이 등기이사 수를 축소하는 것이 설사 사외이사 수를 줄이고자 하는 목적보다 이사회를 슬림화하여 신속하고 효율적인 경영을 하고자 하는 것이라고 하여도 회사의 영업범위가 업종 및 지역별로 매우 확대된 대회사(삼성전자 등)의 경우에는 이와 같이 슬림화된 이사회에서 회사의 모든 업무집행에 관한 의사결정을 할 수 없는 것이 솔직한 사실이다. 따라서 그러한 대회사의 경우 이사회(사외이사가 과반수인 이사회)는 회사의 중요하거나 기본적인 업무에 대해서만 의사를 결정하고 각 업종 및 지역별로 이러한 업무를 집행할(때로는 이사회의 수권에 의하여 업무에 관한 의사를 결정하여 집행할) 수많은 (사실상) 집행임원을 두고 있는 것이 현실이고, 이러한 집행임원은 사실상 과거에(사외이사의 선임강제가 없었던 IMF 환란 이전에) 상법상 이사가 하던 업무를 그대로 수행하고 있는 것이 현실이다. 그런데 이러한 (사실상) 집행임원에 대하여는 현재(2011년 개정상법 이전) 근거법이 전혀 없고 각 회사의 정관 또는 내규 등에만 규정되어 있고 그것도 회사마다 다르며, 이러한 집행임원에 대하여 규정하고 있는 회사의 내규 등도 집행임원의 선임 정도에 대하여만 규정하고 있고 그의 지위·의무·책임(특히 제3자에 대한 책임) 등에 대하여는 규정이 거의 없다. 그런데 이러한 집행임원의 지위·책임 등에 대하여는 법률상 규정이 없기 때문에 자주 법률분쟁이 발생하고 있는 것이다. 따라서 이번 상법개정안에서는 이러한 현실을 반영하여 집행임원에 대하여 법률상의 제도로서 규정함으로써 법의 흠결에서 발생하는 법률문제를 해결하고 또한 Global Standard에 맞는 기업의 지배구조를 갖출 수 있도록 하고자 하는 것이다. 따라서 이는 기업에 대하여 새로운 부담을 준다거나 기업활동에 지장을 가져오는 제도가 아니라, 기업활동의 효율성을 도모하고 이에 대한 법률문제를 사전에 방지하기 위하여 현재 각 (대)기업이 실시하고 있는 현실을 반영한 입법일 뿐이다. 사실상 시행되고 있는 집행임원에 대하여 그에 대한 법적 근거가 없어 많은 분쟁이 야기되고 있는데, 이를 기업의 내규에만 맡기고 입법을 하지 않고 방치한다면 국가 및 법의 목적(이념)에 반하는 것이라고 본다. 기업의 입장에서는 이를 법에 규정하지 않고 회사(또는 대표이사)가 자유롭게 하도록 법이 방치하는 것을 요구하겠으나, 기업과 거래하는 제3자의 이익보호도 중요하므로 법은 이익조정의 차원에서 이를 규정하지 않을 수 없으며 또 이를 규정하는 것은 오늘날 앞에서 본 바와 같이 미국·일본 등 선진국을 위시한 세계적인 입법경향에도 부응하는 것이다.

(나) 재계에서는 "둘째, 집행임원제도는 현행 감사위원회제도나 업무집행지시자의 책임규정 등을 보완하여 강화할 수 있다"고 한다. 그런데 집행임원제도는 이사회에서 업무집행기능을 분리하여 집행임원에게 업무집행권을 부여하고 (사외이사를 중심으로 한) 이사회는 업무집행기관(집행임원)에 대한 업무감독의 업무를 보다 더 충실히 하도록 하고자 하는 제도이다. 즉, 이러한 이사회와 분리된 집행임원을 둠으로써 이사회는 보다 더 업무집행기관(집행임원)에 대한 감독(監督)업무를 충실히 수행할 수 있고, 이러한 감독기관에 종속한 이사회내 위원회의 하나인 (사외이사 중심의) 감사위원회는 보다 더 충실한 감사(監査)업무를 수행할 수 있는 것이다. 현재와 같이 집행임원제도가 없어 이사회가 업무집행기능을 갖게 되면 이사회는 업무집행기능과 업무감독기능을 공유하므로 이사회의 업무감독기능은 자기감독이 되어 유명무실하게 되고 이에 종속된 감사위원회의 감사기능도 자기감독이 되어 유명무실하게 되어 종래의 감사보다 훨씬 그 효율성이 떨어지는 것이다. 따라서 감사위원회의 감사기능의 효율성을 (종래의 감사보다) 더 높이기 위하여는 이사회와는 분리된 집행임원을 두도록 하여야 하는 것이다. 또한 상법은 IMF 환란 직후인 1998년 개정상법에서 지배주주가 사실상 경영권을 행사하면서 이사 등으로 등기가 되지 않은 사실상(실질상) 이사(de facto director)가 이사로서 면책되는 것을 방지하기 위하여 독일·영국 등에서 인정하고 있는 제도를 도입하여(독일 주식법 제117조, 영국 회사법 제741조 제2항〈shadow director〉) 업무집행지시자 등의 회사 및 제3자에 대한 책임을 인정한 것이다(상법 제401조의 2). 그런데 이러한 (사실상) 집행임원은 보통 지배주주(대표이사)에 의하여 업무집행을 위하여 선임된 자로서 위의 업무집행지시자 등과는 반대의 입장이다. 이러한 집행임원에 대하여 그의 책임을 묻기 위하여 상법상 업무집행지시자 등의 책임에 관한 규정(상법 제401조의 2)을 유추적용하는 것은 동 규정의 입법취지에도 맞지 않는다. 또한 집행임원에 관한 입법에서는 그의 책임에 관한 사항도 있지만 그의 지위·의무·권한 등의 사항이 있으므로 이를 종합적으로 규정할 필요가 있다. 따라서 집행임원에 관한 종합적인 사항을 입법하여 집행임원에 관한 제반 법적 문제를 사전에 해결하고 예측가능하도록 하는 것이 타당하다고 보며, 이에 관한 입법은 하지 않고 그의 입법취지가 달라 논쟁을 가져올 수 있는 업무집행지시자 등의 책임에 관한 규정(상법 제401조의 2)을 그의 책임에 관해서만 억지로 유추적용하는 것은 타당하지 않다고 본다.

(다) 재계에서는 "셋째, 집행임원이 이사회에 의해 임면되는 경우 CEO(대표집

행임원)의 영향력이 약화되므로 위험회피적 결정을 할 가능성이 높아 추진력이 떨어질 가능성이 있다"고 한다. 현행 상법상 이사는 주주총회에서 선임되나(상법 제382조 제1항) 대표이사는 원칙적으로 이사회에 의하여 선임되므로(상법 제389조 본문), 현행 대표이사에 해당하는 대표집행임원(CEO)이 이사회에 의하여 선임되는 점(상법개정안 제408조의 5 제1항 본문)에서 양자는 선임기관이 같다. 또한 상법개정안에 의하면 집행임원을 이사회가 선임하나(상법개정안 제408조의 2 제3항 제1호) 이는 주주총회에 의하여 선임된 이사들로 구성된 이사회에 의하여 선임되므로(대회사의 경우 주주들이 많기 때문에 주주총회에서 직접 선임하는 것보다 이의 수권에 의한 이사회에서 선임하는 것이 보다 더 효율적) 이러한 집행임원은 주주총회에 의한 복대리인이라고 볼 수 있으므로 현행 업무를 집행하는 이사와 그 지위에 있어서 큰 차이가 없다고 본다. 또한 상법개정안에 의하면 이사회의장과 대표집행임원(CEO)의 겸직을 금하고 있지 않으므로 대표집행임원이 이사회의장을 겸하면 그는 현행 대표이사의 지위와 같게 되므로 현재의 대표이사보다 대표집행임원이 그 영향력이 약화되거나 추진력이 떨어진다고 볼 수는 없다.

　(라) 재계에서는 "넷째, 기업의 자유로운 지배구조의 선택권을 제약할 우려가 있고, 상법에서 임의규정방식으로 택하더라도 증권거래법 등에서 의무화할 가능성이 있다"고 한다. 그런데 기업(특히 대회사)의 지배구조에 관하여 무한정 기업의 자유에 맡길 수는 없고 그 기업과 관련하는 많은 이해관계인의 이익을 보호하기 위하여 법은 일정한 기준을 규정하여야 한다고 본다. 또한 이번의 상법개정안은 종래의 증권거래법(현재는 자본시장과 금융투자업에 관한 법률)과는 전혀 무관한데 종래의 증권거래법과 관련하여 상법개정안의 내용을 비난하는 것은 옳지 않다고 본다. 2009년 개정상법은 주식회사(제3편 제4장)에 '상장회사에 관한 특례'(제13절)를 신설하여 특히 상장회사의 지배구조에 관한 사항을 규정하고 있으므로 앞으로 집행임원에 관한 사항은 상장회사이든 비상장회사이든 전부 상법개정사항이기 때문에 이를 다른 법률과 관련시키는 것은 이제는 그 근거를 상실하고 있다.

　(마) 재계에서는 "다섯째, 이사회가 업무집행에서 배제됨으로써 기업현실을 정확히 파악하지 못하여 업무에 대한 전문성이 떨어져 경영효율성을 저하시키는 결과가 초래될 수 있다"고 한다. 그런데 사외이사 중심의 이사회에게 업무집행권을 부여함으로써(특히, 대회사의 경우) 앞에서 본 바와 같이 업무집행에 대한 효율성이 떨어지고 또한 업무감독기능도 유명무실하게 되므로, 업무집행에 대한 효율성을 증대하기 위하여 업무에 관한 전문성도 있고 또한 기업현실을 정확하게 파

악하고 있는 (사외이사가 아닌) 경영전문가에게 업무집행을 별도로 맡기도록 하자는 것이 집행임원제도이다. 따라서 현행과 같이 사외이사 중심의 이사회에게 업무집행권을 부여하는 것이 오히려 회사의 경영효율성을 저해시키는 결과를 초래하는 것이다. 그러므로 이를 방지하기 위하여 이사회와는 별도의 집행임원을 두도록 하여야 한다.

　(바) 재계에서는 "여섯째, 현재 집행임원제도를 운영하고 있는 기업들은 대부분 상법개정안과 다른 방식으로 운영하고 있으며, 회사마다 특성을 고려하여 정관으로 정해 자율적으로 도입하도록 하는 것이 바람직스럽다"고 한다. 그런데 위에서 본 바와 같이 집행임원제도는 회사의 업무를 집행하는 자를 어떻게 정할 것인가에 관한 사항으로서 회사법에서 가장 중요한 사항이고 또한 회사의 기관 중에서도 가장 중요한 사항인데 이를 (특히 회사와 이해관계인이 매우 많은 대회사에 대하여) 각 회사가 자율적으로 정하도록 하는 것은 앞에서 본 바와 같이 이해관계인의 이익조정과 형평(정의)에 기여하는 법의 목적(이념)에 맞지 않는다. 또한 집행임원에 관한 사항이 회사마다 다르게 되어 회사와 거래하는 자가 예측할 수 없다면 이는 법이 회사의 이익만을 도모하고 회사와 거래하는 자의 이익은 방치하는 것이 되어 크게 형평에 반하는 결과가 된다.

## 나. 업무감독기관 및 업무감사기관

### (1) 업무감독기관

　위에서 본 바와 같이 대회사의 경우 업무감독기관(이사회)과 분리된 업무집행기관(집행임원)을 두면(이러한 집행임원을 의무적으로 두는 경우이든 임의적으로 두는 경우이든) 사외이사 중심의 이사회는 그의 원래의 취지에 맞게 보다 실효성 있고 효율적인 감독기능을 수행할 수 있을 것이다. 또한 이러한 이사회가 그의 감독기능을 보다 더 충실하고 효율적으로 수행할 수 있도록 하기 위하여는 앞에서 본 바와 같이 이사회의장은 (대표)집행임원을 겸임할 수 없도록 하고, 이사는 집행임원을 겸임할 수 없도록 하며(부득이한 경우 이사와 집행임원을 겸임하는 사내이사를 최소화하며), 사외이사는 (실제로) (대표)집행임원이나 지배주주의 영향력이 없는 자 중에서 선임되도록 하는 등 그의 독립성이 보장되고 또한 전문성이 있어야 할 것이다.

　상법개정안에서는 업무감독기관인 이사회의 구성에 대하여 특별히 규정하고 있지 않으나, 2009년 개정상법에서는 대회사의 이사회의 구성원인 사외이사에 대하여 규정하고 있다(상법 제542조의 8 제1항 단서).

### (2) 업무감사기관

대회사의 경우 업무집행기관에 대한 업무감사기관은 감사가 아니라 업무감독기관(이사회)의 하부기관(이사회내 위원회)인 감사위원회이다. 앞에서 본 바와 같이 업무감독기관(이사회)과 별도의 업무집행기관이 있으면, 회사는 별도의 비용을 들여 감사를 둘 필요 없이 업무감독기관(이사회)의 하부기관인 감사위원회에 업무집행기관에 대한 감사업무를 맡기는 것은 당연하다고 본다.

상법개정안은 업무감사기관에 대하여 현재 특별한 규정을 두고 있지 않고, 상법개정안에 있었던 업무감사기관에 관한 사항이 2009년 개정상법에서 반영되었다(상법 제415조의 2, 제542조의 11, 제542조의 12).

## Ⅲ. 중회사의 지배구조

### 1. 현행 상법상 지배구조

### 가. 업무집행기관

자본금 총액이 10억원 이상이고 최근 사업연도말 현재의 자산총액이 2조원 미만인 중회사의 현행 상법상 업무집행기관은 이사회(및 대표이사)이고(상법 제393조 제1항, 제389조), 이를 감독하는 기관도 이사회이다(상법 제393조 제2항).

이러한 중회사가 상장회사이면 최근 사업연도말 현재의 자산총액이 1,000억원 미만인 벤처기업 등을 제외하고는, 중회사의 이사회는 의무적으로 이사 총수의 4분의 1 이상을 사외이사로 하여야 한다(상법 제542조의 8 제1항 본문, 상법시행령 제34조 제1항). 또한 이러한 상장회사의 사외이사에 대하여는 비상장회사의 사외이사의 결격사유(상법 제382조 제3항) 외에 추가적인 결격사유가 있다(상법 제542조의 8 제2항).

중회사인 상장회사가 이와 같이 의무적으로 이사 총수의 4분의 1 이상을 사외이사로 선임하도록 하는 것은 이사회가 사외이사 중심으로 하여 업무집행을 감독하는 것에도 충실하지 못하고 또한 업무집행을 담당하는 이사회에 회사의 업무에 대하여 잘 알지도 못하는 (외부의) 사외이사가 존재하게 되어 이사회의 업무효율성도 크게 저하시키므로, 상장회사에 대하여 이와 같이 사외이사를 의무적으로 두도록 하는 규정은 그 의미가 거의 없으므로 폐지되어야 한다고 본다. 이사회가 감독기능을 충실히 하도록 하기 위하여 사외이사를 두도록 하는 경우에는 사외이사의 독립성과 전문성이 전제되어야 하는데, 이러한 전제 없이 모든 상장회사에게 의무적으로 사외이사를 무조건 (일정비율) 선임하도록 강요하는 것은 회사 업무의 비효율성과 불필요한 비용의 낭비를 초래할 여지가 크다고 본다. 즉, 상법이 이와 같이 모든 상장회사가 일률적이고 의무적으로 사외이사를 선임하도록 함으로써, 현실적으로는 사외이사의 선임이 그 본래의 취지에 맞지 않고 형식적이고 장식용으로 되어 회사 업무의 비효율성과 불필요한 비용의 낭비를 초래하는 경우도 많다.

## 나. 업무감독기관 및 업무감사기관

### (1) 업무감독기관

중회사의 업무집행기관에 대한 업무감독기관은 이사회인데(상법 제393조 제2항), 이 경우 이사회에 다시 업무집행권한을 부여하고 있으므로(상법 제393조 제1항) 이사회는 충실한 감독기능을 수행할 수 없다. 상장회사인 중회사의 경우 앞에서 본 바와 같이 이사 총수의 4분의 1 이상을 사외이사로 하도록 하고 있는데(상법 제542조의 8 제1항 본문, 상법시행령 제34조 제1항), 이사회에 이와 같이 일정비율의 사외이사를 참여시켰다고 하여 (감독기관과 분리된 업무집행기관을 두지 않고 여전히 이사회에 업무집행권한을 부여하고 있는 이상) 종래보다 이사회의 감독기능의 효율성이 더 증대되었다고 볼 수도 없다.

### (2) 업무감사기관

중회사의 업무집행기관에 대한 업무감사기관은 현행 상법상 감사 또는 감사위원회이다(상법 제415조의 2 제1항). 최근 사업연도말 현재 자산총액이 1,000억원 이상인 상장회사는 업무감사기관으로 회사에 상근하면서 감사업무를 수행하는 상근감사를 1명 이상 의무적으로 두어야 한다(상법 제542조의 10 제1항 본문). 이러한 상근감사는 그 회사의 상무에 종사하는 이사·피용자 또는 최근 2년 이내에 그 회사의 상무에 종사한 이사·피용자가 아니어야 하는 등 많은 결격사유가 있다(상법 제542조의 10 제2항). 위와 같이 상근감사를 두어야 할 상장회사가 상법 상장회사에 대한 특례 규정 및 다른 법률에 따라 감사위원회를 설치한 경우에는 상근감사를 두지 않아도 된다(상법 제542조의 10 제1항 단서). 이러한 회사는 상법상 사외이사를 의무적으로 이사 총수의 4분의 1 이상 두어야 하므로(상법 제542조의 8 제1항 본문) 사외이사가 2인 이상이면 감사위원회를 두고,[29] 상근감사를 두

---

[29] 감사위원회는 3인 이상의 이사로 구성되는데, 사외이사의 위원이 3분의 2 이상이어야 하기 때문이다(상법 제415조의 2 제2항).

지 않는 경우도 있을 것이다.

　　그런데 자산총액 1,000억원 이상 2조원 미만인 상장회사에 대하여 그 감사의 효율성에서 감사가 적합한지 또는 감사위원회가 적합한지 검토할 필요가 있다. 이러한 회사의 경우는 자산총액 2조원 이상인 상장회사와 비교하여 볼 때 이사회가 사외이사 중심으로 구성되지 못하여 업무집행기관에 대한 감독기능에도 충실하지 못하므로 그의 하부기관인 감사위원회도 충실한 감사업무를 수행할 수 없을 뿐만 아니라, 또한 현행법상 이사회와는 별도의 업무집행기관(집행임원)이 없는 현실에서 이사회의 업무집행사항(의사결정)을 그의 하부기관인 감사위원회가 감사한다는 것은 모순이며 불가능하다. 그렇다면 이러한 회사의 경우 감사위원회보다는 (상근)감사가 보다 효율성 있는 감사를 수행할 수 있을 것으로 본다.

　　따라서 위와 같은 회사의 경우는 감사위원회를 둘 수 없고, 의무적으로 상근감사를 두도록 하여야 할 것이다. 이와 같이 할 경우 상법 제542조의 10 제1항 단서[30])를 "이 법 또는 다른 법률에 의하여 감사위원회를 의무적으로 설치하여야 할 회사(또는 집행임원 설치회사)의 경우에는 그러하지 아니하다"고 수정하거나, 동조 동항 단서를 삭제하여야 할 것으로 본다.

## 2. 상법개정안상 지배구조

### 가. 업무집행기관

　　자본금 총액이 10억원 이상이고 최근 사업연도말 현재의 자산총액이 2조원

---

30) 2009년 개정상법 제542조의 10은 종전의 증권거래법 제191조의 12에 근거하는데, 동법 제191조의 12 제1항 단서는 "다만, 이 법(증권거래법) 또는 다른 법률에 의하여 감사위원회를 설치한 경우에는 그러하지 아니하다"고 규정하였다. 이 규정의 해석에 관하여 종래 재경부에서는 상법 제415조의 2에 의하여 선임되는 감사위원회를 포함시키지 않고, 증권거래법 제191조의 11에 의한 엄격한 요건 하에 구성되는 감사위원회만을 의미한다고 해석하여, 이러한 회사가 상근감사를 두는 것을 회피하는 것을 방지하고 실무에서도 이에 따라 운영되어 왔다.
　따라서 법무부 상법개정위원회에서도 이 점을 반영하여 원래 "다만, 이 절에 따라 감사위원회를 설치한 경우에는 그러하지 아니하다"고 규정하였던 것이다. 그런데 2009년 개정상법이 "이 법"이라고 규정하여 상법 제415조의 2에 의하여 감사위원회를 설치한 경우를 포함하는 것으로 해석할 수밖에 없게 되어, 이 점은 향후 상법 개정시에 입법론상 원래의 취지에 맞게(즉, 상근감사를 의무적으로 두어야 하는 회사가 이를 회피하기 위한 수단으로 악용되지 않도록) 개정이 필요하게 되었다. 따라서 2011년 개정상법에서 "이 법"은 "이 절"로 개정되었다.
　참고로 상근감사에서 "상근" 여부는 주주총회 결의에 의하여 정하여지므로(2009년 개정상법 제542조의 10 제1항) 상근감사를 비상근감사로 하는 경우에는 반드시 주주총회의 결의를 받아야 한다고 본다.

미만인 중회사의 상법개정안상 업무집행기관은 현행 상법과 같이 이사회(및 대표이사)일 수도 있고(상법 제393조 제1항, 제389조), 이사회와는 별도로 집행임원일 수도 있다(상법개정안 제408조의 2~제408조의 9).

　중회사에서 집행임원을 둔 경우에는 업무집행기관(집행임원)에 대한 감독기관은 이사회인데, 이러한 이사회는 집행임원(대표집행임원)을 선임·해임하고 또한 (정관이나 주주총회의 승인이 없는 경우) 집행임원의 보수를 결정함으로써 (현행 상법상 업무집행기관에 대한 이사회의 감독기능보다는) 실질적이고 효율적인 감독기능을 수행할 수 있을 것으로 본다(상법개정안 제408조의 2 제3항). 그러나 다수의 이사가 이러한 집행임원을 겸임하게 되면 그 만큼 이사회의 업무집행기관에 대한 감독기능은 그 효율성이 떨어지고 현행 상법상 이사회의 기능과 유사하게 될 것으로 본다.31)

　사외이사를 이사 총수의 4분의 1 이상 두어야 하는 중회사 중 상장회사의 경우 집행임원제도를 채택하면서 사내이사 전부를 집행임원으로 선임하면 업무집행기관이 사외이사를 배제하고 사내이사만으로 구성되어 상장회사에 대한 특례규정이 적용되지 않는 회사의 업무집행기관(이사회)과 유사하게 된다. 다만 이 경우 사외이사는 이사 총수의 4분의 1 이상이어야 하므로(상법 제542조의 8 제1항 본문) 사외이사를 최소화하기 위하여는 이사겸 집행임원인 사내이사를 무제한 확대할 수는 없을 것이다. 따라서 사업영역이 큰 중회사의 경우는 이사회와는 별도의 업무집행기관(집행임원)을 두는 것이 바람직하다고 본다. 그러나 사외이사를 두어야 하는 의무가 없는 비상장회사에서 회사가 사외이사를 실제로 두지 않은 경우에는 별도의 비용을 들여 이사회와는 별도의 업무집행기관(집행임원)을 둘 필요가 없고, 이러한 회사는 종래의 상법규정에 따라 이사회가 업무집행을 하면 된다.

　사견으로 위와 같은 점에서 볼 때, 상법개정안상 중회사의 경우 집행임원을 둘 수 있다고 하더라도 이사 총수 중 과반수의 사외이사를 둔 회사의 경우에는 (대회사의 경우와 같이) 반드시 집행임원을 두도록 하고, 이사 총수 중 과반수가 안 되며 2인 이상의 사외이사를 둔 회사의 경우에는 집행임원을 선택적으로 둘 수 있도록 하고, 사외이사가 전혀 없는 회사의 경우에는 집행임원을 두지 않고 이사회가 업무집행을 하도록 하는 것이 바람직하지 않은가 생각한다.

---

31) 동지: 정쾌영, 전게논문(주 15), 112~113면, 118~119면.

## 나. 업무감독기관 및 업무감사기관

### (1) 업무감독기관

상법개정안상 업무집행기관(집행임원)을 별도로 둔 회사의 경우에는 이사회가 업무감독기관이고, 이러한 이사회가 과반수의 사외이사로 구성된 경우에는 실질적으로 효율적인 감독업무를 수행할 수 있을 것이다.

상법개정안상 업무집행기관(집행임원)을 별도로 두지 않은 회사의 경우에는 이사(회)의 직무집행에 대하여 이사회가 감독기능을 갖게 되어(상법 제393조 제2항) 종전과 같이 효율적인 감독업무를 수행할 수 없게 될 것이다(그러나 이러한 회사의 경우 최소의 비용으로 효율적인 업무집행기능을 수행할 수 있는 장점은 있다).

### (2) 업무감사기관

상법개정안상 업무집행기관(집행임원)을 별도로 둔 회사의 경우에는 이사회가 업무감독기관이므로 이사회내 위원회의 하나인 감사위원회가 업무집행기관에 대한 감사업무를 수행하도록 하는 것이 바람직하다고 본다(이 경우 상법개정안은 특별히 규정하고 있지 않고, 현행 상법에 의하면 회사는 감사 또는 감사위원회를 둘 수 있다― 상법 제415조의 2 제1항).

상법개정안상 업무집행기관(집행임원)을 별도로 두지 않은 회사의 경우에는 이사회의 업무감독기능이 실효성이 없고 또한 이의 하부기관인 감사위원회의 업무감사기능도 실효성이 없으므로, 감사(監事)가 업무집행기관에 대한 감사업무를 수행하도록 하는 것이 바람직하다고 본다(이 경우 상법개정안은 특별히 규정하고 있지 않고, 현행 상법에 의하면 회사는 감사 또는 감사위원회를 둘 수 있다― 상법 제415조의 2 제1항).

# Ⅳ. 소회사의 지배구조

자본금 총액이 10억원 미만의 소회사의 지배구조에 대한 특칙이 원래는 상법개정안에 포함되었는데, 이러한 내용의 상법개정안은 2009년 4월 29일 국회에서 통과되었고 또한 이는 정부에서 2009년 5월 28일 법률 제9746호로 공포되었으므로, 이 내용은 2009년 개정상법상 소회사의 지배구조가 된다.

## 가. 업무집행기관

현행 상법상 주식회사의 업무집행기관은 원칙적으로 이사회(및 대표이사)인데 (상법 제393조 제1항, 제389조), 소회사의 경우는 (3인 이상의 이사로 구성되는) 이사회를 두어야 할 의무가 없고, 1인 또는 2인의 이사로 하여금 업무집행을 하도록 할 수 있다(상법 제383조 제1항 단서, 제5항). 즉, 소회사에서의 업무집행기관은 이사회가 임의기관이고, 1인 또는 2인의 이사가 될 수 있다. 이때 이사가 2인인 경우 원칙적으로 각자 업무를 집행하고 회사를 대표하나, 정관에 따라 대표이사를 정한 경우에는 그 대표이사만이 회사를 대표한다(그러나 대표이사 아닌 이사는 회사의 대표권은 없으나 회사의 업무집행권은 있다). 즉, 각 이사는 주주총회 소집권(상법 제362조) 등 이사회의 기능을 담당한다(상법 제383조 제6항).

## 나. 업무감독기관 및 업무감사기관

### (1) 업무감독기관

위와 같은 소회사에서 이사회가 없는 경우에는 업무집행기관(이사)에 대한 업무감독기관은 주주총회이다(상법 제383조 제4항). 즉, 이러한 소회사에서는 주주(주주총회)가 업무집행기관(이사)의 업무집행을 직접 감독한다.

### (2) 업무감사기관

자본금의 총액이 10억원 미만인 회사의 경우에는 업무집행기관에 대한 감사기관으로 감사(監事)를 선임하지 아니할 수 있다(상법 제409조 제4항). 소회사가 이와 같이 감사를 선임하지 아니한 경우에는 주주총회가 직접 업무집행기관(이사)에 대한 감사업무를 수행한다(상법 제409조 제6항). 또한 이러한 소회사의 경우 이사와 회사간의 소에서는 회사·이사 또는 이해관계인이 법원에 회사를 대표할 자를 선임하여 줄 것을 신청하여야 한다(상법 제409조 제5항).

# V. 결 어

1. 위에서 본 바와 같이 우리 상법은 회사의 규모에 따라 주식회사를 소회사(자본금 총액이 10억원 미만인 주식회사)·중회사(자본금 총액이 10억원 이상이고 최근 사업연도말 현재의 자산총액이 2조원 미만인 회사인데, 상장·비상장을 불문함) 및 대회사(최근 사업연도말 현재의 자산총액이 2조원 이상인 상장회사)로 나누어 그 지배구조를

달리 규정하고 있다. 즉, 소회사의 경우는 업무집행기관이 (이사회가 아니라) 1인 또는 2인의 이사가 될 수 있는데 이때 이러한 업무집행기관에 대한 업무감독기관 및 업무감사기관은 주주총회이고, 중회사의 경우 업무집행기관은 3인 이상의 이사로 구성된 이사회(및 대표이사)이고 이에 대한 업무감독기관은 동일한 이사회이고 업무감사기관은 감사 또는 감사위원회이며, 대회사의 경우 업무집행기관은 (사외이사가 과반수이어야 하는) 이사회(및 대표이사)이고 이에 대한 업무감독기관은 동일한 이사회이며 업무감사기관은 이사회내의 위원회의 하나인 감사위원회이다.

위와 같은 주식회사에서 소회사의 지배구조는 유한회사의 지배구조와 유사한 면이 있어 앞으로 입법론상 소회사인 주식회사와 유한회사를 어떻게 차별화하여 규정할 것인지 또는 통합하여 규정할 것인지 여부가 문제된다고 보겠다.

주식회사에서 중회사의 지배구조는 종래의 상법상 전형적인 주식회사의 지배구조인데(즉, 업무집행기관이 이사회 〈및 대표이사〉 이고 이에 대한 업무감독기관이 이사회이며 업무감사기관은 감사임) IMF 환란 이후인 1999년 개정상법에 의하여 감사 대신 감사위원회를 둘 수 있도록 하고 2009년 개정상법(이는 원래 IMF 환란 이후에 증권거래법에서 규정됨)에 의하여 상장회사는 이사 총수의 4분의 1 이상을 사외이사로 하도록 하였다. 그러나 이러한 IMF 환란 이후의 상법 등의 개정은 업무집행기능·업무감독기능 및 업무감사기능의 효율성을 향상시키기는 고사하고 전보다 그 효율성을 더 떨어뜨렸다. 따라서 중회사의 지배구조에서는 입법론상 회사의 비용을 절약하면서 또한 경영의 효율성과 투명성을 담보할 수 있는 지배구조가 무엇인가를 원점에서 다시 찾아보아야 할 것으로 본다.

주식회사에서 대회사의 지배구조는 2009년 개정상법(이는 원래 IMF 환란 이후에 증권거래법에서 규정됨)에 의하여 이사회에 과반수인 사외이사를 의무적으로 두도록 하면서 동시에 감사를 두지 못하고 이사회내 위원회의 하나인 감사위원회를 의무적으로 두도록 하였다. 이는 이사회가 업무집행기관에 대한 감독기능에 충실하도록 하고 (별도의 감사를 둘 필요없이) 그의 하부기관으로 하여금 감사업무를 수행하도록 함으로써 업무집행기관에 대한 감독기능과 감사기능에 효율성을 높이고 국제기준에 맞는 지배구조를 갖고자 한 것이었다. 그런데 이때 업무감독기능을 담당하는 이사회와는 분리되는 별도의 업무집행기관인 집행임원을 두는 입법을 동시에 하였어야 했는데 이를 하지 않음으로써 국제기준에 맞지 않는 특이한(이상한) 지배구조가 되었음은 물론, 종래의 상법상의 지배구조에 비하여 업무집행기능·업무감독기능 및 업무감사기능의 효율성이 더 떨어지는 지배구조가

되었고 또한 많은 부작용과 문제점이 발생하게 된 것이다. 따라서 대회사의 지배
구조에서는 입법론상 업무감독기능을 담당하는 이사회와 분리되는 별도의 업무
집행기관인 집행임원제도에 관하여만 입법을 하면 국제기준에도 맞고 또한 (적어
도 제도상으로는) 경영의 효율성과 투명성을 담보할 수 있는 훌륭한 지배구조가
될 것으로 본다.

　　이러한 대회사에 대하여 집행임원제도를 의무적으로 두도록 할 것인가, 또
는 (현행 상법개정안과 같이) 임의적으로 두도록 할 것인가의 문제가 있다. 사견으
로는 현행 상법이 대회사의 경우 이사회에 의무적으로 사외이사를 과반수 두도
록 하고 또한 업무감사기관으로 이사회내 위원회의 하나인 감사위원회를 의무적
으로 두도록 한 이상, 이와 균형을 맞추어 집행임원제도도 의무적으로 두도록 하
여야 할 것으로 본다.[32] 만일 대회사의 경우 집행임원제도를 의무적으로 두도록
하는 것이 불가능하다면, 집행임원제도에 관하여 현행 상법개정안과 같이 상법에
서 규정할 수밖에 없는데, 이때 대회사에 대하여는 경영의 효율성과 투명성을 위
하여 이를 채택하도록 유도하여야 할 것으로 본다. 어떤 경우이든 집행임원제도
에 대하여는 상법에서 반드시 규정을 두어야 한다고 본다.

　　2. 위와 같은 점을 고려하여 주식회사의 지배구조(업무집행기관·업무감독기관
및 업무감사기관)에 관한 입법을 다음과 같이 제안한다(소회사의 지배구조에 관한 현
행 상법에 대하여는 異見이 없으므로, 이는 중회사 및 대회사의 지배구조에 관한 것임).

　　이러한 지배구조의 모형은 기본적으로 업무집행기관(집행임원)–업무감독기관
(사외이사 중심의 이사회)–업무감사기관(이사회내 위원회의 하나인 감사위원회)으로 하
든가, 또는 업무집행기관(이사회 및 대표이사)–업무감독기관(이사회)–업무감사기관
(監事)의 모형으로 하여야 할 것으로 본다. 전자는 새로운 형태의 지배구조로서
(특히 국내에서는 IMF 환란 이후에 발생한 지배구조) 원칙적으로 대회사에 적합한 지
배구조이고, 후자는 우리 상법상 원래 있던 지배구조로서 중회사에 맞는 지배구
조라고 본다. 따라서 이러한 지배구조의 모형이 한 세트로 움직여야 원래의 취지
에 맞고, 또한 효율성을 발휘하는 것이지 각각 분리되어 선택적으로 하게 되면
지배구조가 왜곡되고 또한 요율성이 더 떨어진다고 본다.

---

32) 집행임원제도를 의무적으로 두도록 한 입법례로는 미국의 캘리포니아주 회사법 제312조,
　　델라웨어주 회사법 제142조, 사베인스–옥슬리법 제302조 제(a)항(간접적으로 규정함); 일본 신
　　회사법 제402조 제1항; 중국 회사법 제114조 등.

## 가. 제1안

㈎ 대회사의 경우 업무집행기관으로 집행임원을 의무적으로 두도록 한다. 이는 현행 상법상 이사회에 과반수의 사외이사를 의무적으로 두도록 하여 이사회의 감독기능의 효율성을 기하도록 하고 또한 이사회내 위원회의 하나인 감사위원회를 의무적으로 두도록 하여 경비를 절약하고 감사기능의 효율성을 기하도록 한 점과 균형을 이룬다.

㈏ 중회사의 경우 업무집행기관으로 집행임원을 임의적으로 둘 수 있도록 하는 점에 대하여는, 다음과 같이 나누어서 입법을 하여야 할 것으로 본다.

(ⅰ) 사외이사가 이사 총수의 과반수인 중회사의 경우는 위의 대회사의 경우와 같이 집행임원과 감사위원회를 의무적으로 두도록 한다.

(ⅱ) 사외이사가 2인 이상이며 이사총수의 과반수가 되지 못하는 중회사의 경우는 집행임원을 임의로 둘 수 있도록 하는데 집행임원을 둔 경우에는 이사회가 감독기능을 수행하므로 감사위원회를 의무적으로 두도록 하여야 할 것이다(감사위원회는 3인 이상의 이사로 구성되는데 3분의 2 이상이 사외이사이어야 하는 점에서, 2인 이상의 사외이사가 있을 것을 요함).

(ⅲ) 사외이사가 전혀 없는 중회사의 경우는 이사회가 업무집행기능을 수행하면 되고 집행임원을 별도로 두어야 하는 실익이 없으므로 집행임원을 두지 못하도록 하면서, 업무감사기관으로 감사(監事)를 의무적으로 두도록 하여야 할 것이다.

## 나. 제2안

㈎ 대회사의 경우 상법개정안과 같이 집행임원을 임의적으로 둘 수 있도록 하고자 하면, 현행 상법상 대회사에 대하여 사외이사를 의무적으로 과반수 두도록 한 규정 및 감사위원회를 의무적으로 두도록 한 규정을 삭제하여야 할 것으로 본다. 이와 같은 경우는 대회사가 자유롭게 자기에게 맞는 지배구조를 선택할 것이다. 이 경우 회사에게 자율성을 부여하는 장점은 있겠으나, 이는 (대)회사의 지배구조에 관한 세계적 기준 및 논의와 모범적 지배구조에 역행하는 것이며 또한 이러한 지배구조는 회사가 악용할 수도 있는 문제점이 있는 동시에 회사마다 지배구조가 매우 상이하여 법적용에 혼란이 있을 수 있다. 따라서 이 경우에도 어느 정도 제한을 하여 다양한 모형 중 하나를 선택할 수 있도록 하여야 할 것이다. 이러한 모형을 업무집행기관 – 업무감독기관 – 업무감사기관의 형식으로 예

시하면 다음과 같다. 즉, ( i ) 집행임원 – 이사회(사외이사 과반수) – 감사위원회,
(ii) 집행임원 – 이사회(사외이사가 2인 이상 이사 총수의 2분의 1 이하) – 감사위원회,
(iii) 이사회(사외이사 없음) – 이사회(사외이사 없음) – 감사(監事) 등으로 하여, 집행
임원을 두면 감사위원회를 의무적으로 두도록 하고, 이에 반하여 집행임원을 두
지 않으면 감사(監事)를 의무적으로 두도록 하는 등으로 제한하여, 각각의 지배구
조의 취지에 맞고 경영의 효율성과 투명성을 기하도록 하여야 할 것이다.

　(나) 중회사의 경우 상법개정안과 같이 집행임원을 임의적으로 둘 수 있도록
하는 경우에도, 앞의 대회사의 경우와 같이 회사는 일정한 모형만을 선택할 수
있도록 하는 제한이 필요하다고 본다.

　이상의 설명을 표에 의하여 요약하면 다음과 같다.

**[현행상법]**

|  | 업무집행기관 | 업무감독기관 | 업무감사기관 | 비 고 |
|---|---|---|---|---|
| 대회사 (최근 사업연도말 현재의 자산총액이 2조원 이상인 상장회사) | 이사회(및 대표이사) | 이사회 (사외이사가 과반수) | 감사위원회 | 사외이사 중심의 이사회가 업무집행기관이 되어 업무집행기능의 효율성이 종전의 이사회보다 더 저하되고, 감사위원회의 감사기능의 효율성이 종전의 감사보다 더 떨어짐. |
| 중회사 (자본금 총액이 10억원 이상이고 최근 사업연도말 현재의 자산총액이 2조원 미만인 회사) | 이사회(및 대표이사) | 이사회 (상장회사의 경우 사외이사가 이사총수의 4분의 1 이상) | 감사 또는 감사위원회 | 상장회사의 경우 업무집행기능을 담당하는 이사회에 사외이사를 의무적으로 두도록 함으로써 이사회의 업무집행기능이 종전의 이사회보다 더 저하되고, 사외이사가 소수인 이사회는 대회사의 이사회보다 감독기능을 충실히 수행하지 못하며, 감사위원회는 종래의 감사보다 감사기능의 효율성이 떨어짐. |

| 소회사<br>(자본금<br>총액이<br>10억원<br>미만인 회사)<br>(이사회를<br>두지 않는<br>경우) | 각 이사(1인<br>또는 2인)<br>(정관에 따라<br>대표이사를<br>정한 경우에는<br>그 대표이사) | 주주총회 | 주주총회<br>(감사를 두지<br>않는 경우) | |

## [상법개정안]

| | 업무집행기관 | 업무감독기관 | 업무감사기관 | 비 고 |
|---|---|---|---|---|
| 대회사<br>(규모는<br>현행 상법과<br>같음) | 집행임원<br>또는 이사회 | 이사회(사외이<br>사가 과반수) | 감사위원회 | 집행임원을 두지 않는 경<br>우 현행 상법과 같은 문<br>제점이 발생함. |
| 중회사<br>(규모는<br>현행 상법과<br>같음) | 집행임원<br>또는 이사회 | 이사회<br>(상장회사의<br>경우<br>사외이사가<br>이사 총수의<br>4분의 1 이상) | 감사 또는<br>감사위원회 | 집행임원을 둔 회사가 감<br>사를 선택하면 회사에 비<br>용부담을 가중시키고, 업<br>무집행기관으로 이사회를<br>선택하면서 감사위원회를<br>선택하면 감사기능이 종<br>래의 감사보다 떨어지게 됨. |

## [표준형(미국 ALI의 원칙)]

| | 업무집행기관 | 업무감독기관 | 업무감사기관 | 비 고 |
|---|---|---|---|---|
| 대회사<br>(주주의<br>수가<br>2,000명<br>이상이고<br>총자산이<br>1억 달러<br>이상인<br>공개회사) | (상급)집행임원<br>(기타)집행임원 | 이사회<br>(사외이사가<br>과반수) | 감사위원회<br>(위원은 3인 이<br>상인데 전부 사<br>외이사이고, 과반<br>수는 상급집행임<br>원과 중대한 이<br>해관계가 없어<br>야 함) | 업무집행기관과 업무<br>감독기관이 분리되고,<br>감사위원회의 위원은<br>전부 사외이사이므로,<br>감독과 감사의 효율성<br>을 기할 수 있음. |

| 중회사<br>(대회사가<br>아닌<br>공개회사) | 〃 | 이사회<br>(사외이사가<br>3인 이상) | 〃 | 〃 |
|---|---|---|---|---|

## [사견]

| | 업무집행기관 | 업무감독기관 | 업무감사기관 | 비 고 |
|---|---|---|---|---|
| 대회사<br>(규모는<br>현행 상법과<br>같음) | 집행임원 | 이사회(사외이<br>사가 과반수) | 감사위원회 | 국제기준에 맞고 업무<br>집행·업무감독 및 업무<br>감사의 효율성을 크게<br>제고할 수 있음. |
| 중회사<br>(규모는<br>현행 상법과<br>같음) | 집행임원 | 이사회(사외이<br>사가 정관에<br>의하여<br>과반수) | 감사위원회 | 사외이사가 이사 총수의<br>과반수인 중회사는 대<br>회사의 경우와 같이 집<br>행임원 및 감사위원회를<br>의무적으로 두도록 하<br>여야 할 것임. |
| | 집행임원<br>또는 이사회 | 이사회<br>(사외이사가<br>2인 이상이고<br>이사 총수의<br>2분의 1 이하) | 업무집행기관으로<br>집행임원을 선택하<br>면 업무감사기관은<br>감사위원회이어야<br>하고, 업무집행기관<br>으로 이사회를 선<br>택하면 업무감사기<br>관은 감사이어야 함. | 사외이사가 2인 이상인<br>중회사는 집행임원제도를<br>임의적으로 선택할 수 있<br>으나, 집행임원제도를 선<br>택하면 감사위원회제도를<br>의무적으로 선택하도록 하<br>고, 집행임원제도를 선택<br>하지 않으면 감사를 의<br>무적으로 선택하도록 함. |
| | 이사회(및<br>대표이사) | 이사회(사외이<br>사가 없음) | 감사 | 사외이사가 없는 중회<br>사의 경우는 종래의 상<br>법과 같이 업무집행기관<br>으로 이사회(및 대표이<br>사)를 두고, 업무감독기<br>관으로 이사회를 두며,<br>업무감사기관으로 감사를<br>두도록 하여야 할 것임. |

# 2011년 개정상법에 따른 준법경영제도 발전방향*
## —집행임원 및 준법지원인을 중심으로—

## Ⅰ. 서 언

2011년 개정회사법에서는 회사경영의 투명성과 효율성을 높이고 회사의 자금조달을 원활히 할 수 있도록 하며 또한 국제적 기준에 부합하는 회사법을 만들기 위하여 많은 새로운 제도를 도입하였는데, 이 중 회사경영의 투명성과 효율성을 높이기 위하여 회사의 지배구조의 부문에서 도입된 대표적인 제도가 집행임원제도이다. 또한 일정 규모 이상의 상장회사에서는 준법경영을 위하여 준법지원인제도를 의무적으로 도입하도록 하였다.

따라서 이하에서는 2011년 개정상법에서 도입된 집행임원제도의 내용을 설명하고 집행임원제도의 발전방향을 제시한 후, 준법지원인에 관한 규정의 내용을 설명하고 개선방안을 제시하겠다.

---

\* 이 글은 정찬형, "2011년 개정상법에 따른 준법경영제도 발전방향— 집행임원 및 준법지원인을 중심으로—,"「선진상사법률연구」(법무부), 제55호(2011. 7), 11~37면의 내용임(이 글에서 필자는 2011년 개정상법상 집행임원과 준법지원인에 관한 규정의 문제점을 제시함).

## II. 2011년 개정상법상 집행임원제도의 내용

### 1. 집행임원 설치회사

가. 2011년 개정상법(이하 '상법'으로 약칭함)상 회사('주식회사'를 말함)는 (선택에 의하여) 집행임원을 둘 수 있는데(이 경우 집행임원을 둔 회사를 '집행임원 설치회사'라 함), 이러한 집행임원 설치회사는 대표이사를 두지 못한다(상법 제408조의 2 제1항).

이러한 집행임원 설치회사는 회사의 업무집행기관(집행임원)과 업무감독기관 (이사회)을 분리하여(이하 '감독형 이사회'로 약칭함), 이사회는 회사의 업무를 잘 알고 또한 경영의 전문가인 집행임원을 업무집행기관으로서 선임·해임하여 회사의 업무집행(경영)을 맡기고, 이사회는 이에 대한 감독만을 하면서 (필요한 경우) 회사의 중요한 사항에 대하여 의사를 결정하는 회사를 말한다. 우리 상법은 제정 이후부터 (주식회사의 규모에 관계 없이) 이사회가 회사의 업무를 집행하고(의사결정) (상법 제393조 제1항) 또한 (대표)이사의 직무집행을 감독하는 기능(이하 '참여형 이사회'로 약칭함)을 하였는데(상법 제393조 제2항), 이는 특히 대규모 주식회사(이하 '대회사'로 약칭함)에 맞지 않고 또한 이사회는 주로 업무집행기능에만 전념하여 이사회의 업무감독기능은 유명무실화 하게 되어, 회사경영의 투명성과 관련하여 이사회의 감독기능의 활성화 방안이 그 동안 많이 논의되어 왔던 것이다.[1] 따라서 IMF 경제체제 이후 자산총액 2조원 이상인 상장회사는 사외이사를 이사 총수의 과반수가 되도록 하여 이사회의 업무집행기관에 대한 감독기능을 활성화하고자 하였다. 그런데 이러한 감독기관(이사회)과 분리된 업무집행기관(집행임원)에 대하여는 그 동안 입법이 되어 있지 않아, 이사회는 감독기능도 제대로 수행하지 못하면서 업무집행기능(의사결정)의 효율성마저 종래보다 더 떨어지게 되었다. 즉, (사외이사가 과반수인 이사회가) 업무집행기능에도 참여하여 사실상 집행임원을 양산하게 되었고, 이러한 사실상 집행임원은 '비등기 임원(이사)'의 형식으로 현재 상장회사(특히, 대규모 상장회사)에서 많이 시행하고 있다. 이러한 현상은 주식회사의 지배구조에서 우리 상법이 먼저 집행임원을 도입하고 그 다음으로 이사회의 감독기능을 강화하기 위하여 사외이사제도 및 감사위원회제도를 도입하여야 하

---

1) 이에 관하여는 정찬형, "주식회사의 경영기관(비교법을 중심으로)," 「법률학의 제문제」(유기천박사 고희기념 논문집), 1988; 동, "기업경영의 투명성 제고를 위한 주식회사의 지배구조의 개선," 「상사법연구」(한국상사법학회), 제17권 제1호(1998. 6); 홍복기, "사외이사제도에 관한 입법론적 연구," 법학박사학위논문(연세대, 1988) 등 참조.

였는데, 이와 반대로 (상법상) 집행임원이 없는 상태에서 의무적으로 사외이사제도와 감사위원회제도를 도입하였기 때문에 (상법에 규정이 없는) 사실상 집행임원 (비등기임원)이 발생하게 된 것은 부득이한 현상이라고 볼 수도 있다.

따라서 사실상 집행임원(또는 비등기임원)을 두고 있는 상장회사는 이러한 사실상 집행임원(또는 비등기임원)을 (전부 또는 일부) 이번에 상법상 신설된 집행임원 (집행임원 설치회사)으로 전환하여야 할 것으로 본다.

**나.** 최근 사업연도말 현재의 자산총액 2조원 이상인 주식회사는 의무적으로 이사회를 사외이사가 이사 총수의 과반수로 구성하고(상법 제542조의 8 제1항 단서, 동법 시행령 제13조 제2항) 또한 이사회내 위원회의 하나이고 사외이사가 위원의 3분의 2 이상인 감사위원회를 의무적으로 두어야 하는 규정(상법 제542조의 11 제1항, 동법 시행령 제16조)의 취지에서 볼 때 이러한 이사회는 업무감독기능에 중점이 있으므로, 이러한 주식회사에서는 이사회(업무감독기관)와는 분리된 집행임원 (업무집행기관)을 반드시 두어야 할 것으로 본다(즉, 집행임원 설치회사이어야 한다).2)

그러나 그 이외의 주식회사는 임의로 집행임원 설치회사를 선택할 수 있는데, 사외이사가 이사 총수의 과반수인 주식회사는 위에서 본 대회사의 경우와 같은 취지에서 볼 때 집행임원 설치회사이어야 한다고 본다.3) 또한 집행임원 설치회사에 한하여 감사위원회를 두도록 하는 것이 감사의 실효성에 면에서 타당하다고 본다(상법 제415조의 2 제1항 참조).

**다.** 자본금 총액이 10억원 미만으로서 이사를 1명 또는 2명 둔 경우에는 이사회가 없으므로 집행임원 설치회사가 있을 수 없다고 본다.4)

**라.** 집행임원 설치회사에서는 대표이사가 없으므로 대외적으로 회사를 대표하는 자는 (대표)집행임원(CEO)이지 대표이사가 아니고, 이사회의 회의를 주관하

---

2) 이러한 대회사에 대하여는 이사회에 의무적으로 사외이사를 이사 총수의 과반수 두도록 하고(상법 제542조의 8 제1항 단서) 또한 감사위원회를 의무적으로 두도록 한 점(상법 제542조의 11 제1항)과의 균형상 집행임원도 의무적으로 두도록 하여야 하는데[정찬형, "주식회사법 개정제안," 「선진상사법률연구」, 통권 제49호(2010. 1), 14~15면], 상법이 임의규정으로 하였다고 하더라도 위와 같이 사외이사 및 감사위원회를 의무적으로 두도록 한 규정의 취지 및 현실적으로 사실상 집행임원을 두고 있는 점에서 이러한 대회사는 집행임원 설치회사의 지배구조를 갖추어야 할 것으로 본다.

3) 정찬형, 상게 논문(선진상사법률연구, 통권 제49호)(주 2), 170면.

4) 이러한 점에서 볼 때, 2011년 개정상법 제383조 제5항은 자본금 총액이 10억원 미만으로서 이사를 1명 또는 2명 둔 주식회사에 대하여 집행임원에 관한 일부 규정만을 적용하지 않는 것으로 규정하고 있으나, 집행임원에 관한 규정 전부(상법 제408조의 2부터 제408조의 9까지)를 적용하지 않는 것으로 규정하였어야 한다고 본다. 이는 입법의 미비라고 본다.

기 위하여는 (정관에 규정이 없으면 이사회의 결의로) 이사회 의장을 두어야 한다(상법 제408조의 2 제4항). (대표)집행임원과 이사회 의장은 분리되는 것이 집행임원 설치회사의 원래의 취지(집행과 감독의 분리)에 맞으나, 우리 상법상 이를 금지하는 규정을 두고 있지 않으므로 이 양자의 지위를 겸할 수 있다고 본다(이 경우 법률상 명칭은 종래의 대표이사에 갈음하여 '대표집행임원 및 이사회 의장'이다). 또한 집행임원과 이사와의 관계에서도 원래는 분리되어야 집행임원 설치회사의 취지에 맞으나, 우리 상법상 이 양자의 지위를 금지하는 규정을 두고 있지 않으므로 이 양자의 지위도 겸할 수 있다고 본다(이 경우 법률상 사내이사는 '집행임원 및 이사'이고, 사외이사 및 그 밖에 상무에 종사하지 않는 이사는 집행임원이 아닌 이사를 의미한다).

## 2. 집행임원

### 가. 지 위

집행임원 설치회사와 집행임원의 관계는 민법 중 위임에 관한 규정이 준용된다(상법 제408조의 2 제2항). 이는 이사와 회사와의 관계와 같고(상법 제382조 제2항), 상업사용인과 회사와의 관계가 보통 고용관계인 점과 구별된다. 민법상의 위임계약이 원칙적으로 무상인 점과는 달리 집행임원 설치회사는 (이사의 경우와 같이) 집행임원에게 보수를 주는 것이 보통이므로(유상계약), 집행임원의 보수에 대하여는 정관에 규정이 없거나 주주총회의 승인이 없는 경우 이사회가 이를 결정한다(상법 제408조의 2 제3항 제6호).

2011년 개정상법은 주식회사에서 이와 같이 집행임원에 대하여 규정하고 이와 함께 집행임원과 집행임원 설치회사와의 관계가 위임관계임을 명백히 규정하고 있으므로, 종래에 사실상 집행임원(비등기임원)에 대하여 우리 대법원판례가 주주총회에서 선임되지 않았고 또한 등기되지 않았다는 이유를 들어 이사가 아니라는 점에서 회사와의 관계는 (고용계약을 전제로 하는) 근로자이고 또한 이러한 사실상 집행임원(비등기임원)에 대하여는 근로기준법이 적용된다고 판시한 것은,[5] 이에 관한 근거규정이 제정되었으므로 수정되어야 할 것으로 본다.

---

5) 대판 2003. 9. 26, 2002 다 64681(비등기임원을 원심에서는 근로자가 아니라고 보았으나, 대법원에서는 이러한 비등기임원을 근로자라고 보고 원심을 파기환송함) 외.

## 나. 등 기

집행임원의 성명과 주민등록번호는 이사와 같이 등기사항이고(상법 제317조 제2항 제8호), 또한 회사를 대표할 집행임원(대표집행임원)의 성명·주민등록번호 및 주소도 등기사항이며(상법 제317조 제2항 제9호), 둘 이상의 대표집행임원이 공동으로 회사를 대표할 것을 정한 경우에는 그 규정(공동대표집행임원)도 등기사항이다(상법 제317조 제2항 제10호).

회사가 집행임원을 선임하여 회사의 업무집행권한을 부여하면서 (대표)집행임원에 관한 등기를 하지 않으면, 그러한 집행임원은 집행임원으로서의 권한을 갖고 회사는 다만 선의의 제3자에게 대항하지 못하는 (상업등기의 일반적 효력상) 불이익을 받게 된다(상법 제37조 제1항). 이는 (대표)이사 및 지배인의 경우에도 동일하다.

현재 대회사에서 많이 시행하고 있는 사실상 집행임원(비등기임원)에 대하여는 IMF 경제체제 이전(즉, 의무적인 사외이사제도가 도입되기 이전)에 이사의 업무를 수행하는 자의 경우에는 2011년 개정상법상 (이사회에 의한 선임절차를 취함과 동시에—상법 제408조의 2 제3항 제1호) 집행임원으로 등기하여야 할 것이고, 종래의 이사와 같은 업무를 수행하지 않고 지배인과 동일 또는 유사한 업무를 수행하는 자에 대하여는 (이사회에 의한 선임절차를 취함과 동시에—상법 제393조 제1항) 지배인 등기를 하여 공시하여야 할 것으로 본다. 만일 현행 사실상 집행임원(비등기임원)이 실제로 상법상 부분적 포괄대리권을 가진 상업사용인(상법 제15조)에 해당된다면(회사의 차장·과장 등) 등기할 필요가 없을 것인데, 이러한 비등기임원이 부분적 포괄대리권을 가진 상업사용인에 해당한다고 보기는 (특별한 경우를 제외하고는) 사실상 어려울 것으로 본다.

## 다. 선임·해임

집행임원 설치회사에서는 집행임원과 대표집행임원의 선임 및 해임권이 이사회에 있다(상법 제408조의 2 제3항 제1호). 따라서 이사회는 정관에 (높은 비율로) 달리 규정하고 있지 않는 한 이사 과반수의 출석과 출석이사 과반수의 찬성으로 집행임원을 선임·해임할 수 있다(상법 제391조 제1항). 이 때 가부동수(可否同數)인 경우 이사회 의장에게 결정권을 주는 것으로 정한 정관의 규정은 법적 근거 없이 이사회 의장에게 복수의결권을 주는 것이 되어 무효라고 본다.[6] 이사회 결의에 관하여 특별한 이해관계를 갖는 이사는 이사회에서 의결권을 행사하지 못하는데(상법 제391조 제3항, 제368조 제4항), 집행임원 후보인 이사가 이사회에서 의결권을 행사할 수 있는지 여부가 문제될 수 있다. 주주총회의 결의에서 주주가 주주의 입장(사단관계)에서 이해관계를 갖는 경우에는 특별한 이해관계를 갖지 않는 것으로 보고 주주가 주주의 입장을 떠나서 개인적으로 갖는 이해관계만을 특별한 이해관계를 갖는 것으로 해석하는 것(개인법설)이 통설인데,[7] 이러한 통설을 이사회에서도 동일하게 적용한다면 집행임원 후보인 이사는 의결권을 행사할 수 있는 것으로 볼 수 있다. 또한 이러한 이사회의 결의에 대하여 이사는 책임을 져야 하므로(상법 제399조 제2항·제3항 참조) 무기명투표는 허용되지 않는다.

집행임원은 이와 같이 이사회에서 선임·해임되어야 하므로 (이사회에서 선임·해임되지 않는) 회장(또는 지배주주겸 대표이사) 등과 이들이 선임·해임하는 (사실상) 집행임원은 상법상 집행임원은 아니나, 상법상 집행임원과 동일하게 보아 그의 책임을 물을 수 있다고 본다(상법 제408조의 9, 제401조의 2).

집행임원의 수에는 (최저이든 최고이든) 제한이 없다. 또한 집행임원이 다수인 경우에도 (이사회와 같이) 회의체를 구성하는 것도 아니다.

집행임원의 자격에는 제한이 없다. 그러나 해석상 집행임원은 당해 회사 및 자회사의 감사(監事)를 겸직할 수 없다고 본다(상법 제411조 참조).[8] 따라서 이사회는 유능한 경영인을 집행임원으로 선임하여 업무집행의 효율성을 극대화할 수 있고, 언제든지 그 결과에 대하여 책임을 물을 수 있다.

## 라. 임 기

집행임원의 임기는 정관에 다른 규정이 없으면 2년을 초과하지 못한다(상법 제408조의 3 제1항). 정관의 규정에 의하여 2년을 초과하지 않는 범위 내에서 임기를 정할 수 있다. 집행임원의 임기에 관하여는 이사의 임기와 그 기간만이 다르지, 임기의 산정에 관하여는 이사의 임기에 관한 해석과 같다. 따라서 이사회는 집행임원을 선임할 때에 정관에 달리 규정하고 있지 않으면 2년을 초과하지 않는 범위 내에서 집행임원의 임기를 정하여야 한다.[9] 이사의 임기가 3년을 초과

---

6) 정찬형, 「상법강의(상)(제14판)」(서울: 박영사, 2011), 863면.

7) 정찬형, 상게 상법강의(상)(제14판)(주 6), 793면; 정동윤, 「회사법(제7판)」(서울: 법문사, 2001), 329면; 이철송, 「회사법강의(제12판)」(서울: 박영사, 2005), 422면 외.

8) 따라서 상법 제411조에서는 당연히 집행임원이 추가되어야 한다고 본다. 상법 제411조의 감사의 겸직금지의 대상에 집행임원이 빠진 것은 입법의 미비라고 본다.

9) 대판 2001. 6. 15, 2001 다 23928(회사의 정관에서 상법 제383조 제2항과 동일하게 규정한

하지 못하는 점(상법 제383조 제2항)과 관련하여 이사회는 그가 선임한 집행임원에 대하여 책임을 물을 수 있도록 하기 위하여(즉, 이사회가 집행임원을 해임할 수 있도록 하기 위하여) 2년으로 단축한 것이다. 이사회는 집행임원의 임기중에도 집행임원에게 정당한 사유가 있거나 없거나 언제든지 집행임원을 해임할 수 있다. 따라서 집행임원의 임기를 2년으로 정하고 이사회가 2년 전에 집행임원을 해임하였다고 하여도, 집행임원은 정당한 사유 없이 임기 만료 전에 해임하였다고 하여 회사에 손해배상을 청구할 수는 없다.[10] 집행임원에 대하여 2년의 임기만료 전에 이사회가 정당한 사유가 없는 경우에도 해임할 수 있는 점을 들어 상법이 집행임원의 임기를 규정한 의미가 없다는 의견이 있을 수 있으나, 상법이 이와 같이 집행임원의 임기를 규정함으로써 정관 또는 이사회가 집행임원의 임기를 정함에 있어서 기준이 되는 점 또한 집행임원의 종임의 사유가 임기만료와 해임은 구별되는 점 등에서 상법에서 집행임원의 임기를 규정하는 것은 의미가 있다고 본다.

집행임원이 임기만료 후에 재선이 가능한 점은 이사의 경우와 같다.

그런데 이러한 집행임원의 임기는 정관에 그 임기중의 최종 결산기에 관한 정기주주총회가 종결한 후 가장 먼저 소집하는 이사회의 종결시까지로 정할 수 있다(상법 제408조의 3 제2항)(예컨대, 12월 31일을 결산기로 하는 회사의 집행임원의 임기가 다음 해 1월 10일에 만료하고 정기주주총회일이 다음 해 3월 20일이며 이후 가장 먼저 소집하는 이사회가 다음 해 3월 30일이면, 정관의 규정으로 집행임원의 임기를 3월 30일에 만료되는 것으로 할 수 있다).

현재 대기업에서 시행하고 있는 사실상 집행임원(비등기임원)에 대하여는 상법상 규정이 없으므로 임기에 대한 보장이 있을 수 없으나, 그러한 대기업이 상법상 집행임원 설치회사의 지배구조를 채택하면 집행임원은 (이사회에 의하여 선임·해임되는 점과 함께) 상법상 2년까지 임기를 어느 정도 보장받게 되어 안정된 상태에서 업무집행기능을 수행할 수 있게 될 것으로 본다.

## 마. 권   한

### (1) 업무집행권

집행임원은 ( i ) 집행임원 설치회사의 업무를 집행하고, (ii) 정관이나 이사

---

것이 이사의 임기를 3년으로 정하는 취지라고 해석할 수는 없다) 참조.

10) 대판 2004. 12. 10, 2004 다 25123(대표이사에 대하여는 상법 제385조 제1항 단서가 유추적용되지 않는다) 참조.

회의 결의에 의하여 위임받은 업무집행에 관한 의사결정을 한다(상법 제408조의 4). 즉, 집행임원은 종래의 대표이사와 같이 회사 내부적으로 업무를 집행한다. 종래의 대표이사에 대하여는 대표권에 관하여만 규정하고(상법 제389조 제3항, 제 209조) 업무집행권에 대하여는 규정하고 있지 않았다. 그러나 대표이사는 원칙적으로 회사의 모든 업무에 관하여 집행권을 가진다는 것을 전제로 하여, 그 업무집행이 대외관계를 수반하는 경우에서 회사대표권에 관하여 규정한 것으로 해석하였다(즉, 대표이사는 엄격히 말하면 「집행과 대표이사」라고 볼 수 있다고 하였다).[11] 그런데 집행임원 설치회사의 경우에는 집행임원의 업무집행에 대하여 명확히 규정한 것이다. 이는 합명회사(상법 제201조) 및 합자회사(상법 제273조, 제278조)의 경우에도 같다.

　집행임원은 필요하면 회의의 목적사항과 소집이유를 적은 서면을 이사(소집권자가 있는 경우에는 소집권자)에게 제출하여 이사회를 소집청구할 수 있다(상법 제408조의 7 제1항). 집행임원이 이러한 청구를 한 후 이사(소집권자가 있는 경우에는 소집권자)가 지체 없이 이사회 소집의 절차를 밟지 아니하면 소집을 청구한 집행임원이 법원의 허가를 받아 이사회를 소집할 수 있는데, 이 경우 이사회 의장은 법원이 이해관계자의 청구에 의하여 또는 직권으로 선임할 수 있다(상법 제408조의 7 제2항). 이사회 소집을 하지 않고자 하는 이사회 의장(이는 보통 이사회의 소집권자임)이 집행임원이 법원의 허가를 받아 소집한 이사회에서 이사회의 의장을 맡는다는 것은 원만한 이사회의 운영을 위하여 적절하지 않으므로, 이 경우에는 법원이 이해관계자의 청구 또는 직권으로 이사회 의장을 선임하도록 한 것이다.

## (2) 대표권

　집행임원 설치회사에서는 대표집행임원이 회사를 대표한다.[12] 2명 이상의 집행임원이 선임된 경우는 이사회 결의로 대표집행임원을 선임하여야 하는데, 집행임원이 1명인 경우에는 그 집행임원이 대표집행임원이 된다(상법 제408조의 2 제3항 제1호, 제408조의 5 제1항). 대표집행임원에 관하여 상법에 다른 규정이 없으면 주식회사의 대표이사에 관한 규정을 준용하고(상법 제408조의 5 제2항), 표현대표이사에 관한 규정(상법 제395조)도 준용한다(상법 제408조의 5 제3항).

---

11) 정찬형, 전게 상법강의(상)(제14판)(주 6), 875면.
12) 대표집행임원은 대표이사와는 반대로 회사의 업무집행을 전제로 하여 대외적으로 회사를 대표하는 권한을 부여하고 있다고 볼 수 있다.

## 바. 의 무

### (1) 일반적 의무(선관의무와 충실의무)

집행임원과 회사와의 관계는 위임관계이므로(상법 제408조의 2 제2항) 집행임원은 회사에 대하여 선량한 관리자의 주의의무(선관의무)를 부담한다(민법 제681조). 또한 집행임원은 회사에 대하여 충실의무를 진다(상법 제408조의 9, 제382조의 3). 이는 이사의 경우와 같다(상법 제382조의 3).

### (2) 경업피지의무

집행임원은 이사회의 승인이 없으면 경업피지의무를 진다(상법 제408조의 9, 제397조). 이는 이사의 경우와 같다(상법 제397조).

### (3) 회사사업기회 유용금지의무

집행임원은 이사회의 승인이 없으면 회사의 사업기회를 자기 또는 제3자의 이익을 위하여 이용하여서는 아니될 의무를 진다(상법 제408조의 9, 제397조의 2). 이는 이사의 경우와 같다(상법 제397조의 2).

### (4) 자기거래 금지의무

집행임원은 이사회의 승인이 없으면 회사와의 거래를 하지 못하는 의무를 진다(상법 제408조의 9, 제398조). 이는 이사의 경우와 같다(상법 제398조).

### (5) 보고의무

집행임원은 3개월에 1회 이상 업무의 집행상황을 이사회에 보고하여야 하는데(상법 제408조의 6 제1항), 집행임원은 이 외에도 이사회의 요구가 있으면 언제든지 이사회에 출석하여 요구한 사항을 보고하여야 한다(상법 제408조의 6 제2항). 이 경우 이사는 대표집행임원으로 하여금 다른 집행임원 또는 피용자의 업무에 관하여 이사회에 보고할 것을 요구할 수 있다(상법 제408조의 6 제3항). 집행임원 설치회사의 경우에는 (대표)이사에 갈음하여 집행임원이 이러한 보고의무를 부담하고, 이사회의 구성원인 이사는 이러한 의무가 없다(상법 제393조 제3항 및 제4항 참조).

집행임원은 감사(監事) 또는 감사위원회의 업무집행에 대한 감사(監査)에 응하여야 하고, 회사에 현저하게 손해를 미칠 염려가 있는 사실을 발견한 때에는 즉시 감사(監事) 또는 감사위원회에게 이를 보고하여야 할 의무를 진다(상법 제408조의 9, 제412조, 제412조의 2, 제415조의 2 제7항).

또한 집행임원 설치회사에서는 집행임원이 주주총회에 제출할 의안 및 서류를 작성하므로, 감사 또는 감사위원회는 집행임원이 작성한 이러한 서류를 조사하여 법령 또는 정관에 위반하거나 현저하게 부당한 사항이 있는지 여부에 관하여 주주총회에 그 의견을 진술하여야 한다(상법 제413조, 제415조의 2 제7항 참조).[13]

### (6) 비밀유지의무

집행임원은 재임중 뿐만 아니라 퇴임후에도 직무상 알게 된 회사의 영업상 비밀을 누설하여서는 아니되는 의무를 진다(상법 제408조의 9, 제382조의 4). 이는 이사의 경우와 같다(상법 제382조의 4).

### (7) 회사의 정관 등의 비치의무

집행임원은 회사의 정관·주주총회의 의사록·주주명부·사채원부를 회사의 본점 등에 비치하여야 할 의무를 진다(상법 제408조의 9, 제396조). 집행임원 설치회사의 경우에는 (대표)이사에 갈음하여 집행임원이 이러한 정관 등의 비치의무를 부담하고, 이사회의 구성원인 이사는 이러한 의무가 없다.

## 사. 책 임

### (1) 집행임원의 회사 및 제3자에 대한 책임

집행임원이 고의 또는 과실로 법령이나 정관을 위반한 행위를 하거나 그 임무를 게을리한 경우에는 그 집행임원은 집행임원 설치회사에 손해를 배상할 책임이 있다(상법 제408조의 8 제1항). 또한 집행임원이 고의 또는 중대한 과실로 그 임무를 게을리한 경우에는 그 집행임원은 제3자에게 손해를 배상할 책임이 있다(상법 제408조의 8 제2항). 집행임원이 집행임원 설치회사 또는 제3자에게 손해를 배상할 책임이 있는 경우에 다른 집행임원·이사 또는 감사도 그 책임이 있으면 다른 집행임원·이사 또는 감사와 연대하여 배상할 책임이 있다(상법 제408조의 8 제3항). 집행임원의 이러한 책임은 이사의 책임(상법 제399조, 제401조)과 비교하여 볼 때, 「연대책임」이 아니라는 점에서만 구별되고 그 밖의 점에서는 같다. 그 이유는 집행임원은 각자 그 업무를 집행하는 것이지 이사회와 같이 회의체를 구성하지 않기 때문이다.

### (2) 집행임원에 대한 업무집행지시자 등의 책임

집행임원에 대한 업무집행지시자 등도 집행임원과 동일하게 보아 집행임원 설치회사 또는 제3자에 대하여 책임을 진다. 즉, (ⅰ) 회사에 대한 자신의 영향력을 이용하여 집행임원에게 업무집행을 지시한 자, (ⅱ) 집행임원의 이름으로

---

13) 따라서 상법 제408조의 9에 제413조를 준용하는 규정을 두었어야 하는데, 상법 제408조의 9에 제413조의 준용규정을 두지 않은 것은 입법의 미비라고 본다.

직접 업무를 집행한 자, (ⅲ) 집행임원이 아니면서 명예회장·회장·사장·부회장·
전무·상무·이사 기타 회사의 업무를 집행할 권한이 있는 것으로 인정될 만한
명칭을 사용하여 회사의 업무를 집행한 자는 집행임원과 같은 책임을 진다(상법
제408조의 9, 제401조의 2). 이는 이사의 경우와 같다(상법 제401조의 2).

　　현행 대회사에서 시행되고 있는 사실상의 집행임원(비등기이사)에 대하여는
그들이 상법상 집행임원이 아닌 경우에도(즉, 그들을 이사회에서 선임하지 않고 또한
등기하지 않았다 하더라도) 이 규정에 의하여 책임을 부담하게 되는 경우가 많을
것으로 본다.

### (3) 집행임원의 책임의 면제·감경

　　집행임원의 회사에 대한 책임은 주주 전원의 동의로 면제할 수 있고(상법 제
408조의 9, 제400조 제1항), 이러한 집행임원의 회사에 대한 책임은 일정한 경우를
제외하고는 정관에서 정하는 바에 따라 사내이사와 같은 방법으로 감경할 수 있
다(상법 제408조의 9, 제400조 제2항). 이는 이사의 경우와 같다(상법 제400조).

　　이러한 집행임원에 대한 책임의 감경은 정관에서 정하는 바에 따라 이사회
가 결정한다고 본다.

### (4) 집행임원의 위법행위에 대한 주주의 직접감독

　　소수주주는 집행임원의 위법행위에 대하여 유지청구권 및 대표소송권을 행
사할 수 있다(상법 제408조의 9, 제402조부터 제408조까지). 이는 이사의 경우와 같다
(상법 제402조부터 제408조까지).

## 3. 이사회

　　가. 집행임원 설치회사(감독형 이사회제도)[14]에서의 이사회는 업무집행기관(집
행임원)에 대한 업무감독권한을 갖는다. 즉, 이사회는 (ⅰ) 집행임원과 대표집행
임원의 선임·해임권, (ⅱ) 집행임원의 업무집행 감독권, (ⅲ) 집행임원과 집행임
원 설치회사의 소송에서 집행임원 설치회사를 대표할 자의 선임권, (ⅳ) 집행임
원에게 업무집행에 관한 의사결정의 위임권(상법에서 이사회 권한사항으로 정한 경우

---

14) 집행임원 설치회사는 업무집행기관과 업무감독기관을 분리한 지배구조를 가진 회사인데,
　　업무집행기관의 면에서 보면 '집행임원 설치회사'로 부를 수 있고, 업무감독기관의 면에서 보
　　면 '감독형 이사회제도'라고 부를 수 있다.
　　이에 반하여 업무집행기관과 업무감독기관을 분리하지 않은 종래의 이사회제도를 가진 회사는
　　업무집행기관의 면에서 보면 '집행임원 비설치회사'라고 부를 수 있고, 업무감독기관의 면에서
　　보면 '참여형 이사회'제도로 부를 수 있다.

는 제외함), (ⅴ) 집행임원이 여러 명인 경우 집행임원의 직무 분담 및 지휘·명령
관계, 그 밖에 집행임원의 상호관계에 관한 사항의 결정권, (ⅵ) 정관에 규정이
없거나 주주총회의 승인이 없는 경우 집행임원의 보수결정권을 갖는다(상법 제408
조의 2 제3항).

　나. 집행임원 비설치회사(참여형 이사회제도)에서는 회사의 업무집행에 관한
의사결정을 원칙적으로 이사회의 결의로 하는데(상법 제393조 제1항), 집행임원 설
치회사에서는 업무집행(의사결정 및 집행)을 원칙적으로 집행임원이 한다(상법 제
408조의 4 제1호). 또한 집행임원 설치회사는 (상법에 의하여 이사회 권한사항으로 정
한 경우를 제외하고) 회사의 업무에 관한 이사회 결의사항에 대하여 정관이나 이사
회 결의에 의하여 집행임원에 (그 업무집행에 관한) 의사결정을 위임할 수 있는데
(상법 제408조의 2 제3항 제4호), 이 때 집행임원은 위임받은 업무집행에 관하여는
의사를 결정하여 집행한다(상법 제408조의 4 제2호). 따라서 집행임원 설치회사에서
의 이사회는 (상법에서 이사회 권한사항으로 규정한 것을 포함한) 회사의 중요한 사항
에 대하여만 결의하고, 나머지는 집행임원에 그 의사결정을 위임할 것으로 본다.

　집행임원 비설치회사에서도 대표이사는 일상업무에 관한 사항 및 이사회가
구체적으로 위임한 사항에 대하여는 의사결정권이 있다고 해석하는데,[15] 이 경
우에는 집행임원 설치회사와 유사하게 되는 것이 아니냐 하는 점도 있다. 그러나
(ⅰ) 집행임원 설치회사에서의 이사회는 집행임원 비설치회사에서와는 달리 주업
무가 업무집행에 관한 의사결정을 하는 것이 아니라 업무집행기관(집행임원)을 감
독하며 회사의 중요한 사항에 대하여만 의사결정을 하고, 업무집행은 원칙적으로
각 집행임원이 의사를 결정하여 집행하므로(집행임원의 경우는 이사회와 같이 회의체
기관이 아니어서 각 집행임원이 업무집행에 관한 의사를 결정하여 집행하므로, 즉 업무집행
에 관한 의사결정기관과 집행기관이 분리되지 않으므로) 업무집행의 효율성을 기할 수
있는 점(상법 제408조의 2 제3항 제2호, 제408조의 4 제1호), (ⅱ) 집행임원 설치회사
에서의 이사회는 집행임원을 선임·해임하고(상법 제408조의 2 제3항 제1호) (정관이
나 주주총회의 승인이 없는 경우) 집행임원의 보수를 결정하며(상법 제408조의 2 제3항
제6호) 또한 집행임원이 여러 명인 경우 집행임원의 직무분담 및 지휘·명령관계
등에 관한 사항을 결정함으로써(상법 제408조의 2 제3항 제5호) 집행임원 비설치회
사의 경우보다 실질적으로 집행임원의 업무집행에 관한 감독을 효율적으로 할

---

15) 정찬형, 전게 상법강의(상)(제14판)(주 6), 875면.

수 있는 점, (iii) 집행임원 설치회사는 업무집행기관(집행임원)과 업무집행을 감독하는 기관(이사회)의 양자가 확연히 구별되는 점 등에서 집행임원 비설치회사에서의 이사회와 대표이사와는 구별된다.16)

집행임원 설치회사에서는 상법에 이사회 권한으로 규정하고 있는 사항을 제외하고는 업무집행에 관한 의사결정권을 집행임원에게 위임할 수 있고(상법 제408조의 2 제3항 제4호, 제408조의 4 제2호) 또한 이와 같이 업무집행에 관한 의사결정권을 집행임원에게 위임하는 것이 일반적일 것이므로, 이사회는 그 결과에 따라 집행임원을 재선임 또는 해임하거나 보수를 조정하는 점 등을 함으로써 실질적 감독권을 실효성 있게 행사하는 것이다. 또한 집행임원 비설치회사에서는 이사회가 업무집행에 관한 의사결정권을 대표이사에게 위임한다고 하더라도 대표이사의 수와 그 대표권의 행사와 관련하여 한계가 있으나, 집행임원 설치회사에서는 업무집행에 관한 경영전문가를 별도로 선임하여 업무집행을 위임하는 것이므로 이러한 제한이 있을 수 없고 포괄적·일반적 위임이 가능하다.

**다.** 집행임원 설치회사는 업무집행기관(집행임원)과 업무감독기관(이사회)의 분리가 명확하고 또한 경영전문가에게 업무집행기능을 맡길 수 있어, 업무집행기능과 업무감독기능의 효율성을 보다 더 높일 수 있다. 특히 이사회에 사외이사가

---

16) 이에 관한 상세는 정찬형, "상법 회사편(특히 주식회사의 지배구조) 개정안에 대한 의견," 국회 법사위 상법 일부개정법률안에 관한 공청회 자료, 2009. 11. 20, 27~28면 참조.
집행임원 설치회사의 집행임원제도가 집행임원 비설치회사에서의 업무집행기관(대표이사)과 다른 점을 간단히 정리하면 다음과 같다.
( i ) 집행임원 비설치회사에서는 업무집행에 관한 의사결정을 회의체인 이사회에서 하고(상법 제393조 제1항) 이의 집행은 대표이사가 하나(상법 제389조), 집행임원 설치회사에서는 일반적으로 이사회의 위임에 의하여 각 집행임원이 결정하여 집행하므로(이사회와 같은 회의체 기관이 아니고, 이 경우 업무집행에 관한 의사결정기관과 집행기관이 분리되지 않으므로) 업무집행의 효율성을 기할 수 있다(상법 제408조의 2 제3항 제4호, 제408조의 4).
(ii) 집행임원 비설치회사에서는 대표이사가 정관의 규정에 의하여 주주총회에서 선임되는 경우에는(상법 제389조 제1항 2문) 이사회가 대표이사의 선임·해임권이 없으므로 이사회가 대표이사의 직무집행을 실제로 감독할 수 없다. 집행임원 비설치회사에서 대표이사가 이사회에서 선임되는 경우에도(상법 제389조 제1항 1문) (대표)이사의 보수는 정관에 규정이 없으면 주주총회의 결의로 정하여지므로(상법 제388조) 이사회는 대표이사의 직무집행을 실제로 감독할 수 없다. 그러나 집행임원 설치회사에서는 이사회가 집행임원의 선임·해임권 및 보수결정권(정관·주주총회의 승인이 없는 경우)이 있으므로(상법 제408조의 2 제3항), 이사회는 실질적으로 집행임원에 대한 감독권을 실효성 있게 행사할 수 있다.
(iii) 집행임원 비설치회사에서는 현행 상법상 (대표)이사는 한편으로 이사회 구성원으로서 업무집행과 업무감독에 관한 의사결정을 하고(상법 제393조 제1항·제2항) 다른 한편 업무집행기능을 수행하나, 집행임원 설치회사에서는 이 양자가 명확히 분리되어(상법 제408조의 2 제3항·제4항, 제408조의 4, 제408조의 5) 이사회는 업무집행기관(집행임원)에 대하여 실효성 있는 감독업무를 수행할 수 있다.

과반수인 대회사의 경우에는 사외이사가 개별적인 업무집행(의사결정)에 참여하지 않게 되어 업무집행의 효율성을 높일 수 있고, 사외이사는 업무집행기관(집행임원)의 선임·해임 등과 중요한 회사의 (정책적인) 의사결정에만 참여하여 감독권을 효율적으로 행사할 수 있는 것이다. 사외이사는 또한 이사회 구성원으로서 업무집행기관과 이해관계가 없으므로 이사회의 업무집행기관(집행임원)에 대한 업무감독에 참여하여 업무감독의 효율성을 높일 뿐만 아니라, 이사회내 위원회의 하나인 감사위원회에도 참여하여 업무집행기관(집행임원)의 직무집행에 대하여 효율적인 감사를 할 수 있게 된다.

## III. 집행임원제도의 발전방향

집행임원제도의 발전방향으로 이하에서는 집행임원 설치회사의 지배구조(입법론)로서 집행임원 설치회사와 감사위원회와의 관계 및 집행임원 설치회사와 사외이사와의 관계를 살펴본 후, 집행임원 설치회사의 장점 및 단점을 살펴보겠다.

### 1. 집행임원 설치회사의 지배구조(입법론)

### 가. 집행임원 설치회사와 감사위원회와의 관계

(1) 주식회사의 지배구조에서 업무집행기관, 이에 대한 감독기관 및 감사기관[17]은 상호 밀접한 관계에 있다. 즉, 업무집행기관(집행임원)과 업무감독기관(이사회)이 분리된 경우에 이사회내 위원회의 하나로서 감사위원회가 의미가 있는 것이다. 집행임원 비설치회사(참여형 이사회제도)에서는 감사위원회는 그 독립성에서도 문제가 있을 뿐만 아니라 자기감사의 모순이 있어 기존의 감사(監事) 또는 상근감사에 의한 감사(監査)보다도 더 감사(監査)의 실효성을 떨어뜨리는 것이다. 따라서 집행임원 설치회사에서만 감사위원회를 두도록 하여야 할 것으로 본다.

(2) 우리 상법상 감사(監事) 또는 감사위원회에 관한 규정은 다음과 같다. 즉, 2009년 1월 개정상법 제542조의 11 제1항은 "자산규모 등을 고려하여 대통

---

17) 업무집행기관에 대한 감독기관(상법 제393조 제2항, 제408조의 2 제3항 제2호)과 감사기관 (상법 제412조 제1항, 제415조의 2 제7항)은 구별된다. 따라서 우리 상법도 이를 구별하여 쓰고 있는데, 감독권은 업무집행의 타당성 여부에도 미치나, 감사권은 원칙적으로 위법성 여부에만 미친다[정찬형, 전게 상법강의(상)(제14판)(주 6), 950면 참조]. 따라서 주식회사의 업무집행기관에 대한 감독권은 이사회에게 있고, 감사권은 감사(監事) 또는 감사위원회에 있다.

령령으로 정하는 상장회사(최근 사업연도말 현재 자산총액이 2조원 이상인 상장회사)는 감사위원회를 설치하여야 한다"고 규정하고, 동 제542조의 10 제1항은 "대통령령으로 정하는 상장회사(최근 사업연도말 현재 자산총액이 1,000억원 이상인 상장회사)는 주주총회 결의에 의하여 회사에 상근하면서 감사업무를 수행하는 감사(이하 '상근감사'라고 한다)를 1명 이상 두어야 한다. 다만 이 절 및 다른 법률에 따라 감사위원회를 설치한 경우(감사위원회 설치 의무가 없는 상장회사가 이 절의 요건을 갖춘 감사위원회를 설치한 경우를 포함한다)에는 그러하지 아니하다"고 규정하며, 동 제415조의 2 제1항은 "회사는 정관이 정한 바에 따라 감사(監事)에 갈음하여 제393조의 2의 규정에 의한 위원회로서 감사위원회를 설치할 수 있다. 감사위원회를 설치한 경우에는 감사(監事)를 둘 수 없다"고 규정하고 있다.

위와 같이 상법은 감사위원회에 대하여 (집행임원제도가 도입되기 전에) 어떤 기준도 없이 매우 혼란스럽게 규정하고 있다. 감사위원회는 이사회내 위원회의 하나로서 감독기관인 이사회의 하부기관이라고 볼 수 있다. 따라서 감사위원회를 두고 감사위원회에 의한 감사의 실효를 거두고자 하는 회사는 먼저 업무집행기관(집행임원)과 분리된 업무감독기관으로서의 이사회를 전제로 한다. 즉, 집행임원 설치회사에 한하여 감사위원회를 두도록 하여야 감사위원회의 의미가 있고 또 그 기능의 실효성이 발휘될 것으로 본다.18) 집행임원 설치회사가 아닌 경우에는 감사위원회가 아닌 감사(監事)에 의한 감사가 실효성을 거둘 수 있고, 이러한 회사가 감사위원회를 두는 경우에는 위에서 본 바와 같이 그 독립성에서 뿐만 아니라 자기 감사의 모순이 발생하게 되어 監事보다도 감사의 실효성을 거둘 수 없게 된다. 이러한 전제하에서 감사위원회에 관한 위의 상법의 규정의 개정안을 제시하면 다음과 같다.

(가) 상법 제542조의 11 제1항은 "자산규모 등을 고려하여 대통령령으로 정하는 상장회사로서 집행임원 설치회사는 감사위원회를 설치하여야 한다"로 개정되어야 한다고 본다.

(나) 상법 제542조의 10 제1항 단서는 "다만 집행임원 설치회사로서 감사위원회를 설치한 경우에는 그러하지 아니하다"로 간명하게 규정될 수 있다.

(다) 상법 제415조의 2 제1항은 "집행임원 설치회사는 監事에 갈음하여 제393

---

18) 입법론상 집행임원제도가 먼저 도입되고 그 후에 감사위원회제도가 도입되었어야 했는데, 우리 상법(및 특별법)에서는 이와 반대로 감사위원회제도가 어떤 기준도 없이 먼저 도입되어 감사의 효율성을 더 떨어뜨리게 되었다.

조의 2의 규정에 의한 위원회로서 감사위원회를 설치할 수 있다"로 개정되어야 한다고 본다.

집행임원 설치회사에 한하여 감사위원회를 설치하도록 하면, 감사위원회 위원은 당연히 상법 제393조의 2 제2항 제3호에 의하여 이사회에 의하여 선임 및 해임되므로 상법 제542조의 12 제1항부터 제4항까지는 삭제되어야 할 것이다. 또한 감사위원회가 업무집행기관(집행임원)에 대한 감사결과를 각 이사에게 통지하고 각 이사는 이사회를 소집할 수 있는데, 이러한 이사회는 업무집행기관에 대한 감독기관이며 감사위원회의 상급기관으로서 감사위원회가 결의한 사항에 대하여 다시 결의할 수 있는 것은 당연하다(상법 제393조의 2 제4항). 따라서 상법 제415조의 2 제6항(감사위원회에 대하여는 제393조의 2 제4항 후단을 적용하지 아니한다)은 삭제되어야 할 것으로 본다. 이와 함께 대회사의 감사위원회 위원의 자격에 대하여만 추가적인 요건을 규정하고 있는 점(상법 제542조의 11 제2항)도 재검토되어야 할 것으로 본다.

집행임원 설치회사가 아닌 경우에는 監事를 두어야 하고, 집행임원 설치회사가 아닌 회사로서 자산총액 1,000억원 이상이고 자산총액 2조원 미만인 상장회사는 반드시 상근감사를 1명 이상 두어야 한다(상법 제542조의 10 제1항 본문).

## 나. 집행임원 설치회사와 사외이사와의 관계

(1) 우리 상법은 상장회사에 대하여 "상장회사는 자산 규모 등을 고려하여 대통령령으로 정하는 경우를 제외하고는 이사 총수의 4분의 1 이상을 사외이사로 하여야 하고, 최근 사업연도말 현재의 자산총액이 2조원 이상인 상장회사의 사외이사는 3인 이상으로 하되 이사 총수의 과반수가 되도록 하여야 한다"고 규정하고 있다(상법 제542조의 8 제1항, 동법 시행령 제13조 제1항·제2항).

이와 같이 자산총액 2조원 이상인 상장회사(대회사)에 대하여 이사회에 사외이사를 의무적으로 이사 총수의 과반수가 되게 하고(상법 제542조의 8 제1항 단서) 또한 이러한 이사회내 위원회의 하나로서 감사위원회를 의무적으로 두도록(상법 제542조의 11 제1항) 하였다면 그러한 이사회는 업무집행기관(집행임원)에 대한 감독기능을 충실하게 하도록 한 것이므로, 이는 집행임원 설치회사를 전제로 한다. 따라서 이러한 자산총액 2조원 이상인 상장회사에 대하여는 의무적으로 집행임원을 두어야 하는 것으로(즉, 집행임원 설치회사로) 규정하는 것이 균형이 맞을 것으로 본다.

　　그러나 자산총액 2조원 미만인 상장회사는 임의적으로 집행임원 설치회사를 선택할 수 있는데, 집행임원 설치회사를 선택하면 반드시 감사위원회를 두도록 하는 것이 균형이 맞는다고 본다. 그런데 감사위원회는 3명 이상의 이사로 구성하는데 사외이사가 감사위원회 위원의 3분의 2 이상이어야 하므로(상법 제415조의 2 제2항), 자산총액 2조원 미만인 상장회사가 집행임원 설치회사를 선택하고자 하면 2명 이상의 사외이사가 있을 것이 전제된다. 또한 자산총액 2조원 미만의 상장회사가 (의무는 없으나) 사외이사를 이사 총수의 과반수 두면 이는 이사회가 업무집행기관(집행임원)에 대한 감독기능에 충실하도록 한 것이므로, 이러한 취지를 살리기 위해서는 (자산총액 2조원 이상인 상장회사의 경우와 같이) 의무적으로 집행임원 설치회사를 하고 또한 의무적으로 감사위원회를 두도록 하는 것이 균형이 맞고 감독과 감사의 실효를 거둘 수 있을 것으로 본다.

　　(2) 위와 같은 취지를 살리기 위하여는 상법 제542조의 8 제1항 단서를 다음과 같이 개정할 수 있을 것으로 본다.

　　"다만, 자산 규모 등을 고려하여 대통령령으로 정하는 상장회사의 사외이사는 3인 이상으로 하되 이사 총수의 과반수가 되도록 하여야 하며, 이러한 상장회사는 집행임원 설치회사이어야 한다."

## 2. 집행임원 설치회사의 장점 및 단점

### 가. 집행임원 설치회사의 장점

　　(1) 대회사의 경우 주주의 수가 많고 주주총회가 형식화되어 있어 주주총회에 의한 업무집행기관에 대한 감독의 실효를 거두기는 사실상 불가능하다. 따라서 주주총회의 위임을 받은 이사회(주주의 대리인)가 업무집행기관인 집행임원(주주의 복대리인)을 실효성 있게 감독할 수 있다. 따라서 집행임원 설치회사에서는 이사회가 주주총회에 갈음하여 업무집행기관(집행임원)을 선임·해임하고, 그들의 보수를 결정하며, 또한 재무제표·이익배당안 등에 대하여도 확정할 수 있는 권한을 갖는 것이다.

　　(2) 업무집행기관과 업무감독기관의 분화가 확실하고 경영능력 있는 자를 집행임원으로 선임하여 업무집행(경영)의 효율성을 기할 수 있고 또한 이사회는 업무집행기관(집행임원)의 선임·해임권 및 보수결정권 등을 통하여 업무집행기관에 대한 효율적인 감독권을 수행할 수 있다. 또한 회사의 중요한 사항에 대하여

는 (주주총회에 갈음하여) 업무집행에 관한 의사결정권도 행사하여 효율적인 회사
운영을 도모할 수 있다.

(3) 2011년 개정상법은 집행임원의 지위에 대하여 이사의 경우와 같이 명문
으로 위임관계로 규정하고 있으므로, 회사가 집행임원을 해임하였을 때 집행임원
이 근로자라고 주장할 수 있는 여지가 거의 없다. 따라서 지금까지 사실상의 집
행임원(비등기임원)을 회사가 해임하였을 때 이러한 사실상의 집행임원이 근로자
라고 주장하면서 소송을 제기하여 회사에 많은 어려움을 주었는데, 회사측에게는
이러한 어려움이 많이 줄어들 것으로 본다.

(4) 2011년 개정상법은 집행임원의 임기(2년을 초과하지 못함)를 규정하면서
또한 집행임원이 이사회에 의하여 선임·해임되는 것으로 규정하고 있으므로, 집
행임원측에서는 (사실상의 집행임원이 보통 대표이사에 의하여 선임되고 임기에 관하여
전혀 보장받지 못하고 있는 점과 비교하여) 어느 정도 신분의 안정을 유지할 수 있어
내부적으로 경영의 안정과 효율성을 기할 수 있다.

(5) 2011년 개정상법은 집행임원의 의무와 책임 등에 대하여 (이사의 경우와
같이) 명확히 규정하고 또한 집행임원은 등기되어 공시되므로 외부적으로 거래의
안전을 기할 수 있다.

(6) 집행임원 설치회사는 업무집행기관(집행임원)과 업무감독기관(이사회)이
분리되어 이사회가 집행임원을 효율적으로 감독할 수 있고 또한 이러한 지배구
조는 global standard에 맞는 지배구조로서 국제적인 신뢰를 받게 될 것이다.[19)

## 나. 집행임원 설치회사의 단점

(1) 집행임원 설치회사의 경우 회사는 이사 외에 집행임원을 다시 두어야
하는 점에서 비용부담이 크다는(또는 비용부담이 이중으로 든다는) 단점이 있다. 따
라서 집행임원 설치회사는 (자산총액이 2조원 이상인) 대회사에 필요한 것이지 주
주총회가 업무집행기관에 대하여 직접 감독할 수 있는 (자산총액 2조원 미만인) 중
회사의 경우에는 굳이 필요한 것이 아니다. 즉, 대회사의 경우 주주의 수가 많고
주주총회가 형식화되어 있어 주주총회에 의한 업무집행기관에 대한 감독의 실효
를 거두기가 사실상 불가능하므로 이러한 주주총회의 감독기능(및 중요사항에 대한
의사결정기능)을 이사회에 부여하고, 이사회의 감독하에 별도의 경영전문가인 집

---

19) 세계 주요국가의 집행임원에 관한 입법례에 관하여는 정찬형, "주식회사의 지배구조," 「상
　사법연구」(한국상사법학회), 제28권 제3호(2009), 12~20면 참조.

행임원을 두도록 하는 것이다. 집행임원 설치회사의 지배구조는 global standard
에 맞는 지배구조이므로, 세계를 상대로 거래하는 대기업이 집행임원 설치회사의
지배구조를 갖는 것은 국제적으로 인정을 받는 지배구조를 갖게 되는 것이다.

   (2) 집행임원 설치회사의 경우 회사의 업무집행 및 대표를 (대표)집행임원이
하는데, 집행임원 비설치회사의 경우는 업무집행 및 대표를 대표이사가 하게 되
어, 종래의 대표이사에 대한 오랜 인식에 혼란을 줄 수 있는 단점이 있다. 그러
나 이러한 점은 초기에는 그러한 면이 있고 저항하는 회사도 있을 수 있겠으나,
국제적으로 인정받는 집행임원제도의 활성화와 함께 변화하게 될 것이므로, 이는
어디에나 있는 변화에 따른 초기의 인식의 문제이지 근본적인 문제는 아니라고
본다. 우리의 현행 주식회사의 대표이사제도는 원래 프랑스제도인데, 일본이 이
제도를 회사법에 도입하여 우리도 이러한 일본제도를 오랫동안 사용한 것 뿐이
다. 이 대표이사제도는 원래 영국·미국·독일에는 없고, 프랑스에서도 대표이사
제도의 문제점을 인식하여 최근 집행임원제도를 선택적으로 채택하였다.[20] 따라
서 오늘날 우리의 주식회사가 세계를 상대로 거래하는 현실에서 국제기준에 맞
는 지배구조를 가져야 하고 또한 이에 따른 인식의 전환이 필요한 것이지, 오랫
동안 이용하여 왔다는 이유만으로 일본제도에만 집착할 필요는 없다고 본다.

   (3) 지배주주가 있는 대회사의 경우 지금까지 대표이사로서 최고의 경영권
을 행사하고 또한 (사실상) 집행임원을 자기가 선임·해임함으로써 완전한 경영권
을 장악하고 행사하면서 (사실상) 집행임원은 이사회에 의한 감독을 받지 않고
대표이사는 (사실상) 자기가 추천한 사외이사 중심의 이사회에 의하여 실질적인
감독을 받지 않고 효율적인 경영을 하였는데, 집행임원 설치회사를 채택하면 대
표집행임원(CEO)을 포함하여 모든 집행임원은 사외이사가 과반수인 이사회에 의
하여 선임·해임되고 (정관에 규정이 없거나 주주총회의 승인이 없는 경우) 이사회가
집행임원의 보수를 결정하게 되어 모든 집행임원이 이사회에 의하여 실질적인
감독을 받게 되므로 종래와 같이 효율적인 경영을 할 수 없을 것을 우려하여 대
회사의 지배주주 등은 집행임원 설치회사의 채택을 매우 부담스럽게 생각할 수
는 있다. 그러나 대회사의 경영을 지배주주(대표이사)가 독단적으로 행사하면서
(사실상) 누구의 감독도 받지 않는다는 것은 전체 주주 및 회사의 이해관계인 등
을 위하여 매우 위험하고 또한 이는 국제기준에 맞는 지배구조가 아니다. 따라서

---

20) 이에 관하여는 정찬형, 진게 상법강의(상)(제14판)(주 6), 763~767면 참조.

이사회와 독립된 업무집행기관(집행임원)은 이사회에 의하여 감독을 받아야 하고 이러한 이사회는 사외이사가 과반수로 구성되면 (사내이사로 구성된 이사회보다는) 더 효율적인 감독을 받을 것이다. 이 때 사외이사도 사내이사와 같이 지배주주에 의하여 선임된 이사이고 주주의 이익을 위한 수임인이므로(상법 제382조 제1항·제2항) 지배주주가 너무 사외이사에 대하여 부담을 가질 필요는 없다고 본다. 다만 사외이사는 종래의 사내이사와는 달리 회사 외의 전문가로서 회사를 객관적으로 올바르게 경영하고자 하는 자이므로, 지배주주가 전문가인 훌륭한 사외이사를 선임하여 이러한 사외이사들에 의하여 대표집행임원으로 선임되는 것이 객관적으로도 경영능력을 인정받는 것이 되어 떳떳할 것으로 본다. 다시 말하면 지금까지의 대표이사는 정관의 규정에 의하여 주주총회에서 선임될 수 있고(상법 제389조 제1항 단서) 이와 같이 주주총회에서 선임된 대표이사에 대하여는 이사회가 감독권을 사실상 행사할 수 없었으나, 집행임원제도가 도입되면 대표집행임원을 포함한 모든 집행임원은 (사외이사 중심의) 이사회에 의하여 선임·해임되므로 이사회에 의한 실질적인 감독을 받을 수 있고, 이로 인하여 사외이사제도의 효율성도 크게 높일 수 있다.[21]

## IV. 준법지원인 제도의 내용

준법지원인제도는 국회 노철래 의원 대표발의(2009. 8. 14)로 제284회 국회 제6차 법제사법위원회(2009. 9. 24)에 상정되어 정부의 상법개정안과 함께 2011년 3월 11일 국회 본회의에서 통과되었다. 이하에서는 국회 본회의에서 통과된 준법지원인제도의 내용을 준법지원인 설치회사와 준법지원인으로 나누어 소개하면서 그 개선방안을 제시하겠다.

### 1. 준법지원인 설치회사

가. 자산 규모 등을 고려하여 대통령령으로 정하는 상장회사는 법령을 준수하고 회사경영을 적정하게 하기 위하여 임직원이 그 직무를 수행할 때 따라야 할 준법통제에 관한 기준 및 절차(이하 "준법통제기준"이라 한다)를 마련하여야 하고(상법 제542조의 13 제1항), 동시에 준법통제기준의 준수에 관한 업무를 담당하는

---

21) 동지: 정찬형, 「사외이사제도 개선방안에 관한 연구」(상장협 연구보고서 2010-2)(한국상장회사협의회), 2010. 10, 101~102면.

사람(이하 "준법지원인"이라 한다)을 1인 이상 두어야 한다(상법 제542조의 13 제2항). 내부통제기준과 준법지원인에 관하여 필요한 사항은 대통령령으로 정한다(상법 제542조의 13 제12항).

　　나. 은행·보험회사 및 금융투자업자(舊 증권회사 등)에서는 종래에 은행법·보험업법 및 자본시장과 금융투자업에 관한 법률(이하 '자본시장법'이라 약칭함)(2009. 2. 4 이전에는 증권거래법 등)의 규정에 의하여 이미 2000년부터 내부통제기준 및 준법감시인이 실시되고 있었다. 즉, 은행은 법령을 준수하고 경영을 건전하게 하며 주주 및 예금자 등을 보호하기 위하여 그 은행의 임직원이 직무를 수행할 때 따라야 할 기본적인 절차와 기준(이하 "내부통제기준"이라 한다)을 정하고(은행법 제23조의 3 제1항), 은행은 내부통제기준의 준수 여부를 점검하고 내부통제기준을 위반하는 경우 이를 조사하여 감사위원회에 보고하는 자(이하 "준법감시인"이라 한다)를 1명 이상 두어야 한다(은행법 제23조의 3 제2항). 또한 보험회사는 법령을 준수하고 자산운용을 건전하게 하며 보험계약자를 보호하기 위하여 그 임직원이 직무를 수행할 때 따라야 할 기본적인 절차와 기준(이하 "내부통제기준"이라 한다)을 정하여야 하고(보험업법 제17조 제1항), 보험회사는 내부통제기준의 준수 여부를 점검하고 그 위반사항을 조사하여 감사 또는 감사위원회에 보고하는 자(이하 "준법감시인"이라 한다)를 1명 이상 두어야 한다(보험업법 제17조 제2항). 또한 금융투자업자는 법령을 준수하고 자산을 건전하게 운용하며 이해상충 등 투자자를 보호하기 위하여 금융투자업자의 임직원이 직무를 수행함에 있어서 준수하여야 할 적절한 기준 및 절차(이하 "내부통제기준"이라 한다)를 정하여야 하고(자본시장법 제28조 제1항), 금융투자업자(투자자문업이나 투자일임업 외의 다른 금융투자업을 경영하지 아니하는 자로서 최근 사업연도말을 기준으로 그 자가 운용하는 투자일임재산의 합계액이 5천억원 미만인 자를 제외한다. 이하 이 조에서 같다)는 내부통제기준의 준수 여부를 점검하고 내부통제기준을 위반하는 경우 이를 조사하여 감사위원회 또는 감사에게 보고하는 자(이하 " 준법감시인"이라 한다)를 1인 이상 두어야 한다(자본시장법 제28조 제2항, 동법 시행령 제32조 제1항). 은행·보험회사 및 금융투자업자의 경우에도 내부통제기준과 준법감시인에 관하여 필요한 사항은 대통령령으로 정한다(은행법 제23조의 3 제5항, 보험업법 제17조 제9항, 자본시장법 제28조 제10항). 그런데 2015년 7월 31일 「금융회사의 지배구조에 관한 법률」(이하 '금융회사 지배구조법'으로 약칭함)이 제정되어(법 13453호)(2016년 8월 1일부터 시행) 은행법 등에 분산되었던 이러한 규정들이 금융회사 지배구조법에 통합되었다(동법 제24조~제30조).

위에서 본 바와 같이 모든 은행과 보험회사는 내부통제기준을 정하고 준법 감시인을 두어야 한다. 또한 모든 금융투자업자는 내부통제기준을 정하여야 하고, (투자자문업이나 투자일임업만을 하는 금융투자업자로서 투자일임재산의 합계액이 5천억원 미만인 자를 제외한) 금융투자업자는 준법감시인을 두어야 한다. 그러나 상장회사는 대통령령으로 정하는 일정 규모 이상의 상장회사만 준법지원인을 두어야 한다. 또한 은행·보험회사 및 금융투자업자의 준법감시인은 임직원이 내부통제기준을 위반하는 경우 이를 감사위원회 또는 감사에게 보고하여야 할 의무가 있는데, 상법상 상장회사의 준법지원인은 이사회에 보고하여야 할 의무를 진다(상법 제542조의 13 제3항).

다. 준법지원인을 두어야 할 상장회사의 범위를 대통령령이 정할 때 위에서 본 바와 같이 특별법(은행법·보험업법·자본시장법) 또는 금융회사 지배구조법에 의하여 이미 내부통제기준 및 준법감시인을 두고 있는 상장회사 또는 준법지원인의 요건을 갖춘 준법감시인을 둔 상장회사는 제외하여야 할 것으로 본다. 그 후 이는 상법시행령 제39조 단서에 규정됨으로써 제외되었다.

또한 준법지원인은 (집행임원 설치회사로서) 감사위원회가 있는 경우에 두도록 하여야 필요성이 크다고 본다. 왜냐하면 감사위원회의 위원의 3분의 2 이상을 차지하는 사외이사는 외부자로서 상장회사의 업무파악 및 실질적인 감사기능의 수행에 한계가 있고 또한 합의체 성격인 감사위원회 조직의 특성상 신속한 의사결정과 중요업무에 대한 사전통제의 역할을 수행하기가 곤란한 측면이 많은데, 이 경우 준법지원인이 임직원의 업무수행에 관한 준법 여부를 상시 점검할 필요성이 더 크기 때문이다. 따라서 (집행임원 설치회사로서) 감사위원회를 둔 회사는 준법지원인을 반드시 두도록 하는 조치가 필요하다고 본다.

## 2. 준법지원인

### 가. 지　위

(1) 준법지원인은 '임직원이 준법통제기준을 준수하고 있는지 여부를 점검하고 그 결과를 이사회에 보고하는 자'라고 볼 수 있는데(상법 제542조의 13 제2항·제3항), 이러한 준법지원인은 (이사회가 제정한) 준법통제기준에 의하여 회사의 내부에서 임직원이 업무를 수행하기 이전에 관련법규 위반 등을 점검하는데, 감사위원회 또는 감사(監事)는 주주를 대리하여 업무집행기관 이외의 제3자로서 업무

집행기관이 수행한 업무 및 회계 등의 적법성 여부를 (일반적으로) 사후에 감사한
다고 볼 수 있다.

(2) 이러한 준법지원인은 이사회에 의하여 선임·해임되고(상법 제542조의 13
제4항) 또한 그의 업무수행의 결과를 이사회에 보고하며(상법 제542조의 13 제3항)
또한 (회사와의 관계에서 위임관계를 전제로 하여) 준법지원인은 회사에 대하여 선관
주의의무를 부담하는 점(상법 제542조의 13 제7항) 등에서 볼 때, 집행임원에 준하
는 지위에 있다고 볼 수 있으므로, 집행임원을 감독하는 이사회 및 업무집행기관
을 감사하는 감사위원회와는 구별된다고 본다.

(3) 이러한 점에서 준법지원인에 대하여도 집행임원에 준하여 등기하도록
하고, 또한 집행임원에 준하는 의무를 부담하도록 하며, 집행임원에 준하여 그의
회사 및 제3자에 대한 책임을 규정하여야 할 것으로 본다. 또한 회사에 이미 있
는 법무담당 임직원이 준법지원인을 겸할 수 있도록 하면 회사는 비용을 절약할
수 있을 것으로 본다.

### 나. 선임·해임

(1) 준법지원인은 이사회의 결의로 선임·해임된다(상법 제542조의 13 제4항).
이러한 이사회의 결의요건에 대하여 특별한 제한이 없으므로 준법지원인의 선임
과 해임은 이사 과반수의 출석과 출석이사의 과반수로 하여야 하는데, 다만 정관
으로 이 비율을 높게 정할 수 있다고 본다(상법 제391조). 이는 감사위원회 위원
의 해임에 관한 이사회의 결의는 이사 총수의 3분의 2 이상의 결의로 하도록 한
점(상법 제415조의 2 제3항)과 대비된다.

(2) 준법지원인을 이사회의 결의로 선임·해임할 수 있도록 한 점은 타당하
다고 본다.

### 다. 자 격

(1) 준법지원인은 ( i ) 변호사의 자격이 있는 사람, (ii) 고등교육법 제2조에
따른 학교의 법률학 조교수 이상의 직에 5년 이상 근무한 사람, (iii) 그 밖에 법
률적 지식과 경험이 풍부한 사람으로서 대통령령으로 정하는 사람이다(상법 제542
조의 13 제5항).

(2) 금융회사의 준법감시인의 자격요건은 적극적 요건과 소극적 요건에 대
하여 규정하고 있다.

적극적 요건은 (ⅰ) 「금융위원회의 설치 등에 관한 법률」 제38조에 따른 검사대상기관(이에 상당하는 외국금융기관을 포함한다)에서 10년 이상 근무한 사람, (ⅱ) 금융관계 분야의 석사학위 이상의 학위소지자로서 연구기관 또는 대학에서 연구원 또는 조교수 이상의 직에 5년 이상 종사한 사람, (ⅲ) 변호사 또는 공인회계사의 자격을 가진 사람으로서 그 자격과 관련된 업무에 5년 이상 종사한 사람, (ⅳ) 기획재정부·금융위원회·증권선물위원회·감사원·금융감독원·한국은행·예금보험공사·그 밖에 금융위원회가 정하여 고시하는 금융관련 기관에서 7년 이상 근무한 사람 등이다(금융회사 지배구조법 제26조 제1항 제2호).

소극적 요건은 최근 5년간 금융회사 지배구조법 또는 금융관계 법령을 위반하여 금융위원회 또는 금융감독원장, 그 밖에 대통령령으로 정하는 기관으로부터 문책경고 또 감봉요구 이상에 해당하는 조치를 받은 사실이 없어야 한다(금융회사 지배구조법 제26조 제1항 제1호).

(3) 준법지원인의 자격에 대하여 변호사에 대하여는 그 자격과 관련한 업무경력을 요하지 않는 것으로 규정하고 있는데, 이는 금융회사의 준법감시인의 적극적 요건과도 균형을 잃고 또한 상법 제542조의 13 제5항 제2호(법률학 조교수 이상의 직에 5년 이상 근무한 사람)와도 균형을 잃은 규정이라고 본다.

또한 준법지원인에 대하여도 금융회사 지배구조법에 의한 준법감시인의 경우와 같이 소극적 요건을 규정하여야 할 것으로 본다.

## 라. 임 기

(1) 준법지원인의 임기는 3년으로 하고, 준법지원인은 상근으로 한다(상법 제542조의 13 제6항). 준법지원인의 임기에 관하여 다른 법률의 규정이 3년보다 단기로 정하고 있는 경우에는 3년으로 하고 있다(상법 제542조의 13 제11항 단서).

(2) 준법지원인을 위에서 본 바와 같이 집행임원에 준하여 볼 수 있다면 집행임원의 임기가 최장 2년인 점(상법 제408조의 3 제1항)과 관련하여 볼 때 정관에 다른 규정이 없으면 2년으로 하는 것이 타당하다고 본다.

또한 다른 법률에 준법지원인의 임기를 3년보다 단기로 정하고 있으면 3년으로 한다고 규정한 상법 제542조의 13 제11항 단서의 규정은, 다른 법률이 상법보다 우선하여 적용된다는 상법 제542조의 13 제11항 본문과도 상반할 뿐만 아니라, 상법은 다른 법률에 대하여 일반법인데 (특별한 사정도 없으면서) 일반법의 규정이 특별법에 우선하는 것으로 규정하는 것은 법제정 및 법적용의 일반원칙에도 반하는 입법이 아닌가도 생각된다. 참고로 금융회사 지배구조법상 준법감시인의 임기는 '2년 이상'이다(금융회사 지배구조법 제25조 제4항).

## 마. 의 무

(1) 상법상 준법지원인은 다음의 의무를 부담한다.

**(가) 보고의무**      준법지원인은 준법통제기준의 준수 여부를 점검하고 그 결과를 이사회에 보고하여야 한다(상법 제542조의 13 제3항).

**(나) 선관주의의무**      준법지원인은 선량한 관리자의 주의로 그 직무를 수행하여야 한다(상법 제542조의 13 제7항).

**(다) 영업비밀준수의무**      준법지원인은 재임중 뿐만 아니라 퇴임 후에도 직무상 알게 된 회사의 영업상 비밀을 누설하여서는 아니된다(상법 제542조의 13 제8항).

(2) 준법지원인은 회사의 이익과 상충되는 업무를 할 수 없도록 하는 규정을 반드시 두어야 할 것이며(금융회사 지배구조법 제29조 참조), 이 외에도 집행임원에 준하는 의무를 부담하는 것으로 규정하여야 할 것이다. 이에 대하여는 상법 개정 전이라도 상법 제542조의 13 제12항에 의한 위임에 의하여 우선 상법시행령에 규정하여야 할 것으로 본다. 그 후 상법 시행령에서는 「준법지원인은 자신의 업무수행에 영향을 줄 수 있는 영업 관련 업무를 담당해서는 아니된다」고 규정하고 있는데(상법 시행령 제42조), 집행임원과 같이 상법에서 상세하게 규정할 필요가 있다고 본다.

## 바. 책 임

(1) 2011년 개정상법은 준법지원인의 책임에 대하여는 전혀 규정하고 있지 않다.

(2) 준법지원인의 지위를 집행임원에 준하여 보는 경우, 준법지원인의 회사 및 제3자에 대한 책임에 관하여 상법에서 규정하여야 할 것으로 본다. 이에 대하여는 위의 의무와 같이 상법 개정 전이라도 상법 제542조의 13 제12항에 의한 위임에 의하여 우선 상법시행령에 규정하여야 할 것으로 본다. 그러나 그 후의 상법 시행령에서도 준법지원인의 책임에 관하여는 전혀 규정하고 있지 않다.

### 사. 준법지원인과 관련한 회사의 의무

(1) 준법지원인을 둔 상장회사는 준법지원인이 그 직무를 독립적으로 수행할 수 있도록 하여야 하고, 준법지원인을 둔 상장회사의 임직원은 준법지원인이 그 직무를 수행할 때 자료나 정보의 제출을 요구하는 경우 이에 성실하게 응하여야 한다(상법 제542조의 13 제9항). 금융회사의 준법감시인에 대하여도 이와 유사하게 규정하고 있다(금융회사 지배구조법 제20조 제1항·제3항).

준법지원인을 둔 상장회사는 준법지원인이었던 사람에 대하여 그 직무수행과 관련된 사유로 부당한 인사상의 불이익을 주어서는 아니된다(상법 제542조의 13 제10항). 금융회사의 준법감시인에 대하여도 이와 유사하게 규정하고 있다(금융회사 지배구조법 제30조 제4항).

(2) 2011년 개정상법이 위와 같은 규정을 둔 것은 준법지원인의 독립성과 업무의 효율성을 위한 것으로 볼 수 있는데, 이의 위반에 따른 제재규정이 없어 그 실효성이 의문이다.

# V. 결 어

1. 2011년 개정상법에 의하여 도입된 집행임원제도가 많이 활성화되기를 바란다. 특히 대회사에서는 업무집행기관(집행임원)과 업무감독기관(이사회)이 분리된 집행임원 설치회사를 선택하여, 대내적으로는 업무집행기능과 업무감독기능의 효율성을 증대하고 대외적으로는 국제기준에 맞는 지배구조를 갖게 되어 국제적인 신뢰를 증대하기를 바란다. 또한 집행임원 설치회사를 선택하게 되면 사외이사가 업무집행기관(집행임원)에 대한 감독(이사회) 및 감사(감사위원회)에만 참여하게 되어 원래의 취지에 맞는 기능을 회복하게 될 것으로 본다. 그런데 2011년 개정상법이 집행임원제도를 도입하였다고 하여 우리 상법이 국제기준에 맞는 모범적이고 효율적인 지배구조를 갖게 되었다고는 볼 수 없다. 왜냐하면 지배구조 측면에서 과거 단편적으로 너무 무질서하게 규정하였기 때문이다. 따라서 앞으로는 이와 같이 무질서하게 규정된 단편적인 규정에 대하여 상호 관련성을 통찰하여 체계적인 정비가 필요하다고 본다.

2. 2011년 개정상법이 도입한 준법지원인에 대하여는 그 규정 자체 및 금융회사의 준법감시인과 관련하여 볼 때, 문제점이 너무 많으므로, 보다 합리적인 내용으로 개정이 필요하다고 본다.

# 2011년 개정 회사법의 내용과 과제*

## —회사지배구조를 중심으로—

# Ⅰ. 서 언

정부(법무부)는 2005년 7월 28일 법무자문위원회 회사법개정특별분과위원회를 구성하여 그동안 IMF 경제체제하에서 세 차례에 걸쳐(1998년, 1999년 및 2001년) 거의 의무적으로 개정되었던 회사법의 개정내용을 재점검하고 동시에 국제기준에 맞는 선진화된 회사법을 만들기 위하여 회사법의 전 분야에 걸쳐 방대한 개정안을 작성하여, 2006년 7월 4일 공청회를 거친 후, 2007년 9월 20일 국회(법제사법위원회)에 상법(회사편)개정안을 제출하였다. 그런데 이러한 상법(회사편)개정안은 제17대 국회의원의 임기만료로 폐기되었다. 정부(법무부)는 이러한 상법(회사편)개정안을 부분적으로 수정하고 이에 자본금 총액이 10억원 미만인 소규모 주식회사의 설립절차와 운영을 간소화하는 개정안 및 종래에 「증권거래법」에서 규정한 상장회사의 지배구조에 관한 특례규정을 추가한 상법(회사편)개정안을 2008년 10월 21일 제18대 국회(법제사법위원회)에 다시 제출하였다. 국회(법제사법위원회)는 2008년 11월 28일 동 상법(회사편)개정안을 심사한 결과, 정부의 상법(회사

---

* 이 글은 정찬형, "2011년 개정 회사법의 내용과 과제 —회사지배구조를 중심으로—," 「저스티스」(한국법학원), 제127호(2011. 12), 8~44면의 내용임(이 글은 필자가 서울지방변호사회와 한국법학원이 공동주최하여 2011년 11월 14일에 실시한 "2011년 상법 개정에 따른 제문제"에 관한 심포지엄에서 발표한 내용임).

편)개정안은 상법 회사편을 전면 개정하는 것으로서 그 내용이 방대하여 공청회를 거치는 등 심도있는 심사가 필요하나, 동 개정안 중 상장회사에 관한 특례부분은 2009년 2월 4일부터 시행되는 「자본시장과 금융투자업에 관한 법률」로 폐지되는 「증권거래법」의 내용을 반영하는 것이므로 이러한 상장회사에 관한 특례부분만을 발췌하여 2009년 1월 8일에 본회의에서 통과시켰고(2009. 1. 30. 공포, 법 9362호), 다시 2009년 4월 29일에 본회의에서 소규모 주식회사의 설립절차 간소화 및 전자주주명부·전자투표 등에 관한 규정을 발췌하여 통과시켰다(2009. 5. 28. 공포, 법 9746호).

2011년 3월 11일 국회 본회의에서는 정부가 2008년 10월 21일 국회에 제출한 상법(회사편)개정안 중 그 동안 발췌하여 통과시킨 부분을 제외한 나머지 부분을 부분적으로 수정하여 통과시킨 것이다(2011. 4. 14. 공포, 법 10600호; 2012. 4. 15. 시행).

2011년에 개정된 회사법의 내용은 매우 광범위한데, 이하에서는 회사지배구조에 관한 규정의 개정내용을 먼저 소개한 후, 앞으로 회사법의 발전을 위한 과제를 제시하고자 한다. 회사지배구조에 관한 규정의 개정내용에 대하여는, 주주총회에 관한 규정의 개정내용, 업무집행기관에 관한 규정의 개정내용(집행임원에 관한 규정의 신설 및 이사·집행임원의 의무와 책임에 관한 규정 등) 및 감사에 관한 규정의 개정내용의 순으로 소개하겠으며, 마지막으로 주식 등의 전자등록에 관한 규정을 소개하겠다.

## II. 회사지배구조에 관한 규정의 개정내용

### 1. 주주총회에 관한 규정의 개정내용

#### 가. 소수주주에 의한 주주총회 소집시 법원에 의한 의장 선임(상법 제366조 제2항 제2문 신설)

소수주주가 이사회에 임시주주총회의 소집을 청구하였음에도(상법 제366조 제1항, 제542조의 6 제1항) 이사회가 지체 없이 소집절차를 밟지 않는 경우에는 그 소수주주는 법원의 허가를 얻어 직접 총회를 소집할 수 있는데(상법 제366조 제2항 1문, 제542조의 6 제1항), 이 때 총회의 의사진행을 원활히 할 수 있도록 하기 위하여 2011년 개정상법은 제366조 제2항에 제2문을 신설하여 「이 경우 주주총회의 의장은 법원이 이해관계인의 청구나 직권으로 선임할 수 있다」고 규정하였다(그렇지 않은 경우에는 보통 정관에 의하여 대표이사가 주주총회의 의장을 맡는다).

### 나. 주주총회가 검사인을 선임할 수 있는 범위 확대(상법 제367조 제2항 신설)

2011년 개정상법은 적대적 M&A의 경우 현 경영진이 주주총회에서 투표와 개표를 방해하거나 조작하는 것 등을 방지하기 위하여, 주주총회 전에 회사 또는 소수주주가 법원에 검사인의 선임을 청구할 수 있도록 하였다. 즉, 2011년 개정상법은 제367조에 제2항을 신설하여 「회사 또는 발행주식총수의 100분의 1 이상에 해당하는 주식을 가진 주주는 총회의 소집절차나 결의방법의 적법성을 조사하기 위하여 총회 전에 법원에 검사인의 선임을 청구할 수 있다」고 규정하였다. 따라서 이러한 검사인은 주주총회에서의 위임장의 유효·무효를 조사하고 또한 투표 및 개표의 공정성을 위하여 참여할 수 있다.

### 다. 출석정족수·의결정족수의 계산에 관한 규정을 명확하게 정리(상법 제371조)

(1) 2011년 개정상법 이전에는 출석정족수의 계산에서 발행주식총수에 산입하지 아니하는 주식에 대하여, 「의결권 없는 주주가 가진 주식의 수」라고만 규정하였는데(개정전 상법 제371조 제1항), 2011년 개정상법 제371조 제1항에서는 「총회의 결의에 관하여는 제344조의 3 제1항(의결권이 없는 종류주식이나 의결권이 제한되는 종류주식)과 제369조 제2항(회사가 가진 자기주식) 및 제3항(회사·모회사 및 자회사 또는 자회사가 다른 회사 발행주식총수의 10분의 1을 초과하는 주식을 가지고 있는 경우 그 다른 회사가 가지고 있는 회사 또는 모회사의 주식)의 의결권 없는 주식의 수는 발행주식총수에 산입하지 아니한다」로 명확하게 규정하였다.

(2) 2011년 개정상법 이전에는 의결정족수의 계산에서 출석한 주주의 의결권의 수에 산입하지 아니하는 주식에 대하여 상법 제368조 제4항(2014년 개정상법에 의하면 제368조 제3항임. 이하 같음)(주주총회의 결의에 관하여 특별한 이해관계가 있는 자의 의결권)에 대하여만 규정하였는데, 2011년 개정상법 제371조 제2항에서는 상법 제409조 제2항 및 제3항(감사의 선임에서 주주가 의결권 없는 주식을 제외한 발행주식총수의 100분의 3〈정관으로 이 비율보다 낮은 비율을 정할 수 있음〉을 초과하는 주식을 갖는 경우 그 초과하는 주식)과 제542조의 12 제3항(상장회사에서 감사 또는 상근감사위원을 선임·해임할 때에 최대주주 및 그의 특수관계인 등이 소유하는 그 상장회사의 의결권 있는 주식의 합계가 그 회사의 의결권 없는 주식을 제외한 발행주식총수의 100분의 3

〈정관에서 이보다 낮은 주식보유비율을 정할 수 있음〉을 초과하는 경우 그 초과하는 주식)·제4항(직전 사업연도말 자산총액이 2조원 이상인 상장회사에서 사외이사인 감사위원을 선임할 때에 주주가 그 상장회사의 의결권 없는 주식을 제외한 발행주식총수의 100분의 3〈정관에서 이보다 낮은 주식보유비율을 정할 수 있음〉을 초과하는 주식을 가진 경우 그 초과하는 주식)의 경우도 추가하였다.

### 라. 주주총회 특별결의사항(상법 제374조 제1항 제3호)

2011년 개정상법 이전에는 (ⅰ) 다른 회사의 영업 전부의 양수 및 (ⅱ) 회사의 영업에 중대한 영향을 미치는 다른 회사의 영업 일부의 양수의 경우에 주주총회의 특별결의를 받도록 하였는데(개정전 상법 제374조 제1항 제3호·제4호), 2011년 개정상법에서는 제374조 제1항 제3호와 제4호를 합하여 「회사의 영업에 중대한 영향을 미치는 다른 회사의 영업 전부 또는 일부의 양수」에만 주주총회의 특별결의를 받도록 하였다. 따라서 2011년 개정상법에 의하여 회사가 다른 회사의 영업 전부를 양수하는 경우에도 그것이 '회사의 영업에 중대한 영향을 미치지 않으면' 양수회사는 주주총회의 특별결의를 받을 필요가 없다.

## 2. 업무집행기관에 관한 규정의 개정내용[1]

### 가. 집행임원에 관한 규정의 신설(상법 제408조의 2~제408조의 9)

#### (1) 집행임원 설치회사

(㉮ 2011년 개정상법은 (선택에 의하여) 집행임원을 둘 수 있는데(이 경우 집행임원을 둔 회사를 '집행임원 설치회사'라 함), 이러한 집행임원 설치회사는 대표이사를 두지 못한다(상법 제408조의 2 제1항).

이러한 집행임원 설치회사는 회사의 업무집행기관(집행임원)과 업무감독기관(이사회)을 분리하여(이하 '감독형 이사회'로 약칭함), 이사회는 회사의 업무를 잘 알고 또한 경영의 전문가인 집행임원을 업무집행기관으로서 선임·해임하여 회사의 업무집행(경영)을 맡기고, 이사회는 이에 대한 감독만을 하면서 (필요한 경우) 회사의 중요한 사항에 대하여 의사를 결정하는 회사를 말한다. 우리 상법은 제정 이후부터 (주식회사의 규모에 관계 없이) 이사회가 회사의 업무를 집행하고(의사결정)

1) 이는 정찬형, "2011년 개정상법에 따른 준법경영제도 발전방향(집행임원 및 준법지원인을 중심으로)," 「선진상사법률연구」(법무부), 통권 제55호(2011. 7), 12~24면의 내용을 부분적으로 수정한 것임.

(상법 제393조 제1항) 또한 (대표)이사의 직무집행을 감독하는 기능(이하 '참여형 이사
회'로 약칭함)을 하였는데(상법 제393조 제2항), 이는 특히 대규모 주식회사(이하 '대
회사'로 약칭함)에 맞지 않고 또한 이사회는 주로 업무집행기능에만 전념하여 이사
회의 업무감독기능은 유명무실화 하게 되어, 회사경영의 투명성과 관련하여 이사
회의 감독기능의 활성화 방안이 그 동안 많이 논의되어 왔던 것이다.2) 따라서
IMF 경제체제 이후 자산총액 2조원 이상인 상장회사는 사외이사를 이사 총수의
과반수가 되도록 하여 이사회의 업무집행기관에 대한 감독기능을 활성화하고자
하였다. 그런데 이러한 감독기관(이사회)과 분리된 업무집행기관(집행임원)에 대하
여는 그 동안 입법이 되어 있지 않아, 이사회는 감독기능도 제대로 수행하지 못
하면서 업무집행기능(의사결정)의 효율성마저 종래보다 더 떨어지게 되었다. 즉,
(사외이사가 과반수인 이사회가) 업무집행기능에도 참여하여 사실상 집행임원을 양
산하게 되었고, 이러한 사실상 집행임원은 '비등기 임원(이사)'의 형식으로 현재
상장회사(특히, 대규모 상장회사)에서 많이 이용하고 있다. 이러한 현상은 주식회사
의 지배구조에서 우리 상법이 먼저 집행임원을 도입하고 그 다음으로 이사회의
감독기능을 강화하기 위하여 사외이사제도 및 감사위원회제도를 도입하여야 하
였는데, 이와 반대로 (상법상) 집행임원이 없는 상태에서 의무적으로 사외이사제
도와 감사위원회제도를 도입하였기 때문에 (상법에 규정이 없는) 사실상 집행임원
(비등기임원)이 발생하게 된 것은 부득이한 현상이라고 볼 수도 있다.

　　따라서 사실상 집행임원(또는 비등기임원)을 두고 있는 상장회사는 이러한 사
실상 집행임원(또는 비등기임원)을 (전부 또는 일부) 이번에 상법상 신설된 집행임원
(집행임원 설치회사)으로 전환하여야 할 것으로 본다.

　　(나) 최근 사업연도말 현재의 자산총액 2조원 이상인 주식회사는 의무적으로
이사회를 사외이사가 이사 총수의 과반수로 구성하고(상법 제542조의 8 제1항 단서,
동법 시행령 제13조 제2항) 또한 이사회내 위원회의 하나이고 사외이사가 위원의 3
분의 2 이상인 감사위원회를 의무적으로 두어야 하는 규정(상법 제542조의 11 제1
항, 동법 시행령 제16조)의 취지에서 볼 때 이러한 이사회는 업무감독기능에 중점
이 있으므로, 이러한 주식회사에서는 이사회(업무감독기관)와는 분리된 집행임원

---

2) 이에 관하여는 정찬형, "주식회사의 경영기관(비교법을 중심으로)," 「법률학의 제문제」(유기
　천박사 고희기념 논문집, 1988); 동, "기업경영의 투명성 제고를 위한 주식회사의 지배구조의
　개선," 「상사법연구」(한국상사법학회), 제17권 제1호(1998. 6); 홍복기, "사외이사제도에 관한
　입법론적 연구," 법학박사학위논문(연세대, 1988) 등 참조.

(업무집행기관)을 반드시 두어야 할 것으로 본다(즉, 집행임원 설치회사이어야 한다).[3]

그러나 그 이외의 주식회사는 임의로 집행임원 설치회사를 선택할 수 있는데, 사외이사가 이사 총수의 과반수인 주식회사는 위에서 본 대회사의 경우와 같은 취지에서 볼 때 집행임원 설치회사이어야 한다고 본다.[4] 또한 집행임원 설치회사에 한하여 감사위원회를 두도록 하는 것이 감사의 실효성에 면에서 타당하다고 본다. 이러한 점에서 상법 제415조의 2 제1항 제1문도 입법론상 "집행임원 설치회사는 제393조의 2의 규정에 의한 위원회로서 감사위원회를 설치하여야 한다"로 개정되어야 할 것으로 본다.[5]

(다) 자본금 총액이 10억원 미만으로서 이사를 1명 또는 2명 둔 경우에는 이사회가 없으므로 집행임원 설치회사가 있을 수 없다고 본다.[6]

(라) 집행임원 설치회사에서는 대표이사가 없으므로 대외적으로 회사를 대표하는 자는 (대표)집행임원(CEO)이지 대표이사가 아니고, 이사회의 회의를 주관하기 위하여는 (정관에 규정이 없으면 이사회의 결의로) 이사회 의장을 두어야 한다(상법 제408조의 2 제4항). (대표)집행임원과 이사회 의장은 분리되는 것이 집행임원 설치회사의 원래의 취지(집행과 감독의 분리)에 맞으나, 우리 상법상 이를 금지하는 규정을 두고 있지 않으므로 이 양자의 지위를 겸할 수 있다고 본다(이 경우 법률상 명칭은 종래의 대표이사에 갈음하여 '대표집행임원 및 이사회 의장'이다). 또한 집행임원과 이사와의 관계에서도 원래는 분리되어야 집행임원 설치회사의 취지에 맞으나, 우리 상법상 이 양자의 지위를 금지하는 규정을 두고 있지 않으므로 이 양자의 지위도 겸할 수 있다고 본다(이 경우 법률상 사내이사는 '집행임원 및 이사'이고, 사외이사 및 그 밖에 상무에 종사하지 않는 이사는 '집행임원이 아닌 이사'를 의미한다).

---

3) 이러한 대회사에 대하여는 이사회에 의무적으로 사외이사를 이사 총수의 과반수 두도록 하고(상법 제542조의 8 제1항 단서) 또한 감사위원회를 의무적으로 두도록 한 점(상법 제542조의 11 제1항)과의 균형상 집행임원도 의무적으로 두도록 하여야 하는데[정찬형, "주식회사법 개정제안," 「선진상사법률연구」(법무부), 통권 제49호(2010. 1), 14~15면], 상법이 임의규정으로 하였다고 하더라도 위와 같이 사외이사 및 감사위원회를 의무적으로 두도록 한 규정의 취지 및 현실적으로 사실상 집행임원을 두고 있는 점에서 이러한 대회사는 집행임원 설치회사의 지배구조를 갖추어야 할 것으로 본다.
4) 정찬형, 앞의 논문(주 3), 170면.
5) 정찬형, 앞의 논문(주 3), 56면.
6) 이러한 점에서 볼 때, 2011년 개정상법 제383조 제5항은 자본금 총액이 10억원 미만으로서 이사를 1명 또는 2명 둔 주식회사에 대하여 집행임원에 관한 일부 규정만을 적용하지 않는 것으로 규정하고 있으나, 집행임원에 관한 규정 전부(상법 제408조의 2부터 제408조의 9까지)를 적용하지 않는 것으로 규정하였어야 한다고 본다. 이는 입법의 미비라고 본다.

## (2) 집행임원

### ㈎ 지 위

집행임원 설치회사와 집행임원과의 관계는 민법 중 위임에 관한 규정이 준용된다(상법 제408조의 2 제2항). 이는 이사와 회사와의 관계와 같고(상법 제382조 제2항), 상업사용인과 회사와의 관계가 보통 고용관계인 점과 구별된다. 민법상의 위임계약이 원칙적으로 무상인 점과는 달리 집행임원 설치회사는 (이사의 경우와 같이) 집행임원에게 보수를 주는 것이 보통이므로(유상계약), 집행임원의 보수에 대하여는 정관에 규정이 없거나 주주총회의 승인이 없는 경우 이사회가 이를 결정한다(상법 제408조의 2 제3항 제6호).

2011년 개정상법은 주식회사에서 이와 같이 집행임원에 대하여 규정하고 이와 함께 집행임원과 집행임원 설치회사와의 관계가 위임관계임을 명백히 규정하고 있으므로, 종래에 사실상 집행임원(비등기임원)에 대하여 우리 대법원판례가 주주총회에서 선임되지 않았고 또한 등기되지 않았다는 이유를 들어 이사가 아니라는 점에서 회사와의 관계는 (고용계약을 전제로 하는) 근로자이고 또한 이러한 사실상 집행임원(비등기임원)에 대하여는 근로기준법이 적용된다고 판시한 것은,7) 이에 관한 근거규정이 제정되었으므로 수정되어야 할 것으로 본다.

### ㈏ 등 기

집행임원의 성명과 주민등록번호는 이사와 같이 등기사항이고(상법 제317조 제2항 제8호), 또한 회사를 대표할 집행임원(대표집행임원)의 성명·주민등록번호 및 주소도 등기사항이며(상법 제317조 제2항 제9호), 둘 이상의 대표집행임원이 공동으로 회사를 대표할 것을 정한 경우에는 그 규정(공동대표집행임원)도 등기사항이다(상법 제317조 제2항 제10호).

회사가 집행임원을 선임하여 회사의 업무집행권한을 부여하면서 (대표)집행임원에 관한 등기를 하지 않으면, 그러한 집행임원은 집행임원으로서의 권한을 갖고 회사는 다만 선의의 제3자에게 대항하지 못하는 (상업등기의 일반적 효력상) 불이익을 받게 된다(상법 제37조 제1항). 이는 (대표)이사 및 지배인의 경우에도 동일하다.

현재 대회사에서 많이 시행하고 있는 사실상 집행임원(비등기임원)에 대하여는 이를 어느 범위까지 상법상 집행임원 설치회사에서의 집행임원으로 할 것인

---

7) 대판 2003. 9. 26, 2002 다 64681(비등기임원을 원심에서는 근로자가 아니라고 보았으나, 대법원에서는 이러한 비등기임원을 근로자라고 보고 원심을 파기환송함) 외.

가의 문제가 있다. 이러한 사실상 집행임원 중 IMF 경제체제 이전(즉, 의무적인 사외이사제도가 도입되기 이전)에 이사의 업무를 수행하는 자의 경우에는 2011년 개정상법상 (이사회에 의한 선임절차를 취함과 동시에—상법 제408조의 2 제3항 제1호) 집행임원으로 등기하여야 할 것이고, 종래의 이사와 같은 업무를 수행하지 않고 지배인과 동일 또는 유사한 업무를 수행하는 자에 대하여는 (이사회에 의한 선임절차를 취함과 동시에—상법 제393조 제1항) 지배인 등기를 하여 공시하여야 할 것으로 본다. 만일 현행 사실상 집행임원(비등기임원)이 실제로 상법상 부분적 포괄대리권을 가진 상업사용인(상법 제15조)에 해당된다면(회사의 차장·과장 등) 등기할 필요가 없을 것인데, 이러한 비등기임원이 부분적 포괄대리권을 가진 상업사용인에 해당한다고 보기는 (특별한 경우를 제외하고는) 사실상 어려울 것으로 본다.

⑷ **선임·해임**

집행임원 설치회사에서는 집행임원과 대표집행임원의 선임 및 해임권이 이사회에 있다(상법 제408조의 2 제3항 제1호). 따라서 이사회는 정관에 (높은 비율로) 달리 규정하고 있지 않는 한 이사 과반수의 출석과 출석이사 과반수의 찬성으로 집행임원을 선임·해임할 수 있다(상법 제391조 제1항). 이 때 가부동수(可否同數)인 경우 이사회 의장에게 결정권을 주는 것으로 정한 정관의 규정은 법적 근거 없이 이사회 의장에게 복수의결권을 주는 것이 되어 무효라고 본다.8) 이사회 결의에 관하여 특별한 이해관계를 갖는 이사는 이사회에서 의결권을 행사하지 못하는데(상법 제391조 제3항, 제368조 제3항), 집행임원 후보인 이사가 이사회에서 의결권을 행사할 수 있는지 여부가 문제될 수 있다. 주주총회의 결의에서 주주가 주주의 입장(사단관계)에서 이해관계를 갖는 경우에는 특별한 이해관계를 갖지 않는 것으로 보고 주주가 주주의 입장을 떠나서 개인적으로 갖는 이해관계만을 특별한 이해관계를 갖는 것으로 해석하는 것(개인법설)이 통설인데,9) 이러한 통설을 이사회에서도 동일하게 적용한다면 집행임원 후보인 이사는 의결권을 행사할 수 있는 것으로 볼 수 있다. 또한 이러한 이사회의 결의에 대하여 이사는 책임을 져야 하므로(상법 제399조 제2항·제3항 참조) 무기명투표는 허용되지 않는다.

집행임원은 이와 같이 이사회에서 선임·해임되어야 하므로 이사회에서 선임·해임되지 않는 회장(또는 지배주주겸 대표이사) 등과 이들이 선임·해임하는 (사실상)

---

8) 정찬형, 상법강의(상)(제14판), 박영사, 2011, 863면.
9) 정찬형, 상법강의(상)(제14판)(주 8), 793면; 정동윤, 회사법(제7판), 법문사, 2001, 329면; 이철송, 회사법강의(제12판), 박영사, 2005, 422면 외.

집행임원은 상법상 집행임원은 아니나, 업무집행지시자 등으로서 상법상 집행임원과 동일하게 보아 그의 책임을 물을 수 있다(상법 제408조의 9, 제401조의 2).

집행임원의 수에는 (최저이든 최고이든) 제한이 없다. 또한 집행임원이 다수인 경우에도 (이사회와 같이) 회의체를 구성하는 것도 아니다.

집행임원의 자격에는 제한이 없다. 그러나 해석상 집행임원은 당해 회사 및 자회사의 감사(監事)를 겸직할 수 없다고 본다(상법 제411조 참조).10) 따라서 이사회는 유능한 경영인을 집행임원으로 선임하여 업무집행의 효율성을 극대화할 수 있고, 언제든지 그 결과에 대하여 책임을 물을 수 있다.

㈑ 임 기

집행임원의 임기는 정관에 다른 규정이 없으면 2년을 초과하지 못한다(상법 제408조의 3 제1항). 정관의 규정에 의하여 2년을 초과하지 않는 범위 내에서 임기를 정할 수 있다. 집행임원의 임기에 관하여는 이사의 임기와 그 기간만이 다르지, 임기의 산정에 관하여는 이사의 임기에 관한 해석과 같다. 따라서 이사회는 집행임원을 선임할 때에 정관에 달리 규정하고 있지 않으면 2년을 초과하지 않는 범위 내에서 집행임원의 임기를 정하여야 한다.11) 이사의 임기가 3년을 초과하지 못하는 점(상법 제383조 제2항)과 관련하여 이사회는 그가 선임한 집행임원에 대하여 책임을 물을 수 있도록 하기 위하여(즉, 이사회가 집행임원을 해임할 수 있도록 하기 위하여) 2년으로 단축한 것이다. 이사회는 집행임원의 임기중에도 집행임원에게 정당한 사유가 있거나 없거나 언제든지 집행임원을 해임할 수 있다. 이는 참여형 이사회제도에서 (이사회가 대표이사를 선임하는 경우) 이사회가 언제든지 대표이사를 해임할 수 있는 것과 같다. 따라서 집행임원의 임기를 2년으로 정하고 이사회가 2년 전에 집행임원을 해임하였다고 하여도, 집행임원은 정당한 사유 없이 임기 만료 전에 해임하였다고 하여 회사에 손해배상을 청구할 수는 없다.12) 집행임원에 대하여 2년의 임기만료 전에 이사회가 정당한 사유가 없는 경우에도 해임할 수 있는 점을 들어 상법이 집행임원의 임기를 규정한 의미가 없다는 의견이 있을 수 있으나, 상법이 이와 같이 집행임원의 임기를 규정함으로써 정관

---

10) 따라서 상법 제411조에서는 당연히 집행임원이 추가되어야 한다고 본다. 상법 제411조의 감사의 겸직금지의 대상에 집행임원이 빠진 것은 입법의 미비라고 본다.
11) 대판 2001. 6. 15, 2001 다 23928(회사의 정관에서 상법 제383조 제2항과 동일하게 규정한 것이 이사의 임기를 3년으로 정하는 취지라고 해석할 수는 없다) 참조.
12) 대판 2004. 12. 10, 2004 다 25123(대표이사에 대하여는 상법 제385조 제1항 단서가 유추적용되지 않는다) 참조.

또는 이사회가 집행임원의 임기를 정함에 있어서 기준이 되는 점 또한 집행임원의 종임의 사유가 임기만료와 해임은 구별되는 점 등에서 상법에서 집행임원의 임기를 규정하는 것은 의미가 있다고 본다.

집행임원이 임기만료 후에 재선이 가능한 점은 이사의 경우와 같다.

그런데 이러한 집행임원의 임기는 정관에 그 임기중의 최종 결산기에 관한 정기주주총회가 종결한 후 가장 먼저 소집하는 이사회의 종결시까지로 정할 수 있다(상법 제408조의 3 제2항)(예컨대, 12월 31일을 결산기로 하는 회사의 집행임원의 임기가 다음 해 1월 10일에 만료하고 정기주주총회일이 다음 해 3월 20일이며 이후 가장 먼저 소집하는 이사회가 다음 해 3월 30일이면, 정관의 규정으로 집행임원의 임기를 3월 30일에 만료되는 것으로 할 수 있다).

현재 대기업에서 시행하고 있는 사실상 집행임원(비등기임원)에 대하여는 상법상 규정이 없으므로 임기에 대한 보장이 있을 수 없으나, 그러한 대기업이 상법상 집행임원 설치회사의 지배구조를 채택하면 집행임원은 (이사회에 의하여 선임·해임되는 점과 함께) 정관에 다른 규정이 없으면 상법상 2년까지 임기를 어느 정도 보장받게 되어 안정된 상태에서 업무집행기능을 수행할 수 있게 될 것으로 본다.

㈐ 권 한

1) 업무집행권

집행임원은 ( i ) 집행임원 설치회사의 업무를 집행하고, ( ii ) 정관이나 이사회의 결의에 의하여 위임받은 업무집행에 관한 의사결정을 한다(상법 제408조의 4). 즉, 집행임원은 종래의 대표이사와 같이 회사 내부적으로 업무를 집행한다. 종래의 대표이사에 대하여는 대표권에 관하여만 규정하고(상법 제389조 제3항, 제209조) 업무집행권에 대하여는 규정하고 있지 않았다. 그러나 대표이사는 원칙적으로 회사의 모든 업무에 관하여 집행권을 가진다는 것을 전제로 하여, 그 업무집행이 대외관계를 수반하는 경우에서 회사대표권에 관하여 규정한 것으로 해석하였다(즉, 대표이사는 엄격히 말하면 「집행과 대표이사」라고 볼 수 있다고 하였다).[13] 그런데 집행임원 설치회사의 경우에는 집행임원의 업무집행에 대하여 명확히 규정한 것이다. 이는 합명회사(상법 제201조)·합자회사(상법 제273조, 제278조) 및 유한책임회사(상법 제287조의 5 제1항 제4호, 제287조의 12)의 경우에도 같다.

집행임원은 필요하면 회의의 목적사항과 소집이유를 적은 서면을 이사(소집

---

13) 정찬형, 상법강의(상)(제14판)(주 8), 875면.

권자가 있는 경우에는 소집권자)에게 제출하여 이사회를 소집청구할 수 있다(상법 제 408조의 7 제1항). 집행임원이 이러한 청구를 한 후 이사(소집권자가 있는 경우에는 소집권자)가 지체 없이 이사회 소집의 절차를 밟지 아니하면 소집을 청구한 집행임원이 법원의 허가를 받아 이사회를 소집할 수 있는데, 이 경우 이사회 의장은 법원이 이해관계자의 청구에 의하여 또는 직권으로 선임할 수 있다(상법 제408조의 7 제2항). 이사회 소집을 하지 않고자 하는 이사회 의장(이는 보통 이사회의 소집권자임)이 집행임원이 법원의 허가를 받아 소집한 이사회에서 이사회의 의장을 맡는다는 것은 원만한 이사회의 운영을 위하여 적절하지 않으므로, 이 경우에는 법원이 이해관계자의 청구 또는 직권으로 이사회 의장을 선임하도록 한 것이다.

2) 대표권

집행임원 설치회사에서는 대표집행임원이 회사를 대표한다.[14] 2명 이상의 집행임원이 선임된 경우는 이사회 결의로 대표집행임원을 선임하여야 하는데, 집행임원이 1명인 경우에는 그 집행임원이 대표집행임원이 된다(상법 제408조의 2 제3항 제1호, 제408조의 5 제1항). 대표집행임원에 관하여 상법에 다른 규정이 없으면 주식회사의 대표이사에 관한 규정을 준용하고(상법 제408조의 5 제2항), 표현대표이사에 관한 규정(상법 제395조)도 준용한다(상법 제408조의 5 제3항).

⑥ 의 무

1) 일반적 의무(선관의무와 충실의무)

집행임원과 회사와의 관계는 위임관계이므로(상법 제408조의 2 제2항) 집행임원은 회사에 대하여 선량한 관리자의 주의의무(선관의무)를 부담한다(민법 제681조). 또한 집행임원은 회사에 대하여 충실의무를 진다(상법 제408조의 9, 제382조의 3). 이는 이사의 경우와 같다(상법 제382조의 3).

2) 경업피지의무

집행임원은 이사회의 승인이 없으면 경업피지의무를 진다(상법 제408조의 9, 제397조). 이는 이사의 경우와 같다(상법 제397조).

3) 회사사업기회 유용금지의무

집행임원은 이사회의 승인이 없으면 회사의 사업기회를 자기 또는 제3자의 이익을 위하여 이용하여서는 아니될 의무를 진다(상법 제408조의 9, 제397조의 2). 이는 이사의 경우와 같다(상법 제397조의 2).

---

14) 대표집행임원은 대표이사와는 반대로 회사의 업무집행을 전제로 하여 대외적으로 회사를 대표하는 권한을 부여하고 있다고 볼 수 있다.

4) 자기거래 금지의무

집행임원은 이사회의 승인이 없으면 회사와의 거래를 하지 못하는 의무를 진다(상법 제408조의 9, 제398조). 이는 이사의 경우와 같다(상법 제398조).

5) 보고의무

집행임원은 3개월에 1회 이상 업무의 집행상황을 이사회에 보고하여야 하는데(상법 제408조의 6 제1항), 집행임원은 이 외에도 이사회의 요구가 있으면 언제든지 이사회에 출석하여 요구한 사항을 보고하여야 한다(상법 제408조의 6 제2항). 이 경우 이사는 대표집행임원으로 하여금 다른 집행임원 또는 피용자의 업무에 관하여 이사회에 보고할 것을 요구할 수 있다(상법 제408조의 6 제3항). 집행임원 설치회사의 경우에는 (대표)이사에 갈음하여 집행임원이 이러한 보고의무를 부담하고, 이사회의 구성원인 이사는 이러한 의무가 없다(상법 제393조 제3항 및 제4항 참조).

집행임원은 감사(監事) 또는 감사위원회의 업무집행에 대한 감사(監査)에 응하여야 하고, 회사에 현저하게 손해를 미칠 염려가 있는 사실을 발견한 때에는 즉시 감사(監事) 또는 감사위원회에게 이를 보고하여야 할 의무를 진다(상법 제408조의 9, 제412조, 제412조의 2, 제415조의 2 제7항).

또한 집행임원 설치회사에서는 집행임원이 주주총회에 제출할 의안 및 서류를 작성하므로, 감사 또는 감사위원회는 집행임원이 작성한 이러한 서류를 조사하여 법령 또는 정관에 위반하거나 현저하게 부당한 사항이 있는지 여부에 관하여 주주총회에 그 의견을 진술하여야 한다(상법 제413조, 제415조의 2 제7항 참조).[15]

6) 비밀유지의무

집행임원은 재임중 뿐만 아니라 퇴임 후에도 직무상 알게 된 회사의 영업상 비밀을 누설하여서는 아니되는 의무를 진다(상법 제408조의 9, 제382조의 4). 이는 이사의 경우와 같다(상법 제382조의 4).

7) 회사의 정관 등의 비치의무

집행임원은 회사의 정관·주주총회의 의사록·주주명부·사채원부를 회사의 본점 등에 비치하여야 할 의무를 진다(상법 제408조의 9, 제396조). 집행임원 설치회사의 경우에는 (대표)이사에 갈음하여 집행임원이 이러한 정관 등의 비치의무를 부담하고, 이사회의 구성원인 이사는 이러한 의무가 없다.

---

15) 따라서 상법 제408조의 9에 제413조를 준용하는 규정을 두었어야 하는데, 상법 제408조의 9에 제413조의 준용규정을 두지 않은 것은 입법의 미비라고 본다.

### (사) 책  임

#### 1) 집행임원의 회사 및 제3자에 대한 책임

집행임원이 고의 또는 과실로 법령이나 정관을 위반한 행위를 하거나 그 임무를 게을리한 경우에는 그 집행임원은 집행임원 설치회사에 손해를 배상할 책임이 있다(상법 제408조의 8 제1항). 또한 집행임원이 고의 또는 중대한 과실로 그 임무를 게을리한 경우에는 그 집행임원은 제3자에게 손해를 배상할 책임이 있다(상법 제408조의 8 제2항). 집행임원이 집행임원 설치회사 또는 제3자에게 손해를 배상할 책임이 있는 경우에 다른 집행임원·이사 또는 감사도 그 책임이 있으면 다른 집행임원·이사 또는 감사와 연대하여 배상할 책임이 있다(상법 제408조의 8 제3항). 집행임원의 이러한 책임은 이사의 책임(상법 제399조, 제401조)과 비교하여 볼 때, 「연대책임」이 아니라는 점에서만 구별되고 그 밖의 점에서는 같다. 그 이유는 집행임원은 각자 그 업무를 집행하는 것이지 이사회와 같이 회의체를 구성하지 않기 때문이다.

#### 2) 집행임원에 대한 업무집행지시자 등의 책임

집행임원에 대한 업무집행지시자 등도 집행임원과 동일하게 보아 집행임원 설치회사 또는 제3자에 대하여 책임을 진다. 즉, (ⅰ) 회사에 대한 자신의 영향력을 이용하여 집행임원에게 업무집행을 지시한 자, (ⅱ) 집행임원의 이름으로 직접 업무를 집행한 자, (ⅲ) 집행임원이 아니면서 명예회장·회장·사장·부회장·전무·상무·이사 기타 회사의 업무를 집행할 권한이 있는 것으로 인정될 만한 명칭을 사용하여 회사의 업무를 집행한 자는 집행임원과 같은 책임을 진다(상법 제408조의 9, 제401조의 2). 이는 이사의 경우와 같다(상법 제401조의 2).

현행 대회사에서 시행되고 있는 사실상의 집행임원(비등기이사)에 대하여는 그들이 상법상 집행임원이 아닌 경우에도(즉, 그들을 이사회에서 선임하지 않고 또한 등기하지 않았다 하더라도) 이 규정에 의하여 책임을 부담하게 되는 경우가 많을 것으로 본다.

#### 3) 집행임원의 책임의 면제·감경

집행임원의 회사에 대한 책임은 주주 전원의 동의로 면제할 수 있고(상법 제408조의 9, 제400조 제1항), 이러한 집행임원의 회사에 대한 책임은 일정한 경우를 제외하고는 정관에서 정하는 바에 따라 사내이사와 같은 방법으로 감경할 수 있다(상법 제408조의 9, 제400조 제2항). 이는 이사의 경우와 같다(상법 제400조).

이러한 집행임원에 대한 책임의 감경은 정관에서 정하는 바에 따라 이사회가 결정한다고 본다.

4) 집행임원의 위법행위에 대한 주주의 직접감독

소수주주는 집행임원의 위법행위에 대하여 유지청구권 및 대표소송권을 행사할 수 있다(상법 제408조의 9, 제402조부터 제408조까지). 이는 이사의 경우와 같다(상법 제402조부터 제408조까지).

(3) 이사회

(가) 집행임원 설치회사(감독형 이사회제도)[16]에서의 이사회는 업무집행기관(집행임원)에 대한 업무감독권한을 갖는다. 즉, 이사회는 (ⅰ) 집행임원과 대표집행임원의 선임·해임권, (ⅱ) 집행임원의 업무집행 감독권, (ⅲ) 집행임원과 집행임원 설치회사의 소송에서 집행임원 설치회사를 대표할 자의 선임권, (ⅳ) 집행임원에게 업무집행에 관한 의사결정의 위임권(상법에서 이사회 권한사항으로 정한 경우는 제외함), (ⅴ) 집행임원이 여러 명인 경우 집행임원의 직무 분담 및 지휘·명령관계, 그 밖에 집행임원의 상호관계에 관한 사항의 결정권, (ⅵ) 정관에 규정이 없거나 주주총회의 승인이 없는 경우 집행임원의 보수결정권을 갖는다(상법 제408조의 2 제3항).

(나) 집행임원 비설치회사(참여형 이사회제도)에서는 회사의 업무집행에 관한 의사결정을 원칙적으로 이사회의 결의로 하는데(상법 제393조 제1항), 집행임원 설치회사에서는 업무집행(의사결정 및 집행)을 원칙적으로 집행임원이 한다(상법 제408조의 4 제1호). 또한 집행임원 설치회사는 (상법에 의하여 이사회 권한사항으로 정한 경우를 제외하고) 회사의 업무에 관한 이사회 결의사항에 대하여 정관이나 이사회 결의에 의하여 집행임원에 (그 업무집행에 관한) 의사결정을 위임할 수 있는데(상법 제408조의 2 제3항 제4호), 이 때 집행임원은 위임받은 업무집행에 관하여는 의사를 결정하여 집행한다(상법 제408조의 4 제2호). 따라서 집행임원 설치회사에서의 이사회는 (상법에서 이사회 권한사항으로 규정한 것을 포함한) 회사의 중요한 사항에 대하여만 결의하고, 나머지는 집행임원에 그 의사결정을 위임할 것으로 본다.

집행임원 비설치회사에서도 대표이사는 일상업무에 관한 사항 및 이사회가

---

16) 집행임원 설치회사는 업무집행기관과 업무감독기관을 분리한 지배구조를 가진 회사인데, 업무집행기관의 면에서 보면 '집행임원 설치회사'로 부를 수 있고, 업무감독기관의 면에서 보면 '감독형 이사회제도'라고 부를 수 있다.
　이에 반하여 업무집행기관과 업무감독기관을 분리하지 않은 종래의 이사회제도를 가진 회사는 업무집행기관의 면에서 보면 '집행임원 비설치회사'라고 부를 수 있고, 업무감독기관의 면에서 보면 '참여형 이사회'제도로 부를 수 있다.

구체적으로 위임한 사항에 대하여는 의사결정권이 있다고 해석하는데,17) 이 경
우에는 집행임원 설치회사와 유사하게 되는 것이 아니냐 하는 점도 있다. 그러나
( i ) 집행임원 설치회사에서의 이사회는 집행임원 비설치회사에서와는 달리 주업
무가 업무집행에 관한 의사결정을 하는 것이 아니라 업무집행기관(집행임원)을 감
독하며 회사의 중요한 사항에 대하여만 의사결정을 하고, 업무집행은 원칙적으로
각 집행임원이 의사를 결정하여 집행하므로(집행임원의 경우는 이사회와 같이 회의체
기관이 아니어서 각 집행임원이 업무집행에 관한 의사를 결정하여 집행하므로, 즉 업무집행
에 관한 의사결정기관과 집행기관이 분리되지 않으므로) 업무집행의 효율성을 기할 수
있는 점(상법 제408조의 2 제3항 제2호, 제408조의 4 제1호), ( ii ) 집행임원 설치회사
에서의 이사회는 집행임원을 선임·해임하고(상법 제408조의 2 제3항 제1호) (정관이
나 주주총회의 승인이 없는 경우) 집행임원의 보수를 결정하며(상법 제408조의 2 제3항
제6호) 또한 집행임원이 여러 명인 경우 집행임원의 직무분담 및 지휘·명령관계
등에 관한 사항을 결정함으로써(상법 제408조의 2 제3항 제5호) 집행임원 비설치회
사의 경우보다 실질적으로 집행임원의 업무집행에 관한 감독을 효율적으로 할
수 있는 점, (iii) 집행임원 설치회사는 업무집행기관(집행임원)과 업무집행을 감독
하는 기관(이사회)의 양자가 확연히 구별되는 점 등에서 집행임원 비설치회사에
서의 이사회와 대표이사와는 구별된다.18)

---

17) 정찬형, 상법강의(상)(제14판)(주 8), 875면.
18) 이에 관한 상세는 정찬형, "상법 회사편(특히 주식회사의 지배구조) 개정안에 대한 의견,"
    국회 법사위 상법 일부개정법률안에 관한 공청회 자료(2009. 11. 20), 27~28면 참조.
    집행임원 설치회사의 집행임원제도가 집행임원 비설치회사에서의 업무집행기관(대표이사)과
    다른 점을 간단히 정리하면 다음과 같다.
    ( i ) 집행임원 비설치회사에서는 업무집행에 관한 의사결정을 회의체인 이사회에서 하고(상법
    제393조 제1항) 이의 집행은 대표이사가 하나(상법 제389조), 집행임원 설치회사에서는 일반
    적으로 이사회의 위임에 의하여 각 집행임원이 결정하여 집행하므로(이사회와 같은 회의체 기
    관이 아니고, 이 경우 업무집행에 관한 의사결정기관과 집행기관이 분리되지 않으므로) 업무
    집행의 효율성을 기할 수 있다(상법 제408조의 2 제3항 제4호, 제408조의 4).
    ( ii ) 집행임원 비설치회사에서는 대표이사가 정관의 규정에 의하여 주주총회에서 선임되는 경
    우에는(상법 제389조 제1항 2문) 이사회가 대표이사의 선임·해임권이 없으므로 이사회가 대표
    이사의 직무집행을 실제로 감독할 수 없다. 집행임원 비설치회사에서 대표이사가 이사회에서
    선임되는 경우에도(상법 제389조 제1항 1문) (대표)이사의 보수는 정관에 규정이 없으면 주주
    총회의 결의로 정하여지므로(상법 제388조) 이사회는 대표이사의 직무집행을 실제로 감독할
    수 없다. 그러나 집행임원 설치회사에서는 이사회가 집행임원의 선임·해임권 및 보수결정권
    (정관·주주총회의 승인이 없는 경우)이 있으므로(상법 제408조의 2 제3항), 이사회는 실질적
    으로 집행임원에 대한 감독권을 실효성 있게 행사할 수 있다.
    (iii) 집행임원 비설치회사에서는 현행 상법상 (대표)이사는 한편으로 이사회 구성원으로서 업
    무집행과 업무감독에 관한 의사결정을 하고(상법 제393조 제1항·제2항) 다른 한편 업무집행기

집행임원 설치회사에서는 상법에 이사회 권한으로 규정하고 있는 사항을 제외하고는 업무집행에 관한 의사결정권을 집행임원에게 위임할 수 있고(상법 제408조의 2 제3항 제4호, 제408조의 4 제2호) 또한 이와 같이 업무집행에 관한 의사결정권을 집행임원에게 위임하는 것이 일반적일 것이므로, 이사회는 그 결과에 따라 집행임원을 재선임 또는 해임하거나 보수를 조정하는 점 등을 함으로써 실질적 감독권을 실효성 있게 행사하는 것이다. 또한 집행임원 비설치회사에서는 이사회가 업무집행에 관한 의사결정권을 대표이사에게 위임한다고 하더라도 대표이사의 수와 그 대표권의 행사와 관련하여 한계가 있으나, 집행임원 설치회사에서는 업무집행에 관한 경영전문가를 별도로 선임하여 업무집행을 위임하는 것이므로 이러한 제한이 있을 수 없고 포괄적·일반적 위임이 가능하다.

(다) 집행임원 설치회사는 업무집행기관(집행임원)과 업무감독기관(이사회)의 분리가 명확하고 또한 경영전문가에게 업무집행기능을 맡길 수 있어, 업무집행기능과 업무감독기능의 효율성을 보다 더 높일 수 있다. 특히 이사회에 사외이사가 과반수인 대회사의 경우에는 사외이사가 개별적인 업무집행(의사결정)에 참여하지 않게 되어 업무집행의 효율성을 높일 수 있고, 사외이사는 업무집행기관(집행임원)의 선임·해임 등과 중요한 회사의 (정책적인) 의사결정에만 참여하여 감독권을 효율적으로 행사할 수 있는 것이다. 사외이사는 또한 이사회 구성원으로서 업무집행기관과 이해관계가 없으므로 이사회의 업무집행기관(집행임원)에 대한 업무감독에 참여하여 업무감독의 효율성을 높일 뿐만 아니라, 이사회내 위원회의 하나인 감사위원회에도 참여하여 업무집행기관(집행임원)의 직무집행에 대하여 효율적인 감사를 할 수 있게 된다.

## 나. 원격통신수단에 의한 이사회의 결의방법의 변경(상법 제391조 제2항)

2011년 개정상법 이전에는 원격통신수단에 의한 이사회의 결의방법에 대하여 「정관에서 달리 정하는 경우를 제외하고 이사회는 이사의 전부 또는 일부가 직접 회의에 출석하지 아니하고 모든 이사가 '동영상 및 음성을 동시에 송·수신하는 통신수단'에 의하여 결의에 참가하는 것을 허용할 수 있다. 이 경우 당해 이사는 이사회에 직접 출석한 것으로 본다」고 규정하였는데(개정전 상법 제391조

---

능을 수행하나, 집행임원 설치회사에서는 이 양자가 명확히 분리되어(상법 제408조의 2 제3항·제4항, 제408조의 4, 제408조의 5) 이사회는 업무집행기관(집행임원)에 대하여 실효성 있는 감독업무를 수행할 수 있다.

제2항), 2011년 개정상법에서는 원격통신수단에 의한 이사회의 결의방법을 확대하고 또한 지역간 원격통신수단의 차별에 따른 불이익을 제거하기 위하여 원격통신수단에서 '동영상'을 삭제하고 '음성을 동시에 송수신하는 원격통신수단'으로 개정하였다.

## 다. 이사·집행임원의 의무와 책임에 관한 규정

### (1) 이사·집행임원의 의무의 확대

#### (가) 회사기회유용금지에 관한 규정의 신설(상법 제372조의 2, 제409조의 9)

1) 의  의

2011년 개정상법은 이사('집행임원'을 포함한다. 이하 같다)의 회사기회유용금지의무를 신설하여, 이사가 직무상 알게 된 회사의 정보를 이용하여 회사의 이익이 될 수 있는 사업기회를 이사회의 승인 없이 자기 또는 제3자의 이익을 위하여 이용하지 못하도록 하였다(상법 제397조의 2 제1항, 상법 제408조의 9).

이러한 상법상 이사의 회사기회유용금지의무에 관한 규정은 미국에서 논의되는 회사기회유용금지의 법리[19]에 따른 입법이라고 볼 수 있다.[20]

이사의 경업피지의무(상법 제397조, 상법 제408조의 9)는 '현재'의 회사의 이익을 보호하기 위한 것인데, 이사의 회사기회유용금지의무(상법 제397조의 2, 제408조의 9)는 '장래'의 회사의 이익을 보호하기 위한 것이라는 점에서, 양자는 구별되나 본질적으로는 양자가 유사한 점이 많다는 점에서 이사의 회사기회유용금지의무에 관한 규정을 이사의 경업피지의무에 관한 규정 다음에 규정하게 된 것이다.[21]

이사의 회사기회유용을 원칙적으로 금지하는 상법 제397조의 2(상법 제408조의 9)의 법적 성질은 앞에서 본 바와 같이 이사에게 일반적으로 요구되는 (충실의무를 포함한) 선관의무(상법 제382조의 3·제382조 제2항, 민법 제681조 참조)를 구체화한 것이라고 본다.

---

19) ALI원칙[American Law Institute(ALI), Principles of Corporate Governance: Analysis and Recommendations(Proposed Final Draft, Mar. 31, 1992)] 제5.05조; MBCA[Model Business Corporation Act(MBCA) 2007] 제8.60조.

20) 천경훈, "개정상법상 회사기회유용 금지규정의 해석론 연구," 「상사법연구」(한국상사법학회), 제30권 제2호(2011. 8), 144면.

21) 상법 제397조의 2의 입법과정에 관하여는 구승모, "상법 회사편 입법과정과 향후과제," 「선진상사법률연구」(법무부), 통권 제55호(2011. 7), 123~125면 참조.

2) 회사의 사업기회

① 이사가 이사회의 승인 없이 자기 또는 제3자의 이익을 위하여 이용할 수 없는 회사의 사업기회는 「현재 또는 장래에 회사에 이익이 될 수 있는 사업기회」로서(상법 제397조의 2 제1항 본문, 상법 제408조의 9), 「직무를 수행하는 과정에서 알게 되거나 회사의 정보를 이용한 사업기회」(주관적 사유에 따른 사업기회)(상법 제397조의 2 제1항 제1호, 상법 제408조의 9)[22] 또는 「회사가 수행하고 있거나 수행할 사업과 밀접한 관계가 있는 사업기회」(객관적 사유에 따른 사업기회)(상법 제397조의 2 제1항 제2호, 상법 제408조의 9)[23]이어야 한다. 「회사의 현재 또는 장래의 사업기회」라는 개념이 매우 포괄적이고 추상적인 내용이라 이를 좀 더 구체화하기 위하여 상법 제397조의 2 제1항 제1호 및 제2호(상법 제408조의 9)에서 주관적 사유에 따른 사업기회 및 객관적 사유에 따른 사업기회를 규정하게 된 것인데, 이와 같은 규정에도 불구하고 회사의 사업기회의 개념은 매우 광범위하고 비정형적인 면이 있어 구체적인 경우에 회사의 사업기회에 해당하는지 여부는 법원의 판단에 맡길 수밖에 없다.[24]

구체적으로 '자동차 제조회사'의 경우 '그의 생산된 자동차와 부품 등의 운송 및 물류업'은 자동차회사의 객관적 사유에 따른 사업기회가 될 수 있을 것이다.[25]

② 주관적 사유에 따른 사업기회는 이사가 회사에 대하여 (충실의무를 포함한) 선관의무(상법 제382조의 3·제382조 제2항·제408조의 2 제2항, 민법 제681조)를 부담하기 때문에 회사의 기관으로서 알게 된 사업기회는 회사에 우선적으로 귀속시켜야 하는 점, 객관적 사유에 따른 사업기회는 회사와 이사간의 이익상충의 우려가 크고 또한 사회경제적으로도 회사에 그 기회를 부여하는 것이 효율적일 가능성이 높기 때문에 그 사업기회는 회사에 우선적으로 귀속시켜야 하는 점에서, 이사의 회사사업기회 유용금지의 당위성을 인정할 수 있을 것으로 본다.[26]

③ 이사가 회사의 사업기회를 이용하는 유형에는 이사가 그 사업기회를 이용하면 회사와 거래관계에 있게 되는 「자기거래형」(자동차를 제조하는 Y회사의 이사

---

22) 이는 ALI원칙 § 5.05(b)(1)(A)(B)와 유사하다.

23) 이는 ALI원칙 § 5.05(b)(2)와 유사하다.

24) 동지: 구승모, 앞의 논문(주 21), 123면.

25) 이에 대하여 상법 제397조의 2가 규정되기 전에 제1심판결(서울중앙지판 2011. 2. 25, 2008가합 47881)에서는 일반적인 선관주의의무와 충실의무의 해석을 통해 자동차회사에 현존한 구체적이고 현실적인 사업기회가 아니라고 판시하였으나, 상법 제397조의 2에 의하면 자동차회사의 객관적 사유에 따른 사업기회에 해당한다고 볼 수 있다[동지: 구승모, 앞의 논문(주 21), 125면].

26) 동지: 천경훈, 앞의 논문(주 20), 160~162면.

A가 그가 100% 출자한 X회사를 설립하여 X회사는 Y가 생산한 자동차와 부품 등의 운송 및 물류업을 거의 전적으로 영위하는 경우), 회사의 사업과 경쟁관계에 있게 되는 「경업형」(백화점을 영위하는 Y회사의 이사 A가 그가 100% 출자한 X회사를 설립하여 X회사는 다른 지방도시 백화점을 영위하는 경우) 및 이 두 가지 유형에는 해당하지 않지만 이사가 회사의 사업기회를 이용하는 경우(기타 유형)가 있다. 이 세 가지 유형 중에서 기타 유형은 거의 없고, 대부분 자기거래형이나 경업형이다.27)

위에서 본 바와 같이 회사의 사업기회를 상법 제397조의 2 제1항 제1호 및 제2호(상법 제408조의 9)에서 좀 더 구체화하고 또한 이에 관한 거래유형이 위와 같이 있다고 하더라도, 회사의 사업기회의 개념이 포괄적이고 비정형적인 속성상 회사의 사업기회에 해당하는지 여부는 상당히 넓게 인정될 수밖에 없고, 그로부터의 면책은 이사회의 승인과정에서 경영판단의 원칙을 넓게 인정할 수밖에 없다고 본다. 따라서 회사의 사업기회에 해당하는지 여부에 대하여 의심스러운 사항은 이사회의 승인을 받도록 하고, 이사회의 승인과정에서 이사들이 선관주의의무 및 충실의무를 다 하여 승인하였다면 이사는 면책될 수 있다고 본다.28)

3) 회사의 사업기회 유용금지의 대상

① 상법은 이사의 자기거래가 금지되는 대상에 대하여는 이사뿐만 아니라 주요주주·이사의 배우자와 직계존비속 등(이사의 주변인물)이 포함되는 것으로 규정하였으나(상법 제398조, 상법 제408조의 9), 이사의 회사의 사업기회 유용금지의 대상에 대하여는 이사의 경업피지의무(상법 제397조, 상법 제408조의 9)와 같이 「이사」에 대하여만 규정하고 있다. 그 이유는 이사의 자기거래는 이사의 주변인물들이 회사와 직접적인 거래를 하여 회사와 실질적인 연관성을 가지나, 경업금지와 회사의 사업기회 유용은 이사의 주변인물들이 회사와 직접적인 연관을 갖는 것이 아니라는 점에서 차이가 있는 점 또한 이를 이사의 주변인물들에게까지 확대하면 그들의 영업의 자유를 침해할 우려가 있다는 점 등을 고려하였기 때문이다.29)

그러나 업무집행지시자 등(상법 제401조의 2, 상법 제408조의 9)은 이사와 동일한 책임을 지므로 이사와 같이 회사의 사업기회 유용금지의 대상이 된다고 본다.30) 이를 명확히 하기 위하여 입법론상 상법 제401조의 2 제1항 본문에 "제

---

27) 이에 대한 미국·한국의 사례에 관하여는 천경훈, 앞의 논문(주 20), 168~178면 참조.
28) 동지: 천경훈, 앞의 논문(주 20), 181~182면, 198~201면, 206면.
29) 구승모, 앞의 논문(주 21), 125면.
30) 동지: 천경훈, 앞의 논문(주 20), 182~183면.

397조의 2"를 추가하여야 할 것으로 본다.

② 지배주주가 직접 또는 그가 직접·간접적으로 전부 또는 대부분의 지분을 소유한 별도법인이 회사의 사업기회를 이용한 경우에는, 그 지배주주가 회사의 이사·집행임원 또는 업무집행지시자 등을 겸하고 있으면 당연히 이사 등과 같은 의무와 책임을 진다. 그런데 그러한 지배주주가 이사 등을 겸하고 있지 않으면, 그러한 지배주주 자체에 대하여는 이사에 준하는 의무와 책임을 물을 수 없고, 지배주주가 회사의 사업기회를 이용하는 것을 적극적으로 관여하였거나 또는 선관주의의무 내지 충실의무에 반하여 이를 묵인·방치한 이사·집행임원 또는 업무집행지시자 등은 "제3자의 이익을 위하여" 회사의 사업기회를 이용한 것이므로(즉, 부작위에 의한 회사의 사업기회를 이용한 것이므로) 이에 따른 책임을 부담하여야 할 것으로 본다.[31]

　4) 이사회의 승인

① 이사의 회사의 사업기회 유용금지의 대상이 되는 사업이라도, 이사는 이사회의 승인이 있는 때에는 유효하게 그러한 사업을 수행할 수 있다. 이사회가 승인하는 것은 회사가 그 사업이 중소기업의 고유업종이거나, 협력업체와의 관계개선 등을 위해서나, 또는 퇴직자의 복지차원 등에서 그 사업을 포기하는 것이다.[32]

② 승인기관은 「이사회」에 한하고, 정관의 규정에 의해서도 주주총회의 결의사항으로 할 수 없다고 보고, 또한 이는 주주만의 이익을 위한 것이 아니고 회사의 이익을 위한 것이므로 총주주의 동의에 의해서도 이사회의 승인을 갈음할 수 없다고 본다.

그러나 자본금 총액이 10억원 미만인 회사로서 이사가 1명 또는 2명인 경우에는 이사회가 없으므로, 이사회에 갈음하여 주주총회의 승인이 있어야 한다(상법 제383조 제4항, 제397조의 2 제1항).

③ 승인시기는 「사전」에 하여야 하고, 사후승인(추인)은 인정되지 않는다고 본다.[33] 입법론상 상법 제398조와 같이 '미리'의 문구를 넣어 명확하게 하여야

---

31) 동지: 천경훈, 앞의 논문(주 20), 184~185면; 구승모, 앞의 논문(주 21), 125~126면(이사 등의 이러한 부작위에 의한 책임은 작위의무 불이행의 경우보다 적극적으로 넓게 해석하여야 한다고 한다).
32) 이에 관한 상세는 천경훈, 앞의 논문(주 20), 197~198면 참조.
33) 상법 제397조의 2에 대한 국회의 논의과정에서 이는 398조와 평행하게 당연히 '사전'에 이사회의 승인이 있어야 한다고 이해하였는데, "이사회의 승인 없이…이용하여서는 아니된다"는 조건부 부정문으로 표현된 결과 그 문맥상 당연히 사전승인이라는 의미가 내포되어 있다는 이유로 "미리" 또는 "사전"이라는 문구가 삽입되지 않았다고 한다[구승모, 앞의 논문(주 21), 126면].

할 것으로 본다.34)

　④ 승인방법은 이사회가 개별 사업기회를 검토하여 승인 여부를 결정하여야 할 것이므로 사전승인이나 포괄승인 등은 원칙적으로 인정되지 않으나, 예외적으로 예측가능하고 정형화된 거래에 대하여는 일정한 기간별로 포괄승인이 가능하다고 본다.35)

　이사회의 승인결의에 있어서 당해 이사는 특별이해관계가 있는 자이므로 의결권을 행사하지 못한다(상법 제391조 제3항, 제368조 제4항).

　상법에 명문규정은 없으나 이사의 자기거래의 경우(상법 제398조, 제408조의 9)와 같이36) 당해 이사는 회사의 이사회의 승인을 받기 전에 이사회에 그 사업기회에 대하여 알리고 그에 관한 정보를 제공하여야 한다(사전정보개시의무)고 본다.37) 이를 명확히 하기 위하여 입법론으로는 상법 제398조의 경우와 같이 "이사회에서 해당 사업기회에 관한 중요사실을 밝히고"를 추가하여야 할 것으로 본다.

　⑤ 회사가 그 사업기회를 이용할 것인지 여부에 관한 이사회의 승인요건에 대하여 상법은 이사의 자기거래의 경우(상법 제398조, 제408조의 9)와 같이 "이사 3분의 2 이상의 수로써 하여야 한다"고 규정하고 있다(상법 제397조의 2 제1항 제2문, 제408조의 9). 이 때 「이사」란 이사회 결의에 관하여 특별한 이해관계가 있어 의결권을 행사하지 못하는 이사(상법 제391조 제3항, 제368조 제3항)를 제외한 나머지 재적이사를 의미한다고 본다.38) 이와 같이 회사가 그 사업기회를 이용할 것인지 여부에 관한 이사회의 승인요건을 강화한 것은 기업경영의 투명성을 강화하기 위한 것으로 이해할 수도 있는데, 이러한 이사회의 특별결의의 요건은 상법에서 일반적으로 규정하고 있지 않은 점 및 이와 같이 이사회의 결의요건을 강화하면 이사회의 신속한 결의를 저해하며 또한 이를 사실상 이사회내 위원회에게도 위임할 수 없게 되어 이사회의 기동성을 매우 하향시키는 점 등에서 볼 때 이러한 특별결의요건은 삭제되어야 할 것으로 본다.39)

　이사회의 승인내용은 조문의 규정상 적극적인 승인(예컨대, 회사는 A의 사업기

---

이에 반하여 사후추인을 인정하는 견해도 있다[천경훈, 앞의 논문(주 20), 190~193면].

34) 동지: 천경훈, 앞의 논문(주 20), 193면.
35) 동지: 천경훈, 앞의 논문(주 20), 193면.
36) 동지: 대판 2007. 5. 10, 2005 다 4284(공보 2007, 842).
37) 동지: 천경훈, 앞의 논문(주 20), 182면, 185~187면.
38) 동지: 천경훈, 앞의 논문(주 20), 188면.
39) 동지: 천경훈, 앞의 논문(주 20), 188~189면.

회를 이사 B가 이용하는 것을 승인한다)만을 의미하는 것으로 해석될 수 있으나, 소극적 승인(회사는 A의 사업기회를 이용하지 않는다)을 포함한다고 본다.[40]

　　회사가 그 사업기회를 이용할 것인지 여부에 관한 이사회의 논의과정에서 이사는 선관주의의무와 충실의무를 다 하여야 한다. 이사가 이러한 선관주의의무와 충실의무에 위반하여 회사의 사업기회를 당해 이사에게 승인하였다면 그와 같이 승인한 이사는 당해 이사와 연대하여 회사에 대하여 손해배상을 할 책임을 부담하고(상법 제397조의 2 제2항, 제399조, 제408조의 8 제1항·제3항), 이사가 선관주의의무와 충실의무를 충실히 이행한 후에 회사의 사업기회를 당해 이사에게 승인하였다면 당해 이사는 적법하게 회사의 사업기회를 자기 또는 제3자의 이익을 위하여 이용할 수 있고(상법 제397조의 2 제1항 반대해석, 제408조의 9) 다른 이사는 그러한 승인으로 인하여 회사에 손해가 발생하였다고 하여도 경영판단의 원칙에 따라 면책된다고 본다.[41]

　　⑥ 이사회의 승인은 이사가 회사의 사업기회를 이용할 수 있는 회사에 대한 「유효요건」에 불과하고(상법 제397조의 2 제1항 제1문 반대해석, 제408조의 9), 이사의 책임을 면제하는 것은 아니다. 따라서 앞에서 본 바와 같이 이사회의 승인에서 이사가 선관주의의무와 충실의무에 위반하였다면 당해 이사 및 승인결의에 찬성한 이사는 연대하여 회사에 대하여 손해배상을 할 책임을 부담한다(상법 제397조의 2 제2항·제408조의 9, 제399조·제408조의 8 제1항 및 제3항).

　　5) 상법 제397조의 2(상법 제408조의 9) 위반의 효과
　　가) 회사의 사업기회 이용행위의 효력
　　이사의 자기거래의 경우(상법 제398조, 제408조의 9)는 이사가 이사회의 승인 없이 한 회사와의 거래행위의 사법상 효력이 문제될 수 있으나, 이사가 회사의 사업기회를 이사회의 승인 없이 이용하여 한 여러 가지의 법률행위 및 사실행위(예컨대, 회사설립·주식인수·계약체결·인력채용·물건공급·물건인수 등)는 당연히 유효하다. 즉, 이사가 회사의 사업기회를 이용하여 한 그 사업에 관한 모든 행위는 그에 관한 이사회의 승인 여부와는 무관하게 유효하다고 보아야 할 것이다.[42] 따라서 위에서 본 이사회의 승인이 있는 경우 회사에 대하여 유효하다는 의미는

40) 동지: 천경훈, 앞의 논문(주 20), 187~188면.
41) 동지: 구승모, 앞의 논문(주 21), 126~127면; 천경훈, 앞의 논문(주 20), 198~201면(이러한 이사회의 승인에 대하여 상장회사의 경우 공시의무대상으로 하면 투자자의 감시대상이 되어 경영판단의 원칙을 적용한다고 하여 이사회의 승인이 유명무실화되지는 않는다고 한다).
42) 동지: 천경훈, 앞의 논문(주 20), 194면.

그 행위 자체의 효력이 아니라, 회사에 대한 책임과 관련하여 이사회의 승인이 있으면 원칙적으로 회사에 대하여 책임을 지지 않는다는 의미라고 볼 수 있다(이 점은 이사의 자기거래와 구별됨).

　　나) 이사의 책임

　　상법 제397조의 2 제1항(상법 제408조의 9)을 위반하여 회사에 손해를 발생시킨 이사 및 승인한 이사는 연대하여 회사에 대하여 손해를 배상할 책임이 있는데, 이 때 이로 인하여 이사 또는 제3자가 얻은 이익은 손해를 추정한다(상법 제397조의 2 제2항, 제408조의 9).

　　(ⅰ) 상법 제397조의 2 제2항(상법 제408조의 9)에서 「제1항을 위반하여」의 의미는 이사회의 승인이 없는 경우뿐만 아니라, 이사회의 승인이 있었으나 이사가 선관주의의무와 충실의무에 위반하여 승인한 경우를 포함한다고 본다.[43] 따라서 이와 같은 경우 「당해 이사 및 승인한 이사」가 연대하여 손해를 배상할 책임이 있게 되는 것이다.[44] 이러한 이사의 책임은 상법 제397조의 2 제2항(제408조의 9)에 의하여도 물을 수 있지만, 상법 제399조(제408조의 8 제1항·제3항)에 의해서도 물을 수 있다. 그러나 상법 제397조의 2 제2항(제408조의 9)에 의하여 책임을 묻게 되는 경우에는 「이사 또는 제3자가 얻은 이익은 손해로 추정한다」는 점에서 손해를 증명할 책임을 면하게 되는 이익이 있다.

　　이사회의 승인이 없는 경우에는 당해 이사만이 책임이 있고, 이사회의 승인이 있고 이사에게 선관주의의무와 충실의무의 위반이 없었다면 (회사에게 손해가 있은 경우에도) 경영판단의 원칙에 의하여 이사는 책임이 없는 것이다.

　　(ⅱ) 이사가 이사회의 승인 없이 회사의 사업기회를 이용한 경우 「회사에 손해를 발생시킨 경우」에만 이사는 회사에 대하여 손해를 배상할 책임을 지고, 회사에 손해가 없는 경우에는 당해 이사는 회사에 손해를 배상할 책임이 없다.

　　이 때 「회사에 발생시킨 손해액」이란 '회사가 그 사업기회를 이용하여 사업

---

43) 따라서 「제1항을 위반하여」의 의미를 이사회의 승인이 없는 경우로만 해석하여, 당해 이사와 승인한 이사에 대하여 연대책임을 지우는 것은 모순이라고 비난할 필요는 없다고 본다.

44) 동지: 천경훈, 앞의 논문(주 20), 204~205면(그러나 상법 제397조의 2 제1항의 '승인'의 의미와 동조 제2항의 '승인'의 의미를 달리 해석하는 것은 부자연스럽고 또한 '승인한 이사'는 상법 제399조 제2항에 의하여 책임을 지게 하면 족하므로 상법 제397조의 2 제2항에서 '및 승인한 이사는 연대하여'를 삭제하는 것이 타당하다고 한다. 그러나 상법 제399조 제2항에 의하여 책임을 지게 할 수 있는 점은 당해 이사도 동일하므로 '승인한 이사'만을 삭제할 이유는 없다고 보며, 이는 후단의 손해의 추정과 관련하여 상법 제399조 제2항과 중복되지만 규정한 것으로 보는데, 상법 제398조와는 다른 입법형식이다); 구승모, 앞의 논문(주 21), 127면.

을 하였더라면 얻을 수 있었던 일실이익'인데, 회사가 소송과정에서 이를 산정하고 증명하는 것은 매우 어려운 문제이다. 따라서 이러한 문제를 해결하기 위하여 상법 제397조의 2 제2항 후단(제408조의 9)은 「이사가 회사의 사업기회를 이용함으로써 이사 또는 제3자가 얻은 이익은 손해로 추정한다」는 규정을 두었다(日本會社法 제423조 제2항 참조).[45] 따라서 회사가 그의 사업기회를 이용하여 얻을 수 있는 일실이익이 이사 또는 제3자가 얻은 이익보다 크다는 것을 증명하면 회사는 그의 일실이익을 손해액으로 배상청구할 수 있을 것이다.

이사가 이사회의 승인을 받지 않는 등으로 회사의 사업기회를 이용함으로써 회사에 손해를 발생시킨 경우에는, 그러한 이사의 책임은 경감될 수 없다(상법 제400조 제2항 단서, 제408조의 9). 그러나 당해 이사가 아니라 이사회에서 승인한 이사의 선관주의의무와 충실의무에 위반한 책임은 원래 상법 제399조(제408조의 8 제1항·제3항)에 의한 책임이므로, 그러한 이사는 '고의 또는 중대한 과실이 있는 경우'에만 그의 책임이 감경되지 않는 것으로 보아야 할 것이다.[46]

### (나) 이사·집행임원의 자기거래금지의무의 확대(상법 제398조, 제408조의 9)

1) 2011년 개정상법 이전에는 이사와 회사간의 자기거래금지의 대상에 「이사」만을 규정하여 이 규정을 탈법하는 경우가 많았다. 따라서 2011년 개정상법은 이사의 이러한 탈법행위를 방지하기 위하여 회사와 자기거래금지의 대상이 되는 자를 이사('집행임원'을 포함한다〈상법 제408조의 9〉. 이하 같다)뿐만 아니라 상장회사의 주요주주까지 확대하고 또한 이러한 자의 주변인물로 확대하였다. 이 때 상장회사의 「주요주주」란 '누구의 명의로 하든지 자기의 계산으로 상장회사의 의결권 없는 주식을 제외한 발행주식총수의 100분의 10 이상의 주식을 소유하거나 이사·감사의 선임과 해임 등 상장회사의 주요경영사항에 대하여 사실상의 영향력을 행사하는 주주'를 말한다(상법 제398조 제1호 후단, 제542조의 8 제2항 제6호). 또한 이사·주요주주의 「주변인물」이란 '( i ) 이사·주요주주의 배우자 및 직계존비속, ( ii ) 이사·주요주주의 배우자의 직계존비속, ( iii ) 이사·주요주주와 ( i ) 및 ( ii )의 자가 단독 또는 공동으로 의결권 있는 발행주식총수의 100분의 50 이상을 가진 회사 및 그 자회사, ( iv ) 이사·주요주주와 ( i ) 및 ( ii )의 자가 ( iii )의 회사와 합하여 의결권 있는 발행주식총수의 100분의 50 이상을 가진 회사'를 말한다(이하에서는 이사·주요주주 및 그들의 주변인물을 합한 개념으로 '이사 등'이라 한다)

---

45) 구승모, 앞의 논문(주 21), 127면.
46) 동지: 천경훈, 앞의 논문(주 20), 205면.

(상법 제398조 제2호~제5호, 제408조의 9).

2) 위와 같은 이사 등이 회사와 거래를 하기 위하여는 이사회의 승인을 받아야 하는데, 2011년 개정상법은 이러한 이사회의 승인을 「미리」 받도록 하고, 이사회에서 「해당 거래에 관한 중요한 사실」을 밝히도록 하며, 또한 이사회의 승인은 「이사 3분의 2 이상의 수로써」 하고 「그 거래의 내용과 절차는 공정하여야」 함을 새로 규정하였다(상법 제398조, 제408조의 9). 따라서 이사회에 의한 사후추인은 명문으로 인정되지 않고, 또한 총주주에 의한 동의가 이사회 승인을 갈음할 수 없다고 본다.

### (2) 이사·집행임원의 회사에 대한 책임을 감경할 수 있는 규정의 신설(상법 제400조 제2항, 제408조의 9)

2011년 개정상법 이전에는 이사의 회사에 대한 책임을 총주주의 동의로 면제할 수는 있었으나(개정전 상법 제400조), 감경할 수 있는 규정은 없었다. 그런데 주주가 많은 회사의 경우 이러한 규정에 의하여 이사의 책임을 면제하는 것은 사실상 불가능하였고, 법원이 제반사정을 참작하여 이사의 회사에 대한 책임을 감경하였다.[47] 그런데 법원에 의한 책임감경은 예측가능성이 없어 2011년 개정상법은 이사('집행임원'을 포함한다〈상법 제408조의 9〉. 이하 같다)의 회사에 대한 책임을 감경할 수 있는 규정을 신설하였다. 즉, 회사는 정관에서 정하는 바에 따라 이사의 회사에 대한 책임을 이사가 그 행위를 한 날 이전 최근 1년간의 보수액(상여금과 주식매수선택권의 행사로 인한 이익 등을 포함한다)의 6배(사외이사의 경우는 3배)를 초과하는 금액에 대하여 면제할 수 있다(상법 제400조 제2항 본문, 제408조의 9). 그런데 이사의 회사에 대한 책임을 감경할 수 있는 것은 이사에게 경과실이 있는 경우이고, 이사가 고의 또는 중대한 과실로 손해를 발생시킨 경우는 제외된다(상법 제400조 제2항 단서, 제408조의 9). 또한 이사의 경업피지의무의 위반(상법 제397조, 제408조의 9), 회사기회유용금지의무의 위반(상법 제397조의 2, 제408조의 9) 및 자기거래금지의무의 위반(상법 제398조, 제408조의 9)의 경우에는 이사의 회사에 대한 책임을 감경할 수 없다(상법 제400조 제2항 단서, 제408조의 9).

## 3. 감사(監事)에 관한 규정의 개정내용

### 가. 전문가의 조력을 받을 권한(상법 제412조 제3항)

2011년 개정상법은 감사기능의 실효성을 확보하기 위하여 감사(監事)에 대하

---

47) 대판 2004. 12. 10, 2002 다 60467·60474; 동 2005. 10. 28, 2003 다 69638.

여도 감사위원회와 같이(상법 제415조의 2 제5항), 회사의 비용으로 전문가의 도움
을 구할 수 있도록 하였다(상법 제412조 제3항).

### 나. 이사회 소집청구권(상법 제412조의 4)

2011년 개정상법은 감사기능의 실효성을 확보하기 위하여 감사(監事)에게 이
사회 소집청구권을 부여하였다. 즉, 감사는 필요하면 회의의 목적사항과 소집이
유를 서면에 적어 이사(소집권자가 있는 경우에는 소집권자)에게 제출하여 이사회의
소집을 청구할 수 있는데(상법 제412조의 4 제1항), 감사의 이러한 이사회 소집청구
가 있었음에도 불구하고 이사(소집권자)가 지체 없이 이사회를 소집하지 아니하면
그 청구를 한 감사가 이사회를 소집할 수 있다(상법 제412조의 4 제2항).

이러한 감사(監事)의 이사회 소집청구권은 감사위원회에도 준용된다(상법 제
415조의 2 제7항).

## 4. 주식 등의 전자등록에 관한 규정의 신설

### 가. 의　의

(1) 회사경영의 정보기술(IT)화와 관련하여 2009년 5월 개정상법에서는 전자
주주명부·전자투표 등에 관한 규정을 신설하였고, 2011년 개정상법에서는 주식
등의 전자등록에 관한 규정을 신설하였다.

(2) 유가증권의 무권화(전자화)의 일환으로 2011년 개정상법은 주권을 발행
하지 않고 주식을 전자등록할 수 있도록 하는 입법을 하였다. 우리 상법은 주식
을 표창하는 유가증권으로 주권(株券)에 대하여 규정하고 있는데(상법 제355조~제
360조), 실무에서는 주권을 한국예탁결제원에 예탁하는 증권예탁제도(자본시장과
금융투자업에 관한 법률〈이하 '자본시장법'으로 약칭함〉 제308조~제323조)와 주주가 기명
주식의 주권을 소지하지 않겠다고 회사에 신고하는 주권불소지제도(상법 제358조
의 2) 등에 의하여 권리의 발생·이전·행사 등에 주권이 실제로 이용되지 않는
경우가 많았다. 이는 증권무권화(dematerialization) 과정의 하나의 단계라고 볼 수
있는데, 증권예탁제도나 주권불소지제도는 증권(주권)의 발행을 전제로 한다. 그
런데 2011년 개정상법에서 도입된 주식의 전자등록제도는 처음부터 주권을 발행
하지 않는 제도로서 증권무권화제도의 최종단계라고 볼 수 있다.[48] 이와 같은
주식의 전자등록제도는 신주발행시의 신주인수권(상법 제420조의 4)·사채(社債)(상

법 제478조 3항)·신주인수권부사채의 신주인수권(상법 제516조의 7) 및 상법상의 유
가증권(상법 제65조 2항)에도 준용되어, 상법상의 모든 유가증권을 무권화(전자화)
할 수 있도록 하였고, 주식의 전자등록에 관한 규정은 상법상의 유가증권의 무권
화(전자화)에 관한 일반규정의 기능을 하고 있다.

　　자본시장법상 증권의 전자등록에 관하여는 2016년 3월 22일에 「주식·사채
등의 전자등록에 관한 법률」(법 14096호)이 제정되었다[이 법률의 내용 소개 및 문제
점에 관하여는 정찬형, "전자증권제도 도입에 따른 관련 제도의 정비·개선," 「예탁결제」(한
국예탁결제원), 제100호(2017. 3), 7~80면 참조].

　　(3) 주식의 전자등록제도는 발행회사측에서는 실물주권의 발행과 발행된 실
물주권의 관리와 관련되는 각종 절차를 간소화하고 또한 비용을 절약할 수 있는
장점이 있고, 투자자측에서는 실물주권의 보유로 인하여 발생하는 도난·분실 등
의 위험이 없고 권리행사가 편리하게 되는 장점이 있으며, 금융투자업자측에서는
주권관련비용의 절감과 주권업무의 효율성을 제고할 수 있는 장점 등이 있다.[49]

　　(4) 2011년 개정상법은 「주식의 전자등록」이라는 용어를 사용하여 주권의
발행에 갈음하여 주식을 전자등록기관의 전자등록부에 등록할 수 있고(상법 제356
조의 2 제1항) 또한 이와 같이 전자등록부에 등록된 주식의 양도나 입질(入質)은
전자등록부에 등록하여야 그 효력이 발생하는 것으로(상법 제356조의 2 제2항) 규
정하고 있는데, 이러한 주식의 전자등록의 법적 성질은 (유가증권법상 전형적인) 유
가증권으로 볼 수는 없고 장부증권이론에서의 장부증권 또는 전자적 권리표창이
론에서의 전자적 등록증권이라고 볼 수 있다.[50] 이러한 주식의 전자등록은 전자
등록기관에의 등록을 권리관계의 기초로 하는 전자등록방식(장부등록방식)을 채택
한 전자증권제도의 하나라고 볼 수 있다.[51]

　　주식의 전자등록제도는 실물증권의 발행 없이 전자적으로 관리되는 증권등
록부에 등록되는 형태로 증권을 발행하는 것이다. 이와 같이 유가증권상의 권리

---

48) 이에 관한 상세는 정찬형, "전자증권제도의 도입에 따른 법적 과제," 「상사법연구」(한국상사
　　법학회), 제22권 3호 특집호(2003. 10), 21면 참조.
49) 이에 관한 상세는 정찬형, 앞의 논문(주 48), 22면 참조.
50) 전자어음에서 동지의 견해로는 정찬형, 「상법강의(하)(제13판)」, 박영사, 2011, 473면.
51) 실물유가증권을 발행하지 않는 유가증권에 대하여 각국의 입법례는 각각 달리 표현하고 있다.
　　즉, 영국과 미국에서는 무증서증권(uncertificated securities), 스웨덴은 장부등록증권(book-entry
　　securities) 또는 등록증권(registered security), 덴마크는 전자증권(electronic securities) 또는 장
　　부등록증권(book-entry securities), 프랑스 및 노르웨이는 등록증권 등의 용어를 사용하고 있다.
　　일본에서는 "株券不發行" 또는 "株券代替制度"로 부르고 있다[정찬형, 앞의 논문(주 48), 15면].

가 종래와 같이 서면에 표창되지 않고 전자매체에 표창되는 새로운 현상이 발생하여 종래의 서면인 유가증권에 적용되는 많은 규정이 그대로 적용될 수는 없으므로 이에 적용하기 위하여 2011년 개정상법은 주식의 전자등록에 관한 규정을 신설한 것이다. 주식의 전자등록을 유가증권인 주권과 관련하여 어떻게 볼 것인가에 대하여, 이를 종래의 유가증권의 틀을 벗어난 새로운 권리형태로 파악할 수는 없고, 종래의 유가증권의 연장선상에서 권리표창의 방법의 상이에 따라 종래의 유가증권상의 규정이 변경된 것으로 파악하여야 할 것이다. 따라서 이 경우에도 종래의 유가증권에 적용되는 제 규칙이 원칙적으로 모두 적용되는데, 다만 권리표창방법의 상이로 수정 적용되는 것으로 보아야 할 것이다. 이러한 점에서 볼 때 권리표창의 방법이 상이한 점만에 의하여, 이를 종래의 유가증권의 개념에서 완전히 벗어난 전혀 다른 새로운 권리라고 보거나, 종래의 유가증권에 적용되는 제 원칙이 모두 적용될 수 없다고 보는 것은 무리라고 본다. 그러므로 권리표창이 전자적으로 이루어지는 주식의 전자등록제도(전자증권제도)는 어디까지나 종래의 유가증권 개념의 연장선상에서 파악되어야 할 것으로 본다.[52]

## 나. 주식의 발행에 관한 전자등록

회사는 주권을 발행하는 대신 정관에서 정하는 바에 따라 전자등록기관(유가증권 등의 전자등록업무를 취급하는 기관을 말함)의 전자등록부에 주식을 등록할 수 있다(상법 제356조의 2 제1항). 이는 전자어음의 발행과 유사하다고 볼 수 있다(전자어음의 발행 및 유통에 관한 법률 제5조 제1항). 주식의 발행에 관한 전자등록은 주식 자체의 발행에 관한 것이 아니고 주권의 발행에 갈음하는 것이므로 이러한 전자등록을 하기 전에 이미 주식을 발행하였어야 한다.

회사가 정관에서 주권을 발행하는 대신 전자등록기관의 전자등록부에 주식을 등록할 수 있도록 정한 경우에, 일부의 주주가 회사에 대하여 주권의 발행을 요청한 경우에 회사는 이에 응하여야 하는가. 이에 대하여 회사의 편의를 위하여는 부정하여야 할 것으로 볼 수 있으나(의무적 전자증권제도), 투자자를 보호할 필요가 있는 점과 또한 상법 규정의 해석에서 볼 때(상법 제355조 제1항, 제356조의 2 제1항) 이를 긍정하여야 할 것으로 본다[53](임의적 전자증권제도).

---

52) 정찬형, 앞의 논문(주 48), 19~20면.
　　전자어음에서 동지의 견해로는 정찬형, 상법강의(하)(제13판)(주 50), 473면.
53) 동지: 정찬형, 앞의 논문(주 48), 55면.

이러한 전자등록의 절차·방법 및 효과, 전자등록기관에 대한 감독, 그 밖에
주식의 전자등록 등에 필요한 사항은 따로 법률로 정한다(상법 제356조의 2 제4항,
주식·사채 등의 전자등록에 관한 법률 부칙 제10조 제1항 2문). 이 때 전자등록기관은
전자어음에서 전자어음관리기관과 유사한데, 이러한 전자등록기관은 주식의 발행·
이전 등과 관련된 전자등록에서 매우 중요한 역할을 하므로 중립성·공공성·안
정성 및 신뢰성이 요구되고 또한 정부의 감독을 받아야 할 것으로 본다.[54]

회사가 주주 전원의 동의에 의한 결의로 정한 정관에 의하여 주권을 발행하
는 대신 전자등록기관의 전자등록부에 주식을 등록하는 경우(즉, 주권의 발행을 요
청하는 주주가 없는 경우), 회사가 전자등록기관의 전자등록부를 이전받아 전자주주
명부로 이용한다면(상법 제352조의 2) 상법상 기명주식의 명의개서(상법 제337조 제1
항)·약식질(상법 제338조)·명의개서대리인(상법 제337조 제2항)·주주명부의 폐쇄(상
법 제354조) 등의 규정은 적용될 여지가 없고 또한 실질주주와 명의주주는 언제
나 일치하게 되어 실질주주와 명의주주의 불일치에서 발생하는 문제는 없게 될
것이다.[55]

### 다. 주식의 이전 등에 관한 전자등록

전자등록부에 등록된 주식의 양도나 입질(入質)은 전자등록부에 등록하여야
효력이 발생한다(상법 제356조의 2 제2항). 주식의 발행에 관한 전자등록은 정관에
서 정하는 바에 따라 할 수 있으므로 회사가 임의로 선택할 수 있으나, 회사가
이를 선택하여 전자등록부에 등록된 주식은 이의 양도나 입질을 위하여는 반드
시 전자등록부에 등록하여야 양도나 입질의 효력이 발생한다.

### 라. 전자등록의 권리추정적 효력 및 선의취득

전자등록부에 주식을 등록한 자는 그 등록된 주식에 대한 권리를 적법하게
보유한 것으로 추정하며, 이러한 전자등록부를 선의로 그리고 중대한 과실 없이
신뢰하고 양도나 입질(入質)에 관한 전자등록에 따라 권리를 취득한 자는 그 권
리를 적법하게 취득한다(상법 제356조의 2 제3항).

주식의 전자등록제도에서 전자등록부의 기재의 내용을 전자주주명부의 기재
의 내용으로 이용하는 경우(상법 제352조의 2) 이러한 전자등록부의 기재는 주권

---

54) 이에 관한 상세는 정찬형, 앞의 논문(주 48), 57~61면 참조.
55) 동지: 정찬형, 앞의 논문(주 48), 54면, 64~66면.

(유가증권)의 기능과 주주명부의 기능을 동시에 갖고 있다고 볼 수 있다.[56] 따라서 전자등록부에의 기재에 대한 권리추정적 효력은 주권이 발행된 경우 주권의 점유자에 대한 권리추정적 효력(주식의 소유관계에서 갖는 적법소지인으로서 추정적 효력)(상법 제336조 제2항)과 주주명부의 명의개서에 따른 추정력(회사에 대한 권리의 행사에서 갖는 추정적 효력)을 동시에 갖게 된다. 또한 전자등록부에 의한 주식의 선의취득도 주권이 발행된 경우 주권의 선의취득(상법 제359조)과 주주명부의 명의개서에 따른 대항력(상법 제337조 제1항)을 동시에 갖게 된다. 따라서 이 점은 전자등록부에 의한 등록과 주권이 발행되는 경우와 구별되는 점이다.

# III. 2011년 개정상법(회사편)의 과제

## 1. 서 언

2011년 개정상법(회사편)은 위에서 본 바와 같이 많은 분야에서 개정되었고 또한 지배구조에서 집행임원제도의 도입 등에서는 근본적인 변화를 가져온 것도 있는데, 다른 법률이나 기존 규정 등과 조화하지 못하는 부분도 있고 또한 입법에서 미비된 부분도 있다. 따라서 이하에서는 2011년 개정상법(회사편)의 과제로서 앞으로 입법론상 고려할 사항을 몇 가지 제시하고자 한다.

## 2. 집행임원 설치회사

### 가. 지배구조의 문제점

집행임원 설치회사(즉, 업무집행기관과 분리된 감독형 이사회를 가진 회사)에서 이사회의 감독기능의 실효성을 위하여 사외이사가 논의되고 또한 사외이사 중심의 (이사회내 위원회의 하나인) 감사위원회가 논의되었어야 하는데, 우리나라에서는 IMF 이후 집행임원 설치회사가 전제되지 않은 상태에서(즉, 이사회와 분리된 업무집행기관이 없는 참여형 이사회제도 하에서) 먼저 사외이사 및 감사위원회가 도입되었고 그것도 자산총액 2조원 이상인 상장회사에서는 이사 총수의 과반수인 사외이사와 감사위원회를 의무적으로 두도록 하여 법률상 근거 없는 사실상 집행임

---

56) 동지: 정찬형, 앞의 논문(주 48), 54면.

원(비등기이사)이 양산되었고 또한 어느 회사에서는 종래의 감사(監事)에 의한 감사(監査)가 실효를 거둠에도 불구하고 감사위원회에 의한 감사에 의하여 자기감사의 모순과 함께 감사의 효율성을 더 떨어뜨리는 결과가 되기도 하였다. 또한 상장회사는 의무적으로 사외이사를 두도록 하면서 집행임원이 없는 참여형 이사회에 사외이사를 두도록 하여 사외이사는 회사 업무에 대한 지식과 경험의 부족 등으로 인하여 회사의 투명하고 효율적인 경영에 크게 기여하지 못하고 또한 회사측에서도 이사회에 새로운 사외이사의 참여로 회사정보 누출 등의 우려와 함께 종래보다도 오히려 효율적인 업무집행(경영)을 하지 못하는 결과가 되었다. 따라서 사외이사의 존재의의에 대하여 회의가 증가하고 사외이사의 폐지의 주장도 발생하게 된 것이다. 이것은 우리가 상법(종래에는 증권거래법)을 개정하면서(즉, 지배구조에서 새로운 제도를 도입하면서) 회사의 지배구조를 전체적으로 도입하지 않고 부분적·단편적으로 도입하여 종래에 우리가 이용하고 또한 익숙한 지배구조와 충돌하고 또한 지배구조가 체계적이고 합리성이 없이 왜곡된 필연적인 현상이라고 본다. 또한 기업에서는 IMF 직후 경황이 없는 중에 정부의 강요에 의하여 도입된 사외이사제도에 놀랜 나머지 이와 균형을 맞추고자 하는 새로운 제도인 집행임원제도에 대하여도 결사 반대하여 입법과정에서도 타협하게 되어 합리적인 지배구조의 틀과 매우 멀어지게 되어, 전체적으로 세계적으로도 유례가 많지 않는 혼란스러운 지배구조가 되었다. 이러한 점은 기업의 선택의 폭을 넓히는 지배구조라고 합리화할 수도 있으나, 논리성에서나 실효성에서 미흡한 점이 많다는 것은 부인할 수 없을 것이다. 따라서 이하에서는 합리적인 회사의 지배구조를 위하여 집행임원 설치회사와 사외이사 및 감사위원회와의 관계에서 합리적인 지배구조의 예를 제시하여 보겠다.[57)]

## 나. 집행임원 설치회사와 사외이사와의 관계

(1) 우리 상법은 상장회사에 대하여 "상장회사는 자산 규모 등을 고려하여 대통령령으로 정하는 경우를 제외하고는 이사 총수의 4분의 1 이상을 사외이사로 하여야 하고, 최근 사업연도말 현재의 자산총액이 2조원 이상인 상장회사의 사외이사는 3인 이상으로 하되 이사 총수의 과반수가 되도록 하여야 한다"고 규정하고 있다(상법 제542조의 8 제1항, 동법 시행령 제13조 제1항·제2항).

---

57) 이에 관하여는 정찬형, 앞의 논문(주 1), 24~27면.

이와 같이 자산총액 2조원 이상인 상장회사(대회사)에 대하여 이사회에 사외이사를 의무적으로 이사 총수의 과반수가 되게 하고(상법 제542조의 8 제1항 단서) 또한 이러한 이사회내 위원회의 하나로서 감사위원회를 의무적으로 두도록(상법 제542조의 11 제1항) 하였다면 그러한 이사회는 업무집행기관(집행임원)에 대한 감독기능을 충실하게 하도록 한 것이므로, 이는 집행임원 설치회사를 전제로 한다. 따라서 이러한 자산총액 2조원 이상인 상장회사에 대하여는 의무적으로 집행임원을 두어야 하는 것으로(즉, 집행임원 설치회사로) 규정하는 것이 균형이 맞을 것으로 본다.

그러나 자산총액 2조원 미만인 상장회사는 임의적으로 집행임원 설치회사를 선택할 수 있는데, 집행임원 설치회사를 선택하면 반드시 감사위원회를 두도록 하는 것이 균형이 맞는다고 본다. 그런데 감사위원회는 3명 이상의 이사로 구성하는데 사외이사가 감사위원회 위원의 3분의 2 이상이어야 하므로(상법 제415조의 2 제2항), 자산총액 2조원 미만인 상장회사가 집행임원 설치회사를 선택하고자 하면 2명 이상의 사외이사가 있을 것이 전제된다. 또한 자산총액 2조원 미만의 상장회사가 (의무는 없으나) 사외이사를 이사 총수의 과반수 두면 이는 이사회가 업무집행기관(집행임원)에 대한 감독기능에 충실하도록 한 것이므로, 이러한 취지를 살리기 위해서는 (자산총액 2조원 이상인 상장회사의 경우와 같이) 의무적으로 집행임원 설치회사를 채택하도록 하고 또한 의무적으로 감사위원회를 두도록 하는 것이 균형이 맞고 감독과 감사의 실효를 거둘 수 있을 것으로 본다.

(2) 위와 같은 취지를 살리기 위하여는 상법 제542조의 8 제1항 단서를 다음과 같이 개정할 수 있을 것으로 본다.

"다만, 자산 규모 등을 고려하여 대통령령으로 정하는 상장회사의 사외이사는 3인 이상으로 하되 이사 총수의 과반수가 되도록 하여야 하며, 이러한 상장회사는 집행임원 설치회사이어야 한다."

## 다. 집행임원 설치회사와 감사위원회와의 관계

(1) 주식회사의 지배구조에서 업무집행기관, 이에 대한 감독기관 및 감사기관58)은 상호 밀접한 관계에 있다. 즉, 업무집행기관(집행임원)과 업무감독기관(이

---

58) 업무집행기관에 대한 감독기관(상법 제393조 제2항, 제408조의 2 제3항 제2호)과 감사기관 (상법 제412조 제1항, 제415조의 2 제7항)은 구별된다. 따라서 우리 상법도 이를 구별하여 쓰고 있는데, 감독권은 업무집행의 타당성 여부에도 미치나, 감사권은 원칙적으로 위법성 여부에

사회)이 분리된 경우에 이사회내 위원회의 하나로서 감사위원회가 의미가 있는 것이다. 집행임원 비설치회사(참여형 이사회제도)에서는 감사위원회는 그 독립성에서도 문제가 있을 뿐만 아니라 자기감사의 모순이 있어 기존의 감사(監事) 또는 상근감사에 의한 감사(監査)보다도 더 감사(監査)의 실효성을 떨어뜨리는 것이다. 따라서 집행임원 설치회서에서만 감사위원회를 두도록 하여야 할 것으로 본다.

(2) 우리 상법상 감사(監事) 또는 감사위원회에 관한 규정은 다음과 같다. 즉, 2009년 1월 개정상법 제542조의 11 제1항은 "자산규모 등을 고려하여 대통령령으로 정하는 상장회사(최근 사업연도말 현재 자산총액이 2조원 이상인 상장회사)는 감사위원회를 설치하여야 한다"고 규정하고, 동 제542조의 10 제1항은 "대통령령으로 정하는 상장회사(최근 사업연도말 현재 자산총액이 1,000억원 이상인 상장회사)는 주주총회 결의에 의하여 회사에 상근하면서 감사업무를 수행하는 감사(이하 '상근감사'라고 한다)를 1명 이상 두어야 한다. 다만 이 절 및 다른 법률에 따라 감사위원회를 설치한 경우(감사위원회 설치 의무가 없는 상장회사가 이 절의 요건을 갖춘 감사위원회를 설치한 경우를 포함한다)에는 그러하지 아니하다"고 규정하며, 동 제415조의 2 제1항은 "회사는 정관이 정한 바에 따라 감사(監事)에 갈음하여 제393조의 2의 규정에 의한 위원회로서 감사위원회를 설치할 수 있다. 감사위원회를 설치한 경우에는 감사(監事)를 둘 수 없다"고 규정하고 있다.

위와 같이 상법은 감사위원회에 대하여 (집행임원제도가 도입되기 전에) 어떤 기준도 없이 매우 혼란스럽게 규정하고 있다. 감사위원회는 이사회내 위원회의 하나로서 감독기관인 이사회의 하부기관이라고 볼 수 있다. 따라서 감사위원회를 두고 감사위원회에 의한 감사의 실효를 거두고자 하는 회사는 먼저 업무집행기관(집행임원)과 분리된 업무감독기관으로서의 이사회를 전제로 한다. 즉, 집행임원 설치회사에 한하여 감사위원회를 두도록 하여야 감사위원회의 의미가 있고 또 그 기능의 실효성이 발휘될 것으로 본다.[59] 집행임원 설치회사가 아닌 경우에는 감사위원회가 아닌 감사(監事)에 의한 감사가 실효성을 거둘 수 있고, 이러한 회사가 감사위원회를 두는 경우에는 위에서 본 바와 같이 그 독립성에서 뿐만 아니라 자기 감사의 모순이 발생하게 되어 감사(監事)보다도 감사의 실효성을 거둘

---

만 미친다[정찬형, 상법강의(상)(제14판)(주 8), 950면 참조]. 따라서 주식회사의 업무집행기관에 대한 감독권은 이사회에게 있고, 감사권은 감사(監事) 또는 감사위원회에 있다.

59) 입법론상 집행임원제도가 먼저 도입되고 그 후에 감사위원회제도가 도입되었어야 했는데, 우리 상법(및 특별법)에서는 이와 반대로 감사위원회제도가 어떤 기준도 없이 먼저 도입되어 감사의 효율성을 더 떨어뜨리게 되었다.

수 없게 된다. 이러한 전제하에서 감사위원회에 관한 위의 상법의 규정의 개정안을 제시하면 다음과 같다.

　㈎ 상법 제542조의 11 제1항은 "자산규모 등을 고려하여 대통령령으로 정하는 상장회사로서 집행임원 설치회사는 감사위원회를 설치하여야 한다"로 개정되어야 한다고 본다.

　㈏ 상법 제542조의 10 제1항 단서는 "다만 집행임원 설치회사로서 감사위원회를 설치한 경우에는 그러하지 아니하다"로 간명하게 규정될 수 있다.

　㈐ 상법 제415조의 2 제1항은 "집행임원 설치회사는 감사(監事)에 갈음하여 제393조의 2의 규정에 의한 위원회로서 감사위원회를 설치하여야 한다"로 개정되어야 한다고 본다.

　(3) 집행임원 설치회사에 한하여 감사위원회를 설치하도록 하면, 감사위원회 위원은 당연히 상법 제393조의 2 제2항 제3호에 의하여 이사회에 의하여 선임 및 해임되므로 상법 제542조의 12 제1항부터 제4항까지는 삭제되어야 할 것이다. 또한 감사위원회가 업무집행기관(집행임원)에 대한 감사결과를 각 이사에게 통지하고 각 이사는 이사회를 소집할 수 있는데, 이러한 이사회는 업무집행기관에 대한 감독기관이며 감사위원회의 상급기관으로서 감사위원회가 결의한 사항에 대하여 다시 결의할 수 있는 것은 당연하다(상법 제393조의 2 제4항). 따라서 상법 제415조의 2 제6항(감사위원회에 대하여는 제393조의 2 제4항 후단을 적용하지 아니한다)은 삭제되어야 할 것으로 본다. 이와 함께 대회사의 감사위원회 위원의 자격에 대하여만 추가적인 요건을 규정하고 있는 점(상법 제542조의 11 제2항)도 재검토되어야 할 것으로 본다.

　집행임원 설치회사가 아닌 경우에는 감사(監事)를 두어야 하고, 집행임원 설치회사가 아닌 회사로서 자산총액 1,000억원 이상이고 자산총액 2조원 미만인 상장회사는 반드시 상근감사를 1명 이상 두어야 한다(상법 제542조의 10 제1항 본문).

## 3. 이사회의 특별결의방법

　2011년 개정상법에서는 이사가 회사의 사업기회를 자기 또는 제3자의 이익을 위하여 이용하기 위하여는 이사회의 승인을 받아야 하는데, 이 이사회의 승인은 '이사 3분의 2 이상'의 수로써 하도록 하였다(상법 제397조의 2). 또한 이러한 이사회의 특별결의방법은 이사 등과 회사간의 자기거래의 경우에도 동일하게 규정하였다(상법 제398조).

그러나 이러한 이사회의 특별결의방법은 아무런 기준도 없이 위의 두 경우에만 규정하는 것이 자연스럽지 못하므로, 이사회의 일반적인 결의방법(상법 제391조 제1항)에 맡기는 것이 타당하다고 본다.

## 4. 주식 등의 전자등록

2011년 개정상법은 주권·채권(債券)·신주인수권증서 및 신주인수권증권 등 유가증권을 발행하지 않고 이들이 표창하는 권리를 전자등록할 수 있도록 하고, 이러한 전자등록 등의 절차·방법 및 효과와 전자등록기관에 대한 감독, 그 밖에 주식의 전자등록 등에 필요한 사항은 따로 법률로 정하도록 하고 있다(상법 제356조의 2 제4항, 주식·사채 등의 전자등록에 관한 법률 부칙 제10조 제1항).

그런데 전자화의 대상이 되는 유가증권에는 상법에서 규정하고 있는 유가증권 외에도 「자본시장과 금융투자업에 관한 법률」상의 증권(동법 제4조)도 있고 또한 이미 「전자어음의 발행 및 유통에 관한 법률」에서 규정하고 있는 전자어음 등도 있으므로, 이러한 유가증권을 어떻게 조화하여 균형있게 규정할 것인가는 과제라고 볼 수 있다.

## 5. 주주총회의 결의요건[60]

상법 제368조 제1항의 주주총회 보통결의요건은 1995년 개정상법 이전에는 "총회의 결의는 본법 또는 정관에 다른 정함이 있는 경우 외에는 발행주식총수의 과반수에 해당하는 주식을 가진 주주의 출석으로 그 의결권의 과반수로써 하여야 한다"고 규정하였는데, 1995년 개정상법에서 현재와 같이 출석정족수를 삭제하였다. 이는 대규모 상장회사가 출석정족수를 채우지 못하여 주주총회가 성립되지도 못하는 애로점을 반영한 것인데, 그 후 주권의 예탁제도가 활성화되고 한국예탁결제원 등이 명의주주로서 간접적으로 의결권 행사에 참여함으로써 이러한 문제가 거의 해소되었고 또한 일반적으로 회의체에서 요구되는 결의요건으로 부활할 필요가 있다는 점 등에서 2006년 상법개정시안에서는 결의요건을 1995년 개정전 규정으로 환원하여 출석정족수를 부활시켰다. 이와 함께 2006년 상법개정시안에서는 주주총회의 특별결의요건도 1995년 개정상법 이전으로 환원하여 "주주총회의 특별결의는 발행주식총수의 과반수에 해당하는 주식을 가진 주주의

---

60) 이에 관하여는 정찬형, 앞의 논문(주 3), 42~43면.

출석으로 그 의결권의 3분의 2 이상의 다수로써 하여야 한다"고 규정하였고(상법
개정시안 제434조), 또한 종류주주총회의 결의요건도 1995년 개정상법 이전으로
환원하여 "어느 종류의 주주의 총회의 결의는 그 종류의 발행주식의 총수의 과
반수에 해당하는 주식을 가진 주주의 출석으로 그 의결권의 3분의 2 이상의 다
수로써 하여야 한다"고 규정하였다(상법개정시안 제435조 제2항).

그런데 2007년 상법개정안 및 2008년 상법개정안에서는 경제계의 의견을
반영하여 위의 상법개정시안의 내용을 삭제하고 다시 현행 상법을 유지하는 것
으로 하고 있는데, 이는 회의의 일반원칙에 맞게 2006년 상법개정시안과 같이
개정되어야 할 것으로 본다. 또한 2009년 5월 개정상법에서 전자투표제도도 도
입하였으므로 주주의 주주총회 참여가 많이 활성화될 것이라는 점에서도 주주총
회의 결의요건을 일반원칙에 맞게 부활하는 것이 국제기준에 맞는 회사법이 될
것으로 본다.

## Ⅳ. 결  어

2011년 개정상법에 의하여 우리나라 회사법상 지배구조에 관한 규정이 한층
더 국제기준에 가깝게 되었고 또한 기업실무에서 발생하는 문제점을 많이 해결
하였다고 본다.

그러나 회사법상 회사의 합리적이고 모범적인 지배구조를 위하여는 그 동안
부분적으로 도입하였던 새로운 제도를 다시 재조합하여 보다 효율적인 지배구조
의 형태로 만들어 가야 할 것이다.

이를 위하여는 사회의 모든 분야에 계신 분들이 개별적인 이기심을 버리고
열린 마음으로 큰 목적을 위하여 적극 협력하여야 할 것으로 본다.

# 우리 주식회사 지배구조의 문제점과 개선방안*

## Ⅰ. 서 언

　　우리나라에서 주식회사(특히, 대규모 상장회사)의 지배구조를 개선하여야 한다고 하는 문제는 정부·국회·학계 및 여론 등에서 많이 거론되고 있는데, 실제로 상법 등 관련 법령의 개정에서는 이해관계인들의 극단적인 대립과 관련부처의 무사안일로 인하여 용두사미가 되는 경우가 대부분이다. 그 이유는 주식회사 지배구조의 개선에 관한 문제는 어느 사건 발생시 일시적인 이벤트성 여론몰이나 정치적인 구호에 그칠 뿐(다시 말하면, 그 내용이 매우 추상적이고 결과론적으로 감독기관을 비난하는데 그칠 뿐), 구체적인 문제점(또는 모순점)을 제기하거나 이를 해결하고자 하는 진지한 자세가 거의 없기 때문이라고 본다.

　　좋은(모범적인) 주식회사의 지배구조란 무엇인가. 이는 경영의 효율성과 투명성을 담보하는 지배구조로서 지배주주에만 한하지 않고 회사의 모든 이해관계인에게 이익을 가져다 줄 수 있는 지배구조라고 볼 수 있다. 경영의 효율성과 투명성은 상호 충돌하는 면도 있으나 상호 보완하는 면도 있고, 회사의 규모 및

---

\* 이 글은 정찬형, "우리 주식회사 지배구조의 문제점과 개선방안,"「상사법연구」(한국상사법학회), 제34권 제2호(2015. 8), 9~43면의 내용임(이 글에서 필자는 상법상 집행임원제도를 임의적으로 선택할 수 있도록 함에 따른 문제점을 구체적으로 제시하고 개선방안을 제시함).

상장 여부 등에 따라 중시하는 면이 다를 수는 있다.

　　그런데 특히 대규모 상장회사는 주주총회에 의한 감독이 형식화되어 있고 많은 투자자들을 비롯한 이해관계인들이 많으므로 예측가능하고 투명한 경영을 담보할 수 있는 지배구조(즉, 견제받는 경영)가 오늘날 세계 각국에서 거의 공통적으로 논의되고 있다.

　　우리 상법상 주식회사의 지배구조는 그 자본금 등에 의한 규모와 상장 여부에 따라 다르게 규정하고 있다. 즉, 자본금 총액이 10억원 미만인 소규모 주식회사(이하 '소규모 주식회사'라 칭함), 자본금 총액이 10억원 이상으로서 비상장회사(이하 '중규모 비상장회사'라 칭함), (최근 사업연도 말 현재의) 자산총액이 2조원 미만인 상장회사(이하 '중규모 상장회사'라 칭함), 2조원 이상인 상장회사(이하 '대규모 상장회사'라 칭함)에 따라 그 지배구조가 상이하게 규정되어 있다.

　　따라서 이하에서는 우리 상법상 주식회사의 업무집행기관·감독기관 및 감사기관이 이러한 네 종류의 회사에 따라 어떻게 규정되어 있는가를 살펴본 후, 이의 문제점(모순점)을 지적하고 개선방안(법률개정안)을 제시하여 보고자 한다.

## II. 업무집행기관

　　주식회사의 업무집행기관에 대하여 앞에서 본 바와 같이 회사의 규모 및 상장 여부에 따라 소규모 주식회사, 중규모 비상장회사, 중규모 상장회사 및 대규모 상장회사로 구별하여 살펴보겠다.

### 1. 소규모 주식회사

　　**가.** 우리 상법(이하 조문인용에서 "상"으로 약칭하고, 상법시행령은 '상시'로 약칭함)상 자본금 총액이 10억원 미만인 주식회사는 1명 또는 2명의 이사를 둘 수 있다(상 제383조 제1항 단서). 즉, 이러한 소규모 주식회사의 경우에는 상법상 이사회가 임의기관이다. 이와 같이 소규모 주식회사가 이사회를 두지 않고 이사를 1명 또는 2명 둔 경우에는, (이사가 2인인 경우 회사의 정관이 대표이사를 정하지 아니한 경우에는) 이러한 이사가 각자 회사의 업무를 집행하고, 각 이사가 회사를 대표한다(상 제383조 제6항). 따라서 이러한 회사의 이사는 상법상 이사회의 권한의 일부(상 제343조 제1항 단서 외)를 갖고(상 제383조 제6항), 이러한 회사에 대하여는 이사회에 관한 규정이 적용되지 아니한다(상 제383조 제5항).

나. 이사는 주주총회에서 보통결의로 선임되는데(상 제382조 제1항),[1] 등기사항이다(상 제317조 제2항 제8호). 회사와 이사의 관계는 위임관계이므로 민법의 위임에 관한 규정이 준용된다(상 제382조 제2항). 2인 이상의 이사의 선임을 목적으로 하는 주주총회의 소집이 있는 때에는 의결권 없는 주식을 제외한 발행주식총수의 100분의 3 이상에 해당하는 주식을 가진 소수주주는 정관에서 달리 정하는 경우를 제외하고 회사에 대하여 집중투표의 방법으로[2] 이사를 선임할 것을 청구할 수 있다(상 제382조의 2 제1항).

다. 이사가 될 수 있는 자격에는 원칙적으로 제한이 없어[3] 주주가 아닌 자도 이사로 선임될 수 있는데, 정관으로 이사가 가질 주식의 수를 정한 경우에는 (資格株) 다른 규정이 없으면 이사는 그 수의 주권을 감사(監事)에게 공탁하여야 한다(상 제387조).

라. 이사의 임기는 원칙적으로 3년을 초과하지 못하는데(상 제383조 제2항), 정관으로 그 임기중의 최종결산기에 관한 정기주주총회의 종결시까지 연장할 수 있다(상 제383조 제3항). 그러나 임기만료 후의 재선은 가능하다.[4]

마. 이사의 보수는 정관에 그 액을 정하지 아니한 때에는 주주총회의 결의로 이를 정한다(상 제388조).

## 2. 중규모 비상장회사

중규모 비상장회사의 업무집행기관은 집행임원 비설치회사인가 또는 집행임원 설치회사인가에 따라 그 업무집행기관이 다르다. 이는 2011년 4월 개정상법(2011. 4. 14, 법 10600호, 시행일자: 2012. 4. 15)이 집행임원제도를 도입하면서 회사는 선택에 의하여 대표이사에 갈음하여 집행임원을 둘 수 있도록 하였기 때문이다(상 제408조의 2 제1항).

---

1) 참고로 이사의 해임은 주주총회의 특별결의사항이다(상 제385조 제1항).
2) 이 경우 각 주주는 1주마다 선임할 이사의 수와 동일한 수의 의결권을 갖고 그 의결권은 이사후보자 1인 또는 수인에게 집중하여 투표하는 방법으로 행사하여(상 제382조의 2 제3항) 투표의 최다수를 얻은 자부터 순차적으로 이사에 선임되는 방식인데(상 제382조의 2 제4항), 이로 인하여 소수주주를 대표하는 자가 이사로 선임될 수 있어 이는 소수주주의 보호에 크게 기여한다.
3) 사외이사의 자격에 대하여는 상법이 특별히 규정하고 있다(상 제382조 제3항).
4) 정찬형, 「상법강의(상)(제18판)」(서울: 박영사, 2015), 914면; 정동윤, 「회사법(제7판)」(파주: 법문사, 2001), 388면 외.

## 가. 집행임원 비설치회사

중규모 비상장회사가 집행임원제도를 선택하지 않은 경우(집행임원 비설치회사) 회사의 업무집행기관은 원칙적으로 이사회(의사결정기관)[5]와 대표이사(대내적으로 회사의 업무를 집행하고 대외적으로 회사를 대표하는 기관)이다. 이는 1962년 우리 상법 제정 이후 2011년 4월 개정상법 이전까지의 주식회사의 전형적인 업무집행 기관이었다. 또한 현재에도 우리 중규모 비상장회사는 거의 전부 집행임원 비설치회사이다.

### (1) 이사회

㈎ 이러한 회사는 3명 이상의 이사[6]를 선임하여야 하는데(상 제383조 제1항 본문)(이러한 이사에 관한 사항은 앞의 소규모 주식회사에서 본 바와 같다), 이와 같이 선임된 이사 전원이 이사회를 구성한다. 이러한 이사회는 회사의 업무집행에 관한 의사를 결정한다(상 제393조 제1항).

㈏ 이사회의 소집권자는 각 이사인데, 이사회의 결의로 소집할 이사를 정할 수 있다(상 제390조 제1항). 이사회를 소집함에는 회일을 정하고 1주간(정관으로 이를 단축할 수 있음) 전에 각 이사 및 감사에 대하여 통지를 발송하여야 하는데(상 제390조 제3항), 이사 및 감사 전원의 동의가 있으면 이러한 절차 없이 언제든지 회의할 수 있다(상 제390조 제4항).

㈐ 이사회의 결의는 이사 과반수의 출석과(출석정족수) 출석이사의 과반수로(의결정족수) 하여야 하는데, 정관으로 그 비율을 높게 정할 수 있다(상 제391조 제1항). 정관에서 달리 정하는 경우를 제외하고 이사회는 이사의 전부 또는 일부가 직접 회의에 출석하지 아니하고 모든 이사가 음성을 동시에 송수신하는 원격통신수단에 의하여 결의에 참가하는 것을 허용할 수 있는데, 이 경우 당해 이사

---

5) 이러한 이사회를 '참여형 이사회'라 한다. 이에 반하여 집행임원 설치회사에서의 이사회를 '감독형 이사회'라 한다.

6) 이러한 이사에는 사내이사 · 사외이사 및 그 밖에 상무에 종사하지 아니하는 이사로 구별되어 등기되는데(상 제317조 제2항 제8호), 사외이사의 결격사유에 대하여는 상법이 특별히 규정하고 있다(상 제382조 제3항). 중규모 비상장회사는 그 규모가 아무리 크더라도 사외이사를 두어야 할 의무가 없는데, 만일 감사(監事)에 갈음하여 (이사회내 위원회의 하나로서) 감사위원회를 두는 경우에는 감사위원회는 3인 이상의 이사로 구성되고 그 중 3분의 2 이상이 사외이사이어야 하므로(상 제415조의 2 제1항 · 제2항) 2인 이상의 사외이사를 선임하여야 할 것이다. 따라서 이러한 회사가 감사위원회를 두지 않는 경우에는 임의로 사외이사를 선임하는 경우는 거의 없을 것이다.

는 이사회에 직접 출석한 것으로 본다(상 제391조 제2항).

(라) 이사회는 정관이 정한 바에 의하여 위원회를 설치할 수 있는데, 이러한 위원회는 2인 이상의 이사로[7] 구성한다(상 제393조의 2 제1항·제2항). 이사회는 (ⅰ) 주주총회의 승인을 요하는 사항의 제안·(ⅱ) 대표이사의 선임 및 해임·(ⅲ) 위원회의 설치와 그 위원의 선임 및 해임·(ⅳ) 정관에서 정하는 사항을 제외하고는 그 권한을 위원회에 위임할 수 있는데(상 제393조의 2 제2항), 위원회는 이사회로부터 위임받은 사항을 결의하면 이를 각 이사에게 통지하여야 하고 이를 통지받은 각 이사는 이사회의 소집을 요구할 수 있으며 이사회는 위원회가 결의한 사항에 대하여 다시 결의할 수 있다(상 제393조의 2 제4항).

## (2) 대표이사

(가) 대표이사는 대내적으로 회사의 업무를 집행하고 대외적으로 회사를 대표하는 두 권한을 갖는다(상 제389조 제3항, 제209조). 대표이사는 원칙적으로 주주총회 및 이사회가 결정한 사항을 집행하는데, 이사회가 구체적으로 위임한 사항과 일상업무에 관한 사항은 이를 결정하여 집행할 권한을 갖는다고 해석한다.[8]

(나) 대표이사는 원칙적으로 이사회의 결의로 선임되나, 예외적으로 정관의 규정에 의하여 주주총회에서 선임된다(상 제389조 제1항). 대표이사는 등기사항이다(상 제317조 제2항 제9호).

(다) 대표이사의 수(數)에 대하여는 상법에 규정이 없으므로, 이사회(정관의 규정에 의하여 주주총회)는 1인 또는 수인(數人)을 대표이사로 선임할 수 있다. 대표이사가 수인인 경우 원칙적으로 각자가 대표권을 행사하는데, 예외적으로 이사회(정관의 규정에 의하여 주주총회)는 공동대표를 정할 수 있다(상 제389조 제2항·제3항, 제208조 제2항).

(라) 대표권이 없으면서 사장·부사장·전무·상무 기타 회사를 대표할 권한이 있는 것으로 인정될 만한 명칭을 사용한 이사의 행위에 대하여는 (이에 대하여 회사에 귀책사유가 있는 경우) 회사는 선의의 제3자에 대하여 그 책임을 진다(표현대표이사)(상 제395조).

---

7) 그러나 감사위원회는 3인 이상의 이사로 구성되고, 이 중 3분의 2 이상은 사외이사이어야 한다(상 제415조의 2 제2항).
8) 정찬형, 전게서, 947면 외.

## 나. 집행임원 설치회사

(1) 중규모 비상장회사가 집행임원제도를 선택한 경우(집행임원 설치회사)(현재 우리나라에서 이 경우는 거의 없음) 회사의 업무집행기관은 집행임원이다(상 제408조의 4 제1호). 이러한 집행임원은 정관이나 이사회의 결의에 의하여 위임받은 업무집행에 관하여는 스스로 의사결정을 하여 (대표권 유무에 관계 없이 또한 집행임원이 수인인 경우 각자가) 집행한다(상 제408조의 4 제2호, 제408조의 2 제3항 제4호). 집행임원 설치회사는 대표이사를 두지 못한다(상 제408조의 2 제1항). 집행임원 설치회사와 집행임원의 관계는 민법 중 위임에 관한 규정을 준용한다(상 제408조의 2 제2항).

집행임원 비설치회사에서는 회사의 대표권을 갖는 대표이사에 대하여만 규정하고(상 제389조) 대내적인 업무집행권에 관하여는 상법에 규정이 없고 업무집행권은 대표권의 대내적인 면이라는 점에서 대표이사에게만 있다고 설명한다. 또한 이러한 회사는 보통 (정관 등의 규정에 의하여) 대표이사 이외의 이사에게도 대내적으로 업무집행권을 부여한다고 설명한다(업무담당이사). 집행임원 설치회사에서는 집행임원 비설치회사에서의 이러한 대표이사 및 업무담당이사의 업무집행권을 상법상 명문으로 규정하고(상 제408조의 4) 대표권에 대하여는 별도로 규정하고 있는 점(상 제408조의 5)에서도 의미가 있다고 본다.

(2) 집행임원과 대표집행임원의 선임·해임권은 이사회에 있다(상 제408조의 2 제3항 제1호). 또한 집행임원이 여러 명인 경우 집행임원의 직무 분담 및 지휘명령관계, 그 밖에 집행임원의 상호관계에 관한 사항의 결정권도 이사회에 있다(상 제408조의 2 제3항 제5호). 집행임원 비설치회사에서의 대표이사는 정관의 규정에 의하여 주주총회에서 선임될 수 있는데(상 제389조 제1항 단서), 집행임원 설치회사에서 집행임원과 대표집행임원의 선임·해임권은 언제나 이사회에 있다.

(3) 집행임원의 임기는 정관에 다른 규정이 없으면 2년을 초과하지 못하는데, 정관에 그 임기중의 최종결산기에 관한 정기주주총회가 종결한 후 가장 먼저 소집하는 이사회의 종결시까지로 정할 수 있다(상 제408조의 3).

(4) 집행임원의 보수는 정관에 규정이 없거나 주주총회의 승인이 없는 경우 이사회가 결정한다(상 제408조의 2 제3항 제6호).

(5) 2명 이상의 집행임원이 선임된 경우에는 이사회 결의로 집행임원 설치회사를 대표할 대표집행임원을 선임하여야 하는데, 다만 집행임원이 1명인 경우에는 그 집행임원이 대표집행임원이 된다(상 제408조의 5 제1항). 대표집행임원에

관하여는 상법에 다른 규정이 없으면 주식회사의 대표이사에 관한 규정을 준용
한다(상 제408조의5 제2항). 집행임원 설치회사에 대하여도 표현대표이사(表見代表
理事)에 관한 상법 제395조가 준용된다(상 제408조의5 제3항).

### 3. 중규모 상장회사

중규모 상장회사에 대하여는 상법의 상장회사에 대한 특례규정에 있는 내용
만 소개하기로 한다. 이에 관하여는 편의상 집행임원 비설치회사와 집행임원 설
치회사로 나누어 살펴보겠다.

### 가. 집행임원 비설치회사

(1) 중규모 상장회사로서 집행임원 비설치회사에서의 업무집행기관은 위에
서 본 바와 같이 이사회와 대표이사이다. 그런데 상장회사에 대하여는, 최근 사
업연도 말 현재의 자산총액이 1,000억원 미만으로서 코스닥시장 또는 코넥스시
장에 상장된 주권을 발행한 벤처기업 등 일정한 경우를 제외하고는, 이사 총수의
4분의 1 이상을 사외이사로 하여야 할 의무가 있다(상 제542조의8 제1항 본문, 상
시 제34조 제1항). 상장회사는 사외이사의 사임·사망 등의 사유로 인하여 사외이
사의 수가 위의 요건에 미달하게 되면 그 사유가 발생한 후 처음으로 소집되는
주주총회에서 이의 요건에 합치되도록 사외이사를 선임하여야 한다(상 제542조의
8 제3항). 또한 사외이사가 될 수 없는 요건(결격사유)을 추가로 규정하고 있다(상
제542조의8 제2항).

(2) 우리 상장회사는 거의 전부 집행임원 비설치회사로서 이사회가 업무집
행에 관한 의사를 결정하는데(참여형 이사회) IMF 경제체제 이후 이사회의 감독
의 효율성을 높인다는 이유로 (이사회와 독립된 집행임원에 대하여는 규정하지 않고)
참여형 이사회에 의무적으로 일정비율의 사외이사만을 두도록 규정함으로서, 이
사회는 스스로 업무집행에 관한 의사결정을 하면서 (대표)이사의 업무집행을 감
독하는 기관이 되어(상 제393조 제2항) 자기감독의 모순이 발생하고 업무집행기관
에 대한 감독의 실효성이 없게 된 점은 사외이사를 의무적으로 두도록 한 개정
상법의 이전과 동일하게 되었다.9) 이와 같이 참여형 이사회에 의무적으로 사외
이사를 두도록 함으로써 회사는 정보노출 등의 우려와 효율성이 떨어진다는 이

---

9) 정찬형, "나의 상법학 이해 30년(입법 및 판례와 관련한 연구를 중심으로)(정년퇴임기념강연
   논문)," 「고려법학」(고려대 법학연구원), 제70호(2013), 16면.

유로 사외이사를 두는 것을 최소화할 목적으로 이사의 수를 대폭 축소하여 이사
회를 형식화하고 (회사의 정관 또는 내규에 의하는 경우도 있으나) 주로 대표이사(지배
주주)에 의하여 선임된 사실상의 집행임원(비등기임원)[10]을 중심으로 회사의 업무
가 집행되고 있다.[11] 이러한 사실상의 집행임원은 실제로 (사외이사를 강제하기 전
에) 등기이사가 수행하던 직무를 담당하고 이로 인하여 보수 등에서도 등기이사
와 거의 동등한 대우를 받고 있으면서도, 2011년 4월 개정상법 이전에는 상법
등 법률상 근거가 없는 새로운 제도로서 발생하게 되었고,[12] 2011년 4월 개정상
법에는 집행임원에 관한 규정을 두었으나(상 제408조의 2~제408조의 9) 이는 회사가
선택할 수 있는 제도로 규정하였기 때문에(상 제408조의 2 제1항) 회사는 사실상의
집행임원을 상법상의 집행임원제도로 전환하지 않고 그대로 유지하고 있다. 이는
회사가 대표이사(지배주주)의 권한이 축소되는 것을 원하지 않기 때문이다.[13] 따
라서 이러한 사실상의 집행임원을 상법상의 집행임원으로 흡수하고자 하는 입법
목적은 거의 상실되고, 우리 상법상 집행임원에 관한 규정은 사실상 사문화되어
있고, 사실상의 집행임원을 두고 있는 (상장)회사는 실제로 탈법행위를 하고 있다
고 볼 수 있다.

　　위에서 본 바와 같이 중규모 상장회사에 대하여 의무적으로 이사 총수의 4
분의 1 이상을 사외이사로 선임하도록 하는 것은, 이사회가 사외이사 중심이 되
어 업무집행기관에 대한 업무집행을 감독하는 것에도 충실하지 못하고 또한 업
무집행에 관한 의사를 결정하는 이사회에 (일반적으로) 회사의 업무에 대하여 잘
알지도 못하는 (외부의) 사외이사가 존재하게 되어 이사회의 업무효율성도 크게
저하시키므로, 이와 같이 중규모 상장회사에 사외이사를 의무적으로 이사 총수의
4분의 1 이상 두도록 하는 것은 사실상 그 의미가 거의 없으므로 폐지되어야 할
것으로 본다.[14]

---

10) 이러한 사실상의 집행임원은 등기되지 않으므로 '비등기임원'으로 불리운다.
11) 정찬형, 전게서, 902면; 동, "금융기관 지배구조의 개선방안," 「금융법연구」(한국금융법학
　　회), 제12권 제1호(2015), 71면.
　　동지: 임재연, 「회사법 Ⅱ(개정2판)」(서울: 박영사, 2014), 369면.
12) 정찬형, 상게서, 902면.
13) 정찬형, 전게논문(금융법연구 제12권 제1호), 71면.
14) 정찬형, "2009년 개정상법중 상장회사에 대한 특례규정에 관한 의견," 「상사법연구」(한국상
　　사법학회), 제28권 제1호(2009. 5), 291면; 동, "주식회사법 개정제안," 「선진상사법률연구」(법
　　무부), 통권 제49호(2010. 1), 16면; 동, "주식회사의 지배구조," 「상사법연구」(한국상사법학회),
　　제28권 제3호(2009. 11), 50면; 동, 전게논문(금융법연구 제12권 제1호), 89~90면.

## 나. 집행임원 설치회사

(1) 중규모 상장회사가 상법상 집행임원제도를 채택하여 집행임원 설치회사가 되면(현재 우리나라에서 이러한 경우는 매우 드물 것임) 업무집행기관은 집행임원으로서 이에 대하여는 상법상 집행임원에 관한 규정이 적용된다(상 제408조의 2~제408조의 9). 또한 이사회는 일정한 경우를 제외하고 이사 총수의 4분의 1 이상을 사외이사로 구성하여야 하는 점은 앞에서 본 집행임원 비설치회사의 경우와 같다(상 제542조의 8 제1항 본문, 상시 제34조 제1항). 집행임원 설치회사에서의 사외이사에 관한 그 밖의 사항도 집행임원 비설치회사에서 설명한 바와 같다(상 제542조의 8 제2항·제3항).

(2) 중규모 상장회사가 집행임원 설치회사를 채택하면 이 회사가 위에서 본 바와 같은 사실상 집행임원을 두고 있는 경우 이를 상법상 집행임원으로 전환한다는 점에서 큰 의미가 있다고 본다. 이는 상법이 집행임원제도를 규정하게 된 입법취지에도 부합하고, 또한 사실상 집행임원을 두고 있는 상장회사에 대하여 요청되는 사항이기도 한다.

그런데 이사회(감독형 이사회)의 업무집행기관(집행임원)에 대한 감독기능의 면에서 보면, 사외이사가 이사 총수의 4분의 1 이상이고 대부분의 이사가 업무집행을 담당하는 집행임원을 겸하므로 사실상 자기감독이 되어 감독기능의 실효(實效)를 거두기는 어렵다고 볼 수 있다. 따라서 입법론상 중규모 상장회사라도 집행임원 설치회사를 채택하면 후술하는 대규모 상장회사에서와 같이 사외이사를 3명 이상 및 이사 총수의 과반수가 되도록 하는 것이(상 제542조의 8 제1항 단서) 감독형 이사회의 업무집행기관(집행임원)에 대한 효율적인 감독을 위하여 바람직하다고 본다.

## 4. 대규모 상장회사

대규모 상장회사에 대하여도 상법의 상장회사에 대한 특례규정에 있는 내용만 소개하겠는데, 이에 관하여도 편의상 집행임원 비설치회사와 집행임원 설치회사로 나누어 살펴보겠다.

## 가. 집행임원 비설치회사

(1) 최근 사업연도 말 현재의 자산총액이 2조원 이상인 상장회사(상시 제34조

제2항)가 상법상 집행임원제도를 채택하지 않아 집행임원 비설치회사인 경우 동 회사의 업무집행기관은 이사회와 대표이사이다. 그런데 이러한 대규모 상장회사의 사외이사는 3명 이상이고 이사 총수의 과반수이어야 한다(상 제542조의 8 제1항 단서, 상시 제34조 제2항). 이러한 대규모 상장회사에 대하여는 중규모 상장회사에 적용되는 사외이사에 관한 특칙(상 제542조의 8 제2항·제3항) 외에, 몇 가지 특칙을 더 규정하고 있다. 즉, 대규모 상장회사는 사외이사 후보를 추천하기 위하여 이사회내 위원회의 하나인 '사외이사 후보추천위원회'를 두어야 하는데, 동 위원회는 사외이사가 총 위원의 과반수이어야 한다(상 제542조의 8 제4항). 대규모 상장회사가 주주총회에서 사외이사를 선임하려는 때에는 사외이사 후보추천위원회의 추천을 받은 자 중에서 선임하여야 하는데, 이 경우 사외이사 후보추천위원회가 사외이사 후보를 추천할 때에는 주주제안권의 요건을 갖춘 소수주주가 주주총회일(정기주주총회의 경우 직전 연도의 정기주주총회일에 해당하는 해당연도의 해당일)의 6주 전에 추천한 사외이사 후보를 포함시켜야 한다(상 제542조의 8 제5항).

　　(2) 현재 우리 대규모 상장회사도 거의 전부 상법상 집행임원제도를 채택하지 않고 있다. 따라서 대규모 상장회사인 경우에도 회사의 업무집행기관은 상법상 이사회와 대표이사이다. 그런데 위에서 본 바와 같이 이사회는 이사 총수의 과반수가 사외이사로 구성되어 감독형 이사회로 되어 있으므로 이러한 이사회에서 회사의 모든 업무집행에 관하여 의사결정을 할 수 없다. 따라서 대규모 상장회사는 사외이사를 최소화하기 위하여 이사회를 최소의 이사로 구성하고 또한 사외이사가 참여하는 이사회를 사실상 유명무실화 시키면서, 회사의 업무집행은 대표이사(지배주주 또는 회장)가 임면하는 사실상 집행임원(비등기임원)을 중심으로 실행되고 있는 것이 현실이다.[15] 대부분의 대규모 상장회사가 이와 같이 사실상 집행임원을 중심으로 경영하면서 상법상 집행임원제도를 채택하지 않는 것은 법의 맹점을 이용한 탈법행위라고 본다. 또한 이사회를 이사 총수의 과반수가 사외이사가 되도록 의무적으로 규정하면서(즉, 형식적으로 감독형 이사회를 규정하면서) 이에 대응하여 상법상 집행임원제도를 의무적으로 채택하도록 규정하지 않고 상법상 참여형 이사회로 둔 것은 모순이며 입법의 미비라고 본다. 따라서 대규모 상장회사의 업무집행기관은 (상법상) 형식적으로는 이사회와 대표이사이나 실질적으로는 대표이사와 사실상 집행임원이 되어, 이는 상법에 맞지 않을 뿐만 아니

---

15) 정찬형, 전게논문(금융법연구 제12권 제1호), 71면.

라 오히려 상법을 탈법하여 운용되고 있는 것이 현실이다.16) 이러한 문제점은
앞에서 본 중규모 상장회사보다 대규모 상장회사에서 더 심각하게 되었다. 이에
대하여 대규모 상장회사의 대표이사(지배주주)는 신경쓸 이유가 없고(오히려 만족할
수 있고) 상법에 맞게 하기 위하여 정관 등을 개정할 필요성을 전혀 느끼지 않으
며, 대규모 상장회사에 대하여 의무적으로 집행임원제도를 채택하도록 하는 상법
개정의 움직임에 대하여는 지배구조의 자율성을 침해한다는 이유 등으로 강력히
반대한다. 왜냐하면 대표이사(지배주주)는 사실상 집행임원을 아무런 제한 없이
임면(任免)할 수 있고 또한 이러한 사실상의 집행임원은 공시(등기)도 되지 않으
므로, IMF 경제체제 이전에 이사와 함께 일하는 것보다 더 편리하고 비용도 절
약할 수 있으며, 사실상 집행임원의 대표이사(지배주주)에 대한 충성도도 훨씬 높
게 되었기 때문이다(이의 결과 제도에 의한 경영보다 사람에 의한 황제경영이 더욱 강화
되었다).17) 따라서 이는 국가가 입법에 의하여 반드시 개선하여 글로벌 스탠더드
에 맞는 선진국형 지배구조로 나아가야 할 것으로 본다.

## 나. 집행임원 설치회사

대규모 상장회사가 정관 등을 개정하여 상법상 집행임원제도를 채택하면,
동 회사의 업무집행기관은 이사회와 분리된 상법상 집행임원이 된다. 또한 이는
상법상 이사회를 이사 총수의 과반수가 사외이사로 구성하여 감독형 이사회로
규정한 상법의 입법취지에도 부합한다. 이 경우 사외이사는 회사의 개별적인 업
무집행에 관한 의사결정에는 참여하지 않고 업무집행기관(집행임원)에 대한 감독
및 감사에만 참여하므로, 감독 및 감사의 효율성을 높일 수 있을 뿐만 아니라
또한 업무집행에 관한 의사결정에 참여함으로 인한 책임부담에서도 해방될 수
있어 사외이사제도의 본래의 기능을 회복하면서 그 효율성을 높일 수 있다.

---

16) 이와 같이 우리 상법 등은 제도적으로 (참여형) 이사회가 업무집행기관(사실상 집행임원)에
　　대하여 감독업무를 수행할 수 없도록 하고 있으므로 이사회가 업무집행기관에 대하여 실효성
　　있는 감독을 할 수 있는 제도로 개선하도록(즉, 감독형 이사회를 두도록 한 대규모 상장회사에서
　　는 이에 대응하여 상법상 집행임원을 별도로 두는 집행임원 설치회사가 되도록) 정부·국회·학
　　계 및 언론 등에서 이러한 모순되는 문제를 구체적으로 제기하고 해결할 수 있도록 하여야 하
　　는데, 이러한 문제를 직접 거론하지는 않고 대기업(재벌기업)의 경우 지배구조에 문제가 있다
　　거나 이사회가 감독기능을 제대로 하지 못한다고만[김신영, "침묵하는 마네킹 이사회," 조선일
　　보 2015. 8. 10.자 A30면 등 참조], 추상적으로 또는 결과론적으로 언급하고 있는 점은 매우
　　아쉽게 생각한다.
17) 정찬형, 전게논문(금융·법연구 제12권 제1호), 71면.

만일 현재 대부분의 대규모 상장회사가 자율적으로 상법상 집행임원제도를 채택하면, 회사는 장기적으로 볼 때 황제경영을 지양하고 견제받는 지배구조에 의한 경영으로 제도가 정착되므로 이러한 회사의 지배구조는 종국적으로 회사에게도 유익하고, 국가는 이를 강제하기 위한 입법을 할 필요가 없게 되므로 이는 다른 한편 자율적인 지배구조의 개선이 되어 국가경제에도 크게 유익하다고 본다.

## Ⅲ. 감독(監督) 기관[18]

주식회사의 업무집행기관에 대한 감독기관도 회사의 규모 및 상장 여부에 따라 소규모 주식회사, 중규모 비상장회사, 중규모 상장회사 및 대규모 상장회사로 나누어 살펴보겠다.

### 1. 소규모 주식회사

소규모 주식회사로서 이사를 1명 또는 2명을 둔 경우에는(상 제383조 제1항 단서), 업무집행기관인 이러한 이사에 대한 감독기관은 주주총회이다(상 제383조 제4항 참조).

### 2. 중규모 비상장회사

### 가. 집행임원 비설치회사

중규모 비상장회사로서 집행임원 비설치회사의 경우 업무집행기관(이사회 및 대표이사)에 대한 감독기관은 이사회이다(상 제393조 제2항). 우리 상법상 업무집행기관에 대한 감독기관은 제정상법에는 특별히 규정하지도 않았고 1984년 개정상법에서 "이사회는 이사의 직무집행을 감독한다"고 규정하였다(상 제393조 제2항). 그런데 업무집행기관과 업무감독기관이 동일하게 되어 업무집행기관에 대한 감독은 사실상 없거나 유명무실하게 되었고, 대표이사의 권한이 워낙 막강하여 대표이사에 의하여 주주총회에 추천되어 선임된 이사로 구성된 이사회가 대표이사의 업무집행을 감독한다는 것은 사실상 처음부터 불가능하였으며, 이사회가 업무집행에 관하여 결정한 사항을 같은 이사회가 감독한다는 것은 자기감독의 모순

---

18) 감독기관은 상하관계에서 또한 타당성(합목적성)을 감사하는 기관을 말하고, 후술하는 감사(監査)기관은 수평적 지위에서 원칙적으로 적법성 감사만을 하는 기관이다[정찬형, 전게서, 931면; 이철송, 「회사법강의(제22판)」(서울: 박영사, 2014), 663～664면].

이 있을 뿐만 아니라 감독의 실효성(實效性)을 처음부터 불가능하게 하였다.19) 이러한 경우 업무집행기관에 대한 감독기관은 주주총회밖에 없는데, 지배주주가 대표이사를 맡는 경우 주주총회에 의한 업무집행기관(이사회 및 대표이사)에 대한 감독도 사실상 불가능하였다. 따라서 이러한 회사의 경영은 제도가 아니라 특정인에 의하여 독단되는 황제경영이 되고, 이로 인하여 한국은 1997년말 IMF 경제체체를 맞게 되었고 이로 인하여 많은 국민은 실업 등 뼈아픈 고통을 경험하게 된 것이다.20) 이러한 점은 후술하는 상장회사로서 집행임원 비설치회사의 경우에도 동일한데, 특히 대규모 상장회사인 경우에는 이로 인하여 국민과 국가경제에 끼친 폐해가 더 심하다고 볼 수 있다.

## 나. 집행임원 설치회사

중규모 비상장회사로서 집행임원 설치회사의 경우 업무집행기관(집행임원)(상 제408조의 4)에 대한 감독기관은 이사회인데(상 제408조의 2 제3항 제2호), 이 경우 이사회는 상법의 규정에 의하여 구체적으로 업무집행기관에 대한 감독권을 행사할 수 있다. 즉, 이사회는 집행임원과 대표집행임원의 선임·해임의 권한이 있고(집행임원 비설치회사와 다른 점은 정관으로 주주총회가 이 권한을 행사할 수 있도록 유보되어 있지 않은 점이다), 집행임원에게 업무집행에 관한 의사결정을 위임할 수 있으며(상법에서 이사회 권한 사항으로 정한 경우는 제외한다), 집행임원이 여러 명인 경우 집행임원의 직무 분담 및 지휘·명령관계 그 밖에 집행임원의 상호관계에 관한 사항을 결정할 수 있고, 정관에 규정이 없거나 주주총회의 승인이 없는 경우 집행임원의 보수를 결정할 수 있다(상 제408조의 2 제3항). 따라서 집행임원 설치회사의 경우에는 집행임원 비설치회사의 경우보다 이사회가 업무집행기관(집행임원)에 대하여 인사권·보수결정권·권한위임 등을 통하여 더 효율적인 감독권을 행사할 수 있다. 그런데 이 때 사외이사가 전혀 없는 경우(즉, 이사가 전부 집행임원의 지위를 겸하는 경우)에는 자기감독이 되어 집행임원 비설치회사의 경우와 같이 감독의 실효(實效)를 거두기는 어려울 것으로 본다(그러나 이 경우에도 집행임원 비설치회사의 경우와는 달리 집행임원 설치회사의 경우에는 이사회의 권한에 집행임원에 대한 인사권·보수결정권·권한위임 등을 구체적으로 규정하고 있으므로 집행임원 비설치회사의 경우와는 달리 유명무실하다고 볼 수는 없고 어느 정도의 감독의 실효성은 있다

---

19) 정찬형, 전게논문(금융법연구 제12권 제1호), 69면.
20) 정찬형, 상게논문, 69면.

고 본다).

## 3. 중규모 상장회사

### 가. 집행임원 비설치회사

중규모 상장회사의 경우로서 집행임원 비설치회사(앞에서 본 바와 같이 우리나라의 상장회사는 거의 전부 집행임원 비설치회사임)의 경우에는 업무집행기관(이사회 및 대표이사)에 대한 감독기관은 이사회이다(상 제393조 제2항). 이 경우 자기감독의 모순이 있을 뿐만 아니라 감독의 실효성(實效性)이 없는 점은 중규모 비상장회사의 경우와 같다. 다만 중규모 상장회사의 경우에는 앞에서 본 바와 같이 이사 총수의 4분의 1 이상을 사외이사로 하여야 하므로(상 제542조의8 제1항 본문) 이러한 사외이사를 통하여 업무집행기관(이사회 및 대표이사)에 대한 감독의 실효(實效)를 어느 정도 거둘 수 있을 것으로 생각될 수 있으나, 이러한 사외이사도 이사회의 구성원으로서 업무집행에 관한 의사결정에 참여하고 또한 보통 대표이사에 의하여 주주총회에 사외이사후보로 추천되므로 이러한 사외이사가 이사회를 통하여 업무집행기관(이사회 및 대표이사)에 대한 감독을 하는 것도 자기감독의 모순이 발생하고 사실상 감독권을 행사할 수 없는 점은 사내이사의 경우와 큰 차이가 없다고 볼 수 있다.

### 나. 집행임원 설치회사

중규모 상장회사로서 집행임원 설치회사의 경우에는 업무집행기관(집행임원)(상 제408조의4)에 대한 감독기관은 이사회이다(상 제408조의2 제3항 제2호). 중규모 상장회사의 경우에는 앞에서 본 바와 같이 이사 총수의 4분의 1 이상을 사외이사로 하여야 하므로(상 제542조의8 제1항 본문), 중규모 비상장회사로서 사외이사가 없는 집행임원 설치회사의 경우보다는 이사회의 업무집행기관(집행임원)에 대한 감독의 실효성(實效性)을 어느 정도 증대시킬 수 있을 것이나, 대부분의 이사가 업무집행기관(집행임원)을 겸하는 것이므로 감독의 실효성에는 한계가 있을 것으로 본다.

## 4. 대규모 상장회사

### 가. 집행임원 비설치회사

앞에서 본 바와 같이 우리나라에서의 대규모 상장회사는 거의 전부 집행임원 비설치회사를 선택하고 사실상 집행임원이 회사의 업무집행을 하고 있으므로 이사회의 감독기능에 가장 문제가 많다(이사회의 감독기능에 제도상 문제가 있는 점은 중규모 비상장회사로서 집행임원 비설치회사의 경우에 설명한 바와 같다). 이 경우 상법상 업무집행기관(이사회 및 대표이사)에 대한 감독기관은 이사회이다(상 제393조 제2항). 대규모 상장회사는 의무적으로 이사회에 사외이사를 3명 이상 및 이사 총수 과반수 두도록 규정하고 있으므로(상 제542조의8 제1항 단서) 이 점에서 대규모 상장회사는 감독형 이사회를 두고 있다고 볼 수 있다. 따라서 이의 경우에는 이러한 감독형 이사회와 분리되는 업무집행기관(집행임원)을 두도록 한 집행임원 설치회사이어야 함을 규정하였어야 하는데, 집행임원 설치회사를 선택사항으로 규정하여(상 제408조의2 제1항) 회사가 업무집행기관으로 종래와 같이 이사회와 대표이사를 선택하면(거의 전부의 우리나라 대규모 상장회사가 이와 같은 업무집행기관의 형태를 선택함) 업무집행기관과 감독기관이 중복되어 모순될 뿐만 아니라 처음부터 제도적으로 감독기관(이사회)의 감독을 불가능하게 하고 있다.

　　따라서 대규모 상장회사로서 집행임원 비설치회사의 경우에는 이사회에 의한 업무집행기관(이사회 및 대표이사)에 대한 감독기능은 제도상 처음부터 불가능하여 이사회에 의한 감독은 없는 것과 같게 되었다. 또한 회사는 이사회에서 사외이사를 최소화할 목적으로 이사의 수를 대폭 축소하면서 이사회를 유명무실하게 하고 회사의 업무집행은 실제로 대표이사(지배주주) 및 사실상 집행임원(비등기임원)에 의하여 수행되면서 사실상 집행임원은 인사권이 있는 대표이사(지배주주)에 의한 감독만을 받고 이사회의 감독을 받지 않는다. 사외이사가 과반수인 이사회는 이사회의 구성원이며 막강한 권한을 가진 대표이사(지배주주)에 대하여도 감독권을 행사한다는 것은 불가능하다. 따라서 우리 상법은 형식적(외관상)으로는 사외이사제도와 감독형 이사회제도를 도입하여 업무집행기관에 대한 실효성(實效性) 있는 감독권을 행사하는 것으로(즉, 견제받는 경영으로) 되어 있으나, 감독형 이사회와 분리되는 업무집행기관(집행임원)을 두도록 하지 않고 다시 참여형 이사회제도를 채택할 수 있도록 함으로써 감독형 이사회제도는 유명무실하고 아무런 감독(견제)을 받지 않는 업무집행기관인 대표이사(지배주주)는 법의 규제를 받지 않는 사실상의 집행임원을 지휘하면서 전권을 행사하는 업무집행을 할 수 있도록 하여 IMF 경제체제 이전보다도 재벌기업의 황제경영의 지배구조를 더 강화시키는 결과가 되었다.

　　따라서 대규모 상장회사로서 집행임원 비설치회사에 대하여는 이와 같이 사외이사의 과반수로 구성되는 감독형 이사회를 두도록 하는 것이 업무집행기관(참여형 이사회)과 모순되므로 집행임원 비설치회사에 대하여는 감독형 이사회에 관한 규정(상 제542조의 8 제1항 단서)을 배제하고, 감독형 이사회에 관한 규정은 집행임원 설치회사에 대하여만 적용하는 것으로 하여야 할 것이다. 이와 같이 하는 것이 현재와 같은 모순되는 규정으로부터 발생하는 문제점을 최소화시킬 수 있다. 이와 같이 하기 위하여는 현행 우리 상법 제542조의 8 제1항 단서가 "다만, 자산규모 등을 고려하여 대통령령으로 정하는 상장회사로서 집행임원 설치회사의 사외이사는 3명 이상으로 하되, 이사 총수의 과반수가 되도록 하여야 한다"로 개정되어야 할 것이다.

### 나. 집행임원 설치회사

대규모 상장회사가 상법상 집행임원제도를 채택하여 집행임원 설치회사가 되면, 업무집행기관(집행임원)(상 제408조의 4)에 대한 감독기관은 이사회이다(商 제408조의 2 제3항 제2호).

이 경우 이사회는 사외이사가 3인 이상이고 또한 이사 총수의 과반수로 구성되어야 하므로(즉, 감독형 이사회이어야 하므로)(상 제542조의 8 제1항 단서) 집행임원 설치회사가 이러한 감독형 이사회를 갖는 것은 균형을 이룬다. 이 경우 사외이사도 회사의 업무집행기관(집행임원)에 대한 감독 및 감사업무에만 참여하고 회사의 업무집행에 관한 의사결정(상 제393조 제1항)에는 참여하지 않으므로 이에 따른 책임부담의 두려움에서 벗어나 그의 능력을 최대한 발휘할 수 있어 원래의 사외이사 도입취지에도 맞게 된다. 이는 또한 글로벌 스탠더드에 맞는 기업지배구조로서 해외투자자 등으로부터 신뢰를 얻게 될 것이다.

## IV. 감사(監査)기관

주식회사의 업무집행에 대한 감사기관도 회사의 규모 및 상장 여부에 따라 소규모 주식회사, 중규모 비상장회사, 중규모 상장회사 및 대규모 상장회사로 나누어 살펴보겠다.

### 1. 소규모 주식회사

자본금 총액이 10억원 미만인 소규모 주식회사는 감사(監事)를 선임하지 아

니할 수 있다(상 제409조 제4항). 이 경우 업무집행기관(이사)에 대한 감사업무는
주주총회가 한다(상 제409조 제6항). 또한 이러한 회사에서 회사와 이사간 소(訴)가
제기된 경우에는 이사 또는 이해관계인이 법원에 회사를 대표할 자를 선임하여
줄 것을 신청하여야 한다(상 제409조 제5항).

## 2. 중규모 비상장회사

### 가. 집행임원 비설치회사

(1) 중규모 비상장회사로서 집행임원 비설치회사인 경우 업무집행을 담당하
는 (대표)이사의 업무집행과 회계를 감사(監査)할 권한을 가진 기관은 감사(監事)
이다(상 제412조 제1항). 이러한 감사(監事)는 상법상 업무감사권과 회계감사권을
갖는 강력한 기관이지만, 실무에서는 감사(監事)의 독립성과 실효성(전문성)이 확
보되지 못하여 유명무실한 감사를 하는 경우가 많다.[21]

감사(監事)는 주주총회(보통결의)에서 선임되는데(상 제409조 제1항), 소수주주
의 의사가 반영될 수 있도록 하기 위하여 의결권 없는 주식을 제외한 발행주식
총수의 100분의 3을 초과하는 수의 주식을 가진 주주는 그 초과하는 주식에 관
하여 감사의 선임에서 의결권을 행사하지 못하는 것으로 하였다(상 제409조 제2
항). 그런데 감사의 해임에 대하여는 이사의 경우와 같이 의결권을 제한하지 않
고 주주총회의 특별결의를 받도록 하고 있다(상 제415조, 제385조).

감사(監事)는 이사의 직무집행을 감사할 권한을 갖는 것(상 제412조 제1항) 외
에도 상법상 많은 권한을 갖는데, 이 중 대표적인 것은 이사와 회사간의 소(訴)
에서 회사대표권을 갖는 점이다(상 제394조 제1항).

(2) 중규모 비상장회사로서 집행임원 비설치회사는 현행 상법상 감사(監事)
에 갈음하여 이사회내 위원회의 하나로서 감사위원회를 둘 수 있다(상 제415조의
2 제1항). 이 경우 감사위원회 위원은 3명 이상이어야 하고 사외이사가 감사위원
회 위원의 3분의 2 이상이어야 하므로(상 제415조의 2 제2항), 최소한 사외이사가 2
명 이상 있어야 감사위원회를 둘 수 있다.

이러한 회사가 감사(監事)에 갈음하여 감사위원회를 두는 경우 감사위원회
위원은 이사회의 결의(보통결의)로 선임되고(상 제393조의 2 제2항 제3호, 제391조 제1
항), 이사 총수의 3분의 2 이상의 이사회의 결의로 해임된다(상 제415조의 2 제3항).

---

21) 정찬형, 전게서, 1037면.

이사회내 위원회의 결의는 각 이사에게 통지하여야 하고 이를 통지받은 각 이사는 이사회의 소집을 요구할 수 있으며 이사회는 위원회가 결의한 사항을 다시 결의할 수 있는데(상 제393조의 2 제4항), 감사위원회가 결의한 사항에 대하여는 이사회가 다시 결의할 수 없다(상 제415조의 2 제6항). 감사위원회는 회사의 비용으로 전문가의 조력을 구할 수도 있다(상 제415조의 2 제5항).

　　감사위원회는 원래 집행임원 설치회사에서 감독형 이사회내 위원회로서 이러한 이사회와 분리된 업무집행기관(집행임원)에 대한 감사기능을 수행하는 것이다. 그런데 우리 상법은 이러한 점을 무시하고 집행임원 비설치회사에서도 감사(監事)에 갈음하여 감사위원회를 둘 수 있도록 함으로서(상 제415조의 2 제1항), 이러한 회사가 감사위원회를 두는 경우 많은 문제점을 발생시키고 있다. 즉, 집행임원 비설치회사가 감사위원회를 두는 경우, 감사를 받아야 하는 이사들이 구성원인 이사회에서 이사 중의 일부를 감사위원회 위원으로 선임하고 해임하는 점에서 종래의 감사(監事)보다도 그 독립성이 훨씬 더 떨어지고 또한 업무집행(의사결정)에 참여하였던 (사외)이사가 자기가 한 업무에 대하여 감사하는 것이 되어(즉, 자기감사의 결과가 되어) 감사의 효율성에서도 종래의 감사(監事)보다 훨씬 더 떨어지게 되었다. 따라서 집행임원 비설치회사에서는 감사위원회를 두지 못하도록 하고 (상임)감사(監事)만 두도록 하여야 할 것이다.22) 이와 같이 하고자 하면 현행 상법 제415조의 2 제1항 제1문은 "집행임원 설치회사는 본법 제393조의 2의 규정에 의한 위원회로서 감사위원회를 설치하여야 한다"고 개정되어야 할 것으로 본다.

　　(3) 주식회사 등의 외부감사에 관한 법률(제정: 1980. 12. 31, 법 3297호, 개정: 2017. 10. 31, 법 15022호)(이하 '외감법〈外監法〉'으로 약칭함)에 의하여 직전사업연도 말의 자산총액이 100억원 이상인 주식회사 등은 (공기업 등 일정한 경우를 제외하고) 감사(監事) 또는 감사위원회에 의한 내부감사 외에 주식회사로부터 독립된 회계의 전문가인 회계법인 등(외부감사인)에 의하여 회계감사를 의무적으로 받도록 하고 있다(동법 제2조 본문, 동법 시행령 제2조 제1항).

## 나. 집행임원 설치회사

　　현재 상법상 중규모 비상장회사로서 집행임원 설치회사는 업무집행기관(집행임원)에 대한 (내부의) 감사기관으로 감사(監事)(상 제409조 이하) 또는 감사위원회

---

22) 정찬형, 전게논문(금융법연구 제12권 제1호), 81면.

(상 제415조의 2)를 둘 수 있도록 하고 있다. 앞에서 본 바와 같이 집행임원 설치 회사에서는 감독형 이사회내 위원회의 하나로서 감사위원회를 두는 것이 일반적 이고 또한 이는 글로벌 스탠더드에 맞는 지배구조이므로 이에 맞게 업무집행기 관(집행임원)에 대한 감사기관으로 감사위원회를 두도록 하여야 할 것이다. 이러 한 회사가 감사위원회를 두지 않고 감사(監事)를 두면 불필요한 절차와 비용이 증대될 것이다. 따라서 이를 위하여는 상법 제415조의 2 제1항 제1문이 "집행임 원 설치회사는 본법 제393조의 2의 규정에 의한 위원회로서 감사위원회를 설치 하여야 한다"로 개정되면, 이러한 문제점은 자동적으로 해결될 것으로 본다.

## 3. 중규모 상장회사

### 가. 집행임원 비설치회사

(1) 중규모 상장회사로서 집행임원 비설치회사인 경우 업무집행을 담당하는 (대표)이사의 업무집행과 회계를 감사(監査)할 기관은 감사(監事)인 점(상 제412조 제1항)은 중규모 비상장회사의 경우와 같고, 이러한 감사(監事)에 관하여는 중규 모 비상장회사에서 설명한 바와 같다.

그런데 상장회사가 주주총회에서 감사(監事)를 선임하는 경우에는 최대주주 인 경우 그와 그의 특수관계인 등이 소유하는 의결권 있는 주식을 합산하여 그 회사의 의결권 없는 주식을 제외한 발행주식총수의 100분의 3을 초과하는 경우 그 초과하는 주식에 관하여 감사(監事)의 선임과 해임에서 의결권을 행사하지 못 하는 특칙(합산 3% rule 및 해임에서도 의결권 제한의 특칙)을 두고 있다(상 제542조의 12 제3항). 또한 상장회사가 주주총회의 목적사항으로 감사(監事)의 선임 또는 감 사(監事)의 보수결정을 위한 의안을 상정하려는 경우에는 이사의 선임 또는 이사 의 보수결정을 위한 의안과는 별도로 상정하여 의결하여야 한다는 특칙도 두고 있다(상 제542조의 12 제5항).

(2) 중규모 상장회사로서 집행임원 비설치회사는 현행 상법상 감사(監事)에 갈음하여 (참여형) 이사회내 위원회의 하나로 감사위원회를 둘 수 있는 점(상 제 415조의 2 제1항)23) 및 이러한 감사위원회에 관한 사항과 이에 따른 문제점도 중

---

23) 다만 이 경우 중규모 상장회사는 이사 총수의 4분의 1 이상의 사외이사를 두어야 할 의무 가 있으므로(상 제542조의 8 제1항 본문), 이러한 사외이사가 2명 이상이면 감사위원회를 두기 위하여 별도로 사외이사를 두어야 할 필요가 없는 점(상 제415조의 2 제2항 참조)이 중규모 비 상장회사의 경우와 구별된다.

규모 비상장회사에서 설명한 바와 같다. 따라서 중규모 상장회사에서도 집행임원 비설치회사에서는 감사위원회를 두지 못하도록 하고 (상임)감사(監事)만 두도록 하는 것이 감사의 독립성과 효율성에 더 타당하다고 본다. 이러한 점도 현행 상법 제415조 제1항 제1문이 "집행임원 설치회사는 본법 제393조의 2의 규정에 의한 위원회로서 감사위원회를 설치하여야 한다"로 개정되면, 자동적으로 해결될 것으로 본다.

(3) 중규모 상장회사 중 최근 사업연도 말 현재의 자산총액이 1,000억원 이상이고 2조원 미만인 상장회사는 주주총회 결의에 의하여 회사에 상근하면서 감사업무를 수행하는 감사(監事)(常勤監事)를 1명 이상 두어야 할 의무가 있는데(상 제542조의 10 제1항 본문, 상시 제36조 제1항), 상법은 이러한 상근감사의 결격요건을 특별히 규정하고 있다(상 제542조의 10 제2항, 상시 제36조 제2항).

그런데 중규모 상장회사가 대규모 상장회사와 같은 감사위원회를 설치한 경우에는[24] 상근감사를 두어야 할 의무가 없다(상 제542조의 10 제1항 단서). 그러나 앞에서 본 바와 같이 집행임원 비설치회사가 감사위원회를 두는 것은 많은 문제가 있으므로(즉, 감사의 독립성과 효율성을 監事의 경우보다 훨씬 더 떨어뜨리므로), 이 경우 감사위원회에 의하여 상근감사에 갈음할 수 있다는 상법 제542조의 10 제1항 단서는 "집행임원 설치회사로서 감사위원회를 설치한 경우에는 그러하지 아니하다"로 개정되어야 할 것으로 본다.

(4) 중규모 상장회사는 (직전사업연도 말 현재의 자산총액에 관계 없이 언제나) 외부감사인에 의한 회계감사를 의무적으로 받아야 한다(외감법 제2조 본문, 동법 시행령 제2조 제1항 제2호).

(5) 최근 사업연도 말 현재의 자산총액이 5,000억원 이상인 상장회사는 법령을 준수하고 회사경영을 적정하게 하기 위하여 임직원이 그 직무를 수행할 때 따라야 할 준법통제에 관한 기준 및 절차(준법통제기준)를 마련하여야 하고(상 제542조의 13 제1항, 상시 제39조 본문·제40조), 이러한 준법통제기준의 준수에 관한 업무를 담당하는 사람(준법지원인)(이는 이사회 결의에 의하여 선임·해임됨)을 1명 이상 두어야 한다(상 제542조의 13 제2항·제4항). 그러나 다른 법률에 따라 내부통제기준

---

24) 감사위원회 위원의 선임·해임권이 주주총회에 있고(상 제542조의 12 제1항), 주주총회에서 이사를 선임한 후 선임된 이사 중에서 감사위원회 위원을 선임하며(상 제542조의 12 제2항), 상근 감사위원회 위원을 선임·해임할 때에 최대주주에 대하여는 합산 3% rule이 적용되는 경우이다(상 제542조의 12 제3항, 상시 제38조 제1항).

및 준법감시인을 두어야 하는 상장회사는 제외한다(상 제542조의 13 제1항, 상시 제
39조 단서).

준법감시인의 임기는 3년으로 하고, 상근으로 한다(상 제542조의 13 제6항). 준
법지원인은 준법통제기준의 준수 여부를 점검하여 그 결과를 이사회에 보고하여
야 한다(상 제542조의 13 제3항).

### 나. 집행임원 설치회사

현재 상법상 중규모 상장회사로서 집행임원 설치회사는 업무집행기관(집행임
원)에 대한 (내부의) 감사기관으로 감사(監事)(상 제409조 이하) 또는 감사위원회(商
제415의 2)를 둘 수 있도록 하고 있는 점은 중규모 비상장회사의 경우와 같다. 그
런데 중규모 비상장회사에서 본 바와 같이 집행임원 설치회사에서는 내부의 감
사기관으로 감사(監事)보다는 감독형 이사회내 위원회의 하나인 감사위원회를 두
도록 하는 것이 불필요한 절차와 비용의 증대를 방지하기 위하여 적절하다고 본
다. 따라서 이를 위하여는 앞의 중규모 비상장회사에서 본 바와 같이 현행 상법
제415조의 2 제1항 제1문이 "집행임원 설치회사는 본법 제393조의 2의 규정에 의
한 위원회로서 감사위원회를 설치하여야 한다"로 개정되어야 할 것으로 본다.

중규모 상장회사는 이사 총수의 4분의 1 이상의 사외이사를 의무적으로 두
어야 하므로(상 제542조의 8 제1항 본문), 이러한 사외이사가 2명 이상이면 감사위
원회를 두기 위하여 별도로 사외이사를 선임하여야 할 필요도 없을 것이다(상 제
415조의 2 제2항 참조).

## 4. 대규모 상장회사

### 가. 집행임원 비설치회사

대규모 상장회사로서 집행임원 비설치회사(앞에서 본 바와 같이 우리나라의 상
장회사는 거의 전부 집행임원 비설치회사임)인 경우 업무집행을 담당하는 (대표)이사
의 업무집행과 회계를 감사할 기관에 대하여 현행 상법은 감사위원회만을 규정
하고 있다(즉, 대규모 상장회사는 감사위원회를 의무적으로 두도록 하고 있다)(상 제542조
의 11 제1항).

이러한 감사위원회 위원을 선임하거나 해임하는 권한은 주주총회에 있는데
(상 제542조의 12 제1항), 주주총회에서는 이사를 선임한 후 선임된 이사 중에서 감

사위원회 위원을 선임하도록 하고 있다(일괄선출방식)(상 제542조의 12 제2항). 상근 감사위원회 위원을 선임할 때에는 최대주주에 대하여 그의 특수관계인 등을 포함하는 합산 3% rule을 적용하고 또 이는 상근 감사위원회 위원을 해임할 때에도 적용된다(상법 제409조 제2항과 구별되는 점이다)(상 제542조의 12 제3항). 또한 사외이사인 감사위원회 위원을 선임할 때에는 대규모 상장회사의 의결권 없는 주식을 제외한 발행주식 총수의 100분의 3을 초과하는 수의 주식을 가진 주주는 그 초과하는 주식에 관하여 의결권을 행사하지 못한다(상법 제409조 제2항과 같다)(단순 3% rule)(상 제542조의 12 제4항, 상시 제38조 제2항).

그런데 대규모 상장회사에서 감독형 이사회를 의무적으로 두도록 하고(商 제542조의 8 제1항 단서) 또한 감사위원회를 의무적으로 두도록 하면서(商 제542조의 11 제1항) 업무집행기관에 대하여 집행임원을 두도록 하는 집행임원 설치회사를 선택하지 않고 집행임원 비설치회사를 선택할 수 있도록 하는 것은(다시 말하면, 감독형 이사회에 다시 업무집행권을 부여하여 참여형 이사회로 하는 것은), 그 자체 모순이며, 이사회의 업무감독권과 업무집행권을 모두 유명무실화시키는 것으로 큰 문제가 아닐 수 없다. 또한 감사위원회는 집행임원 설치회사에서 감독형 이사회내 위원회의 하나로서 그 기능을 발휘할 수 있는 것이고[25] 또한 이것이 글로벌 스탠더드에 맞는 지배구조인데, 이러한 감사위원회를 대규모 상장회사인 집행임원 비설치회사에서도 (참여형 이사회내 위원회의 하나로 두면서) 감사(監事)에 갈음하여 의무적으로 두도록 하는 것은 이러한 감사위원회가 감사(監事)보다 그 독립성과 효율성이 훨씬 더 떨어지면서 많은 문제점을 발생시키는 점을 간과한 입법이라고 본다.[26] 따라서 대규모 상장회사로서 집행임원 비설치회사에서는 이와 같이 감사위원회를 의무적으로 두도록 한 규정(상 제542조의 11 제1항)을 폐지하고 오히려 (상임)감사(監事)를 의무적으로 두도록 하여야 할 것으로 본다.[27] 이러한 문제는, 현행 상법 제415조의 2 제1항 제1문이 "집행임원 설치회사는 본법 제393조의 2의 규정에 의한 위원회로서 감사위원회를 설치하여야 한다"고 개정되면, 자동적으로 해결된다고 본다. 이와 같이 하면 대규모 상장회사로서 집행임원 비설치회사에게는 상법 제542조의 11 및 제542조의 12가 적용될 여지가 없다.

---

25) 동지: 송옥렬, 「상법강의(제4판)」(서울: 홍문사, 2014), 1075면(감사위원회의 도입은 이사회를 감독기관으로 하는 미국식 지배구조로의 전환을 의미한다고 한다).
26) 이러한 문제점에 관한 상세는 정찬형, 전게논문(금융법연구 제12권 제1호), 77~81면 참조.
27) 정찬형, 상게논문, 81면.

## 나. 집행임원 설치회사

현행 상법상 대규모 상장회사로서 집행임원 설치회사는 업무집행을 담당하는 집행임원의 업무집행과 회계를 감사할 기관으로서 의무적으로 감사위원회를 두어야 한다(이 점은 앞에서 본 대규모 상장회사로서 집행임원 비설치회사의 경우와 같다)(상 제542조의11 제1항). 이는 대규모 상장회사에 대하여 이사회를 감독형 이사회로 규정한 점(상 제542조의8 제1항 단서)과 조화하고 또한 이러한 감독형 이사회와는 독립된 업무집행기관인 집행임원을 별도로 두고 있으므로(상 제408조의2 이하) 감독형 이사회내 위원회의 하나인 감사위원회는 집행임원에 대하여 그 독립성을 갖고 효율적인 감사(監査)를 할 수 있다. 또한 이러한 지배구조는 글로벌 스탠더드에 맞는 모범적인 지배구조가 된다.

현행 상법상 이러한 감사위원회에 감사위원회 총 위원 중 3분의 1 미만은 사내이사로 할 수 있는데(상 제415조의2 제2항 단서 반대해석, 제542조의11 제2항 전단), 자기감사의 모순을 피하고 감사(監査)의 독립성과 효율성을 위하여는 감사위원회에 사내이사를 참여시키지 않는 것이(즉, 감사위원회는 모두 사외이사로 구성하는 것이) 타당하다고 본다.[28] 또한 현행 상법 제542조의11 제2항 제1호는 대규모 상장회사의 경우 "감사위원회 위원 중 1명 이상은 대통령령으로 정하는 회계 또는 재무 전문가일 것"을 요건으로 하고 있는데, 앞에서 본 바와 같이 모든 상장회사는 의무적으로 회계전문가인 외부감사인에 의한 회계감사를 받아야 하고(외감법 제2조 본문, 동법 시행령 제2조 제1항 제2호) 또한 이는 감사(監事)의 자격에 제한을 두지 않는 점과 불균형하므로 감사위원회 위원의 자격에 이러한 제한을 두는 것은 적절하지 않다고 본다. 이와 같이 집행임원 설치회사에 대하여 감사위원회를 두도록 하면서 감사위원회 위원 전부를 사외이사로 하고 이러한 감사위원회 위원에 대하여 특별한 자격요건을 제한하지 않으면, 현행 상법 제542조의11 제1항은 "집행임원 설치회사인 상장회사는 사외이사로 구성된 감사위원회를 설치하여야 한다"로 개정되어야 하고, 동조 제2항부터 제4항은 의미가 없으므로 삭제되어야 할 것이다.

집행임원 설치회사가 감독형 이사회내 위원회의 하나로서 감사위원회를 두는 경우에는 감사위원회 위원은 다른 위원회의 경우와 같이 이사회에 의하여 선

---

28) 정찬형, 상계논문, 81면.

임·해임되어야 한다고 본다(상 제393조의 2 제2항 제3호). 현행 상법이 (대규모 상장회사의 경우) 감사위원회 위원을 주주총회에서 선임하도록 하고 또한 이 경우 주주의 의결권을 제한한 것은 집행임원 비설치회사를 전제로 하여 업무감사를 받는 이사회가 업무감사를 하는 감사위원회를 선임·해임한다는 것은 모순이며 문제점이 있다고 하는 점 또한 감사위원회를 집행임원 비설치회사에서 감사(監事)에 갈음하여 둘 수 있는 제도라고 오해한 점(원래 감사위원회는 집행임원 설치회사를 전제로 하여 둘 수 있는 제도임)에서 규정한 것인데, 집행임원 설치회사에서 감사위원회 위원을 원래대로 감독형 이사회가 선임·해임할 수 있도록 하면 현행 상법 제542조의 12 제1항 및 제2항은 삭제되어야 하고, 동조 제3항 및 제4항에서 감사위원회 위원에 관한 사항은 삭제되어야 할 것으로 본다.

## V. 결 어

현행 상법상 주식회사(특히, 대규모 상장회사)의 지배구조는 IMF 경제체제시의 개정으로(즉, 사외이사 및 감사위원회의 도입으로) 형식적(외형적)으로는 감독(견제)을 받는 지배구조인데 실질적(내면적)으로는 IMF 경제체제 이전보다도 모순되고 인적 경영(황제경영)을 강화하는 지배구조가 되어 많은 중대한 문제점을 내포하고 있다. 이의 해결을 위하여 정부(법무부)와 국회는 적극적으로 노력하지 않고, 이해관계인들(경제단체, 시민단체 등)은 이러한 문제점을 정확하게 이해하지 못하면서 기득권의 침해에 대하여 극한 대립과 투쟁을 하는 점은 무척 안타깝게 생각한다.

이는 IMF 경제체제시 상법과 증권거래법(현재는 자본시장과 금융투자업에 관한 법률) 등을 개정하여 사외이사 및 감사위원회제도를 도입하면서 이와 함께 집행임원제도를 도입하여야 하였는데(즉, 집행임원 설치회사에서만 사외이사가 과반수인 감독형 이사회제도를 도입하고, 집행임원 설치회사에서만 감사위원회를 두도록 하여야 하였는데), 집행임원제도를 도입하지 않고 기존의 집행임원 비설치회사(참여형 이사회제도)와 모순되는 감독형 이사회제도 및 감사위원회제도를 도입하여 많은 문제점(인적 경영 또는 황제 경영의 강화 등)이 발생하게 되었다.

이러한 모순점과 문제점을 해결하기 위하여는 가장 기본적으로 현행 상법 제542조의 8 제1항 단서를 "······대통령령으로 정하는 상장회사의 사외이사는···"에서 "······대통령령으로 정하는 상장회사로서 집행임원 설치회사의 사외이사는······" 으로 개정하고, 동법 제415조의 2 제1항 제1문을 "회사는 정관이 정한 바에 따라 감사(監事)에 갈음하여 제393조의 2의 규정에 의한 위원회로서 감사위원회를 설치할 수 있다"에서 "집행임원 설치회사는 제393조의 2의 규정에 의한 위원회로서 감사위원회를 설치하여야 한다"로 개정하면서 동법 제542조의 11 및 제542조의 12(監事에 관한 규정 제외)를 삭제하면 된다.

　　우리 기업이 현재와 같이 세계를 상대로 하여 무역을 하고 또한 자본시장이 개방된 상황에서 우리 주식회사(특히, 대규모 상장회사)는 투명경영을 위한 견제받는 지배구조와 글로벌 스탠더드에 맞는 지배구조가 필요하다고 본다.29) 이러한 점을 우리 정부와 국회 및 모든 이해관계인들이 깊이 인식하고, 우리 주식회사의 지배구조에 관한 규정(특히, 모순되는 규정)이 조속히 개정되어 선진화됨으로서(즉, 글로벌 스탠더드에 맞음으로서), 우리 경제의 발전과 국제신용의 증대에 기여할 수 있기를 바란다.

---

29) 정찬형, 전게논문(금융법연구 제12권 제1호), 92~93면.

# 대기업의 투명경영을 위한 지배구조*

## Ⅰ. 서 언

기업경영을 투명하게 하고 또한 효율적인 경영을 하도록 하는 것은 오늘날 기업지배구조 개선의 세계적인 추세이다. 특히, 대기업(자산총액 2조원 이상인 주권상장 주식회사를 편의상 '대기업'으로 호칭함. 이하 같음)의 경우는 주주도 많고 이해관계인도 많아 투명하고 효율적인 경영이 더욱 요청된다. 그러면 어떻게 하여야 투명하고 효율적인 경영을 할 수 있도록 하는가? 투명한 경영을 하기 위하여는 경영 및 경영담당자에 대한 실효성이 있는 감독과 감사가 이루어져야 하고(즉, 실효성이 있는 감시받는 경영이 이루어져야 하고), 효율적인 경영을 위하여는 경영능력을 구비한 경영담당자가 합리적인 경영을 하여야 할 것이다. 이를 위하여는 회사법 등 법제도가 이와 같은 경영을 할 수 있도록 뒷받침이 되어야 하고, 또한 지배주주 등 회사의 이해관계자들이 이와 같은 경영을 할 수 있도록 인식하고 협력하여야 할 것이다. 후자의 경우는 사적(私的)인 영역이므로 다루지 않고, 이 글에서는 전자(즉, 법제도적인 면)에 대해서만 살펴본다.

---

* 이 글은 정찬형, "대기업의 투명경영을 위한 지배구조,"「선진상사법률연구」(법무부), 통권 제78호(2017. 4), 1~28면의 내용임(이 글에서 필자는 대기업은 상법상 집행임원을 의무적으로 두도록 하면서, 감독형 이사회내 위원회의 하나인 감사위원회의 위원의 선임·해임권을 이사회에 부여하여야 한다고 주장함).
　이와 관련하여 참고할 수 있는 필자의 글로는 정찬형, "한국 주식회사에서의 집행임원에 관한 연구,"「백산상사법논집(백산 정찬형 교수 화갑기념)」, 박영사, 2008. 8. 3, 474~494면 외 다수 있음.

우리 상법(회사편) 등 기업의 지배구조에 관하여 규율하는 법률(규정)에서는 기업(특히, 대기업)이 투명하고 효율적인 경영을 할 수 있도록 규율하고 있는가? 즉, 투명한 경영을 하도록 하기 위하여 경영 및 경영담당자에 대한 실효성 있는 감독과 감사를 할 수 있도록 규율하고 있는가? 또한 훌륭한 경영능력을 구비한 자가 경영을 담당하도록 하고 또한 그러한 경영담당자가 합리적인 경영을 할 수 있도록 하고 있는가? 이 글에서는 이러한 의문을 갖고 출발하여, 이에 관한 우리 법제도(특히, 상법 중 회사편)를 살펴보고, 이를 위한 법제도의 개선방안을 제시하고자 한다.

이에 관하여는 업무집행기관, 감독기관 및 감사기관1)의 순으로 살펴보겠다. 우리 상법은 2011년 4월 개정상법(2011. 4. 14, 법 10600호, 시행일자: 2012. 4. 15)에 의하여 최초로 (선택적으로) 집행임원제도를 도입하였으므로, 2011년 4월 개정상법 이전과 이후로 나누어 이에 관한 내용을 살펴보겠다.


## Ⅱ. 업무집행기관

### 1. 2011년 4월 개정상법 이전

2011년 4월 개정상법 이전까지 우리 상법(이하 조문인용에서 '상'으로 약칭하고, 상법시행령은 '상시'로 약칭함)상 주식회사의 업무집행기관은 회사의 업무집행에 관한 의사결정기관인 「이사회」(상 제393조 제1항)(이하 이러한 이사회를 '참여형 이사회'로 약칭함)와 대내적으로 회사의 업무를 집행하고 대외적으로 회사를 대표하는 기관인 「대표이사」(상 제389조 제3항)이었고, 대기업의 경우에도 동일하였다. 이는 1962년 우리 상법 제정 이후 2011년 4월 개정상법 이전까지의 주식회사의 전형적인 업무집행기관이었다.

이하에서는 이러한 이사회와 대표이사에 대하여 좀 더 살펴보겠는데, 이에 관하여는 사외이사를 의무적으로 두도록 하지 않은 IMF 경제체제 전과 사외이사를 의무적으로 두도록 한 IMF 경제체제 후로 나누어 살펴보겠다.

---

1) 감독기관은 상하관계에서 또한 타당성(합목적성)도 감사하는 기관을 말하고, 감사(監査)기관은 수평적 지위에서 원칙적으로 적법성 감사만을 하는 기관이다[정찬형, 「상법강의(상)(제20판)」, 박영사, 2017, 970면; 이철송, 「회사법강의(제22판)」, 박영사, 2014, 663~664면; 정동윤, 「회사법(제7판)」, 법문사, 2001, 403면 외].

## 가. IMF 경제체제(1997년) 전

1997년 말 IMF 경제체제 이전에는 주식회사에 대하여 사외이사를 둘 것을 의무화하지 않았으므로, 모든 주식회사는 3명 이상의 이사를 두면서(상 제383조 제1항) 이러한 이사에 대하여 거의 대부분 업무를 분담하여 집행하도록 하였다. 즉, 이사회는 거의 대부분 사내이사로 구성되고, 이러한 이사는 전무이사·상무이사 등의 명칭으로 호칭되면서 회사의 업무를 집행하였다. 따라서 이러한 사내이사는 한편으로는 이사회의 구성원으로서 이사회의 회사의 업무집행에 관한 의사결정에도 참여하면서, 다른 한편으로는 (대표이사와 함께) 회사의 업무를 집행하였다.[2] 이러한 이사는 대표이사를 중심으로 하여 전무이사·상무이사 등 위계적인 직무에 따라 회사의 업무를 집행하였으므로, 이사회는 같은 지위의 이사들이 자유롭게 토론하여 결론을 도출하는 회의체 기관으로서의 기능을 하지 못하고 대표이사가 주로 업무지시를 하는 회의체 기관으로서 기능을 하여 형식적인 기관으로 변형된 것이 일반적이었다. 따라서 상법상 회사의 업무집행에 관한 의사결정은 이사회의 결의로 한다고 규정되어 있으나, 실제는 대표이사의 의사에 따라 결정되는 것이 일반적이었다. 특히 지배주주가 대표이사인 경우에는 대표이사의 의사에 의하여 이사가 선임·해임되므로 이사는 대표이사에 종속될 수밖에 없어, 이사회는 더욱 형식화되었다. 이사회가 이와 같이 형식화되었기 때문에 유효한 이사회의 결의절차를 거쳤는지 여부에 관하여 분쟁도 많았고, 상법에서는 이사회의 충실을 위한 규정을 신설하였다(상 제391조 제2항, 제391조의 3 등). 이러한 점은 대기업의 경우에도 크게 다르지 않았다.

## 나. IMF 경제체제(1997년) 후

(1) 1997년 말 IMF 경제체제 후에는 주권상장법인(상장주식회사 또는 상장회사)의 경우 이사회에 사외이사를 의무적으로 두도록 하여, 이사회의 지위와 역할에 새로운 변화가 발생하였다. 즉, 상장회사는 자산 규모 등을 고려하여 대통령령으로 정하는 경우를 제외하고는 이사 총수의 4분의 1 이상을 사외이사로 하여야 하였는데, 자산 규모 등을 고려하여 대통령령으로 정하는 상장회사(최근 사업연도 말 현재의 자산총액이 2조원 이상인 상장회사인 대기업)의 사외이사는 3명 이상으

---

2) 정찬형, 전게서[상법강의(상)(제20판)], 941면.

로 하되 이사 총수의 과반수가 되도록 하여야 하였다(처음에는 증권거래법 제191조
의 16 제1항에서 규정하였으나, 이 후 상 제542조의 8 제1항에서 규정함).3)

  (2) 대기업의 경우 이와 같이 이사회를 사외이사가 3명 이상이고 이사 총수
의 과반수로 구성하도록 하는 것은 이사회(이러한 이사회를 '감독형 이사회'라 함)가
원칙적으로 업무집행을 하지 않고 업무집행기관(집행임원)을 별도로 두는 것을 전
제로 하여 이러한 업무집행기관에 대한 감독과 감사의 효율성을 높여 기업경영
의 투명성을 기하고자 한 것이었다. 즉, 이사회와는 별도의 업무집행기관(집행임
원)을 두는 것을 전제로 할 때, 사외이사 중심의 이사회(감독형 이사회)는 실효성
있는 감독기능을 수행할 수 있고, 또한 이러한 감독형 이사회를 전제로 할 때
이사회내 위원회의 하나인 감사위원회가 실효성 있는 감사업무를 수행할 수 있
는 것이다. 따라서 IMF 경제체제 후에 이사회의 업무집행기관에 대한 감독기능
을 강화하기 위하여 이사회를 감독형 이사회로 개편하고자 이사회의 구성원의
과반수를 「사외이사」로 하도록 하고, 또한 이러한 감독형 이사회내 위원회의 하
나인 「감사위원회」를 사외이사 중심으로 입법할 때, 당연히 감독형 이사회와는
별도의 업무집행기관인 집행임원에 대하여도 상법 등에서 규정을 하였어야 하였
다. 그런데 IMF 경제체제 후 이사회와 관련하여 사외이사와 감사위원회에 대하
여 규정하면서 집행임원에 대하여는 상법이나 증권거래법 등 어디에도 규정하지
아니하였다.4)

---

  3) 정부는 1998년 2월 6일 경제위기를 극복하고 회사의 경영투명성 제고를 위하여 발표한 회
   사구조조정 추진방안에서 주권상장법인에 대하여 전격적으로 사외이사의 선임을 의무화하기
   로 정하였다. 이에 따라 1998년 2월 20일 유가증권상장규정을 개정하여 주권상장법인은 (회사
   경영의 공정과 투자자의 보호를 위하여) 이사수의 4분의 1(최소 1인) 이상 의무적으로 사외이
   사를 두도록 하였고, 사외이사의 적극적 자격요건과 소극적 자격요건을 규정하였다(동 규정
   제48조의 5). 2000년 1월 21일(법률 제6176호) 증권거래법이 개정되어 사외이사에 관하여 "주
   권상장법인은 사외이사를 이사 총수의 4분의 1 이상이 되도록 하여야 한다. 다만, 대통령령으
   로 정하는 주권상장법인의 사외이사는 3인 이상으로 하되, 이사 총수의 2분의 1 이상이 되도
   록 하여야 한다"고 규정함으로써(동법 제191조의 16 제1항) 유가증권상장규정상의 사외이사에
   관한 규정은 삭제되었다. 그 후 증권거래법은 2001년 3월 28일(법률 제6423호) 개정되어 사외
   이사를 의무적으로 두어야 할 회사에 주권상장법인뿐만 아니라 (대통령령이 정하는) 협회등록
   법인을 추가하고(동법 제191조의 16 제1항), 2003년 12월 31일(법률 제7025호) 개정되어 대통
   령령이 정하는 주권상장법인 또는 협회등록법인의 사외이사는 3인 이상으로 하되 이사 총수의
   (2분의 1 이상에서) 과반수로 상향하였다(동법 제191조의 16 제1항 단서). 이러한 증권거래법상
   의 사외이사에 관한 규정의 내용은 2009년 1월 30일(법률 제9362호) 개정상법에 의하여 신설
   된 상장회사에 대한 특례에서 규정되고 있다(상 제542조의 8 제1항)[정찬형, "사외이사제도 개
   선방안에 관한 연구," 상장협연구보고서 2010-2(한국상장회사협의회), 2010. 10, 1~2면].
  4) 정찬형, "나의 상법학 이해 30년,"「고려법학」, 제70호(2013. 9), 15면.

(3) 이와 같이 감독기관(감독형 이사회)과 분리된 업무집행기관(집행임원)에 대하여는 입법을 하지 않고 종래의 업무집행기관인 이사회(참여형 이사회)에 상장회사의 경우 사외이사를 의무적으로 두도록 함으로써(특히, 대기업의 경우 사외이사를 3명 이상 및 이사 총수의 과반수를 의무적으로 두도록 함으로써), 많은 문제가 발생하였다. 즉, 과거에 사내이사만으로 구성된 이사회(참여형 이사회)가 업무집행에 관한 의사결정을 하였는데, 대기업의 경우 이사회에 의무적으로 이사 총수의 과반수를 사외이사로 하도록 함으로써 종래의 사내이사수를 그대로 유지할 경우 사외이사 제도로 인하여 전체 이사수가 늘어날 수밖에 없는데 이는 회사의 비용의 증가를 초래하는 문제가 발생하였다. 또한 업무집행에 관한 의사를 결정하는 이사회(참여형 이사회)에 다수의 사외이사를 의무적으로 참여하도록 함으로써 이사회의 신속한 소집이 곤란하여 회사의 의사결정이 지연되는 문제가 발생하고, 사외이사를 통하여 기업정보가 기업 밖으로 유출될 수 있는 문제도 발생하였다. 따라서 각 대기업(또는 상장회사)은 사외이사의 수를 줄이기 위하여 상법상 이사(상 제383조 제1항 본문)(기업실무상 '등기이사'라 함. 이하 같음)의 수를 대폭 감축하고, 그 대신에 (사실상) '집행임원'(이러한 사실상 집행임원은 참여형 이사회제도에서의 업무집행기관〈특히 대표이사〉의 보조자로서, 2011년 4월 개정상법상 감독형 이사회에 의하여 선임되는 업무집행기관인 집행임원과는 구별됨)이라는 직위를 신설하여 이들 집행임원들로 하여금 종래에 등기이사(업무담당이사)가 수행하던 직무를 담당하게 하였고, 보수 기타 각종 대우를 종래의 등기이사와 동등하게 하였다.5) 이러한 (사실상) 집행임원제도는 초기에는 은행 등 금융기관을 중심으로 도입되었으나, 그 후 대부분의 상장회사에서 도입·활용되고 있다. 상장회사 경영인 통계분석 결과(2005년 7월 1일 기준)에 의하면 전체 상장회사 중 78.2%의 회사에서 (사실상) 집행임원을 두고 있는 것으로 나타났다.6)

이러한 (사실상) 집행임원에 대하여는 위에서 본 바와 같이 상법 등 법률에서 규정하고 있지 않았으므로, 상장회사 표준정관7)에 따라 다수의 상장회사에서

5) 양동석, "집행임원제도 도입에 따른 법적 문제," 「상사법연구」, 제20권 제2호(2001. 8), 113~114면; 박성기(법무법인 세종 변호사), 집행임원제도 도입에 대한 상법개정 관련 건의서(수신: 법무부 법무실 상사팀), 2005. 8. 23, 1~2면; 상장회사협의회(상장자료실), "집행임원제도의 법제화에 관한 의견," 「상장」, 2006년 1월호, 61면.
6) 박성기, 상게 건의서, 2면; 상장회사협의회(상장자료실), 상게 상장, 60면.
7) 상장회사 표준정관(2003. 2. 4. 개정) 제34조의 2(집행임원) ① 이 회사는 이사회의 결의로 집행임원을 둘 수 있다.
② 집행임원은 대표이사(사장)을 보좌하고, 이사회에서 정하는 바에 따라 이 회사의 업무를

정관에 집행임원과 관련한 근거규정만을 두고 있었다.8)

　(4) 위에서 본 바와 같이 2011년 4월 개정상법 이전에 법률상 집행임원에 관한 규정을 두지는 않고 위와 같이 상장회사 등에게 사외이사를 두는 것을 강제함으로써 상장회사 등은 사외이사를 두는 것을 최소화할 목적으로 이사의 수를 대폭 축소하고 회사의 정관 또는 내규에 따라 대표이사(지배주주) 등에 의하여 선임된 (사실상의) 집행임원을 두게 되었다. 또한 이러한 사실상 집행임원은 등기되지 않으므로 비등기임원이라고도 불리운다. 이러한 사실상 집행임원은 실제로 (사외이사를 강제하기 전에) 등기이사가 수행하던 직무를 담당하고 이로 인하여 보수 등에서도 등기이사와 거의 동등한 대우를 받고 있으면서도, 상법 등 법률상 근거가 없는 새로운 제도로서 발생하게 되었다. 또한 이러한 (사실상) 집행임원은 회사의 규모가 클수록 그 수가 많다. 이러한 (사실상) 집행임원(비등기이사)은 오늘날 실제로 IMF 경제체제 이전의 등기이사의 업무를 수행하면서도 주주총회에서 선임되지 않았고 또한 등기가 되지 않았다는 이유로 우리 대법원판례는 이러한 (사실상) 집행임원은 상법상 이사가 아니라고(즉, 근로자라고) 판시하였다.9) 이와 같이 2011년 4월 개정상법 이전에 사외이사를 강제하는 법률에서 집행임원에 대하여는 규정을 두지 않음으로써 사실상 종래의 임원(업무담당이사)의 업무를 수행하는 (사실상) 집행임원은 그 설치근거도 법률에 없었을 뿐만 아니라 그의 지위·권한·의무·책임에 대하여도 법률에 규정이 없었고 또한 그러한 사실상 집행임원은 등기되어 공시되지도 않음으로 인하여 그러한 사실상 집행임원과 거래하는 제3자의 보호에 많은 문제점을 제기하였다. 이러한 (사실상) 집행임원은 우리 법이 이사회와 분리된 집행임원에 대하여 규정하지 않고 종래의 참여형 이사회에 사외이사를 의무적으로 둘 것을 강요함에 따라 발생한 특수한 현상(법률상 미아현상) 또는 부득이한 현상이라고 볼 수 있다.10) 따라서 종래에도 해석론상으로는 이러한 (사실상) 집행임원에 대하여 그 성질이 허용하는 한 이사에 관한 규정을

---

분장 집행한다.
　③ 집행임원의 수, 임기, 직책, 보수 및 선임 등에 대하여는 이사회에서 정하는 바에 의한다.
　※ 집행임원이라 함은 "등기된 이사가 아니면서 전무이사, 상무이사 등에 준하여 회사의 업무를 집행하는 자"를 말한다.
　예) 부사장, 전무, 상무, 상무보 등
　　(본조신설 2003. 2. 4)
　8) 상장회사협의회(상장자료실), 전게 상장, 60면.
　9) 대판 2003. 9. 26, 2002 다 64681 외.
　10) 동지: 정찬형, 전게서[상법강의(상)(제20판)], 938~939면.

유추적용하여 그의 의무·책임 등을 인정하여야 하고, 입법론상으로는 집행임원에 관하여 그의 지위·권한·의무·책임 등에 대하여 상법에서 규정하여야 한다는 주장이 제기되었다.[11]

　　기업 실무에서도 (사실상) 집행임원이 종래의 등기이사와 같은 업무를 수행하는데도 지배인과 같은 상업사용인에 대하여는 (선임·권한·등기 등에 관하여) 상세한 규정을 두고 있으면서도 현실에서 그보다 더 중요한 비중을 차지하고 있는 집행임원에 대해서는 아무런 규정을 두지 않고 있는 점은 분명히 모순이라는 점, 대법원이 위에서 본 바와 같이 (사실상) 집행임원과 회사와의 관계는 이사와 회사와의 관계와는 달리 고용관계로 파악하고 있는 점에서 (사실상) 집행임원의 해임에 제한을 받아 탄력적인 집행임원을 선임·해임할 수 없어 경영상 많은 애로가 있는 점, (사실상) 집행임원의 임기가 법상 규정되지 않고 실무상 보통 1년이므로 단기실적에 집착하여 장기적인 경영계획의 수립과 집행에 방해가 되고 있는 점, 집행임원의 권한·의무·책임 등에 관하여 등기이사의 경우에 준하는 수준으로 규정함으로써 제3자가 보호받을 수 있도록 하는 것이 바람직하다는 점 등에서, 집행임원제도의 법제화를 법무부에 건의하였다.[12]

　　(5) 위와 같은 점에서 볼 때, IMF 경제체제 후 대기업(또는 상장회사)에서의 회사의 업무집행은 대표이사(또는 회장)를 중심으로 한 (사실상) 집행임원에 의하여 수행되고 있다고 볼 수 있다. 따라서 사외이사 중심의 이사회는 상법 제393

---

11) 이에 관한 상세는 정찬형, "한국주식회사에서의 집행임원에 관한 연구,"「고려법학」, 제43호 (2004. 11), 37~62면; 동, "주식회사의 지배구조와 권한분배,"「상사판례연구」, 제16집(2004), 32~35면; 동, "2007년 확정한 정부의 상법(회사법) 개정안에 대한 의견,"「고려법학」, 제50호 (2008. 4), 384면; 동, "주식회사의 지배구조,"「상사법연구」, 제28권 제3호(2009. 11), 39~48 면, 54면; 동, 전게 상장협 연구보고서 2010-2, 98~103면.
　　동지: 정쾌영, "집행임원제도에 관한 상법개정안의 문제점 검토,"「기업법연구」, 제21권 제4 호(2007. 12), 110~111면, 116면; 전우현, "주식회사 감사위원회제도의 개선에 관한 일고찰— 집행임원제 필요성에 관한 검토의 부가,"「상사법연구」, 제23권 제3호(2004. 11), 284면; 원동 욱, "주식회사 이사회의 기능변화에 따른 집행임원제도의 도입에 관한 연구," 법학박사학위논 문(고려대, 2006. 2), 86~87면, 167~169면, 181면; 서규영, "주식회사의 집행임원제도에 관한 연구," 법학박사학위논문(고려대, 2009. 8), 101~102면, 182면 외.
12) 박성기(변호사), 전게 건의서, 2~4면; 한국상장회사협의회, 집행임원제도의 법제화에 관한 의견(수신: 법무부), 2005. 12. 19; 동(상장자료실), 전게 상장(2006. 1), 60~62면(집행임원제 도를 상장회사뿐 아니라 일반 주식회사에도 적용될 수 있도록 상법에서 규정하고, 집행임원의 선임과 해임·보수 결정 등은 이사회에서 결정하는 것을 원칙으로 하며, 임기에 관하여는 최 소한도의 기간을 법정하고, 집행임원과 회사와의 관계는 위임관계임을 명확히 하며, 등기이사 도 집행임원을 겸할 수 있도록 하고, 집행임원의 회사와 제3자에 대한 책임 등을 이사의 책임 에 준하여 규정할 것을 건의함).

조 제1항의 규정에도 불구하고 (업무집행에 관한 의사결정에 있어서) 그 권한이 대폭
축소되었거나 또는 형식화되었다고 볼 수 있다. 즉, IMF 경제체제 후에는 업무
집행에 있어서 사외이사가 있는 이사회의 기능은 대폭 축소되거나 유명무실화되
고, 그 대신 법상 규정도 없는 (사실상) 집행임원에 의하여 주로 수행되고 있다고
볼 수 있다. 이러한 (사실상) 집행임원에 대하여는 법상 규정이 없었기 때문에
(사실상) 집행임원은 보통 지배주주(회장) 또는 대표이사에 의하여 선임·해임되고,
임기도 보장되지 않았으며, 또한 보수 및 권한 등도 보통 지배주주(회장) 또는 대
표이사에 의하여 결정되었다. 또한 이러한 (사실상) 집행임원에 대하여는 등기(공
시)할 필요도 없었다. 따라서 이러한 (사실상) 집행임원에 대한 인사권 등을 갖는
지배주주(회장) 또는 대표이사 등은 종래보다 그 권한이 강화되었다고 볼 수 있
고, IMF 경제체제 이전에 이사와 함께 일하는 것보다 훨씬 더 편리하고 비용도
절약할 수 있게 되었다. 또한 이러한 지배주주(회장) 또는 대표이사는 (사실상) 집
행임원으로부터 받는 충성도가 IMF 경제체제 이전의 이사의 경우보다 훨씬 높
게 되어, 제도에 의한 경영보다 사람에 의한 경영(황제경영)을 강화하였다.[13]

참여형 이사회에 사외이사를 강제로 두도록 함으로써, 이는 이사회의 업무
집행기능(업무집행에 관한 의사결정기능)의 효율성을 떨어뜨리고, 또한 사외이사의
본래의 기능(업무집행기관에 대한 감독기능)을 무력화시켰다. 이는 기업의 지배구조
에 관한 입법이 비정상이어서(또는 잘못되어서) 발생하는 필연적인 현상으로, 이를
정상적인 입법으로 반드시 바로 잡아야 할 사항이다.

## 2. 2011년 4월 개정상법 이후

2011년 4월 개정상법은 집행임원제도를 (비록 임의적이지만) 상법에 신설하였
다(상 제408조의 2~제408조의 9). 그런데 집행임원제도를 상법에 신설하는 과정에서
전국경제인연합회 등의 반대의견도 많았다.[14] 따라서 이하에서는 집행임원제도

13) 동지: 정찬형, 전게논문(고려법학 제70호), 16면.
14) 전국경제인연합회, "전경련, 기업규제적 상법개정안 재검토 요청," 전경련 보도자료(2006. 10.
    23); 동, "법무부 상법개정안에 대한 경제계의 입장," 전경련 보도자료(2006. 10. 4); 동, "건의: 상
    법 개정안에 대한 의견 — 기업 규제적 제도 재검토 필요," 「월간 전경련」, 제503호(2006. 10);
    동, "집행임원제도 도입의 문제점," CEO- Report, 제15호(2006. 8. 18); 동, "기업의 과감한
    의사결정과 경영을 저해하는 집행임원제도 도입은 재검토되어야," 전경련 보도자료(2006. 8.
    11) 등(집행임원제도 입법의 반대의 주요 내용은, 회사가 집행임원제도를 자율적으로 선택할
    수 있다고는 하나 감사위원회·사외이사제도 등과 같이 강제규범화될 가능성이 높아 기업의
    자율적 선택권을 침해할 우려가 존재하고, 일원적 이사회시스템을 염두에 두고 도입한 사외이

입법과정과 이의 입법 후 대기업의 업무집행기관에 대하여 살펴보겠다.

## 가. 집행임원제도 입법과정

(1) 2005년 8월 24일 회사법개정위원회 전체회의에 지배구조 소위원회가 집행임원에 관하여 발제한 상법 개정시안(제408조의 2 ~ 제408조의 12)의 주요내용은 다음과 같은 것이었다. 즉, 이사회에 사외이사 3인 및 이사 총수의 과반수(감독이사회)를 둔 주식회사는 이사회 결의에 의하여 집행임원을 선임하여야 하고, 이러한 이사회에는 상법 제393조가 적용되지 않는다. 집행임원은 이사회의장의 직무를 겸할 수 없고, 이사는 부득이한 경우에 또한 최소한으로 집행임원을 겸할 수 있다. 집행임원의 임기는 정관이 달리 정한 바가 없으면 3년을 초과하지 못하는 것으로 하였다.[15]

이러한 발제안은 상법개정위원회의 논의과정에서 경제계의 요구 및 실무계의 현실 등을 반영하여, 집행임원을 설치할 수 있는 주식회사에 대하여 제한을 두지 않으면서 이의 선택은 회사가 임의로 하고, 집행임원 설치회사에 상법 제393조(참여형 이사회의 권한)를 배제하는 규정을 삭제하였으며, 집행임원이 이사회의장을 겸직할 수 없도록 한 규정 및 집행임원이 원칙적으로 이사를 겸직할 수 없도록 한 규정을 삭제하였다. 또한 집행임원의 임기를 원칙적으로 2년으로 단축하였다.[16]

(2) 2011년 4월 개정상법은 위와 같은 내용으로 집행임원에 관한 규정을 신설하였다(상 제408조의 2~제408조의 9). 우리 상법이 (경제계 등 많은 반대가 있었음에도 불구하고) 주식회사의 지배구조를 개선하고 또한 국제기준에 맞는 지배구조로 나아가기 위하여 집행임원에 관하여 최초로 규정한 것은 큰 발전이라고 본다. 그러나 사외이사가 3인 이상이고 이사 총수의 과반수인 이사회를 가진 대기업이 많은 (사실상) 집행임원을 두고 있으면서 상법상 집행임원 설치회사를 선택하지 않으면(즉, 업무집행기관과 업무감독기관을 분리하지 않으면) 여전히 종래와 같은 많은

---

사제도 · 감사위원회제도와 이사회 권한을 업무집행과 감독으로 규정한 현행 상법의 입법취지와도 배치되며, 집행임원을 이사회가 선임하게 함으로써 결과적으로 주주권 약화를 초래할 수 있어 기존 상법의 주주권 강화 방향과 어긋나는 결과를 초래할 수 있고, 집행임원의 책임추궁이 용이하게 됨으로써 신속하고 과감한 업무집행보다 위험 회피적 경영을 부추길 수 있다는 것이다).

15) 정찬형, 전게논문(고려법학 제70호), 19~20면.
16) 정찬형, 상게논문(고려법학 제70호), 20면.

문제가 발생하게 되고, 또한 회사규모에 관계 없이 모든 주식회사가 집행임원 설치회사를 선택할 수 있도록 한 것은 대기업은 주주총회가 형식화되어 업무집행기관을 실제로 감독할 수 없으므로 주주총회의 위임을 받은 이사회로 하여금 업무집행기관(집행임원)을 실효성 있게 감독할 수 있도록 하는 집행임원제도의 원래의 취지에 반하며, 또한 집행임원이 이사회 의장 및 이사를 겸하는 것에 대하여 아무런 제한을 두지 않음으로써 대기업에 업무집행기관과 업무감독기관을 분리시켜 업무감독 및 업무감사의 실효를 거두고자 하는 원래의 취지는 퇴색하게 되었다.17)

## 나. 집행임원제도 입법 후 대기업의 업무집행기관

### (1) 상법상 집행임원제도를 채택하는 경우

대기업이 정관 등을 개정하여 상법상 집행임원제도를 채택하면, 동 회사의 업무집행기관은 이사회와 분리된 상법상 「집행임원」이 된다. 또한 이는 상법상 이사회를 이사 총수의 과반수가 사외이사로 구성하여 감독형 이사회로 규정한 상법(상 제542조의 8 제1항 단서)의 입법취지에도 부합한다. 이 경우 사외이사는 회사의 개별적인 업무집행에 관한 의사결정에는 참여하지 않고 업무집행기관(집행임원)에 대한 감독 및 감사에만 참여하므로, 감독 및 감사의 효율성을 높일 수 있을 뿐만 아니라 또한 업무집행에 관한 의사결정에 참여함으로 인한 책임부담에서도 해방될 수 있어 사외이사제도의 본래의 기능을 회복하면서 그 효율성을 높일 수 있다.18)

만일 현재 대부분의 대기업이 자율적으로 상법상 집행임원제도를 채택하면, 회사는 장기적으로 볼 때 황제경영을 지양하고 견제받는 지배구조에 의한 경영으로 제도가 정착되므로 이러한 회사의 지배구조는 종국적으로 회사에게도 유익하고, 국가는 이를 강제하기 위한 입법을 할 필요가 없게 되므로, 이는 다른 한편 자율적인 지배구조의 개선이 되어 국가경제에도 크게 유익하다고 본다.19)

### (2) 상법상 집행임원제도를 채택하지 않는 경우

현재 우리 대기업은 많은 (사실상) 집행임원을 두고 있으면서도 거의 전부

---

17) 동지: 정찬형, 상게논문(고려법학 제70호), 20면.
18) 동지: 정찬형, "우리 주식회사 지배구조의 문제점과 개선방안,"「상사법연구」, 제34권 제2호 (2015. 8), 21면.
19) 동지: 정찬형, 상게논문(상사법연구 제34권 제2호), 21~22면.

상법상 집행임원제도를 채택하지 않고 있다. 따라서 이러한 대기업의 경우도 회사의 업무집행기관은 상법상 「이사회」와 「대표이사」이다(상 제393조 제1항, 제389조). 그런데 위에서 본 바와 같이 이사회는 이사 총수의 과반수가 사외이사로 구성되어 (형식상) 감독형 이사회로 되어 있으므로 이러한 이사회에서 회사의 모든 업무집행에 관하여 의사결정을 할 수 없다. 따라서 대기업은 위에서 본 바와 같이 사외이사를 최소화하기 위하여 이사회를 최소의 이사로 구성하고 또한 사외이사가 참여하는 이사회를 사실상 유명무실화시키면서, 회사의 업무집행은 대표이사(지배주주 또는 회장)가 임면하는 사실상 집행임원(비등기임원)을 중심으로 실행되고 있는 것이 현실이다.[20] 대부분의 대기업이 이와 같이 사실상 집행임원을 중심으로 경영하면서 상법상 집행임원제도를 채택하지 않는 것은 법의 맹점(집행임원제도를 회사의 선택에 맡긴 점)을 이용한 탈법행위라고 본다. 또한 이사회를 이사 총수의 과반수가 사외이사가 되도록 의무적으로 규정하면서(즉, 형식적으로 감독형 이사회를 규정하면서)(상 제542조의8 제1항 단서) 이에 대응하여 상법상 집행임원제도를 의무적으로 채택하도록 규정하지 않고 상법상 참여형 이사회제도를 채택할 수 있도록 한 것은 모순되는 입법이라고 본다.[21] 따라서 대기업의 업무집행기관은 (상법상) 형식적으로는 이사회와 대표이사이나 실질적으로는 위에서 본 바와 같이 대표이사와 사실상 집행임원이 되어, 이는 상법에 맞지 않을 뿐만 아니라 오히려 상법을 탈법하여 운용되고 있는 것이 현실이다.[22] 대기업의 대표이사(지배주주)는 회사 정관을 변경하여 현행 사실상 집행임원을 상법상 집행임원으로 변경할 필요성을 전혀 느끼지 않으며, 대기업에 대하여 의무적으로 집행임원제도를 채택하도록 하는 상법개정의 움직임에 대하여는 지배구조의 자율성을 침해한다는 이유 등으로 강력히 반대한다. 왜냐하면 앞에서 본 바와 같이 대표이사(지배주주)는 사실상 집행임원을 아무런 제한 없이 임면(任免)할 수 있고 또한 이러한 사실상의 집행임원은 공시(등기)도 되지 않으므로, IMF 경제체제 이전에 이사와 함께 일하는 것보다 더 편리하고 비용도 절약할 수 있으며, 사실상 집행임

---

20) 동지: 정찬형, "금융기관 지배구조의 개선방안," 「금융법연구」, 제12권 제1호(2015. 4), 71면.
21) 이러한 모순되는 입법에 대하여 정부·국회·학계 및 언론 등에서 구체적으로 문제점을 제기하고 해결하도록 하여야 하는데, 이러한 문제점을 구체적으로 거론하지는 않고 대기업(재벌기업)의 경우 지배구조에 문제가 있다거나 (제도적으로 감독할 수 없도록 한) 이사회가 감독기능을 제대로 하지 못한다고만 비난한다(김신영, "침묵하는 마네킹 이사회," 조선일보 2015. 8. 10.자 A30면 등).
22) 동지: 정찬형, 전게논문(상사법연구 제34권 제2호), 20면.

원의 대표이사(지배주주)에 대한 충성도도 훨씬 높게 되어 제도에 의한 경영보다 사람에 의한 황제경영이 더욱 강화되었기 때문이다.23) 따라서 이는 국가가 입법에 의하여 반드시 개선하여 글로벌 스탠더드에 맞는 선진국형 지배구조로 나아가야 할 것으로 본다.24)

　　대기업의 경우 이사회를 이사 총수의 과반수가 사외이사가 되도록 의무적으로 규정하였으면(즉, 감독형 이사회를 규정하였으면)(상 제452조의8 제1항 단서), 이에 대응하여 감독형 이사회와는 별도의 집행임원을 의무적으로 두도록 하는 입법을 하여야 균형이 맞고 또한 감독형 이사회가 업무집행기관(집행임원)에 대하여 실효성 있는 감독을 할 수 있으며 사외이사의 본래의 기능을 회복시킬 수 있다. 이와 같이 대기업에 대하여 의무적으로 집행임원을 두도록 하는 입법에 대하여, 기업의 자율을 해치고 또한 세계에 유래가 없는 입법이 된다고 비난하는데, 이는 타당하지 않다고 본다. 위에서 본 바와 같이 집행임원제도에 관하여 2011년 4월 개정상법이 회사의 자율에 맡겼으나, 회사는 사실상 집행임원을 이용하면서 상법에 맞게 운용하지 않는 탈법현상이 발생하여 이사회의 감독기능이 무력화되고 대표이사(또는 지배주주)에 의한 황제경영이 강화되고 있는데 국가는 이를 방치할 수 없지 않은가? 비교법적으로 볼 때도 독일에서는 업무집행기관(이사회)과 업무감독기관(감사회)이 처음부터 분리되었고(중층제도), 미국에서는 초기에 참여형 이사회제도이었으나(단층제도) 근래에는 감독형 이사회제도를 많이 채택하여 독일의 중층제도와 유사하게 되었다. 따라서 오늘날은 업무집행기관과 업무감독기관을 분리하는 입법추세가 국제적인 기준이 되고 있다고 볼 수 있다. 미국에서 집행임원을 의무적으로 두도록 한 주법(州法)으로는 캘리포니아주25)·델라웨어주26) 등이 있고, 정관에 의하여 집행임원을 둘 수 있도록 한 주로는 뉴욕주27) 등이 있다. 미국법조협회(American Law Institute: ALI)가 1992년 3월 31일에 최종안으로 제안한 회사지배구조의 원칙(Principles of Corporate Governance: Analysis and Recommendation)에 의하면 일정규모 이상의 공개회사는 집행임원제도를 채택하도록 하고(동 원칙 제3.01조), 개정모범사업회사법(Revised Model Business Corporation Act 2006: RMBCA)

---

23) 동지: 정찬형, 상게논문(상사법연구 제34권 제2호), 21면; 동, 전게논문(금융법연구 제12권 제1호), 71면.
24) 동지: 정찬형, 상게논문(상사법연구 제34권 제2호), 21면.
25) Cal. Corp. Code 제312조.
26) Del. Gen. Corp. Law 제142조.
27) N. Y. Bus. Corp. Law 제715조.

도 회사는 집행임원을 두도록 하고 있다(동법 제8.40조 (a)항). 프랑스의 2001년 개정상법에서도 회사의 전반적인 업무집행권은 회사의 선택에 따라 대표이사 또는 대표이사와는 다른 자인 집행임원이 행사할 수 있도록 하였다(동법 제225-51-1조). 일본의 2005년 회사법에서는 사외이사를 과반수로 한 위원회를 설치하는 위원회설치회사에서는 집행임원을 의무적으로 두도록 하고 있고(동법 제402조 제1항), 2005년 개정된 중국 회사법도 주식회사에서는 집행임원(經理)을 의무적으로 두도록 하고 있다(동법 제114조 1문).

## III. 감독기관

### 1. 2011년 4월 개정상법 이전

#### 가. IMF 경제체제(1997년) 전

IMF 경제체제 이전에는 앞에서 본 바와 같이 (주식회사의) 이사회가 거의 전부 사내이사로만 구성되고, 이사회는 업무집행기관(업무집행에 관한 의사결정기관)이면서(상 제393조 제1항) 동시에 이사(대표이사를 포함)의 직무집행에 대한 감독기관이었다(상 제393조 제2항). 우리 상법상 업무집행기관에 대한 감독기관은 제정상법에는 특별히 규정하지도 않았고, 1984년 개정상법에서 "이사회는 이사의 직무집행을 감독한다"고 규정하였다(상 제393조 제2항). 그런데 업무집행기관과 업무감독기관이 동일하게 되어 업무집행기관에 대한 감독은 사실상 없거나 유명무실하게 되었고, 대표이사의 권한이 워낙 막강하여 대표이사에 의하여 주주총회에 추천되어 선임되고 또한 대표이사와 상하관계에서 업무를 집행하는 이사로 구성된 이사회가 대표이사의 업무집행을 감독한다는 것은 사실상 처음부터 불가능하였으며, 이사회가 업무집행에 관하여 결정한 사항을 같은 이사회가 감독한다는 것은 자기감독의 모순이 있을 뿐만 아니라 감독의 실효성(實效性)을 처음부터 불가능하게 하였다.[28] 이러한 경우 업무집행기관에 대한 감독기관은 주주총회밖에 없는데, 지배주주가 대표이사를 맡는 경우 주주총회에 의한 업무집행기관(이사회 및 대표이사)에 대한 감독도 사실상 불가능하였다. 따라서 이러한 회사의 경영은 감독을 받지 않고, 제도에 의한 경영이 아니라 특정인에 의하여 독단되는 황제경

---

28) 동지: 정찬형, 전게논문(상사법연구 제34권 제2호), 22~23면; 동, 전게논문(금융법연구 제12권 제1호), 69면.

영이 되었다. 이는 대기업의 경우도 동일하여, 이로 인하여 한국은 1997년 말 IMF 경제체제를 맞게 되었고, 이로 인하여 많은 국민은 실업 등 뼈아픈 고통을 경험하게 된 것이다.[29] 즉, 대기업에서 감독(견제)을 받지 않는 특정인에 의한 독단경영(다시 말하면, 잘못된 지배구조에 의한 황제경영)의 경우에는 (신속하고 과감한 경영의 장점도 있을 수 있겠으나) 잘못된 경우 이로 인하여 국민과 국가경제에 끼치는 폐해는 더 심하다고 볼 수 있다.[30]

　　이사회가 업무집행기관에 대하여 감독권을 갖게 하는 것은 이사회가 업무집행기관이 아니고 별도의 업무집행기관(집행임원)을 두는 것을 전제로 하는 것인데 (또는 이에 더 나아가 지배주주가 경영에 참여하지 않고 이사회를 통하여 업무집행기관에 대한 실효성 있는 감독을 하는 것을 전제로 한 것인데), 1984년 개정상법이 (지배주주가 경영에 참여하는) 업무집행기관(이사회)에 동시에 감독권을 부여한 것은 감독의 실효성을 염두에 두고 한 입법인지 매우 의심스럽다. 업무집행기관(이사)에 대한 감독기관(이사회)이 존재한다는 점에 대하여만 형식적 의미로 규정한 것으로 볼 수밖에 없다.

## 나. IMF 경제체제(1997년) 후

　　IMF 경제체제 이후에는 상장회사의 경우 이사회에 이사 총수의 4분의 1 이상의 사외이사를 의무적으로 두어야 하고(처음에는 증권거래법 제191조의 16 제1항 본문에서 규정하였는데, 그 후 상 제542조의 8 제1항 본문에서 규정함), 대기업의 경우는 이사회에 사외이사를 의무적으로 3명 이상 및 이사 총수의 과반수 두도록 하였다(처음에는 증권거래법 제191조의 16 제1항 단서에서 규정하였는데, 그 후 상 제542조의 8 제1항 단서에서 규정함). 이는 이사회의 업무집행기관에 대한 감독의 실효성을 도모하기 위한 것으로 생각되나, 2011년 4월 개정상법 이전에는 이사회와 분리된 업무집행기관(집행임원)에 대하여 어디에도 전혀 규정하지 않았다. 따라서 회사의 업무집행기관은 종래와 같이 이사회와 대표이사이고(상 제393조 제1항, 제389조) 이러한 업무집행기관에 대한 감독기관도 이사회이었다(상 제393조 제2항). 즉, 사외이사는 (이사회를 통하여) 회사의 업무집행에 관한 의사결정에도 참여하고 다시 업무집행기관에 대한 감독에도 참여하도록 하였다. 이와 같이 이사회에 사외이사를

---

29) 동지: 정찬형, 상게논문(상사법연구 제34권 제2호), 23면; 동, 상게논문(금융법연구 제12권 제1호), 69면.
30) 동지: 정찬형, 상게논문(상사법연구 제34권 제2호), 23면.

참여시킨 경우에도 이사회와 분리된 업무집행기관이 없으므로 자기감독의 모순이 있을 뿐만 아니라 감독의 실효성(實效性)이 없는 점은 IMF 경제체제 이전의 경우와 크게 다르지 않았다.

앞에서 본 바와 같이 사외이사가 참여하여 회사의 업무집행에 관한 의사를 결정하는 이사회는 거의 유명무실화 되었고, 회사의 업무집행은 거의 대표이사와 (사실상) 집행임원에 의하여 이루어지는데, 이러한 (사실상) 집행임원은 법상 이사회의 감독을 받지 않는다. 또한 대표이사가 주주총회에 의하여 선임되는 경우에는(상 제389조 제1항 단서) 대표이사도 인사권이 없는 (사외이사가 있는) 이사회에 의하여 실효성 있는 감독을 거의 받지 않는다. 따라서 사외이사는 업무집행 및 업무감독에서 동시에 소외되어 사외이사 도입에 대한 회의가 발생하는 것이다. 이는 잘못된 지배구조의 입법에서 발생하는 필연적인 현상이라고 볼 수 있다. 이사회의 업무집행기관에 대한 감독권을 실효성 있게 강화하고자 하면, 먼저 이사회와 분리된 업무집행기관(집행임원)을 두도록 하여 이사회를 감독형 이사회로 전환한 후 이러한 감독형 이사회에 사외이사를 두도록 하였어야 한다.

IMF 경제체제 이후 상장회사에 대하여 의무적으로 사외이사를 이사 총수의 4분의 1 이상 두도록 한 것은(상 제542조의 8 제1항 본문) 매우 잘못된 입법이라고 본다. 이는 이사회가 업무집행에 관한 의사결정을 하는데 그 효율성을 증대하는 것도 아니고(업무내용을 잘 모르는 사외이사의 존재로 인하여 오히려 업무집행에 관한 효율성을 저하시킴), 또한 앞에서 본 바와 같이 자기감독의 모순이 있을 뿐만 아니라 (사실상) 집행임원의 출현과 이러한 (사실상) 집행임원이 법상 이사회의 감독을 받지 않으므로 사외이사가 있는 이사회가 업무집행기관에 대한 감독의 실효를 거두지도 못하고 있다. 따라서 대기업이 아닌 상장회사에 대하여 불필요하게 사외이사를 의무적으로 두도록 한 규정은 폐지되어야 하고, 그 대신 사외이사를 의무적으로 이사 총수의 과반수가 되도록 한 대기업의 경우에는 그러한 이사회를 실질적으로 감독형 이사회로 전환하도록 하여(즉, 집행임원 설치회사를 의무적으로 채택하도록 하여) 이사회의 업무집행기관에 대한 감독의 실효를 거두도록 하여야 할 것이다.

## 2. 2011년 4월 개정상법 이후

2011년 4월 개정상법은 집행임원제도를 상법에 신설하면서(상 제408조의 2 ~ 제408조의 9) 집행임원을 둔 경우(즉, 집행임원 설치회사의 경우) 감독형 이사회의 권한에 대하여 별도로 규정하고 있다(상 제408조의 2 제3항). 그런데 이러한 상법상 집행임원을 두는지 여부는 회사의 선택에 맡겼기 때문에(상 제408조의 2 제1항), 회사(대기업)가 집행임원 설치회사를 선택하는지 여부에 따라 업무집행기관에 대한 감독기관과 감독의 실효성 여부가 달라진다. 따라서 이하에서는 이를 나누어 살펴보겠다.

### 가. 대기업이 상법상 집행임원제도(집행임원 설치회사)를 채택하는 경우

대기업이 상법상 집행임원제도를 채택하여 집행임원 설치회사가 되면, 업무집행기관(집행임원)(상 제408조의 4)에 대한 감독기관은 (감독형) 이사회이다(상 제408조의 2 제3항 제2호).

이 경우 이사회는 사외이사가 3인 이상이고 또한 이사 총수의 과반수로 구성되어야 하므로(즉, 감독형 이사회이어야 하므로)(상 제542조의 8 제1항 단서) 집행임원 설치회사가 이러한 감독형 이사회를 갖는 것은 균형을 이룬다. 이 경우 사외이사도 회사의 업무집행기관(집행기관)에 대한 감독 및 감사업무에만 참여하고 회사의 업무집행에 관한 의사결정에는 거의 참여하지 않으므로 이에 따른 책임부담의 두려움에서 벗어나 그의 능력을 최대한 발휘할 수 있어 원래의 사외이사 도입취지에도 맞게 된다. 이는 또한 글로벌 스탠더드에 맞는 기업지배구조로서 해외투자자 등으로부터 신뢰를 얻게 될 것이다.[31]

### 나. 대기업이 상법상 집행임원제도(집행임원 설치회사)를 채택하지 않는 경우

앞에서 본 바와 같이 우리나라에서의 대기업은 거의 전부 상법상 집행임원제도(집행임원 설치회사)를 선택하지 않고 사실상 집행임원이 회사의 업무집행을 하고 있으므로, 2011년 4월 개정상법 이전과 같이 참여형 이사회에 의한 자기감독이 되고(상 제393조 제1항·제2항) 더 나아가 사실상 집행임원에 대하여 이사회가 법상 감독을 할 수도 없게 되어, 업무집행기관에 대한 감독은 (사실상) 유명무실하거나 없는 것과 같게 되는 중대한 문제점이 발생한다. 이 경우 상법상 업무집행기관(이사회 및 대표이사)에 대한 감독기관은 이사회이다(상 제393조 제2항). 상법은 대기업에 대하여 의무적으로 이사회에 사외이사를 3명 이상 및 이사 총수 과반수 두도록 규정하고 있으므로(상 제542조의 8 제1항 단서) 이 점에서 보면 대기

---

31) 동지: 정찬형, 전게논문(상사법연구 제34권 제2호), 27면.

업은 (형식상) 감독형 이사회를 두고 있다고 볼 수 있다. 따라서 이의 경우에는 이러한 감독형 이사회와 분리되는 업무집행기관(집행임원)을 의무적으로 두도록 (즉, 집행임원 설치회사이어야 함을) 규정하였어야 하는데, 집행임원 설치회사를 선택사항으로 규정하여(상 제408조의 2 제1항) 회사가 업무집행기관으로 종래와 같이 이사회와 대표이사를 선택하면(우리나라 대기업은 거의 전부 이와 같은 업무집행기관의 형태를 선택함) 업무집행기관과 감독기관이 중복되어 모순될 뿐만 아니라 처음부터 제도적으로 감독기관(이사회)의 업무집행기관(이사회와 대표이사)에 대한 감독을 사실상 불가능하게 하고 있다.

　　따라서 대기업이 상법상 집행임원제도를 채택하지 않는 경우에는 이사회에 의한 업무집행기관(이사회 및 대표이사)에 대한 감독기능은 제도상 처음부터 불가능하여 이사회에 의한 감독은 없는 것과 같게 되었다. 또한 회사는 이사회에서 사외이사를 최소화할 목적으로 이사의 수를 대폭 축소하면서 이사회를 유명무실하게 하고 회사의 업무집행은 실제로 대표이사(지배주주) 및 사실상 집행임원(비등기임원)에 의하여 수행되면서 사실상 집행임원은 인사권이 있는 대표이사(지배주주)에 의한 감독만을 받고 이사회의 감독을 받지 않는다. 사외이사가 과반수인 이사회는 이사회의 구성원이며 막강한 권한을 가진 대표이사(지배주주)에 대하여도 (사실상) 감독권을 행사한다는 것은 불가능하다. 따라서 우리 상법은 형식적 (외관상)으로는 사외이사제도와 감독형 이사회제도를 도입하여 업무집행기관에 대한 실효성(實效性) 있는 감독권을 행사하는 것으로(즉, 견제받는 경영으로) 되어 있으나, 감독형 이사회와 분리되는 업무집행기관(집행임원)을 두도록 하지 않고 다시 참여형 이사회제도를 채택할 수 있도록 함으로써 감독형 이사회제도는 유명무실하고 아무런 감독(견제)을 받지 않는 업무집행기관인 대표이사(지배주주)는 법의 규제를 받지 않는 사실상의 집행임원을 지휘하면서 전권을 행사하는 업무집행을 할 수 있도록 하여 IMF 경제체제 이전보다도 재벌기업의 황제경영의 지배구조를 더 강화시키는 결과가 되었다.[32)]

　　따라서 대기업이 상법상 집행임원제도를 채택하지 않으면 업무집행기관(이사회)이 업무집행기관(이사회와 대표이사)을 감독하는(즉, 자기감독을 하는) 제도적 모순이 발생하고, 또한 집행임원 설치회사에서 (감독형) 이사회가 업무집행기관(집행임원)에 대한 실효성 있는 감독을 하기 위하여는 사외이사가 이사 총수의 과반수가

---

32) 동지: 정찬형, 상게논문(상사법연구 제34권 제2호), 25~26면.

되어야 하므로, 상법 제408조의 2와 동 제542조의 8 제1항 단서는 상호 관련하여 입법이 되어야 할 것으로 본다. 즉, 집행임원 비설치회사에 대하여는 감독형 이사회에 관한 규정(상 제542조의 8 제1항)을 배제하고, 감독형 이사회에 관한 규정은 집행임원 설치회사에 대하여만 적용하는 것으로 하여야 할 것이다. 이와 같이 하는 것이 현행 규정의 제도상 모순을 해결하고 또한 대기업의 업무집행기관이 실효성 있는 감독을 받을 수 있게 될 것으로 본다. 이와 같이 하기 위하여는, 현행 우리 상법 제542조의 8 제1항 단서를 "다만, 자산규모 등을 고려하여 대통령령으로 정하는 상장회사의 사외이사는 3명 이상으로 하되 이사 총수의 과반수가 되도록 하여야 하고, 또한 제408조의 2 이하의 집행임원 설치회사이어야 한다"로 개정하여야 할 것이다. 또한 상법 제408조의 2 제1항 제1문을 "제542조의 8 제1항 단서의 회사 이외의 회사는 집행임원을 둘 수 있는데, 집행임원을 두는 경우에는 제542조의 8 제1항 단서에 의한 사외이사를 두어야 한다"로 개정하여야 할 것이다.

## IV. 감사(鑑査) 기관

### 1. 2011년 4월 개정상법 이전

#### 가. IMF 경제체제(1997년) 전

IMF 경제체제 이전에 대기업의 업무집행기관(대표이사 및 업무담당 이사)에 대한 업무집행과 회계를 감사(監査)할 권한을 가진 기관은 감사(監事)이었다(商 제412조 제1항). 1962년 우리 제정상법 이후 1984년 개정상법 이전에는 감사(監事)에게 회계감사권만 부여하였는데, 1984년 개정상법에서 감사에게 회계감사권뿐만 아니라 업무감사권도 부여하였다(상 제412조). 이후 감사(監査)의 실효성을 확보하기 위하여 상법 개정시마다 감사(監事)에 관한 규정을 많이 개정 또는 보완하였는데, 실무에서는 감사(監事)의 독립성과 전문성이 확보되지 못하여 유명무실한 감사(監査)를 하는 경우가 많았다.[33] 이러한 가운데 IMF 경제체제 후 정부는 IMF의 요청을 받아들여 1999년 개정상법에서 주식회사는 이사회내 위원회의 하나로서 감사위원회제도를 감사(監事)에 갈음하여 채택할 수 있음을 규정하고(상 제415조의 2

---

33) 동지: 정찬형, 전게서[상법강의(상)(제20판)], 1079면.

제1항), 증권거래법에서 대기업은 감사(監事)에 갈음하여 감사위원회를 의무적으로 두도록 규정하였다(처음에는 증권거래법 제191조의 17 제1항에서 규정하였으나, 그 후 상 제542조의 11 제1항에서 규정함).

　우리 상법은 감사(監事)의 독립성을 확보하기 위하여 감사(監事)의 선출방법에 있어 1주 1의결권의 원칙의 예외를 인정하여 대주주의 뜻에 좌우되지 않는 공정한 선출을 보장하기 위한 규정을 두었다.[34] 즉, 감사(監事)는 주주총회(보통결의)에서 선임되는데(상 제409조 제1항), 소수주주의 의사가 반영될 수 있도록 하기 위하여 의결권 없는 주식을 제외한 발행주식총수의 100분의 3을 초과하는 수의 주식을 가진 주주는 그 초과하는 주식에 관하여 감사(監事)의 선임에서 의결권을 행사하지 못하는 것으로 하였다(단순 3% rule)(상 제409조 제2항). 이 때 상장회사의 최대주주의 경우는 그와 그의 특수관계인 등이 소유하는 상장회사의 의결권 있는 주식의 합계가 그 회사의 의결권 없는 주식을 제외한 발행주식총수의 100분의 3을 초과하면 그 주주는 그 초과하는 주식에 관하여 감사를 선임하거나 해임할 때에 의결권을 행사하지 못하는 것으로 하였다(합산 3% rule)(처음에는 증권거래법 제191조의 11 제1항에서 규정하였으나, 그 후 상 제542조의 12 제3항에서 규정함).

## 나. IMF 경제체제(1997년) 후

　(1) IMF 경제체제 후 대기업에 대하여는 감사(監事)를 두지 못하고 의무적으로 감사위원회를 두도록 하였다(처음에는 증권거래법 제191조의 17 제1항에서 규정하였으나, 그 후 상 제542조의 11 제1항에서 규정함). 또한 대기업의 이러한 감사위원회는 감사위원 중 1명 이상은 대통령령으로 정하는 회계 또는 재무 전문가이어야 하고 또한 감사위원회의 대표는 사외이사이어야 함을 규정하고(처음에는 증권거래법 제191조의 17 제2항 및 제54조의 6 제2항에서 규정하였으나, 그 후 상 제542조의 11 제2항에서 규정함), 상근감사위원에 대하여는 상근감사와 같은 결격사유를 규정하였다(처음에는 증권거래법 제191조의 17 제2항 및 제54조의 6 제3항에서 규정하였으나, 그 후 상 제542조의 11 제3항 및 제542조의 10 제2항에서 규정함).

　대기업의 이러한 감사위원회는 감사(監事)와 같은 것으로 보고 감사위원의 선임 및 해임권이 주주총회에 있음을 규정하면서(증권거래법에서는 이에 관한 명문규정은 두지 않았으나, 상 제542조의 12 제1항에서 규정함), 주주총회에서 이사를 선임

---

34) 정찬형, 상게서[상법강의(상)(제20판)], 1079면.

한 후 선임된 이사 중에서 감사위원을 선임하는 것으로 하였다(일괄선출방식)(증권
거래법에서는 이러한 규정을 두지 않았으나, 상 제542조의 12 제2항에서 규정함). 또한 대
기업(또는 상장회사)이 주주총회에서 이러한 감사위원회의 상근감사위원을 선임·
해임할 때에는 앞에서 본 바와 같은 감사(監事)의 선임·해임의 경우와 같이 주주
의 의결권을 제한하였다(합산 3% rule)(처음에는 증권거래법 제191조의 11 제1항에서 규
정하였으나, 그 후 상 제542조의 12 제3항에서 규정함). 대기업의 주주총회에서 사외이
사인 감사위원회 위원을 선임할 때에는 의결권 없는 주식을 제외한 발행주식총
수의 100분의 3을 초과하는 수의 주식을 가진 주주는 그 초과하는 주식에 관하
여 의결권을 행사하지 못하는 것으로 하였다(단순 3% rule)(처음에는 증권거래법 제
191조의 17 제2항 및 제54조의 6 제6항에서 규정하였으나, 그 후 상 제542조의 12 제4항에
서 규정함. 이는 상 제409조 제2항과 동일한 내용임).

　　(2) 그런데 대기업에 대하여 (형식상) 감독형 이사회를 의무적으로 두도록 하
고(상 제542조의 8 제1항 단서) 또한 감사위원회를 의무적으로 두도록 하면서(상 제
542조의 11 제1항) 감독형 이사회와는 별도의 업무집행기관(집행임원)에 대한 입법
을 하지 않아 감독형 이사회가 다시 업무집행을 하도록 하는 것은(상 제393조 제1
항)(다시 말하면, 감독형 이사회에 다시 업무집행권을 부여하여 참여형 이사회로 하는 것
은), 그 자체 모순이며, 이사회의 업무감독권과 업무집행권을 모두 유명무실화시
키는 것으로 큰 문제이었다. 또한 감사위원회는 집행임원 설치회사에서 감독형
이사회내 위원회의 하나로서 그 기능을 발휘할 수 있는 것이고[35] 또한 이것이
글로벌 스탠더드에 맞는 지배구조인데, 이러한 감사위원회를 대기업의 경우 업무
집행기관인 참여형 이사회내 위원회의 하나로서 감사(監事)에 갈음하여 의무적으
로 두도록 하는 것은 이러한 감사위원회가 감사(監事)보다 그 독립성과 효율성이
훨씬 더 떨어지면서 많은 문제점을 발생시키는 점을 간과한 입법이라고 본다.[36]
따라서 감독형 이사회와는 별도의 법상 업무집행기관(집행임원)이 없는 대기업에
대하여 감사위원회를 의무적으로 두도록 한 규정(상 제542조의 11 제1항)은 규정하
지 않았어야 할 것으로 본다.[37] 이 경우 대기업은 상근감사(監事)를 의무적으로

---

35) 동지: 송옥렬, 「상법강의(제4판)」, 홍문사, 2014, 1075면(감사위원회의 도입은 이사회를 감
　　독기관으로 하는 미국식 지배구조로의 전환을 의미한다고 한다).
36) 동지: 정찬형, 전게논문(상사법연구 제34권 제2호), 34면; 동, 전게논문(금융법연구 제12권
　　제1호), 77~81면 참조.
37) 동지: 정찬형, 상게논문(상사법연구 제34권 제2호), 34면; 동, 상게논문(금융법연구 제12권
　　제1호), 81면.

두어야 하므로(상 제542조의 10), 집행임원 비설치회사인 대기업에서는 이러한 상 근감사가 그의 독립성이나 감사(監査)의 효율성에서 이와 같이 모순된 감사위원 회보다는 훨씬 더 나았을 것으로 본다.

## 2. 2011년 4월 개정상법 이후

### 가. 대기업이 상법상 집행임원제도를 채택하는 경우

대기업이 상법상 집행임원제도(집행임원 설치회사)를 채택하면(商 제408조의 2~ 제408조의 9) 업무집행을 담당하는 집행임원의 업무집행과 회계를 감사할 기관에 대하여 의무적으로 감사위원회를 두어야 한다(이 점은 현행 상법상 대기업이 상법상 집행임원제도를 채택하지 않은 경우에도 동일하게 규정하고 있는데, 이는 위에서 본 바와 같이 잘못된 규정이라고 본다)(상 제542조의 11 제1항). 이는 대기업에 대하여 이사회 를 감독형 이사회로 규정한 점(상 제542조의 8 제1항 단서)과 조화하고 또한 이러한 감독형 이사회와는 독립된 업무집행기관인 집행임원을 별도로 두고 있으므로(상 제408조의 2 이하) 감독형 이사회내 위원회의 하나인 감사위원회는 집행임원에 대 하여 그 독립성을 갖고 효율적인 감사(監査)를 할 수 있다. 또한 이러한 지배구조 는 글로벌 스탠더드에 맞는 모범적인 지배구조가 된다.[38]

현행 상법상 이러한 감사위원회에 감사위원회 총 위원 중 3분의 1 이하는 사내이사로 할 수 있는데(상 제415조의 2 제2항 단서 반대해석, 제542조의 11 제2항 전 단), 자기감사의 모순을 피하고 감사(監査)의 독립성과 효율성을 위하여는 감사위 원회에 사내이사를 참여시키지 않는 것이(즉, 감사위원회는 모두 사외이사로 구성하는 것이) 타당하다고 본다.[39] 이와 같이 집행임원 설치회사에 대하여 감사위원회를 두도록 하면서 감사위원회 위원 전부를 사외이사로 하면, 현행 상법 제542조의 11 제1항은 "제542조의 8 제1항 단서의 상장회사는 사외이사로 구성된 감사위원 회를 설치하여야 한다"로 개정되어야 하고, 동조 제2항 제2호 및 제3항은 의미 가 없으므로 삭제되어야 할 것이다.

집행임원 설치회사가 감독형 이사회내 위원회의 하나로서 감사위원회를 두 는 경우에는 감사위원회 위원은 다른 위원회의 경우와 같이 이사회에 의하여 선

---

38) 동지: 정찬형, 상게논문(상사법연구 제34권 제2호), 35면.
39) 동지: 정찬형, 상게논문(상사법연구 제34권 제2호), 35면; 동, 전게논문(금융법연구 제12 권 제1호), 81면.

임·해임되어야 한다고 본다(상 제393조의 2 제2항 제3호). 현행 상법이 (대기업의 경
우) 감사위원회 위원을 주주총회에서 선임하도록 하고 또한 이 경우 주주의 의결
권을 제한한 것은 집행임원 비설치회사를 전제로 하여 업무감사를 받는 이사회
가 업무감사를 하는 감사위원회를 선임·해임한다는 것은 모순이며 문제점이 있
다고 하는 점 또한 감사위원회를 집행임원 비설치회사에서 감사(監事)에 갈음하
여 둘 수 있는 제도라고 오해한 점(원래 감사위원회는 집행임원 설치회사를 전제로 하
여 둘 수 있는 제도임)에서 규정한 것인데, 집행임원 설치회사에서 감사위원회 위
원을 원래대로 감독형 이사회가 선임·해임할 수 있도록 하면 현행 상법 제542조
의 12 제1항·제2항·제3항(감사에 관한 사항은 제외함) 및 제4항은 삭제되어야 할
것으로 본다.40) 이와 함께 상법 제415조의 2 제6항도 삭제하여, 감독형 이사회내
위원회의 하나인 감사위원회도 원래대로 감독형 이사회의 통제를 받도록 하여야
할 것이다.

## 나. 대기업이 상법상 집행임원제도를 채택하지 않는 경우

대기업이 상법상 집행임원제도를 채택하지 않으면 IMF 경제체제 후의 경우
와 같이 감사위원회에 의한 감사는 제도상 자기감사의 모순이 발생할 뿐만 아니
라, 감사위원회는 종래의 감사(監事)보다 훨씬 더 그 독립성 및 감사(監査)의 실효
성이 떨어지는 문제가 발생한다.

따라서 이러한 제도상 모순과 비효율성을 제거하기 위하여는 집행임원 설치
회사(즉, 실질적인 감독형 이사회)에서만 감사위원회를 두도록 하고, 집행임원 비설
치회사(즉, 참여형 이사회)에서는 종전과 같이 상근감사(監事)를 두도록 하여야 할
것이다. 이와 같이 하기 위하여는, 상법 제415조의 2 제1항 제1문을 "제408조의 2
이하의 집행임원 설치회사는 제393조의 2의 규정에 의한 위원회로서 감사위원회
를 설치하여야 하고, 집행임원 비설치회사는 감사(監事)를 두어야 한다"로 개정하
여야 할 것이다.41) IMF 경제체제 후 법상 집행임원제도에 관한 규정이 없었을
때는 대기업이 부득이 참여형 이사회에서 감사위원회제도를 채택할 수밖에 없었
으나, 2011년 4월 개정상법이 집행임원제도를 도입한 이상 대기업은 업무집행기
관(집행임원)에 대한 감독 및 감사의 실효(實效)를 위하여 상법상 집행임원 설치회
사를 채택하여야 하는데, 대기업이 상법상 집행임원 설치회사를 채택하지 않고

---

40) 동지: 정찬형, 상게논문(상사법연구 제34권 제2호), 36면.
41) 동지: 정찬형, 상게논문(상사법연구 제34권 제2호), 37면.

종래와 같이 참여형 이사회에 감사위원회제도를 운영하는 것은 (제도적 모순과 함께 결과적으로) 업무집행기관(이사회, 대표이사 및 사실상 집행임원)에 대한 감사(監査)를 유명무실화시키는 것이라고 볼 수 있다.

# V. 결 어

1. 대기업은 많은 이해관계인이 있고 또한 국가와 사회 나아가 세계의 경제에 미치는 영향이 매우 크므로 투명경영을 위한 지배구조는 매우 중요하다. 그러므로 세계 각국은 대기업의 투명경영을 위한 지배구조의 개선(corporate governance)에 많은 노력을 하고 있으며, 이에 관한 글로벌 스탠더드(global standard)도 마련되어 있다.

우리나라에서는 IMF 경제체제 후 IMF 등의 요구로 사외이사제도와 감사위원회제도를 (자의반 타의반) 도입하였으나, 이러한 제도의 전제가 되는 집행임원제도를 도입하지 않고(즉, 이사회를 감독형 이사회로 하면서 이와 별도의 업무집행기관인 집행임원을 두지 않고) 종래의 업무집행기관의 하나인 참여형 이사회에 사외이사제도와 감사위원회제도를 도입함으로써 많은 제도상 모순과 비효율성이 종래보다 더 발생하게 된 것이다. 따라서 이러한 제도적 모순과 비효율성을 바로 잡기 위한 지배구조의 정상화가 매우 절실하다고 볼 수 있다.

2. 대기업은 주주총회가 내국인 및 외국인 등 매우 많은 주주로 구성되어 있고 또한 소수주주들은 회사의 경영참여에 큰 관심이 없고 주로 주가(株價)에 관심이 많으므로 주주총회가 업무집행기관에 대하여 직접 감독권을 행사하는 것이 거의 불가능하여(즉, 주주총회가 실질적으로 형식화되어 있으므로) 그가 선임한 이사로 구성되는 감독형 이사회(주주의 대리인)를 통하여 그와 별도의 업무집행기관(집행임원)(주주의 복대리인)을 감독하도록 하는 것이 매우 효율적이고 또한 이는 거의 세계 공통적인 현상이다. 이 경우 이사회는 (스스로 업무집행을 하지 않고) 업무집행기관(집행임원)을 별도로 선임하는데(집행임원은 주주의 복대리인) 이사회는 이러한 집행임원에 대한 선임·해임권 및 보수결정권 등을 통하여 실질적인 감독권을 행사하고, 감독형 이사회내 위원회의 하나인 감사위원회로 하여금 집행임원의 업무집행 및 회계에 관하여 감사하도록 하면서 이에 관하여 감독형 이사회의 통제를 받도록 한다(상 제393조의 2 제4항 참조).

대기업 이외의 주식회사는 원칙적으로 종래와 같은 지배구조를 갖도록 하는

데[즉, 업무집행기관으로 이사회 및 대표이사를 두고(상 제393조, 제389조), 감사기
관으로 감사(監事)를 두도록 하며(상 제409조 이하)], 회사가 원하면 대기업과 같은
지배구조를 갖도록 한다. 대기업 이외의 주식회사가 종래와 같은 지배구조를 갖
게 되면 업무집행기관에 대한 감독기관은 형식상 이사회인데(상 제393조 제2항),
이 경우 자기감독의 모순과 실질적으로 감독권을 행사할 수 없으므로, 실질적으
로는 주주총회가 감독권을 행사하여야 할 것이다. 그런데 이 경우 지배주주가 (대
표이사 등에 취임하여) 경영권을 행사하면 주주총회도 실질적인 감독권을 행사할
수 없다. 따라서 이 경우에는 업무집행기관에 대한 실질적인 감독은 거의 불가능
한데 이러한 회사는 대기업이 아니므로 그의 영향력이 크지 않아 부득이하다고
보고, 그 대신 감사(監事)로 하여금 실효성 있는 감사(監査)를 할 수 있도록 할 수
밖에 없다고 본다. 이를 위하여는 상법이 다음과 같이 개정되어야 할 것이다.

　　**가.** 대기업 이외의 상장회사에 대하여 의무적으로 이사 총수의 4분의 1 이
상을 사외이사로 하도록 하는 것은 이사회의 업무집행기관에 대한 감독기능을
향상시키지 못하면서 이사회의 업무집행기능의 효율성만 떨어뜨리므로 이를 폐
지하고, 그 대신 대기업의 경우 이사회를 사외이사 중심의 감독형 이사회로 개편
하면 이에 따라 마땅히 업무집행기관(집행임원)을 별도로 두도록 하여야 할 것이
다. 이와 같이 하기 위하여는, 상법 제542조의 8 제1항을 "자산 규모 등을 고려
하여 대통령령으로 정하는 상장회사의 사외이사는 3명으로 하되 이사 총수의 과
반수가 되도록 하여야 하고, 또한 제408조의 2 이하의 집행임원 설치회사이어야
한다"로 개정하여야 할 것이다. 이 경우 감독형 이사회의 업무집행기관(집행임원)
에 대한 감독의 실효(實效)를 거두기 위하여 제408조의 2를 개정하여 2005년 8월
24일 법무부에 발제된 상법개정시안과 같이 감독형 이사회에는 상법 제393조가
적용되지 않음을 규정하고, 집행임원은 이사회의장의 직무를 겸할 수 없으며, 이
사는 부득이 한 경우에 또한 최소한으로 집행임원을 겸할 수 있는 것으로 하여
야 할 것이다.

　　또한 대기업 이외의 주식회사는 집행임원 설치회사를 선택할 수 있는데, 이
경우에는 대기업의 경우와 같은 지배구조(사외이사)를 갖도록 하여야 할 것이다.
이를 위하여는, 상법 제408조의 2 제1항 제1문을 "제542조의 8 제1항의 회사 이
외의 회사는 집행임원을 둘 수 있는데, 집행임원을 두는 경우에는 제542조의 8
제1항에 의한 사외이사를 두어야 한다"로 개정하여야 할 것이다.

　　**나.** 대기업은 감사기관으로 감독형 이사회내 위원회의 하나인 감사위원회를

두도록 하고, 이러한 감사위원회는 전원 사외이사로 구성하도록 하며, 이러한 감
사위원회 위원은 감독형 이사회에 의하여 선임·해임되도록 하여야 할 것이다.
이를 위하여는, 상법 제542조의 11 제1항을 "제542조의 8 제1항의 상장회사는 사
외이사로 구성된 감사위원회를 설치하여야 한다"로 개정하고, 이와 함께 의미가
없는 동조 제2항 제2호 및 제3항을 삭제하여야 할 것이다. 또한 집행임원 설치
회사에서 감사위원회 위원은 원래대로 감독형 이사회에 의하여 선임·해임되어야
하므로, 상법 제542조의 12 제1항·제2항·제3항(감사에 관한 사항은 제외함) 및 제4
항은 삭제되어야 할 것으로 본다. 이와 함께 상법 제415조의 2 제6항도 삭제하
여, 감독형 이사회내 위원회의 하나인 감사위원회도 원래대로 감독형 이사회의
통제를 받도록 하여야 할 것이다.

　　대기업 이외의 주식회사는 대기업과 같은 감독형 이사회를 둔 경우에만 감
사위원회를 두도록 하여야 한다. 이를 위하여는, 상법 제415조의 2 제1항 제1문
을 "제408조의 2 제1항 제1문의 집행임원 설치회사는 제393조의 2의 규정에 의한
위원회로서 감사위원회를 설치하여야 하고, 집행임원 비설치회사는 감사(監事)를
두어야 한다"로 개정하여야 할 것이다.

　　3. 만일 대기업측에서 위 2.에서 본 바와 같은 상법개정을 도저히 받아들일
수 없는 것으로 반대하면(즉, 감사위원회 위원을 감독형 이사회에서 선임·해임할 수 있
도록 하면서 상법상 집행임원을 의무적으로 두도록 하는 상법개정의 내용을 수용할 수 없
고, 현재와 같이 참여형 이사회·대표이사 및 사실상 집행임원에 의하여 업무집행을 하면서
감사위원회를 두는 경우에는), 감사위원회의 독립성을 어느 정도라도 보장하고 또한
업무집행기관에 대한 감사(監査)의 실효(實效)를 어느 정도라도 거둘 수 있도록
하기 위하여 감사위원회 위원을 전부 사외이사로 하고 이러한 감사위원회 위원
의 선임·해임을 감사(監事)의 경우와 같이 주주총회에서 하도록 하면서 주주의
의결권을 제한하며 주주의 의결권 제한의 실효(實效)를 위하여 감사위원회 위원
의 선임에는 이사의 경우와 구별하여 분리선출방식에 의하도록 하여야 할 것이
다. 그러나 이는 외국의 입법례도 없고 글로벌 스탠더드에 맞는 지배구조가 아니
다. 또한 업무집행기관(대표이사 및 사실상 집행임원)에 대한 감독은 사실상 유명무
실하거나 없는 것이 되고, 참여형 이사회로 인한 자기감독의 모순이 여전히 존재
하는 제도적 문제점이 있는 것이다.

　　4. 우리 기업이 현재와 같이 세계를 상대로 하여 무역을 하고 또한 자본시
장이 개방된 상황에서 우리 주식회사(특히, 대기업)는 투명경영을 위한 견제받는

지배구조와 글로벌 스탠더드에 맞는 지배구조가 필요하다고 본다.42) 이러한 점을 우리 정부와 국회 및 모든 이해관계인들이 깊이 인식하고, 우리 주식회사의 지배구조에 관한 규정(특히, 모순되는 규정)이 조속히 정상화로 개정되어 선진화됨으로서(즉, 글로벌 스탠더드에 맞는 지배구조가 됨으로서), 우리 경제의 발전과 국제신용의 증대에 기여할 수 있기를 바란다.43)

---

42) 동지: 정찬형, 전게논문(상사법연구 제34권 제2호), 37면; 동, 전게논문(금융법연구 제12권 제1호), 92~93면.
43) 동지: 정찬형, 상게논문(상사법연구 제34권 제2호), 37면.

# 주식배당제도*

## Ⅰ. 서 언

1. 우리나라에서 1984년의 개정상법은 제462조의 2를 신설하여 주식배당제도를 처음으로 도입하였다. 이러한 주식배당제도는 미국 및 일본의 입법례를 참고하여 도입한 것인데, 이익배당의 전부 또는 일부를 주식으로 하는 제도이다.1)

---

\* 이 글은 정찬형, "주식배당제도,"「경제법·상사법논집」(춘강 손주찬교수 정년기념), 박영사, 1989. 11, 452~484면의 내용임(필자는 이 글에서 주식배당에 관한 각국의 입법례를 소개하면서 이에 관한 문제점을 제시하고 있음).

  이와 관련하여 참고할 수 있는 필자의 글로는 정찬형, "주식배당제도,"「월간고시」, 통권 제185호(1989. 6), 33~48면 등이 있음.
1) 법무부, 상법개정안 사항별축조설명, 1982. 9, 133~138면; 손주찬 외, 상법개정안해설, 삼영사, 1984, 29면 이하 참조.

즉, 배당가능이익의 전부 또는 일부를 자본전입함으로써 그에 해당하는 신주를
발행하여 주주에게 그 지주비율에 따라 무상으로 이를 분배하는 제도이다. 그런
데 개정전 상법에서는 이익배당은 금전(현금)배당만을 인정함으로써(상법 제462조 1
항 참조), (현물 또는)(현물배당은 2011년 4월 개정상법에 의하여 도입됨) 주식 등으로 배
당할 수 없었다.[2] 따라서 회사가 결산시에 재무제표상 이익은 나서 배당을 하여
야 하는데 현금이 없는 경우에는, 회사채를 발행하여 배당을 하고 다시 원리금을
갚으려고 유상증자를 하는 악순환이 거듭되었다고 한다.[3] 또한 회사는 이러한 배
당자금을 마련하기 위한 고충을 덜고 회사자금을 사내유보하기 위하여 주식배당
의 우회적인 방법으로 금전배당과 때를 맞추어 유상증자를 하여 배당된 자금을
환수하거나, 배당자금을 주주총회의 결의로 이익준비금으로 적립한 뒤 다시 자본
전입을 하는 등의 편법을 써 왔다. 그러나 이러한 절차와 방법은 번거로울 뿐만
아니라 이중의 경비와 시간을 필요로 하며 또 주주는 그가 받은 배당금으로 반드
시 신주를 인수할 것이라는 보장도 없다. 따라서 이러한 회사의 편의를 위하여
확실하고도 간편한 현금의 사내유보를 위하여 개정상법은 주식배당제도를 도입하
게 된 것이다.[4] 그러나 주식의 시가가 액면가액을 하회하거나 납세자금을 별도로
조달하여야 하는 등의 경우 주주가 부담하게 될 불이익을 조정하기 위하여 주식
배당의 한도를 이익배당의 절반 이내로 제한하고 있다[5](상법 제462조의 2 제1항).

　2. 이러한 주식배당은 회사측에서 보면 배당가능이익을 사내에 유보할 수
있고 주식의 시장성을 증대시키며 또 회사자산을 증대시켜 회사채권자에 대한
신용도를 높이는 등의 장점이 있고, 주주측에서 보면 주주의 이익을 증대시키거
나(주식의 시가가 액면가보다 높은 경우) 미래배당에서 실질적인 배당증가의 효과를
가져오며 또 세금면에서도 유리한 경우(주식의 시가가 액면가보다 높은 경우)가 많은
등의 장점이 있다. 그러나 주식배당은 주식의 시가가 액면가를 미달하는 경우 액
면가와 시가의 차액만큼 주주의 손실이 생기며, 주식수가 늘어남으로써 배당압력
이 가중되고, 회사의 이익이 적은데도 주주의 배당압력을 충족시키기 위하여 주
식배당을 함으로써 자본잠식의 우려가 있으며, 회사의 지배자가 주식배당제도를
교묘히 이용하여 투기의 목적에 악용할 수도 있는 등의 단점이 있다.[6] 그러나

---

　2) 손주찬 외, 전게해설, 29면.
　3) 법무부, 민법상법개정 특별심의위원회 상법분과위원회 회의록, 1982, 101면(김표진 위원 발
　　　언부분).
　4) 법무부, 전게 축조설명, 134~135면; 손주찬 외, 전게해설, 30면.
　5) 법무부, 상게 축조설명, 135면.

주식배당제도를 도입하는 것이 실보다는 득이 많으며, 주식배당제도의 단점은 위
법한 이익배당 및 위법한 신주발행을 규정한 상법의 제규정(예컨대, 상법 제424조,
제429조 이하, 제462조 등)의 준용에 의하여 해결될 수 있다고 한다.[7] 일본에서도
1950년 상법개정시에 이 제도를 채택하여 실무계로부터 크게 환영을 받고 있으
며,[8] 또 그 이용사례가 격증하고 있다고 한다.[9] 우리나라에서는 1984년에 상법개
정에 의하여 주식배당을 인정한 이래 아직은 이를 이용하고 있는 회사가 많지
않으나 앞으로는 많이 이용하여 정착되어 갈 것으로 예상된다.[10] 그 예로 1988
년에는 6개의 회사가 주식배당을 실시하였으나, 1989년에는 약 50개의 회사가
주식배당을 실시할 것이라고 한다(동아일보, 1988. 11. 14자).

    3. 이하에서는 먼저 주식배당에 관한 각국의 입법례를 살펴보고, 다음으로
주식배당의 의의·주식배당의 본질·주식배당의 요건·주식배당의 절차·주식배당
의 효과·주식배당에 있어서의 문제점 및 위법한 주식배당의 순으로 살펴보고,
마지막으로 결론으로서 주식배당의 원활하고 적법한 운용과 주주의 이익배당청
구권을 보호하기 위한 사견을 간단히 피력하겠다.


## II. 주식배당에 관한 각국의 입법례

### 1. 미 국

    가. 미국의 개정모범사업회사법[11] 제6장 제23조(§ 6. 23)는 주식배당에 관하
여 다음과 같이 규정하고 있다.

    "(a) 정관에 달리 정한 바가 없으면 회사의 주주에게 또는 종류주주에게 비례
적으로 또 대가 없이 주식이 발행될 수 있는데, 이러한 주식발행이 주식배당이다.

---

  6) 주식배당제도의 장단점에 대한 상세는 이태로·이철송, 「전정판 회사법강의」, 박영사, 1987,
    630~632면; 민병준, "주식배당제도에 관한 연구," 법학석사 학위논문(경희대, 1989. 2), 8~15
    면 등 참조.
  7) 손주찬 외, 전게해설, 31면.
  8) 손주찬 외, 상게해설, 29면.
  9) 민병준, 전게논문, 9면 주 22).
  10) 김두환, "주식배당의 본질,"「고시연구」, 1988. 10, 51면.
  11) Revised Model Business Corporation Act(1984). 최초의 모범사업회사법은 1950년에 제정
    되었고 그 후 동법은 수 차에 걸쳐 개정되면서 미국의 36개주 이상의 회사법의 제정에 많은 영향
    을 미쳤는데, 1984년에 미국변호사회(ABA) 회사법위원회에 의하여 전면 개정되었고 1985년에
    발행된 것이 개정모범사업회사법(Revised Model Business Corporation Act, RMBCA)이다.

(b) 수종의 주식(2011년 4월 개정상법에 의하면 '종류주식')이 발행된 경우에 어떤 종류의 주식에 대한 주식배당으로서 다른 종류의 주식이 발행될 수는 없다. 다만 ① 정관의 수권이 있고, ② 발행되는 종류의 주식의 의결권의 과반수가 그러한 주식발행을 승인하고, ③ 발행되는 종류의 주식이 사외주(outstanding shares)[12]로서 존재하지 않는 경우에는 그러하지 아니하다.

(c) 이사회가 주식배당을 받을 권리를 가진 주주를 결정하는 기준일을 정하지 아니하는 경우에는, 기준일은 이사회가 주식배당을 결의(수권)하는 날이다."

나. 미국에서는 주식배당과 주식분할과의 관계에 대하여는 다음과 같이 설명되고 있다.

"주식배당과 주식분할과는 주식분배(share distribution)의 형태라는 점 등에서는 유사하나 다른 점에서는 차이가 있다. 가장 뚜렷한 차이는 주식배당의 경우에는 이익잉여금이 자본으로 변경되어 발행되는 신주의 가액만큼 자본화가 이루어지나, 주식분할의 경우는 표시자본에 변동이 없는 점이다. 주식배당은 그 결과에 있어 회사의 자산에는 변동이 없고 주식수가 증가함으로 인하여 각 주식의 자산에 대한 비율이 희석화(dilute)되므로 실질적인 이익배당이 아니다."[13]

"주식배당은 회사의 추가주식을 주주에게 분배하는 것으로서, 현금이나 재산이 회사로부터 유출되는 것이 아니고 또 추가주식의 분배는 회사의 순 자산을 감소시키는 것도 아니고 주주의 순 자산을 증가시키는 것도 아니므로 진정한 의미의 이익배당이 아니다. 주식배당은 회사의 자산의 감소 없이 (회사의 자산에 대한) 소유단위의 수를 증가시킬 따름이다. …주식배당과 주식분할은 아주 밀접한 관련이 있어 주식배당은 주식분할로 생각될 수 있다. 액면주식을 인정하고 있는 주에서는 주식배당은 배당되는 신주의 액면가액의 총액만큼 이익잉여금이 감소하고 표시자본이 증가하나, 주식분할은 단순히 주식의 액면가액을 비례적으로 감소시켜 주식수를 증가시킬 뿐 회사의 표시자본총액에는 변동을 주지 않는다. 그러나 주식의 액면가의 개념을 폐지한 개정모범사업회사법 및 기타의 주는 일반적으로 주식배당과 주식분할을 구별하지 않는다. 그러나 주식배당과 주식분할의 차이는 (사외주와 관련한) 분배비율, 배당률의 조정과 관련하여 여전히 남는다."[14]

---

12) 사외주란 회사의 발행주식(issued shares) 중에서 회사가 소유하는 금고주(treasury shares)를 제외한 주식(즉, 회사 이외의 자가 주주인 주식)을 말한다.

13) Harry G.Henn and John R. Alexander, *Laws of Corporations and other Business Enterprises* (3rd ed.)(St. Paul, Minn.: West Publishing Co., 1983), pp.919~920.

14) Robert W. Hamilton, *The Law of Corporations in a Nutshell* (2nd ed.)(St. Paul, Minn.:

"주식배당은 자산을 분배하는 것이 아니라 단지 주식을 이전보다 희석화시키는 것이다. 주식배당은 어떠한 의미에서도 잉여금의 분배가 아니다. 주식분할은 그의 지분을 매도에 더 편리한 형태로 하고 있는 점에서 보통의 주식배당과 같이 주주에게는 실질적으로 동일한 가치를 갖는다. 그러나 주식분할은 이익금이나 기타 잉여금의 집합을 나타내지도 못하고 자본증가를 수반하지도 않는다. 주식분할은 또한 주식시장에서 주식배당과는 다른 효과를 가질 수도 있다. 그러므로 재정상태에 대한 혼동과 오해를 피하기 위하여 주주에 대한 통지나 보고에서는 주식배당과 주식분할은 명백히 구별되어야 한다."15)

## 2. 영 국

**가.** 영국 회사법(Companies Act 1985, CA 1985)상 회사는 그 목적에 사용할 수 있는 이익으로서가 아니면 분배(배당)할 수 없다(CA 1985 § 263 ①). 그런데 본장(제8장: 이익 및 자산의 분배)에서의 '분배'(distribution)란 「현금이건 기타의 형태이건 회사의 자산을 그 사원에게 분배하는 모든 것」을 의미하지만, (a) 주식배당의 형태로 하는 신주(bonus shares)발행, (b) 자본 또는 미실현이익으로써 하는 회사의 자기주식의 상환이나 매입, (c) 사원에 대한 회사의 부채를 소멸시키거나 감소시키기 위한 주식자본감소, (d) 해산시에 사원에 대하여 하는 자산의 분배를 제외한다(CA 1985 § 263 ②). 따라서 주식배당의 형태로 하는 신주발행은 회사의 이익배당이나 자산분배의 개념에서는 명문으로 제외되고, 그대신 준비금의 자본전입과 관련하여 설명되고 있다. 영국 회사법상 회사의 이익의 자본화는 (a) 주식배당의 형태로 하는 신주발행이나 (b) 자본(상환)준비금의 형태로 이익을 적립하는 것을 의미한다고 정의하고 있다(CA 1985 § 280 ②). 이 때 주식배당의 형태로 하는 신주발행을 하기 위하여는 정관에 규정이 있어야 하는데, 영국 회사법 표(Table) A 제110조는 다음과 같이 규정하고 있다.

"이사회는 보통결의로써 (a) 배당되지 않은 이익(우선배당을 요하는 이익은 제외됨) 또는 주식의 액면초과액(premium)계정에 대기될 금액 또는 자본(상환)준비금을 자본전입할 것을 결의할 수 있고, (b) 자본전입하기로 결의한 금액을 동일한 비율로 사원에게 배당하거나 주식 또는 사채를 발행할 수 있으며, (c) 단주인 경우에는

---

West Publishing Co., 1987), pp.382～385.
15) Henry Winthrop Ballantine, *Ballantine on Corporation* (rev. ed.)(Chicago: Callaghan and Company, 1946), pp.482～483.

단주권을 발행하거나 현금으로 배당할 수 있음을 결의할 수 있고, (d) 특정인에게
수권하여 관계되는 모든 사원을 대신하여 주식 또는 사채의 배당에 관하여 회사와
합의하게 할 수 있다(이 때에 수권을 받은 특정인의 합의는 모든 사원을 구속함)."16)

　　나. 준비금의 자본전입에는 배당가능준비금(distributable reserves)을 자본전입
하는 경우와 배당불가능준비금(undistributable reserves)을 자본전입하는 경우가 있
다. ① 회사가 배당가능준비금을 자본전입하는 경우에는 이익배당을 할 수 있는
적립된 이익을 감소시키고 동시에 주주에게 지주수에 비례하여 주식이나 차용주식
(loan stock)을 발행하는 것이다. 회계계정의 관점에서 보면 대차대조표의 배당가능
준비금계정의 금액이 감소하고 그만큼 주식 또는 차용자본계정이 증가하는 것이
다. 결과적으로 다른 조건이 동일하려면 회사에 대한 주주(사원)의 지분의 가치에
는 변함이 없다. 이러한 신주발행을 'bonus' 발행으로 표현하고 있는데, 이러한 용
어는 잘못된 것으로 '자본전입'(capitalisation) 발행 또는 '가주권'(scrip or script) 발
행으로 표현하는 것이 더 적절하다.17) ② 1980년의 회사법 이전에 정관의 규정에
의하여 자산재평가적립금으로써 주식배당을 할 수 있었던 회사는 현재에도 이를
계속할 수 있다(CA 1980 § 45 ①, CA 1985 § 278). 이에 더 나아가 주식의 액면초과
액계정(share premium account, CA 1985 § 130 ②) 및 자본(상환)준비금(capital
redemption reserve, CA 1985 § 170 ④)도 주식배당의 재원으로 사용될 수 있다. 이
러한 주식배당을 하기 위해서는 (i) 회사의 정관에 의한 수권이 있어야 하고, (ii)
보통의 주식자본이 충분해야 하며, (iii) 주주(사원)총회는 그의 보통결의로써 이익
의 자본전입 또는 주식의 액면초과액계정이나 자본(상환)준비금의 사용(배당)과 이
에 따른 신주(bonus shares)발행을 결의하여야 하고, (iv) 이렇게 발행된 신주는 정
관에 규정된 비율(보통 주주가 현금배당을 받는 것과 동일한 비율)로 이사회에 의하여
배당되어야 하며, (v) 주주와 회사간의 배당목적물의 반환(a return of allotments)
및 계약서는 배당 후 1월내에 등록관(Registrar)에게 인도되어야 한다.18)

## 3. 프랑스

　　프랑스에서는 1983년 1월 3일에 법률 제83-1호로 주식배당에 관한 규정을

---

16) Geoffrey Morse, *Charlesworth's Company Law* (13th ed.)(London: Stevens & Sons,
    1987), pp.603~604.
17) *Id*, p.604.
18) *Id*, pp.605~606.

신설하여 프랑스 상사회사법(Loi nᵒ 66-537 du 24 Juillet 1966, sur les Sociétés Commerciales)(1966년의 프랑스 상사회사법은 2001년 개정된 프랑스 상법전에 흡수됨) 제 351조에서 제353조까지 규정하고 있는데, 그 내용은 아래와 같다.[19)]

"주식회사 및 주식합자회사는 주주(사원)총회의 결의에 의하여 당해연도에 배당할 이익의 전부 또는 일부를 금전 또는 주식으로써 배당할 수 있는데, 이의 선택권은 주주(사원)에게 있다[20)](佛會 § 351 ①). 주식배당의 경우에 발행되는 주식의 발행가액은 액면가액 이상으로 하여야 하는데(佛會 § 352 ①), 발행가액을 정하는 방법에 대하여는 상장주식과 그 이외의 주식으로 나누어 상세하게 규정하고 있다 (佛會 § 352 ②·③). 주식배당청구기간은 주주(사원)총회가 정한 기간 내에 하여야 하나, 이 기간은 주주(사원)총회일로부터 3월을 초과할 수 없다(佛會 § 353 ①)."

## 4. 서 독

가. 서독의 주식법(Aktiengesetz vom 6. September 1965, AktG)상 주주총회는 대차대조표상 이익의 사용을 결의하는데(AktG § 174 ①), 이 때의 결의에서는 (i) 대차대조표상의 이익금, (ii) 주주에게 배당할 금액, (iii) 이익준비금(Gewinnrücklagen)으로 적립할 금액, (iv) 이월이익금, (v) (주주총회)결의에 근거한 부대비용 등으로 구체적으로 명시하여 결의하여야 한다(AktG § 174 ②). 이렇게 보면 서독에서는 당해 연도의 이익으로써 직접 주식배당을 하는 것은 인정되지 않는다.

나. 그러나 주주총회는 자본준비금 및 이익준비금을 자본으로 전환하는 증자를 결의할 수 있는데(AktG § 208 ①), 이러한 증자시에 발행되는 무상주(Gratisaktien)에 의하여 간접적으로 주식배당과 동일한 효과를 얻고 있다. 이렇게 자본으로 전환되는 준비금은 일정한 제한이 있는데, 이월결손을 포함한 결손이 없어야 하고, 이익준비금의 경우에는 전액까지 가능하나 자본준비금의 경우에는 현재의 자본의 10분의 1(정관에 규정이 있는 경우에는 그 범위내)을 초과하는 금액에 대해서만 자본전입이 가능하다(AktG § 208 ① S.2 ② S.1). 또한 특정한 목적을 위하여 적립된 이익준비금은 그 목적에 부합하는 경우에만 자본으로 전입될 수 있다(AktG § 208 ② S.2).

---

19) 이에 관한 국문번역으로는 이윤영, 「프랑스상사회사법」, 일조각, 1985, 4~200면 참조.
20) 주주의 선택으로 현물 또는 주식으로 배당하는 것은 주식배당이 아니라는 견해가 있다. 왜 냐하면 주주는 현물배당을 받을 수 있는 청구권을 출자의 대상으로 삼아 신주를 인수한 것에 지나지 않기 때문이라고 한다(Fletcher, *Cyclopaedia of the Law of Private Corporation*, 1953, p.190 note 50).

## 5. 일  본

일본 상법(일본 상법상 회사법에 관한 규정은 2005년 제정된 회사법에 흡수됨) 제 293조의 2는 주식배당에 대하여 다음과 같이 규정하고 있다.

"회사는 이익처분에 관한 주주총회의 결의에 의하여 이익배당의 전부 또는 일부를 새로이 발행하는 주식으로써 할 수 있는데(일본 상법 제293조의 2 1항), 이 는 액면주식의 경우에는 권면액으로 하고 무액면주식의 경우에는 주식배당을 결 의한 주주총회에서 정한 발행가액으로 한다(일본 상법 제293조의 2 2항). 단주의 경우에는 원칙적으로 경매하여 그 대금을 단주주에게 분배하여야 하나, 상장주식 의 경우에는 거래소를 통하여 임의매각할 수 있고 비상장주식의 경우에는 법원 의 허가를 얻어 경매 이외의 방법으로 매각할 수 있다(일본 상법 제293조의 2 3·4 항). 주식배당의 경우 발행되는 신주에 대하여 주주가 되는 시기는 주주가 되는 시기는 주주총회 종결시이며(일본 상법 제293조의 2 6항), 이사는 이러한 사실을 주주명부상의 주주 및 등록질권자에게 통지(무기명주식의 경우에는 공고)하여야 한다 (일본 상법 제293조의 2 7항)."


## Ⅲ. 주식배당의 의의

### 1. 주식배당의 개념

위에서 본 바와 같이 주식배당에 관한 각국의 입법례는 상이하므로 주식배 당의 개념도 이에 따라 상이하다. 주식배당을 할 수 있는 재원이 배당가능이익에 한정되는 우리나라·일본 및 프랑스의 입법례에 의하면 주식배당이란 「주식회사 가 주주에게 배당할 이익의 전부 또는 일부를 새로이 발행하는 주식으로써 배당 하는 것」이라고 볼 수 있겠다. 그런데 영·미의 입법례는 주식배당을 할 수 있는 재원이 회사의 배당가능이익에 한하지 않고 "현금배당 또는 재산배당이 불가능 한 비영업잉여금(unearned surplus not available for cash or property dividends)[21]이 나 (미국의 경우)[22] "자산재평가적립금" 등도 가능하므로(영국의 경우, CA 1980 § 45

---

21) 미국에서의 이익배당(dividends)의 방법에는 현금배당(cash dividends), 재산배당(property dividends) 및 주식배당(share dividends)이 있다(Hamilton, *op. cit.*, p.381).
22) Henn & Alexander, *op. cit.*, p.921.

①, CA 1985 § 278), 영·미에서의 주식배당의 개념은 우리나라·일본 및 프랑스에서의 그것보다 훨씬 넓다고 볼 수 있다.

## 2. 주식배당과 구별되는 개념

가.「주식배당은 자기주식(사내주 또는 금고주)으로써 하는 배당」과 구별된다. 우리나라의 학자 중에는 미국의 모범사업회사법과 뉴욕주사업회사법을 인용하여 "미국에서는 회사가 소유하는 자기주식으로써 주주에게 배당하는 것도 주식배당에 포함시키고 있다"고 설명하는 학자가 있는데,[23] 이것은 타당하지 않은 설명이 아닌가 생각된다. 먼저 1984년에 대폭 개정된 개정모범사업회사법 제6장 제23조 (a)호는 "…주식의 발행(An issuance of shares...)"을 주식배당의 개념으로 규정하고 있어, 회사가 주식을 새로이 발행하지 않고 기발행의 자기주식을 배당하는 것은 주식배당의 개념에 포함되지 않는 것으로 생각된다. 이에 더 나아가 개정모범사업회사법 제6장 제31조 (a)항은 "회사가 취득한 자기주식은 미발행수권주식(authorized but unissued shares)으로 된다"고 규정하여, 자기주식(금고주)의 개념을 폐지하고 있다.[24] 또한 뉴욕주사업회사법 제511조 (b)항은 "어떤 종류의 사외주의 소지인에게 수권주식을 비례적으로 배당하는 회사는 그 회사의 선택으로 동일종류의 금고주에게도 동등한 배당을 할 수 있는데, 이렇게 배당된 주식도 금고주가 된다"[25]고 규정하여, 자기주식(금고주)으로써 하는 주식배당을 규정한 것이 아니라 자기주식(금고주)에 대한 주식배당을 규정한 것으로 생각된다. 또한 미국의 주의 입법례에 따라서는 금고주의 배당과 주식배당을 명문으로 구별하고 있다고 한다.[26] 또한 학설에서도 금고주의 무상배당과 주식배당을 구별하는 내용으로 다음과 같이 설명하고 있다.

"회사에 의한 금고주의 배당은 주식배당으로 인정될 수 없다. 왜냐하면 금고주의 배당에 의해서는 잉여금의 자본화가 없기 때문이다. 금고주의 취득으로 표

---

23) 정희철,「상법학(상)」, 박영사, 1989, 568면; 박길준, "미국회사법상의 이익배당제도," 「상사법연구」, 창간호(1980), 123면; 이정한, "주식배당제도에 관한 연구," 「상법논총」(인산 정희철 선생 정년기념), 1985, 156면; 김두환, 전게 고시연구, 53면 외.

24) Hamilton, *op. cit.*, p.123.

25) § 511(b): "A corporation making a pro rata distribution of authorized but unissued shares to the holders of any class or series of outstanding shares may at its option make an equivalent distribution upon treasury shares of the same class or series, and any shares so distributed shall be treasury shares."

26) 예: N.C. Bus. Corp. Act §§ 51~55(Henn & Alexander, *op. cit.*, p.921 및 note 9).

시자본은 감소하지 않고, 또 금고주의 배당으로 표시자본은 증가하지 않는다."27)

　　나. 주식배당은 「주식분할」과도 구별된다. 주식배당과 주식분할은 주식분배의 형태라는 점 등에서는 유사하나, 주식배당의 경우에는 발행되는 신주의 가액만큼 증자가 있으나 주식분할의 경우에는 자본에는 변동이 없다는 점이 근본적으로 다르다.28) 미국의 경우 개정모범사업회사법 및 (주식에서) 액면가액을 폐지한 주에서는 주식배당과 주식분할을 구별하지 않는다. 그러나 뉴욕증권거래소가 제정한 회사편람(Listed Company Manual)(회사법에서 보다도 더 현실적인 회계처리에 대하여 규정하고 있음)에서는 양자를 구별하고 있다. 즉, 동 편람에서는 주식배당은 (배당전에 집계된) 사외주(outstanding shares)의 25% 이하의 분배(distribution)라고 정의하고, 주식분할은 사외주의 100% 이상의 분배라고 정의하고 있다. 따라서 25%와 100% 사이의 분배를 "부분주식분할"(partial stock splits)이라고 부르고 있다. 동 편람은 주식배당의 경우에는 액면가액이 아니라 시가금액의 자본화를 규정하나, 주식분할의 경우에는 자본화가 없고 주식분할 또는 부분주식분할과 관련하여 '배당'(dividend)이라는 용어를 사용하지 못하도록 하고 있다.29) 주식배당과 주식분할과의 실제적인 차이는 배당이나 분할이 고지된 주식에 대한 배당률의 조정과 관련해서도 나타난다. 현금배당률은 주식배당에 대하여는 보통 조정되지 않기 때문에, 주식배당은 현금배당의 실제비율을 약간 상승시킬 수 있다. 다시 말하면 (주식배당이 있는 경우) 배당률은 동일한데 그 배당률이 적용되는 주식수는 증가하게 된 것이다. 그러나 주식분할의 경우에는 1주당 배당률이 조정되는 것이 보통이다.30)

　　우리나라에서는 주식분할의 절차규정이 없으므로(1998년 12월 개정상법은 제329조의 2를 신설하여 주식분할에 관하여 규정함), 주식배당이 주식분할과 구별되는 점은 주식배당은 자본의 증가를 수반하나 주식분할은 자본의 증가 없이 주식수만 증가한다는 점 이외에는 그 밖의 실정법상의 차이를 들 수 없다고 보겠다.31)

　　다. 주식배당은 「준비금의 자본전입에 의한 신주의 무상교부」와 구별된다. 양자는 모두 자본의 증가를 가져오는 점에서는 유사하나, 그 이외의 많은 점에서 차이가 있다. 즉, 주식배당의 경우에는 대외유출될 자금이 유출되지 않았다는 점

---

27) Ballantine, *op. cit.*, p.484.
28) Henn & Alexander, op. cit., p.919; Hamilton, *op. cit.*, p.384.
29) Hamilton, *op. cit.*, pp.384~385.
30) *Id.*, p.385.
31) 동지: 정희철, 전게서, 570면.

에서 소극적 의미에서 회사 자산이 증가하고 있으나 준비금의 자본전입의 경우
에는 회사자산에는 전혀 변동이 없는 점, 주식배당의 경우에는 그 재원이 배당가
능한 이익이나 준비금의 자본전입의 경우에는 그 재원이 배당불가능한 법정준비
금(이는 배당가능한 이익의 발생 여부와는 무관함)이라는 점 등에서 양자는 차이가 있
다.32) 그러나 영·미에서는 위에서 본 바와 같이 배당불가능한 준비금으로도 주
식배당이 가능하다는 점 등에서 주식배당과 준비금의 자본전입에 의한 신주의
무상교부는 우리의 경우보다 훨씬 더 접근하고 있음을 알 수 있다.

    **라.** 그 밖에 주식배당은 회사가 소유하고 있는 '타회사의 주식의 배당'인 「현
물배당」과 구별된다.33) 회사가 종속회사의 주식을 배당하는 경우나, 자회사를 설립
하여 그 주식을 배당하는 경우도 회사의 주식이 아니므로 주식배당과 구별된다.34)

## Ⅳ. 주식배당의 본질

### 1. 외국의 경우

    위에서(Ⅱ. 주식배당에 관한 각국의 입법례) 본 바와 같이, 미국에서는 (현금배당
및 재산배당과 함께) 주식배당을 이익배당의 하나의 형태로 설명하면서35) (진정한
의미의) 이익배당이 아니라고 보고(현금이나 자산이 회사로부터 유출되는 것이 아니고
또 회사의 순자산이 감소되는 것도 아니고 주주의 순자산이 증가되는 것도 아니라는 점에
서), 주식분할과 아주 유사하지만(특히 무액면주식만을 인정하고 있는 입법에서) 주식
분할과도 구별되는 것(표시자본의 증가를 수반하는 점에서)으로 보고 있다.36) 영국에
서는 회사법에서 명문으로 주식배당은 이익배당이 아니라고 규정하고(CA 1985
§ 263 ① (a)) 주식배당을 준비금의 적립과 함께 규정하고 있으며(CA 1985 § 280 ②
(a)) 또 준비금의 자본전입에서 설명하고 있어,37) 주식배당은 이익배당이 아니고

---

32) 정희철, 전게서, 570~571면 외.
33) Peabody v. Eisner, 247 U.S. 347, 349, 38 Sup. Ct. 546, 62 L. Ed. 1152 (Ballantine, *op. cit.*, p.482 and note 61).
34) 민병준, 전게논문, 6면.
35) Hamilton, *op. cit.*, p.381.
36) 우리나라의 대부분의 설명은 "미국의 통설·판례는 주식배당의 본질을 (이익배당이 아니라)
    주식분할로 본다"고 하나(정희철, 전게서, 569면 외), 주식분할과 동일하게 보는 것은 아니고
    주식분할과 유사하게 보면서 한편 주식분할과 구별하고 있음을 유의해야 한다고 본다.
37) Morse, *op. cit.*, pp.604~606.

준비금의 자본전입과 동일 또는 아주 유사한 것으로 보고 있는 것 같다. 이에 반하여 프랑스·일본 및 우리나라에서는 회사법에서 주식배당을 이익배당과 함께 규정하고 있고 주식배당의 재원을 배당가능이익으로 제한하고 있다. 따라서 우리 나라 및 일본에서는 주식배당의 본질을 이익배당의 일종으로 보는 이익배당설(다 수설)과 영미법의 영향을 받아 배당가능이익의 자본전입을 수반하는 주식분할이 라고 보는 주식분할설(또는 배당가능이익의 자본전입으로 보는 자본전입설)(소수설)로 나뉘어 있다. 이하에서는 이에 관한 우리나라의 학설에 대해서만 상세히 소개하 고 사견을 피력하겠다.[38]

## 2. 우리나라의 경우

### 가. 이익배당설

우리나라의 다수설인 이익배당설에서는 그 이유를 다음과 같이 설명하고 있다.

(1) "(i) 주식배당은 현금배당과 같이 배당가능이익의 존재를 전제로 하는 점, 그 이익을 처분하여 주주에게 귀속시키는 점, 단주에 대하여 현금배당을 한 점 등을 고려하면, 주식배당도 현금배당과 같이 이익배당의 하나의 형태라고 보 는 것이 순리일 것이다. (ii) 주식배당은 (배당후의 회사 자산을 기준으로 현금배당과 비교하여 보면-필자 주) 증가한 주식수만큼 1주당 지분비율이 줄어드는 점에서 현 금배당과 같고 (배당 전과 비교하여) 주식분할과 구별된다(주식분할의 경우는 분할전 후에 주주의 회사자산에 대한 지분비율에 변동이 없음-필자 주). 또 이익배당 후의 1주 당 자산가치는 주식배당의 경우나 현금배당의 경우나 주당 지분비율이 거의 동 일하다. 만일 주식배당을 이익배당이 아니고 주식분할이라고 한다면, 현금배당은 실질적 지분의 일부환급이지 이익배당이 아니라고 하여야 할 것이다. 그러나 현 금배당을 이익배당이라고 함으로 (주식을 교부하는 방식으로 지분을 환급하는 것으로 볼 수 있는) 주식배당도 이익배당의 하나의 형태라고 할 수 있다. (iii) 또한 이익 배당의 한 경우로 규정하고 있는 주식배당은 신주발행의 한 경우로 규정하고 있 는 법정준비금의 자본전입에 의한 신주의 무상교부와 구별된다. 이 밖에 주식배 당의 경우에는 사외유출될 자금이 유출되지 않았다는 소극적인 의미에서 회사 자 산이 증가하고 있으나 법정준비금의 자본전입의 경우에는 회사 자산에 전혀 변

---

38) 이에 관한 일본의 학설에 대한 상세한 소개는 김두환, 전게 고시연구, 57~63면 참조.

동이 없고, 주식배당의 경우에는 자본화되는 자원이 배당가능한 잉여이익이나 준비금의 자본전입의 경우에는 이익으로 처분할 수 없는 법정준비금이라는 점에서 양자를 동일시할 수는 없다고 보겠다."[39]

(2) "우선 제도의 목적을 생각해 볼 때 주식분할은 단순히 주식단위의 세분화를 통해 발행주식수를 늘리는 데 있으며, 법정준비금의 자본전입에 의한 신주의 무상교부는 과잉적립된 법정준비금을 자본화함에 있는데 반해, 주식배당은 결과적으로는 이들과 효과를 공통으로 하는 면이 있기는 하나 어디까지나 근본 목적은 배당할 이익을 사내유보하기 위한 것이며 그 수단으로 자본전입이 이루어지는 것이란 점을 부인할 수 없다. 그렇다면 역시 주식배당의 성질은 이익배당으로 봄이 타당하다고 생각된다."[40]

(3) "주식배당은 현금배당에 대신하는 것이므로 적어도 관념적으로는 현금배당의 계기가 내재하고 있지만, 현실적으로는 주식배당은 다만 회사 사정상 자산의 사회유출을 막기 위하여 현금 대신 주식을 이익배당의 목적으로 하는데 불과하므로 양자간에는 배당목적물의 차이가 있을 뿐 실질에 있어서는 모두 이익배당의 성질을 가지고 있으며, 이러한 점에서 주식배당은 이익잉여금의 사내유보를 수반하는 특수한 형태의 이익배당으로 보는 것이 타당하다고 생각한다."[41]

## 나. 주식분할설(또는 자본전입설)

우리나라의 소수설인 주식분할설(또는 자본전입설)에서는 그 이유를 다음과 같이 설명하고 있다.

(1) "주식배당은 법률상의 구성에 있어서는 이익배당의 형식을 지니고 있으나, 그 실질에 있어서는 기업이윤의 사내유보에 의하여 회사의 자본적 수요를 충족시키는 것이므로 주식배당의 법적 성질은 이익배당이라기보다는 배당가능이익의 자본전입으로 보는 것이 타당할 것이다. 더구나 우리나라의 개정상법에 있어

---

39) 정희철, 전게서, 568~571면. 동지: 정동윤, 「회사법」, 법문사, 1986, 616~617면(주식배당 전의 자산과 비교하면 변동이 없으나 현금배당한 경우와 비교하면 자산이 증가하는데 주식분할설은 전자만을 내세우고 있고, 형식적인 면에서 우리 상법은 이익배당설을 밑받침하고 있다고 한다); 손주찬, 「전정증보판 상법(상)」, 박영사, 1984, 623면; 최기원, 「제3전정판 회사법」, 박영사, 1987, 739~740면; 김두환, 전게 고시연구, 64면; 이병태, "주식배당제도," 「고시계」, 1985. 4, 126~127면.

40) 이태로·이철송, 전게서, 630면.

41) 이정한, 전게논문(상법논총), 160면; 동, "주식배당제도," 「고시연구」, 1985. 5, 105~106면. 동지: 민병준, 전게논문, 26면.

서처럼 주식배당의 범위를 이익배당총액의 2분의 1로 제한하는 입법하에서는 주식배당을 배당가능이익의 자본전입으로 해석하여야 할 합목적적 필요성이 더욱 크게 작용한다. 다만 무액면주식을 인정치 않는(2011년 4월 개정상법에서 무액면주식을 규정함―상법 제329조, 제451조) 우리 상법에서는 주식분할제도도 없을 뿐 아니라 (1998년 12월 개정상법에서 주식분할을 규정함―상법 제329조의 2) 이를 인정할 필요나 실익도 없으므로, 주식배당의 성질을 잉여금의 자본전입으로 파악하더라도 주식분할의 문제는 생기지 않을 것이다. 그러므로 우리 상법상의 주식배당제도는 자본전입설에 입각하여 파악하는 것이 타당할 것이다."42)

(2) "이익배당설이 주장하는 회사 자산의 증가는 이익이 있으면서도 현금배당을 하지 않았기 때문이지 주식배당을 한 때문은 아니며, 이익처분을 하는 결산기의 경리에 관한 한 실질적으로 주식배당의 전후를 통하여 회사의 자산에 증감이 없고 단순히 이익 또는 임의준비금으로부터 자본항목으로 대체가 있을 따름이다. 이와 같이 회사 자산의 증가 없이 주식을 추가 발행하여 분배하는 주식배당은 준비금의 자본전입에 의한 신주의 무상교부와 같이 주식분할이라고 보는 것이 타당하다. 따라서 주식분할설의 입장에서는 주식배당도 형식적 자본수정에 따른 주식분할이며, 준비금의 자본전입과 동일하게 회사의 자산이나 주주의 권리에 변화가 생기지 않는다."43)

(3) "주식배당은 그로 인하여 회사의 실질적 자산을 감소시키는 것이 아니고 주주의 실질적 자산을 증가시키는 것도 아니라는 점에서 볼 때, 엄격한 의미에서는 이익배당이 아니다. 주식배당과 준비금의 자본전입에 의한 신주발행을 비교하면 재원 및 전입절차상의 차이를 제외하고는 같은 것으로 다루어도 무리가 없을 것으로 생각한다. 우리 법에서는 인정하고 있지 않으나 주식배당과 주식분할은 모두 회사의 실질적 자산을 변경시키지 않는다는 점에서는 같다."44)

## 다. 사 견

생각건대 이익배당설이 타당하다고 보며, 그 이유는 다음과 같다.

---

42) 박길준, "주식배당제도," 「고시계」, 1984. 6, 38면.
43) 정무동, 「전정판 상법강의」, 박영사, 1984, 540면. 동지: 김용태, 「전정 상법(상)」, 원광대학교 출판국, 1984, 438면(주식배당은 신주발행의 면에서 보면 준비금의 자본전입에 따른 신주의 무상교부와 같이 주식분할이나, 이익의 법정준비금이 따르는 점에서 단순한 주식분할과 구별된다고 한다).
44) 양명조, "개정상법과 주식회사의 이익배당," 「월간고시」, 1984. 5, 63~64면.

(1) 영미법에서 주식배당은 주식분할 또는 준비금의 자본전입과 유사하다고 하는 설명은 그 내용이 다른 우리의 주식배당에는 맞지 않는다고 본다. 다시 말하면 무액면주식을 인정하고 있고 또 주식분할제도를 규정하고 있는 미국의 입법에서 주식배당을 주식분할과 유사한 것으로 설명하고 있는 것은 당연하나, 그러한 설명이 무액면주식을 인정하고 있지도 않고(상법 제329조 3항·4항 참조)(2011년 4월 개정상법에서 무액면주식을 규정함—상법 제329조, 제451조) 또 주식분할제도를 규정하고 있지도 않은(1998년 12월 개정상법에서 주식분할을 규정함—상법 제329조의 2) 우리나라에서는 그대로 적용될 수 없다고 본다. 또한 (법정)준비금으로서도 이익배당을 할 수 있는 영국의 입법에서 주식배당을 준비금의 자본전입과 유사한 것으로 보는 것은 당연하나, 그러한 설명이 (법정)준비금으로써 이익배당을 할 수 없도록 규정하고 있는 우리나라에서는(상법 제460조) 그대로 적용될 수 없다고 본다.

(2) 주식배당을 주식분할과 유사한 것으로 보는 미국에서는 주식배당의 경우 "회사의 자산에는 변동이 없고 주식수만 증가하여 일주당 지분비율이 줄어든다"고 하거나,[45] "회사의 순자산을 감소시키는 것도 아니고 주주의 순자산을 증가시키는 것도 아니다. 주식배당의 경우 주주가 배당받은 신주를 매도하는 경우에는, 그의 회사자산에 대한 지분은 그가 배당 전에 갖고 있는 지분보다 줄어들게 된다. 그런데 이러한 지분의 희석화는 매우 근소하여 중요하게 여기지 않으나 희석화되는 것은 사실이고, 이러한 점에서 주식배당은 현금배당 또는 재산배당과 같지 않은데 이러한 사실을 많은 사람들이 깨닫지 못하는 것은 놀라운 일이다"라고 설명한다.[46] 그런데 회사 자산에 변동이 없는 것은 주식배당의 전후를 비교하여 그렇다는 것이고, 현금배당의 경우와 비교하면 현금배당에 필요한 자산이 증가한 것이므로, 회사 자산에 전혀 변동이 없다고 볼 수는 없다.[47] 또한 주식배당의 경우 주주가 배당받은 신주를 매도하는 경우에도 주주의 지분이 희석화되어 주주에게 순자산을 증가시킨 효과가 없다는 점에 대하여는, 주식배당의 경우에도 현금배당의 경우와 같이 회사 자산에 대한 일주당 지분비율이 거의 동일하기 때문에[48] 현금배당의 경우와 비교하면 배당받은 신주만큼 주주의 순자산은 증가한 것으로 볼 수 있다. 따라서 주식배당이 도저히 이익배당이 아니고 주식분할

---

45) Henn & Alexander, *op. cit.*, p.920.
46) Hamilton, *op. cit.*, pp.382~383.
47) 동지: 정동윤, 전게서, 616~617면; 정희철, 전게서, 570면(소극적인 의미에서 회사 자산이 증가하였다고 함) 외.
48) 그 이유에 대하여는 정희철, 상게서, 569~570면 참조.

에 더 가깝다는 근거는 (적어도 우리 상법상의 주식배당의 설명에는) 희박하다고 본다.

  (3) 영국의 회사법에서는 주식배당을 이익배당이 아니라고 명문으로 규정하고 있고(CA 1985 § 263 ① (a)) 또 주식배당을 준비금의 적립과 함께 규정하여 '회사의 이익으로써 바로 신주를 발행하는 경우'와 '회사의 이익을 일단 준비금으로 적립하고 그 후에 이 준비금으로써 (이익배당의 방법으로) 신주를 발행하는 경우'를 거의 동일시하므로 주식배당을 준비금의 자본전입과 아주 유사하게 볼 수 있겠으나, 우리나라에서는 주식배당을 이익배당에서 규정하고 있는 점(상법 제462조의 2)으로 보나 (법정)준비금은 주주에게 이익으로써 배당하지 못하고 언제나 자본의 결손전보에만 충당할 수 있도록 규정하고 있는 점(상법 제460조) 등에서 볼 때 우리의 주식배당을 이익배당이 아니라 준비금의 자본전입에 더 가깝다는 근거는 희박하다고 본다.

## 라. 양설의 차이

  주식배당의 본질을 이익배당으로 보느냐 또는 주식분할(자본전입)로 보느냐에 따라 실제로 뚜렷한 차이가 있는 것은 아니라고 본다. 왜냐하면 우리 상법은 주식배당의 요건·절차·효과 등에 대하여 비교적 상세한 규정을 두고 있어 대부분의 경우는 이러한 입법에 의하여 해결되므로, 주식배당의 본질에 관한 해석에 따라 그 결과가 달라질 수가 없기 때문이다.[49] 그러나 입법상 명문의 규정이 없는 부분(예컨대, 수종의 주식⟨2011년 4월 개정상법에 의하면 종류주식⟩이 발행된 경우에 동일 종류의 신주를 발행할 것인가, 회사의 자기주식에 대하여도 주식배당이 가능한가, 신주에 대하여 주식배당을 하는 경우 신·구주간에 차이를 둘 것인가, 약식질권의 효력이 주식배당에 의하여 발행되는 신주에도 미치는가 등)의 해석에 있어서는 주식배당의 본질을 어떻게 볼 것인가에 따라 그 결론이 달라질 수 있겠으나(이에 관하여는 후술함). 이것도 어느 설을 취한다고 하여 그에 따라 논리필연적으로 모든 경우를 일률적으로 그 학설에 따라서 볼 필요는 없고 각각의 경우에 따라 (외국의 입법례 등을 참고하여) 거기에 가장 알맞은 해석을 하더라도(따라서 주식배당의 본질에 관하여 취한 학설의 결론과 상이하더라도) 무방하다고 본다. 참고로 미국에서는 앞에서 본 바와 같이 주식배당의 본질을 이익배당이 아니라 주식분할에 더 가깝게 보고 있어, 수종의 주식(2011년 4월 개정상법에 의하면 종류주식)이 발행된 경우 회사는 그 종류

---

49) 동지: 이태로·이철송, 전게서, 628면.

의 주식에 상응하는 종류의 주식으로써 주식배당을 하는 것이 일반적이나, 이것
은 반드시 그렇게 해야 하는 것은 아니고 일정한 경우에는 어떤 종류의 주식에
다른 종류의 주식으로써도 주식배당을 할 수 있다.[50] 따라서 예컨대, 보통주주에
대하여 우선주를 발행할 수도 있고 또 이 반대의 경우도 가능하다고 한다.[51]

## V. 주식배당의 요건

우리 상법상 주식배당의 요건을 보면 배당가능이익이 존재하고, 그러한 배
당가능이익총액의 2분의 1을 초과하지 않으며, 미발행수권주식이 존재할 것을
들 수 있다. 이하에서 차례로 살펴보겠다.

### 1. 배당가능이익의 존재

여기에서 배당가능이익이란 이익배당의 일반요건으로서 규정한 상법 제462
조 1항에 의하여 산출된 이익을 말한다. 이 때의 배당가능이익은 보통 당기이익
을 의미하지만 이에 한하지 않고 이월이익을 포함한다고 본다.[52] 주식배당은 배
당가능이익만을 재원으로 하므로 배당이 불가능하고 또 그 사용이 법정된 법정
준비금(상법 제460조)이나 자산재평가적립금(자산재평가법 제28조 2항)은 주식배당의
재원이 될 수 없다(이렇게 자본전입되는 재원이 다른 점에서 주식배당과 법정준비금 등
의 자본전입은 구별되고 있다). 그런데 임의준비금은 주식배당의 재원으로 할 수 있
는가? 임의준비금을 (법정준비금의 자본전입의 경우와 같이) 상법 제461조에 의한 이
사회의 결의만으로 자본전입할 수는 없으나(통설),[53] 임의준비금을 그 적립근거가
되는 정관 또는 주주총회의 결의에 따른 소정의 절차를 밟아 (용도변경을 포함한)
배당가능이익으로 환원시킨 후 상법 제462조의 2에 의한 주식배당절차를 밟아(주

---

50) RMBCA § 6. 23(b); Alexander & Henn, *op. cit.*, p.919.

51) Hamilton, op. cit., p.383.

52) 동지: 정희철, 전게서, 573면; 이정한, 전게논문(상법논총), 161면; 박길준, 전게논문(고시
계), 40면.

53) 정희철, 전게서, 563면; 서돈각, 「제3전정 상법강의(상)」, 법문사, 1985, 446~447면 주 183
(입법론으로는 법정준비금의 자본전입에 있어서 자본준비금에 한하여 인정하는 것이 적당하다
고 한다); 손주찬, 전게서, 617면; 정동윤, 전게서, 601면; 이태로·이철송, 전게서, 616면(회사
실무에서도 임의준비금은 자본전입할 수 없는 것으로 보고 있다고 한다); 최기원, 전게서, 724
면 외.
  반대: 이원석, 「전정 신상법(상)」, 박영사, 1984, 509면.

주총회의 결의에 의하여) 자본전입할 수 있다고 본다.[54] 그러나 이러한 임의준비금
이라도 공연한 준비금에 한정되며 비밀준비금은 포함되지 않는다고 본다.[55]

## 2. 배당가능이익의 제한

우리 상법은 주식배당제도를 도입하면서 "주식에 의한 배당은 이익배당총액
의 2분의 1에 상당하는 금액을 초과하지 못한다"고 규정하여(상법 제462조의 2 제1
항 단서), 주식배당을 할 수 있는 배당가능이익을 제한하고 있다. 그 이유에 대하
여는 "배당가능이익의 전부를 주식으로만 배당하는 경우에는 특히 주가가 액면
가를 하회하는 경우에 기업이 이를 악용할 우려가 크고, 주주는 현금배당을 받지
못하므로 별도의 현금을 마련하여 세금을 내어야 하는 부담까지 생기게 되기 때
문이다"고 설명한다.[56] 또한 그 이유를 "첫째 이익금처분은 현금배당을 원칙으로
한다는 것과 주식배당액은 금전배당액과 동액 이하이어야 한다는 것을 천명하고,
둘째 이익잉여금의 사내유보한도를 그것의 2분의 1로 제한함으로써 현금배당을
보장하는 데 그 뜻이 있는 것"이라고 설명하는 견해도 있다.[57] 어쨌든 이렇게 주
식배당할 배당가능이익을 제한하고 현금배당을 보장하여, 주주의 이익배당청구권
을 보호하고 있다고 볼 수 있다.[58]

미국에서도 주식배당은 현금배당에 부차적인 것이어서, 주식배당의 비율은
보통 1∼10%에 불과하다고 한다[59](따라서 예컨대, 5%의 주식배당의 경우에는 구주 20
주에 대하여 신주 1주가 배당된다).

## 3. 미발행수권주식의 존재

주식배당의 경우에도 신주가 발행되므로 이렇게 발행될 신주는 미발행수권
주식의 범위 내이어야 한다. 만일 미발행수권주식수가 주식배당에 의하여 발행하
여야 할 주식수에 부족한 경우에는 먼저 정관변경을 하여 수권주식수(발행예정주
식총수)를 증가하여야 한다. 한편 전환주식이나 전환사채 또는 신주인수권부사채

---

54) 동지: 정희철, 전게서, 571면; 이태로·이철송, 전게서, 620면; 최기원, 전게서, 724면; 박길
    준, 전게논문(고시계), 40면; 이정한, 전게논문(상법논총), 161∼162면.
55) 동지: 이정한, 상게논문, 163면.
56) 손주찬 외, 전게해설, 31면. 동지: 이정한, 전게논문(상법논총), 165면.
57) 정희철, 전게서, 572면. 동지: 정동윤, 전게서, 619면.
58) 이태로·이철송, 전게서, 633면.
59) Henn & alexander, *op. cit.*, p.920.

를 발행하고 있는 회사는 전환권이나 신주인수권의 행사로 발행될 신주의 수만
큼 미발행수권주식수에서 공제한 나머지 부분에 한하여 주식배당에 의한 신주를
발행할 수 있다[60](상법 제346조, 제516조 1항, 제516조의 11).

## VI. 주식배당의 절차

### 1. 주식배당의 결정

가. 주식배당을 하기 위하여는 먼저 이익잉여금처분계산서에 그 내용을 기
재하여 이사회의 승인을 받고(기업회계기준 제108조 3항 다 참조), 주주총회의 결의
를 받아야 한다(상법 제462조의 2 제1항 본).

나. 이 때의 주주총회의 결의는 통상의 이익배당결의(상법 제449조)와 균형을
맞추기 위하여 보통결의에 의하는 것으로 해석하고 있다(통설).[61] 상법이 보통의
신주발행 및 준비금의 자본전입에 의한 신주발행은 원칙적으로 이사회의 결의만
으로 가능하도록 하면서[62](상법 제416조 본문, 제461조 제1항 본문), 주식배당에 의한
신주발행은 주주총회의 결의로만 가능하도록 한 것은(상법 제462조의 2 제1항), 주
식배당은 이익배당의 한 방법으로 현금배당의 원칙에 대한 예외로서 주주에게
강제배당을 하는 것이며 또 배당가능이익을 당기뿐 아니라 장래에도 배당할 수
없는 자본으로 전입하는 것으로서 주주의 이해관계에 중대한 영향을 미치기 때
문이라고 한다.[63]

다. 주식배당의 결의는 이익배당을 결의하는 정기주주총회에서 하는 것이
일반적이겠으나, 임시주주총회에서 하는 것도 무방하다고 본다.[64]

라. 주주총회에서 주식배당에 관하여 결의할 사항은, 배당가능이익의 일부를
주식으로써 배당할 수 있다는 것과 배당가능이익의 총액 중 2분의 1을 초과하지
않는 범위 내에서 실제로 얼마를 주식배당액으로 할 것인지에 관한 것이다(상법

---

60) 이정한, 전게논문(상법논총), 163면.
61) 정희철, 전게서, 573면; 정동윤, 전게서, 619면; 손주찬 외, 전게해설, 31면; 박길준, 전게논
　　문(고시계), 41면 외.
62) 보통의 신주발행 및 준비금의 자본전입에 의한 신주발행은 원칙으로 이사회의 결의로 할
　　수 있는데, 예외로 정관에 규정이 있는 경우에는 주주총회의 결의에 의한다(상법 제416조 단
　　서, 제461조 1항 단서).
63) 정희철, 전게서, 573면; 이정한, 전게논문(상법논총), 164면.
64) 동지: 이정한, 상게논문, 164면.

제462조의 2 제1항).

　　마. 주주총회가 위의 내용을 결의함에 있어서는 주식평등의 원칙에 따라서
하여야 한다. 따라서 지주수에 따라 차별을 둔다든가, 일부주식에는 주식배당을
하고 다른 주식에는 현금배당을 하는 등의 경우에는 위법이다.[65)](#)

## 2. 주식배당의 통지·공고

　　주식배당이 주주총회에서 결의된 때에는 이사는 지체 없이 배당을 받을 주
주와 주주명부에 기재된 질권자에게 그 주주가 받을 주식의 종류와 수를 통지하
여야 한다(상법 제462조의 2 제5항)(우리나라의 무기명주식은 2014년 5월 개정상법에 의
하여 폐지됨).

## 3. 신주의 발행

　　가. 주주총회의 주식배당결의가 있는 경우 배당가능이익의 자본전입과 함께
회사는 이에 따른 신주를 발행하여야 한다. 주식배당에 따른 신주발행의 경우에
는 주주총회의 주식배당결의와 함께 배당가능이익이 자본에 전입되므로(즉, 신주
발행에 따른 자금이 이미 회사에 들어와 있으므로) 회사는 보통의 신주발행의 경우와
같이 주식의 인수 및 납입절차를 밟을 필요가 없음은 당연하다.

　　나. 주식배당의 경우에 발행되는 신주의 발행가액은 주식의 권면액이다(상법
제462조의 2 제2항). 이는 상법에 명문규정을 두고 있으므로 주주총회에서 신주의
발행가액을 권면액 이상이나 이하로 정할 수 없음은 당연하다.[66)](#) 이렇게 신주의
발행가액을 권면액으로 한정하는 것은 주식배당은 어디까지나 배당가능이익을
자본화하는 것이므로 액면초과발행으로 그 초과액은 자본준비금으로 돌리는 것
은 부적당하기 때문이라고 한다.[67)](#) 그러나 신주의 발행가액을 권면액으로 획일화
하였으므로 주식시세에 따라 주식배당으로 인하여 주주에게 실질적으로는 손익
이 발생하는 문제가 있다. 즉, 주가가 권면액을 상회하는 경우에는 주주에게 유
리하고 반대로 하회하는 경우에는 불리하게 된다.[68)](#) 이에 대하여는, "이것은 어디
까지나 배당시기만을 표준으로 하여 단기적으로 고찰한 것이며 장기적으로는 주

---

65) 정희철, 전게서, 573~574면; 이태로·이철송, 전게서, 634면.
66) 액면초과발행을 인정하는 견해로는 김용태, 전게서, 438면(그러나 액면초과액이 자본준비금
　　으로 되는 것은 아니라고 한다).
67) 이정한, 전게논문(상법논총), 166~167면.
68) 이정한, 상게논문(상법논총), 167면.

주의 손익이 균형을 이루게 될 것이며, 또 우리 상법은 액면주식만을 인정하고(2011
년 4월 개정상법에 의하여 무액면주식을 규정함―상법 제329조, 제451조) 자본은 주식과
필연적인 비례관계에 있으므로 주식의 권면액배당은 타당하다"고 설명한다.[69]

　　다. 주식배당의 경우에 발행되는 신주를 배당받은 주주는 '주식배당을 결의
한 주주총회의 종결시'부터 주주가 된다(상법 제462조의 2 제4항). 이것은 보통의
신주발행의 경우에는 '납입기일의 다음 날'부터 주주가 되고(상법 제423조 제1항),
준비금의 자본전입의 경우에는 '이사회에서 정한 배정일'(주주총회의 결의에 의하여
자본전입을 하는 경우에는 주주총회의 결의시)[70]부터 주주가 되는 것과 비교된다(상법
제461조 제3항·제4항). 원래 이론적으로 보면 주식배당에 있어서 이에 관한 주주총
회결의시에 배당가능이익이 자본에 전입된 것이고 전입된 배당가능이익의 범위
내에서 신주가 발행되어 무상교부되는 것이므로 주주총회의 결의시에 신주에 대
한 주주가 되는 것이라고 보아야 타당하겠으나, 주주총회의 도중에 신주발행의
효력이 발생한다면 출석주주의 지주수에 변동이 생기어 의결권의 행사나 주주총
회의 진행절차상 불편을 초래하기 때문에 주주총회가 종결한 때로부터 주주가
되는 것으로 명문화한 것이라고 한다.[71]

　　라. 주식배당에 의한 신주발행의 경우에 단주가 생기는 경우에는 그 부분에
대하여 「금전」으로 배당하도록 상법은 명문으로 규정하고 있다(상법 제462조의 2
제3항)(그런데 이는 1995년 12월 개정상법에 의하여 '제443조 제1항의 규정을 준용한다'로
개정됨). 상법이 이러한 규정을 둔 것은 주식배당업무의 원활과 회사계산상의 편
의를 도모하기 위한 것이라고 한다.[72] 그런데 '금전으로 배당한다'는 의미가 무엇
이냐에 대하여 학설은 다음과 같이 여러 가지로 달리 설명되고 있다. 제1설은
"현금배당으로 되돌아간다는 뜻이다"고 설명하고,[73] 제2설은 "현금배당을 원칙으
로 하나, 주식의 시가와 권면액의 불일치에 따른 주주상호간의 경제적 불평등의
소지를 없애기 위하여 별도의 처리방법(단주를 합하여 매각하는 방법)을 인정하는
것은 무방하다"고 설명하고,[74] 제3설은 "회사의 선택에 의하여 현금배당을 할 수

---

69) 손주찬 외, 전게해설, 32면.
70) 이에 대하여 박길준, 전게논문(고시계), 43면 주 17은 "준비금의 자본전입의 경우에도 (주주
　　총회의 결의에 의한 경우) '주주총회의 결의시'가 아니라 주식배당의 경우와 같이 '주주총회의
　　종결시'라고 해석하여야 한다"고 한다.
71) 박길준, 전게논문(고시계), 43면.
72) 이정한, 전게논문(상법논총), 167면; 박길준, 전게논문(고시계), 42면.
73) 정동윤, 전게서, 621면; 최기원, 전게서, 744면.
74) 이정한, 전게논문(상법논총), 168면.

도 있고 단주를 합하여 매각하여 얻은 대가를 분배할 수도 있다"고 설명하고,[75) 제4설은 "상법 제443조 1항을 유추적용하여 단주를 합하여 매각하고 그 대가를 분배하여야 한다"고 설명한다.[76] 생각건대 주식배당의 경우는 주식병합의 경우 (상법 제443조 제1항)나 준비금의 자본전입에 따른 신주의 무상교부(상법 제461조 제 2항 2문)와는 달리 주주상호간의 엄격한 경제적 평등보다는 주식배당업무처리의 원활과 회사계산상의 편의가 강력하게 요구된다고 볼 수 있겠다. 주주상호간의 엄격하고 절대적인 경제적 평등은 주식배당의 인정과 동시에 이미 지켜질 수 없 게 된 것이다. 따라서 단주처리에 있어 새삼 주주상호간의 경제적 평등을 이유로 주식배당절차를 복잡하게 할 수는 없다고 본다. 그러한 이유로 상법 제462조의 2 제3항이 입법화된 것으로 생각된다. 따라서 '금전으로 배당한다'는 의미는 현금배 당을 의미한다는 제1설이 가장 타당하다고 생각한다. 이렇게 본다면 입법론으로 도 주식배당의 경우에 준비금의 자본전입의 경우와 같이(상법 제461조 제2항 2문) 상법 제443조 1항의 규정(주식병합의 경우의 단주처리에 관한 규정)을 준용할 필요가 없다고 본다. 그러나 이에 대하여 입법론으로 주식배당의 경우에 발생하는 단주 처리를 위하여 상법 제443조 1항을 준용했어야 한다고 보는 견해도 있다.[77]

　　마. 주식배당에 의하여 신주가 발행된 경우에 회사는 '주식배당을 결의한 주 주총회 종결 후 지체 없이' 주권을 발행하여야 한다고 본다[78](상법 제355조 제1항 참고). 따라서 기명주주의 경우에는 주식배당에 관한 주주총회결의의 통지(상법 제462조의 2 제5항)와 함께 주권을 송부하여야 할 것이고[79](만일 이 때에 주권을 송 부할 수 없는 경우에는 일단 신주상환증을 송부하고 그 후에 주권과 교환하게 될 것이다), 무기명주주에게는(우리나라의 무기명주식은 2014년 5월 개정상법에 의하여 폐지됨) 주식

---

75) 정희철, 전게서, 574면.

76) 김용태, 전게서, 438~439면.

77) 정희철, 전게서, 574~575면; 이태로·이철송, 전게서, 634면; 이정한, 전게논문(상법논총), 168면.
　　이러한 외국의 입법례로는 일본 상법 제293조의 2 ③④이 있다. 단주가 발생하는 경우 미국 에서는 회사의 이사회의 선택에 따라 단주권(fractional share)이나 가주권(scrip)을 발행할 수 도 있고 현금으로 배당할 수도 있다(RMBCA § 6 04(a)). 가주권은 등록식 또는 소지인출급식 으로 발행되어 이전되는데 이것이 모여져서 1주가 되면 1주를 받을 수 있는 권리가 인정될 뿐 이고 의결권이나 이익배당청구권이 없는 점에서 단주권과 구별된다(RMBCA § 6. 04(a) (3); Hamilton, *op. cit.*, p.384).

78) 동지: 이정한, 전게논문(상법논총), 166면.

79) 그러나 이때 기명주주로부터 주권발행 전에 주권불소지의 신고(상법 제358조의 2)가 있는 경우에는 회사는 주권을 발행하여 송부할 필요가 없음은 말할 나위가 없다.

배당에 관한 주주총회결의를 공고하여(상법 제462조의 2 제5항) 신주권의 청구를 최고하고 무기명주주의 신주권의 청구에 따라 각 주주에게 배당할 주식을 확정하여 신주권을 발행하여 교부하게 될 것이다.[80]

## 4. 등 기

주식배당에 의하여 신주를 발행하게 되면 자본금의 액(상법 제317조 제2항 2호)이 증가하게 됨은 물론, 회사의 발행주식총수 및 그 종류와 각종주식의 내용과 수(상법 제317조 제2항 3호)에 변경이 있게 된다. 따라서 회사는 주주총회종결일(신주발행의 효력이 발생한 때)부터 본점소재지에서는 2주간내, 지점소재지에서는 3주간 내에 이에 관한 변경등기를 하여야 한다(상법 제317조 제3항, 제183조).

# VII. 주식배당의 효과

## 1. 자본금 및 주식수의 증가

주식배당을 하면 배당가능이익이 그만큼 자본화되므로 자본금이 증가하게 되고, 또 이에 따라 신주가 발행되므로 발행주식수가 증가하게 된다. 그러나 주식배당의 전후에 있어 주주의 회사 자산에 대한 지분은 원칙적으로 변동이 없으나(그러나 현금배당과 비교하면 일주당 〈회사 자산에 대한〉 지분비율이 같고 주주의 주식수는 증가한 것이므로 주주의 자산은 그만큼 증가한 것이 됨), 단주가 발생하여 금전배당을 하게 되는 경우(상법 제462조의 2 제3항)(1995년 12월 개정상법에 의하여 '제443조 제1항의 규정을 준용한다'로 개정됨)와 수종의 주식(2011년 4월 개정상법에 의하여 '종류주식'으로 개정됨)을 발행한 경우에 이에 비례하여 같은 종류의 주식을 발행하여 배당하지 않는 경우에는 예외적으로 주주의 회사 자산에 대한 지분이 달라지게 된다.[81]

## 2. 질권의 효력

주식배당의 경우에 등록질권자의 권리는, 주식배당에 의하여 신주가 발행되어 채무자인 주주가 받을 신주에 미친다(상법 제462조의 2 제6항 1문). 이 때에 질

---

80) 이정한, 전게논문(상법논총), 166면.
81) 동지: 이태로·이철송, 전게서, 636면; Hamilton, *op. cit.*, pp.382~383.

권자는 회사에 대하여 질권의 효력이 미치는 신주에 대한 주권의 교부를 청구할 수 있다(상법 제462조의 2 제6항 2문, 제340조 제3항). 약식질의 효력은 주식배당에 의하여 발행되는 신주에 미치지 않는다고 본다(이에 관하여는 후술함-VIII. 4 참조).

## VIII. 주식배당에 있어서의 문제점

### 1. 수종의 주식(종류주식)을 발행한 경우

회사가 이익이나 이자의 배당 또는 잔여재산의 분배에 관하여 내용이 다른 수종의 주식(2011년 4월 개정상법에 의하여 '종류주식'으로 변경하고, 종류주식의 내용도 확장함)을 발행한 경우(상법 344조 제1항), 주식배당에 의한 신주발행의 경우에도 같은 종류의 주식을 비례적으로 발행하여 주주에게 배당하여야 하는가? 이에 대하여는 상법에 규정이 없으므로(1995년 12월 개정상법은 제462조의 2 제2항 후단에 '회사가 종류주식을 발행한 때에는 각각 그와 같은 종류의 주식으로 배당할 수 있다'를 추가함) 해석에 의할 수밖에 없는데, 이때에는 주식배당의 본질을 어떻게 보느냐에 따라 그 결론이 달라질 수 있겠다. 즉, 주식배당의 본질을 이익배당이라고 보는 이익배당설에 의하면, 이익배당의 경우에는 수종의 주식(종류주식)에 따라 금액의 차이만 있을 뿐 현금의 우선·보통의 구별은 있을 수 없으므로 수종의 주식(종류주식)이 발행된 경우에도 동일 종류의 주식을 발행하여 배당할 수 있으며 이로 인하여 종류주주 상호간의 비례관계에 변동이 생기더라도 상관이 없다고 한다.[82] 이 설에서는 주식배당의 본질에 기인한 이유 외에도 실제적인 이유로서 수종의 주식(종류주식) 상호간에 각자의 종류와 같은 종류의 주식배당을 하게 되면 2중의 이득 등으로(예컨대, 우선주의 경우에는 제1단계로 금액으로 계산된 우선적 배당이 예정되고 제2단계로 이를 다시 액면가에 의하여 우선주로 환산하여 우선주를 취득하기 때문에 2중의 이익을 취득함) 주식평등의 원칙에 반한다고 한다.[83] 이에 반하여 주식배당의 본질을 주식분할(또는 준비금의 자본전입)로 보는 주식분할설(또는 자본전입설)에 의하면, 주식배당의 경우에도 종류주주 상호간의 비례관계가 유지되어야 하므로 수종의 주식(종류주식)에 상응하는 종류의 주식을 발행하여 종류주주에게 배당하여야 한다[84]고 한다. 그러나 이 때에 불이익을 받는 종류주주의 종류주주총회의

---

82) 정동윤, 전게서, 620면; 이정한, 전게논문(상법논총), 169면.
83) 이태로·이철송, 전게서, 635면.

특별결의가 있으면(상법 제435조) 동일 종류의 주식으로써 주식배당을 할 수 있다고 한다.[85] 생각건대 주식배당의 본질을 어떻게 보든 회사가 수종의 주식(종류주식)을 발행한 경우에도 동일 종류의 주식으로써 배당할 수 있다고 본다. 이로 인하여 종류주주상호간에 비례관계를 유지할 수 없는 것은 도리가 없다고 보며, 이는 주주가 주주총회에서 주식배당을 결의한 때에 어느 정도 인정한 것이라고도 볼 수 있다. 그렇지 않으면 주식배당에 따른 업무의 복잡함을 감당할 수 없으며 또 수종의 주식에 상응하는 종류의 주식을 발행한다고 하더라도 단주발생 등으로 인하여 종래의 비례관계를 그대로 유지한다는 것도 거의 불가능하다. 또한 주식배당의 본질에 관하여 이익배당설을 취한다고 하여 반드시 논리필연적으로 동일 주식으로써 배당하여야 한다고 볼 필요는 없다고 본다(그 반대의 경우도 동일함). 우리나라의 학설 중에서도 주식배당의 본질에 관하여 이익배당설을 취하면서 수종의 주식(종류주식)이 발행된 경우에는 (종류주식의 내용을 변경하는 정관변경 절차 또는 불이익을 받는 종류주주의 종류주주총회의 승인결의가 없는 한) 이와 상응하는 종류의 주식을 발행하여 종래의 주주의 비례관계를 유지하도록 해야 한다고 보는 견해가 있으며,[86] 주식배당의 본질에 관하여 이익배당설을 취하면서 수종의 주식(종류주식)이 발행된 경우에 주식의 종류에 관계 없이 동일 종류의 주식을 발행함으로써 족하다는 견해가 있다.[87] 참고로 미국에서는 앞에서 본 바와 같이 주식배당을 주식분할에 가깝다고 보면서 수종의 주식(종류주식)이 발행된 경우에는 원칙적으로 어떤 종류의 주식에 대한 주식배당으로서 다른 종류의 주식이 발행될 수는 없다[88](RMBCA § 6. 23 (b) 본문). 그러나 이것은 반드시 그렇게 해야 하는 것은 아니고, 일정한 경우에는 어떤 종류의 주식에 다른 종류의 주식으로써 주식배당을 할 수도 있다(RMBCA § 6. 23 (b) 단서). 따라서 보통주식의 주주에게 우선주로써 배당할 수 있으며 그 반대의 경우도 가능하다고 한다.[89] 또한 주식배

---

84) 박길준, 전게논문(고시계), 42면; 정무동, 전게서, 541면; 양명조, 전게논문, 66면.
85) 박길준, 상게논문(고시계), 42면; 양명조, 상게논문, 66면(종류주식의 권리변동절차, 즉 주주총회의 특별결의와 종류주주의 종류주주총회의 승인을 얻어야 한다고 한다).
86) 정희철, 전게서, 568~571면(이익배당설의 입장), 575면(주식배당은 현금배당과 동일시할 수는 없고, 따라서 주식배당이 현금배당을 대신하는 것이라는 것을 이유로 하여 종래의 주주의 비율관계를 자의로 변동시킬 수 있다고 하는 것은 설득력이 없다고 한다).
87) 김용태, 전게서, 483면.
88) 이 때에도 주식배당으로 보통주주에 대하여 보통주식이 배당되는 것이 일반적이고, 우선주주에 대하여 우선주식이 배당되는 것은 이례에 속한다(Hamilton, *op. cit.*, p.383).
89) Hamilton, *op. cit.*, p.383.

당의 경우에(수종의 주식〈종류주식〉이 발행된 경우) 동일 종류의 주식으로써 배당할
수 있다고 하여 준비금의 자본전입의 경우에도 반드시 동일하게 해석해야 한다
는 뜻은 아니다.[90]

## 2. 회사의 자기주식의 경우

회사의 자기주식에 대하여도 주식배당을 할 수 있는가? 이것도 주식배당의
본질을 어떻게 보느냐에 따라 그 결론이 달라진다고 보겠다. 즉, 이익배당설에
의하면 자기주식도 이익배당청구권을 갖는지 여부의 문제가 되겠다. 자기주식에
대하여 상법은 「회사가 가진 자기주식은 의결권이 없다」고만 규정하고 있으나(상
법 제369조 2항), 통설은 그 이외의 모든 공익권(예컨대 소수주주권·각종의 소제기권
등) 및 자익권(이익배당청구권[91]·잔여재산분배청구권[92]·신주인수권·준비금의 자본전입에 의
한 신주의 무상취득권[93] 등)을 행사할 수 없다고 보고 있다.[94] 따라서 이러한 통설
에 의하면 자기주식은 주식배당을 받을 수 없게 된다.[95] 그러나 주식분할설에 의
하면 자기주식도 기발행주식인 이상 분할의 대상에서 제외될 수 없으므로 주식
배당을 받을 수 있는 것으로 본다.[96]

생각건대 회사의 자기주식에 대하여는 주식배당을 할 수 없다고 본다. 그
이유는 주식배당의 본질을 이익배당으로 보고 자기주식은 이익배당청구권뿐만
아니라 모든 자익권이 휴지(休止)되기 때문이라고 설명할 수도 있겠으나, 이 외에
자기주식에 대한 주식배당을 인정하면 상법 제341조(2011년 4월 개정상법에 의하면

---

90) 수종의 주식(2011년 4월 개정상법 이후는 '종류주식')을 발행한 회사가 준비금의 자본전입
   으로 인한 신주발행을 어떻게 할 것이냐에 대하여 우리나라의 상법교과서는 거의 설명되어 있
   지 않고, 정희철, 전게서, 535∼536면 만이 "불이익을 받게 되는 종류주주들의 종류주주총회의
   승인을 얻으면 기존 비율관계에 변동을 생기게 하는 무상주 교부도 가능하다"고 설명한다.
91) 자기주식에 대한 (이익배당청구권을 인정하는 것을 전제로—필자 주) 주식배당청구권을 인
   정하는 견해로는 서정갑, 「상법(상)」, 일신사, 1984, 267면.
92) 자기주식에 대한 이익배당청구권 및 잔여재산분배청구권을 인정하는 견해로는 강위두, 「상
   법강의」, 형설출판사, 1985, 289∼290면.
93) 최기원, 전게서, 382면(준비금의 자본전입에 의하여 무상주를 교부하는 경우에 자기주식도
   그 교부의 대상이 된다고 한다).
94) 정희철, 전게서, 427면; 서돈각, 전게서, 347면; 손주찬, 전게서, 468면; 정동윤, 전게서, 247∼
   248면; 이태로·이철송, 전게서, 292∼294면 외.
95) 정동윤, 전게서, 575면(이를 인정하면 또 하나의 자기주식 취득방법을 인정하는 것이 되어
   상법 제341조〈2011년 4월 개정상법에 의하면 상법 제341조의 2임〉의 명문규정에 위반한다고
   한다), 620면; 이태로·이철송, 전게서, 635면; 이정한, 전게논문(상법논총), 171면.
96) 정무동, 전게서, 542면; 김용태, 전게서, 438면.

상법 제341조의 2임)에서 규정한 자기주식취득금지에 위반되고 또 자기주식이란 그 실질이 출자의 환급이라는 점에서 볼 때도 자기주식에 대한 주식배당은 있을 수 없다고 본다. 미국의 개정모범사업회사법에서도 회사가 취득한 자기주식은 미발행수권주식으로 남는 것으로 규정하여(RMBCA § 6. 31 (a)) 자기주식에 대하여는 주식으로서의 일반적인 효력을 인정하지 않고 있다.[97] 서독의 주식법도 회사는 자기주식에 의하여 여하한 권리를 취득하지 못하는 것으로 규정하고 있다[98] (AktG § 71 b).

## 3. 일할배당의 가부

회사가 현금배당을 하는 경우에 신주에 관해서는 '신주의 효력발생일 이후 결산일까지의 일수'에 따라 배당금을 지급하는 것이 일할배당인데, 유상신주의 경우에는 일할배당을 하고 무상신주의 경우에는 동액배당(구주〈旧株〉와 균등하게 배당)을 하는 것이 실무계의 관행이며, 법무부의 유권해석이다.[99] 주식배당의 경우에도 신주에 대하여 일할배당을 할 수 있는가? 주식배당의 본질에 관하여 이익배당설을 취하면 일할배당이 가능하고,[100] 주식분할설을 취하면 동액배당을 하여야 할 것이다.[101]

생각건대 주식배당의 본질을 이익배당으로 보고 이는 준비금의 자본전입에 따른 신주의 무상교부와는 다르다고 본다면, 신주에 대하여 주식배당을 하는 경우에도 현금배당의 경우와 같이 일할배당이 가능하다고 본다.

## 4. 약식질의 효력

약식질의 효력이 주식배당에 의하여 배당된 신주에 미치는가? 등록질의 경우에는 그 효력이 미친다는 것을 상법이 명문으로 규정하고 있고(상법 제462조의 2 제6항), 준비금의 자본전입에 의한 신주발행의 경우에도 질권(등록질이든 약식질이든)의 물상대위를 상법이 명문으로 규정하고 있어(상법 제461조 제7항, 제339조)

---

97) 그러나 뉴욕사업회사법 제511조 (b)항은 회사의 자기주식(금고주)에 대한 주식배당을 명문으로 인정하고, 이렇게 배당된 주식도 자기주식(금고주)이 된다고 한다.
98) 그러나 자기주식은 준비금의 자본전입에 따른 신주의 무상교부는 받을 수 있다(AktG § 215 ①).
99) 이에 관한 상세는 이태로·이철송, 전게서, 621～623면 참조.
100) 이태로·이철송, 전게서, 635면; 이정한, 전게논문(상법논총), 170면.
101) 양명조, 전게논문, 67면.

문제가 없다. 이는 주식배당을 본질을 어떻게 보느냐에 따라 또 주식배당의 본질
을 이익배당으로 보는 경우에는 약식질의 효력이 이익배당청구권에 미치는지 여
부에 따라 그 결론이 달라진다고 보겠다. 약식질의 효력이 이익배당청구권에 미
치는지 여부에 대하여, 우리나라에서 학설은 긍정설과 부정설로 나뉘어 있다. 긍
정설에서는 이익배당을 주식의 법정과실 또는 이에 준하는 것으로 보아 이에 약
식질의 효력이 미치는데, 다만 물상대위의 경우와 같이 회사가 지급 또는 인도전
에 압류하여야 한다고 설명한다.102) 부정설은 약식질은 회사와 무관하게 성립하
고 단지 주식 자체의 재산적 가치만을 담보로 한 것이기 때문에 약식질의 효력
은 이익배당청구권에 미치지 않으며 또 이렇게 보는 것이 약식질권자의 의사에
합치하는 해석이며 실제 거래계의 실무에도 맞는 해석이라고 한다.103) 사견으로
는 회사측에서 알 수 없는 약식질권자에게 이익배당청구권을 인정하는 것은 무
리이고 또 이는 거래의 실정에도 맞지 않으므로 부정설에 찬성한다.

　　따라서 주식배당의 본질에 관하여 이익배당설을 취하면서 약식질의 효력이
이익배당에 미친다고 보는 긍정설에서는 약식질의 효력이 주식배당에 의하여 배
당된 신주에도 미친다고 보나,104) 주식배당의 본질에 관하여 이익배당설을 취하
면서 약식질의 효력이 이익배당에 미치지 않는다고 보는 부정설에서는 약식질의
효력이 주식배당에 의하여 배당된 신주에는 미치지 않는다고 본다.105) 한편 주식
배당의 본질에 관하여 주식분할설을 취하는 입장에서는 약식질의 효력이 당연히
주식배당에 의하여 배당된 신주에 미친다고 본다.106)

　　사견으로 주식배당의 본질에 관하여 이익배당설을 취하고 약식질의 효력은
이익배당청구권에는 미치지 않는다고 보는 부정설의 입장이므로 주식배당에 의
하여 배당된 신주에는 약식질의 효력이 미치지 않는다고 본다. 회사는 주식배당
시에 약식질권자를 알 수 없으므로 회사가 주식배당에 의한 신주를 약식질권자
에게 배당하지 않고 주주에게 배당하는 것은 당연하며 또 이것은 거래의 실정에
도 맞는 해석이라고 본다.

---

102) 정희철, 전게서, 440∼441면; 정동윤, 전게서, 285∼286면; 日大判 1928. 4. 14(民集 17-8,
　　703).
103) 서돈각, 전게서, 356면; 손주찬, 전게서, 485∼486면; 이태로·이철송, 전게서, 302면.
104) 정희철, 전게서, 441면; 정동윤, 전게서, 286면, 622면.
105) 이태로·이철송, 전게서, 636면; 이정한, 전게논문(상법논총), 175면.
106) 정무동, 전게서, 542면.

## 5. 과세문제

순수하게 이론적으로만 보면 주식배당의 본질에 관하여 이익배당설을 취하는 입장에서는 주식배당에 대하여 현금배당의 경우와 같이 과세하여야 하나(소득세법 제18조 1항 1호), 주식분할설을 취하는 입장에서는 주주에게는 자산상 아무런 소득이 생기지 않았으므로 과세할 수 없다고 보아야 할 것이다. 그러나 주식배당의 본질에 관하여 어느 설을 취하든 주식배당은 우리나라의 현행 소득세법 제26조 1항 2호(법인의 잉여금의 전부 또는 일부를 자본 또는 출자에 전입한 경우에 주주·사원 기타 출자자가 받는 주식 또는 지분의 가액)의 의제배당에 해당되어 과세된다고 본다.[107]

참고로 미국의 경우는 주식배당은 몇 가지의 예외가 있지만 연방세법상 과세되지 않는 것이 일반적이다. 그러나 우선주에 대한 주식배당 및 비례관계가 유지되지 않는 주식배당(즉, 일부 주주에 대하여는 보통주를 배당하고 기타 주주에 대하여는 우선주를 배당하거나 우선주로 전환할 수 있는 보통주를 배당하는 경우)에는 1969년 이후부터 과세되고 있다.[108]

# IX. 위법한 주식배당

회사가 상법에서 정한 주식배당의 요건 및 절차를 위반하여 주식배당을 하고 이에 따라 신주를 발행한 경우(위법한 주식배당의 경우)에 그 효력은 어떠한가? 이에 관하여 상법은 규정을 두고 있지 않으므로 해석에 의하여 해결할 수 밖에 없다. 주식배당은 배당가능이익의 존재를 전제로 하는 신주발행이므로 이익배당의 요건(상법 제462조)을 위반한 경우와 그 이외의 신주발행의 요건(주식배당에 관한 주주총회결의의 하자·정관소정의 수권주식수의 한도를 넘어 발행한 경우·정관에서 정하지 아니한 종류의 주식을 발행한 경우 등)을 위반한 경우로 나누어 볼 수 있겠다.[109] 이하에서는 이를 나누어 살펴보겠다.

---

107) 일본 소득세법 제25조 2항도 주식배당을 의제배당으로 과세하고 있다.
108) Henn & Alexander, *op. cit.*, pp.922~923.
109) 이정한, 전게논문(상법논총), 172면은 이익배당의 요건을 위반한 경우를 '실질적 위법배당'으로, 그 이외의 신주발행의 요건을 위반한 경우를 '형식적 위법배당'으로 부르고 있으나, 적절하지 않다고 생각한다.

## 1. 이익배당의 요건을 위반한 경우

주식배당을 하기 위하여는 현금배당의 경우와 같이 상법 제462조 1항에 의하여 계산한 배당가능이익이 존재하여야 하는데, 이에 위반하여(즉, 배당가능이익이 존재하지 않음에도 불구하고) 주식배당을 한 경우 그 효력이 어떠한지가 문제되겠다.

**가.** 배당가능이익이 없음에도 불구하고 주식배당을 하고 이에 따라 신주를 발행한 경우, 그러한 「신주발행의 효력」이 유효한가의 문제가 있다. 이에 대하여 우리나라의 학설은 유효설과 무효설로 나뉘어 있다. 유효설에서는 이러한 신주발행을 유효라고 보더라도 회사 자산이 유출·감소된 것이 아니므로 회사채권자에게 불리할 것이 없으며 또 주주에게는 장래의 이익배당액이 감소되긴 하겠으나 불이익이 되는 것은 아니라고 설명한다.[110] 그러나 무효설에서는 이러한 신주발행은 실질적으로 액면 미달의 신주발행이 되어 이는 상법 제330조에 위반되므로 무효이고 신주발행무효의 소(상법 제429조～제432조)의 대상이 된다고 한다.[111] 생각건대 배당가능이익이 없음에도 불구하고 주식배당에 의하여 증자하고 신주를 발행하는 것은 결과적으로 납입이 없는 신주발행과 같게 되어 자본충실의 원칙에 반함으로 무효라고 본다. 따라서 무효설에 찬성한다.

**나.** 배당가능이익이 없음에도 불구하고 현금배당을 한 경우에는 회사채권자는 그 이익을 회사에 반환할 것을 주주에 대하여 청구할 수 있다(상법 제462조 제2항)(2011년 4월 개정상법에 의하면 상법 제462조 제3항임). 주식배당의 경우에도 상법 제462조 제2항(2011년 4월 개정상법에 의하면 상법 제462조 제3항임)이 동일하게 (유추)적용되어 '회사채권자의 반환청구권'을 인정할 것인지 여부에 대하여 학설은 긍정설과 부정설로 나뉘어 있다. 긍정설에서는 회사채권자의 상법 제462조 제2항(2011년 4월 개정상법에 의하면 상법 제462조 제3항임)에 의한 반환청구권은 회사의 자본충실 및 나아가서는 채권자의 보호를 위하여 인정되는 것이므로 배당가능이익이 없이 주식배당을 한 경우에는 이를 인정하여야 한다고 설명한다.[112] 그러나 부정설에서는 회사채권자에게 반환청구권을 인정하는 경우에는 강제배당된 신주에 대하여 출자의무를 강요하는 것이 되어 결과적으로 주주유한책임의 원칙에

---

110) 이정한, 상게논문(상법논총), 173면; 이범찬, "주식배당제도의 연구," 「상장협」(한국상장회사협의회), 제1호(1980. 1), 21면.

111) 정희철, 전게서, 577면; 정동윤, 전게서, 622면.

112) 이태로·이철송, 전게서, 637면; 이정한, 전게논문(상법논총), 173면.

반하고 또 회사 자산이 사외유출된 것이 아니므로 회사채권자는 아무런 불이익을 받지 않으므로 회사채권자에게 상법 제462조 제2항(2011년 4월 개정상법에 의하면 상법 제462조 제3항임)에 의한 반환청구권을 인정할 수 없다고 설명한다.[113] 생각건대 배당가능이익이 없음에도 불구하고 주식배당에 의한 신주발행을 한 것이 자본충실의 원칙에 반하여 무효라고 본다면, 이의 결과 회사채권자는 자기의 이익을 보호하기 위하여 주주에 대하여 배당받은 신주를 회사에 반환할 것을 청구할 수 있는 권리를 갖는다고 보아야 할 것이다. 따라서 긍정설에 찬성한다. 이 때 회사채권자가 주주에 대하여 반환청구하는 대상인 이익은 배당받은 신주의 납입청구권이 아니라 배당받은 신주 자체이므로 「…강제배당된 신주에 대하여 출자의무를 강요하는 것이 되므로 결과적으로 주주유한책임의 원칙에 반하게 된다」[114]는 부정설의 이유는 타당하지 않다고 본다. 또 배당가능이익이 없음에도 불구하고 주식배당에 의하여 신주를 발행한 것을 무효라고 보면서, 회사채권자가 주주에게 무효인 신주를 회사에게 반환할 것을 청구할 수 없다고 보는 것[115]도 모순이라고 생각한다. 이렇게 회사채권자에게 반환청구권을 인정하고 회사채권자가 이를 행사하여 발행된 신주를 회사가 반환받은 경우에 회사는 자기주식취득금지에 관한 규정(상법 제341조)(2011년 4월 개정상법에 의하면 상법 제341조의 2임)을 위반한 것이 아니냐는 의문이 있다. 그러나 이러한 주식은 발행되지 않았어야 할 주식으로 무효인 주식이라고 보거나 또는 가사 유효한 주식이라고 보더라도 이는 회사가 소각하기 위하여 취득하는 것이므로(상법 제341조 1호)(2011년 4월 개정상법에 의하면 제1호는 삭제됨) 이는 상법 제341조(2011년 4월 개정상법에 의하면 상법 제341조의 2임)에 위반되는 것이 아니라고 본다. 회사채권자는 이러한 반환청구를 반드시 소의 방법으로 할 필요는 없으나, 소에 의하는 경우에는 회사의 본점소재지의 지방법원에 제기한다[116](상법 제462조 제3항〈2011년 4월 개정상법에 의하면 상법 제462조 제4항임〉, 제186조 유추적용). 회사채권자의 이러한 반환청구권의 행사와 주식배당에 관한 주주총회결의무효의 소와의 관계를 보면 동 결의무효의 소의 성질을 형성소송으로 보면 동 무효판결을 얻은 후에만 회사채권자는 이러한 반환청구권을 행사할 수 있지만,[117]

---

113) 정희철, 전게서, 577면; 정동윤, 전게서, 623면; 최기원, 전게서, 745~746면; 손주찬, 전게서, 624면.
114) 정희철, 전게서, 577면.
115) 정희철, 상게서, 577면; 정동윤, 전게서, 622~623면.
116) 위법한 이익배당의 경우에 정희철, 전게서, 565면.
117) 정희철, 전게서, 565면(위법한 이익배당의 경우). 결과동지: 이태로·이철송, 전게서, 637면

동 결의무효의 소의 성질을 확인소송으로 보면 동 무효판결을 얻기 전이라도 회
사채권자는 이러한 반환청구권을 행사할 수 있다고 보아야 할 것이다.[118) 이 때
에 주주의 선의·악의는 상관이 없다(통설).[119) 또한 이 때에 회사도 주주에 대하
여 배당받은 신주의 반환청구를 부당이득의 법리에 의하여 행사할 수 있다고 본
다[120)(민법 제741조).

　　다. 배당가능이익이 존재하지 않음에도 불구하고 주식배당을 한 경우, '이사·
감사의 책임'은 어떠한가? 이 때에도 이사·감사의 책임을 인정할 것인지 여부에
대하여 학설은 긍정설과 부정설로 나뉘어 있다. 긍정설은 이 때에 이사·감사는
법령위반행위를 한 것이므로 회사에 대하여 손해배상책임을 연대하여 부담함은
물론(상법 제399조, 제414조 제1항·제3항), 신주발행의 등기 후에는 이사는 자본충실
의 책임도 부담한다고 설명한다[121)(상법 제428조). 그러나 부정설은 이사·감사가
위법한 주식배당을 한 것은 인정한다 하더라도 이로 인하여 회사에 손해가 발생
하였다고 볼 수 없으므로 이사·감사는 회사에 대하여 손해배상책임(상법 제399
조, 제414조 제1항·제3항)을 부담하지도 않고 또 주식배당의 경우에는 주식의 인수
와 납입이 있었던 것도 아니므로 이사는 자본충실의 책임(상법 제428조)을 부담하
지도 않는다고 한다.[122) 생각건대 배당가능이익이 없으면서 이사·감사가 주식배
당에 관한 안을 주주총회에 제출하여 그의 승인을 받아 주식배당을 하였다면 이
는 분명히 법률위반을 한 것이고(상법 제462조 제1항, 제462조의 2 제1항) 또 이로
인하여 회사에 손해가 발생하지 않았다고도 단정할 수 없으므로, 그러한 이사·
감사는 회사에 대하여 연대하여 손해를 배상할 책임이 있다고 본다(상법 제399조,
제414조 제1항·제3항). 그러나 그러한 이사라도 자본충실의 책임(상법 제428조)은
부담하지 않는다고 본다. 신주를 배당받은 신주도 인수 및 납입의무를 부담하지
않는데 어떻게 이를 이사에게 부담시킬 수 있겠는가? 이 때에 제3자가 회사의 증
자를 믿고 거래하고 또 이로 인하여 제3자에게 손해가 발생한 경우에는 '이사·
감사가 악의 또는 중대한 과실로 인하여 그 임무를 해태한 경우'로 보아 이사·

---

　　(동교수, 같은 책, 427면은 형성소송설을 취하고 있음); 이정한, 전게논문(상법논총), 173면.
118) 주주총회결의 무효확인의 소를 '확인의소'로 보는 견해로는 서돈각, 전게서, 374면; 손주찬,
　　전게서, 514면; 정찬형, "주주총회결의의 하자,"「고시계」, 1988. 7, 92면; 대판 1962. 5. 17,
　　4294 민상 1114(카드 No.6693).
119) 이태로·이철송, 전게서, 637면 외.
120) 동지: 이태로·이철송, 상게서, 637면; 손주찬, 전게서, 622면(위법한 이익배당의 경우).
121) 정희철, 전게서, 577면; 정동윤, 전게서, 623면; 이정한, 전게논문(상법논총), 174면.
122) 이범찬, 전게논문, 21면.

감사에게 그러한 제3자에 대한 손해배상책임을 인정할 수도 있다고 본다(상법 제
401조, 제414조 제2항·제3항). 그러한 이사·감사는 위와 같은 손해배상책임(민사책
임)을 부담하는 외에 5년 이하의 징역 또는 1,500만원 이하의 벌금인 형사처벌도
받는다고 본다[123](상법 제625조 3호).

## 2. 신주발행의 요건을 위반한 경우

주식배당에 관한 주주총회결의에 하자가 있는 경우, 정관소정의 수권주식수
의 한도를 넘어 신주를 발행한 경우, 정관에서 정하지 않은 종류의 주식을 발행
한 경우 등이 이에 속한다. 이 때에는 신주발행무효의 소에 관한 규정(상법 제429
조 이하)을 유추적용하여 주주·이사 또는 감사는 신주를 발행한 날로부터 6월내
에 소만으로만 이러한 신주발행의 무효를 주장할 수 있다고 본다.[124] 또한 이때
주식배당에 의한 신주발행을 하기 전이면 신주발행유지청구권에 관한 규정(상법
제424조)을 유추적용할 수 있다고 본다.[125] 이 때에 주주 등이 신주발행무효의 소
를 제기하여 승소의 확정판결을 받은 경우에도 주주는 원래부터 주금액을 납입
했던 것이 아니므로 회사는 신주의 주주에 대하여 자본전입했던 금액을 반환할
필요는 없다[126](상법 제432조의 유추적용 배제).

# X. 결  어

주식배당제도는 1984년 상법개정에 의하여 우리나라에 처음으로 도입되어
약 4년밖에 지나지 않아 아직 생소하여 현재는 그리 많이 이용되고 있지는 않으
나, 오늘날 자금난으로 기업경영의 어려움을 겪고 있는 우리나라의 대부분의 주
식회사에서는 기업이윤의 사내유보와 주주의 이익배당의 요구를 동시에 충족시
키는 주식배당제도의 이점 때문에 앞으로 이 제도가 많이 이용될 것으로 전망된
다. 주식배당제도의 앞으로의 많은 이용에 따라 동 제도의 문제점이 많이 발생하
겠으나, 이의 사전 해결과 또 주식배당제도의 원활한 운용을 위하여 다음 사항을
결론으로서 지적하면서 이 글을 마치겠다.

---

123) 동지: 이범찬, 전게논문, 21면.
124) 동지: 정희철, 전게서, 577면; 이정한, 전게논문(상법논총), 172면.
125) 동지: 정희철, 상게서, 577면; 이정한, 상게논문(상법논총), 172면.
126) 동지: 정희철, 상게서, 577면; 이정한, 상게논문(상법논총), 172면.

1. 첫째로 주식배당은 자칫하면 주주의 이익배당청구권을 침해할 우려가 있으므로 주주의 이러한 권리가 침해되지 않는 방향으로 운용되어야 할 것이다. 특히 부실한 회사가 주식배당을 실시하는 경우에는 주주는 명목상(형식상) 이익배당을 받음에 불과하여 주주의 이익배당청구권은 크게 침해를 받을 것이다. 따라서 미국에서는 주식배당이란 용어는 '불행한 오명'(unfortunate misnormer)이라고 하거나, 주식배당은 일종의 '심리적·의제적 또는 상징적인 배당'에 불과하다고 한다.127) 그러므로 주식배당은 회사의 이윤을 사내에 유보하여 자금조달의 효용성을 도모하고자 하는 목적으로만 이용되어야 하고 이 이외에 회사경영자에 의한 주식시장조작의 목적으로 악용되지 않도록 입법적 및 제도적인 조치가 뒤따라야 할 것으로 본다.128) 또한 주식배당은 현금배당에 보조적인 것으로 운용되어야 한다. 이에 대하여 우리 상법은 배당가능이익의 2분의 1을 초과할 수 없도록 규정하고 있는데(상법 제462조의 2 제1항 단서), 이러한 주식배당의 비율도 앞으로 회사의 자금조달의 사정과 주식배당제도가 악용되는 정도에 따라 더 낮추도록 입법론적으로 고려되어야 할 것이다.129) 이와 함께 비상장회사의 경우와 같이 주식의 시장가격이 형성되어 있지 않거나 상장회사의 주식이라도 그 시가가 장기적으로 액면가를 훨씬 하회하는 경우에는, 주식배당을 제한하거나 또는 액면가액에 의한 주식배당을 지양하여 주주가 명목상 이익배당을 받는 결과가 되지 않도록 하여야 할 것이다(주식의 시가가 액면가를 하회하는 경우에는 무액면주식제도의 도입으로도 해결될 수 있을 것이다).130)

2. 둘째로 주식배당에 수반하여 발생되는 여러 가지의 문제점에 대하여 상법은 입법적으로 해결할 필요가 있다고 본다. 우리 상법은 주식배당제도의 도입과 함께 이에 수반되는 문제점에 관하여 비교적 상세한 규정을 두어 입법적으로 해결하고 있으나(주식배당의 재원 및 한도, 신주의 발행가액, 단주의 처리방법, 신주에 대하여 주주가 되는 시기, 신주에 대한 등록질의 효력 등), 그 이외의 사항에 대하여는 상법이 규정하고 있지 않고 학설은 나뉘어 있어 실무처리에 있어 혼란이 예상된다. 즉, 앞에서 본 바와 같이 수종의 주식(종류주식)이 발행된 경우에 주식의 수

---

127) Ballantine, *op. cit.*, p.481.
128) 동지: 김두환, 전게논문, 65~66면. 동지: 이정한, 전게논문(상법논총), 177면.
129) 미국에서도 주식배당은 그 이용빈도에 있어서나 현금배당과의 비율에서 현금배당에 부차적으로만 이용되고, 주식배당비율은 보통 1~10%로 낮다(5%인 경우 구주〈旧株〉 20주에 대하여 신주 1주를 배당함)(Henn & Alexander, *op. cit.*, p.920).
130) 결과동지: 박길준, 전게논문(고시계), 44면.

종(종류주식)에 불문하고 같은 종류의 주식(일반적으로 보통주)으로써 배당할 수 있
는지 여부, 자기주식에 대하여도 주식배당이 가능한지 여부(이에 대하여는 1995년
12월 개정상법에서 제462조의 2 제2항 후단에 '회사가 종류주식을 발행한 때에는 각각 그
와 같은 종류의 주식으로 배당할 수 있다'를 추가함), 주식배당의 경우에도 일할배당이
가능한지 여부 등에 대하여도 입법적으로 해결하면 실무처리에 있어서 훨씬 명
백하게 될 것으로 본다.[131)

---

131) 동지: 이정한, 전게논문(상법논총), 177~178면.

# 경제환경의 변화와 기업금융법제의 발전*

## Ⅰ. 서 언

회사(특히 주식회사)법에서 가장 중요한 분야는 지배구조(corporate governance)와 재무(corporate finance)에 관한 부분이라고 볼 수 있는데, 이 부분은 기업경영의 투명성 및 건전성과 관련하여 끊임없이 발전하며 변화되고 있다. 또한 이 분야는 국제기준(global standards)과 경제환경의 변화에 따라서도 많은 변화와 발전을 하고 있다. 우리 회사법상 지배구조에 관한 규정의 개정에는 이해관계인들의 첨예한 대립으로 큰 발전을 가져오지 못하고 있으나, 재무에 관한 규정의 개정에는 이해관계인들의 큰 대립이 없어 지금까지 많은 변화와 발전을 가져오고 있다.

회사재무에 관한 규정에서도 회사의 자금조달에 관한 기업금융법제는 그 동안 전자화·새로운 형태의 자금조달 수단의 출현 등 경제환경의 변화에 따라 많은 변화와 발전을 가져왔다. 이곳에서는 최근 경제환경의 변화에 따른 주식회사의 자금조달에 관한 규정의 변화를 살펴보겠는데, 상법(회사법)(이하 조문인용에서 '상'으로 약칭하고, 동법 시행령은 '상시'로 약칭함)·자본시장과 금융투자업에 관한 법률(이하 '자본시장법'으로 약칭하고, 조문인용에서는 '자금'으로 약칭하며, 동법 시행령은 '자금시'로 약칭함) 및 기타 법률로 나누어 살펴보겠다.

---

* 이 글은 정찬형, "경제환경의 변화와 기업금융법제의 발전," 「상사법연구」(한국상사법학회), 제34권 제1호(2015. 5), 9~41면의 내용임(이 글에서 필자는 corporate finance에 관하여 상법 및 특별법의 동향을 소개하고, 문제점을 지적함).

## II. 상법(회사법)

2008년 10월 21일 정부가 국회에 제출한 「상법중일부(회사편) 개정법률안」의 내용 중 일부(자본시장법이 제정됨에 따라 동법의 시행일〈2009. 2. 4〉에 폐지되는 증권거래법상 상장회사의 지배구조에 관한 특례규정을 상법 회사편에 포함시키는 내용)는 2009년 1월 개정상법(2009. 1. 30, 법 9362호)에 반영되었고, 또한 동 일부(소규모 주식회사의 설립절차 간소화 및 지배구조의 개선·전자투표 등 회사경영의 정보기술〈IT〉화에 관한 규정)는 2009년 5월 개정상법(2009. 5. 28, 법 9746호)에 반영되었으며, 그 나머지 부분에 대하여는 2011년 4월 개정상법(2011. 4. 14, 법 10600호, 시행일자: 2012. 4. 15)에 반영되었다.[1]

2011년 4월 개정상법에서 경제환경의 변화에 따른 기업금융법제가 많이 개정되었는데, 이의 대표적인 것으로는 다양한 종류의 주식을 도입하였고(상 제344조·제345조 및 제346조의 개정, 제344조의 2부터 제344조의 3까지 신설), 무액면주식제도를 도입하였으며(상 제329조 개정, 제451조 개정), 주식 및 사채 등의 전자등록제를 도입하였고(상 제356조의 2 및 제478조 3항 등의 신설), 사채제도의 개선(상 제469조 및 제481조부터 제485조까지 개정, 제470조부터 제473조까지 삭제, 제480조의 2 및 제480조의 3 신설) 등이다. 이하에서는 이를 주식과 사채로 나누어 살펴보겠다.

### 1. 주 식

#### 가. 다양한 종류의 주식 도입

(1) 2011년 4월 개정상법 이전에는 수종의 주식으로 "회사는 이익이나 이자의 배당 또는 잔여재산의 분배에 관하여 내용이 다른 수종의 주식을 발행할 수 있다"고 규정하였다(개정전 상 제344조 1항). 이는 이익 또는 건설이자의 배당, 잔여재산의 분배에 관하여 내용이 다른 주식의 발행을 허용하여 총 3가지의 종류주식을 인정하였으나, 종류주식으로서 실질적으로 기능하고 있는 것은 이익배당을 우선적으로 받을 수 있는 이익배당우선주에 국한되었고 건설이자나 잔여재산 분배에 관한 종류주식의 이용사례는 거의 없었다. 이는 기업 측에서 보면 실제로 이용할 수 있는 종류주식은 배당우선주 하나뿐이므로 자금조달수단이 그 만큼

---

1) 정찬형, 「상법강의(상)(제18판)」(서울: 박영사, 2015), 434~435면.

제한적이었고, 이러한 제한으로 인하여 회사는 주식발행을 통하여 자금을 조달하는데 상당한 어려움이 있었다. 따라서 2011년 4월 개정상법은 주식발행을 통한 자금조달의 원활화를 위하여 종류주식의 법정유형을 대폭 확대하였는데, 이러한 종류주식의 다양화는 기업 측의 자금조달을 용이하게 하는 기능뿐만 아니라 투자자의 투자상품을 다양화하면서 증권회사나 자산운용업자는 그들이 취급할 수 있는 금융상품을 다양화하므로 자본시장의 발전이라는 기능도 갖는다.[2]

(2) 2011년 4월 개정상법에서는 '수종의 주식'이라는 용어 대신에 '종류주식'이라는 용어를 사용하고, 이러한 종류주식의 개념에 상환주와 전환주를 포함시켰으며, 건설이자가 폐지됨에 따라(상 제463조 삭제) 건설이자에 관한 종류주식을 인정하지 않고 있다(상 제344조 1항). 또한 2011년 4월 개정상법 이전에 이익배당 우선주에 대하여 정관으로 최저배당율을 정하도록 한 규정(개정전 상 제344조 2항 후단)은 이의 효율성이 별로 없고 이를 운영하는 입법례도 드물며 배당가능이익이 구체화되기 전에 최저배당율부터 정한다는 것은 비논리적이고 또한 기업 측에서는 배당압박에 대한 염려로 우선주의 활용이 부진하여 자금조달이 어렵게 되었다는 이유 등으로 2011년 4월 개정상법에서는 폐지되었다.[3]

(3) 2011년 4월 개정상법 이전에는 의결권 없는 주식(무의결권주)은 이익배당 우선주에 대하여만 인정하였고 또한 이익배당우선권이 박탈되면 자동적으로 의결권이 부활되는 것으로 규정하였다(개정전 상 제370조 1항). 그런데 2011년 4월 개정상법에서는 의결권이 없는 종류주식(의결권배제종류주식 또는 무의결권주식)에 대하여 이익배당 우선주에 한정하는 제한을 폐지하였고, 이에 따라 의결권 자동부활조항은 불필요하게 되었다(상 제344조의3 1항). 따라서 보통주에 대하여도 의결권이 없는 종류주식으로 할 수 있다.[4]

또한 2011년 4월 개정상법은 이러한 무의결권주식의 대상을 확대하였을 뿐만 아니라, 의결권이 제한되는 종류주식(예컨대, 이사의 선임·재무제표의 승인 등에 관해서만 의결권이 없거나 또는 있는 것으로 할 수 있는 주식)을 인정하고 이의 대상도 제한하지 않았다(상 제344조의3 1항).

(4) 2011년 4월 개정상법 이전에는 이익배당 우선주에 대해서만 상환주식을 인정하고(개정전 상 제345조 1항), 상환에 대한 선택권이 회사에게 있느냐(수의상환

2) 법무부, 「상법회사편 해설」(안양: 도서출판 동강, 2012), 125~126면.
3) 법무부, 상게 해설, 132~133면.
4) 정찬형, 전게서(2015), 694면; 법무부, 상게 해설, 137면.

주식 또는 임의상환주식) 또는 주주에게 있느냐(의무상환주식 또는 강제상환주식)에 대하여는 상법에 규정이 없었으므로 정관에 아무런 규정이 없으면 수의상환주식으로 해석하였다.[5] 그런데 2011년 4월 개정상법에서는 상환주식으로 할 수 있는 주식에 대하여 이익배당 우선주에 한정하지 않고 상환주식과 전환주식을 제외한 모든 종류주식으로 확대하였다(상 제345조 5항). 그러나 해석상 보통주를 상환주로 할 수는 없다고 본다.[6] 또한 상법에서 명문으로 회사는 정관에서 정하는 바에 따라 회사의 이익으로써 소각할 수 있는 종류주식(회사상환주식 또는 상환사유부주식) 또는 주주가 회사에 대하여 상환을 청구할 수 있는 종류주식(주주상환주식 또는 상환청구권부주식)을 발행할 수 있음을 규정하고 있다(상 제345조 1항 1문, 3항 1문).

　또한 2011년 4월 개정상법 이전에는 상환주식의 취득의 대가에 대하여 특별히 규정하지 않았으나, 2011년 4월 개정상법은 상환주식의 취득의 대가로서 현금 외에 유가증권(다른 종류주식은 제외함)이나 그 밖의 자산을 교부할 수 있는데 이 경우 그 자산의 장부가액은 배당가능이익 범위 내이어야 함을 규정하고 있다(상 제345조 4항).

　(5) 2011년 4월 개정상법 이전에는 전환권을 주주에게만 인정하는 전환주식만을 인정하였다(개정전 상 제346조 1항). 그런데 이는 자금조달을 위하여 전환권이 있는 우선주를 발행한 회사에 대하여 우선배당의 부담을 해소하기 어려워 정관에 일정한 기한의 도래 또는 조건의 성취로 우선주가 자동적으로 보통주로 전환된다는 조항을 두어 우회적인 방법으로 강제전환의 목적을 달성하고자 한 점, 기업공개나 기업구조조정의 과정에서 종류주식의 단순화·주주관리비용 등의 절감 등의 목적으로 회사에 의한 강제전환권을 도입할 필요가 있었던 점 등에서,[7] 2011년 4월 개정상법은 전환권을 주주에게 뿐만 아니라 회사에게도 부여하는 전환주식을 인정하였다(상 제346조 1항·2항). 2011년 4월 개정상법으로 종류주식의 유형이 확대되었고 또한 전환권이 회사에게도 인정되므로 전환주식을 통한 자금조달이 보다 용이할 것이다.[8]

　2011년 4월 개정상법에 의하여도 전환주식의 보통주로의 전환은 당연히 인정된다.[9]

5) 정찬형, 「상법강의(상)(제13판)」(서울: 박영사, 2010), 644~645면.
6) 정찬형, 전게서(2015), 688~689면 주 2 ③; 법무부, 전게 해설, 148면, 150면.
7) 법무부, 상게 해설, 153면.
8) 법무부, 상게 해설, 154면.
9) 정찬형, 전게서(2015), 688~689면 주 2 ④; 법무부, 상게 해설, 156면(이를 명확히 하기 위

## 나. 무액면주식제도의 도입

(1) 2011년 4월 개정상법은 무액면주식제도를 최초로 도입하였다(상 제329조 1항·4항·5항, 제451조 2항·3항). 이와 같이 무액면주식제도를 도입함으로써 주식발행의 효율성 및 자율성이 높아져 회사의 자금조달의 편의를 기할 수 있고 또한 소규모기업의 원활한 창업이 확대될 것이다.10)

2011년 4월 개정상법에 의하면 회사는 정관에서 정한 경우에만 주식의 전부를 무액면주식으로 발행할 수 있는데, 이와 같이 무액면주식을 발행하는 경우에는 액면주식을 발행할 수 없다(상 제329조 1항). 회사가 무액면주식을 발행하는 경우 회사의 자본금은 「주식의 발행가액의 2분의 1 이상의 금액으로서 이사회(신주발행을 정관에서 주주총회에서 결정하기로 정한 경우에는 주주총회)에서 자본금으로 계산하기로 한 금액의 총액」으로 하고(상 제451조 2항 1문), 주식의 발행가액 중 자본금으로 계상하지 아니하는 금액은 자본준비금으로 계상하여야 한다(상 제451조 2항 2문). 회사는 정관에서 정하는 바에 따라 발행된 액면주식을 무액면주식으로 전환하거나 무액면주식을 액면주식으로 전환할 수 있는데(상 제329조 4항·5항), 회사가 액면주식을 무액면주식으로 전환하거나 무액면주식을 액면주식으로 전환함으로써 자본금을 변경할 수는 없다(상 제451조 3항).

(2) 참고로 2014년 5월 개정상법(2014. 5. 20, 법 12591호, 시행: 2014. 5. 20)에 의하여 무기명주식제도가 폐지되었다. 그 이유는 현재까지 무기명주식은 발행사례가 없어 기업의 자금조달에 기여하지 못하고, 소유자 파악이 곤란하여 양도세 회피 등 과세사각지대의 발생 우려가 있으며, 조세 및 기업소유구조의 투명성 결여로 인한 대외신인도를 저하시키는 원인이 되고 있고, 프랑스·일본·미국·독일 등 주요 선진국들도 무기명주식제도를 폐지하는 추세 등으로 무기명주식제도를 더 이상 유지할 실익이 없기 때문이라고 한다.11)

## 다. 주식 및 사채 등의 전자등록제

(1) 2011년 4월 개정상법은 유가증권의 무권화(전자화)의 일환으로 주권을

---

하여 상법 제346조 제1항과 제2항의 '다른 종류주식'을 개정전과 같이 '다른 종류의 주식'으로 하여 표현을 명확히 하는 개정을 할 예정이라고 한다).
10) 2011년 4월 상법(회사편) 개정안 제안이유.
11) 정찬형, 전게서(2015), 687~688면; 2014년 5월 상법(회사편) 개정안 제안이유.

발행하지 않고 주식을 전자등록할 수 있도록 하는 입법을 하였다. 우리 상법은 주식을 표창하는 유가증권으로 주권(株券)에 대하여 규정하고 있는데(상 제355조~제360조), 실무에서는 주권을 한국예탁결제원에 예탁하는 증권예탁제도(자금 제308조~제323조)와 주주가 기명주식의 주권을 소지하지 않겠다고 회사에 신고하는 주권불소지제도(상 제358조의 2) 등에 의하여 권리의 발생·이전·행사 등에 주권이 실제로 이용되지 않는 경우가 많았다. 이는 증권무권화 과정의 하나의 단계라고 볼 수 있는데, 증권예탁제도나 주권불소지제도는 증권(주권)의 발행을 전제로 하나, 2011년 4월 개정상법에서 도입된 주식의 전자등록제도는 처음부터 증권(주권)을 발행하지 않는 제도로서 증권무권화제도의 최종단계라고 볼 수 있다.[12]

주식의 전자등록제도는 발행회사측에서는 실물증권의 발행과 발행될 실물주권의 관리와 관련되는 각종 절차를 간소화하고 또한 비용을 절약할 수 있는 장점이 있고, 투자자측에서는 실물주권의 보유로 인하여 발생하는 도난·분실 등의 위험이 없고 권리행사가 편리하게 되는 장점이 있으며, 금융투자업자측에서는 주권관리비용의 절감과 주권업무의 효율성을 제고할 수 있는 장점 등이 있다.[13]

(2) 회사가 정관으로 정하는 바에 따라 주권을 발행하는 대신 전자등록기관의 전자등록부에 주식을 등록발행하면(상 제356조의2 1항), 전자등록부에 등록된 주식의 양도나 입질은 전자등록부에 등록하여야 효력이 발생하고(상 제356조의2 2항), 전자등록부에 주식을 등록한 자는 그 등록된 주식에 대한 권리를 적법하게 보유한 것으로 추정하며, 선의취득이 인정된다(상 제356조의2 3항).

전자등록의 절차·방법 및 효과, 전자등록기관에 대한 감독, 그 밖에 주식의 전자등록 등에 필요한 사항은 따로 법률로 정한다(상 제356조의2 4항). 상법(회사편)개정 정부안에서는 전자등록의 절차·방법 및 효과, 전자등록기관의 지정·감독 등 주식의 전자등록에 관한 사항을 "따로 법률(전자유가증권법)"로 정하기로 하였다. 그러나 전자유가증권법 제정 추진 과정에서 국채등록업무를 담당하는 한국은행의 반대에 부딪쳐 전자유가증권법안은 2년 넘게 표류하고 있었고, 그 사이 금융위원회는 기업어음(CP)을 대상으로 하는 '전자단기사채 등의 발행과 유통에 관한 법률'을 단독으로 제정하여 2011. 6. 23 국회본회의를 통과하였다. 따라서 법무부는 국회 법안심사 소위에 이러한 문제상황이 있음을 밝히고, 우선 대통령

---

12) 정찬형, 전게서(2015), 717면; 동, "전자증권제도의 도입에 따른 법적 과제,"「상사법연구」 (한국상사법학회), 제22권 3호 특집호(2003. 10), 21면.
13) 정찬형, 전게서(2015), 718면; 동, 상게논문, 22면.

령인 '상법시행령'에서 세부사항을 정하도록 기존의 합의를 변경할 필요성을 주장하여, 국회 법안심사 1소위에서 "다른 법률"이 "대통령령"으로 수정되어 가결되었다. 이와 함께 법무부는 금융위원회와 함께 '전자유가증권법'의 제정을 추진하기로 하였다.14) 자본시장법상 증권의 전자등록에 관하여는 2016년 3월 22일에 「주식·사채 등의 전자등록에 관한 법률」(법 14096호)이 제정되어, 동법 부칙 제10조 제1항에 의하여 상법 제356조의 2 제4항에 규정된 '대통령령'은 다시 '따로 법률'로 개정되었다[이 법률의 내용 소개 및 문제점에 관하여는 정찬형, "전자증권제도 도입에 따른 관련 제도의 정비·개선,"「예탁결제」(한국예탁결제원), 제100호(2017. 3), 7~80 면 참조].

   (3) 주식의 전자등록제도는 신주발행시의 신주인수권(상 제420조의 4)·사채(상 제478조 3항)·신주인수권부사채의 신주인수권(상 제516조의 7) 및 상법상의 유가증권(상 제65조 2항)에도 준용되어, 상법상의 모든 유가증권을 무권화(전자화)할 수 있도록 하여, 주식의 전자등록에 관한 규정은 상법상의 유가증권의 무권화(전자화)에 관한 일반규정의 기능을 하고 있다.

## 2. 사   채

### 가. 일반사채에 관한 규정의 개정

   2011년 4월 개정상법 이전에는 회사채권자를 보호하기 위하여 회사의 사채발행에 많은 제한을 두었는데(개정전 상 제470조~제473조), 2011년 4월 개정상법은 이러한 사채발행에 대한 제한을 모두 폐지하여 회사의 사채발행에 대한 자율성을 증대함으로써 회사의 자금조달에 기동성을 부여하였다. 이를 개별적으로 살펴보면 다음과 같다.

   (1) 2011년 4월 개정상법 이전에는 사채총액을 제한하였는데(개정전 상 제470조), 이러한 사채총액의 제한은 사채발행시의 제한에 불과하고 회사가 그 후에 자본금 등을 감소하는 경우에 이러한 제한이 유지될 수 없고 또한 회사가 그 후에 개별적으로 차입하여 많은 부채를 부담하면 이러한 제한이 사채권자의 보호에 의미가 없어 사채총액을 제한하는 규정의 실효가 없다는 이유로 학설은 종래부터 이 규정을 폐지할 것을 입법론상 주장하였다.15) 따라서 이러한 학설이 주

---

14) 법무부, 전게 해설, 167~168면.
15) 정찬형, 전게서(2010), 1070면 외.

장하는 점과 채권자에게 지급불능의 위험을 증가시키는 것은 부채총액이지 사채발행총액만이 아니라는 점에서 2011년 4월 개정상법은 사채총액의 제한에 관한 규정을 삭제하였다.[16]

(2) 2011년 4월 개정상법 이전에는 "회사는 전에 모집한 사채의 총액의 납입이 완료된 후가 아니면 다시 사채를 모집하지 못한다"고 규정하여(개정전 상 제471조), 사채의 재모집에 관하여 제한을 하였다. 이는 사채발행의 남용을 방지하기 위한 것인데, 이러한 제한은 회사의 자금조달의 기동성을 저해하고 또한 실제로 실효성이 없다는 이유로 2011년 4월 개정상법에서는 이 규정을 삭제하였다.[17]

(3) 2011년 4월 개정상법 이전에는 "각 사채의 금액은 1만원 이상으로 하여야 하고, 동일 종류의 사채에서는 각 사채의 금액은 균일하거나 최저액으로 정제할 수 있는 것이어야 한다"고 규정하여(개정전 상 제472조), 사채의 금액을 제한하였다. 이는 사채권자집회에서 의결권 산정을 용이하게 하기 위한 것인데, 사채권자집회에서의 의결권 산정은 사채권자가 가지고 있는 미상환사채의 합계액을 기준으로 하는 것이 합리적인 점에서 사채의 금액에 대한 제한은 불필요하다는 이유로 2011년 4월 개정상법에서는 이 규정을 삭제하였다.[18]

(4) 2011년 개정상법 이전에는 "사채권자에게 상환할 금액이 권면액을 초과할 것을 정한 때에는 그 초과액은 각 사채에 대하여 동률이어야 한다"고 규정하여(개정전 상 제473조), 할증상환의 경우 권면액 초과액은 동률이어야 한다는 제한을 하였다. 이는 할증상환이 도박으로 악용되는 것을 방지하기 위한 것인데, 사행심에 대한 규제는 상법의 규율대상이 아니고 형벌규정 등으로 할 수 있는 것이므로 상법에서 이를 규제하는 것이 불필요하다는 이유로 2011년 개정상법에서는 이 규정을 삭제하였다.[19]

(5) 참고로 2011년 4월 개정상법에서는 사채권자의 이익을 위하여 사채관리회사에 관한 규정을 신설하였다(상 제480조의 2~제485조). 즉, 2011년 4월 개정상법 이전에는 기채회사(사채발행회사)로부터 사채모집의 위탁을 받은 수탁회사는 한편으로는 기채회사와 위임계약을 체결하고 기채회사의 「임의대리인」의 자격에서 사채모집의 업무를 수행하였고 다른 한편으로는 사채권자와 특별한 계약관계

---

16) 법무부, 전게 해설, 361~362면.
17) 정찬형, 전게서(2015), 1180면; 법무부, 상게 해설, 363면.
18) 정찬형, 상게서(2015), 1180~1181면; 법무부 상게 해설, 364면.
19) 정찬형, 상게서(2015), 1181면; 법무부, 상게 해설, 365면.

에 있지 않으면서 사채권자의 「법정대리인」의 자격에서 사채권자를 위하여 사채의 상환을 받는 등의 업무를 수행하였는데, 수탁회사가 이해가 상반하는 기채회사와 사채권자의 대리인이 동시에 되는 것은 문제가 있다고 하여 2011년 4월 개정상법은 이 양자의 지위를 분리하여 수탁회사는 그대로 두고 사채권자의 대리인으로서 사채관리회사를 둘 수 있도록 하였다.[20]

### 나. 특수사채의 확대

(1) 2011년 4월 개정상법 이전에는 상법상 특수사채는 전환사채(상 제513조 이하)와 신주인수권부사채(상 제516조의 2 이하)에 대하여만 규정하였다. 이와 같이 상법에서 사채의 종류와 발행방법을 제한하여 사채제도를 비탄력적으로 해석·운용한 결과, 자본시장에서 발행 수요가 있는 신종증권 등에 대해서는 구 증권거래법 등에서 규정하게 되었다. 따라서 2011년 4월 개정상법은 사채발행 근거를 탄력적·무제한적 규정으로 해석·운용할 수 있는 장치가 필요하므로 다양한 사채를 발행할 수 있는 근거규정을 두게 되었다[21](상 제469조 2항). 이와 함께 사채발행의 기동성을 위하여 사채발행의 결정을 대표이사에게 위임할 수 있도록 하였다(상 제469조 4항).

(2) 2011년 4월 개정상법은 이익참가부사채(상 제469조 2항 1호)·교환사채(상 제469조 2항 2호)·상환사채(상 제469조 2항 2호) 및 파생결합사채(상 제469조 2항 3호)의 발행근거에 대하여만 규정하고, 이러한 사채의 내용 및 발행방법 등 발행에 필요한 구체적인 사항은 상법 시행령에 위임하고 있다(상 제469조 3항, 상시 제21조~제25조).

## Ⅲ. 자본시장법

### 1. 주 식

### 가. 주식의 발행 및 배정 등에 관한 특례

(1) 자본시장법상 주권상장법인이 주주배정에 의한 신주발행의 경우에는 상법 제416조 제5호(주주가 가지는 신주인수권을 양도할 수 있는 것에 관한 사항) 및 제6

---

20) 정찬형, 상게서(2015), 1193~1194면; 법무부, 상게 해설, 371면.
21) 법무부, 상게 해설, 357면.

호(주주의 청구가 있는 때에만 신주인수권증서를 발행한다는 것과 그 청구기간)에도 불구하고 주주에게 신주인수권증서를 발행하여야 한다(자금 제165조의6 1항 1호·3항 본문). 이 경우 주주 등의 이익 보호, 공정한 시장질서 유지의 필요성 등을 고려하여 대통령령으로 정하는 방법(증권시장에 상장하는 방법 등)에 따라 신주인수권증서가 유통될 수 있도록 하여야 한다(자금 제165조의6 3항 단서, 자금시 제176조의8 4항).

(2) 자본시장법은 주권상장법인이 신주를 발행하는 경우에는 공모에 의한 신주를 발행할 수 있는 점에 대하여 명문규정을 두고(자금 제165조의6 1항 3호), 이 경우 정관으로 정하는 바에 따라 이사회의 결의로 정할 수 있는 신주배정방식의 유형을 규정하고 있는데 이 경우에는 상법 제418조 제1항(주주배정에 의한 신주발행) 및 같은 조 제2항 단서(제3자배정은 신기술의 도입·재무구조의 개선 등 회사의 경영상 목적을 달성하기 위하여 필요한 경우에 한한다)를 적용하지 아니한다(자금 제165조의6 4항). 공모발행의 경우 자본시장법에서 규정하는 신주배정의 방식에는 (ⅰ) 신주인수의 청약을 할 기회를 부여하는 자의 유형을 분류하지 아니하고 불특정다수의 청약자에게 신주를 배정하는 방식, (ⅱ) 우리사주조합원에 대하여 신주를 배정하고 청약되지 아니한 주식까지 포함하여 불특정 다수인에게 신주인수의 청약을 할 기회를 부여하는 방식, (ⅲ) 주주에 대하여 우선적으로 신주인수의 청약을 할 수 있는 기회를 부여하고 청약되지 아니한 주식이 있는 경우 이를 불특정 다수인에게 신주를 배정받을 기회를 부여하는 방식 및 (ⅳ) 투자매매업자 또는 투자중개업자가 인수인 또는 주선인으로서 마련한 수요예측 등 대통령령으로 정하는 합리적인 기준(발행되는 주식의 가격 및 수량 등에 대한 투자자의 수요와 주식의 보유기간 등 투자자의 투자성향을 금융위원회가 정하여 고시하는 방법에 따라 파악하는 수요예측)에 따라 특정한 유형의 자에게 신주인수의 청약을 할 수 있는 기회를 부여하는 경우로서 금융위원회가 인정하는 방식이다(자금 제165조의6 4항 1호~4호, 자금시 제176조의8 5항).

(3) 자본시장법은 실권주의 처리방법에 대하여 규정하고 있다(자금 제165조의6 2항). 즉, 주권상장법인은 신주를 배정하는 경우 그 기일까지 신주인수의 청약을 하지 아니하거나 그 가액을 납입하지 아니한 주식(실권주)에 대하여는 원칙적으로 발행을 철회하여야 한다(자금 제165조의6 2항 본문). 그러나 예외적으로 금융위원회가 정하여 고시하는 방법에 따라 산정한 가격 이상으로 신주를 발행하는 경우로서, (ⅰ) 실권주가 발생하는 경우 대통령령으로 정하는 특수한 관계(계열회사의 관계)에 있지 아니한 투자매매업자가 인수인으로서 그 실권주 전부를 취득하

는 것을 내용으로 하는 계약을 해당 주권상장법인과 체결하는 경우, 또는 주주배
정에 의한 신주발행의 경우 신주인수의 청약 당시에 해당 주권상장법인과 주주
간의 별도의 합의에 따라 실권주가 발생하는 때에는 신주인수의 청약에 따라 배
정받을 주식수를 초과하는 내용의 청약(초과청약)을 하여 그 초과청약을 한 주주
에게 우선적으로 그 실권주를 배정하기로 하는 경우[이 경우 신주인수의 청약에 따
라 배정받을 주식수에 대통령령으로 정하는 비율(100분의 20)을 곱한 주식수를 초과할 수
없다], 또는 그 밖에 주권상장법인의 자금조달의 효율성·주주 등의 이익보호·공정
한 시장질서유지의 필요성을 종합적으로 고려하여 대통령령으로 정하는 경우(자본
시장법 제130조에 따라 신고서를 제출하지 아니하는 모집·매출의 경우, 법상 인정된 경우
를 제외하고 우리사주조합원에게 배정하는 경우)에는 그에 따른 처리가 인정되므로 발
행을 철회할 필요가 없다(자금 제165조의 6 2항 단서, 자금시 제176조의 8 1항~3항).

## 나. 액면미달 발행의 특례

(1) 상법상 회사가 액면미달의 주식을 발행하는 경우에는 주주총회의 특별
결의와 법원의 인가를 요하나(상 제417조 1항), 자본시장법상 주권상장법인은 법원
의 인가 없이 주주총회의 특별결의만으로 액면미달의 주식을 발행할 수 있다(자
금 제165조의8 1항 본문). 다만, 액면미달금액의 총액에 대하여 상각을 완료하지
아니한 경우에는 그러하지 아니하다(자금 제165조의8 1항 단서).

(2) 상법상 회사가 액면미달의 주식을 발행하는 경우에는 주주총회의 결의
에서 최저발행가액을 정하고 법원이 제반사정을 참작하여 최저발행가액을 변경
하여 인가할 수 있는데(상 제417조 2항·3항), 자본시장법상 주권상장법인은 최저발
행가액을 주주총회의 결의에서 정하되 대통령령으로 정하는 방법에 따라 산정한
가격 이상이어야 한다(자금 제165조의8 2항, 자금시 제176조의 10).[22]

(3) 상법상 회사가 액면미달의 주식을 발행하는 경우에는 발행시기가 법원

---

22) 자본시장법 시행령 제176조의 10(주식의 액면미달발행 시 최저발행가격) 자본시장법 제165
조의 8 제2항 후단에서 "대통령령으로 정하는 방법에 따라 산정한 가격"이란 다음 각 호의 방
법에 따라 산정된 가격 중 높은 가격의 100분의 70을 말한다.
  1. 주식의 액면미달가액 발행을 위한 주주총회의 소집을 결정하는 이사회(이하 이 조에서 "주
주총회소집을 위한 이사회"라 한다)의 결의일 전일부터 과거 1개월간 공표된 매일의 증권
시장에서 거래된 최종시세가격의 평균액
  2. 주주총회소집을 위한 이사회의 결의일 전일부터 과거 1주일간 공표된 매일의 증권시장에서
거래된 최종시세가격의 평균액
  3. 주주총회소집을 위한 이사회의 결의일 전일의 증권시장에서 거래된 최종시세가격

의 인가를 얻은 날로부터 1월내이고 법원은 이 기간을 연장하여 인가할 수 있는데(상 제417조 4항), 자본시장법상 주권상장법인의 경우에는 법원의 인가가 없으므로 주주총회에서 다르게 정한 경우를 제외하고 주주총회의 결의일부터 1개월 이내에 발행하여야 한다(자금 제165조의8 3항).

### 다. 의결권이 없거나 제한되는 종류주식의 특례

(1) 상법상 의결권이 없거나 제한되는 종류주식은 발행주식총수의 4분의 1을 초과하지 못하나(상 제344조의3 2항), 자본시장법상 주권상장법인은 이러한 종류주식을 발행주식총수의 2분의 1까지 발행할 수 있다(자금 제165조의15 2항).

(2) 대통령령으로 정하는 방법(주권상장법인과 주식을 신규로 상장하기 위하여 주식을 모집 또는 매출하는 법인이 금융위원회가 정하여 고시하는 바에 따라 해외증권을 의결권 없는 주식으로 발행하는 것)에 따라 외국에서 주식을 발행하거나 외국에서 발행하는 주권 관련 사채권·그 밖에 주식과 관련된 증권의 권리행사로 주식을 발행하는 경우, 국가기간산업 등 국민경제상 중요한 산업을 경영하는 법인 중 대통령령으로 정하는 기준에 해당하는 법인(정부·한국은행·한국산업은행 등이 주식 또는 지분의 100분의 15 이상을 소유하고 있는 법인 또는 다른 법률에 따라 주식취득 또는 지분 참여가 제한되는 사업을 하고 있는 법인)으로서 금융위원회가 의결권 없는 주식의 발행이 필요하다고 인정하는 법인이 주식을 발행하는 경우는 발행주식총수의 4분의 1 범위내의 의결권 없는 주식의 한도를 계산할 때에는 산입하지 아니하고(자금 제165조의15 1항, 자금시 제176조의16 1항·2항, 상 제344조의3 2항), 자본시장법상 발행주식총수의 2분의 1 범위내에는 포함된다(자금 제165조의15 2항).

(3) 자본시장법상 의결권이 없거나 제한되는 주식총수의 발행주식총수에 대한 비율이 4분의 1을 초과하는 주권상장법인은 발행주식총수의 2분의 1 범위내에서 대통령령으로 정하는 방법(주주 또는 사채권자에 의한 신주인수권·전환권 등의 권리행사 등)에 따라 신주인수권의 행사·준비금의 자본전입 또는 주식배당 등의 방법으로 의결권 없는 주식을 발행할 수 있다(자금 165조의15 3항, 자금시 제176조의16 3항).

## 2. 사  채

### 가. 주권 관련 사채권의 발행에 주식 발행에 관한 규정의 준용

상법 제469조 제2항 제2호(교환사채, 상환사채), 제513조(전환사채) 및 제516조의 2(신주인수권부사채)에 따른 사채(이하 '주권 관련 사채권'이라 한다)를 발행하는 경우에는 자본시장법 제165조의 6 제1항(주주에 대한 배정, 제3자에 대한 배정 및 공모에 의한 배정)·제2항(실권주 처리방법) 및 제4항(공모에 의한 배정방식), 제165조의 9(제3자에 대한 신주배정 등에 주주에게 하는 통지를 생략할 수 있는 경우)를 준용하도록 하여(자금 제165조의 10 1항), 신주발행의 경우와 동일하게 보고 있다.

그러나 상법상 특수사채(전환사채·신주인수권부사채 등)의 발행절차에는 특칙규정이 없으므로, 일반사채의 발행절차(상 제469조 이하)와 거의 동일하게 해석한다.[23]

### 나. 분리형 신주인수권부사채의 발행제한

참고로 자본시장법상(2013년 9월 개정) 주권상장법인은 분리형 신주인수권부사채를 발행할 수 없도록 하고 있다(자금 제165조의 10 2항). 그 동안 분리형 신주인수권부사채는 일부 한계기업의 편법적 지분확보나 대주주 등에게 저가 매각 등을 통한 경영권 보호수단으로 악용되어 왔기 때문에 자본시장법에서 이의 발행을 금지한 것이다.[24]

이와 같이 자본시장법이 분리형 신주인수권부사채의 발행을 금지시키자 2013년 3조원에 육박하던 동 발행물량이 1년만에 10분의 1 아래로 줄어들었다. 따라서 정부는 대주주 악용 소지가 적은 분리형 신주인수권부사채의 공모발행을 허용하는 내용의 자본시장법 개정안을 국회에 제출하였고, 2015년 5월 동 개정안이 국회 정무위원회에서 통과되었다. 따라서 앞으로 동 개정안이 국회 본회의에서 통과되면 신용이 상대적으로 낮은 중소기업들의 자금조달에 숨통이 트일 전망이고 또한 이는 하이일드 채권시장 활성화에도 크게 기여할 것이다.[25]

---

23) 정찬형, 전게서(2015), 1204면, 1214면.
24) 유춘화, "자본시장법 개정에 즈음하여," 「예탁결제」(한국예탁결제원), 제87호(2013년 3분기), 56면; 정찬형, 상게서(2015), 1247면.
25) 매일경제, 2015. 5. 11(월), A24면.

## 3. 조건부자본증권

### 가. 도입배경

조건부자본증권은 금융회사의 자본규제 및 강화방안의 일환으로 2010년 12월 바젤Ⅲ에서 그 도입이 논의된 것인데, 바젤Ⅲ는 은행 등 금융기관이 독자생존이 불가능한 상황에서 공적 자금 투입 이전에 '자본증권은 이에 상각 또는 보통주로 전환되는 조건이 부가된 경우에만 자기자본으로 인정이 가능하다'고 규정하였다. 따라서 금융기관은 조건부자본증권을 활용하는 경우 외부 제3자가 아닌 주주 또는 채권자에 의한 구제금융이 가능하게 된다.[26]

우리나라에서는 2013년 5월 28일 개정된 자본시장법에서 기업의 재무건전성 유지와 다양한 자금조달수단을 기업에 제공한다는 차원에서 이러한 조건부자본증권을 도입하였다(자금 제165조의 11, 자금시 제176조의 12~제176조의 13). 그런데 이러한 조건부자본증권은 금융회사의 자본규제 및 강화방안의 일환으로 바젤Ⅲ에서 그 도입이 논의된 점 등에서 볼 때, 자본시장법이 아닌 은행법 등에서 먼저 규정되었어야 한다고 본다.

### 나. 의의·종류 및 발행현황

(1) 조건부자본증권이란 「사채의 발행 당시 객관적이고 합리적인 기준에 따라 미리 정하는 사유가 발생하는 경우 주식으로 전환되거나 그 사채의 상환과 이자지급 의무가 감면된다는 조건이 붙은 사채」를 말한다(자금 제165조의 11 1항).

(2) 따라서 조건부자본증권에는 주식으로 전환되는 조건이 붙은 사채인 「전환형(출자전환형) 조건부자본증권」(자금 제165조의 11 2항, 자금시 제176조의 12)과 사채의 상환과 이자지급의무가 감면된다는 조건이 붙은 사채인 「상각형(채무조정형) 조건부자본증권」(자금 제165조의 11 2항, 자금시 제176조의 13)이 있다.

이러한 조건부자본증권을 자본시장법에서는 (상법상 특수사채와는 다른) 사채로 규정하고 있으나(자금 제165조의 11 1항 전단), 특히 상각형 조건부자본증권의 경우 원본의 상환과 이자지급의무가 감면된다는 점에서 사채로 부를 수 있는지는 의문이다.

---

26) 정찬형, 전게서(2015), 1230면; 유춘화, 전게논문, 53~54면.
  이에 관한 상세는 양기진, "은행에서의 조건부자본증권 도입에 관한 연구(자본시장법 개정안의 논의를 중심으로)," 「금융법연구」(한국금융법학회), 제9권 제1호(2012), 257면 이하 참조.

(3) 조건부 자본증권은 우리나라에서 2014년 하반기부터 발행되기 시작하였
는데 거의 전부 상각형 조건부 자본증권의 형식으로 발행되고, 2014년 4월까지
9개 은행이 총 4조 400억원을 발행하였다. 2015년 조건부 자본증권을 발행한 은
행은 신한·기업·농협·부산·전북은행 등 총 5곳으로 발행금액은 총 1조 3,800억
원이고, 우리은행은 6월 3일 30년 만기 3,000억원 규모의 조건부 자본증권을 발
행할 예정이다. 2015년에 발행된 각 은행의 조건부 자본증권의 발행액은 800억~
5,000억원이고, 금리는 2.72%~4.33%이며, 만기는 10년~30년이다. 2015년 우리
나라의 기준금리가 1.75%로 내려가고 시장금리도 하락하면서 종전보다 낮은 금
리로 조건부 자본증권의 발행이 가능하여졌고 또한 안정성을 추구하던 기관투자
자들이 저금리 시대에 마땅한 투자상품을 찾지 못하면서 조건부 자본증권의 투
자수요가 갈수록 많아지고 개인투자자들의 관심까지 몰리면서 2015년에(또는 지
금까지) 조건부 자본증권의 발행이 활성화된 것이다.[27]

### 다. 전환형 조건부자본증권의 발행에 주식 발행에 관한 규정의 준용

전환형 조건부자본증권을 발행하는 경우에는 자본시장법 제165조의 6 제1항
(주주에 대한 배정, 제3자에 대한 배정 및 공모에 의한 배정)·제2항(실권주 처리방법) 및
제4항(공모에 의한 배정방식), 제165조의 9(제3자에 대한 신주배정 등에 주주에게 하는
통지를 생략할 수 있는 경우)를 준용하도록 하여(자금 제165조의 10 1항), 신주발행의
경우와 동일하게 보고 있다. 또한 이에는 상법상 신주발행에 관한 규정과 전환주
식에 관한 규정을 준용하고 있다(자금 제165조의 11 2항, 자금시 제176조의 12 7항).

# Ⅳ. 기 타

## 1. 전자어음법

우리나라에서 전자어음의 발행 및 유통에 관한 법률(이하 '전자어음법'이라 약
칭함)은 2004년 3월 22일(법률 제7197호) 제정되었고 동법 시행령은 2004년 12월
31일(대통령령 제18637호) 제정되었다. 전자어음이란 "전자문서로 작성되고 전자어
음관리기관에 등록된 약속어음"을 말한다(전자어음법 제2조 2호). 전자어음에 관하

---

27) 매일경제, 2015. 4. 27(월), A12면.

여는 전자어음법에서 정한 것 외에는 어음법에서 정하는 바에 따르는데(전자어음
법 제4조), 어음법과 특별히 다른 점은 전자어음의 만기는 발행일부터 1년을 초과
할 수 없도록 한 점(전자어음법 제6조 5항), 백지어음은 전자어음으로 발행할 수
없도록 한 점(전자어음법 제6조 6항), 전자어음의 총 배서횟수는 20회를 초과할 수
없도록 한 점(전자어음법 제7조 5항), 전자어음을 발행받아 최초로 배서하는 자에
한하여 총 5회 미만으로 어음금을 분할하여 그 일부에 관하여 배서할 수 있도록
한 점(전자어음법 제7조의2 1항) 등이다.

　　전자어음법이 제정되었으나 전자어음이 잘 이용되지 않자, 정부는 전자어음
법을 2009년 5월 8일(법률 제9651호) 개정하여(시행: 2009. 11. 9) 주식회사의 외부감
사에 관한 법률 제2조에 따른 외부감사대상 주식회사(원칙적으로 직전 영업연도말
자산총액이 100억원 이상인 주식회사 및 주권상장법인)가 약속어음을 발행할 경우 전
자어음을 의무적으로 발행하도록 하였다(전자어음법 제6조의2 신설). 전자어음법은
다시 2013년 4월 5일(법률 제11730호) 개정되어(시행: 2014. 4. 6) 외부감사대상 주식
회사 외에 「직전 사업연도말의 자산총액 등이 대통령령으로 정하는 기준에 해당
하는 법인사업자」(직전 사업연도말의 자산총액이 10억원 이상인 법인사업자-동법 시행령
〈2014. 8. 6, 대통령령 제25532호, 시행: 2014. 8. 7〉 제8조의2)를 추가하여 전자어음의
의무적인 발행대상범위를 대폭 확대하였다.[28]

　　전자어음의 만기는 위에서 본 바와 같이 발행일로부터 1년 이내인데(전자어
음법 제6조 5항), 수취인(납품업체 등)의 자금경색을 완화하고 기업간 자금순환을
빠르게 하기 위하여 정부(법무부)는 2014년 하반기부터 전자어음의 만기를 6월
이내로 단축하는 개정법률안을 마련하였는데, 이 법률안은 2015년 5월 6일 국무
회의를 통과하여 국회에 제출될 예정이다. 전자어음법 제6조 제5항은 2016년 5
월 29일 개정되어(법 14174호, 시행: 2018. 5. 30) 전자어음의 만기는 발행일로부터
3개월을 초과할 수 없는 것으로 하였다. 다만 2018. 5. 30.~2019. 5. 29.는 6개
월, 2019. 5. 30.~2020. 5. 29.는 5개월, 2020. 5. 30.~2021. 5. 29.는 4개월,
2021. 5. 30. 이후는 3개월로 하였다(동법 부칙 제2조).

## 2. 전자단기사채법

　　전자단기사채는 「전자단기사채 등의 발행 및 유통에 관한 법률」(이하 '단기사

---

28) 정찬형, 「상법강의(하)(제17판)」(서울: 박영사, 2015), 475면.

채법'이라 약칭함)(2011. 7. 14, 법 10855호)에 의하여 발생한 것인데(이러한 단기사채법은 2016년 3월 22일 법률 제14096호로 제정된 「주식·사채 등의 전자등록에 관한 법률」 부칙 제2조 제2항에 의하여 폐지됨), 2013년 1월 15일부터 시행되어 국내 자본시장에 새로운 금융투자상품의 하나로 나타나게 되었다. 단기사채법은 전자단기사채를 "자본시장법 제4조 제3항에 따른 채무증권인 사채권으로서 (ⅰ) 각 사채의 금액이 1억원 이상이고, (ⅱ) 만기가 1년 이내이며, (ⅲ) 사채금액을 한꺼번에 납입하여야 하고, (ⅳ) 만기에 원리금 전액을 한꺼번에 지급한다는 취지가 정하여져 있어야 하며, (ⅴ) 사채에 전환권·신주인수권·그 밖에 다른 증권으로 전환하거나 다른 증권을 취득할 수 있는 권리가 부여되지 아니하여야 하고, (ⅵ) 사채에 담보부사채신탁법 제4조에 따른 물상담보를 붙이지 아니하여야 하는 요건을 모두 갖추고, 전자적 방식으로 등록된 것을 말한다"고 정의하고 있다(단기사채법 제1조 1항).

　　전자단기사채는 종래에 기업의 단기자금 조달수단으로 활용되어 왔던 무담보 융통어음(약속어음)인 기업어음(C.P.: Commercial Paper)의 문제점(실물증권이 발행되어야 하기 때문에 발행비용 외에 위조·변조 및 분실 등의 위험이 발생하는 점 등)을 해결하기 위하여 도입된 것으로서, 이의 핵심은 기업어음의 법적 형식을 약속어음에서 사채로 전환하고(기업어음의 사채화) 그 사채의 발행·유통을 완전히 전자화 한 것이다(사채의 전자화).29) 따라서 전자단기사채는 기업어음(CP)과 일반사채의 전자등록(상 제478조 3항)을 결합한 것이라고 볼 수 있다.30)

## 3. 크라우드펀딩 (자본시장법 개정)

　　크라우드펀딩(crowdfunding)이란 "온라인 웹 기반의 플랫폼을 통하여 특정 프로젝트·사업·대출 등의 목적으로 다수의 사람들로부터 소액 자금을 조달하는 행위"를 총칭하는 용어이다.31) 이러한 크라우드펀딩에는 대가 없는 출연을 통한

---

29) 이에 관한 상세는 박철영, "전자단기사채제도의 법적 쟁점과 과제," 「상사법연구」(한국상사법학회), 제32권 제3호(2013. 11), 9~11면 참조.
30) 정찬형, 전게서(2015), 1233면.
31) 최정환, "크라우드펀딩(crowdfunding)의 규제방안에 대한 연구," 법학석사학위논문(고려대, 2015. 2), 4~5면.
　　이러한 크라우드펀딩(crowdfunding)은 「클라우드컴퓨팅 발전 및 이용자 보호에 관한 법률」(2015. 3. 27, 법 13234호, 시행: 2015. 9. 28)에서의 클라우드컴퓨팅(cloudcomputing)과 구별된다. 동 법은 공공기관들이 민간 클라우드컴퓨팅 서비스를 이용할 수 있도록 클라우드컴퓨팅 산업의 활성화를 위한 법적 및 제도적 근거를 마련하기 위하여 2015년에 제정된 것이다.

자금조달방식인 기부형 크라우드펀딩, 자금공급자의 출연의 대가로 이자·사업수익 등 금전적 보상이 아닌 다른 형태의 보상을 제공하거나 자금공급자가 출연의 대가로 창업기업이 펀딩을 통해 향후 제작하고자 하는 물품을 사후에 받기로 하는 형태인 보상형 및 선구매형 크라우드펀딩, 대출이 필요한 사람에게 크라우드펀딩 방식으로 자금을 지원하는 형태인 대출형 크라우드펀딩, 자금이 공급된 사업에서 발생하는 수익의 지분을 투자자에게 제공하는 형태인 지분투자형 크라우드펀딩이 있다.[32]

크라우드펀딩은 미국과 유럽을 중심으로 특히 대출형 크라우드펀딩이 크게 발전하여 왔는데, 우리나라의 경우는 매우 초보적인 단계로 관련 플랫폼이 많지 않으나 대출형 크라우드펀딩의 비중이 가장 크다.[33] 크라우드펀딩이 가장 활성화된 미국에서는 증권법규의 증권 발행 및 중개에 대한 엄격한 규제로 인하여 지분투자형 크라우드펀딩은 거의 불가능하였는데, 이러한 점을 극복하고자 JOBS법(The Jumpstart Our Business Startups Act)은 크라우드펀딩에 관하여 일부 증권법규의 적용면제조치를 단행하였는데, 이는 우리 자본시장법의 개정안에 영향을 미친 바가 크다.[34]

우리나라에서의 대출형 크라우드펀딩에 대하여는 유사수신행위의 규제에 관한 법률(유사수신행위규제법) 및 대부업 등의 등록 및 금융이용자 보호에 관한 법률(대부업법)의 적용가능성이 있는지 여부가 문제된다.[35] 그런데 지분투자형 크라우드펀딩에서 자금수요자는 펀딩의 대가로 자금공급자에게 지분을 제공하는데, 이러한 지분이 자본시장법상 증권에 해당한다면 자본시장법이 적용되어 공시를 하여야 하고(자금 제119조) 또한 금융위원회의 인가를 받아야 하는(자금 제12조) 등 여러 가지 문제점이 발생하게 되어, 크라우드펀딩을 이용할 창업기업 등에는 심각한 부담으로 작용함으로서 지분투자형 크라우드펀딩이 사실상 금지된 결과를 초래하였으므로 자본시장법의 개정 필요성이 제기되어 왔다.[36] 따라서 창업기업의 자금조달을 용이하게 하기 위한 방안으로 지분투자형 크라우드펀딩의 활성화를 위하여 2013년 9월 금융위원회는 "크라우드펀딩 제도 도입방안"을 발표하였고, 국회에서도 동일한 취지로 두 개의 법률 개정안(전하진 의원이 대표발의한 중소

---

32) 최정환, 상게논문, 5~9면.
33) 이에 관한 상세는 최정환, 상게논문, 18~21면 참조.
34) 미국의 크라우드펀딩 규제 형황에 관하여는 최정환, 상게논문, 22~44면 참조.
35) 동지: 최정환, 상게논문, 69~73면.
36) 최정환, 상게논문, 74면.

기업창업지원법 일부개정법률안 및 신동우 의원이 대표발의한 자본시장법 개정안)이 발의
되었다. 자본시장법안에서는 「온라인소액투자중개업자에 대한 특례」를 신설하여
지분형 크라우드펀딩에 대하여 규정하고 있는데(동 개정안 제117조의 3～제117조의
15), 「온라인소액투자중개업자」란 "온라인상에서 ……대통령령으로 정하는 자가,
대통령령으로 정하는 방법으로 발행하는 채무증권·지분증권·투자계약증권을 모
집 또는 사모에 관한 중개를 영업으로 하는 투자중개업자"로 규정하고, 발행한도
액과 투자자의 투자한도액을 제한하며, 발행인에 대하여 증권신고서 제출의무를
면제하고 별도의 간단한 공시의무를 부과하면서 허위·부실공시에 대한 손해배상
책임 등을 규정하고 있다.37) 중소기업창업지원법 일부개정법률안에서는 크라우
드펀딩에 관하여 동법이 다른 법률의 규정에 우선하여 적용한다고 규정함으로써
(동 개정안 제3조의 2) 자본시장법의 적용을 배제하고 있다. 동 개정안에서는 크라
우드펀딩을 「소액투자금모집」이란 명칭으로 규정하면서(동 개정안 제2조 8호), 발
행인의 발행한도와 투자자의 투자한도를 제한하고 있다(동 개정안 제30조의 7, 제30
조의 8).38)

　　이러한 지분형 크라우드펀딩을 허용하는 자본시장법 개정안은 '경제활성화
법'의 하나로서, 지분형 크라우드펀딩 업체들을 '온라인소액투자중개업자'로 합법
화하여 그동안 증권사만 할 수 있었던 주식중개·주선업무를 할 수 있도록 하고
벤처기업에 증권신고서 제출 등 각종 의무를 면제하여 주어 이를 통하여 창조적
인 지식과 기술·아이디어를 가진 벤처기업들이 크라우드펀딩을 통하여 일반 소
액투자자들로부터 쉽게 자금을 모을 수 있도록 하여 주자는 것이 취지이다. 그런
데 야당이 투자자 보호 등을 이유로 2년여 국회에서 잠자고 있는 동 법률안의
처리를 미루고 있는데, 금융위원회는 이러한 야당의 지적을 받아들여 동 법률안
시행령에 반영할 뜻을 밝히면서 2015년 4월 임시국회에서 다시 논의하여 국회통
과를 희망하고 있다.39)

　　이러한 지분형 크라우드펀딩을 허용하는 자본시장법 개정안은, 청년 세대에
게는 창업과 사업의 성공을, 경제에는 새로운 성장 엔도르핀이 될 수 있는 법이
라는 점에서 조속히 동 법률안이 국회에서 통과되기를 기대하는 견해도 있다.40)

---

37) 이에 관한 상세는 신동우 의원이 대표발의한 「자본시장과 금융투자업에 관한 법률 일부개
　　정법률안」(의안번호 5418, 발의연월일: 2013. 6. 12) 참조.
38) 이에 관한 상세는 전하진 의원이 대표발의한 「중소기업창업지원법 일부개정법률안」(의안번
　　호 5103, 발의연월일: 2013. 5. 24) 참조.
39) 조선경제, 2015. 3. 25(수), B11면.

자본시장과 금융투자업에 관한 법률이 2015년 7월 24일 법률 제13448호로 개정되어(시행: 2015. 10. 25.) 온라인소액투자중개업자 등에 대한 특례 규정이 신설되었다(동법 제9조 제27항, 제117조의 3~제117조의 16).

## 4. 전자증권법

국회 이종걸 의원의 대표발의로 「증권 등의 전자등록에 관한 법률안」(이하 "전자증권법안"으로 약칭함)이 2014. 11. 27.에 발의되었다(의안번호 12722). 동 법안에서 전자화하고자 하는 "증권 등"은 (ⅰ) 자본시장과 금융투자업에 관한 법률 제4조에 따른 증권(대통령령으로 정하는 증권을 제외함), (ⅱ) 자본시장과 금융투자업에 관한 법률 제3조 제1항 제1호에 따른 원화로 표시된 양도성 예금증서 및 (ⅲ) 그 밖에 등록에 적합한 것으로서 대통령령으로 정하는 것으로 정의하고 있다(전자증권법안 제2조 1호). 동 법안은 제1장 총칙(목적, 정의, 다른 법률과의 관계), 제2장 제도운영기관(전자등록기관, 계좌관리기관), 제3장(계좌의 개설 등), 제4장(증권 등의 등록 및 등록의 효력), 제5장(등록증권 등에 대한 권리 행사), 제6장(권리자 보호), 제7장(검사 및 감독), 제8장(보칙), 제9장(벌칙) 및 부칙으로 구성되어 있다. 동 법안에서는 예탁결제원을 동 법안상 허가받은 전자등록기관으로 보므로(전자증권법안 부칙 제9조), 자본시장법상 한국예탁결제원의 설립 근거를 폐기하는 등의 자본시장법 개정안을 동시에 발의하고 있다(의안번호 12726). 또한 동 법안에서는 「전자단기사채 등의 발행 및 유통에 관한 법률」은 폐지한다고 규정하고 있는데(전자증권법안 부칙 2조), 이는 타당한 것으로 평가되고 있다.[41]

2011년 4월 개정상법에 의하여 상법상 주권·사채권 등 유가증권은 전자등록기관의 전자등록부에 등록하여 발행할 수 있음을 규정하였다(상 제65조 2항, 제365조의 2, 제420조의 4, 제478조 3항, 제516조의 7). 그런데 전자등록의 절차·방법 및 효과, 전자등록기관의 지정·감독 등 이러한 주식 등의 전자등록에 관하여 필요한 사항은 대통령령으로 정하도록 위임하였는데(상 제356조의 2 4항), 이러한 대통령령(상법 시행령)이 아직 제정되지 않았다(2016년 3월 22일 법률 제14096호로 「주식·사채 등의 전자등록에 관한 법률」이 제정됨으로서, 동법 부칙 제10조에 의하여 상법 제356조의 3 제4항의 '대통령령'은 '따로 법률'로 개정됨). 상법상 전자등록의 대상이 되

---

40) 황영기, "청년 창업자에 날개 달아줄 크라우드펀딩," 조선일보, 2015. 3. 27(금), A35면.
41) 서울대 금융법센터, 전자증권제도 법제화방안 연구(한국예탁결제원 발주 용역 보고서)(2014. 9. 21), 211~212면.

는 유가증권이 전자증권법안상 등록대상의 증권과 일치하면 전자증권법안이 법률로서 확정되어 시행되면 동 법률의 적용대상이 되어 전자등록될 것이므로 상법 시행령의 적용이 불필요할 것이다. 그런데 전자증권법안에 의하면 증권시장에 상장하는 증권 및 대통령령으로 정하는 증권은 의무적 등록대상증권이나(전자증권법안 제19조 2항), 상법상 전자등록대상 증권은 정관으로 정하는 바에 따르므로 임의적이다. 따라서 비상장회사가 주식 등을 전자등록하는 근거는 상법에 의한 것이므로 상법의 주식 등의 전자등록에 관한 규정은 의미가 있고, 또한 이에 맞게 상법 시행령에서 절차 등을 규정하여야 할 것이다. 또한 전자증권법안은 다른 법률과의 관계에 관하여 "다른 법률에 특별한 규정이 있는 경우를 제외하고는 이 법이 정하는 바에 따른다"고 규정하여(전자증권법안 제3조), 상법상 전자증권에 관하여 상법이 우선 적용될 수 있는 점을 규정하고 있다.

　　2015년 3월 24일 금융위원회는 전자증권법안을 4월~5월 입법예고할 것이라고 밝히고, 동 법안의 적용범위에 대하여 금융위원회는 명확히 밝히고 있지는 않으나 상장증권에 대하여 전자등록을 의무화하는 내용에는 이견이 없는 것으로 알려지고 있으며, 인프라스트럭처 구축과 대국민 홍보 등을 위한 준비기간에 3년 내지 5년이 걸릴 것으로 예상하고 있다.[42]

　　2016년 3월 22일 법률 제14096호로「주식·사채 등의 전자등록에 관한 법률」이 제정되어(시행: 동법의 공포 후 4년을 넘지 아니하는 범위에서 대통령령으로 정하는 날-동법 부칙 제1호) 상장회사의 주식 등은 동법에 의하여 전자등록될 것이다.

## 5. 인터넷 전문은행(은행법 개정)

　　2015년 4월 6일 금융위원회에 의하면, 2015년 1월 발족한 인터넷 전문은행 민관합동 태스크포스(TF)가 동년 4월 3일 회의를 갖고, 현재 4%로 묶여있는 산업자본의 은행 지분 참여한도를 인터넷 전문은행에 한하여 30% 이상으로 늘리는 방안을 마련하였는데 삼성·현대자동차 등 공정거래위원회로부터 상호 출자 제한을 받는 자산 5조원 이상인 대기업군(61개)에 대하여는 은행 소유 지분제한을 그대로 유지하도록 하는 내용의 은행법 개정안을 마련하여 2015년 4월 16일 공청회를 거쳐 2015년 9월 정기국회에 제출할 예정이라고 한다.[43] 이러한 은행법의 개정은 핀테크(Fintech)산업의 활성화에 전제가 된다고 볼 수 있다.

---

42) 매일경제, 2015. 3. 25(수), A23면.
43) 조선일보, 2015. 4. 7(화), A1면.

이러한 핀테크산업의 활성화를 위하여 IT업체가 은행을 소유할 수 있도록 금산분리원칙의 예외규정을 빨리 마련하여야 하고, 또한 외환송금 핀테크서비스를 위하여 외국환거래 규정도 시급히 수정되어야 하며, 개인정보관련 규정도 개정되어야 한다는 주장이 있다.44) 또한 해외에서 핀테크 투자는 폭발적인데, 국내 핀테크 기업들은 규제가 풀리기만 기다리다 지쳐버린 양상이고, 국내 금융사는 2014년부터 핀테크 투자에 나섰지만 투자는 전무한 상태이며, 국내 핀테크 기업들은 규제에 막혀 해외로 눈을 돌리고 있는데 외국의 한국 핀테크 기업의 유치 경쟁은 이를 부채질하고 있다고 한다.45)

금융위원회는 2016년 12월 14일 ㈜케이뱅크 은행에 대하여 은행업 본인가를 의결하였고(제1호 인터넷전문은행), 2017년 4월 5일 한국카카오은행㈜에 대하여 은행에 본인가를 의결하였다.

# V. 결 어

세계 경제환경은 매년(또는 매순간) 많은 변화를 가져오고, 이로 인하여 기업의 국제적인 경쟁력은 그때마다 매우 심각한 국면을 맡게 된다. 따라서 우리 상법과 자본시장법 등이 이러한 국제적인 경제환경에 맞추어 기업금융과 기업활동을 원활히 할 수 있도록 하기 위하여 많은 규정을 신설하거나 개정하여 왔다.

그런데 개별 법률의 정부 소관부처 및 국회에서의 상임위원회가 다르고 또한 정치적인 정쟁에 의하여 필요한 경우 신속한 법률의 개정(또는 제정)이 이루어지지 못하고 또한 이해관계인들의 극단적인 반대와 정부 소관부처간 및 국회 상임위원회간 협력이 미흡하여 통일적이고 합리적인 법률안이 마련되지 못하고 있는 실정이다. 이는 바로 기업의 국제경쟁력을 떨어뜨리고 또한 국가의 경제발전에도 많은 지장을 초래하고 있다. 상법상 전자증권에 관하여 2011년에 입법이 될 때 자본시장법상 전자증권에 관하여도 함께 입법이 되어야 하였는데, 이제 자본시장법상의 증권에 대하여 다시 전자증권법을 논의하면서 제정된지 얼마 되지도 않은 단기사채법의 폐지를 논의하는 경우가 이러한 대표적인 예라고 볼 수 있다. 또한 바젤Ⅲ에 의한 조건부자본증권에 관한 규정은 은행법에서 먼저 규정되었어야 하는데, 자본시장법에서 규정된 것도 적절하지 않았다고 본다.

---

44) 매일경제, 2015. 5. 18(월), A3면.
45) 김명수, "신도 손 못대는 창조경제," 매일경제, 2015. 5. 18(월), A35면.

　　현재 세계적으로 뜨고 있는 신생 업종인 핀테크산업을 키우기 위하여 현재
의 은행법의 개정을 논의하는 것도 늦은 감이 있다고 본다. 이와 함께 비금융회
사가 은행의 소유지분을 4% 초과하여 가질 수 없도록 하는 것이 현재의 시점에
서 적정한지 여부도 재검토할 필요가 있다고 본다. 보통 입법에서는 규제를 추가
하거나 강화하는 것이 일반적인데, 규제를 푼다고 소란을 떨 것이 아니라 처음부
터 불필요한 규제를 하지 않도록 하고, 또한 현재에 맞지 않는 규제를 과감히
삭제하는 것이 매우 중요하다고 본다. 이를 위하여는 이해관계자·정부·국회의
충분한 이해와 협력이 절대 필요하다고 본다.

　　앞으로 세계 경제환경의 변화에 따른 우리의 기업법제의 발전이 우리 경제의 발
전과 창업기업의 활성화 및 청년고용 창출에 크게 기여할 수 있기를 바란다.

# 2006년 회사법개정에 관한 상법개정시안의 주요내용*

---

\* 이 글은 정찬형, "2006년 회사법개정에 관한 상법개정시안의 주요내용," 「고려법학」(고려대
  법학연구원), 제47호.(2006. 10) 33~85면의 내용임(이 상법개정시안의 내용은 일부는 수정되어
  그 후 2009년 1월의 개정상법, 2009년 5월의 개정상법 및 2011년 4월의 개정상법에 반영되었
  는데, 이 글은 상법개정과 관련한 문제점을 이해하는 데 도움을 줄 것임).

# I. 서 언

정부는 2005년 초 회사 경영의 IT화 및 Global Standard와 우리 경제실정을 조화시키기 위하여 회사법 개정의 필요성을 인식하고 곧 이를 개정하기로 방침을 정하였다. 따라서 법무부는 2005년 7월 28일 법무자문위원회 회사법개정특별분과위원회를 구성하여 즉시 개정작업에 착수하였다. 동 위원회는 개정작업에서의 효율성을 위하여 제1소위원회와 제2소위원회로 나누어 소위원회 중심으로 개정작업을 하기로 하였는데, 제1소위원회는 주로 회사지배구조(Corporate Governance)에 관한 사항을 다루고 제2소위원회는 주로 회사재무구조(Corporate Finance)에 관한 사항을 다루기로 하였다.

제1소위원회는 필자가 위원장을 맡아 개정작업을 주관하였는데, 주식회사의 지배구조·이사(집행임원)의 의무와 책임·주식회사 경영의 IT화·외국회사 및 기타 규정에 관한 사항을 다루었다. 제2소위원회는 주식회사의 설립 및 신주발행에 관한 사항·자본금에 관한 사항·회계에 관한 사항·주식에 관한 사항·사채에 관한 사항·소수주주의 배제에 관한 사항 및 새로운 기업형태에 관한 사항을 다루었다.

이하에서는 제1소위원회 및 제2소위원회에서 논의된 후 전체회의에서 채택한 회사법개정시안에 관한 주요내용을 소개하겠는데, 이해의 편의를 위하여 원칙적으로 회사법의 규정의 순으로 개정된 내용을 소개하겠다.

# II. 회사법 통칙

## 1. 회사의 의의에서 「사단성」 폐지 (상법개정시안 제169조)

가. 현행 상법상 주식회사·유한회사에서는 1인 설립이 가능하고(상법 제288조, 제543조), 또한 존속요건으로서 2인 이상의 주주 또는 사원을 요구하고 있지

도 않기 때문에(상법 제517조 제1호, 제609조 제1항 제1호), 1인 회사를 명문으로 인 정하고 있다. 따라서 이러한 1인 회사는 사단성에 맞지 않기 때문에 회사의 의 의에서 사단성을 삭제할 필요가 있다.

외국의 입법례에서도 (과거에는) 일본을 제외하고는 모든 회사를 일률적으로 사단으로 정의하고 있는 입법례는 없었으나, 일본도 2005년 신회사법(이하 '日會'로 약칭함)을 제정하면서 회사의 의의에서 「사단성」을 삭제하였다(日會 제3조, 제5조).

나. 따라서 상법개정시안은 현행 상법 제169조와 제171조 제1항을 합하여 제169조에서 회사의 의의를 「본법에서 회사라 함은 상행위 기타 영리를 목적으 로 하여 설립한 법인을 이른다」고 하고 있다.

## 2. 지점 등기의 간소화(상법개정시안 제180조 제4호, 제181조, 제182조, 제271조 제2항, 제317조 제3항, 제549조 제3항)

가. 상업등기실무가 「법인 등의 등기사항에 관한 특례법」(제정: 1992. 11. 30, 법 4503호)에 의하여 규율되고 있으므로 이를 반영하고, 지점등기의 간략화를 위 하여 상법개정시안은 현행 회사의 지점등기에 관한 규정을 개정하고 있다. 법인 등의 등기사항에 관한 특례법은 특별법에 의하여 설립된 법인·상사법인 및 민사 법인 등의 등기사항에 관한 특례를 규정함을 목적으로 제정된 것인데(동법 제1 조), 법인 등의 임원의 등기에 있어서는 주민등록번호를 기재하도록 하고(그러나 대표권이 없는 임원의 등기에 있어서는 주소를 기재하지 아니한다)(동법 제2조), 법인 등 의 분사무소에서는 ( i ) 목적 (ii) 명칭 또는 상호 (iii) 주사무소 또는 본점소재 지 (iv) 법인 등이 공고를 하는 방법 ( v ) 법인 등의 존립기간 또는 해산사유를 정한 때에는 그 기간 또는 사유 (vi) 법인 등을 대표할 임원의 성명·주소와 주 민등록번호 (vii) 수 인이 공동으로 법인 등을 대표할 것을 정한 때에는 그 규정 (viii) 법인 등의 이사의 대표권을 제한한 때에는 그 제한 및 (ix) 기타 대법원규 칙으로 정하는 사항만을 등기하도록 하고 있다(동법 제3조).

나. 따라서 현행 상법상 회사의 등기사항을 이러한 특별법상의 등기사항과 일치시킬 필요가 있다.

(1) 합명회사의 설립등기에서 회사를 대표할 사원을 정한 때에는 그 성명 외에, 주소와 주민등록번호도 등기하도록 하고 있다(상법개정시안 제180조 제4호).

지점설치의 등기에서 「사원의 출자의 목적, 재산출자에는 그 가격과 이행한 부분」을 등기사항에서 삭제하고, 회사를 대표할 사원을 정한 때에는 그 외의 사

원은 등기하지 아니하는 것으로 하고 있다(상법개정시안 제181조 제1항·제2항). 이
는 지점을 이전하는 경우에도 같다(상법개정시안 제182조 제2항).

　　(2) 합자회사의 지점등기에서는 「사원의 출자의 목적, 재산출자에는 그 가격
과 이행한 부분」을 등기사항에서 삭제하고, 또한 사원은 무한책임사원만 등기하
는데, 회사를 대표할 사원을 정한 때에는 다른 사원은 등기하지 아니한다(상법개
정시안 제271조 제2항).

　　(3) 주식회사의 지점등기에서는 「회사가 발행할 주식의 총수」및 「1주의 금
액」을 등기사항에서 삭제하고 있다(상법개정시안 제317조 제3항).

　　(4) 유한회사의 지점등기에서는 「(다른) 지점의 소재지」를 등기사항에서 삭
제하고, 회사를 대표할 이사를 정한 때에는 그 외의 이사는 등기하지 아니하는
것으로 하고 있다(상법개정시안 제549조 제3항).


## Ⅲ. 주식회사의 설립

### 1. 무액면주식제도의 도입

　　가. 현행 상법은 액면주식만을 인정하고 있으므로(상법 제289조 제1항 제4호,
제291조 제2호 등 참조) 주가하락 등으로 인하여 회사의 주식의 시가가 액면가액에
미달되는 경우 회사가 신주발행을 통하여 자금조달을 하려면 주주총회의 특별결
의 및 법원의 인가를 받아야 하는 점(상법 제417조) 등으로 인하여 기동성 있는
자금조달이 매우 어렵고 또한 주식분할을 하기 위하여는 주주총회의 특별결의를
받아야 하므로(상법 제329조의 2) 투자단위의 조정이 어렵다. 따라서 상법개정시안
에서는 회사의 자금조달 및 주식분할의 편의를 위하여 무액면주식제도를 도입하
고 있다.[1] 그러나 회사는 액면주식과 무액면주식 중에서 하나를 선택할 수 있으
며, 어느 회사가 액면주식과 무액면주식을 동시에 발행하는 것은 금지하고 있다
(상법개정시안 제329조 제3항).

　　무액면주식제도는 1912년 미국에서 처음 도입되어 미국에서는 액면주식과
무액면주식을 인정하고 있고, 일본에서는 종래 액면주식과 무액면주식을 모두 인
정하였으나 2001년 상법개정에서는 액면주식제도를 폐지하고 무액면주식제도로

---

　1) 동지: 법무부, 상법(회사법)개정 공청회 자료(2006. 7. 4)(이하 '공청회자료'로 약칭함), 33면.

통일하였으며, 독일에서는 1998년부터 무액면주식제도를 도입하여 현재는 액면
주식제도와 병존하고 있다.[2]

나. 무액면주식제도의 도입에 따라 정관의 절대적 기재사항에서 「1주의 금액」
은 「액면주식을 발행하는 경우 1주의 금액」으로 개정하고(상법개정시안 제289조 제
1항 제4호), 설립당시의 주식발행사항에 관하여 (정관에 다른 정함이 없으면) 발기인
전원의 동의로 정하는 사항에 대하여 「액면주식에 대하여 액면 이상의 주식을
발행하는 때에는 그 수와 금액」및 「무액면주식을 발행하는 때에는 발행가액과
주식의 발행가액 중 자본금으로 계상하는 금액」을 규정하고 있다(상법개정시안 제
291조 제2호·제3호). 또한 자본의 구성에서 「주식회사의 자본은 이를 주식으로 분
할하여야 한다」는 규정(상법 제329조 제2항)을 삭제하고, 「회사는 정관에서 정한
때에는 주식의 전부를 무액면주식으로 발행할 수 있는데, 이 경우에는 액면주식
을 발행할 수 없다」고 규정하며(상법개정시안 제329조 제3항), 「회사는 정관에서 정
하는 바에 따라 발행된 액면주식을 무액면주식으로 전환하거나 무액면주식을 액
면주식으로 전환할 수 있는데, 이 경우에는 주식병합의 절차에 의한다」고 규정하
고(상법개정시안 제329조 제6항·제7항), 이와 같이 「액면주식을 무액면주식으로 전
환하거나 무액면주식을 액면주식으로 전환함으로써 회사의 자본금은 변경할 수
없다」고 규정하고 있다(상법개정시안 제451조 제3항). 회사가 무액면주식을 발행하
는 경우 회사의 자본금은 「주식의 발행가액의 2분의 1 이상의 금액으로서 이사
회(신주발행사항을 주주총회에서 정하는 경우에는 주주총회)에서 자본금으로 계상하기
로 한 금액의 총액」인데(상법개정시안 제451조 제2항 제1문), 이 경우 주식의 발행가
액 중 자본금으로 계상하지 않는 금액은 「자본준비금」으로 계상하여야 한다(상법
개정시안 제451조 제2항 제2문).

## 2. 최저자본금제도의 폐지

가. 현행 상법은 주식회사의 최저자본금을 5,000만원으로 규정하여 회사채
권자를 보호하고 또한 주식회사의 남설에 따른 폐해를 방지하고 있다(상법 제329
조 제1항).

그러나 회사의 신용도는 자본금의 규모가 아니라 재무상태로 판단되는 것이
고, 채권자보호에 필요한 최소한도의 금액은 업종별로 차이가 있는 것인데 일률

---

2) 법무부, 전게 공청회자료, 34면.

적으로 최저자본금을 정하는 것은 부적절하며, 이러한 최저자본금은 아이디어나
기술만을 가진 사람이 주식회사를 설립함에 있어서 진입장벽으로 작용하고, 오늘
날 국제적인 추세는 최저자본금제도와 같은 사전적인 규제를 완화하고 재무정보
의 공시를 확충하는 등 사후적인 규제로 전환하고 있는 점을 반영하여, 상법상
최저자본금을 폐지하고 있다.3)

　　이러한 최저자본금의 폐지로 벤처기업 등의 창업이 활성화될 것으로 기대되
나, 한편 회사의 남설에 따른 폐해를 방지하기 위한 조치 및 회사채권자를 보호
하기 위한 조치가 강구되어야 할 것으로 본다.

　　미국·홍콩·싱가폴 등 영미법계 국가는 대체로 최저자본금제도가 없고, 일본
은 종래에 최저자본금제도가 있었으나(1,000만엔) 2005년 신회사법을 제정하면서
이를 폐지하였다.4)

　　나. 상법개정시안은 최저자본금제도를 폐지하면서(상법 제329조 제1항 삭제), 회
사의 설립시에 발행하는 주식의 총수는 회사가 발행할 주식의 총수(수권주식총수)의
4분의 1 이상이어야 한다는 요건도 폐지하고 있다(상법 제289조 제2항 삭제). 따라
서 회사의 설립시 발행하여야 하는 주식수에 대한 제한이 전혀 없게 되었다. 이
러한 점에서 우리 상법은 자본에 관하여 총액인수제도(자본확정주의)의 요소를 더
욱 축소하고 수권자본제도(창립주의)의 방향으로 더 나아가고 있다고 볼 수 있다.

## 3. 변태설립사항(현물출자·재산인수)에 대한 검사인의 조사절차의 축소

　　가. 현행 상법상 변태설립사항(상법 제290조) 및 현물출자의 이행에 대하여는
원칙적으로 법원이 선임한 검사인에 의한 조사를 받도록 되어 있고(상법 제299조,
제310조), 예외적으로 변태설립사항 중 발기인의 받을 특별이익(상법 제290조 제1
호)과 회사가 부담할 설립비용 및 발기인이 받을 보수액(상법 제290조 제4호)에 관
하여는 공증인의 조사·보고로 법원이 선임한 검사인의 조사에 갈음할 수 있고
현물출자(상법 제290조 제2호)와 재산인수(상법 제290조 제3호) 및 현물출자의 이행
(상법 제295조 제2항, 제305조 제3항)은 공인된 감정인의 감정으로 법원이 선임한 검
사인의 조사에 갈음할 수 있다(상법 제299조의 2, 제310조 제3항).

　　현물출자·재산인수에 관한 위와 같은 검사인 등에 의한 조사절차는 회사의
자본충실을 기하기 위한 것인데, 이러한 현물출자 등이 소규모이거나 또한 그 가

---

3) 동지: 법무부, 전게 공청회자료, 31면.
4) 동지: 법무부, 전게 공청회자료, 32면.

격의 공정성이 객관적으로 확보되는 경우에도 위와 같은 검사인 등에 의한 검사를 받도록 하는 것은 회사의 설립절차를 불필요하게 복잡하게 하는 문제점이 있다.5)

　나. 상법개정시안은 회사의 설립절차에서 일정한 한도를 초과하지 않는 소규모의 현물출자·재산인수나 가격의 공정성이 객관적으로 확보되는 경우의 현물출자·재산인수 등에는 위와 같은 검사인 등에 의한 조사를 받지 않을 수 있도록 하고 있다. 즉, 상법개정시안은 (ⅰ) 현물출자·재산인수의 총액이 자본금의 5분의 1을 초과하지 않고 대통령령에서 정한 금액을 초과하지 않거나, (ⅱ) 현물출자·재산인수의 재산이 거래소의 시세있는 유가증권인 경우 정관에 기재된 가격이 대통령령에서 정한 방법으로 산정된 시세를 초과하지 않는 경우, (ⅲ) 기타 대통령령에서 정한 경우에는, 검사인 등에 의한 조사를 받지 않는 것으로 규정하고 있다(상법개정시안 제299조 제2항).

## 4. 전자공고

　가. 현행 상법상 주식회사의 공고는 관보 또는 시사에 관한 사항을 게재하는 일간신문에 하여야 한다(상법 제289조 제3항).

　나. 상법개정시안은 주식회사 경영의 IT화의 하나로 전자공고에 관하여 규정하고 있다. 즉, 회사는 정관에 정하는 바에 따라 전자적 방법에 의하여 공고할 수 있다(상법개정시안 제289조 제3항 단서). 회사가 인터넷 홈페이지에 공고할 경우 회사는 대통령령이 정하는 기간까지 계속 공고하여야 하는데, 다만 재무제표를 인터넷 홈페이지에 공고할 경우 회사는 정기주주총회에서 재무제표를 승인한 후 2년까지 계속 공고하여야 한다(상법개정시안 제289조 제4항). 회사가 전자적 방법에 의한 공고를 할 경우에 게시기간·게시내용에 대하여 증명하여야 하고(상법개정시안 제289조 제5항), 회사의 전자적 방법에 의한 공고에 관한 기타 관련사항은 대통령령으로 정한다(상법개정시안 제289조 제6항).

---

5) 동지: 법무부, 전게 공청회자료, 29면.

# Ⅳ. 주　식

## 1. 주금납입에 관하여 회사와 합의에 의한 상계 허용

**가.** 현행 상법 제334조는 「주주는 납입에 관하여 상계로써 회사에 대항하지 못한다」고 규정하고 있는데, 이는 회사의 자본충실을 기하기 위한 것으로 주주로부터 상계주장을 할 수 없도록 한 것이다. 이 규정을 회사설립시의 주식발행뿐만 아니라 회사성립 후의 신주발행의 경우에도 적용된다.

그런데 회사가 주주와 상계에 관한 합의를 한 경우에도 상법 제334조를 이유로 무효로 볼 것인지 여부가 문제된다. 이러한 점은 특히 회사채권자가 그의 채권을 출자전환하고자 하는 경우에 문제된다. 이에 대하여 우리 대법원판례는 "주금납입에 있어 단순한 현금수수의 수고를 생략하는 의미의 대물변제나 상계는 회사측이 이에 합의한 이상 이를 절대로 무효로 할 이유가 없다"고 판시하고,[6] 이러한 판례의 입장에 찬성하는 견해도 있다.[7] 그러나 이러한 규정에 의하여 회사의 자본충실을 강조하면 이와 같이 회사와의 합의에 의한 주금납입의 상계도 무효가 된다고 해석될 수 있는 여지가 있고, 이와 같이 해석하면 회사채권자의 출자전환을 막게 되어 기업의 구조조정에 막대한 지장을 초래하게 된다.[8]

**나.** 상법개정시안은 이와 같은 문제점을 해결하기 위하여 상법 제334조를 삭제하고 제421조 제2항을 신설하여 「(신주발행의 경우) 신주의 인수인은 회사의 동의 없이 주식의 납입채무와 주식회사에 대한 채권을 상계할 수 없다」고 규정함으로써, 회사와 합의에 의한 상계를 인정하고 있다.

## 2. 자기주식 취득의 원칙적 허용

**가.** 현행 상법은 회사의 자본충실을 위하여 회사의 계산으로 하는 자기주식 취득을 원칙적으로 금지하고, 일정한 사유가 있는 경우에 예외적으로 인정하고 있다(상법 제341조, 제341조의 2).

자기주식 취득을 원칙적으로 허용할 것인가 또는 금지할 것인가는 입법정책의 문제라고 본다. 외국의 입법례도 미국은 원칙적으로 자기주식의 취득을 인정하고 있으나, 독일·프랑스·영국에서는 원칙적으로 이를 금지하고 있다.[9]

---

6) 대판 1960. 11. 24, 4292 민상 874·875.
7) 손주찬, 「제3판 주석상법(Ⅲ) 회사(2)」(서울: 한국사법행정학회, 1999), 72면.
8) 동지: 법무부, 전게 공청회자료, 29면.

나. 상법개정시안은 일정한 제한하에 원칙적으로 자기주식의 취득을 허용하고 있다.[10] 즉, 회사는 직전 결산기의 대차대조표상 배당가능이익의 범위 내에서 취득하고, (ⅰ) 거래소의 시세있는 주식을 거래소에서 취득하는 방법에 의하거나 (ⅱ) 상환주식을 제외하고 각 주주가 가진 주식수에 따라 균등한 조건으로 대통령령이 정하는 방법에 의하여 취득하는 경우에는, 자기의 명의와 계산으로 자기의 주식을 취득할 수 있다(상법개정시안 제341조 제1항). 또한 회사가 이와 같이 자기주식을 취득할 수 있는 경우는 자기주식을 취득하는 영업연도의 결산기에 배당가능이익이 존재할 것이 예상되어야 하고, 만일 자기주식을 취득한 영업연도의 결산기에 손실이 발생하면 자기주식을 취득한 이사는 배당가능이익이 존재할 것으로 판단함에 있어 주의를 게을리하지 아니하였음을 증명하지 못하면 회사에 대하여 그 손실액만큼 연대하여 배상할 책임이 있다(상법개정시안 제341조 제3항·제4항).

회사가 이와 같이 자기주식을 취득하고자 하는 경우에는 미리 주주총회의 결의(다만 이사회의 결의로 이익배당을 할 수 있다고 정관에서 정하고 있는 경우에는 이사회의 결의)로 (ⅰ) 취득할 수 있는 주식의 종류 및 수 (ⅱ) 취득가액의 총액의 한도 (ⅲ) 1년을 초과하지 않는 범위에서 자기주식을 취득할 수 있는 기간을 결정하여야 한다(상법개정시안 제341조 제2항).

회사는 위와 같은 요건에 해당되지 않는 경우에도 (ⅰ) 회사의 합병 또는 다른 회사의 영업전부의 양수로 인한 때, (ⅱ) 회사의 권리를 실행함에 있어 그 목적을 달성하기 위하여 필요한 때, (ⅲ) 단주의 처리를 위하여 필요한 때, (ⅳ) 주주가 주식매수청구권을 행사한 때에는 자기주식을 취득할 수 있다(특정목적에 의한 자기주식의 취득)(상법개정시안 제341조의 2).

위와 같이 상법개정시안은 배당가능이익의 범위 내에서 일정한 경우 자기주식을 자유롭게 취득할 수 있도록 하였으므로, 현행 상법상 배당가능이익의 범위 내에서 주식매수선택권 부여목적 등으로 자기주식을 취득할 수 있도록 한 규정(상법 제341조의 2)은 삭제하고 있다.

주식은 원칙적으로 자본금 감소에 관한 규정에 의하여서만 소각할 수 있는데(상법개정시안 제343조 제1항 본문), 이 경우에는 강제소각만이 인정된다(자본금이 감소되는 주식소각)(상법개정시안 제343조 제2항). 그런데 회사가 보유하고 있는 자기

---

9) 이에 관하여는 정찬형, 「상법강의(상)(제9판)」(서울: 박영사, 2006), 677면 참조.
10) 이는 종래의 증권거래법에서 인정하고 있는 것(증권거래법 제189조의 2)을 상법에서 도입하고 있는 것이다.

주식을 소각하여도 자본금이 감소되지 않는 경우(자본금이 감소되지 않는 주식소각)
에는 이사회의 결의만으로 회사가 보유하는 자기주식을 소각할 수 있다(상법개정
시안 제343조 제1항 단서). 또한 회사는 그가 보유하는 자기주식을 처분할 수 있는
데, 이 경우 (정관에 규정이 없으면) 이사회가 (ⅰ) 처분할 주식의 종류와 수 및
(ⅱ) 처분할 주식의 처분가액과 납입기일을 결정하는데(상법개정시안 제342조) 이
때에는 기존주주의 이익을 보호하기 위하여 신주발행에 관한 규정을 준용한다(상
법개정시안 제342조 제2항). 따라서 상법개정시안에 의하면 회사가 자본감소 없는
주식소각을 하는 경우 이익소각 및 주주총회의 결의에 의한 주식소각의 구별이
없게 된다. 이러한 점에서 상법개정시안은 이익소각에 관한 규정을 개정하고(상
법개정시안 제343조 제1항 단서), 주주총회의 결의에 의한 주식소각에 관한 규정(상
법 제343조의 2)을 삭제하고 있다.

## 3. 수종의 주식

**가.** 현행 상법상 수종의 주식은 자익권(이익이나 이자의 배당 또는 잔여재산의
분배)에 한하여 인정되고(상법 제344조 제1항), 이익배당에 관한 우선주에 대하여만
의결권이 없는 것으로 할 수 있다(상법 제370조 제1항 본문).

그런데 의결권이 없는 주식을 배당우선주에 한정할 필요가 없고 또한 합작
투자의 경우와 같이 때로는 주주에게 투자규모보다 더 큰 영향력을 인정할 필요
가 있어,[11] 상법개정시안에서는 의결권의 내용이 다양한 주식(의결권 없는 주식,
의결권제한주식, 거부권부주식, 임원임면권부주식 등)의 발행을 인정하고, 이와 함께
상환주식 및 전환주식에 대하여도 그 상환권과 전환권을 회사 및 주주에게 모두
인정하는 등 그 내용을 다양하게 인정하고 있다.

수종의 주식에 관하여 미국은 포괄적 규정을 두어 정관에 의하여 다양한 주
식의 발행을 허용하고, 일본의 신회사법은 발행가능한 주식의 종류를 열거하고
상세는 정관에 위임하고 있다.[12]

### 나. 상법개정시안에서의 종류주식

#### (1) 종류주식의 개념

현행 상법상 「수종의 주식」은 '이익이나 이자의 배당 또는 잔여재산의 분

---

11) 동지: 법무부, 전게 공청회자료, 44~45면.
12) 법무부, 전게 공청회자료, 46면.

배에 관하여 내용이 다른 주식'인데(상법 제344조 제1항), 이러한 「수종의 주식」을 「종류주식」으로 변경하고, 이러한 「종류주식」은 '이익의 배당, 잔여재산의 분배, 주주총회에서의 의결권의 행사, 주식의 양도, 상환 및 전환 등에 관하여 내용이 다른 주식'으로 정의하고 있다(상법개정시안 제344조 제1항). 또한 회사가 이러한 종류주식을 발행한 경우에 정관을 변경함으로써 어느 종류의 주주에게 손해를 미치게 될 때에는 주주총회의 결의 외에 그 종류의 주주의 총회의 결의가 있어야 한다(상법개정시안 제344조 제4항, 제435조).

### (2) 이익배당·잔여재산분배에 관한 종류주식

상법개정시안은 건설이자제도를 폐지함에 따라(상법개정시안 제463조) 이익배당 및 잔여재산분배에 관한 종류주식을 인정하고, 현행 상법상 인정하고 있는 이익배당우선주에 대하여 정관으로 최저배당률을 정하도록 한 것(상법 제344조 제2항 후단)은 시장상황에 따라 자금조달하는 것이 어렵게 되는 문제점과 이러한 외국의 입법례도 없는 점을 감안하여 이를 폐지하고(상법개정시안 제344조 제1항) 정관에 배당액의 결정방법을 정하는 것으로 충분하도록 하고 있다.[13]

(가) **이익배당에 관한 종류주식**: 회사가 이익배당에 관하여 내용이 다른 종류의 주식을 발행하는 경우에는 정관으로 당해 종류의 주주에게 교부하는 배당재산의 종류, 배당재산의 가액의 결정방법, 이익을 배당하는 조건 등 이익배당에 관한 내용을 정하여야 한다(상법개정시안 제344조의 2 제1항).

(나) **잔여재산분배에 관한 종류주식**: 회사가 잔여재산분배에 관하여 내용이 다른 종류의 주식을 발행하는 경우에는 정관으로 잔여재산의 종류, 잔여재산의 가액의 결정방법 기타 잔여재산분배에 관한 내용을 정하여야 한다(상법개정시안 제344조의 2 제2항).

### (3) 의결권의 배제·제한에 관한 종류주식(의결권 없는 주식·의결권 제한주식)

(가) 회사가 의결권이 없는 종류의 주식(의결권 없는 주식) 또는 정관이 정하는 사항에 관하여 의결권이 없는 종류의 주식(의결권 제한주식)을 발행하는 경우에는 정관으로 의결권을 행사할 수 있는 사항, 의결권 행사 또는 부활의 조건을 정한 때에는 그 조건 등을 정하여야 한다(상법개정시안 제344조의 3 제1항).

현행 상법은 이익배당 우선주에 대하여만 의결권 없는 주식으로 할 수 있는데(상법 제370조 제1항 본문), 상법개정시안은 보통주에 대하여도 의결권 없는 주식

---

13) 동지: 법무부, 전게 공청회자료, 43~44면.

으로 할 수 있다. 또한 현행 상법은 의결권 없는 주식에 대한 의결권 부활조건을 상법에서 규정하고 있으나(상법 제370조 제1항 단서), 상법개정시안은 이를 정관에서 정할 수 있도록 하고 있다(상법개정시안 제344조의 3 제1항). 또한 상법개정시안은 의결권 없는 주식 외에 정관이 정하는 사항에 관하여만 의결권을 행사할 수 없는 의결권 제한주식을 인정하고 있다(상법개정시안 제344조의 3 제1항).

(나) 의결권 없는 주식 및 의결권 제한주식의 총수는 발행주식총수의 2분의 1을 초과하지 못하는데, 만일 이를 초과하는 때에는 회사는 지체 없이 이 제한을 초과하지 않도록 하기 위하여 필요한 조치를 취하여야 한다(상법개정시안 제344조의 3 제2항).

현행 상법상 의결권 없는 주식의 총수는 발행주식총수의 4분의 1을 초과하지 못하도록 하고 있는데(상법 제370조 제2항), 상법개정시안은 의결권 없는 주식에 의결권 제한주식을 포함하여 이러한 주식의 발행한도를 확대하고 있다.

## (4) 특정한 사항의 거부권에 관한 종류주식(거부권부 주식)

(가) 회사는 특정한 사항에 관하여 주주총회의 결의 외에 특정종류의 주주총회의 결의를 필요로 하는 종류의 주식을 발행하는 경우에는 정관으로 당해 종류주주총회의 결의를 필요로 하는 사항과 결의의 요건 및 조건을 정하여야 한다(상법개정시안 제344조의 4 제1항).

여기에서 거부권부 주식을 가진 종류주주총회의 결의를 받아야 할 사항은 합병, 이사의 임면 등 정관으로 정한 사항이다.[14]

(나) 이러한 거부권부 주식의 발행은 원시정관 또는 총주주의 동의에 의하여 변경된 정관에 의하여야 한다(상법개정시안 제344조의 4 제2항). 따라서 이러한 주식은 벤처회사의 설립시나 소규모 주식회사에서만 이용될 수 있지, 기존 대규모 주식회사는 이 제도를 사실상 이용할 수 없을 것이다.

## (5) 임원임면권에 관한 종류주식(이사·감사 선임·해임권부 주식)

(가) 회사는 특정한 종류주식의 주주총회에서 이사 또는 감사를 선임·해임하는 권한을 가지는 종류의 주식을 발행할 수 있는데, 이 경우에는 이러한 특정한 종류주주총회에서 선임·해임하는 이사 또는 감사의 수·이사 또는 감사의 전부 또는 일부를 다른 종류주식의 주주와 공동으로 선임·해임하는 때에는 그 다른

---

[14] 거부권부 주식을 가진 주주의 종류주주총회의 결의를 받아야 할 사항에는 제344조 제1항의 주식을 가진 주주의 종류주주총회의 결의를 받아야 할 사항과는 구별되는 사항이다(상법개정시안 제344조 제1항, 제435조).

종류주식 및 공동으로 선임·해임하는 이사 또는 감사의 수·이러한 사항을 변경하는 조건이 있는 때에는 그 조건 및 그 조건이 성취된 경우에 선임·해임하는 이사 또는 감사의 수와 다른 종류주식의 주주와의 공동선임에 관한 사항 등을 정하여야 한다(상법개정시안 제344조의 5 제1항).

이사 또는 감사의 임기 만료 전에 그를 선임한 종류주식의 주주총회에서 의결권을 행사할 자가 없게 된 경우에는 그 이사 또는 감사의 해임은 주주총회의 해임결의에 의한다(상법개정시안 제344조의 5 제3항). 법령 또는 정관에서 규정한 이사 또는 감사의 원수(員數)를 결한 경우에 그를 선임한 종류주식의 주주총회에서 의결권을 행사할 자가 없게 된 때에는 임원임면권부 종류주식에 관한 정관의 규정은 폐지된 것으로 본다(상법개정시안 제344조의 5 제4항). 회사가 정관의 변경에 의하여 임원임면권부 종류주식에 관한 규정을 폐지한 경우에는 그 이사 또는 감사의 임기는 그 정관변경의 효력이 발생한 때에 만료한 것으로 본다(상법개정시안 제344조의 5 제5항).

(나) 임원임면권부 종류주식의 발행사항은 원시정관 또는 총주주의 동의에 의하여 변경된 정관에 의하여야 한다(상법개정시안 제344조의 5 제2항). 따라서 이러한 주식은 벤처회사의 설립시나 소규모 주식회사에서만 이용될 수 있지, 기존 대규모 주식회사는 이 제도를 사실상 이용할 수 없을 것이다.

(6) 주식의 양도에 관한 종류주식

회사는 정관이 정하는 바에 따라 그 발행하는 주식의 전부의 양도에 관하여 이사회의 승인을 얻도록 할 수도 있지만(상법개정시안 제335조 제1항 단서), 회사가 발행하는 주식의 일부의 양도에 관하여 이사회의 승인을 요하는 종류의 주식을 발행하도록 정관에서 정할 수 있다(상법개정시안 제344조의 6 제1항 전단). 이 후자의 경우에는 정관에 주식양도에 관하여 이사회의 승인을 요한다는 뜻, 이사회의 승인이 있는 것으로 보는 때에는 그 뜻과 그러한 경우의 내용 및 일정한 기간이 경과하면 이사회의 승인이 필요 없는 것으로 정한 경우에는 그 뜻을 정하여야 하고(상법개정시안 제344조의 6 제1항 후단), 이에 관하여는 주식의 전부에 관하여 양도제한을 한 상법의 규정을 준용한다(상법개정시안 제344조의 6 제2항).

(7) 상환주식

(가) 현행 상법상 상환주식은 이익배당 우선주에 대하여만 발행할 수 있는데(상법 제345조 제1항), 상법개정시안은 이에 한하지 않고 동 시안에서 규정하고 있는 모든 종류주식에 대하여 상환주식으로 할 수 있음을 규정하고 있다(상법개정시

안 제345조 제1항, 제4항).

(나) 현행 상법상 상환주식의 상환에 대한 선택권은 정관에 아무런 규정이 없으면 회사에게 있는 것으로 해석하고 있다[15](수의상환주식). 그런데 상법개정시안은 회사는 주주가 정관이 정하는 바에 따라 회사에 대하여 상환을 청구할 수 있는 상환주식을 발행할 수 있음을 명문으로 규정하고 있다(의무상환주식)(상법개정시안 제345조 제2항).

(다) 상법개정시안은 (회사가 상환주식을 상환하는 경우〈수의상환주식의 경우〉) 회사는 상환대상인 주식의 취득일 2주일 전에 그 사실을 그 주식의 주주 및 주주명부에 기재된 권리자(예컨대, 질권자 등)에게 따로 통지하도록 하고, 이러한 통지는 공고로 갈음할 수 있도록 하고 있다(상법개정시안 제345조 제1항 제3문).

(라) 현행 상법상 상환주식의 상환은 금전으로써만 상환하는 것으로 해석하는데(보통 상환적립금에서 상환),[16] 상법개정시안은 회사는 상환주식의 취득의 대가로 현금 이외에 유가증권(다만 다른 종류의 주식은 제외한다) 기타 자산을 교부할 수 있도록 하고, 다만 이 경우 그 자산의 장부가액은 배당가능이익의 범위 내이어야 함을 규정하고 있다(상법개정시안 제345조 제3항).

### (8) 전환주식

(가) 상법개정시안은 현행 상법상 「수종의 주식」을 「종류주식」으로 확대하고 있으므로(상법개정시안 제344조), 전환주식의 대상 및 전환으로 인하여 발행할 주식의 대상이 현재보다 확대되어 있다.

(나) 전환주식의 경우 전환권이 현행 상법상은 주주에게 있으나(상법 제346조 제1항), 상법개정시안은 회사에 대하여도 확대하고 있다(상법개정시안 제346조 제2항). 상법개정시안은 이와 같이 전환권을 회사에게도 부여함에 따라 이와 관련한 전환주식에 관한 규정을 개정하고 있다(상법개정시안 제346조 제3항, 제347조 제4호, 제350조, 제351조).

## 4. 전자주주명부

상법개정시안은 주식회사법제의 IT화로 전자투표제도 및 주식·사채권의 전자등록제도를 도입함에 따라 전자주주명부제도를 도입하고 있다. 즉, 회사는 정관의 규정에 따라 전자문서로 주주명부(전자주주명부)를 작성할 수 있는데(상법개

---

15) 정찬형, 전게 상법강의(상)(제9판), 639면.
16) 정찬형, 전게 상법강의(상)(제9판), 640면.

정시안 제352조의 2 제1항), 이 전자주주명부에는 주주명부의 기재사항 외에 전자
우편주소를 기재하여야 한다(상법개정시안 제352조의 2 제2항). 이러한 전자주주명
부의 비치·공시 및 열람의 방법은 대통령령으로 정한다(상법개정시안 제352조의 2
제3항).

## 5. 주식·사채의 전자등록

　**가.** 상법개정시안은 IT 발전과 유가증권 무권화의 추세에 따라 주권·채권을
실물로 발행하는 대신에 전자등록기관에 등록하여 증권을 소지하지 않고 권리의
양도·담보설정·권리행사가 가능하도록 하고 있다. 우리나라에서는 유가증권 집
중예탁제도로 인하여 주식은 73%, 사채는 96%가 예탁되고 있다.[17]

　주식의 전자등록에 관하여는 영국에서는 1989년 회사법에 근거하여 무증서
증권규정을 1995년에 제정하여 시행하고 있고(2001년 개정), 스웨덴에서도 주식계
좌법·금융증서의 등록에 관한 법을 제정하여 시행하고 있으며, 일본에서도 신회
사법 제214조 및 사채·주식 등의 대체에 관한 법률(2004년)이 있다. 또한 이에
관하여는 프랑스에서도 1982년에 제정된 금융법이 있고, 미국에서도 통일상법전
제8-102조의 규정이 있다.[18]

　**나.** 회사는 주권(株券)을 발행하는 대신 정관에 정하는 바에 따라 공인된 전
자등록기관의 전자등록부에 주식을 등록할 수 있는데(상법개정시안 제356조의 2 제1
항 1문), 이러한 전자등록부는 (전자)주주명부로 본다(상법개정시안 제356조의 2 제1항
2문). 회사는 이러한 등록을 회사가 성립한 날 또는 주금을 납입한 후 지체 없이
하여야 한다(상법개정시안 제356조의 2 제2항). 전자등록부에 등록된 주식의 양도 또
는 입질은 전자등록부에 등록하여야 효력이 발생한다(상법개정시안 제356조의 2 제3
항). 전자등록부에 이와 같이 주식을 등록한 자는 그 등록된 주식을 적법하게 소
유한 것으로 추정되고, 이러한 전자등록부를 선의·무중과실로 신뢰하고 전자등록
부에 의한 등록에 의하여 권리를 취득한 자는 그 권리를 적법하게 취득한다(상법
개정시안 제356조의 2 제4항). 전자등록부에 의한 주식발행을 정한 회사의 주주는
주권의 발행을 청구할 수 없다(상법개정시안 제356조의 2 제5항). 전자등록기관의 지
정 및 기타 필요한 사항은 대통령령으로 정한다(상법개정시안 제356조의 2 제6항).

　기존의 주권발행회사가 정관에 의하여 전자등록부에 의한 주식발행회사로

---

17) 법무부, 전게 공청회자료, 18면.
18) 법무부, 전게 공청회자료, 18면.

이행하는 경우에는 이를 위한 보완규정을 부칙 등에서 정할 필요가 있다(日會 제
218조, 제219조 등 참조).

　　다. 회사는 채권(債券)을 발행하는 대신 정관에 정하는 바에 따라 공인된 전
자등록기관의 전자등록부에 채권자의 권리를 등록할 수 있는데, 전자등록부에 등
록된 채권자의 권리에 관하여는 주식의 전자등록에 관한 규정을 준용한다(상법개
정시안 제478조 제3항).

　　라. 주식과 사채의 전자등록 외에도, 상업증권에 대하여도 전자화를 위하여
상법에 근거규정을 두고 있다. 즉, 금전의 지급청구권·물건이나 유가증권의 인도
청구권 또는 사원의 지위를 표시하는 유가증권도 실물유가증권을 발행하지 않고
공인된 전자등록기관의 전자등록부에 (그 유가증권이 표창하는) 권리를 등록할 수
있는데, 이 경우에는 주식의 전자등록에 관한 규정을 준용한다(상법개정시안 제65
조 제2항).

## 6. 소수주주 주식의 강제매입

　　가. 지배주주가 주식의 대부분을 보유하는 경우 주주총회 운영 등과 관련하여
소수주주의 관리비용을 절감하고 기동성 있는 의사결정을 위하여, 지배주주에게는
소수주주로부터 주식을 매입하여 100% 주주가 되는 길을 열어 줄 필요가 있고,
소수주주에게는 그의 출자를 회수할 수 있는 길을 열어 줄 필요가 있다. 현행 상
법상 대주주가 회사인 경우 주식의 포괄적 교환제도를 이용하여 소수주주의 주식
을 취득할 수 있지만 소수주주는 대주주의 주식을 받게 되는 문제점이 있다.[19]

　　독일은 2001년 법개정으로 95% 지배주주에 의한 잔여주식의 강제매수를 허
용하고, 영국·EU는 공개매수자가 90% 이상 취득한 경우 잔여주식의 강제매수
를 허용하고 있다. 미국과 일본도 소수주주의 배제가 가능하도록 하고 있다.[20]

　　나. 상법개정시안은 회사의 발행주식총수의 100분의 95 이상을 자기의 계산
으로 보유하고 있는 지배주주(이러한 보유주식의 수를 산정함에 있어서는 모회사와 자
회사가 보유한 주식을 합산하고, 회사가 아닌 주주가 발행주식총수의 100분의 50 이상을
초과하는 주식을 가진 회사가 보유하는 주식도 그 주주가 보유하는 주식과 합산함)는 회
사의 경영상 목적을 달성하기 위하여 필요한 경우에는 소수주주에게 그 보유하
는 주식의 매도를 청구할 수 있는데(상법개정시안 제360조의 24 제1항·제2항), 이러

---

19) 동지: 법무부, 전게 공청회자료, 53~54면.
20) 법무부, 전게 공청회자료, 54면.

한 매도청구는 주주총회의 승인을 얻어야 하고(상법개정시안 제360조의 24 제3항), 이러한 주주총회의 소집을 통지할 때에는 지배주주의 회사 주식의 보유현황·매도청구의 목적·매매가액의 산정근거와 적정성에 관한 공인된 감정인의 평가 및 매매가액의 지급보증에 관한 사항을 기재하여야 하고, 매도를 청구하는 지배주주는 주주총회에서 그 내용을 설명하여야 한다(상법개정시안 제360조의 24 제4항). 이러한 매도청구를 받은 소수주주는 매도청구를 받은 날로부터 2월 내에 지배주주에게 그 주식을 매도하여야 하는데(상법개정시안 제360조의 24 제5항), 그 매매가액은 매도청구를 받은 소수주주와 매도를 청구한 지배주주간의 협의로 이를 결정하는데(상법개정시안 제360조의 24 제6항), 매도청구를 받은 날로부터 30일 내에 이러한 매도가격에 대한 협의가 이루어지지 아니하는 경우에는 지배주주 또는 소수주주는 법원에 대하여 매도가격의 결정을 청구할 수 있고 법원이 이러한 매도가격을 결정하는 경우에는 회사의 재산상태 그밖의 사정을 참작하여 공정한 가격으로 이를 산정하여야 한다(상법개정시안 제360조의 24 제6항·제7항).

위와 같은 지배주주가 있는 회사의 소수주주는 언제든지 지배주주에게 그 보유주식의 매수를 청구할 수 있는데(상법개정시안 제360조의 25 제1항), 이러한 매수청구를 받은 지배주주는 매수를 청구한 날을 기준으로 2개월 내에 매수를 청구한 주주로부터 그 주식을 매수하여야 한다(상법개정시안 제360조의 25 제2항). 이때의 매수가액도 원칙적으로 당사자간의 협의로 결정하는데, 예외적으로 이러한 협의가 이루어지지 않으면 당사자의 청구로 법원이 결정한다(상법개정시안 제360조의 25 제3항·제4항).

위와 같이 지배주주의 매도청구가 있거나 소수주주의 매수청구가 있는 경우에는 주식을 취득하는 지배주주가 매매가액을 소수주주에게 지급한 때 주식의 이전이 이루어진 것으로 본다(상법개정시안 제360조의 26 제1항). 이 때 매매가액을 지급할 소수주주를 알 수 없거나 소수주주가 그 수령을 거부할 경우에는 지배주주는 그 가액을 공탁할 수 있는데, 이 경우 주식은 공탁한 날에 지배주주에게 이전된 것으로 본다(상법개정시안 제360조의 26 제2항). 지배주주는 매도청구의 날 1월 전에 ( i ) 소수주주는 매매가액의 수령과 동시에 주권을 지배주주에게 교부하여야 한다는 뜻 및 (ii) 교부하지 않을 경우 매매가액을 수령하거나 지배주주가 매매가액을 공탁한 날에 주권은 무효가 된다는 뜻을 공고하고, 주주명부에 기재된 주주와 질권자에 대하여 따로 그 통지를 하여야 한다(상법개정시안 제360조의 26 제3항).

## Ⅴ. 기  관

### A. 주주총회

#### 1. 전자문서에 의한 소집통지 등

상법개정시안에서는 주주총회의 소집통지는 서면뿐만 아니라 각 주주의 동의를 얻어 전자문서로도 할 수 있도록 하고(상법개정시안 제363조 제1항), 주주제안(상법개정시안 제363조의 2)·소수주주에 의한 주주총회의 소집청구(상법개정시안 제366조 제1항)·의결권의 불통일 행사(상법개정시안 제368조의 2 제1항)도 서면뿐만 아니라 전자문서로도 할 수 있도록 하고 있다.

#### 2. 전자적 방법에 의한 의결권 행사(전자투표)

가. 상법개정시안은 주주총회 개최일이 보통 3월말에 집중됨에 따라 주주총회 참여가 어려운 현실을 고려하여 의결권의 행사를 전자적 방법으로 할 수 있도록 함으로써, 주주총회 개최비용을 절감하고 소수주주의 주주총회 참여의 활성화 기반을 마련하고 있다.[21]

이러한 전자투표제도는 미국 델라웨어주 회사법(제211조 a항) 및 일본 신회사법(제312조) 등에서도 도입하고 있다.[22]

나. 회사는 정관의 규정에 의하여 이사회의 결의로 주주가 총회에 출석하지 아니하고 전자적 방법으로 의결권을 행사할 수 있음을 정할 수 있는데(상법개정시안 제368조의 4 제1항), 이 경우 주주총회 소집통지(공고)에는 주주가 전자적 방법에 의하여 의결권을 행사할 수 있음을 통지(공고)하여야 한다(상법개정시안 제368조의 4 제2항 제1문). 또한 회사가 정관에 정하는 바에 따라 전자적 방법에 의한 공고를 할 수 있는 경우에는, 회사는 전자적 방법에 의하여 의결권을 행사할 수 있음을 전자적 공고방법에 따라 공고하여야 한다(상법개정시안 제368조의 4 제2항 제2문).

다. 전자적 방법에 의한 의결권을 행사하는 경우 주주확인절차 등 전자적 방법에 의한 의결권 행사의 절차 기타 필요한 사항은 대통령령으로 정하는데(상법개정시안 제368조의 4 제6항), 주주는 주주확인절차 등 대통령령이 정한 바에 따라 의결권을 행사하여야 하고 회사는 의결권 행사에 필요한 양식과 참고자료를

---

21) 법무부, 전게 공청회자료, 20면.
22) 법무부, 전게 공청회자료, 20면.

주주에게 전자적 방법으로 제공하여야 한다(상법개정시안 제368조의 4 제3항).

동일한 주식에 관하여 서면투표(상법 제368조의 3)를 한 주주는 전자적 방법으로 의결권을 행사할 수 없다(상법개정시안 제368조의 4 제4항).

라. 전자적 방법으로 의결권을 행사할 수 있음을 정한 회사는 주주총회의 종료일로부터 의결권 행사에 관한 전자적 기록을 3개월간 본점에 비치하고 이를 5년간 보존하여야 한다(상법개정시안 제368조의 4 제5항).

## 3. 주주총회의 결의요건에서 출석정족수의 부활

상법 제368조 제1항의 주주총회 보통결의요건은 1995년 개정상법 이전에는 "총회의 결의는 본법 또는 정관에 다른 정함이 있는 경우 외에는 발행주식총수의 과반수에 해당하는 주식을 가진 주주의 출석으로 그 의결권의 과반수로써 하여야 한다"고 규정하였는데, 1995년 개정상법에서 현재와 같이 출석정족수를 삭제하였다. 이는 대규모 상장회사가 출석정족수를 채우지 못하여 주주총회가 성립되지도 못하는 애로점을 반영한 것인데, 그 후 주권의 예탁제도가 활성화되고 증권예탁결제원 등이 명의주주로서 간접적으로 의결권 행사에 참여함으로써 이러한 문제가 거의 해소되었고 또한 일반적으로 회의체에서 요구되는 결의요건으로 부활할 필요가 있다는 점 등에서 상법개정시안에서는 결의요건을 1995년 개정전 규정으로 환원하여 출석정족수를 부활시키고 있다.

이와 함께 주주총회의 특별결의요건도 1995년 개정상법 이전으로 환원하여 "주주총회의 특별결의는 발행주식총수의 과반수에 해당하는 주식을 가진 주주의 출석으로 그 의결권의 3분의 2 이상의 다수로써 하여야 한다"고 규정하고(상법개정시안 제434조), 또한 종류주주총회의 결의요건도 1995년 개정상법 이전으로 환원하여 "어느 종류의 주주의 총회의 결의는 그 종류의 발행주식의 총수의 과반수에 해당하는 주식을 가진 주주의 출석으로 그 의결권의 3분의 2 이상의 다수로써 하여야 한다"고 규정하고 있다(상법개정시안 제435조 제2항).

## 4. 소수주주에 의하여 소집된 주주총회에서의 주주총회 의장

소수주주에 의하여 소집된 주주총회에서 대주주를 대표하는 자가 주주총회 의장으로서 주주총회를 주관하는 경우 그 공정성에 문제가 있으므로, 상법개정시안에서는 이 경우 주주총회의 의장은 법원이 이해관계인의 청구 또는 직권으로 선임할 수 있도록 하고 있다(상법개정시안 제366조 제2항 제2문).

## 5. 주주총회에서 검사인 선임기회 확대

현행 상법상 주주총회에서 검사인을 선임할 수 있는 경우는 이사가 제출한 서류와 감사의 보고서를 조사하기 위한 경우에 한정되었으나(상법 제367조), 상법개정시안에서는 이외에도 주주총회의 소집절차나 결의방법의 적법성의 조사를 위하여도 회사 또는 발행주식총수의 100분의 1 이상에 해당하는 주식을 가진 주주의 청구에 의하여 법원이 검사인을 선임할 수 있도록 하고 있다(상법개정시안 제367조 제2항).

## 6. 다른 회사의 영업 전부의 양수에서 주주총회 특별결의 제한

현행 상법상에서는 회사가 다른 회사의 영업전부를 양수할 때에는 언제나 주주총회의 특별결의를 받도록 하였으나(상법 제374조 제1항 제3호), 상법개정시안에서는 회사가 다른 회사의 영업 전부를 양수한 때라도 그것이 양수회사의 영업에 중대한 영향을 미치지 않는 경우에는 주주총회의 특별결의를 요하지 않도록 하여 기업경영의 효율화를 도모하고 있다(상법개정시안 제374조 제1항 제3호).

## 7. 기타 내용의 명확화

현행 상법의 해석상 인정되고 있으나 입법상 미비로 지적되어온 사항으로, 상법개정시안은 출석정족수에서 제외되는 주식(상법개정시안 제371조 제1항)과 의결정족수에서 제외되는 주식(상법개정시안 제371조 제2항)을 명확히 규정하고 있다.

## B. 업무집행기관

현행 상법(및 종래의 증권거래법 등 특별법)상 주식회사는 그 규모에 따라서 편의상 크게 세 가지로 분류될 수 있다. 즉, 1998년 개정상법상 자본의 총액이 5억원(2009년 개정상법은 10억원으로 인상함) 미만인 주식회사는 이사를 1인 또는 2인 둘 수 있으므로(상법 제383조 제1항 단서) 이러한 소회사가 있고, 또한 종래의 증권거래법(그 후에는 상법) 등에 의한 일정규모(최근 사업연도말 현재의 자산총액이 2조원) 이상의 상장회사 등의 경우에는 이사회에 사외이사를 3인 이상 및 이사 총수의 과반수를 두고 또한 감사위원회를 반드시 두도록 하고 있으므로(종래의 증권거래법 제191조의 16 제1항 단서, 제191조의 17, 그 후 상법 제542조의 8 제1항 단서, 제542조의 11 제1항) 이러한 대회사가 있으며, 이 사이에 중회사가 있다고 볼 수 있다.

따라서 이하에서는 편의상 주식회사를 이와 같이 소회사·대회사 및 중회사로 나누어 업무집행기관에 대하여 이번 상법개정시안이 반영한 내용을 살펴보기로 하겠다.

## 1. 소회사에서 이사회제도의 폐지

가. 1998년 개정상법상 소회사로서 이사가 1인인 회사는 명백히 이사회를 두지 않고 상법상 이사회의 권한을 이사 및 주주총회에 부여하고 있으나(상법 제383조 제4항~제6항), 이사가 2인인 경우에 대하여는 이러한 규정이 없었다. 따라서 이사가 2인인 회사는 이사회를 둘 수밖에 없는데, 이러한 경우 이사 2인의 의견이 나뉠 때 업무집행에 관한 의사를 결정할 수 없고 또한 이러한 소회사에 대하여까지 상법상 이사회에 관한 규정을 적용하는 것은 적절하지 않다는 문제점이 있었다.

나. 따라서 상법개정시안은 주식회사 자본의 총액이 5억원(2009년 개정상법은 10억원으로 인상함) 미만인 소회사의 경우에는 이사가 2인인 경우에도 이사가 1인인 경우와 같이 이사회에 관한 규정의 적용을 배제하고, 상법상 이사회에 관한 규정을 각 이사(정관에 의하여 대표이사가 있는 경우에는 대표이사) 및 주주총회에 부여하고 있다(상법개정시안 제383조 제4항~제6항).

따라서 이사를 1인 또는 2인을 둔 이러한 소회사의 경우 업무집행기관은 이사이고(유한회사의 경우와 유사함), 이러한 업무집행기관에 대한 감독기관은 주주총회이며 감사기관은 감사(監事)이다.

## 2. 대회사 및 중회사에서 집행임원제도의 신설

가. 위에서 본 대회사의 경우는 종래의 증권거래법(그 후 상법) 등 특별법에 의하여 이사회를 사외이사 중심으로 구성하여 이사회가 업무집행기관에 대한 감독기능에 충실하도록 하였다. 종래의 증권거래법(그 후 상법) 등이 이와 같이 이사회가 업무집행기관에 대한 감독기능(상법 제393조 제2항)에 충실하도록 하는 입법을 하는 경우에는 업무집행기관(집행임원)을 감독기관(이사회)과는 분리하여 별도로 입법을 하였어야 했는데, 그렇게 하지 않고 (종래와 같이) 여전히 이사회에 업무집행기능(의사결정)을 부여하여(상법 제393조 제1항) 많은 부작용과 문제점이 발생하게 되었다. 즉, 회사의 업무에 관하여 상근하지 않는 사외이사로 하여금 업무집행(의사결정)에 관여하도록 함으로써 (종래보다) 업무집행의 효율성이 떨어

지고, 또한 업무집행에 관여한 (사외)이사가 다시 자기가 관여한 업무집행에 대하
여 업무감독기능을 하게 되어(즉, 자기감독을 하게 되어) 업무감독에서도 (종래보다)
더 효율성을 나타내지 못하였다. 다시 말하면 사외이사제도(또는 사외이사 중심의
이사회제도)는 종래보다 업무집행에 대한 감독의 효율성을 증대시키지 못하면서
종래보다 업무집행의 효율성을 더 떨어지게 하는 결과를 초래하였다. 따라서 회
사는 이러한 (법정의) 사외이사를 두는 것을 최소화할 목적으로 이사의 수를 대
폭 축소하고, 이와 같이 종래의 이사(등기이사)의 수가 대폭 축소되어 대회사는
이러한 이사만으로는 도저히 회사의 업무를 집행할 수 없으므로 이러한 종래의
이사(등기이사) 대신 회사의 정관·내규에 의하여 또는 대표이사에 의하여 선임된
(사실상) 집행임원에게 회사의 업무집행을 맡기게 되었다. 그런데 이러한 (사실상)
집행임원은 실제로 과거에 등기이사가 수행하던 직무를 담당하고 이로 인하여
보수 등에서도 등기이사와 거의 동등한 대우를 받고 있으면서도 현재 상법(2011
년 개정상법 이전) 등 법률상 근거가 없으므로 그의 지위(위임관계냐 또는 고용관계
냐)·권한·의무·책임 등에서 많은 법률상 문제점을 야기하게 되었다. 이러한 대
표적인 예로 위와 같은 (사실상) 집행임원을 실적부진 등의 이유로 회사가 해임
한 경우 이러한 (사실상) 집행임원은 고용계약에 의한 근로자라고 주장하면서 노
동법상 부당해고라고 하여 소를 제기한 경우가 많은데, 이에 대하여 우리 대법원
판례는 이러한 집행임원은 주주총회에서 선임되지도 않았고 또한 등기되지도 않
았다는 이유로 이러한 집행임원의 지위는 위임계약에 의한 임원이 아니라 고용
계약에 의한 근로자라고 계속하여 판시함으로써(대판 2003. 9. 26, 2002 다 64681;
동 2005. 5. 27, 2005 두 524 등) 회사에서는 납득할 수 없는 너무나 불합리한 판결
이라는 문제점을 제기하였고, 이에 대하여 입법적으로 해결하여 줄 것을 요청하
기도 하였다.[23]

　　나. 또한 오늘날 업무집행기관과 이에 대한 감독기관을 분리하여 입법하는
것이 전 세계적인 추세이므로, 우리 기업의 세계화와 더불어 이에 부응하는 입법
을 하는 것이 Global Standard에 맞는다.[24]

　　미국에서는 미국법조협회(American Law Institute, ALI)가 1992년 3월 31일에
최종안으로 제안한 「회사지배구조의 원칙」(Principles of Corporate Governance:
Analysis and Recommendations, 이하 'ALI의 원칙'으로 약칭함)에 의하면 "공개회사

---

23) 동지: 법무부, 전게 공청회자료, 4~6면.
24) 이에 관하여는 법무부, 전게 공청회자료, 6~7면 참조.

(publicly held corporation)의 업무집행은 이사회에 의하여 선임된 주요 상급집행
임원(principal senior executives)[25]에 의하여 또는 이들의 감독하에 수행되어야 하
고, 또한 이사회나 주요 상급집행임원의 위임을 받은 기타 임원(other officers)[26]
및 피용자에 의하여 수행되어야 한다"고 규정하고 있다(ALI의 원칙 제3.01조).

　　유럽에서는 상급 회사법 전문가(High Level Group of Company Law Expert)가
2002년 11월 4일에 보고한 「유럽에서의 회사법의 최근 규제구조에 관한 보고서」
(Report on a Modern Regulatory Framework for Company Law in Europe, 이하 '유럽
보고서'로 약칭함)에 의하면 " … 이사회의 개편은 유럽연합국가 외에서는 물론이
고 유럽연합국가에 있어서도 회사지배구조의 개선의 핵심이 되고 있다. 일원적
경영기구(영미제도)와 이원적 경영기구(독일제도) 둘 중의 어느 것이 더 효율적인
감독기구가 된다는 명확한 증거는 없으므로 각국은 그의 특별한 상황에 맞게 이
를 이용할 수 있다. 또한 일원적 경영기구(영미제도) 또는 이원적 경영기구(독일제
도)를 어떻게 구성하여야 하고 또한 독립적인 사외이사 또는 감독이사(감사)를 몇
명으로 할 것인가에 대하여는 의견을 표명하지 않으나, 유럽연합국가에서 모든
상장회사에 대하여는 사내이사(집행임원)의 선임과 보수 및 회사의 업무에 관한
회계감사는 전적으로 사외이사 또는 감독이사(감사회)에 의하여 결정되어야 한다
는 점을 명백히 하고 있다. 실제로 이러한 업무는 과반수가 독립적인 사외이사
또는 감독이사(감사)로 구성되는 이사회내의 지명위원회·보수위원회 또는 감사위
원회에 의하여 수행될 수 있다"고 하고 있다.

　　2005년에 제정된 일본의 신회사법도 위원회설치회사에서 이사회는 경영의
기본방침 등에 관한 업무집행의 결정·집행역(집행임원) 등의 직무집행에 대한 감
독업무만을 하고(日會 제416조 제1항), 회사의 업무집행은 집행역(집행임원)이 하도
록 규정하고 있다(日會 제418조 제2호). 또한 위원회설치회사에서 이사회는 (일정한
사항을 제외하고) 그 결의로 회사의 업무집행의 결정을 집행역에게 위임할 수 있
는데(日會 제416조 제3항), 이 때에는 집행역(집행임원)이 그 위임받은 업무집행에

---

25) 주요 상급집행임원이란 "대표집행임원(chief executive officer)·총무임원(operating officer)·
　　재무임원(financial officer)·법률임원(legal officer) 및 회계임원(accounting officer)"을 말한
　　다(ALI의 원칙 제1.30조, 제1.27조 (a)항).
26) 기타 임원이란 "주요 상급집행임원이 아닌 자로서 이사 업무 이외의 정책결정 기능을 수행
　　하거나 이사의 보수를 초과하여 상당한 보수를 수령하는 이사회 의장·일정한 단위부서(판매·
　　관리·금융 등)에서 업무를 담당하는 부장(president)·재무(treasurer)·총무(secretary)·부부장
　　(vice-president) 또는 부의장(vice-chairman) 및 기타 회사에 의하여 임원으로 선임된 자"를
　　말한다(ALI의 원칙 제1.27조 (b)항·(c)항).

관한 사항을 결정한다(日會 제418조 제1항).

　　다. 상법개정시안은 원래 위와 같은 대회사에 있어서 발생하는 문제점을 해결하고 또한 기업의 세계화와 더불어 Global Standard에 맞는 입법을 하기 위하여 업무집행기관과 이에 대한 감독기관을 분리하고자 집행임원제도를 두는 입법을 하고자 한 것인데, 상법개정에 관한 논의의 과정중에 기업의 자율성을 중시하고 또한 집행임원제도를 실시할 수 있는 회사의 범위를 확대하기 위하여 회사는 사외이사의 존부 또는 그 수에 무관하게 회사의 선택에 의하여 집행임원제도를 이용할 수 있게 하였다(상법개정시안 제408조의 2 제1항 제1문). 다만 회사가 이와 같이 집행임원을 둔 경우에는 대표이사를 두지 못하도록 하였다(상법개정시안 제408조의 2 제1항 제2문). 따라서 이러한 상법개정시안에 의하면 위에서 본 중회사도 집행임원제도를 채택할 수 있고, 대회사의 경우에도 집행임원제도를 채택하지 아니할 수 있다.[27]

　　그러나 사견으로는 중회사의 경우에는 현재와 같이 이사회와 대표이사가 업무를 집행하면 충분하다고 보고 다시 비용을 들여 집행임원제도를 채택할 필요가 없다고 보며, 대회사의 경우에는 이사회가 사외이사 중심으로 구성되어 업무집행기관에 대한 감독기능에 중점이 있으므로 이와 별도의 업무집행기관인 집행임원제도를 채택하는 것이 바람직하다고 보겠다. 대회사가 이와 같이 사외이사 중심의 이사회를 갖고 업무집행기관에 대하여 효율적인 감독을 하고 또한 이와 분리된 집행임원제도를 갖게 되면 Global Standard에 부응하는 지배구조를 갖게 되어 기업경영의 투명성을 담보하는 지배구조로서 국제적인 신뢰가 크게 향상될 것으로 본다.

　　라. 집행임원에 관한 상법개정시안의 중요한 내용은 다음과 같다. 회사와 집행임원과의 관계는 회사와 이사와의 관계와 같이 위임관계이다(상법개정시안 제408조의 2 제2항). 집행임원 설치회사의 이사회는 집행임원의 선임·해임권 및 보수결정권 등을 가짐으로써 집행임원에 대한 실질적인 감독권을 행사할 수 있도록 하였으며, 집행임원 설치회사의 이사회는 이 외에도 집행임원과 회사와의 소에서 회사를 대표할 자를 선임할 수 있고, 집행임원에 대하여 업무집행에 관한 의사결정을 위임할 수 있으며(다만 상법에서 이사회의 권한사항으로 정한 경우는 제외함), 집행임원이 수 인인 경우 집행임원의 직무분담 및 지휘·명령관계 기타 집행

───────────────

27) 동지: 법무부, 전게 공청회자료, 8면.

임원의 상호관계에 관하여 결정할 수 있다(상법개정시안 제408조의 2 제3항). 집행임원 설치회사는 이사회의 회의를 주관하기 위하여 이사회 의장을 두어야 하는데, 이사회 의장은 정관의 규정이 없으면 이사회 결의로 선임한다(상법개정시안 제408조의 2 제4항). 이사회의 감독기능 충실을 위하여 이사회 의장과 (대표)집행임원의 겸직은 바람직하지 않으나, 상법개정시안은 실무계의 현실을 반영하여 이를 금지하는 규정을 두지 않기로 하여 양자의 겸직이 가능하다.[28] 집행임원의 임기는 정관에 달리 정한 바가 없으면 2년을 초과하지 못하는 것으로 하고(상법개정시안 제408조의 3 제1항), 대표집행임원은 현행 상법상 대표이사의 기능을 수행할 수 있는 권한을 가지며(상법개정시안 제408조의 4), 2인 이상의 집행임원이 선임된 경우에는 이사회의 결의로 대표집행임원을 선임하는데, 이러한 대표집행임원에 대하여는 대표이사에 관한 상법의 규정을 준용하는 것으로 하고 있다(상법개정시안 제408조의 5). 집행임원은 필요시 회의의 목적사항과 소집이유를 기재한 서면을 이사(소집권자)에게 제출하여 이사회의 소집을 청구할 수 있는데, 이사(소집권자)가 이러한 소집절차를 밟지 아니한 때에는 그 집행임원은 법원의 허가를 얻어 이사회를 소집할 수 있다(상법개정시안 제408조의 7). 이와 함께 집행임원에 대하여는 이사(대표이사)와 유사한 의무를 부과하여, 집행임원은 3개월에 1회 이상 업무의 집행상황을 이사회에 보고하여야 하고, 집행임원은 이 외에도 이사회의 요구가 있는 때에는 언제든지 이사회에 출석하여 요구한 사항을 보고하여야 하며, 이사는 대표집행임원으로 하여금 다른 집행임원 또는 피용자의 업무에 관하여 이사회에 보고할 것을 요구할 수 있도록 하고 있다(상법개정시안 제408조의 6). 또한 집행임원에 대하여도 이사와 유사하게 회사 및 제3자에 대한 책임을 인정하고 있다(다만 집행임원이 수 인인 경우에도 이사회와 같은 회의체를 구성하지 않으므로 회의체의 결의와 관련된 연대책임은 없음)(상법개정시안 제408조의 8). 또한 집행임원은 등기사항으로 하여 공시하도록 하고 있다(상법개정시안 제317조 제2항).

## 3. 사외이사의 의의 및 자격

　위의 집행임원제도와 함께 상법개정시안은 현행 상법 제415조의 2 제2항 및 종래의 증권거래법 제54조의 5 제4항 등을 참조하여, 사외이사의 정의규정을 두고(상법개정시안 제382조 제3항), 이러한 사외이사는 사내이사와 구별하여 등기하도

---

28) 동지: 법무부, 전게 공청회자료, 9면.

록 하고 있다(상법개정시안 제317조 제2항 제8호). 즉, 상법개정시안이 신설하고 있
는 사외이사란 "당해 회사의 상무에 종사하지 아니하는 이사를 말하는데(상법개정
시안 제382조 제3항), 다음의 어느 하나에 해당하는 자는 사외이사로 선임될 수 없
다(상법개정시안 제382조 제4항)". ( i ) 회사의 업무를 담당하는 이사·집행임원 및
피용자 또는 선임된 날부터 2년 이내에 업무를 담당한 이사·집행임원 및 피용자
이었던 자, ( ii ) 최대주주가 자연인인 경우 본인·배우자 및 직계존·비속, ( iii )
최대주주가 법인인 경우 그 법인의 이사·감사·집행임원 및 피용자, ( iv ) 이사·
감사 및 집행임원의 배우자 및 직계존·비속, ( v ) 회사의 모회사 또는 자회사의
이사·감사·집행임원 및 피용자, ( vi ) 회사와 거래관계 등 중요한 이해관계에 있
는 법인의 이사·감사·집행임원 및 피용자, ( vii ) 회사의 이사·집행임원 및 피용
자가 이사·집행임원으로 있는 다른 회사의 이사·감사·집행임원 및 피용자는 사
외이사로 선임될 수 없다(상법개정시안 제382조 제4항).

## 4. 회사기회의 유용금지

상법개정시안은 이사의 충실의무(상법 제382조의 3)를 구체화하여 회사기회의
유용금지에 대하여 규정하고 있다. 즉, 이사는 장래 또는 현재에 회사의 이익이
될 수 있는 회사의 사업기회를 이용하여 자기의 이익을 취득하거나 제3자로 하
여금 이익을 취득하도록 하여서는 아니된다(상법개정시안 제382조의 5).

## 5. 이사와 회사간의 자기거래제한 대상의 확대

**가.** 현행 상법상 이사와 회사간의 자기거래제한 대상에는 이사가 (자기 또는
제3자의 계산으로) 회사와 거래하는 경우로 한정되어 있어, 이사의 직계존비속·배
우자 또는 그들의 개인회사 등이 회사와 거래하는 경우 등 실질상 이사의 자기
거래에 해당하나 형식상 이에 해당하지 않는 탈법행위로 인한 부당한 거래를 회
사의 이익을 위하여 제한할 필요가 있다.

**나.** 따라서 상법개정시안은 회사와의 (자기 또는 제3자의 계산으로 한) 거래로
서 이사회의 승인을 받아야 하는 대상을 ( i ) 이사뿐만 아니라, ( ii ) 이사의 배
우자·직계존비속, 배우자의 직계존비속, ( iii ) ( i ) 및 ( ii )의 자가 단독으로 또는
공동으로 의결권 있는 발행주식총수의 100분의 50을 초과하는 주식을 가진 회사
및 그 자회사, ( iv ) ( i ) 및 ( ii )의 자가 ( iii )의 회사와 합하여 의결권 있는 발행
주식총수의 100분의 50을 초과하는 주식을 가진 회사로 확대하고 있다. 또한 이

러한 자는 그 거래의 조건이 공정하고 사전에 이사회의 승인이 있는 때에 한하여 자기 또는 제3자의 계산으로 회사와 거래를 할 수 있다(상법개정시안 제398조).

다. 집행임원에도 이러한 이사의 자기거래제한의 규정이 준용된다(상법개정시안 제408조의 9).

## 6. 이중대표소송 등 인정

### 가. 모회사의 소수주주에게 이중대표소송권 인정(상법개정시안 제406조의 2 제1항)

(1) 모회사의 지배주주가 자회사(특히 비상장회사인 경우)에 대한 지배적 영향력을 행사하여 자회사에 손해를 끼친 경우, 현실적으로 자회사 또는 자회사의 주주가 모회사 지배주주의 영향력하에 있어서 현행 대표소송제도로는 자회사 이사 등에 대한 책임추궁을 할 수 없는 문제점이 있어, 모회사의 소수주주에게 자회사의 이사의 위법행위에 대한 책임을 추궁할 수 있는 이중대표소송을 입법적으로 규정할 필요가 있다. 현행 상법상은 이에 관한 규정이 없고, 우리 대법원판례는 이를 부정하고 있다(대판 2004. 9. 23, 2003 다 49221). 이중대표소송을 인정함으로써 자회사 이사의 부정행위를 억제하여 모회사 전체 주주를 보호하고 자회사의 손해전보의 효과를 기대할 수 있다.

이러한 이중대표소송제도는 미국에서 판례법상 인정하고 있다.

(2) 발행주식총수의 100분의 1 이상에 해당하는 주식을 가진 모회사의 주주는 자회사의 이사의 책임을 추궁할 수 있는데, 이 경우는 대표소송에 관한 상법 제403조 내지 제406조를 준용한다(상법개정시안 제406조의 2 제1항).

### 나. 모회사의 소수주주에게 자회사의 회계장부열람권 인정(상법개정시안 제406조의 2 제2항)

이중대표소송의 실효성을 확보하기 위하여 모회사의 주주에게 자회사의 회계장부열람권을 행사할 수 있도록 하고 있는데, 이 경우 소수주주권은 발행주식총수의 100분의 3 이상에 해당하는 주식을 가진 주주에게 인정하고 또한 상법 제466조를 준용하도록 하고 있다(상법개정시안 제406조의 2 제2항).

## 7. 이사의 회사에 대한 책임감경

### 가. 이사의 회사에 대한 책임의 과실책임의 명문화(상법개정시안 제399조 제1항)

이사의 법령 또는 정관에 위반한 행위에 대한 책임이 (상법에 명문규정이 없어) 과실책임이냐 또는 무과실책임이냐에 대하여 논란이 있어 이를 과실책임으로 명문화하고 있다. 즉, "이사가 <u>고의 또는 과실로 인하여</u> 법령 또는 정관에 위반한 행위를 하거나 … "로 개정하고 있다(상법개정시안 제399조 제1항).

이러한 점은 집행임원의 회사에 대한 책임의 경우에도 같다(상법개정시안 제408조의 8 제1항).

### 나. 이사의 회사에 대한 책임의 감경(상법개정시안 제400조 제2항)

(1) 상법개정시안은 유능한 경영자를 영입하여 보다 적극적인 경영을 할 수 있도록 하기 위하여 이사의 회사에 대한 책임을 정관에 의하여 감경할 수 있도록 하고 있다. 다만 이사의 고의·중과실의 경우는 제외한다. 즉, 회사는 정관이 정하는 바에 따라 제399조의 규정에 의한 이사의 책임(이사의 회사에 대한 책임)을 이사의 최근 1년간의 보수액(상여금 및 주식매수선택권의 행사로 인한 이익 등을 포함)의 6배(사외이사는 3배)를 초과하는 금액에 대하여 면제할 수 있는데, 다만 이사가 고의 또는 중대한 과실로 손해를 발생시킨 경우·이사가 회사기회유용금지에 위반한 경우(상법개정시안 제382조의 5)·이사가 경업피지의무에 위반한 경우(상법 제397조) 및 이사와 회사간의 거래제한에 위반한 경우(상법개정시안 제398조)에는 그러하지 아니하다(상법개정시안 제400조 제2항).

참고로 일본의 신회사법은 대표이사(대표집행임원)는 회사로부터 직무집행의 대가로 받거나 또는 받아야 할 재산상의 이익의 1년간분에 해당하는 금액에 상당한 금액으로서 법무성령에서 정하는 방법으로 산정된 금액에 6배, 대표이사 이외의 이사(사외이사를 제외함) 또는 대표집행역 이외의 집행역은 4배, 사외이사·회계참여·감사역 또는 회계감사인은 2배를 곱하여 얻은 금액을 초과하는 손해배상액에 대하여는 주주총회의 결의로 그 책임을 면제할 수 있도록 하고 있다(日會 제425조 제1항).

(2) 이러한 이사의 책임감경에 관한 규정은 감사(상법 제415조) 및 집행임원에 대하여도 준용된다(상법개정시안 제408조의 9).

## 8. Conference Call에 의한 이사회

현행 상법상 이사회의 결의방법에 이사의 전부 또는 일부가 직접 회의에 출석하지 아니하는 경우에는 모든 이사가 "동영상 및 음성을 동시에 송·수신하는 통신수단"에 의해서만 이사회의 결의에 참가하는 것이 허용되고 있으나(상법 제391조 제2항), 이는 통신수단의 기술수준이 서로 다른 해외에 있는 국가에 근무하는 이사들에게 이사회에 참여하는 것을 제약하는 문제점이 있어, 이사들이 손쉽게 Conference Call 등 전화통화를 이용하여 이사회에 참가할 수 있도록 할 필요가 있다. 따라서 상법개정시안에서는 동영상이 없어도 "음성을 동시에 송·수신하는 원격통신수단"에 의해서도 이사가 이사회에 참여할 수 있게 하고 있다(상법개정시안 제391조 제2항).

## C. 감독(감사)기관

### 1. 감독기관

가. 위에서 본 소회사의 경우 업무집행기관(이사)에 대한 감독기관은 주주총회이다(상법개정시안 제383조 제4항). 1998년 개정상법은 소회사 중 이사가 1인인 소회사에 대하여만 규정하였으나, 상법개정시안은 이사가 1인이든 2인이든 모든 소회사에 대하여 이와 같이 규정하고 있는 점은 앞에서 본 바와 같다.

나. 중회사 및 대회사에서 집행임원을 두지 않은 경우에는 현행 상법과 같이 업무집행기관에 대한 감독기관은 이사회이다(상법 제393조 제2항). 그러나 대회사의 경우에는 종래의 증권거래법(그 후에는 상법) 등에 의하여 이사회를 사외이사 중심으로 구성하여 업무집행기관에 대한 감독기능에 충실하게 하였는데, 이러한 이사회와는 별도로 업무집행기관인 집행임원을 두지 않고 현재와 같이 이사회(및 대표이사)가 업무집행권을 갖게 되면 자기감독의 모순으로 앞에서 본 바와 같이 업무집행 및 업무감독의 효율성이 크게 감소하고 사실상의 집행임원을 양산하는 문제점이 발생하게 될 것으로 본다.

중회사 및 대회사에서 집행임원을 둔 경우에는 업무집행기관(집행임원)에 대한 감독기관은 이사회인데, 이러한 이사회는 집행임원(대표집행임원)을 선임·해임하고 또한 (정관이나 주주총회의 승인이 없는 경우) 집행임원의 보수를 결정함으로써 실질적이고 효율적인 감독기능을 수행할 수 있을 것으로 본다(상법개정시안 제408조의 2 제3항). 그러나 이사가 이러한 집행임원을 겸임하게 되면 그 만큼 이사회의 업무집행기관에 대한 감독기능은 그 효율성이 떨어지고 현행 상법상 이사회의 기능과 유사하게 될 것으로 본다. 특히 중회사에서 집행임원을 두면서 이사가 전부 이를 겸직하면 원래 감독기능과 집행기능을 분리하여 감독기능의 효율성을 기하자는 의미는 거의 없을 것으로 본다.

## 2. 감사기관

감독기관과 감사기관은 구별된다. 감독기관은 상하관계에서 감독권을 행사하며 또 타당성(합목적성) 감사에도 미치나, 감사기관은 수평적 지위에서 감사권을 행사하며 원칙적으로 적법성 감사만을 하는 것이다. 상법에서는 이 양자를 구별하여 규정하고 있는데, (대표)이사의 직무집행에 대한 감독권은 이사회에 있고 (상법 제393조 제2항), (대표)이사의 직무집행에 대한 감사권은 감사 또는 감사위원회에 있다(상법 제412조 제1항, 제415조의 2 제7항).

이하에서 소회사, 중회사 및 대회사의 감사기관을 살펴보면 다음과 같다.

**가.** 위에서 본 소회사의 경우에는 이사가 1인 또는 2인이고 이사회가 존재하지 않으므로 이사회내 위원회의 하나인 감사위원회가 있을 수 없다. 따라서 이 경우 업무집행기관(이사)에 대한 감사기관은 언제나 감사이다(그런데 2009년 5월 개정상법 제409조 제4항은 이러한 소회사에서는 감사(監事)를 임의기관으로 하고, 이로 인하여 감사(監事)를 두지 않은 경우에 동조 제6항은 주주총회를 감사기관으로 규정함).

**나.** 중회사의 감사기관은 상법상 정관이 정하는 바에 따라 감사 또는 감사위원회를 선택하여 둘 수 있다(상법 제415조의 2 제1항). 그러나 대회사의 감사기관은 종래의 증권거래법(그 후에는 상법) 등에 의하여 언제나 감사위원회이다(종래의 증권거래법 제191조의 17, 상법 제542조의 11). 상법 및 특별법에 의하여 감사에 갈음하여 설치되는 감사위원회(상법 제415조의 2, 종래의 증권거래법 제191조의 17 등)는 이사회내 위원회(상법 제393조의 2)의 하나로서, 이러한 감사위원회의 결의사항은 이사회가 다시 결의할 수 있도록 하고 있는데(상법 제393조의 2 제4항 제2문), 이는 감사위원회의 감사기능을 매우 약화시키고 종래의 감사보다도 그 효율성을 매우 떨어뜨리는 문제점을 제기하고 있다. 따라서 상법개정시안은 감사위원회의 결의사항에 대하여는 이사회가 번복결의를 할 수 없도록 하고 있다(상법개정시안 제415조의 2 제6항).

이와 함께 감사의 권한을 확대하여, 감사에게 회사의 비용으로 전문가의 조력을 받을 권한(상법개정시안 제412조 제3항) 및 이사회소집청구권(상법개정시안 제412조의 4)을 인정하고 있다.

# VI. 자본금의 증감

## 1. 신주발행(자본금의 증가)

가. 상법개정시안은 무액면주식제도를 도입함에 따라 신주발행에 관한 이사회의 결의사항에 「무액면주식의 경우에는 신주의 발행가액 중 자본금으로 계상하는 금액」을 추가하고 있다(상법개정시안 제416조 2의 2).

나. 기존 주주가 자기에게 불리한 신주발행을 사전에 저지할 수 있는 기회를 갖도록 하기 위하여, 상법개정시안은 주주 외의 자에 대하여 신주를 배정하는 경우에는 이에 관한 사항을 기존 주주에게 공시할 의무를 부과하고 있다. 즉, 주주 외의 자에게 신주를 배정하는 경우 회사는 ( i ) 신주의 종류와 수 (ii) 신주의 발행가액과 납입기일 (iii) 신주의 인수방법 및 (iv) 현물출자를 하는 자의 성명과 그 목적인 재산의 종류·수량·가액과 이에 대하여 부여할 주식의 종류와 수를 그 납입기일의 2주간 전에 주주에게 통지하거나 이를 공고하여야 한다(상법개정시안 제418조 제4항).

다. 앞에서 본 바와 같이 상법개정시안은 상법 제334조(주주는 납입에 관하여 상계로써 회사에 대항하지 못한다)를 삭제하고, 신주발행에 있어서 주식에 대한 납입에 관한 조문에서 제2항을 신설하여 「신주의 인수인은 회사의 동의 없이 주식에 대한 납입채무와 주식회사에 대한 채권을 상계할 수 없다」고 규정하여(상법개정시안 제421조 제2항) 주식인수인측에서만 상계할 수 없도록 하고 회사와 합의에 의한 상계는 허용하고 있다.

라. 회사 설립의 경우와 같이 일정한 경우 현물출자에 대한 검사인의 조사절차를 축소하고 있다. 즉, ( i ) 현물출자의 재산총액이 자본금의 5분의 1을 초과하지 않고 대통령령에서 정한 금액을 초과하지 않는 경우, (ii) 현물출자의 재산이 거래소의 시세있는 유가증권인 경우 정관에 기재된 가격이 대통령령에서 정한 방법으로 산정된 시세를 초과하지 않는 경우, (iii) 변제기가 도래한 회사에 대한 금전채권을 출자의 목적으로 하는 경우로서 그 가액이 회사장부에 기재된 가액을 초과하지 않는 경우, 또는 (iv) 기타 대통령령에서 정하는 경우에는, 법원이 선임한 검사인의 조사(또는 공인된 감정인의 감정)를 받지 않는다(상법개정시안 제422조 제2항).

## 2. 자본금의 감소

상법개정시안은 결손보전을 위한 자본금의 감소의 경우에는 주주총회의 보통결의만을 요하고 채권자보호절차를 배제하여 간소화하고 있다(상법개정시안 제438조 제2항, 제439조 제2항 단서).

# VII. 회사의 회계

## 1. 상법상 회계관련 규정과 기업회계기준과의 조화

근래 기업회계기준은 국제적인 회계규범의 변화에 상응하여 꾸준히 변모하고 있으나 상법상 회계규정은 이를 제대로 반영하지 못하여 기업회계기준과 상법상 회계규정 사이에 상당한 괴리가 존재하여 기업에 상당한 불편과 부담을 주고 있어, 상법개정시안은 이 양자를 조화시키고자 하고 있다.[29] 따라서 상법에는 공정타당한 회계관행과 같은 기본적인 회계원칙만을 규정하고 구체적인 회계기준은 기업회계기준에 따르도록 하고 있다. 따라서 상법개정시안은 회계의 원칙에 관한 규정을 신설하여 「회사의 회계는 이 법과 대통령령에 규정한 것을 제외하고는 일반적으로 공정·타당한 회계관행에 의한다」고 규정하고 있다(상법개정시안 제446조의 2). 이로 인하여 구체적으로 기업회계기준에 따르는 방법을 상법이 아니라 대통령령(시행령)에 규정하도록 함으로써, 일정규모 이하의 회사에 대해서는 기업회계기준 보다 간략한 형태의 회계규범의 적용을 받을 수 있도록 하였다.

일본은 신회사법에서 회계의 기본원칙만을 규정하고 상세한 내용은 법무성령에 위임하고 있고, 미국의 주회사법에서는 별도의 회계처리규정을 두고 있지 않으며, 독일은 전통적으로 상법과 주식법에서 회계에 관한 상세한 규정을 두고 있고, 영국도 EU 제4지침과 제7지침의 영향으로 법에서 회계처리에 관한 규정을 두고 있다.[30]

## 2. 재무제표의 내용과 용어의 정리

**가.** 상법개정시안은 상법상 재무제표에 대하여 기업회계의 관행을 반영하고

---

29) 법무부, 전게 공청회자료, 35면.
30) 법무부, 전게 공청회자료, 35~36면.

장래의 변화를 원활하게 수용할 수 있도록 하기 위하여 대차대조표·손익계산서 이외의 필요한 재무제표는 대통령령에서 정하도록 하고(상법개정시안 제447조 제1항 제3호), 자본금이 대통령령에서 정하는 금액을 초과하는 일정규모 이상의 회사는 대통령령에서 정하는 바에 따라 연결재무제표를 반드시 작성하도록 하는 의무를 부과하고 있다(상법개정시안 제447조 제2항).

　　나. 상법개정시안은 상법에서 기업회계기준과 달리 사용하는 용어를 기업회계기준상의 용어와 맞게 통일하고 있다. 따라서 상법개정시안은 회사의 계산을 회사의 회계로(제7절의 제목), 자본은 자본금으로(상법개정시안 제451조), 재산 및 손익상태는 재무상태와 경영성과(상법개정시안 제29조, 제447조의 4 제2항 제3호·제4호) 등으로 수정하고 있다.

## 3. 재무제표의 확정과 배당결정기관

　　현행 상법상 재무제표의 확정과 배당결정기관은 주주총회의 승인사항인데(상법 제449조 제1항), 이는 실무상 배당기준일인 사업연도의 말일부터 정기주주총회일까지는 배당액이 확정되지 않아 투자자들이 주식가치를 판단하기 어렵다는 점 또한 배당결정도 회사의 여유자금을 반환하는 재무상의 결정이라는 점에서는 자금흐름의 방향이 반대일 뿐 자금조달과 다름이 없으므로 자금조달을 결정하는 기관(이사회)이 배당도 결정하도록 하여야 한다는 점 등을 이유로, 이러한 권한을 이사회에게 부여할 수 있도록 하여야 한다는 요구가 실무계에서 꾸준히 제기되어 왔다.[31] 따라서 상법개정시안에서는 일정한 제한하에 회사의 정관으로 이러한 권한을 이사회에게 부여할 수 있도록 하고 있다. 즉, 회사는 (ⅰ) 재무제표가 법령 또는 정관에 따라 회사의 재무상태 및 경영성과를 적정하게 표시하고 있다는 외부감사인의 의견이 있고 (ⅱ) 감사(감사위원회 설치회사의 경우에는 감사위원) 전원의 동의가 있으면 정관의 정함에 따라 재무제표를 이사회의 결의로 주주총회 결의에 갈음하여 승인할 수 있는데, 이 경우 이사는 재무제표의 내용을 주주총회에 보고하도록 하고 있다(상법개정시안 제449조의 2).

　　미국·호주는 이익배당을 이사회에서 결정할 수 있도록 하고, 영국·일본은 이를 주주총회에서 결정하나 정관의 규정으로 이사회에서 결정할 수 있도록 하고 있다.[32]

---

31) 법무부, 전게 공청회자료, 39면.
32) 법무부, 전게 공청회자료, 39면.

## 4. 재무제표의 기재사항

**가.** 현행 상법의 규정을 기업회계기준과 조화시키기 위하여 상법개정시안은 자산의 평가방법에 관한 규정(상법 제452조)을 삭제하고 있다.

**나.** 현행 상법의 규정을 기업회계기준과 조화시키기 위하여 상법개정시안은 이연자산에 관한 규정(상법 제453조, 제453조의 2, 제454조, 제455조, 제456조, 제457조, 제457조의 2)을 모두 삭제하고 있다.

**다.** 현행 상법상 자본준비금의 재원에 관한 규정을 기업회계기준과 조화시키기 위하여 모두 폐지하고(상법 제459조 제1호~제4호), 상법개정시안은 「회사는 자본거래에서 발생한 잉여금을 대통령령이 정하는 바에 따라 자본준비금으로 적립하여야 한다」라고만 규정하고 있다(상법개정시안 제459조).

자본준비금의 사용순서에 대하여 현행 상법은 「이익준비금으로 자본의 결손의 전보에 충당하고서도 부족한 경우가 아니면 자본준비금으로 이에 충당하지 못한다」고 규정하고 있는데(상법 제460조 제2항), 상법개정시안은 이 규정을 폐지함으로써 회사는 이익준비금이든 자본준비금이든 제한없이 자유롭게 자본의 결손에 충당할 수 있도록 하고 있다. 즉, 이익준비금과 자본준비금은 조달재원의 차이가 있을 뿐 회사채권자를 보호한다는 기능에서는 아무런 차이가 없으므로 용도상으로 이익준비금과 자본준비금의 구별을 폐지하여 법정준비금을 신축적으로 사용할 수 있도록 하고 있다.[33]

현행 상법상 법정준비금은 자본의 결손보전과 자본전입의 경우에 한하여 사용할 수 있으므로(상법 제460조 제1항, 제461조 제1항), 법정준비금의 규모가 과도한 경우에도 주주에게 이를 분배하기 위하여는 자본전입과 감자절차를 거쳐야 한다는 문제점이 있었다.[34] 따라서 상법개정시안은 법정준비금이 자본금의 150%를 초과하는 경우 그 초과하는 준비금에 대하여 채권자보호절차 없이 주주총회의 결의만으로 사용할 수 있도록 하고 있다. 즉, 상법개정시안은 「회사는 적립된 자본준비금 및 이익준비금의 총액이 자본금의 1.5배를 초과하는 경우에 주주총회의 결의에 의하여 그 초과한 금액 범위 내에서 자본준비금 및 이익준비금을 감액할 수 있다」고 규정하고 있다(상법개정시안 제461조의 2).

---

33) 법무부, 전게 공청회자료, 41~42면.
34) 법무부, 전게 공청회자료, 41면.

## 5. 이익배당

**가.** 상법개정시안은 배당가능이익의 산정에 있어 「대통령령이 정하는 미실현이익」도 공제항목에 추가하고 있다(상법개정시안 제462조 제1항 제4호).

**나.** 상법개정시안은 회사가 상법이 규정하는 배당가능이익에 위반하여 이익배당을 한 경우 회사채권자에 대하여 이를 회사에 반환할 것을 청구할 수 있는 권리를 폐지하고, 이익배당은 원칙적으로 주주총회의 결의로 정하나 다만 재무제표를 이사회가 승인하는 경우에는 이익배당을 이사회의 결의로 정한다는 점을 명문으로 규정하고 있다(상법개정시안 제462조 제2항). 그런데 회사채권자에게 인정하고 있는 상법상 규정된 배당가능이익에 위반하여 이익배당을 한 경우 이를 회사에 반환할 것을 청구할 수 있는 권리를 배제한 것은 회사채권자의 이익을 위하여 의문이다.

**다.** 현행 상법상 현물배당은 불가능하다고 보는 것이 일반적인 견해인데,[35] 실무상 회사는 그가 보유하는 자회사 주식과 같은 현물로 배당할 필요가 있다.[36] 따라서 상법개정시안은 회사는 정관으로 정하는 경우에 현물배당을 할 수 있도록 명문으로 허용하고, 배당가능한 현물의 범위에 대하여는 아무런 제한을 하지 않고 있다. 즉, 회사는 정관으로 금전 이외의 재산으로 배당할 수 있음을 정할 수 있는데, 이러한 배당을 결정한 회사는 (ⅰ) 주주가 배당되는 재산 대신 금전의 교부를 회사에 청구할 수 있도록 한 경우에는 그 금액 및 청구할 수 있는 기간 및 (ⅱ) 일정 수 미만의 주식을 보유한 주주에 대하여는 재산 대신 금전을 교부하기로 한 경우에는 그 일정 수 및 금액을 정할 수 있다(상법개정시안 제462조의 4).

**라.** 현행 상법상 인정하고 있는 건설이자의 배당제도(상법 제463조)는 자본의 일부환급이거나 또는 장래 이익배당의 선급으로 회사채권자에게 불리하므로, 상법개정시안은 이를 폐지하고 있다.[37]

---

35) 정찬형, 전게 상법강의(상)(제9판), 1009면.
36) 법무부, 전게 공청회자료, 40면.
37) 법무부, 전게 공청회자료, 42면.

## Ⅷ. 사  채

### 1. 사채종류의 다양화

회사가 다양한 형태의 사채를 발행할 수 있도록 하고 실무상 가장 문제가 많이 되는 파생상품적 요소가 결합된 사채도 상법상의 사채에 포함된다는 점을 명확히 하기 위하여,[38] 상법개정시안은 「회사의 사채에는 이익배당에 참가할 수 있는 사채, 주식 기타 다른 유가증권으로 교환 또는 상환할 수 있는 사채 및 유가증권이나 통화 기타 대통령령에서 정하는 자산이나 지표 등의 변동과 연계하여 미리 정하여진 방법에 따라 상환 또는 지급금액이 결정되는 사채를 포함한다」고 규정하고(상법개정시안 제469조 제2항), 이러한 사채의 내용 및 발행방법 등 발행에 필요한 구체적인 사항은 대통령령으로 정할 수 있도록 하고 있다(상법개정시안 제469조 제3항).

미국의 회사법은 사채유형에 대한 제한이 없고, 독일에서도 사채유형에 대하여는 규정하고 있지 않으며, 일본의 신회사법은 사채에 대하여 형식적인 정의규정을 두고 있다.[39]

### 2. 사채발행사항결정의 위임 허용

사채발행은 자본시장의 상황에 따라 기동성 있게 실행할 필요성이 있으므로, 상법개정시안은 사채의 발행사항의 결정을 이사회가 일정한 경우 대표이사에게 위임할 수 있도록 하고 있다.[40] 즉, 「회사의 정관에 정함이 있는 경우 이사회는 1년을 초과하지 않는 기간내에 발행할 사채의 금액 및 종류를 정하여 대표이사에게 사채의 발행을 위임할 수 있다」고 규정하고 있다(상법개정시안 제469조 제4항).

### 3. 사채발행총액제한 등의 폐지

사채를 발행할 수 있는 총액의 제한규정(상법 제470조 제1항)은 채권자를 보호하기 위한 것이지만 회사는 개별적인 차입을 하여 많은 부채를 부담하거나 또한 자본감소를 하는 경우에는 이러한 제한이 실효성이 없으므로 입법론상 이러한 규정을 폐지하여야 한다는 의견이 종래부터 있어 왔다.[41] 또한 이러한 제한

---

38) 법무부, 전게 공청회자료, 47~48면.
39) 법무부, 전게 공청회자료, 48면.
40) 법무부, 전게 공청회자료, 49면.

은 현재 외국의 입법례에서도 찾기 어렵다.[42] 따라서 상법개정시안은 사채발행 제한에 관한 규정을 전부 삭제하고 있다(상법 제470조 삭제).

이와 함께 기존 사채의 미납이 있는 경우 사채발행금지규정(상법 제471조)·사채의 권면액 규제규정(상법 제472조)·권면액 초과상환의 제한규정(상법 제473조)도 삭제하고 있다.

### 4. 사채관리회사제도의 도입

현행 상법은 사채발행회사로부터 사채모집을 위탁받은 수탁회사(상법 제476조 제2항)가 사채의 상환에 관한 권한(상법 제484조 제1항)을 동시에 행사하고 있다. 그러나 이는 사채권자의 보호를 위하여 바람직하지 못하여 상법개정시안은 사채모집 수탁회사의 권한 중 사채관리기능 부분을 분리하여 사채관리회사에 대하여 신설규정을 두고 있는데, 이러한 사채관리회사는 비용의 부담을 고려하여 발행회사의 판단에 맡겨 설치할 수 있도록 하고 있다[43](상법개정시안 제480조의 2). 일본도 1993년 상법개정에서 사채관리회사로 변경하고, 2005년 신회사법에서는 이를 사채관리자로 규정하고 있다.[44]

이와 함께 상법개정시안은 사채관리회사의 자격(상법개정시안 제480조의 3), 사채관리회사의 사임(상법개정시안 제481조), 사채관리회사의 해임(상법개정시안 제482조), 사채관리회사의 사무승계자(상법개정시안 제483조), 사채관리회사의 권한(상법개정시안 제484조), 사채관리회사의 의무 및 책임(상법개정시안 제484조의 2), 2 이상의 사채관리회사가 있는 경우의 권한·의무(상법개정시안 제485조)에 대하여 규정하고 있다.

### 5. 사채권자집회에 관한 규정의 개정

상법개정시안은 사채권자집회에 관한 규정 중 다음 사항을 개정하고 있다

가. 사채권자집회의 결의사항에 대한 법원의 허가를 폐지하고 있다(상법개정시안 제490조).

나. 각 사채권자는 그가 가지는 당해 종류의 사채의 금액의 합계액(상환받은

---

41) 정찬형, 전게 상법강의(상)(제9판), 1048~1049면.
42) 법무부, 전게 공청회자료, 50면.
43) 법무부, 전게 공청회자료, 51면.
44) 법무부, 전게 공청회자료, 52면.

액을 제외)에 따라 의결권을 가지는 것으로 하고 있다(상법개정시안 제492조 제1항).

　　또한 사채권자집회에 출석하지 않은 사채권자는 서면에 의한 의결권의 행사(상법개정시안 제495조 제3항~제5항) 또는 전자적 방법에 의한 의결권의 행사(상법개정시안 제495조 제6항, 제368조의 4)를 할 수 있다.

　　**다.** 당해 종류의 사채권자 전원이 동의한 결의에 대하여는 법원의 인가를 요하지 않고 그 효력이 발생하는 것으로 하고 있다(상법개정시안 제498조 제1항 단서).

　　**라.** 사채발행회사가 사채의 상환 또는 사채의 이자의 지급을 해태한 경우에 기한의 이익을 상실시키기 위하여 사채권자집회의 결의에 의하도록 하는 규정(상법 제505조~제506조)을 삭제하고 있다.

## 6. 사채의 전자등록

　　주식과 같이 회사는 사채에서도 채권(債券)을 발행하는 대신 정관에 정하는 바에 따라 공인된 전자등록기관의 전자등록부에 채권을 등록할 수 있도록 하고 있는데, 이 경우에는 주식의 전자등록에 관한 규정을 준용하고 있다(상법개정시안 제478조 제3항).


# Ⅸ. 새로운 기업형태의 도입

## 1. 합자조합(LP)의 도입

　　**가.** 현행 민법상 조합은 모든 조합원이 조합채무에 대하여 무한책임을 부담하고 현행 상법상 합자회사는 유한책임사원이 회사경영에 참여할 수 없는 문제점이 있어, 상법개정시안은 주식회사와 조합의 장점을 살릴 수 있는 새로운 기업형태로서 미국식 LP(Limited Partnership)제도인 합자조합을 도입하고 있다.[45]

　　이러한 합자조합은 기업의 설립·운영·해산과 관련하여 사적 자치를 폭넓게 인정하면서도 참여자의 유한책임이 인정되기 때문에 특히 PEF와 같은 펀드에 가장 적합한 기업형태이다.[46]

　　**나.** 상법개정시안에서 도입하고 있는 합자조합이란 「업무집행조합원과 유한책임조합원이 영업을 위하여 상호 출자하여 공동사업을 경영할 것을 약정하는

---

45) 법무부, 전게 공청회자료, 55면.
46) 법무부, 전게 공청회자료, 55면.

조합계약」이다(상법개정시안 제86조의 2).

　　이러한 합자조합은 기본적으로 민법상 조합이지만(상법개정시안 제86조의 3, 제86조의 9 제1항), 일정한 사항을 주된 영업소에서 등기하도록 하고(상법개정시안 제86조의 4) 소송당사자능력을 인정하고 있다(상법개정시안 제86조의 8).

　　합자조합에서 업무집행조합원의 조합채무에 대한 책임은 합자회사의 무한책임사원의 책임과 같다(상법개정시안 제86조의 9 제3항, 상법 제269조, 제212조). 합자조합에서 업무집행조합원은 조합계약에 다른 규정이 없는 때에는 각자가 합자조합의 업무를 집행하고 대리할 권리와 의무가 있으며(상법개정시안 제86조의 5 제1항), 다른 조합원 전원의 동의를 얻지 아니하면 그 지분의 전부 또는 일부를 타인에게 양도하지 못한다(상법개정시안 제86조의 7 제1항).

　　합자조합에서 유한책임조합원은 조합계약에서 정한 출자가액에서 이미 이행한 부분을 공제한 가액을 한도로 하여 조합채무를 변제할 책임이 있는데(상법개정시안 제86조의 6 제1항), 이 때 합자조합에 이익이 없음에도 불구하고 유한책임조합원이 합자조합으로부터 배당을 받은 금액은 변제책임을 정함에 있어 이를 가산한다(상법개정시안 제86조의 6 제2항, 상법 제279조 제2항). 이는 합자회사의 유한책임사원의 책임과 같고, 민법상 조합원의 책임과 다르다(상법개정시안 제86조의 9 제2항). 합자조합의 유한책임조합원은 원칙적으로 조합의 업무집행이나 대표행위를 하지 못하는데(상법개정시안 제86조의 9 제4항, 상법 제278조), 예외적으로 조합계약에서 유한책임조합원에게 조합의 업무집행이나 대표행위를 할 수 있는 권한을 부여할 수 있다(상법개정시안 제86조의 9 제4항, 제86조의 5 제1항). 유한책임조합원은 그 지분을 조합계약에서 정한 바에 따라 양도할 수 있는데(상법개정시안 제86조의 7 제2항, 제86조의 3 제8호), 이 때 유한책임조합원의 지분을 양수한 자는 양도인의 조합에 대한 권리의무를 승계한다(상법개정시안 제86조의 7 제3항).

　　다. 위에서 본 바와 같이 합자조합은 합자회사와 유사한데, 다만 법인격이 없고 유한책임조합원에게는 조합계약에서 업무집행권 및 대표권을 부여할 수 있으며 또한 유한책임조합원의 지분은 조합계약에서 정한 바에 따라 양도할 수 있도록 하는 등 사적 자치를 폭넓게 인정하고 있다는 점에서만 다르다. 이러한 합자조합의 기업형태를 반드시 도입해야 하는지는 의문이며, 이러한 사항은 합자회사에 대한 규정을 신축성 있게 개정함으로써 해결할 수 있는 것이 아닌가 생각된다.

## 2. 유한책임회사(LLC)의 도입

가. 법인격이 없는 합자조합과는 달리 회사형태를 취하면서 내부적으로는 조합적 성질을 갖고 외부적으로는 사원의 유한책임이 확보되는 회사형태에 대한 수요가 있어, 상법개정시안은 미국의 유한책임회사(Limited Liability Company)제도를 도입하여 규정하고 있다.[47]

일본도 2005년 신회사법에서 미국의 유한책임회사(LLC)를 「합동회사」라는 명칭으로 도입하고 있다.[48]

나. 상법개정시안에서 규정하고 있는 유한책임회사를 설립함에는 사원이 정관을 작성하여야 하는데(상법개정시안 제287조의 2), 이 정관에는 (ⅰ) 목적 (ⅱ) 상호 (ⅲ) 사원의 성명·주민등록번호 및 주소 (ⅳ) 본점의 소재지 (ⅴ) 정관의 작성년월일 (ⅵ) 사원의 출자의 목적 및 가액 (ⅶ) 자본금의 액 (ⅷ) 업무집행자의 성명과 주소를 기재하고 각 사원이 기명날인 또는 서명하여야 한다(상법개정시안 제287조의 3). 사원은 신용 또는 노무를 출자의 목적으로 하지 못하고, 정관작성 후 설립등기를 하는 때까지 금전 그밖에 재산의 출자를 전부 이행하여야 한다(상법개정시안 제287조의 4 제1항·제2항). 유한책임회사의 자본금은 사원이 출자한 금전 그밖에 재산의 가액이다(상법개정시안 제287조의 35). 유한책임회사의 자본금이 출자좌수로 분할되지 않는 점에서는 유한회사와 구별되고, 사원이 신용 또는 노무를 출자의 목적으로 하지 못하는 점에서는 합명회사와 구별된다.

유한책임회사의 설립의 무효와 취소에 대하여는 합명회사의 해당규정을 준용하는 점(상법개정시안 제287조의 6)은 유한회사와 구별된다.

유한책임회사의 사원의 책임은 상법에 다른 규정이 있는 경우 외에는 그 출자금액을 한도로 하는데(상법개정시안 제287조의 8), 이 점은 유한회사의 사원의 책임과 같고 합명회사의 사원의 책임과 다르다.

유한책임사원의 지분의 양도에는 다른 사원의 동의를 얻어야 하는데(상법개정시안 제287조의 9), 이 점은 합명회사의 경우와 같고 유한회사의 경우와 다르다. 다만 업무집행을 하지 않는 사원의 지분의 양도에는 업무집행을 하는 사원의 전원의 동의만 요하도록 한 점(상법개정시안 제287조의 9 제2항)은 합자회사의 유한책임사원의 경우(상법 제276조)와 유사한다.

---

47) 법무부, 전게 공청회자료, 56~57면.
48) 법무부, 전게 공청회자료, 57면.

유한책임사원은 정관으로 사원 또는 사원이 아닌 자를 업무집행자로 정하여야 하고(상법개정시안 제287조의 13 제1항), 이러한 업무집행자는 회사를 대표한다(상법개정시안 제287조의 19). 이 점은 유한회사에 유사하고 자기기관인 합명회사와 구별된다.

　　**다.** 위와 같은 유한책임회사는 우리 상법상 유한회사와 합명회사를 절충한 회사형태라고 볼 수 있다. 따라서 회사의 자율결정권을 많이 인정하면서 사원의 유한책임을 인정하고 있다. 그런데 현행 상법상 합명회사 및 유한회사에 관한 규정을 그대로 두면서 유한책임회사에 관한 규정을 반드시 두어야 하는지는 의문이다.

# X. 결　어

　　위에서 본 바와 같이 2006년 상법개정시안은 주식회사의 지배구조·IT화·재무구조·새로운 기업형태 도입 등 광범위한 내용에 대하여 개정하고 있는데, 이러한 상법(회사법) 개정에 의하여 이번에 도입되는 (우리에게) 새로운 제도가 아무쪼록 그 취지에 맞게 잘 정착되어 회사에서는 효율성을 높이고, (국제기준에 부합하는 제도로 인하여) 국제적 신뢰가 한층 증대되어 우리 기업 및 국가의 발전에 크게 기여할 수 있기를 진심으로 바란다.

# 2007년 확정한 정부의 상법(회사법) 개정안에 대한 의견*

## Ⅰ. 서 언

정부는 2006년 10월 입법예고를 거쳐 다양한 의견을 수렴한 상법(회사법) 개정안(이하 '상법개정안'으로 약칭함)을 2007년 9월 국무회의를 거쳐 확정하여 同年 9월 21일에 국회 법제사법위원회에 이송하여 2007년 11월에는 국회 법제사법위원회 임중호 전문위원의 검토보고서(이하 '국회 법사위, 검토보고서'로 약칭함)가 나왔다.

필자는 위 회사법의 개정작업시 법무부 법무자문위원회 회사법개정특별분과위원회의 위원으로서 참여하여 개정안을 만드는데 동참하였으나, 어떤 개정안에 대하여는 필자의 의견과 맞지 않는 부분이 있고 또 어떤 개정안에 대하여는 그 후 원래의 취지에 맞지 않게 변경되었거나 또는 많은 다른 의견이 있어, 그러한 부분에 대하여 이하에서 필자의 의견을 제시하고자 한다. 필자는 이러한 의견을 제시함에 있어 위의 국회 법제사법위원회 임중호 전문위원의 검토의견에 대한 필자의 의견도 제시하고자 한다. 이하에서는 상법(회사법)의 조문순서에 따라 살펴보겠다.

---

\* 이 글은 정찬형, "2007년 확정한 정부의 상법(회사법) 개정안에 대한 의견,"「고려법학」(고려대 법학연구원), 통권 제50호(2008. 4), 363~399면의 내용임(이 글에서 필자는 특히 대회사는 집행임원제도를 의무적으로 채택하도록 해야 한다는 점에서, 정부의 개정안이 이를 임의기관으로 규정한 점을 비판하고, 또한 재계의 반대논리를 상세히 비판하고 있음).

## II. 새로운 기업형태의 도입

### 1. 합자조합(LP)의 도입

가. 현행 민법상 조합은 모든 조합원이 조합채무에 대하여 무한책임을 부담하고 현행 상법상 합자회사는 유한책임사원이 회사경영에 참여할 수 없는 문제점이 있어, 상법개정안은 주식회사와 조합의 장점을 살릴 수 있는 새로운 기업형태로서 미국식 LP(Limited Partnership)제도인 합자조합을 도입하고 있다.[1]

이러한 합자조합은 기업의 설립·운영·해산과 관련하여 사적 자치를 폭넓게 인정하면서도 참여자의 유한책임이 인정되기 때문에 특히 PEF와 같은 펀드에 가장 적합한 기업형태이다.[2]

나. 상법개정안에서 도입하고 있는 합자조합이란 「조합의 업무집행자로서 조합의 채무에 대하여 무한책임을 지는 조합원과 출자가액을 한도로 하여 유한책임을 지는 조합원이 상호출자하여 공동사업을 경영할 것을 약정하는 조합계약」이다(상법개정안 제86조의 2).

이러한 합자조합은 기본적으로 민법상 조합이지만(상법개정안 제86조의 3, 제86조의 9 제1항), 일정한 사항을 주된 영업소에서 등기하도록 하고(상법개정안 제86조의 4) 소송당사자능력을 인정하고 있다(상법개정안 제86조의 8).

합자조합에서 업무집행조합원은 조합계약에 다른 규정이 없는 때에는 각자가 합자조합의 업무를 집행하고 대리할 권리와 의무가 있으며(상법개정안 제86조의 5 제1항), 다른 조합원 전원의 동의를 얻지 아니하면 그 지분의 전부 또는 일부를 타인에게 양도하지 못한다(상법개정안 제86조의 7 제1항).

합자조합에서 유한책임조합원은 조합계약에서 정한 출자가액에서 이미 이행한 부분을 뺀 가액을 한도로 하여 조합채무를 변제할 책임이 있는데(상법개정안 제86조의 6 제1항), 이 때 합자조합에 이익이 없음에도 불구하고 배당을 받은 금액은 변제책임을 정함에 있어 이를 가산한다(상법개정안 제86조의 6 제2항). 이는 합자회사의 유한책임사원의 책임과 같고(상법 제279조), 민법상 조합원의 책임과 다르다(상법개정안 제86조의 9 제2항). 합자조합의 유한책임조합원은 원칙적으로(조합계약에 다른 약정이 없으면) 조합의 업무집행이나 대표행위를 하지 못하는데(상법개정안 제86조의 9 제4항, 상법 제278조), 예외적으로 조합계약에서 유한책임조합원에

---

1) 법무부, 상법(회사법)개정 공청회 자료(2006. 7. 4)(이하 '공청회자료'로 약칭함), 55면.
2) 법무부, 상게 공청회자료, 55면.

게 조합의 업무집행이나 대표행위를 할 수 있는 권한을 부여할 수 있다(상법개정
안 제86조의 9 제4항, 제86조의 5 제1항). 유한책임조합원은 그 지분을 조합계약에서
정한 바에 따라 양도할 수 있는데(상법개정안 제86조의 7 제2항, 제86조의 3 제8호),
이 때 유한책임조합원의 지분을 양수한 자는 양도인의 조합에 대한 권리의무를
승계한다(상법개정안 제86조의 7 제3항).

　　**다.** 위에서 본 바와 같이 합자조합은 합자회사와 유사한데, 다만 법인격이 없
고 유한책임조합원에게는 조합계약에서 업무집행권 및 대표권을 부여할 수 있으며
또한 유한책임조합원의 지분은 조합계약에서 정한 바에 따라 양도할 수 있도록 하
는 등 사적 자치를 폭넓게 인정하고 있다는 점에서만 다르다. 이러한 합자조합의
기업형태를 반드시 도입해야 하는지는 의문이며, 이러한 사항은 합자회사에 대한
규정을 신축성 있게 개정함으로써 해결할 수 있는 것이 아닌가 생각된다.

　　다시 말하면 현행 상법상 합자회사는 전부 법인으로 하고 있는데 이를 법인
으로 할 것인지 여부는 합자회사가 선택할 수 있도록 하고 또한 유한책임사원에
게 업무집행권을 부여할지 여부 등에 관하여 자율적으로 정할 수 있는 범위를
확대하면, 합자회사 외에 별도로 합자조합이라는 기업형태를 두어 이용자에게 혼
란을 줄 필요가 없다고 본다.[3] 또한 이와 함께 합자회사에서 유한책임사원의 출
자목적을 재산출자로 한정하는 규정(상법 제272조)을 재검토할 필요가 있다고 본
다. 객관적인 평가방법이 인정되는 한 노무 또는 신용도 출자목적에 포함시켜 이
러한 기업형태를 폭넓게 이용할 수 있도록 하여야 할 것이다.

## 2. 유한책임회사(LLC)의 도입

　　**가.** 법인격이 없는 합자조합과는 달리 회사형태를 취하면서 내부적으로는
조합적 성질을 갖고 외부적으로는 사원의 유한책임이 확보되는 회사형태에 대한
수요가 있어, 상법개정안은 미국의 유한책임회사(Limited Liability Company)제도
를 도입하여 규정하고 있다.[4]

　　일본도 2005년 신회사법에서 미국의 유한책임회사(LLC)를 「합동회사」라는
명칭으로 도입하고 있다.[5]

---

3) 동지: 국회 법사위(전문위원 임중호), 상법 일부개정 법률안 검토보고서(이하 ‘검토보고서’로
　　약칭함), 2007. 11, 40면.
4) 법무부, 전게 공청회자료, 56~57면.
5) 법무부, 상게 공청회자료, 57면.

나. 상법개정안에서 규정하고 있는 유한책임회사를 설립함에는 사원이 정관을 작성하여야 하는데(상법개정안 제287조의 2), 이 정관에는 (ⅰ) 목적 (ⅱ) 상호 (ⅲ) 사원의 성명·주민등록번호 및 주소 (ⅳ) 본점의 소재지 (ⅴ) 정관의 작성년월일 (ⅵ) 사원의 출자의 목적 및 가액 (ⅶ) 자본금의 액 (ⅷ) 업무집행자의 성명과 주소를 기재하고, 각 사원이 기명날인 또는 서명하여야 한다(상법개정안 제287조의 3). 사원은 신용 또는 노무를 출자의 목적으로 하지 못하고, 정관작성 후 설립등기를 하는 때까지 금전 그밖의 재산의 출자를 전부 이행하여야 한다(상법개정안 제287조의 4 제1항·제2항). 유한책임회사의 자본금은 사원이 출자한 금전 그밖에 재산의 가액이다(상법개정안 제287조의 35). 유한책임회사의 자본금이 출자좌수로 분할되지 않는 점에서는 유한회사와 구별되고, 사원이 신용 또는 노무를 출자의 목적으로 하지 못하는 점에서는 합명회사와 구별된다.

유한책임회사의 설립의 무효와 취소에 대하여는 합명회사의 해당규정을 준용하는 점(상법개정안 제287조의 6)은 유한회사와 구별된다.

유한책임회사의 사원의 책임은 상법에 다른 규정이 있는 경우 외에는 그 출자금액을 한도로 하는데(상법개정안 제287조의 8), 이 점은 유한회사의 사원의 책임과 같고 합명회사의 사원의 책임과 다르다.

유한책임사원의 지분의 양도에는 다른 사원의 동의를 얻어야 하는데(상법개정안 제287조의 9 제1항), 이 점은 합명회사의 경우와 같고 유한회사의 경우와 다르다. 다만 업무집행을 하지 않는 사원의 지분의 양도에는 업무집행을 하는 사원의 전원의 동의만 요하도록 한 점(상법개정안 제287조의 9 제2항)은 합자회사의 유한책임사원의 경우(상법 제276조)와 유사하다.

유한책임사원은 정관으로 사원 또는 사원이 아닌 자를 업무집행자로 정하여야 하고(상법개정안 제287조의 13 제1항), 이러한 업무집행자는 회사를 대표한다(상법개정안 제287조의 19 제1항). 이 점은 유한회사의 경우와 유사하고 자기기관을 가진 합명회사의 경우와 구별된다.

다. 위와 같은 유한책임회사는 우리 상법상 유한회사와 합명회사를 절충한 회사형태라고 볼 수 있다. 따라서 회사의 자율결정권을 많이 인정하면서 사원의 유한책임을 인정하고 있다. 그런데 현행 상법상 유한회사에 관한 규정을 그대로 두면서 유한책임회사에 관한 규정을 반드시 두어야 하는지는 의문이다.

다시 말하면 유한책임회사가 현행 유한회사와 다른 점은 출자지분의 양도가 합명회사의 사원의 그것과 같이 원칙적으로 다른 사원의 동의를 요하며, 사채발

행이 가능한 점 등이다(유한책임회사의 업무집행자는 정관으로 사원 또는 사원이 아닌
자로 정할 수 있으므로 유한회사의 경우와 같은데, 다만 선임에 있어서 유한책임회사는 언
제나 정관에서 정하는데 유한회사에서는 원칙적으로 사원총회의 결의에 의하여 선임된다는
점에서 차이가 있음). 따라서 유한회사에 관한 규정에서 이러한 점에 관하여 꼭 필
요하다면 보다 사적 자치를 확대하여 규정하면, 유한회사 외에 별도로 유한책임
회사를 인정할 필요는 없다고 본다.6) 유한책임회사의 특성이 유한회사와 차이도
없으면서 이를 또 규정하는 것은 명칭에 있어서 혼동이 있을 뿐만 아니라, 이용
도에 있어서도 유한회사의 경우와 같이 별로 실효성이 없다고 본다. 이와 같이
별도의 유사한 회사기업의 형태를 창설할 것이 아니라, 유한회사에 관한 규정을
개정하여 그 이용도를 확대시키는 것이 필요하다고 본다.

　　미국에서 유한책임회사(LLC)가 많이 이용되고 있는 것은 세법에서 이중과세
(법인세와 배당소득세)를 면제하여 주기 때문인데, 우리나라에서는 유한책임회사를
그 실체에 관계 없이 회사의 일종(법인)으로 하여 법인세를 과세하면 이러한 혜택
도 없어 그 이용율이 극히 저하되어 이를 인정하는 실익도 없을 것으로 본다.

## Ⅲ. 주식회사의 설립

### 1. 무액면주식제도의 도입

　　**가.** 현행 상법은 액면주식만을 인정하고 있으므로(상법 제289조 제1항 제4호,
제291조 제2호 등 참조) 주가하락 등으로 인하여 회사의 주식의 시가가 액면가액에
미달되는 경우 회사가 신주발행을 통하여 자금조달을 하려면 주주총회의 특별결
의 및 법원의 인가를 받아야 하는 점(상법 제417조) 등으로 인하여 기동성 있는
자금조달이 매우 어렵고 또한 주식분할을 하기 위하여는 주주총회의 특별결의를
받아야 하므로(상법 제329조의 2) 투자단위의 조정이 어렵다. 따라서 상법개정안에
서는 회사의 자금조달 및 주식분할의 편의를 위하여 무액면주식제도를 도입하고
있다.7) 그러나 회사는 액면주식과 무액면주식 중에서 하나를 선택할 수 있으며,
어느 회사가 액면주식과 무액면주식을 동시에 발행하는 것은 금지하고 있다(상법
개정안 제329조 제3항).

---

6) 동지: 국회 법사위, 검토보고서, 41~42면.
7) 동지: 법무부, 전게 공청회자료, 33면.

무액면주식제도는 1912년 미국에서 처음 도입되어 미국에서는 액면주식과 무액면주식을 인정하고 있고, 일본에서는 종래 액면주식과 무액면주식을 모두 인정하였으나 2001년 상법개정에서는 액면주식제도를 폐지하고 무액면주식제도로 통일하였으며, 독일에서는 1998년부터 무액면주식제도를 도입하여 현재는 액면주식제도와 병존하고 있다.[8]

나. 무액면주식제도의 도입에 따라 정관의 절대적 기재사항에서 「1주의 금액」은 「액면주식을 발행하는 경우 1주의 금액」으로 개정하고(상법개정안 제289조 제1항 제4호), 설립 당시의 주식발행사항에 관하여 (정관에 다른 정함이 없으면) 발기인 전원의 동의로 정하는 사항에 대하여 「액면주식에 대하여 액면 이상의 주식을 발행하는 때에는 그 수와 금액」 및 「무액면주식을 발행하는 때에는 발행가액과 주식의 발행가액 중 자본금으로 계상하는 금액」을 규정하고 있다(상법개정안 제291조 제2호·제3호). 또한 자본의 구성에서 「주식회사의 자본은 이를 주식으로 분할하여야 한다」는 규정(상법 제329조 제2항)을 삭제하고, 「회사는 정관에서 정한 때에는 주식의 전부를 무액면주식으로 발행할 수 있는데, 이 경우에는 액면주식을 발행할 수 없다」고 규정하며(상법개정안 제329조 제3항), 「회사는 정관에서 정하는 바에 따라 발행된 액면주식을 무액면주식으로 전환하거나 무액면주식을 액면주식으로 전환할 수 있는데, 이 경우에는 주식병합의 절차에 의한다」고 규정하고 (상법개정안 제329조 제6항·제7항), 이와 같이 「액면주식을 무액면주식으로 전환하거나 무액면주식을 액면주식으로 전환함으로써 회사의 자본금은 변경할 수 없다」고 규정하고 있다(상법개정안 제451조 제3항). 회사가 무액면주식을 발행하는 경우 회사의 자본금은 「주식의 발행가액의 2분의 1 이상의 금액으로서 이사회(신주발행사항을 주주총회에서 정하는 경우에는 주주총회)에서 자본금으로 계상하기로 한 금액의 총액」인데(상법개정안 제451조 제2항 제1문), 이 경우 주식의 발행가액 중 자본금으로 계상하지 않는 금액은 「자본준비금」으로 계상하여야 한다(상법개정안 제451조 제2항 제2문).

다. 무액면주식은 회사의 자금조달의 편의성을 도모하는 장점이 있으나 회사채권자 등이 불측의 손해를 입을 위험이 크며 또한 저가발행으로 투기를 유발할 가능성이 큰 점 등의 단점도 있으므로, 우리 상법이 무액면주식을 도입하는 경우 이러한 단점을 방지하는 제도가 선행되어야 할 것이다. 따라서 다수의 투자

---

8) 법무부, 상게 공청회자료, 34면.

자가 있고 경영투명성이 특히 강조되는 상장회사 및 예금자 등 채권자의 보호가
특히 강조되는 금융기관에 대하여는 무액면주식의 도입을 유보하는 조치가 있어
야 할 것으로 본다.9)

## 2. 최저자본금제도의 폐지

　　**가.** 현행 상법은 주식회사의 최저자본금을 5,000만원으로 규정하여 회사채
권자를 보호하고 또한 주식회사의 남설에 따른 폐해를 방지하고 있다(상법 제329
조 제1항).

　　그러나 회사의 신용도는 자본금의 규모가 아니라 재무상태로 판단되는 것이
고, 채권자보호에 필요한 최소한도의 금액은 업종별로 차이가 있는 것인데 일률
적으로 최저자본금을 정하는 것은 부적절하며, 이러한 최저자본금은 아이디어나
기술만을 가진 사람이 주식회사를 설립함에 있어서 진입장벽으로 작용하고, 오늘
날 국제적인 추세는 최저자본금제도와 같은 사전적인 규제를 완화하고 재무정보
의 공시를 확충하는 등 사후적인 규제로 전환하고 있는 점을 반영하여, 상법개정
안은 최저자본금을 폐지하고 있다.10) 이러한 최저자본금의 폐지로 벤처기업 등
의 창업이 활성화될 것으로 기대된다.

　　비교법적으로 볼 때 미국·홍콩·싱가폴 등 영미법계 국가는 대체로 최저자
본금제도가 없고, 일본은 종래에 최저자본금제도가 있었으나(1,000만엔) 2005년
신회사법을 제정하면서 이를 폐지하였다.11)

　　**나.** 상법개정안은 이와 같이 최저자본금제도를 폐지하면서(상법 제329조 제1
항 삭제), 회사의 설립시에 발행하는 주식의 총수는 회사가 발행할 주식의 총수
(수권주식총수)의 4분의 1 이상이어야 한다는 요건도 폐지하고 있다(상법 제289조
제2항 삭제). 따라서 회사의 설립시 발행하여야 하는 주식수에 대한 제한이 전혀
없게 되었다.

　　**다.** 위와 같이 상법개정안은 주식회사에 있어서 최저자본금제도를 폐지하고
또한 회사설립시 발행하는 주식의 총수도 폐지하여 자본에 관하여 총액인수제도
(자본확정주의)의 요소를 더욱 축소하고 영미법상 수권자본제도(창립주의)의 요소를
더욱 확장하였다. 이로 인하여 100원으로써 주식회사의 설립이 가능하게 되었다

---

　9) 동지: 국회 법사위, 검토보고서, 49~51면.
　10) 동지: 법무부, 전게 공청회자료, 31면.
　11) 동지: 법무부, 상게 공청회자료, 32면.

(발기인이 1인이고 설립시 액면주식 1주를 발행하는 경우). 이로 인하여 주식회사의 설립은 매우 용이하여졌지만, 우리나라의 현실에서 볼 때 주식회사의 남설에 따른 폐해 및 주식회사를 사기의 수단으로 악용하는 경우 등에 따른 폐해 등이 크게 우려된다.12) 따라서 사견으로는 벤처기업 등 소규모 회사의 설립 용이 등은 현재와 같이 특별법에서 규정하여 해결하고, 현행 상법상 최저자본금제도 및 설립시 발행하는 주식 총수의 제한의 제도는 현행대로 유지하는 것이 타당하다고 본다. 최저자본금제도를 신설한 1984년에는 5,000만원이 큰 금액이었으나, 현재에 와서 주식회사를 설립하고자 하는 자에게 5,000만원의 금액은 큰 금액이 아니라고 본다.

## 3. 변태설립사항(현물출자·재산인수)에 대한 검사인의 조사절차의 축소

**가.** 현행 상법상 변태설립사항(상법 제290조) 및 현물출자의 이행에 대하여는 원칙적으로 법원이 선임한 검사인에 의한 조사를 받도록 되어 있고(상법 제299조, 제310조), 예외적으로 변태설립사항 중 발기인의 받을 특별이익(상법 제290조 제1호)과 회사가 부담할 설립비용 및 발기인이 받을 보수액(상법 제290조 제4호)에 관하여는 공증인의 조사·보고로 법원이 선임한 검사인의 조사에 갈음할 수 있고 현물출자(상법 제290조 제2호)와 재산인수(상법 제290조 제3호) 및 현물출자의 이행(상법 제295조 제2항, 제305조 제3항)은 공인된 감정인의 감정으로 법원이 선임한 검사인의 조사에 갈음할 수 있다(상법 제299조의 2, 제310조 제3항).

현물출자·재산인수에 관한 위와 같은 검사인 등에 의한 조사절차는 회사의 자본충실을 기하기 위한 것인데, 이러한 현물출자 등이 소규모이거나 또한 그 가격의 공정성이 객관적으로 확보되는 경우에도 위와 같은 검사인 등에 의한 검사를 받도록 하는 것은 회사의 설립절차를 불필요하게 복잡하게 하는 문제점이 있다.13)

**나.** 상법개정안은 회사의 설립절차에서 일정한 한도를 초과하지 않는 소규모의 현물출자·재산인수나 가격의 공정성이 객관적으로 확보되는 경우의 현물출자·재산인수 등에는 위와 같은 검사인 등에 의한 조사를 받지 않을 수 있도록 하고 있다. 즉, 상법개정안은 (ⅰ) 현물출자·재산인수의 총액이 자본금의 5분의 1을 초과하지 않고 대통령령에서 정한 금액을 초과하지 않거나, (ⅱ) 현물출자·

---

12) 동지: 국회 법사위, 검토보고서, 53~56면.
13) 동지: 법무부, 전게 공청회자료, 29면.

재산인수의 재산이 거래소의 시세있는 유가증권인 경우 정관에 기재된 가격이
대통령령에서 정한 방법으로 산정된 시세를 초과하지 않는 경우, (iii) 기타 대통
령령에서 정한 경우에는, 검사인 등에 의한 조사를 받지 않는 것으로 규정하고
있다(상법개정안 제299조 제2항).

　　다. 현물출자나 재산인수에 관한 검사인 등에 의한 검사절차를 밟도록 하는
것은 회사의 자본충실을 기하기 위함인데, 그 액이 소규모이거나 가격의 공정성
이 객관적으로 확보되는 경우에는 검사인 등에 의한 검사가 회사의 설립절차를
불필요하게 복잡하게 하고 또한 설립비용을 증대시키는 문제점이 있어 위와 같
은 경우 회사의 설립절차를 간소화하기 위한 점에서 상법개정안은 타당하다고
본다.14)

　　그런데 위와 같은 경우에도 이러한 사항을 정관에 기재하여야 그 효력이 발
생하는데(상법 제290조 제2호·제3호), 정관에 기재하지 않은 현물출자 및 재산인수
의 효력은 어떠한가? 이러한 행위가 단체법상의 행위라는 점 및 회사와 거래한
제3자를 보호할 필요가 있다는 점 등에서 볼 때 입법적으로 주주총회의 특별결
의에 의한 사후 추인을 긍정하는 규정을 두어야 할 것으로 본다. 또한 위와 같
은 검사인 등에 의한 검사가 면제되지 않는 경우에는 주주총회의 특별결의에 의
한 추인 외에도 검사인 등에 의한 검사를 받도록 하는 규정을 추가적으로 둠으
로써 이를 입법적으로 해결하여야 할 것으로 본다.15)

## Ⅳ. 주식(자기주식 취득의 원칙적 허용)

　　1. 현행 상법은 회사의 자본충실을 위하여 회사의 계산으로 하는 자기주식
취득을 원칙적으로 금지하고, 일정한 사유가 있는 경우에 예외적으로 인정하고
있다(상법 제341조, 제341조의 2).

　　자기주식 취득을 원칙적으로 허용할 것인가 또는 금지할 것인가는 입법정책
의 문제라고 본다. 외국의 입법례도 미국은 원칙적으로 자기주식의 취득을 인정
하고 있으나, 독일·프랑스·영국에서는 원칙적으로 이를 금지하고 있다.16)

　　2. 상법개정안은 일정한 제한하에 원칙적으로 자기주식의 취득을 허용하고

---

14) 동지: 국회 법사위, 검토보고서, 57~58면.
15) 동지: 정찬형, 「상법개정연구보고서」(한국상사법학회), 2005. 8, 273~274면.
16) 이에 관하여는 정찬형, 「상법강의(상)(제10판)」(서울: 박영사, 2007), 677면 참조.

있다.17) 즉, 회사는 직전 결산기의 대차대조표상 배당가능이익의 범위 내에서 취득하고, (ⅰ) 거래소의 시세있는 주식을 거래소에서 취득하는 방법에 의하거나 (ⅱ) 상환주식을 제외하고 각 주주가 가진 주식수에 따라 균등한 조건으로 대통령령이 정하는 방법에 의하여 취득하는 경우에는, 자기의 명의와 계산으로 자기의 주식을 취득할 수 있다(상법개정안 제341조 제1항). 또한 회사가 이와 같이 자기주식을 취득할 수 있는 경우는 자기주식을 취득하는 영업연도의 결산기에 배당가능이익이 존재할 것이 예상되어야 하고, 만일 자기주식을 취득한 영업연도의 결산기에 손실이 발생하면 자기주식을 취득한 이사는 배당가능이익이 존재할 것으로 판단함에 있어 주의를 게을리하지 아니하였음을 증명하지 못하면 회사에 대하여 그 손실액만큼 연대하여 배상할 책임이 있다(상법개정안 제341조 제3항·제4항).

회사가 이와 같이 자기주식을 취득하고자 하는 경우에는 미리 주주총회의 결의(다만 이사회의 결의로 이익배당을 할 수 있다고 정관에서 정하고 있는 경우에는 이사회의 결의)로 (ⅰ) 취득할 수 있는 주식의 종류 및 수 (ⅱ) 취득가액의 총액의 한도 (ⅲ) 1년을 초과하지 않는 범위에서 자기주식을 취득할 수 있는 기간을 결정하여야 한다(상법개정안 제341조 제2항).

회사는 위와 같은 요건에 해당되지 않는 경우에도 (ⅰ) 회사의 합병 또는 다른 회사의 영업전부의 양수로 인한 때, (ⅱ) 회사의 권리를 실행함에 있어 그 목적을 달성하기 위하여 필요한 때, (ⅲ) 단주의 처리를 위하여 필요한 때, (ⅳ) 주주가 주식매수청구권을 행사한 때에는, 자기주식을 취득할 수 있다(특정목적에 의한 자기주식의 취득)(상법개정안 제341조의 2).

위와 같이 상법개정안은 배당가능이익의 범위 내에서 일정한 경우 자기주식을 자유롭게 취득할 수 있도록 하였으므로, 현행 상법상 배당가능이익의 범위 내에서 주식매수선택권 부여목적 등으로 자기주식을 취득할 수 있도록 한 규정(상법 제341조의 2)은 삭제하고 있다.

주식은 원칙적으로 자본금 감소에 관한 규정에 의하여서만 소각할 수 있는데(상법개정안 제343조 제1항 본문), 이 경우에는 강제소각만이 인정된다(자본금이 감소되는 주식소각)(상법개정안 제343조 제2항). 그런데 회사가 보유하고 있는 자기주식을 소각하여도 자본금이 감소되지 않는 경우(자본금이 감소되지 않는 주식소각)에는 이사회의 결의만으로 회사가 보유하는 자기주식을 소각할 수 있다(상법개정안 제

17) 이는 종래의 증권거래법에서 인정하고 있는 것(증권거래법 제189조의 2)을 상법에서 도입하고 있는 것이다.

343조 제1항 단서). 따라서 상법개정안에 의하면 회사가 자본감소 없는 주식소각을 하는 경우에서 이익소각 및 주주총회의 결의에 의한 주식소각의 구별이 없게 된다. 이러한 점에서 상법개정안은 이익소각에 관한 규정을 개정하고(상법개정안 제343조 제1항 단서), 주주총회의 결의에 의한 주식소각에 관한 규정(상법 제343조의2)을 삭제하고 있다.

또한 회사는 그가 보유하는 자기주식을 처분할 수 있는데, 이 경우 (정관에 규정이 없으면) 이사회가 (ⅰ) 처분할 주식의 종류와 수 및 (ⅱ) 처분할 주식의 처분가액과 납입기일을 결정하고(상법개정안 제342조 제1항), 신주발행에 관한 규정을 일부 준용하고 있다(상법개정안 제342조 제2항).

3. 자본감소의 방법으로 자기주식을 취득하여 소각하고자 하는 경우에는 재원규제와 관계 없이 자기주식을 취득할 수 있도록 하여야 하는데, 상법개정안은 제341조의 2에서 제1호(주식을 소각하기 위한 때)를 삭제함으로써 이러한 경우 배당가능이익이 없는 경우에 자기주식을 취득할 수 없도록 하고 있다. 따라서 상법개정안 제341조의 2에서 제1호를 (현행 상법과 같이) 부활하여야 한다고 본다.

4. 회사가 취득한 자기주식을 처분함에는 기존주주의 이익을 보호하기 위한 조치가 있어야 할 것으로 본다.[18] 상법개정안 제342조는 이에 대하여 전혀 규정하고 있지 않은데, 이는 기존주주의 이익을 위하여 문제가 아닐 수 없다. 즉, 회사가 배당가능이익으로써 취득한 자기주식을 특정주주 또는 제3자에게 매도하여 회사의 지배권(경영권)에 변동을 가져오는 경우에도 이를 이사회 결의사항(상법개정안 제342조 제1항)에 맡기는 것은 기존주주의 이익보호에 큰 문제가 된다고 본다. 따라서 이러한 경우에는 상법개정안 제342조 제2항에서 상법 제418조의 준용규정을 두어야 할 것으로 본다.

회사가 배당가능이익으로써(즉, 회사의 자금으로써) 취득한 자기주식을 이사회 결의만으로 특정한 주주 또는 제3자에게 매도(처분)함으로써 주주의 의사에 반하여 주주의 회사에 대한 지분비율에 변경을 초래하거나 또는 회사의 지배구조에 변동을 가져오는 경우에는 회사의 그러한 자기주식의 매도(처분)행위는 (사법상) 무효라고 본다. 또한 이 경우 이사는 회사 및 제3자(매수인)에 대하여 손해배상책임을 부담한다고 본다(상법 제399조, 제401조).

이와 같은 취지에서 경영권 분쟁 상황에서의 자기주식의 처분행위가 무효라

---

18) 자기주식의 취득과 처분에 관하여는 강희주, "적대적 M&A에 대한 방어전략으로서의 자사주의 취득 및 처분,"「상장」(한국상장회사협의회), 제390호(2007. 6), 18~24면 참조.

는 다음과 같은 하급심판례가 있다.[19]

"상법과 증권거래법이 자기주식 처분에 대하여 신주발행에 관한 규정을 준용하고 있지는 아니하고, 자기주식의 처분은 이미 발행되어 있는 주식을 처분하는 것으로서 회사의 총자산에는 아무런 변동이 없으며, 기존 주주의 지분비율도 변동되지 아니하여 형식적으로는 신주발행과 그 효과를 일부 달리하는 점은 인정된다. 그러나 회사가 그 보유의 자기주식을 처분하는 행위는 그 처분으로 인하여 궁극적으로 보유주식의 비율에 따라 주주로서 회사에 대한 권리나 지위가 변동하는 등 주주의 지위에 중대한 영향을 초래하게 되는데, 특히 자기주식을 일방적으로 특정주주들에게만 매각할 경우에는 매각으로 인해 초래되는 기존주주의 지분비율의 감소로 인해 신주발행의 경우와 동일한 결과를 가져옴으로써 신주발행에서와 마찬가지로 통제를 가할 필요성이 있고, 자기주식의 처분이 신주발행에 관한 여러 가지 규제를 참탈하는 수단으로 악용되는 것을 방지할 필요성이 있다. 이 사건의 경우에는 자기주식의 처분이 다른 대주주인 원고측의 이익과 회사의 경영권 내지 지배권에 중대한 영향을 미치는 경우에 해당하며, 이 사건 주식매매계약의 체결경위나 그로 인한 거래의 안전, 다른 주주나 이해관계인의 이익 등을 고려하더라도 도저히 묵과할 수 없는 정도로 판단되어 이 사건 주식매매계약은 무효이다."

이에 반하여 자기주식을 특정한 주주 또는 주주 이외의 제3자에게 처분하는 경우에는 잠재적으로 휴지되어 있던 자기주식의 의결권 등이 부활되어 기존주주들의 지분비율에 영향을 줄 가능성이 있으나, 이는 신주의 발행 또는 자기주식의 제3자에 대한 배정과는 다른 측면이 있으므로 이에 신주인수권에 관한 상법 제418조나 신주발행의 유지청구에 관한 상법 제424조를 적용하기 어렵고, 또한 회사가 취득한 자기주식은 그 처분에 있어서는 주주평등의 원칙이 적용되지 않는 손익거래에 속하고 이는 회사와 그 거래상대방간의 개인법적 영역이어서 법률이 그 거래의 방법을 획일적으로 제한하는 데에는 신중히 하여야 할 영역이므로, 회사는 자기가 취득한 주식을 장외에서 처분하든 장내에서 처분하든 주주에게 처분하든 제3자에게 처분하든 그 처분에 관한 권한은 모두 이사회에 부여되고 이사회가 적법하게 취득한 자기주식을 적법한 절차에 따라 처분하기로 결정한 경우에는 원칙적으로 적법하다는 견해도 있다.[20]

---

19) 서울서부지판 2006. 3. 24, 2006 카합 393(의결권행사금지 가처분신청사건); 동 2006. 6. 29, 2005 가합 8262(자기주식 장외거래 무효확인사건).

　　그러나 이러한 견해는 타당하지 않다고 본다. 회사가 회사의 자금으로써 취득한 자기주식을 특정한 주주 또는 제3자에게 매도(처분)함으로써 (기존)주주의 회사에 대한 지분비율에 변경을 초래하거나 또는 회사의 지배권에 변동을 가져오는 것은 주주의 이익에 중대한 변경을 가져오는 것이거나 또는 주식회사의 본질에 속하는 주주(주식)평등의 원칙에 반하는 것으로서 반드시 주주(또는 주주총회)의 승인을 받아야 할 사항이지, 어찌하여 이러한 사항을 "주주평등의 원칙이 적용되지 않는 손익거래에 속하고 이는 회사와 그 거래상대방간의 개인법적 영역에 속하는 사항"이라고 보는 점에 대하여는 이해하기 어렵다. 회사가 (배당가능이익으로써) 자기주식을 취득하여 보관하고 있다가 이를 처분하는 것은 회사가 자기주식을 (자본금으로써) 취득하여 소각한 후(즉, 자본을 감소한 후) 다시 신주를 발행하는 것과 (적어도 기존주주의 입장에서는) 유사하다고 볼 수 있다. 따라서 회사가 취득한 자기주식을 거래소에서 공정한 가격으로 매각하는 것은 회사에서 공모에 의한 신주발행의 경우와 유사하게 볼 수 있고 또한 특정한 제3자에게 매각하는 것은 신주발행의 경우 제3자에게 배정하는 것과 유사하다고 볼 수 있다. 따라서 회사가 취득한 자기주식을 매각하는 경우에는 신주발행의 경우와 같이 먼저 기존주주의 이익을 보호하고 또한 주식회사의 본질인 주주평등의 원칙에 반하지 않게 하며 이와 함께 회사의 이익을 위하여 공정한 가격으로 매각하여야 한다고 본다. 그러므로 우리 상법이 주주의 이익보호를 위하여 원칙적으로 주주에게 신주인수권을 인정하는 입법정책을 취하고 있는 이상(상법 제418조 1항)[21] 이와 균형을 맞추어 회사가 자기주식을 처분하는 경우에도 주주의 이익을 보호하여야 할 것으로 본다.[22] 따라서 회사는 자기주식을 처분하는 경우 원칙적으로 기존주주에게 그가 가진 주식의 수에 따라서 매각하여야 하나(따라서 기존주주가 회사에 대하여 갖는 지분비율에 변동이 없게 매각하여야 하나)(상법 제418조 1항 유추적용), 다만 정관에 규정이 있으면(이러한 내용이 정관에 규정이 없으면 정관변경에 해당하는 주주총회의 특별결의를 얻어) 제3자에게 매각할 수 있다고 본다(상법 제418조 2

20) 강희주, 전게논문(상장 제390호), 21~23면.
21) EU회사법 제2지침(자본지침)(1976. 12. 13. 공포)(동 지침 제29조), 독일(주식법 제186조 1항), 프랑스(회사법 제183조), 영국(1985년 회사법 제89조) 등도 우리나라의 경우와 같이 원칙적으로 주주에게 신주인수권을 인정하고 있다.
22) 그러나 주주의 신주인수권을 인정하지 않는 입법정책을 취하고 있다면(미국의 모범사업회사법 제6.30조 a항, 미국 州法에서 신주인수권을 인정하지 않는 주는 뉴저지·델라웨어 등 25개 주), 회사는 그가 취득한 자기주식을 (주주의 이익을 고려할 필요 없이) 이사회가 임의로 자유롭게 처분할 수 있다고 본다.

항 유추적용). 또한 어떠한 경우에도 회사의 이익을 위하여 매도가액은 공정한 가액이어야 한다. 이 때 회사가 취득한 자기주식을 이사회결의만으로 특정한 주주 또는 제3자에게 매도함으로써 기존주주의 회사지분에 대한 비율에 변경을 초래하거나 또는 회사의 지배권에 변동을 가져오는 경우에는, 회사가 아무리 공정한 가액으로 자기주식을 매도하였다고 하여도 주주의 이익을 해하는 것이므로 그러한 자기주식의 처분(매도)행위는 사법상 무효라고 본다.

　　현행 상법은 원칙적으로 자기주식의 취득을 금지하므로(상법 제341조 본문) 예외적으로 부득이한 경우에 취득한 자기주식의 처분에 대하여는 상당한 시기에 자기주식을 처분하도록 하는 규정만을 두고 있다(상법 제342조). 그러나 상법개정안과 같이 자기주식의 취득을 원칙적으로 자유롭게 하면(상법개정안 제341조) 자기주식의 처분에 대하여는 반드시 기존주주의 이익을 보호하는 장치를 두어야 할 것으로 본다. 따라서 상법개정안 제342조 제2항에서는 상법 제418조 및 제419조를 준용하는 규정을 반드시 두어야 할 것으로 본다. 상법개정시안에서는 이러한 규정이 준용되는 것으로 되어 있었는데, 상법개정안에서 경제계의 요청에 따라 이러한 규정의 준용이 빠진 것은 주주의 이익보호에 근본적인 문제가 있다고 본다. 제418조를 준용하지 않으면서 이와 직접적으로 관련된 제424조(유지청구권) 및 제429조부터 제432조까지의 규정(신주발행무효의 소)만을 준용하는 것은 그 실효성을 거의 무의미하게 한다. 이에 반하여 상법개정안 제342조 제2항은 제427조(변경등기를 한 날로부터 1년을 경과한 후 인수의 무효주장·취소의 제한) 및 제428조(변경등기 후 이사의 인수담보책임)를 준용하고 있는데, 자기주식을 매도하는 경우는 신주발행과는 달리 자본증가에 따른 변경등기가 없으므로 이러한 규정이 준용될 수는 없다고 본다. 따라서 준용규정에서 삭제할 사항은 오히려 이러한 규정이라고 본다.

## V. 기 관

### 1. 주주총회의 결의요건에서 출석정족수의 부활

　　가. 상법 제368조 제1항의 주주총회 보통결의요건은 1995년 개정상법 이전에는 "총회의 결의는 본법 또는 정관에 다른 정함이 있는 경우 외에는 발행주식 총수의 과반수에 해당하는 주식을 가진 주주의 출석으로 그 의결권의 과반수로

써 하여야 한다"고 규정하였는데, 1995년 개정상법에서 현재와 같이 출석정족수를 삭제하였다. 이는 대규모 상장회사가 출석정족수를 채우지 못하여 주주총회가 성립되지도 못하는 애로점을 반영한 것인데, 그 후 주권의 예탁제도가 활성화되고 증권예탁결제원 등이 명의주주로서 간접적으로 의결권 행사에 참여함으로써 이러한 문제가 거의 해소되었고 또한 일반적으로 회의체에서 요구되는 결의요건으로 부활할 필요가 있다는 점 등에서 2006년 상법개정시안에서는 결의요건을 1995년 개정전 규정으로 환원하여 출석정족수를 부활시켰다.

    이와 함께 주주총회의 특별결의요건도 1995년 개정상법 이전으로 환원하여 "주주총회의 특별결의는 발행주식총수의 과반수에 해당하는 주식을 가진 주주의 출석으로 그 의결권의 3분의 2 이상의 다수로써 하여야 한다"고 규정하였고(상법개정시안 제434조), 또한 종류주주총회의 결의요건도 1995년 개정상법 이전으로 환원하여 "어느 종류의 주주의 총회의 결의는 그 종류의 발행주식의 총수의 과반수에 해당하는 주식을 가진 주주의 출석으로 그 의결권의 3분의 2 이상의 다수로써 하여야 한다"고 규정하였다(상법개정시안 제435조 제2항).

    **나.** 그런데 2007년 상법개정안에서는 경제계의 의견을 반영하여 위의 상법개정시안의 내용을 삭제하고 다시 현행 상법을 유지하는 것으로 하고 있는데, 회의의 일반원칙에 맞게 2006년 상법개정시안과 같이 개정되어야 할 것으로 본다.

## 2. 대회사 및 중회사에서 집행임원제도의 신설

    **가.** 주식회사에서 자본금의 총액이 10억원 미만인 소회사는 이사를 1인 또는 2인으로 둘 수 있도록 하여(상법 제383조 제1항 단서) 이사회제도를 폐지하고 있다(상법개정안 제383조 제4항~제6항). 이에 반하여 일정 규모(최근 사업연도말 현재의 자산총액이 2조원) 이상의 상장회사인 대회사 등의 경우에는 사외이사를 3인 이상으로 하고 또한 이사 총수의 과반수가 되도록 하여(종래의 증권거래법 제191조의16 제1항 단서, 2009년 1월 개정상법 제542조의 8 제1항 단서) 이사회를 사외이사 중심으로 구성하도록 하고 이러한 이사회가 업무집행기관에 대한 감독기능에 충실하도록 하였다. 종래의 증권거래법 등이 이와 같이 이사회가 업무집행기관에 대한 감독기능(상법 제393조 제2항)에 충실하도록 하는 입법을 하는 경우에는 업무집행기관(집행임원)을 감독기관(이사회)과는 분리하여 별도로 입법을 하였어야 했는데, 그렇게 하지 않고 (종래와 같이) 여전히 이사회에 업무집행기능(의사결정)을 부여하여(상법 제393조 제1항) 많은 부작용과 문제점이 발생하게 되었다. 즉, 회사의 업

무에 관하여 상근하지 않는 사외이사로 하여금 업무집행(의사결정)에 관여하도록
함으로써 (종래보다) 업무집행의 효율성이 떨어지고, 또한 업무집행에 관여한 (사
외)이사가 다시 자기가 관여한 업무집행에 대하여 업무감독기능을 하게 되어 업
무감독에서도 (종래보다) 더 효율성을 나타내지 못하였다. 다시 말하면 사외이사
제도(또는 사외이사 중심의 이사회제도)는 종래보다 업무집행에 대한 감독의 효율성
을 증대시키지 못하면서 종래보다 업무집행의 효율성을 더 떨어지게 하는 결과
를 초래하였다. 따라서 회사는 이러한 (법정의) 사외이사를 두는 것을 최소화할
목적으로 이사의 수를 대폭 축소하고, 이와 같이 종래의 이사(등기이사)의 수가
대폭 축소되어 대회사는 이러한 이사만으로는 도저히 회사의 업무를 집행할 수
없으므로 이러한 종래의 이사(등기이사) 대신 회사의 정관·내규 등에 의하여 또
는 대표이사에 의하여 선임된 (사실상) 집행임원에게 회사의 업무집행을 맡기게
되었다. 그런데 이러한 (사실상) 집행임원은 실제로 과거에 등기이사가 수행하던
직무를 담당하고 이로 인하여 보수 등에서도 등기이사와 거의 동등한 대우를 받
고 있으면서도, (2011년 4월 개정상법 이전) 상법 등 법률상 근거가 없으므로 그의
지위(위임관계냐 또는 고용관계냐)·권한·의무·책임 등에서 많은 법률상 문제점을
야기하게 되었다. 이러한 대표적인 예로 위와 같은 집행임원을 실적부진 등의 이
유로 회사가 해임한 경우 집행임원은 고용계약에 의한 근로자라고 주장하면서
노동법상 부당해고라고 하여 소를 제기한 경우가 많은데, 이에 대하여 대법원판
례는 이러한 집행임원은 주주총회에서 선임되지도 않았고 또한 등기되지도 않았
다는 이유로 이러한 (사실상) 집행임원의 지위는 위임계약에 의한 임원이 아니라
고용계약에 의한 근로자라고 계속하여 판시함으로써,23) 회사에서는 납득할 수
없는 너무나 불합리한 판결이라는 문제점을 제기하였고 이에 대하여 입법적으로
해결하여 줄 것을 요청하기도 하였다.24)

　　나. 또한 오늘날 업무집행기관과 이에 대한 감독기관을 분리하여 입법하는
것이 전 세계적인 추세이므로 우리 기업의 세계화와 더불어 이에 부응하는 입법
을 하는 것이 Global Standard에 맞는다.25)

　　미국에서는 미국법조협회(American Law Institute, ALI)가 1992년 3월 31일에
최종안으로 제안한 「회사지배구조의 원칙」(Principles of Corporate Governance:

---

23) 대판 2003. 9. 26, 2002 다 64681; 동 2005. 5. 27, 2005 두 524 등.
24) 동지: 법무부, 전게 공청회자료, 4~6면.
25) 이에 관하여는 법무부, 상게 공청회자료, 6~7면 참조.

Analysis and Recommendations, 이하 'ALI의 원칙'으로 약칭함)에 의하면 "공개회사 (publicly held corporation)의 업무집행은 이사회에 의하여 선임된 주요 상급집행 임원(principal senior executives)26)에 의하여 또는 이들의 감독하에 수행되어야 하고, 또한 이사회나 주요 상급집행임원의 위임을 받은 기타 임원(other officers)27) 및 피용자에 의하여 수행되어야 한다"고 규정하고 있다(ALI의 원칙 제3.01조).

유럽에서는 상급 회사법 전문가(High Level Group of Company Law Expert)가 2002년 11월 4일에 보고한 「유럽에서의 회사법의 최근 규제구조에 관한 보고서」 (Report on a Modern Regulatory Framework for Company Law in Europe, 이하 '유럽 보고서'로 약칭함)에 의하면 " … 이사회의 개편은 유럽연합국가 외에서는 물론이고 유럽연합국가에 있어서도 회사지배구조의 개선의 핵심이 되고 있다. 일원적 경영기구(영미제도)와 이원적 경영기구(독일제도) 둘 중의 어느 것이 더 효율적인 감독기구가 된다는 명확한 증거는 없으므로 각국은 그의 특별한 상황에 맞게 이를 이용할 수 있다. 또한 일원적 경영기구(영미제도) 또는 이원적 경영기구(독일제도)를 어떻게 구성하여야 하고 또한 독립적인 사외이사 또는 감독이사(감사)를 몇 명으로 할 것인가에 대하여는 의견을 표명하지 않으나, 유럽연합국가에서 모든 상장회사에 대하여는 사내이사(집행임원)의 선임과 보수 및 회사의 업무에 관한 회계감사는 전적으로 사외이사 또는 감독이사(감사회)에 의하여 결정되어야 한다는 점을 명백히 하고 있다. 실제로 이러한 업무는 과반수가 독립적인 사외이사 또는 감독이사(감사)로 구성되는 이사회내의 지명위원회·보수위원회 또는 감사위원회에 의하여 수행될 수 있다"고 하고 있다.28)

2005년에 제정된 일본의 신회사법도 위원회설치회사에서 이사회는 경영의 기본방침 등에 관한 업무집행의 결정·집행역(집행임원) 등의 직무집행에 대한 감독업무만을 하고(日會 제416조 제1항), 회사의 업무집행은 집행역(집행임원)이 하도록 규정하고 있다(日會 제418조 제2호). 또한 위원회설치회사에서 이사회는 (일정한

---

26) 주요 상급집행임원이란 "대표집행임원(chief executive officer)·총무집행임원(operating officer)·재무집행임원(financial officer)·법률집행임원(legal officer) 및 회계집행임원(accounting officer)"을 말한다(ALI의 원칙 제1.30조, 제1.27조 (a)항).

27) 기타 임원이란 "주요 상급집행임원이 아닌 자로서 이사 업무 이외에 정책결정 기능을 수행하거나 이사의 보수를 초과하여 상당한 보수를 수령하는 이사회 의장·일정한 단위부서(판매·관리·금융 등)에서 업무를 담당하는 부장(president)·재무(treasurer)·총무(secretary)·부부장 (vice-president) 또는 부의장(vice-chairman) 및 기타 회사에 의하여 집행임원으로 선임된 자"를 말한다(ALI의 원칙 제1.27조 (b)항·(c)항).

28) 유럽보고서, 59~61면.

사항을 제외하고) 그 결의로 회사의 업무집행의 결정을 집행역에게 위임할 수 있는데(日會 제416조 제3항), 이 때에는 집행역(집행임원)이 그 위임받은 업무집행에 관한 사항을 결정한다(日會 제418조 제1항).

　　다. 상법개정안은 원래 위와 같은 대회사에 있어서 발생하는 문제점을 해결하고 또한 우리 기업의 세계화와 더불어 Global Standard에 맞는 입법을 하기 위하여, 대회사에서 업무집행기관과 이에 대한 감독기관을 분리하고자 집행임원제도를 두는 입법을 하고자 한 것인데, 상법개정에 관한 논의의 과정중에 기업의 자율성을 중시하고 또한 집행임원제도를 실시할 수 있는 회사의 범위를 확대하기 위하여 회사는 사외이사의 존부 또는 그 수에 무관하게 회사의 선택에 의하여 집행임원제도를 이용할 수 있게 하였다(상법개정안 제408조의 2 제1항 제1문). 다만 회사가 이와 같이 집행임원을 둔 경우에는 대표이사를 두지 못하도록 하였다(상법개정안 제408조의 2 제1항 제2문). 따라서 이러한 상법개정안에 의하면 중회사(자본금이 10억원 이상이고 최근 사업연도말 현재의 자산총액이 2조원 미만인 회사로서 은행 등 금융기관이 아닌 회사)도 집행임원제도를 채택할 수 있고, 대회사의 경우에도 집행임원제도를 채택하지 아니할 수 있다.[29]

　　집행임원에 관한 상법개정안의 중요한 내용은 다음과 같다. 회사와 집행임원과의 관계는 회사와 이사와의 관계와 같이 위임관계이다(상법개정안 제408조의 2 제2항). 집행임원설치회사의 이사회는 (대표)집행임원의 선임·해임권 및 보수결정권 등을 가짐으로써 집행임원에 대한 실질적인 감독권을 행사할 수 있도록 하였으며, 집행임원설치회사의 이사회는 이 외에도 집행임원과 회사와의 소에서 회사를 대표할 자를 선임할 수 있고, 집행임원에 대하여 업무집행에 관한 의사결정을 위임할 수 있으며(다만 상법에서 이사회의 권한사항으로 정한 경우는 제외함), 집행임원이 수 인인 경우 집행임원의 직무분담 및 지휘·명령관계 그밖에 집행임원의 상호관계에 관한 사항을 결정할 수 있다(상법개정안 제408조의 2 제3항). 집행임원설치회사는 이사회의 회의를 주관하기 위하여 이사회의장을 두어야 하는데, 이사회의장은 정관의 규정이 없으면 이사회 결의로 선임한다(상법개정안 제408조의 2 제4항). 이사회의 감독기능 충실을 위하여 이사회의장과 (대표)집행임원의 겸직은 바람직하지 않으나,[30] 상법개정안은 실무계의 현실을 반영하여 이를 금지하는 규

---

29) 동지: 법무부, 전게 공청회자료, 8면.
30) 동지: 정찬형, "주식회사 지배구조관련 개정의견," 「상사법연구」(한국상사법학회), 제24권 2호(2005. 8), 163~164면.

정을 두지 않기로 하여 양자의 겸직이 가능하다.31) 집행임원의 임기는 정관에
달리 정한 바가 없으면 2년을 초과하지 못하는 것으로 하고(상법개정안 제408조의
3 제1항), 집행임원은 현행 상법상 대표이사의 기능을 수행할 수 있는 권한을 가
지며(상법개정안 제408조의 4), 2인 이상의 집행임원이 선임된 경우에는 이사회의
결의로 대표집행임원을 선임하는데, 이러한 대표집행임원에 대하여는 대표이사에
관한 상법의 규정을 준용하는 것으로 하고 있다(상법개정안 제408조의 5). 집행임원
은 필요시 회의의 목적사항과 소집이유를 기재한 서면을 이사(소집권자)에게 제출
하여 이사회의 소집을 청구할 수 있는데, 이사(소집권자)가 이러한 소집절차를 밟
지 아니한 때에는 그 집행임원은 법원의 허가를 얻어 이사회를 소집할 수 있다
(상법개정안 제408조의 7). 이와 함께 집행임원에 대하여는 이사(대표이사)와 유사한
의무를 부과하여, 집행임원은 3개월에 1회 이상 업무의 집행상황을 이사회에 보
고하여야 하고, 집행임원은 이 외에도 이사회의 요구가 있는 때에는 언제든지 이
사회에 출석하여 요구한 사항을 보고하여야 하며, 이사는 대표집행임원으로 하여
금 다른 집행임원 또는 피용자의 업무에 관하여 이사회에 보고할 것을 요구할
수 있도록 하고 있다(상법개정안 제408조의 6). 또한 집행임원에 대하여도 이사와
유사하게 회사 및 제3자에 대한 책임을 인정하고 있다(다만 집행임원이 수 인인 경
우에도 이사회와 같은 회의체를 구성하지 않으므로 회의체의 결의와 관련된 연대책임은 없
음)(상법개정안 제408조의 8). 또한 집행임원은 등기사항으로 하여 공시하도록 하고
있다(상법개정안 제317조 제2항).

　　**라.** 사견으로는 위와 같은 대회사의 이사회는 사외이사 중심으로 되어 있어
이는 업무집행기관에 대한 감독권을 충실히 행사하도록 하는데 그 취지가 있으
므로 이러한 업무감독기관과는 별도의 업무집행기관인 집행임원을 의무적으로
두도록 하여야 한다고 본다.32) 대회사가 이와 같이 사외이사 중심의 이사회를
갖고서 업무집행기관(집행임원)에 대하여 효율적인 감독을 하도록 하고 또한 이사
회와 분리된 업무집행기관인 집행임원을 두도록 하는 지배구조를 갖게 되면, 이
는 현재 국제적으로 논의되고 있는 Global Standard에 부응하는 지배구조를 갖
게 되어 기업경영의 투명성을 담보하는 지배구조로서 이러한 회사는 국제적인

---

31) 동지: 법무부, 전게 공청회자료, 9면.
32) 동지: 정쾌영, "집행임원제도에 관한 상법개정안의 문제점 검토," 「기업법연구」(한국기업법
학회), 제21권 제4호(2007. 12), 110~111면, 116면; 전우현, "주식회사 감사위원회제도의 개선
에 관한 일고찰—집행임원제 필요성에 관한 검토의 부가," 「상사법연구」(한국상사법학회), 제
23권 3호(2004. 11), 284면.

신뢰를 크게 얻게 되어 외국의 국내기업에 대한 투자를 확대할 수 있는 기반을 조성하게 되어 우리나라의 경제발전에도 크게 기여하게 될 것으로 본다. 중회사의 경우에는 현재와 같이 이사회와 대표이사가 업무를 집행하면 충분하다고 보고 다시 비용을 들여 집행임원을 별도로 둘 필요가 없다고 본다. 이러한 중회사의 이사회는 사외이사가 이사 총수의 과반수이어야 한다는 의무규정도 없으므로 이사회가 사외이사 중심으로 구성되어 업무집행기관에 대한 감독기능에 중점이 있다고도 볼 수 없다. 따라서 이러한 중회사의 경우는 집행임원을 둘 필요가 없으나, 중회사가 (의무는 없으나) 임의로 사외이사를 이사 총수의 과반수로 하여 이사회를 구성하면 위의 대회사의 경우와 같은 취지에서 의무적으로 집행임원을 두도록 하여야 할 것이다. 그 외의 중회사의 경우에는 사외이사가 있는 경우에 한하여 선택적으로 집행임원을 둘 수 있도록 하여야 할 것이다(사외이사가 전혀 없는 이사회는 업무집행기능의 수행에 중점이 있으므로 이와 중복되는 집행임원을 다시 두는 〈또는 둘 수 있는〉 것으로 할 필요가 없다고 본다).

현행 상법개정안과 같이 모든 회사(중회사 및 대회사)가 사외이사의 존재 유무에 불구하고 선택적으로 집행임원제도를 채택할 수 있는 것으로 규정하여 사외이사가 전혀 없는 중회사도 집행임원제도를 채택할 수 있고, 이에 반하여 사외이사가 이사 총수의 과반수인 이사회를 가진 대회사(때로는 중회사)가 집행임원제도를 채택하지 않으면, 이사회와는 별도로 집행임원을 두도록 하는 집행임원제도의 본래의 취지(감독기관과 집행기관의 분리)에도 반하고 또한 현재 (사실상) 집행임원과 관련하여 발생하는 문제의 해결에도 도움을 주지 못한다고 본다. 비교법적으로 볼 때도 위에서 본 바와 같이 미국은 일정규모 이상의 공개회사가 집행임원제도를 채택하도록 하고(캘리포니아주 등 일부 州회사법에서는 이를 의무화하고 있음),[33] 일본의 2005년 신회사법에서도 사외이사를 중심으로 한 위원회를 설치하는 위원회설치회사에서 집행임원(執行役)을 두도록 하고 있다.

이러한 점에서 국회 법사위의 검토보고서에서 "상법개정안은 집행임원 설치회사에 대한 제한이 없으나 집행임원제도를 두려면 이사회가 정상적으로 운영되는 회사(이는 이사회가 사외이사 중심으로 구성되어 감독기능을 정상적으로 할 수 있는 회사로 이해됨—필자 註)이어야 하므로 회사 규모 등에 관한 최소한의 기준을 설정할 필요가 있다고 본다"는 의견[34]에는 전적으로 찬성한다. 이 때 "회사규모 등

---

33) 국회 법사위, 검토보고서, 138면.
34) 국회 법사위, 검토보고서, 144면.

에 관한 최소한의 기준"은 위에서 본 바와 같이 "사외이사가 이사 총수의 과반
수인 이사회를 둔 회사"(또는 대회사 및 사외이사가 이사 총수의 과반수인 이사회를 둔
중회사)로 규정하면 간명하면서 그 기준이 명확하다고 본다.

    국회 법사위 검토보고서는 "(집행임원제도를 채택하여) 이사회가 감독기능만을
담당하면 감사위원회의 지위가 불분명해지는 점이 있다"는 의견을 제시하고 있
는데,35) 이 때 이사회는 업무집행기관(집행임원)에 대한 감독(監督)기능을 수행하
고 이사회내 위원회의 하나인 감사위원회(3인 이상의 이사로 구성되는데, 사외이사가
위원의 3분의 2 이상이어야 함 – 상법개정안 제415조의 2 제2항)는 감사(監査)기능을 수
행하므로 감사위원회의 지위가 이사회와의 관계에서 더욱 명확하여진다고 볼 수
있다. 감독기능과 감사기능은 후술하는 바와 같이 구별된다. 즉, 감독기능은 상
하관계에서 감독권을 행사하는 것이며(따라서 임면권이 있어야 충실한 감독권을 행사
할 수 있음) 또 타당성(합목적성) 감사에도 미치나, 감사기능은 수평적 지위에서 감
사권을 행사하며 원칙적으로 적법성 감사만을 하는 것이다. 감사기능을 수행하는
감사위원회는 감독기능을 수행하는 이사회의 하부기관(이사회내 위원회)으로서 이
사회의 감독업무를 보조하는 기능을 수행한다고 볼 수 있다. 따라서 이사회가 업
무집행기능을 수행하지 않고 감독기능만을 수행하는 경우에는 이사회는 이사회
내 위원회의 하나인 감사위원회가 결의한 사항을 다시 결의할 수 있도록 하는
것(상법 제393조의 2 제4항 제2문 단서)이 타당하다고 본다. 그러므로 이사회가 감독
기능만을 수행하는 경우에는 상법개정안 제415조의 2 제6항(제393조의 2 제4항 제
2문 후단은 감사위원회에 대하여 적용하지 않는다)을 두지 않는 것이 타당하다고 본
다. 또한 감독기능만을 수행하는 이사회를 둔 회사(집행임원제도를 채택한 회사)는
(상법상 감사를 두지 못하도록 하고) 반드시 감사위원회를 두도록 하는 것이 논리에
있어서 뿐만 아니라 경비를 절약하는 면에서도 타당하다고 본다. 이와 관련하여
이사회가 감독기능을 보다 더 충실히 하도록 하려면 이사회의장이 (대표)집행임
원을 겸하지 못하도록 하고 또한 이사와 집행임원을 겸하는 자를 가능한 한 최
소화하여야 할 것으로 본다.36) 위에서 본 「유럽에서의 회사법의 최근 규제구조
에 관한 보고서」에서 "…유럽연합국가에서 모든 상장회사에 대하여는 사내이사

---

35) 국회 법사위, 검토보고서, 144면.
36) 정찬형, 전게논문(상사법연구 제24권 2호), 163~164면.
    동지: 국회 법사위, 검토보고서, 145면; 정쾌영, 전게논문(기업법연구 제21권 4호), 112~113
    면, 118~119면.

(집행임원)의 선임과 보수 및 회사의 업무에 관한 회계감사는 전적으로 사외이사 또는 감독이사(감사회)에 의하여 결정되어야 하는 점을 명백히 하고 있다"고 설명하고 있는 부분37)은, 이러한 점에 대하여 많은 참고가 될 수 있을 것으로 본다.

국회 법사위의 검토보고서 중 "회사(이사회)가 선임한 임원 중 일부만 집행임원으로 등기할 경우 다시 비등기 집행임원이 발생할 우려가 있으므로 어느 범위까지의 집행임원을 등기해야 하는지 제한을 둘 필요가 있다"는 견해38)에 대하여는, 상법이 회사마다 다양한 형태의 집행임원에 대하여 기준을 정한다는 것은 불가능하고 또 불필요하다고 본다. 회사는 스스로 판단하여 상법상 집행임원에 해당하는(즉, 회사의 업무를 집행하고, 정관 또는 이사회의 결의에 의하여 위임받은 업무집행에 관한 의사를 결정하여 집행하는 — 상법개정안 제408조의 4) 자만을 상법에 맞게 이사회에서 집행임원으로 선임하여(상법개정안 제408조의 2 제3항 제1호) 등기하면(상법개정안 제317조 제2항 제8호~제10호) 되는 것이다. 따라서 현재 집행임원으로 호칭되는 자를 전부 등기할 필요도 없다. 만일 회사가 상법상 집행임원에 해당하는 자를 등기하지 않으면 회사의 대표자 등은 과태료의 처분을 받음(상법 제635조 제1항 제1호)은 물론, 회사는 상법 제37조 제1항(등기할 사항은 이를 등기하지 아니하면 선의의 제3자에게 대항하지 못한다)에 의한 불이익을 받는다. 또한 등기하지 않은 그러한 사실상의 집행임원에 대하여 상법개정안상의 집행임원에 관한 규정을 유추적용하여 그 의무를 부담시키고 또한 그 책임을 물을 수 있을 것으로 본다. 따라서 이러한 점에서도 집행임원에 관한 입법은 반드시 필요하다고 본다.

마. 국회 법사위의 검토보고서는 집행임원에 관한 상법개정안은 효율적인 지배구조로 개선하고자 하는 것으로서 그 입법취지는 타당한데, 재계에서 다음의 문제를 이유로 반대하고 있으므로 이 제도의 도입에는 신중한 검토가 필요하다는 의견을 제시하고 있는데,39) 재계에서 제시하고 있는 다음의 문제는 모두 타당하지 않다고 본다.

재계에서는 "첫째, 기업들이 등기이사 수를 축소하는 것은 사외이사 수를 줄이고자 하는 목적보다 경영환경의 급변에 대처하기 위한 것으로 이사회를 슬림화하고 신속하고 효율적인 경영을 하고자 하는 것이며 이는 세계적인 추세이다"고 한다. 그런데 회사의 사정을 잘 알지 못하는 사외이사들이 경영에 관한 의

---

37) 유럽보고서, 60~61면.
38) 국회 법사위, 검토보고서, 145면.
39) 국회 법사위, 검토보고서, 142~144면.

사결정에 참여하는 것을 많이 꺼리고, 특히 회사의 기밀이 사외이사를 통하여 외부에 유출되지 않을까 하는 우려가 있는 점 등으로 인하여 사외이사의 수를 최소화하고자 등기이사 수를 축소하는 것이 솔직한 현실이고, 기업들이 등기이사 수를 축소하는 것이 설사 사외이사 수를 줄이고자 하는 목적보다 이사회를 슬림화하여 신속하고 효율적인 경영을 하고자 하는 것이라고 하여도 회사의 영업범위가 업종 및 지역별로 매우 확대된 대회사(삼성전자 등)의 경우에는 이와 같이 슬림화된 이사회에서 회사의 모든 업무결정을 할 수 없는 것이 솔직한 사실이다. 따라서 그러한 대회사의 경우 이사회(사외이사가 이사 총수의 과반수인 이사회)는 회사의 중요하거나 기본적인 업무에 대해서만 의사를 결정하고 각 업종 및 지역별로 이러한 업무를 집행할(때로는 이사회의 수권에 의하여 업무에 관한 의사를 결정하여 집행할) 수 많은 (사실상) 집행임원을 두고 있는 것이 현실이고, 이러한 (사실상) 집행임원은 과거에(사외이사의 선임강제가 없었던 IMF 환란 이전에) 상법상 이사가 하던 업무를 수행하고 있는 것이 현실이다. 그런데 이러한 (사실상) 집행임원에 대하여는 현재 근거법이 전혀 없고 각 회사의 정관 또는 내규 등에만 규정되어 있고 그것도 회사마다 다른데 선임 정도에 대하여만 규정하고 있고 그의 지위·의무·책임(특히 제3자에 대한 책임) 등에 대하여는 규정이 거의 없다. 그런데 이러한 집행임원의 지위·책임 등에 대하여는 법상 규정이 없기 때문에 자주 법률분쟁이 발생하고 있는 것이다. 따라서 이번 상법개정안에서는 이러한 현실을 반영하여 (사실상) 집행임원에 대하여 법률상의 제도로 함으로써 법의 흠결에서 발생하는 법률문제를 해결하고 또한 Global Standard에 맞는 기업의 지배구조를 갖출 수 있도록 하고자 하는 것이다. 따라서 이는 기업에 대하여 새로운 부담을 준다거나 기업활동에 지장을 가져오는 제도가 아니라, 기업활동의 효율성을 도모하고 이에 대한 법률문제를 사전에 방지하기 위하여 현재 각 대기업이 실시하고 있는 현실을 반영한 입법일 뿐이다. 사실상 시행되고 있는 집행임원에 대하여 그에 대한 법적 근거가 없어 많은 분쟁이 야기되고 있는데, 이를 기업의 내규에만 맡기고 입법을 하지 않고 방치한다면 국가 및 법의 목적(이념)에 반하는 것이라고 본다. 기업의 입장에서는 이를 법에 규정하지 않고 회사(또는 대표이사)가 자유롭게 하도록 법이 방치하는 것을 요구하겠으나, 기업과 거래하는 제3자의 이익보호도 중요하므로 법은 이익조정의 차원에서 이를 규정하지 않을 수 없으며 또 이를 규정하는 것은 오늘날 앞에서 본 바와 같이 미국·일본 등 선진국을 위시한 세계적인 입법경향에도 부응하는 것이다.

　　재계에서는 "둘째, 집행임원제도는 현행 감사위원회제도나 업무집행지시자의 책임규정 등을 보완하여 강화할 수 있다"고 한다. 그런데 집행임원제도는 이사회에서 업무집행기능을 분리하여 집행임원에게 업무집행권을 부여하고 (사외이사를 중심으로 한) 이사회는 업무집행기관(집행임원)에 대한 업무감독의 업무를 보다 더 충실히 하도록 하고자 하는 제도이다. 즉, 이러한 이사회와 분리된 집행임원을 둠으로써 이사회는 보다 더 업무집행기관(집행임원)에 대한 감독업무를 충실히 수행할 수 있고, 이러한 감독기관에 종속한 이사회내 위원회의 하나인 (사외이사 중심의) 감사위원회는 보다 더 충실한 감사업무를 수행할 수 있는 것이다. 현재와 같이 집행임원제도가 없어 이사회가 업무집행기능을 갖게 되면 이사회는 업무집행기능과 업무감독기능을 공유하므로 이사회의 업무감독기능은 유명무실하게 되고 이에 종속된 감사위원회의 감사기능도 따라서 유명무실하게 되어 종래의 監事보다 훨씬 그 효율성이 떨어지는 것이다. 따라서 감사위원회의 기능을 (종래의 監事보다) 더 높이기 위하여는 이사회와는 분리된 집행임원을 두도록 하여야 하는 것이다. 또한 상법은 IMF 환란 직후인 1998년 개정상법에서 지배주주가 사실상 경영권을 행사하면서 이사 등으로 등기가 되지 않은 사실상(실질상) 이사(de facto director)가 이사로서 면책되는 것을 방지하기 위하여 독일·영국 등에서 인정하고 있는 제도를 도입하여(독일 주식법 제117조, 영국 회사법 제741조 제2항〈shadow director〉) 업무집행지시자 등의 회사 및 제3자에 대한 책임을 인정한 것이다(상법 제401조의 2). 그런데 집행임원은 이러한 지배주주(대표이사)에 의하여 업무집행을 위하여 선임된 자로서 위의 업무집행지시자 등과는 반대의 입장이다. 이러한 (사실상) 집행임원에 대하여 그의 책임을 묻기 위하여 상법상 업무집행지시자 등의 책임에 관한 규정(상법 제401조의 2)을 유추적용하는 것은 동 규정의 입법취지에도 맞지 않는다. 또한 집행임원에 관한 입법에서는 그의 책임에 관한 사항도 있지만 그의 지위·의무·권한 등의 사항이 있으므로 이를 종합적으로 규정할 필요가 있다. 따라서 집행임원에 관한 종합적인 사항을 입법하여 집행임원에 관한 제반 법적 문제를 사전에 해결하고 예측가능하도록 하는 것이 타당하다고 보며, 이에 관한 입법은 하지 않고 그의 입법취지가 달라 논쟁을 가져올 수 있는 업무집행지시자 등의 책임에 관한 규정(상법 제401조의 2)을 그의 책임에 관해서만 억지로 유추적용하는 것은 타당하지 않다고 본다.

　　재계에서는 "셋째, 집행임원이 이사회에 의해 임면되는 경우 CEO(대표집행임원)의 영향력이 약화되므로 위험회피적 결정을 할 가능성이 높아 추진력이 떨어

질 가능성이 있다"고 한다. 현행 상법상 이사는 주주총회에서 선임되나(상법 제
382조 제1항) 대표이사는 원칙적으로 이사회에 의하여 선임되므로(상법 제389조 본
문), 현행 대표이사에 해당하는 대표집행임원(CEO)이 이사회에 의하여 선임되는
점(상법개정안 제408조의 5 제1항 본문)에서 양자는 선임기관이 같다. 또한 상법개정
안에 의하면 집행임원을 이사회가 선임하나(상법개정안 제408조의 2 제3항 제1호)
이는 주주총회에 의하여 선임된 이사들로 구성된 이사회에 의하여 선임되므로(대
회사의 경우 주주들이 많기 때문에 주주총회에서 직접 선임하는 것보다 이의 수권에 의한
이사회에서 선임하는 것이 보다 더 효율적임) 이러한 집행임원은 주주총회에 의한 복
대리인이라고 볼 수 있으므로 현행 이사와 그 지위에 있어서 큰 차이가 없다고
본다.

　　재계에서는 "넷째, 기업의 자유로운 지배구조의 선택권을 제약할 우려가 있
고, 상법에서 임의규정방식으로 택하더라도 증권거래법 등에서 의무화할 가능성
이 있다"고 한다. 그런데 기업(특히 대회사)의 지배구조에 관하여 무한정 기업의
자유에 맡길 수 없고 그 기업과 관련하는 많은 이해관계인의 이익을 보호하기
위하여 법은 일정한 기준을 규정하여야 한다고 본다. 또한 이번의 상법개정안은
종래의 증권거래법(2009. 2. 4.부터는 '자본시장과 금융투자업에 관한 법률'로 대체됨)과
는 무관한데 이러한 증권거래법과 관련하여 상법개정안의 내용을 비난하는 것은
옳지 않다고 본다.

　　재계에서는 "다섯째, 이사회가 업무집행에서 배제됨으로써 기업현실을 정확
히 파악하지 못하여 업무에 대한 전문성이 떨어져 경영효율성을 저하시키는 결
과가 초래될 수 있다"고 한다. 그런데 사외이사 중심의 이사회에게 업무집행권을
부여함으로써(특히, 대회사의 경우) 앞에서 본 바와 같이 업무집행에 대한 효율성
을 떨어뜨리고 또한 업무감독기능도 유명무실하게 되는 것이고, 업무집행에 대한
효율성을 증대하기 위하여 업무에 관한 전문성도 있고 또한 기업현실을 정확하
게 파악하고 있는 (사외이사가 아닌) 경영전문가에게 업무집행을 별도로 맡기도록
하자는 것이 집행임원제도이다. 따라서 현행과 같이 사외이사 중심의 이사회에게
업무집행권을 부여하는 것이 오히려 회사의 경영효율성을 저해시키는 결과를 초
래하는 것이다. 그러므로 이를 방지하기 위하여 이사회와는 별도의 집행임원을
두도록 하여야 한다.

　　재계에서는 "여섯째, 현재 집행임원제도를 운영하고 있는 기업들은 대부분
상법개정안과 다른 방식으로 운영하고 있으며, 회사마다 특성을 고려하여 정관으

로 정해 자율적으로 도입하도록 하는 것이 바람직스럽다"고 한다. 그런데 위에서
본 바와 같이 집행임원제도는 회사의 업무를 집행하는 자를 어떻게 정할 것인가
에 관한 사항으로서 회사법에서 가장 중요한 사항이고 또한 회사의 기관 중에서
도 가장 중요한 사항인데 이를 (특히 회사와 이해관계인이 매우 많은 대회사에 대하여)
각 회사가 자율적으로 정하도록 하는 것은 앞에서 본 바와 같이 이해관계인의
이익조정을 하여 형평(정의)에 기여하는 법의 목적(이념)에 맞지 않는다. 또한 집
행임원에 관한 사항이 회사마다 다르게 되어 회사와 거래하는 자가 예측할 수
없다면 이는 법이 회사의 이익만을 도모하고 회사와 거래하는 자의 이익은 방치
하는 것이 되어 크게 형평에 반하는 결과가 된다.

## 3. 감독(감사)기관

### 가. 감독기관

(1) 위에서 본 소회사의 경우 업무집행기관(이사)에 대한 감독기관은 주주총
회이다(상법개정안 제383조 제4항). (2011년 4월 개정상법 이전의) 상법은 소회사 중
이사가 1인인 소회사에 대하여만 규정하였으나, 상법개정안은 이사가 1인이든 2
인이든 모든 소회사에 대하여 이와 같이 규정하고 있다.

(2) 중회사 및 대회사에서 집행임원을 두지 않은 경우에는 (2011년 4월 개정
상법 이전의) 상법과 같이 업무집행기관에 대한 감독기관은 이사회이다(상법 제393
조 제2항). 그러나 대회사의 경우에는 종래의 증권거래법(그 후에는 2009년 1월 개정
상법) 등에 의하여 이사회를 사외이사 중심으로 구성하여 업무집행기관에 대한
감독기능에 충실하게 하였는데, 이러한 이사회와는 별도로 업무집행기관인 집행
임원을 두지 않고 2011년 4월 개정상법 이전과 같이 이사회(및 대표이사)가 업무
집행권을 갖게 되면 자기모순으로 앞에서 본 바와 같이 업무집행 및 업무감독의
효율성이 크게 감소하고 사실상의 집행임원을 양산하는 문제점이 발생하게 될
것으로 본다.

중회사 및 대회사에서 집행임원을 둔 경우에는 업무집행기관(집행임원)에 대
한 감독기관은 이사회인데, 이러한 이사회는 집행임원(대표집행임원)을 선임·해임
하고 또한 (정관이나 주주총회의 승인이 없는 경우) 집행임원의 보수를 결정함으로써
실질적이고 효율적인 감독기능을 수행할 수 있을 것으로 본다(상법개정안 제408조
의 2 제3항). 그러나 다수의 이사가 이러한 집행임원을 겸임하게 되면 그 만큼 이

802                                    Ⅱ. 회 사 법

사회의 업무집행기관에 대한 감독기능은 그 효율성이 떨어지고 (2011년 4월 개정
상법 이전의) 상법상 이사회의 기능과 유사하게 될 것으로 본다.[40] 특히 중회사에
서 집행임원을 두면서 이사가 전부 이를 겸직하면 원래 감독기능과 집행기능을
분리하여 감독기능의 효율성을 기하자는 의미는 거의 없을 것으로 본다.

   (3) 대회사 등의 경우는 앞에서 본 바와 같이 종래의 증권거래법(그 후에는
2009년 1월 개정상법) 등에 의하여 이사회를 이사 총수의 과반수를 사외이사로 구
성하도록 하고 있으므로 이사회는 업무집행기관(집행임원)에 대한 감독기능을 보
다 충실하게 수행할 수 있을 것이다. 따라서 이러한 대회사 등의 경우는 의무적
으로 집행임원제도를 채택하도록 하여야 할 것이다.[41] 이와 같이 감독기능과 집
행기능을 분리하여야 이사회는 실효성 있고 효율적인 감독기능을 수행할 수 있
는 것이다. 또한 이사회가 그의 감독기능을 보다 더 충실하고 효율적으로 수행할
수 있도록 하기 위하여는 이사회의장은 (대표)집행임원을 겸임할 수 없도록 하
고,[42] 이사와 집행임원을 겸임하는 사내이사를 최소화하며, 사외이사는 전문성이
있고 또한 (대표)집행임원의 영향력이 없는 자 중에서 선임될 수 있도록 제도적
으로 보완이 있어야 할 것이다.

   또한 중회사의 경우에는 위에서 본 바와 같이 사외이사가 이사 총수의 과반
수인 이사회를 둔 회사만이 집행임원을 두도록 하여, 이사회가 위에서 본 바와
같이 업무집행기관(집행임원)에 대하여 실효성 있는 감독기능을 수행할 수 있도록
하여야 할 것이다.

## 나. 감사기관

   감독기관과 감사기관은 구별된다. 감독기관은 상하관계에서 감독권을 행사
하며 또 타당성(합목적성) 감사에도 미치나, 감사기관은 수평적 지위에서 감사권
을 행사하며 원칙적으로 적법성 감사만을 하는 것이다. 상법에서는 이 양자를 구
별하여 규정하고 있는데, (대표)이사의 직무집행에 대한 감독권은 이사회에 있고
(상법 제393조 제2항), (대표)이사의 직무집행에 대한 감사권은 감사 또는 감사위원
회에 있다(상법 제412조 제1항, 제415조의 2 제7항).

---

40) 동지: 정쾌영, 전게논문(기업법연구 제21권 4호), 112~113면, 118~119면.
41) 동지: 정쾌영, 상게논문(기업법연구 제21권 4호), 110~112면, 116면; 전우현, 전게논문(상사
    법연구 제23권 3호), 284면.
42) 동지: 정쾌영, 상게논문(기업법연구 제21권 4호), 112~113면, 118~119면.

이하에서 소회사, 중회사 및 대회사의 감사기관을 살펴보면 다음과 같다.

(1) 위에서 본 소회사의 경우에 이사가 1인 또는 2인이면 이사회가 존재하지 않으므로 이사회내 위원회의 하나인 감사위원회가 있을 수 없다. 따라서 업무집행기관(이사)에 대한 감사기관은 언제나 監事이다.

(2) 중회사의 감사기관은 상법상 정관이 정하는 바에 따라 監事 또는 감사위원회를 선택하여 둘 수 있다(상법 제415조의 2 제1항). 그러나 대회사의 감사기관은 종래의 증권거래법(그 후에는 2009년 1월 개정상법) 등에 의하여 언제나 감사위원회이다(종래의 증권거래법 제191조의 17, 2009년 1월 개정상법 제542조의 11 제1항등). 상법에 의하여 監事에 갈음하여 설치되는 감사위원회(상법 제415조의 2, 종래의 증권거래법 제191조의 17 등)는 이사회내 위원회(상법 제393조의 2)의 하나로서, 이러한 감사위원회의 결의사항은 이사회가 다시 결의할 수 있도록 하고 있는데(상법 제393조의 2 제4항 제2문), 이는 (집행임원 비설치회사의 경우) 감사위원회의 감사기능을 매우 약화시키고 종래의 감사보다도 그 효율성을 더 떨어뜨리는 문제점을 제기하고 있다. 따라서 상법개정안은 감사위원회의 결의사항에 대하여는 이사회가 번복결의를 할 수 없도록 하고 있다(상법개정안 제415조의 2 제6항).

이와 함께 監事의 권한을 확대하여, 監事에게 회사의 비용으로 전문가의 조력을 받을 권한(상법개정안 제412조 제3항) 및 이사회소집청구권(상법개정안 제412조의 4)을 인정하고 있다.

(3) 우리 상법은 위에서 본 바와 같이 정관이 정하는 바에 따라 監事 또는 감사위원회를 선택하여 둘 수 있도록 하고 있고(상법 제415조의 2 제1항) 또한 상법개정안에서도 이를 유지하고 있으나(상법개정안 제415조의 2 제1항), 이는 타당하지 않다고 본다. 왜냐하면 집행임원제도를 채택하지 않은(다시 말하면 감독기능과 집행기능이 분리되지 않은) 회사에서 감사위원회제도를 채택하면, 업무집행을 담당한 자가 다시 자기를 감사하는 모순이 발생할 뿐만 아니라, 감사위원회의 효율성이 監事의 경우보다도 못한 결과가 된다. 따라서 집행임원제도를 채택한 회사(또한 사외이사가 이사 총수의 과반수인 이사회를 가진 회사)는 반드시 감사위원회를 두도록 하고(이 경우에는 이사회가 감독기능을 갖고 이사회내 위원회의 하나인 감사위원회가 감사업무를 담당하므로 별도의 비용을 들여 監事를 둘 필요가 없고 이사회의 감독기능과 이에 종속된 감사위원회의 감사기능은 조화를 이루게 되어 그 효율성을 증대시킬 수 있음), 집행임원제도를 채택하지 않은 회사(집행임원 비설치회사)는 이사회가 업무집행권을 가지므로 이사회내 위원회의 하나인 감사위원회가 업무집행에 대하여 감사하

는 것은 자기모순이므로 별도의 監事를 두도록 하여야 할 것이다. 이와 같이 집
행임원제도를 채택한 회사만이 감사위원회를 두도록 하면 監事制度에 따른 규제
를 탈법하기 위하여 감사위원회로 전환하려는 것을 방지할 수 있고, 또한 감사위
원회 위원(이사)의 선임시 주주의 의결권을 제한해야 할 것이 아닌가는 문제되지
않는다. 왜냐하면 이는 이사회가 업무집행기관과는 분리되어 업무감독권을 갖고
이사회의 하부기관으로 감사위원회가 있고 감사위원회의 위원은 이사회에서 선
임·해임되므로(상법 제393조의 2 제2항 제3호) 주주의 의결권을 제한하는 문제는
발생할 여지가 없기 때문이다.

## Ⅵ. 결  어

위에서 본 바와 같이 이번의 상법개정안은 각 이해관계인들 상호간의 이익
조정을 하다 보니, 상법개정안에서 반드시 규정하여야 할 사항이 빠진 것도 있고
또 어떤 규정은 원래의 취지에 맞지 않게 규정된 것도 있다. 따라서 상법개정안
이 보다 더 합리적이고 국제기준에 맞는 내용이 될 수 있도록 하기 위하여 필자
는 위의 의견을 제시하였다. 집행임원제도에 관하여는 재계에서 이의 취지(또는
내용)를 정확하게 이해하지 못하거나 또는 재계 일방의 이익만을 너무 강조하고
있는 것이 아닌가 하는 느낌을 받았다.

아무쪼록 이번 상법개정안은 과거와 같은 외부(IMF 등)의 영향도 없이 우리
가 스스로 자율적으로 작성하여 가장 좋은 내용으로 개정하고자 하는 것이므로
이러한 취지에서 국회에서는 어느 일방 이해관계인의 의견에만 얽매이지 않고
말없는 다수의 이익도 고려하여 형평에 맞고 가장 합리적이며 또한 국제기준에
맞는 회사법의 제정에 기여하여 주시기를 바란다.

# 2009년 개정상법 중 상장회사에 대한 특례규정에 관한 의견*

# I. 서 언

정부는 「자본시장과 금융투자업에 관한 법률」(이하 '자본시장법'으로 약칭함)이 제정되면서(2007. 8. 3, 법률 제8635호) 동법의 시행일(2009. 2. 4)에 폐지되는 「증권거래법」상의 상장회사에 대한 특례규정 중 지배구조에 관한 규정을 상법 제3편(회사편) 제4장(주식회사)에서 제13절 「상장회사에 대한 특례(제542조의 2~제542조의

---

* 이 글은 정찬형, "2009년 개정상법 중 상장회사에 대한 특례규정에 관한 의견," 「상사법연구」
(한국상사법학회), 제28권 제1호(2009. 5), 271~319면의 내용임(자본시장과 금융투자업에 관
한 법률이 2009. 2. 4.에 시행됨과 동시에 증권거래법이 폐지됨에 따라, 증권거래법상 상장회
사의 지배구조에 관한 특례규정을 상법 회사편에 포함시키는 내용의 2009년 1월 개정상법이
서둘러 규정하게 되어, 개정상법에 있는 많은 문제점을 필자는 이 글에서 지적하고 있음).

12)」를 신설하는 등의 개정안을 확정하여 2008년 10월 21일 제18대 국회 법제사
법위원회에 제출하였다. 국회 법제사법위원회는 정부의 「상법 일부개정법률안」
중 상장회사에 관한 특례부분을 발췌하여 위원회안을 성안하고, 이 안을 2009년
1월 6일 법제사법위원회에서 가결하고 동년 1월 8일 국회 본회의에서 가결하였
으며, 이는 2009년 1월 30일 법 제9362호로 공포되었다(이하 '2009년 개정상법'으로
약칭함). 이와 함께 상법시행령(구: 상법의 일부규정의 시행에 관한 규정)도 개정되어
2009년 2월 3일 대통령령 제21288호로 공포되었다.

　　한편 정부는 종래 증권거래법상 규정된 상장회사에 관한 특례규정 중 상장
회사의 지배구조에 관한 규정은 위와 같이 상법에 규정하고, 상장회사의 재무에
관한 규정은 위의 「자본시장과 금융투자업에 관한 법률」을 다시 개정하여 (잠정
적으로) 규정하기로(향후 특별법의 형식으로 규정할 예정) 하여 동법이 2009년 2월 3
일 법 제9407호로 개정되어 상장회사의 재무에 관한 규정(제3편 제3장의 2 주권상
장법인에 대한 특례 제165조의 2~제165조의 18)이 추가되었으며 이와 함께 동법시행
령도 2009년 2월 3일 대통령령 제21291호로 개정되었다. 따라서 위와 같은 개정
으로 상장회사에 관한 특례규정이 「상법」과 「자본시장과 금융투자업에 관한 법
률」에 나뉘어 존재하게 되었다.

　　필자는 위의 상법특례규정의 제정작업시 법무부 법무자문위원회 상법특례법
제정 특별분과위원장으로서 특례규정의 제정작업에 참여하였고 또한 동법 시행
령의 제정작업에도 참여하여 실무위원회 위원장을 맡았는데, 어떤 규정에 대하여
는 필자의 의견과 다른 부분이 있고 또 어떤 규정에 대하여는 특례규정에 두어
야 할 취지를 보충적으로 밝힐 필요가 있으며 또 어떤 규정에서는 해석에 모호
한 점이 있어, 그러한 부분에 대하여 이하에서 필자의 의견을 제시하고자 한다.
위의 특별분과위원회에서는 종래 증권거래법상 상장회사의 특례규정을 전부 다
루었으나, 이하에서는 상법상 규정된 상장회사에 대한 특례규정에 대하여만 필자
의 의견을 제시하고자 한다.

## Ⅱ. 특례규정의 적용범위

### 1. 상장회사

가. 2009년 개정상법 제542조의 2 제1항은 "이 절은 대통령령으로 정하는

증권시장(증권의 매매를 위하여 개설된 시장을 말한다)에 상장된 주권을 발행한 주식회사(이하 "상장회사"라 한다)에 대하여 적용한다. 다만, 집합투자(2인 이상에게 투자권유를 하여 모은 금전이나 그 밖의 재산적 가치가 있는 재산을 취득·처분, 그 밖의 방법으로 운용하고 그 결과를 투자자에게 배분하여 귀속시키는 것을 말한다)를 수행하기 위한 기구로서 대통령령으로 정하는 주식회사는 제외한다"고 규정하여, 특례규정이 적용되는 상장회사에 대하여 규정하고 있다. 여기에서 「대통령령으로 정하는 증권시장」이란 자본시장법 제9조 제13항(2013년 8월 27일 개정법에 의하면 제8조의 2 제4항 제1호)에 따른 증권시장을 말하는데(상법시행령 제29조 제1항), 이는 "유가증권시장 및 코스닥시장"을 말한다(자본시장법 제9조 제13항)(2013년 8월 27일 개정된 자본시장법에 의하면 "증권의 매매를 위하여 거래소가 개설하는 시장"을 말한다). 또한 단서에서 「대통령령으로 정하는 주식회사」란 자본시장법 제6조 제5항에 따른 집합투자를 수행하기 위한 기구인 주식회사를 말하는데(상법시행령 제29조 제2항), 이는 뮤추얼펀드로서 주식회사 형태를 취하고 있는 것을 말한다(자본시장법 제6조 제5항).

　나. 위와 같이 특례규정의 적용범위를 「유가증권시장 및 코스닥시장(2013년 8월 27일 개정된 자본시장법에 의하면 "증권의 매매를 위하여 거래소가 개설하는 시장")에 상장된 주권을 발행한 주식회사」로 한정하고, 또한 주식회사 형태의 뮤추얼펀드를 제외한 것은 타당하다고 본다.

## 2. 주식회사에 대한 다른 규정과의 관계

　가. 2009년 개정상법 제542조의 2 제2항은 "이 절은 이 장 다른 절에 우선하여 적용한다"고 규정하여, 특례규정이 우선 적용됨을 규정하고 있다(이 규정은 공청회에서 토론자가 주장한 것을 반영한 것인데, 토론자는 '해석상 다른 특별한 규정이 없더라도 상장회사에 대하여는 제13절이 제1절 내지 제12절에 우선하여 적용되는 것으로 해석될 것이나, 보다 이를 명백히 하기 위하여 명문화할 필요가 있다'고 주장함).

　종래의 증권거래법에는 상법과의 관계에서 이와 같은 규정이 없었다. 따라서 동일한 사항에 관하여 상법과 증권거래법이 상이하게 규정하는 경우에는 (ⅰ) 증권거래법을 상법의 특별법으로 보아 증권거래법이 항상 상법의 규정에 우선하여 적용된다는 증권거래법 우선적용설(예컨대, 감사의 선임에 관한 상법 제409조 제2항과 증권거래법 제191조의 11 제1항의 적용에서)과, (ⅱ) 증권거래법의 규정은 투자자 보호를 위한 규정으로서 투자자에게 유리한 경우에는 상법과 증권거래법의 규정을 선택적으로 적용하는 것이 가능하다는 선택적 적용설이 있었다.[1] 우리 대법원은 임시주주총회 소집청구권에 관한 소수주주권에서 상법 제366조와 증권거래법 제191조의 13 제5항과의 관계에서 선택적 적용설을 취하였다.[2]

나. 위와 같이 증권거래법과 상법과의 관계에서 과거에는 규정의 미비로 인하여 해석상 많은 혼란이 야기되었으나, 위의 2009년 개정상법은 이 점을 명백히 하여 특례규정이 다른 상법규정에 우선하여 적용됨을 규정하고 있는데, 매우 타당하다고 본다. 이 점은 또한 같은 상법규정에서 특례규정이 우선 적용되는 점은 당연한데, 주의적으로 이를 명백히 하기 위하여 규정한 것으로도 볼 수 있다.

따라서 상장회사에 대하여는 제13절의 특례규정이 우선적으로 적용되고 이 규정에 저촉되지 않는 한 일반규정이 상장회사에 대하여도 적용된다고 보겠다. 그러므로 상장회사에 대한 소수주주권에 관한 특칙규정인 상법 제542조의 6도 상장회사에 대하여는 우선 적용되므로 이에 저촉하는 상법의 일반규정은 적용되지 않는 것으로 보아야 할 것이다.


# Ⅲ. 주식매수선택권에 관한 특례규정

## 1. 부여대상자의 확대

가. 2009년 개정상법 제542조의 3 제1항은 "상장회사는 제340조의 2 제1항 본문에 규정된 자 이외에도 대통령령으로 정하는 관계회사의 이사, 집행임원, 감사 또는 피용자에게 주식매수선택권을 부여할 수 있다. 다만, 제542조의 8 제2항 제5호의 최대주주 등 대통령령으로 정하는 자에게는 주식매수선택권을 부여할 수 없다"고 규정하여, 주식매수선택권의 부여대상자를 「당해 회사뿐만 아니라 대통령령으로 정하는 일정한 관계회사의 이사·집행임원·감사 또는 피용자」에게도 확대하고 있다. 이 경우 「대통령령으로 정하는 관계회사」는 "(ⅰ) 주식매수선택권을 부여하는 회사의 수출실적에 영향을 미치는 생산 또는 판매 업무를 영위하거나 그 회사의 기술혁신을 위한 연구개발활동을 수행하는 경우로서, 해당 회사가 총출자액의 100분의 30 이상을 출자하고 최대출자자로 있는 외국법인, (ⅱ) 주식매수선택권을 부여하는 회사의 수출실적에 영향을 미치는 생산 또는 판매

1) 김건식·최문희, 상법특례조항의 문제점 및 개선방안(최종보고서), 2006. 12, 8면.
2) 대판 2004. 12. 10, 2003 다 41715.

업무를 영위하거나 그 회사의 기술혁신을 위한 연구개발활동을 수행하는 경우로서, 위 (ⅰ)의 외국법인이 총출자액의 100분의 30 이상을 출자하고 최대출자자로 있는 외국법인과 그 법인이 총출자액의 100분의 30 이상을 출자하고 최대출자자로 있는 외국법인, (ⅲ) 해당 회사가 금융지주회사법에서 정하는 금융지주회사인 경우 그 자회사 또는 손자회사 가운데 상장회사가 아닌 법인"으로 규정하고 있다(상법시행령 제30조 제1항)(종전의 증권거래법시행령 제84조의 6 제1항도 이와 유사하게 규정함).

그런데 이러한 관계회사의 이사·집행임원·감사 또는 피용자인 경우에도 (ⅰ) 그 회사의 최대주주 및 그 특수관계인, 또는 (ⅱ) 그 회사의 주요주주 및 그 특수관계인은 주식매수선택권의 대상이 될 수 없다(상법시행령 제30조 제2항)(종전의 증권거래법시행령 제84조의 6 제2항도 이와 동일하게 규정함).

나. 상장회사인 경우 일정한 관계회사의 이사·집행임원·감사 또는 피용자에게 주식매수선택권의 부여대상자의 범위를 확대하면서 그가 최대주주 등인 경우에는 배제하는 점은 타당하다고 본다. 다만 그러한 관계회사를 너무 확대하는 것은 바람직하지 않다고 본다.

또한 2009년 개정상법 제542조의 3 제1항 단서와 상법 제340조의 2 제2항은 불균형한 점이 있는데, 이를 상법 제340조의 2 제2항과 균형있게 규정하는 것도 검토할 필요가 있다고 본다. 이 경우에는 2009년 개정상법 제542조의 3 제1항 단서를 삭제하고, "이 경우 상법 제342조의 2 제2항을 준용한다"로 규정할 수 있을 것이다.

## 2. 부여한도의 확대

가. 2009년 개정상법 제542조의 3 제2항은 "상장회사는 제340조의 2 제3항에도 불구하고 발행주식총수의 100분의 20의 범위에서 대통령령으로 정하는 한도까지 주식매수선택권을 부여할 수 있다"고 규정하여, 주식매수선택권의 부여한도를 확대하고 있다. 이 경우 「대통령령으로 정하는 한도」란 "발행주식총수의 100분의 15에 해당하는 주식수"를 말한다(이를 산정하는 경우 2009년 개정상법 제542조의 3 제3항에 따라 부여한 주식매수선택권을 포함함)(상법시행령 제30조 제3항)(종전의 증권거래법시행령 제84조의 6 제5항도 이와 동일하게 규정함).

비상장회사의 경우 주식매수선택권의 부여한도는 「발행주식총수의 100분의 10」 이하인데(상법 제340조의 2 제3항), 상장회사의 경우에는 현재 「발행주식총수의 100분의 15」까지로 확대되어 있다.

　　나. 상장회사의 경우 위와 같이 부여대상자를 확대함으로써 부여한도를 확대하는 것은 어느 정도 부득이하다고 볼 수도 있으나, 대규모 상장회사의 경우 발행주식수가 아주 많은데 「발행주식총수의 15(시행령을 개정하면 100분의 20)」까지 많은 주식을 주식매수선택권으로 부여한다는 것은 회사의 자본충실의 면에서 또한 주식매수선택권을 부여받지 못하는 자와의 심한 불균형인 면에서 재고할 필요가 있다고 본다. 단지 상장회사라는 이유만으로 일률적으로 이와 같이 부여한도를 확대하는 것은 문제가 있다고 본다.

## 3. 부여절차·행사요건의 완화 및 취소사유 등의 규정

　　가. 2009년 개정상법 제542조의 3 제3항은 "상장회사는 제340조의 2 제1항 본문에도 불구하고 정관으로 정하는 바에 따라 발행주식총수의 100분의 10의 범위에서 대통령령으로 정하는 한도까지 이사회가 제340조의 3 제2항 각호의 사항을 결의함으로써 해당회사의 집행임원·감사 또는 피용자 및 제1항에 따른 관계회사의 이사·집행임원·감사 또는 피용자에게 주식매수선택권을 부여할 수 있다. 이 경우 주식매수선택권을 부여한 후 처음으로 소집되는 주주총회의 승인을 받아야 한다"고 규정하고, 동조 제4항은 "상장회사의 주식매수선택권을 부여받은 자는 제340조의 4 제1항에도 불구하고 대통령령으로 정하는 경우를 제외하고는 주식매수선택권을 부여하기로 한 주주총회 또는 이사회의 결의일부터 2년 이상 재임하거나 재직하여야 주식매수선택권을 행사할 수 있다"고 규정하며, 동조 제5항은 "제1항부터 제4항까지에서 규정한 사항 외에 상장회사의 주식매수선택권 부여, 취소, 그 밖에 필요한 사항은 대통령령으로 정한다"고 규정하여, 비상장회사에 비하여 상장회사의 경우에는 주식매수선택권을 부여하는 절차·요건 등을 완화하고 주식매수선택권의 취소사유를 대통령령으로 규정하도록 하고 있다.

　　비상장회사의 경우에는 주식매수선택권의 부여에 관한 사항에 대하여 주주총회의 특별결의를 요하나(상법 제340조의 3 제2항), 상장회사의 경우는 "정관에서 정하는 바에 따라 발행주식총수의 100분의 10의 범위에서 대통령령이 정하는 한도3)까지"는 이사회가 결의하여 주식매수선택권을 부여한 후 그 후 처음으로 소

---

3) 최근 사업연도말 현재의 자본금이 3천억원 이상인 법인의 경우는 발행주식총수의 100분의 1에 해당하는 주식수이고, 이러한 자본금이 3천억원 미만인 법인의 경우는 발행주식총수의 100분의 3에 해당하는 주식수이다(상법시행령 제30조 제4항)(종전의 증권거래법시행령 제84

집되는 주주총회에서 승인을 받도록 하고 있다. 다만 이러한 주식매수선택권은 이사에게는 부여할 수 없고, 당해 회사의 집행임원·감사 또는 피용자 및 위에서 본 관계회사의 이사·집행임원·감사 또는 피용자에게만 부여할 수 있다.

또한 상장회사의 이사 등에게 부여한 주식매수선택권은 그의 행사요건에서 「결의일로부터 2년 이상 재임 또는 재직」의 예외를 대통령령으로 정할 수 있도록 하였다. 따라서 이러한 예외는 「주식매수선택권을 부여받은 자가 사망하거나 그 밖에 본인의 책임이 아닌 사유로 퇴임하거나 퇴직한 경우(이 경우 정년에 따른 퇴임이나 퇴직은 본인의 책임이 아닌 사유에 포함되지 아니함)」이다(상법시행령 제30조 제5항)(종전의 증권거래법 제189조의 4 제5항 및 동 시행규칙 제36조의 9 제2항도 이와 유사한 내용으로 규정함).

이 외에 상장회사의 주식매수선택권 부여·취소·그 밖에 필요한 사항은 대통령령으로 정하도록 규정하고 있는데, 이는 다음과 같다. 상장회사는 (ⅰ) 주식매수선택권을 부여받은 자가 본인의 의사에 따라 사임 또는 사직한 경우, (ⅱ) 주식매수선택권을 부여받은 자가 고의 또는 과실로 회사에 중대한 손해를 입힌 경우, (ⅲ) 해당 회사의 파산 등으로 주식매수선택권 행사에 응할 수 없는 경우, (ⅳ) 그 밖에 주식매수선택권을 부여받은 자와 체결한 주식매수선택권 부여계약에서 정한 취소사유가 발생한 경우에는, 정관에서 정하는 바에 따라 이사회 결의에 의하여 주식매수선택권의 부여를 취소할 수 있도록 하였다(상법시행령 제30조 6항)(종전의 증권거래법시행령 제84조의 6 제8항도 이와 유사하게 규정함). 또한 상장회사 주식매수선택권의 행사기한을 해당 이사 등의 퇴임 또는 퇴직일로 정하는 경우 이들이 본인의 책임이 아닌 사유로 퇴임 또는 퇴직하였을 때에는 그 날부터 3월 이상의 행사기간을 추가로 부여하도록 하고 있다(상법시행령 제30조 7항)(종전의 증권거래법시행규칙 제36조의 9 제3항도 이와 유사한 내용을 규정함).

나. 상장회사가 주식매수선택권을 부여하는 경우는 위에서 본 바와 같이 비상장회사의 경우에 비하여, 일정한 한도까지는 이사회의 결의만으로 부여할 수 있고, 또 주식매수선택권을 부여받은 자가 사망 등 본인의 책임이 아닌 사유로 퇴임하거나 퇴직하는 경우에는 재직기간이 2년이 안 된 경우에도 주식매수선택권을 행사할 수 있도록 함과 동시에 행사기간을 당해 이사 등의 퇴직일로 정한 경우에는 그의 책임이 아닌 이유로 퇴임하거나 퇴직하였을 때에는 그 날부터 3

___
조의 6 제6항도 이와 유사하게 규정함).

개월 이상의 행사기간을 연장하고 있으며, 또한 주식매수선택권의 취소사유를 이사회가 임의로 정할 수 없고 시행령에서 구체적으로 정하도록 하고 있다.

상장회사의 경우 주주총회의 소집이 쉽지 않으므로 위와 같이 일정한 소규모의 주식매수선택권의 부여를 이사회의 결의사항으로 간소화한 것은 타당하다고 본다. 그런데 주식매수선택권은 회사의 발전에 많은 공헌이 있거나 능력이 있는 임직원에게 장기인센티브 보수제도의 형태로 부여하는 것이므로 일정기간 최소 근무기간을 규정한 것인데, 사망 등 이에 대한 예외를 반드시 상장회사의 경우에는 부여하여야 하는 것인지는 의문이다. 즉, 상장회사에 이와 같은 예외를 인정할 필요가 있는지 여부 또한 그러한 것이 주식매수선택권의 부여목적에 맞는 것인지는 의문이다. 상장회사의 경우 주식매수선택권의 취소사유를 회사(이사회)에 맡기지 않고 대통령령(시행령)에서 정하도록 한 것은 주식매수선택권자의 보호를 위하여 타당하다고 본다. 이러한 시행령의 내용은 비상장회사가 주식매수선택권을 취소하는 사유에도 기준이 될 것으로 본다.

2009년 개정상법은 주식매수선택권에 관한 제542조의 3 및 동법시행령 제30조를 개정하면서 종전의 증권거래법시행령 제84조의 6 제4항 제1호 및 제2호의 주식의 '시가' 산정방법을 도입하지 않았으므로, 이에는 상법 제340조의 2 단서의 주식의 '실질가격'에 따라야 할 것이다. 이 때 상법상 주식의 실질가액은 주식의 시가의 개념이고 종전의 증권거래법시행령 제84조의 6 제4항 제1호 가목의 시가는 상법상 주식의 실질가액의 하나이다. 따라서 2009년 개정상법상 주식매수선택권에서의 실질가액은 종전의 증권거래법시행령에 따라 계산하여도 좋고, 또는 행사일(부여일)의 종가로 계산하여도 무방하다고 본다(2009년 개정상법은 기업의 자율성을 더 보장함).

## IV. 주주총회 소집통지 · 공고에 관한 특례규정

### 1. 소집통지에 갈음하는 경우

**가.** 2009년 개정상법 제542조의 4 제1항은 "상장회사가 주주총회를 소집하는 경우 대통령령으로 정하는 수 이하의 주식을 소유하는 주주에게는 정관으로 정하는 바에 따라 주주총회일의 2주 전에 주주총회를 소집하는 뜻과 회의의 목적사항을 둘 이상의 일간신문에 각각 2회 이상 공고하거나 대통령령으로 정하는

바에 따라 전자적 방법으로 공고함으로써 제363조 제1항의 소집통지를 갈음할 수 있다"고 규정하고 있다.

상장회사의 경우 많은 소수(액)주주에게 일일이 소집통지를 함으로써 발생하는 시간과 비용을 절약할 수 있도록 하기 위하여 「대통령령으로 정하는 수 이하의 주식을 소유하는 주주」에게는 공고로써 통지에 갈음할 수 있도록 한 것이다. 이 때 「대통령령으로 정하는 수 이하의 주식」이란 "의결권 있는 발행주식총수의 100분의 1 이하의 주식"을 말한다(상법시행령 제31조 제1항)(종전의 증권거래법시행령 제84조의 17 제1항도 이와 동일하게 규정함).

또한 「대통령령으로 정하는 바에 따라 전자적 방법으로 공고」하는 경우에도 통지를 갈음하는데, 이는 "금융감독원 또는 한국거래소가 운용하는 전자공시시스템에 공고하는 방법"을 말한다(상법시행령 제31조 제2항).

나. 상장회사의 경우 많은 주주가 있는데 그 전부에게 일일이 통지하도록 하는 것은 시간과 비용면에서 부담이 크므로, 이와 같은 공고로써 통지에 갈음하도록 한 점은 타당하다고 본다.

다만 주식회사가 공고하는 방법은 정관의 절대적 기재사항이므로(상법 제289조 제1항 제7호), 금융감독원 또는 한국거래소가 운용하는 전자공시시스템에 공고하는 방법에 의하는 경우에도 정관에 규정이 있어야 한다고 본다.

## 2. 이사·감사 선임의 경우

가. 2009년 개정상법 제542조의 4 제2항은 "상장회사가 이사·감사의 선임에 관한 사항을 목적으로 하는 주주총회를 소집통지 또는 공고하는 경우에는 이사·감사 후보자의 성명, 약력, 추천인, 그 밖에 대통령령으로 정하는 후보자에 관한 사항을 통지하거나 공고하여야 한다"고 규정하고, 또한 제542조의 5는 "상장회사가 주주총회에서 이사 또는 감사를 선임하려는 경우에는 제542조의 4 제2항에 따라 통지하거나 공고한 후보자 중에서 선임하여야 한다"고 규정하고 있다.

비상장회사의 경우는 주주총회 소집통지 등에 「회의의 목적사항」만을 기재하면 되고(상법 제363조 제2항) 정관변경 등의 경우에는 이에 추가하여 「의안의 요령」도 기재하여야 하나(상법 제433조 제2항), 상장회사의 경우 이사·감사의 선임에 관한 사항을 회의의 목적사항으로 하는 경우에는 이사·감사 후보자의 성명 등 상세한 사항을 통지·공고하도록 하고, 이와 같이 통지·공고된 후보자 중에서 이사·감사를 선임하도록 하고 있다. 이 때 통지·공고하여야 하는 「대통령령으로 정하는 후보자에 관한 사항」이란 "(ⅰ) 후보자와 최대주주와의 관계, (ⅱ) 후보자와 해당 회사와의 최근 3년간의 거래내역이다(상법시행령 제31조 제3항)(종전의 증권거래법 제191조의 10 제3항 및 동법 시행령 제84조의 17 제3항·제4항도 이에 관하여 규정하고 있었음).

　　나. 이사·감사의 선임에 관한 사항을 목적으로 하는 주주총회의 소집통지·공고에 위와 같은 내용을 기재하도록 하는 것은 타당하다고 본다. 또한 이러한 내용은 소수주주가 주주제안의 형식으로 이사·감사 후보자를 추천하는 경우에도 동일하게 적용되어야 할 것이다. 이러한 점이 제542조의 4 제2항의 해석에 의하여도 인정될 수 있겠으나, 이 점을 명백하게 한다는 의미에서 이에 상법 제363조의 2도 포함된다는 내용을 규정하는 것이 더 확실하다고 본다.

　　2009년 개정상법 제542조의 5는 상장회사는 이와 같이 통지되거나 공고된 후보자 중에서만 이사·감사를 선임하도록 규정하고 있는데, 이는 이사·감사의 선임절차의 투명성을 확보하여 경영투명성을 제고하고자 하는 것이 입법취지이므로 이에 위반하면(즉, 주주총회 현장에서 통지·공고되지 않은 후보자를 이사·감사로 선임하는 경우 등) 그러한 이사·감사를 선임한 주주총회결의는 취소사유가 되고(상법 제376조) 또 그러한 회사의 이사 등은 500만원 이하의 과태료의 처분을 받는다고 본다(상법 제635조 제1항 제25조의 2).

## 3. 사외이사에 관한 공시특례

　　가. 2009년 개정상법 제542조의 4 제3항은 "상장회사가 주주총회 소집의 통지 또는 공고를 하는 경우에는 사외이사 등의 활동내역과 보수에 관한 사항, 사업개요 등 대통령령으로 정하는 사항(상법시행령 제31조 제4항)을 통지 또는 공고하여야 한다. 다만, 상장회사가 그 사항을 대통령령으로 정하는 방법(상법시행령 제31조 제5항)으로 일반인이 열람할 수 있도록 하는 경우에는 그러하지 아니하다"고 규정하고 있다. 이와 같이 상장회사의 경우에는 모든 주주총회의 소집통지·공고에 사외이사 등의 활동내역 등을 통지·공고하거나 또는 다른 방법으로 일반인이 열람할 수 있도록 하고 있다.

　　나. 2009년 개정상법 제542조의 4 제3항은 삭제되어야 할 것으로 본다. 동조 동항 본문은 상장회사가 주주총회를 소집하는 모든 경우에(즉, 주주총회의 목적사항이 무엇인지 불문하고 모든 경우에) 사외이사의 활동내역 등을 통지·공고하도록 하는 것은 타당하지 않다고 본다. 이러한 사항은 필요한 경우에 한하여 주주총회

에 보고하도록 하면 될 것이다. 동조 단서에 의하여 이러한 사항을 일반인이 열람할 수 있도록 하는 것도 사외이사의 프라이버시를 침해할 수 있어 적절하지 않다고 본다.

# V. 소수주주권에 관한 특례규정

## 1. 주주총회소집청구권·회사의 업무와 재산상태 검사를 위한 검사인 선임청구권

가. 2009년 개정상법 제542조의 6 제1항은 "6개월 전부터 계속하여 상장회사 발행주식총수의 1천분의 15 이상에 해당하는 주식을 보유한 자는 제366조(제542조에서 준용하는 경우를 포함한다) 및 제467조에 따른 주주의 권리를 행사할 수 있다"고 규정하고, 동조 제7항은 "상장회사는 정관에서 제1항부터 제6항까지 규정된 것보다 단기의 주식보유기간을 정하거나 낮은 주식보유비율을 정할 수 있다"고 규정하며, 동조 제8항은 "제1항부터 제6항까지 및 제542조의 7 제2항에서 '주식을 보유한 자'란 주식을 소유한 자, 주주권 행사에 관한 위임을 받은 자, 2명 이상 주주의 주주권을 공동으로 행사하는 자를 말한다"고 규정하고 있다.

비상장회사의 경우 주주총회(청산중의 회사의 주주총회를 포함)를 소집할 수 있는 소수주주는 「발행주식총수의 100분의 3 이상에 해당하는 주식을 가진 주주」인데(상법 제366조 제1항, 제542조 제2항), 상장회사의 경우는 「6개월 전부터 계속하여 발행주식총수의 1,000분의 15 이상에 해당하는 주식을 보유한 자」이다. 이는 회사의 업무와 재산상태를 검사하기 위한 법원에 대한 검사인 선임청구권의 경우에도 같다(상법 제467조 제1항). 또한 상장회사의 경우는 정관의 규정에 의하여 이러한 주식의 보유기간 및 보유비율을 낮게 정할 수 있다.

나. 상장회사는 주주총회 소집청구를 위한 소수주주권이 비상장회사의 경우보다 보유비율이 절반으로 낮은 대신 6개월의 보유기간이 추가되어 있다. 그런데 상장회사의 경우 비상장회사의 경우와는 달리 어느 정도 주식의 보유기간을 반드시 규정하여야 할 필요성이 있는 점은 이해할 수 있는데, 6개월의 보유기간이 적정한지 의문이다.

또한 상장회사라는 이유만으로 주식보유비율을 낮추어야 할 이유가 있는지, 1,000분의 15로 한 근거는 무엇인지도 의문이다.

또한 상법 제366조 제1항의 "주식을 「가진」"의 의미와 2009년 개정상법 제542조의 6 제1항의 "주식을 「보유」한"의 의미는 다른 것인지 또는 동일한 것인지도 의문이다. 만일 동일하다면 통일하여 써야 할 것이다.

## 2. 주주제안권

**가.** 2009년 개정상법 제542조의 6 제2항은 "6개월 전부터 계속하여 상장회사의 의결권 없는 주식을 제외한 발행주식총수의 1천분의 10(대통령령으로 정하는 상장회사의 경우에는 1천분의 5) 이상에 해당하는 주식을 보유한 자는 제363조의 2(제542조에서 준용하는 경우를 포함한다)에 따른 주주의 권리를 행사할 수 있다"고 규정하고 있다.

비상장회사의 경우 주주제안권을 행사할 수 있는 소수주주의 주식보유비율은 「의결권 없는 주식을 제외한 발행주식총수의 100분의 3 이상」인데(상법 제363조의 2 제1항), 상장회사의 경우는 「6개월 전부터 계속하여 보유하고 있는 의결권 없는 주식을 제외한 발행주식총수의 1,000분의 10(최근 사업연도말 자본금이 1,000억원 이상인 상장회사는 1,000분의 5) 이상」이다('대통령령으로 정하는 상장회사'에 대하여 상법시행령 제32조는 종전의 증권거래법시행령 제84조의 20 제1항과 동일하게 이와 같이 규정함).

**나.** 이에 관한 의문은 앞에서 본 바와 같다. 이 경우에는 최근 사업연도말 자본금에 의하여 주식보유비율을 다시 구분하여 달리하고 있는데, 이것이 적절한지도 의문이다.

## 3. 이사·감사·청산인의 해임청구권

**가.** 2009년 개정상법 제542조의 6 제3항은 "6개월 전부터 계속하여 상장회사 발행주식총수의 1만분의 50(대통령령으로 정하는 상장회사의 경우에는 1만분의 25) 이상에 해당하는 주식을 보유한 자는 제385조(제415조에서 준용하는 경우를 포함한다) 및 제539조에 따른 주주의 권리를 행사할 수 있다"고 규정하고 있다.

비상장회사의 경우 이사·감사·청산인을 법원에 해임청구할 수 있는 소수주주의 주식보유비율은 「발행주식총수의 100분의 3 이상」인데(상법 제385조 제2항, 제415조, 제539조 제2항), 상장회사의 경우는 「6개월 전부터 계속하여 보유하고 있는 발행주식총수의 10,000분의 50(최근 사업연도말 자본금이 1천억원 이상인 상장회사는 10,000분의 25) 이상」이다(2009년 개정상법 제542조의 6 제3항, 동법시행령 제32조).

나. 이에 관한 의문은 앞에서 본 바와 같다.

## 4. 회계장부열람청구권

가. 2009년 개정상법 제542조의 6 제4항은 "6개월 전부터 계속하여 상장회사 발행주식총수의 1만분의 10(대통령령으로 정하는 상장회사의 경우에는 1만분의 5) 이상에 해당하는 주식을 보유한 자는 제466조(제542조에서 준용하는 경우를 포함한다)에 따른 주주의 권리를 행사할 수 있다"고 규정하고 있다.

비상장회사의 경우 회계장부열람청구권을 행사할 수 있는 소수주주의 주식보유비율은 「발행주식총수의 100분의 3 이상」인데(상법 제466조 1항, 제542조 2항), 상장회사의 경우는 「6개월 전부터 계속하여 보유하고 있는 발행주식총수의 10,000분의 10(최근 사업연도말 자본금이 1,000억원 이상인 상장회사는 10,000분의 5) 이상」이다(2009년 개정상법 제542조의 6 제4항, 동법시행령 제32조).

나. 이에 관한 의문은 앞에서 본 바와 같다.

## 5. 이사의 위법행위에 대한 유지청구권

가. 2009년 개정상법 제542조의 6 제5항은 "6개월 전부터 계속하여 상장회사 발행주식총수의 10만분의 50(대통령령으로 정하는 상장회사의 경우에는 10만분의 25) 이상에 해당하는 주식을 보유한 자는 제402조(제408조의 9 및 제542조에서 준용하는 경우를 포함한다)에 따른 주주의 권리를 행사할 수 있다"고 규정하고 있다.

비상장회사의 경우 이사(집행임원 또는 청산인)의 위법행위에 대하여 유지청구권을 행사할 수 있는 소수주주의 주식보유비율은 「발행주식총수의 100분의 1 이상」인데(상법 제402조, 제408조의 9, 제542조 제2항), 상장회사의 경우는 「6개월 전부터 계속하여 보유하고 있는 발행주식총수의 100,000분의 50(최근 사업연도말 자본금이 1,000억원 이상인 상장회사는 100,000분의 25) 이상」이다(2009년 개정상법 제542조의 6 제5항, 동법시행령 제32조).

나. 이에 관한 의문은 앞에서 본 바와 같다.

## 6. 대표소송권

가. 2009년 개정상법 제542조의 6 제6항은 "6개월 전부터 계속하여 상장회사 발행주식총수의 1만분의 1 이상에 해당하는 주식을 보유한 자는 제403조(제324조, 제408조의 9, 제415조, 제424조의 2, 제467조의 2 및 제542조에서 준용하는 경우를

포함한다)에 따른 주주의 권리를 행사할 수 있다"고 규정하고 있다.

비상장회사의 경우 이사·집행임원·발기인·감사·이사와 통모하여 불공정한 발행가액으로 주식을 인수한 자·주주의 권리행사와 관련하여 재산상의 이익을 공여받은 자 및 청산인에 대하여 대표소송을 제기할 수 있는 소수주주의 주식보유비율은 「발행주식총수의 100분의 1 이상」인데(상법 제403조, 제408조의 9, 제324조, 제415조, 제424조의 2, 제467조의 2, 제542조), 상장회사의 경우는 「6개월 전부터 계속하여 보유하는 발행주식총수의 10,000분의 1 이상」이다(2009년 개정상법 제542조의 6 제6항).

나. 이에 관한 의문은 앞에서 본 바와 같다.

# Ⅵ. 집중투표에 관한 특례규정

## 1. 집중투표청구

가. 2009년 개정상법 제542조의 7 제1항은 "상장회사에 대하여 제382조의 2에 따라 집중투표의 방법으로 이사를 선임할 것을 청구하는 경우 주주총회일(정기주주총회의 경우에는 직전 연도의 정기주주총회일에 해당하는 그 해의 해당일) 6주 전까지 서면 또는 전자문서로 회사에 청구하여야 한다"고 규정하고, 동조 제2항은 "자산규모 등을 고려하여 대통령령으로 정하는 상장회사의 의결권 없는 주식을 제외한 발행주식총수의 100분의 1 이상에 해당하는 주식을 보유한 자는 제382조의 2에 따라 집중투표의 방법으로 이사를 선임할 것을 청구할 수 있다"고 규정하고 있다.

비상장회사의 경우는 이사의 선임에서 소수주주가 집중투표의 방법으로 이사를 선임할 것을 「주주총회일의 7일 전까지」 서면 또는 전자문서로 하여야 하는데(상법 제382조의 2 제2항), 상장회사의 경우는 「주주총회일 6주 전까지」 서면 또는 전자문서로 회사에 청구하도록 하고 있다.

또한 비상장회사의 경우 집중투표를 청구할 수 있는 소수주주의 주식보유비율이 「의결권 없는 주식을 제외한 발행주식총수의 100분의 3 이상」인데(상법 제382조의 2 제1항), 상장회사 중 최근 사업연도말 현재의 자산총액이 2조원 이상인 상장회사인 경우에는(상법시행령 제33조는 종전의 증권거래법 제191조의 18 제1항과 동일하게 이와 같이 규정함) 「의결권 없는 주식을 제외한 발행주식총수의 100분의 1

이상」으로 하고 있다.

나. 상장회사의 경우에도 이사 선임을 주주총회의 목적사항으로 하는 주주총회의 소집통지는 「회일의 2주간 전」에 하므로(상법 제363조 제1항) 주주는 이사 선임의 목적사항을 이를 통하여 알 수 있는데, 상장회사의 주주는 이사 선임의 목적사항 및 회일을 어떻게 미리 알고 「회일의 6주 전까지」집중투표의 방법으로 이사를 선임할 것을 청구하여야 할 것인지는 극히 의문이다(그러므로 이는 임시총회에서는 불가능하고, 정기총회에서만 의미가 있을 것으로 본다). 따라서 상장회사의 경우도 (임시총회에서도 소수주주의 집중투표청구가 의미를 가지려면) 이러한 주주총회 소집통지기간과 상충되지 않도록 집중투표청구기간을 규정하여야 할 것으로 본다.

또한 상장회사 중 「자산총액 2조원 이상인 상장회사」에 대하여만 집중투표를 청구할 수 있는 소수주주의 주식보유비율을 낮추는 것은 앞에서 본 상장회사의 소수주주권에 관한 특칙에도 없는 사항이고, 또 그러한 상장회사에 대하여만 특별히 낮은 주식보유비율을 규정하는 특칙을 두어야 할 특별한 이유가 있는지 또한 「100분의 1 이상」이란 기준이 적절한지 여부 등은 의문이다.

## 2. 집중투표배제

가. 2009년 개정상법 제542조의 7 제3항은 "제2항의 상장회사가 정관으로 집중투표를 배제하거나 그 배제된 정관을 변경하려는 경우에는 의결권 없는 주식을 제외한 발행주식총수의 100분의 3을 초과하는 수의 주식을 가진 주주는 그 초과하는 주식에 관하여 의결권을 행사하지 못한다. 다만, 정관에서 이보다 낮은 주식보유비율을 정할 수 있다"고 규정하고, 동조 제4항은 "제2항의 상장회사가 주주총회의 목적사항으로 제3항에 따른 집중투표 배제에 관한 정관변경에 관한 의안을 상정하려는 경우에는 그 밖의 사항의 정관변경에 관한 의안과 별도로 상정하여 의결하여야 한다"고 규정하고 있다.

상장회사 중 최근 사업연도말 현재의 자산총액이 2조원 이상인 상장회사인 경우에는(상법시행령 제33조) 집중투표를 배제하는 정관변경에 의결권을 제한하고 또한 이러한 정관변경의 의안은 그 밖의 사항의 정관변경의 의안과 별도로 상정하여 의결하도록 하고 있다. 이로 인하여 이러한 대규모 상장회사의 경우는 집중투표를 배제하는 정관변경이 사실상 불가능하게 되었다.

나. 2009년 개정상법 제542조의 7 제3항 및 제4항은 삭제되어야 한다고 본다. 우리 상법상 이와 같이 주주의 의결권을 제한하는 경우는 감사 또는 감사위

원회 위원의 선임·해임의 경우 뿐인데(상법 제409조 제2항·제3항, 제542조의 12 제3항·제4항), 이는 업무집행기관을 구성하는 이사를 선임한 대주주가 다시 업무집행기관을 감사하는 감사 또는 감사위원회 위원을 선임하도록 하는 것은 적절하지 않고 또한 감사 또는 감사위원회 위원의 선임에서 소수주주의 의사가 반영될 수 있도록 하기 위한 특별한 경우이다. 이는 외국의 입법례에도 거의 없는 우리 상법의 특색이기도 하다.[4]

그런데 상장회사 중 일부의 상장회사만에 대하여 위와 같이 정당한 이유도 없이 (지배)주주의 의결권을 제한하여 (사실상) 정관에(즉, 주주의 다수의 의견에 의하여) 집중투표의 배제규정을 둘 수 없도록 하는 것은 극히 형평에 어긋나고 또한 이는 (정당한 이유 없이) 주주의 의결권을 제한하는 것으로서 위와 같은 조항은 헌법소원의 대상이 되어 위헌으로 무효가 될 수 있는 여지도 있다. 이러한 규정을 두는 것은 균형을 잃은 입법의 남용이라고 본다.

## VII. 사외이사에 관한 특례규정

### 1. 사외이사의 선임의무

가. 2009년 개정상법 제542조의 8 제1항은 "상장회사는 자산규모 등을 고려하여 대통령령으로 정하는 경우를 제외하고는 이사 총수의 4분의 1 이상을 사외이사로 하여야 한다. 다만, 자산규모 등을 고려하여 대통령령으로 정하는 상장회사의 사외이사는 3명 이상으로 하되, 이사 총수의 과반수가 되도록 하여야 한다"고 규정하고, 동조 제3항은 "제1항의 상장회사는 사외이사의 사임·사망 등의 사유로 인하여 사외이사의 수가 제1항의 이사회의 구성요건에 미달하게 되면 그 사유가 발생한 후 처음으로 소집되는 주주총회에서 제1항의 요건에 합치되도록 사외이사를 선임하여야 한다"고 규정하고 있다.

상장회사의 경우는 원칙적으로 사외이사를 의무적으로 이사 총수의 4분의 1 이상 선임하도록 하고, 예외적으로 사외이사의 선임의무가 없는 상장회사는 ( i )「벤처기업의 육성에 관한 특별조치법」에 따른 벤처기업 중 최근 사업연도말 현재의 자산총액이 1,000억원 미만으로서 코스닥시장 또는 코넥스시장에 상장된

---

4) 정찬형, 「상법강의(상)(제12판)」(서울: 박영사, 2009), 917면; 정동윤, 「회사법(제7판)」(서울: 법문사, 2001), 476면.

주권을 발행한 벤처기업, (ii)「채무자 회생 및 파산에 관한 법률」에 따른 회생
절차가 개시되었거나 파산선고를 받은 상장회사, (iii) 유가증권시장, 코스닥시장
또는 코넥스시장에 주권을 신규로 상장한 상장회사(신규 상장 후 최초로 소집되는
정기주주총회 전일까지만 해당함)(다만, 유가증권시장에 상장된 주권을 발행한 회사로서 사
외이사를 선임하여야 하는 회사가 코스닥시장 또는 코넥스시장에 상장된 주권을 발행한 회
사로 되는 경우 또는 이의 반대의 경우는 신규 상장으로 보지 않음), (iv)「부동산투자회
사법」에 의한 기업구조조정부동산투자회사, (ⅴ) 해산을 결의한 상장회사이다(상
법시행령 제34조 제1항은 종전의 증권거래법 제191조의 16 제2항 및 동법시행령 제84조의
23 제3항을 참조하여 이와 같이 규정함).

    또한 상장회사 중 최근 사업연도말 현재의 자산총액이 2조원 이상인 상장회
사는 사외이사를 3명 이상 및 이사 총수의 과반수를 의무적으로 선임하도록 하
고 있다(상법시행령 제34조 제2항은 종전의 증권거래법시행령 제84조의 23 제2항과 동일
하게 이와 같이 규정함).

    **나.** 위와 같이 모든 상장회사에게 의무적으로 사외이사를 선임하도록 하고,
특히 자산총액이 2조원 이상인 대규모 상장회사에 대하여는 이사 총수의 과반수
까지 사외이사를 의무적으로 선임하도록 하는 규정은 그 동안 우리나라의 사외
이사의 운용현실에서 볼 때 (종국적으로는) 폐지되어야 한다고 본다. 상장회사는
그의 규모·업종 등에 따라 그 회사에 맞고 효율적인 다양한 지배구조가 있을 것
이므로 이와 같이 모든 상장회사에 대하여 일률적으로 사외이사를 의무적으로
두도록 하는 것은 타당하지 않다고 본다. 사외이사를 둠으로써 이사회가 독립적
이고 효율적인 감독기능을 수행할 수 있도록 하는 것은 각 상장회사의 지배구조
에 대한 평가에서 반영될 수 있도록 하고 또 이것이 투자자에게 직결될 수 있도
록 하면 충분할 것으로 본다. 법에서 이를 규정할 경우에는 각 회사가 이러한
지배구조를 선택하면 유리한 점이 있도록 유도하여야지 현재와 같이 직접적이고
일률적으로 모든 상장회사가 의무적으로 사외이사를 두도록 규정하는 것은 타당
하지 않다고 본다. 사외이사를 두는 경우에는 사외이사의 독립성과 효율성이 전
제되어야 하는데, 이러한 전제 없이 모든 회사에게 의무적으로 사외이사를 무조
건 선임하도록 하는 것은 회사 업무의 비효율성과 불필요한 비용의 낭비를 초래
할 여지가 크다고 본다. 즉, 상법이 이와 같이 모든 상장회사가 일률적이고 의무
적으로 사외이사를 선임하도록 함으로써 현실적으로 사외이사의 선임이 그 본래
의 취지에 맞지 않고 형식적이고 장식용으로 되어 회사 업무의 비효율성과 불필

요한 비용의 낭비를 초래하는 경우가 많다.

2009년 개정상법 제542조의 8 제1항 본문과 같이 상장회사가 의무적으로 이사 총수의 4분의 1 이상을 사외이사로 선임하도록 하는 것은 이사회가 사외이사 중심으로 하여 업무집행을 감독하는 것에도 충실하지 못하고 또한 업무집행을 담당하는 이사회에 회사의 업무에 대하여 잘 알지도 못하는 (외부의) 사외이사가 존재하게 되어 이사회의 업무효율성도 크게 저하시키므로, 상장회사에 대하여 이와 같이 사외이사를 의무적으로 두도록 하는 규정은 그 의미가 거의 없으므로 폐지되어야 한다고 본다.

자산총액 2조원 이상인 대규모 상장회사에 대하여 이사 총수의 과반수에 해당하는 사외이사를 의무적으로 두도록 하는 2009년 개정상법 제542조의 8 제1항 단서는 사외이사 중심의 이사회가 업무집행에 대한 감독을 충실히 하도록 하는 점에 있어서는 의미가 있다. 그런데 이 경우에는 사외이사 중심의 이사회와는 별도의 업무집행기관인 집행임원을 의무적으로 두어야 하는 규정을 두었어야 한다.5) 또한 이러한 상장회사에 대하여는 업무감독기능을 충실히 수행하는 이사회를 전제로 하여 이러한 이사회내의 위원회의 하나인 감사위원회를 감사(監事)에 갈음하여 의무적으로 두도록 하여야 할 것이다(이러한 상장회사가 감사위원회를 의무적으로 두어야 하는 점에 대하여는 2009년 개정상법 제542조의 11·동법시행령 제37조 제1항 및 종전의 증권거래법 제191조의 17 제1항에서 반영됨). 집행임원을 별도록 두지 않은 사외이사 중심의 이사회제도는 업무집행의 효율성에서 종래보다 못한 것이 되고 또한 자기가 집행한 사항을 자기가 감독(감사위원회에 의한 감사)하는 것이 되어 감독(감사위원회에 의한 감사)기능이 종래의 이사회(監事)보다도 못한 결과가 된다. 따라서 2009년 개정상법 제542조의 8 제1항 단서를 두고자 하면 반드시 이와 함께 집행임원제를 의무적으로 도입하도록 하여야 하고, 집행임원제를 도입하지 않는 경우에는 2009년 개정상법 제542조의 8 제1항 단서도 동조 동항 본문과 함께 폐지되어야 할 것으로 본다.

## 2. 사외이사의 자격

**가.** 2009년 개정상법 제542조의 8 제2항은 사외이사의 결격사유에 대하여

---

5) 동지: 정찬형, "주식회사 지배구조관련 개정의견," 「상사법연구」(한국상사법학회), 제24권 2호(2005. 8), 143면. 상법개정안상 집행임원제도에 관한 상세는 정찬형, "2007년 확정한 정부의 상법(회사법) 개정안에 대한 의견," 「고려법학」(고려대 법학연구원), 제50호(2008), 380~392면.

"상장회사의 사외이사는 제382조 제3항 각 호뿐만 아니라 다음 각 호의 어느 하나에 해당되지 아니하여야 하며, 이에 해당하게 된 경우에는 그 직을 상실한다.

1. 미성년자, 피성년후견인(금치산자) 또는 피한정후견인(한정치산자)

2. 파산선고를 받고 복권되지 아니한 자

3. 금고 이상의 형을 선고받고 그 집행이 끝나거나 집행이 면제된 후 2년이 지나지 아니한 자

4. 대통령령으로 별도로 정하는 법률에 위반하여 해임되거나 면직된 후 2년이 지나지 아니한 자

5. 상장회사의 주주로서 의결권 없는 주식을 제외한 발행주식총수를 기준으로 본인 및 그와 대통령령으로 정하는 특수한 관계에 있는 자(이하 "특수관계인"이라 한다)가 소유하는 주식의 수가 가장 많은 경우 그 본인(이하 "최대주주"라 한다) 및 그의 특수관계인

6. 누구의 명의로 하든지 자기의 계산으로 의결권 없는 주식을 제외한 발행주식총수의 100분의 10 이상의 주식을 소유하거나 이사·집행임원·감사의 선임과 해임 등 상장회사의 주요 경영사항에 대하여 사실상의 영향력을 행사하는 주주(이하 "주요주주"라 한다) 및 그의 배우자와 직계존속·비속

7. 그 밖에 사외이사로서의 직무를 충실하게 수행하기 곤란하거나 상장회사의 경영에 영향을 미칠 수 있는 자로서 대통령령이 정하는 자"로 규정하고 있다.

상장회사의 사외이사의 결격사유는 비상장회사의 그것(2009년 개정상법 제382조 제3항)보다 훨씬 확대되어 있다.

위 2009년 개정상법 제542조의 8 제2항 제4호에서 「대통령령으로 별도로 정하는 법률」이란 한국은행법·은행법·보험업법·자본시장과 금융투자업에 관한 법률 등이고(상법시행령 제34조 제3항), 동조 동항 제7호의 「대통령령으로 정하는 자」란 (ⅰ) 해당 상장회사의 계열회사의 상무에 종사하는 이사·집행임원·감사 및 피용자이거나 최근 2년 이내에 계열회사의 상무에 종사하는 이사·집행임원·감사 및 피용자이었던 자, (ⅱ) 최근 3개 사업연도 중 해당 상장회사와의 거래실적의 합계액이 자산총액 또는 매출총액의 100분의 10 이상인 법인의 이사·집행임원·감사 및 피용자이거나 최근 2년 이내에 이사·집행임원·감사 및 피용자이었던 자 등, (ⅲ) 해당 상장회사 외의 2개 이상의 다른 회사의 이사·집행임원·감사로 재임중인 자 등이다(상법시행령 제34조 제5항).

나. 위와 같이 상장회사의 사외이사에 대하여 그 결격사유를 대폭 확대한
것은 사외이사의 독립성을 확보하고자 하는 것으로 생각되는데, 이러한 결격사유
에 해당하지 않는 자를 사외이사로 선임한 경우 사외이사의 독립성과 그 효율성
이 담보될 수 있을지는 극히 의문이다. 또한 사외이사는 독립성도 중요하지만 이
에 못지 않게 그의 업무능력도 매우 중요하다. 따라서 위와 같은 결격사유가 없
다고 하여도 업무능력이 없으면 사외이사제도의 본래의 취지를 달성할 수 없다.
또한 위와 같은 결격사유는 너무 포괄적이고 복잡하다. 즉, 사외이사의 독립성을
확보하기 위한 모든 결격사유를 법령에서 전부 규정할 수는 없다.

따라서 사외이사의 소극적 요건은 상법 제382조 제3항에 맡기고, 상장회사
의 사외이사의 요건에 관한 특칙규정을 두고자 하면 그 적극적 요건을 포괄적으
로 두는 것이 바람직하다고 본다. 독립적이고 효율적인 사외이사를 선임하는 것
은 결국 회사(지배주주)의 의지에 달려 있으므로, 문제되는 경우에는 그 포괄규정
에 의한 사법판단에 맡길 수밖에 없다고 본다.

## 3. 사외이사의 선임절차

가. 2009년 개정상법 제542조의 8 제4항은 "제1항 단서의 상장회사는 사외
이사후보를 추천하기 위하여 제393조의 2의 위원회(이하 이 조에서 '사외이사후보추
천위원회'라 한다)를 설치하여야 한다. 이 경우 사외이사후보추천위원회는 사외이
사가 총 위원의 과반수가 되도록 구성하여야 한다"고 규정하고, 동조 제5항은
"제1항 단서에서 규정하는 상장회사가 주주총회에서 사외이사를 선임하려는 경
우에는 사외이사후보추천위원회의 추천을 받은 자 중에서 선임하여야 한다. 이
경우 사외이사후보추천위원회가 사외이사후보를 추천할 때에는 제363조의 2 제1
항, 제542조 6 제1항·제2항의 권리를 행사할 수 있는 요건을 갖춘 주주가 주주
총회일의 6주전에 추천한 사외이사후보를 포함시켜야 한다"고 규정하고 있다.

최근 사업연도말 현재의 자산총액이 2조원 이상인 상장회사는 이사회내 위
원회의 하나로 반드시 '사외이사후보추천위원회'를 설치하여야 하는데, 이 위원회
는 사외이사가 총 위원의 과반수이어야 한다. 위의 상장회사는 이러한 사외이사
후보추천위원회의 추천을 받은 자(주주제안권에 의하여 추천된 자도 이에 포함됨) 중
에서만 사외이사를 선임하도록 하고 있다.

나. 위와 같이 최근 사업연도말 현재의 자산총액이 2조원 이상인 상장회사
의 사외이사는 '사외이사후보추천위원회'가 추천한 후보 중에서만 선임되도록 한

것은 사외이사의 업무집행기관에 대한 독립성을 담보하기 위한 것으로 볼 수 있다. 사외이사의 업무집행기관에 대한 독립성은 그의 선임 및 업무수행에서의 독립성이 있는데, '사외이사후보추천위원회'가 추천한 후보 중에서만 주주총회가 사외이사를 선임하도록 한 것은 사외이사의 선임에서 독립성을 보장하기 위한 것이다. 그러면 위와 같이 주주총회가 '사외이사후보추천위원회'가 추천한 후보 중에서 사외이사를 선임하면 그러한 사외이사는 회사의 대주주(경영진)로부터 독립적인 자가 될 수 있을까? 그런데 우리나라 상장회사의 사외이사 추천방법에 관한 설문조사의 결과를 보면 거의 대부분 대주주나 회사 임원의 추천에 의하여 사외이사가 선임된다고 한다.6) 그 이유는 '사외이사후보추천위원회'의 위원(사외이사인 위원을 포함하여)이 사실상 회사의 대주주(경영진)의 영향하에 선임되기 때문이라고 볼 수 있다. 이는 현재와 같이 사외이사 중심의 이사회가 회사의 업무집행기관(집행임원)과 분리되어 있지 않고 결합되어 있기 때문에(즉, 이러한 이사회와 독립된 집행임원제도를 두고 있지 않기 때문에) 부득이한 일이라고 본다. 따라서 주주총회가 '사외이사후보추천위원회'의 추천을 받은 자를 사외이사로 선임한다고 하더라도 이는 형식적으로만 보면 지배주주(경영진)로부터 독립적인 사외이사가 선임되는 것 같지만, 실질적으로는 독립적인 선임이 되지 못하고 있다.7)

　　그러므로 대주주(경영진)로부터 실질적으로 독립적인 사외이사를 선임하기 위하여는 새로운 추천기관이 모색되어야 할 것으로 본다.8) 대주주(경영진)로부터 실질적으로 독립적인 사외이사를 선임하는 전제조건은 사외이사 중심의 이사회는 업무집행기관에 대한 업무감독을 하는 것을 주업무로 하고 이러한 이사회와는 별도의 업무집행기관(집행임원)이 설치되어야 한다. 만일 이러한 이사회와는 별도의 업무집행기관(집행임원)이 설치되지 않으면 업무집행을 담당하는 (사외)이사를 대주주가 선임하고자 하는 것은 필연적이기 때문이다. 따라서 현재 실제로 대주주의 영향하에 선임되는 사외이사가 중심이 된 '사외이사후보추천위원회'도 대주주의 영향하에 있으므로 그러한 '사외이사후보추천위원회'는 실질적으로 대주주로부터 독립적인 사외이사의 선임에 아무런 기여도 하지 못하게 되는 것이다.

---

6) 이에 대하여는 한국상장회사협의회, "사외이사제도의 문제점 및 개선방안," 「상장」, 제318호 (2001. 6), 41면; 동, "사외이사제도 및 운영개선에 관한 의견," 「상장」, 제339호(2003. 3), 37면 참조.

7) 동지: 정찬형, "사외이사제도의 개선방법," 「고려법학」(고려대 법학연구원), 제40호(2003), 62면; 한국상장회사협의회, 상게 상장(2003. 3), 37면.

8) 정찬형, 상게 논문(고려법학 제40호), 62~63면.

　　현재와 같이 이사회내 위원회의 하나로 '사외이사후보추천위원회'를 두도록
하는 것은 이사회를 대주주가 장악하고 있는 현실에서 대주주로부터 실질적으로
독립한 사외이사후보의 추천을 기대할 수 없고, 또한 이사회내 위원회의 하나로
서 사외이사후보만을 추천하는 위원회를 의무적으로 구성하도록 하는 것은 이사
회내 위원회의 원래의 취지에 맞지도 않고 이에 따른 비용부담만 회사에게 가중
시키는 것으로 볼 수 있다. 따라서 사외이사후보추천기관은 회사 내에 둘 것이
아니라 회사 외에 두어야 하고, 이러한 추천기관에는 회사의 소수주주 및 채권자
의 이익을 대변할 수 있는 자도 구성원으로 참여시키고,9) 또한 사외이사는 그의
업무를 수행할 수 있는 전문적인 지식과 그 업무에 대한 경험이 있어야 하므로
이러한 자를 사외이사후보로 추천할 수 있는 전문가를 추천기관의 구성원에 참
여시켜야 할 것이다. 이러한 추천기관(또는 추천위원회)을 별도로 설치(구성)하지
않는 회사는 사외이사 인력풀을 운영하고 있는 전문적 기관에 사외이사후보를
추천하도록 의뢰하는 것도 하나의 방법이 될 것이다.10)

## Ⅷ. 감사기관에 관한 특례규정

### 1. 상근감사

#### 가. 상근감사의 설치의무

　　(1) 2009년 개정상법 제542조의 10 제1항은 "대통령령으로 정하는 상장회사
는 주주총회결의에 의하여 회사에 상근하면서 감사업무를 수행하는 감사(이하 '상
근감사'라 한다)를 1명 이상 두어야 한다. 다만, 이 법(2011년 4월 개정상법은 '이 법'
을 '이 절'로 개정함) 및 다른 법률에 따라 감사위원회를 설치한 경우(감사위원회 설
치 의무가 없는 상장회사가 이 절의 요건을 갖춘 감사위원회를 설치한 경우를 포함한다)에
는 그러하지 아니하다"고 규정하고 있다.

　　여기에서 「대통령령으로 정하는 상장회사」란 "최근 사업연도말 현재 자산총
액이 1,000억원 이상인 상장회사"를 말한다(상법시행령 제36조 제1항은 종전의 증권
거래법시행령 제84조의 19 제1항과 동일하게 이와 같이 규정함). 이는 종래에 상장회사
가 상법상 監事를 형식상 두고 있는 점에서, 일정규모 이상의 상장회사는 監査의

---

　9) 동지: 정찬형, 상게 논문(고려법학 제40호), 60~61면.
　10) 동지: 한국상장회사협의회, 전게 상장(2003. 3), 37~39면.

실효성을 위하여 회사에서 근무하는 監事(상근감사)를 반드시 1인 이상 두도록 한 것이다.

(2) 자산총액 2조원 이상인 상장회사는 반드시 감사위원회를 두어야 하므로 위의 상근감사에 관한 규정은 적용될 여지가 없으나(2009년 개정상법 제542조의 11 제1항), 자산총액 1,000억원 이상 2조원 미만인 상장회사에 이러한 상근감사에 관한 규정이 적용될 수 있다. 이러한 상장회사는 2009년 개정상법에 의하면 監事 또는 監査委員會를 선택적으로 둘 수 있는데(상법 제415조의 2 제1항), 監査委員會를 두지 않는 경우에 상근감사를 두어야 한다(그러나 2011년 4월 개정상법에 의하면 이러한 회사는 상법 제3편 제4장 제13절에 의한 감사위원회를 두지 않으면 상근감사를 두어야 한다). 이러한 회사는 사외이사를 반드시 이사 총수의 4분의 1 이상 두어야 하므로(2009년 개정상법 제542조의 8 제1항 본문) 사외이사가 2인 이상이면 감사위원회를 두고(상법 제415조의 2 제1항)[11] 상근감사를 두지 않을 것이다. 따라서 감사위원회제도의 출현으로 상근감사를 의무적으로 두도록 한 규정의 의미는 많이 감소되었다고 볼 수 있다.

그런데 자산총액 1,000억원 이상 2조원 미만인 상장회사에 대하여 그 監査의 효율성에서 監事가 적합한지 또는 감사위원회가 적합한지 검토할 필요가 있다. 이러한 회사의 경우는 자산총액 2조원 이상인 상장회사와 비교하여 볼 때 이사회가 사외이사 중심으로 구성되지 못하여 업무집행기관에 대한 감독기능에도 충실하지 못하므로 그의 하부기관인 감사위원회도 충실한 감사업무를 수행할 수 없을 뿐만 아니라, 또한 현행법상 이사회와는 별도의 업무집행기관(집행임원)이 없는 현실에서 이사회의 업무집행사항을 그의 하부기관인 감사위원회가 감사한다는 것은 모순이며 불가능하다. 그렇다면 이러한 회사의 경우 감사위원회보다는 (상근)監事가 보다 효율성 있는 監査를 수행할 수 있을 것으로 본다.

따라서 위와 같은 회사의 경우는 감사위원회를 둘 수 없고, 의무적으로 상근감사를 두도록 하여야 할 것이다. 이와 같이 할 경우 2009년 개정상법 제542조의 10 제1항 단서를 "이 법 또는 다른 법률에 의하여 감사위원회를 설치하여야 할 회사의 경우에는 그러하지 아니하다"고 수정하거나(2011년 4월 개정상법에서 이와 같이 수정됨), 동조 동항 단서를 삭제하여야 할 것으로 본다.

(3) 2009년 개정상법 제542조의 10 제1항 단서로 인하여 그 해석과 관련하

---

11) 감사위원회는 3인 이상의 이사로 구성되는데, 사외이사의 위원이 3분의 2 이상이어야 하기 때문이다(2009년 개정상법 제415조의 2 제2항).

여 실무에서는 많은 혼란이 야기되고 있다. 즉, 자산총액 1천억원 이상 2조원 미만인 상장회사는 의무적으로 상근감사를 두어야 하는데, 이러한 회사가 상법 제415조의 2에 의하여 감사위원회를 설치하는 경우에도 상근감사를 두어야 할 의무가 면제되는 것이냐에 관한 것이다. 2009년 개정상법은 "이 법(상법)에 따라 감사위원회를 설치한 경우"라고 규정하고 있으므로, 이는 상법 제415조의 2에 의하여 감사위원회를 설치한 경우이든 상법 제542조의 11 내지 제542조의 12에 의하여 감사위원회를 설치한 경우이든 모두를 포함한다고 해석할 수밖에 없다고 본다.12)

## 나. 상근감사의 결격사유

(1) 2009년 개정상법 제542조의 10 제2항은 "다음 각 호의 어느 하나에 해당하는 자는 제1항 본문의 상장회사의 상근감사가 되지 못하며, 이에 해당하게 되는 경우에는 그 직을 상실한다.

  1. 제542조의 8 제2항 제1호부터 제4호까지 및 제6호에 해당하는 자
  2. 회사의 상무(常務)에 종사하는 이사·집행임원 및 피용자 또는 최근 2년 이내에 회사의 상무에 종사한 이사·집행임원 및 피용자. 다만, 이 절에

---

12) 2009년 개정상법 제542조의 10은 종전의 증권거래법 제191조의 12에 근거하는데, 동법 제191조의 12 제1항 단서는 "다만, 이 법(증권거래법) 또는 다른 법률에 의하여 감사위원회를 설치한 경우에는 그러하지 아니하다"고 규정하였다. 이 규정의 해석에 관하여 종래 재경부에서는 상법 제415조의 2에 의하여 선임되는 감사위원회를 포함시키지 않고, 증권거래법 제191조의 11에 의한 엄격한 요건 하에 구성되는 감사위원회만을 의미한다고 해석하여, 이러한 회사가 상근감사를 두는 것을 회피하는 것을 방지하고 실무에서도 이에 따라 운영되어 왔다.
따라서 법무부 상법개정위원회에서도 이 점을 반영하여 원래 "다만, 이 절에 따라 감사위원회를 설치한 경우에는 그러하지 아니하다"고 규정하였던 것이다. 그런데 2009년 개정상법이 "이 법"이라고 규정하고 있는 이상 위와 같이 해석할 수밖에 없다고 본다. 따라서 이 점은 향후 상법 개정시에 입법론상 원래의 취지에 맞게(즉, 상근감사를 의무적으로 두어야 하는 회사가 이를 회피하기 위한 수단으로 악용되지 않도록) 개정이 검토되어야 할 것으로 본다.
2009년 개정상법 제542조의 2 제2항은 "이 절은 이 장 다른 절에 우선하여 적용한다"고 규정하고 있는데, 이는 상장회사의 경우 제13절 상장회사에 대한 특례규정이 우선적으로 적용되고 이 규정에 저촉되지 않는 한 일반규정이 상장회사에 대하여도 적용된다고 보겠다. 그런데 감사위원회의 구성에 관한 상법 제542조의 11 제1항 및 제2항, 제542조의 12 제1항 및 제2항 등은 자산총액 2조원 이상인 주식회사에 적용되는 특칙규정이므로, 자산총액 1천억원 이상 2조원 미만인 상장회사가 상법 제415조의 2에 의하여 감사위원회를 구성하는 것이 제13절 상장회사에 대한 특례규정에 저촉된다고 보기도 어렵다.
참고로 상근감사에서 "상근" 여부는 주주총회 결의에 의하여 정하여지므로(2009년 개정상법 제542조의 10 제1항) 상근감사를 비상근감사로 하는 경우에는 반드시 주주총회의 결의를 받아야 한다고 본다.

따른 감사위원회 위원으로 재임중이거나 재임하였던 이사는 제외한다.

3. 제1호 및 제2호 외에 회사의 경영에 영향을 미칠 수 있는 자로서 대통령령으로 정하는 자"로 규정하고 있다.

비상장회사의 監事의 결격사유는 "회사 및 자회사의 이사 또는 지배인 기타의 사용인"인데(상법 제411조), 상장회사의 상근감사의 결격사유는 이보다 더 확대되어 있다. 다만, 감사위원회 위원으로 재임중인 「이사」를 상근감사로 선임할 수 있도록 한 점은 상법에 대한 특칙으로 볼 수 있다.

2009년 개정상법 제542조의 10 제2항 제3호의 「회사의 경영에 영향을 미칠 수 있는 자로서 대통령령으로 정하는 자」란 "( i ) 회사의 상무에 종사하는 이사·집행임원의 배우자 및 직계존속·비속, (ii) 계열회사의 상무에 종사하는 이사·집행임원 및 피용자이거나 최근 2년 이내에 상무에 종사한 이사·집행임원 및 피용자"이다(상법시행령 제36조 제2항은 종전의 증권거래법시행령 제84조의 19 제3항을 부분적으로 수정하여 이와 같이 규정함).

(2) 2009년 개정상법은 종전의 증권거래법 제191조의 12 제3항 및 동법 시행령 제84조의 19 제3항과 거의 같은 내용으로 상근감사의 결격사유를 규정하고 있다.

그런데 현재 감사위원회 위원으로 재임중인 이사가 상근감사로 선임될 수 있도록 하는 것이 적절한지 여부는 의문이다.

## 다. 감사의 선임 등에 관한 의안상정

(1) 2009년 개정상법 제542조의 12 제5항은 "상장회사가 주주총회의 목적사항으로 감사의 선임 또는 감사의 보수결정을 위한 의안을 상정하려는 경우에는 이사의 선임 또는 이사의 보수결정을 위한 의안과는 별도로 상정하여 의결하여야 한다"고 규정하고 있다.

이는 監事의 선임에서 그 독립성을 보장하기 위하여 상장회사의 「감사의 선임 또는 감사의 보수결정을 위한 의안」은 이사의 그것과 분리하여 별도로 상정하도록 한 것이다.

(2) 2009년 개정상법 제542조의 12 제1항은 감사위원회 위원의 선임에 관한 권한도 주주총회에 부여하고 있으므로, 2009년 개정상법 제542조의 12 제5항에서 이사의 선임 등과 별도로 상정하여 의결하여야 할 사항에는 「監事」의 선임 등의 의안뿐만 아니라 「감사위원회 위원」의 선임 등의 의안도 포함하여 규정하

였어야 할 것으로 본다.

## 2. 감사위원회

### 가. 감사위원회의 설치의무

(1) 2009년 개정상법 제542조의 11 제1항은 "자산규모 등을 고려하여 대통령령으로 정하는 상장회사는 감사위원회를 설치하여야 한다"고 규정하고 있다.

이 때「자산규모 등을 고려하여 대통령령으로 정하는 상장회사」란 (부동산투자회사법에 따른 부동산투자회사인 상장회사 등을 제외하고) "최근 사업연도말 현재 자산총액이 2조원 이상인 상장회사"를 말한다(상법시행령 제37조 제1항은 종전의 증권거래법시행령 제84조의 23 제5항과 거의 동일하게 이와 같이 규정함).

(2) 자산총액 2조원 이상인 상장회사에게 의무적으로 3인 이상 및 이사 총수의 과반수에 해당하는 사외이사를 두도록 하면(2009년 개정상법 제542조의 8 제1항 단서) 이러한 이사회는 업무집행기관에 대한 감독기능을 충실히 하도록 한 것이므로, 이러한 이사회의 하부기관으로 이사회내 위원회의 하나로서 감사위원회를 의무적으로 두도록 하는 것은 타당하다. 이는 또한 회사에게 별도의 監事를 두지 않도록 하는 점에서 경비를 절감하는 효과도 있다.

그러나 이는 앞에서 본 바와 같이 감독기관인 이사회와는 별도의 업무집행기관(집행임원)을 둔 것을 전제로 한다. 업무집행기관(집행임원)을 별도로 두지 않고 이사회가 업무집행기관을 겸하는 경우에는 이러한 감사위원회는 종래의 監事보다도 監査의 효율성이 더 떨어진다고 볼 수 있다. 따라서 업무집행기관(집행임원)을 별도로 두지 않은 상태에서 감사위원회를 의무기관으로 하는 것은 감사의 실효성을 종래보다 더 떨어뜨리는 결과를 초래한다고 본다.

### 나. 감사위원회의 구성

(1) 2009년 개정상법 제542조의 11 제2항은 "제1항의 상장회사의 감사위원회는 제415조의 2 제2항의 요건 및 다음 각 호의 요건을 모두 갖추어야 한다.

1. 위원 중 1명 이상은 대통령령으로 정하는 회계 또는 재무 전문가일 것
2. 감사위원회의 대표는 사외이사일 것"이라고 규정하고 있다.

이 때「대통령령으로 정하는 회계 또는 재무전무가」는 "(ⅰ) 공인회계사의 자격을 가진 사람으로서 그 자격과 관련된 업무에 5년 이상 종사한 경력이 있는 사람, (ⅱ) 회계 또는 재무 분야에서 석사학위 이상의 학위를 가진 사람으로서

연구기관 또는 대학에서 회계 또는 재무 관련 분야의 연구원이나 조교수 이상으로 근무한 경력이 합산하여 5년 이상인 사람, (iii) 상장회사에서 회계 또는 재무 관련 업무에 합산하여 임원으로 근무한 경력이 5년 이상 또는 임직원으로 근무한 경력이 10년 이상인 사람, (iv) 「자본시장과 금융투자업에 관한 법률 시행령」 제29조 제2항 제4호 각 목의 기관에서 회계 또는 재무 관련 업무나 이에 대한 감독 업무에 근무한 경력이 합산하여 5년 이상인 사람"이다(상법시행령 제37조 제2항에서는 종전의 증권거래법시행령 제37조의 7 제2항과 거의 동일하게 이와 같이 규정함).

　　비상장회사 및 자산총액 2조원 미만의 상장회사의 감사위원회 위원의 요건은 3인 이상이고 사외이사가 3분의 2 이상이어야 한다는 요건(상법 제415조의 2 제2항)밖에 없는데, 자산총액 2조원 이상의 상장회사의 경우는 위와 같이 위원 중 1명 이상은 회계 및 재무 전문가이어야 하고 또한 감사위원회의 대표는 사외이사이어야 한다는 요건이 추가되어 있다.

　　(2) 자산총액 2조원 이상인 상장회사의 감사위원회 위원의 요건을 이와 같이 제한하는 것이 다른 상장회사와의 균형상 타당한 것인지 의문이다. 또한 감사위원회 대표를 상근하지 않는 사외이사로 제한하는 것은 監査의 효율성면에서 매우 타당하지 않다고 본다. 이러한 감사위원회는 종래의 監事보다도 監査의 효율성을 더 저하시킨다고 볼 수 있다.

　　監事(또는 監査委員會)는 이사의 직무집행을 감사할 권한(즉, 회계감사를 포함하여 업무집행 전반을 감사할 권한)을 갖는데(상법 제412조 제2항, 제415조의 2 제7항), 자산총액 2조원 이상인 대규모 상장회사의 감사위원회에서만 위원 중 1명 이상이 회계 또는 재무전문가이어야 한다는 의무적 요건을 두는 것이 감사(監事) 및 그 외의 회사의 감사위원회 위원의 요건과 균형상 적절한 것인지는 의문이다. 특히 이러한 대규모 상장회사는 주식회사 등의 외부감사에 관한 법률에 의하여 이미 회계전문가로부터 회계감사를 받았는데, 다시 회계 또는 재무 전문가인 감사위원회 위원을 의무적으로 두도록 하고 그로부터 다시 회계감사를 받도록 해야 하는지도 의문이다. 따라서 위와 같은 특별법에 의하여 회계전문가로부터 회계감사를 받도록 한 이상 감사위원회 위원의 요건에 추가적인 회계 또는 재무 전문가로 제한하는 것은 타당하지 않다고 본다. 이와 같이 제한하는 것은 (인재풀이 적은 현실에서) 유능한 감사위원회 위원의 선임에 막대한 지장을 초래할 수 있으므로 이러한 제한규정은 삭제되어야 할 것으로 본다.

## 다. 감사위원회 상근위원의 결격사유

(1) 2009년 개정상법 제542조의 11 제3항은 "제542조의 10 제2항 각 호의 어느 하나에 해당하는 자는 제1항의 상장회사의 사외이사가 아닌 감사위원회 위원이 될 수 없고, 이에 해당하게 된 경우에는 그 직을 상실한다"고 규정하고 있다.

자산총액 2조원 이상인 상장회사의 상근 감사위원회 위원(사외이사가 아닌 감사위원회 위원)은 상근감사의 결격사유(2009년 개정상법 제542조의 10 제2항)에 해당하지 않아야 한다.

(2) 상근 감사위원회 위원에 대하여 상근감사의 결격사유에 관한 규정을 적용하는 것은 타당한데, 이러한 규정이 자산총액 2조원 이상인 상장회사의 상근 감사위원회 위원에 대하여만 적용되도록 하는 것은 균형상 타당하지 않다고 본다. 따라서 상장회사가 임의로 감사위원회를 두는 경우에도 상근 감사위원회 위원에 대하여는 상근감사의 결격사유를 적용하든가 또는 적어도 자산총액 1,000억원 이상인 상장회사가 임의로 감사위원회를 두는 경우에도 그 상근 감사위원회 위원에 대하여는 상근감사의 결격사유를 적용하는 것이 상근감사를 둔 경우와 균형이 맞는다고 볼 수 있다.

## 라. 감사위원회 구성요건 흠결시 보충의무

(1) 2009년 개정상법 제542조의 11 제4항은 "상장회사는 감사위원회 위원인 사외이사의 사임·사망 등의 사유로 인하여 사외이사의 수가 다음 각 호의 감사위원회의 구성요건에 미달하게 되면 그 사유가 발생한 후 처음으로 소집되는 주주총회에서 그 요건에 합치되도록 하여야 한다.

1. 제1항에 따라 감사위원회를 설치한 상장회사는 제2항 각 호 및 제415조의 2 제2항의 요건
2. 제415조의 2 제1항에 따라 감사위원회를 설치한 상장회사는 제415조의 2 제2항의 요건"이라고 규정하고 있다.

비상장회사가 감사위원회 구성요건(위원이 3인 이상이고 사외이사가 3분의 2 이상일 것)(2009년 개정상법 제415조의 2 제2항)에 흠결한 것에 대하여는 이의 보충규정이 없어 해석에 맡겨져 있는데, 상장회사의 경우는 감사위원회를 의무적으로 두는 경우이든 임의적으로 두는 경우이든 각각의 구성요건에 합치하지 않게 되면 「그러한 사유가 발생한 후 처음으로 소집되는 주주총회」에서 그 요건에 합치

되도록 하여야 한다는 규정을 두고 있다.

(2) 위와 같은 규정은 해석상 그와 같이 인정되는 사항에 대하여 명문으로 확실하게 규정하고 있다는 점에서 그 의미가 있다고 볼 수도 있겠으나, 위와 같은 규정이 없다고 하여 그 결과에서 크게 다르다고 볼 수는 없다. 따라서 위와 같은 규정은 삭제되어도 무방하다고 본다.

## 마. 감사위원회 위원의 선임

(1) 2009년 개정상법 제542조의 12 제1항은 "제542조의 11 제1항의 상장회사의 경우 제393조의 2에도 불구하고 감사위원회 위원을 선임하거나 해임하는 권한은 주주총회에 있다"고 규정하고, 동조 제2항은 "제542조의 11 제1항의 상장회사는 주주총회에서 이사를 선임한 후 선임된 이사 중에서 감사위원회 위원을 선임하여야 한다"고 규정하며, 동조 제3항은 "최대주주, 최대주주의 특수관계인, 그 밖에 대통령령으로 정하는 자가 소유하는 상장회사의 의결권 있는 주식의 합계가 그 회사의 의결권 없는 주식을 제외한 발행주식총수의 100분의 3을 초과하는 경우 그 주주는 그 초과하는 주식에 관하여 사외이사가 아닌 감사위원회 위원을 선임하거나 해임할 때에는 의결권을 행사하지 못한다. 다만, 정관에서 이보다 낮은 주식보유비율을 정할 수 있다"고 규정하고, 동조 제4항은 "대통령령으로 정하는 상장회사의 의결권 없는 주식을 제외한 발행주식총수의 100분의 3을 초과하는 수의 주식을 가진 주주는 그 초과하는 주식에 관하여 사외이사인 감사위원회 위원을 선임할 때에 의결권을 행사하지 못한다. 다만, 정관에서 이보다 낮은 주식보유비율을 정할 수 있다"고 규정하고 있다.

자산총액 2조원 이상인 상장회사는 주주총회에서 이사를 선임한 후 선임된 이사 중에서 다시 주주총회의 결의로 감사위원회 위원을 선임(해임)하는데, 상근 감사위원회 위원을 선임·해임하는 경우에는 최대주주·그의 특수관계인·이러한 자의 계산으로 주식을 보유한 자 및 이러한 자에게 의결권을 위임한 자가 소유하는 의결권 있는 주식의 합계가 그 회사의 의결권 없는 주식을 제외한 발행주식총수의 100분의 3을 초과하는 경우 그 초과하는 주식에 관하여 의결권을 행사하지 못하고, 사외이사인 감사위원회 위원의 선임시에는 발행주식총수의 100분의 3을 초과하는 수의 주식을 가진 주주는 그 초과하는 주식에 관하여 의결권을 행사하지 못한다.

(2) 위의 규정은, (상장회사의) 상근 감사위원회 위원의 경우는 선임 및 해임

에서 의결권의 행사를 제한하고, (자산총액 2조원 이상인 상장회사의) 사외이사인(비상근) 감사위원회 위원의 경우는 선임에서만 의결권의 행사를 제한하고 있다.

위와 같은 2009년 개정상법의 규정은 감사위원회제도에 성질이 다른 監事에 관한 규정을 무리하게 적용하여 규정한 것으로 아주 타당하지 않은 규정으로 삭제되어야 할 것으로 본다. 그 이유는 아래와 같다.

㈎ 자산총액 2조원 이상인 상장회사가 사외이사를 3인 이상 및 과반수 두도록 한 것은 이러한 이사회의 기능이 업무집행이 아니라 업무집행기관에 대한 감독기능에 중점을 둔 것으로, 앞에서 본 바와 같이 이러한 회사의 경우에는 이사회와는 별도의 업무집행기관(집행임원)을 두어야 한다. 따라서 이러한 회사가 이사회와는 별도의 업무집행기관(집행임원)을 두었다면 이사회는 이러한 업무집행기관에 대하여 감독업무를 수행하고 이러한 이사회내 위원회의 하나인 감사위원회가 업무집행기관에 대한 감사업무를 수행하여 이사회의 감독을 받는 것이다(상법 제393조의 2 제4항). 따라서 이러한 회사는 별도로 監事를 둘 필요가 없고, 이러한 감사위원회의 구성은 전적으로 이사회에 맡겨져 있는 것이다(상법 제393조의 2 제1항). 그러므로 2009년 개정상법이 이러한 상장회사에 대하여 이사회와는 별도로 업무집행기관(집행임원)을 두도록 하였다면 위와 같은 규정은 완전히 불필요하고, 또 그러한 것이 이사회내 위원회의 하나인 감사위원회 본래의 취지에도 부합하는 것이다.

㈏ 이사회가 업무집행기능을 수행하면 이러한 업무집행기능을 수행하는 이사(회)와는 별도의 기관인 監事를 두어야 하고, 이러한 監事의 선임에서 그 독립성을 보장하기 위하여 지배주주의 의결권을 제한한 것이다(상법 제409조 제2항·제3항). 그런데 현재 우리나라에서 위와 같은 대규모 상장회사에 대하여 사외이사 중심의 이사회를 구성하도록 하면서(즉, 이사회가 업무집행기관에 대한 감독기능에 충실하도록 하면서) (별도의 업무집행기관 또는 집행임원에 대하여 규정하지 않고) 이사회에 업무집행기능을 부여함으로써 위와 같은 사외이사 중심의 이사회는 종래보다도 업무집행기능에서 그 효율성이 떨어질 뿐만 아니라 감독기능에서도 종래의 감사보다 그 효율성이 떨어지게 되었다. 따라서 이사회내 위원회의 하나인 감사위원회가 그 구성에서(즉, 감사위원회 위원의 선임에서) 어느 정도 그 독립성을 담보하기 위하여 監事의 선임에 관하여 (지배)주주의 의결권을 제한한 것과 같이 (지배)주주의 의결권을 제한하고, 이에 한 걸음 더 나아가 상근 감사위원회 위원의 해임에 관하여도 (지배)주주의 의결권을 제한하고 있으며, 또한 이사회내 위원회제도

의 취지(상법 제393조의 2)에도 반하여 감사위원회 위원을 다시 주주총회에서 선임(해임)하도록 하고 있는데, 이것은 어느 나라의 입법례에도 없는 매우 왜곡된 지배구조로서 납득할 수 없는 규정이라고 본다. 즉, 이러한 대규모 상장회사의 경우 기본원칙에 충실한 규정을 두지는 않고(즉, 이사회와는 별도의 업무집행기관 또는 집행임원에 관한 규정을 두지는 않고) 적절치 않은 규정만 둠으로써 지배구조를 왜곡하고 그 실효를 거두지도 못하는 것이다.

(다) 위와 같은 규정이 있는 결과 상장회사의 경우 의무적으로 감사위원회를 두는 경우와 임의로 감사위원회를 두는 경우 감사위원회 위원의 선임방법이 다르고 또 같은 감사위원회 위원이면서 상근과 비상근의 감사위원회 위원의 선임(해임)방법이 다른 것은 형평상 또한 논리상 납득할 수 없는 규정이라고 본다.

(라) 주주의 의결권을 위와 같이 정당한 사유 없이 제한하는 것도 문제이며, 이는 앞으로 위헌의 소지도 배제할 수 없다고 본다.

(3) 2009년 개정상법 제542조의 12에서는 특히 제3항의 적용문제에 있어 실무에서 해석상 많은 논란이 있어, 이의 제정연혁 등을 밝히면서 이의 해석에 관한 문제를 아래와 같이 정리한다.

(가) 2009년 개정상법 제542조의 12 제3항은 형식상 모든 상장회사의 감사(이는 문제가 안 됨) 또는 사외이사가 아닌(상근 또는 사내) 감사위원회 위원(이하 '상근 감사위원'으로 약칭함)(이것이 문제됨)을 선임하거나 해임할 때에 최대주주 등의 주식보유합계가 3%를 초과하는 경우 주주의 의결권이 제한되는 것으로 규정하고 있다. 이는 종전의 증권거래법 제191조의 11 제1항에 근거한 것인데, 그 내용도 거의 동일하게 규정하고 있다. 종전의 증권거래법은 원래 상법 제409조 제2항 및 제3항에 대한 특칙으로 상장회사의 감사 선임에 있어서 특수관계인 등의 주식보유를 합산하기 위하여 규정한 것인데, 그 후 감사의 해임에 대하여도 의결권을 제한하고, 2000년 1월 21일 법률 제6176호로 증권거래법을 개정하여 "감사위원회 위원(사외이사가 아닌 위원에 한한다)"의 선임 및 해임에 대하여도 의결권을 제한하는 것으로 추가한 것이다. 종전의 증권거래법이 이와 같이 의결권 제한에 특수관계인 등을 포함하는 것은 대규모 기업일수록 지분이 분산되어 상법이 규정하는 3% 이상을 대주주가 소유하는 경우가 많지 않기 때문에, 이 경우 상법 규정을 적용하면 규제의 실효가 거의 없게 되므로 상법에 대한 특칙을 규정하게 된 것이다. 그런데 사외이사인 감사위원회 위원의 선임에 대하여는 상법 제409조 제2항 및 제3항에 대한 특칙을 규정하지 않고 있다(상장회사에 대하여는 이에

관한 명문규정이 없고, 종전의 증권거래법 제54조의 6 제6항은 증권회사에 대하여 상법 제
409조 제2항 및 제3항의 준용규정을 명문으로 두고 있음).

　　종전의 증권거래법이 이와 같이 감사위원회 위원(상근감사위원)의 선임 및 해
임에 주주의 의결권을 제한한 것은, 감사위원회 위원의 선임 및 해임 권한이 종
전의 증권거래법상 주주총회와 이사회 중 어느 기관에 있는지에 관한 명문규정
이 없음에도 불구하고, 주주총회에서 선임(사외이사인 감사위원회 위원) 또는 선임
및 해임(상근감사위원)을 결의할 권한이 있다는 전제 하에 대주주의 의결권을 제
한하는 규정을 둔 것이다. 종전의 증권거래법상 감사위원회 위원의 선임 및 해임
권이 이사회에 있는지 또는 주주총회에 있는지 명백하지 않음에도 불구하고 주
주총회에 있는 것을 전제로 하여 의결권 제한 규정을 둔 것은 입법의 미숙 내지
과오라는 지적도 있었다.

　　상법 제415조의 2에 따라 감사위원회 위원의 선임 및 해임 권한이 이사회에
있다고 하더라도(상법 제393조의 2 제2항 제3호 및 제415조의 2 제3항), 주주총회에서
상근감사위원 또는 사외이사인 감사위원회 위원을 정하여 이사를 선임하는 결의
를 하거나 또는 신임이사 중(때로는 신임이사와 기존이사 전체 중) 감사위원회 위원
으로 선임될 수 있는 자를 정하는 결의를 하게 되면 주주총회가 사실상 선임권
을 갖게 되어 이사회의 선임권은 무의미하게 된다(일괄선출방식).

　　종래의 감사위원회 위원의 선임을 이사회에서 하느냐(분리선출방식) 또는 주
주총회에서 하느냐(일괄선출방식)에 대하여 종전의 증권거래법상 명문규정이 없어
실무상 혼란이 있었다. 이에 상법개정시안(2007년 8월 10일) 제542조의 13 제1항
은 "393조의 2에 불구하고 상장회사(모든 상장회사임: 필자 주)의 감사위원회 위원
을 선임하거나 해임하는 권한은 주주총회에 있다"고 규정하고, 동조 제2항은 "상
장회사(모든 상장회사임: 필자 주)는 주주총회에서 이사를 선임한 후 선임된 이사
중에서 감사위원회 위원을 선임하여야 한다"고 규정함으로써, 일괄선출방식을 채
택하여 규정하였다. 이와 함께 동조 제3항에서 상근감사위원의 선임 및 해임에
의결권 제한에 관한 특칙을 함께 규정한 것이다.

　　(내) ① 2009년 개정상법 제542조의 12 제1항 및 제2항은 모든 상장회사에
대하여 적용되는 것이 아니라 자산총액 2조원 이상인 상장회사에 대하여만 감사
위원회 위원을 의무적으로 일괄선출방식으로 선임(해임을 포함함)하는 것으로 변
경되어(위의 상법개정시안에서는 모든 상장회사가 감사위원회 위원을 일괄선출방식으로 선
임하는 것으로 규정함) 동조 제3항과 불균형이 발생하게 된 것이다. 따라서 자산총

액 2조원 미만인 상장회사가 감사위원회 위원(상근감사위원 및 사외이사인 감사위원)을 선임하는 권한이 주주총회에 있느냐(일괄선출방식) 또는 이사회에 있느냐(분리선출방식)에 대하여는 제13절 상장회사에 대한 특례 규정에 없다. 따라서 이는 일반규정인 상법 제393조의 2 및 제415조의 2에 따라 이사회에 의하여 선임된다고 본다. 따라서 이러한 상장회사가 이사회에서 감사위원회 위원을 선임하는 경우에는 상법 제542조의 12 제3항은 그 문언에도 불구하고 실제로 적용될 여지가 없다고 본다.

② 그러나 다음과 같은 경우에는 주주총회의 결의 또는 정관에 의하여 일괄선출방식을 채택한 것이므로 상법 제542조의 12 제3항이 적용된다고 본다.

(ⅰ) 위에서 본 바와 같이 주주총회가 감사위원회 위원(상근감사위원이든 또는 사외이사인 감사위원이든)을 정하여 이사를 선임하는 결의를 하는 경우에는(주주총회 결의에 의함), 상법 제542조의 12 제3항이 적용된다고 본다.

(ⅱ) 상법 제393조의 2 제2항 제3호는 강행법규라고 볼 수는 없으므로 정관으로 감사위원회 위원의 선임을 주주총회의 권한으로 규정할 수 있는데(정관에 의함), 이 경우에는 상법 제542조의 12 제3항이 적용된다고 본다.

㈐ 상법 제542조의 12 제3항은 모든 상장회사에 대하여 적용되는 형식으로 규정되어 있고, 동조 제1항 및 제2항은 자산총액 2조원 이상인 상장회사에 대하여만 적용되는 것으로 규정되어 있어, 이 양자는 불균형하고 또한 위에서 본 상법개정시안과도 다르므로, (위 규정을 존치하는 경우) 앞으로 상법개정시에 위의 상법개정시안과 같이 개정할 것을 검토할 필요가 있다고 본다.

㈑ 결론적으로 (위 규정에 의하는 경우) 감사위원회 위원의 선임(해임을 포함함) 기관을 다음과 같이 정리할 수 있다.

(ⅰ) 자산총액 2조원 이상인 상장회사의 경우는 주주총회에서 이사(사외이사를 포함함)를 선임한 후, 다시 주주총회에서 선임된 이사 중에서 상근감사위원 및 사외이사인 감사위원을 선임하는데(상법 제542조의 12 제1항 및 제2항)(의무적 일괄선출방식), 이 때에 상근감사위원의 선임(해임을 포함함)에는 상법 제542조의 12 제3항에 의하여 의결권이 제한되고 사외이사인 감사위원의 선임에는 상법 제542조의 12 제4항에 의하여 의결권이 제한된다.

(ⅱ) 자산총액 2조원 미만인 상장회사의 감사위원회 위원(상근감사위원 및 사외이사인 감사위원)의 선출방식에 대하여는 제13절 상장회사에 대한 특례에 규정이 없으므로 이러한 회사의 감사위원회 위원은 상법의 일반규정에 의하여 이사

회에서 선임(해임을 포함함)될 수도 있고(상법 제393조의 2 제2항 제3호 및 제415조의
2 제3항)(분리선출방식)(이 경우에 상근감사위원에 대하여는 상법 제542조의 12 제3항이 적
용될 여지가 없음), 위 ㈏ ② (ⅰ) 및 (ⅱ)의 경우에는 예외적으로 주주총회에서 선
임(해임을 포함함)될 수도 있다(일괄선출방식)(이 경우 상근감사위원의 선임 및 해임에
대하여는 상법 제542조의 12 제3항이 적용됨).

### 3. 감사기간

**가.** 2009년 개정상법 제542조의 12 제6항은 "상장회사의 감사(監事) 또는 감
사위원회는 제447조의 4 제1항에도 불구하고 이사에게 감사보고서를 주주총회일
의 1주전까지 제출할 수 있다"고 규정하고 있다.

비상장회사의 경우는 감사기간이 4주간인데(상법 제447조의 3, 제447조의 4),
상장회사의 경우는 위의 규정에 의하여 감사기간을 5주간으로 하고 있다.

**나.** 상장회사의 재무제표는 비상장회사의 그것보다 더 복잡할 것이므로 상
장회사의 감사기간을 1주일 연장하여 5주간으로 규정한 것은 타당하다고 본다.
다만, 상법 제447조의 4 제1항과 위 규정과의 관계에서 상법 제447조의 4 제1항
을 「감사보고서를 주주총회일의 2주 전까지 제출하여야 한다」로 개정하든지 또
는 위 규정을 「5주간 내에 감사보고서를 이사에게 제출하여야 한다」로 규정하여
통일하는 것이 바람직하다고 본다.

## Ⅸ. 회사와 주요주주 등 이해관계자와의 거래에 관한 특례규정

### 1. 금지되는 거래

**가.** 2009년 개정상법 제542조의 9 제1항은 "상장회사는 다음 각 호의 어느
하나에 해당하는 자를 상대방으로 하거나 그를 위하여 신용공여(금전 등 경제적
가치가 있는 재산의 대여, 채무이행의 보증, 자금지원적 성격의 증권매입, 그 밖에 거래상
의 신용위험이 따르는 직접적·간접적 거래로서 대통령령으로 정하는 거래를 말한다. 이하
이 조에서 같다)를 하여서는 아니된다.

   1. 주요주주 및 그의 특수관계인
   2. 이사(제401조의 2 제1항 각 호의 어느 하나에 해당하는 자를 포함한다. 이하 이
      조에서 같다) 및 집행임원

3. "감사"로 규정하여, 상장회사와 주요주주 등과의 신용공여 등을 금지하고 있다.

이 규정에서 「대통령령으로 정하는 거래」란 "( i ) 담보를 제공하는 거래, (ii) 어음(전자어음을 포함함)을 배서(무담보배서 제외)하는 거래, (iii) 출자의 이행을 약정하는 거래, (iv) 주요주주 등에 대한 신용공여의 제한을 회피할 목적으로 하는 거래로서 제3자와의 계약 또는 담합 등에 의하여 서로 교차하는 방법으로 행하는 거래 또는 장외파생상품거래·신탁계약·연계거래 등을 이용하는 거래(「자본시장 및 금융투자업에 관한 법률 시행령」 제38조 제1항 제4호 각 목의 어느 하나에 해당하는 거래), ( v ) 그 밖에 채무인수 등 신용위험을 수반하는 거래로서 금융위원회가 정하여 고시하는 거래(「자본시장 및 금융투자업에 관한 법률 시행령」 제38조 제1항 제5호에 따른 거래)"를 말한다(상법시행령 제35조 제1항은 종전의 증권거래법 제191조의 19 제1항 1. 금지행위를 수정하여, 이와 같이 규정함).

나. 위 규정에 의하여 상장회사와 이사 등 사이에는 이사회의 승인이 있는 경우에도(상법 제398조) 이러한 거래를 할 수 없도록 하고, 또한 회사의 규모나 업종 등에 관계 없이 모든 상장회사는 주요주주 등과 위와 같은 거래를 할 수 없도록 하는 것은 상장회사의 거래(영업)의 자유를 너무 제한하고 필요에 따라 적절히 대응할 수 있는 유연성을 박탈하는 것이 아닌가 생각된다. 자본시장 및 금융투자업에 관한 법률의 적용을 받는 금융회사와 (일반적인) 상장회사는 구별되므로, 모든 상장회사에 대하여 위 자본시장 및 금융투자업에 관한 법률의 규정과 같이 규제할 것인가는 재검토를 요한다고 본다.

## 2. 이사회 승인을 요하는 거래

가. 2009년 개정상법 제542조의 9 제3항은 "자산규모 등을 고려하여 대통령령으로 정하는 상장회사는 최대주주, 그의 특수관계인 및 그 상장회사의 특수관계인으로서 대통령령으로 정하는 자를 상대방으로 하거나 그를 위하여 다음 각 호의 어느 하나에 해당하는 거래(제1항에 따라 금지되는 거래는 제외한다)를 하려는 경우에는 이사회의 승인을 받아야 한다.

1. 단일 거래규모가 대통령령으로 정하는 규모 이상인 거래

2. 해당 사업연도중에 특정인과의 해당 거래를 포함한 거래총액이 대통령령으로 정하는 규모 이상이 되는 경우의 해당 거래"를 규정하고, 동조 제4항은 "제3항의 경우 상장회사는 이사회의 승인결의 후 처음으로 소집되는 정기주주총회

에 해당 거래의 목적, 상대방, 그 밖에 대통령령으로 정하는 사항을 보고하여야
한다"고 규정하고 있다.

　　최근 사업연도말 현재의 자산총액이 2조원 이상인 상장회사13)는 위의 금지
행위를 제외하고 최대주주 등을 상대방으로 하거나 그를 위하여 (ⅰ) 단일 거래
규모가 해당 회사의 최근 사업연도말 현재의 자산총액 또는 매출총액의 100분의
1 이상인 거래를 하거나, 또는 (ⅱ) 해당 회사의 최근 사업연도말 현재의 자산총
액 또는 매출총액의 100분의 5 이상이면14) 이사회의 승인을 받아 거래하고, 그
내용을 이사회 승인 결의 후 처음으로 소집되는 정기주주총회에 보고하도록 하
고 있다.

　　나. 대규모 상장회사가 최대주주 등과 일정규모 이상의 거래를 하는 경우,
이사회 승인을 받아 거래를 하고 그 내용을 주주총회에 보고하도록 하는 위의
규정은 타당하다고 본다.

## 3. 허용되는 거래

　　가. 2009년 개정상법 제542조의 9 제2항은 "제1항에도 불구하고 다음 각 호
의 어느 하나에 해당하는 경우에는 신용공여를 할 수 있다.

　　1. 복리후생을 위한 이사·집행임원 또는 감사에 대한 금전대여 등으로서 대
　　　통령령으로 정하는 신용공여
　　2. 다른 법령에서 허용하는 신용공여
　　3. 그 밖에 상장회사의 경영건전성을 해칠 우려가 없는 금전대여 등으로서
　　　대통령령으로 정하는 신용공여"를 규정하고,
　　　동조 제5항은 "제3항에도 불구하고 상장회사가 경영하는 업종에 따른 일
　　　상적인 거래로서 다음 각 호의 어느 하나에 해당하는 거래는 이사회의
　　　승인을 받지 아니하고 할 수 있으며, 제2호에 해당하는 거래에 대하여는
　　　그 거래내용을 주주총회에 보고하지 아니할 수 있다.
　　1. 약관에 따라 정형화된 거래로서 대통령령으로 정하는 거래
　　2. 이사회에서 승인한 거래총액의 범위 안에서 이행하는 거래"를 규정하고

---

13) 상법시행령 제35조 제4항은 종전의 증권거래법시행령 제84조의 24 제3항과 동일하게 이와
　　같이 규정함.
14) 상법시행령 제35조 제6항 및 제7항은 종전의 증권거래법시행령 제84조의 24 제5항 및 제6
　　항과 거의 동일하게 이와 같이 규정함.

있다.

상장회사와 주요주주 등과의 신용거래는 원칙적으로 금지되지만, 예외적으로 (ⅰ) 복리후생을 위한 이사·집행임원 또는 감사에 대한 금전대여 등으로서 학자금·주택자금 또는 의료비 등 복리후생을 위하여 회사가 정하는 바에 따라 3억원의 범위에서 금전을 대여하는 행위,15) (ⅱ) 다른 법령에서 허용하는 신용공여, (ⅲ) 그 밖에 상장회사의 경영상 목적을 달성하기 위하여 필요한 경우로서 법인인 주요주주 등을 상대로 하거나 그를 위하여 적법한 절차에 따라 이행하는 신용공여16)는 허용된다.

또한 자산총액 2조원 이상인 상장회사는 (ⅰ) 약관에 따라 정형화된 거래 또는 (ⅱ) 이사회에서 승인한 거래총액의 범위 안에서 이행하는 거래는 최대주주 등을 상대방으로 한 경우에도 이사회의 승인을 요하지 않는다.

나. 위와 같이 허용되는 신용거래 및 이사회 승인을 요하지 않는 거래에 관한 규정은 타당하다고 본다. 다만, 약관에 따라 정형화된 거래도 주주총회에 대한 보고에서 배제하는 것이 타당하다고 본다.

# X. 결 어

위에서 본 바와 같이 2009년 개정상법상의 상장회사에 대한 특례규정은 종전의 증권거래법상의 규정을 원칙적으로 큰 변경 없이 가져온 것인데, 앞에서 본 바와 같이 많은 문제점을 내포하고 있다.

따라서 상장회사에 대하여 반드시 필요한 사항에 대하여만 특칙규정을 두고, 주식회사 지배구조의 기본원칙에 반하는 규정(예컨대, 감사위원회 위원의 선임에 관한 규정 등), 특별한 이유 없이 의결권의 다수결원칙에 반하는 규정(예컨대, 집중투표배제에 관한 규정 등), 부적절한 규정(예컨대, 사외이사 등의 부적절한 활동내역 등을 주주총회 소집통지 등에 기재하도록 한 규정 등), 합리적인 기준 없이 너무 복잡하게 규정한 사항(예컨대, 소수주주권 등) 등은 과감하게 수정하거나 삭제하여 회사법 전체와의 조화를 꾀하여야 할 것이다.

---

15) 상법시행령 제35조 제2항은 종전의 증권거래법시행령 제84조의 24 제1항과 유사하게 이와 같이 규정함.
16) 상법시행령 제35조 제3항은 종전의 증권거래법시행령 제84조의 24 제2항을 수정하여 이와 같이 규정함.

또한 자산총액 2조원 이상인 상장회사의 경우 사외이사를 3인 이상 및 이사 총수의 과반수 두도록 한 의무규정을 그대로 두도록 하려면, 그러한 사외이사 중심의 이사회가 본래의 취지대로 감독기능에 충실할 수 있도록 이사회와는 별도의 업무집행기관인 집행임원을 반드시 두도록 하여야 할 것이다. 이 경우 집행임원을 두지 않음으로 인하여 발생하는 여러 가지 문제를 해결하기 위하여 불필요하게 다른 규정만을 부적절하게 수정하고 추가함으로써, 실효성도 없으면서 우리나라의 상장회사의 지배구조를 왜곡하는 일을 이제는 더 이상 반복하지 않아야 할 것이다.

아무쪼록 이 글이 우리나라 상장회사의 지배구조를 발전시키고 또한 회사법의 발전에 기여하여 금융위기를 맞은 오늘날 외국인 투자의 확대 및 국가경제의 발전에 도움이 될 수 있기를 바란다.

# Contents of 2011 Amendment to the Korean Commercial Code*

* 이 글은 CHUNG, Chan-Hyung, "Contents of 2011 Amendment to the Korean Commercial Code," *The Asian Business Lawyer*(Korea University Legal Research Institute), Vol. 9(2012. 5), pp.13~55의 내용임.

# Ⅰ. Introduction

The Korean Corporation Law is provided in chapter III of the Korean Commercial Act(Act No. 1000, Declared January 20, 1962) – hence, the term 'revised corporation law' will be replaced by 'revised commercial act' hereinafter–which was influenced by both the German Law and the Anglo-American Law. However, in the process of frequent amendments, the Korean Commercial Act recently became closer to the Anglo-American Law.

After its enactment in 1962, Korean Commercial Act went through full-scale amendments in 1984 and 1995. There were three revisions after the Asian Financial Crisis in 1997(in the year of 1998, 1999 and 2001). Afterwards, the authorities(Ministry of Justice) determined the necessity of amendment of Commercial Act and initiated a reform of Commercial Act from 2005 to meet global standard and enhance corporate transparency and efficiencies. As a result, revised bill of Commercial Act including vast scope of amendment was submitted to National Assembly in September of 2007 and October of 2008. National Assembly passed the part of "special rules for listed company" out of revised bill in January 2009(Act No.9362, Declared January 30, 2009). In April 2009, among the vast revised bill, the part of "special rules for small corporation" and the part of applying information technology into corporate management including "electronic register of shareholders, and electronic vote"(Act No. 9746, Declared May 28, 2009), and the rest of revised bill was passed in March 2011(Act No. 10600, Declared April 14, 2011). Consequently, a vast scale of revised bill submitted by the authorities in 2007 and 2008 is passed as a whole, and the Korean Revised Commercial Act is in effect from April 15, 2012.

Hereafter, Contents of 2011 Amendment to the Korean Commercial Code will be introduced in the order of new forms of enterprises adopted, changes in corporate governance, changes in corporate finance, limited company ("Yuhan-hoesa" in Korean), and other changes.

# II. Introduction of New Forms of Enterprises

## 1. Background

Korean Revised Commercial Act introduced new forms of enterprises — Limited Partnership(LP: §§ 86(2)~86(9)) and Limited Liability Company(LLC: §§ 287-2~287-45) — to meet the demands of newly emerging enterprises like venture company or funds.

The Korean legal system already has stated non-corporate forms of enterprises such as association in Civil Law(Korean Civil Law §§ 703~724), undisclosed association in Commercial Act(Korean Commercial Act §§ 78~86). However, those kinds of non-corporate forms were not appropriate for newly emerging enterprises. "Hapcha-hoesa" in Korean in korea(Korean Commercial Act §§ 268~287) and Limited Partnership are similar in kind, but "Hapcha-hoesa" in Korean in Korea has corporate entity(Korean Commercial Act § 169) which distinguishes it from Limited Partnership and makes it inappropriate for new kinds of enterprises. Hence, the form of Limited Partnership is introduced.

Likewise, the Korean Commercial Act already stated Limited Company("Yuhan-hoesa" in Korean) which is similar to newly introduced Limited Liability Company, but Limited Company("Yuhan-hoesa" in Korean) with lack of autonomy is "Kapitalgesellschaft" in German (company with equity share capital) that cannot fit a new form of company. That was the reason to introduce Limited Liability Company.

## 2. Limited Partnership[1]

(1) Limited Partnership(hereinafter referred to as "LP") is formed when, in cases where a member with limited liability who is responsible for the amount

---

[1] Since Korean Revised Commercial Act provides the Limited Partnership in Part II Commercial Activities, it is not comprised in the Corporation Law. However in this study, Limited Partnership will be covered as well because it was amended together with the Limited Liability Company in Part III Companies.

of money invested and a member with unlimited liability as an executive officer mutually agree to invest and manage a joint enterprise[Korean Revised Commercial Act(hereinafter referred to as "KRCA") § 86-2]. So, contrary to "Hapcha-hoesa" in Korean, LP is not a corporate entity but the privity of contract. The content of the contract should include items such as subject matters of company, trade name etc. and every member shall sign on it(KRCA § 86-3). Those subject matters and trade name etc. should be registered (KRCA § 86-3).

LP is differentiated from "Hapcha-hoesa" in Korean in the procedure of establishment - "Hapcha-hoesa" in Korean should execute articles of association and registration of its incorporation. The contract of LP includes legal subject matters etc., which distinguishes it from association in Civil Law and undisclosed association in Commercial Act.[2)

(2) Except as otherwise provided by contracts, business execution or proxy of LP should be conducted by an executive officer (the member with unlimited liability)(KRCA § 86-5 (1)). Except as otherwise provided by contracts, the member with limited liability cannot perform business execution or proxy of LP(KRCA § 86-8(3)). Contrary to "Hapcha-hoesa" in Korean(KRCA § 278), it is possible for LP to delegate a member with limited liability to perform business execution or proxy(KRCA § 86-8(3)) by associate agreement.

(3) Executive members of LP shall not dispose of the shares of partnership without consent of other members(KRCA § 86-7(1)). However, the members with limited liability are able to dispose of their shares according to partnership contract(KRCA § 86-7(2)). Enabling members with limited liability to dispose of their shares according to partnership contract differentiates LP from "Hapcha-hoesa" in Korean(KRCA § 276).

(4) Since LP is similar to "Hapcha-hoesa" in Korean and Association in Civil Law, general articles about "Hapcha-hoesa" in Korean and Association are applied to LP(KRCA § 86-8).

---

2) CHUNG Chan-Hyung, Lecture on Commercial Law(I) 263 (15th ed. 2012).

## 3. Limited Liability Company

(1) Limited Liability Company(hereinafter referred to as "LLC") is a form of company provided by Korean Commercial Act(hereinafter referred to as "KCA") along with "Hapmyong-hoesa" in Korean(partnership), "Hapcha-hoesa" in Korean(limited partnership), "Chusik-hoesa" in Korean(stock corporation) and "Yuhan-hoesa" in Korean(limited company)(KRCA § 170). Since LLC has legal personality(KRCA § 169), it is necessary to fix articles of association(KRCA § 287-3), cash or other(in kind) contribution should be performed(KRCA § 287-4), and should register its establishment(KRCA § 287-5).

In principle, LLC in the Korean Commercial Act is quite similar to "Hapmyong-hoesa" in Korean(partnership), and exceptionally the aspect of stock company is added to it. Main Articles that reflect stock companies' aspects are as followings:

LLC has capital(KRCA § 287-3 No.3), and it should be registered(KRCA § 287-5), the member's liability is limited to amount of his investment unless otherwise prescribed in the Commercial Act(KRCA § 287-7), enabling an appointment of a non-member of the company as executive officers(KRCA § 287-12(1)), existence of articles about representative action (KRCA § 287-22), existence of articles about accounting(KRCA §§ 287-32~287-37), admitting the establishment and existence of an one-man company(KRCA § 287-2, § 287-38 No.2), enabling the mutual to restructure between stock company and LLC(KRCA § 287-43), exclusion of voluntary liquidation(KRCA § 287-45) and so on.[3]

LLC introduced in Korean Revised Commercial Act is analogous to limited liability company system of the U.S. or "Godogaisha" in Japanese(limited liability company) system in Japan. LLC is quite popular in the U.S. because Internal Revenue Service (IRS) does not apply double taxation. On the other hand, Japanese Corporation Law abolished limited company("Yugengaisha" in Japanese) system and legislated "Godogaisha" in Japanese system. However,

---

3) CHUNG Chan-Hyung, *supra note 2*, at 580.

Korean Revised Commercial Act does not grant a tax flavor to LLC, and that leaves room for doubt whether LLC becomes widely used.[4]

(2) LLC is formed when the members of the company draw up articles of association, including subject matters ect.(KRCA § 287-2, § 287-3), and the members should execute their investments until registration(KRCA § 287-4), and the company is registered at the place of the principal office(KRCA § 172, § 287-5(1)).

The execution of investment until registration in LLC can be interpreted as adding the "Kapitalgesellschaft's" aspects into "Personengesellschaft" in German(partnership and limited partnership).

Articles about "Hapmyong-hoesa" in Korean are applied when nullify or cancel the establishment of LLC(KRCA § 287-6).

(3) A member of LLC should make a contribution in cash or in kind except credit or labor(KRCA § 287-4), and the amount of money contributed by members is capital of the company(KRCA § 287-35). However, the capital of the LLC is not separated in a certain unit as stock of corporation. Similar to "Hapmyong-hoesa" in Korean, each member of LLC has one share of the company, but the amount of share varies person by person in proportion to amount of money they contributed(KRCA § 287-18, § 195, Civil Law § 711). Therefore, an increase (decrease) of capital in LLC means not an increase (decrease) of the number of shares but an increase (decrease) of amount of money they contributed.

Similar to shareholders of corporation, the responsibility of the member of LLC is limited to the amount of money contributed (unless otherwise prescribed in Korean Commercial Act) (KRCA § 287-7).

Members of LLC shall not dispose of their shares of the company without consent of other members unless otherwise prescribed in articles of association(KRCA § 287-8 (1),(3)), however non-executive members can dispose

---

4) *Id.*, at 580-581; JUNG Dae-Ik, *Critical Review on the Proposal Introducing the LP and the LLC as New Types of Business Association in the Commercial Code*, 28-3 COMMERCIAL LAW REVIEW 112-116 (Korea Commercial Law Association, Nov. 2009).

of their shares with consent of executive members(KRCA § 287-8 (2),(3)). The company shall not acquire all or part of its shares, and in case of acquiring its own shares, the acquired shares are terminated immediately(KRCA § 287-9). This represents "Personengesellschaft's" aspect.

(4) There are no general meetings of members in LLC just like "Personengesellschaft".

The executive officer of LLC is necessary matter to be entered into articles of association(KRCA § 287-3 No.4), but is not necessarily a member of the company. A corporate entity also can be the executive officer of LLC(KRCA § 287-3 No.4, § 287-5 No.4). In case that a corporate entity became an executive officer of LLC, the corporate entity should appoint acting person, and notify his name and address to the other members of LLC(KRCA § 287-15). These features are different from "Hapmyong-hoesa" in Korean. The executive officer of LLC represents the company(KRCA § 287-19(1)).

Non-executive members of the company have rights to supervise executive officer(KRCA § 287-14, § 277), and a member of the company can request for the company to file an action to hold the executive officer responsible(KRCA § 287-22). This right is sole member's right which distinguishes it from "Kapitalgesellschaft".

(5) LLC can amend articles of association with consent of all members unless otherwise prescribed in articles of association(KRCA § 287-16).

LLC can join a new member by amending articles(KRCA § 287-23). In case of resignation of a member of LLC, articles about "Hapmyong-hoesa" in Korean are applied(KRCA §§ 287-24~287-31).

(6) The Korean Commercial Act provides articles about accounting of LLC. It is interpreted as reflection of "Kapitalgesellschaft's" features(KRCA §§ 287-32~287-34). Differences between LLC and "Kapitalgesellschaft" are as followings: ( i ) Enabling distribution of a surplus within limits of net assets minus capital(KRCA § 287-37(1)), (ii) A surplus is distributed in proportion of the amount of money contributed unless otherwise prescribed in articles of association(KRCA § 287-37(4)), (iii) The way of claiming a

surplus or other matters on distributing can be fixed in articles of association(KRCA § 287-37(5)).

(7) LLC's reason of dissolution is similar to "Hapmyong-hoesa" in Korean, however "where there is only one member left" is not a reason of dissolution(KRCA § 287-38). Alike "Hapmyong-hoesa" in Korean, where unavoidable reason exist, any member may apply to the court for dissolution of the company(KRCA § 287-42), in case of expiration of the duration of the company, the company may continue to exist(KRCA § 287-40).

Only statutory liquidation is provided for LLC(KRCA § 287-45). Articles about merger or consolidation of "Hapmyong-hoesa" in Korean will be applied to LLC(KRCA § 287-41).

LLC can be restructured to stock corporation by consent of all members(KRCA § 287-43(2), § 287-44), A stock corporation can be restructured to LLC with consent of all shareholders in general meeting(KRCA § 287-43(1), § 287-44). This aspect displays LLC's reflecting "Kapitalgesellschaft's" features.


# III. Corporate Governance

## 1. Preliminary

2011 Korean Revised Commercial Act introduced executive officer system, compliance officer system and expanded liabilities of director etc.. Also, it enabled reducing directors' or officer' responsibility by articles of association, and revised some articles about general meeting, board of directors and auditors in response to practitioner's opinions.

Those changes will be examined in order hereinafter.


## 2. Introduction of the Executive Officer System

### (1) Company with Executive Officer

(A) Korean Revised Commercial Act enables companies to appoint executive officer(by their choice), and those companies who appointed executive officer(will be termed "company with executive officer" hereinafter) cannot appoint representative director(KRCA § 408-2(1)).

Company with executive officer is a form of company which divides executive agency (executive officer) and supervisory agency (board of directors). In company with executive officer, board of directors appoint/dismiss professional executive officer(s) who knows about his company and how to manage it, entrust him about executive matters, and board of directors takes role of supervisor. The board of directors in company with executive officer also make decision about important matters of the corporation if necessary. After its first enactment(1962) of Korean Commercial Act, it (no matter how big the company is) provided board of directors to take executive role (by decision-making)(KCA § 393(1)), and also supervisory role(KCA § 393(2)) by making board of directors supervise executive director. However, this system does not fit into large company, and the supervisory role of board of directors became nominal as they concentrated on executive role. Therefore, there have been discussions to improve transparency in management by enhancing board of director's supervisory role.[5] After the Asian Financial Crisis in 1997, legislators made large companies with total asset 2 trillion Korean won appoint majority of outside(independent) directors and at least three outside directors. Since there was no enactment about executive officers separated from supervisory board of directors, the board of directors fails to perform the role of supervisor. Furthermore, the board of directors with majority of outside directors which participated in decision-making of the company reduced the efficiency of Management

---

5) *See* CHUNG Chan-Hyung, *Management Organization of Company(Based on Comparative Law)*, ISSUES OF JURISPRUDANCE (The Committee for Collection of Essays in Commemoration of the 70th Birthday Anniversary of Professor RYU Ki-Chun, ed., 1988); CHUNG Chan-Hyung, *Improvement of Corporate Management Structure to Enhance Management*, 17-1 COMMERCIAL LAW REVIEW (Korea Commercial Law Association, Jun. 1998); HONG Bok-Ki, *Legislative Study on Outside Director System*, Ph. D. diss. (University of Yonsei, 1988) and so on.

badly. In other words, participation of board of directors with majority of outside directors in decision-making mass produced actual executive officers for the efficiency of management, and those actual executive officers are widely called as un-registered directors.[6] To prevent this side effect, the legislators should have enacted executive officers before enhancing board of directors' supervisory role by majority of outside directors. It is expected that companies with those actual executive officers should change (all or part of) them into executive officers in Korean Revised Commercial Act.[7]

(B) A large corporation with assets more than 2 trillion Korean won as of most recent business year must appoint majority of outside directors(KRCA § 542-8, Enforcement Decree of KRCA § 34(2)), and should form an audit committee including at least two thirds of outside directors(KRCA § 542-11(1), Enforcement Decree of KRCA § 37(1)). As the purpose of such legislation is enhancing board of directors' supervising role, those large companies should appoint separately executive officers(that is, those large companies SHOULD be a company with executive officer).[8]

---

6) Korean Commercial Act before 2011 amendment forced large listed companies to appoint majority of outside directors without enacting regulations regard to the executive officers. Therefore, most of companies reduced the number of directors to minimize the number of outside directors, and many actual executive officers(unregistered directors) were appointed by a representative director or a controlling shareholder, and these unregistered directors actually conducted the role of executive officers. Therefore, legislators enacted articles about executive officers' status, terms, authorities, obligations and liabilities etc. to control these actual executive officers[CHUNG Chan-Hyung, *supra note 2*, at 886-887].

7) CHUNG Chan-Hyung, *Developing Way of Compliance Management in accordance with Revised Commercial Act(Focusing on Executive Officer and Compliance Officer)*, 55 ADVANCED COMMERCIAL LAW REVIEW 13 (Ministry of Justice, July. 2011); CHUNG Chan-Hyung, *Contents and Problems of 2011 Revised Korean Corporation Law(Focused on Corporate Governance)*, 127 THE JUSTICE 13 (The Korean Legal Center, Dec. 2011).

8) Korean Commercial Act forces these large companies to appoint the majority of outside directors(KRCA § 542-8(1)) and to organize the audit committee(KRCA § 542-11(1)). Considering the legislators' purpose of this enact, even if 2011 Korean Revised Commercial Act is not forcing it, large companies should appoint the executive officers and choose the corporate governance of company with executive officer [CHUNG Chan-Hyung, *supra* ADVANCED COMMERCIAL LAW REVIEW(Vol.55), at 14 footnote 2; CHUNG Chan-Hyung, *supra* THE JUSTICE, at 13 footnote 3].

The other companies can decide whether it appoints an executive officer or not. However, considering the purpose of relevant regulations, it is desirable that companies with majority of outside directors should appoint executive officer.[9] Likewise, to maximize auditing system's efficiency, it is desirable that every company with executive officer install audit committee. Therefore, the Korean Commercial Act Article 415-2(1) should be amended into "companies with executive officer should install audit committee according to Article 393-2."[10]

(C) Companies with capital below 1 billion Korean won which appointed only one or two directors, cannot be a company with executive officer since it does not have the board of directors.

(D) Since a company with executive officer does not have representative director, executive officer(or chief executive officer: CEO) represents the company. A company with executive officer should appoint the chairman of board of directors by articles of association or resolution of board of directors' meeting(KRCA § 408-2(4)). Appointing executive officer to chairman of board meeting is possible since Korean Revised Commercial Act does not forbid it (In this case, legal title would be executive officer and chairman of board). Likewise, executive officer can concurrently be a member of board of directors(In this case, his legal title would be 'executive officer and director'.[11]

## (2) Executive Officer

## (A) Status

The articles about mandate in Korean Civil Law are applied to

---

9) CHUNG Chan-Hyung, *Amendment Proposals on Korean Stock Corporation Law*, 49 ADVANCED COMMERCIAL LAW REVIEW 17 (Ministry of Justice, Jan. 2010); CHUNG Chan-Hyung, *supra* ADVANCED COMMERCIAL LAW REVIEW(Vol.55), at 14; CHUNG Chan-Hyung, *supra* THE JUSTICE, at 13.
10) CHUNG Chan-Hyung, *supra* ADVANCED COMMERCIAL LAW REVIEW(Vol.49), at 56; CHUNG Chan-Hyung, *supra* THE JUSTICE, at 13.
11) CHUNG Chan-Hyung, *supra* ADVANCED COMMERCIAL LAW REVIEW(Vol.55), at 14; CHUNG Chan-Hyung, *supra* THE JUSTICE, at 14.

relationship between executive officer and company(KRCA § 408-2(2)). It is the same as the relationship between director and company(KCA § 382(2)). Unlike the mandate contract in Korea Civil Law is a gratuitous contract, the contract between companies and executive officers is an onerous contract. So, board of directors shall decide the amount of money paid to executive officer unless otherwise prescribed in articles of association or resolution of general meeting(KRCA § 408-2(3) No.6).

The previous Korean court decisions on relationship between actual (unregistered) executive and company stated this relationship as labor relation (on the assumption of the contract of employment) since the actual executive is not registered and actual executive is not appointed by general meeting. The court also decided that Labor Standards Act is applicable to the actual executive in this case.[12] However, Korean Revised Commercial Act provides that the relationship between company and executive officer is mandate(KRCA §§ 408-2(2)). Hence, the previous decisions applying Labor Standards Acts to actual executive should be changed.[13]

## (B) Registration

The name and social security number of executive officer should be registered(KRCA § 317(2) No.8). Also, the name, social security number and address of chief executive officer should be registered(KRCA § 317(2) No.9), In case more than two chief executive officers are co-representing the company, it should be registered(KRCA § 317(2) No.10). Even if the company did not register matters on executive officer, the officer still have power as executive officer. However, the company cannot argue the legal effectiveness against a third person acting in good faith(KCA § 37(1)).

Currently, large listed companies are appointing many actual executive officers(unregistered directors). But there are arguments whether they should change such actual officers as legal executive officers in 2011 Korean Revised

---

12) Korean Suprem Court Decision 2003. 9. 26, 2002 DA 64681 etc..
13) CHUNG Chan-Hyung, *supra* ADVANCED COMMERCIAL LAW REVIEW(Vol.55), at 15; CHUNG Chan-Hyung, *supra* THE JUSTICE, at 14.

Commercial Act. In my opinion, among such actual executive officers, those who have been conducting the role of executive directors before the introduction of mandatory outside director system after the Asian Financial Crisis should be registered as executive officers according to 2011 Korean Revised Commercial Act(KRCA § 317(2) No.8, No.9). And those who conduct the role of manager should be registered as managers(KCA § 13).[14]

## (C) Appointment/Dismissal

In a company with executive officer, the board of directors appoint/dismiss the executive officer (KRCA § 408-2(3) No.1). So, the board of directors, unless otherwise prescribed (higher than majority) in articles of association, can appoint and dismiss executive officers by the attendance of majority of directors and the consent of majority of present directors(KCA § 391(1)).

According to those articles, executive officers should be appointed/dismissed by board of directors in principle. In case when the chief executive officer or the executive officer is appointed by the representative director, such actual executive officer is not executive officer by Korean Revised Commercial Act, but such actual executive officer may be liable as "shadow executive officer" just like "shadow director"(KRCA § 408(9), § 401-2).[15]

There is no limit of the number of executive officers. In case of plural executive officers appointed, they do not compose board of officers.

There is no limit of qualification whether one can be appointed as an executive officer or not. However, in my interpretation, the executive officer cannot be an auditor of the company or its subsidiary(KRCA § 411).[16] Therefore, the board of directors can appoint capable executive officer to maximize the efficiency of management, and can impose liability according to the result of his work.

---

14) CHUNG Chan-Hyung, *supra* ADVANCED COMMERCIAL LAW REVIEW(Vol.55), at 15-16; CHUNG Chan-Hyung, *supra* THE JUSTICE, at 15.
15) CHUNG Chan-Hyung, *supra* ADVANCED COMMERCIAL LAW REVIEW(Vol.55), at 16; CHUNG Chan-Hyung, *supra* THE JUSTICE, at 16.
16) *Id.*.

## (D) Terms

The term of executive officer cannot exceed 2 years unless otherwise prescribed in articles of association(KRCA § 408-3(1)). The only difference between executive officer and director is the length of term. Other articles about director's term is applied to executive officer's term. Therefore, the board of directors should set the executive officer's term within the limit of 2 years unless otherwise prescribed in articles of association.[17] Since director's term is set within limit of 3 years(KCA § 383(2)), legislators shortened the term of executive officer to make it possible for board of directors to hold the executive officer liable (in other words, to give the board of directors the right to dismiss the executive officer they appointed).

Board of directors can dismiss any time an executive officer during the executive officer's term whether they have justifiable reason or not. So, in case when board of directors appoints an executive officer with the term of 2 years and dismisses the executive officer during the term, the executive officer cannot claim for damages against the company.[18] In similar to directors, executive officer can be reappointed when his term expired.

However, the term of executive officer can be set in articles of association as "the term of executive officer can be prolonged until the day when the first board meeting held after his term expired" (For example, suppose the executive officer's term expires on 10th January, and the regular general meeting is on 20th March, the first board meeting after general meeting is on 30th March. In this case, it is possible to prolong the term of executive officer until 30 March by fix the article in the articles of association).

Previous Korean Commercial Act did not guarantee the 2 year term for actual executive officers(unregistered directors) appointed by large corporations in Korea. In case those large corporations decide to have the corporate

---

17) *See also* about the term of director: Korean Supreme Court Decision 2001. 6. 15, 2001 DA 23928.
18) *See also* about representative director: Korean Supreme Court Decision 2004. 12. 10, 2004 DA 25123.

governance of executive officer, executive officers can be guaranteed for the term of 2 years(unless otherwise prescribed in articles of association). If so, they can manage the company in stable.[19]

## (E) Authority

### 1) Manage of Affairs

Executive officers ( i ) manage the company's affairs, (ii) make decisions on the matters entrusted(KRCA § 408-4). In other words, like representative directors, executive officers manage the company's internal affairs.

Executive officers can claim to hold board meeting by submitting the purpose and the reason of the board meeting to a director(the director with convening authority in case there is a director with convening authority)(KRCA § 408-7(1)). The director(the director with convening authority in case there is a director with convening authority) should go through the process of board meeting without delay. Otherwise, executive officer can go through the process of board meeting with the permission of the court. In this case, the court can appoint the chairman upon the claim of the persons concerned or ex officio(KRCA § 408-7(2)). Since it is not appropriate for the director who refused to hold a board meeting to chair the meeting, legislators enacted this article.

### 2) Representation

In a company with executive officer, the chief executive officer represents the company. In case there are plural executive officers, the board of directors should appoint the chief executive officer. When there is only one executive officer, the executive officer becomes an chief executive officer(KRCA § 408-2(3) No.1, § 408-5(1)). Articles about representative director and apparent representative director are applied to chief executive officer and apparent chief executive officer(KRCA § 408-5(2),(3)).

---

19) CHUNG Chan-Hyung, *supra* ADVANCED COMMERCIAL LAW REVIEW(Vol.55), at 17-18; CHUNG Chan-Hyung, *supra* THE JUSTICE, at 17; CHUNG Chan-Hyung, *supra note 2*, at 953.

### (F) Obligations

#### 1) General Obligations

Since the relationship between executive officer and company is mandatory relationship(KRCA § 408-2(2)), the executive officer shall manage affairs entrusted to him with the duty of care in accordance with the tenor of the mandate(Korean Civil Law § 681). Similar to directors, executive officers have also the duty of loyalty(KRCA § 408-9, § 382-3).

#### 2) Prohibition of Competitive Business

Executive officer has a duty of prohibition of competitive business unless the board of directors approves it(KRCA § 408-9, § 397). An article about directors(KCA § 397) is applied to executive officer.

#### 3) Prohibition Misappropriating of the Company's Business Opportunity

Executive officer shall not misappropriate the company's business opportunity unless the board of directors approves it(KRCA § 408-9, § 397-2). An article about directors(KRCA § 397-2) is applied to executive officer.

#### 4) Prohibition of Transaction between Officer and Company

Transaction between executive officer and company is prohibited unless the board of directors approves it(KRCA § 408-9, § 398). An article about directors(KCA § 398) is applied to executive officer.

#### 5) Duty to Report

Executive officers shall report the situations of the matters entrusted to the board of directors at least once every three month(KRCA § 408-6(1)), and in case the board of directors requests the report, an executive director shall be present at board meeting and report about the matters requested(KRCA § 408-6(2)). In this case, a director is able to request chief executive officer to report about other executive officer or other employees(KRCA § 408-6(3)). In case of a company with executive officer, executive officer has the duty on behalf of representative director, and other non-executive director does not have this duty.

An executive officer should accept the auditing of an auditor or audit committee on the matters about management, and is obligated to report to an auditor or audit committee when he found matters that might cause remarkable losses to the company (KRCA § 408-9, § 412, § 412-2, § 415-2(7)).

Since an executive officer prepares documents and the related matters to be submitted to general meeting, an auditor or audit committee shall examine those documents to find out whether there is an illegal matter or violation on the documents, and release his opinion at general meeting(see also KCA § 413, § 415-2(7)).[20]

### 6) Duty of Confidentiality

Executive officer shall not divulge the business confidential of the company, which has come to his knowledge during his management, not only while in the office but also after the retirement(KRCA § 408-9, § 382-4). An article about directors(KRCA § 382-4) is applied to executive officers.

### 7) Duty to maintain Articles of Incorporation and Frequent Access

Executive officer shall furnish the articles of incorporation and the minutes of the general shareholders' meeting at the main office and the branch offices and shall equip the register of shareholders and the register of bonds at the main office. In this case, if there is a transfer agent, the register of shareholders or register of bonds or the duplicates thereof may be maintained in the business office of the transfer agent(KRCA § 408-9, § 396). In case of a company with executive officer, executive officer has the obligation on behalf of representative director, and other non-executive directors do not have this obligation.

### (G) Liabilities

### 1) Executive officers' Liabilities to the Company or to a Third Person

If an executive officer has acted in violation of any Acts and

---

20) Therefore, Article 413 should be applied to Article 408-9. However, Korean Revised Commercial Act is not applying Article 413 to Article 408-9. This should be revised[CHUNG Chan-Hyung, *supra* ADVANCED COMMERCIAL LAW REVIEW(Vol.55), at 20 footnote 13; CHUNG Chan-Hyung, *supra* THE JUSTICE, at 19 footnote 15].

subordinate statutes or of the articles of incorporation or have neglected to perform his duty, he shall be liable for damages to the company(KRCA § 408-8(1)). If an executive officer has neglected his duty willfully or by gross negligence, he shall be liable for damages to a third person(KRCA § 408-8(2)). If directors or auditors or other officers responsible to the officer's act mentioned above shall be jointly and severally liable to the company or to a third person with the officer mentioned above(KRCA § 408-8(3)). An executive officer's liability is not a joint liability which differentiates it from director's liability. It is because executive officers do not compose a board.

### 2) Liabilities of Shadow Executive Officers

Shadow officers who issued instructions to officers shall take same liabilities with executive officers. In other words, ( i ) Anyone exercising one's leverage in the company to issue a instruction to executive officer, (ii) Anyone using executive officer's name in executing business, (iii) Anyone who has used any title such as president, vice-president, executive officer, managing officer etc. from which it may be assumed that he has an authority to represent the company even where such person has no such authority, take the same liability(KRCA § 408-9, § 401-2). An article about directors(KCA § 401-2) is applied to executive officers.

It is considered that there will be many cases in which actual executive officers(unregistered directors) appointed by a representative director or a controlling shareholder in Korean large corporations shall be liable by this article even if they are not executive officers in 2011 Korean Revised Commercial Act.[21]

### 3) Release or Reducing of Liabilities to the Company

The liability of an executive officer may be released by the consent of all shareholders(KRCA § 408-9, § 400(1)). The liability of the executive officer can be reduced, except certain situations, in the way of reducing

---

21) CHUNG Chan-Hyung, *supra* ADVANCED COMMERCIAL LAW REVIEW(Vol.55), at 21; CHUNG Chan-Hyung, *supra* THE JUSTICE, at 21.

the director's liability(KRCA § 408-9, § 400(2)). In other words, reducing of executive officer's liability to the company depends upon the decision of board of directors in accordance with articles of incorporation.[22]

### 4) Shareholders' Monitoring on the Executive Officer's Illegal Act

Minority of shareholders have right to injunction and to demand company to file an action against executive officers in case an executive officer has done illegal action(KRCA § 408-9, §§ 402~408). Articles about directors(KCA §§ 402~408) are applied to executive officers.

### (3) The Board of Directors

(A) In a company with executive officer(supervisory board system),[23] the board of directors has an authority of supervising executive officer. In other words, the board of directors has ( i ) Right to appoint/dismiss executive officers and chief executive officers, ( ii ) Authority of supervising an executive officer, (iii) Right to appoint the representative of the company in the action between executive officer and company, (iv) Right to entrust the executive officer the decisions of the matters concerning management (Except the matters to be decided by the board of directors in Korean Commercial Act), ( v ) In case when there are plural executive officers, Right to decide the division of tasks, a chain of command among the executive officers, and other Rights to decide the issues about the relationship among the executive officers, (vi) Right to decide the remuneration of the executive officer in case when there is no related articles in the articles of incorporation or no resolution of general meeting(KRCA § 408-2(3)).

(B) In a company without executive officer, the matters concerning management in principle shall be made by the resolution of the board of directors(KCA § 393(1)). However, in a company with executive officer, the

---

22) *Id.*.
23) A company with executive officer can be called, "company with supervisory board system". However, company with the previous form of board is called "company without executive officer" or "company with executive board system".

executive officer takes this role in principle(KRCA § 408-4 No.1). The board of directors in a company with executive officer may delegate to the executive officer its power(except the matters to be decided by the board of directors in Korean Commercial Act) about the decisions of the matters concerning management by decision of the board meeting or articles of incorporation(KRCA § 408-2(3) No.4). In conclusion, in a company with executive officer, the board of directors makes only important decisions including the matters which are set in Korean Commercial Act, the other matters are decided by the executive officer.

The main differences between a company with executive officer and a company without executive officer are as followings: ( i ) A main role of the board of directors in a company with executive officer is supervising executive officer and the division of the executive agent and supervisory agent gives an advantage of efficiency in management. On the other hand in a company without executive officer, the board of directors makes decisions on the matters related management of the company(KRCA § 408-2(3) No.2, § 408-4 No.1), ( ii ) The board of directors in a company with executive officer can effectively supervise the executive officer with the authorities of appointing/dismissing the executive officer, right to decide the remuneration, right to decide the division of tasks, a chain of command among the executive officers(KRCA § 408-2(3) No.1, No.5, No.6), (iii) the executive agent and the supervise agent is separated in a company with executive officer.[24]

(C) Those features of a company with executive officer described above enable the company to maximize executive function of executive officer and supervisory function of the board of directors. In case when there are majority of outside directors in the board of directors, the effectiveness of supervisory function will be maximized since those outside directors do not

---

24) CHUNG Chan-Hyung, *supra* ADVANCED COMMERCIAL LAW REVIEW(Vol.55), at 22-24, at 23 footnote 16; CHUNG Chan-Hyung, *supra* THE JUSTICE, at 22-23, at 23 footnote 18.

participate in executive decision-making. Moreover, since those outside directors do not share interests with executive officers, they are also able to maximize the effectiveness of auditing role in audit committee. As a result, the transparency in management and the effectiveness in supervision and auditing in a company with executive officer will be greatly improved.[25]

## 3. Introduction of Compliance Officer System

### (1) Company with Compliance Officer

(A) Korean Revised Commercial Act provides the certain companies corresponding the criteria suggested by Enforcement Decree of Korean Revised Commercial Act shall arrange the standards and procedure for abiding law(will be termed "internal control guidelines" hereinafter) and shall hire more than one person(will be termed "compliance officer" hereinafter) in charge of law abiding matters(KRCA § 542-13(2)). Details about law-abiding standards and compliance officer will be fixed in the Enforcement Decree of Korean Revised Commercial Act(KRCA § 542-13(12)).

(B) Banks, securities companies, insurance companies have already introduced compliance officer and law-abiding standards from 2000 by the acts relating to those financial companies. In other words, banks are mandated to fix the standards(will be termed "internal control guidelines" hereinafter) which should be obeyed by executives and staffs for streamlining management and protecting account holders(Banking Act § 23-3(1)), and are mandated to hire more than one person(will be termed "compliance officer" hereinafter) who watchs if executives and staffs obey their internal standards or not and reports it at the audit committee(Banking Act § 23-3(2)). Insurance companies are mandated to fix the standards(will be termed "internal control guidelines" hereinafter) which should be obeyed by executives and staffs for streamlining management and protecting policy holders(Insurance Business Act § 17(1)), and

---

25) CHUNG Chan-Hyung, *supra* ADVANCED COMMERCIAL LAW REVIEW(Vol.55), at 24; CHUNG Chan-Hyung, *supra* THE JUSTICE, at 23.

are mandated to hire more than one person(will be termed "compliance officer" hereinafter) who watchs if executives and staffs obey their internal standards or not and reports it at the audit committee(Insurance Business Act § 17(2)). And financial investment business entities are mandated to fix the standards(will be termed "internal control guidelines" hereinafter) which should be obeyed by executives and staffs for streamlining management and protecting investors(Capital Market and Financial Investment Services Act § 28(1)), and financial investment business entities(excluding an investment advisory business entities or discretionary investment business entities with the size of assets below 500 billion Korean won as of their last financial year, hereinafter the same shall apply in this Article) are mandated to hire more than one person(will be termed "compliance officer" hereinafter) who watchs if executives and staffs obey their internal standards or not and reports it at the audit committee(Capital Market and Financial Investment Services Act § 28(2), Enforcement Decree of Capital Market and Financial Investment Services Act § 32(1)). Other necessary matters concerning the guidelines for internal control and the compliance officers shall be prescribed by Enforcement Decrees of the related Acts(Banking Act § 23-3(5), Insurance Business Act § 17(9), Capital Market and Financial Investment Services Act § 28(10)).

As described above, every bank and insurance company already provided the guidelines and the compliance officers, and every securities company also provided the guidelines, and securities companies except certain small sized securities companies already adopted the compliance officers. Korean Revised Commercial Acts is expanding the system to the certain listed companies with certain size or more. Unlike the above mentioned Banking Act etc., according to Korean Revised Commercial Act, in case when there is internal violation of regulations or guidelines, the compliance officer should report to the board of directors, not to audit committee(KRCA § 542-13(3)).

## (2) Compliance Officer

### (A) Status

1) Compliance officer is responsible for monitoring compliance with the internal control guidelines, investigating violations of the internal control guidelines, and reporting to the board of directors(KRCA § 542-13(2),(3)). The compliance officer monitors in advance whether the executive officers and staffs perform their tasks in the compliance with the internal control guidelines or not. On the contrary, auditor or audit committee monitors afterwards whether the executive officers and staffs performed their tasks legally or not.[26]

2) The compliance officer is appointed/dismissed by the board of directors(KRCA § 542-13(4)), and reports the result of his/her performance to the board of directors(KRCA § 542-13(3)). On the assumption of mandate relationship between company and compliance officer, the compliance officer should perform his/her duties with fiduciary duty(KRCA § 542-13(7)).

These features of compliance officer show that the compliance officer shall receive the same treatment as executive officer, and is differentiated from the board of directors which supervises compliance officer, and from audit committee which is on the status of auditing executive agents.[27]

3) Therefore, it is desirable to apply the articles about executive officer to compliance officer and to have the compliance officer registered, hold liabilities against the company and a third persons.[28] Moreover, the company can save budget by enabling the company's internal staffs to concurrently take the position of the compliance officer.[29]

### (B) Appointment/dismissal

The compliance officer is appointed/dismissed by the resolution of the

---

26) CHUNG Chan-Hyung, *supra* ADVANCED COMMERCIAL LAW REVIEW(Vol.55), at 31-32.
27) *Id.* at 32; CHUNG Chan-Hyung, *supra note 2*, at 1037.
28) *Id.*.
29) *Id.*.

board of directors(KRCA § 542-13(4)). Since there is no specific requirement on the resolution, the resolution of the board of directors shall be adopted by the presence of a majority of directors in office and the affirmative votes of a majority of directors present at the meeting(KCA § 391). On the other hand, a resolution of the board of directors on the dismissal of a member of the audit committee shall require the concurrent vote of two thirds or more of the total number of directors(KRCA § 415-2(3)).

## (C) Qualifications

1) Qualifications of a compliance officer is as follows: (ⅰ) Holder of a qualification for attorney-at-law, (ⅱ) Holder of a master's or higher degree in law, who has a total of at least five years professional experience working for universities etc. in the position of assistant professor or higher, (ⅲ) Person with legal knowledges and experiences who qualifies the standards in Enforcement Decree of Korean Revised Commercial Act(KRCA § 542-13(5)).

2) Other articles in Banking Act etc. about the qualifications of the compliance officer provide positive requirements in detail and negative requirements(Banking Act § 23-3(4), Insurance Business Act § 17(4), Capital Market and Financial Investment Services Act § 28(4)). Therefore, it would be desirable for Korean Revised Commercial Act to state the positive requirements in detail and also the negative requirements of the compliance officer.[30]

## (D) Terms

1) The term of compliance officer is 3 years, and should be full-time job(KRCA § 542-13(6)). In case when other acts state the term of a compliance officer shorter than 3 years, the compliance officer's term is 3 years(KRCA § 542-13(11)).

2) As described above, on the assumption of the status of compliance officer similar to that of executive officer, it would be desirable that the term of compliance officer should be 2 years similar to that of executive officer(KRCA

---

30) CHUNG Chan-Hyung, *supra* ADVANCED COMMERCIAL LAW REVIEW(Vol.55), at 33; CHUNG Chan-Hyung, *supra note 2*, at 1037-38.

§ 408-3(1)) unless otherwise described in articles of incorporation.[31]

Korean Revised Commercial Act Article 542-13(11) is stating "In case when other acts state the term of a compliance officer shorter than 3 years, the compliance officer's term is 3 years." However, since the special law should be applied prior to general law, such article in Korean Revised Commercial Act which is general law is incorrect.[32]

## (E) Obligations

1) The compliance officer shall monitor compliance with the internal control guidelines, investigate violations of the internal control guidelines, and report to the board of directors (KRCA § 542-13(3)), shall perform his/her duties with fiduciary duty(KRCA § 542-13(7)), and shall not divulge the business secrets of the company, which have come to his/her knowledge during his/her duties, not only while in the office but also after retirement(KRCA § 542-13(8)).

2) It is strongly suggested that the article of prohibition of competitive business should be fixed for compliance officers just like those in the Capital Market and Financial Investment Services Act or the Insurance Business Act(Capital Market and Financial Investment Services Act § 28(5), Insurance Business Act § 17(5)). Other than this, it would be desirable that other articles providing the obligations of executive officers should be applied to compliance officers.[33]

## (F) Liabilities

Korean Revised Commercial Act is not stating articles about the liabilities of compliance officers. As described above, since the status of a compliance officer is similar to that of an executive officer, it would be desirable that the articles about liabilities of a compliance officer against the company and a third person should be regulated just like those of an executive officer.[34]

---

31) CHUNG Chan-Hyung, *supra* ADVANCED COMMERCIAL LAW REVIEW(Vol.55), at 33; CHUNG Chan-Hyung, *supra note 2*, at 1038.
32) CHUNG Chan-Hyung, *supra* ADVANCED COMMERCIAL LAW REVIEW(Vol.55), at 33-34; CHUNG Chan-Hyung, *supra note 2*, at 1037.
33) CHUNG Chan-Hyung, *supra* ADVANCED COMMERCIAL LAW REVIEW(Vol.55), at 34; CHUNG Chan-Hyung, *supra note 2*, at 1038 footnote 3.
34) CHUNG Chan-Hyung, *supra* ADVANCED COMMERCIAL LAW REVIEW(Vol.55), at 34; CHUNG Chan-Hyung, *supra note 2*, at 1039.

## (G) The Company's Duty

1) Listed company with a compliance officer should guarantee the independence of the compliance officer. Executive officers and staffs of the company should help the compliance officer faithfully(KRCA § 542-13(9)).

Listed company with a compliance officer shall not discriminate a former compliance officer because of his former performance(KRCA § 542-13(10)).

2) Since Korean Revised Commercial Act does not provide any sanction article about above mentioned articles, the effectiveness of these articles is doubtful.[35]

## 4. Expansion of Liability of Directors etc.

Korean Revised Commercial Act expanded the liabilities of directors etc.. For example, the article which prohibits usurpation of corporate opportunity by directors and executive officers has been introduced(KRCA § 397-2, § 408-9). Prohibition of transaction between director and company is expanded to executive officers, to major shareholders, and even to their lineal ascendants and descendants(KRCA § 398, § 408-9).

The details of changes will be examined below.

## (1) Foundation of an Article Prohibiting Usurpation of Corporate Opportunities

(A) Korean Revised Commercial Act founded the article prohibiting directors(including executive officer) from misusing the company's business opportunities. In other words, directors should not misuse the company's business opportunities without the board of directors'consent to utilize it for his or a third party's profit(KRCA § 397-2(1), § 408-9). U.S.'s legal principle, the corporate opportunity doctrine[36] influenced above mentioned

---

35) CHUNG Chan-Hyung, *supra* ADVANCED COMMERCIAL LAW REVIEW(Vol.55), at 35; CHUNG Chan-Hyung, *supra note 2*, at 1039.

36) American Law Institute(ALI), PRINCIPLES OF CORPORATE GOVERNANCE: ANALYSIS AND RECOMMENDATIONS (Proposed Final Draft, Mar. 31. 1992) Article 5.05; MBCA[Model Business Corporation Act(MBCA) 2007] Article 8.60.

legislation.[37]

(B) Corporate opportunity in Korean Revised Commercial Act means any business opportunity that could benefit the corporation currently or potentially(KRCA § 397-2(1), § 408-9). And to apply this article, one of the following two requirements should be satisfied. (ⅰ) Opportunities which have come to director's knowledge during his/her duty or which are acquired by using the company's source of information(subjective business opportunity) (KRCA § 397-2(1) No.1, § 408-9), or (ⅱ) Business opportunities which are currently performed by the company or closely related to the company (objective business opportunity)(KRCA § 397-2(1) No.2, § 408-9). Since the concept of business opportunity that could benefit the corporation currently or potentially is abstract, legislators enacted Article 397-2(1) No.1 and No.2 to specify it. In spite of this article, the concept of business opportunity is still too abstract. As a result, the decision whether to apply this article or not is left-to the court.[38]

Concretely, for a 'car manufacturing company', 'the business of transporting its products such as cars or parts' would be the company's business opportunity (especially objective business opportunity).[39]

Types of directors' misusing the company's opportunity are as followings:

A) Self-dealing Type

Director(A) of car manufacturing company(Y) found transporting company(X) to solely transport Y company's distribution.

B) Competitive Business Type

Director(A) of a company operating department store(Y) found another company(X) to operate department store in other city.

---

37) CHUN Kyung-Hoon, *How to Interpret New Regulations on Usurpation of Corporate Opportunity under the Recent Amendment to the Korean Commercial Code*, 30-2 COMMERCIAL LAW REVIEW 144 (Korea Commercial Law Association, Aug. 2011).

38) KOO Seung-Mo, *Challenges and Legislation Process under Korean Commercial Code(Corporation)*, 55 ADVANCED COMMERCIAL LAW REVIEW 123 (Ministry of Justice, July. 2011).

39) *Id.*, at 125.

## C) Et Cetera

Rarely there is a type of usurpation of corporate opportunity which does not belong to types described above.

Most of usurpation of corporate opportunity can be categorized into type A or B.[40]

(C) Even the business belongs to the corporate opportunity which is prohibited by Korean Revised Commercial Act, the director can operate the business if there is a consent of the board of directors. The reason of the board consenting is in case when the company renounce the business for welfare benefit of retired employees, or to improve the relationship between the company and its cooperative firm.[41]

Authority to consent the business is sole right of board of directors. It cannot be consented by resolution of general meeting even if the company's articles of incorporation grant general meeting the power to consent the business. The consent must be issued by ONLY the board of directors. Since this article benefits not only shareholders, but also the company, the consent of all shareholders cannot substitute the consent of the board of directors.[42] The consent should be issued prior to the performance of the business.[43]

A resolution of the board of directors which consents a director to utilize the company's business opportunity, shall require the concurrent vote of two thirds or more of the total number of directors(KRCA § 397-2(1), § 408-9).

The consent of the board is only a valid requirement of the director's business(KRCA § 397-2(1), § 408-9), so the director is responsible for the company if he violated the duty of loyalty or duty of care(KRCA § 397-2(2),

---

40) *See also* CHUN Kyung-Hoon, *supra note 37*, at 168-178(examples of usurpation of corporate opportunities in Korea and U.S).

41) *See also id.*, at 197-198(details about this).

42) CHUNG Chan-Hyung, *supra* The Justice, at 27; CHUNG Chan-Hyung, *supra note 2*, at 963.

43) CHUNG Chan-Hyung, *supra* The Justice, at 27; CHUNG Chan-Hyung, *supra note 2*, at 964.
   Opposite opinion: CHUN Kyung-Hoon, *supra note 37*, at 190-193.

§ 408-9, § 399, § 408-8(1),(3)).

(D) In case of transaction between director and company(KRCA § 398, § 408-9), the validity of director's transaction has been discussed. On the other hand, legal acts concerning misuse of the company's business opportunity conducted by the director (for example, establishment of company, acceptance of stock, conclusion of a contract, hire of personnel, supply of products etc.) are surely valid.[44] Therefore, the meaning of the validity of director's transaction by the board's consent in the article 397-2 is that the director is not responsible if there is a consent of the board (this is the difference between the transaction of director-company and the usurpation of corporate opportunity).

(E) If directors have acted in violation of Korean Revised Commercial Act article 397-2(1), the director and directors who consented shall be jointly and severally liable for damages to the company, in this case the profit earned by directors is assumed as the company's damages (KRCA § 397-2(2), § 408-9).

1) The meaning of the phrase "in violation of article 397-2(1)" in article 397-2(2) is including in cases not only the director acted without the consent of the board but also directors acted in negligence of duty of loyalty and duty of care at the consent of the board.[45] Therefore, in the latter case, the directors who consented at the board meeting are responsible for company's damage. To hold the directors responsible, not only Korean Revised Commercial Act article 397-2 or article 408-9 is applicable, but also article 399(or article 408-8(1),(3)) can be applied. However, in case article 397-2(2)(or article 408-9) is applied, the company takes the advantage of discharged from burden of proof because of the phrase "the profit earned by directors is assumed as the company's damages".[46] In case the director acted without the consent of the board, the director is only one in responsible. When directors acted without negligence of duty of loyalty and

---

44) Same opinion: CHUN Kyung-Hoon, *supra note 37*, at 194.
45) CHUNG Chan-Hyung, *supra* THE JUSTICE, at 30; CHUNG Chan-Hyung, *supra note 2*, at 966.
46) *Id..*

duty of care at the consent of the board, (even if the company suffered damage) the directors consented are not responsible for the damages because of "Business Judgment Rule".[47]

2) In case the director acted without the consent of the board, the director is responsible for damages ONLY when the company sustained damages. However, it is not easy to estimate the exact amount of damages and prove it in the court. Therefore, legislators enacted the phrase of "the profit earned by directors is assumed as the company's damages"(KRCA § 397-2(2), § 408-9). But the company can claim for damages if he can prove their opportunity cost is higher than the profit the director earned.[48]

In case the director misuses the corporate's opportunity without the consent of the board and the company suffers damages by the act of misuse, the director's responsibility cannot be reduced(KRCA § 400(2), § 408-9). In the contrast, in case article 399 is applied to directors consented at the board meeting, their responsibilities can be reduced unless they performed their duties willfully or by gross negligence.[49]

## (2) Expansion of Prohibition of Transaction between Director and Company

(A) Under the previous Korean Commercial Act, the object of this duty was only the director. So, this article was easily evaded by using director's family's account. Therefore, legislators expanded the object of this article to directors'(including the executive officer) families and main shareholders and even their relatives to prevent the manipulations of the law(KRCA § 398, § 408-9). The term of "main shareholder" is 'anyone who is in possession of more than 10% of total equity no matter whose account the

---

47) Id..

48) CHUNG Chan-Hyung, *supra* THE JUSTICE, at 30-31; CHUNG Chan-Hyung, *supra note 2*, at 966-967.

49) CHUNG Chan-Hyung, *supra* THE JUSTICE, at 31; CHUNG Chan-Hyung, supra note 2, at 967.
Same opinion: CHUN Kyung Hoon, *supra note 37*, at 205.

equity belonged to' or 'shareholder who exerts his/her influence in an essential matters in management such as appointment or dismissal of directors'(KRCA § 398 No. 1, § 542-8(2) No.6). The term 'the relatives of director or main shareholder' means '( i ) Spouse and his/her lineal ascendants and descendants of the director or the main shareholder, (ii) Lineal ascendants and descendants of the director's or the main shareholder's spouse, (iii) The company or its subsidiary which is owned/jointly owned by the director or the main shareholder, and the persons belonged to ( i ) and (ii), (iv) The company whose majority of voting shares are owned/jointly owned by the director or the main shareholder and the persons belonging to ( i ) or (ii) together (iii)'(will be termed "director etc." hereinafter)(KRCA § 398, § 408-9).

(B) The consent of the board of directors is necessary for 'director etc.' to transact with the company. Korean Revised Commercial Act states the consent should be issued 'prior to' the transaction, and should notify the board of directors of 'essential matters' of the transaction. Moreover, it is stated that 'at least two thirds of directors' are required to consent, and 'the procedure and content of the transaction should be fair'(KRCA § 398, § 408-9)). Authority to consent the transaction is sole right of board of directors. It cannot be consented by resolution of general meeting even if the company's articles of incorporation grant general meeting the power to consent the transaction. The consent of all shareholders cannot substitute the consent of the board of directors.[50]

## 5. Reduction of Director's Liability to Company

Under the previous Korean Commercial Act, a director's liability can be released by the consent of all shareholders(previous Korea Commercial Act § 400). However, in case when there are a large number of shareholders, it is impossible to release the liability of directors. Occasionally the court made allowance of reduction of director's liability for the circumstances,[51]

---

50) CHUNG Chan-Hyung, *supra* THE JUSTICE, at 31-32; CHUNG Chan-Hyung, *supra note* 2, at 971-972.

51) Korean Supreme Court Decision 2004. 12. 10, 2002 DA 60467 · 60474; the said Court

however there was no article that reduces the liability of directors. Since the court's allowance of reduction of director's liability is not predictable, legislators enacted the article of reducing the director(including executive officer)'s liability in Korean Revised Commercial Act(KRCA § 400(2)). Namely, the company, in accordance with the articles of incorporation can reduce the liability of its directors by limiting their liability to six times of the director's most recent annual salary package (or three times in the case of an outside director) including bonuses and profits earned through exercising stock options(KRCA § 400(2), § 408-9). In case when the director acted willfully or by gross negligence, this article shall not be applied(KRCA § 400(2)). If the director violated the duties of not to operate competitive business(KRCA § 397, § 408-9), not to misappropriate the company's business opportunity(KRCA § 397-2, § 408-9), not to transact between director and company(KRCA § 398, § 408-9), his liabilities shall not be reduced(KRCA § 400(2)).

## 6. Amendments on Regulations of the General Meeting, Board of Directors and Auditors

### (1) Amendments on Regulations of the General Meeting

(A) When the minority shareholders call for convocation, a chairperson may be appointed by the court(KRCA § 366(2)). In other words, when minority shareholders request to call for an extraordinary shareholders meeting to the board of directors, but if the meeting never gets executed, the minority shareholders may request the court's permission to do so(KRCA §  366(2), § 542-6(1)). In this case, it is regulated under Korean Revised Commercial Act, court may appoint a chairperson in base its decision or by relative's claim for better process of shareholders' meeting.

(B) Korean Revised Commercial Act expanded the boundary of appointing

---

Decision 2005. 10. 28, 2003 DA 69638.

an inspector(KRCA § 367(2)). In order to prevent present managerial personnel from disturbing and/or manipulating the results of ballots in the case of an aggressive M&A, Korean Revised Commercial Act allowed an appointment of inspector who is requested by the company or minority shareholders to the court previous to the held meeting. In other words, Korean Revised Commercial Act now regulates that the company or minority shareholder who has more than one hundredth of capitals may request an appointment of an inspector for legality of convocation procedures and/or determination of resolution prior to the held meeting. Therefore, the inspector may attend the shareholder' meeting to investigate the validity of mandate letter and whether the ballots take place fairly.

(C) Precise Regulation on Calculation of Appearance/Majority Quorum for the Ballot(KRCA § 371).

1) Under the previous Korean Commercial Act in the calculation of appearance quorum, the outstanding shares which are owned by the shareholders without voting rights are not included(previous Korean Commercial Act § 371(1)). Korean Revised Commercial Act article 371(1) has precisely stated that article 344-3(1)(shares without or limited voting rights), article 369(2) (treasury stocks), and 369(3)(in case that company, mother company and daughter company, or daughter company holds more than one tenth of the other company's issued shares, the company's or mother company's shares which the other company holds) will not be included for the shares issued for results in the general meeting.

2) Under the previous Korean Commercial Act, in calculation of the ballot quorum only article 368(3) is not included. But Korean Revised Commercial Act added article 409(2),[52] (3) and article 542-12(3),[53] (4).[54]

---

52) In case when appointing an auditor, the shareholder possesses more than 3% of voting stocks, the amount of stocks exceeding 3%.

53) In case when appointing or dismissing an auditor or audit committee member, the shareholder and his affiliate persons possess more than 3% of voting stocks, the amount of stocks exceeding 3%.

54) In case when appointing the audit committee member of outside director, shareholder

(D) The article about general meeting's special resolution on the acquisition of the other company's business was amended. Previous to the amendment, in case of (ⅰ) the acquisition of the other company's entire business or (ⅱ) the acquisition of the other company's partial business that greatly influences the company's business, the company shall receive special resolution of the general meeting(previous Korean Commercial Act § 374(1) No.3 and No.4). However, under the amended Act, only in the case the acquisition of the other company's entire or partial business that greatly influences the company's business, the company shall receive general meeting's special resolution(KRCA § 374(1) No.3). Hence, according the amended Act, even in the case that the company acquires the entire business of the other company, if the acquisition of the entire business does not influence greatly the company's business, the company needs not to receive shareholders' extraordinary resolution.

## (2) Amendment on Regulations of the Board of Directors

Under the previous Korean Commercial Act, the board of directors may, unless otherwise provided by the articles of incorporation, allows all directors to take part in the adoption of a resolution by means of a communication system of transmitting and receiving visual images and sounds simultaneously, without the personal attendance of all or part of them at the meeting. In this case, the relevant directors shall be deemed to have attended the meeting(previous Korean Commercial Act § 391(2)). However, Korean Revised Commercial Act deleted the phrase "visual images".

## (3) Amendments on Regulations of Auditors

(A) Korean Revised Commercial Act enables auditors taking professional assistance at the expense of the company same as audit committee(KRCA § 412(3)).

---

possesses more than 3% of voting stocks, the amount of stocks exceeding 3%.

(B) In Korean Revised Commercial Act, a meeting of the board of directors can be convened by an auditor to improve the effectiveness of the auditor(KRCA § 412-4). An auditor may request a director (person authorized to convene) to convene the board meeting by presenting a written statement specifying the proposed subject-matters of the meeting and the reason of the convocation(KRCA § 412-4(1)). In case if, in spite of an auditor's request, the director(person authorized to convene) refuses to convene the board meeting immediately, the auditor may convene the board meeting(KRCA § 412-4(2)). This article is applied to an audit committee(KRCA § 415-2(7)).

# IV. Corporate Finance

## 1. Background

Korean Revised Commercial Act introduced no-par value stock, relaxed the limitation of acquisition of treasury stock, expanded classes of shares, stated the dominant stockholder's rights to buyout(squeeze out), made changes on articles about accounting and corporate bond, introduced the electronic registering system of share certificates etc..

Those changes will be examined in order hereinafter.

## 2. Introduction of No-Par Value Stock

(1) Under the previous Korean Commercial Act, only par value stock was allowed(previous Korean Commercial Act § 289(1) No.4, § 329). The capital of a company shall be equal to the total sum of the face amount of all the issued par value shares(previous Korean Commercial Act § 451). Korean Revised Commercial Act states that a company may issue no-par value shares provided when the company specified it in the articles of incorporation, in case a company issued no-par value share, the company shall not issue stock with par value(KRCA § 329(1)). The capital, in case when a company issues no-par value shares, is decided at board meeting (general meeting in case of issuance

of new shares by general meeting) with the amount of more than half of issue price(KRCA § 451(2)).

(2) Companies may transfer their no-par value stocks into par value stocks or their par value stocks into no-par value stocks(KRCA § 329(4),(5)), however the capital is not affected by the transfer(KRCA § 451(3)).

(3) It is more convenient way for a company to finance capital in case of issuing no par value stocks, because Korean Commercial Act article 417 (the regulation of issuance of shares at price below par value) is not applied. However, previous companies in Korea have issued par value stocks by now, and it is not easy for such companies to transfer par value stocks totally into the no-par value stocks. As a result, it takes time for no-par value stock system to be settled.[55]

## 3. The Relaxation of Limiting Acquisition of Treasury Stock

(1) Under the previous Korean Commercial Act, a company in principle shall not acquire its own shares on its own account, except in the following cases: ( i ) In case of the retirement of shares, ( ii ) In case of the merger of companies or of the acquisition of the entire business of another company, (iii) Where it is necessary for the company to aquire its own shares in the course of exercising the rights of the company, (iv) Where it is necessary to deal with the fractional shares, ( v ) In case of the exercise of appraisal rights by the shareholder(previous Korean Commercial Act § 341). In case of acquiring its own shares pursuant the previous Korean Commercial Act article 341, the company shall dispose of the shares in a reasonable period of time(previous Korean Commercial Act § 342). Other than above cases, the company can acquire its own shares for the purpose of granting stock options to its directors etc. within the limit of profit available for dividend(previous Korean Commercial Act § 341-2). In addition a company may retire the shares after purchasing them within the limit of profit available for dividend

---

55) SONG Ok- Rial, *Corporate Finance Issues in 2011 Revision of the Commercial Code*, 127 THE JUSTICE 47 (The Korean Legal Center, Dec. 2011).

under a special resolution of the general meeting (previous Korean Commercial Act § 343-2).

(2) Korean Revised Commercial Act is stating that it is permitted for a company to acquire its own stocks within the limit of profit available for dividend under stockholder's equality principle(KRCA § 341). It is influenced by special rule for listed company concerning acquisition of its own stocks (Capital Market and Financial Investment Services Act § 165-2). By this amendment, previous Korean Commercial Act article 341-2 and 343-2 are deleted. Korean Revised Commercial Act also provides previous Korean Commercial Act article 341 No.2 through No.5, but dose not provide previous Korean Commercial Act article 341 No.1(in case of the retirement of shares)(KRCA § 341-2). However, the deleted article(previous Act § 341 No.1) is still in need of the company which reduces its capital by acquiring its own stocks.[56]

(3) According to Korean Revised Commercial Act, acquired own stocks can be disposed by resolution of the board meeting(KRCA § 342). In this article, "company's own stock" means the stock acquired in return for profit available for dividend(KRCA § 341). In this interpretation, acquired treasury stocks paid by the company's own capital(KRCA § 341-2) are not regulated by Korean Revised Commercial Act. Therefore, article 342 in previous Korean Commercial Act is still in need.[57] There is some similarity between companies disposing their own stocks and issuing new stocks, article 418 should be applied to Korean Revised Commercial Act article 342.[58] Under

---

56) CHUNG Chan-Hyung, *supra note* 2, at 731 and at 731 footnote 6.
There is an opinion saying "It can be solved by the interpretation of the process of reduction of capital. the reason previous Korean Commercial Act provided acquiring own stock for retirement is to make legal base for the acquiring own stock in process of retirement of stock" [SONG Ok- Rial, *supra note* 55, at 63-64].
57) CHUNG Chan-Hyung, *supra note* 2, at 736.
Same opinions: SONG Ok- Rial, *supra note* 55, at 65; AN Sung-Po, *The Leal Issues relating to the Flexibility of Acquisition of Treasury Stock*, 30-2 COMMERCIAL LAW REVIEW 99 (Korea Commercial Law Association, Aug. 2011).
58) CHUNG Chan-Hyung, *supra note* 2, at 737.
Same opinions: SONG Ok- Rial, *supra note* 55, at 66; AN Sung-Po, *supra note* 57, at 97-98.

even Korean Revised Commercial Act it should be interpreted that disposal of own stocks infringing existing shareholder's right or stockholder's equality principle is invalid.[59]

Korean Revised Commercial Act article 343(1) is stating about the retirement of shares as "Shares shall be retired only in the way of reducing capital, except the company retiring its own stock by the board of directors' resolution." The term "except……its own stock" of Korean Revised Commercial Act article 343(1) means only the stocks acquired paid by profit available for dividend(KRCA § 341), the stocks acquired paid by capital(KRCA § 341-2) are excluded.[60] Because, allowing the latter case means allowing the company to acquire its own shares using its capital and reduce its capital without shareholders' meeting(in other words without procedure of capital reduction). It would be desirable that the article protecting from this evasion of law should be provided precisely.[61]

## 4. Diversification of Classes of Shares

(1) Korean Revised Commercial Act diversified the classes of shares to provide convenience to companies in financing. Under previous Korean Commercial Act, in the articles of incorporation, the minimum dividend rate with respect to a class of shares having any preferential right as to the dividend of profits should be provided(previous Korean Commercial Act § 344(2)), however this clause is deleted in Korean Revised Commercial Act(KRCA § 344-2(1)).

(2) Previous Korean Commercial Act provided non-voting shares, but only the class of shares having preferential rights as to the dividend of profits was provided to be non-voting shares(previous Korean Commercial Act § 370(1)), on the other hand, in Korean Revised Commercial Act, the

---

59) CHUNG Chan-Hyung, *supra note 2*, at 737.
60) CHUNG Chan-Hyung, *supra note 2*, at 738.
  Same opinion: SONG Ok- Rial, *supra note 55*, at 67-68.
61) CHUNG Chan-Hyung, *supra note 2*, at 738.

condition of this limitation is deleted(KRCA § 344-3(1)). Moreover, Korean Revised Commercial Act provides the class of limited voting shares which is excluded from voting on certain agenda(KRCA § 344-3(1)).

(3) Previous Korean Commercial Act provided redeemable shares only among shares having preferential right as to the dividend of profits, and the right of redeeming belongs to only the company(previous Korean Commercial Act § 345). In Korean Revised Commercial Act, the condition of this limitation is deleted(KRCA § 345). Namely, any class of shares(excluding redeemable shares and convertible shares) may be redeemable shares(KRCA § 345(1),(5)), the right of redeeming may belong to even shareholders as well as the company(KRCA § 345(3)). The company may give securities or other assets(excluding other classes of shares) as well as cash in reward for acquiring redeemable shares(in this case, the book value of assets given shall not exceed the profit available for dividend)(KRCA § 345(4)).

(4) Under the previous Korean Commercial Act, only shareholders with convertible shares may demand their shares to be converted into shares of another class(previous Korean Commercial Act § 346(1)), however in Korean Revised Commercial Act, not only shareholders with convertible shares but also the company may demand for conversion (KRCA § 346(2)).

## 5. Compulsory Acquisition of Minority Shares by Controlling Shareholder(Squeeze-Out)

(1) Korean Revised Commercial Act introduced the dominant shareholder's buy-out system to reduce administrating costs and maximize the efficiency of managing. In other words, shareholder who owns 95/100 or more of the total number of shares issued by the company with his account may claim the other shareholders to sell their shares in case when he needs to buy their shares for management objective(KRCA § 360-24(1),(2)). In case the other shareholders receive the claim from the dominant shareholder, they shall sell their shares within 2 months(KRCA § 360-24(6)). Sale price is decided by the agreement of both parties(KRCA § 360-24(7)). In case both

parties failed to reach agreement, the court decides the sale price(KRCA § 360-24(8),(9)).

(2) Minority shareholders may demand the dominant shareholder for the purchase of shares owned by them(KRCA § 360-25).

## 6. Regulations on Accounting

(1) Korean Revised Commercial Act amended articles relating to accounting in Korean Commercial Act substantially. As Korean standards on accounting decided to comply with the GAAP(Generally Accepted Accounting Principles), Korean Revised Commercial Act dropped irrelevant articles such as article 452(Method for Valuation of Assets), articles 453~457-2 (Accounts of Expenses of Incorporation etc.), and article 459(1)(Capital Surplus Reserve) in previous Korean Commercial Act.

'Statements of appropriation of retained earnings or statements of disposition of deficit'(previous Korea Commercial Act § 447 No.3) is replaced by 'other documents reflecting the current financial status and management which are specified by Enforcement Decree of Korean Revised Commercial Act(KRCA § 447(1) No.3). Furthermore, certain companies which are designated by Enforcement Decree of Korean Revised Commercial Act, are required to prepare consolidated financial statements and have it approved by the board of directors(KRCA § 447(2)).

Approval of financial statement and decision on dividends belong to general meeting in principle(KRCA § 449(1), § 462(2)). Exceptionally, the board of directors may approve and decide them according to articles of incorporation on conditions of followings(KRCA § 449-2, § 462(2)). Namely, provided when ( i ) External auditor expressed that the financial statement is appropriately showing the financial status and management achievement in accordance with related regulations and articles of incorporation, ( ii ) All auditors(in case there is an audit committee, all members of committee) consent, the board of directors may approve the financial statement and decide dividends(KRCA § 449-2, § 462(2)). In this case, directors(executive officers) should report the contents of financial statement to the general meeting(KRCA § 449-2(2)).

(2) Main changes in Korean Revised Commercial Act on distribution of profits are, the board of directors may exceptionally decide the dividend under certain circumstances(KRCA § 462(2)), and property dividend is allowed in accordance with articles of incorporation(KRCA § 462-4).

(3) A reduction of legal reserve has become much easier. It is provided when the legal reserve exceeds 1.5 times of capital, and the company may reduce the legal reserve only by the resolution of general meeting(KRCA § 461-2).

## 7. Regulations on Bonds

(1) Under the previous Korean Commercial Act, the total amount of bonds shall not exceed four times the amount of net assets of the company as shown by the latest balance sheet(previous Korean Commercial Act § 470(1)), and a company shall not offer new bonds for subscription until the amount of bonds previously subscribed has been fully paid(previous Korean Commercial Act § 471). Moreover, the face amount of each bond shall not be less than ten thousand Korean won(previous Korean Commercial Act § 472). There also was the restriction of equal rate's face amount on redemption in excess of par value. Namely, if a decision is made to repay to bondholders an amount in excess of the par value of the bond, such amount in excess shall be paid at an equal rate for each bond(previous Korean Commercial Act § 473). Korean Revised Commercial Act dropped these articles to provide convenience to companies in financing.

(2) Under Korean Revised Commercial Act, issuance of bonds is made in principle by a resolution of the board of directors(KRCA § 469(1)). Exceptionally, the board of directors may entrust the representative director (chief executive officer) to issue bonds within less than 1 year after the board decided the class and the amount of bonds, in accordance with articles of incorporation(KRCA § 469(4)).

(3) Under previous Korean Commercial Act, only convertible bonds
(CB) and bonds with stock purchase warrants (BW) were provided. Korean
Revised Commercial Act in addition to CB and BW provides participating
bond, exchangeable bond, callable bond, derivative linked bond(KRCA
§ 469(2),(3)).

(4) Under previous Korean Commercial Act, a commissioned company
represents both the company(contractual agent) and the bondholder(statutory
agent). Since their interests conflict with each other, Korean Revised
Commercial Act provides a "bond management company". "Bond management
company" is 'the company which is appointed by the bond issuing company,
and receives repayment, preserves bonds, takes care of other management for
bondholders'(KRCA § 480-2). Korean Revised Commercial Act states details of
"bond management company" such as requirements of the company(KRCA
§ 480-3), resignation/dismissal of the company(KRCA § 481, § 482), successor
of the company(KRCA § 483), authorities of the company(KRCA § 484),
obligations and liabilities of the company(KRCA § 484-2), authorities and
obligations in case there are plural bond management companies(KRCA
§ 485).

## 8. Electronic Register of Share Certificate etc.

(1) Keeping pace with the tendency of information technology, Korean
legislators have already enacted the electronic register of shareholders,
electronic vote etc. in 2009 Korean Revised Commercial Act(KCA § 352-2,
§ 368-4). And electronic registration of stocks etc.(KRCA § 356-2) is
introduced in 2011 Korean Revised Commercial Act. This electronic
registration system enabled digitalizing of preemptive rights to new
stocks(KRCA § 420-4) and bond with stock purchase warrant(KRCA § 516-7),
corporate bond(KRCA § 478(3)), securities in Korean Commercial Act(KRCA
§ 65(2)) etc.. Therefore, the article about electronic registration of stocks
takes the role of general regulation in digitalizing all kinds of securities in
Korean Revised Commercial Act.

Electronic stock registering simplifies the process of managing and issuing the stocks for companies. Also the investors can take advantage of convenience in exercising their rights. Financial companies can save the expenses of issuing share certificates.[62]

(2) Companies may register their shares to electronic stock registering institution(designated by authorities to deal with electronic stock registration) in accordance with the articles of incorporation(KRCA § 356-2(1)). This is similar to the issue of electronic bill(Act of Issue and Distribution of Electronic Bill § 5(1)). Since electronic registration substitutes the issuance of stock certificates, the stock should be issued prior to electronic registration.

If the company regulated in the article of incorporation that the shareholders should register their stocks at electronic registering institution instead of the issuance of stock certificate, and some of shareholders requested the company to issue the certificate, should the company issue it? There is an opinion that the company does not have the duty to issue the certificate, so it can refuse to issue(mandatory electronic registration system). However, there is the need to protect the investors, and according to article 355(1) and article 356-2(1) of Korean Revised Commercial Act, the company should issue the certificate(voluntary electronic registration system).[63]

Process, methods and effect, and the designation and the supervision of electronic stock registering institution and other necessary matters of electronic registering of stocks shall be prescribed by Special Law(KRCA § 356-2(4)). In this case, electronic stock registering institution is similar to the electronic bill administrative institution. The institution's neutrality, stability, creditability and publicity should be supervised by the government because their roles in the process of electronic registration are very important.[64]

---

62) *See also* CHUNG Chan-Hyung, *Legal Issues Related to Introduction of Electronic Securities System*, 22-3 COMMERCIAL LAW REVIEW 22 (Korea Commercial Law Association, Oct. 2003); CHUNG Chan-Hyung, supra THE JUSTICE, at 33-36.

63) CHUNG Chan-Hyung, *supra note* 62, at 55; CHUNG Chan-Hyung, *supra* THE JUSTICE, at 35.

64) CHUNG Chan-Hyung, *supra note* 62, at 57-61; CHUNG Chan-Hyung, *supra* THE

In case when the company fixed in the articles of incorporation that the shareholders should register their stocks at electronic registering institution in substitute for issuance of stock certificates with the consent of all shareholders(namely, in case where no shareholder requests to the company to issue stock certificate), the company may have the electronic list of shareholders transferred and use it as electronic register of shareholder(KRCA § 352-2), and in this case article 337(1) (Requirements for Setting up of Transfer of Non-Bearer Shares), article 338 (Pledging of Non-Bearer Shares), article 337(2) (Transfer Agent) and article 354 (Closure of Register of Shareholders) will not be applied and the problems caused by discord between real shareholder and listed shareholder will be prevented.[65]

(3) Transfer or pledge of electronic registered shares takes effect when they are electronically registered(KRCA § 356-2(2)). It is up to the companys' choice whether they electronically register the issuance of their stocks. However, once electronically registered, it is necessary to be electronically registed to take effect in transfer or pledge of their stocks.

(4) A person registered on the electronic list shall be presumed to lawfully hold the right which he registered, from whom a person can aquire the electronically registed right in good faith. Namely, if a person who acquired the stock in accordance with the article about transfer or pledge of electronically registered stocks in good faith and without negligence, he shall acquire its ownership or pledge immediately even if the assigner is not a legal owner or pledgee(bona fide acquisition)(KRCA § 356-2(3)).

In case the electronic list of shareholders of article 356-2 is used as the electronic register of shareholders of article 352-2, the electronic entry performs the function of both a certificate of stock and a register of shareholders.[66] It holds both the presumptive effect of possessor's right

---

JUSTICE, at 35.
65) CHUNG Chan-Hyung, *supra note* 62, at 54, at 64-66; CHUNG Chan-Hyung, *supra* THE JUSTICE, at 36.
66) CHUNG Chan-Hyung, *supra note* 62, at 54; CHUNG Chan-Hyung, *supra* THE JUSTICE, at 36.

(effect as a right holder of the stock certificate)(KRCA § 336(2)) and the presumptive effect generated by entry of a change of a stockholder in the register of shareholders (effect as a right shareholder in the relationship between company and stockholder)(KRCA § 337(1)). This is the difference between the issuance of stock certificate and the electronic stock registration.

## V. Limited Company ("Yuhan-hoesa" in Korean)

Korean Revised Commercial Act deleted the article on limited company's minimum amount of capital and the article on total number of members of limited company, and also allowed the transfer of member's equity in principle freely, made it easy to restructure into a corporation.

Those changes will be examined in order hereinafter.

(1) Under the previous Korean Commercial Act, the total amount of capital of a limited company shall be at least ten million Korean won(previous Korean Commercial § 546(1)). Korean Revised Commercial Act deleted this article and changed the amount of each contribution unit to 100 Korean won, which is the same amount of money as that of a stock company.

(2) Under the previous Korean Commercial Act, the total number of members of a limited company shall not exceed 50 persons(except cases where the authorization of the court has been obtained and where any special circumstances exist)(previous Korean Commercial Act § 545). Korean Revised Commercial Act deleted this article.

(3) Under the previous Korean Commercial Act, a member of a limited company should have the consent by a special resolution of a general members' meeting to transfer the whole or a part of his shares to any other person(previous Korean Commercial Act § 556). Similar to a stock company, Korean Revised Commercial Act made it possible in principle freely to transfer or inherit the shares of members unless otherwise prescribed in articles of incorporation.

(4) Under the previous Korean Commercial Act, a limited company

could change its organization into a stock company only if there was a resolution adopted at a general meeting by the unanimous consent of all the members(previous Korean Commercial Act § 607(1)). Korean Revised Commercial Act made an exception for this article. Namely, special resolution of the general meeting may adopt the change when articles of incorporation approve it(KRCA § 607(1)).

# VI. Other Changes

## 1. Notification to shareholders at issuance of new shares to a third party

Korean Revised Commercial Act provides that a stock company which issues new shares to a third party shall notify to shareholders about the class and number of new shares, the issue-price of new shares and the date set for the payment, in case of no-par value stocks, the amount of money appropriated to the capital money, the way to subscribe for new shares, and the matters about contribution in kind prior to 2 weeks of the date set for the payment. It is to protect the right of shareholders and improve creditability of issuance of new shares to a third party(KRCA § 418(4)).

## 2. Cash-Out Merger

Under the previous Korean Commercial Act, if one of the constituent companies of a merger survives after the merger, the written agreement of such company shall contain the "The amount which is to be paid by the surviving company to the shareholders of the merged company, if so determined"(previous Korean Commercial Act § 523 No.4). Korean Revised Commercial Act changed it into "In case the surviving company pays cash or other assets to the shareholders of the merged company in reward of merger, the content of the payment"(KRCA § 523 No.4). Moreover, Korean Revised Commercial Act provides a new article for the shares of mother's company of surviving company in reward of merger (KRCA § 523-2). Under Korean Revised Commercial Act, cash-out merger became possible.

### 3. Amendment in Special Regulations Concerning Foreign Company

(1) According to the previous Korean Commercial Act, "a foreign company intending to engage in business in the Republic of Korea shall appoint a representative in the Republic of Korea and shall establish a business office in the Republic of korea"(previous Korean Commercial Act § 614(1)). Korean Revised Commercial Act added the phrase "or one of representatives shall have his address in the Republic of Korea"(KRCA § 614(1)). Therefore, if one of representatives has an address in the Republic of Korea, the company need not to establish a business office in the Republic of Korea.

(2) Korean Revised Commercial Act obligates newly a foreign company to announce his balance of sheet or equivalent of it(KRCA § 616-2).


## Ⅶ. Conclusion

(1) As this essay examined above, Korean Revised Commercial Act introduced the Limited Partnership(LP) and the Limited Liability Company(LLC) to meet the demands of newly emerging enterprises like venture companies or funds. For the corporate governance regulations, Korean Revised Commercial Act introduced the executive officer system, the compliance officer system and expanded liabilities of the director and the executive officer. Also, Korean Revised Commercial Act made it possible to reduce directors' (executive officers') responsibility to the company by the articles of incorporation and revised some articles about the general meeting, the board of directors and auditors in response to practitioners' opinions.

In corporate finance regulations, Korean Revised Commercial Act introduced no-par value stock, relaxed the limitation of acquisition of treasury stocks, diversified different classes of shares, stated the dominant stockholder's right of buyout(squeeze-out) and cash-out merger, made changes on articles about accounting and corporate bond, introduced the electronic registration system of share certificates etc..

(2) Through the amendments, it is expected that the Korean Commercial Act will improve the effectiveness and transparency of management and meet the global standards.

However, the most important thing to make progress in our businesses is the voluntary compliance of company's regulations. If so, companies will earn internal and external trust of investors and shareholders. Of course, it is also important for Korean government to observe the business circumstances, find out the problems, and try to fix the problems immediately by amending the Commercial Act.

# 주식회사법 개정제안*

# I. 서 론

우리 회사법(특히 주식회사법)은 IMF 환란 이후에는 IMF 등의 요구에 의한 타의에 의하여 1998년·1999년 및 2001년 거의 매년 개정되었다. 그 후 2005년에 정부(법무부)는 우리 회사법을 자의에 의하여 아무런 제약 없이 우리 실정을 잘 반영하고 또한 국제기준에 부합하는 회사법제로 재편하기 위하여 회사법개정안의 작성에 착수하여 심도있는 연구와 논의를 거친 후 개정시안을 작성하여 2006년 7월 공청회를 개최하고 의견수렴을 한 후 개정안을 작성하여 2007년 9월 제17대 정기국회에 제출하였다. 그런데 이 개정안은 제17대 정기국회에서 처리되지 못하고 국회의원의 임기만료로 자동폐기되었다. 정부는 2008년에 종래의

---

* 이 글은 정찬형, "주식회사법 개정제안," 「선진상사법률연구」(법무부), 제49호(2010.1), 1~66면의 내용임(이 글에서 필자는 2008년 상법개정안상 개정이 필요한 사항과 그 외에 상법상 개정이 필요한 사항을 나누어서 개정제안을 하고 있음).

개정안을 부분적으로 수정하고 상장회사의 지배구조에 관한 특례규정과 자본금
총액 10억원 미만의 소회사에 관한 특례규정을 추가한 회사법개정안을 2008년
10월 제18대 국회에 다시 제출하였다(이하 '상법개정안'으로 약칭함). 국회는 이 개
정안 중 일부(상장회사의 지배구조에 관한 특례규정 등)만을 발췌하여 2009년 1월 8
일 국회 본회의에서 통과시키고(정부는 이를 2009년 1월 30일 법률 제9362호로 공포
함, 이하 '2009년 1월 개정상법'으로 약칭함), 다시 이 개정안 중 일부(소규모 주식회사
에 관한 특례규정 등)만을 발췌하여 2009년 4월 29일 국회 본회의에서 통과시켰다
(정부는 이를 2009년 5월 28일 법률 제9746호로 공포함, 이하 '2009년 5월 개정상법'으로
약칭함). 이 개정안 중 나머지 많은 부분이 현재 국회 법제사법위원회에 계류중이
고 그 후 부분적으로 국회의원발의 개정법률안이 추가되고 있다.

　　이하에서는 2008년 상법개정안상 개정이 필요한 사항, 2009년 1월 개정상법
및 2009년 5월 개정상법상 (다른 규정과의 관계에서) 개정이 필요한 사항 및 현행
상법상 그 밖의 개정이 필요한 사항에 대하여, 개정을 제안하고자 한다.

## Ⅱ. 2008년 상법개정안상 개정이 필요한 사항

### 1. 주식회사의 설립

### 가. 무액면주식제도의 도입

　　(1) 현행 상법은 액면주식만을 인정하고 있으므로(상법 제289조 제1항 제4호,
제291조 제2호 등 참조) 주가하락 등으로 인하여 회사의 주식의 시가가 액면가액에
미달되는 경우 회사가 신주발행을 통하여 자금조달을 하려면 주주총회의 특별결
의 및 법원의 인가를 받아야 하는 점(상법 제417조) 등으로 인하여 기동성 있는
자금조달이 매우 어렵고 또한 주식분할을 하기 위하여는 주주총회의 특별결의를
받아야 하므로(상법 제329조의 2) 투자단위의 조정이 어렵다.

　　(2) 따라서 상법개정안에서는 회사의 자금조달 및 주식분할의 편의를 위하
여 무액면주식제도를 도입하고 있다.[1] 그러나 회사는 액면주식과 무액면주식 중
에서 하나를 선택할 수 있으며, 어느 회사가 액면주식과 무액면주식을 동시에 발
행하는 것은 금지하고 있다(상법개정안 제329조 제3항).

---

1) 법무부, 상법(회사법)개정 공청회 자료, 2006. 7. 4(이하 '공청회자료'로 약칭함), 33면.

　　상법개정안은 무액면주식제도의 도입에 따라 정관의 절대적 기재사항에서
「1주의 금액」은 「액면주식을 발행하는 경우 1주의 금액」으로 개정하고(상법개정
안 제289조 제1항 제4호), 설립 당시의 주식발행사항에 관하여 (정관에 다른 정함이
없으면) 발기인 전원의 동의로 정하는 사항에 대하여 「액면주식에 대하여 액면
이상의 주식을 발행하는 때에는 그 수와 금액」 및 「무액면주식을 발행하는 때에
는 발행가액과 주식의 발행가액 중 자본금으로 계상하는 금액」을 규정하고 있다
(상법개정안 제291조 제2호·제3호). 또한 자본의 구성에서 「주식회사의 자본은 이를
주식으로 분할하여야 한다」는 규정(상법 제329조 제2항)을 삭제하고, 「회사는 정관
에서 정한 때에는 주식의 전부를 무액면주식으로 발행할 수 있는데, 이 경우에는
액면주식을 발행할 수 없다」고 규정하며(상법개정안 제329조 제3항), 「회사는 정관
에서 정하는 바에 따라 발행된 액면주식을 무액면주식으로 전환하거나 무액면주
식을 액면주식으로 전환할 수 있는데, 이 경우에는 주식병합의 절차에 의한다」고
규정하고(상법개정안 제329조 제6항·제7항), 이와 같이 「액면주식을 무액면주식으로
전환하거나 무액면주식을 액면주식으로 전환함으로써 회사의 자본금은 변경할
수 없다」고 규정하고 있다(상법개정안 제451조 제3항). 회사가 무액면주식을 발행하
는 경우 회사의 자본금은 「주식의 발행가액의 2분의 1 이상의 금액으로서 이사
회(신주발행사항을 주주총회에서 정하는 경우에는 주주총회)에서 자본금으로 계상하기
로 한 금액의 총액」인데(상법개정안 제451조 제2항 제1문), 이 경우 주식의 발행가
액 중 자본금으로 계상하지 않는 금액은 「자본준비금」으로 계상하여야 한다(상법
개정안 제451조 제2항 제2문).

　　(3) 무액면주식제도는 1912년 미국에서 처음 도입되어 미국에서는 액면주식
과 무액면주식을 인정하고 있고, 일본에서는 종래 액면주식과 무액면주식을 모두
인정하였으나 2001년 상법개정에서는 액면주식제도를 폐지하고 무액면주식제도
로 통일하였으며, 독일에서는 1998년부터 무액면주식제도를 도입하여 현재는 액
면주식제도와 병존하고 있다.[2]

　　(4) 무액면주식은 회사의 자금조달의 편의성을 도모하는 장점이 있으나 회
사채권자 등이 불측의 손해를 입을 위험이 크며 또한 저가발행으로 투기를 유발
할 가능성이 큰 점 등의 단점도 있으므로, 우리 상법이 무액면주식을 도입하는
경우 이러한 단점을 방지하는 제도가 선행되어야 할 것이다. 따라서 다수의 투자

---

2) 법무부, 공청회자료(주 1), 34면.

자가 있고 경영투명성이 특히 강조되는 상장회사 및 예금자 등 채권자의 보호가
특히 강조되는 금융기관에 대하여는 무액면주식의 도입을 유보하는 조치가 있어
야 할 것으로 본다.3)

## 나. 변태설립사항(현물출자·재산인수)에 대한 검사인의 조사절차의 축소

(1) 현행 상법상 변태설립사항(상법 제290조) 및 현물출자의 이행에 대하여는
원칙적으로 법원이 선임한 검사인에 의한 조사를 받도록 되어 있고(상법 제299조,
제310조), 예외적으로 변태설립사항 중 발기인이 받을 특별이익(상법 제290조 제1
호)과 회사가 부담할 설립비용 및 발기인이 받을 보수액(상법 제290조 제4호)에 관
하여는 공증인의 조사·보고로 법원이 선임한 검사인의 조사에 갈음할 수 있고,
현물출자(상법 제290조 제2호)와 재산인수(상법 제290조 제3호) 및 현물출자의 이행
(상법 제295조 제2항, 제305조 제3항)은 공인된 감정인의 감정으로 법원이 선임한 검
사인의 조사에 갈음할 수 있다(상법 제299조의 2, 제310조 제3항).

현물출자·재산인수에 관한 위와 같은 검사인 등에 의한 조사절차는 회사의
자본충실을 기하기 위한 것인데, 이러한 현물출자 등이 소규모이거나 또한 그 가
격의 공정성이 객관적으로 확보되는 경우에도 위와 같은 검사인 등에 의한 검
사를 받도록 하는 것은 회사의 설립절차를 불필요하게 복잡하게 하는 문제점이
있다.4)

(2) 상법개정안은 회사의 설립절차에서 일정한 한도를 초과하지 않는 소규
모의 현물출자·재산인수나 가격의 공정성이 객관적으로 확보되는 경우의 현물출
자·재산인수 등에는 위와 같은 검사인 등에 의한 조사를 받지 않을 수 있도록
하고 있다. 즉, 상법개정안은 (ⅰ) 현물출자·재산인수의 총액이 자본금의 5분의
1을 초과하지 않고 대통령령에서 정한 금액을 초과하지 않거나, (ⅱ) 현물출자·
재산인수의 재산이 거래소의 시세있는 유가증권인 경우 정관에 기재된 가격이
대통령령에서 정한 방법으로 산정된 시세를 초과하지 않는 경우, (ⅲ) 기타 대통
령령에서 정한 경우에는, 검사인 등에 의한 조사를 받지 않는 것으로 규정하고
있다(상법개정안 제299조 제2항).

---

3) 정찬형, "2007년 확정한 정부의 상법(회사법) 개정안에 대한 의견,"「고려법학」(고려대 법학
   연구원), 제50호(2008), 369~370면.
4) 동지: 법무부, 공청회자료(주 1), 29면.

(3) 현물출자나 재산인수에 관한 검사인 등에 의한 검사절차를 밟도록 하는 것은 회사의 자본충실을 기하기 위함인데, 그 액이 소규모이거나 그 가격의 공정성이 객관적으로 확보되는 경우에는 검사인 등에 의한 검사가 회사의 설립절차를 불필요하게 복잡하게 하고 또한 설립비용을 증대시키는 문제점이 있어, 위와 같은 경우 회사의 설립절차를 간소화하기 위한 점에서 상법개정안은 타당하다고 본다.[5]

그런데 위와 같은 경우에도 이러한 사항을 정관에 기재하여야 그 효력이 발생하는데(상법 제290조 제2호·제3호), 정관에 기재하지 않은 현물출자 및 재산인수의 효력은 어떠한가? 이러한 행위가 단체법상의 행위라는 점 및 회사와 거래한 제3자를 보호할 필요가 있다는 점 등에서 볼 때, 입법적으로 주주총회의 특별결의에 의한 사후 추인을 긍정하는 규정을 두어야 할 것으로 본다. 또한 위와 같은 검사인 등에 의한 검사가 면제되지 않는 경우에는 주주총회의 특별결의에 의한 추인 외에도 검사인 등에 의한 검사를 받도록 하는 규정을 추가적으로 둠으로써 이를 입법적으로 해결하여야 할 것으로 본다.[6]

## 2. 자기주식의 취득과 처분

(1) 현행 상법은 회사의 자본충실을 위하여 회사의 계산으로 하는 자기주식 취득을 원칙적으로 금지하고, 일정한 사유가 있는 경우에 예외적으로 인정하고 있다(상법 제341조, 제341조의 2).

(2) 상법개정안은 일정한 제한하에 원칙적으로 자기주식의 취득을 허용하고 있다.[7] 즉, 회사는 직전 결산기의 대차대조표상 배당가능이익의 범위 내에서 취득하고, (ⅰ) 거래소의 시세있는 주식을 거래소에서 취득하는 방법에 의하거나 (ⅱ) 상환주식을 제외하고 각 주주가 가진 주식수에 따라 균등한 조건으로 대통령령이 정하는 방법에 의하여 취득하는 경우에는, 자기의 명의와 계산으로 자기의 주식을 취득할 수 있다(상법개정안 제341조 제1항). 또한 회사가 이와 같이 자기

---

5) 정찬형, 전게논문(고려법학 제50호)(주 3), 372면. 동지: 국회 법사위(전문위원 임중호), 상법 일부개정 법률안 검토보고서, 2007. 11(이하 '검토보고서'로 약칭함), 57~58면.

6) 정찬형, 「상법개정연구보고서」(한국상사법학회), 2005. 8, 273~274면; 동, 전게논문(고려법학 제50호)(주 3), 372~373면.

7) 이는 과거의 증권거래법(2009. 2. 4. 이후에는 '자본시장과 금융투자업에 관한 법률'<이하 '자본시장법'으로 약칭함>)에서 인정하고 있는 것(증권거래법 제189조의 2, 자본시장법 제165조의 2)을 상법에서 도입하고 있는 것이다.

주식을 취득할 수 있는 경우는 자기주식을 취득하는 영업연도의 결산기에 배당가
능이익이 존재할 것이 예상되어야 하고, 만일 자기주식을 취득한 영업연도의 결
산기에 손실이 발생하면 자기주식을 취득한 이사는 배당가능이익이 존재할 것으
로 판단함에 있어 주의를 게을리하지 아니하였음을 증명하지 못하면 회사에 대하
여 그 손실액만큼 연대하여 배상할 책임이 있다(상법개정안 제341조 제3항·제4항).

　　회사가 이와 같이 자기주식을 취득하고자 하는 경우에는 미리 주주총회의
결의(다만 이사회의 결의로 이익배당을 할 수 있다고 정관에서 정하고 있는 경우에는 이사
회의 결의)로 (ⅰ) 취득할 수 있는 주식의 종류 및 수 (ⅱ) 취득가액의 총액의 한
도 (ⅲ) 1년을 초과하지 않는 범위에서 자기주식을 취득할 수 있는 기간을 결정
하여야 한다(상법개정안 제341조 제2항).

　　회사는 위와 같은 요건에 해당되지 않는 경우에도 (ⅰ) 회사의 합병 또는
다른 회사의 영업전부의 양수로 인한 때, (ⅱ) 회사의 권리를 실행함에 있어 그
목적을 달성하기 위하여 필요한 때, (ⅲ) 단주의 처리를 위하여 필요한 때, (ⅳ)
주주가 주식매수청구권을 행사한 때에는 자기주식을 취득할 수 있다(특정목적에
의한 자기주식의 취득)(상법개정안 제341조의 2).

　　위와 같이 상법개정안은 배당가능이익의 범위 내에서 일정한 경우 자기주식
을 자유롭게 취득할 수 있도록 하였으므로, 현행 상법상 배당가능이익의 범위 내
에서 주식매수선택권 부여목적 등으로 자기주식을 취득할 수 있도록 한 규정(상
법 제341조의 2)은 삭제하고 있다.

　　주식은 원칙적으로 자본금 감소에 관한 규정에 의하여서만 소각할 수 있는
데(상법개정안 제343조 제1항 본문), 이 경우에는 강제소각만이 인정된다(자본금이 감
소되는 주식소각)(상법개정안 제343조 제2항). 그런데 회사가 보유하고 있는 자기주식
을 소각하여도 자본금이 감소되지 않는 경우(자본금이 감소되지 않는 주식소각)에는
이사회의 결의만으로 회사가 보유하는 자기주식을 소각할 수 있다(상법개정안 제
343조 제1항 단서). 따라서 상법개정안에 의하면 회사가 자본감소 없는 주식소각을
하는 경우에 있어서 이익소각 및 주주총회의 결의에 의한 주식소각의 구별이 없
게 된다. 이러한 점에서 상법개정안은 이익소각에 관한 규정을 개정하고(상법개정
안 제343조 제1항 단서), 주주총회의 결의에 의한 주식소각에 관한 규정(상법 제343
조의 2)을 삭제하고 있다.

　　또한 회사는 그가 보유하는 자기주식을 처분할 수 있는데, 이 경우 (정관에
규정이 없으면) 이사회가 (ⅰ) 처분할 주식의 종류와 수 (ⅱ) 처분할 주식의 처분

가액과 대가의 지급일과 (iii) 주식을 처분할 상대방 및 처분방법을 결정하도록 하고 있다(상법개정안 제342조).

(3) 회사에게 자기주식의 취득을 원칙적으로 허용할 것인가 또는 금지할 것인가는 입법정책의 문제라고 본다. 독일(독일주식법 제71조)·영국(1985년 영국회사법 제143조) 등은 대체로 우리 상법의 경우와 같이 원칙적으로 자기주식의 취득을 금지하면서「회사의 계산」으로 자기주식을 취득하는 것도 이의 탈법행위로 보아 이를 금지하고 있는데(독일주식법 제71a조 제1항; 1985년 영국회사법 제151조), 미국은 원칙적으로 자기주식의 취득을 인정하고 있다(미국 모범사업회사법 제6.31조 등).

(4) 자본감소의 방법으로 자기주식을 취득하여 소각하고자 하는 경우에는 재원규제와 관계 없이 자기주식을 취득할 수 있도록 하여야 하는데, 상법개정안은 제341조의 2에서 제1호(주식을 소각하기 위한 때)를 삭제함으로써 이러한 경우 배당가능이익이 없는 경우에 자기주식을 취득할 수 없도록 하고 있다. 따라서 상법개정안 제341조의 2에서 제1호를 (현행 상법과 같이) 부활하여야 한다고 본다.[8]

(5) 회사가 취득한 자기주식을 처분함에는 기존주주의 이익을 보호하기 위한 조치가 있어야 할 것으로 본다. 상법개정안 제342조는 이에 대하여 전혀 규정하고 있지 않은데, 이는 기존주주의 이익을 위하여 문제가 아닐 수 없다. 즉, 회사가 배당가능이익으로써 취득한 자기주식을 특정주주 또는 제3자에게 매도하여 회사의 지배권(경영권)에 변동을 가져오는 경우에도 (정관에 규정이 없으면) 이를 이사회 결의사항(상법개정안 제342조)에 맡기는 것은 기존주주의 이익보호에 큰 문제가 된다고 본다. 따라서 이러한 경우에는 상법개정안 제342조에서 제2항을 신설하여 상법 제418조를 준용하는 규정을 두어야 할 것으로 본다.[9]

회사가 배당가능이익으로써(즉, 회사의 자금으로써) 취득한 자기주식을 이사회 결의만으로 특정한 주주 또는 제3자에게 매도(처분)함으로써 주주의 의사에 반하여 주주의 회사에 대한 지분비율에 변경을 초래하거나 또는 회사의 지배구조에 변동을 가져오는 경우에는 회사의 그러한 자기주식의 매도(처분)행위는 (사법상) 무효라고 본다. 또한 이 경우 이사는 회사 및 제3자(매수인)에 대하여 손해배상책임을 부담한다고 본다[10](상법 제399조, 제401조).

---

8) 정찬형, 전게논문(고려법학 제50호)(주 3), 375면.
9) 동지: 정찬형, 전게논문(고려법학 제50호)(주 3), 375면; 동, 「상법강의(上)(제12판)」, 박영사, 2009, 943~944면(실권주·단주의 처리에 대하여).
  반대: 강희주, "적대적 M&A에 대한 방어전략으로서의 자사주의 취득 및 처분," 「상장」(한국상장회사협의회), 제390호(2007. 6), 22~24면.

이와 같은 취지에서 경영권 분쟁 상황에서의 자기주식의 처분행위가 무효라는 다음과 같은 하급심판례가 있다.[11]

"상법과 증권거래법(2009. 2. 4. 이후에는 자본시장법)이 자기주식 처분에 대하여 신주발행에 관한 규정을 준용하고 있지는 아니하고, 자기주식의 처분은 이미 발행되어 있는 주식을 처분하는 것으로서 회사의 총자산에는 아무런 변동이 없으며, 기존 주주의 지분비율도 변동되지 아니하여 형식적으로는 신주발행과 그 효과를 일부 달리하는 점은 인정된다. 그러나 회사가 그 보유의 자기주식을 처분하는 행위는 그 처분으로 인하여 궁극적으로 보유주식의 비율에 따라 주주로서 회사에 대한 권리나 지위가 변동하는 등 주주의 지위에 중대한 영향을 초래하게 되는데, 특히 자기주식을 일방적으로 특정주주들에게만 매각할 경우에는 매각으로 인해 초래되는 기존주주의 지분비율의 감소로 인해 신주발행의 경우와 동일한 결과를 가져옴으로써 신주발행에서와 마찬가지로 통제를 가할 필요성이 있고, 자기주식의 처분이 신주발행에 관한 여러 가지 규제를 참탈하는 수단으로 악용되는 것을 방지할 필요성이 있다. 이 사건의 경우에는 자기주식의 처분이 다른 대주주인 원고측의 이익과 회사의 경영권 내지 지배권에 중대한 영향을 미치는 경우에 해당하며, 이 사건 주식매매계약의 체결경위나 그로 인한 거래의 안전, 다른 주주나 이해관계인의 이익 등을 고려하더라도 도저히 묵과할 수 없는 정도로 판단되어 이 사건 주식매매계약은 무효이다."

이에 반하여 "자기주식을 특정한 주주 또는 주주 이외의 제3자에게 처분하는 경우에는 잠재적으로 휴지되어 있던 자기주식의 의결권 등이 부활되어 기존 주주들의 지분비율에 영향을 줄 가능성이 있으나, 이는 신주의 발행 또는 자기주식의 제3자에 대한 배정과는 다른 측면이 있으므로 이에 신주인수권에 관한 상법 제418조나 신주발행의 유지청구에 관한 상법 제424조를 적용하기 어렵고, 또한 회사가 취득한 자기주식은 그 처분에 있어서는 주주평등의 원칙이 적용되지 않는 손익거래에 속하고 이는 회사와 그 거래상대방간의 개인법적 영역이어서 법률이 그 거래의 방법을 획일적으로 제한하는 데에는 신중히 하여야 할 영역이므로, 회사는 자기가 취득한 주식을 장외에서 처분하든 장내에서 처분하든 주주에게 처분하든 제3자에게 처분하든 그 처분에 관한 권한은 모두 이사회에 부여

---

10) 정찬형, 전게논문(고려법학 제50호)(주 3), 375면.
11) 서울서부지판 2006. 3. 24, 2006 카합 393(의결권행사금지 가처분신청사건); 동 2006. 6. 29, 2005 가합 8262(자기주식 장외거래 무효확인사건).

되고 이사회가 적법하게 취득한 자기주식을 적법한 절차에 따라 처분하기로 결정한 경우에는 원칙적으로 적법하다"는 견해도 있다.12)

그러나 이러한 견해는 타당하지 않다고 본다. 회사가 회사의 자금으로써 취득한 자기주식을 특정한 주주 또는 제3자에게 매도(처분)함으로써 (기존)주주의 회사에 대한 지분비율에 변경을 초래하거나 또는 회사의 지배권에 변동을 가져오는 것은 주주의 이익에 중대한 변경을 가져오는 것이거나 또는 주식회사의 본질에 속하는 주주(주식)평등의 원칙에 반하는 것으로서 반드시 주주(또는 주주총회)의 승인을 받아야 할 사항이지, 어찌하여 이러한 사항을 "주주평등의 원칙이 적용되지 않는 손익거래에 속하고 이는 회사와 그 거래상대방간의 개인법적 영역에 속하는 사항"이라고 보는 점에 대하여는 이해하기 어렵다. 회사가 (배당가능이익으로써) 자기주식을 취득하여 보관하고 있다가 이를 처분하는 것은 (실질적으로) 회사가 자기주식을 (자본금으로써) 취득하여 소각한 후(즉, 자본을 감소한 후) 다시 신주를 발행하는 것과 (적어도 기존주주의 입장에서는) 유사하다고 볼 수 있다. 따라서 회사가 취득한 자기주식을 거래소에서 공정한 가격으로 매각하는 것은 회사에서 공모에 의한 신주발행의 경우와 유사하게 볼 수 있고 또한 특정한 제3자에게 매각하는 것은 신주발행의 경우 제3자에게 배정하는 것과 유사하다고 볼 수 있다. 따라서 회사가 취득한 자기주식을 매각하는 경우에는 신주발행의 경우와 같이 먼저 기존주주의 이익을 보호하고 또한 주식회사의 본질인 주주평등의 원칙에 반하지 않게 하며 이와 함께 회사의 이익을 위하여 공정한 가격으로 매각하여야 한다고 본다. 그러므로 우리 상법이 주주의 이익보호를 위하여 원칙적으로 주주에게 신주인수권을 인정하는 입법정책을 취하고 있는 이상(상법 제418조 제1항)13) 이와 균형을 맞추어 회사가 자기주식을 처분하는 경우에도 주주의 이익을 보호하여야 할 것으로 본다.14) 따라서 회사는 자기주식을 처분하는 경우 원칙적으로 기존주주에게 그가 가진 주식의 수에 따라서 매각하여야 하나(따라서 기존주주가 회사에 대하여 갖는 지분비율에 변동이 없게 매각하여야 하나)(상법 제418조

---

12) 강희주, 전게논문(상장 제390호)(주 9), 21~23면.
13) EU회사법 제2지침(자본지침)(1976. 12. 13. 공포)(동 지침 제29조), 독일(주식법 제186조 제1항), 영국(1985년 회사법 제89조) 등도 우리나라의 경우와 같이 원칙적으로 주주에게 신주인수권을 인정하고 있다.
14) 그러나 주주의 신주인수권을 인정하지 않는 입법정책을 취하고 있다면(미국의 모범사업회사법 제6.30조 제a항, 미국 주법에서 신주인수권을 인정하지 않는 주는 뉴저지·델라웨어 등 25개 주), 회사는 그가 취득한 자기주식을 (주주의 이익을 고려할 필요 없이) 이사회가 임의로 자유롭게 처분할 수 있다고 본다.

제1항 유추적용), 다만 정관에 규정이 있으면(이러한 내용이 정관에 규정이 없으면 정
관변경에 해당하는 주주총회의 특별결의를 얻어) 제3자에게 매각할 수 있다고 본다(상
법 제418조 제2항 유추적용). 또한 어떠한 경우에도 회사의 이익을 위하여 매도가액
은 공정한 가액이어야 한다. 이 때 회사가 취득한 자기주식을 이사회결의만으로
특정한 주주 또는 제3자에게 매도함으로써 기존주주의 회사지분에 대한 비율에
변경을 초래하거나 또는 회사의 지배권에 변동을 가져오는 경우에는, 회사가 아
무리 공정한 가액으로 자기주식을 매도하였다고 하여도 주주의 이익을 해하는
것이므로 그러한 자기주식의 처분(매도)행위는 사법상 무효라고 본다.[15]

현행 상법은 원칙적으로 자기주식의 취득을 금지하므로(상법 제341조 본문)
예외적으로 부득이한 경우에 취득한 자기주식의 처분에 대하여는 상당한 시기에
자기주식을 처분하도록 하는 규정만을 두고 있다(상법 제342조). 그러나 상법개정
안과 같이 자기주식의 취득을 원칙적으로 자유롭게 하면(상법개정안 제341조) 자기
주식의 처분에 대하여는 반드시 기존주주의 이익을 보호하는 장치를 두어야 할
것으로 본다. 따라서 상법개정안 제342조에서 제2항을 신설하여 상법 제418조
및 제419조를 준용하는 규정을 반드시 두어야 할 것으로 본다.[16] 상법개정시안
에서는 이러한 규정이 준용되는 것으로 되어 있었는데, 상법개정안에서 경제계의
요청에 따라 이러한 규정의 준용이 빠진 것은 주주의 이익보호에 근본적인 문제
가 있다고 본다.

## 3. 주식회사의 업무집행기관(집행임원)

우리 상법은 (사실상) 주식회사를 대회사(자산총액 2조원 이상인 주식회사)[17]·중
회사(자본금 총액이 10억원 이상이고 자산총액이 2조원 미만인 주식회사)[18]·소회사(자본
금 총액이 10억원 미만인 주식회사)로 구분하여, 그 지배구조를 달리 규정하고 있다.
따라서 이하에서는 주식회사를 대회사와 중회사로 나누어 그의 업무집행기관(집

---

15) 정찬형, 전게논문(고려법학 제50호)(주 3), 377~378면.
16) 정찬형, 전게논문(고려법학 제50호)(주 3), 378면.
17) 대회사는 전부 상장회사이므로 대회사에 대하여는 상법상 상장회사에 대한 특례규정(상법
    제3편 제4장 제13절: 제542조의 2~13)이 전부 적용되는데, 이러한 특례규정 중 일부(상법 제
    542조의 7 제2항, 제542조의 8 제1항 단서, 제542조의 11 제1항, 제542조의 12 제1항·제2항·
    제4항)는 대회사에 대하여만 적용된다.
18) 중회사 중 상장회사에 대하여는 상법상 상장회사에 대한 특례규정이 적용되고, 이러한 특례
    규정 중 일부(상법 제542조의 10)는 자산총액이 1,000억원 이상인 상장회사인 중회사에 대하
    여만 적용된다.

행임원)에 대한 입법론을 살펴보고,19) 상법개정안상의 집행임원제도에 반대하는 견해에 대하여는 그러한 반대의 이유가 모두 설득력이 없음을 제시하겠다.

## 가. 대회사

(1) 현행 상법상 최근 사업연도말 현재의 자산총액이 2조원 이상인 대회사의 경우 이사회에 사외이사를 3인 이상으로 하고 또한 이사 총수의 과반수가 되도록 하여(상법 제542조의 8 제1항 단서, 상법시행령 제34조 제2항) 이사회를 사외이사 중심으로 구성하도록 하고 있으면서, 이러한 이사회에 업무집행기능(의사결정)(상법 제393조 제1항)과 업무감독기능(상법 제393조 제2항)을 동시에 부여하고 있다.

(2) 대회사에서 이와 같이 이사회를 사외이사 중심으로 구성하도록 한 것은 이사회와는 별도의 업무집행기관(집행임원)을 두는 것을 전제로 하여 이사회가 (형식화된 주주총회에 갈음하여) 업무집행기관에 대한 감독기능에 충실하도록 한 것이다. 다시 말하면 이와 같이 대회사에 대하여 과반수의 사외이사를 의무적으로 두도록 하는 입법을 하는 경우에는 당연히 이사회(업무감독기관)와는 별도의 업무집행기관(집행임원)을 의무적으로 두도록 하는 입법을 하였어야 한다. 그런데 우리 상법은 사외이사에 관한 위와 같은 입법을 하면서 이러한 이사회와는 별도의 업무집행기관(집행임원)에 대한 입법을 하지 않고, 그러한 이사회에 업무집행기관에 대한 업무감독기능(상법 제393조 제2항)과 동시에 업무집행기능(의사결정)(상법 제393조 제1항)을 부여함으로써 많은 부작용과 문제점이 발생하고, 국제기준에도 맞지 않는 이상한(왜곡된) 대회사의 지배구조가 되었다.

사외이사 중심의 이사회에게 업무집행권과 업무감독권을 동시에 부여함으로써, 회사의 업무에 관하여 상근하지 않는 사외이사로 하여금 업무집행(의사결정)에 관여하도록 하여 (종래보다) 업무집행의 효율성이 떨어지고, 또한 업무집행에 관여한 (사외)이사가 다시 자기가 관여한 업무집행에 대하여 업무감독기능을 하게 되어(즉, 자기감독을 하도록 하여) 업무감독에서도 (종래보다) 더 나은 효율성을

---

19) 자본금 총액이 10억원 미만인 소회사의 경우는 이사를 1명 또는 2명 둘 수 있는데(상법 제383조 제1항 단서), 이 경우에는 각 이사(정관에 따라 대표이사를 정한 경우에는 그 대표이사)가 업무집행기관이고, 이 업무집행기관에 대한 업무감독기관은 주주총회이므로(상법 제383조 제4항), 이와 관련하여 특별히 문제될 사항은 없다. 또한 이사를 1명 또는 2명을 둔 소회사는 감사를 선임하지 아니할 수 있는데(상법 제409조 제4항), 감사를 선임하지 아니한 경우 이사의 업무집행에 대하여는 주주총회가 감사하므로(상법 제409조 제6항), 이와 관련하여 특별히 문제될 사항은 없다.

나타내지도 못하였다. 다시 말하면 사외이사제도(또는 사외이사 중심의 이사회제도)
는 종래보다 업무집행에 대한 감독의 효율성을 증대시키지도 못하면서, 종래보다
업무집행의 효율성을 더 떨어지게 하는 결과를 초래하였다.

   따라서 대회사는 업무집행의 효율성을 위하여 이러한 (법정의) 사외이사를
두는 것을 최소화할 목적으로 이사의 수를 대폭 축소하고, 이와 같이 종래의 이
사(등기이사)의 수가 대폭 축소됨으로써 대회사는 이러한 이사만으로는 도저히 회
사의 업무를 집행할 수 없으므로 이러한 종래의 이사(등기이사) 대신 회사의 정관·
내규 등에 의하여 또는 대표이사에 의하여 선임된 (사실상) 집행임원에게 회사의
업무집행을 맡기게 되었다. 그런데 이러한 (사실상) 집행임원은 실제로 과거에 등
기이사가 수행하던 직무를 담당하고 이로 인하여 보수 등에서도 등기이사와 거
의 동등한 대우를 받고 있으면서도 현재 상법 등 법률상 근거가 없으므로 그의
지위(위임관계냐 또는 고용관계냐)·권한·의무·책임 등에서 많은 법률상 문제점을
야기하게 되었다.20) 이러한 대표적인 예로 위와 같은 (사실상) 집행임원을 실적부
진 등의 이유로 회사가 해임한 경우 (사실상) 집행임원은 고용계약에 의한 근로
자라고 주장하면서 노동법상 부당해고라고 하여 소를 제기한 경우가 많은데, 이
에 대하여 우리 대법원판례는 이러한 (사실상) 집행임원은 주주총회에서 선임되
지도 않았고 또한 등기되지도 않았다는 이유로 이러한 (사실상) 집행임원의 지위
는 위임계약에 의한 임원이 아니라 고용계약에 의한 근로자라고 계속하여 판시
함으로써,21) 회사에서는 납득할 수 없는 너무나 불합리한 판결이라는 문제점을
제기하였고 이에 대하여 입법적으로 해결하여 줄 것을 요청하기도 하였다.22)

   (3) 상법개정안은 원래 위와 같은 대회사에 있어서 발생하는 문제점을 해결
하고 또한 우리 기업의 세계화와 더불어 Global Standard에 맞는 입법을 하기
위하여, 대회사에서 업무집행기관과 이에 대한 감독기관을 분리하고자 집행임원
제도를 두는 입법을 하고자 한 것인데, 상법개정에 관한 논의의 과정중에 기업의
자율성을 중시하고 또한 집행임원제도를 실시할 수 있는 회사의 범위를 확대하
기 위하여 회사(대회사 및 중회사)는 사외이사의 존부 또는 그 수에 무관하게 회사
의 선택에 의하여 집행임원제도를 이용할 수 있게 하였다(상법개정안 제408조의 2

---

20) 정찬형, 전게논문(고려법학 제50호)(주 3), 380~381면; 동, "주식회사의 지배구조," 「상사법
   연구」(한국상사법학회), 제28권 제3호(2009. 11), 31~32면.
21) 대판 2003. 9. 26, 2002 다64681; 동 2005. 5. 27, 2005 두 524 등.
22) 동지: 법무부, 공청회자료(주 1), 4~6면.

제1항 1문). 다만 회사(대회사 및 중회사)가 이와 같이 집행임원을 둔 경우에는 대표이사를 두지 못하도록 하였다(상법개정안 제408조의 2 제1항 2문). 따라서 이러한 상법개정안에 의하면 중회사(자본금의 총액이 10억원 이상이고 최근 사업연도말 현재의 자산총액이 2조원 미만인 회사로서 은행 등 금융기관이 아닌 회사)도 집행임원제도를 채택할 수 있고, 대회사의 경우에도 집행임원제도를 채택하지 아니할 수 있다.[23]

집행임원에 관한 상법개정안의 중요한 내용은 다음과 같다.

① 회사와 집행임원과의 관계는 회사와 이사와의 관계와 같이 위임관계이다 (상법개정안 제408조의 2 제2항).

② 집행임원설치회사의 이사회는 (대표)집행임원의 선임·해임권 및 보수결정 권 등을 가짐으로써 집행임원에 대한 실질적인 감독권을 행사할 수 있도록 하였으며, 집행임원설치회사의 이사회는 이 외에도 집행임원과 회사와의 소에서 회사를 대표할 자를 선임할 수 있고, 집행임원에 대하여 업무집행에 관한 의사결정을 위임할 수 있으며(다만 상법에서 이사회의 권한사항으로 정한 경우는 제외함), 집행임원이 수인인 경우 집행임원의 직무분담 및 지휘·명령관계 그 밖에 집행임원의 상호관계에 관한 사항을 결정할 수 있다(상법개정안 제408조의 2 제3항).

③ 집행임원설치회사는 이사회의 회의를 주관하기 위하여 이사회의장을 두어야 하는데, 이사회의장은 정관의 규정이 없으면 이사회 결의로 선임한다(상법개정안 제408조의 2 제4항).

이사회의 감독기능 충실을 위하여 이사회의장과 (대표)집행임원의 겸직은 바람직하지 않으나,[24] 상법개정안은 실무계의 현실을 반영하여 이를 금지하는 규정을 두지 않기로 하여 양자의 겸직이 가능하다.[25]

④ 집행임원의 임기는 정관에 달리 정한 바가 없으면 2년을 초과하지 못하는 것으로 하고 있다(상법개정안 제408조의 3 제1항).

⑤ 집행임원은 현행 상법상 대표이사의 기능을 수행할 수 있는 권한을 가지며(상법개정안 제408조의 4, 제408조의 5), 2인 이상의 집행임원이 선임된 경우에는 이사회의 결의로 대표집행임원을 선임하는데, 이러한 대표집행임원에 대하여는 대표이사에 관한 상법의 규정을 준용하는 것으로 하고 있다(상법개정안 제408조의 5).

---

23) 동지: 법무부, 공청회자료(주 1), 8면.
24) 동지: 정찬형, "주식회사 지배구조관련 개정의견," 「상사법연구」(한국상사법학회), 제24권 제2호(2005. 8), 163~164면.
25) 동지: 법무부, 공청회자료(주 1), 9면.

⑥ 집행임원은 필요시 회의의 목적사항과 소집이유를 기재한 서면을 이사 (소집권자)에게 제출하여 이사회의 소집을 청구할 수 있는데, 이사(소집권자)가 이러한 소집절차를 밟지 아니한 때에는 그 집행임원은 법원의 허가를 얻어 이사회를 소집할 수 있다(상법개정안 제408조의 7).

⑦ 집행임원에 대하여는 이사(대표이사)와 유사한 의무를 부과하여, 집행임원은 3개월에 1회 이상 업무의 집행상황을 이사회에 보고하여야 하고, 집행임원은 이 외에도 이사회의 요구가 있는 때에는 언제든지 이사회에 출석하여 요구한 사항을 보고하여야 하며, 이사는 대표집행임원으로 하여금 다른 집행임원 또는 피용자의 업무에 관하여 이사회에 보고할 것을 요구할 수 있도록 하고 있다(상법개정안 제408조의 6).

⑧ 집행임원에 대하여도 이사와 유사하게 회사 및 제3자에 대한 책임을 인정하고 있다(다만 집행임원이 수인인 경우에도 이사회와 같은 회의체를 구성하지 않으므로 회의체의 결의와 관련된 연대책임은 없음)(상법개정안 제408조의 8).

⑨ 집행임원은 등기사항으로 하여 공시하도록 하고 있다(상법개정안 제317조 제2항).

(4) 위의 상법개정안과 같이 모든 회사(중회사 및 대회사)가 사외이사의 존재 유무에 불구하고 선택적(임의적)으로 집행임원제도를 채택할 수 있는 것으로 규정하여, 사외이사가 이사 총수의 과반수인 이사회를 가진 대회사가 집행임원제도를 채택하지 않으면 앞에서 본 바와 같은 현행 상법하에서 발생하는 문제점이 전혀 해결되지 못하는 결과가 되어 집행임원제도의 입법상 실효를 거두지 못하게 된다.

따라서 사견으로는 위에서 본 바와 같이 우리 상법이 대회사의 이사회에는 의무적으로 사외이사를 이사 총수의 과반수 두도록 하여 이사회가 사외이사 중심으로 되어 업무집행기관에 대한 감독권을 충실히 행사하도록 하였고 또한 이러한 이사회내 위원회의 하나로서 감사위원회를 의무적으로 두도록 하여 업무집행기관에 대한 감사업무를 하도록 하였다면, 그에 상응하여 그러한 취지에 맞게 업무감독기관과는 별도의 업무집행기관인 집행임원을 의무적으로 두도록 하여야 한다고 본다.26) 이 경우 대회사의 지배구조는 집행임원(업무집행기관) — 사외이사

---

26) 정찬형, "상법 회사편(특히 주식회사의 지배구조) 개정안에 대한 의견," 상법 일부개정법률안(회사편)에 관한 공청회자료(국회법제사법위원회), 2009. 11. 20(이하 '국회공청회자료'로 약칭함), 22~23면; 동, 전게논문(상사법연구 제28권 제3호)(주 20), 39~40면; 동, 전게논문(고려

중심의 이사회(감독기관) — 이사회내 위원회의 하나인 감사위원회(감사기관)가 되어, 실효성이 있고 국제기준에도 맞는 지배구조가 될 것이다.

상법이 대회사에 대하여 의무적으로 사외이사를 이사 총수의 과반수 두도록 하는 규정을 두어(상법 제542조의 8 제1항 단서) 이사회에 업무집행기관(집행임원)에 대한 감독기능을 보다 더 충실하게 하는 기능을 부여하고자 하고 또한 이러한 이사회내 위원회의 하나인 감사위원회를 의무적으로 두도록 하여(상법 제542조의 11 제1항) 업무집행기관의 업무집행에 대하여 감사를 하도록 하여 경비를 절약하고 감사기능의 효율성을 기하고자 하면, 이에 상응하여 업무감독기관(이사회)과는 분리된 업무집행기관(집행임원)을 의무적으로 두도록 하는 것이 균형이 맞는다. 만일 대회사의 경우 의무적인 집행임원제도를 도입하지 않는 경우에는, 이에 상응하여 이사회에 사외이사를 의무적으로 이사 총수의 과반수 두도록 하는 규정(상법 제542조의 8 제1항 단서) 및 감사위원회를 의무적으로 두도록 한 규정(상법 제542조의 11 제1항)도 폐지되어야 할 것으로 본다. 그런데 대회사의 경우 이러한 사외이사제도 및 감사위원회제도는 그동안 국내에서 어느 정도 정착되고 있는 현실 및 국제기준에 맞는 지배구조의 모델에서 볼 때 폐지하기는 곤란하다고 본다. 그렇다면 국제기준에 맞게 또한 의무적 사외이사제도 및 감사위원회제도와의 균형상 대회사의 경우 집행임원제도를 의무적으로 두도록 하여야 할 것으로 본다.[27]

대회사가 이와 같이 사외이사 중심의 이사회를 갖고서 업무집행기관(집행임원)에 대하여 효율적인 감독을 하도록 하고 또한 이사회와 분리된 업무집행기관인 집행임원을 두도록 하는 지배구조를 갖는 것은, 현재 국제적으로 논의되고 있는 Global Standard에 부응하는 지배구조를 갖는 것이 되어, 이러한 회사는 기업경영의 투명성을 담보하는 지배구조를 갖는 회사로서 국제적인 신뢰를 크게 얻게 되어 외국인의 국내기업에 대한 투자를 확대할 수 있는 기반을 조성하게 되고 또한 우리나라의 경제발전에도 크게 기여하게 될 것으로 본다.[28]

법학 제50호)(주 3), 384면.
　　동지: 정쾌영, "집행임원제도에 관한 상법개정안의 문제점 검토," 「기업법연구」(한국기업법학회), 제21권 제4호(2007. 12), 110~111면, 116면; 전우현, "주식회사 감사위원회제도의 개선에 관한 일고찰 – 집행임원제 필요성에 관한 검토의 부가," 「상사법연구」(한국상사법학회), 제23권 제3호(2004. 11), 284면; 원동욱, "주식회사 이사회의 기능변화에 따른 집행임원제도의 도입에 관한 연구," 법학박사학위논문(고려대, 2006. 2), 86~87면, 167~169면, 181면; 서규영, "주식회사의 집행임원제도에 관한 연구," 법학박사학위논문(고려대, 2009. 8), 101~102면, 182면.
27) 정찬형, 국회공청회자료(주 26), 22~23면.
28) 정찬형, 국회공청회자료(주 26), 23면; 동, 전게논문(고려법학 제50호)(주 3), 384~385면; 동,

(5) 비교법적으로 볼 때도 미국은 일정규모 이상의 공개회사는 집행임원제
도를 채택하도록 하고,29) 일본의 2005년 신회사법에서도 사외이사를 과반수로
한 위원회를 설치하는 위원회설치회사에서는 집행임원(執行役)을 의무적으로 두
도록 하고 있다(일본 신회사법 제402조 제1항). 2005년 개정된 중국회사법(中華人民
共和國公司法)도 주식회사에서는 집행임원(經理)을 의무적으로 두도록 하고 있다(중
국회사법 제114조 제1문).

## 나. 중회사

(1) 자본금 총액이 10억원 이상이고 최근 사업연도말 현재의 자산총액이 2
조원 미만인 중회사의 현행 상법상 업무집행기관은 이사회(및 대표이사)이고(상법
제393조 제1항, 제389조), 이를 감독하는 기관도 이사회이다(상법 제393조 제2항).

이러한 중회사가 상장회사이면 최근 사업연도말 현재의 자산총액이 1,000억
원 미만인 벤처기업 등을 제외하고는, 중회사의 이사회는 의무적으로 이사 총수
의 4분의 1 이상을 사외이사로 하여야 한다(상법 제542조의 8 제1항 본문, 상법시행
령 제34조 제1항). 또한 이러한 상장회사의 사외이사에 대하여는 비상장회사의 사
외이사의 결격사유(상법 제382조 제3항) 외에 추가적인 결격사유가 있다(상법 제542
조의 8 제2항).

(2) 중회사인 상장회사가 이와 같이 의무적으로 이사 총수의 4분의 1 이상
을 사외이사로 선임하도록 하는 것은 이사회를 사외이사 중심으로 하여 업무집
행을 감독하는 것에도 충실하지 못하고 또한 (현행 상법에서와 같이 이러한 이사회에
업무집행기능을 부여한 경우) 업무집행을 담당하는 이사회에 회사의 업무에 대하여
잘 알지도 못하는 (외부의) 사외이사가 존재하게 되어 이사회의 업무효율성도 크
게 저하시키므로, 상장회사에 대하여 이와 같이 사외이사를 의무적으로 두도록
하는 규정은 그 의미가 거의 없으므로 폐지되어야 한다고 본다.30)

이사회가 감독기능을 충실히 하도록 하기 위하여 사외이사를 두도록 하는

전게논문(상사법연구 제28권 제3호)(주 20), 39~40면.

29) 미국법조협회(American Law Institute, ALI)가 1992년 3월 31일에 최종안으로 제안한 회
사지배구조의 원칙(Principles of Corporate Governance: Analysis and Recommendation)
제3.01조.
　동지: 국회 법사위(전문위원 임중호), 상법 일부개정 법률안 검토보고서(이하 '검토보고서'로
약칭함), 2007. 11, 138면(캘리포니아주 등 미국의 일부 주회사법에서는 일정한 경우 집행임원
제도를 의무화하고 있다고 함).
30) 정찬형, 국회공청회자료(주 26), 13면; 동, 전게논문(상사법연구 제28권 제3호)(주 20), 50면.

경우에는 사외이사의 독립성과 전문성이 전제되어야 하는데, 이러한 전제 없이 모든 상장회사에게 의무적으로 사외이사를 무조건 (일정비율) 선임하도록 강요하는 것은 회사 업무의 비효율성과 불필요한 비용의 낭비를 초래할 여지가 크다고 본다. 즉, 상법이 이와 같이 모든 상장회사가 일률적이고 의무적으로 사외이사를 선임하도록 함으로써, 현실적으로는 사외이사의 선임이 그 본래의 취지에 맞지 않고 형식적이고 장식용으로 되어 회사 업무의 비효율성과 불필요한 비용의 낭비를 초래하는 경우도 많다.[31]

(3) 위에서 본 상법개정안과 같이 모든 중회사가 사외이사의 존재 유무에 불구하고 선택적(임의적)으로 집행임원제도를 채택할 수 있는 것으로 규정하여, 사외이사가 전혀 없는 중회사도 집행임원제도를 채택할 수 있도록 하면 업무감독기관(이사회)의 전 구성원이 업무집행기관(집행임원)이 되어(즉, 자기감독이 되어) 이사회의 감독기능에 실효성이 없으면서(현행 상법하에서와 동일한 문제점이 발생함) 집행임원제도의 채택으로 불필요한 비용의 증대를 가져올 우려가 있고, 사외이사가 이사 총수의 과반수인 이사회를 가진 중회사가 집행임원제도를 채택하지 않으면 현행 상법하에서(또는 대회사에서) 발행하는 문제가 전혀 해결되지 못하는 문제점이 발생하게 될 것이다.

(4) 따라서 중회사의 경우에는 원칙적으로 현재와 같이 이사회와 대표이사가 업무를 집행하면 충분하다고 보고, 다시 비용을 들여 집행임원을 별도로 둘 필요가 없다고 본다. 중회사의 이사회는 사외이사가 이사 총수의 과반수이어야 한다는 의무규정도 없으므로 이사회가 사외이사 중심으로 구성되어 업무집행기관에 대한 감독기능에 중점이 있다고도 볼 수 없다.[32]

그러나 다음과 같은 경우에는 예외적으로 집행임원을 두어야 하거나 또는 둘 수 있다고 본다. 즉, (ⅰ) 중회사가 (의무는 없으나) 임의로 사외이사를 이사 총수의 과반수로 하여 이사회를 구성하면 위의 대회사의 경우와 같은 취지에서 의무적으로 집행임원을 두도록 하여야 하고, (ⅱ) 사외이사가 2인 이상 있으나 이사 총수의 과반수가 되지 않는 경우에는 선택적(임의적)으로 집행임원을 둘 수 있도록 하여야 할 것이다.[33]

---

31) 정찬형, 국회공청회자료(주 26), 13면; 동, 전게논문(상사법연구 제28권 제3호)(주 20), 50면.

32) 정찬형, 국회공청회자료(주 26), 23면; 동, 전게논문(상사법연구 제28권 제3호)(주 20), 54면.

33) 정찬형, 국회공청회자료(주 26), 23~24면; 동, 전게논문(상사법연구 제28권 제3호)(주 20), 54면.

## 다. 집행임원제에 관한 백승재(대한변협) 변호사의 진술에 대한 의견

2009년 11월 20일 국회법제사법위원회의 상법 일부개정법률안(회사편)에 관한 공청회에서 대한변호사협회의 백승재 변호사는 많은 이유를 들어 상법개정안상 집행임원제에 대하여 반대하고 있는데,[34] 이러한 이유는 아래에서 보는 바와 같이 타당하지 않다고 본다.[35]

(1) 백승재 변호사는 "주주총회는 회사의 내부에서 주주의 의사를 수렴하여 회사의 의사를 결정하는 기관이다. 그런데 집행임원제도를 도입하여 소수주주를 대리하는 사외이사를 두고 또 이러한 사외이사를 중심으로 구성된 이사회가 업무집행기관(집행임원)을 선임 및 해임하고 업무집행기관을 실질적으로 감독하게 한다면, 주주총회의 형해화를 초래할 것이다"고 하는데, 이는 아래와 같은 이유에서 타당하지 않다.

(가) 현재 (특히) 대회사의 경우는 주주가 광범위하게 분산되어 있고 또한 주주총회의 소집 등이 쉽지 않아 주주총회가 (실질적으로) 형해화되어 업무집행기관에 대한 감독이 실질적으로 되지 않고, 그렇다고 업무집행기관과 업무감독기관이 동일한 이사회는 제도상 자기감독으로 인하여 감독기능이 원천적으로 불가능하여, 집행임원제도는 업무집행기관과 업무감독기관을 분리하여 업무감독의 효율성을 기하고자 하는 것이다. 따라서 이사회와 분리된 업무집행기관(집행임원)을 두었다고 하여 새롭게 주주총회가 형해화되는 것은 결코 아니고, 오히려 감독기능의 실효성을 거둘 수 있다.

(나) 주주총회는 이사를 선임하여(주주와 대리관계) 본인으로서 이사회를 감독하고, 이사회가 집행임원을 선임하여(주주와 복대리관계) 업무집행기관을 감독하도록 함으로써, (형식화된) 주주총회가 업무집행기관을 직접 감독하는 것보다 이사회를 통하여 간접적으로 감독함으로써 업무집행기관에 대한 감독의 실효를 거두고자 하는 것이 세계적인 (대회사의) 지배구조의 개선방향이다. 따라서 집행임원을 둠으로써 주주총회가 형식화되었다거나 또는 약화되었다는 논의는 (세계 어디에도) 거의 없다고 본다. 오히려 업무집행기관(집행임원)에 대한 이사회의 실효성

---

34) 백승재, 국회공청회자료(주 26), 138~140면.
35) 이하의 내용은 백승재 변호사의 국회공청회자료(주 26)에 대하여 법무부(상사법무과)가 필자의 의견을 요청하여 필자가 이에 대하여 법무부에 회신한 내용(2009. 11. 18)을 수정·보충한 것이다.

있는 감독으로 주주의 이익에 실질적으로 기여하고 있다.

(다) 상법개정안상 지배주주는 이사로 선임되어 이사회의장이 되고 이러한 이사회의장은 대표집행임원(CEO)을 겸할 수 있고 또한 이사의 일부(사외이사 제외)는 집행임원을 겸할 수 있으므로, 지배주주가 현재보다 영향이 약화되거나 경영권을 빼앗기는 것은 아니고, 다만 효율적인 업무집행과 효율적인 업무감독을 할 수 있게 하자는 것 뿐이다.

(라) 백승재 변호사는 그 이유에서 "소수주주를 대리하는 사외이사를 두고"라고 표현하고 있는데, 사외이사를 소수주주가 선임하는 것은 결코 아니고 사내이사와 같이 지배주주가 선임하는 것이다. 다시 말하면 상법 제382조 제1항의 이사에는 「사내이사」만을 의미하는 것이 아니라, 「사외이사」도 포함되는 것이다. 이러한 사외이사는 해당 회사의 상무에 종사하지 아니하는 이사로서(상법 제382조 제3항 제1문 전단 참조) 이사회에 참여하여 (독립적인 지위와 전문적인 지식으로써) 업무집행기관(집행임원)에 대하여 (주주를 대리하여) 효율적인 감독을 하도록 하기 위한 것이다. 이러한 사외이사는 이와 같이 감독기관인 이사회에 참여하여 업무집행기관(집행임원)에 대하여 효율적인 감독을 하기 위한 것이지, (현행 상법에서와 같이) 업무집행기관(이사회)의 구성원으로서 업무집행에 참여하도록 한 것은 결코 아니다. 현행 상법에서는 사외이사가 업무집행기관(이사회) 및 업무감독기관(이사회)의 양자에 걸치는 구성원이 되어 앞에서 본 바와 같이 업무집행의 효율성도 저하시키고 또한 자기감독으로 인한 업무감독의 효율성도 저하시키고 있다. 따라서 이러한 모순과 비효율성을 시정하기 위하여 업무감독기관(이사회)과 분리된 업무집행기관을 두고자 하는 것이 집행임원제도인데, 집행임원제의 도입이 주주총회를 형해화한다고 주장하는 것은 너무나 사실과 맞지 않은 억지의 주장이라고 본다.

참고로 소수주주를 대리하는 이사는 집중투표에 의하여 선임되는 이사를 말하고(상법 제382조의 2), 이러한 이사에는 사내이사와 사외이사의 구별이 없다.

(2) 백승재 변호사는 "업무집행임원은 이사회에서 판단하고 결정한 업무를 집행하는 기관인데, 이사회의 의사결정에는 아무런 권한이 없음에도 불구하고 그 결과에 대하여 이사와 같은 정도의 책임을 부담하는 것은 지나치게 과중하다. 따라서 이사회에서 선임된 집행임원은 이사회에 의하여 업무집행에 감독을 받으며, 또한 회사에 대하여 책임은 매우 무거운 지위에 놓여 있다. 이러한 경우에 어느 집행임원도 모험이 동반되는 일을 시도하지 않을 우려가 있다"고 하는데, 이는

아래와 같은 이유에서 타당하지 않다.

⑺ 집행임원은 현행 상법상 대표이사에 해당하므로(상법개정안 제408조의 5 제2항) 대표이사에 해당하는 책임(상법 제399조, 제401조)을 그대로 집행임원에 대하여 규정한 것 뿐인데(상법개정안 제408조의 8), 이것을 종래의 이사의 책임보다 과중하다고 할 수는 없다.

⑻ 집행임원이 이사회가 결정한 사항에 대하여 집행만을 한 경우에는 의사결정에 대한 책임은 부담하지 않는 것이고(이러한 점으로 인하여 상법 제399조 제2항·제3항은 집행임원에 대하여는 규정하지 않음), 다만 정관 또는 이사회는 집행임원에 대하여 업무집행에 관한 의사결정을 위임할 수 있는데(상법개정안 제408조의 4 제2호) 이 경우 의사결정에 대하여도 책임을 지는 것은 현행 이사회결의에 대하여 이사가 책임을 지는 경우와 동일하다. 따라서 집행임원에 대하여 (현행 상법상 대표이사에 비하여) 특별히 무거운 책임을 지우는 것은 결코 아니다. 따라서 아무런 근거 없이 집행임원이 무거운 책임을 진다고 하여 집행임원제의 입법에 반대하는 것은 그 이유가 타당하지 않다고 본다.

(3) 백승재 변호사는 "업무집행임원제도의 도입배경에는 사외이사제도가 강제로 적용되도록 하는 기업의 경우(자산규모 2조원 이상, 은행 등) 이사회 구성원의 2분의 1 이상을 사외이사로 두며 그 수는 3인 이상일 것을 요구하고 있는데, 감사위원회 이외에 별도로 사외이사를 두어 비전문가에 의한 지나친 감독기능의 강화로 의사결정의 신속성 저해, 기업기밀의 사외유출, 기업경영의 효율성 감소, 비용의 증가 등의 이유로 최소한의 법정사외이사만 유지하고 나머지 업무집행의 기능은 대표이사 등이 선임한 임원(전무, 상무 등)이 처리하도록 하므로 이를 규율하는 한편 등기이사의 수를 늘려 사외이사의 수를 늘리고자 도입한 것이다"고 하는데, 이는 아래와 같은 이유에서 타당하지 않다.

⑺ 집행임원제도는 (현재 대회사 등에서 시행하고 있는 사실상) 집행임원에 대하여 그대로 방치할 수는 없고(즉, 회사의 자율에만 맡길 수는 없고) 등기하여 공시하도록 하고 그의 지위·권한·의무·책임 등에 대하여 규정함으로써 회사와 거래하는 제3자를 보호하고 분쟁발생시 해결기준을 제시하고자 하는 것이다. 이는 현행 대표이사에 대한 경우와 동일하다. 현행 대표이사에 대하여는 이러한 사항을 규정할 수 있는데, 대표이사가 없고 이와 동일한 업무를 수행하는 집행임원에 대하여는 이러한 사항을 규정할 수 없다고 하는 것은 논리에 있어서도 맞지 않는다.

⑻ 집행임원제도를 규정하는 것이 등기이사의 수를 늘려 사외이사의 수를

늘리고자 도입한 것이라는 점은, 전혀 사실과 맞지 않는 억지의 주장이다. 이사회와 별도의 집행임원을 두게 되고 집행임원을 등기하여 공시하면, 등기이사·비등기이사(집행임원)의 개념은 사라지게 된다. 따라서 회사가 이사회의 구성원인 이사를 몇 명 둘 것인가 또한 사외이사를 몇 명 둘 것인가는 현행 상법에 맞게 회사의 자율로 정할 수 있으므로 이는 집행임원제도에 대한 규정과 전혀 무관하다. 따라서 사외이사의 수를 늘리고자 집행임원제도를 도입한다는 주장은 전혀 사실에 맞지 않을 뿐만 아니라, 타당한 이유가 될 수 없다.

(다) 회사의 지배구조 선택을 최대한 보장하려면 현행 상법상 사외이사·감사위원회를 의무적으로 두도록 한 규정을 폐지하여야 할 것이다. 그러나 이러한 규정이 폐지될 수 없다면(현행 사외이사제도는 국내에서도 어느 정도 정착되어 가고 또한 국제기준에서 볼 때 이러한 규정을 폐지하기는 어려울 것으로 봄) 집행임원도 의무적으로 도입하도록 하여 업무집행과 업무감독의 효율성을 기하자는 것이다. 한 쪽만을 의무적으로 규정하고 나머지(집행임원)에 대하여 규정이 없으니, 우리나라의 (주식)회사의 지배구조가 세계에서 유래 없는 이상한 지배구조로 왜곡되고 있다. 따라서 이를 바로 잡기 위하여 업무감독기관(이사회)과는 별도로 업무집행기관(집행임원)을 두자는 것이다.

(라) 백승재 변호사는 "사외이사를 두어 … 의사결정의 신속한 저해, 기업기밀의 사외유출, 기업경영의 효율성 감소, 비용의 증가 등을 가져온다"고 하여, 사외이사제도의 폐해를 지적하고 있는데, 이러한 폐해는 현행 상법상 사외이사를 업무집행기관(이사회)에 참여시키기 때문에 발생하므로, 이러한 폐해를 방지하기 (또는 최소화하기) 위하여 업무감독기관(사외이사는 이의 구성원임)과는 별도의 전문경영인인 업무집행기관(집행임원)을 두자는 것이다. 이와 같이 업무감독기관인 이사회와는 별도의 전문경영인인 업무집행기관(집행임원)을 두게 되면 신속한 의사결정의 저해나 기업비밀의 사외유출 등의 문제점이 없어지고(또는 감소되고) 경영의 효율성을 가져올 수 있으며, 이사회의 구성원을 사외이사로 인하여 굳이 최소화할 필요도 없게 된다. 따라서 집행임원제도의 도입으로 인하여 이러한 폐해가 없어지는(또는 감소하는) 장점은 일체 거론하지 않고, 억지의 주장으로 집행임원제의 도입을 반대하는 것은 매우 타당하지 않다고 본다.

(4) 백승재 변호사는 "상법 제401조의 2 도입으로 업무집행지시자나 전무, 상무 등 유사명칭사용자 및 업무집행자에 대하여 이사에 준하는 회사 및 제3자에 대한 손해배상책임을 부담하는 규정을 두고 있다. 또한 손해배상책임을 묻는

데는 등기 여부가 중요한 것이 아니라 업무권한과 회사와의 관계, 집행정도, 상
대방의 신뢰 등이 배상책임을 인정하는 판단기준이 될 것인바, 배상책임을 지우
기 위해 집행임원제도를 도입하는 것은 불필요할 뿐만 아니라 현행 규정과 충돌
이 발생할 우려가 있는 제도를 도입하게 되는 것이다"고 하는데, 이는 아래와 같
은 이유에서 타당하지 않다.

   (가) 상법 제401조의 2(업무집행지시자 등의 책임)는 IMF 경제체제 이후인 1998
년 개정상법에 의하여 도입된 것인데, 이는 지배주주가 사실상 경영권을 행사하
면서 이사 등으로 등기가 되지 않은 사실상(실질상) 이사(de facto director)가 이사
로서 면책되는 것을 방지하기 위하여 독일·영국 등에서 인정하고 있는 shadow
director 제도를 도입하여(독일주식법 제117조, 영국회사법 제741조 제2항) 업무집행지
시자 등의 회사 및 제3자에 대한 책임을 인정한 것이다.

   그런데 사실상의 집행임원은 이러한 지배주주(대표이사)에 의하여 업무집행
을 위하여 선임되는 자로서 위의 업무집행지시자 등과는 반대의 입장입니다. 이
러한 집행임원에 대하여 그의 책임을 묻기 위하여 상법 제401조의 2를 (유추)적
용하는 것은 동 규정의 입법취지에 전혀 맞지 않고, 이를 (유추)적용하는 경우 향
후 그 타당성 여부가 문제될 것으로 본다.

   또한 상법 제401조의 2 제1항 제3호의 '이사가 아니면서 명예회장·회장·사
장·부사장·전무·상무·이사 기타 회사의 업무를 집행할 권한이 있는 것으로 인
정될 만한 명칭'이란 (지배주주 등과 같은) 영향력의 근거가 되는 명칭으로 해석되
므로, 이러한 명칭이 일부 사실상의 집행임원과 그 명칭에서 같다고 하더라도 상
법 제401조의 2 제1항 제3호는 (지배주주 등의 영향력과는 전혀 무관하게 대표이사 등
에 의하여 임명되는) 사실상의 집행임원과는 구별되는 것이다.

   (나) 집행임원에 관한 입법에서는 그의 책임에 관한 사항도 있지만, 이와 함
께 그의 지위·의무·권한 등에 대하여 종합적인 사항을 규정할 필요가 있다. 따
라서 현행 상법에서는 집행임원에 대하여 전혀 규정하고 있지 않으므로 이에 대
하여 종합적인 규정을 둘 필요가 있고, 이것이 현행 상법과 상충하는 문제도 없
다고 본다. 또한 위와 같은 업무집행지시자 등의 책임에 관하여 규정하면서, 이
와 함께 (대회사의 경우) 집행임원에 관한 규정을 둔 외국의 입법례(선진국의 경우)
도 있다.

   (5) 백승재 변호사는 "집행임원제도는 이원적 이사회시스템을 지향하는 것
으로 일원적 이사회시스템 강화를 위해 도입한 감사위원회제도나 이사회 권한을

업무집행과 감독으로 규정한 현행 상법(제393조)의 입법취지와 배치된다. 또한 집행임원을 이사회에서 선임하면 주주들은 업무집행권과 감독권 중 업무감독권 귀속에만 관여하게 되어 주주권을 약화시키는 결과를 초래하고, 결국 주주권을 강화해 온 그 동안의 상법개정 방향과 어긋난다"고 하는데, 이는 아래와 같은 이유에서 타당하지 않다.

(가) 현행 상법상 일원적 시스템에 문제가 있다 하여(감독과 감사기능의 유명무실화) IMF 경제체제 이후 (거의 타의에 의하여) 이사회의 감독기능을 강화하기 위하여 사외이사제도를 두고 감사기능을 강화하기 위하여 감사위원회제도를 의무적으로 도입한 것인데, 이는 원래 업무집행기관(집행임원)과 업무감독기관(이사회)의 분리를 전제로 한 제도이다. 그런데 우리 상법(IMF 경제체제 당시에는 증권거래법)은 이를 분리하지 않고 다시 일원적 이사회 시스템으로 함으로써 종래(IMF 경제체제 이전)보다 업무집행기능 및 업무감독기능의 양자에 더 큰 문제점과 비효율성을 가져왔다. 그럼에도 불구하고 이를 현재 상태로 일원적 이사회 시스템으로 그대로 두도록 하는 것은 위의 문제점과 비효율성을 그대로 두자는 것인데, 이는 타당하지 않고 또한 선진국의 국제기준에도 맞지 않는다. (대회사의 경우) 의무적 사외이사제도와 감사위원회제도를 도입하면서 집행임원제도를 도입하지 않은 것은 (IMF 경제체제 당시의 증권거래법상) 입법의 미비이지(즉, 상법이 일원적 이사회시스템으로 규정하고 있으므로, 증권거래법이 억지로 이에 맞추기 위하여 집행임원제도를 도입하지 않은 것이지), 일원적 이사회시스템을 강화하기 위한 것으로 볼 수 없다. 왜냐하면 의무적 사외이사제도와 감사위원회제도를 도입하면서 일원적 이사회시스템제도를 유지하는 것은 앞에서 본 바와 같이 종래보다 업무집행 및 업무감독에서 더 큰 비효율성을 가져오기 때문이다.

(나) 업무집행기관(집행임원)을 형식적인 주주총회에서 선임하는 것보다 주주총회가 이사회에 맡겨 이사회에서 정밀하게 검토하여 능력 있는 경영전문가를 선임하도록 하는 것은 실질적으로 주주권을 강화하는 결과가 되고, 또한 이는 주주의 이익에도 크게 기여하는 것이다. 따라서 집행임원제도를 도입한다고 하여 이것이 주주권을 약화시키는 결과를 초래한다고는 결코 볼 수 없다. 또한 집행임원제도를 채택한 선진국들이 주주권을 약화시키기 위하여 이를 채택한 것으로 볼 수는 없는 것이고, 효율적인 업무집행과 업무감독을 위하여 이를 채택한 것이다.

(다) (대회사의 경우) 의무적 사외이사제도와 감사위원회제도를 채택하면서 집행임원제도를 채택하지 않음으로서(즉, 일원적 이사회시스템을 유지함으로써) 근본적

인 문제가 있는데, 이러한 근본적인 문제는 해결하지 않고 모순되는 사항에 대하여 부분적으로 보충하거나 개정하게 되니 우리나라 주식회사의 지배구조가 이상하게 왜곡되고 외국에도 없는 이상한 지배구조가 되므로, 집행임원제도를 도입하여 이를 근본적으로 개정하고 국제기준에 맞는 지배구조로 개정하자는 것이다.

## Ⅲ. 2009년 1월 개정상법상 개정이 필요한 사항

### 1. 주식매수선택권 부여한도의 확대

(1) 2009년 1월 개정상법 제542조의 3 제2항은 "상장회사는 제340조의 2 제3항에도 불구하고 발행주식총수의 100분의 20의 범위에서 대통령령으로 정하는 한도까지 주식매수선택권을 부여할 수 있다"고 규정하여, 주식매수선택권의 부여한도를 확대하고 있다. 이 경우 「대통령령으로 정하는 한도」란 "발행주식총수의 100분의 15에 해당하는 주식수"를 말한다(이를 산정하는 경우 2009년 개정상법 제542조의 3 제3항에 따라 이사회 결의에 의하여 부여하는 주식매수선택권을 포함함)(상법시행령 제30조 제3항).

비상장회사의 경우 주식매수선택권의 부여한도는 「발행주식총수의 100분의 10」이하인데(상법 제340조의 2 제3항), 상장회사의 경우에는 현재 「발행주식총수의 100분의 15」까지로 확대되어 있다.

(2) 상장회사의 경우 부여대상자를 확대함으로써(상법 제542조의 3 제1항, 상법시행령 제30조 제1항·제2항) 부여한도를 확대하는 것은 어느 정도 부득이하다고 볼 수도 있으나, 대규모 상장회사의 경우 발행주식수가 아주 많은데 「발행주식총수의 15(시행령을 개정하면 100분의 20)」까지 많은 주식을 주식매수선택권으로 부여한다는 것은 회사의 자본충실의 면에서 또한 주식매수선택권을 부여받지 못하는 자와의 심한 불균형인 면에서 재고할 필요가 있다고 본다. 단지 상장회사라는 이유만으로 일률적으로 이와 같이 부여한도를 확대하는 것은 문제가 있다고 본다.[36]

---

36) 정찬형, "2009년 개정상법중 상장회사에 대한 특례규정에 관한 의견," 「상사법연구」(한국상사법학회), 제28권 제1호(2009. 5), 276면.

## 2. 주주총회 소집통지·공고에 사외이사에 관한 공시특례

(1) 2009년 1월 개정상법 제542조의 4 제3항은 "상장회사가 주주총회 소집의 통지 또는 공고를 하는 경우에는 사외이사 등의 활동내역과 보수에 관한 사항, 사업개요 등 대통령령으로 정하는 사항(상법시행령 제31조 제4항)을 통지 또는 공고하여야 한다. 다만, 상장회사가 그 사항을 대통령령으로 정하는 방법(상법시행령 제31조 제5항)으로 일반인이 열람할 수 있도록 하는 경우에는 그러하지 아니하다"고 규정하고 있다. 이와 같이 상장회사의 경우에는 모든 주주총회의 소집통지·공고에 사외이사 등의 활동내역 등을 통지·공고하거나 또는 다른 방법으로 일반인이 열람할 수 있도록 하고 있다.

(2) 2009년 1월 개정상법 제542조의 4 제3항은 삭제되어야 할 것으로 본다. 동조 본문은 상장회사가 주주총회를 소집하는 모든 경우에(즉, 주주총회의 목적사항이 무엇인지 불문하고 모든 경우에) 사외이사의 활동내역 등을 통지·공고하도록 하는 것은 타당하지 않다고 본다. 이러한 사항은 필요한 경우에 한하여 주주총회에 보고하도록 하면 될 것이다. 동조 단서에 의하여 이러한 사항을 일반인이 열람할 수 있도록 하는 것도 사외이사의 프라이버시를 침해할 수 있어 적절하지 않다고 본다.[37)]

## 3. 집중투표에 관한 특례규정

### 가. 집중투표청구

(1) 2009년 1월 개정상법 제542조의 7 제1항은 "상장회사에 대하여 제382조의 2에 따라 집중투표의 방법으로 이사를 선임할 것을 청구하는 경우 주주총회일(정기주주총회의 경우에는 직전 연도의 정기주주총회일에 해당하는 그 해의 해당일)의 6주 전까지 서면 또는 전자문서로 회사에 청구하여야 한다"고 규정하고, 동조 제2항은 "자산규모 등을 고려하여 대통령령으로 정하는 상장회사의 의결권 없는 주식을 제외한 발행주식총수의 100분의 1 이상에 해당하는 주식을 보유한 자는 제382조의 2에 따라 집중투표의 방법으로 이사를 선임할 것을 청구할 수 있다"고 규정하고 있다.

---

37) 정찬형, 전게논문(상사법연구 제28권 제1호)(주 36), 282면.

비상장회사의 경우는 이사의 선임에서 소수주주가 집중투표의 방법으로 이사를 선임할 것을 「주주총회일의 7일 전까지」 서면 또는 전자문서로 하여야 하는데(상법 제382조의 2 제2항), 상장회사의 경우는 「주주총회일 6주 전까지」 서면 또는 전자문서로 회사에 청구하도록 하고 있다.

또한 비상장회사의 경우 집중투표를 청구할 수 있는 소수주주의 주식보유비율이 「의결권 없는 주식을 제외한 발행주식총수의 100분의 3 이상」인데(상법 제382조의 2 제1항), 상장회사 중 최근 사업연도말 현재의 자산총액이 2조원 이상인 상장회사인 경우에는(상법시행령 제33조) 「의결권 없는 주식을 제외한 발행주식총수의 100분의 1 이상」으로 하고 있다.

(2) 상장회사의 경우에도 이사 선임을 주주총회의 목적사항으로 하는 주주총회의 소집통지는 「회일의 2주간 전」에 하므로(상법 제363조 제1항) 주주는 이사 선임의 목적사항을 이를 통하여 알 수 있는데, 상장회사의 주주는 이사 선임의 목적사항 및 회일을 어떻게 미리 알고 「회일의 6주 전까지」집중투표의 방법으로 이사를 선임할 것을 청구하여야 할 것인지는 극히 의문이다(그러므로 이는 임시총회에서는 불가능하고, 정기총회에서만 의미가 있을 것으로 본다). 따라서 상장회사의 경우도 (임시총회에서도 소수주주의 집중투표청구가 의미를 가지려면) 이러한 주주총회 소집통지 또는 공고기간과 상충되지 않도록 집중투표청구기간을 규정하여야 할 것으로 본다.

또한 상장회사 중 「자산총액 2조원 이상인 상장회사」에 대하여만 집중투표를 청구할 수 있는 소수주주의 주식보유비율을 낮추는 것은 상장회사의 소수주주권에 관한 특칙(상법 제542조의 6)에도 없는 사항이고, 또 그러한 상장회사에 대하여만 특별히 낮은 주식보유비율을 규정하는 특칙을 두어야 할 특별한 이유가 있는지 또한 「100분의 1 이상」이란 기준이 적절한지 여부 등은 의문이다.[38]

## 나. 집중투표배제

(1) 2009년 1월 개정상법 제542조의 7 제3항은 "제2항의 상장회사가 정관으로 집중투표를 배제하거나 그 배제된 정관을 변경하려는 경우에는 의결권 없는 주식을 제외한 발행주식총수의 100분의 3을 초과하는 수의 주식을 가진 주주는 그 초과하는 주식에 관하여 의결권을 행사하지 못한다. 다만, 정관에서 이보다

---

38) 정찬형, 전게논문(상사법연구 제28권 제1호)(주 36), 287~288면.

낮은 주식보유비율을 정할 수 있다"고 규정하고, 동조 제4항은 "제2항의 상장회사가 주주총회의 목적사항으로 제3항에 따른 집중투표 배제에 관한 정관변경에 관한 의안을 상정하려는 경우에는 그 밖의 사항의 정관변경에 관한 의안과 별도로 상정하여 의결하여야 한다"고 규정하고 있다.

상장회사 중 최근 사업연도말 현재의 자산총액이 2조원 이상인 상장회사인 경우에는(상법시행령 제33조) 집중투표를 배제하는 정관변경에 의결권을 제한하고 또한 이러한 정관변경의 의안은 그 밖의 사항의 정관변경의 의안과 별도로 상정하여 의결하도록 하고 있다. 이로 인하여 이러한 대규모 상장회사의 경우는 집중투표를 배제하는 정관변경이 사실상 불가능하게 되었다.

(2) 2009년 1월 개정상법 제542조의 7 제3항 및 제4항은 삭제되어야 한다고 본다. 우리 상법상 이와 같이 주주의 의결권을 제한하는 경우는 감사 또는 감사위원회 위원의 선임 또는 해임의 경우 뿐인데(상법 제409조 제2항·제3항, 제542조의 12 제3항·제4항), 이는 업무집행기관을 구성하는 이사를 선임한 대주주가 다시 업무집행기관을 감사하는 감사 또는 감사위원회 위원을 선임하도록 하는 것은 적절하지 않고 또한 감사 또는 감사위원회 위원의 선임에서 소수주주의 의사가 반영될 수 있도록 하기 위한 특별한 경우이다. 이는 외국의 입법례에도 거의 없는 우리 상법의 특색이기도 하다.[39]

그런데 상장회사 중 일부의 상장회사만에 대하여 위와 같은 정당한 이유도 없이 (지배)주주의 의결권을 제한하여 (사실상) 정관에(즉, 다수의 주식을 가진 주주에 의한) 집중투표의 배제규정을 둘 수 없도록 하는 것은 극히 형평에 어긋나고 또한 이는 (정당한 이유 없이) 주주의 의결권을 제한하는 것으로서 위와 같은 조항은 헌법소원의 대상이 되어 위헌으로 무효가 될 수 있는 여지도 있다. 이러한 규정을 두는 것은 균형을 잃은 입법의 남용이라고 본다.[40]

## 4. 사외이사에 관한 특례규정

### 가. 사외이사의 선임의무

(1) 2009년 1월 개정상법 제542조의 8 제1항은 "상장회사는 자산규모 등을

---

39) 정찬형, 전게서[상법강의(상)(제12판)](주 9), 917면; 정동윤, 「회사법(제7판)」, 법문사, 2001, 476면.
40) 정찬형, 전게논문(상사법연구 제28권 제1호)(주 36), 289면.

고려하여 대통령령으로 정하는 경우를 제외하고는[41] 이사 총수의 4분의 1 이상
을 사외이사로 하여야 한다. 다만, 자산규모 등을 고려하여 대통령령으로 정하는
상장회사[42]의 사외이사는 3명 이상으로 하되, 이사 총수의 과반수가 되도록 하
여야 한다"고 규정하고, 동조 제3항은 "제1항의 상장회사는 사외이사의 사임·사
망 등의 사유로 인하여 사외이사의 수가 제1항의 이사회의 구성요건에 미달하게
되면 그 사유가 발생한 후 처음으로 소집되는 주주총회에서 제1항의 요건에 합
치되도록 사외이사를 선임하여야 한다"고 규정하고 있다.

(2) 위와 같이 모든 상장회사에게 의무적으로 사외이사를 선임하도록 하고,
특히 자산총액이 2조원 이상인 대규모 상장회사에 대하여는 이사 총수의 과반수
까지 사외이사를 의무적으로 선임하도록 하는 규정은, 그 동안 우리나라의 사외
이사의 운용현실에서 볼 때 (종국적으로는) 폐지되어야 한다고 본다. 상장회사는
그의 규모·업종 등에 따라 그 회사에 맞고 효율적인 다양한 지배구조가 있을 것
이므로 이와 같이 모든 상장회사에 대하여 일률적으로 사외이사를 의무적으로
두도록 하는 것은 타당하지 않다고 본다. 사외이사를 둠으로써 이사회가 독립적
이고 효율적인 감독기능을 수행할 수 있도록 하는 것은 각 상장회사의 지배구조
에 대한 평가에서 반영될 수 있도록 하고 또 이것이 투자자에게 직결될 수 있도
록 하면 충분할 것으로 본다. 법에서 이를 규정할 경우에는 각 회사가 이러한
지배구조를 선택하면 유리한 점이 있도록 유도하여야지 현재와 같이 직접적이고
일률적으로 모든 상장회사가 의무적으로 사외이사를 두도록 규정하는 것은 타당
하지 않다고 본다. 사외이사를 두는 경우에는 사외이사의 독립성과 효율성이 전
제되어야 하는데, 이러한 전제 없이 모든 회사에게 의무적으로 사외이사를 무조
건 선임하도록 하는 것은 회사 업무의 비효율성과 불필요한 비용의 낭비를 초래
할 여지가 크다고 본다. 즉, 상법이 이와 같이 모든 상장회사가 일률적이고 의무

---

41) 사외이사의 선임의무가 없는 상장회사는 ( i )「벤처기업의 육성에 관한 특별조치법」에 따른
벤처기업 중 최근 사업연도말 현재의 자산총액이 1,000억원 미만으로서 코스닥시장 또는 코넥
스시장에 상장된 주권을 발행한 벤처기업, (ii)「채무자 회생 및 파산에 관한 법률」에 따른 회
생절차가 개시되었거나 파산선고를 받은 상장회사, (iii) 유가증권시장·코스닥시장 또는 코넥
스시장에 주권을 신규로 상장한 상장회사(신규 상장 후 최초로 소집되는 정기주주총회 전일까
지만 해당함)(다만, 유가증권시장에 상장된 주권을 발행한 회사로서 사외이사를 선임하여야 하
는 회사가 코스닥시장 또는 코넥스시장에 상장된 주권을 발행한 회사로 되는 경우 또는 이의
반대의 경우는 그러하지 아니함), (iv)「부동산투자회사법」에 따른 기업구조조정부동산투자회
사, ( v ) 해산을 결의한 상장회사이다(상법시행령 제34조 제1항).
42) 최근 사업연도말 현재의 자산총액이 2조원 이상인 상장회사를 말한다(상법시행령 제34조
제2항).

적으로 사외이사를 선임하도록 함으로써 현실적으로 사외이사의 선임이 그 본래의 취지에 맞지 않고 형식적이고 장식용으로 되어 회사 업무의 비효율성과 불필요한 비용의 낭비를 초래하는 경우가 많다.43)

2009년 1월 개정상법 제542조의 8 제1항 본문과 같이 상장회사가 의무적으로 이사 총수의 4분의 1 이상을 사외이사로 선임하도록 하는 것은 이사회가 사외이사 중심으로 되어 업무집행을 감독하는 것에도 충실하지 못하고 또한 업무집행을 담당하는 이사회에 회사의 업무에 대하여 잘 알지도 못하는 (외부의) 사외이사가 존재하게 되어 이사회의 업무효율성도 크게 저하시키므로, 상장회사에 대하여 이와 같이 사외이사를 의무적으로 두도록 하는 규정은 그 의미가 거의 없으므로 폐지되어야 한다고 본다.44)

자산총액 2조원 이상인 대규모 상장회사에 대하여 이사 총수의 과반수에 해당하는 사외이사를 의무적으로 두도록 하는 2009년 1월 개정상법 제542조의 8 제1항 단서는 사외이사 중심의 이사회가 업무집행에 대한 감독을 충실히 하도록 하는 점에 있어서는 의미가 있다. 그런데 이 경우에는 사외이사 중심의 이사회와는 별도의 업무집행기관인 집행임원을 의무적으로 두어야 하는 규정을 두었어야 한다.45) 또한 이러한 상장회사에 대하여는 업무감독기능을 충실히 수행하는 이사회를 전제로 하여 이러한 이사회내의 위원회의 하나인 감사위원회를 監事에 갈음하여 의무적으로 두도록 하여야 할 것이다(이러한 상장회사가 감사위원회를 의무적으로 두어야 하는 점에 대하여는 2009년 1월 개정상법 제542조의 11·동법시행령 제37조 제1항 및 종전의 증권거래법 제191조의 17 제1항에서 반영됨). 집행임원을 별도록 두지 않은 사외이사 중심의 이사회제도는 업무집행의 효율성에서 종래보다 못한 것이 되고 또한 자기가 집행한 사항을 자기가 감독(감사위원회에 의한 감사)하는 것이 되어 감독(감사위원회에 의한 감사)기능이 종래의 이사회(監事)보다도 못한 결과가 된다. 따라서 2009년 1월 개정상법 제542조의 8 제1항 단서를 두고자 하면 반드시 이와 함께 집행임원제를 의무적으로 도입하도록 하여야 하고, 집행임원제를

---

43) 정찬형, 전게논문(상사법연구 제28권 제1호)(주 36), 291면; 동, 「회사법 중장기개선과제에 관한 연구」(상장협연구보고서 2009-1)(한국상장회사협의회), 2009. 9(이하 '상장협연구보고서 2009-1'로 약칭함), 108~109면.

44) 정찬형, 전게논문(상사법연구 제28권 제1호)(주 36), 291면; 동, 상장협연구보고서 2009-1 (주 43), 109면.

45) 동지: 정찬형, 전게논문(상사법연구 제24권 제2호)(주 24), 143면. 상법개정안상 집행임원제도에 관한 상세는 정찬형, 전게논문(고려법학 제50호)(주 3), 380~392면.

도입하지 않는 경우에는 2009년 1월 개정상법 제542조의 8 제1항 단서도 동조 동항 본문과 함께 폐지되어야 할 것으로 본다.[46)]

## 나. 사외이사의 자격

(1) 2009년 개정상법 제542조의 8 제2항은 사외이사의 결격사유에 대하여, "상장회사의 사외이사는 제382조 제3항 각 호뿐만 아니라 다음 각 호의 어느 하나에 해당되지 아니하여야 하며, 이에 해당하게 된 경우에는 그 직을 상실한다.

① 미성년자, 피성년후견인(금치산자) 또는 피한정후견인(한정치산자)

② 파산선고를 받고 복권되지 아니한 자

③ 금고 이상의 형을 선고받고 그 집행이 끝나거나 집행이 면제된 후 2년이 지나지 아니한 자

④ 대통령령으로 별도로 정하는 법률[47)]에 위반하여 해임되거나 면직된 후 2년이 지나지 아니한 자

⑤ 상장회사의 주주로서 의결권 없는 주식을 제외한 발행주식총수를 기준으로 본인 및 그와 대통령령으로 정하는 특수한 관계에 있는 자(이하 "특수관계인"이라 한다)가 소유하는 주식의 수가 가장 많은 경우 그 본인(이하 "최대주주"라 한다) 및 그의 특수관계인

⑥ 누구의 명의로 하든지 자기의 계산으로 의결권 없는 주식을 제외한 발행주식총수의 100분의 10 이상의 주식을 소유하거나 이사·집행임원·감사의 선임과 해임 등 상장회사의 주요 경영사항에 대하여 사실상의 영향력을 행사하는 주주(이하 "주요주주"라 한다) 및 그의 배우자와 직계존비속

⑦ 그 밖에 사외이사로서의 직무를 충실하게 수행하기 곤란하거나 상장회사의 경영에 영향을 미칠 수 있는 자로서 대통령령이 정하는 자[48)]"로 규정

---

46) 정찬형, 전게논문(상사법연구 제28권 제1호)(주 36), 291~292면; 同, 상장협연구보고서 2009-1(주 43), 109~110면.

47) 「대통령령으로 별도로 정하는 법률」이란 한국은행법·은행법·보험업법·자본시장과 금융투자업에 관한 법률 등이다(상법시행령 제34조 제3항).

48) 「대통령령으로 정하는 자」란 (ⅰ) 해당 상장회사의 계열회사의 상무에 종사하는 이사·집행임원·감사 및 피용자이거나 최근 2년 이내에 계열회사의 상무에 종사하는 이사·집행임원·감사 및 피용자였던 자, (ⅱ) 최근 3개 사업연도 중 해당 상장회사와의 거래실적의 합계액이 자산총액 또는 매출총액의 100분의 10 이상인 법인의 이사·집행임원·감사 및 피용자이거나 최근 2년 이내에 이사·집행임원·감사 및 피용자이었던 자 등, (ⅲ) 해당 상장회사 외의 2개 이상의 다른 회사의 이사·집행임원·감사로 재임중인 자 등이다(상법시행령 제34조 제5항).

하고 있다.

상장회사의 사외이사의 결격사유는 비상장회사의 그것(2009년 1월 개정상법 제382조 제3항)보다 훨씬 확대되어 있다.

(2) 위와 같이 상장회사의 사외이사에 대하여 그 결격사유를 대폭 확대한 것은 사외이사의 독립성을 확보하고자 하는 것으로 생각되는데, 이러한 결격사유에 해당하지 않는 자를 사외이사로 선임한 경우 사외이사의 독립성과 그 효율성이 담보될 수 있을지는 극히 의문이다. 또한 사외이사는 독립성도 중요하지만 이에 못지 않게 그의 업무능력도 매우 중요하다. 따라서 위와 같은 결격사유가 없다고 하여도 업무능력이 없으면 사외이사제도의 본래의 취지를 달성할 수 없다. 또한 위와 같은 결격사유는 너무 포괄적이고 복잡하다. 즉, 사외이사의 독립성을 확보하기 위한 모든 결격사유를 법령에서 전부 규정할 수는 없다.

따라서 사외이사의 소극적 요건은 상법 제382조 제3항에 맡기고, 상장회사의 사외이사의 요건에 관한 특칙규정을 두고자 하면 그 적극적 요건을 포괄적으로 두는 것이 바람직하다고 본다. 독립적이고 효율적인 사외이사를 선임하는 것은 결국 회사(지배주주)의 의지에 달려 있으므로, 문제되는 경우에는 그 포괄규정에 의한 사법판단에 맡길 수밖에 없다고 본다.[49]

## 다. 사외이사의 선임절차

(1) 2009년 1월 개정상법 제542조의 8 제4항은 "제1항 단서의 상장회사[50]는 사외이사후보를 추천하기 위하여 제393조의 2의 위원회(이하 이 조에서 '사외이사후보추천위원회'라 한다)를 설치하여야 한다. 이 경우 사외이사후보추천위원회는 사외이사가 총 위원의 과반수가 되도록 구성하여야 한다"고 규정하고, 동조 제5항은 "제1항 단서에서 규정하는 상장회사가 주주총회에서 사외이사를 선임하려는 경우에는 사외이사후보추천위원회의 추천을 받은 자 중에서 선임하여야 한다. 이 경우 사외이사후보추천위원회가 사외이사후보를 추천할 때에는 제363조의 2 제1항, 제542조의 6 제1항·제2항에 따른 주주제안권을 행사할 수 있는 요건을 갖춘 주주가 주주총회일의 6주전에 추천한 사외이사후보를 포함시켜야 한다"고 규정하고 있다.

---

49) 정찬형, 전게논문(상사법연구 제28권 제1호)(주 36), 293~294면; 동, 상장협연구보고서 2009-1(주 43), 110~111면.
50) 최근 사업연도말 현재의 자산총액이 2조원 이상인 상장회사(상법시행령 제34조 제2항).

(2) 위와 같이 최근 사업연도말 현재의 자산총액이 2조원 이상인 상장회사의 사외이사는 '사외이사후보추천위원회'가 추천한 후보 중에서만 선임되도록 한 것은 사외이사의 업무집행기관에 대한 독립성을 담보하기 위한 것으로 볼 수 있다. 사외이사의 업무집행기관에 대한 독립성은 그의 선임 및 업무수행에서의 독립성이 있는데, '사외이사후보추천위원회'가 추천한 후보 중에서만 주주총회가 사외이사를 선임하도록 한 것은 사외이사의 선임에서 독립성을 보장하기 위한 것이다. 그러면 위와 같이 주주총회가 '사외이사후보추천위원회'가 추천한 후보 중에서 사외이사를 선임하면 그러한 사외이사는 회사의 대주주(경영진)로부터 독립적인 자가 될 수 있을까? 그런데 우리나라 상장회사의 사외이사 추천방법에 관한 설문조사의 결과를 보면 거의 대부분 대주주나 회사 임원의 추천에 의하여 사외이사가 선임된다고 한다.[51] 그 이유는 '사외이사후보추천위원회'의 위원(사외이사인 위원을 포함하여)이 사실상 회사의 대주주(경영진)의 영향하에 선임되기 때문이라고 볼 수 있다. 이는 현재와 같이 사외이사 중심의 이사회가 회사의 업무집행기관(집행임원)과 분리되어 있지 않고 결합되어 있기 때문에(즉, 이러한 이사회와 독립된 집행임원제도를 두고 있지 않기 때문에) 부득이한 일이라고 본다. 따라서 주주총회가 '사외이사후보추천위원회'의 추천을 받은 자를 사외이사로 선임한다고 하더라도 이는 형식적으로만 보면 지배주주(경영진)로부터 독립적인 사외이사가 선임되는 것 같지만, 실질적으로는 독립적인 선임이 되지 못하고 있다.[52]

그러므로 대주주(경영진)로부터 실질적으로 독립적인 사외이사를 선임하기 위하여는 새로운 추천기관이 모색되어야 할 것으로 본다.[53] 대주주(경영진)로부터 실질적으로 독립적인 사외이사를 선임하는 전제조건은 사외이사 중심의 이사회는 업무집행기관에 대한 업무감독을 하는 것을 주업무로 하고 이러한 이사회와는 별도의 업무집행기관(집행임원)이 설치되어야 한다. 만일 이사회와는 별도의 업무집행기관(집행임원)이 설치되지 않으면 업무집행을 담당하는 (사외)이사를 대주주가 선임하고자 하는 것은 필연적이기 때문이다. 따라서 현재 실제로 대주주

---

51) 이에 대하여는 한국상장회사협의회, "사외이사제도의 문제점 및 개선방안," 「상장」(한국상장회사협의회), 제318호(2001. 6), 41면; 동, "사외이사제도 및 운영개선에 관한 의견," 「상장」(한국상장회사협의회), 제339호(2003. 3), 37면 참조.
52) 정찬형, 전게논문(상사법연구 제28권 제1호)(주 36), 295면; 동, "사외이사제도의 개선방법," 「고려법학」(고려대 법학연구원), 제40호(2003), 62면.
　　동지: 한국상장회사협의회, 전게논문(상장 제339호)(주 51), 37면.
53) 정찬형, 전게논문(상사법연구 제28권 제1호)(주 36), 295~296면; 동, 전게논문(고려법학 제40호)(주 52), 62~63면.

의 영향하에 선임되는 사외이사가 중심이 된 '사외이사후보추천위원회'도 대주주
의 영향하에 있으므로 그러한 '사외이사후보추천위원회'는 실질적으로 대주주로
부터 독립적인 사외이사의 선임에 아무런 기여도 하지 못하게 되는 것이다.[54]

　　현재와 같이 이사회내 위원회의 하나로 '사외이사후보추천위원회'를 두도록
하는 것은 이사회를 대주주가 장악하고 있는 현실에서 대주주로부터 실질적으로
독립한 사외이사후보의 추천을 기대할 수 없고, 또한 이사회내 위원회의 하나로
서 사외이사후보만을 추천하는 위원회를 의무적으로 구성하도록 하는 것은 이사
회내 위원회제도의 원래의 취지에 맞지도 않고 이에 따른 비용부담만 회사에게
가중시키는 것으로 볼 수 있다. 따라서 사외이사후보추천기관은 회사 내에 둘 것
이 아니라 회사 외에 두어야 하고, 이러한 추천기관에는 회사의 소수주주 및 채
권자의 이익을 대변할 수 있는 자도 구성원으로 참여시키고,[55] 또한 사외이사는
그의 업무를 수행할 수 있는 전문적인 지식과 그 업무에 대한 경험이 있어야 하
므로 이러한 자를 사외이사후보로 추천할 수 있는 전문가를 추천기관의 구성원
에 참여시켜야 할 것이다. 이러한 추천기관(또는 추천위원회)을 별도로 설치(구성)
하지 않는 회사는 사외이사 인력풀을 운영하고 있는 전문적 기관에 사외이사후
보를 추천하도록 의뢰하는 것도 하나의 방법이 될 것이다.[56]

## 5. 감사기관에 관한 특례규정

### 가. 상근감사

　　(1) 2009년 1월 개정상법 제542조의 10 제1항은 "대통령령으로 정하는 상장
회사[57]는 주주총회결의에 의하여 회사에 상근하면서 감사업무를 수행하는 감사
(이하 '상근감사'라 한다)를 1명 이상 두어야 한다. 다만, 이 절 및 다른 법률에 따
라 감사위원회를 설치한 경우(감사위원회 설치의무가 없는 상장회사가 이 절의 요건을
갖춘 감사위원회를 설치한 경우를 포함한다)에는 그러하지 아니하다"고 규정하고 있

54) 정찬형, 전게논문(상사법연구 제28권 제1호)(주 36), 296면.
55) 정찬형, 전게논문(상사법연구 제28권 제1호)(주 36), 296면; 동, 전게논문(고려법학 제40호)
　　(주 52), 60~61면.
56) 정찬형, 전게논문(상사법연구 제28권 제1호)(주 36), 296면; 동, 상장협연구보고서 2009-1
　　(주 43), 111~113면.
　　동지: 한국상장회사협의회, 전게논문(상장 제339호)(주 51), 37~39면.
57) 「대통령령으로 정하는 상장회사」란 "최근 사업연도말 현재 자산총액이 1,000억원 이상인
　　상장회사"를 말한다(상법시행령 제36조 제1항).

다. 이는 종래에 상장회사가 상법상 監事를 형식상 두고 있는 점에서, 일정규모
이상의 상장회사는 監査의 실효성을 위하여 회사에서 근무하는 監事(상근감사)를
반드시 1인 이상 두도록 한 것이다.

　　또한 2009년 1월 개정상법 제542조의 10 제2항은 "다음 각 호의 어느 하나
에 해당하는 자는 제1항 본문의 상장회사의 상근감사가 되지 못하며, 이에 해당
하게 되는 경우에는 그 직을 상실한다.

　　① 제542조의 8 제2항 제1호부터 제4호까지 및 제6호에 해당하는 자

　　② 회사의 상무(常務)에 종사하는 이사·집행임원 및 피용자 또는 최근 2년
　　　 이내에 회사의 상무에 종사한 이사·집행임원 및 피용자. 다만, 이 절에
　　　 따른 감사위원회 위원으로 재임중이거나 재임하였던 이사는 제외한다.

　　③ 제1호 및 제2호 외에 회사의 경영에 영향을 미칠 수 있는 자로서 대통령
　　　 령으로 정하는 자[58]"로 규정하고 있다.

　　비상장회사의 監事의 결격사유는 "회사 및 자회사의 이사 또는 지배인 기타
의 사용인"인데(상법 제411조), 상장회사의 상근감사의 결격사유는 이보다 더 확대
되어 있다. 다만, 감사위원회 위원으로 재임중인 「이사」를 상근감사로 선임할 수
있도록 한 점은 상법에 대한 특칙으로 볼 수 있다.

　　(2) 자산총액 2조원 이상인 상장회사는 반드시 감사위원회를 두어야 하므로
위의 상근감사에 관한 규정은 적용될 여지가 없으나(2009년 1월 개정상법 제542조
의 11 제1항), 자산총액 1,000억원 이상 2조원 미만인 상장회사에 이러한 상근감
사에 관한 규정이 적용될 수 있다. 이러한 상장회사는 상법 제3편 제4장 제13절
에 따른 감사위원회를 설치한 경우가 아니면 상근감사를 두어야 한다. 이러한 회
사는 사외이사를 반드시 이사 총수의 4분의 1 이상 두어야 하므로(2009년 1월 개
정상법 제542조의 8 제1항 본문) 사외이사가 2인 이상이면 상법 제3편 제4장 제13
절에 따른 감사위원회를 두고[59] 상근감사를 두지 않을 수 있다. 따라서 감사위
원회제도의 출현으로 상근감사를 의무적으로 두도록 한 규정의 의미는 많이 감
소되었다고 볼 수 있다.

---

58) 「회사의 경영에 영향을 미칠 수 있는 자로서 대통령령으로 정하는 자」란 "(ⅰ) 해당 회사의
　　상무에 종사하는 이사·집행임원의 배우자 및 직계존속·비속, (ⅱ) 계열회사의 상무에 종사하
　　는 이사·집행임원 및 피용자이거나 최근 2년 이내에 상무에 종사한 이사·집행임원 및 피용
　　자"이다(상법시행령 제36조 제2항).
59) 감사위원회는 3인 이상의 이사로 구성되는데, 사외이사의 위원이 3분의 2 이상이어야 하기
　　때문이다(2009년 1월 개정상법 제415조의 2 제2항).

그런데 자산총액 1,000억원 이상 2조원 미만인 상장회사에 대하여 그 監査의 효율성에서 監事가 적합한지 또는 감사위원회가 적합한지 검토할 필요가 있다. 이러한 회사의 경우는 자산총액 2조원 이상인 상장회사와 비교하여 볼 때 이사회가 사외이사 중심으로 구성되지 못하여 업무집행기관에 대한 감독기능에도 충실하지 못하므로 그의 하부기관인 감사위원회도 충실한 감사업무를 수행할 수 없을 뿐만 아니라, 또한 현행 상법상 이사회와는 별도의 업무집행기관(집행임원)이 없는 현실에서 이사회의 업무집행사항을 그의 하부기관인 감사위원회가 감사한다는 것은 모순이며 감사가 불가능하다. 그렇다면 이러한 회사의 경우 감사위원회보다는 (상근)監事가 보다 효율성 있는 監査를 수행할 수 있을 것으로 본다.

따라서 위와 같은 회사의 경우는 감사위원회를 둘 수 없고, 의무적으로 상근감사를 두도록 하여야 할 것이다. 이와 같이 할 경우 2009년 1월 개정상법 제542조의 10 제1항 단서를 "이 절 또는 다른 법률에 의하여 감사위원회를 설치하여야 할 의무가 있는 회사의 경우에는 그러하지 아니하다"고 개정하여야 할 것으로 본다.[60]

(3) 2009년 1월 개정상법 제542조의 10 제1항 단서는 "이 절…"로 규정하지 않고, "이 법…"으로 규정하여, 그 해석과 관련하여 실무에서는 많은 혼란이 야기되고 있다. 즉, 자산총액 1,000억원 이상 2조원 미만인 상장회사는 의무적으로 상근감사를 두어야 하는데, 이러한 회사가 상법 제415조의 2에 의하여 감사위원회를 설치하는 경우에도 상근감사를 두어야 할 의무가 면제되는 것이냐에 관한 것이다. 2009년 1월 개정상법은 "이 법(상법)에 따라 감사위원회를 설치한 경우"라고 규정하고 있었으므로, 이는 상법 제415조의 2에 의하여 감사위원회를 설치한 경우이든 상법 제542조의 11 내지 제542조의 12에 의하여 감사위원회를 설치한 경우이든 모두를 포함한다고 해석할 수 밖에 없었다고 본다.[61] 그런데 2011년 4월 개정상법에서 "이 법…"은 "이 절…"로 개정되어, 상법 제415조의 2에 의한 감사위원회로는 상근감사를 갈음할 수 없게 되었다.

(4) 2009년 1월 개정상법은 종전의 증권거래법 제191조의 12 제3항 및 동법

---

60) 정찬형, 전게논문(상사법연구 제28권 제1호)(주 36), 297~298면; 동, 상장협연구보고서 2009-1(주 43), 113~114면.

61) 정찬형, 전게논문(상사법연구 제28권 제1호)(주 36), 298~299면; 동, 상장협연구보고서 2009-1(주 43), 114~115면.
    상법 제542조의 10 제1항의 제정연혁 및 해석에 관한 상세는 정찬형, 전게논문(상사법연구 제28권 제1호)(주 36), 299면 주 12) 및 동, 상장협연구보고서 2009-1(주 43), 115면 주 127) 참조.

시행령 제84조의 19 제3항과 거의 같은 내용으로 상근감사의 결격사유를 규정하고 있다. 그런데 현재 감사위원회 위원으로 재임중인 이사가 상근감사로 선임될 수 있도록 하는 것이 적절한지 여부는 의문이다.[62] 따라서 상법 제542조의 10 제2항 제2호 단서에서 「감사위원회 위원으로 재임중인 자」는 삭제되어야 할 것으로 본다.

## 나. 감사위원회

(1) 2009년 1월 개정상법 제542조의 11 제1항은 "자산규모 등을 고려하여 대통령령으로 정하는 상장회사[63]는 감사위원회를 설치하여야 한다"고 규정하고, 동조 제2항은 "제1항의 상장회사의 감사위원회는 제415조의 2 제2항의 요건을 갖추고, 또한 ① 위원 중 1명 이상은 대통령령으로 정하는 회계 또는 재무전문가이어야 하고 ② 감사위원회의 대표는 사외이사이어야 한다"라고 규정하고 있으며, 동조 제3항은 "제542조의 10 제2항 각 호의 어느 하나에 해당하는 자는 제1항의 상장회사의 사외이사가 아닌 감사위원회 위원이 될 수 없고, 이에 해당하게 된 경우에는 그 직을 상실한다"고 규정하고 있다.

2009년 1월 개정상법 제542조의 12 제1항은 "제542조의 11 제1항의 상장회사의 경우 제393조의 2에도 불구하고 감사위원회 위원을 선임하거나 해임하는 권한은 주주총회에 있다"고 규정하고, 동조 제2항은 "제542조의 11 제1항의 상장회사는 주주총회에서 이사를 선임한 후 선임된 이사 중에서 감사위원회 위원을 선임하여야 한다"고 규정하며, 동조 제3항은 "최대주주, 최대주주의 특수관계인, 그 밖에 대통령령으로 정하는 자가 소유하는 상장회사의 의결권 있는 주식의 합계가 그 회사의 의결권 없는 주식을 제외한 발행주식총수의 100분의 3을 초과하는 경우 그 주주는 그 초과하는 주식에 관하여 사외이사가 아닌 감사위원회 위원을 선임하거나 해임할 때에는 의결권을 행사하지 못한다. 다만, 정관에서 이보다 낮은 주식보유비율을 정할 수 있다"고 규정하고, 동조 제4항은 "대통령령으로 정하는 상장회사의 의결권 없는 주식을 제외한 발행주식총수의 100분의 3을 초과하는 수의 주식을 가진 주주는 그 초과하는 주식에 관하여 사외이사인 감사

---

62) 정찬형, 전게논문(상사법연구 제28권 제1호)(주 36), 300면.
63) 「자산규모 등을 고려하여 대통령령으로 정하는 상장회사」란 "(부동산투자회사법에 따른 부동산투자회사인 상장회사 등을 제외하고) 최근 사업연도말 현재 자산총액이 2조원 이상인 상장회사"를 말한다(상법시행령 제37조 제1항).

위원회 위원을 선임할 때에 의결권을 행사하지 못한다. 다만, 정관에서 이보다 낮은 주식보유비율을 정할 수 있다"고 규정하고 있다.

(2) 자산총액 2조원 이상인 상장회사에게 의무적으로 3인 이상 및 이사 총수의 과반수에 해당하는 사외이사를 두도록 하면(2009년 1월 개정상법 제542조의 8 제1항 단서) 이러한 이사회는 업무집행기관에 대한 감독기능을 충실히 하도록 한 것이므로, 이러한 이사회의 하부기관으로 이사회내 위원회의 하나로서 감사위원회를 의무적으로 두도록 하는 것은 타당하다. 이는 또한 회사에게 별도의 監事를 두지 않도록 하는 점에서 경비를 절감하는 효과도 있다. 그러나 이는 앞에서 본 바와 같이 감독기관인 이사회와는 별도의 업무집행기관(집행임원)을 둔 것을 전제로 한다. 현행 상법과 같이 업무집행기관(집행임원)을 별도로 두지 않고 이사회가 업무집행기관을 겸하는 경우에는 이러한 감사위원회는 종래의 監事보다도 監査의 효율성이 더 떨어진다고 볼 수 있다. 따라서 업무집행기관(집행임원)을 별도로 두지 않은 상태에서 감사위원회를 의무기관으로 하는 것은 감사의 실효성을 종래보다 더 떨어뜨리는 결과를 초래한다고 본다.[64]

(3) 자산총액 2조원 이상인 상장회사의 감사위원회 위원의 요건을 2009년 1월 개정상법 제542조의 11 제2항과 같이 제한하는 것이 다른 상장회사와의 균형상 타당한 것인지 의문이다. 또한 감사위원회 대표를 상근하지 않는 사외이사로 제한하는 것은 監査의 효율성면에서도 매우 타당하지 않다고 본다. 이러한 감사위원회는 종래의 監事보다도 監査의 효율성을 더 저하시킨다고 볼 수 있다.

監事(또는 監査委員會)는 이사의 직무집행을 감사할 권한(즉, 회계감사를 포함하여 업무집행 전반을 감사할 권한)을 갖는데(상법 제412조 제2항, 제415조의 2 제7항), 자산총액 2조원 이상인 대규모 상장회사의 감사위원회에서만 위원 중 1명 이상이 회계 또는 재무전문가이어야 한다는 의무적 요건을 두는 것이 監事 및 그 외의 회사의 감사위원회 위원의 요건과 균형상 적절한 것인지는 의문이다. 특히 이러한 대규모 상장회사는 주식회사 등의 외부감사에 관한 법률에 의하여 이미 회계전문가로부터 회계감사를 받았는데, 다시 회계 또는 재무전문가인 감사위원회 위원을 의무적으로 두도록 하고 그로부터 다시 회계감사를 받도록 해야 하는지도 의문이다. 따라서 위와 같은 특별법에 의하여 회계전문가로부터 회계감사를 받도록 한 이상 감사위원회 위원의 요건에 추가적인 회계 또는 재무전문가로 제한하

64) 정찬형, 전게논문(상사법연구 제28권 제1호.)(주 36), 301~302면; 동, 상장협연구보고서 2009-1 (주 43), 115~116면.

는 것은 타당하지 않다고 본다. 이와 같이 제한하는 것은 (인재풀이 적은 현실에서) 유능한 감사위원회 위원의 선임에 막대한 지장을 초래할 수 있으므로 이러한 제한규정은 삭제되어야 할 것으로 본다.[65]

(4) 상근 감사위원회 위원에 대하여 상근감사의 결격사유에 관한 규정을 적용하는 것은 타당한데, 2009년 1월 개정상법 제542조의 11 제3항이 자산총액 2조원 이상인 상장회사의 상근 감사위원회 위원에 대하여만 적용되도록 하는 것은 균형상 타당하지 않다고 본다. 따라서 상장회사가 임의로 감사위원회를 두는 경우에도 상근 감사위원회 위원에 대하여는 상근감사의 결격사유를 적용하든가 또는 적어도 자산총액 1,000억원 이상인 상장회사가 임의로 감사위원회를 두는 경우에 그 상근 감사위원회 위원에 대하여는 상근감사의 결격사유를 적용하는 것이 상근감사를 둔 경우와 균형이 맞는다고 볼 수 있다.[66]

(5) 2009년 개정상법 제542조의 12 제1항·제2항 및 제4항은 자산총액 2조원 이상인 상장회사가 감사위원회 위원을 선임(해임)하는 특칙인데(동조 제3항은 모든 상장회사에 대하여 적용되는 특칙임), 상근 감사위원회 위원의 경우는 선임 및 해임에서 의결권의 행사를 제한하고, 사외이사인(비상근) 감사위원회 위원의 경우는 선임에서만 의결권의 행사를 제한하고 있다.

위와 같은 2009년 1월 개정상법의 규정은 감사위원회제도에 성질이 다른 監事에 관한 규정을 무리하게 적용하여 규정한 것으로 아주 타당하지 않은 규정으로 삭제되어야 할 것으로 본다. 그 이유는 아래와 같다.[67]

⑺ 자산총액 2조원 이상인 상장회사가 사외이사를 3인 이상 및 이사 총수의 과반수 두도록 한 것은 이러한 이사회의 기능이 업무집행이 아니라 업무집행기관에 대한 감독기능에 중점을 둔 것으로, 앞에서 본 바와 같이 이러한 회사의 경우에는 이사회와는 별도의 업무집행기관(집행임원)을 두어야 한다. 따라서 이러한 회사가 이사회와는 별도의 업무집행기관(집행임원)을 두었다면 이사회는 이러한 업무집행기관에 대하여 감독업무를 수행하고 이러한 이사회내 위원회의 하나인 감사위원회가 업무집행기관에 대한 감사업무를 수행하여 이사회의 감독을 받

---

65) 정찬형, 전게논문(상사법연구 제28권 제1호)(주 36), 303면; 동, 상장협연구보고서 2009-1 (주 43), 116~117면.
66) 정찬형, 전게논문(상사법연구 제28권 제1호)(주 36), 304면; 동, 상장협연구보고서 2009-1 (주 43), 117면.
67) 정찬형, 전게논문(상사법연구 제28권 제1호)(주 36), 306~308면; 동, 상장협연구보고서 2009-1 (주 43), 117~119면.

는 것이다(상법 제393조의 2 제4항). 따라서 이러한 회사는 별도로 監事를 둘 필요가 없고, 이러한 감사위원회의 구성은 전적으로 이사회에 맡겨져 있는 것이다(상법 제393조의 2 제1항). 그러므로 2009년 1월 개정상법이 이러한 상장회사에 대하여 이사회와는 별도로 의무적으로 업무집행기관(집행임원)을 두도록 하였다면, 위와 같은 규정은 완전히 불필요하고, 또 그러한 것이 이사회내 위원회의 하나인 감사위원회 본래의 취지에도 부합하는 것이다.

(나) 이사회가 업무집행기능을 수행하면 이러한 업무집행기능을 수행하는 이사(회)와는 별도의 기관인 監事를 두어야 하고, 이러한 監事의 선임에서 그 독립성을 보장하기 위하여 지배주주의 의결권을 제한한 것이다(상법 제409조 제2항·제3항). 그런데 현재 우리나라에서 위와 같은 대규모 상장회사에 대하여 사외이사 중심의 이사회를 구성하도록 하면서(즉, 이사회가 업무집행기관에 대한 감독기능에 충실하도록 하면서) (별도의 업무집행기관 또는 집행임원에 대하여 규정하지 않고) 이사회에 업무집행기능을 부여함으로써, 위와 같은 사외이사 중심의 이사회는 종래보다도 업무집행기능 및 업무감독기능에서 그 효율성이 떨어질 뿐만 아니라 이러한 이사회내 위원회의 하나인 감사위원회의 감사기능에서도 종래의 監事보다 그 효율성이 더 떨어지게 되었다. 따라서 이사회내 위원회의 하나인 감사위원회가 그 구성에서(즉, 감사위원회 위원의 선임에서) 어느 정도 그 독립성을 담보하기 위하여 監事의 선임에 관하여 (지배)주주의 의결권을 제한한 것과 같이 (지배)주주의 의결권을 제한하고, 이에 한 걸음 더 나아가 상근 감사위원회 위원의 해임에 관하여도 (지배)주주의 의결권을 제한하고 있으며, 또한 이사회내 위원회제도의 취지(상법 제393조의 2)에 반하여 감사위원회 위원을 다시 주주총회에서 선임(해임)하도록 하고 있는데, 이것은 어느 나라의 입법례에도 없는 매우 왜곡된 지배구조로서 납득할 수 없는 규정이라고 본다. 즉, 이러한 대규모 상장회사의 경우 기본원칙에 충실한 규정을 두지는 않고(즉, 이사회와는 별도의 업무집행기관 또는 집행임원에 관한 규정을 두지는 않고) 적절치 않은 규정만 둠으로써 지배구조를 왜곡하고 그 실효를 거두지도 못하는 것이다.

(다) 2009년 1월 개정상법 제542조의 12 제3항은 형식상 모든 상장회사에 적용되는 것으로 되어 있어 (모든) 상장회사에서 상근 감사위원회 위원을 선임하거나 해임할 때에 주주의 의결권이 제한되고, 동조 제4항은 자산총액 2조원 이상인 상장회사에 대하여만 적용되어 이러한 상장회사의 경우 비상근(사외이사) 감사위원회 위원의 선임에 대하여만 의결권이 제한되는 것으로 되어 있어, 너무나 복

잡하고 또한 이와 같이 구별하여 의결권을 제한하는 이유가 무엇인지도 알 수
없다.

(라) 위와 같은 규정이 있는 결과 상장회사의 경우 의무적으로 감사위원회를
두는 경우와 임의로 감사위원회를 두는 경우 각 감사위원회 위원의 선임방법이
다르고(즉, 의무적으로 감사위원회를 두는 경우에는 감사위원회 위원이 주주총회에서 선임·
해임되는데〈상법 제542조의 12 제1항〉, 임의적으로 감사위원회를 두는 경우에는 감사위원
회 위원이 이사회에서 선임·해임된다〈상법 제393조의 2 제1항〉). 또 같은 감사위원회 위
원이면서 상근과 비상근의 감사위원회 위원의 선임(해임)방법이 다른 것은(의결권
의 제한 등에서 다름) 형평상 또한 논리상 납득할 수 없는 규정이라고 본다.

(마) 주주의 의결권을 위와 같이 정당한 사유 없이 제한하는 것도 문제이며,
이는 앞으로 위헌의 소지도 배제할 수 없다고 본다.

(바) 따라서 집행임원제도가 도입되면 감사위원회 위원은 당연히 이사회에서
선임·해임되므로(상법 제393조의 2 제2항 제3호), 2009년 1월 개정상법 제542조의
12 제1항·제2항 및 제4항은 삭제되어야 하고, 제3항에서는 "또는 사외이사가 아
닌 감사위원회 위원"을 삭제하여야 할 것으로 본다.

또한 집행임원제도가 도입되면 이사회는 감독업무만을 수행하는 점에서 하
부기관인 감사위원회가 결의한 사항을 다시 결의할 수 있으므로(상법 제393조의 2
제4항 제2문 후단), 2009년 1월 개정상법 제415조의 2 제6항(감사위원회에 대하여는
제393조의 2 제4항 후단을 적용하지 아니한다)도 삭제되어야 할 것이다.


# Ⅳ. 2009년 5월 개정상법상 개정이 필요한 사항

## 1. 최저자본금제도의 폐지

(1) 2009년 5월 개정 전 상법은 주식회사의 최저자본금을 5,000만원으로 규
정하여 회사채권자를 보호하고 또한 주식회사의 남설에 따른 폐해를 방지하였다
(2009년 5월 개정 전 상법 제329조 제1항).

그러나 회사의 신용도는 자본금의 규모가 아니라 재무상태로 판단되는 것이
고, 채권자보호에 필요한 최소한도의 금액은 업종별로 차이가 있는 것인데 일률
적으로 최저자본금을 정하는 것은 부적절하며, 이러한 최저자본금은 아이디어나
기술만을 가진 사람이 주식회사를 설립함에 있어서 진입장벽으로 작용하고, 오늘

날 국제적인 추세는 최저자본금제도와 같은 사전적인 규제를 완화하고 재무정보의 공시를 확충하는 등 사후적인 규제로 전환하고 있는 점을 반영하여, 2008년 상법개정안은 최저자본금을 폐지하였는데,[68] 이러한 내용의 2008년 상법개정안은 2009년 5월 개정상법에 의하여 확정되었다. 이러한 최저자본금의 폐지로 벤처기업 등의 창업이 활성화될 것으로 기대된다.

비교법적으로 볼 때 미국·홍콩·싱가폴 등 영미법계 국가는 대체로 최저자본금제도가 없고, 일본은 종래에 최저자본금제도가 있었으나(1,000만엔) 2005년 신회사법을 제정하면서 이를 폐지하였다.[69]

(2) 위와 같이 2009년 5월 개정상법이 주식회사에 있어서 최저자본금제도를 폐지하여 자본에 관하여 총액인수제도(자본확정주의)의 요소를 더욱 축소하고 영미법상 수권자본제도(창립주의)의 요소를 더욱 확장하였다. 이로 인하여 100원으로써 주식회사의 설립이 가능하게 되었다(발기인이 1인이고 설립시 1주의 금액이 100원인 주식 1주를 발행하는 경우—상법 제288조, 제329조 제4항). 이로 인하여 주식회사의 설립은 매우 용이하여졌지만, 우리나라의 현실에서 볼 때 주식회사의 남설에 따른 폐해 및 주식회사를 사기의 수단으로 악용하는 경우 등에 따른 폐해 등이 크게 우려된다.[70]

따라서 사견으로는 벤처기업 등 소규모 회사의 설립 용이 등을 위하여는 현재와 같이 특별법에서 규정하여 해결하고, 최저자본금제도는 2009년 5월 개정상법 이전과 같이 유지하는 것이 타당하다고 본다. 최저자본금제도를 신설한 1984년에는 5,000만원이 큰 금액이었으나, 현재에 와서 주식회사를 설립하고자 하는 자에게 5,000만원의 금액은 큰 금액이 아니라고 본다.[71]

## 2. 전자공고

(1) 2009년 5월 개정상법은 제289조 제3항에 단서를 신설하여 "다만, 회사는 그 공고를 정관으로 정하는 바에 따라 전자적 방법으로 할 수 있다"고 규정하고, 동조 제4항부터 제6항까지를 신설하여 이에 관한 구체적 내용을 규정하고 있다. 이는 공포(2009. 5. 28) 후 1년이 경과한 날부터 시행한다(부칙 제1조).

---

68) 동지: 법무부, 공청회자료(주 1), 31면.
69) 동지: 법무부, 공청회자료(주 1), 32면.
70) 동지: 국회 법사위, 검토보고서(주 5), 53~56면.
71) 정찬형, 전게논문(고려법학 제50호)(주 3), 371면; 동, 상장협연구보고서 2009-1(주 43), 101면.

(2) ㈎ 2009년 5월 개정상법 제289조 제4항은 "… 재무제표를 전자적 방법
으로 공고할 경우에는 제450조에서 정하는 기간(2년)까지 계속 공고하여야 한다.
다만, 공고기간 이후에도 누구나 그 내용을 열람할 수 있도록 하여야 한다"고 규
정하고 있는데, 이에 대하여 재무제표 등의 본점 비치기간이 5년인 점을 들어
공고기간을 5년으로 연장하여야 한다는 견해가 있다.[72] 그러나 재무제표 등의
비치기간과 공고기간은 구별되고 또한 2년 경과 후에도 회사는 재무제표에 대하
여 누구나 열람할 수 있도록 하고 있으므로, 재무제표의 본점에서의 비치기간을
근거로 전자공고기간을 연장하여야 할 이유는 없다고 본다.[73]

㈏ 상장회사의 경우 (정관의 규정에 따라) 금융위원회의 전자공시시스템 등을
통하여 공시하였다면, 이를 회사공고제도에 의하여 이중으로 공고할 필요는 없다
고 본다.[74]

## 3. 전자주주명부

(1) 2009년 5월 개정상법은 "회사는 정관으로 정하는 바에 따라 전자문서로
주주명부(이하 '전자주주명부'라 한다)를 작성할 수 있다"고 규정하고(상법 제352조의
2 제1항), 이러한 전자주주명부에는 기명주식을 발행한 경우 주주명부의 기재사항
을 기재하는 외에 전자우편주소를 적도록 하였으며(상법 제352조의 2 제2항), 이러
한 전자주주명부의 비치·공시 및 열람의 방법에 관하여 필요한 사항은 대통령령
으로 정하도록 하고 있다(상법 제352조의 2 제3항). 이러한 전자주주명부도 공포
(2009. 5. 28) 후 1년이 경과한 날부터 시행한다(부칙 제1조).

(2) ㈎ 2009년 5월 개정상법 제352조의 2 제1항에서 "전자문서"로 전자주주
명부를 작성할 수 있는 것으로 규정하고 있는데, 전자거래기본법상 전자문서의
개념은 '거래관련성' 등을 요구하는 등 제한적이므로 이를 전자거래기본법에 연
결시키지 말고 상법 자체적으로 해결한다는 의미로 "전자문서"를 "전자적 방법"
으로 규정하고 그 구체적인 내용은 상법시행령에서 규정하여야 한다는 견해가
있는데,[75] 타당하다고 본다.[76]

---

72) 김순석, "주주 의결권의 전자적 행사를 활성화하기 위한 법적 과제," 소액주주 권리보호를
  위한 전자투표제도 활성화 방안(2009. 7. 22. 국회 금융정책연구회 발표회자료)(이하 '발표회자
  료'로 약칭함), 24면.
73) 정찬형, 상장협연구보고서 2009-1(주 43), 125면.
74) 정찬형, 상장협연구보고서 2009-1(주 43), 126면.
  동지: 김순석, 발표회자료(2009. 7. 22)(주 72), 24면.

(나) 2009년 5월 개정상법은 전자주주명부의 기재사항에 주주의 전자우편주소를 추가하고, 이러한 주주명부의 열람에 대하여는 특별히 제한하고 있지 않다(상법 제396조 제2항). 그런데 주주의 전자우편주소는 주주총회에서 의결권 대립이 발생할 경우 신속하게 의결권을 확보할 수 있는 수단이 될 수 있으므로 그 열람을 제한할 필요가 있다. 따라서 입법론상 전자주주명부의 기재사항에서 주주의 전자우편주소를 배제하고 회사가 별도로 전자우편주소를 관리하도록 하는 방안도 있겠으나,77) 2009년 5월 개정상법에서 전자주주명부에 주주의 전자우편주소를 기재하도록 한 이상 전자주주명부의 열람시에 주주의 전자우편주소에 대하여는 그 열람을 제한하는 규정을 두는 것이 더 타당하지 않을까 생각한다.78) 그런데 상법시행령 제11조 제2항 제2문이 "이 경우 회사는 상법 제352조의 2 제2항에 따라 기재된 다른 주주의 전자우편주소를 열람 또는 복사의 대상에서 제외하는 조치를 하여야 한다"고 규정함으로써, 이러한 점을 입법적으로 해결하였다. 다만 이러한 상법시행령의 규정이 상법 제396조 제2항에 저촉되는지 여부가 문제될 수 있다. 만일 이러한 상법시행령의 내용이 상법 제396조 제2항에 저촉되어 무효가 될 수 있는 우려가 있는 경우에는, 이러한 상법시행령의 내용을 상법 제396조 제2항 단서에서 규정하여야 할 것으로 본다.79)

## 4. 전자투표

(1) 2009년 5월 개정상법은 "회사는 이사회의 결의로 주주가 총회에 출석하지 아니하고 전자적 방법으로 의결권을 행사할 수 있음을 정할 수 있다"고 하여 전자투표에 대하여 명문으로 규정하고(상법 제368조의 4 제1항), 이 경우 회사는 주주총회의 소집통지시에 이 내용을 통지하도록 규정하고 있다(상법 제368조의 4 제2항). 회사가 이와 같이 전자적 방법에 의하여 의결권행사를 정한 경우에는 주주는 주주 확인절차 등 대통령령으로 정하는 바에 따라 의결권을 행사하여야 하는데, 이 경우 회사는 의결권행사에 필요한 양식과 참고자료를 주주에게 전자적 방법으로 제공하여야 한다(상법 제368조의 4 제3항). 동일한 주식에 관하여 주주는 전

---

75) 김순석, 발표회자료(2009. 7. 22)(주 72), 5면, 21면.
76) 정찬형, 상장협연구보고서 2009-1(주 43), 126면.
77) 김순석, 발표회자료(2009. 7. 22)(주 72), 21~22면; 박철영, "회사법의 IT화 관련 개정사항 고찰에 대한 토론문,"「상사법연구」(한국상사법학회), 제25권 제2호(2006), 248면.
78) 정찬형, 상장협연구보고서 2009-1(주 43), 127면.
79) 정찬형, 상장협연구보고서 2009-1(주 43), 127면.

자투표 또는 서면투표 중 어느 하나의 방법을 선택하여야 한다(상법 제368조의 4
제4항). 회사는 의결권행사에 관한 전자적 기록을 총회가 끝난 날부터 3개월간
본점에 갖추어 두어 열람하게 하고 총회가 끝난 날부터 5년간 보존하여야 한다
(상법 제368조의 4 제5항). 주주 확인절차 등 전자적 방법에 의한 의결권행사의 절
차와 그 밖에 필요한 사항은 대통령령으로 정한다(상법 제368조의 4 제6항). 이러한
전자투표도 공포(2009. 5. 28) 후 1년이 경과한 날부터 시행한다(부칙 제1조).

    (2) 위와 같이 전자투표제도를 도입하는 경우, 다음과 같은 문제점을 해결하
여야 할 것으로 본다.

    (가) 전자투표의 경우 가장 중요한 문제 중의 하나는 전자투표를 관리하는 기
관이다. 이에 대하여 상법시행령 제13조 제4항은 "회사는 전자투표의 효율성 및
공정성을 확보하기 위하여 전자투표를 관리하는 기관을 지정하여 주주 확인절차
등 의결권 행사절차의 운영을 위탁할 수 있다"고 규정하여, 회사는 스스로 전자
투표를 관리할 수도 있고 또는 (이러한 설비를 갖추지 못한 경우) 전자투표를 관리
하는 기관을 지정할 수도 있는 것으로 규정하고 있다. 그런데 전자투표를 관리하
는 기관은 객관적으로 공정성이 담보되어야 하고 또한 전자투표를 관리하는 업
무를 효율적이고 안정적으로 수행할 수 있는 기술능력과 전문성을 갖추어야 하
므로, 상법시행령에서 "… (위와 같은 요건을 갖춘) 전자투표를 관리하는 기관을 지
정하여야 한다"라고 규정하여 전자투표를 관리하는 기관을 의무적으로 두도록
개정하고, 또한 이와 함께 전자투표를 관리하는 기관이 갖추어야 할 요건에 대하
여 상세한 규정을 두어야 할 것으로 본다.[80]

    (나) 전자투표를 할 기간(전자투표의 종료일)에 대하여 주주총회의 결의시까지로
하여야 한다는 견해도 있으나,[81] 회사 및 전자투표를 관리하는 기관의 원활한
전자투표의 관리를 위하여 "주주총회 직전 영업일의 영업시간 종료시까지"로 하
여야 할 것이다.[82] 상법시행령 제13조 제2항 제2호는 "주주총회 전날까지"로 규
정하고 있는데, 이와 같이 개정되어야 할 것으로 본다.[83]

---

    80) 정찬형, 상장협연구보고서 2009-1(주 43), 129면.
        동지: 정완용, "전자투표제도의 도입에 따른 법적 문제점 고찰," 소액주주 권리보호를 위한
        전자투표제도 활성화 방안(2009. 7. 22. 국회 금융정책연구회 발표회자료)(이하 '발표회자료'로
        약칭함), 39면.
    81) 정완용, 발표회자료(2009. 7. 22)(주 80), 35면, 40면.
    82) 일본 신회사법 제312조 제1항은 이에 대하여 "법무성령으로 정하는 때까지"로 규정하여, 법
        무성령에 위임하고 있다.
    83) 정찬형, 상장협연구보고서 2009-1(주 43), 129면.

(다) 상법시행령 제13조 제3항은 "전자투표를 한 주주는 해당 주식에 대하여 그 의결권 행사를 철회하거나 변경하지 못한다"고 규정하고 있는데, 이는 주주가 (ⅰ) 주주총회에 직접 출석한 경우에도 의결권 행사를 철회하거나 변경하지 못한다는 의미인지 또는 (ⅱ) 전자적 방법으로만 철회하거나 변경하지 못한다는 의미인지 명확하지 않다. 주주가 전자적 방법으로 의결권을 행사한 것을 주주가 주주총회에 직접 출석하여 행사한 것과 동일하게 보면 (ⅰ)의 의미로 보아야 할 것이다. 그런데 이와 같이 보면 회사가 주주의 의결권을 제한하는 것이 아니냐는 의문이 있을 수 있으나,[84] 회사의 원활한 주주총회의 투표관리를 위하여는 부득이하다고 볼 수도 있다.[85] 이러한 의문점을 해소하기 위하여 이를 명확하게 규정하여야 할 것이다.

이와 반대로 의안에 대하여 전자투표를 하였는데 주주총회장에서 수정동의안이 제출된 경우, 수정동의안에 대하여는 반대한 것으로 취급할 수밖에 없다고 본다. 그러나 회사가 미리 이에 대하여 주주의 의사를 물어 그 의사대로 처리하는 것은 별도의 문제인데, 이것은 전자투표와는 별개의 문제로서 이는 의결권의 대리행사(상법 제368조 제3항)라고 볼 수 있다.[86]

## 5. 개정시 누락사항

(1) 상법 제412조의 3 제1항은 "감사는 회의의 목적사항과 소집의 이유를 기재한 서면을 이사회에 제출하여 임시총회의 소집을 청구할 수 있다"고 규정하고 있는데, 상법 제366조 제1항과의 균형상 "서면"을 "서면 또는 전자문서"로 개정하여야 할 것으로 본다. 개정시 누락사항으로 생각된다.

(2) 상법 제383조 제6항은 자본금 총액이 10억원 미만으로서 이사를 1명 또는 2명 둔 경우에는 각 이사(정관에 따라 대표이사를 정한 경우에는 그 대표이사)가 이사회의 기능을 담당하는 규정을 두고 있는데, 이에 "상법 제412조의 3 제1항"도 추가하여야 할 것으로 본다. 자본금 총액 10억원 미만인 소규모 주식회사는 감사가 임의기관이나(상법 제409조 제4항) 감사를 둘 수 있으므로 이 때 감사를 둔 경우 그 감사는 각 이사(정관에 따라 대표이사를 정한 경우에는 그 대표이사)에게 임

---

84) 이러한 점 때문에 일본 신회사법 제312조 제1항은 전자투표를 하고자 하는 주주는 회사의 승낙을 얻도록 규정하고 있는 것으로 생각된다.
85) 정찬형, 상장협연구보고서 2009-1(주 43), 130면.
    반대: 정완용, 발표회자료(2009. 7. 22)(주 80), 36면.
86) 정찬형, 상장협연구보고서 2009-1(주 43), 130면.

시총회의 소집을 청구할 수 있는 것이다. 따라서 상법 제383조 제6항에 "제412조의 3 제1항"을 추가하여야 할 것이다. 이것도 개정시 누락사항으로 생각된다.

## Ⅴ. 현행 상법상 그 밖의 개정이 필요한 사항

### 1. 주주총회의 결의요건에서 출석정족수의 부활

(1) 상법 제368조 제1항의 주주총회 보통결의요건은 1995년 개정상법 이전에는 "총회의 결의는 본법 또는 정관에 다른 정함이 있는 경우 외에는 발행주식총수의 과반수에 해당하는 주식을 가진 주주의 출석으로 그 의결권의 과반수로써 하여야 한다"고 규정하였는데, 1995년 개정상법에서 현재와 같이 출석정족수를 삭제하였다. 이는 대규모 상장회사가 출석정족수를 채우지 못하여 주주총회가 성립되지도 못하는 애로점을 반영한 것인데, 그 후 주권의 예탁제도가 활성화되고 한국예탁결제원 등이 명의주주로서 간접적으로 의결권 행사에 참여함으로써 이러한 문제가 거의 해소되었고 또한 일반적으로 회의체에서 요구되는 결의요건으로 부활할 필요가 있다는 점 등에서 2006년 상법개정시안에서는 결의요건을 1995년 개정전 규정으로 환원하여 출석정족수를 부활시켰다.

이와 함께 2006년 상법개정시안에서는 주주총회의 특별결의요건도 1995년 개정상법 이전으로 환원하여 "주주총회의 특별결의는 발행주식총수의 과반수에 해당하는 주식을 가진 주주의 출석으로 그 의결권의 3분의 2 이상의 다수로써 하여야 한다"고 규정하였고(상법개정시안 제434조), 또한 종류주주총회의 결의요건도 1995년 개정상법 이전으로 환원하여 "어느 종류의 주주의 총회의 결의는 그 종류의 발행주식의 총수의 과반수에 해당하는 주식을 가진 주주의 출석으로 그 의결권의 3분의 2 이상의 다수로써 하여야 한다"고 규정하였다(상법개정시안 제435조 제2항).

(2) 그런데 2007년 상법개정안 및 2008년 상법개정안에서는 경제계의 의견을 반영하여 위의 상법개정시안의 내용을 삭제하고 다시 현행 상법을 유지하는 것으로 하고 있는데, 이는 회의의 일반원칙에 맞게 2006년 상법개정시안과 같이 개정되어야 할 것으로 본다.[87] 또한 2009년 5월 개정상법에서 전자투표제도도

---

87) 정찬형, 전게논문(고려법학 제50호)(주 3), 379면.

도입하였으므로 주주의 주주총회 참여가 많이 활성화될 것이라는 점에서도 주주 총회의 결의요건을 일반원칙에 맞게 부활하는 것이 국제기준에 맞는 회사법이 될 것으로 본다.

## 2. 무의결권주주의 주식매수청구권 인정

(1) 자본시장과 금융투자업에 관한 법률 제165조의 5 제1항은 의결권 없는 주주에게도 명문으로 주식매수청구권을 인정하고 있다. 그러나 상법에서는 이에 대하여 명문의 규정이 없어 의결권 없는 주식을 가진 주주에게 주식매수청구권 이 인정되는지 여부에 대하여 견해가 나뉘어 있다.

(2) 의결권 없는 주식을 가진 주주에게도 주식매수청구권이 인정되는가의 문제에 대하여, 주식매수청구권은 영업 전부의 양도 등에 관한 주주총회의 결의 에 반대하는 주주에게 자신이 소유하고 있는 주식의 매수청구를 인정하는 것이 며 또한 주식매수청구권의 내용과 행사방법을 주주총회의 소집통지에 명시하도 록 하고 있는 점(상법 제374조 제2항)에서 볼 때 의결권 없는 주식을 가진 주주는 주식매수청구권을 행사할 수 없다고 보는 견해가 있다.[88] 그러나 주주에게 이러 한 주식매수청구권을 인정하는 취지는 주주에게 투하자금을 회수하여 회사관계 에서 탈퇴할 수 있는 기회를 보장하기 위한 것이라는 점에서 보거나 또는 우리 나라에서 주식매수청구권을 행사하는 경우에는 미국이나 일본에서와는 달리 주 식매수청구권을 가진 주주가 주주총회에 출석하여 반대하는 것을 요건으로 하지 않는다는 점에서 볼 때, 의결권 없는 주식을 가진 주주에게도 주식매수청구권을 인정하여야 한다고 본다.[89]

이러한 견해의 대립을 해결하기 위하여, 우리의 자본시장과 금융투자업에 관한 법률(제165조의 5 제1항)이나 일본의 신회사법(제785조 제2항 제1호 나목)과 같 이 우리 상법에서도 의결권 없는 주주에게도 주식매수청구권을 명문으로 인정할 필요가 있다.

이와 같이 의결권 없는 주식을 가진 주주에게 주식매수청구권을 인정하는 경우, 상법 제372조의 2 제1항·제522조의 3 제1항 등이 "…결의사항에 관하여 반대하는 주주는…"이라고 규정하고 있는 것을 "…결의사항에 관하여 반대하는 주주(제344조의 3 제1항의 주주를 포함한다. 이하 이 조에서 같다)는…"으로 개정하면

---

88) 손주찬, 「상법(상)(제15증보판)」, 박영사, 2005, 784면.
89) 정찬형, 전게서[상법강의(상)(제12판)](주 9), 796면.

될 것이다[90](2015년 12월 개정상법은 이러한 대용으로 규정됨).

### 3. 회사의 분할·분할합병에서의 개정사항

#### 가. 분할대상을 '영업'으로 명확화

(1) 상법에서는 분할의 대상을 '분할로 인하여 이전할 재산과 그 가액'(상법 제530조의 5 제2항 제3호, 제530조의 6 제1항 제6호) 또는 '설립되는 회사에 이전될 재산과 그 가액'(상법 제530조의 5 제1항 제7호, 제530조의 6 제2항 제4호) 등으로 표현하고 있어 분할의 대상이 '(영업용)재산'인지 또는 '영업'인지가 불분명하다. 따라서 단순한 영업용 재산을 출자하여 회사를 설립하거나 합병한 경우 이것이 회사의 분할이나 분할합병인지 여부의 문제가 있다.

(2) 회사의 분할은 합병의 반대현상이고 재산출자의 측면에서만 규정하고 있지 않은 점(상법 제530조의 2), 물적 분할(상법 제530조의 12)은 예외적인 현상인 점, 상법 제530조의 9 제2항 제1문은 "…설립되는 회사가 분할되는 회사의 채무 중에서 '출자한 재산에 관한 채무(이는 2015년 12월 개정상법에서 '분할계획서에 승계하기로 정한 채무'로 명확히 규정되어, 연대책임이 배제되는 채무의 범위를 명확히 함)'만을 부담할 것을 정할 수 있다"고 규정하고 있는데 이 때 '출자한 재산'을 개개의 영업용 재산이라고 해석하면 도저히 이 규정을 이해할 수 없고 이를 '출자한 영업'으로 해석하여야 이 규정을 이해할 수 있는 점 등에서 볼 때, 위의 상법상 분할되는 재산을 영업으로 해석할 수도 있다.

그러나 이러한 해석에 따른 불필요한 논쟁을 없애기 위하여 상법상 분할의 대상을 '영업'으로 명확하게 규정하는 것이 타당하다고 본다.

#### 나. 흡수분할합병에도 물적 분할을 인정

(1) 상법은 제530조의 12에서 물적 분할에 관하여 "분할되는 회사가 분할 또는 분할합병으로 인하여 설립되는 회사의 주식의 총수를 취득하는 경우에"라고 규정함으로써, 단순분할(불완전분할) 또는 신설분할합병의 경우에만(즉, 신설회사가 있는 경우에만) 물적 분할을 인정하고 있다.[91] 따라서 흡수분할합병에는 물적

---

90) 정찬형, 상장협연구보고서 2009-1(주 43), 23~24면.
91) 상법 제530조의 12는 "설립되는 회사의 주식의 총수를 취득하는 경우"라고 규정하고 있으므로 이를 엄격하게 해석하면 단순분할(불완전분할)에만 물적 분할이 인정되는 것으로 해석될

분할이 인정되고 있지 않은데, 실무에서는 이러한 실정법에 반하여 흡수분할합병에도 물적 분할을 하고 있다.

(2) 물적 분할은 분할전 회사가 존속하는 단순분할(불완전분할)과 기본적인 구조가 같으면서 단지 분할의 대가로서 승계회사의 주식이 분할전 회사의 주주에게가 아니고 분할전 회사에 직접 부여된다는 점에서만 차이가 있을 뿐이므로, 흡수분할합병의 경우에(즉, 기존의 승계회사에 분할합병되는 경우에) 대해서 물적 분할을 인정하지 않을 아무런 이유가 없다.[92]

따라서 상법 제530조의 12를 개정하여 흡수분할합병에도 물적 분할을 인정하는 규정을 두어야 할 것으로 본다.

비교법적으로 볼 때, 독일의 기업재편법에서는 기존회사에 대해서도(즉, 흡수분할합병의 경우에도) 물적 분할을 명문으로 인정하고 있고(독일 기업재편법 제123조 제3항), 일본의 종래의 상법 및 신회사법도 신설회사에 대해서(신설분할합병)뿐만 아니라 기존회사에 대해서도(흡수분할합병) 물적 분할을 인정하고 있다(일본 상법 제374조 제2항 제2호·제374조의 17 제2항 제2호, 일본 신회사법 제763조 제6호·제758조 제4호 가목).

### 다. 잔여재산분배 개시 전의 해산 후의 회사에 대해서도 존속분할을 인정

(1) 상법 제530조의 2 제4항은 "해산 후의 회사는 존립중의 회사를 존속회사로 하거나 새로 회사를 설립하는 경우에 한하여 분할 또는 분할합병을 할 수 있다"고 하여, 해산 후의 회사가 그대로 존속하는 형태의 분할은 하지 못하는 것으로 규정하고 있다.

(2) 회사가 해산하게 된 사유가 합병·파산·법원의 해산명령 또는 해산판결인 경우(상법 제517조 제1호, 제227조 제4호 내지 제6호)에는 각각에 관련된 절차가 진행될 것이므로 분할을 할 가능성이 없다. 그러므로 해산 후의 회사가 분할을 할 수 있는 경우는 그 밖의 해산사유가 있는 경우, 즉 존립기간이 만료하거나 기타 정관에서 정한 해산사유가 발생한 경우(상법 제517조 제1호, 제227조 제1호) 또

여지가 있으나, 이를 "분할출자에 대하여 배정되는 신설회사의 신주의 전부"라고 해석하면 신설분할합병의 경우도 포함된다[정찬형, 전게서(상법강의〈상〉〈제12판〉)(주 9), 476면].

92) 정찬형, 상장협연구보고서 2009-1(주 43), 25~26면.
    동지: 권기범, 「기업구조조정법(제3판)」, 삼지원, 2002, 325면; 동, "합리적 기업구조조정수단으로서의 회사합병법제 및 회사분할법제의 개선방안," 「상장협」(한국상장회사협의회), 제43호 (2001. 3), 48면.

는 주주총회의 결의에 의하여 해산하는 경우(상법 제517조 제2호)인데, 이 두 가지 경우에는 주주총회의 특별결의에 의하여 회사를 계속할 수 있다(상법 제519조). 주주총회의 특별결의에 의하여 회사를 계속할 수 있다면 해산 후의 회사를 존속시키는 분할도 주주총회의 특별결의에 의하여 가능할 수 있다. 이 때의 분할은 주주총회의 특별결의에 의하여 이루어지고, 이러한 주주총회의 특별결의에는 회사계속의 의사가 포함되어 있다고 볼 수 있으므로, 해산 후의 회사가 존속하는 분할을 할 수 없다는 상법 제530조의 2 제4항은 개정되어야 할 것으로 본다.93)

### 라. 분할교부금의 액수 제한 및 채권자보호절차

(1) 상법 제530조의 5 제1항 제5호, 제530조의 6 제1항 제4호, 제530조의 6 제2항 제5호에서는 분할전 회사의 주주에게 분할전 영업을 승계하는 회사가 발행하는 주식 대신 금전(분할교부금)을 지급할 수 있음을 규정하고 있다. 이러한 분할교부금이 분할시 단주의 처리를 위하여 소액으로 지급된다면 별다른 문제가 없겠지만, 그 액수가 상당한 규모에 달할 경우에는 회사가 채권자보다 우선하여 주주에게 책임재산을 환급하는 것이 되어 문제가 될 수 있다.94)

(2) 회사 분할의 경우 분할교부금을 지급하는 경우에는 채권자의 책임재산이 교부금의 형태로 주주들에게 먼저 지급되는 것이므로 이러한 현금의 분할교부금이 대규모로 주주들에게 지급되는 경우에는 채권자보호절차를 거치도록 할 필요가 있다.95) 상법은 분할로 설립되는 회사의 책임을 제한하는 경우에는 합병시의 채권자보호절차를 준용하도록 규정하고 있고(상법 제530조의 9 제2항·제4항, 제527조의 5) 분할합병의 경우에는 이러한 제한이 없는 경우에도 (분할전 회사 및 분할후 회사에게) 채권자보호절차를 취하도록 규정하고 있는데(상법 제530조의 11 제2항), 그 밖의 단순분할의 경우에는 채권자보호절차를 규정하고 있지 않은 점이 문제된다. 따라서 분할교부금이 분할전 회사의 주주가 분할로 인하여 취득할 수 있는 분할후 회사의 주식의 액면가의 합계액의 일정비율을 초과할 수 없도록 규정하

---

93) 정찬형, 상장협연구보고서 2009-1(주 43), 28면.
　　동지: 이철송, 「회사법강의(제12판)」, 박영사, 2005, 859면; 한국증권법학회, 「상법개정연구보고서」, 2006. 6(이하 '상법개정연구보고서'로 약칭함), 392면.
94) 정찬형, 상장협연구보고서 2009-1(주 43), 29면.
　　동지: 한국증권법학회, 상법개정연구보고서(주 93), 398~399면.
95) 정찬형, 상장협연구보고서 2009-1(주 43), 29~30면.
　　동지: 이철송, 전게서(회사법강의〈제12판〉)(주 93), 875면.

고, 이를 초과할 경우에는 채권자보호절차를 거치도록 규정하여야 할 것이다.[96]

## 마. 소규모합병을 분할합병에 준용하는 규정의 삭제

(1) 상법 제530조의 11 제2항은 소규모합병(상법 제527조의 3)을 분할합병에 준용하고 있다. 그러나 흡수분할합병의 상대방회사는 분할전 회사로부터 흡수되는 영업이 아무리 소규모이더라도 분할전 회사의 분할합병 전의 채무 전부에 대하여 연대책임을 지게 되므로(제530조의 9 제1항), 직접적으로 흡수되는 영업이 소규모라고 하더라도 분할합병으로 인하여 이전되는 위험까지 소규모인 것은 아니므로 흡수분할합병의 상대방회사가 주주총회의 결의 없이 이사회의 결의만으로 흡수분할합병을 하여 연대책임을 지도록 하는 것은 불합리한 문제점이 있다.[97]

(2) 따라서 소규모합병을 분할합병에 준용하는 조항을 삭제할 필요가 있다. 즉, 우리 상법 제530조의 11 제2항에서 분할합병에 준용하는 조문 중 상법 제527조의 3을 삭제하도록 한다.

## 바. 분할시 연대책임의 대상과 주체의 명확화

(1) 상법 제530조의 9 제1항은 "분할 또는 분할합병으로 인하여 설립되는 회사 또는 존속하는 회사는 분할 또는 분할합병 전의 회사채무에 관하여 연대하여 변제할 책임이 있다"고 규정하고 있는데, 이 때 연대책임의 대상으로 인정되는 회사채무의 범위는 어디까지이며 이러한 연대책임을 부담하는 주체가 누구인지가 명확하지 않은 문제점이 있다.

(2) 이에 대하여 연대책임의 대상이 되는 회사채무는 분할 전에 분할전 회사에 발생한 채무만을 의미하고, 분할합병의 상대방회사가 분할합병 전에 부담한 채무는 포함되지 않는다고 해석할 수 있다.[98]

그러나 이와 같이 매우 중요한 점을 해석에만 맡길 것이 아니라 입법으로 명확히 하여야 할 것으로 본다. 즉, 상법 제530조의 9 제1항에 연대책임의 대상

---

96) 정찬형, 상장협연구보고서 2009-1(주 43), 30면.
　　동지: 한국증권법학회, 상법개정연구보고서(주 93), 403~405면.
97) 정찬형, 상장협연구보고서 2009-1(주 43), 32면.
　　동지: 이철송, 전게서(회사법강의〈제12판〉)(주 93), 874면.
98) 정찬형, 상장협연구보고서 2009-1(주 43), 33면.
　　동지: 권기범, 전게서(기업구조조정법〈제3판〉)(주 92), 396면; 이철송, 전게서(회사법강의〈제12판〉)(주 93), 881면.

이 되는 회사채무는 분할되는 회사(분할전 회사)에 발생한 채무만이라는 점을 명문으로 규정하고, 분할되는 회사(분할전 회사)의 채무에 대하여 분할되는 회사와 연대책임을 부담하는 주체는 분할되는 회사(분할전 회사)의 재산을 보유 또는 승계하는 회사에 한정된다는 점을 명확하게 규정할 필요가 있다고 본다.[99]

2015년 12월 개정상법 제530조의 9 제1항은 "분할회사, 단순분할신설회사, 분할승계회사 또는 분할합병신설회사는 분할 또는 분할합병 전의 분할회사 채무에 대하여 연대하여 변제할 책임이 있다"고 규정함으로써, 분할시 연대책임의 대상과 주체를 명확히 하고 있다.

### 사. 분할의 당사회사를 유한회사로 확장

(1) 상법은 분할의 당사회사 또는 분할로 설립되는 회사가 주식회사인 경우만을 인정하고 있지만, 같은 물적 회사인 유한회사가 분할의 당사회사가 되거나 분할 후 설립되는 회사가 유한회사가 되는 경우를 제외할 합리적인 이유가 없다.[100]

(2) 따라서 유한회사도 분할의 당사회사가 될 수 있도록 하여 주식회사와 유한회사 또는 유한회사간 분할의 당사회사가 되게 하거나, 분할 후 설립되는 회사가 유한회사도 될 수 있도록 허용할 필요가 있다.[101]

## 4. 주식의 포괄적 교환 및 이전에서의 개정사항

### 가. 주식의 포괄적 교환의 경우 주식매수청구권의 인정 범위 제한

(1) 상법은 주식의 포괄적 교환의 경우 모회사가 될 회사 또는 자회사가 될 회사의 교환에 반대하는 주주에게 주식매수청구권을 인정하고 있는데(상법 제360조의 5), 모회사가 될 회사의 주주에게까지 주식매수청구권을 인정할 필요가 있는지가 문제된다.

(2) 주식의 포괄적 교환의 경우 모회사의 주주들은 주식교환 후에 자회사를

---

99) 정찬형, 상장협연구보고서 2009-1(주 43), 33~34면.
　　동지: 한국증권법학회, 상법개정연구보고서(주 93), 422면.
100) 정찬형, 상장협연구보고서 2009-1(주 43), 35면.
　　동지: 한국증권법학회, 상법개정연구보고서(주 93), 428면.
101) 정찬형, 상장협연구보고서 2009-1(주 43), 36면.
　　동지: 한국증권법학회, 상법개정연구보고서(주 93), 429면.

갖게 되고 자회사의 가치에 해당하는 신주를 자회사의 주주들에게 발행함으로써 이는 제3자의 출자로 신주가 발행되는 것과 같은 결과이다. 상법은 신주의 제3자 배정에 대하여 정관상 근거를 필요로 하고 있는데(상법 제418조 제2항), 이는 주주총회의 특별결의에 의하여 정관을 변경함으로써 가능하다(상법 제433조, 제434조). 그러나 이 경우에 이에 반대하는 주주들에게 주식매수청구권을 인정하지는 않는다. 따라서 주식의 포괄적 교환의 경우 교환에 동의하는 주주총회의 특별결의(상법 제360조의 3 제1항·제2항, 제434조)가 신주의 제3자 배정에 동의하는 주주총회의 특별결의와 마찬가지라고 할 수 있으므로, 신주의 제3자 배정의 경우와 달리 특별히 주식의 포괄적 교환의 경우에만 반대주주에게 주식매수청구권을 인정할 특별한 이유가 있다고 볼 수 없다.[102]

## 나. 주식교환비율 등의 공정성 확보

(1) 주식의 포괄적 교환 및 이전은 실질적으로 현물출자에 의한 신주발행(또는 설립시의 주식발행)이면서 검사인 등에 의한 검사절차를 거치지 않기 때문에, 완전모회사와 완전자회사의 주주간의 이익을 어떻게 조정하여 주식교환비율 등의 공정성을 확보할 것인지가 문제된다.

이를 위하여는 완전자회사의 순자산액의 평가에 공정성이 확보되어야 함은 물론, 주식교환교부금을 지급하는 경우 이의 공정성도 확보되어야 하는 것이 전제가 된다. 이와 관련하여 주식교환비율 등이 현저하게 불공정한 경우에 이는 주주에게는 손해가 되나 회사의 손해는 아니므로 주주나 감사는 이사의 위법행위유지청구권(상법 제402조)을 행사할 수는 없고, 다만 주식교환(이전) 무효의 소(상법 제360조의 14, 제360조의 23)를 제기할 수 있을 뿐이다.[103] 그런데 이러한 주식교환(이전) 무효의 소는 사후적 조치이고 또한 승소판결을 받은 경우에도 소급효가 제한되어(상법 제360조의 14 제4항·제360조의 23 제4항, 제431조) 주주 등의 이익 보호에 충분한 실효를 거둘 수가 없다.

주식교환계약서(주식이전계획서)에는 완전자회사의 주주에 대한 신주(주식)배정에 관한 사항·완전자회사의 주주에게 지급할 금액(주식교환·이전교부금)을 정한

---

102) 정찬형, 상장협연구보고서 2009-1(주 43), 36~37면.
　　동지: 한국증권법학회, 상법개정연구보고서(주 93), 429~430면.
103) 정찬형, 상장협연구보고서 2009-1(주 43), 38면.
　　동지: 永井和之, 「會社法(第3版)」, 有斐閣, 2001, 424면.

때에는 그 규정·완전모회사의 (증가할) 자본의 액과 자본준비금 등이 기재되고(상법 제360조의 3 제3항 제2호 내지 제4호, 제360조의 16 제1항 제2호 내지 제4호), 이러한 주식교환계약서(주식이전계획서)는 완전자회사의 주주에 대한 주식의 배정에 관하여 그 이유를 기재한 서면과 함께 주식교환계약서(주식이전계획서)를 승인하는 주주총회의 회일의 2주간 전부터 주식교환(이전)의 날 이후 6월이 경과하는 날까지 회사의 본점에 비치하여 공시하도록 하고 있으나(상법 제360조의 4 제1항, 제360조의 17 제1항), 이러한 사항은 전문가에 의한 평가사항이므로 단지 위의 서류만을 비치하고 공시하였다고 하여 주주의 이익이 충분히 보호된다고 할 수 없다.104)

따라서 완전자회사의 주주의 이익을 보호하고 주식교환·이전의 공정성을 확보하기 위하여 완전자회사의 순자산액의 평가·주식교환(이전)교부금의 산정·완전모회사의 (증가할) 자본금 및 자본준비금의 산정 및 주식교환(배정)비율의 산정 등의 공정성을 확보할 수 있는 장치가 마련되어야 한다.105)

(2) (가) 상법 제360조의 4의 공시대상 중의 하나인 완전자회사가 되는 회사의 주주에 대한 주식의 배정에 관하여 그 이유를 기재한 서면 대신에 주식교환(이전)보고서의 작성을 의무화하여야 한다. 주주 전원의 동의가 있는 경우를 제외하고는 주식의 포괄적 교환(이전)의 경우 회사의 이사가 교환계약(이전계획)의 주요내용, 주식교환(배정)비율 및 그 산정기준, 교환(이전)교부금에 관한 사항, 교환(이전)의 이유 및 그 효과를 법적·경제적 관점에서 개별적으로 상세하게 설명한 교환(이전)보고서를 의무적으로 작성하도록 한다.106)

(나) 완전자회사의 주주의 이익을 보호하고 주식교환(이전)의 공정성을 확보하기 위하여 완전자회사의 순자산액의 평가·주식교환(이전)교부금의 산정·완전모회사의 (증가할) 자본금 및 자본준비금의 산정 및 주식교환(배정)비율의 산정 등의 공정성을 확보하기 위하여는 당사회사들이 모두 인정할 수 있는 객관적이고 독립적인 외부의 전문가에 의한 공정한 평가를 받도록 하여야 할 것이다.107) 그리고 이러한 독립적인 외부의 평가기관에 의한 적정교환(배정)비율에 관한 검사보

---

104) 정찬형, 상장협연구보고서 2009-1(주 43), 38~39면, 동, "주식의 포괄적 교환 및 이전제도에 관한 연구,"「고려법학」(고려대 법학연구원), 제39호(2002), 51면.
105) 정찬형, 상장협연구보고서 2009-1(주 43), 39면.
106) 정찬형, 상장협연구보고서 2009-1(주 43), 39면.
    동지: 한국증권법학회, 상법개정연구보고서(주 93), 434면.
107) 정찬형, 상장협연구보고서 2009-1(주 43), 40면; 동, 전계논문(고려법학 제39호)(주 104), 51~52면.

고서도 의무적으로 작성하도록 하여야 한다.[108] 이 때 독립적인 외부평가기관은 주권상장법인이 다른 법인과 합병하여 주권상장법인이 되는 경우에 외부평가기 관의 평가를 받도록 한 자본시장과 금융투자업에 관한 법률 시행령 제176조의 5 제5항을 참고하여 인수업무나 모집·사모·매출의 주선업무를 인가받은 자, 신용 정보의 이용 및 보호에 관한 법률에 따라 허가를 받은 신용평가회사, 공인회계사 법에 따른 회계법인이 될 수 있을 것이다[109](자본시장과 금융투자업에 관한 법률 시 행령 제176조의 5 제6항).

(다) 이와 같이 이사가 작성한 교환(이전)보고서와 독립된 외부평가기관이 작 성한 교환(이전)검사보고서는 함께 공시되도록 하여야 한다.[110]

## 다. 완전자회사의 전환사채 등의 처리

(1) 주식교환·이전에 있어서 완전자회사가 전환사채·신주인수권부사채를 발 행하거나 주식매수선택권을 부여하고 주식교환계약서·주식이전계획서의 작성시 까지 행사되지 않은 경우에 이를 어떻게 처리할 것인가의 문제가 있다.

(2) 전환권 등이 주식교환일·이전일 이전에 행사된 경우에는 완전자회사는 이에 따라 그의 주식을 발행하여 주고 이에 대하여 완전모회사의 주식이 배정될 것이다(다만, 이러한 주식수를 미리 파악할 수는 없기 때문에 완전모회사가 주식교환·주식 이전을 위하여 발행할 신주의 총수를 주식교환계약서·주식이전계획서에 구체적으로 기재할 수는 없다).

그러나 주식교환일·이전일 이후에 행사된 경우에는 전환권 등의 행사기간이 경과한 후에 다시 주식교환·이전절차를 밟도록 하든가, 또는 전환사채 등의 발 행시에 주식교환·주식이전의 경우에는 주식교환일·이전일 이전에 권리를 행사 하지 않으면 그 권리가 실효된다는 취지의 조건을 부가하여야 할 것으로 본 다.[111] 따라서 이에 관한 입법이 필요하다고 본다.

---

108) 정찬형, 상장협연구보고서 2009-1(주 43), 40면.
    동지: 한국증권법학회, 상법개정연구보고서(주 93), 434~437면.
109) 정찬형, 상장협연구보고서 2009-1(주 43), 40면.
    동지: 한국증권법학회, 상법개정연구보고서(주 93), 435면.
110) 정찬형, 상장협연구보고서 2009-1(주 43), 40면.
    동지: 정찬형, 전게논문(고려법학 제39호)(주 104), 52면.
111) 정찬형, 상장협연구보고서 2009-1(주 43), 41면; 동, 전게논문(고려법학 제39호)(주 104), 52면.
    동지: 김동훈, "주식의 포괄적 교환·이전에 관한 소고," 「기업법연구」(한국기업법학회), 제9
    집(2002. 4), 381~383면; 고재종, "주식교환제도와 주주보호에 관한 고찰," 「기업법연구」(한국

## 라. 주주대표소송

(1) 완전자회사의 소수주주가 그 회사의 이사에 대하여 대표소송을 제기하여 소송이 진행되는 중에 주식교환·이전이 있게 되면 그 주주는 완전자회사의 주주의 지위를 잃고 완전모회사의 주주가 되므로 그 소는 당사자적격의 흠결로 각하될 수 있다(상법 제403조 제5항의 규정에서 발행주식을 보유하지 않게 된 경우는 제소의 효력이 없음).

그러나 이 때 원고적격의 상실로 인하여 완전자회사의 소수주주가 그 회사의 이사에 대하여 제기한 대표소송이 각하되어야 한다면 완전자회사가 이러한 대표소송을 회피할 목적으로 주식교환·이전제도를 악용할 우려가 있어 이 경우에도 완전자회사의 소수주주에게 원고적격이 유지된다고 하는 것은 현행 우리 상법의 해석상 무리가 있다.[112]

(2) 완전자회사의 소수주주가 그 회사의 이사에 대하여 대표소송을 제기하여 소송이 진행되고 있는 중에 주식교환·이전이 발생하여 그 주주가 완전자회사의 주주로서의 지위를 잃고 완전모회사의 주주가 되더라도 그 주주가 그 소에 있어서 원고적격을 유지할 수 있도록 규정하여야 한다고 본다.[113] 이와 같이 규정되면 그 소는 당사자적격의 흠결을 이유로 각하되지 않게 된다.

## 마. 기타의 개정사항

우리 상법상 주식의 포괄적 교환 및 이전에 관한 규정이 불명확하거나 또는 모순되어 앞으로 이의 개정이 필요한 사항을 살펴보면 다음과 같다.

(1) 주식교환 무효의 소에 관한 우리 상법 제360조의 14는 제4항에서 동법 제190조 본문만을 준용하도록 하여 주식교환 무효의 확정판결이 소급효가 있는 것으로 해석되는데, 다시 소급효를 제한하는 동법 제431조를 준용하고 있어 주식교환 무효의 확정판결이 소급효가 있는 것인지 여부가 문제된다. 이에 상법 제

---

기업법학회), 제8집(2001), 389~390면; 김효신, "주식교환·이전제도," 「비교사법」(한국비교사법학회), 제8권 제1호(하) (2001. 6), 782~783면.

112) 정찬형, 상장협연구보고서 2009-1(주 43), 42면; 동, 전게논문(고려법학 제39호)(주 104), 53면. 동지: 김동훈, 전게논문(기업법연구 제9집)(주 111), 384~385면; 김효신, 전게논문(비교사법 제8권 제1호〈하〉)(주 111), 783~784면; 안택식, "주식교환·주식이전제도에 대한 검토," 「비교사법」(한국비교사법학회), 제8권 제2호(2001. 12), 128~131면.

113) 정찬형, 상장협연구보고서 2009-1(주 43), 42면; 동, 전게논문(고려법학 제39호)(주 104), 53면.

190조 본문만을 준용한 것은 대세적 효력을 인정한 것이고 또한 이에 상법 제 431조를 준용한 것은 소급효를 제한한 것으로 해석될 수 있는데, 이와 같이 주 식교환 무효의 확정판결에 대세적 효력 및 소급효를 제한하려는 취지라면 "제 190조 본문" 대신에 "제190조"를 준용하도록 개정하는 것이 간명할 것으로 본다 (상법 제430조와 제431조 제1항의 관계도 동일하다).[114]

(2) 주식교환 무효의 소 및 주식이전 무효의 소의 제소권자에 청산인을 포 함시키고 있는 이유에 대하여 의문이 있다(상법 제360조의 14 제1항, 제360조의 23 제1항). 청산인을 제소권자에 포함시킨 이유는 청산인은 일반적으로 청산 전 회 사의 이사가 되어 청산중의 회사의 대표권을 갖는데, 청산인을 제소권자에 포함 시키지 않으면 주식교환(이전) 무효의 소송이 계속중에 회사가 해산되면 그 소송 이 각하되어야 하기 때문이라고 한다.[115]

그러나 주식의 포괄적 교환 및 이전제도는 기업조직의 변경을 목적으로 하 는 것으로서 이는 회사의 존속을 전제로 한 것이고 또한 청산중의 회사는 그 목 적이 청산사무로만 한정되어 있으므로 청산인을 제소권자에 포함시키는 것은 그 의미가 없으므로,[116] 주식교환 무효의 소 및 주식이전 무효의 소의 제소권자에서 청산인을 제외하도록 하는 것이 타당하다고 본다.[117]

(3) 상법 제360조의 3 및 제360조의 16에 별도의 항을 신설하여, 주식교환 (이전)으로 인하여 주식교환(이전)에 관련되는 각 회사의 주주의 부담이 가중되는 경우에는 주주총회의 특별결의 및 종류주주총회의 결의 외에 그 주주 전원의 동 의를 받도록 규정하도록 하여야 할 것이다[118](상법개정안 제360조의 3 제5항 신설, 제360조의 16 제4항 신설).

---

114) 정찬형, 상게논문(고려법학 제39호)(주 104), 54~55면; 동, 상장협연구보고서 2009-1(주 43), 47면.
115) 안택식, 전게논문(비교사법 제8권 제2호)(주 112), 123면; 原田晃治, "株式交換等に係る平 成11年改正商法の解說(上)," 「商事法務」, 第1536號(1999. 9. 5), 25면; 동, "平成11年改正商法 の解說 — 株式交換・時價評價," 「民事月報」, 第54卷 8號(1999. 8), 50면.
116) 정찬형, 전게논문(고려법학 제39호)(주 104), 55면; 동, 상장협연구보고서 2009-1(주 43), 48면.
    동지: 김동훈, "주식교환・이전제도의 도입에 따른 법적 과제," 「상장협」(한국상장회사협의 회), 제44호(2001년 추계호), 99면; 고재종, 전게논문(기업법연구 제8집)(주 111), 392면.
117) 정찬형, 전게논문(고려법학 제39호)(주 104), 55면; 동, 상장협연구보고서 2009-1(주 43), 48면.
118) 정찬형, 전게논문(고려법학 제39호)(주 104), 55면; 동, 상장협연구보고서 2009-1(주 43), 48면.

(4) 채무초과 회사(완전자회사)와의 주식의 포괄적 교환 및 이전은 자본충실의 원칙에 반하므로(이를 인정하면 채무에 의한 출자를 인정하게 되므로), 채무초과 회사(완전자회사)와는 주식의 포괄적 교환 및 이전이 되지 않음을 명문규정으로 두어야 할 것이다.[119]

(5) 합병의 경우(상법 제527조의 6)와 같이 분할의 경우에도 사후공시에 관한 규정을 두어야 할 것이다. 이것은 입법의 미비라고 본다.[120]

(6) 상법상 주식의 포괄적 교환 및 이전에 관한 규정을 한국 내에서 영업하고 있는 외국회사에 준용하기 위하여는 상법 제618조에 주식의 포괄적 교환 및 이전에 관한 규정을 준용하는 규정을 두어야 할 것으로 본다[121][미국 모범사업법 제11.03조 제(b)항 참조].

## 5. 영업양도·양수에서의 개정사항

### 가. 간이영업양도·양수제도의 도입

(1) 상법은 영업양도·양수가 영업양도·양수하는 회사의 재산적 기초를 위태롭게 하여 주주의 이해관계에 중대한 영향을 미칠 수 있으므로 영업양도·양수하는 회사는 주주총회의 특별결의를 받도록 하고 있다(상법 제374조 제1항). 따라서 영업양도를 하는 회사의 총주주의 동의가 있거나 영업을 양수하는 회사가 영업을 양도하는 회사의 발행주식총수의 90% 이상을 이미 소유하고 있는 경우라도 예외 없이 영업양도를 하는 회사는 주주총회의 특별결의를 받아야 한다. 그러나 흡수합병의 경우에는 소멸회사의 총주주의 동의가 있거나 존속회사가 소멸회사의 발행주식총수의 90% 이상을 소유하고 있는 경우에는 소멸회사의 주주총회 승인결의를 이사회의 승인결의로 갈음할 수 있는 간이합병을 허용하고 있다(상법 제527조의 2 제1항). 즉, 상법에는 영업을 양도하는 회사와 영업을 양수하는 회사 간의 지배관계를 고려하여 실질적으로 영업을 양도하는 회사의 주주총회의 개최가 무의미한 경우에 대하여 이를 특별하게 취급하는 예외조항이 없다. 따라서 영업양도·양수는 합병에 비하여 사안의 중요성이 적음에도 불구하고 간이합병과

---

119) 정찬형, 전게논문(고려법학 제39호)(주 104), 49~50면; 동, 상장협연구보고서 2009-1(주 43), 48면.

120) 정찬형, 전게서(상법강의〈상〉〈제12판〉)(주 9), 482면.

121) 정찬형, 전게논문(고려법학 제39호)(주 104), 48~49면; 동, 상장협연구보고서 2009-1(주 43), 48면.

같은 간이한 조직재편제도가 없어 반드시 주주총회의 특별결의를 거치게 되므로 영업양도·양수제도의 활용을 불편하게 만든다는 문제점이 있다.[122]

(2) 따라서 흡수합병의 경우 간이합병이 허용되어 있는 것과 균형을 맞추어 합병보다 사안의 중요성이 적은 영업양도·양수의 경우에도 간이영업양도·양수제도를 도입할 필요가 있다고 본다.[123] 2015년 12월 개정상법 제374조의 3은 간이영업양도·양수·임대 등에 관한 규정을 신설하고 있다.

일본의 신회사법은 영업양도·양수의 경우에도 합병과 마찬가지로 간이한 조직재편제도를 도입하고 있다(일본 신회사법 제468조 제1항).

## 나. 소규모 영업양수제도의 도입

(1) 상법은 소규모 영업양수를 허용하고 있지 않기 때문에 어느 회사가 다른 회사의 영업 전부를 양수하는 경우에는 그 양수대가가 양수회사의 재산에서 차지하는 비중에 관계 없이 항상 양수회사는 주주총회의 특별결의를 거쳐야 한다(상법 제374조 제1항 제3호). 그러나 흡수합병의 경우에는 존속회사가 합병으로 인하여 발행하는 신주의 총수가 존속회사의 발행주식총수의 5%를 초과하지 않는다면 합병에 관한 존속회사의 주주총회의 승인을 이사회의 승인으로 갈음할 수 있도록 하는 소규모합병이 허용된다(상법 제527조의 3 제1항).

(2) 영업양도·양수보다 중대한 사안인 합병의 경우에도 간이하게 합병을 추진할 수 있도록 소규모합병이라는 예외를 인정하고 있는 점을 고려할 때, 이와 균형을 맞추기 위하여 영업양도·양수의 경우에도 소규모 영업양수를 허용할 필요가 있다고 본다. 또한 대규모 회사가 소규모 회사의 영업 전부를 양수하는 경우에도 대규모 회사의 입장에서는 일상적인 영업활동의 규모에 지나지 않는 자산의 취득에 불과할 수 있기 때문에 소규모 영업양수에 대해서까지 주주총회의 특별결의를 거치도록 하는 것은 비효율적일 수 있다.[124]

이와 같이 소규모 영업양수제도를 도입할 필요가 있는 것은 현행 상법 제374조 제1항 제3호의 문제를 해결하기 위한 것이다. 그런데 상법개정안에 의하

---

122) 정찬형, 상장협연구보고서 2009-1(주 43), 49면.
    동지: 한국증권법학회, 상법개정연구보고서(주 93), 480~481면.
123) 정찬형, 상장협연구보고서 2009-1(주 43), 50면.
    동지: 한국증권법학회, 상법개정연구보고서(주 93), 482면.
124) 정찬형, 상장협연구보고서 2009-1(주 43), 52면.
    동지: 한국증권법학회, 상법개정연구보고서(주 93), 483면.

면 제374조 제1항 제3호와 제4호를 합하여 "회사의 영업에 중대한 영향을 미치는 다른 회사의 영업 전부 또는 일부의 양수"로 규정하고 있기 때문에, 상법개정안이 확정되면 소규모 영업양수제도를 도입할 필요가 없다. 소규모 영업양수제도를 도입하는 기준과 상법개정안 제374조 제1항 제3호의 "회사의 영업에 중대한 영향을 미치는"의 기준은 동일하게 보아야 할 것이다. 만일 현행 상법에서 소규모 영업양수제도를 도입하면 양수회사의 입장에서 다른 회사의 영업 전부를 양수하는 경우와 영업 일부를 양수하는 경우 주주총회의 특별결의를 받아야 할 기준이 (형식상) 이원화가 되고, 상법개정안에 의하면 이러한 기준이 (형식상) 일원화가 된다. 어느 입법형식을 취할 것인지는 입법정책의 문제이겠으나, 상법개정안과 같이 규정하는 것이 간명하다고 본다. 다만 이 경우 "회사의 영업에 중대한 영향을 미치는 경우"가 무엇이냐에 대한 기준은 소규모 영업양수의 기준과 동일하게 정해야 할 것으로 본다.[125]

## 다. 영업의 중요한 일부양도 등의 기준 구체화

(1) 상법은 영업의 일부를 양도하더라도 그것이 중요한 부분이라면 주주총회의 특별결의를 받도록 하고 있으며(상법 제374조 제1항 제1호), 다른 회사의 영업의 일부만을 양수하더라도 그것이 영업을 양수하는 회사의 영업에 중대한 영향을 미친다면 주주총회의 특별결의를 받도록 하고 있다(상법 제374조 제1항 제3호).

그러나 우리 상법은 "영업의 중요한 일부의 양도"와 "회사의 영업에 중대한 영향을 미치는 다른 회사의 영업의 일부의 양수"에 대하여 주주총회의 특별결의를 거치도록 하면서, 그 중요한 일부가 무엇을 의미하는지에 대하여는 구체적인 기준을 규정하고 있지 않아 영업양도 · 양수와 관련한 법률관계의 불안정을 초래할 수 있다.[126]

참고로 자본시장과 금융투자업에 관한 법률 시행령 제171조 제1항은 동법 제161조 제1항 제7호의 중요한 영업 또는 자산의 양수 · 양도에 대하여 (ⅰ) 양수 · 양도하려는 영업부문의 자산액이 최근 사업연도말 현재 자산총액의 100분의 10 이상인 양수 · 양도, (ⅱ) 양수 · 양도하려는 영업부문의 매출액이 최근 사업연도말 현재 매출액의 100분의 10 이상인 양수 · 양도, (ⅲ) 영업의 양수로 인하여 인수

---

125) 정찬형, 상장협연구보고서 2009-1(주 43), 52~53면.
126) 정찬형, 상장협연구보고서 2009-1(주 43), 54면.
　　동지: 한국증권법학회, 상법개정연구보고서(주 93), 486면.

할 부채액이 최근 사업연도말 현재 부채총액의 100분의 10 이상인 양수, (ⅳ) 영업전부의 양수, (ⅴ) 양수·양도하려는 자산액이 최근 사업연도말 현재 자산총액의 100분의 10 이상인 양수·양도로 이를 구체화하고 있다.

  (2) 상법 제374조 제1항 제1호의 "중요한"의 의미 및 제3호의 "중대한 영향을 미치는"의 의미를 입법목적이 다른 위의 자본시장과 금융투자업에 관한 법률상의 그것과 동일하게 볼 수는 없다.[127] 따라서 상법에서 독자적으로 이에 관한 기준을 정하여야 한다고 본다. 그러면 이에 대한 기준을 어떻게 정할 것인가가 문제인데, 일본의 신회사법(제467조 제1항 제2호)에서와 같이 20%를 기준으로 정하고, 또 이 기준은 영업양도와 영업양수에서 동일하게 규정하는 것이 논리적으로도 일관성이 있다고 본다.[128]

## 6. 감사위원회제도

  (1) 상법 제415조의 2 제1항은 "회사는 정관이 정한 바에 따라 감사에 갈음하여 제393조의 2의 규정에 의한 위원회로서 감사위원회를 설치할 수 있다. 감사위원회를 설치한 경우에는 감사를 둘 수 없다"고 규정하여, 대회사(자산총액 2조원 이상인 상장회사)는 의무적으로 감사위원회를 두어야 하나(상법 제542조의 11 제1항), 중회사의 경우는 회사의 선택에 의하여 監事를 둘 수도 있고 감사위원회를 둘 수도 있도록 하고 있다.

  (2) 그런데 업무감독기관(이사회)과 분리된 업무집행기관(집행임원)이 있을 때에 업무감독기관(이사회)의 하부기관으로서 감사위원회가 감사의 효율성과 독립성에서 의미가 있는 것이지, 이사회가 현행 상법에서와 같이 업무집행기관과 업무감독기관을 겸하는 경우에는 이사회내 위원회의 하나인 감사위원회는 監事보다도 그 독립성과 감사의 효율성이 더 떨어진다고 본다. 따라서 상법 제415조의 2 제1항 제1문은 "집행임원 설치회사의 경우에는 제393조의 2의 규정에 의한 위원회로서 감사위원회를 설치하여야 한다"로 개정되어야 할 것으로 본다.

---

127) 정찬형, 상장협연구보고서 2009-1(주 43), 55면.
    동지: 한국증권법학회, 상법개정연구보고서(주 93), 486면.
128) 정찬형, 상장협연구보고서 2009-1(주 43), 55면.
    동지: 한국증권법학회, 상법개정연구보고서(주 93), 486면.

## 7. 소규모 주식회사에서 이사의 임기 연장문제

(1) 자본금 총액이 10억원 미만인 소규모 주식회사로서 비상장회사는 주주가 거의 변경되지도 않고 이에 따라 이사가 자주 변경되지도 않는 현실에서 이러한 소규모 주식회사에 대하여는 (기업의 요청으로) 현행 상법상 이사의 임기를 3년으로 한 것(상법 제383조 제2항·제3항)의 예외조항으로 연장에 관한 특칙을 둘 수 있는지 여부의 문제가 있다.

(2) ㈎ 위의 소규모 주식회사에 대하여는 상법 제383조 제2항에 단서를 신설하여 "다만, 자본금 총액이 10억원 미만인 회사의 경우 이사의 임기는 5년을 초과하지 못한다"고 규정하거나(독일 주식법 제84조 제1항 제1문 참조) 또는 "다만, 자본금 총액이 10억원 미만인 회사의 경우 이사의 임기는 정관에 의하여 선임 후 10년 이내의 최종 정기주주총회의 종결에 이르기까지 연장할 수 있다"로 규정할 수 있다(일본 신회사법 제332조 제2항 참조).

㈏ 그러나 위와 같이 이사의 임기를 연장하는 것이 이사의 중임 또는 임기연장의 경우 변경등기를 피하고자 하는 것이라면, 이사의 중임 또는 임기연장의 경우가 상법상 주식회사에서 "등기사항에 변경이 있는 때"에 해당하는지 여부인가를 검토하여 보아야 한다.

① 현행 상법상 주식회사에서 "등기사항에 변경이 있는 때"에는 본점소재지에서는 2주간내, 지점소재지에서는 3주간내에 변경등기를 하여야 하고(상법 제317조 제4항, 제183조), 회사의 대표자 등이 이러한 (변경)등기를 게을리한 때에는 500만원 이하의 과태료의 처벌을 받는다(상법 제635조 제1항 제1호).

그런데 이사의 임기가 만료되어 그 이사에 대하여 임기를 연장하거나 중임한 경우, 이를 "등기사항에 변경이 있는 때"라고 해석할 수 있을까? 사견으로 이경우에는 "등기사항에 변경이 있는 때"가 아니라고 보아야 할 것이 아닌가 생각한다. 즉, 이 때의 "등기사항에 변경이 있는 때"란 이사가 선임·사임·해임 등에의하여 변경이 있는 경우를 말하고(상업등기법 제81조 참조), 임기만료로 중임·임기연장 등이 된 경우에는 "등기사항에 변경이 있는 때"가 아니라고 본다. 따라서 이사 등이 임기만료로 종임(終任)된 경우가 아닌 한, (이사 등이 중임되거나 임기연장된 경우에는) 이사의 임기와 변경등기와는 직접적으로 관련이 없다고 생각한다.

따라서 이사 등이 중임된 경우에는 그 이사에 관한 한 "등기사항에 변경이 있는 때"가 아니므로, 변경등기를 요하지 않고 또한 과태료를 부과받지 않아야 한다고 본다.

② 이사 등의 등기에 임기에 관한 사항이 등기되지 않고 이사로서의 등기 자체만으로 공시의 효력을 갖는다면, 이사 등이 임기만료되어 중임 또는 임기연 장되어 계속 이사의 지위를 유지하게 되는 경우 (변경등기를 하지 않더라도) 그러한 이사는 제3자에게 계속 이사로서 지위에 대한 대항력을 갖는다고 본다(상법 제37 조 제1항). 이와 같이 보면 이사가 임기만료되어 중임 또는 임기연장된 경우에 (위에서 본 바와 같이 변경등기를 요하지 않을 뿐만 아니라) 변경등기를 하지 않았다 하더라도 제3자에 대하여 여전히 이사로서 대항할 수 있으므로(상법 제37조 제1항) 사법상 불리한 점이 없다고 볼 수 있다.

③ 위 ①과 같이 해석하여 이사 등이 임기가 만료되어 중임되거나 임기가 연장된 경우 "등기사항에 변경이 있는 때"가 아니라고 보아 이것이 소규모 주식 회사에게 변경등기를 하는 불편을 주지 않게 되고 또한 이것이 위 ②에서 보는 바와 같이 소규모 주식회사에게 사법상 불리한 점이 없다면, (가)에서와 같이 소규 모 주식회사에서 이사의 임기를 연장하는 특칙을 둘 필요가 없다고 본다.[129]

# VI. 결 론

주식회사법 개정사항은 2008년 상법개정안상 개정이 필요한 사항, 2009년 1 월 개정상법에 있어서 개정이 필요한 사항, 2009년 5월 개정상법에 있어서 개정 이 필요한 사항 및 현행 상법상 그 밖의 개정이 필요한 사항이 있는데, 이를 간 단히 정리하여 보면 아래와 같다.

## 1. 2008년 상법개정안상 개정이 필요한 사항

### 가. 주식회사의 설립

(1) 무액면주식제도의 도입은 회사채권자 등이 불측의 손해를 입을 위험이 크며 또한 저가발행으로 인한 투기를 유발할 가능성이 큰 점 등의 단점도 있으 므로, 특히 상장회사·금융기관 등의 경우에는 이의 도입이 유보되거나 단점을 방지하는 제도가 선행되어야 할 것이다.

---

129) 정찬형, 법무부(상사법무과) 질의에 대한 회신(2009. 9. 11 및 2009. 10. 26).

(2) 현물출자나 재산인수에 관한 검사인 등에 의한 검사절차를 일정한 경우 간소화하는 점에 대하여는 찬성하나, 정관에 기재하지 않은 현물출자 및 재산인수에 대하여 사후에 주주총회의 특별결의로 추인할 수 있는 점과 이에 대한 (검사인 등에 의한) 검사에 대하여도 입법을 하여야 할 것으로 본다.

### 나. 자기주식의 취득과 처분

상법개정안이 자기주식의 취득을 원칙적으로 자유롭게 인정하면, 이와 같이 취득한 자기주식을 처분함에는 기존주주의 이익을 보호하기 위한 조치가 전제되어야 한다.

### 다. 주식회사의 업무집행기관(집행임원)

(1) 대회사의 경우는 의무적으로 집행임원을 두도록 하여야 한다.

(2) 중회사의 경우는 이사회를 (의무는 없으나) 임의로 사외이사가 이사 총수의 과반수가 되도록 구성하면 대회사와 같은 취지에서 의무적으로 집행임원을 두도록 하고, 사외이사가 2인 이상 있으나 이사 총수의 과반수가 되지 않으면 선택적(임의적)으로 집행임원을 두도록 한다.

## 2. 2009년 1월 개정상법상 개정이 필요한 사항

### 가. 주식매수선택권의 부여확대

2009년 1월 개정상법은 상장회사에 대하여 주식매수선택권의 부여한도를 확대하고 있는데, 상장회사라는 이유만으로 부여한도를 확대하는 것은 문제가 있다고 본다.

### 나. 주주총회 소집통지·공고에 사외이사에 관한 공시특례

2009년 1월 개정상법은 사외이사 등의 활동내역 등을 주주총회를 소집하는 모든 경우에 소집통지·공고에 공시하도록 하고 있는데, 이는 타당하지 않다고 본다. 이러한 사항은 필요한 경우에 한하여 주주총회에 보고하도록 하면 될 것이다.

### 다. 집중투표에 관한 특례규정

상장회사에 대하여 집중투표청구권을 주주총회일의 「6주 전」까지 청구하도록 한 것은 상법 제363조 제1항 및 제3항과 관련하여 볼 때 개정되어야 하고, 대회사인 상장회사가 집중투표를 배제하는 정관변경시 주주의 의결권을 제한하는 상법 제542조의 7 제3항 및 제4항은 위헌소지도 있으므로 삭제되어야 할 것으로 본다.

### 라. 사외이사에 관한 특례규정

(1) 대회사의 경우 이사회와는 별도의 집행임원을 의무적으로 두도록 하면 사외이사를 의무적으로 두도록 하는 상법 제542조의 8 제1항 단서는 현행대로 유지할 필요가 있으나, 그 이외의 상장회사에 대하여 사외이사를 의무적으로 두도록 하는 상법 제542조의 8 제1항 본문은 폐지되어야 할 것으로 본다.

(2) 상장회사 사외이사의 자격에 대하여 상법 제542조의 8 제2항에서 추가적으로 규정하는 것은 필요하지 않다고 보고, 필요하다면 적극적 요건을 포괄적으로 두는 것이 바람직하다고 본다.

(3) 대회사에 대하여 사외이사후보추천위원회를 의무적으로 두도록 하고 이의 추천을 받은 자 중에서 사외이사를 선임하도록 한 상법 제542조의 8 제4항·제5항은 실효성이 없으므로 폐지하고, 사외이사후보 추천기관은 회사 외에 두도록 하여야 할 것이다.

### 마. 감사기관에 관한 특례규정

(1) 자산총액 1,000억원 이상 2조원 미만인 상장회사는 (집행임원이 없는 한) 감사위원회가 아니라 상근감사를 의무적으로 두도록 상법 제542조의 10 제1항 단서를 개정하여야 할 것이다.

(2) 대회사가 (의무적으로) 집행임원을 둔 경우라면 감사위원회 위원을 이사회에서 선임·해임하는 것은 당연하므로, 감사위원회 위원을 주주총회에서 선임·해임하고 이 때 주주의 의결권을 제한하는 상법 제542조의 12 제1항·제2항 및 제4항은 삭제되어야 하고 제542조의 12 제3항에서 「또는 사외이사가 아닌 감사위원회 위원」을 삭제하여야 할 것으로 본다.

또한 집행임원을 둔 경우라면 이사회는 당연히 감사위원회의 결의사항을 다시 결의할 수 있으므로 상법 제415조의 2 제6항을 삭제하여야 할 것이다.

또한 대회사의 감사위원회 위원의 자격에 대하여만 추가적인 요건을 규정하고 있는 상법 제542조의 11 제2항도 삭제되어야 할 것으로 본다.

## 3. 2009년 5월 개정상법상 개정이 필요한 사항

### 가. 최저자본금제도의 폐지

2009년 5월 개정상법은 모든 주식회사에서 최저자본금제도를 폐지하였는데, 우리나라의 현실에서 주식회사의 남설에 따른 폐해 및 주식회사를 사기의 수단으로 악용하는 경우 등의 폐해를 방지하기 위하여 주식회사의 최저자본제도는 부활하여야 한다고 본다.

### 나. 전자주주명부

2009년 5월 개정상법 제352조의 2 제1항의 '전자문서'를 '전자적 방법'으로 개정하고, 그 구체적은 내용을 상법시행령에서 규정하여야 할 것이다.

### 다. 전자투표

2009년 5월 개정상법 시행령 제13조 제4항에서 일정한 요건을 가진 전자투표의 관리기관을 의무적으로 지정하도록 하고, 동법 시행령 동조 제2항 제2호를 '주주총회 직전 영업일의 영업시간 종료시까지'로 개정하며, 동법 시행령 동조 제3항의 의미를 명확하게 규정하여야 할 것으로 본다.

### 라. 개정시 누락사항

상법 제412조의 3 제1항의 '서면'을 '서면 또는 전자문서'로 개정하고, 상법 제383조 제6항에 '제412조의 3 제1항'을 추가하여야 한다.

## 4. 현행 상법상 그 밖의 개정이 필요한 사항

### 가. 주주총회 결의요건에서 출석정족수의 부활

상법 제368조 제1항의 보통결의요건에서 출석정족수를 부활하고, 동 제434조의 특별결의요건에서 출석정족수를 부활하며, 동 제435조 제2항의 종류주주총회의 결의요건에서 출석정족수를 부활하여야 할 것으로 본다.

### 나. 무의결권주주의 주식매수청구권 인정

상법 제372조의 2 제1항·제522조의 3 제1항 등이 "…결의사항에 관하여 반대하는 주주는…"이라고 규정하고 있는 것을 "…결의사항에 관하여 반대하는 주주(제344조의 3 제1항의 주주를 포함한다. 이하 이 조에서 같다)는…"으로 개정하여야 할 것이다(2015년 12월 개정상법은 이러한 내용으로 규정됨).

## 다. 회사의 분할·분할합병에서의 개정사항

(1) 분할대상을 '영업'으로 명확히 한다.

(2) 흡수분할에도 물적 분할을 인정한다(상법 제530조의 12).

(3) 잔여재산분배 개시 전의 해산 후의 회사에 대하여도 존속분할을 인정한다(상법 제530조의 2 제4항).

(4) 분할교부금의 액수를 제한하고, 이를 초과하는 경우 채권자보호절차를 밟도록 한다.

(5) 소규모합병을 분할합병에 준용하는 규정을 삭제한다(상법 제530조의 11 제2항에서 제527조의 3 삭제).

(6) 분할시 연대책임의 대상과 주체를 명확히 한다(상법 제530조의 9 제1항)(2015년 12월 개정상법은 연대책임의 대상과 주체를 명확히 하여 규정함).

(7) 분할의 당사회사를 유한회사로 확장한다.

## 라. 주식의 포괄적 교환 및 이전에서의 개정사항

(1) 모회사가 될 회사의 주주에게는 주식매수청구권을 인정하지 않는다(상법 제360조의 5).

(2) 주식교환(이전)비율 등의 공정성을 확보하기 위하여 상세한 내용을 기재하도록 한 주식교환(이전)보고서 등의 작성을 의무화 한다.

(3) 완전자회사의 전환사채 등의 처리에 대하여 규정한다.

(4) 완전자회사의 소수주주에게 대표소송의 원고적격이 유지될 수 있도록 한다.

## 마. 영업양도·양수에서의 개정사항

(1) 간이영업양도·양수제도를 도입한다(2015년 12월 개정상법은 제374조의 3을 신설하여 이를 도입함).

(2) 소규모 영업양수제도를 도입한다(2011년 4월 개정상법은 제374조 제1항 제3호를 '회사의 영업에 중대한 영향을 미치는 다른 회사의 영업 전부 또는 일부의 양수'로 개정하여, 소규모 영업양수제도의 도입이 사실상 필요 없게 됨).

(3) 영업의 중요한 일부 양도 등의 기준을 구체적으로 규정한다.

## 바. 감사위원회제도

중회사의 경우 이사회(업무감독기관)와 독립된 집행임원(업무집행기관)을 둔 경우에 한하여 감사위원회를 두도록 한다(상법 제415조의 2 제1항).

# 미국 회사법*
## —우리 회사법과 비교를 중심으로—

## I. 서 언

　미국과의 교역 및 통상의 증대로 인하여 미국의 상사관계법은 우리에게 매우 중요하다. 특히 교역 등의 상대방은 대부분이 회사이므로 미국의 회사법을 우리의 그것과 비교하여 숙지하고 있어야 함은 다언을 요하지 않는다. 그러함에도 불구하고 미국의 회사법이 부분적으로는 여러 형태의 논문을 통하여 많이 소개된 바 있으나, 전체적으로 또 체계적으로 우리의 그것과 비교되어 소개된 경우는 거의 없는 것으로 생각된다.

　따라서 이 글은 평소에 미국의 회사법에 대하여 연구가 많으시고 또 미국의 감사제도 등을 위시하여 미국의 회사법상의 많은 제도를 우리에게 소개하신 이범찬 선생님의 화갑을 기념하기 위하여, 미국의 회사법의 내용을 체계적으로 우리의 그것과 비교하여 간단하게나마 소개함으로써 이에 관심이 있으면서 전혀 그 내용을 알지 못하는 분들을 위하여 간단한 자료라도 되게 하고자 한다.

　그런데 미국의 회사법은 50개 주의 회사법이 각 주별로 있으면서 그 내용이

---

\* 이 글은 정찬형, "미국 회사법 —우리 회사법과 비교를 중심으로—,"「상사법의 기본문제(해암 이범찬교수 화갑기념)」, 삼영사, 1993. 5, 500~527면의 내용임(이 글에서 필자는 회사의 의의, 회사의 설립, 주식 및 기관에 관하여 한국법을 중심으로 미국법을 간단하게 소개하고 있음).
　이와 관련하여 참고할 수 있는 필자의 글로는 정찬형, "영미법상의 감사제도,"「월간고시」, 통권 제177호(1988. 10), 37~50면 등이 있음.

다르며, 또 이에 많은 내용의 연방법·판례법 및 통일법안도 추가되어 있어, 그 량이 많음은 물론 내용도 참으로 복잡하고 또 상세하다. 따라서 제한된 지면에 이를 상세히 또 빠짐없이 소개한다는 것은 불가능하고 또 필자의 능력을 벗어난 일로 생각한다. 따라서 이하에서는 회사법의 내용 중에서도 가장 핵심적인 내용 이라고 볼 수 있는 회사의 의의, 회사의 설립, 주식 및 기관에 대하여만 간단히 소개하였다. 또한 이 글에서 소개한 미국법의 내용은 1984년에 대폭 개정되어 공표된 개정모범사업회사법(RMBCA)을 위시한 몇 개의 중요한 주의 회사법만이 며, 소개의 방법은 이해의 편의상 우리 상법상의 제도를 간단히 소개한 후 해당 미국법상의 제도를 소개하였다.

## Ⅱ. 회사의 의의

### 1. 한 국

#### 가. 회사의 정의

우리나라에서는 상법에서 회사를 정의하고 있다. 즉, 2011년 4월 개정상법 이전의 상법은 회사를 '상행위 기타 영리를 목적으로 하는 사단법인'으로 정의하 여(2011년 4월 개정상법 이전의 상법 제169조, 제171조 제1항), '영리법'·'사단법' 및 '법인성'을 회사의 본질적 요소로 규정하고 있다(그런데 2011년 4월 개정상법 제169 조는 회사의 정의에서 '사단'을 삭제하고 규정함).

#### 나. 회사의 종류

2011년 4월 개정상법 이전의 우리 상법은 회사의 종류에 대하여 "회사는 합 명회사·합자회사·주식회사와 유한회사의 4종으로 한다."고 규정하고 있다(2011 년 4월 개정상법 이전의 상법 제170조)(그런데 2011년 4월 개정상법 제170조는 이에 '유한 책임회사'를 추가함).

#### 다. 회사법의 법원

우리나라에서 회사법의 대표적인 법원은 상법 제3편(회사)이다.

## 2. 미 국

### 가. 회사의 정의

미국에서는 회사(corporation)의 정의에 대하여 회사법(주법)에서 통일적으로 규정하고 있지는 않으나, 보통 '법률에 의하여 설립되는 법인'이라고 하여 '법인성'만을 회사의 본질적 요소로 설명하고 있다. 이러한 회사의 법인성에서 다음과 같은 회사의 특성이 설명되고 있다. 즉, 회사는 (ⅰ) 첫째로 사원과는 독립된 법적 실체(separate legal entity)이고, (ⅱ) 둘째로 계약을 체결하거나, 제소 또는 피소되거나, 재산을 소유하거나 양도할 수 있는 능력을 가지며, (ⅲ) 셋째로 회사의 채무에 대하여는 회사만이 책임을 지고, 사원은 출자액의 범위 내에서만 유한책임을 지며, (ⅳ) 넷째로 회사의 업무는 사원이 선임하는 이사들에 의하여 구성되는 이사회(및 이사회에 의하여 선임되는 임원)에 의하여 집행되는 것이지 사원이 직접 집행할 수 없으므로 소유와 경영이 분리되고, (ⅴ) 다섯째로 회사는 사원의 사망·무능력 또는 지분양도에 의하여 영향을 받지 않은 영속성이 있는 특징이 있다.

이렇게 볼 때 미국법에서는 회사의 '영리성'[1]과 '사단성'을 회사의 본질적인 요소나 특성으로 설명하지 않고 있는데, 이것은 우리 상법과 다른 점으로 볼 수 있다.

### 나. 회사의 종류

미국에서 이러한 회사(영리회사)에는 공개회사(public corporation or publicly held corporation)와 폐쇄회사(close corporation or closed corporation or closely held corporation)가 있다. 공개회사와 폐쇄회사의 구별표준은 통일적으로 정의되지 않고, 입법·학설·판례에 따라 달리 규정되거나 설명되고 있다. 일반적으로 공개회사란 "사원의 수가 많고, 그의 지분(주식)의 양도가 자유롭고 또한 증권시장에서 거래되어 증권법(Securities Act of 1933)상 모집·매출이 가능하거나 증권거래법(Securities Exchange Act of 1934)상 증권거래위원회에 등록되며, 또한 사원이 원칙적으로 회사의 경영에 참여하지 않아 소유와 경영이 분리된 회사"를 말한다. 이에 반하여 폐쇄회사란 "사원의 수가 적고, 그의 지분(주식)의 양도가 제한되고

---

1) 미국에서는 회사 중에서 영리회사를 profit corporation 또는 business corporation라고 말하는데, 단지 회사라고 말할 때에는 이러한 영리회사를 의미하는 경우가 많다.

또한 증권시장에서 거래되지 않음으로 인하여 증권법상 모집·매출 및 증권거래
법상 증권거래위원회에의 등록이 인정되지 않으며, 또한 사원의 전부 또는 대부
분이 경영에 참여하여 소유와 경영이 원칙적으로 일치된 회사"를 말한다.[2]

   미국에서 폐쇄회사의 사원의 수에 대한 상한은 없으나 사원이 15인 미만인
경우에는 폐쇄회사라는 점에 거의 이론이 없고, 사원이 50인 미만인 경우에도
대체로 폐쇄회사라고 한다.[3] 그러나 회사의 자산, 영업활동의 범위, 종업원의 수
또는 그 매출액 등과 같은 회사의 규모는 공개회사인지 또는 폐쇄회사인지 여부
를 결정하는 기준이 되지 않는다. 따라서 폐쇄회사 중에는 막대한 자산을 가지고
세계적으로 활동하는 회사도 있다.[4] 그러나 일반적으로는 공개회사가 자산규모
도 거대하고 또 경제적으로도 중요한 활동을 하고 있는 것이다. 그러나 회사의
수에 있어서는 폐쇄회사가 월등히 많고 공개회사는 아주 적다.[5]

   위와 같은 점에서 볼 때 미국법상 회사란 우리 상법상 물적 회사(주식회사
및 유한회사)에 해당하는 개념이고, 미국법상 공개회사란 우리 상법상 주식회사
중에서 상장회사 및 다수의 주주를 가진 회사 등이 이에 해당하는 개념이며, 미
국법상 폐쇄회사란 우리 상법상 유한회사 및 주식회사 중에서 비상장회사로서
소수의 주주를 가진 가족회사 등이 이에 해당하는 개념이라고 볼 수 있다. 우리
상법상 합명회사와 합자회사는 회사로 인정되지만, 미국법상 이에 해당하는
partnership과 limited partnership은 회사로 인정되지 않는다.

## 다. 회사법의 법원

   미국에서도 회사법에 관한 한 주요 법원이 성문법인 회사법인 점은 우리와 같다.
   (1) 그러나 미국에서의 회사법은 원칙적으로 연방법이 아니고 각 주가 제정한
주법이다. 이러한 미국의 각 주의 회사법 중에서 중요한 것으로는 델라웨어주 회사
법(General Corporation Act of Delaware), 캘리포니아주 회사법(California Corporation
Code), 뉴욕주 회사법(New York Business Corporation) 등이다.

---

2) 이에 관한 상세는 정동윤, 「폐쇄회사의 법리」(서울: 법문사, 1982), 5~8면.
3) Robert W. Hamilton, *The Law of Corporation*(In A Nutshell) (St. Paul, Minn.: West
   Publishing Co., 1987), p.13.
4) 정동윤, 전게서, 8면.
5) 1976년의 통계에 의하면 미국에서 사원의 수가 500명 이상인 회사는 10,000개 미만이고, 1~
   10명의 회사는 1,630,000개이고, 그 중간의 회사는 100,000개이다[M. Eisenberg, *The Structure
   of the Corporation*(1976), p.42].

　　미국의 대부분의 대규모 공개회사는 델라웨어주 회사법에 의하여 설립되었으므로(뉴욕증권거래소에 등록된 회사의 반수 이상이 Delaware주에서 설립된 것임) 델라웨어주 회사법 및 동 주의 최고법원의 판례는 오늘날 미국의 회사법의 주요 법원(法源)이 되고 있다. 델라웨어주에 회사의 설립이 몰리게 된 원인에 대하여는 상당히 학문적으로도 논의되고 있는데, 역사적인 면, 효율적이고 유연성이 있으며 현대적인 회사법을 제정하고자 하는 동 주의 변호사협회의 부단한 노력, 상대적으로 확실하며 쉽게 이용할 수 있도록 되어 있는 점 등으로 설명되고 있다.6)

　　델라웨어주 회사법 외에 미국의 주회사법으로서 다음으로 중요한 영향을 끼친 회사법은 모범사업회사법(Model Business Corporation Act, MBCA)이다.7) 이 법은 1950년에 처음으로 공표되어 약 30개 주의 회사법에 영향을 미쳤는데, 1984년에는 많은 분야에서 혁신적인 규정들을 채택하여 전면 개정하여 공표하였다(Revised Model Business Corporation Act, RMBCA). 이 법은 우선 규제하는 법이라기 보다는 허용하는 법으로서의 성격을 갖고 있는데, 많은 주에서 좋은 반응으로 채택되고 있다.8)

　　(2) 미국에서 예외적으로 연방법으로서의 성문법인 회사법의 법원(法源)으로는 1933년의 증권법(Securities Act of 1933)과 1934년의 증권거래법(Securities Exchange Act of 1934)이 있다. 증권법은 1929년의 대공황의 경험에 비추어 각 주의 증권법 및 회사법의 미비점을 보완하기 위하여 연방의회가 제정한 증권관계법률 중 최초의 것인데, 1934년까지는 연방거래위원회가 이 법을 집행하였으나 1934년 이후에는 증권거래위원회(Securities and Exchange Commission)가 이 법을 집행하고 있다. 증권거래법은 주로 유통시장의 규제를 목적으로 연방의회가 제정한 것인데, 최근 유통시장이 커짐에 따라 이 법의 중요성이 커지고 있다. 이러한 두 법은 공개회사의 내부문제에 대하여 연방적인 규제를 하기 위한 근거법으로서 대단히 중요한 법이다. 한때는 이러한 두 법을 합하여 포괄적인 연방회사법으로 제정하고자 하였으나 중단되었다.9)

---

6) Hamilton, *supra* at 7(그러나 최근의 연구결과는 델라웨어주법이 다른 주법보다 특별히 더 유연성이 있거나 관대하지 않다는 것을 밝히고, 다른 원인에서 설명되어야 한다는 주장도 있다고 한다).
7) 이 법은 하나의 법안으로 미국변호사회(American Bar Association) 회사법위원회가 제정한 것이다.
8) Hamilton, *supra* at 8.
9) Hamilton, *supra* at 8~9.

## Ⅲ. 회사의 설립

### 1. 한 국

우리 상법상 주식회사의 설립절차는 크게 실체형성절차와 설립등기로 나뉜다. 실체형성절차는 정관작성·주식인수(사원확정)·출자납입 및 경영기관의 구성으로 진행되는데, 정관작성 이외의 절차는 발기설립과 모집설립에 따라 상이하다. 발기설립과 모집설립은 주식인수방법의 차이에 의한 상이한 설립방법인데, 발기설립은 설립시에 발행하는 주식총수를 발기인이 인수하는 설립방법이고, 모집설립은 설립시에 발행하는 주식총수 중 일부를 발기인이 인수하고(각 발기인은 1주 이상의 주식을 인수하여야 함) 나머지를 일반으로부터 모집하는 설립방법이다.

위와 같은 실체형성절차가 끝난 후 본점소재지에서의 설립등기에 의하여 회사는 성립한다(상법 제172조, 제317조 제2항).

### 2. 미 국

미국에서의 오늘날 대부분의 회사는 해당 주의 회사법에 의하여 설립되므로 회사의 설립방법은 주마다 상이하다. 그런데 모든 주에 공통되는 설립방법은 정관을 작성하여 이를 주무장관(secretary of state)[10]에게 제출하여 등록(filing)하는 것이다.

#### 가. 정관의 작성

(1) 발기인: ① 발기인(incorporator)[11]은 (기본)정관(articles of incorporation, certificate of incorporation or charter)을 작성하여 이에 서명을 하여야 한다.

② 발기인의 수는 주마다 다른데, 과거에는 3인 이상이었으나, 오늘날은 몇몇 주를 제외하고는 1인 이상이면 된다.[12]

③ 발기인의 자격에 대하여 과거에는 자연인만이 될 수 있었으나, 오늘날

---

10) 이러한 주무장관은 각 주에서 선거에 의하여 선출되거나 또는 주정부에 의하여 임명되는 주정부의 관리이다. 그의 주된 업무는 법령을 시행하거나 각종 공공문서들을 보관·관리하는 업무를 담당하는데, 특히 회사법 분야에서는 각종 기록문서들을 제출받아 등록 및 공시하는 업무를 담당한다.

11) 이는 정관에 기명날인하는 형식상의 발기인으로서, 미국법은 이를 회사설립의 기획자인 실질상의 발기인(promotor)과 구별하고 있다(RMBCA § 2.01).

12) Hamilton, *supra* at 31~32.

대부분의 주에서는 회사와 같은 법인도 발기인이 될 수 있다.13)

④ 발기인의 권한은 (ⅰ) 정관을 작성하여 등록을 위하여 주무장관에게 제출하고, 등록 후 주무장관으로부터 다시 동 정관을 교부받고, (ⅱ) 회사의 경영기관을 선임하거나 또는 이를 선임할 창립이사회(이러한 이사는 정관에 기재됨)을 소집하며, (ⅲ) 회사가 업무를 개시하지 않거나 또는 주식을 발행하지 않는 경우에는 임의해산하거나 또는 정관을 개정할 수 있다.14)

(2) 정관의 절대적 기재사항: 정관에 절대적으로 기재하여야 할 사항은 주회사법에 의하여 정하여지는데, 뉴욕주 회사법의 경우는 다음과 같다. 즉, (ⅰ) 회사의 명칭(상호), (ⅱ) 목적, (ⅲ) 회사의 주소 및 등록사무소를 두어야 하는 경우 그의 명칭 및 주소, (ⅳ) 수권주식총수 및 액면주식의 경우 액면가액(그러나 캘리포니아주는 무액면주식만을 채택하고 있음), (ⅴ) 종류주식을 발행하는 경우는 이에 관한 사항(주식의 종류·주주권의 내용 등), (ⅵ) 영구적이 아닌 경우 회사의 존속기간 등이다.

이 외에도 주법에 따라서는 최초의 주주총회 개최시까지 활동하는 이사의 성명과 주소를 정관의 절대적 기재사항으로 기재하도록 규정한 주도 있고, 회사가 개업 전에 지급하여야 하는 일정한 금액(수수료)을 정관의 절대적 기재사항으로 기재하도록 규정한 주도 있다.

## 나. 등 록

① 모든 발기인은 정관에 서명하여 주무장관에 제출하여야 하는데, 이때 정관은 보통 주의 전문위원에 의하여 검토된다. 정관이 이에 의하여 승인되면 회사는 등록시에 성립한 것으로 간주된다.

② 주에 따라서는 이외에 추가적인 요건을 요구하는 경우도 있다. 예컨대, 델라웨어주는 회사의 주사무소가 위치한 지역(county)에서도 두 번째로 등록할 것을 요구하고, 아리조나주는 정관의 제출 후 60일 이내에 회사가 영업활동을 하고 있는 지방의 일간신문에 연속 3회에 걸쳐 정관의 내용을 게재할 것을 요구하고 있다. 이때 델라웨어주는 주무장관의 정관등록시에 회사가 성립한다고 보지만, 다른 주에서는 추가요건이 충족된 때에 회사가 성립한다고 본다.

---

13) Hamilton, *supra* at 32.
14) *Id.*

## 다. 성립후의 절차

(1) **경영기관 구성**: 회사의 정관이 적법하게 등록된 때에 회사는 성립하지만, 회사는 경영기관이 구성되기 전에는 정상적으로 활동할 수 없다. 이러한 회사의 최초의 경영기관은 보통 발기인의 회의에서 선임되기도 하고, 정관에 기재된 이사들에 의하여 구성되는 창립이사회에 의하여 선임되기도 한다.

정관에 창립이사가 기재되지 않은 경우에는 발기인들의 회의에서 이를 선임한다. 또한 이렇게 선임되거나 정관에 기재된 이사들에 의하여 구성되는 이사회는 임원들을 선임하여야 한다. 대부분의 주에서는 1인의 임원이 두 개 이상의 임원의 직을 겸하는 것을 허용하나, 주에 따라서는 사장과 총무의 겸직을 허용하지 않는 주도 있다.[15]

(2) **부속정관의 채택**: 창립이사회는 회사의 내부구조를 규율하는 부속정관(by-laws)을 채택하여야 한다. 부속정관의 기재사항은 각 회사임원(사장·총무·재무 등)의 권한 및 의무, (ii) 이사회 및 주주총회의 소집에 관한 사항(시간·장소·통지요건 등), (iii) 의사록의 보관, (iv) 주식의 발행 및 양도, (ⅴ) 이사의 자격, 의무 및 보수에 관한 사항 등이다. 또한 이사의 수가 기본정관에 규정되지 않으면 부속정관에 기재되어야 한다.[16]

(3) **발기인의 계약의 추인**: 창립이사회는 발기인이 회사성립 전에 체결한 계약(직원의 채용계약, 사무실의 임차계약 등)을 추인할 수 있다.

(4) **주식발행사항의 결정**: 창립이사회는 회사의 설립시의 주식발행에 관한 사항(발행가액, 인수인 등)을 결정한다.

# Ⅳ. 주 식

## 1. 한 국

### 가. 주식의 의의

(1) 우리 상법상 주식은 '자본의 구성단위'로서의 의미와, '주주가 회사에 대하여 갖는 권리의무(주주권)'로서의 의미가 있다.

---

15) N.Y. Bus. Law § 715(e).
16) Cal. Corp. Code § 212(a).

(2) 자본금은 주식으로 분할되고(상법 제329조 제2항, 제451조) 또 액면주식의 금액은 균일하여야 하므로(상법 제329조 제2항), 주식은 자본금의 구성단위가 된다. 2011년 4월 개정상법 이전에는 액면주식만이 인정되었으나, 2011년 4월 개정상법은 무액면주식을 인정하고 있다(동 개정상법 제329조, 제451조). 회사가 액면주식을 발행하는 경우 자본금은 원칙적으로 '발행주식의 액면총액'이 된다(상법 제451조 제1항). 또한 이러한 액면주식은 액면가액의 최저한이 법정되어 있어, 1주의 금액은 100원 이상이어야 한다(상법 제329조 제3항).

액면주식은 원칙적으로 액면가액과 동일하거나 그 이상으로 발행되어야 하는데, 예외적으로 회사성립후의 신주발행시에 회사의 자금조달의 편의를 위하여 엄격한 제한하에 할인발행(액면미달발행)을 인정하고 있다(상법 제417조).

(3) 우리 상법상 수권주식총수는 정관의 절대적 기재사항이며(상법 제289조 제1항 제3호), 그 최고한 또는 최저한에 대한 상법상의 제한은 없다.

(4) 우리 상법상 주식에 대한 출자의 목적은 금전 또는 현물에 한하는데, 현물출자의 경우에는 원칙적으로 법원이 선임한 검사인에 의한 검사를 받아야 한다(상법 제299조, 제310조, 제422조 제1항).

## 나. 종류주식

2011년 4월 개정상법은 정관에 의하여 주식의 자익권·공익권 등에 관하여 내용이 다른 종류주식의 발행을 인정하고 있다(상법 제344조). 2011년 4월 개벙상법상 인정된 종류주식에는 이익배당·잔여재산분배에 관한 종류주식(상법 제344조의 2), 의결권의 배제·제한에 관한 종류주식(상법 제344조의 3), 주식의 상환에 관한 종류주식(상법 제345조) 및 주식의 전환에 관한 종류주식(상법 제346조~제351조)이 있다.

## 다. 주식의 양도

우리 상법상 주식의 양도는 원칙적으로 자유롭게 할 수 있는데, 예외적으로 정관으로 정하는 바에 따라 주식의 양도에 관하여 이사회의 승인을 받도록 할 수 있다(상법 제335조 제1항). 따라서 주식양도제한은 정관에 의하여서도 할 수 있고 상법 또는 특별법에 의해서도 가능한데, 상법에 의한 주식양도제한은 권리주양도의 제한(상법 제319조), 주권발행 전의 주식양도의 제한(상법 제335조 제3항), 자기주식의 취득제한(상법 제341조의 2), 자회사에 의한 모회사주식의 취득제한(상법 제342조의 2) 등이 있다.

## 2. 미 국

### 가. 주식의 의의

(1) 주식이란 '주주가 회사에 대하여 갖는 권리(proprietary interest)의 단위'이다. 이러한 주주의 권리는 주주가 회사에 대하여 출자를 이행함으로써 발생하는데, 주주권의 대표적인 것은 의결권과 이익배당청구권·잔여재산분배청구권이다.

(2) 주식에는 액면주식과 무액면주식이 있는데, 오늘날 미국의 대부분의 주에서는 무액면주식의 발행이 허용되고 있다.17)

액면주식의 경우 액면가액이 정관에 기재되는데, 이의 금액에 대하여는 제한이 없다. 액면주식을 발행하는 경우에는 발행가액은 액면가액과 동일하거나 또그 이상이어야 하는데, 그보다 낮은 가액인 경우에는(할인발행에 해당) 물탄 주식(watered stock)이라고 하여 대부분의 주에서는 그 주식의 취득자에게 자동적으로 액면가액과의 차액에 대한 전보책임을 부담시키고 있다.

무액면주식은 미국에서 1915년 경에 뉴욕에서 처음 허용되었는데, 액면주식보다는 나중에 생긴 제도이다. 무액면주식의 발행가액은 액면주식과 같은 제한이 없이 정하여진다. 그러나 무액면주식의 경우에도 납입된 발행가액이 자본금과 자본준비금을 구성하게 되는 점은 액면주식의 경우와 같다. 그런데 오늘날 대부분의 주는 무액면주식의 발행가액을 자본금과 자본준비금으로 얼마만큼 배분하여야 하는가에 대하여는 아무런 제한을 두고 있지 않다. 그러므로 주에 따라서는 발행가액 전부를 자본금으로 하도록 한 주도 있고, 이사회가 발행가액의 일정비율을 자본준비금으로 적립하도록 결정할 수 있도록 한 주도 있다. 개정전의 모범사업회사법은 이사회의 이러한 결정권을 발행가액의 25% 범위 내로 제한하였다. 무액면주식의 발행가액은 정관에 다른 규정이 없는 한 이사회가 정한다. 그런데 무액면주식은 발행가액을 근거로 과세되기 때문에, 이 제도는 실제적으로 널리 이용되지 못하고 있다고 한다.

(3) 이러한 주식은 자본의 구성단위가 된다. 자본에는 수권자본·발행자본 및 납입자본의 개념이 있는데, 회사의 실제의 자본은 납입자본에 의하여 결정된

---

17) Harry G. Henn, *Handbook of the Law of Corporations*, 2nd ed.(St. Paul, Minn.: West Publishing Co., 1970), p.291.

다. 수권자본(수권주식총수)은 정관의 절대적 기재사항이고 이 범위 내에서 이사회
의 결의만으로 주식이 발행된다. 수권주식총수에는 제한이 없고, 또 설립시에 수
권주식총수의 전부 또는 일부가 실제로 발행될 필요도 없다. 따라서 설립시에 대
단히 큰 수의 수권주식총수를 기재할 수 있을 것이나, 실제는 그렇지 않다. 왜냐
하면 대부분의 주에서는 수권자본에 근거하여 과세하는 등 실제적인 규제를 하
고 있기 때문이다.

(4) 이러한 주식에 대한 출자의 목적은 금전 뿐만 아니라 재산 또는 용역도
가능하다. 그러나 모든 재산이나 용역이 출자의 목적이 되는 것은 아니다. 대부
분의 주회사법은 출자의 목적에 대하여 '금전, 유형·무형의 재산, 또는 회사를
위하여 실제로 이행된 노동이나 용역'만을 규정하고 있다.[18] 따라서 대부분의 주
회사법은 '약속어음이나 장래에 제공될 용역에 대한 약속'은 출자의 목적이 되지
않는다고 특별히 규정하고 있다. 그런데 개정 모범사업회사법은 출자목적의 범위
를 확대하여 '현금, 약속어음, 이행된 용역, 이행될 용역계약 또는 기타 회사의
증권을 포함하여 여하한 유형·무형의 재산 또는 회사에 대한 이익'으로 규정하
고 있다.[19] 이러한 변화는 실제에 있어서 계약상의 권리나 무형의 재산 또는 이
익에 대하여도 주식을 발행할 필요성이 있기 때문에 인정된 것이다.

출자의 목적이 재산 또는 용역인 경우 이에 대한 평가는 이사회가 한다.[20]
이러한 이사회의 평가는 사기가 없는 한 종국적인 것이다.[21]

## 나. 종류주식

(1) 회사는 정관의 규정에 의하여 종류주식을 발행할 수 있다. 이 경우에 주
회사법에 따라서는 적어도 1종류 이상의 주식은 의결권을 갖도록 규정한 주도
있다.[22] 모든 주식은 정관에 달리 규정된 경우를 제외하고는 동일한 권리를 갖는
데, 종류주식이 발행된 경우에는 같은 종류의 주식은 동일한 권리를 갖는다.

(2) 미국법상 종류주식에는 다음과 같이 크게 우선주, 보통주 및 무의결권주
가 있다.

㈎ **우선주**: 우선주란 이익배당청구권, 잔여재산분배청구권 또는 의결권에

---

18) 이는 Model Business Corporation Act(MBCA) § 19에 따른 주법이다.
19) RMBCA § 6. 21(b).
20) MBCA § 18.
21) MBCA § 20.
22) Cal. Corp. Code § 400.

관하여 다른 주식의 경우보다 우선권이 부여된 주식을 말한다. 대부분의 우선주
는 이익배당청구권 및 잔여재산분배청구권에 우선권이 부여되어 있다.

이러한 우선주에는 누적적·비누적적·부분누적적 우선주, 참가적·비참가
적 우선주 등이 있다. 또한 우선주 중에는 전환권이 인정되는 전환주식, 상환청
구권이 인정되는 상환주식 등이 있다. 같은 종류의 우선주의 경우에도 이사회는
서로 상이한 조건으로 우선주를 발행할 수 있다(공개회사의 우선주는 보통 누적적
이익배당 우선주이고 또한 상환주식이며 전환주식이다).

(나) **보통주**: 보통주는 다른 주식에 비하여 우선권이 없는 주식으로 기준이
되는 주식이다. 우선주가 없는 경우에는 주식은 그 명칭이 어떠하든 모두 보통주
이다.

그런데 회사는 보통주도 그 권리의 내용을 달리하여 발행할 수 있다. 즉, A
종류의 보통주식에 B종류의 보통주식보다 두 배의 이익배당청구권을 인정하거나,
1주당 2개의 의결권을 인정할 수 있다. 또한 A종류의 보통주식을 가진 주주에
대하여는 2인의 이사를 선출할 수 있는 권한을 부여하나, B종류의 보통주식을
가진 주주에 대하여는 이러한 권한을 부여하지 않는 경우 등이다. 이러한 경우
우선권이 부여된 보통주식은 사실상 우선주와 같게 된다.

(다) **무의결권주**: 대부분의 주에서는 종류주식이 발행된 경우에 일부의 주식
에 대하여 의결권을 제한하거나 또는 부인한다. 우선주는 보통 무의결권주인데,
의결권이 모든 주식에 대하여 또는 특정한 종류의 주식에 대하여만 부여될 수도
있다.

폐쇄회사의 경우에는 이사의 선임에서 또는 주주총회에 제출된 의안에 따라
서 일정한 종류의 보통주에 대하여 의결권을 제한하거나 박탈할 수 있다. 이와
같이 의결권이 제한되는 것은 주주와 회사 간의 계약에 근거한 것으로서 문제가
거의 없다.

그런데 공개회사에서의 무의결권주는 영구적인 의결권신탁과 유사한 제도로
서 많은 문제가 제기되어 왔다. 따라서 무의결권주를 발행한 공개회사는 이를 뉴
욕증권거래소에 상장할 수 없으며, 그 밖에 다른 불이익을 감수해야 한다. 그러
므로 무의결권주를 발행한 회사 중에는 무의결권주를 의결권주로 전환시킨 회사
도 있다. 대부분의 주회사법에서는 무의결권주를 발행한 경우에도 주식병합, 주
식교환 등 특별한 사정이 있는 경우에는 의결권을 부활시키고 있다.

### 다. 주식의 양도

(1) 통일상법전에 의하여 주권은 완전한 유통증권이므로, 주권의 양도에 의하여 주주권은 이전된다.[23] 정관에 달리 규정이 없으면 주식은 자유로이 양도될 수 있다.

(2) 그러나 주식의 양도는 다음과 같이 제한될 수 있다.

(개) 일부의 주에서는 주의 청공법(blue sky law)에 의하여 주식발행 전에 주정부로부터 허가를 받도록 하고 있는데, 이러한 허가에서 주식양도를 제한할 수 있다. 용역이나 현물출자에 의하여 주식이 발행되는 경우에는 보통 이렇게 제한하고 있다.

(내) 1933년의 연방증권법에 의하여 등록되기 전에 개별적인 청약에 의하여 발행된 주식의 경우에는 그 주식의 취득자가 주식을 투자로서 소유하고 일반에게 매도하지 않겠다는 각서를 제출하는데, 이에 의하여 주식양도는 제한된다. 이때 이러한 자가 주식을 양도하면 그 양도인을 증권법상 주식인수인으로 인정하여, 그 주식이 증권법상 등록되지 않으면 그 양도인이 이에 따른 모든 책임을 부담한다.

(대) 주식양도는 기본정관, 부속정관 또는 주주 간의 합의에 의하여도 제한될 수 있다. 주식양도의 제한은 종종 폐쇄회사에서 주주의 수를 제한하기 위하여, 원하지 않는 주주(사원)의 참여를 방지하기 위하여, 또는 경영권의 변동을 방지하기 위한 목적 등으로 이용된다. 대주식회사의 경우에는 일정한 종류의 주식양도를 제한하는 경우가 있다(예컨대, 종업원이 소유한 주식의 양도제한 등).

폐쇄회사에서의 아주 일반적인 주식양도제한의 방법은 두 가지가 있는데, 하나는 일정한 사유(예컨대, 주주의 사망 등)의 발생시 회사 또는 잔존주주가 그 주식을 매수할 의무를 부담하고 한편 그 주주(또는 그의 상속인)는 회사 또는 잔존주주에게 그 주식을 매도할 의무를 부담하는 방법(mandatory buy-sell)과, 다른 하나는 주주가 그의 주식을 제3자에게 양도하기 전에 회사나 잔존주주(또는 양자)에게 먼저 그 주식을 매수할 선택권을 부여하는 방법(right of first refusal)이 있다.

---

23) U.C.C. § 8-105.

## V. 기 관

### 1. 한 국

#### 가. 주주총회

(1) **소  집**: 우리 상법상 주주총회에는 매년 1회 일정한 시기에 소집되는 정기총회와(상법 제365조 제1항·제2항), 필요한 경우에 수시로 소집되는 임시총회가 있다(상법 제365조 제3항). 정기총회이든 임시총회이든 결의사항 및 소집절차 등에 차이가 있는 것은 아니다(통설). 총회의 소집에는 각 주주에게 소집통지서(서면 또는 전자문서)를 발송하여야 하는데(기명주식의 경우)(상법 제363조 제1항 본문), 소집통지서에는 목적사항이 기재되어야 한다(상법 제363조 제2항). 총회의 소집결정은 어느 총회이든 원칙적으로 이사회가 하며(상법 제362조), 예외적으로 소수주주(상법 제366조)·감사 또는 감사위원회(상법 제412조의 3, 제415조의 2 제7항) 또는 법원(상법 제467조 제3항)이 한다.

(2) **권  한**: 우리 상법상 주주총회는 상법 또는 정관에 정하는 사항에 한하여 결의할 수 있다(상법 제361조). 상법상 주주총회의 권한사항으로 규정되어 있는 것으로는 이사의 임면에 관한 사항(상법 제382조 제1항, 제385조), 정관변경에 관한 사항(상법 제434조), 중요한 업무에 관한 사항(상법 제374조) 등이다.

(3) **의결권**: 주주는 무의결권주를 제외하고 1주마다 1개의 의결권을 행사할 수 있는데(상법 제369조 제1항), 이에 대한 예외로 의결권이 상법상 제한되는 경우로는 특별이해관계인(상법 제368조 제3항), 자기주식(상법 제369조 제2항), 회사 상호간에 주식을 보유하는 경우(상법 제369조 제3항), 감사선임의 경우(상법 제409조 제2항) 등이 있다.

의결권은 대리행사도 가능하고(상법 제368조 제2항) 또한 불통일행사도 가능하다(상법 제368조의 2).

(4) **결  의**: 우리 상법상 주주총회의 결의방법에는 발행주식총수의 과반수의 주식을 가진 주주의 출석(출석정족수)(정관으로 가중 또는 감경할 수 있음)과 그 의결권의 과반수(의결정족수 또는 표결수)(정관으로 가중할 수 있음)로써 하는 '보통결의방법'(1995년 12월 개정상법 이전에는 이와 같이 규정하였는데, 1995년 12월 개정상법 제368조 제1항은 출석정족수를 없애고 의결정족수를 '출석한 주주의 의결권의 과반수와 발행주식총수의 4분의 1 이상의 수'로 규정함), 발행주식총수의 과반수의 주식을 가진 주

주의 출석(정관으로 이를 가중할 수 있음)과 그 의결권의 3분의 2 이상의 찬성(정관으로 이를 가중할 수 있음)으로 하는 '특별결의방법'(1995년 12월 개정상법 이전에는 이와 같이 규정하였는데, 1995년 12월 개정상법 제434조는 출석정족수를 없애고 의결정족수를 '출석한 주주의 의결권의 3분의 2 이상과 발행주식총수의 3분의 1 이상의 수'로 규정함), 총주주의 동의를 요하는 경우(상법 제400조) 등과 같은 '특수결의방법'이 있다.

(5) 서면동의: 우리 상법에는 규정이 없으나 전원출석총회는 인정된다(통설·판례). 그러나 총주주의 동의에 의한 서면결의 등은 유한회사에는 명문규정이 있으나(상법 제577조) 주식회사에는 명문규정이 없고 또 주식회사는 그 본질이 유한회사와는 구별되므로 인정될 수 없다고 본다[24])(그런데 2014년 5월 개정상법 제363조 제4항~제7항은 자본금 총액이 10억원 미만인 소규모 주식회사에 대하여 유한회사에서와 같은 서면결의를 규정함).

## 나. 업무집행기관

(1) 우리 상법상 주주총회의 업무집행기관은 '이사회'와 '대표이사'이다. 이사의 법적 지위에 대하여, 상법상 이사의 권한으로 규정한 규정(상법 제390조 제1항, 제328조, 제376조 제1항, 제298조, 제373조 제2항 등) 등을 근거로 하여 이사도 업무집행기관이라고 보는 소수설이 있으나,[25]) 통설은 이사는 이사회의 구성원이고 대표이사가 될 수 있는 지위에 그치고 그 자체로서는 업무집행기관이 아니라고 한다.[26]) 생각건대 통설이 타당하다고 본다. 또한 대표이사의 이사회에 대한 법적 지위에 대하여는 독립기관설[27])(통설)과 파생기관설[28])이 있는데, 독립기관설이 타당하다고 생각한다. 이렇게 보면 주식회사의 업무집행은 이사회가 그 의사결정을 하고 대표이사는 이사회가 결의한 사항(주식회사가 결의한 사항을 포함)을 구체적으로 집행한다(2011년 4월 개정상법 제408조의 2~408조의 9는 집행임원에 대하여 규정하고, 주식회사는 선택에 의하여 집행임원을 둘 수 있는 것으로 하고 있다〈집행임원 설치회사〉. 따라서 집행임원 설치회사의 경우 회사의 업무집행기관은 '집행임원'이고, 회사의 대표기관

---

24) 반대: 정희철, 「상법학(상)」(서울: 박영사, 1992), 457면.
25) 이태로·이철송, 「제2전정판 회사법강의」(서울: 박영사, 1991), 490면.
26) 서돈각, 「제3전정 상법강의(상)」(서울: 법문사, 1985), 362면; 정희철, 전게서, 470면 외.
27) 이사회는 업무집행의 의사결정기관이고 대표이사는 업무집행 및 대표기관으로 업무집행권은 양자에 분속되어 있다고 한다(정희철, 전게서, 479면 외).
28) 이사회는 원래 업무집행의 의사결정은 물론 그 집행을 할 권한도 있는데 실제의 편의를 위하여 집행권을 대표이사에게 맡긴 것이라고 한다(서돈각, 전게서, 362면).

은 '대표집행임원'임).

(2) 이사는 업무집행기관인 이사회의 구성원으로서의 지위와 대표이사가 될 수 있는 전제자격인 지위를 갖는데, 주주총회에 의하여 선임된다(보통결의)(상법 제382조 제1항). 이사는 3인 이상이어야 하며(상법 제383조 제1항), 임기는 3년을 초과하지 못한다(상법 제383조 제2항).

(3) 우리 상법상 이사회의 권한에 대해서는 명문규정이 있는데, 이에 의하면 '회사의 중요한 자산의 처분 및 양도, 대규모 재산의 차입, 지배인의 선임 또는 해임과 지점의 설치·이전 또는 폐지 등 회사의 업무집행'이 그것이다(상법 제393조 제1항)(2011년 4월 개정상법상 집행임원 설치회사의 경우에는 제408조의 2 제3항에서 집행임원 설치회사의 이사회의 권한에 대하여 별도로 규정함). 이에 반하여 대표이사의 업무집행권 및 그 범위에 관하여는 일반규정이 없고, 상법은 대표이사의 대외적인 대표권(상법 제389조 제3항, 제209조)에 대하여만 규정하고 있다. 그러나 해석상 대표권의 이면인 대내적인 업무집행권이 대표이사에게 있음은 당연하다. 이때 대표이사는 "이사회의 결의사항을 단순히 집행만을 하는 것이 아니라, 법률·정관 또는 이사회결의에 의하여 이사회의 권한사항으로 되어 있지 아니한 사항 중 일상업무에 관한 사항에 대하여는 스스로 의사결정을 하여 집행할 수 있다"고 해석한다.[29]

법률·정관 또는 이사회결의에 의하여 이사회의 권한사항으로 되어 있지 아니한 사항이라도 일상업무에 관한 사항이 아닌 것은 이사회의 권한사항이므로, 이는 이사회의 의결을 거쳐 대표이사가 집행한다고 본다. 이사회의 권한과 주주총회의 권한과의 관계는 어떠한가. 우리 상법상 주주총회는 상법 또는 정관에 정하는 사항에 한하여 결의할 수 있으므로(상법 제361조), 상법 또는 정관에서 주주총회의 권한으로 정하는 사항에 대하여는 이사회에게 권한이 없는 것은 명백하다. 그런데 (상법상) 이사회의 결의사항으로 되어 있는 것을 정관의 규정에 의하여 주주총회의 결의사항으로 할 수 있는가. 이에 대하여 우리나라의 통설은 주식회사의 본질 또는 강행법규에 위반되지 않는 한 이사회의 의결사항을 정관의 규정에 의하여 주주총회의 결의사항으로 할 수 있다고 해석한다.[30] 그러나 상법상 각 기관의 업무분담에 관한 규정은 모두 강행법규로 볼 수 있고, 이러한 각 기관의 업무분담에 관한 사항은 각 기관의 균형을 위한 입법정책에 관한 사항이므

---

29) 동지: 정동윤, 「회사법(3정증보판)」(서울: 법문사, 1992), 390면.
30) 정희철, 전게서, 445면; 서돈각, 전게서, 317면; 정동윤, 전게서, 300면 외.

로 주주총회가 임의로 정관에 규정하여 자기의 권한으로 할 수 없다고 본다.[31]

(4) 우리 상법상 대외적으로 회사를 대표하는 기관은 '대표이사'이다. 이러한 대표이사는 원칙적으로 이사회의 결의로 선임되는데, 정관에 규정이 있는 경우에는 예외적으로 주주총회에서 선임될 수 있다(상법 제389조 제1항). 이러한 대표이사의 대표권은 '회사의 영업에 관한 재판상·재판외의 모든 행위'에 미친다(상법 제389조 제3항, 제209조 제1항).

대표이사의 이러한 권한을 제한하여도 선의의 제3자에게 대항하지 못한다(상법 제389조 제3항, 제209조 제2항). 그런데 이러한 대표권은 법률·정관 또는 회사의 내부규칙에 의하여 제한되는 경우가 많은데, 이러한 제한에 위반하여 대표이사가 제3자와 한 거래는 유효한가. 법률에 의하여 대표권 자체가 제한되는 경우에는(상법 제394조) 이 제한에 위반하여 한 대표이사의 모든 행위는 무효라고 본다. 법률에 의하여 대표행위의 원인행위에 대하여 주주총회의 결의(상법 제374조, 제375조) 또는 이사회의 결의(상법 제398조, 제416조, 제469조 등)를 얻어야 하는 경우에 이를 얻지 않거나 또는 이에 위반한 대표행위의 효력은 어떠한가. 이러한 행위는 위법한 행위로서 회사내부의 효력으로서는 무효라고 보는 데 이론이 없다.[32] 그러나 제3자와의 거래행위의 효력이 문제된다. 이에 대하여는 이를 전면적으로 유효로 보는 견해,[33] 이 중에서 주주총회의 결의사항에 관한 것은 무효이나 이사회의 결의사항에 관한 것은 유효라고 보는 견해,[34] 후속행위의 효력을 다루는 소가 인정되는 경우에는 이에 흡수되나 그러한 소가 없는 경우에는 대외적인 행위는 유효라고 보는 견해[35] 등이 있다. 생각건대 그러한 위반행위가 법률에 의하여 주주총회의 의결사항으로 되어 있는 경우에는 대외적인 거래행위도 무효라고 보나, 그 이외의 사항은 선의의 제3자에 대하여는 유효라고 본다.

우리 상법은 대표권이 없는 이사의 행위에 대하여도 선의의 제3자를 보호하기 위하여 특별규정을 두어, 표현대표이사의 행위에 대하여는 회사의 책임을 인정하고 있다(상법 제395조). 대표이사가 수인이 있는 경우에도 각자 단독으로 회사를 대표하는 것이 원칙이고, 예외적으로 수인의 대표이사가 공동으로 회사를 대표할 것을 정한 경우에는(상법 제389조 제2항) 능동대표의 경우는 반드시 공동으

---

31) 동지: 이태로·이철송, 전게서, 396∼397면.
32) 동지: 대결 1961. 2. 3, 1961 민재항 500.
33) 정희철, 전게서, 482면.
34) 정동윤, 전게서, 394∼395면.
35) 이태로·이철송, 전게서, 509면, 515면.

로 하여야 하나 수동대표의 경우는 각자가 단독으로 할 수 있다(상법 제389조 제3항, 제208조 제2항).

### 다. 감사기관

우리 상법상 감사기관으로는 감사 또는 감사위원회, 검사인 및 (외부)감사인이 있다.

**(1) 감 사**: 감사는 (대표)이사의 업무집행 및 이에 관한 회계를 감사할 권한을 가진 주식회사의 내부의 필요상설기관이다. 이러한 감사는 주주총회에 의하여 선임되는데(상법 제409조 제1항), 다만 대주주의 의사대로 선임되는 것을 방지하기 위하여 의결권을 제한하고 있다(상법 제409조 제2항·제3항).

**(2) 감사위원회**: 회사는 정관이 정한 바에 따라 감사에 갈음하여 이사회내 위원회로서 감사위원회를 설치할 수 있다(상법 제415조의 2).

**(3) 검사인**: 검사인은 주식회사의 설립절차나 회사의 업무나 재산상태를 조사할 임무를 갖는 임시적 감사기관이다. 이러한 검사인은 법원 또는 총회(주주총회 또는 창립총회)에서 선임된다.

**(4) (외부)감사인**: 주식회사 등의 외부감사에 관한 법률(제정: 1980.12.31, 법 3297호; 전면개정: 2017.10.31., 법 15022호, 시행: 2018.11.1.)에 의하여 일정한 규모 이상의 주식회사 등에 대하여 회계감사를 하는 외부의 감사기관인데, 필요기관이다.

## 2. 미 국

### 가. 주주총회

**(1) 소 집**: 주주총회는 소집시기에 따라 정기총회와 임시총회가 있다.

정기총회는 매년 (부속)정관에 규정된 시기 또는 정관이 정하는 절차에 의하여 확정된 시기에 개최되는 총회이다.[36] 이러한 정기총회의 주된 목적은 이사의 선임이나, 이에 한하지 않고 회사의 업무와 관련된 어떤 사항도 논의할 수 있다. 대부분의 주회사법에서는 정기총회의 소집통지서에는 회의의 목적사항을 기재할 필요가 없다고 규정하고 있다.[37]

임시총회는 정기총회가 아닌 모든 주주총회를 말한다. 이러한 임시총회는

---

36) RMBCA § 7.01(a).
37) RMBCA § 7.05(b).

회사법 또는 (부속)정관에 의하여 지정된 자에 의하여 소집되는데, 보통 이사회·발행주식의 일정비율을 소유한 소수주주 또는 특정한 임원에 의하여 소집된다. 개정 모범사업회사법에 의하면 의결권이 있는 주식의 10% 이상을 소유하는 자는 임시총회를 소집할 수 있다.38) 정기총회와는 달리 임시총회에서 다루어지는 사항은 소집통지서에 기재된 목적사항에 한한다.39)

(2) **권 한**: 주주총회는 회사의 일상업무를 직접 집행할 권한은 없고, 의결권의 행사에 의하여 어느 정도 간접적으로 회사의 업무에 관여할 수 있다.

주주총회가 결의할 수 있는 대표적인 권한으로는 이사의 임면, 정관(기본정관 또는 부속정관)의 변경 및 비일상적인 회사의 업무(예컨대, 전 재산의 매도, 합병, 해산 등)에 관한 사항 등이다.

(3) **의결권**: 회사가 한 종류의 주식만을 발행한 경우, 그 주식의 의결권을 제한하는 것은 무효이다. 그러나 회사가 두 종류 이상의 주식을 발행한 경우 어떤 종류의 주식에 대하여 의결권을 제한하고 다른 종류의 주식에 대하여 유리한 의결권을 부여하는 것은 정관의 규정이 있으면 허용된다.40) 의결권은 보통주인 경우에도 절대적인 것은 아니다. 따라서 다른 종류의 주식(예컨대, 우선주)에 대하여 의결권을 부여하는 한, 보통주에 대하여 의결권을 부여하지 않아도 공서양속에 반하는 것이 아니다.41)

의결권은 대리행사(voting by proxy)가 가능하다. 초기의 보통법에서는 의결권의 대리행사가 인정되지 않았으나, 그 후의 보통법에서는 (기본)정관에 명백히 규정되어 있는 경우에는 의결권의 대리행사를 인정하였다. 오늘날 주회사법에서는 정관에 규정이 있든 없든 불문하고 의결권의 대리행사를 인정하고 있고, 대리인의 자격에도 제한이 없다.42) 그러나 의결권 또는 이의 행사의 대리권은 매도될 수 없고, 주에 따라서는 이를 불법으로 규정하고 있다.43) 의결권의 대리행사에는 주주 또는 그의 변호사가 서명한 서면의 위임장이 있어야 하고,44) 어떤 주에서는 이것이 주주총회 회의일 또는 그 이전에 회사에 제출될 것을 요하고 있다. 대부

---

38) RMBCA § 7.02(a)(2).
39) RMBCA §§ 7.05(c), 7.02(d).
40) Cal. Corp. Code § 400.
41) General Investment Co. v. Bethlehem Steel, 100 A. 347 (N.J. 1917).
42) Cal. Corp. Code § 705(a).
43) N.Y. Bus. Corp. Law § 609(e).
44) Cal. Corp. Code § 178.

분의 주에서는 이러한 위임장의 존속기간은 위임장에 더 장기의 기간이 기재되어 있지 않는 한 11개월이라고 규정하고 있다.[45] 이러한 의결권의 대리행사에 관한 대리권의 수여는 명시적 또는 묵시적으로 철회할 수 있다. 미국에서는 의결권의 대리행사와 유사하면서도 이와 구별되는 제도로는 (주주간의) 의결권계약(voting agreement)과 의결권신탁(voting trust)이 있다.

(4) 결 의: 주주총회의 결의요건은 정기총회나 임시총회를 불문하고 출석정족수는 발행주식총수의 과반수이고, 의결정족수(표결수)는 출석한 투표수의 과반수의 찬성이다.

출석정족수는 법률이나 정관의 규정에 의하여 증가되거나 감소될 수 있다. 주회사법은 종종 최소의 출석정족수를 규정하기도 한다(예컨대, 발행주식총수의 3분의 1 등).[46] 주회사법에서는 출석정족수의 최대한을 규정하지 않고 있다. 따라서 정관 등에 의하여 출석정족수를 발행주식총수로 규정할 수도 있다.

의결정족수에 관하여 위와 같이 하면 기권표 등이 반대표와 같이 취급된다고 하여, 개정 모범사업회사법은 '찬성표가 반대표보다 많은 경우'를 의결정족수로 규정하고 있다.[47] 이러한 정족수는 한번 충족되면 되는 것이고 그 후까지 계속될 필요는 없다.[48]

(5) 서면결의: 미국의 거의 모든 주회사법은 주주총회를 개최하지 않고서도 서면동의에 의한 만장일치에 의하여 회사의 업무를 수행할 수 있도록 규정하고 있는데, 이러한 규정은 특히 폐쇄회사에서 유용하게 이용되고 있다. 델라웨어주를 포함한 10여 개의 주에서는 이에 한 걸음 더 나아가 어떤 사항의 결정에 필요한 수만큼의 주식을 가진 주주의 서면동의만으로 주주총회의 결의에 갈음하고 있다.[49]

## 나. 업무집행기관

(1) 미국에서의 회사는 '이사회'만에 의하여 운영된다(단층제도, one body system).[50] 이사회는 원래 그 자체가 집행기관이 아니다. 따라서 이사회는 회사의

---

45) RMBCA § 7.22(c).
46) MBCA § 32(그러나 RMBCA는 이러한 규정을 두지 않고 있다).
47) RMBCA § 7.25(c).
48) RMBCA § 7.25(b).
49) Del. Gen. Corp. Law § 228; Hamilton, *supra* at 178.
50) 미국의 대부분의 주의 회사법이 이사회를 규정하고 있다. Kessler, "The Statutory Requirement of a Board of Directors. A Corporate Anachronism," 27 *U. Chi. L. Rev.* 696~736, 712 n. 76(1960); RMBCA § 8.01.

주요업무와 일반정책만을 결정하고, 이의 집행 및 일상업무의 집행은 임원이 한다.51) 이론적으로 보면 이사와 임원은 명백히 구별되고 임원은 보통 대표집행임원으로서 사장(president)이 있고, 그 밑에 부사장(vice president), 총무(secretary) 및 재무(cashier or treasurer)가 있다.52) 한편 이사는 회사의 장부 및 서류를 검사할 무한의 권리를 갖는다. 그러나 이사는 자기 개인의 목적으로 이러한 권리를 행사할 수는 없다.53)

 미국에서의 이러한 회사의 운영기구는 실제에 있어서는 많이 변화되고 있다. 소위 내부이사회(inside boards)가 점점 많이 발생하는데, 이 경우에는 이사의 전부 또는 대부분이 회사 또는 종속회사의 임원을 겸하게 되고, 대표이사는 사장을 겸하게 된다. 이 경우에는 명백하게 임원이 결정권을 독점하게 되고, 회사의 경영권은 임원에게 집중된다. 그런데 원래의 경영구조는 실제로 외부이사에 의해서만 구성된다. 따라서 큰 회사의 경우에는 경영구조가 임원을 겸하는 내부이사회로만 되어 있는 회사도 일부 있으나, 대부분의 회사의 이사회는 내부이사(상근이사)와 외부이사(비상근이사)로 혼합되어 구성되어 있다. 실제로 평균 이사의 40%는 내부이사이고 60%는 외부이사라고 한다.54)

 (2) 미국에서의 회사의 업무집행권은 정관에 의하여 제한되는 경우를 제외하고는 전부 '이사회'에 있다.55) 이사회의 이러한 업무집행권 및 대표권은 개별적인 이사에게 부여되는 것이 아니라, '전체'로서의 이사(즉, 이사회)에게 부여되고 있다. 따라서 많은 판례에 의하면 각 이사는 이사회에 출석하는 경우를 제외하고는 개별적으로 회사를 위하여 행위할 권한이 없다.56) 그러나 이에 대하여 몇몇 다른 판례는 이사가 각자 회사를 대표하는 것을 인정하는데, 그 이유는 일반적인 관행57) 또는 주주총회의 승인58)에서 구한다. 그리고 이러한 현상은 특히 폐쇄회

51) RMBCA § 8.41.
52) Henn & Alexander, *Laws of Corporation and other Business Enterprises*(3rd ed., 1983), p.586 ff.
53) Lattin, Jennings and Buxbaum, *Corporations, Cases and Meterials*(ed. 4 Mundelein, ILL., 1968), p.442; Ballantine, *On Corporations*(rev. ed. Chicago, ILL., 1946), pp.383~384.
54) Stevens & Henn, *Statutes, Cases and Materials on the Law of Corporations and other Business Enterprises*(St. Paul, Minn., 1965), p.612 n. 1.
55) RMBCA § 8.01(b).
56) Baldwin v. Canifield, 26 Minn. 43(1873).
57) Forrest City Box Co. v. Barney, 14 F. 2d 590 (8 Cir. 1926); Brainard v. De La Montanya, 116 P. 2d 66(Cal. 1941).
58) Merchants' & Farmers' Bank v. Harris Lumber Co., 148 S.W. 508(Ark 1912).

사에서 중요하다.[59] 또한 모든 이사의 서면동의에 의하여 이사의 이러한 권한을 명문으로 인정하는 주도 있다.[60]

회사의 일상업무와 관련하여 주주총회는 이사회에게 구속적인 지시를 할 수 없다.[61] 이사회의 결의의 하자로 인하여 또는 이사의 개인적인 이해와 결부된 것을 이유로 취소될 수 있는 이사회의 행위는 주주총회의 결의(단순다수결)로 추인될 수 있다.[62] 그런데 이사의 사해행위도 만장일치가 아닌 주주총회의 결의에 의하여 추인될 수 있는지에 대하여는 견해가 나뉘어 있는데,[63] 일반적인 경향은 추인을 인정하지 않는다.[64]

(3) 미국에서는 일반적으로 '이사회'가 모든 면에서 회사를 대표한다. 이때 이사회의 결의에 하자가 있어도 결의가 있는 외관이 있으면 회사는 선의의 제3자에게 대항하지 못한다.[65] 또 주주총회의 승인 없는 회사의 행위에 대해서는 주주만이 이에 대항할 수 있고,[66] 그 대표행위에서 주주총회의 승인을 얻은 것으로 나타난 경우에는 회사는 동 행위의 무효를 주장하지 못한다.[67]

주식회사의 임원의 권한은 법률·정관·회사의 내부규칙 또는 이사회의 결의에 의하여 부여되는데, 그 권한의 범위는 언제나 명백한 것이 아니다.[68] 사장은 원래 그의 직에 의해서는 권한이 없으나 지배인을 겸한 사장은 일정한 고유의 권한이 있다는 견해가 점차 증가하고 있다.[69] 따라서 사장은 그의 직과 관련하여 필요한 모든 업무를 수행할 수 있고, 그의 직에 의하여 계약을 체결할 수 있으며, 또 회사의 일상업무로부터 발생하거나 또는 이와 관련되는 업무에 있어서 회

---

59) Gerard v. Empire Square Realty Co., 187 N.Y.S. 306(A.D. 1921); Sharon Herald Co. v. Granger, 97 F. Supp. 295, 301(D.C.W.D. Pa. 1951).
60) Cary, *Cases and Materials on Corporations*(ed. 4 Mineola 1969), p.182.
61) Continental Securities Co. v. Belmont, 99 N.E. 138, 141(N.Y. 1912).
62) Continental Securities Co. v. Belmont, 99 N.E. 138, 141(N.Y. 1912).
63) 긍정: Clamann v. Robertson, 128 N.E. 2d 4(Ohio 1956).
   부정: Continental Securities Co. v. Belmont, 99 N.E. 138, 141(N.Y. 1912).
64) Bernhard Grossfeld, "Management and Control of Marketable Share Companies," *International Encyclopedia of Comparative Law*, XIII Ch. 4(Tübingen, Mouton, The Hague, Paris: J.C.B. Mohr 〈Paul Siebeck〉, 1971), p.32.
65) In re Ideal Steel Wheel Co. Inc., 25 F. 2d 651(2 Cir. 1928); Holcombe v. Trenton White City Co., 82 A. 618(N.J. Ch. 1912).
66) Cary, *supra* at 190.
67) Manhattan Hardware Co. v. Phalen, 18 A. 428(Pa. 1889); Manhattan Hardware Co. v. Boland, 18 A. 429(Pa. 1889).
68) Henn, *supra* at 438.
69) Grossfeld, *supra* at 44.

사를 대표한다.70) 사장에게 있어서의 그 이상의 권한은 별도로 특별히 부여되어
야 한다.71) 부사장에게도 사장에게 적용되는 것과 유사한 규칙이 종종 적용된
다.72) 일상업무가 무엇이냐 하는 것은 구체적인 사실에 의하여 결정되는데, 회사
의 규모 등과 관련한 업무의 성격·양·목적·기타 상황 등을 고려하여야 한다.73)
일부의 판례에서는 사장은 이사회가 부여하는 여하한 권한을 갖는 것으로 판시
한다.74)

　이러한 임원이 그의 권한을 남용한 경우에는 묵시적인 권한수여의 법리
(implied authority rule) 또는 표현대표의 법리(apparent authority rule)가 적용된
다.75) 즉, 회사의 내부규칙에 의하여 사장의 권한을 제한하여도 선의의 제3자에
게는 대항할 수 없다.76) 또한 표현대표의 법리의 적용에 의하여 사장의 권한은
실제로 상당히 확장될 수 있는데,77) 사장과 회사의 양측의 행위의 과정에서 사장
이 유사한 업무에서 회사를 대표해 왔고 또 회사가 사장에게 그러한 행위를 하
도록 수권한 일이 있거나 이전의 유사한 행위에서 승인 또는 추인한 일이 있으
면 표현대표의 법리가 적용된다.78) 사장 이외의 다른 임원에게 묵시적인 권한수
여의 법리가 적용되는 경우는 거의 없는데, 이는 특히 재무에게 있어서 아주 중
요하다. 재무의 직에서 갖는 권한은 아주 제한되어 있어, 보통 금전을 수령하고
예금하는 일만 할 수 있다.79) 임원에게 명시적 또는 묵시적인 권한이 없거나 또
는 표현권한이 없는 경우에도, 이사가 임원의 무권행위를 승인하거나 또는 승인
한 것으로 인정되는 경우에는 회사에게 책임이 있다.80) 더욱이 회사가 임원의 그
러한 행위에 의한 계약의 이익을 받은 경우에는 임원의 무권한을 주장할 수 없

70) Joseph Greenpon's Sons Iron & Steel Co. v. Pecos Valley Gas Co., 156 A. 350, 352(Del. 1931).
71) Grossfeld, *supra* at 44.
72) Henn, *supra* at 441; Cary, *supra* at 207~209.
73) Joseph Greenspon's Sons Iron & Steel Co. v. Pecos Valley Gas Co., 156 A. 350, 352(Del. 1931); Lee v. Jenkins Brothers, 268 F. 2d 357(2 Cir. 1959).
74) Hastings v. Brooklyn Life Ins. Co., 34 N.E. 289(N.Y. 1893); Schwartz v. United Merchants & Manufacturers, Inc., 72 F. 2d 256(2 Cir. 1934).
75) Grossfeld, *supra* at 44.
76) Cary, *supra* at 191; Pennsylvania Business Corporation Law(1965) § 305.
77) Lee v. Jenkins Brothers, 268 F. 2d 357(2 Cir. 1957).
78) Joseph Greenspon's Sons Iron & Steel Co. v. Pecos Valley Gas Co., 156 A. 350, 352(Del. 1931).
79) Cary, *supra* at 207.
80) Hurley v. Ornsteen, 42 N.E. 2d 272(Mass. 1942).

게 된다.[81]

　　이와 관련하여 미국에서는 제3자를 두텁게 보호하기 위한 입법을 하고 있는
주가 있는데, 이에 의하면 다음과 같다.[82] 사장 또는 부사장에 의하여 일상업무
가 서명되고 (이중으로 서명할 권한이 없는) 총무(secretary)에 의하여 확인되거나 부
서(副署)된 경우에는 이사회에 의하여 수권된 경우와 같이 회사에게 책임이 있다.
또한 정관이나 내부규칙에 의한 제한은 제3자에게 대항할 수 없다. 그러나 이러
한 경우에도 증서의 표면상 충실의무위반이 잠재적으로 나타나거나, 제3자가 무
권한을 실제로 알고 있거나 또는 충실의무위반을 실제로 알고 있는 경우에는, 그
러한 제3자는 보호되지 않는다.

　　미국의 모든 주에서 일반적으로 인정하고 있는 것은, 임원에 대한 수권과
관련하여 제3자가 이사회의 회의록을 신뢰하였거나 총무가 이를 확인한 경우에
는 제3자는 보호되고 있는 점이다.[83]

## 다. 감사기관

　　(1) 미국에서는 19세기 말에 와서 회사설립에 관하여 각주의 일반법에 의한
준칙주의가 확립되었는데, 이때에 각주는 거의 모두 회사법에 감사제도를 규정하
지 않았다. 다만 매사추세츠주만은 예외적으로 감사(auditor)를 법률적인 제도로
서 인정하고 있었다.[84] 이와 같이 미국에서는 회사의 내부기관으로서 감사가 별
도로 존재하지 않고, 이사 및 임원의 업무집행에 관한 감독 및 감사의 기능을
이사회가 담당하고 있다. 따라서 이사회는 보통 그 하부기관으로서 감사위원회
(audit committee)를 두어 감사업무를 담당시키고 있다.[85]

　　(2) 감사위원회는 주로 비경영이사(non-management directors)로 구성되어,[86]
한편으로는 주주의 대표로서 이사회와 다른 한편으로는 독립된 감사와를 연결하
는 기능을 하는데, 최소한 다음의 네 가지 업무를 수행하며 이에 대하여 책임을
진다.[87]

---

81) Magnavox Co. v. Jones, 286 P. 1084(Cal. Dist. Ct. App. 1930).
82) North Carolina Business Corporation Act § 55-36(a).
83) Cary, *supra* at 207 n. 2; Grossfeld, supra at 45.
84) 이범찬, 「주식회사감사제도론」(서울: 법문사, 1976), 86면.
85) 이범찬, 상게서, 87면.
86) 감사위원회가 전부 비경영이사로 구성되어 있느냐에 대한 설문조사에서 응답회사의 92%가,
　　뉴욕증권거래소 상장회사 중의 응답회사의 96%가 그렇다고 대답했다〔 Robert W. Hamilton,
　　*Corporations(Cases and Materials)*(St. Paul, Minn.: West Publishing Co., 1981), p.523〕.

① 특정인 또는 다른 특정사무소를 추천하여 회사의 독립감사를 선임하게 하는 업무

② 위와 같이 선임된 독립감사와 감사계획에 관하여 협의하는 업무

③ 독립감사와 협의하여 감사보고서, 또는 제안된 감사보고서 및 이에 수반되는 경영서류를 검토하는 업무

④ 독립감사와 (필요한 경우 경영기관의 면전에서 정기적으로) 내부감독의 적정성에 관하여 협의하는 업무 등.

(3) 뉴욕증권거래소 이사회는 1978년 6월 30일 이후에는 상장의 하나의 조건으로 모든 국내상장회사는 감사위원회를 둘 것을 의결했다. 그런데 이때의 감사위원회는 1인 이상의 이사로 구성되는데, 이러한 이사는 회사의 경영과는 독립되고 감사위원회의 구성원으로서 독립된 판단을 방해하는 여하한 관계(이는 이사회가 판단함)가 없어야 한다. 이러한 새로운 요건에 의하여 임원·피용자 등은 감사위원회의 구성원이 될 자격이 없으나, 전 임원은 이사회가 인정하면 감사위원회의 구성원이 될 수 있다.[88] 또한 미국의 증권거래위원회(SEC) 및 정부는 감사위원회의 이용을 강력히 권고하고 있다. 이로 인하여 미국에서는 감사위원회의 이용이 1975년 이래 현저하게 증가하고 있다.[89]

(4) 위와 같이 미국에서는 회사법(주법)상 감사가 회사내부의 필요기관은 아니나, 연방법인 증권법(Securities Act of 1933)과 증권거래소법(Securities and Exchange Act of 1934)에 의해서는 공인회계사에 의한 외부적 강제감사제도가 확립되어 왔다. 즉, 상장회사가 매 결산기 등에 증권거래소 또는 증권거래위원회에 제출하는 재무제표에는 반드시 공인회계사의 감사증명을 첨부할 것을 요구하고 있다.[90] 우리나라에서 주식회사 등의 외부감사에 관한 법률에 의한 (외부)회계감사제도는 위와 같은 미국의 증권거래법에 의한 강제감사제도를 채용한 것이라고 볼 수 있다.[91]

---

87) Hamilton, *supra*(Cases and Materials) at 522.
88) Hamilton, *supra*(Cases and Materials) at 519, n.9.
89) Hamilton, *supra*(Cases and Materials) at 528.
90) 이에 관한 소개로는 이범찬, 전게서, 88~93면 참조.
91) 동: 이범찬, 상게서, 31면.

## Ⅵ. 결  어

이상에서 본 바와 같이 미국법상 회사(corporation)라는 개념은 우리 상법상의 회사의 개념과는 다르며(우리 상법상 인적 회사를 제외한 물적 회사에 대응하는 개념임), 또 회사의 설립이 우리의 그것에 비하여 아주 용이하다. 또 미국법상 주식의 경우 무액면주식이 인정되고, 용역 등도 출자의 목적이 되며, 현물출자의 공정한 평가를 위한 회사법상의 특별한 제도가 없으며, 주식양도제한이 널리 인정되는 점 등은 우리의 경우와 크게 다른 점이다. 또 미국법상 주주총회에서는 의결권의 대리행사 등에 대하여 특히 상세한 규정을 두고, 서면결의 등을 인정하여 소집절차가 매우 완화되어 있는 점 등은 우리의 경우와 구별되는 점이다. 또 미국법상 업무집행기관은 이사회만이고 이의 하부기관으로 임원이 있는데, (2011년 4월 개정상법 이전의) 우리 상법상 그것은 이사회와 대표이사로 구성되어 있는 점도 양자가 구별되는 점이다. 또 미국법상 감사기관인 감사(auditor)는 우리 상법상 내부기관으로서 필요상설기관인 감사와는 구별되고 주식회사 등의 외부감사에 관한 법률상의 외부감사인과 유사하다.

이와 같이 우리 회사법상의 제도와 구별되는 미국의 제도는 이루 헤아릴 수 없을 정도로 많은데, 본고에서는 극히 일부에 대하여만 소개된 점을 매우 아쉽게 생각한다. 앞으로 미국의 회사법이 우리나라에서 활발히 소개되어 미국과 거래하는 우리 기업에 큰 도움을 줄 수 있기를 바란다. 미국의 회사법(다른 외국 및 다른 법분야에서도 동일함)이 우리나라에 소개되는 경우에는 학문적으로만 난해하게 소개될 것이 아니라 누구나 쉽게 이해할 수 있도록 우리 법과 비교하여 소개되고, 또 미국에서 문제되는 사항보다도 미국 회사와 거래하는 우리 기업에게 특히 문제가 되는 사항이 중점적으로 소개되어 그것이 실질적으로 우리 기업에 도움을 줄 수 있기를 진심으로 바란다.

# Ⅲ. 어음·수표법

# 어음위조에 표현대리에 관한 규정의 적용에 있어서 제3자의 범위*

— 대상판결: 대법원 1994. 5. 27. 선고 93 다 21521 판결 —

## Ⅰ. 사건개요

A가 발행한 약속어음의 소지인인 Y합자회사(피고)는 동 어음을 B주식회사에게 배서양도하고 B회사는 다시 동 어음을 X(원고)에게 배서양도하였다. 이때 X는 최종어음소지인으로서 A에게 적법한 지급제시기간내에 지급제시를 하였으나 지급거절되어 Y회사에게 소구권(상환청구권)을 행사하였다. 그런데 Y회사(피고)는 Y회사 명의의 배서는 Y회사의 총무담당 상무이사라는 직책에 근무하고 있던 갑이 B회사의 대표이사인 을과 공모하여 그 권한을 넘어 자신이 보관하고 있던 문서수발용 법인명판과 대표사원의 직인을 위조한 것이고, 또 X는 이 어음을 Y로부터 직접 배서양도받은 것이 아니라 B로부터 다시 배서받았다는 것이므로 갑의 배서행위에 민법 제126조 소정의 표현대리도 성립될 수 없다고 항변하였다. 이에 대하여 X(원고)는 자신이 민법 제126조 소정의 제3자에 해당한다고 하여 갑의 어

---

* 이 글은 정찬형, "어음위조에 표현대리에 관한 규정의 적용에 있어서 제3자의 범위—대상판결: 대법원 1994. 5. 27. 선고 93 다 21521 판결—,"「판례월보」(판례월보사), 통권 제290호 (1994. 11), 18~23면의 내용임(이 글에서 필자는 어음위조에 있어서 표현대리에 관한 규정인 민법 제126조를 적용 또는 유추적용함에 있어서도 제3자의 범위에는 제3취득자포함설이 타당함을 전제로, 대법원판결의 결론에 반대함).
 이와 관련하여 참고할 수 있는 필자의 글로는 정찬형, "표현대표이사의 어음행위에 대한 회사의 책임,"「고려법학」(고려대 법학연구원), 제42호(2004. 4), 167~185면; 동, "어음행위의 표현책임," 법률신문, 제1642호(1986. 7. 7), 16면 등이 있음.

음배서행위에는 민법 제126조가 적용(엄격히는 유추적용)되므로 Y회사는 어음상의 책임을 진다고 주장하였다.

　　이에 대하여 원심인 서울고등법원은 X(원고)의 주장을 배척하고 Y(피고)의 항변을 받아들여 민법 제126조의 표현대리의 성립을 부정하였다(서울고판 1993. 3. 26, 92 나 26941). 이에 X(원고)가 대법원에 상고하게 된 것이다.


## Ⅱ. 대법원판결요지

　　권한을 넘은 표현대리에 관한 민법 제126조의 규정에서 제3자라 함은 당해 표현대리행위의 직접 상대방이 된 자만을 지칭하는 것이고, 이는 위 규정을 배서와 같은 어음행위에 적용 또는 유추적용할 경우에 있어서도 마찬가지로 보아야 할 것이다(당원 1986. 9. 9. 선고, 84 다카 2310 판결 참조). 또 약속어음의 배서행위의 직접 상대방은 그 배서에 의하여 어음을 양도받은 피배서인만을 가리키고 그 피배서인으로부터 다시 어음을 취득한 자는 민법 제126조 소정의 제3자에는 해당하지 아니한다고 할 것이다. 다만, 배서행위가 직접 상대방인 피배서인에 대한 관계에서 표현대리의 요건을 충족한 경우에 그 후의 어음취득자가 이를 원용하는 것은 이와는 별개로 허용될 수 있다(당원 1991. 6. 11. 선고, 91 다 3994 판결 참조). 따라서 원심판결은 정당하고 상고논지는 이유가 없다.


## Ⅲ. 평 석

### 1. 서 언

　　이 사건은 배서위조가 있는 어음에서 피위조자(Y회사)가 어음소지인(X)에게 어음상의 책임(소구의무)을 부담하는지 여부에 관한 것이다. 이 사건은 크게 어음위조의 성립에 관한 점과 어음위조의 효과에 관한 점으로 나누어서 고찰될 수 있겠는데, 전자에 대하여는 이론의 여지가 거의 없는데 후자에 대하여는 민법 제126조의 적용 여부(엄격히는 유추적용 여부)에 관하여 원고와 피고의 견해가 팽팽하게 대립된 것이다. 그러므로 이 사건에서 논점은 후자의 문제에만 있고 또 비교적 간단한데, 이곳에서는 어음위조에 관한 전체적인 이해를 위하여 전자의 문제에 관하여도 간단히 언급하겠다.

## 2. 어음위조의 성립

가. 어음위조란 「권한 없는 자가 타인의 기명날인을 위조하여 마치 그 타인이 어음행위를 한 것과 같은 외관을 조작하는 것」을 말하는데, 한 마디로 타인의 기명날인을 허위로 나타내는 것이라고 볼 수 있다.1) 어음위조의 대상은 모든 어음행위에 가능하므로, 어음의 발행·배서·보증·인수·참가인수·지급보증(수표에 한함) 등에 어음위조가 있다.

본 사건의 경우는 이 중에서 배서위조에 관한 것이다.

나. 타인의 기명날인을 어음상에 나타내는 대행의 방법에는 (i) 대행자에게 전혀 기본적인 대리(대행)권이 없는 자가 단순히 본인의 표시기관 내지 수단으로서 대행하는 「고유의 대행」과, (ii) 대행자가 본인으로부터 일정한 범위의 기본적인 대리(대행)권을 수여받고 그 범위내에서 스스로 의사를 결정하여 본인의 기명날인을 대행하는 「대리적 대행」이 있다.

고유의 대행에서는 효과의사를 본인이 결정하나 대리적 대행에서는 효과의사를 대행자가 스스로 결정하는 점에서 양자는 구별되나, 모두 그 형식에 있어서 대리와 구별된다.

고유의 대행에서 대행자가 본인의 지시받은 사항에 관하여 어음행위를 대행하는 경우(민법상 표시기관으로서의 사자)나 대리적 대행에서 대행자가 수권범위내에서 어음행위를 대행하는 경우에는 모두 유권대행으로서 본인 자신의 어음행위가 되어 본인은 당연히 어음상의 책임을 부담한다. 그러나 고유의 대행에서 대행자가 본인의 지시받지 않은 어음행위를 대행하거나 대리적 대행에서 대행자가 수권범위 외의 어음행위를 대행하는 경우는 모두 무권대행으로서 어음위조가 된다. 이때 피위조자는 원칙적으로 어음상의 책임을 부담하지 않으나, 예외적으로 위조자(무권대행자)에게 위조의 기회를 준 경우에는 어음상의 책임을 부담한다. 그런데 이때 고유의 대행의 경우는 위조자에게 기본적인 대리(대행)권이 없으므로 사용자배상책임의 법리(민법 제756조)에 의하여 피위조자의 책임을 인정하고, 대리적 대행의 경우는 위조자에게 기본적인 대리(대행)권이 있으므로 민법·상법상의 표현대리에 관한 규정을 유추적용하여 피위조자의 (어음상의)책임을 인정하고 있다.

본 사건의 경우는 Y회사의 총무담당 상무이사인 갑이 권한을 넘어 동 회사

---

1) 정찬형, 「어음·수표법강의」(서울: 홍문사, 1994), 179~180면.

의 법인명판과 대표사원의 직인을 사용하여 Y회사의 명의로 배서를 한 경우이므로, 대리적 대행인 경우로서 무권대행이므로 위조가 된다. 따라서 어음위조의 효과로서 피위조자의 (어음상의) 책임을 묻기 위하여는 민법상의 표현대리에 관한 규정(민법 제126조)이 유추적용될 수 있는지 여부가 검토되어야 한다.

## 3. 어음위조의 효과

**가.** 어음위조의 효과로서 피위조자의 어음상의 책임·위조자의 어음상의 책임·위조어음 위에 어음행위를 한 자의 어음상의 책임 및 위조어음을 지급한 자의 책임 등이 문제되는데, 본 사건에서는 피위조자의 어음상의 책임만이 문제되므로 이하에서는 이에 한정하여 설명한다.

**나.** 본 사건에서 피위조자의 (어음상의) 책임을 묻기 위하여는 Y회사의 상무이사인 갑이 대리의 형식으로 어음행위(배서)를 한 것이 아니라 대행의 형식으로 어음행위를 하였으므로, 이에는 민법·상법상의 대리에 관한 규정이 직접 적용될 수는 없고 유추적용될 수 있을 뿐이다. 또한 갑에게는 기본적인 대리(대행)권이 있으므로 Y회사의 책임을 묻기 위하여 사용자배상책임의 법리(민법 제756조)에 의하는 것 보다는 표현대리의 법리에 의하는 것이 더 적절하다.

**다.** 피위조자에게 어음상의 책임을 지우기 위하여 민법·상법상의 표현대리에 관한 규정을 유추적용하기 위하여는 구체적으로 어느 규정을 유추적용할 것인가가 문제된다. 즉, 민법상 표현대리에 관한 규정에는 제125조(대리권수여의 표시에 의한 표현대리)·제126조(권한을 넘은 표현대리)·제129조(대리권소멸후의 표현대리)의 규정 등이 있고, 상법상 표현대리에 관한 규정에는 제14조(표현지배인)·제395조(표현대표이사)의 규정 등이 있다. 본 사건에서는 Y회사가 합자회사라는 점과 또 갑이 총무담당 상무이사로서 일정한 범위의 대리(대행)권을 갖고 있는데 그 권한을 넘어 대표사원의 권한에 속하는 어음행위를 하였다는 점 등에서 볼 때, 민법 제126조(권한을 넘은 표현대리)를 유추적용하는 것이 가장 타당하다고 본다. 이 점에 관하여는 원고와 피고간에 이론이 없다.

참고로 이 사건과 같은 경우에 만일 Y회사가 합자회사가 아니라 주식회사라면 민법 제126조(권한을 넘은 표현대리)를 유추적용할 것인가 또는 상법 제395조(표현대표이사)를 유추적용할 것인가에 대하여 문제가 있을 수 있다. 이에 대하여 우리나라의 학설·판례는 민법 제126조를 유추적용하는 견해[2]와 상법 제395조를

---

2) 이태로·이철송, 「회사법강의(제2전정판)(서울: 박영사, 1991), 535면(상법 제395조에 근거

유추적용하는 견해3)로 나뉘어 있다. 생각건대 표현대표이사가 「자기명의」로 행위를 한 경우와 「대표이사명의」로 행위를 한 경우는 구별되어야 할 것으로 본다. 왜냐하면 표현대표이사가 자기명의로 행위를 한 경우에 거래의 상대방의 신뢰의 대상은 「대표권」임에 반하여, 표현대표이사가 타인(대표이사)명의로 행위를 한 경우에 거래의 상대방의 신뢰의 대상은 「대행권」이기 때문이다. 따라서 본 사건에서 만일 Y회사가 주식회사인 경우에도 갑이 타인(대표이사)명의로 행위를 하였다면 상법 제395조를 유추적용할 것이 아니라 민법 제126조를 유추적용하여 Y회사가 어음상의 책임을 부담하는지 여부를 검토하여야 할 것으로 본다.4)

　　**라.** 본 사건에 민법 제126조를 유추적용하는 경우에 그 적용요건을 충족하고 있는지 여부가 문제된다. 민법 제126조는 「대리인이 그 권한 외의 법률행위를 한 경우에 제3자가 그 권한이 있다고 믿을 만한 정당한 이유가 있는 때에는 본인은 그 행위에 대하여 책임이 있다」고 규정하고 있는데, 이에 의하여 민법 제126조의 적용요건을 구성하여 보면, 첫째로 대리인이 권한 밖의 법률행위를 하

---

하여 Y회사의 표현책임을 인정하는 것으로 해석하면 이는 제3자의 2단계의 오신 내지는 신뢰를 보호하게 되는데 〈첫째는 대표권이 있는 것으로 오신하고, 둘째는 다시 다른 대표이사의 대표권이 있는 것으로 오인하는 것〉, 이는 상법 제395조가 의도하는 바가 아니라고 한다); 대판 1968. 7. 16, 68 다 334 · 335(판례카드 No.8502) (상법 제395조는 상무이사 기타 회사를 대표할 권한이 있는 것으로 인정할 만한 명칭을 사용한 이사의 행위에 대하여는 그 이사가 회사를 대표할 권한이 없는 경우에도 회사는 선의의 제3자에 대하여 책임을 진다는 것이고, 대표권이 없는 상무이사가 회사 대표이사를 대리〈대행-필자 주〉하여 법률행위를 한 경우에는 상법 제395조는 적용되지 아니하고 대리에 관한 민법 제126조가 적용〈유추적용-필자 주〉된다 할 것이다); 동 1968. 7. 30, 68 다 127(대법원판결집 제16권 2호 민사편 324면); 동 1969. 9. 30, 69 다 964(판례총람 제11권 2호, 980-4-2면).

3) 박길준, "표현대표이사," 「상사법논집」(무애 서돈각교수 정년기념)(서울: 법문사, 1986), 194면(행위자인 갑 자신이 표현대표이사인 이상 그가 사용한 명칭이 어떠한 것이든지를 막론하고 Y회사의 책임을 상법 제395조에 의하여 인정하는 것이 거래의 안전상 타당하다고 한다); 정동윤, "표현대표이사," 「상법논집」(정희철선생 화갑기념)(서울: 경문사, 1979), 90~91면(상법 제395조의 표현대표이사가 가지는 것으로 보이는 대표권에는 대표이사의 기명날인을 대행하는 권한이 포함되며, 동일한 행위가 그 명칭 여하에 따라 효과가 달라지는 것은 균형을 잃게 되어 부당하므로 표현대표이사가 직접 대표이사의 명의로 행위를 한 경우에도 상법 제395조가 적용된다고 한다); 대판 1979. 2. 13, 77 다 2436(대법원판결집 제27권 1호 민사편 66면) (표현대표이사의 명칭을 사용하는 이사가 자기명의로 행위할 때 뿐만 아니라 행위자 자신이 표현대표이사인 이상 다른 대표이사의 명칭을 사용한 경우에도 상법 제395조가 적용된다) [본 판결에 반대하는 취지의 평석으로는 정찬형, "어음행위의 표현책임," 법률신문, 제1642호(1986. 7. 7), 15~16면 참조]; 동 1988. 10. 25, 86 다카 1228(법원공보 제837호 1467면); 동 1988. 10. 11, 86 다카 2936(법원공보 제836호 1396면).

4) 이에 관한 상세는 정찬형, "어음행위의 표현책임(판례평석)," 법률신문, 제1642호(1986. 7. 7), 15~16면; 정찬형, 「사례연구 어음 · 수표법」(서울: 법문사, 1987), 147~149면; 정희철 · 정찬형, 「상법원론(상)」(서울: 박영사, 1993), 810~811면 참조.

였어야 하고, 둘째로 대리행위의 상대방(제3자)은 대리인이 그 권한을 갖고 있다고 믿고(선의), 또 그와 같이 믿는데 과실이 없어야(무과실) 한다. 이 사건이 첫째의 요건을 충족하고 있음에 대하여는 이론의 여지가 없으나, 둘째의 요건을 충족하고 있는지 여부에 대하여는 어음의 유통증권과 관련하여 민법의 규정이 수정적용되어야 할 것인지 여부에 달려 있다. 즉, 민법상의 법률행위에 민법 제126조를 적용하기 위한 둘째의 요건은 대리행위의 직접의 상대방이 선의·무과실이어야 하나, 어음과 같은 유통증권인 경우에는 어음소지인을 보호하기 위하여 대리행위(어음행위)의 직접의 상대방만을 기준으로 할 것이 아니라 그 후의 어음소지인도 포함하여 그가 선의·무과실이면 그러한 어음소지인을 보호하여야 할 것이 아닌가의 문제가 있다.

　　**마.** 어음행위에 민법상 표현대리에 관한 규정을 적용함에 있어 선의·무과실의 「제3자」의 범위에 대하여는 대리행위의 직접의 상대방에 한한다는 견해와(직접상대방한정설) 현재의 어음소지인을 포함한다는 견해(제3취득자포함설)로 나뉘어 있다. 우리나라의 통설은 현재의 어음소지인을 포함한다고 해석하고 있다(제3취득자포함설). 즉, 「민법의 표현대리에 관한 규정을 어음관계에 적용하는 데에는 어음이 유통증권인 까닭에 어느 정도의 수정이 불가피하므로, 민법 제126조의 '권한이 있다고 믿을 만한 정당한 사유'는 이후의 어음소지인에게 있으면 되고 반드시 표현대리인의 직접의 상대방에 있음을 요하지 아니한다」고 설명하거나,5) 「어음행위에 민법상 표현대리에 관한 규정을 적용하는 경우 대리권이 있다고 믿은 제3자는 표현대리인의 직접의 상대방 뿐만 아니라 그 후의 어음취득자도 포함한다고 보는 것이 옳다. 왜냐하면 민법의 표현대리에 관한 각 규정 중의 제3자라는 말을 어음행위에 관하여 직접의 상대방에 한한다고 보는 것은 유통성의 강화라는 어음법의 이념에 맞지 않기 때문이다. 따라서 직접의 상대방에게 표현대리의 요건이 갖추어지지 않아도 그 후의 어음취득자에게 표현대리의 요건을 갖춘 자가 있으면 그 자와 그 자로부터 어음을 취득한 자는 모두 표현대리의 규정에 의하여 보호를 받는다고 보아야 할 것이다」고 설명한다.6)

---

5) 서돈각, 「제3전정 상법강의(하)」(서울: 법문사, 1985), 70~72면. 동지: 손주찬, 「제5정증보판 상법(하)」(서울: 박영사, 1993), 80~81면.
6) 정희철, 「상법학(하)」(서울: 박영사, 1990), 84~85면. 동지: 정동윤, 「어음·수표법(3정판)」(서울: 법문사, 1992), 154면; 채이식, 「상법강의(하)」(서울: 박영사, 1992), 238면(어음행위는 불특정다수인에 대한 의사표시이므로 표현대리에 관한 민법의 규정에서 말하는 제3자는 직접의 상대방 뿐만 아니라 모든 어음취득자가 포함되며, 이러한 어음취득자와 어음행위자 사이에

이에 반하여 우리나라의 판례는 본 판결의 경우와 같이 대체로 대리행위의 직접의 상대방에 한한다고 판시하고 있다.7) 우리나라의 대법원판례 중에는 Y회사(피고)의 상무이사 갑이 동 회사 대표이사 명의의 인장을 임의로 조작·사용하여 Y회사 명의의 어음을 위조하여 이를 B를 통하여 X(원고)에게 담보로 제공한 사안에서, 「갑은 Y회사의 대내적 업무 중 경리사무에 관하여는 대표이사를 대리(대행-필자 주)하여 업무처리를 하고 있다고 봄이 상당하고 위에서 말한 바와 같은 소외 B를 통하여 이루어진 수많은 어음거래에 비추어 갑이 경리담당 상무이사로서 Y회사 대표이사 명의로 약속어음을 발행할 수 있는 권한이 있는 것으로 신용한 B 또는 X들에게는 그 믿음에 있어서의 정당한 이유가 있다고 보는 것이 상당하다」고 판시한 것이 있다. 이 판결에 대하여 우리나라의 학설 중에는 민법 제126조를 적용(엄격히는 유추적용)함에 있어 제3자의 범위를 직접의 상대방 이외에 현재의 어음소지인까지 확대한 것으로 보는 견해가 있는데,8)9) 형식적으로 보면 그와 같이 생각될 수도 있겠으나 실질적으로 보면 본 평석의 대상인 판결과 크게 다르지 않다고 본다. 왜냐하면 위의 판결의 사안에서 위조된 약속어음이 B를 통하여 X에게 이전된 점은 본 평석의 대상인 사건의 경우와 같으나, B(또는 X)가 선의이기 때문에 Y회사는 책임을 진다는 의미는 본 평석의 대상인 판결에서 B가 악의이기 때문에 Y회사가 책임을 지지 않는다는 점과 같은 의미가 되기 때문이다. 만일 위의 판결의 사안에서 B가 악의이고 X가 선의인 경우에 Y회사가 책임을 진다고 판시하였다면, 이는 명백히 본 평석의 대상인 판결과 상반되는 입장으로 이는 명백히 제3취득자포함설을 취한 판결이 될 것이다. 결국 이에 관한 우리 대법원판례의 입장은 일본 최고재판소판례10)의 경우와 같이 거의 일관

---

서도 표현대리의 요건만 갖추면 본인이 책임을 져야 한다고 한다): 최기원 「상법학개론(하)」(서울: 박영사, 1992), 107면(어음행위는 사회학적 의사표시이며 유통을 전제로 하므로 제3취득자도 직접의 상대방과 같게 보아야 하기 때문에, 민법상 표현대리에 관한 규정에서의 제3자에는 제3취득자도 포함된다고 한다) 외.

7) 대판 1986. 9. 9, 84 다카 2310(법원공보 제787호, 1369면). 동지: 김대휘, "어음행위의 표현대리," 「어음·수표법에 관한 제문제(하)」(법관연수자료)(사법연수원), 1985. 12, 254면.

8) 대판 1969. 9. 30, 69 다 964(대법원판결집 제17권 3호 민사편 141면).

9) 정동윤, 전게서, 154면 및 같은 면 주 44.

10) 日最高判 1961. 12. 12(最高裁判所民事判例集 제15권 11호, 2756면)外. 동지: 日大判 1925. 3. 12(大審院 民事判例集 제4권 3호, 124면). 그런데 손주찬, 전게서, 81면 주 2는 「일본의 이러한 직접상대방한정설을 취한 판례는 그 후 日最高判 1956. 3. 7.에서는 제3취득자포함설을 취하고 있다」고 한다. 일본의 그 후의 판례는 직접상대방한정설을 완화하여 어음면은 형식적으로 그 후의 어음취득자라도 실질적으로 직접상대방에 포함하여 해석하는 경향이 있는 점은 틀림없는 것 같다[日最高判 1964.9.15(最高裁判所 民事判例集 제18권 7호, 1435면); 동 1970.

되게 직접상대방한정설의 입장에서 판시하고 있다고 볼 수 있다. 따라서 대리행위의 직접의 상대방(본건에서 B)의 선의·무과실의 유무에 따라서 피위조자(본건에서 Y회사)의 책임 유무가 결정된다고 보고, 직접의 상대방이 선의·무과실이어서 표현대리가 성립하면 그 후의 어음소지인(본건에서 X)은 항상 보호받고, 반대로 직접의 상대방이 악의·과실이어서 표현대리가 성립하지 않으면 그 후의 어음소지인(본건에서 X)은 항상 보호받지 못하는 취지로 판시하고 있다.

　　**바.** 생각건대 우리나라의 통설의 견해(제3취득자포함설)가 타당하다고 본다.[11] 왜냐하면 어음은 유통증권으로서 이로 인한 어음소지인의 보호가 어음법의 기본이념인 점에서 볼 때 거래의 두 당사자간의 법률문제만을 전제로 한 민법의 규정이 어음관계에 그대로 적용될 수는 없고 마땅히 수정적용되어야 할 것으로 보기 때문이다. 이러한 문제는 어음행위 제한능력자(무능력자)의 어음행위에 대한 취소 또는 추인의 상대방 및 상법상 각종 표현책임에 규정(표현지배인·표현대표이사 등)의 적용에 있어서 어음행위의 상대방(제3자)의 범위도 동일하다고 본다. 우리 판례의 입장과 같이 직접의 상대방이 악의인 경우에는 그 후의 모든 어음소지인이 보호받지 못한다고 하는 것은, 인적 항변이 절단되어 유통되는 어음(수표)에는 전혀 맞지 않는 논리로서 민법의 법리를 전혀 성질이 다른 어음(수표)에 억지로 맞춘 이론이라고 본다.

## 4. 결　어

　　**가.** 위에서 본 바와 같이 민법 제126조를 어음행위에 적용 또는 유추적용함에 있어서 표현대리(대행)인이 대리(대행)권이 있다고 믿을 만한 정당한 사유가 있는 「제3자」의 범위는 대리(대행)행위의 직접의 상대방에게 한하지 않고 그 후의 어음소지인을 포함한다고 보아야 할 것이다(제3취득자포함설)(통설). 따라서 이렇게 보면 직접의 상대방이 악의인 경우에도 그 후의 어음소지인이 선의이면 그 자 및 그 후의 어음소지인이 모두 보호받는다고 보아야 할 것이다. 만일 직접의 상대방이 선의이면 그 상대방 및 그 후의 어음소지인이 모두 보호받는다. 이때 그 후의 어음소지인이 악의인 경우에도 보호받는 것은 그 상대방의 권리를 승계취득하기 때문이다.

　　**나.** 이렇게 볼 때 본 사건에서 B가 악의인 경우에도 X가 선의인 이상 X는

---

3. 26(週刊金融判例 제211권, 13면)].
11) 정찬형, 전게서(어음·수표법강의), 162면; 동, 전게서(사례연구 어음·수표법), 100면, 107면.

마땅히 보호되어야 할 것이다. 따라서 본 판결은 Y회사는 X가 선의이면 X에게 어음상의 책임을 부담하는 것으로 변경되어야 할 것으로 본다. 이렇게 해석하는 것이 민법·상법상의 표현책임에 관한 규정을 유통증권인 어음에 올바르게 적용하는 것이 될 것으로 본다. 앞으로 우리 대법원은 더 이상 이러한 일본판례를 답습하지 않고 합리적인 판단을 하여 어음법의 이념을 실현하여 줄 것을 강력히 촉구한다.

# 위조·변조된 어음·수표를 지급한 지급인의 책임*

## Ⅰ. 서 설

위조·변조된 어음("수표"를 포함한다. 이하 같다)을 지급한 지급인("지급담당자"를 포함한다. 이하 같다)은 발행인에[1] 대하여 어떠한 책임을 부담하는가의 문제는[2], 어음지급에 있어서 항상 심각한 문제점으로 등장한다. 그러한 어음을 「사기·중과실」 없이 지급한 지급인은 어음법 제40조 3항(수표법 제35조를 포함한다. 이하 같다)의 적용을 받아 면책이 되는가? 그러한 지급인에게는 어음법 제40조 3항이 적용되지 않는다면 무엇에 근거하여 어느 정도의 주의로써 지급하여야 면책이 되는가? 또는 언제나 면책이 되지 않고 책임을 부담해야 하는가? 만일 지급인의

---

\* 이 글은 정찬형, "위조·변조된 어음·수표를 지급한 지급인의 책임," 「논문집」(경찰대), 제4집(1985. 1), 343~375면의 내용임(이 글에서 필자는 위조·변조된 어음을 지급한 경우에는 어음법 제40조 제3항이 적용되지 않고 당사자의 면책약관·상관습·민법 제470조에 의하여 지급인의 면책 유무를 결정하여야 한다고 주장하고, 이와 관련하여 미국 U.C.C.법상 지급인의 책임에 대하여 소개함).

  이와 관련하여 참고할 수 있는 필자의 글로는 정찬형, "어음·수표의 지급인의 조사의무," 「논문집」(충북대), 제22집(1981. 12), 301~319면; 동, "어음·수표의 선의지급," 「고시계」, 통권 제310호(1982. 12), 91~100면 등이 있음.

1) 엄격히 말하면 어음위조의 경우에는 「피위조자」, 어음변조의 경우에는 「변조 전에 기명날인("서명"을 포함한다. 이하 같다)한 자」이겠으나, 양자를 포함하는 개념으로 편의상 발행인으로 호칭하겠다.

2) 이곳에서의 지급인과 발행인간의 문제는, 환어음과 수표에서의 지급인과 발행인간의 자금관계 뿐만 아니라, 환어음의 인수인과 지급담당자간, 약속어음의 발행인과 지급담당자간 등의 일체의 준자금관계에서의 문제를 포함하는 개념이다.

책임을 엄격히 하면 누구나 지급인의 자격이 됨을 기피하게 되어 원활한 어음유통이 저해될 것이고(특히 지급은행의 경우에는 대량의 어음결제의 신속성이 심히 저해될 것임), 발행인의 책임을 엄격히 하면 어음의 유통은 원활하고 피지급성이 확보되어 어음소지인은 보호되겠으나 발행인에게 너무 가혹하여 어음 자체의 이용을 꺼리게 될 수도 있을 것이다. 따라서 위조·변조어음을 지급인이 고의·과실 없이 지급한 경우에 그 지급에 따른 손실을 발행인에게 부담시킬 것인가 또는 지급인에게 부담시킬 것인가가 이 문제의 핵심이 되겠다.

이에 대하여 먼저 우리나라의 학설·판례를 살펴보고, 다음에 이에 관한 일본의 학설·판례를 간단하게 살펴본 후, 사견을 피력하겠다. 이와 아울러 우리의 법제와 전혀 다른 미국의 통일상법전(Uniform Commercial Code, 이하 U.C.C.라 약칭함)의 규정 및 판례를 소개한 후, 우리의 학설·판례와 비교하여 보겠다.

## Ⅱ. 우리나라의 학설·판례

### 1. 학 설

위조·변조된 어음을 지급인이 지급한 경우에 지급인에게 어음법 제40조 3항이 적용되는가에 대하여 우리나라의 학설은 크게 둘로 나뉘어, ① 그러한 지급인에게도 어음법 제40조 3항을 적용하는 견해와, ② 그러한 지급인에게는 어음법 제40조 3항이 적용되지 않는다는 견해로 나뉘어 있다. 학설은 다시 ①과 ②에 있어서 각각 손실부담에 관하여 발행인부담설과 지급인부담설로 나뉘어 있다. 이하에서 각각의 견해에 대하여 상세하게 살펴본다.

### 가. 지급인에게 어음법 제40조 3항을 적용하는 견해

지급인의 어음의 지급시 위조·변조의 유무의 확인에도 어음법 제40조 3항을 적용하여 사기·중과실이 없는 경우에 비로소 누가 손실을 부담해야 하는가를 논의해야 한다고 보는 견해로, 이에는 다시 그 손실부담을 발행인이 부담해야 한다고 보는 견해와, 지급인이 부담해야 한다고 보는 견해로 나뉘어 있다.

(1) 위조·변조의 유무의 조사에 사기·중과실이 없으면 발행인이 손실을 부담해야 한다는 견해[3]

이 입장에서는 "지급인이 위조·변조된 어음의 소지인에 대하여 지급한 경우에, 지급인이 사기·중과실이 없는 때에는 어음법 제40조 3항의 적용을 받는 결과, 지급인은 면책되고 자금관계상의 손해는 발행인이 부담하게 되는가에 관하여 논의된다……. 이때 지급인의 지급은, ① 채권의 준점유자에 대한 변제가 유효하다는 일반원칙으로 보나(민 제470조), 또 ② 위험을 예방할 수 있는 지위에 있는 자가 손해를 입어야 하는 이른바 위험부담의 사상으로 보나, 당연히 어음법 제40조 3항의 적용을 받아서 발행인이 자금관계의 손해를 부담한다고 할 것이다. 수표의 경우에는 은행업자간의 관습에 의하여, 발행인의 서명과 인감을 미리 은행에 제출한 서명과 인감을 대조하여, 보통정도의 주의로써 그 진정한 것을 확신하고 지급한 것이면, 발행인이 이로 인한 손해를 부담하게 되어 있다"고 설명한다.[4] 또는 "위조·변조수표를 지급한 은행이 그것을 발행인의 계산으로 귀속시키려면 사기·중과실이 없어야 한다. 그리고 사기·중과실 없는 지급을 하려면 지급은행으로서의 상당한 주의의무가 요구된다. 위조·변조수표의 지급에 따른 손실부담에 대하여는 실무계에서 거의 예외 없이 면책약관에 의하여 발행인에게 손실을 부담시키고 있으므로 발행인부담설이나 지급인부담설이나 같은 결과가 되고 따라서 구별하는 실익도 없다. 다만 형식적인 이론상으로는 지급인부담설이 옳을 것 같으나(면책약관이 없다 하더라도) 「발행인과 지급은행간의 실질관계」에 비추어 볼 때 발행인부담설이 타당하다. 그러나 위조·변조수표에 관한 이러한 이론(발행인부담설)은 환어음의 경우에까지 일반화하여 특히 은행 아닌 지급인과 발행인 사이에까지도 적용할 것은 아니라고 본다"고 설명하기도 한다.[5]

(2) 위조·변조의 유무의 조사에 사기·중과실이 없어도 지급인이 손실을 부담해야 한다는 견해

이 견해에서는 "형식적 자격을 구비한 위조·변조의 어음에 대하여 지급인이 사기·중과실 없이 지급을 한 경우에 그 손실을 발행인이 부담할 것인가 지급인이 부담할 것인가 하는 문제가 있다.……피위조자 또는 변조 전에 기명날인한 자는 단순히 위조·변조되었다는 것만으로는 어음채무를 부담한다는 것을 표시하는 것과 관련이 없는 것이며, 이 경우에 금반언법칙을 적용할 것이 아니므로 일반적으로 지급인부담설이 타당하다. 다만 지급인과 발행인 사이에 발행인에게 손실을

---

3) 이 견해는 어음·수표의 위조·변조의 경우에도 어음법 제40조 3항이 그대로 적용되는 것과 같은 결과라고 생각한다.

4) 박원선, 「새상법」(하)(서울: 수학사, 1974), 566면.

5) 서돈각·이범찬, 「상법예해(하)」(서울: 국민서관, 1980), 223면, 177면; 이범찬, 「상법강의」(서울: 국민서관, 1980), 343면.

부담시키는 특별계약 또는 이것과 유사한 관습이 있을 때에는 별도로 해석하여야 한다"고 설명하거나, 6) "위조·변조된 어음의 소지인에게 지급인이 사기·중과실 없이 지급한 경우에도 지급인은 어음법 제40조 3항에 의하여 자금관계상 면책이 되고 발행인이 손실을 부담하게 될까. …… 지급인에게 사기·중과실이 없고 발행인측에 귀책원인이 있는 경우에는 금반언칙에 따라 발행인이 책임을 지는 것으로 보아야 하겠지만, 발행인과 지급인 양쪽에 다 귀책원인이 없는 경우에는 오히려 지급인이 손실부담을 하는 것으로 보아야 한다"고 설명한다.7)

## 나. 지급인에게 어음법 제40조 3항을 적용하지 않는 견해

지급인의 어음의 지급시 위조·변조의 유무의 확인에는 어음법 제40조 3항이 적용되지 않고 별도로 당사자간의 면책약관·상관습 등에 의하여 고의·과실이 없는 경우에 비로소 누가 손실부담을 해야 하는가를 논의해야 한다고 보는 견해로, 이에는 다시 그 손실부담을 발행인이 부담해야 한다고 보는 견해와, 지급인이 부담해야 한다고 보는 견해로 나뉘어 있다.

### (1) 위조·변조의 유무의 조사에 고의·과실이 없으면 발행인이 그 손실을 부담해야 한다는 견해

이 견해에서는 "위조·변조 사실의 식별에 있어서 지급인에게 고의(사기가 아님)·과실(중과실이 있는 경우는 물론 경과실이 있어도)이 있는 경우에는 지급을 한 자가 책임을 부담해야 한다고 본다. 그러므로 위조·변조의 어음에 대하여 지급한 경우에 누가 손실 부담을 하는가라는 문제는, 소지인의 형식적 자격을 조사함에 있어 사기 또는 중과실이 없고, 위조·변조사실을 식별함에 있어 고의·과실이 없는 경우에 생기는 것이다. 더욱 구체적으로는 발행인에게 위조·변조에 대한 귀책사유가 없고 지급인에게도 위조·변조사실의 식별에 있어서 고의·과실이 없는 경우이겠는데 선의·무과실의 지급인에게 손해를 부담시킬 수 없으므로, 위험을 예방할 수 있는 지위에 있는 발행인이 손실을 부담한다"고 설명하거나8) 또는 "위조어음 금액을 선의로 지급한 지급은행이 「사기 또는 중대한 과실이 없는 한 책임을 면한다」는 어음법상의 지급인의 면책규정(어 제40조 3항)에 의한 보호를 받

6) 서돈각, 「제3보정 상법강의(하)」(서울: 법문사, 1984), 488면.
7) 손주찬, 「3정상법(하)」(서울: 박영사, 1979), 455면.
8) 정희철, 「상법학원론(하)」(서울: 박영사, 1982), 511～512면(그러나 변조의 경우는 지급인부담설을 취함).

지 못함은 당연하다. 이는 위조어음에 대한 지급이 어음관계상 발행인, 즉 피위
조자와 지급은행과의 당좌계정거래약정상의 유효한 지급위탁에 응한 지급은 아
니기 때문에, 유효한 지급위탁이 있었음을 전제로 한 지급인의 선의면책에 관한
규정(어 제40조 3항)은 적용될 여지가 없는 까닭이다. 이 문제해결을 위하여 어음
법은 물론 민·상법상 특별한 규정이 없다. 따라서 이러한 문제의 해결을 위하여
면책조항의 특약은 실제로 대단히 중요하다. 그러나 그러한 명시적인 면책조항의
특약이 흠결되어 있는 경우에도 위조어음의 지급에 대하여는 피위조자(발행인)가
그 손실을 부담한다고 보는 것이 좋을 것이다"고 설명한다.[9]

### (2) 위조·변조의 유무의 조사에 고의·과실이 없어도 지급인이 그 손실을 부담해야 한다는 견해

이 견해에서는 "위조·변조의 사실을 식별함에 있어서 지급인에게 고의·과
실(중과실은 물론 경과실도 포함)이 있는 경우에는 지급인이 책임을 진다. 따라서
여기에서 문제로 삼고 있는 것은 위조·변조의 사실을 식별함에 있어서 지급인에
게 고의·과실이 없는 경우이다. 이에 대하여는 어음법 제40조 3항의 지급면책은
어음 자체가 유효한 것을 전제로 하고 있으므로, 특약이 없는 한 위조·변조의
어음에 관하여는 지급인이 그 손실을 부담한다"고 설명한다.[10] 또한 이와 동일
취지의 설명으로 위조·변조의 어음의 지급인의 조사에 대한 주의의 정도에 대하
여는 언급이 없지만, 위조·변조어음의 지급에는 어음법 제40조 3항의 적용이 없
음을 전제로 하여 손실부담에 대한 설명으로 "어음법 제40조 3항의 적용을 위해
서는 그 어음이 진정(眞正)하고 유효하다는 것을 전제로 하므로, 위조·변조된 어
음을 지급한 지급인은 그 지급의 결과를 발행인에게 귀속시킬 수 없고 (발행인에
게 귀책사유가 없는 한) 손실은 원칙으로 지급인이 부담해야 한다. 그러나 지급은
행이 신고된 인감과 대조하고 지급한 경우에는 은행측에 과실이 없는 한 특약이
없어도 그 지급으로 인한 손실은 발행인이 부담하여야 한다"고 설명하는 견해[11]

---

9) 이정한, "판례를 중심으로 본 어음의 위조에 관한 연구," 법학박사학위논문(연세대, 1978.
　2), 151~157면(이 견해는 지급인의 주의의무의 정도에 대하여 고의·과실이 없어야 한다는 점
　을 명백히 설명하고 있지는 않으나, 위조·변조어음의 지급에 어음법 제40조 3항의 적용을 배척하
　고 손실부담을 발행인에게 부담시키고 있는 점에서 보아, 이 분류에 포함시킬 수 있다고 생각한다).
10) 정동윤, 「어음·수표법」(서울: 법문사, 1984), 418면; 정희철, 「상법학원론(전정판)(하)」(서
　울: 박영사, 1984), 528면(원칙적으로 지급인부담설이 옳다고 생각한다고 하여, 종래의 견해를
　변경한 것으로 생각된다).
11) 서정갑, 「신어음·수표법」(서울: 일신사, 1980), 211면; 최기원, 「상법학신론(하)」(서울: 박
　영사, 1984), 241면.

도 이 견해에 속한다고 본다.

## 2. 판 례

이에 관한 우리나라의 판례의 거의 대부분은 당좌수표의 위조·변조에 관한 것으로서 그 근거를 「당좌예금약정서의 면책약관 또는 거래관습」에서 구하고, 이에 따라 지급은행의 과실이 인정되면 지급인의 손실부담으로 하고 지급은행의 과실이 인정되지 않으면 발행인의 손실부담으로 판시하였다.


**가.** 지급은행의 위조·변조수표의 지급이 유효가 되는 「근거법원(法源)」에 대하여는 다음과 같이 판시하고 있다.

### (1) 대판 1971. 3. 9, 70 다 2895[12]

"피고은행 인천지점에서 제시를 받은 이 사건 수표는 위조수표로서 무효이고 이러한 무효의 수표에 의한 변제가 유효로 되는 것은 「특별법규, 면책약관 또는 상관습」이 있는 경우에 한한다 할 것이고 채권의 준점유자의 변제의 법리는 적용될 수 없다고 할 것이다."[13]

### (2) 서울고판 1972. 12. 15, 71 나 741[14]

"일반시중은행에서는 상당한 주의를 다 하여도 인감대조 결과 인영의 동일성이 인정되는 경우의 수표 지급은 면책된다는 뜻의 약관을 당좌거래계약서에 명기하는 관습이 생겼고 이러한 면책약관이 보편화됨으로써 은행과 수표거래자 사이에는 수표 지급에 있어서 하나의 거래관습으로 생성되게 되었으며 특히 이러한 면책조항을 배제한다는 특약이 없는 이상 당좌거래계약서에 등재하건 아니하건 이에 관계 없이 은행업자와 수표거래자들은 이러한 거래관습을 시인하고 이에 따르고 있는 사실을 인정할 수 있으므로 ……이러한 거래관습에 비추어 피

---

12) 판총(判總) 11-2, 1060-10면(본판결은 수표의 위조에 관한 것이나, 변조의 경우에도 동일하게 설명될 수 있을 것으로 생각된다).

13) 이 판결에 대한 평석으로는 손주찬, "위조수표 지급의 효력," 「사법행정」, 1972. 7, 6~10면이 있다(결과에 있어서는 이 판결에 찬성하나, 면책약관에 관하여는 그에 의하여 지급인이 면책되는 수도 있겠지만 그러한 약관이 적용될 수 없는 경우도 있을 것이므로 일률적으로 논단할 수는 없고, 또 상관습이나 면책을 규정하는 특별규정에 관하여는 아직 이 경우에 인용할 만한 정도의 것은 찾기 어려운 실정이고, 또한 본건 판결은 보기에 따라서는 수표법상의 지급인의 조사의무를 이행하지 않는 경우에도 면책약관이 있으면 그에 따라 유효한 지급이 된다는 뜻으로도 되어 의문이 없지 않다고 한다).

14) 판총 11-2, 1062-16면(본 판결은 국고수표의 위조에 관한 것이나, 변조의 경우에도 동일하게 설명될 수 있을 것임).

고은행의 이 건 위조의 국고수표의 지급행위는 유효한 것이라 할 것이다."

　　나. 지급은행의 면책약관에 기한 「주의의 정도」에 대하여는 다음과 같이 판시하고 있다.
　　(1) 대판 1975. 3. 2, 74 다 53[15]
　　"당좌거래시에 은행과 그 거래처간에 체결되는 면책약관에 「은행이 취급상 보통의 주의를 다한 연후에 수표금을 지급한 때에는 그 지급된 수표가 위조·변조된 것이어서 손해가 생길지라도 은행은 책임을 지지 아니한다」는 취지의 약정이 되어 있는 경우, 위 약관상의 「보통의 주의의무」라는 문언을 은행이 중과실이 있는 경우에만 책임지고 경과실로 인하여 위조·변조사실을 식별치 못한 경우에는 책임을 지지 아니한다는 취지로 판단할 수는 없다."
　　(2) 대판 1969. 10. 14, 69 다 1237[16]
　　"원고와 피고간에 체결한 당좌예금약정상의 예금주의 인감필적 또는 명판의 대조의무와 지급은행의 면책에 관한 규정의 취지는, 비단 인감필적·명판에만 국한할 것이 아니라 금액란이 위조·변조된 것을 통상적 판별로써 식별할 수 있는 것을 고의 또는 과실로 이를 알지 못하고 위조 또는 변조된 액면금액을 지급하였을 때에는 이를 피고은행의 손해로 돌리고 예금주의 예금채권에는 영향이 없는 것이라고 해석함이 타당하다."

　　다. 지급은행의 「과실을 부인」하고 유효한 지급으로 인정한 판례로는 다음과 같은 것이 있다.
　　(1) 대판 1977. 4. 12, 76 다 2873[17]
　　"원고회사 발행의 본건 수표가 피고은행에 제시되어 수표금을 지급할 당시 동 은행 관계직원이 수표상의 기명날인이 은행에 신고된 원고회사의 인감명판과 대조하여 상위 없음을 확인하였고 실무상 통상 요구되는 선량한 관리자의 주의의무를 다 했으나 변조된 사실을 발견하지 못하였고, 감별기로도 변조 여부를 확인하지 못하였다면, 동 수표금을 지급한 것은 적법하다."

---

15) 판총 11-2, 1062-18면.
16) 정희철, 「판례교재 어음·수표법(전정판)」(서울: 법문사, 1982), 482면.
17) 정희철, 전게교재, 483면.

### (2) 서울고판 1973. 11. 30, 73 나 478[18]

"수표금 지급 당시 은행측이 그 변조 여부를 알거나 또는 변조된 것이 외관상 현저하여 쉽게 이를 판별할 수 있어서 그 지급을 거절할 수 있음에도 불구하고, 고의 또는 중과실로 지급을 하였다는 등의 특단의 사정이 없는 한, 면책약관의 정한 필요한 조사를 하고 수표금을 지급한 때에는 지급담당은행은 면책되고 그 수표금 지급은 유효한 지급으로 그 결과를 발행인의 계산에 돌릴 수 있다고 하겠다."

**라.** 지급은행의 「과실을 인정」하고 지급인의 손실부담으로 인정한 판례는 다음과 같다.

### (1) 대판 1975. 3. 11, 74 다 53[19]

"근래 당좌수표의 위조·변조 등의 수법이 과학화했음에 대비하여, 위조·변조 등에 대한 판별감식기인 자외선등을 상비하고 그 조작기술을 습득한 직원으로 하여금 일일이 수표의 위조·변조 여부를 감별하고 있는바, 피고은행 당좌담당직원이 변조 유무에 대한 의심이 들어 본건 수표를 전기불에 비추어 보고 그래도 미심하여 자외선등감별기에 넣어 보는 둥 마는 둥 그 식별의무를 태만히 하여 그 변조사실을 발견치 못한 것은 분명히 중과실인 것이며 그 책임은 피고은행측에 있다."

### (2) 대판 1969. 1. 21, 68 다 1708[20]

"수표금액 중 「천」자를 「만」으로 고친 부분과 아라비아 숫자인 「8,000」을 「80,000」으로 고친 부분에 글자를 지운 흔적이 보이며 잉크가 용지에 번져 있는 점 등으로 보아, 항상 수표를 취급하는 당좌계 직원으로서 육안으로 용이하게 그 수표가 변조된 것임을 식별할 수 있고 또 위의 지점장도 역시 육안으로 그것이 변조된 것임을 용이하게 알 수 있음에도 불구하고, 동인들은 당좌거래를 취급하는 자로서의 통상적인 주의의무를 다하지 못함으로써 위와 같은 변조된 수표를 원고의 예금중에서 지급한 것은, 중대한 과실로 이를 알지 못하고 지급한 것이니 원고 예금중에서 적법한 지급으로서의 효력은 발생할 수 없다."

### (3) 대판 1969. 1. 21, 68 다 1701[21]

"원·피고간에 다툼이 없는 당좌예금약정서상의 면책약관의 반대해석으로 피

---

18) 정희철, 전게교재, 487～489면.
19) 정희철, 전게교재, 109～110면.
20) 정희철, 전게교재, 480면.
21) 정희철, 전게교재, 481～482면.

고은행에 제시된 수표가 위조·변조된 것이고 피고은행에게 이미 제출되어 있는 예금주의 필적 등과 대조하여 통상적인 판별로써 부합되지 않고 위조 또는 변조된 것임을 알 수 있음에도 불구하고 피고은행의 과실로 이를 알지 못하고 그 수표의 위조·변조된 액면금을 지급한 때에는 예금주의 예금을 지급하였다는 효력은 발생하지 않고 그로 인한 손해는 피고(지급은행)가 부담할 뿐 예금주는 여전히 피고은행에 대하여 예금주로서의 예금채권을 주장할 수 있다."

## Ⅲ. 일본의 학설·판례

### 1. 학 설

일본의 학설에서는 지급인이 「선의·무과실」로 위조·변조어음을 지급한 경우에 그 손실을 지급인이 부담할 것인가 또는 발행인이 부담할 것인가에 대하여 다음과 같이 「지급인부담설」과 「발행인부담설」로 나뉘어 있고, 각 견해는 여러 가지를 근거로 하여 그 이유를 설명하고 있다. 일본의 거의 모든 학설은 "어음법 제40조 3항 및 수표법 제35조의 지급인의 면책조항의 적용은 어음·수표가 진정하다는 것을 전제로 하여 적용되는 것이므로, 위조·변조어음의 지급에는 동 조항이 적용될 수 없다"고 하여, 위조·변조어음의 지급에 따른 손실부담을 논의하기 전의 전제로서 지급인의 「선의·무과실」의 지급을 요구하고 있다.[22]

#### 가. 지급인부담설

지급인부담설에서는 다음과 같이 그 이유가 설명되고 있다.

(1) 진정한 어음의 지급만이 지급인을 면책하므로 비록 과실 없는 위조·변조어음의 지급이라도 발행인에 보상을 청구할 수 없다고 한다. 그런데 이때 만일 발행인의 사용인이 위조수표에 의하여 지급인으로부터 수표금액을 사취한 경우에는 발행인이 불법행위상의 책임을 부담하고 그 결과 지급인이 그 손실을 받지 않게 되나, 그와 같은 지급을 유효로 하여 지급인이 발행인으로부터 보상을 받는 것은 별도의 문제라고 한다.[23]

---

22) 大隅健一郎·河本一郎, 「注釋手形法·小切手法」(東京: 有斐閣, 1983), 518면; 蓮井郎憲, "手形の僞造," 「手形法·小切手法講座」, 第1卷, 鈴木竹雄·大隅健一郎(共編)(東京: 有斐閣, 1966), 251면 외 다수.

(2) 발행인과 지급인의 어느 한 쪽에 과실 또는 원인이 있는 경우에는 그의 손실부담으로 하고, 양쪽에 과실 또는 원인이 있는 경우에는 양자의 손실부담으로 하나, 양쪽에 과실 또는 원인을 인정할 수 없는 때에는 지급인의 손실부담으로 하는 것이 형평의 관념상 적합하다고 한다.[24]

## 나. 발행인부담설

발행인부담설이 일본에서의 다수의 견해인데, 이에 대하여는 다음과 같이 다양하게 그 이유가 설명되고 있다.

(1) 지급인에는 과실이 없고 발행인에는 거래관념상 과실이 있는 경우가 많을 것이므로 조리에 의하여 손실을 발행인이 부담해야 한다고 한다.[25]

(2) 위조·변조어음을 지급인이 지급한 경우에 그 손실을 발행인의 부담으로 하는 것은 채권의 준점유자에 대한 변제가 효력을 갖는다는 민법 제478조(우리 민법 제470조)의 논리적 귀결이다. 그러한 손실을 선의·무과실의 지급인에 귀속시키지 않고 그러한 위험을 예방할 수 있는 발행인에게 귀속시키는 것은 위험부담의 사상에서 보아도 당연한 귀결이라고 한다.[26]

(3) 수표계약의 법률적 성질은 위임계약으로 위조수표의 지급도 그 계약의 이행이 되는 것으로 수임자인 지급인은 발행인에 대하여 구상권을 갖는다. 한편 수표계약에 기한 위임자는 수표장(手票帳)의 보관의무를 갖는다고 한다.[27]

(4) 위조·변조어음의 지급시 발행인에 귀책원인이 있는 때에는 금반언칙에 의하여 발행인인 피위조자에게 그 책임을 인정해야 한다고 한다.[28]

(5) 권리외관이론에 의하여 위조어음의 점유를 신뢰하고 지급한 자는 보호받을 가치가 있는 자로 피위조자에게 그 손실을 귀속시킬 원인을 인정할 것인지

---

23) 松本烝治, 「手形法」(東京: 中央大學, 1918), 344면; 田中誠二 「手形·小切手法(三全訂版)」(東京: 千倉書房, 1980), 490~491면(피위조자는 단순히 위조당한 자로서 어떠한 증권상의 채무를 부담한다는 것을 표시하는 것과는 무관하므로, 금반언의 원칙은 이 경우에 적용되지 않고 일반적으로는 지급인이 책임을 부담한다는 견해가 정당하다고 한다).

24) 山尾時三, 「新手形·小切手法論」(東京: 岩波書店, 1935), 79면.

25) 靑木徹二, 「改正手形法論」, 637면.

26) 田中耕太郎, 「手形法·小切手法槪論」(東京: 有斐閣, 1935), 445면; 矢澤惇, 「自習商法 30問」, 176면.

27) 竹田省, 「手形法·小切手法」(東京: 有斐閣, 1956), 263면; 小橋一郎, "僞造手票の支拂," 「ジュリスト」, 제176호, 73면.

28) 伊澤孝平, 「手形法·小切手法」(東京: 有斐閣, 1949), 460면(이것은 당연한 것으로 이곳에서의 논의의 대상에 포함되지 않는 것으로 생각된다).

여부에 의하여 좌우된다.[29]

(6) 은행은 영업상 무수한 수표를 취급하고 이것도 간이신속한 것을 요구하고 있으므로 위조의 사실을 발견한다는 것은 불가능하므로, 위조수표의 지급을 한 경우에 그 손실을 부담하지 않으면 안 된다면, 은행은 그 지급에 신중하게 되고 따라서 결제의 신속성을 결하게 된다. 한편 예금자는 자기의 과실이 없어도 수표용지와 날인이 모용(冒用)될 위험이 있음을 각오하지 않으면 안 된다. 그렇다면 모용에 의하여 위조수표가 작성된 경우에 예금자가 위조수표의 지급에 의한 손실을 부담하는 상관습이 존재하는 것은 이유가 있는 것이고 당좌계정약정상의 면책약관은 다만 이러한 상관습을 특약하고 있는 것에 불과하다고 한다.[30]

(7) 은행은 수표계약의 체결시에 예금자에 수표장을 교부하고 예금자로부터 서명과 인감을 계출받아 이와 대조하여 지급하면 면책됨을 약정함으로써 위조수표의 지급에 대처하고 있다. 따라서 위조수표가 수표용지나 인감을 남용당하여 작성된 경우에는 유효한 지급을 한 것과 동일하게 취급할 수 있다. 이 점에 대하여 통상 특약이 있으나, 명시의 특약이 없어도 위와 같은 사정에서 발행인은 당연히 손실을 부담하지 않으면 안되는 것으로 추론할 수 있다고 한다.[31]

## 2. 판  례

### 가. 지급인부담설

위조수표를 지급한 은행이 그 손실을 부담해야 한다는 약간의 판례가 있는데, 그 이유에 대하여는 "① 위조수표의 지급을 하여도 지급인은 피위조자에 대한 책임을 면할 수 없고, ② 지시채권의 채무자는 증서의 소지인 및 서명날인의 진위를 조사할 의무가 없다는 민법상의 규정은 수표의 지급에는 적용되지 않으므로 위조수표의 지급인은 위조인지 여부를 조사·확인하여 위조인 경우에는 지급하지 않았어야 하는데 만일 이를 모르고 지급한 경우에는 그 손실은 지급인이 부담해야 한다고 하거나,[32] 또는 ③ 수표용지를 이용하여 수표를 위조한 경우에

---

29) 納富義光,「手形法·小切手法論」(東京: 有斐閣, 1941), 357면(이 견해는 발행인부담설에 가까운 것 같으나, 어느 입장인지 결론이 명백하지 않다고 생각한다).

30) 小町谷操三,「判例商法(二)」, 95면; 蓮井, 前揭講座, 255면.

31) 鈴木竹雄,「手形法小切手法」(東京: 有斐閣, 1976), 364면; 石井照久·鴻常夫,「手形法 小切手法」(東京: 勁草書房, 1983), 337면.

32) 日東京地判, 1902. 2. 25(新聞 75호 14면).

도 그 예금자가 손실을 부담한다는 취지의 특약은 당좌예금계약에 포함되지 않는다고 판시한다.[33]

### 나. 발행인부담설

발행인부담설에 따른 판례가 일본의 다수의 판례이다. 발행인부담설에 따른 일본의 판례를 그 근거법원(法源)에 따라 분류하면 다음과 같이 크게 세가지로 분류할 수 있다.

(1) 발행인이 손실을 부담한다는 발행인과 지급인간의 면책약관에 기하여, 발행인이 그 손실을 부담한다고 판시한 판례가 있다.[34] 그러나 이러한 면책약관이 있는 경우에도 지급인에게 과실이 있는 경우에는 그러한 면책약관을 원용할 수 없다고 판시한다.[35]

(2) 지급은행이 위조수표를 지급한 경우에 그 손실은 당사자간의 특약의 존재 유무에 불구하고 발행인이 부담한다는 상관습이 있고 발행인은 이러한 상관습에 기하고 그 손실을 부담한다고 판시한다.[36]

(3) 지급은행의 위조수표의 지급은 민법 제470조(우리 민법 제518조)에 기하여 유효한 지급이라고 판시한다. 즉, 이 판례에서는 그 이유를 "지시채권의 채무자는 그 증서의 소지인 및 서명날인의 진위를 조사할 의무를 부담하지 않는 취지의 민법 제470조(우리 민법 제518조)의 적용에 의하여 위조수표의 지급도 유효한 지급으로 지급인은 면책된다"고 판시한다.[37]

## IV. 비판 및 사견

지급인이 위조·변조된 어음을 선의·무과실로 지급한 경우에, 지급인과 발행인간에 면책약관이 있으면 이에 기하여 지급인은 면책되고, 이러한 면책약관이 없고 상관습이 있으면 그러한 상관습에 기하여 지급인은 면책되며, 면책약관도

---

33) 日東京地判, 判決日不明(1914)(新聞 1022호 14면).
34) 日東京地判, 1935. 11. 30(新聞 3947호 11면); 日福岡高判, 1958. 3. 29(下裁民集 9권 3호 542면).
35) 日最高判, 1971. 6. 10(民集 25권 4호 492면); 日大阪高判, 1964. 6. 22(下裁民集 15권 6호 1584면).
36) 日東京地判, 1913. 7. 4(新聞 880호 23면); 日東京控判, 1915. 6. 22(新聞 1042호 28면); 同, 1926. 11. 12(新聞 2654호 11면); 日東京高判, 1955. 9. 20(高裁民集 8권 7호 479면); 同, 1969. 11. 28(金融法務事情 569호 25면).
37) 日大判控判, 判決日不明(1901)(新聞 21호 10면).

상관습도 없으면 민법 제470조(채권의 준점유자에 대한 변제)에 기하여 지급인의 면
책을 인정하는 것이 타당하다고 생각한다.38)39)

　　이러한 결론을 뒷받침하기 위하여 앞에서 소개한 우리나라 및 일본의 학설·
판례를 검토하고, 논지를 부연하겠다.

　　1. 앞에서 본 우리나라의 학설 중 위조·변조어음을 지급한 지급인에 대하여
도 어음법 제40조 3항을 적용하여 지급인에게 「사기·중과실」이 없어야 그 손실
부담을 누가 하느냐에 대하여 논하게 된다는 견해[Ⅱ.1.가.]에 대하여는, 위조·변
조어음의 지급에 대하여는 어음법 제40조 3항이 적용되지 않는다고 생각되기 때
문에 타당하지 않다고 생각한다.

　　왜냐하면 동조의 적용을 위해서는 어음 자체는 유효함을(즉, 위조·변조가 없음
을) 전제로 하기 때문이다. 만일 위조·변조어음의 지급에 어음법 제40조 3항이
적용된다면, 위조·변조가 동조에 의한 선의지급에 의하여 치유되는 하자가 될텐
데 이는 위조·변조의 물적 항변과 관련하여 볼 때 도저히 인정될 수 없다고 본
다.40) 또 만일 위조·변조의 어음에 어음법 제40조 3항이 적용된다면 지급인은
동조의 적용에 의하여 사기 또는 중과실이 없는 지급의 경우에는 이미 면책된
것이 분명할텐데, 새삼 지급인부담설이다 발행인부담설이다 하여 면책 유무를 다
시 논의하는 것은 그 자체 모순이라고 생각한다.41) 따라서 위조·변조어음의 지
급에 어음법 제40조 3항을 적용하면서 지급인부담설을 취하는 견해는 「이미 면

---

38) 또한 이렇게 해석하는 것은 상법 제1조(상법에 규정이 없으면 상관습법에 의하고 상관습법
　　이 없으면 민법의 규정에 의한다)와 민법 제105조·106조(당사자의 의사가 명확하지 아니하면
　　관습에 의하고 관습이 없으면 임의법규에 의한다)에도 부응하는 해석이라고 생각한다.

39) 이 문제에 관한 유일한 입법례라고 할 수 있는 1906년의 오스트리아 수표법 제20조 4호는
　　「위조수표의 지급에 의하여 생기는 손해에 대하여는, 그 위조에 관하여 발행인(피위조자)측에
　　과실이 있거나 또는 그 위조가 수표를 취급하게 한 발행인의 사용인에 의하여 행하여진 경우
　　에는 발행인이 이를 부담하고, 기타의 경우에는 지급인이 부담한다. 이와 다른 합의는 법률상
　　효력이 없다」고 규정하고 있다(이정한, 전게 학위논문, 152면 주 70). 그러나 이러한 명문규정
　　이 없는 경우에는 위와 같이 해석할 수 밖에 없다고 생각한다.

40) 선의지급에 의하여 치유되는 하자의 범위에 대하여, 우리나라의 학설은 거의 언급이 없으
　　나, 독일·일본에서는 동일성의 흠결, 수령능력의 흠결, 대리권의 흠결 등이 포함된다고 보는
　　것이 통설이다(그러나 어음의 위조·변조가 포함된다는 견해는 없다)[정찬형, "어음·수표의 지
　　급인의 조사의무," 「논문집」(충북대), 제22집(1981. 12), 12면].

41) 이 점은 제네바 통일법회의에서도 위조수표의 지급에 따른 손실부담을 누가 할 것이냐에
　　대해 논의가 있었으나 견해가 대립되어 통일수표법중에 명문화되지 못했던 점에서 보면[蓮井,
　　前揭講座, 251면 주 2;　梶山純, "偽造手形の支拂と銀行の免責," 「ジュリスト(商法の爭點)(第二
　　版)」, 北澤正啓(編)(東京: 有斐閣, 1983. 10. 30), 328면] 위조·변조어음의 지급에 어음법 제40조
　　3항이 적용되지 않음은 명백한 것 같다.

책되었는데 다시 책임을 부담하는 결과」가 되어 그 자체 모순이고, 동조를 적용하면서 발행인부담설을 취하는 견해는 「지급인이 면책되고 발행인이 그 손실을 부담하는 것은 어음법 제40조 3항의 적용의 당연한 결과」이므로 새삼 발행인부담설을 논의하는 것은 전혀 무의미한 것이라고 생각한다.

　　위조·변조어음의 지급에 대하여 어음법 제40조 3항을 적용하면서, "사기·중과실이 없는 지급을 하려면 지급은행으로서의 상당한 주의의무가 요구된다"고 설명하는 점은,[42] 어음법 제40조 3항의 「사기·중과실」의 개념과 모순되거나 또는 그 개념과 이원적인 설명이 되어 타당하지 않다고 생각하며, "위조·변조수표의 지급인의 (사기·중과실 없는) 지급에는 손실부담에 대하여 발행인부담설이 타당하나, 이것을 환어음의 경우에까지 일반화하여 은행 아닌 지급인과 발행인 사이에까지도 적용할 것은 아니라고 본다"고 하여, 수표와 환어음(또는 지급인이 은행인 경우와 은행아닌 경우)에 대하여 이원적으로 설명하는 점은,[43] 통일성이 없는 설명으로 생각되고 또 그렇게 구별해야 할 명백한 근거도 제시하고 있지 못하며, 또 "(수표에 있어서) 발행인부담설과 지급인부담설은 같은 결과가 되고 구별하는 실익도 없다"고 설명하는 점은,[44] 만일 면책약관의 유효성을 부인하는 경우에는 차이가 있게 된다고 생각한다.

　　2. 앞에서 본 우리나라의 학설중 일부[Ⅱ.1.나.]와 일본의 학설은 지급인의 손실부담을 논의하기 전의 전제로서 지급인의 「고의·과실이 없음」을 요구하고 있는 점에 대하여는, 무엇에 근거하여 그와 같은 주의의 정도가 요구되는지에 대한 설명이 없고, 만일 그 근거가 면책약관·상관습·민법 제470조(채권의 준점유자에 대한 변제) 등이라면 이에 근거하여 지급인은 고의·과실 없는 지급시에 이미 면책이 되었는데 다시 발행인부담설이 타당하다 또는 지급인부담설이 타당하다고 하는 것은 전혀 의미가 없는 것이며, 또 지급인의 고의·과실 없는 지급시에 그 손실부담을 지급인이 부담한다는 지급인부담설은 지급인이 고의·과실 없는 지급을 하여도 지급인이 그 손실을 부담한다는 것인데 왜 그렇게 되어야 하는지에 대한 명백한 근거법원(法源)의 제시가 없다는 점에서 의문이다.

　　3. 결국 지급인이 고의·과실 없는 지급을 한 경우에 그 손실을 발행인에게 부담시킬 것인가 지급인에게 부담시킬 것인가를 논의하는 것은 입법론으로서는

---

42) 서(돈)·이(범), 전게서, 223면
43) 상게서, 같은면.
44) 상게서, 같은면.

타당하나 해석론으로서는 타당하지 않다고 생각한다. 해석론으로서는 지급인은 어떤 법원(法源)에 근거하여 어느 정도의 주의의무가 요청되며 그러한 주의의무를 이행했는지 여부를 결정하면 충분한 것으로 생각한다. 이의 결과 지급인이 요청된 주의의무를 이행한 경우에는 지급인은 면책이 될 것이고, 그러한 주의의무를 이행하지 않은 경우에는 면책이 되지 않을 것이다. 따라서 먼저 지급인의 면책을 결정하는 법원(法源)을 찾아야 하고, 다음으로 그곳에서 지급인의 주의의 정도를 찾으며, 그 다음으로 그러한 주의를 지급인이 이행했는지 여부를 결정하고 이에 따라 지급인의 면책유무를 결정하여야 할 것이다.

4. 지급인이 위조·변조어음을 지급한 경우에 그 면책유무를 결정하는 법원(法源)을 찾기 위하여 편의상 지급인이 은행인 경우와 은행이 아닌 경우로 나누어 고찰한다.

## 가. 지급인이 은행인 경우

(1) 지급은행과 발행인간에는 보통 당좌계정약정이 체결될 것이고[45] 이러한 약정서상에는 거의 빠짐 없이 면책약관이 있게 되는데,[46] 이러한 면책약관(만일 특별법규가 있으면 그러한 특별법규)이 있으면 그것이 제1차로 적용될 법원(法源)이 될 것이다.

따라서 우리 대법원이 위조·변조수표의 지급에 따른 지급인의 면책의 근거로 면책약관(또는 특별법규)을 들고 있는 점은,[47] 타당하다고 생각한다. 일본의 학설 중에는 "발행인은 금반언칙상·조리상·민법 제470조(日民 제478조)의 준용에 의하여 또는 위조수표의 지급에도 위임의 범위에 포함된다는 위임의 법리에 의해서도 책임을 부담하는 것으로 할 수 있으므로, 면책조항의 특약은 실제상 중요한 의의가 적다"고 설명하는 견해도 있으나,[48] 면책약관은 제1차적인 법원(法源)으로 실제상 중요한 의의가 있다고 생각한다.

---

45) 이러한 당좌계정약정에 의한 당좌거래에는 당좌수표거래 뿐만 아니라 은행이 지급인 또는 지급담당자로 되어 있는 어음거래를 포함한다(한국외환은행, 당좌계정약정서 제5조, 제6조 참조).

46) 예를 들어, 한국외환은행 당좌계정약정서 제11조는 「수표 및 어음에 사용할 이름과 인장」을 미리 은행에 신고할 것을 규정하고, 동 제12조는 「제11조의 규정에 의한 인장과 대조하여 상위 없음을 인정하고 지급을 완료한 수표·어음에 대하여는 인장 또는 수표나 어음 용지의 도용·위조·변조 등의 사유로 말미암아 손해가 생길지라도 저희 은행은 그 책임을 지지 아니함」이라고 규정하고 있다.

47) 전게 대판, 1971. 3. 9, 70 다 2895.

48) 蓮井, 前揭講座, 255면.

　이러한 면책약관에 기한 지급인의 주의의 정도는 면책약관의 표현형태에 불구하고 「지급에 따른 고의·과실이 없어야 함」으로 해석하여야 할 것이다. 따라서 우리나라의 판례 중 면책약관의 해석에 있어서 경과실도 없어야 한다고 판시한 판례에는 찬성하나,49) 「고의 또는 중과실로 지급하였다는 등의 특단의 사정이 없는 한……」 등의 「중과실」로 표현하고 있는 판례는50) 그 표현이 적절하지 않다고 생각한다. 또 「지급에 따른」 고의·과실이 없어야 하므로, 은행이 면책약관에 인장 등의 대조의무만을 약정한 경우에도 금액 등의 변조 유무를 과실로 알지 못하고 지급한 경우에는 「지급에 따른」 은행의 과실로서 은행은 인장 등의 대조에는 과실이 없는 경우에도 면책되지 않는 것으로 해석해야 할 것이다. 이런 의미에서 우리 대법원이 "금액란이 위조·변조된 것을 통상적 판별로써 식별할 수 있는 것을 고의 또는 과실로 이를 알지 못하고 지급하였을 때에는 피고은행의 책임이다"고 판시한 것은51) 타당하다고 생각한다.

　(2) 만일 발행인과 지급은행간에 위와 같은 면책약관(또는 특별법규)이 없다면, 은행거래에 있어서의 어음의 지급은 단시간에 많은 거래가 행하여지는 거래의 실정과 이를 신속히 처리함이 거래의 요청에 부합하는 점 등에 비추어 볼 때, 면책약관의 내용과 같은 상관습이 은행거래에서는 존재하는 것으로 보아 지급은행의 면책을 인정하여야 할 것으로 생각한다.52) 전술한 서울고등법원이 "은행의 면책약관이 보편화됨으로써 은행과 수표거래자 사이에는 수표지급에 있어서 하나의 거래관습으로 생성되어 당좌거래계약서에 등재하건 아니하건 이에 관계 없이 은행업자와 수표거래자들은 이러한 거래관습을 시인하고 이에 따르고 있는 사실을 인정할 수 있다"고 판시하여53) 면책약관과 같은 내용의 거래관습(상관습)이 은행거래에서 존재한다고 보는 것은 타당하나, 면책약관이 존재하는 경우에도 그러한 거래관습에 기하여 지급은행의 면책을 인정할 수 있는 것으로 설시하고 있는 점은 타당하지 않다고 생각한다. 또한 일본의 학설 중에도 "면책약관은 상관습의 명문화에 불과하므로 발행인이 책임을 부담하는 것은 이러한 상관습에

---

49) 전게 대판, 1969. 10. 14, 69 다 1237; 동, 1968. 1. 21, 68 다 1701.
50) 전게 대판, 1975. 3. 11, 74 다 53; 동, 1969. 1. 21, 68 다 1708; 전게 서울고판, 1973. 11. 30, 73 나 478.
51) 전게 대판, 1969. 10. 14, 69 다 1237.
52) 동지: 이정한, 전게 학위논문, 155면(만일 이러한 면책약관의 설정이 없는 경우에는 현재의 은행거래의 실정으로 미루어 볼 때, 그러한 약관내용과 같은 상관습이 존재한다고 하여도 무방할 것이라고 한다).
53) 전게 서울고판, 1972. 12. 15, 71 나 741.

기한 것이다"라고 설명하는 견해가 있으나,[54] 역시 타당하지 않다고 생각한다. 왜냐하면 존재가 명확한 면책약관을 먼저 제1차적으로 적용하고, 이것이 없는 경우에만 상관습에 근거하여 지급은행의 면책을 인정하는 것이 상법 제1조에 부응하는 해석이라고 생각되기 때문이다. 우리나라의 학설 중에는 "위조·변조어음에 대한 지급으로 인한 손실의 부담은 당사자 사이의 특약이 없으면 그때 그때의 사정에 따라 결정할 문제라고 생각한다"고 하는 견해가 있는데,[55] 면책약관이 없는 경우에 「그때 그때의 사정」에 따라 결정할 문제라는 것은 너무 애매모호하고 근거법원(法源)의 제시가 없는 점에서 타당하지 않다고 생각한다. 당사자간의 면책약관이 없고 상관습이 있는 경우에는[56] 상관습에 의하고, 상관습도 없는 경우에는[57] 민법 제470조에 근거하여 지급인의 면책 유무를 결정해야 할 것이다.

상관습에 근거하여 지급인이 면책되기 위한 주의의 정도도 면책약관의 해석에서와 동일하게 「지급에 있어서 선의·무과실」이어야 할 것이다.

## 나. 지급인이 은행이 아닌 경우

지급인이 은행이 아닌 경우에는 일반적으로 지급인과 발행인간에 면책약관이 존재한다고 보기도 어려울 것이다. 따라서 이때에는 민법 제470조의 채권의 준점유자에 대한 변제의 효력을 적용하여,[58] 지급인에게 고의·과실이 없는 경우에는 면책을 인정하여야 할 것으로 생각한다.[59] 이에 관하여는 다음과 같은 두 가지의 설명을 보충한다.

(1) 첫째는 앞에서 본 우리나라의 대법원판례가 "위조수표에 의한 변제에 채권의 준점유자에 대한 변제의 법리는 적용될 수 없다"고 판시하고 있는데,[60]

---

54) 梶山純, 전게논문, 329면.
55) 양승규·박길준, 「상법요론」(서울: 삼영사, 1984). 657면.
56) 기술한 바와 같이 지급인이 은행인 경우에는 면책약관과 동일 내용의 상관습이 있는 것으로 본다.
57) 후술하는 바와 같이 지급인이 은행이 아닌 경우에는 면책약관과 동일 내용의 상관습이 존재한다고 보기는 어려울 것이다.
58) 만일 이에 관한 특별법규가 있으면 물론 이것이 먼저 적용되고, 이러한 특별법규도 당사자간의 면책약관도 상관습도 없는 경우에 민법 제470조가 적용된다.
59) 서정갑·손주찬·김세원·정동윤, 「학설판례 주석어음·수표법」(서울: 한국사법행정학회, 1973), 396면은 "지급인과 피위조자간에 피위조자에게 이 손실을 부담시키는 특별계약 또는 이것과 유사한 관습이 있을 때에는 피위조자가 손실을 부담하나, 이러한 특약 또는 관습이 없는 때에는 지급인이 손실을 부담한다"고 하나, 특약 또는 관습이 없는 때에도 지급인이 선의·무과실로 지급한 이상 민법 제470조를 적용(준용)하여 지급인의 면책을 인정해야 할 것이다.
60) 전게 대판 1971. 3. 9, 70 다 2895.

우선 왜 그것이 적용될 수 없는지에 대한 이유에 대하여 설명이 없는 점에서 의문이며, 또 동 판례가 그와 같이 판시한 것은 면책의 근거인 특별법규·면책약관 또는 상관습이 있기 때문에 그렇게 판시한 것인지 그러한 근거법원(法源)이 전혀 없는 경우에도 동일하게 판시할 수 있겠는가 하는데는 의문이 있다.

(2) 앞에서 본 바와 같이 일본의 판례 중에는 민법 제470조(우리 민법 제518조)를 근거하여 채무자에게 서명날인을 조사할 의무가 없음을 들어 위조수표의 지급은 유효한 지급이라고 판시한 것이 있는데,[61] 우리 민법 제518조와 일본 민법 제470조는 우선 법문상 표현에 차이가 있어 일본 판례의 설명이 그대로 우리에게 해당되지도 않을뿐더러,[62] 우리 민법 제518조도 어음법 제40조 3항과 마찬가지로 위조·변조의 지시증권의 지급에는 적용될 수 없는 것으로 생각한다. 따라서 이를 근거하여 지급인의 면책을 설명하는 것은 타당하지 않다고 생각한다.

5. 따라서 지급인이 면책약관 등에 의하여 그 지급에 과실이 없는 경우에는, 발행인의 과실(귀책사유) 유무에 불문하고 지급인은 면책된다.[63] 그러나 지급인이 동 면책약관 등에 의하여 과실이 있는 경우에는, 발행인에게 과실이 없는 때에는 지급인이 책임을 부담하는 것은 당연하겠고, 지급인의 과실이 발행인의 과실과 경합하는 때에는 원칙으로 지급인의 책임부담으로 하고 발행인의 과실에 대하여는 과실상계(민 제396조)를 하는 것이 타당하다고 생각한다.[64]

6. 마지막으로 일본의 학설 중 지급인부담설의 입장에서 "진정한 어음의 지급만이 지급인을 면책하므로 비록 과실 없는 위조·변조어음의 지급은 지급인을 면책하지 않는다"는 견해는[Ⅲ.1.가.(1)], 면책의 특약 또는 상관습 등을 전혀 부인하는 것으로 타당하지 않으며, 또 발행인부담설의 입장에서 "위조수표의 지급도 수표계약인 위임계약에 포함된다"는 견해는[Ⅲ.1.나.(3)], 기본적인 수표계약에 그러한 위조수표의 지급도 포함시켜 해석하는 것은 너무나 의제적인 해석으로 찬

---

61) 前揭 日大阪控判, 判決日不明(1901).
62) 우리 민법 제518조는 「배서인의 서명 또는 날인의 진위나……」로 표현하고 있어 발행인의 서명이나 날인의 진위는 조사의무의 대상에서 제외되는 듯한 표현을 하고 있으나, 일본 민법 제470조는 「소지인 및 그 서명날인의 진위를……」이라고 표현하고 있어 발행인의 서명날인을 포함한 일체의 서명날인의 진위는 그 조사의무의 대상에서 제외되는 듯한 표현을 하고 있다.
63) 이때에 발행인에게 과실이 있는 경우에는 발행인이 책임을 부담하는 것은 당연한 것이 되겠고(면책약관 등을 거론하지 않더라도), 발행인에게 과실이 없는 경우에는 동 면책약관 등에 의하여 지급인이 면책되므로 이때에 동 면책약관 등의 의미가 크다고 하겠다.
64) 서정갑, "수표지급인의 지위," 「월간고시」, 1977. 3, 55면은 "발행인책임부담으로 하고 지급인의 과실에 따라 과실상계한다"고 하고 있으나, 반대로 보아야 할 것으로 생각한다(정찬형, 전게논문, 316~317면의 견해는 이에 따라 견해를 바꾼다).

성할 수 없고, 위조수표의 지급에 의한 면책은 그러한 기본계약 이외의 별도의
면책특약 등에 의하여 그 근거법원(法源)을 찾아야 할 것으로 생각한다. 또 일본
의 학설 중 지급인부담설의 근거를 「형평의 개념」에서[Ⅲ.1.가.(2)], 또는 발행인부
담설의 근거를 「조리」에서 구하는 것은[Ⅲ.1.나.(1)], 그 개념이 너무나 포괄적이고
추상적이며 또 애매하여 적절하지 않다고 생각한다.


# V. 미국법상 지급인의 책임

## 1. 위조어음의 지급에 따른 지급인의 책임

### 가. 발행위조의 경우

미국법상 위조서명은 피위조자의 서명으로서는 전혀 무효이므로,[65] 발행인의
서명이 위조된 증권을 지급하는 자는 발행인의 계산으로 지급할 수 없다. 그러한
증권은 정당하게 지급될 수 없는 증권으로 그러한 증권을 지급함으로써 발생하는
일체의 손실은 지급인이 부담한다.[66] 미국법은 지급은행에 예금자의 서명의 진정
함을 알아야 할 의무를 부과하여 은행은 예금자의 각각의 서명을 알고 있는 것으
로 추정된다. 이러한 추정의 결과 지급은행이 발행인의 서명이 위조된 수표를 지
급한 경우에, 지급은행은—예금주의 사기 또는 과실이 없는 한—예금주의 계산
으로 수표금액을 지급할 수 없는 것으로 판시하고 있다.[67] 그 이유는 수표의 지
급은행은 정당하게 발행되고 제시되는 수표에 대해서만 예금주의 계산으로 지급
할 의무를 부담하는 것이며, 지급은행은 예금주로부터 그렇게 제시된 경우에만
예금주의 계산으로 지급한다는 묵시적인 약정이 당사자간에 존재하기 때문이라고
설명한다.[68] 따라서 지급은행이 위조발행의 수표를 지급하면, 그것은 전혀 예금
주로부터 수권 없이 한 지급이므로 지급은행에게는 예금주의 예금에서 그 수표금
액만큼 차기할 권리가 없게 된다.[69] 결국 위조발행된 수표를 지급하는 은행은 자

65) U.C.C. § 3-404(1).
66) Henry J. Bailey, *Brady on Bank Checks* at 22. 7(5th ed., 1979).
67) National Metropolitan Bank v. United States, 323 U. S. 454, 65 S. Ct. 354, 89 L. Ed.
    383, 62 B.L.J. 303(1945) 외 다수판례.
68) Bailey, *supra* at 22-8.
69) White v. Georgia R. R. Bank & Trust Co. 71 Ga. App. 78, 30 S. E. 2d 118, 61 B.L.J.
    694(1944); Coffin v. Fidelity-Philadelphia Trust Co. 374 Pa. 378, 97 A. 2d 857, 39 A. L.
    R. 2d 625, 71 B.L.J. 242(1953).

기의 계산으로 지급하게 된다.[70] 만일 지급은행이 예금주의 예금으로 지급한 경우에는 그 지급한 금액만큼 예금주에게 보상해야 한다.[71] 그러나 지급은행이 위조발행된 수표를 지급함으로써 부담하는 손실은 수표금액에 한정된다.[72]

미국법상 위조발행된 수표를 지급은행이 지급한 경우에 지급은행이 면책되지 못하는 것은 지급은행과 발행인간에 면책의 특약이 있는 경우에도 동일하다. 이에 관한 최근의 판례는 권한 없이 서명판(facsimile signature machine)을 사용하여 위조발행한 수표를 지급한 지급은행의 면책을 규정하는 특약이 있는 경우에도 그러한 위조서명이 있는 수표를 지급한 은행은 책임을 부담한다고 판시하였다.[73]

## 나. 배서위조의 경우

미국법상 위조배서가 있는 증권은 "정당하게 지급될 수 있는" 증권이 아니어서,[74] 발행인의 계산으로 지급할 수 없다. 이것은 미국의 오랜동안의 판례의 입장이었고,[75] 또한 U.C.C.도 이를 명백하게 규정하고 있다.[76] 지급은행이 위조배서있는 증권을 지급하는 것은 발행인의 지시에 따른 지급이 되지 못하고 발행위조의 경우와 같이 지급인이 책임을 부담하게 된다.[77] 그러나 위조발행의 수표를 지급은행이 지급한 경우에는 일반적으로 지급은행의 전자에 대한 상환청구권이 허용되지 않는 반면에, 위조배서가 있는 수표를 지급은행이 지급한 경우에는 지급은행의 전자에 대한 상환청구권이 허용되는 점에서 양자는 구별된다.[78] 위조배서 있는 증권을 지급한 경우에 은행이 면책되지 않는 이유에 대하여, 위조발행의 경우와 같이 예금주의 지시에 따른 지급이 아니고, 은행은 예금주의 지시에 따라서만 지급해야 하는 묵시적인 계약상의 의무를 부담하는데 그러한 지급은 은행측의 계약위반이라고 설명한다.[79]

---

70) Kares Const. Co. v. Associates Discount Corp., 163 N.E. 2d 913, 77 B.L.J. 390(Ohio App., 1960).
71) Yarborough v. Banking Loan & Trust Co., 142 N.C. 377, 55 S. E. 296(1906).
72) U.C.C. § 1-106(1).
73) Cumis Ins. Society, Inc. v. Girard Bank, 522 F. Supp. 414(D.C.Pa., 1981); Mercantile Stores Co. v. Idaho First Nat. Bank, 102 Idaho 820, 641 P. 2d 1007(Idaho App., 1982).
74) U.C.C. § 4-401(1)(은행은 "정당하게 지급될 수 있는" 증권에 대해서만 고객의 구좌에서 지급할 수 있음).
75) McCann Steel Co. v. Third Nat. Bank, 337 S. W. 2d 86(Tenn. App. 1960) 외 다수판례.
76) U.C.C. § 3-419(1)(C).
77) Bailey, *supra* at 23-4.
78) *Id.*
79) Coffin v. Fidelity-Philadelphia Trust Co., 374 Pa. 378, 97 A. 2d 859, 39 A. L. R. 2d

지급은행이 예금주로부터 위조배서 있는 증권을 지급하도록 특별수권을 받
으면 위조배서 있는 증권을 지급한 지급은행은 면책된다는 최근의 판례가 있
다.80) 그러나 가공의 회사를 수취인으로 하여 수표가 발행되고 그 가공회사의 부
존재를 발행인이 알지 못한 경우에는 위조의 회사명의의 배서가 있는 수표를 지
급한 지급은행은 발행인에 대하여 책임을 부담한다고 판시하였다.81)

## 2. 변조어음의 지급에 따른 지급인의 책임

### 가. 지급인이 면책되지 않는 경우

미국법에서는 변조증권을 지급한 지급인은 특단의 사유가 없는 한 면책되지
않는다. 그 이유는, ① 첫째로 지급인이 증권을 조사했더라면 변조사실을 알 수
있었을 것이라는 점과,82) ② 둘째로 지급인은 발행인의 지시에 따른 지급을 하지
않았다는 점을 들고 있다.83) 이 후자의 이유는 변조가 아주 교묘히 된 경우에 논
리적으로 적용될 수 있는 이유라고 한다.84) 지급인이 과실로 인하여 변조수표를
지급한 경우에도 이와 같은 지급인의 책임은 지급인의 「과실에 따른 책임」이 아
니라 발행인과의 「계약에 따른 책임」으로 설명되며, 또 이때 지급인은 변조된
증권의 금액을 한도로 자기의 책임을 부담할 뿐, 자기의 과실에 기인하여 추가로
발행인에게 손실을 부담하는 것은 아니라고 한다.85) 또한 지급인이 면책되지 않
는 것과 궤도를 같이 하여 U.C.C.는 지급은행의 경우에 「선의로 소지인에게 변
조수표를 지급하는 은행은 변조 전의 금액에 대해서만 발행인의 구좌에서 차기
할 수 있다」고 규정하고 있어,86) 이는 우리의 면책약관이 변조된 문언에 따라 면

　625, 71 B.L.J. 242(1953); Stone & Webste-Eng'r Co. v. First Nat. Bank & Trust Co., 345
　Mass. 1, 184 N.E. 2d 358, 99 A. L. R. 2d 628, 80 B.L.J. 51(1962).
80) IFCO of South Carolina, Inc. v. Southern Nat. Bank, 42 N.C. App. 499, 256 S. E. 2d
　825(1979).
81) Callaway v. Hamilton Nat. Bank, 195 F. 2d 556, 69 B.L.J. 448(C. A. Dist. Col., 1952);
　International Aircraft Trading Co. v. Manufacturers Trust Co., 297 N. Y. 285, 79 N.E. 2d
　249, 65 B.L.J. 505 (1948).
82) Abbott Laboratories v. Bank of London & South America, 353 Ill. App. 227, 114 N.E.
　2d 585, 71 B.L.J. 511(1953); First Nat. Bank v. Ketchum, 68 Okla. 104, 172 P. 81, 35
　B.L.J. 399(1918).
83) Chicago Sav. Bank v. Block, 126 Ill. App. 128(1906).
84) Bailey, *supra* at 21-16.
85) Stella Flour & Feed Co. v. National City Bank, 285 App. Div. 182, 136 N.Y.S. 2d 139,
　72 B.L.J. 625(1954).

책된다고 규정하고 있는 점과 대비되고 있다.

지급인이 변조증권을 지급한 경우에 지급인이 면책되지 않는다는 판례는 다음과 같다.

(1) 「금액이 변조되어 증액된 경우에 변조된 금액의 지급인은 변조 전의 금액에 대해서만 면책된다.[87] 따라서 $1.50의 수표가 $196.50으로 변조되고 지급은행이 이를 지급한 경우에는 은행은 $1.50에 대해서만 면책되고 변조된 차액에 대해서는 면책되지 않는다고 판시하고 있다.[88]

(2) 「금액 이외의 변조」가 있는 경우에 지급인이 지급한 경우에는 지급인은 전혀 면책되지 않는다. 즉, 지급은행이 사기적으로 변조되고 변조된 지급은행이 지급한 경우에 동 지급은행은 면책되지 않고 발행인에 대하여 책임을 부담한다고 판시한다.[89]

(3) 예금주가 자기가 없는 동안 사업비용에 사용하고자 선일자수표를 발행하였는데 그의 대리인이 동 수표의 「발행일자를 변조」하고 현금화하여 가지고 달아난 경우에, 동 수표는 사기적 변조로 인하여 무효로서 여하한 목적으로도 유효한 증권이 아니므로, 동 수표를 지급한 은행은 면책되지 않는다고 판시하였다.[90]

(4) 그밖에 수표상에 있는 「지급필」이라는 문언이 삭제되어(변조되어) 동 수표가 이중지급된 경우에, 지급은행은 2중지급에 대하여 면책되지 않는다고 판시하고,[91] 제한적 배서인 「예금을 위해서만」이란 문언이 검은 잉크로 삭제됨으로써 변조된 수표를 지급한 지급은행은 면책되지 않고 동 수표의 예금주에 대하여 책임을 부담한다고 판시하고 있다.[92]

## 나. 지급인이 면책되는 경우

지급인이 변조증권을 지급한 경우에 예외적으로 발행인에게 귀책사유가 있는 경우에는 미국법에서도 발행인에게 그 책임을 귀속시키고 지급인을 면책하고 있다. 이에는, ① 발행인에게 변조에 기여하는 과실이 있는 경우와,[93] ② 발행인

86) U.C.C. § 4-401(2)(a).
87) State Nat. Bank v. Lark, 134 Ark. 432, 204 S. W. 101(1918); Pacific Coast Cheese Inc. v. Security First Nat. Bank, 45 Cal. 2d 75, 286 P. 2d 353(1955) 외 다수판례.
88) First State Bank v. Parker, 27 S. W. 2d 279, 47 B.L.J. 934(Tex. Civ. App., 1930).
89) Morris v. Beaumont Nat. Bank, 83 S. W. 36(Tex. Civ. App., 1904).
90) Crawford v. West Side Bank, 100 N. Y. 50, 2 N.E. 881(1885).
91) In re Township School District, 300 Pa. 39, 150 A. 96, 47 B.L.J. 513(1930).
92) Menthor, S. A. v. Swiss Bank Corp., 549 F. Supp. 1125(D.C.N.Y., 1982).
93) U.C.C. § 3-406; Otis Elevator Co. v. First Nat. Bank, 163 Cal. 1, 124 P. 704, 31

이 지급은행으로부터 지급완료한 증권을 취득한 후 변조를 발견하거나 또는 이
를 통지하는데 상당하지 않은 지체가 있는 경우이다.94)

## 다. 지급인의 수령인 또는 양도인에 대한 상환청구권

### (1) 지급인의 상환청구권이 인정된 경우

지급인의 지급이 면책되지 않아 발행인에게 책임을 부담하는 경우에는, 지
급인은 「수령인」에 대하여 그가 담보책임을 이행하지 않은 것을 근거하여 수령
인에게 상환을 청구할 수 있다. 즉, U.C.C.는 수령인의 담보책임에 대하여, "증
권의 지급을 받거나 인수를 받는 자 및 양도인은 그 증권을 선의로 지급하거나
인수하는 자에게 그 증권이 중대하게 변조되지 않았다는 것을 담보한다. 그러나
이러한 담보책임은 선의로 행동하는 정당소지인의 다음의 자와의 관계에서는 적
용하지 아니한다; ① 약속어음의 발행인, ② 환어음의 발행인(지급인의 자격의 겸
병에 불문함), ③ 정당소지인이 인수 후에 환어음을 취득한 경우에는 그 인수에
'발행된 원문언에 따라 지급한다'는 문언 또는 이와 동일한 뜻을 가진 문언이 있
다 하더라도 인수 전에 하여진 변조에 관하여는 환어음의 인수인, ④ 인수 후에
하여진 변조에 관하여는 그 인수인"이라고 규정하고 있다.95) 또한 은행으로부터
「지급을 받거나 추심을 받는 모든 고객이나 은행」 및 「증권을 은행에 양도하는
모든 고객과 추심은행」에 대하여도 위와 동일내용의 담보책임을 규정하고 있
다.96) 이러한 수령인 등의 담보책임은 지급인을 위하여 존재하는 것이다. 따라서
변조된 증권의 소지인은 정당소지인이라도97) 변조된 바에 따라 유효한 지급을
받을 수가 없고, 만일 지급을 받은 경우에는 그것을 지급인에게 반환해야 한다.

미국의 판례 중에는 지급은행의 지급은 최종적인 것이므로 지급은행의 수령
인에 대한 상환청구권을 부인하는 판례도 있으나,98) 일반적인 판례는 수령인에
대한 상환청구를 인정하고 있다.99) 따라서 예컨대, 수표금액이 변조로 인하여 증

---

B.L.J. 327(1912)(원고의 지배인이 원고가 발행한 수표에 그 금액과 수취인을 변조하여 현금화
한 경우에 원고의 귀책사유로서 원고의 책임을 인정함).

94) U.C.C. § 4-406.

95) U.C.C. § 3-417(1)(c).

96) U.C.C. § 4-207(1)(c).

97) U.C.C. § 3-407(3)(정당한 소지인은 어떠한 경우에도 변조된 증권의 원문언에 따라서만 지
급을 강제할 수 있다).

98) Kansas Bankers Sur. Co. v. Ford Co. State Bank, 184 Kan. 529, 338 P. 2d 309, 75 A.
L. R. 2d 607, 76 B.L.J. 960(1959).

액된 경우에 지급인이 변조된 금액을 제시인에게 지급한 경우에는 원문언에 대해서는 발행인의 계산으로 지급하고,[100] 변조로 인하여 증액된 부분은 — 수령인이 정당소지인인 경우에도[101] — 수령인으로부터 상환받을 수 있는 것이다.

　　미국법의 양도인(추심을 위하여 지급인에게 증권을 양도한 자)에 대해서도 무변조 등의 담보책임을 규정하고 이에 위반한 경우에 지급인은 양도인에 대해서도 상환청구를 할 수 있는데, 이를 위해서는 양도인이 배서에 의하여 양도했는지의 여부에 불문하고, 또 배서의 형식에 불문하며, 또 배서에 담보문언이 기재되었는지의 여부에 불문하고, 또 이전의 배서의 담보가 변조에 대한 담보인지 여부에 불문한다.[102] 이러한 양도인의 담보책임은 배서인의 후자에 대한 담보책임[103]과는 달리, 전자에 대한 담보책임으로 그 범위가 넓다(담보책임자 및 담보대상의 범위에서).

## (2) 지급인의 상환청구권이 배제되는 경우

　　㈎ 자기앞수표 또는 보증수표: 미국법에서 「자기앞수표」(cashier's check)[104]의 경우에는 정당소지인이 수령한 경우 그에 대한 상환청구를 금하고 있다.[105] 왜냐하면 자기앞수표를 발행하는 은행은 수표에 대한 기록을 갖고 있어 변조를 조사할 수 있는 지위에 있기 때문이라고 한다. 따라서 지급인의 변조된 자기앞수표에 대한 지급은 자기의 손실부담으로 지급한 것이 된다. 또 「보증수표」 (certified check)가 변조된 경우에도 지급은행의 상환청구권은 상당히 제한된다. 일반적으로 보증은행은 변조된 보증수표를 취득한 정당소지인에게 변조된 문언에 따라 지급한 경우에는, 동 수표가 변조된 형태에서 보증된 것이든 또는 보증 후에 변조된 것이든 불문하고, 정당소지인에 대하여 상환청구를 할 수 없다.[106]

---

99) A. L. I. Restatment of the Law, Restitution § 31.

100) U.C.C. § 4-401(2)(a)(지급은행은 변조된 증권의 원문언에 대해서는 발행인의 구좌에서 차기할 수 있음).

101) U.C.C. § 3-407(3)(정당소지인은 변조된 증권의 원문언에 따라서 지급을 강제할 수 있음).

102) U.C.C. § 4-207(3)(제시 및 추심담보는 배서가 없거나, 담보문언이 없거나, 또는 양도 또는 제시에서 담보가 없는 경우에도 발생한다).

103) U.C.C. § 3-414.

104) Cashier's check는 「은행이 자기자신을 지급인으로 하여 발행한 수표로, 권한이 있는 은행의 직원이 발행하고 수취인이 지급은행에 지급제시하여 수표금액을 은행으로부터 받을 수 있는 수표」라고 정의하고 있으므로[*Black's Law Dictionary* at 196(5th ed., 1979)], 자기앞수표라고 번역하여 둔다.

105) U.C.C. §§ 3-417(1)(c)(ii) and 4-207(1)(c)(ii).

106) U.C.C. §§ 3-417(1)(c)(iii)(iv) and 3-207(1)(c)(iii)(iv).

(나) 발행인에 귀책사유가 있는 경우: 이러한 수령인 또는 추심은행에 대한 지급인의 상환청구권은, 증권의 발행인의 귀책사유에 기인하여 변조가 되어 발행인이 지급인에게 변조의 항변을 주장할 수 없게 되어 지급인에게 손실이 없는 경우에는, 인정되지 않는다.107) 그러나 이때에는 추심은행의 담보책임을 물어 상환청구권을 인정하고 이를 귀책사유가 있는 발행인의 구좌에 다시 입금하도록 하는 판례도 있다.108)

## (3) 지급인에게 과실 있는 경우의 상환청구권 인정 여하?

지급인이 수령인 등에 상환청구권을 행사하기 위하여는 지급인이 선의이어야 하는 점은 U.C.C.가 명문으로 규정하고 있으나,109) 과실도 없어야 하는지에 대하여는 명문으로 규정하고 있지 않다. 이에 대하여 판례는 대체로 지급인의 무과실을 요구하지 않으나, 일정한 경우에는 무과실을 요구한다.

지급은행에게 변조수표의 지급에 과실이 있는 경우에도 지급은행은 상환청구권이 있다고 판시한 것으로는, 변조된 수표를 지급인으로부터 지급받기 전에 현금화하여 준 소지인이 지급은행으로부터 지급을 받은 사실에서, 지급은행이 동 변조수표를 지급할 때에 동 수표의 발행인이 발행한 수표의 목록을 갖고 있고 지급은행이 이 목록을 조사했더라면 사기(변조─필자 주)를 알 수 있었을 경우에도, 동 변조수표의 지급인은 소지인(수령인)에 대하여 상환청구권이 있다고 판시한다.110) 또 발행인으로부터 특별지시를 받고 또 변조의 명백한 흔적이 있음에도 불구하고 이에 대하여 발행인에 대하여 조회하지 않고 지급하여 지급은행에 과실이 있는 경우도 제시의 담보책임이 면제되지 않아 지급은행은 추심은행에 대하여 상환청구권이 있다고 판시하였다.111) 그러나 수표에 변조의 흔적이 있는 경우에 지급은행의 추심은행에 대한 상환청구권을 부인한 판례도 있다.112) 또한 발행인의 과실도 지급은행의 상환청구시에 지급을 받은 자가 이를 항변으로 이용

---

107) Canadian Imperial Bank of Commerce v. Federal Reserve Bank of New York, 64 Misc. 2d 959, 316 N.Y.S. 2d 507(1970).

108) Mellon Nat. Bank v. Merchants Bank, 15 U.C.C. Rep. 691, 90 B.L.J. 853(D.C.N.Y. 1972).

109) U.C.C. § 3-417(1).

110) Merchants Bank v. Exchange Bank, 16 La. 457(1840).

111) First Nat. Bank v. Trust Co. of Cobb County, 510 F. Supp. 651(D. C. Ga., 1981)(추심은행이 동 수표를 입금받기 전에 조사했어야 한다고 함).

112) Charleston Paint Co. v. Exchange Banking & Trust Co., 129 S. C. 290, 123 S. E. 830, 41 B.L.J. 899(1924).

하지 못한다고 판시한다.113) 그러나 변조수표를 지급한 은행은 변조사실을 발견
하면 지급을 받은 자에게 합리적으로 신속한 통지를 해야 할 의무가 있는데, 지
급은행이 이러한 통지를 지체하면 수령인 등에 대한 상환청구권이 없다고 판시
한 판례가 있다.114) 지급인이 은행인 경우에는 이에 대하여, "고객과 추심은행의
증권의 양도 또는 제시에 대한 담보책임의 위반에 따른 청구권은 청구권자가 그
위반에 대하여 안 후 상당한 기간 내에 주장하지 않으면, 책임을 부담하는 자는
청구를 지체함에 따라 발생된 손실의 범위 내에서 면책된다"고 명문으로 규정하
고 있다.115)

　　수령인 또는 추심은행이 지급은행에 수표에 대하여 조회하고, 지급은행이
「좋다」고 답변한 후에, 동 수표의 변조사실이 확인된 경우에, 지급은행은 수령인
또는 추심은행에 대하여 상환청구를 할 수 있는가?

　　이에 대하여 미국의 통일상법전에는 명문의 규정이 없고, 판례는 이를 긍정
하고 있다. 즉, 수령인 등이 지급은행의 임원 등이 동 수표가 「좋다」고 대답하여
이 말을 믿고서 대가를 지급하고 동 지급은행으로부터 수표대금을 지급받은 후
에도, 지급은행은 (동 수표가 변조임을 발견한 때에는—필자 주) 수령인 등에 대하여
상환청구권을 갖는다고 판시하면서, 그 이유를 "지급은행은 예금주의 잔액(회계)
의 상태(status)와 예금주의 서명을 확인할 의무가 있고 지급은행이 '좋다'고 답변
한 것은 이 두가지에 한정되고 동 수표가 변조되지 않았다는 것을 확인하는 의
미는 아니다. 동 수표가 변조되었는지의 여부를 확인할 의무는 소지인에게도 지
급인과 똑같이 있는 것이다"고 설명한다.116) 이 경우에 제시인이 추심은행인 경
우에는 추심은행은 다시 추심의뢰인(예금주)에게 상환을 청구할 수 있다고 판시
한다.117)

---

113) Farmers Bank v. Bank of Abbeville, 20 Ga. App. 472, 116 S. E. 204, 40 B.L.J.
　　304(1923); Manufacturers Trust Co. v. Harriman Nat. Bank, 146 Misc. 551, 262 N.Y.S.
　　482, 50 B.L.J. 613(1932); Long Island Trust Co. v. National Bank of No. America, 28
　　U.C.C. Rep. 1442(N.Y.S.Ct., 1980).
114) Continental Nat. Bank v. Metropolitan Nat. Bank, 107 Ill. App. 455, 31 B.L.J.
　　469(1903)(5년간 통지를 지체함에 상환청구권을 부인함).
115) U.C.C. § 4-207(4).
116) Espy v. First Nat. Bank, 18 Wall. (U. S. )604, 21 L. Ed. 947(1874); Redington v.
　　Woods, 45 Cal. 406, 13 Am. Rep. 190, 31 B.L.J. 468(1873); Parke v. Roser, 67 Ind. 500,
　　33 Am. Rep. 102(1879); Central Nat. Bank v. F. W. Drosten Jewelry Co., 203 Mo. App.
　　646, 220 S. W. 511(1920); City Bank of Houston v. First Nat. Bank, 45 Tex. 203(1876).
117) Oppenheim v. West Side Bank, 22 Misc. 722, 50 N.Y.S. 148(1898).

### (4) 발행인의 상환청구권 인정 여하?

지급은행이 변조된 수표를 추심은행에 지급한 경우에 동 변조수표의 발행인이 추심은행 또는 수령인에 대하여 직접 상환청구를 할 수 있는가? 이에 대하여 발행인의 추심은행 또는 수령인에 대한 직접의 상환청구(추심은행의 제시담보책임 위반을 이유로 함)를 부인하는 것이 일반적인 미국의 판례이다.118)

### (5) 추심인의 양도인에 대한 상환청구권

지급은행이 변조수표를 지급한 경우에 추심은행으로부터 상환받은 경우에, 추심은행은 다시 동 수표대금을 지급받은 자(추심은행의 예금주—필자 주)에 대하여 상환을 청구할 수 있다.119) 이것은 증권을 양도하는 자는 자기의 양수인에게 동 증권이 중대하게 변조되지 아니하였음을 담보하기 때문이다.120) 따라서 추심은행이나 동 변조수표에 대하여 책임을 지는 자는 자기의 전자에게 상환청구를 할 수 있는 것이다. 이러한 과정은 변조자로부터 증권을 취득한 자에 이를 때까지 계속된다.121) 이때에도 양수인은 지급인과 똑같이 선의이어야 한다.122) 또한 지급인의 상환청구권과 똑같이 배서 존재 등을 불문하며 청구권자는 변조 사실의 통보를 받은 때부터 상당한 기간 내에 다시 양도인에게 통보를 해야 한다.123)

## 3. 한국법과 미국법과의 비교

### 가. 발행위조의 경우

발행위조의 증권을 지급인이 선의·무과실로 지급한 경우에, 한국법에서는 당사자간의 면책약관 또는 상관습 등에 근거하여 지급인이 면책될 수 있으나, 미

---

118) Gregory—Salisbury Prods., Inc. v. Whitney Nat. Bank, 160 So. 2d 813, 81 B.L.J. 619(La. App., 1964); New Hampshire Ins. Co. v. Bank of the Southwest, 584 S. W. 2d 560(Tex. Civ. App., 1979); Dynamic Temporary Help, Inc. v. Garment Check Cashing, Inc., 423 N.Y.S. 2d 445(mem. )(N. Y. App. Div., 1979)(이를 "일반뉴욕규칙"이라 함).
　　반대 판례: Sun'N Sand, Inc. v. United California Bank, 21 Cal. 3d 671, 148 Cal. Rptr. 329, 582 P. 2d 920(1978).

119) Closter Nat. Bank v. Federal Reserve Bank, 285 F. 138, 40 B.L.J. 165(C. A. 2, N. Y., 1922); Birmingham Nat. Bank v. Bradley, 103 Ala. 109, 15 So. 440(1893); Rapp v. National Security Bank, 136 Pa. 426, 20 A. 508, 4 B.L.J. 86(1890).

120) U.C.C. §§ 3-417(2)(c) and 4-207(2)(c).

121) Bailey, *supra* at 21-40.

122) U.C.C. §§ 3-417(2) and 4-207(2).

123) U.C.C. § 4-207(3)(4).

국법에서는 발행인의 지시에 따른 지급이 아니라 하여 지급인은 면책되지 않고 또 전자에 대한 상환청구권도 없다.

### 나. 배서위조의 경우

배서위조있는 증권을 지급인이 선의·무과실로 지급한 경우에, 한국법에서는 어음법 제40조 3항에 근거하여 지급인이 면책되나, 미국법에서는 발행위조의 경우와 같이 발행인의 지시에 따른 지급이 아니라 하여 지급인은 면책되지 않고 다만 지급인은 전자에 대하여 상환청구를 할 수 있다.

### 다. 변조의 경우

변조증권을 지급인이 선의·무과실로 지급한 경우에, 한국법에서는 발행위조의 경우와 같이 면책약관 또는 상관습 등에 근거하여 지급인은 면책될 수 있으나, 미국법에서는 지급인이 면책되지 않고 전자에 대하여 상환청구를 할 수 있다.

# 어음위조의 입증책임*

— 대상판결: 대법원 1993. 8. 24. 선고 93 다 4151(전원합의체판결) —

## Ⅰ. 사실관계

A는 B에게 발행일 1992. 1. 20, 만기 같은 해 4. 20, 어음금액 20,000,000 원, 발행지 및 지급지 서울특별시, 지급장소 한국주택은행 갈월동 지점인 약속어음 1통을 발행하고, B는 C에게, C는 D(제1심 공동피고)에게, D는 Y(피고)에게, Y는 X(원고)에게 각각 순차로 배서·양도하였다. 그런데 이때 Y는 자신의 배서는 자기의 인장을 보관하고 있던 E가 자신의 동의 없이 날인한 것이므로 X에 대하여 어음상의 책임(소구의무)이 없다고 주장하였다.

이에 대하여 원심인 부산지방법원(부산지판 1992. 12. 11, 92 나 9187)은 Y의 주장과 일치하는 E의 증언은 믿지 아니하고, 또한 달리 이를 인정할 만한 증거가 없으므로 위 서증(약속어음)이 진정한 것으로 추정된다는 전제하에 Y(피고)는 배서위조의 사실을 입증(증명, 이하 같다)하지 못하는 한 배서인으로 X에게 어음금을 지급할 의무가 있다고 판시하였다. 즉, 약속어음에서 배서가 형식적으로 연

---

* 이 글은 정찬형, "어음위조의 입증책임—대상판결: 대법원 1993. 8. 24. 선고 93 다 4151(전원합의체판결)—," 「판례월보」(판례월보사), 통권 제285호(1994. 6), 16~24면의 내용임(이 글에서 필자는 '어음위조의 경우 피위조자에게 입증책임을 부담시킬 수 없다'는 점에서 본 판결의 다수의견의 결론에 찬성함).
　이와 관련하여 참고할 수 있는 필자의 글로는 정찬형, "어음위조의 입증책임," 법률신문, 제1956호(1990. 8. 6), 15면 등이 있음.

속되어 있으면 그 소지인은 정당한 권리자로 추정되므로, 배서가 Y의 주장과 같이 위조된 것이라고 하더라도 이를 주장하는 사람(Y)이 그와 같은 사실 및 소지인이 고의 또는 중대한 과실로 어음을 취득한 사실을 주장·입증하여야 할 것인바, X가 Y의 주장과 같은 사정을 알고 이 사건 어음을 취득하였다거나 이를 알지 못하였음에 중대한 과실이 있었다는 점에 관하여 아무런 주장·입증이 없으므로, Y의 주장은 이유가 없고, Y는 어음금을 지급할 의무가 있다는 것이다.

이에 대하여 Y(피고)가 대법원에 상고하게 된 것이다.

## II. 대법원 판결요지

### 1. 다수의견

① 민사소송에서의 입증책임(증명책임, 이하 같다—필자 주)의 분배에 관한 일반원칙에 따르면 권리를 주장하는 자가 권리발생의 요건사실을 주장·입증하여야 하는 것이므로 어음의 소지인이 어음채무자에 대하여 어음상의 청구권을 행사하는 경우에도 어음채무발생의 근거가 되는 요건사실, 즉 어음채무자가 어음행위를 하였다는 점은 어음소지인이 주장·입증하여야 한다고 본다.

배서의 자격수여적 효력에 관하여 규정한 어음법 제16조 제1항은 어음상의 청구권이 적법하게 발생한 것을 전제로 그 권리의 귀속을 추정하는 규정일 뿐, 그 권리의 발생 자체를 추정하는 규정은 아니라고 해석되므로, 위 법조항에 규정된 「적법한 소지인으로 추정한다」는 취지는 피위조자를 제외한 어음채무자에 대하여 어음상의 청구권을 행사할 수 있는 권리자로 추정된다는 뜻에 지나지 아니하고, 더 나아가 자신의 기명날인이 위조된 것임을 주장하는 사람에 대하여까지도 어음채무의 발생을 추정하는 것은 아니라고 할 것이다. 그렇다면 어음에 어음채무자로 기재되어 있는 사람이 자신의 기명날인이 위조된 것이라고 주장하는 경우에는 그 사람에 대하여 어음채무의 이행을 청구하는 어음의 소지인이 그 기명날인(또는 서명—필자 주)이 진정한 것임을 증명하지 않으면 안된다.

따라서 종전에 당원이 판시한 의견 중 이와 견해를 달리하여 자신의 배서가 위조되었음을 주장하는 사람이 그 위조사실 및 소지인이 선의취득을 하지 아니한 사실을 입증하여야만 배서인으로서의 책임을 면할 수 있는 것이라고 해석한 의견(1971. 5. 24. 선고, 71 다 570 판결; 1987. 7. 7. 선고, 86 다카 2154 판결 등)은 변경하기로 한다.

② Y명의의 배서란에 찍힌 Y명의의 인영이 Y의 인장에 의한 것임을 Y가 인정하고 있으므로 그 채무부분이 진정한 것으로 추정되기는 하지만, 그 인영이 작성명의인인 Y 이외의 사람이 날인한 것으로 밝혀질 때에는 위와 같은 추정은 깨어지는 것이므로, 이와 같은 경우에는 이 사건 어음을 증거로 제출한 X가 작성명의인인 Y로부터 날인할 권한을 위임받은 사람이 날인한 사실까지 입증하여야만 그 배서부분이 진정한 것임을 증명되는 것인바(당원 1989. 4. 25. 선고, 89 다카 6815 판결; 1990. 4. 24. 선고, 89 다카 21569 판결 등 참조), 기록에 의하면 Y명의의 배서란에 찍힌 Y명의의 인영이 Y가 날인한 것이 아니라 E가 날인한 것임은 X도 스스로 인정하고 있는 바이므로, E에게 Y를 대리하여(대행하여—필자 주) Y 명의로 배서할 권한이 있음이 증명되어야만 Y명의의 배서부분이 진정한 것임을 인정할 수 있을 터인데, 이 점을 인정할 만한 증거를 기록에서 찾아 볼 수 없음에도 불구하고 원심이 Y의 배서를 진정한 것으로 추정하였으니, 이는 원심판결이 Y명의의 인영을 Y가 날인한 것이 아님을 자인하고 있는 X(소송대리인)의 진술을 간과하였거나 사문서의 진정의 추정에 관한 법리를 오해한 위법이 있다.

③ Y명의의 배서란을 자세히 살펴보아도 지급거절증서의 작성을 면제하는 문구가 기재되어 있는 것을 찾아볼 수 없을 뿐만 아니라 이 점을 인정할 다른 증거도 없으므로, Y가 지급거절증서의 작성을 면제하고 위 어음을 배서양도한 사실을 인정한 원심판결에는 채증법칙을 위반한 위법도 있다고 할 것이다.

## 2. 소수의견

① 다수의견이 어음법 제16조 제1항에 규정된 「적법한 소지인으로 추정한다」는 취지에 대하여, 이는 피위조자를 제외한 어음채무자에 대하여 어음상의 청구권을 행사할 수 있는 권리자로 추정된다는 뜻에 지나지 아니하고 나아가 자신의 기명날인이 위조된 것임을 주장하는 사람에 대하여까지도 어음채무의 발생을 추정하는 것은 아니라고 하는 것은, 합리적 근거 없이 어음법 제16조 제1항을 제한해석함으로써 배서의 연속이라는 외형적 사실에 의하여 어음의 유통성을 보장하려는 어음법 제16조 제1항의 규정취지를 반감시키는 것으로 생각되어 찬성 할 수 없다. 즉, 어음법 제16조 제1항은 모든 어음채무자에 대하여 어음상의 청구권을 행사할 수 있는 권리자로 추정된다는 취지로 해석하여야지 다수의견과 같이 피위조자를 제외한 어음채무자에 대하여만 위와 같이 추정되는 것이라고 제한적

으로 해석할 수는 없다.

그리고 일반적으로 적법한 권리자의 추정은 의무발생의 추정을 전제로 이를 포함하고 있는 것으로 보아야 그 추정의 진정한 의미가 있는 것이므로, 피위조자를 포함한 어음채무자에 대하여 어음상의 청구권을 행사할 수 있는 권리자로 추정된다는 것은 그 어음채무자의 어음채무의 발생을 전제로 어음채무발생에 대한 추정을 포함하고 있는 것으로 해석할 수 있을 것이며, 이와 같은 해석이 어음법 제16조 제1항의 규정취지에 부합하는 것이다.

② 민사소송에서의 입증책임 분배에 관한 일반원칙에 따르면, 권리를 주장하는 자가 권리발생의 요건 사실을 주장·입증하여야 하는 점에는 이론이 있을 수 없다. 한편 입증책임의 분배에 있어서는 공평의 요청과 정책적 고려에서 입증책임의 전환을 규정한 예가 흔히 있는데(민법 제755조, 제756조, 제759조 등) 어음법 제16조 제1항도 이러한 정책적 고려에서 규정된 것이며, 이로 인하여 어음소지인의 적법한 권리취득 및 그 전제가 되는 어음채무의 발생(즉, 어음채무자의 기명날인)의 진정을 추정한다.

③ 어음의 위조는 그 위조의 태양에 따라서 인장 자체를 새로 각인하여 위조하는 경우와 피위조자가 사용하는 인장을 도용하는 경우로 나누어 볼 수 있는데, 후자의 경우에는 기명날인이 본인의 의사에 기하여 진정하게 이루어진 것으로 추정되므로 그 인영이 도용된 것이라고 주장하는 자가 그 도용사실을 입증하여야 하는 것이고, 이때에 피위조자 측은 비교적 손쉽게 위조사실을 증명할 수 있는 반면 어음소지인측은 이러한 입증자료를 입수하지 못하여 위조사실의 증명이 불가능할 경우가 많을 것이라는 점을 감안하면 피위조자 측에 입증책임을 부담시킨다고 하여 그에게 지나치게 가혹하여 공평을 잃은 것으로 볼 수 없다. 따라서 배서가 위조된 경우에도 이를 주장하는 사람이 그 위조사실을 입증하여야 한다고 해석한 당원 1971. 5. 24. 선고, 71 다 570 판결; 1987. 7. 7. 선고, 86 다카 2154 판결의 견해를 변경하려는 다수의견에 찬성할 수 없다.

④ 이 사건 약속어음의 배서가 형식적으로 연속되어 있으므로 그 소지인인 X는 정당한 권리자로 추정되고 Y명의의 배서가 진정한 것으로 추정되기는 하지만, 작성명의인인 Y 이외의 사람이 날인한 것으로 밝혀진 때에는 위와 같은 추정의 적용은 배제되고 어음소지인 X가 작성명의인인 Y로부터 날인한 권한을 위임받은 사람이 날인을 한 사실을 입증할 필요가 있다. 따라서 이 사건에서 E가 Y명의의 배서를 할 권한이 있었다는 사실을 인정할 만한 증거를 찾아 볼 수 없

음에도 불구하고 원심이 Y명의의 배서부분이 진정한 것으로 추정한 것은, X(소송대리인)가 Y명의의 인영이 Y가 날인한 것이 아님을 자백하고 있는 점을 간과하였거나 채증법칙위배의 위법이 있다(이 점은 그 결과에 있어서는 다수의견과 같음— 필자 주).

## Ⅲ. 평 석

### 1. 서 언

① 어음위조의 입증책임을 피위조자(피고)가 부담하느냐 또는 어음소지인(원고)이 부담하느냐에 대하여는 종래부터 학설이 나뉘어 있었다. 즉, 이에 대하여 우리나라의 소수설은 「위조어음의 입증책임에 대하여는 특별한 규정이 없으므로 일반원칙에 따라 위조라는 것을 주장하는 측(피위조자)이 입증책임을 진다」고 하여 피위조자(피고)에게 입증책임이 있다고 하나,1) 다수설은 「피위조자가 자기의 기명날인이 위조되었음을 주장하는 것은 어음소지인의 주장사실에 대한 적극부인에 불과하고 또한 이때에 피위조자에게 입증책임을 부담시키는 것은 피위조자에게 너무 가혹하므로 위조의 입증책임은 어음소지인(원고)에게 있다」고 하여 어음소지인(원고)이 위조의 입증책임을 부담한다고 한다.2)

② 이에 대하여 우리나라의 종래의 판례는 「약속어음의 배서가 형식적으로 연속되어 있으면 그 소지인은 정당한 권리자로 추정되므로(어음법 제16조 제1항, 77조 제1항 제1호) 배서가 위조된 경우에는 이를 주장하는 사람이 그 위조사실 및

---

1) 서돈각, 「제3전정 상법강의(하)」(서울: 법문사, 1985), 83면; 이범찬, 「개정 상법강의」(서울: 국민서관, 1985), 283면; 이기수, "위조 있는 어음의 입증책임(판례평석)," 법률신문, 제1889호 (1989. 11. 13), 11면(어음에서 위조가 있었다면 그 위조 있음에 대한 입증책임은 어음 밖의 사실관계이므로 위조 있음을 주장하는 피위조자인 피고에게 있다); 채이식, 「상법강의(하)」(서울: 박영사, 1992), 267면(이때의 입증책임이란 증거제출책임, 즉 형식적 입증책임을 의미하는데, 이러한 입증책임은 위조를 주장하는 측이 부담한다).

2) 정동윤, 「어음·수표법(3정증보판)」(서울: 법문사, 1992), 166면; 손주찬, 「제5정증보판 상법(하)」(서울: 박영사, 1993), 92면; 최기원, 「신정증보판 어음·수표법」(서울: 박영사, 1990), 162면; 서돈각·정찬형, 「어음법·수표법」(서울: 서울대출판부, 1991), 189~190면(정찬형 견해); 정무동, 「전정판 상법강의(하)」(서울: 박영사, 1985), 322면 외.

동지: 정희철, 「상법학(하)」(서울: 박영사, 1990), 98면(어음위조의 입증책임은 이를 주장하는 자에게 입증책임이 있다는 원칙에 따라 권리를 주장하는 어음소지인에게 있다고 하면서, 다만 배서위조의 경우에는 이 입증책임이 전도되어 피위조자 측에 있다고 한다).

소지인이 선의취득을 하지 아니한 사실을 입증하여야 한다」고 판시하여, 피위조 자(피고)에게 입증책임이 있다고 하였다.3)

그런데 이번에 대법원에서는 전원합의체판결로써 종래의 판결을 변경하여 어음소지인(원고)이 위조의 입증책임을 부담한다고 판시한 것이다.

③ 어음위조의 사실이 명백하지 않은 경우에 이의 입증책임을 누가 부담하 느냐는 피위조자가 어음채무를 부담하는지 여부와 직결되는 문제로서 매우 중요 하다. 왜냐하면 피위조자는 위조의 사실이 입증되면 원칙적으로 누구에 대하여도 어음상의 책임을 부담하지 않으나, 위조의 사실이 입증되지 않으면 피위조자는 누구에 대하여도 어음상의 책임을 부담하여야 하기 때문이다. 위조의 사실이 입 증되더라도 거래의 안전을 위하여 피위조자는 예외적으로 (어음상의) 책임을 지는 경우가 있는데(민·상법상의 표현대리의 법리를 유추적용하거나 사용자배상책임의 법리에 의하여), 이것은 위조의 사실이 입증된 후의 문제이므로 입증책임과는 직접 관련 이 없다. 또한 어음위조의 입증책임을 누구에게 부담시키느냐는 진실존중의 요구 (피위조자의 보호)와 외관존중의 요구(어음소지인의 보호)의 조화의 문제이면서 동시 에 민사소송법상의 서증의 입증책임에 관한 일반원칙과도 직결되는 문제이므로, 매우 복잡하고 혼동하기 쉽다. 이 점은 본 판결이 종래의 판례를 변경한 점 및 본 판결에서도 다수의견과 소수의견으로 나뉘어 있는 점에서 잘 나타나 있다고 볼 수 있다.

이 판결에 대하여는 일부 반대의 평석도 있으나4) 많은 찬성의 평석이 나오 고 있다.5)

---

3) 대판 1987. 7. 7, 86 다카 2154(법원공보 807호, 1296면)[이 판결에 찬성하는 평석으로는 이 기수, 법률신문, 제1889호(1989. 11. 13), 11면이 있고, 반대하는 평석으로는 정동윤, 법률신 문, 제1883호(1989. 10. 23), 11면; 정찬형, "어음위조의 입증책임(판례평석)," 법률신문, 제 1956호(1990. 8. 6), 15면; 동, "어음(수표)의 위조·변조에 대한 입증책임," 「고시계」, 1993. 8. 19~21면이 있다].
   동지: 대판 1974. 9. 24, 74 다 902.
4) 이기수, "위조있는 어음의 입증책임," 법률신문, 제2253호(1993. 10. 4), 15면(본 판결의 소 수의견과 같이 어음의 유통성을 보호하기 위하여 피위조자에게 어음위조의 입증책임을 부담 시켜야 한다고 주장한다); 안동섭, "배서위조의 주장과 입증책임," 「판례월보」, 제279호(1993. 12), 19~23면(본 판결의 소수의견과 같이 피위조자보호를 위하여 어음의 유통성보호를 위한 어음법 제16조 제1항의 적용범위를 법적 근거 없이 제한하는 것은 부당하므로 피위조자에게 어음위조의 입증책임을 부담시켜야 한다고 주장한다).
5) 정동윤, "배서가 위조된 경우의 입증책임," 법률신문, 제2264호(1993. 11. 15), 15면(본 판결 의 다수의견이 어음소지인은 어음채무자가 어음채무를 부담하는 행위를 하였다는 점을 입증 하여야 한다고 설시한 것은 입증책임의 일반원칙에 비추어 지극히 당연하며, 또한 근대사법상 누구도 법률상의 원인 없이 책임을 지지 아니한다는 사법상의 채무부담의 원칙에서도 명약관

본건 대법원판결의 다수의견은 앞에서 본바와 같이 크게 세 가지로 나뉘어진다. 즉, (i) 어음법 제16조 1항과 어음위조의 입증책임과의 관계, (ii) 민사소송법 제358조와 어음위조의 입증책임과의 관계 및 (iii) 지급거절증서작성면제 여부의 문제가 그것이다. 그런데 (iii)의 문제는 어음위조의 입증책임과는 무관한 문제이므로, 이곳에서는 (i) 및 (ii)의 문제에 관하여만 검토한 후 마지막으로 결어에서 요점을 정리하여 보고자 한다.

## 2. 어음법 제16조 제1항과 어음위조의 입증책임과의 관계

어음법 제16조 제1항(어음법 제77조 제1항 제1호에 의하여 약속어음에 준용)은 「환어음의 점유자가 배서의 연속에 의하여 그 권리를 증명하는 때에는 이를 적법한 소지인으로 추정한다」고 규정하고 있는데, 이에 의하여 본건 원심 및 과거의 대법원판례는 앞에서 본 바와 같이 피위조자인 Y가 위조의 입증책임을 부담한다고 한다. 그러나 어음법 제16조 제1항은 어음채무의 존재(범위)의 추정규정이 아니라 어음상의 권리의 귀속에 관한 추정규정이다. 따라서 이 규정은 어음채

---

화한 일이며, 또한 어음법 제16조 제1항은 어음상의 권리가 유효하게 성립한 것을 전제로 하여 그 권리가 어음소지인에게 귀속한다는 것을 추정하는 규정이지 어음상의 권리의 발생, 환언하면 어음채무의 성립까지를 추정하는 규정이 아니므로 이 규정을 근거로 하여 어음위조의 입증책임이 전환되어 피위조자가 부담한다고 할 수는 없다); 최기원, "어음위조의 항변과 입증책임," 법률신문, 제2257호(1993. 10. 18), 15면(어음법 제16조 제1항의 권리추정은 어음채무자에 대하여만 인정되는 것이지 전혀 어음채무부담행위를 하지 않은 자에 대하여까지도 권리가 추정되는 것은 아니며, 민사소송법 제358조의 사문서의 진정추정은 서명이나 날인이 진정한 경우에 그 사문서가 진정한 것으로 추정된다는 의미로 채무자가 사문서의 진정성은 인정하지 않은 때에는 원고인 채권자가 사문서의 진정성을 입증하여야 한다는 점에서 다수의견에 찬성함); 정진세, "어음위조의 입증책임," 법률신문, 제2266호(1993. 11. 22), 15면(어음법 제16조 제1항이 권리의 귀속에 관한 추정규정이지 권리의 발생에 관한 추정규정은 아니라는 점에 대하여 대법원의 다수의견에 찬성하나, 민사소송법 제358조와 관련하여 위조자인 E가 피위조자인 Y의 인장을 압날했다는 사실이 밝혀졌다고 해도 E는 Y의 의사에 따라 압날한 것이라는 추정이 유지되므로 E가 Y의 인장을 압날했다는 사실만으로 E는 Y의 승낙 없이 압날했을 것으로 추정하여 X가 E는 권원(權原)에 기하여 압날하였다는 사실을 입증하여야 한다는 것은 사리에 맞지 않는다고 하여 이 점에서는 다수의견 및 소수의견에 반대한다); 김교창, "어음위조의 입증책임," 「판례월보」, 제282호(1994. 3), 16~26면(어음법 제16조 제1항과 관련하여 다수의견에 찬성하나, 민사소송법 제358조와 관련하여는 본건과 같은 인영위조의 경우는 어음행위의 진정성립이 추정되므로 피위조자인 Y가 입증책임을 부담하고 이 추정은 그 인영이 타인에 의하여 압날된 것이라는 사실이 밝혀진 것만으로는 깨어진다고 볼 수 없으므로 이점에서는 다수의견 및 소수설에 반대한다); 강위두, "어음위조의 입증책임," 「판례월보」 제281호(1994. 2.), 15~20면(어음법 제16조 제1항은 어음소지인과 어음채무자간의 관계로서 어음채무를 부담하지 않는 피위조자에게는 적용되지 아니하고, 피위조자의 위조의 항변은 민사소송법상은 항변은 아니고 부인에 불과하고, 또한 민사소송법상의 입증책임의 분배에 관한 일반원칙에 의하여 볼 때도 어음소지인이 입증책임을 부담한다는 다수의견에 찬성한다).

무를 정당하게 부담하는 자(본건에서 A, B, C 및 D)와 어음소지인(본건에서 X)간의 관계에서 어음소지인의 자격수여적 효력을 인정하여 이의 결과 선의취득(어음법 제16조 제2항, 제77조 제1항 제1호) 및 지급인의 면책(어음법 제40조 제3항, 제77조 제1항 제3호)를 인정하는 것이지, 어음채무의 존재(범위)를 다루는 자(Y)와의 관계에서 어음채무를 부담시키거나 또는 이와 관련하여 입증책임의 전환을 가져오는 규정으로는 도저히 볼 수 없다. 그러므로 어음법 제16조 제1항을 근거로 하여 피위조자(Y)에게 위조의 입증책임이 있다고 볼 수는 없는 것이다.[6]

이러한 점에서 보면 본건 대법원판결의 다수의견은 너무나 타당하다고 생각되며, 이번에 전원합의체판결로써 종래의 판례를 변경하여 바로 잡은 것은 조금 늦은 감은 있으나 지극히 당연한 사필귀정이라고 본다.

본건 대법원판결의 소수의견은 어음의 유통성만을 강조하여 어음법 제16조 제1항의 의미를 피위조자를 포함한 어음채무자에 대하여 어음상의 청구권을 행사할 수 있는 권리자로 추정된다는 것(즉, 어음채무자의 어음채무발생에 대한 추정을 포함하는 것)으로 해석하고 있으나, 이는 우리 어음법의 해석에 있어서 진실존중의 요구와 외관존중의 요구를 조화시켜야 한다는 점 및 권리귀속의 면과 채무부담의 면은 구별된다는 점을 간과한 것으로 타당하다고 할 수 없다.[7]

본건 원심은 「피위조자(Y)가 위조사실 및 어음소지인(X)이 고의 또는 중과실로 어음을 취득한 사실을 입증하여야 어음채무를 면하는 것이다」고 판시하고 있는데, 이는 권리귀속의 면과 채무부담의 면을 혼동한 극치의 면이라고 볼 수 있다. 즉, (피위조자가 입증책임을 부담한다는 전제하에) Y가 위조사실을 입증하는 것은 채무부담의 면으로 X가 어음상의 권리자라도 자기가 어음채무를 부담하지 않는다는 의미이고, Y가 X의 악의 또는 중과실을 입증하는 것은 권리귀속의 면으로 Y는 (비록 자기가 어음채무를 부담하는 경우에도) X가 무권리자이기 때문에 지급할 수 없다는 것으로, 양자는 명백히 구별되는 것이다. 따라서 Y가 위조의 사실을 입증하면 Y는 「어음위조의 항변」을 주장하는 것이나, X의 악의 또는 중과실의 사실을 입증하면 「X가 무권리자라는 항변」을 주장하는 것이다. 따라서 Y의 경우에는 위조의 사실을 입증하든가 또는 X의 악의 또는 중과실의 사실을 입증하면 X에게 어음채무의 이행을 거절할 수 있는 것이지, 양자를 모두 입증하여야 어음

---

　6) 서돈각·정찬형, 「어음법·수표법」(서울: 서울대 출판부, 1991), 190면; 정찬형, 전게 법률신문(1990. 8. 6.), 15면; 동, 전게 고시계(1993. 8.), 20~21면.

　7) 동지; 김교창, 전게 판례월보(1994. 3.), 20~21면.

채무의 이행을 거절할 수 있는 것은 결코 아니다.

## 3. 민사소송법 제358조와 어음위조의 입증책임과의 관계

① 민사소송법 제358조는 「사문서는 본인 또는 그 대리인의 서명이나 날인 또는 무인(拇印)이 있는 때에는 진정한 것으로 추정한다」고 규정하고 있는데, 이 규정에 의하여 입증책임이 전환되어 피위조자가 입증책임을 부담하는 것이 아닌가 하는 의문이 있다. 그런데 민사소송법 제358조는 요건사실에 관한 입증책임을 정한 추정규정은 아니고 법정증거법칙일 뿐이므로, 이를 번복시키기 위하여는 입증책임을 정한 추정규정을 번복하기 위하여 필요한 반대사실 증명을 요하지는 않고, 추정되는 간접사실에 대한 법원의 확신을 흔들리게 하는 정도의 반증으로써 족하다고 볼 수 있다[8](즉, 이는 입증책임의 문제가 아니라, 입증의 필요성의 문제에 불과하다고 볼 수 있다). 따라서 서증의 일반원칙을 규정한 민사소송법 제358조의 규정만을 가지고 어음위조에서 위조의 입증책임이 피위조자에게 있다고 볼 수는 없다고 생각한다.[9]

이러한 점에서 볼 때 본건 대법원판결의 다수의견이 「Y명의의 배서란에 찍힌 Y명의의 인영이 Y의 인장에 의한 것임을 Y가 인정하고 있으므로 그 배서부분이 진정한 것으로 추정되기는 하지만 …」이라고 하여, (판결문상 명백하지는 않지만) 민사소송법상 제358조에 의하여 어음위조에서 위조의 입증책임이 전환되는 의미로 판시한 것은 타당하지 않다고 본다. 그러나 대법원은 이어 다시 「…그러나 그 인영이 작성명의인인 Y 이외의 사람이 날인한 것으로 밝혀질 때에는 위와 같은 추정은 깨어지는 것이므로, 어음소지인인 X가 Y로부터 날인할 권한을 위임받은 사람이 날인을 한 사실을 입증하여야만 배서부분이 진정한 것으로 증명된다」고 판시하여[10](이러한 점은 본건 대법원판결의 소수의견도 다수의견과 일치하고 있다), 어음소지인이 어음위조의 입증책임을 진다고 하고 있는데, 이것은 그 결과에 있어서는 필자의 견해와 동일하게 되었다고 본다. 그런데 본건 대법원판결의 다수의견에 의하면 Y의 인영이 작성명의인인 Y 이외의 사람이 날인한 것으로

---

8) 정찬형, 전게 법률신문(1990. 8. 6), 15면; 동, 전게 고시계(1993. 8), 21면. 동지: 강용현, "어음·수표금청구소송에 있어서 항변과 그 입증," 「어음·수표법에 관한 제문제(하)」(재판자료 제31집)(법원행정처, 1986), 524면.

9) 동지: 이정한, "판례를 중심으로 본 어음의 위조에 관한 연구," 법학박사학위논문(연세대, 1978. 2.), 6~7면.

10) 동지: 대판 1990. 4. 24, 89 다카 21569(법원공보 874호, 1137면).

밝혀진 경우가 아니면 민사소송법 제358조에 의하여 Y의 인영의 진정이 추정되고 이로 인하여 피위조자가 그 인영이 권한 없이 날인되었음을(즉, 위조임을) 입증하여야 하는 의미로 해석되는데, 이 점은 위에서 본 바와 같은 이유로 타당하지 않다고 본다. 즉, 민사소송법 제358조는 입증책임의 전환을 가져오는 추정규정이 아니므로(또는 적어도 어음위조에서 입증책임의 전환을 가져오는 추정규정으로는 볼 수 없으므로) 이때에도 여전히 어음소지인이 입증책임을 부담한다고 본다.

그런데 이러한 다수의견에 대하여 「인영이 진정한 경우에는 민사소송법 제358조에 의하여 문서 자체의 진정성립이 추정되는데, 이 추정을 깨뜨리기 위한 반증의 정도는 그 인영을 Y가 아니라 타인인 E가 찍었다는 사실을 밝히는 것만으로는 부족하고 Y는 E가 Y의 인장을 가지고 있는 이유를 밝히고 그에게 그럴 만한 권한이 없다는 사실을 입증하여야 그 추정은 깨어진다」고 하여, 본건에서 피위조자에게 어음위조의 입증책임이 있다는 평석은,[11] 그 결론에서도 또한 민사소송법 제358조에 의하여 어음위조의 입증책임의 전환을 가져온다는 점에서도 타당하지 않다고 본다. 또한 이러한 다수의견에 대하여 「Y의 인장을 E가 압날했다는 사실이 밝혀졌다 해도 E는 Y의 의사에 따라 압날한 것이라는 추정이 유지되므로, 이것이 Y의 의사에 의하지 않은 때에는 이를 Y 자신이 증명해야 할 것이다」고 하여, 피위조자에게 입증책임이 있다는 취지의 평석도,[12] 위와 같은 이유로 타당하지 않다고 본다.

② 본 판결문에서는 나타나 있지 않으나 Y의 위조의 항변에는 위조의 입증을 요하는지 여부의 문제가 있다. Y의 위조의 항변(물적 항변)은 위조임을 입증하여 주장하는 항변이 아니라, 민사소송법상의 부인에 불과하다.[13] 즉, 어음법에서 사용하는 어음위조의 항변은 그 명칭에 있어서는 '항변'이나, 이는 민사소송법상 입증책임을 부담하는 항변은 아니고 청구원인사실에 대한 '부인'(이 중에서도 상대방이 주장하는 사실과 양립할 수 없는 별개의 사실을 주장하여 부정하는 적극부인)에 해당하므로, Y(피위조자)가 어음위조의 항변을 주장할 수 있다고 하여 그가 어음위조의 입증책임을 부담하는 것은 결코 아니다.[14]

---

11) 김교창, 전게 판례월보(1994. 3), 25면.
12) 정진세, 전게 법률신문(1993. 11. 22.), 13면.
13) 졸고, 전게 법률신문(1990. 8. 6), 15면; 동, 전게 고시계(1993. 8), 19면. 동지: 강용현, 전게 논문, 524면.
14) 동지: 강용현, 전게논문, 471면; 정동윤, 「민사소송법」(서울: 법문사, 1988), 353면.

## 4. 결 어

① 위에서 본 바와 같이 어음법 제16조 제1항에 의해서도, 민사소송법 제358조에 의해서도, 또한 피위조자가 위조의 항변을 주장할 수 있다는 점에서도, 피위조자에게 위조의 입증책임을 부담시킬 수 있는 근거가 되지 못한다. 따라서 어음행위의 위조가 있는 어음의 소지인이 피위조자에 대하여 어음상의 권리를 행사하려면 어음소지인(원고)이 그 어음행위가 위조되지 않은 사실을 입증하여야 한다고 본다.15) 이렇게 볼 때 본 판결의 다수의견의 결론에 찬성한다.

참고로 미국의 통일상법전(Uniform Commercial Code, U.C.C.)은 이에 관하여 명문규정을 두고 있다. 즉, 동 법전은 「증권에 관한 소에서 증권상의 각 서명은 피고가 특히 부인하지 않는 한 유효한 것으로 인정되는데, 피고가 서명의 효력을 부인하는 경우에는 그 유효에 관한 입증책임은 이를 주장하는 당사자(증권소지인 — 필자 주)에게 있다」고 규정하여,16) 어음위조의 입증책임은 어음소지인에게 있음을 명백히 하고 있다.

② 본건에서는 Y명의의 배서가 지급거절증서의 작성을 면제하지 않고 성립한 것임에도 불구하고 X가 지급거절증서를 작성하지 않고 Y에게 소구권(상환청구권)을 행사한 경우로서, X는 가령 어음위조의 입증책임을 부담하지 않는다 하더라도 소구권보전절차를 흠결하여 Y에게 어음상의 권리를 행사할 수 없다. 그러므로 이 점에서는 다수의견에 의하든 소수의견에 의하든 결론이 달라질 여지는 없다.

또한 본건에서 Y의 인영이 진정한데 Y 이외의 사람인 E에 의하여 날인된 것임이 밝혀져 Y의 배서의 진정성의 추정이 깨어져 어음소지인인 X가 입증책임을 부담한다는 점에 대하여도 다수의견 및 소수의견에 차이가 없다. 다만 어음법 제16조 제1항에 의하여 어음위조의 입증책임이 전환되는지 여부에 대하여만 다수의견과 소수의견에 차이가 있는 것이다. 따라서 본 판결은(다수의견과 소수의견의 결론에는 차이가 없으나) 다수의견이 어음법 제16조 제1항에 의하여는 어음위조의 입증책임의 전환을 가져오지 않는다는 점을 명백히 밝히고, 이에 반하는 종래의 대법원판례를 변경하였다는 점에서 큰 의미가 있다고 보겠다.

---

15) 서돈각·정찬형, 전게서, 189~190면(정찬형 견해); 정찬형, 전게 고시계(1993. 8.), 17면
16) U.C.C.(1990.) § 3-308(a).

# 백지어음(수표)*

## Ⅰ. 서 언

어음(수표를 포함한다. 이하 같다)은 엄격한 요식증권(어 1조, 75조, 수 1조)으로 어음요건에 흠결이 있는 경우에는 어음법(수표법을 포함한다. 이하 같다)상 보충규정(어 2조, 76조, 수 2조)이 없는 경우에는 어음으로서 효력이 없게 된다. 그러나 어음행위를 하는 자는 원인관계상의 채무액(어음금액), 변제기(만기) 또는 수취인 등이 어음교부시에 확정되지 않아 이를 후일 어음소지인에게 보충시킬 의사로써 일부러 이러한 어음요건을 기재하지 않고 백지상태로 하여 어음에 기명날인(또는 서명. 이하

<hr>

\* 이 글은 정찬형, "백지어음(수표)," 「상사법의 현대적 과제(춘강 손주찬박사 화갑기념)」, 박영사, 1984. 7, 522~563면의 내용임(이 글에서 필자는 백지어음과 관련한 제반 문제를 다루고, 영미법상의 백지어음에 관하여 소개함).
  이와 관련하여 참고할 수 있는 필자의 글로는 정찬형, "백지어음(수표)," 「고시연구」, 통권 제112호(1983. 7), 43~58면 등이 있음.

같다)하여 유통시킬 경제상 필요가 있게 된다. 예컨대, 장래 발생할지도 모르는
손해배상책임을 담보하기 위한 경우나 어음거래에 있어서 어음이 부도되었을 때
에 이를 대비하기 위한 경우에는 보통 어음금액과 만기를 백지로 하여 어음을 교
부하고 금융업자를 알지 못하는 상태에서 어음에 의한 금액을 얻고자 하는 경우
에는 보통 수취인을 백지로 한 어음을 금융주선업자에게 교부하게 된다.[1] 이와
같은 경제적 요구에 의하여 백지어음이 상관습상 인정되었으며,[2] 또한 백지어음
소지인은 보충 전에도 보충에 의하여 어음상의 권리자가 되는 경제적 이익을 갖
게 되므로 이는 법적으로 보호할 가치가 있을 뿐만 아니라 실제거래에 있어서도
백지어음은 완성어음과 같이 유통되고 있으므로 이러한 상관습은 상관습법으로
인정되기에 이른 것이고,[3] 이러한 상관습법을 전제로 하여 통일어음법·수표법도
1개 조문을 신설하여 백지어음의 부당보충에 관하여 규정하게 되었으며, 우리 어
음법 제10조(수 13조)도 이에 따르고 있는 것이다.[4] 그러나 백지어음은 어음법이
본래 예상한 제도가 아닌 일종의 변태적인 제도이기 때문에 그 법률관계에 관하
여는 여러 가지 의문되는 점이 많이 있는데,[5] 이하에서는 이를 중심으로 고찰해
보고자 한다.

## Ⅱ. 백지어음의 의의

　　백지어음이라 함은, 「어음행위자가 후일 어음소지인으로 하여금 어음요건[6]
의 전부[7] 또는 일부[8]를 보충시킬 의사로써 고의[9]로 이를 기재하지 않고 어음이

---

1) 정희철, 「상법학원론(하권)」(서울: 박영사, 1981), 404면; 서돈각, 「상법강의(하권)」(서울: 법
　　문사, 1980), 431면; 鈴木竹雄, 「手形法·小切手法」(東京: 有斐閣, 1976), 201면, 註 1).
2) 田中誠二, 「新版 手形·小切手法(三全訂版)」(東京: 千倉書房, 1980), 239면.
3) 大森忠夫, "白地手形," 「手形法·小切手法講座」, 鈴木竹雄·大隅健一郎, 第2卷(東京: 有斐閣,
　　1965), 42면.
4) 서돈각, 전게서, 431면.
5) 서정갑·손주찬·김세원·정동윤, 「학설판례 주석어음·수표법」(서울: 한국사법행정학회,
　　1973), 225면; 鈴木, 전게서, 201~202면.
6) 어음요건(필요적 기재사항) 이외의 유익적 기재사항을 어음소지인으로 하여금 기재시킬 의
　　사로써 발행한 완성어음을 「준백지어음」이라 하여, 이에 어음법 제10조를 준용해야 한다고 보
　　는 것이 통설이다(정희철, 전게서, 408면; 서돈각, 전게서, 437면 외 다수).
7) 엄격히 말하면, 어음요건 중 발행인(또는 어음행위자)의 기명날인(어 1조 8호, 75조 7호, 수
　　1조 6호)은 제외된다.
8) 어음요건 중 어떤 요건(기명날인 제외)도 흠결시킬 수가 있다고 보는 것이 통설이다.
9) 이에 의하여 과실로 불완전하게 작성된 완성된 불완전어음과 백지어음은 구별된다[Adolf

될 서면10)에 기명날인하여 어음행위를 한 미완성의 어음」을 말한다.11)

## Ⅲ. 백지어음의 요건

백지어음이 되기 위하여는 다음의 요건이 필요한데, 이하 차례로 고찰한다.

### 1. 백지어음행위자의 기명날인의 존재

백지어음에는 적어도 1개의 기명날인이 있어야 한다. 발행인의 기명날인이 있는 백지발행12)이 보통이겠으나, 백지배서,13) 백지인수,14) 백지보증15)이 있는 어음도 백지어음이라고 보며, 이러한 백지배서 등이 발행의 기명날인에 선행하여 존재할 수 있다고 보는 것이 통설이다.16)

---

Baumbach und Wolfgang Hefermehl, *Wechselgesetz und Scheckgesetz*, 12. Aufl.(München: C.H. Becksche Verlagsbuchhandlung, 1978), S.110].

10) Baumbach-Hefermehl, *a.a.O.*, S.110.은 「백지어음이 되기 위하여 어음으로서의 증서 (Urkunde)에 기명날인되어야 할 필요는 없다」고 한다.

11) 정희철, 「판례교재 어음 · 수표법(전정판)」(서울: 법문사, 1982), 117면.

12) 엄격히 말하면, 어음요건이 구비되지 않은 증권이므로 「발행」이라고 볼 수는 없겠으나 이 경우에 원래의 「발행」과 구별되는 적당한 명칭이 없으므로 「발행」의 개념을 넓게 보아 또 백지배서 등의 명칭과 대응하여 볼 때, 이렇게 부를 수밖에 없다고 생각된다. 따라서 어음법 제10조도 「…미완성으로 발행한…」이라고 표현한 것이 아닌가 생각된다. 이에 대하여 발행의 개념에 충실하여 「어음법 제10조의 발행이란 문자는 법률상 발행이라고 할 수 없으므로 교부의 뜻으로 해석하여야 한다」는 견해도 있다(정희철, 전게서, 405면; 양승규, "백지어음," 「고시계」, 1971. 11, 72면).

13) 이를 어음법 제13조 2항의 백지배서와 구별하기 위하여 「배서인의 백지기명날인」이라고 표현한다(정희철, 전게서, 405면; 鈴木, 전게서, 202면). 이를 인정하는 日大判, 明治 38(1905). 7. 8.(정희철, 전게교재, 122면)은 「…수취인이 될 자가 미리 어음용지에 배서를 하고 이를 타인에게 교부하였다고 하여 즉시 배서양도의 효력이 생기지 않음은 물론이려니와, 그 후 발행인이 그 어음성립에 필요한 사항을 기입하고 어음을 교부하여 발행행위를 완성한 때에는 그 배서도 동시에 그 효력이 발생하는 것이라 아니할 수 없다」고 판시하고 있다.

14) 이를 인정하는 日大判, 明治 40(1907). 5. 29.(정희철, 전게교재, 121~122면)은 「환어음의 인수는 그 발행이 있은 후에 하는 것이 당연한 순서인 것 같지만 이를 기재하는 선후는 법률이 묻지 않는 바로서 그 선후에 따라 인수의 효력이 달라질 이유는 없다.…그러나 인수의 서명자는 타인의 발행행위로 인하여 성립할 어음에 관하여 그 책임을 면하지 못한다 할 것이다」고 판시한다. 이와 동지의 일본의 판례로는 日大判, 大正 9(1920). 12. 27.(民錄 16輯 219면); 동, 昭和 3(1928). 7. 16.(新聞 2902호 16면) 등이 있다. Baumbach-Hefermehl, *a.a.O.*, S.110도 「실제로도 백지인수가 선행하는 경우가 종종 있다」고 한다.

15) 이를 인정하는 日本의 判例로는, 日大判, 1934. 1. 27.(法學 3권 672면) 등이 있다.

16) 정희철, 전게서, 405면; 서돈각, 전게서, 432면; 양승규, 전게논문, 32면 외 다수; 鈴木, 전게서, 202면, 註 5 외 다수.

그러나 이에 반하여, 어음법 제10조의 법문을 근거로 「백지어음이 성립하기 위하여는 발행

## 2. 어음요건의 전부 또는 일부의 흠결

이에 대하여 논쟁이 되는 점은 다음과 같다.

**가.** 어음문구(어 1조 1호, 75조 1호, 수 1조 1호), 지급위탁 내지 지급약속문구(어 1조 2호, 75조 2호, 수 1조 2호)가 없는 경우에도 백지어음인가?

이에 대하여 "이러한 중요한 문구의 기재가 없는 어음은 당연히 무효이며 백지어음으로서의 효력이 생기지 않는다"고 하는 견해가 있으나,[17] 통설은 백지어음으로 인정할 수 있다고 해석한다. 이에 대하여 일본의 통설의 이유는 "이러한 사항에 대하여도 보충을 위임할 수 없는 것은 아니다"라고 하거나,[18] "이러한 문구의 기재가 없는 경우에는 백지어음으로 하지 않고자 하는 어음행위자의 유력한 자료가 되는 것이기는 하나, 그렇다고 당연히 백지어음이 되지 않는 것은 아니다"고 한다.[19] 이에 대하여 우리나라의 다수의 견해는 "어음요건의 전부를 결하여도 백지어음이 될 수 있으며, 요건의 일부를 결하는 경우에는 어떤 요건의 흠결이든 상관 없다"고 설명한다.[20] 통설에 찬성한다.

**나.** 만기의 흠결이 있는 경우에는 백지어음인가, 일람출급어음인가?

어음법 제2조 1호(제76조 1호)은 「만기가 적혀 있지 아니한 경우에는 일람출급의 환어음(약속어음)으로 본다」고 규정하고 있어, 만기 흠결의 어음을 백지어음으로 볼 것인가 또는 일람출급의 어음으로 볼 것인가가 문제된다.[21] 이에 대하여 학설·판례는 나뉘어 있다.

### (1) 학 설

이에 대하여 일람출급어음으로 보아야 한다는 소수설은 그 이유를 "만기 흠결의 어음을 백지어음으로 해석한다면 만기를 보충하지 않으면 영원히 이행기가 도래하지 않게 되고 이는 결국 보충권의 산정 표준이 없게 되는 결과가 되므로 이러한 어음은 항상 일람출급어음으로 보아야 한다"고 설명한다.[22] 그러나 통

---

인의 기명날인이 존재하지 않으면 안 된다」고 하는 견해도 있다(藥師寺志光·本間喜一, 「新手形法注釋 法學志林」, 제37권 제10호, 106면).

17) 鳥賀陽然良, 「手形法」(東京: 弘文堂, 1934), 122면.

18) 鈴木, 전게서, 203면. 동지 伊澤孝平, 「手形法·小切手法」(東京: 有斐閣, 1949), 358면; 竹田省, 「手形法·小切手法」(東京: 有斐閣, 1956), 94면.

19) 大森, 전게강좌, 46면.

20) 정희철, 전게서, 405면; 서돈각, 전게서, 432면; 손주찬, 「3정 상법(하권)」(서울: 박영사, 1979) 398면; 양승규, 전게논문, 72면 외 다수.

21) 수표는 항상 일람출급이기 때문에(수 28①), 어음에서의 이와 같은 문제는 없다.

설23)은 백지어음으로 보아야 한다는 입장이고, 그 이유를 "어음법상의 보충규정은 단지 만기의 기재가 없는 경우의 일반적인 법칙이므로, 이 규정 때문에 만기백지를 소지인에게 보충시킬 의사로써 발행하는 백지어음의 성립을 방해하는 것은 아니다"고 설명한다.24)

이러한 통설의 입장에서는 백지어음 또는 일람출급어음의 여부는 백지보충권의 존재 유무에 의하여 구별되는데, 이는 이론상으로는 그 구별이 명확하나 실제로는 그 판정이 곤란한 경우가 많다. 따라서 이에 대하여 통설의 입장에서도 "인쇄된 어음용지상의 요건의 일부(만기—필자 주)를 기재하지 않고 어음행위를 한 경우에는 백지어음으로 추정함이 옳을 것이다"고 하거나,25) "어음용지의 부동문자의 지급기일 또는 지급기일 년 월 일의 문자를 말소하지 않고 이를 백지로 한 채 발행된 경우는, 특별히 일람출급으로 발행된 점이 명백하지 않는 한 백지어음으로 추정하여야 할 것이다"고 하거나,26) "소지인은 그의 선택에 따라서 일람출급 또는 백지어음의 어느 쪽으로도 취급할 수 있다"고 설명한다.27)

## (2) 판 례

이에 대하여 우리 대법원은 "지급기일을 공란으로 하여 약속어음을 발행한 경우에는 다른 특별한 사정이 없는 한 그 어음은 일람출급의 약속어음으로 볼 것이 아니라 백지어음으로 보아야 할 것이고, 또 이와 같은 백지어음을 교부한 때에는 특별한 사정이 없는 한 후일 그 소지인으로 하여금 임의로 그 지급기일의 기재를 보충시킬 의사로써 교부한 것이라고 추정함이 옳다"고 판시하여,28) 통설과 같이 백지어음으로 추정하는 입장이다.

그러나 일본의 판례는 나뉘어 있다. 즉 "…어음면상 만기일을 기재할 자리로 마련된 부분에 아무런 도말·삭제를 한 흔적이 없고 이를 공백으로 놓아 둔 어음에 있어서는 앞에서 본 법의(法意)와 판례에 비추어 백지어음으로 볼 수는

---

22) 大橋光雄, 「手形法」(東京: 弘文堂, 1937), 166면; 山尾時三, 「新手形法論」(東京: 岩波書店, 1935), 211면.

23) 정희철, 전게서, 406면; 서돈각, 전게서, 432면; 손주찬, 전게서, 398면 외 다수(우리나라의 통설); 大森, 전게강좌, 46면 외 다수(일본의 통설).

24) 大森, 전게강좌, 46면.

25) 정희철, 전게서, 406면.

26) 서정갑 외, 전게강좌, 227면; 大森, 전게강좌, 46면.

27) 大隅健一郎·河本一郎, 「ポケット注釋增補 手形法·小切手法」(東京: 有斐閣, 1964), 28면.

28) 대판, 1976. 3. 9, 75 다 984(청림각, 판례총람 11-2, 1032-15면). 수취인란을 공백으로 한 약속어음을 백지어음으로 추정한 판례로는 청림각, 대판 1966. 10. 11, 66 다 1646; 동, 1965. 5. 25, 65 다 1647 등이 있다(정희철, 전게교재, 123~124면).

있을지언정 만기일이 기재되지 않은 일람출급어음으로 볼 것이 아니다"고 하여,29) 백지어음으로 본 판례가 있는 반면에, "본건 약속어음의 지급기일이라고 되어 있는 하부에 년 월 일이라고 순차 공백을 남기고 부동문자만이 있을 뿐, 각 문자 위에 연호와 숫자가 기재되지 않은 때에는 지급기일을 정할 의사가 없었기 때문이며…그러므로 본건 어음을 일람출급어음이라 인정한 것은 위법이라고 할 수 없다"고 하여,30) 일람출급 어음으로 본 판례도 있다.

### (3) 사 견

생각건대 어음법상 만기에 대한 보충규정이 있더라도 이것은 어음행위자측에서 보아 완성된 불완전어음에 해당하는 경우의 구제규정이고, 어음행위자가 어음소지인에게 만기를 보충시킬 의사로써 고의로 만기를 흠결시켜 발행한 경우라면 어음법상의 보충규정이 적용될 여지가 없고, 만기 백지의 백지어음으로 인정하여야 할 것이다. 다만 어음의 유통성의 보호 및 어음소지인의 일반적인 신뢰이익을 보호하기 위하여 만기 백지의 어음은 일단 백지어음으로 추정하고, 지급제시시까지 백지가 보충되지 않은 경우에는 어음법상의 보충규정에 의하여 일람출급어음으로 취급해야 할 것이다.31) 따라서 이러한 점에서 만기 흠결의 어음을 백지어음으로 본다고 하더라도 어음법 제2조 1호 및 동 제76조 1호의 존재 의의는 충분히 있는 것이다.

다. 수취인, 발행지, 확정일출급어음에 있어서의 발행일 등의 기재가 흠결되어 있는 어음도 백지어음인가?

이에 대하여 "이러한 사항의 기재는 어음상의 의무의 내용 및 의무자와는 관계가 없는 사항이기 때문에, 이러한 사항의 기재가 없는 어음도 (백지어음이 아니라―필자 주) 완전히 유효한 어음으로, 결국 이러한 사항은 어음요건이 아니다"고 하는 일본의 하급심판례도 있으나,32) 이것은 입법론으로서는 몰라도 현행법의 해석론으로는 무리라고 생각한다. 따라서 이러한 사항의 흠결시 당연히 백지어음으로 볼 수는 있어도, 어음요건이 완비된 유효한 어음으로는 도저히 볼 수가 없다고 생각한다.33)

---

29) 日大判, 大正 14(1925).12.23.(정희철, 전게교재, 279~280면).

30) 日大判, 昭和 7(1932).11.26.(정희철, 전게교재, 280면).

31) 동지: 日東京控判, 昭和 5(1930).5.10.(정희철, 전게교재, 280면).

32) 日京都地判, 昭和 39(1964).2.5(금융법무 제372호 9면); 日飯塚簡判, 昭和 39(1964).3.30(判時 제370호 44면); 日橫浜地判, 昭和 36(1961).3.14(下裁民集 제12권 466면).

33) 우리나라의 최근의 대법원 전원 합의체 판결(1983. 5. 10, 83 도 340)는, 「국내수표의 경우

**라.** 어음요건의 기재가 완전히 백지인 것이 아니라 그 중 일부(예, 금 일십만원, 만기 1983년 월 일)만이 백지인 경우에 잔존부분만에 대해 백지의 보충을 위임한 백지어음으로 볼 수 있는가? 이에 대해 백지어음으로 보는 긍정설[34]과, 무효인 어음으로 보는 부정설[35]이 있는데, 긍정설이 타당하다고 생각한다.

## 3. 백지보충권의 존재

백지어음은 미완성어음으로 백지보충권이 존재한다는 점에서 무효인 불완전어음과 구별된다. 그런데 백지보충권의 존재를 결정하는 표준에 대하여는 주관설, 객관설 및 절충설로 견해가 나뉘어 있다.[36]

### 가. 주관설

주관설에 의하면, 보충권의 존재 유무를 결정하는 표준은 기명날인자의 의사에 의하고, 보충권은 당사자의 의사와 무관계한 기명날인 그 자체에 의하여 발생하지 않고 백지어음행위자와 그 상대방간의 보충권수여의 합의의 존재 유무에 의하여 보충권의 유무가 결정된다고 한다.[37] 그런데 이 보충권수여의 합의의 존재 유무가 불분명한 경우에는 이의 존재의 증명을 기명날인자가 하여야 하는데 이의 증명은 사실상 곤란하며, 기명날인자가 이를 증명하지 못하여 동 어음이 무효가 되면

---

에 발행지 기재의 요건이 흠결되었다고 하여도(발행지를 백지로 발행하였다가 보충함이 없이 지급제시된 경우를 포함한다.) 발행지의 기재가 유통증권으로서의 기능에 아무런 무의미한 것이어서 유통증권으로서의 기능 발휘에 장애가 되지 아니하고 실제로도 발행지 기재의 흠결을 이유로 지급거절이 됨이 없이 유통되고 있는 이상, 수표법상 유효한 수표는 아니나, 부정수표단속법이 보호하고자 하는 유통적 기능을 가진 수표이다」고 판시하여, 발행지는 (국내수표의 경우) 수표법상의 수표요건에는 해당하나 부정수표단속법상의 수표요건은 아니라는 취지로 판시하고 있으나[법률신문 제1495호(1983. 6. 6), 6면], 수표법상의 지급제시나 부정수표단속법상의 지급제시는 동일하며 이를 구별하여 볼 이유가 없고, 또한 수표의 발행지의 기재가 없는 수표는 무효수표이거나 또는 미완성의 백지수표라고 하여도 지급제시시까지는 보충되어야 하는데 보충되지 않은 그러한 백지수표의 지급제시는 적법한 제시라고 할 수 없으므로 부정수표단속법상의 수표라고도 볼 수 없다고 생각한다. 따라서 발행지는 부정수표단속법의 대상인 수표의 수표요건에도 해당한다고 생각한다(동지: 동 판례의 소수의견).

34) 서정갑 외, 전게주석, 228면; 鈴木, 전게서, 203면; 田中(誠), 전게서, 242면; 大森, 전게강좌, 47면; 日東京地判, 大正 15(1926). 7. 26.(評論 제15권 상법 434면).

35) 田中耕太郎, 「手形法小切手法槪論」(東京: 有斐閣, 1935), 307면; 日東京地判, 明治 35(1902).4.8 (新聞 제138호 8면).

36) 田中(誠), 전게서, 245~247면은 주관설, 순객관설, 주관설을 주로 하는 절충설로 나누어 설명한다.

37) 田中(耕), 전게서, 308면; 竹田省, 전게서, 94면; 石井照久, 「商法 II」(東京: 勁草書房, 1959), 470면; 日大判, 昭和 7(1932). 5. 30(民集 11권 10호 16면); 동, 大正 10(1921). 10. 1(民錄 27집 1692면).

이는 어음거래의 안전을 심히 해하게 된다. 따라서 주관설의 입장이면서도 어음용지에 있는 어음요건을 공백으로 하여 기명날인을 한 경우에는 특별한 사정이 없는 한 보충권을 부여한 것으로 추정하는 것이 합리적이라고 해석하는 견해도 있다.[38]

　　우리나라의 통설은 원칙적으로 주관설에 입각하면서 다만 선의취득자에 대한 관계에서는 기명날인자는 불완전어음이라는 항변을 제출할 수 없다고 해석하고,[39] 그 이유에 대하여는 "거래의 안전을 보호하는 견지에서 제3자로 하여금 사실의 존재를 믿게 함에 충분한 외관을 만듦에 책임이 있는 자는 과실이 없어도 이를 믿은 자에 대하여 그 사실이 존재한 경우와 동일한 책임을 부담해야 한다는 소위 표현이론 내지 권리외관이론에서 구한다"고 설명한다.[40]

　　우리나라의 판례는 "…수취인의 명칭부분을 공백으로 한 채 상대방에게 약속어음을 교부한 때에는 특별한 사정이 없는 한 후일 어음소지인으로 하여금 임의로 수취인의 명칭부분을 보충시킬 의사를 가지고 백지어음을 발행한 것이라고 정함이 상당할 것이므로, 결국 원고에게 보충권이 부여된 것으로 인정한 원판결은 정당하다"고 판시하여,[41] 주관설에 입각하면서 다만 거래의 안전을 위하여 요건흠결의 어음을 일단 백지어음으로 추정하고 기명날인자에게 보충권수여사실이 없음에 대한 증명책임을 부담시키고 있다.[42]

## 나. 객관설

　　객관설에 의하면, 기명날인자의 구체적인 의사에 관계하지 않고 외관상 기명날인자가 보충을 예정하여 기명날인한 것으로 볼 수 있으면(예, 어음용지에 한 기명날인)[43] 바로 백지어음이 된다고 보는 견해이다.[44] 또한 이 견해에 의하면, 백

---

38) 박원선, 「새상법(하권)」(서울: 수학사, 1974), 493면.
39) 정희철, 전게서, 406면; 서돈각, 전게서, 433면; 이범찬, 「상법강의」(서울: 국민서관, 1980), 320면; 손주찬, 전게서, 399면은 이 입장이면서 이를 절충설이라고 하며, 정희철, 전게교재, 199면은 이 입장이면서 이를 주관설에 가까운 절충설이라고 한다.
40) 이범찬, 전게서, 320면. 동지: 大森, 전게강좌, 51면; 竹田, 전게서, 95면.
41) 大判, 1966. 10. 11, 66 다 1646; 동, 1965. 5. 25, 64 다 1647; 서울地判, 1973. 10. 12, 73 나 343(이상 정희철, 전게교재, 123~124면). 어음용지의 요건을 공백으로 한 채 교부한 경우에 이를 백지어음으로 추정한 일본의 판례로는 日大判, 大正 10(1921). 7. 18(民錄 27집 1350면); 동, 大正 11(1922). 1. 30(新聞 1995호 10면); 동, 大正 14(1925). 12. 23(民集 4권 761면)등이 있다.
42) 동지: 정희철, 전게서, 406~407면.
43) 升本喜兵衛, 「有價證券法」(東京: 評論社, 1952), 134면; 鳥賀陽然良, 「商法研究」 제1권, 415면; 山尾, 전게서, 21면(日本의 少數說). 우리나라에서 이 설을 취하는 분은 없는 것 같다.
44) 어음용지를 사용한 경우에 백지어음으로 추정된다는 주관설에 의하면, 기명날인자가 보충권수여를 하지 않았음을 증명하여 무효어음임을 주장할 수 있으나, 객관설에 의하면 어음 용

지어음 가운데에 어음문구나 지급약속문구가 기재되어 있지 않은 것이나 극단적인 경우에 발행인의 기명날인만이 있는 것은, 설사 발행인의 의사는 백지어음을 발행할 의사가 있었다 하더라도 이와 같은 어음은 외관상 보충이 예정되어 있는 어음이라고 볼 수 없으므로 무효인 어음이 된다고 한다.45)

## 다. 절충설

절충설에 의하면, 백지어음은 기명날인자가 후일 흠결되어 있는 요건을 보충시킬 의사로 작성·교부하여야 하나, 다만 서면의 외형상 흠결되어 있는 요건을 장래 보충시킬 것이 예정되어 있는 것으로 인정되는 경우(예, 어음용지를 사용한 경우)에는, 이와 같은 서면임을 인식하거나 인식할 수 있는 사정하에서 이에 기명날인한 이상, 그에 의하여 당연히 보충권을 수여한 것으로 인정되고 따라서 백지어음이 당연히 성립한 것으로 생각하는 것이 당연하다고 한다.46) 또한 이에 반하여 그 서면이 위와 같이 장래 보충권을 예정하는 서면이 아닌 경우 및 단순한 기명날인만이 있는 서면인 경우에는, 보충을 예정하고 동 서면을 장래에 어음으로 할 의사가 구체적으로 존재할 것이 필요하다고 한다.47) 또한 이와 같은 절충설은 보충규정이 있는 만기흠결 및 어음요건이 아닌 지급장소(준백지어음) 등의 경우에도 적용되어, 보충을 하면 그 보충이 유효하여 그 문언에 따라 효력이 생기지만, 보충을 하지 않으면 만기의 기재가 없는 일람출급어음 또는 지급장소의 기재가 없는 어음으로서 권리를 행사할 수 있게 된다고 해석한다.48)49) 이 견해는

───────────────

지에 기명날인을 한 자는 보충권 수여사실이 없는 경우에도 이를 증명하여 무효어음임을 주장할 수 없게 된다. 그러나 백지어음이 유효하게 인정되는 것이 원래 기명날인자가 그와 같은 보충의 의사를 갖고 있었다는 점에 기인하는데, 기명날인자의 그와 같은 의사를 전혀 도외시하는 것은 이론적으로 성립될 수 없는 견해이다[동지: 田中(誠), 전게서, 246면].

45) 그러나 이 경우에도, 이러한 어음을 백지어음으로 하고자 하는 기명날인자의 의사 및 이를 백지어음으로 믿고 취득한 제3자를 너무 희생하게 되어, 타당하지 않다고 생각하며[동지: 田中(誠), 전게서, 246~247면], 또한 「외관상 보충을 예정하며 기명날인한 것인지의 여부」를 결정하는 기준도 애매하여 오히려 거래의 안전을 더 해치기 쉽다고도 생각된다.

46) 서정갑, 「신어음·수표법」(서울: 일신사, 1980), 153면; 鈴木, 전게서, 207면; 田中(誠), 전게서, 247면; 日最高判, 昭和 35(1960). 11. 1(時報 243호 29면); 日大阪高判, 昭和 27(1952). 7. 29(下裁民集 3권 7호. 1044면).

47) 鈴木, 전게서, 207면.

48) 鈴木, 상게서, 107~108면.

49) 이 때에는 보통의 백지어음과 구별되는데, 보통의 백지어음의 경우에는 어음요건이 보충되지 않으면 권리행사를 할 수 없는 반면에, 이 경우에는 미보충의 경우에도 권리행사가 가능하다는 점이다[동지: 鈴木, 상게서, 208면, 주13].

거래의 안전과 기명날인자의 보호를 적당히 조화한 것으로 주관설의 약점을 보정하고 객관설을 대폭 수정한 견해이다.50)

## 라. 사 견

객관설 및 절충설에 의하면 어음행위자가 보충권의 수여 없이 우연히 어음용지에 기명날인을 한 경우에 기명날인자가 보충권의 수여 사실이 없음을 증명할 수 있음에도 불구하고 이를 어음소지인에게 대항할 수 없게 되어 부당하다고 생각한다.51) 따라서 우리나라의 통설에 찬성한다. 그러나 이 입장에서도 보충권 수여의 의사가 없이 기명날인된 증권도 선의취득자에 대한 관계에서는 개념적으로는 백지어음에 해당하는 결과가 되는데, 이의 이론구성에는 어려운 점이 있다고 생각한다.52)

## 4. 미완성인 채 유통 여부

백지어음이 성립하기 위하여, "기명날인자가 미완성의 어음을 제3자로 하여금 보충시키기 위하여 단순히 이를 점유시킨 데 불과한 경우에는 아직 백지어음의 성질을 가졌다고 할 수 없다"고 하여, 「미완성인 채로 유통되었을 것」을 백지어음의 성립요건의 하나로 추가시키는 견해가 있다.53) 그러나 이에 대하여 "…어음상의 권리가 어음증권이 '작성자의 점유를 이탈한 때'에 발생한다고 보면, 유통상태에 놓여진 것은 당연한 것이고 이를 별개의 요건으로 다루는 의의가 없다"고 하여, 「유통」의 개념을 넓게 해석하여 이를 별개의 요건으로 보지 않는다는 이유를 밝힌 견해가 있다.54)

---

50) 田中(誠), 전게서, 247면.
51) 어음용지 이외의 서면에 어음행위자가 백지어음을 발행할 의사로써 기명날인한 경우에, 객관설에 의하면 백지어음이 될 수 없으나 절충설에 의하면 백지어음이 될 수 있다. 이 점에 대하여는 절충설이 객관설의 불합리를 보충하고 있으나 본문과 같은 경우에는 절충설이 보충하지 못한다고 생각한다.
52) 이 경우에 기명날인자는 백지어음행위자로서 책임을 부담한다는 견해도 있으나[日大判, 昭和 15(1940). 10. 15(民集 19권 1812면) 外 多數 判例], 이는 통상의 백지어음은 아니면서 진정한 백지어음과의 외형상 구별할 수 없게 되는 것이므로, 어음법 제10조의 법의에 비추어 또는 이를 유추적용하여, 또는 일반의 표현법리 내지 외관법리에 의하여 기명날인자의 선의취득자에 대한 책임을 인정할 수밖에 없을 것이다[日最高判, 昭和 31(1956). 7. 20(民集 10권 1024면); 日 東京地判, 昭和 32(1957). 6. 13(判時 121호 3335면)].
53) 정희철, 전게서, 407면.
54) 이범찬, 전게서, 320면.

생각건대, 이는 어음행위에 관한 어음학설과 백지어음의 법적 성격을 어떻게 보느냐에 따라 여러 가지로 생각될 수 있는 문제라고 생각한다. 독일에서는 백지어음에 관하여 보통의 어음과 같이 어음채무가 성립하기 위하여 「교부계약」의 존재를 전제로 하나, 다만 선의취득자에 대한 관계에서는 권리외관이론에 따라 교부계약의 흠결을 대항할 수 없다고 보는 것이 통설·판례이다.[55] 우리나라 및 일본의 통설은 백지어음의 성립시기에 대하여 특별히 논의하고 있지는 않으나, 통상의 어음의 경우와 동일하게 해석하여야 할 것이다. 따라서 이는 어음학설에 따라 달라질 수 있는 것이므로 새롭게 백지어음의 성립요건에 유통의 요건을 추가할 필요는 없다고 생각된다.[56]

## Ⅳ. 백지어음의 법적 성질

백지어음은 불완전한 미완성어음인 점에서, 완전한 완성어음으로 유효한 어음과도 구별되고, 또한 불완전한 완성어음인 무효인 어음과도 구별된다. 따라서 이러한 백지어음의 법적 성질을 어떻게 볼 것인가에 대하여, 어음의 일종이라고 보는 견해와 어음이 아니라고 보는 견해로 나뉘어 있다.

### 1. 어음의 일종이라고 보는 견해

백지어음을 어음의 일종이라고 보는 견해는, "어음법은 명문규정으로서 백지어음을 어음으로 인정하고, 이를 전제로 하여 보충권남용의 문제를 규정하고 있으므로, 백지어음이 어음인 것은 의심할 여지가 없다. …그러므로 그 성질상 완성어음의 고유한 규정을 제외하고는 완성어음에 관한 규정을 백지어음에도 적용할 것이다"고 설명한다.[57]

---

55) RG 134, 33; BGH NJW 73, 283; Baumbach-Hefermehl, *a.a.O.*, S.118~119; Alfred Hueck und Claus-Wilhelm Canaris, *Recht der Wertpapiere*(München: Verlag Franz Vahlen, 1977), S.142~143.
56) 그러나 영국의 환어음법 제20조는 백지어음의 성립요건에 「백지상에 서명(우리 어음법상은 '또는 기명날인'-필자 주)만을 한 자가 그 증권을 환어음으로 완성시킬 목적으로 교부할 것」을 명문으로 규정하고 있다.
57) 박원선, 전게서, 494면. 동지: 이범찬, 전게서, 320면; 伊澤, 전게서, 360면; 日大判, 昭和 5(1930). 10. 23(民集 9권 11호 972면).

## 2. 어음이 아니라고 보는 견해

백지어음을 어음이 아니라고 보는 견해에서는 "…백지어음은 아직 금전채권
이 표창된 어음이라고 할 수 없고, 어음법 제10조는 백지어음을 어음의 일종으로
본 것이 아니고 백지어음의 유통성을 유통상에서만 어음과 같게 취급하는 취지
인 것이다"고 설명한다.[58] 따라서 이 견해에서는 "백지어음이 통상의 어음과 동
일한 방법에 의하여 유통되는 것은, 완성어음에 관한 규정이 당연히 백지어음에
적용되기 때문이 아니라, 다만 상관습법에 의하여 통상의 어음과 동일한 유통방
법이 인정된다"고 설명한다.[59]

## 3. 사 견

생각건대 백지어음은 보충권자에 의하여 보충되기 전까지는 결코 (완전한)
어음이 아니며 따라서 어음상의 권리도 발생하지 않는다. 따라서 백지어음을 어
음의 일종으로 볼 수는 없다고 생각한다. 어음법 제10조는 백지어음을 어음의 일
종으로 본 규정이라고는 볼 수 없고, 다만 백지어음이 부당보충되어 완성어음이
된 경우에 동 어음의 취득자를 보호하기 위한 규정으로 볼 수 있다. 백지어음이
어음이 아니라고 보더라도 유가증권의 일종으로는 보아야 할 것이다.[60]

# Ⅴ. 백지어음이 표창하는 권리

백지어음이 표창하는 권리가 무엇이냐에 대하여 견해가 대립하고 있다.
즉, 이에 대하여, 1) 백지어음은 「보충권」을 표창하는 유가증권이라고 보면
서 이 보충권은 그 보충에 의하여 보충권자가 어음상의 권리자가 되는 법률상의
지위를 취득하게 되는 의미로서의 보충권이라고 설명하는 견해[61] 또는 백지어음
은 「불완전한 어음상의 권리」만을 표창한다고 설명하는 견해[62]도 있으나, 2) 통

---

58) 정희철, 전게서, 407면. 동지; 손주찬, 전게서, 400면; 서정갑 외, 전게주석 225면; 鈴木, 전
　　게서, 213면; 田中(誠), 전게서, 242면; 大森, 전게강좌, 55면; 竹田, 전게서, 95면.
59) 田中(誠), 전게서, 242면; 鈴木, 전게서, 212면; 竹田, 전게서, 95면.
60) 동지: 田中(誠), 전게서, 242면(일본 상법 제501조 제4호의 상업증권이라고 함); 鈴木, 전게
　　서, 213면.
61) 升本喜兵衛(重夫), 「手形法 · 小切手法論」(東京: 嚴松堂, 1940), 136면; 河本一郎, "白地手
　　形," 「總合判例 商法(6)」, 39면; 日大判, 大正 10(1921). 10. 1(民錄 27집 1687면).
62) 田中(耕), 전게서, 313면.

설은 백지어음은 「기대권」63)(정지조건부의 어음상의 권리)과 「보충권」을 표창한다고 설명한다.64)

생각건대, 백지어음은 보충권을 표창한다고 보는 견해는, 백지어음은 보충을 정지조건으로 하는 어음상의 권리를 표창하는 유가증권이라는 점을 무시하는 결과가 되거나 또는 보충권 자체에서 어음상의 권리가 발생한다고 보는 논리는 무리라고 생각되어 찬성할 수 없고, 백지어음은 불완전한 어음상의 권리만을 표창한다고 보는 견해는, 보충권이 어음상에 화체되지 않고 백지어음 외에 존재한다고 해석할 수밖에 없는데 이렇게 되면 어음의 이전과 함께 보충권이 이전한다는 점을 설명할 수 없게 되어 찬성할 수 없다.65) 따라서 통설에 찬성한다.

## VI. 백지보충권

### 1. 백지보충권의 발생

위에서 본 바와 같이 백지어음은 기대권과 보충권을 표창하는 유가증권이고 이 보충권의 행사에 의하여 기대권이 어음상의 권리로 되는데, 이 보충권은 언제 발생하는가? 이에 대하여 백지어음행위설과 어음외계약설로 견해가 나뉘어 있다.

**가.** 백지어음행위설은 "보충권은 기명날인자가 보충을 타인에게 위임하여 발생하는 것이라기보다는 기명날인자 자신이 자기가 작성한 백지어음의 소지인으로서 보충권을 소유하게 되어(즉, 백지어음행위 자체로 인하여 보충권이 발생함-필자주), 따라서 이 보충권은 어음 외에 존재하여 어음의 이전에 수반하는 것이 아니라 백지어음에 표창되어 있는 것으로 보아야 한다"고 설명한다.66) 이 견해에서는 "제1차적으로 백지어음상에 기명날인을 한 때에 보충권이 발생하여 백지어음에 표창되

---

63) 백지어음을 어음의 일종이라고 보는 견해에서, 「백지어음은 타율적으로 보충되는 것이 아니라 소지인이 스스로 보충권을 행사하여 완전한 어음상의 권리자가 되는 법률상의 지위를 갖게 되므로, 이런 의미에서 백지어음상의 권리는 단순한 '기대권'이라기보다는 '잠재적인 어음상의 권리'이다」고 설명하는 견해도 있다(石井, 전게서, 45면).

64) 정희철, 전게서, 407~408면; 박원선, 전게서, 494면; 서정갑, 전게서, 149면; 이범찬, 전게서, 320면 외(우리나라의 통설); 田中(誠), 전게서, 243면; 鈴木, 전게서, 205면 외 다수(일본의 통설).

65) 동지: 田中(誠), 전게서, 243면.

66) 서정갑, 전게서, 149면; 기타 백지어음의 보충권의 존재 유무를 결정하는 표준에 대하여 객관설을 취하는 학설.

고, 제2차적으로 백지어음을 상대방에게 교부[67]한 때에 보충권이 상대방에게 이전
하는 것이 원칙이나, 예외적으로 선의취득자에 의하여 선의취득이 된다"[68]고 하고,
"이렇게 보는 것은 통설과 현저히 다르나 백지어음은 기대권과 보충권을 표창하는
유가증권이라고 보는 것과 실체에 맞는 해석이다"고 한다.[69] 또 "이렇게 보는 것이
어음법 제10조의 규정을 이론상 당연규정이라고 해석하게 되어 그 적용범위를 확
대하여 백지어음의 유통의 안전에 적합하며, 다만 어음법 제10조의 '…미리 한 합
의와 다른 보충'의 규정에서 보면 보충권은 당사자의 합의에 의하여 발생한다고
보는 견해에 유리하나, 그것은 보충권의 범위 등을 정하는 백지어음의 예약 또는
원인관계 등을 지칭하는 것으로 해석한다면 동 조문은 보충권의 발생에 대하여 이
렇게 해석하는 것을 방해하는 조문은 아니라고 본다"[70]고 해석한다.

　　나. 그러나 통설은 어음외계약설의 입장에서, "보충권은 일반사법상의 계약
에 의하여 상대방에게 수여함으로써 생기는 권리이다"고 한다.[71] 즉, 통설에 의하
면, "보충권은 백지어음행위자와 상대방간의 명시 또는 묵시의 합의에 의하여 발
생하고 백지어음의 이전과 함께 이전되며,[72] 이 보충권은 백지어음에의 기명날인
으로 인하여 발생하는 것이 아니기 때문에 보충권수여의 의사의 유무에 불구하
고 보충권이 있는 것으로 인정되는 사정하에서의 기명날인으로 인하여 보충권이
발생한다는 객관설·절충설의 견해는 타당하지 않고, 요컨대 보충권은 백지어음
의 성립과 불가분적으로 발생하기는 하나 상대방간의 어음 외의 합의로 인하여
발생한다(보충권의 유인성)[73]고 설명한다.[74] 이 견해의 주요한 이유는 당사자의 의

<hr/>

67) 어음이론에서 발행설의 입장에서는 「수취인에게 교부한 때」이나, 수정발행설의 입장에서는
　　「수취인 이외의 자에게 임의로 교부한 때」가 될 것이다.
68) 鈴木, 전게서, 206면.
69) 鈴木, 상게서, 206면.
70) 田中(誠), 전게서, 245면.
71) 정희철, 전게서, 409면(그러나, 동 교수, 같은 책, 412면은 "보충권은 기명날인에 의하여 무
　　인적으로 발생하는 것이므로"라고 한다); 서돈각, 전게서, 433면; 손주찬, 전게서, 401면; 박원
　　선, 전게서, 494면(그러나 보충권은 발생 후에 선언적으로 어음에 표창된다고 한다); 양승규,
　　전게논문, 73면; 大森, 전게강좌, 57~58면 외 다수.
72) 보충권은 어음 외의 계약으로 인하여 부여되어도, 일단 부여된 보충권은 백지어음과 불가분
　　의 관계에 있기 때문에(유통에 있어서), 보충권도 백지어음에 표창된 것이라고 볼 수 있다고
　　한다(伊澤, 전게서, 364면).
73) 따라서 백지어음은 보충권에 관한 한 설권증권도 아니고 무인증권도 아닌 결과가 된다.
74) 大森, 전게강좌, 57면 이하. 독일의 통설에서도, "보충권은 백지어음행위자의 의사표시에 의
　　하여 성립하며, 어음소지인은 보충의 수권에 의하여 보충권을 취득한다"고 설명한다(Baumbach-
　　Hefermehl, a.a.O., S.112~113 외 다수).

사를 기초로 하여 보충권수여를 설명하고 있는 점이다.

다. 생각건대, 백지어음행위설은 백지어음이 보충권을 표창한다는 점과 보충권의 이전에 관한 설명에는 훌륭하나, 백지어음행위자의 보충권수여의 의사가 없는 경우에 왜 백지어음이 되어 보충권이 표창되는가를 설명할 수 없게 되고, 어음외계약설(통설)은 어음행위자의 의사에 맞는 설명으로는 훌륭하나 이 보충권이 언제 백지어음에 표창되고 또 어떻게 해서 표창하게 되는가를 충분히 설명하지 못하게 된다. 또 백지어음행위설은 보충권 발생의 무인성으로 인하여 거래의 안전은 보호되나 기명날인자의 의사를 너무 무시하는 것이 되고, 어음외계약설은 보충권발생의 유인성으로 인하여 기명날인자의 의사는 존중되나 거래의 안전을 해하기 쉽다.

그런데 백지어음의 법적 성격을 어음의 일종이 아니라고 보면 거래의 안전보다는 어음채무를 부담할 기명날인자의 의사를 존중하여야 할 것으로 생각되며 (완전한 어음이면 거래의 안전이 더 존중되어야 할 것임), 또 백지어음의 본질에서 보아도 보충권이 존재하여야 하는데 이는 기명날인자의 의사를 기준으로 하여 결정하여야지 단순히 외관만으로 그러한 의사의 존재를 의제하는 것은(따라서 반증도 부인하면) 백지어음의 본질에도 반하는 결과가 되며, 또한 사실행위이고 무색적인 기명날인 그 자체에 의하여 보충권이 발생한다고 보는 것은 아무래도 논리의 비약인 것 같이 생각되어, 통설에 찬성한다.

## 2. 백지보충권의 성질

보충권자의 보충이라는 일방적·사실적 행위에 의하여 미완성어음을 완성어음으로 하고, 백지어음상에 한 백지어음행위에 완성한 어음행위로서의 법률효과를 발생시키는 권리로 형성권이라고 보는 것이 통설[75]이다.

## 3. 백지보충권의 내용

가. 백지보충권의 발생에 관한 백지어음설의 입장에서 보면, "백지보충권은 어음상의 권리와 같이 백지어음행위자와 상대방간의 어음 외의 약정과는 절단된 무인행위에 의한 권리로서, 그 내용은 무제한한 추상적인 권리라고 해석되고 당

---

75) 정희철, 전게서, 409면; 서돈각, 전게서, 433면; 손주찬, 전게서, 401면; 최기원, 「상법강의 (하권)」(서울: 일신사, 1982), 141면; 大森, 전게강좌, 57면외 다수(日통설); 日大判, 明治 40(1907). 5. 31(民錄 13집 617면).

사자간의 약정은 단지 인적항변사유에 불과하다고 볼 수 있으며, 어음법 제10조는 이것을 규정한 것이다"고 설명한다.[76)

나. 그러나 통설인 어음외계약설의 입장에서 보면, "보충권의 내용은 그 계약에 의하여 한정된 구체적인 권리로서 어음법 제10조는 어음거래의 안전을 보호하기 위하여 그러한 제한의 합의는 악의 또는 중과실이 없는 제3자에게 대항할 수 없도록 규정한 것이다"고 설명한다.[77)

다. 생각건대 어음외계약설(통설)이 타당하다고 본다면, 보충권의 내용은 당사자간에 구체적으로 합의한 범위의 한정된 구체적인 권리라고 해석된다. 그러나 당사자간의 구체적인 합의를 알 수 없거나 그 내용이 불명확한 경우에는 백지어음행위의 원인관계나 어음 거래의 관행 등을 참작하여 신의성실의 원칙에 따라서 보충권수여자가 통상 갖고 있는 의사를 기준으로 하여 그 내용을 결정하여야 할 것이다.[78) 이 때 보충권의 내용을 한정함이 없이 그 결정을 상대방에게 일임하는 것도 무방하다.[79) 그러나 이러한 경우는 수취인 · 발행지 · 확정일출급어음의 발행일의 경우에는 가능하나, 어음금액에 대하여는 그 내용을 한정하는 것이 통상적이다.[80)

## 4. 백지보충권의 존속

가. 백지보충권이 백지어음의 교부와 함께 행하여지는 보충권수여의 합의에 의하여 발생한 이상(어음외계약설), 이 이후의 백지어음행위자의 사망 · 제한능력(무능력) · 대리권의 흠결 등에 의하여 영향을 받지 않고 존속한다.[81)

나. 또 당사자간에 보충권의 행사기간이나 조건 등을 정한 때에는 그 기간의 만료나 해제조건의 성취에 의하여 백지보충권은 소멸된다고 보아야 할 것이나,[82) 그러나 선의의 제3자에게는 이를 가지고 대항할 수 없다고 생각한다.

---

76) 鈴木, 전게서, 209〜210면.
77) 伊澤, 전게서, 364면; 石井, 전게서, 451면 외 다수.
78) 정희철, 전게서, 410면; 서돈각, 전게서, 434면; 손주찬, 전게서, 401면; 최기원, 전게서, 141면; 伊澤, 전게서, 364면; 大森, 전게강좌, 60면; 日大判, 大正(1922). 6. 15(民集 1권 330면); 동, 昭和 18(1943). 4. 21(商判集 追補 Ⅱ, 115면).
79) 최기원, 전게서, 141면; 大森, 전게강좌, 60면; 日大判, 昭和 6(1931). 5. 15(新聞 3275호 14면); 동, 昭和 9(1934). 9. 29(法學 4권 222면).
80) 大森, 전게강좌, 60면.
81) 서돈각, 전게서, 434면; 손주찬, 전게서, 401면; 大森, 전게강좌, 58면 외 다수(日통설); 日大判, 明治 40(1907). 5. 31(民錄 13집 617면).
82) 大森, 전게강좌, 58면.

다. 또 백지보충권을 일단 부여한 이상 백지어음을 회수하지 않고 보충권만
을 백지어음 행위자의 일방적 의사표시만으로 철회하거나 제한할 수는 없으나,83)
백지보충권자와의 합의에 의한 보충권의 소멸이나 제한은 그 당사자간에서는 가
능하다고 본다.84) 그러나 보충권을 합의해제하거나 제한하더라도 동 백지어음을
회수하지 않고 있는 사이에 동 백지어음이 선의의 제3자에게 취득되거나 또는
보충권자가 수여된 보충권에 위반하여 부당보충한 것을 제3자가 선의취득하면
이러한 제3자에게는 물론 대항할 수 없다고 본다.85)

이에 관한 우리 대법원판례86)는 "어음의 단체법적성격에 비추어 볼 때 백지
어음이 일단 선의의 제3자에게 양도된 이후에는 발행인은 백지보충권수여에 관
한 계약을 해제하지 못한다"고 판시하고, 일본의 판례87)도 "일단 미완성의 어음
을 발행하여 수취인에게 그 보충권을 준 후에 수취인에 대한 관계에서는 유효하
게 그 보충에 관한 합의가 변경되고 위 보충권이 제한 또는 소멸되었는데도 불
구하고 수취인이 제멋대로 보충을 한 경우에도 어음법 제10조는 적용된다고 해
(解)함이 옳다(따라서 선의의 제3자는 보호된다—필자 주)"고 판시하여 위의 견해와
동지의 입장이다.

## 5. 백지보충권의 남용(부당보충)

가. 백지어음이 부당보충된 경우에 이러한 어음을 부당보충된 사실에 대한
악의 또는 중과실이 없이 취득한 자는 어음법 제10조(수 13조)에 의하여 보충된
내용대로 권리를 취득하고 어음행위자는 어음소지인에게 부당보충의 항변을 주
장하지 못한다.

나. 백지어음의 부당보충은 또한 어음의 변조와 비교된다.

(1) 백지어음의 기명날인자와 변조 전의 기명날인자의 책임이 동일한 점은,

83) 정희철, 전게서, 408면; 서정갑, 전게서, 152면; 손주찬, 전게서, 401면; 伊澤, 전게서, 363
    면; 鈴木, 전게서, 211면.
84) 동지: 大森, 전게강좌, 58면.
    반대: 서돈각, 전게서, 433면은 "일단 부여된 보충권은 이후 철회될 수 없다"고 한다.
85) 동지: 정희철, 전게서, 412면; 大森, 전게강좌, 58면.
86) 대판 1960. 12. 15, 4293 민상 176(정희철, 전게교재, 127면). 이 판례에 대하여 정희철, 전
    게서, 412면 주 3은 "이 판례는 백지어음이 일단 선의의 제3자에게 양도된 이후에는 발행인은
    백지보충권수여에 관한 계약을 해제하지 못한다고 해석된다고 하고 있으나, 이것은 일방적 해
    제가 안된다는 것이고, 양자의 합의에 의한 철회도 못한다는 뜻이 아니다"고 평석하는데, 동
    평석에 찬성한다.
87) 日大判 昭和 15(1940). 10. 15(정희철, 전게교재, 127면).

동 어음의 취득자에게 악의 또는 중과실이 있는 경우에 증권의 문언과 상이한 채무를 부담하는 점이다. 즉, 백지어음의 기명날인자는 보충권의 범위내에서만 책임을 부담하고(어 10조 단서) 변조어음에 기명날인을 한 자는 변조 전의 문언에 따라서만 책임을 부담한다(어 69조 후단).[88]

　　(2) 백지어음의 기명날인자의 책임과 변조어음의 기명날인자의 책임이 상이한 점은 소지인이 선의이고 중과실 없이 동 어음을 취득한 경우이다. 즉, 이때 백지어음의 기명날인자는 부당보충 후의 문언에 따라서 책임을 부담하나, 변조 전의 기명날인자는 변조 후의 문언에 따라 책임을 부담하지 않는 점이다. 이러한 책임의 차이는 변조는 전연 권한 없이 하는 데 대하여 부당보충은 수여된 보충권의 범위를 초과하는 것이기 때문이라고 한다.[89]

　　(3) 발행인이 어음요건을 완비한 어음을 발행하여 그 수취인에게 「어음요건 이외의 기재사항」을 기재할 수 있는 권한을 수여한 경우에 그 권한을 남용하여 기재한 때에 이를 변조로 볼 것인가 또는 보충권의 남용으로 볼 것인가가 문제가 되겠는데,[90] 이 경우에는 백지어음에 준하는 것으로 보아 발행인은 그 권한의 남용에서 생기는 모든 위험을 선의취득자에게 부담해야 할 것이다.[91] 그러나 동어음의 보충권자가 발행인이 기재한 사항을 권한 없이 변경하는 것은 물론 변조가 될 것이다.

　　다. 보충 전의 백지어음을 본래의 보충권의 범위보다 넓은 보충권이 있는 줄 믿고 취득한 자가 스스로 보충하여 어음금을 지급청구한 경우에도 백지어음 행위자는 동 어음에 부당보충을 한 자에게 보충권의 남용을 항변할 수 없는가? 즉, 이 때에도 어음법 제10조(수 13조)가 적용(엄격히는 유추적용)되는지 여부가 문제가 되고 있다.[92] 이에 대하여 적용설과 부정설로 나뉘어 있다.

---

88) 정희철, 전게서, 412면; 서돈각, 전게서, 436면.
89) 서정갑, 전게서, 155면.
90) 어음요건에 관한 부당보충에 대하여는 "백지어음의 요건을 보충함에 있어서 그 보충권을 남용하여 약정에 반하는 기재를 하였다 하더라도 이 때문에 어음법이 정하는 이른바 어음의 위조나 변조를 생기게 하는 것이 아니다"고 하는 일본의 판례가 있다[日大判, 昭和 3(1928). 2. 6(정희철, 전게교재, 139~140면)]. 그러나 우리나라의 판례는 "약속어음의 액면금에 대한 보충권의 한계는 당사자간의 합의와 내용에 의하여 제약되는 것이므로 자의로 합의내용에 반하여 합의된 내용을 초월한 금액을 기입하였다면 이는 보충권의 범위를 초월하여 발행인의 서명날인 있는 약속어음 용지를 이용한 새로운 약속어음의 발행에 해당하는 것이어서 유가증권위조죄를 구성한다"고 판시한다(대판 1972. 6. 13, 72 도 897〈判總 11-2, 980~12면〉).
91) 결과동지: 서정갑 외, 전게주석, 243면.
92) 이는 백지보충권의 범위에 대한 선의취득 여부에 관한 문제로도 고찰될 수 있겠는데[田中(誠), 전게서, 250면], 양자의 관계는 일치하지 않고 다음과 같은 관계에 있다고 생각해 볼 수 있겠다. 즉, 어음법 제10조의 적용 여부와 백지보충권의 범위에 대한 선의취득여부와의 관계를

## (1) 적용설

이때에도 어음법 제10조가 적용된다고 보는 견해에서는, 그 이유를 "원래 백지어음의 보충권은 그 자체로서는 어떻게 보충되어도 보충되기만 하면 그 보충된 문언에 따라 어음상의 효력을 발생시키는 권리로서, 보충권의 범위의 한정은 단지 백지어음 외에 있는 보충권 수여의 직접 당사자간의 인적 항변의 문제에 불과한 것이며, 어음법 제10조는 보충을 완료한 백지어음의 선의취득자의 보호에 관한 규정이나, 이것은 보충권의 범위의 한정이 어음 외의 인적 항변의 문제에 불과한 결과의 당연한 규정이므로 그 규정의 정신에 기하여 선의자의 보호를 인정하는 것이 반드시 이론적으로도 불합리한 것은 아니다"고 설명한다.[93]

또 그 이유를 권리외관이론에서 "어음이 양도인에 의하여 이미 보충되어 있는가, 또는 양수한 후 양도인의 지시에 따라 양수인 자신이 보충하는가는 본질적으로 다를 것이 없으며, 두 경우에 있어 어음취득자가 믿은 권리외관은 동일하고 두 경우 모두 기명날인자는 같은 방법과 책임하에 외관을 야기시키고 있어 동 어음의 선의취득자에 책임을 부담한다"고 설명한다.[94]

독일의 일관된 판례[95] 및 통설[96]도 "보충된 백지어음의 선의취득자뿐만 아

---

보면, ① 어음법 제10조를 어음법 제17조의 특별규정으로 해석하면(鈴木, 전게서, 210면 외), 백지보충권의 범위에 대한 선의취득 여부의 문제는 선의취득여부의 문제가 되고 어음법 제10조의 적용 여부의 문제는 항변절단 여부의 문제가 되는데, 선의취득과 항변절단의 양자는 전혀 별개의 문제로 취급하고 있으므로(정희철, 전게서, 460면 외), 백지보충권의 범위에 대한 선의취득여부와 어음법 제10조의 적용 여부는 관련이 없으나 다만 전자는 후자에 의하여 보충될 뿐이다. 그러나 선의취득이 부정되면 이에 대하여 항변이 절단되는지 여부는 문제가 되지 않으므로(선의취득이 긍정되어야 비로소 이에 항변의 절단 유무가 문제됨), 선의취득의 긍정은 어음법 제10조의 적용 유무의 전제가 된다. ② 그러나 어음법 제10조는 동법 제17조의 일부가 아닌 전혀 독립규정이라고 보면(Baumbach-Hefermehl, a.a.O., S.116), 적용설은 백지보충권의 범위에 대한 선의취득을 인정하는 전제가 된다. 왜냐하면 권리자로부터 백지어음을 양수하여 부당보충한 경우에 동 백지어음에 기명날인을 한 자가 대항할 수 있다면(부정설의 입장), 무권리자로부터 양수하여 부당보충한 자에게 기명날인을 한 자가 대항할 수 있음은 말할 나위가 없기 때문이다. 따라서 부정설에서는 백지보충권의 범위에 대한 선의취득이 인정될 여지가 없게 된다.

93) 田中(誠), 전게서, 259면. 결과 동지: 竹田, 전게서, 95면; 石井, 전게서, 472면; 伊澤, 전게서, 367면; 大森, 전게강좌, 70면(日통설); 日最高判, 昭和 36(1961). 11. 24(民集 15권 10호 2536면); 동, 昭和 41(1966). 11. 10(民集 20권 9호 1756면).

94) 서정갑 외, 전게주석, 241~242면; 결과 동지: 정희철, 전게서, 411~412면; 서정갑, 전게서, 150~151면; 이범찬, 전게서, 322면.

95) 독 München고판, 1955. 11. 8(정희철, 전게교재, 127면)은 "어음법 제10조는 제3자에 의하여 부당하게 보충된 어음을 선의로 취득한 경우뿐만 아니라, 보충되지 않은 백지어음을 취득하여 스스로 보충한 경우에도 적용된다"고 판시하고 있다(동지의 다수판례인용은 Baumbach-Hefermehl, a.a.O., S.116~117참조).

96) Baumbach-Hefermehl, a.a.O., S.116; Hueck- Canaris, a.a.O., S.67; Bernhand Rehfeldt und

니라 미보충의 백지어음을 선의로 취득한 자도 어음법 제10조에 의하여 보호된
다"고 한다.

### (2) 부정설

어음법 제10조가 적용되지 않는다고 보는 견해에서는, 그 이유를 "어음법
제10조는 백지어음에 보충이 완료되어 보통의 어음과 하등 다른 점이 없는 외관
을 나타내기 때문에 이를 신뢰한 선의자를 보호하는 것이라고 생각하기 때문에,
백지어음이 보충되지 않아 외관상 백지의 존재가 명백한 경우를 이와 동일시하
는 것은 허용되지 않고, 따라서 동 어음취득자로서는 이 점에 대하여 위험을 부
담해야 하며, 이와 같이 해석하면 백지어음을 인정하여도 그 의의가 감소되는 것
은 사실이나 어음금액과 같이 당연히 범위가 한정되는 사항에 관한 백지어음에
대하여 쉽게 믿는 것은 경솔한 일이므로 이와 같은 보호를 인정할 수 없고, 수
취인과 같이 범위의 한정이 없는 사항에 관한 백지어음에 대하여는 이와 같이
생각하여도 취득자가 피해를 받는 일이 거의 없다"고 설명한다.[97]

### (3) 사　견

생각건대, 「보충된 어음」(비록 백지어음 행위자의 의사에 반하여 보충되었다 하더
라도)을 보충된 내용 그대로 믿고 형식상 완전한 어음을 취득한 자와, 「보충되지
않은 백지어음」(양도인의 말만 믿고—이것은 어음 자체에 나타나지도 않음)을 본래의
보충권의 범위보다 넓은 보충권이 있는 줄 믿고 취득한 자는 구별되어야 할 것
으로 생각한다. 이는 또한 실제적인 면에서 볼 때, 금액이 백지인 어음을 양도인
이 어느 범위까지 보충할 수 있다고 하여 그대로 믿고 발행인에게 조회하지도
않고 양수하는 자가 있을까? 어음의 유통성의 확보는 형식상 완전한 어음을 전
제로 하는 것이므로 어음도 아닌 미완성의 백지어음의 양수인이 어음상 나타나
지도 않은 보충권의 범위에 관한 양도인의 의사표시를 믿었다고 하여 백지어음
의 기명날인자의 희생하에 그러한 양수인을 보호할 가치가 있는 것일까? 유통성
을 확보할 가치가 있는 어음은 어디까지나 형식이 완비된 어음이며 그런 정신에
서 입법화된 것이 어음법 제10조(수 13조)가 아닐까?

또한 어음법 제10조는 어음법 제17조의 일종으로는 볼 수가 없고, 따라서 그

---

Wolfgang Zöllner, *Wertpapierrecht*, 12. Aufl.(München: C.H. Beck'sche Verlagsbuchhandlung,
1978), S.64～66외 다수.

97) 鈴木, 전게서, 214면. 동지: E. Ulmer, *Das Recht der Wertpapiere*(Berlin und Stuttgart:
W.Rohlhammer Verlag, 1938), S.198; Schummann, *Handelsrecht*, Bd. II, Teil II(Wertpapiere)
(Betriebswirtschaft Verlag Dr. Th. Gabler, 1954), S.100.

자체로서 독립규정으로 법문에 충실하게 제한적으로 해석해야지, 어음법 제10조를 어음법 제17조의 일종으로 보아 이를 인적 항변사유로 본다는 것은 지나친 확대해석이라고 생각한다. 따라서 본래의 보충권이 있는 줄 믿고 취득한 자에게는 어음법 제10조(수 13조)가 적용되지 않는다고 보는 부정설이 타당하다고 생각한다. 따라서 백지보충권의 범위에 대한 선의취득을 인정하지 않는 것이 옳다고 본다.[98]

우리나라 대법원은 적용설의 입장에서 금액 백지의 어음을 취득하여 부당보충한 사례에 대하여, "어음금액이 백지인 어음을 취득하면서 보충권한을 부여받은 자의 지시에 의하여 어음금액란을 보충한 경우에, 보충권의 내용에 관하여 어음기명날인자에게 직접 조회하지 않았다면 특별한 사정이 없는 한 취득자에게 중대한 과실이 있다"고 판시하여,[99] 어음법 제10조를 적용하고 동조의 단서를 적용하여 결국 어음기명날인자의 항변을 허용한 것인데, 적용설의 입장이라도 어음법 제10조 단서의 「악의 또는 중대한 과실」을 넓게 해석하면 부정설과 동일한 결과가 된다고 생각한다.[100]

## 6. 백지보충권의 행사기간과 시효

### 가. 백지보충권의 행사기간과 시효와의 관계

만기 이외의 사항을 백지로 한 경우에는 어음의 주채무자에 대한 관계에서는 만기로부터 3년의 시효기간 내에 보충권을 행사하여야 하고(어 70 1항, 77조 8호), 상환의무자에 대한 관계에서는 지급거절증서 작성기간 내에 보충권을 행사하여야 하기 때문에(어 44, 77조 4호), 보충권 그 자체의 시효를 논할 여지가 없겠으나,[101] 만기 백지의 경우에는 보충권 그 자체의 소멸시효가 문제가 될 수 있는데 이에 대하여는 후술하는 바와 같이 견해가 나뉘어 있다.

또한 보충권 행사기간에 대하여 보충권수여의 합의로써 제한을 가하는 것은 무방하고, 이 경우에는 이 기간 내에 보충권을 행사하여야 할 것이며, 이에 위반하여 보충권을 행사하면 보충권남용의 문제가 될 것이다.[102] 그러나 백지어음행위자는 만기 이외의 사항의 보충권의 행사기간을 상술한 「보충하여야 할 시기」

---

98) 상세는 정찬형, 「어음 · 수표선의취득연구」(서울: 박영사, 1982), 37~38면 참조.
99) 대판 1978. 3. 14, 77 다 2020[판례월보, 제96호(1978. 9.), 61~62면].
100) 정찬형, 전게서(주98), 38면.
101) 大森, 전게강좌, 64면.
102) 서정갑, 전게서, 153면; 손주찬, 전게서, 402면; 大森, 전게강좌, 62면.

(주채무자에 대한 관계에서는 만기로부터 3년, 상환의무자에 대한 관계에서는 지급거절증서 작성기간) 이후로 한정하는 특약은 어음법상의 공익법규에 위배되는 것이라고 할 수 있으므로, 무효라고 생각한다.[103]

### 나. 만기이외의 사항이 백지인 어음의 보충권의 행사기간

(1) 어음의 주채무자에 대한 관계에서는 어음채무는 만기로부터 3년의 시효로 소멸하므로 이 시효기간내에 보충권을 행사하여야 한다. 즉, 확정일출급 및 발행일자후정기출급어음에 있어서는 소정의 만기로부터 3년 내에, 일람출급어음에 있어서는 발행일자로부터 1년의 (지급)제시기간(어 34) 경과 후 3년 내에, 일람후정기출급어음에 있어서는 인수일자 또는 거절증서의 일자(모두 없는 경우에는 발행일자로부터 1년되는 일자)(어 35, 약속어음의 경우에는 78조 2항의 기산일) 후 일정기간 경과로부터 3년 내에 백지를 보충하여야 한다.

그런데 시효기간 후의 보충은 무효인가? 이에 대하여 무효라고 보는 견해[104]와, 시효는 이를 주장하는 자가 원용하지 않는 한 당연히 재판의 자료가 되지 않는다는 점과 시효이익은 포기할 수 있다는 점을 들어 그러한 어음소지인은 보충권을 시효기간 경과 후에도 행사할 수 있고 이에 의하여 어음소지인은 어음상의 권리를 취득하게 된다고 하여 유효로 보는 견해[105]가 대립하고 있는데, 전자의 견해에 찬성한다.

(2) 어음의 상환의무자에 대한 관계에서는 제시기간 내에 완전한 어음을 제시하지 않으면 상환청구권을 보전할 수 없으므로 거절증서 작성기간 내에 보충을 하여야 한다(어 44, 77①). 「거절증서 작성기간」의 의미에 대하여는 확정일출급어음 및 발행일자후정기출급어음에 있어서는 만기가 처음부터 확정되므로 '지급을 할 날에 이은 2 거래일 내'로 보아야 할 것이고, 일람출급어음 또는 일람후정기출급어음에 있어서는 지급제시 또는 일람에는 완전한 어음을 제시하여야 하므로 발행일자로부터 1년 내(어 34①, 23①, 77①2, 78②)로 보아야 할 것이다.[106]

---

103) 동지: 박원선, "백지어음(하)," 「법정」, 1965. 7, 56면.
104) 日大判, 1940. 3. 1(評論 29권 상법 178면).
105) 大森, 전게강좌, 62면; 伊澤, 전게서, 366면; 鈴木, 전게서, 312면.
106) 동지: 서정갑, 전게서, 153면; 손주찬, 전게서, 402면.

## 다. 만기가 백지인 어음의 보충권의 소멸시효기간 또는 행사기간의 문제

(1) 이에 대하여 통설은 보충권 자체의 소멸시효와 관련하여 풀이하고,[107] 그 시효기간에 대하여는 다음과 같이 견해가 나뉘어 있다.

(가) **20년설**    백지보충권은 형성권으로서 소유권도 채권도 아닌 재산권이 므로(민 162②) 20년의 소멸시효에 해당한다는 것인데, 우리나라의 통설이다.[108] 또한 일본의 대심원도 오랜 동안 이 입장을 지지하고 있다.[109]

(나) **10년설**    보충권은 형성권의 일종이기는 하나, 특정인에 대한 권리로 서 채권과 동일시할 수 있고 따라서 민법 제162조 1항의 채권의 소멸시효인 10 년이라고 한다.[110]

(다) **5년설**    보충권은 형성권이기는 하나 형성권이라 하여 일률적으로 민 법 제162조 2항의 20년의 소멸시효에 해당하는 것은 아니고 그의 발생원인이나 그의 행사에 의하여 생기는 권리의 내용 등의 특질에 따라서 소멸시효기간을 결 정하게 된다는 것을 전제로 하여, 백지보충권의 부여는 「어음에 관한 행위」(日商 501조 4호)이거나 이에 준하는 것으로 상행위이므로 상사시효에 관한 상법 제522 조(우리 상법 제64조)의 준용 또는 적용에 의하여 5년의 소멸시효에 해당한다고 한다.[111] 그러나 이 견해는 상업증권에 관한 행위를 상행위로 규정하고 있는 일 본에서는 타당성이 있을 수 있으나, 우리나라 상법상은 어음행위가 언제나 상행 위가 되는 것이 아니므로 우리나라에서는 타당성이 없다고 생각한다.[112]

(라) **10년설 또는 5년설**    이 견해에서는, "원인관계를 어음관계와 결부시 킨다는 비난이 있을지 모르나 보충권수여계약의 기초가 되는 원인관계상의 채권 이 민사채권인가 상사채권인가에 따라 10년 또는 5년으로 시효에 걸린다고 보아

---

107) 양승규, 전게논문, 75면은 "보충권의 행사기간을 어떻게 할 것이냐는 당사자 사이에 구체 적인 합의가 없는 한 어음의 소멸시효와 관련하여 풀이할 수밖에 없다"고 한다.
108) 서돈각, 전게서, 435면; 손주찬, 전게서, 402면(기산점은 백지어음교부시라고 함); 박원선, 전게서, 495면; 이범찬, 전게서, 321면.
109) 日大判, 1933. 11. 7(商判集追補 I 368면); 동, 1935. 12. 21(新聞 3939호 15면); 同 1936. 6. 12.(新聞 4011호 9면); 동, 1937. 4. 16(民集 16권 473면).
110) 서정갑, 전게서, 154면; 日東京地判, 1935 .7. 6(新聞 3868호 14면).
111) 伊澤, 전게서, 365면; 田中(誠), 전게서, 96면; 鈴木, 전게서, 212면; 石井, 전게서, 452면; 日最高判, 1961. 11. 24(民集 15권 2536면); 日東京地判, 1963. 9. 16(判タイムズ155호 263면); 동, 1934. 6. 30(評論 23권 상법 62면); 日大阪高判, 1958. 5. 19(下裁民集 9권 857면); 日大阪 地判, 1933. 6. 4(新聞 3582호 5면).
112) 동지: 정희철, 전게서, 410면. 우리나라에서 이 설을 취하는 분은 없는 것 같다.

야 한다. 왜냐하면 보충권 자체는 어음상의 권리 자체가 아니라 어음 외의 민사
법적 관계에서 생기는 권리이므로 역시 어음 외의 관계인 원인관계를 참작하여
보충권의 시효기간을 정하는 것은 어음채권과 원인채권을 결부시키는 것이 아닌
까닭이다"고 한다.[113]

　　(바) 3년설　　이 견해에서는, "어음법은 어음유통의 안전을 유지하기 위하여
어음채무자의 책임을 엄격하게 규제하면서 그러한 법률관계의 신속한 결제를 위하
여 어음채권에 관하여 특히 단기시효를 인정하고 있다. 따라서 백지어음의 보충권
의 발생원인은 백지어음행위자의 당사자간의 합의에 의한 것이라 하더라도 그것이
백지어음상의 권리, 즉 잠재적인 어음상의 권리의 불가분적인 내용의 하나라고 볼
수 있으므로, 만기가 백지인 백지어음의 보충권도 어음상의 권리와 마찬가지도 3
년의 시효기간의 경과로서 소멸한다"고 하거나,[114] "만기를 백지로 하는 백지어음
에 있어서는 소지인은 언제라도 백지를 보충하여 권리를 행사할 입장에 있는 이상
시효의 문제에 관하여는 발행시부터 만기가 도래한 어음의 경우와 동일하게 취급
하여 보충권도 발행시부터 3년의 시효기간의 경과로써 소멸한다"고 한다.[115]

　　(사) 1년설　　이 견해는 일람출급어음의 제시기간에 준하여 보충권의 소멸
시효기간은 1년이라고 한다.[116] 그러나 이에 대하여 "이 경우의 백지보충은 만기
를 기재하는 것이므로 이를 일람출급어음에 준해야 할 기초는 없고, 따라서 제시
기간에 관한 규정을 유추적용할 여지가 없다"는 비판도 있다.[117]

　　(2) 이에 대하여 만기 백지의 경우에도 만기 이외의 사항이 백지인 경우와
같이 보충권 자체의 소멸시효에 관하여 문제삼지 않고 보충권의 행사기간에 대
하여만 문제삼는 견해가 있다. 즉, 이 견해에 의하면 "다수설이 만기의 기재가
있는 백지어음에 대하여 보충권 자체의 소멸시효를 문제삼지 않고 어음상의 권
리와의 관계에서만 보충권의 행사기간을 문제로 하고 있는 것은 보충권 독자의
소멸시효는 일반적으로 문제되지 않는다는 것을 암암리에 나타내고 있는 것으로
서, 이것은 만기가 백지인 경우에도 역시 그 독자의 소멸시효를 문제삼을 필요가

---

113) 정희철, 전게서, 410~411면; 동, 전게교재, 120~121면.
114) 양승규, 전게논문, 75면. 동지: 최기원, 전게서, 142면(그 이유는 보충권을 잠재하는 어음
　　상의 권리로 보아 3년설이 타당하다고 하나, 보충권 자체를 잠재하는 어음상의 권리로 볼 수
　　는 없고 백지어음상의 권리를 잠재하는 권리로 볼 수는 있을 것이다).
115) 竹田, 전게서, 97면.
116) 大橋光雄, 「法學論叢」(京大), 제37권 3호, 561면.
117) 竹田, 전게서, 97면.

없다. 그렇다면 만기가 백지로 되어 있는 경우에만 그 독자의 소멸시효를 운운하는 것은 이해하기 어렵다. 따라서 보충권도 본체로서의 잠재적인 어음상의 권리가 소멸하면 행사할 수 없게 되는데, 잠재적인 어음상의 권리는 3년의 시효기간의 경과로 소멸하므로 만기 백지의 보충권도 본체로서의 잠재적인 어음상의 권리의 소멸시효기간 내에 행사하지 않으면 소멸한다"고 설명한다.[118]

### (3) 사　견

　보충권 자체의 소멸시효를 문제삼는 견해는 보충권의 법적 성질이 형성권이라는 점과 관련하여 볼 때 근본적인 문제가 있는 것 같다. 즉, 20년설에 대하여는 보충권의 법적 성질이 형성권이고 형성권에는 소멸시효를 인정할 수 없으므로[119] 보충권에 민법 제162조 2항의 소멸시효의 규정을 적용하는 것은 잘못된 것이며, 10년설에 대하여는 민법상 형성권의 존속기간이 정하여져 있지 않은 모든 형성권은 그 제척기간이 10년이라고 해석하는 견해[120]와 결과에서는 같으나, 보충권(형성권)은 소멸시효에 걸리지 않으므로 역시 민법 제162조 1항을 적용함은 잘못이며,[121] 10년설 또는 5년설은 보충권이 어음 외의 민사법적 관계에서 생긴다는 점을 중시한 점에서는 타당하나, 보충권이 형성권으로 형성권에는 소멸시효를 인정할 수 없다는 입장에서 보면 역시 민법·상법상의 소멸시효에 관한 규정은 적용할 근거가 없게 되며, 또한 이원적이라 통일적인 설명에 미흡한 것이 아닌가 생각된다. 3년설의 경우에는 기산일이 발행일이라고 하면 일람출급어음의 경우 지급제시기간의 말일에 제시한 경우보다 오히려 1년의 시효기간을 단축한 결과가 되어 부당하며, 1년설은 만기 백지의 보충에 의하여 일람출급이 되지 않는 것인데, 이에 일람출급어음의 제시기간을 준용할 수는 없다고 본다.

　따라서 보충권의 성질과 관련하여 볼 때 보충권 자체의 소멸시효기간을 문

---

118) 大森, 전게강좌, 66면; 서정갑 외, 전게주석, 245면.

119) 곽윤직, 「민법총칙」(서울: 경문사, 1980), 515면; 김증한, 「민법총칙」(서울: 박영사, 1981), 446면; 김증한(집필대표), 「학설판례 주석민법(상)」(서울: 한국사법행정학회, 1973), 220면.
　형성권이 소멸시효에 걸린다고 보는 견해는 "형성권의 존속기간이 정하여져 있는 경우에 '시효로 인하여'라고 법문상 밝히고 있는 경우에는 명문상 소멸시효에 걸린다고 할 수밖에 없다"고 설명하는데(이영섭, 「신민법총칙강의」, 1959, 461면), 백지어음의 보충권에 대하여는 '시효로 인하여'라는 법문상 명문규정에 의한 행사기간이 없으므로, 어느 입장이거나 백지어음의 보충권에 대하여는 언제나 소멸시효를 인정할 수 없다는 결론이 된다.

120) 곽윤직, 전게서, 515면. 그러나 형성권의 성질과 그 권리의 행사에 의하여 생기는 권리관계를 고려하여 정하여야 한다는 견해도 있다(김증한 외, 전게주석, 221면).

121) 10년의 제척기간이라고 해석하면, 그 권리의 행사로 인한 채권은 3년의 시효로 소멸하는 점과 비교할 때 균형을 잃은 것이라고 아니할 수 없다.

제삼는 것은 의미가 없다고 본다. 그렇다면 보충권의 행사기간이 문제가 되겠는데, 통설이 만기 이외의 사항이 백지인 경우의 보충권의 행사기간은 어음의 주채무자에 대한 관계에서 3년으로 보고 있는 점과 관련하여 볼 때, 3년으로 보아야 할 것 같다. 그런데 문제는 기산점을 언제로 볼 것인가 하는 점이다. 이에 대하여 3년설은 일반적으로 발행일을 시기(始期)로 보나 이렇게 보는 경우, 앞에서 본 바와 같이 일람출급어음의 주채무자에 대한 시효기간과 비교할 때 이유 없이 단축되어 있다(최장 1년). 따라서 일람출급어음의 경우 지급제시가 있으면 만기가 되고 이 지급제시기간은 발행일로부터 1년인 점(어 34조)과 관련하여 볼 때, 기산점은 발행일로부터 1년이 되는 시점으로 하여야 할 것이다.[122] 따라서 만기 백지의 어음소지인은 어음의 발행일로부터 4년 내에 만기를 보충하여야 할 것이 아닌가 생각된다. 이는 보충권 자체의 소멸시효기간이나 제척기간이 아니라, 잠재적인 어음상의 권리의 소멸시효기간과 불가결의 관계를 갖고 있는 보충권의 행사기간으로 보아야 할 것이다.

### 라. 백지수표의 경우

(1) 발행일 이외의 사항이 백지인 경우에는 어음에 있어서 만기 이외의 사항이 백지인 경우와 같다. 그런데 수표는 주채무자가 없고 또 항상 일람출급이며 지급제시에는 완전한 수표를 제시해야 하기 때문에 발행일로부터 지급제시기간 내에 보충권을 행사해야 할 것이다.[123]

(2) 발행일이 백지인 경우에는 수표의 상환청구권(소구권)의 소멸시효기간인 6월 내에 보충권을 행사하여야 할 것으로 생각한다.[124] 기산점에 대하여는 수표 면상 기준이 되는 일자가 없으므로 피고가 실제로 발행한 날을 증명하여 지급제

---

122) 정희철, 전게교재, 120면은 3년설에 대하여 "보충권의 행사에 의하여 생기는 채권이 어음 채권이므로 그 시효기간을 3년이라고 볼 수 있으나, 만기가 도래하지 않은 것을 도래한 것으로 볼 근거가 박약하다"고 하는데, 만기 백지를 일람출급어음에 준하여 생각하고 발행일로부터 1년 되는 시점을 기산점으로 하면 만기가 도래하지 않았다고는 볼 수 없지 않을까 생각된다. 서정갑 외, 전게주석, 235면은 만기 이외의 사항에 대한 보충권의 행사기간에 대하여, "일람출급어음에 있어서는 1년의 제시기간 경과후 3년내에 보충하면 되고, 일람후정기출급어음에 있어서는 어음법 제35조와 제78조 2항에 의하여 정하여지는 만기로부터 3년 내에 보충하여야 한다"고 한다.

123) 동지: 정희철, 전게서, 410면.

124) 정희철, 전게서, 410면은, 어음의 경우에는 만기 백지의 경우 보충권은 원인채권에 따라 10년 또는 5년으로 시효에 걸린다고 하면서, 수표의 경우는 발행일이 백지인 경우 20년 내에 보충권을 행사하여야 한다고 한다.

시기간의 종료일을 기산점으로 할 수밖에 없지 않을까 생각한다.125)

## 7. 백지보충의 효과

백지어음의 소지인이 그가 갖고 있는 보충권을 적법하게 행사하여 백지를 보충한 때에는 보통의 어음과 동일한 어음이 되어 동 어음은 어음금지급청구권을 표창하게 되며 백지어음행위자는 보충된 문언에 따라 그 책임을 부담하게 된다. 그런데 보충의 효력이 언제부터 발생하여 완전한 어음이 되느냐에 대한 시기에 대하여는 학설이 대립되어 있다. 이에 대하여 백지어음행위시까지 소급하여 효력이 발생한다는 소급설126)과 보충시부터 장래에 향하여만 효력이 발생한다는 비소급설127)이 있는데, 비소급설이 통설이며 타당하다고 생각된다. 우리나라 대법원도 "…백지어음은 요건의 보충에 의하여 어음행위로서 완전한 효력이 생기므로 배서 등 백지어음에 한 모든 어음행위는 이 때에(보충시—필자 주) 효력이 발생하는 것이고 보충의 효과가 조건성취 전에 소급한다고는 볼 수 없다고 해석하는 것이 타당하다"고 판시하여,128) 비소급설에 따르고 있다.

따라서 백지어음행위의 효력은 민법 제147조의 준용을 받아 보충이라는 법정정지조건이 성취한 때로부터 장래에 향하여 효력이 발생한다.129) 그러나 백지어음의 법률관계의 내용을 이루는 기재, 예컨대 발행일이나 만기는 보충시부터 기산되는 것이 아니고 보충 전에 기재된 일자나 보충에 의하여 기재된 일자로부터 기산된다. 따라서 어음상채무의 시효기간의 시기(始期)는 어음상 기재된 만기이고, 일람후정기출급어음이나 일람출급어음의 제시기간의 기산일도 어음상 기재된 발행일자이지 보충시가 아니다.130)

---

125) 만기 백지어음에 있어서 발행일이 백지인 경우에도 기산점에 대한 해석에서는 동일하게 해석할 수밖에 없지 않을까 생각한다.
126) 田中耕太郎, 전게서, 315면; 大橋光雄, 「統一手形法」, 151면.
127) 정희철, 전게서, 412면; 서돈각, 전게서, 436면; 박원선, 전게서, 495면; 손주찬, 전게서, 403면; 서정갑, 전게서, 154면; 서정갑 외, 전게주석, 238면; 이범찬, 전게서, 321면; 양승규, 전게논문, 77면; 田中(誠), 전게서, 255면; 大森, 전게강좌, 81면 외 日통설; 日最高判, 1958. 3. 7(民集 12권 5호 13면; 정희철, 전게교재, 135면).
128) 대판, 1965. 8. 31, 65 다 1217(정희철, 전게교재, 136면). 대판, 1971. 8. 31, 68 다 1176(정희철, 전게교재, 137면)에 대하여, 양승규, 전게논문, 77면은 "종전의 판결을 변경하고 소급설의 입장에 따르고 있다"고 하나, 정희철, 전게교재, 137면은 〈유의〉에서 "이 판결은 대판, 1965 .8. 31, 65 다 1217 판결과 반대의 판결같이 보이나 자세히 검토하면 반드시 그렇지도 않다. …양 판결 사이에 근본적인 차이는 없는 것이다"고 하는데, 후자의 견해가 타당하다고 생각한다.
129) 정희철, 전게서, 413면; 서정갑 외, 전게주석, 238면; 田中(誠), 전게서, 255면.
130) 서정갑 외, 전게주석, 238면; 田中(誠), 전게서, 255면; 大森, 전게강좌, 82면; 日大判, 大正

또한 백지어음은 위에서 본 바와 같이 백지보충시부터 완전한 어음으로 효력을 발생하나 그 기초가 되는 백지어음행위의 성립시기는 그 행위시이지 보충시가 아니다. 따라서 백지어음행위의 효력을 판정하는 사항, 즉 백지어음행위자의 권리능력, 행위능력 및 대리권의 유무 등은 당해 백지어음 행위시점을 표준으로 하여 결정한다.[131]

또한 발행인이 사망한 후의 일자로 발행일자 백지의 어음을 보충할 수 있겠는가의 여부에 대하여는, 민법 제111조 2항에 의하여 백지어음행위자의 보충권수여의 의사표시는 유효하고 이 의사표시에 기한 보충은 유효하다고 보아야 할 것이다.[132]


# Ⅶ. 백지어음의 양도

## 1. 의  의

백지어음이 보충된 후에는 보통의 어음의 양도방법에 따라서 양도할 수 있음은 말할 것도 없으며, 보충 전에도 상속·합병·지명채권양도 등과 같은 일반사법상의 양도방법에 의하여 양도할 수 있음은 물론이다.[133] 그러나 보충 전에도 보통의 어음의 양도방법에 의하여 양도할 수 있는가? 이에 대하여 긍정하는 점에 대하여는 이설(異說)이 없으나, 그 근거에 대하여는 백지어음의 법적 성질을 어떻게 보느냐에 따라 견해가 갈린다. 즉, 백지어음의 법적 성질을 어음의 일종이라고 보는 견해는 어음의 유통에 관한 규정이 당연히 적용된다[134]고 설명하고,

---

9.(1920). 12. 27(民錄 26집 2120면).

131) 서돈각, 전게서, 436~437면; 박원선, 전게서, 495면; 손주찬, 전게서, 403면; 서정갑 외, 전게주석, 238~239면; 서정갑, 전게서, 154면; 이범찬, 전게서, 321면; 田中(誠), 전게서, 256면외 다수설; 일본의 大審院 판례도 이 입장에서, "백지어음의 발행인이 백지보충 전에 제한능력자(무능력자)가 되어도 보충에 의하여 발생한 어음의 효력에는 영향이 없다"고 판시한다(日大判, 1907 .5. 31.〈民錄 13집 608면〉).

132) 동지: 서정갑 외, 전게주석, 238면. 따라서 "갑 주식회사의 대표이사 을이 발행한 백지어음에 갑회사가 해산하여 청산종료한 후 백지가 보충된 경우에, 이는 백지보충시에 어음발행행위가 있은 것으로 을은 이 때 대리권이 없으므로 을은 무권대리인으로서의 책임을 부담한다"고 판시한 일본의 하급심판례(日和歌山地判, 1953. 6. 6.〈下裁民集 4권 823면〉)는 백지어음행위의 성립시기를 백지어음의 완성어음으로서의 효력발생시기와 혼동한 것으로 부당하다고 생각한다(동지: 서정갑 외, 전게주석, 239면; 大森, 전게강좌, 83면 주4).

133) 서정갑 외, 전게주석, 233면. 따라서 강제집행에 의하여도 이전된다[정희철, 전게서, 409면; 田中(誠), 전게서, 249면; 伊澤, 전게서, 363면].

134) 이범찬, 전게서, 320면; 日大判, 1930. 10. 23(民集 9권 11호 976면).

백지어음의 법적 성질을 어음이 아니라고 보는 견해는 백지어음은 어음이 아니므로 당연히 어음의 양도방법에 의하여 양도될 수 없고 관습법에 의하여 완성어음의 경우와 동일한 방법에 의하여 또 이것과 동일한 효과를 갖고 유통된다고 설명하고 이런 의미에서 백지어음은 어음은 아니나 일종의 유가증권이라고 설명한다.[135]

## 2. 양도방법

수취인의 기재가 있는 백지어음은 배서의 방법(기명식배서 또는 백지식배서)에 의하여,[136] 수취인이 백지인 어음은 단순한 백지어음의 교부에 의하여 양도된다.[137] 또 수취인 백지의 어음은 배서에 의하여 양도될 수도 있다.[138]

## 3. 선의취득

백지어음에 대하여 어음법적 양도방법이 인정되는 당연한 귀결로서 백지어음도 선의취득된다는 점에 대하여는 이견(異見)이 없는 것 같다. 따라서 백지어음의 양도인이 정당한 권리자가 아닌 경우에도(또는 양도행위에 하자가 있어도) 양수인이 그 자를 정당한 권리자로 믿고(또는 양도행위에 하자가 있는 것을 모르고) 또 이를 믿은 데 대하여 중대한 과실이 없는 때에는 어음법적 양도방법(배서 또는 수취인 백지의 어음 및 백지식배서가 있는 어음에 있어서는 단순한 어음의 교부)에 의하여 백지어음을 양수하는 한 양수인은 백지어음을 선의취득할 수 있는 것이다.[139] 이에 관하여 백지어음의 선의취득을 인정한 일본의 판례상 나타난 이유를 간단히 살펴보면 아래와 같다.[140]

"백지어음은 백지보충권이 부착된 일종의 어음으로 유효한 것임은 일찍이 본원의 판례가 인정하는 바이다. 따라서 이를 취득함에 있어서도 어음법의 규정에 따라 규율함이 마땅하다. 왜냐하면 그렇지 않을진대 백지어음을 유효라고 인정하는 뜻을 관철할 수 없기 때문이다. 그러므로 악의 또는 중과실 없이 백지어

---

135) 서정갑, 전게서, 150면; 서정갑 외, 전게주석, 232면; 田中(誠), 전게서, 249면; 大森, 전게강좌, 73면 외(日통설).
136) 日大判, 1935. 3. 27(新聞 3830호 16면).
137) 日大判, 1943. 4. 21(新聞 4844호 8면); 동, 1943. 10. 27(法學 13권 395면); 日最高判, 1956. 7. 20(民集 10권 1025면); 동, 1958. 12. 11(民集 12권 3313면).
138) 日大判 1935. 3. 27(新聞 3830호 16면); 동, 1921. 10. 1(民錄 27집 1687면); 日最高判, 1959. 8. 18(民集 13권 10호 1275면).
139) 서정갑외, 전게주석, 233면; 田中(誠), 전게서, 250면.
140) 日大判, 1930. 10. 23(民集 9권 11호 972면; 정희철, 전게교재, 128면).

음을 취득한 자는 가령 이를 양도한 자가 정당한 권리자가 아니라 할지라도 어음법 제16조 2항의 규정에 의하여 그 어음과 함께 백지보충권을 취득하고 이에 기하여 백지를 보충하여 백지발행 또는 백지인수한 자에 대하여 어음상의 권리를 행사할 수 있다고 하지 않을 수 없다…."

이와 같은 점은 백지어음 그 자체의 선의취득에 관한 문제로 이것은 백지보충권의 범위에 대한 선의취득과는 별개의 문제[141]로, 후자에 대하여는 기술(旣述)한 바와 같이 견해가 대립되어 있다.

또한 백지어음의 선의취득에 있어서 선의(중과실)의 판단시점은 「보충시」가 아니라 보통 어음의 경우와 같이 「어음취득시」를 기준으로 하여야 할 것이다.[142]

## 4. 항변의 절단

백지어음에 대하여 어음의 양도방법이 인정되는 결과 백지어음을 선의로 취득한 자에 대하여도 인적 항변의 절단에 의한 보호(어 17, 수 22)를 인정하여야 한다고 보는 것이 통설이다.[143] 따라서 백지어음에 있어서 어음상의 권리자와 채무자간에 원인관계상의 인적 항변사유가 있어도 양수인이 동 어음을 양수함에 있어 채무자를 해할 것을 알지 못하는 한 양수인은 어음채무자로부터 원인관계상의 인적 항변의 대항을 받지 않는다는 것이다.

이 때 인적 항변의 절단을 인정하는 경우에도 어음채무자가 인적 항변의 대항을 할 수 있는 상대방은 백지어음상 기재의 수취인인가?[144] 또는 현실의 수수의 관계에 있어서 상대방인가?[145] 이에 대하여는 현실로 수수한 관계에 있어서

141) 田中(誠), 전게서, 250면.
142) 동지: Ernst Jacobi, *Wechsel—und Scheckrecht*(Berlin: Walter De Gruyter & Co., 1956), S. 495 ff.; J. Stranz und Martin Stranz, *Wechselgesetz*, 14. Aufl.(Berlin: Walter de Gruyter & Co., 1952), S.111; Baumbach-Hefermehl, *a.a.O.*, S.117(독일의 통설 및 판례); 獨 Regenburg地判, 1954.7.29(정희철, 전게교재, 127면); 豊崎光衛, "善意取得," 「手形法·小切手法講座」, 제3권, 鈴木竹雄·大隅健一郎(東京: 有斐閣, 1974), 158면, 주 4); 田中(誠), 전게서, 119면.
143) 서돈각, 전게서, 435면; 손주찬, 전게서, 403면; 서정갑, 전게서, 150면; 이범찬, 전게서, 320면; 田中(誠), 전게서, 251면 외(통설). 이에 대하여 일본의 판례는 동요하고 있다. 즉, 처음의 판례는 인적 항변을 대항할 수 없다고 판시하였다가(日大判, 1932. 5. 30〈民集 11권 10호 1045면〉), 그 후에는 대항할 수 있다고 판시하였다가 (日大判, 1943. 9. 28〈民集 22권 21호 1015〉), 근시의 판례는 인적 항변의 절단을 인정하는 것으로 판시하고 있다(日最高判, 1959. 8. 18〈民集 13권 10호 p.1275〉; 日大阪高判, 1967. 3. 20〈週判 66호 9면〉).
144) 日大判, 1943. 9. 28(民集 22권 97면)(일본의 학설은 일반적으로 이 판결은 부당하다고 평석하고 있다).
145) 日大判, 1932. 5. 30(民集 11권 1045면); 日廣島高岡山支判, 1955. 2. 26(民集 8권 754면).

직접의 당사자에 대하여만 대항할 수 있는 것으로 보아야 할 것이다.146)

## 5. 제권판결

백지어음에도 보통의 어음과 같은 양도방법을 인정하는 이상 백지어음에도 공시최고절차에 의한 제권판결을 인정하는 것이 통설이다.147) 그러나 공시최고에 의한 제권판결을 받아도 그 판결문에 백지보충을 할 수 없으므로 동 판결문에 의하여 지급제시를 할 수는 없다.148) 이는 제권판결제도의 입법상 불비로, 이에 대한 해석으로는 백지어음에 대한 제권판결을 취득하는 것은 단지 상실된 백지어음의 취득자의 권리행사를 방해하는 의미밖에 없다거나,149) 또는 제권판결문에 원고의 보충의 의사를 명기한 서면을 첨부받아 어음금의 지급청구를 할 수 있다거나, 상법 제360조의 경우와 같이 백지어음을 재발행받아 이에 보충하여 어음상의 권리를 행사할 수 있다고 해석하여야 한다고 한다.150)

# Ⅷ. 백지어음에 의한 권리행사

## 1. 일반적 효력

백지어음은 미완성어음으로 그것에 의하여 주채무자에 대한 어음상의 권리

---

146) 동지: 서정갑 외, 전게주석, 233면; 大森, 전게강좌, 75면 註 2).

147) 서돈각, 전게서, 435면; 박원선, 전게서, 494면; 서정갑, 전게서, 150면; 서정갑 외, 전게주석, 234면; 이범찬, 전게서, 320면; 田中(誠), 전게서, 251면; 大森, 전게강좌, 75면; 鈴木, 전게서, 213면 외 다수.

148) 이영섭(편집대표), 「학설판례 주석민사소송법」(서울: 한국사법행정학회, 1972), 924면은 "백지어음에 대하여 제권판결을 받은 자는 어음상의 권리행사는 불가능하고, 다만 상실된 어음이 제3자의 손에 선의취득되고 그 자에 의하여 백지가 보충된 후 행사하는 것을 막기 위한 의미가 클 것이다"고 하며, 일본의 최고재판소의 판결도 "제권판결을 얻었다 하여 백지어음 자체가 부활하는 것이 아니므로 제권판결을 얻은 자는 그것만으로 백지를 보충하여 어음상의 권리를 행사할 수 없다"고 판시하고 있다(日最高判, 1968. 4. 12〈民集 22권 4호 911면; 서정갑 외, 전게주석, 234면 註 378〉).

149) 서정갑 외, 전게주석, 244면은 "보통의 어음의 소지인은 증서에 의한 권리를 주장할 수 있는 적극적 효력이 있는데 대하여, 백지어음의 경우에는 이러한 적극적 효력이 없는 점에서 완성어음의 경우와 다르다"고 한다. 동지: 大森, 전게강좌, 76면 주 4 외 기타 일본의 다수설; 日最高判, 1968. 4. 12(時報 515호 87면).

150) 서정갑 외, 전게주석, 234면; 田中(誠), 전게서, 251면. 최근의 일본의 판례도 제권판결에 의하여 어음의 재발행을 할 수 있음을 판시하고 있다(日最高判, 1970. 2. 17〈週判 207호 17면; 서정갑 외, 전게주석, 234면〉).

를 행사할 수 없고,151) 상환의무자에 대한 상환청구권을 보전하는 효력도 없으며,152) 백지어음을 보충하지 않고 소송을 제기한 경우에는 그 후에 백지를 보충하지 않는 한, 동 청구는 기각될 수밖에 없으나 사실심의 구두변론 종결시까지 백지를 보충하면 동 청구는 유효한 어음에 기한 청구가 되어 어음채무자는 지체의 책임을 부담한다.153)

위와 같은 결론이 실질적으로 "어음상의 권리를 행사함에는 그 권리의 내용이 확정되어야 하며 내용이 확정되지 않은 권리는 이를 행사할 수 없음은 당연하다"고154) 하는 점에 근거를 둔 것이라면, 확정일출급어음의 발행일자(수취인이나 발행지의 경우도 동일)는 어음상의 권리의 내용을 확정하는 데 관계가 없는 사항이므로 이러한 어음요건을 백지로 하여 지급제시를 한 경우에 그 효력을 부정하는 것은 불합리하다는 일본의 하급심판결155)도 있으나, 이것은 어음법 제1조 및 제2조의 어음요건과 관련하여 볼 때 부당하다고 생각한다.156)

어음채무자의 지체의 효력이 발생하는 시기는 재판상의 청구이건 재판외의 청구이건 어음을 보충하여 제시한 때(또는 변론에 제출한 때)에 지체의 효과가 발생하는 것으로 해석해야 할 것이다.157)

## 2. 시효중단과의 관계

백지어음과 시효중단과의 관계에 대하여 보면 백지어음에 의한 청구와 승인

---

151) 정희철, 전게서, 408면 외(통설). 대판, 1970. 3. 10, 66 다 2184(정희철, 전게교재, 135면)은 "…원고가 위 어음을 제시할 당시에는 어음 위에 지급을 받을 자가 기재되어 있지 아니한 이른바, 백지어음 상태에 있어…이러한 백지어음의 제시에 의하여 채무자가 곧 이행지체에 빠진다고 볼 수 없다"고 판시한다. 동지: 대판, 1971. 1. 26, 70 다 602(정희철, 전게교재, 134면). 일본의 최고재판소 판례(1958. 3. 7〈정희철, 전게교재, 135면〉)도, "백지어음은 후일 어음요건의 기재가 보충되어 비로소 완전한 어음이 되는데 그치고, 그 보충이 있기까지는 미완성의 어음에 지나지 않으므로 이것에 의하여 어음상의 권리를 행사하더라도 그 효력이 생기는 것이 아니다"고 판시한다. 동지: 日大阪高判, 1955. 1. 28(高裁民集 8권 1호 49면); 동, 1964. 2. 20 (時報 278호 31면); 또한 일본의 통설이다(田中(誠), 전게서, 252면 외 다수).

152) 정희철, 전게서, 409면 외(우리나라의 통설); 田中(誠), 전게서, 252면 외(일본의 통설). 동지: 日最高判, 1958. 3. 7(民集 12권 3호 511면); 동, 1959. 5. 19(ジュリスト 180호 30면) 외 다수.

153) 서정갑, 전게서, 151면; 서정갑 외, 전게주석, 235면; 田中(誠), 전게서, 252면; 大森, 전게강좌, 77면; 日大判, 1935. 10. 27(民集 8권 48면).

154) 日大判, 大正 14. 5. 2(民集 권 596면); 동, 1932. 3. 16(新聞 3396호 8면).

155) 日京都地判, 1964. 2. 5(金融法務 372호 9면); 日飯塚簡判, 1964. 3. 30(判時 370호 44면) (이상의 두 판결에서는 확정일출급 약속어음에서는 발행일은 필요적 기재사항이 아니라고 해석한다); 日橫浜地判, 1961. 3. 14(下裁民集 12권 466면).

156) 동지: 서정갑 외, 전게주석, 235면; 大森, 전게서, 77면.

157) 동지: 서정갑 외, 전게주석, 236면; 日大判, 1935. 3. 27(新聞 3830호 16면).

으로 나누어 볼 수 있고,158) 청구에는 재판상의 청구와 재판외의 청구로 나누어
볼 수 있겠다. 먼저 백지어음에 의한 재판상의 청구에 대하여 보면, 백지어음으
로써 재판상의 청구를 하여도 시효중단의 효력은 없고 동 백지어음을 보충한 때
로부터 중단의 효력이 생긴다고 보는 것이 종래의 일본의 판례이었다.159) 그러나
최근의 일본의 최고재판소 판례는 이를 변경하여 "미완성어음인 상태로 소멸시
효는 진행하므로 이것과의 비교균형상 이와 같은 어음의 소지인에도 미완성어음
인 상태로 시효중단을 인정하여야 할 것이며, 백지어음의 경제적 기능에서 보더
라도 시효중단의 목적만을 위하여 백지의 빠른 보충을 강제하는 결과가 되는 것
은 타당하지 않기 때문에 백지어음인 상태로 시효중단을 할 수 있다"고 판시하
고 있다.160) 일본의 최고재판소의 판지에 찬성한다.161) 우리나라의 대법원판례
도162) "어음상의 권리에 의한 재판상의 청구에 있어서는 어음을 제시하지 아니하
더라도 재판상의 청구로서 시효가 중단된다고 해석하여야 함에도 불구하고 시효
완성 전에 제소됨으로써 시효가 중단되었음이 명백한 본건에 있어서 시효완성후
의 보충을 무효라고 판단하였음은 그 법리를 오해한 위법이 있다"고 판시함으로
써, 이를 뒷받침하고 있다.

　　재판외의 청구에 의한 시효중단을 위한 최고(催告)에 대하여는, 이러한 최고
에 어음의 제시를 요한다는 견해와 요하지 않는다는 견해가 대립하고 있는데, 전
자의 견해에서는 백지보충 전의 백지어음을 제시하여 하는 최고에는 시효중단의
효력이 없다고 해석하고,163) 후자의 견해에서는 시효중단제도의 성질상 권리자로
서의 주장이 표명되면 족하다고 보기 때문에 어음의 제시 없이도(따라서 백지 미
보충의 상태로 제시하여—필자 주) 시효중단을 할 수 있다고 해석한다.164) 후자의 견

---

158) 민법 제168조의 중단사유 중 백지어음에 의한 청구 또는 승인이 문제될 것이며, 백지어음
　　에 의한 압류 또는 가압류·가처분은 있을 수 없을 것이다.
159) 日大判, 1933. 5. 26(民集 12권 14호 1343면)(그 이유는 백지어음으로서는 어음상의 권리
　　가 발생·존재하지 않고, 권리가 존재하지 않는 이상 그 시효의 진행이라든가 중단의 문제는
　　생길 여지가 없다고 한다). 동지: 이범찬, 전게서, 321면.
160) 日最高判, 1966. 11. 2(民集 20권 9호 1674면). 이의 보충의견으로, "백지어음의 소지인은
　　일종의 조건부 권리를 갖는 자이고 이는 민법 제129조(우리 민법 제149조)를 유추적용하여 일
　　반규정에 따라서 그 권리를 보존할 수 있으므로 백지어음의 소지인은 일반의 시효중단의 방법에
　　의하여 백지부분 미보충의 상태로 시효의 중단을 할 수 있다"고 한다[田中(誠), 전게서, 253면].
161) 동지: 서정갑 외, 전게주석, 236면; 양승규, 전게논문, 76면; 田中(誠), 전게서, 253면.
162) 대판, 1962. 1. 31, 4294 민상 110, 111(정희철, 전게교재, 139면).
163) 日長崎控判, 1928. 7. 12(新聞 2865호 15면); 日東京控判, 1931. 6. 28(評論 21권, 상법 701
　　면); 日大判, 1933. 5. 26(民集 12권 1347면); 日東京控判, 1938. 3. 23(新聞 4277호 7면).
164) 日最高判, 1963. 1. 30(民集 17권 99면); 日幌高判, 1956. 7. 9(高民集 9권 417면); 日東京

해에 찬성한다.165)

다음에 채무자측의 백지어음 상태로의 승인에 대하여, 시효중단의 효력을 부정하는 견해166)와 긍정하는 견해167)가 대립하고 있는데, 후자의 견해가 타당하다고 생각한다.

## Ⅸ. 영미법상의 백지어음

### 1. 영국 환어음법상의 규정

#### 가. 규정내용

영국 환어음법 제20조는 백지어음(inchoate instruments)에 대하여 다음과 같이 규정하고 있다.168)

"(1) 인지가 첨부되어 있는 백지증권상에 단순히 서명만을 한 자가 그 증권을 환어음으로 완성시킬 목적으로 스스로 교부한 경우에, 동 증권은 그 서명자를 발행인·인수인 또는 배서인으로 하여 첨부된 인지가 카버하는 금액으로의 완성어음으로 보충시킬 권한이 일응 있는 효력이 있다. 또한 이와 동일하게 어느 중대한 특별한(material particular)요건이 흠결된 어음의 경우에 동 어음의 소지인은 그가 적당하다고 생각하는 방법으로 그 흠결된 부분을 보충할 권한을 일응 갖는다.

(2) 전항의 증권을 보충하여 그 보충 전의 (어음)당사자에 대하여 이행을 청구하고자 하면, 동 증권은 상당한 기간 내에, 또 수여된 보충권한에 엄격히 일치하여 보충되어야 한다. 이 목적에 따른 상당한 기간의 여부는 사실문제이다. 다

---

地判, 1957. 2. 23(下裁民集 8권 353면).

165) 동지: 양승규, 전게논문, 76면(우리나라의 통설이라고 함); 田中(誠), 전게서, 253면; 大森, 전게강좌, 80면; 伊澤, 전게서, 363면.

166) 日大判, 1935. 3. 25(法學 4권 1460면); 동, 1940. 3. 19(評論 29권 상법 178면); 日東京高判, 1961. 11. 24(下裁民集 12권 11호 2839면).

167) 田中(誠), 전게서, 253면(그 이유에 대하여, "백지어음은 보충을 법정조건으로 하는 조건부 어음상의 권리와 보충권을 표창하므로, 이와 같은 권리에 대해 채무의 승인이 있으면 시효중단의 효력을 인정하여야 한다"고 설명한다); 大森, 전게강좌, 80면(그 이유에 대하여, "백지어음행위자는 잠재하는 어음상의 채무를 부담하는데, 그의 승인에 의하여 시효는 잠재적으로 중단되고 후에 백지가 보충된 때에는 그 소지인은 시효가 중단된 상태의 어음상의 권리를 취득하게 된다"고 설명한다).

168) 영국 환어음법에 관한 원문 및 전문번역으로는, 한국수출입은행, 「영국환어음법」, 법규자료 78-1(1978. 6.)이 있다.

만 전항의 증권이 보충된 후 정당소지인에게 양도된 경우에는 동 증권은 정당소지인의 수중에 있어서는 모든 목적을 위해서 유효하다. 또한 정당소지인은 동 증권이 상당한 기간 내에 또한 수여된 보충권한에 엄격히 일치하여 보충된 경우와 같이 동 증권에 의하여 이행을 청구할 수 있다."

## 나. 우리 어음법과의 비교

이와 같은 영국 환어음법상의 백지어음에 관한 규정을 우리 어음법상의 백지어음에 관한 규정 및 해석과 비교해 보면 다음과 같다.

(1) 영국 환어음법 제20조 1항에서 명백히 밝히고 있는 바와 같이, 영국 환어음법상의 백지어음은, 백지어음행위자가 「보충의 목적으로 사실상의 교부를 한 때에만」유효하다. 따라서 백지어음행위자가 동 어음을 교부하지 않았다는 점을 증명할 수 있으면, 그는 동 어음이 비록 정당소지인의 수중에 들어간 경우에도 (선의취득자가 있는 경우에도—필자 주) 책임을 면할 수 있게 된다. 정당소지인이 모든 이전의 어음행위자로부터 유효하게 교부받았다는 결정적인 추정(conclusive presumption)은 보충된 어음의 교부의 경우에만 해당되는 것이다.[169]

이에 대하여 우리 어음법상의 해석은 어음학설에 따라 다르겠으나 통설은 발행설을 원칙으로 하나, 다만 선의취득자와의 관계에서는 권리외관설의 입장에서 설명함으로써[170] 선의취득자를 보호하고 있는 점과 비교되고 있다.

(2) 또한 영국 환어음법 제20조 2항에 나타나 있는 바와 같이, 영국 환어음법상의 백지어음의 보충은, 상당한 기간 내에 또 수여된 보충권한에 엄격히 일치하여 보충하도록 규정하고 있다. 이에 관한 영국의 판례로, 일자(日字)백지의 백지수표를 1932년 2월에 발행하여 수취인에게 교부하고 수취인이 그 일자를 1933년 2월로 보충하여 지급제시하였으나 지급거절되어 수취인이 제소한 경우에, "수취인은 상당한 기간 내에 보충하지 않았다"는 이유로 수취인은 the King's Bench Division에 의하여 패소판결을 받았다.[171] 이에 대하여 보충기간에 대한 우리나라의 어음법은 전연 규정을 두고 있지 않고, 해석상 통설은 기술(旣述)한 바와 같이 만기 이외의 사항은 주채무자에 대하여 만기로부터 3년, 만기(수표는 발행일)에

---

169) Dudley Richardson, *Guide to Negotiable Instruments and the Bills of Exchange Acts*, 6th ed.(London: Butterworths, 1980), p.68.
170) 정희철, 전게서, 330~331면; 서돈각, 전게서, 437~438면; 최기원, 전게서, 80~81면 외.
171) E.R. Hardy Ivamy and Paul Litimer, *Casebook on Commercial Law*, 3rd.(London: Butterworths, 1979), p.184.

대하여는 발행일(수표는 실제 발행일로 보아야 할 것임—필자 주)로부터 20년으로(형성권이므로) 보고 있는데 통설의 보충기간(특히, 만기백지에 있어서)은 너무 장기인 감이 있다.

　　또한 영국의 환어음법상 백지어음이 보충된 후 이를 양수한 정당소지인에 대하여 백지어음행위자가 책임을 부담하는 점은 우리 어음법 제10조와 같으나, 이를 스스로 보충하여 백지어음행위자에게 이행을 청구하는 자는(비록 그가 보충권의 범위에 대하여 선의이었다고 하더라도—필자 주) 반드시 상당기간 내에 또 수여된 보충권에 엄격히 일치하여 보충한 경우에만 동 백지어음행위자가 책임을 부담하는 점은(동법 제20조 2항 전단), 우리 어음법의 해석에 있어서 백지보충권의 범위에 대한 선의취득을 긍정하는 통설의 견해와 상반하는 것으로 좋은 대비가 되는 점이라고 볼 수 있겠다.

　　(3) 영국 환어음법의 해석상 "백지어음은 어음금액 또는 수취인 등과 같은 중요한 어음요건을 뜻하며 발행일자 등과 같은 사항은 유효어음의 본질적인 사항이 아니므로 이러한 사항의 흠결은 백지어음이 되지 않는다172)173)"고 해석하는 점은, 우리 어음법이 발행일자 등을 어음요건으로 규정하고 있고 이러한 어음요건의 흠결도 백지어음으로 해석하고 있는 점과 구별된다고 보겠다.

## 2. 미국 통일상법전(U.C.C.)상의 규정

### 가. 규정내용

미국 통일상법전 제3-115조는 백지증권(incomplete instruments)에 대하여 다음과 같이 규정하고 있다.174)

---

172) Richardson, *op. cit.*, p.67(영국 환어음법 제3조 4항이 일자·발행지·지급지 등을 기재흠결하였다 하여 무효가 되지 않는 것으로 규정하고 있는 점은, 우리 어음법의 절대적 기재사항과 대조를 이루고 있다).

173) 그러나 전게 영국판례는 일자 백지의 백지수표를 인정함을 전제하는 판결이다.

174) The American Law Institute and National Conference of Commissioners on Uniform State Laws, *Selected Commercial Statutues*(St. Paul, Minn.: West Publishing Co., 1979), p.251. 이에 대한 전문번역으로는, 법무부, 「미국통일상법전」, 법무자료 제31집(1957. 11.) 및 법제처, 「영·미상법전」, 법제자료 제28집이 있고, 제3장에 대한 번역으로는, 한국수출입은행, 「미국상업증권법」, 법규자료 77-2(1977. 11)이 있고, 미국 상업증권법의 간단한 해설 및 우리 어음·수표법과의 비교에 대하여는 이종근, "U.C.C.중 Commercial Paper부분과 한국 어음법·수표법의 비교연구," 법학석사학위논문(서울대, 1974. 2.) 및 한국산업은행조사부, 「축조해설미국상업증권법」, 1981. 12. 등이 있다.

"(1) 서명 당시에 그 내용으로 미루어 증권(instruments)으로 작성하고자 하는 의도가 있음을 나타내는 증서(paper)가 그에 필요한 요건을 백지로 하여 서명된 경우에는, 그 증서는 보충 후에 비로소(증권으로 되어—필자 주) 이행을 청구할 수 있다. 그러나 그 증서는 수여된 보충권한에 일치하여 보충된 경우에만 보충으로서 유효하다.

(2) 보충권이 남용된 때에는 중대한 변조에 관한 규칙이 적용된다(§ 3-407). 또한 이 규칙은 그 증서가 발행인 또는 작성인에 의하여 교부되지 않은 경우에도 적용된다. 그러나 부당보충의 증명책임은 이를 주장하는 자에게 있다."

## 나. 우리 어음법과의 비교

이와 같은 미국 통일상법전상 백지어음에 관한 규정은 우리 어음법상의 백지어음에 관한 규정 및 해석과 비교하여 보면 다음과 같다.

(1) 미국 통일상법전 제3-115조 1항에서 규정하고 있는 바와 같이, 미국법상 백지어음이 되기 위하여는 백지상에 서명만이 있는 증권으로는 부족하고,[175] 「증권으로서 완성될 것을 예견할 수 있을 정도의 문언」을 갖고 있어야 한다는 것이다. 따라서 영수증으로 하려는 것인가 위임장으로 하려는 것인가 또는 어음으로 하려는 것인가와 같이 그 의도가 불명한 백지서명만으로는 백지어음이 되지 못하는 것이다.[176]

또한 흠결부분에 대해서도 「필요한 요건에 관하여 백지인 채로」라고 규정하고 있는 데, 이곳에서의 「필요한 요건」이란 통상은 약속 또는 지시, 수취인의 지정 또는 지급해야 할 금액을 의미하는 것으로 해석하는 데, 지급시기에 대하여는 이를 보충시킬 의도하에 백지로 둔 경우에는 필요한 요건이 되나 그러한 의도가 없으면 U.C.C. 제3-108조의 일람출급증권이 되며, 발행일자는 발행일자후정기출급증권이 아닌 한 제3-114조에 의하여 필요한 요건이라고 볼 수 없다고 해석한다.[177][178] 그러나 이에 대한 우리 어음법상의 규정은 없고, 통설의 해석은 어음

---

175) U.C.C. 이전의 법인 U.N.I.L. 제14조에서는 백지증권에 대하여 「미완성증권」과 「백지상에 서명만이 있는 증권」의 이중의 백지증권을 인정하였으나, U.C.C.에서는 전자만을 인정하고 있다(한국산업은행, 전게서, 92면).

176) 한국산업은행, 상게서, 93면.

177) Comment 2 U.C.C. § 3-115(*Selected Commercial Statutes*, pp.251~252).

178) Henry J. Bailey, *The Law of Bank Checks*, 4th ed.(Boston: The Banking Law Journal, 1969), p.69은 "수표의 비본질적 요소인 수표번호, 수자금액(문자금액이 있는 경우)등의 흠결인 경우에도 백지어음이 아니다"고 설명한다.

요건 중 어떤 요건의 흠결도 무방하며 또한 기명날인 이외의 어음요건이 전부
흠결되어도 백지어음이 될 수 있다고 해석하는데,[179] 이는 미국법상의 입법 및
해석과 구별되는 점이다.

　(2) 미국 통일상법전상 백지어음의 소지인은 미보충인 채로 권리행사를 할
수 없고 보충한 후에만 권리행사를 할 수 있도록 한 점은 우리 어음법의 해석
및 판례와 동일하다.

　(3) 미국 통일상법전상 보충권의 행사에 대하여 「수여된 보충권한에 일치
하여」 보충하여야 한다는 점에 대하여만 규정하고 있지, 영국 환어음법과는 달리
「상당한 기간 내에」 보충하여야 한다는 점에 대하여는 규정하고 있지 않다. 또한
영국의 환어음법에 있는 「소지인은 그가 적당하다고 생각하는 방법으로 백지를
보충할 권한이 일응 있다」는 추정규정(prima facie authority)도 없는 점은 영국 환
어음법상의 규정과 다른 점이다.[180]

　(4) 영국 환어음법과의 가장 중요한 차이점은, 영국 환어음법[181]상은 백지어
음 취득자는 어떠한 방법으로 유상취득하였는가를 불문하고 정당소지인이 될 수
없다. 즉, 백지수표나 백지어음은 그 보충 전에 불완전하여 그것을 취득하는 자는
비록 그가 보충권을 가지고 있을지라도 아무도 정당소지인이 될 수 없다고 한
다.[182] 그러나 미국 통일상법전상은 증권상 명백한 누락(patent omission)이나 명백
한 비정상성(irregularity apparent)이 존재하는 경우에만 정당소지인의 자격을 배제
하고 있다.[183][184] 따라서 판례도 "원고(수취인으로부터 양수한 자—필자 주)는 그가
약속어음상 백지를 보충했을지라도 정당소지인이다"고 판시하고 있다.[185] 이와 같
이 영국 환어음법보다 미국 통일상법전이 백지식 증권에 대하여 그 형식의 엄격

---

179) 정희철, 전게서, 405면 외 다수.

180) Bailey, *op. cit.*, p.67.

181) U.N.I.L. § 14, § 52도 동일함.

182) Richardson, *op. cit.*, p.86; Robert Lowe, *Commercial Law*(London: Sweet & Maxwell,
　　1964), p.320. 상세는 정찬형, 전게서, 105면 참조.

183) U.C.C. § 3-304(1)(a)는 「증권이 불완전하거나, 위조 또는 변조의 명백한 증거가 있거나,
　　그밖에 증권의 효력·문언 또는 소유권에 의문이 생기거나 지급할 자에게 모호함을 일으키게
　　할 정도로 비정상적인 경우에는, 취득자가 청구권이나 항변권의 존재를 알고 있는 것으로 된
　　다」고 하여, 정당소지인의 자격을 배제하고 있다.

184) Bailey, *op. cit.*, p.121.

185) Cook v. Southern Credit Corp.(1970), 247, Ark. 981, 448 S.W. 2d 634, 7 U.C.C. Rep.
　　Serv. 220[James J. White and Robert S. Summers, *Handbook of the Law under the Uniform
　　Commercial Code*, 2nd ed. (St. Paul, Minn.: West Publishing Co., 1980), p.565, note 32].

성을 완화하여 정당소지인의 자격을 취득할 수 있게 한 이유에 대하여, "많은 증권이 금액이나 수취인의 백지로 발행되고, 나중에 수취인이 다른 잉크나 수기(手記)나 타이프로써 백지를 보충하고 더욱이 수취인의 보충은 수취인으로부터 증권을 양수하는 자의 면전에서 행하여지는 현실을 인식하였기 때문이다"고 한다.186)187)

(5) 미국 통일상법전 제3-115조 (2)항은 「보충권의 남용은 중대한 변조에 관한 규칙이 적용된다」(U.C.C.§ 3-407)고 규정하고 있는데,188) 이는 미국법원에 의하여 일반적으로 승인된 규칙을 규정한 것이다.189) 변조에 관한 규정인 U.C.C. § 3-407(3) 후단은 「백지식증권이 보충된 경우에 정당소지인은 보충된대로 이행을 청구할 수 있다」고 규정하고 있다.190) 이는 동 증권이 교부되었는지(delivered)의 여부를 불문하고 적용된다. 따라서 보충권이 남용되고 또한 사기적인 것이면 백지어음행위자는 면책되나,191) 보충권이 남용되었으나 사기적인 것이 아니면 백지어음행위자는 보충권의 범위내에서 이행책임이 있게 된다.192)

이와 같이 미국 통일상법전상의 규정 및 해석에 의하여 백지어음행위자는 정당소지인에 대하여 특정한 경우가 아니면 보충권의 남용을 항변할 수 없는 점은, 우리 어음법 제10조와 유사하다고 볼 수 있겠다. 그러나 「보충권은 범위」에 대한 선의취득이 인정되는지 여부에 대하여는 논의가 없다. 또한 소지인이 사기적으로 부당보충을 한 경우에는 백지어음행위자는 일정한 경우 이외에는 면책되는 점(U.C.C. § 3-407(1)(b)(2)(a))은 우리 어음법 제10조 단서(엄격히는 백지어음을 취득하여 부당보충하는 경우에 동조를 적용 또는 유추적용한다는 적용설인 통설의 입장에서)에 해당될 수 있는 점이라고 보겠다.

또한 미국 통일상법전 제3-115조 (2)항 후단은 부당보충의 증명책임을 주장하는 측에 부과시키고 있는데, 이는 우리 어음법의 해석에 있어서도 동일하게 보아야할 것으로 생각한다.

(6) 영국 환어음법과는 달리 미국 통일상법전은 교부가 없는 경우를 「물적

186) Bailey, *op. cit.*, p.122.
187) 상세는 정찬형, 전게서, 148~150면.
188) 비유통증권에 U.C.C. § 3-407을 적용하여 중대한 변조라고 본 판례로는, Fidelity Trust Co. v. Gardiner, 191 Pa. Super. 17, 155 A. 2d 405(1959)(Bailey, *op. cit.*, p.68, note 63).
189) Comment 4 to U.C.C. § 3-115(*Selected Commercial Statutes*, p.252).
190) 이에 관한 판례로는, Waterbury Savings Bank v. Jaroszewski, 4. Conn. Cir. 620, 238 A. 2d 446(1967) (Bailey, *op. cit.*, p.68).
191) 그러나 그 사실을 모르는 정당소지인에 대하여는 면책되지 않는다(U.C.C. § 3-407(2)(a)).
192) Bailey, *op. cit.*, p.68.

항변사유」로 규정하고 있지 않고, 부당보충의 경우와 같이 정당소지인에게는 대항할 수 없는 사유로 규정하고 있어, 백지어음행위자 보다는 정당소지인을 더 보호하고 있다.193) 이와 같은 규정은 종래의 판례의 입장을 존중하고 그 취지를 확장하여 정당소지인에 대하여는 불교부의 항변을 제출할 수 없도록 규정한 것으로, 종전의 법(U.N.I.L.)을 개정한 것이다. 따라서 도취된 증권을 작성자의 서명을 신뢰하여 취득한 자는 그 증권이 도취되었을 때에 미완성의 것이었는가 또는 이미 완성되어 있는 것이었는가를 불문하고 정당소지인이 되며, 이 경우 도난에 따른 손해는 선의·무과실인 증권의 취득자가 부담하는 것이 아니고, 이러한 기망행위를 가능하게 한 원인을 만든 미완성증권의 서명자가 부담하게 되는 것이다.194)

  이 점, 우리 어음법상으로는 "미완성어음을 도난 등으로 교부행위 없이 점유를 잃은 경우에는 백지어음을 발행한 것이 되지 않으므로 기명날인자가 소지인에 대하여 책임을 지게 할 수는 없다"고 하는 견해도 있으나,195) 우리나라의 어음학설은 대체로 발행설에 권리외관설을 가미하여 교부행위의 흠결의 경우에도 선의취득자를 보호하고 있는 점에서 볼 때,196) 백지어음의 경우에도 교부행위의 흠결시 선의취득자가 보호된다고 볼 수 있겠다.197) 그렇다면 위의 미국의 통일상법전의 규정은 우리 어음법상의 명문의 규정은 없으나 일반적인 해석과 동일한 점이라고 볼 수 있겠다.198)

---

193) Comment 5 to U.C.C. § 3-115(*Selected Commercial Statutes*, p.252); Bailey, *op. cit.*, p.70.
194) 한국산업은행, 전게서, 96면; Comment 5 to U.C.C. § 3-115(*Selected Commercial Statutes*, p.252).
195) 손주찬, "상업증권법," 「상사법연구」(한국상사법학회), 제2집(1982), 228면.
196) 정희철, 전게서, 330~331면; 서돈각, 전게서, 437~438면; 최기원, 전게서, 80~81면 외.
197) 이와 동지의 일본의 하급심판례[日大阪地判, 1976. 3. 23(정희철, 전게교재, 148면)]는 다음과 같이 판시하고 있다.
  "유통시킬 의사로 어음에 발행인으로서 기명날인하여 백지어음으로서 완성시킨 후 보관 중에 제3자에게 절취당하여 그 의사에 의하지 않고 유통에 놓여졌다고 하더라도, 연속된 배서가 있는 어음의 소지인에 대하여는 어음발행인으로서의 책임을 져야 한다."
198) 동지: 한국산업은행, 전게서, 97면.

# 백지수표의 보충권 남용*

## ― 대상판결: 대법원 1995. 8. 22. 선고 95 다 10945 판결 ―

# I. 사실관계

Y(피고)는 1994. 4.경 발행한도액이 '1,000,000원 이하'로 기재된 가계수표 용지를 사용하여 발행일, 지급지, 금액 등을 백지로 한 가계수표를 발행하여 A 에게 교부하였고, 위 A는 같은 달 18. 경 X(원고)로부터 금 9,250,000원을 지급 받고 X에게 위 가계수표를 교부·양도하였다. X는 위 가계수표의 금액을 금 10,000,000원으로 보충한 후(나머지 백지부분도 보충함) 위 가계수표를 지급제시기 간 내에 지급제시하였으나 지급거절되었다. 이에 X가 Y에 대하여 금 10,000,000 원의 수표상의 권리(소구권)를 청구한 것이다.

---

* 이 글은 정찬형, "백지수표의 보충권남용," 「판례월보」(판례월보사), 통권 제316호(1997. 1),
  14~19면의 내용임(이 글에서 필자는 이 판결의 결론에는 찬성하나 그 근거를 수표법 제13조 단
  서에서 구하는 것은 무리가 있다고 함).
   이와 관련하여 참고할 수 있는 필자의 글로는 정찬형, "백지어음의 부당보충," 「판례월보」(판
  례월보사), 통권 제309호(1996. 6), 19~24면 등이 있음.

　　이에 대하여 원심은 X의 수표권청구에 대한 Y의 다음과 같은 주장, 즉 X가 위 A로부터 위 가계수표를 교부·양도받으면서 발행인인 Y에 대하여 아무런 확인을 하지 아니하고 이를 취득하였으므로 X의 청구에 응할 수 없다는 주장에 대하여는, 위와 같은 사유는 X의 청구를 거절할 정당한 사유가 되지 못한다는 이유로 Y의 주장을 배척하였다.

　　이에 Y가 대법원에 상고하게 된 것이다.


## Ⅱ. 대법원판결요지

　　어음법 제10조는 「미완성으로 발행한 환어음에 미리 한 합의와 다른 보충을 한 경우에는 그 위반으로써 소지인에게 대항하지 못한다. 그러나 소지인이 악의 또는 중대한 과실로 인하여 어음을 취득한 때에는 그러하지 아니하다」고 규정하고 있고, 위 규정은 어음법 제77조 제2항에 의하여 약속어음에도 준용되는바, 위 어음법 제10조 소정의 '중대한 과실'에 관하여 당원은, 「어음금액이 백지로 된 백지어음을 취득한 자가 그 어음의 발행인에게 보충권의 내용에 관하여 직접 조회하지 않았다면, 특별한 사정이 없는 한 취득자에게 중대한 과실이 있는 것이라고 보아야 한다」고 판시한 바 있다(당원 1978. 3. 14. 선고, 77 다 2020 판결).

　　위 판결이 비록 백지약속어음에 관한 것이기는 하지만, 백지수표에 관한 수표법 제13조의 규정과 백지어음에 관한 어음법 제10조의 규정은 백지수표와 백지어음의 보충권의 남용 내지 부당보충에 관하여 동일한 법리를 규정하고 있으므로, 백지어음의 부당보충에 관한 위 판결이 취하고 있는 견해는 백지수표에 관하여도 그대로 적용되어야 할 것이다.

　　이 사건에서 살펴보면, X가 위 A로부터 위 가계수표를 교부·양도받으면서 발행인인 Y에 대하여 아무런 확인을 하지 아니하고 이를 취득하였으므로 X의 청구에 응할 수 없다는 Y의 주장은, X가 금액이 백지로 된 가계수표의 백지를 보충하면서 Y에게 보충권의 내용에 관하여 직접 조회하지 않은 과실이 있다는 주장으로 해석되므로, 원심이 Y의 위 주장을 판시와 같은 이유로 배척하였다면 원심판결에는 수표법 제13조 소정의 중대한 과실의 해석에 관하여 당원의 판례와 상반되는 해석을 한 위법이 있다고 할 것이고, 위와 같은 위법은 판결에 영향을 미쳤음이 분명하므로, 원심판결에 소액사건심판법 제3조 제2호에 해당하는 위법사유가 있다는 논지는 이유가 있다.

그러므로 원심을 파기하여 이 사건을 원심법원에 환송하기로 하여 관여법관의 일치된 의견으로 주문과 같이 판결한다.

## Ⅲ. 평 석

### 1. 서 언

이 사건은 비교적 간단한 것으로 두 가지의 논점이 있다. 첫째는 X가 A로부터 부당보충된 수표를 취득한 것이 아니고 금액 백지의 백지수표를 취득하여 자기가 부당보충한 경우에 이에 대하여도 수표법 제13조가 적용되는지 여부에 관한 문제이고, 둘째는 만일 이에 대하여도 수표법 제13조가 적용된다고 하면 X가 이 사건에서와 같이 Y에게 보충권의 범위에 관하여 조회하지 않고 백지를 보충한 것이 수표법 제13조 단서의 '중대한 과실'에 해당하는지 여부에 관한 것이다. 따라서 이하에서는 이러한 두 가지의 논점에 관하여 평석하겠다.

이 판결에 대하여는 이미 최준선 교수의 판례평석이 있었으므로,1) 그 평석에 대한 이견도 이 평석에서 함께 다루고자 한다.

### 2. 보충 전의 백지어음을 본래의 보충권의 범위보다 넓은 보충권이 있는 줄 믿고 취득한 자가 스스로 보충하여 어음상의 권리를 행사한 경우에도, 백지어음행위자는 어음법 제10조(어음법 제77조 제2항, 수표법 제13조)에 의하여 부당보충의 항변을 주장할 수 없는지 여부 (즉, 이에 대하여 어음법 제10조가 적용될 수 있는지 여부)

**가.** 이와 같이 백지어음을 취득한 자가 스스로 부당보충을 한 경우에 이에 대하여 어음법 제10조가 적용될 수 있는지 여부의 문제를 백지보충권의 범위의 선의취득 여부의 문제로 설명하는 견해가 있는데,2) 어음법 제10조의 적용 여부의 문제와 백지보충권의 범위의 선의취득 여부의 문제는 동일한 문제가 아니라고 본다. 왜냐하면 어음법 제10조의 적용 여부의 문제는 어음법 제17조와 함께 항변제한의 문제로서 이는 어음행위자의 채무 존부 또는 범위의 문제임에 반하여, 백지보충권의 범위의 선의취득 여부의 문제는 어음법 제16조 제2항과 같이

---

1) 최준선, "백지어음의 부당보충," 「판례월보」, 제309호(1996. 6.), 19~24면.
2) 田中誠二, 「新版 手形·小切手法(三全訂版)」(東京: 千倉書房, 1980), 250면.

어음취득자의 권리귀속의 문제이기 때문이다. 그러나 백지보충권의 범위에 관하여 선의취득을 하지 않으면 백지어음행위자에게 그 범위만큼 어음상의 권리를 행사할 여지가 없으므로(따라서 이 경우에는 처음부터 어음법 제10조가 적용될 여지가 없게 됨), 어음법 제10조의 적용 여부를 논함에 있어서는 먼저 개념상 백지보충권의 범위의 선의취득이 전제가 된다고 볼 수 있다. 이에 반하여 백지보충권의 범위의 선의취득이 있었다고 하여(권리귀속의 면), 백지어음행위자가 논리필연적으로 그만큼 언제나 어음채무를 부담하는 것은 아니고 이는 어음법 제10조의 적용 여부에 따라 백지어음행위자가 부담하는 채무의 범위가 결정된다3)(채무부담의 면).

최준선 교수는 이 판결의 평석에서 이 문제를 「금액이 보충되지 않은 백지어음의 선의취득자에게도 어음법 제10조가 적용되는가」로 보고 있는데, 백지어음의 선의취득자란 본래 분실·도난 등에 의하여 상실된 백지어음을 선의·무중과 실로 취득한 자를 의미하므로(어음법 제16조 제2항) 이는 이 문제와는 무관한데 아마 백지보충권의 범위의 선의취득자를 의미하는 뜻으로 이와 같이 표현한 것이 아닌가 추측된다. 이와 같이 본다고 하더라도 이는 위에서 본 바와 같이 권리귀속의 면이므로, 이에 대하여 백지어음행위자가 어느 범위의 채무를 부담하는지를 다루는 어음법 제10조의 적용 여부를 다루는 문제와는 구별되는 것이다.

나. 어음소지인(양수인)이 백지어음에 대하여 부당보충을 한 경우에 어음법 제10조가 적용(엄격히는 유추적용)되는지 여부에 대하여는 다음과 같이 적용설과 부정설로 나뉘어 있다.

## (1) 적용설

어음소지인이 부당보충을 한 경우에도 어음법 제10조가 적용된다고 보는 견해에서는 「원래 백지어음의 보충권은 그 자체로서는 어떻게 보충되어도 보충되기만 하면 그 보충된 문언에 따라 어음상의 효력을 발생시키는 권리로서, 보충권의 범위의 한정은 단지 백지어음 외에 있는 보충권 수여의 직접당사자간의 인적 항변의 문제에 불과한 것이며, 어음법 제10조는 보충을 완료한 백지어음의 선의취득자의 보호에 관한 규정이나, 이것은 보충권의 범위의 한정이 어음 외의 인적 항변의 문제에 불과한 결과의 당연한 규정이므로 그 규정의 정신에 기하여 (어음취득자가 스스로 보충한 경우에도) 선의자의 보호를 인정하는 것이 반드시 이론적으

---

3) 이에 관하여는 정찬형, 「제1개정판 어음·수표법 강의」(서울: 홍문사, 1995), 225~226면; 동, 「사례연구 어음·수표법」(서울: 법문사, 1987), 233면 참조.

로도 불합리한 것은 아니다」고 하거나,4) 또는 권리외관이론에 의하여 「어음이
양도인에 의하여 이미 보충되어 있는가, 또는 양수한 후 양도인의 지시에 따라
양수인 자신이 보충하는가는 본질적으로 다를 것이 없으며, 두 경우에 있어 어음
취득자가 믿은 권리외관은 동일하고 두 경우 모두 기명날인자(백지어음행위자 -
필자 주)는 같은 방법과 책임하에 외관을 야기시키고 있어 동 어음의 선의취득자
에게 책임을 부담한다」고 설명한다.5)

## (2) 부정설

어음소지인이 어음금액을 부당보충한 경우에는 어음법 제10조가 적용되지
않는다고 보는 견해에서는 그 이유를 다음과 같이 설명하고 있다. 즉, 「어음법
제10조는 백지어음에 보충이 완료되어 보통의 어음과 하등 다른 점이 없는 외관
을 나타내기 때문에 이를 신뢰한 선의자를 보호하는 것이라고 생각하기 때문에
백지어음이 보충되지 않아 외관상 백지의 존재가 명백한 경우를 이와 동일시하
는 것은 허용되지 않고, 따라서 동 어음취득자로서는 이 점에 대하여 위험을 부
담해야 하며, 이와 같이 해석하면 백지어음을 인정하여도 그 의의가 감소되는 것
은 사실이나 어음금액과 같이 당연히 범위가 한정되는 사항에 관한 백지어음에
대하여 쉽게 믿는 것은 경솔한 일이므로 이와 같은 보호를 인정할 수 없고, 수
취인과 같이 범위의 한정이 없는 사항에 관한 백지어음에 대하여는 이와 같이
생각하여도 선의자가 피해를 받는 일이 거의 없다」고 설명한다.6)

## (3) 사 견7)

부정설에 찬성하는데, 그 이유는 다음과 같다.

① 「보충된 어음」(비록, 백지어음행위자의 의사에 반하여 보충되었다 하더라도)을
보충된 내용 그대로 믿고 형식상 완전한 어음을 취득한 자와, 「보충되지 않은
백지어음」을 (보충권의 범위에 대하여 어음 자체에 나타나지 않는 양도인의 말만 믿고)

---

4) 田中(誠), 전게서, 259면(日 通說); 日最高判 1961. 11. 24.(民集 15-10, 2536); 동 1966. 11.
  10.(民集 20-9, 1756).
5) 서정갑 외, 「학설·판례 주석어음·수표법」(서울: 한국사법행정학회, 1973), 241~242면 외
  (우리나라의 통설).
6) 鈴木竹雄, 「手形法·小切手法」(東京: 有斐閣, 1976), 214면. 동지: Eugen Ulmer, *Das Recht
  der Wertpapier*(Berlin und Stuttgart: W.Rohlhammer Verlag, 1938), S.198.
7) 정찬형, 전게 어음·수표법, 224~225면; 동, 전게 사례연구 어음·수표법, 232면.

본래의 보충권의 범위보다 넓은 보충권이 있는 줄 믿고 취득한 자는 구별되어야 할 것으로 본다.

② 이는 또한 어음거래의 실제에서 볼 때도, 어음에서 가장 중요하게 여기는 금액이 백지인 어음을 양도인의 말만 믿고 백지어음행위자에게 조회하지도 않고 그대로 양수하는 경우는 매우 드물 것으로 보기 때문에, 이러한 양수인을 보호하는 것은 어음거래의 실정에도 맞지 않는다고 본다.

③ 어음의 유통성의 확보는 어디까지나 형식상 완전한 어음을 전제로 하는 것인데, 어음도 아닌 미완성의 백지어음의 양수인이 어음상 나타나지도 않은 보충권의 범위에 관한 양도인의 말만을 믿었다고 하여 백지어음행위자의 희생하에 그러한 양수인을 보호해야 할지는 매우 의문이다. 유통성을 확보할 가치가 있는 어음은 어디까지나 형식이 완비된 어음이며, 그러한 정신에서 입법화된 것이 어음법 제10조라고 본다.

## 3. 적용설에 의하는 경우 어음소지인이 백지어음행위자에 대하여 보충권의 범위에 관하여 조회하지 않고 보충한 것이 어음법 제10조 단서의 '중대한 과실'이 되는지 여부

위에서 본 바와 같이 부정설에 의하면 어음소지인이 부당보충을 하는 경우에는 어음법 제10조가 적용되지 않으므로 어음소지인은 백지어음행위자에 대하여 어음법 제10조에 의한 인적 항변 절단의 효력을 주장할 수 없게 된다. 따라서 백지어음행위자는 어음소지인이 악의 또는 중대한 과실로 부당보충을 하였음을 증명하지 않고도 보충권의 범위 내에서만 어음채무를 부담하게 된다. 그러나 적용설에 의하면 어음소지인이 부당보충을 한 경우에 어음소지인의 악의 또는 중과실을 증명하여야만 보충권의 범위 내에서만 어음상의 책임을 지는데, 이때 어음소지인이 어떤 상황에서 부당보충을 한 경우에 어음법 제10조 단서의 악의 또는 중과실에 해당하는지가 문제된다. 따라서 이때 어음소지인이 백지어음행위자에 대하여 보충권의 범위에 관하여 조회하지 않고 한 보충이 어음법 제10조 단서의 중과실에 해당하는지 여부가 문제된다. 이에 대하여는 본건 대법원판결을 포함하여 대법원의 일관된 판례의 입장과 같이 이를 긍정하는 견해와, 이러한 대법원판례를 비판하면서 이를 부정하는 견해로 나뉘어 있다.

## 가. 긍정설

긍정설에서는 어음금액이 백지인 어음을 취득하면서 보충권한을 부여받은 자의 지시에 의하여 어음금액란을 보충한 경우에, 보충권의 내용에 관하여 백지어음행위자에게 직접 조회하지 않았다면 특별한 사정이 없는 한 어음취득자에게는 어음법 제10조 단서의 중대한 과실이 있다고 한다.[8]

## 나. 부정설

최준선 교수는 적용설의 입장에서 (어음법 제10조의 적용 여부에 관한 부정설 및) 위와 같은 중과실 여부에 관한 긍정설(대법원판례)을 다음과 같이 비판하고 있다.[9] 즉, 이 견해에서는 위와 같은 대법원판례는 ① 백지어음의 양수인이 백지어음행위자에게 백지보충권의 범위에 관하여 조회·확인하도록 하는 것은 백지어음을 어음의 일종으로 보는 상관습을 무시한 것이며, ② 백지어음의 소지인이 백지부분을 부당보충하게 된 것은 백지어음행위자에게도 원인제공의 귀책사유가 있는데 이를 어음소지인(양수인)에게만 책임지우는 것은 타당하지 않으며, ③ 대법원의 논리에 따르면 백지어음행위자에 의하여 백지어음이 악용될 소지가 크며, ④ 백지어음행위자가 사망하거나 무능력으로 되면 확인·조회하는 것도 어려운 점이 있으며, ⑤ 어음소지인이 어음금액을 보충한 것이 1,000만원의 한도액을 초과하지도 않은데 이에 대하여 중과실을 인정하기는 어려우며, ⑥ 백지어음행위자의 입장에서 보면 양도인이 보충권을 행사하는 경우와 양수인이 보충권을 행사하는 것이 동일한데 이를 달리 취급하는 것은 비논리적이며, ⑦ 백지어음은 대부분 금액백지인 어음인데 금액백지인 어음과 금액 이외의 사항이 백지인 어음을 구별하여 논의하는 것은 의미가 없다고 한다.

## 다. 사 견

먼저 위의 최준선 교수의 부정설은 그 논거가 이해하기 어려운 부분이 많아 이에 대하여 검토한 후, 긍정설(대법원판례)를 검토하여 보겠다.

(1) 부정설의 ①에 대하여 보면, 어음에서 가장 중하게 여기는 부분이 금액인데 이러한 금액이 기재되지 않은 어음을 취득하면서 백지어음행위자에 대하여

---

8) 대판 1978. 3. 14, 77 다 2020( 판례월보 96호, 61면); 동 1995. 8. 22, 95 다 10945(본건 판결).
9) 최준선, 전게 판례월보, 22~24면; 동, "백지보충권의 남용,"「고시연구」, 1996. 6, 49~52면.

보충권의 범위에 관하여 조회하지도 않고 양도인의 말만 믿고 취득하는 것이 상관습이라고 보는 것은 무리가 있다고 본다. 백지어음이 유통상에서는 어음과 동일하게 취급은 되지만, 권리의 행사면이나 선의자의 보호 등에서는 완성어음과 항상 동일하게 볼 수는 없다고 생각한다. 부정설의 ②에 대하여 보면 백지어음행위자에게 부당보충에 대한 귀책사유가 있는 것은 사실이지만 이로 인하여 그에게 책임을 지우기 위하여는 어음소지인이 선의(또는 무중과실)임이 전제되어야 한다. 따라서 어음소지인이 악의(또는 중과실)로 인정되는 경우에 백지어음행위자가 책임을 지지 않는 것은 외관법리의 이론상 당연하다. 부정설의 ③에 대하여 보면, 백지어음이라고 하면서 백지어음행위자가 백지보충권을 준 바 없다는 항변을 주장할 수 있다고 하는 것은 전후가 모순되는 설명이며, 백지어음행위자가 자기가 준 보충권의 범위 내에서만 어음상의 책임을 지겠다고 주장하는 것을 백지어음이 악용될 소지가 크다고 설명하는 것은 쉽게 납득할 수 없다. 부정설의 ④에 대하여 보면, 백지어음행위자에 대하여 조회하는 것이 사실상 어려운 때도 있고 때로는 불가능한 때도 있을 수 있는데 이를 조회·확인하지 않은 것이 과연 어음법 제10조 단서의 중과실이 될 수 있느냐 하는 점은 문제가 될 수 있으므로, 이 점은 어느 정도 설득력이 있다고 본다. 부정설의 ⑤에 대하여 보면, 금액의 다과에 따라 어음소지인의 부당보충에 대하여(특히 1,000만원을 초과하지 않으므로 중과실이 인정될 수 없다는 점에 대하여) 중과실 유무를 결정하는 것은 논리적이지 못하다고 본다. 부정설의 ⑥에 대하여 보면, 이는 백지어음행위자의 입장에서 볼 것이 아니라 어음소지인의 입장에서 보아야 할 것이므로 동일시할 수 없다고 본다. 즉, 부당보충된 어음을 이를 모르고 취득한 자와 보충되지 않은 백지어음을 취득하면서 양도인의 말만 믿고 취득한 자는 구별되어야 한다고 본다. 부정설의 ⑦에 대하여 보면, 백지어음에 금액백지의 어음이 많은 것은 사실이나 만기(지급기일)나 수취인 등이 백지인 어음도 많으므로 금액백지인 어음과 금액 이외의 어음요건이 백지인 어음을 구별하여 논하는 것은 의미가 있다고 본다.

    (2) 우리 대법원판례가 어음법 제10조의 적용 여부에 관하여 결과적으로 부정설과 동일하게 판시하고 있는 점은 찬성하나, 그 근거를 어음법 제10조 단서에서 구하는 것은 무리한 점이 있다고 본다. 왜냐하면 어음법 제10조 단서는 「부당보충한 어음」(완전한 어음)을 취득하는 자에게 적용되는 예외규정이지 「백지어음」(미완성어음)을 취득하는 자에게 적용되는 예외규정은 아니며,[10] 또 중과실 여부에

---

10) 정찬형, 전게 사례연구 어음·수표법, 232면.

관하여 위 부정설의 ④의 논거에서도 지적된 바와 같이 어음소지인이 백지어음행위자에 대하여 보충권의 범위에 관하여 조회하는 것이 사실상 어렵거나 불가능한 경우도 있을텐데 이를 하지 않은 것을 어음법 제10조 단서의 중과실로 보기에는 무리가 있다고 보기 때문이다. 어음법 제10조 단서는 어음소지인이 어음의 취득시에 부당보충된 사실을 알고 어음을 취득하거나 또는 중과실로 이를 모르고 취득한 것을 의미한다.

## 4. 결 어

위에서 본 바와 같이 이 판결의 결론에는 찬성한다. 다만, 그 근거를 수표법 제13조 단서에서 구하는 것은 무리가 있다고 본다. 본건 사안에서와 같이 백지수표가 보충되지 않아 외관상 백지의 존재가 명백한 경우를 보충된 수표를 취득하는 것과 동일시할 수는 없고, 이는 수표소지인이 그 위험을 부담하여야 하기 때문에(특히, 수표금액과 같이 당연히 범위가 한정되는 사항에 관하여는 수표소지인이 그 위험을 부담하여야 하기 때문에), 수표소지인이 금액백지의 수표를 취득하여 보충하는 경우에는 수표법 제13조가 적용되지 않는다고 보는 부정설에서 그 근거를 구했어야 할 것으로 본다.

이 수표의 경우 발행한도액이 '1,000,000원 이하'로 기재된 가계수표임에도 불구하고 이를 수표소지인인 X가 발행인인 Y에게 조회하지도 아니한 채 10,000,000원으로 보충하여 지급청구한 경우에도 X에게 중과실이 없다고 하여 Y는 10,000,000원의 수표금액을 지급하여야 한다고 하는 위에서 본 바와 같은 평석은 아무리 생각해도 무리가 있다고 본다.

참고로 영국의 환어음법은 「백지어음을 스스로 보충하여 그 보충권의 백지어음행위자에 대하여 이행을 청구하고자 하면(비록, 그가 보충권의 범위에 대하여 선의이었다고 하더라도 -필자 주) 동 어음은 상당한 기간 내에 또 수여된 보충권한에 엄격히 일치하여 보충되어야 한다」고 규정하고 있는데(동 법 제20조 제2항 전단), 이는 우리 어음법의 해석에 있어서 부정설과 유사한 것으로 볼 수 있다.[11]

---

11) 이에 관하여는 정찬형, 상게 사례연구 어음·수표법, 233~235면 참조.

# 미국법상 어음(수표)요건*
## —한국법과의 비교를 중심으로—

# Ⅰ. 서 언

우리의 어음(수표)법은 1930년과 1931년의 제네바통일어음법조약 및 제네바통일수표법조약에 따라 입법을 한 것인데, 미국의 어음(수표)법은 영국의 경우와 같이 이러한 제네바통일조약에 의하지 않고 입법을 한 것이다. 즉, 우리의 어음(수표)법에 해당하는 미국의 통일유통증권법(이는 미국의 모든 주가 채택하고 있음)은 처음에는 1896년에 영국의 환어음법(Bills of Exchange Act, 1882)을 기초로 하여 제정되었는데, 그 후 1952년에는 미국의 변화된 상업활동에 맞게 통일상법전(Uniform Commercial Code, U.C.C.) 제3장으로 제정되었고, 이러한 통일상법전 제3장은 컴퓨터 기술보급에 따른 새로운 제도와 관행에 맞게 1990년에 대폭 개정되었다(1990년에 개정된 미국의 통일상법전 제3장을 이하 단순히 '미국법'으로 약칭함). 따라서 우리의 어음(수표)법의 규정과 미국법의 그것은 많은 점에서 차이가 있는데, 이로 인하여 양국의 교역의 결제에서 뜻하지 않은 오해와 분쟁이 있는 경우가

---

* 이 글은 정찬형, "미국법상 어음(수표)요건—한국법과의 비교를 중심으로—,"「21세기 상사법의 전개(하촌 정동윤선생 화갑기념)」, 법문사, 1999. 6, 373~399면의 내용임(이 글은 필자가 안식년으로 1998. 9.~1999. 8. 미국 듀크대학교 로스쿨에 있는 동안 쓴 것인데, 이 글에서 필자는 미국의 통일상법전상 유통증권의 요건을 우리 어음·수표요건에 따라 소개하고, 우리 어음·수표요건과 다른 점을 정리함).
  이와 관련하여 참고할 수 있는 필자의 글로는 정찬형, "어음(수표)의 위조와 미국법과의 비교,"「월간고시」, 통권 제147호(1986. 4), 130~142면 등이 있음.

많다.1) 따라서 어음(수표)을 규율하는 양국의 법률을 비교하여 그 차이점을 서로
파악하고 있는 것은 당사자간의 뜻하지 않는 손해를 미연에 방지하기 위한 것뿐
만 아니라, 양국의 교역의 증진 및 상호간의 신뢰와 우의의 증진에 매우 필요하
다고 본다.

　　이러한 점에서 필자는 미국의 어음(수표)법을 소개하고자 하는데, 본고에서
는 지면관계상 어음(수표)에서 가장 중요한 어음(수표)요건에 대하여만 소개하고
자 한다. 또한 이해의 편의를 위하여 우리 어음(수표)법의 순서에 따라 우리의 어
음(수표)법의 내용과 비교하여 미국법을 소개한 후 그 차이점을 정리하여 보겠다.

## Ⅱ. 어음(수표)요건

### 1. 어음(수표)문구

#### 가. 한국법

　　우리 어음(수표)법은 「증권의 본문 중에 그 증권을 작성할 때 사용하는 국어
로 환어음·약속어음 또는 수표임을 표시하는 글자」를 기재하도록 규정하고 있다
(어음 제1조 1호, 제75조 1호, 수표 제1조 1호). 이로 인하여 증권상의 문언에 의하여
환어음·약속어음 또는 수표가 명백히 구별되고, 어음소지인이 어느 증권을 환어
음 또는 약속어음으로 임의로 취급할 수 있는 여지는 전혀 없다.

　　참고로 국제어음법에서도 어음문구를 어음상에 기재하도록 규정하고 있는
데, 우리 어음법의 경우보다 더 강화하여 증권의 본문뿐만 아니라 증권의 표제에
도 ‘국제환어음’ 또는 ‘국제약속어음’이라는 문언을 기재하도록 규정하고 있다(동
법 제1조).

#### 나. 미국법

　　미국법에서는 환어음·약속어음 또는 수표의 요건에 환어음·약속어음 또는

---

1) 어음(수표)을 규율하는 세계의 法系는 크게 제네바통일어음(수표)법조약에 따라 입법한 統
　一法系와 이에 따르지 않은 영국과 미국 및 이들 국가의 어음(수표)법에 따라 입법한 英美法
　系로 대별할 수 있는데, 국제적으로 유통되는 어음에 관한 법률문제를 통일된 단일 법률에 의
　하여 규율하기 위하여 UNCITRAL의 주관으로 위의 統一法과 英美法을 절충한 「국제환어음
　및 국제약속어음에 관한 UN협약」(이하 단순히 ‘국제어음법’으로 약칭함)이 1988년에 제정되
　었는데, 이 협약은 아직 시행되고 있지 않다.

수표임을 표시하는 문자를 기재하여야 하는 요건이 없다. 환어음·약속어음 및 수표를 포괄하는 개념인 유통증권에 대하여 정의규정을 두고[U.C.C. § 3-104 (a)], 이러한 유통증권 중에서 그 증권이 지급위탁으로 되어 있으면 「환어음」(draft)이고, 지급약속으로 되어 있으면 「약속어음」(note)이라고 규정하고 있다[U.C.C. § 3-104 (e) 1문]. 따라서 어느 유통증권이 환어음 및 약속어음의 두 개념에 포함되는 경우에는 증권소지인은 이를 어느 것으로도 취급할 수 있으며[U.C.C. § 3-104 (e) 2문], 예금증서는 은행의 약속어음이라고 한다[U.C.C. § 3-104 (j)]. 「수표」(check)는 ( i ) 일람출급이고 지급인이 은행인 화환어음 이외의 환어음이거나 (ii) 자기앞수표(cashier's check) 또는 은행발행수표(teller's check)라고 정의하고 있다[U.C.C. § 3-104 (f) 1문]. 이러한 유통증권은 증권의 표면에 금전지시(money order) 등과 같은 수표 이외의 다른 문언이 기재된 경우에도 수표가 될 수 있다[U.C.C. § 3-104 (f) 2문]. 위에서 자기앞수표는 발행인과 지급인이 동일은행이거나 동일은행의 지점인 환어음을 말하며[U.C.C. § 3-104 (g)], 은행발행수표는 은행이 발행인이고 지급인이 다른 은행이거나 지급장소가 은행인 환어음을 말한다[U.C.C. § 3-104 (h)].

### 다. 차이점

(1) 우리 어음(수표)법에서는 어음(수표)문구가 어음(수표)요건이므로 이러한 문언에 의하여 어느 증권이 환어음·약속어음 또는 수표인지 여부가 명백하나, 미국법에서는 어음(수표)문구가 어음(수표)요건이 아니므로 환어음·약속어음 또는 수표인지 여부는 증권의 내용에 의하여 결정된다.

(2) 이러한 점으로 인하여 우리나라에서는 어음법과 수표법이 별도로 있고 또한 어음법에서도 환어음과 약속어음에 대하여 별도의 규정을 두고 있으나, 미국법에서는 환어음·약속어음 및 수표를 구별하지 않고 통일상법전 제3장에서 함께 규정하고 있다. 다만 은행예금 및 추심과 관련하여 수표 등과 같은 지급증권(items)에 대하여는 통일상법전 제4장에 별도의 규정이 있어 제3장에 우선하여 적용되고 있다[U.C.C. § 3-102 (b), § 4-102 (a)].

(3) 전체적으로 볼 때 미국법에서는 환어음·약속어음 및 수표의 구별이 우리와 같이 엄격하지 않고 비교적 완화되어 있으며 또한 융통성 있다고 볼 수 있다.

## 2. 일정한 금액의 무조건의 지급위탁(지급약속)

### 가. 한국법

우리 어음(수표)법상 환어음 및 수표는 「조건 없이 일정한 금액을 지급할 것을 위탁하는 뜻」(어음 제1조 2호, 수표 제1조 2호), 약속어음은 「조건 없이 일정한 금액을 지급할 것을 약속하는 뜻」(어음 제75조 2호)이 어음(수표)요건으로 규정되어 있다.

**(1) 일정한 금액**        어음(수표)의 금액에 대하여 우리 어음(수표)법은 일람출급 또는 일람후 정기출급의 환어음·약속어음의 경우에는 발행인이 이율과 함께 기재한 이자문언을 유익적 기재사항으로 규정하고 있으나(어음 제5조, 제77조 2항), 수표의 경우에는 이자문언을 무익적 기재사항으로 규정하고 있다(수표 제7조). 또한 어음(수표)금액에 차이가 있는 경우 글자와 숫자로 기재한 경우에는 글자금액이 어음(수표)금액이 되고, 글자 또는 숫자로 중복하여 기재한 경우에는 최소금액이 어음(수표)금액이 됨을 규정하고 있다(어음 제6조, 제77조 2항, 수표 제9조). 또한 외국통화로 어음(수표)금액을 기재한 경우에 지급할 통화에 대하여 규정함으로써 간접적으로 외국통화를 어음(수표)금액으로 기재할 수 있음을 규정하고 있다(어음 제41조, 제77조 1항 3호, 수표 제36조). 위와 같이 어음(수표)은 일정한 금액을 지급할 것을 위탁하거나 약속하는 유가증권이므로, 판례에서도 금전 이외의 물건의 지급을 목적으로 하는 유가증권은 어음(수표)이 아니라고 판시하고 있다.[2]

**(2) 조건 없는 지급위탁(지급약속)**        어음(수표)은 (일정한 금액을 지급할 것을) 조건 없이 위탁(약속)하여야 하는데, 이러한 조건 없는(무조건)의 의미에 대하여 우리 어음(수표)법은 이 이외의 상세한 규정을 두고 있지 않다. 따라서 이의 이미에 대하여는 학설과 판례에 의하여 해석되고 있는데, 이에 의하면 지급에 조건을 붙이거나 또는 지급자금이나 지급방법을 한정하는 것으로 해석하고 있다.[3]

### 나. 미국법

미국법에서도 환어음·약속어음 및 수표를 포괄하는 개념인 유통증권(negotiable

---

2) 대판 1964. 8. 31, 63 다 969.
3) 정찬형, 「어음·수표법강의(제2개정판)」(서울: 홍문사, 1988), 305면; 대판 1994. 6. 14, 94 다 6598.

instrument)을 「일정한 금액을 무조건 지급약속하거나 지급위탁하는 증권…」으로 정의하고 있으므로[U.C.C. § 3-104 (a)], 일정한 금액을 무조건 지급약속하거나 지급위탁하는 것을 환어음·약속어음 및 수표의 요건으로 규정하고 있다고 볼 수 있다. 다만 다음에서 보는 바와 같이 이에 관하여는 상세한 추가규정을 두고 있다.

    **(1) 일정한 금액**      미국법상 유통증권은 위에서 본 바와 같이 일정한 금액을 지급약속하거나 지급위탁하여야 하고 이러한 일정한 금액은 금전(money)이어야 하므로, 유통증권상에 금전의 지급 외에 어떠한 행위를 할 것을 약속하거나 위탁하는 문언을 기재하여서는 아니된다[U.C.C. § 3-104 (a) (3) 전단]. 또한 유통증권상의 이러한 금전은 미국의 달러화로 제한되지 않고 미국이나 외국정부가 인정하거나 채택한 교환의 수단 및 국제기구나 두 나라 이상의 국가간의 협의로 창설된 회계상의 통화단위(monetary unit of account)를 포함한다[U.C.C. § 1-201 (24)]. 유통증권상의 금액이 외국통화인 경우 증권상에 다른 규정이 없으면 그 증권은 외국통화로 직접 지급되거나 또는 그 증권상의 금액이 지급되는 당일 지급지의 현재 은행제시 미국달러매입환율에 의하여 계산된 금액에 상당하는 미국달러로 지급될 수 있다[U.C.C. § 3-107]. 이와 같은 경우 미국달러의 환산율에 변동이 있더라도 증권금액은 일정하므로, 이때에도 유통증권의 요건을 충족한다고 본다.

    유통증권상의 일정한 금액은 이자(interest)의 유무나 지급약속이나 지급위탁과 함께 기재된 기타의 부담금액(charge)의 유무를 불문하는데[U.C.C. § 3-104 (a)], 이때의 일정한 금액은 원금(principal)만을 의미한다.[4] 1990년 개정 전의 미국법은 증권금액에 대하여 "sum certain"으로 표현하여 이는 증권소지인이 증권에 의하여 받을 수 있는 모든 금액을 의미하는 것으로 해석되었으나, 1990년에 개정된 미국법은 "fixed amount"로 표현하여 이는 원금만을 의미하는 것으로 해석되고 있는데, 이것은 개정전과 큰 차이점이라고 볼 수 있다.[5] 따라서 이자나 드믈게 증권에 포함되는 기타의 비용, 즉 금액이 불확실한 추심료 및 변호사비용 등은 증권상의 금액에 포함되지 않는다.[6]

    미국법상 이자에 대하여는 다시 명문의 규정을 두고 있다. 즉, 유통증권상에

---

4) Official Comment 1 to U.C.C. §  3-112.
5) Richard E. Speidel/ Steve H. Nickles, *Negotiable Instruments and Check Collection* (St. Paul, Minnesota: West Publishing Co., 1993), at 57~58.
6) Speidel/Nickles, *supra* at 58.

달리 규정된 바가 없으면 (ⅰ) 증권은 무이자이고, (ⅱ) 이자문언이 있는 증권에
서의 이자는 그 증권의 발행일부터 계산하여 지급된다[U.C.C. § 3-112 (a)]. 이자
는 증권상에 확정금액이나 변동금액으로 기재될 수도 있고 또는 확정이율이나
변동이율로써 기재될 수도 있는데, 이러한 이자금액이나 이자율은 증권상에 어떠
한 방법으로도 기재될 수 있어 이에 관하여 증권상에 없는 참고자료를 참조하게
할 수도 있다. 증권상에 이자에 관하여 기재하고 있는데 지급할 이자액이 증권의
기재에 의하여 확정될 수 없으면, 그 이자는 증권의 지급지 및 최초로 이자가
발생하는 시점에서의 유효한 재정이율(裁定利率)(judgement rate)로 지급된다[U.C.C.
§ 3-112 (b)]. 증권상의 일정한 금액은 위에서 본 바와 같이 원금에만 해당하므
로, 이자문언에 의하여 이자금액이 불확정한 경우에도 유통증권의 요건을 충족하
는데, 이에 관하여는 종래에 판례가 나뉘어 있던 것을 1990년 개정법에 의하여
입법적으로 이를 유효한 것으로 한 것이다.[7]

증권상의 기재에서 원금을 확정할 수 있는 한 증권상에 반드시 확정금액을
기재할 필요는 없다. 따라서 일정한 금액을 수 회로 분할하여 지급한다고 기재하
여도 이는 일정한 금액이라고 볼 수 있다. 증권상의 금액이 만기 전 후에 감액
되거나 증액되어 지급되는 경우에도 일정한 금액이라고 볼 수 있는가는 통일상
법전 제3장의 규정상 명백하지 않으나, 유효한 증권금액으로 보는 견해가 있다.[8]

미국법은 증권금액뿐만 아니라 증권상의 모든 기재사항에 대하여 모순되는
경우에 있어서 해석규정을 두고 있다. 즉, 타자기로 기재한 사항이 인쇄된 문언
에 우선하며, 수기(手記)로 기재된 사항이 인쇄 및 타자로 기재된 사항에 우선하
고, 글자(문자)가 숫자에 우선한다[U.C.C. § 3-114].

(2) 무조건성　　　미국법은 이에 관하여 무엇이 조건이 되고 또한 무엇이
조건이 되지 않는가에 대하여 비교적 상세한 규정을 두고 있다.

(가) 조건에 해당하는 경우　　　(ⅰ) 지급에 명백한 조건을 기재하거나, (ⅱ)
지급약속이나 지급위탁이 증권 이외의 다른 서면에 의하거나 규율된다는 문언,
또는 (ⅲ) 지급약속이나 지급위탁과 관련한 권리의무가 증권 이외의 다른 서면에
기재되는 경우이다(그러나 다른 서면 참조에 관한 문언이 그 자체만으로 지급약속 또는
지급위탁의 조건이 되는 것은 아니다)[U.C.C. § 3-106 (a)].

(나) 조건에 해당하지 않는 경우　　　(ⅰ) 지급약속이나 지급위탁에 지급을

7) Speidel/Nickles, *supra* at 58~59.
8) Speidel/Nickles, *supra* at 59.

확보하기 위한 담보물의 제공·유지·보호를 위한 약속이나 수권에 관한 기재, 증권소지인에게 청구의 인낙(confess judgement) 또는 담보물을 매각·처분할 수 있는 권한을 수여하는 기재, 채무자의 이익이나 보호를 위하여 어떠한 법에 규정된 이익의 포기에 관한 기재는 조건에 해당하지 않는다[U.C.C. § 3-104 (a) (3) 후단]. (ⅱ) 담보·선지급·만기의 이익의 상실에 관한 권리의 기재를 위하여 증권 이외의 다른 서면을 참조한다는 기재나, 증권금액의 지급이 특정 자금이나 재원에 제한된다는 기재는 지급약속이나 지급위탁의 조건이 되지 않는다[U.C.C. § 3-106 (b)]. 1990년 개정 전에는 증권상에 특정자금이나 재원에 의해서만 지급되는 것으로 기재하면 그 증권의 지급의무는 특정자금이나 재원이 충분한가의 여부에 따라 좌우되기 때문에 유통증권의 요건인 무조건성에 반하는 것으로 규정되었으나, 1990년 개정법은 이와 같이 증권의 지급이 특정자금이나 재원에 의해서만 지급되는 것으로 기재하여도 무조건성에 반하지 않는 것으로 규정하였다. 이와 같이 변경한 이유에 대하여는 증권의 발행인의 일반적인 신용만이 유통증권의 지급을 담보할 수 있다고 볼 수 없고 이러한 증권의 취득 여부는 당사자들이 결정하는데 당사자가 특정자금이나 재원에 의해서만 지급되는 증권의 취득을 원하지 않으면 이를 취득하지 않으면 되기 때문이라고 하는 견해도 있고,9) 변화된 기업의 관습·관행이나 기대를 반영하여 이를 완화하였거나 또는 이와 절충한 규정이라고 보는 견해도 있다.10) (ⅲ) 여행자수표에서 지급의 조건으로 주서명자(主署名者)에 의한 부서명(副署名)(countersignature)을 요구하는 것은 조건이 되지 않는다. 주서명자가 부서명을 하지 않으면 이는 그 여행자수표의 발행인의 항변 사유가 될 수 있으나, 그러한 부서명이 없다고 하여 그 증권의 양수인이 증권의 소지인(증권상의 권리자)이 되지 못하는 것은 아니다[U.C.C. § 3-106 (c)]. (ⅳ) 증권의 발행인이 다른 법률의 규정에 의하여 최초의 수취인에게 대항할 수 있는 청구권(claims)이나 항변권(defenses)을 그 후의 양수인이나 소지인에게 주장할 수 있다는 내용이 증권의 발행시에 증권상에 기재된 경우에도 이는 유통증권의 요건인 조건이 되는 것이 아니다. 그러나 이러한 문언이 있는 증권에서는 정당소지인이 있을 수 없다[U.C.C. § 3-106 (d)]. 예컨대, 연방법은 물품매매나 용역에 관한 소비자신용계약에서 「소비자신용계약에 의하여 발행된 증권의 모든 소지인은 증권상의 채무자가 이에 의하여 취득한 매매목적물인 물품 또는 용역의 매도인

---

9) Official Comment 1 to U.C.C. § 3-106.
10) Speidel/Nickles, *supra* at 57.

에 대하여 주장할 수 있는 모든 청구권과 항변권에 의하여 대항을 받는다」고 규정하고 있는데[16 C.F.R. 433. 2 (a)], 이에 따라 소비자가 발행한 증권상에 이러한 문언이 기재되어도 그 증권은 조건이 기재된 것이 아니다. (v) 당사자간의 합의에 따라 또는 합의의 일부로 증권이 발행되는 경우 증권상의 채무자는 증권상의 채권자와 별도의 합의에 의하여 증권상의 채무를 변경·보충 또는 무효로 할 수 있는데[U.C.C. § 3-117], 이것은 증권 이외의 별도의 당사자간의 합의에 의한 것으로 증권상의 조건이 되지 않는다.[11]

(3) 서면성      미국법상 지급위탁이란「금전을 지급하라는 서면(書面)의 지시로서 지시하는 자가 이에 서명한 것을 의미하고, 지급할 권한을 부여받는 것은 이러한 자가 또한 지급하도록 지시받은 자가 아니면 지급위탁이 아니다」고 규정하고[U.C.C. § 3-103 (a) (6)], 지급약속이란「금전을 지급할 것을 서면으로 약속하는 것으로서 지급을 약속하는 자가 이에 서명한 것을 의미하고, 채무자에 의한 채무의 승인은 그 채무자가 채무를 이행할 것을 약속하지 않는 한 지급약속이 아니다」고 규정하고 있으므로[U.C.C. § 3-103 (a) (9)], 유통증권은 반드시 서면임을 요한다. 그런데 이러한 서면은 인쇄된 서면뿐만 아니라, 여하한 유체물로의 의도된 변형을 포함한다[U.C.C. § 1-201 (46)]. 따라서 어떠한 유형물에 조각하거나, 스탬프하거나, 석판하거나, 사진촬영하거나, 타이프하거나, 연필이나 잉크로 직접 쓰거나 또는 이와 유사한 방법으로 표시하거나 이를 복합하여 기재하는 것을 포함한다. 따라서 암소나 코코낱 과자 위에 그려진 유통증권에 관한 일화도 있다. 그러나 오디오테이프에 녹음되거나 비디오테이프에 녹화된 것은 유통증권이 될 수 없고, 컴퓨터스크린에 타자되거나 디스크에 저장된 것은 유통증권이 될 수 없다(그러나 이것이 프린트된 경우에는 물론 유통증권이 될 수 있다).[12]

## 다. 차이점

(1) 우리 어음(수표)법은 환어음·약속어음·및 수표에 관하여 개별적으로 그 요건을 규정하고 있는데(어음 제1조, 제75조, 수표 제1조), 미국법은 이에 관하여 개별적으로 규정하지 않고 포괄적으로 규정하고 또 그 요건을 매우 상세하게 규정하고 있다[U.C.C. § 3-104~§ 3-114].

(2) 우리 어음법상 확정일출급의 어음 및 발행일자후 정기출급의 어음의 경

---

11) Speidel/Nickles, *supra* at 49~51.
12) Speidel/Nickles, *supra* at 42~43.

우에는 이자가 어음금액에 포함되고 일람출급의 어음 및 일람후 정기출급의 어음에서는 이율과 함께 기재한 이자문언을 유익적 기재사항으로 규정하고(어음 제5조, 제77조 2항) 수표에 기재한 이자문언은 무익적 기재사항으로 규정하고 있으나(수표 제7조), 미국법상 유통증권상의 금액은 언제나 원금만을 의미하고 이자문언은 전부 유익적 기재사항으로 규정하고 있다.

(3) 미국법상 조건에 관한 상세한 규정은 우리 어음(수표)법의 해석에서도 대체로 참고가 될 수 있다고 본다. 그런데 어음(수표)금액이 특정자금이나 재원에 의하여 지급할 수 있다는 기재는 미국법에서는 명문으로 조건이 아니라고 규정하고 있으나, 우리 어음(수표)법의 해석에서는 지급방법에 대한 제한으로 조건으로 해석하여 이러한 기재가 있는 어음(수표)은 무효로 해석하고 있다.

(4) 서면성에 관하여 미국법에서는 명문의 규정을 두고 있고 우리 어음(수표)법에서는 명문의 규정을 두고 있지 아니하나, 미국법의 이러한 규정 및 해석은 우리 어음(수표)법의 해석과 대체로 유사하다.

## 3. 지급인의 명칭

### 가. 한국법

(1) 우리 어음(수표)법상 지급인의 명칭은 환어음(어음 제1조 3호) 및 수표(수표 제1조 3호)에만 해당하는 요건이고, 약속어음은 발행인 자신이 지급을 약속하는 것이므로 그 성질상 지급인의 명칭이 어음요건이 아니다. 이러한 지급인은 해석상 실재인(實在人)이 아니어도 무방하다고 해석하고 있는데, 이 경우에 어음(수표)소지인은 발행인이나 배서인에 대하여 상환청구권(소구권)을 행사할 수밖에 없다.13)

(2) 우리 어음(수표)법의 해석상 지급인의 선택적 기재는 선택 전에 지급인이 확정되지 않아 어음관계의 단순성을 해하므로 인정되지 아니하나, 중첩적 기재 및 순차적 기재는 인정된다고 본다(통설).

(3) 우리 어음(수표)법은 지급인은 발행인과 겸병할 수 있음을 규정하고 있다(자기앞환어음·수표)(어음 제3조 2항, 수표 제6조 3항). 우리 어음(수표)법에는 규정이 없으나 해석상 지급인은 수취인과 겸병할 수 있고, 또한 지급인은 발행인 및

---

13) 정찬형, 전게서[어음·수표법강의(제2개정판)], 306면; 정동윤, 「어음 수표법(4정판)」(서울: 법문사, 1996), 359면 외.

수취인과도 겸병할 수 있다고 보고 있다(통설).

(4) 우리 어음(수표)법상 환어음의 지급인의 자격에 관하여는 제한이 없으나, 수표의 지급인에 관하여는 수표를 제시한 때에 발행인이 처분할 수 있는 자금이 있는 은행으로 제한되어 있다(수표 제3조 1문 전단). 또한 환어음의 경우 지급인은 인수할 수 있고 인수로 인하여 주채무를 부담하는데(어음 제28조 1항), 수표의 경우 지급인은 인수할 수 없고(수표에 한 인수의 기재는 무익적 기재사항)(수표 제4조) 지급보증만을 할 수 있다(수표 제53조~ 58조).

## 나. 미국법

(1) 미국법상 1990년 개정법 이전에는 지급인의 명칭이 유통증권의 요건으로 규정되었으나, 1990년 개정법에서는 명문으로 규정하고 있지는 않으나 묵시적으로 요구되는 요건으로 보고 있다. 즉, 유통증권의 요건에 「지급인의 명칭」이 특별히 규정되어 있지는 않지만 지급위탁(order)이란 '서면의 금전지급지시'를 의미하는 것으로 지급인은 발행인으로부터 지급할 권한을 부여받은 것만으로는 부족하고 지급하도록 서면상으로 직접 지시받아야 하므로[U.C.C. § 3-103 (a) (6)] 묵시적으로 증권상 지급인의 명칭이 기재되어야 함을 요한다.[14]

(2) 미국법상 지급인을 복수로 기재할 수 있다. 복수의 지급인은 중첩적으로 (to A and B) 또는 선택적으로(to A or B) 기재할 수 있다[U.C.C. § 3-103 (a) (6)]. 이 경우 증권의 소지인은 증권을 한 번만 제시하면 충분하다. 즉, 이때 증권의 소지인이 증권상에 기재된 어느 지급인에 대하여 인수 또는 지급제시를 하였는데 인수 또는 지급거절이 있으면, 이는 부도가 된 것으로 증권소지인은 나머지 지급인에 대한 제시 없이 바로 발행인에 대하여 상환청구권(소구권)을 행사할 수 있다.[15] 미국법에서 이와 같이 지급인을 복수로 기재하는 것을 규정한 것은, 예컨대 배당수표(dividend check)를 발행하는 회사와 같은 증권발행인의 관행을 인정한 것이다. 이 경우 배당수표를 수령한 주주는 어느 지급인(은행)에 대하여도 지급제시할 수 있고, 이 경우 지급거절이 있으면 즉시 발행인(회사)에 대하여 상환청구권(소구권)을 행사할 수 있다.[16]

그러나 미국법상 지급인의 순차적 기재(to A, and if A fails to pay, to B)는

---

14) Speidel/Nickles, *supra* at 46.
15) Official Comment 2 to U.C.C. § 3-103, U.C.C. § 3-501 (b) (1).
16) Official Comment 2 to U.C.C. § 3-103.

인정되지 않는다[U.C.C. § 3-103 (a) (6)]. 왜냐하면 증권소지인에 대하여 한 번을 초과하여 다시 제시하도록 요구해서는 안되고, 증권상의 어떠한 지급인에 의한 거절도 증권소지인에 대하여 발행인 또는 배서인에 대한 상환청구권(소구권)을 인정하여야 하기 때문이다.[17]

(3) 미국법상 지급인은 발행인과 겸병할 수 있다[U.C.C. § 3-103 (a) (6)]. 이의 가장 대표적인 예는 자기앞수표(cashier's check)에서의 지급위탁이다. 1990년 개정법 이전에는 이러한 자기앞수표를 약속어음으로 취급하였으나, 1990년 개정법에서는 자기앞수표에 관한 은행의 관행에 따라 수표로 취급하고 있다[U.C.C. § 3-104 (f) (ⅱ)]. 또 보험회사도 은행을 지급담당자로 하여 자기앞환어음을 발행하는 관행에 따르고 있는데, 이러한 환어음도 역시 환어음으로 취급되고 있다.[18] 이러한 자기앞수표 또는 자기앞환어음의 발행인은 약속어음의 발행인과 동일한 책임을 진다[U.C.C. § 3-412].

(4) 미국법상 환어음의 지급인의 자격에 대하여는 특별한 제한이 없으나[U.C.C. § 3-103 (a) 6)], 수표의 지급인에 대하여는 은행으로 제한되어 있다[U.C.C. § 3-104 (f) (ⅰ)]. 미국법에서도 환어음의 지급인은 인수를 할 수 있고[U.C.C. § 3-409 (a)] 인수인은 약속어음의 발행인과 유사한 책임을 지는데[U.C.C. § 3-413], 수표의 지급보증은 「지급은행의 인수」로 보아 지급보증을 인수와 동일시하고 있다[U.C.C. § 3-409 (d), § 3-413].

## 다. 차이점

(1) 우리 어음(수표)법상 지급인의 명칭은 환어음(수표)의 요건으로 규정되어 있으나, 미국법은 이에 대하여 명문규정을 두고 있지 않다(그러나 동일하게 해석하고 있다).

(2) 우리 어음(수표)법의 해석상 통설은 지급인의 선택적 기재는 인정되지 아니하나 중첩적 기재 및 순차적 기재는 인정된다고 보고 있으나, 미국법은 중첩적 기재 및 선택적 기재는 인정되나 순차적 기재는 인정되지 않는다는 명문규정을 두고 있다. 지급인이 중첩적으로 기재된 경우 우리나라의 통설은 지급거절로 인한 상환청구(소구)를 위하여는 지급인 전원이 지급을 거절하여야 하나 인수거절로 인한 상환청구(소구)에는 지급인 중 1인만이 인수거절을 하여도 무방하다고

---

17) Official Comment 2 to U.C.C. § 3-103.
18) Official Comment 2 to U.C.C. § 3-103.

해석하나, 미국법에서는 이를 구별하지 않고 지급인 중의 1인에 대한 제시를 유효라고 보므로[U.C.C. § 3-501 (b) (1)] 지급인 중의 1인의 인수 또는 지급거절은 바로 상환청구(소구)원인이 된다. 이러한 미국법의 규정 및 해석은 우리 어음(수표)법의 해석에서도 앞으로 크게 참고가 되어야 할 것으로 본다.

(3) 환어음 및 수표에서 지급인이 발행인과 동일인이 될 수 있는 점은 우리 어음(수표)법과 미국법이 같으나, 미국법에서는 이 경우 발행인에 대하여 약속어음의 발행인과 동일한 책임을 지우고 있는 점은 우리 어음(수표)법과 구별되고 있다.

(4) 미국법이 수표의 지급보증을 인수와 동일하게 규정하고 있는 점은 우리 어음(수표)법이 양자를 엄격하게 구별하여 규정하고 있는 점과 구별되고 있다.


## 4. 만기의 표시

### 가. 한국법

(1) 우리 어음법상 만기는 어음에만 있는 어음요건이고(어음 제1조 4호, 제75조 3호), 수표에는 없다. 수표는 언제나 일람출급이므로 이에 위반되는 기재는 무익적 기재사항이고(수표 제28조 1항), 선일자수표는 그 발행일자 도래 전에 지급제시하여도 그 제시한 날에 지급하여야 한다(수표 제28조 2항).

어음의 만기(지급기일)는 「지급을 할 날」(어음 제38조 1항·제77조 1항 3호, 제44조 3항·제77조 1항 4호) 또는 「지급의 날」(어음 제41조 1항·제77조 1항 3호)과 다른 개념이다. 만기는 단일하고 확정할 수 있는 날이어야 하므로, 어음금액의 일부씩에 대하여 각별로 만기를 정하거나(어음 제33조 2항·제77조 1항 2호) 또는 각 지급인에 대하여 각각 다른 만기를 정하는 것은 어음을 무효로 한다.

(2) 우리 어음법상 만기의 종류에는 (ⅰ) 일람출급, (ⅱ) 일람후정기출급, (ⅲ) 발행일자후정기출급 및 (ⅳ) 확정일출급의 4종류가 있고(어음 제33조 1항, 제77조 1항 2호), 이와 다른 만기 또는 분할출급의 어음은 무효로 한다(어음 제33조 2항, 제77조 1항 2호).

일람출급어음은 제시된 때에 만기가 되는데, 이 어음은 발행일자로부터 1년 내에 지급제시를 하여야 하고, 발행인은 이 기간을 단축 또는 연장할 수 있고 배서인은 이 기간을 단축할 수 있다(어음 제34조 1항, 제77조 1항 2호). 일람출급어음의 발행인은 일정기간 지급제시를 금하는 문언을 기재할 수 있는데(일정기간 경과후 일람출급), 이 경우 제시기간은 그 기일로부터 개시한다(어음 제34조 2항, 제77조 1항 2

호).

일람후정기출급의 환어음의 만기는 인수일자 또는 거절증서일자에 의하여 정하는데, 인수일자의 기재가 없고 거절증서도 작성하지 아니한 경우에는 인수인에 대한 관계에서는 인수제시기간의 말일에 인수한 것으로 본다(어음 제35조). 일람후정기출급의 환어음의 인수제시기간은 발행일자후 1년 내인데, 발행인은 이 기간을 단축 또는 연장할 수 있고 배서인은 이 기간을 단축할 수 있다(어음 제23조). 일람후정기출급의 약속어음의 만기는 발행인이 어음에 일람의 뜻을 기재하고 일자를 부기하여 기명날인 또는 서명한 날로부터 일람후의 기간을 정하는데, 발행인이 일람의 뜻과 일자의 기재를 거절한 때에는 거절증서에 의하여 이를 증명하여야 하고 그 일자는 일람후의 기간의 초일로 한다(어음 제78조 2항 2문·3문). 일람후정기출급의 약속어음의 경우에도 발행인에게 일람을 위하여 제시하여야 하는 기간은 원칙적으로 발행일자 후 1년이다(어음 제78조 2항 1문).

(3) 우리 어음법은 만기에 관하여 보충규정을 두어 만기의 기재가 없는 어음은 일람출급어음으로 보고 있다(어음 제2조 2항, 제76조 2항).

## 나. 미국법

(1) 미국법은 유통증권의 요건으로 증권은 「일람출급(on demand) 또는 확정일출급(at a definite time)」이어야 함을 규정하고 있는데[U.C.C. § 3-104 (a) (2)], 이에 대하여는 상세한 규정을 별도로 두고 있다. 즉, 증권상에 (ⅰ) 지급청구시, 일람시, 또는 그밖에 소지인의 의사에 따라 지급한다는 문언이 있거나, (ⅱ) 지급시기에 관한 기재가 없는 경우에는 「일람출급증권」이다[U.C.C. § 3-108 (a)]. 또한 증권상에 (ⅰ) 확정일에 지급 (ⅱ) 일람 또는 인수후 일정기간 경과 후의 지급, (ⅲ) 증권발행시 쉽게 확인할 수 있는 시기에 지급할 수 있는 것으로 기재되어 있으면, 그 증권상의 금액이 만기전에 지급되거나 만기의 이익이 상실되거나 또는 만기가 연장되는 경우에도 「확정일급증권」이다[U.C.C. § 3-108 (b)]. 또한 확정일출급과 일람출급의 만기를 동시에 기재한 증권도 유효한데, 이러한 증권은 확정일까지는 일람출급증권이 되고 그 확정일까지 지급제시가 없으면 확정일출급증권이 된다[U.C.C. § 3-108 (c)].

미국법상 수표는 언제나 일람출급이다[U.C.C. § 3-104 (f) (ⅰ)]. 발행일의 선일자에 관하여는 수표뿐만 아니라 모든 증권에 관하여 규정하고 있다[U.C.C. § 3-113 (a)].

(2) 미국에서 사실상 모든 수표를 포함하여 대부분의 일람출급증권은 지급시기에 관한 기재가 없는 일람출급증권이다. 일람출급의 약속어음의 경우 미국의 다수의 판례는 발행시부터 지급기일이며 또한 지급기일을 경과한다고 판시하고 있다.[19] 따라서 은행의 상계권 등의 행사와 같이 지급기일이 도래한 채무에 대하여 어떤 권리를 행사하기 위하여는 소지인에 의한 사실상의 지급제시가 요구되지 않는다고 보고 있다.[20] 그러나 일람출급증권의 경우 소송 제기의 제척기간은 지급제시를 한 때부터 기산된다[U.C.C. § 3-118 (b)].

(3) 확정일출급증권은, 예컨대 만기가 「1992년 7월 1일」, 「발행일자 후 30일」, 또는 「1992년 3월 1일 또는 그 이전」 등으로 기재된 증권을 말한다. 「1992년 3월 1일 또는 그 이전」의 만기는 불확정하기는 하나, 일람출급증권이나 일람후정기출급증권보다 더 불확정한 것도 아니므로 이러한 만기를 무효로 볼 수 없다고 해석하고 있다.[21] 또한 미국법은 증권발행인에 의한 임의의 선지급을 인정하고 (이 경우 발행인은 위약금을 지급하거나 발생하지 않은 이자 전액을 지급할 수 있다)[U.C.C. § 3-108 (b) (i)], 일정한 사건의 발생에 의하여 자동적으로 인정되거나 어느 당사자의 선택에 의하여 인정되는 만기의 이익의 상실을 인정하고 있다 [U.C.C. § 3-108 (b) (ii)]. 이로 인하여, 예컨대 확정일출급 약속어음의 경우 발행인이 이 약속어음의 지급을 확보하기 위한 담보물을 처분하거나 또는 어음소지인이 발행인의 신용에 관하여 불신하는 경우에는 만기의 이익의 상실이 인정된다.[22] 또한 미국법은 증권소지인의 선택에 의한 만기의 연장이나 (약속어음의) 발행인이나 (환어음의) 인수인의 선택에 의하거나 일정한 행위나 사건의 발생에 의하여 자동적으로 인정되는 만기의 연장이 허용된다[U.C.C. § 3-108 (b) (iii) (iv)]. 증권소지인의 선택에 의하여 만기를 연장하는 경우에는 연장기간의 제한이 없다. 다만 증권소지인이 추가이자를 얻기 위하여 만기를 연장하는 것은 인정되지 않는다[U.C.C. § 3-603 (c)]. 그러나 (약속어음의) 발행인이나 (환어음의) 인수인의 선택에 의하거나 일정한 행위나 사건의 발생에 의하여 자동적으로 연장되는 만기의 경우에는 연장기간에 대하여 확정기간의 제한을 기재하여야 한다. 왜냐하면 이 경우 지급기일의 확정의 효과는 만기의 이익의 상실문언이 있는 확정일출급

---

19) Gregg v. Middle States Utilities Co. of Delaware, 293 N.W. 66, 72(Iowa 1940).
20) Speidel/Nickles, *supra* at 60.
21) Speidel/Nickles, *supra* at 61~62.
22) Speidel/Nickles, *supra* at 62~63.

어음과 동일하기 때문이다.23) 따라서 확정기간의 제한이 없는 만기의 연장은 확정된 지급기일을 무시하기 때문에 유통증권의 효력이 없다.24)

### 다. 차이점

(1) 우리 어음법상 만기와 미국법상 만기는 기본적으로 유사한데, 미국법상 만기는 우리 어음법상의 엄격한 제한보다 훨씬 확대되어 있고 또한 융통성이 있다.

(2) 그러나 미국법상 「1992년 3월 1일 또는 그 이전」으로 만기를 정한 것도 확정일출급증권으로 인정되고, 일정한 사건의 발생에 의하여 자동적으로 인정되거나 어느 당사자의 선택에 의하여 만기의 이익이 상실되는 증권도 확정일출급증권으로 인정되며, 증권소지인의 선택에 의하여 만기가 연장되거나 (약속어음의) 발행인이나 (환어음의) 인수인의 선택에 의하여 만기가 연장되거나 일정한 사건의 발생에 의하여 자동적으로 만기가 연장되는 증권도 확정일출급증권으로 인정되며, 확정일출급과 일람출급의 만기를 동시에 기재한 증권도 유효로 인정하고 있는 점 등은 우리 어음법의 경우와 구별되는 점이다.

## 5. 지급지

### 가. 한국법

(1) 우리 어음(수표)법상 지급지는 어음(수표)요건인데(어음 제1조 5호, 제75조 4호, 수표 제1조 4호), 이는 유익적 기재사항인 지급장소(어음 제4조, 제27조, 제77조 2항)와 구별된다.

(2) 우리 어음(수표)법은 지급지에 관하여 보충규정을 두고 있다. 즉, 환어음의 경우 지급지의 기재가 없는 때에는 지급인의 명칭에 부기한 지를 지급지이며 지급인의 주소로 보고(어음 제2조 2호), 약속어음의 경우 발행지가 지급지를 보충하며(어음 제76조 2호), 수표의 경우 제1차적으로 지급인의 명칭에 부기한 지가 지급지를 보충하고(이때 지급인의 명칭에 수개의 지를 부기한 때에는 수표의 맨 앞에 기재한 지가 지급지를 보충한다)(수표 제2조 1호), 제2차적으로 발행지가 지급지를 보충한다(수표 제2조 2호).

---

23) Official Comment to U.C.C. § 3-108.
24) Speidel/Nickles, *supra* at 64.

## 나. 미국법

(1) 미국법은 유통증권의 요건으로서 지급지를 특별히 규정하고 있지 않다[U.C.C. § 3-104 (a) 참조]. 따라서 미국법상 지급지는 유통증권의 요건이 아니다.25) 그런데 제시에 관한 규정에서 지급지에 관하여 규정하고 있다. 즉, 유통증권의 제시는 증권상의 지급지에서 할 수 있는데, 미국 내에 있는 은행에서 지급할 것으로 되어 있는 증권의 경우에는 반드시 그 지급지에서 제시하여야 한다[U.C.C. § 3-501 (b) (1)].

(2) 그러나 미국법은 지급지의 해석에 관한 규정을 두고 있다. 즉, 유통증권은 증권상 기재된 지급지에서 지급되는데, 이러한 지급지의 기재가 없으면 증권은 증권에 기재된 발행인(약속어음) 또는 지급인(환어음)의 주소에서 지급된다. 이러한 주소가 증권상 기재되어 있지 않으면 지급지는 발행인(약속어음) 또는 지급인(환어음)의 영업소인데, 이러한 영업소가 2개 이상이면 증권소지인이 선택한 어느 영업소가 지급지가 된다. 발행인(약속어음) 또는 지급인(환어음)의 영업소가 없으면 이들의 거소(居所)가 지급지가 된다[U.C.C. § 3-111].

## 다. 차이점

(1) 미국법은 지급지를 유통증권의 요건으로 하지 않고 있으므로 증권상에 지급지를 기재하지 않았다고 하여 증권이 무효가 될 수 없는데, 이 점은 우리 어음(수표)법과 근본적으로 구별되는 점이다.

(2) 미국법상 지급지의 해석에 관한 규정은 우리 어음(수표)법의 규정과 유사한 점이 많은데, 다만 지급지와 지급장소를 구별하지 않고 규정하고 있는 점은 우리 어음(수표)법과 구별되는 점이다.

(3) 미국법상 증권에 지급지가 기재된 경우에도 위에서 본 바와 같이 미국 내에 있는 은행을 지급지(지급장소)로 정한 경우를 제외하고는 반드시 그 지급지에서 제시할 필요가 없는 점도, 우리 어음(수표)법의 경우와 구별된다.

---

25) Speidel/Nickles, *supra* at 80.

## 6. 수취인

### 가. 한국법

(1) 우리 어음법상 수취인은 어음요건인데, 어음법은 이에 대하여 「지급을 받을 자 또는 지급을 받을 자를 지시할 자의 명칭」으로 규정하고 있다(어음 제1조 6호, 제75조 5호). 이는 수취인이 반드시 스스로 어음금액을 수령한다고 볼 수 없고, 타인을 지시하는 경우를 예상하였기 때문이다.26) 따라서 우리 어음법상 무기명식(소지인출급식)어음이나 선택무기명식(지명소지인출급식)어음은 인정되지 않는다.

우리 수표법상 수취인은 수표요건이 아니고 임의적 기재사항이다. 즉, 수표는 기명식 또는 지시식으로 발행할 수 있을 뿐만 아니라(수표 제5조 1항 1호), 소지인출급식(수표 제5조 1항 3호), 무기명식(수표 제5조 3항) 및 지명소지인출급식(수표 제5조 2항)으로도 발행할 수 있다.

우리 어음(수표)법상 수취인이 기명식인 경우에도 당연한 지시증권성에 의하여 수취인은 배서하여 그 어음(수표)을 양도할 수 있다(어음 제11조 1항, 제77조 1항 1호, 수표 제14조 1항).

(2) 우리 어음(수표)법의 해석상 수취인은 중첩적 기재뿐만 아니라 선택적 기재 및 순차적 기재가 모두 유효하다고 본다(통설).

(3) 우리 어음(수표)법상 환어음과 수표에서 수취인은 발행인과 겸병할 수 있다(자기지시환어음·수표)(어음 제3조 1항, 수표 제6조 1항). 약속어음의 경우 이에 관한 규정이 없으나, 해석상 이를 인정하고 있다(통설).

(4) 우리 어음(수표)법에는 규정이 없으나 어음이론에 의하여 어음행위는 어음(수표)을 상대방에게 교부하는 것까지를 의미하므로(발행설 또는 교부계약설), 어음(수표)의 「발행」이란 발행인이 어음(수표)을 작성하여 이를 수취인에게 교부하는 것(즉, 어음·수표의 유효한 작성행위와 작성된 어음·수표의 유효한 교부행위가 있을 것)을 의미한다.

### 나. 미국법

(1) 미국법상 유통증권의 요건으로 유통증권은 「발행시 또는 최초로 소지인에게 점유를 이전하는 때에 소지인출급식 또는 지시식」이어야 한다[U.C.C. § 3-104

---

26) 정찬형, 전게서[어음·수표법강의(제2개정판)], 316면; 정동윤, 전게서[어음·수표법(4정판)], 363면.

(a) (1)]. 다만 수표의 경우에는 기명식으로 발행된 경우에도 유통증권이다[U.C.C. § 3-104 (c)].

(2) 미국법은 지시식 유통증권에 대하여 다시 상세한 규정을 두고 있다. 즉, 지시식 유통증권이란 소지인출급식 유통증권이 아닌 것으로 (i) 특정인이 지시하는 자에게 지급하거나 또는 (ii) 특정인 또는 그가 지시하는 자에게 지급하는 증권이다[U.C.C. § 3-109 (b) 1문]. 이 경우 특정인이 허무인인 경우에도 지시식 증권이다.[27] 그러나 수취인에 지시문구가 없이 특정인만이 기재된 기명식 증권은 지시식 증권이 아니며 또한 유통증권이 아니다.[28] 이에 대한 유일한 예외는 위에서 본 바와 같이 수표이다. 즉, 수표는 기명식으로 발행된 경우에도 유통증권이다[U.C.C. § 3-104 (c)].

지시식 유통증권에서 수취인은 자연인이든, 법인이든, 또는 상업적 실체(commercial entity)이든 불문한다. 또한 수취인은 발행인이거나 지급인이어도 무방하다.[29]

지시식 유통증권에서 수취인이 복수인 경우도 유효한데, 이때 수취인의 기재가 중첩적 기재이든 선택적 기재이든 무방하다. 수취인의 기재가 선택적이면 증권채무자는 수취인 중 어느 누구에게도 지급할 수 있으며, 증권을 점유하고 있는 수취인의 일부 또는 전부는 그 증권상의 권리를 양도·면제·행사할 수 있다[U.C.C. § 3-110 (d) 1문]. 수취인의 기재가 선택적이지 않으면 증권채무자는 모든 수취인에 대하여 지급하여야 하며, 모든 수취인만이 그 증권상의 권리를 양도·면제·행사할 수 있다[U.C.C. § 3-110 (d) 2문]. 복수의 수취인의 기재가 있는데 선택적인지 여부가 명확하지 않으면 선택적인 것으로 본다[U.C.C. § 3-110 (d) 3문].

수취인은 증권의 발행인으로 서명하거나 또는 그를 대리하여 서명하는 자(그가 증권을 발행할 권한이 있는지 여부에 불문하고)의 의사에 의하여 결정된다[U.C.C. § 3-110 (a) 1문]. 증권면상 발행인(서명자)의 의사에 의하지 않은 자의 성명이 수취인으로 기재된 경우에도 발행인(서명자)의 의사에 의한 자가 수취인이다[U.C.C. § 3-110 (a) 2문]. 증권상 발행인으로서 또는 그의 대리인으로서 2인 이상 서명하고 모든 서명자가 동일인을 수취인으로 정할 의사가 아닌 경우에는, 1인 또는 다수의 서명자가 정한 자가 수취인이다[U.C.C. § 3-110 (a) 3문]. 증권의

---

27) Official Comment 2 to U.C.C. § 3-109.
28) Speidel/Nickles, *supra* at 66.
29) Speidel/Nickles, *supra* at 68.

발행인의 서명이 체크라이터 기계와 같은 자동화된 기계에 의하여 된 경우, 그
증권의 수취인은 수취인의 성명을 기재한 자의 의사에 의하여(그의 그러한 권한 유
무에 불문하고) 결정된다[U.C.C. § 3-110 (b)]. 이 경우 수취인의 기재는 성명·식별
번호·사무소 또는 구좌번호 등 여하한 방법으로 기재될 수 있다. 이 경우 다음
의 규칙이 적용된다. ㈎ 수취인의 기재가 구좌이고 또 이것이 숫자로만 기재된
경우에는 그 구좌를 가진 자가 수취인이고, 수취인이 숫자에 의한 구좌와 사람
이름이 기재된 경우에는 그 이름이 기재된 자가 숫자에 의한 구좌의 소유자인지
불문하고 수취인이다[U.C.C. § 3-110 (c) (1)]. ㈏ 수취인이 (ⅰ) 신탁회사·재단 또
는 신탁회사나 재단의 수탁자나 대표자로 기재되면, 수탁자·대표자 또는 이들의
상속인이 수익자나 재단이 기재되었는지 여부에 불문하고 수취인이며, (ⅱ) 본인이
기재되고 이의 대리인 또는 이와 유사한 대표로 기재되면 본인·대표자 또는 대표
자의 상속인이 수취인이며, (ⅲ) 법인이 아닌 기금(fund)이나 기구(organization)가
수취인으로 기재되면 그 기금이나 기구의 구성원의 대표자가 수취인이며, (ⅳ)
사무소 또는 사무소를 갖고 있는 자로 기재되면 증권상에 기재된 자, 그 사무소
에 근무하고 있는 자 또는 근무자의 상속인이 수취인이다[U.C.C. § 3-110 (c) (2)].

　　(3) 미국법은 소지인출급식 유통증권에 대하여 다시 상세한 규정을 두고 있
다. 즉, 소지인출급식 유통증권이란 (ⅰ) 소지인에게 지급할 것을 기재하거나, 소
지인이 지시하는 자에게 지급할 것을 기재하거나, 또는 증권을 점유하는 자가 지
급받을 수 있음을 기재한 증권[U.C.C. § 3-109 (a) (1)], (ⅱ) 수취인을 기재하지
아니한 증권[U.C.C. § 3-109 (a) (2)], (ⅲ) 수취인을 현금, 현금이 지시하는 자 또
는 기타 수취인이 특정인이 아님을 기재한 증권이다[U.C.C. § 3-109 (a) (3)]. 이러
한 소지인출급식 증권은 기명식 배서에 의하여 기명식 증권이 되며, 기명식 증권
은 백지식 배서에 의하여 소지인출급식 증권이 된다[U.C.C. § 3-109 (c)].

　　수취인으로 허무인이 기재된 경우 이는 소지인출급식 증권이 아니며, 허무
인의 명의와 함께 지시문구가 있으면 지시식 증권이나 지시문구가 없으면 (수표
인 경우에도) 유통증권이 아니다.30) 이러한 증권의 경우에는 그 증권이 기명식
배서에 의하여 양도될 때까지는 그 증권의 점유자가 소지인이고, 누구에 의해서
이든 수취인의 이름으로 한 배서는 수취인의 배서로서 선의의 지급인이나 유상
또는 추심목적으로 취득하는 자에 대하여 유효하다[U.C.C. § 3-404 (b)].

---

30) Official Comment 2 to U.C.C. § 3-109.

지명소지인출급식 증권은 소지인출급식 증권과 동일한 효력이 있다.[31] 수취인의 기재가 없는 증권은 발행인이 증권소지인에게 보충권을 수여한 백지증권인 경우에도 (보충전에는) 소지인출급식 증권이다.[32]

(4) 미국법상 증권의 발행(issue)이란 「발행인이 수취인에게 증권상의 권리를 수여할 목적으로 증권을 최초로 교부하는 것」을 의미한다[U.C.C. § 3-105 (a)]. 수취인에게 교부되지 않은 증권이나 이러한 증권으로서 보충된 백지증권의 경우에도 발행인은 증권상의 채무를 부담하는데, 교부흠결을 (인적) 항변사유로 주장할 수 있다[U.C.C. § 3-105 (b) 1문]. 조건부로 발행되거나 특별한 목적으로 발행된 증권의 발행인은 증권상의 채무를 부담하나, 조건이나 특별한 목적의 불성취는 발행인의 (인적) 항변사유가 된다[U.C.C. § 3-105 (b) 2문]. 발행인은 수취인에게 교부된 증권 및 교부되지 않은 증권의 모두에 존재하는데, 약속어음의 발행인·환어음 및 수표의 발행인을 의미한다[U.C.C. § 3-105 (c)].

미국법상 유통증권이란 발행시에 소지인출급식 또는 지시식이어야 하므로 [U.C.C. § 3-104 (a) (1)], 발행인이 증권을 수취인에게 교부할 때에 증권상에 소지인출급식 또는 지시식의 문언이 기재되어야 한다. 만일 발행시에 증권상 이러한 문언이 없고 수취인이 이를 기재하면 유통증권이 아니다. 따라서 예컨대, 기명식 약속어음은 유통증권이 아니고, 수취인이 그 후 지시문언을 기재하여도 발행인에 대하여는 유통증권이 되지 않는다. 그런데 수취인이 그러한 기명식 약속어음을 지시식 배서에 의하여 양도하면 이 약속어음상에 지시문언이 있게 되어 유통증권의 다른 요건을 모두 갖추고 있으면 유통증권이 될 수 있는가에 대하여 논의가 있는데, 수취인이 그의 배서에 지시문언을 기재하여 양도하고 양수인이 이 약속어음을 점유하였을 때에 유통증권이 된다는 견해가 있다.[33] 이와 반대의 경우, 즉 발행인이 지시식으로 발행하였는데 수취인이 기명식 배서를 한 경우는 발행시에 지시문언이 기재되었기 때문에 유통증권성에는 변함이 없다.[34]

## 다. 차이점

(1) 우리 어음법은 수취인을 어음요건으로 규정하고 있으나, 미국법은 소지

---

31) Speidel/Nickles, *supra* at 70.
32) Official Comment 2 to U.C.C. § 3-109.
33) Speidel/Nickles, *supra* at 71~72.
34) Speidel/Nickles, *supra* at 72.

인출급식 어음·무기명식 어음·지명소지인출급식 어음을 인정하고 있다. 따라서 수취인의 기재가 없는 어음은 우리 어음법의 경우에는 백지어음으로 추정한다고 하여도 수취인이 보충되어야 어음상의 권리를 행사할 수 있으나, 미국법의 경우에는 백지를 보충하지 않아도 소지인출급식 어음으로 어음상의 권리를 행사할 수 있다.

(2) 미국법에서는 수표를 제외하고는 수취인에 지시문구가 없이 특정인만을 기재한 기명식 증권은 지시식 증권이 아니고 또한 유통증권이 아닌 것으로 해석하고 있으나[U.C.C. § 3-104 (a)·(c) 참조], 우리 어음법은 기명식 어음도 당연한 지시증권으로 규정하여 지시식 어음과 동일하게 취급하고 있다[어음 제11조 1항, 제77조 1항 1호 참조].

(3) 미국법은 소지인출급식 증권은 기명식 배서에 의하여 기명식 증권이 되고 기명식 증권은 백지식 배서에 의하여 소지인출급식 증권이 되는 것으로 규정하고 있으나[U.C.C. § 3-109 (c)], 우리 어음(수표)법상 소지인출급식 수표는 배서에 의하여 지시식 수표로 변하지 않고(수표 제20조 단서) 또 백지식 배서에 의하여 어음(수표)을 취득한 자는 배서하여 그 어음(수표)을 양도할 수 있다(어음 제14조 2항 2호, 제77조 1항 1호, 수표 제17조 2항 2호).

(4) 미국법은 수취인의 기재와 해석에 관하여 매우 광범위하고 상세한 규정을 두고 있는데[U.C.C. § 3-110], 이는 우리 어음(수표)법의 해석보다 상당히 확대되어 있고(예컨대, 수취인으로 구좌번호만을 기재할 수 있는 점 등) 또 융통성을 두고 있다. 따라서 수취인의 기재흠결로 증권이 무효가 되거나 또는 수취인을 확정할 수 없는 경우는 거의 있을 수 없도록 하고 있다.

(5) 미국법에서도 수취인은 발행인이거나 지급인이어도 무방하다고 해석하고 있는데, 이것은 우리 어음(수표)법의 규정(어음 제3조 1항, 수표 제6조 1항) 및 해석과 같다.

(6) 미국법은 수취인의 기재가 복수인 경우(선택적 기재 및 중첩적 기재)에 대하여 상세한 규정을 두고 있는데[U.C.C. § 3-110 (d)], 이러한 점은 우리 어음(수표)법의 해석에서도 많은 참고가 될 수 있을 것으로 본다.

(7) 미국법은 증권의 발행이란 수취인에게 증권상의 권리를 수여할 목적으로 증권을 최초로 교부하는 것을 의미하는 것으로 규정하고 또한 이러한 교부흠결은 발행인의 (인적) 항변사유로 규정하고 있는데, 이는 우리 어음(수표)법의 해석(권리외관설에 의하여 보충된 발행설)과 거의 동일하다고 볼 수 있다.

## 7. 발행일과 발행지

### 가. 한국법

(1) 우리 어음(수표)법은 어음(수표)요건으로 발행일과 발행지에 대하여 규정하고 있다(어음 제1조 7호, 제75조 6호, 수표 제1조 5호). 다만 발행지의 흠결에 대하여 보충규정을 두어 「발행인의 명칭에 부기한 지」가 이를 보충하는 것으로 규정하고 있다(어음 제2조 3호, 제76조 3호, 수표 제2조 3호).

(2) 발행일은 사실상 어음(수표)을 발행한 날을 의미하는 것이 아니라 어음상에 발행일로 기재된 일자를 의미하는데, 이로 인하여 선일자어음(수표) 및 후일자어음(수표)이 있다.

발행일은 발행일자후정기출급 어음에서 만기를 정하는 기준이 되고(어음 제36조 1항·2항, 제77조 1항 2호), 일람출급어음(수표)에서 지급제시기간을 정하는 기준이 되고(어음 제34조 1항 2문, 제77조 1항 2호, 수표 제29조 4항), 일람후정기출급어음에서 인수제시기간(환어음) 또는 일람을 위한 제시기간(약속어음)을 정하는 기준이 된다(어음 제23조 1항, 제78조 2항). 확정일출급어음의 경우에는 발행일이 특별한 의미는 없으나, 발행인의 능력 및 대리권의 유무를 판단하는 기준이 되고 또어음법상 이를 명문으로 어음요건으로 규정하고 있으므로 역시 어음요건으로서의미가 있다고 해석한다.[35]

(3) 발행지는 어음(수표)이 발행된 장소로서 어음(수표)상에 기재된 지를 의미하고, 사실상 어음(수표)이 발행된 지를 의미하는 것이 아니다. 발행지가 어음(수표)법에서 갖는 의의는 발행지와 지급지의 세력(歲曆)이나 통화(通貨)가 다른 경우 등에서만 의미가 있고(어음 제37조·제41조 4항, 제77조 1항 2호·3호, 수표 제30조·제36조 4항), 국내에서만 유통되는 어음(수표)의 경우에는 의미가 없다. 따라서 입법론으로서는 발행지를 어음요건에서 삭제하는 것이 타당하고, 해석론으로도 발행지의 기재 없는 어음(수표)이라도 발행지가 어음(수표)행위의 준거법을 정하는 표준으로서(즉, 국내어음·수표임이) 당사자에게 명백한 경우에는 유효한 어음(수표)으로 해석해야 한다고 보는 견해가 있고,[36] 우리 대법원 판례도 이러한 어음(수표)에 대하여는 종래의 판례를 변경하여 유효한 어음(수표)으로 보고 있다.[37]

---

35) 정찬형, 전게서[어음·수표법강의(제2개정판)], 318면; 정동윤, 전게서[어음·수표법(4정판)], 377면 외.
36) 정찬형, 전게서[어음·수표법강의(제2개정판)], 320면.
37) 대판 1998. 4. 23, 95 다 36466.

### 나. 미국법

(1) 미국법상 증권의 발행일과 발행지는 원칙적으로 유통증권의 요건이 아니다[U.C.C. § 3-104 (a) 참조].

(2) 발행일의 경우 만기가 발행일자후 정기출급인 경우에는 만기를 정하기 위하여 발행일의 기재가 요구되므로 이때에는 예외적으로 발행일을 유통증권의 요건으로 해석하고 있다.[38] 발행일의 기재가 없는 발행일자후 정기출급의 증권은 백지증권이 될 수 있으나, 발행일의 보충에 의하여 유통증권이 된다[U.C.C. § 3-115 (b)].

미국법상 발행일은 증권상에 선일자 또는 후일자로 기재될 수 있는데, 이경우 발행일자후정기출급 어음의 만기는 증권상에 기재된 발행일에 의하여 정하여진다[U.C.C. § 3-113 (a) 1문·2문]. 또 일람출급증권은 원칙적으로 증권의 발행일자 전에는 지급될 수 없는데[U.C.C. § 3-113 (a) 3문], 선일자수표의 경우에는 지급은행이 발행인으로부터 이에 관한 통지를 받을 때까지는 예외적으로 지급될 수 있다[U.C.C. § 4-401 (c) 1문]. 만일 지급은행이 발행인으로부터 선일자수표의 발행에 관한 통지를 받고도 발행일자 이전에 이를 지급하면 이로 인하여 발생한 손해를 배상할 책임을 진다[U.C.C. § 4-401 (c) 3문].

미국법상 증권상에 발행일의 기재가 없으면 발행일은 그 증권을 수취인에게 교부한 날이고, 그 증권을 수취인에게 교부하지 않은 경우에는 소지인이 그 증권을 최초로 점유한 날이다[U.C.C. § 3-113 (b)].

(3) 미국법상 발행지는 유통증권의 요건이 아님은 물론 이에 대하여는 해석규정도 두고 있지 않다.

### 다. 차이점

(1) 우리 어음(수표)법은 발행일을 어음(수표)요건으로 규정하고 있으나, 미국법은 발행일을 유통증권의 요건으로 규정하고 있지 않다. 다만 발행일자후정기출급의 증권은 발행일이 없으면 만기가 정하여지지 않으므로, 미국법에서도 이 경우 예외적으로 발행일을 유통증권의 요건으로 해석하고 있다.

(2) 우리 어음법상 선일자 일람출급어음의 경우 발행일 전에 지급될 수 있

---

38) Speidel/Nickles, *supra* at 78.

는가에 대하여는 규정이 없어 해석상 논의가 될 수 있으나(만기가 발행일 이전으로 되어 있는 어음은 무효어음으로 판시함),[39] 미국법에서는 발행일자 전에는 지급될 수 없는 것으로 명문규정을 두고 있다[U.C.C. § 3-113 (a) 3문].

우리 수표법은 선일자수표는 발행일자 전에도 언제나 지급될 수 있는 것으로 규정하고 있으나(수표 제28조 2항), 미국법은 지급은행이 발행인으로부터 이에 관한 통지를 받으면 지급할 수 없고 이 경우에 지급하면 발행인에 대하여 손해배상책임을 지는 것으로 규정하고 있다[U.C.C. § 4-401 (c)].

(3) 우리 어음(수표)법은 발행지를 어음(수표)요건으로 규정하고 있으나, 미국법은 이를 유통증권의 요건으로 규정하고 있지 않다.

## 8. 발행인의 기명날인 또는 서명

### 가. 한국법

(1) 우리 어음(수표)법은 발행인의 기명날인 또는 서명을 어음(수표)요건으로 규정하고 있다(어음 제1조 8호, 제75조 7호, 수표 제1조 6호). 이 때 「기명」이란 발행인의 명칭을 타이프라이터·인쇄·고무인 등으로 기재하는 것을 말하고, 「날인」이란 발행인의 의사에 의하여 그의 인장(인장의 종류를 불문함)을 찍는 것을 말한다. 또한 「서명」이란 발행인의 자필의 성명서명을 의미하는 것으로, 성명의 전부가 나타나지 않고 이름 및 아호에서 따온 개별적인 철자만을 수기(手記)하거나 타이프라이터·스탬프 등으로 발행인을 표시하는 것 등은 서명이 아니라고 본다.[40]

(2) 우리 어음(수표)법상 발행인이 수 인인 경우에는 공동발행인으로서 어음소지인에 대하여 발행인 전원은 합동책임을 진다(어음 제47조 1항, 제77조 1항 4호, 수표 제43조의 유추적용).

### 나. 미국법

(1) 미국법상 증권의 지급위탁이나 지급약속에는 반드시 지급위탁을 하는 자 또는 지급약속을 하는 자의 서명이 있어야 하므로[U.C.C. § 3-103 (a) (6)·(9)] 유통증권의 요건으로서 발행인의 서명이 있어야 한다[U.C.C. § 3-104 (a) 참조].

(2) 미국법상 서명의 의미는 매우 광범위하여 「서면이 진정하게 성립됨을

---

39) 서울민사지판 1975. 12. 24, 75 가 5759.
40) 정찬형, 전게서[어음·수표법강의(제2개정판)], 95면.

표시하는 현재의 의사로서 당사자가 기재하거나 채택하는 모든 상징」을 포함한
다[U.C.C. § 1-201 (39)]. 서명은 펜을 가지고 자기의 이름을 직접 써서 하는 것이
보통인데, 수기(手記) · 기계 · 기타 여하한 방법으로 증권상에 상징을 추가하여서도
할 수 있다. 따라서 증권상에 고무스탬프 서명을 찍거나 컴퓨터가 종이에 이름이
나 숫자를 프린트한 것은 물론, 웃는 얼굴을 그린 것이거나 또는 스탬프를 찍은
것을 이용하는 것도 서명이 될 수 있다고 보는 견해가 있다.41) 미국법상 서명에
관한 해석에서도 서명은 프린트되거나 스탬프되거나 또는 수기(手記)될 수 있으
며, 약어(initials)나 무인(拇印)으로 표시할 수 있으며, 증권의 어느 부분에도 할
수 있다고 해석하고 있다.42) 또한 서명은 당사자가 서면에 부가한 상징물이나
이미 서면에 존재하는 상징물도 될 수 있으므로, 팩시밀리로 전송받은 서명으로
써 컴퓨터가 작성한 수표도 서명이 있는 증권이 될 수 있고, 이름이 이미 있는
증권상에 증권을 작성한 경우에도 증권에 서명을 한 것으로 인정될 수 있다.43)

　　미국법상 서명인지 여부는 서명의 표시가 무엇이고 그것이 어떻게 증권에
표시되었는가를 묻지 않고, 그 증권이 진정하게 성립됨을 표시하는 현재의 의사
로써 당사자가 기재하였거나 채택한 상징인지 여부에 달려 있다. 따라서 당사자
의 이러한 의사가 결여된 상징은 서명이 아니고 또한 서면상에 당사자의 이름이
있는 경우에도 그것 자체만으로는 서명이 아니다. 이름의 기재와 서명이 다른 것
은 이 때문이며, 이름의 기재는 서면이 진정하게 성립됨을 표시하는 의사가 없는
경우에는 서명이 아니다. 또한 타인의 명의로 서면에 서명하는 경우에도 서명자
가 그 문서의 진정성을 표시하는 의사로 하는 경우에는 서명이 되고 타인의 성
명은 웃는 얼굴이거나 무인(拇印)인 경우에도 유효하다.44)

　　(3) 미국법상 발행인이 수 인인 경우에는 연대책임(jointly and severally
liable)을 진다[U.C.C. § 3-116 (a)].

## 다. 차이점

　　(1) 미국법은 증권의 진정성을 표시하는 상징으로 「서명」만을 유통증권의
요건으로 하나, 우리 어음(수표)법은 「서명」뿐만 아니라 「기명날인」에 대하여도

---

41) Speidel/Nickles, *supra* at 43.
42) Official Comment 39 to U.C.C. § 1-201.
43) Speidel/Nickles, *supra* at 44.
44) Speidel/Nickles, *supra* at 44.

규정하고 있다.

(2) 미국법은 「서명」의 해석에 관하여 그 표시가 무엇이고 또 그것이 어떻게 증권상에 기재되었는가를 묻지 않고 증권이 진정하게 성립됨을 표시하는 당사자의 의사만을 중요시하는데, 우리 어음(수표)법의 해석은 형식을 매우 중요시하고 있다. 예컨대, 당사자가 기명무인(記名拇印) 또는 기명지장(記名指章)을 한 경우에 미국법의 해석에서는 당연히 유효한 서명으로 해석하나, 우리 어음(수표)법의 해석에서는 이를 무효라고 해석하는 것이 통설45)·판례46)이다.

# III. 결 어

1. 위에서 본 바와 같이 미국법상 유통증권(우리 어음·수표)의 요건(U.C.C. Article 3 Part 1 에 해당하는 부분)을 우리 어음(수표)요건에 따라서 소개하고, 우리 어음(수표)요건과 다른 점을 간단히 정리하여 보았다. 한 마디로 미국법은 형식보다는 당사자의 의사를 존중하고 당사자의 의사에 따라서 가능하면 유효한 것으로 해석하는 입장이나, 우리 어음(수표)법은 형식을 중시하고 또 이를 엄격히 해석하여 당사자의 의사보다는 거래의 안전에 보다 중점을 두고 있어, 두 법에서의 기본적인 방향이 다름을 알 수 있다. 또한 미국법에서는 상세한 해석규정을 두어 규정의 해석에 관하여 당사자 및 법관의 해석범위가 매우 축소되어 있으나, 우리 어음(수표)법의 규정에는 상세한 해석규정이 없고 이의 해석을 대부분 학설·판례에 맡기고 있어 당사자 및 법관에 의한 해석범위가 매우 넓다고 볼 수 있다.

2. 어음(수표)은 원래 수단적·비윤리적 성격을 갖고 유통성을 본질로 하고 있으므로 이를 규정하는 어음(수표)법도 피지급성의 확보와 유통성의 조장을 기본적인 이념으로 하면서 세계적(통일적) 성질을 갖고 있다. 따라서 우리 어음(수표)법의 해석에서는 형식적이고 지엽적인 법문언에만 얽매이지 말고 英美의 어음(수표)에 관한 규정과 해석도 항상 염두에 두면서 당사자의 의사에 맞고 또한 어음(수표)법의 이념에 맞는 해석을 하여야 할 것이다. 다시 말하면 우리 어음(수표)법의 문리해석에만 집착하여 국제적인 어음(수표)의 규정 및 해석에도 반하고 또한 어음(수표)의 이념에도 맞지 않는 해석을 하여서는 안 될 것으로 본다. 특히 우리 어음(수표)법과 같이 상세한 해석규정을 두지 않아 당사자 및 법관에게 해

---

45) 정찬형, 전게서[어음·수표법강의(제2개정판)], 96면 외.
46) 대판 1956. 4. 26, 1955 민상 424; 동 1962. 11. 1, 62 다 604.

석의 재량이 큰 경우에는 더욱 그러하다고 본다. 이러한 점에서 볼 때 1998년 4월 23일 우리 대법원 전원합의체판결이 종래의 대법원판례를 변경하여 국내에서 유통되는 어음의 경우 발행지의 기재가 없는 어음을 유효로 본 것은 매우 그 의의가 크다고 볼 수 있다.

아무쪼록 이 글이 단순히 미국법과 우리 어음(수표)법상 어음(수표)요건의 차이에 관한 평면적인 이해를 넘어 어음(수표)에 관한 미국법의 기본적인 입법과 해석의 방향을 이해하고 또한 어음(수표)법의 기본이념을 재조명하는데에도 조금이나마 도움이 될 수 있기를 바란다.

# 어음(수표)항변의 분류*

# I. 서 설

## 1. 어음항변의 의의

어음항변(defense; Einrede od. Einwendung)('수표항변'을 포함한다. 이하 같다)이라 함은 「어음채무자가 어음소지인에 대하여 어음상의 권리의 행사를 거절하기 위하여 제출할 수 있는 모든 항변」을 말한다.

(1) 어음항변은 「어음채무자」가 제출하는 것으로서, 어음채무자가 아닌 환어음의 지급인·지급담당자, 수표의 지급은행이 소지인에게 형식적 자격 또는 실질

---

* 이 글은 정찬형, "어음(수표)항변의 분류," 「상사법논집」(무애 서돈각교수 정년기념)(서울: 법문사, 1986), 437~464면의 내용임(이 글에서는 종래의 학설이 어음항변에 대하여 너무나 복잡하고 다양하게 분류하고 있음을 소개하고, 일정한 기준에 의하여 어음항변을 간명하게 분류하고자 시도하였으며, 영미법상의 어음항변사유 및 국제어음에 관한 협약상 어음항변에 관한 규정을 소개함).
  이와 관련하여 참고할 수 있는 필자의 글로는 정찬형, "어음항변," 「고시연구」, 통권 제267호(1991. 12), 72~83면 등이 있음.

적 권리가 없다는 것을 이유로, 또는 어음(수표)자금이 없다는 것을 이유로 지급을 거절하는 것은 어음항변이 아니다.1)

　　(2) 어음항변은 ① 상대방에 청구권이 있다는 것을 전제로 하여 그 이행을 거절하는 좁은 의미의 항변(Einrede)(민 437, 536) 뿐만 아니라, ② 상대방의 청구권 자체를 부정하는 넓은 의미의 항변(Einwendungen)을 포함한다.2)

　　(3) 어음항변권은 형성권의 일종이다3)

## 2. 본고의 목적

　　어음항변의 특색은 「항변의 제한」에 있고, 이는 선의취득(어 16②, 수 21) 및 선의지급(지급인의 면책)(어 40③, 수 35)의 제도와 더불어 어음유통의 보호를 위한 근간이 되고 있다. 그런데 어음항변제한에 대하여 어음법 제17조(어 77①, 수 22)는 「환어음에 의하여 청구를 받은 자는 발행인 또는 종전의 소지인에 대한 인적관계로 인한 항변으로써 소지인에게 대항하지 못한다」고 규정하여, 인적항변의 절단(제한)에 대해서만 규정하고 있을 뿐이다. 따라서 통설은 위와 같이 절단되는 항변을 「인적항변」, 절단되지 않는 항변을 「물적항변」이라고 하여 크게 대별하여 설명하고 있으며, 각각의 인적항변 및 물적항변의 구체적인 내용에 대해서는 법문에 구체적으로 나타나 있지 않으므로 학설·판례에 맡겨져 있는 실정이다.4)

---

1) 서정갑, "어음항변의 제한," 「고시연구」, 1981. 9, 34면.
2) 서돈각, 「제3전정 상법강의(하)」(법문사, 1985), 100면.
3) 정희철, 「전정신판 상법학원론(하)」(박영사, 1986), 509면.
4) 어음항변에 관한 국내논문으로는 다음과 같은 것이 있다.
　[법학박사학위논문] 김태주, "어음항변에 관한 연구," 법학박사학위논문(경북대, 1975. 2); 홍유석, "어음 항변에 관한 연구(권리외관설을 중심으로)," 법학박사학위논문(동국대, 1985. 8)
　[일반논문] 정희철, "악의의 항변," 「고시계」, 1961. 4, 73~76면; 동, "어음항변," 「사법행정」, 1965. 5, 44~50면; 동, "어음항변의 제한되지 않는 경우," 「사법행정」, 1966. 4, 38~40면; 동, "어음항변의 제한," 「법정」, 1967. 12, 46~48면; 서돈각, "편취된 약속어음과 악의의 항변," 「법정」, 1959. 12, 64~66면; 손주찬, "어음항변이 제한되지 아니하는 경우," 「사법행정」, 1965. 2, 41~43면; 서정갑, "어음항변의 제한," 「법정」, 1974. 4, 49~53면; 동, "어음항변의 제한," [고시연구], 1981. 9, 33~44면; 이윤영, "악의의 어음항변," 「고시연구」, 1982. 12, 29~38면; 이균성, "어음의 인적항변의 개별성과 그 제한," 「고시계」, 1982. 10, 41~49면; 강위두, "어음항변," 「고시연구」, 1983. 7, 59~74면; 안동섭, "어음항변," 「법정」, 1976. 11, 69~72면; 김병학, "어음항변에 관한 고찰(상)," 「법조」, 1980. 4, 36~57면; 동, "어음항변에 있어서 제한에 관한 연구," 「연구논집」(동국대), 제5집(1975), 108~121면; 동, "물적항변에 관한 연구," 「논문집」(강원대), 제14집(1980), 617~635면; 김태주, "어음항변과 제3자의 권리," 「논문집」(경북대), 제17집(1973), 79~86면; 동, "어음법상의 악의의 항변," 「논문집」(경북대), 제26집(1978. 12), 415~425면; 진문신, "어음항변의 연구," 법학석사학위논문(동아대, 1966); 계원, "어음법상 악의의 항변에 관한 연구," 법학석사학위논문(경북대, 1967. 9); 표임종, "어음항변에 관한 연구(인적항

　　그런데 최근에 우리나라에서도 통설을 비판하면서 이른바 신항변이론이라
하여 어음항변의 새로운 분류방법을 주장하는 견해가 생기게 되었다5). 이러한
견해에서는 통설인 이분법에 대하여 다음과 같이 비판하고 있다.

　　"어음항변의 이분법은 어음항변 가운데에는 제한이 가능한 것과 제한이 불
능한 것이 두 가지가 있다는 것을 밝히는 것 이상의 아무런 가치가 없다. 어음
항변의 중심과제는 일정한 항변은 왜 이를 제한할 수 있는가를 탐구하는 데에
있고, 그것은 각 항변이 가지는 의미를 항변제한의 취지에 비추어 검토할 때에
비로소 가능하여진다. 그런데 통설이 취하는 양분법은 이 점에 관하여 아무런 해
답을 주지 못하고 있고, 인적항변은 항변의 제한이 가능하므로 인적항변이라고
하는 것이니, 말하자면 물음에 물음으로써 답하는 것이고, 자칫 순환논법에 빠질
염려가 있다. 뿐만 아니라 어음항변 가운데에는 종래의 통설이 말하는 물적항변
과 인적항변의 어느 것에도 속하지 않는 것들이 있는데, 종래의 이분법은 이를
설명할 수가 없다. 예컨대, 융통어음의 항변이나 교부계약흠결의 항변 따위는 종
래의 통설이 이를 인적항변 일종으로 보고 있으나, 이는 부당하기 때문이다."6)

　　그러면 새로운 분류방법에 의하면 항변의 절단 여부에 관한 근거가 파악되
고 통설의 부당성이 전부 치유되는 것일까? 결국 새로운 분류방법의 기준도 피
상적인 결과론으로서 절단 여부의 근거를 대지 못하며 또한 어떤 항변은 동일유
형의 것인데도 상이한 분류기준을 적용하여 다수의 항변으로 분류하는 것은 문
제를 불필요하게 복잡하게 할 따름이며 어음 항변의 이해에 혼란만 가중시키는
것이 아닌가 하는 생각도 든다.7)

　　이에 본고는 어음항변에 관하여 다양하고 복잡하게 설명되고 있는 어음항변
의 분류에 관한 학설을 정리·소개한 후, 통설을 보완하는 선에서 필자의 항변의
분류를 소개하고 이와 함께 이와 관련한 판례를 소개함으로써, 어음항변에 관한

　　변을 중심으로)," 경영학박사학위논문(동국대 경영대학원, 1975. 2); 정동윤, "어음항변의 이분
　　법에 대한 반성(이른바 신항변이론과 관련하여)," 「상사법의 현대적 과제」(춘강 손주찬박사 화
　　갑기념)(서울: 박영사, 1984. 7), 481~498면.
　5) 정동윤, 「어음·수표법」(서울: 법문사, 1984), 169면 이하; 동, "어음항변의 이분법에 대한
　　반성(이른바 신항변이론과 관련하여)," 「상사법의 현대적 과제」(춘강 손주찬박사 화갑기념)(서
　　울: 박영사, 1984, 7), 481~498면. 정희철, 전게서, 513~515면도 종래의 이분법의 입장을 변경
　　하여 삼분법에 따라서 어음항변을 분류하고 있다.
　6) 정동윤, 전게서, 171면. 특히 융통어음의 항변, 교부흠결의 항변 및 의사표시의 하자·흠결의
　　항변에 대하여 통설의 부당성을 상세하게 지적한 것으로는, 동교수, 전게논문, 482~485면 참조.
　7) 동지: 정희철, 전게서, 512면.

정확한 이해에 도움을 주자고 한다.

### 3. 본고의 범위

본고에서는 먼저 어음항변의 분류에 관하여 복잡·다양하게 전개되고 있는
독일·일본 및 우리나라의 중요한 학설을 소개한 후, 필자의 견해를 밝히고, 이
에 따라 각 항변사유를 판례와 함께 설명한다. 마지막으로 영미법의 어음항변과도
비교하고, 국제어음(수표)협약(안)상의 어음항변에 관한 규정을 간단히 소개한다.


## Ⅱ. 어음항변의 분류에 관한 중요학설

### 1. 독 일

#### (1) Zöllner 교수8)

Zöllner 교수는 어음항변을 크게 두 가지로 분류하고 있는데, 첫째는 효력에
따라 분류하고 있고, 둘째는 항변사유의 존재형식에 따라 분류하고 있다.

1) 효력에 따른 어음항변의 분류

**가) 절단불능(절대적) 항변**(nicht präklusionsfähige Einwendungen)

**나) 절단가능 항변**(präklusionsfähige Einwendungen): 이에는, ① 취득자가「악
의」(bösgläubig=unredlich)이면 절단되지 않는 항변(선의시 존속불능항변)과, ② 취득
자가「채무자를 해할 것을 알고」취득한 경우이면 절단되지 않는 항변(준상대적
항변)이 있다.

**다) 항상 절단되는 항변**(엄격상대적 항변): 지급인이 발행인을 위하여 호의로
인수한 경우 지급인은 발행인에 대해서만 호의항변을 제기할 수 있고, 제3자에
게는 그가 알았든 몰랐든 상관없이 제기할 수 없다.

2) 항변사유의 존재형식에 따른 분류

**가) 증권상의 항변**(urkundliche Einwendungen): ① 기본어음의 요건흠결, ②
형식적 자격의 흠결, ③ 시효소멸, ④ 보전절차흠결, ⑤ 어음상 기재된 일부지급,
⑥ 어음상 기재된 면책문구 등.

**나) 비증권적 유효성의 항변**(nichturkundliche Gültigkeitseinwendungen): ① 위

---

8) Wolfgang Zöllner, *Wertpapierrecht*, 13 Aufl. (1982), S 125~131.

조, ② 행위무능력, ③ 무권대리, ④ 절대적 강제(vis absoluta)에 의한 기명날인으로 인한 하자있는 의사표시, ⑤ 의사표시의 흠결, ⑥ 교부계약의 흠결(예, 어음의 절취), ⑦ 교부계약의 무효(공서양속 위반, 교부계약 취소, 도박 등).

**다) 인적항변:** ① 어음수수의 원인관계에서 발생하는 항변(예, 판매계약의 무효·취소·해제 등), ② 어음 외의 특약에서 생긴 항변(지급의 유예나 연장 등).

## (2) Hefermehl교수9)

Hefermehl 교수도 어음항변을 크게 두 가지로 분류하고 있는데, 첫째는 효력에 따라 분류하고, 둘째는 항변사유의 존재형식에 따라 분류하고 있다.

**1) 효력에 따른 분류**

**가) 물적항변**(객관적 또는 절대적 항변)

**나) 인적항변**(주관적 또는 상대적 항변)

**2) 항변사유의 존재형식에 따른 분류**

**가) 증권의 기재에서 발생하는 항변**(증권적 항변): 효력에 따른 분류의 물적항변.

**나) 어음채무자와 특정 어음소지인간의 직접적 관계에서 발생하는 항변**(인적항변): 효력에 따른 분류에서 인적항변이고, 제2의 취득자에 대해서 원칙적으로 절단된다. 다만 제2의 취득자에게 「해의」가 있는 경우에는 항변이 절단되지 않는다.

**다) 어음채무의 객관적 성립에 관한 항변**(유효성항변): 이 항변은 권리외관주의(Rechtsscheinprinzip)에 따라 그 효력이 좌우되는데, 이에는 채무자의 이익을 우선하는 절대적 항변과 선의취득자의 이익을 우선하는 상대적 항변이 있다. 이 양자를 구별하는 표준은 어음채무자의 귀책사유의 유무에 달려 있는데, 예컨대 제한능력, 무권대리, 위조, 절대적 강제에 의한 경우에는 채무자에게 귀책사유가 없으므로 그는 선의의 취득자에게도 대항할 수 있고(절대적 항변), 그 밖의 모든 효력에 관한 항변(예, 교부계약의 흠결, 무효 또는 취소)은 외견의 야기에 채무자에게 귀책사유가 있으므로 그는 선의의 취득자에게 대항할 수 없고 취득자에게 악의 또는 중과실이 있는 경우에만 대항할 수 있다(상대적 항변).

---

9) Adolf Baumbach/Wolfgang Hefermehl, *Wechselgesetz und scheckgesetz*(Beck'sche kurzkommentare), 14. Aufl. (1984), Art. 17 WG Rdzn. 4 ff.

## (3) Canaris교수[10]

**가) 직접적 항변**(Die unmittelbaren Einwendungen): ① 항변성립 이후에 증권이 더 양도되지 않은 경우, 또는 어음법적 방법에 의하지 않은 취득행위(상속, 지명채권양도방법에 의한 양도 등), ② 양도인과 양수인이 경제적으로 동일한 경우, ③ 배서인의 이익을 위한 신탁배서 등.

**나) 내용적 또는 증권상의 항변**(Die inhaltlichen oder urkundlichen Einwendungen): ① 어음면상 기재된 면책문구, ② 보전절차흠결, ③ 시효소멸, ④ 기본어음의 요건흠결 등.

**다) 귀책가능항변**(Die Zurechenbarkeitseinwendungen): ① 절대적 강제, ② 제한능력, ③ 무권대리, ④ 위조 · 변조 등.

**라) 유효성항변**(Die Gültigkeitseinwendungen): 교부계약의 흠결 및 무효 등.

**마) 인적항변**(Die persönlichen Einwendungen): ① 원인행위의 흠결 · 무효 · 소멸, ② 어음채권자와 채무자간의 특약 등

**바) 절단이 되지 않는 항변**(Die nicht ausschlußbedürftigen Einwendungen): ① 융통어음이라는 항변, ② 개서어음이라는 항변 등.


## 2. 일 본

### (1) 石井照久 · 鴻 常夫 교수[11]

#### 1) 물적항변

**가) 어음상의 기재에 기한 항변**: ① 어음방식의 흠결(판례), ② 대리인의 기명날인에 본인의 표시가 없는 것, ③ 법인 발행의 어음에 법인명과 법인인만 있는 경우, ④ 어음면상 명료한 지급필, ⑤ 만기 미도래, ⑥ 일부지급의 기재, ⑦ 만기가 기재되어 있는 경우에 있어서 시효에 의한 권리의 소멸, ⑧ 거절증서가 방식에 반하여 무효인 경우 등.

**나) 어음의 기재로부터 명료하지 않는 항변**: ① 위조 또는 변조(통설), ②

---

10) Alfred Hueck/Claus-Wilhelm Canaris, *Recht der Wertpapiere*, 11. Aufl. (1977), S. 138~146.
11) 石井照久 · 鴻常夫, 「手形法 · 小切手法」(東京: 勁草書房, 1983), 126~129면. 후술하는 서돈각, 전게서, 101~104면은 이에 따른 분류를 하고 있다.

무능력(통설, 반대: 小橋), ③ 무권대리(통설), ④ 거절증서가 권한 있는 기관에 의하여 작성되지 않은 경우, ⑤ 어음금액의 공탁, ⑥ 제권판결, ⑦ 만기 백지의 어음이 있어서 보충권의 시효소멸 등.

### 2) 인적항변

**가) 실질관계에 기한 항변:** ① 원인관계의 무효·취소(판례), ② 대가흠결(판례), ③ 어음채무를 부담하지 않는다는 특약(판례), ④ 호의어음·융통어음(판례), 기승(騎乘)어음 또는 「보이기 위한 어음」으로서 일시 차용하기 위한 것(판례), ⑤ 숨은 추심위임배서(판례), ⑥ 법령위반의 어음행위(판례) 등.

**나) 어음행위성립의 하자로 인한 항변:** ① 의사의 흠결 또는 하자(강박 등)(판례), ② 백지어음의 보충권남용 등.

**다) 어음상의 권리가 소멸되었다는 항변:** ① 어음과 상환하지 않는 지급(면제·상계), ② 어음에 기재하지 않은 일부지급(판례), ③ 지급유예의 특약(판례) 등.

**라) 무권리의 항변:** 소지인의 실질적 자격의 흠결 등.

### (2) 大隅健一郎 교수[12]

#### 1) 물적항변

**가) 어음의 기재로부터 발생하는 항변:** ① 만기 미도래, ② 시효완성, ③ 대리인만의 기명날인이 있고 본인의 표시가 없는 경우, ④ 어음에 기재된 지급·상계·면책 등.

**나) 어음행위의 효력에 관한 항변:** ① 제한능력, ② 위조 또는 변조, ③ 대리권의 흠결, ④ 제권판결, ⑤ 어음요건의 흠결 등.

#### 2) 인적항변

**가) 특정어음소지인의 권리를 부정하는 항변[13]:** ① 어음이 습득 또는 도취되었다는 것, ② 배서의 연속이 없다는 것 등.

**나) 원인관계에 기한 사유:** ① 원인관계인 매매의 무효·취소, ② 융통어음, ③ 숨은 추심위임배서 등.

**다) 어음행위의 하자:** 심리유보·착오·강박 등에 의한 어음행위.

**라) 어음에 기재되어 있지 않은 지급·면제·상계 등.**

---

12) 大隅健一郎, 「改訂 手形法小切手法講義」(東京: 有斐閣, 1980), 54~57면.
13) 모든 어음채무자가 특정소지인에 대하여 항변할 수 있는 점이 물적항변과 반대이다.

### (3) 田中誠二 교수[14]

#### 1) 물적항변

**가) 모든 채무자가 모든 소지인에 대항할 수 있는 물적항변:** ① 기본어음의 형식(요건) 흠결, ② 어음상 명료한 지급필, ③ 어음상 명료한 일부지급, ④ 만기 미도래, ⑤ 제권판결, ⑥ 어음금의 공탁, ⑦ 기본어음에 기재된 유해적 기재사항, ⑧ 제시장소의 상이, ⑨ 어음상 명료한 상계, ⑩ 배서금지어음 등.

**나) 특정채무자가 모든 소지인에게 대항할 수 있는 물적항변:** ① 위조, ② 변조, ③ 무권대리, ④ 의사무능력, ⑤ 행위제한능력 ,⑥ 어음상 명백한 어음채무 면제, ⑦ 시효소멸, ⑧ 권리보전절차흠결, ⑨ 무담보배서, ⑩ 배서금지배서 등.

#### 2) 인적항변

**가) 모든 채무자가 특정소지인에 대항할 수 있는 항변:** ① 변제수령능력 흠결, ② 배서연속 흠결, ③ 무권리 등.

**나) 특정채무자가 모든 소지인에게 대항할 수 있는 항변**

a) 어음상의 권리의무에 기한 항변: ① 교부행위 흠결, ② 쌍방대리, ③ 이사 회의 승인 없는 어음행위(판례 및 다수설은 이를 인정하나, 田中 교수는 이를 부정함), ④ 통모허위표시에 의한 어음행위, ⑤ 사기·강박·착오에 의한 어음행위, ⑥ 어음상 명료하지 않은 지급필·일부지급·면제·상계, ⑦ 백지보충권의 남용, ⑧ 어음상 명료하지 않은 지급유예 등.

b) 어음 외의 실질관계에 기한 항변: ① 원인관계의 불법, ② 원인관계의 부존재·무효·소멸, ③ 신탁법·이자제한법 위반, ④ 대가 흠결, ⑤ 할인금 불교부, ⑥ 융통어음, ⑦ 숨은추심위임배서 등.

### (4) 河本一郎 교수[15]

#### 1) 물적항변

**가) 어음상의 기재에 기한 항변:** ① 어음상에 기재가 있는 일부지급(전부변

---

14) 田中誠二, 「新版 手形·小切手法」(東京: 千倉書房, 1980) , 124~127면. 정희철, 「상법학원론 (하)」(박영사, 1981), 496~500면은 이에 따른 분류를 하고 있다.

15) 河本一郎, '手形抗辯」, 「手形法·小切手法講座」, 제3권, 鈴木竹雄·大隅健一郎(共編)(東京: 有斐閣, 1974), 169면~180면; 大隅健一郎·河本一郎, 「注釋手形法·小切手法」(東京: 有斐閣, 1983), 187~206면. 서정갑·손주찬·김세원·정동윤, 「학설판례 주석어음·수표법」(한국사법 행정학회, 1973), 298~302면 및 서돈각·김태주, 「주석어음·수표법」(육법사, 1984), 264~299 면은 이에 따른 분류를 하고 있다.

제는 제외)·상계·면제, ② 만기 미도래, ③ 지급장소 불준수, ④ 무담보문구의 기재 등.

　　나) 어음채무의 유효한 성립을 부정하는 항변: ① 어음행위 형식불비, ② 위조, ③ 변조, ④ 의사무능력, ⑤ 행위제한능력, ⑥ 무권대리, ⑦ 권리보전절차 흠결 등.

　　다) 어음채무의 소멸 또는 어음의 실효의 항변: ① 공탁, ② 제권판결, ③ 시효소멸 등.

　2) 인적항변

　　가) 당사자간의 실질관계에 기한 항변: ① 원인관계의 불법, ② 원인관계의 부존재·무효·소멸, ③ 대가 내지 할인금 불교부의 항변, ④ 어음채무의 발생을 일정의 사실과 관련시키는 특약에 기한 항변, ⑤ 성립을 예상하는 원인채무가 성립하지 않았다는 항변, ⑥ 어음채무를 부담하지 않는다는 특약과 어음채무를 평등하게 분담한다는 특약에 기한 항변,⑦ 숨은 추심위임배서, ⑧ 상계, ⑨ 동시이행의 항변, ⑩ 중재조항에 기한 항변, ⑪ 융통어음.

　　나) 어음상의 채무 자체에 관한 항변: ① 교부흠결, ② 의사흠결·하자, ③ 지급유예의 특약, ④ 어음과 상환하지 않은 지급 또는 어음에 기재되지 않은 일부지급, ⑤ 어음 외에 존재하는 배서 내지 양도금지의 특약, ⑥ 상법 제265조(우리 상법 제398조), 민법 제108조(우리 민법 제124조) 위반의 어음행위 등.

　　다) 어음소지인이 무권리자라는 항변


## 3. 우리나라

### (1) 서돈각 교수[16]

#### 1) 물적항변

　　가) 어음의 기재로부터 발생하는 항변: ① 어음요건의 흠결의 항변(어 2①, 76①, 수 2①), ② 대리인의 기명날인만 있고 본인의 표시가 없다는 항변, ③ 어음면상 명료한 지급필의 항변(어음 39①, 77①3, 수 34①), ④ 만기 미도래의 항변, ⑤

---

16) 서돈각, 전게서, 101~104면. 동지: 손주찬, 「전정증보판 상법(하)」(박영사, 1985), 84~85면; 서정갑, 「신어음·수표법」(일신사, 1980), 177~179면(그러나 동교수는 주석서에서는 이와 달리 분류하고 있다); 김용태, 「상법(하)」(박영사, 1978), 222~223면; 정무동, 「상법강의(하)」(박영사, 1982), 331~332면; 이범찬, 「상법강의」(국민서관, 1980), 294~294면; 양승규·박길준, 「개정상법요론」(삼영사, 1984), 596~597면; 최기원, 「상법학신론(하)」(박영사, 1984), 282~287면.

시효로 인한 채무소멸의 항변(어 70, 수 51), ⑥ 배서불연속의 항변(어 16①, 77①1, 수 21①), ⑦ 무담보문구가 있다는 항변(어 9②, 15① · ②, 77①1, 수 18① · ②) 등.

**나) 어음행위의 효력에 관한 항변:** ① 행위자의 제한능력으로 인한 무효 또는 취소의 항변(어 7, 수 10), ② 위조 또는 변조의 항변(어 7, 69, 수 10, 50), ③ 무권대리의 항변(어 8, 수 11), ④ 어음의 제권판결에 의하여 무효로 되었다는 항변, ⑤ 의사표시상의 하자에 의한 무효 또는 취소의 항변 등.

2) 인적항변

**가) 실질관계에 기한 항변:** ① 원인관계의 무효, 취소 또는 해제의 항변, ② 법령위반에 기한 어음행위라는 항변, ③ 호의어음 · 융통어음과 같이 어음이용의 목적으로 인한 항변 등.

**나) 어음행위 성립의 하자로 인한 항변:** ① 의사의 흠결, ② 백지어음의 보충권의 남용 등.

**다) 어음상의 권리가 소멸하였다는 항변:** 어음과 상환하지 아니한 지급 · 채무의 면제 · 상계 등.

**라) 무권리의 항변:** ① 어음을 습득 또는 도취한 것, ② 배서연속이 흠결된 어음의 취득 등.

(2) 박원선 교수[17]

1) 물적항변

**가) 어음법의 규정에 의한 항변**(어음형식에 관한 항변): ① 어음요건 불비(기본 어음의 형식 흠결), ② 만기 미도래, ③ 위조, ④ 변조, ⑤ 어음면상 기재된 인수철회(어 29①), ⑥ 어음면상 명료한 지급필, ⑦ 어음면상 명료한 일부지급, ⑧ 보전절차흠결, ⑨ 시효로 인한 채무소멸, ⑩ 지급장소 불준수 등.

**나) 일반원칙에 의한 항변**(어음실질에 관한 항변): ① 의사무능력, ② 행위제한능력, ③ 무권대리, ④ 제권판결, ⑤ 어음금액 공탁(어 42) 등.

2) 인적항변

**가) 특정채무자로부터 특정채권자에 대해서만 주장할 수 있는 항변:** ① 어음상 권리의 소멸(예, 상계 · 면제 · 지급 등), ② 원인관계의 소멸(예, 원인인 매매가 무효 · 취소 · 해제로 인하여 대금지급채무를 부담하지 아니하는 경우), ③ 교부계약의 부

---

17) 박원선, 「새 상법(하)」(수학사, 1974), 508~509면.

존재(예, 도난·유실 등), ④ 융통어음, ⑤ 백지어음의 보충권남용, ⑥ 어음취득자 대한 악의의 항변(어 16), ⑦ 어음채무의 경개, ⑧ 지급유예의 특약, ⑨ 불법원인 존재, ⑩ 악의의 항변(어 17 단) 등.

　　나) 총 채무자로부터 주장할 수 있는 항변: ① 채권자의 수령능력 흠결(예, 채권자의 파산선고, 어음채권의 압류 등), ② 채권자의 수령자격 흠결(예, 배서의 불연 속, 청구자와 소지인의 상위 등) 등.

　　(3) 강위두 교수[18]

　　1) 물적항변

　　가) 어음의 기재에 기한 항변: ① 어음요건의 흠결, ② 유해적 기재사항, ③ 어음상 명료한 지급필·일부지급, ④ 만기 미도래, ⑤ 어음상 명백한 어음채무면 제, ⑥ 무담보배서, ⑦ 배서금지배서, ⑧ 배서금지어음, ⑨ 제시장소가 다르다는 항변 등.

　　나) 어음상의 권리의 성립을 부정하는 항변: ① 위조, ② 변조, ③ 무권대 리, ④ 제한능력, ⑤ 의사무능력, ⑥ 권리보전절차흠결 등.

　　다) 어음상의 권리의 소멸에 관한 항변: ① 제권판결, ② 어음금액의 공탁, ③ 시효소멸 등.

　　2) 인적항변

　　가) 모든 어음채무자가 특정의 어음소지인에게 대항할 수 있는 항변: ① 수 령능력의 흠결(파산·압류·가압류 등), ② 어음소지인에 대한 배서연속의 흠결, ③ 실질적 무권리 또는 동일성의 흠결 등.

　　나) 특정의 어음채무자가 특정의 어음소지인에게 대항할 수 있는 항변:

　　a) 어음상의 권리의무에 관한 항변: ① 교부행위의 흠결, ② 민법 제124조 또 는 상법 제398조 위반, ③ 착오·사기·강박, ④ 어음상 명료하지 않은 지급필· 일부지급, ⑤ 어음상 명료하지 않은 면제·상계, ⑥ 지급유예의 특약, ⑦ 어음채 무의 경개, ⑧ 백지보충권남용 등.

　　b) 어음 외의 실질관계에 관한 항변: ① 원인관계의 불법(민법 103), ② 원인관 계의 부존재, ③ 법령위반(신탁법 제27조, 이자제한법 제1조 위반 등), ④ 대가가 없 었다는 항변, ⑤ 할인금을 교부받지 아니하였다는 항변, ⑥ 융통어음, ⑦ 숨은

---

18) 강위두, "어음항변," 「고시연구」, 1983. 7, 61~68면.

추심위임배서, ⑧ 어음 외의 특약 등.

### (4) 정희철 교수[19]

**1) 증권상의 항변**      ① 기본어음의 요건흠결, ② 시효소멸, ③ 배서불연속으로 인한 형식적 자격의 흠결, ④ 소구권(상환청구권) 상실, ⑤ 어음면상의 명백한 지급필·일부지급, ⑥ 만기 미도래, ⑦ 지급장소의 불준수, ⑧ 무담보문구 등.

**2) 비증권적 유효성의 항변**

**가) 위조·변조:** 귀책사유가 없는 경우에는 누구에게나 대항할 수 있는 항변(절대적 항변)이나, 귀책사유가 있는 경우에는 청구자에게 악의·중과실이 있는 경우에만(채무자를 해함을 아는 것이 아님) 대항할 수 있다.

**나) 무권대리:** 위조·변조의 경우와 같다.

**다) 제한능력:** 제한능력자가 외관조성을 하였다고 하더라도 그에게 귀책사유의 문제가 생기지 않으므로 역시 누구에게나 대항할 수 있는 항변(절대적 항변)이다.

**라) 교부계약의 흠결의 항변:** 예컨대, 어음이 도취된 경우이다. 이것을 인적항변이라 보는 견해도 있으나, 이것은 어음채무의 성립 자체를 부인하는 항변이므로 유효성 항변에 속한다. 따라서 해의자(害意者)가 아니라 악의자(惡意者)에게 대항할 수 있는 항변이다.

**마) 발행행위 무효의 항변:** 예컨대, 수리조합 또는 토지개량조합이 도지사의 승인 없이 한 수표발행행위.

**바) 의사표시 흠결의 항변:** 예컨대, 착오, 사기, 강박에 의한 기명날인이다. 강박의 경우에 귀책사유가 없는 경우에는 위조·변조의 경우와 같이 절대적 항변이다.

**3) 인적항변(절단되는 항변)**

**가) 어음수수의 원인관계에서 생긴 항변:** 원인계약의 무효·취소·해제·불이행 등.

---

19) 정희철, 전게서, 513~515면. 동교수는 같은 책 512면에서 「이분법에 없는 새로운 유형의 어음항변을 인정하는 삼분법은 항변의 분류방법으로서는 진일보한 것이라 하겠으나, … 이 분류기준은 피상적인 결과론으로서 절단 여부의 근거를 대지 못하여 물음에 대하여 물음으로 답하는 결과밖에 되지 않으므로 이분법보다 나은 것이 없다」고 삼분법을 비판하면서, 같은 책 513면 이하에서는 어음항변은 삼분하는 것이 무난하다고 하여 삼분법에 따라 분류하고 있는데, 이는 독일의 Zöllner 교수의 항변사유의 존재형식에 따른 분류방법을 따른 것이라고 볼 수 있겠다.

**나) 어음 외의 특약에서 생긴 항변**: 지급의 유예나 연장(개서)의 합의 등.

**다)** 어음교부의 원인이 불법인 경우에는 인적항변이라는 견해와 유효성항변이라는 견해로 나뉜다.

**라)** 융통어음 내지 호의어음의 항변은 인적항변도 아니다(즉, 어음항변의 일유형에 속하지 않는다). 왜냐하면 융통어음의 경우 취득자에게 채무자를 해하는 의사란 처음부터 존재할 수 없고 문제도 되지 않기 때문이다.

### (5) 정동윤 교수[20]

**1) 증권상의 항변(내용적 항변)**: ① 어음요건의 흠결, ② 보전절차의 흠결, ③ 시효소멸, ④ 어음면에 기재된 만기유예의 항변, ⑤ 어음면상 명백한 지급필 등.

**2) 귀책가능성에 관한 항변**: ① 위조·변조, ② 제한능력, ③ 무권대리, ④ 절대적 강제 등.

**3) 어음채무의 유효성에 관한 항변**: ① 교부계약의 흠결 및 하자, ② 어음을 환수하지 않고 한 변제 등.

**4) 인적항변**: ① 원인행위의 흠결·무효·소멸, ② 지급유예의 약정, ③ 권리남용의 항변 등.

**5) 배제불요의 항변**: ① 융통어음이라는 항변, ② 개서어음이라는 항변 등.

### 4. 비판 및 사견

(1) 어음항변에서 가장 중요한 점은 앞에서 잠깐 언급한 바와 같이 어음항변의 제한(절단)에 있다. 이는 어음의 선의취득 및 선의지급과 함께 어음의 유통보호를 위한 근간이 되는 것이다. 따라서 어떠한 항변사유가 절단될 수 있고, 어떠한 항변사유가 절단될 수 없는가를 가려내는 일은 항변의 분류에서 제일 먼저 해결해야 할 가장 중요하고 근본적인 문제라고 생각한다. 이렇게 볼 때, 그것이 왜 절단될 수 있는 항변이 되느냐 또는 왜 절단될 수 없는 항변이 되느냐에 관한 문제는 별론으로 하고, 「절단될 수 있는 항변」을 인적항변으로 분류하고 「절단될 수 없는 항변」을 물적항변으로 분류하는 통설의 견해에는 일응 찬성한다. 결국 어음항변의 문제의 고찰에 있어서 무엇보다도 중요한 것은 이론구성의 상위가 아니며, 어떠한 항변이 모든 어음소지인에 대하여 대항할 수 있으며 또 어

---

20) 정동윤, 전게논문, 496~498면; 동, 전게서, 177~179면. 동교수는 독일의 Canaris 교수의 분류법을 따르고 있다. 그러나 Canaris 교수의 「직접적 항변」은 제외하고 있다.

떠한 항변이 특정한 소지인에 대해서만 대항할 수 있는가를 확정하는 일이다.[21]

(2) 위에서 본 바와 같이 「절단될 수 있는 항변」을 인적항변으로 분류한다고 하여, 여기에서의 인적항변의 범위를 어음법 제17조에 국한하여서는 아니된다고 생각한다. 즉, 인적항변사유에는 어음법 제17조의 인적항변사유와 그 이외의 인적항변사유가 존재하는 것이다. 따라서 어음법 제17조에 해당하는 인적항변사유가 예외적으로 절단되지 않은 경우는 어음취득자에게 「채무자를 해할 것을 알고」라는 주관적인 요소가 필요하며(어 17 단서), 어음법 제17조에 해당하지 않는 인적항변사유가 예외적으로 절단되지 않는 경우에는 각각의 사유의 구체적인 해석에 따라 다를 수 있겠으나 일반적으로는 어음법 제10조 및 제16조 제2항과의 균형상 어음취득자에게 「악의 또는 중과실」이라는 주관적 요소가 필요하겠다고 하겠다.[22]

이렇게 해석하면, 통설에 대하여 비판하는 견해가 「교부흠결의 항변이나 의사표시의 하자 등의 항변(융통어음의 항변은 후에 별도로 상술함)은 통설이 이를 인적항변의 일종으로 보고 있으나, 이는 물적항변과 인적항변의 어느 것에도 속하지 않는 항변으로 부당하다」고 지적한 점이, 간명하게 인적항변으로 설명된다고 생각한다.

(3) 어음항변의 분류의 실익과 궁극적인 목적이 절단 여부에 있다는 점을 생각할 때, 어음항변의 분류를 순전히 항변사유의 존재형식에 따라서만 분류하는 정희철 교수의 견해에는 찬성할 수 없다. 앞에서 본 바와 같이 Zöllner 교수나 Hefermehl 교수도 어음항변을 항변사유의 존재형식에 따라 분류하고 있으면서도, 한편 그 효력에 따라 다시 어음항변을 분류하고 있는 점은 어음항변의 분류는 단순히 평면적인 분류에 그칠 수 없음을 나타내는 것이 아닐까 생각된다.

(4) 어음항변을 권리외관상에 따라 6분하는 Canaris 교수나 5분하는 정동윤 교수의 견해에도 찬성할 수 없다. 왜냐하면 이러한 분류는 절단 여부에 대한 충분한 근거를 대지 못하면서 동일유형의 어음항변을 상이한 분류기준을 적용하여 별개의 항변으로 분류하고 있어, 문제를 더욱 복잡하게 할 따름이며 어음항변을 이해하는 데 혼란만 가중하기 때문이다.[23]

---

21) 동지: 김태주, "어음항변에 관한 연구," 법학박사학위논문(경북대, 1974. 8), 12면.

22) 동지: 홍유석, "어음항변에 관한 연구(권리외관이론을 중심으로)," 법학박사학위논문(동국대, 1985. 8), 55면 이하; Zöllner, a.a.O., S.125~131(효력에 따른 어음항변의 분류에서)(동교수는 절단가능 항변중에서 취득자가 악의이면 절단되지 않는 항변을 선의시 존속불능항변이라고 부르고, 취득자가 채무자를 해할 것을 알고 취득한 경우이면 절단되지 않는 항변을 준상대적 항변이라고 부르고 있다).

23) 동지: 정희철, 전게서, 512면. 신항변이론에 대한 비판으로는 , Ulmer, *Der Einwendungsaus-schluss im Einheitlichen Wechselgesetz*, Festschrift für Ludwig, Raiser(1974), S. 225 ff.; 小

(5) 항변의 절단 여부에 대한 근거의 규명은 개개의 항변사유에 따라서 선험적으로 존재하는 것이 아니라, 어음채무자의 보호와 어음거래의 안전을 비교하여 개별적으로 학설·판례에 의하여 정책적으로 결정될 수 밖에 없다고 본다면,[24] 통설에 대하여 「이러한 분류방법은 별로 가치가 없다」거나, 또는 「어음항변의 이분법은 어음항변 가운데에는 제한이 가능한 것과 제한이 불능한 것의 두 가지가 있다는 것을 밝히는 것 이상의 아무런 가치가 없다」는 비판은 부당하다고 생각한다.

(6) 이하에서는 원칙적으로 통설에 따라 물적항변(절단불능의 항변)과 인적항변(절단가능의 항변)의 개별적인 항변사유를 검토하겠다. 또한 편의상 물적항변은 증권상의 항변과 비증권상의 항변으로 나누어 보고, 인적항변은 어음법 제17조가 적용되는 인적항변과 어음법 제17조가 적용되지 않는 인적항변으로 나누어 보며, 마지막으로 융통어음의 항변에 대하여 별도로 언급하겠다.


## III. 물적항변

### 1. 증권상의 항변

1) 기본어음의 요건흠결의 항변(어 2①, 76①, 수 2①)
2) 소멸시효완성의 항변[25](어 70, 77①8, 수 51)
3) 만기 미도래의 항변
4) 배서불연속의 항변(어 16①, 77①1, 수 19)
5) 어음면상 명백한 지급필 또는 일부지급의 항변(어 39①·③, 77①3, 수 34①·③)
6) 무담보문구가 있다는 항변(어 9②, 15①, 수 77①1, 18①) 등.

### 2. 비증권상의 항변

1) 의사무능력·행위제한능력의 항변: 그러나 행위제한능력에서는 민법

---

橋一郞, "手形抗辯制限の法理," 「Law school」, 제18호(東京: 立花書房, 1980. 3), 14면, 18면; 福瀧博之, "手形抗辯の分類について," 「關西大學法學論集」 제28권(1975), 208면; 이에 관한 상세한 소개로는 홍유석, 전게박사학위논문, 154~161면 참조.

24) 서정갑, 전게 고시연구, 33면.

25) 대판 1962. 10. 11, 62 다 446(大民判集 III〈상〉 766면)(어음상채무는 시효의 완성으로 소멸된 것이므로 그 원용을 필요로 할 것 없이 당연히 소멸된 것으로 원심은 판단하였어야 할 것이다).

제17조에 해당되지 않는 경우에 한한다.

　　2) **위조·변조의 항변**: 그러나 피위조자 또는 변조 전에 기명날인자에게 표현책임이나 민법 제756조 등에 의한 귀책사유가 없는 경우에 한한다.

　　3) **무권대리의 항변**: 협의의 무권대리에 한한다.

　　4) **제권판결에 의한 항변, 공탁의 항변**

　　5) **법령위반의 항변**: 법령 위반한 어음행위에 대하여 우리 대법원은 어느 것은 물적항변으로 보고 어느 것은 인적항변으로 보고 있는데, 물적항변으로 본 것은 다음과 같다.

**대판 1962. 4. 18, 4294 민상 1270**[26]

　　"본건 수표발행행위가 조선수리조합령 제39조 제4호, 제5호에 해당하고 도지사의 허가가 없었다면 이는 무효의 행위이어서 이에 관한 항변은 소위 물적항변으로 상대방의 선의·악의를 불문하고 대항할 수 있다고 할 것이다."

**대판 1965. 7. 20, 66 다 992**[27]

　　"토지개량조합이 수표를 발행하는 것은 토지개량사업법 제30조 제3호 소정사유에 해당한다고 봄이 상당할 것이며, 따라서 토지개량조합협의회의 의결을 요하는 사항이라 할 것이고, 같은 법 부칙 제10조에 의하여 도지사의 승인 없이 발행된 이와 같은 수표는 무효인 것이어서 토지개량조합은 아무런 수표채무를 부담하지 아니한다고 할 것이고, 그 수표발행인의 위와 같은 사유에 관한 선의·악의 여하에 불구하고 토지개량조합은 그 수표발행의 무효를 주장할 수 있다고 할 것이다."

**대판 1982. 6. 8, 82 다 150**[28]

　　"농업협동조합법(1980. 12. 31, 법 제3300호로 개정되기 전의 법률) 제125조 제3항의 규정에 의하여 특수농업협동조합은 그 목적달성을 위하여 중앙회 또는 군

---

26) 判總 11-2, 1048면; 정희철 저·정찬형 증보, 「판례교재 어음·수표법(전정증보판)」(법문사, 1985)(이하 "교재"라 약칭함), 판결례[143].

27) 교재, 판결례[144](이 판결에 대하여는, 정희철, "도지사의 승인 없는 토지개량조합의 수표발행행위," 「법학」, 제9권 2호, 185면 이하의 찬성의견과, 김용진, 법률신문, 제701호〈1966. 11. 28〉의 반대의견이 있다).

28) 교재, 판결례[510]; 大集 30 ② 民 113면. 동지판례: 대판 1985. 2. 26, 85 다카 527(법원공보 제750호 10면)(새마을금고법 위반의 항변); 동 1985. 11. 26, 85 다카 122(법원공보 제768호 16면)(상호신용금고법위반의 항변).

조합으로부터만 자금을 차입할 수 있고 다른 기관이나 개인으로부터는 차입할 수 없도록 되어 있으므로 동법에 위반하여 이 사건 어음을 발행한 행위는 무효라고 할 것이다."

## IV. 인적항변

### 1. 어음법 제17조에 해당하는 인적항변

#### 1) 원인관계의 부존재·무효·취소 또는 해제의 항변

이는 어음법 제17조의 전형적인 인적항변으로 이에 관한 우리나라의 판례는 다음과 같다.

**대판 1957. 4. 6, 4290 민상 113[29)]**

"약속어음에 의하여 채무이행의 청구를 받은 자는 소지인이 채무자를 해할 것을 알고 어음을 취득한 경우가 아니면 소지인의 전자에 대한 인적항변에 기인한 항변으로써 대항하지 못한다."

그런데 이때 중요한 것은 어음취득자에게 항변이 절단되지 않는 경우로서, 어음취득자가 「채무자를 해할 것을 알고」(해의) 어음을 취득한 경우인데(악의의 항변이 성립하는 경우), 이 때 「채무자를 해할 것을 알고」의 뜻이 무엇이며, 이는 「악의」와 어떻게 구별되는가의 점이다.

**가) 판 례**: 「채무자를 해할 것을 알고」의 뜻에 대하여, 일본의 판례에서는 "어음소지인이 어음의 양도를 받음에 있어 어음채무자의 전자에 대한 인적 관계로 인한 항변이 존재함을 알고 있을 때에는 특별한 사정이 없는 한 자기가 어음을 취득함으로 인하여 어음채무자의 항변행위가 어음법 제17조에 의하여 저지될 것이라는 것을 일반으로 알려진 것으로 해하여야 할 것이고, 이러한 것은 소지인이 그 채무자를 해함을 알고 어음을 취득한 것에 해당한다"고 판시한다.[30)]

**나) 학 설**: 「채무자를 해할 것을 알고」가 악의와 구별되는 점에 대하여, 우리나라의 통설은 "사건의 매도인이 매수인을 지급인으로 하고 자기를 수취인으

---

29) 교재, 판결례[122].
30) 日大判 1941. 1. 27(교재, 판결례[125]). 동지: 日最高判 1955. 5. 31(교재, 판결례[128]).

로 하는 어음을 발행하여 그 인수를 얻어 이것에 배서함에 있어 피배서인이 매
매물건에 하자가 있으므로 인수인으로부터 발행인에 대하여 항변을 주장할 수
있는 사유가 존재하는 줄은 알았지만, 이러한 사유는 매매당사자간에서 적당히
해결될 줄 알고 배서받은 경우에 피배서인은 악의이지만 해의는 없다고 설명한
다."31)

## 2) 원인관계가 공서양속 기타 사회질서에 반하는 경우

**가) 판례:** 이에 대하여 우리나라의 판례는 「어음행위에 있어서는 그의 자금
관계 및 원인관계의 여하는 불문하며 그의 원인관계가 공서양속에 반하여도 이
로써 곧 어음행위 그 자체가 무효가 되는 것은 아니다」고 판시하면서,32) 원인관
계가 공서양속에 반하는 경우를 아래와 같이 인적항변으로 보고 있다.

### 朝高判 1940. 4. 2.33)

"도박에 관한 채무확보의 목적으로서 발행하였든 까닭에 무효라고 하는 것
과 같은 원인관계에 의한 항변은 그 사유가 발생하는 당사자간에 있어서만 이를
주장할 수 있는 것이고 어떠한 항변의 대항을 받을 어음상의 권리자로부터 어음
을 양수한 자에 대하여서는 그 자가 위 항변의 존재를 알고 또 양수에 의하여
어음채무자가 항변을 상실할 것을 알면서 양수한 경우에 있지 않는 한 그의 항
변으로써 대항하지를 못한다."

그러나 일본의 판례는 원인행위가 사회질서에 위반하는 경우에는 이를 원인
으로 하는 어음행위까지 무효라고 판시한 것이 많으며, 독일의 연방대법원은 어
음기승(騎乘)을 그 자체가 선량한 풍속 기타 사회질서에 위반되는 행위로서 무효
라고 하고 폭리행위의 경우에는 어음의 교부계약까지 무효라고 풀이하고 있는
바,34) 이렇게 보면 물적항변이 되겠다.

**나) 학설:** 이에 대하여 우리나라의 통설은 "어음행위는 사회질서에 반하거
나 불공정한 내용을 가질 수 없도록 정형화되어 있는 까닭에, 민법 제103조 및

---

31) 서돈각, 전게서, 106~107면; 정희철, 전게서, 517면; 정동윤, 전게서, 180~181면 외.
32) 朝高判 1923. 10. 2(判總 11-2 971면).
33) 判總 11-2, 993면.
34) 정동윤, 전게서, 105면.

제104조는 어음행위에 적용될 여지가 없고 원인행위가 반사회질서, 불공정한 경우에는 인적항변의 문제로서 남을 뿐이다"고 한다.[35] 그러나 이러한 통설에 대하여 일부의 소수설은 "선량한 풍속의 위반이나 폭리행위가 어음행위 자체에까지 관련된 경우에는 그 어음행위를 무효로 하여야 한다. 예컨대, 어음기승(騎乘)의 경우나 현저하게 불공정한 행위와 일체가 되어 어음이 발행된 경우와 같다"고 하여, 경우에 따라서는 물적항변으로 보고 있다.[36]

　　3) 법령위반: 앞에서 본 바와 같이 어떤 법령위반은 물적항변으로 보고 있으면서, 한편 아래와 같이 어떤 법령위반은 인적항변으로 보고 있다.

**대판 1955. 5. 5, 4287 민상 359[37]**
　　"약속어음 발행인의 어음액면금액 중 이식제한령 소정의 제한율을 초과한 고율의 이식이 첨가 포함되었다는 항변은 직접당사자인 수취인에게는 대항할 수 있으나 배서양도를 받는 제3자에게는 대항할 수 없는 인적항변인 것이다."

**대판 1975. 1. 14, 74 다 1399[38]**
　　"경제의 안정과 성장에 관한 긴급명령 소정의 사채는 사채권자가 신고 않음으로써 기업이 면책된 후, 그 채무의 지급을 확보하기 위하여 약속어음을 발행한 경우 기업은 그 어음을 배서양도의 방법에 의하여 취득한 선의의 제3자에게는 대항할 수 없다."

　　4) 어음과 상환하지 아니한 지급, 채무의 면제, 상계의 항변
　　5) 어음금의 지급연기: 갑이 을에게 A어음을 발생하고 다시 A어음의 지급연기를 위하여 갑이 을에게 B어음을 발행하고 A어음을 회수하지 않은 경우에, 을이 A어음을 병에게 배서양도하고 병에게 어음법 제17조 단서의 악의가 없었다면 갑은 병에게 개서어음이라는 항변을 주장할 수 없다.
　　6) 대가 내지 할인금 미교부의 항변

---

35) 서돈각, 전게서, 66면; 정희철, 전게서, 335면 외.
36) 정동윤, 전게서, 105면.
37) 判總 11-2, 994면.
38) 判總 11-2, 994-10면.

### 7) 어음 외의 특약의 항변

### 8) 숨은 추심위임배서의 항변: B가 C에 숨은 추심위임배서를 한 경우에 어음채무자 A가 B에게 대항할 수 있는 사유로써 C에게 대항할 수 있는지 여부는, 숨은 추심위임배서의 성질을 어떻게 보느냐(신탁양도설 또는 자격수여설)에 따라 다르겠으며, 이것은 어음법 제17조의 인적항변의 문제는 아니라고 생각한다.[39] 그러나 C가 동 어음을 D에게 양도한 경우에 B는 자기가 C에게 추심위임의 목적으로 양도한 사유로써 D에게 항변할 수 없는 것은 어음법 제17조의 인적항변에 해당할 것이다.

### 9) 이 밖에 특정한 어음소지인에게만 존재하는 항변사유(예컨대, 어음소지인의 파산 등으로 인한 변제수령불능, 또는 실질적 무권리 등)를 인적항변으로 설명하는 견해가 있는데,[40] 이러한 항변은 최종소지인에 대하여만 발생하는 항변으로, 승계되고 절단 유무에 관한 항변이 아니므로, 어음법 제17조에 해당하는 인적항변으로 인정할 실익이 없다.

## 2. 어음법 제17조에 해당하지 않는 인적항변

### (1) 교부흠결의 항변

이는 어음이론(어음학설)과 관련된 것으로, 창조설에 의하면 어음채무자는 어떠한 경우에도 교부흠결의 항변을 주장할 수 없고, 발행설·수정발행설·수정창조설에 의하면 점유위탁어음의 경우에는 교부흠결의 항변을 주장할 수 없으나 점유이탈어음의 경우에는 교부흠결의 항변을 주장할 수 있게 된다. 또 권리외관설에 의하면 점유이탈어음의 경우에도 어음취득자가 선의이면 어음행위자는 교부흠결의 항변을 주장할 수 없게 된다. 우리나라의 통설도 점유이탈어음의 경우에 선의취득이 인정되면(어 16②, 수 21), 외관이론을 적용하여 어음행위자의 책임을 인정하고 있다.[41] 이때의 선의의 내용에 대하여는 어음법 제10조 단서, 제16조의 2항을 유추적용하여 선의·무중과실이 필요하다고 보는 견해가 있다.[42]

이에 관하여 우리나라의 명백한 대법원판례는 아직 없고, 일본에서는 점유

---

39) 그러나 홍유석, 전게 박사학위논문, 86~90면은 이것을 인적항변으로 다루고 C는 (독립된 경제적 이익이 없다는 점 또는) 악의로써 A는 C에게 B의 항변을 주장할 수 있다고 한다.

40) 서돈각, 전게서, 104면; 강위두, 전게 고시연구(1983. 7), 65~66면 외.

41) 정희철, 전게서 338면; 정동윤, 전게서, 91~93면 외.

42) 정동윤, 전게서, 93면, 173면; 동, 전게논문, 497면; 김태주, 전게 박사학위논문, 38~39면.

위탁어음에 대하여 어음채무자의 교부흠결의 항변을 부정하고,[43] 그 후 다시 점유이탈어음에 대하여도 어음채무자의 교부흠결의 항변을 부정하였다.[44] 그런데 이때에는 어음취득자는 선의이어야 하는데 선의의 내용은 악의 또는 중대한 과실이 없는 것을 요구하고 있다. 독일의 연방대법원도 계약설과 권리외관설을 결합한 입장에서 어음행위자는 어음을 선의로 취득한 제3자에 대하여 교부흠결의 항변을 주장할 수 없다고 하고, 이때 어음취득자의 선의에 대하여는 처음에는 어음법 제17조 단서에 따라 어음채무자를 해할 의사가 없으면 된다고 판시하였다가,[45] 뒤에 어음법 제10조 단서, 제16조 2항 단서를 유추적용하여 어음취득자에게 악의 또는 중대한 과실이 없는 것으로 판시하였다.[46]

생각건대 점유이탈어음에 있어서 교부흠결의 경우에는 어음법 제16조 2항 (수 21)에 의한 선의취득자가 있는 경우에는(권리취득의 면) 어음행위자는 외관이론 등에 의하여 교부흠결의 항변을 주장할 수 없고 어음채무를 부담하게 되는데 (채무부담의 면), 이는 선의취득자의 실효를 거두기 위한 그와 동열(同列)의 이면의 것으로 어음법 제17조의 어음항변은 아니다. 따라서 이 경우의 어음취득자의 선의의 내용은 선의취득자의 주관적 요건(악의 또는 중과실이 없음)과 일치하는 것으로 볼 수밖에 없을 것이다(어음법 제16조 2항 단서의 유추적용).

## (2) 의사의 흠결 또는 의사표시의 하자의 항변

이에 관하여 우리나라의 통설은 어음법에 명문의 규정이 없으므로 민법의 규정(107~110조)이 어음법에도 적용된다고 한다.[47] 다만 이때에 민법 제107조 2항, 제108조 2항, 제109조 2항, 110조 2항의 「선의」의 내용은 어음행위에서 어떻게 해석할 것인가가 문제이다. 이에 관하여는 어음법 제10조 또는 제16조 2항을 유추적용하여 취득자에게 악의 또는 중대한 과실이 없는 것이라고 해석하는 견

---

43) 日大判 1935. 12. 24(교재, 판결례([220]).
44) 日最高判 1971. 11. 16(民集 25.8, 1173)
45) BGH NJW 68; 2102.
46) BGH NJW 73; 28; JZ 73, 466.
47) 정희철, 전게서, 334~335면; 서돈각, 전게서, 66~67면; 정동윤, 전게서, 104면; 양승규·박길준, 전게서, 580면(어음행위는 불특정인 사이를 전전유통하는 증권상의 행위이므로 민법상의 일반원칙보다도 훨씬 표시주의의 우위성을 인정하여야 할 것이나, 우리 민법상에 있어서도 표시주의를 주로 하고 있으므로 그 적용상 별로 논의할 문제가 없다고 하고, 어음채무를 부담한다는 따위의 구체적인 효과에 대하여 그 의사가 있었느냐 없었느냐는 문제가 되지 않고 원인관계상의 문제로서 인적항변사유로 될 뿐이라고 한다).

해가 있다.[48] 그런데 위와 같은 통설에 반하여, 어음행위에 있어서 의사표시에 흠결 또는 하자가 있는 경우에도 어음행위자는 스스로 표시행위를 하였으므로 어음행위는 유효하게 성립하고 외형상 나타나지 않는 어음행위자의 내심적 효과의사를 문제삼을 필요는 없기 때문에 민법의 의사표시에 관한 일반원칙은 어음행위에는 적용되지 않고, 이러한 사정을 상대방이 알고 있는 경우에는 악의의 항변을 주장할 수 있을 뿐이라고 하는 소수설도 있다.[49]

생각건대 어음행위도 법률행위의 일종이고 법률행위에는 의사표시에 관한 일반원칙이 적용되며 어음행위에는 이에 관한 특칙이 없다면 당연히 의사표시에 관한 일반원칙인 민법 제107조~제110조가 어음행위에도 적용된다고 보는 통설이 타당하다고 생각한다. 다만 어음은 유통증권인 성질상 또 거래의 안전이 더 강력하게 요구되는 성질상, 민법의 일반원칙이 그대로 적용되지는 않고 수정하여 적용되어야 할 것이다. 이렇게 볼 때 선의취득자 보호에 관한 어음법상의 규정(10조, 16조 2항)과의 균형상 악의 또는 중과실이 없는 경우를 민법 제107조~제110조의 적용상 「선의」로 보아도 무방할 것이다. 이렇게 보면 의사의 흠결 또는 의사표시의 항변은 어음법 제17조의 인적항변에는 속하지 않는다.[50]

## (3) 보충권남용의 항변

이에 대하여는 어음법 제10조에 명문으로 규정하고 있고, 어음취득자의 주관적 요건을 악의 또는 중과실이 아닌 것으로 규정하고 있으므로, 보충권 남용의 항변이 어음법 제17조의 인적항변에 해당하지 않음은 명백하다.[51] 어음법 제10조의 보충권남용의 항변은 어음법 제17조의 인적항변과 비교할 때, 그 주관적 요소에서 차이가 있을 뿐만 아니라 보충권남용의 항변은 어음행위자와의 인적관계에 기인하는 항변이 아니라 타인에 의한 부당보충의 효과로서의 항변이라는 점에서도 구별된다.

---

48) 정동윤, 전게서, 172면; 동, 전게논문, 497면; 김태주, 전게 박사학위논문, 40면.
49) 서정갑, 전게서, 95~96면. 이와 동지의 일본 학설에 관한 상세한 소개는 홍유석, 전게 박사학위논문, 108~110면 참조.
50) 결과동지: 홍유석, 전게 박사학위논문, 111면.
51) 그러나 홍유석, 전게 박사학위논문, 93~96면은, 백지어음의 보충권 남용의 항변을 어음법 제17조의 인적항변으로 분류하면서, 어음법 제10조는 어음법 제17조의 인적 관계의 일반원칙에 대한 특칙이라고 설명하고 있다.

## (4) 민법 제124조, 상법 제398조(제199조, 제269조, 제564조) 위반의 항변

이에 대하여는 ① 민법 제124조, 상법 제398조 등이 어음행위에 적용되지 않는다는 견해와,② 동규정 등의 어음행위에도 적용된다는 견해로 나누어지는데, ①의 견해에서는 어음채무자가 언제나 동규정의 위반을 주장할 수 없어 어음항변과 무관하고, ②의 견해에서는 동규정의 위반의 효과에 대하여 다시 설이 나뉘는데, (i) 무효설의 입장에서는 물적항변으로 보는 것과 동일한 결과이고, (ii) 유효설의 입장에서는 ①의 견해와 유사하여지고, ③ 상대적 무효설의 입장이면 어음채무자가 어음취득자의 악의 또는 중과실을 증명하지 못하면 동규정의 위반을 주장할 수 없으므로 어음법 제17조에 해당하지 않는 인적항변이 되는 것이다. 우리나라의 판례는 상법 제398조 위반의 어음행위에 대하여, 동조의 적용대상에 포함하면서(②의 견해) 그 위반의 효과에 대하여는 상대적 무효설의 입장이므로 이를 어음항변과 관련하여 본다면 「어음법 제17조가 적용되지 않는 인적항변」이라고 볼 수 있다.


# V. 융통어음의 항변

## 1. 판 례

이에 대하여 우리나라의 판례는 어음법 제17조의 인적항변으로 보고, 어음취득자가 융통어음임을 알고 취득한 경우는 「채무자를 해할 것을 알고」 취득한 경우가 아니라고 하여 인적항변의 절단을 인정한다.

**대판 1957. 3. 21, 4290 민상 20[52])**

"타인의 금융 또는 채무담보를 위하여 약속어음을 발행한 자는 수취인에 대하여 어음상 책임을 부담하지 않을 것이나, 그 어음을 양수한 자에 대하여는 어음상 채무를 부담할 의사로써 발행한 것이므로 양수인이 소위 융통어음임을 알고 있었다 하여도 이로써 지급을 거절할 수 없다고 아니할 수 없다. 본건 약속어음은 피고가 소외 A를 위하여 그 채무의 담보 또는 금융을 하게 할 목적으로 발행한

---

52) 교재, 판결례[131].

것이 인정되므로 동 소외인이 그 어음을 위 용도에 쓰지 않고 구채(旧債)의 일부
상환을 충당하기 위해 소외 B에게 배서양도한 사실을 원고가 취득당시 알았다고
하여도 이로써 피고를 해할 것을 알고 취득한 것이라고 단정할 수 없을 것이다."

### 대판 1968. 8. 31, 65 다 1217[53]

"타인의 금융 또는 채무담보를 위하여 약속어음(이른바 융통어음)을 발행한
자는 피융통자에 대하여 어음상의 책임을 부담하지 아니함은 명백하나 이러한
사유는 피융통자에 대하여서만이 대항할 수 있는 것이라 할 것이고 그 어음을
양수한 제3자에 대하여는 어음상의 채무를 부담할 의사로써 발행한 것이므로 그
제3자가 선의이건 또는 악의이건 간에 그 취득이 기한후배서에 의한 것이었다
하더라도 대가관계 없이 발행된 융통어음이었다는 항변으로(인적항변) 대항할 수
없는 것이라고 해석함이 상당하다."

## 2. 학 설

융통어음의 항변에 대하여 우리나라의 통설은 어음법 제17조에 해당하는 인
적항변으로 보고 융통어음이 제3자에게 양도된 경우에는 제3자가 그러한 사정을
알았더라도 이것은 어음채무자를 해할 것을 알고 취득한 것이라고 볼 수 없으므
로 어음채무자는 지급을 거절할 수 없다고 풀이하였다.[54] 그러나 최근의 일부의
소수설은 "융통어음의 항변은 그 성질상 항변의 제한이나 배제를 필요로 하지
않는 항변으로 어음법 제17조에 해당하지 아니하므로 인적항변으로 보고 있음은
부당하고, 배제불요의 항변이다"고 하는 견해가 있고,[55] 또 이에 한 걸음 더 나
아가 "융통어음을 발행하게 된 호의합의의 항변은 제3자에게 제출될 수 없으므로
법적 규제를 필요로 하지 않는 까닭에 어음법 제17조와는 상관이 없으며, 뿐만
아니라 이 경우에 어음취득자에게 채무자를 해하는 의사란 처음부터 존재할 수도
없고 문제도 되지 않으므로, 이것은 절단 여부를 따질 실익이 없는 항변으로 어
음항변의 일 유형으로 꼽는 것에는 의문의 여지가 있다"고 하는 견해도 있다.[56]

---

53) 교재, 판결례[132].
54) 서돈각, 전게서, 103면: 최기원, 전게서, 286면; 이범찬, 전게서, 294면; 정무동, 전게서,
    350면; 강위두, 전게서, 164면; 홍유석, 전게 박사학위논문, 90~92면; 김태주, 전게 박사학위
    논문, 29~30면.
55) 정동윤, 전게서, 177면.
56) 정희철, 전게서, 515면.

## 3. 사 견

생각건대 어음취득자가, 어음채무자가 전자에 대하여 주장할 수 있는 항변 사유를 알고 있는 것은, 어음법 제17조가 적용되지 않는 인적항변의 불절단사유에 해당됨은 물론, 어음법 제17조에 해당하는 인적항변의 불절단사유에도 해당되는 것인데(즉, 어음채무자를 해할 것을 알고 어음을 취득한 것에 해당함),[57] 융통어음에 관해서는 어음취득자가 이러한 사유를 알고 있는 경우에도 어음채무자는 이를 항변할 수 없으므로 융통어음의 항변은 이전성이 없는 항변으로 어음취득자가 악의 또는 채무자를 해하는 의사란 처음부터 존재할 수 없는 것으로 이를 어음항변의 일 유형으로 보지 않는 것이 타당하다고 생각한다.[58] 융통어음의 경우에 융통어음의 이용기간이 경과한 경우, 할인불능이 확정된 경우, 할인융자를 받은 후 다시 피융통자가 어음을 환수한 경우 등에는 특약이 없는 한 그것으로써 융통계약은 목적을 상실하게 되어 어음은 발행인에게 반환되어야 할 것인바, 그와 같은 사정을 알고 어음을 취득한 제3자에게 융통어음행위자가 대항할 수 있는데, 이를 어음법 제17조에 의한 융통어음의 악의의 항변이라고 설명하는 견해가 있으나,[59] 찬성할 수 없다. 왜냐하면 이 경우 그러한 어음취득자는 융통어음이라는 사실을 알고 있어서 대항을 받는 것이 아니라 융통계약의 목적상실이라는 사유를 알고 있음으로 인하여 대항을 받는 것이기 때문에 이는 융통어음 자체와는 무관한 항변이기 때문이다. 따라서 이 경우에는 일반조항인 신의칙 위반 내지 일반 악의의 항변을 근거로 하여 지급거절을 인정해야 할 것이다. 따라서 위와 같은 경우를 융통어음의 항변이 절단되지 않는 경우로 보고, 융통어음의 항변은 악의의 항변이 인정되는 경우도 있고 인정되지 않는 경우도 있는 어음법 제17조 단서의 적용에 관한 한 특수한 인적항변이라고 보는 견

---

57) 日大判 1941. 1. 27(교재, 판결례[125]). 동지: 日最高判 1955. 5. 31(교재, 판결례[128]).

58) 동지: 정희철, 전게서, 515면. 전술한 바와 같이 Zöllner 교수는 환어음의 지급인이 발행인을 위하여 호의로 인수한 경우에, 이것은 지급인이 발행인에 대해서만 호의항변을 제기할 수 있고 제3자에게는 그가 알았든 몰랐든 상관없이 항변을 제기할 수 없는 것으로 이를 「항상 절단되는 항변(엄격상대적항변)」이라고 분류하고 있으나, 이것을 항변의 일종으로 분류할 필요가 없다고 생각한다. 또한 손주찬, 전게서, 85~87면은, 융통어음의 항변을 인적항변의 예에서 제외하고 또 별도의 항변사유로서 분류하지도 않으면서 「융통어음을 발행하는 자는 상대방에게 금융의 편의를 제공하기 위하여 그러한 어음을 발행하는 것이므로 제3취득자에 대하여서도 어음상의 책임을 지는 것으로 보아야 하지 않을까 생각된다」고 한다.

59) 高窪利一, "融通手形,"「手形法·小切手法講座」, 제2권, 鈴木竹雄·大隅健一郎(共編)(東京: 有斐閣, 1965), 206면; 日最高判 1967. 4. 27(民集 21. 3. 728).

해60)에는 찬성할 수 없다.

## Ⅵ. 영미법상의 어음항변사유와 통일법과의 비교

### 1. 서 언

영미법에서는 선의취득과 항변의 절단을 통일적으로 규정하고 있다. 따라서 선의취득의 효과로 선의취득자는 항변이 절단된 어음을 취득하고 항변의 존재를 알고 있는 자는 선의취득을 할 수 없다(B.E.A. § 29 (1) (b), U.C.C. § 3-302 (1) (C)). 또한 선의취득과 항변절단의 주관적 요건도 동일하다. 이에 반하여 통일법에서는 선의취득의 효과는 항변절단의 규정에 의하여 보충된다고 보면서도 선의취득과 항변절단은 전혀 별개의 문제라고 설명하고 있으며(따라서 항변이 부착된 어음을 선의취득할 수 있음), 항변절단에 관하여는 원칙적으로 별도의 규정을 두고(어 17조), 그 주관적 요건도 차이가 있다.

### 2. 영국법

영국환어음법 제38조 2항은 「소지인이 정당소지인(통일법상의 선의취득자에 해당—필자 주)인 경우에는, 그는 전자인 당사자에 존재하는 권리의 하자 및 전자인 당사자 상호간에 주장할 수 있는 인적항변(personal defenses)의 대항을 받지 아니하고 어음상의 모든 채무자에 대하여 지급을 청구할 수 있다」라고 규정하고 있고, 또 동법 제38조 3항 (a)호는 「소지인의 권리에 하자가 있는 경우에 그러한 소지인이 정당소지인에게 어음을 양도하면 정당소지인은 그 어음에 대하여 완전한 권리를 취득한다」고 규정하고 있으며, 구체적으로 무엇이 물적항변이고 무엇이 인적항변이냐에 관한 개별적인 규정은 없다.

### 3. 미국법

미국법에서 항변절단에 관한 대표적인 규정은 정당소지인의 권리에 관한 규정인 U.C.C. 제3-305조이다. 동조 제1항은 절단되는 권리로 「청구권」(claims)에 대하여 규정하고 있고, 동조 제2항은 절단되는 권리로 「항변권」(defenses)에 대하

---

60) 홍유석, 전게 박사논문, 91~92면.

여 규정하고 있는데, 이것은 소유권(rights of ownership)의 주장에 대해서는 청구
권이라는 용어를 쓴 것이고, 소유권을 제외한 법적 항변(예컨대, 약인〈約因〉흠결,
담보위반 등)에 대해서는 항변권이라는 용어로 구별하여 쓴 것이다. 항변권은 다
시 인적항변(personal defenses)와 물적항변(real defenses)로 구별되는데, 정당소지
인에 대하여 모든 인적항변이 절단되는 것은 아니고 정당소지인과 거래하지 않
은 당사자의 인적항변만이 절단되는 것이다[61](U.C.C. § 3-305(2)). 이하에서는 통
일법과의 비교의 편의상 청구권과 항변권을 구별하지 않고 항변권으로 통일하여
설명하고, 정당소지인에 대하여 주장할 수 있는 청구권은 물적항변에, 정당소지
인에 대하여 주장할 수 없는 청구권은 인적항변에 포함하여 설명한다.

### (1) 물적항변사유

1) **위조배서[U.C.C. §3-404]**　　　미국법에서는 위조배서 있는 증권은 아
무도 선의취득을 할 수 없고 원래의 권리자(피위조자)는 누구에 대해서도 그의 권
리(청구권)를 주장할 수 있고 증권상 채무를 부담하지 않는데, 통일법에서는 선의
취득을 할 수 있고(권리취득의 면) 피위조자는 그의 권리(증권의 반환청구권)를 행사
할 수는 없고 그의 채무부담은 원칙적으로 면제된다(채무부담의 면에서 위조의 물적
항변).

2) **변조[U.C.C §3-407(3)]**　　　미국법상 증권에 중대한 변조가 있는 경
우에 변조 전의 서명자는 정당소지인에 대하여 증권의 원문언에 따라서만 책임
을 부담한다. 이 점은 통일법과 같으나, 자만 「중대한 변조」가 있는 경우에만 물
적항변사유로 하고 있음이 구별된다. 그런데 미국법에서는 이러한 중대한 변조에
대하여 정의규정을 두고 있는데 이에 의하면, 「중대한 변조란 어떠한 점에서도
증권당사자의 계약에 변경을 가져오는 변조를 말하며, 이에는 ① 당사자의 수나
관계에 변경을 가져오거나, 또는 ② 백지어음의 보충권을 남용하여 보충하거나,
또는 ③ 기명날인된 증권에 어떠한 사항을 첨가하거나 삭제함으로써 증권을 변
경시키는 것을 포함한다」고 정의하고 있다(U.C.C. § 3-407(1)). 따라서 이에 의하
면 변조의 개념에서 통일법과 미국법의 가장 뚜렷한 차이는, 통일법에서는 백지
어음의 부당보충을 변조와 구별하여 인적항변사유로 설명하고 있으나(통설·판
례), 미국법에서는 이를 명문으로 변조의 개념에 포함시켜 물적항변사유로 하고

---

61) James J. White and Robert S. Summers, *Hanbook of the Law under the Uniform
Commercial Code*(1980) at 573.

있는 점이다.

3) **위조발행 등[U.C.C. § 3-404]**        미국법에서도 피위조자가 추인하거나 부인이 금지된 겨우 등을 제외하고는 누구에 대해서도 무효를 주장할 수 있다(물적항변사유). 이 점은 통일법과 대체로 동일하다.

4) **미성년자(infancy)로서 단순계약(Simple contract)의 범위 내에서의 항변[U.C.C. § 3-305(2)(a)]**        미국법상 본 규정은 증권의 선의취득자를 희생시키더라도 미성년자를 보호하려는 판례에 따른 것이지만, 근본적으로는 미성년자의 보호에 관한 각주의 정책에 따른 주법에 유보되어 있다.62) 통일법에서는 제한능력의 항변을 물적항변사유로 보고 있다.

5) **당사자의 채무를 무효로 할 만한 「기타 무능력(incapacity)」, 「강박(duress)」, 또는 「거래의 불법(illegality)」의 항변[U.C.C. §3-305(2)(b)]**        「기타 무능력」이란 정신적 무능력 등으로 주로 주법에 규정되어 있어 그러한 법의 존재 및 효과는 각주의 법에 유보된다.63) 판례에서도 「중독은 일반적으로 물적항변사유가 아니나, 서명자에게서 그의 정신적 능력의 이용을 빼앗을 정도의 중독은 무능력의 물적항변사유이다」고 판시한다.64)

「강박」은 예컨대 총을 들이대고 서명을 강요하는 경우와 같은 아주 중대한 강박만이 물적항변사유가 된다고 해석한다.65)

「불법」은 아주 흔한 것으로 도박 등으로, 이것은 주법에 의하여 아주 다양한 형태로 존재할 수 있으며, 이것을 물적항변사유로 할 것인지 여부는 주법에 유보되어 있다.66)

미국법상의 「기타 무능력」은 통일법상의 피한정후견인 및 피성년후견인을 의미하는 것으로, 통일법상 이러한 제한능력에 대하여도 물적항변사유로 보고 있다. 또한 통일법에서도 절대적 강박은 의사표시가 없는 것으로 보아 물적항변사유로 하고 있다. 미국법상 「불법」에 해당하는 것은 통일법상 법령위반에 해당하는 것으로, 이에 대하여 우리나라의 판례는 어떤 것은 물적항변사유로 판시하고 어떤 것은 인적항변사유로 판시하고 있다.

---

62) Offical Comment 4 to U.C.C. § 3-305.
63) Offical Comment 5 to U.C.C. § 3-305.
64) Green v. Gunsten, 154 Wis 69, 142 N.W. 261(1913).
65) Offical Comment 6 to U.C.C. § 3-305.
66) Offical Comment 6 to U.C.C. § 3-305.

6) 허위표시(misrepresentation)로 인하여 그 증권의 성질 또는 증권의 필요적 문언을 알거나 알게 될 수 있는 상당한 기회를 주지 않고 그 증권의 서명하도록 당사자를 유인한 사실이 있는 경우 그러한 항변[U.C.C. § 3-305(2)(c)]          이 항변은 본질상 사기(fraud in the essence) 또는 사실상 사기(fraud in the factum)의 항변으로 유인사기(인적항변)와 구별하여 물적항변사유로 하고 있으며 이는 구(旧)법하의 다수의 판례에 따른 입법으로, 예컨대 약속어음의 발행인이 약속어음이 단순히 영수증이나 기타 서류라고 속아 그렇게 믿고 약속어음에 서명한 발행인은 그의 약속어음상의 서명은 무효라고 항변할 수 있다.[67]

통일법은 사기의 항변을 미국법에서와 같이 사실상 사기와 유인사기로 구별하지 않고, 모두 하자있는 의사표시로 인적항변사유로 보고 있다.

7) 청산절차(insolvency proceedings)로 면책되었다는 사실의 항변[U.C.C. § 3-305(2)(d).]          U.C.C. 제3장에서 정의된 파산(bankruptcy)이나 기타 청산절차에서의 면책은, 정당소지인이 증권을 취득한 경우에도 절단되지 않음을 명백히 하기 위한 신설규정이다.[68]

통일법에서는 이에 관한 설명이 없으나, 동일하게 해석해야 할 것으로 생각한다.

8) 일조(一組)로 발행된 환어음의 수통이 따로 따라 유통되어 이를 개별적으로 취득한 정당소지인이 있는 경우, 후에 취득한 정당소지인은 무권리라는 항변(최초로 취득한 소지인만이 환어음과 그 환가금〈換價金〉에 대한 모든 권리를 갖는다)[U.C.C. § 3-801(2) 후단]          우리 어음·수표법상「수인에게 각별로 복본을 양도한 배서인과 그 후의 배서인은 그 기명날인한 각통으로서 반환을 받지 아니한 것에 대하여 책임을 진다」고 규정하고(어 65②, 수 49②),「환어음의 지급인은 인수한 각통으로써 반환을 받지 아니한 복본에 대하여 책임을 진다」고 규정하여 (어 65① 단서), 최초로 취득한 소지인만이 아니라 그 후에 취득한 소지인도 권리를 취득할 수 있음을 규정하고 있음은, 미국법과 구별되고 있다.

9) 소지인이 증권을 취득할 당시 알고 있는 그 밖의 면책의 사실의 항변 [U.C.C. § 3-305(2)(e)]          통일법에서는 이를 악의의 항변으로 하여, 인적항변사유이지만 어음채무자가 그러한 어음취득자에게 주장할 수 있는 항변으로 다루고 있다. 그러나 주관적 요소가 단순히「알고 있는」것만으로는 부족하고「채무자를 해할 것을 알고」어음을 취득해야 하는 것으로 규정하고 있다.

---

67) Offical Comment 7 to U.C.C. § 3-305.
68) Offical Comment 8 to U.C.C. § 3-305.

### (2) 인적항변사유

1) 증권의 양도(negotiation)에서 발생하는 권리의 하자에 기초한 항변은 선의취득자에게 절단되는 항변으로 규정하고 있다.

**가) 미성년자에 의한 양도**[U.C.C. § 3-207(1)(a)] : 통일법에서는 이를 물적항변사유로 보고 있다.

**나) 권한을 초월한 회사에 의한 양도**[U.C.C. § 3-207(1)(a)] : 통일법에서는 회사가 권한을 초월하여 한 행위의 효력에 대하여는 제한설과 무제한설이 있어, 제한설에 있어서만 이를 인적항변사유로 할 것인가 물적항변사유로 할 것인가가 문제되겠으나, 제한설에서도 어음행위는 무색(無色)적 행위인 이상 회사는 당연히 항변을 주장할 수 없다고 설명한다.[69] 따라서 이렇게 보면 회사의 권한초월은 항변사유가 되지 않을 것이다.

**다) 기타 능력이 없는 자에 의한 양도**[U.C.C. § 3-207(1)(a)] : 통일법에서는 이를 물적항변사유로서 설명하고 있다.

**라) 사기, 강박 또는 착오에 의한 양도**[U.C.C. § 3-207(1)(b)] : 통일법에서도 이를 인적항변사유로 보고 있다(단, 절대적 강박의 경우는 해석상 물적항변사유로 보고 있음).

**마) 불법거래의 일부로 된 양도**[U.C.C. § 3-207(1)(c)] : 우리나라에서는 민법 제103조, 제104조 위반은 인적항변사유로 해석하고(통설), 그 밖의 법령위반에 대해서는 어떤 것은 인적항변사유로 판시하고, 어떤 것은 물적항변사유로 판시하고 있다.

**바) 의무 위반으로하는 양도**[U.C.C. § 3-207(1)(d)] : 어음면상 나타나지 않은 이상 통일법에서도 동일하게 해석된다.

2) **단순계약에 기한 소에서 이용할 수 있는 항변**[U.C.C. § 3-305(2)]    통일법에서 원인관계에 기한 항변을 인적항변사유로 하고 있는 것과 동일하다.

3) **약인(約因)의 (전부 또는 일부) 흠결 또는 실효의 항변**[U.C.C. §§ 3-305(2), 3-408]    통일법에서 원인관계에 기한 항변을 인적항변사유로 하고 있는 것과 동일하다.

---

69) 정희철, 전게서, 339면.

4) 선행조건의 불이행의 항변[U.C.C. § 3-305(2)]　　통일법상 조건이 어음면상 나타나면 어음이 무효가 되겠고(유해적 기재사항), 어음면상 나타나지 않으면 인적항변사유가 될 것이다.

5) 증권의 미인도(未引渡)의 항변　　통일법에서도 교부흠결의 항변을 일반적으로 인적항변사유로 보고 있다.

6) 특별목적을 위한 증권의 인도의 항변[U.C.C. § 3-305(2)]　　통일법에서도 증권면상 나타나지 않는 한 인적항변사유로 보아야 할 것이다.

7) 권리의 연속에서 (배서의 위조를 제외하고) 절취가 있었다는 항변[U.C.C. §§ 3-305(2), 3-306]　　통일법에서도 이를 선의취득자에게 대항할 수 없으므로 인적항변사유로 보고 있음에서 동일하다.

8) 제3자가 증권상 청구권을 갖고 있다는 항변(단, 배서의 위조를 제외함)[U.C.C. §§ 3-305(2), 3-306]　　통일법에서도 동일하다. 예컨대, 숨은 추심위임배서의 피배서인으로부터 양도배서를 받은 자에 대한 숨은 추심위임배서인의 항변권이 제한되는 경우가 이 경우일 것이다(신탁적 양도설의 입장).

9) 지급 또는 변제가 제한적 배서의 조건에 불일치하는 항변[U.C.C. §§ 3-305(2), 3-206, 3-306]　　미국법에서 제한적 배서란, 배서에 ① 조건부문구, ② 그 후의 증권의 양도금지문구, ③ 「추심을 위하여」, 「예금을 위하여」 등의 문구, ④ 그밖에 배서가 배서인 또는 제3자의 이익이나 사용을 위한 것이라는 문구가 있는 배서로서(U.C.C. § 3-205), 이는 ① 및 ④를 제외하고는 통일법상 배서금지배서·추심위임배서와 유사한 것으로, 이는 어음면상 나타나면 물적항변사유로 볼 수 있겠으나, 이러한 어음의 피배서인은 지급수령권한이 있으므로 결과에서는 동일하게 된다.

10) 유인사기(fraud in the inducement)의 항변[U.C.C. § 3-305(2)]　　통일법과 동일하다.

11) 미완성증권의 보충권남용의 항변[U.C.C. § 3-305(2), 3-115, 3-407(3)]　미국법에서는 미완성증권의 보충권의 남용을 변조로 보고 이에 변조의 효력을 적용시키고 있는 점이, 통일법이 양자를 구별하여 보충권의 남용을 인적항변으로 보고 변조를 물적항변으로 보고 있는 점과 구별되고 있다.

12) 증권에 중대한 변조가 있는 경우, 자기의 과실로 인하여 증권의 중대한 변조에 실질적으로 기여하게 한 사람의 항변[U.C.C. § 3-406]　　미국법에서는 이러한 자는 변조의 항변을 주장할 수 없으나, 통일법에서는 이와 같은 규정

이 없고 해석상 그러한 자에게 표현책임 또는 사용자배상책임을 물을 수 없는 한 그러한 자는 변조의 물적항변을 주장할 수 있게 된다.

13) 무권한(위조) 서명의 경우에, 권한 없이 한 서명의 작성에 자기의 과실로 인하여 실질적으로 기여하게 한 사람의 항변[U.C.C. § 3-409]      12)와 동일하다.

14) 융통당사자의 항변[U.C.C. § 3-415(3)]      미국법상은 「정당한 소지인으로서 융통의  사실을 알지 못하는 소지인」에 대하여 융통을 위한 것임을 주장할 수 없다고 규정하고 있음에 반하여, 통일법에서는 그러한 사정을 알면서 취득한 경우에도 융통을 위한 것임을 주장할 수 없다고 해석하고 있는 점에서 볼 때, 항변이 절단되는 경우가 통일법이 넓은 것임을 알 수 있다.

15) 증권과 다른 별개의 서면상 동의에 의한 권리의 제한의 항변[U.C.C. § 3-119(1)]      통일법과 동일하다.

16) 환어음이 일조로 발행된 경우에, 그 중 1통을 유통·배서 또는 인수하는 자는 그 조의 전부에 대한 책임을 질 수 없다는 항변[U.C.C. § 3-801(2) 전단]      통일법과 같다(韓어 65①단, ② 참조).

# Ⅶ. 국제어음(수표)에 관한 협약(안)상[70]의 어음항변에 관한 규정

1. 국제어음(수표)에 관한 협약에서도 영미법과 같이 어음의 선의취득과 항변제한을 구분하지 않고, 어음항변에 관해서는 보호받는 소지인(protected holder)의 권리에서 규정하고 있다.

2. 동 협약(안)상의 규정에 의하여 보호받는 소지인에게도 대항할 수 있는 항변사유(물적항변사유)는 다음과 같다.

1) 증권상의 서명하지 아니한 자가 증권상의 책임이 없다는 항변[어음협약(안) § § 26(1)(a), 29(1), 수표협약(안) § § 28(1)(a),31(1)]

2) 위조의 항변[어음협약(안) § § 26(1)(a), 30, 수표협약(안) § § 28(1)(a), 32]

3) 변조의 항변[어음협약(안) § § 26(1)(a), 31(1), 수표협약(안) § § 28(1)(a), 33(1)]

4) 대리권이 없이 또는 대리권을 넘어 증권상에 대리인으로서 서명하는 경

---

70) 박상길, "UNCITRAL의 국제환어음 및 국제약속어음에 관한 협약안(제17차 회의-1984. 6. 25~7. 11),"「법조」, 제33권 11호(1984. 11), 107~141면; 동, "UNCITRAL의 국제수표에 관한 협약안(제17차 회의-1984. 6. 25~7. 11),"「법조」, 제33권 12호(1984. 12) 119~153면.

우, 대리권이 없는 자가 대리권을 표시하지 아니하고 서명한 경우, 또는 대리인
으로 서명하였으나 그 본인의 이름을 기재하지 않은 경우에, 그 본인은 책임을
지지 않는다는 항변[어음협약(안) §§ 26(1)(a), 32(3), 수표협약(안) §§ 28(1)(a), 34(3)]

    5) 인수를 위하여 제시되어야 할 환어음이 제시되지 않은 경우에, 발생인·배서인
및 보증인은 환어음상의 책임을 지지 않는다는 항변[어음협약(안) §§ 26(1)(a), 49]

    6) 적법하게 지급제시되지 않아 소구권(상환청구권)이 면제되었다는 항변[어음
협약(안) §§ 26(1)(a), 53, 수표협약(안) §§ 28(1)(a), 45]

    7) 시효완성의 항변[어음협약(안) §§ 26(1)(a), 수표협약(안) §§ 28(1)(a), 79]

    8) 증권의 책임과 관련한 당사자의 무능력(제한능력)에 기한 항변, 또는 서명
을 함으로써 자기가 증권상의 당사자가 된다는 사실을 모르고 서명하였으며 그에
대하여 과실이 없다는 항변[어음협약(안) §§ 26(1)(c), 수표협약(안) §§ 28(1)(c), 32]

# 전자어음의 발행과 유통에 관한 법적 문제점*

## I. 서 언

1. 오늘날 유가증권을 그 기능별로 크게 구별하면 주로 지급수단으로서의 기능을 수행하는 지급증권(예컨대, 수표), 신용수단으로서의 기능을 수행하는 신용증권(예컨대, 어음), 자본조달 및 투자의 수단으로서의 기능을 수행하는 자본증권(예컨대, 주권·채권) 및 재화의 유통을 촉진시키는 기능을 수행하는 물품증권(예컨대, 화물상환증·창고증권·선하증권)이 있다.[1]

2. 이러한 각종의 유가증권은 컴퓨터에 의한 새로운 정보통신기술에 의하여 서면인 유가증권 분야에서 새로운 큰 변화를 가져왔다. 즉, 지급증권인 수표는 직불카드제도(debit card system)·은행의 전자자금이체제도(Electronic Fund Transfer

---

* 이 글은 정찬형, "전자어음의 발행과 유통에 관한 법적 문제점,"「인터넷과 법률III」(서울대학교 법과대학 전문분야 연구과정 제13권)(파주: 법문사, 2010), 307~338면의 내용임[이는 2009년도 2학기에 개설된 서울대학교 법과대학의「전문분야 법학연구과정 제28기 인터넷과 법률III」에서 강연한 내용임).

  이와 관련하여 참고할 수 있는 필자의 글로는 정찬형, "전자어음의 발행 및 유통에 관한 법률의 문제점,"「금융법연구」(한국금융법학회), 제1권 제1호(2004. 6), 103~130면; 동, "전자어음법의 제정 필요한가?,"「고려법학」(고려대 법학연구원), 제41호(2003. 10), 39~87면; 동, "전자어음법의 문제점에 관한 소고,"「백산상사법논집(백산 정찬형교수 화갑기념)」, 박영사, 2008. 8. 3, 908~924면 등이 있음.

1) 정찬형,「어음·수표법강의(제7판)」(서울: 박영사, 2009), 27~29면; 동,「상법강의(하)(제11판)」(서울: 박영사, 2009), 14~15면.

System: EFTS) 및 지로(Giro)제도 등에 의하여 많이 대체되고 있고(현금 없는 대체거래), 신용증권인 어음은 그의 일부가 신용카드제도(credit card system)에 의하여 대체되고 있으며, 자본증권인 주권과 채권은 증권예탁결제제도 및 주식의 전자등록 등에 의하여 무권화되고 있고(현물 없는 대체거래), 물품증권인 선하증권은 전자선하증권(상법〈이하 '상'으로 약칭함〉 제862조)에 의하여 대체되고 있다.[2]

3. 이와 같이 서면인 유가증권에 대체하는 새로운 제도가 발생함에 따라 이를 규율하기 위한 새로운 입법이 필요한데, 이에 관하여는 현재 부분적으로 일부의 사항을 규율하는 법률은 제정되어 있으나 당사자간의 사법상의 권리·의무를 포괄적으로 규율하는 법률은 아직 제정되어 있지 않고 이에 관하여는 주로 은행 등이 제정한 약관 등에 의하여 규율되고 있다. 즉, 직불카드와 신용카드에 관하여는 현재 우리나라에서 여신전문금융업법(제정: 1997년 8월 28일 법률 제5374호)에서 규율하고 있으나 이는 주로 이러한 카드를 발행하는 신용카드업자를 감독하기 위한 규정이고(동법 제2조~제27조 참조), 신용카드거래에 관련된 당사자간의 사법상의 법률관계는 거의 카드발행회사가 제정한 약관(카드회원약관 및 카드가맹점약관)에 의하여 규율되고 있다. 또한 현재 우리나라에서 많이 이용되고 있는 전자자금이체거래에 관하여는 전자금융거래법(2006년 4월 28일 법률 제7929호)에서 부분적으로 당사자간의 권리와 의무에 대하여 규정하고 있으나(동법 제2조~제15조) 이 법도 주로 전자금융업자를 감독하기 위한 규정을 두고 있다(동법 제21조~제51조). 따라서 전자자금이체에 관한 당사자간의 사법상의 법률관계는 주로 은행 등이 제정한 약관 등에 의하여 규율되고 있는데, 이에 관한 상세한 내용을 규율하는 입법의 필요성이 주장되고 있다.[3] 그러나 전자자금이체에 관하여 미국에서는 통일상법전(Uniform Commercial Code: UCC) 제4A장 및 전자자금이체법(Electronic Fund Transfer Act, 15 U.S.C §§ 1693~1693r)이 제정되어, 이러한 거래를 하는 당사자의 사법상의 권리관계를 상세히 규율하고 있다.[4]

4. 이와 같이 현재 전자화가 이루어지고 실생활에서 많이 이용되고 있는 전자자금이체·직불카드 및 신용카드 분야에서도 당사자간의 사법상 법률관계를 상세히 규율하는 법률이 아직 제정되어 있지 않았는데, (법 제정 당시에) 거래계에서

---

2) 정찬형, 상게 어음·수표법(제7판)(주 1), 29~30면; 동, 상게 상법강의(하)(제11판)(주 1), 921면.

3) 이에 관한 상세는 정찬형, 「전자자금이체의 법적 문제 및 입법론적 검토(디지털 경제법 4)」, 한국법제연구원, 2002. 참조.

4) 정찬형, "전자어음법의 제정 필요한가?" 「고려법학」, 제41호(2003), 40면.

거의 이용되고 있지도 않은 전자어음에 관하여 전자어음법이 먼저 제정되었다. 즉, 2004년 3월 22일 법률 제7197호로「전자어음의 발행 및 유통에 관한 법률」(이하 '전자어음법'으로 약칭하고, 조문인용에서는 '전어'로 약칭함)이 제정·공포되었고, 또한 동법 시행령(이하 '전어시'로 약칭함)이 2004년 12월 31일 대통령령 제18637호로 제정·공포되어, 동법은 2005년 1월 1일부터 시행하는 것으로 되었다(전어 부칙). 이러한 전자어음법은 외국의 입법례에서도 거의 없는 입법으로 우리나라에서 처음으로 제정되었다고 볼 수 있는데,[5] 현행 어음법(이하 조문인용에서는 '어'로 약칭함)과도 상충되고 또한 약속어음에 대체되는 새로운 결제제도(예컨대, 기업구매자금대출제도·전자외상매출채권담보대출제도·기업구매전용카드제도 등)가 활성화되고 있어 약속어음의 이용이 줄어들고 있는 때에 이에 역행하는 전자어음법이 이와 같이 조급히 제정된 것이므로,[6] 앞으로 이의 해석과 적용에 있어서 매우 신중한 접근이 요망된다.[7]

   5. 전자어음법은 그 후 2009년 1월 30일에 전문 개정되었고(법률 제9364호, 시행 2009. 1. 30), 다시 동년 5월 8일에 개정되어(법률 제9651호, 시행 2009. 11. 9) 주식회사의 외부감사에 관한 법률 제2조에 따른 외부감사대상 주식회사(원칙적으로 직전 사업연도말 자산총액이 100억원 이상인 주식회사 및 주권상장법인〈동법 시행령 제2조〉)는 약속어음을 발행할 경우 전자어음을 의무적으로 발행하도록 하였는데(전어 제6조의 2), 동법은 다시 2013년 4월 5일 개정되어(법률 제11730호, 시행 2014. 4. 6) 외부감사대상 주식회사 외에「직전 사업연도 말의 자산총액 등이 대통령령으로 정하는 기준에 해당하는 법인사업자」(직전 사업연도 말의 자산총액이 10억원 이상인 법인사업자—전어시 제8조의 2)를 추가하여 전자어음의 의무적인 발행대상범위를 대폭 확대하였고, 이에 위반하는 경우 500만원 이하의 과태료를 부과하고 있다(전어 제23조 2항 1호). 전자어음법은 2016년 5월 29일 다시 개정되어(법률 제14174호, 시행 2018. 5. 30) 만기를 '발행일로부터 3개월까지'로 단축하면서(전어 제6조 5항) 부칙에 경과조치에 관한 규정을 두었다(전어 부칙 제12조).

   전자어음법이 제정된 후 전자어음이 거의 이용되지 않은 점에서 위와 같이 일정규모 이상의 주식회사에 대하여 의무적으로 전자어음을 이용하도록 한 것인데, 사법상 물건대금의 결제행위 등에 대하여 이와 같이 (약속어음을 발행할 경우)

---

   5) 동지: 정동윤,「어음·수표법(제5판)」(서울: 법문사, 2004), 475면.
   6) 정찬형, 전게논문(고려법학 제41호)(주 4), 42면.
   7) 정찬형, 전게 어음·수표법(제7판)(주 1), 781면.

전자어음을 의무적으로 발행하도록 하는 규정이 과연 정당한 것인지는 극히 의문이다. 이는 신용카드의 이용을 활성화시키기 위하여 이러한 회사가 물건대금의 지급을 (외상으로 하는 경우) 신용카드로 지급하지 않으면 500만원 이하의 과태료에 처한다는 것과 유사하다고 볼 수 있는데, 이러한 입법이 정당성이 있는지 극히 의문이다. 이러한 입법은「대한민국의 경제질서는 개인과 기업의 경제상의 자유와 창의를 존중함을 기본으로 한다」(헌법 제119조 1항)는 헌법에 맞지 않는 것이 아닌가 생각된다. 따라서 이러한 규정을 둠으로써 향후 불필요하게 헌법소원의 대상을 자초한 것은 아닌지 심히 우려된다.

　　6. 이하에서는 전자어음법의 제정과정, 전자어음법의 제정 필요성 여부에 관한 논의, 전자어음법의 주요내용, 전자어음법의 문제점 및 결어의 순으로 살펴보겠다.

## II. 전자어음법의 제정과정[8]

　　1.「전자어음의 발행 및 유통에 관한 법률안」(이하 '전자어음법안'으로 약칭함)이 2001년 11월 29일 조재환 의원의 발의와 145인의 국회의원의 찬성으로 의안번호 제1254호로 국회에 제출되었다. 이러한 전자어음법안은 2001년 7월 31일에 제출된 이철송 교수의「전자어음법의 제정에 관한 연구보고서」에 기초한 것이다.[9] 위의 의원입법안인 전자어음법안은 이철송 교수의 연구보고서에 있는「전자어음의 작성 및 유통에 관한 법률시안」[10]의 내용을 (극히 일부의 사항에 대하여만 추가하거나 문언변경을 하여) 거의 그대로 반영하고 있다.

　　그런데 이러한 전자어음법안에 대하여 법무부는 (ⅰ) 국제적인 통일법 추세에 맞지 않고, (ⅱ) 현행 어음법과의 법리적인 문제점이 있으며, (ⅲ) 전자어음을 관리하는 중앙관리기구를 둘러싼 신용질서의 붕괴위험성 및 부작용으로 인한 비용증가의 우려가 있고, (ⅳ) 법안의 실효성에도 의문이 있다는 등의 이유로, 이의 도입 여부는 학계와 실무계의 충분한 검토와 숙의를 거쳐 신중히 결정하여야 한다는 의견을 제시하였다.[11]

---

8) 이에 관하여는 정찬형, 전게논문(고려법학 제41호)(주 4), 42~44면; 동, "전자어음법의 문제점에 관한 소고,"「인터넷법률」(법무부), 통권 제24호(2004. 7), 19~20면 참조.
9) 이철송,「전자어음법의 제정에 관한 연구」(연구보고서), 2001. 7. 31.
10) 이철송, 상게 연구보고서(주 9), 51~56면.
11) 필자도 법무부로부터 이러한 전자어음법안에 대한 검토의견을 요청받고 법무부와 같은 취

또한 재정경제부도 이는 ( i ) 정부의 어음억제정책에 맞지 않고, (ii) 전자
어음이 국내현실에서 가능한 것인지에 대한 시뮬레이션이 필요하며, (iii) 선진국
의 예에도 없다는 등의 이유를 들어 반대하였다.

이러한 이유인지는 몰라도 이 후 전자어음법안에 관한 논의는 잠잠하였다.

2. 그 후 국회 법제사법위원회는 위의 전자어음법안을 부분적으로 손질하여
(즉, 전자어음의 등록 등에 관한 규정은 추가하고, 준용규정에 관한 규정은 삭제하며, 나머
지는 약간의 문언수정만을 하여) 이 법안을 가지고 2003년 5월 23일에 국회 법제사
법위원회 회의실에서 공청회를 개최하였다.12)

이 공청회에서도 법무부는 전자어음은 기존 (종이)어음의 문제점(발행 남용,
연쇄 부도, 위·변조 등)을 그대로 가지고 있을 뿐만 아니라, 분할배서를 허용하여
기존 (종이)어음의 문제점을 확대시키고, 또한 해킹 등으로 인한 혼란 등 새로운
문제점을 발생시킬 우려가 있다는 등의 이유로 이 법 제정의 필요성에 신중한
검토가 필요하다는 의견을 제시하였다.13)

또한 재정경제부도 전자어음법안은 연쇄부도로 인한 기존 어음의 문제를 해
결하지 못하고 오히려 확대할 가능성이 있고, 2000년 2월 재정경제부·금융감독
위원회·한국은행·중소기업청이 공동으로 발표한 어음제도의 점진적 폐지를 골
자로 하는 내용의 '어음제도 개선방안'에 정면으로 배치되고, 또한 최근 현금결제
비중의 증대·어음 대체제도의 확대·기업간 결제제도의 변화추세 등에서 볼 때
입법의 필요성이 크지 않다고 하여 반대하였다.14)

또한 대법원에서도 이는 외국의 입법례가 매우 드문 선도적인 입법으로 예
기치 못한 문제의 발생 등을 방지할 필요가 있고, 중앙관리기구의 시스템 장애
등이 발생하는 경우 이에 따른 많은 법률문제가 발생한다는 점 등에서 이의 입
법에는 신중한 검토가 필요하다는 의견을 밝혔다.15)

3. 이러한 전자어음법안은 위의 공청회 후 법무부와 협의를 거쳐 국회 법제
사법위원회에서 심의하는 과정에서 대폭 수정되어(전자어음관리기관을 법무부장관이
지정하도록 한 점, 전자어음관리기관은 전자어음의 등록거부 또는 발행제한을 할 수 있도록

---

지로 반대의견을 회신한 바 있다(2001. 12. 13).
12) 이 공청회에서의 논의된 내용의 자료에 관하여는 국회 법제사법위원회, 전자어음의 발행 및
   유통에 관한 법률제정에 관한 공청회, 2003. 5. 23 참조.
13) 조정환(법무부), 상게 공청회 자료(주 12), 51~57면.
14) 변양호(재정경제부), 상게 공청회 자료(주 12), 73~84면.
15) 민병훈(대법원), 상게 공청회 자료(주 12), 105~108면.

한 점, 전자어음의 만기를 1년을 초과할 수 없도록 한 점, 백지전자어음을 인정하지 않는 점, 전자어음의 총 배서횟수가 20회를 초과할 수 없도록 한 점, 전자어음의 분할배서를 폐지한 점 등), 2004년 3월 2일 제245회 국회(임시회) 제11차 본회의에서 통과되고, 2004년 3월 22일 법률 제7197호로 공포되었다.

## Ⅲ. 전자어음법의 제정 필요성 여부에 관한 논의

전자어음법의 제정과정에서 전자어음법의 필요성을 주장하는 견해[16]와 전자어음법의 필요성을 부정하는 견해[17]로 나뉘어 있었는데, 필자는 이의 입법에 반대하였다.[18]

이하에서 차례로 살펴보겠다.

### 1. 전자어음법의 필요성을 주장하는 견해

가. 전자어음법안의 제안이유에서는 전자어음법의 필요성에 대하여 다음과 같이 설명하고 있다.

"인터넷을 통한 금융거래가 보편화되고 전자상거래가 활성화됨에 따라 기업과 소비자간 전자상거래에서는 전자자금이체·신용카드결제·휴대폰을 이용한 결제·전자화폐를 통한 결제 등 소액의 현금결제를 위한 전자결제방법은 매우 활성화되고 있으나, 기업간 전자상거래 및 일반 재화와 용역의 공급에 대한 대금지급은 실물 약속어음을 발행하여 매우 복잡하고 비경제적인 유통과정을 통하여 교환결제되는 현재의 결제방법이 그대로 사용되고 있어 디지털 경제에 합당한 전자결제방법의 제도적 도입이 절실히 요청되고 있는 현실이다.

현재 어음에 의한 대금결제를 대신하는 구매전용카드·구매자금대출제도·전자방식에 의한 외상매출채권담보대출 등의 새로운 금융상품에 대하여 여러 가지 인센티브를 제공하여 어음에 의한 외상거래를 은행대출에 의한 현금결제방법으

---

16) 신양호(한국전자거래협회), 상게 공청회 자료(주 12), 8~17면; 이철송, 상게 공청회 자료(주 12), 119~120면; 권종호, 전자어음제도의 도입과 법리적 과제(2003년 제1회 한국증권법학회 특별세미나 주제발표 자료), 2003. 2. 27, 13~20면.

17) 조정환(법무부), 전게 공청회 자료(주 12), 51~57면; 현대호(한국법제연구원), 전게 공청회 자료(주 12), 61~69면; 변양호(재정경제부), 전게 공청회 자료(주 12), 73~84면.

18) 정찬형, 전게논문(고려법학 제41호)(주 4), 52~58면; 동, 전게논문(인터넷법률 제24호)(주 8), 20~25면.

로 대체하는 제도를 시행하고 있어 실물어음의 발행액이 감소하고 관련 금융상품의 대출이 증가하는 등 좋은 결과를 얻고 있음은 사실이나, 어음은 우리나라 기업의 대표적인 결제수단으로서 신용창조의 기능과 실물경제를 활성화시키는 장점이 있는 제도이며 이를 전자화할 경우 (ⅰ) 조세정의 실현 (ⅱ) 금융질서 확립 (ⅲ) 물류비용 절감 (ⅳ) 디지털 경제환경 효과 등의 이점이 예상되며, 2000년도 연간 약속어음 교환결제액 3,208조원과 기업간에 교부받은 어음을 다시 배서하여 결제수단으로 이용되는 금액(추정불가)을 감안할 때 이를 모두 은행대출로 대체하기는 불가능한 것이므로 실물어음을 전자어음으로 유통이 가능하도록 지원하는 입법이 필요한 실정이다.

또한 디지털 환경하에서의 전자어음은 고액의 어음을 소액으로 분할하여 배서할 수 있어, 기업간 결제에 혁신적인 편리성을 제공하고 있는 전자어음의 도입이 매우 절실한 실정이다.

그러나 현행 어음법은 실물어음의 경우를 전제하여 만들어진 법으로서 전자결제환경에 적합치 못하므로 전자어음법을 제정하여 전자어음을 일반상거래와 전자상거래에서 디지털 환경에 적합한 전자결제수단으로 사용할 수 있도록 하고, 전자어음을 통하여 조세투명성 제고로 조세정의를 실현하며, 전자화를 통한 물류비용의 절감을 꾀하고, 디지털환경에 따른 기업간 결제의 효율성을 높이는 결제수단으로 활용하고자 하는 것이다."

**나.** 전자어음법의 입법 필요성에 대하여 다음과 같이 주장하는 견해가 있다.19)

(1) 전자어음에 의하면 거래 내용이 투명하게 되고 딱지어음으로 인한 폐해도 없으며 어음의 남발로 인한 고의 부도의 폐해가 없고, 어음의 위조·변조를 방지할 수 있다.

(2) 전자어음에 의하면 사채시장의 어음할인을 양성화하여 조세의 투명성을 확보하고, 중소기업의 단기자금조달시장의 활성화도 기대할 수 있다.

(3) 전자어음에 의하면 (B2B거래의 결제수단을 다양화하여) 전자상거래를 활성화시킨다.

(4) 전자어음에 의하면 종이어음의 발행·유통·보관 등으로 인한 많은 기업 및 사회적 비용을 절약할 수 있다.

---

19) 신양호(한국전자거래협회), 전게 공청회 자료(주 12), 8~17면; 이철송, 전게 공청회 자료(주 12), 119~120면; 권종호, 전게 전자어음제도의 도입과 법리적 과제(2003. 2. 27. 한국증권법학회 발표자료)(주 16), 13~20면.

## 2. 전자어음법의 필요성을 부정하는 견해

전자어음법의 필요성을 부정하는 견해는 그 이유를 다음과 같이 주장한다.[20]

가. 전자어음법의 제정이유 중 가장 먼저 드는 것이 물류비용의 개선인데, 실제 종이어음을 발행하고 수수하는 것이 과연 얼마나 비용이 들고 불편한 것인지 의문이며, 이를 계량화하여 많은 물류비용을 절감할 수 있다고 하는 점은 과장된 점이 있다.

전자어음을 발행할 경우에는 일정한 시스템 및 인력을 갖추어야 하고 또한 중앙관리기구도 설치하여야 하므로, 이에 따른 상당한 추가적 비용이 필요하다.

나. 조세 투명성 제고는 중앙관리기구가 전자어음의 거래정보를 집중·관리하고 또한 이를 공시할 수 있도록 규정하고 있기 때문인데, 이는 전자어음의 사용을 강제할 경우에는 현실성이 있으나 종이어음의 사용과 병존하는 경우에 이러한 정보의 노출을 싫어하는 자는 전자어음의 활용을 기피할 것이므로 그 실효성이 반감된다고 볼 수 있다.

다. 전자어음법은 2000년 2월에 성립된 어음제도의 점진적 폐지를 유도하는 정부의 「어음제도의 개선방향」에 반한다. 현재 기업구매자금대출제도·기업구매전용카드제도 및 전자외상매출채권제도 등이 도입되어 어음제도를 상당한 수준으로 대체하고 있다.

라. 전자어음의 경우 이의 발행·유통에 대한 정보가 중앙관리기구에 집중·공시되는데, 거래정보의 노출을 꺼리는 현 기업풍토에서 이러한 정보의 집중·공시는 전자어음의 사용을 꺼리게 하고 또한 노출을 꺼리는 사채시장의 속성상 사채시장에서의 할인도 기대하기 어려워 전자어음은 어음으로서 기능에 상당한 한계가 있다. 또한 전자어음은 어음의 발행에서부터 소멸까지 모두 중앙관리기구에서 관리되기 때문에 어음이 가지는 중요한 특징인 무인성·인적항변 절단의 법리 등이 종이어음과 다르게 전개될 가능성이 있는데, 이는 어음의 유통성을 크게 약화시켜서 그 실용성이 반감될 수 있다.

마. 전자적 유통과정에서 외부 해커로부터의 보안문제, 중앙관리기구 내부자로부터의 보안문제, 시스템 에러에 대한 문제, 위·변조의 위험문제 등에 따른 기술적인 문제뿐만 아니라 손해발생시 누구의 위험부담으로 할 것인지와 과실에

---

20) 조정환(법무부), 전게 공청회 자료(주 12), 51~57면; 현대호(한국법제연구원), 전게 공청회 자료(주 12), 61~69면; 변양호(재정경제부), 전게 공청회 자료(주 12), 73~84면.

대한 증명책임의 분배문제 등 법리적인 문제도 많다.

　바. 전자어음으로 인한 모든 불이익은 이 어음을 받는 제조업체(중소기업)가 부담하게 되어, 제조업체는 더욱 더 파산하게 된다. 더 나아가서 전자어음에 대하여 조세혜택까지 부여하면 이는 종이어음을 전자어음으로 전환하는 역할을 하기보다는, 오히려 기존에 현금결제방법을 이용하고 있는 기업에게 전자어음의 이용을 유발하는 동기를 부여할 수도 있다.

## 3. 사 견

　결론적으로 전자어음법의 입법에 반대하는데, 그 이유는 다음과 같다.[21)]

　가. 약속어음에 갈음하는 전자어음의 필요성이 현재 우리 상거래에서 절실하며 또한 전자어음의 이용에 따른 당사자간의 편의성과 비용절감의 효과가 크게 나타날 것인지는 매우 의문이다.[22)] 기업간 전자상거래(B2B거래)에 부응하기(또는 활성화하기) 위하여 전자어음제도를 반드시 도입할 필요는 없다고 본다. 즉, 전자상거래에 따른 결제가 현금결제 조건이면 전자자금이체로 하면 되고, 외상결제 조건이면 이미 2002년 초부터 이용되고 있는「전자외상매출채권제도」를 이용하면 충분하다고 본다.[23)] 특히 대기업의 어음남발로부터 제조업체(중소기업)를 보호하기 위하여는 전자어음제도보다는 지명채권의 일종으로서 인적 항변 등이 허용되면서 거래은행으로부터 담보대출도 받을 수 있는「전자외상매출채권제도」를 이용하도록 하여야 할 것으로 본다. 또한 전자어음제도를 이용하면 이를 발행하는 기업(특히 대기업)에게는 편리할지 모르나, 이를 수취하는 기업(제조업체 또는 중소기업)에게는 매우 불확실하고 할인·양도 등이 (종이어음에 비하여) 용이하지 않으므로 매우 불리하고 불편할 것으로 본다. 따라서 전자어음제도가 이에 관련되는 모든 당사자에게 편의성을 준다고 볼 수도 없다. 또한 약속어음은 상업어음(진성어음)의 용도뿐만 아니라 융통어음인 기업어음(CP어음)·금융기관간 콜거래시 자금상환수단·증권금융의 어음발행 등에도 광범위하게 이용되고 있는데, 약속어음의 용도별 교환규모를 보면 2002년에 상업어음의 비중은 10% 정도에 불과하며, 또한 이러한 상업어음의 비율도 어음대체결제수단(구매자금대출·구매전용카드 등)의

---

21) 이에 관하여는 정찬형, 전게논문(고려법학 제41호)(주 4), 52~58면 참조.
22) 동지: 송강, 어음제도의 개선방안 및 어음에 갈음한 결제제도에 관한 연구(고려대 법학석사 학위논문, 2003. 2), 85면.
23) 동지: 변양호(재정경제부), 전게 공청회 자료(주 12), 79면.

이용활성화로 지속적으로 감소하고 있는 추세에 비추어 볼 때, 전자어음제도의 비용절감효과는 크지 않다고 본다.24) 오히려 전자어음제도를 이용하기 위하여는 일정한 시스템 및 인력을 갖추어야 하고 또한 중앙관리기구도 설치하여야 하므로 이에 따른 추가적 비용이 클 수도 있다고 본다. 따라서 전자어음제도를 이용하면 비용절감의 효과가 매우 크다고 강조하는 점은 과장된 점도 있다.25)

나. 어음은 원래 만기까지의 신용을 얻을 목적으로 발행하는 신용증권으로서 지급증권인 수표와 구별된다. 따라서 지급증권인 수표는 전자자금이체에 의하여 대체되고 있으며 또한 전자자금이체는 우리 일상생활에서 많이 이용되고 있는 것이 현실이다. 그러나 어음은 신용증권이므로 만기까지의 신용이용(즉, 할인·양도 등)의 담보에 그 중점을 두어야지, 만기에 결제되는 점만을 강조하여 어음을 수표와 같이 전자결제의 하나의 수단으로만 파악하거나 이러한 점만을 강조하여 디지털환경에 따른 기업간 결제의 효율성 또는 다양성을 높이는 결제수단으로 활용하기 위하여 전자어음법을 제정한다는 것은 적절치 않은 것으로 본다.

이러한 점에서 미국에서도 1989년에 통일상법전을 개정하면서 어음에 관한 사항은 그대로 두고, 지급증권에 관한 사항에 대하여만 (전자자금이체를 포함하여) 4A장(자금이체)을 신설하여 규정하고 있다.26)

다. 유체화된 종이어음에 대하여도 신뢰하지 못하고 공증 등을 하며 또한 많은 법률문제를 야기하고 있는데, 형체도 없는 전자어음을 자발적으로 수령하고 물건을 공급하거나(제조업체) 금전을 대여하고자 하는 자(할인업체)가 얼마나 많이 있을지 의문이다. 다시 말하면 종이어음의 실물에 익숙한 어음의 이용자 또는 자기의 재산관계나 거래관계의 노출을 꺼려하는 자에게는 전자어음이 자기의 권리에 대한 불안감을 주거나 노출되는 것을 두려워하여 그의 이용을 기피하는 점도 많을 것이다. 따라서 전자어음의 이용에 대한 필요성과 공감대가 형성되지 않은 상황에서 이에 대한 사전의 충분한 문제점의 검토도 없이 먼저 입법을 하는 것은 매우 무모하고 시간과 경비만을 낭비하며 많은 문제점을 유발하는 결과가 될 수도 있을 것으로 본다.27) 전자어음은 이를 발행하는 대기업에게는 결제의 간편성 등으로 유용할는지 몰라도(따라서 대기업을 대표하는 경제단체는 이 제도에 찬성할

---

24) 동지: 변양호(재정경제부), 전게 공청회 자료(주 12), 76~77면.
25) 동지: 조정환(법무부), 전게 공청회 자료(주 12), 52면.
26) 정찬형, 전자어음법(안)에 대한 검토의견서(법무부에 대한 회신), 2001. 12. 13, 2~3면.
27) 정찬형, 상게 전자어음법(안)에 대한 검토의견서(주 26), 3면.

수 있음) 이를 수취하는 제조업체(중소기업)는 매우 불안하고 또한 어음관계의 노출을 꺼려하는 사채업자로부터 할인을 받을 수도 없으므로 결국 제조업체(중소기업)의 어려움과 문제점을 가중시키고, 또한 현금결제를 하는 기존의 대기업에게 전자어음의 이용을 유발시켜 중소기업의 어려움을 더욱 가중시킴은 물론 현금결제의 비중을 높여 중소기업을 보호하고자 하는 정부의 정책에도 정면으로 반하게 되는 결과가 된다.[28]

　　**라.** 유체화된 종이어음에 대하여도 위조·변조 등이 많이 발생하여 많은 법률문제를 야기하고 있는데 전자어음의 경우는 원본도 불확실하고 해킹 등의 위험도 추가되며 또한 대량으로 유통될 수 있어 컴퓨터 기술발전을 고려하더라도 항상 위조·변조의 위험이 매우 크며, 이 경우 법률상 책임을 부담할 자 및 증명책임을 부담할 자 등의 확정이 어려워 새로운 많은 법률문제를 야기할 수 있다.[29]

　　**마.** 우리 어음법은 1930년 제네바 어음법통일조약에 따른 것인데, 전자어음법에 관한 국제조약도 없고 또한 외국의 입법례도 없음에도 불구하고 우리나라만이 유일하게 어음 중에서도 약속어음만에 관하여 전자어음법을 제정하여야 할 필요성이 꼭 있는지는 의문이다. 또한 국내에서도 외국인과의 무역거래가 매우 빈번한데 이에 관한 분쟁시 새로운 문제를 유발하고, 외국인(외국기업)이 이 제도를 남용할 경우 오히려 이 법으로 인하여 내국인(내국기업)의 폐해가 커서 국가이익에도 반하지 않을런지도 우려된다.

　　외국의 경우는 일반적으로 거래의 결제비중에서 어음의 비율이 축소되거나 다른 형태로 대체되어 있는 경향이 있으며, 또한 어음 자체를 전자화하여 발행·유통의 대상으로 하기보다는 그 결제(교환)업무를 전자화(부동화)하고 있다.[30]

　　참고로 미국의 통일전자거래법(Uniform Electronic Transaction Act: UETA)[31] 제16조는 양도성 기록(transferable records)에 대하여 규정하고 있는데, 이 때의

---

28) 동지: 현대호(한국법제연구원), 전게 공청회 자료(주 12), 64~65면; 송강, 전게 석사학위논문(주 22), 84면.

29) 동지: 조정환(법무부), 전게 공청회 자료(주 12), 55면; 변양호(재정경제부), 전게 공청회 자료(주 12), 81면; 송강, 전게 석사학위논문(주 22), 84~85면.

30) 조정환(법무부), 전게 공청회 자료(주 12), 53면; 변양호(재정경제부), 전게 공청회 자료(주 12), 79면; 권종호, 전게 전자어음제도의 도입과 법리적 과제(2003. 2. 27. 한국증권법학회 발표자료)(주 16), 2~6면 등 참조.

31) 이는 우리나라의 「전자거래기본법」에 해당한다고 볼 수 있다. 이에 관한 상세는 정경영, "미국 통일전자거래법(Uniform Electronic Transaction Act: UETA)에 관한 연구," 「상사법연구」(한국상사법학회), 제19권 2호(2000), 253~289면 참조.

「양도성 기록」은 "전자기록이 서면이었을 경우 통일상법전 제3장에서의 약속어음(note) 또는 UCC 제7장에서의 증서(document)의 자격을 갖추고, 전자기록의 발행자가 명시적으로 양도성 기록임에 합의한 전자기록을 의미한다"고 한다[UETA § 16(a)]. 이러한 양도성 기록의 권리자는 양도성 기록상의 권리양도를 증명하기 위하여 채용된 시스템에 의하여 양도성 기록의 수취인 또는 양수인으로 신뢰할 수 있게 증명된 자이다[UETA § 16(b)]. 또한 이러한 시스템이 위 제16조 (b)항의 요건을 충족시키고 양도성 기록이 (일정한 경우를 제외하고) 유일하고 확인가능하며 변경할 수 없는 하나의 정본(a single authoritative copy)이 존재하는 방법으로 생성·저장·양도되는 경우에는 그러한 양도성기록의 수취인이나 최후의 양수인은 권리자로 간주된다[UETA § 16(c)]. 이러한 미국 UETA상의 양도성 기록에 관한 규정은 약속어음(note)[UCC § 3-104(e)]과 권원증서(document of title)[UCC § 7-102(1)(e)]에 대하여만 적용되는데, 이러한 증권의 당사자가 전자환경에서 증권을 유통할 수 있는 이익을 갖도록 하기 위하여 규정된 것이다.[32] 즉, UETA 제16조는 발행인 또는 채무자에 대한 전자약속어음과 이에 상응하는 전자권원증서의 발행·양도 및 권리행사에 대한 법적 효력을 인정함으로써, 관련 시스템 및 절차를 개발하는 산업에 동기를 부여하고 있다.[33] 그런데 이러한 양도성 기록에 대하여는 발행자가 명시적으로 합의하여야 하므로[UETA § 16(a)], 양도성 기록의 발행시점에서 채무자에 의해서만 발행될 수 있고 서면어음을 전자어음으로 전환할 수는 없다.[34] 또한 동조는 양도성 기록에 대한 권리자에 대하여 서면증권의 소지인과 동일한 권리를 인정하고[UETA § 16(d)], 양도성 기록이 유일하고 확인가능하며 변경할 수 없는 하나의 정본이 존재하는 것을 전제로 선의취득도 인정하고 있다[UETA § 16(c)]. 또한 양도성 기록에 대한 채무자는 서면증권의 채무자와 같은 항변을 주장할 수 있다[UETA § 16(e)]. 그러나 채무자가 요청할 경우 양도성 기록에 대한 자신의 권리를 증명할 합리적인 증거를 제시하여야 한다[UETA § 16(f)].

　　이러한 전자약속어음에 관하여 규정한 미국의 통일전자거래법은 통일주법위원전국회의(National Conference of Commissioners on Uniform State Laws: NCCUSL)에 의하여 1999년에 채택된 하나의 통일법안으로, 양도성 기록에 관한 제16조는 어느 주에서 어느 내용으로 주법으로 채택되어 시행되고 있는지 명확하지 않

---

32) Comment 1. to UETA § 16.
33) *Id*.
34) 정경영, 전게 상사법연구(제19권 2호)(주 31), 272면.

다.35) UETA 제16조는 전자약속어음 등이 실무에서 많이 이용되기 때문에 규정 된 것이라기 보다는 앞으로 이러한 증권의 당사자가 원하는 경우 전자거래에서 이용할 수 있도록 하고, 이를 통하여 관련 시스템 및 절차를 발전시키고자 하는 목적에서 규정된 것이라고 볼 수 있다. 또 전자약속어음에 대하여 UETA는 한 개의 조문만 두고 있을 뿐이므로, 미국에서 전자어음에 관하여 단일한 법으로 규 정하고 있지도 않다. 따라서 우리의 경우는 이러한 미국의 UETA 제16조가 각 주에서 어떻게 채택되고 시행되고 있으며 그 효과는 무엇인가를 파악한 후에, 전 자어음에 관한 입법을 논의하여도 결코 늦지 않을 것으로 생각된다.

　　바. 의원입법으로 1998년 5월에는 약속어음이 남용되는 면만을 너무 부각시 켜 약속어음제도의 폐지를 주요 내용으로 하는 어음법개정안을 국회에 제출하더 니, 3년 후인 2001년 11월에는 다시 의원입법으로 약속어음의 이용을 촉진시키 는 전자어음법안을 제출하는 것은, 모두 이에 관한 충분한 검토 없이 상호 모순 되는 법안을 연달아 제출하여 국회(의원)의 신뢰를 스스로 실추시키는 인상도 있 다. 그 동안 정부는 약속어음제도의 남용에 따른 폐해를 축소하고 중소기업을 보 호하기 위하여 2000년 2월에 약속어음의 이용을 점차 축소시키는 「어음제도개선 방안」(기업구매자금대출제도·기업구매전용카드제도·전자외상매출채권제도 등)을 마련하 여 시행하였으며 또한 매년 그 이용이 증가하고 있는 상황에서, 국회(의원)도 이 에 반하는 법안을 제출할 것이 아니라 이러한 정부의 정책을 적극 지원하여 중 소기업을 보호하도록 하여야 할 것이다.

　　사. 앞으로 디지털 환경에 부응하고 기업 등의 편의와 비용 등의 절감을 위 하여 이에 대응하는 입법이 반드시 필요하다면 이러한 사항은 유가증권 분야에 서 어음에만 해당하는 것이 아니라, 수표에 갈음하여 현재 일상생활에서 많이 이 용되고 있는 전자자금이체, 주권·채권 등의 자본증권의 전자화에 관하여도 공통 되는 사항이다. 따라서 이러한 문제는 유가증권의 전자화의 문제로 그의 필요성 과 함께 그에 따른 권리자 보호의 전제하에 종합적으로 검토되어야 할 사항으로 본다. 이에 관한 입법을 개별적으로 한다면 현재 일상생활에서 많이 이용되고 있 으면서 당사자간의 권리·의무관계에 대하여 통일된 입법이 되어 있지 않은(앞에 서 본 바와 같이 부분적인 사항에 대하여는 전자금융거래법에서 규정하고 있음) 전자자금

---

35) UETA는 캘리포니아주가 최초로 채택한(그러나 일부 내용을 수정하여 채택함) 이래 약 22 개 주에서 채택하고 있다고 하나[정경영, 전게 상사법연구(제19권 2호)(주 31), 255~256면, 255 면, 동법 제16조의 채택에 관한 내용은 명확하게 나와 있지 않다.

이체에 관하여 먼저 입법이 되어야지(이에 관하여 미국은 UCC 제4A장에서 규정하고 있음), 거의 이용되지도 않고 있는 전자어음에 관하여 입법을 하는 것은 순서가 전도된 면도 있다.

# Ⅳ. 전자어음법의 주요내용

## 1. 전자어음의 의의와 법적 성질

### 가. 전자어음의 의의

우리 전자어음법상「전자어음」이란 '전자문서로 작성되고 전자어음관리기관에 등록된 약속어음'을 말한다(전어 제2조 2호). 이 때「전자문서」란 '정보처리시스템에 의하여 전자적 형태로 작성, 송신·수신 또는 저장된 정보'를 말하는데(전어 제2조 1호, 전자거래기본법 제2조 1호), 여기에서의「정보처리시스템」이란 '전자문서의 작성, 송신·수신 또는 저장을 위하여 이용되고 정보처리능력을 가진 전자적 장치 또는 체계'를 말한다(전자거래기본법 제2조 2호).

일반적으로 전자어음이라고 하면 전자문서로 작성되어 관리기관에 등록된 환어음과 약속어음을 말하는데,[36] 우리 전자어음법상 전자어음은 이 중에서 약속어음만을 의미한다. 따라서 이와 같이 환어음을 배제한다면 혼동의 우려가 있으므로 전자어음이라는 용어 대신에 전자약속어음 등으로 표현하는 것이 보다 더 정확하고 오인할 소지를 줄이는 것으로 본다.[37]

### 나. 전자어음의 법적 성질

전자어음은 사권(私權)인 금전채권을 포함하고 있으나 증권을 작성하지 않고 전자어음관리기관에 등록되어 관리되며(전어 제5조 1항, 제16조 2항) 또한 전자어음의 배서·보증 또는 전자어음상의 권리행사는 전자문서로만 할 수 있으므로(전어 제5조 4항), 이의 법적 성질은 (유가증권법상 전형적인) 유가증권으로 볼 수 없고 장부증권이론에서의 장부증권 또는 전자적 권리표창이론에서의 전자적 등록증권이라고 볼 수 있다.[38] 이러한 점은 주권 또는 채권을 전자증권화한 전자증권제도

---

36) 정동윤, 전게 어음·수표법(제5판)(주 5), 475~476면.
37) 정찬형, 전게논문(인터넷법률 제24호)(주 8), 25면; 동, 전게 상법강의(하)(제11판)(주 1), 466면; 동, 전게 어음·수표법강의(제7판)(주 1), 782면.

(Electronic Securities System)와 동일하다고 본다. 다만 전자적 정보저장장치에 의
한 권리의 표창이 전통적 권리표창방식과 동일한 것으로 인정될 수 있을 것인가
에 대하여는 의문이 있으나, 오늘날 전자매체에 의하여 기억된 자료가 서면에 의
하여 언제든지 일상언어로 재현될 수 있고 또한 정보통신기술의 발달에 따른 전
산시스템의 안정성 및 보안성의 정도가 그 진정성을 확보하기에 충분하다면 전
자적 등록을 새로운 권리표창의 하나의 방식으로 인정할 수도 있을 것이다. 이러
한 점에서 볼 때 전자어음은 종래의 유가증권의 개념을 완전히 벗어난 전혀 다
른 새로운 권리라고 보거나 종래의 유가증권에 적용되는 제 원칙이 모두 적용될
수 없다고 보는 것은 무리이고, 어디까지나 종래의 유가증권 개념의 연장선상에
서 파악되어야 할 것으로 본다.39) 따라서 전자어음에 대하여도 그 성질이 허용
하는 한 종래의 유가증권에 관한 규정이 적용되는 것으로 보아야 할 것이다(전어
제4조 참조). 또한 전자어음은 형법의 적용에 있어서는 유가증권으로 본다(전어 제
22조 4항).

## 2. 전자어음의 발행

전자어음의 발행은「전자어음에 필요적 기재사항을 기재하여 동 어음을 전
자어음관리기관에 등록하고 수취인에게 교부하는 것」을 말하므로, 이하에서는 전
자어음의 필요적 기재사항(전자어음요건)과 전자어음의 교부 및 등록에 대하여 설
명하겠다.

### 가. 전자어음의 필요적 기재사항(전자어음요건)

(1) 전자어음의 필요적 기재사항은 다음과 같다.

(가) **전자어음의 본문 중에 그 어음의 작성에 사용하는 국어로 약속어음임을
표시하는 문자**(전어 제6조 1항 1호, 어 제75조 1호)      이는 실물어음의 경우와 같다.

(나) **일정한 금액을 지급할 뜻의 무조건의 약속**(전어 제6조 1항 1호, 어 제75조
2호)      이는 실물어음의 경우와 같다.

---

38) 정찬형, 전게 상법강의(하)(제11판)(주 1), 466면; 동, 전게 어음·수표법강의(제7판)(주 1),
    783면.
   동지: 정동윤, 전게 어음·수표법(제5판)(주 5), 476면.
39) 정찬형, 전게 상법강의(하)(제11판)(주 1), 466면; 동, 전게 어음·수표법강의(제7판)(주 1),
    783면. 전자증권의 법적 성질에 관한 상세는 정찬형, "전자증권제도의 도입에 따른 법적 과
    제,"「상사법연구」(한국상사법학회), 제22권 3호(2003), 16~20면 참조.

(대) **만기의 표시**(전어 제6조 1항 1호, 어 제75조 3호)　　　전자어음의 만기는 발행일로부터 3개월을 초과할 수 없는데(전어 제6조 5항), 이 점은 실물어음의 경우와 구별된다. 그러나 전자어음의 만기도 실물어음의 경우와 같이 일람출급, 일람후 정기출급, 발행일자후 정기출급 및 확정일출급이 모두 가능하다고 본다[40] (어 제77조 1항 2호, 제33조).

(라) **지급을 받을 자 또는 지급을 받을 자를 지시할 자의 명칭**(전어 제6조 1항 1호, 어 제75조 5호)　　　이는 실물어음의 경우와 같다.

(마) **발행일 및 발행지**(전어 제6조 1항 1호, 어 제76조 6호)　　　이는 실물어음의 경우와 같다.

(바) **전자어음의 지급을 청구할 금융기관**(전어 제6조 1항 2호)　　　이는 전자어음에만 있는 필요적 기재사항으로 실물어음의 경우와 구별된다. 실물어음에서 지급담당자 또는 지급장소(제3자방지급문언)는 유익적 기재사항이다(어 제77조 2항, 제4조, 제27조). 또한 실물어음의 경우는「지급지」가 필요적 기재사항인데(어 제75조 1항 4호), 전자어음의 경우는 지급지가 필요적 기재사항이 아니고 다만 전자어음의 지급을 청구할 금융기관이 있는 지역을 지급지로 간주하는 것으로 규정한 점(전어 제6조 2항)도, 양자가 구별되는 점이다. 이 때의 금융기관이란 '은행법에 따른 금융기관 및 이에 준하는 업무를 수행하는 금융기관으로 은행법 제32조의 규정에 의한 당좌예금을 취급하는 금융기관'을 말한다(전어 제2조 6호, 전어시 제2조).

(사) **전자어음의 동일성을 표시하는 정보**(전어 제6조 1항 3호)　　　이는 전자어음법에만 있는 필요적 기재사항으로 실물어음의 경우와 구별된다. 이 때 전자어음의 동일성을 표시하는 정보란 '어음의 번호 등 전자어음을 다른 전자어음과 구별하여 특정할 수 있는 정보'를 말한다.[41]

(아) **사업자고유정보**(전어 제6조 1항 4호)　　　이는 전자어음법에만 있는 필요적 기재사항으로 실물어음의 경우와 구별된다. 이 때 사업자고유정보란 '전자어음과 관련된 당사자의 상호나 사업자등록번호, 회원번호, 법인등록번호 또는 주민등록번호 등 사업자를 식별할 수 있는 정보'를 말한다(전어 제2조 5호).

(자) **발행인의 공인전자서명**　　　발행인이 전자어음에 공인전자서명을 한 경우에는 어음법 제75조 7호에 따른 기명날인 또는 서명을 한 것으로 본다(전어 제6조 3항). 이는 실물어음의 경우와 구별되는 점이다. 이 때의 공인전자서명이란

---

40) 동지: 정동윤, 전게 어음·수표법(제5판)(주 5), 477면.
41) 동지: 정동윤, 상게 어음·수표법(제5판)(주 5), 477면.

'(ⅰ) 전자서명생성정보(전자서명을 생성하기 위하여 이용하는 전자적 정보)가 가입자에게 유일하게 속하고, (ⅱ) 서명 당시 가입자가 전자서명생성정보를 지배·관리하며, (ⅲ) 전자서명이 있은 후에 당해 전자서명에 대한 변경여부를 확인할 수 있고, (ⅳ) 전자서명이 있은 후에 당해 전자문서의 변경여부를 확인할 수 있음의 요건을 갖추고, 공인인증서에 기초한 전자서명'을 말한다(전어 제2조 3호, 전자서명법 제2조 3호). 이 경우 공인인증서는 '전자서명법 제15조의 규정에 따라 공인인증기관이 발급하는 인증서'를 말하고(전자서명법 제2조 8호), 전자서명이란 '서명자를 확인하고 서명자가 당해 전자문서에 서명을 하였음을 나타내는데 이용하기 위하여 당해 전자문서에 첨부되거나 논리적으로 결합된 전자적 형태의 정보'를 말한다(전자서명법 제2조 2호).

(2) 전자어음에서는 백지어음이 인정되지 않고(전어 제6조 6항), 또한 실물어음에서와 같은 보충규정(어 제76조)이 없다. 따라서 전자어음에서는 위의 전자어음요건의 일부를 기재하지 아니한 경우에는 백지어음으로 추정되거나 보충규정에 의하여 보충되는 경우는 없고, 불완전어음으로서 무효어음으로 볼 수밖에 없다.[42]

## 나. 전자어음의 교부

발행인이 수취인(수신자) 또는 그 대리인이 동 어음을 수신할 수 있는 정보처리시스템에 입력하여 송신하고, 수취인(수신자)이 동 어음을 수신할 정보처리시스템을 지정한 경우에는 지정된 정보처리시스템에 입력된 때이고(다만 동 어음이 지정된 정보처리시스템이 아닌 정보처리시스템에 입력된 경우에는 수신자가 이를 출력한 때를 말함), 수취인(수신자)이 동 어음을 수신할 정보처리시스템을 지정하지 아니한 경우에는 수취인(수신자)이 관리하는 정보처리시스템에 입력된 때에 전자어음을 발행한 것으로 본다(전어 제6조 4항, 전자거래기본법 제6조 1항·2항). 이는 실물어음의 경우 발행시기에 대하여 어음법에 규정이 없고 어음이론에 맡겨져 있는 것과 구별되는 점이다. 위의 전자어음법의 규정은 어음이론에서 발행설(교부시설)과 유사하다고 볼 수 있다.[43]

---

42) 동지: 정동윤, 상게 어음·수표법(제5판)(주 5), 477면.
43) 그러나 이를 교부계약설에 따른 것으로 해석하는 견해로는 정동윤, 상게 어음·수표법(제5판)(주 5), 478면.

## 다. 전자어음의 등록

　　전자어음을 발행하려는 자는 그 전자어음을 전자어음관리기관(이하 '관리기관'
이라 약칭함)에 등록하여야 한다(전어 제5조 1항). 전자어음을 관리기관에 등록하여
발행하고자 하는 자는 전자어음에 기재된 전자어음의 지급을 청구할 금융기관(지
급금융기관)(전어 제6조 1항 2호)과 당해 지급금융기관을 제3자방(어 제4조)으로 하기
로 하는 계약(당좌예금계약)을 체결하여야 하고(전어시 제5조 1항), 전자어음을 수령할
자(수취인)로 하여금 관리기관에 등록하도록 하여야 한다(수취인등록)(다만 전자어음
을 수령할 자가 발행인등록을 한 경우에는 그러하지 아니하다)(전어시 제6조 1항). 수취인
등록사항은 전자어음을 수령할 자의 명칭·사업자등록번호 또는 주민등록번호 및
주소이고(전어시 제6조 2항), 관리기관은 수취인등록을 거부하여서는 아니되며 수
취인등록을 한 자가 관리기관의 정보조직을 이용하여 배서를 하거나 전자어음의
지급제시를 할 수 있도록 하여야 한다(전어시 제6조 3항).

　　관리기관은 전자어음의 발행인등록 또는 수취인등록을 한 자 외의 자가 권
한 없이 등록한 자의 명의를 이용하여 전자어음행위를 할 수 없도록 등록한 자
가 등록의 종류에 따라 전자어음행위를 배타적으로 할 수 있는 장치를 제공하여
야 하고(전어시 제7조 1항), 또한 모든 전자어음행위가 자신이 관리하는 정보통신
망(정보통신망이용촉진 및 정보보호 등에 관한 법률 제2조 1호의 규정에 의한 정보통신망
을 말함)을 통하여 이루어지도록 하여야 하며 다른 정보통신서비스제공자(정보통신
망 이용촉진 및 정보보호 등에 관한 법률 제2조 3호의 규정에 의한 정보통신서비스 제공자
및 동법 제18조 1항의 규정에 의한 전자문서 중개자를 말함)의 정보통신망을 통하여 이
루어지거나 다른 정보통신서비스 제공자의 정보통신망을 경유한 후 관리기관의
정보통신망을 통하여 이루어지도록 하여서는 아니된다(전어시 제7조 2항).

　　관리기관은 이용자가 사용할 전자어음에 관하여 동일한 양식을 정하여야 하
고(전어시 제8조 1항), 전자어음에는 복본 또는 사본의 제작이 불가능한 장치를 하
여야 하며, 발행된 때에는 발행인의 정보처리조직에는 전자어음이 소멸하거나 전
자어음에 이미 발행을 표시하는 문언이 기재되도록 하여야 한다(전어시 제8조 2항).

　　관리기관은 전자어음 발행인에 대하여 신용평가기관 또는 당좌예금계약을
체결한 금융기관의 전자어음 발행한도에 관한 의견 및 발행인의 연간매출액·자
본금·신용도·당좌거래실적 등을 종합하여 전자어음 발행한도를 제한할 수 있다
(전어 제5조 2항, 전어시 제5조 2항). 또한 관리기관은 전자어음의 발행인이 (ⅰ) 관

리기관 또는 어음교환소로부터 거래정지처분(관리기관이 새로이 전자어음을 발행하고 자 하는 자의 전자어음등록을 거부하거나 이미 등록한 발행인의 전자어음 발행을 금지하는 처분을 말함)을 받고 거래정지중에 있는 자, (ⅱ) 전자어음법 또는 동법시행령과 어음법에 위반된 행위를 한 자, 또는 (ⅲ) 그 밖에 금융기관과의 거래에 관하여 신용을 훼손하는 행위를 한 자로서 법무부령이 정한 자의 어느 하나에 해당하면 전자어음의 발행을 위한 등록을 거부할 수 있다(전어 제5조 2항, 전어시 제5조 3항).

## 3. 전자어음의 배서

### 가. 전자어음의 배서의 방식

전자어음에 배서를 하는 경우에는 전자어음에 배서의 뜻을 기재한 전자문서 (배서전자문서)를 첨부하여야 하는데(전어 제7조 1항), 이 배서전자문서에는 전자어음의 동일성을 표시하는 정보를 기재하고 배서인이 공인전자서명을 하여야 한다 (전어 제7조 2항·6항). 관리기관은 전자어음에 첨부할 이러한 배서전자문서를 전자어음과 일체가 된 문서로 하고 전자어음과 분리할 수 없도록 하여야 한다(전어시 제8조 4항). 피배서인이 다시 배서를 하는 경우에는 전자어음에 이전에 작성된 배서전자문서를 첨부하고 위의 배서를 하여야 한다(전어 제7조 4항).

이와 같이 전자어음에 대한 배서는 전자어음과는 별개의 배서전자문서에 하는 점과 이에 전자어음의 동일성을 표시하는 정보를 기재하고 배서인이 공인전자서명을 하여야 한다는 점이 실물어음의 배서의 방식(어 제77조 1항 1호, 제13조)과 구별된다.

### 나. 배서된 전자어음의 교부

배서인은 전자어음과 배서전자문서를 전자거래기본법에 따라 피배서인에게 송신하고 또한 피배서인이 이를 수신한 때에 어음법 제13조 1항에 따른 배서 및 교부를 한 것으로 보는데(전어 제7조 3항), 이는 발행의 경우와 같다.

관리기관에는 수취인이 등록되므로(전어시 제6조) 이러한 수취인은 관리기관의 정보처리조직을 이용하여 배서를 하는데(전어시 제6조 3항), 배서인이 이와 같이 전자어음을 배서한 때에는 배서인의 정보처리조직에는 전자어음이 소멸하거나 전자어음에 이미 배서되었음을 표시하는 문언이 기재되도록 하여야 한다(전어시 제8조 2항).

## 다. 배서의 횟수제한

전자어음의 총 배서횟수는 20회를 초과할 수 없다(전어 제7조 5항). 이것은 전자어음의 배서가 너무 많으면 이전의 배서의 진정여부를 조사하는 것이 번거롭고 또한 시간이 많이 걸리게 되어 전자어음의 유통을 저해하기 때문인 것으로 추측되나,[44] 이러한 제한이 타당한지 또한 20회를 초과한 배서의 효력은 어떠한지 등은 의문이다.[45]

## 라. 특수배서

전자어음에 한 특수배서의 효력은 전자어음법에 특별히 규정하고 있지 않으므로 실물어음의 경우와 동일하게 볼 수밖에 없다[46](전어 제4조).

## 4. 전자어음의 보증

전자어음에 보증을 하는 자는 전자어음에 보증의 뜻을 기재한 전자문서(보증전자문서)를 그 전자어음에 첨부하여야 하고(전어 제8조 1항), 이러한 보증전자문서에는 전자어음의 동일성을 표시하는 정보를 기재하고 보증인이 공인전자서명을 하여야 한다(전어 제8조 2항, 제6조 3항, 제7조 2항). 관리기관은 전자어음에 첨부할 이러한 보증전자문서를 전자어음과 일체가 된 문서로 하고 전자어음과 분리할 수 없도록 하여야 한다(전어시 제8조 4항).

보증된 전자어음의 교부는 전자어음의 발행의 경우와 같다(전어 제8조 2항, 제6조 4항).

## 5. 전자어음의 지급

## 가. 전자어음의 지급제시

(1) 전자어음의 소지인이 전자어음 및 전자어음의 배서에 관한 전자문서를 첨부하여 지급청구의 뜻이 기재된 전자문서(지급제시전자문서)를 지급금융기관에 송신하고 동 금융기관이 이를 수신한 때에는 어음법 제38조 1항에서 규정한 지

---

44) 동지: 정동윤, 상게 어음·수표법(제5판)(주 5), 479면.
45) 정찬형, 전게논문(인터넷법률 제24호)(주 8), 28면.
46) 동지: 정동윤, 전게 어음·수표법(제5판)(주 5), 479면.

급을 위한 제시를 한 것으로 보는데, 다만 관리기관에 대한 전자어음의 제시는 지급을 위한 제시와 같은 효력이 있는데 관리기관이 운영하는 정보처리조직에 의하여 전자어음의 만기일 이전에 자동으로 지급제시되도록 할 수 있다(전어 제9조 1항). 이러한 지급제시를 하는 소지인은 지급청구의 뜻이 기재된 전자문서에 어음금을 수령할 금융기관의 계좌를 기재하여야 한다(전어 제9조 3항). 전자어음에 첨부할 이러한 지급제시전자문서는 전자어음과 일체가 된 문서로 하고 전자어음과 분리할 수 없도록 하여야 한다(전어시 제8조 4항).

(2) 전자어음의 지급제시전자문서의 송신과 수신의 시기는 발행의 경우와 같이 전자거래기본법에 의한다(전어 제9조 2항).

(3) 전자어음의 소지인이 지급제시를 위하여 전자어음을 지급금융기관에 송신하는 경우에는 전자어음의 소지인의 정보처리조직에서는 전자어음이 소멸하지 아니하고, 지급금융기관에 송부된 전자어음에는 지급제시를 위한 것임을 표시하는 문언이 기재되도록 하여야 한다(전어시 제8조 3항).

## 나. 전자어음의 지급

(1) 전자어음의 지급제시를 받은 금융기관이 어음금을 지급할 때에는 관리기관에 지급사실을 통지하여야 하는데, 다만 관리기관에서 운영하는 정보처리조직에 의하여 지급이 완료된 경우에는 그러하지 아니하다(전어 제9조 4항). 관리기관이 이와 같이 지급사실의 통지를 받거나 그의 정보처리조직에 의하여 지급이 완료된 경우에는 어음채무자가 동 어음을 환수한 것으로 본다(전어 제10조).

(2) 관리기관은 지급제시전자문서에 기재된 어음금을 수령하는 금융기관이 어음금을 수령하는 동시에 소지인이 보관하는 전자어음에 지급이 이루어졌음을 표시하는 문언이 기재되도록 장치하여야 하고(전어시 제9조 1항), 지급필 문언이 기재된 전자어음을 발행인에게 송신하여야 한다(전어시 제9조 2항).

(3) 전자어음의 경우에는 지급금융기관 또는 관리기관이 지급을 할 때에 전자어음의 소지인에 대하여 영수를 증명하는 기재를 하여 교부할 것을 청구할 수 없고(전어 제11조, 어 제39조 1항), 또한 일부지급이 허용되지 않는다(전어 제11조, 어 제39조 2항 · 3항). 따라서 전자어음의 소지인은 일부지급을 거절할 수 있다.

## 다. 전자어음의 지급거절과 상환청구(소구)

### (1) 지급거절

㈎ 전자어음의 지급제시를 받은 금융기관이 지급거절을 할 때에는 전자문서 (지급거절전자문서)로 하여야 하는데(전어 제12조 1항), 이러한 지급거절전자문서는 지급제시를 위하여 송신되는 전자어음의 여백에 지급이 거절되었음을 표시하는 문언을 기재하는 방식으로 작성하거나 전자어음의 일부가 되는 별도의 문서로 작성하여야 한다(전어시 제10조 1항). 관리기관은 이러한 별도의 지급거절전자문서를 전자어음과 일체가 된 문서로 하고 전자어음과 분리할 수 없도록 하여야 한다(전어시 제8조 4항).

㈏ 지급금융기관은 지급거절전자문서를 관리기관에 통보하고 그 기관이 문서 내용을 확인한 경우에는 그 전자문서를 어음법 제44조 1항에 따른 공정증서로 보는데(전어 제12조 2항), 전자어음의 소지인이 지급거절전자문서를 수신한 날을 이러한 공정증서의 작성일로 본다(전어 제12조 3항). 관리기관은 지급거절전자문서를 통보받은 경우에는 전자어음의 소지인이 적법하게 금융기관에 지급을 위한 제시를 하였는지를 확인하여야 하며, 지급거절을 확인한 경우에는 지급제시를 위한 전자어음의 여백에 지급거절을 확인하였음을 표시하는 문언을 기재한 후 동 전자어음을 즉시 소지인에게 송신하여야 한다(전어시 제10조 2항). 관리기관은 이와 같이 지급거절된 지급제시용 전자어음을 소지인에게 송신한 때에는 소지인이 보관하는 전자어음의 원본이 소멸되도록 하여야 하는데, 이 경우 지급거절된 지급제시용 전자어음을 어음의 원본으로 본다(전어시 제10조 3항).

### (2) 상환청구(소구)

㈎ 지급거절된 전자어음의 소지인은 전자어음과 배서전자문서 및 지급거절 전자문서를 첨부하여 상환청구의 뜻을 기재한 전자문서(상환청구전자문서)를 상환 의무자에게 송신하여 상환청구권을 행사한다(전어 제13조 1항). 이 때 상환청구권을 행사하는 전자어음의 소지인은 상환청구전자문서에 어음금을 수령할 금융기관의 계좌를 기재하여야 한다(전어 제13조 4항, 제9조 3항). 또한 이 경우 전자어음에 첨부할 전자문서는 전자어음과 일체가 된 문서로 하고 전자어음과 분리할 수 없도록 하여야 한다(전어시 제8조 4항).

㈏ 상환의무자가 상환금액을 지급한 때에는 관리기관에 지급사실을 통지하여야 하는데(전어 제13조 2항), 이러한 통지가 있으면 상환의무자가 전자어음을 환

수한 것으로 본다(전어 제13조 3항).

## 6. 전자어음의 반환·수령거부

### 가. 전자어음의 반환

전자어음을 발행하거나 배서한 자가 착오 등을 이유로 전자어음을 반환받으려면 그 소지인으로 하여금 관리기관에 반환 의사를 통지하게 하여야 한다(전어 제14조 1항). 이러한 통지를 하면 전자어음은 발행되거나 배서되지 아니한 것으로 보며, 관리기관은 동 전자어음의 발행 또는 배서에 관한 기록을 말소하여야 한다(전어 제14조 2항). 이 때 전자어음의 소지인은 법무부령이 정하는 전자어음의 반환 양식을 기입하고 공인전자서명을 하여 관리기관에 통지한 경우 관리기관은 동 전자어음의 발행 또는 배서에 관한 기록을 말소하여야 한다(전어시 제11조 1항).

전자어음법에 명문의 규정은 없으나 전자어음에 배서한 자도 동일하다고 본다.[47]

### 나. 전자어음의 수령거부

전자어음의 수신자는 전자어음의 수령을 거부하려면 관리기관에 수령 거부 의사를 통지하여야 하는데, 수령 거부 의사를 통지한 경우에는 수신자가 전자어음을 수령하지 아니한 것으로 보며 관리기관은 수신자가 청구할 경우 그 수신자가 전자어음의 수령을 거부한 사실을 증명하는 문서를 발급하여야 한다(전어 제14조 2항). 이 때 전자어음의 수신자가 법무부령이 정하는 전자어음의 수령거부 양식을 기입하고 공인전자서명을 하여 관리기관에 통지한 경우 수신자가 전자어음을 수령하지 아니한 것으로 보며, 이 경우 관리기관은 수신자의 신청이 있는 경우 그 수신자가 전자어음의 수령을 거부한 사실을 법무부령이 정하는 양식에 따라 발급한다(전어시 제11조 2항).

---

47) 정동윤, 상게 어음·수표법(제5판)(주 5), 482면.

# V. 전자어음법의 문제점

2004년 3월 22일에 제정된 전자어음법은 앞에서 본 바와 같이 제정의 필요성이 있는지 여부도 의문이려니와, 그 법 자체의 내용에서도 많은 문제점이 있다. 따라서 이하에서는 전자어음법 자체의 내용상 문제점에 관하여 중요한 사항만을 지적하고자 한다.[48]

1. 전자어음법에서는 "전자어음"을 「전자문서로 작성되고 동법 제5조에 의하여 전자어음관리기관에 등록된 약속어음을 말한다」고 정의하여(전어 제2조 2호), 약속어음에 대해서만 규정하고 있다. 그런데 전자어음에서 환어음을 배제하여야 할 이유가 무엇인지도 의문이고(환어음을 배제한 이유가 무엇인지에 대하여 입법이유 등에서 밝히고 있지 않음), 환어음을 배제한다면 혼동의 우려가 있으므로 전자어음이라는 용어 대신에 전자약속어음 등으로 표현하는 것이 보다 더 정확하고 오인할 소지를 줄이는 것이 아닌가 생각된다.[49]

2. 전자어음법에서는 「전자어음에 관하여 이 법에서 정한 것 외에는 어음법에서 정하는 바에 따른다」고 규정하고 있다(전어 제4조). 그런데 현행 어음법은 유체물(종이)인 어음을 전제로 하여 규정된 것인데, 이러한 어음법의 규정이 실체가 없는 전자어음에 대하여 (전자어음법에 규정이 없는 경우) 모두 적용될 수 있을 것인가도 매우 의문이려니와, 어음법을 전자어음에 적용하는 경우 발생하는 문제점에 대한 해결방안에 관한 규정도 없다. 따라서 전자어음법에 규정이 없는 경우 어음법을 전자어음에 적용하는 경우 발생할 많은 새로운 법률문제와 혼란이 예상된다.[50] 즉, 전자어음에도 어음법상 등본(어 제67~68조, 제77조 1항 6호)·참가(어 제55조·제59조~제63조, 제77조 1항 5호)·어음금액의 공탁(어 제42조, 제77조 1항 3호)·일람후정기출급어음의 만기를 정하기 위한 특칙(어 제78조 2항) 등의 규정이 적용될 수 있을지 여부는 매우 의문이다. 또한 전자어음에 의한 어음금 청구소송은 어떻게 할 것인지, 또한 만기가 일람후정기출급인 전자어음의 경우 어음법 제78조 2항 및 제23조(발행인에게 일람을 위하여 발행일로부터 1년 이내에 제시하여야 함)와 전자어음법 제6조 5항(전자어음의 만기는 발행일로부터 3개월을 초과할 수 없음)과의

---

48) 이에 관하여는 정찬형, 전게논문(인터넷법률 제24호)(주 8), 25면~31면 참조.
49) 동지: 정찬형, 전게논문(인터넷법률 제24호)(주 8), 25면; 동, 전게논문(고려법학 제41호)(주 4), 58면; 동, 전게 상법강의(하)(제11판)(주 1), 466면; 동, 전게 어음·수표법(제7판)(주 1), 782면.
50) 동지: 정찬형, 전게논문(고려법학 제41호)(주 4), 58면~59면.

조화문제 등 수 많은 문제점이 발생할 것이 예상되는데, 이의 해결에 관한 기준이 없어 불필요한 분쟁과 분쟁 발생시 많은 혼란이 예상된다.

3. 전자어음법은 전자어음의 발행 등 많은 사항을 전자어음관리기관에 위임하고(전어 제5조, 제9조 4항, 제10조, 제12조 2항, 제13조 2항, 제14조) 또한 전자어음관리기관의 의무·감독·벌칙(전어 제15조~제24조)에 대하여 규정하고 있다. 그리고 이러한 전자어음관리기관에 관한 사항은 대부분 대통령령에 위임하고 있다.

그런데 이러한 전자어음관리기관은 전자어음의 발행·배서·보증 및 권리행사 등이 자신의 정보처리조직을 통하여 이루어지도록 하고, 전자어음별로 발행인과 배서인에 관한 기록·전자어음 소지인의 변동사항 및 당해 전자어음의 권리행사에 관한 기록을 보존하여야 하며, 또한 전자어음거래를 추적·검색하고 오류가 발생할 경우 이를 확인·정정할 수 있는 기록을 생성하여 보존하여야 할 의무를 지고 있다(전어 제16조).

이와 같이 전자어음에 관한 전반적인 업무를 수행하는 전자어음관리기관이 기술적으로나 실질적으로 이러한 업무를 아무런 문제 없이 수행할 수 있을지 의문이다.[51] 또한 전자어음법은 전자어음관리기관의 위와 같은 의무를 규정하고 있으면서(전어 제16조 1항) 이러한 의무위반에 대한 사법상 책임 등을 규정하고 있지 않은 문제점도 있다(다만 전자어음거래 기록보존의무에 위반한 경우 1천만원 이하의 과태료를 부과하는 점에 대하여만 규정하고 있음 — 전어 제23조 2항 2호). 전자어음법은 전자어음에 관한 전반적인 업무를 수행하는 전자어음관리기관의 전산망의 마비·해킹 등 전산장애로 인하여 발생하는 손해에 대한 책임문제, 전자어음관리기관에 근무하는 임·직원의 고의·과실에 의한 전산망의 부실조작 등으로 인하여 발생하는 손해 등에 대한 책임문제에 대하여는 전혀 규정하고 있지 않은 것도 문제점이라고 본다.[52] 다만 전자어음거래와 관련하여 업무상 (ⅰ) (전자어음)이용자의 신상에 관한 사항 (ⅱ) (전자어음)이용자의 거래계좌 및 전자어음거래 내용과 실적에 관한 정보 또는 자료를 알게 된 자가 이용자의 동의를 얻지 아니하고 이를 타인에게 제공하거나 누설하는 경우에는 5년 이하의 징역 또는 1억원 이하의 벌금의 처벌을 받는데(전어 제22조 2항 2호, 제17조 2항), 이러한 자는 이와 같은

---

51) 동지: 정찬형, 전게논문(인터넷법률 제24호)(주 8), 26면; 동, 전게논문(고려법학 제41호)(주 4), 59면.
52) 동지: 정찬형, 전게논문(인터넷법률 제24호)(주 8), 26면; 동, 전게논문(고려법학 제41호)(주 4), 59면.

형사책임 외에도 민사책임을 부담함을 규정하였어야 할 것이다.

전자어음법은 전자어음관리기관이 안전성 확보의무에 위반한 경우 1천만원 이하의 과태료의 처벌을 받고(전어 제23조 1항 1호), 전자어음거래 기록의 보존의무에 위반한 경우에는 500만원 이하의 과태료의 처벌을 받는 것으로 규정하고 있는데(전어 제23조 2항 1호), 이러한 벌칙은 그의 의무위반의 중대성에 비추어 너무 경미하다고 본다. 또한 전자어음관리기관이 위와 같은 의무를 위반한 경우에는 형사책임 외에 이로 인하여 손해를 입은 자에 대한 무거운 민사책임에 대하여도 규정하였어야 할 것이다.

4. 전자어음법은 전자어음관리기관이 이용자의 전자어음의 연간 총 발행금액 등을 제한할 수 있음을 규정하고(전어 제5조 2항) 또 전자어음의 만기는 발행일로부터 3개월을 초과할 수 없는 것으로 규정하여(전어 제6조 5항) 전자어음의 금액 및 만기를 제한하고 있는데, 이와 같이 전자어음의 금액 및 만기를 제한하는 것이 타당한지 여부와 이에 위반한 전자어음의 효력은 어떠한지의 문제가 있다.

5. 전자어음법은 전자어음의 발행에서 "전자어음의 지급을 청구할 금융기관"을 절대적 기재사항으로 추가하고(전어 제6조 1항 2호) 이러한 금융기관이 소재하는 지역을 어음법 제75조 제4호의 "지급지"로 보고 있는데(전어 제6조 2항), "전자어음의 지급을 청구할 금융기관"의 의미가 무엇인지도 애매하며(지급담당 금융기관인지 또는 지급제시 금융기관인지?) 만일 지급담당 금융기관을 의미하고 그 금융기관의 소재지를 지급지로 보는 의미라면 지급장소의 의미로 "전자어음의 지급을 청구할 금융기관" 대신에 "전자어음의 지급담당 금융기관 점포" 등으로 명확하게 규정하였어야 할 것으로 본다.

6. 전자어음법은 전자어음의 배서에서 배서는 전자어음에 배서의 뜻을 기재한 전자문서(배서전자문서)를 첨부하도록 하고 있는데(전어 제7조 1항), 이 때「배서의 뜻을 기재한 전자문서(배서전자문서)」의 성질이 어음법 제13조 1항과 관련하여 어음의 연장으로 볼 수 있을 것인가 또는 보전(補箋)으로 볼 수 있을 것인가의 문제가 있다. 어음의 연장도 아니고 보전도 아니면 별도의 전자문서의 일종으로 볼 수밖에 없을 것인데,[53] 이 경우 어음법 제13조 1항과 관련하여 별도의 전자문서에 배서하는 것이 유효한가의 문제가 있다(이는 전자어음법 제8조의 전자어음에 대한 보증의 경우도 동일하다). 전자어음에는 별도의 전자문서에 의한 배서가 가능

---

53) 동지: 정동윤, 전게 어음·수표법(제5판)(주 5), 479면.

한 것으로 하기 위하여는 전자어음법 제4조와의 관계에서 동법 제7조에서 어음법 제13조 1항 전단을 배제하는 규정을 두었어야 할 것으로 본다.

또한 이러한 「배서의 뜻을 기재한 전자문서(배서전자문서)」는 배서가 계속되면서 추가되는데 이의 순서도 매우 애매한 점에서(이에 대하여 배서의 기명날인 또는 서명의 효력을 가진 공인전자서명을 한 때에 받은 공인인증서의 날짜에 의하여 판단할 수 있다는 견해도 있으나,54) 법상 근거는 없다), 전자어음법 제7조 제4항과 관련하여 배서의 연속 및 이에 의한 배서의 자격수여적 효력을 인정할 수 있을 것인가가 문제된다. 만일 배서의 연속이 인정되지 않으면 전자어음의 선의취득(어 제16조 2항, 제77조 1항 1호)이나 지급인의 면책(어 제40조 3항, 제77조 1항 3호)은 인정될 수 없게 된다.55)

또한 전자어음법은 전자어음의 총 배서회수를 20회로 제한하고 있는데(전어 제7조 5항), 이러한 제한에 대하여는 위에서 본 전자어음의 금액 및 만기의 제한(전어 제5조 2항, 제6조 5항)에서와 같은 문제가 있다(특히 20회를 초과한 배서가 무효인가가 문제된다).

전자어음법안에서는 "중앙관리기구(전자어음관리기관)는 자기에게 등록된 전자어음에 배서가 이루어진 후 동일한 배서인이 재차 타인에게 배서하는 경우 이에 인증서에 의한 전자서명이 불가능하고, 그밖에 이중으로 유통되는 것을 방지할 수 있는 장치를 갖추어야 한다"는 규정을 두어(전어 제9조) 전자어음의 이중유통을 방지하고자 하였는데, 전자어음법에서는 이러한 전자어음의 이중유통의 방지에 관한 규정을 채택하지 않았다. 전자어음법이 이를 채택하지 않은 이유는 무엇이며 전자어음법은 전자어음의 이중유통을 방지하기 위하여 어떠한 방안을 갖고 있는지 의문이다. 전자어음의 경우 (전자어음상에 전자어음의 동일성을 표시하는 정보가 기재될지라도 — 전어 제6조 1항 3호) 변경할 수 없는 유일한 정본의 확정[UETA § 16(c)(1)(5)]이 쉽지 않고 컴퓨터상으로 동일한 전자어음이 수 개 생성되어 유통되거나 권리행사하는 경우가 많을 것이므로,56) 이 경우 많은 거래상의 안전과 당사자의 책임문제가 야기된다. 이 때 어음채무자의 책임이 없는 경우 만일 전자어음관리기관에게 전부 그 책임을 부담하도록 하면 그 책임이 너무 과중하여 누

---

54) 정동윤, 상게 어음·수표법(제5판)(주 5), 479면.
55) 동지: 정찬형, 전게논문(인터넷법률 제24호)(주 8), 28면; 동, 전게논문(고려법학 제41호)(주 4), 60면.
56) 동지: 변양호(재정경제부), 전게 공청회 자료(주 12), 81면.

가 이러한 업무를 담당하고자 할 것인가의 문제도 있다.[57] 따라서 유일한 정본의 확정이 쉽지 않은 전자어음의 경우에는 이의 이중유통에 따른 그 폐해는 상상할 수 없을 정도로 매우 클 것이므로 이의 방지조치 및 이에 따른 책임문제에 대하여는 반드시 규정하였어야 할 것으로 본다. 이러한 점에서 전자어음법이 전자어음법안이 규정한 어음의 분할배서제도(전자어음법안 제8조)를 채택하지 않은 것은 그나마 다행으로 본다.

　　7. 전자어음법은 전자어음의 지급제시에서 「전자어음의 지급을 청구할 금융기관」에 전자어음 등을 송신(수신)한 경우에도 지급제시의 효력이 있고(전어 제9조 1항 본문) 또한 「전자어음관리기관」에 대한 전자어음의 제시도 지급제시의 효력이 있는 것으로 규정하고 있다(전어 제9조 1항 단서). 그런데 전자어음에 의한 지급제시를 받은 금융기관이 어음금을 지급한 때에는 전자어음관리기관에 그 사실을 통지하여야 하고(전어 제9조 4항 본문) 이러한 통지가 있는 경우에는 어음채무자가 당해 어음을 환수한 것으로 보고 있다(전어 제10조). 어음법상 약속어음에서 지급제시의 상대방(피제시인)은 발행인 또는 그의 지급담당자(지급장소)인데,[58] 전자어음법상 「전자어음의 지급을 청구할 금융기관」이란 이러한 전자어음의 발행인의 지급담당자로서 당연히 지급제시의 상대방이 될 수 있으므로 전자어음법 제9조 제1항 본문은 주의규정으로 볼 수 있다. 그런데 발행인에 대한 지급제시를 금지하는 취지라면 전자어음법 제4조와 관련하여 이에 관한 명문규정을 두었어야 하고, 전자어음법 제9조 제1항 단서의 「전자어음관리기관」에 대한 지급제시가 어음법 제38조 제2항의 어음교환소에 대한 지급제시에 대응하는 것이라면[59] 어음법 제38조 제2항을 배제하는 규정을 두었어야 할 것으로 본다. 또 전자어음의 소지인이 「전자어음의 지급을 청구할 금융기관」이 있음에도 불구하고 직접 「전자어음관리기관」에 전자어음을 제시하도록 할 필요성이 있는지도 의문이다. 이와 같이 지급제시의 상대방을 이원적(二元的)으로 규정하는 것은 전자어음의 지급제시 및 지급의 업무에서 혼란을 가중시키지는 않을런지도 의문이다.

　　또한 전자어음법은 「…전자어음관리기관이 운영하는 정보처리조직에 의하여 전자어음의 만기일 이전에 자동으로 지급제시되도록 할 수 있다」고 규정하고 있

---

57) 동지: 정찬형, 전게논문(인터넷법률 제24호)(주 8), 28면; 동, 전게논문(고려법학 제41호)(주 4), 60~61면.
58) 정찬형, 전게 상법강의(하)(제11판)(주 1), 317면; 동, 전게 어음·수표법(제7판)(주 1), 540면.
59) 정동윤, 전게 어음·수표법(제5판)(주 5), 480면.

는데(전어 제9조 1항 단서 후단), 이는 어음법이 지급제시기간을 확정일출급어음 등의 경우에 만기일 이후인「지급을 할 날 또는 이에 이은 2거래일 내」로 규정한 것(어 제38조 1항, 제77조 1항 3호)과 상충되는 것은 아닌지의 의문이 있다.

또한 전자어음법은 전자어음에 보증한 자(전어 제8조 참조)에 대하여는 전자어음의 소지인이 어떻게 어음상의 권리를 행사할 것인지에 대한 규정이 없다. 이에 어음법상의 어음소지인이 어음보증인에 대하여 권리를 행사하는 것과 동일하게 볼 수는 없을 것이다.

전자어음의 지급이 완료되는 시기는「전자어음의 지급을 청구할 금융기관」이 전자어음의 소지인이 지급청구의 뜻이 기재된 전자문서에 어음금을 수령할 금융기관의 계좌를 기재한 경우(전어 제9조 3항 참조) 이 계좌에 입금한 때이냐 또는 그 금융기관이 이 사실을「전자어음관리기관」에 통지한 때(전어 제9조 4항, 제10조 참조)이냐의 문제가 있다.

전자어음법에서는「어음소지인이 일부지급을 거절하지 못한다」는 규정(어 제39조 2항·3항)을 적용하지 않는 것으로 규정하고 있는데(전어 제11조), 이의 의미가 전자어음의 소지인은 언제나 전부 지급만을 받는다는 의미인지 또는 일부지급을 거절할 수 있다는 뜻인지도 모호하고, 후자의 경우라면 어음소지인이 일부지급을 거절하지 않으면 전자어음을 지급하는 금융기관 등은 어떠한 방법으로 일부지급을 하여야 하는지 의문이다. 만일 전자어음의 소지인은 전부 지급만을 받아야 한다는 의미라면 이는 소구의무자 등의 이익을 해하는 면이 있다.

8. 전자어음법은 지급거절에서 지급거절 전자문서를 전자어음관리기관에 통보하고 동 기관이 이를 확인한 경우에 동 전자문서를 어음법 제44조 제1항의 공정증서(지급거절증서)로 본다고 규정하면서(전어 제12조 2항), 전자어음의 소지인이 이러한 지급거절 전자문서를 지급제시를 받은 금융기관으로부터 수신한 날을 이러한 공정증서의 작성일로 보는 것으로 규정한 것은(전어 제12조 3항) 균형이 맞지 않는 것으로 본다.

9. 전자어음법은「전자어음의 지급제시를 받은 금융기관이 어음금을 지급하고 어음관리기관에 지급사실을 통지하거나, 전자어음관리기관의 정보처리조직에 의하여 지급이 완료된 경우 어음채무자가 당해 어음을 환수한 것으로 본다」고 규정하고 있는데(전어 제10조)(전어 제13조 3항도 동일함), 어음소지인·배서인 등은 이러한 전자어음을 말소하고 다시 유통되지 않도록 하는 조치(이에 위반하는 경우 민사상 및 형사상 책임을 부담하는 것을 포함하여)가 필요하다고 본다.

10. 전자어음의 발행에 관하여 당해 발행인이 전자어음관리기관에 등록하도록 하고 있는 것(전어 제5조 1항)과 같은 취지에서, 배서 및 보증의 경우에도 당해 배서인 및 보증인이 이 사실을 전자어음관리기관에 통보하도록 하여야 할 것이다. 또한 전자어음 소지인은 전자어음관리기관에 이러한 전자어음의 발행·배서·보증에 관한 사항을 조회할 수 있도록 하여 전자어음의 위조·변조 등을 방지하고 또한 지급이 완료된 전자어음이 유통됨으로써 발생하는 손해를 미연에 방지할 수 있도록 하여야 할 것이다.

11. 전자어음법에서는 많은 사항을 대통령령(시행령)에 위임하고 있는데, 이러한 시행령에서 많이 보완하면 위에서 본 전자어음법 자체의 내용상의 문제점이 많이 보완될 수도 있을 것으로 본다. 따라서 이하에서는 시행령에 반드시 규정하여야 할 사항 중 중요한 몇 가지만을 제시하고자 한다.

가. 전자어음법 제3조 제2항에서 전자어음관리기관의 지정요건 등을 대통령령으로 정하도록 하고 있는데, 전자어음관리기관은 전자어음의 발행부터 지급결제까지 관련되는 매우 중요하고 또한 그의 의무와 책임이 매우 큰 기관이다. 따라서 이러한 전자어음관리기관이 되기 위하여는 적어도 전 금융기관과 결제시스템을 갖추고 있고, 신용이 있으며, 또한 공공적 성격이 있는 기관이어야 할 것으로 본다. 전자어음법 시행령에서는 이러한 점을 어느 정도 반영하여 규정하고 있다고 본다(전어시 제3조, 제4조). 전자어음의 성패는 전적으로 전자어음관리기관의 운영에 달려 있다고 보는데, 만일 전자어음관리기관이 전자어음에 관한 사항을 부실 또는 부정하게 운영하면 전자어음의 신뢰가 추락함은 물론 이것이 우리 사회 및 경제에 미치는 폐해는 엄청나게 클 것으로 본다.

나. 전자어음법 제5조 제3항은 전자어음관리기관의 전자어음 등록에 관한 절차 등을 대통령령으로 정하도록 하고 있는데, 이에 따라 전자어음법 시행령에서는 전자어음을 발행하고자 하는 자는 지급금융기관과 당좌예금계약을 체결하여야 하고, 전자어음관리기관은 제반사정을 종합하여 전자어음 발행한도를 제한할 수 있으며, 일정한 경우 전자어음의 발행을 위한 등록을 거부할 수 있음을 규정하고 있다(전어시 제5조). 또한 전자어음법 시행령에서는 수취인등록(전어시 제6조), 전자어음관리기관의 정보처리조직의 관리(전어시 제7조) 및 등록어음의 동일성 등(전어시 제8조)에 대하여도 규정하고 있다. 그런데 어느 범위의 어음을 전자어음으로 등록할 수 있도록 할 것인가에 대하여는 규정하고 있지 않다. 이는 매우 중요한 문제라고 보는데, 우선 원인관계(상거래)가 명백하게 존재하는 상업어

음에 대해서만 전자어음으로 등록할 수 있도록 하여야 하지 않을까 생각한다.

또한 전자어음의 등록에 관하여는 전자어음의 발행인의 신용에 관한 사항도 등록하도록 하여야 할 것으로 본다.

**다.** 전자어음법 제12조 제4항에서는 전자어음관리기관의 지급거절 전자문서의 확인방법 등은 대통령령으로 정하도록 하고 있고, 이에 따라 전자어음법 시행령은 지급거절문언의 어음상 기재·적법한 지급제시의 확인·지급거절문언이 기재된 전자어음의 소지인에 대한 송신 등에 대하여 규정하고 있다(전어시 제10조). 그런데 전자어음관리기관이 지급거절 전자문서를 확인하면 이를 공정증서로 보는 점을 고려하면(전어 제12조 2항), 이러한 대통령령에는 지급거절증서령의 필요한 내용이 규정되어야 할 것으로 본다.

**라.** 전자어음법 제15조는 전자어음관리기관이 전자어음에 관한 거래의 안전을 확보하고 지급의 확실성을 보장할 수 있도록 대통령령이 정하는 기준을 준수하도록 하는 의무를 부과하고, 이에 따라 전자어음법 시행령은 전자어음 관리기관의 안전성 확보기준을 원칙적으로 관리기관의 지정요건으로 정하고 있다(전어시 제12조) 그런데 이러한 대통령령이 정하는 기준에는 만기에 지급을 담보하는 방안·지급이 완료된 전자어음 등에 대한 이중지급을 방지하는 방안·위조나 변조 등을 방지하는 방안 등이 구체적으로 상세하게 기술적인 면과 관련하여 포함되어야 할 것으로 본다.

**마.** 전자어음법 제16조 제2항은 전자어음관리기관이 보존하여야 하는 기록의 종류와 방법 및 보존기간에 대하여 대통령령으로 정하도록 하고, 이에 따라 전자어음법 시행령은 보존하여야 하는 기록의 종류와 보존기간에 대하여 규정하고 있다(전어시 제13조). 그런데 이 시행령에서 지급이 이루어지지 아니한 전자어음의 보존기간을 '당해 전자어음에 관한 판결확정일까지의 기간(소가 제기되지 아니한 경우에는 당해 전자어음을 발행한 날부터 3년)'으로 규정한 것은 약속어음의 주채무자에 대한 어음금청구권의 소멸시효기간이 '만기'로부터 3년이고(어 제70조 1항, 제77조 1항 8호) 또한 상업장부 등의 보존기간이 '그 폐쇄일부터' 10년(전표 등은 5년)인 점(상법 제33조 1항) 등을 감안하면 문제가 있는 것으로 본다. 보존방법에 대하여는 상법 제33조 제3항 및 제4항이 참고가 될 수 있을 것으로 본다.

**바.** 전자어음법 제19조 제1항은 전자어음 이용자가 전자어음거래에서 입은 손해를 배상하기 위한 절차를 대통령령으로 정하도록 하고, 이에 따라 전자어음법 시행령은 전자문서에 의한 이의제기·이에 대한 처리기한 및 처리결과의 통지

방법의 명시 등에 대하여 규정하고 있다(전어시 제16조). 그런데 이러한 대통령령에서는 손해발생원인·손해배상을 할 자·손해액·증명책임 등에 대하여 어느 정도의 기준은 정하여야 할 것으로 본다.

## VI. 결 어

위에서 본 바와 같이 전자어음법의 제정 자체 및 그 내용에는 많은 문제점이 있으므로, 이의 시행(적용) 및 (입법론상) 개정(또는 폐지)에는 이러한 점이 충분히 고려되어야 할 것으로 본다. 이러한 전자어음법이 모든 이해관계인(특히 전자어음의 수취인인 제조업체 및 공급업체)에게 이익과 편의를 주는 것인지 여부를 재검토할 필요가 있고, 그렇지 않은 경우에는 이를 시행하지 않으면 안 되는 공공의 이익이 어느 정도인지를 재검토할 필요가 있다고 본다. 이 법이 이해관계인에게 이익과 편의를 제공하지 못하고 또한 이를 시행하는데 공공의 이익도 없으면서 이에 따른 사회적 혼란과 비용이 너무 크게 되면, 이 법의 시행을 강요할 것이 아니라 오히려 중단하여야 할 것으로 본다.

# 신용카드거래와 대금채무자의 항변*

## I. 서 언

### 1. 신용카드의 연혁 및 이용현황

**가.** 현금이 없이도 카드의 제시만으로 쉽게 상품 및 서비스를 제공받을 수 있는 신용카드(credit card; Kreditkarte)는 현재 그 이용이 급속도로 증가하고 있는데, 이는 보통 「플라스틱 머니」(plastic money) 또는 「제3의 통화」라고 불려지고 있다. 이러한 신용카드의 일반적인 보급은 우리 사회가 수표 및 전자자금이체제

---

* 이 글은 정찬형, "신용카드거래와 대금채무자의 항변," 「상사법연구」(한국상사법학회), 제6집 (1988. 11), 87~144면의 내용임(이 글에서 필자는 신용카드대금의 지급관계의 법적 성질과 관련하여 카드발행인의 카드가맹점에 대한 항변과 카드회원의 카드발행인에 대한 항변을 다루고 있으며, 이에 관한 비교법적 내용도 소개하고 있음).

이와 관련하여 참고할 수 있는 필자의 글로는 정찬형, "신용카드와 항변," 「판례월보」(판례월보사), 제215호(1988. 8), 11~23면; 동, "수표카드와 신용카드," 「고시계」, 통권 제380호(1988. 10), 48~65면 등이 있음.

도(Electronic Fund Transfer System)[1]의 이용과 함께 「현금 없는 사회」로 나아가는 것을 의미하며,[2] 다른 한편 「신용사회」로 전환되고 있음을 의미한다.[3]

나. 이러한 신용카드는 미국에서 최초로 발생되었는데, 그 기원은 1900연대 초에 미국의 백화점이 신용판매를 촉진하고 고객의 신원을 확인하기 위하여 발생한 「크레디트 코인」(credit coin)이라고 한다. 그 후 1914년에 최초로 석유회사에 의하여 신용카드가 발행되었으며, 1920년에는 그 이용이 본격화되었다고 한다(양당사자카드). 그 후 1950년에 「다이너스 클럽」(Diners' Club)이 모든 목적을 위하여 이용될 수 있는 신용카드를 발행한 것이 신용카드제도의 발전에 결정적인 계기를 제공하였다(3당사자카드). 그 후 1959년에 미국의 양대은행인 「뱅크 오브 아메리카」(Bank of America)와 「체이스 맨하탄」(Chase Manhattan)이 일반시민들을 대상으로 하는 다목적 신용카드를 발행하기 시작한 것도 신용카드제도의 발전을 위한 또 하나의 전기를 마련하였다. 이러한 신용카드는 은행계카드의 등장으로 인하여 본격적인 발전을 하게 되었다.[4] 미국의 신용카드는 오늘날 전세계적으로 발행되는데, 이렇게 전세계적으로 발행된 신용카드 수는 7억 5천만매이며 이 중 80%나 되는 5억매가 미국에서 발행된다고 한다[5](성인 1인당 약 5매의 카드 이용).

다. 서독에서도 오늘날 많은 기업이 신용카드를 발행하고 있는데, 이렇게 신용카드를 발행하는 회사는 「아메리칸 익스프레스 인터내셔널」(American Express International, Inc.), 「다이너스 클럽 독일유한회사」(Diners Club Deutschland GmbH), 「독일신용기관에 의하여 운영되는 결제제도회사」(Die vom deutschen Kreditgewerbe getragenen Gesellschaft für Zahlungssysteme), 「유럽카드 발행회사」(Die Herausgeberin der Eurocard) 및 1970년대 말 이후부터 서독에서 비자카드를 발행하는 「뱅크 오브 아메리카」(Bank of America)이다. 그런데 서독에서는 신용카드 보유자의 수는

---

1) 정찬형, "미국의 Electronic Fund Transfer Act," 「상법학의 현대적 과제」(단야 서정갑박사 고희기념논문집)(서울: 삼영사, 1986). 75~106면 참조.

2) Bergsten, "Credit Cards-A Prelude to the Cashless Society," 8 *B.C. Ina & Com. L. Rev.* 485(1967).

3) 이은영, 「약관규제론」(서울: 박영사, 1984), 201면(이는 동교수, "크레디트 카드에 관한 법적 고찰," 「법학」〈서울대〉, 제28권 1호〈82. 3〉, 212~228면의 논문을 전재〈轉載〉한 것으로, 이하에서는 「약관규제론」의 글만을 "전게서"로 인용하기로 한다).

4) 미국의 신용카드에 대한 상세한 소개로는 김문환, "크레디트 카드의 실태와 문제점," 「상법학의 현대적 과제」(단야 서정갑박사 고희기념논문집)(서울: 삼영사, 1986), 53~55면; 정동윤, "신용카드에 관련된 법률문제," 「법학논집」, 제23집(서울: 고려대, 1985. 12), 215~216면; 이상헌, "크레디트 카드," 「금융」(서울: 대한금융단, 1977. 11), 37~38면 참조.

5) Drury & Ferrier, *Credit Cards* 15, 19(1984); 김문환, 전게논문(상법학의 현대적 과제), 54면.

얼마 되지 않는다. 즉, 1984년 중반 현재 신용카드 보유자의 총수는 약 92만명에 불과하다(이 중 「아메리칸 익스프레스」 카드보유자는 35만명, 「다이너스 클럽」 카드보유자는 21만명, 「유럽」 카드보유자는 26만명, 「비자」 카드보유자는 10만명이다). 이에 비하여 수표카드는 1968년에 서독에 도입된 이래 급속히 보급되어, 오늘날 지급수단으로 일반적으로 인식되고 있으며, 1984년 중반 현재 수표카드의 발행총수는 약 1,800 만매이다.6)

　　　**라.** 일본에서의 신용카드 업무는 1960년 미국과 일본이 공동출자한 일본 「다이너스 클럽」의 설립으로 시작되었으며, 1961년에 三和은행을 중심으로 한 6 개 은행이 공동출자한 일본 「크레디트 뷰-로」(Japan Credit Bureau, JCB)의 설립으로 발전을 보게 되었다. 1965년 이후에는 일본의 많은 도시은행이 신용카드업무에 참여함으로써 신용카드는 일본에서 본격적으로 발전하게 되었으며, 오늘날도 신용카드업무는 일본의 은행주변업무로서 가장 중요한 위치를 차지하고 있다.7) 일본의 신용카드는 미국에 비교해 볼 때 아직 대단하다고는 할 수 없으나, 1983 년 현재 신용카드 총 회원수가 약 5,700만명에 달하고 있어 성인 2인당 1매의 카드가 이용되고 있다.8)

　　　**마.** 우리나라에서 신용카드가 처음으로 이용된 것은 1969년의 신세계백화점 인데,9) 그 후 신용카드제도는 급속한 신장을 하여 1987연말 현재 신용카드를 보유하고 있는 총 회원수는 약 400만명이라고 한다.10) 우리나라에서 현재 사용되고 있는 신용카드를 대별하면 백화점계카드, 은행계카드, (카드발행)전문회사계카드, 외국계카드로 분류할 수 있다. 백화점계카드로는 신세계백화점·미도파백화점· 롯데쇼핑센터·영동백화점·현대백화점·그랜드백화점 등 서울과 지방의 많은 백화점에 의하여 발행되고 있다. 은행계카드로는 국민은행에서 발행되는 「국민카드」,11) 5개 시중은행과 주택은행·중소기업은행 및 농협 등이 참여하여 함께 발행되는 「은행신용카드」(B.C.카드), 외국카드가 한국외환은행에 의하여 발행되는

---

6)  Peter Beck, *Einwendungen bei eurocheque und Kreditkarte*, 38 Bd(Köln: Druck-+ Verlagshaus Wienand, 1986), S.1.
7)  이상헌, 전게논문, 38~39면.
8)  김문환, 전게논문(상법학의 현대적 과제), 55면.
9)  김문환, 전게논문(상법학의 현대적 과제), 56면.
10)  매일경제신문, 1988. 3. 29, 2면.
11)  엄격하게 말하면 국민카드는 1987년 9월부터 국민은행에서 독립한 국민카드회사에 의하여 발행되고 있다[김영성, "크레디트카드에 관한 법적 고찰," 법학석사학위논문(서울대, 1982. 2), 2면 주 3].

「비자카드」(VISA card)가 있다. (카드발행)전문회사계카드는 「코리언 익스프레스」사가 발행하는 「코리언 익스프레스」(KOREAN EXPRESS)카드와 한국신용카드회사(KOREA CARD CORPORATION)가 발행하는 「세종신용카드」(구명: KOREA CARD, KOCA)가 있다. 외국계카드로는 앞에서 본 바와 같이 한국외환은행이 발행하는 「비자」(VISA)카드, 「아메리칸 익스프레스」(American Express, Amex)카드, 「마스터」(Master)카드, 「다이너스 클럽」(Diners' Club)카드 등이 있다.12)

## 2. 신용카드의 유형

신용카드는 여러 가지 기준에 의하여 다음과 같이 분류할 수 있다.13)

가. 카드거래의 당사자의 수를 기준으로 「양당사자카드」·「3당사자카드」및 「多당사자카드」로 분류할 수 있는데,14) 이러한 분류는 신용카드의 분류로서 가장 중요하다. 「양당사자카드」는 카드발행인과 카드회원(카드소지인)의 두 당사자가 존재하고 이들 사이에 하나의 법률관계만이 성립하는 카드로서, 대부분의 백화점계신용카드가 이에 속한다.15) 「3당사자카드」는 카드발행인·카드회원 및 카드가맹점의 세 당사자가 존재하며 이들 사이에는 카드발행인과 카드회원간의 회원계약·카드발행인과 카드가맹점간의 가맹점계약·카드회원과 카드가맹점간의 원인행위(기초거래)에 따른 계약이 성립한다. 우리나라에서 현재 이용되고 있는 신용카드 중에서 3당사자카드에 속하는 것으로 대표적인 것으로는 국내외의 카드발행전문회사가 발행하는 각종의 신용카드이다. 또한 국민카드도 이에 속한다고 볼 수 있다.16) 3당사자카드의 변형으로 「4당사자카드」가 있는데, 이것은 3당사자카드에서의 카드발행인의 역할을 카드발행인과 은행이 분담하는 것뿐이며 이의 법률관계는 3당사자카드의 그것과 같다. 「多당사자카드」는 카드발행인이 복수의 은행으로 되어 있어 많은 가맹점에서 통용될 수 있는 이점이 있는데, 은행카드(Bank Card)라고도 한다. 多당사자카드의 법률관계도 기본적으로는 3당사자카드의

---

12) 우리나라의 신용카드 현황에 대한 상세는 김문환, 전게논문(상법학의 현대적 과제), 56~64면 참조.

13) 이에 관한 상세는 정동윤, 전게논문, 217~220면; 김영성, 전게논문, 9~11면 등 참조.

14) 김문환, 전게논문(상법학의 현대적 과제), 55면은 양당사자카드를 「일방당사자카드」(Single-Party Card)로, 3당사자카드를 「쌍방당사자카드」(Dual-Party Card)로, 多당사자카드를 「多方당사자카드」(Muil-Party Card)로 표현하고 있다.

15) 그러나 롯데 백화점신용카드와 신세계백화점신용카드 등은 가맹점이 가입되어 있어 3당사자카드화되고 있다(김영성, 전게논문, 10면 주 18).

16) 정동윤, 전게논문, 220면.

그것과 같다. 우리나라에서 현재 이용되고 있는 多당사자카드로는 국내외의 은행
계카드로서 은행신용카드(B.C.카드), 비자(VISA)카드 등이 있다.

　　나. 신용카드의 이용목적이 제한되어 있느냐의 여부에 따라 「제한목적(단일
목적)카드」와 「전(全)목적(다목적)카드」가 있다. 전자에 속하는 것으로는 백화점계
카드이고, 후자에 속하는 것으로는 모든 가맹점에서 이용될 수 있는 것으로 국내
외의 은행계카드와 (카드발행)전문회사계카드이다.

　　다. 카드의 이용가능지역에 따라 「국내카드」와 「국제카드」가 있는데, 「비자」
(VISA)카드·「마스터」(Master)카드·「다이너스 클럽」(Diners' Club)카드 등과 같은
외국계카드는 국외에서도 이용될 수 있는 「국제카드」이나, 그 밖의 카드는 대부
분 「국내카드」이다. 국제카드를 국외에서 이용하기 위해서는 외국환관리법 등의
규제를 받는다.17)

## 3. 신용카드거래의 구조

　　신용카드거래의 구조는 신용카드의 종류에 따라 상이한데, 이곳에서는 현재
가장 많이 이용되고 있는 3당사자카드를 중심으로 설명한다. 3당사자카드 중에
는 카드발행인이 은행인 경우(은행계카드), 전문회사인 경우(전문회사계카드)가 있는
데, 은행계카드의 경우에는 은행 자체 내에서 카드이용대금의 구좌이체가 이루어
지나 전문회사계카드의 경우에는 카드발행인(전문회사)의 거래은행을 통하여 카드
이용대금의 구좌이체가 이루어지는 점에서만 차이가 있다.

　　그런데 이 때 카드발행인의 거래은행은 카드발행인과의 위임계약에 따라
카드 이용대금사무를 처리할 따름이고 그러한 은행의 명의로 카드이용대금을
청구하거나 지급하는 것이 아니므로 카드거래의 당사자라 할 수 없다.18) 또한
多당사자카드도 카드발행인이 수인이라는 것뿐이지 기본적으로는 3당사자카드
와 같으므로 이곳에서의 3당사자카드에 대한 설명은 多당사자카드에도 해당된
다고 보겠다.

　　가. 먼저 카드발행인이 요구하는 일정한 요건을 충족하는 자는 카드회원규
약에 따라 카드발급(입회)신청서를 제출하여 회원계약을 체결하고 카드를 발급받

---

17) 그러나 1988. 7. 1.부터는 「국제카드」를 국외에서 사용하는 경우 미리 사용한도에 대하여
　　외국환은행의 인증을 받을 필요가 없다. 즉, 외화사용한도의 제한이 폐지되었다(동아일보, 1988.
　　6. 30, 6면).
18) 淸水 嚴, "クレジット·カ―ド取引の法構造(1)," 「法律時報」, 1973. 11, 172면.

은 후 회원[19])이 된다. 그런데 이때 카드발급신청서에는 거의 예외 없이 연대보증인을 기재하게 되어 있다. 회원은 크게 개인회원과 법인회원으로 분류되고,[20]) 개인회원은 다시 본인회원과 가족회원으로 분류되는데 회원규약에 의하여 본인회원과 가족회원은 신용카드에 관한 모든 행위에 대하여 상호 연대하여 책임을 지도록 되어 있다.[21])

　나. 다음으로 카드발행인은 상품 또는 서비스를 판매 또는 제공하는 상점 등과 카드가맹점규약에 따라 가맹점계약을 체결한다. 이때 카드가맹점은 가맹점규약에 의하여 카드회원이 유효한 카드를 제시하면 상품 또는 서비스를 신용으로 판매하거나 제공하여야 하고, 직접 현금을 요구하거나 카드회원을 일반고객과 다른 불리한 취급을 하지 못한다.[22])

　다. 카드회원은 카드가맹점에 카드를 제시하고 매출전표에 카드상의 서명과 동일한 서명을 함으로써 상품을 구입하거나 서비스를 제공받을 수 있다.[23]) 한편 카드가맹점은 카드회원의 서명을 받은 매출전표를 카드발행인에게 송부하고 매출전표의 액면금액으로부터 미리 정하여진 일정한 비율의 수수료를 공제한 금액을 카드발행인으로부터 지급받는다. 이 때 은행계카드의 경우에는 카드발행인이 카드발행인에 설치되어 있는 카드가맹점의 예금구좌에 입금하여 주고, (카드발행)전문회사계카드의 경우에는 전문회사의 거래은행이 전문회사의 요청에 의하여 자기에서 설치되어 있는 전문회사의 예금구좌에서 카드가맹점의 예금구좌로 해당금액을 이체하여 준다.

　라. 카드가맹점에 카드이용대금을 지급한 카드발행인은 매월 일정일까지의 카드회원별 카드이용대금을 계산하여 카드회원에게 위 금액에 해당하는 청구서를 보내고, 카드회원의 은행예금구좌로부터 자동이체하는 방법으로 카드이용대금을 추심함으로써 카드이용에 따른 대금결제를 종결한다.

---

19) "회원"이라는 용어는 회원계약에 단체성이 없기 때문에 정확한 것이 아니나(淸水 巖, 전게논문, 172면), 실무계에서는 거의 전부 "회원"이라는 용어를 쓰고 있다.
20) 김영성, 전게논문, 14~15면.
21) 국민카드회원규약 §§ 1, 2; B.C. 카드회원규약 §§ 1, 2; VISA카드회원규약 §§ 1, 2; 그랜드백화점신용카드회원규약 § 1 등.
22) VISA카드가맹점규약 § 4 등.
23) 국민카드회원규약 § 4②; B.C.카드회원규약 § 5; VISA카드회원규약 § 6①; 그랜드백화점신용카드회원규약 § 4 등.

## 4. 신용카드거래의 경제적 기능[24]

가. 신용카드거래는 거래의 당사자에 대하여 다음과 같은 장점을 주고 있다.

(1) 카드회원에 대하여는 현금대용 및 신용공여기능을 한다.

(2) 카드가맹점에 대하여는 현금거래에 따르는 위험성과 번잡함을 덜어 주고 또 판매를 촉진시키는 기능을 한다.

(3) 카드발행회사는 가맹점으로부터 수수료를 받고 또 회원으로부터 회비를 받음으로써 수입을 올리는 기능을 하게 되어, 신용카드사업은 오늘날 수익성이 높은 유망업종으로 각광을 받고 있다. 한편 신용카드를 발행하거나 신용카드거래와 관련된 은행은 고객 및 예금을 확보할 수 있고 분할지급의 경우에는 이자수입도 올릴 수 있다.

나. 그러나 신용카드에 의한 거래는 현금거래보다 거래구조가 복잡하여 이에 관련된 인원 및 비용의 부담이 크며, 또 카드회원에게는 무분별하고 불건전한 소비생활을 조장하게 되는 단점도 있다.

다. 또한 신용카드거래와 관련하여 많은 법률적인 문제점도 발생하고 있다. 즉, 신용카드의 도난과 분실에 따른 카드부정사용의 경우의 손실부담문제, 카드보증인의 책임문제, 카드부정사용에 따른 형사책임문제, 카드이용대금의 지급채무자의 원인행위에 기한 항변문제, 카드거래에 대한 세법상의 문제 등이 발생하고 있다. 본고에서는 이러한 카드거래에 따른 법률문제 중에서 「카드이용대금의 지급채무자의 원인행위에 기한 항변문제」만을 다루기로 하겠다. 그런데 이 문제는 신용카드의 법적 성질 및 신용카드이용대금의 지급관계의 법적 성질과 밀접히 관련되어 있는 문제이기 때문에, 먼저 「신용카드의 의의와 법적 성질」 및 「신용카드이용대금의 지급관계의 법적 성질」을 설명한 후 이 문제를 다루어 보겠다.

## Ⅱ. 신용카드의 의의와 법적 성질

### 1. 신용카드의 의의

가. 신용카드가 무엇이냐에 대하여 우리나라의 신용카드업법(이 법은 그 후 「여

---

24) 이에 관한 상세는 이은영, 전게서, 203～205면; 정동윤, 전게논문, 220～222면; 김영성, 전게논문, 4～5면; 조용호, "크레디트 카드의 법률문제," 「사법논집」, 제17집, 156～158면 등 참조.

신전문금융업법」으로 대체됨) 제2조 1호는 다음과 같이 정의하고 있다.

"신용카드라 함은 이를 상환함이 없이 제시함으로써 반복하여 물품의 구입 또는 용역의 제공을 받을 수 있는 증표로서 신용카드업자가 발행한 것을 말한다."

한편 미국의 통일소비자신용법전은 신용카드에 대하여 다음과 같이 정의하고 있다.

"신용카드란 카드발행인이 카드소지인(카드회원—필자 주)에게 그가 상품·서비스를 구입·임차하거나, 대출을 받거나 기타(필요할 일)에 있어서 카드발행인 또는 제3자로부터 신용을 받을 권한을 부여할 목적으로 당사자의 약정하에 발행된 카드 또는 기구를 의미한다."25)

나. 신용카드는 이와 유사한 「상업신용장」(Letter of Credit, L/C), 「수표카드」, 「팩토링」(Factoring) 및 「POS」(Point of Sale Terminal System)와 다음과 같은 점에서 구별되고 있다.26)

(1) 「상업신용장」과 신용카드(가장 많이 이용되고 있는 3당사자카드의 경우)는 모두 신용상태가 불명한 매수인의 신용을 신용장개설은행 또는 카드발행인이 매도인에 대하여 대체하며, 3당사자 사이에 세 개의 계약이 성립하는 점에서는 유사하다. 그러나 상업신용장에 의한 거래에 있어서는 당사자의 명백한 다른 의사표시가 없는 한 세 개의 계약에서 발생한 채무는 각각 독립적이며 또 신용장거래의 독립추상적인 성격에서 매수인은 매도인에 대한 항변사유로써 신용장개설은행에 대항할 수 없다. 그러나 신용카드거래에 있어서 매수인이 매도인에 대한 항변사유로써 카드발행인에게 대항할 수 있는지 여부는 명백하지 않고 논의가 되고 있다(후술). 또한 상업신용장은 일반적으로 상인에 의하여 이용되고 신용카드는 소비자에 의하여 이용되고 있는 점, 상업신용장은 매 거래시마다 개설되나 신용카드는 유효기간 내에는 반복하여 사용될 수 있는 점 등도 양자가 구별되는 점이라고 볼 수 있겠다.

(2) 「수표카드」나 신용카드(은행계카드로서 3당사자카드의 경우)는 모두 3당사자

---

25) Uniform Consumer Credit Code § 1. 301(17): "Credit card" means a card or device issued under an arrangement pursuant to which a card issuer gives to a cardholder the privilege of obtaining credit from the card issuer or other person in purchasing or leasing property or services, obtaining loans, or otherwise.

26) 이에 관한 상세는 김영성, 전게논문, 6~9면; 명호근, "크레디트 카드에 관한 법률문제소고," 법학석사학위논문(국민대, 1983. 12), 14~16면; 김성태, "크레디트 카드(신용카드)거래," 「고시계」, 1984. 11, 178~179면; 정동윤, 전게논문, 224면 등 참조.

간의 세 개의 계약관계가 있으며 은행이 지급을 담보하는 점 등에서 유사하며
모두 금융카드라고 불려지고 있다. 그러나 수표카드는 독립하여 사용될 수 없고
항상 수표와 함께 사용될 수 있으나 신용카드는 그 자체만으로 독립하여 사용될
수 있는 점, 수표카드의 경우에는 수표수취인과 은행과의 직접적인 계약관계가
없으나 신용카드의 경우에는 카드가맹점과 카드발행인간에 직접적으로 계속적인
계약관계(가맹점계약)가 체결되는 점 등에서 구별되고 있다.

    (3) 「팩토링」과 신용카드거래(특히 카드회원이 분할지급하는 거래의 경우)는 팩터
(factor) 또는 카드발행인이 매도인의 외상채권을 매입하고 이를 매수인(고객 또는
카드회원)으로부터 추심하는 점은 유사하다. 그러나 팩토링에서 팩터는 매도인의
모든 외상채권을 매입하나 신용카드거래에서 카드발행인은 신용카드를 이용하여
발생한 채권만을 매입하는 점, 팩토링에서 팩터는 매수인과는 아무런 직접적인
계약관계가 없는데 신용카드거래에서 카드발행인은 매수인(회원)과 직접적인 계
약관계(회원계약)가 있다는 점 등에서 양자는 구별되고 있다.

    (4) 「POS」는 전자자금이체제도에 의한 개인의 상품구입제도로서 최근 구미
선진금융권에서는 발전을 보이고 있으나 「컴퓨터」의 개재라는 높은 고정비용요
소 때문에 그 편리성에도 불구하고 사실상 폭넓게 이용되기 어려운 점을 갖고
있어 아직까지는 본격적인 발전단계에 이르지 못하고 있다. POS에 의한 거래는
카드소지인이 백화점이나 「슈퍼 마켓」같은 곳에 설치되어 있는 POS단말에서 자
기카드를 제시하여 「컴퓨터」로 하여금 카드의 진위·은행구좌의 잔액부족 여부
를 확인하게 하고 동시에 판매대금을 즉시 자동적으로 구좌이체하도록 할 수 있
는 제도인데, on-line이 아닌 POS인 경우에는 POS회사를 통하여 은행에서 이
체지급받게 된다. 이와 같은 POS는 카드 하나만으로 고객이 상품 등을 구입할
수 있다는 점에서는 신용카드와 동일하다. 그러나 POS에 의한 구좌이체는 신용
카드의 경우와 같이 복잡하지 않고 간단히 처리되는 점, POS회사로부터는 카드
회원에 대한 여신이 원칙적으로 일어나지 않는 점, POS에 의한 거래는 한정된
지역에서만 가능한 점 등에서 POS는 신용카드와 구별되고 있다.[27]

## 2. 신용카드의 법적 성질

    가. 신용카드는 유가증권인가? 유가증권의 의의에 대하여는 견해가 나뉘어

---

27) 이상현, 전게논문, 42~43면.

있으나, 「재산권이 표창된 증권으로서 권리의 발생·이전·행사의 전부 또는 일부에 증권의 소지를 필요로 하는 것」으로 본다면[28] 신용카드가 위의 요건에 해당하는지 여부에 따라서 유가증권성이 결정된다. 먼저 신용카드가 재산권을 표창하는가의 문제에 대하여, 신용카드는 권리 또는 재산권을 표창하는 증권은 아니고 다만 회원자격을 증명하는 증거증권에 불과하다.[29] 다음으로 신용카드는 원인관계인 회원계약과 독립하여 존재하는 무인증권도 아니고 또 회원의 권리가 신용카드의 발행에 의하여 비로소 창설되는 설권증권도 아니다.[30] 신용카드는 타인에게 양도(및 입질·대여)될 수 없고[31] 또 회원자격은 회원에 대한 신용조사를 바탕으로 하고 있으므로 신용카드의 양도에 의해서는 물론 그밖의 방법에 의해서도 원칙적으로 양도될 수 없고 일신전속성을 갖는다.[32] 그러나 카드회원이 그의 권리를 행사하기 위하여는 반드시 카드가맹점에 신용카드를 제시하여야 하는 제시증권성이 있으며(VISA카드회원규약 § 6① 등), 카드가맹점은 외견상 유효한 카드 소지인과 거래한 이상 그가 진정한 회원이 아니었더라도 이로 인한 책임을 부담하지 않는 면책증권성은 있다.[33] 그런데 신용카드의 면책증권성은 1회 사용한도액 및 1개월 사용한도액의 범위 내에서만 또 무과실의 경우에만 인정되므로 제한적 면책증권성이라고 볼 수 있다.[34] 이 밖에 신용카드는 신용증권성이 있다고 보는 견해도 있다.[35]

　나. 신용카드의 법적 성질에 대하여 미국의 판례에서는 유통증권(negotiable instrument, 우리나라의 유가증권에 대응될 수 있음)성을 긍정하는 판례[36]와 부정하는

---

28) 손주찬, 「전정증보판 상법(하)」(서울: 박영사, 1985), 7면 외. 그러나 유가증권의 요건으로서 증권의 소지가 어느 정도로 요구되는가에 관하여는 권리의 이전 및 행사에 증권의 소지를 요한다는 설[양승규·박길준, 「개정 상법요론」(서울: 삼영사, 1984), 550면], 권리의 이전에 증권의 소지를 요한다는 설[서돈각, 「제3보정 상법강의(상)」(서울: 법문사, 1984), 158면] 및 권리의 행사에 증권의 소지를 요한다는 설[정희철·양승규, 「상법학원론(하)」(서울: 박영사, 1986), 266~268면] 등이 있다.
29) 이은영, 전게서, 206면; 정동윤, 전게논문, 223면; 조용호, 전게논문, 159면; 김영성, 전게논문, 12면.
30) 이은영, 전게서, 206면; 김영성, 전게논문, 12면.
31) VISA카드회원규약 § 3②; 국민카드회원규약 § 2①; B.C.카드회원규약 § 3①; 롯데카드회원규약 § 3②; 신세계카드회원규약 § 2② 등.
32) 이은영, 전게서, 206~207면; 김영성, 전게논문, 12면; 조용호, 전게논문, 159면.
33) 이은영, 전게서, 206~207면; 조용호, 전게논문, 159면.
34) 이은영, 전게서, 207면; 김영성, 전게논문, 12면; 조용호, 전게논문, 159면 주 25).
35) 정동윤, 전게논문, 224~225면. 반대: 김영성, 전게논문, 13면.
36) Wanamaker v. Megary, 24 Pa. Dist. 778(1925).

판례37)로 나뉘어 있다.

## Ⅲ. 신용카드이용대금의 지급관계의 법적 성질

### 1. 서 언

가. 신용카드이용의 법률관계는 카드발행인과 카드회원간의 법률관계(회원계약), 카드발행인과 카드가맹점간의 법률관계(가맹점계약) 및 카드회원과 카드가맹점간의 법률관계(매매계약)인 3면의 법률관계로 성립한다. 그런데 회원규약 및 가맹점규약상의 대부분의 규정은 신용카드이용대금의 지급관계를 규정하고 있어, 이러한 2면의 법률관계에서 그 핵심을 이루는 내용은 신용카드이용대금의 지급관계라고 볼 수 있겠다.

나. 카드회원과 카드가맹점간의 다른 1면의 법률관계는 특수한 법률관계는 아니고 보통의 매매계약 또는 서비스제공계약으로서 이에 특히 문제될 점은 없다.38) 그런데 이때의 카드가맹점은 상품 또는 서비스대금의 청구에 있어서 쌍무계약의 일반적 효과인 동시이행의 항변권(민법 제536조)을 갖지 않으며, 다만 매출전표의 서명과 상품 또는 서비스의 제공과의 동시이행만을 주장할 수 있으므로, 이러한 점에서만 카드회원과 카드가맹점간의 매매계약 또는 서비스제공계약은 보통의 그것과는 다르다고 볼 수 있겠다.39)

다. 신용카드이용에 따른 법률관계 중에서 가장 중요하고 어려운 문제는 카드이용대금의 지급관계에 관한 법적 성질이다. 즉, 카드회원이 카드가맹점으로부터 구입한 상품대금이나 제공받은 서비스대금을 카드발행인이 카드가맹점에 지급하고 카드발행인은 이를 카드회원으로부터 구상하는데, 이러한 법률관계를 어떻게 볼 것인가가 문제된다. 이에 대하여 외국의 이론도 상이(相異)하므로, 먼저 미국·서독 및 일본의 이론을 개관한 후, 우리나라의 이론을 소개하고, 사견을 피력하겠다.

---

37) Lit. Bros. v. Haines, 98 NJL 658, 121 A. 131(1923); Gulf Refining Co. v. Plotnik, 24
   Pa. D. & C. 147(C.P. 1935).
38) 정동윤, 전게논문, 227면; 김영성, 전게논문, 19면.
39) 이은영, 전게서, 209~210면.

## 2. 미 국

신용카드이용에 따른 대금지급관계의 법적 성질에 대하여 미국에서는 다음과 같은 이론이 있다.

### 가. 상업신용장설(Letter of Credit Theory)

이 설은 신용카드를 상업신용장의 일종으로 보고 카드발행인은 신용장개설은행과 같이 매도인(카드가맹점)에게 카드이용에 따른 대금을 지급할 의무가 있고, 카드회원은 이 대금을 신용장개설의뢰인과 같이 카드발행인에게 상환할 의무를 부담한다고 설명한다.[40]

### 나. 채권양도설(Assignment Theory)

이 설에 의하면 카드발행인이 카드회원에게 카드이용에 따른 대금을 구상할 수 있는 것은 카드가맹점이 카드이용대금에 관한 채권을 카드발행인에게 양도했기 때문이라고 한다. 이러한 채권양도는 통상의 채권양도와 동일하여, 카드회원이 카드가맹점에 대하여 갖고 있는 항변이나 반소의 사유는 금반언칙에 저촉되지 않는 한 동 채권의 양수인인 카드발행인에게도 대항할 수 있다고 한다.[41]

### 다. 외상채권매입설(Factoring of Accounts Receivable Theory)

이 설은 신용카드거래를 일종의 팩토링으로 평가하여, 카드발행인이 카드회원으로부터 카드이용대금을 구상할 수 있는 근거는 카드발행인이 카드가맹점으로부터 카드가맹점의 카드회원에 대한 외상채권을 현금으로 매수하였기 때문이라고 설명한다.[42]

---

40) Bergsten, *supra* at 513, 502~503; Comment, "The Applicability of the Law of Letter of Credit to Modern Bank Card System," 18 *Kan. L. Rev.* 871, 890(1970); Davenport, "Bank Credit Cards and the Uniform Commercial Code," 85 *Banking L.J.* 941, 963(1968) (신용카드를 U.C.C. 제5편 상업신용장편에 규정하여야 한다고 입법론으로 주장함).

41) South, "Credit Card: A Primer," 23 *Bus. Law* 327, 330(1968); Union Oil Co. v. Lull, 349 P. 2d 243(Ore, 1960); Diner's Club Inc. v. Whited, Civ. No. A. 10872, L.A. Super Ct., Aug. 6, 1964.

42) Comment, 48 *Calif. L. Rev.* 459, 468 f.(1960).

### 라. 지급인설

이 설은 카드회원이 서명하는 매출전표를 카드발행인을 지급인으로 하는 환어음에 유사한 것으로 보고 카드발행인은 환어음의 지급인의 지위에서 카드이용대금을 카드가맹점에게 지급하는 것이라고 한다.43)

### 마. 직접채무설(Direct Obligation Theory)

이 설에 의하면 카드회원은 회원계약에 의하여 카드이용대금을 카드발행인에게 지급할 채무를 직접 부담하고, 카드발행인은 이러한 직접적인 채권을 추심하기 위하여 카드회원으로부터 위 대금의 지급을 구하는 것이라고 한다.44)

### 바. 직접대여설(Direct Loan Theory)

이 설에 의하면 카드가맹점이 카드회원에게 상품이나 서비스를 제공하고 신용카드를 인수하였을 때 카드발행인은 카드회원에게 카드이용대금을 직접 대여하는데 그 대여금은 카드회원이 상품이나 서비스를 제공받을 때 카드가맹점에 전해진다고 한다.45) 미국에서는 직접대여설을 채택하여 입법하였다고 하며,46) 대주신용카드(lender credit card)에 대해서도 정의하고 있다.47)

## 3. 서 독

가. 신용카드이용대금의 지급관계의 법적 성질에 관한 서독의 대표적인 이론으로는 「채권양도설」과 「지급지시설」이 있다.48) 그런데 서독의 채권양도설은 미국이나 일본의 채권양도설과 유사하나, 서독의 지급지시설은 카드발행인에게 손해담보(Garantie)의 책임을 부담시키는 점에서(수표카드발행인의 책임과 유사) 미국의 지급인설과 상이하다.49)

---

43) 정동윤, 전게논문, 232면; 김영성, 전게논문, 25면 등에서 재인용.

44) United States v. Golden, 166 F. Supp. 799 (S.D.N.Y. 1958); Clark & Squillante, *The Law of Bank Deposits, Collections and Credit Cards* 193(1970).

45) Cleveland, "Bank Credit Cards: Issuers, Merchants and Users," 90 *Banking L.J.* 719, 725(1973).

46) Cleveland, *supra* 90 *Banking L.J.* 725(1973).

47) U.C.C.C. § 1.301(24).

48) Canaris, *Bankvertragsrecht*, 2. Aufl., 1981, S.833.

49) 그러나 정동윤, 전게논문, 233면 및 김영성, 전게논문, 27~28면은 「서독의 지급지시설은 미

나. 서독에서는 앞에서 본 바와 같이 현재 주요한 신용카드로 「유럽카드」,
「아메리칸 익스프레스」, 「다이너스 클럽」 및 「비자」의 네 종류가 있으며, 제1차
적으로 각 카드의 가맹점규약에 의하여 카드발행인의 카드가맹점에 대한 대금지
급채무(또는 카드가맹점의 카드발행인에 대한 대금채권)의 법적 근거가 설명되는데, 이
에 따라 그 카드가 채권양도설에 의한 것인가 또는 지급지시설에 의한 것인가가
결정된다.50) 이렇게 볼 때 「유럽카드」 및 「아메리칸 익스프레스」의 경우는 카드가
맹점의 (카드발행인에 대한―필자 주) 대금채권의 발생은 매매계약상의 매도인의 권리
(BGB § 433②, 한국 민법 제568조 1항에 해당)에서 구하고 카드발행인과 카드가맹점간
에는 손해담보계약(Garantievertrag) · 무인적 채무약속(abstraktes Schuldversprechen, BGB
§ 780 참조) · 채무인수(Schuldmitübernahme) 또는 보증(Bürgschaft)이 있는 것이 아
니라, 카드발행인에 의한 채권양수(ein Kauf von Forderungen)만이 있다고 한다(채
권양도설, Abtretungskonstruktion).51) 따라서 이때의 카드가맹점의 법적 지위는 무
인적 채무약속(abstraktes Schuldversprechen, BGB § 780 참조)이나 손해담보계약의
법리에 의하는 경우보다는 훨씬 약하다.52) 그런데 「다이너스 클럽」이나 「비자」의
경우는 카드발행인이 카드가맹점에 대하여 지급의무를 부담하는 법적 근거를 수
표카드의 경우와 같이 「손해담보계약」에서 구한다.53) 이렇게 보는 이유는 카드발
행인이 카드회원의 지급지시에 근거하여 카드가맹점에게 지급하기 때문이라고
한다(지급지시설, Anweisungskonstrukton).54) 또한 이 경우에도 「보증」·「채무인수」 또
는 「무인적 채무약속」의 법리는 부정된다.55)

## 4. 일 본

일본에서도 과거에는 하나의 카드규약만을 사용하여 카드거래 전체의 카드
이용대금의 지급관계의 법적 성질을 고찰하여 채권양도설 또는 병존적 채무인수
설로 설명하였으나, 최근에는 서독의 경우와 같이 모든 카드규약을 대상으로 하
여 각각의 카드규약의 내용에 따라 채권양도형의 규약(채권양도설―필자 주), 체당

---

국의 지급인설과 동일 또는 유사하다」고 설명하는데, 의문이다.
50) Beck, *a.a.O.*, S.5.
51) Beck, *a.a.O.*, S.10~11, 19.
52) Beck, *a.a.O.*, S.6.
53) Beck, *a.a.O.*, S.17~19.
54) Beck, *a.a.O.*, S.16, 18~19.
55) Beck, *a.a.O.*, S.13~18.

지급형의 규약(체당지급설─필자 주) 또는 무명형의 규약(무명계약설─필자 주)으로 분류하고 있다. 이하는 이에 따라 일본에서의 채권양도설, 체당지급설 및 무명계약설을 살펴본다.56)

## 가. 채권양도설

이에 의한 법률구성은 가장 명확한 것으로 카드가맹점은 카드회원에 대한 대금채권(지명채권)을 카드발행인에게 양도하고, 카드발행인은 채권양수의 대가로서 매출전표상의 금액을 카드가맹점에게 지급하고 이때 그에 대한 수수료(이는 어음할인과 유사함)를 징수하며 그 후 카드이용대금의 채권자로서 카드회원으로부터 카드이용대금을 추심하는 것으로 법률구성한다. 이때 채권양도는 카드가맹점이 매출전표를 카드발행인에게 제출함으로써 하므로 채권양도의 효력은 「매출전표가 카드발행인에게 도달한 때」에 발생한다. 이 때에 카드가맹점계약에 따른 개별적인 채권양도계약이 이루어져 이때부터 신용공여자는 카드가맹점으로부터 카드발행인으로 바뀐다.

채권양도설에서의 중요한 문제점은 카드발행인에게 채권양수의무가 있느냐 하는 점이다. 만일 카드발행인에게 이러한 의무가 없다면 카드가맹점은 안심하고 카드회원에게 신용판매할 수 없고 이의 결과 원활한 신용카드거래가 이루어질 수 없다. 그런데 이에 대하여 일본의 각 카드가맹점규약은 카드가맹점의 양도의무를 묵시적으로 표현하고는 있으나 카드발행인의 양수의무를 규정하고 있지는 않다. 그러나 카드가맹점규약상 대금채권은 2개월 이상이 경과하면 양도의 대상이 되지 않는다고 규정한 점, 카드가맹점은 신용판매의무가 있다고 규정한 점 등에서 카드발행인에게 채권양수의무가 있다고 해석하고 또 이를 인정한다고 하여 카드발행인을 부당하게 불리한 입장에 놓게 되는 것이 아니라고 한다.57) 이 때 카드가맹점규약에서 정한 채권양도의 규정은 카드가맹점이 매출전표를 제출함으로써 성립하는 개별채권양도의 예약(카드가맹점이 형성권으로서 예약완결권을 가짐)으로 해석한다.58)

채권양도설에 의하는 경우에 다음으로 문제가 되고 있는 것은 채무자(카드회원)에 대한 통지·승낙의 문제이다(日民 § 467①, 韓民 § 450①). 이에 대하여 일본

---

56) 清水 巖, "クレジット・カード取引の法構造(2)," 「法律時報」, 46卷 6號, 295~304면.
57) 清水 巖, 전게논문(2), 302면.
58) 清水 巖, 전게논문(2), 302면.

의 모든 카드회원규약은 개별의 통지·승낙을 생략하고 채권이 특정되지 않은
상태에서의 사전의 이의를 보류하지 않은 포괄승낙에 대하여 규정하고 있다. 이
러한 규정은 유효한가? 이에 대하여 일본의 통설은 일본 민법 제467조 1항(韓民
§ 450①)은 채무자를 보호하기 위한 임의규정이므로 사전의 포괄승낙이나 대항요
건 불요의 특약도 유효라고 한다[59](그러나 일본의 판례는 이러한 통설에 대하여 반대
하고 있다).[60] 이러한 일본의 통설에 따르면 카드회원규약상의 위 규정은 유효하
게 되고, 또 이로 인하여 카드회원이 불이익을 받는 것도 아니다.[61] 또한 이러한
통지나 승낙은 확정일자 있는 증서에 의하여야 제3자에게 대항할 수 있는데(日民
§ 467②, 韓民 § 450②), 현재 일본의 모든 카드거래에서 확정일자 있는 증서에 의
하여 위의 통지 또는 승낙을 하는 경우는 없다. 그런데 이때 카드가맹점이 대금
채권을 이중양도하고 제3자가 확정일자 있는 증서에 의한 경우 카드발행인은 채
권자로서 제3자에게 대항할 수 없게 된다. 이론적으로는 카드발행인에게 대금채
권을 양도하는 경우에도 확정일자 있는 증서에 의하면 문제가 없으나, 현실적으
로는 비용부담이 가중되는 점 등에서 이를 채택하기가 어렵다. 그런데 실제로 신
용이 확실하지 않은 소비자(카드회원)에 대한 채권을 카드가맹점 이외의 제3자가
양수할 염려는 거의 없으므로 이러한 문제도 실제로 큰 문제는 아니다.[62]

## 나. 체당지급설

체당지급설은 법구성 자체가 명확하지 않고 또 그 법구성이 현실적으로 3당
사자 신용카드거래의 대금지급관계에 무리 없이 적합한가도 문제가 된다.

이 설에 의하면 카드발행인은 카드회원의 대금채무를 카드회원에 대신하여
카드가맹점에게 지급하고 카드회원으로부터 그 체당금을 구상한다고 한다. 이 설
의 문제점은 「체당지급」이라는 개념이 명확한 법개념이 아니라는 점이다. 「체당
지급」의 최광의의 개념은 「(원)채무자 이외의 자가 채무자에 대신하여 변제하는
경우」인데, 이의 구체적인 이론으로는 이행인수설·채무인수설 및 보증설이 있
다. 이 설에 의한 경우에도 신용카드 거래 자체로부터 카드가맹점은 직접 카드발
행인에 대하여 청구권을 갖고 있으므로(또는 카드발행인은 카드가맹점에 대하여 대금

---

59) 明石三郎, 「注釋民法」, 11卷, 370면, 376면 참조.
60) 日大判 1921.2.9(民錄 27집, 244면).
61) 淸水 巖, 전게논문(2), 301면.
62) 淸水 巖, 전게논문(2), 301면.

지급의무를 부담하고 있으므로) 카드발행인은 카드회원으로부터 대금회수불능의 경우에 그 위험을 부담하는 것으로 해석한다. 따라서 카드발행인은 단순한 대금지급을 추심하는 대행기관은 아니다.[63] 이것은 카드가맹점규약상 카드발행인은 카드가맹점에 대한 지급에 조건을 부가할 수 없다거나 또는 특정한 경우에만 지급청구를 할 수 없다는 등의 내용의 규정에서 알 수 있다.

이하에서는 이 설의 구체적인 이론인 이행인수설, 채무인수설 및 보증설을 소개하겠다.

(1) 이행인수설       이 설은 카드발행인이 카드회원과의 이행인수계약(변제위임계약)에 기하여 카드회원의 대금채무를 제3자로서 카드가맹점에 변제할 의무를 부담한다고 설명한다. 따라서 「체당하여 지급한다」는 의미를 상식적 의미에 가장 가깝게 법구성한다. 그런데 통상의 이행인수에서 이행인수인은 채무자에 대하여 변제의무를 부담하지 않는 점(카드가맹점측에서 보면 카드발행인에 대하여 대금지급을 청구할 권리가 없는 점)에서 문제가 있다. 이에 대하여 이행인수에 「제3자를 위한 계약」을 결부시켜 채권자(카드가맹점)에게 이행인수인에 대한 청구권을 인정하는 법구성도 가능하다. 그러나 카드가맹점의 청구권은 카드발행인과 카드가맹점간의 가맹점계약에서 발생하므로 「제3자를 위한 계약」이론을 도입하여도 문제는 남는다.[64]

(2) 채무인수설       이 설은 카드발행인은 카드회원 및 카드가맹점의 위탁에 의하여 카드회원의 채무를 인수하고, 그 개별채무인수의 이행으로서 카드가맹점에게 대금을 지급하고 카드회원으로부터 구상하는 것이라고 설명한다. 이에 의하면 카드가맹점(채권자)은 카드발행인(인수인)에 대하여 직접 청구권을 취득하므로 이행인수설의 경우와 같은 문제는 없다. 카드회원규약 및 카드가맹점규약상의 카드가맹점의 카드발행인에 대한 대금청구권에 관한 규정은 채무인수의 예약으로서의 효력을 갖고 개별채무인수는 카드가맹점이 「매출전표를 카드발행인에게 제시함」으로써 나타나는 예약완결의 의사표시가 있는 때에 성립한다고 해석한다.[65] 이러한 채무인수설은 다시 면책적 채무인수설과 병존적 채무인수설로 나뉘어진다.

(가) 면책적 채무인수설       이 설에 의하면 카드발행인이 개별채무인수를 한

---

63) 淸水 巖, 전게논문(2), 300면.
64) 西村信雄(編), 「注釋民法」, 11卷, 444면 이하 참조.
65) 淸水 巖, 전게논문(2), 299면.

때에 카드가맹점은 카드회원에 대한 원인채권을 잃게 된다고 한다. 따라서 이 점을 분명히 하기 위하여 「면책적」이라는 점에 대하여 카드가맹점의 승낙을 요한다고 한다.66) 이러한 면책적 채무인수계약이 3당사자간의 계약(즉, 카드회원규약 및 카드가맹점규약)으로 성립하는 경우에는 문제가 거의 없으나, 카드발행인과 카드가맹점간의 계약(즉, 카드가맹점규약)만으로 성립하면서 카드가맹점규약에 면책적 채무인수인지 여부가 분명하지 않은 경우에는 문제의 여지가 있다. 이러한 점을 제외하면 이 설은 채권양도설의 경우와 같이 법구성에 무리가 없고 명쾌하다. 즉, 카드가맹점은 카드발행인에 대하여 직접 청구권을 갖고, 카드발행인은 신채무자로서 대금을 카드가맹점에게 지급한 후 카드회원에게 구상권을 행사하게 된다. 이때 카드발행인이 카드회원으로부터 대금채권을 회수할 수 없게 되면 카드발행인은 그 손실을 부담하게 된다. 이 설은 현실의 카드거래의 요구에도 적합하다.

　(나) **병존적 채무인수설**　　　이 설에 의하면 카드발행인(채무인수인)이 신채무자로서 가입하여도 카드회원(원채무자)이 채무를 면하지 않는다. 따라서 카드가맹점은 그의 책임재산이 증가하여 보다 유리하므로 「병존적」이라는 점에 대하여 그의 동의를 받을 필요가 없다. 다만 채무자가 병존하고 있으나 보증책임과는 달리 보충성과 부종성이 없으므로 카드가맹점은 카드발행인에게 먼저 채권을 행사할 수 있고, 카드발행인의 이행기가 먼저 도래하여도 모순되는 것이 아니다. 이 설은 카드가맹점에게는 유리하나 카드회원에게는 이중지급할 우려가 있는 등 불리하고, 또 병존적채무인수의 본질적 성질에도 맞지 않는 등(예컨대, 카드거래에서는 카드가맹점은 카드회원에게 지급청구할 수 없으나 병존적채무인수의 성질에서는 가능하다)의 문제점이 있다.

　(3) **보증설**　　　이 설은 카드발행인은 주채무자인 카드회원의 위탁을 받아 카드가맹점과 보증계약(가맹점계약에 의한 계속적 보증)을 체결하고 여기에서 파생하는 개별보증계약의 이행으로서 카드가맹점에게 대금상당액을 지급한다고 설명한다. 이 설에 의하여도 카드가맹점은 카드발행인에 대하여 직접 청구권을 취득하고 또 카드회원에 대한 대금채권을 잃지 않는다. 그런데 이 설은 카드거래의 현실과 많은 차이가 있다. 즉, 이 설에 의하면 카드발행인의 책임에 보충성과 부종성을 인정하게 되어 카드거래에 따른 간이한 대금결제기능을 상실시키게 된다.

　카드발행인이 협동조합이 아닌 경우에는 카드발행인은 상인이므로 카드발행

---

66) 我妻榮, 「新訂債權總論」, 568면.

인의 보증은 연대보증이 된다(日商 § 511①; 韓商 § 57②). 이때에는 카드발행인은 보충성이 없게 되어 카드가맹점은 제1차로 카드발행인에게 청구권을 행사할 수 있는 점은 있으나, 여전히 부종성은 남게 되어(예컨대, 카드발행인의 채무의 기한이 카드회원의 그것보다 먼저 도래한 경우) 문제가 있게 된다. 또한 특약에 의하여 카드발행인의 채무를 (카드가맹점의) 청구방법에 자유가 없는 연대보증 및 부종성이 없는 보증으로 할 수도 있으나 기본적으로 보증(담보)이라는 점에서 여전히 문제는 남는다.

### 다. 무명계약설

이 설은 신용카드이용에 따른 대금지급관계에 대하여 그 법적 성질을 나타내는 문언이 없다고 설명한다. 또한 신용카드거래의 당사자간에 체결되는 규약에 의해서도 대금지급관계의 법적 성질이 나타나지 않는다고 한다. 이 설의 결론은 신용카드이용대금이 3당사자간에 지급되는 과정은 채권양도설과 체당지급설의 결합이라는 것이다. 즉, 채권양도설에 의하여 카드이용대금의 지급관계를 설명하려면 카드가맹점은 채권양도에 의하여 그의 권리를 잃게 되므로 이 점에 대하여 카드가맹점은 (카드가맹점규약에서) 명확한 의사표시를 하여야 하고, 또 카드회원에 대한 대항요건으로서 통지 또는 승낙도 하여야 한다고 한다. 그러나 카드규약상 이러한 점이 명확하지 않다. 즉, 현재 일본의 은행계 3당사자카드 6개 중 4개가 명확히 채권양도설에 따라서 규정하고 있으나(나머지 2개는 무명계약설에 따름) 이로부터 바로 신용카드거래에서 채권양도의 상관습이 있다고 단정할 수는 없다. 따라서 무명계약설에 따른 신용카드규약을 채권양도설에 따른 것으로 볼 수는 없다.

무명계약설에 의하면 당사자는 자유로이 계약의 내용을 정할 수 있으므로, 카드회원은 카드발행인과의 회원규약에 의하여 카드발행인에게 지급의무를 부담시키고 카드발행인은 카드가맹점과의 가맹점규약에 의하여 카드가맹점에게 지급의무를 부담한다. 따라서 카드발행인이 카드가맹점에 대하여 대금을 지급하지 않아도 카드회원에 대하여 대금을 청구할 수 있는 경우도 있다. 카드회원은 카드가맹점에 대하여는 (회원규약에 의하여) 채무를 부담하지 않는다.

그런데 이 설의 문제점은 당사자가 카드규약에 그 법적 성질을 나타내는 문언을 사용하지 않았다고 하여 바로 무명계약으로 볼 수는 없는 점, 또 이러한 부류의 카드규약상 대금지급에 관한 규정은 아주 간단하고 불명확한 점이 많아

무명계약으로 처리하기에는 문제가 있는 점 등이다.

## 라. 각설의 비교

(1) 대금채권·채무의 소재　　채권양도설에 의하면 대금채권은 카드가맹점으로부터 카드발행인에 이전하고, 카드가맹점은 카드회원에 대한 대금채권을 잃는다.

이행인수설에 의하면 카드가맹점은 카드회원에 대하여 대금채권을 갖게 되나, 「제3자를 위한 계약」과 결부되면 카드발행인에 대하여도 대금채권을 가질 수 있다.

면책적 채무인수설에 의하면 대금채무가 카드회원으로부터 카드발행인에게 이전하고, 카드가맹점은 카드회원에 대한 대금채권을 잃는다. 따라서 이는 결과적으로 채권양도설과 같게 된다.

병존적 채무인수설 또는 (연대)보증설에 의하면 카드가맹점은 카드회원 및 카드발행인의 쌍방에 대하여 대금채권을 갖는다. 그러나 카드회원이 사전에 대금을 구상받는 경우에 카드회원은 카드가맹점 및 카드발행인에게 이중지급할 위험을 부담한다.

(2) 카드발행인의 카드회원에 대한 권리의 시효　　채권양도설에 의하면 원채권의 시효와 같이 2년(상품의 대가, 日民 § 173) 또는 1년(음식료 등, 日民 § 174, 韓民 § 164) 등이 될 수 있다.

채권양도설을 제외한 그 이외의 설에 의하면 위임사무처리비용의 구상으로서 어떤 경우에도 일반채권의 소멸시효와 같다. 다만 카드발행인이 상인이면 상사시효와 같다(日商 § 522, 韓商 § 64).

시효기간의 기산일은 카드회원의 예금구좌로부터 카드발행인에게 지급할 수 있는 날이다.

(3) 카드가맹점의 카드발행인에 대한 권리의 시효　　채권양도설 또는 채무인수설 등에 의하여 카드가맹점이 예약완결권을 갖는 것으로 해석하면, 이것은 형성권의 시효에 관한 문제가 된다. 다만 현실적으로는 카드규약에 채권양수기간 등 완결권 행사기간이 정하여져 있으므로 시효는 문제되지 않는다.

그 후 개별채권양도가 성립하면 채권의 매매대금청구권으로서의 일반채권의 소멸시효(상사시효 5년)에 의하고, 개별채무인수·보증·이행인수의 경우는 원채권의 소멸시효기간에 의한다.

## 5. 한 국

우리나라에서는 신용카드이용에 따른 대금지급관계의 법적 성질에 대하여 거의 일치하여 일본의 학설인 체당지급설 중 병존적(중첩적) 채무인수설을 따르고 있다.67) 따라서 카드회원과 카드가맹점 사이에 매매계약 등으로부터 발생한 채권채무관계는 그대로 존재하고 카드발행인이 카드회원의 채무를 병존적으로 인수하는 것이며, 다만 카드가맹점은 특별한 사유가 없는 한 카드회원에게 대금을 직접 청구하지 않겠다는 특약을 하고 있다고 설명한다.68)

## 6. 사 견

**가.** 앞에서 본 바와 같이 신용카드이용에 따른 대금지급의 법적 성질에 대하여 각국의 이론이 다양한데, 어느 이론에 의해서도 이를 충분히 설명할 수 없는 문제점이 있다.69) 즉, 상업신용장설과 외상채권매입설은 신용카드가 상업신용장 및 「팩토링」과 근본적으로 구별되는 점에서 문제가 있고(기술한 신용카드와 상업신용장 및 「팩토링」과의 구별참조), 또 지급인설(또는 지급지시설)은 매출전표가 환어음과 근본적으로 구별되는 점에서 문제가 있다. 직접채무설, 직접대여설은 카드회원이 카드이용에 따른 대금채무를 카드발행인에 대하여만 부담한다는 점에서 문제가 있다. 또 채권양도설과 면책적 채무인수설은 카드가맹점의 보호에서 문제가 있고(원인채권의 상실로 인하여), 이행인수설은 카드가맹점이 카드발행인에 대하여 대금지급채권을 갖지 못하는 점에서 근본적인 문제가 있고, 병존적 채권인수설은 카드회원의 보호에서 문제가 있고(이중지급의 위험부담), 보증설은 카드발행인의 카드가맹점에 대한 채무가 단순하지 않고 원인채무(주채무)와 관련하여 부종성과 보충성이 있는 점에서 문제가 있다.

**나.** 신용카드이용에 따른 카드회원의 카드가맹점에 대한 대금지급채무(또는 카드가맹점의 카드회원에 대한 대금채권)는, ① 카드발행인의 카드가맹점에 대한 채무(또는 카드가맹점의 카드발행인에 대한 채권)와 ② 카드회원의 카드발행인에 대한

---

67) 정동윤, 전게논문, 236면; 김문환, 전게논문(상법학의 현대적 과제), 68면; 이은영, 전게서, 214~215면; 조용호, 전게논문, 166면; 김영성, 전게논문, 34면 외.

68) 정동윤, 전게논문, 236면 외.

69) 각 이론에 대한 문제점의 제시로는 정동윤, 전게논문, 234~236면; 김영성, 전게논문, 22~34면; 이신섭, "크레디트 카드에 관한 법률적 문제," 「재판자료」, 제32집(법원행정처, 1986. 11), 244~247면 등 참조.

채무(또는 카드발행인의 카드회원에 대한 채권)로 변경되는데, 위의 여러 이론은 이의 한면에 대한 근거만을 제시하고 있다. 즉, 위 ①에 대한 근거를 제시하는 이론으로는 상업신용장설·지급인설(지급지시설) 및 체당지급설(이행인수설·면책적 채무인수설·병존적 채무인수설·보증설)이 있고, 위 ②에 대한 근거를 제시하는 이론으로는 채권양도설·외상채권매입설·직접채무설 및 직접대여설이 있다.

다. 이렇게 보면 위의 어느 이론의 하나만을 가지고 위의 ① 및 ②의 법률관계의 근거를 충분히 설명하고자 하는 것은 무리이며, 또 한 쪽면의 법률관계를 설명하기 위한 이론을 다른 쪽의 법률관계에서 맞지 않는다고 비판하는 것도 무용한 비판이라고 생각한다. 따라서 예컨대, 일본의 이론 중 체당지급설은 카드발행인이 카드가맹점에게 카드이용대금을 지급해야 하는 점(또는 카드가맹점이 카드발행인에게 카드이용대금을 지급청구할 수 있는 점)은 (충분히) 설명할 수 있어도 카드회원이 카드발행인에게 그 대금을 지급해야 하는 점(또는 카드발행인이 카드회원에게 그 대금을 청구할 수 있는 점)은 (충분히) 설명할 수 없다. 반대로 채권양도설은 카드발행인이 카드회원에게 카드이용대금을 청구할 수 있는 점(또는 카드회원이 카드발행인에게 지급해야 하는 점)은 (충분히) 설명할 수 있어도 카드가맹점이 카드발행인에게 청구할 수 있는 점(또는 카드발행인이 카드가맹점에게 지급해야 하는 점)은 (충분히) 설명할 수 없다. 따라서 카드이용대금의 지급관계의 법적 성질은 일원적으로 설명될 수는 없고 이원적으로 설명될 수 밖에 없다. 그러면 어떠한 법리에 의하여 설명될 수 있을까?

(i) 첫째는 모든 카드거래에 통일적으로 설명될 수 있는 선험적으로 타당한 이론(일원적이든, 이원적이든)은 없다. 따라서 제1차적으로는 카드회원의 카드발행인에 대한 대금지급의무의 근거는 카드회원규약의 내용에 의하여 타당한 법리를 찾아야 할 것이고, 카드발행인의 카드가맹점에 대한 대금지급의무의 근거는 카드가맹점규약의 내용에 의하여 타당한 법리를 찾아야 할 것이다70)(때로는 카드회원규약 및 카드가맹점규약의 내용을 종합적으로 검토하여 그에 상당하는 법리를 찾을 수도 있을 것이다).

(ii) 둘째는 카드회원규약 및 카드가맹점규약의 내용(모순, 불명확 등의 이유로)으로부터 일정한 법리를 찾을 수 없는 경우에는, 카드발행인의 카드가맹점에 대한 대금지급의무의 근거는 면책적 채무인수설에서 찾고, 카드회원의 카드발행인

---

70) 앞에서 본 바와 같이 서독 및 일본에서는 이에 따라 모든 카드를 각각의 이론에 따라 분류하고 있다.

에 대한 대금지급의무의 근거는 채권양도설에서 찾아야 할 것으로 본다.71) 카드
발행인의 카드가맹점에 대한 대금지급의무의 근거를 「병존적」이 아니라 「면책적」
채무인수로 보는 이유는 카드회원의 카드발행인에 대한 지급의무의 근거를 채권
양도설로 보는 것과 균형을 이루고자 하며,72) 카드회원을 이중지급의 위험으로부
터 보호하고자 하기 때문이다(병존적 채무인수설에 의하면 카드회원은 카드발행인 및
카드가맹점에게 채무를 부담하기 때문에—특히 카드발행인의 사전 구상이 있는 경우—이중
지급의 위험을 부담한다). 우리나라의 카드규약은 대부분 이에 관하여 명확한 규정
을 두고 있지 않고 규약작성자(카드발행인)의 이익보호를 위주로 작성되어 있으므
로, 대부분의 카드거래의 대금지급관계에는 이 둘째의 설명이 해당될 것으로 본
다. 따라서 이에 관한 우리나라의 통설에 반대한다.

## Ⅳ. 신용카드거래와 대금채무자의 항변

### 1. 서 언

　　신용카드거래에서의 항변이란 어음(수표)항변의 개념과 유사하게 「신용카드이
용대금을 지급해야 하는 채무자(카드발행인 및 카드회원)가 신용카드이용대금의 채
권자(카드가맹점 및 카드발행인)에 대하여 그 권리의 행사를 거절하기 위하여 제출
할 수 있는 모든 항변」이라고 볼 수 있겠다. 이렇게 보면 신용카드거래에서의 대
금채무자의 항변은 카드이용대금의 지급순서에 따라서 「카드발행인의 카드가맹점
에 대한 항변」과 「카드회원의 카드발행인에 대한 항변」의 두 가지가 있다.73)

　　이하에서는 이러한 두 가지의 항변에 대하여 현재 서독에서 논의되고 있는
이론을 먼저 상세하게 살펴보고, 다음으로 미국·일본 및 우리나라에서 설명되고
있는 신용카드이용에 따른 대금채무자의 항변을 소개하겠다.

---

71) 이와 유사한 설명으로는 일본의 무명계약설 참조[淸水 巖, 전게논문(2), 297면] .
72) 면책적 채무인수설에 의하여 카드회원은 카드가맹점에게 채무를 부담하지 않게 되고, 채권
　　양도설에 의하여 카드가맹점은 카드회원에게 채권을 갖지 않게 되어 균형을 이루게 된다.
73) Beck, a.a.O., S.4 ff.도 위와 같이 두 가지의 항변으로 나누어 설명하고 있다. 한편 신용카
　　드거래에서 카드회원은 카드가맹점에게 카드이용대금을 지급할 의무가 없으므로(예, VISA 카
　　드가맹점규약 § 4①), 카드회원의 카드가맹점에 대한 항변은 신용카드거래에서는 없다고 본다.
　　그러나 카드회원은 카드가맹점에 대하여 원인관계(매매계약)에 기한 항변은 갖는다.

## 2. 서 독

서독에서는 이미 말한 바와 같이 신용카드이용에 따른 대금지급관계의 법적 성질에 대하여 지급지시설과 채권양도설로 나뉘어 있으므로, 대금채무자(카드발행인 및 카드회원)의 대금채권자에 대한 항변도 두 이론에 따라서 달리 설명되고 있다. 또 카드발행인의 카드가맹점에 대한 항변 및 카드회원의 카드발행인에 대한 항변은 각각 「원인관계에 기한 항변」(원인행위의 무효·취소, 카드가맹점의 채무이행상의 하자 등), 「카드회원의 제한능력(무능력) 등에 기한 항변」 및 「카드규약에 기한 항변」으로 나뉘어 설명되고 있으므로, 이하에서는 이에 따라서 소개하겠다. 또한 이하에서의 대금채무자의 항변은 신용카드가 부정소지인에 의하여 사용되는 경우의 항변은 제외되고, 정당한 권리자에 의하여 사용되는 경우의 항변만을 의미한다.

### 가. 카드발행인의 카드가맹점에 대한 항변

#### (1) 원인관계에 기한 항변

(가) **원인행위의 무효·취소**    카드회원과 카드가맹점간의 매매계약(원인행위)이 금지된 행위(BGB § 134)로서 무효이거나, 공서양속에 반하여(BGB § 138, 韓民 § 103) 무효이거나, 상대방과 통정한 허위표시로서 무효이거나(BGB § 117, 韓民 § 108), 착오에 의한 의사표시로서 취소되거나(BGB § 119, 韓民 § 109), 또는 사기·강박에 의한 의사표시로서 취소된 경우(BGB § 123, 韓民 § 110)에는, 카드발행인은 이를 카드가맹점에 대하여 항변사유로써 주장할 수 있는가?

( i ) 지급지시설[74]    서독의 지급지시설에 의하면 카드발행인은 손해담보계약에 의하여 독립된 채무를 부담하고 위와 같은 원인행위의 무효·취소는 카드발행인의 손해담보계약에 영향을 미치지 않으므로, 카드발행인의 카드가맹점에 대한 채무(또는 카드가맹점의 카드발행인에 대한 채권)는 원인행위의 무효·취소와는 무관하다고 한다.[75] 따라서 이때에 카드발행인은 카드가맹점에 대하여 원인행위의 무효·취소를 주장할 수 없다. 즉, 카드발행인의 원인행위에 기한 항변은 절단된다.

(ii) 채권양도설[76]    그러나 서독의 채권양도설에 의하면 카드가맹점의 채

---

74) 서독의 「다이너스클럽」카드와 「비자」카드는 지급지시설에 따르고 있다.
75) Beck, *a.a.O.*, S.38~41.
76) 서독의 「유럽」카드 및 「아메리칸 익스프레스」카드는 채권양도설에 따르고 있다.

권은 지급지시설에서와 같이 카드발행인의 손해담보계약에 의한 독립적인 채무부담에 근거하여 발생하는 것이 아니라, 단순히 민법상 매매계약에서의 매도인의 권리(BGB § 433②, 韓民 § 568①)에 근거하여 발생한다.77) 따라서 카드발행인의 지급채무도 민법상 매매계약의 규정에 의하여 발생하므로 원인행위에 의하여 영향을 받는다. 그러므로 채권양도설의 이론으로만 보면 카드발행인은 카드가맹점에 대하여 원인행위의 무효·취소를 주장할 수 있다고 보아야 할 것이다.78) 그런데 카드발행인의 카드회원에 대한 구상권의 행사에서 회원규약에서는 카드회원의 원인행위에 기한 항변절단규정을 두고 있으므로,79) 원인행위가 무효·취소의 경우라도 카드발행인은 카드회원에 대하여 구상권을 갖고 따라서 카드발행인은 카드가맹점에 대하여 지급의무를 여전히 부담한다고 해석한다.80) 따라서 이렇게 보면 채권양도설에 의하더라도 지급지시설에 의한 경우와 동일한 결과가 되어, 카드발행인은 카드가맹점에 대하여 원인행위의 무효·취소를 주장할 수 없다고 본다. 즉, 카드발행인의 원인행위에 기한 항변은 절단된다. 다만 지급지시설과 채권양도설의 카드발행인의 항변절단의 이유는 그 근거에 있어서만 다를 뿐이다.81)

　　(나) 카드가맹점의 채무이행상의 하자　　카드가맹점이 카드회원에게 채무를 이행한 것이 하자가 있는 경우에, 카드발행인은 이에 기한 항변을 카드가맹점에게 주장할 수 있는가? 이에 대하여도 앞의 원인행위의 무효·취소의 경우와 같이—지급지시설에 의하면 카드발행인의 손해담보계약에 기한 독립적인 채무부담에 근거하여 또 채권양도설에 의하면 회원규약상의 원인행위에 기한 항변절단규정에 근거하여— 원칙적으로 카드발행인은 카드가맹점에 대하여 그의 채무이행상의 하자를 항변으로 주장할 수 없다. 즉, 원칙적으로 카드발행인의 항변이 절단된다.

　　그런데 예외적으로 카드발행인은 카드가맹점에 대하여 그의 채무이행상의 하자를 항변으로 주장할 수 있는 경우가 있다. 즉, 서독의 「비자」카드가맹점규약 제7조는 「카드가맹점은 카드회원과의 원인행위에서 발생하는 항변은 카드회원과 직접 해결해야 한다. 이때 카드회원이 원인행위상의 항변을 이유로 대금지급을 거절하는 경우에는 카드발행인은 카드가맹점에 이미 지급한 금액의 반환을 청구

---

77) Beck, *a.a.O.*, S.41.
78) Beck, *a.a.O.*, S.41.
79) 서독 「유럽」카드회원규약 § 8; 서독 「아메리칸 익스프레스」카드회원규약 § 6.
80) Beck, *a.a.O.*, S.42~43.
81) Beck, *a.a.O.*, S.44.

할 권한이 있다」고 규정하고 있는데,[82] 이에 근거하여 카드발행인은 카드가맹점에게 반환청구권(Rückbelastungsrecht)을 행사하는 대신에 카드가맹점에 대하여 그의 채무이행상의 하자를 항변으로 주장할 수 있다. 즉, 카드회원이 카드발행인에게 카드가맹점의 이행상의 하자를 이유로 대금을 지급하지 않겠다는 것을 미리 예고했다면, 카드발행인은 카드가맹점의 대금청구에 대하여 이를 항변할 수 있다.[83] 그런데 카드발행인이 위와 같은 항변을 주장할 수 있는 경우는 카드가맹점 규약에 카드발행인의 위와 같은 반환청구권이 규정된 경우에 한한다.[84] 즉, 카드가맹점에 대한 카드발행인의 반환청구권이 규정된 경우에는 예외적으로 카드발행인의 항변이 절단되지 않는다.

### (2) 카드회원의 제한능력(무능력) 등에 기한 항변

(개) **지급지시설**　　　서독에서 지급지시설에 의하는 경우 카드회원의 행위무능력[85] 또는 제한적 행위능력[86]으로 인하여 발생하는 원인행위의 무효는 카드발행인의 지급의무에 영향을 미치지 않는다.[87] 즉, 카드발행인은 카드회원의 행위능력의 흠결로 인한 원인행위의 무효의 항변을 카드가맹점에게 주장할 수 없다.[88] 그 이유는 카드발행인의 「손해담보계약」의 무인적 성질에서 발생한다. 즉, 카드회원의 행위능력의 존재 유무는 카드발행인의 카드가맹점에 대한 채무의 근거에 전혀 영향을 미치지 않는다.[89] 「손해담보계약」은 카드발행인의 카드가맹점에 대한 무조건의 지급의 법적 근거가 되는 것이므로 카드회원의 행위능력과는 독립되어, 카드회원의 행위무능력 등과 연결된 위험은 카드발행인이 부담한다.[90]

(내) **채권양도설**　　　지급지시설에서와는 달리 채권양도설에서는 카드회원의 원인행위에 관한 행위능력의 흠결은 카드발행인의 지급의무에 영향을 미칠 수

---

82) 우리나라의 카드가맹점규약에도 이러한 규정이 있다(예, VISA 카드가맹점규약 § 6②).
83) Beck, *a.a.O.*, S.45~47.
84) Beck, *a.a.O.*, S.46~47.
85) 만 7세 미만의 자, 심신장애로 인하여 자유로운 의사결정을 할 수 없는 자 및 심신상실로 인하여 금치산선고를 받은 자는 행위무능력자로서(BGB § 104), 그의 의사표시는 무효이다(BGB § 105).
86) 만 7세 이상의 미성년자는 제한적 행위능력자로서 그는 민법의 규정에 의하여 일정한 경우에 행위능력을 제한받는다(BGB § 106).
87) Beck, *a.a.O.*, S.56.
88) 그러나 후술하는 바와 같이 카드회원의 행위능력의 흠결로 인한 원인행위의 무효의 항변을 카드회원은 카드발행인에 대하여는 주장할 수 있다.
89) Beck, *a.a.O.*, S.56.
90) Beck, *a.a.O.*, S.56~57.

있게 된다. 왜냐하면 카드회원의 행위능력의 흠결로 인하여 원인행위가 무효가
되면 카드발행인이 카드가맹점으로부터 양수할 수 있는 채권은 존재하지 않기
때문이다.[91] 여기에서 카드발행인은 카드가맹점에 대하여 채권양도인의 채권존재
에 관한 담보책임(BGB § 437①)·채권양도인의 채무불이행에 따른 채권양수인의
권리(BGB § 440①)·채권양도인의 귀책사유 있는 이행불능으로 인한 채권양수인
의 권리(BGB § 325①)에 근거하여 손해배상청구권을 취득하는지 여부 및 카드발
행인은 이러한 손해배상청구권으로써 카드가맹점의 대금청구권에 대하여 항변을
주장할 수 있는지 여부의 문제가 있다.[92]

　　만일 원인행위의 무효가 카드회원의 행위능력의 흠결에 기인하는 것이 아니
라 다른 이유(예컨대, 공서양속 위반, BGB § 138)에 기인하는 경우에는, 카드발행인
은 카드회원규약상 항변절단규정에 의하여 원인행위의 무효에도 불구하고 카드
회원에 대한 상환청구권을 취득하여 카드발행인에게는 손해가 없으므로, 카드가
맹점에게 「권리외관책임」(Rechtsscheinhaftung)을 근거로 책임을 부담시킬 필요가
없다. 그러나 카드회원의 행위무능력 또는 제한적 행위능력(만 7세 이상의 미성년,
Minderjährigkeit)으로 인하여 카드회원과 카드가맹점간의 계약이 무효이면 카드회
원규약상의 항변절단규정은 무효가 된다. 따라서 이때에는 카드발행인은 항변절단
규정에 근거하여 행위능력에 흠결있는 카드회원에 대하여 상환청구권을 취득하지
못하고, 카드발행인은 카드가맹점으로부터 양수한 채권의 권리흠결(Rechtsmangel)
로 인하여 손해를 입게 된다.[93] 그러므로 원인행위가 카드회원의 행위무능력 또
는 제한적 행위능력으로 인하여 무효이면, 카드발행인은 카드가맹점에 대하여 채
권양도인의 담보책임 등(BGB §§ 437①, 440①, 325①)에 근거하여 손해배상을 청구
할 수 있고, 카드발행인은 이러한 청구권으로써 카드가맹점의 대금지급청구권에
대하여 항변을 주장할 수 있다.[94]

　　이러한 카드가맹점의 책임은 현재 서독의 「유럽」카드 및 「아메리칸 익스프
레스」카드에는 명시되고 있지 않은데, 이렇게 카드규약상 이러한 책임이 명시되
지 않았다고 하여 이를 부정하는 것으로 해석할 수는 없고 때로는 신의성실의
요구에 따른 계약의 해석원칙에 의하여(BGB § 157) 때로는 법률의 규정에 의하

---

91) Beck, *a.a.O.*, S.57.
92) Beck, *a.a.O.*, S.57.
93) Beck, *a.a.O.*, S.57.
94) Beck, *a.a.O.*, S.58.

여(BGB §§ 437①, 440①, 325①) 인정되어야 할 것이다.[95]

　　카드가맹점의 권리흠결에 대한 책임이 카드발행인의 악의(BGB § 439①) 또
는 유책(BGB § 254①)으로 인하여 성립하지 않는 경우에는 「권리외관책임」의 법
리에 의하여 카드회원은 완전한 행위능력자로 간주된다. 따라서 권리외관책임의
요건이 충족되는 한 카드발행인은 카드가맹점의 대금청구에 대하여 카드회원의
행위무능력 또는 제한적 행위능력의 항변을 주장할 수 없다.[96] 따라서 카드발행
인의 권리외관책임은 카드가맹점의 권리흠결책임에 기한 카드발행인의 청구권과
상호 상충한다.[97] 또한 권리외관책임은 카드회원이 (일반적으로 제한적 행위능력자인
경우에 성립하고―필자 주) 행위무능력자인 경우에는 성립하지 않는다.[98]

### (3) 카드가맹점규약에 기한 항변

　　㈎ 지급지시설　　　　지급지시설에 의하면 카드발행인의 카드가맹점에 대한
지급의무(또는 카드가맹점의 지급청구권)은 카드발행인의 카드회원에 대한 상환청구
권과는 무관하나, 카드가맹점이 카드발행인과 체결한 가맹점규약을 준수한 경우
에만 발생한다. 따라서 카드가맹점이 신용카드가 허용되지 않는 방법으로 사용되
는 것을 알고 있거나 또는 과실로써 알지 못하는 경우에는, 그러한 카드가맹점은
카드발행인에 대하여 적극적 계약위반에 기하여 손해배상의무를 부담할 수 있
다.[99] 카드가맹점이 카드회원의 신용상실을 알면서 카드에 의한 거래를 한 경우
에는 계약위반이 되고, 카드발행인에게는 손해배상청구권이 인정된다.[100] 그런데
이때의 카드가맹점의 손해배상책임은 카드와 관련한 그의 영업범위 내의 책임에
한한다.[101] 카드발행인은 카드가맹점이 카드가맹점규약의 모든 규정을 준수한 경
우에 한하여 그의 손해담보책임을 부담하므로,[102] 예컨대 카드가맹점이 카드가맹
점규약에 위반하여 신용카드를 허용범위 외에(또는 목적에 반하여) 사용한 경우에
는 카드발행인은 손해담보계약에 기한 지급의무를 부담하지 않는다.[103] 따라서
카드가맹점이 가맹점규약을 준수하지 않은 경우에는 카드발행인은 이를 근거로

---

95) Beck, *a.a.O.*, S.58~59.
96) Beck, *a.a.O.*, S.61.
97) Beck, *a.a.O.*, S.62.
98) Beck, *a.a.O.*, S.63.
99) OLG Hamm, WM 1984, 1531(1533); Knauth, NJW 1983, 1287(1290).
100) Beck, *a.a.O.*, S.70.
101) 서독 「다이너스클럽카드」가맹점규약 § 8; 서독 「비자카드」가맹점규약 § 6.
102) 서독 「다이너스클럽카드」가맹점규약 § 3.
103) 서독 「다이너스클럽카드」가맹점규약 § 8.

카드가맹점에게 대금지급거절의 항변을 주장할 수 있음은 물론, 손해배상청구를
할 수 있다. 그러나 카드가맹점규약은 카드가맹점에게 카드회원의 신용상태를 조
사할 의무까지 부과하지는 않는다.104) 지급지시설에 의하면 카드가맹점이 카드회
원의 신용상실을 적극적으로 알고 있는 경우에 한하여 카드발행인은 카드가맹점의
지급청구에 대하여 카드회원에 대한 상환가능성의 결여로써 항변할 수 있다.105)

   **(ⅰ) 채권양도설**     채권양도설에 의하면 카드회원의 대금지급능력(Bonitat)은
원칙적으로 카드발행인의 지급의무에 영향이 없다.106) 즉, 카드발행인은 원칙적
으로 카드회원의 지급능력이 없음을 이유로 카드가맹점에게 지급을 거절할 수
없다. 그러나 지급지시설에서와 같이 이에 대한 예외로서 카드가맹점의 적극적
계약위반의 경우에는 카드발행인은 카드가맹점에 대하여 이의 항변을 주장할 수
있다. 즉, 카드가맹점이 카드를 받을 때 카드회원의 신용상실을 알고 있으면, 카
드발행인은 카드가맹점의 대금지급청구에 대하여 위의 항변을 주장할 수 있고
또 카드가맹점은 카드발행인에 대하여 손해배상의무가 있다.107) 이에 관하여 카
드가맹점은 카드회원의 지급능력을 알아야 할 의무는 없고, 과실로 카드회원의
신용상 하자를 알지 못한 경우에도 카드가맹점이 불이익을 받는 것이 아니다.108)
다시 말하면 카드회원의 신용상 하자에 대하여는 카드가맹점이 악의인 경우에
만 카드발행인은 이를 항변할 수 있고, 그 이외의 경우에는 항변할 수 없다.

## 나. 카드회원의 카드발행인에 대한 항변

   서독에서 카드발행인과 카드가맹점간의 법률관계(또는 카드가맹점의 카드발행인
에 대한 대금지급청구권의 법적 근거)는 앞에서 본 바와 같이 지급지시설과 채권양
도설로 나뉘어져 차이가 있었으나, 카드발행인과 카드회원간의 법률관계(또는 카
드발행인의 카드회원에 대한 상환청구권의 법적 근거)에 대하여는 어떠한 카드의 경우
에도 다음과 같은 점에서는 차이가(또는 이견이) 없다. 즉, 지급지시설이나 또는
채권양도설이나 모두 카드가맹점에 대한 카드발행인의 대금지급은 카드회원을
위한 (유상의) 사무처리계약(Geschäftsbesorgungsvertrag)(BGB § 675)109) 또는 도급

---

104) Beck, *a.a.O.*, S.72.
105) Beck, *a.a.O.*, S.72.
106) Beck, *a.a.O.*, S.72. 서독 민법 제438조는 「채권양도인이 채무자의 지급능력을 담보한 때
     에는 양도 당시의 지급능력만을 담보한다」고 규정하고 있다.
107) Beck, *a.a.O.*, S.72~73.
108) Beck, *a.a.O.*, S.73.

계약(Werkvertrag)(BGB § 631)의 이행으로 보고, 이의 결과로 카드발행인은 카드회원에 대하여 상환청구권(Vergütungsanspruch)을 취득하는 것이라고 설명한다.110) 즉, 카드회원과 카드발행인간에는 어떠한 카드의 경우에도 사무처리계약 또는 도급계약이 존재한다고 설명한다.

## (1) 원인행위에 기한 항변

### ㈎ 원인행위의 무효 · 취소

( i ) 지급지시설      서독에서 지급지시설에 따른 신용카드의 경우 카드발행인이 카드가맹점에게 지급한 것이 카드회원의 유효한 지급지시에 근거한 때에는, 카드발행인은 카드회원에 대하여 사무처리계약(BGB § 675) 또는 도급계약(BGB § 631)에 근거하여 원칙적으로 원인행위의 무효 · 취소에 불문하고 상환청구권을 갖는다. 그런데 이러한 카드발행인의 상환청구권은 원인행위의 무효 · 취소에 의하여 예외적으로 영향을 받는 경우가 있는데, 이는 원인행위의 무효 · 취소로 인하여 매출전표상의 서명에 화체된 카드회원의 지급지시가 무효 · 취소로 되는 경우이다.111) 그런데 서독의 신용카드회원규약112)은 카드회원은 원인행위에 기한 항변을 카드발행인에게 주장할 수 없는 것으로 규정하고 있다. 따라서 이에 의하여 카드회원의 원인행위의 항변은 절단된다. 그런데 이러한 원인행위의 무효 · 취소가 카드발행인에 대한 지급지시의 무효 · 취소로까지 이른 때에도 역시 항변절단이 있다고 볼 것인지에 대하여는 문제가 있다.113)

이에 대하여 카드발행인의 상환청구권은 민법의 사무처리계약(BGB § 675) 또는 도급계약(BGB § 631)에 근거하여 원인행위의 효력과는 독립되어 발생하므로, 카드회원은 원인행위의 무효 · 취소가 매출전표에 화체된 지급지시의 무효 · 취소에 이른 경우라도 이를 카드발행인에게 항변할 수 없다고 한다.114)

한편 서독에서는 위와 같은 카드회원규약상의 카드회원의 원인행위에 기한 항변절단규정은 카드발행인의 적법한 이익을 보호하기 위한 것으로, 서독의 약관규제법115)에 위반되지 않는 것으로 해석한다.116) 따라서 카드회원은 카드회원규

---

109) (유상의) 사무처리계약은 위임계약(Auftragsvertrag)에 관한 규정(BGB §§ 662~676)내에서 규정되고 있는데, 이는 「사무의 처리를 목적으로 하는 고용계약 또는 도급계약」이라고 하고 이에는 위임에 관한 많은 규정이 준용되고 있다(BGB § 675).

110) Beck, *a.a.O.*, S.89~90.

111) Beck, *a.a.O.*, S.116.

112) 서독 「다이너스클럽카드」회원규약 § 3; 서독 「비자카드」회원규약 § 3①.

113) Beck, *a.a.O.*, S.117.

114) Beck, *a.a.O.*, S.118.

약상의 포괄적인 항변절단규정으로 인하여 원인행위의 무효·취소를 카드발행인
에게 주장할 수 없다.117) 즉, 카드회원의 카드발행인에 대한 원인행위에 기한 항
변은 절단된다.

　　(ⅱ) 채권양도설　　　서독에서 채권양도설에 의하면 카드회원과 카드가맹점간
에 성립하는 원인행위의 무효·취소는 카드발행인이 채권양수에 의하여 권리를
취득하지 못하므로 이에 근거한 상환청구권을 취득할 수 없는 결과가 된다.118)
그런데 채권양도설에 따른 신용카드의 회원규약에서도 지급지시설의 경우와 유
사하게 카드회원의 원인행위에 기한 항변절단규정을 두고 있다.119) 따라서 카드
회원이 카드발행인으로부터 그가 양수한 원인채권에 근거하여 대금지급의 청구
를 받아도, 카드회원은 원인행위의 무효·취소로 인하여 카드발행인에게 그러한
권리가 없음을 주장할 수 없다.120)

　　그런데 이와 같은 채권양도설에 의한 신용카드의 회원규약상의 항변절단규
정은, 채무자는 채권양도 당시에 양도인에게 대항할 수 있는 항변사유로써 양수
인에게 대항할 수 있다는 민법의 원칙(BGB § 404)에 반하게 되고, 또 이로 인하여
동 항변절단규정이 약관규제법121)에 위반되는지 여부가 문제된다.122)) 이는 카드
회원과 카드가맹점간의 이익조화의 문제로서, 회원규약상의 카드회원의 항변절
단규정은 채권양도법리의 근본이념에 반하는 것으로 약관규제법(AGB-G § 9②
Nr.1)에 위반하는 것으로 볼 수 있는 여지는 있을 수 있다.123) 그러나 서독의 판
례는 카드회원규약상의 항변절단규정은 약관규제법에 위반되지 않는 것으로 보
고 있다.124)

　　한편 채권양도설의 경우에도 카드발행인이 카드회원에 대하여 원인채권(양수

---

115) AGB-G § 9①: 보통거래약관의 규정은 그것이 신의성실의 요청에 반하여 부당하게 약관
　　작성자의 계약상대방을 불리하게 하는 것일 때에는 무효이다.
116) Beck, a.a.O., S.118; BGHZ 91, 221 ff.
117) Beck, a.a.O., S.119.
118) Beck, a.a.O., S.119.
119) 서독「유럽카드」회원규약 § 8; 서독「아메리칸 익스프레스카드」회원규약 § 6.
120) 그러나 카드회원의 행위무능력 또는 제한적 행위능력으로 인한 원인행위의 무효는 주장할
　　수 있다.
121) AGB-G § 9② Nr.1: 적용회피된 법률규정의 근본이념과 조화하지 않는 보통거래약관의
　　규정은 계약상대방에게 부당한 불이익이 있는 것으로 추정된다.
122) Beck, a.a.O., S.120.
123) Beck, a.a.O., S.120～121.
124) BGHZ 91, 221 ff; LG Berlin Urb. v. 30. 1. 1985(NJW 1986, Heft 31, S.1939～1941).

채권) 외에 주장할 수 있는 권리로서 사무처리계약(BGB § 675) 또는 도급계약 (BGB § 631)에 근거하여 카드회원에게 행사하는 상환청구권은 원인행위의 무효·취소에 의하여 영향을 받지 않는다. 따라서 이러한 범위에서는 지급지시설에 관한 설명이 그대로 해당된다. 따라서 채권양도설에 의한 경우에는 카드발행인은 원인행위의 무효·취소가 있는 경우에도 카드가맹점으로부터 취득한 원인채권(양수채권) 및 사무처리계약 또는 도급계약에서 발생하는 권리에 근거하여 카드회원에게 상환청구할 수 있다.[125]

### (내) 카드가맹점의 채무이행상의 하자

( i ) 지급지시설    카드가맹점의 채무이행상의 하자는 카드회원이 매출전표에 서명하여 카드발행인에게 교부하여 하는 지급지시에는 아무런 영향이 없다. 이러한 의미에서 카드회원규약상의 카드회원의 원인행위에 기한 항변절단규정[126]은 선언적 의미밖에 없다.[127] 카드회원이 카드가맹점으로부터 이행을 받지 못한 경우에도 카드발행인에게 지급해야 한다면 카드회원규약상의 그러한 항변절단규정은 약관규제법[128]에 위반되는 것이 아니냐는 문제도 있으나, 이는 동 약관규제법에 위반되지도 않고 또 그와 아무런 관계도 없다.[129]

결국 지급지시설의 경우 카드회원은 카드발행인의 사무처리계약 또는 도급계약에 기한 상환청구에 대하여 카드가맹점의 채무이행에 하자가 있음을 이유로 항변을 주장할 수 없다.[130]

( ii ) 채권양도설    채권양도설의 경우 민법의 원리에 의하면 카드회원은 카드가맹점에 대하여 주장할 수 있는 모든 항변을 카드발행인에게 주장할 수 있다 (BGB § 404). 그러나 채권양도설에 의한 카드의 경우에도 카드회원규약에는 카드회원의 원인행위(카드가맹점의 채무이행상의 하자)에 기한 항변절단규정이 있다.[131] 이러한 카드회원규약상의 항변절단규정은 서독의 약관규제법에 위반되지 않는 것으로 보고 있다.[132] 왜냐하면 카드발행인의 상환청구권이 사무처리계약(BGB

---

125) Beck, *a.a.O.*, S.124.
126) 서독 「다이너스클럽카드」회원규약 § 3; 「비자카드」 회원규약 § 3.
127) Beck, *a.a.O.*, S.125.
128) AGB-G § 11 Nr. 10d: 보통거래약관상의 규정내용이 하자의 제거 또는 하자 없는 물건의 대체인도를 대금전액 또는 하자를 고려할 때 지나치게 높은 대금 일부의 선지급에 좌우되도록 하는 경우에는 무효로 한다.
129) Beck, *a.a.O.*, S.125~126.
130) Beck, *a.a.O.*, S.126.
131) 서독 「유럽카드」회원규약 § 8; 서독 「아메리칸 익스프레스카드」회원규약 § 6.

§ 675) 또는 도급계약(BGB § 631)에 근거하는 한 카드회원이 카드가맹점으로부터 정상적인 채무이행을 받았는지 여부는 문제가 되지 않기 때문이다. 카드발행인의 상환청구권은 지급지시설에 의한 카드의 경우와 같이 매출전표에 포함된 지급지시의 유효를 전제로 한다.133) 따라서 카드회원은 카드발행인에 대하여 카드가맹점의 채무이행상의 하자를 항변으로 주장할 수 없다.

### (2) 카드회원의 제한능력(무능력) 등에 기한 항변

(개) **지급지시설**      지급지시설에 의한 카드의 경우 법정대리인의 동의 없이 「제한적 행위능력자」(만 7세 이상의 미성년자)에게 카드가 발행된 경우 카드회원과 카드발행인간에는 유효한 사무처리계약 등이 성립하지 않는다(BGB §§ 105, 108). 따라서 그러한 카드에 의하여 카드발행인이 카드가맹점에게 카드이용대금을 지급하더라도 카드발행인에게는 사무처리계약(BGB § 675) 또는 도급계약(BGB § 631)에 기한 상환청구권이 발생하지 않는다. 이 때 카드발행인은 카드회원에 대하여 보증인이 주채무자에게 청구할 수 있는 구상권(BGB § 774)도 없다. 즉, 카드회원의 제한적 행위능력으로 인하여 원인채권은 발생하지 않고, 카드회원은 카드발행인에 대하여 이러한 원인행위의 흠결의 항변을 주장할 수 있다.134) 또한 이때에는 카드회원의 제한적 행위능력으로 인하여 카드회원규약에 관한 유효한 합의가 없으므로, 카드회원규약상에 카드회원의 이에 관한 항변절단규정135)이 있다 하더라도 동 규정은 효력이 없다.136)

카드회원이 「행위무능력자」인 경우에도 위와 같다. 따라서 행위무능력자인 카드회원은 카드발행인에 대하여 행위무능력으로 인하여 원인행위가 무효라는 항변을 주장할 수 있다.137)

(내) **채권양도설**      채권양도설에 의한 경우에도 카드발행인은 제한적 행위능력자 또는 행위무능력자인 카드회원에게 상환청구권을 취득하지 못한다. 카드회원이 행위무능력자 또는 제한적 행위능력자인 경우에는 원인행위는 무효이거나(BGB § 105) 또는 추인이 없으면 무효(BGB § 108①)이므로 이러한 원인채권을

---

132) Beck, a.a.O., S.127; LG Berlin, Urt. v. 30.1.1985-18 O 263/85(NJW 1986, Heft 31, S.1939~1941)(AGB-G § 9② Nr. 2 〈계약의 성질에서 기인한 본질적 권리의무를 지나치게 제한하여 계약목적의 성취가 위태롭게 되는 때〉에 위반되지 않는 것으로 판시함).

133) Beck, *a.a.O.*, S.127.

134) Beck, *a.a.O.*, S.133.

135) 예컨대 서독 「다이너스클럽카드」회원규약 § 3; 서독 「비자카드」회원규약 § 3.

136) Beck, *a.a.O.*, S.133~134.

137) Beck, *a.a.O.*, S.134~136.

양수한 카드발행인에게는 아무런 권리가 없는 것이다.138) 또한 카드회원규약에
이로 인한 카드회원의 항변절단규정139)이 있는 경우에도 앞에서 본 바와 같이
그러한 규정은 효력이 없으므로 카드회원은 카드발행인에게 제한적 행위능력 또
는 행위무능력의 항변을 주장할 수 있다.140)) 이 때에도 카드회원과 카드발행인
간에는 유효한 사무처리계약 등이 없으므로(지급지시설에서는 이에 더 추가하여 완전
한 행위능력자만이 카드발행인에게 카드가맹점에 대하여 유효한 지급지시를 할 수 있는 데,
카드회원은 매출전표에 의하여 유효한 지급지시를 하지 않고 있으므로), 카드발행인은 카
드회원에 대한 상환청구권이 없다.141)

### (3) 카드회원규약에 기한 항변

　　㈎ **지급지시설**　　카드회원이 카드발행인에게 카드가맹점에 대한 지급지시
를 철회한 경우에, 카드회원은 카드발행인의 사무처리계약 등에 기한 상환청구를
거절할 수 있을 것인지 여부가 문제된다. 카드회원의 계산으로 지급하는 카드발
행인의 권한은 카드회원의 매출전표상에 나타난 서명에 화체된 민법상의 지급지
시에 근거한다. 따라서 카드회원이 이러한 지급지시를 민법(BGB § 790)142)) 에
따라서 철회할 수 있는지 여부가 문제된다. 이에 대하여 서독에서는 카드발행인
이 지급을 인수하면 카드회원은 지급지시를 철회할 수 없으므로(BGB § 790) 카
드회원은 지급을 철회할 수 없다고 한다.143) 그런데 이때 카드발행인은 서독 민
법 제784조에 의하여 카드회원으로부터 지급지시를 인수하는 것이 아니라, 지급
지시설에서는 카드발행인의 손해담보계약에 의하여 지급의무를 부담한다.144) 따
라서 카드회원이 카드발행인에 대하여 지급지시를 철회하더라도 카드발행인은
카드가맹점에 대하여 지급하여야 하므로 카드가맹점은 손해를 입지 않으며, 또
이렇게 카드가맹점에게 지급한 카드발행인도 카드회원과의 사무처리계약 또는
도급계약에 기하여 카드회원에 대하여 상환청구권을 취득하므로, 카드발행인의
카드회원에 대한 상환청구권은 카드회원의 지급지시의 철회에 의하여 영향을 받
지 않는다.145)

---

138) Beck, *a.a.O.*, S.136.
139) 서독 「유럽카드」회원규약 § 8, 서독 「아메리칸 익스프레스카드」회원규약 § 6.
140) Beck, *a.a.O.*, S.136.
141) Beck, *a.a.O.*, S.136.
142) BGB § 790: 지시인은 피지시인이 인수 또는 급부하지 않는 동안 지시를 철회할 수 있다
　　(widerrufen).
143) Beck, *a.a.O.*, S.140.
144) Beck, *a.a.O.*, S.140.

(내) **채권양도설**      채권양도설에서도 매출전표에 화체된 지급지시의 철회는
카드발행인의 카드회원에 대한 상환청구권에 영향을 미치지 않는다. 즉, 카드발
행인이 카드가맹점으로부터 취득한 원인채권(양수채권)을 카드회원에 대하여 청구
할 수 있는 것은 카드회원의 지급지시와는 무관하다.146) 따라서 카드회원의 지급
지시의 철회는 앞에서 본 지급지시설에서와 같이 인정되지 않는다.147)

## 3. 미 국

**가.** 미국에서의 신용카드거래와 관련한 대금채무자의 항변은 카드회원의 카
드발행인에 대한 항변이 주로 문제가 되고 있으며, 이러한 카드회원의 원인행위
에 기한 항변을 카드발행인에게 주장할 수 있는지 여부는 먼저 신용카드거래에
따른 대금지급의 법적 성질에 따라 다르다. 이의 법적 성질을 상업신용장설·직
접채무설 또는 직접대여설로 보는 입장에서는 카드회원의 원인행위에 기한 항변
절단을 인정하고,148) 채권양도설·외상채권매입설 또는 지급인설의 입장에서는
카드회원의 원인행위에 기한 항변절단을 부정한다.149) 그런데 실제로는 카드회원
과 카드발행인간에 체결되는 회원규약상의 항변절단규정에 의하여 대부분의 경
우 카드회원의 원인행위에 기한 항변절단이 인정되고, 따라서 동 규정에 의하여
카드발행인이 보호되고 있다.150)

**나.** 미국에서의 소비자신용거래의 대표적인 것은 할부판매계약(installment
sales contract)(보통은 약속어음을 수반함)과 신용카드거래(credit card transaction)인데,
할부판매계약이 먼저 발생하였다. 따라서 항변절단규정도 할부판매에서 먼저 발
생하여 이때 소비자에게 금융을 제공하는 금융기관에게 유통증권에서의 정당소
지인(holder in due course)151)과 같은 지위를 부여하였다.152) 이의 결과 소비자는
하자 있는 상품을 구입한 경우에도 그의 하자가 치유될 때까지 대금지급을 거절
할 수 없었다.153) 이 때에 소비자가 할 수 있는 유일한 수단은 판매자인 상인에

---

145) Beck, *a.a.O.*, S.140~141.
146) Beck, *a.a.O.*, S.141.
147) Beck, *a.a.O.*, S.141~142.
148) 김영성, 전게논문, 26~27면, 79면; 이신섭, 전게논문, 249면.
149) 김영성, 전게논문, 78면(다만 지급인설에 대하여는 항변절단 여부의 설명이 없음).
150) 상세는 명호근, 전게논문, 35면 이하.
151) U.C.C. § 3-305.
152) Anglo-California Trust Co. v. Hall, 61 Utah 233, 211 p.991(1922).
153) Kripke, "Consumer Credit Regulation: A Creditor-Orientated Viewpoint," 68 *Colum.*

대하여 소송을 제기하는 일인데, 소송비용이 소송가액보다 과다할 뿐만 아니라
또 사기로써 하는 그러한 상인은 대부분 재판상 증명을 구비하여 그들의 업무를
처리하기 때문에 실제로 소비자가 소송에 의하여 구제받는 일은 거의 드물었
다.154) 이의 결과 할부판매계약에서의 항변절단규정은 현재 미국의 대부분의 주
에서 금지되거나 엄격히 규제되고 있다.155) 또한 연방거래위원회(Federal Trade
Commission)에서도 항변절단규정의 사용을 불공정한 거래관습으로 선언함으로써 일
반적으로 금지시키고 있다.156) 또한 통일소비자신용법전(Uniform Consumer Credit
Code, U.C.C.C.)도 항변절단규정을 금지하는 규정을 두고 있다.157)

한편 할부판매계약의 경우와 같이 신용카드거래도(특히 은행신용카드의 경우)
은행을 통한 많은 소비자금융을 담당하며 또한 카드회원규약에는 항변절단규정
을 두고 있다. 그럼에도 불구하고 신용카드회원규약상의 항변절단규정은 얼마전
까지 큰 관심도 없었고 또 규제되지도 않았다.158) 이러한 점은 캘리포니아주의
법원에 제기된 Payne v. Filter Queen of Hayward, Inc.159)의 사건에서 잘 나
타나고 있다. 이 사건에서 카드가맹점은 카드발행인인 은행과 카드가맹점계약을
체결하고 카드회원에게 진공청소기를 판매하였다. 이때 카드회원은 카드가맹점에
대하여 항변사유(사기와 계약위반을 이유로)를 갖고 있었는데, 카드가맹점은 카드발
행은행으로부터 대금을 지급받고 자취를 감추었다. 이때 문제가 된 것은 카드회
원은 회원규약상의 항변절단규정에 의하여 카드발행은행에 대하여 항변을 주장
할 수 없는 것인지, 또는 동 항변절단규정은 소비자보호상 무효가 되어 카드회원
은 카드발행은행에 항변을 주장할 수 있는 것인지에 있었다. 이에 대하여 캘리포
니아주는 할부판매계약에서는 항변절단규정을 불법화하였으므로 할부판매계약에
의하여 구입한 소비자는 보호되나, 신용카드로써 구입한 소비자는 보호되지 못한

---

L. Rev. 445, 472(1968).

154) NOTE, "Preserving Consumer Defenses In Credit Card Transactions," 81 *Yale L.J.* 287~
288(1971).

155) 이러한 항변절단규정의 이용은 미국의 28개 이상의 주와 District of Columbia에서 입법
및 판례로써 금지되거나 또는 크게 제한되고 있다. 이에 관한 상세는 *supra* 81 *Yale L.J.* 288
n.7 참조.

156) 36 Fed. Reg. 1211-12(1971).

157) U.C.C.C. § 3-404.

158) Bergsten, *supra* at 485, 509~517, n.10 (여기에서 최초로 카드회원규약상의 항변절단규
정의 이용이 지적됨).

159) Civil No.384418(Alameda Country Super. Ct. Calif., June 16, 1969), appeal filed,
Civil No.27751(Calif. Ct. App. 1st Dist., May 13, 1970).

다고 하였다.160)

다. 그러나 오늘날 신용카드거래가 주요한 소비자구매금융이 됨에 따라 소비자보호의 측면에서 카드회원규약상의 항변절단규정을 더 이상 방관할 수 없었다.161) 따라서 1971년에는 「아리조나」주,162) 「캘리포니아」주163) 및 「매사추세츠」164) 주에서 신용카드회원규약상의 항변절단규정을 금하는 입법을 하였다. 한편 1974년의 통일소비자신용법전은 다음의 조건으로 카드회원의 카드발행인에 대한 원인행위에 기한 항변절단규정을 금지시키고 있다.165) 즉, 다음의 경우에는 카드회원은 원인행위에 기한 항변을 카드발행인에게 주장할 수 있다.

( ⅰ ) 신용카드에 의한 원래의 거래금액이 US＄50을 초과할 것

( ⅱ ) 카드회원의 주소와 카드에 의한 거래가 있은 장소가 동일주에 있거나 100마일 이내의 거리에 있을 것

( ⅲ ) 카드회원이 카드가맹점과 항변사유에 관한 문제의 해결을 위하여 성실한 노력을 하였을 것

( ⅳ ) 카드발행인에게 항변을 주장할 수 있는 금액의 범위는 카드발행인이 카드회원으로부터 항변사유에 대하여 통지를 받을 당시에 미지급된 금액일 것. 이 때 항변사유의 통지는 위 (ⅲ)의 성실한 노력 전에도 가능하고 구두통지도 가능하다. 다만 카드발행인이 카드회원에게 구두통지 직후 14일 이상 일정기간 내에 서면확인서를 제출할 것을 요구하면 카드회원은 그 기간 내에 서면확인서를 제출하여야 한다. 카드회원규약으로 위의 카드회원의 항변을 제한하거나 절단시킬 수 없다.166)

라. 위의 통일소비자신용법전상 카드회원이 일정한 조건하에 카드발행인에 대하여 원인행위에 기한 항변을 주장할 수 있다는 규정은, 1974년 10월 미국의 연방법인 소비자신용보호법(Consumer Credit Protection Act)에서 대부분 채택되었다.167)

---

160) *Supra* 81 Yale L.J. 292~294.
161) *Supra* 81 Yale L.J. 289~290.
162) ARIZ. REV. STAT. ANN. § 14-145(A)(Supp. 1971).
163) Ch. 1019, § 4 〔1971〕 Cal. Acts 2152-55(adding CAL. CIV. CODE § 1749. 90).
164) MASS. ANN. LAWS Ch. 255, § 12 F (Supp. 1971).
165) U.C.C.C. § 3-403(3).
166) U.C.C.C. § 3-403(5).
167) Consumer Credit Protection Act Title I(Consumer Credit Cost Disclosure, 이는 보통 'Truth in Lending'으로 인용됨) § 170(Rights of credit card customers). 즉, U.C.C.C.

그런데 소비자신용보호법은 카드가맹점이 (ⅰ) 카드발행인과 동일인이거나, (ⅱ) 카드발행인에 의하여 지배를 받거나, (ⅲ) 카드발행인과 함께 직접·간접으로 공통적인 지배를 받거나, (ⅳ) 카드발행인의 제품이나 서비스의 판매자(franchised dealer)이거나, 또는 (ⅴ) 카드발행인이 하거나 또는 그가 참여한 우편권유에 의하여 카드발행인이 발행한 신용카드를 사용하여 카드회원이 거래를 하도록 주문을 받은 경우168)에는, 위의 금액(US $ 50 초과)과 장소(동일주 또는 100마일 이내)에 대하여 제한을 받지 않는 것으로 규정하고 있다.169)

## 4. 일 본

가. 일본에는 카드이용대금의 지급관계의 법적 성질에 관하여 채권양도설, 체당지급설 및 무명계약설 등이 있음은 이미 설명한 바와 같다. 위의 각각의 견해에서의 대금채무자의 항변은 다음과 같이 설명되고 있다. 그런데 채권양도설에서는 카드회원의 카드발행인에 대한 항변은 (충분히) 설명되나 카드발행인의 카드가맹점에 대한 항변은 (충분히) 설명되지 못하고, 체당지급설에서는 이와 반대로 카드발행인의 카드가맹점에 대한 항변은 (충분히) 설명되나 카드회원의 카드발행인에 대한 항변은 (충분히) 설명되지 못하고 있다.

(1) 채권양도설에 의하면 「어느 누구도 자기가 가지는 이상의 권리를 타인에게 줄 수 없다」는 원칙과 채무자는 양도통지를 받을 때까지 양도인에 대해 생긴 사유로써 양수인에게 대항할 수 있다는 민법의 규정(日民 § 468②, 韓民 § 451②)에 근거하여, 카드회원은 카드가맹점과에 원인행위에 기한 항변사유로써 카드발행인에게 대항할 수 있다.170) 그러나 실제로 모든 카드회원규약에는 카드회원의 원인행위에 기한 항변절단규정이 있으므로 이러한 특약에 의하여 카드회원은 카드발행인에게 카드가맹점과의 원인행위에 기한 항변사유로써 대항하지 못하고 있다.171)

(2) 체당지급설은 다시 이행인수설·채무인수설 및 보증설로 나뉘므로, 이의

---

§ 3-403(3) (a)～(c)는 C.C.P.A. Title Ⅰ § 170(a)에서 채택하였고, U.C.C.C. § 3-403(3)(d)는 C.C.P.A. Title Ⅰ § 170(b)에서 채택함.

168) 예컨대, 대금청구서에 카드가맹점의 판매촉진 문귀를 넣고 카드로 구입할 것을 권유한 경우.

169) C.C.P.A. Title Ⅰ § 170(a).

170) 吉原省三, "クレジットカード取引の現狀と法律關係,"「ジュリスト」, No.428(1969. 7. 15), 244면; 淸水 巖, 전게논문(2), 301면.

171) 淸水 巖, 전게논문(2), 301면.

각각에 대한 대금채무자의 항변을 살펴보면 다음과 같다. 이 때에도 채권양도설의 경우와 같이 카드회원규약상의 항변절단규정에 의하여 카드회원의 카드발행인에 대한 원인행위에 기한 항변은 실제로 절단되고 있다.172)

① 이행인수설에 의하면 카드발행인은 채무를 이전받지 않고 카드회원에 대하여 그의 채무를 카드가맹점에게 변제할 의무를 부담하므로 카드발행인은 카드회원의 항변사유로써 카드가맹점에 대하여 대항할 수 있고, 이의 결과 카드회원은 카드발행인에 대하여 그의 원인행위에 기한 항변을 주장할 수 있다고 본다.

② 채무인수설(면책적·병존적 채무인수를 포함)에 의하면 카드발행인은 카드회원의 카드가맹점과의 원인행위에 기한 항변사유로써 카드가맹점에게 대항할 수 있다. 즉, 채무인수 당시에 채무에 속한 항변은 그 채무와 함께 그대로 인수인에게 이전되는 것이다(韓民 § 458은 이에 대하여 명문규정을 두고 있으나, 일본 민법에는 이에 관한 명문규정이 없음). 그런데 문제는 카드발행인은 카드회원의 원인행위에 기한 항변을 행사하지 않으면 안되는가? 이에 대하여, 카드거래에 있어서의 채무인수인인 카드발행인은 카드회원의 위탁에 기하여 채무인수를 하는 것이므로 카드발행인은 선관주의의무에 따라 위탁사무를 처리하여야 하므로(日民 § 644, 韓民 § 681) 카드발행인은 카드회원으로부터 사전에 지시받은 항변사유로써 카드가맹점에 대하여 주장할 의무가 있고, 이에 따라 카드발행인이 구상하여 오는 경우에 카드회원은 위 항변사유로써 대항할 수 있다고 한다.173)

③ 보증설에 의하면 보증인(카드발행인)은 주채무자(카드회원)의 항변권을 원용할 수 있으므로 채무인수설의 경우와 같다.174)

(3) 무명계약설에서는 이에 관하여 특별히 논의되지 않으나, 위의 채권양도설 또는 체당지급설과 동일 또는 유사하게 설명될 수 있을 것으로 본다.

나. 그런데 일본에서도 위에서 본 바와 같이 카드회원과 카드발행인간에 체결되는 회원규약상의 항변절단규정에 의하여 실제로는 카드회원은 카드발행인에 대하여 원인행위에 기한 항변을 주장할 수 없다. 카드회원의 보호와 관련하여 회원규약상의 이러한 항변절단규정은 유효한가?

(1) 이에 대하여 일본의 최근판례에서는 소비자가 신용판매회사의 가맹점으로부터 물품을 구입하고 그 물품에 대하여 하자가 있는 경우에 소비자와 신용판

---

172) 淸水 巖, 전게논문(2), 298면.
173) 淸水 巖, 전게논문(2), 298면.
174) 淸水 巖, 전게논문(2), 297면.

매회사간의 계약에 이의 항변절단규정이 있다고 하더라도 그 규정은 실질상의 매도인으로 볼 수 있는 신용판매회사에게는 효력이 없다고 하여, 소비자의 신용판매회사에 대한 항변을 인정하고 있다.[175]

(2) 한편 1984년 6월 2일 법률 제49호로 개정된 일본의 개정할부판매법 (1961.7.1, 법률 제159호로 제정)은 할부판매방식에 의한 거래(신용카드거래 포함)에 있어서는 항변의 접속을 인정하고, 그에 반하는 항변절단규정은 무효라고 하였다 (동법 §§ 30의 4①, 30의 5①). 그런데 비할부판매방식에 의한 신용카드거래에 대하여는 동법이 적용되지 않으므로 항변절단규정이 유효한지 여부가 문제된다. 이에 대하여 비할부판매방식에 의한 신용카드거래는 대금지급방법 이외에는 다른 특별한 차이점이 없으므로 할부판매방식에 의한 경우와 동일하게 보아야 한다는 견해가 있다.[176]

## 5. 한 국

가. 앞에서 본 바와 같이 카드이용대금의 지급관계의 법적 성질에 대하여 우리나라에서는 거의 전부 병존적 채무인수설을 취하고 있으나, 이러한 이론에 근거하여 카드회원은 카드발행인에 대하여 원인행위에 기한 항변을 주장할 수 있는지 여부는 설명되고 있지 않다.

나. 그런데 카드회원규약에는 예외 없이 「카드회원은 카드가맹점과 분쟁이 발생한 경우에는 직접 카드가맹점과 해결하여야 하며, 카드가맹점과의 분쟁을 이유로 카드발행인에 대한 지급거절을 할 수 없습니다」고 규정하여 항변절단규정을 두고 있다.[177] 따라서 카드회원규약상의 동 규정과 관련하여 카드회원은 카드발행인에게 원인행위에 기한 항변을 주장할 수 있는지 여부가 문제된다.

(1) 이에 대하여 카드회원규약상의 그러한 항변절단규정은 약관해석일반론, 신의칙 또는 사회질서에 반하는 것으로 무효라고 보고, 따라서 카드회원은 카드발행인에 대하여 원인행위에 기한 항변을 주장할 수 있다는 견해가 있다.[178]

---

175) 大阪簡判 1980.11.27(金融法務事情 1020호, 43~47면); 高松高裁 1982.9.13(金融法務事情 1023호, 56면).
176) 榊原草郞, "クレジット・カード取引と抗辯の接續,"「判例リース・クレジット取引法」, 1986, 565면.
177) VISA카드회원규약 § 7; 국민카드회원규약 § 4(3); B.C.카드회원규약 § 19.
178) 김문환, 전게논문(상법학의 현대적 과제), 72면; 조용호, 전게논문, 176면 및 같은면 주 98; 정동윤, 전게논문, 246면; 이신섭, 전게논문, 261면.

(2) 한편 카드회원규약상의 항변절단규정이 「약관의 규제에 관한 법률」(1986.12.31, 법률 제3922호) 제6조 1항(신의성실의 원칙에 반하여 공정을 잃은 약관조항은 무효)에 해당할 정도이면 무효이나,179) 그 정도에 이르지 못한 경우에는 다음과 같이 해석하는 견해도 있다. 즉, 카드회원규약과는 달리 카드가맹점규약에는 「카드가맹점은 카드회원으로부터 신용판매한 상품 등을 교환 또는 반환을 요청받은 경우 이에 응할 수 있으나, 카드발행인에 매출전표를 제출한 후에는 카드발행인의 환급전표에 매출전표와 동일하게 기입한 후 카드회원의 서명을 받아 처리하여야 하며 어떠한 경우에도 현금으로 반환할 수 없습니다」고 규정하고 있는데,180) 이러한 규정 등은 카드발행인이 카드회원으로부터 항변을 받는 경우를 고려해서 둔 규정으로 동 규정 등에 의하여 카드회원은 카드발행인에게 항변을 (보장)할 수 있다고 보는 견해가 있다.181) 따라서 위와 같은 카드가맹점규약에 반하는 카드회원규약상의 항변절단규정은 그 범위에서 그의 효력이 제한된다고 해석한다.182)


# Ⅴ. 결   어

## 1. 통설(한국) 및 사견에 의한 대금채무자의 항변

신용카드거래와 관련한 신용카드이용에 따른 대금채무자(카드발행인과 카드회원)의 항변은 우리나라의 경우도 앞에서 본 서독의 경우와 같이 분류될 수 있겠다. 또한 우리나라에서 신용카드이용대금의 지급관계에 관한 법적 성질에 대하여 거의 일치하여 보고 있는 (병존적) 채무인수설은 서독의 지급지시설과 유사하게 (또는 대응하여) 볼 수 있겠다.183) 따라서 앞에서 본 서독의 각 경우의 지급지시설에 의한 설명은 우리나라의 통설에 의한 설명과 유사하게 볼 수 있겠다. 그런데 사견으로는 카드발행인과 카드가맹점과의 대금지급관계의 법적 성질에 대하여는 (면책적) 채무인수설(서독의 지급지시설과 유사)을 따르고(통설과 유사), 카드발행인과

---

179) 김영성, 전게논문, 83면.
180) VISA카드가맹점규약 § 3 ④; 국민카드가맹점규약 § 4 ⑤; B.C.카드가맹점규약 § 4 ⑤ 등.
181) 이은영, 전게서, 219~220면; 김영성, 전게논문, 83~84면; 이신섭, 전게논문, 261면.
182) 이은영, 전게서, 220면; 이신섭, 전게논문, 261면.
183) 서독의 지급지시설은 카드발행인의 카드가맹점에 대한 카드이용대금의 지급의무를 카드발행인의 「손해담보계약」에서 구하고 있는데, 병존적 채무인수설은 「채무인수계약」에서 구하고 있는 점에서 유사하게 볼 수 있다.

카드회원과의 대금지급관계의 법적 성질에 대하여는 채권양도설(서독의 채권양도설과 유사)을 따르고 있으므로, 카드발행인의 카드가맹점에 대한 항변에서는 채무인수설에 의해서만 살펴보고, 카드회원의 카드발행인에 대한 항변에서는 채무인수설(통설)과 채권양도설(사견)로 나누어서 정리하여 보겠다.

## 가. 카드발행인의 카드가맹점에 대한 항변

(1) 카드발행인의 카드가맹점에 대한 카드이용대금의 지급의무(또는 카드가맹점의 카드발행인에 대한 카드이용대금의 지급청구권)은 무엇에 근거하여 발생하는가? 서독의 채권양도설에서는 카드회원과 카드가맹점간의 카드를 이용한 「매매계약」에 근거하여 카드가맹점은 카드발행인에 대하여 매도인으로서의 대금지급청구권이 있다고 설명하는데, 이는 카드이용거래의 현실에 적합한 해석이 되지 못한 점, 카드발행인의 지급의무를 충분히 설명하지 못한 점, 또 카드가맹점의 대금청구권(이는 카드거래의 핵심이라고 볼 수 있음)이 약화되어 있는 점 등에서 많은 문제가 있다고 본다. 또 일본의 채권양도설에서는 카드규약상의 여러 간접적인 규정에 의하여 카드발행인의 채권양수의무를 설명하고 있는데, 이는 카드규약의 해석에서도 문제이려니와 카드발행인의 채권양수의무를 카드규약에 규정하는 것이 타당한지 여부도 의문이라고 본다. 따라서 채권양도설로써는 카드발행인의 카드가맹점에 대한 대금지급의무(또는 카드가맹점의 카드발행인에 대한 대금청구권)을 충분히 설명할 수 없다. 그러므로 카드발행인이 카드가맹점에 대하여 대금지급의무를 부담하는 것은 그가 카드회원의 「채무를 인수」했기 때문이라고 보아야 할 것이다. 이때 카드가맹점은 카드회원에 대하여—적어도 원인채권의 결제를 위하여 카드거래가 존속하는 한—대금지급청구권(원인채권)이 없으므로,[184] 카드발행인의 채무인수는 면책적 채무인수로 보아야 할 것이다.[185] 이러한 채무인수는 3당사자간의 계약(회원규약 및 가맹점규약)으로도 할 수 있고,[186] 카드가맹점(채권자)과 카드발행인(인수인)간의 계약(가맹점규약)으로도 할 수 있으며[187](민 § 453①), 또는 카

---

184) VISA 카드가맹점규약 § 4 등.

185) 그러나 카드가맹점(매도인)은 카드거래관계를 떠나서 민법상 매매계약관계에서 카드회원(매수인)에게 매매대금을 지급청구할 수는 있다. 그러나 이를 위하여는 당사자간에 카드거래를 통한 지급관계가 종결되어야 할 것이다. 만일 그렇지 않으면, 즉 카드가맹점에게 카드회원에 대한 청구권도 인정하고 카드발행인에 대한 청구권도 인정하면 당사자간의 대금지급관계가 너무나 복잡하여 카드를 통한 대금지급의 간편을 도모하고자 하는 카드제도의 취지에 반하게 된다.

186) 곽윤직, 「채권총론」(서울: 박영사, 1979), 378면 외.

187) 이 때에 채무자(카드회원)의 동의 또는 수익의 의사표시는 필요하지 않다(곽윤직, 전게서,

드가맹점(채권자)의 승낙을 받아 카드발행인(인수인)과 카드회원(채무자)간의 계약
(회원규약)으로도 할 수 있다(민 § 454①). 만일 회원규약 및 가맹점규약에 이에 관
한 명백한 규정이 없다고 하더라도 채무인수에 반하는 명백한 특약이 없는 한
신용카드거래에서는 이러한 채무인수의 상관습이 있다고 보아야 할 것이며, 이
때에는 이에 근거하여 카드발행인의 채무인수를 인정하여야 할 것이다.

카드발행인의 채무인수를 인정하는 경우에, 카드규약 또는 상관습에 의해서
는 카드발행인은 장래의 채무에 대한 포괄적 채무인수의 예약이 있게 되고[188](이
때의 예약완결권은 카드가맹점에 있다고 본다), 카드가맹점이 카드회원의 서명이 있는
「매출전표를 카드발행인에게 제출한 때」에 개별채권의 인수에 대한 카드가맹점
의 예약완결권이 있다고 보아 채무인수의 효력이 발생하여 카드발행인이 카드가
맹점에게 대금지급의무를 부담한다고 본다.

(2) 카드발행인에게 채무인수에 근거하여 카드가맹점에 대한 대금지급의무
를 인정하면, 카드발행인은 카드가맹점에 대하여 카드회원의 카드가맹점에 대한
원인행위에 기한 항변을 주장할 수 있는가? 채무인수의 법리에서 보면 채무인수
인은 전 채무자의 항변사유로써 채권자에게 대항할 수 있으므로(민 § 458), 카드
발행인은 카드회원의 카드가맹점에 대한 항변사유로써 카드가맹점에게 대항할
수 있다. 또한 이와 함께 카드발행인이 카드회원의 카드가맹점에 대한 채무를 인
수하여 카드가맹점에게 지급하여 주는 법률관계는 위임관계의 면도 있어(민
§§ 680 이하), 카드발행인은 수임인으로서 「위임의 본지에 따라 선량한 관리자의
주의로써 위임사무를 처리하여야 할 의무」를 부담하므로(민 § 681) 카드회원의 사
전 지시에 따라 카드회원의 원인행위에 기한 항변권을 카드가맹점에 대하여 행
사할 의무를 부담할 수도 있다.[189] 이렇게 보면 카드발행인은 카드회원의 원인행
위에 기한 항변을 카드가맹점에게 주장할 수 있음은 물론, 경우에 따라서는 항변
을 주장하여야 할 의무까지 발생한다. 우리나라의 카드가맹점규약에서도 이 점에
대하여 명문으로 규정하고 있다. 예컨대, VISA카드가맹점 규약 제6조 2항은 「카
드회원과 카드가맹점간에 신용판매로 인한 분쟁이 있는 경우 이러한 분쟁해결을
위하여 카드발행인은 당해 신용판매대금의 카드가맹점 앞 지급을 유예하거나 이
미 지급한 대금의 환급을 요청할 수 있으며, 카드가맹점은 이에 즉시 응하여야

---

379면).
188) 장래의 채무 등도 인수될 수 있다(곽윤직, 전게서, 377면).
189) 동지: 淸水 巖, 전게논문(2), 298면.

한다」고 규정하고 있다.

카드가맹점규약에 특별히 명시의 규정이 없더라도 카드회원과 카드가맹점간의 신용카드에 의한 거래가 반사회질서의 거래라는 등의 사유로 무효이거나(민 §§ 103, 104, 107, 108 등) 또는 카드회원의 제한능력(무능력) 등의 사유로 취소된 경우(민 §§ 5②, 10, 13, 109, 110 등) 또는 카드가맹점의 카드회원에 대한 채무이행에 하자가 있는 경우에는 카드가맹점에 대한 대금지급을 거절(또는 감액청구)하거나 또는 이미 지급한 대금의 환급을 청구할 수 있다고 본다. 경우에 따라서는 이러한 항변을 주장해야 할 의무도 부담한다.

카드발행인은 카드가맹점이 가맹점규약에 위반하여 거래한 경우에는 당연히 카드가맹점에게 이의 항변을 주장하여 대금지급을 거절하거나, 이미 지급한 대금의 환급을 청구할 수 있다.190) 이에 의하여 카드발행인이 카드가맹점에 대하여 항변을 빈번히 주장하는 경우는 「카드의 유효기간의 경과·위조·변조·거래정지 등의 사유로 무효카드인 것이 판명되어 카드가맹점이 그러한 카드에 의한 거래를 하지 않아야 함에도 불구하고 거래를 한 경우」일 것이다.191) 또한 카드가맹점규약에는 명시의 규정이 없더라도 「카드는 무효카드로 아직 선언되지 않았으나 카드회원의 신용상실(예컨대, 파산 등)을 카드가맹점이 알면서(따라서 카드발행인의 카드회원에 대한 대금의 상환이 불가능함을 예상하면서) 카드가맹점이 그러한 자와 카드거래를 한 경우」에도, 카드발행인은 카드가맹점에 대하여 이의 항변을 주장할 수 있다고 본다.

## 나. 카드회원의 카드발행인에 대한 항변

(1) 카드발행인의 카드회원에 대한 상환청구권(또는 카드회원의 카드발행인에 대한 대금지급의무)은 무엇에 근거하여 발생하는가? 이에 대하여 앞에서 말한 바와 같이 우리나라의 통설인 채무인수설과 사견인 채권양도설로 나누어서 정리하여 본다.

⑦ **채무인수설(통설)**　　　우리나라의 통설은 (병존적) 채무인수설을 취하면서도 이에 따라 어떻게 하여 카드발행인은 카드회원에 대하여 상환청구권을 갖게 되는지를 거의 설명하고 있지 않다. 그런데 우리나라의 채무인수설과 유사 또는 동일한 서독의 지급지시설 및 일본의 채무인수설에 의하면 기술한 바와 같이 다

---

190) 예컨대, VISA카드가맹점규약 § 9 ①.
191) 예컨대, VISA카드가맹점규약 § 7.

음과 같이 설명되고 있다. 카드발행인이 카드회원을 위하여 카드가맹점에게 카드이용대금을 (카드회원으로부터 채무인수하여) 지급하는 것은 민법상 위임사무의 처리이므로(민 §§ 680이하), 카드발행인이 대금을 카드가맹점에게 지급하면 수임인으로서 카드회원에게 비용상환청구권(민 § 688) 등이 발생하므로 카드발행인은 이에 근거하여 카드회원에 대한 상환청구권이 발생한다고 한다. 그러나 카드발행인의 카드회원에 대한 상환청구권은 본질적으로 카드가맹점의 매매대금청구권인데 이를 단순히 수임인으로서의 비용상환청구권 등으로만 보는 것은 카드발행인의 상환청구권을 너무 취약하게 보는 것이며 또한 카드거래의 현실에 적합한 해석이라고 볼 수 없다고 생각한다(그러나 부수적으로 카드발행인은 수임인으로서의 지위가 인정될 수 있다고 본다).

(나) **채권양도설**(사견)          채권양도설에 의하면 카드발행인은 카드가맹점으로부터 양수한 대금청구권(민 § 563)에 근거하여 카드회원에게 카드이용에 따른 대금을 청구할 수 있으며, 카드회원도 이에 근거하여 카드발행인에게 대금지급의무가 있다고 한다.[192) 이 설에 의하면 카드가맹점은 카드거래관계가 있는 한 카드회원에 대하여 원인행위에 기한 청구권이 없게 되는데(그 이유는 카드발행인의 지급의무의 근거가 면책적 채무인수라고 보는 앞의 설명을 참조) 이것은 앞에서 카드발행인의 대금지급의무를 면책적 채무인수로 보아 카드회원은 카드가맹점에 대하여 지급의무가 없는 점과 균형을 이룬다.

이 때의 채권양도는 카드가맹점(채권양도인)과 카드발행인(채권양수인) 간의 가맹점규약[193)에 의하여 장래 발생할 채권에 대한 포괄적 양도예약이 있게 되고, 개별채권에 대한 양수의 효력은 카드가맹점의 매출전표의 제출에 기하여 카드발행인이 「그 대금을 카드가맹점에게 지급한 때」(이때에 카드발행인의 예약완결권을 행사하는 의사표시가 나타남)에 발생한다고 본다.[194) 따라서 카드발행인은 (채권양수의

---

192) 그러나 서독에서는 채권양도설에 의한 경우에도 카드발행인은 다시 카드회원과의 사무처리계약 또는 도급계약에 근거하여 카드회원에 대하여 상환청구권을 행사한다고 설명한다(Beck, *a.a.O.*, S.89~90.)

193) 카드가맹점규약에 이에 관한 명시의 규정이 없더라도 카드회원규약에 채권양도통지에 관한 규정이 있으면(예, VISA카드회원규약 § 6 ②) 채권양도의 의사가 있는 것으로 추정할 수 있으며, 그러한 규정이 없더라도 카드규약에 채권양도를 배제하는 특약이 없는 이상 카드거래의 실제상 카드발행인과 카드가맹점간에 채권양도가 있는 상관습이 존재한다고도 볼 수 있지 않을까?

194) 이에 대하여 淸水 巖, 전게논문(2), 302면은 「카드가맹점이 예약완결권을 갖고, 개별채권의 양도의 효력은 카드가맹점이 매출전표를 제출한 때에 발생한다」고 설명하나, 정확하지 않다고 본다(특히 카드발행인의 대금지급의무와 관련하여 볼 때).

무를 거론할 필요 없이) 채무인수에 근거하여 대금을 카드가맹점에게 지급할 의무를 부담하고, 이렇게 대금을 카드가맹점에게 지급하면 당연히 대금채권을 양수하게 되는 것이다.

　　한편 채권양도설에 의하면 채권양도인(카드가맹점)은 채무자(카드회원)에 대하여 대항요건을 갖추어야 하는데(민 § 450) 이는 어떻게 설명될 수 있을까? 이 때 장래 발생할 채권(미발생·불확정의 채권)에 대하여 미리 채무자(카드회원)가 승인하는 것이 가능하냐에 대하여는, 우리 민법의 해석에서도 「일정한 조건하에 장래에 발생할 채권의 양도는 가능하며 또 그 양도의 통지도 가능하다」고 보고 있으므로,[195] 장래의 채권양도에 대한 사전의 통지 또는 승낙은 유효라고 본다. 따라서 카드회원규약에 규정된 카드회원(채무자)의 장래의 채권양도에 대한 사전의 「승낙」[196](민 § 451)은 유효하다고 본다. 만일 카드회원규약상 카드회원의 채권양도에 대한 승낙규정이 없으면 카드발행인이 카드회원에게 카드사용명세서를 송부한 때에 카드가맹점(채권양도인)의 채권양도의 통지가 있다고 볼 수 있지 않을까?[197] 물론 이는 「양수인」(카드발행인)이 통지하는 것이 되어 「양도인」(카드가맹점)이 통지하도록 규정한 민법(제450조 1항)에 반하는 것이 아니냐는 의문도 있겠으나, 카드발행인의 카드사용명세서도 카드가맹점의 매출전표에 의하므로 카드가맹점(양도인)의 통지로 의제할 수 있지 않을까 생각한다.

　　(2) 카드회원은 카드발행일에 대하여 카드가맹점과의 계약에서 발생한 원인행위에 기한 항변을 주장할 수 있는가?

　　(가) **채무인수설(통설)**　　우리나라의 통설은 카드이용대금의 지급관계의 법적 성질에 대하여는 카드가맹점을 보호하기 위하여 (병존적) 채무인수설을 취하면서, 다시 카드회원을 보호하기 위하여 카드회원은 카드발행인에 대하여 카드가맹점과의 원인행위에 기한 항변사유로써 대항할 수 있다고 한다.[198] 따라서 카드회원의 항변절단규정은 무효라고 한다.[199] 그러나 이것은 모순이 아닐 수 없다. 왜냐하면 채무인수설에 의하면 앞에서 본 바와 같이 카드발행인은 카드회원에

---

195) 곽윤직, 전게서, 356면 외. 반대: 이은영, 전게서, 213면.
196) VISA카드회원규약 § 6 ②.
197) 반대: 이은영, 전게서, 213면.
198) 김문환, 전게논문(상법학의 현대적 과제), 72면; 이은영, 전게서, 220면; 조용호, 전게논문, 176면; 이신섭, 전게논문, 261면; 김영성, 전게논문, 84면.
199) 김문환, 전게논문(상법학의 현대적 과제), 72면; 조용호, 전게논문, 176면 주 98; 정동윤, 전게논문, 246면; 이신섭, 전게논문, 261면.

대하여 위임계약에 따른 수임인으로서의 비용상환청구권등에 근거하여(민 § 688) 대금상환청구권 등을 취득한다고 해석할 수밖에 없는데(서독의 지급지시설 또는 일본의 채무인수설과 유사 또는 동일하게 해석하여야 할 것임), 카드발행인의 이 권리는 카드회원과 카드가맹점간의 카드이용에 따른 대금채권과는 전혀 무관하므로, 카드회원은 카드발행인에 대하여 카드가맹점과의 원인행위에 기한 항변을 (원칙적으로) 주장할 수 없다고 해석하여야 할 것이기 때문이다.[200] 따라서 채무인수설에서는 카드회원규약상의 카드회원의 항변절단규정은 단순히 이를 확인하는 선언적 규정에 불과하고, 또 이는 카드발행인의 적법한 이익을 보호하기 위한 것이므로 유효하고, 「약관의 규제에 관한 법률」에 위반되는 것도 아니고 신의칙 등에 반하는 것도 아니라고 해석하여야 할 것인데,[201] 우리나라의 통설이 채무인수설을 취하면서 항변절단규정을 무효라고 보는 것도 모순이라고 생각한다. 따라서 카드회원의 이익을 보호하기 위하여 그의 원인행위에 기한 항변을 카드발행인에게도 주장할 수 있도록 하려면 채권양도설에 의하여 설명되어야 할 것으로 본다.

(나) **채권양도설**(사견)        채권양도설에 의하면 카드회원(채무자)은 양도통지를 받은 때까지 카드가맹점(채권자)에 대하여 생긴 항변사유로써 카드발행인(양수인)에게 대항할 수 있으므로(민 § 451②), 카드회원은 카드가맹점에 대하여 주장할 수 있는 항변사유로써 카드발행인에게 대항할 수 있다.

따라서 카드회원은 카드회원규약의 규정 유무에 불문하고 카드회원과 카드가맹점간의 신용카드에 의한 거래가 반사회질서의 거래라는 등의 사유로 무효이거나(민 §§ 103, 104, 107, 108 등) 또는 카드회원의 제한능력(무능력) 등의 사유로 취소된 경우(민 §§ 5②, 10, 13,109, 110 등)에는 이를 카드발행인에게 대항할 수 있다.[202] 또한 카드회원은 카드가맹점의 하자 있는 채무이행을 근거로 하여 카드발행인에게 항변을 주장할 수 있으며, 카드발행인의 회원규약위반에 대하여도 항변을 주장할 수 있다.

채권양도설에 의하면 이렇게 카드회원의 이익은 충분히 보장되나, 카드발행인 및 카드가맹점은 크게 불리하게 된다. 즉, ( i ) 카드발행인의 카드회원에 대한 상환청구권이 카드회원의 원인행위에 기한 항변에 종속되어 매우 복잡하고

---

200) 동지: Beck, *a.a.O.*, S.118.
201) 동지: Beck, *a.a.O.*, S.118.
202) 이 때에는 엄격히 말하여 양도할 채권이 없게 되고 카드발행인은 채권을 양수하지 않은 것이 되어, 카드회원은 카드발행인에게 무권리의 항변을 주장할 수 있을 것이다.

불확실하게 되어, 상환청구권 및 대금지급의 확실을 전제로 한 신용카드 이용 자체가 회피될 우려도 있다. 또 (ⅱ) 채권양도설(앞의 면책적 채무인수설과 결합하여)에서는 카드가맹점이 카드회원에 대하여—적어도 원인채권의 결제를 위하여 카드거래가 존속하는 한—원인채권을 갖지 못하므로 카드발행인이 파산 등의 이유로 지급불능인 경우에 카드회원에게 대금을 청구할 수 없게 되어 불리하게 된다.203) 이하에서는 위의 두 가지 문제점을 검토하기로 한다.

위 (ⅰ)의 문제에 대하여 카드발행인의 상환청구권을 확보하기 위하여 거의 모든 카드회원규약에서는 「카드회원은 카드가맹점과의 분쟁이 발생한 경우에는 직접 카드가맹점과 해결하여야 하며, 카드가맹점과의 분쟁을 이유로 카드발행인에 대하여 지급거절을 할 수 없다」는 내용의 규정을 두어,204) 카드회원의 원인행위에 기한 항변을 카드발행인과의 관계에서 절단시키고 있다. 여기에서 발생하는 문제는 채권양도의 법리와 상충되는 카드회원규약상의 동 규정을 어떻게 보아야 하는가에 있다. 카드회원규약상의 그러한 항변절단규정은, 첫째로 민법의 규정에 의하여 인정된 카드회원의 항변권을 상당한 이유 없이 배제 또는 제한하는 규정인 점(약관규제법 제11조 제1호), 둘째로 카드가맹점규약에서는 카드발행인의 카드가맹점에 대한 원인행위에 기한 항변권을 인정하면서(예, VISA카드가맹점규약 § 6 ②), 카드회원규약에서는 카드회원의 카드발행인에 대한 원인행위에 기한 항변권을 인정하지 않는 것은(예, VISA카드회원규약 § 7), 신의성실의 원칙에 반하여 공정을 잃은 약관규정으로 볼 수 있는 점(약관규제법 § 6 ①) 등에서 「약관의 규제에 관한 법률」의 위반으로 무효라고 본다.205) 또한 카드회원규약상 카드회원의 「이의를 보류하지 않은 승낙」의 규정(예, VISA카드회원규약 § 6 ②)을 두어 카드회원으로 하여금 원인행위에 기한 항변을 카드발행인에 대하여 절단시키는 것도 위의 경우와 같은 이유(특히 카드가맹점규약과의 불균형에 관한 둘째의 이유)로 무효라고 본다.

위 (ⅱ)의 문제에 대하여는 틀림없이 카드가맹점의 이익을 해하게 되는 것은 사실이나, 다음과 같은 이유로 카드가맹점이 카드거래가 있는 한 카드회원에 대하여 원인채권을 잃는 것은 불가피한 현상이라고 본다. 첫째로 카드가맹점은 가맹점규약에서 카드회원에게 「현금지급을 요구하는 등의 행위를 할 수 없다」고

---

203) 이은영, 전게서, 214면.
204) VISA카드회원규약 § 7; 국민카드회원규약 § 4 ③; B.C.카드회원규약 § 19 등.
205) 동지: 김문환, 전게논문(상법학의 현대적 과제), 72면; 조용호, 전게논문, 176면 및 같은 면 주 98; 김영성, 전게논문, 83면.

약정하고 있는데,206) 이는 카드거래가 있는 한 카드가맹점은 매출대금을 카드회원에게 청구하지 않고 카드발행인에게 청구한다는 뜻으로 카드가맹점이 카드발행인으로부터 매출대금을 받는 조건으로 카드회원에 대한 원인채권을 포기하는 것으로 볼 수 있지 않을까 생각한다. 둘째로 카드가맹점에게 원인채권을 인정하고자 하면 카드발행인이 카드가맹점에게 카드이용대금을 지급하는 법률관계를 병존적 채무인수 등으로 이론구성할 수 밖에 없는데 이렇게 되면 카드회원은 카드발행인 및 카드가맹점에게 채무를 부담하게 되고 카드발행인이 카드가맹점에게 대금지급을 거절하게 되면 카드회원은 다시 카드가맹점에게 지급하여야 하므로 이중으로 채무를 이행할 위험을 부담하여 다시 카드회원에게 불리하게 된다.207) 따라서 문제는 카드회원과 카드가맹점 중에서 누구를 더 보호하여야 할 것인가의 문제인데, 카드회원(소비자)이 카드가맹점보다는 경제적 약자이며 소비자를 보호하고자 하는 것이 현대의 입법추세인 점에서 볼 때, 카드회원을 보호하여야 할 것으로 본다. 따라서 카드거래에 있어서 카드가맹점이 원인채권을 잃게 되는 것은 불가피한 현상으로 본다.

위와 같이 채권양도설에서 카드회원이 원인행위에 기한 항변을 카드발행인에게 주장할 수 있도록 하는 것은, 앞에서 본 바와 같이 카드발행인이 원인행위에 기한 항변을 카드가맹점에게 주장할 수 있도록 보고 있는 점과 균형을 이루는 것이다. 또 이미 말한 바와 같이 채권양도설에서 카드가맹점에게 카드회원에 대한 원인채권을 인정하지 않는 것은, (카드발행인의 카드가맹점에 대한 대금지급의무의 근거에 대하여) 면책적 채무인수설에서 카드회원에게 카드가맹점에 대한 원인채무를 인정하지 않는 것과 균형을 이룬다. 또한 채권양도설에서 카드회원의 카드발행인에 대한 원인행위에 기한 항변을 인정하는 것은 미국에서의 소비자(카드회원)보호를 위한 입법의 추세(카드회원의 카드발행인에 대한 원인행위에 기한 항변을 일정한 조건하에 인정함), 서독 및 일본에서 해석을 통하여 카드회원의 카드발행인에 대한 원인행위에 기한 항변을 인정하는 추세와 그 궤를 같이 한다.

## 2. 사견의 문제점

위에서 본 바와 같이 필자는 카드발행인의 카드가맹점에 대한 지급의무는 면책적 채무인수설에서 구하고 이 때 카드발행인은 카드가맹점에 대하여 원인행

---

206) VISA카드가맹점규약 § 4 등.
207) 동지: 淸水 巖, 전게논문(2), 298면.

위에 기한 항변을 주장할 수 있고, 카드발행인의 카드회원에 대한 상환청구권은 채권양도설에서 구하고 이 때 카드회원은 카드발행인에 대하여 원인행위에 기한 항변을 주장할 수 있다고 보았다. 이는 비교적 명쾌한 해석이라고 보는데 다음과 같은 문제점도 지적될 수 있겠다.

**가.** 첫째는 신용카드에서 대금이 카드회원에서 카드발행인을 통하여 카드가맹점에게 지급되는 일련의 법률관계를 위와 같이 이원적으로 설명할 수 있겠느냐의 문제이다. 그런데 신용카드거래를 위한 계약관계는 카드발행인을 중심으로 카드회원과의 계약(회원계약) 및 카드가맹점과의 계약(가맹점계약)으로 이루어져 처음부터 이원적으로 성립하며, 카드발행인은 카드회원 또는 카드가맹점의 단순한 수임인 등이 아니라 카드가맹점에 대하여는 대금지급의 의무를 부담하고 또 카드회원에 대하여는 이의 상환청구의 권리를 갖고 있기 때문에, 이러한 양면의 법률관계를 충분히 설명하기 위하여는 이원적인 설명이 불가피하다고 본다. 어느 하나의 이론만으로는 한 면은 충분히 설명될 수 있을런지 몰라도 다른 면의 설명에는 무리가 따르기 마련이다.

**나.** 둘째는 위의 필자와 같이 항변의 절단을 인정하지 않으면 카드발행인의 보호에 문제가 있지 않느냐 하는 점이다. 그런데 신용카드는 앞에서 본 바와 같이 유가증권도 아니며 또 양도되지도 않으므로[208] 카드의 선의취득자가 있을 수 없고 이에 따라 카드의 유통보호를 기하여야 하는 문제도 없으며 또 카드발행인은 카드회원과의 직접 계약당사자이므로 항변절단에 의하여 보호해야 할 이유도 필요도 없다. 다만 항변절단에 의하여 카드발행인의 대금상환을 단순하게 하여 그 상환청구권을 확보하여 줌으로써 카드이용을 촉진시키는 점은 있으나, 이러한 경제적 목적을 위하여 법이론상의 근거도 없이 카드발행인만을 위하여 카드회원의 항변절단을 인정할 수는 없는 것이다. 따라서 카드회원규약상의 항변절단규정은 순전히 카드발행인의 일방만의 이익을 위한 것으로 약관규제법의 위반으로 무효이다. 카드발행인이 카드회원의 대금지급의무를 인수하여 카드가맹점에게 지급하는 것은 수임인으로서의 지위를 겸하고 있는 점에서 볼 때도 카드회원(위임인)이 카드발행인(수임인)에 대한 항변절단은 있을 수 없다.

**다.** 셋째는 카드가맹점이 카드거래관계가 있는 한 카드회원에 대한 원인채권이 없음으로 인하여 또는 카드발행인이 카드가맹점에 대하여 원인행위에 기한

---

208) 카드회원규약에서는 카드의 양도를 금하고 있다(예, VISA카드회원규약 § 3 ② 등).

항변을 주장할 수 있음으로 인하여 카드발행인으로부터 대금지급을 받지 못하는 경우, 카드가맹점의 보호의 문제이다.209) 카드가맹점이 카드발행인으로부터 대금지급을 받지 못하고 카드거래에 의한 지급관계가 계속하는 한(즉, 카드회원이 서명한 매출전표가 결제되지 않는 한) 카드가맹점은 원인채권에 기하여 카드회원에 대하여 매출대금을 지급청구할 수는 없다고 본다. 왜냐하면 이를 인정하면 카드회원이 이중지급할 위험을 부담하여 불리하게 되기 때문이다. 그러나 카드가맹점이 카드회원에 의뢰하여 매출전표의 서명을 취소하는 등의 방법으로 그 거래에서 카드에 의한 결제관계를 완전히 말소시키면 카드가맹점은 카드 없는 거래를 한 것과 같이 되어 일반매매계약에서의 대금지급청구권을 카드회원에게 청구할 수 있는 것이다. 이렇게 보면 카드거래가 있는 한 카드가맹점에게 카드회원에 대한 원인채권을 인정하지 않는다고 하여 카드가맹점에게 특히 불이익을 주는 것도 아니라고 본다. 또한 실제로 신용카드가 은행계 카드인 경우 카드발행인의 파산 등으로 카드가맹점이 지급받지 못하는 경우란 거의 있을 수 없다.

**라.** 넷째는 채권양도설에 의하여 카드발행인이 카드가맹점으로부터 취득한 채권은 카드가맹점의 카드회원에 대한 매출대금채권과 동일하므로 카드회원이 카드발행인에게 이 대금을 지급하지 않아 카드발행인이 소송에 의하여 이를 청구하는 경우에는 카드발행인이 채권의 발생원인인 개개의 매매계약을 특정해야 하는 불이익을 받거나, 원인채권이 단기시효에 의하여 소멸하는 경우 등에는 이로 인한 불이익을 받는 등의 문제가 있다.210) 채권양도설에 의하는 경우 위와 같은 점이 있는 것은 사실인데, 카드발행인이 카드가맹점보다 카드회원에 대하여 더 큰 권리를 취득하거나 또는 카드가맹점의 카드회원에 대한 권리와는 전혀 별개의 권리를 취득하는 것이라고 보면 위의 사정은 카드발행인을 불리하게 하는 것으로 볼 수 있으나, 카드발행인이 카드가맹점보다 카드회원에 대하여 더 큰 권리를 취득할 수 없으며 또 카드발행인의 카드회원에 대한 권리는 근본적으로 카드가맹점의 원인채권에서 연유하는 것이라는 점에서 보면 위의 사정은 당연하다. 그런데 실제로 카드발행인은 카드회원의 신용을 조사한 후(또는 일정한 자격요건을 구비한 자에 대해서만) 카드회원계약을 체결하며, 또 이 때에 반드시 연대보증인을 세

---

209) 카드발행인이 원인행위에 기한 항변을 카드가맹점에 대하여 주장할 수 있다고 하여 특별히 카드가맹점이 불이익을 받는 문제는 없다. 왜냐하면 카드가맹점이 카드회원으로부터 원인행위에 기한 항변의 대항을 받는 것은 당연한데, 이러한 항변을 카드발행인이 카드회원을 대신하여 카드가맹점에게 주장함에 불과하기 때문이다.

210) 조용호, 전게논문, 163~164면.

우게 하고,211) 카드회원은 카드발행인(또는 그가 지정하는 은행)에 예금구좌를 개설하고 이 구좌로부터 매월 일정일에 카드이용대금이 자동대체결제 되는 등으로 인하여,212) 카드발행인이 카드회원으로부터 지급을 받지 못하며 소송을 제기하거나 또는 원인채권의 단기소멸시효로 인하여 특히 불이익을 받는 경우는 거의 없다.

　　**마.** 다섯째는 채권양도설에 의하는 경우에도 서독의 이론에서와 같이 카드발행인은 원인채권과는 전혀 별개인 위임계약에 기한 수임인의 비용상환청구권(민 § 688) 등에 근거하여 카드회원에게 상환청구권을 행사한다고 보면, 카드회원의 원인행위에 기한 항변은 절단된다고 볼 수 있지 않느냐는 문제가 있다. 그러나 카드발행인은 채권양수인으로서의 지위와 수임인으로서의 지위를 결합하여 가질 수는 있으나, 카드발행인의 카드회원에 대한 상환청구권이 본질적으로 카드가맹점의 매매대금청구권이라는 점에서 볼 때 카드발행인은 카드회원에 대하여 수임인의 비용상환청구권 등만을 근거로 상환청구권(구상권)을 행사할 수는 없다고 본다.

---

211) VISA카드회원규약 § 23; 국민카드회원규약 § 15; B.C.카드회원규약 § 17 등.
212) VISA카드회원규약 §§ 10~11; 국민카드회원규약 §§ 8~9; B.C.카드회원규약 §§ 12~13 등.

# Ⅳ. 보 험 법

# 자살의 경우 재해특약에 의한 재해사망보험금 지급 여부*
## ─ 대법원 2016. 5. 12. 선고 2015 다 243347 판결에 대한 평석 ─

## I. 사실관계

### 1. 사실관계의 개요

이 사건의 사실관계는 다음과 같다.

가. C는 2004. 8. 16. Y생명보험회사(피고)와 사이에 피보험자를 C(망인)로, 사망시 수익자를 X들(원고이며, C의 상속인)로 각 정하여 보험가입금액이 70,699,000원이고 보험기간이 계약일부터 종신까지인 무배당 甲乙丙생명보험계약을 체결하였다(이하 '이 사건 주계약이라 함). 또한 그 당시 보험가입금액이 50,000,000원, 보험기간이 계약일부터 80세 당일의 전일까지인 재해보장특약(이하 '이 사건 특약이라 함)도 부가하였다. 위 보험계약상 피보험자 사망시 지급되는 보험금은 위 주계약상 70,699,000원이고, 재해사망에 해당하면 위 특약까지 적용되어 보험금은 120,699,000원이 되는데, 위 주계약 및 특약의 구체적인 약관 내용 및 재해분류표 등은 다음과 같다.

---

* 이 글은 정찬형, "자살의 경우 재해특약에 의한 재해사망보험금 지급 여부(대법원 2016. 5. 12. 선고 2015 다 243347 판결에 대한 평석)," 「법과 기업연구」(서강대 법학연구소), 제6권 제3호(2016. 12), 171~214면의 내용임(이 글에서 필자는 약관상 자살면책제한규정에 따라 보험회사는 재해사망보험금을 지급해야 한다는 점에서, 이와 같은 취지의 대법원판결에 찬성하고, 이와 관련하여 이 경우 보험금청구권의 시효기간의 기산점은 사망시로 볼 수 없다고 함).

**보험약관**

**[이 사건 주계약 약관]**

제21조[보험금의 종류 및 지급사유]

회사는 피보험자에게 다음 사항 중 어느 한 가지의 경우에 해당되는 사유가 발생한 때에는 수익자에게 약정한 보험금(별표 1. 보험금 지급기준표 참조)을 지급합니다.

1. 피보험자가 보험기간(종신) 중 사망하거나 장해등급분류표 중 제1급의 장해상태가 되었을 때: 사망보험금 지급

제22조[보험금 지급에 관한 세부 규정]

① 제21조 제1호에는 보험기간 중 피보험자의 생사가 분명하지 아니하여 실종선고를 받은 경우를 포함하며, 선박의 침몰·항공기 추락 등 민법 제27조(실종의 선고) 제2항의 규정에 준하는 사유 또는 재해분류표(별표 2 참조)에서 정하는 재해(이하 '재해'라 합니다)로 인하여 사망한 것으로 정부기관이 인정하여 관공서의 사망보고에 따라 호적에 기재된 경우에는 그러한 사고가 발생한 때를 사망한 것으로 인정합니다.

제23조[보험금을 지급하지 아니하는 보험사고]

① 회사는 다음 중 어느 한 가지의 경우에 의하여 보험금 지급사유가 발생한 때에는 보험금을 드리지 아니하거나 보험료의 납입을 면제하지 아니함과 동시에 이 계약을 해지할 수 있습니다.

1. 피보험자가 고의로 자신을 해친 경우

그러나 피보험자가 정신질환상태에서 자신을 해친 경우와 계약의 책임개시일(부활계약의 경우에는 부활청약일)부터 2년이 경과된 후에 자살하거나 자신을 해침으로써 장해등급분류표 중 제1급의 장해상태가 되었을 경우에는 그러하지 아니합니다.

제40조[약관대출]

① 계약자는 이 계약의 해약환급금의 범위 내에서 회사가 정한 방법에 따라 대출(이하 '약관대출'이라 합니다)을 받을 수 있습니다.

② 계약자는 제1항에 의한 약관대출금과 약관대출이자를 언제든지 상환할 수 있으며 상환하지 아니한 때에는 보험금 또는 해약환급금 등의 지급사유가 발생한 날에 지급금과 상계할 수 있습니다.

[무배당 재해사망 특약(재해보장특약) 약관]

제9조(보험금의 종류 및 지급사유)

회사는 이 특약의 보험기간 중 피보험자에게 다음 사항 중 어느 한가지의 경우에 해당되는 사유가 발생한 때에는 보험수익자(이하 '수익자'라 합니다)에게 약정한 보험금(별표 1 '보험금지급기준표' 참조)을 지급합니다.

1. 보험기간 중 재해분류표에서 정하는 재해(별표 2 참조, 이하 '재해'라 합니다)를 직접적 원인으로 사망하였을 때

제11조(보험금을 지급하지 아니하는 보험사고)

① 회사는 다음 중 어느 한 가지의 경우에 의하여 보험금 지급사유가 발생한 때에는 보험금을 드리지 아니하거나 보험료의 납입을 면제하지 아니함과 동시에 이 계약을 해지할 수 있습니다.

1. 피보험자가 고의로 자신을 해친 경우

그러나 피보험자가 정신질환상태에서 자신을 해친 경우와 계약의 책임개시일(부활계약의 경우에는 부활청약일)부터 2년이 경과한 후에 자살하거나 자신을 해침으로써 장해등급분류표 중 제1급의 장해상태가 되었을 경우에는 그러하지 아니합니다.


[이 사건 주계약상의 재해 분류표]

재해라 함은 우발적인 외래의 사고(다만, 질병 또는 체질적 요인이 있는 자로서 경미한 외부 요인에 의하여 발병하였거나 또는 그 증상이 더욱 약화되었을 때에는 그 경미한 외부요인은 우발적인 외래의 사고로 보지 아니함)로서 다음 분류표에 따른 사고를 말한다.

1.~8. 운수사고에서 다친 보행자, 자전거 탑승자, 모터싸이클 탑승자, 삼륜자동차 탑승자, 승용차 탑승자, 픽업트럭 또는 밴탑승자, 대형화물차 탑승자, 버스 탑승자

9. 기타 육상 운수사고(철도사고 포함)

10.~12. 수상 운수사고, 항공 및 우주 운수사고, 기타 및 상세불명의 운수사고

13. 추락사고

14. 이하 생략

※ 다음 사항에 해당하는 분류항목은 재해분류에서 제외합니다.

- '약물 및 의약품에 의한 불의의 중독' 중 의용약 또는 약물 접촉에 의한 알레르지

피부염

- '기타 고체 및 액체물질. 가스 및 증기에 의한 불의의 중독' 중 한국표준질병 사인
  분류상 A00～R99에 분류가 가능한 것
- '외과적 및 내과적 치료 중 환자의 재난' 중 진료기관의 고의 또는 과실이 없는 사고
- '자연 및 환경요인에 의한 불의의 사고' 중 급격한 액체손실로 인한 탈수
- '익수, 질식 및 이물에 의한 불의의 사고' 중 질병에 의한 호흡장해 및 삼킴장해
- '기타 불의의 사고' 중 과로 및 격심한 또는 반복적 운동으로 인한 사고
- '법적 개입' 중 법적 처형(Y35.5)


**[이 사건 특약상의 재해분류표]**
이 사건 주계약의 재해분류표와 동일

---

나. 위 보험계약의 주계약의 약관 제13조에는 책임개시일은 보험계약자가
제1회 보험료를 지급한 때부터 개시되는 것으로 되어 있는데, C는 위 체결일 무
렵 Y회사에게 제1회 보험료를 납입하였다.

C는 2012. 2. 21.경 충북 ○○군 ○○읍 ○○리 경부선 철도 하행선 185㎞
지점 선로에 누워있던 상태로 화물열차에 역과되어 후두부 파열 및 하반신 절단
으로 인한 과다출혈로 사망하였는데(이하 '이 사건 사고'라 함), 수사기관은 망인이
소심하고 내성적이며 주변 사람들과 어울리지 못하는 성격으로, 사귀던 여자로
인해 카드빚이 늘어나고 대부업체로부터 5,000만원 상당의 대출금 상환에 압박
감을 느끼며 평소 '이렇게 사느니 죽는게 낫겠다'는 말을 하는 등 채무문제로 불
안감과 불면증에 시달려 오던 중 신병을 비관하여 자살한 것으로 판단하고 변사
사건을 종결하였다.

망 C(이하 '망인'이라 함)의 상속인인 X들(망인의 부모임)은 망인의 사망 후인
2012. 8. 10. Y에게 이 사건 재해특약까지 적용한 사망보험금을 청구하였으나,
Y는 이 사건 주계약에서 정한 보험금지급사유(사망)에는 해당하지만, 이 사건 재
해특약에서 정한 보험금지급사유(재해를 직접적인 원인으로 사망하였을 때)에는 해당
하지 않는다고 보아 이 사건 주계약에서 정한 사망보험금 합계 72,506,965원에
서 망인의 대출원리금 12,150,425원(원금 12,090,000원+이자 60,425원), 미납보험료
165,100원, 소득세 291,970원, 지방소득세 29,190원을 공제한 나머지 59,870,280

원만을 지급하였다.

Y가 위와 같이 공제한 위 대출원리금은 망인이 이 사건 주계약 약관 제40조에 따라 Y로부터 받은 약관대출의 원리금인데, 위 약관 제40조 제2항에 (Y는) 보험계약자가 약관대출금과 이자를 상환하지 아니한 때에는 보험금 지급사유가 발생한 날에 (대출금채권을 자동채권으로 하여) 제지급금(보험금)과 상계할 수 있다고 규정되어 있다.

## 2. 제1심 판결 및 제2심(원심) 판결의 내용

이 사건에서 핵심 쟁점은 Y회사는 재해특약상 재해사망보험금을 지급하여야 하는지 여부에 관한 것인데, 이에 대하여 제1심 판결과 제2심 판결은 상반된 판결을 하였다.

### 가. 제1심 판결의 내용[1]

#### (1) 이 사건 특약에 따른 보험금 지급의무의 발생

(개) X들은 망인은 자살한 것이 아니고, 자살이어도 이 사건 특약의 약관 중 재해사망보험금지급 사유에 해당하는 '계약의 책임개시일로부터 2년이 지난 이후의 자살'(이하 편의상 '2년 후 자살'이라 함)에 해당한다고 주장한다.

이에 대하여 Y는 C는 자살한 것으로 우발적인 외래의 사고에 해당하지 않고, '2년 후 자살'에서 말하는 자살은 재해사망으로서의 자살(자유로운 의사결정을 할 수 없는 상태에서의 자살)만을 말하는 것으로 그와 같은 자살이 아닌 '자기의 생명을 끊는다는 것을 인식하고 그것을 목적으로 의도적으로 자기의 생명을 절단하여 사망의 결과를 발생한 경우'와 같은 단순한 자살의 경우에는 이에 해당하지 않으며, 한편 '2년 후 자살' 부분은 이 사건 특약 중의 보험약관 제9조에 따른 재해를 직접 원인으로 사망하여 보험금 지급사유가 발생한 경우에 한하여 적용되는 것인데 C의 자살은 이에 해당하지 않으므로 '2년 후 자살' 규정이 적용될 여지가 없다고 다툰다.

(내) 우선 인보험계약에서 사고의 우발성과 외래성 및 상해 또는 사망이라는 결과와 사이에 인과관계에 관해서는 보험금청구자에게 그 증명책임이 있는바(대법원 2001. 8. 21. 선고 2001다27579 판결, 대법원 2001. 11. 9. 선고 2001다55499, 55505

---

[1] 서울중앙지방법원 2014. 12. 18. 선고 2014가단37628 판결.

판결, 대법원 2003. 11. 28. 선고 2003다35215, 35222 판결 등 참조), 전제사실에서 본
바와 같은 C의 사망 사고의 장소·경위·상해 부위 등에 비추어볼 때 고의에 의
한 자살의 가능성이 높은 경우에 해당하는데, X가 제출한 증거들만으로는 보험
사고의 요건인 사고의 우발성이 증명되었다고 보기 어렵다.

　　(다) 다음으로 이 사건 특약 중의 약관 제9조는 보험기간 중 재해분류표에서
정하는 재해를 직접적 원인으로 사망하였을 때 보험금을 지급하는 것으로 규정
되어 있고, 이 사건 주계약상의 보험약관 제23조는 물론 위 특약 중의 약관 제
11조 제1항은 보험금을 지급하지 아니하는 사유에 '피보험자가 고의로 자신을
해친 경우'라고 기재하고(이하 '자살면책규정'이라 함) 그 아래에 '피보험자가 정신질
환상태에서 자신을 해친 경우, 계약의 책임개시일로부터 2년이 경과된 후에 자
살한 경우'는 그러하지 아니하다(이하 '자살면책제한규정'이라 함)고 규정되어 있는
바, 아래와 같은 사정들에 비추어 보면, 약관의 해석 원칙, 보험금 지급사유와
보험금을 지급하지 아니하는 사유의 규정 순서, 체계 및 문맥상 이 사건 특약
중 약관에 기재된 '2년 후 자살' 규정은 고의로 자살한 경우에는 보험금을 지급
하지 않으나 다만 정신질환상태에서 자신을 해쳤거나 고의로 자살한 경우더라도
책임개시일로부터 2년이 지난 후 자살한 경우에는 보험금을 지급한다는 의미로
해석하는 것이 옳으므로, Y는 X들에게 이 사건 특약에 따른 보험금을 지급할 의
무가 있다.

　　ⅰ) 보통거래약관의 내용은 개개 계약체결자의 의사나 구체적인 사정을 고려
함이 없이 평균적 고객의 이해가능성을 기준으로 하여 객관적·획일적으로 해석하
여야 하고, 고객보호의 측면에서 약관 내용에 명백하지 못하거나 의심스러울 때에
는 고객에게 유리하게, 약관작성자에게 불리하게 제한 해석하여야 한다(대법원
1996. 6. 25. 선고 96다12009 판결, 대법원 2005. 10. 28. 선고 2005다35226 판결 등 참조).

　　ⅱ) Y 주장과 같이 이 사건 특약 중 약관 제9조에 따른 재해사망의 경우에
한하여 책임개시일로부터 2년이 경과한 후의 자살에만 위 특약에 따른 보험금을
지급하는 것으로 해석한다면, ① 재해사망에 해당하는 자살이 있다는 것을 전제
로 하여야 하는데 고의로 자살한 경우는 원칙적으로 우발성이 결여되어 재해사
망이 아닌데도 불구하고 자살의 경우에도 재해사망에 해당하는 자살과 재해사망
에 해당하지 않는 자살을 구분하여야 하고(약관 어디를 보더라도 이를 구별할 기준이
나 근거는 전혀 없다), ② 재해사망의 경우에는 당연히 보험금 지급의무가 발생하
는데 재해사망에 해당하는 자살을 상정할 수 있다 하더라도 자살의 경우에만 유

독 재해사망에 해당하는데도 책임개시일로부터 2년 경과한 이후에 자살한 경우에만 한정하여 보험금을 지급하는 것으로 해석한다면 재해사망에 부가하여 2년 경과 사망일 것이라는 부가적인 요건을 충족하여야 하는 부당한 결과가 되며, ⑪ 고의의 자살인 경우 보험사고인 재해사망보장특약 고유의 보험사고인 '재해'에 해당되지 아니하여 결국 이 사건 특약 중 약관 제11조의 '2년 후 자살' 규정이 처음부터 적용될 여지가 없다고 해석하여야 하므로, '2년 후 자살' 규정을 위 특약 중 약관 제9조의 보험금 지급사유가 발생한 경우에 한정하여 적용되는 조항으로 해석하는 것은 '2년 후 자살' 규정을 그 적용대상이 존재하지 아니하는 무의미한 규정으로 만들게 된다.

iii) 한편 고의의 자살은 상법 제659조 제1항, 제732조의 2, 제739조 규정 등의 해석상 보험자는 당연히 보험금 지급의무를 면하게 되어 있으므로 당연한 내용을 확인한 것에 불과한데, 그와 같은 자살 중 고의의 자살을 '2년 후 자살'과 그에 해당하지 않은 자살을 구분하여 '2년 후 자살'의 경우에는 보험금을 지급하지 아니하는 사유에서 제외한다는 취지의 규정을 둔 것은 고의의 자살의 경우에도 예외적으로 책임개시일로부터 2년이 지난 후의 자살의 경우에는 보험금을 지급하겠다는 취지로 해석하는 것이 문언의 구조, 문맥 및 평균적인 고객의 이해가능성에도 부합한다(대법원 2007. 9. 6. 선고 2006다55005 판결 취지 참조).

## (2) 소멸시효의 중단

Y는 X 주장의 이 사건 특약에 따른 보험금 청구권은 위 특약 중의 약관 제17조, 이 사건 주계약의 약관 제28조, 상법 제662조에 따라 이 사건 사고 발생일인 2012. 2. 21.로부터 2년의 소멸시효기간이 지났다고 주장하고, 이에 대하여 X들은 소멸시효기간이 완성되기 전에 소장을 접수하였다고 주장한다.

을 21호증의 기재에 의하면, 이 사건 소에 관한 사건검색의 접수인란에는 접수일이 2014. 2. 24.로 입력되어 있으나, 갑 4호증의 기재와 변론 전체의 취지에 의하면, 이 사건 소장에는 2014. 2. 21. 이 법원 당직실 접수인이, 2014. 2. 24. 이 법원 종합민원실 접수인이 날인된 사실, 이 법원은 X들의 소장 접수증명원 신청에 대하여 2014. 2. 21. 접수한 사실을 증명하는 접수증명원을 발급한 사실이 인정된다.

위 인정 사실에 의하면, 소장 접수 기준일은 이 법원 당직실 접수일인 2014. 2. 21.이고, 위 접수일이 이 사건 사고일로부터 2년의 소멸시효기간이 지나기 전인 이상 X들의 이 사건 특약에 따른 보험금 청구권은 시효가 중단되었으므로,

결국 Y의 주장은 이유 없다.

### (3) 보험금 지급의무의 구체적 범위

㈎ 자살로 보이는 이 사건 사고는 앞서 보았듯이 이 사건 특약에 따른 책임
개시일로부터 2년 후에 발생하였고, 위 특약에 따라 사망시 추가 지급될 돈은
보험금 50,000,000원인 사실은 당사자 사이에 다툼이 없거나 변론 전체의 취지
를 종합하여 인정되는 바, Y는 이를 추가 지급할 의무가 있다.

㈏ 한편 X들은 Y가 C(망인)의 상속인인 X들의 고유재산인 이 사건 사고 보
험금에서 전제사실에서 본 바와 같이 C(망인)의 대출 원리금을 임의로 공제하였
는바, X들에게 이를 추가 지급하여야 한다고 주장하고, Y는 약관 대출 원리금은
보험금의 선급금이므로 공제하는 것은 당연하다고 다툰다.

생명보험계약의 약관에 따른 대출금은 보험금의 선급금의 성격을 가지고 있
으므로 보험금을 지급하는 경우 선급금을 뺀 나머지만을 지급하면 족하고(대법원
2007. 9. 28. 선고 2005다15598 전원합의체 판결 취지 참조), 이와 같은 법리는 보험계
약자가 사망하여 그 상속인들이 사망보험금을 수령하였다고 하여 달리 볼 수 없
는바, Y는 이 사건 주계약에 따른 보험금 중 C(망인)의 대출 원리금을 공제한 것
은 적법하므로, 이에 반하는 X들의 주장은 이유 없다.

㈐ 따라서 Y는 X들에게 이 사건 특약에 따라 추가 지급하여야 할 보험금
50,000,000원을 지급할 의무가 있으므로, Y는 X들에게 각 25,000,000원
(=50,000,000원÷2)과 이에 대하여 X들이 구하는 바에 따라 보험금 청구일 이후인
2012. 9. 1.부터 Y가 그 이행의무의 존재 여부와 범위에 관하여 항쟁함이 상당
한 판결 선고일인 2014. 12. 18.까지는 민법에 정한 연 5%의, 그 다음날부터 다
갚는 날까지는 소송촉진 등에 관한 특례법에 정한 연 20%의 각 비율로 계산한
지연손해금을 지급할 의무가 있다.

### (4) 결 론

그렇다면 X들의 각 청구는 위 인정 범위 내에서 이유 있어 인용하고, 각 나
머지 청구는 이유 없어 기각하기로 하여, 주문과 같이 판결한다.

## 나. 제2심 판결의 내용2)

### (1) 이 사건 사고가 이 사건 특약에서 정한 보험금 지급사유에 해당하는지 여부

(가) 먼저, X들은 이 사건 사고가 재해분류표 분류항목 제1항의 '운수사고에서 다친 보행자'(그 중 V05 '열차 또는 철도차량과 충돌로 다친 보행자' 또는 V09 '기타 및 상세불명의 운수사고에서 다친 보행자') 또는 같은 항목 제12항의 '기타 상세불명의 운수사고'(그 중 V99 '상세불명의 운수사고')에 해당하거나, 적어도 분류항목 제26항의 '의도 미확인 사건'(그 중 Y31 '의도 미확인의 움직이는 물체 앞에 또는 안으로 뛰어 내림, 누움 또는 뛰어듦'이나 Y34 '의도 미확인의 상세불명의 사건')에 해당한다고 주장한다.

살펴건대, 앞서 본 바와 같이 수사기관은 C(망인)가 채무문제 등으로 신병을 비관하여 자살한 것으로 판단하고 변사사건을 종결한 점에 비추어, 이 사건 사고는 C(망인)의 자살로 인한 것(피보험자가 고의로 자신을 해친 경우)으로 봄이 상당하고, 달리 일반인의 상식에서 자살이 아닐 가능성에 대한 합리적인 의심이 들 만한 사정(망인의 과실로 인하여 이 사건 사고가 우발적으로 발생하였다고 볼 가능성)을 찾을 수 없다(나아가 망인이 정신질환으로 자유로운 의사결정을 할 수 없는 상태에서 자신을 해쳤다고 볼 만한 사정도 찾을 수 없다).

따라서 이 사건 사고가 '우발적인 외래의 사고'로서 별지 재해분류표 분류항목 중 어느 하나에 해당한다는 X들의 위 주장은 이유 없다.

(나) 다음으로, X들은 (설령 이 사건 사고가 재해를 직접적인 원인으로 사망한 경우에 해당하지 않는다고 하더라도) 이 사건 재해 특약의 약관 제11조 제1항 제1호에서 '피보험자가 고의로 자신을 해친 경우에는 보험금을 지급하지 아니하나, 피보험자가 보험계약의 책임개시일로부터 2년이 경과된 후에 자살한 경우에는 그러하지 아니하다'고 규정하고 있는 바, 이 사건 사고는 책임개시일로부터 2년이 경과된 후에 자살한 경우에 해당하므로 Y는 여전히 위 조항에 따라 이 사건 재해 특약에서 정한 보험금 50,000,000원을 (추가로) 지급할 의무가 있다고 주장한다.

보험약관은 신의성실의 원칙에 따라 당해 약관의 목적과 취지를 고려하여 공정하고 합리적으로 해석하되, 개개의 계약당사자가 기도한 목적이나 의사를 참작함이 없이 평균적 고객의 이해가능성을 기준으로 보험단체 전체의 이해관계를

2) 서울중앙지방법원 2015. 10. 7. 선고 2015 나 14876 판결.

고려하여 객관적·획일적으로 해석하여야 한다(대법원 2009. 5. 28. 선고 2008다81633 판결 등 참조).

살피건대, 이 사건 주계약의 약관은 사망사고에 한정하여 보면 일반 생명보험약관의 일종으로 볼 수 있는데, 그 보험금 지급사유를 사망의 원인이나 성격을 묻지 않고 '피보험자의 사망'으로 폭넓게 규정하면서 그러한 사유가 발생한 때에는 '사망보험금'을 지급하도록 규정하고 있으며, 다만 피보험자가 고의로 자살한 경우에는 보험금 지급사유가 발생하더라도 보험금 지급책임을 면하도록 하되, 계약의 책임개시일부터 2년이 경과된 후에는 그 면책을 허용하지 않고 피보험자가 고의로 자살한 경우에도 보험금을 지급하도록 하는 규정(이하 '자살면책제한규정'이라 함)을 둠으로써 상법 제659조 제1항의 예외를 인정하고 있다.

한편, 이 사건 재해 특약은 이 사건 주계약과는 별도로 추가 보험료를 납입하고 체결하는 특약으로서, 이 사건 재해 특약의 약관에서 규정한 우발적인 외래의 사고인 '재해'가 발생하고 그 재해를 직접적인 원인으로 사망하였을 경우 등을 보험사고로 정하고, 다시 그 재해의 종류를 재해분류표에서 일일이 열거함으로써, 일반 생명보험과는 달리 이 사건 재해 특약의 약관에서 정한 재해를 원인으로 사망 등이 발생한 경우를 보험사고로 한정하여 그 약관에 의한 보험금을 별도 지급하겠다는 취지를 명확히 알 수 있도록 표시하고 있다.

위와 같이 이 사건 주계약과 이 사건 재해 특약은 서로 보험사고와 지급보험금을 달리하고 보험료도 달리하고 있으므로 이는 보험단체를 달리하는 상이한 보험이라 할 것이고, 이 사건 주계약과 이 사건 재해 특약의 명칭, 목적 및 취지, 각 관련 약관 규정의 내용과 표현 등을 평균적인 고객의 이해가능성을 기준으로 하여 살펴보더라도, 이 사건 주계약과 이 사건 재해 특약이 각각 규정하고 있는 보험사고 및 보험금 등에 관한 위와 같은 차이점은 쉽고 명확하게 이해될 수 있다. 즉, 평균적인 고객으로서는, 자살 등을 포함하여 피보험자의 사망을 폭넓게 보험사고로 보는 이 사건 주계약만으로는 소정의 사망보험금밖에 지급받을 수 없으나, 이와 달리 "재해를 직접적인 원인으로 한 사망"을 보험사고로 보는 이 사건 재해 특약에 가입할 경우에는 별도의 재해사망보험금 등이 추가로 지급된다는 점을 알고 별도의 추가 보험료를 납입하면서 이 사건 재해 특약을 체결한 것이므로, 이 사건 재해 특약의 약관에서 정한 재해에 해당하지 않는 자살은 이 사건 재해 특약에 의하여 보험사고로 처리되지 않는다는 것 정도는 이 사건 재해 특약 체결시 기본적으로 전제하고 있던 사항이다.

다만, 이 사건 재해 특약에서도 이 사건 주계약과 마찬가지로 자살 면책제한규정(이 사건 재해 특약 제11조 제1항 제1호 단서 후단, 이하 '이 사건 면책제한조항'이라 함)을 두고 있는데, 그 취지가 고의에 의한 자살 또는 자해행위는 원칙적으로 우발성이 결여되어 이 사건 재해 특약이 정한 보험사고에 해당하지 아니하지만, 예외적으로 계약의 책임개시일부터 2년이 경과된 후에 자살한 경우에는 특별히 보험사고에 포함시켜 보험금 지급사유로 본다는 취지(부보 범위 확장효)로 이해되는지(혹은 '작성자 불이익의 원칙'에 따라 위와 같이 해석해야 하는 것인지) 여부가 문제된다.

그러나 이 사건 면책제한조항이 이 사건 재해 특약의 약관에 규정된 것은, 자살은 이 사건 재해 특약에서 정한 보험사고에 포함되지도 않아 처음부터 그 적용의 여지가 없음에도 불구하고 Y가 이 사건 재해 특약의 약관을 제정하는 과정에서 구 생명보험 표준약관(2010. 1. 29.자로 개정되기 이전의 것, 을 제22호증의 1)을 부주의하게 그대로 사용함에 따른 것으로 보이는데, 앞서 본 바와 같이 평균적인 고객의 입장에서도 스스로 이 사건 재해 특약의 본래 취지가 무엇인지를 분명하게 이해할 수 있는데도, 보험자가 개별 보험상품에 대한 약관을 제정하는 과정에서 실수로 이 사건 면책제한조항을 이 사건 재해 특약에도 그대로 둔 점을 이유로 이 사건 재해 특약의 보험사고의 범위를 재해가 아닌 자살에까지 확장하려고 해석하는 것은, 보험계약자 등에게 당초 이 사건 재해 특약의 체결시 기대하지 않은 이익을 주게 되는 한편, 이 사건 재해 특약과 같은 내용의 보험계약에 가입한 보험단체 전체의 이익을 해하고 보험자에게 예상하지 못한 무리한 부담을 지우게 되므로 합리적이라고 볼 수 없다.

오히려, 자살도 이 사건 주계약에서 정한 보험사고(사망)에 포함될 수 있음을 전제로 하여 이 사건 주계약 약관에서 자살면책제한규정을 두고 있는 것과는 달리, 보험사고가 재해를 원인으로 한 사망 등으로 제한되어 있어 자살이 보험사고에 포함되지 아니하는 이 사건 재해 특약에서는 이 사건 면책제한조항이 적용될 여지가 없다고 해석하는 것이 합리적이며 이 사건 재해 특약의 취지에도 부합된다. 결국 이 사건 재해 특약에 규정된 이 사건 면책제한조항은 이 사건 재해 특약의 취지, 이 사건 보험계약 체결에 있어 쌍방당사자의 진정한 의사, 약관의 제정 경위 등에 비추어 '잘못된 표시'에 불과하다.

그리고 위와 같이 이 사건 면책제한조항이 잘못된 표시에 불과하다고 합리적으로 해석할 수 있는 이상, 「약관의 규제에 관한 법률」 제5조 제2항에서 정한

'작성자 불이익의 원칙'은 적용될 여지가 없다(대법원 2009. 5. 28. 선고 2008다81633 판결 참조).

따라서 이 사건 사고에 이 사건 면책제한조항이 적용됨을 전제로 한 원고들의 위 주장은 이유 없다.

### (2) 대출금 공제(상계)의 적법성 여부

X들은 Y가 C(망인)의 상속인인 X들의 고유재산인 위 사망보험금에서 C(망인)의 대출 원리금을 임의로 부당하게 공제하였으므로 위 공제금을 X들에게 추가 지급하여야 한다고 주장하나, 생명보험계약의 약관에 따른 대출금은 보험금의 선급금의 성격을 가지고 있으므로 보험금을 지급하는 경우 선급금을 뺀 나머지만을 지급하면 족하고(대법원 2007. 9. 28. 선고 2005다15598 전원합의체 판결 취지 참조), 이와 같은 법리는 보험자가 피보험자의 사망으로 그 상속인들에게 사망보험금을 지급하는 경우에도 마찬가지로 보아야 할 것인바, Y가 이 사건 주계약 약관 제40조 제2항에 따라 위 사망보험금에서 C(망인)의 대출 원리금을 공제하고 나머지 금원을 지급한 것은 위 법리에 따른 것으로서 적법하다.

따라서 X들의 위 주장도 이유 없다.

### (3) 결 론

그렇다면, X들의 이 사건 청구는 이유 없어 모두 기각할 것인바, 제1심 판결은 이와 결론을 일부 달리하여 부당하므로 Y의 항소를 받아들여 제1심 판결 중 Y 패소부분을 취소하고 위 취소부분에 해당하는 X들의 청구를 각 기각하기로 하여, 주문과 같이 판결한다.


## Ⅱ. 대법원판결의 내용

### 1. 자살의 인정에 관한 상고이유에 대하여

X들의 이 부분 상고이유 주장의 요지는, C(망인)가 사망할 무렵의 정황으로 보아 C(망인)가 자살할 이유가 없는 점, C(망인)의 사인을 자살로 본 수사기관의 판단은 C(망인)의 형이 한 진술을 아무런 비판 없이 받아들인 데 기인하는 점, 사체검안서도 사인을 '미상'으로 표시하고 있는 점 등에 비추어 보면, C(망인)의 사망을 자살로 인한 것으로 볼 수 없는데도 이와 달리 C(망인)가 자살하였다고 본 원심의 판단은 위법하다는 것이다. 그러나 이는 결국 사실심인 원심의 전권사

항에 속하는 증거의 취사선택이나 사실인정을 탓하는 것이므로 적법한 상고이유로 볼 수 없다.

## 2. 재해사망보험금 관련 약관의 해석에 관한 상고이유에 대하여

가. 보험약관은 신의성실의 원칙에 따라 해당 약관의 목적과 취지를 고려하여 공정하고 합리적으로 해석하되, 개개 계약 당사자가 기도한 목적이나 의사를 참작하지 않고 평균적 고객의 이해가능성을 기준으로 보험단체 전체의 이해관계를 고려하여 객관적·획일적으로 해석하여야 하며, 위와 같은 해석을 거친 후에도 약관조항이 객관적으로 다의적으로 해석되고 그 각각의 해석이 합리성이 있는 등 해당 약관의 뜻이 명백하지 아니한 경우에는 고객에게 유리하게 해석하여야 한다(대법원 2007. 9. 6. 선고 2006다55005 판결, 대법원 2009. 5. 28. 선고 2008다81633 판결 등 참조).

나. 원심판결 이유와 원심이 적법하게 채택한 증거에 의하면, 다음과 같은 사실을 알 수 있다.

(1) C(망인)는 2004. 8. 16. Y와 피보험자를 C(망인)로, 사망시 수익자를 상속인으로 하는 甲乙丙생명보험계약(이하 '이 사건 주계약'이라 함)을 체결하면서, 별도로 추가보험료를 납입하고 재해사망특약(이하 '이 사건 특약'이라 함)에도 함께 가입하였다.

(2) 이 사건 주계약 약관 제21조는 피보험자가 보험기간 중 사망하거나 장해등급분류표 중 제1급의 장해상태가 되었을 때에는 보험가입금액에 가산보험금을 더한 금액의 사망보험금을 지급하는 것으로 규정하고 있고, 이 사건 특약 약관 제9조는 피보험자가 보험기간 중 재해분류표에서 정하는 재해를 직접적인 원인으로 사망하거나 장해분류표 중 제1급의 장해상태가 되었을 때에는 추가로 5,000만원의 재해사망보험금을 지급하는 것으로 규정하고 있으며, 재해분류표는 "재해라 함은 우발적인 외래의 사고(…)로서 다음 분류표에 따른 사고를 말한다."라고 하면서 제1호부터 제32호까지 재해의 유형을 열거하고 있다.

그리고 이 사건 주계약 약관 제23조 제1항과 이 사건 특약 약관 제11조 제1항은 각각 독립적으로 "회사는 다음 중 어느 한 가지의 경우에 의하여 보험금 지급사유가 발생한 때에는 보험금을 드리지 아니하거나 보험료의 납입을 면제하지 아니함과 동시에 이 계약을 해지할 수 있습니다."라고 규정하면서, 제1호에서 "피보험자가 고의로 자신을 해친 경우, 그러나 피보험자가 정신질환상태에서 자

신을 해친 경우와 계약의 책임개시일(부활계약의 경우에는 부활청약일)부터 2년이
경과된 후에 자살하거나 자신을 해침으로써 장해등급분류표 중 제1급의 장해상
태가 되었을 때에는 그러하지 아니합니다."라고 규정하고 있다.

다. 위와 같은 사실관계를 앞서 본 법리에 비추어 살펴본다.

(1) 이 사건 특약은 이 사건 주계약에 부가되어 있기는 하나 보험업법상 제
3보험업의 보험종목에 속하는 상해보험의 일종으로서 생명보험의 일종인 이 사
건 주계약과는 보험의 성격을 달리하고, 그에 따라 보험사고와 보험금 및 보험료
를 달리하는 별개의 보험계약이다. 따라서 이 사건 특약 약관 제11조 제1항 제1
호는 이 사건 주계약 약관의 내용과는 관계 없이 이 사건 특약 약관 제9조와의
관련 속에서 이해되어야 한다.

이 사건 특약 약관 제9조는 재해를 직접적인 원인으로 사망하거나 제1급의
장해상태가 되었을 때를 보험금 지급사유로 규정하고 있고, 고의에 의한 자살 또
는 자해를 우발성이 결여되어 재해에 해당되지 않으므로, 이 사건 특약 약관 제
11조 제1항 제1호를 이 사건 특약 약관 제9조에 정한 보험금 지급사유가 발생한
경우에 한정하여 적용되는 면책 및 면책제한 조항으로 해석한다면, 이 사건 특약
약관 제11조 제1항 제1호는 처음부터 그 적용대상이 존재하지 아니하는 무의미
한 규정이 된다.

그러나 엄연히 존재하는 특정 약관조항에 대하여 약관의 규제에 관한 법률에
의하여 그 효력을 부인하는 것이 아니라 단순히 약관해석에 의하여 이를 적용대
상이 없는 무의미한 규정이라고 하기 위하여는 평균적인 고객의 이해가능성을
기준으로 할 때에도 그 조항이 적용대상이 없는 무의미한 조항임이 명백하여야
할 것인데, 이 사건 특약 약관 제11조 제1항 제1호를 그와 같이 볼 수는 없다.

오히려 평균적인 고객의 이해가능성을 기준으로 살펴보면, 위 조항은 고의
에 의한 자살 또는 자해는 원칙적으로 우발성이 결여되어 이 사건 특약 약관 제
9조가 정한 보험사고인 재해에 해당하지 않지만, 예외적으로 단서에서 정하는
요건, 즉 피보험자가 정신질환상태에서 자신을 해친 경우와 책임개시일로부터 2
년이 경과된 후에 자살하거나 자신을 해침으로써 제1급의 장해상태가 되었을 경
우에 해당하면 이를 보험사고에 포함시켜 보험금 지급사유로 본다는 취지로 이
해할 여지가 충분하다.

여기에 '정신질환상태에서 자신을 해친 경우'가 재해사망보험금 지급사유에
해당할 수 있다는 것은 확고한 대법원의 입장이므로(대법원 2006. 3. 10. 선고 2005

다49713 판결 등 참조) 이와 나란히 규정되어 있는 '책임개시일부터 2년이 경과된 후에 자살하거나 자신을 해침으로써 제1급의 장해상태가 되었을 때'에 관하여도 마찬가지로 해석하는 것이 일반적인 관념에 부합하는 점, 고의에 의한 자살 또는 자해에 대하여는 이 사건 특약 약관 제11조 제1항 제1호 본문의 규정이 아니더라도 상법 제659조 제1항, 제732조의 2, 제739조의 규정에 의하여 보험자가 면책되도록 되어 있어 이 사건 특약 약관 제11조 제1항 제1호 중 보험계약 당사자 간의 합의로서 의미가 있는 부분은 면책사유를 규정한 본문이 아니라 부책사유를 규정한 단서라는 점을 보태어 보면, 위와 같은 해석이 합리적이고, 이것이 약관 해석에 관한 작성자 불이익의 원칙에도 부합한다(대법원 2007. 9. 6. 선고 2006다55005 판결 참조).

(2) 한편 ① 대법원 2009. 5. 28. 선고 2008다81633 판결은, 주계약이 원인의 구별 없이 '사망 또는 제1급 장해'를 보험사고로 하고 특약이 재해로 인한 '사망 또는 제1급 장해'를 보험사고로 하면서, 주계약에 이 사건 주계약 약관 제23조 제1항 제1호 및 이 사건 특약 약관 제11조 제1항 제1호와 같은 내용의 약관 조항(이하 '자살면책·부책조항'이라 함)을 두고 특약에서는 '특약에 정하지 아니한 사항에 대하여는 주계약 약관의 규정에 따른다'는 조항을 둔 경우, 주계약 약관의 자살면책·부책조항은 주계약과 성질을 달리하는 특약에는 준용될 수 없다고 한 것이고, ② 대법원 2010. 11. 25. 선고 2010다45777 판결은, 특약 없이 주된 공제계약이 재해 외 원인에 의한 '사망 또는 제1급 장해'와 재해로 인한 '사망 또는 제1급 장해'를 동시에 공제사고로 하면서 적용 범위에 대한 언급 없이 자살면책·부책조항을 둔 경우, 자살면책·부책조항은 재해 외 원인에 의한 공제사고가 발생한 경우에만 적용되고 재해로 인한 공제사고가 발생한 경우에는 적용되지 않는다고 한 것으로서, 모두 이 사건과는 사안이 다르므로 이 사건에 원용하기에 적절하지 않다.

라. 그런데도 원심은 이와 달리, 이 사건 특약 약관 제11조 제1항 제1호 단서는 Y가 이 사건 특약 약관을 작성하는 과정에서 구 생명보험 표준약관(2010. 1. 29.자로 개정되기 전의 것)을 부주의하게 그대로 사용함에 따라 이 사건 특약 약관에 잘못 포함된 것으로서 재해를 원인으로 한 사망 등을 보험사고로 하는 이 사건 특약에는 적용될 여지가 없다고 판단하였다. 이러한 원심의 판단에는 보험약관의 해석에 관한 법리를 오해하여 이 사건 특약 약관에 관한 해석을 그르침으로써 판결 결과에 영향을 미친 위법이 있다. 이 점을 지적하는 원고의 상고이

유 주장은 이유 있다.

## 3. 보험약관대출금 공제에 관한 상고이유에 대하여

가. 기록에 의하면, X들이 이 사건 주계약에 기한 사망보험금 중 Y가 보험 약관대출금을 공제함으로써 지급받지 못한 금액(이하 '일반사망보험금 미수령 금액'이라 함)과 이 사건 특약에 기한 재해사망보험금의 지급을 청구한 데 대하여, 제1심은 재해사망보험금 청구 부분은 인용하고 일반사망보험금 미수령 금액 청구부분은 기각하였고, 이에 대하여 Y가 항소하였으나 X들은 항소나 부대항소를 제기하지 않았으며, 원심은 Y의 항소를 인용하여 제1심 판결 중 Y 패소 부분을 취소하고 그 부분에 해당하는 X들의 청구를 기각한다는 판결을 하였고, X들은 제1심에서 승소하였으나 원심에서 패소한 재해사망보험금 청구 부분에 대하여만 상고를 제기하였음을 알 수 있다.

나. 그렇다면 제1심에서의 X들 패소 부분인 일반사망보험금 미수령 금액 청구 부분은 Y의 항소로 원심에 이심은 되었으나 그에 대하여는 X들이 불복신청을 한 바 없어 원심의 심판대상이 되지 아니하였고 또 이 부분은 상고되지도 아니하였다. 원심이 이유에서 이 부분에 대한 X들의 청구가 이유 없다고 설시하였더라도 이는 원심의 심판대상이 아닌 부분에 대하여 한 불필요한 판단에 불과하다. 따라서 이 부분에 관한 원심의 판단이 위법하다는 이 부분 상고이유 주장은 더 나아가 살펴볼 필요 없이 이유 없다(대법원 1995. 5. 26. 선고 94다1487 판결 등 참조).

## 4. 결 론

그러므로 원심판결을 파기하고, 사건을 다시 심리·판단하게 하기 위하여 원심법원에 환송하기로 하여, 관여 대법관의 일치된 의견으로 주문과 같이 판결한다.

## Ⅲ. 평 석

### 1. 쟁점사항

### 가. Y회사는 재해특약상 재해사망보험금을 지급하여야 하는지 여부

이 사건 재해특약에 관한 약관 제11조 제1항 제1호 단서의 면책제한조항의 해석에 대하여, 제1심 법원은 보통거래약관의 해석원칙(작성자불리해석의 원칙)에서 보거나 '2년 후의 자살'을 재해에 해당하지 아니하여 보험금을 지급할 수 없다고 하면 자살은 재해에 해당하지 않으므로 면책제한규정이 무의미한 규정이 되며, '2년 후의 자살'을 면책제한규정으로 한 것은 보험금을 지급하겠다는 취지로 해석하는 것이 문언의 구조·문맥 및 평균적인 고객의 이해가능성에도 부합한 점 등에서 Y회사는 면책제한조항에 의하여 재해사망보험금을 추가로 지급하여야 한다고 판시하였다.

　　이에 대하여 제2심 법원은 이 사건 면책제한조항이 이 사건 재해특약의 약관에 규정된 것은 Y회사가 이 사건 재해 특약의 약관을 제정하는 과정에서 구 생명보험 표준약관을 부주의하게 그대로 사용함에 따른 것이고 평균적인 고객의 입장에서도 스스로 이 사건 재해 특약의 본래 취지가 무엇인지를 분명하게 이해할 수 있는데도 보험자가 개별 보험상품에 대한 약관을 제정하는 과정에서 실수로 이 사건 면책제한조항을 이 사건 재해 특약에도 그대로 둔 점을 이유로 이 사건 재해 특약의 보험사고의 범위를 재해가 아닌 자살에까지 확장하려고 해석하는 것은 보험계약자 등에게 당초 이 사건 재해 특약의 체결시 기대하지 않은 이익을 주게 된다는 등의 이유로 이 사건 면책제한조항이 적용됨을 전제로 한 X들의 주장은 이유 없다고 하여 제1심 판결 중 Y회사의 패소부분을 취소하고 이에 해당하는 X들의 청구를 기각하였다.

　　이에 대하여 대법원은 보험약관은 개개 계약 당사자가 기도한 목적이나 의사를 참작하지 않고 평균적 고객의 이해가능성을 기준으로 보험단체 전체의 이해관계를 고려하여 객관적·획일적으로 해석하여야 하는데 이러한 해석을 거친 후에도 약관조항이 객관적으로 다의적으로 해석되고 그 각각의 해석이 합리성이 있는 등 해당 약관의 뜻이 명백하지 아니한 경우에는 고객에게 유리하게 해석하여야 하는 점, 이 사건 특약 약관 제11조 제1항 제1호는 자살은 원칙적으로 우발성이 결여되어 재해에 해당하지 않지만 예외적으로 피보험자가 정신질환상태에서 자신을 해친 경우와 책임개시일부터 2년이 경과된 후의 자살은 보험사고에 포함시켜 보험금 지급사유로 본다는 취지로서 여기에서 당사자간의 합의로서 의미가 있는 부분은 면책사유를 규정한 본문이 아니라 부책사유를 규정(면책제한규정)한 단서라는 점, 원심이 Y회사가 이 사건 특약 약관을 작성하는 과정에서 구 생명보험 표준약관을 부주의하게 그대로 사용함에 따라 이 사건 특약 약관에 잘못 포함된 것으로서 재해를 원인으로 한 사망 등을 보험사고로 하는 이 사건 특

약에는 적용될 여지가 없다고 판단한 것은 보험약관의 해석에 관한 법리를 오해
하여 이 사건 특약 약관에 관한 해석을 그르친 점 등에서 X들의 상고이유는 이
유가 있다고 하여 제2심 판결을 파기·환송하였다.

　　따라서 이 사건에서는 이 사건 특약 약관 제11조 제1항 제1호 단서(면책제한
규정 또는 부책규정)를 잘못 들어간 조항으로 없는 것으로 해석할 것인지, 또는 당사
자간의 별도의 합의로 보험사고에 포함시킨다는 취지로 해석할 것인지 여부가 최
대의 쟁점사항이다. 따라서 이 평석에서는 이 점을 중점적으로 살펴보고자 한다.

### 나. X들의 재해사망보험금 지급청구가 시효기간 경과 후의 청구인지 여부

　　Y회사는 제1심에서 X들의 이 사건 특약에 따른 보험금청구권은 이 특약 중
의 약관 제17조 및 상법 제662조에 따라 이 사건 사고발생일인 2012. 2. 21.로부
터 2년의 소멸시효기간이 지났다고 주장하고, X들은 소멸시효기간이 완성되기
전에 소장을 접수하였다고 주장하였다. 이에 대하여 제1심 법원은 소장 접수 기
준일은 이 법원 당직실 접수일인 2014. 2. 21.이고 이 접수일이 이 사건 사고일
로부터 2년의 소멸시효기간이 지나기 전인 이상 X들의 이 사건 특약에 따른 보
험금청구권은 시효가 중단되었으므로, 결국 Y회사의 주장은 이유 없다고 판시하
였다.

　　이 사건에서는 제1심에서만 재해사망보험금의 지급청구가 시효기간 경과 후
의 지급청구인지 여부가 문제되었는데, 재해사망보험금의 지급청구와 관련하여서
는 시효기간의 기산점, 보험회사가 보험금의 지급안내 등을 하지 않았음은 물론
지급청구에 지급을 거절하였음에도 불구하고 자살한 날부터 2년이 경과하였다는
이유만으로 시효기간이 경과하였다고 주장할 수 있는지 여부 등이 문제된다. 따
라서 이 평석에서는 이 사건에서 재해사망보험금 청구에 대한 시효기간 완성 여
부에 대하여 제1심에서만 문제되었고 제2심 및 대법원에서는 문제되지 않았지만
(다른 사건에서는 많이 문제되고 있으므로) 이 점에 대하여 살펴보고자 한다.

### 다. 기 타

　　(1) 제1심에서 X들은 C(망인)가 자살한 것이 아니라고 주장하였으나 법원은
X들이 제출한 증거들만으로는 보험사고의 요건인 사고의 우발성이 증명되었다고
보기 어렵다는 이유로 자살을 인정하였고, X들은 이를 상고이유에서 다시 주장
하였으나 대법원은 이는 원심의 전권사항에 속하는 증거의 취사선택이나 사실인
정을 탓하는 것이므로 적법한 상고이유로 볼 수 없다고 하여 배척하였다. 따라서
이 평석에서도 이 문제는 사실인정의 문제(법률해석의 문제가 아님)로서 다루지 않

고 자살을 전제로 평석한다.

(2) 제1심에서 X들은 Y회사가 C(망인)의 상속인인 X들의 고유자산인 이 사건 주계약상 보험금에서 C(망인)의 대출원리금을 임의로 공제한 금액을 X들에게 추가로 지급하여야 한다고 주장하고, 이에 대하여 법원은 Y회사가 이 사건 주계약 약관에 따른 보험금 중 선급금의 성질을 가진 C(망인)의 대출원리금을 공제한 것은 적법하다고 판시하였다. 또한 X들은 이를 제2심에서 다시 주장하였으나 법원은 이는 이 사건 주계약 약관 제40조 제2항에 따른 것으로 적법하다고 하였고, X들은 이를 다시 상고이유에서도 주장하였으나 대법원은 이유 없다고 배척하였다. 이는 본 평석의 대상이 아닌 주계약에 따른 보험금액의 범위에 관한 것이고 또한 주계약 약관에 따른 적법한 공제이므로, 이 평석의 논의에서 배제한다.

(3) X들은 제2심에서 C(망인)의 사망인 이 사건 사고가 별지 재해분류표상 재해에 해당한다고 주장하였으나, 법원은 이 사건 사고가 '우발적인 외래의 사고'로서 별지 재해분류표상 재해에 해당하지 않는다고 하여 X들의 주장을 배척하였다. 자살은 재해에 해당할 수 없으므로 이러한 제2심 법원의 판결은 타당하고, 이에 대하여는 더 이상 언급할 필요가 없다고 본다.

## 2. Y회사는 재해특약상 재해사망보험금을 지급하여야 하는지 여부

이 사건 무배당 재해사망 특약(재해보장특약) 약관 제11조 제1항은 "회사는 다음 중 어느 한 가지의 경우에 의하여 보험금 지급사유가 발생한 때에는 보험금을 드리지 아니하거나 보험료의 납입을 면제하지 아니함과 동시에 이 계약을 해지할 수 있습니다. 1. 피보험자가 고의로 자신을 해친 경우(면책규정-필자 주). 그러나 피보험자가 정신질환상태에서 자신을 해친 경우와 계약의 책임개시일(부활계약의 경우에는 부활청약일)부터 2년이 경과한 후에 자살하거나 자신을 해침으로써 장해등급분류표 중 제1급의 장해상태가 되었을 경우에는 그러하지 아니합니다(면책제한규정-필자 주)."고 규정하고 있다. 이 중 면책제한규정의 해석에 관하여 제2심(원심) 판결은 (ⅰ) 이 사건 보험계약체결에 있어 쌍방 당사자의 진정한 의사 및 평균적인 고객의 입장에서도 스스로 이 사건 재해특약의 본래 취지가 '재해를 직접적인 원인으로 한 사망'을 보험사고로 보아 이 사건 재해특약에 가입하는 것이므로 이 사건 재해특약의 약관에서 정한 재해에 해당하지 않는 자살은 이 사건 재해특약에 의하여 보험사고로 처리되지 않는다는 것 정도는 분명하게 이해할 수 있다는 점, (ⅱ) 면책제한규정은 보험자가 이 사건 재해특약의 약관을 제정하는 과정에서 구 생명보험 표준약관(2010. 1. 29.자로 개정되기 전의 것)을 부주의하게 그대로 사용함에 따른 것으로 개별 보험상품에 대한 약관을 제정하는 과정에서 실수로 이 사건 면책제한조항을 이 사건 재해특약에도 그대로 두어 '잘못된 표시'인 점, (ⅲ) 위 (ⅱ)에서 본 바와 같이 이 사건 면책제한조항이 잘못된 표시에 불과하다고 합리적으로 해석할 수 있는 이상 「약관의 규제에 관한 법률」(이하 '약관규제법'이라 약칭함) 제5조 제2항에서 정한 '작성자 불이익의 원칙'은 적용될 여지가 없는 점, (ⅳ) 이 사건 재해특약의 보험사고의 범위를 재해가 아닌 자살에까지 확장하려고 해석하는 것은 보험계약자 등에게 당초 이 사건 재해특약의 체결시 기대하지 않은 이익을 주게 되고 보험단체 전체의 이익을 해하며 보험자에게 예상하지 못한 무리한 부담을 지우게 되므로 합리적이라 볼 수 없는 점 등의 이유로 면책제한규정에 따른 재해사망보험금의 지급청구를 배척하고 있다.3) 따라서 이하에서는 이러한 원심의 각 논점에 대하여 살펴보겠다.

---

3) 동지: 대판 2009. 5. 28, 2008 다81633[이 사건 주된 보험계약의 약관은 사망사고에 한정하여 보면 일반 생명보험약관의 일종으로 볼 수 있는데, 그 보험금 지급사유를 사망의 원인이나 성격을 묻지 않고 '피보험자의 사망'으로 폭넓게 규정하면서 그러한 사유가 발생한 때에는 '사망보험금'을 지급하도록 규정하고 있으며, 다만 피보험자가 고의로 자살한 경우에는 보험금 지급사유가 발생하더라도 보험금 지급책임을 면하도록 하되, 계약의 책임개시일부터 2년이 경과된 후에는 그 면책을 허용하지 않고 피보험자가 고의로 자살한 경우에도 보험금을 지급하도록 하는 규정(이하 '자살면책제한규정'이라고 한다)을 둠으로써 「상법」 제659조 제1항의 예외를 인정하고 있다. 한편, 이 사건 각 특약은 이 사건 주된 보험계약과는 별도로 각각 추가 보험료를 납입하고 체결하는 특약으로서, 이 사건 각 특약의 약관에서 규정한 우발적인 외래의 사고인 '재해'가 발생하고 그 재해를 직접적인 원인으로 사망하였을 경우 등을 보험사고로 정하고, 다시 그 재해의 종류를 재해분류표에서 일일이 열거함으로써, 일반 생명보험과는 달리 이 사건 각 특약의 약관에서 정한 재해를 원인으로 사망 등이 발생한 경우를 보험사고로 한정하여 그 약관에 의한 보험금을 별도 지급하겠다는 취지를 명확히 알 수 있도록 표시하고 있다. 위와 같이 이 사건 주된 보험계약과 이 사건 각 특약은 서로 보험사고와 지급보험금을 달리하고 보험료도 달리하고 있으므로 이는 보험단체를 달리하는 상이한 보험이라 할 것이고, 이 사건 주된 보험계약과 이 사건 각 특약의 명칭, 목적 및 취지, 각 관련 약관 규정의 내용과 표현 등을 평균적인 고객의 이해가능성을 기준으로 하여 살펴보더라도, 이 사건 주된 보험계약과 이 사건 각 특약이 각각 규정하고 있는 보험사고 및 보험금 등에 관한 위와 같은 차이점은 쉽고 명확하게 이해될 수 있다고 할 것이다. 즉, 평균적인 고객으로서는, 자살 등을 포함하여 피보험자의 사망을 폭넓게 보험사고로 보는 이 사건 주된 보험계약만으로는 소정의 사망보험금밖에 지급받을 수 없으나, 이와 달리 "재해를 직접적인 원인으로 한 사망"을 보험사고로 보는 이 사건 각 특약에 가입할 경우에는 별도의 재해사망보험금 등이 추가로 지급된다는 점을 알고 별도의 추가 보험료를 납입하면서 이 사건 각 특약을 체결한 것이므로, 이 사건 각 특약의 약관에서 정한 재해에 해당하지 않는 자살은 이 사건 각 특약에 의하여 보험사고로 처리되지 않는다는 것 정도는, 위 각 특약 체결시 기본적으로 전제하고 있던 사항이라고 할 것이다. 다만, 이 사건 주된 보험계약에서 자살면책제한규정을 두고 있고, 이 사건 각 특약의 약관에서 이 사건 주된 보험계약의 약관을 준용한다는 취지의 규정(이하 '이 사건 주계약 준용규정'이라 함)을 두고 있으므로, 이 사건 주계약 준용규정에 의하여 이 사건 주된 보험계약의 자

가. 제2심(원심) 판결이유에서는 면책제한규정의 해석에서 이 사건 보험계약 체결에 있어 쌍방당사자의 진정한 의사에 의하면 재해가 아닌 자살은 면책제한 규정에 포함되지 않는다는 취지로 판시하고 있다. 따라서 보험약관의 해석에 있어 당사자의 진정한 의사를 파악하는 계약해석의 일반원칙이 약관해석에도 적용되는지 여부가 문제된다. 보험약관은 보통거래약관(이하 '약관'으로 약칭함)의 하나로서 이에 의한 계약은 부합계약으로 그 약관의 적용에 관하여 당사자가 구체적이고 명시적으로 개별적 합의를 하지 않았다 하더라도 그 약관은 당사자를 구속한다. 이러한 약관에 의한 거래는 일반적으로 수 많은 거래상대방을 대상으로 하는 기업(상인)과의 거래에서 발생한다. 따라서 약관에 의한 거래(계약)는 일반 개인간의 거래와는 다른 특색을 갖고 있고 또한 법령에서도 달리 취급하고 있으므

살면책제한 규정이 이 사건 각 특약에 준용되는지 여부가 약관의 해석상 문제될 수 있다. 그러나 이 사건 주계약 준용규정은, 어디까지나 그 문언상으로도 "특약에서 정하지 아니한 사항"에 대하여 주계약 약관을 준용한다는 것이므로 "특약에서 정한 사항"은 주계약 약관을 준용할 수 없음은 명백하고, 이 사건 각 특약이 정하지 아니한 사항에 한하여 이 사건 각 특약의 본래의 취지 및 목적 등에 반하지 아니하는 한도 내에서 이 사건 주된 보험계약의 약관 조항들을 준용하는 취지라고 해석된다. 따라서 이러한 해석에 비추어 보면, 이 사건 주계약 약관에서 정한 자살면책제한규정은 자살이 이 사건 주된 보험계약에서 정한 보험사고에 포함될 수 있음을 전제로 하여 그 면책 및 그 제한을 다룬 것이므로, 보험사고가 재해를 원인으로 한 사망 등으로 제한되어 있어 자살이 보험사고에 포함되지 아니하는 이 사건 각 특약에는 해당될 여지가 없어 준용되지 않는다고 보는 것이 합리적이며 이 사건 각 특약의 취지에도 부합된다. 오히려 앞서 본 바와 같이 평균적인 고객의 입장에서도 스스로 이 사건 각 특약의 본래 취지가 무엇인지를 분명하게 이해할 수 있는데도, 보험자가 이 사건 각 특약의 약관을 제정하는 과정에서 이 사건 각 특약의 주계약 준용조항이 어떠한 조항들을 준용하는지 일일이 적시하지 않은 점을 이유로 이 사건 각 특약의 보험사고의 범위를 재해가 아닌 자살에까지 확장하려고 해석하는 것은, 보험계약자 등에게 당초 이 사건 각 특약의 체결시 기대하지 않은 이익을 주게 되는 한편, 이 사건 각 특약과 같은 내용의 보험계약에 가입한 보험단체 전체의 이익을 해하고 보험자에게 예상하지 못한 무리한 부담을 지우게 되므로 결코 합리적이라고 볼 수 없다. 그리고 위와 같이 이 사건 각 특약에 이 사건 주된 보험계약의 자살면책제한규정이 준용되지 아니한다고 합리적으로 해석할 수 있는 이상, 「약관의 규제에 관한 법률」제5조 제2항에 정한 작성자 불이익의 원칙은 적용될 여지가 없다고 할 것이다. 원심이 인용한 대법원 2007. 9. 6. 선고 2006다55005 판결은, 이 사건과는 달리 주된 보험계약이 "재해"의 범주에 속할 수 있는 "교통재해" 등을 보험사고로 정하고 있고, 특약은 그 교통재해가 포함될 수 있는 "재해"를 보험사고로 정하고 있는 관계로, 전자에 관하여 보험사고의 범위를 확장한 규정이 후자에 관하여도 준용될 수 있다고 봄이 합리적인 보험 약관에 관한 것으로서 이 사건과는 사안이 다르므로, 이 사건에 원용하기에 적절하지 않다. 그런데도 원심이, 이 사건 주된 계약의 자살면책제한 규정이 이 사건 주계약 준용규정에 의하여 이 사건 각 특약에 준용됨으로써 재해가 아닌 자살이 이 사건 각 특약에 의하여 보험금 지급대상이 된다고 판단한 데에는, 약관의 해석에 관한 법리를 오해한 나머지 판결에 영향을 미친 위법이 있다. 이 점을 지적하는 상고이유의 주장은 이유 있다. 그러므로 원심판결을 파기하고, 사건을 다시 심리·판단하게 하기 위하여 원심법원에 환송하기로 하여, 관여 대법관의 일치된 의견으로 주문과 같이 판결한다].

로 약관에 의한 거래(계약)에 대하여 개인간의 거래와 동일시하여 일반적인 계약 해석의 원칙을 그대로 적용할 수는 없다고 본다.4) 따라서 이 사건에서 면책제한 규정이 약관상 명백하게 존재함에도 불구하고 보험자의 진정한 의사를 파악하여 해석하는 것은 타당하지 않다고 본다. 그 이유를 좀 더 살펴보면 다음과 같다.

(1) 약관에 의한 거래는 일반적으로 기업(상인)과 하는 거래로서 상거래에 속하고 약관은 실질적으로 살아있는 상행위법에 속한다고 볼 수 있다. 이러한 약관에 의한 거래는 상거래로서 민사거래와는 다른 특징이 있다. 즉, 민사거래는 일반적으로 개별적·일시적으로 이루어지고 특정한 상대방과 개별적으로 이루어지므로 거래의 방식이 정형성을 갖지 않으나, 상사거래는 일반적으로 불특정 다수인을 상대로 계속적·집단적·반복적으로 이루어지므로 거래의 방식이 정형성을 갖고 대부분의 경우 보통거래약관에 의한 부합(附合)계약의 형식으로 이루어진다.5) 또한 이러한 상사거래의 특징은 민법에 대한 상법의 실질적 자주성의 토대를 이루기도 한다.6)

(2) 약관에 의한 계약(부합계약)에서 그 약관의 적용에 관하여 당사자가 구체적이고 명시적으로 개별적 합의를 하지 않았다 하더라도 그 약관은 당사자를 구속하는 것이 일반적인데, 그 근거가 무엇인지에 대하여는 견해가 나뉜다. 약관의 법원(法源)성에 대하여, 약관은 자치법규의 일종이나 그 거래권에 있어서의 규범으로 보는 자치법설(규범설)7)에서는 약관은 규범이므로 이의 해석에는 당연히 일반적인 계약해석의 원칙이 적용될 수 없다. 그런데 약관은 그 자체가 법규범이 될 수 없고 개별계약의 내용을 구성하므로 당사자를 구속하는 것으로 보는 법률행위설(의사설 또는 계약설)8)에서도 기업이 고객에게 약관에 의한다는 점을 밝히고 또 고객이 볼 수 있게 약관을 제시하면 고객이 개별적으로 약관의 내용에 대하여 구체적·명시적으로 합의하지 않았다 하더라도 합의한 것으로 보기 때문에 약

---

4) 동지: 장덕조, "재해사망보험금지급약관의 유효성(대상판결: 대법원 2016. 5. 12. 선고 2015 다 243347 판결)," 「금융법연구」(한국금융법학회), 제13권 제2호(2016), 177~178면; 손지열 (편집대표 곽윤직), 「민법주해ⅩⅡ」, 박영사, 1999, 327~328면 외.

5) 정찬형, 「상법강의(상)(제19판)」, 박영사, 2016, 195면.

6) 정찬형, 위의 책, 15~16면.

7) 강위두, 「상법강의」, 형설출판사, 1985, 19면; 양승규·박길준, 「상법요론(제3판)」, 삼지원, 1993, 45면.

8) 이은영, 「약관규제론」, 박영사, 1984, 93~94면; 이철송, 「상법총칙·상행위법(제4전정판)」, 박영사, 2003, 34면; 정동윤, 「개정판 상법총칙·상행위법」, 법문사, 1996, 57면(의사추정설이 타당하다고 한다).

관의 해석에는 당사자의 진의를 파악하여 의사를 해석하는 일반적인 계약의 해석과는 달리 보고 있다.

　　우리 대법원판례에서도 약관의 법원성에 대하여 "약관 그 자체가 법규범 또는 법규범적 성질을 갖는 것이기 때문이 아니라, 보험계약 당사자 사이에서 계약 내용에 포함시키기로 합의하였기 때문이다"고 하여9) 법률행위설을 취하고 있으나, 이러한 약관의 해석에 대하여는 "약관의 해석은 신의성실의 원칙에 따라 당해 약관의 목적과 취지를 고려하여 공정하고 합리적으로 해석하되, 개개 계약 당사자가 기도한 목적이나 의사를 참작함이 없이 평균적 고객의 이해가능성을 기준으로 보험단체 전체의 이해관계를 고려하여 객관적·획일적으로 해석하여야 하며, 위와 같은 해석을 거친 후에도 약관 조항이 객관적으로 다의적으로 해석되고 그 각각의 해석이 합리성이 있는 등 당해 약관의 뜻이 명백하지 아니한 경우에는 고객에게 유리하게 해석하여야 한다"고 판시하여,10) 약관의 해석은 일반적인 계약해석의 원칙과는 다른 점을 분명이 밝히고 있다.

　　(3) 위와 같은 약관의 특징으로 인하여 약관규제법은 사업자에게 약관의 명시 및 설명의무를 부과하면서, 이를 이행하지 않는 약관은 계약의 내용으로 주장하지 못하게 하고 있다(약관규제법 제3조). 또한 보험약관에 대하여 상법에서도 보험자는 보험계약을 체결할 때에 보험계약자에게 보험약관을 교부하고 그 약관의 중요한 내용을 설명할 의무를 부담하고(상법 제638조의3 1항), 보험자가 이를 위반한 경우 보험계약자는 보험계약이 성립한 날부터 3개월 이내에 그 계약을 취소할 수 있도록 하고 있다(상법 제638조의3 2항).

　　또한 위와 같은 약관의 특징으로 약관규제법은 약관의 해석은 당사자의 주관적 의사와는 무관하게 해석되어야 하고 고객에 따라 다르게 해석되어서는 안된다는 객관적 해석의 원칙(약관규제법 제5조 1항 후단)11)과, 약관의 조항 중에 명확하지 않은 조항은 작성자(기업)에게 불리하게 해석되어야 한다는 작성자 불리 해석의 원칙(약관규제법 제5조 2항)12)을 밝히고 있다. 보험업법에서도 보험약관은

---

9) 대판 1985. 11. 26, 84 다카2543; 동 1986. 10. 14, 84 다카 122 외.
10) 대판 2009. 5. 28, 2008 다 81633 외.
11) 동지: 대판 2005. 10. 28, 2005 다 35226(보통거래약관의 내용은 개개 계약체결자의 의사나 구체적인 사정을 고려함이 없이 평균적 고객의 이해가능성을 기준으로 하여 객관적·획일적으로 해석하여야 한다); 동 2010. 11. 25, 2010 다 45777(보험약관은 개개의 계약당사자가 기도한 목적이나 의사를 참작함이 없이 평균적 고객의 이해가능성을 기준으로 보험단체 전체의 이해관계를 고려하여 객관적·획일적으로 해석하여야 한다) 외.
12) 동지: 대판 2005. 10. 28, 2005 다 35226(보통거래약관은 고객보호의 측면에서 약관 내용이

단체성의 원리를 반영하여 특정당사자에게 우대조건을 주는 등의 특별한 이익공
여가 금지되는 점을 규정하고 있다(보험업법 제98조). 이러한 점은 모두 약관의 해
석원칙은 일반적인 계약의 해석원칙과는 다르다는 점을 명백히 밝히고 있는 것
이다.

　　(4) 위와 같은 약관의 특징으로 인하여 약관에 의한 거래상대방(고객)을 보
호하기 위하여 약관에 대하여는 입법적 규제(포괄적 입법으로 약관규제법이 있고, 그
외에 많은 개별적 입법이 있다)·행정적 규제(보험약관의 금융위원회의 허가 등-보험업법
제5조 3호)·사법적 규제(법원의 판결에 의한 규제)·공정거래위원회에 의한 규제(약관
조항에 대한 시정명령 또는 시정권고 — 약관규제법 제17조의 2) 및 자율적 규제(소비자
단체 등이 약관의 작성에 참여하는 경우 등)가 있다.13) 이러한 점도 약관의 해석은
일반적인 계약해석의 원칙과는 다르기 때문에 발생하는 점이다. 따라서 약관의
조항은 거래당사자의 진의를 파악하여 해석하기 보다는 이와 같은 사전적·사후
적 규제를 통하여 해석되고 규제되는 것이다.

　　나. 제2심(원심) 판결이유에서는 자살면책제한규정의 해석에서 평균적인 고
객의 입장에서도 스스로 이 사건 재해특약의 본래 취지가 ‘재해를 직접적인 원인
으로 한 사망’을 보험사고로 보아 이 사건 재해특약에 가입하는 것이므로 자살면
책제한규정이 적용되지 않는다는 것 정도는 분명하게 이해할 수 있다고 한다.
즉, 제1심 및 대법원판결에서는 평균적인 고객의 입장에서는 자살면책제한규정
이 효력이 있는 것으로 이해하고, 제2심(원심) 판결에서는 평균적인 고객의 입장
에서는 자살면책제한규정이 재해에 적용될 수 없으므로 효력이 없는 것으로 이
해한다는 것이다. 이와 같이 「평균적인 고객」의 이해가능성에 대하여 제1심 및
대법원판결과 제2심(원심) 판결은 각각 정반대로 해석하고 있다. 따라서 「평균적
인 고객」이 무엇을 의미하는지가 먼저 규명되어야 할 것이다. 상법은 보험계약자
등을 보호하기 위하여 상대적 강행법성을 규정하고 있다. 즉, 가계보험에서 상법
보험편의 규정은 당사자간의 특약으로 보험계약자 등의 불이익으로 변경하지 못
함을 규정하면서(상법 제663조 본문), 재보험 및 해상보험 등의 기업보험에서는 이
의 예외를 규정하고 있다(상법 제663조 단서). 따라서 보험약관의 해석에서도 「평
균적인 고객」이란 기업보험에서의 보험계약자 등이 아니라 가계보험에서의 보험

---

　　명백하지 못하거나 의심스러운 때에는 고객에게 유리하게, 약관작성자에게 불리하게 제한 해
　　석하여야 한다).
13) 이에 관한 상세는 정찬형, 앞의 책[상법강의(상)(제19판)], 45～47면.

계약자 등이라고 볼 수 있다.14) 그런데 가계보험에서의 보험소비자(보험계약자 등)
는 보험에 관한 지식이 희박하고 계약교섭을 할 능력이 부족하며 보험자와 비교
하여 정보력과 이해력에 있어서 비대칭적인 자라고 볼 수 있다.15) 이러한 보험
소비자를 보호하기 위하여 보험업법에서도 보험자에게 보험계약자에 대한 설명
의무를 부과하고 있는데, 보험자는 이러한 설명의무를 보험계약 권유시뿐만 아니
라 보험계약의 존속시와 보험금의 지급시에도 부담한다. 즉, 보험회사 또는 보험
의 모집에 종사하는 자는 일반보험계약자에게 보험계약 체결을 권유하는 경우에
는 보험료·보장범위·보험금 지급제한사유 등 대통령령으로 정하는 보험계약의
중요사항을 일반보험계약자가 이해할 수 있도록 설명하여야 하고(보험업법 제95조
의2 1항), 보험회사는 일반보험계약자가 보험금 지급을 요청한 경우에는 대통령
령으로 정하는 바에 따라 보험금의 지급절차 및 지급내역 등을 설명하여야 하며
보험금을 감액하여 지급하거나 지급하지 아니하는 경우에는 그 사유를 설명하여
야 한다(보험업법 제95조의2 4항).

　　또한 보험약관의 해석에서 「평균적인 고객」이란 전문보험계약자(보험계약에
관한 전문성·자산규모 등에 비추어 보험계약의 내용을 이해하고 이행할 수 있는 자로서 국
가·한국은행·대통령령으로 정하는 금융기관·주권상장법인·그 밖의 대통령령으로 정하는
자―보험업법 제2조 19호)가 아닌 일반보험계약자 등인데, 이는 "보험계약에 관한
전문성 등에 비추어 보험계약의 내용을 이해하고 이행할 능력이 없는 자"라고
볼 수 있다.16)

　　위와 같은 점에서 보험약관의 해석에서 「평균적인 고객」이란 "보험에 관한
전문지식이 부족하여 보험계약의 내용을 이해하고 이행하기 어려운 자로서 보험
자와 정보 및 경제력에서 비대칭적 지위에 있는 보험업법상 일반보험계약자 등"
이라고 볼 수 있다.17)

　　「평균적인 고객」의 의미를 위와 같이 볼 때, 평균적 고객이 재해특약상 자
살면책제한규정이 명백히 존재함에도 불구하고 자살의 경우 그러한 면책제한규
정이 없는 것으로 보아 보험금을 지급받지 못하는 것으로 이해할 수 있다고 보
는 것은 무리한 해석이라고 본다.

---

14) 동지: 장덕조, 앞의 논문(금융법연구 제13권 제2호), 181면.
15) 김성태, 「보험법강론」, 법문사, 2001, 165면 외.
16) 동지: 장덕조, 앞의 논문(금융법연구 제13권 제2호), 183면.
17) 동지: 장덕조, 위의 논문, 186면.

**다.** 제2심(원심) 판결이유에서는 이 사건 면책제한규정은 보험자가 이 사건 재해특약의 약관을 제정하는 과정에서 구 생명보험 표준약관을 부주의하게 그대로 사용함에 따른 것으로 개별 보험상품에 대한 약관을 제정하는 과정에서 실수로 두게 된 '잘못된 표시'라고 한다. 보험에 관한 전문지식이 있는 보험자가 그가 스스로 만든 보험약관에 명백하게 규정되어 있는 면책제한규정을 실수로 두게 된 잘못된 표시이므로 없는 것으로 보아야 한다는 주장을 보험에 관한 전문지식이 없는 일반보험계약자 등에게 주장할 수 있는가? 이는 다음과 같은 이유에서 도저히 받아들일 수 없는 부당한 주장이라고 본다.

(1) 보험자는 보험약관을 제정한 자로서 일반보험계약자 등보다 보험에 관한 전문적인 지식을 갖춘 조직과 인력을 갖고 있고 또한 경제적으로도 우월적 지위에 있는데, 자기가 만든 약관상 명백히 보험금을 지급하도록 한 면책제한규정이 있음에도 불구하고 보험금을 지급하지 않기 위하여 일반보험계약자 등에게 이러한 주장을 하는 것은 (약관의 해석을 떠나서도) 보험계약에서의 당사자의 윤리성·선의성 및 보험자의 공공성·사회성에 반한다.[18]

보험자는 종종 일반보험계약자 등을 상대로 보험약관상 규정에 위반하였다는 이유로 보험금지급을 면하기 위하여 채무부존재소송을 자주 제기하는데, 이 사건에서와 같이 약관상 명백히 존재하는 면책제한규정이 있음에도 그러한 약관상 면책제한규정은 보험자의 실수로 잘못 들어간 것이기 때문에 없는 것으로 보아 보험금을 지급할 수 없다고 하면 보험에 대한 신뢰가 무너져 보험산업의 붕괴가 우려된다.

(2) 이 사건과 같은 재해사망보험금의 지급 여부에 관하여는 이미 10년 이전부터 법원[19]과 학설[20]에서 논의되어 왔고 재해사망보험금을 지급하지 않기 위하여는 약관의 정비가 필요하다는 주장이 있어 왔는데, 이러한 논의 이후에 판매된 보험상품에 대하여까지 이에 관한 전문적 지식을 갖춘 조직과 인력을 가진 보험회사가 재해특약의 약관에서 면책제한규정이 실수로 잘못 들어갔다고 주장하는 것은 평균적 고객의 입장에서는 도저히 납득할 수 없는 주장이라고 본다.[21]

(3) 앞에서 본 바와 같이 약관의 해석원칙에는 당사자의 주관적 의사와는

---

18) 동지: 장덕조, 위의 논문, 196면.
19) 서울중앙지판 2003. 7. 1, 2002 가단 134724 외.
20) 김선정, "재해보험약관상 자살면책조항에 관한 최근 판례의 검토-면책기간 경과 후의 자살이 재해사고로 되는지 여부," 「보험학회지」(한국보험학회), 제73집(2006), 49면 이하 외.
21) 동지: 장덕조, 앞의 논문(금융법연구 제13권 제2호), 196면.

무관하게 해석되어야 하고 평균적 고객의 이해가능성을 기준으로 객관적·획일적으로 해석하여야 하는 객관적 해석의 원칙이 있는데(약관규제법 5조 1항 후단),[22] 약관상 명백히 존재하는 면책제한규정을 보험자의 주관적 의사만을 받아들여 없는 것으로 해석하는 것은 명백히 이에 관한 약관규제법 및 이에 따른 대법원판례에 반하게 된다.

(4) 위와 같이 약관의 객관적해석의 원칙에 비추어 이 사건 면책제한규정은 유효함이 명백한데, 설사 그러한 면책제한규정이 명확하지 않은 규정이라고 가정한다 하더라도 이에는 약관규제법상 작성자 불이익해석의 원칙이 적용되어(약관규제법 제5조 2항) 보험소비자에게 유리하게 해석하여야 한다. 그럼에도 불구하고 이 사건 면책제한규정이 보험자의 실수로 잘못 들어간 규정으로 없는 것으로 해석하는 것은 명백히 약관규제법에 위반하는 해석이다.

라. 제2심(원심) 판결이유에서는 이 사건 면책제한조항이 잘못된 표시에 불과하다고 합리적으로 해석할 수 있는 이상 약관규제법상 '작성자 불이익의 원칙'은 적용될 여지가 없다고 한다.

위 다.에서 본 바와 같이 보험자는 이 사건 면책제한조항이 '잘못된 표시'라고 주장할 수 없을 뿐만 아니라, 그러한 당사자(보험자)의 주관적인 의사에 따라 약관을 해석하는 것은 약관규제법상 객관적 해석의 원칙에 반하여 허용될 수 없다. 따라서 제2심(원심)의 그러한 전제는 성립될 수 없으므로, 이 사건 약관상 면책제한규정의 해석에서는 당연히 약관규제법상 '작성자 불이익의 원칙'이 적용된다.

마. 제2심(원심) 판결이유에서는 이 사건 면책제한규정을 유효로 해석하면 보험사고의 범위를 재해가 아닌 자살에까지 확장하려는 것으로 이는 보험계약자 등에게 당초 기대하지 않은 이익을 주게 되고 또한 보험단체 전체의 이익을 해하며 보험자에게 예상하지 못한 무리한 부담을 주게 된다고 한다. 이하에서 이를 검토한다.

(1) 이 사건 재해사망특약에 관한 약관상 '피보험자가 고의로 자신을 해친 경우(자살)'를 보험자의 면책사유로 규정하고 있는데(동 약관 제11조 1항 1호 본문)(면책규정), 이러한 자살은 우연성을 결하여 보험사고로 볼 수 없는 점 및 이에 관하여는 이미 상법 제659조가 규정하고 있으므로 약관상 이러한 자살면책규정은 아무런 의미가 없다. 문제는 '피보험자가 계약의 책임개시일부터 2년이 경과

---

22) 동지: 대판 2005. 10. 28, 2005 다 35226; 동 2010. 11. 25, 2010 다 45777 외.

한 후에 자살한 경우에는 그러하지 아니하다'고 하여 보험자의 면책제한(배제)사유로 규정하고 있는데(동 약관 제11조 1항 1호 단서)(면책제한규정), 이러한 면책제한규정은 우연성을 요건으로 하는 보험사고 및 우발성·외래성을 그 요건으로 하는 재해의 개념에 비추어 그 유효성을 인정할 것인지 여부이다. 이러한 고의에 의한 자살은 원래의 의미에서 '보험사고'에 해당하지 않을 뿐만 아니라 '재해'의 개념에도 해당하지 않는다.[23] 이와 같이 보면 이 사건에서의 면책제한규정은 보험의 원리에서 그 효력이 없는 것이 아닌가 생각될 수 있다. 그러나 이러한 면책제한규정을 당사자간에 별도의 합의에 의한 보험사고로 인정하면 그러한 면책제한규정은 유효하고 보험자는 이에 따라 보험금을 지급하여야 한다. 이러한 점은 일반사망보험에서도 동일하다고 본다. 이와 같이 보험자가 보험기간 개시일부터 2년(또는 일정기간)이 경과하면 피보험자의 자살의 경우에도 보험금을 지급한다는 면책제한규정은, 보험기간 개시일부터 근접한 일정기간 내에는 보험금 수령 목적의 자살이 발생할 가능성이 상대적으로 높은 반면 어느 정도의 기간이 지난 뒤에는 그러한 위험성이 상대적으로 낮아진다는 점을 고려하고, 또한 자살이 보험금 수령을 목적으로 한 자살인지 여부를 증명한다는 것이 사실상 어려우므로 정책적인 판단 아래 기간을 2년(또는 일정기간)으로 설정하여 그 기간 내의 자살은 일률적으로 보험금 수령 목적의 자살로 보아 보험자가 면책되는 것으로 하고 그 이후의 자살은 보험금 수령 목적의 자살이 아닌 것으로 보아 보험자가 보험금의 지급의무를 부담하도록 한 것이다. 이러한 면책제한규정은 강행법규나 보험의 기본원리에 반하지 않고 보험계약자 측에 유리한 조항으로 약관규제법상 작성자 불이익 해석의 원칙에도 맞으므로 사적자치의 원칙상 유효하다고 보아야 할 것이다.[24] 즉, 2년(또는 일정기간) 경과 후의 자살에 대하여 보험자가 보험금을 지급하는 것으로 한 면책제한규정은 일반사망보험약관이든 재해특약약관이든 동일하게 보험의 원리 이전에 보험자가 정책적으로 고려하여 결정한 조항으로 이러한 조항에 관한 당사자간의 합의는 사적자치의 원칙상 존중되어야 한다는 것이다.[25] 이와 같이 생명보험약관 등에서 일정기간 경과 후의 자살에 대하여 보험자가 보험금을 지급하도록 하는 면책제한규정을 두는 것은 세계적인 경향이기도 하다[26]

---

23) 동지: 장덕조, 앞의 논문(금융법연구 제13권 제2호), 192면.
24) 정찬형, 「상법강의(하)(제18판)」, 박영사, 2016, 800면. 동지: 서울중앙지판 2015. 11. 20, 2015 가합 505927; 동 2015. 10. 13, 2015 가합 512529; 대구지판 2015. 10. 30, 2014 가합 205069·205622 외.
25) 동지: 장덕조, 앞의 논문(금융법연구 제13권 제2호), 191~192면.

(독일 보험계약법 제161조, 일본 생명보험표준약관 제11조 외). 따라서 재해사망특약에서의 면책제한규정을 문제삼아 이것이 민법 제103조에 반할 가능성도 있다느니 또는 도덕적 해이를 부추기고 자살을 증가시킬 우려가 있어 공공의 이익에 반한다는 등의 비난은 옳지 않다고 본다. 면책제한규정에 따라 재해사망보험금의 지급으로 자살률이 증가한다는 주장은, 이는 재해사망보험금에서만 문제되는 것이 아니라 일반사망보험금을 지급하는 면책제한규정에서도 동일하게 적용된다는 점을 간과하고, 보험자가 약관에 자살면책제한규정을 두는 것은 일정기간 경과 후의 자살은 보험금을 지급받을 목적으로만 자살하는 것이 아니라는 점 및 보험소비자의 보호와 보험산업의 발전 등을 종합적으로 평가하여 내린 결정으로 이러한 점도 공공의 이익을 고려한 것이므로 재해특약에서 자살면책규정만을 특정하여 공공의 이익에 반한다고 비난할 수는 없다.[27]

　　(2) 이 사건 재해사망특약상 보험자가 면책제한규정에 따라 보험자가 보험수익자에게 보험금을 지급하면 이는 보험계약자 등에게 당초 기대하지 않은 이익을 주게 되고, 또한 이는 보험자에게 예상하지 못한 무리한 부담을 주게 되는 것일까?

　　이 사건 재해보장특약 약관에 의한 보험계약은 제2심(원심) 판결이유 및 대법원판결 이유에서도 나타난 바와 같이 이 사건 주계약과는 별도로 추가보험료를 납입하고 체결하는 별도의 보험계약으로서, 이 사건 주계약과는 보험의 성격을 달리하고 그에 따라 보험사고와 보험금 및 보험료를 달리하는 별개의 보험계약이다. 이와 같이 당사자간에 주계약과는 달리 별개의 보험계약을 체결하면서 별도의 추가보험료·보험사고 및 보험금을 약정하고 그 계약의 책임개시일부터 2년이 경과한 후의 자살에 대하여는 보험금을 지급한다는 면책제한규정에 따라 보험자가 보험수익자에게 보험금을 지급하는 것이 보험계약자 등에게 당초 기대하지 않은 이익을 주게 되는 것도 아니고(오히려 보험수익자에게 기대한 보험금을 주게 되는 것임) 또한 보험자가 보험사고 발생에 따라 보험금을 주는 것이 보험자에게 예상하지 못한 부담을 주는 것도 아니다. 따라서 면책제한규정이 보험자의 실수로 재해특약에 잘못 들어갔다는 이유만으로 당사자간에 정당하게 체결된 보험계약의 내용을 위와 같이 왜곡할 수는 없다고 본다.

　　(3) 이 사건 특약상의 면책제한규정에 따라 보험자가 보험금을 지급하는 것

26) 이에 관하여는 장덕조, 위의 논문, 191면 참조.
27) 동지: 장덕조, 위의 논문, 195면.

이 보험단체의 이익을 해하는 것인가? 보험자가 보험계약의 조건과 보험약관의
내용을 결정하고 이를 보험계약자들에게 보험상품으로 제시하여 보험계약을 체
결하고 보험료를 받는 것은 보험자 자신의 책임이므로, 보험자가 자기에게 불리
한 계약을 체결한 후 나중에 그 계약의 내용을 부정하면서 보험단체의 원리를
주장하는 것은 타당하지 않고, 오히려 보험자가 약관상 명문규정에 반하여 보험
금을 지급하지 않는 것이 그러한 약관을 믿고 보험계약을 체결한 보험소비자들
(보험단체)의 이익을 해할 수 있다.[28]

    **바.** 제1심 판결이유 및 대법원 판결이유에서도 나타난 바와 같이 이 사건
특약상 면책제한규정을 효력이 없는 것으로 보면 다음과 같은 모순이 발생한다.

    (1) 자살은 앞에서 본 바와 같이 처음부터 재해에 해당하지 않는데, 만일 재
해사망에 해당하는 자살을 가정하면 자살의 경우에만 유독 재해사망에 해당하는
데도 책임개시일부터 2년이 경과한 이후에 자살한 경우에만 한정하여(즉, 재해사
망에 부가하여 2년 경과 사망이라는 부가적 요건을 충족하여야만) 보험금을 지급하는 것
으로 되는 모순이 발생한다.

    (2) 앞에서 본 바와 같이 이 사건 특약 제11조 제1항 제1호 본문은 자살면책
규정으로 이는 이미 상법 제659조에서 규정하고 있으므로 의미가 없고, 의미가
있는 내용은 동 제11조 제1항 제1호 단서의 면책제한규정인데, 이러한 면책제한
규정을 의미가 없는 것으로 해석하면 이 사건 특약 제11조 제1항 제1호 전체가
처음부터 아무런 의미가 없는 규정으로 해석할 수 밖에 없는 모순이 발생한다.
그런데 약관상 엄연히 존재하는 규정을 약관규제법상 그 효력이 부인되지 않음에
도 불구하고 단순히 약관해석에 의하여 무의미한 규정이라고 해석할 수는 없다.

    (3) 이 사건 특약 제11조 제1항 제1호 단서의 면책제한규정은 '정신질환상태
에서 자신을 해친 경우'와 '책임개시일부터 2년이 경과된 후에 자살한 경우'를 동
일하게 규정하고 있는데, 전자에 대하여는 재해사망보험금 지급사유에 해당한다
고 보면서(대판 2006. 3. 10, 2005 다49713 외) 후자에 대하여는 규정이 없는 것으로
해석하는 것은 모순이다. 따라서 면책제한규정은 피보험자가 정신질환 상태에서
자신을 해치거나 계약의 책임개시일부터 2년이 경과한 후에 자살한 경우 등을
동일하게 특별히 보험사고에 포함시켜 보험금 지급사유로 본다는 취지라고 해석
하여야 한다.[29]

---

28) 동지: 장덕조, 위의 논문, 196~198면(재해사망보험금을 지급하는 것이 보험의 단체성에 반
   하지 않는다는 상세한 이유를 제시하고 있다).

**사.** 이 사건 제2심(원심) 판결이유는 대법원 2009. 5. 28. 선고 2008 다 81633 판결이유를 많이 인용하고 있는데, 이에 대하여 이 사건 대법원판결에서는 주계약 약관에서는 자살면책제한규정을 두고 있으나 재해특약에서는 '이 특약에 정하지 아니한 사항에 대하여는 주계약 약관을 준용합니다'는 조항을 둔 경우 주계약 약관의 자살면책제한규정이 주계약과 성질을 달리하는 특약에는 준용될 수 없다고 한 것으로 이 사건과는 사안이 다르므로 이 사건에 인용하기에 적절하지 않다고 판시하고 있다.

대법원 2009. 5. 28. 선고 2008 다 81633 판결에서는 재해특약에서 '이 특약에서 정하지 아니한 사항에 대하여는 주계약 약관을 준용합니다'라는 준용규정의 해석에 대하여, "이 사건 주계약 준용규정은, 어디까지나 그 문언상으로도 '특약에서 정하지 아니한 사항'에 대하여 주계약 약관을 준용한다는 것이므로 '특약에서 정한 사항'은 주계약 약관을 준용할 수 없음은 명백하고, 이 사건 각 특약이 정하지 아니한 사항에 한하여 이 사건 각 특약의 본래의 취지 및 목적 등에 반하지 아니하는 한도 내에서 이 사건 주된 보험계약의 약관 조항들을 준용하는 취지라고 해석된다. 따라서 이러한 해석에 비추어 보면, 이 사건 주계약 약관에서 정한 자살면책제한규정은 자살이 이 사건 주된 보험계약에서 정한 보험사고에 포함될 수 있음을 전제로 하여 그 면책 및 그 제한을 다룬 것이므로, 보험사고가 재해를 원인으로 한 사망 등으로 제한되어 있어 자살이 보험사고에 포함되지 아니하는 이 사건 각 특약에는 해당될 여지가 없어 준용되지 않는다고 보는 것이 합리적이며 이 사건 각 특약의 취지에도 부합된다"고 판시하고 있다. 이러한 2008 다 81633 사건에서는 재해특약에서 자살면책 및 자살면책제한규정이 없고 주계약 약관의 준용규정만 있는데, 본 평석의 대상인 이 사건의 재해특약에서는 명문으로 자살면책 및 면책제한규정을 두고 있는 점에서, 본 평석의 대상인 이 사건 대법원판결은 사안이 다르다고 본 것인데, (규정 형식에서 보면) 타당하다고 본다.

위의 2008 다 81633 사건에서 대법원은 재해특약에 따른 보험계약에서는 보험사고가 재해에 한정되어 있으므로 이러한 특약의 본래의 취지에서 주계약 약관에서 정한 자살면책제한규정이 준용될 수 없다는 것이다. 이는 반대해석으로 재해특약약관에 자살면책제한규정을 (명문으로) 둔 경우에는 그에 따라 보험자는 보

---

29) 동지: 대판 2007. 9. 6, 2006 다 55005.

험금을 지급해야 하는 것으로 볼 수 있다. 그렇다면 2008 다 81633 사건에서의 대법원판결과 본 평석의 대상인 대법원판결은 그 취지를 같이 한다고 볼 수 있다.

그런데 사견으로는 2008 다 81633 사건에서 재해특약상 준용규정에 의해서도 주계약 약관상 자살면책규정 및 자살면책제한규정이 준용된다고 본다. 이는 앞에서 본 바와 같이 자살은 원래 우연성을 결하여 주계약에서도 보험사고가 될 수 없는데 2년 경과 후의 자살은 예외로 보험사고에 포함시키기로 당사자간에 합의하여 자살면책제한규정을 둔 것이다. 이러한 점은 재해특약의 경우에도 동일하고, 동일한 내용을 재해특약에서 반복하여 규정하는 수고를 덜기 위하여 주계약상 이러한 내용에 대한 준용규정을 둔 것으로 보인다. 그렇다면 재해특약에서 자살면책제한규정을 명문으로 둔 경우나 주계약 약관을 준용하는 규정을 둔 경우나 동일하게 자살면책제한규정을 유효로 보는 것이 약관규제법의 해석원칙이나 보험소비자의 보호의 면에서 타당하다고 본다. 이렇게 본다면 사견으로 2008 다 81633 사건에서의 대법원판결의 결론에 반대한다.

아. 이 사건 대법원판결에서는, "대법원 2010. 11. 25. 선고 2010 다 45777 판결은 특약 없이 주된 공제계약이 '재해 외 원인에 의한 사망'과 '재해로 인한 사망'을 동시에 공제사고로 하면서 적용범위에 대한 자살면책·부책조항을 둔 경우, 자살면책·부책조항은 재해 외 원인에 의한 공제사고가 발생한 경우에만 적용되고 재해로 인한 공제사고가 발생한 경우에는 적용되지 않는다고 한 것으로서, 이 사건과는 사안이 다르므로 이 사건에 원용하기에 적절하지 않다"고 판시하고 있다.

위의 2010 다 45777 사건에서는 공제약관 제13조 제1항 제2호에서 "피공제자가 '교통사고에 의한 재해(교통재해)' 또는 '교통재해 외의 재해(일반재해)'로 인하여 1급 또는 2급의 신체장해가 되었을 때 '장해연금'을 공제금으로 지급한다"고 규정하고, 동 약관 제13조 제1항 제4호에서는 "피공제자가 사망하거나 재해 외의 원인으로 1급의 신체장해가 되었을 때에는 유족위로금을 지급한다"고 규정하면서, 동 약관 제15조 제1항 제1호에서는 "피공제자가 고의로 자신을 해침으로써 공제금 지급사유가 발생한 때에는 공제금을 지급하지 아니하나(자살면책조항), 다만 피공제자가 정신질환상태에서 자신을 해친 경우와 계약의 책임개시일로부터 1년이 경과한 후에 자살하거나 자신을 해침으로써 신체장해 상태가 되었을 경우에는 그러하지 아니하다(부책조항)"고 규정하고 있다.

이에 대하여 제1심 및 제2심(원심) 판결은 피고가 원고에게 이 사건 공제약관 제15조 제1항 제1호 단서에 의하여 원고에게 장해연금을 지급할 의무가 있다고 판시하였다. 그런데 대법원은 "이 사건 공제약관은 재해로 인한 사망 또는 1급장해뿐만 아니라 재해 외의 원인으로 인한 사망 또는 1급장해도 공제금 지급사유인 공제사고에 포함시켜 전자의 경우에는 유족위로금(사망) 또는 장해연금(1급장해)을, 후자의 경우에는 유족위로금을 공제금으로 지급하도록 분명히 규정하고 있다. 따라서 재해라고 할 수 없는 고의적인 자살이나 자해로 인한 사망 또는 1급장해의 경우는 원칙적으로 재해 외의 원인으로 인한 공제사고에 해당하여 유족위로금의 지급사유가 될 수 있을 뿐이다. 다만 이 사건 공제약관은 제15조 제1항 제1호에서 면책조항과 면책제한조항을 두고 있는데, 이 사건 면책제한조항은 자살 또는 자해가 계약의 책임개시일로부터 상당기간이 경과한 후 이루어진 경우에는 그 자살 또는 자해에 공제금을 취득하려는 부정한 동기나 목적이 있는지 여부를 판정하기 어렵다는 점을 고려하여 그 면책의 예외를 인정한 것으로서, 이 사건 면책조항에 의하여 줄어든 '재해 외의 원인으로 인한 공제사고의 객관적 범위'를 다시 일부 확장시키는 규정이라고 해석될 뿐, '재해로 인한 공제사고의 객관적 범위'까지 확장하기 위하여 둔 규정이라고는 볼 수 없다. 따라서 이 사건 사고로 인하여 피고가 원고에게 지급하여야 할 공제금은 유족위로금이라 할 것인데도, 원심이 피고에 대하여 일반재해로 인한 장해연금의 지급의무가 있다고 판단한 것은 약관의 해석에 관한 법리를 오해한 나머지 판결에 영향을 미친 위법이 있다"고 판시하여, 원심판결을 파기·환송하였다.

　　위의 공제약관 제15조 제1항 제1호 단서의 면책제한조항을, 대법원에서는 동 약관 제13조 제1항 제4호에만 적용되는 것으로 보아, '재해 외의 원인으로 인한 공제사고의 객관적 범위'를 다시 일부 확장시키는 규정이라고 해석하는 반면, 원심은 이 공제약관에 자살의 경우도 유족위로금을 지급한다는 규정이 없고 이 공제계약의 주된 보장내용은 재해로 인한 장해연금이라고 보아야 하는 점에 비추어 볼 때 공제계약자로 하여금 자살의 경우 지급받는 공제금을 재해로 인한 장해연금으로 믿게 할 여지가 있다는 이유로 동 약관 제13조 제1항 제2호에도 적용된다고 보았다.

　　생각건대, 동 약관 제15조 제1항 제1호가 규정의 체제상 동 약관 제13조 제1항 제4호에만 제한하여 적용되는 것으로 볼 수 없는 점, 동 약관 제13조 제1항 제2호에 대하여 동 약관 제15조 제1항 제1호의 본문인 면책조항만이 적용되고 동 약관 제15조 제1항 제1호 단서인 면책제한규정은 적용되지 않는다고 해석할 수는 없는 점, 자살은 재해가 아니므로 동 약관 제15조 제1항 제1호의 단서(면책제한규정)는 재해인지 여부를 불문하고 당사자간에 일정기간 경과 후의 자살 등에 대하여는 공제금을 지급하기로 약정한 것으로 볼 수 있는 점 등에서 볼 때, 원심의 판단이 정당하다고 본다. 따라서 이에 관한 대법원판결의 결론에 반대한다.

　　**자.** 금융감독원은 2013. 8. 22.~2013. 9. 27.까지 ING생명보험㈜에 대한 정기종합검사의 결과 2001. 5. 14.부터 2007. 11. 25.까지 판매한 보험 중 무배당재해사망특약의 약관에서 자살면책제한규정을 두고 있음에도 불구하고 그에 해당하는 보험금을 지급하지 않은 것은 보험업법 제127조의 3(약관에 기재된 사항의 준수)에 위반한 업무처리에 해당한다고 보고, 금융위원회에 과징금 부과를 건의하였다. 이에 ING생명보험㈜는 금융위원회 및 금융감독원장을 상대로 과징금부과처분 등 취소청구소송을 제기하였다.

　　이에 대하여 서울행정법원은 다음과 같은 이유로 ING생명보험(주)의 청구를 기각하였다.[30)]

　　"원고가 재해사망특약으로 이 사건 약관 중에 피보험자가 계약의 보장개시일부터 2년이 경과한 후에 자살한 경우를 보험금을 지급하지 아니하는 보험사고에서 제외하고 있는 조항을 두고 있음은 당사자 사이에 다툼이 없다. 증거와 변론 전체의 취지를 더하여 알 수 있는 다음과 같은 사실 및 사정에 비추어 보면, 원고가 이 사건 약관조항에 기한 보험금을 지급하지 않음으로써 보험업법 제127조의 3을 위반하였다고 보아 내려진 이 사건 조치요구는 위법하다고 볼 수 없다.

　　(1) 이 사건 약관조항은 준용규정 등으로 다른 약관조항을 인용하는 것이 아니라 재해사망특약에 별도의 약관으로서 독립적으로 규정되어 있고, 관련 사고의 경우에는 보험금을 지급하지 아니하는 보험사고에서 제외되는 것, 즉 보험금을 지급한다는 취지임은 문언상 명백하다.

　　(2) 원고 스스로도 이 사건 약관조항을 다른 재해사망특약의 약관을 그대로 사용하면서 잘못 기재하게 된 것으로서 원고의 의도와 다른 내용이 이 사건 약관에 포함되어 있음을 인정하고 있다.

　　(3) 보험업법 제127조의 3의 입법취지는 보험회사가 기초서류를 준수하도록 함으로써 보험계약자의 권리를 보호하기 위한 것이고, 피고들도 같은 목적으로 보험회사가 위 조항을 위반하는 경우 그에 상응하는 조치와 제재 등을 가하는 것이다.

---

30) 서울행정법원 2015. 11. 13. 선고 2014 구합 71993 판결.

(4) 이 사건 약관조항의 해석에 관하여 법률적 다툼이 있을 수 있고, 대법원도 유사사건에서 그 규정체계, 문언 등에 비추어 각각의 해석을 하고 있으며, 하급심판결들도 엇갈리고 있다. 그러나 일반인인 보험계약자의 입장에서는 이 사건 약관조항이 약관 전체의 내용이나 체계·재해의 의미 등을 종합하여 볼 때, 이 사건 약관조항이 이 사건 특약에 적용되지 않는 잘못 기재된 무의미한 조항일 뿐이라고 생각하기 어렵다. 오히려 문언 그대로 보장된다고 알았을 것이고, 보험모집인 등으로부터도 위 약관의 문언 그대로 보험금을 지급받을 수 있는 것으로 설명을 들었을 것이다.

(5) 관련 사고의 경우 원고가 이 사건 약관조항에 대한 자체적인 해석에 근거하여 보험금을 지급하지 아니함으로써 보험수익자들이 보험금 등 지급 소송 등을 제기하여야 하고, 이를 게을리하면 소멸시효 완성 등의 불이익도 입게 된다. 원고가 이 사건 약관조항을 기재한 이상 일단 보험금을 지급한 이후에 이 사건 약관조항이 효력이 없음을 이유로 그 반환청구 등을 구하는 등 위 약관조항에 따른 위험은 원고가 부담하는 것이 타당하고, 그것이 불가능한 것도 아니다.

(6) 관련 사고로 원고에게 428건에 이르는 보험금 청구가 접수되었고, 이에 관한 재판에서 보험금을 지급하라는 판결이 나오고 있다. 피고는 원고가 스스로 약관을 작성하였고 이 사건 약관조항의 내용이 문언상 명백함에도 이에 따르지 않는 것에 대하여 이와 같은 상황을 토대로 관리·감독권을 행사하여 이 사건 각 처분에 이른 것이다.

(7) 이 사건 보험료율이 관련 사고에 대한 보험금을 지급하는 것을 전제로 산정되지 않았다고 하더라도, 이 사건 약관조항을 작성하고, 보험료를 책정하여 이를 판매하는 업무는 모두 원고가 좌우할 수 있는 업무이므로 그에 대한 위험을 원고에 부담하는 것이 부당하다고 보이지 않는다."

## 3. X들의 재해사망보험금 지급청구가 시효기간 경과 후의 청구인지 여부

가. 보험금청구권의 소멸시효기간은 2014. 3. 11. 개정상법 이전에는 2년이었고, 2014. 3. 11. 개정상법 이후에는 3년이다(상법 제662조). 이 사건에서 C(망인)와 Y회사간에 보험계약 체결일자는 2004. 8. 16.이고, C(망인)의 사망일자는 2012. 2. 21.이며, X들의 이 사건 특약까지 적용한 사망보험금의 청구일자는 2012. 8. 10.이고, Y회사가 재해특약에 따른 보험금을 지급하지 않음으로 인하여 X들이 법원에 소를 제기하여 법원의 당직실 소장 접수일은 2014. 2. 21.이며 법

원 종합민원실 접수일은 2014. 2. 24.이다. 이에 Y회사는 이 사건 특약에 따른
보험금청구권은 상법 제662조 및 약관의 규정에 의하여 이 사건 사고발생일인
2012. 2. 21.로부터 2년의 소멸시효기간이 지났다고 주장하고, X들은 소멸시효기
간이 완성되기 전에 소장을 접수하였다고 주장한 점에 대하여, 제1심 법원은 소
멸시효기간이 완성되기 전에 법원이 X들에게 소장 접수증명원을 발급한 사실이
인정되므로 X들의 이 사건 특약에 따른 보험금청구권은 시효가 중단되어 Y회사
의 주장은 이유 없다고 판시하였다.

　　원고인 X들은 재판상의 청구를 기준으로 소를 제기한 것이(민소 제265조) 이
사건 보험사고 발생일(2012. 2. 21.)로부터 2년(2014. 2. 21.)이 경과하기 이전이므로
(민법 제157조 본문, 제160조) 시효중단의 효력이 있는 것으로 주장하였고, 이를 법
원에서 채택하였다. 그런데 시효중단의 효력이 있는 '청구'에는(민법 제168조 1호)
재판상의 것이든 재판 밖의 것이든 묻지 않고,31) 또한 이 사건에서 X들은 2012.
8. 10.에 이미 이 사건 특약에 따른 사망보험금을 청구하였으므로, X들이 2012.
8. 10.에 이미 시효중단 되었음을 주장하였더라면(민법 제178조 1항 참조) 제소시기
에 따른 분쟁은 의미가 없었을 것으로 본다.

　　나. 이 사건 제1심 판결에서는 X들의 보험금청구권의 시효기간 기산점을 C
(망인)의 사망일(보험사고 발생일)인 2012. 2. 21.로 보고 있는데, 이는 우리 대법원
의 일관된 판례에 따른 것이다. 우리 대법원판례는 보험금청구권의 소멸시효기간
기산점에 관하여, "보험금청구권은 보험사고가 발생하기 전에는 추상적인 권리에
지나지 않고 보험사고의 발생으로 인하여 구체적인 권리로 확정되어 그때부터
권리를 행사할 수 있게 되는 것이므로, 보험금청구권의 소멸시효는 특별한 사정
이 없는 한 '보험사고가 발생한 때'부터 진행하는 것이 원칙이지만, 보험사고가
발생하였는지 여부가 객관적으로 분명하지 아니하여 보험금청구권자가 과실 없
이 보험사고의 발생을 알 수 없었던 경우에도 보험사고가 발생한 때부터 보험금
청구권의 소멸시효가 진행한다고 해석하는 것은 보험금청구권자에게 가혹한 결
과를 초래하게 되어 정의와 형평의 이념에 반하고 소멸시효제도의 존재이유에도
부합하지 않는다. 따라서 객관적으로 보아 보험사고가 발생한 사실을 확인할 수
없는 사정이 있는 경우에는 보험금청구권자가 '보험사고의 발생을 알았거나 알
수 있었던 때'부터 보험금청구권의 소멸시효가 진행한다"고 판시하고 있다.32) 또

31) 곽윤직, 「민법총칙(제7판)」, 박영사, 2002, 332면 외.
32) 대판 2008. 11. 13, 2007 다 19624. 동지: 대판 2005. 12. 23, 2005 다 59383·59390; 동

한 우리 대법원판례의 보험청구권의 시효기간 기산점에 관한 이러한 해석은 손해보험과 인보험에 모두 적용되는 것으로 보고 있다.33)

　　보험금청구권의 시효기간의 기산점에 관하여 상법 제662조 및 보험약관에서는 특별히 규정하고 있지 않다. 그런데 상법 제1조는 "상사에 관하여 상법에 규정이 없으면 상관습법에 의하고 상관습법이 없으면 민법의 규정에 의한다"고 규정하고 있으므로, 보험금청구권의 소멸시효기간 기산점에 관하여는 민법에 의할 수밖에 없다. 민법 제166조 제1항은 소멸시효의 기산점에 관하여 "소멸시효는 '권리를 행사할 수 있는 때'로부터 진행한다"고 규정하고 있다. 이러한 민법 제166조 제1항의 해석에 관하여, 위에서 본 우리 대법원판례는 "보험금청구권은 보험사고의 발생으로 인하여 구체적으로 확정되어 그때부터 그 권리를 행사할 수 있게 되는 것이므로 그 소멸시효는 달리 특별한 사정이 없는 한 민법 제166조 제1항의 규정에 의하여 보험사고가 발생한 때부터 진행한다"고 해석하고 있다.34) 그런데 '보험금청구권을 행사할 수 있는 때'를 언제로 볼 것인가에 관하여 학설은 나뉘어 있다. 즉, (ⅰ) 원칙적으로는 보험금 지급사유가 발생한 때(보험사고가 발생한 때)이나, 예외적으로 피보험자 또는 보험수익자가 (자신의 과실로 보험금지급사유 발생사실을 알지 못하는 경우가 아닌 한) 보험금지급사유의 발생을 알았거나 알 수 있었던 때로 보아, 위의 대법원판례와 유사하게 보는 견해가 있다.35) (ⅱ) 이에 반하여 보험금 지급시기에 관한 상법 제658조와 관련하여, 보험금 지급시기가 정하여진 경우에는 그 기간이 경과한 다음 날이고, 보험금 지급시기가 정하여지지 않은 경우에는 보험회사가 보험계약자 측의 보험사고의 통지를 받은 후 지체 없이 보험금액을 정하고 보험회사가 보험금액을 결정한 날로부터 10일이 경과한 날로 보는데, 보험금청구권자가 과실 없이 보험사고의 발생을 알 수 없었던 사정이 있으면 그가 보험사고의 발생을 '알았거나 알 수 있었을 때'로 보는 견해가 있다.36)

---

　2001. 12. 28, 2001 다 61753; 동 2001. 4. 27, 2000 다 31168; 동 1999. 2. 23, 98 다 60613; 동 1997. 11. 11, 97 다 36521; 동 1993. 7. 13, 92 다 39822.

33) 대판 2009. 7. 9, 2009 다 14340; 동 2000. 3. 23, 99 다 66878.

34) 대판 2009. 7. 9, 2009 다 14340 외.

35) 최기원, 「상법학신론(하)(제14판)」, 박영사, 2005, 641면; 김성태, 「보험법강론」, 법문사, 2001, 258~260면; 장덕조, 「보험법」, 법문사, 2011, 142면; 송옥렬, 「상법강의(제5판)」, 홍문사, 2015, 277~278면; 이상훈, "보험금청구권의 소멸시효의 기산점," 「상사판례연구(7)」, 박영사, 2007, 214~215면.

36) 양승규, 「보험법(제5판)」, 삼지원, 2005, 147면(다만 피보험자 또는 보험수익자가 객관적으

생각건대, 보험금청구권의 시효기간의 기산점은 상법 제658조와 연결하여 파악하는 위의 (ⅱ)의 견해에 찬성한다. 즉, 보험금청구권의 시효기간의 기산점은 보험금액의 지급시기가 정하여진 경우에는 그 기간이 경과한 다음 날이고, 그 지급시기가 정하여지지 않은 경우에는 보험계약자 등이 보험사고 발생을 알고 이를 보험자에게 통지한 경우 보험자가 그 통지를 받은 후 지급할 보험금액을 정하고 10일의 보험금지급유예기간이 경과한 다음 날이라고 보아야 할 것이다. 그러나 보험계약자 등이 보험사고 발생을 알고도 이를 보험자에게 통지하지 않은 경우에는 '보험사고가 발생한 때'이고, 보험금청구권자가 과실 없이 보험사고의 발생을 알 수 없었던 특별한 사정이 있는 경우 또는 보험사고가 발생한 것인지 여부가 객관적으로 분명하지 않은 경우에는 그가 '보험사고 발생을 알았거나 알 수 있었던 때'라고 보아야 할 것이다.37)

그러나 우리 대법원판례는 "보험약관 또는 상법 제658조에서 보험금 지급유예기간을 정하고 있더라도 보험금청구권의 소멸시효는 보험사고가 발생한 때로부터 진행하고, 위 지급유예기간이 경과한 다음 날부터 진행한다고 볼 수는 없다"고 판시하여,38) 보험금청구권의 시효기간의 기산점에 관하여는 명백히 상법 제658조의 적용을 배제하고, '보험사고 발생시'부터 시효기간이 진행한다고 보고 있다.39)

그러나 사견으로 보험금청구권의 시효기간의 기산점에 대하여는 다음과 같은 이유로 일률적으로 '보험사고 발생시'로 보는 것은 타당하지 않고, 상법 제658조와 관련하여 해석하여야 한다고 본다.

(1) 민법 제166조 제1항은 소멸시효의 기산점에 대하여 '권리를 행사할 수

---

로 보아 보험사고의 발생을 알 수 없는 사정이 있는 때에는 보험사고의 발생을 안 때에 소멸시효가 진행한다고 한다); 정동윤, 「상법(하)(제4판)」, 법문사, 2011, 536~537면; 최준선, 「보험법·해상법」, 삼영사, 2005, 104~105면; 박세민, 「보험법」, 박영사, 2013, 240면; 정진세, "보험금의 지급유예기간과 소멸시효 기산점," 「고시연구」, 2002. 5, 158~160면; 최한준, "보험금청구권의 소멸시효의 기산점," 「안암법학」(안암법학회), 제13호(2011), 384~385면; 강대섭, "보험금청구권의 소멸시효의 기산점," 「상사판례연구」(한국상사판례학회), 제12편(2001), 371면 외.

37) 정찬형, 앞의 책[상법강의(하)(제18판)], 592~593면.
38) 대판 2005. 12. 23, 2005 다 59383·59390.
39) 동지: 정진옥, "책임보험에서 피해자의 직접청구권의 소멸시효," 「경성법학」(경성대 법학연구소), 제4호(1995. 8), 260~261면(보험금청구권자가 보험사고의 발생 또는 보험계약의 존재를 알았는지 여부 또는 보험사고 발생 후에 관계자에 의하여 약관 소정의 절차가 행해지고 유예기간이 경과하였는지 여부는 소멸시효 개시의 문제에는 직접 영향을 미치지 못하고 보험금청구권의 소멸시효는 보험사고의 발생시부터 진행이 개시된다고 한다).

있는 때'로부터 진행한다고 규정하고 있는데, 이 경우 '권리를 행사할 수 있는 때'를 어떻게 해석할 것인가에 대하여 보험금청구권의 시효기간의 기산점에 관한 해석이 달라질 수 있다. '권리를 행사할 수 있는 때'와 관련하여 일반적으로 권리행사에 관한 장해 중 '법률상의 장해'(예컨대, 이행기의 미도래 등)에 대하여는 시효의 기산점에 영향을 주지만, '사실상의 장해'(예컨대, 권리자의 개인적 사정이나 법률지식의 부족, 권리존재에 대하여 알지 못하거나 채무자의 부재 등으로 권리를 행사하지 못하는 것 등)는 시효의 기산점에 영향을 주지 않는다고 본다.40) 보험계약에서 피보험자 또는 보험수익자는 언제 보험금청구권을 행사할 수 있는지가 문제된다. 이에 대하여 우리 대법원판례는 "보험금청구권은 보험사고의 발생으로 인하여 구체적으로 확립되어 그때부터 그 권리를 행사할 수 있게 되는 것이므로 그 소멸시효는 달리 특별한 사정이 없는 한 민법 제166조 제1항의 규정에 의하여 보험사고가 발생한 때로부터 진행한다"고 판시하고 있다.41) 그런데 일반적으로 보험자는 보험계약자 등으로부터 보험사고의 발생에 대하여 통지를 받은 경우에는(상법 제657조 1항) 그 보험사고가 면책사유에 해당하는지 여부 및 (특히 손해보험의 경우) 지급할 보험금액이 얼마인지를 조사하여 확정한 후 보험계약자 등에게 지급할 보험금액 등 지급청구절차를 안내하고 이에 따라 피보험자 또는 보험수익자는 안내받은 소정의 절차에 따라 보험자에게 보험금을 청구한다. 또한 보험업법 제95조의 2 제4항도 "보험회사는 일반보험계약자가 보험금 지급을 요청하는 경우에는 대통령령으로 정하는 바에 따라 보험금의 지급절차 및 지급내역 등을 설명하여야 하며, 보험금을 감액하여 지급하거나 지급하지 아니하는 경우에는 그 사유를 설명하여야 한다"고 규정하여, 보험금을 지급하는 과정에서 보험자의 설명의무를 규정하고 있다. 이러한 점에서 보면 '보험사고가 발생한 때'를 (보험금의 지급여부 및 청구할 보험금액이 확정되어 있지 않음에도 불구하고) 바로 민법 제166조 제1항의 '권리를 행사할 수 있는 때'로 보기는 어렵다고 본다. 민법에서도 "지료(地料)가 확정되어 있지 아니한 지료청구권에 대하여는 그 소멸시효를 운위(云謂)할 여지가 없다"고 보고,42) "청구한 후 일정기간이나 상당한 기간이 경과한 후에 청구할 수 있는 권리는 전제가 되는 청구한 때로부터 정해진 유예기간이 경과한

40) 곽윤직, 앞의 책(민법총칙, 제7판), 326~327면; 이영준, 「민법총칙(제6판)」, 박영사, 1991, 759면; 대판 1982. 1. 19, 80 다 2626 외.
41) 대판 2009. 7. 9, 2009 다 14340 외.
42) 대판 1969. 5. 27, 69 다 353; 이영준, 앞의 책(민법총칙, 제6판), 759면.

1270

IV. 보 험 법

시점부터 시효는 진행한다"고 해석하고 있다.[43) 이러한 점에서 볼 때 보험금지급
청구권의 시효기간 기산점에 관하여는 반드시 상법 제658조와 관련하여 보험금
의 지급에 관하여 약정기간이 있는 경우에는 그 기간의 다음 날을 시효기간의
기산점으로 보고, 약정기간이 없는 경우에는 보험계약자 등으로부터 보험사고의
통지를 받은 후 지체 없이 지급할 보험금액을 정하고 그 정하여진 날로부터 10
일이 경과한 날을 시효기간의 기산점으로 보아야 할 것이다. 이러한 점에서 볼
때 '보험사고가 발생한 때'를 일률적으로 보험금청구권의 시효기간의 기산점으로
보는 것은 보험소비자의 이익을 해하고 보험업법 제95조의 2 제4항의 취지에도
반하여 타당하지 않다고 본다.

(2) 보험금청구권의 시효기간의 기산점을 정함에 있어서 '권리를 행사할 수
있을 때'란(민법 제166조 1항), '보험사고의 발생시'가 아니라 보험사고에 대한 조사
가 완료되어 보험금액의 지급 여부 및 보험금액이 정하여져 (보험회사로부터 이에
대한 안내를 받고) 피보험자 또는 보험수익자가 (실제로) 보험자에 대하여 '보험금
액을 청구할 수 있을 때'로 보아야 할 것이다. 보험금액의 지급 여부 및 보험금
액을 정하는 절차를 보험금청구자의 '사실상의 장해'라고는 볼 수 없고, '법률상
의 장해'라고 보아야 할 것이다(상법 제658조 참조).

(3) 보험실무에서 보험사고가 발생한 경우 보통 피보험자 또는 보험수익자
는 어떠한 약관에 기하여 어떠한 종류의 보험금을 얼마만큼 지급받을 수 있을지
알지 못하는 반면, 보험자는 이를 잘 알 수 있는 지위에 있고 또한 보험자는 보
험금을 지급하는 과정에서 이에 관한 설명의무를 보험계약자 등에게 부담하고
있다(보험업법 제95조의 2 4항). 따라서 이러한 상황에서 보험금청구권의 소멸시효
의 기산점을 일률적으로 '보험사고가 발생한 때'로 보는 것은 피보험자 또는 보
험수익자에 대하여 보험사고 발생시부터 보험금액을 청구할 수 있는 때(소정의
유예기간)까지의 기간만큼 시효기간이 줄어드는 결과가 되어 이는 피보험자 또는
보험수익자에게 불리하게 되고,44) 또한 이는 (보험에 관한 정보의 비대칭면 등에서)
현저하게 형평에 반하여 보험소비자의 이익을 해하게 된다고 본다.

(4) 위 (2)에서 본 바와 같이 보험금청구권의 시효기간의 기산점을(즉, 민법
제166조 제1항의 '권리를 행사할 수 있을 때'를) '보험사고의 발생시'가 아니라 보험금
청구권자가 보험자에 대하여 (사실상) '보험금액을 청구할 수 있을 때'로 보면, 보

---

43) 곽윤직, 앞의 책(민법총칙, 제7판), 328면; 이영준, 위의 책, 761면.
44) 동지: 곽윤직, 앞의 책(민법총칙, 제7판), 328면.

험금청구권자가 과실 없이 보험금청구권의 유무 및 청구할 보험금액을 알지 못하여 이를 청구하지 못하는 경우에는 (이를 '사실상의 장해'가 아니라 '법률상의 장해'로 보면) 시효기간이 개시되지 않고 보험금청구권자가 그 후 '이를 알았거나 알 수 있었을 때'부터 시효기간이 개시된다고 본다. 이와 같이 보험금청구권의 시효기간의 기산점을 '보험사고의 발생시'가 아니라 '보험금청구권의 유무 및 청구할 보험금액의 확정시'로 대체하여 보면, 대법원판례[45])에서 보험금청구권자의 과실 없이 이를 알 수 없었던 사정이 있는 경우에는 '이를 알았거나 알 수 있었을 때'부터 보험금청구권의 소멸시효가 진행하는 것으로 해석하는데, 이를 '보험금청구권의 유무 및 청구할 보험금액의 확정을 알았거나 알 수 있었을 때'로부터 보험금청구권의 소멸시효가 진행하는 것으로 해석할 수 있다.

(5) 참고적으로 독일 보험계약법(Gesetz über den Versicherungsvertrag, VVG) 제14조 제1항은 "보험사고의 확정과 보험자가 지급할 보험금의 범위를 결정하는 데 필요한 조사가 종료된 때에 보험자의 보험금 지급에 관한 이행기가 도래한다"고 규정하고, 독일 대법원은 이의 해석에서 "보험사고의 확정과 보험자가 지급할 보험금액의 범위에 대한 조사가 완료되기 전에는 소멸시효가 진행되지 않는다"고 보고 있다.[46]) 이러한 점은 '보험사고의 발생시'를 보험금청구권의 시효기간의 기산점으로 보지 않는 것으로, 우리 상법(보험편)의 해석에서도 많은 참고가 될 수 있을 것이다. 특히 상법(보험편)의 해석에서는 민법의 경우와는 달리 일반 보험계약자(보험소비자)의 보호를 항상 고려하여야 할 것으로 본다.

　　**다.** 이 사건에서는 X들이 보험사고 발생일(2012. 2. 21.)로부터 시효기간 내인 2014. 2. 21.에 이 사건 특약에 따른 보험금을 (재판상) 청구하는 소장을 법원에 접수하였으므로 문제가 되지 않는데, 만일 X들이 2014. 2. 24.에 이 사건 소장을 법원에 접수한 것으로 가정하면 Y회사는 이 사건 사고 발생일인 2012. 2. 21.로부터 2년의 소멸시효기간이 지났다고 주장할 수 있을까? 이때 X들은 2012. 8. 10. Y회사에 대하여 이 사건 재해특약까지 적용한 사망보험금을 청구하였으나, Y회사는 이 사건 사고는 이 사건 주계약에서 정한 보험금지급사유(사망)에는 해당하지만 이 사건 재해특약에서 정한 보험금지급사유(재해를 직접적인 원인으로 사망하였을 때)에는 해당하지 않는다고 보아 이 사건 주계약에서 정한 사망보험금만을 지급하였다. 이때 Y회사는 이 사건 재해특약 제11조 제1항 제1호 단서의

45) 대판 1997. 11. 11, 97다36521 외.
46) BGH 13. 3. 2002, Ⅳ ZR 40/01.

해석에서 자살은 배제된다고 보았고, X들은 Y회사의 설명을 듣고 이 사건 재해특약에 따른 보험금을 Y회사로부터 지급받을 수 없다고 생각하면서 이를 소송상 다투어 볼 필요가 있다고 생각하여 2014. 2. 24.에 제소하였다면 이 경우 Y회사는 시효기간 경과를 주장할 수 있을까? 즉, 이와 같이 이 사건 특약의 해석에 관한 문제로 보험회사와 보험금청구권자의 의견이 다르고 또한 이에 관하여 학설·판례도 나뉘어져 있는 상황에서, 보험금청구권자가 보험사고 발생 후 2년 경과 후에 보험금청구에 관한 소를 제기한 것에 대하여, 보험회사는 시효기간 경과를 주장할 수 있는가? 이와 같이 보험약관의 해석에 관한 법리문제로 보험금 지급 여부가 불투명한 상황에서는 보험금청구권자의 귀책사유로 인한 '사실상의 장해'라고는 볼 수 없고 '법률상의 장해'로 보아 시효기간이 개시되지 않는다고 본다. 이 경우 시효기간은 보험금액의 지급이 확정되어 보험금청구권자가 보험자에게 (사실상) '보험금액을 청구할 수 있을 때'(즉, 권리를 행사할 수 있을 때)에 개시된다고 보아야 할 것이다.

보험회사가 자살은 이 사건 특약 제11조 제1항 제1호 단서에 해당하지 않아 재해사망보험금을 지급할 수 없는 것으로 알고 있었다면 이는 약관의 중요한 내용(보험계약의 중요사항)으로 일반보험계약자에게 그가 확실히 이해할 수 있도록 보험계약 체결시 뿐만 아니라 보험계약 체결 후 보험금을 지급하는 과정에서 충분히 설명하였어야 한다(상법 제638조의 3  1항, 보험업법 제95조의 2  1항·4항). 보험회사가 이러한 설명의무를 이행하지 않고 이 사건 특약에서와 같은 재해사망보험금의 지급 여부가 확정되지 않았음에도 불구하고, 보험회사가 보험금청구권자의 보험금 청구가 보험사고 발생 후 2년이 경과하였다는 사실만으로 시효기간 경과를 주장하는 것은 신의성실의 원칙에 반하는 권리남용이 될 수 있다. 우리 대법원판례에서도 "채무자가 시효완성 전에 채권자의 권리행사를 불가능 또는 현저하게 곤란하게 하였거나, 권리행사가 불필요하다고 믿게 하는 행동을 하였거나, 채권자보호의 필요성이 큰 특별한 사정이 있는 경우에는, 채무자가 소멸시효를 주장하는 것이 신의성실의 원칙에 반하는 권리남용으로 허용될 수 없다"고 판시한 것이 있다.[47]

그런데 최근 재해사망보험금 지급청구권에 관한 사건에서 우리 대법원은 "…실정법에 정하여진 개별 법제도의 구체적 내용에 좇아 판단되는 바를 신의칙

---

47) 대판 2002. 10. 25, 2002 다 32332.

과 같은 일반조항에 의한 법원칙을 들어 배제 또는 제한하는 것은 중요한 법가
치의 하나인 법적 안정성을 후퇴시킬 우려가 있다. 특히 소멸시효제도는 법률관
계의 주장에 일정한 시간적 한계를 설정함으로써 그에 관한 당사자 사이의 다툼
을 종식시키려는 것으로서, 누구에게나 무차별적·객관적으로 적용되는 시간의
경과가 1차적인 의미를 가지는 것으로 설계되었음을 고려하면, 법적 안정성의
요구는 더욱 선명하게 제기된다. 따라서 소멸시효 완성의 주장이 신의성실의 원
칙에 반하여 허용되지 아니한다고 평가하는 것은 신중을 기할 필요가 있다(대법
원 2005. 5. 13. 선고 2004 다 71881 판결, 대법원 2010. 5. 27. 선고 2009 다 44327 판결 등
참조). 따라서 원심이 이 사건 특약에 기한 재해사망보험금 청구권은 소멸시효의
완성으로 소멸하였고, 보험자가 이 사건 특약에 기한 재해사망보험금 지급의무가
있음에도 불구하고 그 지급을 거절하였다는 사정만으로는 보험자의 소멸시효 항
변이 권리남용에 해당한다고 보기 어렵다고 판단한 것은 정당하다"고 판시하고
있다.[48]

그런데 이러한 대법원판결은 ( i ) 일반가계보험에서는 약자인 보험계약자
등의 이익보호를 위하여 상법 및 보험업법 등에서 많은 법적 배려를 하고 있는
데(상법 제663조 본문·제638조의 3, 보험업법 제95조의 2 등) 이는 보험법에서 특히 채
권자(보험소비자) 보호의 필요성을 크게 반영한 점, ( ii ) 자기가 스스로 만든 재해
특약에 관한 해석에서 보험자가 이의를 제기하고 이에 기하여 보험자가 재해사
망보험금의 지급을 거절하는 것은 객관적으로 채권자(보험금청구권자)가 권리를
행사할 수 없는 장애사유가 있었다고 볼 수 있는 점, ( iii ) 보험자는 자기가 만든
약관의 해석에서 작성자 불이익의 원칙에 반하는 해석을 하여 보험금지급을 거
절하고 이에 따라 보험금청구권자가 보험금청구권의 존재를 모르고 보험금 청구
를 하지 않은 것은 채무자(보험자)가 시효완성 전에 채권자(보험금청구권자)의 권리
행사나 시효중단을 현저히 곤란하게 하였거나 그러한 조치가 불필요하다고 믿게
하는 행동을 하였다고 볼 수 있는 점(이 경우 보험금청구권자가 경제력·보험에 관한
지식과 정보 등에서 시효중단을 위하여 보험사고 발생 후 2년 내에 소를 제기한다는 것은
현실적으로 기대하기 어렵다), ( iv ) 보험회사는 보험계약자 등에게 법상 설명의무
등(상법 제638조의 3, 보험업법 제95조의 2 등)을 충실히 이행하지 않았음에도 불구하
고 소멸시효의 항변을 주장하는 것은 귀책사유 있는 자가 면책을 주장하는 것이

---

48) 대판 2016. 9. 30, 2016 다 218713·2016 다 218720.

되어 법리에 반할 뿐만 아니라 형평에 반하는 점 등에서, 타당하지 않다고 본다.

## 4. 결    어

가. 이 사건에서 Y회사는 이 사건 특약 제11조 제1항 제1호 단서(자살면책제한규정)에 따라 재해사망보험금을 X들에게 지급하여야 한다. 그 이유는 보험약관에 의한 보험계약은 상사거래로서(상법 제3조 참조) 이에는 당사자의 진의를 파악하여 의사를 해석하는 것이 아니라 약관규제법에 따라 객관적으로 해석하고 또한 약관 작성자에게 불이익하게 해석해야 하기 때문이다. 또한 약관의 해석은 평균적인 고객의 입장에서 해석하여야 하는데, 이때 '평균적인 고객'이란 전문보험계약자가 아닌 일반보험계약자 등인데, 이러한 의미의 평균적인 고객은 이 사건 특약 제11조 제1항 제1호 단서(자살면책제한규정)에서 2년 경과 후의 자살의 경우에는 재해사망보험금도 지급받는 것으로 이해한다고 볼 수 있다. 이러한 점에서 보험자인 Y회사는 그러한 자살면책제한규정이 실수로 잘못 들어간 조항이라고 주장할 수 없다. 따라서 이 사건에서 제1심 판결과 대법원판결에 찬성한다.

나. 이 사건에서 제1심 판결은 보험금 청구의 소멸시효와 관련하여 그 기산점을 대법원판례와 같이 '보험사고가 발생한 때(피보험자의 사망시)'로 보고 있는데, 이와 같이 보면 보험금이 확정되지 않은 상태에서(이는 마치 채무의 이행기가 도래하지 않은 상태에서) 시효기간이 진행하는 것이 되어 채권자(보험금청구권자)에게 매우 불리하므로 타당하지 않다고 본다. 따라서 상법 제658조와 관련하여 '보험금지급시기가 정하여진 경우에는 그 기간이 경과한 다음 날이고, 보험금지급시기가 정하여지지 않은 경우에는 보험자가 보험계약자 등으로부터 보험사고의 통지를 받고 지급할 보험금액을 정한 후 10일의 유예기간이 경과한 다음 날'이라고 보아야 할 것이다. 따라서 민법 제166조 제1항에서 시효기간의 기산점에 관하여 규정하고 있는 '권리를 행사할 수 있는 때'란 보험금청구에서 '보험사고가 발생한 때'로 볼 것이 아니라, 보험금의 지급 여부 및 그 금액이 확정되어 보험금청구권자가 보험자에게 (실제로) '보험금액을 청구할 수 있는 때'로 보아야 할 것이다. 이렇게 보면 이 사건 특약상 재해사망보험금에 대하여는 약관의 해석과 관련하여 분쟁이 있어 보험금지급 여부가 확정되지 않아 보험금청구권자가 보험자에게 (사실상) 보험금을 청구할 수 있는 때에 이르지 않았으므로 시효기간이 개시되지 않고 있다고 보아야 할 것이다.

위와 같은 경우에 시효기간의 기산점에 관하여 설사 대법원판례와 같이 '보

험사고가 발생한 때(피보험자의 사망시)'로 보아 시효기간이 경과되었다고 하더라
도, 보험금액의 지급 여부가 정하여지지 않은 상태에서 설명의무 등을 위반한 보
험자가 시효기간의 경과를 주장하는 것은 신의성실의 원칙에 반하는 권리남용으
로 본다.

# 2007년 확정한 정부의 상법(보험편) 개정안에 대한 의견*

---

* 이 글은 정찬형, "2007년 확정한 정부의 상법(보험편) 개정안에 대한 의견," 「금융법연구」(한국금융법학회), 제4권 제2호(2007. 12), 119~163면의 내용임(이 글에서 필자는 정부의 개정안을 소개하면서, 각 개정안이 타당한지 여부를 검토함).

# I. 서 언

　　정부는 2007년 8월 10일 입법예고를 거쳐 다양한 의견을 수렴한 상법 중 보험편(보험계약법)의 개정안(이하 '개정안'으로 약칭함)을 2007년 12월 31일 국무회의를 거쳐 확정하여 2008년 1월 4일에 국회 법제사법위원회에 이송하였다.[1]

　　정부(법무부)는 우리나라의 보험산업의 규모가 세계 7위권에 진입함에 따라 보험법제를 국제기준에 맞게 개선하기 위하여 2007년 2월부터 개정작업에 착수하였는데, 개정안의 주요내용은 보험의 건전성 확보 및 선량한 보험계약자의 보호를 위한 규정을 둔 점(보험사기를 방지하고 음주·무면허 운전 등에 면책약관을 인정하는 규정 등을 신설한 점), 신종보험계약에 관한 규정을 신설한 점(보증보험계약·질병보험계약에 관한 규정의 신설 등), 장애인과 유족의 보호를 위한 규정을 신설한 점(일부 정신장애인에 대한 생명보험의 가입을 허용하고, 일정 범위의 생명보험금 압류를 금지하며, 가족에 대한 보험자대위를 금지한 점 등), 현행 규정의 미비점을 보완·개선한 점(보험대리점 등의 권한에 관한 규정을 신설하고, 보험자의 보험약관 교부·설명의무 위반에 대한 보험계약자의 취소권 행사기간을 연장한 점 등) 등이다.

　　이하에서 각 개정안의 내용을 조문순서에 따라 소개한 후, 개정안에 대한 필자의 의견을 제시하겠다.

# II. 보험계약법 통칙

## 1. 보험계약의 선의계약성 원칙 명문화(개정안 제368조 제2항)

　　가. 개정안은 제638조에 제2항을 신설하여 "보험계약의 당사자는 보험계약의 체결, 권리의 행사와 의무의 이행을 최대선의의 원칙에 따라 하여야 한다"고 규정하고 있다.

　　현행 상법(보험계약법)은 보험계약의 선의계약성을 반영하여 구체적으로 많은 규정을 두고 있으나(상법 제651조, 제652조, 제653조, 제659조, 제669조 제4항, 제672조 제3항, 제680조 등), 보험계약의 선의계약성을 명문으로 규정하고 있지는 않다. 따

---

1) 이하 '개정안'의 내용에 관하여는 법무부가 2007년 12월 31일 국무회의의 의결을 거쳐 2008년 1월 4일 국회에 이송한 '상법 일부 개정법률안'에 의하고, 개정이유 등에 관하여는 법무부(상사법무과), 「상법 보험편 개정 조문별 개정이유」(2007. 12)에 의함.

IV. 보 험 법

라서 우리나라의 판례는 보험계약이 이러한 선의계약성에 반하는 경우를 민법 제103조에 반하는 보험계약(선량한 풍속 기타 사회질서에 반하는 보험계약)으로서 무효로 판시하고 있다.[2]

**나.** 보험계약은 사행계약성을 갖기 때문에 필연적으로 선의계약성을 갖고, 보험계약이 이와 같이 당사자의 선의 또는 최대선의에 기초를 둔 계약인 점에서 사행계약성을 갖고 있는 보험계약의 도박화를 방지하는 것이다.[3] 보험계약의 선의계약성(또는 신의성실의 원칙)은 보험계약에서만 요구되는 원칙은 아니고 모든 법에서 요구되는 대원칙이나, 사행계약성을 갖고 있는 보험계약에서는 특히 강조되는 특징이라고 볼 수 있다.[4]

이와 같은 점에서 볼 때 보험계약의 선의계약성 원칙을 두는 것은 타당하다고 본다. 이러한 점은 물론 민법 제103조와 중복되는 면도 있으나, 보험계약에서는 특히 선의계약성이 강조되는 점에서 볼 때 이러한 원칙규정을 두는 것은 필요하고 또한 이러한 입법례는 다른 법에서도 자주 있는 현상이다(예컨대, 약관의 규제에 관한 법률 제5조 제1항 등). 또한 외국의 입법례에서도 이와 같이 규정한 예는 많이 있다. 즉, 영국의 해상보험법(1906년) 제17조는 "해상보험계약은 최대선의를 기초로 하는 계약이다"고 규정하고 있다.

이와 같이 보험계약의 선의계약성을 명문으로 규정함으로써 앞으로 이는 보험계약의 당사자에 대한 기본적 행위규범으로 작용하여 보험의 건전성을 담보하는데 크게 기여하고, 또한 이는 보험계약의 효력에 관한 재판규범으로서도 크게 기능할 것으로 기대된다.

## 2. 보험자의 보험약관 교부·설명의무 위반에 대한 보험계약자의 취소권 행사기간 연장(개정안 제638조의 3 제2항)

**가.** 개정안 제638조의 3 제2항은 보험자가 보험약관의 교부·설명의무에 위반한 경우 보험계약자의 보험계약 취소기간을, 현행은 "보험계약이 성립한 날부

---

2) 대판 2005. 7. 28, 2005 다 23858(이 사건에서의 보험계약은 보험계약자의 직업 및 재산상태, 다수의 보험계약의 체결경위, 보험계약의 규모, 보험계약 체결 후의 정황 등 제반사정상 보험계약 체결이 순수하게 생명·신체 등에 대한 우연한 위험에 대비하기 위한 것이라고 보기는 어렵고, 오히려 보험사고를 가장하거나 혹은 그 정도를 실제보다 과장하여 보험금을 부당하게 취득할 목적으로 체결되었음을 추인할 수 있으므로, 민법 제103조 소정의 선량한 풍속 기타 사회질서에 반하여 무효라고 보아야 할 것이다).
3) 정찬형, 「상법강의(하)(제9판)」(서울: 박영사, 2007), 520면.
4) 정찬형, 상게서, 520면.

터 1월 내"로 규정하고 있는데, "보험증권을 받은 날부터 3개월 이내"로 연장하고 있다.

이와 함께 제638조의 3의 조문의 제목을 현행 "보험약관의 교부·명시의무"에서 "보험약관의 교부·설명의무"로 변경하고, 동조 제1항에서 "… 알려주어야 한다"를 "… 설명하여야 한다"로 개정하고 있다.

나. 보험자가 보험약관의 교부·설명의무에 위반한 경우 현행 상법은 "보험계약이 성립한 날부터 1월 내에" 그 계약을 취소할 수 있는 것으로 규정하고 있는데, 이 기간이 지나치게 짧아 보험계약자는 취소권을 행사하는 것이 어렵기 때문에 개정안은 이 취소기간을 "3개월"로 연장함과 동시에 기산점도 "보험증권을 받은 날"로 연장하고 있다. 이는 보험계약자의 이익보호를 위하여 타당하다고 본다.

또한 개정안이 이 조문의 제목을 "보험약관의 교부·설명의무"로 개정하고 그 내용도 "… 설명하여야 한다"고 개정한 점도 약관규제법 제3조(약관의 작성 및 설명의무 등) 제3항과의 균형을 이루는 점 및 법문의 내용을 보다 더 명확하게 하고 있는 점 등에서 타당하다고 본다.

다. 개정시안은 원래 보험자의 보험약관 교부·설명의무의 위반의 효과에 대하여 동조 제3항을 신설하여 "보험계약자가 제2항의 기간 내에 보험계약을 취소하지 아니한 때에는 보험계약관계는 그 보험약관에 따른다"고 규정하였다.[5] 그러나 이는 보험계약자에게 불리할 수 있다는 점이 고려되어 정부의 확정 개정안에서 삭제되었다.

사견으로 위와 같은 의무 위반의 효력에 관한 규정이 삭제된 것은 다행으로 생각하는데, 그 이유는 다음과 같다.

(1) 위와 같은 규정을 두면 보험계약자가 보험계약을 취소하지 않는 한 그 보험약관은 당연히 당사자를 구속하는 것이므로 이는 보험약관의 법적 성질에 관한 규범설의 근거가 될 수 있다.[6] 그러나 이는 우리 대법원이 보험약관의 법적 성질에 대하여 일관하여 의사설을 취하고 있는 점[7]에 너무나 반하게 된다.

(2) 우리 대법원판례는 보험약관의 법적 성질에 대하여 의사설을 취하는 전제하에 "보험자의 보험약관 교부·설명의무 위반에 대하여 보험계약자가 소정의

---

5) 이는 독일 보험계약법 개정안(정부안) 제8조가 "보험계약자는 보험증권·보험약관·철회권에 관한 설명서 등을 받은 날로부터 2주 내에 철회권을 행사하지 않으면 보험증권·보험약관 등의 내용에 구속된다"고 규정하고 있는 점과 같은 취지의 규정이다.

6) 정찬형, 전게 상법강의(하)(제9판), 498~499면 참조.

7) 대판 1990. 4. 27, 89 다카 24070 외.

기간 내에 보험계약을 취소하지 않았다 하더라도, 보험계약자는 교부·설명의무에 위반한 보험약관의 내용의 법률효과를 주장할 수 없다거나 보험자의 이러한 의무위반의 하자가 치유되는 것은 아니다"고 판시하여,[8] 보험자가 보험약관 교부·설명의무에 위반한 경우 보험계약자는 소정의 기간 내에 보험계약을 취소하지 않았다 하여도 교부·설명의무에 위반한 보험약관의 효력을 다툴 수 있음을 인정하고 있다. 이는 또한 약관규제법이 사업자의 약관의 명시(교부)·설명의무 위반의 효력에 대하여 「사업자는 당해 약관을 계약의 내용으로 주장할 수 없다」고 규정한 점(동법 제3조 제4항)과 균형을 이루는 해석으로 본다.

  그런데 위의 상법개정시안과 같이 보험자가 보험약관 교부·설명의무에 위반한 경우 보험계약자가 소정의 기간 내에 그 보험계약을 취소하지 않았다고 하여 그 보험약관이 확정적으로 유효한 것으로 하여 보험계약관계는 그 보험약관에 따르는 것으로 하면, 이는 보험계약자에게 너무 가혹하고 또한 지금까지의 대법원판례에 정면으로 반하며 또한 약관규제법의 규정과도 불균형을 이루는 것으로서 타당하지 않다고 본다. 따라서 현행 상법과 같이 보험자의 보험약관 교부·설명의무 위반에 대하여 보험약관의 효력에 관한 특별한 규정이 없으면, 보험계약자는 소정의 기간 내에 보험계약을 취소할 수 있을 뿐만 아니라(상법 제638조의 3 제2항), (보험계약자가 소정의 기간 내에 보험계약을 취소하지 않더라도) 보험계약자는 보험자의 교부·설명의무에 위반한 보험약관의 효력을 부인할 수 있다(위에서 본 판례 및 약관규제법 제3조 제4항).

  따라서 보험자가 보험약관의 교부·설명의무에 위반하면 보험계약자 등이 고지의무(상법 제651조)를 위반한 경우에도 보험자는 이러한 약관의 내용을 보험계약의 내용으로 주장할 수 없으므로 보험자는 보험계약자 등의 고지의무위반을 이유로 보험계약을 해지할 수 없다.[9] 그러나 보험자의 보험약관 교부·설명의무 위반이 있다 하더라도 「약관의 내용이 거래상 일반적이고 공통된 것이어서 보험계약자가 별도의 설명 없이도 충분히 예상할 수 있었던 사항이거나 혹은 이미 법령에 의하여 정하여진 것을 되풀이 하거나 부연하는 정도에 불과한 사항」인 경우에는 보험자의 교부·설명의무 위반이 있다 하더라도 보험자는 그 약관의 내용을 계약의 내용으로 주장할 수 있다(또는 이러한 사항에 대하여는 보험자는 교부·

---

8) 대판 1996. 4. 12, 96 다 4893 외.
9) 정찬형, 전게 상법강의(하)(제9판), 548면.
  동지: 대판 1992. 3. 10, 91 다 31883 외.

설명의무를 부담하지 아니한다).[10]

## 3. 보험대리점 등의 권한에 관한 규정 신설(개정안 제646조의 2)

가. 개정안 제646조의 2 제1항은 보험대리점의 권한에 대하여 규정하고 있는데, 이 권한은 (ⅰ) 보험계약자로부터 보험료를 수령할 수 있는 권한·(ⅱ) 보험자가 작성한 보험증권을 보험계약자에게 교부할 수 있는 권한·(ⅲ) 보험계약자로부터 청약·고지·통지·해지·취소 등 보험계약에 관한 의사표시를 수령할 수 있는 권한·(ⅳ) 보험계약자에게 보험계약의 체결·변경·해지 등 보험계약에 관한 의사표시를 할 수 있는 권한이다. 보험자는 보험대리점과의 대리계약에서 보험대리점의 이러한 권한 중 일부를 제한할 수 있는데, 이러한 제한은 선의의 보험계약자에게 대항하지 못한다(개정안 제646조의 2 제2항). 또한 피보험자나 보험수익자가 보험료를 지급하거나 보험계약에 관한 의사표시를 할 의무가 있는 경우에는 위의 규정을 그 피보험자나 보험수익자에 대하여도 적용한다(개정안 제646조의 2 제4항).

보험대리점이 아니면서 특정한 보험자를 위하여 계속적으로 보험계약의 체결을 중개하는 자는 보험자가 작성한 영수증을 보험계약자에게 교부하는 경우에는 보험계약자로부터 보험료를 수령할 수 있는 권한과 보험자가 작성한 보험증권을 보험계약자에게 교부할 수 있는 권한을 갖는다(개정안 제646조의 2 제3항). 이 경우 피보험자나 보험수익자가 보험료를 지급할 의무가 있는 경우에는 위의 규정은 그 피보험자나 보험수익자에 대하여도 적용된다(개정안 제646조의 2 제4항).

오늘날 대부분의 보험계약이 보험대리점(체약대리상) 또는 보험모집인(보험설계사)을 통하여 이루어지고 있음에도 불구하고 현행 상법은 이러한 자의 권한에 관하여 전혀 규정하지 않고 있으므로,[11] 보험계약자가 이들에게 교부한 보험료·의사표시 등이 유효한지 여부에 관하여 당사자간에 분쟁의 원인이 되고 있으므로, 개정안에서는 이러한 점에 대하여 명문으로 규정한 것이다. 다만 당사자간의 사적 자치를 존중하여 보험대리점계약으로 보험자는 보험대리점의 상법상 권한을 제한할 수 있도록 하면서, 거래의 안전을 위하여 이러한 제한을 가지고 선의의 제3자에게 대항할 수 없도록 하고 있다.

---

10) 동지: 대판 2000. 7. 4, 98 다 62909·62916 외.

11) 이러한 자가 상법상 대리상으로 인정되는 경우에도(상법 제87조~제92조의 3), 대리상이 본인을 대리할 수 있는 권한에 대하여는 상법이 규정하고 있지 않고 전적으로 당사자간의 계약(대리상계약)에 맡겨져 있다.

이러한 점은 독일 보험계약법 제43조 및 독일 보험계약법개정안(정부안) 제69조 등을 참조하여 입법한 것이다.

나. 개정안이 보험대리점 등 보험자의 보조자의 권한을 명확히 규정함으로써 보험자와 보험계약자간의 분쟁의 소지를 미연에 방지하고자 하는 점에 대하여는 전적으로 찬성한다. 그런데 다음과 같은 점을 반영하여 기존 법률과의 혼란을 미연에 방지하여야 할 것으로 본다.

(1) 개정안 제646조의 2에서 사용하고 있는 「보험대리점」의 의미가 불명확하여 이에 관한 해석에서 큰 혼란을 유발할 수 있으므로 명확한 개념으로 규정하여야 할 것으로 본다. 즉, 개정안 제646조의 2에서 사용하고 있는 보험대리점이 상행위법상 「보험대리상」을 의미하는 개념이라면(상법 제87조), 이에는 체약대리상과 중개대리상을 의미하는데, 중개대리상에 대하여 개정안 제646조의 2 제1항의 권한을 인정하는 것은 문제가 있다고 본다. 그러나 개정안 제646조의 2에서 사용하고 있는 보험대리점이 보험업법 제2조 제9호의 보험대리점을 의미하면 이는 체약대리점만을 의미한다고 볼 수 있고, 이에 개정안 제646조의 2 제1항의 권한을 인정하는 것은 타당하다고 볼 수 있다. 그러나 이 경우에는 상법에서 상행위법상 대리상의 개념을 차용하지 않고 보험업법에서 사용하고 있는 용어를 차용하는 것은 균형이 맞지 않는다고 본다.

해석상 상법 제646조의 2에서 사용하는 보험대리점은 보험업법 제2조 제9호의 보험대리점과 같은 뜻으로 사용한 것으로 보이고, 이는 상행위법상 체약대리상을 의미하는 것으로 볼 수 있다.[12] 그렇다면 이를 단순히 보험대리점으로 하지 말고 「보험체약대리점」으로 규정하면 보다 명확하지 않을까 생각된다.

(2) 개정안 제646조의 2 제3항에서 「보험대리점이 아니면서 특정한 보험자를 위하여 계속적으로 보험계약의 체결을 중개하는 자」는 위와 관련하여 볼 때 「중개대리상」 및 「보험모집인(보험설계사)」으로 생각된다. 따라서 이에 해당하는 자가 중개대리상 및 보험모집인(보험설계사) 이외의 자가 없다면, 간단히 「보험중개대리점」 및 「보험설계사」로 표현하면 동조 제1항과 관련하여 보다 더 명백하고 상행위법상 대리상(상법 제87조)과도 조화하는 표현이 아닌가 생각된다.

이러한 자는 보험자가 작성한 영수증을 보험계약자에게 교부하는 경우에 보험료를 수령할 수 있는 권한과 보험자가 작성한 보험증권을 보험계약자에게 교

---

12) 그러나 독일 보험계약법 제43조와 독일 보험계약법 개정안(정부안) 제69조는 보험대리점에 대하여 체약대리점 또는 중개대리점을 불문하고 이러한 권한을 인정하고 있다.

부할 수 있는 권한을 갖는데, 이러한 행위는 법률행위가 아니라 보험자를 대행하여 하는 사실행위로서 대리권이 없는 이러한 자도 할 수 있으므로 보험중개대리점 및 보험설계사에게 이러한 권한을 부여하는 것은 현실에 맞고 또한 대리의 법리에도 어긋나는 것이 아니므로 타당하다고 본다.

## 4. 고지의무위반 등과 인과관계 없는 보험사고의 경우 보험자의 계약 해지권 명확화(개정안 제655조)

　　가. 현행 상법 제655조 후단이 "… 다만 고지의무에 위반한 사실 등이 보험사고의 발생에 영향을 미치지 아니하였음이 증명된 때에는 <u>그러하지 아니하다</u>"고 규정하고 있는 것을, 개정안은 "… <u>계약을 해지하더라도 보험금을 지급할 책임이 있다</u>"고 명백히 규정하여, 의무위반과 보험사고와 인과관계가 없는 경우에도 (보험금을 지급할 책임이 있지만) 보험계약을 해지할 수 있음을 명백히 규정하고 있다. 이는 현행 상법이 「그러하지 아니하다」고만 규정하여 이의 해석과 관련하여 보험자는 보험계약을 해지할 수 있는지 여부에 관하여 학설·판례가 나뉘어 있는 것을 보험계약을 해지할 수 있는 것으로 명백히 한 것이다.

　　나. 현행 상법 제655조 후단의 「그러하지 아니하다」의 해석에 대하여 우리나라의 다수설[13]과 판례[14]는 보험자는 보험계약을 해지할 수 없다고 해석하고 있으나(보험계약해지 부정설), 소수설[15]은 보험자는 보험계약을 해지할 수 있되 다만 발생한 보험사고에 대한 보험금 지급책임만을 부담한다고 해석하고 있다(보험계약해지 긍정설). 필자는 보험계약해지 긍정설이 타당하다고 보는데, 그 이유는 다음과 같다.[16] ( i ) 보험계약자의 고지의무 위반으로 인하여 보험자가 보험계약을 해지할 수 있는 권리가 발생하는 것은 상법 제651조인데, 이에 의하면 고지의무 위반사실과 보험사고 발생 사이에 인과관계가 있을 것을 요하지 않는다. ( ii ) 상

---

13) 양승규, 「보험법(제5판)」(서울: 삼지원, 2005), 126면 外.

14) 대판 1969. 2. 18, 68 다 2082 외.

15) 최병규, "고지의무에 관한 종합적 검토," 「경영법률」, 제9집(1999), 314면, 316면; 김재걸, "고지의무 위반에 의한 계약해지의 효력에 대한 일고찰," 「21세기 상사법의 전개」(하촌 정동윤 선생 화갑기념)(서울: 법문사, 1999), 569면; 심상무, "고지의무 위반의 효과," 「법률신문」, 제2141호(1992. 7. 23), 10면.

16) 정찬형, 전게 상법강의(하)(제9판), 551면. 이에 관한 상세는 정찬형, "암보험에 있어서 보험자의 보험계약의 해지여부 및 보험금지급채무의 범위(보험사고와 인과관계가 없는 사항에 관한 고지의무 위반이 있는 경우)," 「법학논집」(목포대 법학연구원), 창간호(2001), 97~117면; 동, "상법 제651조와 동 655조 단서와의 관계," 「고시연구」, 2000. 4, 73~81면.

법 제655조는 보험계약의 해지여부와은 무관하고 보험계약 해지의 효력인 보험금의 지급에 관한 것으로만 해석하여야 한다. (iii) 보험계약해지 부정설에 의하면 보험금을 지급하더라도 계약의 효력에는 아무런 영향을 미치지 않는 자동복원 보험계약에서 고지의무를 위반한 불량보험계약자측에게 (인관관계가 없는 한) 계속적으로 보험금을 지급해야 하는 불합리가 발생하고, 또한 인관관계의 존부는 보험사고가 발생한 후에야 비로소 알 수 있게 되므로 고지의무 위반이 있어도 보험사고 발생 전에는 보험계약을 해지할 수 없는 불합리한 점이 발생한다(만일 보험사고 발생 전에 고지의무 위반으로 인한 보험계약의 해지를 상법 제651조에 의하여 인정하면, 보험사고 전에는 인과관계를 요하지 않는데 보험사고 후에는 인과관계를 요하는 것으로 되어 동일한 고지의무 위반으로 인하여 보험계약을 해지하는 것이 보험사고 발생 전과 발생 후가 그 요건이 달라 불균형하거나 모순을 가져온다). (iv) 보험계약의 선의성 및 단체성에서 볼 때 고지의무를 위반한 불량보험계약자는 당연히 보험단체에서 배제되어야 한다.

　　따라서 개정안이 이번에 상법 제655조 단서를 개정하여 고지의무 위반 등과 보험사고간에 인과관계가 없더라도 보험자는 (상법 제651조에 의하여) 보험계약을 해지할 수 있도록 한 점은 보험계약법의 원리에도 맞고 또한 종래 해석상 잘못된 점을 바로 잡은 의미에서 매우 타당하다고 본다.17) 따라서 개정안이 확정되면 법문상 애매모호한 표현으로 인하여 발생하는 불필요한 해석상 논쟁을 불식하게 되어 여러 가지 낭비적 요소를 없애고 또한 법적 안정성의 제고에도 크게 기여할 것으로 본다.

## 5. 보험사기의 방지를 위한 규정 신설(개정안 제655조의 2, 제657조의 2)

　　가. 개정안은 제655조의 2를 신설하여 사기에 의한 보험계약을 무효로 하고 있는데, 동조 제1항에서는 "보험계약의 당사자 또는 피보험자의 사기로 인하여 체결된 보험계약은 무효로 한다"고 규정하고, 동조 제2항에서는 "제1항의 경우에 보험자는 그 사실을 안 때까지의 보험료를 청구할 수 있다. 다만, 인보험에서 보험수익자를 위하여 적립한 금액은 보험계약자에게 지급하여야 한다"고 규정하고 있다.

---

17) 보험계약해지 부정설에서도 부정설과 같이 해석하면 결과적으로 불량위험을 보호하는 것이 되므로 고지의무를 인정하는 취지와 모순된다고 하여 입법론으로는 상법 제655조 단서를 개정하여야 한다고 하였다[양승규, 전게 보험법(2005), 126면 외].

또한 개정안은 제657조의 2를 신설하여 사기에 의한 보험금청구권을 상실시키고 있는데, 동조 제1항은 "보험계약자·피보험자·보험수익자 또는 보험금청구권을 가지는 제3자가 보험금을 청구한 경우에 사기의 목적으로 (ⅰ) 손해의 통지 또는 보험금 청구에 관한 서면이나 증거를 위조하거나 변조하는 행위, (ⅱ) 손해통지 또는 보험금 청구에 관한 서면에 거짓된 사실을 기재하는 행위, 또는 (ⅲ) 그 밖에 보험금의 지급 여부 또는 그 산정에 중대한 영향을 미치는 사항을 거짓으로 알리거나 숨기는 행위를 하여 보험금의 지급 여부 또는 그 산정에 중대한 영향을 미친 때에는, 보험자는 그 사실을 안 날부터 1개월 이내에 보험금청구권이 상실된다는 뜻을 통지하여 보험금의 지급책임을 면할 수 있다"고 규정하고, 동조 제2항은 "제1항의 경우 보험자가 이미 보험금을 지급한 경우에는 그 반환을 청구할 수 있다"고 규정하고 있다.

이와 같이 사기에 의한 보험계약을 무효로 하는 규정을 둠으로써 사기에 의한 고지의무 위반의 효력을 명확히 하고,[18] 보험계약자의 도덕적 해이를 방지하여 다수의 선량한 보험계약자를 보호하고자 하는 것이다.

이와 같이 사기에 의한 보험계약을 무효로 하는 포괄규정을 둠으로써 현행 상법이 부분적으로 규정하고 있는 초과보험 및 중복보험에서의 사기로 인한 보험계약을 무효로 하는 상법 제669조 제4항 및 제672조 제3항은 삭제하고 있다.

이와 같이 개정안이 사기에 의한 보험계약(또는 고의에 의한 고지의무 위반이나 부실고지)을 무효로 하는 규정을 신설한 것은 독일 보험계약법 제22조 및 프랑스 보험법 L.113-8조를 반영한 것이라고 볼 수 있다.

개정안은 사기에 의한 보험계약을 무효로 하는 외에도, 보험금의 청구가 서면이나 증거를 위조·변조 등을 하여 이루어진 경우에는 일정한 요건 하에 보험자를 면책하고 있다.

　나. 개정안이 사기에 의한 보험계약을 무효로 하는 일반(포괄)규정을 신설하고 또한 서면이나 증거를 위조·변조 등을 하여 사기의 목적으로 보험금을 청구한 경우 일정한 요건 하에 보험자를 면책하는 규정을 신설한 것은, 사기에 의한 보험계약의 체결이나 보험금의 부정청구가 특히 많은 우리나라의 현실에서 볼 때

---

18) 이에 대하여 현행 상법은 규정이 없어 해석이 나뉘어 있고[이에 관한 상세는 정찬형, 전게 상법강의(하)(제9판), 551~554면 참조], 판례는 "보험계약자의 고지의무 위반이 사기에 해당하는 경우에는 보험자는 상법의 규정에 의하여 그 계약을 해지할 수 있음은 물론, 민법의 일반원칙에 따라 그 보험계약을 취소할 수 있다"고 판시하고 있다(대판 1991. 12. 27, 91 다 1165).

타당하다고 본다.19) 또한 이러한 규정을 둠으로써 사기에 의한 고지의무 위반이 있는 경우 보험자는 그 보험계약을 해지할 수 있을 뿐이냐 또는 무효를 주장할 수 있느냐에 대하여 해석상 불필요한 논의를 불식하고 명확하게 무효를 주장할 수 있도록 하고 있다. 또한 사기에 의한 보험계약을 무효로 할 수 있는 점은 민법 제2조 등에 의하여도 주장할 수 있으나, 보험계약의 선의성 등에서 상법(보험편)이 이를 다시 보험계약에 관하여 명확히 규정하는 것도 무방하다고 본다.

보험계약자 등이 손해의 통지 또는 보험금 청구에 관한 서면이나 증거를 위조하거나 변조하는 행위 등을 한 경우에는 현재 보험약관 등에 의하여도 보험계약자 등은 보험금 청구를 할 수 없으나, 이에 관하여 상법(보험편)이 명확하게 규정하는 것도 보험금의 부당청구를 억제하는데 크게 기여할 것으로 본다. 또한 개정안은 보험계약자 등이 서면이나 증거를 위조·변조하는 행위를 하여 보험금을 이미 지급받은 경우에도 보험자는 그 반환을 청구할 수 있는 것으로 규정하고 있는데(개정안 제657조의 2 제2항), 이는 민법 등의 적용에 의하여 보험금의 반환청구가 가능한지 여부에 관한 논쟁을 불식시키고 보험금의 반환을 명백히 청구할 수 있도록 한 점에서 그 의미가 크다고 본다.

## 6. 보험금의 지급시기 구체화(개정안 제658조)

**가.** 개정안 제658조는 보험금의 지급시기에 대하여 구체적으로 규정하고 있는데, 동조 제1항은 "보험자는 보험금의 지급기간에 관하여 약정이 있는 경우에는 그 기간 내에 지급할 보험금을 정하여 피보험자 또는 보험수익자에게 보험금을 지급하여야 한다"고 규정하고, 동조 제2항은 "보험자는 보험금의 지급기간에 관하여 약정이 없는 경우에는 제657조 제1항의 통지를 받은 후 손해사정 또는 보험사고 조사에 필요한 통상의 기간 내에 지체 없이 지급할 보험금을 정하고, 보험금을 정한 날부터 10일 이내에 피보험자 또는 보험수익자에게 보험금을 지급하여야 한다. 다만, 보험계약자 또는 보험금청구권자의 책임이 있는 사유로 손해사정이나 보험사고조사가 방해된 경우에는 손해사정 또는 보험사고조사에 필요한 통상의 기간의 진행은 정지되고 그 방해가 소멸된 때부터 진행한다"고 규정하고 있다.

---

19) 2005년도 보험사기 적발건수 및 피해금액은 23,607건에 1,802억원이고(금융감독원 자료), 보험사기로 인하여 누수되는 추정 보험금은 2004년 기준 1조 3천억원에 이른다고 한다(보험개발원 자료).

현행 상법은 손해보험의 경우 보험계약자 등의 보험사고 통지 외에도 당해 사고가 보험사고에 해당하는지 여부·손해액 확정 등에 손해사정절차 등이 필요한데 이러한 점이 반영되어 있지 않으므로, 개정안에서는 이러한 내용을 반영하여 보험금의 지급기간에 관하여 약정이 있는 경우에는 "그 기간 내에 지급할 보험금을 정하여 … 보험금을 지급하여야 한다"고 규정하고, 보험금의 지급기간에 관하여 약정이 없는 경우에는 "보험계약자 등의 보험사고 발생의 통지를 받은 후 손해사정 또는 보험사고조사에 필요한 통상의 기간 내에 지체 없이 지급할 보험금을 정하고(보험계약자 등의 책임 있는 사유로 손해사정 등이 방해된 경우에는 손해사정 등에 필요한 통상의 기간의 진행은 정지되고 그 방해가 소멸된 때부터 진행함) 그 날부터 10일 이내에 … 보험금을 지급하여야 한다"고 규정하고 있다.

위와 같이 보험금의 지급시기에 대하여 구체적으로 규정한 점은 독일 보험계약법 제11조를 반영한 것으로 볼 수 있다.

나. 개정안이 위와 같이 보험금의 지급시기에 대하여 보험실무의 관행을 반영하여 구체적으로 규정하고 있는 점은 해석상 의문을 불식시키고 또한 법적 안정성에서 볼 때 타당하다고 본다.

## 7. 소멸시효기간 연장(개정안 제662조)

가. 개정안 제662조는 보험금청구권·보험료 또는 적립금의 반환청구권의 시효기간을 2년에서 3년으로 연장하고, 보험료청구권의 시효기간을 1년에서 2년으로 연장하고 있다.

이러한 청구권의 소멸시효기간이 외국의 입법례(독일 보험계약법 개정안은 소멸시효에 관한 규정을 삭제하여 독일 민법상 소멸시효기간과 같이 3년이 적용되도록 하고 있음) 등에 비추어 너무 단기로서 이로 인한 보험자와 보험계약자의 불이익이 크므로 이를 제거하기 위하여 각각 1년씩 연장한 것이다.

나. 위와 같이 개정안이 보험금청구권(보험료 또는 적립금의 반환청구권 포함) 및 보험료청구권의 소멸시효기간을 각각 1년씩 연장한 것은 보험자와 보험계약자의 이익을 위하여 타당하다고 본다.

다. 보험금청구권의 소멸시효에 관하여 그 기산점을 언제로 볼 것이냐에 대하여 많은 논란이 있다. 이에 관하여 우리 대법원판례는 "보험금청구권의 소멸시효는 특별한 사정이 없는 한 원칙적으로 '보험사고가 발생한 때'로부터 진행한다고 해석하는 것이 상당하지만, 객관적으로 보아 보험사고가 발생한 사실을 확인할 수 없는 경우에는 보험금청구권자가 '보험사고의 발생을 알았거나 알 수 있었던 때'로부터 보험금청구권의 소멸시효가 진행한다"고 판시하고 있는데,[20] 이는 상법 제658조의 보험금의 지급시기에 관한 규정과 관련하여 볼 때 극히 의문이다. 즉, 상법 제658조에 의하여 보험금의 지급시기가 있는데 그 이전인 '보험사고가 발생한 때'에 소멸시효가 진행한다고 보는 것은 아무래도 이해하기 어렵다. 그러나 이에 대하여 우리 대법원판례는 명백히 이에 반하는 취지로 "보험약관 또는 상법 제658조에서 보험금 지급유예기간을 정하고 있더라도 보험금청구권의 소멸시효는 보험사고가 발생한 때로부터 진행하고, 위 지급유예기간이 경과한 다음 날부터 진행한다고 볼 수는 없다"고 판시하고 있다.[21]

사견으로 보험금청구권의 시효기간의 기산점은 보험금 지급시기가 정하여지는 경우에는(상법 제658조) 그 기간이 경과한 다음 날이라고 본다. 그러나 보험금 지급시기가 정하여지지 않는 경우로서 보험계약자 등이 보험사고 발생을 알고 이를 보험자에게 통지한 때에는 보험자가 그 통지를 받은 후 지급할 보험금액이 정하여지고 10일의 보험금 지급유예기간이 경과한 다음 날이라고 보아야 할 것이다. 그러나 보험계약자 등이 보험사고 발생을 알고도 이를 보험자에게 통지를 하지 않은 경우에는 보험사고가 발생한 때이고, 보험금청구권자가 과실 없이 보험사고의 발생을 알 수 없었던 특별한 사정이 있는 경우에는 (우리 대법원판례와 같이) 그가 보험사고의 발생을 알았거나 알 수 있었던 때라고 보아야 할 것이다. 따라서 개정안은 보험금청구권의 시효기간을 정하면서 논쟁이 있는 기산점에 대하여도 명확히 규정하였으면 이에 관한 분쟁의 해결에 큰 도움이 되었을 것이 아닌가 하는 아쉬움이 있다.

## 8. 보험계약법의 상호보험에의 준용규정을 공제 등에 확대 적용(개정안 제664조)

가. 현행 상법은 보험편의 규정을 그 성질에 반하지 아니하는 범위에서 상호보험에만 준용하는데, 개정안 제664조는 상호보험·공제·그 밖에 이에 준하는 계약에 준용하는 것으로 규정하여 상법(보험편)의 준용범위를 확대하고 있다.

나. 우리 대법원판례는 공제를 일종의 보험으로서 상호보험과 유사한 것으로 보고 있으므로,[22] 상법(보험편)의 규정의 준용범위를 상호보험뿐만 아니라 공

---

20) 대판 1993. 7. 13, 92 다 39822 외.
21) 대판 2005. 12. 23, 2005 다 59383·59390.

제·그 밖에 이에 준하는 계약으로 확대하는 것은 타당하다고 본다.

## III. 손해보험

### 1. 중복보험 관련 규정의 정비(개정안 제672조, 제672조의 2)

　가. 개정안 제672조는 중복보험에 관한 규정을 개정하고 있는데, 동조 제1항은 "동일한 보험계약의 목적과 동일한 사고에 관하여 둘 이상의 보험계약이 동시에 또는 순차로 체결된 경우에 각 보험금의 총액이 보험가액을 초과하거나 각 보험계약에 의한 보상액의 총액이 손해액을 초과하는 경우에는 보험자는 각 보험계약에 의한 보상액의 한도에서 연대책임을 진다. 이 경우 각 보험자의 보상책임은 각자의 보험금의 비율 또는 각 보험계약에 의한 보상액의 비율에 따른다"고 규정하고, 동조 제2항은 "보험자의 책임에 관하여 제1항과 다른 내용의 약정이 있는 경우에는 그 약정에 따른다"고 규정하고 있다.

　개정안 제672조의 2는 둘 이상의 보험계약의 통지의무에 대하여 규정하고 있는데, 동조 제1항은 "동일한 보험계약의 목적과 동일한 사고에 관하여 둘 이상의 보험계약이 동시에 또는 순차로 체결된 경우에는 보험계약자 또는 피보험자는 지체 없이 각 보험자에게 다른 보험계약의 보험자와 보험금을 통지하여야 한다. 동일한 보험계약의 목적에 관하여 제667조의 이익이나 보수를 보상하는 보험계약과 그 밖의 손해를 보상하는 보험계약이 따로 체결된 경우에도 같다"고 규정하고, 동조 제2항은 "보험계약자나 피보험자가 고의 또는 중대한 과실로 제1항의 통지를 하지 아니하거나 거짓의 통지를 한 경우에는 보험자는 그 사실을 안 날로부터 1개월 이내에, 계약을 체결한 날부터 3년 이내에 한하여 계약을 해지할 수 있다. 다만, 보험자가 각 보험계약이 체결될 당시에 다른 보험계약의 내용을 알았거나 중대한 과실로 알지 못한 경우에는 그러하지 아니하다"고 규정하고 있다.

　현행 상법 제672조 제1항은 중복보험의 요건으로 '보험금의 총액이 보험가액을 초과한 경우'만을 규정하고 있는데, 개정안은 독일 보험계약법 제59조 제1항에 따라 '각 보험계약에 의한 보상액의 총액이 손해액을 초과하는 경우'를 포

---

22) 대판 1998. 3. 13, 97 다 52622.

함시키고 있다. 이는 일부보험(상법 제674조)에서 비례부담의 원칙에 의한 계약과 제1차위험보험계약이 체결된 경우이거나[23] 수 개의 제1차위험부담계약이 체결된 경우에는, 각 계약의 보험금액의 총액이 보험가액을 초과하지 않더라도 보험계약자가 받게 되는 총 보험금이 손해액을 초과할 수 있는데, 이를 중복보험에 포함시키지 않으면 중복보험의 제한의 목적인 이득금지의 취지를 관철시킬 수 없기 때문에 이를 중복보험의 개념에 포함시킨 것이다.

또한 개정안 제672조 제2항은 독일 보험계약법 제59조 제1항과 같이 개정안 제672조 제1항을 임의규정으로 규정하고 있다.

또한 현행 상법 제672조 제2항은 중복보험의 경우 보험계약자의 통지의무만을 규정하고 있을 뿐 그 위반효과에 관하여 규정하고 있지 않으므로 그 위반효과에 관하여 논쟁이 있었다.[24] 따라서 개정안은 제672조의 2를 신설하여 제1항에서는 통지의무를 규정하고, 제2항에서는 통지의무 위반의 효과로서 보험자는 보험계약을 해지할 수 있음을 규정하고 있다.

나. 중복보험에 관한 개정안에 대하여 私見은 다음과 같다.

(1) 중복보험의 요건에 '보험금의 총액이 보험가액을 초과하는 경우'뿐만 아니라 '각 보험계약에 의한 보상액의 총액이 손해액을 초과하는 경우'도 포함시킨 것은 피보험자가 손해액 이상으로 이득하는 것을 금지하는 손해보험의 취지에 맞는 것으로 매우 타당하다고 본다.

(2) 현행 상법 제672조 제1항의 규정이 강행법규인지 여부에 대하여 학설[25]·판례[26]는 이를 강행법규가 아니라고 보고 있다. 따라서 개정안이 이러한 점을

---

23) 예컨대 X가 2억원의 건물에 대하여 Y보험회사와 1억원을 보험금액으로 하고 비례부담의 원칙에 따라 보상하기로 하는 일부 화재보험계약을 체결하고(상법 제674조 본문) Z보험회사와 8천만원을 보험금액으로 하고 제1차위험보험계약(실손보상계약)으로 보상하기로 하는 일부 화재보험계약을 체결한 후에(상법 제674조 단서), 이 건물에 화재가 발생하여 손해액이 1억 2천만원으로 산정된 경우, Y보험회사는 보험금으로 6천만원을 지급하고 Z보험회사는 보험금으로 8천만원을 지급하게 된다. 이 때 X의 Y회사와 Z회사에 대한 보험금액의 합계는 1억 8천만원으로 이는 보험가액(2억원) 미만이나 X가 지급받은 보험금의 합계은 1억 4천만원으로 손해액 1억 2천만원보다 많이 지급받게 된다. 따라서 이러한 경우에는 중복보험의 법리가 적용되어야 할 것이다.

24) 이에 대하여 우리 대법원판례는 "손해보험에 있어서 다른 보험계약을 체결한 것은 상법 제652조 및 제653조의 통지의무의 대상이 되는 사고발생의 위험이 현저하게 변경 또는 증가된 때에 해당되지 않으므로, 보험자는 보험계약자의 상법 제672조 제2항에 의한 통지의무의 위반을 이유로 보험계약을 해지할 수는 없다"고 판시하고 있다(대판 2003. 11. 13, 2001 다 49630).

25) 정찬형, 전게 상법강의(하)(제9판), 605면.

26) 대판 2002. 5. 17, 2000 다 30127(상법 제672조 제1항의 규정은 강행법규라고 해석되지 아

명확히 하기 위하여 제672조 제2항을 신설하여 "보험자의 책임에 관하여 제1항과 다른 내용의 약정이 있는 경우에는 그 약정에 따른다"고 규정한 점은 타당하다고 본다.

(3) 개정안은 보험계약자 등의 통지의무 내용에 "동일한 피보험이익에 관하여 이익보험계약(상법 제667조)이 체결되거나 또는 그 밖의 손해를 보상하는 보험계약이 따로 체결된 경우"를 포함시키고 있는데, 이 점에 대하여는 개정안 제672조의 2 제1항 제1문과 같이 중복보험에서 통지의무의 내용을 구체화한 것으로 다른 의견이 없다.

(4) 보험계약자 등이 고의 또는 중대한 과실로 중복보험에 관한 사실을 각 보험자에게 통지하지 않은 경우, 그러한 사실 자체가 상법 제652조(객관적 위험변경·증가) 및 제653조(주관적 위험변경·증가)에 해당하지 않음에도 불구하고 기존 판례에 반하면서까지 보험자에게 보험계약의 해지권을 인정하는 것이 과연 타당한지의 여부는 의문이다. 사견으로는 이는 보험계약자에게 불리한 규정이므로 개정안과 같이 이를 규정하지 않고, 현재와 같이 해석에 맡기는 것이 타당할 것으로 생각한다. 이렇게 되면 중복보험에서 보험계약자 등에게 부과한 중복보험에 관한 통지의무규정이 실효성이 없을 것이라는 의문은 있으나, 이를 고지의무 위반의 효과(상법 제651조)와 동일하게 볼 수 있을 것인가는 의문이다. 중복보험에 관한 사실의 통지가 보험계약자측의 위험변경이나 증가에 아무런 영향이 없음에도 불구하고, 이를 통지하지 않았다고 하여 (고지의무 위반의 경우와 동일하게) 보험자에게 보험계약의 해지권을 인정하는 것은 타당하지 않다고 본다. 따라서 보험계약자 등이 중복보험에 관한 통지의무를 위반하면 그의 결과로서 위험변경이나 증대를 가져온 경우에만(즉, 상법 제652조 및 제653조에 해당하는 경우에만) 보험자에게 보험계약의 해지권을 인정하면 충분하다고 본다.

## 2. 보험목적의 양도시 양도인 등의 통지의무 위반효과의 구체화(개정안 제679조)

가. 개정안 제679조는 보험목적의 양도에 관한 규정을 개정하고 있는데, 동조 제1항은 "피보험자가 보험목적을 양도한 경우 양수인은 보험계약상의 권리와

---

니하므로, 각 보험계약의 당사자는 각개의 보험계약이나 약관을 통하여 중복보험에 있어서 피보험자에 대한 보험자의 보상책임방식이나 보험자들 사이의 책임분담방식에 대하여 상법의 규정과 다른 내용으로 규정할 수 있다).

의무를 승계한다"고 규정하고, 동조 제2항은 "제1항의 경우에 보험목적의 양도인 또는 양수인은 보험자에게 지체 없이 보험목적의 양도사실을 통지하여야 한다. 양도인 또는 양수인이 양도의 통지를 하지 아니한 상태에서 양도일부터 1개월을 지나 보험사고가 발생하고, 보험자가 제1항의 승계를 하지 않으리라는 사정이 인정되는 경우 보험자는 보험금을 지급할 책임을 면한다"고 규정하며, 제3항은 "보험자는 보험목적이 양도된 사실을 안 날부터 1개월 이내에 보험계약의 해지를 통지할 수 있다. 이 경우 보험계약자가 해지통지를 받은 후 15일이 지나야 해지의 효력이 생긴다"고 규정하고 있다.

현행 상법 제679조 제1항은 보험목적이 양도된 경우 "양수인은 보험계약상의 권리와 의무를 <u>승계한 것으로 추정한다</u>"고 규정하고 있는데, 개정안 제679조 제1항은 "피보험자가 보험목적을 양도한 경우 양수인은 보험계약상의 권리와 의무를 <u>승계한다</u>"로 변경하였다.

개정안 제679조 제2항 제2문은 양도인 또는 양수인의 통지의무 위반의 효과를 신설하고 있는데, (ⅰ) 양도일로부터 1개월을 지나 보험사고가 발생하고 (ⅱ) 보험자가 양수인과 보험관계를 유지하지 않으리라는 사정이 인정되는 경우에는 보험자는 보험금의 지급을 면하는 것으로 규정하고 있다.

개정안 제679조 제3항은 보험자가 (양도인 또는 양수인의 통지에 의하여 또는 이러한 통지가 없었더라도 스스로) 보험목적이 양도된 사실을 안 경우에는 그 날부터 1개월 이내에 보험계약의 해지를 통지할 수 있는 것으로 하고, 다만 그 해지의 효력은 해지통지를 받은 후 15일이 지난 후에 발생하는 것으로 규정하고 있다.

개정안이 위와 같이 규정하고 있는 것은 보험목적의 양도와 관련하여 보험자에게 언제 계약해지권이 인정되는지 또한 보험자는 어떤 경우에 면책을 주장할 수 있는지를 명확히 하여 보험자와 양도인 또는 양수인간의 분쟁을 사전에 방지하고자 하는 것이다.

나. 위의 개정안이 보험목적의 양도에 따른 법률관계를 명확히 하기 위하여 보다 상세하게 규정하고 있는 점에 대하여는 원칙적으로 찬성하나, 다음과 같은 점에서 몇 가지 의문점이 있다.

(1) 현행 상법상은 보험목적이 양도된 경우 양수인은 보험계약상의 권리와 의무를 승계한 것으로 추정하므로, (보험목적이 양도되었다 하더라도) 양도인 또는 양수인이 보험계약상의 권리와 의무가 이전되지 않은 것으로 반대의 증명을 하면 보험계약상의 권리와 의무는 양도인에게 있는데, 이 경우 양도인에게는 피보

험이익이 없으므로 보험자와 양도인간의 보험계약은 효력을 잃게 된다. 그런데 이 때 양도인 또는 양수인이 보험계약상의 권리와 의무가 이전되지 않은 것으로 증명하지 못하면 양수인이 보험계약상의 권리와 의무를 갖게 되므로 양수인은 보험자에 대하여 보험금청구권을 갖게 되고, 또한 양도인 또는 양수인의 통지의무를 민법 제450조와 같은 대항요건으로 보지 않는다면 이러한 통지가 없다고 하더라도 (보험약관에 다른 정함이 없는 한) 양수인은 보험목적의 양수사실을 증명하여 보험금을 청구할 수 있다.[27] 그런데 이 경우 보험자는 (양도인 또는 양수인의 통지의무 위반에도 불구하고) 언제나 보험금지급의무를 부담하게 되어 보험자에게는 불리한 점이 있다.

따라서 개정안은 보험목적이 양도된 경우에 보험계약상의 권리와 의무를 양수인이 승계한 것으로 추정하는 것이 아니라 "승계한다"고 규정하고 있다. 이러한 점은 보험계약관계가 양도인에게 존재하면서 (보험목적의 양도로 인하여) 피보험이익이 없어 보험계약이 효력을 상실하는 것으로 하는 것보다는 훨씬 당사자의 의사에도 합치하고 경제적인 것으로 보아 타당하다고 본다. 그런데 이 경우 보험자를 보호하기 위하여 일정한 요건 하에 보험자의 면책과 보험계약 해지권을 인정하고 있는데, 이와 같이 보험자에게 두 권리를 반드시 인정해야 하는지는 의문이다. 이는 보험계약자의 이익을 지나치게 희생시키는 것이 아닌가 하는 의문이 든다.

(2) 개정안 제679조 제2항 제2문은 양도인 또는 양수인이 통지의무를 위반한 경우 (ⅰ) 양도일부터 1개월을 지나 보험사고가 발생하고 (ⅱ) 보험자가 보험계약의 승계를 인정하지 않으리라는 사정이 인정되는 경우라는 두 가지 요건 하에 보험자를 면책하고 있는데, 양수인이 보험계약상의 권리와 의무를 승계한다고 보면서(개정안 제679조 제1항) 객관적으로 위험이 현저하게 변경 또는 증가된 사실이 없음에도 불구하고(때에 따라서는 위험이 감소되는 경우도 있을 수 있음) 보험목적의 양도에 대한 통지만이 없었다고 하여 '보험자가 승계를 인정하지 않으리라는 사정이 인정되는 경우'라는 보험자측의 애매한 주관적 사정만으로 보험자를 면책시키는 것은 보험목적의 양수인에게 너무 가혹하여 타당하다고 볼 수 없다. 보험목적의 양도에 의하여 객관적으로 위험이 변경 또는 증가된 사실이 없음에도 불구하고 보험목적의 양도사실의 통지를 게을리하였다고 하여 (일정한 요건 하에) 보

---

27) 정찬형, 전게 상법강의(하)(제9판), 633~634면; 양승규, 전게 보험법(제5판), 268면; 한철, "보험목적의 양도," 「고시연구」, 2002. 12, 70면.

험자를 면책시키는 것은, 객관적 위험변경·증가의 통지를 게을리한 경우 보험계
약을 해지할 수 있도록 한 것(상법 제652조 제1항 제2문)과도 너무나 불균형하게
되어 타당하지 않다고 본다.

　　또한 개정안 제679조 제2항 제2문의 "양도일부터 1개월을 지나 보험사고가
발생하고"의 요건에서 객관적으로 위험이 변경 또는 증가가 없는 경우에 1개월
전에 보험사고 발생한 것과 1개월이 지나서 보험사고가 발생한 것이 무슨 큰 의
미가 있어서 보험자의 면책유무를 결정하게 되는지도 알 수 없다. 또한 동조 동
항 제2문에서 "… 보험자가 제1항의 승계를 하지 않으리라는 …" 표현도 어색하
다. 이를 정확하게 표현하기 위하여는 "… 보험자가 제1항의 승계를 <u>인정</u>(또는 동
의)하지 않으리라는 …"으로 하여야 할 것으로 본다.

　　(3) 개정안 제679조 제3항은 보험자가 보험목적이 양도된 사실을 안 경우(양
도인 또는 양수인의 양도통지에 의하여 또는 이러한 양도통지가 없어도 스스로 안 경우)
보험자의 보험계약 해지권을 규정하고 있는데, 보험자의 해지권을 인정하는 것
자체는 찬성한다. 그러나 "해지를 통지할 수 있다"는 표현은 다른 조문(예컨대, 상
법 제651조~제653조 등)과 비교하여 볼 때 어색하고 균형이 맞지 않으며, 해지통지
의 상대방도 양수인이 보험계약상의 권리와 의무를 승계한 이상 보험계약자보다
는 양수인이 되어야 할 것으로 생각되고, 또한 해지의 효력이 이 경우에만 해지
통지를 받은 후 15일이 지나야 그 효력이 생기는 것으로 하여야 할 특별한 이유
가 무엇이며 다른 조문(예컨대, 상법 제651조~제653조 등)과의 불균형이 있어도 무
방한지 의문이다. 또한 이 경우 보험자는 보험료의 증액을 청구할 수 있는 것도
함께 규정하여야 할 것으로 본다(상법 제652조 제2항, 제653조 참조).

　　(4) 따라서 개정안 제679조 제2항 제2문 및 제3항을 삭제하고, 제679조 제2
항 제2문에 양도인 또는 양수인의 양도통지의무 위반에 대하여 다른 조문과의
균형상 "양도인 또는 양수인이 이를 게을리한 때에는 보험자는 그 사실을 안 날
부터 1개월 이내에 보험계약을 해지할 수 있다"고 규정하면서(상법 제652조 제1항
제2문 참조), 보험사고 발생 후의 해지에 대하여는 현행 상법 제655조에 개정안
제679조 제2항을 추가하면 충분할 것으로 본다.

　　개정안 제679조 제3항은 "보험자가 제2항 제1문의 통지를 받은 때에는 1개
월 이내에 보험료의 증액을 청구하거나 계약을 해지할 수 있다"로 규정함으로써,
통지의 효과에 대하여도 규정하여야 할 것으로 본다(상법 제652조 제2항 참조).

## 3. 손해방지의무 위반 효과의 구체화 및 손해방지비용 부담한도액의 설정(개정안 제680조)

가. 개정안 제680조는 손해방지의 의무 및 비용에 대하여 규정하고 있는데, 동조 제1항은 "보험계약자와 피보험자는 보험사고가 발생한 경우 그 사고로 인한 손해를 방지하고 줄이기 위하여 노력하여야 한다"고 규정하고, 동조 제2항은 "보험계약자나 피보험자가 제1항의 의무를 고의 또는 중대한 과실로 위반한 경우에는 보험자는 그 의무가 이행되었더라면 방지하거나 줄일 수 있었던 손해액을 보상액에서 공제할 수 있다. 다만, 제1항의 의무위반이 손해의 발생 및 확대에 영향을 미치지 아니한 경우에는 그러하지 아니하다"고 규정하여 의무위반효과를 규정하고 있으며, 동조 제3항은 "보험자는 제1항의 의무를 이행하기 위하여 필요하거나 유익하였던 비용과 보상액을 보험금의 한도 내에서 부담한다. 다만, 이 의무의 이행이 보험자의 지시나 동의를 따른 것인 경우에는 비용과 보상액이 보험금을 초과하더라도 보험자가 부담한다"고 규정하여 손해방지비용 부담한도액을 규정하고 있다.

현행 상법 제680조 제1항은 보험계약자 또는 피보험자의 손해방지의무만을 규정하고 있을 뿐 그 위반효과에 대하여 규정하고 있지 않았다. 따라서 이에 대하여 학설은 보험계약자 등이 고의 또는 중대한 과실로 인하여 이 의무를 게을리한 경우에는 이와 상당인과관계가 있는 손해에 대하여 보험자는 그 배상을 청구할 수 있거나 또는 지급할 손해보상액으로부터 이를 공제할 수 있는 것으로 해석하였다(통설).[28] 개정안 제680조 제2항은 이러한 통설의 해석을 반영하여 입법한 것인데, 손해액을 보상액에서 공제할 수 있는 것으로 규정하였다.

손해방지비용의 부담에 대하여 현행 상법 제680조 제1항 단서는 손해방지와 경감을 위하여 필요 또는 유익하였던 비용과 보상액이 보험금액을 초과한 경우라도 (보험자의 지시나 동의에 관계 없이) 언제나 보험자가 부담하는 것으로 규정하였으나, 개정안 제680조 제3항은 보험자의 지시나 동의가 있는 경우에만 이러한 비용과 보상액이 보험금을 초과하더라도 보험자가 부담하는 것으로 하고 보험자의 지시나 동의가 없는 경우에는 보험금의 한도 내에서만 보험자는 이러한 비용

---

28) 정찬형, 전게 상법강의(하)(제9판), 614면; 양승규, 전게 보험법(제5판), 233~234면; 서돈각·정완용, 「제4전정 상법강의(하)」(서울: 법문사, 1996), 233~234면; 채이식, 「상법강의(하)(개정판)」(서울: 박영사, 2003), 543면 외.

을 부담하는 것으로 규정하였다. 이와 같은 개정안은 독일 보험계약법 제62조 제1항에 따른 것이다.

　　나. 개정안 제680조 제2항이 손해방지의무 위반의 효력을 통설에 따라 입법한 것은 타당하다고 본다.[29]

　　그런데 개정안 제680조 제3항이 보험자는 손해방지비용을 원칙적으로 보험금의 한도에서만 부담하고 보험자의 지시나 동의가 있는 경우에 한하여 손해방지비용과 보상액이 보험금을 초과하더라도 부담하는 것으로 규정하고 있는데, 이는 통설에 의하여 무효라고 인정되는 약관규정[30]을 따른 입법이다. 이와 같이 입법한 이유는 보험자의 지시 여부와 상관 없이 보험자가 손해방지비용을 언제나 전부 부담하도록 하는 것은 보험금액에 의하여 보험급부의 한도를 정하는 보험계약의 기본구조를 허구화시키는 문제점이 있기 때문이라고 하는데, 이러한 손해방지비용은 보험자가 보험사고 발생으로 인하여 부담하게 될 보상책임의 범위를 줄이기 위하여 지출된 비용으로서 보험자의 이익을 위하여 필요한 비용이므로 보험자가 전액 부담하는 것이 당연한 점 및 손해방지를 적극 장려하는 공익적 이유가 있는 점 등에서 볼 때 종래에 무효라고 보는 약관의 내용에 따라서 입법하는 것이 과연 타당한지는 극히 의문이다. 따라서 손해방지를 적극 장려해야 하는 공익적 이유 및 보험계약자를 보호할 필요가 있는 점 등에서 볼 때, 개정안 제680조 제3항은 삭제하고 현행 상법 제680조 제1항 단서의 내용을 유지하는 것이 타당하다고 본다.

## 4. 가족에 대한 보험자의 대위권 행사 금지규정의 신설(개정안 제682조 제2항)

　　가. 개정안은 제682조 제2항을 신설하여 "보험계약자나 피보험자의 제1항의 권리가 그와 생계를 같이 하는 가족에 대한 것인 경우에는 보험자는 그 권리를 취득하지 못한다. 다만, 손해가 그 가족의 고의로 인하여 발생한 경우에는 그러하지 아니하다"고 규정하고 있다.

---

29) 독일 보험계약법 제62조 제2항은 위와 같은 개정안 제680조 제2항과는 달리, 보험계약자가 '고의'로 손해방지의무를 위반한 경우에는 그 위반행위와 손해(범위 확대) 사이의 인과관계를 불문하고 보험자를 면책하고, '중과실'로 손해방지의무를 위반한 경우에는 인과관계가 있는 경우에만 보험자를 면책하고 있다.
30) 정찬형, 전게 상법강의(하)(제9판), 616면; 서돈각·정완용, 전게 상법강의(하)(제4전정판), 417면; 양승규, 전게 보험법(제5판), 235면 외.

현행 상법 제682조는 보험자가 대위권을 행사할 수 있는 '제3자'의 범위를 제한하고 있지 않으므로 보험자는 보험계약자 또는 피보험자의 가족에 대하여도 대위권을 행사할 수 있는데, 이러한 경우 결국 그 책임이 보험계약자 또는 피보험자에게 이전되어 보험계약이 공동화(空洞化)될 우려가 있으므로, 개정안은 제682조 제2항을 신설하여 보험자는 '보험계약자나 피보험자와 생계를 같이 하는 가족'에 대하여 (그가 고의로 손해를 발생시킨 경우를 제외하고는) 대위권을 취득하지 못하는 것으로 하였다. 이는 독일 보험계약법 제67조 제2항에 따른 입법이다. 이 때 가족은 민법 제779조에 의하여 "(ⅰ) 배우자·직계혈족 및 형제자매, (ⅱ) 생계를 같이 하는 직계혈족의 배우자·배우자의 직계혈족 및 배우자의 형제자매"인데, 개정안은 제682조 제2항에서의 가족은 모든 경우에 "생계를 같이 하는" 위의 가족이다.

나. 생계를 같이 하는 가족에 대한 보험자의 대위권을 금지하는 개정안은 보험의 실질적 효용성을 증대시키는 점에서 타당하다고 본다. 이에 대하여 현행 상법은 명문으로 규정하고 있지는 않으나 통설[31]·판례[32]는 이와 동일하게 해석하고 있었으므로, 개정안 제682조 제2항은 이러한 통설·판례에 따른 입법이라고 볼 수 있다.

## 5. 책임보험에서 피보험자의 배상청구사실 통지의무 위반효과의 명문화(개정안 제722조 제2항)

가. 개정안은 제722조 제2항을 신설하여, "피보험자가 제1항의 통지를 게을리하여 손해가 증가된 경우는 보험자는 그 증가된 손해를 보상할 책임이 없다. 다만, 피보험자가 제657조 제1항의 통지를 발송한 경우에는 그러하지 아니하다"고 규정함으로써, 피보험자의 배상청구사실 통지의무 위반효과에 대하여 명문으로 규정하고 있다.

현행 상법 제722조는 책임보험의 피보험자가 제3자로부터 배상의 청구를 받은 때에는 지체 없이 보험자에게 그 통지를 발송하도록 하는 의무만 규정하고 있을 뿐, 그 통지의무 위반의 효력에 대하여는 규정하고 있지 않다. 따라서 학설은 피보험자가 배상청구 통지의무를 게을리한 경우에는 보험자가 개입하여 손해

---

31) 정찬형, 전게 상법강의(下)(제9판), 621면; 서돈각·정완용, 전게 상법강의(하)(제4전정판), 421면; 양승규, 전게 보험법(제5판), 248면 외.
32) 대판 2002. 9. 6, 2002 다 32547.

배상액을 줄일 수 있는 사유 등 특별한 사정이 있는 때에는 보험자는 이로 인한 손해를 보험금에서 공제하거나 구상할 수 있다고 해석하고 있다.[33] 개정안 제722조 제2항은 위와 같은 학설의 취지에 따라 피보험자의 배상청구 통지의무 위반의 효과에 대하여 '손해가 증가된 경우 그 증가된 손해를 보상할 책임이 없다'고 명문으로 규정하고 있다.

나. 피보험자의 배상청구 통지의무의 위반 효과에 대하여 개정안 제722조 제2항은 종래의 학설의 취지에 따라 명문으로 규정한 것이고 또한 이는 보험사고 발생의 통지의무 위반의 효과와 동일하게 규정한 것으로서(상법 제657조 제2항) 타당하다고 본다.

다만, 개정안 제722조 제2항 단서는 동조 제1항에서 규정하는 것이 피보험자에게 배상청구 통지의무를 면제하는 점이 명확하게 될 것으로 본다.

## 6. 책임보험에서 중복보험의 준용규정 개정(개정안 제725조의 2)

가. 현행 상법 제725조의 2는 "… 그 보험금액의 총액이 피보험자의 제3자에 대한 손해배상액을 초과하는 때"에 중복보험에 관한 규정을 준용하는 것으로 규정하고 있는데, 이는 보험사고가 발생하여 피보험자의 제3자에 대한 손해배상액이 확정된 경우에만 중복보험에 관한 규정이 준용되는 것으로 되어 다수계약 통지의무에 관한 규정(상법 제672조 제2항, 개정안 제672조의 2)이 적용될 수 없거나 또는 그 규정의 취지에 반하여 준용되는 결과가 된다. 따라서 개정안 제725조의 2에서는 "그 보험금액의 총액이 피보험자의 제3자에 대한 손해배상액을 초과한 때에는"을 삭제하였다.

나. 중복보험에서 둘 이상의 책임보험계약의 통지의무에 관한 규정(개정안 제672조의 2)을 그 취지에 맞게 준용할 수 있도록 하기 위하여는 개정안과 같이 규정하는 것이 타당하다고 본다.

## 7. 재보험에 책임보험에 관한 준용규정 명확화(개정안 제726조)

가. 현행 상법 제726조는 "이 절(책임보험)의 규정은 재보험계약에 준용한다"고 규정하여 재보험계약에 책임보험에 관한 모든 규정이 준용되는 것처럼 되어 있으나, 책임보험에 관한 규정 중에서 상법 제720조(피보험자가 지출한 방어비용의

---

33) 정찬형, 전게 상법강의(하)(제9판), 677면; 양승규, 전게 보험법(제5판), 371면; 채이식, 전게 상법강의(하)(개정판), 586면.

부담)·제724조 제2항(제3자의 직접청구권) 등은 그 성질상 재보험계약에 준용되는 것이 적절하지 않다. 따라서 개정안 제726조는 "이 절(책임보험)의 규정은 그 성질에 반하지 아니하는 범위에서 재보험계약에 준용한다"고 개정한 것이다.

나. 재보험계약의 성질에 반하지 아니하는 범위에서 책임보험에 관한 규정을 준용하도록 한 개정안은 매우 타당하다고 본다.

## 8. 보증보험에 관한 규정 신설(개정안 제726조의 5~제726조의 7)

가. 개정안은 제2장 손해보험에서 제7절을 신설하여 보증보험에 관한 규정을 두고 있는데, 그 내용을 다음과 같다.

개정안 제726조의 5는 보증보험자의 책임에 대하여 "보증보험계약의 보험자는 보험계약자가 피보험자에게 계약상의 채무불이행 또는 법령상의 의무불이행으로 입힌 손해를 보상할 책임이 있다"고 규정하고 있다.

개정안 제726조의 6은 보증보험계약에 적용되지 않는 보험계약법의 조항을 규정하고 있는데, 동조 제1항은 "보증보험계약에 관하여는 제639조 제2항 단서를 적용하지 아니한다"고 규정하고, 동조 제2항은 "보험계약자의 사기, 고의 또는 중대한 과실이 있는 경우에도 이에 대하여 피보험자에게 책임이 있는 사유가 없으면 제651조, 제652조, 제653조, 제655조의 2, 제659조 제1항 및 제672조의 2를 적용하지 아니한다"고 규정하고 있다.

개정안 제726조의 7은 보증보험의 보증성을 반영하여, "보증보험계약에 관하여는 그 성질에 반하지 아니하는 범위에서 보증채무에 관한 「민법」의 규정을 준용한다"고 규정하고 있다.

현행 상법은 보증보험에 관한 규정을 두고 있지 않으나 보험업법 제2조 제3호는 보험사업에 "매매·고용·도급 그 밖의 계약에 의한 채무 또는 법령에 의한 의무의 이행에 관하여 발생할 채권자 그 밖의 권리자의 손해를 보상할 것을 채무자 그 밖의 의무자에게 약속하고, 채무자 그 밖의 의무자로부터 그 보수를 수수하는 것을 포함한다"고 규정하여, 보증보험계약을 보험계약에 포함시키고 있다.

개정안은 위에서 본 바와 같이 보증보험에 관한 절을 손해보험에 별도로 신설하여 보증보험자의 책임을 규정하고, 보증보험의 성질상 보험계약법 중 그 적용이 부적절한 규정의 배제규정을 두고, 또한 보증보험의 보증성을 반영하여 민법상 보증에 관한 규정을 준용하는 규정을 두고 있다.

나. 보증보험은 실무에서 많이 이용되고 있음에도 불구하고 상법에서 규정

하고 있지 않아 그 법적 성질이 보험이냐 또는 보증이냐에 대하여 많은 논란이
있다. 보증보험계약에는 보험성과 보증성이 모두 있다는 점은 인정할 수 있지만
보증보험은 원칙적으로 보험이라고 본다.34) 따라서 보증보험계약에는 원칙적으
로 보험계약법이 적용되는데, 보증보험계약의 성질상 보험계약법의 적용이 부적
절한 규정은 이를 배제할 필요가 있고, 또한 보증보험에도 보증의 성질이 있으므
로 필요한 경우 민법상 보증에 관한 규정을 준용한다는 근거규정을 둘 필요가
있다. 따라서 개정안이 상법상 손해보험에 하나의 절을 신설하여 보증보험에 관
하여 직접 규정하고, 보증보험의 성질상 그 적용이 부적절한 보험계약법상의 규
정을 배제하고, 또한 보증보험에도 보증의 성질이 있으므로 그 성질에 반하지 아
니하는 범위에서 민법상 보증에 관한 규정을 준용한다는 근거규정을 둔 것은, 매
우 타당하다고 본다.35)

　　개정안에서는 보증보험계약에 대하여는 상법 제639조 제2항 단서(타인을 위
한 손해보험계약의 경우에 보험계약자가 그 타인에게 보험사고의 발생으로 생긴 손해를 배
상한 때에는 보험계약자는 그 타인의 권리를 해하지 아니하는 범위 안에서 보험자에게 보
험금액의 지급을 청구할 수 있다)가 적용되지 않으므로(개정안 제726조의 6 제1항), 채
무자(보험계약자)가 채권자(피보험자)에게 계약상의 채무를 이행하거나 또는 법령상
의 의무를 이행한 경우 채무자(보험계약자)는 보험자에게 언제나 보험금을 청구할
수 없다. 보증보험계약은 그 성질상 채무자(보험계약자)의 채권자(피보험자)에 대한
채무(의무)불이행을 보험자가 담보하는 것이므로 채무자(보험계약자)가 보험자에게
보험금을 청구할 수는 없는 것이다. 이것은 마치 민법상 채무자가 그의 보증인에
게 보증채무의 이행을 청구할 수 없는 것과 같다.36) 따라서 개정안이 보험계약
법 제639조 제2항 단서를 보증보험계약에 적용하지 않는 규정을 둔 것은 타당하
다고 본다.

　　또한 개정안은 보험계약자에게 사기·고의 또는 중대한 과실이 없는 경우에
도 이에 대하여 피보험자에게 책임이 있는 사유가 없으면 상법 제651조(고의의무

---

34) 정찬형, "보증보험의 보증성과 보험성에 관한 연구,"「보증보험의 법적 제문제」(서울보증보
　　험), 2005. 6, 52~59면.
35) 비교법적으로 대만 보험법은 보증보험에 관하여 직접 규정하고 있다. 보험회사가 보험계약
　　의 하나로서 보증보험업무를 영위할 수 있도록 한 입법례로는 미국 뉴욕주 보험법 제1101조,
　　영국 보험회사법(1974) 제83조 제6항, 일본 보험업법 제3조 제6항 등이 있다.
36) 이 경우 민법상 보증인의 보증채무는 그의 부종성으로 인하여 주채무의 소멸과 동시에 소
　　멸되었다고 볼 수 있다.

위반으로 인한 계약해지)·제652조(객관적 위험변경·증가의 통지와 계약해지)·제653조
(주관적 위험변경·증가와 계약해지)·제655조의 2(사기에 의한 보험계약의 무효)·제659
조 제1항(보험계약자 등의 고의·중과실로 발생한 보험사고에 대한 보험자의 면책) 및 제
672조의 2(둘 이상의 중복보험계약에 대한 보험계약자 등의 통지의무)를 적용하지 않는
데(개정안 제726조의 6 제2항), 이는 보증보험계약의 성질상 타당하다고 본다. 종래
에 우리 대법원도 이와 같은 취지에서 "보험자는 보험계약자의 사기를 이유로
보증보험계약을 취소하는 경우에도, 피보험자가 그와 같은 기망행위가 있었음을
알았거나 알 수 있었던 경우 등과 같은 특별한 사정이 없는 한 보험자는 보험계
약의 취소를 가지고 피보험자에게 대항할 수 없다"고 판시하였다.37) 상법상 이러
한 규정들이 제한적으로 적용되는 것(즉, 피보험자에게 적용될 때에만 보험자는 보험
계약을 해지할 수 있거나 보험금의 지급책임을 면함)은 보증보험의 특수한 성질에 기
인하는 것이므로, 이러한 사정만을 이유로 하여 보증보험의 법적 성질을 보증이
라고 단정할 필요는 없다고 본다.

## IV. 인보험

### 1. 연금보험·양로보험의 규정 정비 및 생명보험의 보험사고 구체화(개정안 제727조 제2항, 제730조, 제735조, 제735조의 2)

가. 개정안은 제727조 제2항을 신설하여 "제1항의 보험금은 당사자간의 약
정에 따라 분할하여 지급할 수 있다"고 규정하여, (생명보험뿐만 아니라) 모든 인보
험의 공통적인 특질을 반영하였다. 즉, 보험금의 분할지급은 사람의 사망·생존·
상해·질병 등을 보장하는 모든 인보험에 관련되는 사항이므로 인보험 통칙에서
규정하게 된 것이다.

개정안 제730조는 "생명보험계약의 보험자는 피보험자의 사망, 생존, 사망과
생존에 관한 보험사고가 생길 경우에 약정한 보험금을 지급할 책임이 있다"고
규정하여, 생명보험에서 보험사고에 따른 생명보험의 종류를 구체적으로 분류하
여 사망보험·생존보험 및 생사혼합보험으로 규정하고 있다.

현행 상법 제735조는 생사혼합보험으로 제730조에서 규정하고 있으므로 불

---

37) 대판 1999. 7. 13, 98 다 63162.

필요한 조항이 되어 삭제하고, 제735조의 2는 생존보험에 관하여는 개정안 제
730조에 포함되고 보험금의 지급방법에 관하여는 개정안 제727조 제2항에 포함
되어 불필요한 조항이 되므로 삭제하고 있다.

    **나.** 개정안 제730조가 생명보험자의 책임을 보험사고에 따라 분류하여 사망
보험·생존보험 및 생사혼합보험으로 구체적으로 규정한 점은 현행 상법이 '생명
에 관한 보험사고'로 규정한 것을 명확하게 구체화하여 규정한 것으로서 매우 타
당하다고 본다. 따라서 해석과 법적용에서도 보다 명확하게 될 것으로 본다. 그
런데 현행 상법 제735조를 삭제하고 그 내용은 전부 개정안 제730조에 포함된다
고 보는 점과 또한 현행 상법 제735조의 2를 삭제하고 그 내용은 개정안 제730
조 및 동 제727조 제2항에 포함된다고 보는 점에 대하여는 미흡한 점이 있어 아
래와 같이 지적하고자 한다.

    (1) 현행 상법 제735조(양로보험)와 관련하여 「보험사고의 발생 없이 보험기
간이 종료한 때에 보험계약자 등에게 보험금액(환급금)을 지급하는 보험계약」은
생명보험계약(생사혼합보험계약)에서 뿐만 아니라 손해보험계약에서도 존재한다.
예컨대, 손해보험 중 장기화재보험(장기손해보험 중 화재로 인한 재물에 생긴 손해를
보상하는 보험)·장기종합보험(장기손해보험 중 재물손해·신체손해·배상책임손해 중 둘
이상의 손해를 보상하는 보험)·장기상해보험 등의 경우에도 보험사고가 발생한 경
우에는 보험금을 지급하나, 보험사고가 발생하지 않고 보험기간이 종료되는 경우
에는 환급금을 지급하고 있다. 그러나 이러한 형태의 보험계약에 대하여는 보험
약관에 의하여 환급금을 지급하고 있으므로 그 법적 근거가 없다. 따라서 이에
관한 법적 근거를 상법에서 마련하여 줄 필요가 있다고 본다.[38]

    (2) 현행 상법 제735조의 2(연금보험)와 관련하여 동 규정을 생명보험에 관한
절에 둠으로써 우리 상법은 생존연금만을 인정하고 그 외의 다양한 형태의 연금
은 상법상 인정되지 않는 것과 같은 오해를 유발시키므로 현행 상법 제735조의
2를 삭제한 것은 타당하다고 본다.[39]

    그런데 개정안 제727조 제2항만에 의하여 현재 실무상 존재하는 모든 연금
보험을 포섭할 수 있는지는 의문이다. 개정시안 제727조 제2항은 "제1항의 보험
금은 당사자 사이의 약정에 따라 '연금으로' 분할하여 지급할 수 있다"고 규정되

---

38) 동지: 사단법인 한국금융법학회, 「보험산업 발전을 위한 바람직한 상법개정방안」(손해보험
    협회 연구용역보고서), 2007. 9. 21, 94~96면.
39) 동지: 사단법인 한국금융법학회, 상게 연구용역보고서, 90~94면.

었는데, 개정안에서는 '연금으로'를 삭제하였다. 따라서 개정안과 같이 분할지급으로만 규정한 것은 순수한 보험금의 지급방식에 불과하고 이것이 직접적으로 연금과 관련되는 것으로 보기는 어렵다. 그런데 '연금으로'를 넣게 되면 이는 보험종목도 되고 또한 인보험금의 지급방식도 되므로 인보험 통칙에서 규정하는 근거가 된다. 개정안과 같이 인보험 통칙에서만 보험금의 분할지급방식을 규정하면 이의 반대해석으로 손해보험금은 언제나 일시금으로 지급해야 하는 것으로 해석될 여지도 있다. 따라서 손해보험금도 당사자 사이의 약정에 의하여 분할지급이 가능하다면 개정안 제727조 제2항은 인보험 통칙이 아니라 보험계약법 통칙에서 규정되어야 할 것으로 본다. 따라서 인보험 통칙에서 보험금의 분할지급에 대하여 규정하려면 개정시안과 같이 '연금으로'를 추가하여야 할 것으로 본다.

## 2. 심신박약자의 보험계약 체결 또는 동의 허용(개정안 제732조 단서)

**가.** 개정안은 제732조에 단서를 신설하여 "다만, 심신박약자가 보험계약을 체결하거나 제731조에 따른 서면동의를 할 때에 의사능력이 있는 경우에는 그러하지 아니하다"고 규정하여, 심신박약자는 의사능력이 있는 경우에 보험계약을 체결할 수도 있고 자기를 피보험자로 하는 타인의 생명보험에서 (서면)동의도 할 수 있는 것으로 규정하고 있다.

**나.** 개정안에 대하여 반대한다. 따라서 개정안 제732조 단서는 삭제되어야 할 것으로 본다. 그 이유는 다음과 같다.

(1) 개정안의 이유에 의하면 성인 연령의 심신박약자가 가족을 위해 자기 자신을 피보험자로 하는 사망보험에 스스로 가입하려고 하는 절실한 경제적 필요가 있기 때문에 제732조 단서를 두게 되었다고 한다. 그런데 심신박약자의 사망을 보험사고로 하는 타인의 생명보험을 인정하게 되면 보험이 도박화할 우려가 크고 피보험자인 심신박약자의 생명을 해할 위험이 보다 크므로 현행 상법과 같이 이를 금할 필요가 있다.

(2) 심신박약자가 의사능력이 있는 경우에 (피보험자를 자기로 하든 또는 제3자로 하든) 보험계약을 체결할 수 있도록 하는 것은 민법상 대원칙인 제한능력자(무능력자)의 행위능력제도에 반하게 된다. 즉, 민법의 원칙에 의하면 심신박약자로서 한정후견개시의 심판(한정치산선고)을 받은 자가 법률행위를 함에는 한정후견인(법정대리인)의 동의를 얻어야 하고(민법 제12조, 제13조 제1항) 이에 위반한 행위는 취소할 수 있는데(민법 제13조 제4항 본문), 이에 대한 예외로 유일하게 심신박

약자는 보험계약을 체결할 수 있도록 하는 것은 타당하지 않다고 본다.

(3) 심신박약자는 '의사능력이 있는 경우'에 한하여 보험계약을 체결하거나 타인의 생명보험계약에서 동의를 할 수 있는데, '의사능력이 있는 경우' 유무는 전문적인 의학지식이 있어야 하고 이의 판단도 쉽지 않을 뿐만 아니라 이에 관한 증명도 쉽지 않아 많은 분쟁을 야기할 우려가 있다. 따라서 상법이 많은 분쟁을 야기할 수 있는 규정을 스스로 둘 필요는 없다고 본다.

## 3. 사망보험계약에서 보험자의 면책사유 구체화(개정안 제732조의 2)

**가.** 개정안 제732조의 2는 사망보험계약에서 보험자의 면책사유를 구체적으로 규정하고 있는데, 동조 제1항은 "사망을 보험사고로 한 보험계약에서 보험사고가 다음 각 호의 어느 하나에 해당하는 경우에는 보험자가 보험금을 지급할 책임이 없다.

1. 보험사고가 보험계약자 또는 보험수익자의 고의로 발생한 경우
2. 보험사고가 피보험자의 자살로 발생한 경우"로 규정하고,

동조 제2항은 "둘 이상의 보험수익자 중 일부가 고의로 피보험자를 사망하게 한 경우에는 제1항에도 불구하고 보험자는 다른 보험수익자에 대한 보험금 지급책임을 면하지 못한다"고 규정하고 있다.

개정안은 피보험자의 고의를 보험계약자나 보험수익자의 고의와 달리 평가하여 피보험자의 경우에는 자살한 경우에만 보험자를 면책하는 것으로 하여 실무상 통용되는 약관의 내용과 일치시키고, 또한 현행 상법은 수인의 보험수익자가 있는 경우 그 중 1인의 고의로 피보험자가 사망한 경우에 보험자의 다른 보험수익자에 대한 책임문제에 관하여 규정하고 있지 않으므로 분쟁이 발생할 여지가 있으므로 이에 대하여 명백히 규정하고 있다.

**나.** 현행 상법 제732조의 2는 상법 제659조 제1항(보험계약자 등의 고의·중과실로 인한 보험자의 면책사유)에 대한 특칙인데, 개정안에서는 이를 구체화하고 피보험자인 경우에는 생명보험의 저축적·보장적 기능과 실무상 통용되는 약관에 따라 '고의'가 아니라 '자살'로 규정하고 있는데, 타당하다고 본다. 그런데 피보험자의 '고의'에 의한 보험사고와 '자살'에 의한 보험사고는 구체적으로 어떻게 구별되는지 의문이다.

또한 개정안은 둘 이상의 보험수익자 중 일부가 고의로 피보험자를 사망하게 한 경우 보험자는 다른 보험수익자에 대하여 보험금을 지급할 책임이 있는

것으로 규정하고 있는데, 이는 분쟁을 사전에 예방할 수 있고 또한 귀책사유가 없는 다른 보험수익자인 유족을 보호할 수 있어 타당하다고 본다.

## 4. 다른 사망보험계약의 고지의무 신설(개정안 제732조의 3)

가. 개정안 제732조의 3은 다른 사망보험계약의 고지의무에 대하여 신설규정을 두고 있는데, 동조 제1항은 "보험자는 보험계약 당시에 보험계약자 또는 피보험자에게 피보험자의 사망을 보험사고로 하는 다른 생명보험계약의 보험자 및 보험금을 고지하도록 요구할 수 있다"고 규정하고, 동조 제2항은 "보험계약자나 피보험자가 고의 또는 중대한 과실로 제1항의 고지를 하지 아니하거나 거짓의 고지를 하고, 보험자가 보험계약 당시에 그 사실을 알았더라면 보험계약을 체결하지 아니하였을 것이라고 인정되는 경우에는, 보험자는 그 사실을 안 날부터 1개월 이내에, 보험계약을 체결한 날부터 3년 이내에 한하여 보험계약을 해지할 수 있다. 다만, 보험자가 보험계약 당시에 그 사실을 알았거나 중대한 과실로 알지 못한 경우에는 그러하지 아니하다"고 규정하고 있다.

이는 보험계약법 통칙에서 규정하고 있는 보험계약자 등의 고지의무(상법 제651조)에 대한 특칙으로 볼 수 있는데, 상법 제651조의 고지사항인 '중요한 사항'에 '다른 생명(사망)보험계약의 체결 사실'도 포함되는지 여부에 관하여 견해가 나뉘고 있는 점을 입법적으로 해결한 것이다.

이러한 개정안은 일본 생명보험계약법 개정시안 제678조의 2와 같은 취지로 규정하고 있다.

나. 개정안이 '다른 생명(사망)보험계약의 체결 사실'을 고지사항으로 하고 있는 점에 대하여는, 이는 '보험자의 판단에 영향을 미칠 수 있는 위험사실'이라고 볼 수 있으므로, 타당하다고 본다.

그러나 이를 개정안과 같이 생명보험의 절에서 별도로 규정하여야 하는지에 대하여는 의문이다. 현행 상법 제651조의 2에서 제2항을 신설하여 "사망보험계약의 체결시에 다른 사망보험계약의 체결 사실은 중요한 사항으로 본다"고 규정하면 훨씬 간명하지 않을까 생각한다.

개정안 제732조의 3은 단기간 내에 다수의 사망보험계약을 체결한 후 인위적인 사고를 일으켜 거액의 보험금을 수령함으로써 보험제도를 악용하고 또한 도덕적 해이를 유발하는 폐해를 감소시킬 수 있는 점도 있으므로, 이러한 규정은 반드시 필요하다고 본다.

## 5. 일정 범위의 사망보험금청구권의 압류금지 신설(개정안 제734조의 2)

**가.** 개정안 제734조의 2는 일정범위의 사망보험금청구권에 대한 압류를 금지하는 규정을 신설하고 있는데, 동조 제1항은 "직계존·비속 또는 배우자가 사망함으로써 보험수익자가 취득하는 사망보험금청구권의 2분의 1에 해당하는 금액은 압류할 수 없다"고 규정하고, 동조 제2항은 "보험수익자가 사망보험금청구권을 취득하는 보험계약이 둘 이상인 경우에는 제1항을 각 보험계약별로 적용한다"고 규정하고 있다.

개정안은 직계존비속 또는 배우자가 사망함으로써 보험수익자가 취득하는 사망보험금청구권에 대하여는 유족의 생활안정이라는 공익적 성격에서 그 2분의 1에 해당하는 금액은 압류할 수 없도록 하고 있다. 이러한 사망보험금청구권에 대하여는 외국의 입법례에서도 압류를 제한(금지)하고 있는데(독일 민사소송법 제850 b조 제1항 제4호, 프랑스 보험계약법 제132-14조, 스위스 보험계약법 제80조 제1항, 일본 간이생명보험법 제81조 제1항 제1호 등), 개정안은 이러한 외국의 입법례를 참조한 것이다.

**나.** 사망보험금청구권에 대하여 개정안과 같이 일정한 범위 내에서 압류를 금지한 것은 생명보험의 사회보장적 기능을 반영하여 유족의 생활안정에 기여하는 것으로써 타당하다고 본다.

## 6. 단체보험의 요건 명확화(개정안 제735조의 3 제3항 신설)

**가.** 개정안 제735조의 3에서는 제3항을 신설하여 "제1항의 보험계약의 경우 보험계약자가 피보험자가 아닌 자를 보험수익자로 지정하는 경우 단체의 규약에서 명시적으로 정한 경우 외에는 그 피보험자의 서면에 따른 동의를 받아야 한다"고 규정하고 있다.

개정안은 단체보험에 있어 보험계약자가 '피보험자가 아닌 자'를 보험수익자로 지정한 경우에는 (단체의 규약에서 명시적으로 정함이 없는 한) 그 피보험자의 서면의 동의를 받도록 규정하고 있는데, 이는 종래의 우리 대법원판례[40]에 반하는 입법이다. 입법례로 일본의 2005년 생명보험계약법 개정시안도 원칙적으로 동의필요설을 취하고 있다.

---

40) 대판 1999. 5. 25, 98 다 59613; 동 2006. 4. 27, 2003 다 60259.

나. 단체보험은 단체의 구성원의 전부 또는 일부를 포괄적으로 피보험자로 하여 그의 생사(生死)를 보험사고로 하는 보험계약인데, 단체보험에서는 그 구성원이 단체에 가입·탈퇴함으로 인하여 당연히 피보험자의 자격을 취득하거나 상실하므로 피보험자의 서면(2017년 10월 개정상법에 의하여 일정한 '전자문서'를 포함함) 동의를 요하지 않는 것으로 규정하고 있다(상법 제735조의 3 제1항). 이러한 단체보험은 보통 단체의 구성원이 피보험자 겸 보험수익자이고 단체의 대표자가 구성원의 복리후생을 위하여 보험계약을 체결하므로 타인을 위한 생명보험계약이 일반적이다. 그런데 보험계약자인 단체가 자기를 보험수익자로 하는 자기를 위한 보험계약을 체결하는 경우에는 다시 피보험자의 서면동의를 받아야 하는가? 이는 단체보험의 취지에 어긋난다고 하여 피보험자의 서면동의를 받아야 한다는 견해도 있으나,[41] 우리 대법원판례는 위에서 본 바와 같이 이 경우에도(즉, 보험계약자 자신을 보험수익자로 지정하는 경우에도) 단체보험의 본질에 반하는 것이 아니라고 하여 피보험자의 서면동의를 요하지 않는다는 입장이고, 이러한 대법원판례를 지지하는 견해[42]도 있다. 따라서 단체보험에서 보험계약자가 자기를 보험수익자로 하는 경우에 다시 피보험자의 동의를 받도록 할 것인가의 여부는 정책적 판단에 속하는 사항이기는 하나, 위에서 본 바와 같이 우리 대법원판례에 반하며 또한 학설도 나뉘어 있고 확립되지도 않았는데 일부의 학설에 따라서만 개정안 제735조의 3과 같이 입법하는 것은 너무 성급한 면이 있지 않나 하는 생각이 든다.

위와 같이 입법하는 경우에도 그 형식에서 개정안 제735조의 3에 제3항을 별도로 신설하여 규정하는 것보다는 이는 동조 제1항과 밀접한 관련을 갖기 때문에 개정안 제735조의 3 제1항 단서에서 규정하는 것이 보다 더 적절할 것으로 본다.

## 7. 상해보험자의 면책사유 규정 신설(무면허·음주운전 면책약관 유효와 관련하여) (개정안 제737조의 2)

가. 개정안 제737조의 2는 상해보험자의 면책사유를 신설하고 있는데, 이에 의하면 "상해를 보험사고로 하는 보험계약에는 사고가 보험계약자 또는 피보험자나 보험수익자의 중대한 과실로 인하여 생긴 경우에도 보험자는 보험금을 지

---

41) 김문재, "단체보험의 귀속," 「상사판례연구」(한국상사판례학회), 제10집(1999), 103~122면.
42) 정호열, "자기를 위한 단체생명보험에 관한 법적 문제," 「현대상사법논집」(우계 강희갑박사 화갑기념논문집), 2001, 351~355면.

급할 책임을 면하지 못한다. 다만, 반사회성 및 고도의 위험성이 있는 행위 중 대통령령으로 정하는 행위의 경우에는 당사자간에 다르게 약정할 수 있다"고 규정하고 있다.

개정안은 생명보험계약에서의 보험자의 면책사유인 상법 제732조의 2를 개정하여(즉, 피보험자의 경우는 보험사고가 그의 자살로 발생한 경우에만 보험자를 면책함) 이 규정이 상해보험에 그대로 준용될 수 없으므로 개정안 제737조의 2 본문에서 원칙규정을 두고(즉, 보험사고가 보험계약자 등의 고의로 인하여 발생한 경우에만 보험자가 면책되고 보험사고가 보험계약자 등의 중과실로 발생한 경우에는 보험자는 면책되지 않음), 상해보험계약에서 무면허·음주운전 등의 면책약관을 유효로 하는 근거규정을 두기 위하여 제737조의 2에 단서를 신설한 것이다. 상해보험에 있어서 보험약관상의 무면허·음주운전 면책약관이 유효함은 영국·미국의 판례와 독일의 보험계약법 해석에서도 인정되고 있다.

나. 우리 대법원은 상해보험계약에서 무면허·음주운전의 경우 무면허운전 등에 대한 고의는 있어도 상해에 대한 고의가 없는 경우에 무면허운전 등의 사실만으로 보험자의 면책을 인정하는 상해보험약관상의 면책조항은 상법 제732조의 2 및 제663조에 위반하여 무효라고 계속하여 판시하고 있다[대판 1990. 5. 25, 89 다카 17591(무면허운전에 대한 면책조항을 무효라고 판시함); 동 1998. 4. 28, 98 다 4330(음주운전에 대한 면책조항을 무효라고 판시함); 동 1999. 2. 12, 98 다 26910(무면허운전에 대한 면책조항을 무효라고 판시함)]. 그러나 이러한 대법원판결은 범죄행위이고 위험성이 큰 무면허·음주운전을 조장할 뿐만 아니라 사고의 우연성을 전제로 하는 보험의 원리에도 반하는 문제점이 있다. 따라서 개정안이 무면허·음주운전 등 반사회성 및 고도의 위험성이 있는 행위 중 대통령령으로 정하는 행위의 경우에는 당사자간의 약정에 의하여 보험자가 면책될 수 있도록 상법에 근거규정을 둔 것(즉, 상해보험에서 무면허·음주운전 등의 면책약관을 유효로 하는 근거규정을 상법에 둔 것)은 타당하다고 본다.

또한 생명보험에서의 보험자 면책규정(개정안 제732조의 2)이 상해보험에 그대로 준용될 수 없기 때문에 개정안 제737조의 2에서 본문의 규정을 둔 것도 타당하다고 본다.

## 8. 실손보상적 상해보험에 대한 손해보험의 규정 준용 신설(개정안 제739조 제2항)

**가.** 개정안 제739조는 제2항을 신설하여, "제1항에도 불구하고 실손(實損)보상적 상해보험계약에 관하여는 그 성질에 반하지 아니하는 범위에서 손해보험에 관한 규정을 준용한다"고 규정하고 있다.

상해보험계약은 보험의 목적이 사람의 신체라는 점에서는 인보험계약에 속하나(상법 제727조), 치료비 등과 같은 실손보상적 상해보험계약은 손해보험계약의 성질을 가지고 있으므로, 개정안은 이러한 실손보상적 상해보험계약에 관하여는 그 성질에 반하지 아니하는 범위에서 손해보험에 관한 규정을 준용하도록 한 것이다. 이는 1995년 일본의 상해보험계약법 개정시안과 같은 취지의 규정이라고 볼 수 있다.

**나.** 실손보상적 상해보험계약은 손해보험의 성질을 갖고 있는데, 현행 상법은 제739조에 의하여 상해보험계약에 대하여는 전부 생명보험에 관한 규정만을 준용하는 것으로 되어 있어 입법론상 상해보험에 관한 보다 상세한 규정을 둘 필요가 있다는 주장이 있어 왔다.[43] 이번 개정안은 이러한 주장을 반영하여 실손보상적 상해보험계약에 관하여는 그 성질에 반하지 아니하는 범위에서 손해보험에 관한 규정을 준용하는 규정을 별도로 두고 있는데, 매우 타당하다고 본다.

위와 같은 개정안에 의하여 실손보상적 상해보험계약에는 손해보험에서 규정하고 있는 중복보험에 관한 규정 등이 준용되므로 보험계약의 도박화를 방지할 수 있는 효과를 가져올 수 있다.

## 9. 질병보험에 관한 규정의 신설(개정안 제739조의 2~제739조의 4)

**가.** 개정안은 인보험에 관한 장에서 한 절(제4절)을 신설하여 질병보험에 관한 3개의 조문을 두고 있다. 즉, 개정안 제739조의 2는 질병보험자의 책임에 관하여 "질병보험계약의 보험자는 피보험자의 질병에 관한 보험사고가 발생한 경우 보험금이나 그 밖의 급여를 지급할 책임이 있다"고 규정하고, 제739조의 3은 피보험자의 고의에 의한 질병의 악화에 관하여 "피보험자가 질병을 악화시켜 보험금을 취득할 목적으로 통상적으로 받아야 할 치료를 받지 아니하여 질병이 악

---

43) 정찬형, 전게 상법강의(하)(제9판), 752면.

화된 경우 보험자는 그로 인하여 악화된 부분에 대하여는 보험금을 지급할 책임
이 없다"고 규정하고 있으며, 제739조의 4는 "질병보험에 대한 준용규정에 관하
여 "질병보험에 관하여는 그 성질에 반하지 아니하는 범위에서 생명보험 및 상
해보험에 관한 규정을 준용한다"고 규정하고 있다.

　　개정안은 질병보험자의 책임(개정안 제739조의 2)·고의에 의한 질병의 악화의
경우 보험자의 면책(제739조의 3)·질병보험에 대한 준용규정(제739조의 4)에 관하
여 규정하고 있는데, 이는 민간보험회사가 개발한 다양한 질병보험상품과 관련한
분쟁에 있어서 근거규정의 역할을 할 것이다. 외국의 입법례로는 독일 보험계약
법(제178 a조~제178 o조)이 질병보험에 대하여 별도로 규정하고 있다.

　　나. 공보험인 국민건강보험 외에 민간보험회사가 판매한 질병보험상품이 많
은 비중을 차지하고 있음에도 불구하고,[44] 질병보험에 관하여는 상법에서 규정
하고 있지 않고 보험업법 제2조 제4호에서 제3보험업의 하나로 예시하고 있을
뿐이다. 따라서 질병보험계약에 따른 분쟁에서는 이에 관한 약관에 의하고 있다.
따라서 개정안이 질병보험에 관하여 하나의 절을 신설하여 규정하게 된 것은 늦
은 감이 있으나 매우 다행으로 생각한다.

　　개정안 제739조의 2가 질병보험자의 책임에 관하여 규정함에 따라 질병보험
계약을 정의하면 "보험계약자는 약정한 보험료를 지급하고 보험자는 피보험자의
질병에 관한 보험사고가 발생할 경우 보험금이나 그 밖의 급여를 지급할 것을
약정하는 계약"이라고 할 수 있다(상법 제638조, 개정안 제739조의 2). 이 때 "질병"
이란 "상해 이외의 피보험자의 신체에 발생하는 사고로서 이의 결과 입원·수술
등의 치료를 요하는 것"이라고 볼 수 있다.

　　개정안 제739조의 3은 질병보험의 성질에서 오는 보험자의 특별한 면책규정
인데 타당하다고 보며, 또한 개정안 제739조의 4가 질병보험에 관하여 그 성질
에 반하지 아니하는 범위에서 생명보험 및 상해보험에 관한 규정을 준용하도록
한 점도 타당하다고 본다.

# Ⅴ. 결 어

　　위에서 본 바와 같이 2007년 12월 31일 정부가 확정하고 2008년 1월 4일

---

44) 2006. 9. 현재 질병보험 계약건수는 약 2,370만건으로 이는 생명보험계약의 30.4%를 차지하
고, 계약금액은 약 412조원으로 이는 생명보험계약의 27.9%를 차지하고 있다.

정부가 국회에 제출한 상법 중 보험편의 개정안에 대하여 그 내용을 소개하고 개정안이 타당한지 여부를 검토하여 보았다.

　　문제가 있는 개정안에 대하여는 국회의 논의에서 좀 더 진지하고 면밀하게 검토하여 훌륭한 보험계약법이 탄생하기를 바란다. 또한 이러한 논의에서 어느 한 이해관계인에게 기울어지지 않고 공정하고 객관적인 입장에서 이해관계가 조정되고 또한 전체적인 다른 법체계와도 조화할 수 있기를 바란다.

# 최근 한국 상법(보험편)의 개정내용에 관한 연구*

## I. 서 언

　한국 상법(제4편 보험)은 1962년 1월 20일, 법률 제1000호로 제정·공포되어 1963년 1월 1일부터 시행되어 왔는데, 제4편 보험은 제5편 해상과 함께 제정 후 30여년만인 1991년 12월 31일, 법률 제4470호로 대폭 개정되어 1993년 1월 1일부터 시행되어 왔다.[1] 그 후 한국 정부(법무부)는 한국의 보험산업의 규모가 세계 7위권에 진입함에 따라 보험법제를 국제기준에 맞게 개선하기 위하여 2007년 2월부터 개정작업에 착수하여 2007년 8월 10일 입법예고를 거쳐(이하 '2007년 정부의 입법예고안'이라 함) 다양한 의견을 수렴한 후 2007년 12월 31일 국무회의를 거쳐 확정하여 2008년 8월 6일에 국회 법제사법위원회에 이송하였다(의안번호 550

---

* 이 글은 정찬형, "최근 한국 상법(보험편)의 개정내용에 관한 연구,"「금융법연구」(한국금융법학회), 제14권 제1호(2017. 4), 79~122면의 내용임(이 글에서 필자는 2014년 3월 개정된 보험계약법의 문제점에 대하여 지적함).
1) 정찬형,「상법강의(하)(제18판)」(서울: 박영사, 2016), 510면.

호)(이하 '정부의 상법개정안'이라 함). 이때 정부의 상법(보험편) 개정안의 주요내용은 보험의 건전성 확보 및 선량한 보험계약자의 보호를 위한 규정을 둔 점(보험사기를 방지하고 음주·무면허 운전 등에 면책약관을 인정하는 규정 등을 신설한 점), 신종보험계약에 관한 규정을 신설한 점(보증보험계약·질병보험계약에 관한 규정의 신설 등), 장애인과 유족의 보호를 위한 규정을 신설한 점(일부 정신장애인에 대한 생명보험의 가입을 허용하고, 일정 범위의 생명보험금 압류을 금지하며, 가족에 대한 보험자대위를 금지한 점 등), 기존 규정의 미비점을 보완·개선한 점(보험대리점 등의 권한에 관한 규정을 신설하고, 보험자의 보험약관 교부·설명의무 위반에 대한 보험계약자의 취소권 행사기간을 연장한 점 등) 등이다.[2]

그런데 이러한 정부의 상법개정안은 이해관계인들의 방해와 국회의원 임기만료로 인한 자동폐기 등으로 국회를 통과하지 못하였다.[3] 그 이후 상당기간이 지난 2014년 2월에 국회 법제사법위원회가 위의 정부의 상법개정안을 기초하여 제안한 상법 일부개정법률안(대안)이 국회를 통과하여 2014년 3월 11일 법률 제12397호로 공포되고, 이 개정상법은 2015년 3월 12일부터 시행되고 있다(이하 '개정상법'이라 약칭함).

이하에서는 2014년 개정상법에 대하여 보험편의 순서대로 살펴보겠는데, 필요한 경우 2007년 정부의 입법예고안 및 정부의 상법개정안과도 관련하여 검토하겠다.


## II. 보험계약법 통칙

### 1. 보험자의 보험약관 설명의무 명시 및 보험약관 교부·설명의무 위반에 대한 보험계약자의 취소권 행사기간 연장

| 개정전 | 개정상법 |
|---|---|
| 제638조의 3(보험약관의 교부·명시의무) ① 보험자는 보험계약을 체결할 때에 보험계약 | 제638조의 3(보험약관의 교부·**설명의무**) ① 보험자는 보험계약을 체결할 때에 보험계약 |

---

2) 정찬형, "2007년 확정한 정부의 상법(보험편) 개정안에 대한 의견," 「금융법연구」(한국금융법학회), 제4권 제2호(2007), 121면.
3) 정찬형, "보험계약법에 관한 개정의견," 「금융법연구」(한국금융법학회), 제10권 제1호(2013), 165면.

| 자에게 보험약관을 교부하고 그 약관의 중요한 내용을 **알려주어야** 한다.<br>② 보험자가 제1항의 규정에 위반한 때에는 보험계약자는 보험계약이 성립한 날부터 **1월 내에** 그 계약을 취소할 수 있다. | 자에게 보험약관을 교부하고 그 약관의 중요한 내용을 **설명하여야** 한다.<br>② 보험자가 제1항을 위반한 경우 보험계약자는 보험계약이 성립한 날부터 **3개월 이내에** 그 계약을 취소할 수 있다. |

**가.** 개정상법은 제638조의 3의 조문의 제목을 개정전 "보험약관의 교부·명시의무"에서 "보험약관의 교부·설명의무"로 변경하고, 동조 제1항에서 "… 알려주어야 한다"를 "…설명하여야 한다"로 개정하였다.

또한 보험자가 보험약관의 교부·설명의무를 위반한 경우, 동조 제2항에서는 개정전 "보험계약이 성립한 날부터 1월 내에 그 계약을 취소할 수 있다"를 "보험계약이 성립한 날부터 3개월 이내에 그 계약을 취소할 수 있다"로 변경하였다.

**나.** 이와 같이 개정상법이 이 조문의 제목을 "보험약관의 교부·설명의무"로 개정하고 그 내용도 "…설명하여야 한다"고 개정한 점은, 약관의 규제에 관한 법률(이하 '약관규제법'이라 약칭함) 제3조(약관의 작성 및 설명의무 등) 제3항과 균형을 이루고 또한 보험자의 보험약관에 대한 설명의무를 명확히 하고 있다는 점에서 타당한 개정으로 본다.[4]

**다.** 개정상법은 보험자가 보험약관의 교부·설명의무를 위반한 경우, 그 보험계약을 취소할 수 있는 기간을 (보험계약이 성립한 날부터)[5] 1개월에서 3개월로 연장하였는데, 이는 보험계약자가 그 취소권을 행사하기 용이하도록 한 것이라 한다.[6]

그런데 보험계약자가 위와 같이 보험계약을 취소할 수 있는 기간을 연장한 것은 보험약관의 법적 성질(구속력의 근거)에 대하여 규범설[7]을 취하는 견해에서는 보험계약자를 보호하는 효과가 있겠으나, 의사설(또는 계약설)을 취하는 견해(통설[8]·판례[9])에서는 특별히 보험계약자를 보호하는 의미가 강화되었다고 볼 수

---

4) 동지: 정찬형, 전게논문(금융법연구 제4권 제2호), 123면.
5) 정부의 상법개정안에서는 3개월의 기산점을 '보험계약자가 보험증권을 받은 날'로 하였다.
6) 국회 법제사법위원회, 상법 일부개정법률안(대안)(의안번호 9453), 2014. 2, 3면.
7) 양승규, 「보험법(제5판)」(서울: 삼지원, 2005), 70~71면.
8) 정찬형, 전게서[상법강의(하)(제18판)], 514면 외.
9) 대판 2004. 11. 11, 2003 다 30807(보통보험약관을 포함한 이른바 일반거래약관이 계약의 내용으로 되어 계약당사자에게 구속력을 갖게 되는 근거는 그 자체가 법규범 또는 법규범적 성질을 갖기 때문은 아니며, 계약당사자가 이를 계약의 내용으로 하기로 하는 명시적 또는 묵시

없다.10) 왜냐하면 의사설에 의하면 보험자가 상법 제638조의 3 제1항에서의 설명의무를 위반하면 그 설명되지 않은 중요한 사항은 보험계약의 내용이 되지 않기 때문이다. 또한 보험약관에도 약관규제법이 적용되는데(약관규제법 30조 참조)(중첩적 적용설11)), 이때 보험자가 설명의무를 위반한 경우에는 보험자는 약관규제법 제3조에 의하여 설명되지 아니한 약관조항을 계약내용으로 주장할 수 없다12)(이러한 약관규제법은 약관의 법적 성질에 대하여 의사설을 따른 것으로 볼 수 있다).

우리 대법원판례도 이러한 취지로 판시하고 있다. 즉, 우리 대법원판례는 보험약관의 법적 성질에 대하여 의사설을 취하는 전제하에, "보험자의 보험약관 교부·설명의무 위반에 대하여 보험계약자가 소정의 기간 내에 보험계약을 취소하지 않았다 하더라도, 보험계약자는 교부·설명의무에 위반한 보험약관의 내용의 법률효과를 주장할 수 없다거나 보험자의 이러한 의무위반의 하자가 치유되는 것은 아니다"라고 판시하여,13) 보험자가 보험약관 교부·설명의무에 위반한 경우 보험계약자는 소정의 기간 내에 보험계약을 취소하지 않았다 하여도 교부·설명의무에 위반한 보험약관의 효력을 다툴 수 있음을 인정하고 있다. 이는 또한 약관규제법이 사업자의 약관의 명시(교부)·설명의무 위반의 효력에 대하여 「사업자는 당해 약관을 계약의 내용으로 주장할 수 없다」고 규정한 점(동법 제3조 제4항)과 균형을 이루는 해석으로 본다.

그런데 위의 개정상법과 같이 보험자가 보험약관 교부·설명의무에 위반한 경우 보험계약자가 소정의 기간 내에 그 보험계약을 취소하지 않았다고 하여 그 보험약관이 확정적으로 유효한 것으로 하여 그 보험계약관계는 그 보험약관에 따르는 것으로 하면, 이는 보험계약자에게 너무 가혹하고 또한 지금까지의 대법원판례에 정면으로 반하며 또한 약관규제법의 규정과도 불균형을 이루는 것으로서 타당하지 않다고 본다.14) 따라서 현행 상법과 같이 보험자의 보험약관 교부·설명의무 위반에 대하여 보험약관의 효력에 관한 특별한 규정이 없으면, 보험계약자는 소정의 기간 내에 보험계약을 취소할 수 있을 뿐만 아니라(상법 제638조의

---

적 합의를 하였기 때문이다) 외.

10) 동지: 장덕조, "2014년 개정상법 보험편의 해설 및 연구," 「금융법연구」(한국금융법학회), 제11권 제2호(2014), 22면.

11) 김영천, "보험약관의 명시설명의무," 「재판실무연구」, 2002, 144~145면; 김경철, "보험약관의 설명의무," 「재판과 판례」, 제9집(2000), 180~181면 외.

12) 정찬형, 전게서[상법강의(하)(제18판)], 522면.

13) 대판 1996. 4. 12, 96 다4893 외.

14) 정찬형, 전게논문(금융법연구 제4권 제2호), 124면.

3 제2항), (보험계약자가 소정의 기간 내에 보험계약을 취소하지 않더라도) 보험계약자는
보험자의 교부·설명의무에 위반한 보험약관의 효력을 부인할 수 있다(위에서 본
판례 및 약관규제법 제3조 제4항).

따라서 보험자가 보험약관의 교부·설명의무에 위반하면 보험계약자 등이 고
지의무(상법 제651조)를 위반한 경우에도 보험자는 이러한 약관의 내용을 보험계
약의 내용으로 주장할 수 없으므로, 보험자는 보험계약자 등의 고지의무 위반을
이유로 보험계약을 해지할 수 없다.[15] 그러나 보험자의 보험약관 교부·설명의무
위반이 있다 하더라도 「약관의 내용이 거래상 일반적이고 공통된 것이어서 보험
계약자가 별도의 설명 없이도 충분히 예상할 수 있었던 사항이거나 혹은 이미
법령에 의하여 정하여진 것을 되풀이하거나 부연하는 정도에 불과한 사항」인 경
우에는 보험자의 교부·설명의무 위반이 있다 하더라도 보험자는 그 약관의 내용
을 계약의 내용으로 주장할 수 있다(또는 이러한 사항에 대하여는 보험자는 교부·설명
의무를 부담하지 아니한다).[16]

## 2. 보험대리상 등의 권한에 관한 규정 신설

| 개정전 | 개정상법 |
|---|---|
| 신 설 | 제646조의 2(보험대리상 등의 권한) ① 보험대리상은 다음 각 호의 권한이 있다. <br> 1. 보험계약자로부터 보험료를 수령할 수 있는 권한 <br> 2. 보험자가 작성한 보험증권을 보험계약자에게 교부할 수 있는 권한 <br> 3. 보험계약자로부터 청약, 고지, 통지, 해지, 취소 등 보험계약에 관한 의사표시를 수령할 수 있는 권한 <br> 4. 보험계약자에게 보험계약의 체결, 변경, 해지 등 보험계약에 관한 의사표시를 할 수 있는 권한 <br> ② 제1항에도 불구하고 보험자는 보험대리상의 제1항 각 호의 권한 중 일부를 제한할 수 있다. 다만, 보험자는 그러한 권한 제한을 이유로 선의의 보험계약자에게 대항하지 못한다. <br> ③ 보험대리상이 아니면서 특정한 보험자를 위하여 계속적으로 보험계약의 체결을 중개하는 자는 제1항 제1호(보험자가 작성한 영수증을 보험계약자에게 교부하는 경우만 해당한다) 및 제2호의 권한이 있다. <br> ④ 피보험자나 보험수익자가 보험료를 지급하거나 보험계약에 관한 의사표시를 |

---

15) 정찬형, 전게서[상법강의(하)(제18판)], 572~573면, 동지: 대판 1992. 3. 10, 91 다 31883 외.
16) 동지: 대판 2000. 7. 4, 98 다 62909·62916; 동, 1998. 11. 27, 98 다 32564 외.

> 할 의무가 있는 경우에는 제1항부터 제3항까지의 규정을 그 피보험자나 보험수
> 익자에게도 적용한다.

　가. 이에 관한 개정상법의 제안이유는 개정상법 전에는 보험대리상 등 보험
자의 보조자의 권한에 관한 규정이 없어, 보험계약자가 이들에게 행사한 청약 등
의 의사표시나 이들에게 교부한 보험료와 관련하여 보험자와 보험계약자간 분쟁
의 원인이 되고 있으므로, 개정상법은 보험대리상과 보험설계사의 권한을 명확하
게 규정하였다는 것이다.[17]

　나. 보험대리상과 보험설계사의 권한에 대하여 개정상법(보험편)에서 규정하
는 입법에 대하여는 타당하다고 보나, 상법 제87조의 대리상 및 보험업법 제2조
제10호의 보험대리점과의 관계에서 명확히 규정하여 법적용상 혼란이 없도록 하
여야 할 것으로 본다. 상법상 대리상은「일정한 상인을 위하여 상업사용인이 아
니면서 상시 그 영업부류에 속하는 거래의 대리 또는 중개를 하는 자」인데(상법
제87조), 이에는 거래의 대리를 하는 체약대리상과 중개(타인간의 법률행위의 체결에
힘쓰는 사실행위)를 하는 중개대리상이 있다. 개정상법 제646조의 2 제1항의 대리
상의 권한은 (ⅰ) 보험료 수령권한, (ⅱ) 보험증권 교부권한, (ⅲ) 보험계약에 관
한 의사표시 수령권한 및 (ⅳ) 보험계약에 관한 의사표시를 할 수 있는 권한으로
되어 있어, 이러한 대리상의 권한에서 보면 이는 체약대리상의 권한으로 볼 수
있다.[18] 또한 보험업법 제2조 제10호는 보험대리점에 대하여 개념정의를 하고
있는데,「보험대리점이란 보험회사를 위하여 보험계약의 체결을 대리하는 자(법
인이 아닌 사단과 재단을 포함한다)로서 제87조에 따라 금융위원회에 등록된 자를
말한다」고 규정하여, 이는 상법상 대리상 중 체약대리상만을 의미하는 뜻으로 사
용하고 있다. 따라서 개정상법 제646조의 2 제1항의 대리상의 권한을 상법 제87
조의 체약대리상의 권한으로 보면 이는 보험업법상 대리점과도 균형을 이루는
것으로 볼 수 있다.

　그런데 이에 반하여 "보험대리상이라는 명칭을 사용하고 있음에도 불구하고
보험중개대리상에 해당하게 되면 대리권이 없는 결과, 보험계약자로서는 그 대리

---

17) 국회 법제사법위원회, 앞의 자료, 3면.
18) 동지: 양기진, "개정보험계약법의 주요내용 검토 및 향후 입법방안," 2014년 보험법학회 춘
　계학술발표회 자료(2014. 4. 18), 5~6면(개정상법 제646조의 2 제1항은 보험계약의 현실을 고
　려하여 보험계약에 관한 체약대리상이 갖는 대외적인 권한을 포괄적으로 정형화시키고 있다).

상에게 보험료를 납입하였는데도 보험보호를 받을 수 없거나, 고지의무를 이행하였는데도 고지수령권이 없다는 이유로 고지의무위반에 해당하는 등의 문제가 생긴다. 그러나 보험계약자는 상대방이 대리상인 경우 이를 구별하지 않고 보험계약을 체결하는 것이 보통이므로 보험계약자를 보호하기 위하여는 보험중개대리상에 대하여도 일정한 권한을 법정하는 것이 요구되고 있었다. 이에 개정상법은 명의대여자책임(상법 제24조)이나 표현지배인(상법 제14조) 등의 외관법리를 보험대리상에 도입한 것이다. 따라서 개정상법에 의하면 보험대리상의 경우 중개대리상과 체약대리상의 구별이 소멸되었다고 보겠다(즉, 개정상법 제646조의 2 제1항의 보험대리상은 상법 제87조의 체약대리상과 중개대리상을 모두 포함하는 개념이다-필자 주). 개정상법 제646조의 2 제1항 제1호는 보험료 수령권·제2호 내지 제4호는 계약체결대리권과 고지수령권이 있다고 규정하고 있는데, 이는 보험체약대리상 및 보험중개대리상에 대하여 적용된다. 그러므로 보험대리상의 경우 상법 제87조에 대한 특별규정이 된다"고 해석하는 견해가 있다.[19]

　　상법 제646조의 2가 중개대리상에 대하여 특별히 규정하고 있지 않은 상태에서 '보험대리상'의 문언에서 보면 이 경우 보험대리상은 체약대리상과 중개대리상을 모두 포함하는 의미로 볼 수도 있다. 또한 개정상법 제646조의 2 제2항은 "제1항에도 불구하고 (보험자는 보험대리상과의 계약에서-필자 주) 보험대리상의 제1항 각 호의 권한 중 일부를 제한할 수 있다. 다만, 보험자는 그러한 권한 제한을 이유로 선의의 보험계약자에게 대항하지 못한다"고 규정하고 있는데, 이러한 견해에 의하면 보험계약자가 선의이면 보험중개대리상도 보험계약체결권 등을 갖는다는 의미이다.

　　그런데 위와 같은 해석은 상법 제87조의 중개대리상의 해석과도 맞지 않고 또한 보험업법 제2조 제10호의 보험대리점의 개념과도 불일치하여 매우 큰 혼란을 줄 수 있는 점, 또한 이와 같이 해석하기 위하여는 '상법 제87조에도 불구하고' 등과 같은 문구를 두어 상법 제87조에 대한 예외라는 명확한 규정을 두었어야 하는데 이러한 규정이 없는 점 등에서, 2014년 개정상법 제646조의 2 제1항을 체약대리상과 중개대리상을 포함하는 뜻으로 객관적으로 해석하기는 무리가 있다고 본다.[20] 2014년 개정상법 제646조의 2가 보험대리상 등의 권한에 관하여

---

19) 장덕조, 전게논문(금융법연구 제11권 제2호), 24∼25면.
20) 동지: 정찬형, 전게서[상법강의(하)(제18판)], 543면 주 1; 동, 전게논문(금융법연구 제4권 제2호), 126∼127면.

애매하게 규정하여 그 해석상 많은 오해와 혼란을 야기하고 있는데, 입법론으로
는 2007년 8월 10일 법무부가 입법예고한 개정시안과 같이 명확하게 규정하였어
야 할 것으로 본다. 즉, 동조 제1항에서는 체약대리상의 권한임을 명확히 하고,
제2항에서는 중개대리상의 권한을 규정하면서 선의의 보험계약자를 보호하기 위
한 규정을 두고, 제3항에서 보험설계사에 관한 규정을 두었어야 할 것이다.[21] 이
개정시안에서는 보험중개대리점은 원칙적으로 (보험설계사와 같이) 보험료 수령권
한 및 보험증권 교부권한을 갖고, 예외적으로 보험계약자로부터 청약 등의 의사
표시를 수령할 권한을 갖는데 이는 보험중개대리점이 이러한 권한이 없음을 보
험계약자에게 알리지 않고 또한 보험계약자가 선의인 경우에 한한다. 다시 말하
면, 보험중개대리상은 어떤 경우에도 보험계약자에 대한 보험계약의 체결 등에
관한 의사표시를 할 수 있는 권한을 갖지 않고 다만 선의의 보험계약자를 보호
하기 위하여 외관법리에 따라 의사표시 수령권만을 인정하고 있는데, 이러한 입
법태도가 타당하다고 본다. 즉, 외관법리에 의하여 아무리 보험계약자를 보호한
다고 하더라도 보험중개대리상에 대하여까지 보험계약의 체결 등에 관한 의사표
시를 할 수 있는 권한까지 있다고 보는 것은 대리의 법리에서 본인의 의사를 지
나치게 무시한 것으로 볼 수 있다. 보험계약자는 그가 거래하는 대리상이 체약대
리상인지 중개대리상인지 알기 어려운 상황에서 불측의 손해를 입을 수 있으므

---

21) 2007년 8월 10일 법무부가 입법예고한 상법(보험편) 제642조의 2의 신설안은 다음과 같다.

> 제642조의 2(보험대리점 등의 권한) ① 보험체약대리점은 다음 각 호의 권한이 있다.
>   1. 보험계약자로부터 보험료를 수령할 수 있는 권한
>   2. 보험자가 작성한 보험증권을 보험계약자에게 교부할 수 있는 권한
>   3. 보험계약자로부터 청약, 고지, 통지, 해지, 취소 등 보험계약에 관한 의사표시를 수령
>      할 수 있는 권한
>   4. 보험계약자에게 보험계약의 체결, 변경, 해지 등 보험계약에 관한 의사표시를 할 수
>      있는 권한
> ② 보험중개대리점은 제1항 제1호와 제2호의 권한이 있다. 다만, 보험중개대리점이 제1항
> 제3호의 권한이 없음을 보험계약자에게 알리지 아니한 경우에는 보험자는 그 권한 없음을
> 이유로 선의의 보험계약자에게 대항하지 못한다.
> ③ 제1항 또는 제2항의 보험대리점이 아니면서 특정의 보험자를 위하여 그의 지휘 또는
> 감독을 받아 계속적으로 보험계약의 체결을 중개하는 자는 다음 각 호의 권한이 있다.
>   1. 보험자가 작성한 영수증을 보험계약자에게 교부하는 경우 그 보험계약자로부터 보험
>      료를 수령할 수 있는 권한
>   2. 제1항 제2호의 권한
> ④ 제1항부터 제3항까지의 규정은 피보험자나 보험수익자가 보험료를 지급하거나 보험계
> 약에 관한 의사표시를 할 의무가 있는 경우에는 그 피보험자나 보험수익자에 대해서도 적
> 용한다.

로 그러한 보험계약자를 보호하기 위한 것이라면, 보험업법을 개정하여 현행 제
2조 제10호의 보험대리점을 체약대리점으로 명칭을 변경하고 중개대리점의 규정
을 신설하면서 보험대리점은 체약대리점인지 중개대리점인지를 명확히 표시하도
록 하면 될 것이다.

　　다. 개정상법 제646조의2 제3항은 「보험대리상이 아니면서 특정한 보험자
를 위하여 계속적으로 보험계약의 체결을 중개하는 자는 보험자가 작성한 영수
증을 보험계약자에게 교부하는 경우 보험료 수령권한과 보험계약자에 대한 보험
증권 교부권한이 있다」고 규정하고 있다. 이러한 자의 권한에 대하여 명확히 규
정하는 점은 타당하다고 본다.

　　그런데 「보험대리상이 아니면서 특정한 보험자를 위하여 계속적으로 보험계
약의 체결을 중개하는 자」가 누구를 지칭하는가에 대하여는, 위 나.에서 본 바와
같이 개정상법 제646조의2 제1항이 체약대리상 및 중개대리상의 권한을 규정한
것으로 보면 이는 보험설계사를 의미하는 것으로 보는데,[22] 개정상법 제646조의
2 제1항이 체약대리상의 권한을 규정한 것으로 보면 이는 보험중개대리상과 보
험설계사를 의미하는 것으로 본다.[23] 입법론적으로는 2007년 정부(법무부)의 입법
예고안과 같이 보험체약대리상과 보험중개대리상의 권한을 구별하여 명확히 규
정하면서, 보험설계사에 대하여는 「보험체약대리상 또는 보험중개대리상이 아니
면서 특정의 보험자를 위하여 그의 지휘 또는 감독을 받아 계속적으로 보험계약
의 체결을 중개하는 자」로 규정하였더라면(동 개정시안 제642조의2 제3항), 이러한
혼란이 없었을 것으로 본다.

## 3. 고지의무 등에서 인과관계의 부존재와 보험계약 해지권

| 개정전 | 개정상법 |
| --- | --- |
| 제655조 (계약해지와 보험금액청구권) 보험<br>사고가 발생한 후에도 보험자가 제650조, 제 | 제655조(계약해지와 보험금청구권) 보험사고<br>가 발생한 후에도 보험자가 제650조, 제651 |

---

22) 장덕조, 전게논문(금융법연구 제11권 제2호), 26면.
23) 정찬형, 전게서[상법강의(하)(제18판)], 542~543면; 양기진, 전게 발표자료, 5~6면(개정상
　　법 제646조의2 제3항은 보험중개대리상의 권한범위를 명시하고 있다. 그런데 2014년 개정상
　　법은 보험대리상 이외의 보험모집보조자인 보험중개사 및 보험설계사에 관한 내용은 언급하고
　　있지 않은데, ……실무상 분쟁이 가장 많은 보험설계사의 권한범위에 대하여는 입법적으로 명
　　확히 규정할 필요가 있다).

| | |
|---|---|
| 651조, 제652조와 제653조의 규정에 의하여 계약을 해지한 때에는 보험금액을 지급할 책임이 없고 이미 지급한 보험금액의 반환을 청구할 수 있다. 그러나 고지의무에 위반한 사실 또는 위험의 현저한 변경이나 증가된 사실이 보험사고의 발생에 영향을 미치지 아니하였음이 증명된 때에는 그러하지 아니하다. | 조, 제652조 및 제653조에 따라 계약을 해지한 때에는 보험금을 지급할 책임이 없고 이미 지급한 보험금의 반환을 청구할 수 있다. 다만, 고지의무를 위반한 사실 또는 위험이 현저하게 변경되거나 증가된 사실이 보험사고 발생에 영향을 미치지 아니하였음이 증명된 때에는 계약을 해지하더라도 보험금을 지급할 책임이 있다. |

　가. 개정상법 제655조 단서에 의하면 고지의무 등을 위반한 사실과 보험사고 발생 사이에 인과관계가 없으면 보험자는 보험계약을 해지할 수는 있으나, 그 보험사고에 대하여는 보험금을 지급하여야 한다. 다시 말하면, 고지의무 등의 위반과 보험사고 사이의 인과관계가 없는 경우에도 보험자는 보험계약을 해지할 수 있으므로, 양자 사이의 인과관계 부존재는 보험자의 보험계약 해지의 제한사유가 될 수 없다. 이 점은 개정상법이 제655조 단서를 개정 전의 「…그러하지 아니하다」에서 「…계약을 해지하더라도 보험금을 지급할 책임이 있다」고 명백히 규정함으로써, 입법적으로 해결하였다. 이는 매우 타당한 개정으로 이로 인하여 종래의 불필요한 논쟁을 입법적으로 해결하였다.[24)

　나. 개정상법 이전에는 상법 제655조 단서가 「그러나 고지의무에 위반한 사실이 보험사고의 발생에 영향을 미치지 아니하였음이 증명된 때에는 그러하지 아니하다」고 규정하고 있었다. 그래서 상법 제655조 단서의 '그러하지 아니하다'의 의미를 어떻게 해석할 것인가에 대하여, 보험계약을 해지할 수 없는 것으로 해석하여야 한다는 견해(보험계약해지 부정설)(다수설[25)·판례[26))와, 보험자는 보험계

---

24) 정찬형, 전게서[상법강의(하)(제18판)], 573~575면; 동, 전게논문(금융법연구 제4권 제2호), 128~129면. 동지: 장덕조, 전게논문(금융법연구 제11권 제2호), 6~7면.

25) 정희철, 「상법학(하)」(서울:박영사, 1990), 388면; 손주찬, 「제10정증보판 상법(하)」(서울: 박영사, 2002), 532면; 양승규, 전게서[보험법(제5판)], 126면; 동, "주운전자의 부실고지와 인과관계(대법원 1994. 2. 25 선고, 93 다 52082 판결에 대한 판례평석)," 법률신문, 제2300호 (1994. 4. 4), 15면 외.
　그러나 고지의무 위반이 있더라도 인과관계가 있어야 보험자는 보험계약을 해지할 수 있다고 보는 견해에서도, 이는 결과적으로 불량위험을 보호하는 것이 되어 고지의무를 인정하는 취지와 모순된다고 하여, 입법론으로는 상법 제655조 단서를 삭제하여야 한다는 견해가 있었다[양승규, 상게서, 126면; 정희철, 상게서, 388면; 채이식, 「상법강의(하)(개정판)」(서울: 박영사, 2003), 461면].

26) 대판 1969. 2. 18, 68 다 2082(보험계약자는 고지의무에 위반한 사실이 있다 하더라도 그 사실이 보험사고의 발생에 영향을 끼치지 아니하였음을 입증함으로써 보험자의 계약해지를 방지

약을 해지할 수는 있되 다만 발생한 보험사고에 대한 보험금 지급책임만을 부담
한다고 해석하여야 한다는 견해(보험계약해지 긍정설)(소수설[27]·판례[28])로 나뉘어 있

---

할 수 있다); 동 1992. 10. 23, 92 다 28259(고지의무 위반으로 사고발생의 위험이 현저하게 변
경 또는 증가하지 않았다는 이유로 계약을 해지할 수 없다는 점은 보험계약자가 주장·입증하
여야 한다); 동 1994. 2. 25, 93 다 52082(보험사고의 발생이 보험계약자가 불고지하였거나 부
실고지한 사실에 의한 것이 아니라는 것이 증명된 때에는 상법 제655조 단서의 규정에 의하여
보험자는 위 부실고지를 이유로 보험계약을 해지할 수 없는 것이지만, 위와 같은 고지의무 위
반사실과 보험사고 발생과의 인과관계의 부존재의 점에 관한 입증책임은 보험계약자에게 있
다)(이에 대한 판례평석으로는 양승규, 법률신문, 제2300호, 15면 및 김성태, 법률신문, 제2333
호, 15면이 있다); 동 1997. 10. 28, 97 다 33089(운전자가 한쪽 눈이 실명된 사실을 보험자에
게 고지하지 않은 채 그의 일방과실에 의한 추돌사고가 발생한 경우에는 고지의무 위반과 사
고발생 사이에 인과관계가 있어 해지권이 인정된다); 동 2001. 1. 5, 2000 다 40353(보험사고의
발생이 보험계약자가 불고지하였거나 불실고지한 사실에 의한 것이 아니라는 것이 증명된 때
에는 그 불고지나 불실고지를 이유로 보험계약을 해지할 수 없다).
  인과관계를 요하는 것으로 보는 영국 판례의 소개에 관하여는 최종현, "영국 해상보험법상
고지의무(Pan Atlantic Insurance Co., Ltd. v. Pine Top Insurance Co., Ltd.〈1994〉 사건을
중심으로)," 「보험법연구 3」(보험법연구회 편)(삼지원, 1999), 193∼204면 참조.

27) 최병규, "고지의무에 관한 종합적 검토," 「경영법률」(한국경영법률학회), 제9집(1999), 314
면, 316면; 동, "고지의무에서의 인과관계," 「고시연구」, 제351호(2003. 6), 271면; 김재걸, "고
지의무 위반에 의한 계약해지의 효력에 대한 일고찰," 「21세기 상사법의 전개」(하촌 정동윤선
생 화갑기념)(파주: 법문사, 1999), 569면; 심상무, "고지의무 위반의 효과," 법률신문, 제2141
호(1992. 7. 23), 10면.

28) 대판 2010. 7. 22, 2010 다 25353(상법 제651조는 고지의무 위반으로 인한 계약해지에 관한
일반적 규정으로 이에 의하면 고지의무에 위반한 사실과 보험사고 발생 사이에 인과관계를 요
하지 않는 점, 상법 제655조는 고지의무 위반 등으로 계약을 해지한 때에 보험금액청구에 관
한 규정이므로 그 본문뿐만 아니라 단서도 보험금액청구권의 존부에 관한 규정으로 해석함이
상당한 점, 보험계약자 또는 피보험자가 보험계약 당시에 고의 또는 중대한 과실로 중요한 사
항을 불고지·부실고지하면 이로써 고지의무 위반의 요건은 충족되는 반면 고지의무에 위반한
사실과 보험사고 발생 사이의 인과관계는 '보험사고 발생 시'에 비로소 결정되는 것이므로 보
험자는 고지의무에 위반한 사실과 보험사고 발생 사이의 인과관계가 인정되지 않아 상법 제
655조 단서에 의하여 보험금액 지급책임을 지게 되더라도 그것과 별개로 상법 제651조에 의하
여 고지의무 위반을 이유로 계약을 해지할 수 있다고 해석함이 상당한 점, 고지의무에 위반한
사실과 보험사고 발생 사이의 인과관계가 인정되지 않는다고 하여 상법 제651조에 의한 계약
해지를 허용하지 않는다면 보험사고가 발생하기 전에는 상법 제651조에 따라 고지의무 위반을
이유로 계약을 해지할 수 있는 반면 보험사고가 발생한 후에는 사후적으로 인과관계가 없음을
이유로 보험금액을 지급한 후에도 보험계약을 해지할 수 없고 인과관계가 인정되지 않는 한
계속하여 보험금액을 지급하여야 하는 불합리한 결과가 발생하는 점, 고지의무에 위반한 보험
계약은 고지의무에 위반한 사실과 보험사고 발생 사이의 인과관계를 불문하고 보험자가 해지
할 수 있다고 해석하는 것이 보험계약의 선의성 및 단체성에서 부합하는 점 등을 종합하여 보
면, 보험자는 고지의무를 위반한 사실과 보험사고의 발생 사이의 인과관계를 불문하고 상법
제651조에 의하여 고지의무 위반을 이유로 계약을 해지할 수 있다. 그러나 보험금액청구권에
관해서는 보험사고 발생 후에 고지의무 위반을 이유로 보험계약을 해지한 때에는 고지의무에
위반한 사실과 보험사고 발생 사이의 인과관계에 따라 보험금액 지급책임이 달라지고, 그 범
위 내에서 계약해지의 효력이 제한될 수 있다. 따라서 고혈압 진단 및 투약 사실에 관한 피보
험자의 고지의무 위반과 백혈병 발병이라는 보험사고 사이에 인과관계가 인정되지 않지만, 보

었다. 이에 대하여 필자는 (ⅰ) 보험계약자의 고지의무 위반으로 인하여 보험자가 보험계약을 해지할 수 있는 권리가 발생하는 것은 상법 제651조인데, 이에 의하면 고지의무 위반사실과 보험사고 발생 사이에 인과관계가 있을 것을 요하지 않는 점, (ⅱ) 상법 제655조는 보험계약의 해지 여부와는 무관하고 보험계약 해지의 효력인 보험금의 지급에 관한 것으로만 해석해야 하는 점, (ⅲ) 보험계약 해지 부정설에 의하면 보험금을 지급하더라도 계약의 효력에는 아무런 영향을 미치지 않는 자동복원 보험계약(예컨대, 자동차보험 등)에서 고지의무를 위반한 불량보험계약자측에게 (인과관계가 없는 한) 계속적으로 보험금을 지급해야 하는 불합리가 발생하고, 또한 인과관계의 존부는 보험사고가 발생한 후에야 비로소 알 수 있게 되므로 고지의무 위반이 있어도 보험사고 발생 전에는 보험계약을 해지할 수 없는 불합리한 점이 발생하는 점 및 (ⅳ) 보험계약의 선의성 및 단체성에서 볼 때 고지의무를 위반한 불량보험계약자는 당연히 보험단체에서 배제되어야 하는 점 등에서 볼 때, 보험계약해지 긍정설이 타당하다고 주장하였다.29)

---

험자가 고지의무 위반을 이유로 보험계약을 해지할 수 있다)(이 판결에 대하여 "상법 제655조 단서를 보험금액청구권의 존부를 다투는 경우에는 '해지할 수 없다'고 해석하고 보험계약 해지의 효력을 다투는 경우에는 '해지할 수 있다'고 해석하도록 하는 것은 동일한 법조항을 사안에 따라 달리 해석하게 되는 점에서 선뜻 수긍하기 곤란하다"는 취지의 평석으로는 박기억, 법률신문, 제4070호〈2012. 10. 11〉, 13면 참조); 서울고판 2000. 12. 19, 2000 나 35223(보험계약 청약서상의 질문표에 기재된 질문사항은 보험계약에서 중요한 사항으로 추정되는 것이므로 Y〈보험계약자 겸 주피보험자〉가 위 보험계약 체결시 위 A〈Y의 남편이며 종피보험자〉가 지방간을 앓은 일이 없다는 취지의 기재를 한 것은 고지의무 위반이라 할 것이고 따라서 이를 이유로 X〈보험자〉가 위 보험계약을 해지한 것은 유효한 것이기는 하나, 위 고지의무에 위반한 사실과 보험사고 발생과의 사이에 인과관계가 없는 이상 상법 제655조 단서에 의하여 X는 Y에게 위 보험금을 지급할 채무가 있다 할 것이고, 한편 보험사고와 인과관계 없는 고지의무 위반으로 보험계약이 해지된 경우 암진단확정일로부터 180일 이내에 피보험자가 사망한 때에 한하여 그 때까지 발생한 암으로 인한 해당보험금을 지급한다는 위 보험약관의 규정은 상법 제655조 단서에서 정한 보험자의 보험금지급채무를 제한하여 보험수익자에게 불이익하게 변경하는 것으로서 상법 제663조에 의하여 무효인 것이라 할 것이므로 X의 위 주장은 이유 없고 Y의 위 주장은 이유 있다).

29) 이에 관한 상세는 정찬형, "암보험에 있어서 보험자의 보험계약의 해지여부 및 보험금지급채무의 범위(보험사고와 인과관계가 없는 사항에 관한 고지의무위반이 있는 경우)," 「법학논집」(목포대 법학연구소), 창간호(2001), 97~117면; 동, "상법 제651조와 동 제655조 단서와의 관계," 「고시연구」, 2004. 4, 73~81면; 동, 전게서[상법강의(하)(제18판)], 575면; 동, 전게논문(금융법연구 제4권 제2호), 128~129면.

## 4. 소멸시효기간의 연장

| 개정전 | 개정상법 |
|---|---|
| 제662조(소멸시효) 보험금청구권과 보험료 또는 적립금의 반환청구권은 2년간, 보험료의 청구권은 1년간 행사하지아니하면 소멸시효가 완성한다. | 제662조(소멸시효) 보험금청구권은 3년간, 보험료 또는 적립금의 반환청구권은 3년간, 보험료청구권은 2년간 행사하지 아니하면 소멸시효가 완성한다. |

**가.** 개정상법은 보험금청구권 및 보험료 또는 적립금의 반환청구권의 시효기간을 2년에서 3년으로 연장하고, 보험료청구권의 시효기간을 1년에서 2년으로 각각 연장하였다. 개정전의 단기의 소멸시효기간은 외국 입법례 등에 비추어 지나치게 단기이어서 특히 법률지식이 풍부하지 못한 사회적 약자인 보험계약자 등의 보호에 미흡한 점이 많았는데, 개정상법이 이러한 단기의 소멸시효기간을 연장한 것은 타당하다고 본다.[30]

**나.** 그런데 개정상법은 보험금청구권의 소멸시효기간의 기산점에 대하여는 규정하고 있지 않다. 따라서 소멸시효기간의 기산점은 민법에 따라 정할 수 밖에 없다. 민법 제166조 제1항은 소멸시효의 기산점에 대하여 '권리를 행사할 수 있는 때'로부터 진행한다고 규정하고 있는데, 이 경우 '권리를 행사할 수 있는 때'를 어떻게 해석할 것인가에 대하여 보험금청구권의 시효기간의 기산점에 관한 해석이 달라질 수 있다. '권리를 행사할 수 있는 때'와 관련하여 일반적으로 권리 행사에 관한 장해 중 '법률상의 장해'(예컨대, 이행기의 미도래 등)에 대하여는 시효의 기산점에 영향을 주지만, '사실상의 장해'(예컨대, 권리자의 개인적 사정이나 법률지식의 부족, 권리존재에 대하여 알지 못하거나 채무자의 부재 등으로 권리를 행사하지 못하는 것 등)는 시효의 기산점에 영향을 주지 않는다고 본다.[31] 이는 또한 보험계약에서 피보험자 또는 보험수익자는 언제 보험금청구권을 행사할 수 있는지와 관련된다고 본다. 이에 대하여 우리 대법원판례는 "보험금청구권은 보험사고의 발생으로 인하여 구체적으로 확립되어 그때부터 그 권리를 행사할 수 있게 되는 것이므로 그 소멸시효는 달리 특별한 사정이 없는 한 민법 제166조 제1항의 규

---

30) 동지: 장덕조, 전게논문(금융법연구 제11권 제2호), 28면.
31) 곽윤직, 「민법총칙(제7판)」(서울: 박영사, 2002), 326~327면; 이영준, 「민법총칙(제6판)」(서울: 박영사, 1991), 759면; 대판 1982. 1. 19, 80 다 2626 외.

정에 의하여 보험사고가 발생한 때로부터 진행한다"고 판시하고 있다.[32] 또한 우리 대법원판례는 시효기간의 기산점이 원칙적으로 '보험사고가 발생한 때'인데 이에 대한 예외에 대하여, "보험금청구권은 보험사고가 발생하기 전에는 추상적인 권리에 지나지 않고 보험사고의 발생으로 인하여 구체적인 권리로 확정되어 그때부터 권리를 행사할 수 있게 되는 것이므로, 보험금청구권의 소멸시효는 특별한 사정이 없는 한 '보험사고가 발생한 때'부터 진행하는 것이 원칙이지만, 보험사고가 발생하였는지 여부가 객관적으로 분명하지 아니하여 보험금청구권자가 과실 없이 보험사고의 발생을 알 수 없었던 경우에도 보험사고가 발생한 때부터 보험금청구권의 소멸시효가 진행한다고 해석하는 것은 보험금청구권자에게 가혹한 결과를 초래하게 되어 정의와 형평의 이념에 반하고 소멸시효제도의 존재이유에도 부합하지 않는다. 따라서 객관적으로 보아 보험사고가 발생한 사실을 확인할 수 없는 사정이 있는 경우에는 보험금청구권자가 '보험사고의 발생을 알았거나 알 수 있었던 때'부터 보험금청구권의 소멸시효가 진행한다"고 판시하고 있다.[33] 또한 우리 대법원판례의 보험청구권의 시효기간 기산점에 관한 이러한 해석은 손해보험과 인보험에 모두 적용되는 것으로 보고 있다.[34]

　일반적으로 보험자는 보험계약자 등으로부터 보험사고의 발생에 대하여 통지를 받은 경우에는(상법 제657조 제1항) 그 보험사고가 면책사유에 해당하는지 여부 및 (특히 손해보험의 경우) 지급할 보험금액이 얼마인지를 조사하여 확정한 후 보험계약자 등에게 지급할 보험금액 등 지급청구절차를 안내하고 이에 따라 피보험자 또는 보험수익자는 안내받은 소정의 절차에 따라 보험자에게 보험금을 청구한다. 또한 보험업법 제95조의 2 제4항도 "보험회사는 일반보험계약자가 보험금 지급을 요청하는 경우에는 대통령령으로 정하는 바에 따라 보험금의 지급절차 및 지급내역 등을 설명하여야 하며, 보험금을 감액하여 지급하거나 지급하지 아니하는 경우에는 그 사유를 설명하여야 한다"고 규정하여, 보험금을 지급하는 과정에서 보험자의 설명의무를 규정하고 있다. 이러한 점에서 보면 '보험사고가 발생한 때'를 (보험금의 지급여부 및 청구할 보험금액이 확정되어 있지 않음에도 불구하고) 바로 민법 제166조 제1항의 '권리를 행사할 수 있는 때'로 보기는 어렵다고

---

32) 대판 2009. 7. 9, 2009 다 14340 외.

33) 대판 2008. 11. 13, 2007 다 19624. 동지: 대판 2005. 12. 23, 2005 다 59383·59390; 동 2001. 12. 28, 2001 다 61753; 동 2001. 4. 27, 2000 다 31168; 동 1999. 2. 23, 98 다 60613; 동 1997. 11. 11, 97 다 36521; 동 1993. 7. 13, 92 다 39822.

34) 대판 2009. 7. 9, 2009 다 14340; 동 2000. 3. 23, 99 다 66878.

본다. 민법에서도 "지료(地料)가 확정되어 있지 아니한 지료청구권에 대하여는 그 소멸시효를 운위(云謂)할 여지가 없다"고 보고,35) "청구한 후 일정기간이나 상당한 기간이 경과한 후에 청구할 수 있는 권리는 전제가 되는 청구한 때로부터 정해진 유예기간이 경과한 시점부터 시효는 진행한다"고 해석하고 있다.36) 이러한 점에서 볼 때 보험금지급청구권의 시효기간 기산점에 관하여는 반드시 상법 제658조와 관련하여 보험금의 지급에 관하여 약정기간이 있는 경우에는 그 기간의 다음 날을 시효기간의 기산점으로 보고, 약정기간이 없는 경우에는 보험계약자 등으로부터 보험사고의 통지를 받은 후 지체 없이 지급할 보험금액을 정하고 그 정하여진 날로부터 10일이 경과한 날을 시효기간의 기산점으로 보아야 할 것이다. 이러한 점에서 볼 때 '보험사고가 발생한 때'를 일률적으로 보험금청구권의 시효기간의 기산점으로 보는 것은 보험소비자의 이익을 해하고 보험업법 제95조의 2 제4항의 취지에도 반하여 타당하지 않다고 본다. 따라서 보험금청구권의 시효기간의 기산점을 정함에 있어서 '권리를 행사할 수 있을 때'란(민법 제166조 제1항), '보험사고의 발생시'가 아니라 보험사고에 대한 조사가 완료되어 보험금액의 지급 여부 및 보험금액이 정하여져 (보험회사로부터 이에 대한 안내를 받고) 피보험자 또는 보험수익자가 (실제로) 보험자에 대하여 '보험금액을 청구할 수 있을 때'로 보아야 할 것이다. 보험금액의 지급 여부 및 보험금액을 정하는 절차를 보험금청구자의 '사실상의 장해'라고는 볼 수 없고, '법률상의 장해'라고 보아야 할 것이다(상법 제658조 참조). 보험실무에서 보험사고가 발생한 경우 보통 피보험자 또는 보험수익자는 어떠한 약관에 기하여 어떠한 종류의 보험금을 얼마만큼 지급받을 수 있을지 알지 못하는 반면, 보험자는 이를 잘 알 수 있는 지위에 있고 또한 보험자는 보험금을 지급하는 과정에서 이에 관한 설명의무를 보험계약자 등에게 부담하고 있다(보험업법 제95조의2 제4항). 따라서 이러한 상황에서 보험금청구권의 소멸시효의 기산점을 일률적으로 '보험사고가 발생한 때'로 보는 것은 피보험자 또는 보험수익자에 대하여 보험사고 발생시부터 보험금액을 청구할 수 있는 때(소정의 유예기간)까지의 기간만큼 시효기간이 줄어드는 결과가 되어 이는 피보험자 또는 보험수익자에게 불리하게 되고,37) 또한 이는 (보험에 관한 정보의 비대칭면 등에서) 현저하게 형평에 반하여 보험소비자의 이익을 해하게 된다고 본

---

35) 대판 1969. 5. 27, 69 다 353; 이영준, 전게서[민법총칙(제6판)], 759면.
36) 곽윤직, 전게서[민법총칙(제7판)], 328면; 이영준, 상게서[민법총칙(제6판)], 761면.
37) 동지: 곽윤직, 전게서[민법총칙(제7판)], 328면.

다. 이와 같이 보험금청구권의 시효기간의 기산점을(즉, 민법 제166조 제1항의 '권리를 행사할 수 있을 때'를) '보험사고의 발생시'가 아니라 보험금청구권자가 보험자에 대하여 (사실상) '보험금액을 청구할 수 있을 때'로 보면, 보험금청구권자가 과실 없이 보험금청구권의 유무 및 청구할 보험금액을 알지 못하여 이를 청구하지 못하는 경우에는 (이를 '사실상의 장해'가 아니라 '법률상의 장해'로 보면) 시효기간이 개시되지 않고 보험금청구권자가 그 후 '이를 알았거나 알 수 있었을 때'부터 시효기간이 개시된다고 본다. 이와 같이 보험금청구권의 시효기간의 기산점을 '보험사고의 발생시'가 아니라 '보험금청구권의 유무 및 청구할 보험금액의 확정시'로 대체하여 보면, 대법원판례[38]에서 보험금청구권자의 과실 없이 이를 알 수 없었던 사정이 있는 경우에는 '이를 알았거나 알 수 있었을 때'부터 보험금청구권의 소멸시효가 진행하는 것으로 해석하는데, 이를 '보험금청구권의 유무 및 청구할 보험금액의 확정을 알았거나 알 수 있었을 때'로부터 보험금청구권의 소멸시효가 진행하는 것으로 해석할 수 있다.

참고적으로 독일 보험계약법(Gesetz über den Versicherungsvertrag, VVG) 제14조 제1항은 "보험사고의 확정과 보험자가 지급할 보험금의 범위를 결정하는데 필요한 조사가 종료된 때에 보험자의 보험금 지급에 관한 이행기가 도래한다"고 규정하고, 독일 대법원은 이의 해석에서 "보험사고의 확정과 보험자가 지급할 보험금액의 범위에 대한 조사가 완료되기 전에는 소멸시효가 진행되지 않는다"고 보고 있다.[39] 이러한 점은 '보험사고의 발생시'를 보험금청구권의 시효기간의 기산점으로 보지 않는 것으로, 우리 상법(보험편)의 해석에서도 많은 참고가 될 수 있을 것이다. 특히 상법(보험편)의 해석에서는 민법의 경우와는 달리 일반보험계약자(보험소비자)의 보호를 항상 고려하여야 할 것으로 본다.

다. 그런데 '보험금청구권을 행사할 수 있는 때'를 언제로 볼 것인가에 관하여 우리나라 학설은 나뉘어 있다. 즉, (ⅰ) 원칙적으로는 보험금 지급사유가 발생한 때(보험사고가 발생한 때)이나, 예외적으로 피보험자 또는 보험수익자가 (자신의 과실로 보험금지급사유 발생사실을 알지 못하는 경우가 아닌 한) 보험금지급사유의 발생을 알았거나 알 수 있었던 때로 보아, 위의 대법원판례와 유사하게 보는 견해가 있다.[40] (ⅱ) 이에 반하여 보험금 지급시기에 관한 상법 제658조와 관련하

38) 대판 1997. 11. 11, 97 다 36521 외.
39) BGH 13. 3. 2002, Ⅳ ZR 40/01.
40) 최기원, 「상법학신론(하)(제14판)」(서울: 박영사, 2005), 641면; 김성태, 「보험법강론」(파주:

여, 보험금 지급시기가 정하여진 경우에는 그 기간이 경과한 다음 날이고, 보험
금 지급시기가 정하여지지 않은 경우에는 보험회사가 보험계약자 측의 보험사고
의 통지를 받은 후 지체 없이 보험금액을 정하고 보험회사가 보험금액을 결정한
날로부터 10일이 경과한 날로 보는데, 보험금청구권자가 과실 없이 보험사고의
발생을 알 수 없었던 사정이 있으면 그가 보험사고의 발생을 '알았거나 알 수 있
었을 때'로 보는 견해가 있다.41)

　　생각건대, 보험금청구권의 시효기간의 기산점은 상법 제658조와 연결하여
파악하는 위의 (ii)의 견해에 찬성한다. 즉, 보험금청구권의 시효기간의 기산점
은 보험금액의 지급시기가 정하여진 경우에는 그 기간이 경과한 다음 날이고, 그
지급시기가 정하여지지 않은 경우에는 보험계약자 등이 보험사고 발생을 알고
이를 보험자에게 통지한 경우 보험자가 그 통지를 받은 후 지급할 보험금액을
정하고 10일의 보험금지급유예기간이 경과한 다음 날이라고 보아야 할 것이다.
그러나 보험계약자 등이 보험사고 발생을 알고도 이를 보험자에게 통지하지 않
은 경우에는 '보험사고가 발생한 때'이고, 보험금청구권자가 과실 없이 보험사고
의 발생을 알 수 없었던 특별한 사정이 있는 경우 또는 보험사고가 발생한 것인
지 여부가 객관적으로 분명하지 않은 경우에는 그가 '보험사고 발생을 알았거나
알 수 있었던 때'라고 보아야 할 것이다.42)

　　그러나 우리 대법원판례는 "보험약관 또는 상법 제658조에서 보험금 지급유
예기간을 정하고 있더라도 보험금청구권의 소멸시효는 보험사고가 발생한 때로
부터 진행하고, 위 지급유예기간이 경과한 다음 날부터 진행한다고 볼 수는 없
다"고 판시하여,43) 보험금청구권의 시효기간의 기산점에 관하여는 명백히 상법

　　법문사, 2001), 258~260면; 장덕조, 「보험법」(파주: 법문사, 2011), 142면; 송옥렬, 「상법강의
　　(제5판)」(서울: 홍문사, 2015), 277~278면; 이상훈, "보험금청구권의 소멸시효의 기산점," 「상
　　사판례연구(7)」(서울: 박영사, 2007), 214~215면.
41) 양승규, 전게서[보험법(제5판)], 147면(다만 피보험자 또는 보험수익자가 객관적으로 보아
　　보험사고의 발생을 알 수 없는 사정이 있는 때에는 보험사고의 발생을 안 때에 소멸시효가 진
　　행한다고 한다); 정동윤, 「상법(하)(제4판)」(파주: 법문사, 2011), 536~537면; 최준선, 「보험법
　　·해상법」(서울: 삼영사, 2005), 104~105면; 박세민, 「보험법」(서울: 박영사, 2013), 240면; 정
　　진세, "보험금의 지급유예기간과 소멸시효 기산점," 「고시연구」, 2002. 5, 158~160면; 최한준,
　　"보험금청구권의 소멸시효의 기산점," 「안암법학」(안암법학회), 제13호(2011), 384~385면; 강
　　대섭, "보험금청구권의 소멸시효의 기산점," 「상사판례연구」(한국상사판례학회), 제12편(2001),
　　371면 외.
42) 정찬형, 전게서[상법강의(하)(제18판)], 592~593면; 동, 전게논문(금융·법연구 제10권 제1호,
　　175면.
43) 대판 2005. 12. 23, 2005 다 59383·59390.

제658조의 적용을 배제하고, '보험사고 발생시'부터 시효기간이 진행한다고 보고 있다.44)

　　그러나 사견으로는 보험금청구권의 시효기간의 기산점에 대하여는 위에서 본 바와 같이 일률적으로 '보험사고 발생시'로 보는 것은 타당하지 않고, 상법 제658조와 관련하여 해석하여야 한다고 본다.

　　**라.** 따라서 보험금청구권의 시효기간의 기산점에 관하여는 우리 대법원판례와 같이 일률적으로 '보험사고의 발생시'로 보는 것은 보험계약자 측에 너무나 불리하므로, 보험계약자 등을 보호하기 위하여 상법 제658조와 관련하여 입법적으로 해결하여야 할 것으로 본다.45)

## 5. 공제 등에의 준용

| 개정전 | 개정상법 |
|---|---|
| 제664조(상호보험에의 준용) 이 편(編)의 규정은 그 성질이 상반되지 아니하는 한도에서 상호보험(相互保險)에 준용한다. | 제664조(상호보험, 공제 등에의 준용) 이 편(編)의 규정은 그 성질에 반하지 아니하는 범위에서 상호보험(相互保險), **공제(共濟), 그 밖에 이에 준하는 계약**에 준용한다. |

　　**가.** 개정전에는 상법 보험편의 규정은 그 성질이 상반되지 않는 한도에서 상호보험에 준용하는 것으로 규정하였는데, 개정상법은 상호보험뿐만 아니라 공제·그 밖에 이에 준하는 계약에 준용하는 것으로 하였다. 이는 종래의 통설46)과 판례47)에서도 인정되었던 것인데, 이를 상법상 명문 규정을 둔 것으로 타당한

---

44) 동지: 정진옥, "책임보험에서 피해자의 직접청구권의 소멸시효," 「경성법학」(경성대 법학연구소), 제4호(1995. 8), 260~261면(보험금청구권자가 보험사고의 발생 또는 보험계약의 존재를 알았는지 여부 또는 보험사고 발생 후에 관계자에 의하여 약관 소정의 절차가 행해지고 유예기간이 경과하였는지 여부는 소멸시효 개시의 문제에는 직접 영향을 미치지 못하고 보험금청구권의 소멸시효는 보험사고의 발생시부터 진행이 개시된다고 한다).
45) 정찬형, 전게논문(금융법연구 제10권 제1호), 175면.
46) 정찬형, 「상법강의(하)(제9판)」(서울: 박영사, 2007), 483면; 양승규, 전게서[보험법(제5판)], 25면 외.
47) 대판 1989. 1. 31, 87 도 2172(상조비라는 명목으로 일정한 금액을 출연하고 사고가 발생한 때에 상조부의금 명목으로 일정한 금액을 지급하는 것을 목적으로 하는 상조사업은 보험사업에 해당한다); 동 1989. 12. 12, 89 다카 586(…공제사업은 성질상 상호보험과 유사한 것이므로 상법 제664조를 유추적용하여 보험자대위에 관한 상법 제682조를 준용할 수 있다); 동 1995. 3. 28, 94 다 47094(자동차운송사업조합이나 자동차운송사업조합연합회가 하는 공제사업에는 상법 제664조의 규정을 유추적용하여 상법 제662조의 단기소멸시효에 관한 규정이 준용된다);

개정이라고 본다.[48]

　나. 공제는 같은 직장·직업 또는 지역에 속하는 사람들이 상호구제를 목적으로 하는 것으로서, 단체의 구성원이 한정적이라는 점에서는 일반 보험과 다른 점도 있으나, 위험단체를 구성하는 점에서는 보험과 아주 유사하므로, 이는 그 실질이 일종의 보험이라고 할 수 있다.[49]

　공제는 매우 다양한데, 특별법에 의하여 성립되기도 하고, 또한 전국적으로 대규모로 운영되는 공제도 많다(농협공제·수협공제·교원공제·자동차운송사업조합이 영위하는 공제 등). 특별법에 의하여 성립하는 공제는 금융위원회와 금융감독원의 감독을 받는 것이 아니라 그 특별법에 의하여 주무관청의 감독을 받는데(농업협동조합법 제162조 제1항 등), 금융위원회는 법률에 따라 운영되는 공제업과 보험업법에 따른 보험업 간의 균형있는 발전을 위하여 필요하다고 인정하는 경우에는 그 공제업을 운영하는 자에게 기초서류에 해당하는 사항에 관한 협의를 요구할 수 있다(보험업법 제193조 제1항).


# Ⅲ. 손해보험

## 1. 손해보험증권의 기재사항에 피보험자의 인적 사항 추가

　개정상법은 손해보험증권의 기재사항에 **"피보험자의 주소, 성명 또는 상호"**를 추가하고 있는데(개정상법 제666조 7의 2), 타당하다고 본다.

## 2. 가족에 대한 보험자대위의 금지 명문화

| 개정전 | 개정상법 |
|---|---|
| 제682조(제3자에 대한 보험대위) 손해가 제3자의 행위로 인하여 생긴 경우에 보험금액을 지급한 보험자는 그 지급한 금액의 한도에서 그 제3자에 대한 보험계약자 또는 피보험자 | 제682조(제3자에 대한 보험대위) ① 손해가 제3자의 행위로 인하여 발생한 경우에 보험금을 지급한 보험자는 그 지급한 금액의 한도에서 그 제3자에 대한 보험계약자 또는 피 |

---

동 1996. 12. 10, 96 다 37848; 동 2014. 10. 27, 2014 다 212926(중개업자와 한국공인중개사협회가 체결한 공제계약은 기본적으로 보험계약으로서의 본질을 가지고 있다) 외.

48) 동지: 장덕조, 전게논문(금융법연구 제11권 제2호), 9~10면.

49) 정찬형, 전게서[상법강의(하)(제18판)], 497면.

| 의 권리를 취득한다. 그러나 보험자가 보상할 보험금액의 일부를 지급한 때에는 피보험자의 권리를 해하지 아니하는 범위내에서 그 권리를 행사할 수 있다. | 보험자의 권리를 취득한다. 다만, 보험자가 보상할 보험금의 일부를 지급한 경우에는 피보험자의 권리를 침해하지 아니하는 범위에서 그 권리를 행사할 수 있다.<br>② 보험계약자나 피보험자의 제1항의 권리가 그와 생계를 같이 하는 가족에 대한 것인 경우에는 보험자는 그 권리를 취득하지 못한다. 다만, 손해가 그 가족의 고의로 인하여 발생한 경우에는 그러하지 아니하다. |
|---|---|

　가. 개정상법은 손해를 야기한 제3자가 보험계약자나 피보험자와 생계를 같이 하는 가족인 경우에는 고의로 인한 사고를 제외하고 보험자의 제3자(보험계약자나 피보험자와 생계를 같이 하는 가족)에 대한 대위권을 금지함으로써 피보험자를 두텁게 보호하고 있는데, 이는 타당한 개정으로 본다.

　이때 '생계를 같이 하는 가족'이란 (ⅰ) 생계를 같이 하는 배우자·직계혈족 및 형제자매와, (ⅱ) 생계를 같이 하는 직계혈족의 배우자·배우자의 직계혈족 및 배우자의 형제자매이다(민법 제779조).

　나. 국회 법제사법위원회의 본 개정의 제안이유에서는 "개정 전에는 보험자가 대위권을 행사할 수 있는 제3자의 범위가 제한되어 있지 아니하여, 보험사고 발생에 책임이 있는 보험계약자 또는 피보험자의 가족에 대하여도 대위권 행사가 가능하므로, 결과적으로 보험계약자 또는 피보험자가 보험계약에 따른 보호를 받지 못하는 경우가 발생하고 있었다"고 하고 있는데,[50] 종래의 통설[51] 및 판례[52]에서도 보험계약자 또는 피보험자와 공동생활을 하는 가족 또는 사용인은 제3자에서 제외하였다. 따라서 이러한 개정상법의 내용은 종래의 통설·판례에 따른 입법이라고 볼 수 있다.[53]

---

50) 국회 법제사법위원회, 전게자료, 4면.
51) 정찬형, 전게서[상법강의(하)(제9판)], 621면; 양승규, 전게서[보험법(제5판)], 248면; 서돈각·정완용, 「제4전정 상법강의(하)」(파주: 법문사, 1996), 421면; 손주찬, 전게서[제10정증보판 상법(하)], 598면 외.
52) 대판 2000. 6. 23, 2000 다 9116; 동 2002. 9. 6, 2002 다 32547(무면허운전 면책약관부 보험계약에서 무면허 운전자가 동거가족인 경우 특별한 사정이 없는 한 상법 제682조 소정의 제3자의 범위에 포함되지 않는다고 봄이 타당하다) 외.
53) 정찬형, 전게논문(금융법연구 제4권 제2호), 143면. 동지: 장덕조, 전게논문(금융법연구 제11권 제2호), 12~13면.

## 3. 책임보험에서 피보험자의 배상청구사실 통지의무 위반효과 명문화

| 개정전 | 개정상법 |
| --- | --- |
| 제722조(피보험자의 사고통지의무) 피보험자가 제3자로부터 배상의 청구를 받은 때에는 지체없이 보험자에게 그 통지를 발송하여야 한다. | 제722조(피보험자의 배상청구 사실 통지의무) ① 피보험자가 제3자로부터 배상청구를 받은 때에는 지체 없이 보험자에게 그 통지를 발송하여야 한다.<br>② **피보험자가 제1항의 통지를 게을리하여 손해가 증가된 경우에는 보험자는 그 증가된 손해를 보상할 책임이 없다. 다만, 피보험자가 제657조 제1항의 통지를 발송한 경우에는 그러하지 아니하다.** |

**가.** 책임보험에서 피보험자는 제3자에게 배상책임을 질 사고(손해사고)가 발생한 것을 안 때에는 지체 없이 이에 관하여 보험자에게 통지를 발송하여야 한다(상법 제657조 제1항). 그런데 책임보험에서 피보험자는 이외에 책임보험의 특성에서 배상청구 통지의무(상법 제722조 제1항)와 채무확정 통지의무(상법 제723조 제1항)를 부담한다. 개정 전 상법에서는 피보험자의 배상청구 통지의무에 대하여만 규정하고, 그 위반의 효력에 대하여는 규정하지 않았다. 그런데 통설에서는 피보험자가 배상청구 통지의무를 게을리한 경우에는 보험자가 개입하여 손해배상액을 줄일 수 있는 사유 등 특별한 사정이 있는 때에는 보험자는 이로 인한 손해를 보험금에서 공제하거나 구상할 수 있다고 해석하였다.[54] 우리 대법원판례도 이와 같은 취지로 "피보험자가 보험회사에게 피해자 등으로부터 소송을 제기당한 사실에 관하여 통지를 게을리한 사정이 있다면, 피보험자의 이러한 의무해태로 인하여 적정 손해액 이상으로 판결에서 인용된 손해액에 대하여는 보험회사는 보상의무가 없다고 봄이 상당하다"고 판시하였다.[55] 따라서 개정상법 제722조 제2항은 이러한 통설·판례에 따라 이를 명문화한 규정으로 타당하다고 본다.[56]

---

54) 정찬형, 전게서[상법강의(하)(제9판)], 677면; 양승규, 전게서[보험법(제5판)], 371면; 채이식, 전게서[상법강의(하)(개정판)], 586면 외.
55) 대판 1994. 11. 24, 94 다 2145.
56) 동지: 장덕조, 전게논문(금융법연구 제11권 제2호), 14~15면.

나. 손해보험에서 피보험자가 보험사고 발생통지(상법 제657조 제1항)를 한 경우에는 피보험자가 다시 배상청구 통지의무를 이행하지 않은 경우에도 보험자는 증가된 손해를 보상할 책임이 있다(개정상법 제722조 제2항 단서).

보험계약자 등이 보험사고 발생의 통지를 게을리함으로 인하여 손해가 증가된 때에는 보험자는 그 증가된 손해를 보상할 책임이 없다(상법 제657조 제2항). 그러나 책임보험에서 피보험자의 채무확정 통지의무는 보험자의 보험금 지급시기를 정하는 기준이 될 뿐이므로(상법 제723조 제2항), 이를 게을리한 경우에도 보험자의 손해보상의무에는 변함이 없다.[57]

## 4. 책임보험에 관한 규정의 재보험에의 준용

가. 개정상법은 제726조의 제목을 "재보험에의 **적용**"에서 "재보험에의 **준용**"으로 변경하고, 그 내용도 "이 절(책임보험-필자 주)의 규정은 재보험계약에 준용한다"에서 "이 절(책임보험-필자 주)의 규정은 그 성질에 반하지 아니하는 범위에서 재보험계약에 준용한다"로 개정하였다.

나. 재보험계약은 「어떤 보험자가 그가 인수한 보험계약상의 책임의 전부 또는 일부를 담보하기 위하여 다른 보험자에게 다시 보험에 가입하는 보험계약」으로서(상법 제661조 제1문), 원인이 된 최초의 보험계약(원보험 또는 주보험)이 손해보험이든 인보험이든 그 원보험계약에 영향을 미치지 않는데(상법 제661조 제2문), 이러한 재보험계약의 법적 성질은 책임보험계약의 일종으로 본다(통설).[58] 따라서 재보험계약에 책임보험에 관한 규정을 준용하도록 하는 것은 당연한데, 개정 전의 규정은 재보험계약에 책임보험에 관한 모든 규정이 준용되는 것처럼 되어 있어, 개정상법이 재보험계약에도 그 성질상 책임보험에 관한 규정이 준용될 수 없는 규정(상법 제720조, 제724조 제2항 등)이 있으므로 재보험계약에 그 성질에 반하지 아니하는 범위에서 책임보험에 관한 규정을 준용하도록 명확하게 규정한 것은 타당하다고 본다.[59]

---

57) 정찬형, 전게서[상법강의(하)(제18판)], 717면 외.

58) 정찬형, 상게서, 729면 외.

59) 정찬형, 전게논문(금융법연구 제4권 제2호), 145면. 이에 관한 상세는 장덕조, "재보험에 관한 연구(재보험관계자의 법적 지위를 중심으로)," 법학박사학위논문(서울대, 1998. 2) 참조.

## 5. 보증보험에 관한 규정의 신설

| 개정전 | 개정상법 |
|---|---|
| 신 설 | 제7절 보증보험 |
| 신 설 | 제726조의 5(보증보험자의 책임) 보증보험계약의 보험자는 보험계약자가 피보험자에게 계약상의 채무불이행 또는 법령상의 의무불이행으로 입힌 손해를 보상할 책임이 있다. |
| 신 설 | 제726조의 6(적용 제외) ① 보증보험계약에 관하여는 제639조 제2항 단서(타인을 위한 손해보험계약에서 보험계약자가 타인에게 손해를 배상한 경우, 보험자에 대한 보험금지급청구권 인정)를 적용하지 아니한다. ② 보증보험계약에 관하여는 보험계약자의 사기, 고의 또는 중대한 과실이 있는 경우에도 이에 대하여 피보험자에게 책임이 있는 사유가 없으면 제651조(고지의무 위반으로 인한 계약해지), 제652조(위험변경·증가의 통지와 계약해지), 제653조(보험계약자 등의 고의·과실로 인한 위험증가와 계약해지) 및 제659조 제1항(보험계약자의 고의·중과실로 인한 보험사고의 경우 보험자의 면책)을 적용하지 아니한다. |
| 신 설 | 제726조의 7(준용규정) 보증보험계약에 관하여는 그 성질에 반하지 아니하는 범위에서 보증채무에 관한 「민법」의 규정을 준용한다. |

**가.** 개정상법은 제2장 손해보험에서 제7절(보증보험)을 신설하여 보증보험에 관한 3개의 조문을 규정하고 있다. 즉, 개정상법 제726조의 5는 보증보험자의 책임에 대하여 규정하고, 동 제726조의 6은 보증보험의 성질상 보험계약법 중 그 적용이 부적절한 보험계약법의 배제조항을 규정하고 있으며, 동 제726조의 7은 보증보험의 보증의 성질을 반영하여 보증보험계약에 관하여는 그 성질에 반하지 아니하는 범위에서 보증채무에 관한 민법의 규정을 준용하는 규정을 두고 있다.

**나.** 보증보험은 실무에서 많이 이용되고 있음에도 불구하고 개정 전에는 상

법에서 규정하고 있지 않아 그 법적 성질이 보험이냐 또는 보증이냐에 대하여 많은 논란이 있었다. 보증보험계약에는 보험성과 보증성이 모두 있다는 점은 인정할 수 있지만, 보증보험은 원칙적으로 보험이라고 본다.60) 따라서 보증보험계약에는 원칙적으로 보험계약법이 적용되는데, 보증보험계약의 성질상 보험계약법의 적용이 부적절한 규정은 이를 배제할 필요가 있고, 또한 보증보험에도 보증의 성질이 있으므로 필요한 경우 민법상 보증에 관한 규정을 준용한다는 근거규정을 둘 필요가 있다. 따라서 개정상법은 상법상 손해보험에 하나의 절을 신설하여 보증보험에 관하여 직접 규정하고, 보증보험의 성질상 그 적용이 부적절한 보험계약법상의 규정을 배제하고, 또한 보증보험에도 보증의 성질이 있으므로 그 성질에 반하지 아니하는 범위에서 민법상 보증에 관한 규정을 준용한다는 근거규정을 둔 것은, 매우 타당하다고 본다.61)

　　개정상법에서는 보증보험계약에 대하여는 상법 제639조 제2항 단서(타인을 위한 손해보험계약의 경우에 보험계약자가 그 타인에게 보험사고의 발생으로 생긴 손해를 배상한 때에는 보험계약자는 그 타인의 권리를 해하지 아니하는 범위 안에서 보험자에게 보험금액의 지급을 청구할 수 있다)가 적용되지 않으므로(개정상법 제726조의 6 제1항), 채무자(보험계약자)가 채권자(피보험자)에게 계약상의 채무를 이행하거나 또는 법령상의 의무를 이행한 경우 채무자(보험계약자)는 보험자에게 언제나 보험금을 청구할 수 없다. 보증보험계약은 그 성질상 채무자(보험계약자)의 채권자(피보험자)에 대한 채무(의무)불이행을 보험자가 담보하는 것이므로 채무자(보험계약자)가 보험자에게 보험금을 청구할 수 없다는 것이다. 이것은 마치 민법상 채무자가 그의 보증인에게 보증채무의 이행을 청구할 수 없는 것과 같다.62) 따라서 개정상법이 상법 제639조 제2항 단서를 보증보험계약에 적용하지 않는 규정을 둔 것은 타당하다고 본다.63)

　　또한 개정상법은 보험계약자에게 사기·고의 또는 중대한 과실이 있는 경우에도 이에 대하여 피보험자에게 책임이 있는 사유가 없으면 상법 제651조(고지의

60) 정찬형, "보증보험의 보증성과 보험성에 관한 연구," 「보증보험의 법적 제문제」(서울보증보험), 2005. 6, 52~59면; 동, 전게서[상법강의(하)(제18판)], 765~766면(특수한 손해보험이라고 볼 수 있다).
61) 정찬형, 전게논문(금융법연구 제4권 제2호), 146~147면.
62) 이 경우 민법상 보증인의 보증채무는 그의 부종성으로 인하여 주채무의 소멸과 동시에 소멸되었다고 볼 수 있다.
63) 정찬형, 전게논문(금융법연구 제4권 제2호), 147면.

무 위반으로 인한 계약해지)·제652조(객관적 위험변경·증가의 통지와 계약해지)·제653
조(주관적 위험변경·증가와 계약해지) 및 제659조 제1항(보험계약자 등의 고의·중과실
로 발생한 보험사고에 대한 보험자의 면책)을 적용하지 않는데(개정상법 제726조의 6 제
2항), 이는 보증보험계약의 성질상 타당하다고 본다.[64] 종래에 우리 대법원도 이
와 같은 취지에서 "보험자는 보험계약자의 사기를 이유로 보증보험계약을 취소
하는 경우에도, 피보험자가 그와 같은 기망행위가 있었음을 알았거나 알 수 있었
던 경우 등과 같은 특별한 사정이 없는 한 보험자는 보험계약의 취소를 가지고
피보험자에게 대항할 수 없다"고 판시하였다.[65] 상법상 이러한 규정들이 제한적
으로 적용되는 것(즉, 피보험자에게 적용될 때에만 보험자는 보험계약을 해지할 수 있거
나 보험금의 지급책임을 면함)은 보증보험의 특수한 성질에 기인하는 것이므로, 이
러한 사정만을 이유로 하여 보증보험의 법적 성질을 보증이라고 단정할 필요는
없다고 본다.[66]

　　**다.** 개정상법 제726조의 7은 보증보험의 보증의 성질을 반영하여 보증보험
계약에 관하여는 그 성질에 반하지 아니하는 범위에서 보증채무에 관한 민법의
규정을 준용하는 규정을 두고 있다. 따라서 보험자의 채무(보험금 지급채무)는 주
채무(보험계약자의 채무)를 전제로 하므로 주채무가 소멸하면 보험자의 채무도 소
멸한다.[67] 또한 보증보험은 민법상 보증과 같이 수반성을 갖는다.[68] 또한 보증보
험에서 보험금을 지급한 보험자는 채무자의 부탁에 의한 보증인에 준하여 민법
제441조(수탁보증인의 구상권)에 따라 보험계약자(채무자)에게 구상할 수 있다.[69]
그러나 보증보험자와 다른 보증인 사이에는 보증보험의 성질상 공동보증인 관계
가 성립한다고 보기가 어렵기 때문에 공동보증인 사이의 구상권에 관한 민법 제
448조(공동보증인간의 구상권)가 당연히 준용된다고 볼 수는 없다.[70]

　　보증보험계약에서 보험금을 지급한 보험자에게 민법 제481조(변제자의 법정대
위)가 (유추)적용될 수 있는지 여부에 대하여, 우리 대법원판례는 이를 긍정하고
있는데,[71] 다만 민법 제481조에 의한 변제자 법정대위권은 보험자에게 구상권(민

---

64) 정찬형, 상게논문, 148면.
65) 대판 1999. 7. 13, 98 다 63162.
66) 정찬형, 전게논문(금융법연구 제4권 제2호), 148면.
67) 동지: 대판 2004. 12. 24, 2004 다 20265.
68) 동지: 대판 2002. 5. 10, 2000 다 70156.
69) 동지: 대판 1978. 3. 14, 77 다 1758; 동 1997. 10. 10, 95 다 46265; 동 2012. 2. 23, 2011 다
　　62144.
70) 정찬형, 전게서[상법강의(하)(제18판)], 775면. 동지: 대판 2001. 2. 9, 2000 다 55089.

법 제441조)이 있음을 전제로 하고 있다.[72] 그런데 보증보험계약이 보증으로서의 성격이 있다고 하더라도 이는 일반보증계약과는 구별되는데, 보험자에게 수탁보증인의 구상권(민법 제441조) 외에 이중으로 변제자의 법정대위권(민법 제481조)까지 인정하여 보험계약의 외부적인 관계인 피보험자(채권자)의 물상담보권 등까지 취득한다고 보는 것은 무리라고 생각한다.[73]

## IV. 인보험

### 1. 연금보험·양로보험의 규정 정비 및 생명보험의 보험사고 구체화

| 개정전 | 개정상법 |
|---|---|
| 제727조(인보험자의 책임) 인보험계약의 보험자는 생명 또는 신체에 관하여 보험사고가 생길 경우에 보험계약의 정하는 바에 따라 보험금액 기타의 급여를 할 책임이 있다. | 제727조(인보험자의 책임) ① 인보험계약의 보험자는 피보험자의 생명이나 신체에 관하여 보험사고가 발생할 경우에 보험계약으로 정하는 ----- 보험금이나 그 밖의 급여를 지급할 책임이 -----. |
| 신 설 | ② 제1항의 보험금은 당사자 간의 약정에 따라 분할하여 지급할 수 있다. |
| 제730조(생명보험자의 책임) 생명보험계약의 보험자는 피보험자의 생명에 관한 보험사고가 생길 경우에 약정한 보험금액을 지급할 책임이 있다. | 제730조(생명보험자의 책임) 생명보험계약의 보험자는 피보험자의 사망, 생존, 사망과 생존에 관한 보험사고가 발생할 경우에 약정한 보험금을 지급할 책임이 -----. |
| 제735조(양로보험) 피보험자의 사망을 보험사고로 한 보험계약에는 사고의 발생없이 보험기간이 종료한 때에도 보험금액을 지급할 것을 약정할 수 있다. | <삭 제> |
| 제735조의 2(연금보험) 생명보험계약의 보험자는 피보험자의 생명에 관한 보험사고가 생긴 때에 약정에 따라 보험금액을 연금으로 분할하여 지급할 수 있다. | <삭 제> |

---

71) 대판 1997. 11. 14, 95 다 11009 외.
72) 대판 2014. 4. 30, 2013 다80429 · 80436.
73) 정찬형, 전게서[상법강의(하)(제18판)], 777면.

가. 개정상법은 제727조 제2항을 신설하여 "제1항의 보험금은 당사자간의 약정에 따라 분할하여 지급할 수 있다"고 규정하여, (생명보험뿐만 아니라) 모든 인보험의 공통적인 특질을 반영하였다. 즉, 보험금의 분할지급은 사람의 사망·생존·상해·질병 등을 보장하는 모든 인보험에 관련되는 사항이므로 인보험 통칙에서 규정하게 된 것이다.

개정상법 제730조는 "생명보험계약의 보험자는 피보험자의 사망, 생존, 사망과 생존에 관한 보험사고가 발생할 경우에 약정한 보험금을 지급할 책임이 있다"고 규정하여, 생명보험에서 보험사고에 따른 생명보험의 종류를 구체적으로 분류하여 사망보험·생존보험 및 생사혼합보험으로 규정하고 있다.

개정전 상법 제735조(양로보험)는 생사혼합보험으로 개정상법 제730조에서 규정하고 있으므로 불필요한 조항이 되어 삭제하고, 개정전 상법 제735조의 2(연금보험)는 생존보험에 관하여는 개정상법 제730조에 포함되고 보험금의 지급방법에 관하여는 개정상법 제727조 제2항에 포함되어 불필요한 조항이 되므로 삭제하고 있다.

나. 개정상법 제730조가 생명보험자의 책임을 보험사고에 따라 분류하여 사망보험·생존보험 및 생사혼합보험으로 구체적으로 규정한 점은 개정전 상법이 '생명에 관한 보험사고'로 규정한 것을 명확하게 구체화하여 규정한 것으로서 매우 타당하다고 본다.[74] 따라서 해석과 법적용에서도 보다 명확하게 될 것으로 본다. 그런데 개정전 상법 제735조(양로보험)를 삭제하고 그 내용은 전부 개정상법 제730조(생명보험자의 책임)에 포함된다고 보는 점과 또한 개정전 상법 제735조의 2(연금보험)를 삭제하고 그 내용은 개정상법 제730조(생명보험자의 책임) 및 동 제727조 제2항(인보험에서 보험금의 분할지급)에 포함된다고 보는 점에 대하여는 미흡한 점이 있어 아래와 같이 지적하고자 한다.[75]

(1) 개정전 상법 제735조(양로보험)와 관련하여 「보험사고의 발생 없이 보험기간이 종료한 때에 보험계약자 등에게 보험금액(환급금)을 지급하는 보험계약」은 생명보험계약(생사혼합계약)에서뿐만 아니라 손해보험계약에서도 존재한다. 예컨대, 손해보험 중 장기화재보험(장기손해보험 중 화재로 인한 재물에 생긴 손해를 보상하는 보험)·장기종합보험(장기손해보험 중 재물손해·신체손해·배상책임손해 중 둘 이상의 손해를 보상하는 보험)·장기상해보험 등의 경우에도 보험사고가 발생한 경우

---

74) 정찬형, 전게논문(금융법연구 제4권 제2호), 149면.
75) 정찬형, 상게논문, 149~150면.

에는 보험금을 지급하나, 보험사고가 발생하지 않고 보험기간이 종료되는 경우에
는 환급금을 지급하고 있다. 그러나 이러한 형태의 보험계약에 대하여는 보험약
관에 의하여 환급금을 지급하고 있으므로 그 법적 근거가 없다. 따라서 이에 관
한 법적 근거를 상법에서 마련하여 줄 필요가 있다고 본다.[76]

　　(2) 개정전 상법 제735조의 2(연금보험)와 관련하여 동 규정을 생명보험에 관
한 절에 둠으로써 우리 상법은 생존연금만을 인정하고 그 외의 다양한 형태의
연금은 상법상 인정되지 않는 것과 같은 오해를 유발시키므로 개정전 상법 제
735조의 2를 삭제한 것은 타당하다고 본다.[77]

　　그런데 개정상법 제727조 제2항만에 의하여 현재 실무상 존재하는 모든 연
금보험을 포섭할 수 있는지는 의문이다. 2007년 8월 10일 법무부가 입법예고한
상법(보험편) 개정시안 제727조 제2항은 "제1항의 보험금은 당사자 사이의 약정
에 따라 '연금으로' 분할하여 지급할 수 있다"고 규정되었는데, 개정상법에서는
'연금으로'를 삭제하였다. 따라서 개정상법과 같이 분할지급으로만 규정한 것은
순수한 보험금의 지급방식에 불과하고 이것이 직접으로 연금과 관련되는 것으로
보기는 어렵다. 그런데 '연금으로'를 넣게 되면 이는 보험종목도 되고 또한 인보
험금의 지급방식도 되므로 인보험 통칙에서 규정하는 근거가 된다. 개정상법과
같이 인보험 통칙에서만 보험금의 분할지급방식을 규정하면 이의 반대해석으로
손해보험금은 언제나 일시금으로 지급해야 하는 것으로 해석될 여지도 있다. 따
라서 손해보험금도 당사자 사이의 약정에 의하여 분할지급이 가능하다면 개정상
법 제727조 제2항은 인보험 통칙이 아니라 보험계약법 통칙에서 규정되어야 할
것으로 본다. 따라서 인보험 통칙에서 보험금의 분할 지급에 대하여 규정하려면
앞에서 본 개정시안과 같이 '연금으로'를 추가하여야 할 것으로 본다.

## 2. 심신박약자의 사망보험계약 체결 또는 단체보험에서 동의 허용

| 개정전 | 개정상법 |
|---|---|
| 제732조(15세미만자등에 대한 계약의 금지) 15세미만자, 심신상실자 또는 심신박약자의 | 제732조(15세미만자등에 대한 계약의 금지) ------------------------------------- |

---

76) 동지: 사단법인 한국금융법학회, 보험산업 발전을 위한 바람직한 상법개정방안(손해보험협
　　회 연구용역보고서), 2007. 9. 21, 94~96면.
77) 동지: 사단법인 한국금융법학회, 상게 연구용역보고서, 90~94면.

| 사망을 보험사고로 한 보험계약은 무효로 한다. <단서 신설> | -----------------------------------<br>----. 다만, 심신박약자가 보험계약을 체결하거나 제735조의 3에 따른 단체보험의 피보험자가 될 때에 의사능력이 있는 경우에는 그러하지 아니하다. |
|---|---|

**가.** 개정상법은 제732조에 단서를 신설하여 "다만, 심신박약자가 보험계약을 체결하거나 제735조의 3에 따른 단체보험의 피보험자가 될 때에 의사능력이 있는 경우에는 그러하지 아니하다"고 규정하여, 심신박약자는 의사능력이 있는 경우에 보험계약을 체결할 수도 있고 단체보험의 피보험자가 될 때에 보험계약자가 피보험자 또는 그 상속인이 아닌 자를 보험수익자로 지정할 때에 (서면)동의도 할 수 있는 것으로 규정하고 있다.

**나.** 이러한 개정상법에 대하여 반대한다. 따라서 개정상법 제732조 단서는 삭제되어야 할 것으로 본다. 그 이유는 다음과 같다.[78]

(1) 개정상법이 제732조 단서를 신설한 이유에 의하면 개정 전에는 정신장애인은 장애의 정도에 관계 없이 생명보험계약 체결이 불가능하였는데, 제732조 단서를 신설함으로써 경제활동을 통하여 가족을 부양하거나 생계를 보조하는 심신박약자가 생명보험계약에 가입할 수 있게 되어 그 유족의 생활안정에 이바지하게 될 것이라고 한다.[79] 그런데 심신박약자의 사망을 보험사고로 하는 타인의 생명보험을 인정하게 되면 보험이 도박화할 우려가 크고 피보험자인 심신박약자의 생명을 해할 위험이 보다 크므로 개정전 상법과 같이 이를 금할 필요가 있다.

(2) 심신박약자가 의사능력이 있는 경우에 (피보험자를 자기로 하든 또는 제3자로 하든) 보험계약을 체결할 수 있도록 하는 것은 민법상 대원칙인 제한능력자의 행위능력제도에 반하게 된다. 즉, 민법의 원칙에 의하면 심신박약자로서 피한정후견인이 한정후견인의 동의가 필요한 법률행위를 한정후견인의 동의 없이 하였을 때에는 그 법률행위를 취소할 수 있는데(민법 제13조 제4항), 가정법원이 정한 피한정후견인이 한정후견인의 동의를 받아야 하는 행위의 범위(민법 제13조 제1항~제3항)를 벗어나 보험계약을 체결할 수 있도록 하는 것은 타당하지 않다고 본다.

---

78) 정찬형, 전게논문(금융법연구 제4권 제2호), 150~151면. 동지: 장덕조, 전게논문(금융법연구 제11권 제2호), 39면.
79) 국회 법제사법위원회, 전게자료, 6면.

(3) 심신박약자는 '의사능력이 있는 경우'에 한하여 보험계약을 체결하거나 단체보험의 피보험자가 될 때에 보험계약자가 피보험자 또는 그 상속인이 아닌 자를 보험수익자로 지정할 때에 (서면)동의를 할 수 있는데, '의사능력이 있는 경우' 유무는 전문적인 의학지식이 있어야 하고 이의 판단도 쉽지 않을 뿐만 아니라 이에 관한 증명도 쉽지 않아 많은 분쟁을 야기할 우려가 있다. 따라서 상법이 많은 분쟁을 야기할 수 있는 규정을 스스로 둘 필요는 없다고 본다.

(4) 2013년 7월 1일부터 시행되는 민법에서는 심신상실·심신박약 등의 용어를 사용하고 있지 않은데, 상법 제732조에서 이러한 용어를 사용하는 것은 사법체계의 통일성에도 문제가 있고, 또한 민법에서는 심신상실과 심신박약은 정도의 차이에 불과하고 확연히 구별하기가 곤란하다고 하여 이러한 용어를 쓰고 있지 않은데 상법 제732조에서는 이를 구별하여 쓰고 있는 것도 문제라고 본다.[80]

(5) 심신박약자라도 가정법원으로부터 피한정후견인이 한정후견인의 동의를 받아야 하는 행위의 범위에 보험계약의 체결 등이 포함되어 있지 않다면(민법 제13조 제1항) 민법상 이러한 심신박약자는 (한정후견인의 동의 없이) 스스로 보험계약 체결 등을 할 수 있으므로 상법 제732조 단서는 큰 의미가 없다.[81] 따라서 상법 제732조는 2013년 7월 1일부터 시행되는 민법과 관련하여 사법체계의 통일을 기할 수 있도록 재검토가 필요하다고 본다.

(6) 상법 제732조 단서는 타인의 사망보험계약에서는 단체보험의 경우만 적용되는 것으로 규정하고 있는데, 단체보험이 아닌 타인의 사망보험계약에서도 동일하게 보아야 할 것이다.[82]

## 3. 사망보험계약에서 보험자의 면책사유 구체화

| 개정전 | 개정상법 |
| --- | --- |
| 제732조의 2(중과실로 인한 보험사고 등) 사망을 보험사고로 한 보험계약에는 사고가 보험계약자 또는 피보험자나 보험수익자의 중대한 과실로 인하여 생긴 경우에도 보험자는 보험금을 지급할 책임을 면하지 못한다. | 제732조의 2(중과실로 인한 보험사고 등) ① 사망을 보험사고로 한 보험계약에서는 사고가 보험계약자 또는 피보험자나 보험수익자의 중대한 과실로 인하여 발생한 경우에도 보험자는 보험금을 지급할 책임을 면하지 못 |

---

80) 동지: 장덕조, 전게논문(금융법연구 제11권 제2호), 37면.
81) 동지: 장덕조, 상게논문, 38면.
82) 동지: 장덕조, 상게논문, 38면.

| | 한다.<br>② 둘 이상의 보험수익자 중 일부가 고의로 피보험자를 사망하게 한 경우 보험자는 다른 보험수익자에 대한 보험금 지급 책임을 면하지 못한다. |
|---|---|

**가.** 개정전 상법에서는 수인의 보험수익자가 있는 경우 그 중 1인의 고의로 피보험자가 사망한 경우에 보험자의 다른 보험수익자에 대한 책임문제에 관하여 규정하고 있지 않았으므로 분쟁이 발생할 여지가 있어, 개정상법은 제732조의 2에서 제2항을 신설하여 이에 대하여 명백히 규정하였다.

**나.** 개정상법은 둘 이상의 보험수익자 중 일부가 고의로 피보험자를 사망하게 한 경우 보험자는 다른 보험수익자에 대하여 보험금을 지급할 책임이 있는 것으로 규정하고 있는데, 이는 분쟁을 사전에 예방할 수 있고 또한 귀책사유가 없는 다른 보험수익자인 유족을 보호할 수 있어 타당하다고 본다.[83]

이 경우 보험자의 부담부분은 고의로 사고를 야기한 자에게 지급하여야 할 금액만큼 감축된다.[84] 그러나 보험계약 자체가 무효로 판정된 경우에는 이 규정이 적용될 여지가 없다.[85]

## 4. 단체보험에서 피보험자의 동의

| 개정전 | 개정상법 |
|---|---|
| 제735조의 3(단체보험) ①·② (생 략)<br><u>신 설</u> | 제735조의 3(단체보험) ①·② (개정전과 같음)<br><u>③ 제1항의 보험계약에서 보험계약자가 피보험자 또는 그 상속인이 아닌 자를 보험수익자로 지정할 때에는 단체의 규약에서 명시적으로 정하는 경우 외에는 그 피보험자의 (2017년 10월 개정상법에 의하여 '제731조 제1항에 따른' 문언이 추가됨) 서면 동의를 받아야</u> |

83) 정찬형, 전게논문(금융법연구 제4권 제2호), 152면.
84) 동지: 장덕조, 전게논문(금융법연구 제11권 제2호), 16면; 서울고판 1985. 11. 7, 85 나 1266.
85) 동지: 장덕조, 상게논문, 17면; 대판 2000. 2. 11, 99 다 49064.

| | 한다. |
|---|---|

가. 개정상법 제735조의 3에서는 제3항을 신설하여 "제1항의 보험계약에서 보험계약자가 피보험자 또는 그 상속인이 아닌 자를 보험수익자로 지정할 때에는 단체의 규약에서 명시적으로 정한 경우 외에는 그 피보험자의 (2017년 10월 개정상법에 의하여 '제731조 제1항에 따른'의 문언이 추가됨) 서면 동의를 받아야 한다"고 규정하고 있다.

개정상법은 단체보험에서 보험계약자가 '피보험자 또는 그 상속인이 아닌 자'를 보험수익자로 지정한 경우에는 (단체의 규약에서 명시적으로 정함이 없는 한) 그 피보험자의 (2017년 10월 개정상법에 의하여 '제731조 제1항에 따른'의 문언이 추가됨) 서면의 동의를 받도록 규정하고 있는데, 이와 같이 규정한 것은 이로 인하여 유족의 이익과 더불어 단체 구성원의 이익을 보호하기 위한 것이라고 한다.[86) 그런데 이는 종래의 우리 대법원판례[87]에 반하는 입법이다.

나. 단체보험은 단체의 구성원의 전부 또는 일부를 포괄적으로 피보험자로 하여 그의 생사(生死)를 보험사고로 하는 보험계약인데, 단체보험에서는 그 구성원이 단체에 가입·탈퇴함으로 인하여 당연히 피보험자의 자격을 취득하거나 상실하므로 원칙적으로 피보험자의 서면(2017년 10월 개정상법에 의하여 일정한 '전자문서'를 포함함) 동의를 요하지 않는 것으로 규정하고 있다(상법 제735조의 3 제1항). 이러한 단체보험은 보통 단체의 구성원이 피보험자 겸 보험수익자이고 단체의 대표자가 구성원의 복리후생을 위하여 보험계약을 체결하므로 타인을 위한 생명보험계약이 일반적이다. 그런데 보험계약자인 단체의 대표자가 자기를 보험수익자로 하는 자기를 위한 보험계약을 체결하는 경우에는 다시 피보험자의 서면(2017년 10월 개정상법에 의하여 일정한 '전자문서'를 포함함) 동의를 받아야 하는가? 이에 대하여 종래에는 이는 단체보험의 취지에 어긋난다고 하여 피보험자의 서면 동의를 받아야 한다는 견해도 있었으나,[88] 우리 대법원판례는 위에서 본 바와 같이 이 경우에도(즉, 보험계약자 자신을 보험수익자로 지정하는 경우에도) 단체보험의 본질에 반하는 것이 아니라고 하여 피보험자의 서면 동의를 요하지 않는다

---

86) 국회 법제사법위원회, 전게자료, 7면. 이러한 입법에 찬성하는 견해로는 장덕조, 전게논문(금융법연구 제11권 제2호), 33~34면(합헌론에 대한 비판이 상세함).

87) 대판 1999. 5. 25, 98 다 59613; 동 2006. 4.27, 2003 다 60259.

88) 김문재, "단체보험의 귀속," 「상사판례연구」(한국상사판례학회), 제10집(1999), 103~122면; 동, "단체보험계약의 법적 성질과 피보험자의 동의," 「상사판례연구」(한국상사판례학회), 제20집 제2권(2007), 117면.

는 입장이었고 이러한 대법원판례를 지지하는 견해[89]도 있었다. 헌법재판소도
이러한 상법 제735조의 3 제1항이 위헌이 아니라고 판시하였다.[90] 따라서 단체보
험에서 보험계약자가 자기를 보험수익자로 하는 경우에 피보험자의 동의를 받도
록 할 것인가의 여부는 정책적 판단에 속하는 사항이기는 하나, 위에서 본 바와
같이 우리 대법원판례에 반하며 또한 학설도 나뉘어 있고 확립되지도 않았는데
일부의 학설에 따라서만 개정상법 제735조의 3 제3항과 같이 입법하는 것은 너
무 성급한 면이 있지 않나 하는 생각이 든다. 비록 위와 같이 입법하는 경우에
도 그 형식에서 개정상법 제735조의 3에 제3항을 별도로 신설하여 규정하는 것
보다는, 이는 동조 제1항과 밀접한 관련을 갖기 때문에 개정상법 제735조의 3
제1항 단서에서 규정하는 것이 보다 더 적절할 것으로 본다.[91]

## 5. 질병보험에 관한 규정 신설

| 개정전 | 개정상법 |
|---|---|
| <u>신 설</u> | 제4절 질병보험<br>제739조의 2(질병보험자의 책임) 질병보험계약의 보험자는 피보험자의 질병에 관한 보험사고가 발생할 경우 보험금이나 그 밖의 급여를 지급할 책임이 있다.<br>제739조의 3(질병보험에 대한 준용규정) 질병보험에 관하여는 그 성질에 반하지 아니하는 범위에서 생명보험 및 상해보험에 관한 규정을 준용한다. |

가. 개정상법은 인보험에 관한 장에서 한 절(제4절)을 신설하여 질병보험에
관한 2개의 조문을 두고 있다. 즉, 개정상법 제739조의 2는 질병보험자의 책임에
관하여 "질병보험계약의 보험자는 피보험자의 질병에 관한 보험사고가 발생할
경우 보험금이나 그 밖의 급여를 지급할 책임이 있다"고 규정하고, 제739조의 3
은 질병보험에 대한 준용규정에 관하여 "질병보험에 관하여는 그 성질에 반하지
아니하는 범위에서 생명보험 및 상해보험에 관한 규정을 준용한다"고 규정하고
있다. 개정전 상법에서는 질병보험에 관한 규정을 두고 있지 아니하고 단지 해석

---

89) 정호열, "자기를 위한 단체생명보험에 관한 법적 문제," 「현대 상사법논집」(우계 강희갑박사
    화갑기념논문집), 2001, 351~355면.
90) 헌법재판소 1999. 9. 16, 98 헌가 6(전원재판부 결정).
91) 정찬형, 전게논문(금융법연구 제4권 제2호), 155면.

과 약관에 의해서 규율되고 있어 그 법적 규율에 구체성이 부족한 측면이 있었는데, 개정상법이 질병보험자의 책임과 준용규정 등 질병보험에 관한 법률관계를 상법에 직접 규정함으로써 질병보험에 관한 법률관계의 명확성을 높이는 동시에 최근 증가하고 있는 관련 법적 분쟁을 해결하는데 도움이 될 것이라고 한다.[92]

개정상법상 질병보험에 관한 규정은 민간보험회사가 개발한 다양한 질병보험상품과 관련한 분쟁에 있어서 근거규정의 역할을 할 것이다.[93] 외국의 입법례로는 독일 보험계약법(제178 a조~제178 o조)이 질병보험에 대하여 별도로 규정하고 있다.

**나.** 공보험인 국민건강보험 외에 민간보험회사가 판매한 질병보험상품이 많은 비중을 차지하고 있음에도 불구하고, 개정전에는 질병보험에 관하여는 상법에서 규정하고 있지 않고 보험업법에서 제3보험업의 하나로 예시하고 있을 뿐이었다(보험업법 제4조 제1항 제3호 나.). 따라서 질병보험계약에 따른 분쟁에서는 이에 관한 약관에 의하고 있었다.

개정상법이 이와 같이 질병보험에 관하여 하나의 절을 신설하여 규정하게 된 것은 늦은감이 있으나 매우 다행으로 생각한다.[94]

개정상법 제739조의 2가 질병보험자의 책임에 관하여 규정함에 따라 질병보험계약을 정의하면 "보험계약자는 약정한 보험료를 지급하고 보험자는 피보험자의 질병에 관한 보험사고가 발생할 경우 보험금이나 그 밖의 급여를 지급할 것을 약정하는 계약"이라고 할 수 있다(상법 제638조, 제739조의 2). 이 때「질병」이란 "상해 이외의 피보험자의 신체에 발생하는 사고로서 이의 결과 입원·수술 등의 치료를 요하는 것"이라고 볼 수 있다.[95]

또한 개정상법 제739조의 3이 질병보험에 관하여 그 성질에 반하지 아니하는 범위에서 생명보험 및 상해보험에 관한 규정을 준용하도록 한 점도 타당하다고 본다.[96] 그런데 이는 미흡한 점이 많으므로 앞으로 상세한 입법이 필요하다고 본다.[97]

---

92) 국회 법제사법위원회, 전게자료, 7면.
93) 정찬형, 전게논문(금융법연구 제4권 제2호), 158면.
94) 정찬형, 상게논문, 158면
95) 정찬형, 상게논문, 158면.
96) 정찬형, 상게논문, 158면. 과거에 하급심판례(수원지판 2010. 9. 16, 2009 가합 24265 · 2010 가합 15748)에서 "질병보험에는 상해보험에 관한 규정이 준용되지 않는다"고 판시한 것이 있는데, 개정상법 제739조의 3의 입법으로 이러한 점은 시정될 것으로 본다.
97) 정찬형, 전게서[상법강의(하)(제18판)], 813면. 동지: 장덕조, 전게논문(금융법연구 제11권

# V. 결 어

　　1. 2014년 국회 법제사법위원회가 중심이 되어 개정한 개정상법은 정부의 상법개정안 중 일부를 발췌하여 국회를 통과시킨 것으로, 정부의 상법개정안 중 좋은 내용이 빠진 것도 있고 또한 큰 논란이 없는 내용만 부분적으로 발췌하다 보니 불균형한 면도 있다.

　　개정상법에서 정부가 제안한 상법개정안의 내용 중 빠진 것은 보험계약의 선의계약성 원칙 명문화(개정안 제368조 제2항), 보험사기 방지를 위한 규정 신설(개정안 제655조의 2, 제657조의 2), 보험금의 지급시기 구체화(개정안 제658조), 중복보험 관련 규정의 정비(개정안 제672조, 제672조의 2), 보험목적의 양도시 양도인 등의 통지의무 위반효과의 구체화(개정안 제679조), 손해방지의무 위반효과의 구체화 및 손해방지비용 부담한도액의 설정(개정안 제680조), 책임보험에서 중복보험의 준용규정 개정(개정안 제725조의 2), 생명보험자의 면책사유(개정안 제732조의 2 제1항), 다른 사망보험계약의 고지의무 신설(개정안 제732조의 3), 일정 범위의 사망보험금 청구권의 압류금지 신설(개정안 제734조의 2), 상해보험자의 면책사유 규정 신설(무면허·음주운전 면책약관 유효와 관련하여)(개정안 제737조의 2), 실손보상적 상해보험에 대한 손해보험의 규정 준용 신설(개정안 제739조 제2항), 고의에 의한 질병 악화의 경우 보험자 면책(개정안 제739조의 3) 등이다.

　　2. 정부의 상법개정안 중 개정상법이 채택하지 않아 아쉽게 생각하는 것 중 가장 대표적인 예는 보험계약의 선의계약성과 보험사기 방지를 위한 것으로 다음과 같다.

　　정부의 상법개정안에서는 상법 제638조에 제2항을 신설하여 "②보험계약의 당사자는 보험계약의 체결, 권리의 행사 및 의무의 이행을 최대선의(最大善意)의 원칙에 따라야 한다"고 규정하여, 보험계약의 선의계약성을 명문으로 규정하였다. 이에 대하여 보험계약은 사행계약성을 갖기 때문에 필연적으로 선의계약성을 갖고 또한 상법은 이러한 보험계약의 선의계약성을 반영하여 구체적으로 많은 규정을 두고 있기 때문에(상법 제651조, 제652조, 제653조, 제659조, 제669조 제4항, 제672조 제3항, 제680조 등) 군이 보험계약의 선의계약성을 명문으로 규정할 필요가 없다는 견해도 있을 수 있으나, 사견으로는 보험계약의 선의계약성 원칙을 두는

---

　　제2호), 20면.

것에 찬성하였다.[98] 보험계약이 선의계약성에 반하는 경우 우리 대법원판례는 민법 제103조에 반하는 보험계약(선량한 풍속 기타 사회질서에 반하는 보험계약)으로서 무효라고 판시하고 있으므로,[99] 민법 제103조와 중복되는 면도 있으나, 보험계약에서는 특히 선의계약성이 강조되는 점에서 볼 때 이러한 원칙규정을 두는 것은 필요하고 이러한 입법례는 다른 법에서도 자주 있는 현상이다(예컨대, 약관규제법 제5조 제1항 등). 또한 외국의 입법례에서도 이와 같이 규정한 예는 많이 있다. 즉, 영국의 해상보험법(1906년) 제17조는 "해상보험계약은 최대선의를 기초로 하는 계약이다"라고 규정하고 있다. 이와 같이 보험계약의 선의계약성을 명문으로 규정하면 이는 앞으로 보험계약의 당사자에 대한 기본적 행동규범으로 작용하여 보험의 건전성을 담보하는데(또는 보험사기의 방지에) 크게 기여하고, 또한 이는 보험계약의 효력에 관한 재판규범으로서도 크게 기능할 것으로 기대하였다.[100]

또한 정부의 상법개정안에서는 보험사기를 방지하기 위하여 사기로 인하여 체결된 보험계약을 무효로 하면서(개정안 제655조의 2) 사기에 의한 보험금청구에 대하여 보험자는 보험금의 지급책임을 면한다는 규정(개정안 제657조의 2)을 신설하였다. 그런데 개정상법에서는 위와 같은 보험계약의 선의계약성 및 보험사기를 방지하기 위한 규정 등이 채택되지 않았는데, 아쉽게 생각한다.

한국에서는 보험사기가 계속적으로 증가하여 큰 사회문제가 되고 있는데,[101] 2016년에는 「보험사기방지 특별법」(2016. 3. 29, 법률 제14123호, 시행: 2016. 9. 30.)이 제정되어, 2016. 9. 30.부터 시행되고 있다. 동법에서 「보험사기행위」란 "보험사고의 발생, 원인 또는 내용에 관하여 보험자를 기망하여 보험금을 청구하는 행위"를 말하고(동법 제2조 제1호), 금융위원회·금융감독원·보험회사는 보험계약자 등의 행위가 보험사기행위로 의심할 만한 합당한 근거가 있는 경우에는 관할 수사기관에 고발 또는 수사의뢰하거나 그 밖에 필요한 조치를 취하여야 한다(동법 제6조 제1항). 보험사기행위로 보험금을 취득하거나 제3자에게 보험금을 취득하게 한 자는 10년 이하의 징역 또는 5천만원 이하의 벌금에 처하고(동법 제8조), 상습범은 그 죄에 정한 형의 2분의 1까지 가중한다(동법 제9조). 또한 보험사기죄를

---

98) 정찬형, 전게논문(금융법연구 제4권 제2호), 122면.
99) 대판 2005. 7. 28, 2005 다 23858 외.
100) 정찬형, 전게논문(금융법연구 제4권 제2호), 122~123면.
101) 보험사기는 2014년 한 해 동안 총 4조 5천억원, 가구당 23만원 및 1인당 89,000원의 보험금 누수가 발생한 것으로 추정되고 있다[금융감독원, 「금융감독정보」, 제2016-39호(2016. 9. 27~10. 3), 53면].

범한 사람이 그 범죄행위로 인하여 취득하거나 제3자로 하여금 취득하게 한 보험금의 가액(보험사기 이득액)이 5억원 이상 50억원 미만이면 3년 이상의 유기징역, 50억원 이상이면 무기 또는 5년 이상의 징역으로 가중처벌한다(동법 제11조 제1항). 동법에서는 보험사기와 관련하여 보험계약자 등을 보호하기 위하여, 보험회사는 보험사고 조사과정에서 보험계약자 등의 개인정보를 침해하지 아니하도록 노력하여야 하고(동법 제5조 제1항), 보험회사는 대통령령으로 정하는 사유 없이 보험사고 조사를 이유로 보험금의 지급을 지체 또는 거절하거나 삭감하여 지급하여서는 아니되도록 하고 있다(동법 제5조 제2항).

　3. 앞으로 상법(보험편)상 문제가 있는 부분(특히, 채택되지 않은 정부의 상법개정안을 중심으로)에 대하여는 좀 더 진지하고 면밀한 검토를 한 후 이해관계인들이 상호 협력하여 훌륭한 보험계약법이 탄생하기를 바란다. 또한 이러한 보험계약법은 이해관계가 합리적으로 조정되고 보험계약의 선의계약성이 관철되며 특히 한국에 만연된 보험사기를 방지하면서 민법을 위시한 다른 법체계와도 조화할 수 있기를 바란다.

# 보험계약법에 관한 개정의견*

## Ⅰ. 서 언

우리 상법 제정(1962. 1. 20, 법률 제1000호) 전의 의용상법에서는 보험을 상행위편에서 규정하였는데(동 제3편 제10장), 제정상법은 보험을 상행위편에서 분리하여 제4편에서 규정하면서 그 내용을 많이 확충하였다(이하 이를 '보험계약법'이라함). 우리 보험계약법은 제정 이후, 1962년 12월 12일 법률 제1212호에 의한 개정에서는 주로 문언을 수정하는 개정이 있었고(이는 제정상법과 같이 1963년 1월 1일부터 시행), 1991년 12월 31일 법률 제4770호에 의한 개정에서는 그 내용에 관한 대폭 개정이 있었다(1993년 1월 1일부터 시행).[1]

우리 보험계약법이 이와 같이 1991년에 개정된 후 20여년이 지났음에도 그동안 개정되지 않아 어느 규정은 세계 7위권에 진입한 우리 보험산업의 규모 및 국제기준에 맞지 않게 되어, 정부(법무부)는 우리 보험법제를 우리 보험산업의 규

---

* 이 글은 정찬형, "보험계약법에 관한 개정의견," 「금융법연구」(한국금융법학회), 제10권 제1
　호(2013. 8), 163~190면의 내용임(이 글에서 필자는 우리 보험계약법상 의문이 있거나 문제가
　있는 규정에 대하여 사견으로 개정안을 제시함).
1) 이러한 개정내용의 요약에 관하여는 정찬형, "고려법학 106년의 회고와 전망," 고려대 법학
　연구원 주최 CJ법학관 개관 기념학술대회 자료, 2012. 12. 10, 56~62면 참조.

모 및 국제기준에 맞게 개선하기 위하여 2007년 2월부터 개정작업에 착수하여 동
년 12월 국무회의를 거쳐 이를 확정하고(이하 '2007년 정부개정안'으로 약칭함) 2008
년 1월에 국회(법제사법위원회)에 이송하였는데,2) 이해관계인들의 방해와 국회의
원 임기만료로 인한 자동폐기 등으로 현재까지 개정되지 않은 점은 안타깝게 생
각한다.

　　이하에서는 필자가 그동안 보험계약법을 연구하고 강의하면서 평소 개정이
필요하다고 느끼거나 의문이 있는 사항을 중심으로, 보험계약법의 개정의견을 사
견으로 제시하여 보고자 한다.


## Ⅱ. 보험계약법 통칙

### 1. 용어의 통일

　　**가.** 우리 보험계약법은 「피보험자」라는 용어를 손해보험과 인보험에 따라
그 의미를 달리하고 있다. 즉, 손해보험에서는 「피보험이익의 주체로서 손해의
보상을 받을 권리를 갖는 자」를 의미하고, 인보험에서는 「생명 또는 신체에 관
하여 보험에 붙여진 자」를 의미한다.3) 손해보험에 있어서의 피보험자에 해당하
는 개념으로는 인보험에 있어서 「보험수익자」란 용어를 쓰고 있다4)(상법 제733조,
제734조 참조). 이와 같이 손해보험의 경우와 인보험의 경우에 따라 피보험자의
의미에 차이가 있음에도 불구하고, 상법은 보험계약법 통칙에서 이를 구별하지
않고 사용하고 있으므로(상법 제651조 등) 조문의 내용에 따라 피보험자의 의미가
어느 경우에 해당하는가를 이해할 수밖에 없는데, 이는 매우 혼란스러운 일이며
상법이 반드시 이와 같이 규정할 수밖에 없는 것인지 매우 의문이다.

　　따라서 보험금을 지급받을 권리를 갖는 자의 의미로서 손해보험에서도 피보
험자 대신에 보험수익자의 용어를 사용하는 등으로,5) 같은 의미의 용어를 손해
보험과 인보험에서 통일하여 사용함으로써 용어로 인하여 보험계약법을 이해하
는데 혼란을 주어서는 아니된다고 본다.

---

2) 2007년 정부개정안에 관한 필자의 의견으로는 정찬형, "2007년 확정한 정부의 상법(보험편)
　개정안에 대한 의견," 「금융법연구」(한국금융법학회), 제4권 제2호(2007), 119~163면 참조.
3) 정찬형, 「상법강의(하)(제15판)」(서울: 박영사, 2013), 537면.
4) 정찬형, 상게서, 538면.
5) 동지: 양승규, 「보험법(제5판)」(서울: 삼지원, 2005), 90면.

나. 보험계약법에서는 손해보험에서 필수불가결한 피보험이익을 「보험계약의 목적」으로 표현하고 있는데(상법 제668조, 제669조 등), 이는 보험사고 발생의 객체가 되는 피보험자의 경제상의 재화(인보험의 경우는 피보험자의 생명·신체)를 의미하는 「보험의 목적」(상법 제666조 제1호, 제675조, 제678조, 제679조 등)과 혼동하기 쉽다. 따라서 피보험이익을 이와 같이 「보험의 목적」과 혼동하기 쉬운 용어로 굳이 사용할 필요가 있는지 의문이다. 따라서 보험계약법상 사용하고 있는 「보험계약의 목적」을 피보험이익으로 표현하는 것이 더 적절하지 않은가 생각한다.

다. 「보험금액」이란 용어의 의미는 정액보험과 손해보험에 따라 차이가 있다. 즉, 생명보험과 같은 정액보험에서는 보험자가 보험계약에서 정한 보험금액을 보험사고 발생시에 지급할 의무를 지나(상법 제730조), 손해보험의 경우에는 보험사고로 인한 실손해액을 보상하는 것이므로(상법 제665조) 보험계약에서 정한 보험금액과 보험사고의 발생시에 보험자가 지급하는 보험금액이 일치하지 않는 경우가 많다. 따라서 손해보험의 경우 보험금액은 보험자의 손해보상책임의 최고한도액을 의미하기도 하고, 그 보험사고로 인한 손해배상액을 의미하기도 한다.[6] 따라서 손해보험에서는 이 양자의 개념을 가진 「보험금액」이라는 용어를 혼란을 피하기 위하여 구별하여 사용하여야 할 것으로 본다. 즉, 보험계약상의 보험금액(보험자의 손해보상책임의 최고한도액)은 「손해보상예정금액」 등으로 표현하고, 보험사고로 인한 손해보상액을 의미하는 용어로만 「보험금액」을 사용하면 정액보험(생명보험)에서 사용하는 「보험금액」이라는 용어와 어느 정도 일관성을 갖게 되어 용어에서 오는 혼란을 최소화할 수 있을 것으로 본다.

## 2. 보험약관의 교부·명시의무

현행 상법 제638조의 3 제1항은 보험자의 보험계약자에 대한 보험약관의 교부·명시의무를 규정하고, 동조 제2항은 보험자가 이에 위반한 때에는 "보험계약자는 보험계약이 성립한 날부터 1월 내에 그 계약을 취소할 수 있다"고 규정하고 있다. 이는 약관규제법 제3조 제4항이 「당해 약관을 계약의 내용으로 주장할 수 없다」고 규정한 점과 다르고, 상법은 약관규제법보다 보험계약자에게 불리하게 규정하고 있다고 볼 수 있다.[7] 이와 같이 약관규제법 제3조 제4항과 다르게 규정한 상법 제638조의 3 제2항의 의미에 대하여, 우리 대법원판례는 "상법 제

---

6) 정찬형, 전게서[상법강의(하)(제15판)], 549면.
7) 정찬형, 상게서, 518~519면.

638조의 3 제2항은 약관규제법 제3조 제4항의 적용을 배제하는 특별규정이라고 할 수 없어, 보험약관이 상법 제638조의 3 제2항의 적용대상이라 하더라도 약관규제법 제3조 제4항이 역시 적용된다"고 판시하고,[8] 또한 "상법 제638조의 3 제2항에 의하여 보험자가 보험약관의 교부·명시의무를 위반한 때에 보험계약자가 보험계약 성립일로부터 1월 내에 행사할 수 있는 취소권은 보험계약자에게 주어진 권리일 뿐 의무가 아니므로 보험계약자가 보험계약을 취소하지 않은 경우에 (보험계약의 무효를 주장할 수는 없지만) 보험계약자는 보험자가 보험약관의 교부·명시의무에 위반한 약관의 내용의 법률효과를 주장할 수 없다거나 보험자의 이러한 의무위반의 하자가 치유되는 것은 아니다"고 판시하고 있다.[9]

따라서 상법 제638조의 3 제2항은 약관규제법 제3조 제4항 및 위의 대법원 판례의 내용을 반영하여, 보험계약자가 보험계약을 취소하지 않은 경우 보험자는 당해 약관을 보험계약의 내용으로 주장할 수 없음을 추가로 규정하여야 할 것으로 본다.[10] 이와 같이 규정하면 규범설에 의한 불필요한 오해를 방지할 수 있고, 또한 약관규제법 제3조 제4항과도 조화할 수 있게 된다.

### 3. 보험자의 보조자

가. 현행 상법은 보험자의 보조자로서 보험대리상·보험중개인 등에 대하여 규정하고 있지 않고, 보험업법 제2조 제10호는 「보험대리점」이란 '보험회사를 위하여 보험계약의 체결을 대리하는 자(법인이 아닌 사단과 재단을 포함한다)로서 금융위원회에 등록된 자를 말한다'로 정의하고, 동법 제2조 제11호는 「보험중개사」란 '독립적으로 보험계약의 체결을 중개하는 자(법인이 아닌 사단과 재단을 포함한다)로서 금융위원회에 등록된 자를 말한다'고 정의하고 있다.

2007년 정부개정안에서는 보험대리점의 권한 등에 대하여 규정하고 있다(동안 제646조의 2).

우리 상법은 제2편 상행위에서 대리상(상법 제87조 이하)과 중개인(상법 제93조 이하)을 규정하고 있는데, 이러한 규정은 보험의 경우에도 적용될 수 있다고 본다.

---

8) 대판 1998. 11. 27, 98 다 32564.
9) 대판 1996. 4. 12, 96 다 4893 등.
10) 이에 관한 상세는 정찬형, 전게논문(금융법연구 제4권 제2호), 123~125면; 동, 전게서[상법강의(하)(제15판)], 514~519면, 565~566면(의사설의 입장에서 설명함).

따라서 보험계약법에서 보험자의 보조자로서 보험대리점과 보험중개인을 규정하고자 하면, 그 개념을 보험업법에서 차용할 것이 아니라,11) 상법 상행위편의 대리상과 중개인과의 관계를 명백히 한 후 보험에 특수한 내용만을 규정하여야 할 것으로 본다.

　　나. 현행 상법은 보험자의 보조자로서 보험설계사에 대하여 규정하지 않고, 보험업법 제2조 제9호는 「보험설계사」란 '보험회사·보험대리점 또는 보험중개사에 소속되어 보험계약의 체결을 중개하는 자(법인이 아닌 사단과 재단을 포함한다)로서 금융위원회에 등록된 자를 말한다'고 정의하고 있다.

　　우리나라의 경우 보험계약자는 보험설계사의 권유에 의하여 보험계약을 청약하는 경우가 많은데, 이러한 점을 감안할 때 보험계약법에서 보험설계사의 의의·권한·의무·책임 등에 관하여 규정하여야 할 것으로 본다. 보험설계사의 권한에서는 우리나라에서 보험설계사를 통한 보험계약이 체결되는 현실에서 볼 때, 보험설계사에게 보험료수령권·고지수령권 등은 인정하여야 할 것으로 본다.12)

## 4. 고지의무

　　보험사고가 발생한 후에도 보험계약자 등의 고지의무 위반이 있으면 보험자는 보험계약을 해지할 수 있는데, 이 때 보험자가 보험계약을 해지한 때에는 보험금액을 지급할 책임이 없고 이미 지급한 보험금액의 반환을 청구할 수 있다(상법 제655조 본문). 그러나 고지의무에 위반한 사실이 보험사고의 발생에 영향을 미치지 아니하였음이(즉, 고지의무 위반과 보험사고 사이에 인과관계가 없음이) 증명된 때에는 그러하지 아니하다(상법 제655조 단서). 그런데 2014년 3월 개정상법 이전의 상법 제655조 단서의 「그러하지 아니하다」의 의미를 어떻게 해석할 것인가에 대하여는, 종래에 보험계약을 해지할 수 없는 것으로 해석하여야 한다는 견해(보험계약해지 부정설)13)와 보험자는 보험계약을 해지할 수 있되 다만 발생한 보험사고에 대한 보험금 지급책임만을 부담한다고 해석하여야 한다는 견해(보험계약해지 긍정설)14)로 나뉘어 있었다. 이에 대하여 우리나라의 대법원 판례는 종래에는 보

11) 2007년 정부개정안의 보험대리점 등에 관한 규정에 대한 비판으로는 정찬형, 전게논문[금융법연구 제4권 제2호], 125~127면 참조.
12) 이에 관한 상세는 정찬형, "보험모집인의 법적 지위," 「현대 상사법논집」(지석 김인제박사 정년기념)(도서출판 두람, 1997. 2), 735~739면 참조.
13) 양승규, 전게서, 126면 외.
14) 최병규, "고지의무에 관한 종합적 검토," 「경영법률」(한국경영법률학회), 제9집(1999), 314

험계약해지 부정설의 입장에서 판시하여 왔으나,15) 그 후에는 보험계약해지 긍정설의 입장에서 판시하였다.16) 생각건대 이 경우 보험계약해지 부정설에 의하면 고지의무 위반이 있는 경우 보험사고가 발생하기 전에는 상법 제651조에 의하여 보험계약을 해지할 수 있는 반면, (우연히) 보험사고가 발생한 후에는 사후적으로 인과관계가 없음을 이유로 보험계약을 해지할 수 없게 되는 불합리한 결과가 발생하는 점 등에서 타당하지 않으므로, 보험계약해지 긍정설이 타당하다고 보았다.17)

2007년 정부개정안은 보험계약해지 긍정설의 입장에서 상법 제655조 단서를 "다만 고지의무에 위반한 사실 등이 보험사고의 발생에 영양을 미치지 아니하였음이 증명된 때에는 보험계약을 해지하더라도 보험금을 지급할 책임이 있다"고 명백히 규정하여, 고지의무 위반과 보험사고와 인과관계가 없는 경우에도 (그 보험사고에 대하여 보험금을 지급할 책임이 있지만) 보험계약을 해지할 수 있음을 명백히 규정하고 있다. 2007년 정부개정안이 상법 제655조 단서를 이와 같이 개정한 점은 보험계약법의 원리에도 맞고 또한 종래 해석상 잘못된 점을 입법에 의하여 바로 잡은 의미에서 매우 타당하다고 본다(2014년 3월 개정상법에서 이러한 내용으로 개정됨). 따라서 이와 같은 개정안이 확정되면 법문상 애매모호한 표현으로 인하여 발생하는 불필요한 해석상 논쟁을 불식하게 되어 여러 가지 낭비적 요소를 없애고 또한 법적 안정성의 제고에도 크게 기여할 것으로 생각한다.18)

## 5. 사기에 의한 보험계약

**가.** 2007년 정부개정안은 상법 제638조에 제2항을 신설하여 "보험계약의 당사자는 보험계약의 체결, 권리의 행사와 의무의 이행을 최대선의의 원칙에 따라 하여야 한다"고 규정하고 있다. 현행 상법(보험계약법)은 보험계약의 선의계약성을 반영하여 구체적으로 많은 규정을 두고 있으나(상법 제651조, 제652조, 제653조, 제659조, 제669조 제4항, 제672조 제3항, 제680조 등), 보험계약의 선의계약성을 명문으

---

면, 316면 외.

15) 대판 2001. 1. 5, 2000 다 40353 외.

16) 대판 2010. 7. 22, 2010 다 25353.

17) 보험계약해지 긍정설에서 그 이유에 대한 상세는 정찬형, 전게서[상법강의(하)(제15판)], 568면; 동, "암보험에 있어서 보험자의 보험계약의 해지여부 및 보험금지급채무의 범위(보험사고와 인과관계 없는 사항에 관한 고지의무 위반이 있는 경우)," 「법학논집」(목포대 법학연구소), 창간호(2001), 97〜117면; 동, "상법 제651조와 동 제655조 단서와의 관계," 「고시연구」(고시연구사), 2000. 4, 73〜81면 참조.

18) 정찬형, 전게논문(금융법연구 제4권 제2호), 128〜129면.

로 규정하고 있지는 않다. 따라서 우리나라의 판례는 보험계약이 이러한 선의계약성에 반하는 경우를 민법 제103조에 반하는 보험계약(선량한 풍속 기타 사회질서에 반하는 보험계약)으로서 무효로 판시하고 있다.[19]

보험계약은 사행계약성을 갖기 때문에 필연적으로 선의계약성을 갖고, 보험계약이 이와 같이 당사자의 선의 또는 최대선의에 기초를 둔 계약인 점에서 사행계약성을 갖고 있는 보험계약의 도박화를 방지하는 것이다.[20] 보험계약의 선의계약성(또는 신의성실의 원칙)은 보험계약에서만 요구되는 원칙은 아니고 모든 법에서 요구되는 대원칙이나, 사행계약성을 갖고 있는 보험계약에서는 특히 강조되는 특징이라고 볼 수 있다.[21]

이와 같은 점에서 볼 때 2007년 정부개정안과 같이 보험계약의 선의계약성 원칙을 두는 것은 필요하다고 본다. 이러한 점은 물론 민법 제103조와 중복되는 면도 있으나, 보험계약에서는 특히 선의계약성이 강조되는 점에서 볼 때 이러한 원칙규정을 두는 것은 필요하고 또한 이러한 입법례는 다른 법에서도 자주 있는 현상이다[22](예컨대, 약관의 규제에 관한 법률 제5조 제1항 등). 또한 외국의 입법례에서도 이와 같이 규정한 예는 많이 있다. 즉, 영국의 해상보험법(1906년) 제17조는 "해상보험계약은 최대선의를 기초로 하는 계약이다"라고 규정하고 있다. 이와 같이 보험계약의 선의계약성을 명문으로 규정함으로써, 앞으로 이는 보험계약의 당사자에 대한 기본적 행위규범으로 작용하여 보험의 건전성을 담보하는데 크게 기여하고, 또한 이는 보험계약의 효력에 관한 재판규범으로서도 크게 기능할 것으로 본다.[23]

나. 2007년 정부개정안은 상법 제655조의 2를 신설하여 사기에 의한 보험계약을 무효로 하고 있는데, 동조 제1항에서는 "보험계약의 당사자 또는 피보험자의 사기로 인하여 체결된 보험계약은 무효로 한다"고 규정하고, 동조 제2항에서

---

19) 대판 2005. 7. 28, 2005 다 23858(이 사건에서의 보험계약은 보험계약자의 직업 및 재산상태, 다수의 보험계약의 체결경위, 보험계약의 규모, 보험계약 체결 후의 정황 등 제반사정상 보험계약 체결이 순수하게 생명·신체 등에 대한 우연한 위험에 대비하기 위한 것이라고 보기는 어렵고, 오히려 보험사고를 가장하거나 혹은 그 정도를 실제보다 과장하여 보험금을 부당하게 취득할 목적으로 체결되었음을 추인할 수 있으므로, 민법 제103조 소정의 선량한 풍속 기타 사회질서에 반하여 무효라고 보아야 할 것이다).

20) 정찬형, 전게서[상법강의(하)(제15판)], 533면.

21) 정찬형, 상게서, 533면.

22) 정찬형, 전게논문(금융법연구 제4권 제2호), 122면.

23) 정찬형, 상게논문, 122∼123면.

는 "제1항의 경우에 보험자는 그 사실을 안 때까지의 보험료를 청구할 수 있다. 다만, 인보험에서 보험수익자를 위하여 적립한 금액은 보험계약자에게 지급하여 야 한다"고 규정하고 있다. 또한 동 개정안은 상법 제657조의 2를 신설하여 사 기에 의한 보험금청구권을 상실시키고 있는데, 동조 제1항은 "보험계약자·피보 험자·보험수익자 또는 보험금청구권을 가지는 제3자가 보험금을 청구한 경우에, 사기의 목적으로 (ⅰ) 손해의 통지 또는 보험금 청구에 관한 서면이나 증거를 위 조하거나 변조하는 행위, (ⅱ) 손해 통지 또는 보험금 청구에 관한 서면에 거짓 된 사실을 기재하는 행위, 또는 (ⅲ) 그 밖에 보험금의 지급 여부 또는 그 산정 에 중대한 영향을 미치는 사항을 거짓으로 알리거나 숨기는 행위를 하여 보험금 의 지급 여부 또는 그 산정에 중대한 영향을 미친 때에는, 보험자는 그 사실을 안 날부터 1개월 이내에 보험금 청구권이 상실된다는 뜻을 통지하여 보험금의 지급책임을 면할 수 있다"고 규정하고, 동조 제2항은 "제1항의 경우 보험자가 이 미 보험금을 지급한 경우에는 그 반환을 청구할 수 있다"고 규정하고 있다. 이와 같이 사기에 의한 보험계약을 무효로 하는 규정을 둠으로써, 사기에 의한 고지의 무 위반의 효력을 명확히 하고,24) 보험계약자의 도덕적 해이를 방지하여 다수의 선량한 보험계약자를 보호하고자 하는 것이다. 2007년 정부개정안은 이와 같이 사기에 의한 보험계약을 무효로 하는 포괄규정을 둠으로써, 현행 상법이 부분적 으로 규정하고 있는 초과보험 및 중복보험에서의 사기로 인한 보험계약을 무효 로 하는 상법 제669조 제4항 및 제672조 제3항은 삭제하고 있다.

    2007년 정부개정안이 사기에 의한 보험계약을 무효로 하는 일반(포괄)규정을 신설하고 또한 서면이나 증거를 위조·변조 등을 하여 사기의 목적으로 보험금을 청구한 경우 일정한 요건 하에 보험자를 면책하는 규정을 신설한 것은, 사기에 의한 보험계약의 체결이나 보험금의 부정청구가 특히 많은 우리나라의 현실에서 볼 때 타당하다고 본다. 또한 이러한 규정을 둠으로써 사기에 의한 고지의무 위 반이 있는 경우 보험자는 그 보험계약을 해지할 수 있을 뿐이냐 또는 무효를 주 장할 수 있느냐에 대하여 해석상 불필요한 논의를 불식하고 명확하게 무효를 주

---

24) 현행 상법은 이에 관한 명문규정이 없어 사기에 의한 고지의무 위반에 대하여 민법 제110 조의 적용을 부정하는 견해와 긍정하는 견해로 나뉘어 있는데, 긍정설이 타당하다고 본다. 이 에 관한 상세는 정찬형, 전게서[상법강의(하)(제15판)], 568~571면 참조.
    우리 대법원 판례는 「보험계약자의 고지의무 위반이 사기에 해당하는 경우에는 보험자는 상 법의 규정에 의하여 그 계약을 해지할 수 있음은 물론, 민법의 일반원칙에 따라 그 보험계약을 취소할 수 있다」고 판시하고 있다(대판 1991. 12. 27, 91 다 1165).

장할 수 있도록 하고 있다. 또한 사기에 의한 보험계약을 무효로 할 수 있는 점은 민법 제2조 등에 의하여도 주장할 수 있으나, 보험계약의 선의성 등에서 상법(보험계약법)이 이를 다시 보험계약에 관하여 명확히 규정하는 것도 무방하다고 본다.25)

보험계약자 등이 손해의 통지 또는 보험금 청구에 관한 서면이나 증거를 위조하거나 변조하는 행위 등을 한 경우에는 현재 보험약관 등에 의하여도 보험계약자 등은 보험금 청구를 할 수 없으나, 이에 관하여 상법(보험계약법)이 명확하게 규정하는 것도 보험금의 부당청구를 억제하는 데 크게 기여할 것으로 본다. 또한 2007년 정부개정안은 보험계약자 등이 서면이나 증거를 위조·변조하는 행위를 하여 보험금을 이미 지급받은 경우에도 보험자는 그 반환을 청구할 수 있는 것으로 규정하고 있는데(동 개정안 제657조의 2 제2항), 이는 민법 등의 적용에 의하여 보험금의 반환청구가 가능한지 여부에 관한 논쟁을 불식시키고 보험금의 반환을 명백히 청구할 수 있도록 한 점에서도 그 의미가 크다고 본다.26)

## 6. 약정기간이 없는 경우 보험금 지급시기

현행 상법상 약정기간이 없는 경우 보험금 지급시기는 "보험사고 발생의 통지를 받은 후 지체없이 지급할 보험금액을 정하고 그 정하여진 날부터 10일 내에 피보험자 또는 보험수익자에게 보험금액을 지급하여야 한다"고 규정하고 있는데(상법 제658조 후단), 2007년 정부개정안은 "보험사고 발생의 통지를 받은 후 손해사정 또는 보험사고 조사에 필요한 통상의 기간 내에 지체 없이 지급할 보험금을 정하고, 보험금을 정한 날부터 10일 이내에 피보험자 또는 보험수익자에게 보험금을 지급하여야 한다. 다만, 보험계약자 또는 보험금청구권자의 책임이 있는 사유로 손해사정이나 보험사고 조사가 방해된 경우에는 손해사정 또는 보험사고 조사에 필요한 통상의 기간의 진행은 정지되고 그 방해가 소멸된 때부터 진행한다"고 규정하고 있다.

현행 상법은 손해보험의 경우 보험계약자 등의 보험사고 통지 외에도 당해 사고가 보험사고에 해당하는지 여부·손해액 확정 등에 손해사정절차 등이 필요한데 이러한 점이 반영되어 있지 않으나, 2007년 정부개정안은 보험실무상의 이러한 내용을 반영하여 구체적으로 규정하여 해석상 의문을 최소화하고 있다는

---

25) 정찬형, 전게논문(금융법연구 제4권 제2호), 130~131면.
26) 정찬형, 상게논문, 131면.

점에서 타당하다고 본다.[27)]

## 7. 소멸시효기간 연장과 기산점

**가.** 2007년 정부개정안은 상법 제662조를 개정하여 보험금청구권·보험료 또는 적립금의 반환청구권의 시효기간을 2년에서 3년으로 연장하고, 보험료청구권의 시효기간을 1년에서 2년으로 연장하고 있다.

위와 같이 2007년 정부개정안이 보험금청구권(보험료 또는 적립금의 반환청구권 포함) 및 보험료청구권의 소멸시효기간을 각각 1년씩 연장한 것은 외국의 입법례와 균형을 이루고 또한 보험자와 보험계약자의 이익을 위하여 타당하다고 본다.[28)]

**나.** 보험금청구권의 소멸시효에 관하여 그 기산점을 언제로 볼 것이냐에 대하여 많은 논란이 있다. 이에 관하여 우리 대법원판례는 "보험금청구권의 소멸시효는 특별한 사정이 없는 한 원칙적으로 '보험사고가 발생한 때'로부터 진행한다고 해석하는 것이 상당하지만, 객관적으로 보아 보험사고가 발생한 사실을 확인할 수 없는 경우에는 보험금청구권자가 '보험사고의 발생을 알았거나 알 수 있었던 때'로부터 보험금청구권의 소멸시효가 진행한다"고 판시하고 있는데,[29)] 이는 상법 제658조의 보험금의 지급시기에 관한 규정과 관련하여 볼 때 극히 의문이다. 즉, 상법 제658조에 의하여 보험금의 지급시기가 있는데 그 이전인 '보험사고가 발생한 때'에 소멸시효가 진행한다고 보는 것은 아무래도 이해하기 어렵다. 그러나 이에 대하여 우리 대법원판례는 명백히 이에 반하는 취지로 "보험약관 또는 상법 제658조에서 보험금 지급유예기간을 정하고 있더라도 보험금청구권의 소멸시효는 보험사고가 발생한 때로부터 진행하고, 위 지급유예기간이 경과한 다음 날부터 진행한다고 볼 수는 없다"고 판시하고 있다.[30)]

생각건대 보험금청구권의 시효기간의 기산점은 보험금 지급시기가 정하여지는 경우에는(상법 제658조) 그 기간이 경과한 다음 날이라고 보아야 할 것이다. 그러나 보험금 지급시기가 정하여지지 않는 경우로서 보험계약자 등이 보험사고 발생을 알고 이를 보험자에게 통지한 때에는 보험자가 그 통지를 받은 후 지급

---

27) 정찬형, 상게논문, 132면.
28) 정찬형, 상게논문, 133면.
29) 대판, 1993. 7. 13, 92 다 39822 외.
30) 대판 2005. 12. 23, 2005 다 59383·59390.

할 보험금액이 정하여지고 10일의 보험금 지급유예기간이 경과한 다음 날이라고 보아야 할 것이다. 그러나 보험계약자 등이 보험사고 발생을 알고도 이를 보험자에게 통지를 하지 않은 경우에는 보험사고가 발생한 때이고, 보험금청구권자가 과실 없이 보험사고의 발생을 알 수 없었던 특별한 사정이 있는 경우에는 (우리 대법원판례와 같이) 그가 보험사고의 발생을 알았거나 알 수 있었던 때라고 보아야 할 것이다.31) 따라서 상법 제662조는 보험금청구권 및 보험료청구권의 시효기간과 함께 이러한 청구권의 시효기간 기산점에 관하여도 상법 제658조와 관련하여 명백하게 규정함으로써, 시효기간의 기산점에 관한 분쟁을 종식시켜야 할 것으로 본다.

## 8. 보험계약법의 적용 확대

현행 상법은 보험편의 규정을 그 성질에 반하지 아니하는 범위에서 상호보험에만 준용하는데, 2007년 정부개정안은 상법 제664조를 개정하여 상법 보험편의 규정은 상호보험·공제·그 밖에 이에 준하는 계약에 준용하는 것으로 규정하여 상법(보험계약법)의 준용범위를 확대하고 있다.

우리 대법원판례는 공제를 일종의 보험으로서 상호보험과 유사한 것으로 보고 있으므로,32) 상법(보험계약법)의 규정의 준용범위를 상호보험뿐만 아니라 공제·그 밖에 이에 준하는 계약으로 확대하는 것은 타당하다고 본다.33)

## III. 손해보험

### 1. 제3자에 대한 보험자대위

가. 제3자에 대한 보험자대위가 성립하기 위하여는 제3자의 행위로 인하여 보험사고가 발생하고 또한 이로 인하여 피보험자가 손해를 입어야 한다. 이 때 보험계약자와 피보험자가 분리된 경우 제3자에 「보험계약자」가 포함되는지 여부가 문제된다. 이에 대하여 우리 대법원판례는 타인을 위한 손해보험에서 보험계

---

31) 정찬형, 전게서[상법강의(하)(제15판)], 584~585면; 동, 전게논문(금융법연구 제4권 제2호), 133면.
32) 대판 1998. 3. 13, 97 다 52622.
33) 정찬형, 전게논문(금융법연구 제4권 제2호), 134면.

약자는 제3자에 해당한다고 판시하고 있다.[34] 그러나 이와 같이 보험계약자를 제3자에 포함시키는 것은 (ⅰ) 타인을 위한 손해보험계약에서 보험계약자(운송인·임차인 등)는 보험자의 대위권 행사에 대비하여 다시 책임보험에 가입하여야 하므로 타인을 위한 손해보험계약을 체결할 실익이 없게 되고, 또한 (ⅱ) 보험계약자는 보험계약의 당사자로서 많은 의무를 부담하고 있고 또한 일정한 경우 보험금청구권까지 갖고 있는데(상법 제639조 제2항 단서) 이러한 보험계약자에게 너무 가혹한 점 등에서 타당하지 않다고 본다.[35] 따라서 이 때의 「제3자」는 보험계약자 및 피보험자 이외의 자를 말한다고 본다.

그러나 이를 명확히 하기 위하여 타인을 위한 손해보험계약에서 보험계약자가 제3자에 포함되지 않는다는 점을 상법 제639조 또는 제682조에서 명백하게 규정하여야 할 것으로 본다.

나. 2007년 정부개정안은 상법 제682조 제2항을 신설하여 "보험계약자나 피보험자의 제1항의 권리가 그와 생계를 같이 하는 가족에 대한 것인 경우에는 보험자는 그 권리를 취득하지 못한다. 다만, 손해가 그 가족의 고의로 인하여 발생한 경우에는 그러하지 아니하다"고 규정하고 있다.

현행 상법 제682조는 보험자가 대위권을 행사할 수 있는 '제3자'의 범위를 제한하고 있지 않으므로 보험자는 보험계약자 또는 피보험자의 가족에 대하여도 대위권을 행사할 수 있는데, 이러한 경우 결국 그 책임이 보험계약자 또는 피보험자에게 이전되어 보험계약이 공동화(空洞化)될 우려가 있으므로, 2007년 정부개정안은 제682조 제2항을 신설하여 보험자는 '보험계약자나 피보험자와 생계를 같이 하는 가족'에 대하여 (그가 고의로 손해를 발생시킨 경우를 제외하고는) 대위권을 취득하지 못하는 것으로 하였다. 이와 같이 생계를 같이 하는 가족에 대한 보험자의 대위권을 금지하는 입법은 보험의 실질적 효용성을 증대시키는 점에서 타당하다고 본다.[36] 이에 대하여 현행 상법은 명문으로 규정하고 있지는 않으나 통설[37]·판례[38]는 이와 동일하게 해석하고 있었으므로, 개정안 제682조 제2항은

---

34) 대판 1989. 4. 25, 87 다카 1669 외.
35) 정찬형, 전게서[상법강의(하)(제15판)], 641면 주 3.
    동지: 장덕조, "타인을 위한 보험계약과 보험자 대위," 「고시연구」(고시연구사), 2002. 9, 30~40면; 정동윤, "타인을 위한 보험에서 보험자의 보험계약자에 대한 청구권대위의 가부," 「고려법학」(고려대 법학연구원), 제41호(2003), 13~14면.
36) 정찬형, 전게논문(금융법연구 제4권 제2호), 143면.
37) 정찬형, 전게서[상법강의(하)(제15판)], 642~643면; 양승규, 전게서, 248면 외.
38) 대판 2002. 9. 6, 2002 다 32547.

이러한 통설·판례에 따른 입법이라고 볼 수 있다.

　(3) 제3자에 대한 보험자대위에서는 일부보험에 관하여 규정하고 있지 않다 (그러나 보험의 목적에 대한 보험자대위에서는 일부보험에 대하여 규정하고 있다 - 상법 제 681조 단서). 따라서 이 경우 (ⅰ) 보험자는 보험금액을 지급한 한도에서 대위한 다는 견해(절대설), (ⅱ) 상법 제681조 단서를 유추하여 보험자는 보험금액의 보 험가액에 대한 비율에 따라 대위한다는 견해(상대설), (ⅲ) 상법 제682조 단서의 취지에서 보험자는 피보험자의 권리를 해하지 아니하는 범위에서 대위한다는 견 해(차액설) 등이 있다. 생각건대 피보험자의 이익을 우선 고려할 때 (ⅲ)의 차액 설이 가장 타당하다고 본다.[39]

　그러나 이를 명확히 하기 위하여 상법 제682조 단서에 차액설과 같이 명문 의 규정을 두어야 할 것으로 본다.

## 2. 재보험

　현행 상법 제726조는 "이 절(책임보험)의 규정은 재보험계약에 준용한다"고 규 정하여 재보험계약에 책임보험에 관한 모든 규정이 준용되는 것처럼 되어 있으 나, 책임보험에 관한 규정 중에서 상법 제720조(피보험자가 지출한 방어비용의 부담)· 제724조 제2항(제3자의 직접청구권) 등은 그 성질상 재보험계약에 준용되는 것이 적절하지 않았다. 따라서 2007년 정부개정안 제726조는 "이 절(책임보험)의 규정은 그 성질에 반하지 아니하는 범위에서 재보험계약에 준용한다"고 개정한 것이다.

　이와 같이 2007년 정부개정안이 재보험계약에 대하여 그 성질에 반하지 아 니하는 범위에서 책임보험에 관한 규정을 준용하도록 한 개정안은 매우 타당하 다고 본다.[40]

## 3. 보증보험

　2007년 정부개정안은 제2장 손해보험에서 제7절을 신설하여 보증보험에 관한 규정을 두고 있는데, 그 내용은 다음과 같다. 동 개정안 제726조의 5는 보증보험 자의 책임에 대하여 "보증보험계약의 보험자는 보험계약자가 피보험자에게 계약상 의 채무불이행 또는 법령상의 의무불이행으로 입힌 손해를 보상할 책임이 있다"고 규정하고 있다. 동 개정안 제726조의 6은 보증보험계약에 적용되지 않는 보험계

---

39) 정찬형, 전게서[상법강의(하)(제15판)], 650면.
40) 정찬형, 전게논문(금융법연구 제4권 제2호), 145면.

약법의 조항을 규정하고 있는데, 동조 제1항은 "보증보험계약에 관하여는 제639
조 제2항 단서를 적용하지 아니한다"고 규정하고, 동조 제2항은 "보험계약자의
사기, 고의 또는 중대한 과실이 있는 경우에도 이에 대하여 피보험자에게 책임이
있는 사유가 없으면 제651조, 제652조, 제653조, 제655조의 2, 제659조 제1항 및
제672조의 2를 적용하지 아니한다"고 규정하고 있다. 동 개정안 제726조의 7은
보증보험의 보증성을 반영하여, "보증보험계약에 관하여는 그 성질에 반하지 아
니하는 범위에서 보증채무에 관한 「민법」의 규정을 준용한다"고 규정하고 있다.

　　현행 상법은 보증보험에 관한 규정을 두고 있지 않으나, 보험업법 제2조 제
1호 나.는 손해보험상품에 "계약상 채무불이행 또는 법령상 의무불이행으로 발생하
는 손해를 포함한다"고 규정하여, 보증보험을 손해보험상품에 포함시키고 있다.

　　2007년 정부개정안이 위에서 본 바와 같이 보증보험에 관한 절을 손해보험
에 별도로 신설하여 보증보험자의 책임을 규정하고, 보증보험의 성질상 보험계약
법 중 그 적용이 부적절한 규정의 배제규정을 두며, 또한 보증보험의 보증성을
반영하여 민법상 보증에 관한 규정을 준용하는 규정을 두고 있는데, 이는 매우
타당하다고 본다.[41]

　　보증보험은 실무에서 많이 이용되고 있음에도 불구하고 상법에서 규정하고
있지 않아 그 법적 성질이 보험이냐 또는 보증이냐에 대하여 많은 논란이 있다.
보증보험계약에는 보험성과 보증성이 모두 있다는 점은 인정할 수 있지만, 보증
보험은 원칙적으로 보험이라고 본다.[42] 따라서 보증보험계약에는 원칙적으로 보
험계약법이 적용되는데, 보증보험계약의 성질상 보험계약법의 적용이 부적절한
규정은 이를 배제할 필요가 있고, 또한 보증보험에도 보증의 성질이 있으므로 필
요한 경우 민법상 보증에 관한 규정을 준용한다는 근거규정을 둘 필요가 있다.
따라서 2007년 정부개정안이 상법상 손해보험에 하나의 절을 신설하여 보증보험
에 관하여 직접 규정하고, 보증보험의 성질상 그 적용이 부적절한 보험계약법상
의 규정을 배제하며, 또한 보증보험에도 보증의 성질이 있으므로 그 성질에 반하
지 아니하는 범위에서 민법상 보증에 관한 규정을 준용한다는 근거규정을 둔 것
은, 매우 타당하다고 본다.[43]

---

41) 정찬형, 상게논문(금융법연구 제4권 제2호), 145~148면.
42) 정찬형, "보증보험의 보증성과 보험성에 관한 연구," 「금융법연구」(한국금융법학회), 제4권
　　제1호(2009. 9), 100~106면.
43) 정찬형, 전게논문(금융법연구 제4권 제2호), 146~147면.
　　비교법적으로 대만 보험법은 보증보험에 관하여 직접 규정하고 있고, 보험회사가 보험계약

# Ⅳ. 인보험

## 1. 연금보험·양로보험의 규정 정비

현행 상법은 생사혼합보험을 양로보험으로 규정하고(상법 제735조) 또한 보험금액의 지급방법의 하나로 연금으로 분할하여 지급하는 보험을 연금보험으로 생명보험에 관한 규정에서 규정하고 있는데(상법 제735조의 2), 이는 타당하지 않다고 본다.

2007년 정부개정안은 상법 제735조의 2(연금보험)를 삭제하고, 이의 내용을 상법 제727조 제2항을 신설하여 "제1항의 보험금은 당사자간의 약정에 따라 분할하여 지급할 수 있다"고 규정함으로써, 이는 (생명보험뿐만 아니라) 모든 인보험의 공통적인 특질임을 반영하였다. 즉, 보험금의 분할지급은 사람의 사망·생존·상해·질병 등을 보장하는 모든 인보험에 관련되는 사항이므로 인보험 통칙에서 규정하게 된 것이다.

동 개정안은 상법 제735조를 삭제하고, 이의 내용을 제730조에 반영하여 "생명보험계약의 보험자는 피보험자의 사망, 생존, 사망과 생존에 관한 보험사고가 생길 경우에 약정한 보험금을 지급할 책임이 있다"고 규정함으로써, 생명보험에서 보험사고에 따른 생명보험의 종류를 구체적으로 분류하여 사망보험·생존보험 및 생사혼합보험으로 규정하였다.

2007년 정부개정안 제730조가 생명보험자의 책임을 보험사고에 따라 분류하여 사망보험·생존보험 및 생사혼합보험으로 구체적으로 규정한 점은 현행 상법이 '생명에 관한 보험사고'로 규정한 것을 명확하게 구체화하여 규정한 것으로서 매우 타당하다고 본다. 따라서 해석과 법적용에서도 보다 명확하게 될 것으로 본다.[44]

그런데 현행 상법 제735조를 삭제하고 그 내용은 전부 동 개정안 제730조에 포함된다고 보는 점과 또한 현행 상법 제735조의 2를 삭제하고 그 내용은 동 개정안 제730조 및 동 제727조 제2항에 포함된다고 보는 점에 대하여는 미흡한 점이 있어 아래와 같이 지적한다.[45]

---

의 하나로서 보증보험업무를 영위할 수 있도록 한 입법례로는 미국 뉴욕주 보험법 제1101조, 영국 보험회사법(1974) 제83조 제6항, 일본 보험업법 제3조 제6항 등이 있다.

44) 정찬형, 전게논문(금융법연구 제4권 제2호), 149면.
45) 정찬형, 상게논문, 149~150면.

( i ) 현행 상법 제735조(양로보험)와 관련하여 「보험사고의 발생 없이 보험기간이 종료한 때에 보험계약자 등에게 보험금액(환급금)을 지급하는 보험계약」은 생명보험계약(생사혼합보험계약)에서뿐만 아니라 손해보험계약에서도 존재한다. 예컨대, 손해보험 중 장기화재보험(장기손해보험 중 화재로 인한 재물에 생긴 손해를 보상하는 보험)·장기종합보험(장기손해보험 중 재물손해·신체손해·배상책임손해 중 둘 이상의 손해를 보상하는 보험)·장기상해보험 등의 경우에도 보험사고가 발생한 경우에는 보험금을 지급하나, 보험사고가 발생하지 않고 보험기간이 종료되는 경우에는 환급금을 지급하고 있다. 그러나 이러한 형태의 보험계약에 대하여는 보험약관에 의하여 환급금을 지급하고 있으므로 그 법적 근거가 없다. 따라서 이에 관한 법적 근거를 상법에서 마련하여 줄 필요가 있다고 본다.46)

( ii ) 현행 상법 제735조의 2(연금보험)와 관련하여 동 규정을 생명보험에 관한 절에 둠으로써 우리 상법은 생존연금만을 인정하고 그 외의 다양한 형태의 연금은 상법상 인정되지 않는 것과 같은 오해를 유발시키므로 현행 상법 제735조의 2를 삭제한 것은 타당하다고 본다.47)

그런데 동 개정안 제727조 제2항만에 의하여 현재 실무상 존재하는 모든 연금보험을 포섭할 수 있는지는 의문이다. 동 개정시안 제727조 제2항은 “제1항의 보험금은 당사자 사이의 약정에 따라 ‘연금으로’ 분할하여 지급할 수 있다”고 규정되었는데, 동 개정안에서는 ‘연금으로’를 삭제하였다. 따라서 동 개정안과 같이 분할지급으로만 규정한 것은 순수한 보험금의 지급방식에 불과하고 이것이 직접으로 연금과 관련되는 것으로 보기는 어렵다. 그런데 ‘연금으로’를 넣게 되면 이는 보험종목도 되고 또한 인보험금의 지급방식도 되므로 인보험 통칙에서 규정하는 근거가 된다. 동 개정안과 같이 인보험 통칙에서만 보험금의 분할지급방식을 규정하면 이의 반대해석으로 손해보험금은 언제나 일시금으로 지급해야 하는 것으로 해석될 여지도 있다. 따라서 손해보험금도 당사자 사이의 약정에 의하여 분할지급이 가능하다면 개정안 제727조 제2항은 인보험 통칙이 아니라 보험계약법 통칙에서 규정되어야 할 것으로 본다. 따라서 인보험 통칙에서 보험금의 분할지급에 대하여 규정하려면 동 개정시안과 같이 ‘연금으로’를 추가하여야 할 것으로 본다.

---

46) 동지: 사단법인 한국금융법학회, 보험산업 발전을 위한 바람직한 상법개정방안(손해보험협회 연구용역보고서), 2007. 9. 21, 94~96면.
47) 동지: 사단법인 한국금융법학회, 상게 연구용역보고서, 90~94면.

## 2. 사망보험계약에서 보험자의 면책사유

현행 상법 제732조의 2는 상법 제659조 제1항(보험계약자 등의 고의·중과실로 인한 보험자의 면책사유)에 대한 특칙인데, 보험사고가 보험계약자 등의 중과실로 인한 경우에도 모든 경우에 보험자가 보험금을 지급하도록 하는 것이 타당한지 의문이다. 이에 대하여 이는 도덕적 위험을 유발할 우려가 있다는 이유로 이러한 입법태도에 반대하는 견해도 있다.[48]

2007년 정부개정안 제732조의 2는 사망보험계약에서 보험자의 면책사유를 구체적으로 규정하고 있는데, 동조 제1항은 "사망을 보험사고로 한 보험계약에서 보험사고가 다음 각 호의 어느 하나에 해당하는 경우에는 보험자가 보험금을 지급할 책임이 없다. 1. 보험사고가 보험계약자 또는 보험수익자의 고의로 발생한 경우 2. 보험사고가 피보험자의 자살로 발생한 경우"로 규정하고, 동조 제2항은 "둘 이상의 보험수익자 중 일부가 고의로 피보험자를 사망하게 한 경우에는 제1항에도 불구하고 보험자는 다른 보험수익자에 대한 보험금 지급책임을 면하지 못한다"고 규정하고 있다.

동 개정안은 피보험자의 고의를 보험계약자나 보험수익자의 고의와 달리 평가하여 피보험자의 경우에는 자살한 경우에만 보험자를 면책하는 것으로 하여 실무상 통용되는 약관의 내용과 일치시키고, 또한 현행 상법은 수인의 보험수익자가 있는 경우 그 중 1인의 고의로 피보험자가 사망한 경우에 보험자의 다른 보험수익자에 대한 책임문제에 관하여 규정하고 있지 않아 분쟁이 발생할 여지가 있으므로 이에 대하여 명백히 규정하고 있다. 2007년 정부개정안의 이러한 입법태도는 타당하다고 본다.[49]

## 3. 단체보험

단체보험은 단체의 구성원의 전부 또는 일부를 포괄적으로 피보험자로 하여 그의 생사(生死)를 보험사고로 하는 보험계약인데, 단체보험에서는 그 구성원이 단체에 가입·탈퇴함으로 인하여 당연히 피보험자의 자격을 취득하거나 상실하므로 현행 상법 제735조의 3 제1항은 피보험자의 서면(2017년 10월 개정상법에 의하여 일정한 '전자문서'를 포함함)동의를 요하지 않는 것으로 규정하고 있다. 이러한

---

48) 양승규, 전게서, 471면.
49) 정찬형, 전게논문(금융법연구 제4권 제2호), 151~152면.

단체보험은 보통 단체의 구성원이 피보험자 겸 보험수익자이고 단체의 대표자가 구성원의 복리후생을 위하여 보험계약을 체결하므로 타인을 위한 생명보험계약이 일반적이다. 그런데 보험계약자인 단체가 자기를 보험수익자로 하는 자기를 위한 보험계약을 체결하는 경우에는 다시 피보험자의 서면동의를 받아야 하는가? 이는 단체보험의 취지에 어긋난다고 하여 피보험자의 서면동의를 받아야 한다는 견해도 있으나,50) 우리 대법원판례는 보험계약자 자신을 보험수익자로 지정하는 경우에도 단체보험의 본질에 반하는 것이 아니라고 하여 피보험자의 서면동의를 요하지 않는다는 입장이고51) 이러한 대법원판례를 지지하는 견해52)도 있다. 보험계약자가 자기를 보험수익자로 하는 등 피보험자 아닌 자를 보험수익자로 지정하는 경우에 피보험자의 동의를 받아야 하는지 여부는 정책적 판단에 속하는 사항이라고 본다.53)

2007년 정부개정안 제735조의 3에서는 제3항을 신설하여 "제1항의 보험계약의 경우 보험계약자가 피보험자가 아닌 자를 보험수익자로 지정하는 경우 단체의 규약에서 명시적으로 정한 경우 외에는 그 피보험자의 서면에 따른 동의를 받아야 한다"고 규정하고 있다.

## 4. 상해보험

**가.** 상해보험계약에서 무면허·음주운전의 경우 무면허운전 등에 대한 고의는 있어도 상해에 대한 고의가 없는 경우에 무면허운전 등의 사실만으로 보험자의 면책을 인정하는 상해보험약관상의 면책조항은 상법 제732조의 2 및 제663조에 위반하여 무효라고 계속하여 판시하고 있다[대판 1990. 5. 25, 89 다카 17591(무면허운전에 대한 면책조항을 무효라고 판시함); 동 1998. 4. 28, 98 다 4330(음주운전에 대한 면책조항을 무효라고 판시함); 동 1999. 2. 12, 98 다 26910(무면허운전에 대한 면책조항을 무효라고 판시함)]. 그러나 이러한 대법원판결은 범죄행위이고 위험성이 큰 무면허·

50) 김문재, "단체보험의 귀속," 「상사판례연구」(한국상사판례학회), 제10집(1999), 103~122면.
51) 대판 1999. 5. 25, 98 다59613; 동 2006. 4. 27, 2003 다60259.
52) 정호열, "자기를 위한 단체생명보험에 관한 법적 문제," 「현대상사법논집」(우계 강희갑교수 화갑기념논문집), 2001, 351~355면.
53) 정찬형, 전게논문(금융법연구 제4권 제2호), 155면은 "단체보험에서 보험계약자가 자기를 보험수익자로 하는 경우에 다시 피보험자의 동의를 받도록 할 것인가의 여부는 정책적 판단에 속하는 사항이기는 하나, 우리 대법원판례에 반하며 또한 학설도 나누어 있고 확립되지도 않았는데 일부의 학설에 따라서만 개정안 제735조의 3 제3항과 같이 입법하는 것은 너무 성급한 면이 있지 않나 하는 생각이 든다"고 하였다.

음주운전을 조장할 뿐만 아니라 사고의 우연성을 전제로 하는 보험의 원리에도
반하는 문제점이 있다.

　2007년 정부개정안 제737조의 2는 상해보험자의 면책사유를 신설하고 있는
데, 이에 의하면 "상해를 보험사고로 하는 보험계약에는 사고가 보험계약자 또는
피보험자나 보험수익자의 중대한 과실로 인하여 생긴 경우에도 보험자는 보험금
을 지급할 책임을 면하지 못한다. 다만, 반사회성 및 고도의 위험성이 있는 행위
중 대통령령으로 정하는 행위의 경우에는 당사자간에 다르게 약정할 수 있다"고
규정하고 있다. 동 개정안은 생명보험계약에서의 보험자의 면책사유인 상법 제
732조의 2를 개정하여(즉, 피보험자의 경우는 보험사고가 그의 자살로 발생한 경우에만
보험자를 면책함) 이 규정이 상해보험에 그대로 준용될 수 없으므로 동 개정안 제
737조의 2 본문에서 원칙규정을 두고(즉, 보험사고가 보험계약자 등의 고의로 인하여
발생한 경우에만 보험자가 면책되고 보험사고가 보험계약자 등의 중과실로 발생한 경우에
는 보험자는 면책되지 않음), 상해보험계약에서 무면허·음주운전 등의 면책약관을
유효로 하는 근거규정을 두기 위하여 제737조의 2에 단서를 신설한 것이다. 상
해보험에 있어서 보험약관상의 무면허·음주운전 면책약관이 유효함은 영국·미
국의 판례와 독일의 보험계약법 해석에서도 인정되고 있다.

　이와 같이 동 개정안이 무면허·음주운전 등 반사회성 및 고도의 위험성이
있는 행위 중 대통령령으로 정하는 행위의 경우에는 당사자간의 약정에 의하여
보험자가 면책될 수 있도록 상법에 근거규정을 둔 것(즉, 상해보험에서 무면허·음주
운전 등의 면책약관을 유효로 하는 근거규정을 상법에 둔 것)은 타당하다고 본다. 또한
생명보험에서의 보험자 면책규정(동 개정안 제732조의 2)이 상해보험에 그대로 준
용될 수 없기 때문에 동 개정안 제737조의 2에서 본문의 규정을 둔 것도 타당하
다고 본다.[54]

　나. 상해보험계약에서 가장 중요한 것이 보험사고이다. 상해보험계약에서의
보험사고에 대하여 현행 상법은 「피보험자의 신체의 상해」라고만 규정하고 있고
(상법 제737조) 표준약관(금융감독원 제정)에서는 「급격하고도 우연한 외래의 사고
로 피보험자가 신체에 입은 상해」라고 규정하고 있다.

　상해보험계약에서 보험사고에 해당하는 상해인지 여부는 실무에서 가장 분쟁
이 많은 부분이다. 따라서 상해보험계약에서의 보험사고인 상해가 무엇인지에 대

---

54) 정찬형, 전게논문(금융법연구 제4권 제2호), 156면.

하여는 약관에 맡길 것이 아니라, 상법에서 명확히 규정하여야 할 것으로 본다.

　다. 현행 상법은 상해보험에 관하여 제732조(15세 미만자 등에 대한 계약의 금지)를 제외하고 생명보험에 관한 규정을 준용하고 있다(상법 제739조).

　그러나 상해보험은 단순한 정액보험이 아니고 손해보험의 성질을 갖는 경우도 있으므로(예컨대, 의료비보험금 등) 생명보험에 관한 규정의 준용만으로는 부족하고 입법론상 상해보험에 관한 보다 상세한 규정을 둘 필요가 있다고 본다.[55]

　2007년 정부개정안 제739조는 제2항을 신설하여 "제1항에도 불구하고 실손(實損)보상적 상해보험계약에 관하여는 그 성질에 반하지 아니하는 범위에서 손해보험에 관한 규정을 준용한다"고 규정하고 있는데, 매우 타당한 입법이라고 본다.[56]

## 5. 질병보험

　2007년 정부개정안은 인보험에 관한 장에서 한 절(제4절)을 신설하여 질병보험에 관한 3개의 조문을 두고 있다. 즉, 동 개정안 제739조의 2는 질병보험자의 책임에 관하여 "질병보험계약의 보험자는 피보험자의 질병에 관한 보험사고가 발생한 경우 보험금이나 그 밖의 급여를 지급할 책임이 있다"고 규정하고, 제739조의 3은 피보험자의 고의에 의한 질병의 악화에 관하여 "피보험자가 질병을 악화시켜 보험금을 취득할 목적으로 통상적으로 받아야 할 치료를 받지 아니하여 질병이 악화된 경우 보험자는 그로 인하여 악화된 부분에 대하여는 보험금을 지급할 책임이 없다"고 규정하고 있으며, 제739조의 4는 질병보험에 대한 준용규정에 관하여 "질병보험에 관하여는 그 성질에 반하지 아니하는 범위에서 생명보험 및 상해보험에 관한 규정을 준용한다"고 규정하고 있다.

　공보험인 국민건강보험 외에 민간보험회사가 판매한 질병보험상품이 많은 비중을 차지하고 있음에도 불구하고, 질병보험에 관하여는 상법에서 규정하고 있지 않고 보험업법 제2조 제4호에서 제3보험업의 하나로 예시하고 있을 뿐이다. 따라서 질병보험계약에 따른 분쟁에서는 이에 관한 약관에 의하고 있다. 따라서 동 개정안이 질병보험에 관하여 하나의 절을 신설하여 규정하게 된 것은, 늦은 감이 있으나 매우 다행으로 생각한다. 동 개정안 제739조의 2가 질병보험자의 책임에 관하여 규정함에 따라 질병보험계약을 정의하면 "보험계약자는 약정한 보험료를 지급하고 보험자는 피보험자의 질병에 관한 보험사고가 발생할 경우

55) 정찬형, 전계서[상법강의(하)(제15판)], 785면.
56) 정찬형, 선계논문(금융·법연구 제4권 제2호), 157면.

보험금이나 그 밖의 급여를 지급할 것을 약정하는 계약"이라고 할 수 있다(상법
제638조, 동 개정안 제739조의 2). 이 때 「질병」이란 "상해 이외의 피보험자의 신체
에 발생하는 사고로서 이의 결과 입원·수술 등의 치료를 요하는 것"이라고 볼
수 있다. 동 개정안 제739조의 3은 질병보험의 성질에서 오는 보험자의 특별한
면책규정인데 타당하다고 보며, 또한 개정안 제739조의 4가 질병보험에 관하여
그 성질에 반하지 아니하는 범위에서 생명보험 및 상해보험에 관한 규정을 준용
하도록 한 점도 타당하다고 본다.[57]

## V. 결  어

위에서 본 바와 같이 우리 보험계약법상 의문이 있거나 문제가 있는 규정에
대하여, 필자의 사견으로 개정안을 제시하였다. 2007년 정부개정안에도 우리 보
험계약법의 발전에 필요한 좋은 안이 많이 있었는데, 이에 관하여 국회에서 충분
히 진지하게 논의하지 않고 이해관계인들의 주장에 좌고우면하다가 동 개정안이
빛을 보지 못한 점에 대하여 안타깝게 생각한다.

아무쪼록 우리 보험계약법이 우리나라에서의 고질적인 문제점을 해결하고
의문점을 명확히 하며 또한 외국의 입법례에도 뒤지지 않는 방향으로 조속히 개
정되기를 바란다.

---

57) 정찬형, 전게논문(금융법연구 제4권 제2호), 158면.

# V. 금융법

# 은행법상 금산분리의 문제점 및 개선방안*

## I. 서 언

「금산분리(金産分離)」란 '금융과 산업의 분리'의 약칭으로서, 이는 일반적으로 금융자본과 산업자본이 결합하는 것을 제한하는 제도라고 볼 수 있다. 이 때 「금융」이란 광의로는 '은행 및 비은행금융업(보험·증권·투신·여신전문업 등)'을 의미하는데, 우리나라에서 산업자본이 은행을 소유하는 것은 엄격히 제한하고 있는 반면 비은행금융회사를 소유하는 것은 허용하고 있으므로 이 곳에서는 협의로 '은행'을 의미하는 것으로 보겠다.1) 따라서 이러한 의미에서 金産分離는 엄격하게 말하면 銀産分離라고도 부를 수 있겠다. 또한 「금융자본과 산업자본이 결합하는 형태」에는 '산업자본이 은행을 지배하는 형태'와 '은행이 비금융회사를 지배하는 형태'가 있는데, 우리나라에서는 '산업자본이 은행을 지배하는 형태'에 논의가 집중되어 있으므로, 이하에서는 이에 대하여만 논의하고자 한다.

이러한 금산분리의 문제는 은행의 소유규제에 관한 문제로서 은행법 분야에

---

* 이 글은 정찬형, "은행법상 금산분리의 문제점 및 개선방안," 「저스티스」(한국법학원), 통권 제104호(2008. 6), 6~27면의 내용임(이후 은행법은 산업자본의 은행주 소유한도를 9%로 완화하였으나, 그 후 다시 4%로 제한하였다).
1) 우리나라에서 금융기관이라 하면 종래에 일반적으로 '은행'을 지칭하고, 종래의 「은행법」에도 '은행'이라는 용어 대신에 '금융기관'이라는 용어를 사용하였다(은행법 제2조 제1항 제2호 참조).

서 가장 첨예하게 대립되고 있는 부분인데,[2] 어떠한 입장을 취할 것인가는 결국 금융정책의 문제라고 볼 수 있다. 이에 대하여는 재계와 시민단체 등에서도 주기적으로 논쟁을 벌이고 있는 사안으로서, 지난 정부에서는 금산분리를 엄격하게 유지하는 입장이었으나 2008년 신정부에서는 이를 완화하자는 주장이 자주 언급되고 있다.[3] 이에 대하여 일부 시민단체 등에서는 금산분리의 완화가 금융시장에 혼란을 줄 것이며 궁극적으로는 삼성그룹의 경영권 유지를 위한 수단으로 이용될 것이라고 주장하기도 한다.[4]

이하에서는 우리 법상 은행의 소유규제에 관한 연혁 및 내용을 먼저 살펴보고, 비교법적으로 각국에서는 은행의 소유규제를 하고 있는지 여부 및 규제를 하고 있다면 어떻게 하고 있는지를 살펴보며, 은행의 소유규제(금산분리)에 관한 찬성론과 반대론을 살펴본 후, 은행법상 금산분리의 문제점과 개선방안에 대하여 서술하고자 한다.

## II. 우리 법상 은행의 소유규제에 관한 연혁 및 내용

### 1. 연  혁

#### 가. 1945년~1980년

1945년 해방 이후 국내의 일본 재산은 미군정에 몰수되어 정부수립 후인 1948년 정부에 귀속되었는데, 이에 따라 은행도 정부 소유로 출발하게 되었다. 1954. 8. 15. 은행법 시행 이후 일반은행을 민영화하는 것이 당면과제였고 정부는 1954. 10. 14. 「은행귀속주 불하요강」을 발표하였으며, 1957. 2월 불하가 완료되어 민영화가 완료되었다. 당시 조흥은행·한국상업은행·한국저축은행(제일은행)·한국흥업은행(한일은행) 등의 주식을 불하받은 사람들은 주로 수입면허로 거액의 돈을 벌어들인 소수의 기업가들이었는데, 1961년 군사혁명으로 집권한 군사정부는 「부정축재처리법」을 제정하여 기업가 소유의 은행주식을 전부 환수해

---

2) 이에 관한 문헌의 소개로는 정찬형·도제문, 「은행법(제2판)」(서울: 박영사, 2005), 109면 주 2 참조.

3) 2008년 2월 5일 대통령직 인수위원회가 대통령 당선인에게 보고한 192개 국정과제는 43개 핵심과제·63개 중점과제·86개 일반과제로 구성되어 있는데, '금산분리 완화 및 산업은행 민영화'는 핵심과제로 선정되어 있다.

4) 경제개혁연대, "삼성과 금산분리," 「경제개혁리포트」, 제2008-1호(2008. 1), 35~37면 참조.

버리고, 「금융기관에 대한 임시조치법」을 제정하여 은행 대주주의 의결권행사범위를 10%로 제한하였다. 혁명정부는 소수 재벌에 의한 경제력 집중을 막고, 은행을 이용하여 경제개발을 추진하고자 하였고 이로 인해 일반은행은 다시 정부지배를 받게 되었다.[5]

## 나. 1980년대

우리나라는 1980년대 초 시중은행(조흥·상업·제일·한일·서울신탁)의 민영화과정에서 은행이 대기업의 사금고화되는 것을 방지하기 위하여 동일인의 은행주식소유한도를 설정하였다. 1982년 12월 은행법을 개정하기 이전까지는 「금융기관에 대한 임시조치법」에 의하여 은행주식에 대한 대주주의 의결권 행사범위만 10%로 제한하고 있었다. 1982년 12월 은행법의 개정에 의하여 시중은행에 대한 동일인의 소유한도가 8%로 정하여졌다. 당시 지방은행에 대해서는 지역경제 개발자금의 원활한 지원 등을 위하여 소유한도 적용을 배제하였다.[6]

## 다. 1990년대

그 후 10여 년간 은행주식소유에 대한 규제는 별다른 변화가 없었다. 그런데 1990년대에 들어 금융산업의 효율성과 경쟁력을 제고하는 한편 선진국의 개방압력에 대응할 필요성이 높아졌다. 이에 따라 은행의 책임경영체재를 확립하고 은행경영에 대한 산업자본의 간여를 방지하기 위하여 은행 소유구조에 관한 제도를 변경하였다. 1992년 5월에 종전까지 친인척 위주로 되어 있던 동일인의 포괄범위를 확대하여 주주 1인이 독점규제 및 공정거래에 관한 법률에 의하여 지정된 대규모기업집단을 지배하는 자인 경우에는 그가 지배하는 대규모기업집단 소속 기업체를 동일인의 범주에 추가하였다. 그리고 소유규제가 없었던 지방은행 주식의 동일인의 소유한도를 15%로 설정하였다.

1994년 12월에는 산업자본의 은행지배를 방지하면서 은행의 책임경영체제를 확립하기 위하여 「금융전업 기업가제도」를 도입하였다. 금융전업 기업가에 대해서는 은행주식을 12%까지 소유할 수 있도록 허용하였다. 그러나 금융전업기업가 이외의 동일인 주식소유한도는 8%에서 4%로 하향조정하였다.

5) 이에 관한 상세한 내용은 이병화, 「축조해설 은행법」(서울: 삼우사, 2008), 100~101면 참조.
6) 1980년대부터 2000년대까지의 연혁에 대하여는 정찬형·도제문, 전게 은행법(제2판), 105~107면 참조.

1997년 1월에는 금융전업 기업가에 대한 은행주식 소유제한(12%)을 완화하여 은행감독원장이 승인하는 한도까지 소유할 수 있도록 하는 등 금융전업 기업가를 육성하기 위하여 제도적 개선을 도모하였다. 한편 1997년 「금융기관의 합병 및 전환에 관한 법률」을 「금융산업의 구조개선에 관한 법률」로 개편하면서 금융기관이 다른 회사 주식을 5% 이상 취득할 경우에는 감독당국의 승인을 받도록 하였고 비금융회사의 지배는 원칙적으로 금지하였다.

금융전업 기업가는 당초 산업자본과 연계되지 않고 금융업만을 영위하는 순수금융자본의 경우에는 은행의 안정적인 경영주체가 될 수 있도록 하기 위하여 도입된 제도이었다. 그러나 동 자격요건이 지나치게 엄격하여 실효를 거두지 못하였다. 따라서 1998년 1월 금융전업 기업가제도를 폐지하고 은행주식 소유에 대한 규제를 다시 정비하였다. 즉, 동일인 소유한도를 4%로 하되(정부 및 예금보험공사의 주식보유는 적용제외, 지방은행은 15% 이내, 외국인은 신고를 조건으로 10% 이내),[7] 10%·25%·33% 초과시마다 금융(감독)위원회의 승인을 얻도록 하였다.

1999년 「독점규제 및 공정거래에 관한 법률」에 지주회사제도를 도입하면서 일반지주회사와 금융지주회사를 분리하여 일반지주회사는 금융회사를, 금융지주회사는 비금융회사를 자회사로 지배할 수 없도록 하였다. 이에 따라 2000년에는 금융지주회사법이 제정되었다.

## 라. 2000년대

2002년 4월에는 은행소유규제를 국제기준에 맞게 사전적인 소유제한은 완화하되, 금융감독을 강화하는 방향으로 개선함으로써 건전한 금융자본의 출현을 유도하는 방향으로 은행주식의 소유규제를 크게 완화하였다.[8] 즉, 동일인의 은행에 대한 주식보유한도를 4%에서 10%로 상향조정함으로써 은행에 대한 사전적인 소유제한을 완화하고, 동일인이 금융(감독)위원회의 승인을 얻은 때에는 10%를 초과하여 은행 주식을 보유할 수 있도록 하였다(은행법 제15조 제3항). 또한 비금융주력자(산업자본)에 의한 은행지배를 방지하기 위하여 비금융주력자는 4%를 초과하여 은행의 주식을 보유할 수 없도록 하되, 4%를 초과하는 주식의 의결권을 행

---

7) 외환위기 이후 산업자본의 은행지배를 방지하면서 외자유치를 통한 은행의 자본확충을 지원하기 위하여 1998. 4 외국금융기관에게 4% 초과 주식보유를 허용한 것이다.
8) 2002년 4월 은행법 개정내용의 상세는 정찬형(편집대표), 「주석 금융법 I (은행법)」(서울: 한국사법행정학회, 2007), 170면 참조.

사하지 아니하는 조건으로 재무건전성 등 일정한 요건을 충족하여 금융(감독)위원회의 승인을 얻은 경우에는 예외적으로 10%까지 은행 주식을 보유할 수 있도록 하였다(은행법 제16조의 2 제1항·제2항). 또한 10%를 초과하여 은행 주식을 보유한 주주에 대하여는 금융감독위원회가 그 적격 여부를 심사할 수 있도록 하고, 심사 결과 부적격자에 대하여는 초과보유한 은행주식의 처분을 명할 수 있도록 하였다(은행법 제16조의 4 제5항). 금융지주회사법에도 동일한 내용의 은행지주회사 취득 제한이 규정되었다(금융지주회사법 제8조).

2004년에는 간접투자자산운용법상 비금융주력자가 일정부분 출자한 사모투자전문회사를 비금융주력자로 간주하는 규정을 신설하였는데(간접투자자산운용업법 제144조의 16), 이 내용은 2007년에 제정된 「자본시장과 금융투자업에 관한 법률」에 승계되었다(동법 제275조).

## 2. 내 용

금산분리의 원칙은 「은행법」, 「금융지주회사법」, 「독점규제 및 공정거래에 관한 법률」, 「자본시장과 금융투자업에 관한 법률」 등에 나누어 규정되어 있으나, 가장 중요한 핵심은 은행법상 은행주식소유 규제라고 할 수 있다.

### 가. 은행법

#### (1) 동일인의 주식보유한도

㈎ 동일인[9]은 원칙적으로 금융기관의 의결권 있는 발행주식총수의 10%를 초과하여 금융기관의 주식을 보유할 수 없다(은행법 제15조 제1항 본문). 동일인이 주식보유한도를 초과하여 보유하는 경우, 초과보유 주식에 대하여 의결권행사가 제한되며, 초과보유분을 지체 없이 처분하여야 한다(은행법 제16조 제1항). 한도초과 보유주식을 처분하지 않는 경우 금융위원회(원래는 '금융감독위원회'인데, 2008년부터 '금융위원회'로 명칭이 변경됨. 이하 같음)는 6월 이내의 기간을 정하여 처분명령을 하며(은행법 제16조 제2항), 동 처분명령 불이행시 매 1일당 처분대상 주식에 대한 장부금액의 0.03% 범위에서 이행강제금을 부과한다(은행법 제65조의 9 제1항).

㈏ 그러나 다음과 같은 예외사항이 있다.

① 정부 또는 예금자보호법에 의한 예금보험공사가 금융기관의 주식을 보유

---

9) "동일인"이라 함은 본인 및 그와 은행법시행령 제1조의 4가 정하는 특수관계에 있는 자(이하 "특수관계인"이라 함)를 말한다(은행법 제2조 제1항 제8호).

하는 경우(은행법 제15조 제1항 제1호)

　② 지방금융기관의 의결권 있는 발행주식총수의 15% 이내에서 보유하는 경우(은행법 제15조 제1항 제2호)

　③ (ⅰ) 당해 금융기관의 의결권 있는 발행주식총수의 10%(지방금융기관의 경우에는 15%), (ⅱ) 당해 금융기관의 의결권 있는 발행주식총수의 25%, (ⅲ) 당해 금융기관의 의결권 있는 발행주식총수의 33%의 한도를 각각 초과할 때마다 한도초과 보유요건을 충족하여 금융위원회의 승인[10]을 얻어 금융기관의 주식을 보유하는 경우(은행법 제15조 제3항)[11]

## (2) 비금융주력자(산업자본)

　㈎ 비금융주력자(산업자본)[12]는 은행(은행지주회사)의 의결권있는 주식을 4%(지방은행은 15%)를 초과하여 보유하지 못한다(은행법 제16조의 2 제1항).

　㈏ 그러나 다음과 같은 예외사항이 있다.

　① 4% 초과 주식보유분에 대한 의결권 포기 조건으로 재무건전성 등의 요건을 충족하여 금융위원회의 승인을 얻은 경우 지방금융기관을 제외한 금융기관의 의결권 있는 발행주식총수의 10%까지 보유가 가능하다(의결권의 불행사를 조건으로 한도초과의 승인)(은행법 제16조의 2 제2항). 이러한 사례로서는 2004년 금융(감독)위원회의 테마섹의 하나은행 주식보유한도 초과승인건이 있다.

　② 2년 이내에 금융자본으로 전환하기 위한 전환계획을 금융위원회에 제출

---

10) 은행법 제15조 제5항, 은행법시행령 [별표], 은행업감독규정 [별표 2-2].
11) 이 때 각 단계별로 금융위원회의 승인을 얻어야 한다. 다만, 금융위원회는 구체적인 보유한도를 정하여 승인할 수 있으며, 이 경우 승인한도 초과시 다시 승인을 얻어야 한다(은행법 제15조 제3항). 또한 금융위원회는 한도초과보유요건의 충족 여부를 매 반기별로 정기적으로 심사하고, 필요시 수시심사를 실시한다(은행법 제16조의 4).
12) "비금융주력자"라 함은 다음 각목의 1에 해당하는 자를 말한다(은행법 제2조 제1항 제9호). 독점 및 공정거래에 관한 법률 제14조의 2의 규정에 의하여 상호출자제한기업집단 등에서 제외되어 비금융주력자에 해당하지 아니하게 된 자로서 그 제외된 날부터 3월이 경과하지 아니한 자를 포함한다(은행법 제16조의 2 제1항).
　가. 동일인 중 비금융회사(대통령령이 정하는 금융업이 아닌 업종을 영위하는 회사를 말한다. 이하 같다)인 자의 자본총액(대차대조표상 자산총액에서 부채총액을 차감한 금액을 말한다. 이하 같다)의 합계액이 당해 동일인 중 회사인 자의 자본총액의 합계액의 100분의 25 이상인 경우의 당해 동일인
　나. 동일인 중 비금융회사인 자의 자산총액의 합계액이 2조원 이상으로서 대통령령이 정하는 금액 이상인 경우의 당해 동일인
　다. 「자본시장과 금융투자업에 관한 법률」에 따른 투자회사(이하 "투자회사"라 한다)로서 가목 또는 나목의 자가 그 발행주식총수의 100분의 4를 초과하여 주식을 보유(동일인이 자기 또는 타인의 명의로 주식을 소유하거나 계약 등에 의하여 의결권을 가지는 것을 말한다. 이하 같다)하는 경우의 당해 투자회사

하여 승인을 얻은 경우, 금융기관의 의결권 있는 발행주식총수의 10%(지방금융기관의 경우는 15%)까지 보유가 가능하다(금융자본으로의 전환계획의 승인)(은행법 제16조의 2 제3항 제1호).

③ 외국인투자촉진법에 의한 외국인(이하 "외국인"이라 함)이 금융기관의 (의결권 있는) 주식을 의결권 있는 발행주식총수의 10% 이상 소유하는 경우에는 비금융주력자라 하더라도 동 주식보유비율 이내에서 주식을 보유할 수 있는데(은행법 제16조의 2 제3항 제2호), 이 때 10%까지는 금융위원회의 승인 없이 보유할 수 있고, 10%(지방금융기관의 경우는 15%)를 초과하여 보유하는 경우에는 금융위원회의 한도초과 승인을 얻어야 한다. 다만, 1개 은행에 한하고(은행법 제16조의 2 제6항), 외국인 주식보유비율의 초과보유분의 의결권행사가 제한되며(은행법 제16조의 2 제4항), 금융위원회는 1년 이내의 기간을 정하여 동 초과보유주식의 처분명령을 할 수 있다(은행법 제16조의 2 제5항).

## 나. 금융지주회사법

은행법상의 규정은 금융지주회사법에도 동일하게 규정되어 있어 은행지주회사도 동일한 소유제한을 받게 되는데, 다만 은행법 제16조의 2 제3항 제2호와 같은 외국인의 금융기관에 대한 주식보유비율 이내에서 은행주식을 보유하는 비금융주력자에 대한 예외조항은 없다(금융지주회사법 제2조 제1항 제8호, 제8조 및 제8조의 2).

## 다. 독점규제 및 공정거래에 관한 법률('공정거래법'으로 약칭함)

공정거래법에는 지주회사에 관한 일반규정을 두면서 금융지주회사와 일반지주회사를 엄격히 구분하고 있다. 즉, 금융업 또는 보험업을 영위하는 자회사의 주식을 소유하는 지주회사(금융지주회사)는 금융업 또는 보험업을 영위하는 회사(금융유관회사 포함) 외의 국내회사의 주식을 소유할 수 없다(공정거래법 제8조의 2 제2항 제4호).[13]

이와 동일하게 금융지주회사 외의 지주회사(일반지주회사)는 금융업 또는 보험업을 영위하는 국내회사의 주식을 소유하는 행위가 금지된다(동법 제8조의 2 제

---

13) 다만, 금융지주회사로 전환하거나 설립될 당시에 금융업 또는 보험업을 영위하는 회사 외의 국내회사 주식을 소유하고 있는 때에는 금융지주회사로 전환하거나 설립된 날부터 2년간은 그 국내회사의 주식을 소유할 수 있다(공정거래법 제8조의 2 제2항 제4호 단서).

2항 제5호).[14]

## 라. 자본시장과 금융투자업에 관한 법률('자본시장법'으로 약칭함)

다음 경우의 사모투자전문회사(PEF) 또는 투자목적회사는 비금융주력자로 간주된다. 이는 앞에서 본 바와 같이 원래 2004년에 간접투자자산운용업법상 규정된 것인데, 2007년에 제정된 자본시장과 금융투자업에 관한 법률에 승계되었다.

① 비금융주력자가 사모투자전문회사의 무한책임사원인 경우, ② 비금융주력자가 사모투자전문회사의 유한책임사원이지만 출자총액의 10%를 초과하여 보유하거나 4% 이상 보유하면서 최대출자자인 경우 및 ③ 다른 상호출자제한기업집단에 속하는 각각의 계열회사가 취득한 사모투자전문회사의 지분의 합이 사모투자전문회사 출자총액의 30%를 초과하는 경우에는, 그러한 사모투자전문회사를 비금융주력자로 본다(간접투자자산운용업법 제144조의 16 제1항, 자본시장법 제275조 제1항).

위의 ①·② 또는 ③의 어느 하나에 해당하는 사모투자전문회사가 투자목적회사의 지분증권의 100분의 4를 초과하여 취득·보유하거나 임원의 임면 등 주요 경영사항에 대하여 사실상의 지배력을 행사하는 경우, 그 투자목적회사를 비금융주력자로 본다(간접투자자산운용업법 제144조의 16 제2항, 자본시장법 제275조 제2항).

## Ⅲ. 은행의 소유규제에 관한 비교법적 고찰

은행의 소유규제 유무 및 규제방식에 관한 외국의 입법례를 살펴보면 다음과 같다.

### 1. 미 국

미국에서는 1933년 Glass-Steagall Act 이후 은행이 다른 업종의 영업을 영위할 수 없도록 하였는데, 1956년 은행지주회사법(Bank Holding Company Act, BHCA)의 제정으로 은행지주회사도 은행과 같이 다른 업종을 영위하는 것이 제한되고 또한 은행 또는 은행지주회사를 지배하는 모든 회사를 은행지주회사로

---

14) 다만, 일반지주회사로 전환하거나 설립될 당시에 금융업 또는 보험업을 영위하는 국내회사의 주식을 소유하고 있는 때에는 일반지주회사로 전환하거나 설립된 날부터 2년간은 그 국내회사의 주식을 소유할 수 있다(공정거래법 제8조의 2 제2항 제5호 단서).

함으로써[12 USC § 1841(c)], 이러한 은행지주회사법을 통하여(다시 말하면 산업자본이 은행 또는 은행지주회사를 지배하게 되면 이러한 회사를 모두 은행지주회사로 보아 다른 업종을 영위할 수 없도록 함으로써) 간접적으로 산업자본에 의한 은행주식 취득을 제한하고 있다.

또한 미국법은 아래와 같이 동일인에 의한 은행 또는 은행지주회사를 지배하기 위한 주식취득 등에 일정한 제한을 하고 있는데, 이는 다음과 같다.

## 가. 동일인의 은행 주식 취득제한

동일인이 은행15) 또는 은행지주회사를 직·간접적으로 지배하거나,16) 주식의 25% 이상을 취득하고자 할 경우에는 Change in Bank Control Act에 따라 감독당국의 승인이 필요하다[12 USC § 1817 (j)].17) 연방준비제도 등 연방감독당국은 위 근거법 및 동 법상 가이드라인에 따라 동 승인업무 운영을 위한 규정을 각각 마련하고 있는데, 그 내용은 거의 동일하다.18)

## 나. 은행지배를 위한 금지행위

연방준비제도의 사전승인 없이 ① 어떤 회사를 은행지주회사로 되게 하는 행위, ② 은행을 은행지주회사의 자회사로 되게 하는 행위, ③ 어떤 회사가 은행의 의결권주를 직·간접적으로 5%이상 보유하게 되면 은행지주회사가 직·간접적으로 은행을 지배하게 되는 경우, ④ 은행지주회사 또는 은행이 아닌 그 자회사가 은행의 자산 전부 또는 상당부분을 취득하는 경우, ⑤ 은행지주회사가 다른 은행지주회사와 합병하는 경우 등은 불법이다[12 USC § 1842(a)].

---

15) 미국법상 「은행」이란 "FDIC에 부보되고 미국법, 미국내 주법, 미국의 기타 영토 등에 적용되는 법에 의하여 설립된 기구로서 ① 요구불예금(demand deposit) 또는 제3자에게 수표나 이와 유사한 수단에 의해 지급할 수 있는 예금을 수취하고 ② 대출(commerical loan)을 취급하는 기관"으로 정의된다[12 USC § 1841 (c)].

16) 이 때 「은행 또는 은행지주회사를 직·간접적으로 지배한다」는 것은 "어느 회사가 직·간접적으로 의결권 있는 주식을 25% 이상 보유하거나 사실상 지배하는 경우, 이사의 다수를 선임 또는 지배하는 경우, 경영에 지배적인 영향력을 행사한다고 FRB가 판정하는 경우 등"이다[12 USC § 1841(a)(1)(2)].

17) 국법은행의 경우 OCC, 은행지주회사 및 연방준비제도가맹 주법은행의 경우 FRB, FDIC부보 주법은행의 경우 FDIC가 감독당국으로 승인권자가 된다. FDIC에 부보되지 않은 주법은행은 각 주의 은행법에 따라 주감독당국의 승인이 필요하다.

18) FRB의 경우 Regulation Y(12 CFR 225)에서 이의 운영을 위한 세부기준, 승인절차 및 심사기준 등을 규정하고 있다.

## 다. 금융지주회사 제도의 도입

미국에서는 1999년 금융현대화법(Gramm-Leach-Bliley Act)를 통해 금융지주
회사 제도가 도입되고 은행 및 은행지주회사의 업무영역이 확대되어 실질적으로
겸업주의(universal banking)가 도입되었다. 금융지주회사는 은행지주회사에 포함
된 모든 은행들이 자본충실도와 경영건전성 기준 등이 충족되면서 연방준비제도
에 금융지주회사로 전환을 신청한 은행지주회사로 정의하고 있다[12 USC § 1843
(1)]. 금융지주회사는 은행지주회사에는 금지된 업종 중에서 본질적으로 금융업무
이거나 그에 부수적·보완적인 업무를 수행할 수 있다[12 USC § 1843 (k)]. 은행은
자회사 방식으로도 금융지주회사의 자회사가 영위할 수 있는 업종과 거의 유사
한 업종에 진출할 수 있다[12 USC § 24a (a)].

## 라. 최근의 산업대출회사 문제

1987년 공정경쟁은행법(Competitive Equality Banking Act)이 제정되면서 제한
된 영업목적을 가진 회사들을 은행의 정의에서 제외하였고 이로 인해 산업대출
회사(Industrial Loan Company)가 은행에서 제외되었다. 그 결과 산업대출회사는
주인가를 받은 연방예금보험공사 부보기관으로 요구불예금을 제외한 정기예금·
저축성예금·상업대출·소비자대출 등 광범위한 은행업무를 영위함에도 은행이
아니기 때문에 은행지주회사법의 적용을 받지 않게 되었다. 산업자본인 월마트가
은행과 유사한 업무를 하는 산업대출회사의 설립을 시도하자 미국 연방준비제도
버냉키 의장은 금산분리 원칙의 유지를 위해 이의 금지를 의회에 요청하여, 의회
가 이를 반영한 법안을 제출하여 심의중이다.[19]

---

19) 경제개혁연대, "미 저축은행지주회사법 추진의 의미," 「경제개혁리포트」, 2007-14호(2007.
   11), 14면. 2007년 1월 29일 미국 하원에서는 공화당 폴 길모어(Paul Gillmor) 의원과 민주당
   바니 프랭크(Barney Frank) 의원 등이 은산분리 장벽을 복구시키고 산업대출회사(ILC) 설립
   확산을 막는 저축은행지주회사법(H.R.698, Industrial Bank Holding Company Act of 2007)
   을 발의하였고, 상원의 셔로드 브라운(Sherrod Brown), 웨인 앨러드(Wayne Allard), 팀 존슨
   (Tim Johnson) 의원도 이와 유사한 법안(S.1356, Industrial Bank Holding Company Act of
   2007)을 발의하여 현재 상원에서 논의중이다.

## 2. E U[20]

### 가. 금융기관 제한지분의 취득(증가) 보고

각국은 직·간접적으로 금융기관의 제한지분(qualifying holding)[21]을 취득하려는 개인 또는 법인에게 먼저 감독당국에 취득하려는 지분량을 신고할 것을 규정하여야 한다. 이러한 개인 또는 법인은 제한지분을 20% 이내, 20% 이상, 33% 이상, 50% 이상으로 증가하고자 하는 경우 단계별로 관계당국에 신고하여야 한다.

감독당국은 금융기관의 건전경영의 측면에서 이러한 개인 또는 법인의 적격성을 심사하고, 적격성 요건을 충족하지 못하는 경우 취득계획을 거절할 수 있다(은행지침 11.1).

### 나. 금융기관 제한지분의 처분 보고

EU 각국은 직·간접적으로 금융기관의 제한지분을 처분하려는 개인 또는 법인에게 먼저 감독당국에 처분하려는 지분량을 신고할 것을 규정하여야 한다. 이러한 개인 또는 법인은 제한지분을 20% 이내, 33% 이내, 50% 이내로 감소하고자 처분하려는 경우 단계별로 감독당국에 신고하여야 한다(은행지침 11.3).

### 다. 감독당국의 조치

EU 각국은 제한지분을 보유한 개인 또는 법인이 금융기관의 건전경영에 장해가 되는 영향력을 행사하는 경우에 감독당국이 이러한 상황이 종료될 수 있도록 적절한 조치를 취할 수 있도록 규정하여야 한다. 이러한 적절한 조치에는 보고를 하지 않은 제한지분 보유자를 포함하여 경영진에 대한 징계·의결권 행사의 정지 등이 있다(은행지침 11.5).

## 3. 영 국

영국은 전통적으로 금융회사에 대한 법적 규제가 많지 않고 대부분 시장자율에 맡겨 왔다. 영국의 금융서비스시장법(Financial Service & Markets Act, FSMA)에 따르면 은행지분을 일정한도 이상 취득할 경우 금융감독청(Financial Services

---

20) 제2차 은행지침(Second Banking Directive 89/646/EEC, 1989. 12. 15.)
21) 제한지분이란 경영에 상당한 영향을 미칠 수 있는 자본금 또는 의결권의 10% 이상을 나타내는 직·간접적인 지분이다(은행지침 1.10).

Authority, FSA)에 보고하여 승인을 받아야 한다. 즉, 은행 지분을 10%, 20%, 33%, 50% 이상 취득할 경우에는 단계별로 FSA에 보고하여 승인을 받아야 하고 (FSMA § 179, § 180, § 181), 승인시에는 조건을 부과할 수 있다(FSMA § 185). 대주주(controller) 자격을 심사할 때에는 경영의지 · 재무건전성 · 유동성위기 극복능력 · 소비자권익보호능력 등을 고려하여야 한다(FSMA § 186).

그런데 이러한 은행 지분 취득승인에 있어서 산업자본을 배제하는 규정은 없으며, 은행 경영상의 위험관리규정 및 유가증권 분산투자규정 외에는 은행의 비금융회사 소유를 금지하는 규정도 없다.

## 4. 일 본

일본의 경우 은행(은행지주회사)의 총주주 의결권의 5% 이상 보유자는 금융청장에게 은행의결권 보유신고서를 5일 이내에 보고하여야 한다(일본 은행법 제52조의 2 제1항). 또한 일본에서는 은행의 주요주주가 되려면 사전에 금융청장의 인가를 받아야 하는데(일본 은행법 제2조 제19호, 제52조의 9 제1항), 주요주주 지분은 총주주 의결권의 20%(회사의 재무 및 영업방침의 결정에 대하여 중요한 영향을 미칠 것으로 예상되는 내각부령에서 정한 요건에 해당하는 자가 당해회사의 의결권을 보유한 경우는 15%)를 말한다(일본 은행법 제2조 제9항). 은행 주요주주가 인가 후에 인가기준에 적합하지 않게 된 경우 금융청장은 조치기한을 시달하여 인가기준에 적합하도록 필요한 조치를 강구할 것을 명령할 수 있다(일본 은행법 제52조의 13). 금융청장은 은행 주요주주(총주주 의결권의 50% 이상 보유자에 한함)의 업무 및 재산상황에 비추어, 당해 은행의 경영건전성 확보를 위한 개선계획의 제출을 요구할 수 있다 (일본 은행법 제52조의 14).

참고로 은행 또는 그 자회사는 국내회사 발행주식의 5% 이상을 취득하거나 보유하는 것이 금지되는데,22) 예외적으로 담보권 실행 등의 경우에는 1년까지 허용된다(일본 은행법 제16조의 3). 은행이 국내은행 · 증권회사 · 보험회사 또는 해외

---

22) 그런데 일본의 독점금지법에도 은행법과 유사하게 타회사 지배금지 규정을 두고 있다. 즉, 은행 등 금융업을 영위하는 금융기관은 타회사 발행주식 총수의 5%(보험회사의 경우 10%)를 초과하여 보유하는 것이 금지된다(다만, 금융기관이 사업성격상 또는 채권보전의 일환으로서 주식을 보유할 필요가 있고, 또한 사업지배력의 과도한 집중우려가 없다고 판단되는 경우로서 미리 공정거래위원회의 인가를 받은 경우에는 예외적으로 5% 이상 보유가 가능하다)(일본 독점금지법 제11조). 이러한 점에서 일본은 금융에 의한 사업지배력의 과도한 집중을 방지하고자 한다.

은행의 주식을 50% 이상 취득하여 자회사를 설립·인수하기 위해서는 내각총리
대신의 사전인가를 받아야 한다 (일본 은행법 제16조의 2 제4항).

## 5. 독 일

독일에서는 동일인이 금융기관의 주요지분(bedeutende Beteiligung)[23]을 취득
하려는 경우 지체 없이 연방금융감독청과 연방은행에 신고하여야 한다. 주요지분
보유자가 주요지분을 20%, 33%, 50% 이상으로 증가하려는 경우 및 주요지분을
20%, 33%, 50% 미만으로 감소하고자 보유지분을 처분하는 경우에도 지체 없이
연방금융감독청과 연방은행에 신고하여야 한다(독일 은행법 제2c조 제1항, 제4항).

주요지분의 취득 및 증가의 신고에 대하여 연방금융감독청장은 지분취득의
자금이 범죄행위로 조달된 경우, 주식의 교차취득 및 산업자본의 불투명성으로
기업집단이 되어 금융감독업무를 방해하는 경우에는 이를 금지한다(독일 은행법
제2c조 제1a항).

독일에는 그 밖에 은행소유나 은행의 비금융회사 지배에 관하여 특별한 규
정을 두고 있지 않다. 이에 대해 독일에서는 산업자본과 은행자본의 결합이 허용
되며 이에 따른 부작용을 방지하고자 이사회를 외부인 중심의 감독이사회와 경
영이사회로 이원화하여 내부통제를 강화함으로써 문제를 해결하고 있다는 견해
도 있다.[24]

## 6. 프랑스

프랑스의 금융관련법규는 금산분리를 규정하고 있지 않으나, 금융산업의 안
정성 보호, 경영 및 시스템리스크 예방 및 이해상충 방지 등을 위하여 감독당국
의 승인시 고려대상으로 삼고 있다.[25]

---

23) 「주요지분」이란 "본인 및 관계인과 합동으로 자회사 등의 자본금 내지 의결권의 10%를 직·간
 접적으로 보유하거나 영업에 중요한 영향력을 행사하는 경우"이다[Eine bedeutende Beteiligung
 besteht, wenn unmittelbar oder mittelbar über ein oder mehrere Tochterunternehmen
 oder ein gleichartiges Verhältnis oder im Zusammenwirken mit anderen Personen oder
 Unternehmen mindestens 10 vom Hundert des Kapitals oder der Stimmrechte eines dritten
 Unternehmens im Eigen-oder Fremdinteresse gehalten werden oder wenn auf die Geschäftsführung
 eines anderen Unternehmens ein maßgeblicher Einfluss ausgeübt werden kann.(독일 은행법
 제1조 제9항 제1호)].
24) 박중민, "금융자본과 산업자본의 분리에 대한 소고," 「증권」(한국증권업협회), 2006년 여름
 호(제127호)(2006. 6), 81면.
25) 금융감독원 파리주재원, "프랑스의 금산분리 현황(금융감독기구 국장과의 면담결과)," 2007.

은행에 대한 10% 미만의 자본출자시에는 특별한 제한이 없으나, 출자지분
이 전체의 10%, 20%, 33%, 50%를 넘을 경우 각각 CECEI(여신회사 및 투자회사위
원회)의 인가를 받아야 한다. 특히 지분율이 33%를 초과하는 경우, 주주총회에서
특정사안에 대한 부결을 가능하게 하는 정족수이므로 매우 까다로운 심사를 거
치게 된다. 기업의 활동 및 업무와 직접적으로 관련되는 은행에 대하여는 대주주
가 될 수 있도록 인가하고 있으나, 업무상 직접적인 관련이 없는 BNP Paribas,
Société Générale 등 대형 상업은행의 대주주가 될 수는 없다. 2007. 2월 현재
프랑스에는 총 372개의 은행 중 17개의 중소규모 은행이 산업자본에 의해 보유
되고 있는데, 이들 은행들은 대주주인 기업체와 직접적인 업무연관성을 가지는
경우이다.[26]

참고로 은행의 동일기업에 대한 출자는 자기자본의 15%를 초과하지 않아야
하며, 전체 출자금액은 자기자본의 60%를 초과하지 않아야 한다.


# IV. 은행의 소유규제(금산분리)에 관한 찬성론과 반대론[27]

## 1. 찬성론[28]

금산분리정책을 지지하는 입장에서는 우리나라의 '재벌'구조라는 특수성을
들어 산업자본의 금융지배를 허용할 경우 폐해가 크다는 견해를 나타낸다. 금산
분리를 찬성하는 논거로는 대체로 다음과 같은 이유를 든다.

### 가. 재벌의 사금고화

우리나라의 재벌은 세계적으로 독특한 존재로서 문어발식 영업확장을 통해
국가경제의 대부분을 장악하였다. 과거 개발금융시대에도 은행대출의 대부분을

---

2. [CECEI(여신회사 및 투자회사위원회) 및 여신회사국장(M. PENY)과의 면담내용으로, 이하
   동 자료를 정리한 내용임].
26) 즉, 르노자동차社가 고객에 대한 자동차 구입자금 대출업무를 영위하는 소규모 은행의 대주
   주가 되는 경우는 있으나, Peugeot자동차, Total 등 대기업이라 하더라도 업무연관성이 없는
   대형 상업은행에 10% 이상 출자하기는 현실적으로 곤란하다고 한다.
27) 이에 관한 간단한 소개로는 정찬형·도제문, 전게 은행법(제2판), 110~111면 참조.
28) 이에 관한 대표적인 논문으로는 이병윤, "금산분리 관련 제도의 현황과 논점," 「금융연구」
   (한국금융연구원), 20권 별책(2006. 8), 1~40면 이 있는데, 특히 21~29면은 찬성론에 대한 이
   론적 근거를 상세히 제시하고 29~32면은 반대론에 대하여 그 문제점을 상세히 제시하고 있다.

재벌기업들이 가져갔으며 결과적으로 국내 중소기업의 발전이 부진했는데, 은행 설립까지 허용한다면 재벌은행의 영업활동은 재벌기업의 사금고 역할이 될 것이라는 것이다.

실제로 과거 사례를 보면 은행은 아니지만 은행 이외의 금융회사가 재벌그룹 내에 소속되어 있는 경우 계열회사에 대해 안정적인 자금조달 창구 역할을 했던 것이 사실이다. 특히 투자신탁회사의 경우 모기업에 대하여 과다한 자금지원을 하다가 부실로 연결된 사례가 많이 있었는데, 은행의 경우에도 이와 마찬가지일 것이라는 주장이다.[29]

더 나아가 삼성그룹 비자금 의혹과 관련한 사건과 같이 재벌그룹의 불법적인 자금세탁이나 조성 등에 은행이 이용될 수 있다는 견해도 있다.[30]

이러한 견해는 과거 재벌이라고 하는 우리나라의 거대 산업자본들이 보여준 행태가 신뢰할 수 없다는 결과에서 비롯된 것으로 볼 수 있다.

## 나. 금융시장의 안정성 붕괴

산업자본의 지배를 받는 금융회사는 독자적인 판단에 따라 영업을 하지 못하고 산업자본인 모기업의 이해관계에 따라 자본투자를 하게 되는데, 이러할 경우 금융회사의 자체 리스크관리시스템이 붕괴되어 부실화의 위협이 발생한다. 즉, 금융회사의 이윤이 계열회사로 이전되거나 모기업의 사업실패가 금융회사로 이전되는 경우 금융회사의 건전성이 악화될 수 있고, 이러한 사례가 빈발할 경우 금융산업 전반의 안정성이 저해될 수 있다는 견해이다.[31]

한편 금융회사는 대기업집단의 계열관계를 보다 공고히 하는 수단으로 이용될 수 있고 결과적으로 금융과 산업이 결합된 거대집단을 형성하게 되는데, 당해 계열집단의 도산은 국가경제적으로 치명적인 피해를 줄 수 있으며 집단 내부적으로는 집단 전체의 이익을 극대화하기 위해 금융회사의 건전성을 침해할 소지가 높아진다.[32]

---

29) 이병윤, 상게논문, 25면은 산업자본의 금융회사 사금고화 사례를 열거하고 있다. 예컨대 거평그룹은 1998년 3월 한남투신을 인수한 뒤 계열사들이 발행한 기업어음의 만기를 연장하거나 계열사 채권 1,800억원을 새로 매입하는 방식으로 2,500억원을 편법 조달하여 계열사 운용자금으로 지원하였고, 결국 이로 인한 부실로 퇴출되었다.
30) 김선웅, "금산분리원칙은 강화되어야 한다," 「월간금융」(전국은행연합회), 2008. 2월호, 31면.
31) 이병윤, 전게논문(註 28), 22~23면 참조.
32) 김동환, 「산업·금융자본 결합규제에 관한 연구」(한국금융연구원), 2006. 6, 36~66면은 우리나라 재벌집단의 계열출자 구조를 상세하게 설명하고 있다.

기본적으로 위험회피적인 성향의 금융산업이 위험지향적인 산업자본에 포획되어 금융자본의 자기방어시스템이 제대로 작동할 수 없다는 논리라고 볼 수 있다.

### 다. 산업의 균형발전 저해

자금중개기관인 금융회사는 산업자본인 기업가의 활동을 감시하여 산업이 안정적으로 발전할 수 있도록 하는 견제장치 역할을 하는데, 이를 결합하게 되면 금융업 및 산업이 함께 부실화될 수 있다는 견해이다. 즉, 금융회사로부터 아무런 제약 없이 자금을 조달함으로써 객관적 사업성 평가능력이 저해되고,[33] 한편으로는 금융회사를 소유한 산업자본이 그렇지 못한 기업보다 시장경쟁에서 우위에 서게 됨으로써 공정경쟁을 저해할 수 있다고 한다.[34]

한편 현재 대기업집단 소속의 금융회사들이 다른 금융회사들보다 더 나은 영업수익을 내고 있지 않으며, 오히려 영업이 부실한 경우가 많다는 견해도 있다. 즉, 대기업 계열금융회사들의 경영성과가 시너지효과의 창출과는 거리가 있다는 것이다.[35] 이는 산업자본의 경영방식이 금융업의 운영에 적합하지 않다는 주장이라고 볼 수 있다.

세계 주요은행의 소유구조를 살펴보아도 지배주주가 존재하는 경우가 소수이며, 대부분 주식의 분산이 잘 이루어져 있다고 한다.[36]

### 2. 반대론[37]

금산분리정책을 반대하는 입장에서 우리나라 금융자본의 취약성을 들어 외국자본에게 지배권을 빼앗기지 않으려면 국내 산업자본을 활용해야 한다는 견해

---

33) 전성인, "산업자본과 금융자본의 분리에 관한 제도적 검토: 한국과 미국의 경우를 중심으로," 「산업조직연구」(산업조직학회), 제12집 제2호(2004. 6), 87면은 '금융중개기관은 기업가의 활동을 감시하는 경제적 기능을 수행한다'고 한다.
34) 이병윤, "은·산분리와 로렌조 오일," 「주간 금융브리프」(한국금융연구원), 제15권 제16호(2006. 4), 7면.
35) 이병윤, 전게논문(註 28), 26~29면.
36) 이병윤, "세계 100대 은행의 소유형태와 시사점," 「주간 금융브리프」(한국금융연구원), 제16권 제39호(2007. 9), 8~9면.
37) 이에 관한 대표적인 논문으로는 김용재, "산업자본의 은행소유와 관련한 법적 쟁점," 「증권법연구」(한국증권법학회), 제2권 제2호(2001), 203~243면 참조. 특히 207~212면은 산업자본의 은행업 진입을 허용하여야 할 필요성을 상세히 설명하고, 212~218면은 산업자본의 은행 소유시 발생가능한 장점을 설명하며, 218~227면은 산업자본의 은행소유를 허용할 경우 발생가능한 폐해를 제시하면서 이에 대한 폐해의 발생여지가 거의 없음을 상세히 설명하고 있다.

를 나타낸다. 금산분리원칙을 완화 또는 폐지해야 한다는 논거로는 대체로 다음
과 같은 이유를 든다.

## 가. 외국인과의 형평성

1997년 외환위기 이후 우리나라 금융시장이 외국인에게 개방된 결과 대부분
의 민간은행들은 외국자본이 대주주로 있다. 7개 시중은행 중 한국씨티은행·SC
제일은행 및 한국외환은행이 외국자본의 지배하에 있으며, 신한은행·하나은행·
국민은행도 최대주주를 포함하여 60~80%의 외국인주주가 투자하고 있다.[38] 결
과적으로 금산분리정책이 국내자본을 배제하고 외국자본을 우대하는 역차별을
초래하였고, 은행이 외국자본에 넘어가면 수많은 기업정보가 해외로 유출될 뿐만
아니라 정부가 마음대로 금융정책을 펼치기도 어렵다고 한다.[39]

1997년 당시에는 국내 금융시장이 붕괴되려는 위기상황이었으므로 외국자본
의 투자가 절실하였으나 지금은 상황이 바뀌었으며, 금산분리 원칙을 계속 고집
하다가는 론스타와 같은 외국자본이 국내 금융기관을 통해 막대한 수익을 가져
가는 것을 지켜볼 수밖에 없다는 주장이다.

## 나. 산업자본의 활용

국내에 형성된 거대자본은 현실적으로 산업자본밖에는 없고 이러한 산업자
본을 금융자본으로도 활용하자는 견해이다. 우리나라 각 시중은행들의 시가총액
은 대략 8조원~20조원에 이르며, 이러한 은행들에 일정 지분 이상 투자할 만큼
대규모 자본을 보유하고 있는 곳은 산업자본밖에 없다.

최근의 우리나라 대기업들을 과거 재벌의 연장선상에서 보는 것은 잘못이며,
기업과 시장구조가 전혀 달라졌다고 한다. 즉, 우리나라 대기업들의 부채비율은 과
거와는 달리 매우 낮아졌으며, 자본잉여경제에서 기업은 채권발행만으로도 충분
한 자금을 조달할 수 있는데 굳이 불순한 의도로 금융회사를 지배할 이유가 없
다는 것이다.[40]

최근 세계적으로 금융산업의 중요성이 부각되고 있는 만큼 우리도 외국의
대형 금융회사와 경쟁하기 위해서는 대형 금융자본이 필요하고, 이를 위해 국내

---

38) 우리은행(우리금융지주)은 예금보험공사가 최대주주로 남아 있다.
39) 현대경제연구원, "금산분리 논의의 쟁점과 개선방향," 「VIP 리포트」, 2007. 10, 3면.
40) 윤창현, "금산분리원칙은 완화되어야 한다," 「월간금융」(전국은행연합회), 2008. 2월호, 18면.

산업자본을 활용하는 방안을 모색해야 한다는 입장이라고 볼 수 있다.

### 다. 금융회사 경쟁력 강화

산업자본이 은행을 지배하여 은행 규모가 커지면 규모의 경제가 발생할 수 있고 이는 궁극적으로 금융소비자에게 이익이 될 수 있으며, 또한 산업자본이 은행에 추가적인 증자 등을 통해 거대한 은행을 유지한다면 은행산업에 효율적인 생산을 가져온다고 한다.[41]

우리나라의 기업과 세계적 기업들을 비교한다면 제조업 등 산업분야에는 이미 국제적인 대기업이 등장하였으나, 금융업 분야에서만큼은 우리나라 국가 위상에도 많이 뒤떨어지는 상황이라고 할 수 있다.[42] 그러므로 세계적인 국내 대기업의 경영기법을 도입하거나 최소한 그의 도움을 받아 국내 금융산업을 향상시키자는 견해이다. 이는 과거 은행의 주인을 찾아주어 대리인비용을 줄이고 경영을 효율화하자는 견해와도 비슷하다.

산업자본을 통한 국내 금융회사의 대형화는 적어도 세계 금융시장에서의 경쟁력은 제고할 수 있을 것이라고 보는 입장이다.

## V. 은행법상 금산분리의 문제점과 개선방안

### 1. 은행법상 금산분리 완화의 필요성

### 가. 금산분리 찬성론에 대한 비판

(1) 금산분리의 찬성론자는 우리나라의 경우 '재벌'이라는 다른 나라에는 없는 형태의 기업지배구조가 형성되어 있으며 다수의 '재벌'이 금융회사의 자산을 이용하여 여러 기업을 지배하는 지배구조를 구축하고 있는 현실을 감안할 때, 최소한 우리나라에서 금융회사를 이용한 기업지배구조가 사라지고 우리 기업들이 금융회사를 사금고화할 가능성이 없어질 정도로 기업경영환경이 투명하고 성숙해질 때까지는 금산분리의 원칙, 최소한 은산분리의 원칙의 완화에 대한 논의를

---

41) 김용재, 전게논문(註 37), 209면.
42) 윤창현, 전게논문(註 40), 20면. 금융산업의 국제화 정도로 해외이윤 취득비율을 보여주는 TNI지수가 스위스 68.8%, 네덜란드 48.1%, 독일 42.7%, 영국 40.3%, 미국 24.7% 등인데, 우리나라는 4.3%로 매우 낮은 수준이라고 한다.

하는 것 자체가 바람직하지 않다고 한다.[43)]

　　그러나 과거(특히 1950년대)에 비하여 우리나라의 경제규모는 크게 확대되었고 이에 따라 우리나라의 (재벌)기업의 지배구조도 어느 정도 국제경쟁력을 갖추고 있으며 기업가의 의식도 과거에 비하여 많이 달라졌다고 본다. 또한 우리나라의 재벌의 지배구조도 과거에 비하여 훨씬 투명하여졌으며 기업가의 의식도 많이 향상되었으므로 금산분리의 원칙을 완화하면 바로 은행이 재벌의 사금고화된다는 등식은 너무 성급하고 무리인 것 같다. 비록 이러한 우려를 어느 정도 인정한다고 하더라도 재벌이 금융회사를 사금고화 하는 것은 감독당국의 감독을 통하여도 방지할 수 있다고 본다. 재벌에 대한 과거의 부정적 시각으로 인하여 '기업들이 금융회사를 사금고화할 가능성이 없어질 때까지'라는 막연한 기준에 의하여 엄격한 은산분리를 유지할 수는 없다고 본다. 또한 우리나라에서 산업자본의 비은행금융회사 소유는 허용하면서 산업자본의 은행 소유만을 엄격히 제한하고 있는 것도 오늘날 비은행금융회사(특히 삼성생명 등)의 규모가 은행보다 결코 작지 않은 점 및 앞으로 「자본시장과 금융투자업에 관한 법률」의 제정으로 인하여 비은행금융기관의 비중이 큰 점 등을 감안할 때 불균형한 면도 있다.

　　(2) 금산분리의 찬성론자는 산업자본이 금융회사(은행)를 지배하게 되면 금융회사의 이윤이 계열회사로 이전되거나 모기업의 사업실패가 금융회사로 이전되어 금융회사의 건전성이 악화되어 금융산업 전반의 안정성이 저해될 수 있다고 하는데, 이는 너무 극단적인 가정이라고 볼 수 있고 이러한 점은 금융회사의 건전성을 위한 현행법의 규정 및 제반 금융감독을 통하여 충분히 방지할 수 있다고 본다. 즉, 금융회사의 이윤이 계열회사로 이전되는 점에 관하여는, 은행은 내부거래시 독립거래의 원칙에 입각하여 외부회사와 거래할 때에 적용하는 조건을 동일하게 적용하도록 의무화한 규정(예컨대, 내부신용거래에 대하여 적정한 담보를 확보하여야 할 의무 등을 규정한 금융지주회사법 제48조 제2항 등) 및 내부거래로 인하여 은행의 위험가중자산 대비 자기자본비율이 일정수준 이하로 하락할 경우 관련법에 의거하여 적기시정조치를 받도록 한 규정(은행법 제45조 등) 등에 의하여 방지되고 있으므로 이러한 위험발생여지는 거의 없다고 볼 수 있다.[44)] 또한 불량자산의 이전에 대하여도 법은 금융지주회사에 의한 인위적인 은행의 부실화를 방지하기 위하여 이러한 자산의 거래행위를 엄격하게 금지하고 있으므로(금융지

---

43) 이병윤, 전게논문(註 28), 20면.
44) 동지: 김용재, 전게논문(註 37), 224면.

주회사법 제48조 제3항 등) 이러한 문제도 크게 염려할 문제가 아니라고 본다.[45]

   (3) 금산분리의 찬성론자는 산업자본이 금융회사(은행)를 지배하면 금융회사
가 산업자본인 기업가의 활동을 감시하지 못하거나 산업자본의 경영방식이 금융
업의 운영에 적합하지 않으므로 산업의 균형발전을 저해한다고 하는데, 이는 산
업자본이 금융회사(은행)를 지배한다고 하여 양자의 경영도 동일하다는 전제인
것 같은데 소유와 경영은 분리되고 또 양자는 다른 방식으로 경영되면서 금융회
사는 별도의 엄격한 금융감독을 받으므로 이것이 금산분리를 유지해야 하는 결
정적인 이유는 되지 못한다고 본다.

## 나. 금산분리 완화의 필요성

   (1) 금융규제는 규제환경이 변화함에 따라 그 내용을 변경할 수 있는데, 은
행법상 주식보유한도제가 1982년 12월 은행법의 개정에 의하여 도입된 이후 수
차에 걸쳐 변경된 것은 금융규제의 가변성을 반영한다고 볼 수 있다. 따라서 금
융규제의 환경이 변화하여 금산분리의 완화가 필요하다면 이에 따라 은행법도
변경될 수 있는 것이다. 따라서 1997년 외환위기 당시에는 외국자본의 투자가
절실하였으나 지금은 상황이 바뀌어 우리도 외국의 대형 금융회사와 경쟁하기
위해서는 대형 금융자본이 필요한데 이를 위해서는 국내 산업자본을 활용하는
방법밖에 없으므로 이러한 상황을 반영한 은행법의 개정이 필요하다고 본다.

   또한 1997년 외환위기 이후 공적자금의 투입으로 재국유화한 은행들을 다시
민영화할 필요가 있는 상황인데, 이 경우 산업자본이 은행을 소유할 경우 발생할
수 있는 위험성만을 부각시킨 채 과거 은행들이 정부의 영향력에서 자유롭지 못
하였기 때문에 일종의 공기업과 마찬가지의 폐해를 양산하였다는 점에 대하여
이를 감추는 것은 관치금융을 정당화하려는 해석으로서 옳지 못하다고 본다.[46]
따라서 재국유화한 은행들을 민영화함에 따라 이를 인수할 능력이 있는 자본은
실제로 산업자본밖에 없으므로 이러한 상황에 있는 오늘날 금산분리를 완화하는
은행법의 개정이 절실하다고 본다.

   (2) 산업자본의 은행주식 소유규제에 대한 국제기준도 없다. 각 국가는 그의
법적·경제적 환경에 맞는 규제방법을 채택하고 있으며, 보통 금산분리에 대한
감독기관의 감독정책이 중요한 역할을 하고 있다.

---

45) 동지: 김용재, 전게논문(註 37), 224~225면.
46) 동지: 김용재, 전게논문(註 37), 212면.

(3) 규제는 국가적 가치를 반영하는 목표를 실현하는 점에서는 유용할 수 있으나, 정부·피규제자·사회전체에 상당한 비용을 유발하거나, 탄력성과 혁신에 있어 역효과를 야기할 수 있는 규제에는 불이익이 있다. 따라서 산업자본의 은행주식 소유완화에 대한 편익(benefits)과 비용(cost)에 대한 비용편익분석(cost-benefit analysis)[47]이 필요하다. 이러한 분석 결과 금산분리 완화에 대한 총편익이 총비용을 초과할 경우 규제완화는 효율적인 규제라 할 수 있고, 이에는 규제를 완화할 필요성이 있으며, 또한 이에 대한 사회적 합의도 쉽게 도출할 수 있다고 본다.

## 2. 금산분리 완화에 따른 은행법의 개정방향

### 가. 비금융주력자 제도 폐지

은행법상 비금융주력자는 동일인에 포함되는데, 은행법이 동일인 주식보유한도제 이외에 다시 비금융주력자에 대하여 주식보유제한을 하는 것은 이중규제 내지 중복규제에 해당한다고 본다. 은행법은 동일인의 주식보유한도를 규정하면서 다시 비금융주력자(산업자본)의 한도를 별도로 규정하고 있는데, 외국의 입법례를 보아도 대부분 주식소유비율만 규제하고 있지 자본의 종류(금융자본이냐, 산업자본이냐)에 따라 다시 이중으로 규제하고 있지는 않다. 또한 은행법상 비금융주력자라 함은 ( i ) 동일인 중 비금융회사인 자의 자본총액의 합계액이 당해 동일인 중 회사인 자의 자본총액의 합계액의 25% 이상인 경우의 당해 동일인 또는 (ii) 동일인 중 비금융회사인 자의 자산총액의 합계액이 2조원 이상으로 대통령령이 정하는 금액 이상인 당해 동일인(은행법 제2조 제1항 제9호)인데, 이는 그 범위가 매우 넓어 금융산업의 발전에 여러 가지의 저해 요인이 되고 있다. 또한 비금융주력자에 외국인이 포함되는지 여부의 문제가 있고, 만일 이에 외국인이 포함된다면 비금융주력자의 범위가 더욱 확대되어 이러한 규정의 적용에 매우 큰 어려움과 혼란이 발생하게 된다. 따라서 은행법상 이러한 복잡하고 혼란스러우면서 이중규제 내지 중복규제의 문제가 있는 규정은 정리되어야 할 것으로 본다.

따라서 비금융주력자제도(보유한도 4%)를 폐지하고 동일인 은행주식보유한도

---

47) 비용편익분석은 규제로 인하여 국민의 일상생활과 사회·경제·행정 등에 미치는 제반 영향을 객관적이고 과학적인 방법을 사용하여 미리 예측·분석함으로써 규제의 타당성을 판단하는 기준을 제시하는 규제영향분석을 의미한다(행정규제기본법 제2조 제1항 제5호).

제로 단일한 제도운영이 바람직하고 본다.

## 나. 동일인 소유제한 한도의 완화

현재 우리나라에서는 은행산업에 있어서 책임있는 최대주주(지배주주)가 존재하지 않음으로써 종래 은행의 경영진들은 주주들에게 은행영업중 발생한 중요한 정보를 정확하게 공시하지 않는 상황이 비일비재하여 이러한 정보의 비대칭 문제는 대리인비용을 증가시켜 왔다. 또한 이러한 최대주주가 존재하지 않는 상태에서 정부의 강력한 관치개입의 영향을 받아 왔던 은행의 경영진들은 주주 및 채권자의 이해관계를 고려하지 않고 정부의 일방적인 지시에 따라 부실기업임에도 무모하게 신용공여를 남발하는 사례가 빈번하였다. 따라서 은행이 정부의 영향력에서 벗어나 대리인비용을 줄이고 은행경영진의 책임경영체제를 확립할 수 있는 최선의 방법으로 은행법상 동일인의 지분보유한도를 완화함으로써 최대주주(지배주주)를 배양할 필요가 있다고 본다.[48]

현재 시중은행의 주식보유한도는 10%(지방은행 15%)이고, 한도초과시 단계별 (10% 이상, 20% 이상, 33% 이상)로 금융위원회의 승인이 필요하다. 감독기관의 승인을 전제로 한다면 주식보유한도를 완화하는 것은 큰 문제가 아닐 것으로 본다. 은행주식 보유한도를 완화하기 위하여는 실제로 은행의 최대주주(지배주주)가 될 수 있을 정도로 완화해야지, 단지 비율만 조금 늘리는 것은 의미가 없다고 본다. 한편 이러한 보유완화로서 대주주의 경영감시기능이 활성화되고, 기업에 대한 금융지원이 제고될 수 있다고 본다.

## 다. 사후감독강화

산업자본의 법규위반행위, 은행경영이 부실화되는 경우에는 대주주에 대한 자본금 증액명령, 경영진 제재 등 경영정상화책임을 강화하여(은행지주회사법 제50조 참조) 소유완화에 대응할 필요가 있다. 또한 산업자본인 대주주에 대하여는 법인격을 부인하여 은행의 채권자(예금주)에 대한 책임을 인정하는 입법도 고려하여 볼 수 있다.[49]

---

48) 동지: 김용재, 전게논문(註 37), 207~208면.
49) 이에 관한 상세는 김용재, 전게논문(註 37), 225~227면, 228~232면 참조.

# VI. 結 語

　산업자본의 은행소유에 대한 제한은 예금자를 보호하기 위한 은행건전성의
문제와 은행의 국제경쟁력을 도모하기 위한 은행산업의 발전의 문제를 어떻게
조화시킬 것인가에 관한 것으로서 정책적으로 결정할 문제라고 본다. 그리고 이
러한 문제는 금융환경의 변화에 따라 적절히 변경되어야 하는데, 금융(은행)의 국
제경쟁력 강화를 통한 국가이익을 가장 중요하게 고려하여야 한다고 본다.

　이러한 점에서 볼 때 현재와 같은 금융환경이 변화하는 시점에서 우리 은행
법상 금산(은산)분리는 완화되어야 하며, 이를 위하여 위에서 본 바와 같이 은행
의 주식보유를 엄격하게 규제하면서 또한 중복적으로 규제하여 그 자체로 많은
문제점을 내포하고 있는 은행법은 시대에 맞게 또한 우리 국가 이익을 위하는
방향으로 개정되어야 할 것으로 본다.

# 금융기관 지배구조 개선을 통한 금융안정 강화 방안*

# I. 서 언

최근 KB금융지주 경영진과 사외이사들간의 불협화음이 언론에 많이 보도되고, 이를 염두에 둔 신임 금융위원장은 사외이사들이 이사회에서 경영진의 거수기 역할을 하거나 반대로 경영진과 맞서며 독주하는 상황을 모두 개선하기 위한 방안으로 금융회사 지배구조를 개편할 것을 예고하고 있다.[1]

IMF 경제체제(1998) 이후 경영진(업무집행기관)에 대한 감독기능을 활성화하기 위하여 의무적으로 도입된 사외이사제도가 그 시행과정에서 지배주주가 있는 금융기관(또는 상장회사)에서는 경영진을 제대로 감독하지 못하고 경영진의 거수

---

* 이 글은 정찬형, "금융기관 지배구조 개선을 통한 금융안정 강화방안,"「금융법연구」(한국금융법학회), 제10권 제1호(2013. 8), 3~50면의 내용임(이 글에서 필자는 은행·대규모 보험회사·대규모 금융투자업자 등에 대하여는 상법상 집행임원제도를 의무적으로 두도록 하고 이사회내 위원회의 하나인 감사위원회의 감사위원을 이사회에서 선임·해임하도록 주장하였으나, 2015. 7. 31. 법률 제13453호로 제정되고 2016. 8. 1.부터 시행되는 '금융회사의 지배구조에 관한 법률'에서 반영되지 않았음).

1) 조선일보, 2013. 3. 23자 A12면; 매일경제, 2013. 3. 23자 A10면.

기 역할에 불과하다는 비판을 받고, 이와 반대로 주식이 분산되어 지배주주가 없는 금융기관에서는 사외이사가 (사외이사후보 추천위원회를 통하여) 사외이사를 선임하거나 (회장후보 추천위원회에 참여하여) 최고경영진(회장)을 선임하는데 결정적인 역할을 하면서 견제할 장치가 없는 권력기관이라는 비판을 받고 있다.

또한 IMF 경제체제 이후에 도입되고 사외이사가 3분의 2 이상으로 구성되는 감사위원회제도는 원래 업무집행기관(집행임원)과 분리된 감독형 이사회제도를 전제로 하여 의미를 갖는 것인데, 우리 상법 및 금융관계법 등에서는 감독형 이사회제도를 전제로 하지 않고 감사위원회에 대하여 규정하고 있어, 이러한 감사위원회가 종래의 감사(監事)보다 독립적이고 효율적인 감사(監査)를 하고 있는지 의문이다.

따라서 이하에서는 금융안정의 강화방안으로 금융기관의 합리적인 지배구조가 무엇인지를 살펴보고자 한다. 금융기관의 지배구조에서 핵심적인 사항은 업무집행기관(집행임원)에 대한 감독기관(이사회)과 감사기관(감사 또는 감사위원회)이므로, 이를 중심으로 살펴보고자 한다. 사외이사는 이사회 및 감사위원회의 구성원이므로 이사회와 감사위원회에 관한 문제는 또한 사외이사의 문제를 겸한다고 볼 수 있다.

이를 위하여 먼저 현행 금융관계법상 금융기관 지배구조에 관한 규정의 내용 및 정부안인 「금융회사의 지배구조에 관한 법률(안)」을 살펴보고, 주요국의 금융기관 지배구조에 관한 규정 내용을 간단히 살펴본 후, 우리나라에서 가장 바람직한 금융기관 지배구조가 무엇인지를 제안하여 보고자 한다.

## II. 현행 금융관계법상 금융기관 지배구조에 관한 규정 내용

2015년 7월 31일 법률 제13453호로 제정되고 2016년 8월 1일부터 시행되는 「금융회사의 지배구조에 관한 법률」 이전에 우리나라 금융회사의 지배구조에 관하여 은행에 대하여는 「은행법」, 보험회사에 대하여는 「보험업법」, 금융투자업자에 대하여는 「자본시장과 금융투자업에 관한 법률(이하 '자본시장법'이라 약칭함)」이 각각 규율하고 있었으므로, 이하 금융관계법으로서는 이 세 법률에 대해서만 살펴본다.[2) 이하에서는 이 세 법률상 금융기관 지배구조에 관한 규정을 살펴보면서, 상법상 규정과 비교하여 보고 그 내용을 평가하여 보겠다.

---

2) 금융회사 지배구조에 관한 금융관계법으로는 이 세 법률 외에도 상호저축은행법, 여신전문 금융업법, 금융지주회사법 등이 있다(금융회사의 지배구조에 관한 법률안 제2조 참조).

## 1. 은행법

### 가. 감독기관(이사회)

은행법 제22조는 이사회의 구성에 대하여 규정하고, 동법 제23조는 이사회의 권한에 대하여 규정하고 있다.

#### (1) 이사회의 구성

#### ㈎ 사외이사의 수

1) 은행은 이사회에 상시적인 업무에 종사하지 아니하는 이사로서 이 조에 따라 선임되는 이사(이하 "사외이사"라 한다)를 3명 이상 두어야 하는데, 이 경우 사외이사의 수는 전체 이사 수의 과반수가 되어야 한다(은행법 제22조 제2항). 모든 은행이 이와 같이 이사 총수의 과반수가 되는 사외이사를 의무적으로 두도록 하는 것은, 은행의 이사회는 감독형 이사회를 전제로 하고 있다고 볼 수 있다.

2) 위와 같은 은행법의 규정내용은 우리 상법상 최근 사업연도 말 현재의 자산총액인 2조원 이상인 상장회사(이하 "대규모 상장회사"라 약칭함)의 경우(상법 제542조의 8 제1항 단서)와 같다. 따라서 은행이 대규모 상장회사에 해당하는 경우에는 특칙으로서의 규정의 의미가 없고, 은행이 대규모 상장회사에 해당하지 않는 경우에 의미가 있다고 본다.

#### ㈏ 사외이사 후보추천위원회

1) 은행은 사외이사 후보를 추천하기 위하여 상법 제393조의 2에 따른 위원회(이하 "사외이사 후보추천위원회"라 함)를 설치하여야 하는데, 이 경우 사외이사 후보추천위원회는 사외이사가 총 위원의 2분의 1 이상이 되도록 구성하여야 하며, 사외이사 후보추천위원회가 사외이사를 추천하는 경우에는 제23조의 5 제4항[3]에 따른 권리를 행사할 수 있는 요건을 갖춘 주주가 추천한 사외이사 후보를 포함시켜야 한다(은행법 제22조 제3항). 또한 사외이사는 사외이사 후보추천위원회의 추천을 받은 자 중에서 주주총회에서 선임한다(은행법 제22조 제4항). 은행장은 이사의 공정한 직무수행을 위하여 필요한 경우에는 은행법 제22조 제3항에 따른

---

3) 은행법 제23조의 5 제4항: 6개월 이상 계속하여 은행의 의결권 있는 발행주식총수의 10,000분의 50 이상(최근 사업연도 말 현재의 자산총액이 2조원 이상인 은행의 경우에는 10,000분의 25 이상 - 은행법 시행령 제17조의 5 제2항)에 해당하는 주식을 보유한 자(소유한 자, 주주권 행사에 관한 위임장을 취득한 자 또는 둘 이상의 주주의 주주권을 공동행사하는 자 - 은행법 시행령 제17조의 5 제1항)는 상법 제363조의 2(주주제안권)에서 규정하는 주주의 권리를 행사할 수 있다.

사외이사 후보추천위원회에 사외이사 후보(해당 후보가 사외이사로 선임된 경우에만 해당한다)를 추천한 주주 및 임원과 해당 은행간의 거래(예금거래는 제외한다) 명세를 이사회 또는 주주총회에 보고하여야 한다(은행법 시행령 제16조 제1항).

　　2) 위와 같은 은행법의 규정내용은 우리 상법상 대규모 상장회사에 관한 규정(상법 제542조의 8 제4항·제5항)과 유사한데, 다른 점은 다음과 같다. (ⅰ) 사외이사 후보추천위원회에서 사외이사의 비율이 은행은 「총 위원의 2분의 1 이상」인데, 대규모 상장회사는 「총 위원의 과반수」이다. (ⅱ) 사외이사 후보추천위원회의 사외이사 후보에 포함시켜야 할 사외이사 후보를 추천할 수 있는 주주제안권의 행사요건이 다르다. 즉, 은행의 경우는 이러한 주주제안권을 행사할 수 있는 소수주주의 주식보유비율이 「6개월 이상 계속하여 은행의 의결권 있는 발행주식총수의 10,000분의 50 이상(최근 사업연도 말 현재의 자산총액이 2조원 이상인 은행의 경우에는 10,000분의 25 이상)을 보유한 자」인데, 대규모 상장회사의 경우는 「6개월 전부터 계속하여 상장회사의 의결권 없는 주식을 제외한 발행주식총수의 1,000분의 10(최근 사업연도 말 현재의 자본금이 1,000억원 이상인 상장회사의 경우에는 1,000분의 5) 이상에 해당하는 주식을 보유한 자」이다. (ⅲ) 은행법은 위 (ⅰ) 및 (ⅱ)가 새로 설립되는 은행이 최초로 이사회를 구성하는 때에는 적용되지 않음을 명문으로 규정하고 있는데(은행법 제22조 제5항), (대규모) 상장회사의 경우는 이러한 규정이 없다. (ⅳ) 은행의 경우는 은행장이 사외이사 후보추천위원회에 사외이사 후보를 추천한 주주 및 임원과 해당 은행간의 거래명세를 이사회 또는 주주총회에 보고하도록 하고 있는데, (대규모) 상장회사의 경우는 대표이사(대표집행임원)에게 이러한 의무를 부과하고 있지 않다.

　　㈐ 사외이사 수의 흠결시 보완시기

　　1) 은행의 사외이사 사임 또는 사망 등의 사유로 이사회의 구성이 은행법 제22조에 규정된 요건(사외이사를 3명 및 전체 이사 수의 과반수가 되도록 한 요건)에 맞지 아니하게 된 경우에는 그 사유가 발생한 날 이후 최초로 소집되는 주주총회일까지 이사회의 구성이 동 요건에 맞도록 하여야 한다(은행법 제22조 제6항).

　　2) 위와 같은 은행법의 규정내용은 우리 상법상 (대규모) 상장회사에 대한 규정(상법 제542조의 8 제3항)과 동일하다. 따라서 (대규모) 상장회사인 은행에 대하여는 은행법상 이 규정은 특별규정으로서 그 의미가 없다고 본다.

　　㈑ 사외이사의 자격요건

　　1) 은행법은 임원(상법 제401조의 2 제1항 제3호에 따른 자로서 대통령령으로 정하

는 자를 포함)의 결격사유를 규정하면서(은행법 제18조 제1항) 다시 사외이사의 결격
사유(은행법 제22조 제7항)를 규정하고 있다. 이와 함께 은행법은 임원의 적극적
자격요건에 대하여도 규정하고 있다(은행법 제18조 제2항·제3항).

2) 위와 같은 은행법의 규정은, 상법상 상장회사에 대한 특례규정과 비교하
여 볼 때, (ⅰ) 사내이사 및 비상근이사에 대하여도 자격요건을 규정한 점, (ⅱ)
사내이사의 자격요건을 상장회사의 경우보다 강화한 점, (ⅲ) 사내이사·사외이사
등 임원의 적극적 자격요건을 규정한 점 등에서 상장회사의 경우와 구별되고 있
다. 따라서 은행법상 임원 및 사외이사의 자격요건에 관한 규정은 상법에 대한
특칙규정으로서 (중복되지 않는 범위 내에서) 의미가 있다고 본다.

### (2) 이사회의 권한

㉮ 은행법은 이사회의 권한에 대하여, (ⅰ) 경영목표 및 평가에 관한 사항,
(ⅱ) 정관의 변경에 관한 사항, (ⅲ) 임직원의 보수를 포함한 예산 및 결산에 관
한 사항, (ⅳ) 해산·영업양도 및 합병 등 조직의 중요한 변경에 관한 사항 및
(ⅴ) 은행법 제23조의 3에 따른 내부통제기준에 관한 사항은, 이사회의 심의·의
결을 거쳐야 한다고 규정하고 있다(은행법 제23조 제1항). 또한 상법 제393조 제1
항에 따른 이사회의 권한 중 지배인의 선임 또는 해임과 지점의 설치·이전 또는
폐지에 관한 권한은 은행의 정관으로 정하는 바에 따라 위임할 수 있음을 규정
하고 있다(은행법 제23조 제2항).

㉯ 은행법상의 이사회의 권한에 관한 규정은 참여형 이사회(집행임원 비설치
회사)를 전제로 한 상법 제393조 제1항을 보다 상세히 규정한 것으로 볼 수 있
다. 따라서 은행법은 감독형 이사회(집행임원 설치회사)를 전제로 한 규정을 추가
로 두든가(상법 제408조의 2 제3항 참조) 또는 상법을 준용하는 규정을 두어야 할
것으로 본다. 그러나 은행법에서 지배인의 선임 또는 해임과 지점의 설치·이전
또는 폐지에 관한 권한을 은행의 정관으로 정하는 바에 따라 위임할 수 있도록
한 점은, 이사회의 권한을 다시 주주총회의 승인을 받도록 한 점에서 문제가 있
으나 은행법의 특칙으로서의 의미는 있다고 본다.

### 나. 감사기관(감사위원회)

은행법 제23조의 2는 감사위원회의 구성, 상임감사위원의 자격, 감사위원의
선임 등에 대하여 규정하고 있다.

## (1) 감사위원회의 구성

### ⑦ 감사위원의 요건

1) 은행은 이사회에 상법 제415조의 2에 따른 감사위원회(이하 "감사위원회"라한다)를 설치하여야 한다(은행법 제23조의 2 제1항). 감사위원회는 (ⅰ) 총 위원의 3분의 2 이상이 사외이사이어야 하고, (ⅱ) 위원 중 1명 이상은 대통령령으로 정하는 회계 또는 재무 전문가이어야 한다(은행법 제23조의 2 제2항, 동법 시행령 제17조 제1항).

2) 위와 같은 은행법의 규정내용은 대규모 상장회사에 적용되는 상법의 규정과 유사한데(상법 제542조의 11 제1항·제2항 제1호), 다만 「감사위원회의 대표는 사외이사일 것」이라는 요건은 대규모 상장회사에서는 요건인데(상법 제542조의 11 제2항 제2호) 은행에서는 요건이 아니다.

감사위원회는 감독기관인 이사회와는 별도로 업무집행기관(집행임원)이 있는 집행임원 설치회사에서 의미가 있는 제도이므로, 집행임원 설치회사(은행)에서만 감사위원회를 두도록 하거나 또는 감사위원회를 설치한 은행에서는 반드시 집행임원을 두도록 하여야 할 것으로 본다.

### ㉯ 감사위원 요건 흠결시 보완시기

1) 은행에서 감사위원회 위원의 사임 또는 사망 등의 사유로 감사위원회의 구성이 위 ⑦ 1)의 요건에 맞지 아니하게 된 경우에는 그 사유가 발생한 날 이후 최초로 소집되는 정기주주총회에서 감사위원회의 구성이 위 ⑦ 1)의 요건에 맞도록 하여야 한다(은행법 제23조의 2 제4항).

2) 위와 같은 은행법의 규정은 상장회사에 적용되는 상법의 규정(상법 제542조의 11 제4항)과 유사하다. 다만 은행법의 경우에는 이를 보완하는 주주총회가 「그 사유가 발생한 날 이후 최초로 소집되는 정기주주총회」인데, 상장회사의 경우에는 「그 사유가 발생한 후 처음으로 소집되는 주주총회」라는 점만 다르다.

## (2) 상임감사위원의 결격사유

㉮ 은행의 사외이사가 아닌 감사위원회 위원(이하 이 조에서"상임감사위원"이라한다)은 다음 각 호의 어느 하나에 해당하는 자가 될 수 없으며, 상임감사위원이된 후 이에 해당하게 되면 그 직을 잃는다. 다만, 해당 은행의 상임감사위원으로 재임중이거나 재임하였던 자는 (ⅲ)의 경우에도 불구하고 상임감사위원이 될 수 있다(은행법 제23조의 2 제3항, 동법 시행령 제17조 제2항). 즉, (ⅰ) 은행법 제18조 제1항(임원의 자격요건) 각 호의 어느 하나에 해당하는 자, (ⅱ) 해당 은행의 대주주

(대주주가 법인인 경우에는 그 법인의 임직원을 포함한다), 그의 배우자와 직계 존속·비속, (iii) 해당 은행의 상임 임직원이거나 최근 2년 이내에 상임 임직원이었던 자(해당 은행 상임임원의 배우자와 직계 존속·비속을 포함함), (iv) 해당 은행의 자회사 등(은행법 제37조 제2항 각 호 외의 부분 단서에 따른 자회사 등을 말함), 해당 은행의 자은행, 해당 은행을 자회사로 하는 은행지주회사 및 그 자회사 등(금융지주회사법 제4조 제1항 제2호에 따른 자회사 등을 말함)의 상임 임직원이거나 최근 2년 이내에 상임 임직원이었던 자는 은행의 상임감사위원이 될 수 없다.

　(나) 상법상 대규모 상장회사의 상임감사위원은 다음 각 호의 어느 하나에 해당하는 자가 될 수 없고, 이에 해당하게 된 경우에는 그 직을 상실한다. 다만, 감사위원으로 재임중이거나 재임하였던 자는 상임감사위원이 될 수 있다(상법 제542조의 11 제3항, 제542조의 10 제2항, 동법 시행령 제36조 제2항). 즉, ( i ) 상법 제542조의 8 제2항 제1호부터 제4호까지 및 제6호에 해당하는 자(미성년자·피성년후견인〈금치산자〉 또는 피한정후견인〈한정치산자〉, 파산선고를 받고 복권되지 아니한 자, 금고 이상의 형을 선고받고 그 집행이 끝나거나 집행이 면제된 후 2년이 지나지 아니한 자, 대통령령으로 별도로 정하는 법률을 위반하여 해임되거나 면직된 후 2년이 지나지 아니한 자, 주요주주 및 그의 배우자와 직계 존속·비속), ( ii ) 회사의 상무(常務)에 종사하는 이사·집행임원 및 피용자 또는 최근 2년 이내에 회사의 상무에 종사한 이사·집행임원 및 피용자(해당 회사의 상무에 종사하는 이사·집행임원의 배우자 및 직계 존속·비속을 포함함), (iii) 계열회사의 상무에 종사하는 이사·집행임원 및 피용자이거나 최근 2년 이내에 상무에 종사한 이사·집행임원 및 피용자는 대규모 상장회사의 상임감사위원이 될 수 없다. 위와 같은 은행법상 상임감사위원의 결격사유는 상법상 대규모 상장회사의 상임감사위원의 결격사유와 유사한데, 다만 그 범위에서 차이가 있다.

### (3) 감사위원회 위원의 선임

　(가) 은행법은 사외이사인 감사위원회 위원(이하 "사외이사 감사위원"으로 약칭함)의 선임에 대해서만 상법 제409조 제2항 및 제3항을 준용하고 있다(은행법 제23조의 2 제5항).

　(나) 상법은 대규모 상장회사에 대하여는 사외이사 감사위원의 선임에 관하여 상법 제409조 제2항 및 제3항과 같은 내용으로 규정하고 있다(상법 제542조의 12 제4항). 그런데 상법은 "최대주주, 최대주주의 특수관계인, 그 밖에 대통령령으로 정하는 자가 소유하는 상장회사의 의결권 있는 주식의 합계가 그 회사의 의결권

없는 주식을 제외한 발행주식총수의 100분의 3(정관에서 이보다 낮은 주식보유비율
을 정할 수 있음)을 초과하는 경우 그 주주는 그 초과하는 주식에 관하여 감사 또
는 사외이사 아닌 감사위원회 위원(이하 "상임감사위원"으로 약칭함)을 선임하거나
해임할 때에는 의결권을 행사하지 못한다"고 규정하여, 감사 또는 상임감사위원
의 선임·해임에 최대주주의 의결권을 제한하고 있다. 은행의 경우에도 상장회사
이면 상법 제542조의 12 제3항이 적용되어 상임감사위원의 선임·해임에 최대주
주의 의결권이 제한된다고 본다.

## 2. 보험업법

### 가. 감독기관(이사회)

보험업법 제15조는 이사회의 구성원인 사외이사에 대하여 규정하고 있다.

### (1) 이사회의 구성

#### ㈎ 사외이사의 수

1) 최근 사업연도 말 현재 자산총액이 2조원 이상인 보험회사(채무자 회생 및
파산에 관한 법률에 따라 회생절차가 개시된 보험회사 및 정기주주총회 또는 사원총회일부
터 6개월 이내에 합병 등으로 인하여 소멸이 확정된 보험회사를 제외함)(이하 "대규모 보험
회사"라 약칭함)는 사외이사를 이사회에 3명 이상 두어야 하며, 사외이사의 수는
전체 이사수의 2분의 1 이상이어야 한다(보험업법 제15조 제1항, 동법 시행령 제21
조). 대규모 보험회사는 상장 여부를 불문하고 이사회에 사외이사를 3명 이상 및
전체 이사수의 2분의 1 이상 두어야 한다. 그러나 그 외의 보험회사에 대하여는
보험업법상 사외이사에 관한 특칙이 없다. 따라서 자산총액 2조원 미만의 상장
회사인 보험회사는 상법의 상장회사에 대한 특칙규정이 적용되어 이사회에 이사
총수의 4분의 1 이상의 사외이사를 두어야 할 것으로 본다(상법 제542조의 8 제1항
본문). 그러나 비상장 보험회사는 사외이사를 둘 의무가 없다.

2) 우리 상법상 대규모 상장회사는 이사회에 사외이사를 3명 이상 및 이사
총수의 과반수가 되도록 두어야 한다(상법 제542조의 8 제1항 단서). 따라서 자산총
액 2조원 이상인 대규모 보험회사가 상장회사인 경우 사외이사를 상법에 따라
「3명 및 이사 총수의 과반수」가 되게 두어야 하는지, 또는 보험업법에 따라 「3
명 및 이사 총수의 2분의 1 이상」 두어야 하는지가 문제되었다. 생각건대 보험
업법이 상법에 대한 특별법이라고 볼 수 있으므로 보험업법에 따라 사외이사를

「3명 이상 및 이사 총수의 2분의 1 이상」 두면 된다고 본다. 그러나 일반 상장회사보다도 공익성이 강한 보험회사에 대하여 사외이사의 요건을 완화하는 것은 타당하지 않으므로, 입법론으로는 대규모 보험회사에 대하여 상법 제542조의 8 제1항 단서를 준용하든가 또는 상법 제542조의 8 제1항 단서와 동일한 규정을 두어야 할 것으로 본다.

### (나) 사외이사 후보추천위원회

1) 대규모 보험회사는 사외이사 후보를 추천하기 위하여 상법 제393조의 2에 따른 위원회(이하 "사외이사 후보추천위원회"라 함)를 설치하여야 하는데, 이 경우 사외이사 후보추천위원회는 사외이사가 총 위원의 2분의 1 이상이 되도록 구성하여야 한다(보험업법 제15조). 또한 사외이사는 사외이사 후보추천위원회의 추천을 받은 자 중 주주총회 또는 사원총회(이하 "주주총회 등"이라 함)에서 선임된다(보험업법 제15조 제3항).

2) 위와 같은 보험업법의 규정내용은 우리 상법상 대규모 상장회사에 관한 규정(상법 제542조의 8 제4항·제5항)과 유사한데, 다른 점은 다음과 같다. (ⅰ) 사외이사 후보추천위원회에서 사외이사의 비율이 대규모 보험회사는 「총 위원의 2분의 1 이상」인데, 대규모 상장회사는 「총 위원의 과반수」이다. (ⅱ) 보험업법은 소수주주가 주주제안권의 행사에 의하여 추천한 사외이사후보를 사외이사 후보추천위원회의 사외이사 후보에 포함시키도록 하는 명문규정을 두고 있지 않으나, 상법은 대규모 상장회사에 대하여 이에 관한 명문규정을 두고 있다(상법 제542조의 8 제5항 제2문). 입법론상 보험업법에서도 이 두 가지를 상법의 해당규정과 맞게 규정하든가 또는 상법의 해당규정을 준용하여야 할 것으로 본다.

### (다) 사외이사 수의 흠결시 보완시기

1) 대규모 보험회사의 사외이사의 사임 또는 사망 등의 사유로 이사회의 구성이 보험업법 제15조 제1항의 요건(사외이사를 3명 및 전체 이사수의 2분의 1 이상 되도록 한 요건)에 적합하지 아니하게 되면 그 사유가 발생한 날 이후 최초로 소집되는 정기주주총회 등에서 이사회의 구성이 이 요건에 적합하게 되도록 하여야 한다(보험업법 제15조 제5항).

2) 위와 같은 보험업법의 규정내용은 우리 상법상 대규모 상장회사에 대한 규정(상법 제542조의 8 제3항)과 유사한데, 다만 보험업법의 규정은 「그 사유가 발생한 날 이후 최초로 소집되는 정기주주총회 등」인데 상법의 규정은 「그 사유가 발생한 후 처음으로 소집되는 주주총회」라고 규정한 점이 다르다.

#### ㈑ 사외이사의 자격요건

1) 보험업법은 임원의 결격사유를 규정하면서(보험업법 제13조 제1항~제3항, 동법 시행령 제19조 제5항) 다시 사외이사의 결격사유(보험업법 제15조 제4항)를 규정하고 있다.

2) 위와 같은 보험업법의 규정은, 상법상 상장회사에 대한 특례규정과 비교하여 볼 때, (ⅰ) 사내이사 및 비상근이사에 대하여도 자격요건을 규정한 점, (ⅱ) 사내이사·사외이사의 자격요건을 상장회사의 경우보다 강화한 점 등에서 상장회사의 경우와 구별되고 있다. 따라서 보험업법상 임원 및 사외이사의 자격요건에 관한 규정은 상법에 대한 특칙규정으로서(중복되지 않는 범위 내에서) 의미가 있다고 본다.

#### (2) 이사회의 권한

은행법(제23조 제1항)과는 달리 보험업법은 이사회의 권한에 대하여 특별히 규정하고 있지 않다. 따라서 이 점에 대하여는 상법의 해당규정이 그대로 적용된다고 본다.

### 나. 감사기관(감사위원회)

보험업법 제23조의 2는 대규모 보험회사에서 두어야 하는 감사위원회의 구성, 상임감사위원의 자격 등에 대하여 규정하고 있다.

#### (1) 감사위원회의 구성

#### ㈎ 감사위원회의 요건

1) 대규모 보험회사는 이사회에 상법 제415조의 2 제1항에 따른 감사위원회를 설치하여야 한다(보험업법 제16조 제1항, 동법 시행령 제21조). 감사위원회는 (ⅰ) 총 위원의 3분의 2 이상이 사외이사이어야 하고, (ⅱ) 위원 중 1명 이상은 대통령령으로 정하는 회계 또는 재무 전문가이어야 한다(보험업법 제16조 제2항·제5항, 동법 시행령 제21조의 3 제1항).

2) 위와 같은 보험업법의 규정내용은 대규모 상장회사에 적용되는 상법의 규정과 유사한데(상법 제542조의 11 제1항·제2항 제1호), 다만 「감사위원회의 대표는 사외이사일 것」이라는 요건은 대규모 상장회사에서는 요건인데(상법 제542조의 11 제2항 제2호) 대규모 보험회사에서는 요건이 아니다.

감사위원회는 감독기관인 이사회와는 별도로 업무집행기관(집행임원)이 있는 집행임원 설치회사에서 의미가 있는 제도이므로, 집행임원 설치회사(보험회사)에

서만 감사위원회를 두도록 하거나 또는 감사위원회를 설치한 보험회사에서는 반
드시 집행임원을 두도록 하여야 할 것으로 본다.

### (나) 감사위원 요건 흠결시 보완시기

1) 대규모 보험회사에서 감사위원회 위원의 사임 또는 사망 등의 사유로 감
사위원회의 구성이 보험업법 제16조 제2항의 요건(총 위원의 3분의 2 이상이 사외이
사이고, 위원 중 1명 이상은 대통령령으로 정하는 회계 또는 재무 전문가이어야 한다는 요
건)에 적합하지 아니하게 된 경우에는 그 사유가 발생한 날 이후 최초로 소집되
는 정기주주총회 등에서 감사위원회의 구성이 그 요건에 적합하게 되도록 하여
야 한다(보험업법 제16조 제4항).

2) 위와 같은 보험업법의 규정은 상장회사에 적용되는 상법의 규정(상법 제
542조의 11 제4항)과 유사하다. 다만 보험업법의 경우에는 (은행법의 경우와 같이)
이를 보완하는 주주총회가 「그 사유가 발생한 날 이후 최초로 소집되는 정기주
주총회 등」인데, 상장회사의 경우에는 「그 사유가 발생한 후 처음으로 소집되는
주주총회」라는 점만 다르다.

### (2) 상임감사위원의 결격사유

(가) 대규모 보험회사의 사외이사가 아닌 감사위원회 위원(이하 "상임감사위원"
으로 약칭함)은 다음 각 호의 어느 하나에 해당하는 자가 될 수 없으며, 상임감사
위원이 된 후 이에 해당하게 되면 그 직을 잃는다. 다만, 상근감사나 상임감사위
원으로 재임중인 자는 (iii)에 해당하더라도 상임감사위원이 될 수 있다(보험업법
제16조 제3항, 동법 시행령 제21조의 3 제2항). 즉, (ⅰ) 보험업법 제13조 제1항 제1
호부터 제9호까지의 규정(보험회사 임원의 결격사유) 중 어느 하나에 해당하는 자,
(ⅱ) 보험업법 제15조 제4항 제2호부터 제4호까지의 규정(최대주주, 최대주주의 특
수관계인, 주요주주 및 그의 배우자와 직계 존속·비속) 중 어느 하나에 해당하는 자,
(ⅲ) 그 보험회사의 상근 임직원이거나 최근 2년 이내에 상근 임직원이었던 자,
(ⅳ) 그 밖에 그 보험회사의 경영에 영향을 미칠 수 있는 자로서 대통령령으로
정하는 자(주요주주의 배우자와 직계존속·비속, 상근임원의 배우자와 직계 존속·비속, 계
열회사의 상근 임직원 또는 최근 2년 이내에 상근 임직원이었던 사람)는 상임감사위원이
될 수 없다.

(나) 상법상 대규모 상장회사의 상임감사위원은 다음 각 호의 어느 하나에 해
당하는 자가 될 수 없고, 이에 해당하게 된 경우에는 그 직을 상실한다. 다만,
감사위원으로 재임중이거나 재임하였던 자는 상임감사위원이 될 수 있다(상법 제

542조의 11 제3항, 제542조의 10 제2항, 동법 시행령 제36조 제2항). 즉, ( i ) 상법 제 542조의 8 제2항 제1호부터 제4호까지 및 제6호에 해당하는 자(미성년자·피성년후 견인〈금치산자〉 또는 피한정후견인〈한정치산자〉, 파산선고를 받고 복권되지 아니한 자, 금 고 이상의 형을 선고받고 그 집행이 끝나거나 집행이 면제된 후 2년이 지나지 아니한 자, 대통령령으로 별도로 정하는 법률을 위반하여 해임되거나 면직된 후 2년이 지나지 아니한 자, 주요주주 및 그의 배우자와 직계 존속·비속), ( ii ) 회사의 상무(常務)에 종사하는 이사·집행임원 및 피용자 또는 최근 2년 이내에 회사의 상무에 종사한 이사·집 행임원 및 피용자(해당 회사의 상무에 종사하는 이사·집행임원의 배우자 및 직계 존속· 비속을 포함함), (iii) 계열회사의 상무에 종사하는 이사·집행임원 및 피용자이거나 최근 2년 이내에 상무에 종사한 이사·집행임원 및 피용자는 대규모 상장회사의 상임감사위원이 될 수 없다. 위와 같은 보험업법상 상임감사위원의 결격사유는 대규모 상장회사의 상임감사위원의 결격사유와 거의 같고, 다만 일부에서만 차이 가 있다. 따라서 입법론으로 상장회사인 대규모 보험회사의 경우 이러한 일부의 차이점에 대하여만 규정하면 충분하다고 본다.

### (3) 감사위원회 위원의 선임

보험업법은 감사위원회 위원(이하 "감사위원"으로 약칭함)의 선임에 관하여 (상 임감사위원이든 사외이사 감사위원이든) 특별한 규정을 두고 있지 않다. 따라서 이에 관하여는 상법의 규정이 적용된다고 본다.

## 3. 자본시장법

### 가. 감독기관(이사회)

자본시장법 제25조는 사외이사의 선임 및 이사회의 구성에 대하여 규정하고 있다.

#### (1) 이사회의 구성

#### (개) 사외이사의 수

1) 최근 사업연도 말 자산총액이 2조원 이상인 금융투자업자(집합투자재산·투 자일임재산 및 신탁재산의 전체 합계액이 6조원 이상인 금융투자업자를 포함한다. 그러나 외국 금융투자업자의 국내지점·그 밖의 영업소, 주주총회일부터 6개월 이내에 합병 등으로 인하여 소멸하는 금융투자업자, 「채무자 회생 및 파산에 관한 법률」에 따라 회생절차가 개 시되거나 파산선고를 받은 금융투자업자, 해산을 결의한 금융투자업자는 제외한다)(이하

"대규모 금융투자업자"라 약칭함)는 사외이사를 3인 이상 두어야 하며, 사외이사는 이사 총수의 2분의 1 이상이 되도록 하여야 한다(자본시장법 제25조 제1항). 그러나 그 외의 금융투자업자에 대하여는 자본시장법상 사외이사에 관한 특칙이 없다. 따라서 이 경우에는 상법이 적용된다고 본다. 즉, 자산총액 2조원 미만인 금융투자업자로서 상장회사는 이사 총수의 4분의 1 이상의 사외이사를 두어야 하고(상법 제542조의 8 제1항 본문), 비상장 금융투자업자는 사외이사를 둘 의무가 없다.

2) 우리 상법상 대규모 상장회사는 이사회에 사외이사를 3명 이상 및 이사 총수의 과반수가 되도록 두어야 하는데(상법 제542조의 8 제1항 단서), 대규모 금융투자업자는 자본시장법에 의하여 상법보다 완화되어 사외이사를 「3명 이상 및 이사 총수의 2분의 1 이상」만 두면 된다. 그러나 일반 상장회사보다도 공익성이 강한 금융투자업자에 대하여 사외이사의 요건을 완화하는 것은 타당하지 않으므로, 입법론으로는 대규모 금융투자업자에 상법 제542조의 8 제1항 단서를 준용하든가 또는 상법 제542조의 8 제1항 단서와 동일한 규정을 두어야 할 것으로 본다.

(나) 사외이사 후보추천위원회

1) 대규모 금융투자업자는 사외이사후보를 추천하기 위하여 상법 제393조의 2에 따른 위원회(이하 "사외이사 후보추천위원회"라 함)를 설치하여야 한다(자본시장법 제25조 제2항 1문). 이 경우 사외이사 후보추천위원회는 사외이사가 총 위원의 2분의 1 이상이 되도록 구성하여야 하는데(자본시장법 제25조 제2항 2문), 최초로 대규모 금융투자업자에 해당되어 사외이사를 두어야 하는 금융투자업자가 그 사외이사를 선임하는 경우에는 적용하지 아니한다(자본시장법 제25조 제3항). 또한 대규모 금융투자업자는 주주총회에서 사외이사를 선임하고자 하는 경우에는 사외이사 후보추천위원회의 추천을 받은 자 중에서 선임하여야 하는데, 이 경우 사외이사 후보추천위원회가 사외이사 후보를 추천함에 있어서는 6개월 전부터 계속하여 금융투자업자의 발행주식총수의 10,000분의 50(최근 사업연도 말 현재 자본금이 1,000억원 이상인 금융투자업자의 경우에는 10,000분의 25) 이상에 해당하는 주식을 소유한 주주가 주주제안권을 행사하여 추천한 사외이사 후보를 포함시켜야 한다(자본시장법 제25조 제4항, 제29조 제6항, 동법 시행령 제33조 제2항).

2) 위와 같은 자본시장법의 규정내용은 우리 상법상 대규모 상장회사에 관한 규정(상법 제542조의 8 제4항·제5항)과 유사한데, 다른 점은 다음과 같다. ( i ) 사외이사 후보추천위원회에서 사외이사의 비율이 대규모 금융투자업자의 경우에

는 「총 위원의 2분의 1 이상」인데, 대규모 상장회사는 「총 위원의 과반수」이다. (ii) 사외이사 후보추천위원회의 사외이사 후보에 포함시켜야 할 사외이사 후보를 추천할 수 있는 주주제안권의 행사요건이 다르다. 즉, 대규모 금융투자업자의 경우는 이러한 주주제안권을 행사할 수 있는 소수주주의 주식보유비율이 「6개월 전부터 계속하여 금융투자업자의 의결권 있는 발행주식총수의 10,000분의 50(최근 사업연도말 현재 자본금이 1,000억원 이상인 금융투자업자의 경우에는 10,000분의 25) 이상에 해당하는 주식을 소유한 자」인데, 대규모 상장회사의 경우는 「6개월 전부터 계속하여 상장회사의 의결권 없는 주식을 제외한 발행주식총수의 1,000분의 10(최근 사업연도말 현재의 자본금이 1,000억원 이상인 상장회사의 경우에는 1,000분의 5) 이상에 해당하는 주식을 보유한 자」이다. (iii) 대규모 금융투자업자의 경우에는 위 (ⅰ)이 최초로 대규모 금융투자업자에 해당되어 사외이사를 두어야 하는 금융투자업자가 그 사외이사를 선임하는 경우에는 적용되지 않음을 명문으로 규정하고 있으나(자본시장법 제25조 제3항), (대규모) 상장회사의 경우는 이러한 규정이 없다.

### (다) 사외이사 수의 흠결시 보완시기

1) 대규모 금융투자업자는 사외이사의 사임·사망 등 사전에 예측하지 못한 사유로 인하여 사외이사의 수가 자본시장법 제25조 제1항에 따른 이사회의 구성요건(사외이사는 3명 이상 및 이사 총수의 2분의 1 이상이 되도록 하는 요건)에 미달하게 된 경우에는 그 사유가 발생한 후 최초로 소집되는 주주총회에서 그 요건에 합치되도록 하여야 한다(자본시장법 제25조 제6항).

2) 위와 같은 자본시장법의 규정내용은 우리 상법상 (대규모) 상장회사에 대한 규정(상법 제542조의 8 제3항)과 동일하다. 따라서 자본시장법상 이 규정은 (대규모) 상장회사인 금융투자업자에 대하여는 특별규정으로서 그 의미가 없다고 본다.

### (라) 사외이사의 자격요건

1) 자본시장법은 임원(상법 제401조의 2 제1항 제3호에 따른 자로서 대통령령으로 정하는 자를 포함)의 결격사유를 규정하면서(자본시장법 제24조) 다시 사외이사의 결격사유(자본시장법 제25조 제5항)를 규정하고 있다.

2) 위와 같은 자본시장법의 규정은 상법상 상장회사에 대한 특례규정과 비교하여 볼 때, (ⅰ) 사내이사 및 비상근이사에 대하여도 자격요건(결격사유)을 규정한 점, (ⅱ) 사내이사·사외이사의 자격요건을 상장회사의 경우보다 강화한 점 등에서 상장회사의 경우와 구별되고 있다. 따라서 자본시장법상 임원 및 사외이

사에 관한 규정은 상법에 대한 특칙규정으로서 (중복되지 않는 범위 내에서) 의미가 있다고 본다.

### (2) 이사회의 권한

은행법(제23조 제1항)과는 달리 자본시장법은 이사회의 권한에 대하여 특별히 규정하고 있지 않다. 따라서 이 점에 대하여는 상법의 해당규정이 그대로 적용된다고 본다.

### 나. 감사기관(감사위원회 또는 상근감사)

자본시장법 제26조는 대규모 금융투자업자에서 두어야 하는 감사위원회의 구성, 상임감사위원의 자격 등에 대하여 규정하고 있다. 또한 자본시장법 제27조는 상근감사를 두어야 하는 금융투자업자 및 상근감사의 자격에 대하여 규정하고 있다.

### (1) 감사위원회의 구성

#### ㈎ 감사위원의 요건

1) 대규모 금융투자업자는 이사회에 상법 제415조의 2에 따른 감사위원회를 설치하여야 한다(자본시장법 제26조 제1항). 감사위원회는 (ⅰ) 총 위원의 3분의 2 이상이 사외이사이어야 하고, (ⅱ) 위원 중 1인 이상은 대통령령으로 정하는 회계 또는 재무 전문가이어야 하며, (ⅲ) 감사위원회의 대표는 사외이사이어야 한다(자본시장법 제26조 제2항, 동법 시행령 제29조 제2항).

2) 위와 같은 자본시장법의 규정내용은 대규모 상장회사에 적용되는 상법의 규정내용(상법 제542조의 11 제1항·제2항)과 같다. 따라서 대규모 금융투자업자가 (대규모) 상장회사인 경우에는 위 규정은 특칙으로서 의미가 없다고 본다.

감사위원회는 감독기관인 이사회와는 별도로 업무집행기관(집행임원)이 있는 집행임원 설치회사(금융투자회사)에서 의미가 있는 제도이므로, 집행임원 설치회사(금융투자회사)에서만 감사위원회를 두도록 하거나 또는 감사위원회를 설치한 금융투자회사에서는 반드시 집행임원을 두도록 하여야 할 것으로 본다.

#### ㈏ 감사위원 요건 흠결시 보완시기

1) 대규모 금융투자업자는 사외이사의 사임·사망 등 사전에 예측하지 못한 사유로 인하여 사외이사의 수가 감사위원회의 구성요건에 미달하게 된 경우에는 그 사유가 발생한 후 최초로 소집되는 주주총회에서 그 요건에 합치되도록 하여야 한다(자본시장법 제26조 제4항).

2) 위와 같은 자본시장법의 규정내용은 대규모 상장회사에 대한 상법의 규정내용과 같다. 따라서 (대규모) 상장회사인 금융투자업자에 대하여는 특칙으로서의 의미가 없다고 본다.

## (2) 상임감사위원의 결격사유

(가) 대규모 금융투자회사의 사외이사가 아닌 감사위원회 위원(이하 "상임감사위원"으로 약칭함)은 다음 각 호의 어느 하나에 해당하는 자가 될 수 없으며, 상임감사위원이 된 후 이에 해당하게 된 경우에는 그 직을 상실한다. 다만, 해당 회사의 상근감사 또는 상임감사위원으로 재임중이거나 재임하였던 자는 (ii)에 해당하더라도 상임감사위원이 될 수 있다(자본시장법 제26조 제3항, 동법 시행령 제29조 제3항). 즉, (ⅰ) 해당 회사의 주요주주, (ⅱ) 해당 회사의 상근 임직원 또는 최근 2년 이내에 상근 임직원이었던 자, (ⅲ) 그 밖에 해당 회사의 경영에 영향을 미칠 수 있는 자 등 상임감사위원으로서의 직무를 충실하게 수행하기 곤란한 자로서 대통령령으로 정하는 자(주요주주의 배우자와 직계 존비속, 상근임원의 배우자와 직계 존비속, 계열회사의 상근 임직원이나 최근 2년 이내에 상근 임직원이었던 자)는 상임감사위원이 될 수 없다.

(나) 상법상 대규모 상장회사의 상임감사위원은 다음 각 호의 어느 하나에 해당하는 자가 될 수 없고, 이에 해당하게 된 경우에는 그 직을 상실한다. 다만, 상장회사 특례규정에 따른 감사위원으로 재임중이거나 재임하였던 이사는 상임감사위원이 될 수 있다(상법 제542조의 11 제3항, 제542조의 10 제2항, 동법 시행령 제36조 제2항). 즉, (ⅰ) 상법 제542조의 8 제2항 제1호부터 제4호까지 및 제6호에 해당하는 자(미성년자·피성년후견인〈금치산자〉 또는 피한정후견인〈한정치산자〉, 파산선고를 받고 복권되지 아니한 자, 금고 이상의 형을 선고받고 그 집행이 끝나거나 집행이 면제된 후 2년이 지나지 아니한 자, 대통령령으로 별도로 정하는 법률을 위반하여 해임되거나 면직된 후 2년이 지나지 아니한 자, 주요주주 및 그의 배우자와 직계 존속·비속), (ⅱ) 회사의 상무(常務)에 종사하는 이사·집행임원 및 피용자 또는 최근 2년 이내에 회사의 상무에 종사한 이사·집행임원 및 피용자(해당 회사의 상무에 종사하는 이사·집행임원의 배우자 및 직계 존속·비속을 포함함), (ⅲ) 계열회사의 상무에 종사하는 이사·집행임원 및 피용자이거나 최근 2년 이내에 상무에 종사한 이사·집행임원 및 피용자는 대규모 상장회사의 상임감사위원이 될 수 없다.

위와 같은 자본시장법상 상임감사위원의 결격사유는 대규모 상장회사의 상임감사위원의 결격사유와 거의 같고, 다만 일부에서만 차이가 있다. 따라서 입법론으로 상장회사인 대규모 금융투자업자에 대하여는 이러한 일부의 차이점에 대하여만 규정하면 충분하다고 본다.

### (3) 감사위원회 위원의 선임

(가) 자본시장법은 대규모 금융투자업자가 감사위원회 위원이 되는 사외이사의 선임을 할 때에 상법 제409조 제2항(의결권 없는 주식을 제외한 발행주식총수의 100분의 3을 초과하는 수의 주식을 가진 주주는 그 초과하는 주식에 관하여 감사의 선임에 있어서 의결권을 행사하지 못한다) 및 제3항(회사는 정관으로 제2항의 비율보다 낮은 비율을 정할 수 있다)을 준용하도록 하고 있다(자본시장법 제26조 제6항). 그러나 상임감사위원의 선임·해임에 대하여 자본시장법은 특별히 규정하고 있지 않다.

(나) 대규모 금융투자업자가 상장회사인 경우에는 상법의 상장회사에 대한 특례규정에 의하여 상임감사위원의 선임·해임에 최대주주의 의결권이 제한된다고 본다(상법 제542조의 12 제3항). 또한 대규모 금융투자업자가 (대규모) 상장회사인 경우에는 사외이사인 감사위원의 선임에 상법 제409조 제2항·제3항의 내용으로 주주의 의결권이 제한되는 점이 상법 제542조의 11 제4항과 자본시장법 제26조 제6항이 같으므로 자본시장법 제26조 제6항은 의미가 없다고 본다.

### (4) 상근감사

(가) 대통령령으로 정하는 금융투자업자(최근 사업연도 말을 기준으로 자산총액이 1,000억원 이상인 금융투자업자인데, 최근 사업연도 말을 기준으로 그 금융투자업자가 운용하는 집합투자재산·투자일임재산과 신탁재산의 전체 합계액이 3조원 이상인 경우를 포함함. 그러나 외국금융투자업자의 국내지점·그 밖의 영업소, 주주총회일로부터 6개월 이내에 합병 등으로 인하여 소멸하는 금융투자업자, 「채무자 회생 및 파산에 관한 법률」에 따라 회생절차가 개시되거나 파산선고를 받은 금융투자업자 및 해산을 결의한 금융투자업자는 제외함)는 1인 이상의 상근감사를 두어야 한다. 다만 자본시장법에 따라 감사위원회를 설치한 경우(감사위원회 설치 의무가 없는 금융투자업자가 자본시장법 제26조 제2항 및 제3항의 요건을 갖춘 감사위원회를 설치한 경우를 포함한다)에는 상근감사를 둘 수 없다(자본시장법 제27조 제1항, 동법 시행령 제30조). 상근감사의 자격은 상임감사위원의 자격과 같다(자본시장법 제27조 제2항).

(나) 상장회사의 경우에도 최근 사업연도 말 현재의 자산총액이 1,000억원 이상인 상장회사는 상근감사를 두어야 하는데, 다만 상장회사에 대한 특례규정 및 다른 법률에 따라 감사위원회를 설치한 경우(감사위원회 설치 의무가 없는 상장회사가 상법의 상장회사에 대한 특례규정의 요건을 갖춘 감사위원회를 설치한 경우를 포함함)

에는 그러하지 아니하다(상법 제542조의 10 제1항). 다음 각 호의 어느 하나에 해당하는 자는 위의 상근감사가 되지 못하며, 이에 해당하게 되는 경우에는 그 직을 상실한다(상법 제542조의 10 제2항, 동법 시행령 제36조 제2항). 즉, ( i ) 미성년자·피성년후견인(금치산자) 또는 피한정후견인(한정치산자), ( ii ) 파산선고를 받고 복권되지 아니한 자, ( iii ) 금고 이상의 형을 선고받고 그 집행이 끝나거나 집행이 면제된 후 2년이 지나지 아니한 자, ( iv ) 대통령령으로 별도로 정하는 법률을 위반하여 해임되거나 면직된 후 2년이 지나지 아니한 자, ( v ) 주요주주 및 그의 배우자와 직계 존속·비속, ( vi ) 해당 회사의 상무에 종사하는 이사·집행임원 및 피용자 또는 최근 2년 이내에 해당 회사의 상무에 종사한 이사·집행임원 및 피용자(다만 상장회사에 대한 특례규정에 따른 감사위원회 위원으로 재임중이거나 재임하였던 이사는 제외한다), ( vii ) 해당 회사의 상무에 종사하는 이사·집행임원의 배우자 및 직계 존속·비속, ( viii ) 계열회사의 상무에 종사하는 이사·집행임원 및 피용자이거나 최근 2년 이내에 상무에 종사한 이사·집행임원 및 피용자는 상근감사가 될 수 없다.

자본시장법상 상근감사의 자격은 (상임감사위원의 자격과 같고) 상장회사의 상근감사의 자격과는 대부분 같으나, 부분적으로(자본시장법 제24조 제3호～제8호) 차이가 있다.


## III. 금융회사의 지배구조에 관한 법률(안)상 금융기관의 지배구조에 관한 규정 내용

### 1. 서 언

금융회사의 지배구조에 관한 법률안(정부안)(이하 "금융지배구조안"으로 약칭함)이 2012년 6월 18일 국회에 제출되었고, 동 안은 2012년 8월 28일 국회 정무위원회에 상정되어, 2012년 9월 26일 국회 정무위원회에서 대체 토론을 하고 소위원회에 회부되었다. 그 후 「금융회사의 지배구조에 관한 법률」이 2015년 7월 31일 법률 제13453호로 제정되었고, 2016년 8월 1일부터 시행되고 있다.

금융지배구조안은 "글로벌 금융위기 이후 전 세계적으로 금융회사의 바람직한 지배구조에 관한 중요성이 강조되고 있고 금융회사의 이사회와 감사위원회의 역할 강화 등 금융회사의 지배구조에 관한 규율을 강화할 필요성이 제기됨에 따

라, 이사회의 사외이사 비율·임원의 자격요건 등 개별 금융업권별로 차이가 나
는 지배구조에 관한 사항을 통일적이고 체계적으로 규정하여 금융업 간의 형평
성을 제고하는 한편, 이사회와 감사위원회의 기능을 강화하고 위험관리위원회와
위험관리책임자를 두도록 함으로써 금융회사의 책임성을 높이고 건전한 경영을
유도하여 금융시장의 안전성을 유지하기 위한 제도적 기반을 마련하려는 것임"
을 제안이유로 하고 있다.

　이하에서는 금융지배구조안상 업무집행자·이사회 및 감사위원회에 관한 규
정을 소개한 후, 그 내용에 관하여 간단히 평가하여 보겠다.

## 2. 업무집행자

### 가. 금융지배구조안의 내용

　금융지배구조안에 의하면 업무집행자를 상법에 따른 집행임원과 구별하여 임
원의 범위에 포함시키고(동안 제2조 제2호), 업무집행자란 "이사가 아니면서 명예회
장·회장·부회장·사장·부사장·행장·부행장·부행장보·전무·상무·이사 등 업무를 집
행할 권한이 있는 것으로 인정될 만한 명칭을 사용하여 금융회사의 업무를 집행
하는 사람을 말한다"고 규정하고 있다(동안 제2조 제5호). 이는 상법상 업무집행지
시자 중의 하나인 표현이사(표현집행임원)와 유사한 내용으로 규정하고 있다(상법
제401조의 2 제1항 제3호, 제408조의 9 참조).

　이러한 업무집행자 중 전략기획·재무관리 및 그 밖에 이에 준하는 업무로서
대통령령으로 정하는 주요업무를 집행하는 업무집행책임자를 "주요업무집행책임
자"라고 하여(동안 제8조 제1항 전단), 이들의 임면·임기·지위·의무에 대하여 별도
로 규정하고 있다. 즉, 주요업무집행자는 이사회의 의결에 의하여 임면되고(동안
제8조 제1항 후단), 임기는 정관에 다른 규정이 없으면 3년을 초과하지 못하며(동
안 제8조 제2항), 주요업무집행책임자와 해당 금융회사의 관계는 위임관계이고(동
안 제8조 제3항), 주요업무집행책임자는 이사회의 요구가 있으면 언제든지 이사회
에 출석하여 요구한 사항을 보고하여야 할 의무를 부담한다(동안 제9조).

### 나. 평 가

　금융지배구조안의 업무집행자에 관한 규정은 다음과 같은 문제점이 있다.

　(1) 금융지배구조안이 규정하고 있는 업무집행자는 상법상 집행임원설치회

사에서의 집행임원에 해당한다. 따라서 금융지배구조안에서 상법상 집행임원과 구별하여 업무집행자라는 용어를 쓰는 것은 매우 적절하지 않다고 본다. 상법상 표현이사(표현집행임원)이라는 용어는 그러한 자가 실제는 업무집행할 권한이 없는데 그 명칭 자체가 업무를 집행할 권한(영향력)의 근거가 된다고 하여 그러한 자의 회사 및 제3자에 대한 책임을 인정하고자 하는 것이므로,4) 금융회사에서 실제로 업무를 집행하는 자에 대하여 상법상 집행임원이라는 용어가 있음에도 불구하고 굳이 표현이사(표현집행임원)에서 그 용어를 차용하여 집행임원과 구별하여 업무집행자라고 표현하는 것은 매우 적절하지 않을 뿐만 아니라, 상법상 집행임원과의 관계에서 어떤 관계인지 매우 혼란을 줄 우려가 있다고 본다.

(2) 금융지배구조안에서 규정하고 있는 주요업무집행책임자는 상법상 집행임원의 일부인데, 금융회사에서 주요업무집행책임자만을 상법상 집행임원으로 제한하고자 하면, 금융회사에서의 집행임원이란 "금융지배구조안상 주요업무집행자의 업무를 수행하는 자"라고 정의하면 될 것이다. 이와 같이 금융회사의 집행임원을 (좁게) 정의하면, 금융지배구조안에서는 주요업무집행자(집행임원)에 관하여 상법에서 규정하지 않은 사항(임기 등)만 특칙으로 규정하면 충분할 것으로 본다.

## 3. 이사회

### 가. 이사회의 구성

#### (1) 금융지배구조안의 내용

(개) 금융회사는 사외이사를 3명 이상 및 이사 총수의 과반수가 되도록 두어야 한다(동안 제12조 제1항·제2항 본문). 다만 대통령령으로 정하는 금융회사의 경우 이사 총수의 4분의 1 이상을 사외이사로 하여야 한다(동안 제12조 제2항 단서). 금융회사는 사외이사의 사임·사망 등의 사유로 사외이사의 수가 동안 제12조 제1항 및 제2항에 따른 이사회의 구성요건에 미치지 못하게 된 경우에는 그 사유가 발생한 후 최초로 소집되는 주주총회(상호회사인 보험회사의 경우 사원총회를 포함함)에서 동안 제12조 제1항 및 제2항에 따른 요건을 충족하도록 조치하여야 한다(동안 제12조 제3항).

(내) 금융회사는 사외이사 후보를 추천하기 위하여 상법 제393조의 2에 따른

---

4) 정찬형, 「상법강의(상)(제16판)」(서울: 박영사, 2013), 1000~1001면 참조.

이사회내 위원회로서 사외이사 후보추천위원회를 설치하여야 한다(동안 제15조 제
1항). 사외이사 후보추천위원회는 3명 이상의 위원으로 구성하는데, 이 경우 사
외이사는 총 위원의 과반수가 되도록 구성하여야 하고(동안 제15조 제2항), 사외이
사 후보추천위원회의 대표는 사외이사로 한다(동안 제15조 제3항). 그러나 이는 최
초로 이사회를 구성하는 사외이사를 선임하는 금융회사에는 적용하지 않는다(동
안 제15조 제7항).

　　금융회사는 주주총회에서 사외이사를 선임하려는 경우 사외이사 후보추천위
원회의 추천을 받은 사람 중에서 선임하여야 하는데, 이 경우 주주제안권을 행사
할 수 있는 요건을 갖춘 소수주주가 추천한 사외이사를 포함시켜야 한다(동안 제
15조 제4항·제5항).

　　사외이사 후보추천위원회의 위원은 본인을 사외이사 후보로 추천하는 사외이
사 후보추천위원회 결의에 관하여 의결권을 행사하지 못한다(동안 제15조 제6항).

　　(다) 금융회사는 사외이사의 원활한 직무수행을 위하여 대통령령으로 정하는
바에 따라 충분한 자료나 정보를 제공하여야 한다(동안 제16조 제1항). 또한 사외
이사는 해당 금융회사에 대하여 그 직무를 수행할 때 필요한 자료나 정보의 제
공을 요청할 수 있는데, 이 경우 금융회사는 특별한 사유가 없으면 이에 따라야
한다(동안 제16조 제2항).

　　(라) 금융회사는 상법 제393조의 2에 따른 위원회로서 (위 (나)에서 본 사외이사
후보추천위원회 외에) 감사위원회·위험관리위원회 및 보수위원회를 설치하여야 하
는데, 감사위원회는 상법 제415조의 2에 따른 감사위원회로 본다(동안 제17조 제1
항). 이 경우 감사위원회는 보수위원회를 겸할 수 있다(동안 제17조 제2항, 제21조
제1항).

　　이러한 위원회의 과반수는 사외이사로 구성하며, 위원회의 대표는 사외이사
로 한다(동안 제17조 제3항·제4항).

　　금융지배구조안은 감사위원회(동안 제18조·제19조), 위험관리위원회(동안 제20
조) 및 보수위원회(동안 제21조)에 대하여 상세한 규정을 두고 있는데, 감사위원회
에 관하여는 후술하고 위험관리위원회 및 보수위원회의 규정내용은 생략한다.

　　(마) 금융지주회사가 발행하는 주식 총수를 소유하는 자회사 및 그 자회사가
발행주식총수를 소유하는 손자회사(손자회사가 발행주식총수를 소유하는 증손회사를
포함한다. 이하 이 조에서 "완전자회사 등"이라 한다)는 경영의 투명성 등 대통령령으로
정하는 요건에 해당하는 경우에는 사외이사를 두지 아니하거나 이사회내 위원회

를 설치하지 아니할 수 있다(동안 제22조 제1항).

　　완전자회사 등이 감사위원회를 설치하지 아니할 때에는 상근감사를 선임하여야 하고(동안 제22조 제2항), 이러한 상근감사의 자격요건은 사외이사의 자격요건과 같다(동안 제22조 제3항 본문). 다만 해당 완전자회사 등의 상근감사 또는 사외이사가 아닌 감사위원으로 재임중이거나 재임하였던 사람은 상근감사가 될 수 있다(동안 제22조 제3항 단서).

## (2) 평 가

　　(가) 현재 대규모 보험회사 및 대규모 증권투자업자의 경우에는 사외이사를 「3인 이상 및 이사 총수의 2분의 1 이상」 두도록 하고 있는데, 금융지배구조안에 의하면 (대통령령으로 배제하지 않는 이상) 은행과 같이 사외이사를 「3인 이상 및 이사 총수의 과반수」 두어야 하므로 강화된 면이 있다. 그러나 이러한 금융회사가 (대규모) 상장회사이면 상법의 상장회사에 대한 특례규정(상법 제542조의 8 제1항 단서)에 의하여 사외이사를 「3인 이상 및 이사 총수의 과반수」 두어야 하므로, 이 규정은 의미가 없다.

　　대규모 보험회사 또는 대규모 금융투자업자가 아닌 보험회사 또는 금융투자업자로서 비상장회사는 현재는 사외이사를 둘 의무가 없으나, 금융지배구조안에 의하면 사외이사를 이사 총수의 4분의 1 이상 두어야 하므로 부담이 될 수 있다.

　　모든 금융회사의 지배구조(사외이사의 수)를 위와 같이 동일하게 규정하는 것은 금융회사의 특성을 무시한 것으로서 바람직하지 않다고 본다.

　　(나) 금융지배구조안상 금융회사의 사외이사 후보추천위원회의 구성은 대규모 상장회사의 그것과 같은데(상법 제542조의 8 제4항), 다만 사외이사 후보추천위원회의 대표를 사외이사로 하도록 한 점이 다르다.

　　금융지배구조안상 금융회사가 주주총회에서 사외이사를 선임하려는 경우 사외이사 후보추천위원회의 추천을 받은 사람 중에서 선임하여야 하는 점 등은 대규모 상장회사의 그것과 같은데(상법 제542조의 8 제5항), 다만 사외이사 후보추천위원회의 위원은 본인을 사외이사 후보로 추천하는 경우 그 결의에 관하여 의결권을 행사하지 못하도록 한 점은 특별히 규정한 사항이다. 이 경우 본인은 의결권을 행사하지 못하도록 할 것이 아니라, 최소한도 사외이사 후보추천위원회의 위원이 될 수 없도록 하여야 할 것으로 본다.

　　금융지배구조안이 모든 금융회사에 대하여 대규모 상장회사에 대한 규정과 동일한 내용의 규정을 적용하도록 한 것도 문제라고 본다. 또한 대규모 상장회사인 금융회사인 경우에는 상법상 상장회사에 대한 특례규정이 적용되는데, 이에 다시 금융지배구조안의 동일 내용을 적용하도록 하는 것은 의미가 없다고 본다. 따라서 이에 관하여는 상법의 상장회사에 대한 특례규정을 적용하면 충분하다고 본다.

(다) 금융지배구조안상 금융회사의 사외이사에 대한 자료·정보의 제공의무와 금융회사 사외이사의 금융회사에 대한 자료·정보제공 요청권에 관한 규정은 금융회사에 대한 특칙규정으로서 의미가 있다고 본다. 그러나 이러한 규정의 내용은 금융회사에만 한하는 것이 아니라 사외이사를 둔 모든 회사에 공통적으로 해당되는 것이므로, 입법론상으로는 상법에서 규정하는 것이 적절하다고 본다.

(라) 금융지배구조안은 모든 금융회사는 이사회내 위원회로서 감사위원회·위험관리위원회 및 보수위원회를 두도록 규정하고, 이러한 위원회의 과반수는 사외이사로 구성하며 위원회의 대표는 사외이사로 하고 있는데, 이러한 내용을 모든 금융회사에 적용하도록 하는 것은 무리라고 본다.

(마) 금융지배구조안상 금융회사에서 완전자회사 등이 사외이사를 두지 않고 상근감사를 둘 수 있도록 한 점은 매우 의미가 있다고 보는데, 이러한 점은 금융회사에 한정되는 문제가 아니므로 상법에서 규정하여야 할 사항이라고 본다.

## 나. 이사회의 운영 및 권한

### (1) 금융지배구조안의 내용

(가) 금융회사는 주주와 예금자·투자자·보험계약자·그 밖의 금융소비자의 이익을 보호하기 위하여 그 금융회사의 이사회의 구성과 운영, 이사회내 위원회의 설치 및 임원 성과 평가 등에 관하여 지켜야 할 구체적인 원칙과 절차(이하 "지배구조내부규범"이라 함)를 마련하여야 하는데(동안 제13조 제1항), 지배구조내부규범에 규정하여야 할 세부적인 사항과 그 밖에 필요한 사항은 대통령령으로 정한다(동안 제13조 제2항). 금융회사는 ( i ) 지배구조내부규범을 제정하거나 변경한 경우 그 내용, (ii) 금융회사가 매년 지배구조내부규범에 따라 이사회 등을 운영한 현황을 금융위원회가 정하는 바에 따라 인터넷 홈페이지 등에 공시하여야 한다(동안 제13조 제3항).

(나) 금융회사에서 ( i ) 경영목표 및 평가에 관한 사항, (ii) 정관의 변경에 관한 사항, (iii) 예산 및 결산에 관한 사항, (iv) 해산·영업양도 및 합병 등 조직의 중요한 변경에 관한 사항 및 ( v ) 금융지배구조안 제23조에 따른 내부통제기

준 및 동안 제26조에 따른 위험관리기준의 제정·개정 및 폐지에 관한 사항은 이
사회의 심의·의결을 거쳐야 한다(동안 제14조 제1항). 이사회의 심의·의결사항은
정관으로 정하여야 하며, 상법 제393조 제1항에 따른 이사회의 권한 중 지배인
의 선임 또는 해임과 지점의 설치·이전 또는 폐지에 관한 권한은 정관에서 정하
는 바에 따라 위임할 수 있다(동안 제14조 제2항·제3항).

### (2) 평 가

(가) 금융지배구조안상 지배구조내부규범에 규정하여야 할 사항은 정관에 규
정하여야 할 사항으로 특별한 의미가 없다고 보며, 지배구조내부규범의 내용을
공시하도록 하는 것도 상장회사에 대한 공시사항 및 상법상 상업등기에 의한 공
시로써 충분하다고 본다. 따라서 기존의 규정에 의하여 충분히 해결할 수 있는
사항을 다시 특별법에 의하여 금융회사에 부담을 추가하는 것은 타당하지 않다
고 본다.

또한 금융지배구조안상 지배구조내부규범에 관한 규정은 이에 관한 은행법
상의 규정(은행법 제23조의 4)과 아주 유사한데, 이는 은행의 경우에는 중복되는
점이 있고 은행을 제외한 다른 금융기관의 경우에는 그 성격이 같지 않은데 일
률적으로 은행과 같은 규정을 적용하도록 하는 점도 문제라고 본다.

(나) 금융지배구조안에서 이사회의 권한사항으로 규정한 사항은 어느 것은 주
주총회의 특별결의사항(정관의 변경에 관한 사항, 해산·영업양도 및 합병 등 조직의 중
요한 변경에 관한 사항 등)으로 이러한 사항은 당연히 이사회의 심의·의결을 거쳐
주주총회에 상정하여야 할 사항이고, 그 외의 사항도 해석상 이사회에서 심의·
의결할 사항으로 볼 수 있으므로, 동안에서의 이사회의 권한사항으로 규정하고
있는 것은 의미가 없다고 본다.

또한 동안 제14조 제3항은 "상법 제393조 제1항에 따른 이사회의 권한 중
지배인의 선임 또는 해임과 지점의 설치·이전 또는 폐지에 관한 권한은 정관에
서 정하는 바에 따라 위임할 수 있다"고 규정하고 있는데, 누구에게 위임할 수
있도록 한 것인지 불분명하고, 이는 상법상 이사회의 고유권한인데 이를 위임하
기 위하여 정관에 규정이 있어야 한다면 다시 주주총회의 특별결의를 받도록 하
는 것은 불합리하다고 본다.

## 4. 감사위원회

### (1) 금융지배구조안의 내용

㈎ 감사위원회는 3명 이상의 이사로 구성하는데, 사외이사가 감사위원의 3분의 2 이상이어야 하고, 위원 중 1명 이상은 대통령령으로 정하는 회계 또는 재무 전문가이어야 한다(동안 제18조 제1항·제2항).

㈏ 금융회사는 감사위원의 사임·사망 등의 사유로 감사위원의 수가 감사위원회의 구성요건에 미치지 못하게 된 경우에는 그 사유가 발생한 후 최초로 소집되는 주주총회에서 이러한 요건에 충족하도록 조치하여야 한다(동안 제18조 제3항).

㈐ 감사위원 후보는 사외이사 후보추천위원회에서 추천하는데, 이 경우 재적위원 3분의 2 이상의 찬성으로 의결한다(동안 제18조 제4항).

㈑ 금융회사는 감사위원이 되는 사외이사 1명 이상에 대해서 다른 이사와 분리하여 선임하여야 한다(동안 제18조 제5항). 감사위원을 선임하거나 해임하는 권한은 주주총회에 있는데, 이 경우 감사위원이 되는 이사의 선임에 관하여는 상법 제409조 제2항 및 제3항에 따른 의결권 제한과 최대주주에 대한 의결권 제한이 인정된다(동안 제18조 제6항·제7항).

㈒ 자산규모 등을 고려하여 대통령령이 정하는 금융회사는 상근감사를 1명 이상 두어야 하는데, 금융지배구조안에 따른 감사위원회를 설치한 경우에는 그러하지 아니하다(동안 제18조 제8항). 상근감사의 선임에도 상법 제409조 제2항 및 제3항에 따른 의결권 제한과 최대주주에 대한 의결권 제한이 인정된다(동안 제18조 제9항).

㈓ 상근감사 및 상임감사위원의 자격요건은 사외이사의 자격요건과 같은데, 해당 금융회사의 상근감사 또는 상임감사위원으로 재임중이거나 재임하였던 사람은 상근감사 또는 상임감사위원이 될 수 있다(동안 제18조 제10항).

㈔ 감사위원회 또는 감사는 금융회사의 비용으로 전문가의 조력을 구할 수 있고(동안 제19조 제1항), 금융회사는 감사위원회 또는 감사의 업무를 지원하는 담당부서를 설치하여야 한다(동안 제19조 제2항). 금융회사는 감사위원회 또는 감사의 업무내용을 적은 보고서를 정기적으로 금융위원회가 정하는 바에 따라 금융위원회에 제출하여야 한다(동안 제19조 제3항). 감사위원(또는 감사)에 대하여는 사외이사와 같은 금융회사의 정보제공의무 및 금융회사에 대한 정보제공 요청권이 인정된다(동안 제19조 제4항).

## (2) 평 가

(가) 금융지배구조안상 금융회사의 감사위원회의 구성은 대규모 상장회사의 그것과 같다(상법 제542조의 11 제2항). 따라서 금융회사가 대규모 상장회사인 경우에는 금융지배구조안상 규정은 의미가 없고, 모든 금융회사가 이러한 감사위원회를 의무적으로 갖도록 하는 것은 무리라고 본다.

(나) 금융지배구조안상 감사위원의 사임·사망 등의 사유로 결원이 된 경우 이의 보충시기에 관한 규정은 상장회사에 대한 특례규정(상법 제542조의 11 제4항)과 같다. 따라서 금융회사가 상장회사인 경우에는 금융지배구조안상 이러한 규정은 특칙으로서의 의미가 없다고 본다.

(다) 상법의 상장회사에 대한 특례규정은 감사위원 후보의 추천에 대하여 규정하고 있지 않은데, 금융지배구조안은 감사위원 후보는 사외이사 후보추천위원회가 재적위원 3분의 2 이상의 찬성으로 추천하도록 하고 있다. 이는 금융지배구조안의 특색으로 볼 수 있는데, 타당성은 의문이다.

(라) 감사위원의 선임방법에 대하여 금융지배구조안은 감사위원이 되는 사외이사의 선임방법에 대해서만 다른 이사의 선임과 분리하여 선출하도록 규정하고 있는데, 이와 같이 감사위원을 분리선출하고자 하면 감사위원이 되는 (모든) 이사의 선임을 (다른 이사의 선임과) 분리 선출하도록 하여야 할 것이다. 금융지배구조안에서는 상임감사위원이냐 사외이사인 감사위원이냐를 묻지 않고 모든 감사위원인 이사의 선임·해임에서 상법 제409조 제2항 및 제3항에 따른 의결권 제한과 최대주주에 대한 의결권 제한이 인정되는 점이, 상법의 상장회사에 대한 특례규정(상법 제542조의 12 제3항·제4항)과 구별된다.

(마) 자산규모 등을 고려하여 대통령령으로 정하는 금융회사가 금융지배구조안에 따른 감사위원회를 두지 않으면 1명 이상이 상근감사를 두도록 한 점은, 상법상 상장회사에 대한 특례규정(상법 제542조의 10)과 같다. 다만 금융지배구조안상 상근감사의 해임시 의결권 제한규정을 두지 않는 점은 상장회사에 대한 특례규정(상법 제542조의 11 제3항)과 구별된다.

(바) 금융지배구조안상 금융회사의 상근감사 및 상임감사위원의 결격사유는, 상장회사의 그것과 많은 점에서 유사한데(상법 제542조의 10 제2항, 제542조의 11 제3항), 부분적으로 차이점은 있다.

(사) 금융지배구조안상 금융회사의 감사위원회 또는 감사가 금융회사의 비용으로 전문가의 조력을 구할 수 있도록 규정하고 있는 점은, 상법의 그것과 같다

(상법 제412조 제3항, 제415조의 2 제5항). 따라서 금융지배구조안의 이러한 규정은 특칙으로서 의미가 없다고 본다. 금융지배구조안상 금융회사는 감사위원회 또는 감사의 업무를 지원하는 담당부서를 설치하여야 하는 점, 금융회사는 감사위원회 또는 감사의 업무내용을 적은 보고서를 정기적으로 금융위원회가 정하는 바에 따라 금융위원회에 제출하도록 한 점, 감사위원회(또는 감사)에 대한 금융회사의 정보제공의무를 명문으로 규정한 점 등은 금융회사에 대한 특칙규정으로서 의미가 있다고 본다. 그러나 이러한 내용을 법률에서 규정하여야 할 사항인지 또한 모든 금융회사에 대하여 일률적으로 적용하도록 할 사항인지는 의문이다.

## Ⅳ. 주요국의 금융기관 지배구조에 관한 규정 내용5)

### 1. 미 국

가. 미국의 금융관계법으로는 연방법으로 National Bank Act, Federal Reserve Act, Bank Holding Company Act, Securities Act(1933), Securities Exchange Act(1934), Investment Advisers Act(1940), Investment Company Act(1940) 등이 있고, 대표적인 주법으로는 Delaware Code Title 5 제7장(은행), Delaware Code Title 18 insurance code(보험) 등이 있다.

금융회사 지배구조와 관련하여 특별히 독립된 법을 제정하고 있지는 않고, 금융회사 지배구조와 관련한 특별한 사항(예컨대, 은행 이사의 정원 및 임기 등)에 대하여는 금융관계법에서 규정하고 있지만 그 밖의 일반적인 사항에 대해서는 거의 대부분 회사법상 지배구조에 관한 규정을 따르도록 규정하고 있다(Delaware Code Title 5 제7장 제702조 참조).6)

나. 미국 연방법상 은행은 5인 이상 25인 이하의 이사에 의하여 경영되며, 이사의 임기는 3년 이상이어야 한다(U.S.C. 제71조, 제71a조). 은행의 이사는 미국

---

5) 이에 관하여는 원동욱, "금융지배구조법의 주요 내용 및 향후과제(금융회사 지배구조에 대한 내용을 중심으로)," 「금융법연구」(한국금융법학회), 제9권 제1호(2012), 58~67면; 동, "세계금융위기 이후 주요국의 금융기관 지배구조," 「기업법연구」(한국기업법학회), 제25권 제2호(2011), 166~177면; 정찬형·장덕조·원동욱, "금융기관의 기능별 통합법 제정의 타당성에 관한 연구," 생명보험협회연구보고서, 2010.11(이하 "정찬형 외, 생보협연구보고서"라 약칭함), 71~77면, 103~105면, 116~119면 참조.

6) 원동욱, 상게 금융법연구, 58면; 동, 상게 기업법연구, 166면; 정찬형 외, 생보협연구보고서, 103면.

국적을 소유하여야 하고, 과반수의 이사는 본사가 있는 주에서 최근 1년간 거주하였거나 100마일 이내에 거주하였어야 하며, 현직에 있는 동안 통화감독청(OCC)의 승인을 받지 않는 한 본사가 있는 주의 거주자이어야 한다(U.S.C. 제72조).

은행장은 이사회 구성원이어야 하고 이사회 의장이어야 하는데, 다만 이사회는 은행장을 대신하여 이사회 의장을 별도로 선임할 수 있다(U.S.C. 제76조).

미국에서 최근 제정된 Dodd-Frank Wall Street Reform and Consumer Protection Act에서는 이사회 의장과 CEO의 겸직을 제한하고 있고(동법 제972조), 보수위원회의 독립성과 기능을 강화하고 있다(동법 제952조).

## 2. 영 국

**가.** 영국의 금융관계법으로는 소위 "통합법"이라 불리는 2000년 금융서비스시장법(The UK Financial Services and Markets Act 2000: FSMA)[7] 및 2010년과 2012년의 금융서비스법(Financial Services Act 2010, 2012: FSA 2010, 2012)이 있고, 개별법으로는 Banking Act 2009 등이 있다.

영국에서도 금융회사 지배구조와 관련하여 특별히 독립된 법을 제정하지 않고, 금융서비스시장법은 영국에서 객관적으로 인정되는 기업지배구조 관련 모범규범을 영국 금융업무감독청(Financial Conduct Authority: FCA)은 금융기관이 준수할 수 있도록 하여야 한다고 명문으로 규정함으로써(FSMA 제7조), 금융관계법에서 특별히 규정하지 않는 한 통합법(The Combined Code), 영국 회사지배구조법(The UK Corporate Governance Code)이 금융회사에도 적용된다.[8]

**나.** 영국의 금융관계법에서 지배구조에 관하여 특별히 규정하고 있는 사항으로는 금융회사 임·직원의 보수에 관한 규정(FSA 2010 제4조~제6조), 경영진(Manager)에 관한 규정(FSMA 제357조) 정도이다.[9]

## 3. 일 본

**가.** 일본의 금융관계법으로는 일본 은행법, 일본 보험업법, 일본 금융상품거

---

7) FSMA에 대한 상세는 심영, "영국의 금융서비스 및 시장법에 관한 고찰," 「상사법연구」(한국상사법학회), 제22권 제2호(2003), 9~43면 참조.
8) 원동욱, 전게 금융법연구, 58~59면; 동, 전게 기업법연구, 166~167면; 정찬형 외, 생보협연구보고서, 71면.
9) 이에 관한 소개로는 원동욱, 상게 금융법연구, 60~62면; 동, 상게 기업법연구, 169~170면; 정찬형 외, 생보협연구보고서, 72~77면 참조.

래법 등이 있다.

　　일본에서도 금융회사 지배구조와 관련하여 특별히 제정된 법은 없고, 금융
관계법에서 특별히 규정한 것을 제외하고는 일본 회사법상의 지배구조에 대한
규정이 일본의 금융회사에도 적용된다.[10]

　　나. 일본의 금융관계법에서 지배구조에 관하여 특별히 규정하고 있는 사항
으로는 다음과 같은 것들이 있다. 은행 및 은행지주회사는 주식회사로서 이사회,
감사회 또는 위원회(일본 회사법 제2조 제12호에 의한 위원회), 회계감사인을 설치하
여야 한다(일본 은행법 제4조의 2, 제52조의 18 제2항). 또한 보험회사는 주식회사 또
는 상호회사로서 이사회, 감사회 또는 위원회, 회계감사인을 설치하여야 한다(일
본 보험업법 제5조의 2). 또한 금융기관의 임원의 자격에 대하여 규정하고 있다(일
본 은행법 제7조의 2, 일본의 보험업법 제8조의 2, 금융상품거래법 제31조의 5).

# V. 바람직한 금융기관 지배구조에 관한 규정 제안

　　우리나라에서 바람직한 금융기관의 지배구조가 무엇인지를 살펴보기 전에,
먼저 앞에서 본 정부의 금융지배구조안이 필요한지 여부를 살펴본 후, 금융관계
법에 규정하여야 할 바람직한 지배구조안이 무엇인지를 제안하여 보고자 한다.

## 1. 금융지배구조안의 입법 불요

　　금융지배구조안은 기존의 은행법, 보험업법, 자본시장법 등에 추가하여 모든
금융회사의 지배구조를 하나의 법률로써 통일하고자 하는 법안인데, 이는 그 형
식에 있어서도 기존의 금융관계법과 중복될 뿐만 아니라 그 내용에 있어서도 기
존의 상법과 중복되거나 모순되어 많은 문제점이 있으므로 불필요하다고 본다.
그 이유는 다음과 같다.

　　가. 금융지배구조안은 2003년 추진되었던 통합금융법론의 일환인데, 금융통
합법론은 초기부터 많은 비판을 받아 왔고 또한 동 이론이 모델로 삼아왔던 영
국의 금융정책이 큰 변혁을 맞이하는 현재 시점에서는 더 이상 추진하기 어려운
이론이 되었으며, 또한 최근 세계금융정책의 추세가 통합론보다는 분리론의 방향
으로 나아가고 있는 점 등에서 볼 때, 금융지배구조안은 그 이론적 기초도 없고

---

10) 원동욱, 상게 금융법 연구, 66면; 동, 상게 기업법연구, 174면; 정찬형 외, 생보협연구보고
　　서, 116면.

현재 세계적인 추세와는 괴리된 입법이다.11)

　나. 금융지배구조안은 외국의 입법례에도 없는 법률안이다. 앞에서 본 바와 같이 주요 선진국에서는 금융기관 지배구조에 관하여 별도의 독립된 법률을 제정한 입법례는 없고, 금융기관에 대하여는 원칙적으로 회사법상 지배구조에 관한 규정을 적용하고, 금융회사의 특성에 비추어 특히 필요하다고 인정하는 사항에 대해서만 해당 금융관계법에서 규정하고 있다. 따라서 우리나라에서 외국의 입법례에도 없는 금융지배구조안을 금융관계법에 추가하여 옥상옥으로 만들 것이 아니라 일반적인 지배구조에 관한 사항에 대하여는 상법을 적용하고 금융회사에 특히 필요한 사항에 대하여만 금융관계법에서 규정하면 충분할 것으로 본다.12)

　다. 금융지배구조안은 금융기관별 특성을 무시하고 모든 금융기관을 일률적으로 다루고 있다. 즉, 은행의 경우는 상대적으로 공공성 및 건전성이 중요하므로 금융당국에서도 이 부문에 역점을 두고 금융정책을 추진한 반면에, 증권업과 보험업 등에서는 상대적으로 경영의 자율성이 보장되어야 하므로 영업에 대한 규제에 있어서도 반드시 필요한 사항에 대하여만 규제를 하는 방향으로 금융정책을 추진하였는데, 금융지배구조안은 이와 같은 금융기관별 특색 및 규제의 차별화 필요성 등을 거의 고려하지 않고 은행을 기준으로 일률적으로 입법을 하고 있는데, 이는 증권업 및 보험업 등에서의 경영의 자율성을 크게 훼손하고 해당 산업의 발전에 악영향을 줄 것으로 본다.13) 따라서 금융지배구조안은 우리나라의 금융산업의 발전을 고려하지 않고 규제에만 초점을 맞춘 입법으로, 누구를 위한 입법안인지 심히 의심스럽다.

　라. 금융지배구조안의 내용도 앞에서 본 바와 같이 상법상 대규모 상장회사에 대한 특례규정의 내용과 많은 부분에서 중복되고 또 업무집행자에 관한 규정은 상법의 집행임원에 관한 규정과 상충되어 법적용의 면에서 혼란스럽거나 크게 실효성이 없다. 따라서 상법의 규정과 동일 또는 유사한 부분은 상법의 적용에 맡기고, 금융기관의 특성에 필요한 사항만을 금융관계법에서 규정하면 충분할 것으로 본다. 금융지배구조안상의 좋은 내용으로서 해당 금융기관에 특유한 사항은 해당 금융관계법에서 규정하면 충분할 것으로 본다.

---

11) 동지: 원동욱, 전게 금융법연구, 95~96면; 정찬형 외, 생보협연구보고서, 130~131면.
12) 동지: 원동욱, 상게 금융법연구, 96~97면; 정찬형 외, 생보협연구보고서, 134면.
13) 동지: 원동욱, 상게 금융법연구, 94면; 정찬형 외, 생보협연구보고서, 131면.

## 2. 금융관계법에서의 바람직한 금융기관의 지배구조안

우리나라에서 바람직한 금융기관의 지배구조를 실현하기 위하여 금융관계법
에서 규정하여야 할 사항을 다음과 같이 제안한다.

가. 현재 우리나라의 금융관계법에서는 금융기관의 지배구조에 관하여 (상법
상 중복되는 경우에도) 상세히 규정하고 있기 때문에 상법상 주식회사(상장회사)의
지배구조에 관한 규정이 적용될 여지가 매우 적다. 그러나 이는 앞에서 살펴 본
바와 같이 외국의 입법례와 비교하여 볼 때에도 매우 이례적인 점, 오늘날 금융
기관에 대한 정부정책의 추진여지가 거의 없는 실정에서도 맞지 않는 점, 금융기
관이 일반 주식회사에 비하여 공공성이 있고 경제에 미치는 영향력이 크다고 하
더라도 본질적으로는 영리를 목적으로 하는 주식회사인 점 등에서 볼 때 금융기
관의 지배구조에 대하여도 원칙적으로 상법상 (상장)주식회사에 관한 지배구조에
관한 규정이 적용되도록 하여야 할 것이다.14) 이와 함께 금융기관의 특수성으로
인하여 일반 주식회사와 구별되는 사항은 (금융지배구조안과 같이 별도의 특별법을
제정하여 해결하려고 하지 말고) 기존에 있는 해당 금융관계법을 개정하여 해결하면
충분할 것으로 본다.15) 또한 이러한 사항은 반드시 필요한 사항으로서 최소한도
에 그쳐야 할 것이다.

나. 금융관계법에서 규정하여야 할 바람직한 금융기관의 지배구조안을 제안
하면 다음과 같다.

### (1) 감독형 이사회에서 집행임원의 설치 의무화

(가) 은행·대규모 보험회사 및 대규모 금융투자업자 등은 현행 금융관계법에
서 사외이사를 3인 이상 및 이사 총수의 과반수(또는 이사 총수의 2분의 1 이상) 두
도록 하고 있는데, 이는 이사회를 사외이사 중심으로 구성하여 업무집행기관에
대한 감독업무를 충실히 하도록 한 것이므로 이 경우에는 이사회와 분리된 업무
집행기관(집행임원)을 의무적으로 두도록 하여야 할 것이다. 현행 상법상 집행임
원제도는 선택적으로 규정하고 있으나(상법 제408조의 2 제1항), 이러한 금융기관은
의무적으로 집행임원제도를 채택하도록 금융관계법이 개정되어야 할 것이다.16)

---

14) 동지: 원동욱, 전게 금융법연구, 99~100면.
15) 동지: 원동욱, 상게 금융법연구, 100~101면.
16) 동지(대규모 상장회사에 대하여): 정찬형, "2007년 확정한 정부의 상법(회사법) 개정안에 대
　한 의견,"「고려법학」(고려대 법학연구원), 제50호(2008), 384면; 동, "주식회사의 지배구조,"「
　상사법연구」(한국상사법학회), 제28권 제3호(2009. 11), 39~40면; 동, "주식회사법 개정제안,"

(나) 현재 상법상 집행임원제도를 도입한 금융기관은 없고, 금융기관은 상법상 집행임원제도가 입법되기 이전과 같이 사실상 집행임원(비등기이사)의 형태로 운영되고 있다. 따라서 이러한 사실상 집행임원의 선임·해임권 등을 일반적으로 대표이사(은행장 또는 회장)가 가짐으로써 이사회는 이러한 사실상 집행임원을 감독하지 못하여, 이사회의 감독기능은 현저히 떨어지고 있다. 또한 사실상 집행임원은 이사회의 실질적 감독을 받지 않고 자기를 선임한 대표이사 등에게만 종속되어 대표이사의 권한이 불필요하게 증대되어 대표이사와 이사회가 충돌하는 등 많은 문제점을 야기하고 있다. 다시 말하면 대표이사를 주주총회에서 선임하면 (상법 제389조 제1항 단서) 대표이사는 사실상 이사회의 감독을 받지 않고 또한 사실상 집행임원을 대표이사가 선임하면 사실상 업무집행라인은 전부 이사회의 감독을 받지 않아 이사회의 업무집행기관에 대한 감독기능은 유명무실하게 된다.

(다) 위와 같이 상법상 집행임원제도를 채택하지 않은 이사회는 그 형식에 있어서는 사외이사가 이사 총수의 과반수(또는 2분의 1 이상)로 구성되어 감독형 이사회로 되어 있으나, 법률상 이러한 이사회와 분리된 업무집행기관(집행임원)을 갖지 못하고 있으므로 이사회는 사실상 종래와 같이 참여형 이사회로서 활동하고 있다. 따라서 회사의 업무집행에 관한 의사결정에 다수의 사외이사가 참여하게 되어 업무집행의 비효율성을 가져오면서 사외이사에게도 과중한 업무와 책임을 부담시켜 사외이사의 효율성을 저하시키고 있다.

(라) 위의 금융기관이 상법상 집행임원제도를 채택하도록 하면, 사외이사는 이사회와 분리된 업무집행기관(집행임원)을 감독하는 이사회 및 이사회내 위원회의 하나로서 업무집행기관(집행임원)을 감사하는 감사위원회에만 참여하여 업무집행기관(집행임원)에 대한 감독 및 감사업무에만 참여하고 업무집행에 관한 (개별적인) 의사결정에는 참여하지 않으므로, 사외이사의 활성화에 크게 기여할 뿐만 아니라 이사회의 업무집행기관(집행임원)에 대한 감독기능을 실질적으로 향상시킬

---

「선진상사법률연구」(법무부), 통권 제49호(2010. 1), 14~15면; 동, "상법 회사편(특히 주식회사의 지배구조) 개정안에 대한 의견," 상법 일부개정법률안(회사편)에 관한 공청회 자료(국회 법제사법위원회), 2009.11.20(이하 '국회공청회자료'로 약칭함), 22~23면; 정쾌영, "집행임원제도에 관한 상법개정안의 문제점 검토," 「기업법연구」(한국기업법학회), 제21권 제4호(2007. 12), 110~111면, 116면; 전우현, "주식회사 감사위원회제도의 개선에 관한 일고찰-집행임원제 필요성에 관한 검토의 부가," 「상사법연구」(한국상사법학회), 제23권 제3호(2004. 11), 284면; 원동욱, "주식회사 이사회의 기능변화에 따른 집행임원제도의 도입에 관한 연구," 법학박사학위논문(고려대, 2006. 2), 86~87면, 167~169면, 181면; 서규영, "주식회사의 집행임원제도에 관한 연구," 법학박사학위논문(고려대, 2009. 8), 101~102면, 182면.

수 있다. 즉, 대표집행임원 및 집행임원은 전부 이사회에 의하여 선임·해임되므로(상법 제408조의 2 제3항 제1호) 이사회는 업무집행기관(집행임원)을 실질적으로 감독할 수 있게 되고, 대표집행임원은 집행임원을 선임·해임하지 못하므로 현재의 대표이사와 같은 권한이 축소되어 이사회와 대표집행임원이 충돌할 여지는 거의 없다.

또한 업무집행은 해당 업무에 정통한 전문가가 담당하므로 업무집행의 효율성을 증대시킬 수 있고, 사외이사는 이사회를 통하여 업무집행기관(집행임원)의 선임·해임 및 보수결정 등에 참여함으로써 사외이사의 활성화에도 기여하게 된다.

### (2) 참여형 이사회에서 사외이사 배제

현행 금융관계법에 의하면 은행·대규모 보험회사·대규모 금융투자업자 등을 제외한 금융기관은 상장회사이면 상법의 상장회사에 대한 특례규정에 의하여 이사회에 이사 총수의 4분의 1 이상의 사외이사를 두어야 하고(상법 제542조의 8 제1항 본문), 금융지배구조안에 의하면 대통령령으로 정하는 모든 금융회사는 이사회에 이사 총수의 4분의 1 이상의 사외이사를 두어야 한다(동안 제12조 제2항). 그런데 이러한 금융회사는 거의 대부분이 참여형 이사회제도를 가진 회사(즉, 집행임원 비설치회사)일텐데 이러한 회사에 이와 같이 의무적으로 사외이사를 이사 총수의 4분의 1 이상 두도록 하는 것이 무슨 효과가 있을 것인지 의문이다. 즉, 이러한 금융기관이 의무적으로 이사 총수의 4분의 1 이상을 사외이사로 선임하도록 하는 것은 이사회가 사외이사 중심이 되어 업무집행기관에 대한 업무집행을 감독하는 것에도 충실하지 못하고 또한 업무집행에 관한 의사를 결정하는 이사회에 (보통) 회사의 업무에 대하여 잘 알지도 못하는 (외부의) 사외이사가 존재하게 되어 이사회의 업무효율성도 크게 저하시키므로, 이러한 금융회사에 대하여는 이와 같이 사외이사를 의무적으로 두도록 하는 것이 사실상 그 의미가 거의 없는 점에서, 이러한 규정의 적용을 배제하도록 하여야 할 것으로 본다.[17]

### (3) 감사위원회

#### (가) 감독형 이사회에서만 감사위원회 설치 의무

현행 금융관계법은 은행·대규모 보험회사·대규모 금융투자업자 등은 의무

---

17) 동지(상장회사에 대하여): 정찬형, "2009년 개정상법중 상장회사에 대한 특례규정에 관한 의견," 「상사법연구」(한국상사법학회), 제28권 제1호(2009. 5), 291면; 동, 전게 선진상사법률연구(통권 제49호), 16면; 동, 전게 상사법연구(제28권 제3호), 50면; 동, 국회공청회자료, 13면; 원동욱, 전게 금융법연구, 80면.

적으로 감사위원회를 두도록 하고, 금융지배구조안은 모든 금융회사는 이사회내
위원회로서(상법 제393조의 2) 감사위원회·위험관리위원회 및 보수위원회를 두도
록 하고 있다(동안 제17조 제1항). 사외이사가 총 위원의 3분의 2 이상이어야 하는
사외이사 중심의 이러한 감사위원회는, 사외이사가 이사 총수의 과반수(또는 2분
의 1 이상)가 있고 업무집행기관(집행임원)이 별도로 있는 감독형 이사회를 가진
금융회사에서 의미가 있다. 따라서 이러한 감사위원회를 의무적으로 두도록 하기
위하여는 감독형 이사회(또는 집행임원 설치회사)를 전제하여야 할 것으로 본다. 따
라서 감독형 이사회를 가진 금융기관은 이사회와 독립된 집행임원을 두도록 하
고 이와 함께 감사위원회를 두도록 하여야 할 것이다.

　　참여형 이사회를 가진 금융기관은 상근감사를 두도록 하여야 할 것이고, 만
일 참여형 이사회를 가진 금융회사에 대하여 군이 감사위원회를 둘 수 있는 것
으로 하고자 하면, 후술하는 바와 같이 (상임)감사위원에 대하여 상법상 감사(監
事)에 관한 규정을 준용하든가 그렇지 않으면 자기 감사의 모순을 최소화하기 위
하여 감사위원은 전부 사외이사로 하여야 할 것으로 본다(이 후자는 우리 실무와
많이 떨어지고 또한 감사의 실효성면에서도 매우 의문이다).

### ⑷ 감사위원의 선임방법 개선(감독형 이사회 및 참여형 이사회)

　　1) 감독형 이사회(집행임원 설치회사)에 한하여 감사위원회를 두도록 하면, 이
사회는 (주주총회에 갈음하여) 업무집행기관(집행임원)에 대한 감독업무를 수행하고,
이러한 이사회내 위원회의 하나인 감사위원회는 업무집행기관(집행임원)에 대하여
감사업무를 수행하며 이에 관하여 이사회의 감독을 받는 것은 당연하다(상법 제
393조의 2 제4항 참조). 따라서 이러한 감독형 이사회에서는 감사위원을 (사내이사이
든 사외이사이든) 이사회가 선임·해임하는 것이 맞다(상법 제393조의 2 제2항 제3호).

　　그런데 금융지배구조안은 (참여형 이사회를 전제로 하고) 감사위원은 주주총회
에서 선임되는 것으로 하며, 이 경우 감사(監事)의 선임의 경우와 같이 주주의 의
결권을 제한하고 있다(단순 3% rule)(동안 제18조 제6항). 또한 최대주주에 대하여는
그의 특수관계인 등이 소유하는 주식까지 포함하여 감사위원인 이사의 선임·해
임에 의결권을 제한하고 있다(합산 3% rule)(동안 제18조 제7항).

　　금융관계법 중 은행법 및 자본시장법은 감사위원인 사외이사의 선임에만 상
법상 감사(監事)의 선임에서와 같이 주주의 의결권을 제한하고 있고(단순 3% rule)
(은행법 제23조의 2 제5항, 자본시장법 제26조 제6항), 보험업법에는 이에 관한 규정이
없다.

그런데 상장회사의 경우에는 감사 또는 상임감사위원의 선임·해임에 합산 3% rule에 의하여 최대주주의 의결권을 제한하고(상법 제542조의 12 제3항), 대규모 상장회사의 경우 사외이사인 감사위원을 선임할 때에 단순 3% rule에 의하여 주주의 의결권을 제한하고 있다(상법 제542조의 12 제4항). 또한 대규모 상장회사의 경우는 주주총회에서 이사를 선임한 후 선임된 이사 중에서 감사위원회 위원을 선임하도록 하고 있다(일괄선출방식)(상법 제542조의 12 제2항).

2) 금융기관의 경우 은행·대규모 보험회사·대규모 금융투자업자 등은 사외이사가 과반수(또는 2분의 1 이상)인 감독형 이사회로 구성되므로 이사회와는 구별되는 업무집행기관(집행임원)을 두도록 하면 감사위원의 선임·해임권은 이사회에 있으므로(상법 제393조의 2 제2항 제3호), 이 경우 감사(監事)와는 달리 주주의 의결권 제한이 문제되지 않는다.

그런데 참여형 이사회제도를 취하면서 감사위원회를 두도록 하면 감사(監事)와의 균형상 또한 피감사기관이 감사기관을 선임하는 모순을 피하기 위하여 감사위원을 주주총회에서 선임하도록 하지 않을 수 없다(상법 제542조의 12 제1항 참조). 이 경우 감사위원을 어떻게 주주총회에서 선임하도록 할 것인가에 대하여, 현행 상법과 같이 주주총회에서 이사를 선임한 후 선임된 이사 중에서 다시 감사위원을 선임하는 방법(일괄선출방식)(상법 제542조의 12 제2항)과 감사위원이 되는 이사를 정하여 다른 이사와 분리하여 선출하는 방식(분리선출방식)이 있다. 일괄선출방식의 경우에는 감사위원으로 선임될 수 있는 자의 인재풀이 매우 제한되어 있는 단점은 있으나 감사위원의 선임에 있어서 주주의 의결권제한에는 문제가 없고, 분리선출방식의 경우에는 감사위원으로 선임될 수 있는 자의 인재풀에 제한이 없는 장점은 있으나 감사위원인 「이사」의 선임에 의결권을 제한하는 점은 문제가 있게 된다. 현재 금융관계법 및 금융지배구조안에서는 (상근감사와 같이) 상임감사위원의 자격을 엄격히 제한하고 있으므로(은행법 제23조의 2 제3항 외; 동안 제18조 제10항) 독립된 (상임)감사위원을 선출하기 위하여는 넓은 인재풀에서 구하여야 하므로 분리선출방식이 타당하다고 본다.

참여형 이사회제도를 취한 금융기관이 이와 같이 분리선출방식에 의하여 감사위원을 선임하는 경우, 주주의 의결권을 어떻게 제한할지가 문제된다. 이에 대하여 ( i ) 감사위원인 이사(사내이사이든 사외이사이든 불문함)의 선임·해임에 단순 3% rule(상법 제409조 제2항·제3항)을 적용하고 최대주주의 경우에는 합산 3% rule을 적용하는 방법, (ii) 감사위원인 이사(사내이사이든 사외이사이든 불문함)의 선임·해임에 단순 3% rule을 적용하는 방법, (iii) 감사위원인 이사(사내이사이든 사외이사이든 불문함)의 선임에만 단순 3% rule을 적용하는 방법, (ⅳ) 감사위원인 사외이사의 선임에만 단순 3% rule을 적용하는 방법 등을 생각할 수 있다. 현행 상법 제409조와 가장 접근하는 방법으로 (iii)의 방법이 가장 타당하다고 본다.

   참여형 이사회를 가진 금융기관이 주주총회에서 선임된 감사위원으로 구성된 감사위원회를 가진 경우 감사위원에 대하여는 상법상 감사(監事)에 관한 규정을 준용하는 규정을 두어, 감사위원이 업무집행에 관한 이사회에 참여할 수는 있으나 그 결의에는 참여할 수 없도록 하여야 할 것이다(상법 제391조의 2 제1항 참조). 이와 같이 하여야 자기감사의 모순을 피할 수 있다. 감사위원에 대하여 감사(監事)에 관한 규정을 준용하는 규정을 두지 않는 경우에는, 자기감사의 모순을 최소화하기 위하여 감사위원 전원을 사외이사로 할 수밖에 없는데, (또한 이러한 사외이사는 업무집행에 관한 의사를 결정하는 이사회에는 출석할 수 없도록 하거나 그 결의에 참여할 수 없도록 함) 이는 우리 실무와 많이 떨어지고 또한 감사(監査)의 실효성면에서도 매우 의문이다.

### (4) 사외이사 후보추천위원회 폐지

   ㉮ 현행 금융관계법은 은행·대규모 보험회사·대규모 금융투자업자 등에 대하여 사외이사 후보를 추천하기 위하여 이사회내에 사외이사 후보추천위원회를 두도록 하고, 이러한 위원회는 사외이사가 총 위원의 2분의 1 이상이 되도록 하고 있다(은행법 제22조 제2항 등). 또한 금융지배구조안에 의하면 모든 금융회사는 사외이사 후보추천위원회를 두도록 하고(동안 제15조 제1항), 동 위원회는 3명 이상의 위원으로 구성하며 사외이사가 총 위원의 과반수가 되도록 하고(동안 제15조 제2항), 동 위원회의 대표는 사외이사로 하고 있다(동안 제15조 제3항).

   ㉯ 사외이사는 해당 금융기관에서 독립성과 전문성을 가져야 그 본래의 역할(업무집행기관에 대한 감독 및 감사)을 수행할 수 있는데, 이와 같이 사외이사 중심의 사외이사 후보추천위원회가 사외이사를 추천한다고 하여 위와 같은 사외이사의 독립성과 전문성이 담보될 수는 없다고 본다. 특히 사외이사 후보를 추천하는데 사외이사가 중심이 되어 추천위원회를 구성하도록 하는 것은 자기모순이며, 지배주주가 없는 금융회사에서는 사외이사가 자기의 본래의 역할을 일탈하여 경영권을 장악하는데 그의 권한을 남용하는 문제가 발생한다.[18] 따라서 금융회사

---

18) 동지: 정찬형, "사외이사제도 개선방안에 관한 연구," 상장협 연구보고서 2010-2(한국상장회사협의회), 2010. 10, 110~112면.

의 경우에는 이러한 문제가 있는 사외이사 후보추천위원회제도를 폐지하고, 그
대신 인재풀을 갖고 있는 외부의 공적기관으로부터 추천을 받도록 하는 것이 사
외이사제도 본래의 목적에 더 부합할 것으로 본다. 이러한 외부기관은 인재풀을
많이 갖고 있는 기존의 기관을 이용할 수도 있고, 필요한 경우 이러한 기관을
새로 설립할 수도 있다고 본다. 이러한 외부의 추천기관은 사외이사 후보를 찾는
회사를 지원하는 기관이면서 사외이사제도를 그 본래의 취지에 맞게 정착시킬
수 있도록 사외이사를 필요로 하는 회사를 도와주는 기관에 불과하고, 주주총회
에 사외이사 후보를 추천하는 기관은 이사회이므로, (회사와 이해관계 없는) 이러한
외부의 추천기관이 회사의 사외이사 후보추천기관이 된다거나 또는 회사의 경영
에 참여하는 것은 결코 아니다.19) 또한 이러한 외부의 추천기관이 사외이사 후
보를 추천할 때에는 그 후보가 사외이사 결격사유에 해당하는지 여부를 철저하
게 검증하도록 하면 금융관계법상 사외이사 결격사유에 관한 규정이 철저하게
지켜질 것으로 본다.

    ㈐ 이사회와 사외이사 후보추천위원회가 중복되는 금융기관도 있을 수 있으
므로, 모든 금융기관 또는 대규모 금융기관에 대하여 일률적으로 사외이사 후보
추천위원회를 두도록 하는 것은 문제가 있다고 본다. 즉, 금융기관에 따라 사외
이사의 수가 다르겠지만, 예컨대 사외이사가 2~3명 있는 금융기관은 사외이사
후보추천위원회와 이사회의 구성원이 거의 겹치므로 이사회와 중복하여 다시 사
외이사 후보추천위원회를 두도록 할 필요는 없다.

    따라서 사외이사 후보추천위원회를 유지시키고자 하면 (집행임원 설치회사로
서) 이사회에 (사외)이사가 많은 금융기관이 자율적으로 운영할 수 있도록 하되,
사외이사 후보만 추천하는 사외이사 후보추천위원회는 외국의 입법례에도 거의
없는 제도이므로 국제기준에 맞게 (사내이사·집행임원·사외이사 등의 후보를 추천하
는) 지명위원회로 개편하여 운영하여야 할 것으로 본다.20) 이 경우 금융지배구조
안은 사외이사 후보추천위원회의 위원은 본인을 사외이사 후보로 추천하는 사외
이사 후보추천위원회 결의에 관하여 의결권을 행사하지 못하는 것으로 규정하고
있으나(동안 제15조 제6항), 이 경우에는 사외이사 후보추천위원회(지명위원회)의 구
성원이 되지 못하는 것으로 하여야 할 것이다.

    또한 사외이사 후보추천위원회(지명위원회)를 유지시키고자 하면 그 구성원의

---

19) 동지: 정찬형, 상게 상장협 연구보고서 2010-2, 110~111면.
20) 동지: 정찬형, 상게 상장협 연구보고서 2010-2, 111~112면.

과반수는 사외이사이어야 한다거나 또는 그 위원회의 대표는 사외이사이어야 한다는 제한규정을 두지 말고 회사의 자율에 맡겨야 한다고 본다.[21] 회사에 가장 적합한 후보를 (외부의 추천기관 등을 통하여) 찾도록 하는 것을 사외이사에 맡기는 것보다 회사 또는 사내이사에 맡기는 것이 현재 우리의 실정에 더 부합하기 때문이다.

지배주주가 없는 금융회사의 경우 사외이사를 자꾸 추천위원회에 참여시키니까 사외이사가 그의 본래의 역할에 충실하기보다는 권력화하여 그의 권한을 남용하는 폐단이 우리 현실에서는 더 크기 때문이다. 사외이사는 업무집행기관 (집행임원)에 대한 감독업무(이사회 구성원으로서)와 감사업무(감사위원회 구성원으로서)에만 충실하도록 하여야지, 불필요하게 (사외이사가 모든 업무를 공평하고 합리적으로 해결한다는 환상속에서) 사외이사에게 그 외의 추가적인 (경영에 관한) 업무를 부과하여 사외이사를 둘러싼 문제가 자꾸 발생하는 것이다.

### (5) 사외이사의 활성화 방안

(가) 사외이사가 업무집행기관(집행임원)에 대한 감독업무와 감사업무에서 그 기능을 충분히 발휘할 수 있기 위하여는 독립성과 전문성이 담보되어야 하는데, 앞에서 본 바와 같이 사외이사 후보를 외부의 인력풀이 풍부한 전문기관으로부터 추천을 받은 사외이사를 선임하면 현재 지배주주 또는 대표이사의 영향하에 있는 사외이사 후보추천위원회의 추천에 의한 경우보다 훨씬 더 사외이사의 독립성과 전문성이 담보될 수 있을 것으로 본다.[22]

(나) 사외이사에 대한 정보부족의 문제는 입법에 의하여 해결할 것이 아니라, 근본적인 지배구조의 개선에 의하여 해결할 수 있다. 즉, 참여형 이사회제도(집행임원 비설치회사)에서는 회사가 항상 정보유출을 염려하므로 사외이사에게 충분한 정보를 제공할 수 없고 또한 사외이사도 회사의 구체적인 업무내용을 파악하는 데 한계가 있으나, 감독형 이사회제도(집행임원 설치회사)에서는 사외이사가 업무집행기관(집행임원)의 구체적인 업무집행에는 관여하지 않고 업무감독 및 업무감사에만 관여하므로 사외이사는 회사의 업무집행에 관한 상세한 정보를 알 필요도 없다. 따라서 사외이사의 정보결여의 문제는 우리 금융관계법이 사외이사제도를 도입하면서 참여형 이사회제도를 채택함으로 인하여 발생하는 문제이지, 회사 내부의 문제나 임직원의 문제라고 볼 수 없다.[23] 따라서 금융기관이 감독형 이

---

21) 동지: 정찬형, 상게 상장협 연구보고서 2010-2, 112면.
22) 이에 관한 상세는 정찬형, 상게 상장협 연구보고서 2010-2, 121면, 124~125면.

사회제도를 채택하면 사외이사의 정보부족의 문제는 훨씬 줄어들 것으로 본다.

(다) 금융회사는 해당 업종별로 사외이사의 적극적 자격요건을 해당 금융관계 법에서 상세히 규정할 필요가 있다.24) 이는 사외이사의 전문성을 활용한 감독 및 감사기능의 활성화에도 크게 기여할 것으로 본다.

(라) 사외이사에 대하여 정기적인 보수와 함께 주주 및 회사의 이익을 증대시 킴에 따른 인센티브(예컨대, 주식매수선택권 등)를 준다면, 사외이사에게 회사의 업 무에 적극적으로 참여하는 동기를 부여함과 동시에 사외이사의 전문성과 효율성 을 크게 제고할 수 있을 것으로 본다.25)

(마) 특히 지배주주가 없는 금융기관에서 사외이사의 권력화를 방지하기 위하 여, 앞에서 본 바와 같이 사외이사에게 업무집행기관에 대한 감독 및 감사업무 이외의 업무를 추가로 부여하지 않음과 동시에, 사외이사의 임기(3년) 후 중임을 제한하여야 할 것으로 본다.

### (6) 은행·대규모 보험회사·대규모 금융투자업자 등을 제외한 금융기관의 지배구조

은행·대규모 보험회사·대규모 금융투자업자 등을 제외한 그 밖의 금융기관 에 대하여는 현행 상법에 의한 지배구조를 갖도록 하고, 금융지배구조안과 같이 각 금융기관의 특성을 무시하고 일률적으로 감독형 지배구조를 갖도록 강요하지 말아야 할 것이다.


## VI. 결  어

우리나라 금융기관의 지배구조는 종래의 증권거래법상 상장회사에 대한 특 례규정과 함께 변천되어 왔다. 따라서 IMF 경제체제 이후 의무적으로 사외이사 제도 및 감사위원회제도가 도입되었는데, 이는 집행임원제도와 함께 도입되지 않 아 합리적인 지배구조가 되지 못하고 또한 그 효율성을 발휘하지 못하면서 사회 적인 문제가 자주 발생하였다. 이는 불안정한 금융기관의 지배구조가 금융안전을 저해하는 것으로 반드시 해결하여야 할 문제라고 본다. 이는 지금까지 단편적으

---

23) 동지: 정찬형, 상게 상장협 연구보고서 2010-2, 121~122면.
24) 동지: 정찬형, 상게 상장협 연구보고서 2010-2, 126면.
25) 정찬형, 상게 상장협 연구보고서 2010-2, 126~127면; 동, "사외이사제도의 개선방안,"「고 려법학」(고려대 법학연구원), 제40호(2003), 64면.

로 도입된 금융기관의 지배구조가 상호 조화하지 못하여 발생하는 문제로서, 근본적으로 전체적인 틀에서 이를 재조립하여 효율적인 경영과 감독이 될 수 있도록 하여야 할 것이다.

이를 위하여 금융기관의 지배구조는 핵심적으로 다음과 같이 개선되어야 할 것이다. 은행·대규모 보험회사·대규모 금융투자업자 등에서 시행하고 있는 업무집행기관(사실상 집행임원)에 대하여 감독업무를 수행하는 사외이사 중심의 이사회가 그 감독기능을 효율적으로 수행할 수 있도록 하기 위하여는 이사회와 분리된 업무집행기관(즉, 상법상 집행임원제도)을 의무적으로 두도록 하여야 할 것이다. 상법상 집행임원제도를 채택하면 대표집행임원 및 집행임원이 이사회에서 선임·해임되므로, 현행과 같이 대표이사(은행장 등)가 모든 사실상 집행임원을 선임·해임함으로 인하여 발생하는 대표이사의 권한남용(월권)을 방지할 수 있다. 이와 함께 사외이사의 권력화를 방지하기 위하여 사외이사에게 업무집행기관(집행임원)에 대한 감독·감사업무 이외의 업무(추천위원 등)를 맡기지 말아야 하고, 사외이사의 중임을 제한하여야 할 것이다.

위의 금융기관은 감사위원회를 의무적으로 갖도록 하고 있는데, 이 경우 상법상 집행임원을 둔 감독형 이사회를 가진 금융기관은 감사위원을 상법에 따라 (감독형) 이사회에서 선임·해임하여야 할 것이다. 만일 참여형 이사회를 가지면서 감사위원회를 두는 것을 허용한다면 감사위원에 대하여는 상법상 감사(監事)에 관한 규정을 준용하는 규정을 두어야 할 것으로 본다.

은행·대규모 보험회사·대규모 금융투자업자를 제외한 금융회사의 지배구조는 상법에 의하도록 하고, 특별히 강제하는 규정을 두지 않아야 할 것이다.

# 금융기관 지배구조의 개선방안*

# Ⅰ. 서　언

　　2014년 KB금융 사태에서 나타난 바와 같이 금융기관의 경영진과 사외이사들 간의 불협화음이 계속하여 발생하고 있는 점은 우리 금융기관의 지배구조에 근본적인 문제가 있는 점이 틀림없다. 지배구조에 근본적인 문제가 있는 점은 대규모 상장회사의 경우에도 같다. 이러한 점에 대하여 금융기관의 감독기관의 장인 금융위원장도 "우리의 지배구조제도의 외형과 모양새는 글로벌 스탠더드에 근접했지만 형식적 운용으로 인해 주주와 시장, 감독당국의 기대수준에는 아직 미치지 못한다"고 평가하면서, "사외이사와 이사회 등이 제도의 본래의 취지대로 작동할 필요가 있다" 는 점을 인식하고 있다.[1] 그런데 금융위원회에서는 이에 관하여 근본적인 문제점을 해결하고자 하지는 않고, 지엽적인 문제만을 제시하거나, 또는 정부차원에서 금융기관 지배구조에 직접 관여하지 않겠다고 한다.[2]

　　금융기관은 거의 전부 주식회사의 형태이므로, 금융기관 지배구조의 개선방안은 주식회사(특히 대규모 상장회사) 지배구조의 개선방안과 거의 동일하거나 유사하다고 볼 수 있다. 따라서 이하의 주식회사(특히 대규모 상장회사) 지배구조의 개선방안은 금융기관 지배구조의 개선방안에도 그대로 해당된다고 볼 수 있다.

　　좋은(모범적인) 회사의 지배구조란 무엇인가. 이는 경영의 효율성과 투명성을

---

* 이 글은 정찬형, "금융기관 지배구조의 개선방안," 「금융법연구」(한국금융법학회), 제12권 제1호(2015. 4), 65~96면의 내용임(이 글은 필자가 2014. 12. 19. KDI 금융포럼 세미나에서 발표한 내용을 수정·보완한 것임).
1) 매일경제, 2014. 10. 15자 A 14면.
2) 매일경제, 2014. 10. 15자 A 14면.

담보하는 지배구조로서 회사의 모든 이해관계인에게 이익을 가져다줄 수 있는 지배구조라고 볼 수 있는데, 이 효율성과 투명성은 상호 충돌하는 면도 있다. 이 경우 현재 무엇을 우선으로 할 것인지는 국가·회사·시대 등에 따라 선택하여야 할 정책적인 문제라고 볼 수 있다. 다시 말하면 황제경영을 할 수 있도록 하는 지배구조는 신속성과 과단성은 있으나 그 실패에 따른 위험이 커서 많은 이해관계인의 손실을 가져올 수 있고, 경영이 견제받도록 하는 지배구조는 투명성을 가져오고 많은 이해관계인의 손실을 감소시키는 면이 있으나 신속성과 과단성이 부족한 면이 있다.

견제받는 경영(투명한 경영)을 위한 지배구조가 되기 위하여는 업무집행기관에 대한 실효성 있는 감독과 감사가 있어야 한다. 주식회사에서 업무집행기관에 대한 감독은 (원래) 주주(총회)가 하는데 주주가 많고 분산된 상장회사(특히 대규모 상장회사)에서는 대부분의 주주가 경영에 무관심하고 주주총회가 형식화되어 이사회(또는 독일의 경우 감사회)를 통하여 업무집행기관(집행임원)에 대하여 효율적인 감독을 한다(이 경우 법률상 이사는 주주의 대리인이고, 이사회에서 선임된 집행임원은 주주의 복대리인이다). 황제경영 또는 견제받지 않는 경영은 업무집행기관에 대한 감독기관 또는 감사기관이 없거나 또는 형식상 존재하기는 하나 유명무실한 경우이다.

이하에서는 우리 상법(회사편)상 주식회사의 지배구조(업무집행기관·감독기관 및 감사기관)를 살펴보고, 금융기관 지배구조의 개선방안을 제안하여 보고자 한다.

## II. 우리 상법(회사편)상 주식회사의 지배구조[3]

### 1. 업무집행기관 및 감독(감사)[4]기관

가. 주식회사의 업무집행에 관하여 1962년 제정상법은 「회사의 업무집행, 지배인의 선임이나 해임은 이사회의 결의로 한다」고 규정하여(참여형 이사회)(상법

---

3) 이에 관하여는 정찬형, "나의 상법학 이해 30년(입법 및 판례와 관련한 연구를 중심으로)," 「고려법학」(고려대 법학연구원), 제70호(2013), 13~22면 참조.

4) 이사회는 (대표)이사 또는 집행임원에 대하여 감독권을 갖는데 이는 상하관계에서 행사되는 것이고 또한 타당성(합목적성) 감사에도 미치나, 감사 또한 감사위원회가 갖는 감사권은 수평적 지위에서 원칙적으로 적법성 감사만을 하는 점에서, 감독과 감사는 구별된다[정찬형, 「상법강의(상)(제18판)」, 박영사, 2015, 931면].

제393조),5) 업무집행(기관)에 대하여만 규정하고 업무집행(기관)에 대한 감독에 관하여는 전혀 규정을 두지 않았다. 1984년 개정상법은 이사회의 업무집행에 관하여 「회사의 업무집행, 지배인의 선임 또는 해임과 지점의 설치·이전 또는 폐지는 이사회의 결의로 한다」로 변경하면서(상법 제393조 제1항), 이사회의 감독권에 관한 규정을 신설하여 「이사회는 이사의 직무의 집행을 감독한다」고 규정하였다 (상법 제393조 제2항). 또한 1984년 개정상법 이전에는 감사(監事)에게 회계감사권만 부여하였는데, 1984년 개정상법에서 감사에게 회계감사권뿐만 아니라 업무감사권도 부여하였다(상법 제412조). 1995년 개정상법에서는 감사(監事)에 의한 감사의 실효성을 위하여 「감사는 주주총회에서 감사의 해임에 관하여 의견을 진술할 수 있다」는 규정을 신설하였고(상법 제409조의 2), 감사의 임기를 (개정전 2년에서) 3년으로 연장하였으며(상법 제410조), 감사의 겸직금지의무를 「자회사의 이사 또는 지배인 기타의 사용인」으로 확대하였고(상법 제411조), 이사의 감사에 대한 보고의무(상법 제412조의 2)·감사의 주주총회 소집청구권(상법 제412조의 3) 및 감사의 자회사에 대한 조사권(상법 제412조의 4)을 신설하였다.

위에서 본 바와 같이 우리 상법상 업무집행(기관)에 대한 감독기관은 제정상법에는 특별히 규정하지도 않았고 1984년 개정상법에서는 규정하였지만 업무집행기관과 동일하게 되어 업무집행(기관)에 대한 감독은 사실상 없거나 유명무실하게 되었다. 또한 대표이사의 권한이 워낙 막강하여 대표이사에 의하여 주주총회에 추천되는 감사가 (대표)이사 및 이사회의 업무집행을 실효성 있게 감사하는 것은 사실상 불가능하였다. 지배주주가 대표이사를 맡는 경우 주주총회에 의한 업무집행기관(이사회 및 대표이사)에 대한 감독도 사실상 불가능하였다. 따라서 (대)회사의 지배주주(대표이사)는 어떠한 제재나 감독을 받음이 없이 경영권을 전횡하였고, (대)회사의 경영은 제도가 아니라 특정인에 의하여 독단되었다. 이러한 지배주주(대표이사)가 항상 올바른 판단만을 할 수는 없는 것이고, 때로는 과감하고 신속한 판단으로 효율성을 거두는 경우도 있으나, 때로는 독선적이고 무리한 판단으로 회사를 파탄시키는 경우도 있다. 이때 회사의 지배주주 외의 주주 등 회사의 많은 이해관계인은 그대로 많은 손실을 입게 되고, 국가적으로도 큰 사회적 문제를 야기시키는 것이다. 이러한 점으로 인하여 1997년 말 우리나라는 IMF 경제체제를 맞게 되었고, 이로 인하여 많은 국민은 실업 등 뼈아픈 고통을

---

5) 회사의 영업에 관하여 재판상 또는 재판외의 모든 행위를 할 권한이 있는 대표이사의 선임, 공동대표, 대표이사의 권한 및 불법행위책임 등에 관하여는 상법 제389조에서 규정하고 있다.

경험하게 된 것이다.

나. IMF 경제체제시 IMF 등은 한국의 회사(특히 대규모 주식회사)는 업무집행기관에 대한 감독(감사)기관이 사실상 없거나 또는 본래의 기능을 발휘하지 못한다는(즉, 기업경영이 투명하지 못하다는) 제도상 문제점을 제기하면서, 회사지배구조에 관한 법률의 개정을 강력히 요구하였다. 이에 따라 우리 상법(회사편)은 1998년·1999년 및 2001년에 IMF 경제체제에 대응하고 (기업의 구조조정 및 자금조달의 편의와) 기업경영의 투명성 제고를 위하여 자의반·타의반 개정이 있었다. 1999년 개정상법에서 거의 타의에 의하여 도입된 제도가 감사위원회제도이다(상법 제415조의 2). 또한 그 당시 증권거래법 제191조의 16 제1항(현재는 상법 제542조의 8 제1항)에 의하여 업무집행기관에 대한 이사회의 감독의 효율성을 높이기 위하여 상장회사는 의무적으로 사외이사를 이사 총수의 4분의 1 이상(자산총액 2조원 이상인 상장회사는 사외이사를 처음에는 '3인 이상 및 이사 총수의 2분의 1 이상'으로 하였으나, 그 후 '3인 이상 및 이사 총수의 과반수'로 변경함) 두도록 하였다. 이것은 모두 업무집행기관에 대한 감독과 감사의 효율성을 높여 기업경영의 투명성을 기하고자 한 것이었다. 그런데 이것은 이사회와는 별도의 업무집행기관(집행임원)이 있는 것을 전제로 할 때, 이러한 이사회(감독형 이사회)가 실효성 있는 감독기능을 수행할 수 있고, 또한 이러한 감독형 이사회를 전제로 할 때 이사회내 위원회의 하나인 감사위원회가 실효성 있는 감사업무를 수행할 수 있는 것이다. 따라서 이러한 감독형 이사회의 구성원인 「사외이사」및 감독형 이사회내 위원회의 하나인 「감사위원회」를 입법할 때, 감독형 이사회와는 별도의 업무집행기관인 집행임원에 대하여 상법 등에 규정을 하였어야 하였다. 그런데 사외이사와 감사위원회에 관한 입법을 하면서 집행임원에 대하여는 상법이나 증권거래법의 어디에도 전혀 규정을 하지 아니하였다. 이는 몰라서 입법을 하지 않은 것인지, 경제계 등의 반대가 있어 입법을 하지 않은 것인지 알 수가 없다. 이와 같이 감독기관(이사회)과 분리된 업무집행기관(집행임원)에 대하여 그 동안 입법이 되지 않아서, 이사회는 스스로 업무집행에 관한 의사결정을 하면서 이사의 업무집행을 감독하는 기관(참여형 이사회)이 되어 자기감독의 모순이 발생하고 업무집행기관에 대한 감독의 실효성이 없게 된 점은 개정 전과 동일하게 되었다. 또한 이사회의 업무집행에 관한 의사결정(업무집행기능)에 사외이사를 참여시켜 회사는 정보노출의 우려와 효율성이 떨어진다고 불만하고, 사외이사는 업무도 제대로 파악하지 못한 상태에서 의사결정에 참여하여 이에 따른 책임부담을 우려하게 되었다. 또한 이러한 참여

형 이사회내의 위원회의 하나인 감사위원회는 자기감사의 모순이 있게 되어 감사의 실효성이 종래의 감사(監事)보다 더 떨어질 뿐만 아니라, 그 독립성에서도 종래의 감사(監事)보다 더 떨어지게 되었다. 업무집행기관에 대한 감독 및 감사의 실효성이 없는 점에 대하여 회사의 지배주주(회장)는 걱정할 이유가 없고(오히려 만족할 수 있고), 업무집행에 대하여는 사외이사가 참여한 이사회에 맡기면 그 효율성이 떨어지므로 회사(특히 대규모 주식회사)는 사외이사를 최소화하기 위하여 이사회를 최소의 이사로 구성하고 또한 사외이사가 참여하는 이사회를 사실상 유명무실화시키면서 (우리나라에만 있는 특유한 현상인) 지배주주(회장)가 임면하는 사실상 집행임원(비등기임원)6)을 중심으로 경영을 하고 있는 것이 현실이다. 종래에는 이러한 사실상 집행임원에 대하여 상법 등에 근거규정이 전혀 없어, 등기(공시)할 필요도 없을 뿐만 아니라 임기도 제한이 없고 또한 지배주주(회장)가 일방적으로 임면하므로, 지배주주(회장)는 IMF 경제체제 이전에 이사와 함께 일하는 것보다 더 편리하고 비용도 절약할 수 있으며 사실상 집행임원의 본인(회장)에 대한 충성도도 높게 되었다(이의 결과 제도에 의한 경영보다 사람에 의한 경영으로 더 고착되게 되었다). 또한 IMF 경제체제 이전에 (대표)이사가 담당하였던 업무를 사실상 집행임원이 담당한 경우, 그러한 사실상 집행임원이 근로기준법상 근로자라고 주장하면서 퇴직금청구소송을 제기한 경우 우리 대법원판례는 이러한 사실상 집행임원은 주주총회에서 선임되지 않았고 또한 등기되지도 않았다는 이유를 들어 이사가 아니고 회사와의 관계는 (고용관계를 전제로 하는) 근로자로서 근로기준법이 적용된다고 판시하였다.7) 이러한 판결은 회사에게 많은 불만을 야기하여, 회사측에서 집행임원에 관한 입법을 요구한 적도 있었다. 그런데 이러한 사실상 집행임원은 회사 및 제3자에 대하여 이사와 동일한 책임을 부담할 수 있는데(상법 제401조의 2 제1항 제3호 참조), 이러한 대법원판례에 의하면 사실상 집행임원은 근로자로서의 지위를 갖게 되어, 모순이 발생한다. 또한 회사에서 지배인도 등기되어 공시되는데(상법 제13조), 지배인보다 훨씬 권한이 큰 사실상 집행임원은 등기(공시)되지 않아 그와 거래하는 제3자가 등기부에 의하여 그 지위를 알 수 없도록 하는 것도 균형을 잃은 것이고 제3자의 보호(거래의 안전)에 큰 문제가 아닐수 없다. 따라서 필자는 이러한 사실상 집행임원에 대하여 "이는 사외이사의 설

---

6) 이러한 사실상 집행임원에 관한 상세는 정찬형, 「상법강의(상)(제13판)」, 박영사, 2010, 831~832면 참조.
7) 대판 2003. 9. 26, 2002 다 64681 외.

치 강요에 따라 발생한 새로운 기업현상으로 법률이 미처 이를 규정하지 못한 점에서 발생한 특수한 현상(법률상 미아현상)이라고 볼 수 있다. 따라서 해석론상으로는 이러한 집행임원에 대하여 그 성질이 허용하는 한 이사에 관한 규정을 유추적용하여 그의 의무·책임 등을 인정하여야 하고, 입법론상으로는 집행임원에 관하여 그의 지위·권한·의무·책임 등에 대하여 법률에서 규정하여야 한다"고 (계속하여 강력하게) 주장하였다.[8]

IMF 경제체제시 IMF 등의 강요로 회사의 투명경영을 위하여 업무집행(기관)에 대한 감독(감사)의 실효를 위한 지배구조 개선에 관한 상법·증권거래법 등의 개정이, 업무집행기관과 업무감독기관을 분리하지 않고 종전과 같이 참여형 이사회를 전제로 하여 이루어짐으로써, 결과적으로 업무집행(기관)에 대한 감독(감사)의 실효를 거두지도 못하면서(오히려 종래보다 그 실효를 더 떨어뜨리면서) 새로운 문제만을 야기시키게 되었다. 즉, 참여형 이사회에 사외이사만을 추가하였다고 하여도 업무집행(기관)에 대한 감독은 여전히 종래와 같은 자기감독이 되므로 감독의 실효를 거둘 수가 없게 되었고, 오히려 이사회의 업무집행(의사결정)기능만 그 효율성을 감소시키게 되었다. 또한 이로 인하여 법상 근거도 없는 사실상 집행임원(비등기임원)을 새로이 발생시키고 이러한 사실상 집행임원(비등기임원)과 관련한 많은 법률문제만 야기하게 되었다(결과적으로 황제경영을 강화하게 되었다). 또한 참여형 이사회에서 감사(監事)에 갈음한 감사위원회는 종래의 감사(監事)보다 그 독립성이 더 떨어지고 또한 기능면에서도 자기감사가 되어 감사의 실효성이 더 떨어지게 되었다. 또한 참여형 이사회에서의 사외이사는 감독기능과 감사기능의 실효성을 높이지 못할 뿐만 아니라 업무집행기능의 효율성만 떨어뜨리거나 또는 감독업무나 감사업무보다는 오히려 지배주주의 로비스트 역할을 하는 「문제아」가 되었고, 지배주주가 없는 금융기관 등에서는 사외이사가 회장 등의 추천위원 등에 참여하여 (감독·감사업무에 참여하여 감독·감사의 실효성을 높이도록 한 취지에 반하여) 그 권한을 남용하는 폐단까지 발생하게 되었다(즉, 사외이사는 지배주주가 있는 회사에서는 로비스트의 역할을 하고, 지배주주가 없는 은행 등에서는 지배주주의 역할을 하였다). 이와 같은 문제점이 많은 이상한 지배구조는 우리나라에만 있는 독특한 현상이다. 따라서 필자는 투명경영을 위하여 실효성 있는 감독(감사)을 할 수 있도록 하고, 사외이사 및 사실상 집행임원으로부터 발생하는 제반 문제점

---

8) 정찬형, 전게서[상법강의(상)(제13판)](주 6), 832면; 동, "한국 주식회사에서의 집행임원에 대한 연구,"「고려법학」(고려대 법학연구원), 제43호(2004), 37~62면.

을 해결하며, 현재 회사가 임의로 시행하고 있는 사실상 집행임원에 대한 법적 근거를 마련하기 위하여, 업무집행기관(집행임원)과 업무감독기관(감독이사회)을 분리하고9) 집행임원에 관한 규정은 기업에 관한 기본법인 상법에 반드시 규정하여야 한다고 강력히 주장하였다.10) 이와 함께 감사의 실효성을 위하여 집행임원을 설치하여 감독형 이사회를 가진 회사만 감사위원회를 둘 수 있도록 하여야 한다고 주장하였다.11) 주식회사의 지배구조에서 업무집행(기관)에 대한 감독의 실효성을 위하여는 우리 상법이 먼저 집행임원제도를 도입하고 그 다음으로 이사회의 업무집행(기관)에 대한 감독기능을 강화하기 위하여 사외이사제도 및 감사위원회 제도를 도입하여야 하였는데, 앞에서 본 바와 같이 IMF 경제체제시에 이와 반대로 (상법상) 집행임원이 없는 상태에서 의무적으로 사외이사제도와 감사위원회 제도를 도입하였기 때문에 현재 집행임원에 관하여 입법을 하는 것은 입법의 순서에서 어긋난 면은 있으나, 지배구조체제에서의 모순을 해결하고 업무집행(기관)에 대한 실효성 있는 감독을 위하여는 이사회와 분리된 집행임원에 관한 입법이 반드시 필요하다고 본다. 특히 자산총액 2조원 이상인 상장주식회사는 이사회에 사외이사를 3인 이상 및 이사 총수의 과반수가 되도록 하여(상법 제542조의 8 제1항 단서) 감독형 이사회로 규정하고 또한 이러한 회사는 감사위원회를 의무적으로 설치하도록 하였다면, 이와 균형을 맞추어 집행임원제도도 의무적으로 두도록 하여야 한다고 주장하였다.12)

　　비교법적으로 볼 때도 독일에서는 업무집행기관(이사회, 집행이사회)과 업무감독기관(감사회, 감독이사회)이 처음부터 분리되었고(중층제도), 미국에서는 초기에 참여형 이사회제도이었으나(단층제도) 근래에는 감독형 이사회제도를 많이 채택하여 독일의 중층제도와 유사하게 되었다. 따라서 오늘날은 업무집행기관과 업무감독기관을 분리하는 입법추세가 국제적인 기준이 되고 있다고 볼 수 있다. 미국에서 집행임원을 의무적으로 두도록 한 주법(州法)으로는 캘리포니아주(Cal. Corp. Code 제312조)·델라웨어주(Del. Gen. Corp. Law 제142조) 등이 있고, 일본의 2005

---

9) 정찬형, "주식회사의 지배구조와 권한의 분배,"「상사판례연구」(한국상사판례학회), 제16집 (2004), 3~51면(특히 32~35면).

10) 정찬형, "주식회사 지배구조관련 개정의견,"「상법개정연구보고서」(한국상사법학회 상사법개정연구위원회), 2005. 8, 49~85면(특히 74면).

11) 정찬형, 상게논문(상법개정연구보고서)(주 10), 77면; 동, "주식회사의 지배구조,"「상사법연구」(한국상사법학회), 제28권 제3호(2009. 11), 34~36면, 49면, 51~53면, 55면, 59~64면; 동, 전게서[상법강의(상)(제18판)](주 4), 832면.

12) 정찬형, 전게논문(상사법연구 제28권 제3호)(주 11), 9~67면(특히 59면).

년 신회사법에서는 사외이사를 과반수로 한 위원회를 설치하는 위원회설치회사에서는 집행임원(執行役)을 의무적으로 두도록 하고 있고(일본 회사법 제402조 제1항), 2005년 개정된 중국 회사법도 주식회사에서는 집행임원(經理)을 의무적으로 두도록 하고 있다(중국 회사법 제114조 제1문).[13]

다. 2005년 8월 24일 법무부 회사법개정위원회 전체회의에, 동 위원회의 위원이며 지배구조 소위원회 위원장이었던 필자가, 집행임원에 관하여 발제한 상법개정시안(제408조의 2~제408조의 12)의 주요내용은 다음과 같은 것이었다. 즉, 이사회에 사외이사 3인 및 이사 총수의 과반수(감독이사회)를 둔 주식회사는 이사회의 결의에 의하여 집행임원을 선임하여야 하고, 이러한 이사회에는 상법 제393조가 적용되지 않는다. 집행임원은 이사회의장의 직무를 겸할 수 없고, 이사는 부득이한 경우에 또한 최소한으로 집행임원을 겸할 수 있다. 집행임원의 임기는 정관이 달리 정한 바가 없으면 3년을 초과하지 못하는 것으로 하였다. 이러한 발제안은 상법개정위원회의 논의과정에서 경제계의 요구 및 실무계의 현실 등을 반영하여, 집행임원을 설치할 수 있는 주식회사에 대하여 제한을 두지 않으면서 이의 선택은 회사가 임의로 하고, 집행임원 설치회사에 상법 제393조(참여형 이사회의 권한)를 배제하는 규정을 삭제하였으며, 집행임원이 이사회의장을 겸직할 수 없도록 한 규정 및 집행임원이 원칙적으로 이사를 겸직할 수 없도록 한 규정을 삭제하였다. 또한 집행임원의 임기를 원칙적으로 2년으로 단축하였다.

2011년 개정상법은 위와 같은 내용으로 집행임원에 관한 규정을 신설하였다 (상법 제408조의 2~제408조의 9). 우리 상법이 (경제계 등 많은 반대가 있었음에도 불구하고) 주식회사의 지배구조를 개선하고 또한 국제기준에 맞는 지배구조로 나아가기 위하여 집행임원에 관하여 최초로 규정한 것은 큰 발전이라고 본다. 그러나 사외이사가 3인 이상이고 이사 총수의 과반수인 이사회를 가진 대규모 주식회사가 집행임원 설치회사를 선택하지 않으면서(즉, 업무집행기관과 업무감독기관을 분리하지 않으면서) 여전히 종래와 같은 많은 문제가 발생하게 되었다. 또한 회사 규모에 관계 없이 모든 주식회사가 집행임원 설치회사를 선택할 수 있도록 하고 집행임원이 이사회 의장 및 이사를 겸하는 것에 대하여 아무런 제한을 두지 않음으로써, 대규모 주식회사에 업무집행기관과 업무감독기관을 분리시켜 업무감독 및 업무감사의 실효를 거두고자 하는 원래의 취지는 퇴색하게 되었다.

---

13) 이에 관하여는 정찬형, 전게서[상법강의(상)(제18판)](주 4), 903면; 동, "집행임원," 「주식회사법 대계」, 법문사, 2013, 1043~1044면 참조.

　　이러한 집행임원에 관하여 상법에서 규정하고 그 효력이 발생한지 수 년이 경과하였으나 자산총액 2조원 이상인 상장회사 또는 금융기관이 상법상 집행임원 설치회사를 채택한 회사는 한 곳도 없다. 또한 이러한 대규모 상장회사나 금융기관은 사실상 집행임원을 두고 있으면서 상법상 집행임원제도를 채택하지 않고, 이러한 사실상 집행임원은 상법상 집행임원과 다르다고 억지 주장을 한다. 이는 사실상 탈법행위라고 볼 수 있다. 이러한 대규모 상장회사 등이 상법상 집행임원제도를 채택하는 것을 꺼리는 것은 지배주주(회장)가 사실상 집행임원을 독단적으로 선임하고 언제든지 해임할 수 있으며 등기(공시)도 하지 않았는데, 이를 (사외이사가 과반수 있는) 이사회에 임면권을 이양하고 또한 등기(공시)하는 것을 싫어하기 때문이다. 현재와 같이 업무집행기관에 대한 감독기능의 효율성을 위하여 (상장회사의 경우) 의무적으로 도입한 사외이사제도가 그 본래의 기능을 다하지 못하면서 많은 문제점을 야기하고 있음에도 불구하고, 국가는 이를 그대로 방치하고 기업의 자율에만 맡기는 것이 타당한가는 의문이다. 오늘날 우리 기업도 많이 성장하여 세계적인 기업이 되었으니, 이제는 회사의 지배구조도 사람(지배주주) 중심의 경영에서 제도 중심의 경영으로 가고 또한 주식회사의 지배구조에 관하여 국제기준에 맞고 국제적 신뢰를 받을 수 있는 제도로 가는 것이 국가와 기업 자체를 위하여도 절대 필요하다고 본다.[14]

　　**라.** 이러한 점에서 법무부가 2013년 7월 16일 입법예고한 상법개정안에서는 합리적이고 국제기준에 맞으며 감독과 감사의 실효를 거둘 수 있는 기업의 지배구조의 틀을 전제로 하여, 업무집행기관(집행임원)과 업무감독기관(이사회)을 분리하고 이러한 경우에만 감사위원회가 그 본래의 감사기능을 수행할 수 있다는 점에서, 감사위원회를 둔 주식회사는 이사회와 분리된 집행임원을 의무적으로 두도록 하였다(동안 제415조의 2 제1항 제2문 후단). 그런데 이러한 상법개정안은 경제계의 반대로 유보되었다.

　　**마.** 필자는 1987년에 독일 뮌스터대학교 법과대학에 객원교수(Gastprofessor)로 있으면서 독일 물적회사의 기관과 근로자의 공동결정제도를 연구하여, 이를 1988년에 국내에서 발표한 바 있다.[15] 이 연구를 통하여 독일의 물적회사에서는

---

14) 정찬형, "2000년대 한국상법(총칙·상행위·회사)의 입법론적 발전방향,"「법조」(법조협회), 제520호.(2000. 1), 156면.
15) 정찬형, "서독 물적회사의 기관과 근로자의 공동결정제도,"「현대상사법의 제문제」(설성 이윤영 선생 정년기념), 법지사, 1988, 170~223면.

업무집행기관(주식회사의 경우는 이사회)과 업무감독기관(감사회)이 처음부터 철저하게 분리되어 있고(중층제도) 또한 업무감독기관(감사회)은 가장 중요한 권한인 이사의 임면권 및 업무집행기관에 대한 계속적인 감독권을 행사하면서 때로는 주주총회의 권한(재무제표의 확정권, 정관에 규정이 있는 경우 이사회의 업무집행에 대한 동의권 등)의 일부도 행사하여[16] 대단히 실효적인 감독권을 수행함으로써 회사경영의 투명성을 기하고 있다는 점과, 물적회사의 감사회에 근로자대표를 참여시키는 공동결정제도에 의하여 노사문제를 (투쟁에 의해서가 아니라) 사전에 제도적으로 해결함으로써 회사의 생산성을 크게 향상시키고 있는 점에서 깊은 인상을 받았다. 우리나라의 경우 독일의 공동결정제도는 독일과는 다른 역사적·정치적·종교적 배경 등으로 인하여 (당분간 또는 영원히) 도입되기 어렵다고 본다.[17] 그런데 업무집행기관과 업무감독기관을 분리하는 문제는 원래 미국제도(감독형 이사회제도)보다는 독일제도(중층제도)가 보다 더 우리의 실정에 맞을 것으로 생각되었다.[18] 그러나 IMF 경제체제 이후 우리 상법(회사법)이 미국법에 더 가깝게 입법되었고 또한 이는 국제기준에 근접한 입법이기 때문에, 현재로서 우리 상법상 주식회사의 지배구조를 독일의 중층제도로 변경한다는 것은 사실상 거의 불가능하다고 본다. 따라서 현행 제도에서 업무집행기관에 대한 감독 및 감사기능이 그 실효성을 발휘할 수 있도록 하기 위하여는, 앞에서 본 바와 같이 특히 대규모 상장회사 또는 금융기관 등에서 우선 업무집행기관(집행임원)과 업무감독기관(감독형 이사회)을 분리하도록 하고(즉, 집행임원 설치회사를 채택하도록 하고), 이러한 집행임원 설치회사에서만 감사위원회를 두도록(또는 둘 수 있도록) 하여야 할 것이다.[19]

## 2. 감사위원회[20]

가. 감사위원회는 위에서 본 바와 같이 감독형 이사회내에 설치되는 하나의 위원회로서 (이러한 이사회와 분리된) 업무집행기관(집행임원)에 대한 감사기능을 수행한다.

우리나라에서의 감사위원회는 IMF 개혁입법의 일환으로 국제금융기구들의

---

16) 이에 관하여는 정찬형, 전게서[상법강의(상)(제18판)](주 4), 826면 참조.

17) 정찬형, 전게논문(현대상사법의 제문제)(주 15), 222~223면.

18) 정찬형, 전게서[상법강의(상)(제18판)](주 4), 831~832면; 동, 전게논문(상사판례연구 제16집)(주 9), 31~32면; 동, 전게논문(법조 제520권)(주 14), 159면.

19) 정찬형, 전게논문(상사판례연구 제16집)(주 9), 32~35면; 동, 전게서[상법강의(상)(제18판)](주 4), 832면.

20) 이에 관하여는 정찬형, "사외이사제도 개선방안에 관한 연구," 「상장협연구보고서 2010-2」(한국상장회사협의회), 2010. 10, 91~97면 참조.

권고에 의하여 1999년 개정상법에 의하여 도입되었는데(상법 제415조의 2), 감사위원회는 3인 이상의 이사로 구성되고 사외이사가 감사위원 총수의 3분의 2 이상이어야 하는 점(상법 제415조의 2 제2항)에서 사외이사는 감사위원회에서 중요한 기능을 수행하게 된다. 우리나라에서 이와 같이 감사위원회를 도입한 실질적인 이유는 종래 우리나라 회사들이 채택한 監事는 법률이 기대하는 바와 같은 기능을 제대로 수행하지 못하였기 때문에 경영자 감시 · 감독 메커니즘을 강화하기 위한 것이라고 한다.21) 따라서 우리나라의 감사위원회는 상법상 監事가 수행하던 기능(상법 제415조의 2 제7항) 외에 이사회내 위원회의 기능(상법 제393조의 2)(이는 미국의 감사위원회가 수행하는 기능)을 동시에 가지므로 외국의 감사위원회보다 그 권한이 더욱 강력하다고 보는 견해도 있다.22)

　　나. 그런데 우리 상법상 감사위원회제도는 감독형 이사회제도(즉, 업무집행기관과 업무감독기관을 분리한 지배구조체제)를 전제로 하지 않고 참여형 이사회제도(즉, 이사회에 업무집행권과 업무감독권을 동시에 부여하는 지배구조체제)하에서 채택되고 있는 점, 감사위원회의 기능이 우리 상법상 監事의 기능과 동일하지 않음에도 불구하고 監事에 갈음하는 제도로 규정함으로써 다음과 같은 많은 문제점을 야기하고 있다.

　　(1) 현행 상법상 자산총액 2조원 이상인 대회사의 경우 업무집행기관에 대한 업무감사기관은 언제나 이사회내의 위원회의 하나인 감사위원회이다(상법 제542조의 11 제1항, 동법 시행령 제37조 제1항).

　　감독기관(이사회)과 분리된 업무집행기관(집행임원)이 별도로 있으면 업무집행기관에 대하여 감독기능을 수행하는 이사회가 그의 하부기관(이사회내 위원회의 하나인 감사위원회)을 별도로 구성하여 이에 업무집행기관에 대한 감사업무를 수행하도록 하여 그 결과를 보고받고 필요한 경우 감사위원회의 결의사항을 변경하는 것은(상법 제393조의 2 제1항 · 제4항) 자연스러운 일이다. 그런데 우리 상법은 감독기관(이사회)과 분리된 별도의 업무집행기관을 두지 않고 감독기관(이사회)에 다시 업무집행권한을 부여함으로써 근본적으로 지배구조가 왜곡되어 앞의 이사회에서와 같이 감사위원회에서도 많은 문제점이 발생하게 되었는데, 이러한 근본적인 문제점(업무집행기관과 감독기관의 분리)은 해결하지 않고 지엽적인 문제점을 해결하고자 하는 입법(개정)만을 하여 더욱 더 이상한 현상이 발생하고 있다. 다시

---

21) 김화진, 「기업지배구조와 기업금융」, 박영사, 2009, 228면.
22) 김화진, 상게서(주 21), 228~229면, 252~254면.

말하면 업무집행기관(집행임원)과 업무감독기관(이사회)이 분리되면 이사회가 그의 하부기관인 감사위원회의 결의를 변경할 수 있는 것이 당연한데(상법 제393조의 2 제4항 제2문 후단), 이 양자가 분리되지 않은 상태인 현재의 이사회에서 이사회의 하부기관인 감사위원회가 이사회의 업무집행을 감사하도록 함으로써(즉, 자기감사를 하도록 함으로써) 監査의 효율성이 종래의 監事보다도 현저하게 떨어지는데 이에 다시 감사를 받은 이사회가 감사위원회의 결의를 변경하는 것은 모순되는 문제점이 발생하여 2009년 개정상법에서는 감사위원회의 결의사항에 대하여는 이사회가 변경할 수 없도록 개정하였다(상법 제415조의 2 제6항). 이는 감사위원회가 이사회내 위원회의 하나로서 이사회의 하부기관이라는 근본취지에 반하는 개정으로, 감독기관(이사회)과는 별도의 업무집행기관을 두게 되면 당연히 원래대로 복귀시켜 삭제되어야 할 규정이다.[23]

(2) 감사위원회는 이사회의 하부기관으로 감독기관인 이사회가 설치할 수 있으므로(상법 제393조의 2 제1항) 그 위원의 선임·해임권은 당연히 이사회에 있는 것인데(상법 제393조의 2 제2항 제3호, 제415조의 2 제3항), 현행 상법은 감독기관(이사회)과 분리되는 업무집행기관(집행임원)을 별도로 두지 않고 감독기관(이사회)에 다시 업무집행권을 부여함으로써 업무감사를 받는 이사회가 업무감사를 하는 감사위원회 위원을 선임·해임한다는 것은 모순이며 문제점이 있다고 하여, 자산총액 2조원 이상인 대회사의 경우 감사위원회 위원을 주주총회에서 선임·해임하도록 하고(상법 제542조의 12 제1항·제2항) 이 때 주주의 의결권까지 제한하고 있다(상법 제542조의 12 제3항·제4항). 이는 앞에서 본 바와 같이 감사위원회가 이사회내 위원회의 하나로서 이사회의 하부기관이라는 근본취지를 망각하고 또한 감사위원회 위원과 監事는 구별되는데 이를 동일시하여 정당한 이유도 없이 무리하게 주주의 의결권을 제한한 것으로 매우 부당한 것으로 본다.[24] 이는 위에서 본 바와 같이 근본적인 문제점(감독기관과 분리된 업무집행기관을 두지 않은 점)을 해결하지는 않고 그러한 근본적인 문제점에서 파생되는 지엽적인 문제점만을 해결하기 위하여 상법을 개정함으로써 세계에 유례가 없는 우리나라에서만 있는 매우 희한한 지배구조가 되었다. 따라서 국제기준에 맞는 모범적인 지배구조를 갖기

23) 이에 관한 상세는 정찬형, 전게논문(상사법연구 제28권 제3호)(주 11), 34~35면.
24) 동지: 김화진, 전게서(주 21), 229~230면(상장회사들이 감사위원을 주주총회에 선임하는 이상한 실무가 형성되었으며, 2007년 3월에는 이와 관련하여 상반된 법원의 결정들이 나와 화제가 되기도 했다).

위하여 또한 근본적인 문제점을 해결하기 위하여 감독기관과 분리된 별도의 업무집행기관(집행임원)을 두도록 입법함으로써 위와 같은 이상한 입법은 다시 원위치로 복귀시켜야 할 것으로 본다.25)

　　(3) 자산총액 2조원 미만인 중회사의 업무집행기관에 대한 업무감사기관은 현행 상법상 監事 또는 감사위원회이다(상법 제415조의 2 제1항). 이러한 회사가 감사위원회를 두는 경우에는 감사위원회 위원은 이사회에서 선임(해임)된다(상법 제393조의 2 제2항 제3호). 그런데 최근 사업연도말 현재 자산총액이 1,000억원 이상인 상장회사는 업무감사기관으로 회사에 상근하면서 감사업무를 수행하는 상근감사를 1명 이상 의무적으로 두어야 한다(상법 제542조의 10 제1항 본문). 이러한 상근감사는 그 회사의 상무에 종사하는 이사·집행임원·피용자 또는 최근 2년 이내에 그 회사의 상무에 종사한 이사·집행임원·피용자가 아니어야 하는 등 많은 결격사유가 있다(상법 제542조의 10 제2항). 위와 같이 상근감사를 두어야 할 상장회사가 상법 제3편 제13절(상장회사에 대한 특례) 및 다른 법률에 따라 감사위원회를 설치한 경우에는 상근감사를 두지 않아도 된다(상법 제542조의 10 제1항 단서). 이러한 상장회사는 상법상 사외이사를 의무적으로 이사 총수의 4분의 1 이상 두어야 하므로(상법 제542조의 8 제1항 본문) 사외이사가 2인 이상이면 감사위원회를 두고,26) 상근감사를 두지 않을 것이다. 따라서 감사위원회제도의 출현으로 상근감사를 의무적으로 두도록 한 규정의 의미는 많이 감소되었다고 볼 수 있다.

　　그런데 자산총액 1,000억원 이상 2조원 미만인 상장회사에 대하여 그 監査의 효율성에서 監事가 적합한지 또는 감사위원회가 적합한지 검토할 필요가 있다. 이러한 회사의 경우는 자산총액 2조원 이상인 상장회사와 비교하여 볼 때 이사회가 사외이사 중심으로 구성되지 못하여 업무집행기관에 대한 감독기능에도 충실하지 못하므로 그의 하부기관인 감사위원회도 충실한 감사업무를 수행할 수 없을 뿐만 아니라, 또한 이사회와는 별도의 업무집행기관(집행임원)이 없는 현실에서 이사회의 업무집행사항을 그의 하부기관인 감사위원회가 감사한다는 것은 모순이며 불가능하다. 그렇다면 이러한 회사의 경우 감사위원회보다는 (상근)監事가 보다 효율성 있는 監査를 수행할 수 있을 것으로 본다.

　　따라서 업무집행기관(집행임원)이 별도로 없고 이사회가 업무집행기능과 업

25) 정찬형, 전게논문(상사법연구 제28권 제3호)(주 11), 35~36면.
26) 감사위원회는 3인 이상의 이사로 구성되는데, 사외이사의 위원이 3분의 2 이상이어야 하기 때문이다(상법 제415조의 2 제2항).

무감독기능을 동시에 갖고 있는 회사의 경우는 감사위원회를 두지 못하도록 하고, 의무적으로 상근감사를 두도록 하여야 할 것이다. 이와 같이 할 경우 상법 제542조의 10 제1항 단서를 "집행임원 설치회사의 경우에는 그러하지 아니하다"고 수정하거나, 동조 동항 단서를 삭제하여야 할 것으로 본다.

　　(4) 위 (2)와 (3)에서 본 바와 같이 같은 감사위원회 위원인데 회사의 규모에 따라 선임기관이 다르고(즉, 대회사의 경우는 주주총회에서 선임되고 중회사의 경우는 이사회에서 선임됨), 대회사의 경우에도 상근감사위원과 사외감사위원에 따라 그 선임방법이 다르고(상근감사위원의 선임·해임에는 합산 3% rule이 적용되고, 사외감사위원의 선임에는 단순 3% rule이 적용됨)(상법 제542조의 12 제3항·제4항), 중회사의 경우는 상근감사의 선임을 회피하는 수단으로 감사위원회를 이용하는 등으로 인하여, 우리나라에서 감사위원회제도의 이용이 너무나 복잡하고 또 실효를 거두지 못하며 왜곡되고 있다. 이것은 모두 감독형 이사회제도를 전제하여 이사회내 위원회의 하나로 설계된 감사위원회제도를 (전혀 성질이 다른) 참여형 이사회제도에 규정하고 또 성질이 다른 상법상 監事制度에 갈음하여 규정하였기 때문이다. 따라서 이를 해결하기 위하여는 상법상 집행임원 설치회사를 채택하도록 함으로써 (또는 집행임원을 두도록 함으로써) 업무집행기관과 감독기관(이사회)을 분리하는 지배구조체제를 확립한 후(즉, 감독형 이사회제도를 채택한 후) 이사회내 위원회의 하나로서 감사위원회제도를 채택하여야 할 것으로 본다.

　　(5) 우리 상법상 회사는 감사위원회제도를 감독형 이사회제도를 전제하지 않고 監事에 갈음하여 채택할 수 있는 것으로 하여, 참여형 이사회제도를 채택한 회사가 감사위원회제도를 채택하면 업무집행에 참여하였던 (사외)이사가 자기가 한 업무에 대하여 감사하는 것이 되고(즉, 자기감사의 결과가 되고) 또한 자기를 감사위원으로 선임한 이사회(또는 그 구성원)의 업무집행에 대하여 감사하는 것이 되므로, 이는 감사기관의 선임·업무수행에 있어서 상법상 監事보다 그 독립성과 효율성이 더 떨어지는 결과가 되고 있다. 따라서 참여형 이사회를 채택한 회사의 경우에는 감사위원회가 상법상 監事보다 그 독립성과 효율성이 더 떨어지므로 (상임)監事를 채택하도록 하여야 할 것이다.

　　(6) 감독형 이사회제도를 채택한 회사가 감사위원회를 두었다고 하더라도 이 감사위원회에 사내이사를 참여시키면[27] 이러한 사내이사는 자기가 집행한 업

---

27) 상법상 감사위원의 3분의 1 이하는 사내이사로 할 수 있다(상법 제415조의 2 제2항 단서).

무에 대하여 자기가 감사하는 것이 되므로 자기감사의 모순이 직접적으로 나타나고 감사의 독립성과 효율성을 기할 수 없다. 따라서 업무를 담당하고 있는 사내이사는 감사위원회에 참여시키지 않는 것이 감사위원회의 원래의 취지(독립성과 효율성)에 맞는다고 본다.

다. 법무부가 2013년 7월 16일 입법예고한 상법개정안에서는 감사위원회 위원의 선임·해임에 있어서 사실상 대주주의 3% 의결권제한 규정을 사문화시키지 않기 위하여 일괄선출방식을 분리선출방식으로 변경하였다. 즉, 현행 상법 제542조의 12 제2항은 「제542조의 11 제1항의 상장회사는 주주총회에서 이사를 선임한 후 선임된 이사 중에서 감사위원회 위원을 선임하여야 한다」고 규정하였으나, 동조 동항의 개정안에서는 「제542조의 11 제1항의 상장회사는 주주총회에서 감사위원회 위원이 되는 이사를 다른 이사들과 분리하여 선임하여야 한다」고 규정하였다. 이러한 개정안은 감사위원회 위원의 선임에 소수주주의 영향력을 강화하고자 한 것이나, 감사위원회 위원도 이사인데 이사의 선임에 주주의 의결권을 제한하는 것은 대주주의 경영권을 박탈하고자 한다고 하여 경제계의 강력한 반대로 유보되었다.


## Ⅲ. 금융기관 지배구조의 개선방안[28)]

### 1. 감독형 이사회를 가진 금융기관

#### 가. 집행임원의 설치 의무화

(1) 은행·대규모 보험회사 및 대규모 금융투자업자 등은 2015년 7월 31일 법률 제13453호로 제정된 「금융회사의 지배구조에 관한 법률」(이하 '금융회사 지배구조법'으로 약칭함)(시행 2016. 8. 1.) 이전에는 관련 금융관계법에서 사외이사를 3인 이상 및 이사 총수의 과반수(또는 이사 총수의 2분의 1 이상) 두도록 하였는데(그이외의 금융기관이 임의로 사외이사를 이사 총수의 과반수 두는 경우를 포함함), 이는 이사회를 사외이사 중심으로 구성하여 업무집행기관에 대한 감독업무를 충실히 하도록 한 것이므로 이 경우에는 이사회와 분리된 업무집행기관(집행임원)을 의무적으로 두도록 하였어야 하였다. 현행 상법상 집행임원제도는 선택적으로 규정하고

---

28) 이에 관하여는 정찬형, "금융기관 지배구조 개선을 통한 금융안정 강화 방안," 「금융법연구」(한국금융법학회), 제10권 제1호(2013), 37~46면 참조.

있으나(상법 제408조의 2 제1항), 이러한 금융기관은 의무적으로 집행임원제도를 채택하도록 금융관계법이 개정되어야 할 것이다.[29]

(2) 현재 상법상 집행임원제도를 도입한 금융기관은 없고, 금융기관은 상법상 집행임원제도가 입법되기 이전과 같이 사실상 집행임원(비등기이사)의 형태로 운영되고 있다. 따라서 이러한 사실상 집행임원의 선임·해임권 등을 일반적으로 대표이사(은행장 또는 회장)가 가짐으로써 이사회는 이러한 사실상 집행임원을 감독하지 못하여, 이사회의 감독기능은 현저히 떨어지고 있다. 또한 사실상 집행임원은 이사회의 실질적 감독을 받지 않고 자기를 선임한 대표이사 등에게만 종속되어 대표이사의 권한이 불필요하게 증대되고 대표이사와 이사회가 충돌하는 등 많은 문제점을 야기하고 있다. 다시 말하면 대표이사를 주주총회에서 선임하면(상법 제389조 제1항 단서) 대표이사는 사실상 이사회의 감독을 받지 않고 또한 사실상 집행임원을 대표이사가 선임하면 사실상 업무집행라인은 전부 이사회의 감독을 받지 않아 이사회의 업무집행기관에 대한 감독기능은 완전히 유명무실하게 된다.

(3) 위와 같이 상법상 집행임원제도를 채택하지 않은 이사회는 그 형식에 있어서는 사외이사가 이사 총수의 과반수(또는 2분의 1 이상)로 구성되어 감독형 이사회로 되어 있으나, 법률상 이러한 이사회와 분리되면서 이사회에 의하여 선임되는 업무집행기관(집행임원)을 갖지 못하고 있으므로 이사회는 종래와 같이 참여형 이사회로서 활동하고 있다. 따라서 회사의 업무집행에 관한 의사결정에 다수의 사외이사가 참여하게 되어 업무집행의 비효율성을 가져오면서, 사외이사에게도 과중한 업무와 책임을 부담시켜 사외이사의 효율성을 저하시키고 있다.

---

29) 동지(대규모 상장회사에 대하여): 정찬형, "2007년 확정한 정부의 상법(회사법) 개정안에 대한 의견,"「고려법학」(고려대 법학연구원), 제50호(2008), 384면; 동, 전게논문(상사법연구 제28권 제3호)(주 11), 39~40면; 동, "주식회사법 개정제안,"「선진상사법률연구」(법무부), 통권 제49호(2010. 1), 14~15면; 동, "상법 회사편(특히 주식회사의 지배구조) 개정안에 대한 의견," 상법 일부개정법률안(회사편)에 관한 공청회 자료(국회법제사법위원회), 2009. 11. 20(이하 '국회공청회자료'로 약칭함), 22~23면; 정쾌영, "집행임원제도에 관한 상법개정안의 문제점 검토,"「기업법연구」(한국기업법학회), 제21권 제4호(2007. 12), 110~111면, 116면; 전우현, "주식회사 감사위원회제도의 개선에 관한 일고찰—집행임원제 필요성에 관한 검토의 부가,"「상사법연구」(한국상사법학회), 제23권 제3호(2004. 11), 284면; 원동욱, "주식회사 이사회의 기능변화에 따른 집행임원제도의 도입에 관한 연구," 법학박사학위논문(고려대, 2006. 2), 86~87면, 167~169면, 181면; 서규영, "주식회사의 집행임원제도에 관한 연구," 법학박사학위논문(고려대, 2009. 8), 101~102면, 182면.

(4) 위의 금융기관이 상법상 집행임원제도를 채택하도록 하면, 사외이사는 (이사회와 분리된) 업무집행기관(집행임원)을 감독하는 이사회 및 이사회내 위원회의 하나로서 업무집행기관(집행임원)을 감사하는 감사위원회에만 참여하여 업무집행기관(집행임원)에 대한 감독 및 감사업무에만 참여하고 업무집행에 관한 (개별적인) 의사결정에는 참여하지 않으므로, 사외이사의 활성화에 크게 기여할 뿐만 아니라 이사회의 업무집행기관(집행임원)에 대한 감독기능을 실질적으로 향상시킬 수 있다. 즉, 대표집행임원 및 집행임원은 전부 이사회에 의하여 선임·해임되므로(상법 제408조의 2 제3항 제1호) 이사회는 업무집행기관(집행임원)을 실질적으로 감독할 수 있게 되고, 대표집행임원은 집행임원을 선임·해임하지 못하므로 현재의 대표이사와 같은 권한이 축소되어 이사회와 대표집행임원이 충돌할 여지는 거의 없다.

또한 업무집행은 해당 업무에 정통한 전문가가 담당하므로 업무집행의 효율성을 증대시킬 수 있고, 사외이사는 이사회를 통하여 업무집행기관(집행임원)의 선임·해임 및 보수결정 등에 참여하여 업무감독을 하고 또한 이사회내 위원회의 하나인 감사위원회의 위원으로 업무감사만을 하므로 사외이사의 활성화에도 기여하게 된다.

## 나. 감사위원회 위원의 선임방법 개선

(1) 감독형 이사회(집행임원 설치회사)를 둔 금융기관에 한하여 감사위원회를 두도록 하면, 이사회는 (주주총회에 갈음하여) 업무집행기관(집행임원)에 대한 감독업무를 수행하고, 이러한 이사회내 위원회의 하나인 감사위원회는 업무집행기관(집행임원)에 대하여 감사업무를 수행하며 이에 관하여 이사회의 감독을 받는 것은 당연하다(상법 제393조의 2 제4항 참조). 따라서 이러한 감독형 이사회에서는 감사위원을 (사내이사이든 사외이사이든) 이사회가 선임·해임하는 것이 맞다(상법 제393조의 2 제2항 제3호).

금융기관의 경우 은행·대규모 보험회사·대규모 금융투자업자 등은 사외이사가 과반수(또는 2분의 1 이상)인 감독형 이사회로 구성되므로 이러한 이사회와는 구별되는 업무집행기관(집행임원)을 두도록 하면(즉, 상법상 집행임원 설치회사를 채택하도록 하면) 감사위원의 선임·해임권은 이사회에 있으므로(상법 제393조의 2 제2항 제3호), 이 경우 감사(監事)와는 달리 주주의 의결권 제한이 문제되지 않는다.

(2) 그런데 금융회사 지배구조법 시행 이전 금융관계법 중 은행법 및 자본

시장법은 감사위원회 위원인 사외이사의 선임에만 상법상 감사(監事)의 선임에서와 같이 주주의 의결권을 제한하고 있었고(단순 3% rule)(은행법 제23조의 2 제5항, 자본시장법 제26조 제6항), 보험업법에는 이에 관한 규정이 없었다.

　상법상 상장회사의 경우에는 감사 또는 상임감사위원의 선임·해임에 합산 3% rule에 의하여 최대주주의 의결권을 제한하고(상법 제542조의 12 제3항), 대규모 상장회사의 경우 사외이사인 감사위원회 위원을 선임할 때에 단순 3% rule에 의하여 주주의 의결권을 제한하고 있다(상법 제542조의 12 제4항). 또한 대규모 상장회사의 경우는 주주총회에서 이사를 선임한 후 선임된 이사 중에서 감사위원회 위원을 선임하도록 하고 있다(일괄선출방식)(상법 제542조의 12 제2항).

　이와 같이 참여형 이사회제도를 취하면서 감사위원회를 두도록 하면, 감사(監事)와의 균형상 또한 피감사기관이 감사기관을 선임하는 모순을 피하기 위하여, 감사위원회 위원을 주주총회에서 선임하도록 하지 않을 수 없다(상법 제542조의 12 제1항 참조). 이 경우 감사위원회 위원을 어떻게 주주총회에서 선임하도록 할 것인가에 대하여, 현행 상법과 같이 주주총회에서 이사를 선임한 후 선임된 이사 중에서 다시 감사위원을 선임하는 방법(일괄선출방식)(상법 제542조의 12 제2항)과, 2013년 7월 16일 입법예고한 정부의 상법개정안과 같이 감사위원회 위원이 되는 이사를 정하여 다른 이사와 분리하여 선출하는 방식(분리선출방식)이 있다. 일괄선출방식의 경우에는 감사위원회 위원으로 선임될 수 있는 자의 인재풀이 매우 제한되어 있는 단점은 있으나 감사위원회 위원의 선임에 있어서 주주의 의결권제한에는 문제가 없고, 분리선출방식의 경우에는 감사위원회 위원으로 선임될 수 있는 자의 인재풀에 제한이 없는 장점은 있으나 감사위원회 위원인 「이사」의 선임에 주주의 의결권을 제한하는 점은 문제가 있게 된다. 종래의 금융관계법에서는 (상근감사와 같이) 상임감사위원의 자격을 엄격히 제한하고 있으므로 (은행법 제23조의 2 제3항 외) 독립된 (상임)감사위원을 선출하기 위하여는 넓은 인재풀에서 구하여야 하는 점에서 볼 때 분리선출방식이 타당하다고 본다. 그런데 이 경우 이사인 감사위원회 위원의 선임에 (대)주주의 의결권제한에는 문제점이 있다.

　참여형 이사회제도를 취한 금융기관이 이와 같이 분리선출방식에 의하여 감사위원회 위원을 선임하는 경우, 주주의 의결권을 어떻게 제한할지가 문제된다. 이에 대하여 (ⅰ) 감사위원회 위원인 이사(사내이사이든 사외이사이든 불문함)의 선임·해임에 단순 3% rule(상법 제409조 제2항·제3항)을 적용하고 최대주주의 경우에는 합산 3% rule을 적용하는 방법, (ii) 감사위원회 위원인 이사(사내이사이든 사외이사이든 불문함)의 선임·해임에 단순 3% rule을 적용하는 방법, (iii) 감사위원회 위원인 이사(사내이사이든 사외이사이든 불문함)의 선임에만 단순 3% rule을 적용하는 방법, (iv) 감사위원회 위원인 사외이사의 선임에만 단순 3% rule을 적용하는 방법 등을 생각할 수 있다. 현행 상법 제409조와 가장 접근하는 방법으로 (iii)의 방법이 가장 타당하다고 보는데, 이렇게 보는 경우에도 이사의 선임에 (대)주주의 의결권을 제한하는 문제가 있으므로, 참여형 이사회를 취한 금융기관은 감사(監事)를 두도록 하고, 감독형 이사회를 취한 금융기관에서만 감사위원회를 두도록 하면서 이러한 감사위원회 위원은 이사회에서 선임하도록 하여야 할 것이다.

### 다. 사외이사 후보추천위원회 폐지

(1) 종래의 금융관계법은 은행·대규모 보험회사·대규모 금융투자업자 등에 대하여 사외이사 후보를 추천하기 위하여 이사회 내에 사외이사 후보추천위원회를 두도록 하고, 이러한 위원회는 사외이사가 총 위원의 2분의 1 이상이 되도록 하였다(은행법 제22조 제2항 등).

(2) 사외이사는 해당 금융기관에서 독립성과 전문성을 가져야 그 본래의 역할(업무집행기관에 대한 감독 및 감사)을 수행할 수 있는데, 이와 같이 사외이사 중심의 사외이사 후보추천위원회가 사외이사를 추천한다고 하여 위와 같은 사외이사의 독립성과 전문성이 담보될 수는 없다고 본다. 특히 사외이사 후보를 추천하는데 사외이사가 중심이 되어 추천위원회를 구성하도록 하는 것은 자기모순이며, 지배주주가 없는 금융회사에서는 사외이사가 자기의 본래의 역할을 일탈하여 경영권을 장악하는 데 그의 권한을 남용하는 문제가 발생한다.[30] 따라서 금융회사의 경우에는 이러한 문제가 있는 사외이사 후보추천위원회제도를 폐지하고, 그 대신 인재풀을 갖고 있는 외부의 공적기관으로부터 추천을 받도록 하는 것이 사외이사제도 본래의 목적에 더 부합할 것으로 본다. 이러한 외부기관은 인재풀을 많이 갖고 있는 기존의 기관을 이용할 수도 있고, 필요한 경우 이러한 기관을 새로 설립할 수도 있다고 본다. 이러한 외부의 추천기관은 사외이사 후보를 찾는 회사를 지원하는 기관이면서 사외이사제도를 그 본래의 취지에 맞게 정착시킬 수 있도록 사외이사를 필요로 하는 회사를 도와주는 기관에 불과하고, 주주총회

---

30) 동지: 정찬형, 전게 상장협 연구보고서 2010-2(주 20), 110~112면.

에 사외이사 후보를 추천하는 기관은 이사회이므로, (회사와 이해관계 없는) 이러한 외부의 추천기관이 회사의 사외이사 후보추천기관이 된다거나 또는 회사의 경영에 참여하는 것은 결코 아니다.[31] 또한 이러한 외부의 추천기관이 사외이사 후보를 추천할 때에는 그 후보가 사외이사 결격사유에 해당하는지 여부를 철저하게 검증하도록 하면 금융관계법상 사외이사 결격사유에 관한 규정이 철저하게 지켜질 것으로 본다.

(3) 이사회와 사외이사 후보추천위원회의 구성원이 중복되는 금융기관도 있으므로 모든 금융기관 또는 대규모 금융기관에 대하여 일률적으로 사외이사 후보추천위원회를 두도록 하는 것은 문제가 있다고 본다. (금융기관에 따라 사외이사의 수가 다르겠으나) 예컨대, 사외이사가 2∼3명 있는 금융기관은 사외이사 후보추천위원회와 이사회의 구성원이 거의 겹치므로 이사회와 중복하여 다시 사외이사 후보추천위원회를 두도록 할 필요는 없다.

따라서 사외이사 후보추천위원회를 유지시키고자 하면 (집행임원 설치회사로서) 이사회에 (사외)이사가 많은 금융기관이 자율적으로 운영할 수 있도록 하되, 사외이사 후보만 추천하는 사외이사 후보추천위원회는 외국의 입법례에도 거의 없는 제도이므로 국제기준에 맞게 (사내이사·집행임원·사외이사 등의 후보를 추천하는) 지명위원회로 개편하여 운영하여야 할 것으로 본다.[32] 이 경우에 추천대상 (사외)이사는 당연히 지명위원회의 구성원이 되지 못하는 것으로 하여야 할 것이다.

또한 사외이사 후보추천위원회(지명위원회)를 유지시키고자 하면 그 구성원의 과반수는 사외이사이어야 한다거나 또는 그 위원회의 대표는 사외이사이어야 한다는 제한규정을 두지 말고 회사의 자율에 맡겨야 한다고 본다.[33] 회사에 가장 적합한 후보를 (외부의 추천기관 등을 통하여) 찾도록 하는 것을 사외이사에 맡기는 것보다 회사 또는 사내이사에 맡기는 것이 현재 우리의 실정에 더 부합하기 때문이다.

지배주주가 없는 금융회사의 경우 사외이사를 자꾸 각종 추천위원회에 참여시키니까 사외이사가 그의 본래의 역할에 충실하기보다는 권력화하여 그의 권한을 남용하는 폐단이 우리 현실에서는 더 크다. 사외이사는 업무집행기관(집행임원)에 대한 감독업무(이사회 구성원으로서)와 감사업무(감사위원회 구성원으로서)에만

---

31) 동지: 정찬형, 상게 상장협 연구보고서 2010-2(주 20), 110∼111면.
32) 동지: 정찬형, 상게 상장협 연구보고서 2010-2(주 20), 111∼112면.
33) 동지: 정찬형, 상게 상장협 연구보고서 2010-2(주 20), 112면.

충실하도록 하여야지, 불필요하게 (사외이사가 모든 업무를 공평하고 합리적으로 해결한다는 환상 속에서) 사외이사에게 그 외의 추가적인 (경영에 관한) 업무를 부과하여 사외이사를 둘러싼 문제가 자꾸 발생하는 것이다.

### 라. 사외이사의 활성화 방안

(1) 사외이사가 업무집행기관(집행임원)에 대한 감독업무와 감사업무에서 그 기능을 충분히 발휘할 수 있도록 하기 위하여는 독립성과 전문성이 담보되어야 하는데, 앞에서 본 바와 같이 외부의 인력풀이 풍부한 전문기관으로부터 사외이사 후보를 추천받아 사외이사를 선임하면 현재 지배주주 또는 대표이사의 영향 하에 있는 사외이사 후보추천위원회의 추천에 의한 경우보다 훨씬 더 사외이사의 독립성과 전문성이 담보될 수 있을 것으로 본다.[34]

(2) 사외이사의 회사에 대한 정보부족의 문제는 입법에 의하여 해결할 것이 아니라, 근본적인 지배구조의 개선에 의하여 해결할 수 있다. 즉, 참여형 이사회 제도(집행임원 비설치회사)에서는 회사가 항상 정보유출을 염려하므로 사외이사에게 충분한 정보를 제공할 수 없고 또한 사외이사도 회사의 구체적인 업무내용을 파악하는 데 한계가 있으나, 감독형 이사회제도(집행임원 설치회사)에서는 사외이사가 구체적인 업무집행에는 관여하지 않고 업무감독 및 업무감사에만 관여하므로 사외이사는 회사의 업무집행에 관한 상세한 정보를 알 필요도 없다. 따라서 사외이사의 회사에 대한 정보결여의 문제는 우리 금융관계법이 사외이사제도를 도입하면서 참여형 이사회제도를 채택함으로 인하여 발생하는 문제이지, 감독형 이사회에서는 이것이 큰 문제가 될 수 없다.[35] 따라서 금융기관이 감독형 이사회제도를 채택하면 사외이사의 회사에 대한 정보부족의 문제는 훨씬 줄어들 것으로 본다.

(3) 금융회사는 해당 업종별로 사외이사의 적극적 자격요건을 해당 금융관계법에서 상세히 규정할 필요가 있다.[36] 이는 사외이사의 전문성을 활용한 감독 및 감사 기능의 활성화에도 크게 기여할 것으로 본다.

(4) 사외이사에 대하여 (수당이나 보수와 함께) 주주 및 회사의 이익을 증대시킴에 따른 인센티브(예컨대, 주식매수선택권 등)를 준다면, 사외이사에게 회사의 업

---

34) 이에 관한 상세는 정찬형, 상계 상장협 연구보고서 2010-2(주 20), 121면, 124~125면.
35) 동지: 정찬형, 상계 상장협 연구보고서 2010-2(주 20), 121~122면.
36) 동지: 정찬형, 상계 상장협 연구보고서 2010-2(주 20), 126면.

무에 적극적으로 참여하는 동기를 부여함과 동시에 사외이사의 전문성과 효율성
을 크게 제고할 수 있을 것으로 본다.37)

　(5) 특히 지배주주가 없는 금융기관에서 사외이사의 권력화를 방지하기 위
하여, 앞에서 본 바와 같이 사외이사에게 업무집행기관에 대한 감독 및 감사 업
무 이외의 업무를 추가로 부여하지 않음과 동시에, 사외이사의 임기(3년) 후 중
임을 제한하여야 할 것으로 본다.

## 2. 참여형 이사회를 가진 금융기관

### 가. 사외이사 의무화 배제

　종래의 금융관계법에 의하면 은행·대규모 보험회사·대규모 금융투자업자
등을 제외한 금융기관은 상장회사이면 상법의 상장회사에 대한 특례규정에 의하
여 이사회에 이사 총수의 4분의 1 이상의 사외이사를 두어야 한다(상법 제542조의
8 제1항 본문). 그런데 이러한 금융회사는 거의 대부분이 참여형 이사회제도를 가
진 회사(즉, 집행임원 비설치회사)일텐데 이러한 회사에 이와 같이 의무적으로 사외
이사를 이사 총수의 4분의 1 이상 두도록 하는 것이 무슨 효과가 있을 것인지
의문이다. 즉, 이러한 금융기관이 의무적으로 이사 총수의 4분의 1 이상을 사외
이사로 선임하도록 하는 것은 이사회가 사외이사 중심이 되어 업무집행기관에
대한 업무집행을 감독하는 것에도 충실하지 못하고 또한 업무집행에 관한 의사
를 결정하는 이사회에 (보통) 회사의 업무에 대하여 잘 알지도 못하는 (외부의) 사
외이사가 존재하게 되어 이사회의 업무효율성도 크게 저하시키므로, 이러한 금융
회사에 대하여는 이와 같이 사외이사를 의무적으로 두도록 하는 것이 사실상 그
의미가 거의 없는 점에서, 이러한 규정의 적용을 배제하도록 하여야 할 것으로
본다.38)

　이와 함께 자회사인 금융기관은 모회사로부터 충분한 감독을 받으므로 그

37) 정찬형, 상게 상장협 연구보고서 2010-2(주 20), 126~127면; 동, "사외이사제도의 개선방
　안,"「고려법학」(고려대 법학연구원), 제40호(2003), 64면.
38) 동지(상장회사에 대하여): 정찬형, "2009년 개정상법 중 상장회사에 대한 특례규정에 관한
　의견,"「상사법연구」(한국상사법학회), 제28권 제1호(2009. 5), 291면; 동, 전게논문(선진상사법
　률연구 통권 제49호)(주 29), 16면; 동, 전게논문(상사법연구 제28권 제3호)(주 11), 50면; 동, 전
　게 국회공청회자료(주 29), 13면; 원동욱, "금융지배구조법의 주요 내용 및 향후과제(금융회사지
　배구조에 대한 내용을 중심으로),"「금융법연구」(한국금융법학회), 제9권 제1호(2012), 80면.

자회사가 상장회사인 경우에도 상법상 사외이사를 둘 의무가 없다는 규정을 금융관계법에 규정하여야 할 것이다.[39]

### 나. 감사위원회 배제

이러한 소규모 금융기관은 종래의 상법의 규정에 따라 3인 이상의 (사내)이사로 구성된 (참여형)이사회와 대표이사가 업무를 집행하고, 주주총회에서 주주의 의결권이 제한되어(단순 3% rule) 선임된 감사(監事)에 의하여 업무집행에 대한 감사를 받도록 하여야 할 것이다. 이러한 참여형 이사회를 둔 금융기관에 대하여 (이사인 감사위원회 위원으로 구성된) 감사위원회를 두도록 하면 자기감사의 모순이 발생하고 그 독립성에서도 감사(監事)보다 못한 결과가 된다.

이러한 금융기관의 업무집행기관에 대한 감독기관은 형식상은 이사회이나 (상법 제393조 제2항) 이러한 이사회에 의한 감독은 자기감독이 되어 실효를 거둘 수 없으므로 주주(총회)에 의한 실질적인 감독이 필요할 것이다. 그런데 대주주가 경영권을 행사하는 금융기관에 대하여는 이러한 감독도 기대할 수 없으므로, 이 경우에는 금융감독기관에 의한 대주주 등의 감독이 매우 중요하다고 본다.

## IV. 결   어

우리나라 금융기관의 지배구조는 IMF 경제체제 이후 상법과 종래의 증권거래법에서 집행임원제도를 도입하지 않고 사외이사제도와 감사위원회제도를 도입하면서(즉, 감독형 이사회제도를 도입하지 않고, 참여형 이사회제도에 사외이사와 감사위원회를 도입함으로써) 글로벌 스탠더드에 맞지 않음은 물론 IMF 경제체제 이전보다도 황제경영을 강화할 수 있도록 하여 세계에서도 유례가 없는 이상한 지배구조가 되었다. 따라서 우리나라에만 있는 비등기이사제도가 발생하고, 감사위원회 위원을 주주총회에서 선임하면서 (대)주주의 의결권을 제한하는 이상한 제도가 발생하게 된 것이다. 이에 대하여 정부(법무부, 금융위원회 등) · 국회 및 학계에서는 이와 같이 처음부터 잘못된(첫 단추가 잘못 끼어진) 지배구조를 정상화하거나 또는

---

39) 미국 법조협회(American Law Institute: ALI), 회사지배구조의 원칙(Principles of Corporate Governance: Analysis and Recommendation 1992: ALI 원칙) 제3A.01조 (a)항 참조(회사의 의결권 있는 주식을 1인, 1가족 또는 하나의 지배그룹이 소유하는 경우에는 대규모 공개회사라도 독립이사를 이사 총수의 과반수가 되게 둘 의무가 없다).

근본적으로 개선하고자 하지는 않고, 문제가 발생하면 매 번 지엽적인 문제(감사위원회의 감사결과를 이사회가 다시 결의할 수 없도록 한 점, 감사위원회 위원의 임기를 제한하여야 한다는 점 등)만 거론하거나, 외부전문기관의 컨설팅을 받도록 한다는 등의 한심하고 무책임한 말만 되풀이하고 있다.

　금융기관의 경우 (금융회사 지배구조법 시행 이전에) 은행법 등 금융관계법에서 사외이사를 3인 이상 및 이사 총수의 과반수(또는 이사 총수의 2분의 1 이상) 두도록 한 금융기관은 상법 제408조의 2 이하의 집행임원을 의무적으로 두도록 하면 모든 문제는 거의 해결되는 것이다. 이와 함께 집행임원 설치회사(금융기관)에 대하여는 감사위원회 위원의 선임(해임)권을 원래대로 이사회에 부여하여야 한다(상법 제393조의 2 제2항 제3호). 이와 같이 하는 경우 금융관계법(금융회사 지배구조법)에서 감사위원회 위원의 선임을 주주총회에서 하도록 한 규정 및 이에 관한 (대)주주의 의결권 제한에 관한 규정 등을 모두 삭제하여야 하고, 사외이사 추천위원회에 관한 규정 등도 삭제하면, 모든 문제는 자동적으로 해결되고 이는 또한 글로벌 스탠더드에 맞는 모범적인 지배구조가 되는 것이다. 그런데 이러한 논의가 거의 없는 이유를 알 수 없다.

　집행임원을 별도로 두는 점에 대하여는 경제계에서 반대하고, 감사위원회 위원을 이사회에서 선임하는 점(다시 말하면 주주의 의결권 제한이 없는 점)에 대하여는 시민단체에서 반대하므로, 정부·국회 및 학계 등은 지배구조 전체에 관한 명확한 인식과 뚜렷한 사명감을 갖고 양쪽의 입장을 합리적으로 조화시키려고 하지 않고 지엽적인 사항만 거론하면서 아까운 시간을 허송세월하는 것은 아닌지 모르겠다. 즉, IMF 경제체제 이후 참여형 이사회에 사외이사제도와 감사위원회제도를 강제로 도입함으로 인하여 지배주주(대표이사)는 사외이사가 있는 이사회를 사실상 무력화하고 자기가 선임(해임)하는 사실상 집행임원들과 경영을 함으로써 황제경영을 강화하게 되었으므로 지배주주(대표이사)는 그들의 권한이 제약되는 것이 싫은 것이고, 시민단체는 사외이사제도 및 감사위원회제도의 도입과 감사위원회 위원을 주주총회에서 선임하면서 (대)주주의 의결권을 제한하는 것으로써 대주주의 경영권(황제경영)을 (크게) 억제하는 것으로 착각하고 있는 것이 아닌가 생각된다. 이러한 근본적인 문제점으로 인하여 필연적으로 사외이사의 문제점이 발생하게 되었고, 사외이사에 대하여 많은 회의를 느끼는 분(기업)들이 많게 되었다. 현재 우리나라에서 사외이사는 실제로 지배주주가 있는 (대)회사의 경우에는 거의 로비스트의 역할에 필요한 자가 선임되고, 지배주주가 없는 은행 등의 경우에는 사외이사에 의하여 하면 투명경영으로 착각하고 사외이사를 과신함으로써 사외이사가 본분을 망각하고 지배주주의 행세를 하는 이상한 현상이 발생하였다. 따라서 사외이사가 그 본래의 역할(감독 및 감사)을 하도록 하기 위하여도 감독기관(이사회)과 집행기관(집행임원)의 분리는 (사외이사제도를 취하는 한) 필수적이고, 사외이사는 집행기관에 대한 감독과 감사의 업무만을 하도록 하고 사외이사에게 그 외의 업무(구체적인 경영에 관한 업무, 경영과 관련한 로비스트 업무, 회장 등을 추천하기 위한 추천위원회 위원의 업무 등)를 맡기지 말아야 한다. 또한 이는 황제경영을 지양하고 견제(감시)받는 경영 내지 투명한 경영을 위하여 필수적인 것이다.

은행 등 금융기관은 다수의 이해관계인의 이익을 도모하여야 하고 또한 준공공적 성격이 있으므로 신속하고 과단성이 있는 경영보다는 투명하고 합리적인 경영이 필요하므로 더욱 황제경영보다는 견제받는 경영이 필요한 것이고, 이를 위하여는 실효성 있는 감독과 감사를 할 수 있는 지배구조(즉, 집행기관과 감독기관의 분리)가 절대로 필요하다고 본다. 금융업 이외의 대기업의 경우에도 우리의 경제성장기에는 과감하고 신속한 판단이 요구되는 경영이 필요하였을지 모르나, 현재와 같이 세계를 상대로 무역을 하고 또한 세계 10위~15위의 무역규모와 경제수준에서는 황제경영을 위한 지배구조보다는 투명경영을 위한 견제받는 지배구조와 글로벌 스탠더드에 맞는 지배구조가 필요하다고 본다. 따라서 이를 위하여 2013년 정부가 입법예고한 개정안에서 대기업의 경우 상법상 집행임원을 의무적으로 두도록 하면서 이러한 회사는 감사위원회 위원의 선임(해임)권을 이사회에 주는 것으로 하였더라면(또는 과정상으로 상법상 집행임원 설치회사를 채택한 회사에 한하여 감사위원회 위원의 선임(해임)권을 이사회에 주는 것으로 하였더라면) 경제계의 반발을 어느 정도 무마할 수 있지 않았을까 생각한다.

참고로 지배주주가 있는 금융기관 및 대기업의 경우 황제경영으로 인하여 경영능력이 검증되지 않은 지배주주의 자녀나 가족이 집행임원으로 선임되어 그 회사에 많은 손해를 끼치게 되면 이는 그 회사뿐만 아니라 그 회사의 많은 이해관계인·사회·국가에도 큰 손해를 주게 된다. 따라서 위와 같은 합리적인 지배구조는 경영능력을 평가받지 못한 지배주주의 자녀나 가족이 쉽게 집행임원이 되어 경영을 담당하는 것을 어느 정도 억제할 수 있는 기능도 있다고 본다.

# 미국의 Electronic Fund Transfer Act*

## Ⅰ. 서 설

### 1. 본고의 목적

최근 컴퓨터의 도입은 사회 각 분야에 있어서 기존 제도를 크게 변화시키고 있는데, 이 중에서도 은행업무 및 이와 관련한 어음·수표의 지급기능에 가져온 변화는 실로 지대한 것으로 볼 수 있다. 특히 컴퓨터에 의한 은행의 업무 중, 자동인출, 자동입금, 자동이체 등의 업무에 의하여 어음·수표의 지급기능은 현저하게 감소하게 되고,1) 따라서 그 발행이 현저하게 줄어들고 있는 것이다.2) 이와 같은 현상은 권리의 증권화에 대한 역현상으로 증권의 무체화 현상의 하나라고 볼 수 있다.3) 그런데 은행 및 어음·수표를 이용하는 자는 국민 대다수이므로 이러

---

* 이 글은 정찬형, "미국의 Electronic Fund Transfer Act," 「상법학의 현대적 과제」(단야 서
  정갑박사 고희기념), 삼영사, 1986. 2, 75~106면의 내용임(이 글에서 필자는 그 당시 미국의
  전자자금이체법의 내용과 또한 제정이 논의되고 있는 신지급법에 대하여 소개하고 있는데, 이
  는 그 후 한국에서 전자자금이체에 관한 입법에도 많은 참고가 되었을 것으로 봄).
1) 정동윤, 「어음·수표법」(서울: 법문사, 1984), 30면.
2) 정희철, 「상법학원론(전정판)」(서울: 박영사, 1984), 266면.
3) 정희철, 상게서, 266면.

한 변화된 새로운 은행제도(특히 입금 및 지급업무에서)를 이용하는 자도 국민 대다수인 점에서 볼 때, 컴퓨터 도입에 따른 새로운 은행제도가 일반 국민에게 미치는 영향은 실로 엄청난 것이라고 하겠다. 이러한 예로 현금자동인출카드에 의한 자동현금인출, On-Line에 의한 자동구좌입금, 은행 Giro에 의한 자동구좌이체 등을 우리가 일상 이용하고 있는 점을 보아도 쉽게 알 수 있다. 그런데 이와 같은 새로운 은행제도에 있어서는 정보처리가 전부 컴퓨터 회선을 통하여 순간적으로 이루어지기 때문에 (지급 등의) 절차의 개시와 동시에 (결제 등이) 완료되는 결과가 되어, 종래의 제도에 대한 불편을 해결한다는 면도 있으나 새로운 문제를 발생시키는 면도 함께 갖게 되는 것이다.[4]

그런데 이와 같은 새로운 제도를 규율하는데에 있어서는 기존의 법규는 이와 같은 상황을 예상하지 못하고 제정된 것이기 때문에 기존의 민사법이나 어음·수표법 등을 이에 적용 또는 유추적용하는 것은 적당치 않다. 또 이러한 새로운 제도를 규율하는 특별법도 현재는 없다. 다만 이에 관해서는 은행이 일방적으로 제정하고 그것도 내용이 불충분한 약관이 있을 뿐이다. 그러나 앞으로 이러한 새로운 제도에 따른 법률문제를 처리하기 위하여 맞지도 않는 기존의 법규를 억지로 유추적용한다든가 또는 내용도 불충분하고 일방적인 은행의 약관에 의존하는 것은 이용자(소비자)의 보호면에서 중대한 문제가 아닐 수 없다.

이에 관하여 미국에서는 이미 1978년에 「전자자금이체법」[5] (Electronic Fund Transfer Act, EFTA)이 연방법으로 제정되어 소비자를 보호하고 있다. 또한 현재는 소비자뿐만 아니라 소비자 이외의 자에게도 적용되며 증권에 의한 지급이건 전자이체에 의한 지급이건 불문하고 모든 지급제도에 적용되는 「신지급법」(New Payment Code, NPC)의 제정이 논의되고 있는 실정이다.

이에 본고는 미국의 전자자금이체법의 전문을 번역·소개하고 신지급법의 제

---

4) 한국외환은행, 「새로운 은행업무와 법률문제」, 법규자료: 조법-47(1984. 5. 31), 15면. 같은 책, 18면 이하는 이와 같은 새로운 문제에 대한 법률적 문제점으로, ① 언제 지급이 완료되는가, ② 어떠한 이유에 의하여 발생하게 될 손실을 누가 부담할 것인가, ③ 컴퓨터의 기록에 어느 정도의 법적 가치를 인정할 수 있는가의 3가지 점을 들고 있고, 이에 대하여 간단히 설명하고 있다.

5) 정동윤, 전게서, 30면은 이를 「자동이체처리에 관한 특별법」으로 번역하고 있다. 또 김문환, "컴퓨터에 의한 은행자금이체의 법률상 문제점," 「판례월보」, 제173호(1985. 2) 17면은 이를 「전산자금이체법」으로 번역하고 있으며, 동 교수는 같은 논문에서 이 법의 중요내용을 발췌하여 소개하고 있다. 그러나 한국외환은행, 전게서, 15면은 이를 「전자자금이체법」으로 번역하고 있어, 이에 따르기로 한다.

정에 관한 동향을 소개함으로써, 우리나라에서도 컴퓨터 도입에 따른 새로운 은행업무를 규율할 특별법의 제정의 필요성을 인식시킴과 아울러 이의 조속한 제정을 촉진시켜, 금융기관과 이용자 상호간의 사법상의 권리의무관계를 명백히 하여 소비자를 보호하고 또한 이러한 새로운 제도에 대한 신뢰를 증가시켜 이의 이용의 확대를 촉구하는데 기여코자 한다.[6]

## 2. 본고의 범위

본고에서는 먼저 미국의 전자자금이체제도(Electronic Fund Transfer System, EFTS)에 대하여 간단히 살펴보고, 다음으로 미국의 전자자금이체법을 전문번역하여 소개한 후, 마지막으로 미국의 신지급법의 제정에 관한 최근의 동향을 소개한다.

# II. 미국의 전자자금이체제도

## 1. 전자자금이체제도의 출현

전자자금이체제도는 대형 컴퓨터의 사용으로 다양의 기장과 증권에 의한 기능이 완전자동으로 처리되는 제도인데,[7] 이러한 전자자금이체제도는 원래 은행이 대량의 수표를 처리해야 하는 업무량을 감소시켜 능률을 제고하고, 이러한 수표를 처리하는 창구와 인원을 감소하여 비용을 절감하기 위하여, 은행에 의하여 만들어진 제도라고 한다.[8] 그런데 현재 이 제도는 은행의 예금, 추심 및 어음·수표 등의 증권에 의한 지급기능의 대체적인 역할을 하고 있다.[9]

전자자금이체제도는 전기충격(electrical impulses)과 자기기록(magnetic records)에 의한 지급제도로서 이론상으로는 모든 지급증권의 대체적인 역할을 하게 될 것이다. 그런데 이러한 결과의 도래 여부는 결국 소비자에 의한 이 제도의 이용에 달려 있는데, 소비자들은 지금까지 이 제도의 이용으로 인한 법률문제에 대한

---

6) 결과동지: 한국외환은행, 상게서, 15면.

7) Joe Tauber, "The Emergence of the Electronic Fund Transfer System: Consumer Protection, Federal Antitrust, and Branch Banking Laws," 10 *Ohio Northern University L. Rev.* 323(1983).

8) *Id.*, at 323 n. 3.

9) Henry J. Bailey, *Brady on Bank Checks*, at 11-38 (5th ed., 1979).

모호와 불확실 때문에 이 제도의 이용을 꺼려하여 왔다고 한다.[10] 전자자금이
체제도와 증권에 의한 지급제도와의 관계에 대하여 미국의 샌디에고 법과대학
교수인 James V. Vergari 교수는, "전자자금이체에 의한 지급제도는 현재 단순
히 현존하는 증권에 의한 지급제도를 보충하고 있을 뿐이다.「수표 없는 사회」
는 아직 도래하지 않았고 또 아마도 1990년대에도 실질적인「수표 없는 사회」
는 존재하지 않을 것이다. 그 동안에는 증권의 양이 여전히 증권 없는 기장의
양보다 훨씬 많을 것이고, 따라서 양자는 동시에 함께 취급되어야 할 것이다"고
한다.[11]

## 2. 전자자금이체제도의 종류

전자자금이체는 현재 제한된 범위에서 활동하고 있는 몇 개의 방법에 의하여
수행되는데, 이의 하나는 자동교환소(Automated Clearing House, ACH)를 이용하는
방법이고, 다른 하나는 고객과 은행간에 정보단말기(Custom-Bank Communication
Terminals, CBCT)를 이용하는 방법인데, 이 후자에는 자동출납기(Automated Teller
Machines, ATM)와 자동판매기(Point of Sale Terminals, POS)가 있다.[12] 그 밖에 전
화청구서지급제도(Telephone Bill-Paying, TBP)도 있는데, 이는 소비자의 편의에서
크게 강조되고 있고 현재 미국의 많은 은행이 이 업무를 광고하고 있다.[13] 이의
각각에 대하여 이하에서 간단히 살펴본다.[14]

### 가. 자동교환소[15]

자동교환소는 일반인이 직접 이용할 수 있는 제도는 아니고, 컴퓨터화된 은

---

10) Tauber, *supra* 10 *Ohio N.U.L. Rev.* 323.

11) James V. Vergari, "Article 3 and 4 of the Uniform Commercial Code in an Electronic Fund Transfer Environment," 17 *Sandiego Law Review* 288(1980).

12) Bailey, *supra*, at 11-39.

13) Tauber, *supra* 10 *ohio N.U.L. Rev.*, 327, 327 n. 25(1983).

14) *Id.*, at 325~327.
김문환, 전게논문, 13~17면도 각각의 전자자금이체제도에 대하여 사례와 함께 간단히 소개
하고 있으며, 이와 관련한 문제점도 간단히 소개하고 있다. 같은 논문에서 동교수는 Giro 제도
에 대하여, "은행의 추심문제를 완화하기 위하여 유럽에서 개발되었으며 현재 미국에서 '샌더
미 같은 수표 종이 문제'의 경감을 위한 한 방편으로서 연구되고 있다"고 소개하고 있다.

15) 이에 관한 상세한 논문으로는, Hargis, "The Uniform Commercial Code and the Arkansas
Electronic Funds Transfer System," 32 *Ark. L. Rev.* 470, 481(1978) 및 Homrighausen, "One
Large Step Toward Less Check: The California Automated Clearing House System," 28
*Bus. Law* 1143(1973)이 있다. 현재 미국에는 약 32개의 자동교환소가 있다.

행간의 이체제도이다. 자동교환소는 가입은행의 예금주가 수권하여 전자차기 및 대기의 교환(the clearing of electronic debits and credits)을 촉진하고, 동일은행 또는 타가입은행에 있는 다른 예금주의 구좌에 입금하거나 대기한다. 원래의 은행(originating bank)은 전자로(electronically) 또는 자동교환소에 대한 컴퓨터 테이프로 지급을 이체할 수 있다. 일단 메시지(message)가 교환소에 도달하면, 그것은 소비자의 구좌에 이체하기 위한 다른 수단으로 변경된다.

자동교환소는 월급이나 정부의 연금을 직접 소비자의 구좌에 입금하기 위하여 사용된다. 또 소비자는 자기의 구좌에서 차기할 수 있는 권한을 미리 수여함으로써, 저당료(mortgages)·공과금·보험료 등과 같은 정기적으로 발생하는 채무를 지급할 수 있다. 직접예치 및 기수권(旣授權) 차기에 의한 자동교환소의 기능은 증권인 수표를 사용하지 않고 지급하는 것이다.

자동교환소는 수표단절제도(check truncation system)에서 수표를 보완하고 증권 없는 입금을 하기 위하여 이용된다. 수표단절제도는 수표와 증권 없는 전자자금이체 사이의 혼성물이다. 거래는 증권인 수표에 의하여 시작되나, 예치은행은 동수표를 전산자료화하여 수표를 소지한다. 따라서 교환시간은 증권제도에 의할 때보다 훨씬 시간이 덜 걸린다. 수표단절제도는 그의 유용성에도 불구하고, 어떤 법의 지배를 받는가에 대하여 어떤 실제적 법률적인 난점을 제기하고 있다. 전자자금이체법은 명백히 이러한 문제를 해결하지 못하고, 또 이에 통일상법전(Uniform Commercial Code, U.C.C.)의 적용도 의문이다. 수표단절 및 자동교환소에 관한 법률문제는 교환소규칙에 의하여 해결될 수 있을 뿐이다.

## 나. 자동출납기

자동출납기는 고객에게 편리한 장소에 설치되어 24시간 은행업무를 수행한다. 자동출납기는 은행의 고객이 사람이 있는 출납창구가 필요 없이 자기의 구좌에 금전을 입금하거나 또는 자기의 구좌에서 인출할 수 있는 컴퓨터이다. 현재 자동출납기의 사용에는 인출카드(debit card)와 신분확인번호(personal identification number, PIN)가 있어야 한다. 고객은 예금 또는 인출을 하기 위하여 인출카드를 컴퓨터에 넣고, 자기의 신분확인번호를 눌러야 한다. 고객의 구좌는 거래에 따라서 즉시 차기되거나 대기된다. 거래의 종료시 그 기계는 그 거래의 내용을 표시하는 영수증을 발행한다.

이것은 거래가 즉시로 발생하기 때문에 「유동시간」(float time)이 허용되는 수표나 신용카드에 의한 지급과 구별된다. 유동시간이란 수표의 발행시 또는 신용카드의 사용시와 수표구좌가 실제로 차기되거나 신용카드 구좌에서 지급되는 시(時)와의 사이에 있는 지체시간이다.

　유동시간 동안 소비자는 수표에 지급정지를 할 수 있거나, 또는 그의 신용카드 청구서의 일부 또는 전부의 지급채무를 그에게서 법적으로 면제하는 어떤 청구권이나 항변권을 알 수 있게 된다. 기술적으로는 전자자금이체제도에 유동시간을 설정하는 것이 가능할지라도, 미국 의회는 전자자금이체법을 통과시킬 때에 그렇게 하는 것을 택하지 않았다.

### 다. 자동판매기

　이는 상품이나 용역의 구입에 따른 대금의 지급제도에 아주 큰 변화를 가져왔다. 이의 기본개념은 소매상의 점포에 설치된 컴퓨터 단말기에 의해서 하여지는 지급제도이다. 자동판매기에서 소비자는 자기의 프라스틱 카드를 넣고 신분확인번호을 누름으로써 지급을 할 수 있을 것이다. 이 제도는 구입량만큼 소비자구좌를 즉시 차기하여 동시에 상인의 구좌에 입금하는 것이다. 그러므로 지급은 현금, 수표 또는 신용카드의 물리적인 이전이 없이 판매시에 완제된다. 자동판매기거래에서는 영수증의 즉시 발행이 요청되고 있다.

### 라. 전화청구서지급제도

　이 제도를 이용하는 소비자는 청구서를 지급하기 위하여 자기의 집을 떠날 필요가 없다. 대신에 소비자는 자기의 채권자에게 정기적 지급을 하도록 자기의 은행에게 허락하는 것이다. 매 지급기일이 도래하면 소비자는 자기의 은행에 전화하여 청구서의 금액을 지급하는데 동의한다. 전화청구서지급제도에서 영수증의 즉시 발행은 실질적으로 불가능하다. 결과적으로 이 제도는 수표·봉투 및 우표가 필요한 경우에, 현재 전화 및 전자신호가 그것을 대신하는 제도이다.

## 3. 전자자금이체제도를 규율하는 법

　현재 미국에서는 증권에 의한 지급제도와 증권이 없는 지급제도의 양 제도가 공존하고 있는데, 이러한 양 제도를 포함하는 지급거래에 적용되는 단일의 법은 없고, 각각에 대하여 별도의 법이 적용되고 있다. 즉, 증권에 의한 지급제도의 법률문제에는 통일상법전 제3장과 제4장이 적용되고, 증권이 없는 지급제도

의 법률문제에는 전자자금이체법이 적용된다.16) 「상업증권」으로 표제되는 통일
상법전 제3장은 서면증권(paper instruments)에 그 적용이 제한된다. 즉, 통일상법전
제3장은 환어음·약속어음·수표예금증서17) 및 기타 단기상업증권18)(금전은 제외)의
형식과 성격을 규정하고, 그러한 증권의 발행에서부터 은행예금 및 추심을 위한 입
금까지에 있어서의 당사자의 권리와 의무에 대하여 규정하고 있다. 또 「은행예금
및 추심」으로 표제되는 통일상법전 제4장은 주로 수표추심과정을 다루고 있는데,
이는 특히 은행추심과정에 있어서의 수표 및 기타 증권(item)19)에 적용된다. 즉, 통일
상법전 제4장은 수표 또는 기타 증권의 제시, 결제 또는 반환에 있어서의 추심은
행과 그 고객의 권리와 책임에 대하여 규정하고 있다.20) 통일상법전 제3장 및 제4장
이 일반적으로 유통증권을 다루고 있을지라도, 금전지급을 위하여 사용되는 기타
여하한 증권은 유통증권이 아닌 경우에도 통일상법전 제4장의 적용을 받는다.21)

이에 반하여 전자자금이체법은 수표·어음·기타 이와 유사한 서면증권에는
적용되지 않으므로,22) 통일상법전과 전자자금이체법의 양법의 적용범위에는 상충
되지 않는다.23) 그러나 전자자금이체법은 전자자금이체제도를 이용하는 모든 자
에게 적용되는 것이 아니라, 소비자의 권리의 보호를 목적으로24) 하는 법으로 소
비자의 구좌가 있는 금융기관 및 소비자에게만 적용되는 법이므로, 그 적용범위
가 제한되어 있다. 따라서 전자자금이체제도를 이용하는 모든 자에게 공통적으로
적용되는 특별법은 현재 없고, 다만 후술하는 바와 같이 신지급법의 제정이 논의
되고 있을 뿐이다. 그러므로 현재 이에 관해서는 당사자의 약정, 자동교환소의
업무규칙 및 연방준비규칙25) J(Collection of Checks and Other Items and Wire
Transfers of Funds)에 의하여 규율되고 있다.26)

---

16) Vergari, *supra* 17 *Sandiego L. Rev.*, 289. 특히 양법의 상세한 비교에 대하여는, *id.*, at 294~
298 참조.
17) U.C.C. § 3-104(2).
18) U.C.C. §§ 3-104(3), 3-805.
19) U.C.C. § 4-104(1)(g): 증권(item)은 금전의 지급을 위한 여하한 증권을 의미한다. 이에는
비유통증권을 포함하나, 금전은 제외한다.
20) Vergari, *supra* 17 *Sandiego L. Rev.* 289.
21) Id., at 290.
22) 15 U.S.C. § 1693a(6).
23) Vergari, *supra* 17 *Sandiego L. Rev.*, 294.
24) 15 U.S.C. § 1693(b).
25) 12 C.F.R. 210, as amended effective Aug. 12, 1981.
26) Vergari, *supra* 17 *Sandiego L. Rev.*, 294.

통일상법전 제4장의 일부27)도 전자자금이체거래에 적용될 수 있다고 하는 견해가 있다.28) 왜냐하면 통일상법전 제4장의 적용을 받는 증권(item)에는 전자 자금이체 지시서(message)도 포함되기 때문이라고 한다. 그러나 동 지시서는 통 일상법전 제3장의 적용을 받는 증권29)에는 포함될 수 없으므로 통일상법전 제3 장이 전자자금이체거래에는 전혀 적용될 수 없다.30)

## III. 미국의 전자자금이체법

### 1. 제정경위

미국 의회는 전자자금이체의 입법의 필요성을 인식하고, 1974년에 전자자금 이체에 관한 전국위원회(National Commission on Electronic Fund Transfer)를 구성 하였다. 동 위원회는 2년 동안 2억 달러의 자금지원을 받아 전자자금이체를 철 저하게 조사하여, 1977년 10월에 대통령 및 의회에 「금융에 관한 법률의 대부분 은 그 제정시에 전자자금이체를 예상치 못하였다. 따라서 당 위원회는 의회가 전 자자금이체제도의 이용자의 권리·의무에 관하여 연방입법을 제정할 것을 제언한 다」고 하는 권고안을 제출하였다. 의회는 이 권고안에 따라 1978년 11월 10일에 「금융기관규칙 및 이율규제법」(Financial Institutions Regulatory and Interest Rate Control Act)의 일부(Title XX, § 2001)로 전자자금이체법31)(Electronic Fund Transfer Act, EFTA)을 제정하였다.32)

이 법의 규정 중 무권이체의 소비자 책임에 관한 규정33)과 인출카드의 발행 에 관한 규정34)은 1979년 2월 8일(제정일로부터 90일 경과 후)부터 발효하고, 기타 규정들은 1980년 5월 10일(제정일로부터 18개월 경과 후)부터 발효하였다.

---

27) 예컨대, U.C.C. §§ 4-202, 4-203, 4-204, 4-206, 4-208, 4-209, 4-212, 4-213, 4-303 등. 그러나 U.C.C. §§ 4-201(1), 4-201(2) 등은 적용되지 않는다.

28) Clarke, "An Item Is an Item Is an Item: Article 4 of the U.C.C. and the Electronic Age," 25 *Bus. Law.* 109(1969).

29) U.C.C. §§ 3-104(1), 3-104(3), 3-805.

30) Bailey, *supra*, at 11-43 and n. 6.

31) 15 U.S.C. §§ 1693-1693 r(Supp. 1980), Pub. L. No. 95-630, 92 Stat. 3741(1978).

32) Tauber, *supra* 10 *Ohio N.U.L. Rev.* 323 n. 6; 한국외환은행, 전게서, 16면.

33) 15 U.S.C. § 1693 g (Supp. IV 1980).

34) 15 U.S.C. § 1693 i (Supp. IV 1980).

이 법을 보충하기 위하여 연방준비제도이사회(Board of Governors of the Federal Reserve System)는 동법 제1693 b조에 근거하여 규칙 E[35])를 제정하였다.

## 2. 내　용

이하에서는 미국의 전자자금이체법을 전문 번역하여 소개한다.

### § 1693 (의회의 발견과 목적 선언)

(a) 의회는 자금이체에 전자제도를 사용하면 소비자에게 실질적인 이익이 될 수 있는 것을 발견한다. 그러나 그러한 제도의 유일한 특징으로 인하여, 현존 소비자보호 법률을 이에 적용하는 것은 불명확하여, 소비자·금융기관·전자자금이체에서의 관계자의 권리와 책임을 설명하지 못하고 있다.

(b) 본법은 전자자금이체제도에서 당사자의 권리·의무 및 책임에 관한 기본적인 사항을 규정함을 목적으로 한다. 그러나 본법의 제1차적인 목적은 개인인 소비자의 권리에 대하여 규정하는 것이다.

### § 1693 a (정의)

본법에서 사용하는 용어는 다음과 같이 정의한다.

① "인수카드 또는 기타 이용수단"(accepted card or other means of access)은 소비자의 구좌에 관한 카드·코드·기타의 이용수단을 발행받은 자가 구좌간 금전이체의 목적으로 또는 금전·재산·노무 또는 용역을 취득할 목적으로, 그러한 카드나 이용수단을 요청하여 수령하거나, 서명하거나, 또는 타인에게 사용하도록 수권했을 때, 전자자금이체를 할 목적으로 사용되는 소비자의 구좌에 관한 카드·코드·기타 이용수단을 의미한다.

② "구좌"(account)란 요구불예금·저축예금 또는 기타 자산구좌(본법 제1602조 (i)항에서 정의하고 있는 공개신용계획에서의 수시의 신용잔액을 제외함)로서, 제1차적으로 개인·가족·가계를 위하여 개설되고 위원회의 규칙에서 규정하고 있는 구좌를 의미한다. 그러나 금융기관이 선의의 신탁약정에 따라서 소유하는 구좌를 포함하지 않는다.

③ "위원회"는 연방준비제도이사회를 의미한다.

---

35) 12 C.F.R. § 205, 1-14(1982).

④ "거래일"은 전자자금이체에 관련된 소비자의 금융기관의 사무실이 실질적으로 그의 모든 업무기능을 수행하기 위하여 일반 공중에게 공개된 날을 의미한다.

⑤ "소비자"는 자연인을 의미한다.

⑥ 이 법에서 사용되는 "전자자금이체"란 수표·환어음 또는 이와 유사한 서면증권에 의한 거래 이외의 자금이체를 의미하며, 이것은 전자단말기(electronic terminal)·전신증권(telephonic instrument) 또는 컴퓨터나 자기테이프가 금융기관에 구좌의 차기나 대기를 지시하거나 수권한다. 이는 자동판매이체·자동출납기거래·자금의 직접 예치나 인출 및 전화에 의한 이체를 포함하나, 이에 한하지 않는다. 그러나 전자자금이체는 위원회의 규칙이 정하는 바에 따라 다음의 사항을 포함하지 않는다.

  ⅰ) 소비자의 구좌에 직접적으로 차기나 대기의 결과를 가져오지 않는 여하한 수표보증이나 수권용역;

  ⅱ) 금융기관이 소비자에 대신하여 연방준비은행이나 기타 예금기관에 있는 자금을 이체하는 용역으로서 하는, 자동교환소에 의하지 않는 여하한 자금이체로서, 제1차적으로 소비자에 대신하여 자금이체할 목적이 아닌 것;

  ⅲ) 거래의 제1차적인 목적이 증권 또는 상품의 매매인 거래로서 등록된 중개인을 통하여 거래되거나 증권거래위원회(Securities and Exchange Commission)에 의하여 규율되는 여하한 거래;

  ⅳ) 소비자와 금융기관간의 약정으로 대월을 상환하거나 소비자의 요구불예금구좌에 합의된 최저액을 유지시킬 목적으로 저축예금구좌에서 요구불예금구좌로 하는 여하한 자동이체;

  ⅴ) 소비자와 금융기관의 임원이나 피용자간의 전화대화에 의한 여하한 자금이체로서, 기약정 계획에 따르지 않고 또 정기 또는 반복적인 이체가 아닌 경우;

⑦ "전자단말기"란 소비자가 사용하는 전화 이외의 것으로 이에 의하여 소비자가 전자자금이체를 할 수 있는 전자기구를 의미한다. 이는 자동판매단말기·자동출납기 및 현금분배기(cash dispensing machines)를 포함하나, 이에 한하지 않는다.

⑧ "금융기관"은 주 또는 연방은행, 주 또는 연방저축·대출기관, 주 또는 연방신용조합 또는 기타 직접·간접으로 소비자의 구좌를 갖고 있는 자를 의미한다.

⑨ "기수권(旣授權) 전자자금이체"란 미리 수권된 전자자금이체로서 실질적으로 정기적 주기마다 발생하는 이체를 의미한다.

⑩ "주"란 어떤 주, 영역(territory), 미국의 점령지, 콜롬비아 지역, 푸에르토리코 공화국 또는 이러한 지역의 정치적인 일부지역(political subdivision)을 의미한다.

⑪ "무권 전자자금이체"란 소비자 이외의 자가 이체할 실질적인 권한이 없이 소비자의 구좌에서 이체하고 이에 의하여 소비자가 이득을 얻지 못하는 이체를 의미한다. 그러나 이에는 (A) 소비자가 소비자 이외의 자에게 카드·코드 또는 기타 소비자구좌의 이용수단을 제공하고, 소비자가 그러한 이체가 이루어지는 금융기관에 카드 등을 가진 소비자 이외의 자의 무권한을 통지하지 않은 경우, 그러한 자에 의한 이체나, (B) 소비자 또는 소비자와 협력하는 자가 사기적 의도로써 하는 이체나, (C) 금융기관의 오류가 있는 이체는 포함되지 않는다.

## § 1693 b (규칙)

(a) (위원회의 규칙제정) 위원회는 본법의 목적을 수행하기 위하여 규칙을 제정하여야 한다. 이러한 규칙을 제정함에 있어, 위원회는 다음 사항에 따라야 한다.

① 본법 제1693 o조에서 규정하고 있는 기관과 상의하여, 전자금융용역의 꾸준한 발전과 그러한 용역에 사용되고 있는 기술을 고려하고 참작할 것.

② 전자자금이체의 사용으로, 금융기관·소비자·기타 이의 사용자에게 드는 비용과 이익을 고려한 경제적 효과(economic impact)를 분석할 것. 이에는 이의 이용에 따라 소요되는 추가서류·보고·기록 기타 서면작업을 포함하여 계산하고, 대·소금융기관간의 전자금융용역에서의 경쟁효과 및 그러한 용역이 상이한 소비자군, 특히 저소득 소비자에게 적용될 수 있는지를 분석할 것.

③ 적용가능한 범위에서, 위원회는 그 규칙에서 소비자보호가 소비자 및 금융기관에 부과된 본법의 준수비용(compliance costs)보다 중요함을 표시할 것.

④ 위원회는 그가 제정한 규칙과 첨부 분석서류를 즉시 의회에 송부할 것.

(b) (모범조항의 작성) 위원회는 금융기관이 선택적으로 사용할 수 있는 모범조항(model clauses)을 작성하여 본법 제1693 c조의 개시조항(disclosure requirements)의 준수를 촉구하고, 쉽게 이해할 수 있는 용어를 사용함으로써, 전자자금이체에 있어서 당사자의 권리와 책임을 이해하는데 소비자를 도와야 한다. 그러한 모범조항은 연방등기소(Federal Register)에 정당한 통지를 하고 표제

(Title) 5의 제553조에 따른 일반평가(public comment)의 기회를 준 후 채택되어야 한다. 본법 제1693 c조 (a)항 ③호 및 ④호에 의한 개시(開示)에 관하여, 위원회는 상이한 전자자금이체제도에 의한 용역 및 수수료에 있어서의 다양성을 고려하여야 하고, 필요하다면 이렇게 상이한 구좌약정(account terms)에 관한 개시에 대하여 선택적 모범조항을 작성하여야 한다.

(c) (기준, 조항의 변경) 본조에 의하여 규정되는 규칙은 위원회가 본법의 목적을 실현시키기 위하여, 본법의 탈법을 방지하기 위하여, 또는 본법의 준수를 촉구하기 위하여 필요하거나 적당하다고 판단하면 분류하거나 구별하여 또는 다른 규정을 둘 수 있고, 또 일정한 종류의 전자자금이체에 대하여 조정하여 또 예외로 규정할 수 있다. 위원회가 소규모 금융기관에 부과되는 본법의 부당한 준수의 부담을 완화하기 위하여 개정이 필요하다고 판단하고, 또 그러한 개정이 본법의 목적과 일치하는 경우에는, 위원회는 규칙으로 소규모 금융기관에 부과된 사항을 개정하여야 한다.

(d) (개시의 적용, 본법에 의한 보호, 책임 및 배상) 소비자의 구좌를 가진 금융기관 이외의 자가 소비자에게 전자자금이체를 이용하는 경우에는, 위원회는 규칙으로 본법에 의한 개시·보호·책임 및 배상규정이 그러한 자 및 용역에도 적용됨을 확인하여야 한다.

## § 1693 c (이체의 조건)

(a) (개시, 시기, 형식, 내용) 소비자구좌의 전자자금이체의 조건에는 전자자금이체용역에 관한 소비자와의 계약체결시에 위원회규칙에 따른 개시가 있어야 한다. 그러한 개시는 쉽게 이해할 수 있는 용어로써 하며, 적용될 수 있는 범위에서 다음 사항을 포함하여야 한다.

① 무권 전자자금이체에 대한 소비자의 책임사항과, 금융기관의 선택에 의하여 여하한 손실, 절취 또는 카드·코드 또는 기타 이용수단의 무권사용에 관한 신속한 신고시 권고할만한 통지사항;

② 소비자가 무권 전자자금이체가 발생하였거나 또는 발생할 것으로 사료되는 경우에, 통지를 받을 자 또는 사무실의 전화번호 및 주소;

③ 소비자가 하는 전자자금이체의 형태(type) 및 성질(nature). 이에는 그러한 이체의 빈도 및 달러금액에 관한 한도를 포함하나, 위원회가 결정한 바에 따라서 전자자금이체제도의 안전의 유지상 그들의 신뢰가 필요한 경우에

는 그러한 한도의 상세한 사항은 개시될 필요가 없다;

④ 전자자금이체 또는 그러한 이체를 하는 권리에 대한 여하한 수수료;

⑤ 기수권(旣授權) 전자자금이체에 대한 소비자의 지급정지권 및 그러한 지급
정지지시를 하는 절차;

⑥ 본법 제1693 d조에 의한 전자자금이체의 서류를 수령할 소비자의 권리;

⑦ 위원회 규칙으로 규정한 형식으로 본법 제1693 f조의 오류결정 조항 및
이에 근거한 소비자의 권리에 대한 요약;

⑧ 본법 제1693 h조에 의한 소비자에 대한 금융기관의 책임에 관한 사항; 및

⑨ 금융기관이 보통의 업무수행상 제3자에게 소비자의 구좌에 관한 정보를
개시할 상황에 관한 사항.

(b) (소비자에게 하는 변경통지) 금융기관은, 본조 (a)항에 의하여 개시되어야 할 소
비자구좌의 조건에 어떤 변경이 있고, 이 변경이 그러한 소비자의 비용이나
책임을 가중시키거나, 소비자구좌의 이용을 감소시키는 경우에는, 적어도 그
변경일로부터 21일전에 서면으로 소비자에게 통지하여야 한다. 그러나 그 변
경이 전자자금이체제도나 소비자구좌의 안전유지나 회복을 위하여 즉시 필
요한 경우에는, 금융기관은 사전 통지 없이 구좌의 조건변경을 할 수 있다.
그러한 변경이 영구적인 것이면, 위원회는 본조 (a)항 ③호에 따라 그 후에
통지를 요구해야 한다.

(c) (본법의 시행일 전에 이용할 수 있는 구좌에 관한 개시시기) 본법의 시행일 전에 전
자자금이체를 할 수 있는 소비자구좌에 대하여 본조 (a)항에 의하여 소비자
에게 개시되도록 요구된 정보는 다음 기일 이내에 개시되어야 한다.

① 본법의 시행일 후 본법 제1693 d조 (c)항에 의한 최초의 정기명세표 송부
시; 또는

② 본법의 시행일 후 30일

## § 1693 d(이체의 문서)

(a) 소비자가 전자단말기로써 한 매 전자자금이체에 대하여, 그러한 소비자의 구
좌를 가진 금융기관은 그 거래가 이루어진 때에 직접·간접으로 그러한 이체
의 서면문서를 소비자에게 작성·교부하여야 한다. 그 문서에는 적용이 가능
한 한 다음 사항을 명백히 표시하여야 한다.

① 거래가 이루어진 금액 및 일자;

② 거래의 형태;

③ 자금이 이체되는 금융기관에 있는 소비자의 구좌의 동일성(identity);

④ 자금이 이체되는 제3자의 동일성;

⑤ 해당 전자단말기의 위치나 동일성.

(b) 동일 지급인으로부터 미리 수권된 전자자금이체의 방법으로 적어도 매 60일
에 일회 대기되도록 계획되어 있는 소비자의 구좌에 대하여는, 금융기관은
그 선택에 의하여 그 대기가 계획대로 된 경우에 위원회의 규칙에 따라서
소비자에게 즉시 적극적으로 통지하던가, 또는 그 대기가 계획대로 되지 않
은 경우에 위원회의 규칙에 따라서 소비자에게 소극적으로 통지를 하여야
한다. 그러나 지급인이 소비자에게 적극적으로 이체의 통지를 할 것을 약정
하는 경우에는 그에 따른다. 선택된 통지의 수단은 본법 제1693 c조에 따라
서 소비자에게 개시되어야 한다.

(c) (정기명세표 및 그 내용) 금융기관은 각 소비자에게 전자자금이체에 의하여 이
루어지는 그 소비자의 각 구좌에 대한 정기명세표를 송부하여야 한다. 본조
의 (d)항 및 (e)항에 규정되어 있는 경우를 제외하고 동 명세표는 그 구좌에
관계되는 전자자금이체가 매월 또는 그보다 단기의 주기로 발생하는 경우에
는 적오도 매월, 그보다 더 빈번히 발생하는 경우에도 매 3개월마다 송부하
여야 한다. 동 명세표에는 전자자금이체 이외의 거래에 관한 사항을 기재할
수 있으며, 다음 사항을 반드시 기재하여야 한다.

① 그 기간중의 매 전자자금이체에 관하여 본조 (a)항에 기재된 사항. 그러나
이것은 별도의 문서에 의하여 송부될 수도 있다;

② 동 기간중의 전자자금이체나 구좌유지에 대하여 금융기관이 부과한 수수
료의 액;

③ 동 기간의 시기(始期) 및 종기에 있어서의 소비자구좌의 잔액;

④ 소비자가 명세표에 대한 문의나 구좌오류의 통지를 할 수 있는 금융기관
의 주소 및 전화번호·그러한 주소 및 전화번호 앞에는 "……에 직접 문의
하십시오" 또는 이와 유사한 문언이 기재되어야 한다.

(d) (소비자 통장구좌) 구좌에 대기하도록 미리 수권된 전자자금이체 이외의 것으
로 전자자금이체에 의해서 이체하지 못하는 소비자의 통장(passbook)[36] 구좌

---

36) Document issued by a bank in which the customer's transactions (i.e. savings deposits
and withdrawals) are recorded [Black's Law Dictionary at 1612(5th ed. 1979)].

의 경우에는, 금융기관은 본조 (c)항의 요건 대신에 통장의 제시에 의하여 소비자에게 그 통장이 전에 제시된 이후의 그 구좌에 관한 거래에 금액과 일자를 그 통장에 기재하여야 한다.

(e) 통장구좌도 아니고, 구좌에 대기하도록 미리 수권된 전자자금이체 이외의 전자자금이체에 의하여 기장될 수 없는 소비자구좌의 경우에는, 금융기관은 분기별로 정기명세표를 송부하되 이 명세표는 본조 (c)항의 요건을 충족하여야 한다.

(f) (증거로서의 문서) 소비자에 관한 소송에서, 제3자에게 전자자금이체가 된 것을 나타내는 본조에 의해서 소비자에게 교부되는 일체의 문서는 그러한 이체의 증거로서 인정되고, 그러한 이체가 있었다는 추정증거가 된다.

## § 1693 e (기수권 이체)

(a) 소비자구좌로부터의 기수권(旣授權) 전자자금이체는 서면에 의해서만 소비자에 의하여 수권되고, 동 수권서의 등본 1통은 작성시에 소비자에게 교부되어야 한다. 소비자는 동 이체의 예정일자 3거래일 전까지는 언제든지 구두 또는 서면으로 금융기관에 통지함으로써 기수권 전자자금이체의 지급을 정지할 수 있다. 금융기관은 소비자의 구두통지의 경우에, 소비자가 구두통지에 대한 서면확인서를 송부해야 한다는 점과 또 송부할 주소를 알고 있는 경우에는, 구두통지를 한 후 14일내에 구두통지에 따른 서면확인서를 송부할 것을 요구할 수 있다.

(b) 소비자구좌에서 동일인에게 하는 이체로서 금액에 차이가 있는 기수권 이체의 경우에, 금융기관 또는 지정수취인은 각 이체 전에 위원회의 규칙에 따라서 이체되는 금액 및 계획된 이체일자에 대하여 소비자에게 상당한 사전 통지를 하여야 한다.

## § 1693 f (오류결정)

(a) (금융기관에 하는 오류통지) 금융기관이, 그가 소비자에게 제1693 d조 (a)항, (c)항 또는 (d)항의 문서 또는 제1693 d조 (b)항의 통지를 송부한 후 60일 내에, 소비자가

① 자기의 성명과 구좌번호를 기재하거나 기타의 방법으로 금융기관이 자기를 알 수 있게 하고;

② 그 문서에, 제1693 d조 (b)항의 통지에는 소비자의 구좌에, 오류가 있다는
뜻과 그 오류금액을 표시하고;

③ 동 오류가 발생하게 된 이유에 대한 소비자의 의견을 기술한 구두 또는
서면통지를 수령한 경우에는, 동 금융기관은 주장된 오류를 조사하여 그
오류가 발생했는지 여부에 대하여 결정하고 그러한 조사 및 결정의 결과
를 10거래일 내에 소비자에게 보고하거나 우송하여야 한다. 금융기관은,
소비자가 이러한 사항에 대하여 구두통지를 하고 또 소비자가 이 때에 서
면확인서를 송부하여야 하는 사실 및 송부처를 알고 있는 경우에, 오류의
구두통지에 대한 서면확인서를 10거래일 내에 송부할 것을 요구할 수 있
다. 이에 따라 서면확인서를 요구하는 금융기관은 본조 (c)항에 따라서 소
비자의 구좌에 잠정적인 재대기(再貸記)를 할 필요가 없고, 또 금융기관이
위에서 본 10거래일 내에 서면확인서를 받지 못하면 본조 (e)항의 신뢰를
하여서는 아니된다.

(b) (오류의 정정 및 이자) 금융기관이 오류의 발생을 결정하면, 즉시 그러나 어떤
경우에도 그러한 결정 후 1거래일을 지나지 않는 범위에서 본법 제1693 g조
에 따라서 오류를 정정하여야 한다. 이때 적용될 수 있으면 이자의 대기를
포함한다.

(c) (소비자 구좌의 잠정적인 대기) 금융기관이 본조 (a)항에 따른 방법과 기간 내에
오류의 통지를 받으면, 그는 본조 (a)항 및 (b)항의 요건에 대체하여 그러한
통지의 수령 후 10거래일내에, 적용가능하면 이자를 포함하여 본법 제1693
g조에 따라서 주장된 오류금액을 소비자의 구좌에 잠정적으로 재대기(再貸記)
할 수 있다. 이때 오류의 발생 유무나 확정금액은 그 후의 조사 및 결정에
맡겨진다. 그러한 조사는 오류통지의 수령 후 45일을 초과하지 않는 기간 내
에 결정되어야 한다. 조사가 진행되고 있는 동안, 소비자는 잠정적으로 재대
기된 자금을 충분히 사용할 수 있다.

(d) (오류의 부재, 발견, 설명) 금융기관이 본조 (a)항 또는 (c)항에 따른 조사 후
오류가 발생하지 않았음을 결정하면, 그 조사의 결정 후 3거래일 내에 소비
자에게 발견사항의 설명서를 교부하거나 우송하여야 하고, 또한 소비자가 요
구하면 금융기관이 그러한 오류가 발생하지 아니함을 결정하는데 근거한 일
체의 문서의 등본(reproductions)을 소비자에게 즉시 교부하거나 우송하여야
한다.

(e) (3배의 손해배상) 본법 제1693 m조에 의한 소송에서 법원이 다음 사실을 발견하면, 소비자는 본법 제1693 m조 (a)항 ①호에 의하여 결정된 3배의 손해배상을 청구할 권리가 있다.

① 금융기관이 본조 (c)항에 규정된 10거래일 내에 소비자의 구좌에 잠정적인 재대기(再貸記)를 하지 않고, (A) 금융기관이 주장된 오류에 대하여 선의의 조사를 하지 않거나 또는 (B) 소비자의 구좌에 오류가 없다고 믿는데에 상당한 근거가 없는 사실; 또는

② 금융기관이 조사시에 금융기관이 이용할 수 있는 증거에 의해서 합리적으로 판단하면 그러한 결론이 나올 수 없는 경우에, 금융기관이 고의로 소비자의 구좌에 오류가 없다고 결정한 사실.

(f) (오류가 되는 행위) 본조의 목적에서 다음 사항이 오류가 된다.

① 무권(無權) 전자자금이체;

② 소비자의 구좌로부터 또는 구좌에 한 부정확한 전자자금이체;

③ 소비자의 구좌와 전자자금이체의 정기명세표에서 반드시 기재하여야 할 사항의 누락;

④ 금융기관에 의한 계산상 오류;

⑤ 전자단말기로부터의 소비자의 부정확한 금액의 수령;

⑥ 전자자금이체나 본법에 의한 문서에 관한 추가정보나 확인에 관한 소비자의 요구;

⑦ 기타 위원회의 규칙에 규정된 오류.

## § 1693 g (소비자의 책임)

(a) (무권전자자금이체, 한도) 소비자는 소비자의 구좌를 포함하는 무권 자금이체에 대하여 그러한 이체에 이용된 카드나 기타 이용수단이 인수카드나 기타 이용수단이고, 그러한 카드·코드 또는 기타 이용수단의 발행인이 그러한 카드 등을 이용자에게 제공하여 그러한 카드 등의 이용자가 서명·사진 또는 지장에 의하여 또는 전자나 기계적인 확인에 의하여 그러한 카드 등을 사용할 수 있는 권한이 있는 자로서 인식될 수 있는 경우에만 책임을 진다. 그러나 어떠한 경우에도 무권 이체에 대한 소비자의 책임은 다음을 초과하지 못한다.

① $ 50; 또는

② 금융기관이 소비자구좌를 포함하는 무권 전자자금이체가 있었거나 있을

것으로 믿을 수 있는 상당한 이유 있는 상황에 대하여 통지를 받거나 또는 기타의 방법으로 알기 전에, 그러한 무권 전자자금이체에서 취득된 금액이나 재산 또는 용역의 가치. 본항에서의 통지는 금융기관의 특정한 임원, 피용자 또는 대리인이 사실상 그러한 정보를 수령하건 아니하건 불문하고 금융기관에 적절한 정보를 제공하기 위하여 보통의 업무를 수행에서 요구되는 상당한 절차를 취한 것으로써 충분하다.

전술한 것에도 불구하고, 금융기관이 명세표의 발송 후 60일 내에(이 기간은 여행, 입원과 같이 연장되는 상황에서는 그 상황에 따른 상당기간 내에) 소비자가 본법 제1693 d조에 의해서 자기에게 송부된 정기명세표에 나타나는 무권 전자자금이체 또는 구좌오류를 금융기관에 알렸더라면 발생하지 않았을 손실을 금융기관이 증명하는 경우에도 소비자는 그 손실을 상환할 필요가 없다. 더욱이, 소비자가 자기의 카드 등의 분실 또는 도난을 안 후 2거래일 내에(여행 또는 입원과 같이 기간이 연장되는 상황에서는 그 상황에 따라 합리적으로 연장된 기간 내에) 이를 금융기관에 알렸더라면 발생하지 않았을 손실을 금융기관이 증명하는 경우에도 소비자는 그 손실을 상환할 필요가 없다. 그러나 본항에 의한 소비자의 책임은 어떠한 경우에도 $500 또는 소비자가 그 분실 또는 절취를 안 후 2거래일(또는 연장된 기간) 후, 그러나 본항에 의해서 금융기관에 통지하기 전에 발생한 무권 전자자금이체의 금액 중 적은 금액을 초과하지 못한다.

(b) (증명책임) 무권 전자자금이체에 대한 소비자의 책임에 관한 소송에서, 금융기관은 증명책임을 부담하여 전자자금이체가 수권에 의하여 된 것을 증명하여야 한다. 또는 그 전자자금이체가 무권에 의하여 된 경우에는 증명책임은 금융기관에 있어 금융기관은 본조 (a)항의 책임조건들이 성취된 것을 증명하여야 한다. 또 그 이체가 본법 제1693 c조의 효력발생일 이후에 된 경우이면, 본법 제1693 c조 (a)항 ①호 및 ②호에 의하여 소비자에게 요구되는 개시(開示)가 사실상 동조에 따라 된 것임을 증명하여야 한다.

(c) (책임한도의 결정) 무권 전자자금이체 및 본법 제1602조 (e)항에서 정의된 바와 같이 소비자의 구좌가 대월(貸越)된 경우에 소비자와 금융기관간의 약정에 따라서 소비자에게 그러한 신용을 연장한다는 신용연장의 양자의 거래의 경우에, 그러한 거래에 대한 소비자의 책임한도는 본조에 따라서만 결정되어야 한다.

(d) (책임의 제한) 다른 적용가능한 법률 또는 소비자와 금융기관간의 여하한 약정에 의한 무권 전자자금이체거래에 대하여, 본조의 어떠한 것도 소비자에게 무권 전자자금이체에 대하여 그 책임을 초과하여 부과하지 않는다.

(e) (책임범위) 본조에 규정되어 있는 경우를 제외하고, 소비자는 무권 전자자금이체로부터 발생하는 여하한 책임을 지지 않는다.

## § 1693 h (금융기관의 책임)

(a) (손해를 유발하는 행위유무) 본조 (b)항 및 (c)항에 따라서 금융기관은 다음에 의하여 발생하는 모든 손해에 대하여 소비자에게 책임을 부담해야 한다.

    ① 다음의 경우를 제외하고, 소비자가 지시한 정확한 금액과 방법으로 구좌의 조건에 따라서 금융기관이 전자자금이체를 하지 않은 경우,

    ⅰ) 소비자의 구좌에 자금이 불충분한 경우;

    ⅱ) 그 자금이 법적 절차의 진행중이거나 기타 그러한 이체를 제한하는 채무가 있는 경우;

    ⅲ) 그러한 이체를 하게 되면 약정된 신용한도를 초과하게 되는 경우;

    ⅳ) 전자단말기에 그 거래를 할 수 있는 현금이 불충분한 경우;

    ⅴ) 기타 위원회의 규칙에 규정된 사항.

    ② 금융기관이 소비자의 구좌에 자금을 입금시켰더라면 이체에 충분한 자금이 되었을 경우에, 금융기관이 구좌의 조건에 따라서 대기(貸記)를 하지 않아서 자금이 충분하지 않게되어 전자자금이체를 하지 못한 경우.

    ③ 금융기관이 구좌의 조건에 따라서 지급정지를 하도록 지시받은 경우에, 소비자의 구좌로부터 기수권(旣授權) 이체의 지급을 정지하지 않은 경우.

(b) (불가항력 및 기술적 기능정지) 금융기관은 다음에 의한 결과로 소비자의 지시에 따른 행위를 할 수 없었음을 증명하는 경우에는, 본조 (a)항 ①호 또는 ②호의 책임을 지지 않는다.

    ① 금융기관이 지배할 수 없는 불가항력이 있는 경우로서, 그가 그러한 발생을 방지하기 위하여 상당한 주의를 하고, 또 그 상황이 요구하는 그러한 주의를 다한 경우;

    ② 소비자가 전자자금이체를 하고자 하는 때에 또는 기수권(旣授權) 이체의 경우에는 그러한 이체가 발생했어야 하는 때에 소비자가 알고 있는 기계의 기능정지.

(c) (내용) 본조 (a)항의 위반의 경우에, 그것이 고의적이 아니고 또 선의의 과실의 결과로 위반한 경우로서 그러한 과실을 피하는데 적합한 상당한 절차를 취하였음에도 불구하고, 금융기관은 증명된 실제의 손해에 대해서 책임을 부담해야 한다.

### § 1693 i (카드 또는 기타 이용수단의 발행)

(a) (금지, 적당한 발행) 아무도 다음의 경우 이외에는, 전자자금이체를 할 목적으로 소비자에게 카드·코드 또는 기타 소비자의 구좌를 이용하는 수단을 발행하지 못한다.

① (소비자의—필자 주) 요구 또는 신청에 의한 경우;

② 최초의 발행인이 발행한 것이든 또는 그 승계인이 발행한 것이든, 인수카드·코드 또는 기타 이용수단의 재발행으로 또는 대체로 발행되는 경우.

(b) (예외) 본조 (a)항의 규정에도 불구하고 다음의 경우에는 소비자의 구좌에서 전자자금이체에 사용될 카드·코드 또는 기타 이용수단을 신청에 의하지 않고 작성하여 소비자에게 교부할 수 있다.

① 그러한 카드, 코드 또는 기타 이용수단이 유효하지 않은 경우;

② 그러한 교부에 본법 제1693 c조에 따른 소비자의 권리·의무에 관한 완전한 개시(開示)가 수반되고, 이렇게 개시된 권리·의무에 관한 사항은 그러한 카드·코드 또는 기타 이용수단이 유효한 경우에 적용되는 경우;

③ 그러한 교부에 위원회의 규칙에 따른 명백한 설명서가 수반되고, 그 설명서는 그러한 카드·코드 또는 기타 이용수단이 유효하지 않고 또 그것이 유효함을 바라지 않는 경우 소비자가 어떻게 그러한 코드·카드 또는 이용수단을 처분할 것인가에 관한 경우;

④ 그러한 카드·코드 또는 기타 이용수단이 소비자의 동일성의 증명에 대하여 소비자로부터의 요구나 신청이 있는 경우에만 유효한 경우.

(c) (유효) 본조 (b)항의 목적을 위한 카드·코드 또는 기타 이용수단은 그것이 전자자금이체를 하기 위하여 사용되는 경우에만 유효하다.

### § 1693 j (채무의 중지)

기계의 기능정지로 인하여 소비자가 타인에게 하는 전자자금이체의 효력이 발생하지 않고 또 그러한 타인이 그러한 수단에 의한 지급의 수령을 동의한 경우에, 그 타인에 대한 소비자의 채무는 기계의 기능정지가 보수되어 전자자금이체가 완성될 때까지 정지된다. 단 그러한 타인이 서면요구에 의하여 전자자금이체 이외의 방법으로 지급을 청구한 경우에는 예외로 한다.

## § 1693 k(전자자금이체의 강제사용)

어느 누구도,

① 기수권(旣授權) 전자자금이체에 의하여 소비자에게 상환(repayment)을 하는 경우, 이를 그러한 소비자에 대한 신용연장의 조건으로 하지 못한다;

② 소비자에게 고용의 조건으로 또는 정부연금(government benefit)의 수령의 조건으로 특정한 금융기관에 전자자금이체의 영수를 위한 구좌를 개설할 것을 요구하지 못한다.

## § 1693 l(권리의 양도)

소비자와 타인간에 체결하는 서면 또는 기타 약정에는 본법에 의해서 수여된 권리나 본법에 의해서 발생하는 소의 원인에 관한 규정을 포함할 수 없다. 그러나 본조에서 어떤 것도 본법에 있는 것보다 소비자에게 더 광범위한 권리·배상 또는 보호를 허용하거나, 논쟁(dispute)이나 소송에서의 해결수단으로 수여되는 권리의 양도를 허용하는 여하한 서면이나 기타 약정을 방해하지 않는다.

## § 1693 m(민사책임)

(a) (손해배상을 구하는 단독 또는 공동소송, 배상금) 본조 및 본법의 제1693 h조에 달리 규정하고 있는 바가 없으면, 소비자에 대하여 본법의 어떤 조항을 위반하는 자는, 본법의 제1693 f조에 규정한 오류가 없는 한 다음의 금액으로 소비자에게 배상할 책임이 있다.

① 그러한 위반의 결과로 소비자가 입은 실제의 손해;.

② ⅰ) 단독소송(individual action)에서는 $100 이상 $1,000 이하의 금액; 또는

ⅱ) 공동소송(class action)에서는 법원이 허용하는 금액. 단, ⓐ 각자에게 최소배상액을 적용할 수 없는 경우와, ⓑ 어떤 공동소송이나 일련의 공동소송에서 동일인의 동일위반에서 발생하는 본호에 의한 전 배상액이 $500,000 또는 피고의 순재산(net worth)의 1% 이상인 경우에는 예외로 한다; 또

③ 앞에서 규정하고 있는 책임을 추궁하는 소송에서 승소한 경우에는 소송비
용 및 법원에 의하여 결정된 상당한 변호사의 수수료.

(b) (배상액을 결정하는 요인) 본조 (a)항의 소송에서 배상액을 결정함에 있어서, 법
원은 관련 요인 중에서 다음 사항을 고려하여야 한다.

① 본조 (a)항 ②호 ⅰ)의 단독소송에서는, 위반의 빈도 및 계속성, 그러한
위반의 성질 및 위반이 고의인 범위; 또는

② 본조 (a)항 ②호 ⅱ)의 공동소송에서는, 위반의 빈도 및 계속성, 그러한
위반의 성질, 피고의 자력, 반대한 피고의 수 및 위반이 고의인 범위.

(c) (고의가 아닌 위반, 선의의 과실) 본법 제1693 h조에 규정된 것을 제외하고
어떠한 자도 그가 증거에 의하여 그 위반이 고의가 아니고 또 그러한 과실
을 피하기 위하여 합리적으로 적합한 절차를 취하였음에도 불구하고 선의의
과실에 기인하는 것을 증명하는 경우에는 본법의 위반으로 인하여 본조에
의하여 제기된 여하한 소송책임이 있는 것으로 판시될 수 없다.

(d) (위원회의 규칙, 규정 또는 해석의 선의의 준수 또는 연방준비제도의 정당수권(正當授
權) 공무원 또는 피용자의 승인) 책임을 부과하는 본법의 본조 또는 제1693 n조
의 규정은 다음의 사항에는 적용되지 않는다. 그 위반행위나 누락이 발생한
후에 위원회의 규칙, 규정, 승인 또는 모범조항이 변경되거나, 취소되거나,
또는 법관이나 기타 당국자에 의하여 어떠한 이유로든 무효로 결정된 경우
에도 같다.

① 위원회의 규칙, 규정 또는 해석에 합치하여 행하여졌거나 또는 선의로 누
락된 행위 또는 위원회가 정한 규칙의 절차에서 위원회가 그러한 해석이
나 승인을 하도록 정당하게 수권한 연방준비제도의 공무원이나 피용자의
해석이나 승인에 합치하여 행하여진 행위; 또는

② 금융기관이 위원회가 작성한 적당한 모범조항을 이용한 경우에는, 그러한
형식으로 하는 개시(開示)의 위반.

(e) (소송전 소비자에 대한 통지, 소비자 구좌의 조정) 본조에 의하여 제소하기 전에,
어떤 자가 위반과 관련하여 소비자에게 통지하고, 본법의 각 조항을 준수하
고, 또 소비자구좌를 적당히 조정하여 실제의 손해액 또는 적용가능한 경우
에 본법 제1693 h조에 따른 손해액을 지급하면, 그는 본법의 어떤 조항에
위반하였다고 하여 본조에 의한 책임을 부담하지 않는다.

(f) (악의 또는 괴롭히기 위한 소송) 법원이 본조에 의한 소가 악의 또는 상대방을

괴롭힐 목적으로 제기되어 패소된 것임을 안 경우에는, 법원은 그 소와 관련
하여 사용된 상당한 변호사 수수료 및 비용을 피고에게 배상하도록 하여야
한다.

(g) (관할법원, 제소기간) 소가에 불구하고 본조에 의한 소송은 연방지방법원 또는
이에 상당한 관할법원에 위반 발생일로부터 1년 내에 제기하여야 한다.

## § 1693 n (형사책임)

(a) (허위 또는 부정확한 정보제공에 의한 위반, 정보제공의 불이행 및 본법의 위반) 고의
로 다음의 행위를 하는 자는 누구든지 $5,000 이하의 벌금 또는 1년 이하의
징역에 처하거나, 양자를 병과한다.

① 허위 또는 부정확한 정보를 제공하거나, 또는 본법 또는 본법에 의하여
발행된 규칙에 의하여 개시(開示)하도록 규정된 정보를 제공하지 않는 자;
또는

② 기타 본법의 여하한 규정을 위반하는 자.

(b) (주간 또는 외국상사에 관한 위반) 다음의 행위를 하는 자는 누구든지 $10,000
이하의 벌금 또는 10년 이하의 징역에 처하거나, 양자를 병과한다.

① 주간(州間) 또는 외국상사에 관한 거래에서, 고의로 허위·가공·변조·위조·
분실·도취 또는 사기로 취득한 인출증권(debit instrument)을, 1년 동안에
합계 $1,000 또는 그 이상의 가치를 갖는 금전, 상품, 용역 또는 기타 유
가물을 취득하고자 사용하거나 이를 음모하거나(attempt) 또는 교사한 자;

② 불법 또는 사기의도로써 주간(州間) 또는 외국상사에서 허위·가공·변조·
위조·분실·도난 또는 사기로 취득한 인출증권을 이러한 사정을 알면서
양도하거나, 이를 음모하거나 또는 교사하는 자;

③ 불법 또는 사기의도로써, 허위·가공·변조·위조·분실·도난 또는 사기적으
로 취득한 인출증권을 그러한 사정을 알면서 매도하거나 양도하기 위하여
주간(州間) 또는 외국상사의 여하한 수단(instrumentality)을 사용하는 자;

④ 고의로, ⅰ) 1년 동안에 합계 $1,000 또는 그 이상의 가치를 갖고, ⅱ)
주간(州間) 또는 외국상사로 이전되거나, 이의 일부이거나, 또는 이를 구성
하고, ⅲ) 허위·가공·변조·위조·분실·도난 또는 사기로 취득된 인출증권
으로써 취득되는 금전·상품·용역 또는 기타 유가물을 (주간〈州間〉 또는 외
국교통을 위한 차표〈tickets〉는 제외) 수령하거나, 은닉하거나, 사용하거나 또

는 양도하는 자;

⑤ 고의로 주간(州間) 또는 외국상사에서, ⅰ) 1년동안에 합계 $500 또는 그 이상의 가치를 갖고, ⅱ) 하나 또는 그 이상의 허위·가공·변조·위조·분실·도난 또는 사기로 취득된 인출증권으로써 매수되거나 취득된 주간(州間) 또는 외국교통에 사용되는 하나 또 그 이상의 차표를 수령하거나 은닉하거나 사용하거나 매도하거나 양도하는 자;

⑥ 주간(州間) 또는 외국상사에 관한 거래에서 허위·가공·변조·위조·분실·도난 또는 사기로 취득한 인출증권으로써, 그러한 사정을 알면서 1년 동안에 합계 $1,000 또는 그 이상의 가치가 있는 금전·재산·용역 또는 기타의 유가물을 공급하는 자.

(c) (인출증권의 정의) 본조에서 사용되는 "인출증권"은 수표·어음·기타 이와 유사한 서면증권 이외의 카드·코드 또는 기타 수단으로서 그 사용으로 어떤 자가 전자자금이체를 하게 되는 것을 의미한다.

## § 1693 o(행정시행)

(a) (시행기관) 본법에 의하여 부관된 사항은 다음 기관에 의하여 시행되어야 한다.

① 연방예금보험법(Federal Deposit Insurance Act) 제8조의 적용에 있어서는 다음과 같다.

ⅰ) 통화관리자는 연방은행(national banks);

ⅱ) 위원회는 연방준비제도의 (연방은행 이외의) 회원은행;

ⅲ) 연방예금보험회사(Federal Deposit Insurance Corporation)의 이사회는 (연방준비제도의 회원 이외의) 연방예금보험회사에 의하여 부보된 은행;

② 1933년의 세대주대출법(Home Owner's Loan Act) 제5조 (d)항, 연방주택법(National Housing Act) 제407조 및 연방가정대출은행법(Federal Home Loan Bank Act) 제6조 (i)항 및 제17조에 따른 기구는 연방가정대출은행이사회(Federal Home Loan Bank Board)[직접으로 또는 연방저축대출보험회사(Federal Savings and Loan Insurance Corporation)를 통하여 간접으로 활동함];

③ 연방신용조합법(Federal Credit Union Act)에 의한 연방신용조합에 관해서는 연방신용조합행정의 관리자;

④ 1958년의 연방항공법(Federal Aviation Act)에 의한 여하한 항공운송인 또

　　는 외국항공운송인에 관하여는, 민간항공이사회(Civil Aeronautics Board);

　　⑤ 1934년의 증권거래법(Securities Exchange Act)에 의한 여하한 중개인(broker), 관리자(dealer)에 관하여는 증권거래위원회(Securities and Exchange Commission).

(b) (본법의 위반은 기존 법률위반으로 간주, 추가권한) 본조 (a)항에서 규정한 어떤 기관이 본조 동항에서 규정하고 있는 어떤 법의 권한을 행사함에 있어서, 본법에 의해서 부과된 어떤 사항(requirement)의 위반은 동법에서 부과된 사항의 위반으로 간주된다. 본조 (a)항에서 규정하고 있는 각 기관은 동 조항에서 특별히 규정하고 있는 법의 해당규정에 의한 권한 외에, 본법에 의하여 부과된 어떤 사항을 시행할 목적으로 법이 그에 수여한 다른 권한을 행사할 수 있다.

(c) (연방거래위원회의 전반적인 시행권한) 본법에 의하여 부과된 사항의 시행이 본조 (a)항에 의하여 특히 타정부기관(Government Agency)에 위임된 경우를 제외하고, 연방거래위원회(Federal Trade Commission)는 그러한 사항을 시행하여야 한다. 연방거래위원회법(Federal Trade Commission Act)에 의하여 연방거래위원회가 그 기능과 권한을 행사하기 위해서 본법에 의하여 부과된 어떤 사항의 위반은 연방거래위원회법에 의하여 부과된 사항의 위반으로 간주된다. 연방거래위원회는 연방거래위원회법에 의한 모든 권한과 기능을 연방거래위원회의 관할지역인 모든 자가 상업에 종사하는지 여부 및 그가 동법에 의하여 다른 관할권에 속하는지 여부에 불문하고, 그가 본법에 의하여 부과된 사항을 준수하도록 하는데, 이용할 수 있다.

## § 1693 p(의회에 대한 보고)

(a) 본법은 시행일 후 12개월 내에 또 그 후 매 1년마다 위원회 및 검찰총장은 각각 의회에 본법에 의한 그들의 기능의 운영에 관한 사항을 보고하여야 한다. 이 보고에는 위원회 및 검찰총장이 각각 필요하다거나 적당하다고 하는 사항을 권고할 수 있다. 이에 추가하여 위원회의 매 보고에는 본법의 준수로 무엇이 어느 정도 달성되고 있는가에 관한 평가와 본법 제1693 o조에 의하여 제기된 시행의 소송의 요약을 포함해야 한다. 동 보고에서 위원회는 특히 금융기관 및 소비자에게 있어서의 비용과 이득에 대한 본법의 효과, 경쟁, 새로운 기술도입, 금융기관의 활동 및 소비자보호의 적절성에 관한 본법의 효과에 대하여 설명하여야 한다. 검찰총장의 보고서에는 또한 연방법원의 활동, 업무량 및 능률에 대한 본법의 적용의 분석이 포함되어야 한다.

V. 금 융 법

(b) 본법에 의한 위원회의 기능의 행사에서, 위원회는 그의 판단에서 본법의 적
    용을 받는 자에 관하여 규칙상 또는 감독상 기능을 수행하는 어떠한 다른
    연방기관의 의견을 요구하여 얻을 수 있다.

## § 1693 q(주법과의 관계)

이 법은 전자자금이체에 관한 주법을 폐지하거나, 변경하거나 또는 영향을 미
치지 않는다. 단, 그러한 법이 본법의 규정과 상충하는 범위에서는 예외로 하는
데, 이는 상충하는 범위에 한한다. 만일 주법이 소비자에게 부여하는 보호가 본법
이 부여하는 보호보다 더 큰 경우에는 주법이 본법과 상충하는 것이 아니다. 위
원회는 자기 자신의 판단 또는 어떤 금융기관, 주 또는 기타 관련 당사자가 위원
회 규칙에 규정되어 있는 바에 따라 제출한 요구에 의하여, 주법의 규정이 본법
과 상충하는지의 여부 또는 더 큰 보호를 소비자에게 부여하는지의 여부를 결정
하여야 한다. 만일 위원회가 주법의 규정이 본법과 상충하는 것으로 판단하면, 그
러한 판단이 그 후에 법원 또는 기타의 기관(authority)에 의하여 변경되거나, 취
소되거나, 또는 어떠한 이유로든 무효로 결정되더라도, 금융기관이 선의로 주법에
위반한 것에 대하여 금융기관은 주법에 의한 책임을 부담하지 않는다. 본법은 주
법의 적용을 받지 않는 자 및 거래에까지 주법의 적용을 확대하는 것은 아니다.

## § 1693 r(주 규칙의 예외)

만일 위원회가 본법에 의하여 부과된 것과 본질적으로 유사한 일정한 전자자
금이체에 대하여는 주법의 적용을 받는다고 결정하고 또 이에 관한 적당한 시행
규정도 있는 경우에는, 위원회는 규칙으로 주법의 규율대상인 그러한 전자자금이
체를 본법의 적용에서 제외하여야 한다.

# IV. 신지급법

## 1. 서 언

앞에서 본 바와 같이 전자자금이체법은 소비자와 금융기관간에만 적용되므
로 그 적용범위는 매우 제한되어 있다. 그러나 전자자금이체제도는 끊임없이 발
전하고, 이 제도의 계속적인 이용증가는 관련법규의 개정 내지는 이에 관한 새로

운 법률의 제정을 불가피하게 하고 있다.

    따라서 이에 관하여 현재 미국에서는 신지급법의 제정이 논의되고 있는바, 이러한 신지급법의 입법과정과 문제점에 대하여 캘리포니아주 변호사회의 소속이며 전자자금이체의 심의위원회의 의장인 Roland E. Brandel변호사와 컬럼비아 및 펜실베이니아주 변호사회 소속인 Anne Geary변호사가 공동 집필한 논문이 있어[37] 이를 소개함으로써, 미국의 신지급법의 입법의 현황과 문제점에 대하여 간단하게 소개하고자 한다.

    동 논문에서 두 변호사는 신지급법의 성격에 대하여 다음과 같이 결론을 내리고 있다.

    "미국에서 소비자보호의 문제는 U.C.C.의 제정 당시인 1950년대 초에는 논의되지 않았다. 소비자보호의 문제는 그 후에 발생하여, 지난 20년간 소비자의 권리에 관하여 여러 상이한 법에 단편적으로 입법화되었다. 그런데 이렇게 소비자의 권리에 대하여 각각의 법에 상이하게 규정하는데는 합리적인 이유가 거의 없었다. 상이한 지급형태와 관련된 소비자의 권리를 통일하여 규정하는 것은 충분히 그 가치가 있는 일이다. 신지급법의 실질적인 내용이 무엇이든, 소비자 및 기업은 통일된 원리에 의해서 규율될 것이어서 그 통일원리를 알 수 있어야 한다. 또한 그러한 통일원리는 기업 및 공중이 가장 효과적인 지급제도를 선택하는데 틀림없이 도움을 줄 것이다.

    신지급법의 제정과정에서 이미 몇 년을 소비하였으며, 동법의 실현 전에도 아직도 할일이 많으나, 이러한 목표에 대한 장기계획에서 최초의 중요한 출발이 취하여진 것이다. 그 목표에는 아직 도달하지 않았으나, 신지급법은 틀림없이 현재 지급제도를 규율하는 법에 대한 중대한 재평가를 하고 있는 것이다."

## 2. 입법의 배경

    수년 전부터 어떤 법이 전자자금이체를 규율하는가, 만일 그것이 U.C.C.라면 그것이 적절한가의 여부에 대하여 논의가 있었다. 환경 변화에 따른 U.C.C.의 관련 및 통일을 유지할 임무를 맡고 있는 U.C.C.의 영구편집위원회(Permanent Editorial Board, PEB)가 전자환경에서의 U.C.C.의 생존을 검토하게 되었다.

    1970년대 중반에 영구편집위원회는 U.C.C. 제3장, 제4장, 제8장의 개정이

---

37) Roland E. Brandel · Anne Geary, "Electronic Fund Transfers and the New Payments Code," 37 *Bus. Law.* 1077~28 (Apr. 1982).

권고되어야 하는지 여부를 결정하기 위하여 이를 검토하기 위한 「348위원회」를 구성하였다. 동 위원회의 제1차적인 검토의 촛점은 전자제도가 U.C.C 제3장, 제4장, 제8장의 일련의 법에 미친 영향(impact)이었다. 「348위원회」는 U.C.C. 제8장에 대한 작업을 완료하고, 현재는 U.C.C. 제3장(상업증권) 및 제4장(은행예금 및 추심)에 대하여 전적으로 작업하고 있다. U.C.C. 제3장 및 제4장에 대한 작업은 1978년에 시작되었는데, 1978년 4월 동 위원회는 2일간의 회의를 열어 전자자금이체에 U.C.C.를 적용하기 위하여 U.C.C. 제3장 및 제4장의 대폭개정에 관한 필요성과 가능성을 토론하였다. 동 회의는 Virginia주 Williamsburg에서 개최되었는데, 초청된 전문가에 한하여 참석이 제한되었다. 그 후 동년에 영구편집위원회는 「348위원회」에 적당한 개정안을 작성할 것을 위임하였다. 이 위임에 따른 작업으로 동 위원회는 U.C.C.를 최소한으로 변경하고자 하는 개정작업을 할 수도 있었겠으나,[38] 그 대신에 신지급법의 제정에 착수하였다.

    초안작성의 개시 전에 「348위원회」의 보고자인 하버드 법과대학 교수 Hal S. Scott[39]와 부보고자인 Peter L. Murray는 전자자금이체의 기능상의 현실과 지급제도의 문제점을 파악하기 위하여 다수의 은행가 및 여러 도시에 있는 은행고문들을 접견하고 그들이 법의 변경에서 반영하고자 하는 바를 청취했다. 이의 개요는 실질상 성문규정을 가진 신지급법의 토론안이 되어, 1981년에는 이에 관한 「영구편집위원회 제1초안」이 작성되었다. 이 제1초안은 그 후 「348위원회」에 의하여 미국변호사회(American Bar Association) 단체에 소속해 있는 회사법, 기업법 및 은행법의 심의위원회로부터 비공식적인 평역을 받았다. 또한 「348위원회」는 신지급법상의 개념 및 동법상의 특별한 규정에 관해서는 은행업무, 소비자금융업무 및 U.C.C.의 심의위원회와 논의하였다.

## 3. 적용범위 및 입법자료

    제안된 신지급법의 적용범위는 광범위하다. 즉, 신지급법안은 증권에 의한 지급이건 전자이체에 의한 지급이건 불문하고 모든 지급제도에 적용된다. 이는

---

38) 전자자금이체거래를 U.C.C.에 포함하기 위한 Vergari 교수의 U.C.C. 제3장 및 제4장의 개정안으로는, Vergari, *supra* 17 *Sandiego L. Rev.*, 298〜307(1980) 참조.

39) Fred H. Miller 교수가 Hal S. Scott 교수와 함께 이에 관하여 최근에 쓴 보고서(U.C.C. Survey: Commercial Paper)로는, Fred H. Miller(with Hal S. Scott), "Commercial Paper, Bank Deposits and Collections, and Commercial Electronic Fund Transfers," 38 *Bus. Law* 1129〜67(May, 1983)이 있다.

신용카드에 의한 지급에도 적용되나 현금지급에는 적용되지 않는다. U.C.C. 제3
장과는 달리 신지급법안은 약속어음에는 적용되지 않는다.

　　신지급법안의 작성에는 최근의 풍부한 입법자료(sources), 즉 성문법규칙, 판
례법, 연방법, 주법 및 사인간의 다수당사자 계약에 의해서 형성된 원리 등이 동
원되었다. 그러므로 신지급법안으로 조문화된 원리는 U.C.C., 규칙 Z,[40] 규칙
E,[41] 교환소규칙,[42] 연방준비이사회 업무회람[43] 등의 각종의 다양한 입법자료에
서 따온 것이다. 그러나 신지급법의 목표는 기본적으로 다양의 지급을 규율하는
여러 원리를 종합하는데 있으므로, 이러한 여러 원리 중의 일부만을 선택하여 채
택하거나 변경하여 채택하였다. 따라서 신지급법안에 있는 모든 원리가 현존하는
판례법 원리와 전부 일치하는 것도 아니고, 만일 이 법안이 채택된다면 그 중
일부만이 새로운 법제도가 될 것이다.

## 4. 연방법으로 할 것인가, 주법으로 할 것인가

　　신지급법은 모든 주가 U.C.C.의 개정안으로 채택하여 통일된 주법으로 발전
하는 것을 목표로 하고 있다. 그러나 1968년에서 1978년 사이에 입법화된 많은
연방소비자보호법률이 신지급법이 규율할 대상을 잠식하여, 신지급법은 그러한
연방법과 적용상의 특별한 문제점에 직면하고 있다. 이것은 30년 전 U.C.C.의
기안자에게는 없었던 문제점들이다. 그러므로 적어도 이론상으로는, ① 의회가
지급제도에 영향을 미치는 (전자자금이체법 등과 같은) 다양의 연방법을 폐지하여
신지급법이 그러한 연방법에 의하여 영향을 받지 않도록 하든가, ② 주가 통일입
법안을 채택하여 그러한 기존 연방법을 보충하든가, 또는 ③ 신지급법을 연방법
으로 채택하여 이와 상충하는 어떤 기존 연방법을 변경하고 또 이와 상충하는
주법에 우선하도록 함으로써, 신지급법을 실시할 수가 있을 것이다. 그런데 위의
①안은 정치적으로 불가능하고, ②안은 오늘날 기존 연방법이 상이한 지급제도에
대하여 상이한 규정을 두고 있으므로, 신지급법의 목적이 통일된 원리를 규정하

---

40) 46 Fed. Reg. 20848(1981) (12 C.F.R. § 226에 성문화됨) (이 규칙은 연방법인 Truth in
　Lending Act를 보충하고, 대출조건의 개시에 관한 기본적인 규칙은 물론 Fair Credit Billing
　Act에 있는 많은 소비자보호원리를 포함하고 있다).
41) 이 규칙은 기술한 바와 같이 전자자금이체법을 보충하고 있다.
42) 예컨대, National Automated Clearing House Association, California Automated Clearing
　House Association, Master Card International, Inc.의 업무규칙 등이다.
43) 이 회람은 12 C.F.R. § 210. 3(1981)에 근거하여 지역 연방준비제도(Federal Reserve
　System district)에 의하여 발행되고 있으며, 연방준비은행 도서관에 많이 쌓여있다.

고자 하는 것에 한계를 부여한다.

따라서 위 ③안이 가장 바람직한 것이다. U.C.C.를 연방법으로 할 것이냐에 대해서도 U.C.C. 제정 당시에 심각한 논의가 있었다. 현재의 미국 사회 및 연방과 주간의 관계에 있어서의 광범위한 변화로 인하여, 30년 전 U.C.C.를 연방법으로 하자는 논의가 타당한 것이 더욱 확실하게 되었다. 따라서 신지급법을 연방법으로 할 것을 주장한다. 지급제도의 법에서 연방정부를 특히 끌어들이면 지급업무를 담당하는 수주(數州)에 걸쳐 있는 기업의 성격면에서, 소비자의 증가된 기동성(mobility)면에서, 또 법률문제의 정치적 해결면에서 소비자보호를 더욱 강화할 것이다.

## 5. 몇 가지 문제점

신지급법은 어떤 주에서도 전적으로는 결코 채택될 수 없다. 그러나 전적으로 채택되지는 않아도 지급제도에 영향을 미치는 법률원리의 발전에는 영향을 끼칠 것이고, 제안된 신지급법에 나타나는 개별적인 개념은 장래에 채택될 것 같다. 따라서 신지급법의 궁극적인 운명이 무엇이든 간에 그의 제정은 지급제도에 대한 중대하고 새로운 접근이고 그것은 동시에 변호사회의 심각한 주의를 받을 만하다.

신지급법안의 주요 의제는 많은 문제점을 제기하고 있다. 현재 이의 형태를 구성하는 단계에서, 각 규정에 대한 상세한 분석은 아마도 시기상조이나, 신지급법이 다루어야 할 다음과 같은 몇 가지 중요한 문제점이 있다.

① 우선 중요한 문제는 적용범위이다. 「348위원회」는 신지급법이 다음과 같은 기관에 직접 적용되고 또 동 기관은 금융기관에 부과된 것과 유사한 책임을 부담하는지에 대하여 논의하였다. 즉, 금융회사, 중개상사 및 백화점이 새로이 공중에 지급업무를 확대하고 있어, 다른 기관보다도 우선 그들 기관이 지급업무에 종사하면 전통적인 금융기관에 적용하는 것과 동일한 규정을 적용해야 한다는 것이다.

② 신지급법안은 모든 소비자 지급거래에 대하여 유통성(negotiability) 및 정당소지인(holder in due course)의 개념을 제거한다. 물론 그러한 새로운 원리에 따르면 대부분의 주에서 수표, 신용카드거래에 대하여 현재 적용하는 규칙은 개정되어야 할 것이다. 이 문제는 지급정지(stop payment) 및 다음에서 말하는 전환(reversibility)과도 관련된다.

③ 무권 지급지시에 대한 발행인(drawer)의 책임에 관한 신지급법안은 현재
수표, 전자자금이체거래, 신용카드거래에 관하여 상이하게 적용되는 규칙을 단일
의 통일규칙으로 대체하고자 한다. 따라서 현재 이에 관한 적당한 규칙의 명백한
성격이 활발이 논의되고 있다. 그 중 어떤 제안에 의하면 발행인의 책임은 그가
이용수단을 받은 경우에만 발생하고, 이 책임은 $50 또는 $500 미만의 손실에
대하여는 발행인이 통지하기 전에 입은 손실로 제한된다는 것이다. 만일 그 손실
이 $500을 초과하면그 법적 구조상 현재의 U.C.C.와 유사하게 된다. 즉, 소비자
는 은행에 과실이 없는 한 자기 자신의 과실에 기인한 여하한 손실에 대하여 책
임을 부담하게 된다. 신지급법안은 발행인의 과실이 되는 예시적인 행위의 유형
을 규정하고 있다. 이러한 행위의 유형의 규정은 두 가지 기능을 갖게 되는데,
하나는 손실분담의 기능이고, 다른 하나는 소비자에 대한 손실예방효과의 기능이
그것이다.

④ 현재의 지급제도에 있는 기업실무에서 발전된 제도를「담보 및 금융기관
의 책임규정」에 반영할 것이 고려되고 있다. 예컨대, 그 규정들은 지급인인 금융
기관의 책임을 물음에 있어서, 현실적인 서명의 결여를 다루고자 하는데, 이는
전자자금이체에서의 대조목적(対照目的)에 관한 것이다. 이와 유사하게 신지급법
의 기안자는 이에 관한 적당한 규정을 제정함에 있어서, 서명대조가 이제는 소비
자수표에서와 같은 증권제도에서도 종종 지급은행에 의하여 행하여지지 않음을
인식하고 있다. 따라서 위조서명에 대한 전통적인 지급은행의 책임은 현재 재검
토되고 있다. 더 나아가 금융기관의 책임을, 예컨대 전자자금이체법은 소비자의
지시에 정당하게 따르지 못한 간접손해(consequential damages)에 대하여 규정하고
있는데, 동법의 이러한 결과를 피할 수 있는 거래의 금액으로 할 것이 고려되고
있다(15 U.S.C.§ 1693 h). 만일 이와 같은 간접손해가 허용되면 책임부담할 손해액
은 즉시 증가할 수 있다. 예컨대, 최근 판례에서 시카고에 있는 연방지방법원은
$27,000의 전신자금이체의 오류에 대하여 금융기관에 $210만의 배상판결을 하
였다.

⑤ 신지급법안은 오류의 신청에 대한 결정절차를 규정하고 있다. 즉, 이의
모범안으로 동 법안은 두 개의 연방성문규칙의 규정(schemes)을 이용하고 있다.
즉, 규칙 Z 및 규칙 E에 있는 규정을 이용하고 그러한 상이한 규정을 종합한다.
만일 이것이 채택된다면, 동 법안상의 오류결정절차에 관한 규정은 수표거래 및
증권인출카드거래와 같은 현재 아무런 적용규정이 없는 거래에 처음으로 적용될

것이다.

⑥ 신지급법안은 결제개념(concept of settlement)에 대하여 U.C.C.와의 관련을 끊고, 대신 잠정적 지급(provisional payment) 및 최종지급(final payment)의 개념을 사용하여 지급지시와 관련된 당사자간의 책임과 권리를 분배하고 있다.

⑦ 「348위원회」는 소비자인 발행인에게 지급정지권을 부여할 것인지 여부 또는 지급지시일 후 3일 내에 소비자에게 그 지시를 취소할 수 있는 권리를 부여할 것인지 여부를 논의하였다. 신지급법안은 이에 대하여 매우 제한된 예외만을 인정하여, 이에 의하면 금융기관은 지급지시의 정지 또는 취소에 의하여 금융기관이나 그의 고객이 아무런 영향을 받지 않는 증권만을 발행하는 경우라고 규정하고 있다. 이 규정은 현재의 신지급법안의 모든 규정 중에서 가장 논쟁이 심한 규정이며, 앞으로 계속하여 심각한 논쟁이 예상되는 규정인 것 같다. 이에는 지급제도법이 상인과 소비자간의 분쟁에서 간접적으로 정의(rough justice)를 실현하기 위하여 사용되어야 하는지 여부 및 실제적인 문제로 매수인에게 상품의 유치와 매도인에 대한 지급취소를 허용하면서 매도인에게는 매수인에 대한 청구권만을 인정하는 것이 정의를 구현하는지 여부에 대한 근본적인 인식이 문제가 되고 있다.

⑧ 신지급법안은 최근 자주 문의되고 있는 문제를 해결한다. 즉, 전자수단에 의한 거래에 있어서 증거는 무엇인가? 신지급법안은 단말기기구 및 정기명세표에 있어서 영수증의 교부를 규정하고 이러한 서류에 대하여 증거력을 규정하고 있다. 그러나 재미있는 현상은 신지급법안은 지급용역의 조건(terms) 및 지급조건(payment conditions)에 대한 최초의 개시(initial disclosures)를 규정하고 있지 않다. 동 법안의 서류요건은 모든 소비자의 지급지시에 적용되는 것이므로, 그것은 대부분의 주에서 처음으로 전통적인 수표구좌와 같은 증서에 기초한 거래구좌에 관하여 서류요건을 규정하게 될 것이다.

⑨ 손해배상에 관하여 「348위원회」는 「대출진실법」(Truth in Lending Act)의 경험에 의한 영향을 받게 될 것이고, 따라서 동일한 결과를 피하고자 할 것이다. 동법에 의하면 관대한 민사책임규정으로 인하여 방해소송(harassment suits)이 쉽게 제기될 수 있었고, 이것은 반대로 일단의 추가적·사법적인 개시(開示)규칙을 제정하게 하여, 동법 및 동법의 준수노력을 크게 복잡하게 하였다. 따라서 신지급법안의 민사책임규정에는 U.C.C.의 그것과 같이 성문의 벌금조항이 제한되거나 없을 것이다.

# V. 결 어

우리나라에서도 현재 각 금융기관 등을 통한 전자자금이체제도의 이용이 눈에 띄게 증가하고 있으며, 이 제도는 앞으로 현금·어음·수표와 나란히 혹은 이들 이상으로 이용될 것으로 예상된다. 따라서 이러한 새로운 제도에 관한 법적 연구는 기존의 지급결제수단인 어음·수표에 관한 연구 이상으로 중요한 것으로 생각된다.

그럼에도 불구하고 현재 우리나라에서는 전자자금이체를 염두에 두고 제정된 법률도 없고, 이에 관한 연구도 거의 행하여지지 않고 있다고 생각한다. 전자자금이체제도의 이용에 따른 당사자간의 권리·의무에 대하여는 그 성질상 기존의 어음·수표법 등을 그대로 적용할 수 없으므로 기존의 어음·수표법 등을 개정하던가 또는 새로운 특별법을 제정하여 새로운 제도의 이용에 따른 당사자간의 사법상의 권리·의무에 대하여 규정하여야 한다고 본다. 그렇지 않으면 기술혁신에 다른 새로운 현실과 기존의 법이론간에는 커다란 괴리가 생겨 새로운 법률문제를 해결하지 못하게 될 것이다.

전자자금이체제도라는 새로운 제도의 출현으로 현재 세계 각국은 국내법의 정비뿐만 아니라 국제거래법위원회(United Nation Commission on International Trade Law, UNCITRAL) 등을 통하여 국제적인 법규제정도 검토하고 있음을 주목하여야 한다.

# 전자자금이체제도*

# Ⅰ. 서 언

1. 오늘날 지급수단으로는 현금 외에도 수표, 신용카드 및 전자자금이체 등에 의한 지급제도가 있다.[1] 이 중에서 금융기관 등의 컴퓨터에 의한 새로운 지급제도인 전자자금이체제도는 오늘날의 컴퓨터혁명의 일부분이라고 볼 수 있다.[2] 오늘날 각종 금융기관은 사람에 의하여 처리되고 있는 서면지급제도(paper-based payment system)에서 오는 많은 비용과 시간을 절약하기 위하여 최신 컴퓨터 기술을 사용한 전자자금이체에 의하여 금융기관 상호간 또는 고객에 대한 지급업

---

\* 이 글은 정찬형, "전자자금이체제도," 「한국금융법연구」(한국경제법학회), 제4집(1991. 2), 289~324면의 내용임(이 글에서 필자는 전자자금이체와 관련된 제반 내용을 미국의 전자자금이체제도와 비교하면서 논술하고 있는데, 특히 전자자금이체와 관련된 법률문제에 중점을 두고 있음).

이와 관련하여 참고할 수 있는 필자의 글로는 정찬형, 「전자자금이체의 법적 문제 및 입법론적 검토」, 한국법제연구원, 2002. 10. 등이 있음.

1) Nan S. Ellis, "The Uniform New Payments Code: Highlights of Proposed Changes in Uniform Commercial Code Articles 3 and 4," 23 *American Business Law Journal* 617(1986).
2) Linda S. Hume, *Payment Systems*(Problems and Materials)(Seattle: University of Washington School of Law, Autumn 1988), at 21.

무를 수행하고 있다.3) 이러한 전자자금이체제도는 채권의 증권화경향을 둔화시켜 증권의 가치권화라는 새로운 경향을 생기게 하여, 무체의 채권을 유체화시켰던 증권을 다시 장부상의 권리로 변화시키고 있다.4) 따라서 수표의 출현으로 현금의 이용이 급격히 줄어든 것과 같이, 전자자금이체제도의 출현으로 수표의 이용이 (급격히) 줄어들고 있는 것도 사실이다. 이와 같은 현상에서 오늘날 「수표없는 사회」(checkless society)가 매우 빠른 속도로 오고 있다고 표현하는 견해도 있으나, 수표의 출현으로 현금의 이용이 없어지지 않은 것과 같이 전자자금이체제도에 의한 새로운 지급제도의 출현으로 수표의 이용은 없어지지 않을 것이다. 따라서 앞으로도 「수표 없는 사회」는 존재하지 않을 것이며, 수표에 의한 지급제도는 전자자금이체에 의한 지급제도와 함께 공존하게 될 것이다.5)

2. 그런데 기존의 민사법이나 어음법·수표법 등은 이와 같은 상황을 예상하지 못하고 증권에 의한 지급에만 적용될 수 있도록 규정하였기 때문에, 그러한 규정은 이와 같이 새로운 지급제도인 신용카드나 전자자금이체에 의한 지급제도에는 그 성질상 적용 또는 유추적용될 수 없다. 현재 우리나라에서 이러한 새로운 지급제도를 규율하는 (사법상) 법규로서 특별법6)도 없고 은행 등이 일방적으로 제정한 약관 뿐인데, 이러한 약관의 규정은 당사자간의 사법상의 법률관계를 규율하기에는 매우 불충분하다.

그러나 미국에서는 신용카드에 관하여는 연방법인 소비자신용보호법(Consumer Credit Protection Act) 중에 신용카드에 관한 규정이 포함되어 있으며,7) 전자자금이체에 관하여는 1978년에 「전자자금이체법」8) (Electronic Fund Transfer Act, EFTA)

---

3) 예컨대, 미국에서 자동출납기(ATM) 이용과 창구직원을 이용할 경우의 그 채산성을 비교한 것에 의하면, 자동출납기 이용건수가 월 5,600건에 이르면 거래 한 건당 취급비용은 45센트로서 창구직원을 고용해 처리한 것과 같은 비용이 드나, 이용건수가 그 이상이면 자동출납기 쪽이 유리한 것으로 나타나고 있다[전국은행연합회, 「미·일의 금융자유화와 은행경영」, 1986, 184~185면].

4) 정희철, "Giro제도가 유가증권제도에 미치는 영향," 「법학」(서울대), 제26권 1호(1985. 4), 1면.

5) 동지: James v. Vergari, "Article 3 and 4 of the Uniform Commercial Code in an Electronic Fund Transfer Environment," 17 *Sandiego Law Review* 288(1980); Douglas J. Whaley, *Problems and Materials on Negotiable Instruments* (Little, Brown & Co., 1981), at 371.

6) 신용카드에 관하여는 종래에 「신용카드업법」(1987. 5. 30, 법률 제3928호)이 제정되었으나, 동법은 당사자간의 사법상의 법률관계를 규율하기 위한 법이 아니라 신용카드업자의 행정적 감독을 위한 법이었다. 따라서 신용카드에 관하여도 당사자간의 사법상 법률관계를 규율하는 특별법은 없다고 볼 수 있다(신용카드는 그 후 제정된 「여신전문금융업법」에 의하여 규율되고 있다).

7) 15 U.S.C. §§ 1642-45(1982).

8) 이에 관한 전문번역으로는 정찬형, "미국의 Elctronic Fund Transfer Act," 「상법학의 현대

이 역시 소비자신용보호법 제9편(Title IX)으로 제정되었고[9] 동법의 수권에 의하여 미국연방준비제도 이사회는 규제 E(Regulation E)를 제정하였다.[10] 그런데 위의 신용카드에 관한 규정 및 전자자금이체법은 소비자에게만 적용되고 또 통일상법전(Uniform Commercial Code, U.C.C) 제3장 및 제4장은 증권에 의한 지급의 경우에만 적용되므로, 소비자뿐만 아니라 소비자 이외의 자에게도 적용되며 증권에 의한 지급이건 신용카드나 전자자금이체에 의한 지급이건 불문하고 모든 지급제도에 적용되는 「통일신지급법(안)」(Uniform New Payment Code, UNPC)이 통일상법전 영구편집위원회(Permanent Editorial Board of the U.C.C)에 의하여 통일상법전 제3장·제4장 및 제8장의 개정과 함께 현재 제정이 논의되고 있는데, 동법이 제정되면 현금을 제외한 모든 지급제도(수표·신용카드·전자자금이체)는 동일하게 취급될 것이다.[11] 따라서 동법이 제정되면 미국의 전자자금이체법·신용카드에 관한 소비자신용보호법의 규정 및 증권에 의한 지급규정인 통일상법전 제3장·제4장은 대폭 개정되거나 폐지될 것이다.

   3. 본고에서는 서언에 이어 전자자금이체의 의의, 전자자금이체의 종류, 전자자금이체의 법원(法源), 전자자금이체의 법률구조, 전자자금이체와 관련된 법률문제 및 결어의 순으로 논술하겠다. 논술의 방법은 미국의 전자자금이체제도를 우리의 그것과 비교하면서 하되, 전자자금이체와 관련된 법률문제에 중점을 두겠다. 따라서 본고는 전자자금이체제도라는 새로운 제도의 출현에 의하여 발생하는 여러 가지의 새로운 법률문제의 해결에 조금이라도 기여하고자 함을 목적으로 한다.


## Ⅱ. 전자자금이체의 의의

### 1. 정  의

미국의 전자자금이체법(Electronic Fund Transfer Act, EFTA)은 전자자금이체

---

적 과제」(단야 서정갑박사 고희기념논문집) (서울: 삼영사, 1986.2), 83~98면 참조.
 9) 15 U.S.C. §§ 1963-1693r(1982).
10) 이는 15 U.S.C. § 1693b에 근거한다.
11) 이러한 미국의 통일신지급법의 입법의 현황과 문제점에 대한 간단한 소개로는 정찬형, 전게 논문, 98~105면 참조. 1983년 6월 2일 제정된 통일신지급법(안)에 대한 개관으로는 Ellis, *supra* 23 *American Business Law Journal* 618-631(1986) 참조.

를 다음과 같이 정의하고 있다.

"수표·환어음 또는 이와 유사한 서면증권에 의한 거래 이외의 자금이체를 의미하는 것으로서 전자단말기(electronic terminal)·전화기기(telephonic instrument)·컴퓨터 또는 자기테이프가 금융기관에 구좌의 차기(借記)나 대기(貸記)를 지시하거나 수권하여 이체되는 것으로서, 이에는 자동판매이체(point-of-sale transfer)·자동출납기거래(automated teller machine transaction)·자금의 직접예치나 인출 및 전화에 의한 이체가 포함되나 이에 한정되지 않는다. 그러나 다음의 거래는 포함되지 않는다. (i) 소비자의 구좌에 직접적으로 차기나 대기의 결과를 가져오지 않는 수표보증이나 수권용역(authorization service), (ii) 금융기관이 소비자에 대신하여 연방준비은행이나 기타 예금기관에 있는 자금을 이체하는 것으로서, 자동교환소에 의하지 않고 또 제1차적으로 소비자에 대신하여 이체할 목적이 아닌 여하한 자금이체, (iii) 거래의 제1차적인 목적이 증권 또는 상품의 매매인 거래로서 등록된 중개인을 통하여 거래되거나 증권거래위원회(Securities and Exchange Commission)에 의하여 규율되는 여하한 거래, (iv) 소비자와 금융기관간의 약정으로 대월을 상환하거나 소비자의 요구불예금 구좌에 합의된 최저액을 유지시킬 목적으로 저축예금구좌에서 요구불예금구좌로 하는 여하한 자동이체, (v) 소비자와 금융기관의 임직원간의 전화대화에 의한 여하한 자금이체로서, 기(旣)약정계획에 따르지 않고 또 정기 또는 반복적이 아닌 자금이체."12)

이러한 전자자금이체제도는 대형컴퓨터의 사용으로 다양의 기장과 증권에 의한 기능이 완전자동으로 처리되는 제도로서, 원래는 은행이 대량의 수표를 처리해야 하는 업무량을 감소시켜 능률을 제고하고 이러한 수표를 처리하는 창구와 인원을 감소하여 비용을 절감하기 위하여 은행에 의하여 만들어진 제도이다.13) 그런데 현재 이 제도는 은행의 예금·추심 및 어음·수표 등의 증권에 의한 지급기능의 대체적인 역할을 하고 있다.14) 이 제도가 모든 지급증권의 대체적인 역할을 하게 될 것인가는 소비자에 의한 이 제도의 이용정도에 달려 있는데, 소비자들은 이 제도의 이용으로 인한 법률문제의 모호와 불확실 때문에 이 제도의 이용을 꺼려하는 점도 있기 때문에 이 제도는 증권에 의한 지급제도를 완전히

12) 15 U.S.C. § 1693a⑥.

13) Joe Tauber, "The Emergence of the Electronic Fund Transfer System: Consumer Protection, Federal Antitrust, and Branch Banking Laws," 10 *Ohio Northern University L. Rev.* 323, 323 n.3(1983).

14) Henry J. Bailey, *Brady on Bank Checks*, § 11.17(5th ed., 1979).

대체하지는 못하고 보충하고 있다고 볼 수 있다.[15]

우리나라에서의 전자자금이체는 은행·우체국 등의 실무에서 자동이체, 자동
이체처리 또는 자동대체처리 등으로 불려지고 있다.[16]

## 2. 자금이체와의 관계

자금의 지급은 원래 채무자가 채권자에게 현금을 현실로 지급하는 것으로
서, 이의 지급방법은 채무자의 수중에 이용할 수 있는 현금이 있을 것과 채권자
에게 이러한 현금을 현실로 인도할 것을 요구하고 있다. 따라서 채무자의 수중에
현금이 없는 경우와 채권자에게 현금을 현실로 인도하는 비용과 위험을 감경하
기 위하여 자금의 지급구조가 발전하게 된 것이다. 따라서 자금의 지급구조는 2
당사자간의 지급구조에서 3 당사자간의 지급구조로 발전하게 된 것인데, 3 당사
자간의 지급구조에서 특히 제3자가 은행이고 채무자와 채권자가 동 은행에 구좌
를 갖고 있는 경우에는 채무자의 구좌에서 차기하여 채권자의 구좌에 대기함으
로써 자금의 지급은 간단히 이루어지고 있는데, 이것이 오늘날의 전형적인 지급
구조이다.[17] 이러한 오늘날의 지급구조에는 대변이체와 차변이체가 있는데, 대변
이체는 채무자가 직접 은행에 대하여 채권자에게 자금을 대기하도록 의뢰하는
것이고,[18] 차변이체는 채권자가 (채무자로부터 수권받아) 은행에 대하여 채무자의
구좌로부터 자금을 차기하도록 의뢰하는 것이다.[19] 그런데 이러한 자금이체는―

---

15) Tauber, *supra* 10 *Ohio N. U. L. Rev.* 323; James V.Vergri, "Article 3 and 4 of the
Uniform Commercial Code in an Electronic Fund Transfer Environment," 17 *Sandiego
Law Review* 288 (1980).

16) 정동윤, 「3정판 어음·수표법」(서울: 법문사, 1989), 626면.

17) 이와 같이 채무자와 채권자가 동일은행에 구좌를 갖고 있는 경우에 이루어지는 자금이체를
단일은행간이체(one-bank transfer)라고 하는데, 채무자와 채권자가 다른 은행에 구좌를 갖고
있는 경우에는 2은행간이체(two-bank transfer)(두 은행이 거래관계가 있거나 또는 공통된 어
음교환소에 가입하고 있는 경우) 또는 3은행간이체(three-bank transfer)(두 은행이 직접 거래
관계가 없거나 공통한 어음교환소에 가입하고 있지 않은 경우에 양 은행의 중간에 거래관계가
있는 제3의 은행을 매개로하여 자금이체가 이루어지는 경우)가 있게 된다(정동윤, 전게서, 616~
617면).

18) 우리나라에서는 채무자와 채권자가 같은 은행의 상이한 본지점에 구좌를 갖고 있는 경우에
는 온라인(on-line)시스템을 통하여 즉시 대변이체가 이루어지고 있으나, 다른 은행 상호간에
는 종래에 공통 온라인시스템이 아직 이루어지고 있지 않았다. 그러나 금융전산망추진위원회
가 마련한 금융전산화장단기 계획에 따르면 각 은행 상호간의 공통온라인 시스템도 곧 실시될
것이라고 한다.

19) 이러한 대변이체와 차변이체는 이체 의뢰의 이니셔티브를 채무자가 갖고 있느냐 또는 채권
자가 갖고 있느냐에 따른 구별이라고 볼 수 있다[정동윤, 전게서, 622면; 최기원, 「어음·수표
법」(서울: 박영사, 1987), 666면].

그것이 대변이체이든 또는 차변이체이든—그 지급의뢰수단에 따라 서면자금이체(paper-based fund transfer)와 전자자금이체(electronic fund transfer)로 구분되는데, 전자자금이체란 지급의뢰를 자기테이프에 기록해서 하거나 또는 기타 전자통신수단을 이용하여 하는 자금이체를 말한다.[20] 이러한 전자자금이체에 의한 지급제도는 오늘날 컴퓨터혁명의 일부분으로서, 은행 등에 의하여 비용과 시간을 절약하기 위하여 많이 이용되고 있다.[21]

## 3. Giro제도와의 관계

Giro제도는 중앙대체기관(Giro Center)에 설정된 은행이나 우체국의 구좌를 통하여 또는 증권회사의 구좌를 통하여, 채무자(지급인)와 채권자(수취인)간의 각종 자금거래를 장부상의 자금이체방식으로 결제하는 제도라고 볼 수 있다.[22] 따라서 Giro제도는 은행이나 우체국을 통하여 하는 은행 Giro 또는 우편 Giro와, 증권회사를 통하여 하는 증권 Giro가 있다. 그런데 우리나라에서는 은행 Giro에 대하여는 「지로」라는 용어를 그대로 사용하고 있으나, 우편 Giro는 「우편대체」라고 하고 증권 Giro는 「증권대체결제」라고 번역하여 사용하고 있다.[23] 우리나라의 경우 중앙대체기관은 은행지로의 경우에는 금융결제관리원(은행지로관리소), 우편대체의 경우에는 「체신부 우편대체관리소」, 증권대체결제의 경우에는 「한국증권대체결제주식회사」이다.[24]

이러한 지로제도 중 은행지로 또는 우편지로만이 「현금 없는 대체거래」로서 자금이체와 관련되고 있다. 그런데 자금이체가 대변이체이든 또는 차변이체이든, 서면자금이체이든 또는 전자자금이체이든, (i) 채권자가 현금으로 지급받지 않고 (ii) 채무자의 지급의뢰가 증권에 의하지 않은 지급제도를 Giro제도라고 한다.[25] 따라서 은행지로 및 우편지로는 서면지시에 근거하거나 자기테이프의 지시에 근거한 현금이체제도라고 볼 수 있다.[26]

---

20) Benjamin Geva, "The Concept of Payment Mechanism," 24: 1 *Osgoode Hall Law Journal* 3-6(1986).
21) Linda S. Hume, *Payment Systems (Problems and Materials)*(Seattle: University of Washington School of Law, Autumn 1988), at 21.
22) 정희철, "*Giro* 제도가 유가증권제도에 미치는 영향," 「법학」(서울대), 제26권 1호(1985. 4), 2면.
23) 정희철, 상게논문, 같은 면.
24) 정희철, 상게논문, 같은 면.
25) Geva, supra at 7.
26) Giro 제도와 전자자금이체와의 관계에 관한 상세는 E. P. Ellinger, "The giro system and

이렇게 보면 은행 Giro 및 우편지로는 자금이체보다는 좁은 개념이고, 전자
자금이체나 대변이체보다는 넓은 개념으로 생각된다.[27] 즉, Giro제도 중에서는
자기테이프의 지시에 근거한 은행지로 및 우편지로만이 전자자금이체라고 볼 수
있겠다.

## III. 전자자금이체의 종류

### 1. 미 국

#### 가. 대량이체를 위한 전자자금이체제도

미국에서 주로 은행간의 대량의 자금이체를 위한 전자자금이체제도로는 Fed
Wire(연방준비제도 전신망), Bank Wire(은행전신망), CHIPS(Clearing House Interbank
Payment System, 어음교환소은행간지급제도), SWIFT(Society for Worldwide Interbank
Financial Transactions, 전세계은행간금융거래협회) 등이 있다. Fed Wire는 연방준비
은행에 구좌를 갖고 있는 은행간의 자금이체에 이용되고, Bank Wire는 다수의
은행이 공동출자한 법인을 통한 은행간의 자금이체에 이용되며, CHIPS는 뉴욕
연방준비은행에 구좌를 갖고 있는 은행(현재 참가은행은 80개 은행)간의 자금이체에
이용되고, SWIFT는 국제은행간의 데이터 통신시스템으로서 이에 참가하고 있는
금융기관 상호간의 자금이체에 이용된다.[28] Fel Wire는 매일 U$ 1,500억의 자
금이체를 하고, Bank Wire는 매일 U$ 250억의 자금이체를 하며, CHIPS는 매
일 U$ 900억의 자금이체를 한다.[29]

#### 나. 소비자가 이용하는 전자자금이체제도

미국에서 소비자가 가장 많이 이용하는 첫째의 전자자금이체제도로는 자동출납

---

electronic transfers of funds," *Lloyd's Maritime and Commercial Law* 178-217(May 1986)
참조.

27) 우리나라에서는 자금이체의 의미로 Giro 제도(또는 은행 Giro 제도)라는 용어를 사용하는
견해도 있고(최기원, 전게서, 665면), 대변이체의 의미로 Giro제도(특히 은행 Giro)라는 용어
를 사용하는 견해도 있다(정동윤, 전게서, 615면).

28) 이 중 CHIPS와 SWIFT에 관한 상세한 논문으로는 Herbert F. Lingl, "Risk Allocation In
International Interbank Electronic Fund Transfers: CHIPS & SFIFT," 22: 3 *Harvard
International Law Journal* 621-661(Fall, 1981).

29) Hume, *supra* at 21.

기[30])(Automated Teller Machines, ATM)이고, 둘째로는 판매점두단말기(Point-of-Sale Terminal, POS)이고, 셋째로는 자동교환소(Automated Clearing House, ACH)를 통한 자금이체거래이다.[31]

(1) 자동출납기는 소비자(고객)에게 편리한 장소에 설치되어 24시간 은행 창구업무를 수행하는데, 소비자가 자기로 코드화한 플라스틱카드[32]를 동 기계에 넣고 신분확인번호(Personal Identification Number, PIN)로 불려지는 비밀번호를 누르면 입금·구좌간 이체·현금인출이 자동적으로 이루어지고 소비자에게 현재의 잔액을 알려준다.[33] 자동출납기와 비교하여 현금인출의 기능만을 하는 컴퓨터를 현금자동인출기(Cash Dispencer, CD)라고 한다. 이러한 거래는 즉시로 발생하기 때문에 「유동시간」[34](float time)이 허용되는 수표나 신용카드에 의한 지급과 구별된다. 따라서 수표나 신용카드에서 가능한 유동시간내에서의 지급정지나 항변의 주장은 실제로 거의 불가능하다.[35]

(2) 판매점두단말기는 소비자가 상점으로부터 물건을 구입하고 그 대금을 지급하는 경우에 이용되는데, 소비자와 상점이 같은 은행에 구좌를 갖고 있는 경우에는 소비자가 은행이 발행한 플라스틱카드[36]를 동 기계에 넣고 그의 비밀번호를 누르면 은행의 컴퓨터가 소비자의 구좌에 있는 자금을 확인한 후 소비자의 구좌를 차기하여 상점의 구좌에 대기하여 준다. 만일 소비자와 상점의 구좌가 다른 은행에 있는 경우에는 은행간의 자금이체를 수반한다. 소비자가 이러한 판매점두단말기를 이용하면 소비자는 물건대금의 지급을 위하여 현금, 수표 또는 신용카드를 이용할 필요가 없다.[37] 판매점두단말기는 현재 미국에서도 아직은 실

---

30) 은행실무에서는 이를 「현금자동처리기」라고 부르고 있다(한국외환은행 제정, 현금카드규약 제3조 1항 참조).

31) Mark E. Budnitz, "Federal Regulation of Consumer Disputes in Computer Banking Transactions," 20: 3 *Harvard Journal on Legislation* 35-37(1983).

32) 은행실무에서 이를 「현금카드」라고 부르고 있다(한국외환은행 제정, 현금카드규약 참조). 그런데 정동윤 교수는 이를 「엑세스·카드」(access card, debit card)로 부르고 있다(동 교수, 전게서, 628면).

33) 미국에서의 자동출납기에 관한 각종 통계로는 전국은행연합회, 전게서 183～187면 참조.

34) 「유동시간」이란 수표의 발행시 또는 신용카드의 발행시와 수표구좌에서 실제로 수표금액이 차기되거나 신용카드구좌에서 카드사용금액이 지급되는 시와의 사이에 있는 지체시간이다.

35) 정찬형, 전게논문(주 8), 80면 참조.

36) 이 카드를 차기카드(debit card)라고 부르는데, 이 카드는 신용카드(credit card)와 유사하다. 또한 어떤 경우에는 신용카드와 EFT차기카드가 동일카드에 의하여 사용되는 경우도 있다(Budnitz, *supra* at 35).

37) Budnitz, *supra* at 35-36.

험단계이나 전자자금이체의 영역가운데 가장 발달한 움직임을 보이고 있으며, 카드소지인의 급격한 증대와 통신 및 컴퓨터기술의 발달로 앞으로는 급격히 확대될 전망이라고 한다.38) 현재 미국에서 판매점두단말기를 가장 적극적으로 이용하는 회사는 Exxon, Mobil, Arco 등의 석유회사들로서 이들 회사는 그 산하 주유소에 판매점두단말기를 설치하고 있다.39)

(3) 자동교환소40)를 통한 자금이체거래에는 대변이체(직접 예치제도)와 차변이체(기수권〈旣授權〉 차기제도)가 있다.

① 대변이체는 월급·사적 연금·국가의 사회보장연금·배당금을 직접 수혜자(개인)의 은행구좌에 입금하기 위하여 이용된다. 예컨대, 기업주가 이 제도를 이용하여 직원의 월급을 입금하기 위해서는 먼저 직원의 성명·그의 거래은행 및 동은행에 입금되어야 할 월급액 등을 기록한 자기테이프를 준비하여, 이 테이프를 자기의 거래은행에 송부하여 필요한 절차를 밟도록 한다. 기업주의 거래은행은 위 테이프를 자동교환소에 송부하는데, 동 교환소는 송부된 자기테이프를 가지고 각 직원에 대한 자기테이프 또는 인쇄용지를 준비한다. 그 후 월급일에 기업주의 구좌를 차기하여 직원의 구좌에 대기하는 것이다.41)

② 차변이체는 소비자가 자기의 거래은행에게 일정한 채권자의 청구서의 금액을 자기의 구좌에서 차기하여 지급하도록 수권(授權)하는 거래로서, 소비자는 이 제도를 이용하여 반복하여 지급하여야 할 채무, 즉 집세·보험료·공과금 등을 지급한다. 소비자의 거래은행은 소비자의 채권자로부터 일정한 금액을 지급할 것을 요구받으면, 동 은행은 소비자의 구좌에서 청구금액을 차기하고 이를 나타내는 자료를 자동교환소에 송부하는데, 동 교환소는 이 자료에 의하여 동 자금을 채권자의 은행에 이체하여 준다. 이러한 차변이체는 전화청구서지급(Telephone Bill-Paying, TBP)과 유사한데, 자동교환소를 통한 차변이체는 소비자의 거래은행이 지급청구서를 받아 직접 소비자의 구좌를 차기하여 지급함에 반하여, 전화청구서지급은 소비자가 지급청구서를 수령하여 자기의 거래은행에 전화로 지급할 것을 요구하는 점에서 차이가 있다. 전화청구서지급의 경우에도 은행의 컴퓨터와

---

38) 전국은행연합회, 전게서(주 3), 188면.
39) 이에 관한 상세는 전국은행연합회, 상게서, 188면 참조.
40) 현재 미국에는 33개의 지역 자동교환소가 있는데, 이는 전국 자동교환소협회와 연결되어 있다(Hume, *supra* at 21) 이러한 자동교환소는 1개를 제외하고는 전부 연방준비은행에 의하여 소유되고 운영되고 있다(Budnitz, *supra* at 36).
41) Budnitz, *supra* at 36.

연결되어 있는 전신전화(Touch-tone telephone)의 경우에는 대화할 필요 없이 컴퓨터에 직접 지급을 요구할 수 있다.[42]

③ 자동교환소는 증권인 수표 없이 지급하는 기능을 하고 있다. 한편 자동교환소는 수표 없는 지급기능 외에 수표를 보완하는 기능도 한다. 수표를 보완하는 기능이란 수표요건 중 중요한 부분을 전산자료화하여 이를 지급제시에 갈음하는 것인데, 이를 수표요약화(check truncation)라 한다. 이러한 수표요약화제도는 수표와 증권 없는 전자자금이체 사이의 혼합물인데, 이 제도에 의하여 수표의 교환시간은 훨씬 단축되고 있다.[43]

## 2. 한 국

### 가. 대량이체를 위한 전자자금이체제도

우리나라에서도 한국은행에 구좌를 갖고 있는 각 은행의 어음교환결제자금의 이체가 금융결제관리원을 통하여 최근부터 전자자금이체로 시행되고 있다고 한다.

### 나. 소비자가 이용하는 전자자금이체제도

(1) 우리나라에서도 은행의 현금카드에 의하여 자동출납기(ATM) 또는 현금자동인출기(CD)가 이용되고 있다.

(2) 우리나라에서 판매점두단말기(POS)는 많이 이용되고 있지 않다.

(3) 우리나라에서 금융결제관리원은 미국의 자동교환소(ACH)와 거의 비슷한 역할을 하고 있다고 볼 수 있는데,[44] 동 관리원을 통하여 월급 등의 대변이체와 공과금 등의 차변이체가 많이 이용되고 있다.

## IV. 전자자금이체의 법원(法源)

### 1. 미 국

현재 미국에서는 크게 증권에 의한 지급제도와 증권이 없는 지급제도(전자자

---

42) Budnitz, *supra* at 36-37.
43) 정찬형, 전게논문(주 8), 79면; 정동윤, 전게서, 629면.
44) 동지: 최기원, 전게서, 676면.

금이체제도)의 양 제도가 공존하고 있는데, 이러한 양 제도를 포함하는 지급거래
에 적용되는 단일의 법은 없고, 각각에 대하여 별도의 법이 적용되고 있다. 즉, 증
권에 의한 지급거래에는 통일상법전(Uniform Commercial Code, U.C.C) 제3장과 제
4장이 적용되고, 증권이 없는 지급거래 중 전자자금이체에는 연방법인 전자자금이
체법 및 동법을 보충하기 위하여 연방준비제도이사회가 제정한 규칙 E(Regulation
E)가 적용되며, 증권이 없는 지급거래 중 신용카드에 관하여는 역시 연방법인 소
비자신용보호법 중의 신용카드에 관한 규정(15 U.S.C. §§ 1642-45)이 적용된다.

「상업증권」으로 표제되고 있는 통일상법전45) 제3장은 환어음·약속어음·수
표·예금증권 및 기타 단기상업증권46) (금전은 제외)의 형식과 성격을 규정하고,
그러한 증권의 발행에서부터 은행예금 및 추심을 위한 입금까지에 있어서의 당
사자의 권리와 의무에 대하여 규정하고 있다. 또 「은행예금 및 추심」으로 표제
되고 있는 통일상법전 제4장은 주로 수표추심과정을 다루고 있는데, 수표 또는
기타 증권(item)47)의 제시·결제 또는 반환에 있어서의 추심은행과 그 고객의 권
리와 책임에 대하여 규정하고 있다. 통일상법전 제4장의 적용을 받는 「기타 증권
(item)」에는 전자자금이체 지시서(message)도 포함되기 때문에 통일상법전 제4장의
일부48)도 전자자금이체거래에 적용될 수 있다고 하는 견해가 있다.49) 그러나 전
자자금이체 지시서는 통일상법전 제3장의 적용을 받는 증권50)에는 포함될 수 없
기 때문에 통일상법전 제3장이 전자자금이체거래에 적용될 여지는 전혀 없다.51)

이에 반하여 전자자금이체법은 수표·어음·기타 이와 유사한 서면증권에는
적용되지 않으므로,52) 통일상법전과 전자자금이체법의 양법의 적용범위가 상충되
지는 않는다.53) 그러나 전자자금이체법은 소비자의 권리의 보호를 목적으로 하는
법으로54) 전자자금이체제도를 이용하는 모든 자에게 적용되는 것이 아니라, 소비

---

45) U.C.C. § 3-104(2).

46) U.C.C. §§ 3-104(3), 3-805.

47) U.C.C. § 4-104(1)(g): 증권(item)은 금전의 지급을 위한 여하한 증권을 의미한다. 이에는
    비유통증권을 포함하나, 금전은 제외한다.

48) 예컨대, U.C.C. §§ 4-202, 4-203, 4-204, 4-206, 4-208, 4-209, 4-212, 4-213, 4-303 등.

49) Clarke, "An Item Is an Item: Article of the U.C.C. and the Electronic Age," 25 *Bus.
    Law* 109(1969).

50) U.C.C. §§ 3-104(1), 3-104(3), 3-805.

51) Bailey, *supra*, § 11-18 and n.6.

52) 15 *U.S.C.* § 1693 a ⑥.

53) Vergari, *supra* 17 *Sandiego L.Rev.* 294.

54) 15 *U.S.C.* § 1693(b). 따라서 동법은 소비자신용보호법(*Consumer Credit Protection Act*)의

자가 이용하는 일정한 범위의 전자자금이체거래에만 적용된다(이 점은 신용카드에 관한 소비자신용보호법의 규정에서도 동일하다). 따라서 전자자금이체법은 소비자가 이용하는 자동출납기거래·판매점두단말기거래·자동교환소에 의한 대변이체거래 (직접예치) 또는 차변이체거래(기수권 차기)·전화청구서지급거래에만 적용되고, 주로 금융기관이나 대기업에 의하여 이용되는 Fed Wire 이체·고객의 구좌를 직접 차기하거나 대기하는 결과를 가져오지 않는 수표보증·동일은행에 있는 동일인의 구좌 상호간의 자동이체·기수권이 없거나 청구서지급이 아닌 전화이체의 경우에는 적용되지 않는다.[55] 따라서 전자자금이체법에 의하여 규율되지 않는 그 밖의 모든 전자자금이체거래에는 당사자간의 합의·연방준비제도의 규칙 또는 보통법에 의해서 규율될 수밖에 없다.[56] 그러므로 미국에서도 전자자금이체거래를 규율하는 법은 초보단계를 벗어나지 못하고 있다고 볼 수 있다.[57]

위와 같이 전자자금이체거래(및 신용카드거래)를 규율하는 법규정의 흠결을 보충하고 또한 각종 지급거래를 규율하는 법규정의 상이를 통일하기 위하여, 미국에서는 1970년대 중반부터 통일상법전 제3장·제4장 및 제8장의 개정이 논의되었다. 따라서 통일상법전의 개정의 책임을 맡고 있는 영구편집위원회(Permanent Editorial Board, PEB)안에 「3-4-8위원회」가 구성되었고, 동 위원회는 처음에는 통일상법전만을 개정하는 방안을 검토하였으나,[58] 그 후에 통일상법전을 개정하는 대신에 통일신지급법(Uniform New Payment Code)을 제정하기로 하고 곧 동 법안의 제정에 착수하여 1983년 6월 2일자로 제3초안까지 내놓고 있다.[59]통일신지급법의 목표는 다양한 지급을 규율하는 여러 원리를 종합하는데 있으므로, 동 법은 증권에 의한 지급이건 증권이 아닌 전자이체나 신용카드에 의한 지급이건 불문하고 모든 지급제도에 적용된다. 그러나 동법은 현금지급 및 약속어음에는 적용되지 않는다.[60]

---

제9편(*Title* IX)에 규정되어 있다.

55) Hume, *supra* at 22.

56) Delbruck & Co. v. Manufactures Hanover Co., 609 F.2d 1047(2d Cir, 1986).

57) Hume, *supra* at 22.

58) 전자자금이체거래를 U.C.C에 포함시키기 위한 Vergri 교수의 U.C.C. 제3장 및 제4장의 개정안으로는 Vergari, *supra* 17 *Sandiego L.Rev.* 298~307(1980) 참조.

59) 동 법안의 제정경위 및 문제점에 관한 소개로는 정찬형, 전게논문(주 8), 98~105면 참조. 동 법안에 관한 개관으로는 Ellis, *supra* 23 *American Business Law Journal* 618-631 참조.

60) 정찬형, 전게논문(주 8), 101면 참조.

## 2. 한 국

우리나라에서도 지급제도에는 크게 증권에 의한 지급제도와 증권이 없는 지급제도(전자자금이체제도)의 양 제도가 병존하고 있다. 증권에 의한 지급제도에 적용되는 법원(法源)으로는 어음법·수표법 및 민법의 증권채권에 관한 규정(민법 제508조~526조) 등이 있으나, 증권이 없는 지급(전자자금이체 및 신용카드)제도에서 당사자간의 사법상의 권리의무를 규율하는 법은 없다고 볼 수 있다. 또한 모든 지급거래에 적용되는 단일의 법도 물론 없다. 다만 지급거래와 관련된 Giro업무에 관해서만 단편적인 규정이 있을 뿐이다. 즉, 우편 Giro에 관해서는 우편대체법이 있고, 은행 Giro에 관해서는 금융결제관리원이 제정한 은행지로업무규약 및 은행지로업무세부처리지침이 있다. 따라서 이러한 규정도 적용되지 않는 전자자금이체거래에는 은행 등에서 일방적으로 제정한 약관 또는 당사자간의 약관에 의하여 규율되고 있다. 한편 신용카드에 관하여는 1987년에 신용카드업법(법률 제3928호)(그 후에는 여신전문금융업법)이 제정되었으나, 동법은 주로 신용카드업자에 대한 행정적 감독에 관한 사항을 규정한 법률로서 당사자간의 사법적 법률관계에 관한 사항을 규정하지 않고 있다. 따라서 당사자간의 사법적 법률관계는 주로 신용카드업자가 일방적으로 작성한 약관에 의하여 규율되고 있다.[61]

# V. 전자자금이체의 법률구조

## 1. 자동출납기 또는 현금자동인출기의 경우

은행의 고객이 현금카드 등을 이용하여 자동출납기 또는 현금자동인출기로부터 현금을 인출하거나 예금을 하는 경우의 법률관계는, 은행의 창구직원이 기계로 대체되고 예금통장 등이 현금카드 등으로 대체되는 것이므로 기본적으로 은행예금의 출금과 입금의 경우와 동일하다고 보겠다. 다만 위와 같은 전자자금이체는 사람이 아닌 기계에 의하여 이루어지므로 무권리자에 대한 지급시 은행의 주의의무를 판단하는 기준이 다른 점이다(이에 관하여는 후술함). 또한 위와 같은 전자자금이체는 순간적으로 이루어지므로 입출금의 신청시와 기장시의 시차

---

61) 정동윤, "신용카드의 도난과 분실," 「상사법연구」, 제6집(1988), 13면.

에 따른 법률문제는 없다고 볼 수 있다.

## 2. 판매점두단말기의 경우

판매점두단말기에 의하여 물건을 구입하는 경우는 구입자의 구좌의 차기와 판매자의 구좌의 대기가 동시에 이루어지므로, 구입자는 물건값을 지급하기 위하여 은행으로부터 현금을 인출하거나 또는 수표를 발행받을 필요가 없다. 따라서 판매점두단말기에 의하여 물건값을 지급하는 경우에는 현금의 인출과 이로써 하는 매매대금의 지급에 따른 법률문제 또는 수표의 발행시부터 지급시까지의 이에 따른 법률문제는 전혀 발생하지 않을 것이다. 다만 위와 같은 기계의 고장 등에 의하여 발생하는 오류기장 등이 문제될 것이다(이에 관하여는 후술함). 또한 대금지급이 순간적으로 완료되므로 원인관계에 따른 항변으로써 대금지급을 거절할 수 없는 점도 있으므로, 이에 따른 새로운 법률문제가 발생한다.

## 3. 자동교환소에 의한 자금이체의 경우

자동교환소에 의한 전자자금이체의 법률구조는 일반적인 자금이체의 그것과 비교하여 볼 때 지급의뢰를 자기테이프 또는 기타 전자통신수단을 이용하는 점만 다를 뿐 그 밖의 점에 있어서는 일반적인 자금이체의 법률구조와 동일하므로, 이하에서는 일반적인 자금이체의 법률구조를 소개하겠다. 자금이체에는 대변이체와 차변이체가 있으므로 이곳에서도 양자를 구별하여 각각의 법률구조를 소개하겠다.

### 가. 대변이체의 법률구조

(1) 대변이체의 법률구조는 지로계정설정자(채권자)와 금융결제관리원(giro center) 사이의 Giro 계약(Girovertrag)과 은행(지로참가은행)과 고객(채무자) 사이의 자금이체의뢰(Überweisungsauftrag)의 이원적 구조로 되어 있다.[62] Giro 계약은 Giro 계정설정계약으로서 Giro 계좌설정신청서(Giro번호신청서)에 의한 청약[63]과 대체기관(금융결제관리원)의 승인에 의하여 그 효력이 발생하는 위임계약과 도급계약 또는 임

---

62) 정희철, 전게논문, 5면.
63) 그런데 Giro 번호를 부여받고자 하는 자는 Giro 거래에 의하여 계속적으로 자금이체를 받을 것이 예상되는 자인데, 이러한 자는 자기가 계좌를 갖고 있는 거래은행 지점을 경유하여 지로번호신청서를 관리원에 제출하여야 한다(금융결제관리원, 일반계좌이체업무 세부처리지침 7. 가.나.).

치계약과의 혼합계약이라고 한다.64) 또한 이러한 Giro계약은 계속적 계약이고
유상쌍무계약이며 상호계산계약이라고 한다.65) 그러나 은행(지로참가은행)과 고객
사이의 자금이체의뢰는 언뜻 보기에는 민법상의 위임인 것 같이 생각되어 고객
의 자금이체의뢰에 대하여 은행이 자금이체의무를 부담하는 것은 은행과 고객과
의 사이에서 체결된 위임계약상의 의무이행으로서 하는 것이라고 생각될 수도
있으나, 은행지로업무규약 제3조에 의하여 참가은행은 고객의 지로의뢰를 정당
한 이유 없이 거절할 수 없기 때문에 고객의 이러한 자금이체의뢰는 은행의 승
낙을 요하지 않는 고객의 단독행위라고 한다.66) 이러한 법적 성질을 갖는 이체
의뢰는 고객이 스스로 하여야 할 수취인에 대한 지급을 은행으로 하여금 대행하
게 하는 지급대행권한의 수여라고 볼 수 있다.67) 이러한 대변이체거래의 법률구
조에서 Giro계약은 기본계약으로 개별적인 고객의 은행에 대한 자금이체의뢰는
이를 전제로 하므로, 자금이체의뢰는 Giro계약에 대하여 부종성을 갖는다고 볼
수 있다. 따라서 기본계약인 Giro계약이 무효이면 개별적인 자금이체의뢰도 효력
이 발생하지 않는다.68) 또한 금융결제관리원을 통하여 참가은행간에 자금이체가
이루어지는 경우에는 참가은행간에는 환거래계약이 체결된 것으로 볼 수 있다.69)

  (2) 대변이체거래의 당사자간의 법률관계는 이체지급의뢰인과 지급은행, 이
체수취인과 금융결제관리원(수취은행) 및 이체지급의뢰인과 이체수취인의 3가지로
나누어 볼 수 있다.

  ① 첫째로 이체지급의뢰인과 지급은행과의 법률관계는 앞에서 본 바와 같이
이체지급의뢰인의 자금이체의뢰에 의하여 지급은행은 지급의무를 부담하게 된다.
지급이체의뢰인이 지급은행에 계좌을 보유하고 있어 그 계좌에서 자금을 인출
하여 이체하는 경우를 「계좌이체」라 하고,70) 계좌를 보유하고 있지 않아 이체할
자금을 입금하는 경우를 「입금이체」라고 하는데, 양자간에 법률구성상의 차이는
없다. 또한 계좌이체의 경우에는 1인의 이체수취인에 대하여 1회에 이루어지는

---

64) 정희철, 전게논문, 3~4면; 정동윤, 전게서, 618~619면; 최기원, 전게서, 669면.
65) 정희철, 상게논문, 4면; 정동윤, 상게서, 619면.
66) 정희철, 상게논문, 5면; 정동윤, 상게서, 619면.
  반대: 최기원, 전게서, 669~670면(대량적 대변이체가 아닌 고객과 은행 사이에 자금이체의뢰
  만이 있는 경우에는 그러한 자금이체의뢰는 위임계약이라고 한다).
67) 정희철, 상게논문, 5면.
68) 정동윤, 전게서, 619면.
69) 금융결제관리원(제정), 은행지로업무규약 제7조.
70) 이에 관하여는 금융결제관리원(제정), 「일반계좌이체업무 세부처리지침」이 있다.

「일반계좌이체」[71]와, 봉급·연금 등의 지급과 같이 다수의 이체수취인에 대하여 대량적·반복적으로 하는 「대량지급업무」[72]가 있다. 이체지급의뢰인은 수취은행이 아직 이체수취인의 계좌에 입금기장을 하지 않고 있는 동안에는 원칙적으로 자금이체의뢰를 취소할 수 있고, 자금이체의뢰의 의사표시에 흠결 또는 하자가 있는 경우에는 민법의 일반원칙에 의하여 무효 또는 취소할 수 있다고 본다.[73]

② 둘째로 이체수취인과 금융결제관리원(수취은행)과의 법률관계는 앞에서 본 바와 같이 Giro계약이 성립한다. 또한 이체수취인과 수취은행과의 법률관계는 이체자금이 이체수취인의 계좌에 입금기장되기 전과 후로 나뉘어지는데, 입금기장되기 전에는 이체수취인은 수취은행에 대하여 입금기장청구권을 갖고,[74] 입금기장된 후에는 무인적인 지급청구권을 갖는다.[75]

③ 셋째로 이체지급인(채무자)과 이체수취인(채권자)과의 법률관계는 채무의 이행인데, 이를 변제 그 자체로 볼 수는 없고 「대물변제」[76] 또는 「변제에 갈음한 이행」[77]이라고 한다. 이러한 자금이체(채무의 이행)를 하기 위해서는 이체수취인(채권자)의 승낙이 있어야 함은 물론이다.

## 나. 차변이체의 법률구조

(1) 차변이체의 법률구조는 이체수취인(수납기관)과 금융결제관리원간에 자동이체계약이 체결되고 이체지급인(납부자)은 지급은행(납부자 거래은행)에 대하여 자동납부신청을 하여 출금위탁계약을 체결한 후, 이체수취인은 정기적으로 금융결제관리원에게 자동이체청구명세표를 송부하여 자동이체를 청구하고(단독행위) 금융결제관리원은 지급은행에게 출금지시명세표를 송부하면 이에 따라 지급은행은 이체지급인의 해당예금계좌에서 출금하고 금융결제관리원은 수취은행(수납기관 거래점)에게 지로입금지시서를 송부하여 이체수취인의 예금구좌에 입금하도록 하는 구조이다.[78] 이를 대변이체의 법률구조와 비교하여 보면 이체수취인과 금융결제

---

71) 최기원, 전게서, 668면.
72) 이에 관하여는 금융결제관리원(제정), 「대량지급업무 세부처리지침」이 있다.
73) 동지: 정동윤, 전게서, 620면 (이체지급인에 대한 관계에서는 효력이 없는 것이 원칙이라고 한다); 최기원, 전게서, 684~685면.
74) 이 입금기장청구권의 근거를 이체수취인과 수취은행간의 자금이체를 허용하는 예금약관에서 구하는 견해가 있다(최기원, 전게서, 682면).
75) 정동윤, 전게서, 620면; 최기원, 전게서, 682면.
76) 최기원, 전게서, 683면.
77) 정동윤, 전게서, 621면(독일의 통설·판례라고 함).

관리원(수취은행)간에 자동이체계약이라는 기본계약이 있어야 하는 점은 대변이체의 법률구조와 유사하다고 볼 수 있으나, 이체수취인이 위의 기본계약에 근거하여 다시 정기적으로 자동이체를 청구하여야 하는 점[79] 및 지급은행과 이체지급인간에 출금위탁계약이 성립하여야 하고 지급은행은 금융결제관리원으로부터 출금지시를 받은 경우에도 출금위탁계약(자동납부신청)이 있는 경우에 한하여 출금할 수 있는 점은 대변이체의 경우와 다르다고 볼 수 있다.[80] 결국 이체수취인의 입장에서 볼 때 차변이체는 대금추심절차이고 대변이체는 대금수납절차라고 볼 수 있다. 따라서 차변통지는 추심증권으로 이해되고 있다.[81] 이렇게 보면 이체수취인(채권자)이 이체지급인(채무자)으로부터 차변이체에 의하여 대금을 받을 수 있는 근거는 이체수취인이 이체지급인으로부터 추심권한을 부여받았기 때문이라고 볼 수 있는데, 다만 이러한 추심권한은 이체지급인의 승낙이 있어야 그 효력이 발생하는 것으로 해석할 수 있다.[82][83]

(2) 차변이체거래의 당사자간의 법률관계도 대변이체거래에서와 같이 3가지로 나누어서 고찰할 수 있다.

① 첫째로 이체지급인과 지급은행과의 법률관계는 앞에서 본 바와 같이 출금위탁계약(자동납부신청)이 존재한다. 대변이체에서와는 달리 차변이체에서는 이체지급인은 반드시 지급은행에 예금계좌을 갖고 있어야 한다.

② 둘째로 이체수취인과 금융결제관리원(수취은행)과의 법률관계는 앞에서 본 바와 같이 자동이체계약(대변이체의 경우는 Giro계약에 해당함)이 성립한다. 또한 이체수취인과 수취은행과의 법률관계는 수취은행이 이체수취인을 대행하여 추심대금을 수령하는 관계라고 볼 수 있고, 이체수취인은 명시적 또는 묵시적으로 수취은행에 대하여 이러한 추심대금을 대행하여 수령할 수 있는 권한을 부여하여야 할 것으로 본다.

③ 셋째로 이체지급인(채무자)과 이체수취인(채권자)과의 법률관계는 채무의

---

78) 이에 대하여 우리나라에서는 금융결제관리원(제정), 「자동계좌이체업무 세부처리지침」이 있다.
79) 최기원, 전게서, 673~674면.
80) 대변이체의 경우에는 수취은행과 이체수취인간에 입금위탁계약이 있어야 하는 것은 아니다. 그러나 이체수취인과 이체지급인간에 자금이체에 의한 채무이행의 합의는 있어야 할 것이다.
81) 정동윤, 전게서, 623면.
82) 이체수취인이 이체지급인으로부터 자금이체를 받을 수 있는 근거에 관한 상세한 독일이론의 소개로는 정동윤, 전게서, 623면 참조.
83) 그러나 최기원, 전게서, 673면 주 1)은 우리나라는 추심권한수여방식이 아니라 출금위탁방식을 취하고 있다고 한다.

이행으로 변제에 해당하는 것으로 볼 수 있는데, 이의 효력발생시기(지급완료시기)
는 이체금액이 수취은행에 있는 수취은행인의 예금계좌에 입금된 때이다.[84]

## VI. 전자자금이체와 관련된 법률문제

### 1. 서 언

전자자금이체에 의한 지급거래는 종래의 서면(증권)에 의한 지급거래에서 오
는 문제와 불편을 해결하는 면도 있지만, 이로 인하여 새로운 문제를 발생시키는
면도 있다. 예컨대, 판매점두단말기 등에 의한 지급거래에서는 지급절차가 개시
됨과 거의 동시에 결제가 완료된다는 장점도 있으나, 수표나 신용카드에서와는
달리 차기카드의 이용시점과 대금결제시점의 사이에 시차가 없기 때문에 구입한
물건에 하자가 있는 경우에는 원인관계에 의한 항변을 주장할 수 없어 대금지급
을 거절할 수 없게 되는 단점도 있다. 또한 자동교환소를 통한 전기요금 등의
차변이체의 경우 이용자는 전기회사의 수금원에 대하여 직접 현금 등을 지급하
는 번거로움이 없고 또 전기회사도 다수의 수금원을 고용할 필요가 없는 장점이
있으나, 어떠한 이유로 전기회사에 지급해야 할 금액보다 많은 금액이 이용자의
예금구좌로부터 차기된 경우에는 과오납금액을 돌려받는 것이 용이하지 않는 단
점이 있다.[85] 따라서 전자자금이체에 따른 새로운 법률문제가 발생하게 되는데,
이에는 기존의 민사법이나 어음법·수표법의 유추적용만으로는 문제를 해결할 수
없는 문제점도 있다.

이하에서는 전자자금이체에서의 자금이체의 효력발생시기(및 이에 따른 법률
문제), 부정자금이체(무권한자금이체)에 따른 당사자간의 책임문제, 오류자금이체에
따른 당사자간의 책임문제, 자금이체지시의 불이행에 따른 당사자의 책임문제의
순으로 고찰하되, 관련되는 부분에서는 미국의 전자자금이체법을 중심으로 고찰
하겠다.

### 2. 자금이체의 효력발생시기

**가.** 전자자금이체의 경우에도 서면자금이체의 경우와 같이 언제 자금이체의

---

84) 정동윤, 전게서, 624~625면.
85) 한국외환은행, 「새로운 은행업무와 법률문제」, 법규자료: 조법-47(1984. 5. 31), 15면.

효력이 확정적으로 발생하는가가 문제된다. 자금이체의 효력발생시기는 자금지급
인에게는 지급지시를 취소할 수 없는 시기이며, 자금수취인에게는 동 자금을 이
용할 수 있는 시기이기도 하다. 또한 자금이체의 효력발생시기는 자금지급인이
이행지체에 빠지는 경우, 자금지급인 또는 자금수취인이 파산 또는 사망한 경우
에 이를 해결하기 위한 중요한 기준이 된다.[86] 자금이체의 효력발생시기와 관련
된 문제는 전자자금이체의 종류에 따라서 약간 상이하다.

    나. 자동출납기 또는 현금자동인출기의 이용과 관련해서는 자기의 구좌에
대한 입출금이므로 자금이체의 효력발생시기와 관련하여 특별히 법률상 문제될
것이 없다.

    다. 판매점두단말기에 의한 자금이체의 경우는, 예컨대 구입상품에 하자가
있어 동 상품을 반환한 경우에 지급이체를 취소할 수 있는지 여부가 문제된다.
이때에 수표의 발행인과 수취인간에 이러한 문제가 발생했다면 발행인은 수취인
에 대하여 인적항변을 주장할 수 있고(수표법 제22조) 또 수표의 지급제시기간 경
과후에는 지급위탁을 취소할 수 있을 것이다(수표법 제32조 1항). 신용카드의 경우
에도 카드회원은 카드가맹점과의 원인관계에 기한 항변사유로써 카드발행인에
대하여 대금지급을 거절할 수 있고 카드회원규약상의 이러한 항변절단규정은 무
효라고 한다[87](통설).

    수표나 신용카드거래에서는 거래의 발생시로부터 대금의 지급시까지에 시차
가 있기 때문에 위와 같은 원인관계에 기한 항변 및 지급거절이 가능한 것이다.
그러나 위와 같은 전자자금이체거래에서는 자금이체가 즉시 종료되기 때문에 수
표나 신용카드에서와 같은 원인관계에 기한 항변이나 지급거절(자금이체의 취소)은
사실상 불가능하다.[88] 따라서 위와 같은 경우에는 오류에 의한 자금이체로서 동
절차에 따라 자금이체를 취소할 수 있을 뿐이다.[89]

    라. 자동교환소에 의한 자금이체의 경우(on-line 입금의 경우를 포함)에는 이체
수취인의 구좌에 이체자금이 입금기장된 때에 자금이체의 효력이 발생한다고 한
다.[90] 따라서 이 경우에 입금기장이 있기 전에는 입금취소의 의사표시가 유효하

---

86) 한국외환은행, 전게서, 19면.
87) 이에 관한 상세는 정찬형, "신용카드거래와 대금채무자의 항변," 「상사법연구」, 제6집(1988),
    138~141면 참조.
88) 동지: 정동윤, 전게서, 632면; 최기원, 전게서, 684면(미국, 독일, 일본의 일반적인 견해라고 함).
89) Hume, supra at 34 및 15 U.C.C. § 1693 f, Regulation E § 205.11 참조.
90) 정동윤, 전게서, 632면(독일의 통설이라고 함).

고 이때에는 예금채권이 성립하지 않지만, 입금기장이 있은 후에는 예금채권이
성립하여 입금취소의 의사표시는 그 효력을 발생하지 않는다.[91] 그러나 이러한
전자자금이체의 경우에도 보통 기술상으로는 입금의뢰와 동시에 자금이체가 이
루어지므로 사실상 지급이체를 취소하는 것이 불가능하나, 자금이체에 관한 모든
정보를 입력한 뒤에 일정한 기간(예컨대, 2거래일)이 지난 뒤에야 이체수취인의 구
좌에 입금되도록 하거나(입금기일제도, value dating) 또는 즉시 이체수취인의 구좌
에 입금시키고 이체지급인으로 하여금 일정기간내에 이를 취소할 수 있도록 하
는 방법(reversibility)을 설정할 수도 있다.[92]

　　그러나 미국의 전자자금이체법은 원칙적으로 이러한 지급지시의 취소제도를
인정하지 않고, 다만 차변이체(기수권〈旣授權〉이체)의 경우에만 소비자는 동 이체
의 예정일자 3거래일 전까지 구두 또는 서면에 의하여 이체지시를 취소할 수 있
도록 하였다. 이때 은행은 소비자의 구두에 의한 이체지시 취소의 경우에, 소비
자가 구두통지에 대한 서면확인서를 송부해야 한다는 점과, 송부할 주소를 알고
있는 경우에는 구두통지를 한 후 14일내에 구두통지에 따른 서면확인서를 송부
할 것을 요구할 수 있다.[93]

　　우리나라의 경우 금융결제관리원에서 제정한 「일반계좌이체업무 세부처리지
침」에 의하면 이체수취인의 구좌에 입금기장된 후에 이체지시를 취소할 수 있는
것이 아니라 동 관리원에 계좌이체통지서가 송부된 후에는 입금기장되기 전이라
도 이체지시를 취소할 수 없는 것으로 규정하고 있다.[94] 그러나 이를 자금이체의
효력발생시기로 볼 수는 없고, 자금이체의 효력발생시기는 이체수취인의 구좌에
입금기장한 때라고 보아야 할 것이다.

　　마. 미국의 Fed Wire에서의 자금이체의 효력발생시기는 연방준비은행이 이
체수취인에 대하여 직접 송금을 한 시점 또는 입금결제통지의 송부 혹은 전화연
락을 한 시점이라고 한다. 또한 자금이체의 취소가 있는 경우에 연방준비은행은
이에 응할 여유가 있을 때에는 이에 따라 자금이체를 중지하나, 이에 응할 여유
가 없을 때에는 이체수취인에게 자금반환을 의뢰한다.[95] 미국의 통일신지급법(안)
도 이체지급은행이 「이체지시를 송부할 때」에 지급이체의 효력이 발생하고 취소

---

91) 日大阪地判 1980. 9. 30(한국외환은행, 전게서, 63~64면).
92) 정동윤, 전게서, 632면.
93) 15 U.S.C. § 1693 e(a).
94) 금융결제관리원(제정) 「일반계좌이체업무 세부처리지침」, 6.라.
95) 한국외환은행, 전게서, 19면.

가 불가능해진다고 보고 있다.[96]

## 3. 부정자금이체

**가.** 자동출납기, 자동현금인출기 또는 판매점두단말기를 이용하는 카드(이하 "현금카드 등"이라 함)가 분실·도난 등의 사유로 부정사용된 경우에 이에 따른 손실을 누가 부담할 것인가가 문제된다. 이러한 부정자금이체는 주로 현금카드 등에 의하여 문제되고 자동교환소에 의한 자금이체에서는 거의 문제되지 않는다. 왜냐하면 자동교환소에 의한 자금이체 중에서 대변이체에서는 그 성질상 부정한 자금이체가 발생할 여지가 거의 없겠고(오류에 의한 자금이체에 해당할 것임), 차변이체에서는 예금주의 서면에 의한 기수권(旣授權)[97]에 의한 것이므로 부정한 자금이체는 거의 발생할 여지가 없다고 보겠다. 따라서 이하에서는 현금카드 등에 의한 부정자금이체에 대해서만 살펴보겠다.

**나.** 수표의 경우는 그 자체가 유가증권이기 때문에 분실·도난 등으로 이를 상실한 자는 공시최고에 의한 제권판결을 받아 수표상의 권리를 행사할 수 있고(민사소송법 제468조), 한편 동 수표를 습득 또는 절취한 자는 수표상의 권리가 없으나 그로부터 동 수표를 선의취득한 자는 수표상의 권리를 행사할 수 있게 된다(수표법 제21조). 또한 동 수표의 지급인인 은행이 동 수표의 선의취득자에게 지급함으로써 면책되는 것은 당연하고, 동 수표의 습득자 또는 절취자(무권리자)에게 지급한 경우에도 지급인에게 사기 또는 중대한 과실이 없으면 면책된다(어음법 제40조 3항 1문의 수표에 유추적용). 그러나 현금카드 등은 유가증권이 아니고 예금주 본인만이 사용할 수 있으며 또 양도되지도 않으므로,[98] 카드 자체에 대한 공시최고·제권판결이나 선의취득은 있을 수 없고 동 카드는 예금통장과 유사한 성격을 갖게 된다. 또한 현금카드 등은 그의 법적 성격 등에서 신용카드의 그것과 유사한 점도 있으나, 현금카드 등은 그의 이용시점과 대금의 이체시점이 동시이나 신용카드의 그것은 이시(異時)인 점 또한 현금카드 등의 부정사용에 따른 손실분담자는 2 당사자(카드소지인과 카드발행인)이나 신용카드의 그것은 보통 3당사자(카드소지인·카드발행인 및 카드가맹점)인 점 등에서 구별되고 있다.

**다.** 미국의 전자자금이체법은 소비자가 자금이체를 하는 경우에 소비자를

---

96) 최기원, 전게서, 683면.
97) 15 U.S.C. § 1693 e(a)참조.
98) 한국외환은행, 현금카드규약, 제2조 및 제6조 참조.

보호하기 위하여 소비자가 현금카드 등을 상실할 경우에 소비자의 책임을 대폭
제한하고 있다. 즉, (i) 금융기관이 무권한 전자자금이체가 있었거나 있을 것으로
믿을 수 있는 상당한 이유 있는 상황에 대하여 통지를 받거나 또는 기타의 방법
으로 안 후에는, 소비자는 「미화 50불」을 초과하지 않는 범위내에서 책임을 진
다. (ii) 그러나 금융기관이 무권한 전자자금이체가 있었거나 있을 것으로 믿을
수 있는 상당한 이유 있는 상황에 대하여 통지를 받거나 또는 기타의 방법으로
알기 전에는, 소비자는 「무권한 전자자금이체에서 취득된 금액이나 재산 또는 용역
의 가치」에 대하여 책임은 진다. 다만 이 경우 소비자의 책임은 「미화 500불」 또는
소비자가 현금카드 등의 분실 또는 도난을 안 후 2 거래일 후 금융기관에 통지하
기 전에 발생한 「무권한 자금이체의 금액」 중 적은 금액을 초과하지 못한다. 그
런데 이때에 금융기관이 소비자에게 정기명세표(periodic statement)를 발송한 후
소비자가 60일 내에 정기명세표에 나타는 무권한 전자자금이체 또는 구좌오류를
금융기관에 알리지 않음으로 인하여 발생한 손실이나, 소비자가 자기의 현금카드
등의 분실 또는 도난을 안 후 2거래일 내에 금융기관에 알리지 않음으로 인하여
발생한 손실에 대하여 책임을 질 필요는 없다.[99] 소비자에게 위와 같은 책임을
지우기 위하여는 금융기관이 그 증명책임을 부담하고,[100] 소비자는 위의 경우를
제외하고는 무권한 전자자금이체에 대하여 여하한 책임을 지지 않는다.[101]

　참고로 미국에서는 신용카드가 분실 또는 도난되어 부정사용된 경우에도 소
비자의 책임을 제한하고 있다. 즉, 신용카드회원이 소비자인 경우에 그 회원이
신용카드의 분실·도난 등을 신고한 시점을 기준으로 하여, 신고 이후에 발생한
부정사용금액에 관하여는 회원에게 전혀 「책임이 없고」, 신고하기 이전에 발생한
부정사용금액에 관하여는 신고를 얼마나 늦게 하였느냐에 관계 없이 일률적으로
회원의 책임을 「미화 50불」로 제한하고 있다.[102]

　라. 우리나라에서는 (종래에) 미국에서와 같이 현금카드 등을 분실·도난당한
경우에 당사자의 책임발생 유무 및 책임범위 등을 규율하는 법률의 규정은 없었
다(그 후 여신전문금융업법·전자금융거래법 등에서 이에 관하여 규정함). 따라서 이때에
당사자의 책임발생 유무 및 책임범위 등에 대하여는 민법의 채권의 준점유자에

　99) 15 U.S.C. § 1693 g(a).
　100) 15 U.S.C. § 1693 g(b).
　101) 15 U.S.C. § 1693 g(e).
　102) 15 U.S.C. § 1643 및 Regulation Z(12 C.F.R. § 226.12). 이에 관한 간단한 소개로는 정동
　　윤, "신용카드의 도난과 분실,"「상사법연구」, 제6집(1988), 26면 참조.

대한 법리(민법 제470조)를 유추적용하든가 또는 은행 등이 일방적으로 제정한 약
관(예컨대, 현금카드규약) 등에 의하여 해결할 수밖에 없었다. 이하에서는 이러한
두 가지 점에 대하여 검토하여 본다.

(1) 채권의 준점유자에 대한 법리에 의한 해결: 현금카드 등은 위에서 본
바와 같이 예금통장과 유사하다고 볼 수 있으므로, 현금카드 등을 상실한 경우를
예금통장을 상실한 경우와 동일하게 보아 이에 따른 당사자간의 책임발생유무
및 책임범위를 해결할 수 있을 것으로 생각할 수 있다. 즉, 예금주가 예금통장
및 인감(암호를 포함하여)을 상실하고 이를 권한 없이 취득한 자가 예금을 인출하
여 간 경우에 은행은 채권의 준점유자에 대한 법리(민법 제470조)에 의하여 고의·
과실이 없으면 면책되는 것과 같이, 예금주가 현금카드 등을 상실하고 이를 권한
없이 취득한 자가 예금을 인출하여 간 경우에도 은행은 채권의 준점유자에 대한
법리(민법 제470조)에 의하여 고의·과실이 없으면 면책되는 것으로 볼 수 있을 것
이다.103) 그런데 이때에 예금통장에 의한 지급은 사람에 의한 창구지급이나 현금
카드 등에 의한 지급은 기계에 의한 지급이므로 변제시의 은행의 주의의무(고의·
과실)를 판단하는 대상이 다른데, 이를 동일시하게 되면 현금카드 등에 의한 지
급에는 (사람이 아닌 기계에 의한 지급이므로) 은행의 무과실이 인정되어 은행은 항
상 면책이 될 것이다. 그러나 이것은 현금카드 등에 의한 지급이 조직적·제도적
인 지급으로부터 발생하는 위험을 예금주에게 일방적으로 부담시키는 결과가 되
어 부당하다고 본다.104) 따라서 현금카드 등의 부정사용에 따른 은행의 면책 유
무를 결정하는 채권의 준점유자에 대한 법리(민법 제470조)에서의 은행의 주의의
무(고의·과실) 이행 여부를 판단함에 있어서는, 지급시에 있어서의 제반의 사정만
을 고려할 것이 아니라, 현금카드 등의 거래시부터 현재에 이르기까지의 제반사
정을 고려하여야 할 것으로 본다.105)

(2) 약관에 의한 해결: 은행 등이 제정한 약관에 의하여 당사자간의 책임발
생유무 및 책임범위를 해결할 수 있겠는데, 이러한 약관에서 현금카드 등의 분실·
도난 등의 경우에 은행의 면책에 대하여 규정하고 있는 내용은 다음과 같다.

"① 카드를 분실, 도난, 훼손, 오손하였을 때에는 즉시 발행점에 신고하여야

---

103) 정동윤, 전게서, 630면; 한국외환은행, 전게서, 66면.
104) 동지: 한국외환은행, 전게서, 66~67면.
105) 동지: 한국외환은행, 전게서, 67면.

하며 신고 전에 발생한 손해에 대하여는 당행은 책임을 지지 아니합니다.

　② CD, ATM 및 온라인 단말기에 의하여 기 계출된 비밀번호와 대조하여 틀림이 없다고 인정하고 현금을 지급한 경우 카드의 위조, 변조, 도용 등으로 인하여 발생한 사고나 손해에 대하여 당행은 책임을 지지 아니합니다."106)

　위와 같은 약관의 내용에서 보면, 고객이 현금카드 등을 상실하여 은행에 신고한 이후에는 그 카드의 부정사용으로 인한 손실을 은행이 부담하나,107) 신고하기 이전에 그 카드의 부정사용으로 인한 손실은 은행에 고의·과실이 없는 한 전적으로 고객이 부담한다고 볼 수 있다.108)

　참고로 신용카드의 분실·도난 등의 경우에 우리나라의 신용카드업법은 분실·도난 등의 통지를 한 때를 기준으로 하여 그 통지를 받은 때까지는 카드회원이 손실을 부담하고, 통지를 받은 후에는 카드발행회사가 손실을 부담하는 것으로 규정하고 있다.109) 그런데 신용카드의 발행인과 회원간의 회원약관에 의하면 일반적으로 회원을 더 보호하는 방향으로 규정하고 있다.110) 즉, 카드회원이 카드의 손실·도난 등을 「신고한 후」에 발생한 카드의 부정사용금액에 대하여는 카드발행회사가 그 손실을 부담하고 카드회원은 아무런 손실을 부담하지 않는 점은 신용카드업법의 규정과 같으나, 「신고접수일로부터 거슬러 일정한 기간(보통 15일) 사이」에 발생한 카드의 부정사용에 따른 손실에 대하여는 카드회원과 카드발행인이 이를 분담하는 점은 신용카드업법의 규정과 다르다.111) 그러나 「신고접수일로부터 일정한 기일(보통 15일) 이전」에 발생한 카드의 부정사용금액에 대하여는 전적으로 카드회원이 그 손실을 부담하는 것으로 약관이 규정하고 있는 점은 신용카드업법의 규정

---

106) 한국외환은행(제정), 「현금카드규약」 제4조.
107) 이러한 내용이 약관에 명문으로 규정되어 있지는 않으나, 동 약관 제4조 1항의 반대해석에서 그렇게 볼 수 있다.
108) 동 약관 제4조 2항은 은행의 과실유무를 판단하는 기준을 규정한 것으로 볼 수 있다.
109) 신용카드업법 제12조 1항.
110) 이것은 카드회원을 보호하는 판결이나 외국계 신용카드의 회원규약의 영향을 받아 카드의 분실·도난 등으로 인한 손실의 부담에 관하여 카드회원에게 훨씬 유리하게 규정되고 있다고 한다(정동윤, 전게논문〈상사법연구〉, 21면).
111) 예컨대, 은행신용카드회원규약(개인용) 제14조 2항에 의하면, 신고접수일 전일로부터 거슬러 15일 사이에 발생한 카드의 부정사용금액에 대하여는 200만원까지는 카드발행인이 부담하고 그 초과액에 대해서만 카드회원이 부담하는 것으로 규정하고 있으나, VISA개인회원규약 제16조 2항에 의하면 신고접수일로부터 거슬러 15일 사이에 발생한 카드의 부정사용금액에 대하여 카드 1매당 2만원까지는 카드회원이 부담하나 그 초과액에 대하여는 카드발행인이 부담하는 것으로 규정하고 있다.

과 같다. 또한 신용카드의 경우에는 카드발행인이 카드의 부정사용에 따른 책임을
부담하는 경우에도, 카드발행인과 카드가맹점간의 카드가맹점규약에 의하여 카드
가맹점이 카드소지인이 본인이라는 점, 유효한 카드라는 점 등에 대하여 주의의무
를 해태한 경우에는 카드가맹점이 그 손실을 부담하게 된다.[112]

　　그러면 은행의 고객이 현금카드 등을 분실·도난 등으로 상실한 경우에 동
카드의 부정사용으로 인한 손실을 당사자간에 어떻게 분담시키는 것이 가장 합
리적인가? 현금카드 등이 앞에서 본 바와 같이 예금통장과 유사하다고 하더라도
현금카드 등의 분실·도난 등으로 인한 부정사용의 경우에 예금통장 및 인감의
분실·도난 등으로 인한 부정사용의 경우와 같이 은행은 채권의 준점유자에 의한
법리만에 의하여 (신고 이전의 지급에 대하여 은행에 고의·과실이 없는 경우) 면책이
되는 것이라고 볼 수는 없다고 본다. 또한 앞에서 본 바와 같이 신용카드의 경
우에는 카드의 분실·도난 등의 경우에 당사자간의 손실분담에 대하여 신용카드
업법에 규정되어 있으나, 현금카드 등의 경우에는 법률상 규정이 전혀 없고 은행
등이 일방적으로 제정한 약관에만 규정되어 있기 때문에, 은행의 면책 등을 규정
한 약관의 내용의 타당성 여부가 검토되어야 할 것이다. 위에서 본 바와 같이
현금카드약관의 내용이, 카드의 분실·도난 등의 신고 이후에는 은행이 그 손실
을 부담하고 동 신고 이전에는 (은행의 고의·과실이 없으면) 그 손실을 고객이 부
담하는 내용이라면, 이러한 약관의 내용은 과실책임의 원칙과 손해의 공평한 분
배라는 관점에서 보아 합리적이라고 볼 수 있다.[113] 따라서 이러한 약관의 규정
은 약관규제법상 신의성실의 원칙에 반하여 공정을 잃은 조항이나(동법 제6조 1
항), 고객에게 일방적으로 불리한 조항이거나(동법 제6조 2항), 또는 은행의 고의·
중대한 과실로 인한 법률상의 책임을 배제하는 조항 등(동법 제7조)이라는 이유로
무효가 될 수 없다고 본다.

　　신용카드의 경우 동 회원약관에서 카드의 분실·도난 등의 신고접수시 이전
에도 일정한 기간은 동 카드의 부정사용에 따른 손실을 카드발행인과 카드회원
이 분담하도록 규정하고 있는데, 이것은 신용카드의 특성에서 오는 것이다(거래
발생시부터 대급지급시까지의 시차가 있는 점, 카드가맹점의 주의의무 이행 여부도 손실분
담에서 고려되는 점 등). 따라서 그와 같은 규정은 성질이 다른 현금카드 등에는
적용될 수 없는 것이므로, 현금카드규약에 그와 같은 내용의 규정이 없다고 하여

---

112) 예컨대, VISA카드가맹점규약 제3조 1항 및 제13조 참조.
113) 동지: 정동윤, 전게논문(상사법연구), 21면(신용카드에 관하여).

고객에게 특히 불리한 내용이라고 볼 수는 없다.

입법론으로는 은행의 고객(소비자)을 보호하기 위하여, 또 현금카드 등의 이용을 장려하기 위하여, 또 이로 인하여 은행이 사무처리비용 등을 절감하는 이익을 보고 있다는 점 등에서 보아, 미국의 전자자금이체법에서와 같이 고객이 전적으로 손실을 부담하는 경우에는 그 책임범위를 일정한 범위내로 제한하는 것도 필요하다고 보겠다. 아울러 고객 및 은행의 이러한 손실은 보험에 의하여 제도적으로 보상되도록 할 필요가 있다고 본다.

## 4. 오류자금이체

가. 오류자금이체는 모든 전자자금이체거래에서 발생할 수 있다. 이의 대표적인 예는 자동출납기 또는 현금자동인출기 등에 의한 현금인출의 경우에, 요구한 금액보다 적은 금액이 인출되면서 원장에는 실제로 인출된 금액보다 많은 금액이 기록되는 경우이다. 또 판매점두단말기에 의한 거래에서는 실제로 차기되어야 할 금액보다 많게 차기되거나 또는 적게 대기되는 경우에 발생할 수 있다. 또한 오류자금이체는 자동교환소에 의한 대기이체나 차기이체의 경우에도 발생하는데, 고객이 지시하지 아니한 자금이체가 있거나 부정확한 자금이체가 있는 경우에 발생한다.114) 이 외에도 미국의 전자자금이체법은 현금카드 등의 분실·도난 등에 의한 부정사용에 의하여 무권한 전자자금이체가 있는 경우에도 이를 오류자금이체로 보고 있다.115)

나. 오류의 자금이체가 있는 경우에 무엇이 오류의 자금이체인지, 그러한 오류는 어떻게 정정되며, 또한 그러한 오류에 따른 당사자의 책임 등이 문제된다. 이에 대하여 미국의 전자자금이체법은 상세히 규정하고 있는데, 이는 다음과 같다.

(1) **오류가 되는 자금이체**: 이에 해당하는 자금이체는 ① 무권한 전자자금이체, ② 소비자의 구좌로부터 또는 소비자의 구좌에 한 부정확한 전자자금이체, ③ 소비자의 구좌와 전자자금이체의 정기명세표에 반드시 기재하여야 할 사항의 누락, ④ 금융기관에 의한 계산상 오류, ⑤ 전자단말기로부터의 소비자의 부정확한 금액의 수령, ⑥ 전자자금이체나 기장에 관하여 소비자가 전자자금이체법이 요구하는 추가정보나 확인을 요구하는 경우, ⑦ 기타 위원회규칙(규칙 E)에 규정된 오류이다.116)

---

114) Budnitz, *supra* at 37-39 참조.
115) 15 U.S.C. § 1693 f (f)①.
116) 15 U.S.C. § 1693 f (f).

(2) **오류의 정정절차**: ① 소비자가 전자단말기로써 한 매 전자자금이체에
대하여 그러한 소비자의 구좌를 가진 금융기관은 그 거래가 이루어진 때에 직접·
간접으로 그러한 이체가 이루어진 소비자의 구좌·금액 및 일자 등이 기재된 서
면문서를 소비자에게 작성·교부하여야 한다.[117] 또한 금융기관은 각 소비자에게
전자자금이체에 의하여 이루어지는 그 소비자의 각 구좌에 대한 정기명세표를
송부하여야 하는데, 동 명세표는 그 구좌에 관계되는 전자자금이체가 매월 또는
그보다 단기의 주기로 발생하는 경우에는 적어도 매월, 또는 아무리 그 보다 더
빈번히 발생하는 경우에도 매 3개월마다 송부하여야 한다.[118] ② 또한 금융기관
이 동일지급인으로부터 미리 수권된 전자자금이체의 방법으로 적어도 매 60일에
1회 대기되도록 계획되어 있는 소비자의 구좌에 대하여는, 금융기관은 그 선택
에 의하여 그 대기(貸記)가 계획대로 된 경우에 위원회의 규칙(규칙 E)에 따라서
소비자에게 즉시 적극적으로 통지하던가 또는 그 대기(貸記)가 계획대로 되지 않
은 경우에 위원회의 규칙에 따라서 소비자에게 소극적으로 통지하여야 한다.[119]
③ 금융기관이 위와 같이 전자자금이체에 관하여 소비자에게 문서를 송부하거나
또는 통지를 한 경우에, 소비자가 오류를 발견한 경우에는 소비자는 자기의 성명
과 구좌번호를 기재하거나 기타의 방법으로 금융기관이 자기를 알 수 있게 하고,
소비자의 구좌에 오류가 있다는 뜻과 그 오류금액을 표시하고, 필요한 경우 그와
같은 오류가 발생하게 된 이유에 대한 소비자의 의견을 첨부하여 금융기관에 구
두 또는 서면으로 통지한다.[120] ④ 금융기관이 위의 통지를 수령한 경우에는 동
금융기관은 주장된 오류를 조사하여 그 오류가 발생했는지 여부에 대하여 결정
하고 그러한 조사 및 결정의 결과를 10거래일 내에 소비자에게 보고하거나 우송
하여야 한다. 금융기관은 소비자가 이러한 사항에 대하여 구두통지를 하고 또 소
비자가 이때에 서면확인서를 송부하여야 하는 사실 및 송부처를 알고 있는 경우
에는 오류의 구두통지에 대한 서면확인서를 10거래일 내에 송부할 것을 요구할
수 있다.[121] ⑤ 금융기관이 위의 주장된 오류를 조사하여 오류의 발생을 인정하
면 이를 인정한 후 1거래일 내에 해당 오류를 정정하여야 하고, 필요한 경우 이
자를 대기(貸記)하여야 한다.[122] 금융기관이 소비자로부터 적법한 절차에 의한 오

---

117) 15 U.S.C. § 1693 d (a).
118) 15 U.S.C. § 1693 d (c).
119) 15 U.S.C. § 1693 d (b).
120) 15 U.S.C. § 1693 f (a)①②③.
121) 15 U.S.C. § 1693 f (a)③.

류의 통지를 받으면 금융기관은 그러한 통지를 수령한 후 10거래일 내에 주장된 오류금액(필요한 경우 이자를 포함하여)을 소비자의 구좌에 잠정적으로 재대기(再貸記)할 수 있는데, 이렇게 잠정적으로 재대기된 자금을 소비자는 충분히 사용할 수 있다. 또한 이때에도 오류의 발생 유무나 금액확정은 그 후의 조사 및 결정에 맡겨지는데, 이러한 조사는 오류통지의 수령 후 45일을 초과하지 않는 기간 내에서 결정되어야 한다.[123] ⑥ 금융기관이 주장된 오류를 조사한 후 오류가 발생하지 않았음을 결정하면 그 조사의 결정 후 3거래일 내에 소비자에게 발견사항의 설명서를 교부하거나 우송하여야 하고, 또한 소비자가 요구하면 금융기관이 그러한 오류가 발생하지 않았음을 결정하는데 근거한 일체의 서류의 등본을 소비자에게 즉시 교부하거나 우송하여야 한다.[124]

(3) **금융기관의 책임**: ① 금융기관이 주장된 오류에 대하여 선의의 조사를 하지 않거나 또는 소비자의 구좌에 오류가 없다고 믿는데에 상당한 근거가 없는 경우로서, 소비자로부터 적법한 절차에 의한 오류의 통지를 받은 후 10거래일 내에 소비자의 구좌에 잠정적인 재대기(再貸記)를 하지 않거나, ② 금융기관이 조사시에 금융기관이 이용할 수 있는 증거에 의해서 합리적으로 판단하면 그러한 결론이 나올 수 없는 경우에 금융기관이 고의로 소비자의 구좌에 오류가 없다고 결정한 사실이 있는 경우에는, 금융기관은 소비자에 대하여 소비자가 입은 실제의 손해에 대하여 3배의 손해배상을 하여야 할 책임이 있다.[125]

다. 오류자금이체에 관한 문제에 대하여 우리나라에서는 (종래에) 전혀 입법이 없고, 당사자간의 약관에 의하여 해결될 수 있을 뿐이다. 그런데 실제로 당사자간의 약관의 규정에는 오류자금이체를 시정하기 위한 절차 및 당사자의 책임 등에 관한 규정이 거의 없다. 다만 금융결제관리원에서 제정한 「일반계좌이체업무 세부처리지침」에 지로일계표·지로입금지시서 등의 오류정정에 관한 절차규정이 약간 있을 뿐이다. 즉, 동 세부처리지침에 의하면 지로일계표의 형식요건이 불비되었거나, 지로일계표상의 건수 및 금액이 계좌이체통지서의 장수 및 금액의 합계와 일치하지 않는 경우에는 금융결제관리원과 수납점의 책임자간의 유선확인에 의하여 처리하는데, 오류원인이 규명되었을 경우에는 금융결제관리원은 익

---

122) 15 U.S.C. § 1693 f (b).
123) 15 U.S.C. § 1693 f (c).
124) 15 U.S.C. § 1693 f (d).
125) 15 U.S.C. § 1693 f (e).

일 12시까지 보완조치하도록 하고 위의 시간 내에 보완이 불가능한 경우에는 계좌이체통지서를 기준으로 하여 집계처리하고 지로일계표와의 차액에 대하여는 지로일계(日計)오류정정표를 작성하여 수납점에 송부하여 처리하고, 오류원인이 규명되지 않을 경우에는 금융결제관리원은 지로일계표 및 계좌이체통지서를 지로반송통지서에 의하여 반송하여 처리한다.[126) 또한 지로입금지시서의 누락 또는 합산착오 등으로 지로입금지시서 합계표상의 금액과 일치하지 않을 경우에는 지급점을 발견 즉시 금융결제관리원에 유선통보하여야 하며 금융결제관리원은 그 내용을 확인하여 보완조치하도록 규정하고 있다.[127)

그런데 위와 같은 지로일계표 등의 오류정정에 관한 사항을 규율하는 금융결제관리원의 업무처리지침은 금융결제관리원과 지로참가은행(수납점 또는 지급점)간의 업무처리지침이므로, 전자자금이체를 의뢰하는 고객과 이를 담당하는 은행간의 오류정정절차 및 당사자의 책임을 규율하는 미국의 전자자금이체법과는 전혀 무관하다고 보겠다. 앞으로 우리나라도 전자자금이체를 규율하는 법을 제정하는 경우에는 미국의 전자자금이체법에서와 같이 반드시 은행과 고객간의 오류를 정정하는 절차에 관한 규정 및 그러한 오류에 대하여 책임있는 당사자의 책임에 관한 규정을 반드시 두어야 할 것으로 본다. 그러한 법률의 제정 전이라도 당사자간의 약관에 위의 내용의 규정을 두도록 하여야 할 것이다. 그러한 내용의 약관의 규정이 없는 경우에도 오류자금이체에 관한 분쟁시에는 미국의 전자자금이체법의 해당규정이 해석론상 많은 참고가 되리라고 본다.

## 5. 자금이체지시의 불이행

**가.** 은행이 고객의 자금이체지시를 고의·과실로 이행하지 못하게 된 경우, 또는 불가항력·기계고장 등의 사유로 이행할 수 없게 된 경우에 은행의 책임은 어떠하며 또 이러한 전자자금이체를 의뢰한 고객(채무자)은 그의 채권자에 대하여 이행지체의 책임을 부담하는지 여부가 문제된다.

**나.** 위와 같은 문제에 대하여 미국의 전자자금이체법은 다음과 같이 상세히 규정하고 있다.

**(1) 금융기관이 책임을 부담하는 경우:** ① 금융기관이 소비자(고객)가 지시한 정확한 금액과 방법으로 구좌의 조건에 따라서 전자자금이체를 하지 않은 경

---

126) 금융결제관리원(제정), 「일반계좌이체업무 세부처리지침」, 6. 가.
127) 금융결제관리원(제정), 「일반계좌이체업무 세부처리지침」, 6. 나.

우, ② 금융기관이 소비자의 구좌에 자금을 입금시켰더라면 이체에 충분한 자금
이 되었을 경우에, 금융기관이 구좌의 조건에 따라 대기(貸記)를 하지 않아서 자
금이 충분하지 않게 되어 전자자금이체를 하지 못한 경우, ③ 금융기관이 구좌의
조건에 따라서 지급정지를 하도록 지시받음에도 불구하고 그러한 지시에 따른
지급정지를 하지 않고 차변이체를 한 경우에는, 금융기관은 고객에 대하여 손해
를 배상할 책임은 부담한다.128)

(2) 금융기관이 책임을 부담하지 않는 경우: 그러나 ① 고객이 구좌에 자금
이 불충분하거나, 고객의 구좌에 있는 자금이 법적 절차의 진행중이거나 기타 그
러한 이체를 제한하는 채무가 있거나, 고객의 구좌에서 그러한 이체를 하게 되면
약정된 신용한도를 초과하거나, 전자단말기에 그 거래를 할 수 있는 현금이 부족
한 경우, 기타 위원회의 규칙(규칙 E)에 규정된 사항이 있는 경우, ② 금융기관이
지배할 수 없는 불가항력이 있는 경우로서, 그가 그러한 발생을 방지하기 위하여
상당한 주의를 하고 또 그 상황이 요구하는 그러한 주의를 다한 경우, ③ 고객
이 전자자금이체를 하고자 하는 때에 또는 차변이체의 경우에는 그러한 이체가
발생했어야 하는 때에 고객이 알고 있는 기계의 기능정지가 있는 경우에는, 금융
기관은 고객에 대하여 손해를 배상할 책임을 부담하지 않는다.129)

(3) 금융기관이 부담할 손해배상책임의 범위: ① 금융기관이 위 (1)의 사유
에 의하여 고객에게 책임을 부담하는 경우에는, 금융기관은 원칙적으로 그러한
전자자금이체의 불이행(지급정지의 경우에는 전자자금이체의 이행)에 의하여 발생하
는「모든 손해」에 대하여 고객에게 배상책임을 부담한다.130) ② 그러나 금융기관
의 그러한 자금이체지시의 불이행이 고의가 아니고 또 선의의 과실의 결과로 발
생한 경우로서 금융기관이 그러한 과실을 피하는데 적합한 상당한 절차를 취하
였음에도 불구하고 발생한 경우에는, 금융기관은 증명된「실제의 손해」에 대해서
만 고객에게 배상책임을 부담한다.131)

(4) 고객의 채무의 중지: 금융기관이 고객의 자금이체지시를 불이행한 사유
중 기계의 기능정지로 인한 경우에는 또 고객의 채권자가 그러한 전자자금이체
에 의하여 지급의 수령을 동의한 경우에는, 그 채권자에 대한 고객의 채무는 기

---

128) 15 U.S.C. § 1693 h (a).
129) 15 U.S.C. § 1693 h (a)① 단서, (b).
130) 15 U.S.C. § 1693 h (a).
131) 15 U.S.C. § 1693(c).

계의 기능정지가 보수되어 전자자금이체가 완성될 때까지 정지된다. 그러나 그
채권자가 전자자금이체 이외의 방법으로 지급할 것을 서면으로 요구한 경우에는
그러하지 아니한다.[132]

　　다. 자금이체지시의 불이행의 경우에도 (종래에) 우리나라에서는 전혀 입법이
없고, 당사자간의 약관에 의하여 해결될 수 있을 뿐이다. 그런데 이러한 약관의
규정 중에는 고객에게 너무 불리한 규정도 있는데, 이러한 규정은 약관규제법에
의하여 공정성을 잃은 규정으로 무효라고 보아야 할 것이다(동법 제6조, 제7조).
예컨대, 전화요금 자동계좌이체약관을 보면, 금융기관은 고객의 대월 또는 대출
한도를 초과하여 출금처리를 할 수 있고 이에 대하여는 연체금리에 의한 이자징
수 및 연체대출금회수방법에 의한 대월 또는 대출금회수조치를 취할 수 있다고
규정하고 있는데,[133] 이러한 규정은 고객의 자동이체의뢰의 취지에도 반할 뿐더
러 고객의 일방에게 불리한 규정으로 무효로서 개정 또는 삭제를 요한다고 볼
수 있다. 그러나 고객의 지정계좌에 예금잔액이 없거나 그 예금금액이 이체하여
야 할 금액보다 부족하여 출금불능일 경우에는 금융기관은 자동납부처리를 하지
않아도 무방하여 이에 따른 손실은 고객이 부담한다는 약관의 규정[134]은 타당하
다고 보겠으며, 위에서 본 바와 같이 미국의 전자자금이체법도 위와 같은 내용의
규정을 두고 있다. 위와 같은 약관에 규정이 없는 경우에도 금융기관의 귀책사유
에 의하여 고객의 이체지시에 따른 자금이체를 하지 않아서(이체정지의 경우에는
이체를 하여) 고객이 손해를 입은 경우에는 금융기관은 고객의 그러한 손해를 전
부 배상하여야 할 책임을 부담한다고 본다.[135] 그러나 고객의 귀책사유에 의하여
고객의 자금이 압류가 되는 등의 사유로 이체할 수 없거나 또는 불가항력이나
고객이 알고 있는 기계의 기술적인 기능정지가 있는 경우에는 금융기관의 고객
에 대한 손해배상책임이 없다고 보아야 할 것이다.[136] 또한 금융기관이 고객의
채권자에게 자금이체를 하지 못한 것이 불가항력이나 금융기관의 귀책사유 없는
기술적인 기능정지로 인한 경우이고 고객의 채권자가 그러한 자금이체를 동의한
경우에는 고객은 이행지체의 책임을 부담하지 않는다고 본다.[137] 그러나 고객이

---

132) 15 U.S.C. § 1693 j.
133) 한국외환은행(제정), 「전화요금자동계좌이체약관」, 제4조.
134) 한국외환은행(제정), 「전화요금자동계좌이체약관」, 제3조.
135) 동지: 정동윤, 전게서, 632~633면.
136) 동지: 정동윤, 상게서, 633면.
137) 동지: 정동윤, 상게서, 633면.

나 금융기관의 귀책사유로 인하여 자금이체를 하지 못한 경우에는 고객은 당연히 이행지체의 책임을 부담해야 할 것이다. 이렇게 볼 때 미국의 전자자금이체법상의 이에 관한 규정은 우리나라의 경우에도 입법론상 및 해석론상 많은 참고가 되리라고 본다.

# Ⅶ. 결　론

우리나라에서도 현재 각 금융기관을 통한 전자자금이체에 의한 지급이 눈에 띄게 증가하고 있다. 이러한 새로운 제도는 금융기관 및 고객에게 여러 가지 편의를 제공하고 비용과 시간을 절약하는 효과도 가져오지만, 다른 한편 전에 예기치 않았던 전혀 새로운 법률문제를 야기시키고 있으며, 이러한 새로운 문제는 기존의 법제도로써는 거의 해결될 수 없는 실정이다.

1. 따라서 장기적인 방안으로는 우리나라에서도 미국에서와 같이 전자자금이체에 의한 지급(신용카드에 의한 지급을 포함하여) 및 증권(어음·수표 등)에 의한 지급에 공통적으로 적용될 수 있는 지급에 관한 법률의 제정을 새로이 검토하든가, 또는 적어도 모든 전자자금이체에 의한 지급(신용카드에 의한 지급을 포함하여)과 관련하여 발생하는 당사자간의 사법상의 권리의무관계를 규율하는 새로운 법률을 제정하는 것이 필요하다고 보겠다.

2. 위와 같은 새로운 법률의 제정이 곤란하거나 또는 장시간이 소요된다고 하면, 중기적인 방안으로 금융결제관리원이 중립적인 입장에서 모든 금융기관 및 고객에게 적용될 수 있고 당사자간의 이해관계를 적절히 조정하는 당사자간의 권리의무에 관한 세부지침을 제정해야 할 것으로 본다.

3. 만일 금융결제관리원이 위와 같은 세부지침을 조속히 제정할 수 없다고 하면, 단기적인 방안으로 약관에 이에 관하여 상세한 규정을 두어야 할 것이며, 이러한 약관의 내용에 대하여는 약관심사위원회의 사전심사를 거치도록 하여 고객의 보호에 만전을 기해야 할 것이다.

# 전자금융거래법상 전자자금이체에 관한 연구*

## Ⅰ. 서 언

오늘날 우리나라에서도 각 금융기관을 통한 전자자금이체가 일상생활에서 늘 있으며 이는 고객에게 여러 가지 편의를 제공하고 비용과 시간을 절약하는 효과를 가져오지만, 다른 한편 전에 예기치 않았던 새로운 법률문제를 야기시키고 있다.[1] 그런데 전자자금이체에 따른 법률문제에 대하여 전자금융거래법이 제정되기 이전에는 은행 등이 제정한 약관에 의하여 규율되었고, 또한 전자자금이체의 처리절차에 관하여는 금융결제원이 제정한 각종의 규약·세부처리지침 등에 의하여 규율되었다. 그러나 이러한 약관 등만으로는 전자자금이체에 따른 당사자

---

* 이 글은 정찬형, "전자금융거래법상 전자자금이체에 관한 연구," 「고려법학」(고려대 법학연구원), 제51호(2008. 10), 557~603면의 내용임(이 글에서 필자는 2006년 4월에 제정된 우리 전자금융거래법상 전자자금이체에 관한 부분에 대하여 그의 법률관계 및 문제점을 논술하고 있는데, 특히 전자금융거래에 관한 당사자의 권리·의무·책임에 관한 규정이 매우 불충분함을 지적함).

  이와 관련하여 참고할 수 있는 필자의 글로는 정찬형, 「전자자금이체의 법적 문제 및 입법론적 검토」, 한국법제연구원, 2002. 10. 등이 있음.

1) 동지: 정찬형, 「어음·수표법강의(제6판)」(서울: 박영사, 2006), 817면.

간의 분쟁해결에 매우 미흡하였다. 따라서 전자자금이체에 따른 당사자간의 권리·
의무 및 책임에 관한 입법의 필요성을 지적하고 이에 관한 입법안을 제시하면서
입법을 강력히 촉구하는 주장도 있었다.[2]

　　그 후 정부는 전자자금이체를 포함한 전자금융거래에 관한 포괄적인 입법의
필요성을 인식하고 동법의 제정에 착수하여, 전자금융거래법이 2006년 4월 28일
법률 제7929호로 제정·공포되어, 2007년 1월 1일부터 시행되고 있다(동법 부칙 1
조). 동법은 전자금융거래의 법률관계를 명확히 하여 전자금융거래의 안전성과
신뢰성을 확보함과 아울러 전자금융업의 건전한 발전을 위한 기반조성을 함으로
써 국민의 금융편의를 꾀하고 국민경제의 발전에 이바지함을 목적으로 한다(동법
1조). 이러한 전자금융거래법은 제1장 총칙·제2장 전자금융거래 당사자의 권리와
의무·제3장 전자금융거래의 안전성 확보 및 이용자 보호·제4장 전자금융업의
허가와 등록 및 업무·제5장 전자금융업무의 감독·제6장 보칙 및 제7장 벌칙으
로 구성되어 있고, 총 51개 조문으로 되어 있다. 전자자금이체에 따른 당사자의
권리·의무·책임에 대하여는 동법 제2장에서 규율하고 있는데, 제2장은 제1절 통
칙과 제2절 전자지급거래 등으로 구성되어 있고, 제1절에서는 전자문서의 사용
(동법 5조)·접근매체의 선정과 사용 및 관리(동법 6조)·거래내용의 확인(동법 7조)·
오류의 정정 등(동법 8조)·금융기관 또는 전자금융업자의 책임(동법 9조)·접근매체
의 분실과 도난 책임(동법 10조)·전자금융보조업자의 지위(동법 11조)에 대하여 규
정하고 있으며, 제2절에서는 전자지급거래의 효력(동법 12조)·지급의 효력발생시
기(동법 13조)·거래지시의 철회(동법 14조)·추심이체의 출금 동의(동법 15조)·전자
화폐의 발행과 사용 및 환급(동법 16조)·전자화폐에 의한 지급의 효력(동법 17조)·
전자화폐 등의 양도성(동법 18조)·선불전자지급수단의 환급(동법 19조) 및 전자채
권양도의 대항요건(동법 20조)에 대하여 규정하고 있다.

　　최근에 많이 이용되고 있는 전자상거래에 관하여 계약체결·상품인도 및 지
급결제에 관한 입법이 필요한데, 계약체결에 관하여는 전자거래기본법·전자서명
법 등에 의하여 규율되고, 지급결제에 관하여는 이번에 제정된 전자금융거래법에
의하여 규율되며, 상품인도에 관하여는 현행 민법·상법 등에 의하여 규율되고
있다고 볼 수 있다.[3]

　　위에서 본 우리나라의 전자금융거래법은 다른 법률에 특별한 규정이 있는

---

2) 정찬형, 「전자자금이체의 법적 문제 및 입법론적 검토」(한국법제연구원, 2002), 71~90면 참조.
3) 동지: 정경영, 「전자금융거래와 법」(서울: 박영사, 2007), 679면.

경우와 금융기관 및 전자금융업자간에 따로 정하는 계약에 따라 이루어지는 전
자금융거래 가운데 대통령령이 정하는 거래를 제외한 모든 전자금융거래에 적용
되는 것으로 되어 있어(동법 3조 1항), 그 적용범위가 매우 포괄적이다. 따라서 금
융기관 등 전자금융업자를 통하여 전자적 장치에 의하여 서비스가 제공되고 이
용자가 이를 자동적으로 이용하는 수신거래·여신거래(어음할인 포함)·환거래·주식
거래·채권거래·증권거래·지급거래·추심거래·보증거래(신용장거래 포함)·보험거래·
신탁재산의 관리 등이 모두 전자금융거래법의 규율을 받는 전자금융거래라고 볼
수 있다.4) 이와 같이 전자금융거래법의 적용범위를 매우 확대하고 있음에도 불
구하고 동법이 규정하고 있는 전자금융거래는 전자자금이체·직불전자지급수단·
선불전자지급수단·전자화폐거래와 전자채권거래에 국한하여 규정하고 있고, 그
내용도 매우 불충분하게 규정하고 있다. 이에 반하여 동법은 제4장부터 제7장까
지 상세한 사업법적 규정을 두고 있다. 따라서 동법은 전자금융거래의 기본법적
성격을 갖는 법이라기 보다는 그 내용은 사업법적 규정에 더 중점이 있는 면이
있다.5)

　　따라서 이 글은 전자금융거래법이 규정하고 있는 전자자금이체에 대하여만
살펴보는데, 그 규정의 적절성·미흡한 면 등 문제점을 지적하여 향후 이에 관한
입법(개정)시에 참고할 수 있도록 함은 물론 전자자금이체에 관한 법률문제의 해
결에 도움을 주고자 한다.


## II. 전자자금이체에 관한 외국의 입법례

### 1. 미 국

　　전자자금이체에 관하여 미국에서는 1978년에 연방법인 「전자자금이체법」(Electronic
Fund Transfer Act of 1978, 15 U.S.C. §§ 1693-1693r)이 제정되었다. 미국 의회는
전자자금이체의 입법의 필요성을 인식하고, 1974년에 전자자금이체에 관한 전국
위원회(National Commission on Electronic Fund Transfer)를 구성하였다. 동 위원회
는 2년 동안 2억 달러의 자금지원을 받아 전자자금이체를 철저히 조사한 후,
1977년 10월에 대통령 및 의회에 "금융에 관한 법률의 대부분은 그 제정시에 전

---

4) 동지: 정경영, 상게 전자금융거래와 법(주 3), 681면.
5) 동지: 정경영, 상게 전자금융거래와 법(주 3), 682면.

자자금이체를 예상하지 못하였다. 따라서 당 위원회는 의회가 전자자금이체제도
의 이용자의 권리·의무에 관하여 연방입법을 제정할 것을 제언한다"고 하는 권
고안을 제출하였다. 의회는 이 권고안에 따라 1978년 11월 10일에 「금융기관규
칙 및 이율규제법」(Financial Institutions Regulatory and Interest Rate Control Act)의
일부(Title XX, § 2001)로 전자자금이체법을 제정하였다.6) 이 법의 일부 규정은
1979년 2월 8일(제정일로부터 90일 경과 후)부터 발효하고, 기타 규정들은 1980년
5월 10일(제정일로부터 18개월 경과 후)부터 발효하였다. 이 법을 보충하기 위하여
연방준비제도이사회(Board of Governors of the Federal Reserve System)는 동법 제
1693b조에 근거하여 규칙 E(Regulation E)[12 C.F.R. § 205, 1-14(1982)]를 제정하였
다. 이러한 전자자금이체법은 소비자(자연인)의 권리의 보호를 목적으로 하는 법
으로 전자자금이체제도를 이용하는 모든 자에게 적용되는 것이 아니라, 소비자가
이용하는 일정한 범위의 전자자금이체거래에만 적용된다. 따라서 이러한 전자자
금이체법은 소비자가 이용하는 자동출납거래·판매점두단말기거래·자동교환소에
의한 지급거래(대변이체거래) 또는 추심거래(차변이체거래)·전화청구서지급거래에만
적용되고, 주로 금융기관이나 대기업에 의하여 이용되는 Fed Wire이체·고객의
계좌를 직접 차기(借記)하거나 대기(貸記)하는 결과를 가져오지 않는 수표보증·동
일은행에 있는 동일인의 계좌 상호간의 자동이체·기수권(旣授權)이 없거나 청구
서지급이 아닌 전화이체의 경우에는 적용되지 않는다.7)

　　이와 같이 미국의 연방법인 전자자금이체법의 적용범위는 소비자 보호 등에
한정되어 있고 또한 통일신지급법(Uniform New Payment Code)의 제정이 보류됨
에 따라 1985년 통일주법위원회 전국회의(National Conference of Commissioners
on Uniform State Laws) 산하에 전자결제에 관한 법개정위원회가 설치되어 동 위
원회의 입법활동으로 1989년 통일상법전(Uniform Commercial Code, U.C.C.)에 새
로이 (전자)자금이체에 관한 규정(5절 38개 조문)인 제4A장(Article 4A)이 추가되었
다. 통일상법전 제4A장은 자금이체거래에 관한 기본법이라고 볼 수 있는데,8) 이
자금이체거래에는 전자자금이체거래뿐만 아니라 서면자금이체거래를 포함하고,

---

6) Joe Tauber, "The Emergence of Electronic Fund Transfer System: Consumer Protection,
  Federal Antitrust, and Branch Banking Laws," 10 *Ohio N. U. L. Rev.* 323 n. 6.
7) Linda S. Hume, *Payment Systems*(Problems and Materials)(Seattle: University of Washington
  School of Law, Autumn 1988), at 22.
8) 동지: 정경영, "미국 통일상법전 4A편상의 지급지시에 관한 연구," 「현대상사법의 과제와
  전망」(송연 양승규교수 화갑기념)(서울: 삼지원, 1994), 513면.

또한 소량자금이체(소비자자금이체)뿐만 아니라 대량자금이체를 포함한다.[9) 또한
통일상법전 제4A장은 현재 미국의 대부분의 주들이 이를 채택함으로써 미국에서
자금이체에 관한 실질적인 규범이 되고 있다.

## 2. U.N.

UN 국제거래법위원회(UNCITRAL)에서는 1986년 7월에 「전자자금거래에 관
한 법지침」(Legal Guide on Electronic Funds Transfer)을 제정하고, 1992년 5월에
「국제지급이체에 관한 모범법」(UNCITRAL Model Law on International Credit
Transfer)를 만들어 각국에 채택을 권유하고 있다.

## 3. 기 타

독일에서는 EU 지침에 따라 「민법전」(BGB)에 자금이체에 관한 규정을 두고
있고(BGB §§ 676a-676h 이하)(1999. 7), 오스트레일리아에는 「지급제도(규제)법」(Payment
Systems (Regulation) Act 1998) 및 「지급제도·결제법」(Payment Systems and Netting
1998)이 있으며, 뉴질랜드에는 「전자자금이체카드의 발행 및 사용을 규정하는 실무
법전」(Code of Practice Defining the Issue and Use of Electronic Funds Transfer Cards
within New Zealand)이 있고, 덴마크에는 「지급카드법」(Danish Payment Cards Act)
이 있다.[10)

## Ⅲ. 전자자금이체의 의의

### 1. 전자금융거래법상 전자자금이체의 의의

우리 전자금융거래법상 「전자자금이체」라 함은 "지급인과 수취인 사이에 자
금을 지급할 목적으로 금융기관[11) 또는 전자금융업자[12)에 개설된 계좌(금융기관

---

9) 정경영, 전게 전자금융거래와 법(주 3), 679면.
10) 이에 관하여는 정경영, 상게 전자금융거래와 법(주 3), 680면 및 같은 면 주 4 참조.
11) 「금융기관」이란 "은행·여신전문금융회사·체신관서·새마을금고연합회 등"을 말한다(전자금
    융거래법 2조 3호).
12) 「전자금융업자」란 "전자화폐의 발행 및 관리업무를 행하고자 하는 자로서 금융위원회의 허
    가를 받은 자, 전자자금이체업무·직불전자지급수단의 발행 및 관리·선불전자지급수단의 발행
    및 관리·전자지급결제대행에 관한 업무 등을 하고자 하는 자로서 금융위원회에 등록한 자 등"
    을 말한다(전자금융거래법 2조 4호, 28조).

에 연결된 계좌에 한한다. 이하 같다)에서 다른 계좌로 전자적 장치13)에 의하여 ( i )
금융기관 또는 전자금융업자에 대한 지급인의 지급지시 또는 (ii) 금융기관 또는
전자금융업자에 대한 수취인의 추심지시(이하 '추심이체'라 한다)의 방법으로 자금
을 이체하는 것"을 말한다(동법 2조 12호). 「전자지급수단」이란 "전자자금이체·직
불전자지급수단·선불전자지급수단·전자화폐·전자채권 그 밖에 전자적 방법에
따른 지급수단"을 말하므로(전자금융거래법 2조 11호), 전자자금이체란 전자지급수
단의 일종이라고 볼 수 있다.

　　가. 전자자금이체란 「자금의 지급」을 목적으로 하므로 자금이 아닌 주식인
증권대체제도와 구별된다. 이러한 자금의 지급의 원인은 채권·채무관계뿐만 아
니라 증여·송금 등의 목적으로도 이용될 수 있다.14)

　　나. 전자자금이체에서의 자금의 지급이란 (금융기관 등에 개설된) 「계좌에서
다른 계좌로 이체」하는 것이므로, 이러한 계좌에 의하지 않은 자금의 지급은 (전
자)자금이체라 할 수 없다. 즉, 현금에 의한 자금의 지급이나(입금이체), 어음·수
표에 의한 자금의 지급 등은 (전자)자금이체라고 볼 수 없다.

　　위의 계좌간의 이체란 지급인의 계좌에서 출금기장(借記)하여 수취인의 계좌
로 입금기장(貸記)하는 것을 말하는데, 이러한 이체는 계좌가 있는 금융기관 등을
통하여 간접적으로 이루어진다. 따라서 현금에 의하지 않는 지급거래라고 하여도
거래당사자간에 직접적으로 자금의 지급이 이루어지는 어음·수표에 의한 지급거
래나 신용카드 등에 의한 지급거래와도 구별된다.15) 또한 이러한 (전자)자금이체
는 계좌간의 이체이므로 지급인이나 수취인이 계좌가 없는 경우에는 (전자)자금
이체라고 볼 수 없다. 따라서 지급인이 계좌가 없고 수취인이 계좌가 있는 경우
에 지급인이 현금으로 수취인의 계좌에 입금하는 것은 은행지로는 될 수 있어도
우리 전자금융거래법상 (전자)자금이체라고 볼 수는 없다.16) 그러나 은행 실무에

---

13) 「전자적 장치」란 "전자금융거래정보를 전자적 방법으로 전송하거나 처리하는데 이용되는
　　장치로서 현금자동지급기, 자동입출금기, 지급용단말기, 컴퓨터, 전화기 그 밖에 전자적 방법
　　으로 정보를 전송하거나 처리하는 장치"를 말한다(전자금융거래법 2조 8호).
14) 동지: 정경영, 전게 전자금융거래와 법(주 3), 127면.
15) 동지: 정경영, 상게 전자금융거래와 법(주 3), 128~129면.
16) 반대: 정경영, 상게 전자금융거래와 법(주 3), 127~128면(자금이체 특히 지급이체에서 이체
　　자금의 지급방식과 관련하여 지급인의 계좌로부터의 출금에만 한정하지 않고, 계좌가 없는 자
　　도 현금을 입금함과 동시에 이를 수취인계좌에 입금하도록 의뢰하는 것〈입금이체〉도 가능하다
　　고 본다. 이 역시 자금이체의 범주에 포함된다고 볼 경우 지급이체의 개념정의에 있어 수취인
　　계좌의 존재나 지급인계좌의 존재가 원칙적으로 요구되나 지급인계좌 없이 지급이체가 이루어
　　지는 경우에도 포함된다고 할 것이다).

서 지급인계좌에서 인출된 현금을 다시 수취인계좌에 입금하는 방식을 취하는 것은 계좌간의 이체라고 볼 수 있다. 또한 지급인의 계좌가 있고 수취인의 계좌가 없는 경우에 지급인이 자기의 계좌에서 자금을 인출하여 수취인에게 직접 지급하는 것은 (전자)자금이체가 될 수 없다.

다. 전자자금이체는 「전자적 장치」에 의하여 자금을 이체하는 것이다. 따라서 전자자금이체는 이 점에서 서면자금이체와 구별된다. 이 때 「전자적 장치」란 "전자금융거래정보를 전자적 방법으로 전송하거나 처리하는데 이용되는 장치로서 현금자동지급기, 자동입출금기, 지급용단말기, 컴퓨터, 전화기 그 밖에 전자적 방법으로 정보를 전송하거나 처리하는 장치"를 말한다(전자금융거래법 2조 8호).

서면자금이체와 전자자금이체를 무슨 기준으로 구별하는가에 대하여, 제1설은 전자자금이체는 전자식 수단을 이용하는 자금이체라고 보고(수단의 전자성), 제2설은 전자자금이체는 자금이체를 의뢰하는 행위가 전자적 의사표시라고 본다(의뢰의 전자성).[17] 우리 전자금융거래법은 전자자금이체에 대하여, 특별히 전자적 방식에 의하여 개시될 것을 요구하고 있지 않고,[18] 위의 「전자적 장치」의 정의에서 볼 때, 제1설에 따른 입법이라고 생각된다.

라. 전자자금이체는 (서면자금이체의 경우와 같이) 「지급이체」와 「추심이체」가 있다. 「지급이체」란 채무자가 직접 금융기관 등에 대하여 채권자에게 자금을 대기(貸記)하도록 의뢰하는 자금이체이고, 「추심이체」란 채권자가 채무자로부터 수권받아 금융기관 등에 대하여 채무자의 계좌로부터 자금을 차기(借記)하여 자기의 계좌에 대기(貸記)하도록 의뢰하는 자금이체이다.[19]

## 2. 미국법상 전자자금이체의 의의

가. 미국의 통일상법전 제4A장은 전자자금이체만을 별도로 정의하지 않고 서면자금이체를 포함하는 자금이체(funds transfer)를 정의하고 있다. 즉, 「자금이체」(funds transfer)란 "지급지시(지급의뢰)(payment order)상의 수취인(beneficiary)[20]에게 지급함을 목적으로 지급의뢰인(채무자)(originator)[21]의 지급지시로써 개시되는 일

---

17) 이에 관한 상세는 정경영, 상게 전자금융거래와 법(주 3), 130~132면 참조.
18) 동지: 정경영, 상게 전자금융거래와 법(주 3), 132면.
19) 동지: 정찬형, 전게 어음·수표법강의(주 1), 818~819면.
20) 「수취인」(beneficiary)이란 "수취인의 은행으로부터 지급받는 자"를 말한다[U.C.C. § 4A-103 (a)(2)].
21) 「지급의뢰인」(originator)이란 "자금이체에서 최초의 지급지시를 발송하는 자(발신인)(sender)"

련의 처리를 말하는데, 이 때의 지급지시는 지급지시를 수행하기 위한 최초의 지급의뢰인의 은행(originator's bank)[22] 또는 중개은행(intermediary bank)[23]이 한 어떠한 지급지시를 포함한다. 이러한 자금이체는 지급의뢰인의 지급지시상의 수취인을 위하여 수취인의 은행(beneficiary's bank)[24]이 그 지급지시를 승낙함으로써 완성된다"고 정의하고 있다[U.C.C. § 4A-104(a)].

또한 자금이체에서 말하는 「지급지시」는 "발신인(sender)[25]이 수신은행(receiving bank)[26]에 대하여 수취인에게 일정액 또는 확정할 수 있는 금액을 지급하거나 또는 다른 은행으로 하여금 지급하도록 하는 구두·전자식 또는 서면으로 전달하는 지시를 말하는데, 이러한 지급지시는 (ⅰ) 지급시기 이외에 수취인에 대한 지급조건을 정하고 있지 않아야 하고, (ⅱ) 수신은행은 발신인계좌에서 차기(借記)하거나 또는 발신인으로부터 다른 방법으로 지급받음으로써 상환받게 되며, (ⅲ) 그 지시는 발신인에 의해 직접 수신은행에 전달되거나 수신은행에 대한 전달을 목적으로 수신은행의 대리인·자금이체시스템 또는 통신시스템에 전달된다"고 정의하고 있다[U.C.C. § 4A-103(a)(1)].

나. 미국의 전자자금이체법(Electronic Fund Transfer Act, 15 U.S.C. §§ 1693-1693r)은 통일상법전 제4A장과는 달리 전자자금이체에 대하여 별도로 정의하고 있다. 즉, 「전자자금이체」란 "수표·환어음 또는 이와 유사한 서면증권에 의한 거래 이외의 자금이체를 의미하는 것으로서 전자단말기(electronic terminal)·전화기기(telephonic instrument)·컴퓨터 또는 자기테이프가 금융기관에 계좌의 차기(借記)나 대기(貸記)를 지시하거나 수권하여 이체되는 것으로서, 이에는 판매점두이체(販賣店頭移替)(point-of-sale transfer)·자동출납기거래(automated teller machine transfer)·자금의 직접예치나 인출 및 전화에 의한 이체가 포함되나 이에 한정되지 않는다.

를 말한다[U.C.C. § 4A-104(c)].

22) 「지급의뢰인의 은행」(originator's bank)이란 "(ⅰ) 지급의뢰인이 은행이 아닌 경우에는 지급의뢰인이 한 지급지시의 수신은행이고, (ⅱ) 지급의뢰인이 은행인 경우에는 지급의뢰인"을 말한다[U.C.C. § 4A-104(d)].

23) 「중개은행」(intermediary bank)이란 "지급의뢰인의 은행이나 수취인의 은행 이외의 수신은행"을 말한다[U.C.C. § 4A-104(b)].

24) 「수취인의 은행」(beneficiary's bank)이란 "지급지시에 따라 대기(貸記)될 수 있는 수취인의 계좌가 있는 지급지시에서 특정된 은행 또는 지급지시가 계좌에 대한 지급을 정하지 않은 경우에는 수취인에게 그 이외의 방법으로 지급하는 은행"을 말한다[U.C.C. § 4A-103(a)(3)].

25) 「발신인」(sender)이란 "수신은행에 지시(instruction)를 보내는 자"를 말한다[U.C.C. § 4A-103(a)(5)].

26) 「수신은행」(receiving bank)이란 "발신인의 지시를 받는 은행"을 말한다[U.C.C. § 4A-103(a)(4)].

그러나 다음의 거래는 포함되지 않는다. (ⅰ) 소비자의 계좌에 직접적으로 차기(借記)나 대기(貸記)의 결과를 가져오지 않는 수표보증이나 수권용역(授權用役)(authorization service), (ⅱ) 금융기관이 소비자에 대신하여 연방준비은행이나 기타 예금기관에 있는 자금을 이체하는 것으로서, 자동교환소에 의하지 않고 또 제1차적으로 소비자에 대신하여 이체할 목적이 아닌 어떠한 형태의 자금이체, (ⅲ) 거래의 제1차적인 목적이 증권 또는 상품의 매매인 거래로서 등록된 중개인을 통하여 거래되거나 증권거래위원회(Securities and Exchange Commission)에 의하여 규율되는 어떠한 형태의 거래, (ⅳ) 소비자와 금융기관간의 약정으로 대월을 상환하거나 소비자의 요구불예금계좌에 합의된 최저액을 유지시킬 목적으로 저축예금계좌에서 요구불예금계좌로 이체하는 어떠한 형태의 자동이체, (ⅴ) 소비자와 금융기관의 임직원간의 전화대화에 의한 어떠한 형태의 자금이체로서, 기약정계획(旣約定計劃)에 따르지 않고 또 정기 또는 반복적이 아닌 자금이체"라고 정의하고 있다[15 U.S.C. § 1693 a ⑥].[27]

## Ⅳ. 전자자금이체의 법률관계

### 1. 총 설

전자자금이체에는 크게 대량이체를 위한 전자자금이체와 소비자가 이용하는 전자자금이체가 있다.[28]

우리나라에서는 한국은행과 금융기관을 온라인으로 연결하여 금융기관간 거액자금거래를 한국은행에 개설되어 있는 금융기관의 당좌예금계정을 통하여 건별로 즉시 결제하는 한국은행 금융결제망(BOK-Wire)이 1994년 12월부터 구축·가동되고 있는데, 이것은 (미국의 Fed Wire에 유사한) 대량이체를 위한 전자자금이체제도라고 볼 수 있다. 그런데 금융기관과 전자금융업자 사이에 결제중계시스템

---

27) 참고로 UNCITRAL Model Law에서는 지급이체에 대하여 다음과 같이 정의하고 있다. 즉, 「지급이체」(credit transfer)란 "지급의뢰인의 지급지시를 시작으로 수취인이 처분할 수 있도록 자금이체의 목적으로 하는 일련의 행위를 말하는데, 이러한 지급이체의 용어는 지급의뢰인의 은행이나 지급의뢰인의 지급지시를 수행하는 모든 중개은행이 한 어떠한 형태의 지급지시를 포함한다. 그러한 지급지시에 대하여 지급할 목적으로 하는 다른 지급지시도 지급이체의 일부로 간주된다"고 정의하고 있다[UNCITRAL Model Law § 2(a)].

28) 이에 관하여는 정찬형, 전게 어음·수표법강의(주 1), 820~823면; 동, 전게 전자자금이체의 법적 문제 및 입법론적 검토(주 2), 19~22면 참조.

을 이용하는 전자금융거래와 한국은행이 운영하는 지급결제제도를 이용하는 전
자금융거래에는 우리 전자금융거래법이 적용되지 않으므로(전자금융거래법 3조, 동
법 시행령 5조), 위와 같은 대량이체를 위한 전자자금이체에는 우리 전자금융거래
법이 적용되지 않는다고 볼 수 있다. 따라서 이 글에서는 이러한 대량이체를 위
한 전자자금이체에 관한 법률관계는 다루지 않기로 한다.

　　소비자가 이용하는 전자자금이체에는 자동출납기(Automated Teller Machine,
ATM)・자동점두단말기(Point-of-Sale Terminal, POS)・자동교환소(Automated Clearing
House, ACH)를 통한 전자자금이체 등이 있는데, 이곳에서는 가장 대표적인 자동
교환소를 통한 전자자금이체의 법률관계에 대하여만 살펴보겠다. 자동교환소를
통한 전자자금이체에는 지급이체와 추심이체가 있으므로, 이곳에서는 이 양자를
나누어 그의 법률관계에 대하여 살펴보겠다.

　　또한 전자자금이체는 「전자적 장치」에 의하여 자금을 이체한다는 점에서만
(전자금융거래법 2조 12호・8호) 서면자금이체와 다를 뿐, 그밖의 점에 있어서는 일
반적인 자금이체의 법률관계와 동일하므로, 이하에서는 일반적인 자금이체의 법
률관계를 설명하고 특히 전자자금이체에서 문제되는 사항에 대하여는 추가로 설
명하겠다.

## 2. 지급이체의 법률관계

### 가. 지급이체의 의의

　　지급이체(대변이체)(credit transfer)란 채무자(지급인, 지급이체의뢰인)가 그의 거
래은행(지급은행)에 지급지시(payment order)를 하여, 채무자의 계좌로부터 이체금
액을 출금기장(借記)하여(현금이체의 경우에는 현금으로) (수취은행에 있는) 채권자(수
취인, 이체수취인)의 계좌에 입금기장(貸記)함으로써, 당사자간의 자금이전을 실현
하는 절차를 말한다.[29]

　　이 때 채무자와 채권자가 동일한 은행에 계좌를 갖고 있는 경우를 「단일은
행간 이체」(one-bank transfer)라고 하고, 양자가 각각 다른 은행에 계좌를 갖고
있으나 두 은행 사이에 직접 계좌를 갖고 있거나 공통된 어음교환소에 가입하고
있는 경우에는 「2은행간 이체」(two-bank transfer)라고 하며, 양자가 각각 다른 은

---

29) 동지: 정동윤, 「어음・수표법(제5판)」(서울: 법문사, 2004), 572면.

행에 계좌를 갖고 있으며 두 은행이 직접 거래관계도 없고 또한 동일한 어음교
환소에도 가입하고 있지 않은 경우에는 두 은행과 거래관계가 있는 제3의 은행
을 매개로 하여 자금이체가 이루어지는 「3은행간 이체」(three-bank transfer)가 있
다.[30]

## 나. 지급이체의 당사자간의 법률관계

지급이체의 당사자간의 법률관계는 지급인(채무자)과 지급은행간의 법률관계,
지급은행과 수취은행간의 법률관계, 수취은행과 수취인(채권자)간의 법률관계 및
지급인과 수취인의 법률관계로 나누어 볼 수 있다. 이하에서 차례로 살펴보겠다.

### (1) 지급인과 지급은행과의 법률관계

㈎ 지급인과 지급은행간에 기본계약인 지급이체계약이 있고 이에 따른 지급
지시가 별도로 존재하는가에 대하여, 이 양자를 인정하는 「이원설」과 지급지시를
기본계약의 구성요소로 보는 「일원설」이 있다.[31]

이원설은 독일에서 논의되고 있는 견해인데, 지급이체의 법률구조는 지로계정
설정자(채권자)와 지로센터(금융결제원) 사이의 지로계약(Girovertrag)[32]과 지급인(채
무자)과 지급은행(지로참가은행) 사이의 자금이체의뢰(지급지시)(Überweisungsauftrag)
의 이원적 구조로 되어 있다고 보았다.[33] 그런데 이러한 지로번호를 부여받고자
하는 자는 지로거래에 의하여 대량의 수납이 계속적으로 발생될 것이 예상되는
자이다. 이러한 지급이체의 법률구조에서 지로계약은 기본계약으로 개별적인 고
객(지급인)의 지급은행에 대한 자금이체의뢰는 이를 전제로 하므로, 개별적인 자
금이체의뢰는 지로계약에 대하여 부종성을 갖는다고 보았다. 따라서 기본계약인
지로계약이 무효이면 개별적인 자금이체의뢰도 효력이 발생하지 않는 것으로 보
았다. 독일에서는 지로계약의 의미를 위와 같이 지로계정설정자(채권자, 수취인)와

---

30) 정동윤, 상게 어음·수표법(주 29), 571~572면.
31) 이에 관한 상세는 정경영, 전게 전자금융거래와 법(주 3), 158~166면 참조.
32) 지로제도에는 은행지로·우편지로·증권지로가 있는데, 우리나라에서는 증권지로(Effektengiro)
    를 증권대체결제제도라고 부르고 우편지로는 우편대체라고 부르고 있어, 지로제도는 보통 은
    행지로를 의미한다. 우리나라에서 증권지로에 대하여는 종래의 증권거래법(그 후는 자본시장
    과 금융투자업에 관한 법률)이 있고, 우편지로에 대하여는 우편대체법이 있으며, 은행지로에
    대하여는 금융결제원이 제정한 은행지로업무규약 및 은행지로업무취급규정 등이 있다[정동윤,
    전게 어음·수표법(주 29), 570면 주 1 참조].
33) 이에 관하여는 정희철, "Giro제도가 유가증권에 미치는 영향," 「법학」(서울대), 제26권 1호
    (1985. 4), 5면 참조.

지로센터(수취은행)간의 계약으로 보는 견해도 있으나[34](편의상 이를 '협의의 지로계약'으로 함), 지로계약을 지급인과 지급은행간의 지급이체계약·수취인과 수취은행간의 계좌입금계약 및 지급은행과 수취은행간의 환거래계약을 모두 포함하는 의미로 사용하는 견해도 있다[35](편의상 이를 '광의의 지로계약'으로 함). 그런데 우리나라에서는 지로제도를 지급이체를 가리키는 용어로 사용한다고 하면서, 지급인과 지급은행간의 기본계약인 지급이체계약을 지로계약과 동일하게 보고 있다.[36] 따라서 이는 개념의 혼동이 올 수 있는데, 우리나라에서 지급인과 지급은행간의 기본계약인 자금이체계약(지로계약)은 위의 독일의 협의의 지로계약과는 구별되는 것이고 독일의 광의의 지로계약의 일부분으로 이해할 수 있다. 이원설의 입장에서 기본계약을 무엇으로 볼 것인가에 대하여 우리나라 및 독일에서 명칭상 「지로계약」으로 본다고 하더라도 우리나라에서의 지로계약의 의미(지급인과 지급은행간의 자금이체계약)와 독일에서의 협의의 지로계약의 의미(수취인과 수취은행간의 계좌입금계약)가 다르므로 그 기본계약의 내용(또는 당사자)이 다르다고 볼 수 있다.[37] 한편 1999년 개정된 독일 민법전(BGB)에 포함된 자금이체법에 의하면 위와 같이 지로계약이라는 기본계약에 따라 지급은행이 지급지시를 실행할 의무를 부담하고 이러한 의무는 지급지시에 의하여 구체화되는 것(이원설)이 아니라, 지급인의 지급지시가 있을 경우 지급은행이 이를 승낙함으로써 비로소 자금이체계약이 체결된다고 보고 있다(일원설). 이는 자금이체가 지로관계에서 이루어지든 입금이체로 하든 고객과 은행간에 독립적인 자금이체계약이 체결된다고 보는 것이다. 그런데 자금이체계약이 고객과 은행간의 기존의 지로관계에서 체결된 것이면 자금이체의 실행청구권은 자금이체계약의 효과(BGB § 676 a 1항 1문, 2문)에서

---

34) 1999년 개정된 독일의 민법전(BGB)에 포함된 자금이체법은 지급인과 지급은행간에는 자금이체계약(Überweisungsvertrag)(BGB §§ 676 a-c), 다른 금융기관을 경유하여 자금이체가 실행될 경우 은행과 다른 은행간에는 지급계약(Zahlungsvertrag)(BGB §§ 676 d, e)이 체결되고, 수취은행이 수취인의 계좌에 입금기장하는 것은 수취은행과 수취인간에 체결된 지로계약(Girovertrag)(BGB §§ 676 f, g)에 근거한다.
35) Claus-Wilhelm Canaris, *Bankvertragsrecht*, 3. Aufl.(Berlin·New York: Walter de Gruyter, 1988), Rdn. 315(정경영, 전게 전자금융거래와 법(주 3), 518면에서 재인용).
36) 정동윤, 전게 어음·수표법(주 29), 571면 및 573면.
37) 손진화, 「전자금융거래법」(서울: 법문사, 2006), 93면 및 동, 「주석 어음·수표법(III)」(서울: 한국사법행정학회, 1996), 488면은 "자금이체계약의 당사자에 관하여는 견해가 일치하지 않는다"고 표현하고 있는데, 이는 기본계약의 내용이 다르다는 의미가 정확할 것으로 본다.
　　또한 정경영, 전게 전자금융거래와 법(주 3), 158면 주 123은 지로계정설정자의 의미를 (채권자, 지급인)으로 기재하고 있는데, 이는 (채권자, 수취인)이다.

뿐만 아니라 지로계약의 효과(BGB § 676 f 1문 3번째 경우)에서도 발생하므로 양 청구권간에는 청구권경합이 발생한다고 한다.[38]

　　일원설은 미국과 일본에서 논의되고 있는 견해이다. 즉, 미국에서는 지급인 과 지급은행간에 계좌가 설정되어 있든 아니든 이는 지급이체계약과는 무관하고, 지급은행은 지급인의 지급지시(payment order)에 대하여 승낙(acceptance)함으로써 자금이체계약은 성립하고 당사자는 의무를 부담하게 되므로[UCC § 4A-104(a)], 일 원설을 따르고 있다. 일본의 경우에도 지급인이 지급은행에 예금계좌를 갖고 있 든 또는 아니든 상관없이 지급인이 지급이체용지에 기입하여 지급은행의 창구에 제출하고 지급은행이 이를 수리한 때에 위임계약이 성립하고 동시에 구체적인 지시가 있는 것으로 해석하므로,[39] 일원설을 취하고 있다.

　　우리나라에서는 대체로 이원설에 의하여 자금이체를 설명하고 있다. 즉, 지 급이체의 구조에 대하여「대변이체거래(지급이체거래)는 두 개의 법률관계로 이루 어지는데, 그 하나는 은행과 고객 사이의 지로계약(Girovertrag)이고 다른 하나는 은행과 고객 사이의 자금이체위탁(Überweisungsauftrag)이다」고 설명하거나,[40]「지 급이체에 있어서 (기본계약으로서의) 자금이체계약은 지급이체계약이다」,[41] 또는 「전자자금이체거래에서 지급인이 지급은행에 대하여 행하는 지급지시는 지급인 과 지급은행간의 전자자금이체거래에 따른 지시행위로 이해하는 것이 타당하므 로 지시적 구성이 원칙적으로 타당하다. … 국내 자금이체를 이와 같이 이원적으 로 구성하더라도 무방하다고 본다. 그러나 국제간 자금이체라 하더라도 전자자금 이체의 경우에는 청약적으로 구성할 수는 없고 기본적으로 전자자금이체계약이 선행하여야 하고 이를 근거로 지급지시가 행해지고 실행된다고 보아야 한다」[42] 고 설명하고 있다.

　　생각건대 기본계약이 있고 이에 근거하여 지급지시(자금이체의뢰)가 발생한다 는 이원설이 원칙적으로 타당하다고 본다. 그런데 이 때 기본계약을 무엇으로 볼 것이냐가 문제이다. 앞에서 본 바와 같이 독일에서 논의된 협의의 지로계약(채권 자와 지로센터간의 계약)을 기본계약으로 볼 것이냐 또는 우리나라에서 많이 논의

---

38) 정경영, 전게 전자금융거래와 법(주 3), 162면에서 재인용.
39) 後藤紀一, "アメリカUCC 4A編(資金移動)の概要と問題點(上)," 「手形硏究」, 第476號, 30면, 33면[정경영, 상게 전자금융거래와 법(주 3), 160면에서 재인용].
40) 정동윤, 전게 어음·수표법(주 29), 573면.
41) 손진화, 전게 전자금융거래법(주 37), 93면; 동, 전게 주석 어음·수표법(Ⅲ)(주 37), 490~491면.
42) 정경영, 전게 전자금융거래와 법(주 3), 163~166면.

되고 있는 지급인과 지급은행간의 자금이체계약을 기본계약으로 볼 것이냐가 문제이다.43) 이에 대하여 필자는 종래에는 독일에서 논의된 협의의 지로계약을 기본계약의 의미로 보았으나,44) 수취인이 지로번호를 부여받았는가에 관계 없이(즉, 수취인과 지로센터간에 지로계약이 체결되었는지에 관계 없이) 지급이체(자금이체)가 이루어지고 있는 점에서 볼 때 지급이체의 경우 지급인과 지급은행간에 체결되는 자금이체계약을 기본계약으로 본다(종래의 견해를 변경함). 우리 전자금융거래법도 자금이체의 경우 지급인 또는 수취인은 금융기관 또는 전자금융업자와 전자지급 거래를 위한 자금이체계약을 전제로 하고 있다고 볼 수 있다(동법 12조 1항). 그런데 이러한 자금이체계약은 언제·어떤 형태로 체결되고 있는가의 문제가 있다. 직불카드 등에 의하여 지급이체를 하는 경우에는 이러한 카드 발급시에 이용자와 발행인간에 체결되는 카드이용규약에 기하여 자금이체계약이 체결된다고 보며, 월급·사적 연금·사회보장연금·배당금 등을 지급하는 대량지급업무의 경우에는 지급인이 대량지급거래신청서를 금융결제원에 제출하여 승인을 받음으로써 기본계약인 대량지급거래계약이 성립한다고 보며, 1인의 수취인에 대하여 1회에 이루어지는 일반계좌이체의 경우에는 수취인이 지로번호를 부여받았는가의 여부에 관계 없이 기본계약인 지급이체계약은 지급인과 지급은행간에 체결되는 것으로 볼 수 있다.45) 그런데 타행환거래 중 현금송금에서 지급인이 현금으로 타행의 수취인의 계좌에 입금하는 경우(입금이체), 기본계약인 지급이체계약이 존재하는가의 문제가 있다. 이 경우 타행환입금의뢰계약을 지급이체계약으로 보는 견해도 있는데,46) 이때에는 지급지시와 구별되는 기본계약이 별도로 없거나 또는 지급이체계약과 지급지시가 동시에 이루어지므로 예외적으로 일원설에 의하여 설명하여야 할 것으로 본다(이 경우 이원설에 의하여 설명하는 것은 단순한 기본계약의 의제에 불과하고 또 실익도 없다고 본다). 그런데 전자자금이체의 경우에는 계좌간의 이체이므로 이러한 점이 발생할 여지가 없다고 본다.

　　(나) 이와 같이 이원설에 따라 지급인과 지급은행간에 지급이체계약이 있고 이에 따른 지급지시(자금이체의뢰)가 별도로 존재하는 경우에, 이러한 지급이체계

---

43) 정동윤, 전게 어음·수표법(주 29), 573면은 독일의 지로계약이라는 용어를 사용하면서 그 의미는 지급인과 지급은행간의 자금이체계약이라는 뜻으로 사용하고 있다.

44) 정찬형, "전자자금이체제도," 「한국금융법연구」(한국경제법학회), 제4집(1991. 2), 304면; 동, 전게 어음·수표법강의(주 1), 824~825면.

45) 동지: 손진화, 전게 주석 어음·수표법(Ⅲ)(주 37), 490~491면.

46) 손진화, 상게 주석 어음·수표법(Ⅲ)(주 37), 491면.

약 및 지급지시의 법적 성질이 문제된다.

위에서 본 바와 같이 독일에서 논의된 협의의 지로계약을 기본계약으로 보는 견해에서는, 지로계약은 지로설정계약으로서 지로계좌설정신청서(지로번호신청서)에 의한 청약과 지로센터(금융결제원)의 승낙에 의하여 그 효력이 발생하므로 이는 위임계약과 도급계약 또는 임치계약과의 혼합계약이고 자금이체의뢰는 지급은행의 승낙을 요하지 않는 지급인의 단독행위로서 지급인이 스스로 하여야 할 수취인에 대한 지급을 지급은행으로 하여금 대행하게 하는 지급대행권한의 수여라고 한다.[47]

그런데 기본계약을 지급인과 지급은행간의 지급이체계약으로 보면 지급이체계약의 법적 성질을 위의 지로계약의 그것과 동일하게 볼 수 없다.[48] 지급이체계약의 법적 성질에 대하여는 위임계약설·도급계약설·혼합계약설로 나뉘어져 있고, 제3자를 위한 계약의 성질을 가지느냐에 대하여도 견해가 나뉘어져 있다.[49] 지급이체계약에 의한 지급은행의 의무는 수취인계좌에의 입금기장이라는 일의 완성을 목적으로 하는 것이 아니라 지급이체사무의 처리(지급인의 지급지시를 수취은행에 전달하는 행위)라고 볼 수 있고 또 지급이체계약이 예금계약 등과 혼합된 경우에도 이를 구별하여 독립적으로 그 성질을 파악하여야 한다는 점에서 볼 때, 지급이체계약의 법적 성질은 위임계약으로 보는 것이 타당하다고 본다.[50] 또한 지급이체에서 수취인이 지급은행에 대하여 추상적 성질의 지급청구권을 갖는다고도 볼 수 없으므로 원칙적으로 제3자를 위한 계약의 성질이 있다고도 볼 수 없다.[51] 우리 전자금융거래법 제12조 제1항은 전자지급거래계약의 효력에 대하여 「금융기관 또는 전자금융업자는 지급인 또는 수취인과 전자지급거래를 하기 위하여 체결한 약정에 따라 수취인이나 수취인의 금융기관 또는 전자금융업자에게 지급인 또는 수취인이 거래지시한 금액을 전송하여 지급이 이루어지도록 하여야 한다」고 규정함으로써, 전자자금이체의 경우 금융기관 또는 전자금융업자는 수취인의 계좌에 입금기장의무를 부담하지 않으나 이체금액을 전송하여 지급이

---

47) 정희철, 전게 논문(주 33), 3~5면 참조.
48) 동지: 정경경, 전게 전자금융거래와 법(주 3), 175면.
　　그러나 정동윤, 전게 어음·수표법(주 29), 573면은 지급이체계약의 법적 성질을 독일의 협의의 지로계약의 그것과 동일 또는 유사하게 보고 있다.
49) 지급이체계약의 법적 성질에 대한 학설·판례의 상세한 소개로는 정경영, 전게 전자금융거래와 법(주 3), 166~173면 참조.
50) 동지: 정경영, 상게 전자금융거래와 법(주 3), 174~178면.
51) 동지: 정경영, 상게 전자금융거래와 법(주 3), 178~180면.

이루어지도록 할 의무를 부담하는 점, 오류의 정정(동법 8조) 등에 관한 규정이 있는 점 등에서 볼 때, 우리 전자금융거래법은 문언상 명백하지는 않지만 지급이체계약이 위임계약의 성질을 갖는 것을 전제로 하여 금융기관 또는 전자금융업자의 위임사무처리에 관한 다양한 규정을 두고 있다고 볼 수 있고, 또한 지급인의 거래지시의 철회에 관한 규정(동법 14조) 등을 두고 있는 점에서 볼 때 제3자를 위한 계약으로 규정하고 있지 않다고 볼 수 있다.[52]

지급이체계약에 따라 지급은행이 수수료를 받는 경우에는 유상계약·쌍무계약이고(지급은행은 우수고객에게 수수료를 면제하는 경우가 있는데, 이 경우는 예외적으로 무상계약임), 또한 지급이체계약은 시간적으로 한정되지 않는 점에서 계속적 계약이라고 볼 수 있다.[53]

위의 기본계약인 지급이체계약에 따른 개별적인 지급지시의 법적 성질은 지급이체계약의 법적 성질을 위임계약으로 볼 때 위임계약상의 위임인의 지시(위임사무의 내용을 구체적으로 특정하는 행위)로서, 일종의 의사표시로서의 법률행위이고, 지급은행의 승낙의 의사표시 없이 지급인의 지급지시가 지급은행에 도달함으로써 지급은행의 구체적인 위임계약상의 의무가 발생하는 점에서 수령을 요하는 단독행위라고 볼 수 있다.[54]

(다) 지급인과 지급은행간에 기본계약으로서 지급이체계약(위임계약)이 성립한 것만으로는 지급은행은 구체적인 의무를 부담하지 않지만, 지급인이 지급지시를 하는 경우 지급은행은 지급지시된 금액(이체금액)을 지급인의 지급지시에 따라 결제할 의무를 부담한다. 지급은행의 결제의무는 보통 계좌이체의 경우 지급은행에 있는 지급인의 계좌에서 이체자금을 출금기장하여(입금이체 또는 현금이체의 경우는 수령한 현금을), 단일은행간 이체의 경우에는 수취인의 계좌에 입금기장하고, 2은행간 이체 또는 3은행간 이체의 경우에는 수취은행 또는 중개은행에 지급인의 지급지시를 전달함으로써 이행된다.[55] 계좌이체의 경우에는 1인의 수취인에 대하여 1회의 계좌이체가 이루어지는 일반계좌이체의 경우와, 봉급·연금·배당금 등과 같이 다수의 수취인에 대하여 대량적·반복적으로 하는 대량지급이체가 있다.

---

52) 동지: 정경영, 상게 전자금융거래와 법(주 3), 181면.
53) 동지: 정동윤, 전게 어음·수표법(주 29), 573면; 손진화, 전게 전자금융거래법(주 37), 93면; 동, 전게 주석 어음·수표법(Ⅲ)(주 37), 492면; 정경영, 전게 전자금융거래와 법(주 3), 180면.
54) 동지: 정경영, 전게 전자금융거래와 법(주 3), 178면, 202~203면.
55) 동지: 정경영, 상게 전자금융거래와 법(주 3), 183~184면.

우리 전자금융거래법 제12조 제2항은 「금융기관 또는 전자금융업자는 지급인 또는 수취인이 지시한 자금의 지급이 이루어질 수 없게 된 때에는 전자지급거래를 하기 위하여 수령한 자금을 지급인에게 반환하여야 한다」고 규정함으로써, 수취인에 대한 지급이 이루어지지 않은 경우에도 채무불이행의 책임이 아니라 수령자금의 반환의무만을 규정하고 있다. 이는 지급은행의 의무가 (타은행간 이체의 경우에도) 지급지시의 전달의무만 있고 수취인의 계좌에의 입금의무를 포함하지 아니한다는 것을 분명하게 나타낸 것으로서 지급이체계약의 법적 성질이 (도급계약이 아니라) 위임계약이라는 점을 간접적으로 표현한 것으로 볼 수 있다.56)

### (2) 지급은행과 수취은행(또는 중개은행)과의 법률관계

㈎ 지급은행과 수취은행이 동일은행인 경우에는 문제가 되지 않고, 지급은행과 수취은행이 다른 경우에는 환거래계약이 체결되고 이에 의하여 수취은행은 지급은행의 지시에 따를 의무를 부담한다. 은행간의 환거래를 원활히 하기 위하여 은행간에 환거래사무의 처리에 관한 기본계약이 체결되는데, 이의 법적 성질은 환거래사무(지급이체) 처리의 위탁을 목적으로 하는 위임계약이고 동시에 상호계산계약의 성질도 갖는다.57) 따라서 이러한 환거래계약에 의하여 지급이체의 경우 수취은행은 지급은행의 지급지시에 따라 수취인의 예금계좌에 이체자금을 입금할 의무를 부담하고 지급은행과 이체자금을 금융결제원 등을 통하여 정산하게 된다.

지급은행과 수취은행간에 직접 환거래계약이 없는 경우에는 두 은행과 각각 환거래계약이 있는 중개은행을 통하여 자금이체가 이루어지는데, 이 경우 지급은행과 수취은행 사이에 직접적인 법률관계가 없다. 따라서 이 경우 지급은행은 중개은행에 대하여 지급인의 지급은행에 대한 지위와 유사한 지위에 있으므로 지급은행은 중개은행에 대하여만 지시권을 갖고 수취은행에 대하여는 지시권이 없다.58)

지급은행에 대하여 수취은행(또는 중개은행)의 지위는 (특별한 경우를 제외하고) 이행보조자의 지위에 있다고 볼 수 없다. 왜냐하면 지급은행은 환거래계약관계에서 이러한 은행을 이용하는 것이지 특정한 지급인의 채무이행을 위해서만 이러한 은행을 이용하는 것은 아니기 때문이다. 이러한 점에서 지급은행은 지급인의

---

56) 동지: 정경영, 상게 전자금융거래와 법(주 3), 185~186면.
57) 동지: 정경영, 상게 전자금융거래와 법(주 3), 186면.
58) 동지: 정경영, 상게 전자금융거래와 법(주 3), 187~188면.

지급지시를 수취은행(또는 중개은행)에게 전달할 의무만 부담할 뿐이지, 수취은행에 있는 수취인의 계좌에 기장의무까지 부담하는 것은 아니다.[59)]

### (3) 수취은행과 수취인과의 법률관계

지급은행으로부터 지급지시를 수령한 수취은행은 이체자금을 수취은행에 있는 수취인의 계좌에 입금기장하는데, 수취은행은 수취인과의 계좌개설계약에 포함된 계약내용의 하나로서 지급이체된 금액을 수취인의 계좌에 입금처리한다.[60)] 이 때 수취인은 입금기장되기 전에는 수취은행에 대하여 입금기장청구권을 갖고, 입금기장된 후에는 무인적인 지급청구권을 갖는다.[61)] 그런데 자금이체가 실시간으로 처리되는 전자자금이체의 경우에는 무인적 지급청구권만이 문제될 것이다.[62)]

이러한 수취은행과 수취인의 법률관계는 지급인과 지급은행의 그것과는 독립된 법률관계로 볼 수 있다. 지급인과 지급은행과의 법률관계에 제3자를 위한 계약의 요소가 없다고 보는 견해에서는 특히 그러하다고 볼 수 있다.[63)]

### (4) 지급인(채무자)과 수취인(채권자)과의 법률관계

지급인과 수취인과의 관계는 채무자와 채권자와의 관계에서 채무의 이행에 관한 법률관계라고 볼 수 있다. 지급인(채무자)이 이러한 방법(지급이체의 방법)으로 채무의 이행을 하기 위하여는 수취인(채권자)의 동의를 받아야 한다.[64)]

지급이체에 의한 채무의 이행은 현금통화가 아니라 예금통화에 의한 이행이므로 변제 그 자체로 볼 수는 없고 「대물변제」[65)] 또는 「변제에 갈음하는 이행」[66)] 이라고 볼 수 있다.[67)]

---

59) 동지: Canaris, *a.a.O.*, Rdn. 390(정경영, 상게 전자금융거래와 법〈주 3〉, 184면에서 재인용).
60) 동지: 정경영, 상게 전자금융거래와 법(주 3), 189면.
61) 정찬형, 전게 어음·수표법강의(주 1), 825~826면 외.
62) 동지: 손진화, 전게 전자금융거래법(주 37), 100면.
63) 동지: 정경영, 전게 전자금융거래와 법(주 3), 188면.
64) 정찬형, 전게 어음·수표법강의(주 1), 826면.
　　동지: 정동윤, 전게 어음·수표법(주 29), 575면(그 이유는 본래의 채무자로부터 채권자의 거래은행으로 채무자가 변경되었기 때문이라고 한다); 손진화, 전게 전자금융거래법(주 37), 101~102면; 정경영, 전게 전자금융거래와 법(주 3), 190면(그 이유는 현금통화에서 예금통화로 변경되고, 예금통화의 위험이 수취인에게는 현금통화보다 크므로 항상 대체할 수 없는 것이 아니기 때문이라고 한다).
65) 동지: 정경영, 전게 전자금융거래와 법(주 3), 373면(추심이체거래에서 대물변제설에 따름).
66) 동지: 정동윤, 전게 어음·수표법(주 29), 575면(이와 같이 보는 것이 독일의 통설·판례라고 함).
67) 정찬형, 전게 어음·수표법강의(주 1), 826면.

## 3. 추심이체의 법률관계

### 가. 추심이체의 의의

추심이체(차변이체)(debit transfer)란 채권자(수취인, 추심이체의뢰인)가 그의 거래은행(추심은행)에 추심의뢰(자동이체청구서의 제출 등에 의한 인출지시)를 하면, 수취은행이 채무자(지급인, 납부자)의 거래은행(지급은행)에 요청을 하고 지급은행은 채무자와 이미 체결한 출금동의 또는 출금위탁계약(자동이체계약 등)에 기하여 채무자의 계좌로부터 이체금액을 출금기장하여(借記하여) 채권자의 계좌에 입금기장(貸記)을 함으로써, 당사자간의 자금이전을 실현하는 절차를 말한다.[68]

이러한 추심이체가 앞에서 본 지급이체와 다른 점은, 지급이체가 채무자(지급인)의 지급지시에 의하여 자금이체가 이루어지는데 반하여 추심이체는 채권자(수취인)의 추심의뢰(인출지시)에 의하여 자금이체가 이루어지는 점, 지급이체의 경우에는 수취은행과 채권자(수취인)간에 입금위탁계약이 있어야 하는 것이 아니나 추심이체의 경우에는 채무자와 그의 거래은행(지급은행)간에 출금위탁계약(출금동의, 자동납부신청)이 전제가 되는 점이라고 볼 수 있다.[69]

### 나. 추심이체의 당사자간의 법률관계

추심이체의 당사자간의 법률관계도 지급지시의 경우와 유사하다. 다만 자금이체지시의 방향이 지급이체와 반대일 뿐이다. 따라서 이하에서는 자금이체지시의 방향에 따라 수취인(채권자)과 수취은행과의 법률관계, 수취은행과 지급은행간의 법률관계, 지급은행과 지급인(채무자)과의 법률관계 및 지급인(채무자)과 수취인(채권자)간의 법률관계에 대하여 지급이체와의 차이점을 중심으로 간단히 살펴보겠다.

#### (1) 수취인과 수취은행과의 법률관계

수취인과 수취은행(금융결제원)[70]간에는 기본계약인 추심이체계약이 있고 이에 따른 추심의뢰가 별도로 존재한다고 볼 수 있다(이원설). 지급이체의 경우에는 현금이체와 같이 기본계약(지급이체계약)이 없이 지급지시만이 있는 경우도 있으

---

68) 동지: 정동윤, 전게 어음·수표법(주 29), 576면.
69) 정찬형, 전게 어음·수표법강의(주 1), 826면.
70) 우리 은행거래상으로는 추심은행과 수취인간에 추심이체계약이 성립하는 것이 아니라 금융결제원과 수취인간에 추심이체계약이 이루어지는데(동지: 정경영, 전게 전자금융거래와 법(주 3), 344면 주 827), 지급이체와 대비하기 위하여 금융결제원 대신에 추심은행으로 표현하겠다.

나, 추심이체의 경우에는 반드시 기본계약(추심이체계약)을 전제로 한다고 볼 수 있다.[71] 수취은행(추심은행)은 무권한의 추심지시에 의하여 종국적으로 채무를 부담하게 되므로 추심은행은 이러한 위험을 피하기 위하여 수취인을 심사하여 추심이체를 허용한 경우에 한하여 추심이체계약을 체결한다.[72]

이러한 추심이체계약의 법적 성질은 지급이체계약의 그것과 같이 (추심이체지시의 처리를 위탁한) 위임계약으로 보는 것이 타당하다고 본다.[73] 우리 전자금융거래법 제12조 제1항이 「금융기관 또는 전자금융업자는 수취인과 전자지급거래를 하기 위하여 체결한 약정에 따라 수취인이 거래지시한 금액을 전송하여 지급이 이루어지도록 하여야 한다」고 규정하고 있는 점은, 추심이체에서 추심이체계약을 전제로 하면서 간접적으로 이러한 추심이체계약은 위임계약임을 나타내고 있다고 볼 수 있다. 또한 수취은행이 추심이체에 따른 수수료를 받으면 이러한 추심이체계약은 유상계약·쌍무계약이며, 추심이체계약은 시간적으로 한정되지 않으므로 계속적 계약이라고 볼 수 있다.

위의 추심이체계약에 따른 개별적인 추심의뢰의 법적 성질은 기본계약인 추심이체계약(위임계약)상의 위임인(수취인, 추심의뢰인)의 지시(위임사무의 내용을 구체적으로 특정하는 행위)로서, 상대방(수취은행)의 수령을 요하는 단독행위(법률행위)라고 볼 수 있다.[74]

수취인과 수취은행(금융결제원)간에 기본계약으로서 추심이체계약(위임계약)이 성립한 것만으로는 수취은행은 구체적으로 의무를 부담하지 않고, 그 후 수취인의 구체적인 추심의뢰가 있고 또한 지급인(채무자)과 지급은행간에 출금동의(출금위탁계약)가 있어야 이에 따라 자금을 결제할 의무를 부담한다. 즉, 수취은행은 수취인의 추심의뢰를 지급은행에 전달할 의무를 부담하고, 또한 지급은행으로부터 수령한 추심의뢰금액을 수취인의 계좌에 입금기장할 의무를 부담한다.

### (2) 수취은행과 지급은행(또는 중개은행)과의 법률관계

수취은행과 지급은행(또는 중개은행)간에는 추심이체거래협정 또는 이의 내용인 환거래계약이 체결되고 이에 의하여 지급은행은 수취은행의 지시에 따를 의무를 부담한다. 이러한 환거래계약은 환거래사무(추심이체) 처리의 위탁을 목적으

---

71) 동지: 정경영, 상게 전자금융거래와 법(주 3), 334면.
72) 동지: 정경영, 상게 전자금융거래와 법(주 3), 343~345면.
73) 동지: 정경영, 상게 전자금융거래와 법(주 3), 337면.
74) 동지: 정경영, 상게 전자금융거래와 법(주 3), 346면.

로 하는 위임계약이고 동시에 상호계산계약의 성질을 갖는다. 따라서 이러한 환
거래계약에 의하여(또한 지급인과 지급은행간에 이미 체결된 출금동의에 의하여) 지급
은행은 추심은행으로부터 추심의뢰받은 금액만큼 지급인의 계좌에서 출금하여
수취은행에 전달할 의무를 부담한다.

### (3) 지급은행과 지급인과의 법률관계

지급은행과 지급인간에는 출금동의(출금위탁계약)가 존재하여야 한다. 우리
전자금융거래법 제15조 제1항은 추심이체의 출금동의에 대하여 「금융기관 또는
전자금융업자는 추심이체를 실행하기 위하여 대통령령이 정하는 바에 따라 지급
인으로부터 출금에 대한 동의를 얻어야 한다」고 규정하고, 동법 시행령 제10조
는 지급인으로부터 출금에 대한 동의를 얻는 방법은 「(ⅰ) 금융기관 또는 전자금
융업자가 지급인으로부터 서면(공인 전자서명이 있는 전자문서를 포함한다. 이하 이 조
에서 같다)에 의하여 출금신청을 하는 방법, (ⅱ) 수취인이 지급인으로부터 서면
에 의한 출금의 동의를 받아 금융기관 또는 전자금융업자에게 전달(전자적 방법으
로 출금의 동의내역을 전송하는 것을 포함한다)하는 방법75)」을 규정하고 있다.

추심이체는 지급인(소비자)이 자기의 거래은행(지급은행)에게 일정한 채권자
(수취인)의 청구서의 금액을 자기의 계좌에서 출금(借記)하여 지급하도록 출금동의
하는 거래로서, 지급인(소비자)은 이 제도를 이용하여 반복하여 지급하여야 할 채
무, 즉 집세·보험료·공과금 등을 지급한다. 지급인(소비자)의 거래은행(지급은행)
은 지급인(소비자)의 채권자(수취인)로부터 일정한 금액을 지급할 것을 요구받으면
(추심의뢰를 받으면) 지급인(소비자)의 계좌에서 청구금액을 출금(借記)하고 이를 나
타내는 자료를 금융결제원에 송부하는데, 금융결제원은 이 자료에 의하여 동 자
금을 채권자(수취인)의 거래은행에 이체하여 준다.

지급인과 지급은행간의 출금동의(출금위탁계약)의 법적 성질은 지급인(납부자)
이 거래은행(지급은행)에 대하여 추심은행으로부터 추심의뢰를 받으면 자기의 계
좌로부터 출금하여 수취은행에 지급하여 줄 것을 위탁하는 위임계약으로 볼 수

---

75) 수취인이 지급인으로부터 출금동의를 받아 금융기관 또는 전자금융업자에게 전달하는 방법
   은 지급인이 자기를 대신하여 수취인(전달기관으로서의 사자)에게 자기의 출금동의를 금융기
   관 또는 전자금융업자에게 전달하도록 한 것이므로, 이 경우에도 지급인과 지급은행간에 출금
   동의(출금위탁계약)가 유효하게 성립한다.
   손진화, 전게 전자금융거래법(주 37), 94면 주 60은 「때로는 수취인에게 출금동의를 하는 경
   우가 있으나, 이 동의는 수취인이 지급인을 대신하여 지급은행에 출금동의를 할 것을 위임하
   는 것으로 볼 수 있다」고 설명하고 있는데, 전자금융거래법 시행령 제10조에서 볼 때 수취인
   이 지급인을 대신하여 지급은행에 출금동의를 하는 것으로 볼 수는 없다.

있고, 또한 장래에 계속하여 지급할 것을 내용으로 하므로 계속적 계약으로 볼
수 있다.76) 이러한 지급인의 출금동의(출급위탁계약)에 의하여 지급은행이 지급인
의 계좌로부터 출금(借記)할 권한이 생기는 것은 아니고, 수취은행을 통하여 수취
인의 추심의뢰를 받아야 구체적으로 출금(借記)할 권한을 갖는다. 따라서 이러한
추심의뢰는 지급인의 출금동의(출급위탁계약)를 구체화시키는 것으로서, 지급이체
에서 기본계약인 지급이체계약을 구체화시키는 지급지시에 해당한다고 볼 수 있
다.77)

### (4) 지급인(채무자)과 수취인(채권자)과의 법률관계

추심이체에서 지급인과 수취인과의 법률관계는 지급이체에서와 같이 채무자
와 채권자와의 관계에서 채무의 이행에 관한 법률관계라고 볼 수 있다. 다만 추
심이체의 경우에는 채권자인 수취인이 주도적으로 추심의뢰를 하는 점과 채무자
인 지급인이 출금동의(출급위탁계약)를 하고 있는 점이 지급이체의 경우와 구별되
는 점이다. 출금동의(출급위탁계약)가 있는 점에서 당사자간에는 채무이행의 방식
에 관하여 합의가 있었다고 볼 수 있다. 또한 추심이체의 경우 수취인이 주도적
으로 추심의뢰를 하는 점에서 지급인은 지급을 위하여 지정된 계좌에 자금을 갖
고 있는 이상 이행지체 등의 위험부담은 수취인이 부담한다고 본다.

추심이체에 관한 채무의 이행도 지급이체의 경우와 같이 현금통화가 아니라 예
금통화에 의한 이행이므로, 변제 그 자체로 볼 수는 없고 「대물변제」 또는 「변제
에 갈음하는 이행」이라고 볼 수 있다.


## V. 전자자금이체와 관련된 법률문제

### 1. 총 설

전자자금이체에 의한 지급거래는 종래의 수표 등 서면(증권)에 의한 지급거
래보다 신속성이 있는 등 장점이 있으나, 이용시점과 대금결제시점과의 사이에
시차가 없기 때문에 원인관계에 의한 항변을 주장할 수 없고 또한 기계고장 등
으로 인한 이행불능(지체)의 경우에 이로 인한 손해를 누가 부담할 것인가 등 새

---

76) 동지: 손진화, 상게 전자금융거래법(주 37), 94~95면.
77) 지급은행에 제시된 추심의뢰의 법적 성질에 관한 독일 학설의 소개에 관하여는 정경영, 전
　　게 전자금융거래와 법(주 3), 346~347면 참조.

로운 문제점이 매우 많이 발생하고 있다. 따라서 새로운 제도인 전자자금이체와
관련하여 새롭게 발생하는 법률문제를 고찰할 필요가 있다. 이에 관하여는 이하
에서 전자자금이체의 효력발생시기, 오류전자자금이체(지급지시의 취소·수정), 부정
전자자금이체 및 전자자금이체의 불이행에 따른 법률문제를 살펴보겠다.

　　위의 문제에 관하여 우리 전자금융거래법은 부분적으로 규정하고 있으므로
이의 내용을 먼저 소개하고, 또한 이러한 문제의 올바른 해결을 위한 해석론 및
입법론을 위하여 이러한 문제의 해결방안에 관하여 상세한 규정을 두고 있는 미
국의 전자자금이체법·통일상법전 등의 내용을 참고적으로 소개하겠다.

## 2. 전자자금이체의 효력발생시기

　　전자자금이체가 언제 그 효력이 발생하는지는 지급인에게는 지급지시(거래지
시)를 철회할 수 있는 시기이고, 수취인에게는 동 자금을 이용할 수 있는 시기이
기도 하다. 또한 전자자금이체의 효력발생시기는 지급인에게 이행지체가 있는지
여부, 지급인 또는 수취인이 파산 또는 사망한 경우에 이를 해결하기 위한 중요
한 기준이 된다.[78] 이러한 전자자금이체의 효력발생시기는 모든 전자자금이체에
서 문제되지만, 특히 지급이체에서 지급지시의 철회와 관련하여 문제가 된다고
볼 수 있다.

　　우리나라에서 자금이체의 효력발생시기는 수취은행에 있는 수취인의 구좌에
이체자금이 입금기장된 때로 보고 있다.[79] 우리 전자금융거래법도 이러한 학설
과 같이 전자자금이체의 효력발생시기는 「거래지시된 금액의 정보에 대하여 수
취인의 계좌가 개설되어 있는 금융기관 또는 전자금융업자의 계좌의 원장에 입
금기록이 끝난 때」로 규정하고 있다(전자금융거래법 13조 1호). 따라서 이용자는 이
러한 전자자금이체의 효력이 발생하기 전까지 거래지시를 철회할 수 있는데, 금
융기관 또는 전자금융업자는 이러한 거래지시의 철회방법 및 절차를 약관에 기
재하여야 한다(전자금융거래법 14조 1항·3항). 그러나 금융기관 또는 전자금융업자
와 이용자는 대량으로 처리하는 거래 또는 예약에 따른 거래 등의 경우에는 미
리 정한 약정에 따라 거래지시의 철회시기를 달리 정할 수 있는데, 이러한 약정
에 관한 사항은 약관에 기재되어야 한다(전자금융거래법 14조 2항·3항).

---

78) 정찬형, 전게 어음·수표법강의(주 1), 828면.
79) 정찬형, 상게 어음·수표법강의(주 1), 829면; 정동윤, 전게 어음·수표법(주 29), 584면; 손
　　진화, 전게 전자금융거래법(주 37), 1020면 외.

전자자금이체의 경우에는 금융통신망을 통하여 실시간으로 처리되어 보통 입금의뢰와 동시에 자금이체가 이루어지므로 사실상 지급이체를 취소하는 것이 불가능하다. 그러나 전자자금이체의 경우에도 자금이체에 관한 모든 정보를 입력한 뒤 일정한 기간(예컨대, 2거래일)이 지난 뒤에야 수취인의 계좌에 입금되도록 하거나(入金期日制度, value dating) 또는 즉시 수취인의 계좌에 입금시키고 지급인으로 하여금 일정기간 내에 이를 취소할 수 있는 방법(入金取消制度, reversibility)을 설정할 수도 있다.[80]

참고로 미국의 통일상법전상 자금이체의 효력발생시기는 「지급지시가 수취은행에 의하여 승낙된 때」이다[U.C.C. § 4A-406(a)]. 그런데 자금이체에 의한 지급이 지급인의 채무를 변제하기 위한 때에는, 동 채무는 수취인에게 금전으로 동액을 지급함으로써 소멸한다. 그러나 ( i ) (전자)자금이체에 의한 지급이 채무이행에 관하여 수취인과의 계약에서 금지하는 방법으로 이루어졌고, (ii) 수취인이 수취은행으로부터 동 지급지시의 수령을 통지받은 후 합리적인 시간 내에 지급인에게 자신이 그러한 지급을 거절한다는 통지를 하였으며, (iii) 지급지시에 관한 자금이 수취인에 의하여 인출되지 않았거나 수취인에 대한 채무에 변제되지 않았고, (iv) 수취인에게 계약에 따른 방법으로 지급이 이루어졌더라면 합리적으로 피할 수 있었던 손해가 발생한 경우에는, 그러하지 아니하다. 이와 같이 지급인에 의한 지급이 채무이행이 되지 않은 경우, 지급인은 수취은행으로부터 수취인의 권리를 행사할 수 있다[U.C.C. § 4A-406(b)].

UNCITRAL Model Law도 자금이체의 효력발생시기에 대하여 미국의 통일상법전과 같이 「자금이체는 수취은행이 수취인을 위하여 지급지시를 승낙한 때에 완료되며, 자금이체가 완료된 때에는 수취은행은 지급지시를 승낙한 범위 내에서 수취인에 대하여 채무를 부담한다」고 규정하고 있다[UNCITRAL Model Law § 19(1)].[81]

## 3. 오류전자자금이체(지급지시의 취소·수정)

오류의 전자자금이체가 있는 경우에 무엇이 오류의 전자자금이체인지, 그러한 오류는 어떻게 정정되는지, 또한 그러한 오류에 따른 금융기관 등의 책임은

---

80) 동지: 정동윤, 전게 어음·수표법(주 29), 585면.
81) 미국 통일상법전 및 UNCITRAL Model Law상 자금이체의 효력발생시기에 관한 상세는 정찬형, 전게 전자자금이체의 법적 문제 및 입법론적 검토(주 2), 45~47면 참조.

어떠한지가 문제된다.

## 가. 오류의 의의

우리 전자금융거래법은 「오류」에 대하여 정의규정을 두고 있는데, 이에 의하면 "오류라 함은 이용자[82]의 고의 또는 과실 없이 전자금융거래가 전자금융거래계약 또는 이용자의 거래지시에 따라 이용되지 아니한 경우를 말한다"고 규정하고 있다(전자금융거래법 2조 18호). 예컨대, 전자자금이체의 경우 이용자가 지시하지 아니한 자금이체가 행하여지거나, 부정확한 자금이체가 행하여지거나, 금융기관 등의 계산에 착오가 있는 경우 등이다.[83] 전자자금이체의 경우에는 자금이체가 실시간으로 처리되는 것이 보통이므로 원인관계에 기한 항변으로서 지급의 효력이 발생하기(수취인의 계좌의 원장에 입금기록이 끝난 때) 전까지 거래지시를 철회하는 것은 불가능하다(전자금융거래법 13조 1호, 14조 1항). 따라서 이 경우에도 오류정정의 절차로서 자금이체를 취소할 수 있다고 본다.[84]

참고로 미국의 전자자금이체법은 오류가 되는 전자자금이체에 대하여 상세히 규정하고 있는데, 이에 의하면 다음과 같다. 즉, 오류가 되는 전자자금이체란 (ⅰ) 무권한 전자자금이체, (ⅱ) 소비자의 계좌로부터 또는 소비자의 계좌에 한 부정확한 전자자금이체, (ⅲ) 소비자의 계좌와 전자자금이체의 정기명세표에 반드시 기재하여야 할 사항의 누락, (ⅳ) 금융기관에 의한 계산상의 오류, (ⅴ) 전자단말기로부터 소비자의 부정확한 금액의 수령, (ⅵ) 전자자금이체나 기장에 관하여 소비자가 전자자금이체법이 요구하는 추가정보나 확인을 요하는 경우, (ⅶ) 기타 위원회규칙(규칙 E)에 규정된 오류이다[15 U.S.C. § 1693f(f)].

## 나. 오류의 정정절차

(1) 우리 전자금융거래법상 오류의 정정절차는 거래내용의 확인절차와 오류의 정정절차가 있다.

① 금융기관 또는 전자금융업자는 이용자가 전자금융거래에 사용하는 전자적 장치(금융기관 또는 전자금융업자와 이용자 사이에 미리 약정한 전자적 장치가 있는

---

82) 「이용자」란 "전자금융거래를 위하여 금융기관 또는 전자금융업자와 체결한 계약(전자금융거래계약)에 따라 전자금융거래를 이용하는 자"를 말한다(전자금융거래법 2조 7호).
83) 정동윤, 전게 어음·수표법(주 29), 586면.
84) 정찬형, 전게, 어음·수표법강의(주 1), 829면; 동, 전게 논문(주 44), 309면.
　　동지: 손진화, 전게 전자금융거래법(주 37), 104면.

경우에는 그 전자적 장치를 포함한다)를 통하여 거래내용을 확인할 수 있도록 하여야 한다(전자금융거래법 7조 1항). 이 경우 금융기관 등은 전자적 장치의 운영장애·그 밖의 사유로 거래내용을 확인하게 할 수 없는 때에는 인터넷 등을 이용하여 즉시 그 사유를 알리고, 그 사유가 종료된 때부터 이용자가 거래내용을 확인할 수 있도록 하여야 한다(전자금융거래법 시행령 7조 1항).

　금융기관 또는 전자금융업자는 이용자가 거래내용을 서면(전자문서를 제외한다. 이하 같다)으로 제공할 것을 요청하는 경우에는 그 요청을 받은 날부터 2주 이내에 거래내용에 관한 서면을 교부하여야 한다(전자금융거래법 7조 2항). 금융기관 등은 거래내용의 서면제공과 관련하여 그 요청의 방법·절차, 접수창구의 주소 및 전화번호 등을 전자금융거래와 관련한 약관에 규정하여야 한다(전자금융거래법 시행령 7조 5항). 위의 요청을 받은 경우 금융기관 등은 전자적 장치의 운영장애·그 밖의 사유로 거래내용을 제공할 수 없는 때에는 그 이용자에게 즉시 이를 알려야 한다. 이 경우 거래내용에 관한 서면의 교부기간을 산정함에 있어서 전자적 장치의 운영장애·그 밖의 사유로 거래내용을 제공할 수 없는 기간은 산입하지 아니한다(전자금융거래법 시행령 7조 2항).

　위의 거래내용의 대상기간은 거래기록의 종류별 보존기간(5년, 3년 또는 1년)을 말한다(전자금융거래법 시행령 7조 3항). 또한 위의 거래내용의 종류 및 범위는 다음과 같다. 즉, (ⅰ) 전자금융거래의 종류(보험계약의 경우에는 보험계약의 종류를 말한다) 및 금액, 전자금융거래의 상대방에 관한 정보, (ⅱ) 전자금융거래의 거래일시, 전자적 장치의 종류 및 전자적 장치를 식별할 수 있는 정보, (ⅲ) 전자금융거래가 계좌를 통하여 이루어지는 경우 거래계좌의 명칭 또는 번호(보험계약의 경우에는 보험증권번호를 말한다), (ⅳ) 금융기관 또는 전자금융업자가 전자금융거래의 대가로 받은 수수료, (ⅴ) 추심이체의 경우 지급인의 출금동의에 관한 사항 및 (ⅵ) 그 밖에 이용자의 전자금융거래내용 확인에 필요한 사항으로서 금융위원회가 정하여 고시하는 사항이다(전자금융거래법 시행령 7조 4항).

　② 이용자가 위의 거래내용의 확인 등에 의하여 전자금융거래에 오류가 있었음을 안 때에는 그 금융기관 또는 전자금융업자에게 이에 대한 정정을 요구할 수 있는데(전자금융거래법 8조 1항), 금융기관 등은 이러한 오류의 정정요구를 받은 때에는 이를 즉시 조사하여 처리한 후 정정요구를 받은 날로부터 2주 이내에 그 결과를 이용자에게 알려야 한다(전자금융거래법 8조 2항). 금융기관 등이 스스로 전자금융거래에 오류가 있음을 안 때에는 이를 즉시 조사하여 처리한 후 오류가

있음을 안 날로부터 2주 이내에 그 결과를 이용자에게 알려야 한다(전자금융거래
법 8조 3항).

　　(2) 참고로 미국의 전자자금이체법상 오류의 정정절차는 다음과 같다. (ⅰ)
소비자가 전자단말기로써 한 매 전자자금이체에 대하여 그러한 소비자의 계좌를
가진 금융기관은 그 거래가 이루어진 때에 직접·간접으로 그러한 이체가 이루어
진 소비자의 계좌·금액 및 일자 등이 기재된 서면문서를 소비자에게 작성·교부
하여야 한다[15 U.S.C. § 1693d(a)]. 또한 금융기관은 각 소비자에게 전자자금이체
에 의하여 이루어지는 그 소비자의 각 계좌에 대한 정기명세표를 송부하여야 하
는데, 동 명세표는 그 계좌에 관계되는 전자자금이체가 매월 또는 그보다 단기의
주기로 발생하는 경우에는 적어도 매월, 또는 아무리 그보다 더 빈번히 발생하는
경우에도 3개월마다 송부하여야 한다[15 U.S.C. § 1693d(c)]. (ⅱ) 또한 금융기관이
동일 지급인으로부터 미리 수권된 전자자금이체의 방법으로 적어도 매 60일에 1
회 대기(貸記)되도록 계획되어 있는 소비자의 계좌에 대하여는, 금융기관은 그 선
택에 의하여 그 대기(貸記)가 계획대로 된 경우에 위원회의 규칙(규칙 E)에 따라
서 소비자에게 즉시 적극적으로 통지하던가 또는 그 대기(貸記)가 계획대로 되지
않은 경우에 위원회의 규칙에 따라서 소비자에게 소극적으로 통지하여야 한다[15
U.S.C. § 1693d(b)]. (ⅲ) 금융기관이 위와 같이 전자자금이체에 관하여 소비자에
게 문서를 송부하거나 또는 통지를 한 경우에, 소비자가 오류를 발견한 경우에는
소비자는 자기의 성명과 계좌번호를 기재하거나 기타의 방법으로 금융기관이 자
기를 알 수 있게 하고, 소비자의 계좌에 오류가 있다는 뜻과 그 오류금액을 표
시하고, 필요한 경우 그와 같은 오류가 발생하게 된 이유에 대한 소비자의 의견
을 첨부하여 금융기관에 구두 또는 서면으로 통지한다[15 U.S.C. § 1693f(a) ①·②·
③]. (ⅳ) 금융기관이 위의 통지를 수령한 경우에는 동 금융기관은 주장된 오류를
조사하여 그 오류가 발생했는지 여부에 대하여 결정하고, 그러한 조사 및 결정의
결과를 10거래일 내에 소비자에게 보고하거나 우송하여야 한다. 금융기관은 소비
자가 이러한 사항에 대하여 구두통지를 하고 또 소비자가 이 때에 서면확인서를
송부하여야 하는 사실 및 송부처를 알고 있는 경우에는 오류의 구두통지에 대한
서면확인서를 10거래일 내에 송부할 것을 요구할 수 있다[15 U.S.C. § 1693f(a) ③].
(ⅴ) 금융기관이 위의 주장된 오류를 조사하여 오류의 발생을 인정하면 이를 인
정한 후 1거래일 내에 해당 오류를 정정하여야 하고, 필요한 경우 이자를 대기
(貸記)하여야 한다[15 U.S.C. § 1693f(b)]. 금융기관이 소비자로부터 적법한 절차에

의한 오류의 통지를 받으면 금융기관은 그러한 통지를 수령한 후 10거래일 내에 주장된 오류금액(필요한 경우, 이자를 포함하여)을 소비자의 계좌에 잠정적으로 재대기(再貸記)할 수 있는데, 이렇게 잠정적으로 재대기(再貸記)된 자금을 소비자는 충분히 사용할 수 있다. 또한 이 때에도 오류의 발생유무나 금액확정은 그 후의 조사 및 결정에 맡겨지는데, 이러한 조사는 오류통지의 수령 후 45일을 초과하지 않는 기간 내에서 결정되어야 한다[15 U.S.C. § 1693f(c)]. (ⅵ) 금융기관이 주장된 오류를 조사한 후 오류가 발생하지 않았음을 결정하면 그 조사의 결정 후 3거래일 내에 소비자에게 발견사항의 설명서를 교부하거나 우송하여야 하고, 또한 소비자가 요구하면 금융기관이 그러한 오류가 발생하지 않았음을 결정하는데 근거한 일체의 서류의 등본을 소비자에게 즉시 교부하거나 우송하여야 한다[15 U.S.C. § 1693f(d)].

### 다. 금융기관 또는 전자금융업자의 책임

(1) 우리 전자금융거래법상 금융기관 또는 전자금융업자는 계약체결 또는 거래지시의 전자적 전송이나 처리과정에서 발생한 사고(오류전자자금이체를 포함함 ― 필자 주)로 인하여 이용자에게 손해가 발생한 경우에는 그 손해를 배상할 책임이 있는데(전자금융거래법 9조 1항), 사고발생에 있어서 이용자의 고의나 중과실이 있는 경우로서 그 책임의 전부 또는 일부를 이용자의 부담으로 할 수 있다는 취지의 약정을 미리 이용자와 체결한 경우 또는 법인(중소기업법 제2조 제2항에 의한 소기업을 제외한다)인 이용자에게 손해가 발생한 경우로 금융기관 또는 전자금융업자가 사고를 방지하기 위하여 보안절차를 수립하고 이를 철저히 준수하는 등 합리적으로 요구되는 충분한 주의의무를 다한 경우에는 그 책임의 전부 또는 일부를 이용자에게 부담하게 할 수 있다(전자금융거래법 9조 2항). 금융기관 또는 전자금융업자는 이러한 책임을 이행하기 위하여 금융위원회가 정하는 기준에 따라 보험 또는 공제에 가입하거나 준비금을 적립하는 등 필요한 조치를 하여야 한다(전자금융거래법 9조 4항).

위와 같은 금융기관 등의 책임을 당사자의 과실유무에 따라 다시 정리하면 다음과 같다.

㈎ 당사자에게 고의 또는 과실이 있는 경우
(A) 금융기관 등에 고의 또는 과실이 있는 경우
이용자에게 고의·과실이 없고 금융기관 등의 고의·과실로 오류전자자금이체가 발생한 경우, 금융기관 등이 이에 대한 손해배상책임을 지는 것은 말할 나위가 없다(전자금융거래법 9조 1항 참조).

### (B) 이용자에게 고의 또는 과실이 있는 경우

금융기관 등에게 고의·과실이 없고 이용자에게 고의·과실이 있는 경우에는 손해를 입은 자(피해자)가 법인이냐 또는 비법인이냐에 따라 다르고, 또한 이용자의 과실이 경과실이냐 중과실이냐에 따라 다르다.

( i ) 이용자가 비법인이고 경과실이 있는 경우로서 이용자에게 손해가 발생한 경우에는 전자금융거래법상 금융기관 등이 이러한 손해를 배상할 책임이 있다(전자금융거래법 9조 1항). 이 때 금융기관 등이 이로 인하여 손해를 입은 경우 금융기관 등이 이용자의 불법행위 요건을 증명하여 민법 제750조에 의한 불법행위책임을 물을 수 있을 것인가는 논란의 여지가 있겠으나,[85] 이에 대한 명백한 배제규정이 없는데 이를 부정할 수는 없다고 본다. 따라서 이 경우 금융기관 등이 손해를 배상하는 경우에도 이용자의 과실에 따른 과실상계를 하여야 할 것으로 본다.

(ii) 이용자가 비법인이고 중과실이 있는 경우에는(또한 그 책임의 전부 또는 일부를 이용자의 부담으로 할 수 있다는 취지의 약정을 미리 체결한 경우에는) 이용자에게 발생한 손해는 이용자의 부담으로 한다(전자금융거래법 9조 2항 1호). 이 때 이용자의 고의나 중대한 과실은 이용자가 접근매체[86]를 제3자에게 대여하거나 그 사용을 위임한 경우 또는 양도나 담보의 목적으로 제공한 경우(전자금융거래법 제18조에 따라 선불전자지급수단이나 전자화폐를 양도하거나 담보로 제공한 경우를 제외한다), 또는 제3자가 권한 없이 이용자의 접근매체를 이용하여 전자금융거래를 할 수 있음을 알았거나 쉽게 알 수 있었음에도 불구하고 접근매체를 누설하거나 노출 또는 방치한경우로서, 전자금융거래에 관한 약관에 기재된 것에 한한다(전자금융거래법 9조 3항, 동법 시행령 8조). 위와 같이 이용자의 고의 또는 중과실을 접근

---

85) 동지: 정경영, 전게 전자금융거래와 법(주 3), 703면.
86) 「접근매체」란 전자금융거래에 있어서 거래지시를 하거나 이용자 및 거래내용의 진실성과 정확성을 확보하기 위하여 사용되는 다음 각 목의 어느 하나에 해당하는 수단 또는 정보를 말한다(전자금융거래법 2조 10호).
　　가. 전자식 카드 및 이에 준하는 전자적 정보
　　나. 전자서명법 제2조 제4호의 전자서명생성정보 및 같은 조 제7호의 인증서
　　다. 금융기관 또는 전자금융업자에 등록된 이용자번호
　　라. 이용자의 생체정보
　　마. 가목, 나목의 수단이나 정보를 이용하는데 필요한 비밀번호

매체의 대여 등으로 제한하고 있으므로 전자자금이체의 경우에는 이용자에게 이러한 고의 또는 중과실이 인정될 여지가 매우 제한될 것으로 본다. 따라서 오류 전자자금이체가 있는 경우로서 이용자에게 위와 같은 고의나 중과실이 없고 또한 이용자에게 손해가 발생한 경우에는 그러한 이용자는 금융기관 등에게 손해 배상청구를 할 수 있을 것으로 본다(전자금융거래법 9조 1항). 이 때 위 ( i )의 경우와 같이 이용자의 과실에 따른 과실상계를 하여야 할 것으로 본다.

　(iii) 이용자가 법인이고 이용자의 경과실 또는 중과실로 인하여 이용자에게 손해가 발생한 경우로 금융기관 등이 사고를 방지하기 위하여 보안절차를 수립하고 이를 철저히 준수하는 등 합리적으로 요구되는 충분한 주의의무를 다한 경우에는 이러한 손해를 이용자의 부담으로 할 수 있다. 이 때 금융기관 등이 이로 인하여 손해를 입은 경우에는 금융기관 등은 이용자에 대하여 민법 제750조에 의하여 불법행위에 의한 손해배상을 청구할 수 있다고 본다.

### ㈏ 당사자에게 고의 또는 과실이 없는 경우

　이용자 및 금융기관 등 모두에게 과실이 없는 경우에는 오류전자자금이체에 의하여 이용자에게 발생한 손해를 누가 부담할 것인가가 문제된다. 이 경우 이용자가 비법인인 경우에는 금융기관 등이 이 손해를 부담하고(전자금융거래법 9조 1항), 이용자가 법인인 경우에는 금융기관 등이 사고방지에 필요한 주의의무를 다한 것을 전제로 하여 그 법인이 이 손해를 부담한다(전자금융거래법 9조 2항 2호).

　(2) 참고적으로 미국의 전자자금이체법은 오류의 전자자금이체에 대하여 다음과 같이 규정하고 있다. 즉, ( i ) 금융기관이 주장된 오류에 대하여 선의의 조사를 하지 않거나 또한 소비자의 계좌에 오류가 없다고 믿는 데에 상당한 근거가 없는 경우로서, 소비자로부터 적법한 절차에 의한 오류의 통지를 받은 후 10 거래일 내에 소비자의 계좌에 잠정적인 재대기(再貸記)를 하지 않거나, (ii) 금융기관이 조사시에 금융기관이 이용할 수 있는 증거에 의해서 합리적으로 판단하면 그러한 결론이 나올 수 없는 경우에 금융기관이 고의로 소비자의 계좌에 오류가 없다고 결정한 사실이 있는 경우에는, 금융기관은 소비자에 대하여 소비자가 입은 실제의 손해에 대하여 3배의 손해배상을 하여야 할 책임이 있다[15 U.S.C. § 1693f(e)].

## 4. 부정(무권한)전자자금이체

### 가. 부정(무권한)전자자금이체의 의의

부정(무권한)전자자금이체는 주로 접근매체(직불전자지급수단·선불전자지급수단·전자화폐·신용카드·전자채권 등)의 위조·변조·도난·분실 등의 사유로 부정사용된 경우에 이에 따른 손실을 누가 부담할 것인가가 문제된다. 그런데 전자자금이체의 경우에도 전자자금이체를 할 수 있는 정당한 권한이 없는 자가 전자자금이체를 지시하거나 또는 정당하게 지급지시된 내용을 변경·취소하는 경우에(즉, 부정 전자자금이체의 경우에) 이에 따른 손실을 누가 부담할 것인가의 문제가 발생한다.

### 나. 금융기관 또는 전자금융업자의 책임

(1) 이러한 부정전자자금이체에 있어서는 이에 따른 손실을 누가 부담할 것인가가 가장 문제되는데, 이 때 금융기관 등의 책임에 대하여 우리 전자금융거래법은 접근매체의 위조나 변조로 발생한 사고 및 계약체결 또는 거래지시의 전자적 전송이나 처리과정에서 발생한 사고와 접근매체의 분실이나 도난으로 발생한 사고로 나누어 규정하고 있다.

① 접근매체의 위조나 변조로 발생한 사고 및 계약체결 또는 거래지시의 전자적 전송이나 처리과정에서 발생한 사고에 대하여 금융기관 등의 책임은 앞에서 본 오류전자자금이체의 경우와 같다(전자금융거래법 9조).

② 접근매체의 분실이나 도난으로 인하여 이용자에게 발생한 손해에 대하여 금융기관 등은 어떠한 책임을 지는가에 대하여 우리 전자금융거래법은 다음과 같이 규정하고 있다.

(ⅰ) 금융기관 등이 이용자로부터 접근매체의 분실이나 도난 등의 통지를 받은 때에는 그 때부터 제3자가 접근매체를 사용함으로 인하여 이용자에게 발생한 손해를 배상할 책임을 진다. 다만, 선불전자지급수단이나 전자화폐의 분실 또는 도난 등으로 발생한 손해로서 선불지급수단이나 전자화폐의 분실 또는 도난의 통지를 하기 전에 저장된 금액에 대한 손해에 대하여 그 책임을 이용자의 부담으로 할 수 있다는 취지의 약정이 금융기관 등과 이용자간에 미리 체결된 경우에는 그러하지 아니하다(전자금융거래법 10조 1항, 동법 시행령 9조). 그런데 전자금융거래법(제10조 제1항, 제9조)의 규정에도 불구하고 다른 법령에 이용자에게 유리하게 적용될 수 있는 규정이 있는 경우에는 그 법령을 우선 적용한다(전자금융

거래법 10조 2항).

　이 때 이용자는 금융기관 등과의 약정에 따라 금융기관 등에게 하는 분실 또는 도난 등의 통지를 전자금융보조자에게 할 수 있는데, 이 경우 전자금융보조자에게 한 통지는 금융기관 등에게 한 것으로 본다(전자금융거래법 11조 2항).

　(ii) 금융기관 등이 이용자로부터 접근매체의 분실이나 도난 등의 통지를 받기 전에는 전자금융거래법 제10조 제1항 본문의 반대해석에 의하여 금융기관 등은 그로 인하여 이용자에게 발생한 손해에 대하여 책임이 없다고 보아야 할 것이다. 다만, 다른 법령에 의하여 금융기관 등의 책임을 인정한 경우에는 그러하지 아니하다(전자금융거래법 10조 2항).

　(2) 참고로 미국의 전자자금이체법이 이에 대하여 규정하고 있는 내용은 다음과 같다. 미국 전자자금이체법은 소비자가 자금이체를 하는 경우에 소비자를 보호하기 위하여 소비자가 접근매체를 상실할 경우에 소비자의 책임을 대폭 제한하고 있다.[87] 즉, (ⅰ) 금융기관이 무권한 전자자금이체가 있었거나 있을 것으로 믿을 수 있는 상당한 이유 있는 상황에 대하여 통지를 받거나 또는 기타의 방법으로 안 후에는, 소비자는 「미화 50달러」를 초과하지 않는 범위 내에서 책임을 진다. (ⅱ) 그러나 금융기관이 무권한 전자자금이체가 있었거나 있을 것으로 믿을 수 있는 상당한 이유 있는 상황에 대하여 통지를 받거나 또는 기타의 방법으로 알기 전에는, 소비자는 「무권한 전자자금이체에서 취득된 금액이나 재산 또는 용역의 가치」에 대하여 책임을 진다. 다만, 이 경우 소비자의 책임은 「미화 500달러」 또는 소비자가 접근매체의 분실 또는 도난을 안 후 2거래일 후 금융기관에 통지하기 전에 발생한 「무권한 자금이체 금액」 중 적은 금액을 초과하지 못한다. 그런데 이 때에 금융기관이 소비자에게 정기명세표(periodic statement)를 발송한 후 소비자가 60일 내에 정기명세표에 나타나는 무권한 전자자금이체 또는 계좌오류를 금융기관에 알리지 않음으로 인하여 발생한 손실이나, 소비자가 자기의 접근매체의 분실 또는 도난을 안 후 2거래일 내에 금융기관에 알리지 않음으로 인하여 발생한 손실에 대하여 금융기관은 책임을 질 필요가 없다[15

---

87) 참고로 미국에서는 신용카드가 분실 또는 도난되어 부정사용된 경우에도 소비자의 책임을 제한하고 있다. 즉, 신용카드회원이 소비자인 경우에 그 회원이 신용카드의 분실·도난 등을 신고한 시점을 기준으로 하여, 신고 이후에 발생한 부정사용금액에 관하여는 회원에게 전혀 「책임이 없고」, 신고하기 이전에 발생한 부정사용금액에 관하여는 신고를 얼마나 늦게 하였느냐에 관계 없이 일률적으로 회원의 책임을 「미화 50달러」로 제한하고 있다[15 U.S.C. § 1643 및 Regulation Z(12 C.F.R. § 226, 12)].

U.S.C. § 1693g(a)]. 소비자에게 위와 같은 책임을 지우기 위하여는 금융기관이 그 증명책임을 부담하고[15 U.S.C. § 1693g(b)], 소비자는 위의 경우를 제외하고는 무권한 전자자금이체에 대하여 여하한 책임을 지지 않는다[15 U.S.C. § 1693g(c)].

## 5. 전자자금이체지시의 불이행

가. 금융기관 등이 고객의 자금이체지시를 고의·과실로 이행하지 못하게 된 경우 또는 불가항력·기계고장 등의 사유로 이행할 수 없게 된 경우에, 금융기관 등의 책임은 어떠하며 또 이러한 전자자금이체를 의뢰한 고객(채무자)은 그의 채권자에 대하여 이행지체의 책임을 부담하는지 여부가 문제된다.

이에 관하여 우리 전자금융거래법은 특별히 규정하고 있지 않다. 따라서 이에 관하여는 민법의 일반원칙에 의하여 해결할 수밖에 없다. 즉, 금융기관 등의 고의·과실에 의하여 전자자금이체를 불이행한 경우에는 금융기관 등은 수임인으로서 채무불이행책임이 있으므로(민법 390조) 원칙적으로 이와 상당인과관계에 있는 모든 손해를 고객(채무자)에게 배상하여야 하는데(민법 393조), 불가항력·기계고장 등 금융기관 등에 귀책사유가 없는 손해나 고객에게만 귀책사유가 있는 손해에 대하여는 금융기관 등은 손해를 배상할 책임이 없다고 본다.

이에 관하여는 다음에서 보는 미국의 전자자금이체법의 규정이 많은 참고가 될 수 있을 것으로 본다.

나. 미국의 전자자금이체법은 이에 대하여 다음과 같이 상세하게 규정하고 있다.

### (1) 금융기관 등이 책임을 부담하는 경우

금융기관 등이 책임을 부담하는 경우는 다음과 같다. 즉, (ⅰ) 금융기관 등이 소비자(고객)가 지시한 정확한 금액과 방법으로 계좌에 조건에 따라서 전자자금이체를 하지 않은 경우, (ⅱ) 금융기관 등이 소비자의 계좌에 자금을 입금시켰더라면 이체에 충분한 자금이 되었을 경우에, 금융기관 등이 계좌의 조건에 따라 대기(貸記)를 하지 않아서 자금이 충분하지 않게 되어 전자자금이체를 하지 못한 경우, (ⅲ) 금융기관 등이 계좌의 조건에 따라서 지급정지를 하도록 지시받았음에도 불구하고 그러한 지시에 따른 지급정지를 하지 않고 추심이체를 한 경우에는, 금융기관 등은 고객에 대하여 손해를 배상할 책임을 부담한다[15 U.S.C. § 1693h(a)].

금융기관 등이 부담할 손해배상책임의 범위는 다음과 같다. 즉, (ⅰ) 금융기관 등이 위의 사유에 의하여 고객에게 책임을 부담하는 경우에는, 금융기관은 원칙적으로 그러한 전자자금이체의 불이행(지급정지의 경우에는 전자자금이체의 이행)에 의하여 발생하는 「모든 손해」에 대하여 고객에게 배상책임을 부담한다[15 U.S.C. § 1693h(a)]. (ii) 그러나 금융기관 등의 그러한 전자자금이체의 불이행이 고의가 아니고 또 선의의 과실의 결과로 발생한 경우로서 금융기관 등이 그러한 과실을 피하는 데 적합한 상당한 절차를 취하였음에도 불구하고 발생한 경우에는, 금융 기관 등은 증명된 「실제의 손해」에 대해서만 고객에게 배상책임을 부담한다[15 U.S.C. § 1693h(c)].

### (2) 금융기관 등이 책임을 부담하지 않는 경우

금융기관 등이 책임을 부담하지 않는 경우는 다음과 같다. 즉, ( i ) 고객의 계좌에 자금이 불충분하거나, 고객의 계좌에 있는 자금이 법적 절차의 진행중이 거나 기타 그러한 이체를 제한하는 채무가 있거나, 고객의 계좌에서 그러한 이체 를 하게 되면 약정된 신용한도를 초과하거나, 전자단말기에 그 거래를 할 수 있 는 현금이 부족한 경우, 기타 위원회 규칙(규칙 E)에 규정된 사항이 있는 경우, (ii) 금융기관이 지배할 수 없는 불가항력이 있는 경우로서 그가 그러한 발생을 방지하기 위하여 상당한 주의를 하고 또 그 상황이 요구하는 그러한 주의를 다 한 경우, (iii) 고객이 전자자금이체를 하고자 하는 때에 또는 추심이체의 경우에 는 그러한 이체가 발생했어야 하는 때에 고객이 알고 있는 기계의 기능정지가 있는 경우에는, 금융기관은 고객에 대하여 손해를 배상할 책임을 부담하지 않는 다[15 U.S.C. § 1693h(a) ① 단서, (b)].

### (3) 고객(채무자)의 채권자에 대한 이행지체의 책임

금융기관 등이 고객의 자금이체지시를 불이행한 사유 중 기계의 기능정지로 인 한 경우이고, 또 고객의 채권자가 그러한 전자자금이체에 의하여 지급의 수령을 동의 한 경우에는, 그 채권자에 대한 고객의 채무는 기계의 기능정지가 보수되어 전자자 금이체가 완성될 때까지 정지된다. 그러나 그 채권자가 전자자금이체 이외의 방법으 로 지급할 것을 서면으로 요구한 경우에는 그러하지 아니하다[15 U.S.C. § 1693 j].

## VI. 우리 전자금융거래법의 문제점

### 1. 개념(정의)규정의 불명확

전자상거래에 관하여는 계약체결·상품인도 및 지급결제에 관한 입법이 필요

한데, 계약체결에 관하여는 전자거래기본법·전자서명법 등이 있고, 상품인도에
관하여는 민법·상법 등이 있으며, 대금결제에 관하여는 이번에 제정된 전자금융
거래법이 있다고 볼 수 있다.[88] 또한 전자금융거래법은 전자상거래에 따른 대금결
제 외에도 현실적인 민·상거래에 따른 대금지급을 금융기관 등이 제공한 전자적
장치를 통하여 하는 경우를 포함한다고 볼 수 있다. 그런데 우리 전자금융거래법
은 "금융기관 등이 전자적 장치를 통하여 금융상품 또는 서비스를 제공하고 …"로
규정하고 있어(전자금융거래법 2조 1호), 이와 같은 대금결제(환업무) 외의 다른 금
융상품 및 서비스가 포함되어 있으므로 그 범위가 매우 확대되어 있다. 그러나
동법 각칙에서는 주로 전자지급거래만을 규정하고 있어, 전자금융거래의 정의규
정과 불일치하고 있는 면이 있다.[89]

　　우리 전자금융거래법은 「전자금융거래」란 "금융기관 등이 전자적 장치[90]를
통하여 금융상품 또는 서비스를 제공(전자금융업무)하고, 이용자가 금융기관 등의
종사자와 직접 대면하거나 의사소통을 하지 아니하고 자동화된 방식으로 이를
이용하는 거래"라고 정의하고(전자금융거래법 2조 1호), 「전자지급거래」란 "자금을
주는 자(지급인)가 금융기관 등으로 하여금 전자지급수단[91]을 이용하여 자금을
받는 자(수취인)에게 자금을 이동하게 하는 전자금융거래"를 말하며(전자금융거래법
2조 2호), 「전자자금이체」란 "지급인과 수취인 사이에 자금을 지급할 목적으로 금
융기관 등에 개설된 계좌(금융기관에 연결된 계좌에 한함)에서 다른 계좌로 전자적
장치에 의하여 지급이체 또는 추심이체의 방법으로 자금을 이체하는 것"을 말한
다(전자금융거래법 2조 12호).

　　위와 같은 정의에서 볼 때 전자자금이체는 전자지급거래의 하나이고, 전자
지급거래는 전자금융거래의 하나로 규정하고 있는 것으로 추측된다. 따라서 입법
자의 의도가 위와 같은 취지라면 이 3자의 관계에 대하여 좀 더 명확하게 규정
하였어야 할 것으로 본다. 또한 전자금융거래를 금융기관 등이 제공한 전자적 장
치를 통하여 거래하더라도 비대면거래로 제한하고 있는데, 이와 같이 비대면거래

---

88) 동지: 정경영, 전게 전자금융거래와 법(주 3), 679면.
89) 동지: 정경영, 상게 전자금융거래와 법(주 3), 686면.
90) 「전자적 장치」란 "전자금융거래정보를 전자적 방법으로 전송하거나 처리하는데 이용되는
　　장치로서 현금자동지급기, 자동입출금기, 지급용단말기, 컴퓨터, 전화기 그 밖에 전자적 방법
　　으로 정보를 전송하거나 처리하는 장치"를 말한다(전자금융거래법 2조 8호).
91) 「전자지급수단」이란 "전자자금이체, 직불전자지급수단, 선불전자지급수단, 전자화폐, 신용
　　카드, 전자채권 그 밖에 전자적 방법에 따른 지급수단"을 말한다(전자금융거래법 2조 11호).

로 반드시 제한하여야 할 이유가 있는지 의문이다. 이와 같이 전자금융거래를 비대면거래로 제한함으로써 이용자와 금융기관 등이 전자금융거래의 이용에 관한 계약을 대면거래로 체결하였다면 거래지시를 반드시 비대면 방식으로 하여야만 전자금융거래라고 볼 수 있는데,[92] 동일한 전자적 장치를 이용한 거래인데 거래지시를 비대면으로 하면 전자금융거래이고 거래지시를 대면으로 하면 전자금융거래가 아니라고 보는 것도 자연스럽지 못하다고 본다.

전자금융거래법은 전자자금이체에 대하여 금융기관 등에 개설된 계좌간의 이체만을 전자자금이체로 정의하고 있는데(전자금융거래법 2조 12호), 이는 미국의 전자자금이체법상 전자자금이체의 정의[15 U.S.C. § 1693 a ⑥]와 비교하여 볼 때 매우 좁게 보고 있다. 즉, 우리 전자금융거래법에 의하면 직불전자지급수단 등에 의한 이체는 전자지급거래이나 전자자금이체라고 볼 수는 없다(전자금융거래법 2조 2호, 11호 참조). 또한 우리 전자금융거래법에 의하면 계좌간의 이체가 아닌 현금자동지급기·자동입출금기 등에 의한 거래는 전자금융거래이나(전자금융거래법 2조 1호, 8호 참조) 전자자금이체라고 볼 수는 없다. 그러나 이러한 거래는 미국의 전자자금이체법상 전자자금이체에 포함된다[15 U.S.C. § 1693 a ⑥]. 그런데 지급인이 지급은행에 있는 자기의 계좌에서 수취은행에 있는 수취인의 계좌에 입금하는 것이나 현금을 수취은행에 계좌가 있는 수취인의 계좌에 입금하는 것(현금지급이체)은 모두 전자적 장치를 통하여 이체하는 점에서 동일한데, 우리 전자금융거래법상 현금지급이체는 전자자금이체도 아니고 또한 비대면거래도 아닌 점에서 전자금융거래도 아닌 것으로 인정되는데, 이는 반드시 그렇게 하여야 할 이유가 있는지 의문이다.

## 2. 당사자의 권리·의무 구체화

우리 전자금융거래법은 제2장에서 전자금융거래 당사자의 권리와 의무에 대하여 제목을 붙이고 있는데, 그 내용은 당사자의 권리와 의무의 내용에 대하여 규정하고 있는 사항이 없고, 또한 각종 전자금융거래에 대하여도 분류되고 있지 않으며, 체제면에서도 권리·의무·책임 등으로 정리되어 있지도 않고 여기 저기에서 혼재되어 있다.

전자금융거래(더 좁게는 전자지급거래) 중에서 전자자금이체에 대하여는 지급

---

92) 동지: 정경영, 전게 전자금융거래와 법(주 3), 690면.

이체와 추심이체로 나누어서 기본계약을 규정하면서 이에 따른 각 당사자의 권리·의무를 규정하였어야 할 것이다. 이와 함께 지급지시(또는 추심지시)의 법적 성질에 대하여도 명확하게 규정하였어야 할 것으로 본다.

## 3. 전자자금이체와 관련된 법률문제에 관한 규정의 보완

### 가. 오류전자자금이체

오류전자자금이체의 의의(정의)(전자금융거래법 2조 18호)를 보완하고,[93] 오류의 정정절차에 대하여 명확하게 구체적으로 규정할 필요가 있다고 본다.[94]

또한 오류전자자금이체에 따른 금융기관 등의 책임을 명확히 규정할 필요가 있다고 본다. 이 때의 오류는 이용자에게 고의·과실이 없는 경우이므로, 금융기관 등에게 과실이 있는 경우와 과실이 없는 경우로 나누어 금융기관 등의 책임을 규정하여야 할 것으로 본다.

### 나. 전자자금이체지시의 불이행

전자자금이체지시의 불이행에 따른 금융기관 등의 책임에 관하여 규정할 필요가 있다고 본다. 특히 금융기관 등의 귀책사유가 없는 기계의 기능정지 등의 경우에 금융기관 등이 책임을 지는지 여부에 대하여 명확하게 규정하여야 할 것으로 본다.[95] 금융기관이 책임을 지는 경우에는 손해배상의 범위까지 규정하여야 할 것이다.[96]

## 4. 금융기관 등의 책임에 관한 규정의 수정

전자금융거래법 제9조 제1항~제3항 및 동법 제10조는 그 규정의 내용 및 체제에 있어서 매우 혼란스럽고 불명확하여 이의 적용에 있어 많은 문제점이 발생할 여지가 있으므로, 아래와 같이 다시 정리하여 규정할 필요가 있다고 본다.

**가.** 접근매체에 관한 사고와 그 밖의(접근매체 이외의) 전자금융거래에 관한 사고로 나누어서 규정한다.

---

93) 이의 보완에 대하여는 미국의 전자자금이체법[15 U.S.C. § 1693f(f)] 참조.
94) 이의 보완에 대하여는 미국의 전자자금이체법[15 U.S.C. § 1693f(d)] 참조.
95) 이에 대하여는 미국의 전자자금이체법[15 U.S.C. § 1693h(a)] 참조.
96) 이에 대하여는 미국의 전자자금이체법[15 U.S.C. § 1693h(c)] 참조.

나. 접근매체에 관한 사고는 접근매체의 위조나 변조로 발생한 사고와 접근매체의 분실이나 도난으로 발생한 사고로 나누어 규정한다.

다. 위 (1) 및 (2)의 경우는 당사자에게 귀책사유가 있는 경우와 귀책사유가 없는 경우로 나누어 규정한다.

**(1) 당사자에게 귀책사유(고의·과실)가 있는 경우**

(ⅰ) 이용자에게 귀책사유가 없고 금융기관 등에게만 귀책사유가 있는 경우에는 (민법 등에 의하여) 금융기관 등이 책임을 지는 것은 당연하다.

(ⅱ) 금융기관 등에게 귀책사유가 없고 이용자에게만 귀책사유가 있는 경우에는 원칙적으로 금융기관 등에게 책임을 물을 수 없다. 예외적으로 소비자를 보호하기 위하여 비법인인 소비자에 대하여 그에게 경과실이 있는 경우에도 금융기관 등의 책임을 인정한다고 하더라도 소비자의 과실에 대하여는 과실상계를 인정하여야 할 것이다.

**(2) 당사자에게 귀책사유가 없는 경우**

이용자 및 금융기관 등 모두에게 귀책사유가 없는 경우에는 원칙적으로 금융기관 등에게 그 책임을 물을 수 없으나(과실책임의 원칙), 예외적으로 정책적인 판단에서 금융기관 등에게 그 책임을 지우기 위하여는 그 사유를 법률에서 구체적으로 상세하게 규정하여야 할 것으로 본다.

# Ⅶ. 결 어

위에서 본 바와 같이 2006년 4월 28일에 법 7929호로 제정된 우리 전자금융거래법상 전자자금이체에 관한 부분에 대하여 그의 법률관계 및 문제점을 살펴보았다. 동 법률은 그 법명에 비하여 그 내용이 매우 빈약하다. 특히 전자금융거래(이 글에서 살펴본 전자자금이체)에 관한 당사자의 권리·의무·책임에 관하여는 그 내용 및 체계에 있어서 매우 불충분하여 분쟁 발생시 동법에 의하여 문제를 해결할 수 있을지 매우 의심스럽다.

따라서 외국의 입법례(특히 미국의 전자자금이체법 등)를 참조하여 앞으로 당사자의 권리·의무·책임에 관한 규정은 많이 보충·수정되어야 할 것으로 본다. 이를 위하여 이 글이 전자금융거래법의 발전에 조금이라도 기여할 수 있는 계기가 될 수 있다면 큰 다행으로 생각한다.

# 전자증권제도 도입에 따른 관련 제도의 정비·개선*

## Ⅰ. 서 론

1. 시대와 기술의 발전에 따라 중시하는 재산의 형태도 변화하고 있다. 즉, 물권(物權)에서 채권(債權)으로 변화하고, 채권에서 유가증권(有價證券)으로 변화하

---

\* 이 글은 정찬형, "전자증권제도 도입에 따른 관련 제도의 정비·개선,"「예탁결제」(한국예탁결제원), 제100호(2017. 3), 7~80면의 내용임(이 글에서 필자는 특히 2016. 3. 22. 제정된 '주식·사채 등의 전자등록에 관한 법률'의 내용을 소개하면서 문제점을 지적함).
　이와 관련하여 참고할 수 있는 필자의 글로는 정찬형, "전자증권제도 도입에 따른 법적 문제 및 해결방안,"「증권예탁」(증권예탁원), 제40호(2000. 4분기), 39~87면; 동, "전자증권제도의 도입에 따른 법적 과제,"「백산 상사법논집」(백산 정찬형교수 화갑기념), 박영사, 2008. 8. 3., 246~292면 등이 있음.

였으며, 컴퓨터의 탄생으로 사회 각 분야의 기존제도가 혁명적으로 크게 변화되고 있는 오늘날에는 기존의 유가증권에서 다시 전자증권(전자등록)으로 변화되고 있다.[1] 즉, 지급기능을 담당하는 수표는 직불카드제도(debit card system)·은행의 전자자금이체제도(Electronic Fund Transfer System, E.F.T.S.)[2] 및 지로(Giro)제도 등으로 많이 대체되고 있고(현금 없는 대체거래),[3] 신용 및 지급기능을 담당하는 어음은 그의 일부가 전자어음 및 신용카드제도(credit card system)로 대체되고 있으며,[4] 주식의 양도에 있어서 필수불가결한 수단인 주권(상법 제336조 1항 참조)은 증권예탁결제제도 및 주식의 전자등록(상법 제356조의2) 등의 출현으로 사실상 유가증권으로서의 기능을 상실하고 있다[5](현물 없는 대체거래). 이러한 현상은 권리의 증권화의 역현상으로 「증권의 무체화현상」인데, 독일에서는 이렇게 무체화된 권리를 가치권(Wertrecht)[6]이라 부르고 「유가증권에서 가치권으로」(vom Wertpapier zum körperlosen Wertrecht)라는 표현을 쓰고 있다.[7] 이러한 가치권은 무체의 채

---

1) 정찬형, 「상법강의(하)(제18판)」, 박영사, 2016, 15~16면.
　　이에 관하여는 정경영, 「유가증권 전자화에 관한 법률적 고찰」(한국법제연구원 디지털경제법제 2), 2002. 10; Karl Kreuzer(Hrsg.), *Abschied vom Wertpapaier? Dokumentelose Wertbewegungen im Effekten–*, *Gütertransport und Zahlungsverkehr*, Alfred Metzner Verlag, 1988 등 참조.
2) 이에 관한 법적 문제에 관하여는 정찬형, 「전자자금이체의 법적 문제 및 입법론적 검토」(한국법제연구원 디지털경제법제 4), 2002. 10. 참조.
3) 이에 관하여는 Wolfgang Schön(이영철 역), "현금 없는 대체지급거래의 여러 원칙," 「기업법연구」(한국기업법학회), 제8집(2001), 181~234면(출전: Archiv für die civilistische Praxis, Bd.198〈1998〉, S.401~456); 정진명, 「전자화폐의 실용화를 위한 법적 기반연구」(한국법제연구원 디지털경제법제 8), 2002. 12; 김영호, "전자지급제도의 법리에 관한 연구(전자상거래 지급결제 중계제도〈PG서비스에 의한 전자자금이체방식의 긴급결제제도〉와 이의 규제를 위한 입법론)," 「상사법연구」(한국상사법학회), 제21권 제1호(2002), 99~143면 등 참조.
4) 전자어음법의 제정에 대하여, 찬성하는 견해로는 이철송, 전자어음법의 제정에 관한 연구(연구보고서), 2001. 7. 31; 권종호, "전자어음제도의 도입과 법리적 과제"(2003년 제1회 한국증권법학회 특별세미나 주제발표), 2003. 2. 27. 등이 있고, 반대하는 견해로는 정찬형, "전자어음법의 제정이 필요한가?," 「고려법학」(고려대 법학연구소), 제41호(2003), 39~61면.
5) 동지: 정희철, 「상법학(하)」, 박영사, 1990, 5면.
　　투자증권(주권·채권)의 무권화(전자증권제도)에 대하여는 정찬형, "전자증권제도의 도입에 따른 법적 과제," 「상사법연구」(한국상사법학회), 제22권 제3호(2003), 11~72면; 동, "전자증권제도 도입에 따른 법적 문제 및 해결방안," 「증권예탁」(증권예탁원), 제40호(2001. 4분기), 39~87면; 동, "유가증권의 무권화제도," 「비교사법」(한국비교사법학회), 제3권 제2호(1996. 12), 179~211면; 이병목, "전자증권제도의 법리에 관한 연구-투자증권을 중심으로," 법학박사학위논문(고려대, 2005. 8) 등 참조.
6) 이러한 용어의 창시자는 Opitz인데, 가치권이란 증권에 화체되지 않은 권리로서 증권에 화체된 권리와 동일한 내용을 갖는다고 한다(Opitz, *Depotgesetz*, Berlin, 1955, § 42 Anm. 12).
7) Hueck/Canaris, *Recht der Wertpapiere*, 1986 § 1 Ⅲ. 독일에서 가치권이라는 권리형태를 입법적으로 승인한 것으로는 1951년의 공채법(Anleihegesetz)인데, 이것은 우리나라 공사채등록법(1970. 1. 1, 법 2164호)에 해당하는 것으로 등록사채의 경우에는 채권이 발행되지 않음으로

권을 유체화시켰던 증권이 다시 채권으로 환원되는 것이 아니라, 장부증권(장부증권이론) 또는 전자적 등록증권(전자적 권리표창이론)이라고 볼 수 있다.[8]

2. 유가증권은 그 증권이 어떤 권리를 표창하느냐에 따라 크게 채권증권(債權證券), 물권증권 및 사원권으로 분류된다. 채권증권에는 수표·어음(약속어음 및 환어음)·채권(債券) 등과 같이 금전채권을 표창하는 유가증권(금전증권)과, 화물상환증·창고증권·선하증권·상품권 등과 같이 물품의 인도청구권을 표창하는 유가증권(물품증권 또는 물건증권)이 있다. 화물상환증·창고증권·선하증권 등은 그의 양도에 의하여 물건의 인도청구권이 이전됨과 동시에 물건을 인도한 것과 같은 물권적 효력이 인정되므로(상법 제133조, 제157조, 제861조 등) 다음에서 보는 물권증권으로 오인되기 쉬우나, 동 증권이 표창하는 권리는 물권 그 자체가 아니고 물품의 인도청구권이라는 채권(債權)을 표창하는 유가증권이므로 채권증권이다.[9] 물권증권은 물권(物權)을 표창하는 유가증권으로 독일의 저당증권(Hypothekenbrief)·토지채무증권(Grundschuldbrief) 및 정기토지채무증권(Rentenschuldbrief) 등이 이에 해당하는데,[10] 우리나라에는 물권증권이 없다고 볼 수 있다. 사원권증권은 사원권을 표창하는 유가증권인데, 주권(株券)이 그 대표적인 예라고 볼 수 있다.[11] 따라서 이하에서는 이러한 유가증권의 전자증권(전자등록)에 대하여 살펴보고자 한다.

3. 우리나라에서 위와 같은 유가증권의 전자증권(전자등록)에 관한 법률도 각 유가증권에 따라 달리 제정되어 규율되고 있다. 즉, 선하증권의 전자증권(전자선하증권)에 대하여는 2007년 8월 3일 개정상법(법률 제8581호)에 의하여 상법에서 규정하고 있고(상법 제862조), 화물상환증(상법 제128조~제133조)·창고증권(상법 제156조~제157조) 등 「물건의 인도청구권을 표창하는 유가증권」의 전자증권에 대하여는 2011년 4월 14일 개정상법(법률 제10600호)에 의하여 상법에서 규정하고 있다(상법 제65조 제2항).[12] 또한 금전채권을 표창하는 유가증권인 채권(債券)의 전자증

써 그것은 하나의 가치권으로 인정받게 된다[정희철, 전게서(상법학〈하〉), 5면 주 2].

8) 정찬형, 전게논문(상사법연구 제22권 제3호), 19~20면; 동, 전게서[상법강의(하)(제18판)], 477~478면(전자어음의 법적 성질 참조).
9) 정찬형, 상게서[상법강의(하)(제18판)], 19~20면.
10) 이에 관한 상세는 최기원, 「제4증보판 어음·수표법」, 박영사, 2001, 29면 참조.
11) 정찬형, 전게서[상법강의(하)(제18판)], 20면.
12) 상법 제65조 제2항은 「물건의 인도청구권을 표시하는 유가증권」 외에도 「금전의 지급청구권을 표시하는 유가증권」(예컨대, 어음·수표·채권〈債券〉 등)·「유가증권의 인도청구권을 표시하는 유가증권」(예컨대, 여행권 등) 및 「사원의 지위를 표시하는 유가증권」(예컨대, 주권 등)의

권에 대하여는 2011년 4월 14일 개정상법(법률 제10600호)에 의하여 상법에서 규정하고 있다(상법 제478조 제3항). 또한 대표적인 사원권증권인 주권의 전자증권과 신주인수권을 표창하는 유가증권인 신주인수권증서 및 신주인수권증권의 전자증권에 대하여는 2011년 4월 14일 개정상법(법률 제10600호)에 의하여 상법에서 규정하고 있다(상법 제356조의 2, 제420조의 4, 제516조의 7). 또한 어음 중 약속어음의 전자증권(전자어음)에 대하여는 2004년 3월 22일 제정된 「전자어음의 발행 및 유통에 관한 법률」(법률 제7197호)(이하 "전자어음법"으로 약칭함)에 의하여 규율되고 있다. 2011년 4월 14일 개정상법 제65조 제2항에 의하면 「금전의 지급청구권을 표시하는 유가증권」의 전자증권을 규정하고 있으므로 동 규정에 의하여 수표 및 환어음에 대하여도 전자증권화 할 수 있을 것 같으나, 이에 관하여는 전자어음법과 같이 특별법에서 상세히 규정하지 않는 한 상법 제65조 제2항의 규정만으로 전자수표나 전자환어음을 발행하기는 어렵다고 본다. 또한 주권·채권(債券) 등을 포함한 「자본시장과 금융투자업에 관한 법률」(2007년 8월 3일 법률 제8635호)(이하 "자본시장법"으로 약칭함)상 (유가)증권의 전자등록에대하여는 2016년 3월 22일 제정된 「주식·사채 등의 전자등록에 관한 법률」(법률 제14096호)(이하 "주식전자등록법"으로 약칭함)에 의하여 규율되고 있다.

　　4. 이와 같은 입법 및 상법의 개정으로 상법상의 유가증권뿐만 아니라 자본시장법상 증권(투자증권)도 전자증권으로 발행 등을 할 수 있게 되었다. 이러한 전자증권에 대하여는 기존의 종이에 의한 유가증권을 전제로 입법되었던 많은 제도의 정비·개선(개정)이 필요하게 되었고, 또한 전자증권을 규율하는 위에서 본 다양한 법률(특히, 상법과 주식전자등록법 등) 상호간에 상충되는 문제점은 없는지를 검토할 필요가 있다고 본다. 따라서 본 논문은 주식전자등록법의 시행과 관련하여 이와 관련된 법률(특히, 상법)을 조사·검토하여 상충되거나 미흡한 사항에 관하여 정비·개선(개정)안을 제시함으로써, 앞으로 전자증권제도의 이용을 원활하게 하고 또한 전자증권과 관련한 이해관계인들의 이익을 조정하고 보호하여 거래의 투명성을 보장하며 국민경제의 발전에 기여하고자 한다.

　　본 논문에서는 모든 유가증권의 전자증권에 대하여 다루지 않고, 주권·채권

---

전자증권에 대하여도 규정하고 있다. 따라서 채권(債券)·주권·신주인수권증서 및 신주인수권증권에 대하여는 같은 상법에서 중복하여 규정하고 있다고 볼 수 있다. 또한 「물건의 인도청구권을 표창하는 유가증권」인 선하증권의 전자증권에 대하여도 같은 상법에서 중복하여 규정하고 있다고 볼 수 있다.

등과 같은 투자증권을 중심으로 한 전자증권에 대하여만 다룬다. 따라서 이를 규율하는 대표적인 법률인 주식전자등록법을 기본으로 하고, 이와 관련되는 법률 (특히, 상법)과 비교·검토하고자 한다.

## II. 전자증권(등록)제도 도입의 의의

### 1. 전자증권제도의 개념

가. 전자증권제도(Electronic Securities System)란 「유가증권의 실물을 발행하지 아니하고 재산적 권리를 등록기관의 전자적 증권등록부상 등록(registration)만으로 증권이 표창하는 권리에 대한 권리자 뿐만 아니라 권리내용(예컨대, 상법 제356조 참조)을 인정하고, 이러한 권리의 양도·담보설정 및 권리행사 등이 인정되는 증권제도」라고 말할 수 있다.[13] 이는 기존의 권리의 화체방식(化体方式)인 유체물에의 표창 대신에 정보처리능력을 가진 장치(즉, 컴퓨터)에 의하여 작성되는 전자적 증권등록부상에의 등록을 새로운 권리표창방식으로 인정하는 것이다. 이러한 전자증권제도는 단지 유가증권이라는 실물이 유통되지 않게 되는 것만을 의미하는 것은 아니고, 권리의 이전 및 행사에서도 그 특징이 나타난다. 즉, 전자증권제도하에서의 투자자의 증권 매매는 등록기관이 관리하는 전자적 증권등록부상에서 양도인이 양도한 수량 만큼의 증권이 대체기재(Book-Entry)에 의하여 양수인에게 이전등록되는 것이다. 이것의 중요한 의미는 권리이전방법의 (전자)장부등록화[(電子)帳簿登錄化]라는 것이다. 또한 전자증권제도하에서 증권소유자는 등록기관의 전자적 증권등록부상에의 등록을 통하여 증권에 대한 권리를 확보하고 행사할 수 있는 것이다. 이는 증권에 대한 권리행사가 실물증권에 대한 점유와 (주권의 경우) 주주명부에의 등재 없이 전자증권등록부에의 등록만으로 가능하다는 것을 의미한다.[14]

이러한 전자증권제도는 증권의 발행을 전제로 하는 「증권예탁결제제도」(자본시장법 제311조), 「일괄예탁제도」(자본시장법 제309조 제5항), 「주권불소지제도」(상법

---

13) 정찬형, 전게논문(증권예탁 제40호), 41면; 동, 전게논문(상사법연구 제22권 제3호), 13면; 동, 전게논문(비교사법 제3권 제2호), 181면; 한국예탁결제원, 전자증권제도(업무자료), 2015. 4. 10, 4면.

14) 정찬형, 상게논문(증권예탁 제40호), 41∼42면; 동, 상게논문(상사법연구 제22권 제3호), 13∼ 14면.

제358조의 2), 「채권등록제도」(국채법 제8조~제9조, 공사채등록법 제4조~제6조) 등과 구별된다. 그러나 전자증권제도는 유가증권의 불발행방법과 관련하여서는 주권불소지제도 또는 채권등록제도와 유사한 점이 많고, 불발행된 유가증권의 이전 및 권리행사 방법과 관련하여서는 증권예탁결제제도와 유사한 점이 많다고 볼 수 있다.[15]

나. 전자증권제도와 증권예탁결제제도는 실물증권의 이동 없이 장부상의 기재만으로 증권의 양도나 질권설정 또는 권리행사 등이 이루어진다는 점에서 외형적으로는 큰 차이가 없다. 그러나 증권예탁결제제도는 증권실물의 존재 및 이의 집중예탁과 혼장임치를 전제로 하여 이를 관리하는 법적 장부인 계좌부상의 기재를 증권의 점유로 의제하고, 이의 대체기재를 증권실물의 교부로 의제하고 있다(자본시장법 제311조).

그러나 전자증권제도는 이러한 의제적 방법에 의존하지 않고 장부상의 기재와 이의 대체기재가 곧 증권 그 자체의 보유와 교부를 의미하는 점에서 양자는 본질적으로 차이가 있다. 즉, 현행 증권예탁결제제도에서는 발행된 증권실물의 예탁에 근거하여 혼장임치된 전체 증권실물에 대한 공유지분이 계좌에 기재되지만, 전자증권제도에서는 실물 유가증권이 발행되지 않고 증권상의 권리 자체가 전자적 증권등록부상에 등록되는 점에서 양자에는 차이가 있다. 이러한 점에서 전자증권제도에서는 증권실물의 소유권개념이나 점유이론을 배제하고 계좌등록에 증권 발행·이전 등과 같은 효력을 인정하고, 또한 이에 의하여 증권상의 권리의 이전·행사·담보권의 설정 등을 할 수 있다.[16]

그러나 전자증권제도는 증권예탁결제제도를 기초로 하여 도입되고 있고, 또한 증권예탁결제제도가 마련한 권리의 무권화라는 아이디어에서부터 출발하고 있음을 고려할 때, 전자증권제도는 「증권예탁결제제도가 필연적으로 나아가야 할 종착역」이라고 할 수 있을 것이다. 따라서 전자증권제도는 현행의 증권예탁결제제도와 증권등록제도가 결합한 형태의 제도라고 볼 수도 있을 것이다.[17]

---

15) 동지: 정찬형, 상게논문(상사법연구 제22권 제3호), 14면.
16) 정찬형, 상게논문(상사법연구 제22권 제3호), 21면; 동, 전게논문(증권예탁 제40호), 46면; 동, 전게논문(비교사법 제3권 2호), 204~205면.
   동지: 증권예탁원, 「증권예탁결제제도」, 1995, 513면.
17) 정찬형, 상게논문(상사법연구 제22권 제3호), 21면.

## 2. 전자증권제도의 도입 필요성

가. 전자증권제도를 도입하는 목적은 실물증권의 발행과 발행된 실물증권의 관리와 관련되는 각종 비용을 제거하고, 또한 실물증권에서 파생된 각종 비효율적인 증권제도를 개선하여 기업과 증권산업의 경쟁력을 강화하는 것이다.[18]

(1) 전자증권제도를 도입하는 경우 「발행회사」는 유가증권의 발행절차가 간소화되고, 실물증권 발행비용의 제거와 자금조달 기간의 단축 등을 통하여 저렴한 비용으로 신속히 자금을 조달할 수 있다. 그리고 주주내용도 수시로 확인할 수 있어 적대적 M&A에 대한 경영권 방어와 회사경영에 참고할 수 있을 뿐만 아니라 주주중시 경영을 할 수 있다.[19]

(2) 전자증권제도를 도입하는 경우 금융투자업자 등의 「기관투자자」는 실물증권 관리가 불필요하여 관련비용의 절감과 실물증권의 위조·도난·분실 등의 위험으로부터 해방될 수 있어 증권업무를 효율적으로 수행할 수 있다. 또한 실물증권의 불발행으로 증권거래의 결제를 효율적으로 수행할 수 있는 여건이 조성된다. 결제의 효율화는 전자증권제도를 도입하는 주요목적 중의 하나이다.

(3) 전자증권제도를 도입하는 경우 「투자자」는 실물증권의 보유로 인하여 발생하는 도난·분실의 위험이 사라져 실물증권 관리에서 오는 불편함을 해소할 수 있고, 권리행사가 편리하여 투자의 편익을 증진할 수 있다. 또한 투자자에 대하여는 실물주권 보유에 따라 발생하는 미수령주식·실기주를 원칙적으로 제거하여 투자자의 재산권을 보호하게 된다.[20]

나. 전자증권제도를 도입하게 되면 모든 증권거래가 전자적으로 처리 및 관리되어 조세회피 등을 목적으로 한 음성거래가 원칙적으로 불가하다. 또한 증권을 보유한 모든 투자자에 관한 정보가 전산시스템에 등록되어 과세당국·감독당국 등의 증권보유자 파악이 용이하게 된다. 따라서 증권거래의 투명성으로 탈세를 방지할 수 있고, 감독당국은 발행시장 및 유통시장에 대한 증권정보를 정확하고 신속하게 파악할 수 있어 감독과 금융정책을 효율적으로 수행할 수 있다.[21]

---

18) 정찬형, 상게논문(상사법연구 제22권 제3호), 22면.
19) 발행회사가 반기보고서와 분기보고서상에 주주분포현황을 작성하도록 되어 있는데, 상법상 주주명부폐쇄제도 및 기준일 제도하에서는 주주내역을 수시로 확인할 수 없어 전년도말 주주 분포현황을 기준으로 이를 작성하고 있어 현재의 주주내역을 파악할 수 없다.
20) 한국예탁결제원, 전게자료(전자증권제도), 6면.
21) 정찬형, 전게논문(상사법연구 제22권 제3호), 22면; 한국예탁결제원, 상게자료(전자증권제

**다.** 전자증권제도는 자본시장 인프라 혁신을 위한 것이고, 또한 증권의 불발행과 무권화를 완결짓는 제도이며, 증권예탁결제제도의 궁극적인 목표달성으로서의 의미가 있다.[22)]

**라.** 전자증권제도를 도입하게 되면 저비용·고효율의 시장지원 인프라를 구축하게 되어 우리나라 자본시장의 경쟁력을 강화할 수 있다. 전자증권제도는 비용절감·위험감소·투명성 제고 등으로 인하여 자본시장 인프라의 세계적 표준으로, OECD 34개국 중 32개국(독일 및 오스트리아 제외)이 전자증권제도를 도입하고 있다.[23)]

**마.** 전자증권제도 도입에 따른 비용절감효과는 도입 이후 5년간 연평균 870억원, 누적으로는 4,352억원의 비용절감 효과가 있다. 비용요소별 절감효과는 전체적으로 운용비용의 절감효과가 가장 크고, 위험비용과 기회비용의 순서로 나타난다. 거래참가자별 비용절감효과는 발행자의 경우 비용절감 효과가 가장 크고, 다음으로 금융중개기관·투자자·중앙등록기관의 순이다.[24)]

## 3. 우리나라에서의 전자증권제도 연혁

### 가. 개   요

우리나라의 유가증권(자본증권) 발행형태는 그 동안 기본법인 상법 및 국채법 등의 기본정신과 이들 법의 강행법규에 의하여 실물증권의 발행을 원칙으로 하고 있었으며, 유통구조도 실물증권을 기반으로 한 유가증권의 실물교부(상법 제336조 제1항) 등에 의하여 이루어지고 있었다.

그러나 시장경제의 발달에 따라 증권시장의 규모가 확대되고 증권거래가 활발하게 이루어지자 유가증권의 실물발행 및 실물증권에 기초한 유통으로 인하여 실물증권의 발행비용의 과다소요, 실물증권의 보관·관리비용의 과다소요와 사무의 번잡 및 실물이동에 따른 사고위험 등 여러 가지 부작용이 발생하게 되었다. 이러한 문제점을 개선하기 위하여 현재 우리나라에는 유가증권의 실물발행 체제

---

도), 5면.
22) 박재훈, "전자증권법의 주요 내용과 향후 과제,"「예탁결제」(한국예탁결제원), 제97호(2016), 14~15면.
23) 한국예탁결제원, 전게자료(전자증권제도), 8면.
24) 이에 관한 상세는 자본시장연구원, 전자증권제도 도입 효과 분석(한국예탁결제원 연구용역 보고서), 2014. 12, 5~7면 참조.

를 기반으로 한 자본시장법상 「증권예탁결제제도」, 상법상 「주권불소지제도」, 국
채법 및 공사채등록법상 「채권등록제도」, 자본시장법상 「일괄예탁제도」 등의 제
도가 있다. 이러한 제도들은 모두 전자증권제도와 유사한 효과를 가지는 점에 있
어서는 일치하고 있지만, 이는 모두 실물증권의 발행을 전제로 하고 있는 점에서
전자증권제도와 구별된다. 또한 주권불소지제도와 국채 및 공사채등록제도는 증
권예탁결제제도 도입 이전에 이미 투자자의 정적 안전보호를 목적으로 시행되던
제도인데 이를 증권예탁결제제도와 결합함으로써 전자증권제도와 유사한 효과를
갖게 되었고, 일괄예탁제도는 증권예탁결제제도 도입 후 실물증권 발행에 따른
문제점을 개선하고자 도입된 제도이다.

한편 위와 같은 제도들의 시행에 따라 실물증권의 발행에 대한 인식이 점차
약화되고, 또한 정보통신기술의 발달에 따라 실물증권을 대신할 수 있는 투자자
보호수단이 전산기재의 방법으로 가능하게 되어 전자증권제도의 도입에 대한 필
요성 및 저변인식이 더욱 확대되어 주식·사채 등에 대하여 전자증권으로 발행할
수 있도록 2011년 상법이 개정되었고, 또한 2016년에는 자본시장법상의 증권에
대하여도 전자증권으로 발행할 수 있도록 「주식·사채 등의 전자등록에 관한 법
률」(주식전자등록법)이 제정되었다.

따라서 이하에서는 주식전자등록법 제정 이전의 무권화에 관한 제도와 주식
전자등록법의 제정 연혁에 대하여 간단히 살펴보겠다.

## 나. 주식전자등록법 제정 이전의 무권화제도

### (1) 증권예탁결제제도

㈎ 상장증권(유가증권)을 가진 자(투자자)는 (향후 매매 등의 편의를 위하여) 금융
투자업자(예탁자)에 그 증권을 예탁하는데, 이 때 금융투자업자는 일정한 사항(투
자자의 성명 및 주소, 예탁증권 등의 종류 및 수와 그 발행인의 명칭 등)을 기재한 「투자
자계좌부」를 작성·비치하여야 한다(자본시장법 제310조 제1항). 금융투자업자는 위
의 증권 등이 투자자 예탁분이라는 것을 밝혀 지체 없이 예탁결제원에 예탁하여
야 하는데(자본시장법 제310조 제2항), 이 때 예탁결제원은 일정한 사항(예탁자의 명
칭 및 주소, 예탁받은 증권 등의 종류 및 수와 그 발행인의 명칭 등)을 기재한 「예탁자
계좌부」를 작성·비치하되, 예탁자의 자기소유분과 투자자예탁분이 구분될 수 있
도록 하여야 한다(자본시장법 제309조 제3항). 예탁결제원에 예탁할 수 있는 증권
등(예탁대상증권 등)은 예탁결제원이 지정하고(자본시장법 제308조), 예탁결제원에 증

권 등을 예탁하고자 하는 자는 (미리) 예탁결제원에 계좌를 개설하여야 한다(자본시장법 제309조 제1항). 예탁결제원에 계좌를 개설한 자(예탁자)는 자기가 소유하고 있는 증권 등과 투자자로부터 예탁받은 증권 등을 투자자의 동의를 얻어 예탁결제원에 예탁할 수 있다(자본시장법 제309조 제2항). 예탁결제원은 예탁증권 등을 종류·종목별로 혼합하여 보관할 수 있다(자본시장법 제309조 제4항).

(나) 투자자계좌부와 예탁자계좌부에 기재된 자는 각각 그 증권 등을 점유하는 것으로 본다(자본시장법 제311조 제1항). 투자자계좌부 또는 예탁자계좌부에 증권 등의 양도를 목적으로 계좌간 대체의 기재를 하거나 질권설정을 목적으로 질물(質物)인 뜻과 질권자를 기재한 경우에는 증권의 교부가 있었던 것으로 보고(자본시장법 제311조 제2항), 예탁증권 등의 신탁은 신탁법 제3조 제2항에 불구하고 예탁자계좌부 또는 투자자계좌부에 신탁재산인 뜻을 기재함으로써 제3자에 대항할 수 있다(자본시장법 제311조 제3항). 주권 발행 전에 증권시장에서의 매매거래를 투자자계좌부 또는 예탁자계좌부상 계좌간 대체의 방법으로 결제하는 경우에는 상법 제335조 제3항(주권발행 전에 한 주식의 양도는 원칙적으로 회사에 대하여 효력이 없다)에 불구하고 발행인에 대하여 그 효력이 있다(자본시장법 제311조 제4항).

예탁자의 투자자와 예탁자는 각각 투자자계좌부와 예탁자계좌부에 기재된 증권 등의 종류·종목 및 수량에 따라 예탁증권 등에 대한 공유지분을 가지는 것으로 추정한다(자본시장법 제312조 제1항). 예탁자의 투자자나 그 질권자는 예탁자에 대하여, 예탁자는 예탁결제원에 대하여 언제든지 공유지분에 해당하는 예탁증권 등의 반환을 청구할 수 있는데, 이 경우 질권의 목적으로 되어 있는 예탁증권 등에 대하여는 질권자의 동의가 있어야 한다(자본시장법 제312조 제2항).

(다) 예탁결제원은 예탁자 또는 그 투자자의 신청에 의하여 예탁증권 등에 관한 권리를 행사할 수 있는데, 이 경우 그 투자자의 신청은 예탁자를 거쳐야 한다(자본시장법 제314조 제1항). 예탁결제원은 예탁증권 등에 대하여 자기명의로 명의개서 또는 등록을 청구할 수 있는데(자본시장법 제314조 제2항), 이와 같이 예탁결제원의 명의로 명의개서된 주권에 대하여는 예탁자의 신청이 없는 경우에도 주권불소지 신고와 주주명부의 기재 및 주권에 관하여 주주로서의 권리를 행사할 수 있다(자본시장법 제314조 제3항). 예탁결제원(명의주주)은 예탁결제원의 명의로 명의개서된 주권을 소유하고 있는 주주(실질주주)가 주주총회의 5일 전까지 예탁결제원에 그 의결권의 직접행사·대리행사 또는 불행사의 뜻을 표시하지 아니하는 경우에는 원칙적으로 그 의결권을 행사할 수 있다(자본시장법 제314조 제5항

본문).25)

### (2) 주권불소지제도

㈎ 우리나라의 주권불소지제도는 1984년 개정상법에서 인정된 제도인데(상법 제358조의 2), 장기간 주식을 양도할 의사가 없는 고정주주의 이익을 보호하기 위하여 인정된 것이다. 이러한 제도는 과거에는 「자본시장육성에 관한 법률」(1996. 12월의 증권거래법의 개정과 함께 이 법률은 폐지되었음)에 의하여 상장법인에 대하여만 인정하던 것을 1984년 개정상법에 의하여 일반제도화한 것이다. 따라서 비상장주권의 경우에 이 제도의 이용에 의하여 주권의 상실에 따른 위험을 크게 방지할 수 있는 실효성이 있고, 상장주권의 경우는 증권예탁결제제도에 의하여 이의 실효성은 없겠으나 이 제도를 이용하면 주권의 보관비용을 크게 줄일 수 있는 실효성은 있다고 보겠다.

㈏ 주권불소지제도는 기명주권에 대하여만 인정되는데, 이 경우에는 정관에 이를 금하는 규정이 없는 경우에 한하여 이용할 수 있다(그러나 한국예탁결제원의 예탁대상 주식 중 실제로 이를 정관에서 금하는 회사는 없다)(상법 제358조의 2 제1항). 따라서 주주명부에 기재된 기명주주가(예탁결제원의 명의로 명의개서된 주권을 포함함-자본시장법 제314조 제3항) 회사에 대하여 주권불소지신고를 하면, 회사는 지체 없이 주주명부와 그 복본에 이를 기재하고 그 사실을 주주에게 통지하여야 한다(상법 제358조의 2 제2항 1문). 이 때 회사가 주권을 발행하지 않았으면 회사는 앞으로 주권을 발행할 수 없고(상법 제358조의 2 제2항 2문), 이미 주권을 발행하였으면 주주로부터 주권을 제출받아 이를 무효로 하거나 명의개서대리인에게 임치하여야 한다(상법 제358조의 2 제3항 후단).

㈐ 기명주식의 주주가 주권불소지신고를 한 경우에도 주식을 양도하거나 입질하기 위하여 주권이 필요한 경우에는 언제든지 회사에 대하여 주권의 발행 또는 반환을 청구할 수 있는데(상법 제358조의 2 제4항), 이 때 회사는 지체 없이 주주에게 주권을 발행하거나 반환하여야 한다.

주권불소지제도는 2014년 말 현재 주권은 약 80%, 집합투자 및 ABS는 100% 이용하고 있다.26)

---

25) 이를 쉐도우보팅(shadow voting)제도라고 하는데, 이 제도는 2013. 5. 28. 자본시장법 개정으로 폐지되었으나, 동법 부칙 제18조에 의하여 전자투표제도를 채택하고 있는 자들에 대하여는 예탁결제원은 종전의 제314조 제5항에도 불구하고 2017. 12. 31.까지 의결권을 행사할 수 있다.

26) 한국예탁결제원, 전게자료(전자증권제도), 4면.

상법상 이러한 기명주주의 주권불소지제도는 고정주주가 주권을 소지하는데 따른 불편을 제거하여 주는데 의미가 있고(정적 안정에는 기여함), 주식을 양도하거나 입질하는데 있어서는 여전히 주권에 의하도록 하고 있는 점에서(유통성 보장에는 문제가 있음), 완전한 의미에서의 전자증권제도라고는 볼 수 없다. 그러나 주권불소지제도는 증권예탁결제제도와 결합하여 (사실상) 전자증권의 기능을 수행하고 있으며, 또한 후술하는 일괄예탁제도(자본시장법 제309조 제5항)의 효용을 증대시키는 역할을 하고 있다. 즉, 일괄예탁제도에 의하여 발행회사는 청약자의 신청에 의하여 예탁결제원의 명의로 주권을 발행할 수 있고, 예탁결제원은 주권발행 전에 주권불소지신고를 하여 주권발행을 배제할 수 있는 것이다.27)

### (3) 채권등록제도

(가) 우리나라의 채권등록제도는 1970년에 제정된 공사채등록법과 1979년에 제정된 국채법에 의하여 인정된 제도이다. 이러한 채권등록제도는 발행회사의 입장에서는 발행비용절감 및 사무합리화를 기할 수 있고, 채권자의 입장에서는 채권(債券)의 보유에 따른 분실·도난의 위험을 방지하여 채권투자의 안정성을 보장하여 줄 수 있기 때문에 인정된 제도이다. 또한 채권등록제도는 자본시장법에서도 예탁결제원 명의로 국채법과 공사채등록법에 의한 등록을 청구할 수 있도록 하여(자본시장법 제314조 제2항·제5항) 채권자의 이용상 편의를 도모하고 있다.

(나) 채권등록기관은 국채의 경우는 국채법에 의하여 한국은행이고(동법 제8조 제3항), 공사채의 경우는 공사채등록법 및 동법 시행령에 의하여 (ⅰ) 자본시장법 제294조에 따른 한국예탁결제원, (ⅱ) 자본시장법 시행령 제10조 제2항 제1호부터 제3호까지의 규정에 따른 금융기관이다(공사채등록법 제3조 및 동법 시행령 제1조의 2 제1항).

채권등록제도는 1993년에 예탁결제원이 전문등록기관으로서 등록업무를 취급하게 되었고, 또한 1980년대를 거쳐 1990년대에 이르는 동안 우리나라의 자본시장규모가 급속히 확대되면서 채권발행 및 유통물량이 지속적으로 증대됨에 따라 많은 문제점이 발생하게 됨으로 인하여, 1995년부터 채권등록제도의 이용이 급속히 증가하였다. 2014년 말 현재 채권은 99.8%, CD는 약 50% 채권등록제도를 이용하고 있다.28)

(다) 발행된 국채는 증권(證券)을 발행하지 아니하고 전산정보처리조직을 이용

---

27) 증권예탁원, 전게서(증권예탁결제제도), 531면.
28) 한국예탁결제원, 전게자료(전자증권제도), 4면.

하여 국채등록부에 전자적인 방식에 의하여 기명식 또는 무기명식으로 등록한다(국채법 제8조 제1항 본문). 그러나 전시·사변이나 이에 준하는 국가비상사태 등의 경우에는 기명식 또는 무기명식 증권을 발행할 수 있다(국채법 제8조 제1항 단서). 공사채의 발행자는 해당 공사채에 대한 등록기관을 지정할 수 있는데(공사채등록법 제4조 제1항), 이에 따라 등록기관이 지정된 공사채의 채권자·질권자 및 그 밖의 이해관계자는 지정된 등록기관에 각각 그 권리를 등록할 수 있다(공사채등록법 제4조 제2항). 등록한 공사채에 대하여는 채권을 발행하지 아니하고(공사채등록법 제5조 제1항), 등록기관이 이미 채권이 발행된 공사채를 등록하는 경우에는 그 채권을 회수하여야 한다(공사채등록법 제5조 제2항). 공사채를 등록한 자는 언제든지 등록기관에 등록말소를 청구할 수 있고(공사채등록법 제4조 제5항 본문), 채권자는 공사채등록이 말소된 경우에는 대통령령으로 정하는 바에 따라 채권의 발행을 청구할 수 있다(공사채등록법 제5조 제3항).

등록국채를 이전하거나 등록국채에 질권을 설정한 경우에는 그 이전 사실 또는 질권 설정 사실을 등록하지 아니하면 정부나 그 밖의 제3자에게 대항할 수 없다(국채법 제9조 제1항). 등록한 무기명식 공사채를 이전하거나 담보권의 목적으로 하거나 신탁재산으로 위탁한 경우에는 그 사실을 등록하지 아니하면 그 공사채의 발행자나 그 밖의 제3자에게 대항하지 못하고(공사채등록법 제6조 제1항), 등록한 기명식 공사채를 이전하거나 담보권의 목적으로 하거나 신탁재산으로 위탁한 경우에는 그 사실을 등록하고 발행자가 비치한 공사채원부에 그 사실을 기재하지 아니하면 그 공사채의 발행자나 그 밖의 제3자에게 대항하지 못한다(공사채등록법 제6조 제2항). 이 때 등록기관은 상속·유증·합병·경매 또는 강제집행에 의한 경우를 제외하고는, 권리의 이전에 따른 공사채의 등록을 그 공사채의 상환일 또는 이자지급일 전 1개월을 초과하지 아니하는 기간 동안 정지할 수 있다(공사채등록법 제7조).

### (4) 일괄예탁제도

(가) 유가증권 일괄예탁제도는 유가증권의 발행을 억제하고 증권시장의 효율성을 제고하고자 1991년 증권거래법 개정시에 도입된 제도이다(증권거래법 제174조 제5항, 현재는 자본시장법 제309조 제5항).

일괄예탁제도는 예탁자 또는 그 투자자가 유가증권(증권 등)을 인수 또는 청약하는 경우에(또는 그 밖의 사유로 새로 증권 등의 발행을 청구하는 경우에) 유가증권의 발행인은 청약자 또는 인수인(투자자)의 신청에 의하여 이들에 갈음하여 예탁결제원을 명의인으로 하여 당해 유가증권을 발행 또는 등록(국채법 또는 공사채등록법에 따른 등록을 말함)하는 제도를 말한다. 이 경우 예탁결제원은 유가증권의 반환 등에 대비하여 발행회사(또는 명의개서대리인 등 발행대행기관)에 필요한 최소한의 유가증권만을 실물로 발행하여 주도록 요청함으로써, 이는 실물 유가증권을 발행단계에서부터 축소하는 일종의 실물발행 억제제도로서 기능하고 있다.

(나) 이러한 유가증권 일괄예탁제도는 주식의 경우 주권불소지제도와 결합하여, 채권의 경우는 채권등록제도와 결합하여 발행자의 증권발행비용과 증권회사의 실물증권 취급비용을 줄이고 있다.[29]

유가증권 일괄예탁제도가 도입되기 전에는 주식의 경우 유·무상 증자시 발행회사는 예탁결제원 명의로 신규발행 주권을 고액권종으로 일괄 발행하고 예탁결제원은 그 발행주권에 대하여 후에 주권불소지신고를 함으로써 실물증권의 발행을 상당히 줄일 수 있었다. 그러나 이러한 방법은 신규로 기업을 공개하거나 주주우선 공모증자의 경우에는 적용할 수 없어, 이를 개선하기 위하여 일괄예탁제도를 도입하였다.

예탁자 또는 그 투자자의 일괄예탁 신청에 의하여 예탁결제원에 일괄예탁되는 주식은 예탁결제원 명의로 발행된다. 이 때 예탁결제원은 실무적으로 일괄예탁 주식에 대하여 주권발행 전에 계좌부기재를 하는데, 이를 권리예탁이라고 한다. 따라서 권리예탁은 주주로서의 권리가 발생한 시점(유상 신주발행의 경우에는 납입기일 다음 날-상법 제423조 제1항)에서부터 주권이 발행되기 전까지 계좌부에 기재하여 관리하는 것을 말하는데, 예탁결제원에서는 계좌부상 일반예탁과 구분하기 위하여 권리예탁으로 기재하여 관리하고, 그 상세는 별도로 예탁자계좌부의 보조장부 성격인 권리예탁자계좌부에 관리하고 있다.

유가증권 일괄예탁제도는 채권의 경우 채권등록제도와 결합하여 발행기관은 채권발행비용을 절약하게 되고, 채권자는 등록기관에 계좌지분을 가짐으로써 채권의 매매·기타 원리금 수령 등 제반 권리행사를 계좌에 의하여 신속하게 처리할 수 있는 편리함을 갖는다.

### (5) 대권(大券)제도

(가) 2014년 말 현재 파생결합증권은 전부 대권(大券)으로 발행되는데,[30] 이에 관하여는 금융감독원이 제정한 「파생결합증권의 발행 및 유통 등에 관한 준칙」

---

29) 이에 관한 상세는 증권예탁원, 전게서(증권예탁결제제도), 533~537면.
30) 한국예탁결제원, 전게자료(전자증권제도), 4면.

(이하 "준칙"이라 약칭함)이 있다.

파생결합증권의 발행회사가 파생결합증권을 발행하고자 하는 경우 발행대행회사(예탁결제원 및 명의개서 대행회사-준칙 제2조 제3호)를 통하여 발행하여야 하며, 발행조건·상환조건 및 그 일정 등에 대하여 발행대행회사와 미리 협의하여야 한다(준칙 제3조). 발행회사는 자본시장법 제309조 제5항의 규정에 의하여 예탁결제원을 명의인으로 하여 파생결합증권을 발행할 수 있는데(준칙 제8조 제1항), 발행회사는 예탁결제원을 명의인으로 하지 않고 파생결합증권을 발행하는 경우에도 특별한 사정이 없는 한 예탁결제원이 정하는 예탁요건에 부합하도록 하여야 한다(준칙 제8조 제2항). 예탁결제원에 일괄예탁된 파생결합증권(예탁파생결합증권)은 이를 분할 또는 병합하지 아니한다(준칙 제4조).

파생결합증권의 발행회사는 파생결합증권을 발행한 경우 증권의 각 기재사항(준칙 제6조)을 예탁결제원에 지체 없이 통지하여야 하고(준칙 제7조 제1항), 발행회사는 파생결합증권의 발행조건·상환조건 및 기타 권리내용에 변동이 있는 경우 발행대행회사 및 예탁결제원에 지체 없이 통지하여야 한다(준칙 제7조 제2항).

(나) 예탁파생결합증권의 결제는 예탁결제원이 작성·비치하는 예탁자계좌부상의 계좌간 대체의 방법으로 하여야 하며, 실물증권을 교부하는 방법으로 하여서는 아니된다(준칙 제9조). 예탁파생결합증권은 이를 실물증권으로 반환하지 아니한다(준칙 제10조 제1항).

(다) 파생결합증권의 상환지급은 만기상환일 또는 중도상환일에 발행회사에 당해 파생결합증권을 제출하여 청구하는데, 다만 상환청구가 전자정보교환 방식인 경우 파생결합증권의 제출을 생략할 수 있다(준칙 제11조 제1항). 예탁파생결합증권에 대하여 만기상환금 또는 중도상환금의 지급조건이 확정된 경우 발행회사는 상환금 지급일 전 2영업일까지 그 내역을 예탁결제원에 통지하여야 한다(준칙 제11조 제2항).

발행회사는 파생결합증권의 상환이 완료된 경우 지체 없이 당해 파생결합증권을 폐기하여야 하고 그 폐기내역을 발행대행회사에 통지하여야 하는데, 다만 파생결합증권의 폐기에 관한 사항을 예탁결제원에 위임하여 일괄 폐기할 수 있다(준칙 제15조).

## 다. 전자증권법 제정 연혁

우리나라에서 (완전한 의미의) 전자증권에 대하여는 상법과 주식전자등록법에서 규율하고 있다고 볼 수 있는데, 이하에서는 이러한 규정 및 법률의 제정 연혁을 간단히 살펴보겠다.

### (1) 상 법

㈎ 2011년 4월 14일 개정상법은 제356조의 2를 신설하여 주식의 전자등록에 대하여 규정하고, 또한 이러한 규정은 채권(債券)(상법 제478조 제3항)·신주인수권증서(상법 제420조의 4) 및 신주인수권증권(상법 제516조의 7)에 준용하는 것으로 하였다. 이와 함께 전자등록의 절차·방법 및 효과, 전자등록기관의 지정·감독 등 주식의 전자등록에 관하여 필요한 사항은 대통령령으로 정하는 것으로 하였다(상법 제356조의 2 제4항).

㈏ 상법에 전자증권제도에 관한 입법을 하면서 전자증권제도를 모든 유가증권에 대하여 전면적으로 도입할지 또는 유가증권 종류별로 전자증권제도를 따로 도입할지에 대하여, 법무부와 금융위원회는 2007년에 전자증권 모두를 규율하는 일반법인 ‘전자유가증권법’을 제정하기로 합의하여 전자유가증권법 제정안을 마련한 적이 있었다. 따라서 상법 회사편 정부제출안에서는 전자주식과 전자사채 발행에 관한 기본적인 근거규정만을 두고 전자등록의 절차·방법 및 효과, 전자등록기관의 지정·감독 등 주식의 전자등록에 관하여 필요한 사항은 “따로 법률(전자유가증권법)”로 정하기로 하였다. 그런데 전자유가증권법 제정 추진 과정에서 국채등록업무를 담당하는 한국은행의 반대로 동 법안은 2년 넘게 표류하고 있었고, 그 사이에 금융위원회는 기업어음(CP)을 대상으로 하는 「전자단기사채 등의 발행 및 유통에 관한 법률」(이하 ‘전자단기사채법’으로 약칭함)을 단독으로 제정을 추진하여, 동 법률은 2011년 6월 23일 국회 본회의를 통과하고, 2011년 7월 14일 법률 제10855호로 공포되었으며, 2013년 1월 15일부터 시행되었다. 따라서 상법 회사편이 국회를 통과된다고 하여도 그 당시 아직 국회에 제출되어 있지도 않은 ‘전자유가증권법’ 제정안이 2011년 개정상법이 공포된 후 1년 후인 상법 시행 전까지 국회를 통과한다고 보장할 수 없는 상황이었고, 전자유가증권법이 상법 회사편 시행일(2012. 4. 15) 이전에 통과되지 않으면 법무부로서는 상법 회사편이 통과되면 전자주식과 전자사채가 도입된다고 국민에게 약속해 놓은 사항을 지키지 못하는 상황이 되었다. 따라서 법무부는 국회 법안심사 소위원회에 이런 문제상황이 있음을 밝히고 우선 “대통령령인 상법 시행령”에서 세부사항을 정하도록 기존의 합의를 변경할 필요성을 주장하고,[31] 국회 논의 결과 법안 심사 제1소위

---

31) 이에 대하여 금융위원회는 한국은행과의 문제는 바로 해결될 수 있는 사소한 문제이어서 즉시라도 ‘전자유가증권법’ 제정을 추진할 수 있는 상황이므로 “따로 법률”로 정하도록 한 부

원회는 법무부의 의견을 받아들여 "법률"을 "대통령령"으로 수정하여 가결하였
다.32) 그런데 주식전자등록법의 제정으로 상법 제356조의 2 제4항의 "대통령령"
은 다시 "법률"로 개정되었다(동법 부칙 제10조 제1항).

### (2) 주식전자등록법

(가) 주식전자등록법의 제정으로 이전의 전자단기사채법은 폐지되었으나(주식
전자등록법 부칙 제2조 제2항), 참고로 전자단기사채의 내용은 다음과 같다.33)

단기사채법은 전자단기사채를 "자본시장과 금융투자업에 관한 법률 제4조
제3항에 따른 채무증권인 사채권으로서 (ⅰ) 각 사채의 금액이 1억원 이상이고,
(ⅱ) 만기가 1년 이내이며, (ⅲ) 사채금액을 한꺼번에 납입하여야 하고, (ⅳ) 만
기에 원리금 전액을 한꺼번에 지급한다는 취지가 정하여져 있어야 하며, (ⅴ) 사
채에 전환권·신주인수권·그 밖에 다른 증권으로 전환하거나 다른 증권을 취득
할 수 있는 권리가 부여되지 아니하여야 하고, (ⅵ) 사채에 담보부사채신탁법 제
4조에 따른 물상담보를 붙이지 아니하여야 하는 요건을 모두 갖추고, 전자적 방
식으로 등록된 것을 말한다"고 정의하고 있다(전자단기사채법 제2조 제1호). 전자단
기사채는 종래에 기업의 단기자금 조달수단으로 활용되어 왔던 무담보 융통어음
(약속어음)인 기업어음(CP: Commercial Paper)의 문제점(실물증권이 발행되어야 하기
때문에 발행비용 외에 위조·변조 및 분실 등의 위험이 발생하는 점 등)을 해결하기 위하
여 도입된 것으로서, 이의 핵심은 기업어음의 법적 형식을 약속어음에서 사채로
전환하고(기업어음의 사채화) 그 사채의 발행·유통을 완전히 전자화한 것이다(사채
의 전자화).34) 따라서 전자단기사채는 기업어음(CP)과 일반사채의 전자등록(상법
제478조 제3항)을 결합한 것이라고 볼 수 있는데, 그 요건(전자단기사채법 제2조 제1
호)과 상법의 사채에 관한 규정을 많이 배제하는 점(전자단기사채법 제30조~제32조)
등에서 볼 때, 상법의 일반사채와는 많이 구별되고 있다. 또한 전자단기사채는
전자어음(약속어음)과도 유사한 점이 있으나, 그 형식이 사채로서 예탁결제제도를
이용할 수 있는 점 등에서 전자어음과도 구별된다.35) 또한 전자단기사채는 채권

---

분을 유지하여야 한다는 입장이었다.
32) 제298회 국회 법제사법위원회 법안 심사 제1소위원회 회의록(2011. 3. 8), 14면; 법무부,
「상법 회사편 해설」(2011년 개정 내용), 2012, 167~168면.
33) 이에 관하여는 정찬형, 「상법강의(상)(제19판)」, 박영사, 2016, 1249~1250면 참조.
34) 이에 관한 상세는 박철영, "전자단기사채제도의 법적 쟁점과 과제," 「상사법연구」(한국상사
법학회), 제32권 제3호(2013. 11), 9~11면 참조.
35) 이에 관한 상세는 박철영, 상게논문(상사법연구 제32권 제3호), 15~16면.

(債券)의 불발행이 부분적·일시적이 아니라 전면적·영구적이고 등록이 단순히 채권의 발행을 대신하는 것이 아니라 각종 거래의 효과도 인정하는 점(양도, 선의취득 등)에서 공사채 등록법에 의한 채권등록제도상의 등록과도 다르다.[36]

(나) 주식전자등록법(주식·사채 등의 전자등록에 관한 법률)은 2016년 3월 22일 법률 제14096호로 제정되었는데, 시행일은 동법의 공포 후 4년을 넘지 아니하는 범위에서 대통령령으로 정하는 날이다(동법 부칙 제1조).

2012년 12월 금융위원회는 전자단기사채제도의 안정적인 운영 여부 확인 필요성 등을 고려하여 전자증권제도의 도입을 잠정 보류하였다. 그러나 2014년 3월~4월 전자증권법안이 의원입법으로 발의되어(이종걸 의원 대표발의) 국회 정무위원회에 회부되었고, 2014년 9월에는 금융위원회 전자증권제도 도입 추진단(T/F)이 구성·운영되었다. 2014년 11월 27일 전자증권법안(증권 등의 전자등록에 관한 법률안)(의안번호 12722)이 의원입법으로 재발의되었고(이종걸 의원 대표발의), 동 안이 2015년 3월 제331회 국회(임시회) 제3차 정무위원회 전체회의에 상정되고 법안소위원회에 회부되었다.[37] 한편 정부는 2015. 6. 25. 「증권 등의 전자등록에 관한 법률(안)」을 입법예고 하고, 법제처 심의과정에서 법률명이 「주식·사채 등의 전자등록에 관한 법률」로 변경되었으며, 이를 2015. 10. 23. 국회에 제출하였다. 이러한 정부안과 의원입법안의 내용을 결합한 대안이 2016. 3. 3. 국회 본회의를 통과하여, 2016. 3. 22. 공포된 것이다.[38]

## Ⅲ. 전자증권(등록)의 개념 및 법적 성질

### 1. 전자증권(등록)의 개념

가. 주식전자등록법은 「전자등록」에 대하여 "주식등의 종류·종목·금액·권리자 및 권리 내용 등 주식등에 관한 권리의 발생·변경·소멸에 관한 정보를 전자등록계좌부에 전자적 방식으로 기재하는 것"이라고 정의하고 있다(주식전자등록법 제2조 제2호). 또한 상법은 「주식의 전자등록」에 대하여 "주권을 발행하는 대신 정관으로 정하는 바에 따라 전자등록기관(유가증권 등의 전자등록 업무를 취급하는 기관)의

---

36) 이에 관한 상세는 박철영, 상게논문(상사법연구 제32권 제3호), 20~22면.
37) 한국예탁결제원, 전게자료(전자증권제도), 12면.
38) 한국예탁결제원, 상게자료(전자증권제도), 12면.

전자등록부에 주식을 등록하는 것"이라고 규정하고 있다(상법 제356조의 2 제1항).

　　위와 같은 규정에서 볼 때 「전자등록」이란 "유체물인 유가증권의 발행 등을 하지 않고 전자등록기관의 전자등록부에 등록함으로써, 유가증권상의 권리내용이 표시(표창)되고 유가증권상의 권리의 발생·이전·소멸 등의 효과가 발생하는 것"이라고 볼 수 있다. 따라서 전자등록은 유가증권상의 법률효과를 발생시키는 법률요건(또는 절차)이라고 볼 수 있다. 이 경우 권리의 발생은 설권증권(設權證券)[39]에만 해당한다. 따라서 동일한 발행에 관한 전자등록이라 하더라도 설권증권인 경우는 권리가 발생하나, 비설권증권인 경우에는 이미 존재하는 권리의 내용을 전자등록부에 표시하는 것(즉, 실물증권의 발행에 갈음하는 것)이다. 이러한 전자등록은 모든 유가증권이 그 대상이 될 수 있으나, 이를 실행할 수 있도록 하기 위하여는 이를 구체적으로 규정하는 법률이 전제되어야 할 것이다. 따라서 화물상환증이나 창고증권은 전자등록할 수 있는 근거규정은 있으나(상법 제65조 제2항), 이에 관한 구체적인 법률이 없어 사실상 전자증권으로 발행할 수 없다고 본다.

　　나. 우리나라에서 "전자증권"이라는 용어는 실무에서 많이 사용되고 있는데,[40] 법률에서 정의규정을 두고 있지는 않다. 그런데 개별 유가증권인 선하증권에 대하여는 상법에서 전자선하증권이라는 용어를 사용하고 있다(상법 제862조). 또한 전자어음법에서는 전자어음이라는 용어를 사용하면서, 「전자어음」이란 "전자문서로 작성되고 전자어음관리기관에 등록된 약속어음"으로 정의규정을 두고 있다(동법 제2조 제2호).

　　유가증권이라는 용어도 일상생활에서 뿐만 아니라 각종 법률에서 법전상의 용어로 많이 사용되고 있으나(상법 제46조·제136조, 민사소송법 제122조·제462조, 형법 제214조 등), 법률에서 통일적인 정의규정은 두고 있지 않고 학문상(강학상) 개념으로 정립되고 있다.[41] 따라서 전자유가증권의 약칭으로 볼 수 있는 「전자증권」을 유가증권의 개념과 관련하여 강학상 정의하여 보면, "권리(재산권)의 내용

---

39) 증권의 작성에 의하여 비로소 권리가 창설(발생)되는 증권(어음·수표 등과 같은 완전유가증권)을 설권증권(設權證券)이라고 하고, 이미 존재하는 권리를 단순히 증권에 표창한 증권(화물상환증·창고증권·선하증권·주권 등 불완전 유가증권)을 비설권증권(非設權證券)이라고 한다[정찬형, 전게서[상법강의(하)(제18판)], 22면].

40) 실무에서는 전자유가증권(법), 전자주식, 전자사채 등의 용어도 사용하고 있다[법무부, 전게서(상법 회사편 해설), 167면].

41) 유가증권의 개념에 대하여는 학설이 나뉘어 있는데, 일반적으로 「사권(재산권)을 표창하는 증권으로서, 그 권리의 발생·이전·행사의 전부 또는 일부에 증권의 소지를 요하는 것」이라고 볼 수 있다[이에 관한 상세는 정찬형, 전게서[상법강의(하)(제18판)], 3~7면 참조].

이 전자등록기관의 전자등록부에 전자등록함으로써 표시(표창)되고, 그 권리의 발생·이전·행사의 전부 또는 일부에 전자등록을 요하는 것"이라고 볼 수 있다. 따라서 전자증권은 권리의 내용이 유체물이 아닌 무체물인 전자등록부에 전자등록되어 표시(표창)되고, 권리의 이전 등의 전자등록은 유가증권에서 증권의 이전(소지) 및 (중앙등록기관에의 직접등록방식의 경우) 이에 따른 대항력(주식의 경우 주주명부에의 명의개서 등)의 효력도 함께 갖게 되는 증권(유체물인 증권이 아니라 추상적인 개념으로서의 증권)이라고 볼 수 있다. 따라서 전자증권에서의 전자등록은 동일한 법률효과를 갖는 것이 아니라, 그 권리를 표창하는 유가증권에 따른 법률효과를 갖는 것이다. 예를 들면, 앞에서 본 바와 같이 발행에 관한 전자등록은 설권증권인 어음의 경우에는 권리가 발생하나, 비설권증권인 주권(주식)의 경우에는 이미 있는 권리의 내용을 표시하는 것에 불과하다.

　　광의의 전자증권은 모든 유가증권을 전자화한 것으로 볼 수 있으나(투자증권뿐만 아니라 전자어음·전자선하증권 등을 포함함), 협의의 전자증권은 투자증권을 전자화한 것(즉, 주식전자등록법의 적용을 받는 전자증권)으로 볼 수 있다.

　　다. 위에서 본 바와 같이 우리 상법 및 주식전자등록법은 투자증권의 전자화에 대하여 「전자등록」이라고 규정하고 있는데, 이는 유가증권의 전자화 방식에서 전자등록 방식으로 입법화하였다고 볼 수 있다.

　　유가증권의 전자화의 방식에는 전자등록방식과 전자문서방식이 있는데, 전자등록방식은 유가증권상의 권리를 전자등록기관의 전자등록부에 기록(등록)하여 공시하고 이의 전자등록에 의하여 이전하는데 이 방식은 각각의 유가증권을 번호로 특정하지 않고 장부상 수량(주식, 수익증권 등) 또는 금액(채권 등)을 등록하는 방식이고, 전자문서방식은 유가증권의 실물을 전자문서로 대체하는데 이의 이전을 위하여는 전자문서의 교부와 전자서명 등이 필요하다.

　　투자증권은 대량으로 발행·유통되는 속성상 개별적인 전자문서의 교부 등은 불가능하므로 전자등록방식으로 전자화하는 것이 불가피하다고 본다.42)

　　라. 외국에서도 전자증권에 대하여, 전자증권(electronic securities), 장부등록증권(book-entry securities), 등록증권(registered security) 또는 무증서증권(uncertificated securities)이라는 용어 등 다양하게 사용되는 경우가 많다.43) 이러한 이유는 이들

---

42) 정찬형, 전게논문(상사법연구 제22권 제3호), 14~15면; 증권예탁결제원 전자증권추진실, 전자증권제도 도입 세부 추진방안, 2005. 7, 3면.
43) 이에 관하여는 정찬형, 전게논문(증권예탁 제40호), 47면; 동, 전게논문(상사법연구 제22권

모두가 유체적인 실물증권을 발행하지 않는다는 의미를 포함하고 있기 때문이다. 전자증권이라는 용어는 유통대상이 되는 권리의 발생·이전 등의 효력을 가져오는 증권등록부가 컴퓨터 등 정보처리 능력을 가진 장치에 의하여 전자적 형태로 작성·저장 또는 관리되는 점을 강조한 것이며, 무권화증권(dematerialized securities) 또는 무증서증권이라는 용어는 권리를 표창하는 유체적인 실물증권이 존재하지 않는다는 그 자체에 의미를 둔 것이라고 볼 수 있다. 즉, 전자증권이라는 용어는 무권화증권(또는 무증서증권)이라는 용어보다 유체적인 실물증권이 없는 권리를 인정하는 방법과 수단을 구체적으로 제시한 것이라고 볼 수 있다.

덴마크의 증권거래법(Securities Trading, etc. Act. 1995)에서는 "전자증권(electronic securities)이란 중앙예탁기관에 등록된 양도 가능한 무권화된 증권을 의미한다"라고 정의하여(동법 제Ⅳ장 part 19. 제59조 (2)), 전자증권이라는 용어를 사용하고 있고 또 이러한 전자증권을 유가증권의 일종으로 규정하고 있다. 스웨덴은 장부등록증권(book-entry securities) 또는 등록증권(registered security), 프랑스 및 노르웨이는 등록증권 등의 용어를 사용하고 있다. 미국의 1977년 통일상법전(UCC: Uniform Commercial Code) 및 1978년 모범사업회사법(MBCA: Model Business Corporation Act)과 영국의 1995년 및 2001년 무증서증권규정(The Uncertificated Securities Regulations) 등은 무증서증권(uncertificated securities)이라는 용어를 사용하고 있다. 일본에서는 「사채·주식 등의 대체에 관한 법률」에서 대체기관이 취급하는 채권불발행회사의 사채를 "대체사채"(동법 제66조), 대체기관이 취급하는 주권불발행회사의 주식을 "대체주식"(동법 제128조) 등의 용어로 규정함으로써 전자증권 대신에 대체증권이라는 용어를 사용하고 있다고 볼 수 있다.

## 2. 전자증권의 법적 성질44)

### 가. 문제의 소재

유가증권제도는 무형의 권리를 유형의 증권에 화체(化休)시킴으로써(권리의 증권화) 유체화하는 데에서 시작되었다. 이와같이 추상적인 권리를 증권에 화체함으로써 무형의 권리내용이 유형화되어, 권리의 존재와 내용이 명백하여지고 권리

---

제3호), 15~16면 참조.
44) 이에 관하여는 정찬형, 전게논문(상사법연구 제22권 제3호), 16~20면; 동, 상게논문(증권예탁 제40호), 42~44면 참조.

의 이전·행사 등이 신속·용이하게 되었다. 이와 같은 유가증권제도는 실물증권의 발행을 전제로 하므로 유가증권상의 권리의 이전·행사 등 유가증권과 관련된 행위는 실물증권의 교부 또는 점유를 요구하고 있다.

　　그러나 전자증권제도하에서는 중앙등록기관에 등록만으로 증권이 표창하는 권리에 대한 권리자 및 권리내용을 인정받을 수 있을 뿐만 아니라 증권에 대한 권리의 이전·행사 및 담보설정 등이 가능하게 되는데, 등록된 권리자의 이러한 권리의 법적 성질이 무엇인가가 문제된다. 전자증권제도는 유가증권의 실물발행을 부인한다고 하여 「권리의 증권화」에 따라 무형의 권리를 유형의 유가증권으로 바꾼 유가증권제도를 전면 부인하고 그 이전의 권리인 채권(債權)으로 다시 환원되는 제도가 아니라, 유가증권제도의 연장선상에서 새로운 형태의 권리로 파악되어야 한다고 본다.[45] 이렇게 함으로써 기존의 유가증권제도를 그대로 유지하면서 전자증권제도의 법적 안전성과 투자자에 대한 권리보호를 기할 수 있을 것이다.

　　이와 같이 실물로부터 완전히 해방된 전자등록부상에 등록된 권리의 본질을 이해하기 위하여는, 기존의 증권예탁결제제도하에서 예탁된 증권의 공유지분의 법적 성질을 설명하는 다음 이론이 크게 참고가 될 수 있을 것으로 본다.[46]

## 나. 가치권이론

　　독일의 Opitz에 의해 제창된 가치권이론은 권리의 유체적 표창형식을 전제로 하지 않더라도 권리(증권예탁결제제도하에서 혼장보관되는 증권상의 권리)에 물권으로의 성질을 부여할 수 있다는 이론이다(독일 민법 제90조의 물건에 속한다고 봄).[47] 독일의 유가증권 혼장명령(Sammelverwaltungsverordnung, 1940)은 독일의 예탁법(Depotgesetz)상의 등록채를 혼장보관되는 채권(債券)과 동일한 것으로 규정하고 있는데(동 명령 제2조 제1항), 이 규정에 의하여 등록채는 실물증권과 동일한 성질의 권리로 파악될 수 있다는 것이다.[48]

---

45) 정찬형, 전게서[상법강의(하)(제18판)], 16면, 477~478면.
46) 이러한 이론에 관한 소개로는 정찬형, 전게논문(증권예탁 제40호), 42~43면; 동, 전게논문(비교사법 제3권 제2호), 26면 참조.
47) 이하 가치권이론에 대하여는 河本一郞, 「有價證券振替決濟制度の硏究」, 有斐閣, 1969, 158~160면; 강희만, 「유가증권대체결제제도」, 육법사, 1989. 9, 211~216면; 임중호, 「독일증권예탁결제제도」, 법문사, 1996. 12, 323~331면 참조.
48) 河本一郞, 상게서, 158면.

### 다. 장부증권이론

장부증권이론은 프랑스의 증권예탁결제제도하에서 혼장보관되는 증권상의
권리를 설명하기 위하여 Ripert에 의해 주장된 이론으로, 이는 독일의 가치권이
론에 대응하는 것으로 장부기재에 실체법적 권리의 창설을 인정하는 이론이다.49)
이 이론은 증권이 예탁기관에 혼장보관되면 권리표창 수단으로서의 기능을 상실
하고 증권상의 권리가 예탁기관의 장부에 표창되고, 그 권리는 증권의 교부에 의
하지 않고 예탁기관에서 계좌대체의 방법으로 이전된다고 하며, 이 때 예탁기관
의 장부에 표창되는 예탁자의 지분권을 장부증권이라고 한다.50)

### 라. 전자적 권리표창이론

전자적 권리표창이론은 Lütticke에 의해 주장된 이론으로, 이는 독일의 연방
등록채가 연방등록채관리국에 의하여 전산시스템으로 관리되는 연방등록채원부
에 전자적으로 등록되는 실무, 즉 투자가치(채권)가 전통적인 유가증권 실물이 아
닌 전자매체에 의하여 표창되는 점에 착안하여 주장된 이론이다.51) 즉, 전자적
정보처리기술의 발달에 따라 고안된 전자적 장부등록이란 방식을 또 다른 유가
증권의 표창방식으로 해석하여 유가증권의 권리표창적 기능을 전자매체가 대신
할 수 있다고 본 것이다.

### 마. 이론에 대한 검토

가치권이론에 대하여 독일의 통설과 판례는 가치권이라는 것은 물권법정주
의에 반하여 인정될 수 없고, 또한 가치권이 물권으로 취급되기 위한 법적 근거
가 없다는 이유로 이를 부인하고 있다.52) 또한 가치권이론은 예탁기관에 의한
혼장보관 및 신탁적 관리를 전제로 하므로 혼장예탁과 관계 없이 등록기관에 등
록하는 전자증권제도에서는 그 권리의 법적 성질 내지 유가증권성을 설명하기

---

49) 장부증권이론에 관하여는 임중호, "증권대체거래에 있어서의 유가증권의 무권화 현상과 그
    법적 문제," 「비교사법」, 제5권 제1호(1998), 410~411면; 강희만, 전게서, 231~235면 참조.
50) 임중호, 상게논문(비교사법 제5권 제1호), 410~411면.
51) 전자적 권리표창이론에 관하여는 강희만, "대체결제의 법적 구조와 법개정 방향," 「증권예
    탁」, 제2호(1992. 6), 52~53면; 임중호, 상게논문(비교사법 제5권 제1호), 411~412면; 문승진,
    "공사채등록제도에 관한 연구," 법학석사학위논문(고려대, 1997. 2), 53면 참조.
52) 강희만, 전게논문, 42면에서 재인용.

곤란하다는 점도 있다. 따라서 가치권이론은 실물증권의 발행을 전제로 하는 증권예탁결제제도하에서의 공유권 이론에 관한 하나의 설명일 뿐, 전자증권제도에 대한 설명이 될 수는 없다고 본다.

따라서 전자증권제도에서 증권등록부상 등록된 권리를 물권(物權)이나 채권(債權)에 기초하여 볼 수는 없고, 유가증권 개념의 연장선상에서 파악한다면 이를 유가증권상의 권리로 의제하는 장부증권이론이나 유가증권상의 권리가 실물이 아닌 전자매체에 의하여 표창되는 현상을 직시한 전자적 권리표창이론에서 파악하여야 할 것으로 본다.[53] 다만 유가증권상의 권리가 전자매체의 의하여 표창된다고 보는 전자적 권리표창이론에 대하여는, 전자적 정보저장장치에 의한 권리의 표창이 전통적 권리표창 방식과 동일한 것으로 인정될 수 있는가 하는 의문이 있다. 즉, 전자매체에 의한 표창이 서면의 형식성을 요구하는 전통적 유가증권 이론상의 표창방식을 대신할 수 있는가 하는 것에 대한 의문이다. 그러나 오늘날 전자매체에 의하여 기억된 자료가 서면에 의하여 언제든지 일상언어로 재현될 수 있다면, 그리고 오늘날 정보통신기술의 발달에 따른 전산시스템의 안정성 및 보안성의 정도가 그 진정성을 확보하기에 충분하다면, 전자적 등록을 새로운 권리표창의 한 방식으로 인정할 수 있을 것이다.[54] 이러한 점에서 볼 때 장부증권 이론이나 또는 전자적 권리표창이론은 큰 차이가 없다고 본다. 다만 장부증권이론이 계좌부 또는 증권등록부가 실물증권 대신 권리표창의 방식으로 이용된다고 하는 반면, 전자적 권리표창이론은 형식적인 장부가 아니라 실제로 권리에 관한 정보가 저장된 전자매체 자체가 권리표창방식으로 이용된다는데 그 차이가 있다고 볼 수 있는데, 전자적 장부를 법적 장부로 볼 수 있다면 결국 양자는 유사하다고 볼 수 있을 것이다.[55]

이와 같이 유가증권상의 권리가 종래와 같이 서면에 표창되지 않고 전자매체에 표창되는 새로운 현상이 발생한 것에 대하여는, 종래의 서면인 유가증권에 적용되는 많은 규정이 그대로 적용될 수는 없고 규정이 변경되어야 할 것이다. 그렇다고 하여 이를 종래의 유가증권의 틀을 벗어난 새로운 권리형태로 파악할

53) 정찬형, 전게논문(상사법연구 제22권 제3호), 19면; 동, 전게서[상법강의(하)(제18판)], 477면. 정찬형, 전게논문(증권예탁 제40호), 44면 및 동, 전게논문(비교사법 제3권 제2호), 204면은 "… 장부증권이론이 가장 무난하다고 본다"고 하였으나, 본문과 같이 변경한다.

54) 정찬형, 상게서[상법강의(하)(제18판)], 477~478면; 동, 상게논문(상사법연구 제22권 제3호), 19~20면.

55) 정찬형, 상게논문(상사법연구 제22권 제3호), 20면; 동, 전게논문(증권예탁 제40호), 44면.

수는 없고, 종래의 유가증권의 연장선상에서 권리표창의 방법의 상이에 따른 종래의 유가증권상의 규정이 변경될 것을 요하는 것으로 파악하여야 할 것이다. 따라서 이 경우에도 종래의 유가증권에 적용되는 제 규칙이 원칙적으로 모두 적용되는데, 다만 권리표창방법의 상이로 수정 적용되는 것으로 보아야 할 것이다. 이러한 점에서 볼 때 권리표창의 방법이 상이한 점을 가지고 종래의 유가증권의 개념을 완전히 벗어난 전혀 다른 새로운 권리라고 보거나, 종래의 유가증권에 적용되는 제 원칙이 모두 적용될 수 없다고 보는 것은 무리라고 본다. 그러므로 권리표창이 전자적으로 이루어지는 전자증권제도는 어디까지나 종래의 유가증권 개념의 연장선상에서 파악되어야 하는 것이다.[56]

이러한 점에서 보면 주식전자등록법 제3조는 "이 법에 명시적으로 규정하지 않은 사항에 대하여는 그 성질에 반하지 않는 범위 내에서 관련 법령에서 정하는 바에 따른다"고 규정하여야 할 것으로 본다(전자어음법 제4조 참조).[57]

# Ⅳ. 전자증권(등록)의 적용대상 증권

## 1. 적용대상 증권의 범위

### 가. 주식전자등록법 적용대상 증권

주식전자등록법의 적용대상 "증권등"에 대하여는 일본의 「사채·주식등의 대체에 관한 법률」(이하 "대체법"으로 약칭함)과 같이(동법 제2조) 구체적·개별적으로 규정하고 있다(주식전자등록법 제2조).[58] 즉, 전자등록의 대상이 되는 권리를 법률에서 명시적으로 열거하여(열거주의) 법적 안정성 및 이용자의 예측가능성을 제고하고 있다.[59] 이는 자본시장법 제4조 제2항의 증권(채무증권, 지분증권, 수익증권,

---

56) 정찬형, 상게논문(상사법연구 제22권 제3호), 20면; 동, 전게서[상법강의(상)(제19판)], 725~726면. 전자어음에 관하여 동지의 견해로는 정찬형, 전게서[상법강의(하)(제18판)], 478면.
57) 동지: 법무법인 율촌, "전자증권의 발행 및 유통에 관한 법률안 관련 제1차 검토안"(증권예탁결제원의 질의에 대한 회신)(이하 "법률안 검토안"으로 약칭함), 2005. 12. 28, 6면.
58) 그런데 「증권 등의 전자등록에 관한 법률안」을 제안한 의원입법안(이종걸의원 대표발의)(이하 "의원입법안"으로 약칭함)에서는 (ⅰ) 자본시장법 제4조에 따른 증권(대통령령으로 정하는 증권을 제외함), (ⅱ) 자본시장법 제3조 제1항 제1호에 따른 원화표시 양도성예금증서(CD), (ⅲ) 그 밖에 등록에 적합한 것으로서 대통령령으로 정하는 것으로 규정하여(동 안 제2조), 추상적·포괄적으로 규정하였다.
59) 한국예탁결제원, 전자증권제도 관련 법령자료집 1(이하 "법령자료집 1"으로 약칭함), 2016. 8, 4면.

투자계약증권, 파생결합증권 및 증권예탁증권)을 거의 모두 포함하고 있는데, 다만 투자계약증권은 비정형화된 권리관계를 표시하여 전자등록에 적합하지 않은 증권으로 제외하고 있다. 자본시장법상 증권의 분류에 따라 주식전자등록법의 적용대상 증권을 구체적으로 살펴보면 다음과 같다.

(1) **채무증권**: 사채권(신탁법에 따른 신탁사채[60] 및 자본시장법에 따른 조건부자본증권[61]을 포함함), 국채, 지방채, 법률에 따라 직접 설립된 법인이 발행하는 채무증권(특수채), 자산유동화증권(사채), 이중상환청구권부 채권, 주택저당증권 또는 학자금대출증권이 주식전자등록법 적용대상 증권이다(주식전자등록법 제2조 제1호 나. 다. 라. 마. 자. 차. 카).

이 중 사채에 관하여는 상법에서도 채권(債券)을 발행하는 대신 정관으로 정하는 바에 따라 전자등록기관의 전자등록부에 채권(債權)을 등록할 수 있음을 규정하고 있다(상법 제478조 제3항).

(2) **지분증권**: 주권, 신주인수권증서[62] 또는 신주인수권증권,[63] 자산유동화증권(출자지분)이 주식전자등록법 적용대상 증권이다(주식전자등록법 제2조 제1호 가. 바. 카.).

상법에서는 주권·신주인수권증서 및 신주인수권증권에 대하여 주식회사는 이러한 증권을 발행하는 대신 정관으로 정하는 바에 따라 전자등록기관의 전자등록부에 증권을 등록할 수 있음을 규정하고 있다(상법 제356조의 2, 제420조의 4, 제516조의 7).

(3) **수익증권**: 신탁법상 (발행)신탁의 수익증권, 자본시장법상 투자신탁의 수익증권, 자산유동화증권(수익증권)이 주식전자등록법 적용대상 증권이다(주식전자등

---

60) (i) 수익증권발행신탁이고, (ii) 유한책임신탁이며, (iii) 수탁자가 상법상 주식회사이거나 그 밖의 법률에 따라 사채를 발행할 수 있는 자이면, 신탁행위로 수탁자가 신탁을 위하여 사채(社債)(신탁채권)를 발행할 수 있도록 정할 수 있다(신탁법 제87조).

61) 「조건부자본증권」이란 "사채의 발행 당시 객관적이고 합리적인 기준에 따라 미리 정하는 사유가 발생하는 경우 주식으로 전환되거나(전환형 또는 출자전환형 조건부자본증권) 그 사채의 상환과 이자지급 의무가 감면된다는 조건이 붙은 사채(상각형 또는 채무조정형 조건부자본증권)"를 말한다(자본시장법 제165조의 11 제1항·제2항). 이에 관한 상세는 정찬형, 전게서[상법강의(상)(제19판)], 1246~1248면 참조.

62) 「신주인수권증서」는 주식회사에서 신주발행시 원칙적으로 주주에게 신주인수권이 인정되는 점에서(상법 제418조 제1항) "주주의 이러한 신주인수권을 표창하는 유가증권"이다(상법 제420조의 2 제1항 참조).

63) 「신주인수권증권」은 분리형 신주인수권부사채를 발행하는 경우 "신주인수권만을 표창하는 유가증권"이다(상법 제516조의 5 참조).

록법 제2조 제1호 사. 아. 카).

(4) **파생결합증권**: 자본시장법상 파생결합증권으로서 대통령령으로 정하는 증권이 주식전자등록법 적용대상 증권이다(주식전자등록법 제2조 제1호 타.).

(5) **증권예탁증권**: 자본시장법상 증권예탁증권으로서 대통령령으로 정하는 증권이 주식전자등록법 적용대상 증권이다(주식전자등록법 제2조 제1호 파.).

(6) **외국법인 등의 증권**: 외국법인 등(자본시장법 제9조 제16항에 따른 외국법인 등)이 발행하는 증권으로서 위 (1)~(4)의 증권이 주식전자등록법 적용대상 증권이다(주식전자등록법 제2조 제1호 하.).

상법상 외국회사의 한국에서의 주권 발행에도 전자등록의 대상임을 규정하고 있다(상법 제618조 제1항, 제356조의 2).

(7) **주식전자등록법 시행령에서 정하는 증권**: 위 (1)~(6)의 증권과 비슷한 증권으로서 그 권리의 발생·변경·소멸이 전자등록계좌부에 전자등록되는 데에 적합한 것으로서 대통령령이 정하는 증권이 주식전자등록법 적용대상 증권이다(주식전자등록법 제2조 제1호 거.). 주권·채권 등 전통적인 유가증권으로 증권예탁제도에 의하여 유통되던 대부분의 (유가)증권이 주식전자등록법 적용대상 증권에 포함되고 있는데, 이는 향후 신종 금융상품의 출현 등에 대비하여 대통령령(시행령)에 의하여 전자등록대상을 규정할 수 있도록 위임근거를 마련함으로써, 열거주의의 한계를 최소화하고 탄력성을 부여하고 있다. 이에 따라 신종 금융상품은 아니나 증권예탁결제제도에서 수용하고 있는 양도성예금증서(CD)를 시행령에 규정하여 주식전자등록법 대상증권으로 할 예정이라고 한다.[64)]

그런데 투자증권은 비설권증권으로서 이것이 표시하는 권리가 전자등록에 의하여 발생하는 것이 아니라, 이미 존재하는 권리를 전자등록하는 것이므로, "그 권리의 발생이……전자등록되는 데에 적합한 것으로서"의 표현은 적절하지 않다고 본다.[65)] 전자등록에 의하여 그 권리가 발생하는 증권은 어음·수표와 같은 설권증권에만 해당한다.

## 나. 주식전자등록법 적용대상 외 증권

(1) 앞에서 본 바와 같이 자본시장법상 증권인 투자계약증권(동법 제4조 제2항 제4호)은 비정형화된 권리관계를 표시하므로 주식전자등록법 적용대상에서 배

---

64) 한국예탁결제원, 전게 법령자료집 1, 4면; 박재훈, 전게논문(예탁결제 제97호), 6면.
65) 동지: 법무법인 율촌, 전게 법률안 검토안, 5면.

제되고 있다. 참고로 정부의 입법예고안에서도 투자계약증권은 권리(계약)의 내용이 개별적·비정형적이므로 전자등록에 부적합하다고 하여 전자등록 대상에서 배제하였다. 또한 투자계약증권은 민법·상법상 유가증권이 아니라 단지 투자자 보호 규제를 위한 도구적 개념이므로 증권의 성격상 전자등록의 대상이 될 수 없다고 한다.66)

(2) 자본시장법상 「증권」 중 별도의 발행에 관한 법규가 존재하지 않는 증권이 다수 존재하는데(예컨대, 파생결합증권, 증권예탁증권〈DR〉 등), 이러한 증권들은 증권의 기재사항 및 양도방법 등이 법정되지 않아 유가증권이라고 볼 수 없고 또한 유가증권 법정주의상 이러한 증권들은 주식전자등록법 대상 외 증권으로 보아야 할 것이다.67)

그러나 이에 반하여 현행 예탁결제제도에서 별도의 발행근거 법령이 없는 유가증권도 수용하고 있고 또한 실물증권의 종류별 권리보유 및 양도방법은 전자증권제도의 고유한 방법으로 대체되어 투자자 보호에 문제가 없으므로 이러한 증권에 대하여도 주식전자등록법 적용대상에 포함시켜야 한다는 견해도 있다.68)

(3) 기업어음(CP)은 설권(設權)증권이므로 전자등록에 부적합하고(정부의 입법예고안도 동일), 금지금은 현물이라는 성질상 전자등록에 부적합하므로, 주식전자등록법 적용대상에서 배제하고 있다. 그러나 전자증권제도 도입 이후에도 기업어음·금지금·비상장주권 등을 대상으로 현행 증권예탁제도를 병행할 예정이라고 한다.69)

(4) 창고증권·화물상환증 등 비투자증권은 자본시장에서 유통되지 않아 중앙예탁기관이 취급하지 않으므로 이러한 비투자증권은 전자등록대상에 포함되지 않는데, 예탁대상증권으로 수용중인 조달청 발행 창고증권과 같은 일부 창고증권 등 실무적 필요가 있는 경우에는 별도 방식으로 관리한다고 한다.70)

그런데 주식전자등록법이 유가증권의 전자등록에 관한 기본법으로서 작용하고 또한 기술적으로 가능하다면 창고증권·화물상환증 등 비투자증권도 전자등록

---

66) 박재훈, 전게논문(예탁결제 제97호), 6면.
67) 일본도 발행에 관한 근거법규가 없는 증권(ELS, ELW, DR 등)에 대하여는 전자증권제도의 대상에서 배제하고 있다.
68) 한국예탁결제원(전자증권팀), 전자증권법 제정 관련 검토과제(2012년 전자증권법 제정 실무 작업반 회의자료 수정안)(이하 "검토과제"로 약칭함), 2013. 9, 49면.
69) 한국예탁결제원, 전게 법령자료집 1, 4면.
70) 한국예탁결제원, 전게 검토과제, 46면.

의 대상으로 하면, 상법상 이러한 물품증권(물건의 인도청구권을 표시하는 유가증권)
을 전자등록기관의 전자등록부에 등록하여 발행할 수 있다는 규정(상법 제65조 제
2항)이 살아날 수 있다고 본다.

　　(5) 약속어음의 전자증권화(전자어음)에 대하여는 별도의 전자어음법에 규정
되어 있고 또한 전자선하증권에 대하여는 상법 제862조에서 별도로 규정하고 있
으므로, 이러한 약속어음이나 선하증권과 같은 유가증권은 주식전자등록법의 적
용대상 외로 보아야 할 것이다. 약속어음은 설권증권이므로 비설권증권을 대상으
로 하는 주식전자등록법의 적용대상으로 하기에는 그 성질상 부적절하고, 또한
전자선하증권은 국제적으로 유통되고 이에 따른 국제협약 등에 기초를 두고 있
으므로 그 성질상 국내에서 유통되는 유가증권(특히 투자증권)을 전제로 하는 주
식전자등록법의 적용대상으로 하기에는 부적절하다고 본다. 그러나 앞으로 통일
된 전자증권법에서는 이러한 증권도 모두 전자증권법에 포함하여야 할 것이다.

## 2. 적용(등록)대상 증권의 지정

### 가. 전자등록의 신청

　　주식등의 전자등록은 원칙적으로 발행인이나 권리자의 신청 또는 관공서의
촉탁에 따라 하는데, 예외적으로 주식전자등록법에 규정이 있는 경우 전자등록기
관 또는 계좌관리기관이 직권으로 할 수 있다(주식전자등록법 제24조 제1항). 권리
자 보호 및 건전한 거래질서의 유지를 위하여 대통령령으로 정하는 경우에 발행
인은 신규 전자등록의 신청을 하기 전에 전자등록기관에 해당 주식등이 성질상
또는 법령에 따라 양도될 수 없거나 그 양도가 제한되는 경우 등에 대한 사전심
사를 신청하여야 한다(주식전자등록법 제25조 제2항).

　　이와 같이 신규 전자등록이나 사전심사를 신청하는 경우 발행인은 해당 주
식등의 종목별로 전자등록신청서 또는 사전심사신청서(전자등록신청서 등)을 작성
하여 전자등록기관에 제출하여야 하는데, 이 경우 신청하는 주식등의 종목에 관
한 구체적 내용 등에 대해서는 전자등록업무규정으로 정한다(주식전자등록법 제25
조 제3항).

### 나. 전자등록기관의 등록대상 증권의 지정

　　전자등록기관이 위의 전자등록신청서 등을 접수한 경우에는 그 내용을 검토

하여 1개월 이내에 신규전자등록 여부 또는 사전심사 내용을 결정하고, 그 결과와 이유를 지체 없이 신청인에게 문서로 통지하여야 한다(주식전자등록법 제25조 제4항 제1문). 이 경우 전자등록신청서 등에 흠결이 있을 때에는 보완을 요구할 수 있는데(주식전자등록법 제25조 제4항 제2문), 검토기간을 산정할 때 전자등록신청서 등의 흠결에 대한 보완기간 등 대통령령으로 정하는 기간은 검토기간에 산입하지 아니한다(주식전자등록법 제25조 제5항).

　　전자등록기관은 전자등록 여부를 결정할 때 다음의 어느 하나에 해당하는 경우가 아니면 신규 전자등록을 거부할 수 없다(주식전자등록법 제25조 제6항). 즉, 전자등록 여부를 결정하는 핵심적인 기준은 양도가능성, 등록필요성 및 관리가능성이 있는지 여부이다.[71]

　　( i ) 해당 주식등이 양도가능성, 대체가능성, 전자등록 요건을 충족하지 못하는 경우

　　(ii) 해당 주식등을 새로 발행하거나, 이미 주권등이 발행된 주식등을 권리자에게 보유하게 하거나 취득하게 하는 것이 법령에 위반되는 경우

　　(iii) 해당 주식등에 관한 주권등에 대하여 공시최고절차가 계속중인 경우(해당 수량에 한정함)

　　(iv) 전자등록신청서 등을 거짓으로 작성한 경우

　　( v ) 전자등록신청서 등의 흠결에 대한 보완요구를 이행하지 아니한 경우

　　전자등록신청서 등의 기재사항·첨부서류, 그 밖에 전자등록 또는 사전심사의 신청에 관한 사항과 전자등록 또는 사전심사의 검토 방법·절차, 그 밖에 필요한 사항은 대통령령으로 정한다(주식전자등록법 제25조 제7항).

　　전자등록기관은 전자등록업무규정에서 등록대상증권의 지정요건을 규정할 수 있다(주식전자등록법 제15조 제2항 제1호). 이 경우 지정요건은 해당 증권등의 등록이 발행인의 정관 또는 이사회 결의에 반하지 아니할 것, 해당 증권등을 등록할 경우 소유자등의 권리행사에 어려움이 없을 것, 전자등록기관 및 계좌관리기관이 등록된 증권등의 등록·관리 및 권리행사 관련 업무를 수행하는데 어려움이 없을 것 등이 규정될 수 있다.[72]

---

71) 한국예탁결제원, 상게 검토과제, 47면.
72) 한국예탁결제원, 상게 검토과제, 47면.

## 3. 의무적용 대상증권

### 가. 주식전자등록법상 의무적용 대상증권

주식전자등록법은 (ⅰ) 자본시장법 제8조의 2 제4항 제1호에 따른 증권시장에 상장하는 주식등, (ⅱ) 자본시장법에 따른 투자신탁의 수익권 또는 투자회사의 주식, (ⅲ) 그 밖에 권리자 보호 및 건전한 거래질서의 유지를 위하여 신규 전자등록의 신청을 하도록 할 필요가 있는 주식등으로서 대통령령이 정하는 주식등에 대하여는, 발행인이 전자등록기관에 의무적으로 신규 전자등록을 신청하도록 규정하고 있다(동법 제25조 제1항 단서).

유가증권 상장은 증권예탁결제제도의 이용을 전제하므로 상장증권의 전자증권제도 의무적용은 불가피하고, 또한 상장증권의 경우 한국거래소의 상장규정에도 상장요건으로 증권등의 전자증권제도 적용을 의무화하고 있다고 한다.[73]

### 나. 상법상 규정과 충돌

상법상 주권(상법 제356조의 2), 신주인수권증서(상법 제420조의 4), 신주인수권증권(상법 제516조의 7) 및 채권(債券)(상법 제478조 제3항)에 대하여는 이러한 증권을 발행하는 대신 "정관으로 정하는 바에 따라"(즉, 회사의 선택에 의하여) 전자등록기관의 전자등록부에 그 증권이 표창하는 권리를 등록할 수 있다. 이에 관하여는 상장증권인 경우에도 상법의 상장회사에 관한 특례규정(상법 제542조의 2~제542조의 13)에서 별도로 규정하고 있지 않다. 따라서 상법이 규정하는 상장주식 등은 주식전자등록법에 의하면 의무적 전자등록의 대상이고, 상법에 의하면 임의적 전자등록의 대상이 되어 양법이 상충하게 된다. 이에 관하여 주식전자등록법이 상법의 특별법이므로 특별법인 주식전자등록법에 의하여 의무적 전자등록의 대상이라고 볼 수도 있고, 주식전자등록법은 다른 법률(상법 등)과의 관계에서 "전자등록주식등에 관하여는 다른 법률에 특별한 규정이 있는 경우를 제외하고는 이 법에서 정하는 바에 따른다"고 규정하고 있으므로(동법 제3조) 상법이 적용되어 임의적 전자등록의 대상으로 볼 수도 있다. 그런데 상장주식 등에 대하여 정책적으로 의무적 전자등록의 대상으로 하려면 상법상 상장회사에 대한 특례규정에서 상장주식 등에 대하여는 상법 제356조의 2, 동 제420조의 4, 동 제516조의 7, 동

---

73) 한국예탁결제원, 상게 검토과제, 47면.

제478조 제3항에 대한 예외로 의무적 전자등록의 대상으로 규정하여야 할 것으로 본다. 만약에 상법에 이러한 규정이 없다면 주식전자등록법 제25조 제1항 단서에서 이러한 상법과의 관계를 규정하여야 할 것으로 본다.

　　주식전자등록법 제25조 제1항 단서 제3호는 의무적 전자등록의 대상을 대통령령으로 정할 수 있도록 위임하고 있는데, 어느 증권을 의무적 전자등록의 대상으로 할 것인지 여부는 그 증권의 발행인 및 그 증권상의 권리자 등에게 매우 중요한 사항인데 이를 법률에서 규정하지 않고 대통령령에 위임하는 것은 위임의 한계를 벗어난 것이 아닌가 생각된다.

## 4. 전자증권(등록) 적용대상 증권의 실물전환 허용 여부

### 가. 주식전자등록법상 규정 내용

　　주식전자등록법상 발행인은 전자등록주식등에 대해서는 증권 또는 증서를 발행해서는 아니 되고(동법 제36조 제1항), 이에 위반하여 발행된 증권 또는 증서는 효력이 없다(동법 제36조 제2항). 이미 주권등이 발행된 주식등이 신규 전자등록된 경우(주식전자등록법 제25조~제27조) 그 전자등록주식등에 대한 주권등은 기준일부터 그 효력을 잃는데, 기준일 당시 공시최고절차가 계속중인 주권등은 그 주권등에 대한 제권판결의 확정일(그 밖에 이와 비슷한 사유가 발생한 날)부터 효력을 잃는다(주식전자등록법 제36조 제3항). 이와 같이 규정한 이유는 발행인 또는 투자자의 임의선택에 의한 실물증권 발행(전환)을 금지하는 것인데, 실물증권제도와 전자증권제도의 이원적 운영에 따른 비효율을 방지하고, 전자증권제도의 실효성을 극대화할 필요가 있기 때문이라는 것이다.[74]

### 나. 문제점

　　주식전자등록법상 위와 같은 규정은 의무적 전자증권제도에서는 적용될 수 있다고 보겠으나, 임의적 전자증권제도에서는 적용될 수 없다고 본다. 또한 의무적 전자증권제도이든 임의적 전자증권제도이든 전자증권에 대한 등록지정이 취소된 경우에는 발행인은 당연히 실물증권을 발행하여 권리자에게 교부하여야 할 것이다.

---

74) 한국예탁결제원, 상게 검토과제, 50면.

임의적 전자증권제도에서 발행인이 실물증권의 발행을 원하면 이는 발행인
이 전자등록기관에 전자등록신청의 취소를 요구하는 것인데, 이 경우 발행인의
요구가 있으면 전자등록기관은 이 요구에 따라 전자등록신청의 전부 또는 일부
를 취소할 수 있도록 하여야 할 것이다.

또한 임의적 전자증권제도에서 권리자가 발행인에 대하여 실물증권의 발행
을 요구하면 발행인은 이에 응하여 권리자에게 실물증권을 발행하여 주도록 하
여야 할 것이다.75) 금융채인 경우 사채등의 소유자가 사채의 발행은행에 그 권
리를 등록한 경우, 사채등의 소유자는 언제든지 발행은행에 사채등의 등록을 말
소하고 사채등이 표시된 증권이나 증서의 발행을 청구할 수 있도록 하고 있는데
(주식전자등록법 부칙 제10조, 은행법 제33조의5 제1항·제3항 본문), 임의적 전자증권제
도에서 전자증권에 대하여도 동일하게 보아야 할 것이다. 필요하다면 이에 관한
입법적 조치가 필요하다고 본다. 임의적 전자증권제도에서 권리자의 요구에 의한
실물증권의 발행을 인정하여야 하는 이유는 투자자를 보호하여야 할 필요가 있
는 점과 상법 규정의 해석에서 볼 때(상법 제355조 제1항, 제356조의2 제1항) 그러
하다.76) 전자증권제도는 실물증권에 익숙한 투자자에게는 자기의 권리에 대한
불안감을 줄 수 있는데, 이러한 투자자를 보호하기 위하여는 이러한 불안을 해소
할 수 있는 방안이 강구되어야 할 것으로 본다. 특히 무기명식 실물증권을 선호
하는 투자자인 경우에는 실물증권을 발행하여 주지 않으면 그 회사에 대한 투자
를 기피하게 될 수도 있다.77) 주식전자등록법의 목적에도 권리자(투자자)의 권익
을 보호하도록 하고 있고(동법 제1조) 또한 전자등록기관이 신청에 따른 전자등록
여부를 결정할 때에도 "권리자의 보호"에 관한 내용이 있는데(동법 제25조 제6항
제6호), 단지 실물증권제도와의 병행이 비효율적이고 전자증권제도의 실효성을
극대화한다는 이유만으로 투자자의 권리를 희생할 수는 없다고 본다.

증권상의 권리자가 실물증권의 발행을 요청하여 이에 응하는 경우에는 전자
등록기관은 그 종류의 전자등록주식등의 총수량에서 그만큼 공제하면 될 것이다.
이는 전자등록기관이 전자등록주식등의 소유자에게 소유자증명서를 발급하는 경
우(주식전자등록법 제39조)와 유사하게 볼 수 있다고 본다.

---

75) 동지: 2006년 영국 회사법 제786조 제3항, 무증서증권규정 제27조; 미국 Delaware General
    Corporation Law 제158조.
76) 정찬형, 전게서[상법강의(상)(제19판)], 726면; 권종호, 「주석상법(제5판)(회사Ⅱ)」, 한국사
    법행정학회, 2014, 569면.
77) 정찬형, 전게논문(상사법연구 제22권 제3호), 55면.

임의적 전자증권제도에서 투자자의 요청에 의하여 실물증권을 발행하여 주
도록 하는 것은 실물증권에 익숙한 투자자에 대하여 전자증권제도를 선택적으로
받아들이도록 하는 것으로서 (전면적) 전자증권제도의 도입과정에서 반드시 필요
하다고 본다. 이를 통하여 전자증권제도가 투자자의 신뢰를 점진적으로 받게 된
다면 전자증권제도의 도입은 성공하게 될 것인데, 처음부터 실물증권제도와의 병
행이 비효율적이라는 기술적인 이유 등으로 이를 강요하여 투자자의 신뢰를 받
지 못하게 되면 전자증권제도의 정착과 성공이 어려울 것으로 본다.

## V. 전자증권상 권리의 전자등록

### 1. 계좌의 개설

#### 가. 간접등록방식

(1) 계좌의 개설은 현행 증권예탁제도의 계좌구조와 같이 전자등록기관과
계좌관리기관에 각각 계좌를 개설하는 2단계 계좌구조 또는 복층구조의 계좌관
리체계(간접등록방식)를 취하고 있는데, 이러한 복층구조의 계좌관리체계를 선택한
이유는 시스템의 구축과 운영이 안정적이고 시스템 비용을 절감할 수 있으며 제
도 도입이 용이하기 때문이라고 한다.[78]

전자증권의 등록방식에는 직접등록방식과 간접등록방식이 있다. 직접등록방
식은 투자자(실제는 증권회사 등 등록대행기관이 계좌개설 등의 업무처리를 투자자를 대
신하여 수행함)가 자기명의의 계좌를 중앙등록기관에 직접 개설하고 중앙등록기관
이 단일의 등록기관의 역할을 수행하는 제도로서, 이러한 방식을 취하는 국가에
는 덴마크·스웨덴·중국 등이 있다. 직접등록방식의 장점은 전자등록부상 투자자
의 증권보유내역이 실시간으로 관리되어 발행회사 등의 투자자 파악이 용이한(따
라서 적대적 M&A에 대한 대응이 용이) 점 등이고, 단점은 시스템 구축 및 운영에
과다한 비용이 소요되고 대용량 데이터 처리로 시스템 운영상 안정성 확보가 곤
란하며 증권회사 등 계좌관리기관의 업무처리부담 및 운영비용이 증가하는 점
등이다. 간접등록방식은 중앙등록기관이 증권회사 등 계좌관리기관의 계좌를 관
리하고 투자자의 계좌는 계좌관리기관이 관리하는 제도로서 현행 우리나라의 증

---

78) 박재훈, 전게논문(예탁결제 제97호), 8면.

권예탁결제제도와 동일한 제도인데, 이러한 방식을 취하는 국가에는 프랑스·영국·일본 등이 있다. 간접등록방식의 장점은 현행 증권예탁결제제도의 골격을 유지함에 따라 제도 도입이 용이하고 시스템 구축·운영이 용이하여 운영비용이 상대적으로 저렴한 점 등이고, 단점은 전자등록부상 투자자의 증권보유내역을 실시간으로 파악하는 것이 곤란한 점 등이다.

우리 주식전자등록법상 전자등록주식등의 권리자가 되려는 자(투자자)는 계좌관리기관에 고객계좌를 개설하여야 하고(동법 제22조 제1항), 계좌관리기관은 전자등록기관에 (계좌관리기관등) 자기계좌를 개설하므로(동법 제23조 제1항), 간접등록방식을 취하고 있다고 볼 수 있다. 다만 계좌관리기관 이외에도 법률에 따라 설립된 기금, 그 밖에 전자등록기관에 주식등을 전자등록할 필요가 있는 자로서 대통령령으로 정하는 자는 예외적으로 전자등록기관에 직접 자기계좌를 개설할 수 있도록 함으로써(주식전자등록법 제23조 제1항) 업계 수요에 따른 탄력적인 제도 운영이 가능하도록 하였다.[79]

(2) 주식전자등록법은 위에서 본 바와 같이 간접등록방식의 입법을 하고 있는데, 예외적으로 투자자의 요구가 있으면 투자자가 직접 전자등록기관에 계좌(고객계좌)를 개설할 수 있도록 하여야 할 것으로 본다(혼합등록방식). 이렇게 함으로써 간접등록을 강제하는 문제점을 제거할 수 있다. 또한 투자자의 필요에 의하여 직접등록계좌와 간접등록계좌간의 상호 전환을 허용할 수 있도록 하여야 할 것으로 본다. 이러한 내용을 주식전자등록법 시행령에서도 규정할 수 있으나(주식전자등록법 제23조 제1항), 투자자를 보호하는 점에서 볼 때 주식전자등록법 제23조 제1항에서 규정하여야 할 것이다.[80]

## 나. 계좌관리기관에 계좌 개설

위에서 본 바와 같이 전자등록주식등의 권리자[81]가 되려는 자는 계좌관리기관(주식전자등록법 제19조)에 고객계좌를 개설하여야 한다(주식전자등록법 제22조 제1항). 계좌관리기관은 고객계좌가 개설된 경우 (ⅰ) 권리자의 성명 또는 명칭 및 주소, (ⅱ) 발행인의 명칭, (ⅲ) 전자등록주식등[82]의 종류·종목 및 종목별 수량

---

79) 박재훈, 상게논문(예탁결제 제97호), 8면 주9.
80) 동지: 증권예탁결제원 전자증권추진실, 전자증권제도 도입 세부 추진방안, 2005. 7, 49~52면.
81) "권리자"란 전자등록주식등의 소유자, 질권자, 그 밖에 전자등록주식등에 이해관계가 있는 자로서 대통령령으로 정하는 자를 말한다(주식전자등록법 제2조 제5호).
82) "전자등록주식등"이란 전자등록계좌부(고객계좌부 및 계좌관리기관등 자기계좌부-주식전자

또는 금액, (ⅳ) 전자등록주식등에 질권이 설정된 경우에는 그 사실, (ⅴ) 전자등
록주식등이 신탁재산인 경우에는 그 사실, (ⅵ) 전자등록주식등의 처분이 제한되
는 경우에는 그에 관한 사항 및 (ⅶ) 그 밖에 고객계좌부에 등록할 필요가 있는
사항으로서 대통령령이 정하는 사항을 전자등록하여 권리자별로 「고객계좌부」를
작성하여야 한다(주식전자등록법 제22조 제2항).

## 다. 전자등록기관에 계좌 개설

(1) 계좌관리기관은 고객계좌부에 전자등록된 전자등록주식등의 총수량 또
는 총금액을 관리하기 위하여 전자등록기관에 고객관리계좌를 개설하여야 한다
(주식전자등록법 제22조 제3항). 전자등록기관에 고객관리계좌가 개설된 경우 전자
등록기관은 (ⅰ) 계좌관리기관의 명칭 또는 주소, (ⅱ) 전자등록주식등의 종류,
종목 및 종목별 수량 또는 금액, (ⅲ) 그 밖에 고객관리계좌부에 등록할 필요가
있는 사항으로서 대통령령으로 정하는 사항을 기록하여 계좌관리기관별로 「고객
계좌관리부」를 작성하여야 한다(주식전자등록법 제22조 제4항).

(2) 계좌관리기관, 법률에 따라 설립된 기금, 그 밖에 전자등록기관에 주식
등을 전자등록할 필요가 있는 자로서 대통령령으로 정하는 자(계좌관리기관등)가
전자등록주식등의 권리자가 되려는 경우에는 전자등록기관에 계좌관리기관등 자
기계좌를 개설할 수 있다(주식전자등록법 제23조 제1항). 전자등록기관에 계좌관리
기관등 자기계좌가 개설된 경우, 전자등록기관은 (ⅰ) 계좌관리기관등의 성명 또
는 명칭 및 주소, (ⅱ) 발행인의 명칭, (ⅲ) 전자등록주식등의 종류·종목 및 종목
별 수량 또는 금액, (ⅳ) 전자등록주식등에 질권이 설정된 경우에는 그 사실,
(ⅴ) 전자등록주식등이 신탁재산인 경우에는 그 사실, (ⅵ) 전자등록주식등의 처
분이 제한되는 경우에는 그에 관한 사항 및 (ⅶ) 그 밖에 계좌관리기관등 자기계
좌부에 등록할 필요가 있는 사항으로서 대통령령으로 정하는 사항을 전자등록하
여 「계좌관리기관등 자기계좌부」를 작성하여야 한다(주식전자등록법 제23조 제2항).

(3) 주식등을 전자등록의 방법으로 새로 발행하려는 자, 이미 주권 그 밖에
대통령령으로 정하는 증권 또는 증서(주권등)가 발행된 주식등의 권리자에게 전
자등록의 방법으로 주식등을 보유하게 하거나 취득하게 하려는 자 또는 이에 준
하는 자로서 대통령령으로 정하는 자는 전자등록기관에 발행인관리계좌를 개설

---

등록법 제2조 제3호)에 전자등록된 주식등을 말한다(전자등록법 제2조 제4호).

하여야 한다(주식전자등록법 제21조 제1항). 이와 같이 발행인계좌가 개설된 경우 전자등록기관은 (ⅰ) 발행인의 명칭 및 사업자등록번호 그 밖에 발행인을 식별할 수 있는 정보로서 대통령령으로 정하는 정보, (ⅱ) 전자등록주식등의 종류, 종목 및 종목별 수량 또는 금액 및 (ⅲ) 그 밖에 발행인관리계좌부에 기록할 필요가 있는 사항으로서 대통령령으로 정하는 사항을 기록하여 발행인(발행인관리계좌를 개설한 자)별로 「발행인관리계좌부」를 작성하여야 한다(주식전자등록법 제21조 제2항). 발행인의 발행인관리계좌부의 기재사항이 변경된 경우에는 지체 없이 그 내용을 전자등록기관에 통지하여야 하고, 전자등록기관은 그 통지내용에 따라 지체 없이 발행인관리계좌부의 기록을 변경하여야 한다(주식전자등록법 제21조 제4항). 또한 전자등록기관은 발행인관리계좌부의 변경내용을 계좌관리기관에 통지하여 고객관리계좌부의 기록 및 계좌관리기관등 자기계좌부의 전자등록을 변경하도록 하여야 한다(주식전자등록법 제21조 제5항). 또한 계좌관리기관은 이러한 통지를 받으면 지체 없이 그 통지 내용에 따라 고객계좌부의 전자등록을 변경하여야 한다(주식전자등록법 제21조 제6항).

발행인관리계좌부에 기록된 전자등록주식등의 종목별 수량 또는 금액이 (ⅰ) 주주명부, (ⅱ) 수익자명부, (ⅲ) 국채법·국고금관리법 또는 한국은행통화안정증권법에 따른 등록부 또는 (ⅳ) 그 밖에 주식등의 권리자에 관한 장부로서 대통령령으로 정하는 장부에 기재된 주식등의 종목별 수량 또는 금액과 다른 경우에는 그 장부에 기재된 수량 또는 금액을 기준으로 한다(주식전자등록법 제21조 제3항).

## 2. 등록절차

### 가. 주식등의 전자등록의 의의

「주식등의 전자등록」이란 주식등의 종류·종목·금액 및 권리내용 등을 전자등록계좌부[83]에 전자적 방식으로 기재하는 것(전자등록)을 말한다.[84] 이 때 전자

---

83) "전자등록계좌부"란 주식등에 관한 권리의 발생·변경·소멸에 대한 정보를 전자적 방식으로 편성한 장부로서 고객계좌부 및 계좌관리기관등 자기계좌부를 말한다(주식전자등록법 제2조 제3호).

　여기에서 "권리의 발생"은 설권증권(어음·수표 등)에 해당하고, 비설권증권(주권 등)의 경우는 이미 존재하는 권리내용을 전자등록하는 것이므로(즉, 전자등록에 의하여 권리가 발생하는 것이 아니므로), "권리의 발생"의 표현은 비설권증권에는 적절하지 않은 표현이라고 본다.

등록대상 증권은 비설권증권이므로 이미 존재하는 권리를 전자적 방법으로 표시하는 것에 불과하고(유가증권의 경우, 예컨대 주권의 발행과 같음) 전자등록에 의하여 권리가 발생하는 것은 결코 아니다.

또한 이러한 전자등록에는 각 유가증권의 필요적 기재사항(예컨대, 주권의 경우 상법 제356조의 사항)을 빠짐 없이 기재하도록 하여야 한다. 상법상 주식의 전자등록에 관하여 "주권을 발행하는 대신……전자등록할 수 있다"고 규정한 것(상법 제356조의 2 제1항) 등도 주권의 기재사항을 모두 전자등록하여야 한다는 것을 전제로 한 것으로 볼 수 있다. 이와 같이 보는 이유는 전자증권이란 유가증권의 연장선상에서 파악하여 보는 점에서도 그러하고, 또한 유가증권(전자증권)은 이를 규율하는 법률에서 정하는 필요적 기재사항을 기재(전자등록)할 때 정형성을 갖고 유통의 대상으로 할 수 있는 점에서도 그러하다. 따라서 주식전자등록법 또는 동법의 시행령에서는 유가증권의 발행에 관한 근거법률상 필요적 기재사항을 전자등록하도록 규정하여야 할 것이다.

## 나. 전자등록의 유형 및 절차

### (1) 신규 전자등록

㈎ 발행인은 전자등록의 방법으로 주식등을 새로 발행하려는 경우에는 전자등록기관에 주식등의 신규 전자등록을 신청할 수 있는데(증권시장에 상장하는 주식등의 경우에는 전자등록을 신청하여야 하는데)(주식전자등록법 제25조 제1항), 권리자 보호 및 건전한 거래질서의 유지를 위하여 대통령령으로 정하는 경우에는 발행인은 신규 전자등록을 신청하기 전에 전자등록기관에 해당 주식등이 성질상 또는 법령에 따라 양도될 수 없거나 그 양도가 제한되는 경우에 대한 사전심사를 신청하여야 한다(주식전자등록법 제25조 제2항).

㈏ 발행인이 신규 전자등록이나 사전심사를 신청하는 경우, 발행인은 해당 주식등의 종목별로 전자등록신청서 또는 사전심사신청서(전자등록신청서등)를 작성하여 전자등록기관에 제출하여야 한다(주식전자등록법 제25조 제3항 제1문). 이 경우 신청하는 주식등의 종목에 관한 구체적 내용 등에 대해서는 전자등록업무규정으로 정한다(주식전자등록법 제25조 제3항 제2문).

㈐ 전자등록기관은 전자등록신청서등을 접수한 경우에는 그 내용을 검토하

---

84) 한국예탁결제원, 전게 법령자료집 1, 12면.

여 1개월 이내에 신규 전자등록 여부 또는 사전심사 내용을 결정하고 그 결과와 이유를 지체 없이 신청인에게 문서로 통지하여야 한다(주식전자등록법 제25조 제4항 제1문). 이 경우 전자등록신청서등에 흠결이 있을 때에는 보완을 요구할 수 있는데(주식전자등록법 제25조 제4항 제2문), 검토기간을 산정할 때 전자등록신청서등의 흠결에 대한 보완기간 등 대통령령으로 정하는 기간은 검토기간에 산입하지 아니한다(주식전자등록법 제25조 제5항).

(라) 전자등록기관은 새로 발행되는 주식등의 신규 전자등록을 할 때 신청내용을 발행인관리계좌부에 기록하고, 신청내용 중 전자등록기관에 전자등록될 사항은 계좌관리기관등 자기계좌부에 전자등록하며, 신청내용 중 계좌관리기관에 전자등록될 사항은 고객관리계좌부에 기록하고 그 신청내용과 관련된 각각의 권리자가 고객계좌를 개설한 계좌관리기관에 통지하여 계좌관리기관이 지체 없이 그 통지내용에 따라 전자등록될 사항을 고객계좌부에 전자등록하도록 조치하여야 한다(주식전자등록법 제26조 제1항·제2항).

(마) 전자등록기관은 주식등을 전자등록한 경우에는 해당 전자등록주식등의 종류·종목·발행조건 등의 발행내용을 해당 전자등록기관의 인터넷 홈페이지를 통하여 공개하여야 하며, 이를 지체 없이 금융위원회가 따로 지정하는 전자등록기관에 통보하여야 한다(주식전자등록법 제62조 제1항). 금융위원회가 따로 지정하는 전자등록기관은 통지받은 내용을 인터넷 홈페이지를 통하여 공개하여야 한다(주식전자등록법 제62조 제2항).

## (2) 기(旣) 발행 주식등의 전자등록

(가) 발행인은 이미 주권등이 발행된 주식등을 권리자에게 보유하게 하거나 취득하게 하려는 경우 전자등록기관에 주식등의 신규 전자등록을 신청할 수 있다(증권시장에 상장하는 주식등의 경우에는 전자등록을 신청하여야 한다)(주식전자등록법 제25조 제1항).

(나) 발행인이 위와 같이 이미 주권등이 발행된 주식등의 신규 전자등록을 신청하는 경우에는 신규 전자등록을 하려는 날(기준일)의 직전 영업일을 말일로 1개월 이상의 기간을 정하여 (ⅰ) 기준일부터 주권등이 그 효력을 잃는다는 뜻, (ⅱ) 권리자는 기준일의 직전 영업일까지 발행인에게 주식등이 전자등록되는 고객계좌 또는 계좌관리기관등 자기계좌(전자등록계좌)를 통지하고 주권등을 제출하여야 한다는 뜻 및 (ⅲ) 발행인은 기준일의 직전 영업일에 주주명부 등에 기재된 권리자를 기준으로 전자등록기관에 신규 전자등록을 신청한다는 뜻을 공고하고,

주주명부·그 밖에 대통령령으로 정하는 장부(주주명부등)에 권리자로 기재되어 있는 자에게 그 사항을 통지하여야 한다(주식전자등록법 제27조 제1항).

　(다) 발행인은 기준일의 직전 영업일에 주주명부등에 기재된 권리자를 기준으로 전자등록기관에 전자등록을 신청하고(주식전자등록법 제27조 제1항 제3호 참조), 신규 전자등록의 경우와 같은 조치(주식전자등록법 제26조)를 하여야 한다(주식전자등록법 제27조 제3항).

　(라) 전자등록기관의 전자등록내용의 인터넷 홈페이지를 통한 공개와 금융위원회가 따로 지정하는 전자등록기관의 통지받은 내용에 대한 인터넷 홈페이지를 통한 공개는 신규 전자등록의 경우와 같다(주식전자등록법 제62조).

### (3) 계좌간 대체의 전자등록

　(가) 전자등록주식등의 양도(상속·합병 등의 원인으로 이전하는 경우 등을 포함)를 위하여 계좌간 대체를 하려는 자는 해당 전자등록주식등이 전자등록된 전자등록기관 또는 계좌관리기관에 계좌간 대체의 전자등록을 신청하여야 한다(주식전자등록법 제30조 제1항).

　(나) 위의 전자등록 신청을 받은 전자등록기관 또는 계좌관리기관은 지체 없이 전자등록계좌부에 해당 전자등록주식등의 계좌간 대체의 등록을 하여야 한다(주식전자등록법 제30조 제2항).

### (4) 질권 설정·말소, 신탁재산 표시·말소 전자등록

　(가) 전자등록주식등에 질권을 설정하거나 말소하려는 자 또는 신탁재산이라는 사실을 표시하거나 그 표시를 말소하려는 자는 해당 전자등록주식등이 전자등록된 전자등록기관 또는 계좌관리기관에 질권 설정·말소 또는 신탁재산이라는 사실의 표시·말소의 전자등록을 신청하여야 한다(주식전자등록법 제31조 제1항, 제32조 제1항).

　(나) 위의 전자등록 신청을 받은 전자등록기관 또는 계좌관리기관은 지체 없이 신청내용에 따라 전자등록계좌부에 질권 설정·말소의 전자등록 또는 신탁재산 표시·말소의 전자등록을 하여야 한다(주식전자등록법 제31조 제2항, 제32조 제2항).

### (5) 권리의 소멸 등에 따른 변경·말소의 전자등록

　(가) 원리금·상환금의 지급 등, 발행인인 회사의 정관변경 등으로 인한 전자등록주식등의 주권등으로의 전환, 발행인인 회사의 합병·분할·분할합병, 발행인인 회사의 전자등록된 주식의 병합·분할·소각 또는 액면주식과 무액면주식간의 전환 등의 사유로 신규 전자등록을 변경하거나 말소하려는 자(발행인 또는 권리자)는

해당 전자등록주식등이 전자등록된 전자등록기관 또는 계좌관리기관에 신규 전자
등록의 변경·말소의 전자등록을 신청하여야 한다(주식전자등록법 제33조 제1항).

　"발행인인 회사의 정관 변경 등으로 인한 전자등록주식등의 주권등으로의
전환"의 사유로 신규 전자등록의 말소의 전자등록을 청구하는 것은 신규 전자등
록의 취소를 청구하는 것으로서, 의무적용 대상증권은 제외되고 임의적용 대상증
권에만 해당하는 것으로 본다.

　(내) 위의 전자등록을 신청을 받은 전자등록기관 또는 계좌관리기관은 지체
없이 전자등록주식등에 관한 권리내용을 변경하거나 말소하는 전자등록을 하여
야 한다(주식전자등록법 제33조 제2항).

　(대) 위 (개) 및 (내)에도 불구하고 전자등록기관 또는 계좌관리기관은 ( i ) 주식
전자등록법 제38조에 따른 전자등록기관을 통한 권리행사로 원리금·상환금 지급
등으로 인한 전자등록주식등에 관한 권리의 전부 또는 일부의 소멸, ( ii ) 발행인
이 상법, 그 밖의 법률에 따라 해산·청산된 경우 또는 (iii) 그 밖에 주식등에 대
한 권리가 변경되거나 소멸되는 경우로서 대통령이 정하는 경우에는, 직권으로
전자등록주식등에 관한 권리내용을 변경하거나 말소할 수 있다(주식전자등록법 제
33조 제3항).

### (6) 국채등의 전자등록

　(개) 한국은행은 ( i ) 국채법에 따른 국고채권, ( ii ) 국고금관리법에 따른 재
정증권 또는 (iii) 한국은행통화안정증권법에 따른 통화안정증권(국채등)의 소유자
가 되려는 자가 국채등의 발행을 청구하는 경우에는 그 소유자가 되려는 자의
신청으로 이들을 갈음하여 전자등록기관을 명의인으로 하는 국채등의 등록(국채
법, 국고금관리법 또는 한국은행통화안정증권법에 따른 등록을 말함)을 할 수 있다(주식
전자등록법 제72조 제1항). 즉, 국채등(국민주택채권 제외)은 국채법 등에 따라 발행
총량을 전자등록기관 1인 명의로 한국은행이 관리하는 국채등록부 등에 등록하
여 발행할 수 있다.[85]

　(내) 한국은행은 위 (개)와 같이 전자등록기관의 명의로 등록된 국채등이 주식
전자등록법에 따라 소유자의 명의로 전자등록될 수 있도록 위 (개)의 등록내용을
전자등록기관에 통지하여야 한다(주식전자등록법 제72조 제2항 제1문). 이 경우 주식
전자등록법상 국채등의 신규 전자등록은 다른 주식등의 경우와 동일한 방법 및

---

85) 한국예탁결제원, 전게 법령자료집 1, 13면.

절차에 따라 신규 전자등록을 한다(주식전자등록법 제72조 제2항 제2문).

주식전자등록법상 한국은행에 관한 특별규정(동법 제72조)은 한국은행이 국채법 등에 따른 국채등의 등록업무를 유지시키기 위한 잠정적인 규정으로 생각되며, 종국적으로는 국채법 등을 개정하여 일반 채무증권과 같이 주식전자등록법상 전자등록의 절차를 동일하게 밟도록 하여야 할 것이다.

## 3. 기존 증권의 일괄 전환 등

전자등록은 위에서 본 바와 같이 발행인이 전자등록기관에 신청하고 전자등록기관이 이를 심사하여 하는 것이 원칙이다. 그러나 주식전자등록법은 전자증권제도의 신속하고 효율적인 정착과 투자자보호를 위하여 주식전자등록법 시행일에 일정한 증권은 일괄적으로 전자등록주식등으로 전환하도록 하였다. 기존의 증권을 일괄 전환하는 방식은 전자등록이 의무적인지 또는 선택적인지에 따라 구분된다.[86]

**가.** 전자등록이 법적으로 의무화된 상장증권 등의 경우에는 주식전자등록법 시행일 전에 예탁되었는지 여부에 따라 다르다. 예탁된 증권은 발행인의 신규 전자등록 신청이 없더라도 주식전자등록법 시행일부터 일괄적으로 전자등록주식등으로 전환된다(주식전자등록법 부칙 제3조 제1항).

예탁되지 아니한 사채권 및 무기명식 증권(소유자가 발행회사에 제출한 증권은 제외함)은 주식전자등록법 시행일에 일괄 전환되지 않는다(주식전자등록법 부칙 제3조 제2항 제1문). 다만, 그 중에 기존 공사채등록법에 따라 예탁결제원 명의로 등록된 금액 또는 수량에 대해서는 전자증권제도 시행 후에 소유자의 개별적인 전환 청구에 의하여 전자등록 된다(주식전자등록법 부칙 제3조 제2항 제2문).

발행인은 주식전자등록법 시행 당시 예탁되지 아니한 전환대상주권등의 권리자를 보호하기 위하여 주식전자등록법 시행일의 직전 영업일을 말일로 1개월 이상의 기간을 정하여 (ⅰ) 주식전자등록법 시행일부터 전환대상주권등이 효력을 상실한다는 뜻과 (ⅱ) 주식전자등록법 시행일 직전 영업일까지 권리자는 발행인에게 전자등록계좌를 통지하고 전환대상주권등 실물을 제출하여야 한다는 뜻을 주주 등 권리자에게 공고하고 통지하여야 한다(주식전자등록법 부칙 제3조 제3항). 이와 같은 조치를 거치지 아니한 전환대상주권등은 특별계좌에 전자등록하여 관

---

86) 이에 관하여는 박재훈, 전게논문(예탁결제 제97호), 12면.

리한다(주식전자등록법 부칙 제3조 제4항). 특별계좌란 발행인이 기준일 직전 영업일을 기준으로 (발행인에게 전자등록계좌를 통지하지 않거나 주권등을 제출하지 않는 권리자를 위하여) 주주명부 등에 기재된 소유자나 질권자를 명의자로 하여 명의개서대행회사 등에 개설하는 계좌이다(주식전자등록법 제29조 제1항). 특별계좌에 등록된 주식등은 원칙적으로 소유자가 해당 증권 실물을 발행인에게 제출하고 자기 명의의 전자등록계좌로 이전하는 경우 외에는 처분을 할 수 없다(주식전자등록법 제29조 제2항, 동 부칙 제3조 제4항).[87]

　　나. 전자등록이 선택사항인 비상장증권의 경우에 발행인은 주식전자등록법 시행일부터 3개월 전까지 한국예탁결제원에 해당 비상장증권의 전자등록을 신청할 수 있고, 발행인의 전자등록 신청이 있는 경우 기존의 증권은 전자등록이 법적으로 의무화된 상장증권 등의 경우와 동일하게 처리된다(주식전자등록법 부칙 제4조).

　　비상장증권의 발행인에 대하여 전자등록의 신청기간을 주식전자등록법 시행일부터 3개월로 제한하는 이유가 무엇인지 의문이다. 이를 제한하지 않고 자유롭게 언제나 신청할 수 있도록 하면 어떠한 문제가 발생하는지 의문이다.

# VI. 전자증권상 권리의 이전

## 1. 전자등록의 효력

### 가. 권리추정력

　　전자등록계좌부(고객계좌부 및 계좌관리기관등 자기계좌부)에 전자등록된 자는 해당 전자등록주식등에 대하여 전자등록된 권리를 적법하게 가지는 것으로 추정한다(주식전자등록법 제35조 제1항). 상법에서도 전자등록부에 주식등을 등록한 자는 그 등록된 주식등에 대한 권리를 적법하게 보유한 것으로 추정한다고 규정하여(상법 제356조의2 제3항 전단 등) 동일하게 규정하고 있다.

　　실물주권이 발행된 경우에는 주식의 양도와 관련한 권리추정력과 회사와 관련한 권리추정력이 있다. 주식의 양도와 관련한 권리추정력은 「주권의 점유」로서, 상법은 "주권의 점유자는 이를 적법한 소지인으로 추정한다"고 규정하고 있

---

87) 주식전자등록법 시행일까지 예탁되지 아니한 증권으로서 특별계좌를 통한 관리가 곤란한 등록 발행된 공사채는 앞에서 본 바와 같이 주식전자등록법 시행 후 소유자의 개별 신청에 따라 전자등록주식등으로 전환된다(주식전자등록법 부칙 제3조 제2항 제2문).

다(상법 제336조 제2항). 주식의 양도는 주권의 교부에 의하여 그 효력이 발생하므로(상법 제336조 제1항), 그 주권의 점유자는 (점유의 취득원인을 불문하고) 점유 자체만으로 권리자로서의 외관을 갖게 되어 적법한 소지인으로 추정된다(상법 제336조 제2항)(주권의 점유자에 대한 자격수여적 효력).[88] 회사와 관련한 권리추정력은 주주명부의 명의개서이다(상법 제337조 제1항 참조). 주식의 양수인이 주주명부에 명의개서를 하면 이후 주주로 추정되어 자기가 실질적 권리자(주주)라는 것을 증명하지 않고도 적법한 주주로서의 권리를 행사할 수 있다.[89]

전자등록계좌부에 전자등록된 자는 (해당 전자등록주식등에 대하여) 전자등록된 권리를 적법하게 가지는 것으로 추정하는 의미는, 예컨대 실물증권인 주권의 경우 주식양도와 관련하여 주권의 점유자와 같은 효력을 인정하고(상법 제336조 제2항 참조), 또한 회사의 정관으로 전자주주명부를 작성할 수 있도록 한 경우로서(상법 제352조의 2 제1항) 전자등록계좌부를 전자주주명부로 이용하거나[90](직접등록방식의 경우) 또는 전자등록계좌부에 의하여 실시간 전자주주명부에 명의개서를 하면(간접등록방식의 경우) 전자등록계좌부에 전자등록된 자는 회사와의 관계에서도 주주명부에 명의개서된 자와 같은(상법 제337조 제1항 참조) 권리추정력을 인정한다는 뜻이라고 볼 수 있다.

일반 유가증권의 경우 자격수여적 효력은 기명증권에는 인정되지 않고 지시증권 또는 무기명증권에만(즉, 협의의 유가증권에만) 인정되는데, 지시증권의 경우에는 배서의 연속에 의하여 또 무기명증권의 경우에는 단순한 소지만에 의하여 형식적 자격을 갖게 되고 이의 결과 자격수여적 효력을 갖는다(민법 제513조 등).[91] 따라서 일반 유가증권상의 권리를 전자등록계좌부에 전자등록하여 권리추정적 효력이 있다는 의미는, 실물증권의 경우 지시증권의 경우 배서의 연속 또는 무기명증권의 경우 단순한 소지에 의하여 자격수여적 효력을 인정받는 것과 같은 뜻이라고 볼 수 있다. 따라서 일반 유가증권의 경우 기명증권으로 분류되는 기명사채 등[92]은 전자증권에서는 권리추정력에 있어서 무기명증권과 같은 성질로 변경

---

88) 동지: 대판 1989. 7. 11, 89 다카 5345.
89) 동지: 대판 1985. 3. 26, 84 다카 2082; 동 1989. 7. 11, 89 다카 5345(주주명부에 기재된 명의상의 주주는 실질적 권리를 증명하지 않아도 주주의 권리를 행사할 수 있게 한 자격수여적 효력만을 인정한 것뿐이지 주주명부의 기재에 창설적 효력을 인정하는 것은 아니다) 외.
90) 입법론으로는 전자등록계좌부에 대하여 상법상 주주명부 또는 사채원부 등과 동일한 효력을 규정하는 방식을 고려할 필요성이 있다는 견해도 있다(법무법인 율촌, 전게 법률안 검토안, 3면, 5면).
91) 정찬형, 전게서[상법강의(하)(제18판)], 25면.

된다고 볼 수 있다.

## 나. 선의취득

### (1) 의 의

전자등록계좌부에 한 전자등록에 대하여 권리추정력을 인정하는 결과(주식전자등록법 제35조 제1항, 상법 제356조의 2 제3항 전단), 선의로 중대한 과실 없이 전자등록계좌부의 권리내용을 신뢰하고 소유자 또는 질권자로 전자등록된 자는 해당 전자등록주식등에 대한 권리를 적법하게 취득한다(주식전자등록법 제35조 제5항, 상법 제356조의 2 제3항 후단).

### (2) 요 건

전자증권의 선의취득에도 실물증권의 선의취득(민법 제514조·제524조, 어음법 제16조 제2항 등)의 요건이 그대로 해당한다고 본다.

㉮ 실물증권에서는 증권의 양도방법(지시증권의 경우는 배서, 무기명증권의 경우는 단순한 증권의 교부)에 의하여 증권을 취득하여야 하는데, 전자증권의 양도방법은 전자등록계좌부에의 전자등록이므로 실물증권의 경우보다 매우 간단하다. 또한 실물증권에서와 같은 기한후배서나 추심위임배서 등과 같은 문제도 없다.

㉯ 실물증권에서는 증권취득자는 형식적 자격이 있어야 하므로 지시증권의 경우에는 배서의 연속, 무기명증권의 경우에는 단순한 소지가 있어야 한다. 그런데 전자증권에서는 전자등록계좌부에 권리자로서 전자등록만 되면 된다.

㉰ 실물증권에서는 양수인의 선의에 의하여 치유되는 하자가 양도인의 무권리만이냐, 또는 양도인의 양도행위의 하자(대리권·처분권의 흠결, 제한능력, 의사의 흠결 또는 의사표시의 하자, 동일성의 흠결 등)도 포함되느냐에 대하여, 견해가 나뉘어 있다. 사견으로 선의취득자를 두텁게 보호하기 위하여 양도행위의 하자도 선의에 의하여 치유된다고 본다.[93] 전자증권의 선의취득에서도 양도인의 무권리뿐만 아니라, 양도행위의 하자도 치유된다고 본다.[94] 특히 대면거래가 아닌 전자증

---

92) 정찬형, 상게서[상법강의(하)(제18판)], 18면, 20면.
93) 정찬형, 상게서[상법강의(하)(제18판)], 316면.
　　동지: 대판 1995. 2. 10, 94 다 55217(약속어음의 수취인인 회사의 총무부장이 대표이사 명의로 배서를 위조한 사안에서, 어음의 선의취득으로 인하여 치유되는 하자의 범위, 즉 양도인의 범위는 양도인이 무권리자인 경우뿐만 아니라 대리권의 흠결이나 하자의 경우도 포함된다).
94) 동지: 증권예탁결제원 조사개발부 전자증권팀, 전자증권제도 입법내용 및 입법(안) 검토, 2005. 12, 57면(고객의 신청이 없는 상태에서 증권회사의 양도, 무권대리인 또는 무능력자에 의한 양도 등의 경우에는 당연히 선의취득이 인정된다).

권의 선의취득에서는 양도행위의 하자가 선의에 의하여 치유되는 점이 매우 중요하다고 본다.

⒟ 실물증권에서는 증권취득자에게 악의 또는 중대한 과실이 없어야 하는데, 이에 대하여 전자증권에서도 동일하다. 주식전자등록법 및 상법은 위에서 본 바와 같이 명문규정을 두고 있다. 선의에 의하여 양도행위의 하자도 치유된다고 보면 선의의 대상은 「양도인의 무권리」뿐만 아니라 「양도행위의 하자」를 포함한다.

⒠ 실물증권에서는 증권취득자가 독립된 경제적 이익을 가져야 하는 점에서, 추심위임배서의 피배서인은 독립된 경제적 이익이 없으므로 선의취득을 할 수 없다고 해석한다.[95] 그런데 전자증권에서는 이러한 문제가 없다고 본다. 왜냐하면 전자증권에서는 추심위임배서와 같은 경우가 없을 뿐만 아니라, 주식전자등록법은 (전자증권상)「권리자」란 "전자등록주식등의 소유자 또는 질권자, 그 밖에 전자등록주식등에 이해관계가 있는 자로서 대통령령으로 정하는 자를 말한다"고 정의규정을 두고 있어(주식전자등록법 제2조 제5호) 전자등록된 자는 (전자증권상) 권리자라고 볼 수 있기 때문이다.

### (3) 효 과

실물증권에서는 증권의 선의취득자는 증권상의 권리를 원시취득하고(통설), 증권상 채무자가 증권상 채무를 부담하는지는 인적항변의 문제로서 별도의 문제라고 본다. 전자증권의 선의취득자는 동 증권상의 권리를 원시취득한다고 볼 수 있다.

그런데 전자증권에 인적항변이 인정되는지 여부는 전자증권을 규율하는 법률에서 이에 관하여 규정하는지 여부 또는 이에 관한 실물증권에 관한 규정을 준용하는지 여부에 따라 인정될 수 있는지 여부가 결정되겠는데, 주식전자등록법에는 이에 관한 규정이 없어 전자증권상 채무자가 전자증권상 인적항변을 할 수 있는 경우는 없다고 본다. 그러나 「전자어음의 발행 및 유통에 관한 법률」(2004년 3월 22일 법률 제7197호)(이하 "전자어음법"으로 약칭함)은 "전자어음에 관하여 이 법에서 정한 것 외에는 어음법에서 정하는 바에 따른다"고 규정하여(동법 제4조), 동 규정에 의하여 인적항변에 관한 어음법 제17조가 적용되므로, 전자어음에도 인적항변이 적용된다. 그런데 주식전자등록법은 다른 법률과의 관계에서 "전자등록주식등에 관하여는 다른 법률에 특별한 규정이 있는 경우를 제외하고는 이 법

---

95) 정찬형, 전게서[상법강의(하)(제18판)], 318면.

에서 정하는 바에 따른다"고만 규정하고 있어(동법 제3조), 이를 근거로 실물증권
상 인적항변에 관한 규정을 적용할 수는 없다. 전자증권에 대하여도 실물증권상
인적항변에 관한 규정(민법 제515조, 제524조 등)을 적용하고자 하면 앞에서 본 바
와 같이 주식전자등록법 제3조를 개정하여 전자어음법 제4조와 같은 규정을 두
어야 할 것으로 본다.[96]

　　실물증권에서 선의취득자와 제권판결취득자가 있는 경우에 누가 실질적 권
리자인가의 문제가 있는데,[97] 전자증권에 대하여는 공시최고절차에 의한 제권판
결이 존재하지 않으므로 실물증권에서와 같은 이러한 문제는 발생할 여지가 없
다고 본다.

## 2. 전자증권의 양도

　　전자등록주식등을 양도하는 경우에는 (주식전자등록법 제30조에 따른) 계좌간
대체의 전자등록을 하여야 그 효력이 발생한다(주식전자등록법 제35조 제2항). 상법
에서도 "전자등록부에 등록된 주식의 양도나 입질(入質)은 전자등록부에 등록하
여야 효력이 발생한다"고 규정하고 있다(상법 제356조의 2 제2항 등).

### 가. 주식의 경우

　　(1) 실물 주권에 의하여 주식이 양도되는 경우에는, 주권의 발행시기에 대하
여 상법은 "회사는 성립 후 또는 신주의 납일기일 후 지체없이 주권을 발행하여
야 한다"고 규정하고(상법 제355조 제1항), 주권의 효력발생시기에 대하여 학설은
작성시설·발행시설 또는 교부시설로 나뉘어 있다.[98]

　　주권의 효력발생시기에 관한 논의는 전자등록기관의 전자등록부에 주식을
등록함으로써 주권의 발행에 갈음하는 전자증권제도에서는 의미가 없게 되었지
만, 주식의 전자등록시기는 상법 제355조 제1항에 의하여 "회사의 성립(설립등기)
후 또는 신주의 납입기일 후 지체 없이 전자등록하여야 한다"고 본다.

　　(2) 실물 주권에 의하여 주식이 양도되는 경우에는, 주권발행 전의 양도와
주권발행 후의 양도가 있어 각각의 양도방법이 상이하다. 즉, 주권발행 전에 한

---

96) 동지: 법무법인 율촌, 전게 법률안 검토안, 6면(이 법에 명시적으로 규정하지 않은 사항에
　　 대하여는 그 성질이 반하지 않는 범위 내에서 관련 법령에 의한다는 취지의 내용을 규정하는
　　 것이 좋을 것으로 보입니다).
97) 이에 관하여는 정찬형, 전게서[상법강의(하)(제18판)], 320면 참조.
98) 이에 관하여는 정찬형, 전게서[상법강의(상)(제19판)], 721~723면 참조.

주식의 양도는 원칙적으로 회사에 대하여 효력이 없으나(회사 성립 후 또는 신주의
납입기일 후 6월이 경과하기 전에 주권 없이 한 주식의 양도는 회사에 대하여 효력이 없으
나), 회사성립 후 또는 신주의 납입기일 후 6월이 경과한 때에는 예외적으로 주
권 없이도 주식을 양도할 수 있다(상법 제335조 제3항). 주권발행 전의 주식의 양
도방법은 상법이 특별히 규정하고 있지 않으므로 민법의 일반원칙에 의하여 양
도된다. 즉, 주권발행 전의 주식의 양도는 지명채권양도의 일반원칙에 의하여 당
사자 사이의 의사표시의 합치만으로 그 양도의 효력이 발생하나,[99] 이를 회사에
대항하기 위하여는 양도에 관하여 양도인이 회사에 통지하거나 회사의 승낙을
받아야 한다(민법 제450조 제1항).[100]

　전자증권의 경우에도 주식을 전자등록부에 등록하기 전 주식의 양도는 원칙
적으로 회사에 대하여 효력이 없으나(회사성립 후 또는 신주의 납입기일 후 6월이 경
과하기 전에 전자등록 없이 한 주식의 양도는 회사에 대하여 효력이 없으나),[101] 회사의
성립 후 또는 신주의 납입기일 후 6월이 경과한 후에 (발행된 주식에 대하여) 전자
등록을 하게 되면 주권발행 전의 주식양도에 관한 규정(상법 제335조 제3항 단서)
이 적용될 수 있다고 본다. 그런데 주식의 발행과 동시에 전자등록되는 경우에는
이러한 일이 거의 발생하지 않을 것으로 본다.

　(3) 주권발행 후의 주식의 양도는 (주식양도의 합의와)[102] 주권의 교부에 의하
여 한다(상법 제336조 제1항). 이 때의 주권의 교부는 주식양도의 효력발생요건이
지 대항요건이 아니다(민법 제523조 참조). 따라서 (기명)주식[103]의 양도를 제3자에
게 대항하기 위한 요건은 「주권의 소지」이고,[104] 회사에 대항하기 위한 요건은
주주명부에의 「명의개서」이다(상법 제337조 제1항).

　전자증권인 경우 「계좌간 대체의 전자등록」이 주식양도의 효력요건이다(주식
전자등록법 제35조 제2항). 이는 당사자간의 주식양도의 합의를 전제로 하고, 계좌
간 대체의 전자등록은 실물 주권이 발행된 경우 주권의 교부에 갈음하는 것으로
볼 수 있다. 또한 계좌간 대체의 전자등록으로 주식을 취득한 자는 (권리추정적

99) 동지: 대판 1988. 10. 11, 87 누 481 외.
100) 정찬형, 전게서[상법강의(상)(제19판)], 773~774면.
101) 동지: 법무법인 율촌, 전게 법률안 검토안, 4면.
102) 동지: 대판 1994. 6. 28, 93 다 44906.
103) 2014년 5월 개정상법(2014. 5. 20, 법률 제12591호, 시행일자: 2014. 5. 20)은 무기명식주
　식제도를 폐지하였으므로, 우리 상법상 주식은 기명주식을 의미한다.
104) 정찬형, 전게서[상법강의(상)(제19판)], 775면.

효력이 있을 뿐만 아니라) 실물증권을 소지하고 있는 것과 같음으로 제3자에 대한 대항요건도 구비하게 된다고 볼 수 있다. 또한 회사가 정관으로 정하는 바에 따라 전자주주명부를 작성하는 경우(상법 제352조의 2 제1항) 전자등록계좌부를 전자주주명부로 갈음하거나 또는 전자등록계좌부에 의하여 실시간 전자주주명부를 작성하게 되면 전자등록계좌부상 계좌간 대체의 전자등록은 주식양도의 회사에 대한 대항요건도 구비하게 된다고 본다. 따라서 전자증권의 경우에는 「계좌간 대체의 전자등록」에 의하여 주식양도의 효력이 발생함과 동시에 제3자 및 회사에 대한 대항요건도 갖추게 되어 주식양도가 훨씬 간편하게 될 수 있다고 본다.

## 나. 사채의 경우

우리 상법상 사채에는 기명사채와 무기명사채가 있는데, 사채권자는 언제든지 기명식의 채권(債券)을 무기명식으로, 무기명식의 채권(債券)을 기명식으로 할 것을 회사에 청구할 수 있다(상법 제480조 본문). 그러나 채권(債券)을 기명식 또는 무기명식에 한할 것으로 정한 때에는 그러하지 아니하다(상법 제480조 단서).

(1) 무기명사채의 양도에 대하여는 상법이 특별히 규정하고 있지 않으므로, 민법에 의하여 무기명사채의 양도는 양수인에게 채권(債券)을 교부함으로써 그 효력이 발생한다(민법 제523조)고 해석한다.[105]

회사가 이러한 무기명사채에 대하여 채권(債券)을 발행하는 대신 (정관으로 정하는 바에 따라) 전자등록기관의 전자등록부에 채권(債權)을 등록하면(상법 제478조 제3항 제1문), 전자등록부에 등록된 채권의 양도는 전자등록부에 등록하여야 효력이 발생한다(상법 제478조 제3항 제2문, 제356조의 2 제2항). 주식전자등록법상으로도 전자등록주식등의 양도는 「계좌간 대체의 전자등록」에 의하여 그 효력이 발생한다(동법 제35조 제2항). 이와 같이 무기명식 채권을 전자등록하면 그 권리자가 나타나면서(주식전자등록법 제22조 제2항 제1호 참조) 실물증권의 교부에 갈음하는 「계좌간대체의 전자등록」에 의하여 채권이 양도되므로, 실물증권의 경우 (기명)주권과 유사하게 된다. 따라서 이는 무기명채권의 전자증권화에 따른 변화로서 실물증권의 경우와 다른 점이라고 볼 수 있다.

(2) 기명사채의 양도에 대하여는 상법에서 "기명사채의 이전은 취득자의 성명과 주소를 사채원부에 기재하고 그 성명을 채권(債券)에 기재하지 아니하면 회

---

105) 정찬형, 상게서[상법강의(상)(제19판)], 1203~1204면.

사 기타의 제3자에게 대항하지 못한다"고 규정하고 있다(상법 제479조 제1항). 이는 기명사채 양도의 대항요건으로서, 기명사채 양도의 효력요건에 대하여는 상법에서 규정하지 않고 있다. 따라서 기명사채의 양도는 지명채권의 양도방법에 의한다고 해석한다. 즉, 기명사채의 양도는 양도의 의사표시에 의하여 그 효력이 발생하는데, 기명채권(債券)은 기명증권(記名證券)으로서 권리가 증권에 화체(化体)된 유가증권이므로 이 외에 증권의 교부가 있어야 양도의 효력이 발생한다고 본다(효력요건)(이 점에서 민법상 지명채권의 양도방법과 구별된다).[106) 기명채권(債券)은 기명증권이므로 그 채권(債券)의 점유에 자격수여적 효력을 인정하지 않고(상법 제336조 제2항과 비교) 또한 선의취득도 인정되지 않는다.[107) 사채원부에 대하여는 전자사채원부로 작성할 수 있는 점에 관한 규정도 없다(전자주주명부에 대하여는 상법 제352조의 2가 규정하고 있음).

　　따라서 상법상 기명사채에 대하여 채권(債券)을 발행하는 대신 전자등록기관의 전자등록부에 채권(債權)을 전자등록하게 되면(상법 제478조 제3항) 양도의 효력이 발생하기 위하여는 「계좌간 대체의 전자등록」을 하여야 하나(주식전자등록법 제35조 제2항), 그 양도를 회사에 대항하기 위하여는 다시 사채원부에 양수인의 성명과 주소를 기재하여야 한다(상법 제479조 제1항). 그런데 기명채권의 양도를 제3자에게 대항하기 위한 요건인 "채권(債券)에 양수인의 성명을 기재하는 요건"(상법 제479조 제1항)은, 전자등록된 기명채권의 경우는 "계좌간 대체의 전자등록"(주식전자등록법 제35조 제2항)으로 갈음할 수 있다고 본다. 그러나 기명채권(債券)의 경우 기명증권으로서 위에서 본 바와 같이 그 점유에 자격수여적 효력이 없고 또한 선의취득도 되지 않는데, 기명채권(債權)이 전자등록된 경우에는 그 등록된 사채(기명사채)에 대하여 자격수여적 효력이 인정되고 또한 선의취득이 인정된다고 본다(상법 제478조 제3항 제2문, 제356조의 2 제3항). 따라서 전자등록된 기명채권은 실물 (기명)주권과 같이 변경된 것으로 볼 수 있고, 실물 기명채권(債券)과는 구별된다고 본다. 이와 같이 보면 채권(債權)이 전자등록되면 무기명채권이나 기명채권이 모두 (기명)주권과 유사하게 되어 실물증권에서와는 달리 기명식 채권과 무기명 채권은 (회사에 대한 대항요건을 제외하면) 거의 차이가 없게 된다.[108) 그

　106) 정찬형, 상게서[상법강의(상)(제19판)], 1204면.
　107) 정찬형, 상게서[상법강의(상)(제19판)], 1205~1206면.
　108) 동지: 증권예탁결제원 조사개발부 전자증권팀, 전자증권제도 입법내용 및 입법(안) 검토, 2005. 12, 59~60면(전자증권에서는 발행·이전 및 권리행사 등 모든 면에서 기명식과 무기명식이 구별되지 않으므로, 기명식과 무기명식의 구분을 폐지하고 기명식으로 통일하여 입법하

러나 전자등록된 기명채권(債券)이 전자등록(계좌간 대체의 전자등록)에 의하여 양도
된다고 하더라도(효력발생요건)(상법 제478조 제3항 제2문, 제356조의 2 제2항), 이를 회
사에 대항하기 위하여는 실물인 사채원부에 다시 양수인의 성명과 주소를 기재
하여야 하므로(대항요건)(상법 제479조 제1항) 이러한 대항요건으로 인하여 신속한
이전이 이루어질 수 없다. 따라서 이러한 문제를 해결하기 위하여는 전자주주명
부와 같이 전자사채원부를 작성할 수 있는 규정을 상법에 두어야 할 것으로 본
다. 이와 함께 전자사채원부에 대하여도 (전자주주명부와 같이) 전자등록계좌부를
전자사채원부로 갈음할 수 있도록 하거나 또는 전자등록계좌부에 의하여 실시간
전자사채원부를 작성할 수 있도록 하면 전자등록계좌부상 「계좌간 대체의 전자
등록」은 기명사채 양도의 회사에 대한 대항요건도 구비하게 될 것이다.

## 3. 전자증권의 질권 설정

전자등록주식등을 질권의 목적으로 하는 경우에는 질권 설정의 전자등록을
하여야 그 효력이 발생한다(주식전자등록법 제35조 제3항 제1문). 질권 설정의 전자
등록은 질권설정자의 신청에 의하여(주식전자등록법 제31조 제1항), 이러한 신청을
받은 전자등록기관 또는 계좌관리기관이 지체 없이 해당 전자등록주식등이 「질
물(質物)」이라는 사실과 「질권자」를 질권설정자의 전자등록계좌부에 전자등록하
는 방법으로 해당 전자등록주식등에 대한 질권 설정의 전자등록을 하여야 한다
(주식전자등록법 제31조 제2항). 이 경우 상법 제340조 제1항에 따른 주식의 등록질
(登錄質)의 경우 질권자의 성명을 주권에 기재하는 것에 대해서는 그 성명을 전
자등록계좌부에 전자등록하는 것으로 갈음한다(주식전자등록법 제35조 제3항 제2문).
상법도 전자등록부에 등록된 주식 등의 입질(入質)은 전자등록부에 등록하여야
그 효력이 발생하는 것으로 규정하고 있다(상법 제356조의 2 제2항).

### 가. 주식의 경우

주권이 발행된 경우 주식의 입질의 성질은 유가증권의 입질로 볼 수 있으
나,[109] 전자증권으로서의 주식의 입질은 채권질(債權質)(민법 제349조)로 보아야 할
것이다. 또한 우리 상법은 2014년 5월 개정상법에 의하여 무기명주식제도를 폐

---

여야 한다); 법무법인 율촌, 전게 법률안 검토안, 2면(전자증권의 경우 기명·무기명식은 구별
하지 않는 것이 보다 합리적이다).
109) 정찬형, 전게서[상법강의(상)(제19판)], 795면.

지하고 기명주식만을 인정하고 있으므로, 상법상 주식의 입질은 기명주식의 입질만이 해당한다. 주권이 발행된 경우 상법상 (기명)주식의 입질방법에는 약식질과 등록질이 있다.

(1) 상법상 주식의 약식질은 당사자간의 질권 설정의 「합의」와 질권자에 대한 「주권의 교부」에 의하여 그 효력이 발생한다(상법 제338조 제1항). 약식질을 회사 및 제3자에게 대항하기 위하여는 질권자에 의한 「주권의 계속 점유」를 요한다(상법 제338조 제2항).

전자증권의 경우 질권 설정에는 「질물(質物)이라는 사실과 질권자」를 질권설정자의 전자등록계좌부에 전자등록하는 것을 요하므로(주식전자등록법 제31조 제2항), 주권이 발행된 경우의 등록질만이 인정되고 약식질은 인정될 수 없게 되었다고 본다. 따라서 전자증권의 경우 상법상 약식질에 관한 규정은 적용될 여지가 없게 되었다고 본다. 이에 반하여 "전자등록제도에서의 질권설정은 예탁제도에서와 마찬가지로 등록질이 아니라 약식질의 방식이다. 다만, 전자등록제도하에서도 담보권자 및 담보권설정자가 등록질을 제도적으로 계속 이용할 수 있도록 질권자의 신청에 따라 전자등록기관이 질권 내용을 소유자명세에 포함하여 발행회사에 통보할 수 있도록 하였다(주식전자등록법 제37조 제5항)"고 설명하는 견해가 있다.110) 그런데 질권설정자의 청구에 의하여 해당 주식등이 전자등록된 전자등록기관 또는 계좌관리기관이 「질물이라는 사실과 질권자」를 질권설정자의 전자등록계좌부에 전자등록하는 것이 주권이 발행된 경우 「주권을 질권자에게 교부한 것」과 같은 효력이 있는 것일까? 이미 주권이 발행된 경우 약식질권자는 단독으로 발행인에게 주주명부에 질권 내용을 기재하여 줄 것을 요청할 수 있는 점에서 (즉, 등록질로 하여 줄 것을 요청할 수 있는 점에서)(주식전자등록법 제28조) 전자증권제도하에서는 주권이 발행된 경우의 등록질만을 인정하는 것이 아닐까? 발행인이 전자등록기관에 소유자명세의 작성을 요청하는 경우 「질권이라는 사실과 질권자」가 질권설정자의 전자등록계좌에 기재되었다면 당연히 소유자명세에 이를 기재해야 하지, 질권자의 신청이 있는 경우에만 이를 소유자명세에 포함시킬 수 있는 것은 아니라고 본다. 전자등록계좌부가 발행회사의 전자주주명부를 갈음하거나 또는 전자등록계좌부에 의하여 실시간 전자주주명부가 작성되는 경우에는 전자증권의 경우 실물주권에서의 등록질만이 인정된다는 점이 더욱 명확하게 된다.

---

110) 박재훈, 전게논문(예탁결제 제97호), 11면.

만일 담보의 목적으로 담보권설정자와 담보권자간에 전자증권의 「계좌간 대체의 전자등록」이 있다면 이는 양도담보로 볼 수 있을 것이다.

(2) 상법상 주식의 등록질은·당사자간의 질권 설정의 「합의」와 회사가 질권설정자의 청구에 따라 「질권자의 성명과 주소를 주주명부」에 덧붙여 쓰고 「질권자의 성명을 주권(株券)」에 적어야 한다. 이러한 등록질이 효력을 발생하고(효력요건) 또한 회사에 대항하기 위하여는(대항요건) 「질권자의 성명과 주소를 주주명부」에 기재하여야 하고, 질권자가 제3자에게 대항하기 위한 요건은 「(질권자의 성명이 기재된) 주권의 계속점유」라고 보는 견해도 있으나,[111) 「질권자의 성명을 주권에 기재한 것」으로 볼 수 있다.

주식의 전자증권에 대한 질권 설정은 질권설정자의 신청에 의하여 신청을 받은 전자등록기관 또는 계좌관리기관이 지체 없이 해당 전자등록주식이 「질물(質物)」이라는 사실과 「질권자」를 질권설정자의 전자등록계좌부에 전자등록함으로써 그 효력이 발생한다(효력요건)(주식전자등록법 제31조 제1항·제2항, 제35조 제3항 제1문). 상법상 전자등록부에 등록된 주식의 입질(入質)은 전자등록부에 등록하여야 효력이 발생하는데(상법 제356조의 2 제2항), 이 때 전자등록부에 「등록」한다는 의미는 이와 같은 의미라고 본다. 이러한 내용이 전자주주명부(상법 제352조의 2)에 전자등록되면 회사에 대한 대항요건을 구비하게 된다. 또한 전자증권의 경우 상법 제340조 제1항에 따른 주식의 등록질의 경우 질권자의 성명을 주권에 기재하는 것에 대해서는 그 성명을 전자등록계좌부에 전자등록하는 것으로 갈음하므로(주식전자등록법 제35조 제3항 제2문), 질권의 전자등록에 의하여 그 효력이 발생하는 것뿐만 아니라 제3자에 대한 대항요건도 갖추게 된다.

## 나. 사채의 경우

(1) 실물 채권(債券)이 발행된 경우 무기명사채와 기명사채에 따라 질권설정 방법이 상이하다. 이에 관하여는 상법에 특별한 규정이 없으므로 민법상 권리질(權利質)의 설정방법에 따라야 한다고 본다.[112)

무기명사채의 입질(入質)은 (질권설정의 의사표시와) 채권(債券)을 질권자에게 교부함으로써 그 효력이 생긴다(민법 제351조). 기명사채의 입질은 질권설정의 의

---

111) 정동윤, 「회사법(제7판)」, 법문사, 2001, 287면; 권종호, 전게서[주석상법(제5판)(회사Ⅱ)], 439∼440면 외.
112) 정찬형, 전게서[상법강의(상)(제19판)], 1203∼1205면.

사표시와 채권(債券)을 질권자에게 교부함으로써 질권설정의 효력이 발생하고, 이를 기채회사(사채의 발행회사) 또는 기타 제3자에 대항하기 위하여는 질권설정자가 질권설정을 기채회사에 대하여 통지하거나 또는 기채회사의 승낙이 있어야 한다(민법 제349조).

(2) 사채의 전자증권에 대한 질권 설정은 (무기명사채이든 기명사채이든 불문하고) 질권설정자의 신청에 의하여 신청을 받은 전자등록기관 또는 계좌관리기관이 지체 없이 해당 전자등록사채가 「질물(質物)」이라는 사실과 「질권자」를 질권설정자의 전자등록계좌부에 전자등록함으로써 그 효력이 발생한다(효력요건)(주식전자등록법 제31조 제1항·제2항, 제35조 제3항 제1문). 상법상 전자등록부에 등록된 사채의 입질(入質)은 전자등록부에 등록하여야 효력이 발생하는데(상법 제478조 제3항 제2문, 제356조의2 제2항), 이 때 전자등록부에 「등록」한다는 의미는 이와 같은 의미라고 본다. 이와 같이 전자증권인 사채에 대한 질권의 설정방법은 무기명사채이든 기명사채이든 (주식전자등록법 및 상법에서) 동일하므로, 전자증권제도하에서 무기명사채는 그 본래의 의미가 없어졌다고 볼 수 있다. 따라서 전자증권제도하에서 사채에 대한 질권 설정의 전자등록은 그 효력요건이면서 또한 질권자의 제3자에 대한 대항요건도 된다고 볼 수 있다. 그런데 이의 기채회사(사채의 발행회사)에 대한 대항요건은 (주식의 경우 전자주주명부와 같은) 전자사채원부가 없으므로 문제가 된다. 따라서 전자주주명부와 같이 전자사채원부에 관한 규정을 두어 기채회사에 대한 대항요건을 갖출 수 있도록 입법적 조치가 필요하다고 본다. 이 경우 전자사채원부에 대하여도 (전자주주명부의 경우와 같이) 전자등록계좌부를 전자사채원부로 갈음할 수 있도록 하거나 또는 전자등록계좌부에 의하여 실시간 전자사채원부를 작성할 수 있도록 하면 전자등록계좌부상 질권설정의 등록에 의하여 회사에 대한 대항요건도 구비하게 될 것이다.

## 4. 전자증권의 신탁

전자등록주식등의 신탁은 당사자가 그 전자등록주식등이 전자등록된 전자등록기관 또는 계좌관리기관에 「신탁재산」이라는 사실의 표시의 전자등록을 신청하고(주식전자등록법 제32조 제1항), 이러한 전자등록 신청을 받은 전자등록기관 또는 계좌관리기관이 지체 없이 해당 전자등록주식등이 신탁재산이라는 사실을 전자등록함으로써 제3자에게 대항할 수 있다(주식전자등록법 제32조 제2항, 제35조 제4항).

「신탁재산」이라는 사실의 표시에 대하여는 상법에서 주식·사채 등에 대하여

는 규정하지 않고, 자본시장법에서 "예탁증권등의 신탁은 신탁법 제3조 제2항(공
정증서를 작성하는 방법으로 신탁의 설정)에 불구하고 예탁자계좌부 또는 투자자계좌
부에 「신탁재산」인 뜻을 기재함으로써 제3자에게 대항할 수 있다"고 규정하고
있다(동법 제311조 제3항). 공사채등록법에서도 "등록한 무기명식 공사채를 신탁재
산으로 위탁한 경우에는 그 사실을 등록하지 아니하면 그 공사채의 발행자나 그
밖의 제3자에게 대항하지 못한다"고 규정하고(동법 제6조 제1항), "등록한 기명식
공사채를 신탁재산으로 위탁한 경우에는 그 사실을 등록하고 발행자가 비치한
공사채원부에 그 사실을 기록하지 아니하면 그 공사채의 발행자나 그 밖의 제3
자에게 대항하지 못한다"고 규정하고 있다(동법 제6조 제2항).

　위의 주식전자등록법이 규정하고 있는 전자등록주식등이 전자등록된 전자등
록기관 또는 계좌관리기관에 「신탁재산」이라는 사실의 표시의 전자등록은 신탁
법상 규정에도 불구하고 전자등록주식등의 신탁의 설정방법과 제3자에 대한 대
항요건을 규정하고 있다고 볼 수 있는데, 이는 자본시장법상 예탁증권에 대한 신
탁재산의 표시와 유사하게 규정하고 있다.

# VII. 전자증권상 권리의 행사

## 1. 소유자명세

### 가. 의 의

　전자등록주식등으로서 기명식(記名式) 주식등의 발행인은 주주총회에서 의결
권을 행사하거나 배당을 받을 자 등 일정한 날[113] 현재의 주주 등을 파악할 필
요가 있는데, 이와 같이 일정한 날을 기준으로 해당 주식등의 소유자의 성명 및
주소, 소유자가 가진 주식등의 종류·종목·수량 등을 기록한 명세가 "소유자명
세"이다(주식전자등록법 제37조 제1항).

　그런데 주식의 전자등록(상법 제356조의 2)과 함께 전자주주명부(상법 제352조
의 2)를 이용하고 전자등록계좌부를 전자주주명부에 갈음하거나 또는 전자등록계
좌부에 의하여 실시간 전자주주명부상 주주의 변동사항을 기재하면 실질주주와
명의주주는 언제나 일치하게 되어 위와 같은 "소유자명세"는 필요하지 않게 될

---

113) 이는 주주명부의 기재변경 정지(폐쇄) 전일 또는 기준일에 해당한다(상법 제354조).

것이다.114)

## 나. 작성사유

### (1) 기명식 주식등

#### (가) 의무요청

전자등록주식등으로서 기명식(記名式) 주식등의 발행인은 권리를 행사할 자를 정하기 위하여 주주명부를 폐쇄 또는 기준일(상법 제354조 제1항)과 같은 일정한 날을 정한 경우에는 전자등록기관에 그 일정한 날을 기준으로 해당 주식 등의 소유자의 성명 및 주소, 소유자가 가진 주식등의 종류·종목·수량 등을 기록한 명세(소유자명세)의 작성을 요청하여야 한다(주식전자등록법 제37조 제1항 본문). 그러나 자본시장법에 따라 투자신탁재산을 운용하는 집합투자업자가 집합투자기구의 결산에 따라 발생하는 분배금을 배분하기 위한 경우, 그 밖에 권리자의 이익을 해칠 우려가 적은 경우로서 대통령령으로 정하는 경우에는 그러하지 아니하다(주식전자등록법 제37조 제1항 단서).

#### (나) 임의요청

전자등록주식등으로서 기명식 주식등의 발행인은 다음의 어느 하나에 해당하는 경우에는 전자등록기관에 소유자명세의 작성을 요청할 수 있다(주식전자등록법 제37조 제2항).

( i ) 발행인이 법령 또는 법원의 결정 등에 따라 해당 전자등록주식등의 소유자를 파악하여야 하는 경우

(ii) 발행인이 대통령령으로 정하는 주기별로 해당 전자등록주식등의 소유자를 파악하려는 경우

(iii) 자본시장법 제134조에 따라 공개매수신고서가 제출된 전자등록주식등의 발행인이 그 주식등의 소유상황을 파악하기 위하여 일정한 날을 정하여 전자등록기관에 주주에 관한 사항의 통보를 요청하는 경우(이곳의 "주주"는 "주주등"으로 수정하여야 할 것으로 본다-필자 주)

(iv) 그 밖에 발행인이 해당 전자등록주식등의 소유자를 파악할 필요가 있는 경우로서 대통령령으로 정하는 경우

주식전자등록법은 위와 같이 발행인의 임의요청으로 전자등록기관이 소유자

---

114) 정찬형, 전게서[상법강의(상)(제19판)], 734면.

명세를 작성할 수 있는 경우를 열거하고 있는데, 이와 같이 열거하여 제한할 필요가 있는지 의문이 든다. 소유자명세는 일정한 날을 기준으로 소유자의 현황을 파악하기 위한 것이므로 전자등록주식등의 발행인이 필요하다고 하여 요청한 경우에는 전자등록기관이 발행할 수 있도록 하는 것으로 포괄적으로 규정을 두면 충분하다고 본다. 이로 인하여 실제로 발생하는 문제점(전자등록기관의 과다한 업무 등)은 별도로 합리적으로 해결하여야 할 것이다.

### (2) 무기명 주식등의 임의요청

전자등록주식등으로서 무기명식(無記名式) 주식등의 발행인은 자본시장법 제165조의 11에 다른 조건부자본증권이 주식으로 전환되는 경우, 그 밖에 해당 주식등이 다른 주식등으로 전환되는 경우로서 대통령령으로 전하는 경우에 소유자명세의 작성이 필요하면 전자등록기관에 소유자명세의 작성을 요청할 수 있다(임의요청)(주식전자등록법 제37조 제3항).

앞에서 본 바와 같이 2014년 5월 개정상법은 무기명주식제도를 폐지하고 있으므로, 위의 "무기명 주식등"에는 주식은 제외된다. 또한 전자증권의 발행인의 요청에 의하여 전자등록기관이 소유자명세를 작성하여 발행인에게 통지하는 점은 기명증권의 경우나 무기명증권의 경우가 같다(다만, 무기명증권의 경우 통지를 요청하는 경우가 제한적이다). 따라서 전자증권제도하에서 무기명증권의 소유자의 지위는 실물증권인 무기명증권의 소지인과는 구별되고, 기명증권의 소유자의 지위와 유사하다고 볼 수 있다. 다만, 기명증권의 경우는 발행인이 통지받은 사항을 기재하여 그 소유자에 관한 명부를 작성·비치하여야 하는 점에서 다르다.

### (3) 전자등록기관의 직권 작성

발행인인 회사의 정관 변경 등으로 인한 전자등록주식등의 주권등으로의 전환, 발행인이 해산·청산된 경우 등의 사유로 신규 전자등록이 말소된 경우, 전자등록기관은 신규 전자등록이 말소된 날을 기준으로 해당 전자등록주식등의 소유자명세를 작성하여 발행인에게 지체 없이 통지하여야 한다(주식전자등록법 제37조 제7항).

## 다. 작성절차

(1) 전자등록기관은 위와 같은 발행인의 요청(의무요청이든 임의요청이든)을 받은 경우에는 소유자명세를 작성하여 그 주식등의 발행인에게 지체 없이 통지하여야 한다(주식전자등록법 제37조 제4항 제1문). 이 경우 전자등록기관은 계좌관리기

관에 소유자명세의 작성에 필요한 사항의 통보를 요청할 수 있고, 그 요청을 받은 계좌관리기관은 그 사항을 지체 없이 전자등록기관에 통보하여야 한다(주식전자등록법 제37조 제4항 제2문).

(2) 소유자명세를 통지받은 기명식 전자등록주식등의 발행인은 통지받은 사항과 통지 연월일을 기재하여 주주명부등(주주명부, 수익자명부, 그 밖에 전자등록주식등의 소유자에 대한 법적 장부)을 작성·비치하여야 한다(주식전자등록법 제37조 제6항).

## 2. 전자등록주식등에 대한 권리 행사

### 가. 직접 행사

전자등록주식등의 권리자는 전자등록주식등에 대한 권리(의결권 행사, 배당금·원리금 수령, 전환권·신주인수권 등)를 직접 행사할 수 있다.

증권예탁결제제도에서도 실질주주(예탁주권의 공유자)가 주주로서 권리행사를 함에 있어서는 예탁주권의 공유지분에 상당하는 주식을 가지는 것으로 보아(자본시장법 제315조 제1항), 명의주주(예탁결제원)가 있더라도 일정한 예외를 제외하고는(자본시장법 제314조 제3항), 원칙적으로 모든 주주권을 행사할 수 있다.[115]

### 나. 전자등록기관을 통한 권리 행사

(1) 전자등록주식등의 권리자는 전자등록기관을 통하여 배당금·원리금·상환금 수령, 그 밖에 주식등에 관한 권리를 행사할 수 있다(주식전자등록법 제38조 제1항). 전자등록기관을 통하여 권리를 행사하려는 전자등록주식등의 권리자는 전자등록기관을 통하여 권리를 행사한다는 뜻과 권리행사의 내용을 구체적으로 밝혀 전자등록기관에 신청하여야 하는데, 이 경우 고객계좌부에 전자등록된 권리자는 계좌관리기관을 통하여 신청하여야 한다.

증권예탁결제제도에서도 예탁결제원은 원칙적으로 실질주주의 신청에 의하여 주주권을 행사할 수 있는데(자본시장법 제314조 제1항), 예외적으로 실질주주의 신청이 없는 경우에도 주권불소지신고(상법 제358조의 2)·주주명부의 기재 및 주권에 관하여 주주로서의 권리를 행사할 수 있다(자본시장법 제314조 제3항). 그런데

---

115) 정찬형, 상게서[상법강의(상)(제19판)], 718면.

전자증권제도에서는 주권이 처음부터 발행되지 않고 또한 주주명부는 발행인이 전자등록기관으로부터 통지받은 소유자명세에 의하여 작성하므로(주식전자등록법 제37조 제6항), 전자등록기관이 전자증권상 권리자의 신청 없이 할 수 있는 일이 없게 되었다. 따라서 전자증권제도하에서 전자등록기관은 전자증권상 권리자의 신청에 의해서만 전자증권상의 권리를 행사할 수 있다고 본다.

(2) 전자등록주식등의 발행인은 위 (1)과 같이 전자등록기관을 통한 권리행사를 위하여 대통령령으로 정하는 사항을 지체 없이 전자등록기관에 통보하여야 한다(주식전자등록법 제38조 제3항).

(3) 자본시장법 제165조의 11 제1항에 따른 조건부자본증권의 권리자가 전자등록기관을 통하여 권리행사를 하는 데에 필요한 사항은 대통령령으로 정한다 (주식전자등록법 제38조 제4항).

## 3. 소유자증명서

### 가. 의 의

"소유자증명서"는 전자등록기관이 전자등록주식등에 대한 소유자의 지위를 증명하기 위하여(해당 전자등록주식등의 전자등록을 증명하기 위하여) 발행하는 문서이다(주식전자등록법 제39조 제1항).

전자등록주식등의 소유자는 소수주주권, 발행인에 대한 소제기 등 전자등록주식등에 대한 개별적 권리행사를 위하여 소유자증명서가 필요하다.[116] 이는 현행 자본시장법상 실질주주 및 실질수익자 증명서와 유사한데, 대상증권의 범위가 이에 한정되지 않는다.[117]

### 나. 발행절차

(1) 전자등록주식등의 소유자는 자신의 권리를 행사하기 위하여 전자등록기관에 소유자증명서의 발행을 신청하는데, 이 경우 계좌관리기관에 고객계좌를 개설한 전자등록주식등의 소유자는 해당 계좌관리기관을 통하여 신청하여야 한다 (주식전자등록법 제39조 제1항).

계좌관리기관이 이러한 신청을 받으면 전자등록주식등의 소유내용 및 행사

---

116) 한국예탁결제원, 전게 법령자료집 1, 16면.
117) 한국예탁결제원, 전게 검토과제, 62면.

하려는 권리의 내용, 그 밖에 대통령령으로 정하는 사항을 지체 없이 전자등록기관에 통지하여야 한다(주식전자등록법 제39조 제2항).

(2) 전자등록기관이 위와 같이 소유자증명서의 발행을 신청받은 경우에는 대통령령으로 정하는 방법에 따라 소유자증명서를 발행하여야 한다(주식전자등록법 제39조 제1항 후단).

전자등록기관이 소유자증명서를 발행하였을 때에는 발행인, 그 밖에 대통령령으로 정하는 자(발행인등)에게 그 사실을 지체 없이 통지하여야 한다(주식전자등록법 제39조 제3항).

(3) 전자등록기관이 소유자증명서를 발행한 경우 해당 전자등록주식등이 전자등록된 전자등록기관 또는 계좌관리기관은 대통령령으로 정하는 바에 따라 전자등록계좌부에 그 소유자증명서 발행의 기초가 된 전자등록주식등의 처분을 제한하는 전자등록을 하여야 하고, 그 소유자증명서가 반환된 때에는 그 처분을 제한하는 전자등록을 말소하여야 한다(주식전자등록법 제39조 제4항).

(4) 전자등록주식등의 소유자는 소유자증명서를 발행인이나 그 밖에 대통령령으로 정하는 자에게 제출하고 그 자에 대하여 소유자로서의 권리를 행사할 수 있다(주식전자등록법 제39조 제5항).

## 4. 소유내용의 통지

### 가. 의 의

전자등록기관이 전자등록주식등의 소유자의 신청에 의하여 그의 전자등록주식등에 대한 소유내용을 발행인등에게 통지하는 것이다(주식전자등록법 제40조 제1항 제1문 전단).

소유내용의 통지는 문서가 없는 점을 제외하면 소유자증명서와 동일한 기능을 하는 제도인데, 전자등록주식등 소유자의 원활한 권리행사를 지원하기 위하여 소유자증명서와 병행하여 도입한 것이다.[118]

### 나. 통지절차

(1) 전자등록주식등의 소유자는 자신의 전자등록주식등에 대한 소유내용을

---

118) 한국예탁결제원, 전게 법령자료집 1, 17면.

발행인등에게 통지하여 줄 것을 신청하는데, 이 경우 계좌관리기관에 고객계좌를 개설한 전자등록주식등의 소유자는 해당 계좌관리기관을 통하여 신청하여야 한다(주식전자등록법 제40조 제1항).

계좌관리기관이 이러한 신청을 받으면 전자등록주식등의 소유내용 및 통지내용, 그 밖에 대통령령으로 정하는 사항을 지체 없이 전자등록기관에 통지하여야 한다(주식전자등록법 제40조 제2항).

(2) 전자등록기관이 위와 같이 전자등록주식등에 대한 소유내용을 발행인등에게 통지하여 줄 것을 신청받은 경우에는 대통령령으로 정하는 방법에 따라 그 내용을 통지하여야 한다(주식전자등록법 제40조 제1항 제1문 후단).

(3) 전자등록기관이 위의 소유내용을 통지하였을 때에는 해당 전자등록주식등이 전자등록된 전자등록기관 또는 계좌관리기관은 대통령령으로 정하는 바에 따라 전자등록계좌부에 그 통지의 기초가 된 전자등록주식등의 처분을 제한하는 전자등록을 하여야 하고, 그 통지에서 정한 유효기간이 만료된 때에는 그 처분을 제한하는 전자등록을 말소하여야 한다(주식전자등록법 제40조 제3항).

### 다. 권리행사

전자등록주식등의 소유자는 위와 같이 통지된 내용에 대하여 해당 전자등록주식등의 발행인등에게 소유자로서의 권리를 행사할 수 있다(주식전자등록법 제40조 제4항).

## 5. 권리내용의 열람 등

### 가. 권리자의 열람 등

전자등록기관 또는 계좌관리기관은 해당 기관에 전자등록계좌를 개설한 전자등록주식등의 권리자가 자신의 권리내용을 주식등의 전자등록 및 관리를 위한 정보통신망 등을 통하여 열람 또는 출력·복사할 수 있도록 하여야 한다(주식전자등록법 제41조 제1항).

### 나. 발행인의 열람 등

전자등록기관은 발행인관리계좌를 개설한 발행인이 자신의 발행내용을 정보통신망 등을 통하여 열람 또는 출력·복사할 수 있도록 하여야 한다(주식전자등록법 제41조 제2항).

## 6. 전자등록증명서

가. 전자등록기관은 전자등록주식등의 소유자가 공탁법에 따라 공탁하거나 자본시장법에 따라 보증금 또는 공탁금을 납부하는 대신 납부하기 위하여 해당 전자등록주식등의 전자등록을 증명하는 문서(전자등록증명서)의 발행을 신청하는 경우에는 대통령령으로 정하는 방법에 따라 발행하여야 한다(주식전자등록법 제63 조 제1항 제1문). 이 경우 계좌관리기관에 전자등록된 주식등의 소유자는 해당 계좌관리기관을 통하여 신청하여야 한다(주식전자등록법 제63조 제1항 제2문).

나. 전자등록기관이 위 가.에 따라 전자등록증명서를 발행한 때에는 해당 전자등록주식등이 전자등록된 전자등록기관 또는 계좌관리기관은 전자등록계좌부에 그 전자등록증명서 발행의 기초가 된 전자등록주식등의 처분을 제한하는 전자등록을 하여야 하며, 그 전자등록증명서가 반환된 때에는 그 처분을 제한하는 전자등록을 말소하여야 한다(주식전자등록법 제63조 제2항).

다. 누구든지 위 나.에 따라 처분이 제한되는 전자등록주식등을 자신의 채권과 상계(相計)하지 못하며, 이를 압류(가압류를 포함함)하려는 경우에는 대통령령으로 정하는 방법과 절차에 따라야 한다(주식전자등록법 제63조 제3항).

## VIII. 전자증권제도 운영기관

전자증권제도 운영기관은 제도운영 중심기관인 「전자등록기관」과 고객(투자자) 소유 주식등의 관리를 담당하는 「계좌관리기관」으로 구성되는데, 이하에서 나누어 살펴보겠다.

### 1. 전자등록기관

#### 가. 허가주의

(1) 전자등록업을 하려는 자는 전자등록의 대상이 되는 주식등의 범위를 구성요소로 하여 대통령령으로 정하는 업무단위(전자등록업 허가업무 단위)의 전부 또는 일부를 선택하여 금융위원회 및 법무부장관으로부터 하나의 전자등록업 허가를 받아야 한다(주식전자등록법 제5조 제1항). 그런데 예탁결제원은 주식전자등록법

공포 후 6개월이 경과한 날에 동법에 따라 전자등록기관의 허가를 받은 것으로 본다(주식전자등록법 부칙 제8조 제1항).

이러한 전자등록업 허가(변경허가를 포함함)를 받지 아니하고는 누구든지 전자등록업을 하여서는 아니되고(주식전자등록법 제4조), 이에 위반하여 전자등록업을 한 자는 5년 이하의 징역 또는 1억원 이하의 벌금의 처벌을 받는다(주식전자등록법 제73조 제2항 제1호).

하나의 전자등록기관이 독점적 업무수행을 하면 이용자 선택권이 제한되고 또한 이에 따른 서비스 질 저하 등 부작용이 발생할 우려가 있다는 점, 해외 다수 국가에서도 경쟁에 따른 경영효율성·서비스 경쟁력 제고를 위하여 전자등록기관을 허가제로 운영하고 있는 점, 국내에서도 거래소·청산회사·증권금융회사 등 자본시장과 관련한 다른 유관기관들도 허가제(또는 인가제)로 운영하고 있는 점 등을 고려하여, 주식전자등록법에서는 전자등록기관에 대하여 허가주의를 채택하여 입법하였다고 한다.[119]

(2) 위와 같은 점에서 보면 우리 주식전자등록법은 다수의 전자등록기관을 예상하고 있는 것 같다. 또한 주식전자등록법은 중앙등록기관에 대하여도 특별히 규정하고 있지 않다. 따라서 우리나라에서는 단일의 중앙등록기관제도는 없고 금융위원회 및 법무부장관의 허가를 받은 다수의 전자등록기관이 존재할 것으로 예상된다. 그런데 전자등록기관은 중립성·공공성·안정성 및 신뢰성 확보가 매우 중요한데, 이와 같이 전자등록기관이 다수 분산되어 경쟁하게 되면 이러한 공공성 등이 퇴색되지 않을까 우려된다. 전자등록기관의 공공성 등을 확보하기 위하여 합리적인 지배구조(이용자가 주요 주주로 참여하도록 하는 등)와 경영기관에 대한 상세한 규정이 필요하다고 본다.[120]

## 나. 허가요건

전자등록업 허가를 받으려는 자는 다음의 요건을 갖추어야 하는데(주식전자등록법 제5조 제2항), 이러한 허가요건에 관한 구체적인 사항은 대통령령으로 정한다(주식전자등록법 제5조 제3항). 전자등록기관은 전자등록업 허가를 받아 그 업무를 함에 있어서도 이러한 허가요건(대통령령으로 정하는 사회적 신용을 갖추어야 하는 요건은 제외함)을 유지하여야 한다(주식전자등록법 제8조).

---

119) 한국예탁결제원, 전게 법령자료집 1, 7면.
120) 이에 관하여는 정찬형, 전게논문(상사법연구 제22권 제3호), 57~59면 참조.

(1) 상법에 따른 주식회사일 것

(2) 100억원 이상으로서 전자등록업 허가업무 단위별로 대통령령으로 정하는 금액 이상의 자기자본을 갖출 것

(3) 사업계획이 타당하고 건전할 것

(4) 권리자의 보호가 가능하고 전자등록업을 수행하기에 충분한 인력과 전산설비, 그 밖의 물적 설비를 갖출 것

(5) 정관 및 전자등록업무규정이 법령에 적합하고 전자등록업을 수행하기에 충분할 것

(6) 임원(이사 및 감사를 말함)이 「금융회사 지배구조에 관한 법률」 제5조에 적합할 것

(7) 대주주(자본시장법 제12조 제2항 제6호 가목의 대주주를 말함)가 충분한 출자능력, 건전한 재무상태 및 사회적 신용을 갖출 것

(8) 대통령령으로 정하는 사회적 신용을 갖출 것

(9) 이해상충방지체계를 구축하고 있을 것

## 다. 허가절차

(1) 전자등록업의 허가를 받으려는 자는 허가신청서를 금융위원회 및 법무부장관에게 제출하여야 하는데(주식전자등록법 제6조 제1항), 필요한 경우 예비허가를 신청할 수 있다(주식전자등록법 제7조 제1항).

(2) 금융위원회 및 법무부장관은 본허가신청서를 접수한 때에는 3개월 이내에 허가 여부를 결정하고(주식전자등록법 제6조 제2항), 예비허가신청서를 접수한 때에는 2개월 이내에 예비허가 여부를 결정하여야 한다(주식전자등록법 제7조 제2항).

(3) 금융위원회 및 법무부장관은 본허가 및 예비허가에 전자등록기관의 경영의 건전성 확보 및 권리자 보호에 필요한 조건을 붙일 수 있다(주식전자등록법 제6조 제4항, 제7조 제4항).

(4) 전자등록기관은 허가를 받은 전자등록업 허가업무 단위 외에 다른 전자등록업 허가업무 단위를 추가하여 전자등록업을 하려는 경우에는 금융위원회 및 법무부장관의 변경허가를 받아야 한다(주식전자등록법 제9조).

(5) 전자등록기관은 합병, 분할, 분할합병 또는 주식의 포괄적 교환·이전(합병등)을 하려는 경우에는 금융위원회의 승인을 받아야 하는데, 이 경우 금융위원회는 미리 법무부장관과 협의하여야 한다(주식전자등록법 제11조 제1항). 영업양도

의 경우에도 이와 같다(주식전자등록법 제11조 제2항).

　　(6) 전자등록기관은 정관을 변경하는 경우, 전자등록업무규정을 제정·개정·폐지하는 경우에는 금융위원회의 승인을 받아야 하는데, 이 경우 금융위원회는 그 승인을 한 때에 미리 법무부장관과 협의하여야 한다(주식전자등록법 제15조 제1항, 제16조, 제17조).

　　(7) 전자등록기관은 전자등록업의 전부 또는 일부를 폐지하거나 해산하고자 하는 경우에는 금융위원회의 승인을 받아야 하는데, 이 경우 금융위원회는 그 승인을 할 때에 미리 법무부장관과 협의하여야 한다(주식전자등록법 제12조 1항).

## 라. 전자등록기관의 업무

　　(1) 전자등록기관은 다음의 고유업무를 수행하는데, 이는 정관에 규정되어야 한다(주식전자등록법 제14조 제1항).

　　( i ) 주식등의 전자등록에 관한 업무

　　(ii) 발행인관리계좌, 고객관리계좌 및 계좌관리기관등 자기계좌의 개설, 폐지 및 관리에 관한 업무

　　(iii) 발행인관리계좌부, 고객관리계좌부 및 계좌관리기관등 자기계좌부의 작성 및 관리에 관한 업무

　　(iv) 외국 전자등록기관과의 약정에 따라 설정한 계좌를 통하여 하는 주식등의 전자등록에 관한 업무

　　( v ) 소유자명세의 작성에 관한 업무

　　(vi) 전자등록주식등에 대한 권리행사의 대행에 관한 업무

　　(vii) 주식등의 전자등록 및 관리를 위한 정보통신망의 운영에 관한 업무

　　(viii) 전자등록주식등의 발행내용의 공개에 관한 업무

　　(ix) 그 밖에 금융위원회로부터 승인을 받은 업무

　　(2) 전자등록기관은 다음의 부수업무를 수행하는데, 이는 정관에 규정되어야 한다(주식전자등록법 제14조 제2항).

　　( i ) 전자등록주식등의 담보관리에 관한 업무

　　(ii) 자본시장법 제80조에 따라 집합투자업자·투자일임업자와 집합투자재산을 보관·관리하는 신탁업자 등 사이에서 이루어지는 집합투자재산의 취득·처분 등에 관한 지시 등을 처리하는 업무

　　(iii) 그 밖에 금융위원회로부터 승인을 받은 업무

(3) 전자등록기관은 다음의 기타업무를 수행하는데, 이는 정관에 규정되어야
한다(주식전자등록법 제14조 제3항).
  ( i ) 주식등의 명의개서대행업무, 주식등의 대차의 중개 또는 주선 업무, 그
      밖에 금융위원회의 승인을 받은 업무(이 업무를 위하여 다른 법률에서 인가·
      허가·등록·신고 등이 필요한 경우에는 인가·허가 등을 받거나 등록·신고 등을
      하여야 한다)
  ( ii ) 다른 법령에서 전자등록기관의 업무로 규정한 업무
  (iii) 그 밖에 금융위원회로부터 승인을 받은 업무

## 2. 계좌관리기관

### 가. 계좌관리기관이 될 수 있는 자

다음의 어느 하나에 해당하는 자는 계좌관리기관이 될 수 있다(주식전자등록
법 제19조).
  (1) 자본시장법에 따른 금융투자업자로서 증권에 관한 투자매매업자 또는
    투자중개업자, 집합투자재산을 보관·관리하는 신탁업자
  (2) 다음의 어느 하나에 해당하는 자
  ( i ) 은행법에 따라 인가를 받아 설립된 은행(은행법 제59조에 따라 은행으로
      보는 자를 포함함)
  ( ii ) 은행법 제5조에서 은행으로 보는 신용사업 부문
  (iii) 농업협동조합법에 따른 농협은행
  (iv) 한국산업은행법에 따른 한국산업은행
  ( v ) 중소기업은행법에 따른 중소기업은행
  (3) 한국은행법에 따른 한국은행
  (4) 보험업법에 따른 보험회사
  (5) 외국 전자등록기관
  (6) 명의개서대행회사(특별계좌를 개설·관리하는 경우만 해당함)
  (7) 법령에 따른 업무를 하기 위하여 고객계좌를 관리할 필요가 있는 자로
    서 대통령령으로 정하는 자
  (8) 그 밖에 업무의 성격 등을 고려하여 대통령령으로 정하는 자

## 나. 계좌관리기관의 업무

계좌관리기관의 업무는 다음과 같다(주식전자등록법 제20조 제1항). 전자등록기관이 아닌 자는 전자등록기관에 고객관리계좌, 그 밖에 이와 비슷한 계좌를 개설하여 주식등의 전자등록에 관한 업무를 하여서는 아니되고(주식전자등록법 제20조 제2항), 이에 위반한 경우에는 3년 이하의 징역 또는 5천만원 이하의 벌금의 처벌을 받는다(주식전자등록법 제73조 제3항 제3호).

(1) 고객계좌부에 따른 주식등의 전자등록에 관한 업무

(2) 고객계좌의 개설·폐지 및 관리에 관한 업무

(3) 고객계좌부의 작성 및 관리에 관한 업무

(4) 위 (1)~(3)의 업무에 부수하는 업무

# IX. 전자증권의 안전성 확보

## 1. 초과전자등록 확인 및 초과분 해소 업무

### 가. 초과전자등록 확인

(1) 계좌관리기관은 (ⅰ) 고객계좌부에 전자등록된 주식등의 종목별 총수량 또는 총금액이 (ⅱ) 전자등록기관의 고객관리계좌부에 기록된 전자등록주식등의 종목별 총수량 또는 총금액과 일치하는지 여부를 확인하여야 하는데, 만일 (ⅰ)이 (ⅱ)보다 크면 초과전자등록이 된다(주식전자등록법 제42조 제1항).

(2) 전자등록기관은 (ⅰ) 자기에게 개설된 고객관리계좌부에 기록된 전자등록주식등의 종목별 총수량 또는 총금액과 계좌관리기관등 자기계좌부에 전자등록된 주식등의 종목별 총수량 또는 총금액의 합이 (ⅱ) 자기에게 개설된 발행인관리계좌부에 기록된 전자등록주식등의 종목별 총수량 또는 총금액과 일치하는지 여부를 확인하여야 하는데, 만일 (ⅰ)이 (ⅱ)보다 크면 초과전자등록이 된다(주식전자등록법 제42조 제2항).

### 나. 초과전자등록 해소

(1) 계좌관리기관과 전자등록기관은 각각 대통령령이 정하는 바에 따라 지체 없이 그 초과분을 해소하여야 한다(주식전자등록법 제42조 제1항·제2항). 초과분을

해소하는 방법은 초과분 발생에 귀책사유가 있는 계좌관리기관 또는 전자등록기관이 증권시장 등에서 해당 초과분 만큼 매입하여 소각하는 것이 될 것이다.[121]

위 가.의 경우 부족등록분이 있으면 실제 발행된 주식등보다 권리자가 확인된 주식등이 적은 경우로서 권리자를 확인하여 정정기재로 해결할 수 있다.[122]

(2) 계좌관리기관과 전자등록기관이 각각 초과분에 대한 해소의무의 전부 또는 일부를 이행하지 아니한 경우에는 계좌관리기관과 전자등록기관은 대통령령으로 정하는 방법과 절차에 따라 그 초과분을 해소하여야 한다. 이는 대통령령(시행령)에서 전자등록기관과 모든 계좌관리기관이 연대하여 해소의무를 부담하는 것으로 규정할 것으로 예상된다. 이에는 현행 자본시장법 시행령에서도 예탁증권 등 부족분 발생시 한국예탁결제원과 예탁자가 연대하여 부족분을 보전하도록 규정하고 있는 점이 고려될 것이다.[123]

(3) 계좌관리기관과 전자등록기관이 위 (1) 및 (2)에 따라 초과분에 대한 해소의무의 전부 또는 일부를 이행하지 아니한 경우에는 해소의무가 있는 계좌관리기관 또는 전자등록기관이 대통령령으로 정하는 바에 따라 해소되지 아니한 초과분에 해당하는 전자등록주식등에 대하여 지급되는 원리금, 배당금, 그 밖에 대통령령으로 정하는 금액을 지급할 의무를 진다(주식전자등록법 제42조 제4항). 이는 초과분 해소의무 불이행시 해소의무를 불이행한 기관이 발행인을 대신하여 초과분 관련 원리금 등의 지급의무를 부담하도록 한 것이고, 발행인은 초과분에 대한 지급의무가 없음을 의미한다.[124]

(4) 위 (1)~(3)에 따른 의무를 이행한 계좌관리기관 또는 전자등록기관은 각각 해당 초과분 발생에 책임이 있는 자에게 구상권을 행사할 수 있다(주식전자등록법 제42조 제5항).

(5) 계좌관리기관은 전자등록기관에 개설한 계좌를 폐쇄한 이후에도 폐쇄한 때부터 5년까지는 초과분 해소의무를 부담한다(주식전자등록법 제42조 제6항).

## 다. 초과분에 대한 권리행사의 제한

(1) 계좌관리기관에 위 가.(1)의 초과분이 발생한 경우에는 그 의무가 이행

---

121) 박재훈, 전게논문(예탁결제 제97호), 11면 주14.
122) 한국예탁결제원, 전게 법령자료집 1, 18면.
123) 한국예탁결제원, 상게 법령자료집 1, 18면.
124) 한국예탁결제원, 상게 법령자료집 1, 19면.

될 때까지 그 의무가 발생한 계좌관리기관의 고객계좌부에 해당 전자등록주식등의 권리자로 등록된 자로서 대통령령으로 정하는 자는 대통령령으로 정하는 바에 따라 산정된 수량 또는 금액에 대한 권리를 발행인에게 주장할 수 없다(주식전자등록법 제43조 제1항).

(2) 전자등록기관에 위 가.(2)의 초과분이 발생한 경우에는 이 초과분 해소의무가 이행될 때까지 해당 전자등록주식등의 권리자로 전자등록된 자로서 대통령령으로 정하는 자는 대통령령으로 정하는 바에 따라 산정된 수량 또는 금액에 대한 권리를 발행인에게 주장할 수 없다(주식전자등록법 제43조 제2항).

(3) 위 (1) 및 (2)의 권리행사의 제한으로 해당 전자등록주식등의 권리자에게 손해가 발생한 경우 초과분 해소의무를 부담하는 자는 해당 손해를 배상하여야 하는데(주식전자등록법 제43조 제3항), 이러한 손해배상의무의 전부 또는 일부가 이행되지 아니하면 계좌관리기관 및 전자등록기관은 연대하여 이를 배상할 책임이 있다(주식전자등록법 제43조 제4항).

## 2. 그 밖의 전자등록의 안정성 확보 장치

### 가. 전자등록 정보의 보안

(1) 누구든지 전자등록기관 또는 계좌관리기관의 주식등의 전자등록 및 관리를 위한 정보통신망(정보처리장치를 포함함)에 거짓 정보 또는 부정한 명령을 입력하거나, 권한 없이 정보를 입력·변경해서는 아니된다(주식전자등록법 제44조 제1항). 이에 위반한 자는 7년 이하의 징역 또는 2억원 이하의 벌금의 처벌을 받는다(주식전자등록법 제73조 제1항 제1호).

(2) 누구든지 전자등록기관 또는 계좌관리기관에 보관된 전자등록정보 또는 기록정보를 멸실하거나 훼손해서는 아니된다(주식전자등록법 제44조 제2항). 이에 위반한 자는 5년 이하의 징역 또는 1억원 이하의 벌금의 처벌을 받는다(주식전자등록법 제73조 제2항 제3호).

(3) 누구든지 정당한 접근권한 없이 또는 허용된 접근권한을 초과하여 전자등록기관 또는 계좌관리기관의 주식등의 전자등록 및 관리를 위한 정보통신망에 침입해서는 아니된다(주식전자등록법 제44조 제3항). 이에 위반한 자는 7년 이하의 징역 또는 2억원 이하의 벌금의 처벌을 받는다(주식전자등록법 제73조 제1항 제2호).

## 나. 직무관련 정보의 이용 금지

전자등록기관 또는 계좌관리기관(이들의 임직원 또는 임직원이었던 사람을 포함)
은 주식전자등록법에 따라 직무상 알게 된 정보로서 외부에 공개되지 아니한 정
보를 정당한 사유 없이 자기 또는 제3자의 이익을 위하여 이용해서는 아니되고
(주식전자등록법 제45조), 이에 위반한 자는 5년 이하의 징역 또는 1억원 이하의
벌금의 처벌을 받는다(주식전자등록법 제73조 제2항 제4호).

## 다. 계좌관리기관의 자료제출 및 통지 의무

(1) 전자등록기관은 계좌관리기관에 전자등록업무에 관한 보고, 자료의 제출
또는 관련 장부의 열람 등을 요구할 수 있는데, 이 경우 계좌관리기관은 정당한
사유가 없으면 전자등록기관의 요구에 따라야 한다(주식전자등록법 제46조 제1항).
이에 위반하여 전자등록기관의 요구에 정당한 사유 없이 따르지 않은 계좌관리기
관은 5천만원 이하의 과태료의 처벌을 받는다(주식전자등록법 제75조 제2항 제13호).

(2) 계좌관리기관은 주식전자등록법 제42조 제1항에 따른 초과분 발생을 확
인한 경우, 영업의 정지 등으로 전자등록업무를 정상적으로 수행할 수 없는 사유
가 발생한 경우에는, 전자등록기관에 그 사실을 지체 없이 통지하여야 한다(주식
전자등록법 제46조 제2항). 이에 위반하여 전자등록기관에 통지를 하지 아니하거나
거짓으로 통지한 계좌관리기관은 5천만원 이하의 과태료의 처벌을 받는다(주식전
자등록법 제75조 제2항 제14호).

(3) 전자등록기관은 주식전자등록법 제42조 제2항에 따른 초과분 발생을 확
인한 경우, 위 (2)의 통지를 받은 경우 등에는 금융위원회에 그 사실을 지체 없
이 보고하여야 한다(주식전자등록법 제46조 제3항).

## 라. 계좌간 대체의 전자등록 제한

전자등록기관은 계좌관리기관의 파산·해산, 그 밖에 대통령령으로 정하는
사유가 발생한 경우 대통령령으로 정하는 기준 및 방법에 따라 고객계좌부에 전
자등록된 전자등록주식등의 계좌간 대체의 전자등록을 제한할 수 있다(주식전자등
록법 제47조). 이는 전자등록주식등의 이동을 제한하고 해당 계좌관리기관에 전자
등록된 주식등의 내역을 실사하여 투자자를 보호하기 위한 것이다.[125]

---

125) 한국예탁결제원, 상게 법령자료집 1, 20면.

### 마. 전자등록정보 등의 보존

전자등록기관과 계좌관리기관은 전자등록정보 또는 기록정보를 보존하여야 하는데(주식전자등록법 제48조 제1항), 이에 위반한 자는 5천만원 이하의 과태료의 처벌을 받는다(주식전자등록법 제75조 제1항 제10호).

### 바. 긴급사태시의 처분

금융위원회는 천재지변, 전시, 사변, 경제사정의 급격한 변동, 주식등의 전자등록 및 관리를 위한 정보통신망의 중대한 장애, 그 밖에 이에 준하는 사태가 발생하여 주식등의 전자등록업무가 정상적으로 이루어질 수 없다고 인정되는 경우에는 전자등록기관 및 계좌관리기관에 전자등록업무의 중단 등을 명하거나 그 밖에 필요한 조치를 할 수 있다(주식전자등록법 제49조 제1항). 금융위원회가 이러한 긴급조치를 한 경우에는 법무부장관에게 지체 없이 통지하여야 한다(주식전자등록법 제49조 제2항).

### 사. 금융거래의 비밀보장

전자등록기관 및 계좌관리기관의 전자등록 및 관리업무에 관하여는 「금융실명거래 및 비밀보장에 관한 법률」 제4조가 준용되어(주식전자등록법 제50조), 금융거래정보의 제공·누설 및 요구 등이 금지된다.

## X. 결 론

1. 가. 2016년 주식전자등록법의 제정으로 우리나라도 본격적인 전자증권시대를 맞게 되었다. 동법은 공포 후 4년을 넘지 않는 범위에서 대통령령으로 정하는 날부터 시행하게 되어 있어 이를 위한 준비기간도 여유있게 정하고 있다. 전자증권제도의 시행은 상법 등 많은 법률과 제도에 영향을 주어 이에 따른 많은 법령과 제도의 정비가 필요하다고 본다. 또한 지금까지 많은 투자자 또는 권리자는 실물에 대한 증권에 의하여 자기책임하에 증권을 보유함으로써 권리를 보유하고 증권을 양도함으로써 권리를 이전하고 또한 증권을 제시함으로써 권리를 행사하였는데, 이러한 증권상의 권리가 전자등록되면 증권상의 권리의 이전·행사·소멸 등을 전자등록기관이나 계좌관리기관을 통한 전자등록에 의하여 하게

되었다.

나. 이와 같이 실물증권을 발행하지 않는 전자증권제도에서는 전자등록 정보시스템의 보안과 안정적인 정보관리가 무엇보다도 매우 중요하다.[126] 사이버테러나 전산 오류 등으로 전자등록 정보가 훼손되거나 멸실되는 경우에는 투자자(권리자) 및 그가 가진 재산권이 전부 소멸되어 이는 투자자(권리자)의 손해의 문제가 아니라 국가적으로 큰 재앙이 아닐 수 없다. 이는 마치 전자등록된 부동산 등기부가 없어진 경우와 유사하다고 할 수 있다. 따라서 만일의 경우 이러한 일에 대비하기 위한 철저한 사전적·기술적 조치가 마련되어야 할 것이다. 따라서 주식전자등록법 제6장 전자등록의 안전성 확보에 관한 규정에서는 이를 위한 규정이 보완되고, 이를 통한 투자자(권리자)의 신뢰를 얻도록 하여야 할 것이다. 실물증권인 유가증권의 경우에는 권리자가 자기책임하에 유가증권을 보관하고 이를 분실·멸실한 경우에는 공시최고절차에 의한 제권판결제도가 있다. 그러나 전자증권제도 하에서 사이버테러나 전산오류 등으로 인한 전자등록 정보의 훼손이나 멸실이 있는 경우에는 투자자(권리자)의 귀책사유에 기한 것이 아니므로, 이 경우 (국가적 차원에서) 투자자(권리자)를 보호하기 위한 방안이 미리 마련되어야 할 것이다. 따라서 신중한 투자자(권리자)는 전자등록제도에 대하여 한편으로는 편리하고 빠른 점도 인식하고 있으나, 다른 한편으로는 불안한 점도 갖고 있다.

다. 발행인의 요청에 의해서만 전자증권제도를 실시하는 경우에도 유가증권을 선호하는 투자자(권리자)[127]의 요청을 최대한 존중할 필요가 있다(영국의 전자증권제도 참조). 전자증권제도를 시행하는 과정에서도 발행인의 편의나 기술적인 번거로움만 내세워 유가증권을 선호하는 투자자(권리자)의 요청을 무시하는 것은 권리자의 권익을 보호한다는 주식전자등록법의 목적에도 반할 수 있다. 이러한 점에서 주식전자등록법이 기존 투자자(권리자)가 유가증권을 요구하는 경우 등을 고려하지 않은 것은 다소 아쉬운 입법이다. 신용카드나 전자화폐 등의 제도가 도입되었다고 하여 현금을 선호하는 자에게 현금으로 결제할 수 없도록 하는 것은 바람직하지 않다고 본다. 주식전자등록법에서는 의무적 전자증권제도, 일괄적인 전자등록전환, 일정한 날 이후에는 기존 유가증권의 무효 및 유가증권에 의한 권리제한 등이 많은데, 그 시행상 가능한 한 투자자 권리를 보호하도록 하여야 할

---

126) 동지: 박재훈, 전게논문(예탁결제 제97호), 18면.
127) 전자증권제도에서는 유가증권에서의 무기명증권이 갖는 장점이 거의 없으므로 특히 무기명증권에서 투자자(권리자)는 유가증권을 선호할 것이다.

것이다.

**라.** 전자증권제도에서는 실물증권의 기명식 증권과 무기명식 증권의 구별은 없어지고 사실상 기명식 증권으로 통일되면서(전자증권제도에서는 무기명식 증권이 없어짐), 이의 양도는 실물증권에서의 무기명식 증권과 같이 「계좌간 대체의 전자등록」만으로 이루어진다. 그런데 주식전자등록법은 전자증권의 양도 등(질권설정, 신탁표시 등을 포함함)의 발행인에 대한 대항력에 대하여는 특별히 규정하고 있지 않거나 애매모호하게 규정하고 있다. 따라서 이는 실물증권의 경우와 같이 발행인이 작성하는 주주명부 등의 명의개서에 의하여 발행인에 대한 대항력이 발생한다고 해석할 수 밖에 없는데, 이는 전자증권제도의 효율성과 맞지 않는다. 따라서 전자등록계좌부를 (전자)주주명부 등에 갈음할 수 있도록 하거나 또는 전자등록계좌부에 의하여 실시간 (전자)주주명부 등을 작성할 수 있도록 하여 전자등록계좌부상 「계좌간 대체의 전자등록」 등에 의하여 발행인에 대한 대항력도 동시에 구비할 수 있도록 하여야 전자증권제도의 효율성과 신속성이 발휘될 수 있을 것으로 본다.

이와 함께 다수의 전자등록기관을 존치시키기 보다는 하나의 중앙등록기관제도로 운영하여 전자등록기관의 중립성·공공성·안정성 및 신뢰성을 확보하게 되면 투자자(권리자)의 전자증권제도에 대한 신뢰성이 높아질 것으로 본다. 또한 기술적으로 가능하다면 투자자(권리자)의 직접등록방식으로 운영하면 훨씬 제도 운영이 간편하게 될 것이다. 이와 같은 경우에는 소유자명세·소유자증명서·전자등록증명서 등의 제도가 불필요하게 되거나, 최소화할 수 있을 것으로 본다. 따라서 진정으로 투자자(권리자)를 보호하고 그로부터 신뢰를 받을 수 있는 전자증권제도의 운영체계를 근본적으로 검토할 필요가 있다고 본다.

**2.** 전자증권에서 문제가 될 수 있거나 의문이 있는 사항에 대하여 다음과 같이 정리하여 본다.

**가.** (1) 주식전자등록법은 투자증권을 대상으로 하고 있는데, 개별 유가증권에 따라 이의 전자화에 관하여 법률을 각각 달리 제정하는 것은 바람직하지 않다고 본다. 우리나라의 현행 전자증권법도 (약속)어음에 관하여는 전자어음법에서 규정하고, 전자선하증권에 관하여는 상법에서 규정하고 있으며, 투자증권(자본시장증권)에 관하여는 주식전자등록법에서 규정하고 있다. 화물상환증이나 창고증권에 관하여는 현재 전자증권에 관한 특별법이 없다. 장기적으로는 모든 유가증권을 전자증권화하는 통일법이 바람직하다.

(2) 전자증권의 법적 성질을 유가증권의 연장선상에서 보면, (유가)증권의 명칭 여하를 불문하고 그 발행에 관한 근거법규가 없고 또한 증권의 필요적 기재사항도 없어 정형성이 결여된 증권은 유가증권 법정주의나 권리자를 보호하여야 한다는 점 등에서 볼 때 전자증권으로 하는데 적합하지 않다. 전자증권에 대해서는 증권 발행에 관한 적절한 근거법규를 갖추어야 할 것이다.

나. 현행 주식전자등록법은 비설권증권인 투자증권을 그 적용대상으로 하면서 "권리의 '발생'에 관한 정보를 전자등록계좌부에 전자적 방식으로 기재하는 것⋯⋯" 등으로 표현하고 있는데(주식전자등록법 제2조 제2호, 제3호 등), 이러한 표현은 적절하지 않다고 본다. 설권증권인 경우에 전자등록에 의하여 권리가 발생하고, 비설권증권은 이미 존재하는 권리를 전자등록하여 권리내용을 전자적으로 표시하는 것이다.

다. 현행 주식전자등록법은 상장증권 등에 대하여 전자등록을 의무적으로 하도록 규정하고 있는데(동법 제25조 제1항 단서), 이는 상법상 투자증권을 임의적(정관으로 정하는 바에 따라) 전자등록사항으로 규정하고 있는 점(상법 제356조의 2 등)과 상충된다. 상장증권에 관하여는 상법의 상장회사에 관한 특례규정에서도 별도로 규정하고 있지 않다. 따라서 상법이 규정하는 상장주식 등을 정책적으로 의무적 전자등록의 대상으로 하고자 하면 상법의 상장회사에 대한 특례규정에서 상법 제356조의 2 등의 예외규정을 두어야 할 것으로 본다.

라. 주식전자등록법상 발행인은 전자등록주식등에 대하여 증권 또는 증서를 발행할 수 없도록 하고 있는데(동법 제36조), 이는 의무적 전자증권제도에서는 적용될 수 있다고 보겠으나, 임의적 전자증권제도에서는 법리적으로나 투자자 등을 보호하기 위하여 적용될 수 없다고 보아야 할 것이다. 따라서 이에 관한 입법적 조치가 필요하다고 본다.

마. 주식등의 전자등록에는 각 유가증권의 필요적 기재사항을 빠짐 없이 기재하도록 하여야 할 것이다(주식전자등록법 제2조 제2호 참조). 이는 주식전자등록법 또는 동법 시행령에서 규정하여야 할 것이다.

바. 주식전자등록법상 한국은행에 관한 특칙(동법 제72조)은 종국적으로는 국채법 등을 개정하여 일반 채무증권과 같이 주식전자등록법상 전자등록의 절차를 동일하게 밟도록 하여야 할 것이다.

사. 주식전자등록법은 전자증권상 채무자에 대한 인적 항변에 관한 규정이 없다. 그런데 전자증권에 대하여도 실물증권상 인적 항변에 관한 규정(민법 제515

조, 제524조 등)을 적용하고자 하면 전자어음법 제4조와 같은 규정을 두어야 할 것으로 본다.

**아.** 기명사채(社債)인 경우 전자주주명부와 같이 전자사채원부를 작성할 수 있는 규정을 상법에 규정하여야 할 것으로 본다. 이와 함께 전자등록계좌부를 전자주주명부·전자사채원부 등에 갈음할 수 있도록 하거나 또는 전자등록계좌부에 의하여 실시간 전자주주명부·전자사채원부 등을 작성할 수 있도록 하면 전자등록계좌부상 「계좌간 대체의 전자등록」은 (기명)주식등의 양도 등에 발행인에 대한 대항요건도 동시에 구비하게 되어 전자증권제도의 효율성과 신속성을 증대시킬 수 있을 것으로 본다.

**자.** 전자등록기관을 다수 허가하여 존치시키면 경쟁력을 제고시켜 경영효율성 등을 도모하는 장점도 있을 수 있겠으나, 전자등록기관은 중립성·공공성·안정성 및 신뢰성의 확보도 중요하므로 이를 배려한 합리적인 지배구조와 공공성을 위한 경영상 일정한 규제는 필요하다고 본다.

**차.** 전자증권의 안전성 확보에 관한 규정은 투자자(권리자)가 실물증권에 갈음하여 이용할 수 있는 확신을 줄 수 있는 정도의 안정성과 보안이 필요하다고 본다. 현재는 처벌에 관한 내용이 대부분이나, 이 보다는 사이버테러·해킹·전산오류 등에 대비한 안전성 확보가 무엇보다도 중요하다고 본다.

**카.** 용어상의 문제에 대하여 다음과 같이 제안한다.

(1) 법률명을 "주식·사채 등의 전자등록에 관한 법률"로 하였는데, 이는 너무 일본법에 따른 명칭으로 생각되어, "전자증권법" 또는 "전자증권에 관한 법률"로 하면 간단할 것으로 본다.

(2) "전자등록주식등"이 너무 길고 또한 쉽게 의미내용을 파악할 수 없어 이를 "전자증권"으로 표현하면 훨씬 간명할 것으로 본다.

(3) 주식전자등록법 제37조 제3항은 "무기명식(無記名式) 주식등"으로 표현하고, 동조 제6항은 "해당 주식등이 무기명식인 경우"로 표현하고 있는데, 상법에서 무기명 주식이 폐지되었는데 이와 같이 표현하는 것은 (무기명 주식이 제외되는 것으로 해석하는 경우에도) 자연스럽지 않다고 본다.

**3.** 주식전자등록법의 제정으로 전자증권제도가 도입되면 자본시장법에서도 현재의 예탁계좌부, 공사채등록부, 주주명부 등 각종 장부에 의해 기록되는 증권의 발행과 유통에 관한 정보가 사실상 전자등록계좌부로 집중되어 일원화된다.[128] 이뿐만 아니라 전자증권제도는 민법·상법을 위시한 많은 특별법상의 규

정을 크게 변화시킬 것이다. 따라서 과거에 채권의 증권화를 통하여 권리의 발생·이전 및 행사에 큰 변화를 가져온 것과 같이, 이제는 유가증권에서 전자증권으로 변화함에 따라 다시 권리의 발생·이전 및 행사에 큰 변화를 가져올 것이다. 유가증권제도가 기존의 권리를 전부 유가증권화 할 수 없었던 것과 같이, 모든 유가증권에 대하여 전자증권화 할 수 없는 한계도 있다. 또한 전자증권제도가 성공하려면 이에 대한 국민의 인식도 변화되어야 한다. 그런데 전자증권제도는 현재 국제화에 필연적인 것으로 볼 수 있다. 따라서 전자증권제도가 성공하기 위하여는 정부·국민·제도운영기관·기술 등 모든 분야의 협력이 필요하다. 앞으로 이러한 모든 분야의 협력으로 우리나라에서 전자증권제도가 정착하고 발전하며, 우리나라의 경제 및 금융의 발전에 크게 기여하기를 바란다.

---

128) 박재훈, 전게논문(예탁결제 제97호), 19면.

# 금융회사 지배구조법에 관한 일고(一考)*

## Ⅰ. 서 언

　　2013년 3월 KB금융지주 경영진과 사외이사들 간의 불협화음이 언론에 많이 보도되었고,[1] 그 당시 이를 염두에 둔 금융위원장은 사외이사들이 이사회에서 경영진의 거수기 역할을 하거나 반대로 경영진과 맞서며 독주하는 상황을 모두 개선하기 위한 방안으로 금융회사 지배구조를 개편할 것을 예고하였다.

　　금융회사의 건전한 지배구조는 경영의 건전성, 금융소비자의 보호, 전체 금융시스템의 안정 등을 위하여 매우 중요한 문제이다. 우리나라의 경우 2012년부터 "금융회사의 지배구조에 관한 법률안(정부안)"이 논의되기 시작하였다. 즉, 금융회사의 지배구조에 관한 법률안(정부안)(이하 "금융회사 지배구조법안"으로 약칭함)이 2012년 6월 18일 국회에 제출되었고, 동안은 2012년 8월 28일 국회 정무위원회에 상정되어, 2012년 9월 26일 국회 정무위원회에서 대체 토론을 하고 소위원회에 회부되었다. 금융회사 지배구조법안은 "글로벌 금융위기 이후 전 세계적으로 금융회사의 바람직한 지배구조에 관한 중요성이 강조되고 있고 금융회사의 이사회와 감사위원회의 역할 강화 등 금융회사의 지배구조에 관한 규율을 강화

---

* 이 글은 정찬형, "금융회사 지배구조법에 관한 일고(一考)," 「기업법연구」(한국기업법학회), 제31권 제4호(2017. 12), 9~45면의 내용임(이 글은 필자가 2017. 10. 27. 한국기업법학회 2017년 추계공동 국제학술대회에서 발표한 내용을 수정·보완한 것임).
1) 조선일보, 2013. 3. 23자 A12면; 매일경제, 2013. 3. 23자 A10면.

할 필요성이 제기됨에 따라, 이사회의 사외이사 비율·임원의 자격요건 등 개별 금융업권별로 차이가 나는 지배구조에 관한 사항을 통일적이고 체계적으로 규정 하여 금융업 간의 형평성을 제고하는 한편, 이사회와 감사위원회의 기능을 강화 하고 위험관리위원회와 위험관리책임자를 두도록 함으로써 금융회사의 책임성을 높이고 건전한 경영을 유도하여 금융시장의 안정성을 유지하기 위한 제도적 기 반을 마련하려는 것임"을 제안이유로 하고 있다.

　　금융회사 지배구조법안은 2015년 7월 6일 국회 본회의를 통과하고, 2015년 7월 31일 법률 제13453호로 공포되었으며, 공포 후 1년 후인 2016년 8월 1일부터 시행되고 있다. 동 법률은 그 후 2016년 5월 29일 법률 제14271호(시행: 2016년 8 월 1일) 및 2017년 4월 18일 법률 제14818호(시행: 2017년 10월 19일)로 두 차례 개정되었다.

　　그러면 이러한 금융회사의 지배구조에 관한 법률(이하 "금융회사 지배구조법"으 로 약칭함)의 제정으로 우리 금융회사의 지배구조에 관한 문제는 완전히 해결되었 는가? 금융회사 지배구조법은 회사에 관한 기본법인 상법(회사편)과 조화하지 못 하는 문제, 또한 금융회사 지배구조법 자체 내에서도 모순되거나 모호한 규정이 있는 문제, 사업의 내용과 규모 등이 다른 금융회사를 모두 동일한 지배구조의 틀에서 규정함으로써 경영 효율성과 경쟁력을 하락시킬 수 있는 문제 등 많은 문제점을 갖고 있다.

　　따라서 이하에서는 금융회사 지배구조법상 금융회사 지배구조에 관한 내용 및 문제점을 살펴본 후, 금융회사 지배구조법의 개선방안을 제시하여 보고자 한다.


## II. 금융회사 지배구조법상 금융회사의 지배구조에 관한 내용 및 문 제점[2]

### 1. 서　언

　　금융회사 지배구조법은 금융회사의 업무집행기관에 대하여 업무집행책임자, 업무집행기관에 대한 감독기관으로서 이사회, 업무집행기관에 대한 감사기관으로

---

2) 금융회사의 지배구조에 관한 법률(안)에 대한 평가에 관하여는 정찬형, "금융기관 지배구조 개선을 통한 금융안정 강화 방안," 「금융법연구」(한국금융법학회), 제10권 제1호(2013), 23～ 32면 참조.

서 감사위원회 또는 상근감사에 관한 특칙 등을 규정하고 있으므로, 이를 중심으로 살펴보고자 한다.

## 2. 업무집행책임자

### 가. 금융회사 지배구조법의 내용

금융회사 지배구조법에 의하면 '업무집행책임자'를 상법상의 집행임원과 구별하여 임원의 범위에 포함시키고(동법 제2조 제2호), 업무집행책임자란 "이사가 아니면서 명예회장·회장·부회장·사장·부사장·행장·부행장·부행장보·전무·상무·이사 등 업무를 집행할 권한이 있는 것으로 인정될 만한 명칭을 사용하여 금융회사의 업무를 집행하는 사람을 말한다"고 규정하고 있다(동법 제2조 제5호). 이는 상법상 업무집행지시자 중의 하나인 표현이사(표현집행임원)와 유사한 내용으로 규정하고 있다(상법 제401조의 2 제1항 제3호, 제408조의 9 참조).

이러한 업무집행책임자 중 경영전략 수립 등 전략기획업무, 재무·예산 및 결산 회계 등 재무관리업무, 자산의 운용 등에 대한 위험관리업무의 어느 하나에 해당하는 주요업무를 집행하는 업무집행책임자를 '주요업무집행책임자'라고 하여 (동법 제8조 제1항 전단, 동법 시행령 제9조), 이들의 임면·임기·지위·의무에 대하여 별도로 규정하고 있다. 즉, 주요업무집행책임자는 이사회의 의결에 의하여 임면되고(동법 제8조 제1항 후단, 동법 시행령 제9조), 임기는 정관에 다른 규정이 없으면 3년을 초과하지 못하며(동법 제8조 제2항), 주요업무집행책임자와 해당 금융회사의 관계는 위임관계이고(동법 제8조 제3항), 주요업무집행책임자는 이사회의 요구가 있으면 언제든지 이사회에 출석하여 요구한 사항을 보고하여야 할 의무를 부담한다(동법 제9조).

### 나. 문제점

금융회사 지배구조법상의 업무집행책임자에 관한 규정은 다음과 같은 문제점이 있다.

(1) 금융회사 지배구조법이 규정하고 있는 금융회사의 업무집행기관인 업무집행책임자는 금융회사가 상법상 집행임원 비설치회사(이사회를 기준으로 보면 참여형 이사회제도)인가 또는 집행임원 설치회사(이사회를 기준으로 보면 감독형 이사회제도)인가에 따라 다음과 같은 문제점이 있다.

㈎ 금융회사가 집행임원 비설치회사인 경우에는 금융회사 지배구조법상의 업무집행책임자는 회사법상 (강학상) 이른바 '사실상 집행임원'(비등기임원)을 의미하는 것으로 보인다.[3] 금융회사 지배구조법은 업무집행책임자가 임원에 포함된다는 점과(동법 제2조 제2호) 용어의 뜻(동법 제2조 제5호)에 대하여만 규정하고 있지, (주요업무집행책임자를 포함한 업무집행책임자에 대하여는) 가장 중요한 공시(등기), 의무(경업금지, 회사의 기회 및 자산의 유용금지, 회사와의 거래금지 등), 책임(회사에 대한 책임 및 제3자에 대한 책임) 등에 대하여는 전혀 규정하고 있지 않고 또한 준용규정도 없다. 금융회사 지배구조법은 업무집행책임자 중 주요업무집행책임자에 대하여는 임면기관(동법 제8조 제1항), 임기(동법 제8조 제2항), 지위(동법 제8조 제3항) 및 이사회에 대한 보고의무(동법 제9조)에 대하여 특칙을 두고 있지만, 그 이외의 업무집행책임자에 대하여는 이러한 점에 대한 규정도 없다.

사실상 집행임원제도는 IMF 경제체제 이후 2011년 4월 개정상법 이전에 사외이사를 강제하는 법률로 인하여 사외이사를 최소화하기 위하여 이사수를 대폭 축소함으로써(따라서 업무를 집행할 사내이사가 대폭 축소함으로써) 발생한 새로운 기업에서의 현상으로서 법률이 미처 이를 규정한지 못한 점에서 발생한 특수한 현상(법률상 미아 현상)이었다. 즉, 2011년 4월 개정상법 이전에 사외이사를 강제하는 법률에서 집행임원에 대하여는 규정을 두지 않음으로써, 사실상 종래의 이사(사내이사)의 업무를 수행하는 사실상 집행임원에 대하여는 그 설치근거도 법률에 없었을 뿐 아니라 그의 지위·권한·의무·책임·공시(등기) 등에 대하여도 법률에 규정이 없었다. 따라서 이로 인하여 많은 문제점이 발생하게 되었는데, 대표적인 예로 상법은 지배인에 대하여는 등기의무를 규정하면서(상법 제13조) 그보다 훨씬 상급자인 사실상 집행임원인 사장·전무 등에 대하여는 등기(공시)가 되지 않아

---

3) 동지: 도제문, "금융회사지배구조법상 업무집행자에 관한 일고(一考) — 은행의 경우를 중심으로," 「금융법연구」(한국금융법학회), 제13권 제3호(2016. 12), 107~108면[금융회사 지배구조법상 업무집행책임자는 집행임원 비설치회사(우리나라의 모든 은행)에서 운용하고 있는 이른바 「사실상 집행임원」(비등기 경영임원)에 법적인 이름표를 달아준 것으로 보인다. 이러한 업무집행책임자제도는 「사이비 임원현상」을 더욱 복잡화하며, 사실상 집행임원(비등기임원) 현상을 제도화·고착화시키는 장치로 보인다. 또한 이들을 업무집행책임자로 이름만 바꾸어 그 임면절차에서 이사회 의결조차 필요 없도록 한 규정은 이른바 황제경영을 더욱 심화시킬지 모른다는 우려를 갖게 한다]; 정경영, "회사법의 관점에서 본 금융회사 지배구조에 관한 법률의 의의와 쟁점," 「금융법연구」(한국금융법학회), 제13권 제3호(2016. 12), 79~80면[금융회사 지배구조법상 업무집행책임자는 회사법상의 지배구조와는 구별되는 특수한 지위이다. 일반 주식회사의 실무에서 이와 유사한 지위를 찾자면 비등기이사에 유사한 지위라 할 수 있다. … 이사와 유사한 업무를 담당하는 비등기이사를 업무집행책임자라는 명칭으로 도입했다고 이해된다].

사실상 집행임원과 거래하는 제3자의 보호에 문제점이 발생하는 등 많은 문제점
이 발생하게 되었다.4)

이러한 사실상 집행임원에 대한 법의 미비를 해결하기 위하여 2011년 4월
개정상법은 집행임원에 관한 규정을 신설하여(집행임원 설치회사), 집행임원의 지
위·임면·임기·권한·의무·책임 및 공시(등기) 등에 대하여 규정하였다(상법 제408
조의 2∼제408조의 9, 제317조 제2항 제8호). 그런데 상법상 집행임원제도를 채택할
것인지 여부에 대하여는 회사의 자율에 맡기고 있다(상법 제408조의 2 제1항 제1
문). 이로 인하여 대규모 상장회사나 금융회사는 거의 전부 사실상 집행임원을
두고 있으면서 상법상 집행임원제도로 전환하지 않고, 이러한 사실상 집행임원은
상법상 집행임원과는 다르다고 (억지) 주장을 한다. 이는 사실상 탈법행위라고 볼
수 있다. 대규모 상장회사나 금융회사 등이 상법상 집행임원제도로 전환하는 것
을 꺼리는 이유는 주로 지배주주(회장)가 사실상 집행임원을 독단적으로 선임하
고 언제든지 해임할 수 있으며 또한 등기(공시)도 할 필요가 없었는데(즉, 황제경
영이 가능하였는데), 상법상 집행임원제도로 전환하면 이러한 혜택을 누릴 수 없기
때문이다.5)

금융회사 지배구조법이 집행임원 비설치회사에서 사실상 집행임원인 업무집
행책임자에 대하여 규정하면서 그의 의무·책임·공시(등기) 등에 대하여는 전혀
규정하지 않은 것은 금융회사의 사실상 탈법행위를 합리화하고, 상법이 업무집행
기관과 업무감독기관을 분리하는 집행임원제도를 통하여 실현하고자 하는 실효
성 있는 견제받는 경영(투명경영)에 역행한다고 본다. 또한 금융회사 지배구조법
상 이러한 업무집행책임자는 (사외이사가 과반수 있는) 이사회의 감독을 받지 않고
(동법 제15조 제1항, 상법 제393조 제2항 참조) 실제로 (그에 대한 임면권이 있는) 회장
에 의한 감독만을 받으므로 회장에 의한 황제경영을 고착화·합리화하여 준다고
볼 수 있다. 따라서 금융회사 지배구조법상 이러한 업무집행책임자에 관한 규정
은 동법의 입법목적인 금융회사의 건전한(투명한) 경영에 반하는 규정으로 반드
시 시정되어야 할 것으로 본다.

금융회사 지배구조법상 업무집행책임자 중 주요업무집행책임자에 대하여는
그의 임면권을 이사회에 부여하여(동법 제8조 제1항) 어느 정도 이사회에 의한 사

---

4) 정찬형, 「상법강의(상)(제20판)」(서울: 박영사, 2017), 938∼939면.
5) 정찬형, "나의 상법학 이해 30년―입법 및 판례와 관련한 연구를 중심으로," 「고려법학」(고
   려대 법학연구원), 제70호(2013), 20∼21면.

실상 감독을 받는다고도 볼 수 있으나,6) 이러한 주요업무집행책임자의 업무집행에 대한 감독권에 관하여는 동법 제15조의 이사회의 권한에도 없고, 또한 상법 제393조 제2항의 이사회의 권한에도 없다(집행임원 설치회사에서는 상법 제408조의 2 제3항 제2호에서 명문으로 규정함). 따라서 이러한 주요업무집행책임자의 감독권도 실제로는 회장에게 있다고 볼 수 있어 사실상 감독을 받지 않게 되어, 황제경영을 고착화·합리화하는 결과에 대해서는 큰 차이가 없다고 본다. 또한 금융회사 지배구조법에서 업무집행책임자를 이와 같이 주요업무집행책임자와 그 이외의 업무집행책임자로 나누어 임면권자를 달리하는 것은, 양자의 구별기준(주요업무의 기준)도 문제가 있을 뿐만 아니라 지배주주가 없는 은행 등의 경우 회장과 사외이사간의 갈등의 소지도 있어 문제가 많다고 본다.7)

　　(나) 금융회사가 상법상 집행임원 설치회사인 경우에는,8) 업무집행책임자 및 주요업무집행책임자의 용어는 상법상 집행임원의 용어로 대체되어야 하고, 상법의 규정과 중복되는 이에 관한 규정은 의미가 없으므로 삭제되어야 할 것으로 본다.

　　(2) 금융회사 지배구조법에서 상법상 표현이사(표현집행임원)의 개념을 차용하여 업무집행책임자라는 용어를 정의하는 것은 매우 적절하지 않다고 본다. 상법상 표현이사(표현집행임원)라는 용어는 그러한 자가 실제는 업무집행할 권한이 없는데 그 명칭 자체가 업무를 집행할 권한(영향력)의 근거가 된다고 하여 그러한 자의 회사 및 제3자에 대한 책임을 인정하고자 하는 것이므로,9) 금융회사에서 실제로 업무를 집행하는 자에 대하여 군이 표현이사(표현집행임원)에서 그 용어를 차용하여 업무집행책임자라고 표현하는 것은 매우 적절하지 않다고 본다. 즉, 금융회사 지배구조법상 업무집행책임자는 상법상 집행임원과 같이 (정당한) 업무집행기관이므로 동법에서 그의 지위·권한·의무·책임 및 공시(등기) 등을 규정하여야 하는 것이지, 이사(집행임원)가 아닌 자를 이사(집행임원)으로 의제하여

---

6) 금융회사 지배구조법상 업무집행책임자와 주요업무집행책임자를 구별하여 임면권자를 달리하게 된 사정은 업무집행책임자 전원을 회장(대표이사 또는 은행장)이 임면하거나 반대로 사외이사가 과반인 이사회에서 전원을 임면하게 되는 극단의 현상을 피하고자 하였던 타협책이었다고 한다(금융회사 지배구조법안에 관한 국회 정무위원회 검토보고서 참조); 도제문, 전게 논문(금융법연구 제13권 제3호), 111면, 118~119면.

7) 동지: 도제문, 상게논문, 119면.

8) 금융회사 지배구조법은 상법에 따른 집행임원을 둔 경우 집행임원을 임원의 개념에 포함시키고 있는 점에서(동법 제2조 제2호), 상법상 집행임원 설치회사를 채택한 금융회사를 예상하고 있다고 볼 수 있다.

9) 정찬형, 전게서[상법강의(상)(제20판)], 1052~1055면 참조.

그의 책임을 묻기 위한 것이 아니다.[10] 따라서 금융회사 지배구조법은 업무집행 책임자의 책임에 관하여 동법에서 명확히 규정하여야 하는데, 이를 규정하지 않고 성질이 다른 표현이사(표현집행임원)에 관한 상법의 규정을 유추적용하도록 하는 것은 매우 적절하지 않다고 본다.

## 3. 이사회

### 가. 금융회사 지배구조법의 내용

#### (1) 이사회 및 이사회내 위원회의 구성 등

#### (개) 이사회의 구성

1) 금융회사 지배구조법상 금융회사는 이사회에 사외이사를 3명 이상 및 이사 총수의 과반수가 되도록 두어야 한다(동법 제12조 제1항·제2항 본문). 다만 대통령령으로 정하는 금융회사의 경우는 이사 총수의 4분의 1 이상을 사외이사로 하여야 한다(동법 제12조 제2항 단서). 이때 '대통령령으로 정하는 금융회사'는 비상장 금융회사인 경우 최근 사업연도 말 현재 자산총액을 기준으로 상호저축은행은 3천억원 이상 7천억원 미만이고, 금융투자업자 또는 종합금융회사는 3천억원 이상 5조원 미만이며, 보험회사는 3천억원 이상 5조원 미만이고, 여신전문금융회사는 3천억원 이상 5조원 미만이다(금융회사 지배구조법 시행령 제12조 제2호~제5호, 제6조 제3항). 주권상장법인의 경우에는 자산총액이 위 최저액에 미달하는 경우에도 이에(대통령령으로 정하는 금융회사에) 해당한다(금융회사 지배구조법 시행령 제12조 제1호, 제6조 제3항).

금융회사는 사외이사의 사임·사망 등의 사유로 사외이사의 수가 금융회사 지배구조법 제12조 제1항 및 제2항에 따른 이사회의 구성요건에 미치지 못하게 된 경우에는 그 사유가 발생한 후 최초로 소집되는 주주총회(상호회사인 보험회사의 경우 사원총회를 포함함)에서 동법 제12조 제1항 및 제2항에 따른 요건을 충족하도록 조치하여야 한다(금융회사 지배구조법 제12조 제3항).

2) 금융회사 지배구조법상 금융회사의 이사회는 매년 원칙적으로 사외이사 중에서 이사회 의장을 선임해야 하는데(동법 제13조 제1항), 예외적으로 사외이사가 아닌 자를 이사회 의장으로 선임하는 경우에는 이사회는 그 사유를 공시하고

---

10) 동지: 정경영, 전게논문(금융법연구 제13권 제3호), 79면(금융회사 지배구조법상 업무집행 책임자제도는 행위자의 책임을 묻기 위한 제도가 아니라, 금융회사 내부의 일정한 업무집행의 권한과 의무를 부담하는 기관을 명시한 것이다. 즉, 책임구조가 아니라 지배구조에 해당하는 개념이다); 도제문, 전게논문(금융법연구 제13권 제3호), 125면.

사외이사를 대표하는 자(선임사외이사)를 별도로 선임하여야 한다(동법 제13조 제2항). 선임사외이사는 사외이사 전원으로 구성되는 사외이사회의의 소집 및 주재, 사외이사의 효율적인 업무수행을 위한 지원 및 사외이사의 책임성 제고를 위한 지원의 업무를 수행한다(금융회사 지배구조법 제13조 제3항). 금융회사 및 그 임직원은 선임사외이사가 이러한 업무를 원활하게 수행할 수 있도록 적극 협조하여야 한다(금융회사 지배구조법 제13조 제4항).

### (나) 이사회내 위원회의 구성

1) 금융회사 지배구조법상 금융회사는 상법 제393조의 2에 따른 이사회내 위원회로서 임원후보추천위원회·감사위원회·위험관리위원회 및 보수위원회를 설치하여야 하는데(동법 제16조 제1항), 금융회사의 정관에서 정하는 바에 따라 감사위원회가 보수에 관한 사항(동법 제22조 제1항)을 심의·의결하는 경우에는 보수위원회를 설치하지 아니할 수 있다(동법 제16조 제2항 본문). 이러한 위원회의 과반수는 사외이사로 구성하고(동법 제16조 제3항), 위원회의 대표는 사외이사로 한다(동법 제16조 제4항).

2) 금융회사 지배구조법상 금융회사의 임원후보추천위원회는 임원(사외이사, 대표이사, 대표집행임원, 감사위원에 한정함) 후보를 추천한다(동법 제17조 제1항). 임원후보추천위원회는 3명 이상의 위원으로 구성한다(동법 제17조 제2항). 그러나 임원후보추천위원회는 3명 이상의 위원으로 구성하여야 하는 사항(동법 제17조 제1항)과 위원회의 과반수는 사외이사로 구성하고(동법 제16조 제3항) 위원회의 대표는 사외이사이어야 한다는 사항(동법 제16조 제4항)은, 최초로 3명 이상의 사외이사로 이사회를 구성하는 금융회사가 그 임원을 선임하는 경우에는 적용하지 아니한다(동법 제17조 제6항).

금융회사는 주주총회 또는 이사회에서 임원을 선임하려는 경우 임원후보추천위원회의 추천을 받은 사람 중에서 선임하여야 하는데(동법 제17조 제3항), 이 경우 임원후보추천위원회가 사외이사 후보를 추천하는 경우에는 주주제안권을 행사할 수 있는 요건을 갖춘 소수주주가 추천한 사외이사를 포함시켜야 한다(동법 제17조 제4항).

임원후보추천위원회의 위원은 본인을 임원 후보로 추천하는 임원후보추천위원회 결의에 관하여 의결권을 행사하지 못한다(동법 제17조 제5항).

3) 금융회사 지배구조법상 이사회내 위원회의 하나인 감사위원회에 대하여는 후술하고, 위험관리위원회 및 보수위원회에 관한 설명은 생략한다.

#### ㈐ 기 타

1) 금융회사 지배구조법상 금융회사는 사외이사의 원활한 직무수행을 위하여, 사외이사가 회사의 경영실태를 원활히 파악할 수 있도록 영업·재무·그 밖의 업무집행 상황 등에 관한 자료나 정보를 연 1회 이상 정기적으로 제공하고, 사외이사가 원활한 직무수행을 위하여 이사회 의장 또는 선임사외이사를 통하여 해당 금융회사에 대하여 자료나 정보의 제공을 요구하는 경우 금융회사는 정당한 사유가 없으면 요구받은 자료나 정보를 지체 없이 제공하여야 하며, 이사회 및 이사회내 위원회의 회의자료를 회의 개최 2주일(해당 금융기관의 정관 또는 이사회규정 등에서 이 기간을 달리 정할 수 있음) 전까지 제공하여야 한다(동법 제18조 제1항, 동법 시행령 제15조). 또한 사외이사는 해당 금융회사에 대하여 그 직무를 수행할 때 필요한 자료나 정보의 제공을 요청할 수 있는데, 이 경우 금융회사는 특별한 사유가 없으면 이에 따라야 한다(동법 제18조 제2항).

2) 금융회사 지배구조법상 금융지주회사가 발행주식 총수를 소유하는 자회사 및 그 자회사가 발행주식 총수를 소유하는 손자회사(손자회사가 발행주식 총수를 소유하는 증손회사를 포함한다. 이하 이 조에서 '완전자회사 등'이라 한다)는 경영의 투명성 등 대통령령으로 정하는 요건에 해당하는 경우에는 사외이사를 두지 아니하거나 이사회내 위원회를 설치하지 아니할 수 있다(동법 제23조 제1항). 이때 '경영의 투명성 등 대통령령으로 정하는 요건'이란 금융지주회사의 이사회가 완전자회사 등에 대하여 조언·시정권고 및 이에 필요한 자료의 제출을 요구하는 경우 완전자회사 등은 특별한 사정이 없으면 요구에 성실히 응하여야 하고, 금융지주회사의 감사위원회가 완전자회사 등에 대하여 그 업무·재무구조 등에 대한 감사 및 이에 필요한 자료의 제출을 요구하는 경우 완전자회사 등은 특별한 사정이 없으면 요구에 성실히 응하여야 하는 것을 말한다(동법 시행령 제18조).

완전자회사 등이 감사위원회를 설치하지 아니할 때에는 상근감사를 선임하여야 하고(동법 제23조 제2항), 이러한 상근감사의 자격요건은 사외이사의 자격요건과 같다(동법 제23조 제3항 본문). 다만 해당 완전자회사 등의 상근감사 또는 사외이사가 아닌 감사위원으로 재임중이거나 재임하였던 사람은 상근감사가 될 수 있다(동법 제23조 제3항 단서).

#### (2) 이사회의 운영 및 권한

#### ㈎ 이사회의 운영(지배구조내부규범)

1) 금융회사 지배구조법상 금융회사는 주주와 예금자·투자자·보험계약자·

그 밖의 금융소비자의 이익을 보호하기 위하여 그 금융회사의 이사회의 구성과 운영, 이사회내 위원회의 설치, 임원의 전문성 요건, 임원 성과평가 및 최고경영자의 자격 등 경영승계에 관한 사항 등에 관하여 지켜야 할 구체적인 원칙과 절차(이하 '지배구조내부규범'이라 함)를 마련하여야 하는데(동법 제14조 제1항), 지배구조내부규범에 규정하여야 할 세부적인 사항과 그 밖에 필요한 사항은 대통령령으로 정한다(동법 제14조 제2항). 이에 따라 금융회사 지배구조법 시행령에서는 지배구조내부규범에 포함되어야 할 사항으로, 이사회의 구성과 운영에 관한 사항, 이사회내 위원회의 설치와 운영에 관한 사항, 임원에 관한 사항 및 최고경영자(대표이사 또는 대표집행임원을 말함)의 자격 등 경영승계에 관한 사항에 관하여 상세하게 규정하고 있다(동법 시행령 제13조 제1항).

또한 금융지주회사는 이사회의 심의·의결을 거쳐 소속 자회사 등이 지배구조내부규범에 반영하여야 할 원칙과 절차 등을 정할 수 있다(동법 시행령 제13조 제2항).

2) 금융회사 지배구조법상 금융회사는 (ⅰ) 지배구조내부규범을 제정하거나 변경한 경우 그 내용, (ⅱ) 금융회사가 매년 지배구조내부규범에 따라 이사회 등을 운영한 현황을, 금융위원회가 정하는 바에 따라 인터넷 홈페이지 등에 공시하여야 한다(동법 제14조 제3항).

#### ⑷ 이사회의 권한

1) 금융회사 지배구조법상, 금융회사의 (ⅰ) 경영목표 및 평가에 관한 사항, (ⅱ) 정관의 변경에 관한 사항, (ⅲ) 예산 및 결산에 관한 사항, (ⅳ) 해산·영업양도 및 합병 등 조직의 중요한 변경에 관한 사항, (ⅴ) 내부통제기준 및 위험관리기준의 제정·개정 및 폐지에 관한 사항, (ⅵ) 최고경영자의 경영승계 등 지배구조 정책 수립에 관한 사항, (ⅶ) 대주주·임원 등과 회사 간의 이해상충행위 감독에 관한 사항은, 이사회의 심의·의결을 거쳐야 한다(동법 제15조 제1항).

2) 이사회의 심의·의결사항은 정관으로 정하여야 하고(동법 제15조 제2항), 상법 제393조 제1항에 따른 이사회의 권한 중 지배인의 선임 또는 해임과 지점의 설치·이전 또는 폐지에 관한 권한은 정관에서 정하는 바에 따라 위임할 수 있다(동법 제15조 제3항).

### 나. 문제점

금융회사 지배구조법상의 이사회 및 이사회내 위원회에 관한 규정은 다음과 같은 문제점이 있다.

    (1) 금융회사 지배구조법이 규정하고 있는 금융회사의 이사회 및 이사회내 위원회는 금융회사가 상법상 집행임원 비설치회사(이사회를 기준으로 보면 참여형 이사회제도)인가 또는 집행임원 설치회사(이사회를 기준으로 보면 감독형 이사회제도) 인가에 따라 다음과 같은 문제점이 있다.

    (가) 금융회사가 집행임원 비설치회사(참여형 이사회제도)인 경우에는 다음과 같은 문제점이 있다.

    1) 금융회사가 집행임원 비설치회사(참여형 이사회제도)인 경우에는,[11] 상법상 금융회사의 업무집행기관은 이사회(상법 제393조 제1항)와 대표이사(상법 제389조)이고, 업무집행기관(이사 및 대표이사)에 대한 감독기관은 이사회이다(상법 제393조 제2항). 금융회사 지배구조법상 금융회사의 지배구조에 관하여 동법에 특별한 규정이 없으면 상법이 적용되는데(동법 제4조 제2항), 동법은 이러한 상법의 기본규정과 다른 특칙을 규정하고 있다고 볼 수 없으므로 집행임원 비설치회사를 선택한 금융기관에 대하여는 이러한 상법의 규정이 적용된다. 이 경우 업무집행기관과 이에 대한 감독기관이 중복되어(또는 자기감독이 되어) 모순될 뿐만 아니라, 처음부터 제도적으로 감독기관(이사회)의 감독을 불가능하게 하고 있다.[12] 따라서 집행임원 비설치회사인 금융회사에서는 이사회에 의한 업무집행기관(이사회 및 대표이사)에 대한 감독기능은 제도상 처음부터 불가능하여 이사회에 의한 감독은 사실상 없는 것과 같게 되었다.

    금융회사 지배구조법은 금융회사의 이사회를 (대통령령으로 정하는 금융회사를 제외하고) 사외이사 중심으로 구성하도록 하여(사외이사를 3명 이상 및 이사 총수의 과반수 두도록 하여)(동법 제12조 제1항~제2항)[13] 형식적(외관상)으로는 사외이사 중심의 이사회가 업무집행기관에 대한 실효성 있는 감독을 할 수 있는 것 같이(즉, 이사회의 감독권을 강화하는 것 같이) 규정하고 있으나, 업무집행기관과 업무감독기관을 분리하지 않고(즉, 감독형 이사회제도를 채택하지 않고) 다시 참여형 이사회 제

---

    11) 금융회사가 상법상 집행임원제도(상법 제408조의 2~제408조의 9)를 명백히 채택하지 않은 경우나 또는 대표이사제도를 채택한 경우에는(상법 제408조의 2 제1항 제2문 참조) 모두 집행임원 비설치회사(참여형 이사회제도)를 채택한 금융회사라고 볼 수 있다. 현재 우리나라의 금융회사는 거의 전부 이에 해당한다[동지: 도제문, 전게논문(금융법연구 제13권 제3호), 122면].

    12) 동지: 정찬형, "우리 주식회사 지배구조의 문제점과 개선방안," 「상사법연구」(한국상사법학회), 제34권 제2호(2015. 8), 25면.

    13) 이는 대규모 상장회사(최근 사업연도 말 현재의 자산총액이 2조원 이상인 상장회사를 말한다. 이하 같음)의 경우와 같다(상법 제542조의 8 제1항 단서, 동법 시행령 제34조 제2항).

도를 채택하여(즉, 이사회에 다시 업무집행권을 부여하여) 사외이사를 다시 업무집행기관(이사회)에 참여시키는 것은 그 자체로 제도상 모순이라고 본다. 또한 이러한 사외이사 중심의 참여형 이사회제도는 업무집행의 효율성을 크게 떨어뜨릴 뿐만 아니라, 업무집행기관에 대한 감독의 면에서도 자기감독이 되어 업무집행기관에 대한 감독은 거의 없게 된다. 따라서 이러한 사외이사 중심의 이사회는 실제로 업무집행의 면에서나 업무집행기관에 대한 감독의 면에서나 그 기능을 발휘하지 못하여 유명무실하고, 금융회사의 업무집행은 아무런 감독(견제)을 받지 않는 사실상 집행임원(금융회사 지배구조법상은 업무집행책임자)과 대표이사(회장)가 거의 전횡하게 되어, 대표이사(회장)에 의한 황제경영을 강화하는 결과가 된다.14) 이는 또한 사외이사의 원래의 도입취지(감독기관에 참여시켜 감독기능을 강화하고자 하는 것)에도 반하고, 사외이사를 유명무실하게 하거나 사외이사가 그의 권한을 남용하는 문제점을 발생시키고 있다.

금융회사 지배구조법은 업무집행기관으로 '업무집행책임자'에 대하여 규정하면서, 이러한 업무집행책임자에 대한 감독기관(이사회 등)에 대하여는 전혀 규정을 두고 있지 않다. 또한 금융회사 지배구조법상 업무집행책임자는 이사가 아니므로(동법 제2조 제5호) 상법 제393조 제2항에 의하여도 이사회의 감독을 받지 않는다. 따라서 금융회사의 업무집행기관인 업무집행책임자에 대하여는 금융회사 지배구조법상 및 상법상 감독기관이 없다. 이것은 매우 중대한 입법의 미비이며, 이사회의 업무집행기관에 대한 감독기능을 더욱 유명무실화시키는 요인의 하나가 되고 있다. 금융회사 지배구조법은 그 제안이유 중의 하나로 "이사회와 감사위원회의 기능을 강화하여 금융회사의 건전한 경영을 유도한다"고 하고, 또한 동법의 입법 목적 중의 하나로 "금융회사의 건전한 경영"을 들고 있는데, 입법의 내용은 위에서 본 바와 같이 업무집행기관에 대한 감독기관이 없거나 자기감독의 제도적 모순을 그대로 두어 대표이사(회장)에 의한 황제경영을 강화시키는 것은 동법의 제안이유나 목적에 반대되는 입법이라고 본다.

2) 금융회사의 지배구조법이 이사회 의장을 원칙적으로 사외이사로 하도록 한 점(동법 제13조 제1항), 이사회내 위원회로서 임원후보추천위원회·감사위원회·위험관리위원회 및 보수위원회를 의무적으로 두도록 하고(동법 제16조 제1항) 동 위원회 위원의 과반수는 사외이사로 하며(동법 제16조 제3항) 동 위원회의 대표를

---

14) 동지: 정찬형, 전게논문(상사법연구 제34권 제2호), 26면.

사외이사로 하도록 한 점(동법 제16조 제4항) 등은 업무집행기관과 감독기관이 분리된 감독형 이사회(집행임원 설치회사)에서 이사회의 업무집행기관에 대한 감독의 효율성을 기하기 위한 것이다(이사회 의장에 관하여는 상법 제408조의 2 제4항 참조). 참고로 일본 회사법상 위원회 설치회사(지명위원회 등 설치회사)는 이사회에 지명위원회·감사위원회 및 보수위원회를 둔 회사를 말하고, 각 위원회의 위원의 과반수는 사외이사이어야 하는데, 이러한 위원회 설치회사는 집행임원을 의무적으로 두어야 하므로, 위원회 설치회사는 업무집행기관과 감독기관이 분리된 집행임원 설치회사를 전제로 하고 있다고 볼 수 있다(일본 회사법 제400조~제422조 참조). 또한 「유럽에서의 회사법 지배구조에 관한 보고서」에서도 회사의 업무를 집행하는 집행임원(사내이사)은 과반수가 독립적인 사외이사로 구성되는 이사회내의 지명위원회에 의하여 선임되고, 그의 보수는 과반수가 독립적인 사외이사로 구성되는 보수위원회에서 결정되며, 그의 업무에 대한 (회계)감사는 과반수가 독립적인 사외이사로 구성되는 감사위원회에 의하여 수행되어야 한다고 한다. 이는 간접적으로 업무집행기관과 감독기관은 분리되어야 함을 전제로 하고 있다.[15] 이러한 점에서 보면 금융회사 지배구조법이 업무집행기관과 감독기관이 분리된 집행임원 설치회사를 전제로 하지 않고 이사회 의장을 원칙적으로 사외이사로 하도록 하거나, 이러한 이사회내 위원회에 관한 규정을 둔 것은, 입법의 미비 또는 글로벌 스탠더드에 맞지 않는 입법이라고 본다. 즉, 참여형 이사회에서 대표이사가 아닌 사외이사를 이사회 의장으로 하면 업무집행의 효율성을 크게 떨어뜨리고 업무감독에서도 자기감독이 되어 실효성을 발휘할 수 없다. 또한 참여형 이사회에서 사외이사를 (이사회를 통하여) 업무집행에 참여시키면서 다시 이러한 이사회내 위원회에서 활동하도록 하는 것은 자기감독(감사)이 되어 실효성 있는 감독(감사) 내지 견제가 되지 못하는 것은 자명하다고 본다.

　　3) 금융회사 지배구조법상 금융회사의 임원후보추천위원회의 구성은 대규모 상장회사의 사외이사 후보추천위원회와 유사하다(상법 제542조의 8 제4항). 다만 금융회사 지배구조법상 임원후보추천위원회의 경우 사외이사를 임원후보추천위원회의 대표로 하도록 한 점(동법 제16조 제4항), 3명 이상의 위원으로 구성하도록 한 점(동법 제17조 제2항) 등은 상법상 사외이사 후보추천위원회(상법 제542조의 8 제4항)와 다르다. 금융회사 지배구조법상 임원후보추천위원회는 상법상 대규모

---

15) 정찬형, "주식회사의 지배구조," 「상사법연구」(한국상사법학회), 제28권 제3호(2009. 11), 16~17면 참조.

상장회사에서의 사외이사 후보추천위원회보다는 진일보한 규정인데, 외국 입법례에서의 지명위원회와 같이 후보 추천대상을 사외이사·대표이사·대표집행임원·감사위원에 한정하지 말고 명칭에 맞게 전 임원으로 확대하여야 할 것으로 본다. 이와 같이 하는 것이 대표이사(회장)의 전횡에 의한 인사권을 어느 정도 견제할 수 있을 것으로 본다.

　　금융회사 지배구조법상 금융회사가 주주총회에서 사외이사를 선임하려는 경우 임원후보추천위원회의 추천을 받은 사람 중에서 선임하여야 하는 점(동법 제17조 제3항) 등은 상법상 대규모 상장회사의 그것과 같은데(상법 제542조의 8 제5항), 다만 금융회사 지배구조법이 임원후보추천위원회의 위원은 본인을 임원 후보로 추천하는 임원후보추천위원회 결의에 관하여 의결권을 행사하지 못하도록 한 점(동법 제17조 제5항)은 이러한 규정이 없는 상법상 대규모 상장회사에서의 사외이사 후보추천위원회의 경우와 다르다. 이 경우 금융회사 지배구조법은 본인은 의결권을 행사하지 못하도록 할 것이 아니라, 최소한도 자기를 후보로 추천하는 후보추천위원회의 위원이 될 수 없도록 하여야 할 것으로 본다.

　　4) 금융회사 지배구조법에서 이사회의 권한에 관하여 특별히 규정하고 있다(동법 제15조). 이는 참여형 이사회제도(집행임원 비설치회사)를 채택한 금융회사에 대하여는 상법 제393조 제1항에 대한 특칙이라고 볼 수 있다.

　　참여형 이사회제도에서는 회사의 업무집행에 관한 의사결정권이 이사회에 있는데(상법 제393조 제1항), 금융회사 지배구조법은 이에 관하여는 특별한 규정을 두고 있지 않다. 따라서 참여형 이사회제도를 채택한 금융회사에서는 상법 제393조 제1항에 의하여 업무집행에 관한 의사결정권이 이사회에 있다고 보아야 할 것이다(금융회사 지배구조법 제4조 제2항).[16]

　　금융회사 지배구조법이 이사회 권한사항으로 규정한 사항 중 정관의 변경에 관한 사항(상법 제434조), 해산에 관한 사항(상법 제518조), 영업의 전부 또는 중요한 일부의 양도에 관한 사항(상법 제374조 제1항 제1호), 합병에 관한 사항(상법 제522조 제3항), 분할 또는 분할합병에 관한 사항(상법 제530조의 3 제2항)은 주주를 보호하기 위하여 상법상 주주총회의 특별결의에 의한 승인을 받도록 하고 있다. 또한 주식회사를 유한회사로 조직변경을 하고자 하면 총주주의 일치에 의한 총회의 결의를 받도록 하고 있다(상법 제604조 제1항). 또한 이러한 상법의 규정은

---

16) 동지: 정경영, 전게논문(금융법연구 제13권 제3호), 71면.

강행법규라고 볼 수 있다. 상법상 이러한 사항을 주주총회에 상정하기 위하여는 당연히 이사회 결의를 거쳐야 한다. 따라서 이러한 사항을 금융회사 지배구조법이 이사회 권한사항으로 규정한 것은 특별규정으로서 의미가 없다고 본다.

금융회사 지배구조법 제15조 제2항은 "이사회의 심의·의결사항은 정관으로 정하여야 한다"고 하여, (상법 또는 금융회사 지배구조법이나) 정관에 규정이 없는 사항은 이사회 결의사항이 아닌 취지로 규정하고 있다. 그런데 참여형 이사회제도에서는 위에서 본 바와 같이 회사의 업무집행에 관한 의사결정권은 (정관에 규정이 없는 경우에도) 이사회에 있다(상법 제393조 제1항). 따라서 금융회사 지배구조법 제15조 제2항은 상법 제393조 제1항과 상충된다. 금융회사 지배구조법의 규정이 상법의 특칙으로서 먼저 적용되는 것으로 보면(동법 제4조 제2항), 정관에 규정이 없는 사항에 대하여는 누가 의사결정권을 갖는가가 문제된다. 정관에 이에 관한 위임규정이 있으면 문제가 되지 않지만, 정관에 규정이 없으면 누가 의사결정권을 가지며 그 근거는 무엇인가의 문제가 있다. 따라서 금융회사 지배구조법이 제15조 제2항에 의하여 이사회의 권한을 축소하고자 하면 위와 같은 문제에 관하여 명확한 규정을 두어야 할 것으로 본다. 이는 또한 대단히 중요한 문제이다. 이에 관하여 지배구조내부규범에 규정하도록 하고자 한다면 금융회사 지배구조법에서 반드시 그 근거규정을 두어야 할 것으로 본다.

또한 금융회사 지배구조법 제15조 제3항은 "상법 제393조 제1항에 따른 이사회의 권한 중 지배인의 선임 또는 해임과 지점의 설치·이전 또는 폐지에 관한 권한은 정관에서 정하는 바에 따라 위임할 수 있다"고 규정하고 있는데, 이는 상법 제393조 제1항에 대한 금융회사 지배구조법상 특별규정이라고 볼 수도 있다. 만일 상법 393조 제1항의 이러한 권한을 이사회의 고유권한으로 보면 상법상 이사회의 고유권한을 주주총회의 권한(정관의 규정)으로 옮길 수 있는지의 문제가 있고, 또한 상법상 이사회의 고유권한을 정관에서 정하는 바에 따라 대표이사 등에게 위임할 수 있는지 여부도 문제가 된다. 주식회사의 각 기관의 권한에 관한 상법의 규정은 입법정책의 문제로서 전부 강행규정으로 본다면 상법 제393조 제1항에 반하는 정관의 규정은 효력이 없는 것으로 볼 수도 있다.[17]

(나) 금융회사가 집행임원 설치회사(감독형 이사회제도)인 경우에는 다음과 같은 문제점이 있다.

---

17) 정찬형, 전게서[상법강의(상)(제20판)], 868~869면 참조.

1) 상법 제393조는 원래 집행임원 비설치회사(참여형 이사회제도)를 전제로 한 규정이므로, 이는 집행임원 설치회사(감독형 이사회제도)에 대하여는 적용되지 않는다고 본다. 즉, 상법 제393조 제1항은 집행임원 설치회사에서는 그 성질상 적용될 여지가 없고, 동조 제2항은 집행임원 설치회사에서는 제408조의 2 제3항에서 구체적으로 규정하고 있으며, 동조 제3항 및 제4항은 집행임원 설치회사에서는 제408조의 6에서 규정하고 있다.[18] 따라서 금융회사 지배구조법 제15조(이사회의 권한)는 집행임원 설치회사에서의 이사회의 권한(상법 제408조의 2 제3항)과 상충되므로 폐지되거나 상충되지 않는 범위내에서만 특칙규정을 두어야 할 것으로 본다.

2) 금융회사 지배구조법상 사외이사 중심의 이사회 구성에 관한 규정(동법 제12조), 원칙적으로 사외이사 중에서 이사회 의장을 선임하도록 한 규정(동법 제13조), 사외이사 중심의 이사회내 위원회에 관한 규정(동법 제16조~제22조) 등은 감독형 이사회에 적합한 규정으로, 집행임원 설치회사에서 감독형 이사회와 분리된 업무집행기관(집행임원)을 감독형 이사회가 실효성 있게 감독하는데 크게 기여할 것으로 본다. 또한 이 경우 사외이사도 금융회사의 업무집행기관(집행임원)에 대한 감독 및 감사업무에만 참여하고 금융회사의 업무집행에 관한 의사결정에는 참여하지 않으므로, 이에 따른 책임부담의 두려움에서 벗어나 그의 능력을 최대한 발휘할 수 있어 원래의 사외이사의 도입취지에도 맞고 또한 글로벌 스탠더드에도 맞는 지배구조가 된다.[19]

(2) 대규모 상장회사인 금융회사인 경우에는 상법상 상장회사에 대한 특례규정이 적용되는데, 이에 다시 금융회사 지배구조법에서 상법과 동일 내용을 규정 하는 것은 의미가 없다고 본다. 따라서 이에 관하여는 상법의 상장회사에 대한 특례규정을 적용하면 충분하다고 본다.

또한 같은 금융회사라고 하더라도 업종이 다르고 규모도 다른데 금융회사 지배구조법에서 이와 같이 (특히, 사외이사 중심의 이사회 및 이사회내 위원회 등에서) 통일적으로 규정하여야 할 필요가 있는지는 극히 의문이다. 이는 각 금융회사의 특성과 자율성을 무시한 것으로 문제가 있다고 본다. 따라서 금융회사의 지배구조에 대하여는 원칙적으로 상법의 적용을 받도록 하고, 각 금융회사의 특성상 상법에 대한 특칙을 규정할 필요가 있으면 각 금융회사의 특별법(은행법 등)에서 필

---

18) 정찬형, 상게서, 970면.
19) 동지: 정찬형, 전게논문(상사법연구 제34권 제2호), 27면.

요한 내용에 대하여 최소한도만 규정하면 충분할 것으로 본다.

(3) 금융회사 지배구조법상 금융회사의 사외이사에 대한 자료·정보의 제공 의무와 금융회사 사외이사의 금융회사에 대한 자료·정보제공 요청권에 관한 규정(동법 제18조)은 금융회사가 집행임원 비설치회사인가 또는 집행임원 설치회사인가에 따라 그 내용 및 정도가 다르겠으나, 금융회사에 대한 특칙규정으로서의 의미는 있다고 본다. 그러나 이러한 규정의 내용은 금융회사에만 한하는 것이 아니라 사외이사를 둔 모든 회사에 공통적으로 해당되는 것이므로, 입법론상으로는 상법에서 규정하는 것이 더 적절하다고 본다.

(4) 금융회사 지배구조법상 금융회사에서 완전자회사 등은 사외이사를 두지 않을 수 있고 또한 감사위원회 등 이사회내 위원회를 두지 않을 수 있는데, 이때에는 상근감사를 둘 수 있도록 한 점은(동법 제23조) 매우 의미가 있다고 본다. 이 경우 금융지주회사(이사회)는 완전자회사(은행 등)의 감독기관으로서 집행임원 설치회사에서 감독형 이사회에 해당한다고 볼 수 있다. 따라서 완전자회사 등인 은행(일반적으로 비상장회사)은 사외이사 및 감사위원회 등 이사회내 위원회를 둘 필요가 없을 뿐만 아니라 불필요한 사실상 집행임원(금융회사 지배구조법상 업무집행책임자)을 둘 필요도 없다. 그러므로 이 경우 완전자회사인 은행은 (사외이사를 축소하기 위하여 이사의 수를 축소해야 하는 부담이 없으므로) IMF 경제체제 이전과 같이 이사(사내이사 및 등기이사)를 중심으로 은행을 경영하면 된다. 즉, 이사회 및 대표이사(은행장)가 업무집행기관이고(상법 제393조 제1항, 제389조), 업무집행기관에 대한 감독기관은 이사회이며(상법 제393조 제2항), 업무집행기관에 대한 감사기관은 (상근)감사이다(상법 제409조 이하, 금융회사 지배구조법 제23조 제2항). 이때 업무집행기관에 대한 이사회의 감독은 자기감독이 되어 거의 의미가 없으나, 그 대신 주주이며 감독기관인 금융지주회사의 실효성 있는 감독을 받으므로 이는 큰 문제가 되지 않는다고 본다.

또한 금융회사 지배구조법상 금융지주회사의 임직원은 해당 금융지주회사의 자회사 등의 임직원을 겸직할 수 있도록 하고 있다(동법 제10조 제4항 제1호). 따라서 금융지주회사의 회장이 완전자회사인 은행의 행장을 겸직할 수도 있는데, 이는 집행임원 설치회사에서 감독형 이사회의 의장이 대표집행임원을 겸하는 것과 같다고 볼 수 있다. 따라서 이는 감독기관의 감독의 효율성을 크게 저하시키는 것으로 볼 수 있다. 이러한 점에서 금융회사 지배구조법도 이사회 의장을 원칙적으로 업무를 담당하지 않는 사외이사 중에서 선임하도록 규정하고 있다고 볼 수 있다(동법 제13조 제1항). 따라서 금융회사 지배구조법상 금융지주회사의 임직원이 자회사 등의 임직원을 겸할 수 있도록 한 규정(동법 제10조 제4항 제1호)은 동법 제13조의 취지와 상충하고 또한 금융지주회사의 자회사 등에 대한 감독의 효율성 증진 등에서 볼 때, 삭제되거나 오히려 겸직금지의 내용으로 규정되어야 할 것으로 본다.[20]

(5) 금융회사 지배구조법상 지배구조내부규범에 관한 규정은 이에 관한 2015년 7월 31일 개정 전 은행법상의 규정(은행법 제23조의 4)과 아주 유사한데, 이는 은행을 제외한 다른 금융기관의 경우에는 그 성격이 같지 않은데 일률적으로 은행과 같은 규정을 적용하도록 하는 점은 문제라고 본다.

## 4. 감사위원회

### 가. 금융회사 지배구조법의 내용

(1) 금융회사 지배구조법상 감사위원회는 3명 이상의 이사로 구성하는데, 사외이사가 감사위원의 3분의 2 이상이어야 하고, 위원 중 1명 이상은 공인회계사 자격을 취득한 후 그 자격과 관련된 업무에 5년 이상 종사한 경력이 있는 자 등 대통령령으로 정하는 회계 또는 재무 전문가이어야 한다(동법 제19조 제1항·제2항, 동법 시행령 제16조 제1항).

(2) 금융회사는 감사위원의 사임·사망 등의 사유로 감사위원의 수가 감사위원회의 구성요건에 미치지 못하게 된 경우에는 그 사유가 발생한 후 최초로 소집되는 주주총회에서 이러한 요건에 충족하도록 조치하여야 한다(동법 제19조 제3항).

(3) 감사위원 후보는 임원후보추천위원회에서 추천하는데, 이 경우 위원 총수의 3분의 2 이상의 찬성으로 의결한다(동법 제19조 제4항).

(4) 금융회사는 감사위원이 되는 사외이사 1명 이상에 대해서는 다른 이사와 분리하여 선임하여야 한다(동법 제19조 제5항). 감사위원을 선임하거나 해임하는 권한은 주주총회에 있는데, 이 경우 감사위원이 되는 이사의 선임에 관하여는

---

[20] 이러한 점에서 우리금융지주회사의 경우 지주회사의 회장이 은행장을 겸하는 것은 적절하지 않고, KB금융지주회사의 경우 자회사인 국민은행장이 지주회사의 이사회에서 배제된 것은 바람직하다고 본다.
　　지주회사와 은행장의 관계에 관한 규정의 도입이 필요하다는 견해가 있는데[정경영, 전게논문(금융법연구 제13권 제3호), 97면], 이는 앞에서 본 바와 같이 집행임원 설치회사에서 감독형 이사회와 집행임원에 준하는 관계로 보면 될 것으로 생각한다.

상법 제409조 제2항 및 제3항을 준용한다(단순 3% rule)(동법 제19조 제6항). 최대
주주, 최대주주의 특수관계인, 그 밖에 대통령으로 정하는 자(최대주주 또는 그 특
수관계인의 계산으로 주식을 보유하는 자, 또는 최대주주 또는 그 특수관계인에게 의결권을
위임한 자)가 소유하는 금융회사의 의결권 있는 주식의 합계가 그 금융회사의 의
결권 없는 주식을 제외한 발행주식 총수의 100분의 3을 초과하는 경우(금융회사
는 정관으로 100분의 3보다 낮은 비율을 정할 수 있음) 그 주주는 100분의 3을 초과하
는 주식에 관하여 감사위원이 되는 이사를 선임하거나 해임할 때에는 의결권을
행사하지 못한다(합산 3% rule)(동법 제19조 제7항, 동법 시행령 제16조 제2항).

　　(5) 자산규모 등을 고려하여 대통령령이 정하는 금융회사(원칙적으로 최근 사
업연도 말 현재 자산총액이 1천억원 이상인 금융회사)는 상근감사를 1명 이상 두어야
하는데, 금융회사 지배구조법에 따른 감사위원회를 설치한 경우에는 그러하지 아
니하다(동법 제19조 제8항, 동법 시행령 제16조 제3항). 상근감사의 선임에는 상법 제
409조 제2항 및 제3항에 따른 의결권 제한과 최대주주에 대한 의결권 제한(동법
제19조 제7항)에 관한 규정이 준용된다(동법 제19조 제9항).

　　(6) 상근감사 및 상임감사위원의 자격요건은 사외이사의 자격요건과 같은데,
해당 금융회사의 상근감사 또는 상임감사위원으로 재임중이거나 재임하였던 사
람은 상근감사 또는 상임감사위원이 될 수 있다(동법 제19조 제10항).

　　(7) 감사위원회 또는 감사는 금융회사의 비용으로 전문가의 조력을 구할 수
있고(동법 제20조 제1항), 금융회사는 감사위원회 또는 감사의 업무를 지원하는 담
당부서를 설치하여야 한다(동법 제20조 제2항). 금융회사는 감사위원회 또는 감사
의 업무내용을 적은 보고서를 정기적으로 금융위원회가 정하는 바에 따라 금융
위원회에 제출하여야 한다(동법 제20조 제3항). 감사위원(또는 감사)에 대하여는 사
외이사와 같은 금융회사의 정보제공의무 및 금융회사에 대한 정보제공요청권이
인정된다(동법 제20조 제4항).

## 나. 문제점

　　금융회사 지배구조법상의 감사위원회에 관한 규정은 다음과 같은 문제점이
있다.
　　(1) 금융회사 지배구조법이 규정하고 있는 금융회사의 감사위원회는 금융회
사가 상법상 집행임원 비설치회사(이사회를 기준으로 보면 참여형 이사회제도)인가 또
는 집행임원 설치회사(이사회를 기준으로 보면 감독형 이사회제도)인가에 따라 다음과

같은 문제점이 있다.

㈎ 금융회사가 집행임원 비설치회사(참여형 이사회제도)인 경우에는 다음과 같은 문제점이 있다.

1) 금융회사 지배구조법은 이사회내 위원회의 하나로서 감사위원회를 원칙적으로 반드시 두도록 하고 있다(동법 제16조 제1항 제2호). 그런데 이러한 감사위원회는 집행임원 설치회사에서 감독형 이사회내 위원회의 하나로서 그 기능을 발휘할 수 있는 것이고[21] 또한 이것이 글로벌 스탠더드에 맞는 지배구조인데, 이러한 감사위원회를 집행임원 비설치회사(참여형 이사회제도)인 금융기관에도 의무적으로 두도록 한 것은 그 자체가 모순되는 입법이라고 본다[22].

2) 집행임원 비설치회사가(즉, 참여형 이사회제도에서) 감사위원회를 두는 경우, 업무집행(의사결정)에 참여하였던 (사외)이사가 자기가 한 업무에 대하여 감사하는 것이 되어(즉, 자기감사의 결과가 되어) 감사의 효율성에서 종래의 감사(監事)보다 훨씬 더 떨어지게 된다. 따라서 집행임원 비설치회사인 금융기관에 대하여는 감사위원회를 두지 못하도록 하고 (상임)감사(監事)를 두도록 하는 입법을 하여야 할 것으로 본다.[23]

3) 집행임원 비설치회사가(즉, 참여형 이사회제도에서) 감사위원회를 두는 경우, 감사를 받아야 하는 이사(사외이사를 포함)들이 구성원인 이사회에서 이사 중의 일부를 감사위원으로 선임하고 해임하도록 하면 감사기관의 독립성에 문제가 있게 되어, 금융기관 지배구조법은 (감사의 선임·해임과 같이) 감사위원의 선임·해임권을 주주총회에 부여하면서 일정 규모 이상의 주식을 가진 주주에 대하여 의결권을 제한하는 것으로 볼 수 있다(동법 제19조 제6항, 제7항).

가) 그런데 금융기관 지배구조법은 주주총회에서 '감사위원이 되는 이사'의 선임과 해임에 일정규모 이상의 주식을 가진 주주에 대하여 의결권을 제한하면서(동법 제19조 제6항, 제7항), 다시 감사위원이 되는 사외이사 1명 이상에 대하여는 다른 이사와 분리하여 선임하도록 하고 있다(동법 제19조 제5항). 따라서 동법 제19조 제6항 및 제7항을 동법 제19조 제5항과 관련하여 볼 때, 다음과 같은 세 가지의 해석이 가능하여 문제가 있다고 본다.

---

21) 동지: 송옥렬, 「상법강의(제4판)」(서울: 홍문사, 2014), 1075면(감사위원회의 도입은 이사회를 감독기관으로 하는 미국식 지배구조로의 전환을 의미한다고 한다).

22) 동지: 정찬형, 전게논문(상사법연구 제34권 제2호), 34면.

23) 동지: 정찬형, 상게논문, 29면, 34면; 동, "금융기관 지배구조의 개선방안," 「금융법연구」(한국금융법학회), 제12권 제1호(2015. 4), 81면.

① 첫째는, 금융회사 지배구조법 제19조 제6항 및 제7항은 동법 제19조 제5항을 전제로 하고 있지 않고 또한 '감사위원이 되는 이사'에는 사외이사가 포함되므로(동법 제2조 제3호 참조), 동법 제19조 제6항 및 제7항의 '감사위원이 되는 이사'를 문언상으로만 보면 모든 '감사위원이 되는 이사'를 주주총회에서 선임(해임)하는 경우로 해석될 수 있다. 이와 같이 해석되면 동법 제19조 제5항은 아무런 의미가 없는 규정이 될 것으로 본다. 왜냐하면 주주총회에서 감사위원이 되는 이사의 선임에 대하여 다른 이사와 분리하여 선임하도록 하는 것은(즉, 일괄선출방법이 아니라 분리선출방법에 의하도록 하는 것은) 감사 선임의 경우와 같이 일정규모 이상의 주식을 가진 주주에 대하여 의결권을 제한하는 실효(實效)를 거두고자 하는 것인데, 이는 동법 제19조 제6항 및 제7항에 의하여 이미 이러한 실효를 거두고 있기 때문이다.

② 둘째는, 금융회사 지배구조법 제19조 제6항 및 제7항의 '감사위원이 되는 이사'는 제5항을 전제로 하여, 다른 이사와 분리하여 선임되는 사외이사 1명 이상을 의미하는 것으로 해석될 수 있다. 이러한 의미라면 동법 제19조 제6항 및 제7항의 '감사위원이 되는 이사' 앞에 '제5항의'를 추가하여야 할 것으로 본다. 이경우에는 일괄선출방법에 의하여 선임된 이사 중에서 감사위원의 선임(해임)에 관한 주주총회의 결의에 관하여는, 금융회사 지배구조법상 주주의 의결권에 관한 제한규정이 없게 된다. 이 경우 상장 금융회사의 경우에는 상법 제542조의 12가 적용되어 주주의 의결권이 제한받는 것으로 해석할 수도 있으나, 비상장 금융회사도 있을 것이므로 금융회사 지배구조법은 이에 대하여 명문 규정을 두어야 할 것으로 본다.

③ 셋째는, 금융회사 지배구조법 제19조 제6항 및 제7항의 '감사위원이 되는 이사'의 의미는 동법 제19조 제5항에 의하여 분리선출되는 사외이사와 일괄선출에 의하여 이미 선출된 이사 중에서 감사위원을 선임(해임)하는 경우를 의미하는 의도라면(입법자의 의도는 이에 해당하는 것으로 추측됨), 동법 제19조 제6항 및 제7항의 '감사위원이 되는 이사' 대신에 '감사위원이 되는 이사 또는 선임된 이사 중에서 감사위원'으로 규정하여야 할 것이다. 현재의 문언으로 이 두 가지를 모두 포함하는 것으로 해석하는 것은 문언상 무리라고 본다.

나) 금융회사 지배구조법 제19조 제6항 및 제7항에서 (감사위원인 이사가 주주총회에서 분리선출되는 경우) 감사위원이 되는 '이사'의 선임과 해임에 주주의 의결권을 제한하는 것을 감사의 선임과 해임에 주주의 의결권을 제한하는 것과 동일

하게 볼 수 있을 것인지 여부의 문제가 있고(동일하게 볼 수 없다면 이사의 선임에 주주의 의결권을 제한할 수 있는지 여부의 문제가 있으며), 감사위원회도 이사회내 위원회의 하나인데(금융회사 지배구조법 제16조 제1항 참조) (분리선출되는 경우) '감사위원이 되는 이사'는 처음(선임시)부터 감사위원회 소속으로 한정되어 감사(監事)와 같은 기능을 수행하도록 하면 이러한 이사는 처음부터 이사회의 업무집행에 관한 의사결정(상법 제393조 제1항)에는 참여할 수 없다는 의미인지의 문제가 있다. 만일 참여할 수 없다고 보면 참여형 이사회제도 및 이사회내 위원회제도(상법 제393조의 2)와 상충(모순)되는 문제가 있다.

(나) 금융회사가 집행임원 설치회사(감독형 이사회제도)이면 다음과 같은 문제점이 있다.

1) 이는 금융회사 지배구조법이 금융회사에 대하여 원칙적으로 이사회를 감독형 이사회로 규정한 점(동법 제12조 제1항, 제2항 본문)과 조화하고 또한 집행임원 설치회사에서는 이러한 감독형 이사회와는 독립된 업무집행기관인 집행임원을 별도로 두고 있으므로(상법 제408조의 2 이하) 감독형 이사회내 위원회의 하나인 감사위원회는 집행임원에 대하여 그 독립성을 갖고 효율적인 감사(監査)를 할 수 있다.[24] 또한 이러한 지배구조는 글로벌 스탠더드에 맞는 모범적인 지배구조가 된다.[25]

금융회사 지배구조법은 감사위원회에서 감사위원의 3분의 2 이상은 사외이사이어야 함(즉, 감사위원의 3분의 1 미만은 사내이사일 수 있음)을 규정하고 있는데(동법 제19조 제2항), 자기감사의 모순을 피하고 감사(監査)의 독립성과 효율성을 위하여는 감사위원회에 사내이사를 참여시키지 않는 것이(즉, 감사위원회는 모두 사외이사로 구성하는 것이) 타당하다고 본다.[26] 또한 금융회사 지배구조법은 감사위원 중 1명 이상은 대통령령으로 정하는 회계 또는 재무 전문가이어야 함을 규정하고 있는데(동법 제19조 제1항 제2문), (거의 모든) 금융회사는 의무적으로 회계전문가인 외부감사인에 의한 회계감사를 받아야 하는 점(주식회사 등의 외부감사에 관한 법률 제4조)과 중복되고 또한 이는 감사(監事)의 자격에 제한을 두지 않는 점과 불균형하므로 감사위원의 자격에 이러한 제한을 두는 것은 적절하지 않다고 본다.[27] 또한 집행임원 설치회사에서의 감독형 이사회내 위원회의 하나인 감사위

---

24) 동지: 정찬형, 전게논문(상사법연구 제34권 제2호), 35면.
25) 동지: 정찬형, 상게논문, 35면.
26) 동지: 정찬형, 상게논문, 35면; 동, 전게논문(금융법연구 제12권 제1호), 81면.

원회는 감독형 이사회의 하부기관으로 당연히 감독형 이사회의 지시 내지 감독을 받아야 하므로, 감사위원회가 결의한 사항에 대하여 감독형 이사회가 다시 결의할 수 있도록 하여야 한다고 본다(상법 제393조의 2 제4항 제2문 후단). 따라서 집행임원 설치회사인 금융기관에 대하여는 상법 제415조의 2 제6항(감사위원회에 대하여 상법 제393조의 2 제4항 후단을 적용하지 않도록 한 규정)의 적용(금융회사 지배구조법 제4조 제2항)을 배제하고 원래대로 상법 제393조의 2 제4항이 전부 적용되도록 하여야 할 것으로 본다.

2) 집행임원 설치회사인 금융기관은 업무집행기관(집행임원)과는 별도로 분리된 감독형 이사회를 두고 있으므로, 감독형 이사회내 위원회의 하나로서 감사위원회를 두는 경우에는 감사위원은 다른 위원회의 위원과 같이 이사회에 의하여 선임·해임되어야 한다고 본다[28](금융회사 지배구조법 제16조 제1항, 상법 제393조의 2 제2항 제3호). 집행임원 설치회사인 금융기관의 (감독형) 이사회에 감사위원의 선임·해임권을 부여하는 것은 (감독형) 이사회의 업무집행기관(집행임원)에 대한 감독권과 직결되는 것으로서 (감독형) 이사회의 감독의 실효를 거두기 위해서도 필요하고 또한 이는 (감독형) 이사회의 취지에도 맞는다고 본다.

이와 같이 집행임원 설치회사인 금융기관에 대하여 감사위원의 선임·해임권을 (감독형) 이사회에 부여하면 금융기관 지배구조법 제19조 제5항 내지 제7항은 집행임원 설치회사인 금융기관에 대하여는 그 적용을 배제하여야 할 것이다.

(2) 금융회사 지배구조법상 금융회사의 감사위원회의 구성에 관한 규정(동법 제19조 제1항~제3항)은 대규모 상장회사의 그것과 유사하거나 같다(상법 제542조의 11 제2항~제4항). 따라서 금융회사가 대규모 상장회사인 경우에는 금융회사 지배구조법상 이러한 규정은 의미가 없다고 본다.

(3) 상법의 상장회사에 대한 특례규정은 감사위원 후보의 추천에 대하여 규정하고 있지 않은데, 금융회사 지배구조법은 감사위원 후보는 임원후보추천위원회가 위원 총수의 3분의 2 이상의 찬성으로 추천하도록 하고 있다(동법 제19조 제4항). 이는 금융회사 지배구조법의 특칙으로 의미가 있다고 본다.

(4) 금융회사 지배구조법에서는 상임감사위원이냐 사외이사인 감사위원이냐를 묻지 않고, 모든 감사위원인 이사의 선임에서 상법 제409조 제2항 및 제3항에 따른 의결권 제한을 하면서(단순 3% rule)(동법 제19조 제6항), 또한 감사위원이

---

27) 동지: 정찬형, 상게논문, 35면.
28) 동지: 정찬형, 상게논문, 36면.

되는 이사의 선임과 해임에 최대주주에 대한 의결권 제한을 인정하고 있다(합산 3% rule)(동법 제19조 제7항). 상법의 상장회사에 대한 특례규정에서는 (대규모 상장회사의) 사외이사인 감사위원을 선임할 경우에는 단순 3% rule을 적용하고, (상장회사의) 상임감사위원을 선임 및 해임하는 경우에는 최대주주에 대하여만 합산 3% rule을 적용하는 것으로 규정하고 있어(상법 제542조의 12 제3항·제4항), 이는 금융회사 지배구조법의 규정과 구별되고 있다. 즉, 금융회사 지배구조법에 의하면(동법 제19조 제6항~제7항) 상임감사위원의 선임에서도 감사 선임시와 같은(단순 3% rule에 의한) 의결권을 제한하고, 또한 사외이사인 감사위원의 선임·해임시에도 합산 3% rule에 의한 최대주주의 의결권을 제한하여, (대규모) 상장회사의 경우보다 주주의 의결권 제한을 확대하고 있다. 이러한 점에서 금융회사 지배구조법은 상법에 대한 특칙으로서의 의미가 있다고 볼 수 있다. 그런데 앞에서 본 바와 같이 감사위원이 되는 '이사'의 선임과 해임에 주주의 의결권을 이와 같이 확대하여 제한할 수 있는 것인지는 매우 의문이다.

　　(5) 자산규모 등을 고려하여 대통령령으로 정하는 금융회사(원칙적으로 최근 사업연도 말 현재 자산총액이 1천억원 이상인 금융회사)가 금융회사 지배구조법에 따른 감사위원회를 두지 않으면 1명 이상의 상근감사를 두도록 한 점은(동법 제19조 제8항, 동법 시행령 제16조 제3항) 상법상 상장회사에 대한 특례규정(상법 제542조의 10)과 같다. 다만 금융회사 지배구조법은 이러한 상근감사의 선임에 대하여는 감사위원이 되는 이사의 선임의 경우와 같이 주주의 의결권을 제한하고 있으나(동법 제19조 제9항), 상근감사의 해임에 대하여는 주주의 의결권 제한에 관한 규정을 두지 않는 점은, 상장회사에 대한 특례규정(상법 제542조의 12 제3항)과 구별된다. 이 경우 금융회사가 상장회사인 경우에는 상법 제542조의 12 제3항에 의하여 해임의 경우에도 최대주주는 합산 3% rule에 의하여 의결권이 제한된다고 해석할 수 있는데(금융회사 지배구조법 제4조 제2항 참조), 입법론상으로는 명확히 규정하여야 할 것으로 본다.

　　(6) 금융회사 지배구조법상 금융회사의 상근감사 및 상임감사위원의 결격사유(동법 제19조 제10항)는, 상장회사의 그것과 많은 점에서 유사한데(상법 제542조의 10 제2항, 제542조의 11 제3항), 부분적으로 차이점은 있다. 이 점에서 금융회사 지배구조법은 특칙으로서 의미가 있다고 볼 수 있는데, 입법론상은 상법과 관련하여 규정하는 것이 입법기술상 바람직하다고 본다.

　　(7) 금융회사 지배구조법이 금융회사의 감사위원회 또는 감사가 금융회사의

비용으로 전문가의 조력을 구할 수 있도록 규정하고 있는 점은(동법 제20조 제1
항), 상법의 그것과 같다(상법 제412조 제3항, 제415조의 2 제5항). 따라서 금융회사
지배구조법의 이러한 규정은 특칙으로서 의미가 없다고 본다.

　　다만 금융회사 지배구조법이 금융회사는 감사위원회 또는 감사의 업무를 지
원하는 담당부서를 설치하여야 하는 점, 금융회사는 감사위원회 또는 감사의 업
무내용을 적은 보고서를 정기적으로 금융위원회가 정하는 바에 따라 금융위원회
에 제출하도록 한 점, 감사위원회(또는 감사)에 대한 금융회사의 정보제공의무를
사외이사와 같이 명문으로 규정한 점(동법 제20조 제2항~제4항)은 금융회사에 대
한 특칙규정으로서 의미가 있다고 본다. 그러나 이러한 내용을 법률에서 규정하
여야 할 사항인지 또한 모든 금융회사에 대하여 일률적으로 적용하도록 할 사항
인지는 의문이다.

## Ⅲ. 금융회사 지배구조의 개선방안[29]

### 1. 감독형 이사회를 가진 금융기관

#### 가. 집행임원의 설치 의무화

　　(1) 금융회사 지배구조법은 금융회사는 원칙적으로 사외이사를 3인 이상 및
이사 총수의 과반수 두도록 하고 있는데(동법 제12조 제1항 및 제2항 본문)(이러한 의
무가 없는 금융기관이 임의로 사외이사를 이사 총수의 과반수 두는 경우를 포함함), 이는
이사회를 사외이사 중심으로 구성하여 업무집행기관에 대한 감독업무를 충실히
하도록 한 것이므로, 이 경우에는 이사회와 분리된 업무집행기관(집행임원)을 의
무적으로 두도록 하여야 할 것이다. 현행 상법상 집행임원제도는 선택적으로 규
정하고 있으나(상법 제408조의 2 제1항), 이러한 금융기관은 상법상 집행임원제도를
의무적으로 채택하도록 금융회사 지배구조법에서 규정하여야 할 것으로 본다.[30]

---

29) 이에 관하여는 정찬형, 전게논문(금융법연구 제10권 제1호), 37~46면; 동, 전게논문(금융법
　　연구 제12권 제1호), 82~90면 참조.

30) 동지(대규모 상장회사에 대하여): 정찬형, "2007년 확정한 정부의 상법(회사법) 개정안에 대
　　한 의견," 「고려법학」(고려대 법학연구원), 제50호(2008), 384면; 동, 전게논문(상사법연구 제
　　28권 제3호), 39~40면; 동, "주식회사법 개정제안," 「선진상사법률연구」(법무부), 통권 제49호
　　(2010. 1), 14~15면; 동, "상법 회사편(특히 주식회사의 지배구조) 개정안에 대한 의견," 상법
　　일부개정법률안(회사편)에 관한 공청회 자료(국회법제사법위원회), 2009. 11. 20(이하 '국회
　　공청회자료'로 약칭함), 22~23면; 정쾌영, "집행임원제도에 관한 상법개정안의 문제점 검토,"

(2) 현재 상법상 집행임원제도를 도입한 금융기관은 없고, 금융기관은 상법 상 집행임원제도가 입법되기 이전과 같이 사실상 집행임원(비등기이사)의 형태로 운영되고 있다. 따라서 이러한 사실상 집행임원(금융회사 지배구조법상 주요업무집행 책임자는 제외)의 선임·해임권 등을 일반적으로 대표이사(은행장 또는 회장)가 가짐 으로써 이사회는 이러한 사실상 집행임원을 감독하지 못하여, 이사회의 감독기능 은 (사외이사를 과반수로 하여 이사회를 구성하도록 규정하고 있음에도 불구하고) 현저히 떨어지고 있다. 또한 사실상 집행임원은 이사회의 실질적 감독을 받지 않고 자기 를 선임한 대표이사 등에게만 종속되어 대표이사의 권한이 불필요하게 증대되고 대표이사와 이사회가 충돌하는 등 많은 문제점을 야기하고 있다. 다시 말하면 대 표이사를 주주총회에서 선임하면(상법 제389조 제1항 단서) 대표이사는 사실상 이 사회의 감독을 받지 않고 또한 사실상 집행임원을 대표이사가 선임하면 사실상 업무집행라인은 전부 이사회의 감독을 받지 않아 이사회의 업무집행기관에 대한 감독기능은 완전히 유명무실하게 된다.

(3) 위와 같이 상법상 집행임원제도를 채택하지 않은 이사회는 그 형식에 있어서는 사외이사가 이사 총수의 과반수로 구성되어 감독형 이사회로 되어 있 으나, 법률상 이러한 이사회와 분리되면서 이사회에 의하여 선임되는 업무집행기 관(집행임원)을 갖지 못하고 있으므로, 이사회는 종래와 같이 참여형 이사회로서 활동하고 있다. 따라서 참여형 이사회를 가진 금융회사에서는 위에서 본 바와 같 이 업무집행기관에 대한 감독기능은 유명무실하면서, 동시에 업무집행에 관한 의 사결정에 다수의 사외이사가 참여하게 되어 업무집행의 비효율성을 가져오고 있 다. 원래 업무감독기능을 담당하는 감독형 이사회에 참여시켜 감독의 효율성을 도모하고자 하는 사외이사를 참여형 이사회에 참여시키는 것은 사외이사에게도 과중한 업무와 책임을 부담시켜 사외이사의 효율성을 저하시키고 있다.

(4) 위의 금융회사가 상법상 집행임원제도를 채택하도록 하면, 사외이사는 (이사회와 분리된) 업무집행기관(집행임원)을 감독하는 이사회와 이사회내 위원회의 하나로서 업무집행기관(집행임원)을 감사하는 감사위원회 등에만 참여하여 업무집

---

「기업법연구」(한국기업법학회), 제21권 제4호(2007. 12), 110~111면, 116면; 전우현, "주식회 사 감사위원회제도의 개선에 관한 일고찰―집행임원제 필요성에 관한 검토의 부가," 「상사법 연구」(한국상사법학회), 제23권 제3호(2004. 11), 284면; 원동욱, "주식회사 이사회의 기능변화 에 따른 집행임원제도의 도입에 관한 연구," 법학박사학위논문(고려대, 2006. 2), 86~87면, 167~169면, 181면; 서규영, "주식회사의 집행임원제도에 관한 연구," 법학박사학위논문(고려 대, 2009. 8), 101~102면, 182면.

행기관(집행임원)에 대한 감독 및 감사업무에만 참여하고 업무집행에 관한 (개별적인) 의사결정에는 참여하지 않으므로, 사외이사의 활성화에 크게 기여할 뿐만 아니라 이사회의 업무집행기관(집행임원)에 대한 감독기능을 실질적으로 향상시킬 수 있다. 즉, 대표집행임원 및 집행임원은 전부 이사회에 의하여 선임·해임되므로(상법 제408조의 2 제3항 제1호) 이사회는 업무집행기관(집행임원)을 실질적으로 감독할 수 있게 되고, 대표집행임원은 집행임원을 선임·해임하지 못하므로 현재의 대표이사와 같은 권한이 축소되어 이사회와 대표집행임원이 충돌할 여지는 거의 없다.

또한 업무집행은 해당 업무에 정통한 전문가가 담당하므로 업무집행의 효율성을 증대시킬 수 있고, 사외이사는 이사회를 통하여 업무집행기관(집행임원)의 선임·해임 및 보수결정 등에 참여하여 업무감독을 하고 또한 이사회내 위원회의 하나인 감사위원회 등의 위원으로 업무집행기관(집행임원)에 대한 감사 등의 업무만을 하므로 사외이사의 활성화에도 기여하게 된다.

## 나. 감사위원회 위원의 선임방법 개선

(1) 감독형 이사회(집행임원 설치회사)를 둔 금융회사에 한하여 감사위원회를 두도록 하면, 이사회는 (주주총회에 갈음하여) 업무집행기관(집행임원)에 대한 감독업무를 수행하고, 이러한 이사회내 위원회의 하나인 감사위원회는 업무집행기관(집행임원)에 대하여 감사업무를 수행하며 이에 관하여 감독형 이사회의 감독을 받는 것은 당연하다(상법 제393조의 2 제4항 참조). 따라서 이러한 감독형 이사회에서는 감사위원을 (사내이사이든 사외이사이든) 이사회가 선임·해임하는 것이 타당하다고 본다(상법 제393조의 2 제2항 제3호).

금융회사 지배구조법상 금융회사는 원칙적으로 사외이사가 3인 이상 및 이사 총수의 과반수인 감독형 이사회로 구성되므로(동법 제12조 제1항 및 제2항 본문) 이사회와는 구별되는 업무집행기관(집행임원)을 별도로 두도록 하면(즉, 상법상 집행임원 설치회사를 채택하도록 하면) 감사위원의 선임·해임권을 이사회에 주어야 할 것이다(상법 제393조의 2 제2항 제3호). 이 경우 감사(監事)와는 달리 주주의 의결권 제한이 문제되지 않는다.

(2) 그런데 금융회사 지배구조법은 앞에서 본 바와 같이 감사위원이 되는 이사의 선임에 상법상 감사(監事)의 선임에서와 같이 주주의 의결권을 제한하는 단순 3% rule을 규정하면서(동법 제19조 제6항 제2문), 또한 감사위원이 되는 이사

를 선임하거나 해임하는 경우 다시 최대주주의 의결권을 제한하는 합산 3% rule
을 규정하고 있다(동법 제19조 제7항).

　　상법상 상장회사의 경우에는 감사 또는 상임감사위원의 선임·해임에 합산 3%
rule에 의하여 최대주주의 의결권을 제한하고(상법 제542조의 12 제3항), 대규모 상
장회사의 경우 사외이사인 감사위원회 위원을 선임할 때에 단순 3% rule에 의하
여 주주의 의결권을 제한하고 있다(상법 제542조의 12 제4항). 또한 대규모 상장회
사의 경우는 주주총회에서 이사를 선임한 후 선임된 이사 중에서 (주주총회에서)
감사위원회 위원을 선임하도록 하고 있다(일괄선출방식)(상법 제542조의 12 제2항).

　　이와 같은 감사위원의 선임방식은 집행임원 비설치회사(참여형 이사회)를 전
제로 한 것이라고 볼 수 있다. 즉, 참여형 이사회제도를 취하면서 감사위원회를
두도록 하면, 감사(監事)와의 균형상 또한 피감사기관(이사회)이 감사기관을 선임
하는 모순을 피하기 위하여, 감사위원회 위원을 주주총회에서 선임하도록 하지
않을 수 없다(금융회사 지배구조법 제19조 제6항 제1문, 상법 제542조의 12 제1항 참조).
이 경우 감사위원을 어떻게 주주총회에서 선임하도록 할 것인가에 대하여, 현행
상법과 같이 주주총회에서 이사를 선임한 후 선임된 이사 중에서 다시 감사위원
을 선임하는 방법(일괄선출방식)(상법 제542조의 12 제2항)과, 2013년 7월 16일 입법
예고한 정부의 상법개정안과 같이 감사위원이 되는 이사를 정하여 다른 이사와
분리하여 선출하는 방식(분리선출방식)이 있다. 일괄선출방식의 경우에는 감사위원
으로 선임될 수 있는 자의 인재풀이 매우 제한되어 있는 단점은 있으나 감사위
원의 선임에 있어서 주주의 의결권 제한에는 문제가 없고, 분리선출방식의 경우
에는 감사위원으로 선임될 수 있는 자의 인재풀에 제한이 없는 장점은 있으나
감사위원인 '이사'의 선임(또는 해임)에 주주의 의결권을 제한하는 점은 문제가 있
게 된다. 금융회사 지배구조법에서는 (사외이사인) 감사위원을 선출하기 위하여는
넓은 인재풀에서 구하여야 하는 점, 감사위원회의 구성에 감사의 경우와 같이 소
수주주의 의사를 반영하도록 할 필요가 있는 점 등을 고려하여, 참여형 이사회제
도에서는 분리선출방식이 부득이하다고 보아, 감사위원이 되는 사외이사 1명 이
상에 대하여는 분리선출방식을 채택한 것으로 보인다(동법 제19조 제5항). 그러나
이 경우 감사위원이 되는 '이사'의 선임에 주주의 의결권을 제한하는 것은 문제
가 있는 점, 또한 감사위원을 주주총회에서 선임(또는 해임)하도록 하면서 주주의
의결권을 제한하는 것은 글로벌 스탠더드에도 맞지 않는 점 등을 고려하여, 위에
서 본 바와 같이 금융기관은 상법상 집행임원 설치회사(감독형 이사회)를 의무적

으로 채택하도록 하면서 감사위원은 다른 위원회의 위원과 같이 (감독)이사회에 의하여 선임(또는 해임)되도록 하여야 할 것이다.

　　참여형 이사회제도를 취한 금융회사가 감사위원을 주주총회에서 (분리선출방식에 의하든 또는 일괄선출방식에 의하든) 선임하는 경우, 주주의 의결권을 어떻게 제한할지가 문제된다. 이에 대하여는 앞에서 본 바와 같이, ( i ) 금융회사 지배구조법은 감사위원이 되는 이사(사내이사이든 사외이사이든 불문함)의 선임에 단순 3% rule(상법 제409조 제2항·제3항)을 적용하고(동법 제19조 제6항 제2문), 최대주주의 경우에는 감사위원이 되는 이사(사내이사이든 사외이사이든 불문함)의 선임·해임에 합산 3% rule을 적용하고 있는데(동법 제19조 제7항), ( ii ) 상법은 대규모 상장회사의 경우 감사위원인 사외이사의 선임에만 단순 3% rule을 적용하고(상법 제542조의 12 제4항), 상장회사의 최대주주에 대하여는 상임감사위원의 선임·해임에만 합산 3% rule을 적용하고 있다(상법 제542조의 12 제3항). 따라서 앞에서 본 바와 같이 금융회사 지배구조법은 상법의 경우보다 감사위원의 선임(또는 해임)에 (대)주주의 의결권을 제한하는 경우를 확대하고 있다. 그런데 감사위원이 되는 '이사'의 선임(또는 해임)에 주주의 의결권을 제한하는 것도 문제이고, 또한 이와 같이 확대하여 제한하는 것도 문제라고 본다. 따라서 참여형 이사회를 둔 금융회사는 (상근)감사(監事)를 두도록 하고, 감독형 이사회를 둔 금융회사에 한하여 감사위원회를 두도록 하면서 이러한 감사위원은 이사회에서 선임·해임하도록 함으로써 이러한 문제점을 해결하여야 할 것으로 본다.

## 다. 임원후보추천위원회의 후보추천대상 제한 폐지

　　(1) 금융회사 지배구조법은 임원후보추천위원회가 추천할 수 있는 임원후보를 사외이사·대표이사·대표집행임원 및 감사위원으로 한정하고 있는데(동법 제17조 제1항), 이와 같이 한정할 필요가 있는지는 극히 의문이다. 따라서 임원후보추천위원회는 외국의 입법에 있는 지명위원회와 같이 모든 임원(금융회사 지배구조법 제2조 제2호 참조)의 후보를 추천할 수 있도록 하여야 할 것으로 본다.

　　(2) 이사회와 임원후보추천위원회의 구성원이 중복되는 금융회사도 있을 것이므로 모든 금융회사에 대하여 일률적으로 임원후보추천위원회를 두도록 하는 것은 문제가 있다고 본다. (금융회사에 따라 사외이사의 수가 다르겠으나) 예컨대, 사외이사가 2~3명 있는 금융회사는 임원후보추천위원회와 이사회의 구성원이 거의 겹치므로 이사회와 중복하여 다시 임원후보추천위원회를 두도록 할 필요는

없다고 본다.

임원후보추천위원에서 본인을 임원 후보로 추천하는 경우, 앞에서 본 바와 같이 그러한 자는 임원후보추천위원회에서 의결권만을 제한할 것이 아니라(금융회사 지배구조법 제17조 제5항), 당연히 그를 추천하는 임원후보추천위원회의 위원에서 배제하여야 할 것으로 본다.

금융회사 지배구조법은 임원후보추천위원회 위원의 과반수는 사외이사이어야 하고(동법 제16조 제3항) 또한 그 위원회의 대표는 사외이사이어야 한다고 규정하고 있는데(동법 제16조 제4항), 이러한 제한규정을 두지 말고 금융회사의 자율에 맡겨야 한다고 본다.[31] 금융회사에 가장 적합한 후보를 (외부의 추천기관 등을 통하여) 찾도록 하는 것을 사외이사에 맡기는 것보다 금융회사 또는 금융회사의 사내이사에 맡기는 것이 현재 우리의 실정에 더 부합하기 때문이다.

지배주주가 없는 금융회사의 경우 사외이사를 자꾸 각종 추천위원회에 참여시키니까 사외이사가 그의 본래의 역할에 충실하기보다는 권력화하여 그의 권한을 남용하는 폐단이 우리 현실에서는 더 크다. 사외이사는 업무집행기관(집행임원)에 대한 감독업무(이사회 구성원으로서)와 감사업무(감사위원회 구성원으로서) 등에만 충실하도록 하여야지, 불필요하게 (사외이사가 모든 업무를 공평하고 합리적으로 해결한다는 환상 속에서) 사외이사에게 그 외의 추가적인 (경영에 관한) 업무를 부과하여 사외이사를 둘러싼 문제가 자꾸 발생하는 것이다.

### 라. 사외이사의 활성화 방안

(1) 사외이사가 업무집행기관(집행임원)에 대한 감독업무와 감사업무에서 그 기능을 충분히 발휘할 수 있도록 하기 위하여는 독립성과 전문성이 담보되어야 하는데, 임원후보추천위원회는 외부의 인력풀이 풍부한 전문기관으로부터 사외이사 후보를 추천받아 사외이사 후보를 주주총회에 추천하면 훨씬 더 사외이사의 독립성과 전문성이 담보될 수 있을 것으로 본다.[32]

(2) 사외이사의 회사에 대한 정보부족의 문제는 입법에 의하여 해결할 것이 아니라, 근본적인 지배구조의 개선에 의하여 해결할 수 있다. 즉, 참여형 이사회제도(집행임원 비설치회사)에서는 회사가 항상 정보유출을 염려하므로 사외이사에

---

31) 동지: 정찬형, 사외이사제도 개선방안에 관한 연구(상장회사협의회)(상장협 연구보고서 2010-2), 2010. 10, 112면.
32) 이에 관한 상세는 정찬형, 상게 상장협 연구보고서 2010-2, 121면, 124~125면.

게 충분한 정보를 제공할 수 없고 또한 사외이사도 회사의 구체적인 업무내용을 파악하는 데 한계가 있으나, 감독형 이사회제도(집행임원 설치회사)에서는 사외이사가 구체적인 업무집행에는 관여하지 않고 업무감독 및 업무감사 등에만 관여하므로 사외이사는 회사의 업무집행에 관한 상세한 정보를 알 필요도 없다. 따라서 사외이사의 회사에 대한 정보결여의 문제는 우리 금융회사 지배구조법이 사외이사제도를 규정하면서 참여형 이사회제도를 채택함으로 인하여 발생하는 문제이지, 감독형 이사회에서는 이것이 큰 문제가 될 수 없다.[33] 따라서 금융회사가 감독형 이사회제도를 채택하면 사외이사의 금융회사에 대한 정보부족의 문제는 훨씬 줄어들 것으로 본다.

(3) 금융회사 지배구조법은 금융회사 사외이사의 적극적 자격요건을 추상적으로 규정하고 있는데(동법 제6조 제3항, 동법 시행령 제8조 제4항), 각 금융회사의 해당 업종별로 사외이사의 적극적 자격요건을 동법 시행령에서 상세히 규정할 필요가 있다고 본다.[34] 이는 사외이사의 전문성을 활용한 감독 및 감사 기능의 활성화에도 크게 기여할 것으로 본다.

(4) 금융회사 사외이사에 대하여 (수당이나 보수와 함께 또는 이에 갈음하여) 주주 및 회사의 이익을 증대시킴에 따른 인센티브(예컨대, 주식매수선택권 등)를 준다면, 사외이사에게 회사의 업무에 적극적으로 참여하는 동기를 부여함과 동시에 사외이사의 전문성과 효율성을 크게 제고할 수 있을 것으로 본다.[35]

(5) 특히 지배주주가 없는 금융회사에서 사외이사의 권력화를 방지하기 위하여, 앞에서 본 바와 같이 사외이사에게 업무집행기관에 대한 감독 및 감사 등의 업무 이외의 업무를 추가로 부여하지 않음과 동시에, 사외이사의 임기(3년) 후 중임을 제한하여야 할 것으로 본다.

## 2. 참여형 이사회를 가진 금융회사

### 가. 사외이사 의무화 배제

금융회사 지배구조법에 의하면 금융회사는 원칙적으로 이사회에 이사 총수

33) 동지: 정찬형, 상게 상장협 연구보고서 2010-2, 121~122면.
34) 동지: 정찬형, 상게 상장협 연구보고서 2010-2, 126면.
35) 정찬형, 상게 상장협 연구보고서 2010-2, 126~127면; 동, "사외이사제도의 개선방안," 「고려법학」(고려대 법학연구원), 제40호(2003), 64면.

의 과반수의 사외이사를 두어야 하는데(동법 제12조 2항 본문), 예외적으로 대통령령으로 정하는 금융회사(주권상장법인, 최근 사업연도 말 현재 자산총액이 3천만원 이상 7천만원 미만인 상호저축은행 등)는 이사 총수의 4분의 1 이상의 사외이사를 두어야 한다(동법 제12조 제2항 단서, 동법 시행령 제12조). 그런데 이 경우 대통령령으로 정하는 금융회사는 거의 대부분이 참여형 이사회제도를 가진 회사(즉, 집행임원 비설치회사)일텐데, 이러한 금융회사에 이와 같이 의무적으로 사외이사를 이사 총수의 4분의 1 이상 두도록 하는 것이 무슨 효과가 있을 것인지 의문이다. 즉, 이러한 금융회사에 대하여 의무적으로 이사 총수의 4분의 1 이상을 사외이사로 선임하도록 하는 것은 이사회가 사외이사 중심이 되어 업무집행기관에 대한 감독을 하는 것에도 충실하지 못하고 또한 업무집행에 관한 의사를 결정하는 이사회에 (일반적으로) 회사의 업무에 대하여 잘 알지도 못하는 (외부의) 사외이사가 존재하게 되어 이사회의 업무효율성도 크게 저하시키므로, 이러한 금융회사에 대하여는 이와 같이 사외이사를 의무적으로 두도록 하는 것이 사실상 그 의미가 거의 없는 점에서, 이러한 규정을 폐지하여야 할 것으로 본다.[36)]

## 나. 감사위원회 배제

　　참여형 이사회를 가진(집행임원 비설치회사인) 금융회사는 (그 규모나 상장 여부에 불문하고) 종래의 상법의 규정에 따라 3인 이상의 (사내)이사로 구성된 (참여형) 이사회와 대표이사가 업무를 집행하고(상법 제393조, 제389조), 주주총회에서 주주의 의결권이 제한되어(단순 3% rule) 선임된 감사(監事)에 의하여 업무집행에 대한 감사를 받도록 하여야 할 것이다(상법 제409조). 즉, 참여형 이사회를 가진 금융기관에 대하여는 감사(監事)에 갈음하여 감사위원회를 둘 수 없도록 하여야 할 것이다. 왜냐하면 참여형 이사회를 둔 금융회사에 대하여 (이사인 감사위원으로 구성된) 감사위원회를 두도록 하면 자기감사의 모순이 발생하여 감사(監査)의 효율성이 감사(監事)의 경우보다 더 떨어지고 또한 그 독립성에서도 감사(監事)보다 못한 결과가 되기 때문이다. 감사위원회는 위에서 본 바와 같이 감독형 이사회(집행임원 설치회사)를 전제로 하는 제도이다.

---

36) 동지(상장회사에 대하여): 정찬형, "2009년 개정상법 중 상장회사에 대한 특례규정에 관한 의견," 「상사법연구」(한국상사법학회), 제28권 제1호(2009. 5), 291면; 동, 전게논문(선진상사법률연구 통권 제49호), 16면; 동, 전게논문(상사법연구 제28권 제3호), 50면; 동, 전게 국회공청회자료, 13면; 원동욱, "금융지배구조법의 주요 내용 및 향후과제(금융회사 지배구조에 대한 내용을 중심으로)," 「금융법연구」(한국금융법학회), 제9권 제1호(2012), 80면.